体験入学＆保護者対象説明会

8/22(木)・23(金)
24(土)

オープンキャンパス

9/14(土)

各イベント
要申込

※イベントの日程変更や中止の可能性がございますので必ず本校HPをご確認ください。

木更津総合高等学校

〒292-8511　千葉県木更津市東太田3-4-1
TEL:0438(30)5511(代表)

入試に関するお問い合わせ
君津学園入試センター
TEL：0438(30)5513

木更津総合高校HP

体験入学

8/1(木)・2(金)

保護者対象説明会

8/24(土)

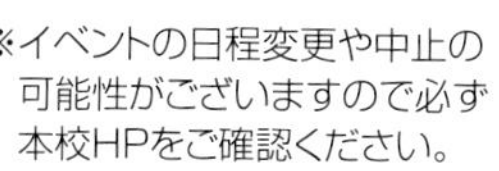
※イベントの日程変更や中止の可能性がございますので必ず本校HPをご確認ください。

市原中央高等学校

〒290-0215　千葉県市原市土宇1481-1
TEL:0436(36)7131(代表)

入試に関するお問い合わせ
君津学園入試センター
TEL：0438(30)5513

市原中央高校HP

学校法人 君津学園

〒292-8511　千葉県木更津市東太田3-4-1
TEL:0438(30)5500(代表)

併設校
○清和大学 法学部 法律学科　○清和大学短期大学部 こども学科
○清和大学附属 八重原幼稚園　○清和大学附属 畑沢幼稚園　○清和大学附属 金田幼稚園

SHIGAKUKAN
Junior & Senior
High School

My Story

■ 学校見学会／9:45〜

7.20(土) **7.27**(土)
8.3(土) **8.27**(火)

■ 入試説明会／9:45〜

10.26(土)
11.2(土) **11.16**(土)

SHIGAKUKAN

志学館高等部

併設／志学館中等部

〒292-8568 千葉県木更津市真舟3-29-1
TEL:0438-37-3131(代) FAX:0438-37-3184
URL https://www.shigakukan.ed.jp

TAKUSHOKU UNIVERSITY
KORYO
High School

MOVE ON

■ 学校見学会／9:00〜11:00

7.27(土) **8.3**(土) **8.4**(日)
8.24(土) **8.25**(日)
9.14(土) **9.28**(土)

■ 入試説明会／9:00〜11:30

10.5(土) **11.2**(土) **11.16**(土)
11.30(土)

■ 学校見学会/授業公開／10:00〜12:00

10.19(土)

KORYO

拓殖大学
紅陵高等学校

〒292-8568 千葉県木更津市桜井1403
TEL:0438-37-2511(代) FAX:0438-36-7286
URL https://www.koryo.ed.jp

学校法人 紅陵学院

交　通　両校共JR内房線木更津駅東口下車
スクールバス又は日東バス真舟団地行き10分
〒292-8568 千葉県木更津市真舟3丁目29番1号
TEL 0438(37)3450(代)

首都圏進学フェア 2024 in 千葉

入場無料
入退場自由

進学フェアに来場された方にプレゼント！
（1家族・1セット）

①各高校の進学データなどの情報が満載「千葉県進学フェアデータブック」
②通学・通塾にあんしんな情報を網羅「安全・安心ガイドブック 2024」
③高配点のリスニング対策「令和7年度高校受験対策英語リスニング問題集」
④私立高校を詳しく紹介「私立高校進学データ」

主催／NPO法人親子進路応援センター

ご来場に際してのお願い 柏、千葉、成田会場は専用駐車場のご用意はございません。ご来場は公共交通機関をご利用ください。

柏会場 柏の葉カンファレンスセンター（三井ガーデンホテル柏の葉） 7月27日（土）

〒277-0871 千葉県柏市若柴178-4 柏の葉キャンパス148街区2 交通アクセス ●TX（つくばエクスプレス）「柏の葉キャンパス」駅より徒歩2分

11:00〜16:00（最終入場 15:30）

千葉県私立中学校
秀明大学学校教師学部附属
秀明八千代中学校
昭和学院中学校
専修大学松戸中学校
二松学舎大学附属柏中学校
八千代松陰中学校

千葉県外私立中学校
茗溪学園中学校

国立高等専門学校
木更津工業高等専門学校

千葉県立高等学校
市立松戸高等学校
小金高等学校
船橋啓明高等学校
船橋法典高等学校
松戸高等学校
松戸向陽高等学校
松戸国際高等学校
松戸馬橋高等学校
松戸南高等学校
松戸六実高等学校

千葉県私立高等学校
我孫子二階堂高等学校
市川高等学校
鴨川令徳高等学校
光英VERITAS高等学校
国府台女子学院高等部
秀明大学学校教師学部附属
秀明八千代高等学校
昭和学院高等学校
西武台千葉高等学校
専修大学松戸高等学校
千葉商科大学付属高等学校
中央学院高等学校
中央国際高等学校
東海大学付属浦安高等学校
東京学館浦安高等学校
東京学館船橋高等学校
中山学園高等学校
二松学舎大学附属柏高等学校
日本大学習志野高等学校
日出学園高等学校
明聖高等学校
八千代松陰高等学校
麗澤高等学校
和洋国府台女子高等学校

千葉県外私立高等学校
学校法人角川ドワンゴ学園
N高等学校（資料参加）
駒込高等学校
東京スクールオブミュージック＆ダンス専門学校高等課程
東京デザインテクノロジーセンター専門学校高等課程
（2025年4月開校予定認可申請中）
東洋女子高等学校
茗溪学園高等学校
バンタン高等部

柏会場 柏の葉カンファレンスセンター（三井ガーデンホテル柏の葉） 7月28日（日）

〒277-0871 千葉県柏市若柴178-4 柏の葉キャンパス148街区2 交通アクセス ●TX（つくばエクスプレス）「柏の葉キャンパス」駅より徒歩2分

11:00〜16:00（最終入場 15:30）

千葉県私立中学校
二松学舎大学附属柏中学校

千葉県外私立中学校
東洋大学附属牛久中学校

千葉県立高等学校
我孫子高等学校
我孫子東高等学校
市立柏高等学校
印旛明誠高等学校
大原高等学校
柏高等学校
柏中央高等学校
柏の葉高等学校
柏南高等学校
鎌ヶ谷高等学校
鎌ヶ谷西高等学校
清水高等学校
沼南高等学校
沼南高柳高等学校
白井高等学校
関宿高等学校
流山高等学校
流山おおたかの森高等学校
流山北高等学校
流山南高等学校
野田中央高等学校
柏陵高等学校
東葛飾高等学校

千葉県立特別支援学校
流山高等学園

千葉県私立高等学校
あずさ第一高等学校
我孫子二階堂高等学校
光英VERITAS高等学校
芝浦工業大学柏高等学校
西武台千葉高等学校
千葉学芸高等学校
千葉商科大学付属高等学校
中央学院高等学校
成田高等学校
二松学舎大学附属柏高等学校
日本体育大学柏高等学校
流通経済大学付属柏高等学校
麗澤高等学校
わせがく高等学校

千葉県外私立高等学校
江戸川学園取手高等学校
学校法人角川ドワンゴ学園
N高等学校（資料参加）
クラーク記念国際高等学校
柏キャンパス
駒込高等学校
土浦日本大学高等学校
東京スクールオブミュージック＆ダンス専門学校高等課程
東京デザインテクノロジーセンター専門学校高等課程
（2025年4月開校予定認可申請中）
東洋大学附属牛久高等学校
バンタン高等部

千葉会場 幕張メッセ国際会議場 8月3日（土）・4日（日）

〒261-0023 千葉市美浜区中瀬2-1 交通アクセス ●JR京葉線「海浜幕張」駅より徒歩5分

11:00〜16:00（最終入場15:30） 10:00〜16:00（最終入場15:30）

千葉県私立中学校
秀明大学学校教師学部附属
秀明八千代中学校
昭和学院中学校
昭和学院秀英中学校
専修大学松戸中学校
千葉明徳中学校
東海大学付属
浦安高等学校・中等部
八千代松陰中学校

千葉県外私立中学校
千代田国際中学校（資料参加）

海外私立中学校
立教英国学院中学部（資料参加）

千葉県立高等学校
泉高等学校
磯辺高等学校
市川工業高等学校
市川昴高等学校
市川東高等学校
市川南高等学校
市原八幡高等学校
市立千葉高等学校
市立習志野高等学校
市立船橋高等学校
市立松戸高等学校
浦安高等学校
浦安南高等学校
生浜高等学校
生浜高等学校（定時制）
大原高等学校
柏井高等学校
鎌ヶ谷高等学校
鎌ヶ谷西高等学校
木更津高等学校
行徳高等学校
京葉工業高等学校
検見川高等学校
国府台高等学校
小金高等学校
国分高等学校
犢橋高等学校
佐倉高等学校
佐倉西高等学校
佐倉東高等学校
佐倉南高等学校
沼南高柳高等学校
白井高等学校
袖ヶ浦高等学校
千城台高等学校
千葉高等学校
千葉北高等学校
千葉工業高等学校
千葉商業高等学校
千葉女子高等学校
千葉西高等学校
千葉東高等学校
千葉南高等学校
長生高等学校
津田沼高等学校
土気高等学校
成田国際高等学校
船橋高等学校
船橋高等学校（定時制）
船橋北高等学校
船橋啓明高等学校
船橋古和釜高等学校
船橋芝山高等学校
船橋豊富高等学校
船橋東高等学校
船橋二和高等学校
船橋法典高等学校
松戸高等学校
松戸国際高等学校
松戸南高等学校
実籾高等学校
薬園台高等学校
八千代高等学校
八千代西高等学校
八千代東高等学校
四街道北高等学校
若松高等学校

国立高等専門学校
木更津工業高等専門学校

千葉県立特別支援学校
流山高等学園

千葉県庁
健康福祉指導課

千葉県私立高等学校
愛国学園大学附属
四街道高等学校
あずさ第一高等学校
市川高等学校
市原中央高等学校
植草学園大学附属高等学校
桜林高等学校
鴨川令徳高等学校
木更津総合高等学校
暁星国際高等学校
敬愛学園高等学校
敬愛大学八日市場高等学校
光英VERITAS高等学校
国府台女子学院高等部
志学館高等部
芝浦工業大学柏高等学校
秀明大学学校教師学部附属
秀明八千代高等学校
翔凜高等学校
昭和学院高等学校
昭和学院秀英高等学校
専修大学松戸高等学校
拓殖大学紅陵高等学校
千葉英和高等学校
千葉科学大学附属高等学校
千葉学芸高等学校
千葉敬愛高等学校
千葉経済大学附属高等学校
千葉商科大学付属高等学校
千葉聖心高等学校
千葉日本大学第一高等学校
千葉明徳高等学校
千葉黎明高等学校
中央学院高等学校
中央国際高等学校
東海大学付属市原望洋高等学校
東海大学付属浦安高等学校
東京学館高等学校
東京学館浦安高等学校
東京学館船橋高等学校
東葉高等学校
中山学園高等学校
成田高等学校
日本体育大学柏高等学校
日本大学習志野高等学校
日出学園高等学校
ヒューマンキャンパス
のぞみ高等学校
不二女子高等学校
明聖高等学校
八千代松陰高等学校
横芝敬愛高等学校
流通経済大学付属
柏高等学校
麗澤高等学校
わせがく高等学校
和洋国府台女子高等学校

千葉県外私立高等学校
岩倉高等学校（資料参加）
江戸川女子高等学校
大森学園高等学校（資料参加）
学校法人角川ドワンゴ学園
N高等学校（資料参加）
関東第一高等学校
クラーク記念国際高等学校
千葉キャンパス
駒込高等学校
滋慶学園高等学校
大智学園高等学校（資料参加）
中央大学高等学校
東京スクールオブミュージック＆ダンス専門学校高等課程
東京デザインテクノロジーセンター専門学校高等課程
（2025年4月開校予定認可申請中）
東京表現高等学院MIICA（資料参加）
二松学舎大学附属高等学校
バンタン高等部
武蔵野大学附属
千代田高等学院（資料参加）
明治学院高等学校（資料参加）

海外私立高等学校
帝京ロンドン学園高等部
立教英国学院高等部（資料参加）

専門学校
千葉デザイナー学院

大学の資料コーナー
※大学の相談ブースはございません。

国公立大学
茨城大学
茨城県立医療大学
埼玉大学
千葉大学
千葉県立保健医療大学
都留文科大学
電気通信大学
東京海洋大学
東京都立大学
一橋大学
横浜市立大学

私立大学
愛国学園大学
医療創生大学
植草学園大学
神田外語大学
敬愛大学
敬愛短期大学
国際医療福祉大学
国士舘大学
秀明大学
城西国際大学
千葉経済大学
千葉工業大学
東京工科大学
東京情報大学
東京理科大学
日本大学
白鴎大学

専門学校
日本工学院専門

成田会場 ホテルウェルコ成田 8月18日（日）

〒286-0033 千葉県成田市花崎町818-1 交通アクセス ●JR「成田」駅より徒歩2分／●京成線「京成成田」駅より徒歩2分

11:00〜16:00（最終入場 15:30）

千葉県私立中学校
秀明大学学校教師学部附属
秀明八千代中学校
八千代松陰中学校

国立高等専門学校
木更津工業高等専門学校

千葉県立高等学校
印旛明誠高等学校
小見川高等学校
佐倉高等学校
佐倉西高等学校
佐倉東高等学校
佐倉南高等学校
佐原高等学校
佐原白楊高等学校
下総高等学校
多古高等学校
千葉工業高等学校
富里高等学校
成田北高等学校
成田国際高等学校
成田西陵高等学校
成東高等学校
八街高等学校
八千代高等学校

千葉県私立高等学校
愛国学園大学附属
四街道高等学校
市川高等学校
植草学園大学附属高等学校
鴨川令徳高等学校
敬愛学園高等学校
敬愛大学八日市場高等学校
光英VERITAS高等学校
秀明大学学校教師学部附属
秀明八千代高等学校
千葉英和高等学校
千葉学芸高等学校
千葉敬愛高等学校
千葉聖心高等学校
千葉萌陽高等学校
千葉黎明高等学校
中央学院高等学校
東海大学付属市原望洋高等学校
東京学館高等学校
東京学館船橋高等学校
中山学園高等学校
成田高等学校
日本大学習志野高等学校
日出学園高等学校
明聖高等学校
八千代松陰高等学校
横芝敬愛高等学校
わせがく高等学校

千葉県外私立高等学校
学校法人角川ドワンゴ学園
N高等学校（資料参加）
清真学園高等学校

木更津会場 木更津市民会館 9月1日（日）

〒292-0833 千葉県木更津市貝渕2-13-40 交通アクセス ●JR「木更津」駅西口より徒歩20分／「富津公園」行きバス乗車、「貝渕」バス停より徒歩5分

11:00〜15:00（最終入場 14:30）

国立高等専門学校
木更津工業高等専門学校

千葉県立高等学校
姉崎高等学校
天羽高等学校
安房高等学校
市原高等学校
市原八幡高等学校
木更津高等学校
木更津東高等学校
君津高等学校
君津青葉高等学校
君津商業高等学校
京葉高等学校
袖ヶ浦高等学校
館山総合高等学校

千葉県私立高等学校
市原中央高等学校
鴨川令徳高等学校
木更津総合高等学校
暁星国際高等学校
志学館高等部
翔凜高等学校
拓殖大学紅陵高等学校
千葉県安房西高等学校
東海大学付属市原望洋高等学校
成田高等学校
明聖高等学校
わせがく高等学校

千葉県外私立高等学校
学校法人角川ドワンゴ学園
N高等学校（資料参加）

フェア実施内容
●各学校の入試担当者による面接形式の進学相談会
●学校案内配布 ●不登校相談コーナー（千葉会場）
●入試関係資料配付 ●総合進学相談コーナー（総進図書）
●留学相談コーナー（NPO法人フレンズインターナショナル）※木更津会場は除く

お問い合わせ先 043-308-3466
NPO法人親子進路応援センター（平日/10時〜17時）

普通科

特進選抜クラス　難関私大に一般選抜で現役合格を目指すクラス。千葉商科大学進学を一定条件で保証。

総合進学クラス　実学 (科目 × 社会で役立つ力を実践的に身につける学び) を総合的に学ぶカリキュラム。

商業科

千葉商科大学進学を見据えた「簿記、ＩＴ、商品開発」を軸とした実学重視のカリキュラム。

千葉商科大学付属高等学校

〒272-0835　千葉県市川市中国分 2-10-1　TEL 047-373-2111　FAX 047-371-8146

説明会・個別相談等の日程
ホームページにて案内いたし

交通アクセス
◇JR 総武線「市川駅」下車「松戸駅行バス」(国府台病院) 下車徒歩８分または「国分操車場 北国分駅行バス」乗車 18 分 (商大付高校) 下車
◇京成線「国府台駅」下車徒歩２０分、北総線「矢切駅」下車徒歩 18 分　◇JR・新京成線「松戸駅」下車「市川駅行バス」(国府台病院) 下車徒歩

KEIAI GAKUEN HIGH SCHOOL

敬愛学園HP ▶
http://www.hs-keiai.ac.jp

学校説明会　開催時間 9:00 - 10:00　11:00 - 12:00

第1回	第2回	第3回	第4回
7.25(木)	8.19(月)	8.26(月)	9.23(月)

説明の内容が変わります

第5回	第6回	第7回	第8回
10.12(土)	10.26(土)	11.2(土)	11.24(日)

海外留学説明会

1回のみ
11.2(土)
13:30 - 14:30

要予約
Web予約はこちら ▼

※状況によって変更になる場合があります。最新の情報をHPでご確認ください。

2025

成

学校説明会 要予約

［すべてWebで受付］定員になり次第締め切らせていただきます。
※日程等に変更がある場合は本校HP上でお知らせします。

学校説明会（現地・録画配信）

第1回 令和6年	第2回 令和6年	第3回 令和6年
8月1日(木)	8月21日(水)	11月2日(土)

詳しくはこちらから

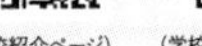
（学校紹介ページ）

（学校説明会予約ページ）

（高校部活動紹介）

@NARITA_HS_JHS
(Instagram)

午後の学校見学会（授業および校内施設等見学・学食利用可）

第1回 令和6年	第2回 令和6年	第3回 令和6年	第4回 令和6年
5月27日(月)	6月3日(月)	9月30日(月)	10月21日(月)

葉牡丹祭（文化祭）

令和6年
9月7日(土)
一般公開

本校HP
https://www.narita.ac.jp
最新情報はHPの入試情報をご覧ください。

学校法人 成田山教育財団
成田高等学校
〒286-0023 千葉県成田市成田 27　TEL.0476-22-2131

掲載内容

目　次

高等学校入試対策
基　礎　問　題

高等学校入試対策基礎問題 ―数　学―

1 文字式と計算・資料の整理

制限時間 45分　得点　/50

1 次の計算をしなさい。　(2点×10＝20点)

(1) $7-15$　[　　]

(2) $4\times8-5$　[　　]

(3) $-9+8\div4$　[　　]

(4) $(-56)\div7-3$　[　　]

(5) $-3^2-6\times5$　[　　]

(6) $5-3\times(-2)^2$　[　　]

(7) $x-3+6(x+1)$　[　　]

(8) $(6a^2-4ab)\div2a$　[　　]

(9) $6a^2b^3\div\dfrac{3}{5}ab^2$　[　　]

(10) $\dfrac{5x-y}{3}-\dfrac{x-y}{2}$　[　　]

2 次の問いに答えなさい。　(2点×9＝18点)

(1) P君が毎分 a m の速さで1時間進んだときの道のりを求めなさい。　[　　m]

(2) 1箱6000円のマンゴーを買うことにする。消費税が8％であるとき，支払う金額は税込みで何円になるか。　[　　円]

(3) ある日のA市の最低気温は 5.3 ℃ であり，B市の最低気温は－ 0.4 ℃ であった。この日のA市の最低気温はB市の最低気温より何℃高いか。　[　　℃]

(4) 卵が全部で a 個あり，それを10個ずつパックにいれると b パックできて3個余った。a を b を用いて表しなさい。　[a＝　　]

(5) 1本83円のペンを a 本，1本102円のテープを b 本買ったとき，合計金額は740円以下であった。この数量の関係を不等式で表しなさい。　[　　]

(6) 濃度が3％の食塩水 $400a$ g に含まれる食塩の量を求めなさい。　[　　g]

(7) 2けたの自然数のうち，3の倍数は全部で何個あるか。　[　　個]

(8) 右の図は，3年A組30人，B組30人の50m走の記録をそれぞれ箱ひげ図にまとめたものである。

A組
B組
6.0 6.5 7.0 7.5 8.0 8.5 9.0 9.5 10.0 10.5 11.0(秒)

① B組の記録の第3四分位数を求めなさい。　[　　秒]

② A組の記録の四分位範囲を求めなさい。　[　　秒]

3 右の図のように，最初に黒い碁石を4個並べて1番目の正方形とし，その外側に白い碁石を並べて2番目の正方形を作る。次に内側の黒い碁石を取り除き，いくつかの黒い碁石を加えて外側に並べ，3番目の正方形を作る。このように，3番目以降は内側の碁石を取り除きその碁石と同じ色の碁石をいくつか並べ，正方形を作っていく。次の問いに答えなさい。　(6点×2＝12点)

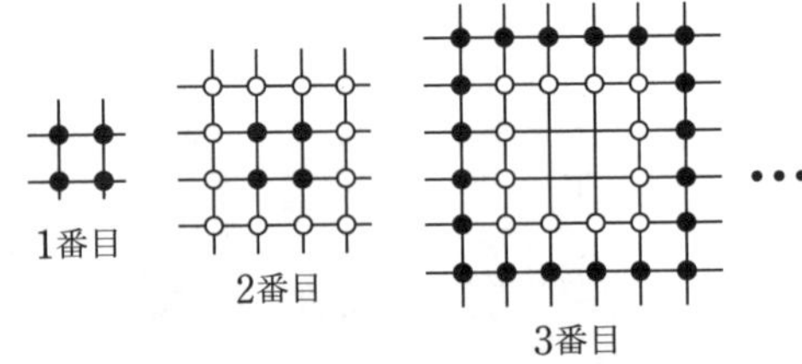

(1) 4番目の正方形を作ったとき，外側に並ぶ白い碁石の個数を求めなさい。　[　　個]

(2) n 番目の正方形を作ったとき，内側に並ぶ碁石の個数を n の式で表しなさい。　[　　個]

2 1次方程式と連立方程式

制限時間 45分　得点 /50

4 次の1次方程式，連立方程式を解きなさい。（2点×10＝20点）

(1) $7x+9=x+3$　［$x=$　　　］

(2) $3x-7=8-2x$　［$x=$　　　］

(3) $5x-7=9(x-3)$　［$x=$　　　］

(4) $0.16x-0.08=-0.4$　［$x=$　　　］

(5) $\begin{cases} x+3y=1 \\ y=2x-9 \end{cases}$　［$x=$　　$y=$　　］

(6) $\begin{cases} 7x+y=19 \\ 5x+y=11 \end{cases}$　［$x=$　　$y=$　　］

(7) $\begin{cases} x+y=13 \\ 3x-2y=9 \end{cases}$　［$x=$　　$y=$　　］

(8) $\begin{cases} x-3y=5 \\ 3x+5y=1 \end{cases}$　［$x=$　　$y=$　　］

(9) $\begin{cases} 4x-3y=10 \\ 3x+2y=-1 \end{cases}$　［$x=$　　$y=$　　］

(10) $\begin{cases} 7x-3y=11 \\ 3x-2y=-1 \end{cases}$　［$x=$　　$y=$　　］

5 次の問いに答えなさい。ただし，消費税は考えないものとする。（4点×6＝24点）

(1) 方程式$2x-a=3(x+1)$の解が$x=3$であるとき，aの値を求めなさい。［$a=$　　　］

(2) ある洋品店では，ワイシャツを定価の3割引きで買うことができる割引券を配布している。割引券1枚につきワイシャツ1着だけが割引きされる。この割引券を3枚使って同じ定価のワイシャツを5着買ったところ，代金が8200円だった。このとき，ワイシャツ1着の定価を求めなさい。［　　　円］

(3) A班の生徒と，A班より5人少ないB班の生徒で体育館に椅子（いす）を並べた。A班の生徒はそれぞれ3脚ずつ並べ，B班の生徒はそれぞれ4脚ずつ並べたところ，A班の生徒が並べた椅子の総数はB班の生徒が並べた椅子の総数より3脚多かった。A班とB班の生徒の人数をそれぞれ求めなさい。［A班　　人，B班　　人］

(4) K子さんは，学校の遠足で動物園に行った。行きと帰りは同じ道を通り，帰りは途中にある公園で休憩した。行きは分速80mで歩いたところ，学校を出発してから50分後に動物園に着いた。帰りは，動物園から公園までは分速70mで歩いた。公園で10分間休憩し，公園から学校までは分速60mで歩いたところ，動物園を出発してから70分後に学校に着いた。

このとき，学校から公園までの道のりと，公園から動物園までの道のりをそれぞれ求めなさい。［学校から公園まで　　m，公園から動物園まで　　m］

(5) 5％の食塩水xgに水ygを加えると，2％の食塩水が500gできた。xとyの値をそれぞれ求めなさい。［$x=$　　，$y=$　　］

(6) I子さんの住む町の面積は630km^{2}であり，A地区とB地区の2つの地区に分かれている。この町の森林は，A地区の面積の70％，B地区の面積の90％を占め，町全体の森林面積は519km^{2}である。A地区とB地区の面積をそれぞれ求めなさい。［A地区　　km^2，B地区　　km^2］

6 ある動物園の入園料は大人1人500円，子供1人300円である。昨日の入園者数は大人と子供を合わせて140人で，今日の大人と子供の入園者数は昨日の入園者数と比べて，大人は10％減り，子供は5％増えた。また今日の大人と子供の入園料の合計は52200円となった。今日の大人と子供の入園者数をそれぞれ求めなさい。（6点）［大人　　人，子供　　人］

平面図形と空間図形

制限時間 40分　得点 /50

7 次の問いに答えなさい。　(4点×3＝12点)

(1)

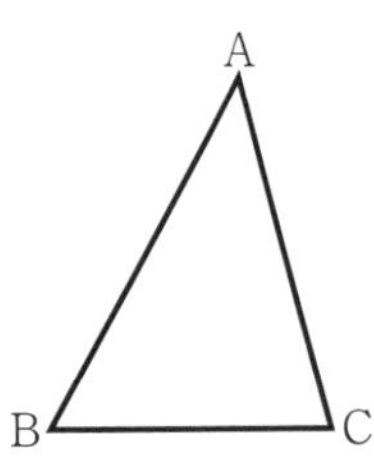

(2)

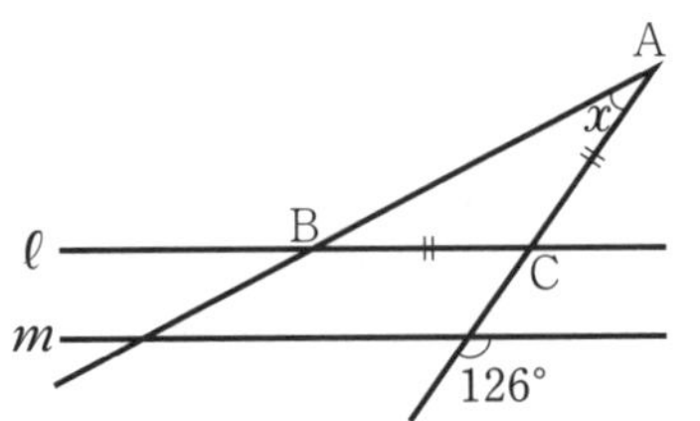

(3)

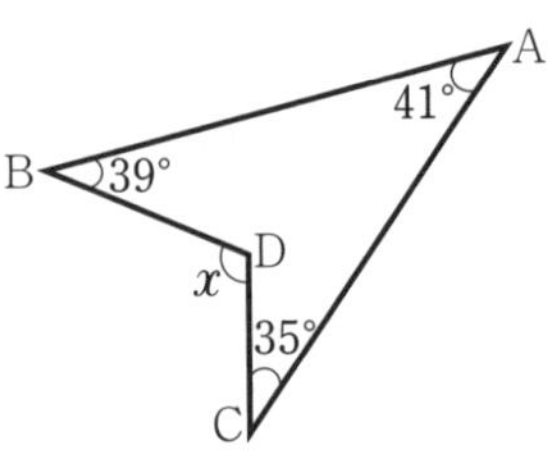

(1) 上の図(1)の△ABCで，辺AB上にあり，直線ACと直線BCとの距離が等しい点Pを作図によって求めなさい。ただし，作図には定規とコンパスを使い，また，作図に用いた線は消さないこと。

(2) 上の図(2)で，$\ell /\!/ m$，AC＝BCのとき，$\angle x$の大きさを求めなさい。　[　　　度]

(3) 上の図(3)で，$\angle x$の大きさを求めなさい。　[　　　度]

8 次の問いに答えなさい。ただし，円周率はπとする。　(4点×2＋5点×2＝18点)

(1) 10cm　6cm　(立面図)　(平面図)

(2)

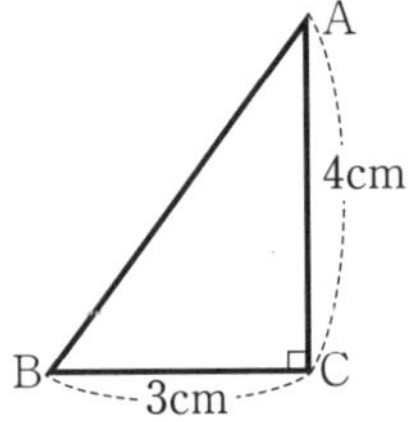

(3)

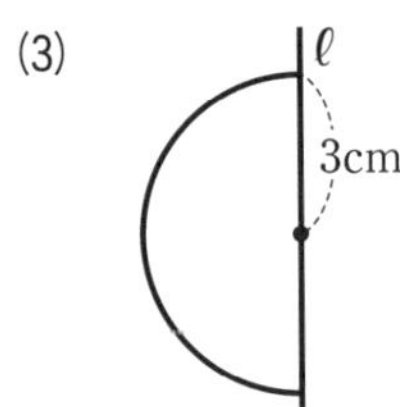

(1) 上の図(1)は，円柱の投影図である。この円柱の表面積を求めなさい。　[　　　cm²]

(2) 上の図(2)のような直角三角形ABCがある。辺ACを軸として△ABCを1回転させてできる円錐の体積を求めなさい。　[　　　cm³]

(3) 上の図(3)のような半径が3cmの半円を，直線ℓを軸として1回転させる。このとき

① 1回転させてできる球の体積を求めなさい。　[　　　cm³]

② 1回転させてできる球の表面積を求めなさい。　[　　　cm²]

9 次の問いに答えなさい。ただし，円周率はπとする。　(5点×4＝20点)

(1) 右の図のような△ABCがある。辺AC上に点Dが，辺BC上には点Eがあり，AD：DC＝3：4，BE：EC＝2：7である。このとき

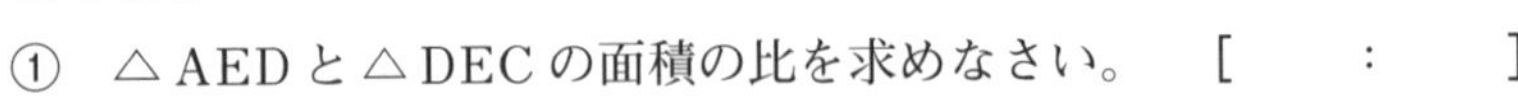

① △AEDと△DECの面積の比を求めなさい。　[　　：　　]

② △DECの面積は，△ABCの面積の何倍か。　[　　　倍]

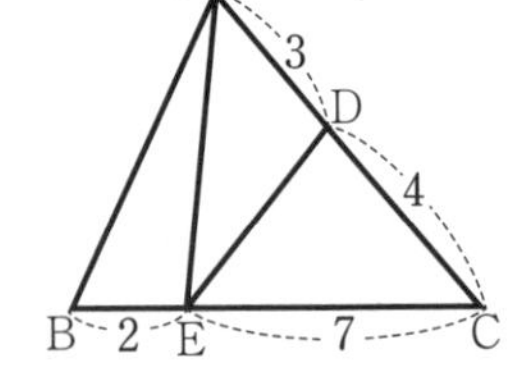

(2) 右の図のような，底面の半径が3cm，母線の長さが8cmの円錐がある。この円錐について

① 側面積を求めなさい。　[　　　cm²]

② 展開図をかいたとき，側面にあたるおうぎ形の中心角の大きさを求めなさい。　[　　　度]

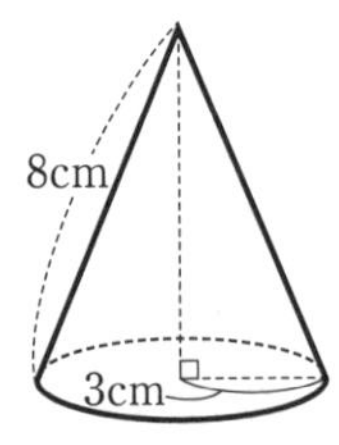

4 三角形の合同と確率

高等学校入試対策基礎問題 ―数　学―

制限時間 40分　得点　/50

10　右の図のような正三角形 ABC がある。辺 AC 上に点 D をとり，点 A を通り辺 BC に平行な直線上に AD＝AE となる点 E をとる。△ABD ≡ △ACE であることを証明しなさい。（8点）

[　　　　]

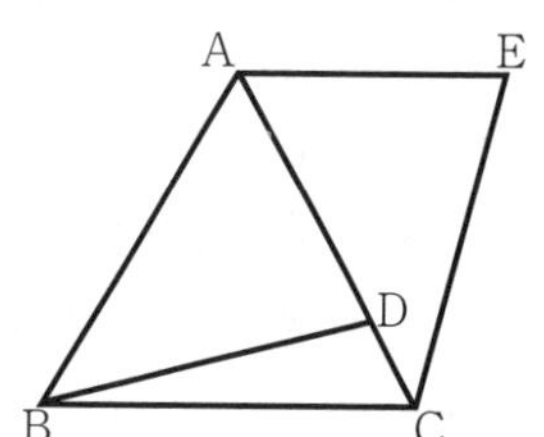

11　右の図のような 2 つの合同な正方形 ABCD，AEFG がある。2 つの正方形は頂点 A を共有し，辺 BC と辺 FG との交点を H とする。△ABH ≡ △AGH であることを証明しなさい。（9点）

[　　　　]

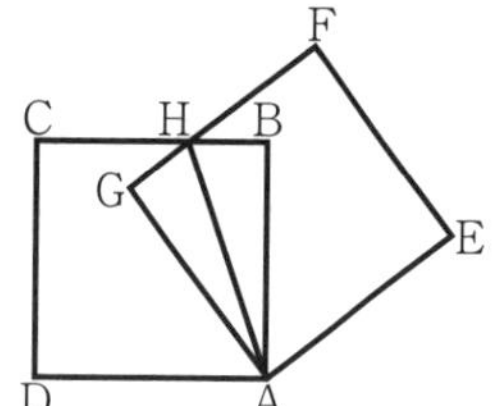

12　右の図のように，長方形 ABCD を対角線 BD を折り目として折り返す。点 C は点 P に移り，辺 AD と線分 BP との交点を Q とする。△ABQ ≡ △PDQ であることを証明しなさい。（9点）

[　　　　]

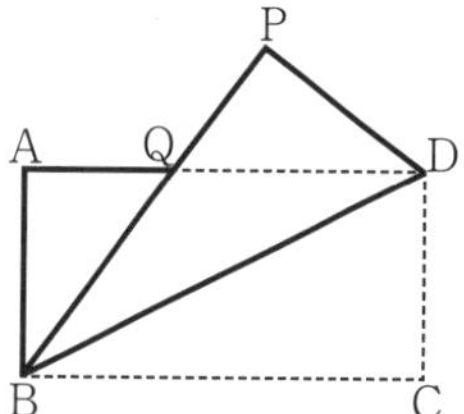

13　次の確率を求めなさい。（3点×8＝24点）

(1)　大小 2 つのさいころを同時に投げるとき

①　出る目の数の積が 5 の倍数になる確率　[　　　　]

②　出る目の数の和が素数になる確率　[　　　　]

(2)　3 枚の硬貨 A，B，C を同時に投げるとき少なくとも 1 枚は表が出る確率　[　　　　]

(3)　袋の中に赤玉，白玉，青玉が 1 個ずつ合計 3 個入っている。袋の中をよく混ぜてから玉を 1 個取り出し，その色を確認した後，袋に戻す。これをもう 1 回繰り返して玉を合計 2 回取り出す。2 回のうち 1 回だけ赤玉が出る確率　[　　　　]

(4)　箱の中に **1**，**2**，**3**，**4**，**5** の数字を 1 つずつ書いた 5 枚のカードが入っている。この箱からカードを 1 枚取り出し，それを箱に戻さずにもう 1 枚取り出す。取り出した 2 枚のカードに書かれた数の大きい方を小さい方でわると，余りが 1 となる確率　[　　　　]

(5)　**3**，**4**，**5**，**6**，**7** の数字が書かれたカードが 1 枚ずつある。この 5 枚のカードから同時に 2 枚のカードを取り出すとき，2 枚のカードの数字の積が 2 の倍数でなく，3 の倍数でもない確率　[　　　　]

(6)　当たりくじが 3 本，はずれくじが 3 本入った箱がある。この箱から同時に 2 本のくじをひくとき，2 本とも当たりくじである確率　[　　　　]

(7)　袋の中に赤玉 3 個と白玉 2 個の合計 5 個の玉が入っている。この袋の中から同時に 2 個の玉を取り出すとき，赤玉と白玉が 1 個ずつである確率　[　　　　]

比例と1次関数

14 次の問いに答えなさい。　　(3点×6＝18点)

(1) y は x に比例し $x=2$ のとき $y=-6$ である。y を x の式で表しなさい。　[$y=$　　　]

(2) y は x に反比例し $x=2$ のとき $y=9$ である。y を x の式で表しなさい。　[$y=$　　　]

(3) x の値が5だけ増加すると y の値は3だけ増加し，$x=5$ のとき $y=-4$ である1次関数の式を求めなさい。　[$y=$　　　]

(4) 2点 $(-1,\ 1)$，$(2,\ 7)$ を通る直線の式を求めなさい。　[$y=$　　　]

(5) 2直線 $y=-2x+1$ と $y=x+4$ の交点の座標を求めなさい。　[(　　,　　)]

(6) 関数 $y=ax+b\,(a>0)$ について，x の変域が $-1\leqq x\leqq 3$ のとき，y の変域は $-1\leqq y\leqq 7$ である。a，b の値をそれぞれ求めなさい。　[$a=$　　，$b=$　　]

15 右の図のように，①は関数 $y=\dfrac{16}{x}$ のグラフである。2点A，Bは①上の点で x 座標はそれぞれ -4，8である。点Pは y 軸上にあり，y 座標は点Bの y 座標と同じである。

次の問いに答えなさい。　　(3点×3＝9点)

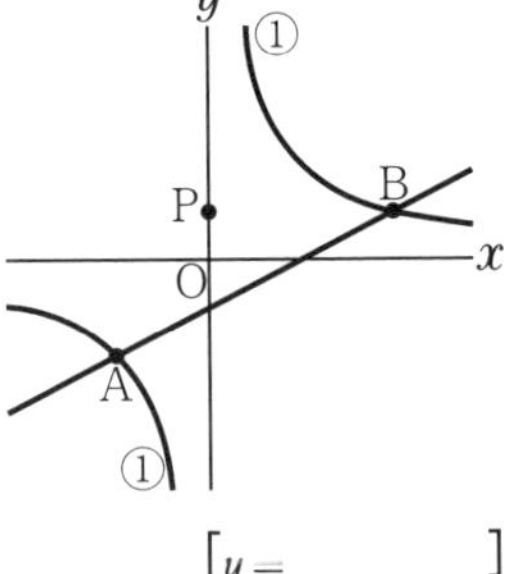

(1) 点Aの座標を求めなさい。　[(　　,　　)]

(2) 直線ABの式を求めなさい。　[$y=$　　　]

(3) 点Pを通り直線ABに平行な直線の式を求めなさい。　[$y=$　　　]

16 右の図のように2点A$(1,\ 6)$，B$(-6,\ -1)$ を通る直線ABと，直線 $y=-\dfrac{2}{5}x+b$ …①がある。直線①は，直線ABと x 軸との交点Cを通り y 軸と点Dで交わっている。

次の問いに答えなさい。　　(3点×3＝9点)

(1) 直線ABの式を求めなさい。　[$y=$　　　]

(2) b の値を求めなさい。　[$b=$　　　]

(3) x 軸上に x 座標が正である点Pがある。△ACDと△ACPの面積が等しくなるとき，点Pの座標を求めなさい。　[(　　,　　)]

17 右の図のように3点A$(2,\ 4)$，B$(8,\ 4)$，C$(10,\ 12)$ を頂点とする△ABCと，直線 $y=-x+2a$ …①がある。直線①が線分ABと交わるとき，点A，点Bを通る場合も交わるものとする。また，直線①と直線ACとの交点をPとするとき，次の問いに答えなさい。　　(3点×2＋4点×2＝14点)

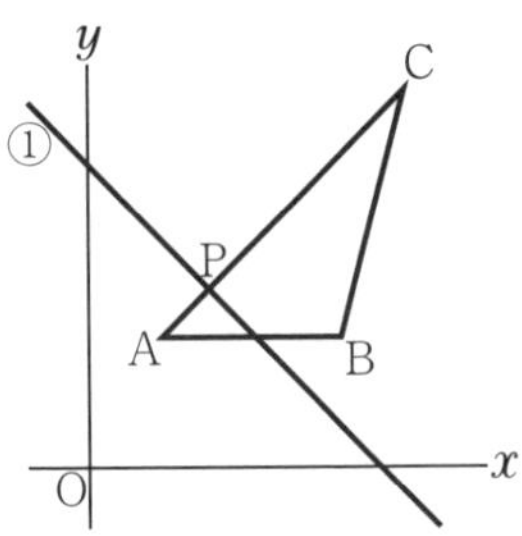

(1) △ABCの面積を求めなさい。　[　　　]

(2) 直線①が線分ABと交わるときの a の範囲を求めなさい。　[　$\leqq a\leqq$　]

(3) 点Pの座標を a を用いて表しなさい。　[(　　,　　)]

(4) 点Cを通り△ABCの面積を2等分する直線の式を求めなさい。　[$y=$　　　]

1次関数の利用

制限時間 40分　得点　/50

18 右の図のように，$AE=4$ cm，$EF=3$ cm，$FG=5$ cm，線分$EB=5$ cm の直方体ABCD - EFGHがある。点Pは頂点Aを出発して毎秒 1 cm の速さで辺AE上，線分EB上，辺BC上を頂点Cまで動き，Cで停止する。

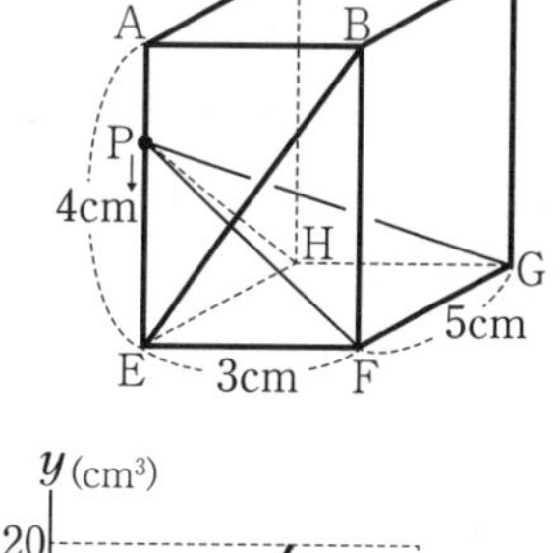

このとき，5点P，E，F，G，Hを結び四角錐PEFGHをつくる。点Pが頂点Aを出発してから x 秒後の四角錐PEFGHの体積を y cm³ とするとき，$4 \leqq x \leqq 9$ のときの x と y の関係をグラフに表すと右下の図のようになる。

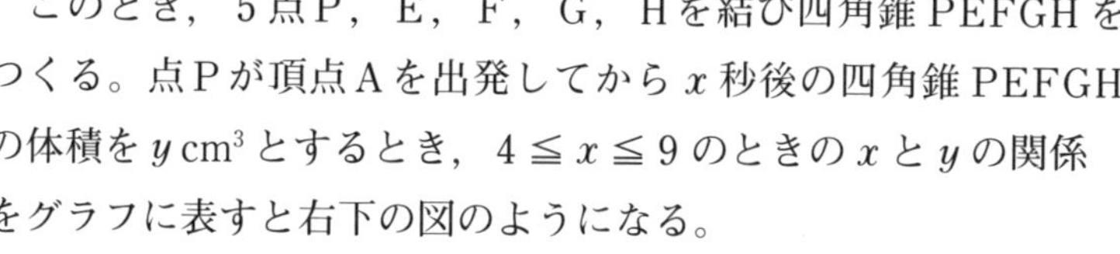

次の問いに答えなさい。　(5点×5＝25点)

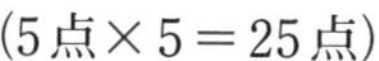

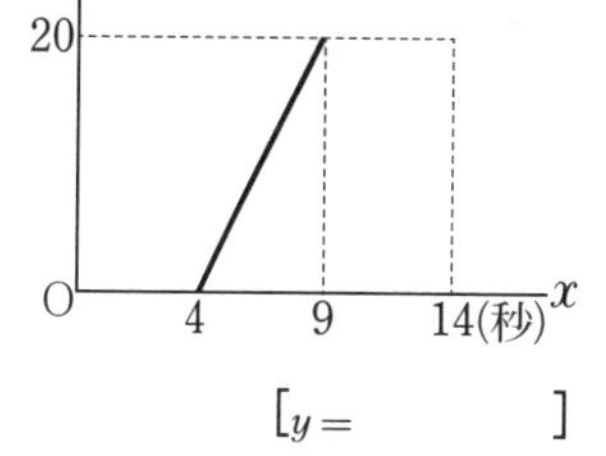

(1) $0 \leqq x \leqq 4$ のとき，y を x の式で表しなさい。[$y=$　　　　]

(2) $4 \leqq x \leqq 9$ のとき，y を x の式で表しなさい。[$y=$　　　　]

(3) $9 \leqq x \leqq 14$ のとき，y の式を求めなさい。[$y=$　　　　]

(4) $0 \leqq x \leqq 4$，$9 \leqq x \leqq 14$ のときの x と y の関係を表すグラフを上の図にかきなさい。

(5) 点Pが線分EB上にあって $y=12$ であるとき，EPの長さを求めなさい。[　　　　cm]

19 右の図のように，池の周りに1周1800mの円形のジョギングコースがあり，このジョギングコース上に地点Aがある。ひなたさんは午前9時ちょうどに地点Aを出発し，このジョギングコースを一定の速さで同じ向きに2周歩いて，午前9時48分ちょうどに地点Aに着いた。また，大輝さんは，ひなたさんと同時に地点Aを出発し，このジョギングコースを一定の速さでひなたさんと同じ向きに1周走って，地点Aに着いたところで18分間休憩した。休憩後，再び地点Aを出発し，1周目と同じ一定の速さで1周目と同じ向きにもう1周走って，午前9時36分ちょうどに地点Aに着いた。

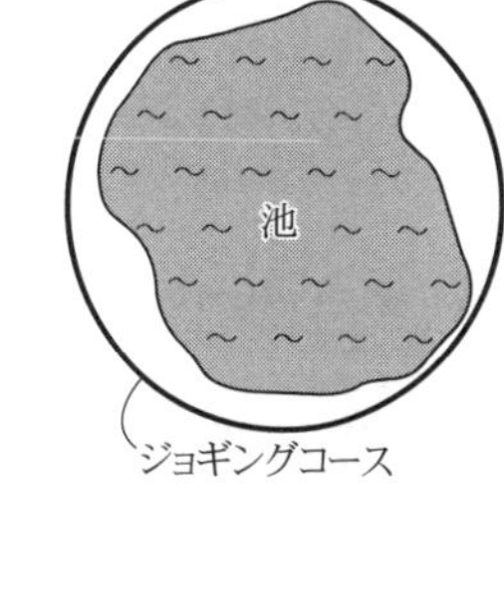

右下の図は，ひなたさんが午前9時ちょうどに出発してから x 分後の地点Aからの道のりを y m として，x と y の関係をグラフに表したものである。

次の問いに答えなさい。　(5点×5＝25点)

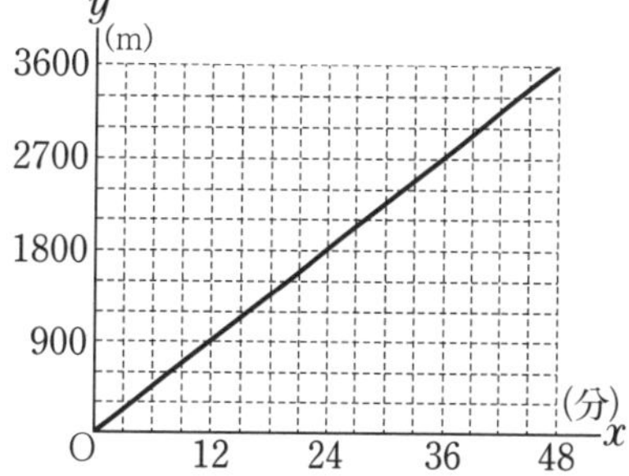

(1) ひなたさんが出発してから48分後までの x と y の関係を式で表しなさい。[$y=$　　　　]

(2) 大輝さんについて，$0 \leqq x \leqq 36$ のときの x と y の関係を表すグラフを上の図にかきなさい。

(3) 大輝さんの，休憩後から36分後までの x と y の関係を式で表しなさい。[$y=$　　　　]

(4) 大輝さんは休憩後，再び出発してひなたさんに追い着いた。ひなたさんに追い着いたのは午前9時何分何秒か。[午前9時　　分　　秒]

(5) 京平さんは，ひなたさんとは反対向きに毎分150mの速さで，午前9時29分ちょうどに地点Aを出発した。京平さんが大輝さんとすれ違ったのは午前9時何分か。[午前9時　　分]

高等学校入試対策基礎問題 ―数　学―

7 多項式・平方根・2次方程式

20 次の計算をしなさい。 (1点×10＝10点)

(1) $\sqrt{12}+\sqrt{3}$ [　　　]
(2) $\sqrt{3}\times\sqrt{6}-\sqrt{2}$ [　　　]
(3) $4\sqrt{5}-\sqrt{10}\div\sqrt{2}$ [　　　]
(4) $2\sqrt{6}+3\sqrt{3}\times(-\sqrt{2})$ [　　　]
(5) $(\sqrt{18}+\sqrt{14})\div\sqrt{2}$ [　　　]
(6) $(\sqrt{5}+\sqrt{3})(\sqrt{5}-\sqrt{3})$ [　　　]
(7) $(\sqrt{2}-\sqrt{3})^2+\sqrt{6}$ [　　　]
(8) $(\sqrt{3}+2\sqrt{7})(2\sqrt{3}-\sqrt{7})$ [　　　]
(9) $(x+2)(x-8)-x^2$ [　　　]
(10) $(a+3)^2-(a+7)(a-7)$ [　　　]

21 次の式を因数分解しなさい。 (1点×6＝6点)

(1) x^2y-4xy [　　　]
(2) $x^2+5x-14$ [　　　]
(3) x^2-x-20 [　　　]
(4) $a^2-8a+16$ [　　　]
(5) x^2-16y^2 [　　　]
(6) $4x(a-b)-(a-b)$ [　　　]

22 次の2次方程式を解きなさい。 (1点×10＝10点)

(1) $(x-2)^2=5$ [$x=$　　　]
(2) $x^2-4x=0$ [$x=$　　　]
(3) $x^2+3x+2=0$ [$x=$　　　]
(4) $x^2-5x-6=0$ [$x=$　　　]
(5) $x^2=x+12$ [$x=$　　　]
(6) $x^2+5x-14=0$ [$x=$　　　]
(7) $2x(x-1)-3=x^2$ [$x=$　　　]
(8) $5(2-x)=(x-4)(x+2)$ [$x=$　　　]
(9) $x^2+7x+11=0$ [$x=$　　　]
(10) $2x^2-5x-1=0$ [$x=$　　　]

23 次の問いに答えなさい。 (2点×7＝14点)

(1) $\dfrac{12}{\sqrt{6}}+3\sqrt{3}\times(-\sqrt{2})$ を計算しなさい。 [　　　]

(2) $x=5+\sqrt{3}$，$y=5-\sqrt{3}$ のとき，$x^2+2xy+y^2$ の値を求めなさい。 [　　　]

(3) $a<\sqrt{30}$ となる自然数 a のうち，最も大きい自然数を求めなさい。 [　　　]

(4) $\sqrt{56n}$ が自然数となるような，最も小さい自然数 n を求めなさい。 [$n=$　　　]

(5) $\sqrt{6}$ の小数部分を a とするとき，a^2+2a の値を求めなさい。 [　　　]

(6) $x=1$ が2次方程式 $x^2+ax-8=0$ の1つの解であるとき，a の値と他の解を求めなさい。 [$a=$　　　，他の解 $x=$　　　]

(7) 2次方程式 $x^2+ax+b=0$ の2つの解が2，7であるとき，a，b の値をそれぞれ求めなさい。 [$a=$　　　，$b=$　　　]

24 右の図の4つの数11，13，14，16は，左上の数に2を加えて右上の数とし，左上，右上の数にそれぞれ3を加えて左下，右下の数としたものである。このような4つの数について，右上の数と左下の数の積から左上の数と右下の数の積をひくと6になることを，左上の数を n として説明しなさい。 (10点)

11	13
14	16

[　　　　　　　　　　　　　　　　　　　　]

2乗に比例する関数

制限時間 45分　得点 /50

25 次の問いに答えなさい。　　(3点×6＝18点)

(1) yはxの2乗に比例し，$x=-2$のとき$y=8$である。このとき，yをxの式で表しなさい。　[$y=$　　　]

(2) 関数$y=x^2$について，xの変域が$-2 \leqq x \leqq 3$のときのyの変域を求めなさい。　[　$\leqq y \leqq$　]

(3) 関数$y=\frac{1}{4}x^2$について，xの変域が$a \leqq x \leqq 3$のときのyの変域が$b \leqq y \leqq 9$である。a，bの値をそれぞれ求めなさい。　[$a=$　　，$b=$　　]

(4) 関数$y=-3x^2$について，xの値が-4から3まで増加するときの変化の割合を求めなさい。　[　　　]

(5) 関数$y=-x^2$について，xの値がpから$p+3$まで増加するときの変化の割合は-11である。pの値を求めなさい。　[$p=$　　　]

(6) 関数$y=ax^2$と関数$y=4x+1$　について，xの値が-2から6まで増加するときの変化の割合が等しいとき，aの値を求めなさい。　[$a=$　　　]

26 右の図のように，関数$y=\frac{1}{4}x^2$ …①のグラフ上に点Aがあり，そのx座標は6である。点Aを通りx軸に平行な直線をひき，y軸との交点をBとする。また，x軸上にx座標が負である点Pがあり，BとPを結ぶと∠OAB＝∠BPOであり，線分BPと①のグラフとの交点をQとする。

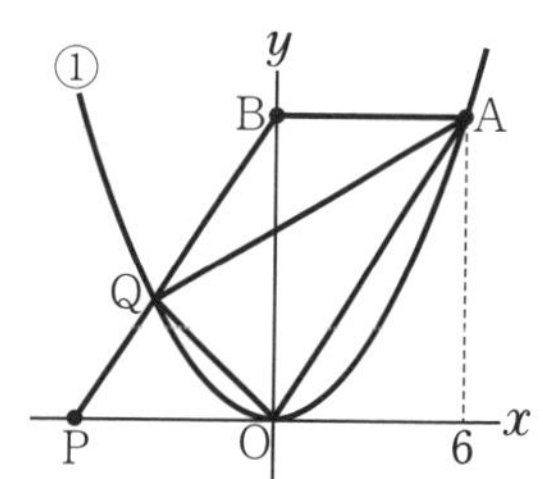

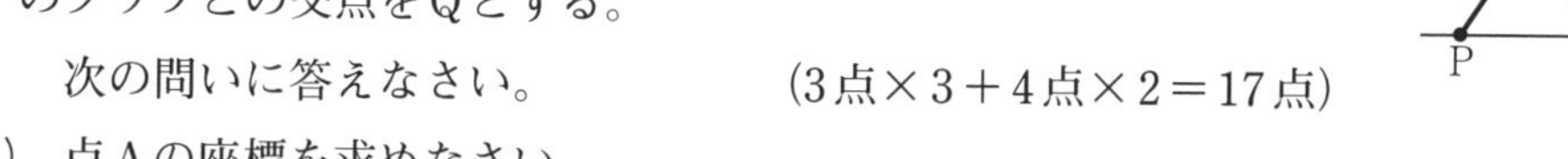

次の問いに答えなさい。　　(3点×3＋4点×2＝17点)

(1) 点Aの座標を求めなさい。　[(　　,　　)]

(2) 点Pの座標を求めなさい。　[(　　,　　)]

(3) 直線ABの式を求めなさい。　[$y=$　　　]

(4) △OAQの面積を求めなさい。　[　　　]

(5) 点Qのx座標を求めなさい。　[　　　]

27 右の図のように，関数$y=ax^2\,(a>0)$ …①，$y=2x^2$ …②のグラフがある。点Aは①のグラフ上にあり，点Bは②のグラフ上にあって，点Aの座標は(6，12)，点Bのx座標は-2である。また，点Aを通りx軸に平行な直線をひき②のグラフとの交点をCとする。次の問いに答えなさい。　　(3点×5＝15点)

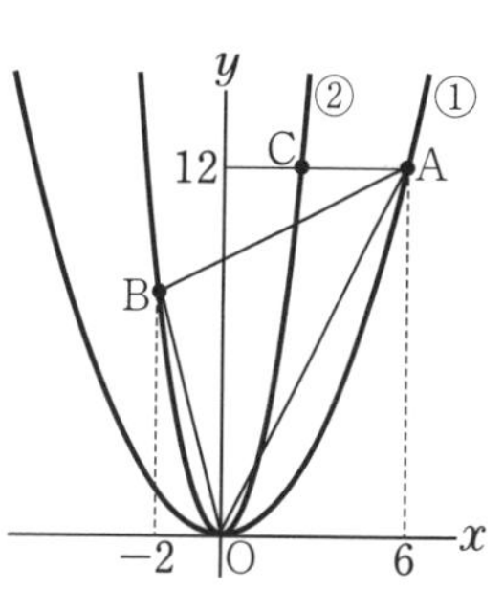

(1) aの値を求めなさい。　[$a=$　　　]

(2) 直線ABの式を求めなさい。　[$y=$　　　]

(3) △OABの面積を求めなさい。　[　　　]

(4) 点Cの座標を求めなさい。　[(　　,　　)]

(5) △ACBと△ACOの面積の比を求めなさい。　[　：　]

円と相似

制限時間 45分　得点　/50

28　次の問いに答えなさい。　(4点×3＝12点)

(1)　(2)　(3)

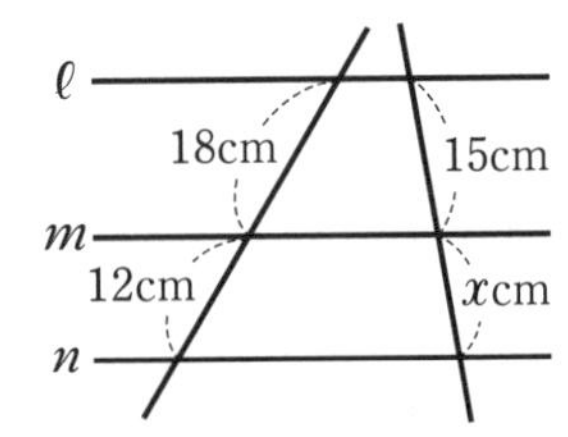

(1)　上の図(1)で，5点A，B，C，D，Eは円Oの円周上にある。∠BAC＝28°，∠CED＝25°のとき，∠BODの大きさを求めなさい。　[　　　度]

(2)　上の図(2)で，4点A，B，C，Dは円Oの円周上にあり，線分BDは円Oの直径である。∠ABD＝33°，∠COD＝46°のとき，∠xの大きさを求めなさい。　[　　　度]

(3)　上の図(3)で，3直線ℓ，m，nは，いずれも平行になっている。このとき，xの値を求めなさい。　[x＝　　　]

29　右の図のように，線分ABを直径とする半円Oがあり，$\overset{\frown}{AB}$上に2点A，Bと異なる点Cをとる。$\overset{\frown}{BC}$上に$\overset{\frown}{CD}＝\overset{\frown}{DB}$となる点Dをとり CとDを結ぶ。線分ADと線分BCとの交点をEとするとき，△ACD∽△AEBであることを証明しなさい。　(9点)

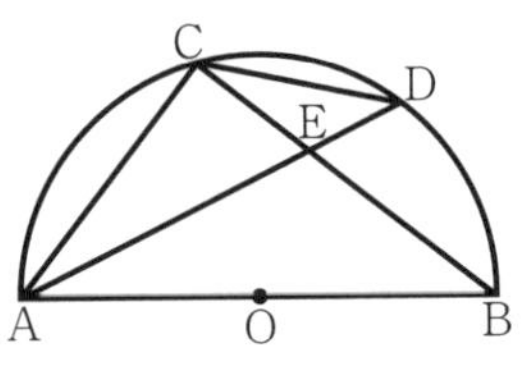

[　　　]

30　右の図のように，正三角形ABCを頂点Aが辺BC上にくるように折り返す。頂点Aが移る点を点Fとし，折り目の線分を線分EDとする。このとき，△EBF∽△FCDであることを証明しなさい。　(9点)

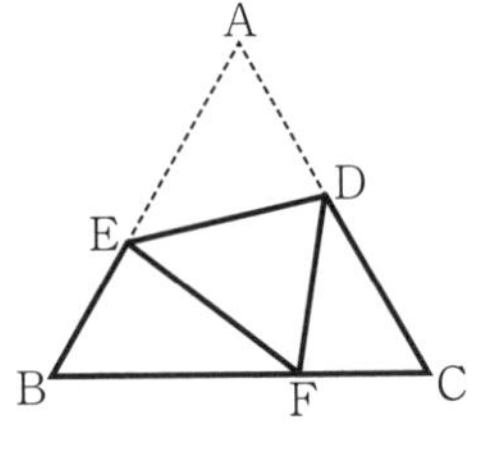

[　　　]

31　右の図のような△ABCがあり，AB＝18cm，BC＝15cmである。∠ABCの二等分線と∠ACBの二等分線との交点をDとし，点Dを通り辺BCに平行な直線と2辺AB，ACとの交点をそれぞれE，Fとする。BE＝6cmであるとき，次の問いに答えなさい。　(5点×4＝20点)

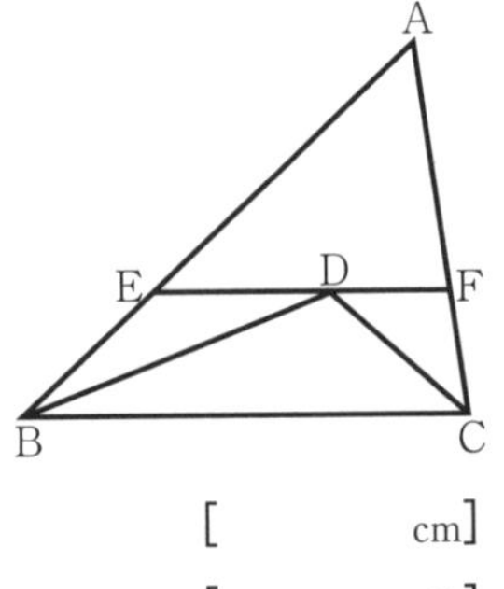

(1)　線分EFの長さを求めなさい。　[　　　cm]

(2)　線分AFの長さを求めなさい。　[　　　cm]

(3)　△EBDの面積は△DBCの面積の何倍か。　[　　　倍]

(4)　△AEFの面積と四角形EBCFの面積の比を求めなさい。　[　　：　　]

三平方の定理

制限時間 45分　得点　/50

32 次の問いに答えなさい。　(3点×3＝9点)

(1)　(2)　(3)

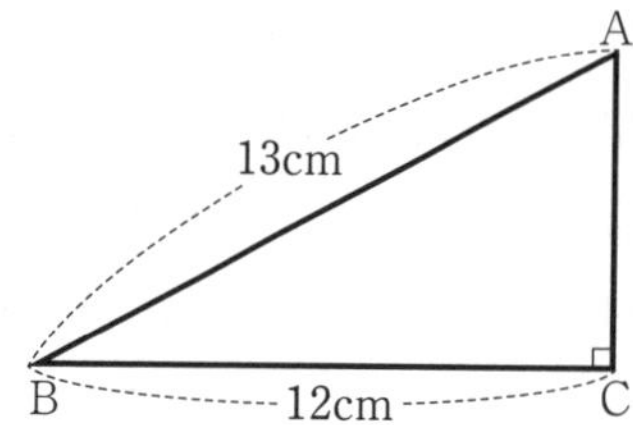

(1) 上の図(1)は，1辺の長さが $8\sqrt{3}$ cm の正三角形ABCである。この△ABCの面積を求めなさい。　[　　cm²]

(2) 上の図(2)は，AC＝4 cm の直角二等辺三角形ABCである。点Bを中心として半径 4 cm の円をかき，辺ABとの交点をDとする。線分ADの長さを求めなさい。　[　　cm]

(3) 上の図(3)は，AB＝13 cm，BC＝12 cm の直角三角形ABCである。辺ACの長さを求めなさい。　[　　cm]

33 右の図のように，底面が直角三角形で側面がすべて長方形である三角柱 ABC - DEF がある。AC＝$2\sqrt{5}$ cm，BE＝9 cm，EF＝6 cm で，点M，Nはそれぞれ辺EF，DFの中点である。BとM，MとN，NとAをそれぞれ結んで四角形ABMNをつくるとき，次の問いに答えなさい。　(3点×2＋4点×4＝22点)

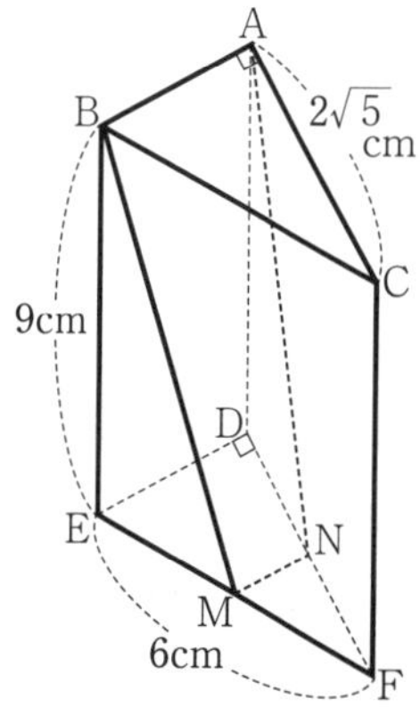

(1) 辺DEの長さを求めなさい。　[　　cm]

(2) 線分MNの長さを求めなさい。　[　　cm]

(3) 線分BMの長さを求めなさい。　[　　cm]

(4) 線分ANの長さを求めなさい。　[　　cm]

(5) 四角形ABMNの面積を求めなさい。　[　　cm²]

(6) この三角柱を4点A，B，M，Nを含む平面で切断したとき，頂点D，Eを含む方の立体の体積を求めなさい。　[　　cm³]

34 右の図のように，底面の直径ABが 4 cm，高さが $4\sqrt{2}$ cm で，頂点をOとする円錐がある。点Pは母線OA上の点でOP＝2 cm である。また，点Bから点Pまでひもをかけ，ひもの長さが最も短くなるようにする。このとき，次の問いに答えなさい。ただし，円周率は π とする。　(3点×1＋4点×4＝19点)

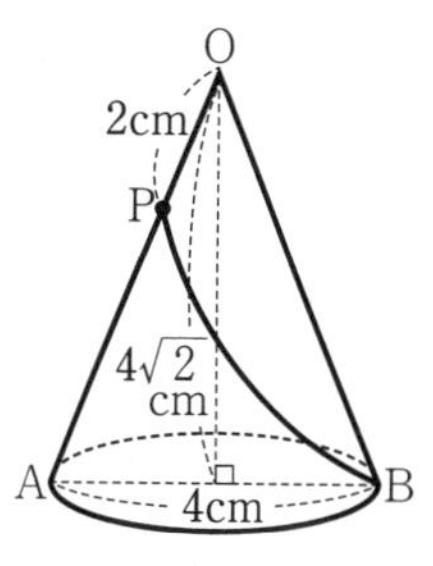

(1) この円錐の体積を求めなさい。　[　　cm³]

(2) 母線OAの長さを求めなさい。　[　　cm]

(3) この円錐の側面積を求めなさい。　[　　cm²]

(4) 円錐の側面にあたるおうぎ形の中心角の大きさを求めなさい。　[　　度]

(5) ひもの長さを求めなさい。　[　　cm]

1 動詞の形　現在形・過去形・進行形

1 次の英文の(　　)に入る適当な形のbe動詞を下から選び記号で答えなさい。(各1点　計10点)

(1) Kumi's mother (　　) forty-five years old now. [　　　　]
(2) Do you want to (　　) a police officer in the future? [　　　　]
(3) Who (　　) that boy over there? ── He is John. [　　　　]
(4) Mao will (　　) a university student in April next year. [　　　　]
(5) There (　　) a funny boy in my class this year. ※今年を振り返って [　　　　]
(6) Just watch me carefully. What (　　) I doing now? [　　　　]
(7) Why (　　) your classmates angry this morning? ※お昼ごろの会話 [　　　　]
(8) My grandpa's dream (　　) to become an actor when he was young. [　　　　]
(9) My parents (　　) having a good time in Disney Sea now. [　　　　]
(10) What (　　) you and Saki doing after school yesterday? [　　　　]

ア am　イ are　ウ is　エ be　オ was　カ were

2 次の英文の(　　)の単語を適当な形に変えなさい。このままでよい場合には，○と答えなさい。
((5)(10)完答　各1点　計10点)

(1) Why are they (hurry) home today? [　　　　]
(2) My friend usually (go) to school earlier than me. [　　　　]
(3) Nancy (get) up very late every Sunday. [　　　　]
(4) My sister (find) a nice pair of gloves last Sunday. [　　　　]
(5) Hana usually (don't) (watch) TV after dinner. [　　　　][　　　　]
(6) Mike loves milk, so he (drink) milk every day. [　　　　]
(7) My uncle doesn't (listen) to classical music. [　　　　]
(8) How many teachers (do) your school have when it started 80 years ago? [　　　　]
(9) My father is (look) for a birthday present for his wife. [　　　　]
(10) I (see) a big red post when I (get) off the bus yesterday. [　　　　], [　　　　]

3 次の英文の(　　)に適当な語を入れて会話を完成させなさい。(各1点　(5)Bは完答　計12点)

(1) **A**: What country (　　) you from? [　　　　]
B: I (　　) from the United Kingdom. [　　　　]
(2) **A**: What time (　　) Taro leave for school every day? [　　　　]
B: He always (　　) about seven o'clock. [　　　　]
(3) **A**: (　　) you have any brothers? [　　　　]
B: No, I (　　) have any brothers. [　　　　]

(4) **A**：(　　) Kenji practice basketball every day?　[　　　　]
B：Yes, he (　　). Because he is not a good player.　[　　　　]

(5) **A**：What (　　) your mother doing about six o'clock yesterday?　[　　　　]
B：She (　　)(　　) spicy curry and rice.　[　　　　][　　　　]

(6) **A**：(　　) it snow around here last night?　[　　　　]
B：No, it (　　). But it was very cold all night.　[　　　　]

4 次の英文が日本文の意味を表すように, (　　)に適当な語を入れなさい。(各2点　(4)(5)(6)は完答　計12点)

(1) その動物園には, 先月まで大きなライオンが３匹いた。
The zoo (　　) three big lions until last month.　[　　　　]

(2) デイヴィッドは日本語を毎晩１時間勉強します。
David (　　) Japanese for an hour every evening.　[　　　　]

(3) 私の町にはスポーツジムがない。
There (　　) any sports gyms in my town.　[　　　　]

(4) 昨日トムは具合が悪かったので, 散歩しなかった。
Tom was sick yesterday, so he (　　)(　　) a walk yesterday.
[　　　　][　　　　]

(5) 美樹は, その時私たちに日本食の作り方を見せていました。
Miki (　　)(　　) us how to cook Japanese food then.　[　　　　][　　　　]

(6) 新しいALTの先生は, どこの国から来るのですか。
What country (　　) our new ALT (　　) from?　[　　　　], [　　　　]

5 次の英文は, 香(Kaori)のある日の日記である。その内容に関する質問に英語で答えなさい。
(各2点　計6点)

Yesterday my parents and I went to the city stadium to see a football game. It was sunny and warm, and the game was so exciting. We had a good time there. After that, we went shopping. I wanted to buy a pair of red shoes, but I couldn't find a good one. My mother bought a very expensive Swiss watch. I envied her. For dinner, we chose a popular Italian restaurant. The dinner was delicious, and we enjoyed the evening together.

(1) The weather was fine yesterday. Why did Kaori and her parents go to the stadium?
[　　　　]

(2) Tell us about what Kaori's mother bought.
[　　　　]

(3) After the shopping, where did Kaori and her parents have dinner?
[　　　　]

未来を表す表現・助動詞

6 文中の(　　)の中から正しい語句を選び，記号で答えなさい。(各1点　計6点)

(1) My sister Mao (ア　can't to　イ　doesn't can　ウ　cannot　エ　can doesn't) ski.

(2) (ア　Could you do　イ　Could you to　ウ　Could do you　エ　Could you) make some coffee for me?

(3) Kenji (ア　will is　イ　will　ウ　will be　エ　will been) a college student next year.

(4) What TV program (ア　do you be going　イ　do you going　ウ　you are going　エ　are you going) to watch tonight?

(5) Meg (ア　will going to　イ　is going to　ウ　is going　エ　will goes) meet Kaito tomorrow.

(6) You (ア　must comes　イ　come must　ウ　must come　エ　must to come) to school by seven fifty from Monday through Friday.

(1)[　　] (2)[　　] (3)[　　] (4)[　　] (5)[　　] (6)[　　]

7 会話が完成するように，次の文の(　　)に適当な語を入れなさい。(完答各2点　計10点)

(1) A: When (　　)(　　) be back from school?　[　　][　　]
B: Well, let me see. I'll be back by six o'clock.

(2) A: Excuse me. (　　)(　　) turn off the lights?　[　　][　　]
B: Certainly.

(3) A: (　　)(　　) use your eraser?　[　　][　　]
B: Sure. Go ahead.

(4) A: (　　) your mother (　　) to go shopping this afternoon?　[　　], [　　]
B: Yes, she is. She loves shopping.

(5) A: (　　)(　　) open the windows?　[　　][　　]
B: No, thank you. I'm a little cold.

8 次の英文が日本文の意味を表すように(　　)に適当な語を入れなさい。(完答各2点　計12点)

(1) チーズバーガーを一つと紅茶をください。
I (　　)(　　) a cheese burger and a cup of tea.　[　　][　　]

(2) とても疲れました。お隣に座ってもよろしいでしょうか。
I'm very tired. (　　)(　　) sit next to you?　[　　][　　]

(3) 彼らには食べるものが必要です。私たちは，あの人たちを助けなければなりません。
They need something to eat. We (　　)(　　) those people.　[　　][　　]

(4) ヨーロッパ旅行では，どの国を訪問するのがいいですか。
What countries (　　) we (　　) when we travel to Europe?　[　　], [　　]

(5) 来週まで雨は降らないでしょう。
It (　　)(　　) until next week.　[　　][　　]

(6) 申し訳ない，今日は一緒に図書館に行けない。
Sorry, but I (　　)(　　) to the library with you today.　[　　　　][　　　　]

9 次の日本文に合うように(　　)内の語句を並べかえて英文を完成させなさい。(各2点　計10点)
ただし，使わない１語が入っています。

(1) 先生の具合がすぐに良くなることを私たちみんなが願っています。
We all (get well , our , hope , teacher , may , will , soon).
We all [　　　　　　　　　　　　　　　　　　　　].

(2) コーヒーか紅茶はいかがですか。
(could , would , like , or , you , coffee , some) tea?
[　　　　　　　　　　　　　　　　　　　　] tea?

(3) 甘いものにお金を使い過ぎてはだめですよ。
You (spend , too much , could , must , money , not) on sweets.
You [　　　　　　　　　　　　　　　　　　　　] on sweets.

(4) あなたは友人たちと，いつ京都を訪れる予定ですか。
(you , visit , when , how , Kyoto , to , going , are) with your friends?
[　　　　　　　　　　　　　　　　　　　　] with your friends?

(5) スミスさんの家族は，今夜私たちとクリスマス・パーティーをします。
The Smith family (a , party , going , have , is , be , to , Christmas) with us tonight.
The Smith family [　　　　　　　　　　　　　　　　　　　　] with us tonight.

10 次の英文が日本文の意味を表すように，下線部に適当な語句を入れなさい。(各2点　計12点)

(1) 母親の誕生日のために何をする(予定)ですか。
__________ for your mother's birthday?　[　　　　　　　　]

(2) 私はもっと一生懸命に練習すべきですか。
__________ harder?　[　　　　　　　　]

(3) あなたの町から阿蘇山は見えますか。
__________ Mt. Aso from your town?　[　　　　　　　　]

(4) 明日の朝，彼に電話してもらえますか。
__________ tomorrow morning?　[　　　　　　　　]

(5) お年寄りが困っていたら，親切にしなければいけない。
__________ to old people when they're in trouble.　[　　　　　　　　]

(6) もっと早く出発すれば，遅れないよ。
__________ if you leave earlier.　[　　　　　　　　]

現在完了

11 時間を表す表現に注意して，次の英文の（　）の中から最も適当な語句を選びなさい。(各1点　計6点)

(1) (ア Do　イ Have　ウ Did　エ Are) you already read that new comic book?

(2) I've never (ア spoken　イ speak　ウ spoke　エ speaking) to foreign people before.

(3) Ken (ア goes　イ have been　ウ has been　エ has visited) to Osaka many times.

(4) I (ア have know　イ has known　ウ have knew　エ have known) Meg for many years.

(5) Jane (ア has stay　イ have stayed　ウ has been staying　エ stays) with us since last May.

(6) My sister sometimes (ア was making　イ has made　ウ make　エ makes) dinner for me.

(1) [　　] (2) [　　] (3) [　　] (4) [　　] (5) [　　] (6) [　　]

12 次の文を（　）の語句を加えて，現在完了の文に書き換えなさい。(各2点　計8点)

(1) We start running in the park. (just)

[　　　　　　　　　　　　　　　　　　]

(2) Jiro lives in this city. (since he was a child)

[　　　　　　　　　　　　　　　　　　]

(3) My aunt travels to countries in Europe. (never, before)

[　　　　　　　　　　　　　　　　　　]

(4) Daniel and Mao are good friends. (for more than twenty years)

[　　　　　　　　　　　　　　　　　　]

13 次の英文の（　）に入る最も適当な語句を選んで，記号で答えなさい。(各1点　計6点)

(1) I've wanted a new bike (　) many years. [　　]

(2) My dad has (　) left home for work. [　　]

(3) Have you (　) been to London? [　　]

(4) We have (　) played rugby before, so we want to try it someday. [　　]

(5) She has been studying English (　) this morning. [　　]

(6) The train hasn't arrived at the station (　). [　　]

ア already　イ never　ウ ever　エ since　オ for　カ yet

14 次の日本文に合うように（　）の語句を並べかえて英文を完成させなさい。(各2点　計10点)

(1) 私たちは以前に何度か日光に行ったことがあります。

(been, have, before, we, Nikko, times, to, several).

[　　　　　　　　　　　　　　　　　　].

(2) あなたはもう夕食を済ませましたか。

(you, finished, have, dinner, yet)?

[　　　　　　　　　　　　　　　　　　]?

得点　/50

(3) 私は，もう3時間以上英語を勉強しています。
(three hours , have , studying , I , been , English , more than , for).
[　　　　　　　　　　　　　　　　　　　　　].

(4) あなたは消防士になってどれくらいになりますか。
(long , you , have , how , fire fighter , a , been)?
[　　　　　　　　　　　　　　　　　　　　　]?

(5) ぼくは柔道の練習を始めて9年になります。
(practicing , I , for , been , *judo* , have) nine years.
[　　　　　　　　　　　　　　　　　　　　　] nine years.

15 (　　)の単語を用いて，日本文の意味を表す英文を完成させなさい。（各2点　計10点）

(1) 私の家族はこの家に10年住んでいます。(live)
________________ ten years.　　[　　　　　　　　　].

(2) この4月から何本映画を見ましたか。(watch)
________________ this April?　　[　　　　　　　　　]?

(3) 卓球を始めてどれくらいになりますか。(have , table tennis)
How ________________ ?　　[　　　　　　　　　]?

(4) 彼は，10歳の時以来，両親に会っていません。(see)
He ____________ ten years old.　　[　　　　　　　　　].

(5) 今までに富士山に登ったことがありますか。(climb)
________________ Mt. Fuji?　　[　　　　　　　　　]?

16 日本文の内容に一致するように(　　)に1語ずつ入れなさい。(解答欄下線部毎に2点　計10点)

夕方になって叔父の明(Akira)から電話があった。陸(Riku)の父親は，兄と一緒に祖母の家に出かけてしまっている。陸は姉と家で留守番をしながら，午前中はゲームをした。明日は試験があるので数学と理科を午後からずっと勉強している。叔父に夕食はもう食べたのか聞かれた。陸と姉は，ちょうどカレーライスを作って食べたところだった。

Akira：Hi, Riku. Can I speak to your father?

Riku：Sorry, Uncle Akira. Dad (1) (2) home to visit Grandma with my brother. So, I'm home with my sister now. We were playing video games together in the morning. I have a test tomorrow, so I (3) (4) (5) math and science (6) this afternoon.

Akira：That's great! Good boy, Riku. (7) you (8) dinner (9)?

Riku：Yes, we (10). We cooked curry and rice.

(1)[　　　]　(2)[　　　]　(3)[　　　]　(4)[　　　]　(5)[　　　]
(6)[　　　]　(7)[　　　],　(8)[　　　],　(9)[　　　]　(10)[　　　]

4 名詞・冠詞・代名詞・接続詞・前置詞

17　次の単語の複数形を書きなさい。　(各1点　計4点)

(1) city　(2) dish　(3) tooth　(4) child

(1)[　　　　] (2)[　　　　] (3)[　　　　] (4)[　　　　]

18　次の(　　)にあてはまる適当な語を英語で書きなさい。　(各1点　計6点)

(1) We usually have 365 (　　) in a year.　[　　　　]

(2) Winter comes before (　　).　[　　　　]

(3) Wednesday is the day after (　　).　[　　　　]

(4) The Halloween season comes in (　　), the tenth month of the year.　[　　　　]

(5) Mr. Aoki is my (　　). He is my mother's brother.　[　　　　]

(6) There are four train stations (　　) Oyama and Utsunomiya.　[　　　　]

19　次の英文の(　　)に，a , an , the のうち適当なものを入れなさい。必要がない場合は，×を入れなさい。　(完答各1点　計6点)

(1) Which do you want to read, (　　) interesting story or (　　) sad one? [　　　], [　　　]

(2) Ms. Sato is (　　) my art teacher. She's (　　) excellent teacher. [　　　], [　　　]

(3) They went camping in (　　) Nikko (　　) this weekend.　[　　　], [　　　]

(4) My father drinks (　　) glass of (　　) milk every morning.　[　　　], [　　　]

(5) Mr. Brown teaches four (　　) English classes in (　　) morning.　[　　　], [　　　]

(6) Mai has (　　) big dog. (　　) dog likes her very much.　[　　　], [　　　]

20　次の英文の(　　)に適当な代名詞を入れなさい。　((4)(5)は完答で1点　計6点)

(1) I want that red sweater because (　　) looks so warm.　[　　　　]

(2) Ms. Sato took off (　　) jacket when she came into the room.　[　　　　]

(3) My aunt gave us two birds, and we always take good care of (　　).　[　　　　]

(4) **A**: Who is that lady singing a song? What a beautiful voice!

B: (　　) is Taylor Swift, a popular singer. Many young people like (　　) songs.

[　　　　], [　　　　]

(5) **A**: I see a lot of boys and girls in this picture. Who are (　　)?　[　　　　]

B: My classmates. I can say all (　　) names.　[　　　　]

(6) **A**: Whose shoes are those? Are they (　　)?　[　　　　]

B: No, they're not yours. It's Jiro's.

得点　　/50

21 次の英文の(　　)に入る最も適当な語を下から選びなさい。(各1点　計6点)

(1) He was a little sick, (　　) he didn't go out on Sunday. [　　　　]
(2) She always listens to the radio (　　) she goes to bed. [　　　　]
(3) We have school lunch (　　) twelve thirty. [　　　　]
(4) What are you going to give your girlfriend (　　) her birthday? [　　　　]
(5) Tom can't write Japanese, (　　) he can speak some Japanese. [　　　　]
(6) A new department store is going to open (　　) November. [　　　　]

[before ／ on ／ at ／ but ／ and ／ so ／ in]

22 次の二つの英文に共通して入る単語を書きなさい。(各2点　計10点)

(1) We were all excited when our favorite singer appeared (　　) the stage.
Mom was not happy because I left many books (　　) the kitchen table. [　　　　]
(2) What kind (　　) music are you interested in?
The girl wanted to buy one (　　) the pretty dolls in the shop. [　　　　]
(3) There are more than one thousand students (　　) this university.
This building was built (　　) 2002. [　　　　]
(4) Our ALT has been working with us (　　) three years.
We had a special party (　　) my father last week. [　　　　]
(5) I will go abroad to study (　　) my friends next year.
Would you like come (　　) us? [　　　　]

23 次の英文が日本文の意味を表すように(　　)に適当な語を入れなさい。(各2点　計12点)

(1) 科学技術が様々な面で私たちを支援してくれるので，私たちの生活は楽になりました。
Our lives are easy now (　　) science and technology help us in many ways. [　　　　]
(2) LサイズとMサイズ，どちらのズボンを試着されますか。
Would you like to wear, the large pants (　　) the medium ones? [　　　　]
(3) 早紀は，明後日まで私たちといる予定です。
Saki is going to stay with us (　　) the day after tomorrow. [　　　　]
(4) 大学卒業後のあなたの将来の計画は何ですか。
(　　) you finish college, what are your plans for the future? [　　　　]
(5) 迎えに行くから，駅に着く前に電話しなさい。
I'll pick you up, so call me (　　) you get to the station. [　　　　]
(6) もし明日風が強かったら，釣りは行きたくありません。
I don't want to go fishing (　　) it's too windy tomorrow. [　　　　]

形容詞・副詞・比較級

24 次の語の比較級と最上級を答えなさい。 (完答各1点　計4点)

		比較級	最上級			比較級	最上級
(1)	warm	[　　]	[　　]	(2)	easy	[　　]	[　　]
(3)	important	[　　]	[　　]	(4)	good	[　　]	[　　]

25 次の文の(　　)の中から適当な語句を選びなさい。 (各1点　計9点)

(1) There was not (enough / many) water in the bottle. [　　]
(2) I want to enjoy this winter vacation very (much / well). [　　]
(3) The man didn't have (many / much) money in his wallet. [　　]
(4) The English test I took yesterday was (a few / a little) difficult. [　　]
(5) How (many / much) books do you buy every month? [　　]
(6) He will be with us in (a few / a little) minutes. [　　]
(7) He can use both English and Spanish very (much / well). [　　]
(8) How (many / much) paintings are there in this museum? [　　]
(9) Turn left, and you can find the post office (easy / easily). [　　]

26 次の(　　)内の単語を適当な形に変えなさい。変えない場合や1語加える場合あり。(各1点　計5点)

(1) Mt. Everest is (high) mountain in the world. [　　]
(2) Lake Biwa is (large) Lake Inawashiro. [　　]
(3) The Nile river is (long) than any other river in the world. [　　]
(4) Don't you think math is (difficult) than English? [　　]
(5) The weather has been as (hot) as summer for weeks. [　　]

27 次の英文が日本文の意味を表すように(　　)に適当な語を入れなさい。((1)(2)(4)(6)完答各1点　計6点)

(1) あなたは春と秋のどちら季節が好きですか。
(　　) season do you like (　　), spring or fall? [　　], [　　]

(2) あそこにいる犬は，私たちの犬よりずっと大きくみえる。
The dog over there looks (　　)(　　) than ours. [　　][　　]

(3) 僕が初めて立って歩いたのは，たった10か月の時だった。
I was (　　) ten months old when I first stood up and walked. [　　]

(4) 日本で最も素晴らしい紅葉を見せてあげよう。
I'll show you the (　　)(　　) autumn colors in Japan. [　　][　　]

(5) 明人と健太は，いつも一緒に学校まで歩いて通っている。
Akito and Kenta (　　) walk to school together. [　　]

(6) 君は僕らの体育の先生と同じくらい速く泳げるのかい？
Can you swim (　　)(　　)(　　) our PE teacher? [　　][　　][　　]

得点　/50

28　(　　)内の語句を並べかえて日本文に合う英文を完成させなさい。不要な1語あり。(各2点　計14点)

(1) ラグビーは，卓球よりもわくわくする［興奮する］。
(table tennis , interesting , exciting , is , more , rugby , than).
[　　　　　　　　　　　　　　　　　　　　　　　].

(2) 君の学校で最も足が速いのは誰か教えてください。
Please tell me (runs , school , your , fastest , faster , in , the , who).
Please tell me [　　　　　　　　　　　　　　　　　　　　　　　].

(3) 囲碁は将棋と同じくらい面白いと思う。
I think (as , as , *shogi* , is , *go* , easier , interesting).
I think [　　　　　　　　　　　　　　　　　　　　　　　].

(4) 権力 (authority) より平和のほうがもっと大切だと誰もが信じている。
Everyone believes (more , peace , authority , than , much , important , is , best).
Everyone believes [　　　　　　　　　　　　　　　　　　　　　　　].

(5) 川は2日前より増水していたことに気が付いた。
I found (ago , was , two days , water , there , than , more , many) in the river.
I found [　　　　　　　　　　　　　　　　　　　　　　　] in the river.

(6) あなたは，週に何回塾に行っていますか。週に2回です。
(do , times , to , how , go , much , many , *juku* , you , a week)?　Twice a week.
[　　　　　　　　　　　　　　　　　　　　　　　]?　Twice a week.

(7) すべての中で最後の歌が，聴衆 (audience) の間で最も人気があった。
The last song (popular , famous , was , of all , among , the most , the audience).
The last song [　　　　　　　　　　　　　　　　　　　　　　　].

29　(　　)の語を必要に応じて適切な形に変え，次の日本文を英文に直しなさい。(各2点　計12点)

(1) 僕は，クラスの男子全員の中で一番背が高い。(tall)
[　　　　　　　　　　　　　　　　　　　　　　　]

(2) 月は地球より小さい。(small)
[　　　　　　　　　　　　　　　　　　　　　　　]

(3) あなたにとって最高の季節は何ですか。(good)
[　　　　　　　　　　　　　　　　　　　　　　　]

(4) 僕は兄より速く走ることができます。(faster)
[　　　　　　　　　　　　　　　　　　　　　　　]

(5) 私は日奈子ほど上手に踊れせん。(well)
[　　　　　　　　　　　　　　　　　　　　　　　]

(6) サッカーは世界で最も人気のあるスポーツのひとつ (one of) です。(popular)
[　　　　　　　　　　　　　　　　　　　　　　　]

6 受け身(受動態)

30 次の英文の(　　)から最も適当な語句を選び，記号で答えなさい。　(各1点　計6点)

(1) Vegetables can (ア grew　イ grows　ウ is grown　エ be grown) easily at home.

(2) Who (ア took　イ is taken　ウ was taken　エ was taking) to the hospital last night?

(3) Daniel (ア chose　イ was chosen　ウ is choosing　エ chooses) to make a speech.

(4) (ア Was　イ Has　ウ Does　エ Were) this window broken by the strong wind?

(5) The new movie was (ア show　イ shown　ウ showing　エ shows) in theaters for the first time last Friday.

(6) Why (ア was spoken to the man　イ the man was spoken to　ウ was the man spoken to　エ did the man spoken to) by the police?

(1)[　　　] (2)[　　　] (3)[　　　] (4)[　　　] (5)[　　　] (6)[　　　]

31 次の英文の(　　)の単語を適当な形に変えなさい。変える必要がない場合はそのまま答えなさい。　((6)完答　各2点　計12点)

(1) This little puppy was (love) by my father.　[　　　]

(2) When was that old temple (build)?　[　　　]

(3) My favorite earphons were (find) under the sofa.　[　　　]

(4) The kitchen should be (clean) soon after dinner.　[　　　]

(5) Kumi was (give) a surprise present on her birthday.　[　　　]

(6) A beautiful sea can (be)(see) from my room.　[　　　][　　　]

32 次の英文が日本文の意味を表すように(　　)に適当な語を入れなさい。(完答各2点　計12点)

(1) この博物館は，1990年にオープンした(された)。

This museum (　　)(　　) in 1990.　[　　　][　　　]

(2) この自転車は，私の兄にだけ使われている。

This bike (　　)(　　) only (　　) my brother.　[　　　][　　　]，[　　　]

(3) 早紀がこの間君に送った手紙には，どんなことが書かれていたの。

What (　　)(　　) in the letter Saki sent you the other day?　[　　　][　　　]

(4) これは，ミレーによって描かれたものではない。

This (　　)(　　)(　　)(　　) Millet.　[　　　][　　　][　　　][　　　]

(5) 良質のワインをつくるブドウは，どこで生産されているのですか。

Where (　　) grapes for good wine (　　)?　[　　　]，[　　　]

(6) この果物はとても古いので，食べられません。

This fruit can't (　　)(　　) because it is too old.　[　　　][　　　]

得点 /50

33 次の日本文に合うように(　　)の語句を並べかえて英文を完成させなさい。ただし，不要な単語が一つ含まれています。 (各2点　計12点)

(1) 良い思い出はいつまでも忘れられることはないでしょう。
Good memories (forever , will , forgotten , must , not , be).
Good memories [　　　　　　　　　　　　　　　　　　　　].

(2) 素晴らしい話が一郎によって生徒たちに語られました。
(by , great , stories , was , Ichiro , told , were) to the students.
[　　　　　　　　　　　　　　　　　　　　] to the students.

(3) その場所で何が発見されたのですか。
(in , place , did , discovered , was , what , that) ?
[　　　　　　　　　　　　　　　　　　　　]?

(4) 英語は，共通語として多くの国で使われています。
(is , countries , English , not , used , in , many) as a common language.
[　　　　　　　　　　　　　　　　　　　　] as a common language.

(5) コンサートのチケットは，来週までに君に送られてくると思います。
I think the concert tickets (be , sent , to you , next week , until , will , by).
I think the concert tickets [　　　　　　　　　　　　　　　　　　　　].

(6) あの花は，君の国ではなんと呼ばれているのですか。
(called , said , flower , is , that , what) in your country?
[　　　　　　　　　　　　　　　　　　　　] in your country?

34 次の英文が日本文の内容を表すように，受け身を使って下線部を補いなさい。(各2点　計8点)

(1) ある一冊の古書が，私たちの国語の授業で紹介された。
An old book ________________ to our Japanese class.
[　　　　　　　　　　]

(2) その本は，有名な作家が(作家によって)書いた(書かれた)のですか。
________________ by a famous writer?　[　　　　　　　　　　]

(3) そうです。夏目漱石によって書かれました。
Yes, it ____________ by Natsume Soseki.　[　　　　　　　　　　]

(4) 彼の(書いた)本は多くの日本人に読まれています。
His books ______________________ by many Japanese people.
[　　　　　　　　　　]

不定詞・動名詞

制限時間 30分

35 次の英文に(　　)内の語を入れるとき，最も適切な場所を記号で答えなさい。(各1点　計5点)

(1) I think it's ア important イ for us ウ about エ world history. (to learn)

(2) I love classical music. ア My hobby イ is ウ to エ the music. (listening)

(3) Could you ア show イ me ウ get to the station? (how to)

(4) Hiroki wanted ア me イ help ウ him エ with his homework. (to)

(5) Miki is ア going to イ visit ウ Todai-ji temple エ the Great Buddha. (to see)

(1)[　　] (2)[　　] (3)[　　] (4)[　　] (5)[　　]

36 (　　)の単語を適当な形に変えなさい。1語補って答えるものもあります。(各1点　計5点)

(1) I was thirsty, but there was nothing (drink) in the fridge. [　　　]

(2) My mom has to finish (clean) the house by noon. [　　　]

(3) Would you like (visit) Hawaii someday? [　　　]

(4) My friends and I enjoyed (watch) a soccer game at the stadium. [　　　]

(5) We always have (wear) our school uniform when we go to school. [　　　]

37 次のAとBがほぼ同じ内容になるように(　　)に適当な語を入れなさい。(完答各2点　計8点)

(1) A: Maki likes learning traditional Japanese dance.
B: Maki likes (　　)(　　) traditional Japanese dance. [　　　][　　　]

(2) A: (　　)(　　) is my sister's job.
B: My sister teaches math. It's her job. [　　　][　　　]

(3) A: I think watching a boxing match is very exciting.
B: I think (　　) is very exciting (　　)(　　) a boxing match.
[　　　], [　　　][　　　]

(4) A: Our history teacher often tells us many interesting stories.
B: Our history teacher has many interesting stories (　　)(　　) us. [　　　][　　　]

38 次の日本文の意味に合うように，英文の下線部に1～2語の適切な語を入れなさい。(各2点　計10点)

(1) マラソンを走り始める前はとても緊張していました。
I was very nervous before I started ＿＿＿＿＿ the marathon. [　　　]

(2) 大きなスタジアムでラグビーの試合を観戦するのはとても楽しい。
＿＿＿＿＿ rugby matches in a big stadium is a lot of fun. [　　　]

(3) トムはいつも飲み物を持って外出する。
Tom always has something ＿＿＿＿＿ with him when he goes out. [　　　]

(4) 私たちは健二が優勝できなかったと聞いて残念だった。
We felt sorry ＿＿＿＿ that Kenji couldn't win the first prize. [　　　]

(5) どの生徒もその有名な俳優に会えるのを楽しみにしています。

得点　　/50

Every student is looking forward to ________ the famous actor. [　　　　　　]

39　次の日本文に合うように(　　)内の語句を並べかえて英文を完成させなさい。ただし，不要な単語が一つ含まれています。　(各2点　計12点)

(1) その夫婦は，一緒に特別な食事ができる(をするための)良いレストランを見つけた。
The couple found (a special dinner ／ a ／ to ／ good ／ have ／ run ／ restaurant) together.
The couple found [　　　　　　] together.

(2) 仙台は七夕の季節に訪れるのにはいい場所です。
Sendai (visit ／ to ／ good ／ is ／ during ／ place ／ with ／ a) the *Tanabata* season.
Sendai [　　　　　　] the *Tanabata* season.

(3) 窓の掃除も頼んでいいですか。
Can I (clean ／ ask ／ to ／ for ／ the windows ／ you), too?
Can I [　　　　　　], too?

(4) 私の両親は，私が子供のころ，よく学びよく遊べとしばしば私に言った。
My parents often (me ／ study hard ／ and ／ play hard ／ told ／ to ／ not) when I was a kid.
My parents often [　　　　　　] when I was a kid.

(5) この券売機の使い方を教えていただけますか。
Could you (use ／ how ／ me ／ what ／ show ／ to) this ticket machine?
Could you [　　　　　　] this ticket machine?

(6) 真司は私に一緒に東京に行こうと頼んできました。
Shinji (asked ／ Tokyo ／ to ／ him ／ his ／ go to ／ with ／ me).
Shinji [　　　　　　].

40　次の会話が日本文の内容に一致するように，空所に1語ずつ入れなさい。((3)(4)は1点，下線部毎に完答2点　計10点)

勇人(Yuto)は，昨日テレビでラグビー観戦を楽しんだ。太郎(Taro)が勇人に，どんなスポーツを観戦するのが一番好きかたずねると，サッカーだと言う。彼はサッカーをするのが得意で，将来はプロチームに入りたい。五郎(Goro)が，日曜日の試合に参加しないかと誘うが，勇人は両親と訪問する所があるとのこと。

Yuto : I (1)(2) a rugby game on TV yesterday.
Taro : What sports do you like (3) the best?
Yuto : Soccer! I'm good at (4) soccer, so I (5)(6) join a professional team one day.
Goro : We have a soccer game next Sunday. Would you like (7)(8) the game with us?
Yuto : I'd love to, but I have some places (9)(10) with my parents that day. Sorry, Goro.

(1)[　　　]　(2)[　　　]　(3)[　　　]　(4)[　　　]　(5)[　　　]　(6)[　　　]
(7)[　　　]　(8)[　　　]　(9)[　　　]　(10)[　　　]

8

分詞・関係代名詞

41 次の英文の(　　)内の語を適当な形に変えなさい。(各1点　計5点)

(1) Can you see that little dog (run) in the school yard? [　　　　　　]

(2) 'Run, Mero!' is a famous book (write) by Dazai Osamu. [　　　　　　]

(3) The picture of (work) children often makes us sad. [　　　　　　]

(4) I bought a house (build) about a century ago. [　　　　　　]

(5) The girl (play) with a dog over there looks happy. [　　　　　　]

42 次の英文の(　　)内に，who, which, thatのうち使用可能なものを入れなさい。不要な場合は，×を書きなさい。(各1点　計4点)

(1) We have a big city library (　　) has many useful books for students. [　　　　　　]

(2) The dictionary (　　) I borrowed from my friend is very old. [　　　　　　]

(3) Kei is an excellent tennis player (　　) we love and respect. [　　　　　　]

(4) The woman (　　) showed us the way to the station was very kind. [　　　　　　]

43 次の日本語を(　　)内の語を用いて英語に直しなさい。(各1点　計4点)

(1) ベンチに座っている一人の少年 (sit) [　　　　　　　　　　　　]

(2) 多くの生徒に尊敬されているあの先生 (respect) [　　　　　　　　　　　　]

(3) 誰かに割られたその高価なカップ (break) [　　　　　　　　　　　　]

(4) 湖で泳いでいるあの女の子 (swim) [　　　　　　　　　　　　]

44 次の各組の英文がほぼ同じ意味になるように(　　)に適当な語を入れなさい。((1)(3)(4)は完答　各2点　計8点)

(1) I use an IC dictionary every day. The dictionary is very expensive.
The IC dictionary (　　)(　　) every day is very expensive. [　　　　　　][　　　　　　]

(2) The students looked very happy. They were singing their favorite songs.
The students (　　) their favorite songs looked very happy. [　　　　　　]

(3) Hinako works at that bread shop. She always looks busy there.
Hinako (　　)(　　) at that bread shop always looks busy. [　　　　　　][　　　　　　]

(4) My father grows some vegetables in his garden. They are so good.
The vegetables (　　)(　　) my father in his garden are so good. [　　　　　　][　　　　　　]

45 次の英文が日本文の意味を表すように(　　)に適当な語を入れなさい。(各2点　(5)は完答　計10点)

(1) あそこで踊っている女の子たちを見てください。彼女らは，早紀と美樹です。
Look at the girls (　　) are dancing over there. They are Saki and Miki. [　　　　　　]

(2) 一緒にお昼を食べていた友だちが，突然話すのをやめた。
My friend (　　) lunch with me stopped talking suddenly. [　　　　　　]

得点　/50

(3) 私のいとこはキティという名前の（キティと呼ばれている）小さな猫を飼っています。
My cousin has a little cat (　　) Kitty.　[　　　　]

(4) 日本語では，５月５日の休日を何と呼んでいますか。
In Japanese, what do you call the holiday (　　) comes on May 5th?　[　　　　]

(5) これは僕が君の誕生日のために君に買ってあげたジャケットかい。
Is this the jacket (　　)(　　) you for your birthday? [　　　　][　　　　]

46 (　　)内の語句を並べかえて日本文に合うように英文を完成させなさい。不要な１語あり。(各2点　計10点)

(1) バスケットコートでスリー・オン・スリーしているあの男の子たちは誰ですか。
Who are (3-on-3 , those , on , around , boys , the basketball court , playing)?
Who are [　　　　]?

(2) 先生が私たちに教えてくれた単語全部を思い出すのはとっても難しいですよね。
It is very difficult to (our teacher , the words , knew , taught , remember , all , us), isn't it?
It is very difficult to [　　　　], isn't it?

(3) 素晴らしいギター演奏をしているあの音楽家はとても人気があるんです。
That (musician , is , which , playing , who , the guitar , beautifully) is very popular.
That [　　　　] is very popular.

(4) クリスマスイヴに子どもたちにプレゼントを運んでくる男の人を知っているかい。
Do you know the man (at , children , presents , brings , to , who) on Christmas Eve?
Do you know the man [　　　　] on Christmas Eve?

(5) 彼はオーストラリアで撮影された１枚の古い写真を見つけた。
He (found , photo , took , taken , an , was , old , that) in Australia.
He [　　　　] in Australia.

47 次の英文を日本文に直しなさい。　(各2点　計6点)

(1) The woman talking with our ALT in English is my homeroom teacher.
[　　　　]

(2) The game I often play online with my friends is difficult but a lot of fun.
[　　　　]

(3) English and French are the official languages used by people in Canada.
[　　　　]

48 次の(1)と(2)の日本文の内容を１文の英語で表しなさい。　(3点)

(1) 母が私に何枚かの写真をみせてくれた。

(2) それらの写真は父が若いころに撮ったものだった。
[　　　　]

9 命令文・間接疑問文・いろいろな文型

49 次の英文の(　　)から最も適当な語句を選び，記号で答えなさい。　(各1点　計4点)

(1) I wish I (ア am　イ were　ウ be　エ can be) the king of all animals.

(2) How about (ア go　イ goes　ウ went　エ going) to a nice restaurant?

(3) Why don't we (ア be　イ are　ウ do　エ does) the job more carefully?

(4) Guess (ア what I had　イ what did I have　ウ what I have　エ what do I have) for dinner last night.

(1)[　　　]　(2)[　　　]　(3)[　　　]　(4)[　　　]

50 次の英文が日本文の意味を表すように(　　)に適当な語を入れなさい。(完答各2点　計12点)

(1) ヨーロッパでどこを訪問しようかもう決めましたか。
Have you decided (　　)(　　) visit in Europe yet?　[　　　　][　　　　]

(2) この週末に遊園地に行きませんか。
(　　)(　　) go to the amusement park this weekend?　[　　　　][　　　　]

(3) 花子，この(これらの)スーツケースを運んでもらえますか。
Hanako, (　　)(　　) carry these suitcases for me?　[　　　　][　　　　]

(4) 明日の試合に勝つために，次に何をすべきか考えているところです。
I'm thinking about (　　)(　　)(　　) next to win tomorrow's game. [　　　][　　　][　　　]

(5) 間違いをすることを怖がらないでください。
(　　)(　　)(　　) of making mistakes.　[　　　][　　　][　　　]

(6) 君のチームに昨年は選手が何人いたか教えて。
Tell me how many players (　　)(　　) in your team last year. [　　　　][　　　　]

51 (1)～(5)のitと同じ用法のitが用いられている文をア～オの中から選びなさい。(各1点　計5点)

(1) Do you know what time <u>it</u> is in Paris now?　[　　]

(2) At first, I couldn't see what the animal was, but <u>it</u> was a little monkey.　[　　]

(3) <u>It</u> has been raining since early in the morning.　[　　]

(4) <u>It</u>'s necessary to have something to eat when you are hungry.　[　　]

(5) How long does <u>it</u> take by train from Tokyo to Utsunomiya?　[　　]

ア Hurry up, or we're going to be late! <u>It</u> will be ten o'clock soon!

イ "Look! What's that up in the sky?" "<u>It</u> may be a big bird flying very high."

ウ The concert hall is very near here. <u>It</u> is about five minutes there on foot.

エ <u>It</u> is very interesting for me to study foreign languages.

オ I will not go out if <u>it</u> is too windy tomorrow.

52 次の二つの文がほぼ同じ内容になるように，下線部を補いなさい。　(各2点　計8点)

得点 /50

(1) What time does the soccer game start this afternoon?
Do you know ＿＿＿＿＿ this afternoon?　[　　　　　　　　]

(2) Where can I buy those cool shirts?
I'd like to know ＿＿＿＿＿.　[　　　　　　　　]

(3) Who gave me a call yesterday?
Does anyone remember ＿＿＿＿＿ yesterday?　[　　　　　　　　]

(4) How did he go to the stadium?
I wonder ＿＿＿＿＿.　[　　　　　　　　]

53 次の日本文に合うように(　　)の語句を並べかえて英文を完成させなさい。((3)完答　各2点　計12点)

(1) 私はとても気持ちが高ぶって(興奮して)いて，昨夜はよく眠れませんでした。
I (so , sleep well , that , excited , I , couldn't , was) last night.
I [　　　　　　　　] last night.

(2) 私の名前はジャクソンです。みんないつも私を略してDJと呼んでいます。
My name is Jackson, and (DJ , me , always , calls , everyone) for short.
My name is Jackson, and [　　　　　　　　] for short.

(3) そんなに早く登校する必要はありませんよね。　※念を押したり確認したりする。
You (don't , do , early , go to school , have to , so , you)?
You [　　　　　　　　] , [　　　　] ?

(4) 先生はその数学の問題について，いくつかヒントを私にくれました。
(hints , gave , my teacher , me , several) about the math question.
[　　　　　　　　] about the math question.

(5) この世界地図を君の歴史の先生のところに持っていってください。
(world , map , please , this , to , take) your history teacher.
[　　　　　　　　] your history teacher.

(6) この本はとても難しすぎて容易には理解できません。
This book (is , difficult , to , easily , understand , too).
This book [　　　　　　　　].

54 次の日本文を(　　)の語を用いて英文に直しなさい。　(各3点　計9点)

(1) そのテレビドラマは，私たちをとても悲しい気持ちにしました。(make , sad)
[　　　　　　　　]

(2) 私は将来，大きな宇宙プロジェクトに参加したい。(join , space project)
[　　　　　　　　]

(3) 図書館の中では大声で話してはいけません。(speak , loudly)
[　　　　　　　　]

10 高等学校入試対策基礎問題 —英　語—
会話文・さまざまな疑問文

55　次の英文の(　　)に入る適当な語を下から選び，記号で答えなさい。選択肢はすべて小文字になっています。((1)完答　各1点　計6点)

(1)　(　　) Goro (　　) playing football for many years?　[　　], [　　]
(2)　(　　) it be sunny the day after tomorrow?　[　　]
(3)　(　　) you and Kumi often walk to school together?　[　　]
(4)　(　　) study together for tomorrow's test.　[　　]
(5)　Who (　　) older, your brother or your sister?　[　　]
(6)　Why (　　) you go to bed early last night?　[　　]

ア let's　イ is　ウ are　エ has　オ did　カ do　キ does　ク will　ケ been

56　次の英文の下線部に適当な語句を入れて，会話を完成させなさい。(完答各2点　計12点)

(1) A: ______ ______ your uncle live?　[　　][　　]
B: He lives in Ashikaga.

(2) A: ______ ______ the ______ yesterday?
[　　][　　], [　　]
B: It was July 22nd.

(3) A: ______ ______ music CDs do you have?　[　　][　　]
B: Maybe I have more than one hundred.

(4) A: Mr. Sato is an art teacher, ______ ______ ?　[　　][　　]
B: No, he isn't. He is an English teacher.

(5) A: ______ scissors did you use?　[　　]
B: I used Riku's.

(6) A: ______ ______ ______, Mt. Fuji or Mt. Everest?
[　　][　　][　　]
B: Mt. Everest is. It's much higher.

57　次の英文の下線部が答えとなるような疑問文を作りなさい。(各2点　計10点)

(1) We are going to travel to Kyushu <u>by plane</u>.
[　　]

(2) It's <u>Thursday</u> today.
[　　]

(3) My new "smart" watch is more than <u>50,000 yen</u>.
[　　]

(4) We will meet online <u>at nine</u> tonight.
[　　]

得点　　/50

(5) I closed all the curtains <u>because it was already so dark</u>.
[　　　　　　　　　　　　　　　　　　　　]

58 次の会話が完成するように，(　　)に適当な語を入れなさい。　(完答各2点　計12点)

(1) A：Do you like summer or winter?
B：Winter. (　　)(　　)(　　)?　[　　　][　　　][　　　]
A：Mmm... Let me see. I like summer better.

(2) A：Hi, John. This is my sister, Amy.
B：(　　)(　　)(　　) you, Amy.　[　　　][　　　][　　　]

(3) A：(　　)(　　) play chess together?　[　　　][　　　]
B：Sorry, I'm busy now. Anyway, thank you for asking.

(4) A：(　　) you (　　) some tea?　[　　　], [　　　]
B：Yes, please. Thank you.

(5) A：(　　)(　　) have your name, please?　[　　　][　　　]
B：Of course. I'm Suzuki Ichiro.

(6) A：(　　)(　　), but could you tell me the time?　[　　　][　　　]
B：Sorry. I forgot to wear my watch today.

59 次の(1)～(5)の会話文の応答として最も適した表現をア～オの文の中から一つずつ選び，その記号を答えなさい。　(各2点　計10点)

(1) Shall I get the concert tickets for you?　[　　]
(2) How is your new life in our town?　[　　]
(3) The weather is beautiful today. Let's go on a picnic!　[　　]
(4) We want to see a movie today. Would you like to join us?　[　　]
(5) I'd like to listen to your adventure stories during your trip to Africa?　[　　]

ア　Certainly. I traveled alone and visited many places. I enjoyed the local food there!
イ　Thank you. Yes, please. You are so kind.
ウ　I'm afraid I can't. I have no free time today. What are you going to see?
エ　I love it here, because people are friendly and always so nice to me.
オ　Sounds great! I agree! What should we bring?

1 高等学校入試対策基礎問題 ―社　会―

地　理　1

1　次の問いに答えなさい。　((3)，(4)，各2点，その他各3点)

(1)　右の地図1中のⅠ～Ⅲは，それぞれ三大洋のいずれかを示しており，-----は，大洋の境界を示している。Ⅰが示している大洋の名称を答えなさい。　[　　　　]

地図1

注）大陸の周囲の海は，Ⅰ～Ⅲの三つの大洋に含めている。

(2)　アジア州をさらに細かく区分したとき，タイやインドネシアがふくまれる地域を何アジアというか。　[　　　　]

(3)　右の地図2は，長崎市を中心とした地図で，中心からの方位と距離が正しく表されている。地図から読み取れることに関するａ，ｂの文の正誤の組み合わせとして最も適当なものを次から一つ選び，記号で答えなさい。　[　　　　]

ａ　リマは，長崎からほぼ北西の方位に位置する。

ｂ　長崎からリマまでの距離は，長崎からナイロビまでの距離より長い。

ア　ａ＝正，ｂ＝正　　イ　ａ＝正，ｂ＝誤

ウ　ａ＝誤，ｂ＝正　　エ　ａ＝誤，ｂ＝誤

地図2

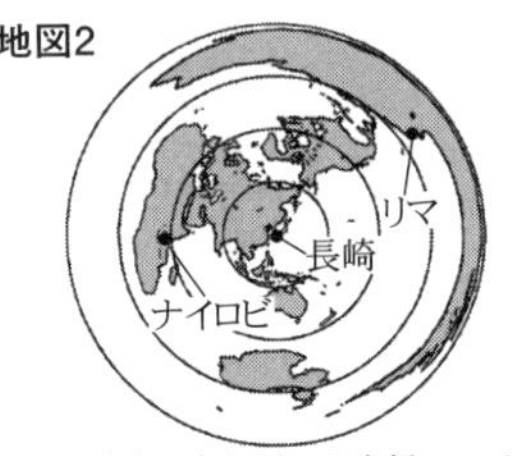

注）長崎市を中心として，半径5,000kmごとに円を記している。

(4)　右の地図3中の○印で示した区域において，伝統的に，主食とするために栽培されている作物として最も適当なものを次から一つ選び，記号で答えなさい。　[　　　　]

ア　米　　イ　小麦　　ウ　とうもろこし　　エ　いも類

地図3

(5)　右の資料は，世界を五つの気候帯に分けたときの，大陸別気候帯面積の割合を示したものである。オーストラリア大陸にあてはまるものとして最も適当なものを資料から一つ選び，記号で答えなさい。　[　　　　]

資料　世界の大陸別気候帯面積の割合　単位(%)

	北アメリカ	アフリカ	ア	イ	ウ	エ
熱　帯	5.2	38.6	7.4	16.9	63.4	―
乾燥帯	14.4	46.7	26.1	57.2	14.0	―
温　帯	13.5	14.7	17.5	25.9	21.0	―
冷　帯(亜寒帯)	43.4	―	39.2	―	―	―
寒　帯	23.5	―	9.8	―	1.6	100.0

(「データブック オブ・ザ・ワールド」2020より作成)

(6)　次の文中の(ａ)に当てはまる風の名を答えなさい。　[　　　　]

> アジアの東部から南部にかけての海沿いの地域では，半年ごとに風向きが変化する(ａ)が海から吹くことで降水量が多くなり，雨季となる。

(7)　シェンチェンは，イギリスの植民地であったホンコンに隣接する都市であり，中国で最初の経済特区が設けられた。中国がシェンチェンなどに経済特区を設けた理由を，「外国企業」という語句を用いて答えなさい。[　　　　]

(8)　東南アジア諸国連合の略号を，大文字のアルファベット五字で答えなさい。[　　　　]

(9)　マレーシアなどでみられる農業について述べた，次の文章中の(　　)に共通してあてはまる適当な語句をカタカナで答えなさい。　[　　　　]

> マレーシアなどでは，かつて植民地であった時代につくられた(　　)で天然ゴムや油やしなどの作物が大規模に栽培されている。(　　)とは，主に熱帯地域で見られる大農園のことである。

2　次の問いに答えなさい。　((6)各2点，その他各3点)

(1)　次の文は，インドについてまとめたレポートの一部である。　文中の(a)，(b)に当てはまる語句の組み合わせとして最も適当なものを次から一つ選び，記号で答えなさい。

[　　　]

インドでは，最も多くの人々が(a)を信仰しており，この国の社会や人々の暮らしに大きな影響をあたえています。また，(a)では，水で身体をきよめる(b)とよばれる儀式が重視されています。

ア　a＝ヒンドゥー教，b＝断食　**ウ**　a＝仏教，b＝断食
イ　a＝ヒンドゥー教，b＝沐浴　**エ**　a＝仏教，b＝沐浴

(2)　インドの産業について述べた次の文a，bについて，その正誤の組み合わせとして最も適当なものを次から一つ選び，記号で答えなさい。　[　　　]

a　理数教育の水準の高さなどを背景とし，バンガロールを中心にIT産業が発展している。
b　自動車産業の分野では，日本をはじめとする外国の企業が進出している。

ア　a＝正，b＝正　**イ**　a＝正，b＝誤　**ウ**　a＝誤，b＝正　**エ**　a＝誤，b＝誤

(3)　アフリカ北部や西アジアの一部の地域では，水や草を求めて季節的に移動し，牛やラクダなどを飼育する牧畜が行われている。このような牧畜を何というか。　[　　　]

(4)　南アフリカ共和国は，異なる人種どうしの和解や協調を進めている。これは，1990年代にヨーロッパ系以外の人々を差別する政策が廃止されたためである。この廃止された政策を何というか。　[　　　]

(5)　アフリカ州について述べた文として当てはまらないものを次から一つ選び，記号で答えなさい。　[　　　]

ア　サハラ砂漠とその北部は，アフリカの他地域に比べイスラム教を信仰している人が特に少ない地域である。
イ　複数の民族が暮らす国では，民族のまとまりを無視した植民地時代の境界線が国境線となったところが多く，民族間の争いがみられる地域がある。
ウ　多くの国では，特定の生産物の輸出にたよったモノカルチャー経済がみられる。
エ　日本などの先進国は，アフリカの国々の自立に向けた技術支援や開発援助を行っている。

(6)　イギリスは，a(**ア**　夏に降水量が多い　**イ**　冬に降水量が多い　**ウ**　1年を通じて降水量の差が小さい)気候で，羊の放牧などの牧畜がさかんである。ギリシャでは夏に乾燥する気候にも強い　b(**ア**　オリーブ　**イ**　油やし　**ウ**　カカオ)の栽培がさかんである。a，bの(　　)の中から適当なものをそれぞれ一つずつ選び，記号で答えなさい。

a [　　　]　b [　　　]

(7)　スカンディナビア半島では，氷河によってけずられた谷に海水が入りこんでできた奥行きの長い湾がみられる。この地形を何というか。　[　　　]

(8)　ヨーロッパ連合(EU)域内の多くの国で導入している共通通貨を何というか。カタカナで答えなさい。　[　　　]

地　理　2

3　次の問いに答えなさい。　(各3点)

(1)　右の表の作物A～Cは，なつめやし・カカオ豆・オリーブのいずれかについての生産上位国を示している。作物Aの説明文として最も適当なものを次から一つ選び，記号で答えなさい。　[　　　]

表

	作物A	作物B	作物C
1位	スペイン	エジプト	コートジボワール
2位	ギリシャ	イラン	ガーナ
3位	イタリア	アルジェリア	インドネシア

(二宮書店「地理統計要覧」2019年版より作成)

ア　気温が高く乾燥した地域でおもに栽培され，果実は生で食べたり，干して保存食にする。

イ　赤道付近を中心に栽培され，果実の中の種を乾燥させたものがお菓子の原料になる。

ウ　地中海沿岸地域が原産で，果実は食用やオイルにして料理に使われる。

(2)　次の文a～dのうち，ロシアの特徴について説明したものの組み合わせとして最も適当なものを次から一つ選び，記号で答えなさい。　[　　　]

a　国土の面積が世界で最も大きい国である。　b　人口が世界で最も多い国である。

c　原油や天然ガスが，パイプラインを通じて外国へ輸出されている。

d　世界全体のパソコンの9割以上が生産されている。

ア　a，c　**イ**　a，d　**ウ**　b，c　**エ**　b，d

(3)　右の図は，アメリカ合衆国のある航空会社の主な航空路線を示した模式図である。アトランタをはじめ，図中の■の空港は，国際線の乗りかえ拠点で，地方空港へのアクセスの中心的役割も担っている。このような空港を何というか。　[　　　　　]

図

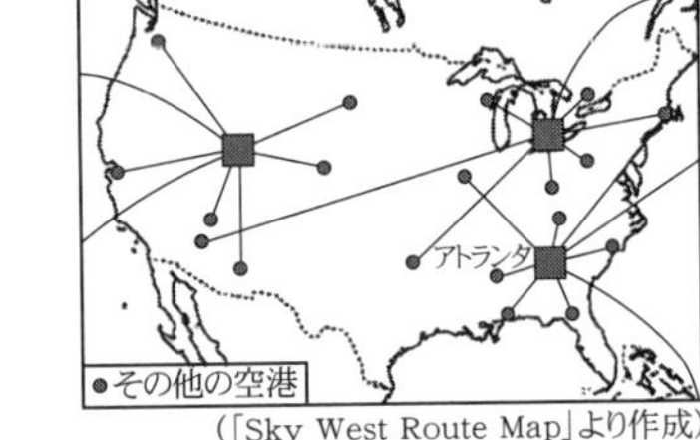

(「Sky West Route Map」より作成)

(4)　アメリカ合衆国では，地域の気候や土壌などに合わせた農業が行われている。このことを何というか。[　　　　　]

(5)　ブラジルのアマゾン川流域で行われてきた次の文のような農業を何というか。　[　　　　　]

> 森林や草原を焼きはらい，その灰を肥料にして作物を栽培する農業。数年すると土地がやせて，作物が育たなくなるため，別の場所に移動して，これをくり返す。

(6)　植物原料からつくられるアルコール燃料を何というか。　[　　　　　]

(7)　オセアニア州について述べた文として当てはまらないものを次から一つ選び，記号で答えなさい。　[　　　]

ア　面積の小さい島々の多くは，現在でもアメリカ領，フランス領などである。

イ　貿易などで，アジア諸国との結び付きを強めている。

ウ　日本と季節が逆であることから，日本を訪れる観光客が増えている。

エ　18世紀後半から世界に先がけて鉄鋼業や機械工業が発達した。

(8)　右の略地図のA島は日本の西端である。A島の名として最も適当なものを次から一つ選び，記号で答えなさい。　[　　　]

ア　南鳥島　**イ**　与那国島　**ウ**　沖ノ鳥島　**エ**　択捉島

略地図

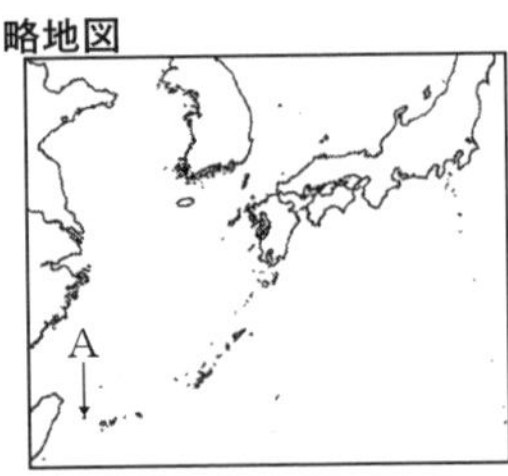

(9)　日本を7地方に区分したとき，関東地方と接する東北地方の県が1県ある。その県名を答えなさい。　[　　　　　]

得点 /50

4　次の問いに答えなさい。　((6)2点(完答)，その他各3点)

(1)　右の表は，都市の位置を示したものである。札幌とニューヨークの時差を正しく述べた文として最も適当なものを次から一つ選び，記号で答えなさい。　[　　]

ア　札幌の時刻は，ニューヨークの時刻よりも7時間早い。
イ　札幌の時刻は，ニューヨークの時刻よりも7時間遅い。
ウ　札幌の時刻は，ニューヨークの時刻よりも14時間早い。
エ　札幌の時刻は，ニューヨークの時刻よりも14時間遅い。

表

	都市の位置	
	緯度	経度
札幌	北緯 43°	東経 141°
ロンドン	北緯 51°	0°
ニューヨーク	北緯 41°	西経 74°

(2)　世界には，高くけわしい山脈や島々が連なる造山帯が二つある。このうち，アルゼンチンとチリの国境をなすアンデス山脈が属する造山帯を何というか。　[　　]

(3)　フォッサマグナに関して述べた次のa，bの文の正誤の組み合わせとして最も適当なものを次から一つ選び，記号で答えなさい。　[　　]

a　フォッサマグナの東側には，日本アルプスともよばれる標高 3000 m 前後の三つの山脈が連なっている。

b　日本列島の山地の様子を大きくとらえると，フォッサマグナよりも西側の中国，四国地方では山地が南北方向に，東側の北海道，東北地方では山地が東西方向に連なっている。

ア　a＝正，b＝正　**イ**　a＝正，b＝誤　**ウ**　a＝誤，b＝正　**エ**　a＝誤，b＝誤

(4)　右の資料は，川が山間部から平野や盆地に出たところに土砂がたまってできた地形である。このような地形を何というか。　[　　]

資料

(5)　スペイン北西部の海岸には，わが国の志摩半島，三陸海岸のように，山地が海にせまり，奥行きのある湾と小さな岬が連続する入り組んだ海岸がみられる。このような海岸の地形を何というか。　[　　]

(6)　右のグラフの**ア**～**ウ**は，インド(2011年)，エチオピア(2008年)，アメリカ合衆国(2015年)のいずれかの人口ピラミッドである。**ア**～**ウ**は，それぞれどの国のものか。当てはまる国名を一つずつ答えなさい。

ア[　　]　**イ**[　　]
ウ[　　]

グラフ

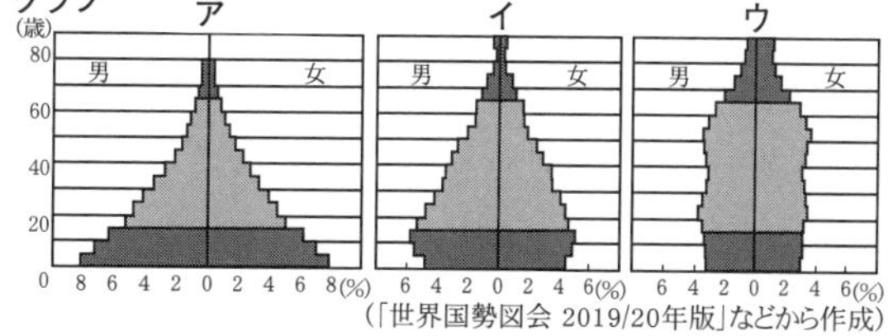

(「世界国勢図会 2019/20年版」などから作成)

(7)　宮崎県と高知県で主に行われている，冬季に収穫を可能とした出荷時期を早める栽培方法を何というか，漢字四字で答えなさい。　[　　]

(8)　次の**ア**～**ウ**は，日本の工業のようすについて述べたものである。これらを年代の古い順に左から並べ，記号で答えなさい。　[　→　→　]

ア　内陸部の交通網が整備されて，高速道路のインターチェンジ付近に工業団地の開発が行われ，北関東に工業地域が形成されはじめた。

イ　外国製品との競争や，貿易上の問題により，工業製品の輸出先であるアメリカやヨーロッパで現地生産を始めた。

ウ　京浜，中京，阪神，北九州の四つの地域を中心に，臨海部で工業が発達しはじめた。

3 地　理　3

5　次の問いに答えなさい。　　((3)各3点，その他各3点)

(1)　右のグラフは，四国地方と四国地方以外を行き来するときに利用した交通手段のうち，船舶，航空機，鉄道，自動車の利用者について，それぞれの年間の延べ人数の推移を示そうとしたものである。グラフ中のA～Dは，船舶，航空機，鉄道，自動車のいずれかを示している。Aにあたる交通手段として最も適当なものを次から一つ選び，記号で答えなさい。　[　　　]

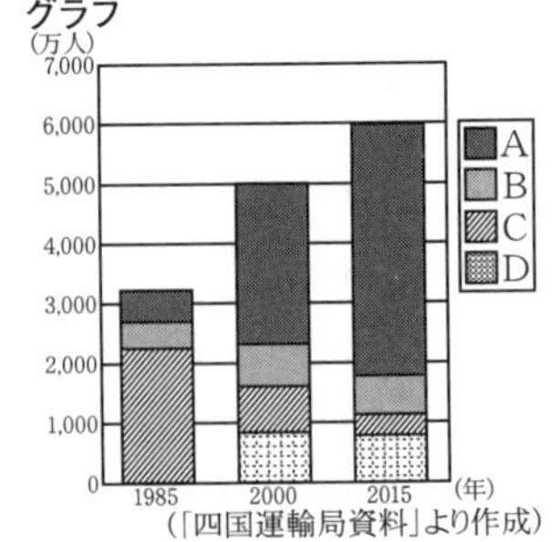

(「四国運輸局資料」より作成)

ア　船舶　　イ　航空機　　ウ　鉄道　　エ　自動車

(2)　近年，災害への心がまえとして自ら備えを積極的に行い，被害をできる限り少なくすることが重視されている。この考え方を何というか。「防災」とは異なる言葉で「(　　)災」となるように答えなさい。　[　　　　　]

(3)　右の略地図中の▲は，九州地方の火山である。これらに関する説明として適当なものを次から二つ選び，記号で答えなさい。　[　　　][　　　]

略地図

ア　a周辺では以前よりダムの建設が盛んで，水力発電としては日本の八丁原発電所がある。

イ　bは世界最大級のカルデラをもつ火山で，カルデラ内部には水田や市街地が広がっている。

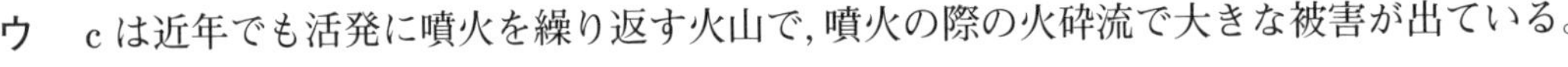

ウ　cは近年でも活発に噴火を繰り返す火山で，噴火の際の火砕流で大きな被害が出ている。

エ　d周辺の九州南部はシラスと呼ばれる火山灰が堆積した台地となっており，水もちのよい土地で稲作が盛んである。

(4)　右のⅠ，Ⅱのグラフは，それぞれ，2016年における，全国と瀬戸内工業地域のいずれかの工業製品出荷額の工業別の割合を表したものであり，グラフⅠ，Ⅱ中のA・Bはそれぞれ機械，化学のいずれかにあたる。化学にあたる記号と瀬戸内工業地域の工業製品出荷額の工業別の割合を表したグラフにあたる記号の組み合わせとして最も適当なものを次から一つ選び，記号で答えなさい。　[　　　]

グラフ

Ⅰ	金属 17.3%	A 36.8	B 20.6	食料品 8.4	その他 16.9
Ⅱ	金属 12.9%	A 45.9	B 12.8	食料品 12.6	その他 15.8

(「日本国勢図会2019-20年版」より作成)

ア　AとⅠ　　イ　AとⅡ　　ウ　BとⅠ　　エ　BとⅡ

(5)　近畿地方の産業について述べた次の文a，bの正誤の組み合わせとして最も適当なものを次から一つ選び，記号で答えなさい。　[　　　]

a　大阪は，江戸時代には「将軍のおひざもと」と呼ばれ，日本の商業の中心として発展した。

b　阪神工業地帯は数多くの自動車関連工場が集まり，日本最大の工業出荷額をほこっている。

ア　a＝正，b＝正　イ　a＝正，b＝誤　ウ　a＝誤，b＝正　エ　a＝誤，b＝誤

(6)　京都市が行っている取り組みについて述べた次の文中の(　　)に当てはまる内容を簡潔に答えなさい。　[　　　　　　　　　　　　]

> 京都市では歴史的な(　　)ことを目的として，建物の高さやデザインなどに規制を設けるなどの取り組みを行っている。

得点 /50

6 次の問いに答えなさい。 ((5)2点，その他各3点)

(1) 北部に世界遺産に登録されている合掌造りで有名な白川郷がある都道府県の名を答えなさい。 [ ]

(2) 下のⅠ～Ⅳは，右の略地図中の**ア**～**エ**のいずれかの県庁所在地の雨温図である。**ウ**の都市の雨温図を一つ選び，記号で答えなさい。[ ]

略地図

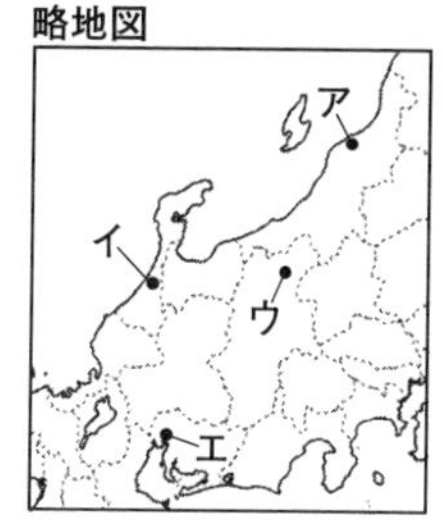

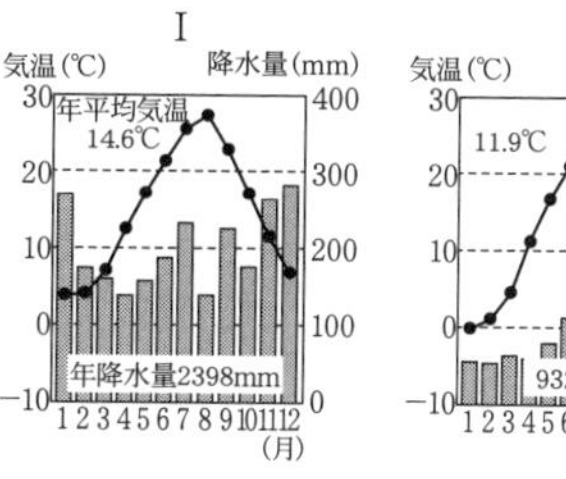

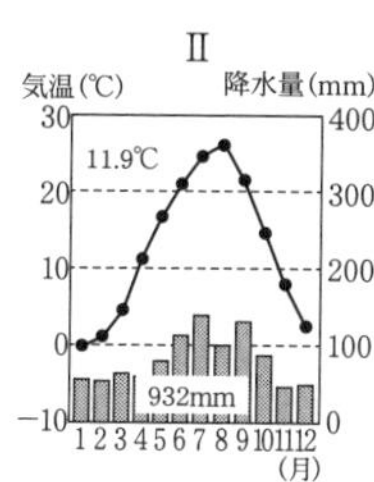

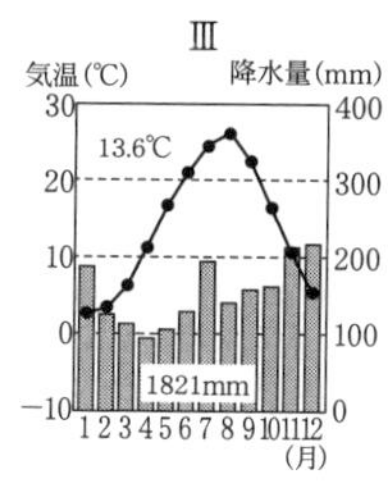

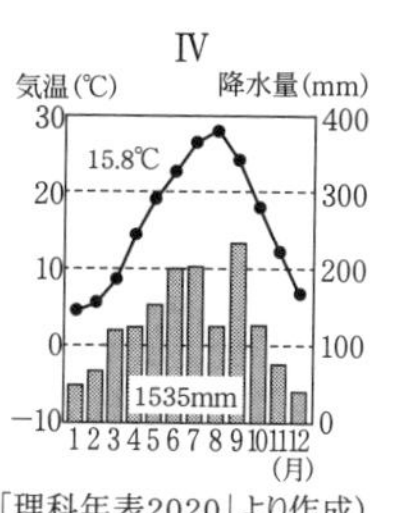

(「理科年表2020」より作成)

(3) 新潟県で採掘されていて，日本がおもに西アジアの国々から輸入している鉱産資源は何か。最も適当なものを次から一つ選び，記号で答えなさい。 [ ]

ア 鉄鉱石　**イ** 石油(原油)　**ウ** 金　**エ** ウラン

(4) 群馬県を含めた北関東工業地域には，高速道路のインターチェンジ付近で，工場を計画的に集めた地域が見られる。このような工場を計画的に集めた地域を何というか。[ ]

(5) 千葉県と茨城県の県境などを流れる，流域面積が日本最大の川を次から一つ選び，記号で答えなさい。 [ ]

ア 信濃川　**イ** 荒川　**ウ** 那珂川　**エ** 利根川

(6) 東北地方では，おもに太平洋側で夏に冷たい北東の風が強く吹くことで，低温や日照不足となり，冷害がおこることがある。この風を何というか。 [ ]

(7) 右の表は，東北地方における県別の農産物栽培面積に占めるある農産物の割合を表している。この農産物に当てはまるものとして最も適当なものを次から一つ選び，記号で答えなさい。 [ ]

表 東北地方における県別の農産物栽培面積に占めるある農産物の割合(2016年)

青森県	岩手県	宮城県	秋田県	山形県	福島県
18.1%	2.9%	1.4%	2.1%	9.6%	6.2%

(「日本の統計2019年版」より作成)

ア 稲　**イ** 麦類　**ウ** 野菜　**エ** 果樹

(8) 三陸海岸には日本有数の漁港があり，その沖(沖合い)は豊かな漁場となっている。この理由について述べた次の文中の(　　)に当てはまる語句を答えなさい。 [ ]

> 三陸海岸の沖(沖合い)には，寒流の親潮(千島海流)と暖流の黒潮(日本海流)が出会う(　　)と呼ばれる場所があり，多くの魚が集まる豊かな漁場となっている。

(9) 稚内，札幌，室蘭などの地名は，北海道とその周辺地域で生活を営んできた先住民族独自の言語に由来するといわれている。この先住民族を何というか。 [ ]

(10) 北海道は，漁業生産量が全国1位である。かつては北洋漁業がさかんであったが，沿岸国が排他的経済水域を設定したことなどから，現在は栽培漁業や養殖業がさかんになっている。この排他的経済水域とはどのような水域か。「200海里」という語句を用いて答えなさい。

[ ]

歴　史　1

7　次の問いに答えなさい。　　((3)各2点，(1)(5)(6)各3点，その他各2点)

(1)　古代ギリシャで地中海各地に建設された，アテネやスパルタのような都市国家を何というか，カタカナで答えなさい。　[　　　　　]

(2)　ローマ帝国について述べた文として最も適当なものを次から一つ選び，記号で答えなさい。　[　　　]

ア　はじめはキリスト教を迫害したが，のちに国の宗教とした。
イ　東方との交流があり，中国へ絹を運ぶシルクロードを整備した。
ウ　都市国家が形成され，男性の市民による民主政が行われた。
エ　ギリシャやインドの影響を受けて，数学や天文学が発展した。

(3)　金属器のうち，(a)器は主に祭りの道具として使用され，鉄器は実用的な工具や武器として使用された。4世紀ごろになると，大和政権(ヤマト王権)は鉄や進んだ技術を求めて朝鮮半島南端の伽耶(加羅)地域(諸国)と関係を深め，b(ア　百済　イ　魏　ウ　隋)と結んで高句麗や新羅と戦った。(a)にあてはまる語を答えなさい。また，bの(　　)の中から適当なものを一つ選び，記号で答えなさい。a[　　　　　]　b[　　　　　]

(4)　次の文中の(　　)にあてはまる人物名を答えなさい。　[　　　　　]

邪馬台国の女王(　　)が倭の30ほどの国々を従えていた。(　　)は，使いを魏に送り，皇帝から「親魏倭王」という称号と金印を授けられた。

(5)　右の資料は，古墳から出土した焼き物を示している。資料のような，古墳に置かれたさまざまな形の焼き物のことを何というか。　[　　　　　]

資料

(6)　聖徳太子が，仏教や儒教の考え方を取り入れ，大王(天皇)の命令に従うことなどを定めた，役人の心構えを何というか。　[　　　　　]

(7)　班田収授法について述べた文として当てはまらないものを次から一つ選び，記号で答えなさい。　[　　　]

ア　戸籍に登録された6歳以上のすべての人々に口分田があたえられた。
イ　性別や良民，賤民の身分に応じて口分田の広さが決められていた。
ウ　口分田をあたえられた人が死ぬと，国に返すことになっていた。
エ　人々は，口分田の面積に応じて調を負担した。

(8)　聖武天皇の時代のわが国が，制度や文化を取り入れるために使節を送った中国の王朝の名称は何か。　[　　　　　]

(9)　空海が，9世紀の初めに唐から帰国した後，仏教の新しい宗派を広めた。この宗派を何というか。最も適当なものを次から一つ選び，記号で答えなさい。　[　　　]

ア　真言宗　　イ　天台宗　　ウ　浄土宗　　エ　日蓮宗

(10)　藤原頼通は，極楽浄土をこの世に再現しようとして(　　)を建てた。(　　)に当てはまる建物の名称として最も適当なものを次から一つ選び，記号で答えなさい。　[　　　]

ア　平等院鳳凰堂　　イ　慈照寺銀閣　　ウ　姫路城天守　　エ　法隆寺金堂

得点　/50

8 次の問いに答えなさい。　((9)(10)4点，(4)3点，その他各2点)

(1) 天皇の位をゆずって上皇になったのちも，上皇の住まいで行われた政治を何というか。

[　　　　]

(2) 後鳥羽上皇が隠岐へ流されるきっかけとなった戦乱として最も適当なものを次から一つ選び，記号で答えなさい。　[　　]

ア 応仁の乱　**イ** 承久の乱　**ウ** 壬申の乱　**エ** 保元の乱

(3) 宋(南宋)の滅亡後も元との間で，民間の商人による貿易がさかんに行われた。宋(南宋)を滅ぼした元の皇帝は誰か。　[　　　　]

(4) 元の皇帝は，日本を従えようと，使者を送ってきたが，執権の北条時宗がこれを無視したため，元は高麗の軍勢も合わせて攻めてきた。この時代におこった世界のできごとを述べた文として，その正誤の組み合わせが正しいものを次から一つ選び，記号で答えなさい。

[　　]

a 地中海を中心に広大な地域を支配したローマ帝国が東西に分裂した。

b フビライに仕えたイタリア人のマルコポーロが『世界の記述』(『東方見聞録』)の中で「黄金の国ジパング」を紹介した。

c ローマ教皇が免罪符を売り出すと，これを批判してルターやカルバンが宗教改革を始めた。

ア a＝正，b＝正，c＝誤　**イ** a＝正，b＝誤，c＝誤

ウ a＝誤，b＝正，c＝誤　**エ** a＝誤，b＝正，c＝正

(5) 東大寺南大門には，力強い動きを表す，彫刻作品が置かれている。この彫刻作品は，運慶らによって制作されたものである。この作品を何というか。　[　　　　]

(6) 鎌倉幕府の将軍と，御恩と奉公による主従関係を結んだ武士のことを何というか。

[　　　　]

(7) 12世紀後半から13世紀に成立した新しい仏教についての説明として当てはまらないものを次から一つ選び，記号で答えなさい。　[　　]

ア 法然は，ひたすらに念仏を唱えれば，極楽浄土に往生できるとした。

イ 栄西や道元が伝えた禅宗は，主に公家の間に広まっていった。

ウ 一遍は踊り念仏を行って各地へ布教し，時宗をひらいた。

エ 日蓮は，「南無妙法蓮華経」を唱えれば，人も国家も安らかになると説いた。

(8) 後醍醐天皇が中心となって行った，武士の政治を否定し，貴族を重んじる政治を何というか。　[　　　　]

(9) 勘合貿易において，明は，朝貢する日本の船に勘合を持たせた。明が，朝貢する日本の船に勘合を持たせた目的を，朝鮮半島や中国の沿岸を襲った集団の名称を用いて，簡潔に答えなさい。　[　　　　　　　　]

(10) 土一揆で，土倉や酒屋が襲われたのは，当時の土倉や酒屋がどのようなことを営んでいたからか。簡潔に答えなさい。

[　　　　　　　　]

歴　史　2

9　次の問いに答えなさい。　((8)各2点，(4)2点，その他各3点)

(1)　室町時代におこった世界のできごとを述べた文として，その正誤の組み合わせが最も適当なものを次から一つ選び，記号で答えなさい。　[　　　]

a　ムハンマドは，唯一の神アラーのお告げを受けたとして，イスラム教の開祖になった。

b　モンゴル高原では，チンギス＝ハンが，モンゴル帝国を築いた。

c　朝鮮半島では，李成桂が高麗をほろぼして，朝鮮国を建てた。

ア　a＝正，b＝誤，c＝誤　　イ　a＝誤，b＝正，c＝誤

ウ　a＝誤，b＝誤，c＝正　　エ　a＝誤，b＝正，c＝正

(2)　惣とはどのような組織か。次の資料を参考に，「寄合」という語句を用いて答えなさい。

[　　　　　　　　　　　　　　　　　　　]

> 惣のおきて
>
> 一　森林の苗木を切りとった者は，500文の罰金とする。
>
> 一　家を売却した者は，100文につき3文ずつ，1貫文につき30文ずつ惣へ出すものとする。
>
> 一　堀から東には，屋敷をつくってはならない。

(3)　金閣が初めて建てられた時代に広まった，和歌の上の句と下の句を別の人が次々によみつないでいく文芸を何というか，漢字二字で答えなさい。　[　　　　　]

(4)　室町時代には，将軍足利義政のあとつぎ争いと有力守護大名の対立が結びついて，11年間に及ぶ戦乱がおきた。戦乱の名称を答えなさい。　[　　　　　]

(5)　南蛮貿易について述べた文として最も適当なものを次から一つ選び，記号で答えなさい。

[　　　]

ア　南蛮貿易は，蝦夷地(北海道)南部を領地とした松前藩を中心に行われた。

イ　南蛮貿易を通して，西洋の学問をオランダ語で研究する蘭学が盛んになった。

ウ　南蛮貿易は，ポルトガル人やスペイン人を貿易相手として行われた。

エ　南蛮貿易の結果，多くの日本人がメキシコに移り住み，各地に日本町ができた。

(6)　次の文中の(　　)には，足利義昭を京都から追放し，室町幕府を滅亡させた大名の氏名が当てはまる。(　　)に当てはまる大名の氏名を答えなさい。　[　　　　　]

> (　　)が，壮大な天守を持つ安土城を築いた。

(7)　千利休がつくったとされる茶室がつくられたころには，社会に活気がみなぎり，権力や富をほこった大名や豪商の気風を反映した豪華で壮大な文化が生まれた。このころの文化は何と呼ばれるか。最も適当なものを次から一つ選び，記号で答えなさい。　[　　　]

ア　飛鳥文化　　イ　元禄文化　　ウ　国風文化　　エ　桃山文化

(8)　豊臣秀吉は，ものさしやますを統一し，全国の田畑の広さや収穫高を調べた。この土地調査を何というか。また，その際に用いられた，収穫高を表す単位を何というか。

[　　　　　][　　　　　]

(9)　1592年に豊臣秀吉が大軍を送った国はどこか。　[　　　　　]

得点　/50

10 次の問いに答えなさい。　((1)各2点, (4)各2点, その他各3点)

(1) 次のアからエは近世にだされたきまりである。このうち, 武家諸法度の条文の内容として適当なものを二つ選び, 記号で答えなさい。　[　　][　　]

ア　この安土の町は楽市としたので, いろいろな座は廃止し, さまざまな税や労役は免除する。

イ　諸国の城は, 修理をする場合であっても, 必ず幕府に申し出ること。

ウ　大名が自分の領地と江戸とを交代で住むように定める。毎年4月に江戸へ参勤せよ。

エ　諸国の百姓が刀や脇差し, 弓, 槍, 鉄砲, その他の武具などをもつことは, かたく禁止する。

(2) 右の表は, 江戸時代初期の東アジアの国や地域との関わりについて表したものである。表中のXにあてはまる品目と, Yにあてはまる藩の組み合わせとして最も適当なものをあとから一つ選び, 記号で答えなさい。　[　　]

	朝鮮	蝦夷地(えぞち)
日本側が交易で得た物	X	鮭(さけ)・こんぶ
日本側の窓口となった藩	対馬(つしま)藩	Y

ア　X＝木綿・生糸・絹織物, Y＝薩摩藩　　イ　X＝木綿・生糸・絹織物, Y＝松前藩

ウ　X＝銀・銅, Y＝薩摩藩　　エ　X＝銀・銅, Y＝松前藩

(3) 江戸幕府の政治について述べた次の文の(a), (b)にあてはまる語句の組み合わせとして最も適当なものを次から一つ選び, 記号で答えなさい。　[　　]

幕府の政治は, はじめは(a)によって大名の築城や結婚などに規制を設けて大名を統制する, 力でおさえつける政治が行われていた。その後, 5代将軍徳川(b)は, 儒学のなかでも身分秩序を大切にする朱子学などの学問を重視する政治への転換を行った。

ア　a＝御成敗式目, b＝綱吉　　イ　a＝御成敗式目, b＝吉宗

ウ　a＝武家諸法度, b＝綱吉　　エ　a＝武家諸法度, b＝吉宗

(4) 徳川吉宗が行った政策について述べた次の文のa, bの(　　)の中から適当なものをそれぞれ一つずつ選び, 記号で答えなさい。　a[　　]　b[　　]

徳川吉宗は, 新しい知識の導入をはかるため, a(ア　中国語　イ　オランダ語)に翻訳されたヨーロッパの書物のうち, b(ウ　儒教　エ　キリスト教)に関係のない書物の輸入を許可した。

(5) 寛政の改革の内容として最も適当なものを次から一つ選び, 記号で答えなさい。

[　　]

ア　凶作やききんに備え, 各地に倉を設けて米を蓄えさせた。

イ　株仲間を奨励し, 特権を与えるかわりに営業税を徴収した。

ウ　株仲間を解散させ, 江戸に流入した人々を農村に帰らせた。

エ　米価の安定に努め, 有能な人材を登用し, 新田の開発を進めた。

(6) 18世紀後半に本居宣長が大成させた学問は何か。　[　　]

(7) 1837年に大阪で乱をおこした, 元大阪町奉行所の役人は誰か。　[　　]

歴 史 3

11 次の問いに答えなさい。 ((4)(8)4点(10)各2点，その他各2点)

(1) 18世紀になると，問屋から原料や道具などを借りて家内で商品作りを行う問屋制家内工業が始まった。19世紀には作業場に道具や農村からきた働き手を集め，製品を分業で大量に仕上げる生産のしくみが生まれた。このしくみのことを何というか。 [ ]

(2) イギリスのマンチェスターは18～19世紀，機械による綿織物の生産地として大きく発展したことで知られている。蒸気機関などの新技術によって生産力が増大し，工業中心の社会へ移り変わったことを表現する語句を漢字四字で答えなさい。 [ ]

(3) 大阪の町人で，武士や町人の生活をもとにした浮世草子と呼ばれる小説を書いた人物として最も適当なものを次から一つ選び，記号で答えなさい。 [ ]

ア 近松門左衛門　イ 井原西鶴　ウ 尾形光琳　エ 菱川師宣

(4) 尊王攘夷とはどのような考え方か，簡潔に答えなさい。

[ ]

(5) 1853年，アメリカ合衆国のペリーが浦賀に来航し，江戸幕府に日本の開国を要求した結果，1854年，幕府はアメリカ合衆国と条約を結び，開国した。この条約を何というか。

[ ]

(6) 日米修好通商条約が結ばれた後，大老の井伊直弼は，幕府の政策に反対する大名や公家，尊王攘夷派の武士を処罰した。このできごとは，一般に（ ）の大獄と呼ばれている。（ ）に当てはまる元号を答えなさい。 [ ]

(7) アメリカで起こった南北戦争中，「人民の，人民による，人民のための政治」を説く演説を行った大統領は誰か。 [ ]

(8) 幕府を武力で倒そうとする動きが強まると，徳川慶喜は，土佐藩のすすめを受けて，（ ）。このできごとは，一般に大政奉還と呼ばれている。（ ）に当てはまる適当な言葉を答えなさい。ただし，（ ）には，政権，朝廷の二つの言葉を含めること。

[ ]

(9) 王政復古の大号令によって成立した新政府は，さらに徳川慶喜に対して官職や領地の返還を求めた。このことをきっかけとしておこった，1868年の鳥羽・伏見の戦いに始まり，約1年5か月にわたる，新政府軍と旧幕府側との戦争は何と呼ばれるか。 [ ]

(10) 明治政府は殖産興業政策として，交通の整備を行い，1872年に東京(新橋)とa(ア 大阪　イ 京都　ウ 横浜)の間に初めて鉄道が開通した。また，北海道の開拓を進めるにあたり，防備の目的も兼ね，士族などを(b)とよばれる兵士として移住させた。aの( )の中から適当なものを一つ選び，記号で答えなさい。また，(b)にあてはまる語句を答えなさい。

a [ ]　b [ ]

(11) 民撰議院設立建白書の提出をきっかけとして始まった，憲法制定や議会開設などの実現をとおして，国民が政治に参加する権利の確立を目指す運動を何というか。

[ ]

(12) 1882年に，立憲改進党を結成したのは誰か。 [ ]

得点	/50

12 次の問いに答えなさい。 ((1)2点，(3)各3点，(4)各3点，その他各3点)

(1) 地租改正について述べた文として最も適当なものを次から一つ選び，記号で答えなさい。

[ ]

ア 政府は，土地の所有者と価格(地価)を定め，地券を発行した。

イ 課税の基準を，その土地の収穫高にした。

ウ 地租は地価の2.5％としたが，のちに3％に引き上げた。

エ 土地の所有者は，地租を米で納めた。

(2) 次の文中の(a)，(b)に当てはまる語句の組み合わせとして最も適当なものを次から一つ選び，記号で答えなさい。 [ ]

> 伊藤博文が中心となって作成された憲法案は，審議を経て1889年に憲法として発布された。この憲法では，議会は，(a)と衆議院の二院制がとられ，(b)は，天皇の相談に応じ，憲法解釈などの国の重要事項を審議する組織とされた。

ア a＝参議院， b＝枢密院 イ a＝参議院， b＝内閣

ウ a＝貴族院， b＝枢密院 エ a＝貴族院， b＝内閣

(3) 1894年，朝鮮半島南部で発生したa(ア 義和団事件 イ 甲午農民戦争 ウ 江華島事件)の鎮圧のため，朝鮮の求めに応じて清が軍隊を送ると，わが国もこれに対抗して出兵し，日清戦争へと発展した。戦争に勝利したわが国は，清との間で下関条約を結んだが，三国干渉により，清から獲得した b(ア 台湾 イ 澎湖諸島(列島) ウ 遼東半島)を返還した。a，bの( )の中から適当なものをそれぞれ一つずつ選び，記号で答えなさい。

a[ ] b[ ]

(4) 次の文中の(あ)に当てはまる人物名を答えなさい。また，文中の(い)に当てはまる語と(い)の地図中の位置の組み合わせとして最も適当なものを次から一つ選び，記号で答えなさい。 あ[ ] 記号[ ]

> 中国では，清を倒して漢民族の独立と近代国家の建設を目指す革命運動が盛り上がった。その中心となった(あ)は三民主義を唱えて革命運動を進めた。1911年，武昌で軍隊が反乱をおこすと，革命運動は全国に広がり，多くの省が清からの独立を宣言した。翌年，(あ)が臨時大総統になり，(い)を首都とする，アジアで最初の共和国である中華民国が建国された。

ア い＝南京，位置＝a イ い＝南京，位置＝b

ウ い＝南京，位置＝c エ い＝北京，位置＝a

オ い＝北京，位置＝b カ い＝北京，位置＝c

地図

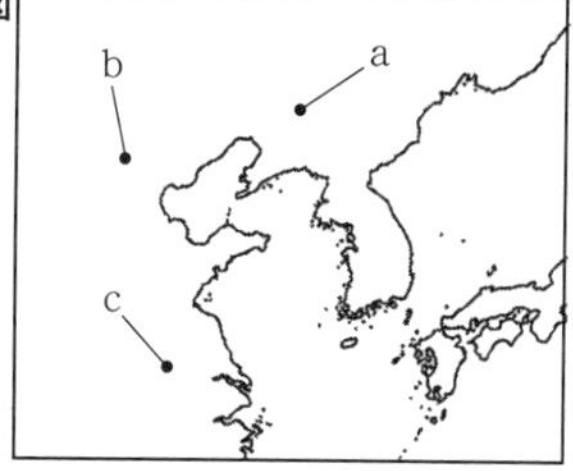

(5) ポーツマス条約が結ばれた後，国民が激しく政府を非難し，東京では日比谷焼き打ち事件などの暴動も発生した。このように国民から政府に対して強い不満の声が上がったのはなぜか。日本とこの条約を結んだ国の国名にふれながら答えなさい。

[ ]

歴　史　4

13　次の問いに答えなさい。　((8)各2点，その他各2点)

(1)　栃木県でおこった鉱毒による公害問題について，天皇に直訴した栃木県の衆議院議員は誰か。　[　　　　]

(2)　大正デモクラシーの思想を広めるうえで大きな役割を果たした民本主義を主張した人物名を答えなさい。　[　　　　]

(3)　右の資料は，第一次世界大戦の参戦国の一部を表している。第一次世界大戦中のオスマン帝国(トルコ)と日本について述べた次の文中の(　　)に当てはまる国名を，資料中から一つ選び，答えなさい。　[　　　　]

資料

連合国側	同盟国側
イギリス フランス ロシア セルビア イタリア アメリカ 日本	ドイツ オーストリア オスマン帝国(トルコ)

> オスマン帝国(トルコ)は同盟国側として参戦したが，日本は(　　)と同盟を結んでいることを理由に，連合国側として参戦した。

(4)　部落解放を目指して1922年に結成された団体は何か。漢字五字で答えなさい。
[　　　　]

(5)　シベリア出兵に向けた米の買い付けなどによって，米の値段が急上昇した。それにより，全国で米の安売りを求める民衆が米屋などを襲う事件がおこり，その鎮圧に軍隊が出動した。このできごとを何というか。　[　　　　]

(6)　文中の(　　)に当てはまる語句として最も適当なものを次から一つ選び，記号で答えなさい。　[　　]

> 原敬内閣は，外務・陸軍・海軍の3大臣以外の閣僚をすべて，衆議院の第一党である(　　)の党員が占める本格的な政党内閣だった。

ア　自由党　　**イ**　立憲政友会　　**ウ**　立志社　　**エ**　立憲改進党

(7)　1929年のニューヨーク株式市場での株価の大暴落をきっかけに，アメリカと経済的なつながりが深い国々に深刻な不況が広がった。このできごとを何というか。　[　　　　]

(8)　満州事変について，満州に駐留していた日本軍(関東軍)が，奉天(現在の瀋陽)郊外のa(**ア**　盧溝橋　**イ**　柳条湖)で南満州鉄道の線路を爆破したことをきっかけに軍事行動を開始し，満州の大部分を占領した。これに対し，b(**ア**　毛沢東　**イ**　蒋介石)を指導者とする中国国民政府は，国際連盟に日本の行動を訴えた。a，bの(　　)の中から適当なものをそれぞれ一つずつ選び，記号で答えなさい。　a[　　　]　b[　　　]

(9)　犬養毅首相が暗殺されるという事件によって，第二次護憲運動以降続いていた，衆議院の二大政党の総裁が内閣を組織する時代が終わった。この事件を何というか。
[　　　　]

(10)　ヤルタ会談の秘密協定に基づき，中立条約を破って日本に対して参戦し，満州や南樺太に侵攻してきた国はどこか。　[　　　　]

(11)　日本に対する連合国による降伏勧告を何というか。　[　　　　]

(12)　1945年に，原子爆弾が最初に投下された都市はどこか。　[　　　　]

得点　　/50

14　次の問いに答えなさい。　((1)(4)3点，その他各2点)

(1)　連合国軍総司令部(GHQ)は，日本の政治，教育，経済などの民主化を進めた。これについて，次の資料にある「大コンビネーション」とは何か。　[　　　　　]

> 連合国軍総司令部の占領方針
> 日本国ノ商工業ノ大部分ヲ支配シ来リタル産業上及ビ金融上ノ大コンビネーションノ解体計画ヲ支持スベキコト

(2)　中華人民共和国が建国されたときの日本の首相で，後にサンフランシスコ平和条約に調印した人物を次から一人選び，記号で答えなさい。　[　　　]

ア　吉田茂　　**イ**　岸信介　　**ウ**　田中角栄　　**エ**　池田勇人

(3)　右の資料の(X)は第二次世界大戦後の日本に影響を与えた。(X)の名称を答えなさい。　[　　　　　]

資料

X　調印、終わる

十一年間の戦争状態終結へ

鳩山・ブルガーニン首相ら署名

議定書もクレムリンにて

X の主な内容

・日ソ戦争状態の終了

・外交関係の回復

・日本の国連加盟へのソ連の支持

(当時の新聞記事より作成)

(4)　1955年にインドネシアで，第二次世界大戦後に植民地支配から独立した国々を中心に，植民地支配の反対や冷戦の下での平和共存の路線が確認されたある会議が開かれた。この会議は何と呼ばれるか。　[　　　　　]

(5)　冷戦による国際的な緊張のなかで，東南アジアのある国では，南北に分裂し対立が続いていたところ，アメリカが大軍を送ったことにより，激しい戦争になった。この戦争を何というか。　[　　　　　]

(6)　沖縄が日本に復帰したことについて述べた次の文のa，bの(　　)の中から適当なものをそれぞれ一つずつ選び，記号で答えなさい。　a[　　　]　b[　　　]

> 沖縄は，a(**ア**　中華人民共和国　**イ**　アメリカ合衆国)の統治下にあったが，日本への復帰を求める住民の運動が続けられ，b(**ウ**　佐藤栄作　**エ**　田中角栄)内閣のとき，日本に復帰した。

(7)　マルタ会談では，二つの国の首脳が冷戦の終結を宣言した。この二つの国の組み合わせとして最も適当なものを次から一つ選び，記号で答えなさい。　[　　　]

ア　アメリカ，中国　　**イ**　アメリカ，ソ連　　**ウ**　アメリカ，イギリス

エ　イギリス，中国　　**オ**　イギリス，ソ連　　**カ**　中国，ソ連

(8)　高度経済成長期の日本のようすについて述べた文として最も適当なものを，次から一つ選び，記号で答えなさい。　[　　　]

ア　国民総生産が中国に次いで世界第2位となった。

イ　重化学工業から農業へ産業の中心が移った。

ウ　政府が所得倍増のスローガンをかかげ，経済成長を促進した。

エ　おもなエネルギー源が石油から石炭に変わった。

(9)　1980年代後半，投機によって株式と土地の価格が異常に高くなる不健全な好景気が発生した。この経済の動きを何というか。　[　　　　　]

(10)　1995年に，兵庫県南部を震源として発生した地震を何というか。　[　　　　　]

公　民　1

15　次の問いに答えなさい。　((5)(7)各3点，その他各3点)

(1)　花子さんは，美化委員の役割として，クラスの清掃計画の案をつくることになった。次の**ア**～**エ**の観点は，花子さんが案をつくる上で，みんなが納得できるものにするために，効率と公正の考え方にもとづいて考えたものである。次のうち，効率の考え方に基づいて考えた観点として最も適当なものを一つ選び，記号で答えなさい。　[　　　]

ア　時間内で清掃を終えるために，それぞれの清掃場所に何人の生徒が必要か。

イ　クラスの生徒全員が清掃に参加しているか。

ウ　当番の割りあてが，一部の生徒に過大な負担となっていないか。

エ　清掃計画の案に対する意見をクラスの生徒全員から聞く機会を設けているか。

(2)　人権に関して述べた文として最も適当なものを次から一つ選び，記号で答えなさい。

[　　　]

ア　大日本帝国憲法では，人権は主権者である国民に対し臣民の権利として保障された。

イ　ドイツのワイマール憲法は，世界で初めて社会権を保障した憲法である。

ウ　日本国憲法では，いかなる場合にも人権が制限されることはない。

エ　国際連合において国際人権規約が採択された後，世界人権宣言が発表された。

(3)　18世紀に「法の精神」を著し，三権分立を主張したフランスの思想家の名を答えなさい。

[　　　　　　　]

(4)　日本の政治体制についてまとめた次の文章中の(　　)に当てはまる最も適当な語句を漢字二字で答えなさい。　[　　　　　　　]

> 議会から選出された首相が内閣を組織する。天皇は憲法で「日本国の象徴」とされ，その地位は「(　　)の存する日本国民の総意に基く」とされている。天皇に政治的権限はない。

(5)　平成19年に日本国憲法の改正手続きに関する法律が公布されたことに関連して，憲法改正の手続きを次の文章のようにまとめたつむぎさんは，このできごと以降で，下線**ア**～**エ**のいずれかに変更があったことに気づいた。変更があった内容を一つ選び，記号で答えなさい。また，変更後の内容を答えなさい。　記号[　　　]　内容[　　　　　　　]

> **ア**<u>憲法審査会</u>または衆議院議員100人以上の賛成(参議院議員50人以上の賛成)で憲法改正原案が国会に提出され，衆議院と参議院のそれぞれ　**イ**<u>総議員</u>の3分の2以上の賛成で可決されると，国会は国民に対して憲法改正の発議をする。その後，満**ウ**<u>20歳</u>以上の国民による国民投票で有効投票の過半数の賛成を得て，承認されると，**エ**<u>天皇</u>が国民の名において公布する。

(6)　日本が掲げている非核三原則を，「核兵器を」の書き出しに続けて答えなさい。

[核兵器を　　　　　　　　　　　　　　]

(7)　雇用における男女の平等を目指して，1985年に制定された法律を何というか。また，男女が対等な立場であらゆる社会活動に参加し，利益と責任を分かち合う社会の実現を目指して，1999年に法律が制定された法律を何というか。　[　　　　　　　][　　　　　　　]

得点　/50

16 次の問いに答えなさい。 ((8)2点(完答)，その他各3点)

(1) 次の文章は，パラリンピックに向けた取り組みについて調べたことをまとめたレポートの一部である。文章中の(　　)に共通して当てはまる最も適当な語句をカタカナで答えなさい。

[　　　　　　]

> 生活に不便な物理的・心理的な「壁」をなくすことを(　　)といいます。多くの人が使用する公共の交通機関や建造物では体の不自由な人や高齢者でも安心して快適に過ごせるよう，(　　)化を進めていく必要があります。

(2) 日本国憲法について説明した次の文a，bの正誤の組み合わせとして最も適当なものを次から一つ選び，記号で答えなさい。 [　　　]

a　日本国憲法では，抑留または拘禁された後に無罪の裁判を受けたとしても，国にその補償を求めることができない。

b　日本国憲法では，勤労者に対して，団体で行動しストライキなどを行う権利が保障されている。

ア　a＝正，b＝正　**イ**　a＝正，b＝誤　**ウ**　a＝誤，b＝正　**エ**　a＝誤，b＝誤

(3) 次の文中の(a)，(b)に当てはまる語句の組み合わせとして最も適当なものを次から一つ選び，記号で答えなさい。 [　　　]

> 日本国憲法第22条で定められている(a)の自由や職業選択の自由，同じく第29条に定められている(b)によって経済活動の自由が保障されている。

ア　a＝居住・移転，b＝労働基本権　　**イ**　a＝居住・移転，b＝財産権

ウ　a＝集会・結社・表現，b＝労働基本権　　**エ**　a＝集会・結社・表現，b＝財産権

(4) 日本国憲法第25条で保障されている「健康で文化的な最低限度の生活を営む権利」として最も適当なものを次から一つ選び，記号で答えなさい。 [　　　]

ア　自由権　**イ**　生存権　**ウ**　勤労の権利　**エ**　教育を受ける権利　**オ**　労働基本権

(5) 選挙権や被選挙権などのように，人権の保障を確かなものにし，国民の意思や判断を政治に反映させるための権利を何というか。 [　　　　　　]

(6) 高度経済成長期に発生した公害の問題などがきっかけとなり主張されるようになった，きれいな空気や水，日当たりなどを求める新しい権利を何というか。 [　　　　　　]

(7) 自己決定の観点から，医師は治療方法などについて患者に十分な説明を行うべきだと考えられている。このような考え方を何というか。最も適当なものを次から一つ選び，記号で答えなさい。 [　　　]

ア　メディアリテラシー　　**イ**　クーリング・オフ

ウ　フェアトレード　　**エ**　インフォームド・コンセント

(8) 憲法上の国民の三大義務として適当なものを次からすべて選び，記号で答えなさい。

[　　　]

ア　勤労の義務　**イ**　職業を選択する義務　**ウ**　納税の義務

エ　普通教育を受けさせる義務　**オ**　憲法を尊重し擁護する義務

公　民　2

17　次の問いに答えなさい。　((1)各3点，(2)5点，(6)4点，(7)3点(完答)，その他各3点)

(1)　選挙権について，次の(a)，(b)に当てはまる語句をそれぞれ答えなさい。

a[　　　　　　　]　b[　　　　　　　]

> 選挙の基本原則において，一人一票を持つことを「(a)選挙」，一定年齢以上の全ての国民が選挙権を得ることを「(b)選挙」という。

(2)　衆議院小選挙区選挙でみられたことを右のグラフとしてまとめた。グラフに示されるように，違憲状態と判決が下った理由を簡潔に答えなさい。

[　　　　　　　　　　　　　　　　]

グラフ

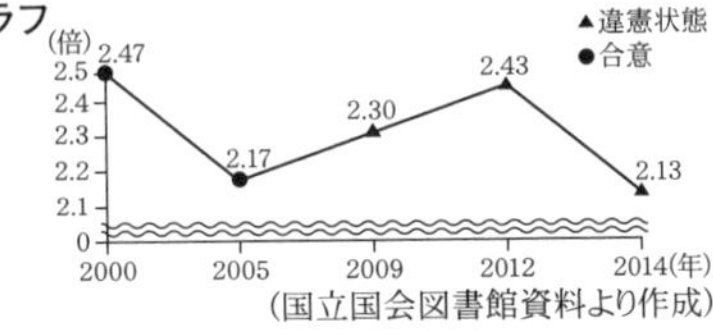

(国立国会図書館資料より作成)

(3)　次の文は，日本の政党政治について説明したものである。文中の(a)，(b)に当てはまる語句の組み合わせとして最も適当なものを次から一つ選び，記号で答えなさい。　[　　　]

> 日本では1955年から1993年までの長期にわたって(a)内閣を組織していたが，21世紀に入り，アメリカやイギリスのように(b)の性格が強まった時期があり，2009年には政権交代がおこった。

ア　a＝同じ政党が単独で，　b＝多党制　　　イ　a＝複数の政党が連立して，　b＝多党制

ウ　a＝同じ政党が単独で，　b＝二大政党制

エ　a＝複数の政党が連立して，　b＝二大政党制

(4)　テレビや新聞などからの情報をさまざまな角度から読み取り，自分で考えて判断したり，活用したりする能力のことを何というか。　[　　　　　　]

(5)　次の文章はある選挙の前後におこったことを示したものである。このとき召集された国会を何というか。　[　　　　　　]

> 内閣総理大臣のAさんは衆議院を解散した。総選挙の結果，Aさんの所属する政党が引き続き衆議院の総議席数の過半数を占め，その後召集された国会で再びAさんは内閣総理大臣となった。

(6)　衆議院と参議院の議決が一致しない場合，意見の調整を図るために開かれる，両院から選ばれた議員からなる会を何というか。　[　　　　　　]

(7)　参議院議員選挙および参議院の特徴として適当なものを次からすべて選び，記号で答えなさい。　[　　　]

ア　任期は6年　イ　解散がある　ウ　被選挙権は30歳以上

エ　議員の数は衆議院よりも少ない　オ　栃木県選挙区からは一度に4人が選ばれる

(8)　アメリカ合衆国と日本とでは立法と行政の関係が異なる。次のaとbは，アメリカ合衆国の大統領制と日本の議院内閣制に関して述べた文である。それぞれの文の正誤の組み合わせとして最も適当なものを次から一つ選び，記号で答えなさい。　[　　　]

a　大統領は連邦議会に対し，法案の拒否および議会の解散をすることができる。

b　内閣は国会に対して連帯責任を負い，衆議院の解散をすることができる。

ア　a＝正，b＝正　イ　a＝正，b＝誤　ウ　a＝誤，b＝正　エ　a＝誤，b＝誤

得点 /50

18 次の問いに答えなさい。 (各4点)

⑴ 右の図は，裁判員が参加する裁判の様子を模式的に表したものである。この裁判の種類と，(a)，(b)に当てはまる語句の組み合わせとして最も適当なものを次から一つ選び，記号で答えなさい。 [　　]

図

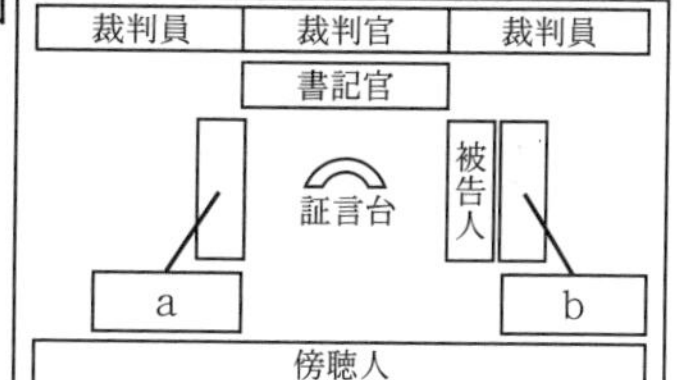

ア 種類＝刑事裁判，a＝検察官，b＝弁護人
イ 種類＝刑事裁判，a＝弁護人，b＝検察官
ウ 種類＝民事裁判，a＝検察官，b＝弁護人
エ 種類＝民事裁判，a＝弁護人，b＝検察官

⑵ 次の文は，刑事裁判の過程における被告人の権利について述べたものである。文中の(a)，(b)に当てはまる語句の組み合わせとして最も適当なものを次から一つ選び，記号で答えなさい。 [　　]

> わが国では，憲法に基づき被告人の権利が保障されています。例えば，裁判(a)の原則により，公平で迅速な(a)裁判を受けることができます。また，経済的な理由などで弁護人を依頼できないときは，(b)が費用を負担して弁護人をつけてくれます。

ア a＝公開，b＝国　イ a＝公開，b＝地方自治体
ウ a＝非公開，b＝国　エ a＝非公開，b＝地方自治体

⑶ わが国では，国民の自由や権利を守るために国会，内閣，裁判所が互いに抑制し合い，均衡を保つことで，権力が集中しないようにしている。内閣の権限で行われるものとして最も適当なものを次から一つ選び，記号で答えなさい。 [　　]

ア 違憲審査権(違憲立法審査権)を行使する。　イ 国政調査権を行使する。
ウ 最高裁判所長官を指名する。　エ 外国と結ぶ条約を承認する。

⑷ 地方自治に関して，次の文中の(　　)に共通して当てはまる語句を漢字四字で答えなさい。 [　　　　]

> 1999年に成立し，翌年に施行された(　　)一括法により，仕事や財源を国から地方公共団体に移す(　　)が進められている。

⑸ 私たちが暮らす市や町において，その地域の住民が自らの意志を政治に反映させることができる権利の一つとして直接請求権がある。この直接請求権について述べた次の文中の(a)，(b)に当てはまる内容の組み合わせとして最も適当なものを次から一つ選び，記号で答えなさい。 [　　]

> 地方公共団体における直接請求権には条例の制定・改廃の請求や，議会の解散請求などがある。例えば，議会の解散を請求する場合には，有権者の(a)の署名を集め(b)に請求する。

ア a＝3分の1以上，b＝選挙管理委員会　イ a＝50分の1以上，b＝選挙管理委員会
ウ a＝3分の1以上，b＝首長　エ a＝50分の1以上，b＝首長

公　民　3

19　次の問いに答えなさい。　((2)4点，(3)(5)(7)各3点，その他各2点)

(1)　次の文は，企業により製造された商品に関する法律について述べたものである。この法律の名称を答えなさい。　[　　　　]

欠陥商品で消費者が被害を受けたときの企業の責任について定めており，消費者が企業側の過失を証明できなくても，損害賠償を求めることができる。

(2)　右の図の⇨は農産物の一般的な流通経路を示したものである。これに対し，➡は農産物直売所で販売される農産物に多くみられる流通経路である。図において，一般に同じ商品の場合，⇨の流通経路に比べ，➡の流通経路が消費者にもたらすと考えられる利点を，簡潔に答えなさい。

図
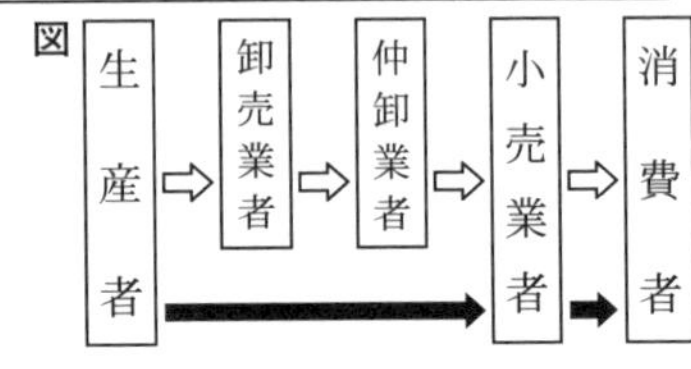

[　　　　]

(3)　京都市営バスを運営する京都市交通局のような国や地方公共団体などが経営する公企業に対して，個人企業や法人企業のような民間企業を何というか。　[　　　　]

(4)　右のグラフは，2016年における日本の製造業の製造品出荷額，事業所数，従業者数のいずれかについて，それぞれ中小企業と大企業の割合を表したものである。事業所数にあたるものをア～ウから一つ選び，記号で答えなさい。[　　　　]

グラフ
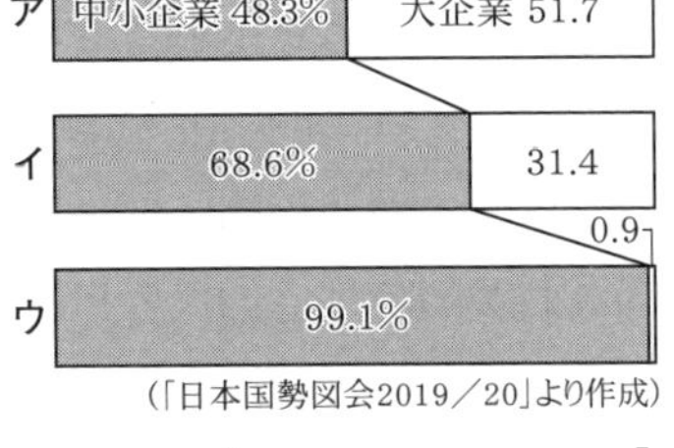

(「日本国勢図会2019／20」より作成)

(5)　企業に関して，企業が資金を調達する方法には，直接金融と間接金融がある。このうち直接金融について述べた次の文の(　　)に適する語句を補い，これを完成させなさい。　[　　　　]

直接金融は，企業が(　　)するなどして家計などから直接資金を調達する方法である。

(6)　買おうとする量と同じ意味を示す量を何というか。最も適当なものを次から一つ選び，記号で答えなさい。　[　　　　]

ア　供給量　　イ　流通量　　ウ　需要量　　エ　出荷量

(7)　市場での競争の結果，商品を供給する企業が1社だけの状態は独占と呼ばれるのに対し，商品を供給する企業が少数である状態は一般に何と呼ばれるか。　[　　　　]

(8)　公共料金にあたるものを次から二つ選び，記号で答えなさい。　[　　　　]

ア　電気料金　　イ　理容料金　　ウ　郵便料金　　エ　新聞購読料金

(9)　次の表は，物価の変動について，大まかにまとめたものである。表中の(　　)に当てはまる最も適当な語句を答えなさい。　[　　　　]

(　　　　)	好況(好景気)のときに，物価が上がり続ける現象のこと。
デフレーション	不況(不景気)のときに，物価が下がり続ける現象のこと。

(10)　消費税は，負担する人と納める人が異なる。このような税を負担する人と納める人が同じ税に対して何というか，漢字で答えなさい。　[　　　　]

得点　　/50

20　次の問いに答えなさい。　（(4)各2点，その他各3点）

(1) 牛肉を，アメリカから日本に輸入する時，この店では1kgあたり10ドルで輸入している。このとき，為替相場(為替レート)は1ドル=100円であった。その後，為替相場が1ドル＝80円に変化した場合，牛肉の輸入価格はどのように変化するか。次の文中の(a)～(d)に当てはまる語句の組み合わせとして最も適当なものを次から一つ選び，記号で答えなさい。
[　　　]

1ドル=100円の時，牛肉を1kg輸入するときの価格は(a)円だったが，1ドル＝80円になると価格は(b)円になる。これを(c)といい，(d)するのに有利である。

ア　a＝800，b＝1000，c＝円高，d＝輸出
イ　a＝1000，b＝800，c＝円安，d＝輸入
ウ　a＝800，b＝1000，c＝円安，d＝輸出
エ　a＝1000，b＝800，c＝円高，d＝輸入

(2) 少子高齢化の進展に対応して導入された，40歳以上の人が加入し，介護が必要になったときに介護サービスを受けられる制度を何というか。　[　　　]

(3) 日本の社会保障制度は，四つの柱から構成されている。四つの柱のうち，国民の健康増進をはかり，感染症の予防などを行うことを何というか。　[　　　]

(4) 次の文中の(a)に当てはまる語句を漢字二字で答えなさい。また，(b)に当てはまる語句として最も適当なものを**ア**・**イ**から一つ選び，記号で答えなさい。[　　　][　　　]

国際社会における(a)とは，他の国がおかすことができない，それぞれの国がもつ権利のことであり，(a)をもつ国家同士は対等である。(a)が及ぶ領域には，領土・領海・領空があり，領海の外にある排他的経済水域では，(b)ことができる。

ア　沿岸国以外の国が航海や漁業を自由に行う
イ　沿岸国が漁業資源や鉱産資源を自国のものとする

(5) 難民とは，どのような人々のことをいうか。難民となるに至った理由も含めて，簡単に答えなさい。　[　　　]

(6) 国際連合の説明として最も適当なものを次から一つ選び，記号で答えなさい。[　　　]
ア　国際連合は，スイスのジュネーブに本部があり，PKOなどの専門機関がおかれている。
イ　国連総会は，すべての加盟国が1国1票を投じ，全会一致で議決が行われる。
ウ　国際司法裁判所は，争っている当事国の両方の合意があって初めて裁判が開かれる。
エ　安全保障理事会は，10か国の常任理事国と5か国の非常任理事国とで構成されている。

(7) 1948年に設立された，世界の各国民の健康の保持と公衆衛生の向上を目的とする国際連合の専門機関を何というか。　[　　　]

(8) 発展途上国の中には，工業化が進んだ国や産油国など，豊かになった国がある一方で，経済発展から取り残されて貧困から抜け出せない国がある。このような発展途上国間の経済格差の問題を何というか。　[　　　]

高等学校入試対策基礎問題 一理　科一

光・音・力による現象

1　右の図は春菜さんが手鏡（鏡1）と正面の壁の鏡（鏡2）を使って自分の後頭部を見たときのようすを真上から見た図である。後頭部の点Pを出た光が図の矢印→のように進み，鏡1と鏡2で反射して春菜さんの右目に届くとき，鏡2ではどこで反射するか。**ア**～**エ**のうちから選びなさい。　(4点)［　　　］

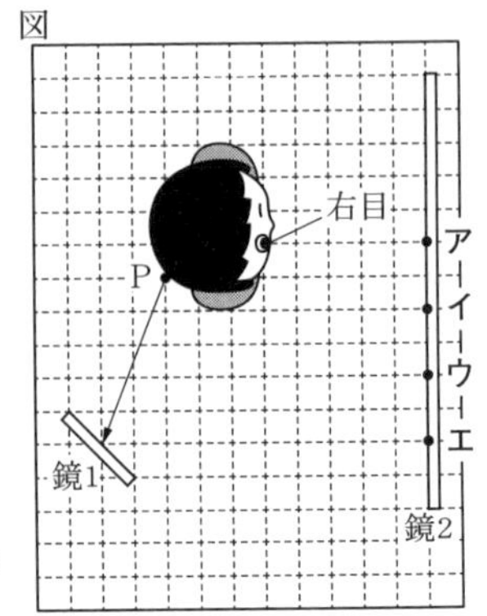

2　図1のように，直方体のガラスを通して鉛筆を見ると，鉛筆が実際にある位置よりずれて見えた。これについて各問いに答えなさい。

(1)　下線部の現象が見られたのは光の何という性質によるものか。また，その性質による現象として最も適切なものを次の**ア**～**エ**から選びなさい。　(各3点) 性質［　　　］　現象［　　　］

ア　鏡に映った物体は，鏡の奥にあるように見える。
イ　虫めがねを物体に近づけると，物体が大きく見える。
ウ　でこぼこがある物体に光を当てると，光がいろいろな方向に進む。
エ　光ファイバーの中を光が進む。

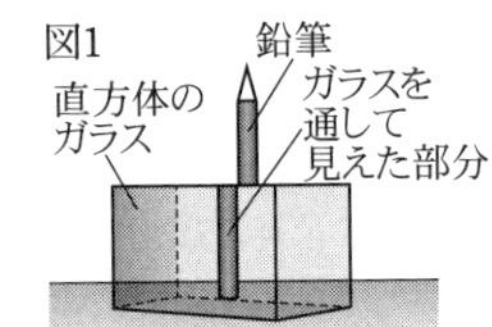

(2)　図2は，図1の位置の関係を模式的に表したものである。鉛筆を見た位置をA点として，鉛筆からガラスの中を通ってA点に向かう光の道すじを図2に実線でかき入れなさい。　(3点)

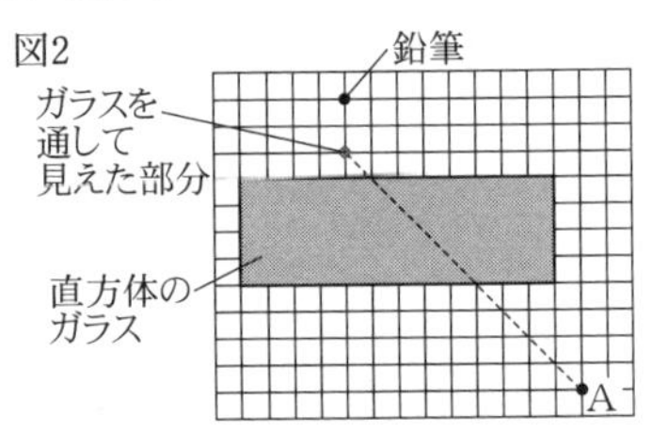

3　図のように，Aさん，Bさん，Cさんが一直線上に並んでいる。BさんとCさんの距離は51mで，AさんとBさんの距離はわからない。Aさんが手を1回たたいたところ，Cさんは0.60秒後にその音を聞いた。これについて各問いに答えなさい。

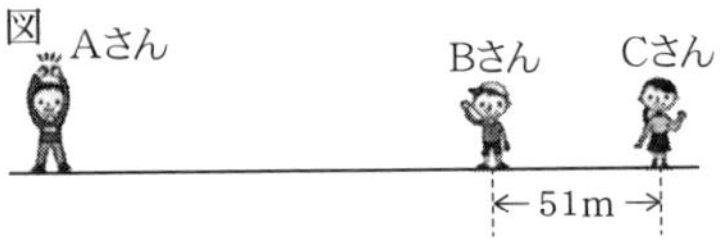

(1)　次の文は地上で音が聞こえるようすを説明したものである。［a］～［c］に当てはまる適切な語を答えなさい。　(各2点) a［　　　］　b［　　　］　c［　　　］

地上で音が聞こえるのは［a］の振動が［b］を振動させ，その振動が波として伝わり，耳の中にある［c］を振動させ，その振動を私たちが感じているからである。

(2)　手をたたいたときに出た音の，ある時点における，波のようす(A)と，伝わり方をばねで表したようす(B)の組み合わせとして最も適切なものはどれか。次の**ア**～**エ**から選びなさい。ただし(A)の図中の点は空気の粒を表している。　(3点)［　　　］

ア
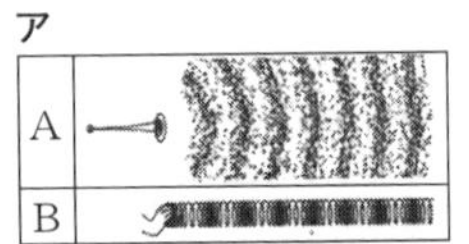

イ
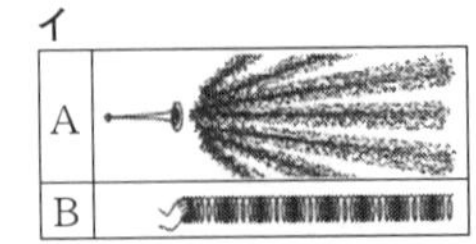

ウ
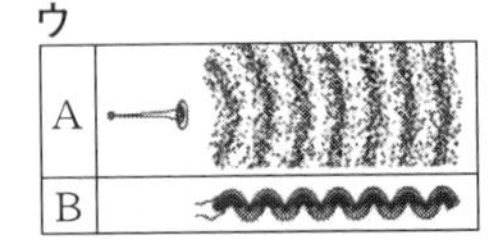

エ
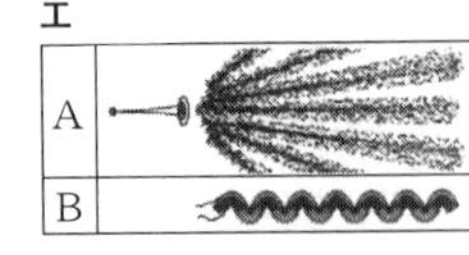

(3)　Aさんが手をたたいてからBさんがその音を聞くのは何秒後か。四捨五入して小数第2位まで求めなさい。ただし，音速を340m/sとする。　(3点)［　　　秒後］

得点 /50

4　ばねや物体にはたらく力について調べるために次の実験を行った。これについて各問いに答えなさい。ただし，100gの物体にはたらく重力の大きさを1Nとし，ばねや糸の質量，糸ののびは考えないものとする。

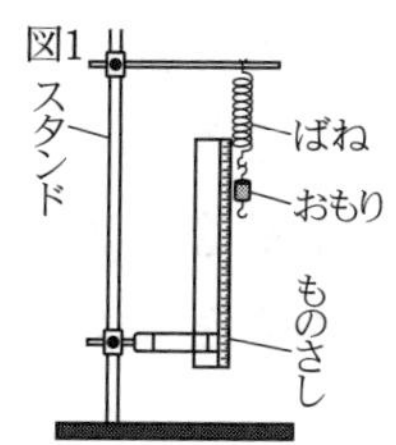

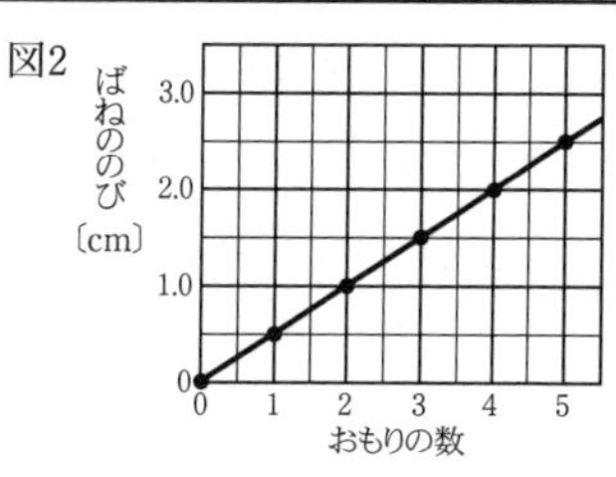

〔実験〕①　図1のように，ばねに1個10gのおもりをつるし，おもりが静止した後，ばねののびを測定した。図2は，おもりの数を1個ずつ増やしていき，得られた結果をもとにグラフにまとめたものである。

②　図3のように，点Oで結んだ3本の糸1～3のうち，糸3に質量500gの物体Xをつるし，糸1と糸2にばねばかり1，2をつけて異なる向きに引いて物体Xを静止させた。A，Bは糸3の延長線と糸1，2の間のそれぞれの角を表す。

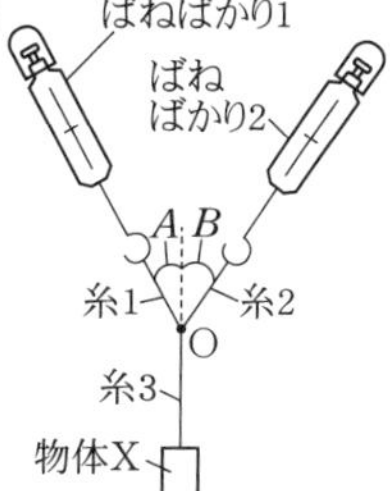

(1)　実験①で，おもりをつるすとばねがのびたのは，力の「物体を変形させる」というはたらきによるものである。力には大きく三つのはたらきがある。「物体を変形させる」というはたらきと「物体を支えたり持ち上げたりする」というはたらきの他に，どのようなはたらきがあるか。簡潔に書きなさい。　(3点)［　　　］

(2)　図4は，実験①においておもりにはたらく力とばねにはたらく力の一部を表したものである。図中の**ア**，**イ**，**ウ**の矢印はそれぞれ，ばねがおもりを引く力，おもりがばねを引く力，おもりにはたらく重力を示している。(a)力のつりあいの関係にある二つの力はどれとどれか，(b)作用・反作用の関係にある二つの力はどれとどれか，**ア**～**ウ**からそれぞれ選びなさい。ただし，**ア**～**ウ**の矢印は本来は一直線上にあるが，見やすくするためにずらして表している。

図4

ア
イ
ウ

(各3点)(a)［　　　］(b)［　　　］

(3)　実験①で使ったばねに物体Yをつるすと，ばねののびが4.5cmになった。物体Yの質量は何gか。　(4点)［　　　g］

(4)　実験②において，ばねばかり1とばねばかり2につないだ糸が点Oを引く力は，一つの力で表すことができる。このように，複数の力を同じはたらきをする一つの力で表すことを，力の何というか。　(3点)［力の　　　］

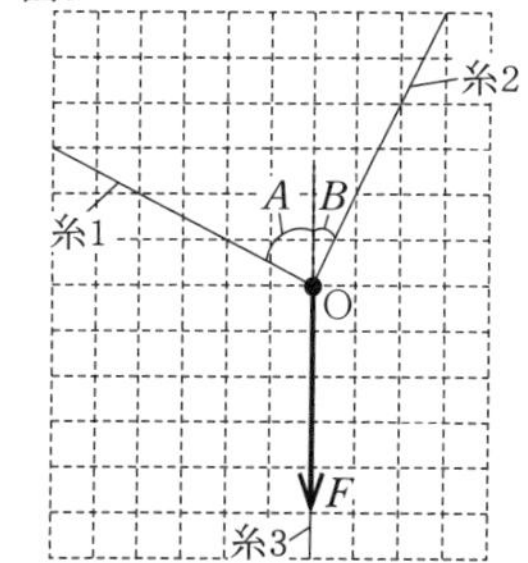

(5)　実験②において，AとBの角度が図5の状態のとき，糸1が点Oを引く力と，糸2が点Oを引く力を図5にそれぞれかきなさい。ただし，矢印Fは，物体Xにつけた糸3が点Oを引く力を表している。　(3点)

(6)　実験②で，A，Bの角度を大きくしていったとき，ばねばかり1，2がそれぞれ示す値はどのようになるか。　(3点)［　　　］

(7)　図3で，A，Bの示す角度の大きさがそれぞれ60°のとき，ばねばかり1が示す値は何Nか。　(3点)［　　　N］

物質の変化

5　気体の性質を調べるため，次の実験を行った。これについて各問いに答えなさい。

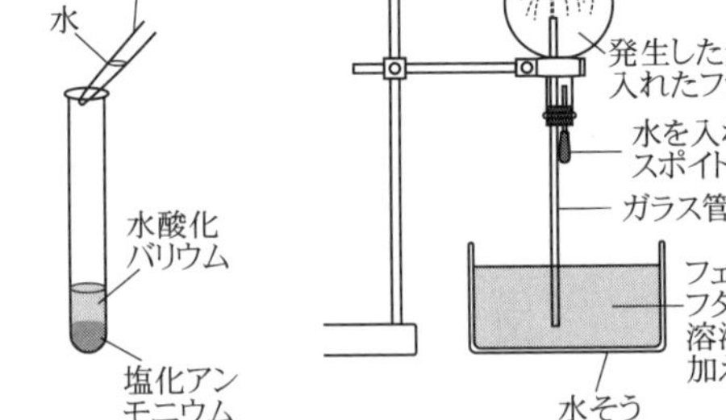

〔実験〕 ①　図1のように，試験管に塩化アンモニウムと水酸化バリウムを入れ，こまごめピペットで水を加えたところ，気体が発生し，試験管が冷たくなった。

②　①で発生した気体をフラスコに集めた。

③　②のフラスコを使って図2のような装置を組み立て，水を入れたスポイトからフラスコ内に水を入れると，細いガラス管からフラスコ内へ水そうの水が吸い上げられ，赤い噴水のようになった。

(1)　実験①で発生した気体の化学式を書きなさい。　(4点) [　　　　]

(2)　実験①のような，熱を吸収する化学変化を何というか。　(3点) [　　　　]

(3)　実験①で発生した気体の用途として最も適切なものを**ア**～**エ**から選びなさい。

(3点) [　　　　]

ア　食品に封入し，変質を防ぐために使われる。

イ　水道水の殺菌に使われる。

ウ　肥料の原料として使われる。

エ　ドライアイスの原料として使われる。

(4)　実験②で下線部のようになったのは，実験①で発生した気体がどのような性質をもつためか。二つ，簡潔に書きなさい。　(各2点) [　　　　] [　　　　]

6　次の実験について，各問に答えなさい。

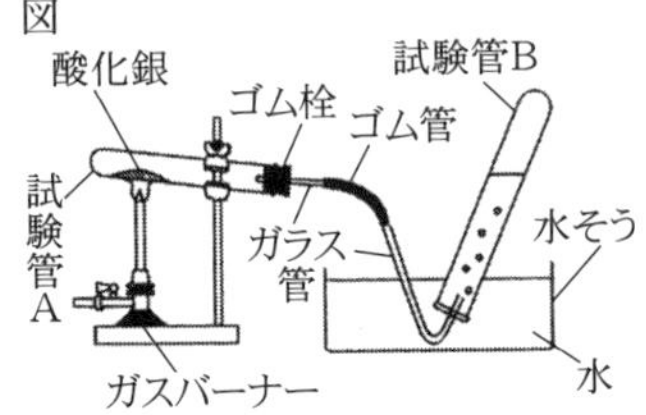

〔実験〕 ①　図のように，試験管Aに酸化銀1.00gを入れてガスバーナーで加熱し，発生した気体を試験管Bに集めた。

②　気体が発生しなくなってから，ガラス管を水から取り出し，ガスバーナーの火を止めた。

③　試験管Aが冷えてから，試験管Aの中にある固体の質量を測定したところ，0.93gであった。

④　次に，試験管Aのかわりに試験管Cに酸化銀3.00gを入れて，①から③までと同じことを行ったが，気体の発生が終わらないうちにガラス管を水から取り出し加熱をやめたところ，試験管に残った固体の質量は2.93gであった。

(1)　実験①で試験管Bに集めた気体が何であるかを確かめる方法を変化のようすも入れて一つ書きなさい。　(3点) [　　　　]

(2)　実験①で起こった化学変化を化学反応式で表すとどのようになるか。右辺を完成させなさい。　(4点)　$2Ag_2O \rightarrow$ [　　　　]

(3)　実験④で，試験管Cに残った固体に含まれている酸素の質量は何gか。(4点) [　　　　g]

7 ガスバーナーに点火すると，炎がオレンジ色であった。ガスの量を変えずに，空気の量を調節して青色の炎にするにはどのようにすればよいか。適切な文になるように，図を見て｛　　｝内の語句や記号を選びなさい。

（完答・4点）①［　　　］②［　　　］③［　　　］④［　　　］

空気の量が①｛多すぎる・不足している｝ので，ねじ②｛A・B｝を動かさないで，ねじ③｛A・B｝を④｛X・Y｝の向きに回す。

図

Xの向き
Yの向き
ねじA
ねじB

8 石灰石と塩酸の反応について調べる実験を行った。これについて各問いに答えなさい。

〔実験〕① ビーカーにうすい塩酸12cm³を入れ，図1のように，ビーカーを含めた全体の質量を測ったところ，59.0gであった。

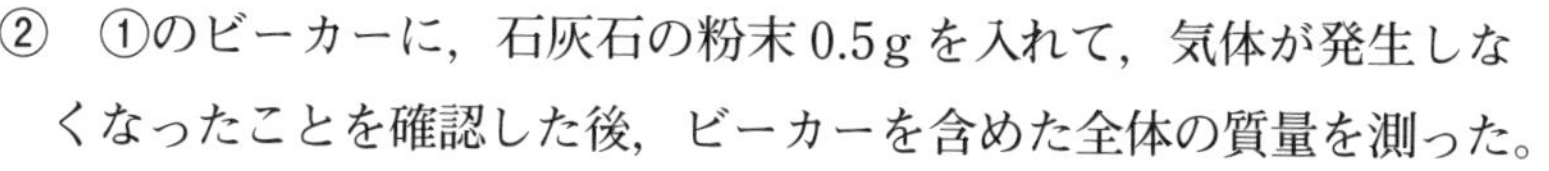

② ①のビーカーに，石灰石の粉末0.5gを入れて，気体が発生しなくなったことを確認した後，ビーカーを含めた全体の質量を測った。

③ 石灰石の粉末の質量を，1.0g，1.5g，2.0g，2.5gにして，②と同様のことをそれぞれ行った。表はそれらの実験結果である。

表

入れた石灰石の質量〔g〕	0.5	1.0	1.5	2.0	2.5
反応後の全体の質量〔g〕	59.3	59.6	59.9	60.4	60.9

(1) 化学変化の前後で，化学変化に関係する物質全体の質量は変化しないことを何の法則というか。（3点）［　　　の法則］

(2) 石灰石と塩酸に起こった反応の化学反応式になるように，［a］～［c］に適切な化学式を入れなさい。ただし，［c］には発生した気体の化学式を入れること。

（各3点）a［　　　］b［　　　］c［　　　］

$CaCO_3$ ＋ 2［a］→ $CaCl_2$ ＋［b］＋［c］

(3) 実験結果をもとに，入れた石灰石の質量と発生した気体の質量との関係を表すグラフを図2にかき入れなさい。ただし，反応によって発生した気体はすべて空気中に逃げて，ビーカーに残らないものとする。（3点）

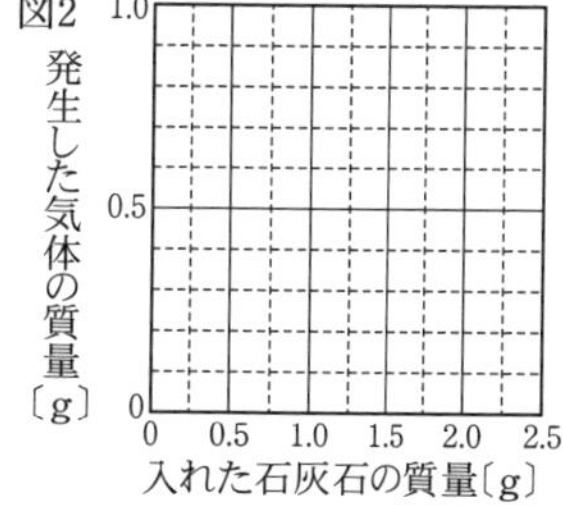

(4) この実験で発生した気体と同じ気体が発生するのは次の**ア**～**キ**のどれか。当てはまるものをすべて選びなさい。（3点）［　　　］

ア 亜鉛にうすい塩酸を加える。
イ 炭酸水素ナトリウムを加熱する。
ウ 過酸化水素水に二酸化マンガンを加える。
エ 酸化銅と炭素の粉末を混ぜて加熱する。
オ うすい塩酸を電気分解する。
カ 炭酸水素ナトリウムに酢酸を加える。
キ 水酸化カルシウムと塩化アンモニウムの混合物を加熱する。

(5) 実験で使ったものと同じ塩酸18cm³に，実験で使ったものと同じ石灰石の粉末3.0gを入れると，発生する気体は何gか。（3点）［　　　g］

電流とその利用

9 豆電球を用いて次の実験を行った。これについて各問いに答えなさい。

〔実験〕 ① 3.8 Vの電圧を加えると，500 mA の電流が流れる二つの豆電球 a， b と，3.8 V の電圧を加えると，760 mA の電流が流れる豆電球 c を用いて，図のような回路をつくった。

② スイッチS_1を入れ，S_2とS_3を切って回路をつくり，電圧計の値が 5.7 V になるように電源装置を調節して電流を流したところ，豆電球 a と豆電球 c が点灯した。

③ スイッチS_2とS_3を入れ，S_1を切って回路をつくり，電圧計の値が5.7 V になるように電源装置を調節して電流を流したところ，豆電球 b と豆電球 c が点灯した。

図 X⇄Y

豆電球b　S_3　S_2　豆電球c　豆電球a　S_1　電圧計　電源装置　電流計

(1) 次の文は，電子の移動についてまとめたものである。［ア］には当てはまる符号を，［イ］には図中のX, Yのうち当てはまる記号を答えなさい。(各2点) ア[　　] イ[　　]

実験③で豆電球 b に電流が流れているとき，［ア］の電気をもった電子が，豆電球 b の中を［イ］の向きに移動している。

(2) 実験②における回路全体の抵抗は何Ωか。 (3点) [　　Ω]

(3) 実験③において，電流計の示す値は何Aか。 (3点) [　　A]

(4) 実験③における豆電球 b の消費電力は何Wか。 (3点) [　　W]

(5) 実験②と実験③で，最も明るく点灯した豆電球は次のどれか。 (3点) [　　]

ア 実験②の豆電球 a　**イ** 実験②の豆電球 c

ウ 実験③の豆電球 b　**エ** 実験③の豆電球 c

10 家庭における電気に関して，次の各問いに答えなさい。

(1) 家庭用のコンセントの電源には交流が使われており，スマートフォンなどの充電器は，交流を直流に変換している。交流の説明として正しいものを次の**ア**～**エ**から選びなさい。

(2点) [　　]

ア 電圧の大きさは常に100 V である。　**イ** 乾電池につないだ回路に流れる。

ウ 電流の流れる向きが周期的に入れかわる。　**エ** DC と表現することがある。

(2) 次の文は，白熱電球とLED 電球の違いを調べてまとめた文である。［①］，［②］に当てはまる語句を書きなさい。 (各2点) ①[　　] ②[　　]

白熱電球では，電気エネルギーの一部が［①］エネルギーになり，残りのほとんどが［②］エネルギーになる。LED 電球では，明るさが同じくらいの白熱電球より［②］エネルギーに変換される量が少なく，消費電力が小さい。

(3) 陽菜さんの家庭では，消費電力が60Wの白熱電球 4 個と40Wの白熱電球 8 個を使用していたが，60Wの白熱電球4個を 10.6 W の LED 電球 4 個に，40Wの白熱電球 8 個を 8.0 W の LED 電球 8 個にそれぞれとりかえた。LED 電球の消費電力の合計は，白熱電球の消費電力の合計の何％になるか。ただし，LED 電球は，白熱電球と同じ条件で使用し，表示どおりの電力が消費されるものとする。 (3点) [　　％]

得点　/50

11 図1のように，厚紙でできた水平面の上に方位磁針を置いて導線に→の向きに電流を流した。また，図2は方位磁針を模式的に表したものである。これについて各問いに答えなさい。

(1) 図1で用いた導線は，電流を通しやすい銅の線を，電流をほとんど通さないポリ塩化ビニルで覆われてできている。ポリ塩化ビニルのように，電流をほとんど通さない物質は何と呼ばれるか。

(4点) [　　　　　　]

図1

方位磁針

厚紙

導線

(2) 図1を真上から見たときの方位磁針の針の向きを表した図として，最も適切なものをア～エから選びなさい。ただし，導線に流れる電流がつくる磁界以外の影響は無視できるものとする。(4点) [　　　　　]

図2

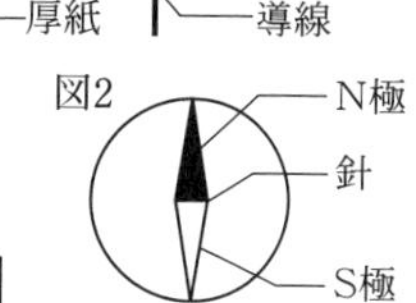

ア
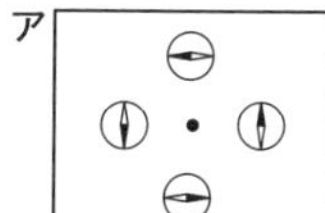

イ
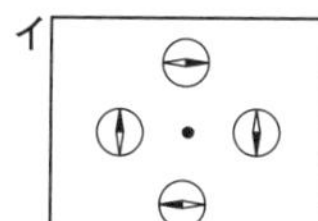

ウ
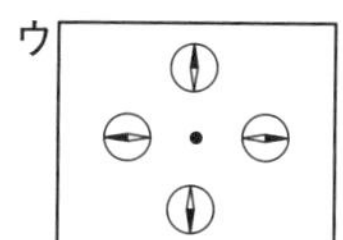

エ
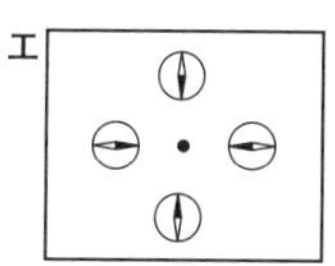

12 次の文は，手回し発電機のしくみについてまとめたものである。これについて各問いに答えなさい。

図1

手回し発電機

豆電球

① 手回し発電機の中には，小型のモーターが入っている。

② 図1のように，手回し発電機に豆電球をつないでハンドルを回すと，モーター内のコイルが回転する。コイルの内部の磁界が変化すると，その変化にともない電圧が生じてコイルに電流が流れる。また，手回し発電機のハンドルを1秒間に一定の割合で回すと，豆電球には一定の電圧が加わる。

③ 図2は，図1の手回し発電機のモーター内のコイルと磁石の模式図である。手回し発電機のハンドルを反時計回りに回すと，豆電球と手回し発電機を含めた回路にはA→B→C→Dの向きに電流が流れる。

図2

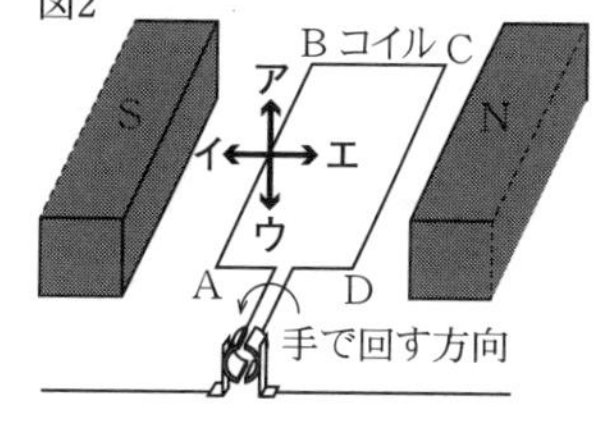

④ コイルに電流が流れると，手回し発電機を回すときに手ごたえが感じられる。

(1) 下線部の現象を何というか。 (4点) [　　　　　　]

(2) 手回し発電機を回すと手ごたえを感じるのは，コイルに電流が流れるとコイルが磁界から力を受けるためである。図2で示す向きに手回し発電機を回し，コイルが図2の位置にあるとき，電流が流れているABの部分が磁界から受ける力の向きは図中のア～エのどれか。 (6点) [　　　　　]

(3) 手回し発電機のハンドルを回す手ごたえが，回路につなぐものやそのつなぎ方でどう変わるかについて調るため，抵抗値の等しい豆電球a，bと割りばしをア～エのように手回し発電機につないで実験を行った。手ごたえが軽いものから重いものの順に，ア～エの記号を書きなさい。なお，回路全体に一定の電圧が加わるように，1秒間に回す回数を一定にした。(7点) [　　　　　　]

ア

イ

豆電球a

ウ
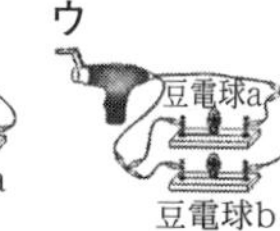

エ
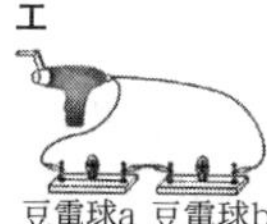

水溶液とイオン

13 次の実験1，2について，各問いに答えなさい。

図1

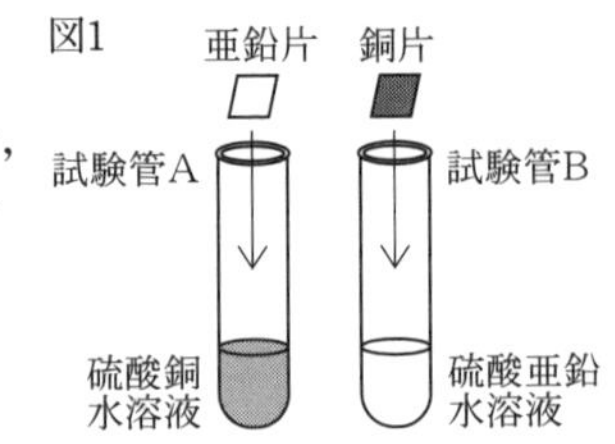

〔実験1〕 図1のように，試験管Aには硫酸銅水溶液と亜鉛片を，試験管Bには硫酸亜鉛水溶液と銅片を入れた。しばらくしてから金属片の表面のようすと水溶液のようすを確認したところ，結果は表のようになった。

〔実験2〕 図2のように，亜鉛板と銅板を用いて，図のような電池を作成し，しばらくモーターを回転させた。その後，亜鉛板を取り出して観察すると，亜鉛板の表面はぼろぼろになっていた。

表

	金属片の表面のようす	水溶液のようす
試験管A	あ	青色がうすくなった
試験管B	変化なし	変化なし

図2

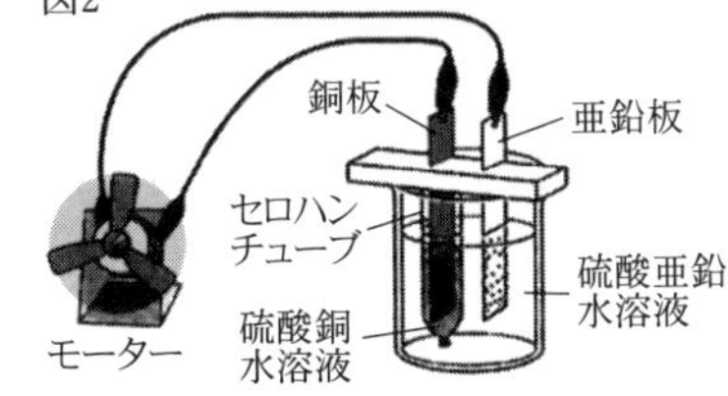

(1) 硫酸銅や硫酸亜鉛のように，水に溶けるとイオンに分かれる物質を何というか。 (1点) [ ]

(2) 表中の あ に当てはまる金属表面のようすとして最も適切なものを次のア～エから選びなさい。 (2点) [ ]

ア 気体が発生し,赤色の物質が付着した。 **イ** 気体が発生し,青色の物質が付着した。

ウ 赤色の物質が付着した。 **エ** 青色の物質が付着した。

(3) 実験1の結果をもとに考察した次の文の ① ， ② に「亜鉛」または「銅」のいずれかを入れなさい。 (各2点)①[ ] ②[ ] ③[ ]

試験管Aでは， ① 原子と ② イオンの間で電子のやり取りが行われ，試験管Bでは電子のやり取りが行われなかったと考えられる。このことから，亜鉛と銅では ③ の方がイオンになりやすいと考えられる。

(4) 図2の化学電池のしくみは，約200年前にイギリスの科学者によって発明された。発明した科学者の名前がつけられたこの電池の名称を書きなさい。 (2点) [電池]

(5) 実験2において，モーターが回転しているときに，亜鉛板の表面で起こっている化学変化を，化学反応式で書きなさい。ただし，電子はe^-を使って表すものとする。

(3点) [ ]

(6) 実験2でモーターが回っているときの電池について説明した次の文が正しくなるように，{ }内の語句のうち，適切なものを選びなさい。

(各2点)①[ ] ②[ ] ③[ ]

実験2の電池において，＋極は①{亜鉛板・銅板}で，モーターが回っているとき，電子は②{水溶液・導線}を通って③{亜鉛板から銅板へ・銅板から亜鉛板へ}移動することで電気エネルギーを取り出している。

(7) 実験2では，硫酸亜鉛水溶液と硫酸銅水溶液はセロハンによって仕切られている。セロハンが果たしている役割を，「イオン」の語を使って簡潔に書きなさい。

(3点) [ ]

(8) 実験2では，何エネルギーが電気エネルギーに変換されたか。 (2点) [ ]

 得点 /50

14 図のア～オは，原子またはイオンの構造を模式的に表したものである。これについて各問いに答えなさい。ただし，電子を●，陽子を◎，中性子を○とする。

図 ア イ ウ エ オ

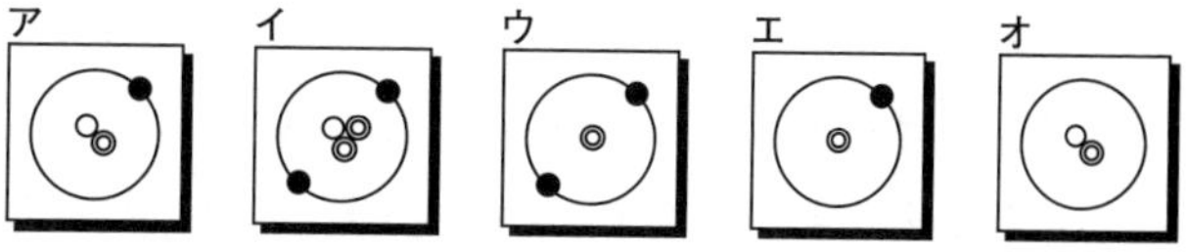

(1) イオンを表しているものをア～オからすべて選びなさい。 (3点) [ ]

(2) 図のアで表したものと同位体の関係にあるものをイ～オから一つ選びなさい。 (3点) [ ]

15 次の実験1，2についてそれぞれの各問いに答えなさい。

〔実験1〕 ① 水酸化ナトリウム水溶液4cm³を試験管にとり，BTB溶液を加えて色の変化を観察した。

② ①の試験管に塩酸を2cm³ずつ加えていき，そのつど色の変化を観察した。

③ ①，②の結果を表にまとめた。

表

加えた塩酸の合計量〔cm³〕	0	2	4	6	8	10
水溶液の色	青色	青色	緑色	黄色	黄色	黄色

(1) 水酸化ナトリウム水溶液に塩酸を加えていったときに起こる化学変化を化学反応式で表しなさい。 (3点) [ ]

(2) 加えた塩酸の量を横軸に，水溶液中のイオンの数を縦軸にとったとすると，ナトリウムイオンと水酸化物イオンの数を表すグラフとして適切なものはそれぞれどれか。

(各2点) ナトリウムイオン[ ]

水酸化物イオン[ ]

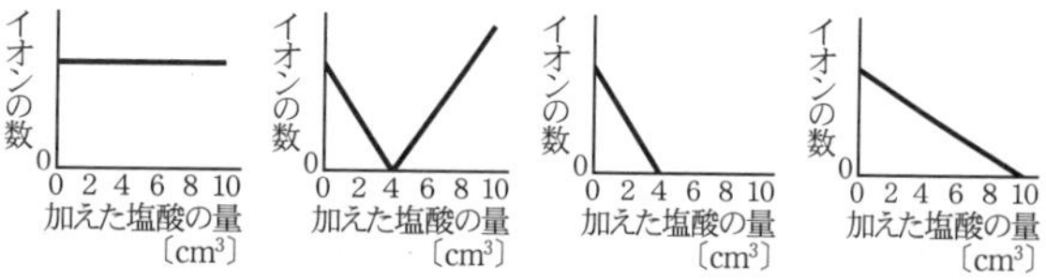

ア イ ウ エ
イオンの数
0 2 4 6 8 10
加えた塩酸の量〔cm³〕

〔実験2〕 ① ビーカーにうすい硫酸20cm³を入れ，緑色のBTB溶液を2，3滴加えた。

② 図のような装置をつくり，①のビーカーにステンレス電極を入れて3Vの電圧を加え，電流の大きさを実験前の値として記録した。

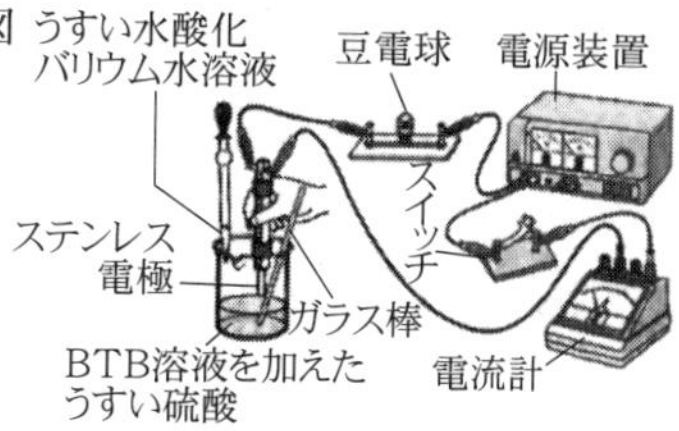

③ ビーカーにうすい水酸化バリウム水溶液を1cm³ずつ加え，電流の大きさと水溶液の色を記録した。

図 うすい水酸化バリウム水溶液 豆電球 電源装置 スイッチ ステンレス電極 ガラス棒 BTB溶液を加えたうすい硫酸 電流計

(3) 実験2の結果をまとめた次の文が正しくなるように，a，bの{ }内の語のうち，適切なものを選びなさい。また，[c]には物質名，[d]には化学式を入れなさい。

(各3点) a [ ] b [ ] c [ ] d [ ]

うすい水酸化バリウム水溶液を8cm³加えたときに水溶液の色は緑色になり，電流はa{実験前の値より大きく・実験前の値より小さく・ほとんど流れなく}なった。この水溶液にうすい水酸化バリウム水溶液をさらに加えていったときの電流の大きさは，水溶液が緑色のときと比べてb{大きくなった・小さくなった・変わらなかった}。また，二つの水溶液を混ぜたときにできた白い沈殿は[c]であり，その化学式は[d]である。

高等学校入試対策基礎問題 ―理　科―

運動と力・エネルギー

16　小球の運動に関する実験を行った。これについて各問いに答えなさい。

〔実験〕 カーテンレールを用いて図1のような装置をつくり，カーテンレールの水平部分に木片を置き，斜面上で小球を静かに離したところ，小球は点Pで木片と衝突したあと木片を動かし，やがて小球，木片ともに静止した。質量の異なる小球を用いて，小球を離す高さを変え，木片が静止するまでに動いた距離を繰り返し測定したところ，小球を離す高さと木片が動いた距離との関係は図2のようなグラフになった。ただし，小球とカーテンレールの間には摩擦はなく，木片とカーテンレールの間には一定の大きさの摩擦がはたらくものとする。また，空気の抵抗は考えないものとし，小球がはじめにもつ位置エネルギーはすべて木片を動かすことに使われるものとする。

図1

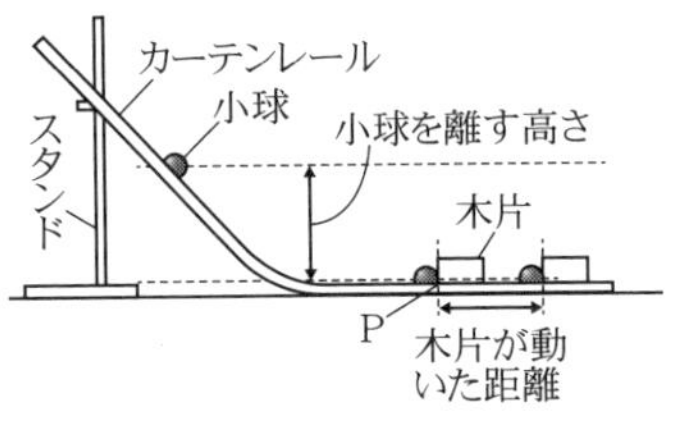

図2

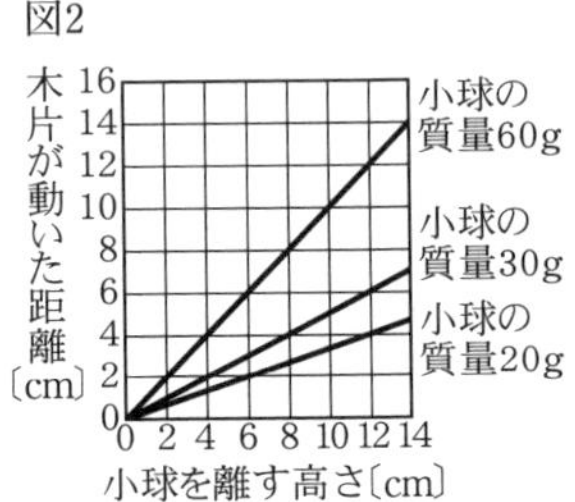

(1)　小球が斜面上を運動している間に小球にはたらく重力の，斜面に沿った方向の分力を表す矢印を図3にかき入れなさい。(3点)

図3

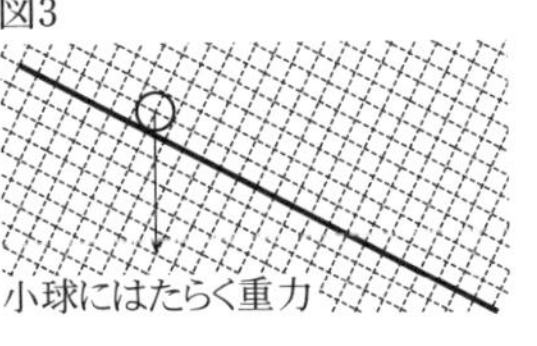

(2)　小球が斜面上を運動している間のようすについて，正しく述べている文はどれか。(4点)［　　　］

ア　小球にはたらく力の大きさはだんだん大きくなるが，小球の速さは変化しない。

イ　小球にはたらく力の大きさはだんだん大きくなり，小球の速さはだんだん速くなる。

ウ　小球にはたらく力の大きさは変化せず，小球の速さも変化しない。

エ　小球にはたらく力の大きさは変化しないが，小球の速さはだんだん速くなる。

(3)　小球の水平面での運動を何というか。(3点)［　　　　　］

(4)　次の**ア**～**エ**の中で，小球が斜面を運動しているときと比べて，水平面に達したとき小さくなっているものはどれか。(3点)［　　　］

ア　小球にはたらく重力　　**イ**　小球のもつ位置エネルギー

ウ　小球のもつ運動エネルギー　　**エ**　小球のもつ力学的エネルギー

(5)　小球を離す高さが8cmのとき，小球の質量と木片が動いた距離との関係を表すグラフを図4にかき入れなさい。(4点)

図4

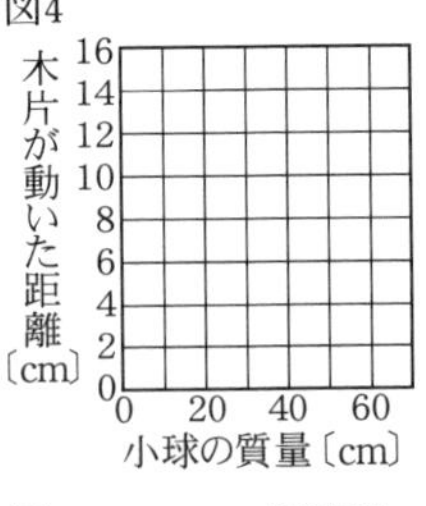

(6)　図2から，小球がはじめにもつ位置エネルギーは，小球を離す高さと，小球の質量に比例すると考えられる。図1で小球を離す高さを15cmにして，質量50gの小球を斜面上で静かに離すとき，木片が動く距離は何cmか。(4点)［　　　cm］

(7)　図5は，小球の速さを測定するための速度計である。速度計は二つのセンサー間を小球が通過する時間を計測し，速さを示す。速度計が示す速さが1.60m/sのとき，二つのセンサー間を小球が通過するのにかかった時間は何秒か。(4点)［　　　秒］

図5

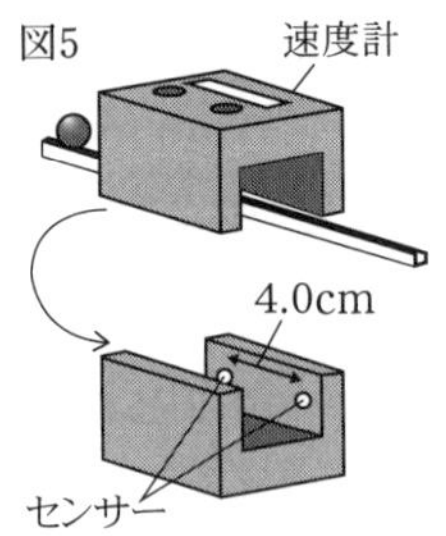

得点　　/50

17 次の実験1，2について，各問いに答えなさい。ただし，ひもと滑車とのあいだおよび斜面と物体のあいだには摩擦がなく，空気抵抗もないものとする。

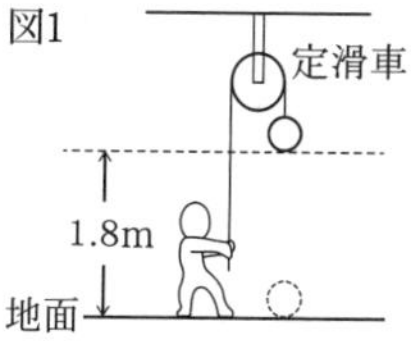

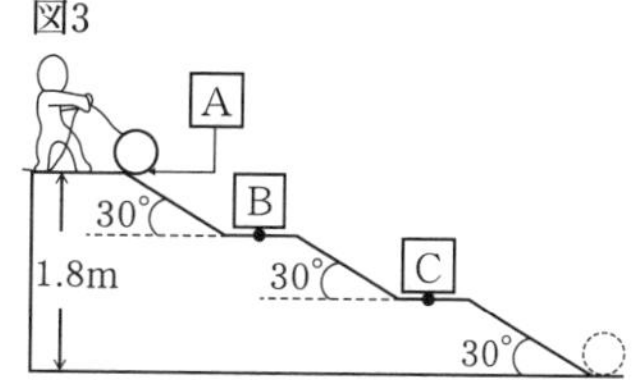

〔実験1〕 図1のように，重さ5.0Nの物体に軽いひもを取り付け，ひもをたるませずに，15cm/sの一定の速さで地面からの高さ1.8mまでゆっくりと引き上げ静止させた。

〔実験2〕 図2，図3のような斜面を用いて，実験1で用いたと同じ物体を1.8mの高さまでゆっくりと引き上げ静止させた。

図2
1.8m
30°

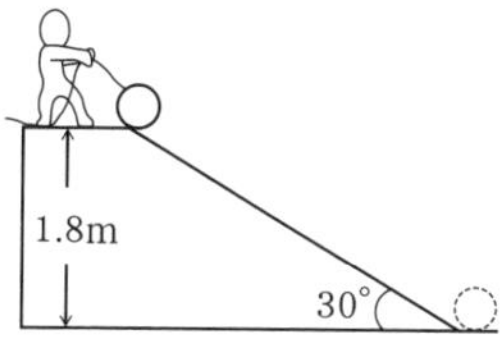

図3
A
B
C
30°
1.8m
30°
30°

(1) 実験1で，物体を1.8mの高さまで引き上げるのにかかった時間は何秒か。

(3点)［　　　　秒］

(2) 実験1で物体を1.8mの高さまで引き上げたとき，ひもを引く力がした仕事の大きさを単位をつけて答えなさい。ただし，引き上げるのに必要な力は，物体にはたらく重力と同じ大きさとする。

(3点)［　　　　］

(3) 実験1で物体を1.8mの高さまで引き上げたとき，ひもを引く力がした仕事の仕事率は何Wか。

(4点)［　　　　W］

(4) 図1の方法で物体を引き上げたときと，図2のように斜面を使って物体を引き上げたときのひもを引く力がした仕事は同じである。このように，道具を使っても仕事の大きさが変わらないことを何というか。

(3点)［　　　　］

(5) 図1で引き上げた物体を静止させたまま，ひもと物体のつなぎ目をはさみで切った。このあとの物体の運動について記した次の文の ① ～ ③ に当てはまる語句や数値を書きなさい。

(各2点)①［　　　　］　②［　　　　］　③［　　　　］

静止していた物体は，地面に対し垂直に落下した。この物体の運動を ① といい，落下中は物体に対して重力が仕事をすることにより，物体の ② エネルギーの大きさが減少する。地面からの高さが0.90mにおけるエネルギーの総和は ③ Jである。

(6) 図1～図3で，ひもと物体のつなぎ目をはさみで切ったとき，地面に達した物体の運動エネルギーの大きさの関係として正しいものを**ア**～**エ**から選びなさい。(3点)［　　　　］

ア 図1＝図2＝図3　　**イ** 図1＜図2＝図3

ウ 図1＜図2＜図3　　**エ** 図2＜図3＜図1

(7) 図3の位置Aから水平面上の点B，Cを通過して地面に達するまでについて，物体の位置と運動エネルギーの関係を表したグラフとして最も適切なものを**ア**～**エ**から選びなさい。

(3点)［　　　　］

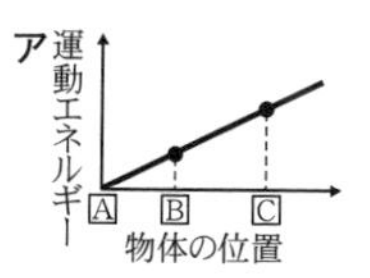

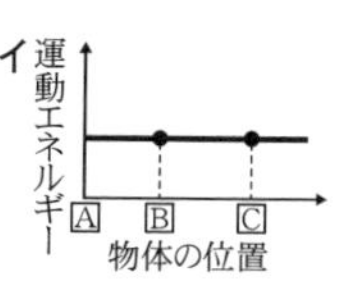

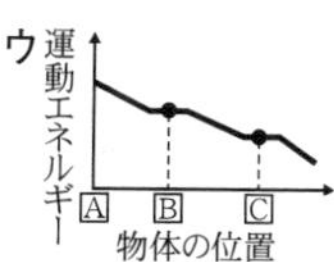

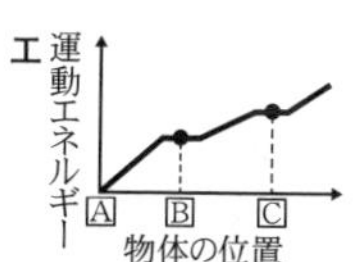

6 高等学校入試対策基礎問題 —理　科—
大地の変化

18 次の観察1，2について，各問いに答えなさい。

〔観察1〕 火山灰Aを双眼実体顕微鏡で観察し，火山灰Aに含まれる，粒の種類と，粒の数の割合を調べた。表はその結果をまとめたものである。

表

粒の種類	結晶の粒				結晶でない粒
	長石（ちょうせき）	輝石（きせき）	角閃石（かくせんせき）	石英（せきえい）	
粒の数の割合〔%〕	50	7	5	3	35

〔観察2〕 火成岩B，Cをルーペで観察したところ，岩石のつくりに異なる特徴が確認できた。図は，それらのスケッチであり，火成岩B，Cは花こう岩，安山岩のいずれかである。

図

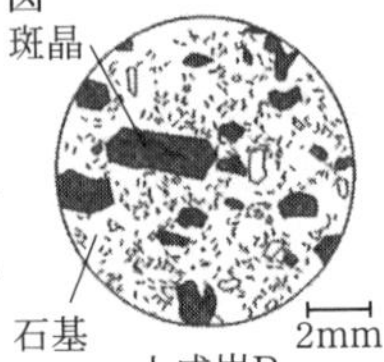

火成岩B

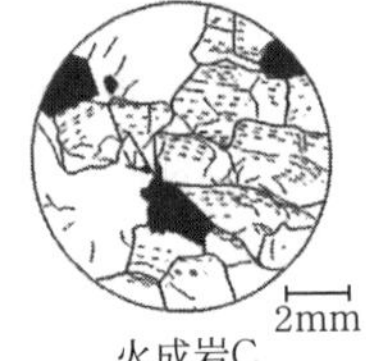

火成岩C

(1) 双眼実体顕微鏡の説明として最も適切なものを**ア**～**エ**から選びなさい。(2点)［　　　］

ア　試料を手に持って観察するのに適している。

イ　試料をプレパラートにして観察するのに適している。

ウ　試料を観察すると，立体的に見える。

エ　試料を観察すると，上下左右が逆に見える。

(2) 観察1において，火山灰Aに含まれる粒の総数に占める有色鉱物である粒の数の割合は何%か。(2点)［　　　%］

(3) 火山灰が堆積して固まってできた岩石は**ア**～**エ**のどれか。(2点)［　　　］

ア　凝灰岩　　**イ**　石灰岩　　**ウ**　砂岩　　**エ**　チャート

(4) 図の火成岩Bでは，石基の間に斑晶が散らばっているようすが見られた。このような岩石のつくりを何というか。(3点)［　　　］

(5) 図の火成岩Cは，花こう岩，安山岩のいずれか。また，火成岩Cは火成岩Bに比べて一つ一つの鉱物の粒が大きくなっている。その理由を答えなさい。

(各2点)岩石名［　　　］　理由［　　　］

(6) 次の文の①，②の｛　　｝の中からそれぞれ適切なものを選び，記号を書きなさい。

(各2点)①［　　　］　②［　　　］

一般に，激しく爆発的な噴火をしたマグマのねばりけは①｛**ア**　強く　**イ**　弱く｝，そのマグマから形成される火山灰や岩石の色は，②｛**ア**　白っぽい　**イ**　黒っぽい｝。

(7) 溶岩の破片や火山灰が，高温の火山ガスとともに，高速で山の斜面を流れ下る現象を何というか。(2点)［　　　］

19 次の文は堆積岩について説明したものである。①～③の｛　　｝内の**ア**，**イ**のうち，適切なものを選びなさい。(各2点)①［　　　］　②［　　　］　③［　　　］

河口から運ばれた土砂のうち，粒の大きいものは陸から①｛**ア**　遠い　**イ**　近い｝場所に堆積する。また，陸から②｛**ア**　遠い　**イ**　近い｝場所では，プランクトンの死骸などが堆積し，砂や泥をほとんど含まないチャートという岩石ができる。チャートは③｛**ア**　炭酸カルシウム　**イ**　二酸化ケイ素｝を多く含む硬い岩石である。

得点　　/50

20 表は，ある地震を三つの観測地点A～Cにおいて観測した記録の一部である。地震のP波とS波は，あらゆる方向に一定の速さで伝わったものとして，各問いに答えなさい。

表

観測地点	震源からの距離	P波が到着した時刻	S波が到着した時刻
A	（ X ）km	15時9分（ Y ）秒	15時 9分58秒
B	160km	15時10分10秒	15時10分30秒
C	240km	15時10分20秒	15時10分50秒

(1) S波による大きなゆれを何というか。　(2点)［　　　　］

(2) 地震の発生時刻は15時何分何秒か。　(3点)［15時　　分　　秒］

(3) 表の（ X ），（ Y ）に当てはまる値をそれぞれ求めなさい。

(各2点) X［　　　　］　Y［　　　　］

(4) 地震は，プレートの運動によって，プレートの境界が急に動いたり，プレート内部で断層が起きたり，過去にできた断層が再び動いたりすることで起こる。下線部のように，今後も活動する可能性がある断層を何というか。　(2点)［　　　　］

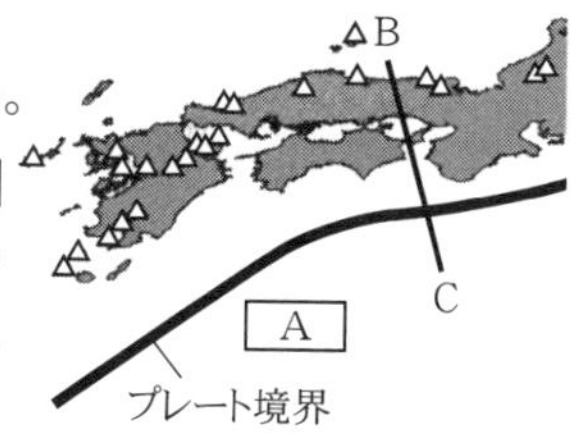

(5) 図は，プレート境界と主な火山の分布を表したものである。図中の A に当てはまる海洋プレートの名称を書きなさい。

(2点)［　　　　プレート］

図

△印は火山の位置を表している。

(6) 図中のB－Cの断面のようすとプレートの動き，震源の分布を模式的に表したものとして最も適切なものを**ア**～**エ**から選びなさい。(2点)［　　　　］

➡プレートの動き ●震源

ア 大陸プレート　海洋プレート

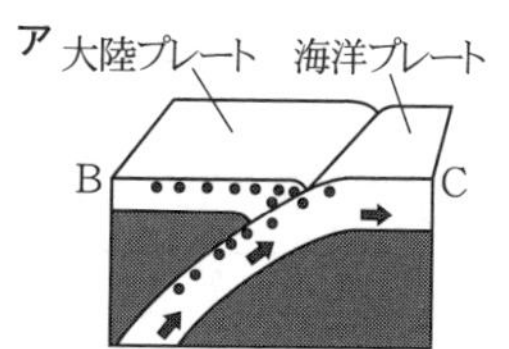

イ 大陸プレート　海洋プレート

ウ 大陸プレート　海洋プレート

エ 大陸プレート　海洋プレート

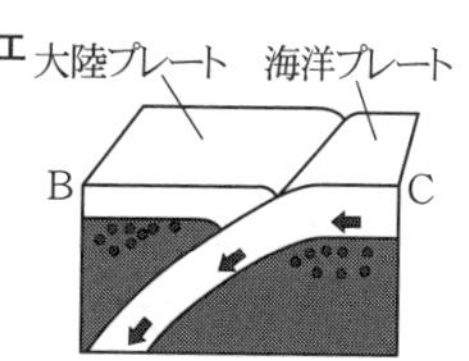

21 図1は，ボーリング調査が行われた地点A，B，C，Dとその標高を示す地図である。図2は，地点A，B，C，Dでのボーリング試料を用いて作成した柱状図である。この地域では断層やしゅう曲，地層の上下の逆転はなく，地層はある一定の方向に傾いている。これについて各問いに答えなさい。

図1

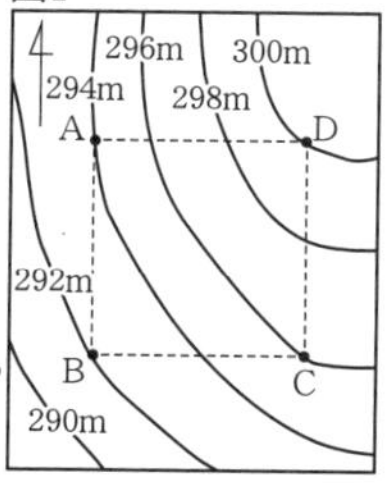

図2

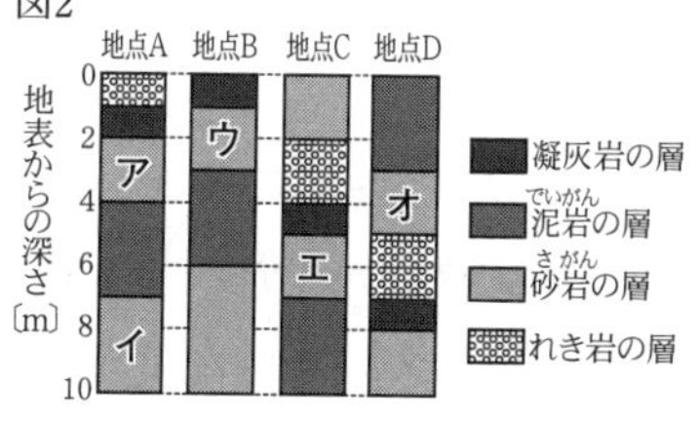

(1) 図2の砂岩の地層のうち，堆積した時代が最も新しいものはどれか。(2点)［　　　　］

(2) この地域の地層は，東西南北のどの方向に低くなるように傾いているか。(2点)［　　　　］

(3) 地点Dの泥岩の層では，ビカリアの化石が発見された。これにつてて述べた次の文の a ～ c に，適切な語を入れなさい。(各2点) a［　　　　］　b［　　　　］　c［　　　　］

ビカリアの化石が発見されたことから，この地層は a という地質年代に堆積したことが推定できる。このように，地層の堆積した年代を推定できる化石を b 化石という。また，地層が堆積した当時の環境を知ることができる化石を c 化石という。

高等学校入試対策基礎問題 —理　科—

植物と動物の世界

22　アブラナ，マツ，アサガオ，ツユクサ，イヌワラビ，ゼニゴケ，タンポポの７種類の植物を観察し，分類を行った。これについて各問いに答えなさい。

図1
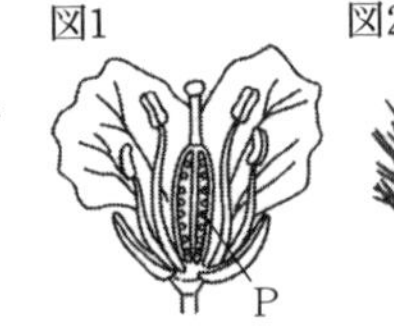

図2
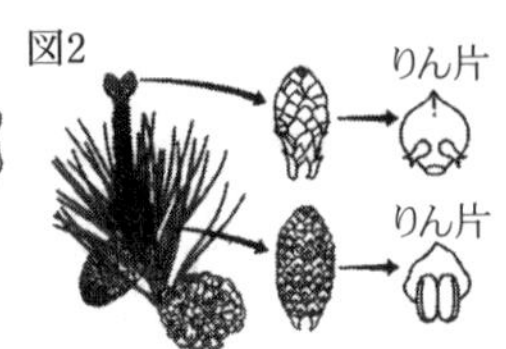

図3
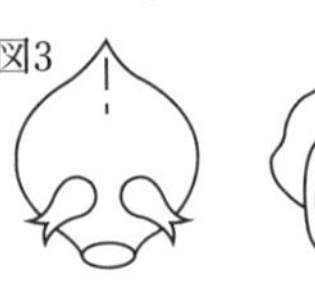

(1)　図１はアブラナの花，図２は，マツの花とりん片を模式的に表したものである。アブラナの花のＰは，マツのりん片のどの部分にあたるか。図３のりん片の該当箇所を黒く塗りつぶしなさい。(3点)

(2)　観察した７種類の植物のうち，タンポポ以外を図４のように四つの観点で分類した。観点１～４は，次の**ア**～**カ**のいずれかである。観点１，観点３に当てはまるものをそれぞれ選びなさい。

図4
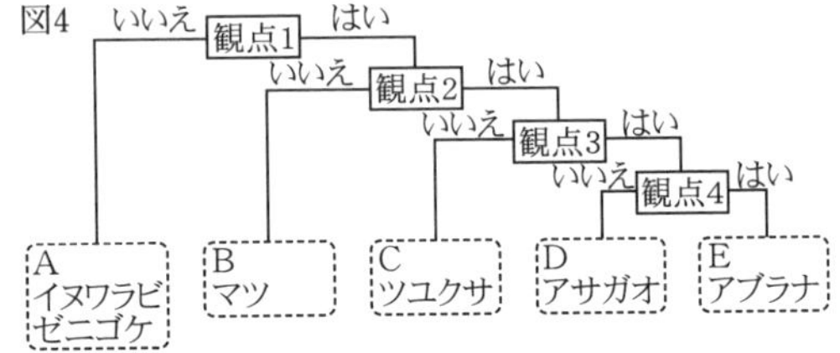

(各２点)観点１［　　　　］　観点３［　　　　］

ア　子房がある　　**イ**　根はひげ根である　　**ウ**　種子でふえる
エ　子葉が２枚である　　**オ**　花弁が分かれている　　**カ**　胞子でふえる

(3)　タンポポは図４のＡ～Ｅのどれに分類されるか。(2点)［　　　　］

(4)　ツユクサの子葉の枚数と茎の横断面を表したものとして適切なものを，図５の**ア**～**エ**のから選びなさい。　(3点)［　　　　］

図5

	ア	イ	ウ	エ
子葉の枚数	1枚	1枚	2枚	2枚
茎の横断面				

(5)　Ａに分類したイヌワラビとゼニゴケでは，水分を吸収するしくみが異なる。ゼニゴケは必要な水分をどのように吸収するか，簡潔に書きなさい。　(3点)［　　　　　　　　　　　　　　　　　　　　　　　］

23　図１～３は，表１に示す動物を表２の観点で分類したものである。図中のＡ～Ｆは表１の動物のいずれかであり，(あ)～(か)は表２のａ～ｆのいずれかである。これについて各問いに答えなさい。

図1
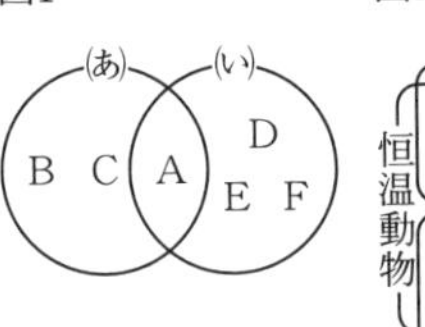

図2
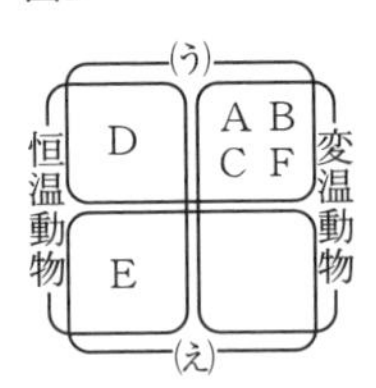

図3
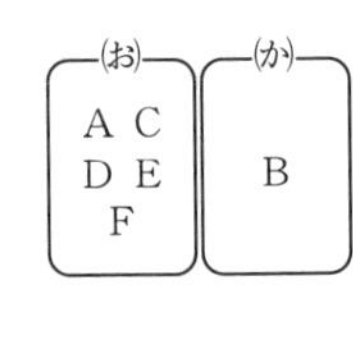

(1)　図１で，Ａは卵からかえった子が成長して子をつくれるようになる前に，からだの形や生活のしかたが大きく変化する。このような変化を何というか。　(2点)［　　　　］

(2)　図２で分類した動物Ｄは恒温動物であり，かつ，(う)という観点で分類した動物である。動物Ｄは何か。(2点)［　　　　］

(3)　図１～３の(あ)，(え)，(お)に当てはまる観点をそれぞれ表２のａ～ｆから選びなさい。

(各２点)(あ)［　　　　］　(え)［　　　　］　(お)［　　　　］

表1

動物の種類
イカ カエル トカゲ ニワトリ ネズミ メダカ

表2
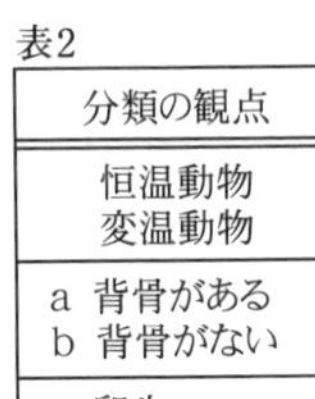

分類の観点
恒温動物 変温動物
a　背骨がある b　背骨がない
c　卵生 d　胎生
e　肺呼吸 f　えら呼吸

得点　/50

24 メダカの血液の流れを調べるために，図1のように，チャック付きのポリエチレン袋に水と生きているメダカを入れ，顕微鏡でメダカの尾びれを観察した。図2は，観察した尾びれの模式図である。これについて各問いに答えなさい。

⑴ 図2のXは，酸素を全身に運ぶはたらきをしている。Xの名称を書きなさい。　(2点)［　　　］

⑵ 細胞は，血液が運んだ酸素を使って養分からエネルギーを取り出し，二酸化炭素と水を放出する。細胞によるこのはたらきを何というか。　(3点)［　　　］

⑶ 次の文は，ヒトの血液の循環において，毛細血管から細胞へ養分を運ぶしくみを述べたものである。［a］，［b］に適切な語を入れなさい。

(各2点) a［　　　］ b［　　　］

毛細血管の壁は非常にうすいので，血液の成分である［a］の一部は毛細血管からしみ出て細胞のまわりを満たしている。この液を［b］という。血液によって運ばれてきた酸素や養分は［b］に溶けて細胞に取り入れられる。

⑷ ヒトは血液の循環を通じて，体内で生じた有害なアンモニアを，無害な物質に変えて排出する。このしくみを説明した次の文の［a］～［c］に適切な語を入れなさい。

(各2点) a［　　　］ b［　　　］ c［　　　］

アンモニアを［a］で［b］に変え，［c］でこしだして排出する。

25 ヒトのからだの刺激に対する反応について，各問いに答えなさい。

⑴ 熱いものに触れたとき，熱いと感じる前に，思わず手を引っ込める。このように，刺激に対して無意識に起こる反応を何というか。　(3点)［　　　］

⑵ 目が光の刺激を受け取ってから手の筋肉が反応するまでに信号が伝わる経路を，伝わる順に並べたものはどれか。**ア**～**エ**から選びなさい。　(3点)［　　　］

ア　AE　　**イ**　ADF　　**ウ**　BCDF　　**エ**　BF

矢印の向きは信号が伝わる向きを表している。

26 私たちが意識してうでを曲げたりのばしたりできるのは，骨や筋肉が互いに関係し合って動いているためである。図は，ヒトを正面から見たときの左腕の骨格と筋肉の一部を表したもので，筋肉Aと筋肉Bは左腕の曲げのばしに関わっている筋肉である。図中の二重線(＝)で囲まれた部分に入る図として最も適切なものを**ア**～**エ**から選びなさい。また，図中のXは，筋肉が骨についている部分を指している。筋肉の両端にあるこの部分を何というか。

(各2点)図［　　］ X［　　　］

天気の変化

27 図１は，ある年の９月30日９時の天気図であり，図２は，同じ年の９月30日６時から10月１日18時までのＡ市の気圧と湿度の変化を表したグラフである。これについて各問いに答えなさい。

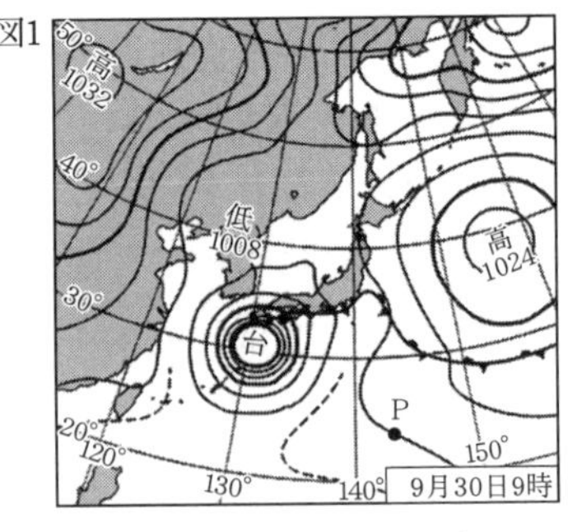

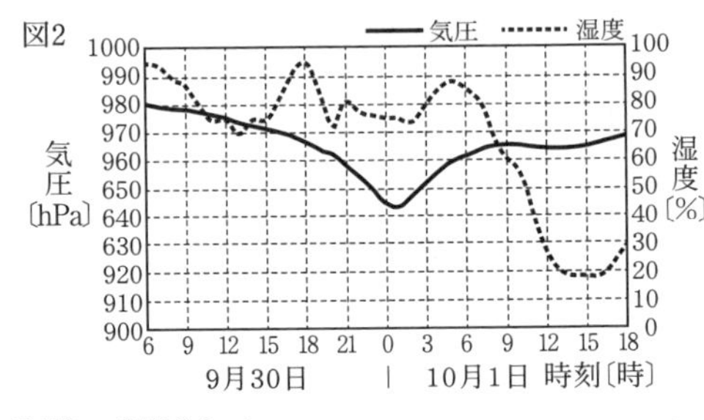

(1)　気象観測についての説明として最も適切なものを**ア**～**エ**から選びなさい。　(3点)［　　　　］

ア　天気は，雲が空を占める割合である雲量と，雲の形を観測して決める。

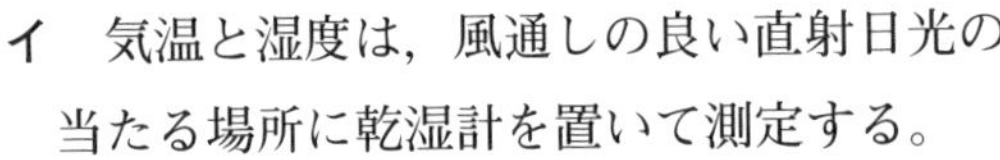

イ　気温と湿度は，風通しの良い直射日光の当たる場所に乾湿計を置いて測定する。

ウ　風向は，風向計や煙がたなびく向きなどで調べ，風が吹いていく方向を16方位で表す。

エ　風力は，風力階級表を用いて，０～12の13段階で判断する。

(2)　図１のＰ点における気圧は何hPaか。　(3点)［　　　　hPa］

(3)　図３は，９月30日15時のＡ市の気象情報を天気図記号で表したものである。このときの天気，風向，風力をそれぞれ書きなさい。

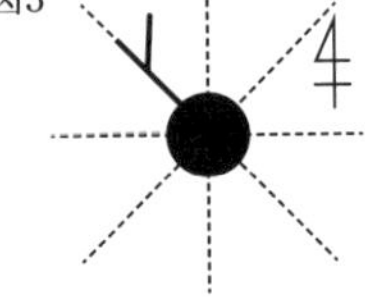
図3

(各２点)天気［　　　　］　風向［　　　　］　風力［　　　　］

(4)　図１中の台風の地表付近での風のふき方を模式的に表したものとして最も適切なものを**ア**～**エ**から選びなさい。

(3点)［　　　　］

ア
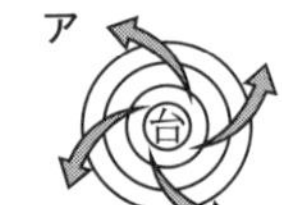
イ
ウ
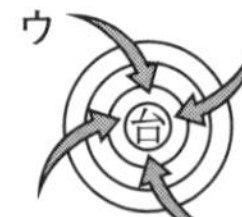
エ

(5)　図２のグラフから，台風の中心がＡ市に最も近づいたのは何時ごろと考えられるか。最も適切なものを**ア**～**エ**から選びなさい。また，そのように考えられる理由を簡潔に書きなさい。　(各３点)記号［　　　　］　理由［　　　　　　　　　　　　　　　　］

ア　９月30日15時から９月30日18時の間

イ　９月30日18時から９月30日21時の間

ウ　10月１日０時から10月１日３時の間

エ　10月１日６時から10月１日９時の間

(6)　９月30日21時の時点で部屋の気温と湿度を測定すると，気温23℃，湿度81％であった。部屋の湿度を下げるために除湿機を使用したところ，しばらくして気温が22℃，湿度が65％に低下した。この部屋の体積を50 m^{3}とするとき，除湿されて部屋の空気から除かれた水の質量は何ｇか。小数第１位を四捨五入して整数で答えなさい。なお，それぞれの気温における飽和水蒸気量は表の通りで，部屋の中の水蒸気の出入りはなかったものとする。　(4点)［　　　　g］

表

気温〔℃〕	20	21	22	23	24
飽和水蒸気量〔g/m^3〕	17.3	18.3	19.4	20.6	21.8

28 図のように，少量の水と線香の煙を入れた丸底フラスコと注射器をつなぎ，注射器のピストンをすばやく引いたところ，丸底フラスコ内の温度が下がり，白くくもった。これについて各問いに答えなさい。

図
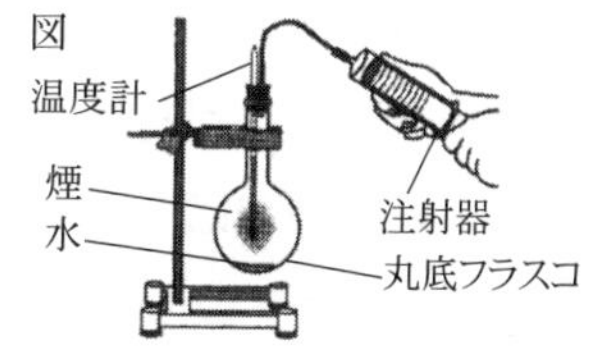

(1)　ピストンを引く前，丸底フラスコ内の気圧は約1気圧であった。1気圧は何hPaか。次のア～エから選びなさい。　(2点) [　　　　]

ア　987hPa　　**イ**　1000hPa　　**ウ**　1013hPa　　**エ**　1026hPa

(2)　実験から考えられる雲のでき方について述べた次の文の{　　}内の語句のうち，適切なものを選びなさい。また，［x］に当てはまる内容を書きなさい。

(各2点) a [　　　　]　b [　　　　]　c [　　　　]　x [　　　　　　　　　　　　]

空気のかたまりが上昇すると，周囲の気圧が a {**ア**　高く　**イ**　低く} なるため，空気のかたまりは b {**ア**　膨張　**イ**　収縮} する。すると，気温が c {**ア**　上がる　**イ**　下がる} ため，露点に達し，空気中の［　　x　　］雲ができる。

(3)　次の**ア**～**エ**のうち，上昇気流ができやすい場所はどれか。二つ選びなさい。　(3点) [　　　　]

ア　太陽の光で地面があたためられるところ　　**イ**　空気が山の斜面でぶつかるところ
ウ　夏の夜に海陸風がふいているときの陸上　　**エ**　高気圧の中心付近

(4)　実験をした日の気温は22℃，湿度は70%であった。この空気のかたまりが上昇したときに，空気1m³中の水蒸気量が変わらないとすると，空気の上昇によって雲ができ始める地上からの高さは何mと考えられるか。ただし，空気の温度は，雲ができるまで100m上昇するごと1℃ずつ下がるものとする。また，表は，気温に対する飽和水蒸気量を示している。　(3点) [　　　　m]

表

気温〔℃〕	16	18	20	22
飽和水蒸気量〔g/m³〕	13.6	15.4	17.3	19.4

29 図の天気図について，各問いに答えなさい。

図
3月21日21時　低 P 1000　低 994　B　高　40°　30°　A　X　Y　130°　140°　150°

(1)　図中の▲●▲で表された前線**P**は，前線Aが前線Bに追いついてできた前線である。前線**P**の名称は何か。また，次の文の①，②の{　　}に当てはまる語を選びなさい。

(各2点) 名称 [　　　　　　　　前線]　① [　　　　]　② [　　　　]

前線**P**ができると地上付近は① {**ア**　寒気　**イ**　暖気} でおおわれ，② {**ア**　上昇　**イ**　下降} 気流が発生しなくなるため，低気圧が消滅することが多い。

(2)　図中の前線Aの X－Y の断面を模式的に表した図として最も適切なものを**ア**～**エ**から選びなさい。　(3点) [　　　　]

ア

イ
積乱雲
X 暖気　寒気 Y

ウ
乱層雲
X 寒気　暖気 Y

エ
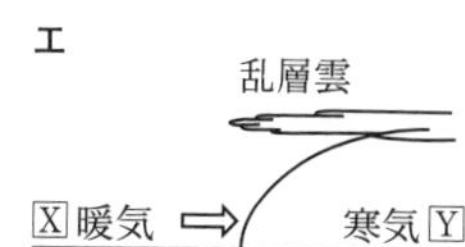

9 高等学校入試対策基礎問題 —理　科—

生命の連続性

30　アマガエルが行う生殖について調べたところ，図1のように，卵や精子がつくられるときに体細胞分裂とは異なる特別な細胞分裂が行われ，受精によって子がつくられる，有性生殖を行うことがわかった。また，ゾウリムシを顕微鏡で観察したところ，図2のように，くびれができているゾウリムシが見られた。これは，分裂という無性生殖を行っているようすであることがわかった。これについて各問いに答えなさい。

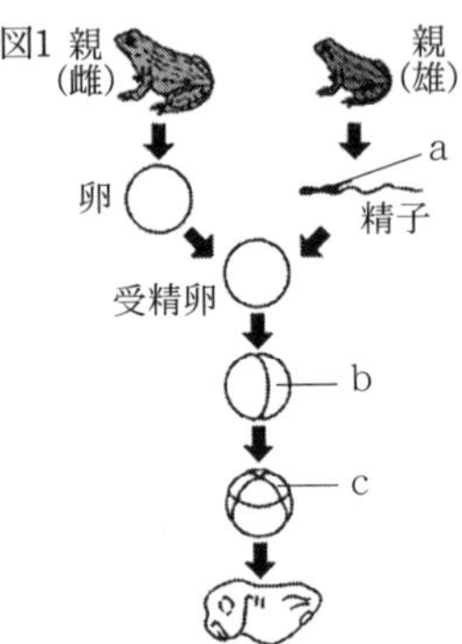

(1)　下線部の特別な細胞分裂は何と呼ばれるか。(2点) [　　　　　]

(2)　図1の親のからだをつくる細胞の染色体の数が26本であるとすると，図1のａ，ｂ，ｃの各細胞の染色体の数は，それぞれ何本か。

(各1点) a [　　　本]　b [　　　本]　c [　　　本]

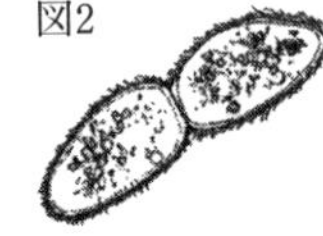

(3)　図1で，カエルに現れるある形質について，顕性形質の遺伝子をＡ，潜性形質の遺伝子をａとする。図1の受精卵の遺伝子の組み合わせをＡＡとしたとき，親(雌)の遺伝子の組み合わせとして可能性があるものをすべて書きなさい。ただし，Ａとａの遺伝子は，遺伝の規則性にもとづいて受け継がれるものとする。　(3点) [　　　　　]

(4)　次のア～エのうち，ゾウリムシについて述べた文として正しいのはどれか。(2点) [　　　　　]

ア　からだの表面に，食物を取り込むところがある。

イ　からだの表面の細かい毛から養分を吸収する。

ウ　植物のなかまであり，細胞内の葉緑体で光合成を行う。

エ　さまざまな組織や器官が集まって個体がつくられている。

(5)　次のア～エのうち，ゾウリムシのように，からだが一つの細胞でできている生物はどれか。　(2点) [　　　　　]

ア　ミジンコ　　**イ**　アオミドロ　　**ウ**　ミカヅキモ　　**エ**　オオカナダモ

(6)　ゾウリムシの生殖では，親と子の形質がすべて同じになる。その理由を「体細胞分裂」と「染色体」という語を用いて書きなさい。

(3点) [　　　　　　　　　　　　　　　　　　　　　　　　]

(7)　受精卵が細胞分裂を始めてから自分で食物をとり始めるまでの間の子を何というか。

(3点) [　　　　　]

(8)　受精卵が細胞分裂を繰り返すことで，形やはたらきが異なるいくつかの部分に分かれ，親と同じような形に成長し，個体としてのからだのつくりが完成していく過程を何というか。　(2点) [　　　　　]

(9)　さまざまな生物に見られる無性生殖のうち，ジャガイモなどの植物において，からだの一部から新しい個体ができる無性生殖を何というか。　(2点) [　　　　　]

(10)　次のア～オのうち，ゾウリムシやジャガイモなどのように，受精を行わずに新しい個体をつくることができる生物はどれか。すべて選びなさい。　(3点) [　　　　　]

ア　オランダイチゴ　　**イ**　イソギンチャク　　**ウ**　メダカ　　**エ**　バフンウニ

得点 /50

31 エンドウの種子の形の遺伝について調べた次の①～④について，各問いに答えなさい。

① 丸形の種子をつくる純系のエンドウと，しわ形の種子をつくる純系のエンドウをそれぞれ自然の状態で受粉させた。丸形の種子をつくる純系のエンドウからできた種子をAグループ，しわ形の種子をつくる純系のエンドウからできた種子をBグループとした。

② 丸形の種子をつくる純系のエンドウのめしべに，しわ形の種子をつくる純系のエンドウの花粉をつけた。できた種子をCグループとした。

③ しわ形の種子をつくる純系のエンドウのめしべに，丸形の種子をつくる純系のエンドウの花粉をつけた。できた種子をDグループとした。

④ Dグループの種子をまいて育て，自然の状態で受粉させた。できた種子をEグループとした。

表は，AグループからEグループのそれぞれの種子の形をまとめたものである。

表

	Aグループ	Bグループ	Cグループ	Dグループ	Eグループ
種子の形	全て丸形	全てしわ形	全て丸形	全て丸形	丸形としわ形

(1) 次の文は，Bグループの種子がすべてしわ形になった理由を述べたものである。（ a ），（ b ）に当てはまる語を入れなさい。 (各4点) a [ ] b [ ]

Bグループの種子がすべてしわ形になったのは，エンドウは自然の状態では（ a ）を行うためである。これは，エンドウの花のめしべとおしべが（ b ）つくりになっているためである。

(2) Aグループ～Eグループの種子の形を決める遺伝子の組み合わせについて説明した文として適切なものを次の**ア**～**エ**から選びなさい。 (4点) [ ]

ア Aグループは，Cグループと同じであり，Dグループとは異なる。

イ Aグループは，Dグループと同じであり，Cグループとは異なる。

ウ Cグループは，Dグループと同じであり，Aグループとは異なる。

エ Aグループは，Cグループ，Dグループと同じである。

(3) 表のEグループの丸形の種子のように，丸形の種子の中には遺伝子の組み合わせがわからないものがあり，この種子をXとする。次の文章は，種子Xの遺伝子の組み合わせを特定するための方法について述べたものである。p～rの｛ ｝中から適切なものをそれぞれ選びなさい。 (各3点) p [ ] q [ ] r [ ]

種子Xをまいて育てたエンドウのめしべにp｛**ア** 丸形 **イ** しわ形｝の種子をまいて育てたエンドウの花粉をつけて得られた種子の形を調べることによって，種子Xの遺伝子の組み合わせを特定することができる。

種子の形を丸形にする遺伝子をA，しわ形にする遺伝子をaとすると，得られた種子がq｛**ア** すべて丸形 **イ** 丸形：しわ形＝3：1｝であれば，種子Xの遺伝子の組み合わせはAAであり，得られた種子がr｛**ア** 丸形：しわ形＝3：1 **イ** 丸形：しわ形＝1：1｝であれば，種子Xの遺伝子の組み合わせはAaであることがわかる。

(4) 遺伝子の本体は何という物質か。名称を書きなさい。 (4点) [ ]

地球と宇宙

32　日本のある地点で，同じ年の夏至の日と秋分の日の太陽の動きを調べる観察を行った。これについて各問いに答えなさい。

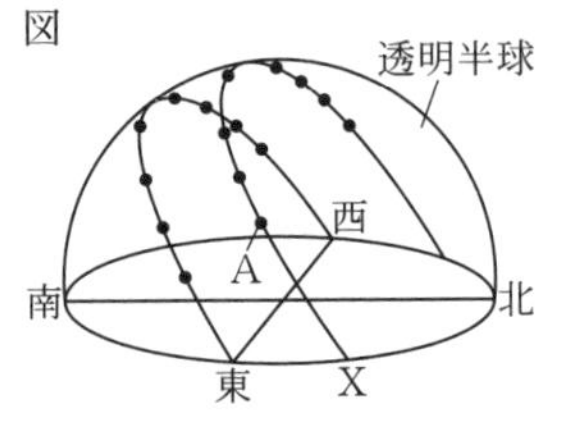

〔観察〕 図のように，夏至の日と秋分の日の８時から15時まで，１時間ごとに太陽の位置を観察し，その位置を●印で透明半球に記録した。図のように，●印をなめらかな曲線で結び，この曲線を透明半球のふちまで延長して，透明半球上に太陽の通り道をかいた。さらに，夏至の日の曲線と透明半球のふちとの東側の交点をX点，夏至の日の８時の太陽の位置をA点とした。

(1)　太陽などの天体は，地球から天体までの距離が非常に遠いため，観測者を中心とした大きな球体の天井にはりついているように見える。この見かけ上の球体の天井を何というか。

(3点)［　　　　　］

(2)　透明半球上に記録された太陽の動きのように，１日の間で時間がたつとともに動く，太陽の見かけ上の運動を何というか。また，このような太陽の見かけ上の運動が起こる理由を，簡潔に書きなさい。

(各2点)名称［　　　　　運動］　理由［　　　　　　　　　　］

(3)　観察の結果について説明した次の文章が正しくなるように｛　　｝の中から，適切なものを選びなさい。　(各2点)①［　　　］　②［　　　］　③［　　　］　④［　　　］

透明半球上で，●印は東から西に向かうように記録された。これは，地球が①｛ア　西から東　イ　東から西｝の向きへ回転しているためである。また，夏至の日から秋分の日にかけての，太陽の通り道の変化を見ると，南中高度は②｛ア　高く　イ　低く｝なり，日の出の位置は③｛ア　北寄り　イ　南寄り｝なっていった。なお，夏至の日と秋分の日の南中時刻が，12時より④｛ア　前　イ　後｝だったのは，観測地点が兵庫県明石市より，東に位置するためである。

(4)　図で，A点とX点の間の弧の長さは8.7cmであった。夏至の日の１時間ごとの●印間の弧の長さは2.3cmであった。夏至の日の日の出の時刻として適切なものをア～エから選びなさい。　(3点)［　　　］

ア　3時47分　　イ　4時13分　　ウ　4時47分　　エ　5時13分

(5)　季節によって，南中高度や日の出と日の入りの方角が変化するのはなぜか。「公転面」という語句を用いて簡潔に書きなさい。

(4点)［　　　　　　　　　　］

33　太陽系について述べた文として最も適切なものを次のア～エから選びなさい。

(3点)［　　　］

ア　衛星をもつ惑星は地球だけである。
イ　大気をもつ惑星は地球だけである。
ウ　小惑星の多くは，火星と木星の公転軌道の間にある。
エ　海王星は地球型惑星である。

得点	/50

34 金星と月の観察を定期的に行った。これについて各問いに答えなさい。ただし，観察した日は雲の影響はなく，図１～３の観察記録は肉眼で見たときの形を示してある。また，図４は，地球を北極側から見たときの，太陽のまわりを回る金星の位置を，図５は地球のまわりを回る月の位置をそれぞれ表したものである。

〔観察〕 ① 4月1日の午前7時には，金星と月はどちらも観察できなかった。

② 4月1日の19時には，西の空に金星が，南の空に月が見えた。図１はそのときの金星と月の形の記録である。

図1

③ 4月16日の午前7時に（ ア ）の空を観察したときは，月は見えたが，金星は見えなかった。そのときの記録が図２である。

④ 4月16日の19時に（ イ ）の空を観察したときは金星が見えて，月が見えなかった。そのときの記録が図３である。

図2

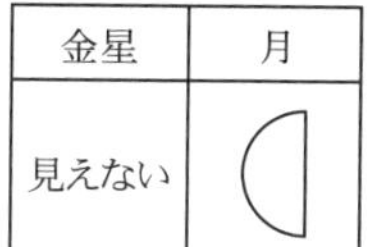

図3

(1) 4月1日の金星の位置は図４のA～Gのどれか。また，4月1日の月の位置は図５のH～Lのどれか。 (各2点) 金星［　　　］ 月［　　　］

(2) （ ア ），（ イ ）に当てはまる方角を東，西，南，北の中からそれぞれ一つ選んで書きなさい。

(各2点) ア［　　　］ イ［　　　］

図4

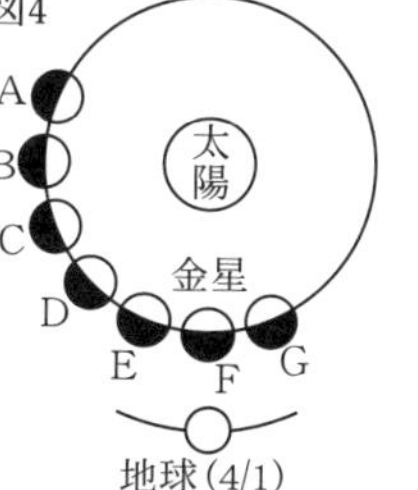

図5

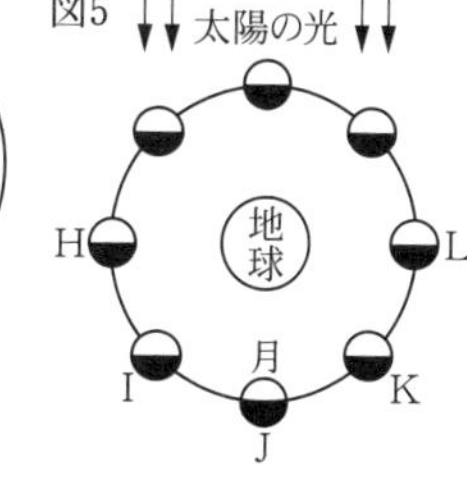

(3) 金星は朝夕の限られた時間にしか観察することができない。その理由を簡潔に書きなさい。 (3点)［　　　］

(4) 金星の公転の周期は226日である。公転の軌道を円として考えると15日では何度移動するか。小数第1位を四捨五入して整数で答えなさい。 (2点)［　　　］

(5) 4月16日以降も観察を続けたところ，金星が見えなくなる時期があったが，7月に入ると金星を観察することができた。この金星はいつごろ，どの方角に見えたか。｛　｝内の適切なものを**ア**～**エ**から選びなさい。 (各2点) a［　　　］ b［　　　］

金星はa｛**ア** 日の出ごろ **イ** 日の入りごろ｝，b｛**ウ** 西の空 **エ** 東の空｝に見えた。

(6) 月の公転によって，太陽，地球，月の順に一直線に並ぶとき，月が地球の影に入る現象を何というか。 (2点)［　　　］

(7) 春夏秋冬の四つの季節のうち，満月の南中高度が最も高い季節はどれか。(3点)［　　　］

35 図は，太陽のまわりを公転する地球と，天球上の星座の一部を模式的に表したものである。日本のある場所において，22時にてんびん座が南中して見えた。同じ場所で2時間後には，さそり座が南中して見えた。この日から9か月後の20時に，同じ場所で南中して見える星座として最も適切なものを図の12星座の中から選びなさい。 (3点)［　　　］

図

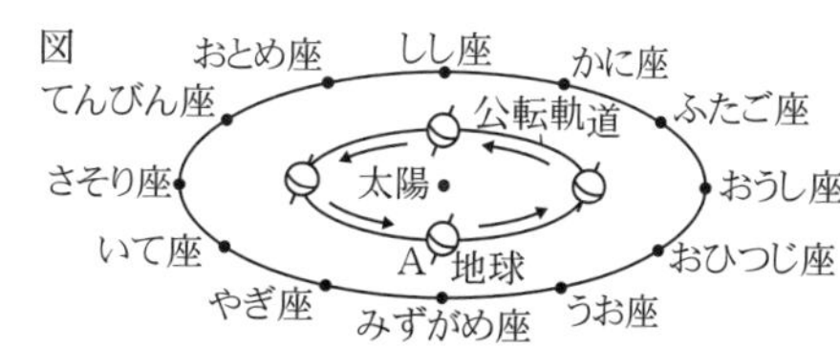

こするだけで、手応えはない。「どうしても割ってやる」そんな気持ちで、僕はさらに右手の上を、左手で包み、膝の上で全身の力を籠めた。しかし、級の中でも小柄で、きゃしゃな自分の力では、ビクともしない。
　左手の下で握りしめた右の掌の皮が、少しむけて、ヒリヒリする。僕はかんしゃくを起こして、ナット・クラッカーを卓の上へ放り出した。クラッカーは胡桃の皿に激しく当たって、皿は割れた。胡桃が三つ四つ、卓から床へ落ちた。そうするつもりは、さらになかったのだ。ハッとして、椅子を立った。
　僕は二階へ駆け上り、勉強机にもたれてひとりで泣いた。勉強机にもたれてひとりで泣いた。その晩は、母の病室へも見舞に行かずにしまった。
　しかし、幸いなことには、母の病気は翌日から小康を得て、僕は日光へ遠足に行くことが出来た。
　襖をはらった宿屋の大広間に、ズラリと蒲団を引きつらねたその夜は、実に賑やかだった。果てしなくはしゃぐ、子供達の上の電灯は、八時頃に消されたが、それでも、なかなか騒ぎは鎮まらなかった。
　いつまでも僕は寝つかれず、東京の家の事が思われてならなかった。やすらかな友達の寝息が耳につき、覆いをした母の部屋の電灯が、まざまざと眼に浮かんできたりした。②僕は、ひそかに自分の性質を反省した。この反省は、僕の生涯の最初のものであった。

（永井龍男「胡桃割り」『朝霧・青電車その他』〈講談社〉から一部改変）

※　ナット・クラッカー＝胡桃割り。固い木の実を割る器具。

(1)　――線①「それも辛くて」とあるが、辛かったことは何か。四十字以内で書きなさい。（25点）

(2)　――線②「僕は、ひそかに自分の性質を反省した」とあるが、反省した自分の性質として最も適切なものはどれか。（10点）

ア　思い通りにならないことがあるとすぐいらいらする性質。
イ　悩みがあると眠れなくなるほどくよくよしてしまう性質。
ウ　家族のことを忘れ、目の前のことに浮かれてしまう性質。
エ　いやなことが起こっても、食欲だけはなくならない性質。

［　　　］

(3)　本文の特徴を説明したものとして最も適切なものはどれか。（15点）

ア　「僕」の家での行動や家の中の様子を描写することで、家族が平常心を保っていることを表現している。
イ　姉と二人きりで夕食の食卓を囲む場面は、「僕」と姉だけが感じているとても強いきずなを象徴している。
ウ　簡単には割れない胡桃は、「僕」が今直面している、自分の力ではどうにもならないものを象徴している。
エ　宿屋での子供達の楽しげな様子を具体的に描写することで、かえって母の具合の悪さを対比している。

［　　　］

10 文学的文章Ⅲ〔小説3〕

制限時間 30分

得点　/50

23　次の文章を読んで(1)から(3)までの問いに答えなさい。

（主人公の「僕」は昭和初期の少年時代を回想している。）

この二三日、母の容態の面白くないことは知っていたので、靴を脱ぎながら、僕は気になった。電気のついた茶の間へ行くと、食事の支度のしてある食卓の脇に、編み物をしながら、姉は僕を待っていた。僕はおやつをすぐに頬張りながら聞いた。「ただ今。――お医者さん、きょうは二人?」

「ええ、昨夜からお悪いのよ」

いつもお腹をへらして帰って来るので、姉はすぐ御飯をよそってくれた。父と三人で食卓を囲むことは、その頃ほとんどなかった。ムシャムシャ食べ出した僕に、姉も箸をとりながら、「節ちゃん、お父さまがね」と言う。「あさっての遠足ね、この分だと止めてもらうかもしれないって、おっしゃっていてよ」遠足というのは、六年生だけで一晩泊まりで、日光へ行くことになっていた。

「チェッ」僕は乱暴にそういうと、茶碗を姉に突き出した。

「節ちゃんには、ほんとに済まないけど、もしものことがあったら。――お母さんとてもお悪いのよ」「知らない!」

姉は涙ぐんでいる様子であった。①それも辛くて、それきり黙りつづけて夕飯をかき込んだ。

「お風呂、すぐ入る?それとも勉強がすんでから?」姉には答えず、プッとして座を立った。母が悪いという事と、母が死ぬかもしれぬという事は、僕の心で一つにはならなかった。

生まれて初めて、級友と一泊旅行に出るということが、少年にとってどんなに魅力を持っているか!級の誰彼との約束や計画があざやかに浮かんでくる。両の眼に、涙いっぱい溢れて来た。

父の書斎の扉がなかば開いたまま、廊下へ灯がもれている。そこを通って、突き当たりの階段を上ると、僕の勉強部屋があるのだが、ちょうどその階段を、物干しへ行った誰かが下りて来る様子なので、泣き顔を見られるのが厭さに、人気のない父の書斎へ、僕は入ってしまった。

いつも父の座る大ぶりな椅子。そして、ヒョイッと見ると、卓の上には、胡桃を盛った皿が置いてある。胡桃の味なぞは、子供に縁のないものだ。イライラした気持であった。

どすんと、その椅子へ身を投げ込むと、僕は胡桃を一つ取った。そして、冷たい※ナット・クラッカーへ挟んで、片手でハンドルを圧した。小さな掌へ、かろうじて納まったハンドルは、胡桃の固い殻の上をグリグリと

この朝早く、よしは庭にむしろを敷き、百枚の葉を並べた。家族と一緒に、くろも甘い餅にありつくことができた。干された葉が、柏餅に使われることも知っているのだろう。

二三に何度叱られても、くろは葉が気になって仕方がないようだ。

母親のよしは、台所であずきの餡を拵えている。七歳のみさきが、台所の隅で糝粉を練っていた。粳米を水に浸けて柔らかくしたあと、風で乾かしてから粉にしたものが糝粉である。これをよく練ったものを、柏餅の生地に使うのだ。

亮太の好物を拵えるのは、よしとみさきの仕事だった。あずきの餡が、出来上がりつつある。甘い香りが、庭にまで漂っていた。

二三とくろが、一緒に鼻をひくひくさせた。

「お昼過ぎには、柏餅ができるんだって。お前も楽しみでしょう?」

ワン、ワンと続けて吠えて、くろが尻尾を振った。二三は、わざと顔をしかめた。

「おかあちゃんが蒸かしてくれるのは、おにいちゃんとおとうちゃんが、畑から帰ってきてからだよ。ちょっと畑を見に行ってみようか」

立ち上がった二三が、先に駆け出した。くろがあとを追い始めた。

小さな坂道を登った先には、一面の菜の花畑が広がっている。五月五日のいまは、花はすっかり落ちていた。花を落としたあとには、③菜種が実を結んでいる。

（山本一力「菜種晴れ」〈中央公論新社〉から）

(1) □ に当てはまる語句として最も適切なものはどれか。（5点）

［　　］

ア　頭に来　　イ　足が乱れ

ウ　手を焼き　　エ　首をかしげ

(2) ——①線「だれよりも楽しみにしていた」とあるが、その理由を本文中から十字以内で抜き出しなさい。（15点）

□□□□□□□□□□

(3) ——②線「よしは、～拵えた」とあるが、この時の「よし」の心情として最も適切なものはどれか。（10点）

［　　］

ア　兄の働きぶりをほめてくれた村の人たちにもおすそ分けしたい。

イ　姉に代々伝わる作り方を教えることで、姉も跡取りの候補としたい。

ウ　家族分だけでは妹と仲良しの犬の分が足りず、妹を悲しませたくない。

エ　家族にたくさん食べさせ、また長男を立派な跡取りに育て上げたい。

(4) ——③線「菜種が実を結んでいる」とあるが、この描写が暗示する家族の姿として最も適切なものはどれか。（20点）

［　　］

ア　仕事が忙しく来年から柏餅を食べられなくなる姿。

イ　菜種が不作で、生活するのが苦しくなっていく姿。

ウ　一生懸命仕事をしつつ、皆仲良く暮らしていく姿。

エ　子供が大人になったら家を出てばらばらになる姿。

9 文学的文章Ⅱ〔小説2〕

制限時間 30分

得点 /50

22 次の文章を読んで(1)から(4)までの問いに答えなさい。

天保五（一八三四）年五月五日。朝から空は晴れ上がり、五ツ（午前八時）を過ぎると二三（ふみ）が遊ぶ庭にも陽光が届いていた。

「くろ、そっちに行ったら駄目だって」

庭を駆け回る犬を、二三が呼び止めた。走っていた犬が立ち止まり、二三に振り返った。

くろは二三の誕生に先駆けて、父親の亮助（りょうすけ）が浜の漁師からもらった犬だ。

「犬は安産のお守りだからよう」

二三誕生の数日前にもらってきた子犬は、二三の誕生までは名なしだった。が、鼻が真っ黒で黒目の大きい子犬を見た亮太（りょうた）とみさきは、勝手にくろと呼んでいた。

丈夫な二三が誕生したあと、子犬はくろと命名された。

二三と同じ年の四歳だが、くろはもはや成犬である。それでも犬なりに、二三とは格別の間柄であることをわきまえているらしい。まだこどもの二三には、ことのほか従順だった。

「柏（かしわ）の葉っぱを踏んだら、おかあちゃんに叱られるでしょ」

大きな犬が、子犬のようにクウンと鼻声で鳴いた。

「ほんとうに分かったのかなぁ」

二三は［　　］ながら、くろのあたまを撫（な）でた。

今日は端午の節句である。亮太はもう十二歳で、しっかりと菜種作りの家業を手伝っていた。

「亮太はほんまによう働くのう。亮助さんが、うらやましいがね」

村の農家の女房は、亮太の働きぶりをうらやましがった。周りからは一人前だとみなされている亮太だが、端午の節句の柏餅（もち）を、①だれよりも楽しみにしていた。

柏は、新しい葉が出ると、古い葉を落とす。そのさまは、あたかも後継ぎができたのを見定めて、家督を譲るかのようである。

端午の節句に柏餅を食べるのは、この柏の葉のありさまに、代々の一家繁栄祈願を重ね合わせて祝うのが、興（おこ）りのひとつとされた。

とはいえ、亮太が柏餅をだれよりも喜ぶのは、甘い物好きだからである。が、たとえそうであっても跡取りがすこやかに育っているのは、亮助とよしにはこのうえない喜びだった。

それゆえ②よしは、毎年一家五人では食べきれないほどの柏餅を拵（こしら）えた。

庭に干してあるのは、これから餅をくるむ柏の葉である。

②理央はにわかに心配になってきた。どんな小さなダメージだって、油断はできない。あの大きな馬さえ、骨折で死んでしまうことがあるという。平橋さんも飼っていたハヤブサを亡くしたことがあり、その死因もいまだによくわからないと言っていた。

そうだ。平橋さんに聞いてみよう。理央は思いつき、急いでパソコンを立ちあげた。メールボックスを開いて、宛先を出す。モコの様子を打ちこむ。あせっているので、何度も打ちまちがえる。文章も支離滅裂かもしれないが、読み返しもしないまま送信した。

どうぞすぐに気がついてくれますように。

はたして十分ほどで返信が来た。

「わ、いっぱい書いてある」

平橋さんも同じような経験をしたことがあるらしい。単独でいる動物を襲うことがあるので、注意が必要と書いてあった。※インプリントされた猛禽類は、人といっしょの動物には手出しはしないが、単独でいるのを見ると野生が戻るらしい。

平橋さんは、骨折の治療の方法をくわしく記してくれていた。

案外かんたんに家にあるもので処置ができそうだ。理央はお礼のメールを送り、さっそく道具を探した。

できることはなんでもやろう。

「タカをいっぱい、いっぱい、いっぱい愛しなさい」

けがはさせてしまったけれど、平橋さんの言葉を思い出して、③理央はなんとか気持ちをたてなおした。

（まはら三桃「鷹のように帆をあげて」〈講談社〉から一部改変）

※ 猛禽＝タカやフクロウなどの性質が荒い肉食の鳥。

※ インプリント＝生まれたばかりの鳥類や哺乳類が目の前の動いたものを親として覚え込み、それになつく性質。

(1) ――線①「改めて、心臓が凍りつくような気分だった」とあるが、このように感じた理由として最も適切なものはどれか。（10点）　［　　］

ア　毛のついた手袋を見て犬が無事か、ふと頭に浮かんだから。

イ　羽根を見て、モコにケガがあるか急に不安になったから。

ウ　手袋の状態からタカと犬の争いのすごさを実感したから。

エ　破れた手袋を見て、自分もケガをしたのではと思ったから。

(2) ――線②「理央はにわかに心配になってきた」とあるが、何が心配なのか。心配な理由も踏まえ、五十字以内で書きなさい。（25点）

(3) ――線③「理央はなんとか気持ちをたてなおした」とあるが、この時の理央について最も適切なものはどれか。（15点）　［　　］

ア　タカへの愛情を再確認し、前向きな気持ちになっている。

イ　タカへの愛情があれば治療できることに気づき、誇らしくなっている。

ウ　タカに詳しくても失敗する人がいると知り、安心している。

エ　タカへの愛情があっても人に頼らずにはいられないと思い、不安が残っている。

8 文学的文章Ⅰ〔小説1〕

制限時間 30分

得点 /50

21 次の文章を読んで⑴から⑶までの問いに答えなさい。

（中学生の理央は、鷹匠（狩りをするためのタカを飼育、訓練する人）を目指し、モコというタカを飼っている。この日、訓練から帰る途中、モコは散歩中の犬に襲いかかってしまった。）

どうやって家に帰ったか、理央はよく覚えていない。ただその後モコが、いつにもましておとなしかったのは幸いだった。理央がひどくしかったこともあるだろうが、あたりが暗くなったからだろう。夜になると、鳥は動きが格段ににぶくなる。空はすっかり暗くなっていた。

家に帰ると母が帰ってきていた。理央とモコの様子がおかしいことに気がついて心配する母親にかんたんに説明をし、理央は洗面所に入った。

赤い手袋がひどいことになっていた。土や雑草、犬の毛、それにモコの羽根もまとわりつき、指の先は三本ほど破れている。無我夢中だったので状況は思い出せないが、ずいぶん激しい攻防だったのだろう。小さなトイプードルと、まだ若いタカとの戦いと言っても、決してあなどれるものではない。

①改めて、心臓が凍りつくような気分だった。

理央は、手袋をはずして石鹸で洗った。

モコの脚がおかしいことに気がついたのは、その夜のことだった。ソファーの肘掛けに止まっていたモコを、部屋に連れていこうとしたとき、理央ははっと息をのんだ。

「腫れとる」「え？」

そばでテレビを見ていた父が顔をあげた。

「モコの指、ほら」

理央はあわてた。四本ある指のうち、外側から二本目がぷっくりと腫れていた。タカの指には関節がひとつあり、その先に黒いかぎつめがついている。通常、関節のくびれは目で見てわかるのだが、それがわからないほどにふくらんでいた。

「骨折しとるんじゃないか？」「ええーっ！」

確かに人間も骨折をすれば、その部分が腫れてくる。

「どうしたらいいっちゃろ」「獣医さんはもうしまっとるしねえ」

母も心配げに眉を寄せる。※猛禽を診察できる獣医さんは前もって調べてはある。市内にあるので、朝になれば交通機関を使って、理央がひとりで連れていくこともできるだろう。

でも間に合うだろうか。

がある。心の揺れがある。それがない所ではどちらも成り立ちが難しい。ただ、小説を書き出してから、評論を書いていた自分がそれ以前よりもいくらかはっきり見えてきた。勿論その欠点を含めて。と同時に、※テキストの読みの粗雑な評論、あるいは研究の類に、強い疑問を抱くようになった。

⑦ 読みには段階がある。そのほどにほとんど限りがない。それは、日常、自分の環境の事物を見る、その見方のほどに限りがないのと本質的には違っていないと思う。自分のかつてのいくつかの評論がそうであったように、読みの粗雑な評論には説得力が伴わず、とかく声が高い。小説を書くことを知った私が自分の評論に求めるようになったのは、出来るだけ具体的な平明な言葉で、事物としての文章の分析帰納を行うこと。事物としてのテキストの読みが、文章に即して謙虚であり、杜撰でさえなければ、具体的かつ平明な言葉での客観化は不可能ではないであろうし、説得の力、普遍の力をもつ論述は可能のはずだということである。

（竹西寛子『「見る」に始まる』『「あはれ」から「もののあはれ」へ』〈岩波書店〉から一部改変）

※ 帰納＝具体的な事実から一般的な法則を導き出すこと。
※ 敷衍＝ここでは、ある作品について言えることを、他の作品に当てはめて考えること。
※ 具象＝具体。「抽象」の対義語。　※杜撰＝いい加減なこと。
※ テキスト＝ここでは、文学作品の本文のこと。

(1) ――線１「論理的に把握したい」とあるが、論理的に把握するとはどのような作業か。これを説明した部分を本文中から二十五字以内で抜き出し、初めと終わりの五字を書きなさい。（10点）

(2) ――線２「小説を書こうとしながら、評論では許される抽象的、概念的な物言いに無意識のうちに逃れている」について、後のⅠ、Ⅱの問いに答えなさい。

Ⅰ 小説の結論とはどのようなものか。三十字以内で書きなさい。（15点）

Ⅱ 「抽象的、概念的な物言いに逃れている」とは具体的に何をすることか。「結論」という語を用いて、二十字以内で書きなさい。（15点）

(3) 段落の関係について説明したものとして最も適切なものはどれか。（10点）　［　　］

ア ②段落は①段落の問題提起を、より具体的に解説している。
イ ③段落は②段落の筆者の考えと対立する主張を示している。
ウ ⑤段落は④段落以前を踏まえつつ新しい視点を挙げている。
エ ⑦段落は⑥段落の筆者の疑問は解決できないと述べている。

7 論説的文章〔Ⅲ〕

制限時間 30分

得点 /50

20 次の文章を読んで(1)から(3)までの問いに答えなさい。①〜⑦は形式段落の番号である。

① 小説を書き始めてまず突き当たった壁は、評論という形式に馴染(なじ)んだための、事物の抽象的な処理、非具体的な処理であった。心を動かされた作品と対(む)い合い、なぜ感動したのかを問うてみる。事を分析※帰納しながら一般化できる共通項を抽(ひ)き出し、※敷衍(ふえん)してゆく作業は、当然のこととして、言葉による明確な結論を自分に要求する。時によっては、結論としての言葉あるいは文章が先に立ち、それを客観的に証明しようとして論理的な作業をひたすら重ねてゆく。

② 感動の拠(よ)り所を分析帰納して、少しでも[1]論理的に把握したい評論への欲望と、感動の拠り所を分散拡大して、更に強調したい小説への欲望、この二種類の欲望は、どうやら自分の中には矛盾なく生きているらしい。今更言い立てるのも気がひけるようなことながら、小説で必要なのは事物の具体的な表現であって、抽象的な論評でもなければ概念的な記述でもない。なぜこの作品を書いたかという、作者の直接の言葉は不要であり、結論は、作者が提示した具体的な事物を通じて読者にゆだねればよい。しかし習慣は恐ろしい。結論めいた文章を書かない不安と私は長く争うことになる。

③ [2]小説を書こうとしながら、評論では許される抽象的、概念的な物言いに無意識のうちに逃れている自分に気づくと、一時的にもせよ筆は止まってしまう。

④ もともと抽象は具象に始まっているはずで、※具象はなおざりにした抽象に説得力を望んでもそれは無理である。具象といい加減に馴れ合った抽象に胡坐(あぐら)をかいているととんだところで仕返しをされる。抽象に逃げるな、と自分を叱(しか)り続けて小説を書いていると、日頃(ひごろ)いかに物の見方が※杜撰(ずさん)であるかがよく分かる。見ているつもり、聞いているつもりでは小説は一行も進まない。小説を書く基礎になるのは、日常、事物を杜撰にではなく「見る」習慣、「見る」力だと知らされる。そこから事物の選択と再構成が始まる。

⑤ 評論では抽象的、概念的な物言いが許されると言ったが、事物を杜撰にではなく「見る」習慣、「見る」力の必要については、小説の場合と全く同じだと考えている。個々の作品も山川草木と対等な事実であって、具象としての文章をいい加減にではなく「見る」力の必要は、読みの誤りから遠ざかる条件でもある。

⑥ 評論への衝動にも小説への衝動にも、私の場合、その根には必ず感動

してこの連続性の知覚を頼りにすれば、同じく連続的な輪郭線を思いつくことは容易になるはずである。ところが天空に散る星くずが対象となると、与えられているのは光の点ばかりであって、連続する線というものを見る助けはない。思うだに3驚くべきことだが、古代人はあの星くずを見てその間を想像上の線でつなぎ、白鳥や大熊（おおぐま）や神話の中の英雄など、おびただしい星座の絵を描いたのである。

そのときから数千年、人類はいまだに星座という架空の形態を手がかりにして、時間ごとに移り変わる星の位置を見定めている。もっと重要なことだが、その星の位置を座標として人間は自己の位置を確認している。このことは砂漠の旅人や大洋の航海者を助けただけでなく、空想を逞（たくま）しくすれば、風景の中の相対的なものの位置とは別に、無限空間のなかの□な位置という観念がありうることを、人類に教えたかもしれない。

（山崎正和「大停滞の時代を超えて」〈中央公論新社〉から）

※ イデア・エイドス＝どちらもギリシャ語で「姿・形」の意。哲学では「存在の本質」を表す。

※ 日月星辰＝太陽と月と星。

(1) □に入る語として適切なものどれか。（5点）

ア 体系的　イ 日常的　ウ 対照的　エ 絶対的　［　　］

(2) ――線1「これはすぐれて視覚のおこなう営みに似ているからである」とあるが、何の、どういう点が似ているのか。四十五字以内で書きなさい。（20点）

(3) ――線2「あらゆる現実についてそれを認識の対象として統一する能力」とあるが、これを説明した部分を本文中から四十五字以内で抜き出し、初めと終わりの五字を書きなさい。（10点）

□～□

(4) ――線3「驚くべきことだが」とあるが、筆者がこのように述べる理由として最も適切なものはどれか。（15点）　［　　］

ア 古代人は、視覚のみに頼り、想像した連続の線を用いて天空の星くずを結び付け、多くの星座の絵を作り上げたから。

イ 古代人は、視覚ではない感覚能力の助けを借りることで、現実よりも確実で本質的な存在があることに気づいたから。

ウ 古代人は、対象に触れてその連続性を確認することにより、天空の星くずを連続する線でつなぐことを思いついたから。

エ 古代人は、触れることのできない天空の星くずに恐怖を抱いたが、その恐怖を乗り越え、星くずを星座に見立てたから。

6 論説的文章〔Ⅱ〕

制限時間 30分

得点 /50

19 次の文章を読んで、⑴から⑷までの問いに答えなさい。

太古、人類は頭で「知る」ということを、まずはものを目で「見る」ことと同一視していたと考えられる。いまでは知ることは耳で聞くこと、手で触れること、さらには行動で関わる（かか）ことによっても可能だとわかっているが、最初の知的認識はとくに視覚の働きから誕生したと推察することができる。示唆深いのは、古代ギリシャでは真の知の対象は※イデアとかエイドスとか呼ばれていたが、どちらも語源的には目で見ること、ものの形という言葉と同根だったということである。おそらくさらに古く、古代メソポタミアやエジプトや黄河流域の昔から、この事情は同じだったに違いない。なぜなら、知的な認識は知る主体と知られる客体が向かい合い、主体が客体に距離を置いて、見渡したり分解したり総合したりする仕事であるが、1これはすぐれて視覚のおこなう営みに似ているからである。

そしてさらにいえば、そうした最初の知的認識を生んだ目の活動は、ほかならぬあの天空を見ることから始まったと考えてよいだろう。もちろん古代人の見るものには山も川も森も、日常の道具や収穫物もあったにちがいないが、それらはすべて視覚以外の感覚にも訴えかける存在であった。ただひとつあの大空の遠い姿だけが、※日月星辰（じつげつせいしん）の形と運行だけが、手で触れることも足で分け入ることもできないままに、視覚に鮮烈な印象を与えてくれる存在であった。その天上の無限の彼方（かなた）を仰ぎ見ることによって、古代人は現実には感じられないが現実よりも、確実な存在があること、のちにイデアやエイドスと呼ばれた本質的な存在があることを、史上初めて予感する端緒を得たとすら想像できるのである。

さらに天空の観察は人類に心の内の想像力という能力に気づかせ、その働きを飛躍的に発展させることを教えたであろう。ちなみにここでいう想像力とは夢想や幻想の力ではなく、2あらゆる現実についてそれを認識の対象として統一する能力をさしている。外から与えられる無数の感覚刺激を形にまとめ、それに個物としての名前を与える準備をする力を意味している。たとえば球体を見てそれを丸い輪郭線で描いたとすると、球面上にはそんな輪郭線などどこにもないのだから、これは見る人の想像力の産物だということになる。その意味で、想像力は人間があらゆる現実を認識するための基礎的な能力なのである。

だが、地上にある対象の場合は、それを確かめるために人間は別の感覚能力の助けを借りることができる。先の球体についていえば、その表面を指で撫（な）でてそれが連続する球体面であることを確認することができる。そ

会的事業になる。昔は、ゴミの処分に頭をなやますのは限られた一部の人であったのが、いまはほとんどすべての人が多少とも頭をなやますことになった。

情報、知識というものが、モノと同じようにふえたかどうかは別として、かつては知識があふれて困るというような人は例外的であったと思われる。普通であれば、とくになにもしないでも、余計な、あふれた知識、記憶は生活の中で、ほとんど意識されずに、自然に処分されていた。つまり自然忘却で、支障はなかった。それが、知識・情報社会と言われるようになると、自然忘却だけでは、ゴミがあふれることになりかねない。記憶を意図的に廃棄しないと、頭がゴミで埋まってはたらかなくなる怖(おそ)れが現実的になってくる。

2忘却を積極的に評価する考え方は、現代においては不可欠である。気づいているのに具体的な努力をしないのは怠慢と言っても※不当ではなかろう。

（外山滋比古「忘却の整理学」〈筑摩書房〉から一部改変）

※ 十全＝全く欠点のないこと。
※ 一致符合＝二つ以上のものがぴったりと合うこと。
※ いわんや＝まして。
※ 不当＝適当でないこと。

(1) □に入る語として適切なものはどれか。（10点）

［　　　］

ア だから　イ ところが
ウ なぜなら　エ たとえば

(2) ――線1「人間とコンピューターはまったく別々の記憶をする」の説明として最も適切なものはどれか。（15点）

［　　　］

ア コンピューターの物理的記憶は、人間と同様の生理的・心理的な記憶ができるように発展した。
イ コンピューターの完全記憶こそ正常であり、人間の歪みのある記憶・選択的記憶は異常である。
ウ 驚異的な記憶の能力を持つ人間は、コンピューターと同じように百パーセントの記憶ができる。
エ 人間の記憶は忘却がつきものだが、コンピューターの記憶は物理的条件が整えば忘却されない。

(3) ――線2「忘却を積極的に評価する考え方は、現代においては不可欠である」とあるが、なぜ意図的な忘却が不可欠なのか。次の文に当てはまるように、三十五字以内で書きなさい。（25点）

意図的に忘却しないと、□から。

5 論説的文章〔Ⅰ〕

制限時間 30分

得点 /50

18 次の文章を読んで(1)から(3)までの問いに答えなさい。

あるがままを記憶する、全記憶などというのは生身の人間には考えられないこと。かならず、興味、関心、欲望などが複雑に入り組んだネットがあり、それを通して、記憶されるのであるから、完全・※十全の記憶は考えることもできない。

同じ光景を忠実に再現したと思われる記録を比べてみると、見た人の個人的特色というものによって、十人十色に異なる。それにもとづいた記憶、表現がもし※一致符合したらそれこそ異常である。

われわれは、完全記憶というものを人間にあてはめるのは誤りである、と考える必要があるように思われる。部分的記憶、歪(ゆが)みを内蔵した記憶、選択的記憶が、正常な記憶であるということになる。人間の記憶の特質もまさに、その選択的記憶という点にあることを昔の人はともかく、現代の人間は見落としてはならない。

別な言い方をすれば、人間の記憶は、生理的・心理的であって物理的ではないということである。それがはっきりするのはコンピューターが出現してからである。コンピューターは記憶する機械として人間の能力をはるかに超越するが、量的問題ではなく、質的に1人間とコンピューターはまったく別々の記憶をする。

人間の記憶は、生理・心理的であるのに、コンピューターは物理的記憶である。人間の記憶は忘却にさらされるが、コンピューターは、機械という物体が存在し、電気というエネルギーが存在する限り、消滅したりすることはない。忘却はおきない。※いわんや選択的忘却などははじめから問題にならない。百パーセントの記憶が可能なばかりでなく、それ以外の記憶はおきない。完全記憶で、そしていったん記憶されたものは物理的条件が激変しない限り忘却されることはありえない。選択的記憶・忘却は、こうしてみると、きわめて人間的性格のつよい心的作用であることがわかる。

人間の記憶は選択的であり、個人差が大きく影響するが、それ以上に、忘却は個人差が大きいと考えられる。したがって、コンピューターとの違いも、記憶よりいっそう顕著でなくてはならない。忘却は個人の心理的歴史を反映しているから、何が忘却されるかでその人間の精神構造を知ることができるはずである。

比喩(ひゆ)は適当でないが、忘却はゴミ出しに似ている。かつての、物資が不足気味な社会においては、ゴミはたいした量ではない。自然に近い形で処理されていた。［　　］、モノが豊かになり、近代的都市生活をするようになると自然のゴミ処理では間に合わなくなって、ゴミの収集、処分が社

を付けなければならない。

16　次の漢文を読んで⑴から⑶までの問いに答えなさい。　（各5点）

（書き下し文）

宋（そう）人※玉を得て、諸（これ）を※司城（しじょう）の※子罕（しかん）に献ず。子罕受けず。玉を献ずる者曰（いは）く、以（もつ）て※玉人に示すに、玉人以て宝と為（な）す、故に之（これ）を献ずと。子罕曰く、我は※貪（むさぼ）らざるを以て宝と為す。爾（なんぢ）は玉を以て宝と為す。若（も）し以て我に与へなば、皆宝を※喪（うしな）ふなり。※若（し）かず人其（そ）の宝を有（たも）たんにはと。

（漢文）

宋人得テレ玉ヲ、献ズ二諸ヲ司城ノ子罕ニ一。子罕不レ受ケ。献ズルレ玉ヲ者曰ク、以テ①示スニ二玉人ニ一、玉人以テ為スレ宝ト、故ニ献ズトレ之ヲ。子罕曰ク、我ハ以テレ不ルヲレ貪ラ為スレ宝ト。②爾ハ以テレ玉ヲ為スレ宝ト。若シ以テ与ヘナバレ我ニ、皆喪フレ宝ヲ也。不レ若カ人ノ有タンニハト二其ノ宝ヲ一。

※　玉＝宝石。　※　司城＝役職の一つ。
※　子罕＝宋国の人の名前。　※　玉人＝宝石職人。
※　貪ら＝欲深く物を欲しがる。　※　喪ふ＝失う。
※　若かず＝〜のほうがよい。

⑴　――線①「示スニ玉人ニ」とあるが、書き下し文を参考にして、これに返り点を付けなさい。

【示スニ玉人ニ】

⑵　――線②「爾ハ以レテ玉ヲ為レス宝ト」を書き下し文に直しなさい。

［　　　　　　　　］

⑶　漢文から読み取れる内容として最も適切なものはどれか。　［　　］

ア　位の高い人に贈り物をして、取り入らなければならない。

イ　役職に就く者は、常に公正な立場でいなければならない。

ウ　他人の大切な物は、自分が欲しくても奪ってはならない。

エ　自分にとって価値がある物を大切にしなければならない。

17　次の漢文の書き下し文としてそれぞれ適切なものはどれか。（各3点）

①　入リテハレ郷（がう）ニ従フレ郷ニ。　［　　］

ア　郷に入りては郷に従ふ。　イ　郷に従ふ郷に入りては。

ウ　入りては郷に従ふ郷に。　エ　従ふ郷に入りては郷に。

②　先生教フ二生徒ニ漢文ヲ一。　［　　］

ア　先生漢文を生徒に教ふ。　イ　先生教ふ生徒に漢文を。

ウ　先生生徒に漢文を教ふ。　エ　生徒に漢文を先生教ふ。

③　我誘（さそ）ヒテレ友ヲ行ク二美術館ニ一。　［　　］

ア　我美術館に行く友を誘ひて。

イ　我友を誘ひて美術館に行く。

ウ　友を誘ひて我美術館に行く。

エ　美術館に行く我友を誘ひて。

④　人方（あた）リテハ二少壮ノ時ニ一不レ知ラ二惜陰（せきいん）ヲ一。　［　　］

ア　人少壮の時に知らず惜陰を方りては。

イ　人惜陰を方りては少壮の時に知らず。

ウ　人少壮の時に方りては惜陰を知らず。

エ　人惜陰を知らず少壮の時に方りては。

4 古文の学習〔Ⅱ〕

制限時間 30分

得点 /50

15 次の文章を読んで(1)から(3)までの問いに答えなさい。

ある人、※ゑのこをいとといたはりけるにや、その主人外(ほか)より帰りける時、かのゑのこ、その膝(ひざ)にのぼり、胸に手をあげ、口のほとりを舐(ねぶ)り廻(まわ)る。これによって、主人愛する事いやましなり。馬(むま)ほのかに此由(このよし)を見て、うらやましくや思ひけん、「※あっぱれ我もかやうにこそし侍(はんべ)らめ」と思ひさだめて、ある時、主人外より帰りける時、馬主人の胸にとびかかり、顔を舐り、尾を振りてなどしければ、主人是(これ)を見てはなはだ怒りをなし、棒をおほ取って、もとの※厩(むまや)におし入れける。

そのごとく、人の親疎をわきまへず、※わがかたより※馳走顔(ちそうがほ)こそはなはだもってをかしき事なれ。我程々に従って、其(その)※挨拶(あひ)をなすべき也。

（「伊曽保物語」より）

※　ゑのこ＝小さな子犬。
※　あっぱれ＝（とても感動して）ああ。
※　厩＝馬小屋。
※　わがかたより＝自分の方から。
※　馳走顔＝親しい者としてちやほやするように振る舞うこと。
※　挨拶＝人への応対。

(1) 〰〰線「かやう」は、現代ではどう読むか。現代かなづかいを用いて、すべてひらがなで書きなさい。（5点）

〔　　　　〕

(2) ――線「此由を見て」とあるが、何を見たのか。六十字以内の現代語で書きなさい。（10点）

(3) 本文で筆者が伝えたかったことは何か。（8点）

〔　　　　〕

ア　自分が相手をよく思っていることが伝わるように、いつもきちんと挨拶をしなければならない。

イ　相手に対して自分から積極的に行動し、相手の気分が良くなるように応対しなければならない。

ウ　相手の自分に対する行動を踏まえて、時には厳しい態度で相手と向き合わなければならない。

エ　自分と相手がどのような関係かを理解した上で、人への接し方に気

14 次の文章を読んで(1)から(4)までの問いに答えなさい。

※道者の行は、善行・悪行、皆、※思はくあり。人の量るところにあらず。昔、※恵心僧都、※一日、庭前に草を食する鹿を、※人をして打ち追はしむ。時に、ある人問うて a いはく、「師、※①慈悲なきに似たり。草を惜しみて、※畜生を悩ますか。」僧都の b いはく、「我、もしこれを※打たずんば、この鹿、人になれて、悪人に近づかん時、必ず殺されん。この故に打つなり。」

鹿を打つは慈悲なきに似たれども、※②内心の道理、慈悲の余ること、※かくの如し。

（「正法眼蔵随聞記」より）

※ 道者＝仏道を修める人。
※ 思はく＝深い考え。
※ 恵心僧都＝平安時代の僧。
※ 一日＝ある日。
※ 人をして打ち追はしむ＝人に命じて、追い払わせた。
※ 慈悲＝いつくしみとあわれみのこころ。
※ 畜生を悩ますか＝けものを苦しめるのですか。
※ 打たずんば＝打たなかったら。
※ 内心の道理＝心の中の筋の通った考え方。
※ かくの如し＝このとおりである。

(1) 〰〰線「故」は、現代ではどう読むか。現代かなづかいを用いて、すべてひらがなで書きなさい。（5点）

［　　　］

(2) ‖線a「いはく」b「いはく」について、それぞれの主語にあたる人物の組み合わせとして最も適当なものはどれか。（5点）

ア a 恵心僧都 b 恵心僧都
イ a ある人 b ある人
ウ a ある人 b 恵心僧都
エ a 恵心僧都 b ある人

［　　　］

(3) ——①線「慈悲なきに似たり」とあるが、恵心僧都が鹿を追い払ったことはなぜ思いやりがないと考えるのか。三十五字以内の現代語で書きなさい。（10点）

(4) ——②線「内心の道理、慈悲の余る」とあるが、筆者が恵心僧都を評価した理由として最も適切なものはどれか。（5点）

ア 恵心僧都は、悪人にねらわれた鹿を自ら打つことによって、自分の家に悪人を入れさせずに、家族を守ったから。
イ 恵心僧都は、鹿を打つことで、鹿が人に慣れて悪人に近づき、殺されないようにという深い考えがあったから。
ウ 恵心僧都は、鹿が悪人に殺されてしまうぐらいなら、自分の手で殺してしまったほうが良いと考えていたから。
エ 恵心僧都は、鹿を打つことによって、けものが嫌いな人々に近づかないようにという心くばりをしていたから。

［　　　］

3 古文の学習〔Ⅰ〕

制限時間 30分

得点 /50

13 次の文章を読んで(1)から(4)までの問いに答えなさい。

にしとみといふ所の山、①絵よくかきたらむ屏風(びやうぶ)をたてならべたらむやうなり。片つ方は海、浜のさまも、寄せかへる浪(なみ)の景色も、いみじうおもしろし。※②もろこしが原といふ所も、砂子のいみじう白きを二三日(ふつかみか)行く。「夏は※やまとなでしこの濃く薄く錦(にしき)をひけるやうになむ咲きたる。これは秋の末なれば見えぬ」といふに、なほところどころはうちこぼれつつ、あはれげに咲きわたれり。もろこしが原に、やまとなでしこも咲きけむこそなど、人々③をかしがる。

（菅原孝標女(すがわらのたかすえのむすめ)「更級日記(さらしなにっき)」より）

※ もろこしが原＝現在の神奈川県南部一帯の海岸。「もろこし」は、昔、我が国で中国をさして呼んだ名称。

※ やまとなでしこ＝花の名称。「やまと」は日本を表すことば。

(1) 〰〰線「寄せかへる」は現代ではどう読むか。現代かなづかいを用いて、すべてひらがなで書きなさい。（5点）

［　　　　］

(2) ―①線「絵よくかきたらむ屏風」とあるが、どのような屏風か。十五字以内の現代語で書きなさい。（10点）

(3) ―②線「もろこしが原」の説明として、最も適切なものはどれか。（5点）

ア もろこしが原の海岸は人の足跡のせいであまり白くない。
イ 夏には大小様々なやまとなでしこが咲くと言われている。
ウ 秋の末にはやまとなでしこは見られないと言われている。
エ 秋に作者が訪れた際には、花がところどころ枯れていた。

［　　］

(4) ―③線「をかしがる」とあるが、人々がもろこしが原に花が咲くことを面白いと感じた理由として、最も適切なものはどれか。（5点）

ア 海岸に花が咲く様子が、日本ではなくまるで中国の景色のようだったから。
イ 普通海岸では咲かない花が、ここでは咲いていたから。
ウ 冬になり雪が降っているのに季節外れの花が咲くから。
エ 中国を表す語を名にもつ場所に日本を表す語を名にもつ花が咲いていたから。

［　　］

ア 大雪が降ったそうだ。　イ 今日は早く終わりそうだ。
ウ 彼は中学生だそうだ。　エ 今年は猛暑になるそうだ。

④ 小さなことから事故が生じる。　［　　］
ア 顔色から判断する。　イ 暑いから冷房をつける。
ウ 時間がないから急ごう。　エ 疲れるからここで休もう。

⑤ 大人だけでなく子供さえも夢中になる。　［　　］
ア それは悪意さえ感じる。　イ 先生の話さえをも聞かない。
ウ ミスさえしなければ良い。　エ 寒い上に雨さえ降ってきた。

⑥ 子どもながらよくがんばった。　［　　］
ア 学生ながら読書もしない。　イ 野菜を煮ながら肉を焼く。
ウ 左右を見ながら道を渡る。　エ 大声を出しながら走る。

⑦ 道の向こうに交番がある。　［　　］
ア それはある日のことだ。　イ その日、ある事が起きた。
ウ 私の故郷は栃木にある。　エ ある人によると話はこうだ。

⑧ ここでの生活もまた楽しい。　［　　］
ア 道また道が続いている。　イ 親であり、また友でもある。
ウ 今回もまた失敗した。　エ 電話か、またメールします。

11 次の俳句を読み、あとの問いに答えなさい。　（各1点）

A 名月を取ってくれろと泣く子かな　小林一茶（こばやしいっさ）
B 何事ぞ花見る人の長刀（ながかたな）　向井去来（むかいきょらい）
C 閑（しず）かさや岩にしみ入る蝉（せみ）の声　松尾芭蕉（まつおばしょう）
D こがらしや海に夕日を吹き落とす　夏目漱石（なつめそうせき）

(1) A・Bの俳句の季語と季節を答えなさい。
A［　　・　　］　B［　　・　　］

(2) A～Dの俳句中の――線部の「かな」「ぞ」「や」などの語句を俳句では何というか。　［　　］

(3) Dの俳句の解説として適切なものはどれか。　［　　］
ア 擬人法を用いることで、冬の風が吹きすさぶ自然のすさまじさを表現している。
イ 現実的にはあり得ない表現を用いることで読者を非現実的な世界へ導いている。
ウ 「吹き落とす」という表現は、穏やかな春の海が荒れることを予感させている。
エ 倒置法を用いることで、夕日が沈む瞬間のきらめきのはかなさを強調している。

12 次の各問いに答えなさい。　（各1点）

(1) 次の各文を例にならって文節に区切りなさい。
例 わたしは／今年／高校生に／なる。
① 故郷から父が上京してきた。
② 彼は私の人生に大きな影響を与えた。
③ 現代では自然も社会も環境の激変が起きている。
④ シェイクスピアは社会の変化を敏感に感じていた。

(2) 次の各文を例にならって単語に区切りなさい。
例 わたし／は／今年／高校生／に／なる。
① これは古い歴史を持った技法だ。
② 自分はこの結果に全く満足をしていない。
③ 彼女は走ることをやめてゆっくり歩いた。
④ 人は自分と異なるものへのあこがれを抱くものだ。

2 文法・敬語・詩歌の学習

制限時間 30分

得点 /50

7 次の――線の部分の文の成分をあとから選びなさい。（各2点）

① 亡くなった祖母は物知りな人だった。

② 後悔しないように自分の道は自分で選ぶ。

③ 彼は驚いていた。だが表情は変わらない。

④ 「電話しましたか。」「ええ、しましたよ。」

⑤ 現代では「多様性」が重要視されている。

ア 主語（主部）　イ 述語（述部）　ウ 修飾語（修飾部）

エ 接続語（接続部）　オ 独立語（独立部）

8 次の――線の部分の動詞の活用の種類と活用形を答えなさい。（各2点）

① はやくこちらへ来い。

② 過去を思い出すことはなかった。

③ 毎日練習をすれば上達できる。

④ 展望台から景色をながめる。

⑤ 一緒にテニスをしよう。

⑥ 今日のニュースを見ましたか。

9 次の――線の部分を適切な敬語の表現に直しなさい。（各1点）

① お客様はあちらにいます。

② 昨日のこと、気にしないでください。

③ 私の母と会いますか。

④ 他の人に聞く方がいいです。

⑤ すぐに迎えに行きます。

⑥ 部屋まで案内します。

⑦ ご要望を聞きます。

⑧ 車まで荷物を持ちましょう。

10 次の――線の部分と文法的に同じ意味・用法のものはどれか。（各1点）

① 教室に忘れ物を取りに戻った。

ア 出発が間近に迫る。　イ 私はここに花を見に来た。

ウ 昨日遊園地に行った。　エ 友達にお礼を言われた。

② ジュースがあまり、冷蔵庫にしまった。

ア 二月（ふたつき）あまりが経った。　イ あまりの時間で片づけた。

ウ 運動はあまりしない。　エ 小遣いがあまり、貯金した。

③ 明日の朝から雨が降りそうだ。

⑬ 遠出をする。［　　］　⑭ 秘密を握る。［　　］

⑮ 熟れた果物。［　　］　⑯ 新居を構える。［　　］

【二】

3 次の各問いに答えなさい。（各1点）

(1) 次の漢字の総画数は何画か、数字で答えなさい。

① 九［　画］　② 陛［　画］　③ 構［　画］

④ 仰［　画］　⑤ 極［　画］　⑥ 収［　画］

(2) 次の熟字訓の読みをひらがなで書きなさい。

① 一人［　　］　② 数珠［　　］　③ 凸凹［　　］

④ 大和［　　］　⑤ 今日［　　］　⑥ 浮つく［　　］

⑦ 浴衣［　　］　⑧ 果物［　　］　⑨ 二日［　　］

⑩ 乙女［　　］　⑪ 投網［　　］　⑫ 上手［　　］

4 次の――線の部分の読みをひらがなで書きなさい。（各1点）

① 均衡を保つ。［　　］　② 派生した問題。［　　］

③ 類似品。［　　］　④ 小説の傑作。［　　］

⑤ 参考文献。［　　］　⑥ 父は宮大工だ。［　　］

⑦ 難色を示す。［　　］　⑧ 発作を起こす。［　　］

⑨ 評判の良い店。［　　］　⑩ 滑車を回す。［　　］

⑪ 頻繁な連絡。［　　］　⑫ 屋根の修繕。［　　］

⑬ 誓約書。［　　］　⑭ 賃貸住宅。［　　］

⑮ 原料の麦芽。［　　］　⑯ 緊張が高まる。［　　］

5 次の――線の部分を漢字で書きなさい。（各1点）

① トコウ手続き。［　　］　② 詩をロウドクする。［　　］

③ ウンセイを占う。［　　］　④ 一般キョウヨウ。［　　］

⑤ ベンゴ士。［　　］　⑥ オンワな気候。［　　］

⑦ 地方のジチ体。［　　］　⑧ 合唱のシキ。［　　］

⑨ ハイケイの山々。［　　］　⑩ キンゾクバット。［　　］

⑪ ブレイな態度。［　　］　⑫ ユウボク民族。［　　］

⑬ 空港のケイビ。［　　］　⑭ シャクヤに住む。［　　］

⑮ リョウシの船。［　　］　⑯ セイコウした実験。［　　］

【三】

6 次の各問いに答えなさい。（各2点）

(1) 次の――線の部分を漢字で書きなさい。

① 休みのひ。［　　］　② 三(み)たび挑戦する。［　　］

③ 食器をあらう。［　　］　④ 場所をあらためる。［　　］

⑤ 手をとめる。［　　］　⑥ ちいさな足。［　　］

⑦ ごみをもやす。［　　］　⑧ たての線を引く。［　　］

⑨ 決をとる。［　　］　⑩ かたやぶりな人。［　　］

⑪ 花がちる。［　　］　⑫ あたたかい風。［　　］

⑬ おもいが募る。［　　］　⑭ 税金をおさめる。［　　］

⑮ すめば都。［　　］　⑯ 川の流れがはやい。［　　］

⑰ 土砂をのぞく。［　　］　⑱ 心がふるい立つ。［　　］

⑲ いさましい声。［　　］　⑳ 今年の夏はあつい。［　　］

(2) あとの語群から適切な語を選び、故事成語を完成させなさい。

① ［　　］を執(と)る　② 虎穴(こけつ)に入(い)らずんば［　　］を得ず

③ ［　　］重来(ちょうらい)　④ ［　　］三遷(さんせん)の教え

⑤ ［　　］三絶(さんぜつ)

【虎子(こじ)　捲土(けんど)　韋編(いへん)　孟母(もうぼ)　牛耳(ぎゅうじ)】

1 漢字・語句の基礎知識

制限時間 30分

得点 /50

【一】

1 次の各問いに答えなさい。（各1点）

(1) 次の漢字の部首名を答えなさい。

① 屈［　　］　② 好［　　］
③ 印［　　］　④ 峡［　　］
⑤ 忙［　　］　⑥ 肺［　　］
⑦ 冠［　　］　⑧ 恭［　　］

(2) 次の熟語と構成が同じものはどれか。

① 出発［ア 遅延　イ 難易　ウ 起点　エ 民意］［　　］
② 町立［ア 頭脳　イ 制圧　ウ 遺言　エ 足早］［　　］
③ 無限［ア 話芸　イ 悲哀　ウ 未知　エ 出番］［　　］
④ 乗車［ア 納税　イ 祈念　ウ 指先　エ 破損］［　　］
⑤ 直線［ア 代案　イ 腹痛　ウ 育児　エ 命名］［　　］
⑥ 大小［ア 野道　イ 恋愛　ウ 独学　エ 濃淡］［　　］

(3) あとの語群から適切な語を選び、慣用句を完成させなさい。

① ［　　］に使う　② ［　　］を引く　③ ［　　］を打つ
④ ［　　］にはさむ　⑤ ［　　］を抜かす　⑥ ［　　］が立つ

【顔　出し　うつつ　あと　終止符　小耳】

(4) あとの語群から適切な語を選び、ことわざを完成させなさい。

① ［　　］に蓋（ふた）をする　② ［　　］あれば患（うれ）いなし
③ なくて［　　］　④ 帯（おび）に短し［　　］に長し
⑤ 急がば［　　］　⑥ ［　　］の魂（たましい）百まで
⑦ 尻（しり）切れ［　　］　⑧ どんぐりの［　　］

【背比（せいくら）べ　回れ　臭（くさ）い物（もの）　備（そな）え　たすき　とんぼ　七癖（なくせ）　三つ子】

(5) 次の四字熟語を完成させなさい。

① 枝葉（しよう）［　　］　② 佳人（かじん）［　　］　③ 優柔（ゆうじゅう）［　　］
④ 二束（にそく）［　　］　⑤ ［　　］消沈（しょうちん）　⑥ 一騎（いっき）［　　］

2 次の――線の部分の読みをひらがなで書きなさい。（各1点）

① 港のある町。［　　］　② 靴を履く。［　　］
③ 学問を究める。［　　］　④ 斜めの線。［　　］
⑤ 糸を垂らす。［　　］　⑥ 子守歌。［　　］
⑦ 雨の滴。［　　］　⑧ 仕事が滞る。［　　］
⑨ 物置小屋。［　　］　⑩ 計画を練る。［　　］
⑪ 運転を任せる。［　　］　⑫ 笛を吹く。［　　］

高等学校入試対策

基礎問題解答と解説

1 文字式と計算・資料の整理

1 (1) **-8** (2) **27** (3) **-7** (4) **-11**
(5) **-39** (6) **-7** (7) **$7x+3$**
(8) **$3a-2b$** (9) **$10ab$** (10) **$\dfrac{7x+y}{6}$**

解説 (1) $7-15=-(15-7)=-8$
(2) **かけ算が先** $4\times8-5=32-5=27$
(3) **わり算が先** $-9+8\div4=-9+2=-7$
(4) $(-56)\div7-3=-8-3=-11$
(5) **累乗が先** $-3^2=-(3\times3)=-9$
$-3^2-6\times5=-9-30=-(9+30)=-39$
(6) $(-2)^2=(-2)\times(-2)=4$
$5-3\times(-2)^2=5-3\times4=5-12=-7$
(7) $x-3+6(x+1)=x-3+6x+6$
$=x+6x-3+6=7x+3$
(8) $(6a^2-4ab)\div2a=\dfrac{6a^2}{2a}-\dfrac{4ab}{2a}=3a-2b$
(9) **分数のわり算は，かけ算になおす。**
$6a^2b^3\div\dfrac{3}{5}ab^2=6a^2b^3\div\dfrac{3ab^2}{5}$
$=6a^2b^3\times\dfrac{5}{3ab^2}=\dfrac{6a^2b^3\times5}{3ab^2}=10ab$
(10) **分数のたし算，ひき算は通分する。**
$\dfrac{5x-y}{3}-\dfrac{x-y}{2}=\dfrac{2(5x-y)}{2\times3}-\dfrac{3(x-y)}{3\times2}$
$=\dfrac{2(5x-y)-3(x-y)}{6}$
$=\dfrac{10x-2y-3x+3y}{6}=\dfrac{7x+y}{6}$

2 (1) **$60a$ m** (2) **6480円** (3) **5.7℃**
(4) **$a=10b+3$** (5) **$83a+102b\leqq740$**
(6) **$12a$ g** (7) **30個**
(8)① **8.6秒** ② **1.4秒**

解説 (1) **道のり＝速さ×時間**

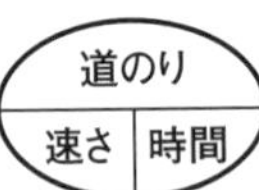

1時間＝60分だから
$a\times60=60a$(m)
(2) 6000円に，6000円の8％(＝0.08)の消費税を加えて支払うことだから
$6000+6000\times0.08=6000\times1.08=6480$(円)
(3) A市の最低気温からB市の最低気温をひいて $5.3-(-0.4)=5.3+0.4=5.7$℃
(4) a個の卵を10個ずつパックに入れるとbパックできるから，$10b$個入れた。さらに3個余ったから $a=10b+3$
(5) 1本83円のペンa本で$83a$円，1本102円のテープb本で$102b$円。合計金額は$(83a+102b)$円で，これが740円以下だから $83a+102b\leqq740$ （a以上は $\geqq a$）
(6) **食塩＝$\dfrac{\%濃度}{100}$×食塩水**　3％の食塩水$400a$gに含まれる食塩は$\dfrac{3}{100}\times400a=12a$g
(7) 1から99までに3の倍数は $99\div3=33$(個)，1から9までに3の倍数は $9\div3=3$(個)ある。2けたの自然数10から99までに3の倍数は $33-3=30$(個)ある。
(8)

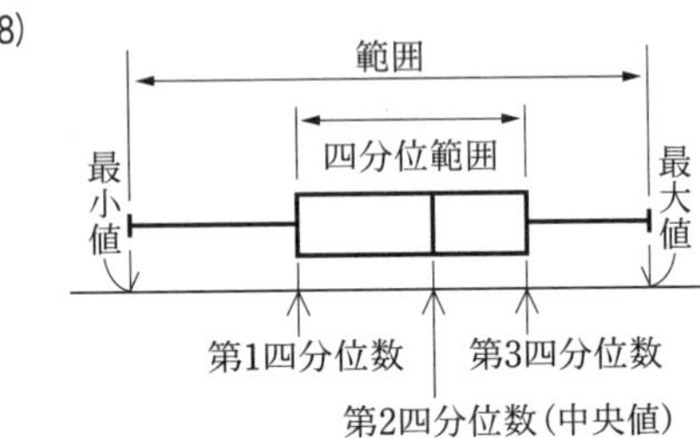

① B組の第3四分位数は，箱の右端の値を読み取って 8.6秒
② **(四分位範囲)**
＝(第3四分位数)－(第1四分位数)
A組の第3四分位数は8.7秒，第1四分位数は7.3秒だから，四分位範囲は
$8.7-7.3=1.4$(秒)

3 (1) **28個** (2) **$(8n-12)$個**

解説 (1) 3番目の正方形で，外側の1辺の個数は

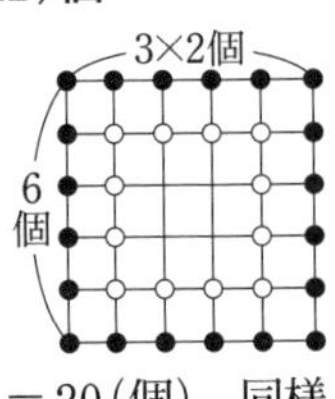

$3\times2=6$(個) 4辺あるから $(3\times2)\times4$，かどの4個は重複して数えているから $(3\times2)\times4-4=20$(個) 同様に計算すると，4番目の正方形では
$(4\times2)\times4-4=28$(個)
(2) n番目の正方形の内側に並ぶ碁石の個数は，$(n-1)$番目の正方形の外側に並ぶ碁石の個数に等しい。1辺に$2(n-1)$個並び4辺あってかどの4個は重複して数えるから $2(n-1)\times4-4=8n-12$(個)

2 1次方程式と連立方程式

4 (1) **$x=-1$** (2) **$x=3$** (3) **$x=5$**
(4) **$x=-2$** (5) **$x=4$，$y=-1$**
(6) **$x=4$，$y=-9$** (7) **$x=7$，$y=6$**
(8) **$x=2$，$y=-1$**
(9) **$x=1$，$y=-2$** (10) **$x=5$，$y=8$**

解説(1) x を左辺に 9 を右辺に移項する。**移項すると符号が変わる**。$7x+9=x+3$, $7x-x=3-9$, $6x=-6$, $x=-1$

(2) $3x-7=8-2x$, $3x+2x=8+7$, $5x=15$ 両辺を 5 でわると $x=3$

(3) $5x-7=9(x-3)$, $5x-7=9x-27$, $5x-9x=-27+7$, $-4x=-20$, $x=5$

(4) 両辺に100をかけて $16x-8=-40$, $16x=-40+8$, $16x=-32$, $x=-2$

(5) $x+3y=1$…① $y=2x-9$…② ②を①に代入して $x+3(2x-9)=1$, $x+6x-27=1$, $x=4$ ②より $y=-1$

(6) $7x+y=19$…① $5x+y=11$…② ①－②より $2x=8$, $x=4$ これを②に代入して $5\times4+y=11$, $y=-9$

(7) $x+y=13$…① $3x-2y=9$…② ①×2＋②より $5x=35$, $x=7$ これを①に代入して $7+y=13$, $y=6$

(8) $x-3y=5$…① $3x+5y=1$…② ①×3－②より $-14y=14$, $y=-1$ これを①に代入して $x+3=5$, $x=2$

(9) $4x-3y=10$…① $3x+2y=-1$…② ①×2＋②×3より $17x=17$, $x=1$ これを①に代入して $4-3y=10$, $y=-2$

(10) $7x-3y=11$…① $3x-2y=-1$…② ①×2－②×3より $5x=25$, $x=5$ これを①に代入して $35-3y=11$, $y=8$

5 (1) $\boldsymbol{a=-6}$ (2) **2000円**
(3) **A班 17人，B班 12人** (4) **学校から公園まで 1200m，公園から動物園まで 2800m** (5) $\boldsymbol{x=200}$，$\boldsymbol{y=300}$
(6) **A地区 240km²，B地区 390km²**

解説(1) **解は代入する**。$x=3$ を方程式に代入して $2\times3-a=3(3+1)$, $6-a=3\times4$ $-a=6$, $a=-6$

(2) ワイシャツ1着の定価を x 円とする。ワイシャツ5着に対して割引券が3枚だから，3割(＝0.3)引きで3着，定価で2着買った。代金から $(1-0.3)x\times3+x\times2=8200$ $2.1x+2x=8200$, $x=2000$(円)

(3) A班の人数を x 人，B班の人数を y 人とする。B班はA班より5人少ないから $y=x-5$…① A班は1人3脚ずつ，B班は1人4脚ずつ椅子を並べる。A班の総数はB班の総数より3脚多いから $3x=4y+3$ …② ①を②に代入して $3x=4(x-5)+3$, $3x=4x-20+3$, $x=17$ ①より $y=17-5=12$

(4) 学校から公園までを x m，公園から動物園までを y mとする。行きは学校から動物園までの $(x+y)$ mを分速80mで50分歩くから $x+y=80\times50$…① 帰りは動物園から公園までの y mを分速70mで歩く。公園で10分間休憩し，公園から学校までの x mを分速60mで歩く。動物園を出発してから70分後に学校に着くから

$\frac{y}{70}+10+\frac{x}{60}=70$, 両辺に420をかけて

$7x+6y=25200$…② ②－①×6より $x=1200$ これを①に代入して $y=2800$

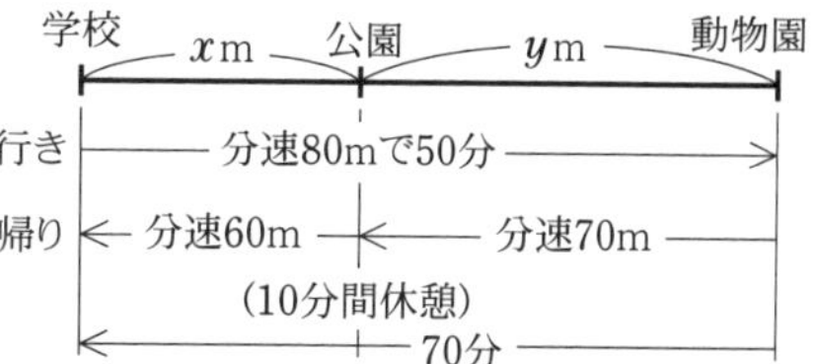

(5) **食塩水の問題では食塩の量に着目する。**

$$\textbf{食塩}=\frac{\textbf{\%濃度}}{100}\times\textbf{食塩水},\ \textbf{濃度(\%)}=\frac{\textbf{食塩}}{\textbf{食塩水}}\times100$$

5%の食塩水 x gに含まれる食塩は $\frac{5}{100}x$ g

2%の食塩水500gに含まれる食塩は

$\frac{2}{100}\times500=10$(g) 水を y g加えただけだから食塩の量は等しく $\frac{5}{100}x=10$, $x=200$

また，食塩水 x gに水 y gを加えて500gの食塩水をつくるから $x+y=500$ $x=200$ を代入して $y=300$

(6) A地区の面積を $x\,\mathrm{km}^2$，B地区の面積を $y\,\mathrm{km}^2$ とする。町の面積が $630\,\mathrm{km}^2$ だから $x+y=630$…① 森林の面積から

$\frac{70}{100}x+\frac{90}{100}y=519$, $7x+9y=5190$…② ①×9－②より $2x=480$, $x=240$ ①より $240+y=630$, $y=390$

6 **大人 54人，子供 84人**

解説 問題文に「今日の入園者数は昨日の入園者と比べて」とあるから，昨日の入園者数を基準にしている。このような問題では**基準の方を x，y とする**。昨日の大人の入園者数を x 人，子供の入園者数を y 人とすると $x+y=140$ …① 今日の大人の入園者数は昨日の x 人の10%，$0.1x$ 人 減ったから $x-0.1x=0.9x$(人)

子供の入園者数は y 人の５％，$0.05y$ 人増えたから　$y+0.05y=1.05y$（人）　入園料から　$500\times0.9x+300\times1.05y=52200$
$450x+315y=52200$，両辺を45でわると
$10x+7y=1160$…②　①×10－②より
$3y=240$，$y=80$　①より　$x=60$
今日の入園者数は　大人 $0.9x=0.9\times60=54$（人），子供 $1.05y=1.05\times80=84$（人）

3 平面図形と空間図形

7 (1) **右の図**
(2) **27度**　(3) **115度**

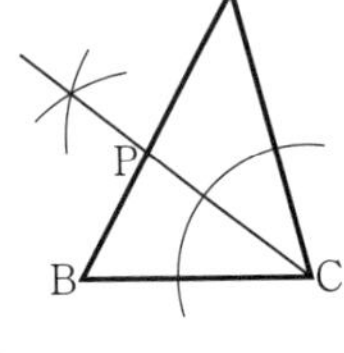

解説 (1) 角の二等分線上の点から角の２辺までの距離は等しい。∠ACBの二等分線を作図し，辺ABとの交点にPを記入する。

(2) **平行線の同位角は等しい**から126°を移す。△ABCでAC＝BCより
∠A＝∠B＝∠x
三角形の内角の和から　∠x＋∠x＋126°＝180°，∠x＝27°

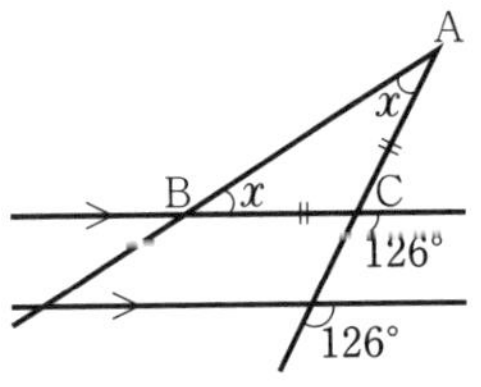

(3) 図のようにEを定める。△AECの外角は，それと隣り合わない２つの内角の和に等しい。
∠BED＝41°＋35°
∠xは△EBDの外角だから　∠x＝41°＋35°＋39°＝115°
＊∠x＝∠A＋∠B＋∠C が成り立つ。

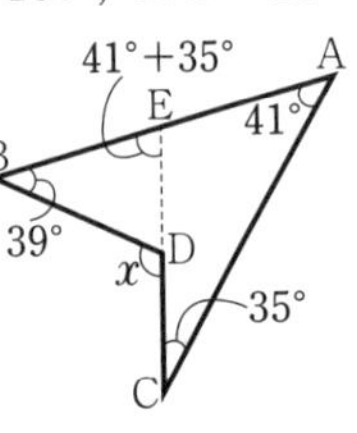

8 (1) **78π cm²**　(2) **12π cm³**
(3)① **36π cm³**　② **36π cm²**

解説 (1) 底面の半径が3cm，高さが10cmの円柱の展開図で，側面は縦10cm，横は円周に等しい $2\pi\times3=6\pi$（cm）表面積は
$\pi\times3^2\times2+10\times6\pi$
$=18\pi+60\pi=78\pi$（cm²）

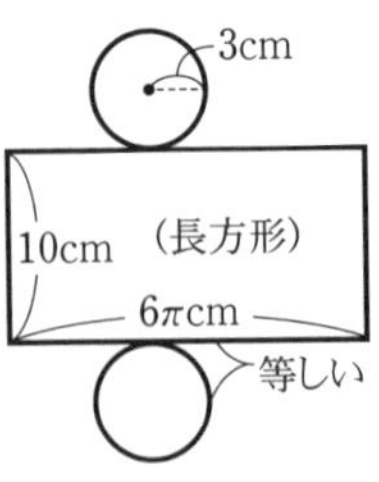

(2) 円錐の体積は　$\frac{1}{3}\times\pi\times3^2\times4=12\pi\,\text{cm}^3$

(3)① 半径 r の球の体積は　$\frac{4}{3}\pi r^3$
身（み）の上（うえ）に心配（しんぱい）あーる参上（さんじょう）する　と覚える。
半径3cmの球の体積は　$\frac{4}{3}\pi\times3^3=36\pi$
② 半径 r の球の表面積は　$4\pi r^2$
心配（しんぱい）あーる事情（じじょう）と思われる，窮（きゅう）せし面（めん）を見（み）るにつけても　と覚える。$4\pi\times3^2=36\pi$

9 (1)① **3：4**　② **$\frac{4}{9}$倍**
(2)① **24π cm²**　② **135度**

解説 (1)① △AEDと△DECはAD，DCを底辺(底辺は常に下側にあるとはかぎらない)と考えると**高さの等しい三角形で，面積の比は底辺の比に等しい**。AD：DC＝3：4より，面積の比も3：4

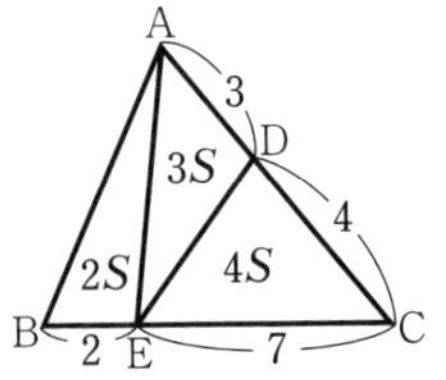

② △AED＝$3S$，△DEC＝$4S$　とおくと△AEC＝$3S+4S=7S$　△ABEと△AECはBE，ECを底辺と考えると**高さの等しい三角形で，面積の比は底辺の比に等しく**２：７　△AEC＝$7S$　より
△ABE＝$2S$，△ABC＝$2S+7S=9S$
△DECの面積 $4S$ は△ABCの面積 $9S$ の　$4S\div9S=\frac{4S}{9S}=\frac{4}{9}$（倍）

～は…の何倍か ⟹（～は）÷（～の）

(2)① 円錐の側面積は
π×底面の半径×母線の長さ　$\pi\times3\times8=24\pi\,\text{cm}^2$
② 円錐の側面にあたるおうぎ形の中心角の大きさは

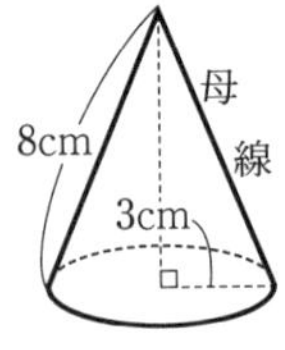

$360°\times\frac{\text{底面の半径}}{\text{母線の長さ}}$　$360°\times\frac{3}{8}=135°$
母線：円柱や円錐の側面をつくり出す線分

4 三角形の合同と確率

10 △ABDと△ACEにおいて，仮定より AD＝AE…①
△ABCは正三角形だから
AB＝AC…②
∠BAD＝∠ACB
＝60°…③　AE∥BCより平行線の錯角は等しいから　∠CAE＝∠ACB＝60°
…④　③，④より∠BAD＝∠CAE…⑤
①，②，⑤より，２組の辺とその間の角がそれぞれ等しいから　△ABD≡△ACE

解説 △ABCは正三角形で，∠BAD＝∠ACB＝∠CAE＝60°を利用する。

11 △ABHと△AGHにおいて，共通な辺だから　AH＝AH …①　四角形ABCD，AEFGは合同な正方形だから　∠ABH＝∠AGH＝90° …②　AB＝AG…③

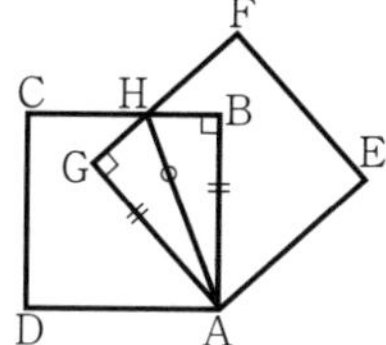

①，②，③より，直角三角形の斜辺と他の1辺がそれぞれ等しいから△ABH≡△AGH

解説 直角三角形の合同条件2つもしっかり覚えて，正確に使えるようにする。

12 △ABQと△PDQにおいて，四角形ABCDは長方形で，対角線BDで折り返しているからAB＝PD …①　∠BAQ＝∠DPQ＝90° …②　対頂角は等しいから

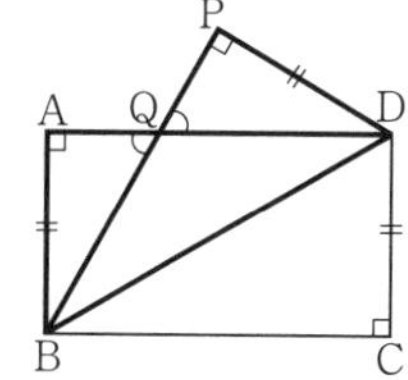

∠AQB＝∠PQD…③　三角形の内角の和は180°であり，②，③より残りの角も等しい。よって∠ABQ＝∠PDQ …④　①，②，④より，1組の辺とその両端の角がそれぞれ等しいから△ABQ≡△PDQ

解説 **折り返した図形ともとの図形は合同**　△PBD≡△CBDより∠QBD＝∠CBD＝∠QDB(錯角)だから QB＝QDになる。

13 (1)① $\frac{11}{36}$　② $\frac{5}{12}$　(2) $\frac{7}{8}$　(3) $\frac{4}{9}$　(4) $\frac{2}{5}$　(5) $\frac{1}{10}$　(6) $\frac{1}{5}$　(7) $\frac{3}{5}$

解説 (1)① 大小2つのさいころを同時に投げると目の出方は全部で　6×6＝36(通り)　出る目の数の積が5の倍数5，10，15，20，25，30になるのは11通りで　$\frac{11}{36}$

大	1	2	3	4	5	6
小	5	5	5	5	1 2 3 4 5 6	5

② 出る目の数の和が素数2，3，5，7，11になるのは15通り。求める確率は　$\frac{15}{36}=\frac{5}{12}$

大	1	2	3	4	5	6
小	1 2 4 6	1 3 5	2 4	1 3	2 6	1 5

(2) 硬貨には表と裏の2通りある。硬貨3枚の表と裏の出方は　2×2×2＝8(通り)　**(同時のときは，かける)**　表を○，裏を×で示すと次のようになり，矢印のように○や×を移すと書きやすい。少なくとも1枚は表が出る確率は　1－(3枚とも裏が出る確率)で求める。$1-\frac{1}{8}=\frac{7}{8}$

A	○	○	○	×	○	×	×	×
B	○	○	×	○	×	○	×	×
C	○	×	○	○	×	×	○	×

(3) 3個の玉から1個を取り出し，袋に戻してもう1回取り出す。玉の取り出し方は1回目も2回目も3通りで　3×3＝9(通り)　2回のうち1回だけ赤玉がでるのは4通りだから　$\frac{4}{9}$

1回目	赤　赤	白　青
2回目	白　青	赤　赤

(4) 2枚目のカードは箱に戻さないからカードの取り出し方は1枚目5通り，2枚目4通りで　5×4＝20(通り)　大きい数を小さい数でわると余りが1となるのは8通りで　$\frac{8}{20}=\frac{2}{5}$

1枚目	2	3	4	5
2枚目	3 5	2 4	3 5	2 4

(5) 5枚のカードから2枚のカードを取り出す取り出し方は10通り。2枚のカードの数字の積が2の倍数でもなく，3の倍数でもないのは5×7の1通りだけだから，求める確率は　$\frac{1}{10}$

3×4　3×5　3×6　3×7
4×5　4×6　4×7
5×6　5×7
6×7

(6) 当たりくじ3本，はずれくじ3本，合計6本のくじがある。同時にくじを2本ひくことは，1本ずつ続けて2回ひくことと同じ。2本とも当たりは，1回目当たり，2回目も当たりだが，2回目では当たりくじが1本減っている。1回目当たりは　$\frac{3}{6}$，2回目当たりは　$\frac{2}{5}$　より　$\frac{3}{6}\times\frac{2}{5}=\frac{1}{5}$

(7) 赤玉3個をR_1，R_2，R_3，白玉2個をW_1，W_2とする。玉の取り出し方は10通りあり，赤玉1個，白玉1個の場合は6通りあるから　$\frac{6}{10}=\frac{3}{5}$

R_1R_2　R_1R_3　R_1W_1　R_1W_2
R_2R_3　R_2W_1　R_2W_2
R_3W_1　R_3W_2
W_1W_2

5 比例と1次関数

14 (1)　$\boldsymbol{y=-3x}$　(2)　$\boldsymbol{y=\frac{18}{x}}$

(3)　$\boldsymbol{y=\frac{3}{5}x-7}$　(4)　$\boldsymbol{y=2x+3}$

(5)　**(－1，3)**　(6)　$\boldsymbol{a=2,\ b=1}$

解説(1)　y は x に比例するから　$\boldsymbol{y=ax}$　に $x=2$，$y=-6$ を代入して
$-6=2a$，$a=-3$ より　$y=-3x$

(2)　y は x に反比例するから　$\boldsymbol{y=\frac{a}{x}}$，$\boldsymbol{xy=a}$
x と y の積が比例定数になる。$x=2$，$y=9$ を代入して　$a=2\times9=18$，$y=\frac{18}{x}$

(3)　1次関数は $\boldsymbol{y=ax+b}$，x の増加量は5，y の増加量は3　**変化の割合＝$\boldsymbol{\frac{y\text{の増加量}}{x\text{の増加量}}}$**
$=\frac{3}{5}$，$y=\frac{3}{5}x+b$ で $x=5$，$y=-4$ を代入して　$-4=\frac{3}{5}\times5+b$，$b=-7$
より　$y=\frac{3}{5}x-7$

(4)　直線の式を $\boldsymbol{y=ax+b}$ とする。
点(－1，1)を通るから　$1=-a+b$…①
点(2，7)を通るから　$7=2a+b$…②
②－①より　$3a=6$，$a=2$　これを①に代入して　$1=-2+b$，$b=3$，$y=2x+3$

＊直線の傾き　$\frac{7-1}{2-(-1)}=2$　も利用できる。

(5)　**交点の座標は連立方程式の解**
$y=-2x+1$…①を $y=x+4$…②に代入して　$-2x+1=x+4$，$x=-1$　②より
$y=-1+4=3$　交点の座標は　(－1，3)

(6)　関数 $y=ax+b$ のグラフは，x の変域と y の変域　$-1\leqq x\leqq3$，$-1\leqq y\leqq7$ でつくる長方形の対角線になる。
$a>0$ より右上がりの直線で，2点(3，7)，(－1，－1)を通るから
$7=3a+b$…①　$-1=-a+b$…②
①，②より　$a=2$，$b=1$

15 (1)　**(－4，－4)**　(2)　$\boldsymbol{y=\frac{1}{2}x-2}$

(3)　$\boldsymbol{y=\frac{1}{2}x+2}$

解説(1)　点Aの x 座標 -4 を $y=\frac{16}{x}$ …①に代入すると　$y=-4$　だから
A(－4，－4)

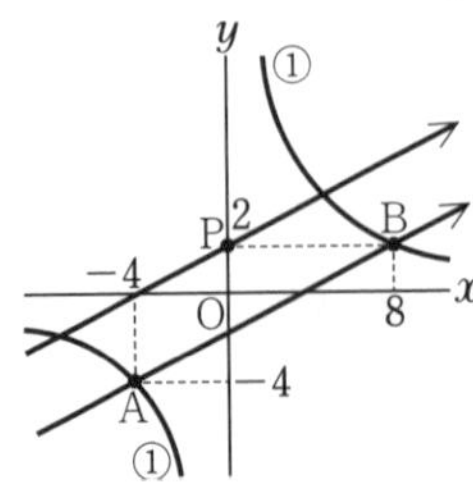

(2)　点Bの x 座標8を①に代入して $y=2$
B(8，2)　直線ABを $y=ax+b$ とすると2点A，Bを通るから $-4=-4a+b$…②
$2=8a+b$…③　②，③より $a=\frac{1}{2}$，$b=-2$　したがって　$y=\frac{1}{2}x-2$

(3)　y 軸上の点Pの y 座標はBの y 座標と同じだから2，求める直線の切片は2　また，直線ABの傾きは $\frac{1}{2}$，平行な直線の傾きは等しいから，傾きは $\frac{1}{2}$ で $y=\frac{1}{2}x+2$

16 (1)　$\boldsymbol{y=x+5}$　(2)　$\boldsymbol{b=-2}$

(3)　**(2，0)**

解説(1)　直線①で文字 b を使っているから，$y=ax+b$ は使わない。直線ABを $\boldsymbol{y=mx+n}$ とする。A(1，6)，B(－6，－1)を通るから $6=m+n$，$-1=-6m+n$

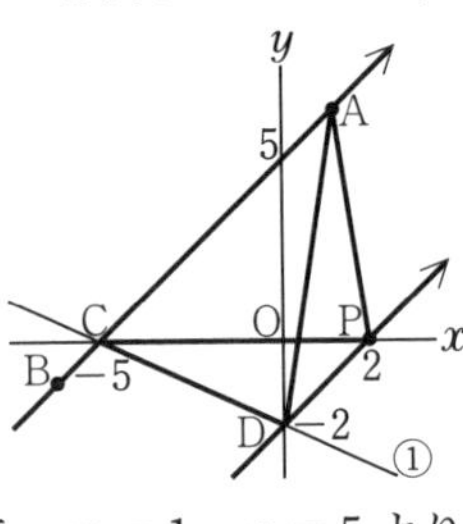

連立方程式を解いて　$m=1$，$n=5$ より
直線ABの式は　$y=x+5$

(2)　点Cは直線ABと x 軸との交点。**$\boldsymbol{x}$ 軸上の点の $\boldsymbol{y}$ 座標は0**だから $y=0$ を $y=x+5$ に代入して　$0=x+5$，$x=-5$ より
C(－5，0)　直線①は点Cを通るから
$0=-\frac{2}{5}\times(-5)+b$，$b=-2$

(3)　点Dを通り直線AC（AB）に平行な直線をひく。平行な直線と x 軸との交点がP
△ACDと△ACPは**底辺ACが共通で，AC∥PDより高さが等しいから面積は等しい**。直線AC（AB）の傾きは1，平行な直線の傾きは等しいから直線PDの傾きも1である。また，直線①の切片は－2だからD(0，－2)　直線PDの切片も－2で，式は　$y=x-2$　点Pの y 座標は0より　$0=x-2$，$x=2$　したがって　P(2，0)

17 (1)　**24**　(2)　$\boldsymbol{3\leqq a\leqq6}$

(3)　$\boldsymbol{(a-1,\ a+1)}$

(4)　$\boldsymbol{y=\frac{8}{5}x-4}$

解説(1)　△ABCの
底辺AB＝8－2＝6
高さは　12－4＝8
面積は6×8÷2＝24

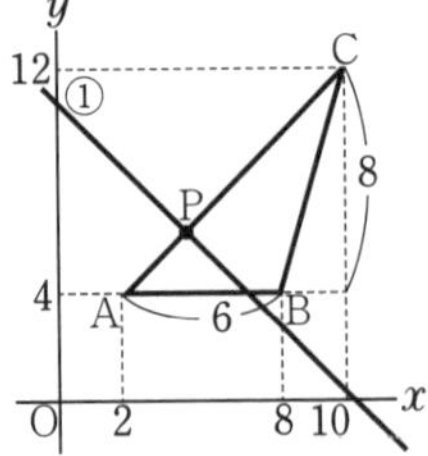

(2) 直線①が線分 AB の両端を通る場合を調べればよい。①が A(2, 4) を通るとき $4=-2+2a$, $a=3$ B(8, 4) を通るとき $4=-8+2a$, $a=6$ より $3\leqq a\leqq 6$

(3) 直線 AC を $y=cx+d$ とする。A(2,4) C(10, 12) を通るから $4=2c+d$, $12=10c+d$ より $c=1$, $d=2$ AC の式は $y=x+2$ 点 P は AC と直線①との交点だから $x+2=-x+2a$, $2x=2a-2$ $x=a-1$, $y=(a-1)+2=a+1$ したがって P$(a-1, a+1)$

(4) 点 C を通り △ABC の面積を 2 等分する直線は，線分 AB の中点 M を通る。A(2, 4), B(8, 4) より M の x 座標は $\dfrac{2+8}{2}=5$

y 座標は $\dfrac{4+4}{2}=4$ より M(5, 4) 直線 CM を $y=mx+n$ とすると $12=10m+n$, $4=5m+n$ 連立方程式を解くと $m=\dfrac{8}{5}$, $n=-4$ より $y=\dfrac{8}{5}x-4$

6 1次関数の利用

18 (1) $\boldsymbol{y=-5x+20}$ (2) $\boldsymbol{y=4x-16}$

(3) $\boldsymbol{y=20}$

(4) **右の図**

(5) **3 cm**

解説 (1) 点 P は辺 AE 上にあり，毎秒 1 cm の速さで進み，x 秒後 x cm 進む。AP $=x$, PE $=4-x$, これが高さになる。

$y=\dfrac{1}{3}\times 3\times 5\times(4-x)$

$y=-5x+20$

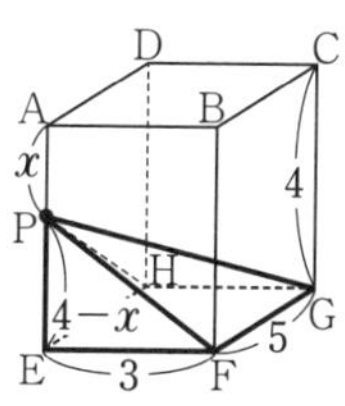

(2) $4\leqq x\leqq 9$ のとき，グラフを利用して直線の式を求める。これを $y=ax+b$ とすると 2 点 (4, 0), (9, 20) を通るから $0=4a+b$, $20=9a+b$ 連立方程式を解いて $a=4$, $b=-16$ より $y=4x-16$

(3) 点 P は辺 BC 上にあり四角錐の高さは 4 cm

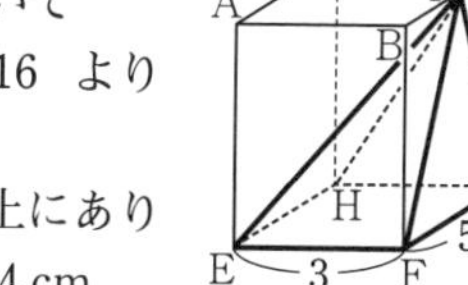

$y=\dfrac{1}{3}\times 3\times 5\times 4$, $y=20$

(4) グラフは $0\leqq x\leqq 4$ のとき，$y=-5x+20$ で 2 点 (0, 20), (4, 0) を結ぶ線分。$9\leqq x\leqq 14$ のとき $y=20$, 2 点 (9, 20), (14, 20) を結ぶ x 軸に平行な線分。

(5) 点 P が線分 EB 上にあるのは $4\leqq x\leqq 9$ のときで $y=4x-16$ $y=12$ を代入して $12=4x-16$, $x=7$ 点 P は毎秒 1 cm の速さで進むから 7 秒後，7 cm 進む。AE + EP = 7 cm, AE = 4 cm より 4 + EP = 7, EP = 3 cm

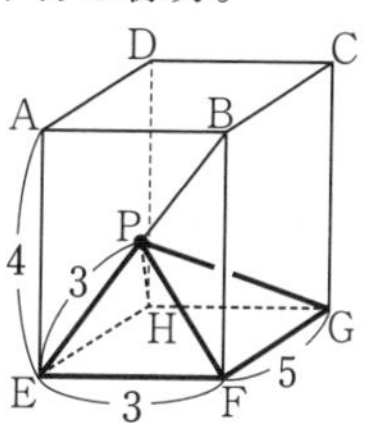

19 (1) $\boldsymbol{y=75x}$ (2) **下の図**

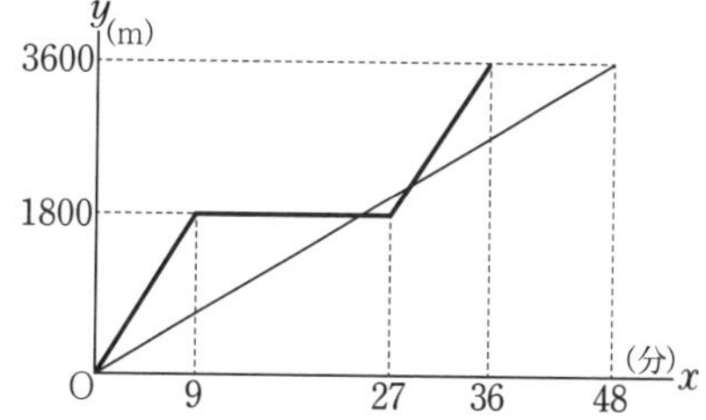

(3) $\boldsymbol{y=200x-3600}$

(4) **午前 9 時28分48秒** (5) **午前 9 時33分**

解説 (1) ひなたさんはこのコースを 2 周する。1800 × 2 = 3600(m) を 9 時から 9 時48分までの 48 分間歩く。速さは，毎分 3600 ÷ 48 = 75(m) **速さは直線の傾きに等しい**。グラフは原点を通るから式は $y=75x$

(2) 大輝さんは，ひなたさんと同時に出発し 2 周して 36 分後に地点 A に着いた。1 周後 18 分間休憩したから走ったのは 36−18 = 18分。1 周目も 2 周目も同じ速さで走るから，1 周するのに 18 ÷ 2 = 9(分) かかる。グラフは，原点と点 (9, 1800) を結ぶ線分。1 周後 18 分間休むから 9 + 18 = 27 休憩を表すグラフは 2 点 (9, 1800), (27, 1800) を結ぶ x 軸に平行な線分。休憩後のグラフは 2 点 (27, 1800), (36, 3600) を結ぶ線分になる。

(3) 大輝さんは 1 周 1800m のコースを 9 分で走るから，速さは毎分 1800 ÷ 9 = 200(m) **速さは直線の傾きに等しい**。休憩後も速さは毎分 200m だから $y=200x+b$, 点 (27, 1800) を通るから $1800=200\times 27+b$ $b=-3600$ より $y=200x-3600$

＊ 2 点 (27, 1800), (36, 3600) を通る直線の式を求めてもよい。

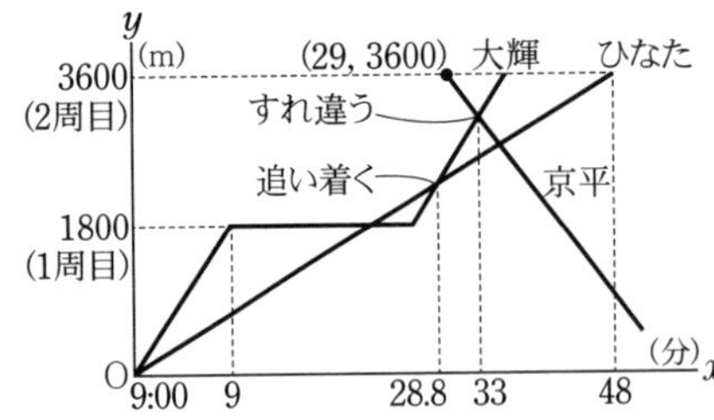

(4)　ひなたさんを表す直線 $y=75x$ と大輝さんを表す直線 $y=200x-3600$ の交点の x 座標を求める。$200x-3600=75x$

$x=28.8$(分)$=28$分$+0.8\times60$(秒)

$=28$分48秒 より 午前9時28分48秒

(5)　9時29分のとき，大輝さんは2周目を走る。京平さんを表す直線は点(29, 3600)を通り，ひなたさんと反対向きに毎分150 m の速さで進むから傾きは負で，-150

$y=-150x+c$，$3600=-150\times29+c$，$c=7950$ より $y=-150x+7950$　大輝さんの式　$y=200x-3600$ を代入して

$200x-3600=-150x+7950$，$x=33$

2人がすれ違うのは　午前9時33分

7　多項式・平方根・2次方程式

20 (1)　$3\sqrt{3}$　(2)　$2\sqrt{2}$　(3)　$3\sqrt{5}$

(4)　$-\sqrt{6}$　(5)　$3+\sqrt{7}$　(6)　2

(7)　$5-\sqrt{6}$　(8)　$-8+3\sqrt{21}$

(9)　$-6x-16$　(10)　$6a+58$

解説 (1)　$\sqrt{12}+\sqrt{3}=2\sqrt{3}+\sqrt{3}=3\sqrt{3}$

(2)　$\sqrt{3\times6}-\sqrt{2}=3\sqrt{2}-\sqrt{2}=2\sqrt{2}$

(3)　$4\sqrt{5}-\sqrt{10}\div\sqrt{2}=4\sqrt{5}-\sqrt{5}=3\sqrt{5}$

(4)　$2\sqrt{6}+3\sqrt{3}\times(-\sqrt{2})$

$=2\sqrt{6}-3\sqrt{6}=-\sqrt{6}$

(5)　$(\sqrt{18}+\sqrt{14})\div\sqrt{2}=\dfrac{\sqrt{18}}{\sqrt{2}}+\dfrac{\sqrt{14}}{\sqrt{2}}$

$=\sqrt{9}+\sqrt{7}=3+\sqrt{7}$

(6)　$(\sqrt{5}+\sqrt{3})(\sqrt{5}-\sqrt{3})$

$=(\sqrt{5})^2-(\sqrt{3})^2=5-3=2$

(7)　$(\sqrt{2}-\sqrt{3})^2+\sqrt{6}$

$=(\sqrt{2})^2-2\times\sqrt{2}\times\sqrt{3}+(\sqrt{3})^2+\sqrt{6}$

$=2-2\sqrt{6}+3+\sqrt{6}=5-\sqrt{6}$

(8)　$(\sqrt{3}+2\sqrt{7})(2\sqrt{3}-\sqrt{7})$

$=2\times3-\sqrt{21}+4\sqrt{21}-2\times7=-8+3\sqrt{21}$

(9)　$(x+2)(x-8)-x^2$

$=x^2-8x+2x-16-x^2=-6x-16$

(10)　$(a+3)^2-(a+7)(a-7)$

$=a^2+2\times a\times3+3^2-(a^2-7^2)$

$=a^2+6a+9-a^2+49=6a+58$

21 (1)　$xy(x-4)$　(2)　$(x-2)(x+7)$

(3)　$(x+4)(x-5)$　(4)　$(a-4)^2$

(5)　$(x+4y)(x-4y)$　(6)　$(a-b)(4x-1)$

解説 (1)　**共通因数 xy をかっこの外にくくり出す。**　$xy\times x+xy\times(-4)=xy(x-4)$

(2)　積が-14，和が$+5$となる2つの整数は-2と$+7$　$x^2+5x-14=(x-2)(x+7)$

(3)　積が-20，和が-1となる2つの整数は$+4$と-5　$x^2-x-20=(x+4)(x-5)$

(4)　$a^2-8a+16=a^2-2\times a\times4+4^2$

$=(a-4)^2$　　＊ $a^2-2ab+b^2=(a-b)^2$

(5)　$x^2-16y^2=x^2-(4y)^2=(x+4y)(x-4y)$

(6)　$a-b=A$ とおくと　$4xA-1\times A$

$=A(4x-1)=(a-b)(4x-1)$

22 (1)　$x=2\pm\sqrt{5}$　(2)　$x=0,\ 4$

(3)　$x=-1,\ -2$　(4)　$x=-1,\ 6$

(5)　$x=-3,\ 4$　(6)　$x=2,\ -7$

(7)　$x=-1,\ 3$　(8)　$x=3,\ -6$

(9)　$x=\dfrac{-7\pm\sqrt{5}}{2}$　(10)　$x=\dfrac{5\pm\sqrt{33}}{4}$

解説 (1)　$x-2$ が5の平方根。$x-2=\pm\sqrt{5}$

-2 を右辺に移項して　$x=2\pm\sqrt{5}$

＊左辺を展開してから解の公式を使うような計算をしてはならない。

(2)　左辺を因数分解すると　$x(x-4)=0$，

$x=0$ または $x-4=0$　より　$x=0,\ 4$

＊ $x=0$ も解であることを忘れない。

(3)　$x^2+3x+2=0$，$(x+1)(x+2)=0$

$x+1=0$ または $x+2=0$，$x=-1,\ -2$

(4)　$x^2-5x-6=0$，$(x+1)(x-6)=0$

$x+1=0$ または $x-6=0$，$x=-1,\ 6$

(5)　$x^2-x-12=0$，$(x+3)(x-4)=0$

$x+3=0$ または $x-4=0$，$x=-3,\ 4$

(6)　$x^2+5x-14=0$，$(x-2)(x+7)=0$

$x-2=0$ または $x+7=0$，$x=2,\ -7$

(7)　$2x^2-2x-3=x^2$，$x^2-2x-3=0$

$(x+1)(x-3)=0$，$x=-1,\ 3$

(8)　$10-5x=x^2-2x-8$，$x^2+3x-18=0$

$(x-3)(x+6)=0$，$x=3,\ -6$

(9)　左辺が因数分解できないときは，解の公式をつかう。2次方程式 $ax^2+bx+c=0$

の解は　$x=\dfrac{-b\pm\sqrt{b^2-4ac}}{2a}$

口で何度も唱えて，必ず覚えること。導き方も理解しておくとよい。

$x^2+7x+11=0$ で　$a=1$，$b=7$，$c=11$

$x=\dfrac{-7\pm\sqrt{7^2-4\times1\times11}}{2\times1}=\dfrac{-7\pm\sqrt{5}}{2}$

(10)　$x=\dfrac{-(-5)\pm\sqrt{(-5)^2-4\times2\times(-1)}}{2\times2}$

$=\dfrac{5\pm\sqrt{25+8}}{4}=\dfrac{5\pm\sqrt{33}}{4}$

23 (1)　$-\sqrt{6}$　(2)　**100**　(3)　**5**
(4)　$n=14$　(5)　$6-2\sqrt{6}$　(6)　$a=7$,
他の解 $x=-8$　(7)　$a=-9$，$b=14$

解説 (1)　**分母に根号がある数は分母を有理化する。** $\dfrac{12\times\sqrt{6}}{\sqrt{6}\times\sqrt{6}}-3\sqrt{3}\times\sqrt{2}$

$=\dfrac{12\sqrt{6}}{6}-3\sqrt{6}=2\sqrt{6}-3\sqrt{6}=-\sqrt{6}$

(2)　$x^2+2xy+y^2=(x+y)^2$
$=\{(5+\sqrt{3})+(5-\sqrt{3})\}^2=10^2=100$

(3)　$5^2<30<6^2$ より $\sqrt{5^2}<\sqrt{30}<\sqrt{6^2}$，
$5<\sqrt{30}<6$　$a<\sqrt{30}$ で，a は最も大きい自然数だから　$a=5$　($\sqrt{30}\fallingdotseq5.48$)

(4)　$\sqrt{56n}=\sqrt{2^2\times14n}=2\sqrt{14n}$　これが自然数となるような最も小さい自然数 n は
根号内＝(自然数)^2 となればよいから
$n=14$　このとき，$2\sqrt{14^2}=2\times14=28$

(5)　$3.14=3+0.14$ で 3 を整数部分，0.14 を小数部分という。$2^2<6<3^2$　だから
$\sqrt{2^2}<\sqrt{6}<\sqrt{3^2}$，$2<\sqrt{6}<3$　より
$\sqrt{6}=2.\cdots$　$\sqrt{6}$ の整数部分は 2，小数部分 a は $a=\sqrt{6}-2$ と表せる。a^2+2a
$=a(a+2)=(\sqrt{6}-2)(\sqrt{6}-2+2)$
$=(\sqrt{6}-2)\times\sqrt{6}=6-2\sqrt{6}$

(6)　**解は代入する。** $x=1$ を 2 次方程式に代入して　$1^2+a\times1-8=0$，$a=7$　これを方程式に代入して　$x^2+7x-8=0$，
$(x-1)(x+8)=0$，$x=1$，-8
他の解は　$x=-8$

(7)　解が 2，7 である 2 次方程式の 1 つは
$(x-2)(x-7)=0$，$x^2-9x+14=0$　これが $x^2+ax+b=0$ と一致するから各項の係数を比較して　$a=-9$，$b=14$

24　左上の数を n とすると右上，左下，右下の数はそれぞれ $n+2$，$n+3$，$n+5$ と表すことができるから
$(n+2)(n+3)-n(n+5)$
$=n^2+5n+6-n^2-5n=6$
したがって，右上の数と左下の数の積から左上の数と右下の数の積をひくと 6 になる。

解説　4 つの数は図のように表せる。右上の数は $n+2$，左下の数は $n+3$，右下の数は $n+5$

n	$n+2$
$n+3$	$n+5$

どの数とどの数をかけるのか，確認する。

8　2乗に比例する関数

25 (1)　$y=2x^2$　(2)　$0\leqq y\leqq9$
(3)　$a=-6$，$b=0$　(4)　**3**
(5)　$p=4$　(6)　$a=1$

解説 (1)　y は x の 2 乗に比例するから
$y=ax^2$，$x=-2$，$y=8$ を代入して
$8=a\times(-2)^2$，$a=2$ より　$y=2x^2$

(2)　x の変域 $-2\leqq x\leqq3$ に $x=0$ が含まれる。
$x=-2$，0，3 のとき　$y=(-2)^2=4$，
$y=0^2=0$，$y=3^2=9$ だから　$0\leqq y\leqq9$

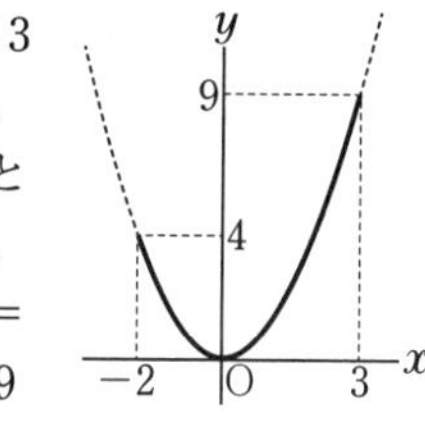

(3)　$b\leqq y\leqq9$ より $y=9$ を $y=\dfrac{1}{4}x^2$　に代入して
$x^2=36$，$x=\pm6$
$a\leqq x\leqq3$ だから $x=-6$ であり，$a=-6$ になる。
$-6\leqq x\leqq3$ のとき
$0\leqq y\leqq9$，$b\leqq y\leqq9$ より　$b=0$

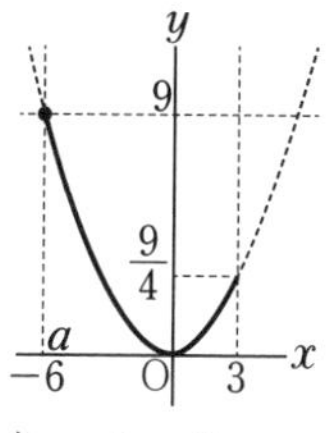

(4)　$y=-3x^2$ について，$x=-4$ のとき
$y=-3\times(-4)^2=-48$，$x=3$ のとき
$y=-3\times3^2=-27$

変化の割合＝$\dfrac{y\text{の増加量}}{x\text{の増加量}}$ $=\dfrac{-27-(-48)}{3-(-4)}$

$=21\div7=3$

＊ $y=ax^2$ について，x の値が p から q まで増加するときの変化の割合は

$\dfrac{aq^2-ap^2}{q-p}=\dfrac{a(q^2-p^2)}{q-p}=\dfrac{a(q+p)(q-p)}{q-p}$

$=a(q+p)=$**$(p+q)\times a$**　のように表せるから　$(-4+3)\times(-3)=3$

(5)　$y=-x^2$　について，x の値が p から $p+3$ まで増加するときの変化の割合は
$(p+q)\times a$ を利用して $(p+p+3)\times(-1)$
$=-2p-3$　これが -11 に等しいから
$-2p-3=-11$，$-2p=-8$，$p=4$

(6)　$y=ax^2$ について，x の値が -2 から 6 まで増加するときの変化の割合は
$(-2+6)\times a=4a$ また，関数 $y=4x+1$ の変化の割合は一定で，傾きに等しく 4
変化の割合は等しいから　$4a=4$，$a=1$

26 (1)　**(6，9)**　(2)　**(−6，0)**
(3)　$y=9$　(4)　**27**　(5)　$3-3\sqrt{5}$

解説(1) 点Aのx座標は6，$x=6$を①に代入して　$y=\frac{1}{4}\times6^2=9$だから　A(6, 9)

(2) BA∥POで平行線の錯角は等しいから
∠OAB＝∠AOH，
∠OAB＝∠BPOより∠AOH＝∠BPO
同位角が等しいから
BP∥AO　**2組の対辺がそれぞれ平行だ**から四角形ABPOは平行四辺形である。
BA＝PO＝6，点Pのx座標は負で，x軸上にあるからy座標は0，P(−6, 0)

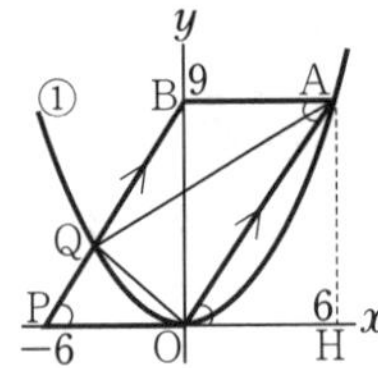

(3) 直線ABはA(6, 9)，B(0, 9)を通り，x軸に平行な直線だから式は　$y=9$

(4) △OAQと△OABは底辺OAが共通，BQ∥AOより高さが等しいから面積は等しい。△OABでBA＝6，BO＝9より
△OAQ＝△OAB＝6×9÷2＝27

(5) **交点の座標は連立方程式の解**。直線BPの傾きは　$\frac{9}{6}=\frac{3}{2}$，切片9で$y=\frac{3}{2}x+9$

①をこれに代入して　$\frac{1}{4}x^2=\frac{3}{2}x+9$

$x^2-6x=36$，**xの係数−6の半分の2乗$(-3)^2=9$を両辺に加え**，平方の形にする。
$x^2-6x+9=36+9$，$(x-3)^2=45$
$x-3=\pm\sqrt{45}=\pm3\sqrt{5}$，$x=3\pm3\sqrt{5}$
$x<0$より　$x=3-3\sqrt{5}$

27 (1)　$a=\frac{1}{3}$　(2)　$y=\frac{1}{2}x+9$

(3)　**36**　(4)　**($\sqrt{6}$，12)**　(5)　**1：3**

解説(1) 点A(6，12)は$y=ax^2$のグラフ上にあるから　$12=a\times6^2$，$36a=12$，$a=\frac{1}{3}$

(2) 点Bのx座標−2を$y=2x^2$に代入して$y=2\times(-2)^2=8$
B(−2，8)　2点A，Bを通る直線の式を$y=mx+n$とする。
$12=6m+n$
$8=-2m+n$
連立方程式を解いて

$m=\frac{1}{2}$，$n=9$より　$y=\frac{1}{2}x+9$

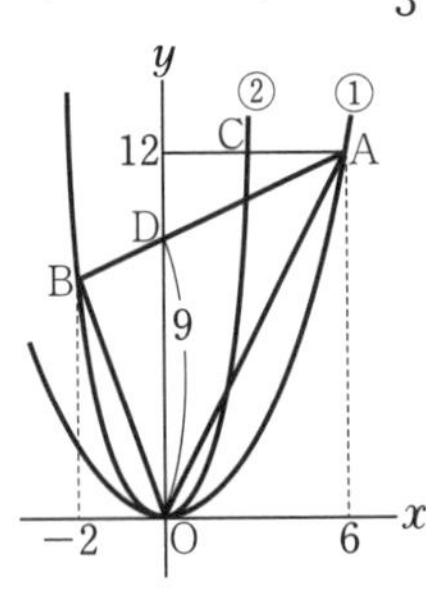

(3) 直線ABとy軸との交点をDとすると，直線ABの切片9から　OD＝9
△OAB＝△OAD＋△OBD，ODを共通な底辺，A，Bのx座標の絶対値を高さと考えて　△OAB＝△OAD＋△OBD
＝(9×6÷2)＋(9×2÷2)＝27＋9＝36

(4) 点Cのy座標は点Aのy座標と同じで12
$y=12$を$y=2x^2$に代入して　$12=2x^2$
$x^2=6$，$x=\pm\sqrt{6}$　$x>0$より$x=\sqrt{6}$
点Cの座標は
($\sqrt{6}$，12)

(5) △ACBと△ACOは**底辺ACが共通だから，面積の比は高さの比に等しい**。△ACBの高さは点Cのy座標12から点Bのy座標8をひいて　12−8＝4
△ACOの高さは12　△ACBと△ACOの面積の比は　4：12＝1：3

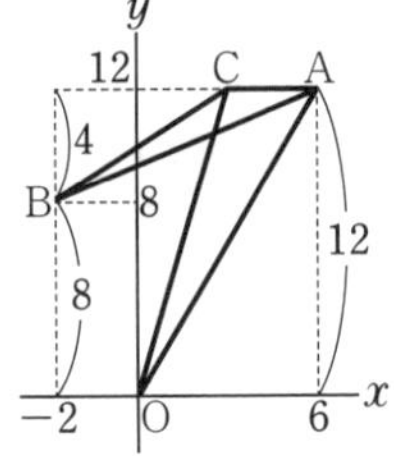

9 円と相似

28 (1)　**106度**　(2)　**80度**　(3)　**$x=10$**

解説(1) OとCを結ぶ。
1つの弧に対する中心角は円周角の2倍で
∠BOC＝28°×2＝56°
∠DOC＝25°×2＝50°
∠BOD＝56°＋50°
＝106°

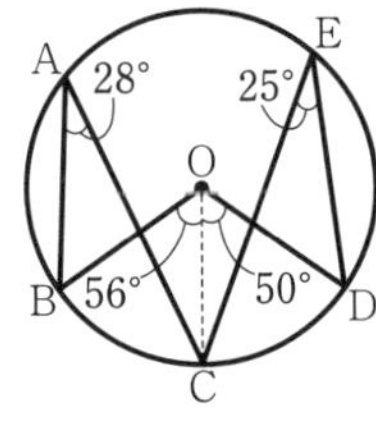

(2) **直径⇔直角**
直径BDに対する円周角∠BAD＝90°
△ABDは直角三角形，**直角三角形では直角を除いた2つの内角の和は90°**だから∠ADB＋33°＝90°
∠ADB＝57°　また，$\overset{\frown}{CD}$**に対する円周角は中心角の半分で**　∠CAD＝46°÷2＝23°　**三角形の外角はそれと隣り合わない2つの内角の和に等しい**から
∠x＝57°＋23°＝80°

(3) ℓ∥m∥nより平行線と線分の比の定理から　18：12＝15：x
比を簡単にして
3：2＝15：x
$3x=2\times15$，$x=10$

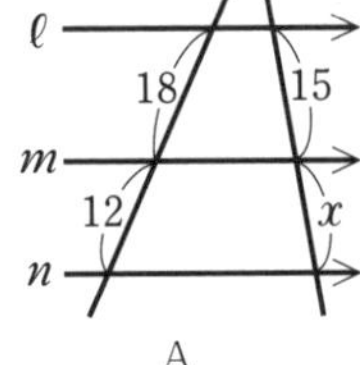

＊DE∥BCならば
AD：AB＝AE：AC
＝DE：BC
AD：DB＝AE：EC

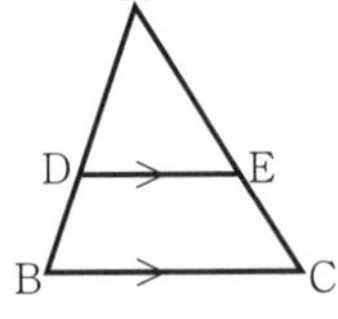

29 △ACDと△AEBにおいて，
$\overset{\frown}{CD} = \overset{\frown}{DB}$ より等しい弧に対する円周角は等しいから
∠CAD = ∠EAB …① $\overset{\frown}{AC}$ に対する円周角は等しいから ∠ADC = ∠ABE …②
①，②より，2組の角がそれぞれ等しいから △ACD ∽ △AEB

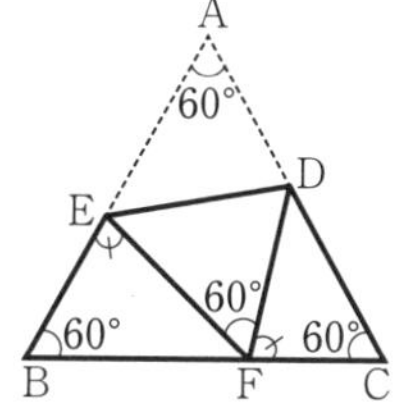

解説 等しい弧に対する円周角は等しい。
1つの弧に対する円周角はすべて等しい。
これらをしっかり覚えておくこと。

30 △EBFと△FCDにおいて，△ABCは正三角形だから
∠EBF = ∠FCD = 60°…① 線分EDを折り目として正三角形を折り返したから
∠EFD = ∠EAD = 60°…② ∠EFCは△EBFの外角になるから
∠EBF + ∠BEF = ∠EFC また，
∠EFD + ∠CFD = ∠EFC より
∠EBF + ∠BEF = ∠EFD + ∠CFD
①，②より 60° + ∠BEF = 60° + ∠CFD
よって ∠BEF = ∠CFD …③
①，③より，2組の角がそれぞれ等しいから △EBF ∽ △FCD

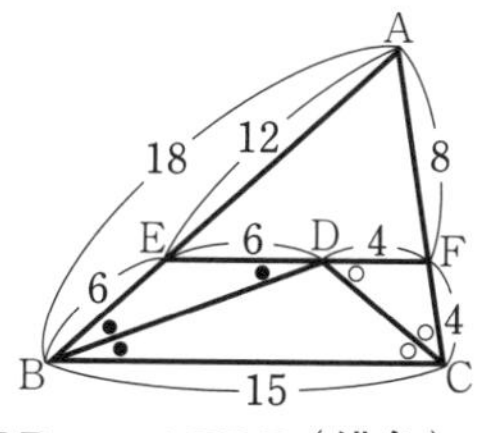

解説 **折り返した図形ともとの図形は合同**
∠EBF + ∠BEF = ∠EFC である。

31 (1) **10cm** (2) **8cm** (3) $\boldsymbol{\frac{2}{5}}$**倍**
(4) **4：5**

解説(1) EF // BCで AE：AB = EF：BC
AE = 18 − 6 = 12
12：18 = EF：15
比を簡単にして
2：3 = EF：15
3EF = 2 × 15
EF = 10(cm)

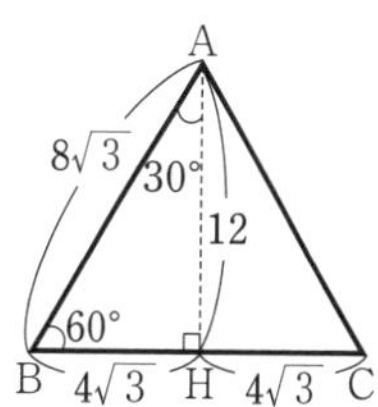

(2) ∠EBD = ∠CBD = ∠EDB(錯角)より△EBDは二等辺三角形。EB = ED = 6，FD = 10 − 6 = 4，また ∠FCD = ∠BCD = ∠FDC(錯角) △FCDも二等辺三角形で FC = FD = 4cm
12：6 = AF：4， AF = 8cm

(3) △EBDと△DBCはED，BCを底辺と考えると，ED // BCより高さが等しい。**高さの等しい三角形の面積の比は底辺の比に等しい**。ED = 6cm，BC = 15cmだから△EBD = 6S，△DBC = 15Sとする。△EBDの面積は△DBCの面積の

$$6S \div 15S = \frac{6S}{15S} = \frac{2}{5}(\text{倍})$$

〜は…の何倍か ⟹ (〜は) ÷ (…の)

(4) EF // BCだから △AEF ∽ △ABC
相似比は 12：18 = 2：3 **相似な図形では，面積の比は相似比の2乗に等しい**から
$2^2 : 3^2 = 4 : 9$ △AEF = 4，△ABC = 9とすると四角形EBCF = 9 − 4 = 5
△AEFの面積と四角形EBCFの面積の比は 4：5

10 三平方の定理

32 (1) **$48\sqrt{3}$ cm²** (2) **$(4\sqrt{2} - 4)$cm**
(3) **5cm**

解説(1) 点Aから辺BCに垂線AHをひくとHはBCの中点になる。
△ABHは30°，60°の直角三角形で3辺の比は **1：2：$\sqrt{3}$**
AB：AH = 2：$\sqrt{3}$ だから
$8\sqrt{3}$：AH = 2：$\sqrt{3}$，2AH = 8 × 3
AH = 12，△ABCの面積は
$8\sqrt{3} \times 12 \div 2 = 48\sqrt{3}$ (cm²)

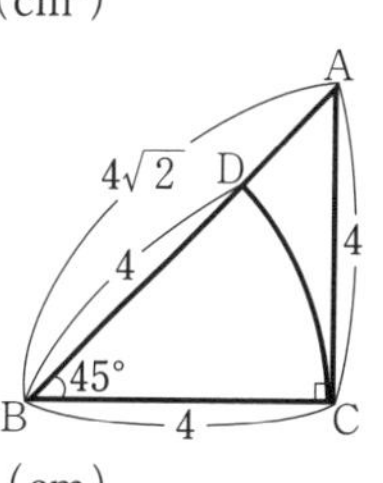

(2) 直角二等辺三角形の3辺の比は
1：1：$\sqrt{2}$ 4倍すると 4：4：$4\sqrt{2}$
AB = $4\sqrt{2}$ cm
BD = BC = 4cm
だから AD = $4\sqrt{2} - 4$ (cm)

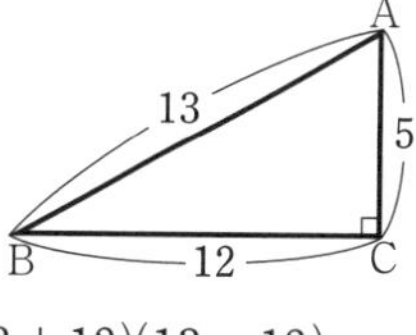

(3) △ABCは直角三角形だから三平方の定理より
$BC^2 + AC^2 = AB^2$
$12^2 + AC^2 = 13^2$
$AC^2 = 13^2 - 12^2 = (13 + 12)(13 - 12)$
$= 25 \times 1 = 25$
AC > 0より AC = $\sqrt{25}$ = 5(cm)

A
13
5
B
12
C

＊数字でも $a^2 - b^2$ の形が出てきたら因数分解を考えるとよい。直角三角形の3辺の比 **3：4：5**，2倍した **6：8：10**，さらに **5：12：13** は覚えて使うこと。

33 (1) **4 cm** (2) **2 cm** (3) **$3\sqrt{10}$ cm**
(4) **$\sqrt{86}$ cm** (5) **$3\sqrt{86}$ cm^2**
(6) **$15\sqrt{5}$ cm^3**

解説 (1) 直角三角形DEFで三平方の定理より $DE^2+(2\sqrt{5})^2=6^2$
$DE^2=36-20=16$
$DE>0$ より
$DE=\sqrt{16}=4$(cm)

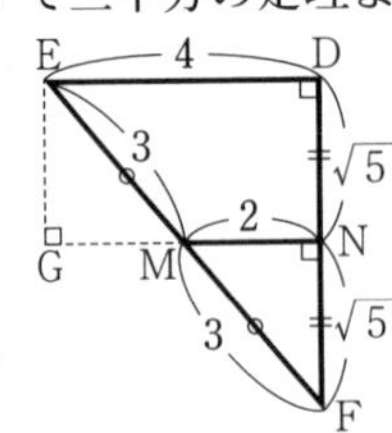

(2) 点M，点Nは辺EF，DFの中点だから中点連結定理より $MN=\frac{1}{2}ED=\frac{4}{2}=2$ cm

(3) $BE=9$，$EM=6\div2=3$ 直角三角形BEMで $BM^2=9^2+3^2=90$，$BM>0$ より $BM=\sqrt{90}$
$=\sqrt{3^2\times10}=3\sqrt{10}$ cm

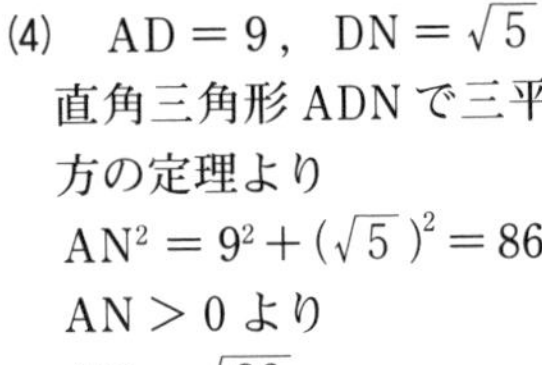

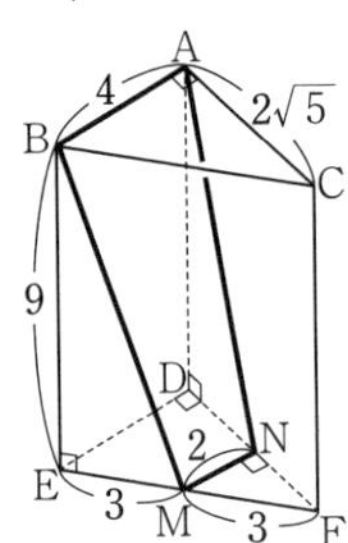

(4) $AD=9$，$DN=\sqrt{5}$
直角三角形ADNで三平方の定理より
$AN^2=9^2+(\sqrt{5})^2=86$
$AN>0$ より
$AN=\sqrt{86}$ cm

(5) 面ABC ⊥ 面ABED ⊥ 面ADFCだから
$\angle BAN=\angle ANM=90°$
四角形ABMNは台形で
高さは $AN=\sqrt{86}$ cm
面積は

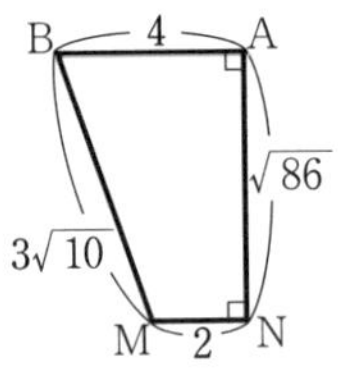

$\frac{1}{2}\times(4+2)\times\sqrt{86}=3\sqrt{86}$ (cm^2)

(6) 底面に直角三角形EGMをつけ加えて長方形DEGNをつくり，さらに三角錐B-EGMをつくる。頂点D，Eを含む方の立体の体積は
三角柱ADN-BEGから
三角錐B-EGMをひいて求める。

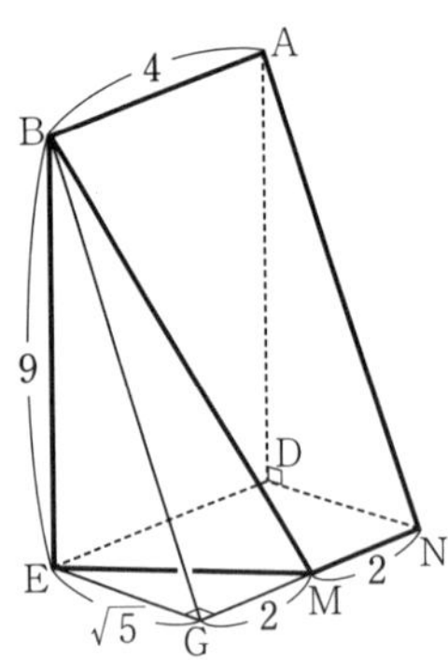

三角柱ADN-BEGの体積は

$\frac{1}{2}\times\sqrt{5}\times9\times4=18\sqrt{5}$ (cm^3)

△EGMで $EG=\sqrt{5}$ cm，$GM=2$ cm
三角錐B-EGMの体積は

$\frac{1}{3}\times\frac{1}{2}\times2\times\sqrt{5}\times9=3\sqrt{5}$ (cm^3)

よって $18\sqrt{5}-3\sqrt{5}=15\sqrt{5}$ (cm^3)

34 (1) **$\frac{16\sqrt{2}}{3}\pi$ cm^3** (2) **6 cm**
(3) **12π cm^2** (4) **120度** (5) **$2\sqrt{7}$ cm**

解説 (1) 底面の半径が $4\div2=2$ cm，高さが $4\sqrt{2}$ cm の円錐の体積は
$\frac{1}{3}\times\pi\times2^2\times4\sqrt{2}$
$=\frac{16\sqrt{2}}{3}\pi$ (cm^3)

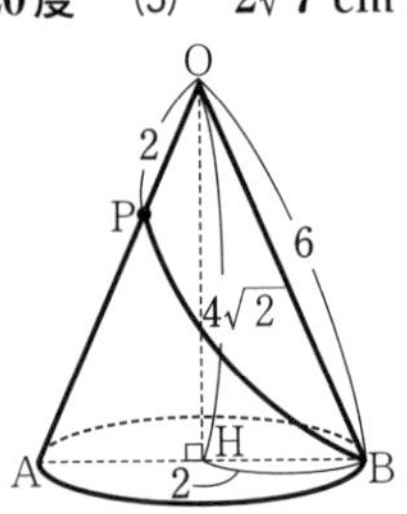

(2) 直角三角形OAHで三平方の定理より
$OA^2=2^2+(4\sqrt{2})^2=36$，$OA>0$ より
$OA=\sqrt{36}=6$(cm)

(3) 円錐の側面積は
π ×底面の半径×母線の長さ
$\pi\times2\times6=12\pi$ (cm^2)

(4) 円錐の側面にあたるおうぎ形の中心角は
$360°\times\frac{\text{底面の半径}}{\text{母線の長さ}}$
母線OAの長さが6 cm，底面の半径が 2 cm だから $360°\times\frac{2}{6}=120°$

(5)

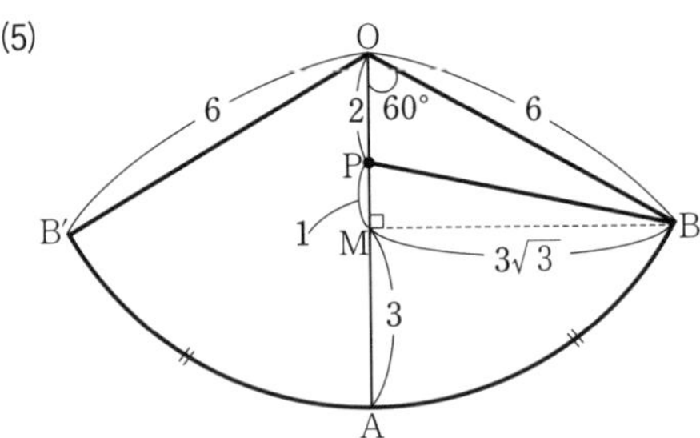

最も短いひもや糸の長さを求めるときは，展開図をかいて直線をひく。

この円錐の側面にあたるおうぎ形の中心角は120°，求めるひもの長さは展開図で線分PBの長さになる。点BからOAに垂線BMをひく。$\angle BOA=B'OA=60°$ より，△OMBは30°，60°の直角三角形。3辺の比は $\mathbf{1:2:\sqrt{3}}$，3倍すると $3:6:3\sqrt{3}$ より $OM=3$，$BM=3\sqrt{3}$
$PM=3-2=1$，直角三角形PMBで三平方の定理より $PB^2=1^2+(3\sqrt{3})^2=28$
$PB>0$ より $PB=\sqrt{28}=2\sqrt{7}$ (cm)

＊最短の長さを求めるときは，その曲線や直線が描かれている面の展開図をかいて直線をひく。直角三角形をつくり，三平方の定理を使い長さを求める。

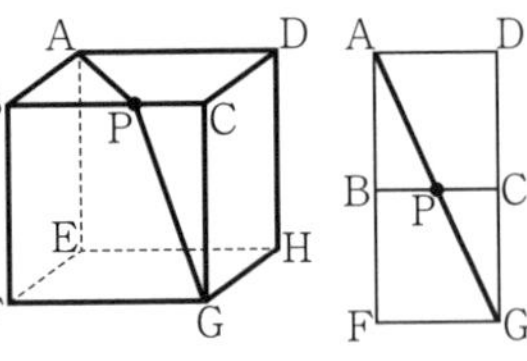

1 動詞の形 現在形・過去形・進行形

1 (1) ウ (2) エ (3) ウ (4) エ (5) オ (6) ア (7) カ (8) オ (9) イ (10) カ

解説 be動詞を選ぶ際に注意するポイント。①主語が三人称単数か，それ以外の単数や複数か。②内容が現在のことか，過去のことか。③助動詞やto不定詞の後では原形(be)であること。④現在完了では，have (has)の後にくるbe動詞は，beenという過去分詞であること。(1)主語Kumi's motherは三人称単数。現在の年齢について話している。(2)want to不定詞の後に続くので原形。「〜になりたい」(3)「あそこにいる男の子(that boy＝he)」について聞いている。He is ---. という応答からで現在とわかる。(4)主語は人名で三人称単数だが，助動詞will後にくるのでbe動詞は原形。(5)a funny boy(三人称単数)と今年を振り返っているthis year(過去を表す語句)。(6)現在進行形の疑問文「今，私は何をしているでしょう」で，主語がI。(7)your classmatesは複数形。「今朝」の話を時間が経ってからしているので過去の内容。(8)若いころの夢だから過去の内容。主語my grandpa's dreamは単数。(9)「今楽しんでいるところ」という意味の現在進行形の文。主語parentsは複数形で代名詞はtheyに相当する。(10)「きのうの放課後に何をしていたか」を聞いている過去進行形の疑問文。主語はyou and Sakiで複数形。

2 (1) **hurrying** (2) **goes** (3) **gets** (4) **found** (5) **doesn't** ／ ○ (6) **drinks** (7) ○ (8) **did** (9) **looking** (10) **saw** ／ **got**

解説 一般動詞の形(変化)は，文が日常や習慣を表す現在か，過去の内容か，ある動作の現在や過去における進行を表しているかなどで決まる。否定文(don't〜 ／ doesn't〜 ／ didn't)，疑問文(Do〜? ／ Does〜? ／ Did〜?)では，現在，過去，また主語が三人称単数かどうかにかかわらず動詞は原形を用いる。(1)(9)は，be動詞isやareとともに一般動詞hurryやlookを用いて，動作の進行「〜している」を表す。進行形はbe＋〜 ingの形をとる。(2)(3)(6)は，主語が三人称単数(My friend ／ Nancy ／ Mike)の肯定文で日常や習慣を表しているので，動詞に-sや-esをつける。(4)は，主語は三人称単数。文末にlast Sundayがあるので不規則動詞findを過去形にする。(5)主語の三人称単数(Hana)に合わせてdon'tをdoesn'tにする。否定文なので，watchに-esはつかない。(7)は，主語が三人称単数(my uncle)だが，動詞がdoesn'tという否定の後にくるので，-sをつけずに原形を用いる。日常や習慣を表す否定文。(8)80年前の開校当時の教員数を聞いている。過去の疑問文。(10)seeとgetは不規則動詞。yesterdayに合わせて過去形にする。

3 (1) **are** ／ **am** (2) **does** ／ **leaves** (3) **Do** ／ **don't** (4) **Does** ／ **does** (5) **was** ／ **was cooking** [**making**] (6) **Did** ／ **didn't**

解説 (1)(5)は，be動詞を含む疑問文である。文の主語と呼応するbe動詞を答える。それぞれ，「出身」「(きのうの夕方6時に)何をしていたか」を答える。(5)は，過去進行形の文。その応答文には，何をしていたか(doing)に対して，具体的な内容(cooking)で答える。(2)「家を出る時間」を聞いている。三人称単数の主語(Taro ／ he)に合わせて，doesやleavesで答える。(3)(4)(6)は，Do, Does, Didで始まる一般動詞の疑問文。Yes ／ Noで答えるときは，それぞれdo ／ don't, does ／ doesn't，did ／ didn'tを用いる。

4 (1) **had** (2) **studies** (3) **aren't** (4) **didn't take** (5) **was showing** (6) **does** ／ **come**

解説 (1)「〜がいた」→「持っていた」と考える。until last monthがあるので，haveの過去形hadを用いる。(2)日常や習慣を表す現在形を用いる。主語に合わせてyをiに変えてstudiesとする。(3)There is ／ areの文で，gyms(複数形)と「ない」という現在の状況に合わせてaren't(＝are not)を用いる。not〜 anyは，「〜は(ひとつも)ない」という意味。(4)過去の否定文。didn't (＝did not) takeを入れる。take a walkは「散歩する」という意味。(5)「〜を見せていました」過去進行形の文。主語に呼応するbe動詞と合わせてwas showingとする。(6)現在の疑問文。our new ALT(heまたはshe)が三人称単数なのでdoesと動詞の原形comeを答える。

5 (1)(They went there) To see a football game.
(2)(She bought) A Swiss watch. [An expensive Swiss watch.]
(3)(They had dinner) At a popular Italian restaurant.

解説 be動詞やいろいろな一般動詞(規則動詞,不規則動詞)の過去形が使われているので,注意しながら読む。(1)スタジアムにいった理由・目的を答える。解答例にある不定詞を使う他に,becauseを使って,Because they wanted to see... / they were going to see...などと答えてもよい。(2)命令文「~してください」の形で,香の母親が買ったものを聞いている。文全体は間接疑問文の形をしている。bought (buyの過去形)をそのまま用いて,文の形で買ったものを答えでもよい。(3)買い物の後にどこで食事をしたかを聞いている。場所だけを答えてよいが,文で答える際には,質問文中のhaveを過去形のhadにする。また,Kaori and her parentsは三人称複数の代名詞theyに言い換える。

2 未来を表す表現・助動詞

6 (1) ウ (2) エ (3) ウ (4) エ
(5) イ (6) ウ

解説 (1)canの否定は,cannotまたはcan't。(2)助動詞を用いた疑問文は,You can make ~. → Can you make ~? のように,助動詞を文頭に置く。be動詞の疑問文と同様の考え方。ここでは,依頼を表している。canの過去形を用いたCould you ~?はCan you ~?よりも丁寧な依頼の表現。(3)(6)助動詞の後では,動詞は原形を用いる。(4)(5)be going to ~は,ほぼ確実な未来の予定を表す。このtoの後では動詞は原形。

7 (1) will you
(2) Could you [Would you]
(3) May I [Can I] (4) Is / going
(5) Shall I

解説 (1)相手がI'll(=I will be back...)で答えていることから,「学校からいつ戻ってくるの」と予定を尋ねる助動詞を用いた疑問文を答える。(2)「明かりを消してほしい」ことを頼む表現。Can [Will] you ~?も可であるが,相手がCertainly.という言葉で応えていることから,丁寧さの度合いはやや高い。(3)相手がSure. Go ahead.「どうぞ」と答えているので,許可を求めていることがわかる。Can I ~?よりもMay I ~?の方が丁寧である。(4)今日の午後の予定についてのやりとり。be going to ~を使った疑問文。(5)応答がNo, thank you.「いいえ,結構です」。ここでは,窓を開ける申し出を断っている。Shall I ~?は,「~しましょうか。」という意味。

8 (1) will have (2) May I
(3) must help (4) should / visit
(5) won't rain
(6) can't [cannot] go

解説 日本文から,助動詞を迷わずに判断できるようにしたい。(1)レストランなどで注文をする場合,「~をください。~にします」という意味でwill haveを使う。(2)許可を求めるmayまたはcan。(3)義務を表すmust (≒ have to)。(4)「~したらいいですか」→「~すべき(しなくてはならない)ですか」と考える。(5)未来の否定。won't=will not。(6)「行けない」→「行くことができない」can, can'tには,be able to, be unable toという表現もある。

9 (1) hope our teacher will get well soon
(2) Would you like some coffee or
(3) must not spend too much money
(4) When are you going to visit Kyoto
(5) is going to have a Christmas party

解説 (1)hope+主語+助動詞+動詞+soon.の語順。mayが不要。(2)Would you like ~?飲み物や食べ物を勧める際の定型表現。couldが不要。(3)must notで禁止を表す。Don't ~.という文に言い換えることができる。couldが不要。(4)(5)be going toを含む文の語順に注意する。(4)は疑問文。howが不要。(5)は肯定文。beが不要。

10 (1) What will you [are you going to] do
(2) Should I practice (3) Can you see

(4) **Could [Can / Would / Will] you call him**
(5) **We [You] must [have to] be kind**
(6) **You won't [will not] be late (for school)**

解説 (1)(2)(3)(4)助動詞を使った疑問文は，助動詞を文頭に置く。ただし，(1)のように疑問詞whatなどを用いる場合は，疑問詞を文頭に，助動詞はその疑問詞の後に置く。(2)Should I ～？と助動詞shouldを置いて，義務や必要性を尋ねている。(3)単純に「できるか，できなか」を聞いているCan you～？これは依頼ではないので，Could you～？とは言わない。(4)は,(3)とは異なり「依頼，お願い」をする時のCould [Would / Can / will] you ～？(5)義務を表す助動詞must。have toを使うこともできる。kindは形容詞なのでbe動詞が必要。禁止を表す場合は，mustn't(＝must not)。(6)「～はしないよ。」→「しないでしょう(することはないでしょう)。」と考えて，will notまたはその短縮形won'tを使う。

3 現在完了

11 (1) イ (2) ア (3) ウ (4) エ (5) ウ (6) エ

解説 現在完了はhave(has)＋過去分詞の形で，文の内容が「過去のある時点に始まったことが，現在と関係している，現在に影響を与えている」ことを表す。現在完了の表す意味合いから，完了，継続，経験の用法に分けられる。(1)already, readがあるのでHaveを選ぶ。文意は「もう読んだの」。(2)have neverに続く動詞なので，不規則動詞speakの過去分詞spokenを選ぶ。neverは現在完了と一緒によく用いられ，「決して～ない」を表す否定の語。(3)many times「何回も」という語句から，「行ったことがあるという経験」を表していると判断して，現在完了形を選ぶ。has visitedは正しい英語だが，to Osakaとあるので，has been to Osakaとなる。has visited to～とは言わない。(4)(5)も主語の後にhave, hasと動詞が並んでいるので，必ず過去分詞との組合せを選ぶ。knowは不規則動詞で，know - knew - knownと変化する。stayは規則動詞。現在完了は期間を表すforやsinceを使った語句を伴うことが多く，どちらも継続用法である。has been stayingは現在完了進行形で「ずっと～していて，今も続いている」という意味合いをもつ。(6)「夕食を作る」という日常的な行動なので，三人称単数現在の形makesを選ぶ。

12 (1) **We have just started running in the park.**
(2) **Jiro has lived [been living] in this city since he was a child.**
(3) **My aunt has never traveled to countries in Europe before.**
(4) **Daniel and Mao have been good friends for more than twenty years.**

解説 現在完了の基本の形have(has)＋過去分詞と，加える語句やその位置に注意をして書き換える。(1)just「ちょうど［たった］今」。「今，走り始めた」の意。(2)since～「～以来[～のときから]」。「ずっと住んでいる」の意。(3)never「決して［一度も］～ない」はhaveの後に，before「以前に」は文末に置く。「一度も旅行したことがない」の意。(4)for～「～の間［期間］」。「ずっと仲良くしている」の意。more thanは「～以上」という意味。

13 (1) オ (2) ア (3) ウ (4) イ (5) エ (6) カ

解説 現在完了の文で頻繁に使われる語の意味を理解して，文意に沿うように選ぶ。(1)「長い間(ずっとほしかった)。」(2)「もう[既に](家を出た)。」(3)「今までに(行ったことがありますか)。」(4)I want to try someday.から，「以前に一度も(プレーしたことが)ない。」と考える。(5)「(今朝)から(ずっと)，(勉強している)。」(6)「まだ(到着してい)ない。」否定文の中のyetは「まだ～ない」，疑問文では「もう～(しましたか)」のように，alreadyと同じ意味で使われる。

14 (1) **We have been to Nikko several times before**
(2) **Have you finished dinner yet**
(3) **I have been studying English for more than three hours**
(4) **How long have you been a fire fighter**

(5) **I have been practicing *judo* for**

解説 疑問文の語順や，期間を表す語句，already, yet, beforeなど，現在完了と一緒に頻繁に使われる語句をよく理解すること。(1)have been toは「経験(～へ行ったことがある)」を表す。several timesは「何度か」。twiceは「2度, 2回」, two timesとも言う。1度はonce。3回以降は，～timesを使って表現する。(2)yetは疑問文の中で用い「もう～(しましたか)」の意。用法は「(動作の)完了」。(3)現在完了進行形have＋been＋～ing。「ずっとしていて，今もそれが継続している」ことを強調している。more thanは「～以上」の意。(4)How longを文頭に置き「消防士をしている期間」を聞いている。「継続」を表している。(5)for nine yearsは「9年間」という意味。(3)と同じくhave been practicingは現在完了進行形。これも「継続」用法。

15 (1) **My family has lived in this house for**
(2) **How many movies have you watched since**
(3) **long have you practiced [been practicing] table tennis**
(4) **hasn't seen his parents since he was**
(5) **Have you ever climbed**

解説 現在完了では，have (has)に続く動詞の過去分詞，特に不規則動詞の過去分詞を確実に覚えておきたい。(1)動詞live規則動詞なので，過去分詞はlived。「～間」forを忘れないこと。(2)How many moviesを文頭において観賞した映画の本数を聞く。動詞watchは規則動詞。seeはsee - saw - seenと変化する不規則動詞。(3)How longを用いて期間を尋ねる。動詞playは規則動詞なので，語尾に-edをつけて，play-played-playedと変化する。現在完了進行形(been playing)も可能。(4)否定文なので，have not (＝haven't)，もしくはnever(一度もない)を用いる。動詞seeの変化はsee - saw - seen。(前出)(5)疑問文Have you ever climbed --？ever「今までに」の位置に注意。動詞climbは規則動詞。

16 (1) **has** (2) **left**
(3) **have** (4) **been** (5) **studying** (6) **since**
(7) **Have,** (8) **had [eaten],** (9) **yet** (10) **have**

解説 日本文の内容をよく読み，会話の流れをしっかりと把握する。(1)(2)have leftは「家を出ていて今ここにいない」という意味合いをもつ表現。「出かけています」という日本語から，「今ここにはいない」ことがわかる。(3)(4)(5)have been studyingは，現在完了進行形で「午後からずっと勉強している」という継続を表している。(6)sinceは「いつから」という始まりを表す前置詞。(8)の過去分詞は，eatenまたはhadのどちらを使ってもよい。(9)文末のyetは，疑問文で用いて「もう(～をしましたか)」の意味。(10)は，(7),(8),(9)でHave you～？と聞いているので，haveを用いて答える。

4 名詞・冠詞・代名詞・接続詞・前置詞

17 (1) **cities** (2) **dishes** (3) **teeth**
(4) **children**

解説 複数形は語尾が原則 -s, -es終わるが，原則から外れて，不規則な変化をするものがある。(1) yをiに変えて -es。country→countriesも同じ仲間である。(2)語尾に -esを付ける基本形。(3)語尾ではなく，語中の綴り，母音の発音とともに変わる。綴りはoo→eeへ。母音は[uː]→[iː]へ。(4)childに -renを付けて不規則な複数形を作る。上記の単語とは別に，名詞の中にはfishのように単数形と複数形が通常同じものもある。

18 (1) **days** (2) **spring** (3) **Tuesday**
(4) **October** (5) **uncle** (6) **between**

解説 (1)「1年は365日。」(2)「冬は～の前に来る。」(3)「水曜日は○○曜日の次の日」。(4)「ハロウィーンの季節」「1年の10番目の月」などから判断する。(5)母親の兄弟は「おじ」。(6)「小山－宇都宮間」の駅の数。

19 (1) **an／a** (2) **×／an** (3) **×／×**
(4) **a／×** (5) **×／the** (6) **a／The**

解説 (1)interesting story, sad storyはともに単数形なので，anとaをそれぞれの前に付ける。anは単語の最初の音が母音(aeiouなどの文字で始まる音)の場合に使う。(2)myなどの代名詞の所有格と冠詞は同時に使わない。excellent teacherは世の中にたくさんいるので，その一人という意味でanを付ける。(3)地名には，冠詞は付けない。また，

this weekendのthisなどと冠詞は一緒に用いられない。(4)牛乳はコップで飲むイメージから，a glass ofを使って杯数を数える。コーヒーや紅茶などはa cup of coffee, two cups of teaなどと数える。(5)English classesの前にfour(数詞)がある。数詞とa, an, theは同時に使わない。「午前中に」や「午後に」in the ～のようにtheが必要。(6)初めて話題の中に出てくる名詞にはaを付け，話し手同士が理解している「その犬」という意味でtheを用いる。

20 (1) it (2) her (3) them
(4) She ／ her (5) they ／ their
(6) mine

解説 一覧表にあるように，代名詞は，主格(～は，が)，所有格(～の)，目的格(～を，～に)や所有代名詞(～のもの)まで様々である。どの名詞を受けているか，また文中での役割によってどの形を使うかを考える。(1)that red sweaterを受ける代名詞 → it(主格：主語の役割)。(2)「Ms. Satoの上着」→ her jacket(所有格)(3)前置詞の後には，目的格を用いる。two birds→ them。(4)Taylor Swift → She(主格：主語の役割)とher(所有格：名詞songsの持ち主を説明する所有格)で受ける。(5)a lot of boys and girls→主語の役割をする主格のtheyで受ける。また，namesなど名詞の前にはその所有を表すtheirを用いる。
(6)「誰の靴ですか。」に「君のじゃない。」と答えていることから，「僕のものですか。」と聞いているのがわかる。mine(所有代名詞)＝my shoes。

		主 格	所有格	目的格	所有代名詞
単数	1人称	I	my	me	mine
	2人称	you	your	you	yours
	3人称	he she it	his her its	him her it	his hers —
複数	1人称	we	our	us	ours
	2人称	you	your	you	yours
	3人称	they	their	them	theirs

21 (1) so (2) before (3) at (4) on
(5) but (6) in

解説 (1)「A，それで[だから]B」。Aの内容を受けて，その後の流れや結果につなげる接続詞so。(2)接続詞のbefore。ここでは「寝る前に」。(3)「決まっている時間」に使う前置詞at。ここでは，「給食を○時□分に食べる」。(4)「誕生日に」という日付に使う前置詞on。(5)「Aはできない，でも[しかし]Bはできる」。接続詞but。(6)「何月に」「ある特定の月に」という場合は前置詞in。

22 (1) on (2) of (3) in (4) for (5) with

解説 前置詞が様々な表現で使われることがあることに慣れておくこと。(1)「～ステージ上に登場する」。「テーブルの上に」。(2) one of the pretty dolls「かわいい人形の中のひとつ」，what kind of music「映画の中のどんな種類→どんな種類の映画」という意味。(3)「(この大学の)の中に」在籍数に言及している。「(何年)に」。(4)「～年間」。「父親のために」。(5)どちらも「一緒に」を表す前置詞。

23 (1) because (2) or (3) until [till]
(4) After (5) before (6) if

解説 (1)理由を述べる接続詞「～ので，なぜなら～だから」。(2)選択を表す接続詞「～か…，～または…」。(3)前置詞「～まで」。byは「～までに」なので注意。(4)接続詞「～した後は，～してから」。(5)接続詞「～する前に」。(6)接続詞「もし～だったら」。

5 形容詞・副詞・比較級

24 (1) warmer ／ the warmest
(2) easier ／ the easiest
(3) more important ／ the most important
(4) better ／ the best

解説 形容詞や副詞の比較級や最上級の多くは，規則的に-er，the -estの形をとる。長めの単語はmore -，the most - となるので，単語ごとに確認しながら覚えていくとよい。(1)規則通り-er／the -estの形にする。(2)語尾のyをiに変えて，-er／the -est。(3)beautiful, interesting, carefulなども，importantと同様にmore -, the most -で比較級，最上級をつくる。(4)副詞のwellもgoodと同じ形の比較級，最上級である。

25 (1) enough (2) much (3) much
(4) a little (5) many (6) a few (7) well
(8) many (9) easily

解説　形容詞は名詞を修飾し，副詞は動詞や形容詞を修飾する。また，名詞が数えられるものか，数えられないものかで，manyやmuch，a fewやa little「少しある」を，またはfewやlittle「あまりない」を使い分ける。(1)(3)water, moneyは数えられない名詞。数えられない名詞には，manyは使わない。(2)と(7)副詞muchは「たいへん，非常に」という程度を，副詞wellは「上手に」という様子を表すので，それぞれの動詞の意味と呼応するものを選ぶ。(4)a littleが「少し難しい」という意味で形容詞difficultを修飾する。(5)(8)book(s), painting(s)ともに数えられる名詞。(6)minute(s)は数えられる名詞。in a few minutesは「数分で」。(9)「容易に見つけられる」。動詞findを修飾する副詞easilyを選ぶ。

26　(1) **the highest**　(2) **larger than**
(3) **longer**　(4) **more difficult**　(5) **hot**

解説　-er thanやthe -mostなどから，比較級最上級かは判断できるが，各英文の意味も確認すること。(1)世界一高い山についての文。最上級。(2)二つの湖の大きさ，広さを比べている文。比較級。(3)比較級を用いて世界一長い川について述べた文。than any other river in the worldは，「世界の他のどの川より」という意味。(4)数学と英語の難易度を比べた比較級の文。difficultは長めの単語なのでmore～とする。(5)〈A is as ～ as B.〉は，「AはBと同じくらい～だ」という意味で「同等比較級」と呼ばれる。as ～ asの間には形容詞や副詞の「原級」(-erも-estもつかない形)を用いる。「夏のように暑い日が続いている」ことを表現している。

27　(1) **Which ／ better**
(2) **much bigger**　(3) **only［just］**
(4) **most beautiful**　(5) **always**
(6) **as fast as**

解説　(1)betterはmuchの比較級。(2)飼い犬と他の犬を比べている。muchを使って「ずっと～だ」を表現する。oursはour dogの表す所有代名詞。(3)(5)only, alwaysは頻度や程度を表す副詞。(4)beautifulは長い形容詞なので最上級にthe mostを用いる。(6)同等比較級as～as。

28　(1) **Rugby is more exciting than table tennis**
(2) **who runs the fastest in your school**
(3) ***go* is as interesting as *shogi***
(4) **peace is much more important than authority**
(5) **there was more water than two days ago**
(6) **How many times a week do you go to *juku***
(7) **was the most popular of all among the audience**

解説　(1)excitingは長い形容詞なので，比較級にはmoreを用いる。(2)副詞の最上級the fastestが動詞runsを説明している。「速い」はfast，「早い」はearly。(3)同等比較級。asとasの間に形容詞の原級を置く。(4)は(1)と同じくinterestingやimportantは長い形容詞なので，moreを用いて比較級にする。(5)「～がもっとあった」は，there was more ～。このmoreは，waterが数えられない名詞なので，manyではなくmuchの比較級。than two days agoは「2日前より比べて」。(6)How many timesは「何回」と聞く時の表現。そのほか，How long, How often, How muchなども確認しておきたい。(7)of all ～「全ての(～の)中で」。「すべての歌の中で」の意。popularは長い形容詞なので，the mostを用いて最上級をつくる。

29　(1) **I am the tallest boy (of all) in my class.［the tallest of all the boys］**
(2) **The moon is smaller than the Earth.**
(3) **What is the best season for you?**
(4) **I can run faster than my brother.**
(5) **I can't dance as well as Hinako (can).**
(6) **Soccer is one of the most popular sports in the world.**

解説　(1)「男子全員の中で」のように，比較の対象が複数の時はofを用いる。allの時も～ of all「すべての中で」となる。allは比べる範囲の数が意識されている。また，「クラスの中で」など，一つのグループや場所などの範囲には，in the classroom, in the UKのようにinを用いる。(2)smallの比較級。語尾に-erをつける。(3)「最高の」はthe best，goodの最上級を用いる。(4)run faster「もっと速く走る」。(5)〈not as ～ as ...〉「…ほど～ではない」の意。(6)は(1)と同じく「世界」のように一つの場所やグループなどにはin

を用いる。また，one of ～「～のひとつ」なので，sportsと複数形にする。

6 受け身(受動態)

30 (1) エ (2) ウ (3) イ (4) ア (5) イ (6) ウ

解説 問題文はすべて受け身の文。〈be動詞＋過去分詞〉の形を基本に，疑問文や否定文，助動詞を含む受け身の文にも慣れておきたい。(1)助動詞canに続くのでbe動詞は原形(be)。文意は「野菜は家庭で簡単に育てることができる。」(2)last nightから過去のことだと分かる。意味は「病院に連れていかれた(運ばれた)」。不規則動詞takeの変化は，take - took - taken。(3)「～がスピーチをするために選ばれた」という意味。chooseは不規則動詞。choose - chose - chosenと変化する。(4)this windowは単数なのでWasを選ぶ。意味は「壊されましたか」。(5)shownは不規則動詞showの過去分詞。文意は「先週の金曜日初公開された」。(6)文意は「どうして警察に話しかけられたのですか」。不規則動詞speakの変化は，speak - spoke - spoken。疑問詞を含む疑問文の語順に注意。疑問詞＋be動詞＋主語＋過去分詞の順。

31 (1) **loved** (2) **built** (3) **found** (4) **cleaned** (5) **given** (6) **be seen**

解説 (1)loveは規則動詞で，過去分詞は-edで終わる。(2)build - built - builtと変化する。(3)find - found - foundと変化する。(4)cleanは規則動詞で，過去分詞は-edで終わる。should be cleanedは，「きれいにされるべきだ」の意。(5)giveの変化は，give - gave - given。(6)助動詞canの後に動詞が来るので，be動詞は原形のまま。seeの変化はsee - saw - seen。「見られる」，つまり「見ることができる」ということ。

32 (1) **was opened** (2) **is used ／ by** (3) **was written** (4) **was not painted by** (5) **are ／ grown［produced］** (6) **be eaten**

解説 by ～「～によって」は，次のような場合には省略されることがある。
1．話の流れから，誰かが明らかな場合
2．誰かが分からない場合
3．広く一般の人たちの場合
問題の(1)(5)(6)では，by以下が省かれている。(1)過去の受け身の文。openは規則動詞。「いつ開館されたか」，つまり「いつ開館したか」ということ。(2)useは規則動詞で，過去分詞は-edで終わる。(3)(　　) was written in the letter ...?の主語の位置にある(　　)の部分を聞くためにwhatを文頭に置いた受け身の疑問文。(4)受け身の過去の否定文。動詞paintは規則動詞。(5)Grapes for good wine are grown (in ～).の(　　)の部分を聞くためにwhereを文頭に置いた受け身の疑問文。不規則動詞growの変化はgrow - grew - grown。規則動詞のproduceを用いてもよい。(6)助動詞の否定can'tの後に動詞が来るので，be動詞は原形のまま。eat(不規則動詞)の変化はeat - ate - eaten。

33 (1) **will not be forgotten forever**
(2) **Great stories were told by Ichiro**
(3) **What was discovered in that place**
(4) **English is used in many countries**
(5) **will be sent to you by next week**
(6) **What is that flower called**

解説 (1)助動詞を含む受け身の否定文。forget - forgot - forgotten(不規則動詞)。mustが不要。(2)tell - told - told (不規則動詞)。storiesが複数形なので，wasが不要。(3)疑問詞what「何が」がこの文の主語として文頭に置かれ，be動詞＋過去分詞が続いている。discover - discovered - discovered(規則動詞)。didが不要。(4)useは規則動詞。一般的なことを述べているので，by ～は省略されている。notが不要。(5)は(1)と同じく助動詞を含む受け身の文。send - sent - sent (不規則動詞)。ここでのbyは「～によって」ではなく，「next weekまでに」の意味。untilが不要。(6)That flower is called (　　) in your country.の(　　)の部分を聞くためにwhatを文頭に置いた受け身の疑問文。callは規則動詞。saidが不要。(2)の文だけby以下で行為者が明示されている。

34 (1) **was introduced**
(2) **Was the［that］book written**
(3) **was written** (4) **are read**

解説 (1)過去を表す受け身の文。「紹介する」introduceは規則動詞。(2)受け身の疑問文。

「有名は作家が書いたのですか」→「有名な作家によって書かれたのですか」write - wrote - written(不規則動詞)。(3)「夏目漱石が書いた」→「夏目漱石によって書かれた」。(4)漱石の本一般に言及してhis booksと複数形を主語にしている。文意から現在のことを述べているのでare readとなる。read - read - read(語形変化のない不規則動詞)。過去形，過去分詞の発音は[red]。

7 不定詞・動名詞

35 (1) **ウ** (2) **ウ** (3) **ウ** (4) **イ** (5) **エ**

解説 (1)〈It … for 人 to ～(動詞の原形)〉構文。for us「私たちにとって」。itは形式的な主語と呼ばれ，to以下の内容(世界史を勉強すること)がI think以下の文の主語となっている。(2)動名詞の名詞的用法。「趣味は音楽を聴くこと」。(3)〈how to ～〉「どのようにして～できるか(～の仕方)」。この文では，「駅への行き方」を聞いている。(4)〈want ～ to …(動詞の原形)〉は「～に…してほしい」という意味。「宿題を手伝ってほしかった」と言っている。(5)東大寺に行く目的は，to see the Great Buddha「大仏を見る(見学する)ため」。

36 (1) **to drink** (2) **cleaning** (3) **to visit** (4) **watching** (5) **to wear**

解説 (1)to不定詞の形容詞的用法。nothingをto drinkが後ろから修飾。「飲むためのnothing」→「飲むための何かはない」と考える。「冷蔵庫に何も飲むものがなかった」という意味。(2)(4)finishやenjoyに続く動詞は，動名詞にする。(3)Would you likeに続く動詞はto不定詞。名詞的用法。Do you want toよりも丁寧に「～したいか」を聞いている。(5)haveの後にto不定詞を伴って，have toは「～しなければならない」を表す。ここでは「着用しなければならない」という意味。

37 (1) **to learn** (2) **Teaching math** (3) **it, to watch** (4) **to tell**

解説 (1)動名詞とto不定詞は，ほぼ同じ意味で使うことができる。(2)動名詞を使って，teaching math「数学を教えること」にする。(3)〈It … (for 人) to ～(動詞の原形)〉構文。to watch a boxing matchが意味を考える際の主語。(4)to不定詞の形容詞的用法。「私たちに伝える(ための)話をたくさんもっている。」「→たくさん面白い話をしてくれる」

38 (1) **running [to run]** (2) **Watching [To watch]** (3) **to drink** (4) **to hear** (5) **meeting**

解説 (1)動詞startの後には，動名詞とto不定詞の両方が使える。(2)動名詞を主語に使った文。「～することは，a lot of funだ」のように主語が長くなっている。to不定詞を使うこともできる。(3)to不定詞の形容詞的用法。「飲むための何か」→「飲みもの」。(4)to不定詞の副詞的用法の中の「原因や理由」を表すもの。sorry to hear ～は「～と聞いて残念だ」。(5)look forward to ～は「～を楽しみにして待つ」という意味。この熟語ではtoの後には動名詞を用いる。

39 (1) **a good restaurant to have a special dinner**
(2) **is a good place to visit during**
(3) **ask you to clean the windows**
(4) **told me to study hard and play hard**
(5) **show me how to use**
(6) **asked me to go to Tokyo with him**

解説 英語は日本語の語順とは異なるので，注意が必要。「意味のかたまり」を押さえると，並べかえやすい。(1)を例に取ると，英文は「～を見つけた」「良い場所を」「特別な食事をするための」というかたまりで並んでいる。(1)不定詞の形容詞的用法。a good restaurantをto不定詞以下to have a special dinnerが修飾している。runが不要。(2)不定詞の形容詞的用法。かたまりは，「いい場所です」「訪れるための」「七夕シーズンの間に」。withが不要。(3)不定詞名詞的用法。〈ask 人 to不定詞〉は「～に…することを頼む」という意味。かたまりは，「頼む」「あなたに」「掃除することを」「窓を」。forが不要。(4)〈tell ～ to …(動詞の原形)〉は「～に…するように言う(指示する)」。かたまりは，「私に言った」「よく学びよく遊べ」。notが不要。(5)how to～「やるべき方法・手段」→「どのように～するか」→「～する方法」。Could you ～は，Can you ～よりも丁寧な依頼の表現。かたまりは，「教えてほしいのですが」「方法を」「この券売機を使う」。

whatが不要。(6)〈ask ～ to …(動詞の原形)〉は「～に…することを頼む」。かたまりは,「真司は私に頼んだ」「東京に行くことを」「一緒に」。hisが不要。

40 (1) **enjoyed** (2) **watching** (3) **watching** (4) **playing** (5) **want** (6) **to** (7) **to** (8) **join［play］** (9) **to** (10) **go［visit］**

解説 (1)enjoyは規則動詞。(2)enjoyの後には動名詞を使う。(3)動名詞「～することが好き」。2語も可であればto～不定詞を用いることもできる。(4)be good at ～「～がうまい,～が得意だ」。前置詞atの後は動名詞。(5)(6)want to～「～することがほしい」→「～したい」。不定詞の名詞的用法。(7)(8)Would you like to join～で「参加したいですか」。不定詞の名詞的用法。(9)(10)to不定詞の形容詞的用法。to visitはsome placesを修飾する。「訪問するための場所がある」→「訪問する場所がある」と考える。

8 分詞・関係代名詞

41 (1) **running** (2) **written** (3) **working** (4) **built** (5) **playing**

解説 名詞を修飾する単語が,「～している」(現在分詞)または「～された」(過去分詞)のどちらで使われるかを考える。現在分詞と過去分詞は,多くの場合,修飾語句,例えばin the gymやby my fatherを伴って名詞を後ろから修飾するが,単独で使われる場合は,a smiling babyのように名詞の前に置かれる。(1)「校庭を走っている犬」(2)「太宰治によって書かれた本」(3)「働いている子供たち」(4)「約1世紀前に建てらた家」(5)「犬と遊んでいる女の子」

42 (1) **which［that］** (2) **which［that, ×］** (3) **that［×］** (4) **who［that］**

解説 先行詞(関係代名詞の前にある名詞語句)が「人」か「人以外のもの」かで,どの関係代名詞が適切かを考える。人の場合はwho,人以外の場合はwhichを使うが,thatは両方の場合に使うことができる。(1)先行詞はa big city library。人ではないことに注意。意味は「生徒に役に立つ本がたくさんある大きな市立図書館」。文中では,(　　) have many ...のようにlibraryを受けて主語の役割をしているので,主格の関係代名詞を用いる。この主格の関係代名詞の後には必ず動詞が続く。(2)先行詞はthe dictionary。「私が友だちから借りた辞書」。文後半のI borrowed［　　］from～の［　　］の部分,つまり目的語の役割をしている。この目的格の関係代名詞は省略することもできる。(3)先行詞はan excellent tennis player。「私たちが大好きで尊敬している素晴らしいテニス選手」。この関係代名詞は,文後半のwe love and respect［　　］.の［　　］部分(目的語)を受けている。先行詞が人であっても主格の役割しかもたないwhoは通常使わずthatを用いるか,関係代名詞は省略してよい。(4)先行詞はthe woman。「駅までの道を案内してくれた女性」。(1)と同じ主格の関係代名詞。ただし,(1)では文全体の主語はweなのに対して,(4)ではThe woman (who) showed us the way to the stationまでが文全体の主語となっている。

43 (1) **a boy sitting on the bench**
(2) **that teacher respected by many students**
(3) **the expensive cup broken by someone**
(4) **that girl swimming in the lake**

解説 日本語と英語の語順の違いに注意して考える。(1)英語に直す際の語順は,「一人の男の子」「座っている(現在分詞)」「ベンチに」。sittingはtが重なっていることに注意。(2)「あの先生」「尊敬されている(過去分詞)」「多くの生徒に(よって)」。respectは規則動詞。(3)「その高価なカップ」「割られた」「誰かに(よって)」。breakは不規則動詞。break - broke - broken。(4)「あの女の子」「泳いでいる(現在分詞)」「湖で」。なお,(1)～(4)は次のように関係代名詞を使って表すこともできる。

(1) a boy who［that］is sitting on ～
(2) that teacher who［that］is respected by ～
(3) the expensive cup which［that］was broken by ～
(4) that girl who［that］is swimming in ～

44 (1) **I use** (2) **singing**
(3) **who［that］works**
(4) **grown［produced］by**

解説 (1)目的語an IC dictionaryを受けた目的格の関係代名詞が省略されている。また,The IC dictionary (whichまたはthat) I use is…の部分は文全体の主語になっている。(2)現在分詞が名詞を修飾していて,その部分が文の主語となっている。The students singing their favorite songs looked …。「大好きな歌を歌っている生徒たちは…」。(3)関係代名詞の主格who [that] +動詞works。ここでも,関係代名詞を含む部分は,Hinako who [that] works at that bread shopは文全体の主語である。「パン屋で働いている日奈子」。(4)も過去分詞が名詞を修飾している部分が,文の主語となっている。The vegetables grown by my father in his garden are …。「庭で父によって[父が]育てられた[育てている]野菜」。

45 (1) **who [that]** (2) **eating [having]** (3) **called [named]** (4) **which [that]** (5) **I bought**

解説 (1)先行詞が人で,are dancingと続いているので,主格の関係代名詞who [that] を入れる。現在分詞だけを使ってthe girls dancing over thereとも表現できる。(2)「～している」(現在分詞)。My friend eating lunch with meは文全体の主語。(3)「～されている」(過去分詞)。a little cat called [named] Kittyの部分は動詞hasの目的語。(4)先行詞が人以外で,comesと動詞が続くので,主格の関係代名詞whichまたはthatを入れる。(5)the jacket (whichまたはthat) I bought youのように,関係代名詞が省略されていると考える。この部分はthis = the jacket I bought you for your birthdayの関係にある。

46 (1) **those boys playing 3-on-3 on the basketball court**
(2) **remember all the words our teacher taught us**
(3) **musician who is playing the guitar beautifully**
(4) **who brings presents to children**
(5) **found an old photo that was taken**

解説 日本語を英語に直す際の語順は,日本語と英語の語順の違いに注意して考える。(1)「あの男の子たち」「3オン3をしている」「バスケットコートで」。aroundが不要。(2)「覚えている」「すべての単語を」「先生が私たちに教えた」。knewが不要。(3)「あの音楽家」「ギターを弾いている」「素晴らしく」。～ingが後ろからmusicianを修飾すると考えれば,who isを使わなくても同じ意味。whichが不要。(4)「男の人」「運んでくる」「プレゼントを」「子どもたちに」。atが不要。(5)「(彼は)見つけた」「一枚の写真を」「オーストラリアで撮影された」。語句の指定がなければ,関係代名詞を使わずに過去分詞だけで,a picture taken in Australiaとも表現できる。tookが不要。

47 (1) **私たちのALTと英語で話をしている女の人は私の担任です。**
(2) **僕が友だちとよくやるオンラインゲームは難しいけどとても楽しい[面白い]。**
(3) **英語とフランス語は,カナダの人たちに使われている公用語です。**

解説 英文の意味を理解する際にも,語句を意味のかたまりでとらえるとよい。例えば,かたまりを細かくとらえて以下のように考えるとよい。The woman talking with our ALT in English is my homeroom teacher.
(1)the womanを現在分詞talking以下が修飾している。The woman～in Englishまでが主語。関係代名詞を使って,The woman who [that] is talking with…も可。(2)The gameをI often play online with my friendsが修飾している。gameとIの間の関係代名詞that [which] を入れることもできる。この文の主語は,The game ～my friendsまでの部分。(3)languagesを過去分詞usedが説明している。関係代名詞を使って,languages that [which] are usedも可。この文は文法的にはThis is a pen.と同じで,this = a pen → English and French = official languages used by …の関係にある。

48 **My mother showed me some photos [pictures] (which / that) my father took when he was young.**

解説 (1)(2)で伝えたいことを整理すると,「母は,父が若いころに撮った何枚かの写真を,私に見せた」。これを,英語の語順で意味のかたまりを考えると,「私の母」「私に見せた」「何枚かの写真」「父が若いころに撮った」となる。関係代名詞は省略してもよい。また,過去分詞を用いて,photos [pictures] (which were ／ that were) taken by my father when he was youngとすることもできる。

9 命令文・間接疑問文・いろいろな文型

49 (1) イ (2) エ (3) ウ (4) ア

解説 (1)仮定法過去。実際のことではないが,「～だといいなあ」という現在の願望を表現する。I wish I were(Iでも原則wereでwasではない)～.／I wish I could＋動詞の原形～では,下線を引いた部分には必ず過去形を用いる。(2)How about ～?は「～してはどうですか／～しませんか」のように,相手に提案したり誘ったりするときの表現。～の部分には,動名詞。または文も使われる。(3)carefullyは副詞でdo the jobにかかっている。意味は「もっと注意深く仕事をしよう」と提案(Why don't we～?)。(4)間接疑問文(文の中に疑問文が含まれているもの)なので,語順に注意。この文は過去のことなので,what ~~did~~ I ~~have~~ hadのようにdidを使わず,haveはhadに変える。

50 (1) **where to** (2) **Shall we**
(3) **could [would] you** (4) **what to do**
(5) **Don't be afraid**
(6) **there were [you had]**

解説 (1)where to visit～「どこを訪問すべきか(したらよいか)」。☆〈疑問詞＋to不定詞〉の他の例として,what to see, what to read, what to say, where to go, when to start, how to drive a car, how to swim, how to play chessなど,様々なものがある。(2)Shall we ～?は,「誘う,提案する」ときの表現。(3)「(荷物)を運んでほしい」という依頼の表現。Will you ～?／Can you ～?よりも丁寧。(4)what to do「何をすべきか」,「何をしたらよいか」。(5)否定の命令文なので,Don'tで始める。be afraid of ～は「～を怖がる,恐れる」。(6)人数を確認するにはthere are～またはyou haveを用いることができる。「～があります。～がいます。」過去の間接疑問文なのでareやhaveを過去形にする。

51 (1) ア (2) イ (3) オ (4) エ
(5) ウ

解説 代名詞itには,「それ」と何か特定のものを指す使い方の他に,特に意味をもたずに「日時や天気(天候),距離・時間など」を表す使い方もある。(1)(3)(5)がそれに当たる。(2)は,最初何かわからなかったものを指して,それがa little monkeyだったことを述べている。具体的なものを指す代名詞。(4)このitは形式的な主語で,実際の主語はto have something to eat以下の部分。

52 (1) **what time the soccer game starts**
(2) **where I can buy those cool shirts**
(3) **who gave me a call**
(4) **how he went to the stadium**

解説 間接疑問文の問題。疑問文が文の一部になった時の語順や動詞の変化に注意する。(1)一般動詞の疑問文が文の一部となった場合は, do, does, didは使わない。この文では, the soccer game(三人称単数の主語)に合わせて,動詞startに-sを付けstartsにする。(2)助動詞の位置は主語の後に戻す。where can I buyはwhere I can buyとなる。(3)疑問詞が主語で「誰が」を聞いている。do, does,didも使われていないので,疑問文の語順や動詞はそのまま文の一部となる。(4)は(1)の説明のとおり,didは必要なくなる。疑問文が過去なのでgoをwentに直し,how did he go ... をhow he went ... とする。

53 (1) **was so excited that I couldn't sleep well**
(2) **everyone always calls me DJ**
(3) **don't have to go to school so early, do you**
(4) **My teacher gave me several hints**
(5) **Please take this world map to**
(6) **is too difficult to understand easily**

解説 意味のかたまりを考えながら並べかえる。(1)〈so～ that…〉は,「とても～なので…だ」。ここでは, couldn'tがあるので「とても～なので…できなかった」。意味のかたまりは,「とても興奮していた(ので)」「私はできなかった」「よく眠ること」。(2)call AB「AをBと呼ぶ」。「みんな」「いつも」「呼んでいる」「私を」「DJと」。(3)don't have to～「～する必要はない」。「あなたは」「必要ない」「学校に行く」「そんなに早く」「(念押しの)よね」。念押しや確認には付加疑問を用いる。don't you? / do you?, isn't it? / is it?などの形をとる。付加疑問が否定形をとるか，肯定形をとるかは，本動詞(文の意味の中心となる動詞)が肯定形か否定形による。(3)の場合，don't have to goと一般動詞の否定形なので，do you?を用いる。(4)「先生が」「くれた」「私に」「いくつかヒントを」。(5)「(丁寧さを出す言葉)」「持っていく」「この世界地図を」「君の歴史の先生の所へ」。なお，pleaseは語尾にあっても構わない。その際，pleaseの前にカンマを付ける。(6)〈too～ to不定詞〉「～過ぎて…できない」という表現。「難しすぎて」「理解できない」「容易に」。

54 (1) **The TV drama made us (feel) so sad.**
(2) **I want to [would like to] join a [the] big space project in the future.**
(3) **You mustn't [Don't] speak loudly in the library.**

解説 (1)〈make＋人・もの＋…〉「人・ものを…にする」。意味のかたまりで考えると「そのテレビドラマは」「…にする」「私たちを」「とても悲しい気持ちに」。sadをfeel sadとしてもよい。(2)〈want to ～〉「～したい」，「私は」「参加したい」「大きな宇宙プロジェクトに」「将来」。(3)You mustn't～(＝Don't)を用いていて，禁止を表す。「～してはいけません」「大声で話す」「図書館の中では」。

10 会話文・さまざまな疑問文

55 (1) **エ／ケ** (2) **ク** (3) **カ** (4) **ア** (5) **イ** (6) **オ**

解説 解答する際のポイント①文中の動詞がbe動詞か，一般動詞か。②主語は何か。主語は単数か複数か。③現在か，過去か，未来のことか，完了や継続など現在完了か。(1)何年も続けていて，今も続けているのかを聞いている現在完了進行形の疑問文。(2)「あさっての天気」のことだから未来。(3)oftenだから，現在の日常的なこと。(4)明日のテストに向けて勉強しようという提案，勧誘。(5)兄か姉に関する二者択一の疑問文。(6)昨夜のこと。疑問詞のある一般動詞の過去の疑問文。

56 (1) **Where does** (2) **What was／date** (3) **How many** (4) **isn't he** (5) **Whose** (6) **Which is higher**

解説 (1)in Ashikagaと場所を答えている。疑問詞where「どこに」。(2)日付を聞く定形表現。昨日の日付を聞いていることに注意。(3)more than one hundredと答えているので，物の数をたずねる表現How many。(4)付加疑問。「～ですよね？」のように軽い「確認」や「疑問」の気持ちを表す。He is～(肯定)なら文末は，isn't he?(否定)，He isn't～(否定)なら文末はis he?(肯定)となる。(5)Riku's(陸のもの)と答えていることから，疑問詞whose「誰の」を入れる。(6)二つの山の標高を比べているので疑問詞whichとhighの比較級を用いる。

57 (1) **How are we [you] going to travel to Kyushu?**
(2) **What day (of the week) is (it) today?**
(3) **How much is your new "smart" watch?**
(4) **What time [When] will we meet online tonight?**
(5) **Why did you close all the curtains?**

解説 (1)「飛行機で」と交通手段を答えているので，疑問詞howを使った疑問文。仲間に交通手段を確認している。(2)「曜日」をたずねる表現。(3)「値段」を答えているのでHow muchを文頭に置く。(4)「時間」を答えているので，What timeを文頭に置く。疑問詞whenを使ってもよい。(5)「理由」を述べているので，疑問詞whyで始まる疑問文を作る。closedと過去形を使っていることに注意する。

58 (1) **How about you** (2) **Nice to meet** (3) **Shall we [Can we]** (4) **Would／like** (5) **May I** (6) **Excuse me**

解説 (1)質問者に同じ質問を繰り返さずに，「あなたはどうですか」と聞き返していると考える。(2)初対面の時に使うあいさつ。「初めまして(お会いできてうれしいです)」。(3)「忙しいの。でも聞いてくれて(誘ってくれて)ありがとう」(thank you for asking)というBの答えから，Aが「～しましょうか」とか「一緒に～できる」と声をかけたことが分かる。(4)飲み物や食べ物を，「～はいかがですか」と勧めるときの定形表現。(5)答えから，名前を聞いていることが分かる。

What is your name? よりも，丁寧な表現。⑹相手に何かを聞きたいときに，「すみませんが…」と切り出す表現。Could you tell me the time? は，What time is it now? と同じく時間をたずねる表現。聞かれた相手は，時計を家に忘れてきている。

59 ⑴ **イ** ⑵ **エ** ⑶ **オ** ⑷ **ウ** ⑸ **ア**

解説 ⑴Shall I ～ ? は「～しましょうか。」と相手に何かを申し出るときの表現。Thank you. Yes, please.「ありがとう。お願いします。」と返している。断る場合は，No, thank you. ⑵How is ～ ? で相手に「感想」や「印象」をたずねている。I love it here. の it は life in our town を指している。⑶Let's ～ . は，「～をしましょう。」と提案をする表現。sound の意味は「～のように聞こえる。」であるから，応答の Sounds great! は「great に聞こえる。」→「いいねえ。」と賛同を表している。⑷Would you like to join us? は「一緒にどうですか(行きませんか)」。I'm afraid I can't. は「残念ですがいけません」。以下，何を観賞するのか聞いている。⑸I'd like to listen to ～ ?「～をお聞きしたいのですが」と丁寧に切りだしている。Certainly.「いいですよ／もちろん」は，ややかしこまった表現。No problem. や Sure. などはくだけた気軽な言い方。その後に冒険旅行の話が続いている。

★実力アップに向けたアドバイス★

1　問題を解いて答え合わせをするだけでなく，正解，不正解にかかわらず解説をよく読んで理解を深めておこう。
2　同時に日本語のついていない英文の意味も確認しておこう。
3　問題には，教科書にはない単語や表現も使われています。必要があれば，辞書やオンラインで調べてみるなど，積極的にボキャブラリーを増やす努力をしよう。
4　解説を読んで、納得できなかったり，十分に理解ができなければ，参考書に当たったり，英語の先生に質問したりして解決しようとする姿勢をもとう。
5　一度解いて終わりではなく，複数回解いてみよう。
6　余裕があれば，正解の英文を暗記したり，暗写したり，また日本文がついていれば、日本文を見て英語に直してみたりしてみよう。

こういった地道な繰り返しや積み重ねが実力アップにつながります。

Do your best! がんばって！

1 地 理 1

1 (1) **大西洋** (2) **東南(アジア)** (3) **ウ** (4) **エ** (5) **イ** (6) **季節風(モンスーン)** (7) **外国企業を受け入れて，資本や技術を導入するため。** (8) **ASEAN** (9) **プランテーション**

解説 (1) 本初子午線は北極点からイギリスのロンドン付近を通り，ヨーロッパ・アフリカ大陸・大西洋・南極点を結ぶ経線であることから，Ⅰと判断する。なお，日付変更線の基準にもなっている経度180度線は太平洋を通過するため，Ⅲが太平洋となる。残るⅡがインド洋。

(2) アジア州は，東アジア，東南アジア，中央アジア，西アジア，南アジアの五つに分けられる。タイやインドネシアが含まれる地域は東南アジアである。

(3) aについて，地図は中心からの方位と距離を正確に表すため，リマは北東に位置すると分かる。なおbは，ナイロビとの距離は10,000km強，リマは15,000km超。

(4) 地図中の○印の区域は，赤道近くのコンゴ盆地やギニア湾岸である。この地域は，一年中雨が多く熱帯林が広がっており，主食となるいも類やバナナが栽培されている。

(5) オーストラリア大陸は内部の大半が乾燥帯であることをふまえる。寒帯100%の**エ**は南極大陸。冷帯の地域がなく，逆に寒帯の地域がある**ウ**は南アメリカ大陸。

(6) 日本などの海に囲まれた国々はおおむね湿潤であるが，大陸に位置する国々では，海からの季節風(モンスーン)によって雨がもたらされるかどうかで降水量に違いが生じる。南アジアや東南アジアでは，夏に海から吹いてくる湿った風が雨を降らせ，雨季となる。しかし冬になると，夏とは反対に内陸から乾いた風が吹き出すために，雨が少なくなり，乾季となる。

(7) 国の計画に基づいて運営してきた中国は，1980年代になると，自由な経済活動を取り入れた発展を目指すようになった。工業化を進めて，輸出を伸ばすためには，技術と資金が必要になるため，外国企業を招くことで実現しようとした。

(8) 東南アジアのほとんどの国が加盟している東南アジア諸国連合(ASEAN)では，輸入品にかける税金をお互いになくすなど，加盟国間の貿易や人の交流をさらに活発にしようとしている。

(9) 東南アジアでは，輸出を目的とした作物がプランテーションで栽培されてきた。植物油の原料になる油やしは，マレーシアとインドネシアで栽培地が拡大している。

2 (1) **イ** (2) **ア** (3) **遊牧** (4) **アパルトヘイト** (5) **ア** (6) **a：ウ b：ア** (7) **フィヨルド** (8) **ユーロ**

解説 (1) インドでは約80%の人がヒンドゥー教を信仰しており，ガンジス川で身体的汚れを清めるために沐浴を行う。

(2) インドでは，1990年代に入って外国企業の進出が活発になると，自動車産業を中心に工業化が進んだ。また近年では，特に情報通信技術(ICT)関連産業が急速に成長している。

(3) 水を得にくい場所では農業が難しいので，乾燥に強いらくだや羊などの家畜を飼う遊牧が行われている。

(4) 南アフリカ共和国では，長年アパルトヘイト(人種隔離政策)によって，少数の白人が多数の黒人を支配してきた歴史がある。

(5) サハラ砂漠とその北部でイスラム教を信仰する人は多い。

(6) a－偏西風と暖流の北大西洋海流の影響を受け，一年を通して降水量と気温の差が小さい。b－油やしは主にインドネシアやマレーシアなど東南アジアで，カカオはアフリカ大陸のコートジボワールやガーナで栽培される。

(7) ヨーロッパ州北部のスカンディナビア半島には，氷河によって削られた谷に海水が深く入り込んだフィヨルドなどの氷河地形が見られる。

(8) EU域内の多くの国で共通の通貨ユーロを導入することにより，両替をする必要がなくなり，国境を越えた買い物や量などが活発になった。

2 地 理 2

3 (1) **ウ** (2) **ア** (3) **ハブ空港** (4) **適地適作** (5) **焼畑農業** (6) **バイオエタノール(バイオ燃料)** (7) **エ** (8) **イ** (9) **福島県**

解説 (1) 作物Aは地中海に面したヨーロッパの国で主に生産されている点からオリーブと分かる。作物Bはナツメヤシで**ア**が，作物Cはカカオ豆で**イ**が説明文となる。
(2) bの世界で最も人口が多いのは中国。dのパソコンは中国・香港・アメリカ合衆国で主に生産されている。
(3) ハブ空港とは旅客機の乗りかえを行うための地域の拠点となる空港のことである。ハブとは車輪の中心を意味している。
(4) アメリカ合衆国では適地適作の農業が行われているため，西経100度付近から東側の，降水量が比較的多い地域ではとうもろこしや大豆が栽培されている。一方で，西経100度から西側は，降水量が少なく牧草地として利用され，肉牛の放牧が盛んである。
(5) アマゾン川流域で暮らす先住民は，不毛な土地で農業をするために森林や草原を焼き払うことで肥料とし，作物を栽培していた。しかし，数年たつと土地がさらにやせるため別の場所に移動する。
(6) さとうきびやとうもろこしなど，主に植物を原料としてつくられる燃料である。大気中の二酸化炭素を吸収して光合成する植物を原料とするため，燃やしても計算上は大気中の二酸化炭素が増加せず，環境に優しいエネルギーとされている。
(7) **エ**は産業革命がおこったイギリスのことである。
(8) 北端が択捉島，南端が沖ノ鳥島，東端が南鳥島，西端が与那国島である。
(9) 関東地方で福島県に接しているのは茨城県・栃木県・群馬県の3県である。

4 (1) **ウ** (2) **環太平洋造山帯** (3) **エ**
(4) **扇状地** (5) **リアス海岸**
(6) **ア：エチオピア　イ：インド**
ウ：アメリカ合衆国 (7) **促成栽培**
(8) **ウ→ア→イ**

解説 (1) 時差は経度差15度で1時間。東経135度の日本と本初子午線が通るロンドンの時差は9時間，西経74度のニューヨークとロンドンの時差は5時間を割り出す。時差は 9＋5＝14時間，そして東経に位置する札幌の時刻が先に進んでいる。
(2) 世界には，太平洋を取り囲むように山脈や島々が連なる環太平洋造山帯と，ヨーロッパのアルプス山脈からアジアのヒマラヤ山脈を通りインドネシア東部まで伸びるアルプス・ヒマラヤ造山帯の二つの造山帯がある。
(3) a－日本アルプスはフォッサマグナの西側にある。b－中国・四国地方の山地は東西方向に，東北地方の山地は南北方向に連なっている。
(4) 扇状地では，粒の大きい砂や石からできていて水が地下にしみこみやすいため，桃やぶどうなどの果樹園に利用されている。
(5) リアス海岸は，波が穏やかで水深が深いことから天然の良港として使われることが多い。
(6) **ア**は出生率と死亡率が高い富士山型，発展途上国に多く見られるためエチオピアと判断する。**イ**は**ア**と比べ15歳から64歳の生産年齢人口が多く，経済発展で成年層の死亡率が下がっているインドと推察する。**ウ**は先進国に見られるつりがね型，生産年齢人口が多く，また他の2国に比べ高齢者が多く成年層の死亡率が低い点からアメリカ合衆国となる。
(7) 冬でも温暖な気候を生かした野菜の促成栽培が行われており，ビニールハウスを利用して夏が旬のキュウリやピーマンを全国に出荷している。
(8) 1960年代の高度経済成長期に太平洋ベルトで工業地帯が発達しはじめた。その後，高速道路が整備され北関東に工業地域が形成された。1980年以降，外国製品との競争や，貿易上の問題により，アメリカやヨーロッパで現地生産を始めた。

3 地理 3

5 (1) **エ** (2) **減災** (3) **イ・ウ**
(4) **ウ** (5) **エ** (6) **(例)景観を保護する**

解説 (1) Aは著しく利用者が伸びていることから，1988年の瀬戸大橋の開通によって自動車での往来が増えたと考える。
(2) 災害を引き起こす地震や豪雨，台風などの自然現象そのものを止めることは不可能である。そこで日本では，被害をできるだけ少なくする減災のために様々な取り組みが行われている。
(3) **ア**－盛んなのは地熱発電で，八丁原発電所は日本最大の地熱発電所である。**エ**－火山灰が堆積したシラス台地は水もちが悪く稲作には不向きなため，畑作や畜産が行われている。

⑷　瀬戸内工業地域は製鉄所や石油化学コンビナートが集中し，金属や化学工業の割合が高い。よって金属の割合が高いⅠが瀬戸内工場地域のグラフである。そして全国よりも数値が高いBが化学となる。

⑸　a－大阪は「天下の台所」とよばれた。b－自動車関連工場が集まり，日本最大の工業出荷額をほこるのは中京工業地帯。

⑹　伝統的な街並みが残る京都や奈良では住民の生活の利便性を守りながら，古都の歴史的景観や伝統を後世に受け継いでいくための取り組みが行われている。

6　⑴　**岐阜県**　⑵　**Ⅱ**　⑶　**イ**　⑷　**工業団地**　⑸　**エ**　⑹　**やませ**　⑺　**エ**　⑻　**潮目(または潮境)**　⑼　**アイヌ**　⑽　**(例)自国の海岸線から200海里以内にある水産資源や鉱産資源を，利用する権利を持つ水域。**

解説　⑴　白川郷は，岐阜県内の庄川流域の呼称である。白川郷は合掌造りの集落で知られる。

⑵　ⅠとⅢは冬の降水量が多いことから，日本海側の気候とわかる。ウの長野市は中央高地の気候で年間の降水量が少なく，寒暖の差が激しい。よってⅡ。

⑶　「西アジアの国々から輸入」をもとに解答する。日本では，新潟県沖の日本海海底などから，石油(原油)が採掘されてきた。

⑷　工業団地とは，工場を計画的に集めた地域のこと。国や県などの誘致によって，同じ業種の中小工場が集められることが多い。高速道路のインターチェンジ付近につくられる傾向がある。

⑸　流域面積とは川が水を集める範囲の面積を指し，多くの支流を持つ大きな川は流域面積が広い。日本では，利根川が1万6800 km^2 で最大である。

⑹　東北地方の太平洋側(東側)の夏は，寒流の親潮(千島海流)の影響を受け，やませと呼ばれる冷たく湿った北東の風が吹くことがある。

⑺　りんごの栽培が特にさかんな青森県の割合が特に高いことから，果樹の割合と判断する。

⑻　三陸海岸の沖で暖流と寒流のぶつかる潮目は，たくさんの魚が集まる好漁場になっているため，沿岸には，八戸や気仙沼をはじめとする日本有数の漁港が集まっている。

⑼　北海道は，もともと先住民族であるアイヌの人たちが住んでいた土地である。

⑽　排他的経済水域とは領域の外側にあり，魚などの水産資源や，石油や天然ガスなどの鉱産資源について沿岸国が管理することができる領域のことである。その水域は200海里(約370km)以内とされている。

4　歴　史　1

7　⑴　**ポリス**　⑵　**ア**　⑶　a：**青銅**　b：**ア**　⑷　**卑弥呼**　⑸　**埴輪(はにわ)**　⑹　**十七条の憲法**　⑺　**エ**　⑻　**唐**　⑼　**ア**　⑽　**ア**

解説　⑴　ギリシャは，山が多く土地が狭かったため，王による広い領域の支配は成り立たず，紀元前8世紀ごろから多くの都市国家(ポリス)が生まれた。

⑵　**イ**について，絹は中国からシルクロードで西方へ運ばれた。**ウ**の都市国家が形成され，男性の市民による民主政が行われたのは古代ギリシャ。**エ**の数学や天文学が発展したのはイスラムの国々。

⑶　銅鐸や銅剣・銅矛などの青銅器は，豊作を神に祈る祭りの道具として使われた。また，ヤマト王権は，加羅(伽耶)地域とのつながりを強めながら，百済に協力して高句麗や新羅と戦った。

⑷　卑弥呼は,まじないによって諸国を治めた。

⑸　古墳時代に，墓の周囲に埋めた円筒や人形・動物などの像が埴輪(はにわ)。

⑹　十七条の憲法では，仏教や儒教の考え方が取り入れられた。

⑺　絹や特産物を納めるのが調。

⑻　7世紀以降，盛んに唐に遣唐使が派遣された。

⑼　空海は，真言宗を開いて金剛峯寺を建てて教えを広めた。

⑽　藤原頼通が平等院鳳凰堂をつくった。

8　⑴　**院政**　⑵　**イ**　⑶　**フビライ＝ハン**　⑷　**ウ**　⑸　**金剛力士像**　⑹　**御家人**　⑺　**イ**　⑻　**建武の新政**　⑼　**(例)倭寇と区別するため。**　⑽　**(例)利子を取ってお金を貸していたから。**

解説 (1) 白河天皇は，天皇の位を幼少の皇子に譲って上皇となった後も，政治を行った。この政治を院政という。

(2) 後鳥羽上皇は，源氏の将軍がとだえると，1221年，幕府をたおすため兵をあげた。しかし，味方となった武士は少なく，上皇は幕府軍に敗れ，隠岐国に流された。

(3) フビライ＝ハンは中国北部を支配し，都を大都(現在の北京)に移して，国号も元に変えた。

(4) 「元の皇帝」はbの文中の「フビライ」のこと，なお時代は鎌倉時代である。aのローマ帝国が東西に分かれたのは日本では古墳時代にあたる4世紀のこと。cの宗教革命が始まったのは，日本では戦国時代にあたる。

(5) 運慶や快慶らの仏師によってつくられた金剛力士像からは力強い武士の気質が読み取れる。

(6) 御家人たちは，先祖から引きついできたその領地の支配を認め，てがらに応じて新たな領地などを与えた御恩，鎌倉の警備をするなどの義務を負った奉公による主人と家来の主従関係をもとに，住民や土地などを支配するしくみができた。

(7) 禅宗はおもに武士の間で広まった。

(8) 1334年，後醍醐天皇を中心とする政治が始められた。しかし，これまでの武家のしきたりを無視し，天皇に権力を集めて新しい政策を次々にうち出したため，武士や農民だけでなく，天皇に近い立場にある公家(貴族)からも批判を浴びた。

(9) 足利義満は，朝貢形式による日明貿易を始めた。正式な貿易船には，明から勘合が与えられた。

(10) 京都や奈良などには，土倉や酒屋が多くでき，室町幕府はそれらから税を取った。

5 歴史 2

9 (1) **ウ** (2) **(例)村の寄合でおきてをさだめたりした自治組織のこと。**
(3) **連歌** (4) **応仁の乱** (5) **ウ**
(6) **織田信長** (7) **エ** (8) **太閤検地，石**
(9) **朝鮮**

解説 (1) aのムハンマドがイスラム教を開いたのはおおよそ7世紀初めで飛鳥時代，bのチンギス＝ハンがモンゴル帝国を築いたのは13世紀はじめで鎌倉時代のころ。なお，朝鮮国は14世紀末に建国された。

(2) 回答にはキーワードとなる「自治」を必ず入れたい。資料から権力者に頼らず，自分たちで決まりをつくり，森林などを管理していることを読み取る。

(3) 和歌の上の句と下の句を別の人が次々に読みついでいくもの。もとは貴族の遊びだったが，寄合にふさわしい文化として地方の武士などの間で流行し，連歌を指導する連歌師も現れた。

(4) 有力な守護大名が，8代将軍足利義政のあとつぎをめぐって争いを始めた。これに幕府の実力者細川氏と山名氏の勢力争いが複雑に結びつき，1467年，多くの守護大名をまきこんだ戦乱となった。

(5) アー南蛮貿易の中心地は平戸と長崎。イー蘭学が盛んになったのは18世紀後半のこと。エー日本人が移り住んだのはタイなどの東南アジア。

(6) 織田信長は尾張(愛知)の小さな戦国大名であった。東海地方を支配する今川義元を桶狭間で破って名をあげ，武力による全国統一の意思を表明した。

(7) 千利休が活躍した時代に戦国大名や豪商の経済力を背景に，壮大で豪華な文化が生まれた。

(8) 豊臣秀吉は年貢を確実に集めるために，ものさしやますを統一し，田畑の広さや収穫高を調べ，石という単位を用いた。武士は自分の領地の石高に対して戦いに必要な人や馬などの確保を請け負い，農民は石高に応じた年貢を納めることになった。

(9) 豊臣秀吉軍は1592年に朝鮮へ攻め入り，各地を占領したが，朝鮮では義兵とよばれる民衆の抵抗運動，李舜臣の率いる水軍の抵抗が強く，明の援軍もあって行きづまった。

10 (1) **イ・ウ** (2) **イ** (3) **ウ**
(4) **aーア bーエ** (5) **ア** (6) **国学**
(7) **大塩平八郎**

解説 (1) **ア**は織田信長の楽市・楽座，**エ**は豊臣秀吉の刀狩令である。なお，**ウ**は参勤交代で3代将軍徳川家光が出した武家諸法度で規定された。

(2) Xについて，銀や銅は朝鮮との交易の輸出品。Yについて，薩摩藩は琉球王国との貿易の日本側窓口であった。

(3) 御成敗式目は鎌倉時代の法令，徳川吉宗は享保の改革を行った8代将軍。

(4) 徳川吉宗はキリスト教を警戒する一方，日常生活に役立つ実学を重視したため，漢文に翻訳されたヨーロッパ書物の輸入制限をゆるめた。

(5) **イ**は田沼意次の政策，**ウ**は天保の改革，**エ**は享保の改革，これらの政策が行われた順(享保の改革→田沼の改革→寛政の改革→天保の改革)と行った人物(順に徳川吉宗，田沼意次，松平定信，水野忠邦)も押さえておく。

(6) 仏教や儒教が伝わる前の日本古来の精神に学ぼうとするものであり,本居宣長が「古事記伝」を書いて国学を大成させた。

(7) 天保のききんが起こり，米の値段がはね上がったため，各地で一揆や打ちこわしが続発した。人々の苦しむ姿を見かねて，元大阪町奉行所の役人大塩平八郎が乱を起こした。

6 歴史 3

11 (1) **工場制手工業(マニュファクチュア)** (2) **産業革命** (3) **イ**
(4) **(例)天皇を尊び，外国の勢力を排除しようとする考え方。** (5) **日米和親条約**
(6) **安政** (7) **リンカン** (8) **(例)政権を朝廷に返した。** (9) **戊辰戦争**
(10) a－**ウ** b－**屯田兵**
(11) **自由民権運動** (12) **大隈重信**

解説 (1) 農村からきた働き手を自分の作業所(工場)に集め，製品を分業で大量に仕上げる新しい生産の仕組みのことを工場制手工業(マニュファクチュア)という。

(2) 産業革命とは工業中心の社会へと大きく変化していくこと。

(3) **ア**の近松門左衛門は人形浄瑠璃の脚本家。**ウ**の尾形光琳は装飾画を，**エ**の菱川師宣は町の人々の浮世絵を描いた。

(4) 天皇を尊ぶ尊王論と，外国人を追い払おうとする攘夷論が結びついて，尊王攘夷の考えが広まった。

(5) 1853年，ペリーは浦賀に来航し，開国を求める大統領の国書をさしだした。幕府は，翌54年回答を求めて再び来航したペリーと日米和親条約を結び，下田(静岡県)と函館(北海道)の2港を開いた。

(6) アメリカなどの国々との貿易開始に反対する運動を行ったことに対して，井伊直弼は幕府に反対した大名や公家など多くの人々を処罰し，吉田松陰らを処刑した。

(7) アメリカ合衆国の統一と奴隷の解放をめざしたリンカンの指導の下で，北部が戦争に勝利した。

(8) 江戸幕府15代将軍徳川慶喜は，幕府だけで政治を行うことは難しくなったと考え，天皇に政権の返上を申し出た。

(9) 旧幕府側は，徳川慶喜の官職と領地を天皇に返すことを迫られたため反発し,鳥羽・伏見で戦いを起こした。

(10) 殖産興業の交通分野では，1872年に新橋(東京)・横浜間，続いて神戸・大阪・京都間に鉄道が開通した。生活に困っていた士族などを，北海道の開拓と防備にあたる屯田兵として移住させた。

(11) 1874年，板垣らは民撰議院設立建白書を政府に提出し，人々の意見を政府に反映させるために，国民が選んだ議員が作る国会の早期開設を要求した。

(12) 1882年にイギリスのような議会政治を目指して大隈重信が立憲改進党をつくった。

12 (1) **ア** (2) **ウ** (3) a－**イ** b－**ウ**
(4) あ－**孫文** 記号－**ウ**
(5) **(例)国民が多大な犠牲を払って戦争に協力したにもかかわらず，ロシアからの賠償金が得られなかったため。**

解説 (1) 地租改正により，江戸時代以来の米による税の徴収から現金の徴収へと変更された。財政の安定化が目的のため，課税の基準は収穫高から地価となり，その税率は当初3％だったが後に2.5％へと引き下げられた。

(2) aについて，衆議院と参議院の二院制とされたのは1946年に公布された日本国憲法によってである。bについて，大日本帝国憲法で内閣は天皇の政治を補佐する機関とされた。

(3) 1894年，日本と欧米諸国を追いはらい，朝鮮の政治改革をめざす反乱が朝鮮半島の南部で起こり，勢力を広げた。下関条約によって日本が遼東半島を獲得すると，清で利権を広げたいロシアはドイツ・フランスをさそい，遼東半島を清に返すよう日本に迫った。

(4) 孫文は，亡命先の東京で清をたおすための運動を進め，民族の独立，民主制の実現，国民生活の安定をめざす三民主義をとなえた。1912年，帰国した孫文が臨時大総統となり，南京でアジア初の共和国である中華民国の成立を宣言した。

(5) ポーツマス条約は日露戦争の講和条約。日清戦争に比べ日露戦争では，国民は戦費をまかなうための増税，戦争の犠牲者，ともに大きな負担を負った。

7 歴史 4

13 (1) **田中正造** (2) **吉野作造** (3) **イギリス** (4) **全国水平社** (5) **米騒動** (6) **イ** (7) **世界恐慌** (8) **a－イ b－イ** (9) **五・一五事件** (10) **ソ連** (11) **ポツダム宣言** (12) **広島**

解説 (1) 栃木県足尾の銅山から流れ出た鉱毒によって，川魚が死に，田畑が荒廃するなどの被害がおきた。

(2) 民主主義をとなえ，政治に民衆の考えを反映していこうと主張した。この主張は，青年をはじめ，多くの人々に影響を与えた。

(3) オーストリア・ドイツ・トルコなどの同盟国と，セルビア側についたロシア・イギリス・フランスなどの連合国の間で，第一次世界大戦がはじまった。日本は日英同盟を理由にドイツに宣戦布告し，連合国側として参戦した。

(4) 1922年，解放令が出されたのち，働く条件や結婚などの差別はなくならなかったため，みずからの手による部落差別問題の解決をめざして，全国水平社が結成された。

(5) 1918年，富山県の主婦が，米の安売りを要求した。その後，米屋などが襲われる米騒動となり，全国の都市に広がった。

(6) 立憲政友会の原敬が首相となり，本格的な政党内閣を組織した。

(7) 1929年ニューヨークで株価が大暴落すると，アメリカの経済は一転して不景気になった。この不景気はヨーロッパをはじめ，世界中の国々にも広がった。

(8) 中国国民党を率いた蒋介石が，南京に国民政府をつくり，中国をほぼ統一した。1931年，関東軍は，柳条湖で南満州鉄道の線路を爆破する事件を起こし，中国側のしたこととして攻撃を始め，「満州」全体を占領した。

(9) 1932年5月15日，海軍の青年将校らが首相官邸を襲い，犬養毅首相を殺害した。

(10) 1945年8月8日，ソ連はヤルタ会談での密約をもとに日ソ中立条約を破って「満州」や南樺太などに攻めこみ，日本軍と衝突した。

(11) 連合国側は，1945年7月のドイツのポツダムでの会議で，アメリカ・イギリス・中国の名前で日本の無条件降伏を促す共同宣言を出した。

(12) アメリカは，戦争の早期終結とソ連に対して優位に立つため，8月6日に広島，8月9日に長崎へ原子爆弾を投下した。

14 (1) **財閥** (2) **ア** (3) **日ソ共同宣言** (4) **アジア・アフリカ会議(バンドン会議)** (5) **ベトナム戦争** (6) **a－イ b－ウ** (7) **イ** (8) **ウ** (9) **バブル経済** (10) **阪神淡路大震災**

解説 (1) GHQは，財閥解体を行い，経済の民主化を図った。

(2) 岸信介はアメリカ合衆国と新安保条約を結んだ首相，田中角栄は日中共同声明によって中国との国交回復を果たした首相，池田勇人は所得倍増計画をかかげた首相である。

(3) 資料内の「日本の国連加盟へのソ連の支持」「日ソ戦争状態の終了」から答えを導く。

(4) 1955年，インドネシアのバンドンでアジア・アフリカ会議が開かれ，植民地支配の反対や冷戦の下での平和共存の路線が確認された。

(5) アメリカは1965年から北ベトナムへの激しい爆撃と地上軍の派遣を行った。

(6) 佐藤栄作は韓国との国交正常化，アメリカからの沖縄返還を実現した。田中角栄は佐藤栄作の次の首相で，1972年に中華人民共和国との国交を正常化した。

(7) 1989年に冷戦の象徴であった「ベルリンの壁」が取りはらわれ，アメリカとソ連の首脳会談(マルタ会談)で冷戦の終結が宣言された。

(8) **ア**－中国ではなくアメリカ。**イ**－農業へ産業の中心が移ったのではない。**エ**－エネルギー源は石炭から石油に変わった。

(9) 1980年代後半から，銀行の資金援助を受けた企業が余った資金を土地や株に投資したため，株価や地価が異常に高くなり，景気が良くなったが，ふくらみすぎた景気を支えることができずに崩壊した。

(10) 1995年1月17日に兵庫県南部を震源として発生した。震度7を観測した。

8 公民 1

15 (1) **ア** (2) **イ** (3) **モンテスキュー**
(4) **主権** (5) **記号－ウ　内容－18歳**
(6) **(例)（核兵器を）持たず，つくらず，持ちこませず**
(7) **男女雇用機会均等法，男女共同参画社会基本法**

解説 (1) **ア**は清掃場所に応じて無駄なく人数を配置するように考えている。**イ・ウ・エ**は公正の考え方で，すべての生徒に分担や機会が等しくなるよう計画されている。
(2) **ア**について，大日本帝国憲法における人権は，臣民の権利として法律によって制限された。また主権者は天皇であった。**ウ**は他人の人権を侵害する可能性のある場合は，公共の福祉によって人権が制限される。**エ**は，世界人権宣言が発表された後，法的拘束力をもつ国際人権規約が採択された。
(3) モンテスキューは，専制政治を防ぐには，司法，立法，行政の権力の分立（三権分立）が必要だと唱えた。
(4) 日本国憲法が定める基本原理の一つは国民主権であり，国の政治の在り方を決定するのは国民である，ということを意味する。
(5) 2016年の選挙から満18歳以上の国民なら誰でも投票できるようになった。
(6) 非核三原則は1967年に当時の佐藤栄作首相が国会答弁で述べた。国会では1971年に決議された。
(7) 男女雇用機会均等法は，雇用の分野における男女の均等な機会及び待遇の確保を図るとともに，女性労働者の就業に関して妊娠中及び出産後の健康を図るなどの措置を推進することを目的とする。男女共同参画社会基本法は，男女の人権が尊重され，かつ，社会経済情勢の変化に対応できる豊かで活力ある社会を実現することの必要性にかんがみている。

16 (1) **バリアフリー** (2) **ウ** (3) **イ**
(4) **イ** (5) **参政権** (6) **環境権** (7) **エ**
(8) **ア，ウ，エ**

解説 (1) バリアフリーは，障がい者や高齢者などが，社会生活に参加する上で生活の支障となる物理的な障がいや，精神的な障壁を取り除くための施策，または，具体的に障がいを取り除いた事物および状態を指す。
(2) aは刑事補償請求権として保障されている。
(3) aで集会・結社・表現の自由は精神の自由，bで労働基本権は社会権にあたる。
(4) 憲法25条では「健康で文化的な最低限度の生活」を営む権利を保障していて，生存権と呼ばれる。
(5) 人権を守るためには，国民の誰もが政治に参加できる民主主義の実現が必要である。国民に選挙で代表を選ぶ権利と自ら選挙に立候補する権利などの参政権を保障した。
(6) 大気や水質の汚染あるいは日照不足など，公害や環境悪化に苦しむ人が増えた。この中で良好な環境で生きる権利（環境権）が人権として憲法で明確に保障すべきであると議論されている。
(7) **ア**のメディアリテラシーはマスメディアの情報をうのみにせず，自ら判断し正しく読み取る能力である。**イ**のクーリング・オフは消費者が訪問販売などで商品を購入した場合に，一定期間内であれば無条件で契約を解除できる制度である。**ウ**のフェアトレードは発展途上国でつくった農産物や製品を，先進国の人が公正な価格で取り引きし，生産者の生活を支援すること。
(8) 国民に果たしてもらう必要のある義務があり，保護者が子どもに普通教育を受けさせる義務，勤労の義務，納税の義務の三つである。

9 公民 2

17 (1) **a－平等　b－普通**
(2) **(例)一票の格差があり，法の下の平等に反しているから。** (3) **ウ**
(4) **メディアリテラシー（または情報リテラシー）** (5) **特別国会（または特別会）**
(6) **両院協議会** (7) **ア，ウ，エ** (8) **ウ**

解説 (1) 有権者が代表者を直接選ぶ直接選挙，投票した結果を他人に知られないようにする秘密選挙とあわせて，選挙の四原則である。
(2) 一票の格差とは，選挙区ごとに議員一人当りの有権者数が異なることから，一票の重みに不平等が生じる現象をいう。
(3) 1955年から，38年間，自民党が単独で政権を取り続けた。2000年代になり，民主党が議席を増やし，2009年の衆議院議員総選挙の結果，政権交代がおこった。

⑷ マスメディアの発する情報について的確に判断・活用できる能力のことである。マスメディアの情報をうのみにせず，信頼できる情報は何かを冷静に判断する力が必要になる。

⑸ 特別国会(特別会)は衆議院解散後の総選挙の日から30日以内に召集されるものである。

⑹ 衆議院と参議院の議決が異なったときに開かれる協議会で，衆参両院の10名ずつの議員で構成される。

⑺ **イ**の解散は参議院にはない。**オ**は栃木選挙区の定数は２だが，参議院は３年ごとに半数が改選されるため，一度に選ばれるのは１人である。

⑻ アメリカ合衆国では大統領と議会議員を別々に選ぶ二元代表制度のため，大統領は議会の解散権をもたない。なお，法案は拒否できる。

18 ⑴ **ア** ⑵ **ア** ⑶ **ウ**
⑷ **地方分権** ⑸ **ア**

解説 ⑴ 法廷奥に「裁判員」とあることから刑事裁判，右側に「被告人」とあることからｂは弁護人，ａは検察官と分かる。裁判員裁判は，重大な犯罪を裁く刑事事件の第一審で行われる。

⑵ 憲法第37条で，公平で迅速な公開裁判を保障している。国が費用を負担する弁護人を国選弁護人という。

⑶ **ア**の違憲審査権の行使は裁判所，**イ**の国政調査権の行使と**エ**の条約の承認は国会の持つ権限である。

⑷ 地方公共団体の仕事を国が強く関与したり，国が行うべき仕事を地方公共団体が国の代わりに行ったりしたことがあったため，各地方公共団体が地域の実情に合った取り組みをより自主的に行えるようにした。

⑸ ａは，地方会議が制定するのが条例，国会が制定するのが法律である。ｂで，議会の解散と同じく首長・地方議員の解職請求も有権者の３分の１の署名が必要。請求先は選挙管理員会である。

10 公 民 3

19 ⑴ **製造物責任法(PL法)**
⑵ **(例)安く買うことができる。**
⑶ **私企業** ⑷ **ウ**
⑸ **(例)株式や債券を発行** ⑹ **ウ**
⑺ **寡占** ⑻ **ア，ウ**
⑼ **インフレーション** ⑽ **間接税**

解説 ⑴ 製造物の欠陥により人の生命，身体又は財産に係る被害が生じた場合における製造業者などの損害賠償の責任について定めることにより，被害者の保護を図っている。

⑵ 解答例以外に，仲介業者が中間に入らないため，商品を新鮮な状態で手にできる，などの利点もある。

⑶ 私企業は個人商店などの個人企業と，会社などの形を取る法人企業に分けられる。

⑷ 中小企業は，日本の全企業の約99%，雇用全体の６割以上を占めている。

⑸ 間接金融は，銀行などからの借り入れによって資金を調達することを指す。

⑹ 買う量は需要量で，作る量は供給量とされている。

⑺ 少数の売り手しかいない寡占の状態では，供給量を調節することで売り手の価格が決められる。

⑻ 公共料金は，国民生活に大きく影響するため，国や地方公共団体が決定や認可しているガス･水道料金や鉄道運賃などを指す。

⑼ 物価が上がり続ける現象のこと。極端なインフレはお金の価値を急速に減少させるため，生活を不安定にさせる。

⑽ 消費税は間接税で，税金を納める人と負担する人が異なることを意味する。所得税，法人税は直接税で，税金を納める人と負担する人が同じである。

20 ⑴ **エ** ⑵ **介護保険制度(介護保険)**
⑶ **公衆衛生** ⑷ **ａ－主権 ｂ－イ**
⑸ **(例)紛争や迫害などにより，住んでいた国や土地を離れざるをえなくなった人々。**
⑹ **ウ** ⑺ **世界保健機関(WHO)**
⑻ **南南問題**

解説 ⑴ ａは1kgあたりの価格10ドル×為替レート100円＝1000円となる。同様にｂは10ドル×80円＝800円となる。ｃは１ドルを手にするために100円を必要としたときに対して，80円で手にできるため円高となる。ｄは円高の時が少ない円で同じ量を輸入できるため，有利とわかる。

(2) 社会全体で介護を支えることを目的に創設された公的保険制度である。

(3) 社会保険・公的扶助・社会福祉とともに四つの柱で日本の社会保障制度は成り立っている。

(4) 排他的経済水域とは，領海の外側から沿岸より200海里(370km)までの海域を指す。aの沿岸国以外の国が自由に航海や漁業を行えるのは，排他的経済水域外側の公海である。

(5) シリアを追われた多くの人々がおもにトルコやドイツへ，アフガニスタンを追われた人々がパキスタンやイランへ難民として逃れている。

(6) **ア**の国連本部はニューヨークに置かれている。また，PKOは専門機関ではなく，平和維持活動の略。**イ**の国連総会は，重要事項は３分の２以上，通常の議案は過半数の賛成で議決する。**エ**の安全保障理事会は５か国の常任理事国と10か国の非常任理事国で構成される。

(7) 全ての人々が可能な最高の健康水準に到達することを目的として設立された国連の専門機関のことである。

(8) 南南問題に対して，先進国と発展途上国との間の問題を南北問題という。

1 光・音・力による現象

1 イ

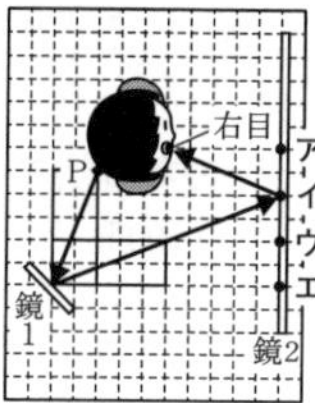

解説 (1) 右図のように，入射光が斜辺となるような直角三角形をつくると反射光が作図できる。

2 (1) 性質：屈折 現象：イ (2) 右図

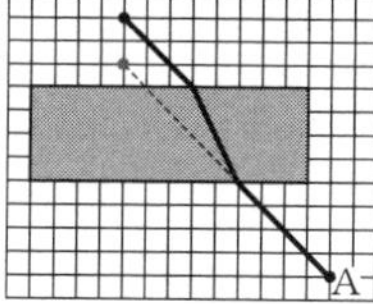

解説 (1) ア：鏡に当たった光は反射する。鏡に映った物体が鏡の奥にあるように見えるのは虚像である。イ：虫メガネは凸レンズなので，屈折して物体が大きく見える。ウ：物体が見えるのは乱反射による光が目に入るからである。エ：光ファイバーを進む光は全反射を繰り返している。

(2) 図のように，鉛筆から出た光は点線と平行にレンズの境界面まで進み，屈折する。

3 (1) a：音源(発音体) b：空気 c：鼓膜 (2) ア (3) 0.45秒後

解説 (1) 音は，音源となる物体が振動することによって生じる。

(2) 振動している物体は，まわりの空気を押したり引いたりしている。空気は押されて濃くなったりうすくなったりし，この空気の振動が波となって耳の中にある鼓膜を振動させる。

(3) AさんからCさんまでの距離は
340m/s×0.60s＝204m
よってAさんとBさんの距離は
204m－51m＝153m
ゆえにBさんが音を聞くのは
153m÷340m/s＝0.45s後である。

4 (1) (例)物体の運動の状態を変化させる。
(2)(a) アとウ (b) アとイ
(3) 90g (4) (力の)合成
(5) 右図 (6) 大きくなる
(7) 5.0N

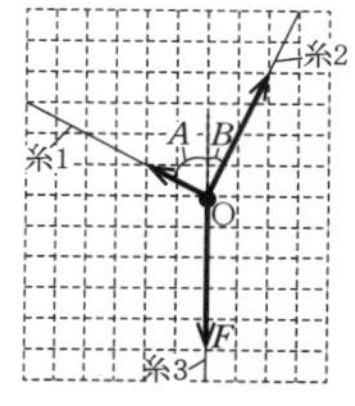

解説 (2) 一つの物体に二つ以上の力がはたらいていて，その物体が静止しているとき，物体にはたらく力はつりあっているという。おもり(一つの物体)にはたらいているばねがおもりを引く力アとおもりにはたらく重力ウはつり合いの関係である。作用・反作用の力は，二つの物体間で対になってはたらく力である。ばねがおもりを引く力アとおもりがばねを引く力イは，ばねとおもりという二つの物体の間ではたらき合う，作用・反作用の関係である。

(3) 図2より，ばねは10gの力で0.5cmのびる。よって，4.5cmのびるには

$10\text{g}\times\dfrac{4.5\text{cm}}{0.5\text{cm}}=90\text{g}$ の力が必要である。

(4) 二つの力と同じはたらきをする一つの力を，もとの二つの力の合力といい，合力を求めることを，力の合成という。

(5) 力Fと同じ大きさの逆向きの力F'をかき，糸1と糸2の方向に分解する。F'は，平行四辺形の対角線になる。

(6) AとBの角度を大きくして作図してみると，F'の長さは変わらないので，糸1と糸2の矢印は長くなる。

(7) A，Bの角度が60°のときは右図のように，二つの正三角形になる。図のF_1，F_2はF'と等しい。

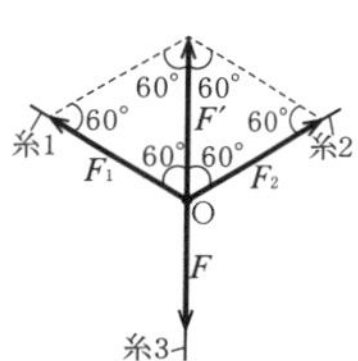

2 物質の変化

5 (1) NH_3 (2) 吸熱反応 (3) ウ
(4) (例)水に溶けやすい。水溶液はアルカリ性を示す。

解説 (1) 発生する気体はアンモニアである。アンモニアは窒素原子1個と水素原子3個でできている分子である。

(2) 熱を発生する化学変化は発熱反応という。

(3) アンモニアは窒素原子を含んでいるので，肥料の原料として用いられる。アは窒素，イは塩素，エは二酸化炭素の用途である。

(4) アンモニアは非常に水に溶けやすいので，スポイトから加えられた水に溶け，それによってフラスコ内の気圧が下がるので，水そうの水が吸い上げられた。アンモニアの水溶液はアルカリ性を示すので，フェノールフタレイン溶液が赤くなる。

6 (1) (例)火のついた線香を入れると線香が激しく燃える。 (2) $4Ag+O_2$

(3)　**0.14g**

解説　(1)　酸化銀を加熱すると，単体の銀Agと気体の酸素O_2に分解される。

(2)　左辺と右辺の原子の数を合わせるために，Agの前に係数4をつける。

(3)　1.00gの酸化銀に含まれる銀は0.93gなので，3.00gの酸化銀に含まれる銀は

$0.93\,g \times \dfrac{3.00g}{1.00g} = 2.79\,g$　である。よって残っている酸素は $2.93\,g - 2.79\,g = 0.14\,g$

7　①　**不足している**　②　**B**　③　**A**　④　**Y**

解説　ねじAは空気調節ねじ，ねじBはガス調節ねじである。炎がオレンジ色なのは，空気の量が不足しているためである。空気調節ねじをゆるめて，空気の量を調節して青い炎にする。

8　(1)　**質量保存の法則**　(2)　**a：HCl　b：H_2O　c：CO_2**
(3)　**右図**
(4)　**イ，エ，カ**
(5)　**0.9g**

解説　(2)　石灰石の主成分は炭酸カルシウムである。炭酸カルシウムと塩酸が反応すると，塩化カルシウムと水と二酸化炭素ができる。

(3)　うすい塩酸を入れたビーカー全体の質量である59.0gに「入れた石灰石の質量」を加えた値が反応前の質量になる。反応前の質量から「反応後の全体の質量」を引いた値が発生した気体の質量になる。

(4)　発生する気体は，**ア**は水素，**ウ**は酸素，**オ**は水素と塩素，**キ**はアンモニアである。

(5)　(3)のグラフより，うすい塩酸$12cm^3$と過不足なく反応する石灰石の質量は1.5gであり，そのとき発生する気体の質量は0.6gである。塩酸は　$\dfrac{18cm^3}{12cm^3} = 1.5$(倍)

石灰石は　$\dfrac{3.0g}{1.5g} = 2$(倍)

なので，発生する気体の質量は0.6gの1.5倍になる。

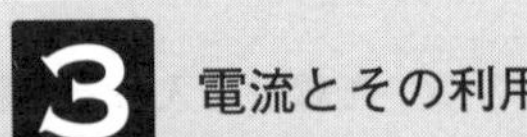

9　(1)　**ア：－　イ：X**　(2)　**12.6Ω**　(3)　**1.89A**　(4)　**4.275W**　(5)　**エ**

解説　(1)　電子は－の電気を帯びていて，電源装置の－極から＋極に向かって移動する。このとき＋極から－極に向かって電流が流れたという。実際の電子の動く向きと電流の向きは逆である。

(2)　豆電球aとbの抵抗の大きさは

$\dfrac{3.8\,V}{0.5\,A} = 7.6\,\Omega$　であり，豆電球cの抵抗の大きさは

$\dfrac{3.8\,V}{0.76\,A} = 5.0\,\Omega$　である。実験②では，豆電球aとcは直列回路なので，回路全体の抵抗は　$7.6\,\Omega + 5.0\,\Omega = 12.6\,\Omega$

(3)　実験③では，豆電球bと豆電球cが並列回路になっているので，電流計の示す値は，豆電球bと豆電球cに流れる電流の和になる。豆電球b，cに流れる電流はそれぞれ

$\dfrac{5.7\,V}{7.6\,\Omega} = 0.75\,A$，　$\dfrac{5.7\,V}{5.0\,\Omega} = 1.14\,A$

よって，$0.75\,A + 1.14\,A = 1.89\,A$　となる。

(4)　$5.7\,V \times 0.75\,A = 4.275W$

(5)　抵抗値が同じである豆電球aとbを比べてみると，実験②の豆電球aより実験③の豆電球bの方が電圧も流れる電流も大きい。実験③の豆電球bとcを比較すると，電圧は等しく，電流は抵抗の小さい豆電球cの方が大きい。よって，実験③の豆電球cが最も電力が大きくなり明るく点灯する。

10　(1)　**ウ**　(2)①　**光**　②　**熱**　(3)　**19%**

解説　(1)　**ア**：電圧の大きさは常に100Vとは限らない。**イ**：乾電池から流れる電流は直流である。**エ**：DCは直流をさす記号。交流はAC。

(2)　白熱電球は，電気エネルギーを光エネルギーに変換するとき，ほとんどを熱エネルギーとして放出してしまう。一方，LED電球は，電気エネルギーの約30%を光エネルギーに変換している。

(3)　$\dfrac{10.6W \times 4 + 8.0W \times 8}{60\,W \times 4 + 40W \times 8} \times 100 = 19\%$

11　(1)　**不導体(絶縁体)**　(2)　**ア**

解説　(1)　電流を通す物質は導体という。金属は電気を通しやすい。

(2)　右ねじが進む向きに電流を流すと，右ねじを回す向きに磁界ができる。電流は下か

ら上に向かって流れている。

12　(1)　**電磁誘導**　(2)　**ア**
(3)　**ア・エ・イ・ウ**

解説　(1)　コイルの中の磁界が変化すると，その変化に応じた電圧が生じて，コイルに電流が流れる。この現象を電磁誘導といい，このとき流れる電流を誘導電流という。
(2)　図2で，磁石による磁界は右から左の向きである。一方，コイルのABの部分はA→Bの向きに電流が流れているので，右ねじの法則により，コイルABの上側では右向きの，下側では左向きの磁界ができる。コイルの下側は磁石による磁界と電流による磁界が同じ向きなので，磁界が強くなり，上側では磁石による磁界の向きと電流による磁界の向きが反対なので磁界は弱くなる。混みあった磁力線は広がろうとする性質があるので，磁界の強い方（ここでは下側）から弱い方（ここでは上側）に力がはたらく。
(3)　手回し発電機のハンドルを手で回すとき，回路がつながって電気エネルギーが使われているときの方が手ごたえがある。これは，手が発電機に対して仕事をすることによって，電気エネルギーをつくり出しているためである。よって，大きな電流が流れるものほど手ごたえが重くなる。割りばしは電気を通しにくいので，**ア**は回路になっていない。また，流れる電流が小さい順は**エ→イ→ウ**である。

4　水溶液とイオン

13　(1)　**電解質**　(2)　**ウ**　(3)①　**亜鉛**
②　**銅**　③　**亜鉛**　(4)　**ダニエル電池**
(5)　$Zn \rightarrow Zn^{2+} + 2e^-$　(6)①　**銅板**
②　**導線**　③　**亜鉛板から銅板へ**
(7)　**（例）2種類の水溶液が簡単には混じらないが，電流を流すために必要なイオンは少しずつ通過できるようにする役割。**
(8)　**化学エネルギー**

解説　(2)　試験管Aで，水溶液の青色がうすくなったのは，銅イオンが減少したためである。銅イオンが亜鉛から電子を受け取って単体の銅になり，亜鉛板に付着した。
(3)　試験管Aでは，亜鉛はイオンになって溶け出し，イオンであった銅は亜鉛が放出した電子を受け取って単体の銅になった。一方，亜鉛がすでにイオンであり，銅は単体である試験管Bでは変化が起こらなかった。ことから，亜鉛と銅では，亜鉛の方が陽イオンになりやすいことがわかる。
(5)　亜鉛がイオンになるときは，2個の電子を放出してZn^{2+}になる。
(6)　電池では，より陽イオンになりやすい金属が－極である。亜鉛と銅では亜鉛の方が陽イオンになりやすいので，亜鉛板が－極，銅板が＋極である。亜鉛板（－極）から放出された電子は導線を通って銅板へ移動する。これが電流の流れなので，導線の途中で電流を取り出すことができる。
(7)　二つの電解質水溶液がはじめから混じっていると銅イオンが亜鉛原子から直接電子を受け取ってしまうため，電池のはたらきをしない。電流を取り出し続けると，硫酸銅水溶液からは銅イオンが減り続け，硫酸亜鉛水溶液には亜鉛イオンが増え続けることになる。この状態では電子は移動しにくくなる。セロハンは小さなイオンは通過できるので，硫酸銅水溶液側から硫酸イオンが，硫酸亜鉛水溶液側から亜鉛イオンが移動することで，電池が長持ちする。
(8)　化学エネルギーとは物質がもともともっているエネルギーのことである。

14　(1)　**ウ，オ**　(2)　**エ**

解説　(1)　陽子は＋の電気を，電子は－の電気を帯びている。中性子は電気を帯びていない。原子では，陽子と電子の数が等しく電気的に中性であるが，イオンは電子を失ったり受け取ったりしてできるので，陽子の数と電子の数が等しくない。**ウ**は陽子が1個で電子は2個なので，陰イオン，**オ**は陽子は1個で電子はゼロなので陽イオンである。
(2)　陽子の数が等しいものは同じ元素である。同じ元素（陽子の数が等しいもの）で中性子の数が異なるものが同位体である。

15　(1)　$NaOH + HCl \rightarrow NaCl + H_2O$
(2)　**ナトリウムイオン：ア**
水酸化物イオン：ウ
(3)　**a：ほとんど流れなく　b：大きくなった　c：硫酸バリウム　d：$BaSO_4$**

解説　(1)　アルカリ性の溶液である水酸化ナトリウム水溶液に塩酸を加えていくと，中和の反応が起こり，塩である塩化ナトリウムと水ができる。

(2)　BTB溶液は，アルカリ性で青色，中性で緑色，酸性で黄色になる。表より，加えた塩酸の合計が 4 cm^3 のとき，ちょうど中和したことがわかる。塩酸を加えてもナトリウムイオンは増加も減少もしないので，加えた塩酸の量に関係なく一定のままである。一方，水酸化物イオンは，加えた塩酸中の水素イオンと結びついて水になるので減少する。加えた塩酸の量が 4 cm^3 になると中和が完了して水酸化物イオンはゼロになり，そのまま変わらない。

(3)　硫酸と水酸化バリウムが反応すると硫酸バリウムという水に溶けにくい塩ができ，沈殿する。硫酸中の水素イオンは水酸化物イオンと結びついて水になり，硫酸イオンはバリウムイオンと結びついて硫酸バリウムの沈殿になってしまうので，ちょうど中和したときは水溶液中にイオンはほとんどなくなる。よって，電流がほとんど流れない。さらに水酸化バリウム水溶液を加えていくと，水溶液中にバリウムイオンと水酸化物イオンが増加していくので電流が流れるようになる。

5　運動と力・エネルギー

16　(1)　**右図**
(2)　**エ**
(3)　**等速直線運動**
(4)　**イ**　(5)　**右下図**
(6)　**12.5cm**　(7)　**0.025秒**

小球にはたらく重力

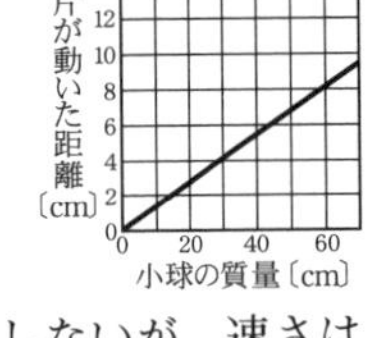

解説　(1)　重力を示す矢印が対角線になるような長方形をつくって求める。

(2)　(1)で求めた力がはたらき続けるので，小球にはたらく力の大きさは変化しないが，速さはだんだん速くなる。

(3)　水平面では，運動の向きに力がはたらいていないので，速さは変わらない。

(4)　小球にはたらく重力は，小球がどの位置にあっても変わらない。位置エネルギーは高さが低くなるほど小さくなり，その分，運動エネルギーが大きくなる。力学的エネルギーは，運動エネルギーと位置エネルギーの和なので，変わらない。

(5)　図2より，小球を離す高さが8cmのとき，小球の質量が30gのときは4cm，60gのときは8cmになっている。

(6)　30gの小球を8cmの高さから離したとき木片が動いた距離は4cmであった。小球の質量が50gになり，離す高さが15cmになると，

$$4\,\mathrm{cm}\times\frac{50\mathrm{g}}{30\mathrm{g}}\times\frac{15\mathrm{cm}}{8\,\mathrm{cm}}=12.5\mathrm{cm}$$

動くことになる。

(7)　$\dfrac{0.04\mathrm{m}}{x}=1.60\mathrm{m/s},\quad x=0.025\mathrm{s}$

17　(1)　**12秒**　(2)　**9.0 J**　(3)　**0.75W**
(4)　**仕事の原理**　(5)①　**自由落下**
②　**位置**　③　**9.0**　(6)　**ア**　(7)　**エ**

解説　(1)　180cm÷15cm/s＝12s

(2)　5.0 N×1.8m＝9.0 J

(3)　9.0 N÷12s＝0.75 W

(4)　斜面や滑車，てこなどの道具を用いると，力は小さくてすむが，力の向きに物体を動かす距離は長くなる。

(5)　物体が落下すると，運動エネルギーは増加するが，位置エネルギーは減少する。運動エネルギーと位置エネルギーの和は変わらないので，9.0 Jのままである。

(6)　図1～3の物体がはじめにもつ位置エネルギーは等しいので，地面に達したときの運動エネルギーの大きさは等しく，その速さも等しい。

(7)　物体が斜面を下ると，運動エネルギーは0から増加し，それに伴って位置エネルギーは減少するが，水平面上では，位置エネルギーも運動エネルギーも一定である。

6　大地の変化

18　(1)　**ウ**　(2)　**12%**　(3)　**ア**
(4)　**斑状組織**　(5)　**岩石名：花こう岩**
理由：地下深くでゆっくり冷えて固まったため。　(6)①　**ア**　②　**ア**　(7)　**火砕流**

解説　(1)　双眼実体顕微鏡は，プレパラートを作る必要がなく，観察する物体を立体的に見ることができる。

(2)　有色鉱物は，輝石（7％）と角閃石（5％）である。7％＋5％＝12％

(3)　石灰岩やチャートは，生物の遺骸や水に溶けていた成分が堆積して固まったもの。

(4)　マグマが地下深くにあるときにゆっくり冷やされてできた鉱物が斑晶であり，その

マグマが地表や地表近くに上昇すると，急に冷やされ，すでにできていた鉱物を取り囲むように，とても小さなままの鉱物やガラス質の部分(石基)ができる。

(5) 火成岩Cは等粒状組織なので，深成岩である花こう岩である。等粒状組織は，マグマが地下深くで，長い時間をかけてゆっくり冷え固まったため，それぞれの鉱物が十分成長している。

(6) 無色鉱物を多く含むマグマは，ねばりけが強く，爆発的な噴火になり，できる火山はドーム型になることが多い。北海道の昭和新山や長崎県の雲仙普賢岳の平成新山がその例である。

19 ① **イ** ② **ア** ③ **イ**

解説 河口まで運ばれたれき，砂，泥は，細かい粒ほど沈みにくいので遠くへ運ばれる。石灰岩は炭酸カルシウムが主成分であり，チャートは二酸化ケイ素という物質を多く含む極めて硬い岩石である。石灰岩は，うすい塩酸をかけると二酸化炭素を発生してとけるが，チャートはうすい塩酸をかけても気体は発生せず，とけもしない。

20 (1) **主要動** (2) **15時9分50秒**
(3) **X 32 Y 54** (4) **活断層**
(5) **フィリピン海プレート** (6) **ウ**

解説 (1) 最初にくる小さなゆれはP波によるもので初期微動という。

(2) 地点Bと地点Cの震源からの距離の差は，240km－160km＝80kmで，S波が到着した時間の差は，20秒である。このことからS波の進む速さは 80km÷20s＝4km/s であることがわかる。震源から地点Bまでの160kmをS波が進むのにかかった時間は 160km÷4km/s＝40s なので，地震が発生した時刻は15時10分30秒の40秒前ということになる。

(3) 地点Aと地点BのS波の到着時間の差は，32秒なので，地点Aと地点Bの震源からの距離の差は 4km/s×32s＝128km である。よって，Xは160km－128km＝32kmである。また，P波の速さは，地点Bと地点Cの到着時間の差から 80km÷10s＝8km/s である。地点Bと地点Aの距離の差が128kmなので，地点AにP波が到着した時間は地点Bより128km÷8km/s＝16s 前である。

(6) 大陸プレートの下に海洋プレートが沈み込んでいるのが正しい。また，震源の深い地震は海洋プレートに沿って起こり，内陸で起こる地震は震源が浅い。

21 (1) **オ** (2) **南** (3) **a 新生代**
b 示準 c 示相

解説 (1) 泥岩の層の位置は，**オ**だけが凝灰岩の層より上にある。

(2) 凝灰岩の層の上面の標高に注目すると，地点Aでは 294m－1m＝293m，地点Bでは292m，地点Cでは296m－4m＝292m，地点Dでは 300m－7m＝293m となる。地点AとDに比べて地点BとCが低くなっている。

(3) 古生代の示準化石はフズリナやサンヨウチュウ，中生代はアンモナイト，新生代はビカリアやナウマンゾウなどがある。

7 植物と動物の世界

22 (1) **右図**

(2) **観点1 ウ**
観点3 エ (3) **D** (4) **イ** (5) **からだの表面全体から直接吸収している。**

解説 (1) アブラナの花のPは胚珠である。マツの花の胚珠は雌花にあって，子房がなくむき出しになっている。

(2) イヌワラビやゼニゴケは胞子で増える。アサガオやアブラナが双子葉類であるのに対して，ツユクサは単子葉類である。

(3) タンポポの花弁はアサガオの花弁と同じく一つにくっついている合弁花である。

(4) ツユクサは子葉が1枚の単子葉類なので，維管束は散在している。

(5) ゼニゴケにある根のようなものは仮根といい，水分は吸収せず，からだを固定する役目である。

23 (1) **変態** (2) **ニワトリ**
(3)(あ) **f** (え) **d** (お) **a**

解説 (1) からだの形や生活のしかたが大きく変化するのは，両生類であるカエルである。カエルの子はえらや皮膚で呼吸し，親は肺や皮膚で呼吸する。

(2) 表1のうち，恒温動物はニワトリとネズミのみである。また，表1の動物のうち，胎生なのはネズミだけである。よってDはニワトリ，Eはネズミとわかる。

(3) 表1の動物のうち，背骨がないのは，軟体動物であるイカだけである。よって，(お)は背骨があるなかま(脊椎動物)である。Aのカエルが(あ)と(い)をかねていることから，(あ)はえら呼吸，(い)は肺呼吸である。

24 (1) **赤血球** (2) **細胞呼吸**
(3) **a 血しょう b 組織液**
(4) **a 肝臓 b 尿素 c 腎臓**

解説 (1) 赤血球にはヘモグロビンという赤い物質が含まれていて，ヘモグロビンは酸素の多いところでは酸素と結びつき，酸素の少ないところでは酸素をはなす。
(2) 細胞呼吸のエネルギー源となるのは，炭水化物などの有機物である。
(3) 血しょうは，栄養分や不要な物質を溶かしている。
(4) 尿素などの不要な物質は，余分な水分や塩分とともに尿となる。

25 (1) **反射** (2) **イ**

解説 (1) 感覚器官で受け取った信号は，感覚神経を経て脊髄に伝わると，脳には行かず，脊髄から直接命令の信号が出される。このため，意識して起こす反応に比べて，刺激を受け取ってから反応するまでの時間が短い。
(2) 網膜で受け取った光の信号は，視神経を通って脳に送られる。

26 **図 ア X けん**

解説 骨についている筋肉は，両端がけんになっていて，関節を隔てた二つの骨についている。

8 天気の変化

27 (1) **エ** (2) **1012 hPa**
(3) **天気 雨 風向 北西 風力 1**
(4) **エ** (5) **記号 ウ 理由 (例)10月1日1時ごろの気圧がいちばん低いから。**
(6) **204 g**

解説 (1) **ア**：天気は雲量で決める。雲の形は関係しない。**イ**：直射日光が当たらないところで測定する。**ウ**：風向は風が吹いてくる方向で表す。
(2) 等圧線は1000hPaを基準に，4hPaごとに引かれていて，20hPaごとに太い線になっている。
(4) 台風の中心付近は低気圧の中心付近と同じく，反時計回りに風が吹き込む。
(5) 台風の中心付近は最も気圧が低い。
(6) 除湿機を使用する前の1 m^3 当たりの水蒸気量は　$20.6g/m^3 \times 0.81 = 16.686g/m^3$ であり，除湿機を使用した後は
$19.4g/m^3 \times 0.65 = 12.61g/m^3$　である。
よって部屋から除かれた水蒸気は
$(16.686g/m^3 - 12.61g/m^3) \times 50m^3 = 203.8g$
これを四捨五入すると204gとなる。

28 (1) **ウ** (2) **a イ b ア c イ**
x (例)水蒸気が水滴に変わり
(3) **ア，イ** (4) **600 m**

解説 (1) 1気圧は，海面と同じ高さのところでの平均の大気圧の大きさであり，1 cm^2 の面に約1kgの物体をのせたときの圧力にほぼ等しい。
(3) 海と陸を比べると，海より陸の方があたたまりやすく冷めやすい。晴れた日の日中は，陸の空気の方があたたまって膨張し，密度が小さくなって上昇する。夜は，陸の空気の方が冷えるので，海上で上昇気流ができる。
(4) 地上での1 m^3 当たりの水蒸気量は
$19.4 g/m^3 \times 0.70 = 13.58 g/m^3$　なので，表より，この空気の露点は16℃である。
22℃－16℃＝6℃　下がるためには600m上昇すればよい。

29 (1) **名称 閉そく前線 ① ア**
② ア (2) **ア**

解説 (1) 図中のAは寒冷前線，Bは温暖前線である。寒冷前線は温暖前線より移動する速さが速いので，寒冷前線はやがて温暖前線に追いつき，重なり合って閉そく前線となる。
(2) 寒冷前線では，寒気が暖気を急激に押し上げるので，積乱雲が発達する。そのため，強い雨が短時間に降り，強い風を伴うことが多い。

9 生命の連続性

30 (1) **減数分裂** (2) **a 13本**
b 26本 c 26本 (3) **AA，Aa**
(4) **ア** (5) **ウ** (6) **(例)体細胞分裂によ**

って子をつくるので，子は親の染色体をそのまま受け継ぐため。 (7) **胚** (8) **発生** (9) **栄養生殖** (10) **ア，イ**

解説 (1) 生殖細胞がつくられるときは，染色体の数がもとの細胞の半分になる。

(2) 受精によって，子の細胞は親と同じ数の染色体をもつことになる。

(3) 遺伝子の組み合わせがAAとなるためには，親の遺伝子には必ずAが含まれていなければならない。

(5) ミカヅキモは単細胞生物である。

(10) オランダイチゴは，親のからだから伸びたほふく茎によってふえる。イソギンチャクは，胃の中でからだの一部が分かれて新しい個体ができ，それが口から出される。

31 (1) **a 自家受粉 b (例)花弁に包まれている** (2) **ウ** (3) **p イ q ア r イ** (4) **デオキシリボ核酸**

解説 (2) 種子の形を丸形にする遺伝子をA，しわ形にする遺伝子をaとすると，Aグループの遺伝子の組み合わせはAA，Bグループはaa，CグループとDグループはAaで同じになる。

(3) 丸形の種子の遺伝子の組み合わせにはAAとAaがある。これを特定するにはしわ形aaをかけ合わせればよい。種子XがAAだとすると，AAとaaのかけ合わせなので，できる種子はすべてAaで丸形になる。もし種子XがAaだとすると，Aaとaaのかけ合わせなので，できる種子はAa(丸形)：aa(しわ形)＝1：1になる。

(4) DNAの略称で呼ばれることが多い。

10 地球と宇宙

32 (1) **天球** (2) **名称 日周運動 理由 (例)地球が自転しているため。** (3)① **ア** ② **イ** ③ **イ** ④ **ア** (4) **イ** (5) **(例)地球が公転面に垂直な方向に対して地軸を傾けたまま公転しているため。**

解説 (3) 秋分の日には，太陽は真東から出て真西に沈む。図でわかるように，夏至の日は秋分の日より北寄りの通り道で，南中高度が最も大きい日である。

(4) $60\,\mathrm{min} \times \dfrac{8.7\mathrm{cm}}{2.3\mathrm{cm}} = 226.95\,\mathrm{min}$

四捨五入して227分＝3時間47分

よって，日の出の時刻は8時の3時間47分前である。

33 **ウ**

解説 ア：水星，金星以外の惑星は，衛星をもつ。イ：木星など，地球以外でも大気をもつ惑星がある。エ：地球型惑星は，水星，金星，地球，火星で，表面は岩石，内部は岩石より重い金属でできている。

34 (1) **金星 D 月 H** (2) **ア 南 イ 西** (3) **(例)金星は地球より内側を公転しているから。** (4) **24°** (5) **a ア b エ** (6) **月食** (7) **冬**

解説 (1) 観察②は夕方なので，図4の地球に太陽が右手(西)になる向きで立つと，金星の右半分が見えるのはDの位置である。同様に，図5の地球に，太陽が右手になる向きで立つと，南に見えるのはHの月である。

(2) 観察③は明け方なので，図4の地球に太陽が左手側(東)になる向きで立つと，月の左半分が見えるのはLの位置であり，方角は南である。観察④は夕方なので，図4の地球に太陽が右手(西)になる向きで立つと，金星が図3のように見えるのは太陽と同じ側(西)の空であり，図5では地球からLの位置の月は見えない。

(3) 地球から見ると，金星は常に太陽と同じ側になるので夜間には見えない。

(4) 226日で360°回転するので，15日では

$$360° \times \frac{15日}{226日} = 23.89°$$

(5) 図4のA～Eの位置の金星は夕方西の空に見えるが，Fの位置の金星は地球から見えなくなる。Fを過ぎてGの位置になると金星は明け方，東の空に見えるようになる。

(7) 満月が見えるのは，太陽と月の間に地球があるときである(図5のJ)。冬は，地球の地軸が太陽とは反対側に傾いているので，太陽の南中高度が低く月の南中高度が高い。

35 **ふたご座**

解説 観測した日には真夜中にさそり座が南中しているので，地球は図の左側(夏至)の位置である。9か月後には地球は上側(春分)の位置に移動し，真夜中にはしし座が南中する。よって22時にはかに座が，20時にはふたご座が南中して見える。

文前「できることはなんでもやろう」や③中の「気持ちをたてなおす」から読み取れる。

9 文学的文章Ⅱ〔小説2〕

22 (1) **エ** (2) **甘い物好きだから(8字)**
(3) **エ** (4) **ウ**

解説

(1) 空欄直前の「ほんとうに分かったのかなあ」という二三の言葉から、疑問に思う意味の慣用句である**エ**「首をかしげる」が適切。

(2) 傍線部①を含む一文より、亮太が柏餅を楽しみにしていたとわかる。傍線部①の三段落後初めに「とはいえ、亮太が柏餅を～喜ぶのは」とあり、その直後に「甘い物好きだから」と理由が書かれている。

(3) **エ**の「家族にたくさん食べさせ」は傍線部②中の「食べきれないほど」という表現から否定はできない。「長男を～育て上げたい」は、傍線部②直前に理由を表す「それゆえ」があり、その直前の「跡取りが～喜びだった」と、傍線部②の二段落前の端午の節句に柏餅を食べる由来の記述から読み取れる。

(4) 小説では情景描写が登場人物の心情や今後を象徴的に表すことがある。傍線部③に至るまでは、家族が各自の役割を果たしつつ仲良く過ごす姿が書かれ、また傍線部③の「実を結」ぶという慣用句は良い結果が表れるというプラスの意味があるため**ウ**が適切。マイナスな内容の**ア**、**イ**、**エ**は不適。

10 文学的文章Ⅲ〔小説3〕

23 (1) **母の具合が悪くて遠足へ行けなくなるかもしれないことと姉が涙ぐんでいること。(37字)** (2) **ア** (3) **ウ**

解説

(1) 傍線部①中に「それも」とあることから、辛いことは一つではないことに注意。

(2) 傍線部②中で自分の家や母の部屋を思い出していることから、前日の家での、姉に対する態度や父の部屋でのかんしゃく、母の見舞に行かなかったことなどを反省していると考えられるため、**ア**が適切。

(3) 「僕」は結局胡桃を割ることをあきらめているため、**ウ**が適切。

なってくる」がポイント。比喩表現の「ゴミ」は「余計な、あふれた知識、記憶」と言い換える。

6 論説的文章〔Ⅱ〕

19 (1) **エ** (2) **(例) 知的認識の、知る主体が知られる客体に距離を置き、見渡したり、分解したり総合したりする点。(44字)** (3) **外から与え～備をする力** (4) **ア**

解説

(1) 空欄直前「相対的なものの位置とは別に」より、「相対的」の対義語であるエが適切。

(2) 傍線部1中の「これ」が指す内容が「視覚」に「似ている」ものである。「これ」は傍線部1直前の「知的な認識は～総合したりする仕事」を指す。ここを設問の「何の、どういう点」という形に合うようにまとめる。

(3) 傍線部2は言い換えると「あらゆる現実を認識の対象として統一する能力」である。傍線部2直後の一文中の「外から与えられる無数の感覚刺激」が「あらゆる現実」に対応し、「認識の～統一する能力」が一文中の「形にまとめ、～準備をする力」に対応している。

(4) アの「想像した～作り上げたから」は傍線部3直後「あの星くずを～描いたのである」から読み取れる。「古代人が視覚のみに頼り」は傍線部1直後の第二段落中から読み取れる。よってイの「古代人は～借りることで」は不適。ウの「対象に～確認することにより」は、傍線部3を含む第四段落冒頭の「地上にある対象の場合」の内容なので不適。エは本文中に「恐怖」に関する記述がなく不適。

7 論説的文章〔Ⅲ〕

20 (1) **一般化でき～てゆく作業**
(2) Ⅰ **(例) 作者が提示した具体的な事物を通じて読者にゆだねればよいもの。(30字)**
Ⅱ **(例) 結論めいた文章を書こうとしてしまうこと。(20字)** (3) **ウ**

解説

(1) 「作業」という言葉は①段落の三文目と四文目中にある。傍線部1の直前の「感動の拠り所を分析帰納して」と三文目の「事を分析帰納しながら」がほぼ同じ内容なので、三文目の「一般化できる～敷衍してゆく作業」が傍線部1と対応している。

(2) Ⅰ 小説の結論に関する記述である②段落の三文目中「結論は～ゆだねればよい」を、文末が「もの」になるようにまとめる。

Ⅱ 傍線部2中「評論では」と設問の条件よりⅡの解答は「評論の結論」に関すること。②段落の四、五文目から、評論を書く筆者が「結論めいた文章」を書く習慣があり、それを書かないと不安があり、傍線部2では、その不安から小説では読者にゆだねる結論を書いてしまうことを表していると言える。

(3) ウの「⑤段落は～踏まえつつ」は⑤段落一文目「評論では～言った」と傍線部2より適切。「新しい視点」は⑤段落一文目「事物を杜撰にではなく～考えている」より適切。

8 文学的文章Ⅰ〔小説1〕

21 (1) **ウ** (2) **(例)どんな小さなダメージでも油断はできないため、モコを獣医に連れていくのが翌朝で間に合うかということ。(49字)** (3) **ア**

解説

(1) ウは、傍線部①直前の段落で、汚れて破れた手袋を見た理央が「ずいぶん～あなどれるものではない」と感じているため適切。イのモコのケガは傍線部①の後の話。

(2) 理央の「心配」している気持ちは②直前の「でも、間に合うだろうか」や直後の「油断はできない」から読み取れる。ここから設問の「何」と「理由」に対応する部分を考える。

(3) アの「タカへの愛情」は、傍線部③直前の「平橋さんの言葉（＝タカをいっぱい、～愛しなさい）を思い出して」いることから読み取れ、「前向きな気持ち」は③の二

わいがるようになったこと。（五十七字）

(3) エ

解説

(1) 歴史的仮名づかいで母音がau（アウ）となるものは、現代仮名づかいではô（オー）と読む。

(2) 見たものは子犬と主人の行動である。傍線部の直後に「うらやましく」とあるので、馬が主人が子犬をかわいがるのがうらやましかったことを踏まえて解答を作成する。

(3) 本文最初の段落は主人と子犬と馬の具体的な話で、伝えたいことは最後の段落から読み取れるため**エ**が適切。

〈通釈〉ある人が、小さな子犬をとてもかわいがっていたのだろうか、その主人が外から帰った時、その子犬が主人の膝にのぼり、胸に手をあげ、口の周りをなめまわした。これによって、主人が（子犬を）かわいがることはさらに増した。馬はひそかにこの様子を見て、うらやましく思ったのだろうか、「ああ私もこのようにしましょう」と決意して、ある時、主人が外から帰った時、馬は主人の胸にとびかかり、顔をなめ、尾を振るなどしたところ、主人がこれを見てたいそう怒り、棒を手に取って、もとの馬小屋に押し入れた。

このように、人の親しいこと、疎遠なことを判断せず、自分の方から親しいものとしてちやほやするように振る舞うことはたいへんおかしい事である。自分は身分相応に人への応対をするべきである。

16 (1) 示ニ玉スニ人一

(2) 爾(なんぢ)は玉を以て宝と為す　(3) エ

解説

(1) 示③スニ玉①人②ニは書き下し文から判断して番号の順番で読み、②から③に返って読むには、二字以上離れた文字から上にある文字に返る「一・二」点を使う。

(2) 爾①ハ以③テレ玉②ヲ為⑤スレ宝④トの番号の順番で送り仮名をつけて読む。「レ」点は下の一字から上の一字に返って読む。

(3) 子罕が最後に話した内容より**エ**が適切。

〈通釈〉宋の国の人が玉を得て、それを司城の子罕に献上した。（だが）子罕はそれを受け取らない。玉を献上した者が言うことには、「宝石職人に見せたところ、職人が（その玉を）宝玉だと鑑定したから、これを献上した。」と。子罕が言うことには、「私は欲深く物を欲しがらないことを宝としている。あなたは玉を宝とみなす。もし私に（その玉を）与えたら、二人とも皆、宝を失うのである。（それよりも）人それぞれの宝を持っているほうがよい。」

17 ① ア　② ウ　③ イ　④ ウ

解説

漢文は原則、上から順に読み、「レ」点は一文字下を読んでから返って読む。「一・二」点は一から二に返って読む。

① 入②レ郷①従④レ郷③の順に読む。

② 先①生②教⑦二生③徒④漢⑤文⑥一の順に読む。

③ 我①誘③レ友②行⑦二美④術⑤館⑥一の順に読む。

④ 人①方⑤二少②壮③時④一不⑨レ知⑧二惜⑥陰⑦一の順に読む。助動詞「不」は書き下し文ではひらがなにする。

5 論説的文章〔I〕

18 (1) イ　(2) エ　(3) （例）頭が、余計な、あふれた知識、記憶で埋まってはたらかなくなる怖れがある（34字）

解説

(1) 空欄直前では少ないゴミが自然に近い形で処理されていたことが述べられているが、直後では、近代的都市生活ではモノが増えて、自然のゴミ処理では間に合わないと逆の内容が述べられているため、**イ**が適切。

(2) 傍線部**1**直後の段落中「人間の記憶は忘却に～忘却はおきない。」「完全記憶で、～ありえない」より**エ**が適切。**ア**と**ウ**は人間とコンピューターを同様に捉えているが、本文中からは読み取れない。**イ**は第三段落中の「部分的記憶、～正常な記憶であるということになる」より不適。

(3) 設問中の「意図的な忘却」は傍線部**2**直前の一文冒頭「記憶を意図的に廃棄しないと」から読み取れ、この一文中の「頭が～

12 (1) ① **故郷から／父が／上京して／きた。**

② **彼は／私の／人生に／大きな／影響を／与えた。**

③ **現代では／自然も／社会も／環境の／激変が／起きて／いる。**

④ **シェイクスピアは／社会の／変化を／敏感に／感じて／いた。**

(2) ① **これ／は／古い／歴史／を／持っ／た／技法／だ。**

② **自分／は／この／結果／に／全く／満足／を／し／て／い／ない。**

③ **彼女／は／走る／こと／を／やめ／て／ゆっくり／歩い／た。**

④ **人／は／自分／と／異なる／もの／へ／の／あこがれ／を／抱く／もの／だ。**

解説 (1) 文節とは、文の意味を壊さない程度に短く区切ったもの。話す調子で「ネ」「サ」「ヨ」などをつけて自然に入るところで区切る。

(2) 単語とは、言葉の最小の単位で、それ以上分けられないもの。

3 古文の学習〔Ⅰ〕

13 (1) **よせかえる**

(2) **(例)絵を上手に描いている屏風(12字)**

(3) **ウ** (4) **エ**

解説 (1) 歴史的かなづかいでは文中の「はひふへほ」は「わいうえお」と読む。

(2) 「よく」は「上手に」などの意を表す。

(3) ウは「『これ（＝やまとなでしこ）は秋の末なれば～見えぬ』といふ」から読み取れる。

(4) 注（※）を参照に考えると**エ**が適切。

〈通釈〉 にしとみという所の山は、絵を上手に描いている屏風を立て並べたような景色である。片方は海で、浜辺の様子も、寄せては返す波の景色も、すばらしくみごとである。もろこしが原という所も、砂がとても白い所を二三日かけて通り過ぎる。「（ここでは）夏はやまとなでしこが色が濃く、あるいは薄く錦を広げたように咲いている。今は秋の末なので見えません。」と（ある人）が言うが、それでもやはりところどころは散り落ちながら、（花が）ものさびしそうに一面に咲いている。もろこしが原に、やまとなでしこが咲いているとは、などと、人々はおもしろがる。

14 (1) **ゆえ** (2) **ウ**

(3) **(例)恵心僧都は鹿が草を食べるのを惜しんで、その鹿を苦しめたと考えたから。(三十四字)** (4) **イ**

解説 (1) 歴史的かなづかいの「ゑ」は、現代仮名遣いでは「え」と読む。

(2) 「いはく」は「言ったことには」の意味。**a**は直前の「ある人問うて」が「ある人が尋ねて」と訳し、**b**は直前の「僧都の」が「僧都が」という訳になることから考える。

(3) 傍線部①直後の「草を～悩ますか」の部分が理由となる。

(4) 二重傍線**b**直後の「我、～打つなり」の部分より**イ**が適切。

〈通釈〉 仏道を修める人の行いは、善行も悪行もすべて深い考えがある。（普通の）人の考えが及ぶところではない。

昔、恵心僧都が、ある日、庭先で草を食べている鹿を、人に命じて、追い払わせた。その時に、（そこにいた）ある人が尋ねて言うことには、「お師匠様は、慈悲の心がないように見えます。草を惜しんでけものを苦しめるのですか。」僧都が言うことには、「私が、もしこれを打たなかったら、この鹿は、人に慣れて、悪人に近づくような時、必ず殺されるだろう。このために打ちたたいたのだ。」

鹿を打ちたたくのは慈悲の心がないように見えるが、心の中の筋の通った考え方では、慈悲の心が余るほどあふれていることは、このとおりである。

4 古文の学習〔Ⅱ〕

15 (1) **かよう** (2) **(例)子犬が主人の膝にのぼり、胸に手をあげ、口の周りをなめまわし、そのことで主人が子犬をよりか**

① 集団などの長となり主導権を握ること。
② 危険を冒さなければ、大きな成功は得られない。
③ 一度失敗した者が、再び勢力を盛り返すこと。
④ 子供の教育にはよい環境を選べという教え。
⑤ 何度も繰り返し読書すること。

2 文法・敬語・詩歌の学習

7 ① **ア** ② **ウ** ③ **エ** ④ **オ**
⑤ **イ**

解説 ① 主語は「何が」「だれが」を表す。
② 「どんな」を説明する修飾語。
③ 「だが」は逆接を表す接続語。
④ 他の文節に関わりが無いので独立語。
⑤ 述語は「どうする、どんなだ」を表す。

8 ① **カ行変格活用（カ変）・命令形**
② **五段活用・連体形**
③ **サ行変格活用（サ変）・仮定形**
④ **下一段活用・終止形**
⑤ **サ行変格活用（サ変）・未然形**
⑥ **上一段活用・連用形**

解説 活用の種類の見分け方は、カ変の動詞は「来る」、サ変の動詞は「する」だけなので暗記する。他は動詞に「ない」をつけて活用させた場合、「ない」の直前がア段の音なら五段活用、イ段の音なら上一段活用、エ段の音なら下一段活用となる。活用形はその活用形に続く代表的な言葉やどのような形かを覚える。未然形は「ない」「う・よう」、連用形は「た」「ます」などが続く。終止形は言い切りの形。連体形は「こと」などの「体言（名詞）」、仮定形は「ば」などが続く。命令形は命令する形。

9 ① **いらっしゃい** ② **なさら**
③ **お会いになり（会いなさい）（会われ）**
④ **お聞きになる(聞きなさる)(聞かれる)**
⑤ **参り（うかがい）**
⑥ **ご案内し（ご案内いたし）**
⑦ **うけたまり（うかがい）（お聞きし）**
⑧ **お持ちし（お持ちいたし）**

解説 尊敬語は相手（目上）を敬う言葉、謙譲語は自分（身内）がへりくだった言葉のため、相手（目上）が行う動作なら尊敬語を使い、自分（身内）が行う動作なら謙譲語を使う。
① 「お客様」が「いる」ので尊敬語。
② 「相手」が「気にする」ので尊敬語。
③ 「相手」が「会う」ので尊敬語。
④ 「相手」が「聞く」ので尊敬語。
⑤ 「自分」が「行く」ので謙譲語。
⑥ 「自分」が「案内する」ので謙譲語。
⑦ 「自分」が「聞く」ので謙譲語。
⑧ 「自分」が「持つ」ので謙譲語。

10 ① **イ** ② **エ** ③ **イ** ④ **ア**
⑤ **エ** ⑥ **ア** ⑦ **ウ** ⑧ **ウ**

解説 ① 設問と**イ**は動作の目的を示す格助詞。
② 設問と**エ**は動詞「あまる」の連用形。
③ 設問と**イ**は推定（様態）の助動詞。
④ 設問と**ア**は「～がもとで」という原因・根拠を示す格助詞。
⑤ 設問と**エ**は「～まで」という添加を示す副助詞。**ア**は「すら」という他を類推させることを示す副助詞。
⑥ 設問と**ア**は「～ではあるが」という逆接を示す接続助詞。
⑦ 設問と**ウ**は「存在する」という意味の動詞。
⑧ 設問と**ウ**は「同じく」という意味の副詞。**イ**は「それに加えて」という意味の接続詞。

11 (1) **A 名月・秋 B 花・春**
(2) **切れ字** (3) **ア**

解説 (1) 季語は、自然現象や動植物、行事、生活など広範囲にわたっている。
(2) 切れ字は詠嘆や強調を示す言葉で、感動の中心を表す。
(3) 冬の季語で秋の末から初冬の頃の強く冷たい風の「こがらし」が吹く中、夕日が海に沈む情景を「強い風が夕日を吹き落とす」という擬人法で表現しているため**ア**が適切。

1 漢字・語句の基礎知識

【一】

1 (1)① しかばね ② おんなへん ③ ふしづくり ④ やまへん ⑤ りっしんべん ⑥ にくづき ⑦ わかんむり ⑧ したごころ

(2)① ア ② エ ③ ウ ④ ア ⑤ ア ⑥ エ

(3)① 出し ② あと ③ 終止符 ④ 小耳 ⑤ うつつ ⑥ 顔

(4)① 臭い物 ② 備え ③ 七癖 ④ たすき ⑤ 回れ ⑥ 三つ子 ⑦ とんぼ ⑧ 背比べ

(5)① 末節（まっせつ） ② 薄命（はくめい） ③ 不断（ふだん） ④ 三文（さんもん） ⑤ 意気（いき） ⑥ 当千（とうせん）

解説 (1) 部首は意味を表す。「りっしんべん」や「したごころ」は心を表し、「わかんむり」はかぶるという意味。

(2) 各構成は①類義語。②主語、述語。③下の語を打ち消す接頭語。④下の語が上の語の目的語。⑤上の語が下の語を修飾。⑥対義語。

(3) それぞれの意味は
① 自分のために他を利用する。
② 物事の影響があとに残る。
③ 終わりにする。
④ ちらりと聞く。
⑤ 何かに心を奪われ夢中になる。
⑥ 世間体が保たれる。

(4) それぞれの意味は
① 人に知られては困るような醜（みにく）い事実を一時しのぎに隠そうとするたとえ。
② ふだんから準備しておけば万一の事態に困らない。
③ だれしも多少は癖があるということ。
④ 中途半端で役に立たないことのたとえ。
⑤ 急ぐならかえって安全確実な方法をとったほうが結局早く目的を達せられるということ。
⑥ 幼いころの性格は年をとっても変わらないということ。
⑦ 物事が中途で切れて、完結しないこと。
⑧ どれもこれも平凡で、特にすぐれたもののないことのたとえ。

(5) それぞれの意味は
① 中心から外れた事柄。
② 美人は早死にしたり不幸だったりするということ。
③ ぐずぐずしていて、決断できないこと。
④ 数が多くても値段がひどく安いこと。
⑤ 元気がなくしょげること。
⑥ 一人で千人の敵に対抗できるほど強いこと。

2 ① みなと ② は ③ きわ ④ なな ⑤ た ⑥ こもりうた ⑦ しずく ⑧ とどこお ⑨ ものおき ⑩ ね ⑪ まか ⑫ ふえ ⑬ とおで ⑭ にぎ ⑮ う ⑯ かま

【二】

3 (1)① 2画 ② 10画 ③ 14画 ④ 6画 ⑤ 12画 ⑥ 4画

(2)① ひとり ② じゅず ③ でこぼこ ④ やまと ⑤ きょう ⑥ うわ(つく) ⑦ ゆかた ⑧ くだもの ⑨ ふつか ⑩ おとめ ⑪ とあみ ⑫ じょうず

4 ① きんこう ② はせい ③ るいじ ④ けっさく ⑤ ぶんけん ⑥ だいく ⑦ なんしょく ⑧ ほっさ ⑨ ひょうばん ⑩ かっしゃ ⑪ ひんぱん ⑫ しゅうぜん ⑬ せいやく ⑭ ちんたい ⑮ ばくが ⑯ きんちょう

5 ① 渡航 ② 朗読 ③ 運勢 ④ 教養 ⑤ 弁護 ⑥ 温和 ⑦ 自治 ⑧ 指揮 ⑨ 背景 ⑩ 金属 ⑪ 無礼 ⑫ 遊牧 ⑬ 警備 ⑭ 借家 ⑮ 漁師 ⑯ 成功

【三】

6 (1)① 日 ② 度 ③ 洗 ④ 改 ⑤ 止 ⑥ 小 ⑦ 燃 ⑧ 縦 ⑨ 採 ⑩ 型破 ⑪ 散 ⑫ 暖 ⑬ 思 ⑭ 納 ⑮ 住 ⑯ 速 ⑰ 除 ⑱ 奮 ⑲ 勇 ⑳ 暑

(2)① 牛耳 ② 虎子 ③ 捲土 ④ 孟母 ⑤ 韋編

解説 (2) それぞれの意味は

第１部

千葉県公立高等学校 選抜学力検査編

令和６年度　選抜学力検査

令和６年度　思考力を問う問題

令和５年度　選抜学力検査

令和４年度　選抜学力検査

千葉県公立　令和６年度選抜学力検査

数　学

1　次の(1)～(7)の問いに答えなさい。

(1)　次の①～③の計算をしなさい。

①　$-4+12\div 2$　　②　$a^2b\div 3ab\times(-9a)$　　③　$(\sqrt{7}+\sqrt{3})(\sqrt{7}-2\sqrt{3})$

(2)　ある数 x を２乗した数と，x を２倍した数との和は５である。

このとき，次の①，②の問いに答えなさい。

①　x についての方程式として最も適当なものを，次の**ア**～**エ**のうちから１つ選び，符号で答えなさい。

ア $x^2+2x+5=0$　**イ** $x^2-2x+5=0$　**ウ** $x^2+2x-5=0$　**エ** $x^2-2x-5=0$

②　次の「**あ**」～「**う**」にあてはまるものをそれぞれ答えなさい。

ある数 x は [あい] $\pm\sqrt{[う]}$ である。

(3)　次の①，②の問いに答えなさい。

①　次の**ア**～**エ**のうち，標本調査を行うことが最も適しているものを１つ選び，符号で答えなさい。

ア　国勢調査　　**イ**　川の水質検査

ウ　学校で行う生徒の歯科検診　　**エ**　A 中学校３年生の進路希望調査

②　次の「**え**」「**お**」にあてはまるものをそれぞれ答えなさい。

袋の中に，同じ大きさの白い卓球の球だけがたくさん入っている。この白い球の個数を推定するために，色だけが違うオレンジ色の球 30 個をその袋に入れてよくかき混ぜ，そこから無作為に 10 個の球を抽出したところ，オレンジ色の球が３個含まれていた。

はじめに袋の中に入っていた白い球は，およそ [えお] 個と推定できる。

(4)　次の①，②の問いに答えなさい。

①　立方体の展開図として**正しくないもの**を，次の**ア**～**エ**のうちから１つ選び，符号で答えなさい。

ア
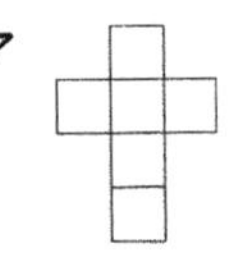

イ

ウ
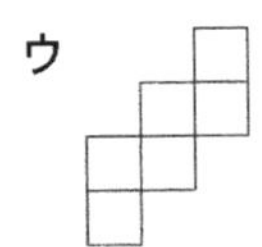

エ
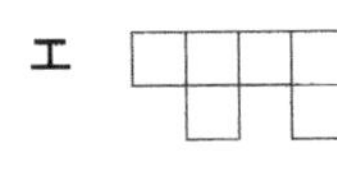

②　次の「**か**」～「**く**」にあてはまるものをそれぞれ答えなさい。

右の図のように，１辺が３cm の立方体がある。この立方体の表面に，頂点Ａから頂点Ｈまで，辺 BF と辺 CG を通るようにひもをかける。ひもの長さが最も短くなるときのひもの長さは [か] $\sqrt{[きく]}$ cm である。

(5)　大小２つのさいころを同時に投げ，大きいさいころの出た目の数を a，小さいさいころの出た目の数を b とし，$(a,\ b)$を座標とする点Ｐをとる。

例えば，下の図の点Ｐは，大きいさいころの出た目の数が３，小さいさいころの出た目の数が４のときの座標（３，４）を表したものである。

このとき，次の①の「け」「こ」，②の「さ」「し」にあてはまるものをそれぞれ答えなさい。

ただし，原点Ｏから点（１，０）までの距離及び原点Ｏから点（０，１）までの距離をそれぞれ１cmとする。

また，さいころを投げるとき，１から６までのどの目が出ることも同様に確からしいものとする。

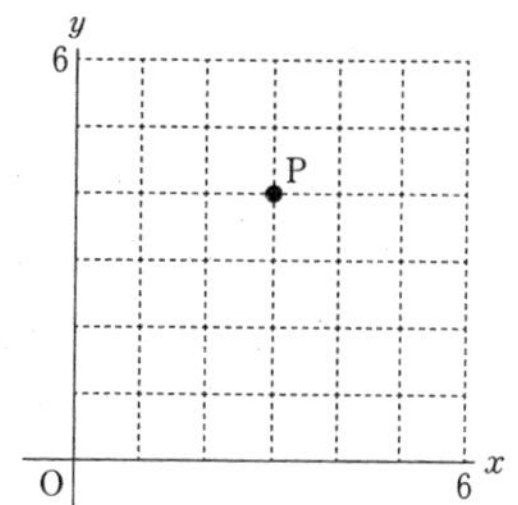

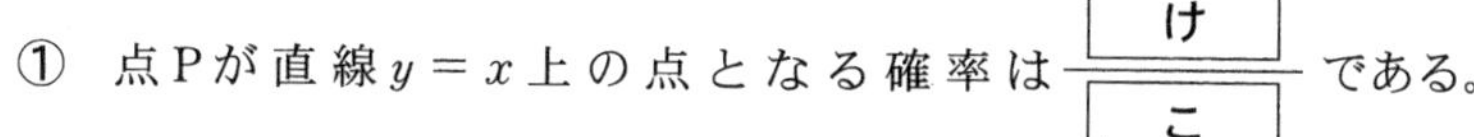
① 点Ｐが直線 $y = x$ 上の点となる確率は $\dfrac{\boxed{け}}{\boxed{こ}}$ である。

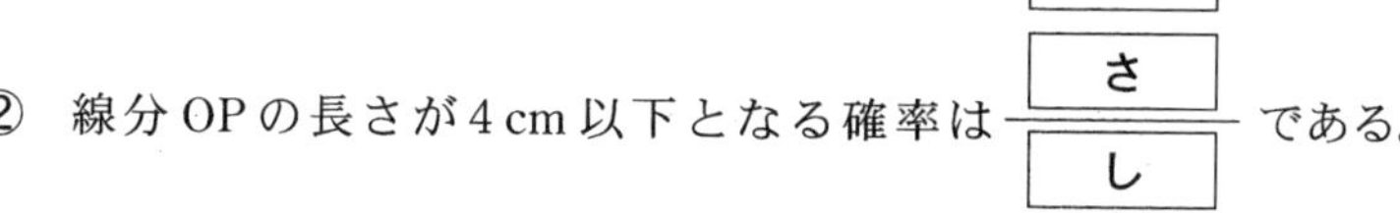
② 線分OPの長さが4cm以下となる確率は $\dfrac{\boxed{さ}}{\boxed{し}}$ である。

(6) 右の図のように，４点A，B，C，Dが円Ｏの円周上にあり，弦BAを延長した直線と弦CDを延長した直線の交点をE，線分ACと線分BDの交点をFとする。

∠BEC ＝ 38°，∠BDC ＝ 63° であるとき，次の①の「す」「せ」，②の「そ」「た」にあてはまるものをそれぞれ答えなさい。

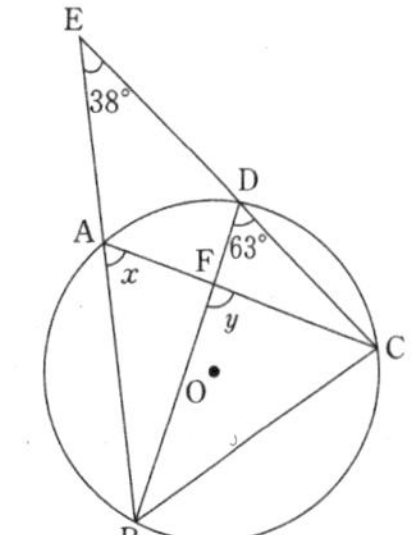

① x で示した ∠BAC の大きさは $\boxed{すせ}$ 度である。

② y で示した ∠BFC の大きさは $\boxed{そた}$ 度である。

(7) 右の図は，ある円錐の展開図の一部（側面の部分）であり，中心角が 90° のおうぎ形である。

この円錐の展開図の底面の部分である円が点Aを通るとき，次の①，②の問いに答えなさい。

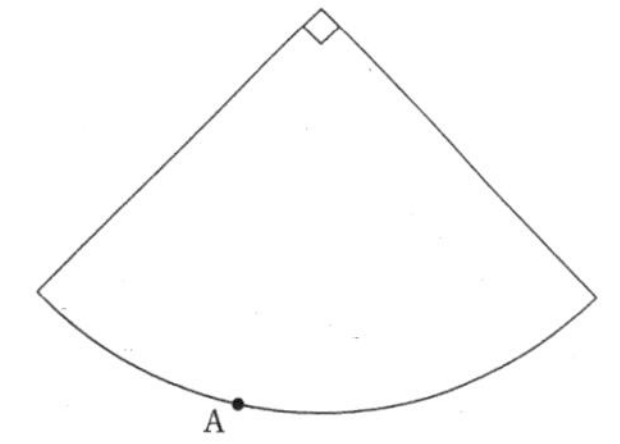

① 次の「ち」にあてはまるものを答えなさい。

側面の部分であるおうぎ形の半径は，底面の部分である円の半径の $\boxed{ち}$ 倍である。

② 底面の部分である円の中心Ｏを作図によって求めなさい。また，中心Ｏの位置を示す文字Ｏも書きなさい。

ただし，三角定規の角を利用して直線をひくことはしないものとし，作図に用いた線は消さずに残しておくこと。

2 下の図のように，関数 $y = \dfrac{1}{2}x^2$ のグラフ上に x 座標が p である点Ｐがあり，点Ｐを通り x 軸に平行な直線と関数 $y = \dfrac{1}{2}x^2$ のグラフとの交点をＱとする。また，関数 $y = \dfrac{1}{2}x^2$ のグラフ上に点Ｒを，y 軸上に点Ｓを，四角形PRSQが平行四辺形となるようにとる。

このとき，次の(1)，(2)の問いに答えなさい。

ただし，$p > 0$ とする。

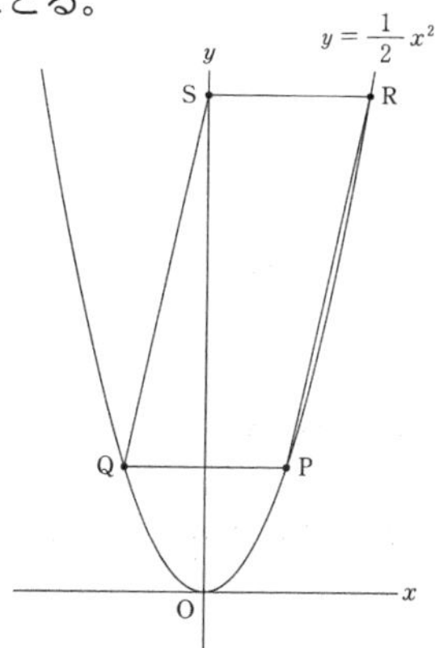

(1) $p = 3$ のとき，次の①の「つ」「て」，②の「と」〜「に」にあてはまるものをそれぞれ答えなさい。

① 点Ｐの y 座標は $\dfrac{\boxed{つ}}{\boxed{て}}$ である。

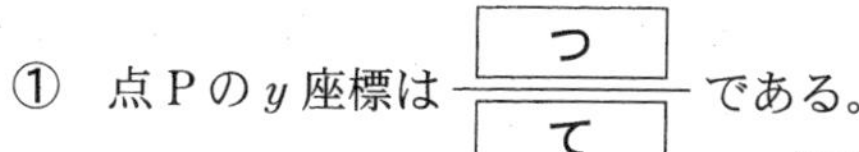
② ２点Q，Rを通る直線の傾きは $\dfrac{\boxed{と}}{\boxed{な}}$ で，切片は $\boxed{に}$ である。

(2) 直線 PQ と y 軸との交点を H とするとき，次の「**ぬ**」「**ね**」にあてはまるものをそれぞれ答えなさい。

SH ＝ 2 PQ となるのは，$p = \dfrac{\boxed{\text{ぬ}}}{\boxed{\text{ね}}}$ のときである。

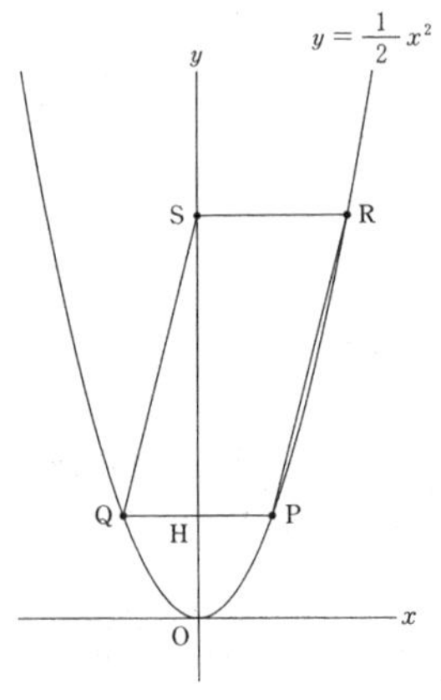

3 右の図のように，∠ABC ＝ 45° の鋭角三角形 ABC がある。点 B から辺 AC に垂線 BD を，点 C から辺 AB に垂線 CE をひき，線分 BD と線分 CE の交点を F とする。

このとき，次の(1)～(3)の問いに答えなさい。

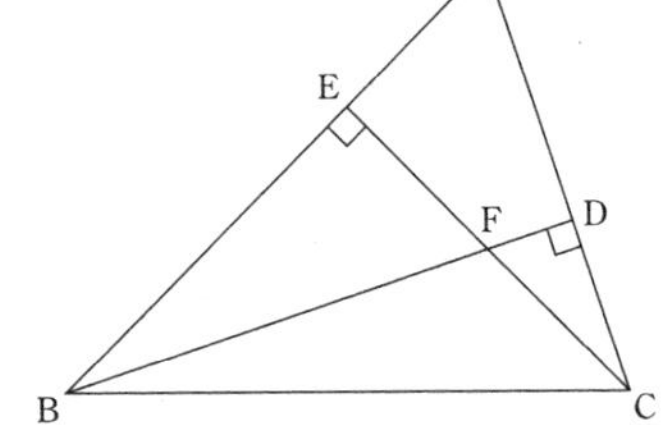

(1) 次の [(a)]，[(b)]，[(c)] に入る最も適当なものを，**選択肢**の**ア**～**カ**のうちからそれぞれ１つずつ選び，符号で答えなさい。

∠EBC ＝ [(a)] ＝ 45° だから，△EBC は [(b)] である。よって，EB ＝ [(c)] である。

選択肢

ア　∠BEC　**イ**　∠ECB　**ウ**　二等辺三角形　**エ**　正三角形　**オ**　BC　**カ**　EC

(2) △EBF ≡ △ECA となることを証明しなさい。

ただし，(1)の [　　] のことがらについては，用いてもかまわないものとする。

(3) 次の「**の**」「**は**」にあてはまるものをそれぞれ答えなさい。

AD ＝ 9 cm，DC ＝ 6 cm であるとき，△EBF の面積は [**のは**] cm^2 である。

4 次の**会話文**を読み，あとの(1)～(3)の問いに答えなさい。

会話文

教師Ｔ：今日はスクリーンに投影される影について，簡略化したもので考えましょう。

図１のように，光源を点 O，スクリーンを直線 ℓ とし，直線 ℓ と平行な線分 AB を，光源からの光を遮（さえぎ）る物体として考えます。

物体の上端を点 A，下端を点 B とし，光源からの光の道すじを表したものを，それぞれ半直線 OA，OB とします。また，この２つの半直線と直線 ℓ との交点を，それぞれ P，Q とします。

図１

スクリーン
ℓ
物体
光源
O
A
M
B
P
N
Q

生徒Ｘ：線分 PQ がスクリーンに投影された影であると考えればよいのですね。

教師Ｔ：そのとおりです。また，点 O から線分 PQ に垂線をひき，線分 AB との交点を M，線分 PQ との交点を N とします。ただし，ここでは必ず交点 M ができるように物体

ABがあるものとします。

では，OM = MNのとき，線分PQの長さは線分ABの長さの何倍になりますか。

生徒X：△OABと△OPQは相似になるので，［ひ］倍です。

教師T：そうですね。この考え方を利用すると，物体ABが平行移動したとしても，スクリーンに投影される影の長さPQを求めることができますね。

では，線分PQの長さを線分ABの長さの4倍にしたいとき，線分OMと線分MNの長さの比をどのようにすればよいでしょうか。

生徒X：最も簡単な整数比で表すと，OM：MN =［ふ］：［へ］です。

教師T：そのとおりです。次に，光を遮る物体を，線分ではなく正方形としてみましょう。わかりやすくするために，座標平面上で考えてみます。

図2のように，光源を表す点Oを原点，物体を表す正方形EFGHの頂点の座標をそれぞれ，E(4，1)，F(4，−1)，G(6，−1)，H(6，1)とし，スクリーンを直線$x = 10$とします。スクリーンに投影される影を線分PQとし，座標をP(10，p)，Q(10，q)とします。ただし，$p > q$とします。

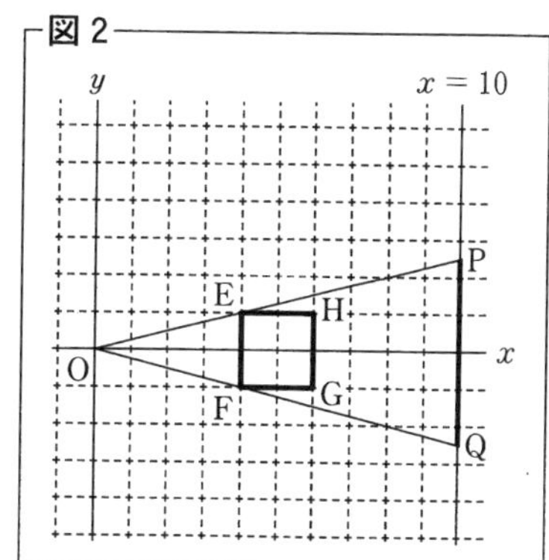

生徒X：点Pは直線OEと直線$x = 10$との交点だから

$p = \dfrac{［ほ］}{［ま］}$ になるということですね。

教師T：そうですね。では，光源を点Oからy軸上の正の整数部分に動かしてみましょう。nを自然数とし，動かした後の光源を表す点の座標をO′(0，n)とします。

点Pは直線O′Hと直線$x = 10$との交点，点Qは直線O′Fと直線$x = 10$との交点になるので，点P，Qのy座標をそれぞれ求めることができますね。

生徒X：nを用いて表すと，$p =$［(a)］，$q =$［(b)］となります。

教師T：正解です。この結果を利用すると，<u>線分PQの長さが周期的に整数になること</u>がわかりますね。

(1) **会話文**中の「**ひ**」～「**ま**」について，次の①～③の問いに答えなさい。

① 「**ひ**」にあてはまるものを答えなさい。

② 「**ふ**」「**へ**」にあてはまるものをそれぞれ答えなさい。

③ 「**ほ**」「**ま**」にあてはまるものをそれぞれ答えなさい。

(2) **会話文**中の(a)，(b)にあてはまる式をそれぞれ書きなさい。

(3) **会話文**中の下線部について，次の「**み**」～「**め**」にあてはまるものをそれぞれ答えなさい。

線分PQの長さが100 cmとなるのは，$n =$［みむめ］のときである。

ただし，原点Oから点(1，0)までの距離及び原点Oから点(0，1)までの距離をそれぞれ1 cmとする。

英　語

英語リスニング放送台本

（チャイム）

これから，英語の学力検査を行います。まず，問題用紙の１ページ目があることを確認しますので，問題用紙の最初のページを開きなさい。（間３秒）確認が終わったら，問題用紙を閉じなさい。１ページ目がない人は手を挙げなさい。

（間５秒）次に，解答用紙を表にし，受検番号，氏名を書き，受検番号はその数字のマーク欄を塗りつぶしなさい。

（間30秒）それでは，問題用紙の１ページを開きなさい。（間３秒）リスニングテストの問題は，１から４の四つです。

では，１から始めます。

１は，英語の対話を聞いて，最後の文に対する受け答えを選ぶ問題です。受け答えとして最も適当なものを，それぞれ問題用紙の **A** から **D** のうちから一つずつ選んで，その符号を答えなさい。なお，対話はそれぞれ２回放送します。では，始めます。（間２秒）

No. 1　Girl:　You went to Kyoto last weekend, right?
Boy:　Yes. I visited my uncle.
Girl:　Did you go there alone?

（間３秒）（繰り返し）（間６秒）

No. 2　Boy:　What are you doing?
Girl:　I'm practicing my speech. I have a speech contest on Sunday.
Boy:　Where is it going to be held?

（間３秒）（繰り返し）（間６秒）

No. 3　Mother:　What are you looking for?
Boy:　I'm looking for my watch.
Mother:　You lost it again? Last time it was under your bed.

（間３秒）（繰り返し）（間６秒）

次は２です。

２は，英語の対話又は英語の文章を聞いて，それぞれの内容についての質問に答える問題です。質問の答えとして最も適当なものを，それぞれ問題用紙の **A** から **D** のうちから一つずつ選んで，その符号を答えなさい。なお，英文と質問はそれぞれ２回放送します。では，始めます。（間２秒）

No. 1　Man:　Let's watch a movie here.
Woman:　OK, but I have to leave before 7:30.
Man:　OK. I'm interested in "Robot World," but it ends at 7:45. How about "Rugby Action"?
Woman:　Well, I want to relax today...
Man:　How about "Life in the Sea"? We can see beautiful sea animals.
Woman:　Sounds good, but it's a little too long. Do you know "September Wind"?
Man:　Yes. It's a true story about a school brass band.
Woman:　Sounds interesting. Let's watch it. And next time we can watch "Robot World."

Question: Which movie will they watch today?

（間３秒）（繰り返し）（間６秒）

No. 2　Winter vacation will start soon. Tomoko is looking forward to going skiing with friends.

Now she's getting ready for her trip. She bought skiing goods at the sports shop last Saturday. She wanted to buy a travel bag, too, but her mother had a bag already, and Tomoko will use that one. Today, she realized her old sweater is too small, so she's going to buy a new one this weekend.

Question: Where did Tomoko go last weekend?

(間３秒)(繰り返し)(間６秒)

次は３です。

３は，英語の対話又は英語の文章を聞いて，それぞれの内容についての質問に答える問題です。質問の答えとして最も適当なものを，それぞれ問題用紙の**A**から**D**のうちから一つずつ選んで，その符号を答えなさい。なお，英文と質問はそれぞれ２回放送します。では，始めます。(間２秒)

No. 1　Teacher: Today, chorus practice starts at three o'clock. Can you tell the other members?

Student: Yes, Ms. White. Today, we will talk about the school festival, right? Where should we go?

Teacher: We will perform in the gym. Do you think we can talk there?

Student: Well, we need desks and chairs when we talk.

Teacher: You're right. We can use my classroom or the computer room.

Student: Can we meet in the computer room? I think it is better because we can use the computers and it's next to the music room. After we talk, we can practice in the music room.

Teacher: All right.

Question: Where will they talk today?

(間３秒)(繰り返し)(間６秒)

No. 2　Last year, Yuta went to Australia and stayed with a family. They were all kind to him, and he was happy to stay in their house. He also liked their food, but he couldn't eat all the food the mother made. She looked sad. Finally, he said to her, "It's delicious, but there's too much for me," and she understood. He learned he should tell someone when he has a problem.

Question: What was Yuta's problem while he was staying in Australia?

(間３秒)(繰り返し)(間６秒)

次は４です。

４は，英語の文章を聞いて，その内容について答える問題です。問題用紙には，英語の文章の内容に関するメモが書かれています。(間３秒)

メモを完成するために，①，②に入る最も適当なものを，それぞれ問題用紙の**A**から**D**のうちから一つずつ選んで，その符号を答えなさい。なお，英文は２回放送します。では，始めます。(間２秒)

Hi, I'm Yuka. I heard that summer vacation is more than two months long in some countries. I think summer vacation should be longer in Japan, too. Longer summer vacation gives us more chances to try things that we cannot do at school, and this can help us grow. However, some of my friends say summer vacation should be shorter. For example, Miki always wants to see her classmates and teachers during summer vacation. She thinks it's important to talk with many different people at school.

(間５秒)(繰り返し)(間10秒)

以上で，リスニングテストを終わります。次ページ以降の問題に答えなさい。

1 英語リスニングテスト（**放送**による**指示**に従って答えなさい。）

No. 1	**A**. Yes, I do. **C**. No, there isn't.	**B**. Yes, I did. **D**. No, there wasn't.
No. 2	**A**. Thirty students. **C**. At two o'clock.	**B**. On Sunday. **D**. At the city culture center.
No. 3	**A**. It's my bed. **C**. I have already checked there.	**B**. There was a watch. **D**. I'm looking for it.

2 英語リスニングテスト（**放送**による**指示**に従って答えなさい。）

No. 1

TODAY'S MOVIES

A	B	C	D
Life in the Sea	September Wind	Rugby Action	Robot World
5:20－7:20	5:40－7:20	5:40－7:25	5:45－7:45

No. 2

A

B

C

D

3 英語リスニングテスト（**放送**による**指示**に従って答えなさい。）

No. 1	**A**. In the computer room. **C**. In the gym.	**B**. In the classroom. **D**. In the music room.
No. 2	**A**. He didn't like some of the food in Australia. **B**. He couldn't cook with the family. **C**. The mother didn't eat the food he made. **D**. The mother made too much food for him.	

4 英語リスニングテスト（**放送**による**指示**に従って答えなさい。）

Summer vacation should be …
Yuka → longer
Reason : Trying things we cannot do at school → （　①　）
Miki → shorter
Reason : （　②　）many different people at school ＝ important

①	**A**. We can help people. **C**. We can grow.	**B**. We can have fun. **D**. We can go camping.
②	**A**. Communicating with **C**. Going out with	**B**. Taking care of **D**. Talking about

5 次の(1)～(5)の対話文を完成させなさい。

(1)，(2)については，それぞれの（　　　）の中の語を最も適当な形にしなさい。ただし，英単語１**語**で答えること。

また，(3)～(5)については，それぞれの(　　　)の中のア～オを正しい語順に並べかえ，その順序を符号で示しなさい。

(1) A: Is this song famous?

B: Yes. It is (know) all over the world.

(2) A: I really like Kyoto. I've been there four times, and I'm going again next week!

B: Wow! It will be your (five) trip there.

(3) A: What is (ア of　イ the　ウ all　エ most　オ popular) the animals in this zoo?

B: The koalas. There are only a few zoos which have koalas in this country.

(4) A: Can you tell (ア should　イ which　ウ I　エ me　オ bus) take to go to the aquarium?

B: Sure. You should take Bus No. 3.

(5) A: Today, I'm going to (ア you　イ the book　ウ me　エ told　オ buy) about.

B: I hope you like it.

6 次の(1)，(2)のイラストについて，(　　　)に入る適当な言葉をそれぞれ英語で書きなさい。ただし，語の数はそれぞれ**10語程度**(．，？！などの符号は語数に含まない。)とし，２文以上になってもかまいません。なお，会話は①，②の順に行われています。

(1)　(2)

7 次の(1)，(2)の英文を読んで，それぞれの問いに答えなさい。

(1) ヒカリ(Hikari)とエレン(Ellen)は，２人の住むみなみ市(Minami City)について調査し，英語でプレゼンテーションを行いました。ヒカリがスライド(slide)を使って発表をしています。

Hello, everyone. Do you like Minami City? We love this city. This city has many great places and things. Look at <u>Slide 1</u>. This shows the number of people who visited Minami City from 2000 to 2020. The number suddenly started to go up in 2010. We think it is because a large shopping mall opened in that year. The number has been slowly increasing since then. Ellen and I went to the tourist center and asked why people visited our city. Some people visited here to go shopping at the shopping mall, and others came to enjoy nature. We have a beautiful river and many people enjoyed fishing there. Also, there were people who came to buy local crafts and eat local food.

However, we found one problem. Look at Slide 2. This shows how many people work in agriculture by age group. **Slide 3** shows the number of the young people who want to work in this industry in the future. If the situation (　**A**　), we may not be able to sustain it. This is one of the biggest problems for our city.

To solve this problem, we think it is important for more people to understand the industry. Our city has many kinds of work experience programs for agriculture. My brother joined one of the programs and became interested in agriculture. Now, he is studying it in university and planning to start an agriculture company. This made me interested in it, too. Now, Ellen and I are thinking about joining some of the programs and learning more. Why don't you join one of these programs with us? You will be able to learn something new about agriculture.

We love this city, and we want more people to love it, too. So, we want to find ways to keep it wonderful in the future.

Slide 2

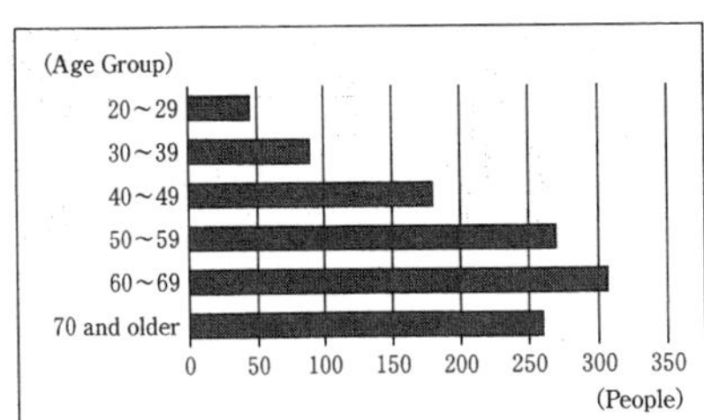

Slide 3

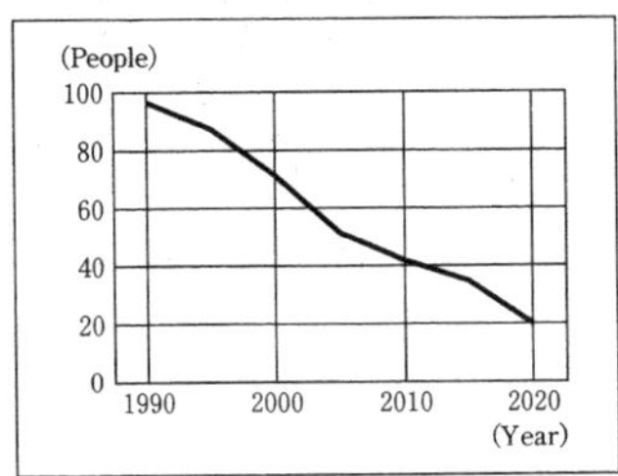

(注)　crafts　工芸品　　agriculture　農業　　industry　産業　　sustain　～を持続させる

① 本文の内容に合うように，Slide 1 のグラフとして最も適当なものを，次のア～エのうちから一つ選び，その符号を答えなさい。

ア

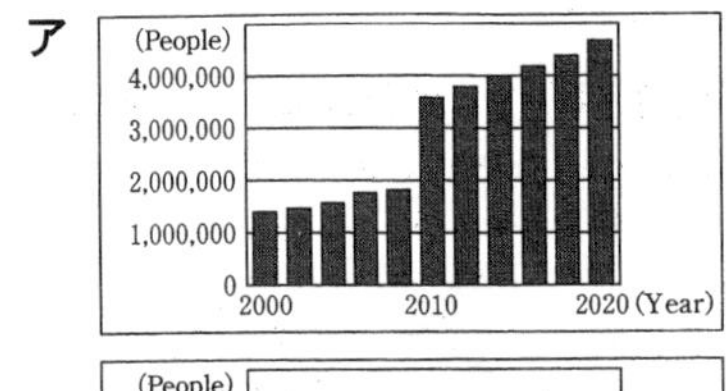

イ

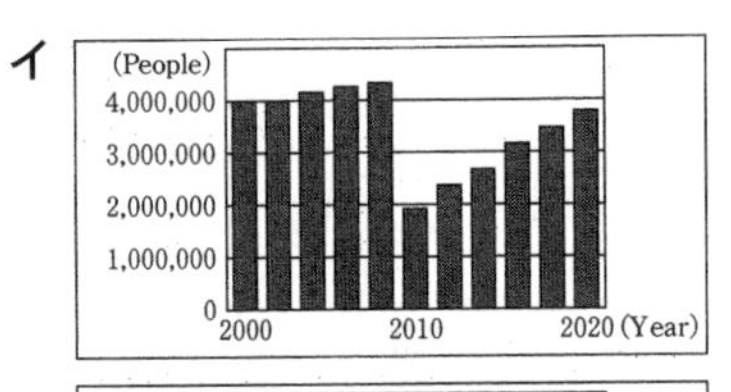

ウ

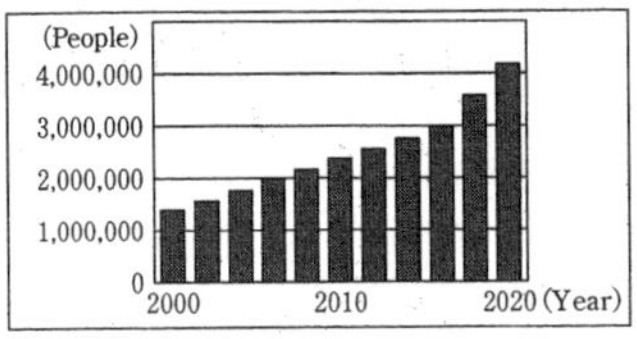

エ

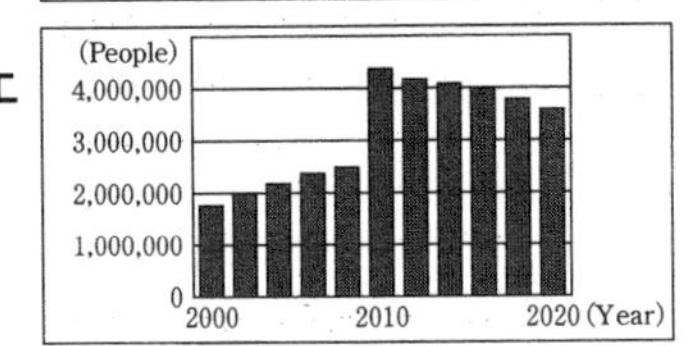

② 本文中の(　A　)に入る語として最も適当なものを，次のア～エのうちから一つ選び，その符号を答えなさい。

ア　happens　　イ　continues　　ウ　improves　　エ　changes

③ プレゼンテーションを聞いたタロウ(Taro)がエレンと話をしています。次の会話中の(　　　)に入る最も適当な英単語１語を書きなさい。

Taro: Thank you for your presentation. I have a question. You said, "This is one of the biggest problems" in your presentation. Could you explain what you meant?

Ellen: Thank you, Taro. That's a good question. The problem is about the number of young people who want to work in agriculture. Look at **Slide 3** again. We can see that the number is going (　　　) quickly. I'm afraid that agriculture may

disappear in our city in the near future.
Taro: Thank you. I want to do something with you to change the situation.

④　本文の内容に合っている英文として最も適当なものを，次の**ア**～**エ**のうちから一つ選び，その符号を答えなさい。

ア　Minami City is famous for its fishing industry and seafood.

イ　Young people in Minami City must join many work experience programs.

ウ　Hikari's brother started a company while he was in university.

エ　Hikari and Ellen want many people to understand the job of farming.

⑵　次は，みどり町(Midori Town)で開催されるイベントのお知らせです。

Midori Town
International Spring Festival

There are more than 1,000 people from various countries in our town.
Let's make many friends under the beautiful *sakura* (cherry trees)!

Date: Saturday, March 30 & Sunday, March 31
Time: Day 1　10:00 am－4:00 pm
　　　Day 2　10:00 am－2:00 pm
Place: Midori Park & Midori International Center

Stage Events (Midori Park)

Day 1　World Dance Performances
10:30－11:15　Spain
1:30－　2:15　Hawaii
3:00－　3:30　Thailand

Day 2　World Music
10:30－11:00　Japan (Japanese drums)
11:30－12:00　Brazil
1:00－　1:30　Spain

Culture Events (Midori International Center－Room 101)

Day 1　English *Haiku* Experience
10:30－12:00
Teachers from the international school will teach you.

Day 2　Making *Origami* Flowers!
11:00－12:00
Try making beautiful paper flowers with *origami!*

- Enjoy delicious foods from various countries! → Midori Park
- Buy beautiful hand-made goods from various countries! → Midori Park
- Try wearing traditional clothes from various countries! (Day 1 only)
  (You can try on Japanese *kimono*, too.) → Midori International Center

◇ **We need volunteers!**

Volunteers at this event can get **¥100 OFF** at the curry shop & the American hot dog shop.
If you are interested in volunteering,
please check the information on our website. →

Midori International Center (☎000-111-2222)

(注)　*haiku*　俳句　　hand-made　手作りの

①　このお知らせを見て，ヒロコ(Hiroko)と留学生のボブ(Bob)が話をしています。次の会話中の(　　　)に入る最も適当なものを，あとの**ア**～**エ**のうちから一つ選び，その符号を答えなさい。

Bob:	I want to try on a Japanese *kimono*.
Hiroko:	You can do it at the International Center. It's in front of the station.
Bob:	I see. Can we go together?
Hiroko:	Sure. I'm very interested in clothes from other countries. Also, I want to watch the Spanish dance performance.
Bob:	Me, too. Let's meet at the station (　　　).

ア at 10:00 on Saturday　**イ** at 1:00 on Saturday　**ウ** at 10:00 on Sunday　**エ** at 12:30 on Sunday

② このお知らせの内容に合うように，次の英文の(　　　)に入る最も適当なものを，あとの**ア**～**エ**のうちから一つ選び，その符号を答えなさい。

If you want to volunteer at this event, you should (　　　).

ア call Midori International Center

イ visit Midori International Center's website

ウ go to the curry shop or the hot dog shop

エ take lessons on how to make *origami* flowers

③ このお知らせの内容に合っている英文として最も適当なものを，次の**ア**～**エ**のうちから一つ選び，その符号を答えなさい。

ア More than 1,000 people from other countries will come to the festival.

イ You can enjoy making paper flowers under the cherry trees.

ウ You can learn English *haiku* from the international school teachers.

エ Volunteers can get an American hot dog for 100 yen.

8 次のファストファッション(fast fashion)に関するジュン(Jun)のスピーチと，それについて，エミ(Emi)のグループが話し合った内容を読んで，あとの(1)～(5)の問いに答えなさい。

Do you often buy fast fashion? Fast fashion clothes are popular around the world these days because they are not only cheap but also fashionable. Fast fashion companies make a lot of cheap products quickly just like fast food. New fashionable products are sold one after another in a short time. Though many people like fast fashion, it causes serious problems for the environment.

First of all, we throw away a lot of clothes and create a large amount of waste. According to research, in Japan, each person throws away twelve pieces of clothing every year. What do you think about this? Actually, this means that about 1,300 tons of clothes are thrown away in one day. People throw away fast fashion clothes especially often. [**ア**]

Next, a large amount of water is used to produce clothes. Actually, about 2,300 liters of water is used to make only one shirt. How much water do you drink in one year? [**イ**] Research shows that one person drinks about 440 liters of water in one year. This means that it takes about five years for one person to drink 2,300 liters of water. Also, the water used in factories makes rivers and oceans dirty. [**ウ**]

Making clothes causes air pollution, too. The companies give off a lot of carbon dioxide. Of course, carbon dioxide is given off while making clothes, but there are other reasons, too. For example, many fast fashion clothes are made in Asian countries and carried to other countries by trucks and ships, and this produces a lot of carbon dioxide. [エ]

Fast fashion companies are trying to find solutions to these problems. For example, some companies recycle old clothes to make new ones. Others reduce the amount of water they use. However, it will still take time to solve these problems.

There are many things we can do to help. What can you do now?

Emi: I often buy fast fashion. I'm shocked to learn that fast fashion has many problems. Why do people throw away fast fashion clothes so easily?
Tom: I think it is because (A).
Mari: I agree, Tom. We usually do not throw away expensive things easily because we cannot buy them easily. I think the most important thing is to buy only clothes which are really necessary.
Emi: What else can we do?
Mari: I think we should recycle clothes instead of throwing them away when we do not want them anymore.
Tom: You're right, but (B)?
Mari: Some clothes shops have recycling boxes, so we can use them.
Tom: I see. Buying used clothes is good for the environment, too. By doing so, we can (C).
Emi: That's a good idea. I will not throw away my clothes anymore.

(注) fashionable　流行の　　waste　廃棄物　　clothing　服
liters　リットル　　give off　～を排出する　　carbon dioxide　二酸化炭素

(1) 次の英文を入れるのに最も適当な場所を，本文中の[ア]～[エ]のうちから一つ選び，その符号を答えなさい。

About 20% of the world's water pollution is related to the fashion industry.

(2) 話し合いの内容に合うように，本文中の(A)に入る言葉を英語で書きなさい。ただし，語の数は10～15語(，などの符号は語数に含まない。)とすること。

(3) 本文中の(B)に入る最も適当なものを，次のア～エのうちから一つ選び，その符号を答えなさい。

ア how do we recycle them　　イ where are the shops
ウ who has the recycling boxes　　エ when should we do it

(4) 本文中の(C)に入る最も適当なものを，次のア～エのうちから一つ選び，その符号を答えなさい。

ア buy used clothes　　イ choose clean energy
ウ reduce waste　　エ sell fashionable clothes

(5) 本文の内容に合っている英文として最も適当なものを，次のア～エのうちから一つ選び，その符号を答えなさい。

ア　Many people buy fast fashion clothes to protect the environment.

イ　Five people's drinking water for about one year is needed to make one shirt.

ウ　Most fast fashion clothes are sent to Asian countries from other areas.

エ　Some fast fashion companies are trying to produce clean water.

9　中学生のケン(Ken)がALTのジュディ先生(Judy)と話をしています。この対話文を読んで，［(1)］～［(4)］に入る最も適当なものを，それぞれあとのア～エのうちから一つずつ選び，その符号を答えなさい。

Judy: Hi, Ken. I heard you had a soccer game yesterday. How was it?

Ken: Not good. I didn't score any goals again. I missed the goal three times and our team lost because of me.

Judy: Cheer up, Ken. I know you are practicing hard every day. I'm sure you can do well next time.

Ken: ［(1)］ I can't play soccer well these days. I haven't scored a goal for two weeks. I can't trust myself anymore.

Judy: Ken, don't be so disappointed. Trust yourself.

Ken: How do I trust myself?

Judy: Do you know the words "No rain, no rainbow"? Have you ever heard this before?

Ken: No. What is it?

Judy: It's a famous proverb from Hawaii. It's my favorite.

Ken: ［(2)］

Judy: We often see a beautiful rainbow after it rains.
It means that good things often come to you ［(3)］.

Ken: I see. I have had many rainy days, so maybe I will see a rainbow soon.
You made me feel better. Thank you.

Judy: You're welcome. I'm glad to hear it.

Ken: I will practice harder for the next game. ［(4)］

Judy: Good! You can do it for your team. Do your best, Ken!

（注）score goals　ゴールを決める　　proverb　ことわざ

(1)　ア　I think so, too.　　イ　I don't think so.
　　ウ　I like to practice.　　エ　I don't like to practice.

(2)　ア　What does it mean?　　イ　Why do you know it?
　　ウ　What do you see?　　エ　Why does it happen?

(3)　ア　after you use an umbrella　　イ　after you see a rainbow
　　ウ　after you find a beautiful thing　　エ　after you have a difficult time

(4)　ア　I really want you to join us.　　イ　I have been on the team for three years.
　　ウ　I believe I can score goals if I try hard.　　エ　I will try my best to join the team.

社　会

1　次の会話文は，社会科の授業で，こうきさんたちが，千葉県の海岸について話し合っている場面の一部である。これに関して，あとの(1)〜(4)の問いに答えなさい。

先　生：千葉県の海岸の特色やそれに関連することがらについて，調べてきたことは，ありますか。

こうき：千葉県は，半島の地形上，三方を海に囲まれ，海とともに発展してきました。

みつき：右の地図を見てください。太平洋側の黒く示した**X**では，単調な海岸線が続く［　Ⅰ　］が見られます。また，**Y**の沖合は，暖流の黒潮と寒流の親潮がぶつかる［　Ⅱ　］となっており，豊かな漁場となっています。

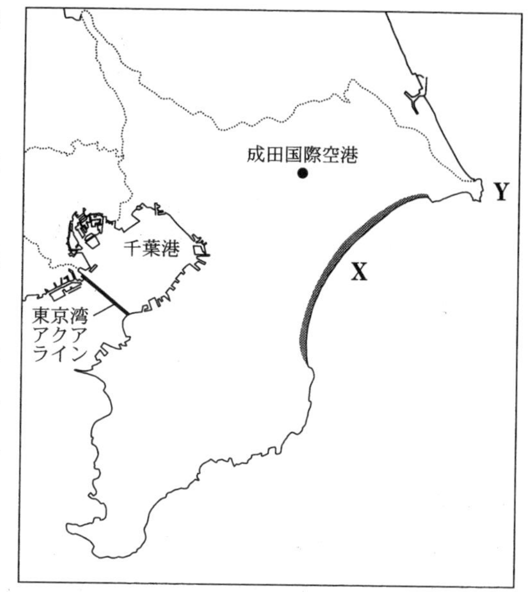

よしき：東京湾沿いの北部では，海岸が埋め立てられ，a千葉港の整備，大きな工場の建設が行われました。その後，b1960年代以降，大規模な住宅団地や娯楽施設の建設が行われ，1997年には，千葉県と神奈川県を橋と海底トンネルで結ぶc東京湾アクアラインが完成しました。この建設工事では，事前に環境への影響を評価する［　Ⅲ　］が行われました。

こうき：千葉県の海岸は，太平洋側と東京湾沿いとで違った風景が見られるのですね。

(1)　会話文中の［　Ⅰ　］，［　Ⅱ　］にあてはまる語の組み合わせとして最も適当なものを，次の**ア**〜**エ**のうちから一つ選び，その符号を答えなさい。

ア　Ⅰ：砂浜海岸　　Ⅱ：海溝
イ　Ⅰ：リアス海岸　　Ⅱ：海溝
ウ　Ⅰ：リアス海岸　　Ⅱ：潮境（潮目）
エ　Ⅰ：砂浜海岸　　Ⅱ：潮境（潮目）

(2)　会話文中の下線部**a**に関連して，次の表は，よしきさんが，千葉港と成田国際空港の貨物の取り扱いについてまとめたものである。表から読み取れることとして適当なものを，あとの**ア**〜**エ**のうちから**すべて**選び，その符号を答えなさい。

千葉港の貿易額の上位５品目（2021年）

輸出品目	金額（億円）	%	輸入品目	金額（億円）	%
石油製品	2,372	30.6	石　油	18,605	54.5
鉄　鋼	1,630	21.0	液化ガス	5,170	15.1
有機化合物	1,311	16.9	自動車	2,344	6.9
プラスチック	523	6.7	鉄　鋼	1,396	4.1
鉄鋼くず	491	6.3	鉄鉱石	1,045	3.1
輸出総額	7,753		輸入総額	34,133	

（「日本国勢図会 2023/24」より作成）

成田国際空港の貿易額の上位５品目(2021 年)

輸出品目	金額(億円)	%	輸入品目	金額(億円)	%
半導体等製造装置	11,710	9.1	医薬品	25,606	15.9
科学光学機器	7,386	5.8	通信機	22,196	13.8
金(非貨幣用)	7,149	5.6	集積回路	14,561	9.0
集積回路	5,025	3.9	コンピュータ	12,947	8.0
電気計測機器	4,926	3.8	科学光学機器	9,068	5.6
輸出総額	128,215		輸入総額	161,145	

(「日本国勢図会 2023/24」より作成)

ア　千葉港と成田国際空港の輸入総額を比べると，成田国際空港の輸入総額は，千葉港の５倍以上である。

イ　千葉港の輸入品目１位の金額の割合は，成田国際空港の輸入品目１位から５位までの金額の割合の合計よりも高い。

ウ　成田国際空港の輸出品目１位の金額は，千葉港の輸出総額よりも多い。

エ　成田国際空港では，輸入総額が輸出総額より３兆５千億円以上多くなっている。

(3)　会話文中の下線部**b**に関連して，次の**ア**～**ウ**の文は，1960 年代以降に起こったことがらについて述べたものである。**ア**～**ウ**を年代の**古いものから順**に並べ，その符号を答えなさい。

ア　中国とソ連が支援する北ベトナムとアメリカが支援する南ベトナムの間で，ベトナム戦争が始まった。

イ　アメリカのブッシュ大統領とソ連のゴルバチョフ共産党書記長がマルタで会談し，東西冷戦の終結が宣言された。

ウ　イラクのクウェート侵攻をきっかけに，アメリカを中心とする多国籍軍とイラクとの間で，湾岸戦争が起こった。

(4)　会話文中の下線部**c**に関連して，［ Ⅲ ］にあてはまる適当な語を**８字**で答えなさい。

2　かおるさんたちは，下の図を使って学習した。これに関して，あとの(1)～(4)の問いに答えなさい。

滋賀県
A
B
C
D

(1)　次の文章は，かおるさんが，図中の**A**～**D**の県の県庁所在地についてまとめたレポートの一部である。文章中の［ Ⅰ ］，［ Ⅱ ］にあてはまる数字の組み合わせとして最も適当なものを，あとの**ア**～**エ**のうちから一つ選び，その符号を答えなさい。

> これら四つの県庁所在地は，政府によって指定された人口［ Ⅰ ］万人以上の都市である政令指定都市となっている。また，四つの県庁所在地のうち，県名と県庁所在地名が異なる都市が［ Ⅱ ］つある。

ア　Ⅰ：50　Ⅱ：2　　**イ**　Ⅰ：50　Ⅱ：3
ウ　Ⅰ：100　Ⅱ：2　　**エ**　Ⅰ：100　Ⅱ：3

⑵　次の表は，図中の**A**～**D**の県の人口，人口密度，製造品出荷額等，農業産出額及び海面漁業漁獲量をまとめたものである。表中の**ア**～**エ**は，図中の**A**～**D**の県のいずれかである。図中の**A**と**C**の県を示す最も適当なものを，表中の**ア**～**エ**のうちからそれぞれ一つずつ選び，その符号を答えなさい。

県　名	人　口 (千人) (2022年)	人口密度 (人/km^2) (2022年)	製造品出荷額等 (億円) (2020年)	農業産出額 (億円) (2021年)	海面漁業漁獲量 (千t) (2021年)
ア	7,495	1,448.8	441,162	2,922	53
イ	9,232	3,820.9	159,161	660	25
ウ	1,718	231.9	28,311	3,477	12
エ	2,280	313.1	43,853	1,755	184

（「日本国勢図会　2023/24」より作成）

⑶　次の文章は，さとしさんが，図中の**D**の県の自然についてまとめたレポートの一部である。文章中の［　　　］にあてはまる適当な語を**カタカナ４字**で答えなさい。

> **D**の県といえば，阿蘇山（あそさん）が有名です。九州の中央部にある阿蘇山には，噴火による陥没（かんぼつ）などによってできた［　　　］と呼ばれる大きくくぼんだ地形が見られます。

⑷　次の地形図は，図中の**滋賀県**のある地域を示したものである。また，あとの会話文は，地形図を見て，あみさんたちが話し合っている場面の一部である。これらを見て，下の①，②の問いに答えなさい。

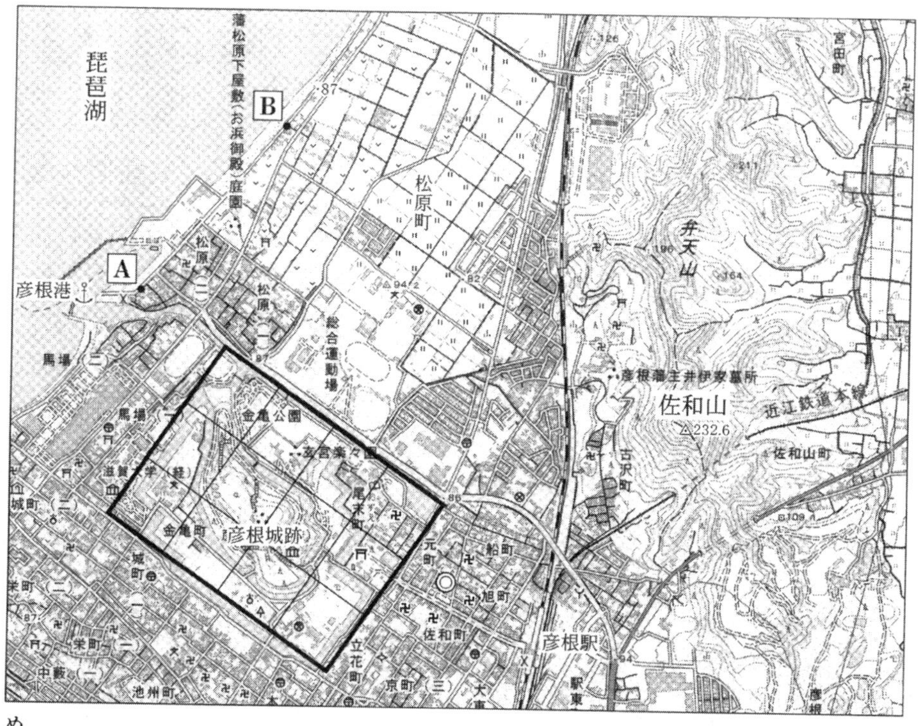

めもり 0　5 cm

（国土地理院　令和２年発行　1：25,000「彦根東部（ひこね）」原図より作成）

先生：地形図から，街の様子についてわかることを話し合ってみましょう。
あみ：やはり街の中心にある彦根城跡が，大きな存在感を示しているね。
たく：彦根城跡から彦根駅までの間の地域には，<u>寺院より神社が多く</u>（ア）建ち並んでいるよ。
あみ：彦根駅の近くにある市役所は，彦根港の地点**A**から見て<u>ほぼ南東</u>（イ）の方向にあるね。
たく：佐和山（さわやま）の山頂からは，街並みや琵琶湖が一望できるみたいだよ。
あみ：佐和山の山頂から松原町（まつばらちょう）の方向を見ると<u>水田地帯の先に畑が広がっている</u>（ウ）ね。
たく：その先の湖岸にある地点**B**と佐和山の山頂との標高差は<u>200 m 以上</u>（エ）あるよ。
あみ：彦根城跡の周囲を囲むお堀の内側は，どのくらいの広さなのだろう。
たく：地形図上に１辺が１cm の方眼を示して考えると<u>だいたいの広さがわかる</u>（X）よ。
先生：一枚の地形図から，いろいろなことを読み取ることができましたね。

①　会話文中の下線部**ア**～**エ**のうち，内容が正しいものを**すべて**選び，その符号を答えなさい。

②　会話文中の下線部**X**について，地形図中の━━で囲んだ部分の面積は，約何 km^2 か。地形図に描かれている，１辺が１cm の方眼を参考に，次の**ア**～**エ**のうちから最も適当なものを一つ選び，その符号を答えなさい。

ア　約 0.75 km^2　　**イ**　約 1.5 km^2　　**ウ**　約 2.25 km^2　　**エ**　約 3.0 km^2

3　しげるさんたちは，緯線と経線が直角に交わる次の地図を使って学習した。これに関して，あとの(1)～(5)の問いに答えなさい。

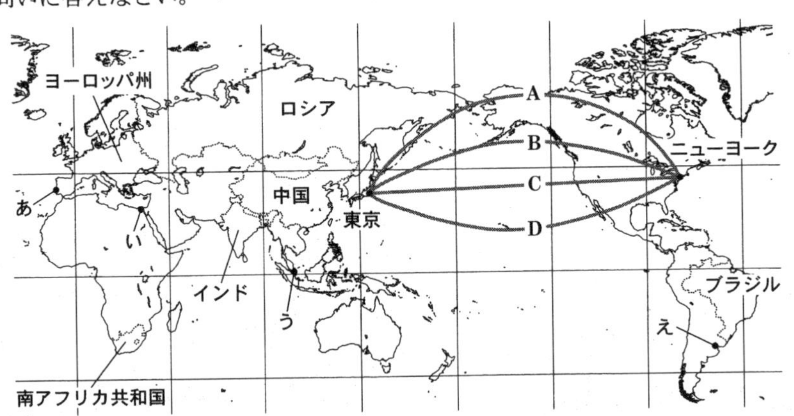

(注)　島等は省略したものもある。また，国境に一部未確定部分がある。

(1)　次の文章は，しげるさんが，世界地図についてまとめたレポートの一部である。文章中の［Ⅰ］にあてはまる最も適当なものを，上の地図中の**A**～**D**のうちから一つ選び，その符号を答えなさい。また，［Ⅱ］にあてはまる語として最も適当なものを，あとの**ア**～**エ**のうちから一つ選び，その符号を答えなさい。

緯線と経線が直角に交わる地図で，東京からニューヨークまでの最短ルートは，［Ⅰ］になります。その理由は，右の中心（東京）からの距離と方位が正しい地図で，東京からニューヨークまでの最短ルートを示した直線を見るとわかります。また，この地図では，**X**で示した［Ⅱ］大陸が大きくゆがんだ形で表されています。

ア　北アメリカ　**イ**　南アメリカ　**ウ**　アフリカ　**エ**　南　極

(2)　次の**ア**～**エ**のグラフは，地図中の**あ**～**え**のいずれかの都市における月平均気温と月降水量の変化の様子を示したものである。これらのうち，地図中の**あ**の都市のものはどれか。最も適当なものを一つ選び，その符号を答えなさい。

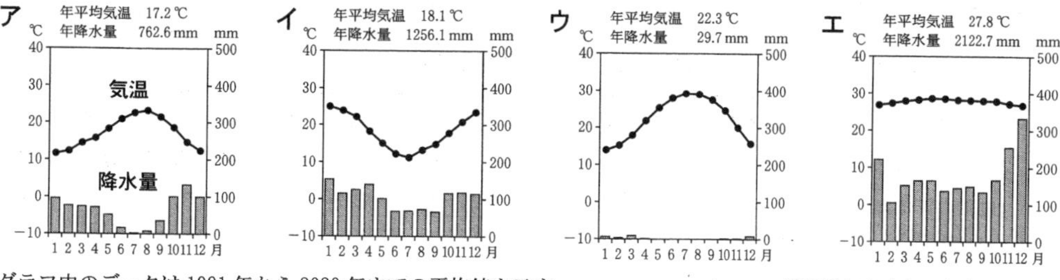

(注)　グラフ中のデータは 1991 年から 2020 年までの平均値を示す。　（「理科年表令和５年」より作成）

(3)　次の文は，ひとみさんが，地図中の**ロシア**の住宅についてまとめたレポートの一部である。文中の［　　　］にあてはまる適当なことばを，「永久凍土」「建物」の二つの語を用いて**20 字以内**（読点を含む。）で答えなさい。

> 右の写真のように，ロシアなどの冷涼な地域では，建物から出る熱が［　　　］ことを防ぐために，高床になっている住居が見られます。

(4)　右の**資料**は，地図中の**ヨーロッパ州**の言語分布を示したものである。**資料**中の**B**で示した地域で使われる主な言語として最も適当なものを，次の**ア**～**エ**のうちから一つ選び，その符号を答えなさい。

ア　ラテン系言語　　**イ**　ゲルマン系言語
ウ　アジア系言語　　**エ**　スラブ系言語

資料　**ヨーロッパ州の言語分布**

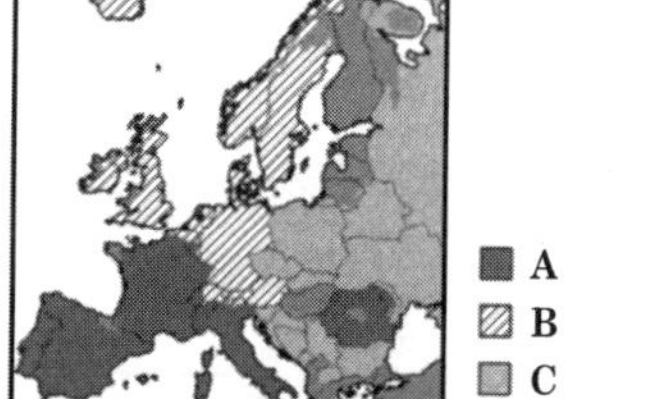

(5)　次の**資料**は，地図中の**ロシア**，**中国**，**インド**，**ブラジル**，**南アフリカ共和国**及び日本の発電量，一人あたりの GNI，温室効果ガスの排出量及び一人あたりの CO_2 排出量についてまとめたものである。**資料**から読み取れることとして最も適当なものを，あとの**ア**～**エ**のうちから一つ選び，その符号を答えなさい。

資料　ロシア，中国，インド，ブラジル，南アフリカ共和国及び日本の発電量，一人あたりの GNI，温室効果ガスの排出量及び一人あたりの CO_2 排出量

国　名	発電量（億 kWh）		一人あたりの GNI（ドル）		温室効果ガスの排出量（百万 t）		一人あたりの CO_2 排出量（t）
	2000 年	2019 年	2000 年	2019 年	2000 年	2019 年	2019 年
ロシア	8,778	11,215	1,738	11,201	1,927	2,209	11.36
中　国	13,557	75,041	929	9,936	3,426	10,619	7.07
インド	5,611	16,237	446	2,095	960	2,422	1.69
ブラジル	3,489	6,263	3,642	8,697	317	451	1.95
南アフリカ共和国	2,107	2,526	2,962	5,832	318	477	7.40
日　本	10,915	9,708	38,874	41,403	1,162	1,071	8.37

（「世界国勢図会　2022/23」より作成）

ア　2019年において，一人あたりのGNIが高い国ほど，一人あたりのCO_2排出量が多い。
イ　2000年と2019年を比べて，発電量が2倍以上になっている国は，一人あたりのGNIが5倍以上になっている。
ウ　2000年と2019年を比べて，日本より温室効果ガスの排出量の多い国が減少した。
エ　2000年と2019年を比べて，一人あたりのGNIが，最も増加したのはロシアであり，増加の割合が最も大きいのは中国である。

4　次の**A**～**D**のパネルは，社会科の授業で，ちさとさんたちが，「歴史上の人物が詠(よ)んだ和歌」についてまとめたものの一部である。これに関して，あとの(1)～(5)の問いに答えなさい。

A

誰(たれ)も見よ　満つればやがて　欠く月の
いざよふ空や　人の世の中
(甲陽軍鑑(こうようぐんかん))

この歌は，武田信玄(たけだしんげん)が詠んだ歌である。信玄は『甲州法度之次第(こうしゅうはっとのしだい)』という［　Ⅰ　］により人々の行動を取り締まり，国を統治した。

B

この世をば　わが世とぞ思ふ　望月(もちづき)の
欠けたることも　なしと思へば
(小右記(しょうゆうき))

この歌は，平安時代(下線部a)に藤原道長(ふじわらのみちなが)が詠んだ歌である。道長の子である頼通(よりみち)は極楽浄土(ごくらくじょうど)の姿を表した［　Ⅱ　］を宇治に造営した。

C

東山　弓張月(ゆみはりづき)は　てらせども
むかしの城は　いまくさの原
(会津会会報(あいづかいかいほう)19号)

この歌は，会津出身の新島八重子(にいじまやえこ)が詠んだ歌である。会津藩は，徳川家に仕え，戊辰戦争(ぼしんせんそう)(下線部b)を戦った。

D

命(かぎり)あれば　茅(かや)が軒端(のきば)の　月もみつ
知らぬは人の　行くすえの空
(遠島御百首(えんとうおんひゃくしゅ))

この歌は，後鳥羽上皇(ごとばじょうこう)が晩年に詠んだ歌である。後鳥羽上皇は，承久(じょうきゅう)の乱を企(くわだ)て，鎌倉幕府(下線部c)を倒すため兵を挙げた。

(1)　パネル**A**中の［　Ⅰ　］，パネル**B**中の［　Ⅱ　］にあてはまる語の組み合わせとして最も適当なものを，次の**ア**～**エ**のうちから一つ選び，その符号を答えなさい。

ア　Ⅰ：分国法　Ⅱ：平等院鳳凰堂(びょうどういんほうおうどう)　　**イ**　Ⅰ：分国法　Ⅱ：厳島神社(いつくしまじんじゃ)
ウ　Ⅰ：公事方御定書(くじかたおさだめがき)　Ⅱ：平等院鳳凰堂　　**エ**　Ⅰ：公事方御定書　Ⅱ：厳島神社

(2)　パネル**B**中の下線部**a**に関連して，次の文章は，国風文化(こくふうぶんか)について述べたものである。文章中の［　　］にあてはまる語として最も適当なものを，あとの**ア**～**エ**のうちから一つ選び，その符号を答えなさい。

> 唐風(とうふう)の文化を基(もと)に，日本の生活などに合った国風文化という独自の文化が生まれた。その中で，紫式部(むらさきしきぶ)は，貴族社会を描いた長編小説である［　　］を，漢字を書き崩して日本語の音を表した仮名文字(かなもじ)で書き上げた。

ア　枕草子(まくらのそうし)　　**イ**　古事記(こじき)　　**ウ**　徒然草(つれづれぐさ)　　**エ**　源氏物語(げんじものがたり)

(3)　パネル**C**中の下線部**b**と同じ19世紀に起こったことがらとして最も適当なものを，次の**ア**～**エ**のうちから一つ選び，その符号を答えなさい。

ア　絶対王政が行われていたフランスで革命が起き，国民議会は人権宣言を発表した。

イ　ワシントンは，独立戦争において東部 13 植民地の総司令官を務めた。

ウ　リンカン大統領は，南北戦争中に奴隷解放宣言を発表し，北部を勝利に導いた。

エ　イギリスでは，名誉革命が起こり，新たな王が選ばれ権利章典が定められた。

(4)　パネル**D**中の下線部**c**に関連して，次の**資料**は，はるとさんが，鎌倉幕府の衰退についてまとめたレポートの一部である。**資料**中の [　　　] にあてはまる適当なことばを，レポートから読み取れる相続の仕方にふれながら **20 字以内**(読点を含む。)で答えなさい。

資料　はるとさんがまとめたレポートの一部

鎌倉幕府はなぜ衰退したのか？

◎御家人たちの幕府に対する二つの不満

・御家人の [　　　] ため，生活が苦しくなる者も出てきた。

原　因

・二度にわたる元軍の襲来に対して，兵として参加したが，恩賞として十分な土地が与えられなかった。

鎌倉時代の御家人が領地を相続するイメージ

御家人である父親の領地 300 m²

父親の死後

長男(跡継ぎ)	次男	長女
150 m²	75 m²	75 m²

※父親の領地 300 m² を子ども 3 人で分けた場合

◎幕府の御家人への対応

幕府は，徳政令を出して御家人を救おうとしたが，あまり効果はみられなかった。

(5)　次の**資料**は，こうへいさんが，授業で学習した和歌であり，あとの文は，和歌についてまとめたレポートの一部である。文中の [　　　] にあてはまる適当な語を答えなさい。

資料　こうへいさんが授業で学習した和歌

我が妻は　いたく恋ひらし　飲む水に　影さえ見えて　よに忘られず

(万葉集)

この歌は，7 ～ 8 世紀に九州北部の沿岸を 3 年間の任期で守る [　　　] という兵役の義務を負った男性が，詠んだものである。

5　次の**A**～**D**のスライドは，あおいさんが，「経済の混乱と人々の姿」をテーマに作成したものの一部である。これに関して，あとの(1)～(5)の問いに答えなさい。

A

ドイツでは，第一次世界大戦(a)の戦費や，1919 年のパリ講和会議で結ばれた [　　　] 条約による賠償金の支払い義務で経済が破たんした。通貨の価値は暴落し，紙幣は紙くず同然になった。

B

1929年，ニューヨークのウォール街で株価が暴落し，多くの人々が証券取引所前に集まった。この混乱は，世界中の国々にも広がり，**b**世界恐慌となった。

C

c第二次世界大戦後，日本の都市では，食料不足が深刻となった。都市の人々は，買い出し列車に乗って農村へ出かけ，衣類などを米やいもなどの食料と交換した。

D

1973年，石油危機によって日本では，トイレットペーパーなどが不足するとの情報が流れ，生活品売り場が大混乱となった。石油危機によって，日本の**d**高度経済成長は終わりを告げた。

(1) スライド**A**中の下線部**a**に関連して，第一次世界大戦中のことがらとして最も適当なものを，次の**ア**～**エ**のうちから一つ選び，その符号を答えなさい。

ア　陸軍青年将校が大臣らを殺傷した，二・二六事件が起こった。

イ　内閣制度が創設され，伊藤博文が初代内閣総理大臣となった。

ウ　官営の八幡製鉄所が建設され，鉄鋼の生産が始まった。

エ　日本は，中国に対して二十一か条の要求を示した。

(2) スライド**A**の文章中の［　　　］にあてはまる適当な語を**カタカナ**で答えなさい。

(3) スライド**B**中の下線部**b**に関連して，次の文章は，各国の世界恐慌への対策について述べたものである。文章中の［ Ⅰ ］，［ Ⅱ ］にあてはまる語の組み合わせとして最も適当なものを，あとの**ア**～**エ**のうちから一つ選び，その符号を答えなさい。

> アメリカでは，ローズベルト大統領が，［ Ⅰ ］を行い，積極的に公共事業をおこして失業者を助けた。それに対して，イギリスやフランスは［ Ⅱ ］を行い，植民地との貿易を拡大する一方，それ以外の国からの輸入に対する関税を高くした。

ア　Ⅰ：ニューディール(新規まき直し)政策　　Ⅱ：ブロック経済

イ　Ⅰ：ニューディール(新規まき直し)政策　　Ⅱ：ファシズム

ウ　Ⅰ：五か年計画　　　　Ⅱ：ブロック経済

エ　Ⅰ：五か年計画　　　　Ⅱ：ファシズム

(4) スライド**C**中の下線部**c**に関連して，第二次世界大戦後のことがらを，次の**ア**～**エ**のうちから**三つ**選び，年代の**古いものから順**に並べ，その符号を答えなさい。

ア　佐藤栄作(さとうえいさく)内閣のときに，沖縄の日本への復帰が実現した。

イ　朝鮮民主主義人民共和国が大韓民国に侵攻し，朝鮮戦争が始まった。

ウ　東京でアジア初のオリンピック・パラリンピックが開催された。

エ　世界平和の維持と国際協力を目的とした国際連盟が発足した。

(5) スライド**D**中の下線部**d**に関連して，次の文章は，高度経済成長の光とかげについて述べたものである。文章中の［Ｉ］，［Ⅱ］にあてはまる語の組み合わせとして最も適当なものを，あとの**ア**～**エ**のうちから一つ選び，その符号を答えなさい。

> 高度経済成長期に成立した［Ｉ］内閣は，「所得倍増」政策を掲げ，経済成長を促進させた。一方で，生産と利益を優先させたことにより，公害の問題が各地で発生した。三重県では，石油化学コンビナートから排出される有害物質が原因となって発生した，四大公害病の一つである［Ⅱ］が問題となった。

ア　Ｉ：池田勇人(いけだはやと)　Ⅱ：イタイイタイ病　　**イ**　Ｉ：池田勇人　Ⅱ：四日市(よっかいち)ぜんそく

ウ　Ｉ：田中角栄(たなかかくえい)　Ⅱ：四日市ぜんそく　　**エ**　Ｉ：田中角栄　Ⅱ：イタイイタイ病

6 次の文章を読み，あとの(1)～(3)の問いに答えなさい。

ここ数年，世界情勢(じょうせい)が不安定な中で，日本では生活に必要なモノやサービスの<u>価格の変動</u>(a)が起きています。特に，エネルギー価格の高騰(こうとう)が深刻で，これに対しては，<u>政府が補助金を支出</u>(b)しています。

モノやサービスの価格は，バブル経済崩壊(ほうかい)以降，大きく変動しなかったことから，<u>経済成長率</u>(c)も低く推移し，賃金の上昇も抑えられてきましたが，現在では変わりつつあります。

(1) 下線部**a**に関連して，次の**資料**は，しんいちさんが，市場のしくみについてまとめたレポートの一部である。**資料**中の［Ｉ］，［Ⅱ］にあてはまる語の組み合わせとして最も適当なものを，あとの**ア**～**エ**のうちから一つ選び，その符号を答えなさい。

資料　しんいちさんがまとめたレポートの一部

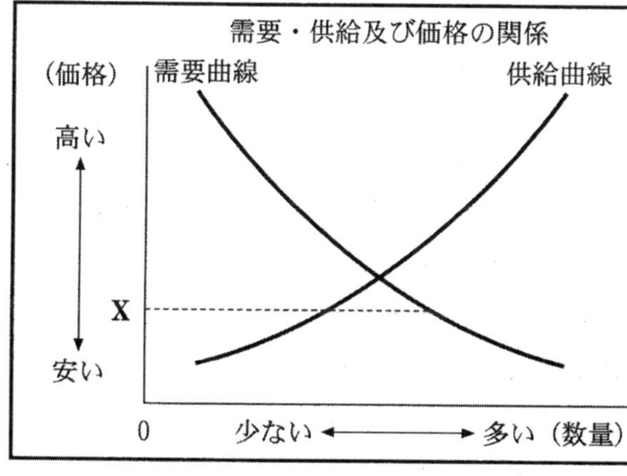

左の図は，自由な競争が行われている場合における，ある商品の需要(じゅよう)と供給及び価格の関係について表したものです。

価格が**X**のときは，需要量が供給量よりも［Ｉ］ため，一般にその後の価格は，［Ⅱ］と考えられます。

ア　Ⅰ：多い　Ⅱ：上がる　　イ　Ⅰ：多い　Ⅱ：下がる
ウ　Ⅰ：少ない　Ⅱ：上がる　　エ　Ⅰ：少ない　Ⅱ：下がる

(2)　下線部**b**に関連して，次の文章は，あいさんが，財政政策についてまとめたレポートの一部である。文章中の［　　］にあてはまる適当なことばを，「税」の語を用いて，**20字以内**（読点を含む。）で答えなさい。

> 政府が行う経済活動を財政といいます。財政には，景気の安定化を図る役目があり，好景気の時は，社会資本整備のための［　　］ことで景気をおさえます。

(3)　下線部**c**に関連して，次の文章は，社会科の授業で，やすこさんが日本の経済成長率の変化について発表した内容の一部である。次のページのカード**A**～**C**の年代の組み合わせとして，最も適当なものを，あとの**ア**～**エ**のうちから一つ選び，その符号を答えなさい。

> 日本の経済成長率について，2001年から2020年まで，5年ごとに次のページの4枚のカードにまとめてみました。
> まず，最近の2016年から2020年までのグラフは，2016年が0.8％，2020年が－4.3％の経済成長率を示しています。年表を参考にすると，残りのカード**A**からカード**C**が，どの年代にあてはまるかがわかりますか。

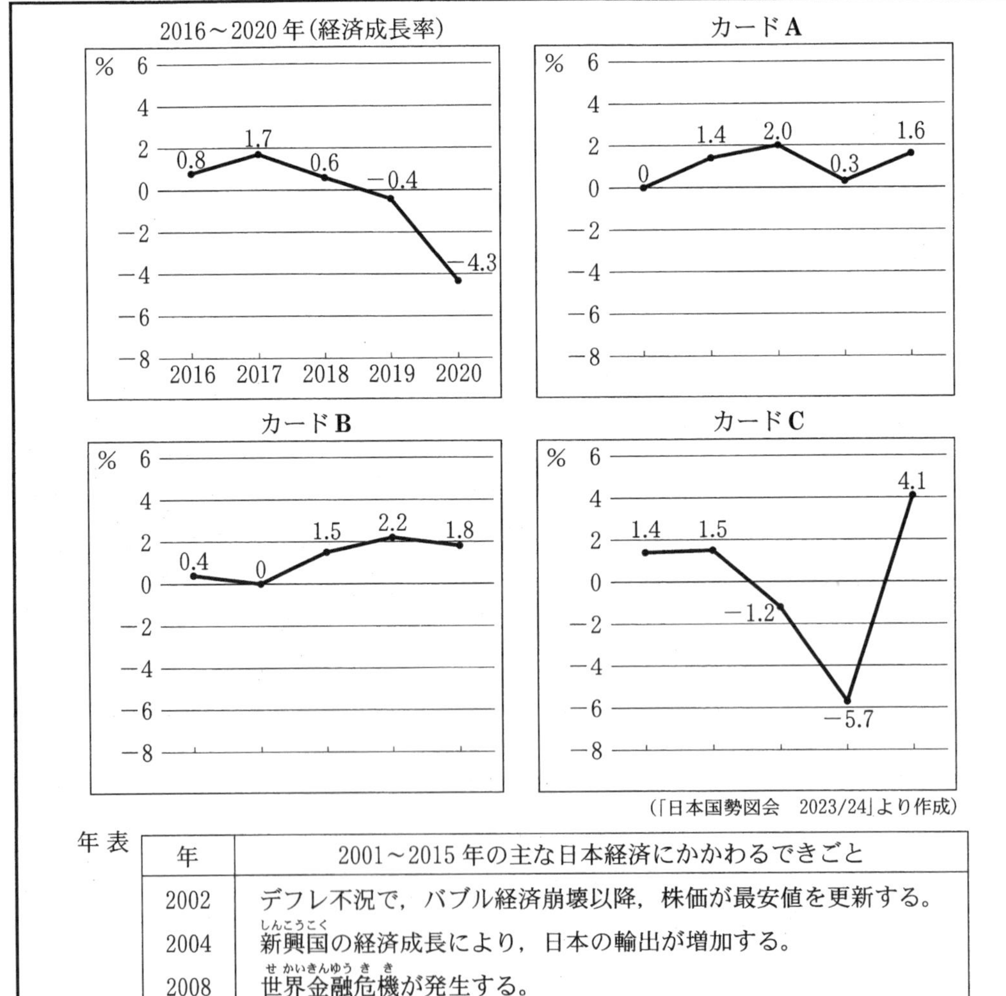

（「日本国勢図会　2023/24」より作成）

年表

年	2001～2015年の主な日本経済にかかわるできごと
2002	デフレ不況で，バブル経済崩壊以降，株価が最安値を更新する。
2004	新興国の経済成長により，日本の輸出が増加する。
2008	世界金融危機が発生する。
2009	世界金融危機の影響により，企業の収益が大幅に悪化する。

2013	政府が大規模な経済政策を実施する。
2014	消費税率が５％から８％に引き上げられる。

年　代	ア	イ	ウ	エ
2001～2005年	カードA	カードB	カードB	カードA
2006～2010年	カードB	カードA	カードC	カードC
2011～2015年	カードC	カードC	カードA	カードB

7　次の**資料**は，社会科の授業で，みなみさんが，刑事裁判についてまとめたレポートの一部である。これに関して，あとの(1)～(3)の問いに答えなさい。

資料　みなみさんがまとめたレポートの一部

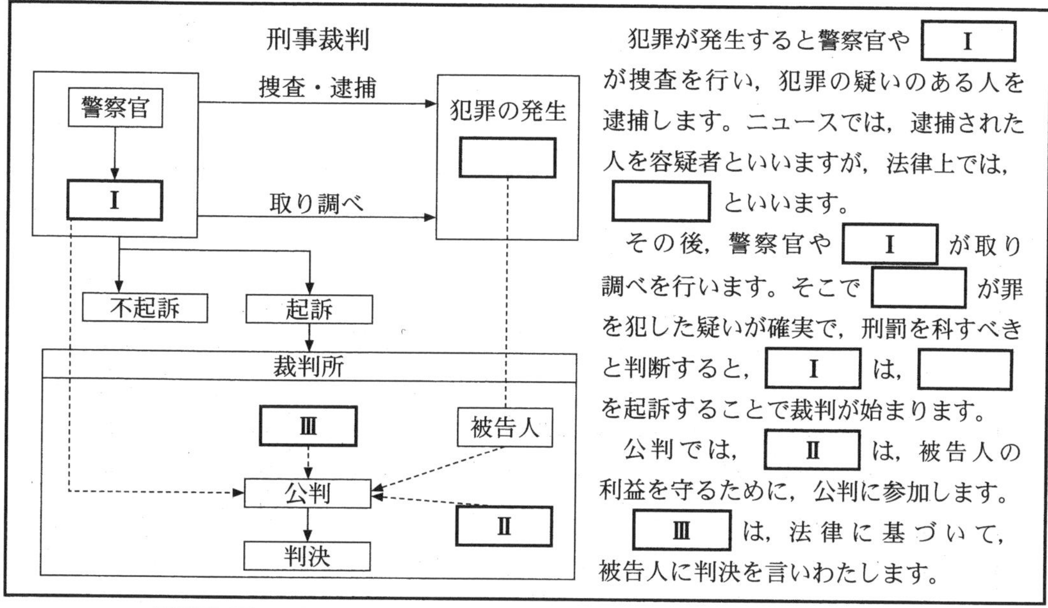

犯罪が発生すると警察官や［ I ］が捜査を行い，犯罪の疑いのある人を逮捕します。ニュースでは，逮捕された人を容疑者といいますが，法律上では，［　　］といいます。

その後，警察官や［ I ］が取り調べを行います。そこで［　　］が罪を犯した疑いが確実で，刑罰を科すべきと判断すると，［ I ］は，［　　］を起訴することで裁判が始まります。

公判では，［ Ⅱ ］は，被告人の利益を守るために，公判に参加します。

［ Ⅲ ］は，法律に基づいて，被告人に判決を言いわたします。

(1)　**資料**中の［ I ］～［ Ⅲ ］に共通してあてはまる語の組み合わせとして最も適当なものを，次の**ア**～**カ**のうちから一つ選び，その符号を答えなさい。

	ア	イ	ウ	エ	オ	カ
I	裁判官	検察官	弁護人	裁判官	弁護人	検察官
Ⅱ	弁護人	弁護人	検察官	検察官	裁判官	裁判官
Ⅲ	検察官	裁判官	裁判官	弁護人	検察官	弁護人

(2)　**資料**中の［　　］に共通してあてはまる適当な語を**漢字３字**で答えなさい。

(3)　日本の司法制度について述べた文として最も適当なものを，次の**ア**～**エ**のうちから一つ選び，その符号を答えなさい。

ア　裁判官は，裁判にあたり，自らの良心に従い，憲法，法律にのみ拘束（こうそく）されることから，辞（や）めさせられることはない。

イ　被害者参加制度が設けられ，すべての裁判において，犯罪の被害者が，被告人に質問することができるようになっている。

ウ　国民の中から選ばれた裁判員が裁判官とともに，有罪か無罪かを判断し，有罪の場合は，どのような刑罰にするかを決定する裁判員制度が導入されている。

エ　日本では，慎重な手続きにより裁判が進められることから，無実の罪であるえん罪が，起こったことはない。

8　次の文章は，わたるさんが，2023年に開催されたＧ７サミットについてまとめたレポートの一部である。これを読んで，あとの(1)，(2)の問いに答えなさい。

> 2023年５月，Ｇ７サミット（主要国首脳会議）が広島県広島市で開催されました。Ｇ７は，日本を含めた先進７か国によるグループです。会議では，複数の課題について話し合われました。私は，国際社会における国家（a）のあり方と発展途上国への支援（b）について，興味をもちました。

(1)　下線部**a**に関連して，国家の領域について説明した文として最も適当なものを，次の**ア**～**エ**のうちから一つ選び，その符号を答えなさい。

ア　領空は，領土と排他的経済水域の上空であり，大気圏内だけでなく宇宙空間までを含む。

イ　領海は，沿岸から200海里までの水域を指し，どの国の船でも自由に航行できる。

ウ　沿岸から12海里までの水域である排他的経済水域は，沿岸国が優先的に資源を利用できる。

エ　公海は，どの国の船でも自由に航行し，漁業ができる公海自由の原則が認められている。

(2)　下線部**b**に関連して，次の**資料１**と**資料２**は，日本，フランス，イギリス，ドイツ及びアメリカの政府開発援助（ODA）額の内訳と二国間援助の援助先の地域別割合を示したものである。**資料１**と**資料２**から読み取れることとして最も適当なものを，あとの**ア**～**エ**のうちから一つ選び，その符号を答えなさい。

資料１　政府開発援助（ODA）額の内訳

（2020年）

	二国間援助	国際機関への拠出・出資
日本	102	34
フランス	107	53
イギリス	122	70
ドイツ	227	66
アメリカ	297	57

0　50　100　150　200　250　300　350　400（億ドル）

資料２　二国間援助の援助先の地域別割合

（2019～2020年）

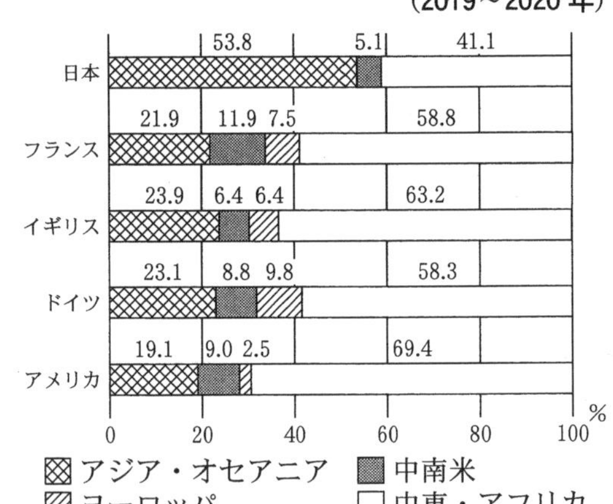

（注）　**資料２**は，数値を合計しても100％とならない場合がある。

（**資料１**，**資料２**「世界の統計　2023」より作成）

ア　日本は，５か国のうち，国際機関への拠出・出資額の割合が最も高く，二国間援助の援助先としてアジア・オセアニアへの割合が最も高い。

イ　ドイツは，５か国のうち，二国間援助額でアメリカに次いで二番目に多く，二国間援助の援助先として中南米への割合が，資料中のヨーロッパ諸国の中で最も高い。

ウ　アメリカは，５か国のうち，二国間援助額が最も多く，二国間援助の援助先として中南米への割合が最も高い。

エ　イギリスは，５か国のうち，国際機関への拠出・出資額が最も多く，二国間援助の援助先としてアジア・オセアニアへの割合が，資料中のヨーロッパ諸国の中で最も高い。

理　科

1 次の(1)~(4)の問いに答えなさい。

(1) 光や音について説明した文として最も適当なものを，次の**ア**～**エ**のうちから一つ選び，その符号を答えなさい。

ア　空気中を伝わる音の速さは，光の速さに比べて速い。

イ　太陽の光は，いろいろな色の光が混ざっている。

ウ　音の振動数が大きい(多い)ほど，音は低い。

エ　音は，水中では伝わらない。

(2) 砂糖やエタノールのように，水にとかしたとき，水溶液に電流が流れない物質を何というか，答えなさい。

(3) 無脊椎動物(無セキツイ動物)として**適当でないもの**を，次の**ア**～**エ**のうちから一つ選び，その符号を答えなさい。

ア　メダカ　　**イ**　マイマイ　　**ウ**　イカ　　**エ**　ミミズ

(4) **図**のような低気圧において，**A** の前線は何というか，その名称を答えなさい。

図

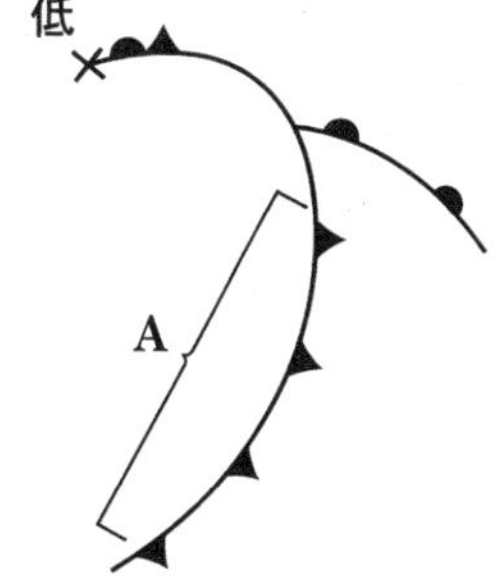

2 身近な気体の性質を調べるため，次の**実験**を行いました。これに関して，あとの(1)~(4)の問いに答えなさい。

実験

① **図１**のような装置を用意し，三角フラスコに香りの出ない発泡入浴剤と約 60 ℃ の湯を入れて，発生した気体 **A** を水上置換法で集めた。はじめに，三角フラスコ内にあった空気を多く含む気体は捨て，引き続き出てきた気体 **A** を試験管 2 本に集め，ゴム栓をした。また，ペットボトルにも気体 **A** を半分ほど集め，ふたをした。

図１

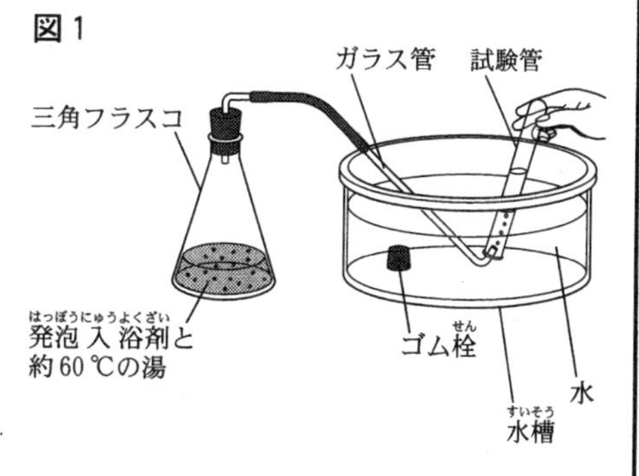

② 別の三角フラスコに二酸化マンガンを入れ，さらに，うすい過酸化水素水を加えて，気体 **B** を発生させた。①と同様に，水上置換法で，気体 **B** を試験管 2 本に集め，ゴム栓をし，ペットボトルにも気体 **B** を半分ほど集め，ふたをした。

③　試験管に集めた気体A，Bのにおいを調べたあと，図２のように，気体Aの入った試験管と気体Bの入った試験管に，それぞれ火のついた線香を入れた。

④　図３のように，③で使った試験管とは別の気体Aの入った試験管と気体Bの入った試験管に，それぞれ石灰水を加え，ゴム栓をして，よく振った。

⑤　図４のように，気体Aと水の入ったペットボトルと，気体Bと水の入ったペットボトルを，それぞれよく振ったあと，ペットボトルの形状が変化するかを調べた。

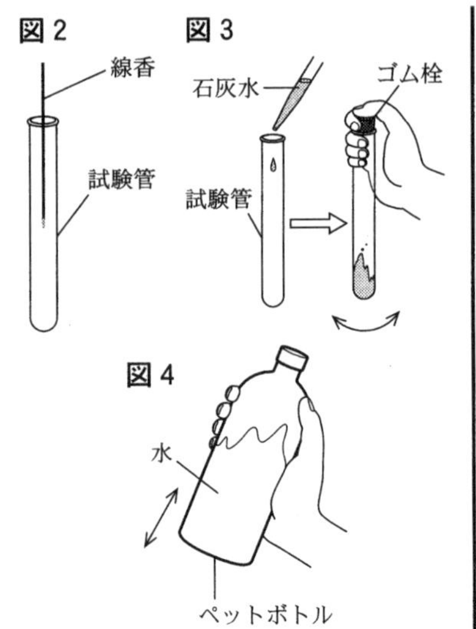

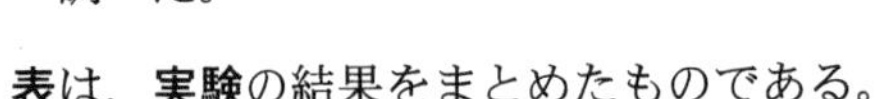

表は，実験の結果をまとめたものである。

表

	気体A	気体B
気体のにおい	においなし	においなし
火のついた線香を入れる	火が消えた	激しく燃えた
石灰水を加えてよく振る	石灰水が白くにごった	石灰水の色は変化しなかった
ペットボトルを振る	ペットボトルが少しへこんだ	ペットボトルはへこまなかった

(1)　次の文章は，実験の①，②での気体の集め方と，実験の③でのにおいの調べ方について説明したものである。文章中の［ v ］，［ w ］にあてはまる内容の組み合わせとして最も適当なものを，あとのア～エのうちから一つ選び，その符号を答えなさい。

> 水上置換法で気体を集めるときは，はじめに［ v ］試験管に集める。集めた気体のにおいを調べるときは，試験管の口の部分を［ w ］においをかぐ。

ア　v：水が入っていない　w：手であおいで　　イ　v：水で満たした　w：手であおいで

ウ　v：水が入っていない　w：鼻につけて　　エ　v：水で満たした　w：鼻につけて

(2)　実験の結果から気体Aの名称として最も適当なものを，次のア～エのうちから一つ選び，その符号を答えなさい。

ア　二酸化炭素　　イ　酸　素　　ウ　アンモニア　　エ　水　素

(3)　次の文章は，気体Aの性質について説明したものである。文章中の［ x ］，［ y ］にあてはまる内容の組み合わせとして最も適当なものを，あとのア～エのうちから一つ選び，その符号を答えなさい。

> 実験の⑤の結果から，気体Aには，水に［ x ］性質があることがわかる。また，気体Aは，空気よりも［ y ］ので，下方置換法（かほう）でも集めることができる。

ア　**x**：とけない　**y**：密度が大きい　　**イ**　**x**：少しとける　**y**：密度が小さい
ウ　**x**：少しとける　**y**：密度が大きい　　**エ**　**x**：とけない　**y**：密度が小さい

(4)　**実験**で発生した気体**B**と同じ気体を発生させる操作として最も適当なものを，次の**ア**～**エ**のうちから一つ選び，その符号を答えなさい。

ア　うすい塩酸に石灰石を入れる。　　**イ**　水を電気分解する。
ウ　うすい塩酸に亜鉛を入れる。　　**エ**　炭酸水素ナトリウムを加熱する。

3　**S**さんたちは，オオカナダモを用いて光合成の実験を行いました。これに関する先生との会話文を読んで，あとの(1)～(4)の問いに答えなさい。

Sさん：**図１**のように，試験管に水とオオカナダモを入れて光を当て，光合成のしくみを調べる実験を行いました。**表**は実験の手順をまとめたものです。実験の結果，試験管内に気体が発生しました。

図１

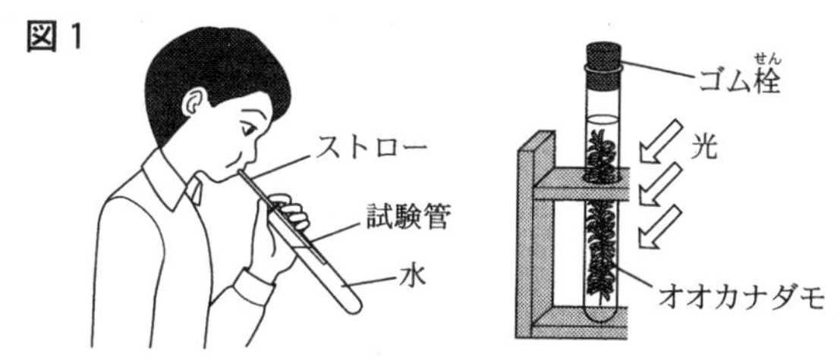

表

手順①	ストローで水に息をふきこむ。
手順②	オオカナダモを入れ，ゴム栓(せん)でふたをする。
手順③	光を当てる。

先　生：発生した気体は何でしょうか。

Tさん：この気体を調べたところ，酸素だということがわかりました。

Sさん：ということは，オオカナダモが二酸化炭素を吸収して酸素を排出(はいしゅつ)したのですね。

Tさん：そうだと思いますが，そのことを確かめるには，表の手順①～③を行う試験管と，表の手順②の内容のみを変えた別の条件の試験管をそれぞれ用意し，対照(たいしょう)実験をすること(下線部 **a**)が必要です。

先　生：そうですね。次は，実際に光合成を行ったオオカナダモの葉を顕微鏡(けんびきょう)で観察してみましょう。

Tさん：観察する前に，熱湯につけて取り出したオオカナダモの葉に，ヨウ素液(ヨウ素溶液)を１滴落としておきました。

Sさん：低倍率でピントを合わせて観察したところ，**図２**のように見えました。**A**の部分の細胞をもっと詳しく観察するために対物レンズの倍率を上げてみます。

図２

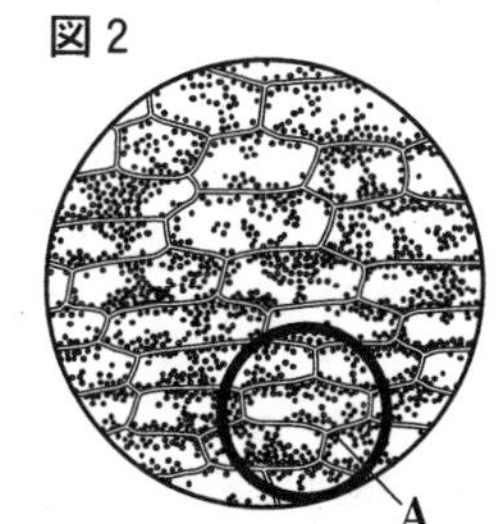

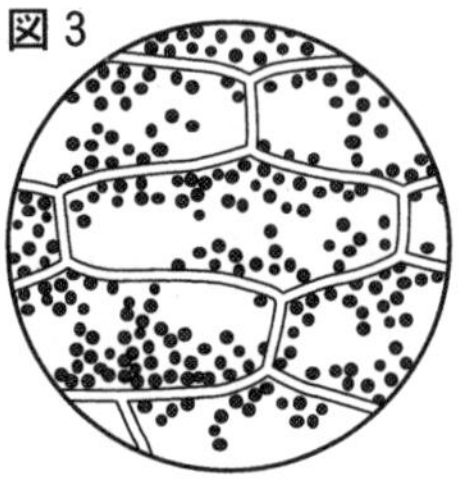

先　生：そのまま対物レンズの倍率を上げると**A**の部分は観察できなくなります。今の低倍率でピントが合っている状態から，正しい順で操作をして高倍率で観察しましょう。(b)

Sさん：高倍率にして観察すると，**図３**のようになりました。黒っぽい小さな粒（つぶ）がたくさん見えます。

図３

Tさん：その粒のところで，ヨウ素によるデンプンの反応が起きた(c)ということですね。

先　生：そのとおりです。

Tさん：この実験の結果を参考に，**図４**のように，陸上でよく見る植物の葉で起こる光合成での物質の出入りを模式図に表してみました。

図４

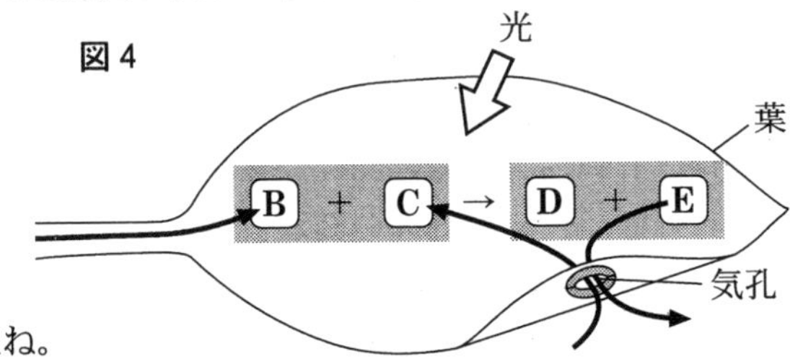

先　生：よくできましたね。

⑴　会話文中の下線部**a**について，オオカナダモが二酸化炭素を吸収して酸素を排出していることを調べる対照実験を行うために，**表**の手順②の内容をどのように変更すればよいか。その内容を「ゴム栓」ということばを用いて**24字以内**（句読点を含（ふく）む。）で答えなさい。

⑵　会話文中の下線部**b**について，次の**ア**～**ウ**の操作を，**正しい順**になるように左から右へ並べ，その符号を答えなさい。

> **ア**　レボルバーを回し，対物レンズを高倍率にする。
> **イ**　**A**の部分が視野（しや）の中央にくるようにプレパラートを動かす。
> **ウ**　調節ねじをまわし，ピントを合わせる。

⑶　会話文中の下線部**c**について，葉の細胞内にある粒の名称を答えなさい。

⑷　**図４**について，**B**～**E**にあてはまる物質名の組み合わせとして最も適当なものを，次の**ア**～**エ**のうちから一つ選び，その符号を答えなさい。

	B	C	D	E
ア	水	二酸化炭素	デンプン	酸　素
イ	水	二酸化炭素	酸　素	デンプン
ウ	二酸化炭素	水	デンプン	酸　素
エ	二酸化炭素	水	酸　素	デンプン

4　電流と磁界の関係を調べるため，コイルや磁石を使って，次の**実験１**，**２**を行いました。これに関して，あとの⑴～⑷の問いに答えなさい。ただし，導線やコイル，電流計の電気抵抗（ていこう）はないものとします。

実験１

①　**図１**のように，コイルやＵ字磁石を使った装置を組み立て，スイッチを入れ，電源装置の電圧を 6.0 V にしたところ，コイルの**B**から**C**の向きに電流が流れた。コイルの動きを調べて記録したところ，**図２**のようになり，15° 振れて，コイルは静止した。

②　**図１**の抵抗器を交換（こうかん）し，さらに，**図１**の回路を改めてつなぎ直し，電源装置の電圧を 6.0 V にして電流を流した。コイルの動きを調べて記録したところ，**図３**のようになり，20° 振れて，コイルは静止した。

図１　**図２**　**図３**

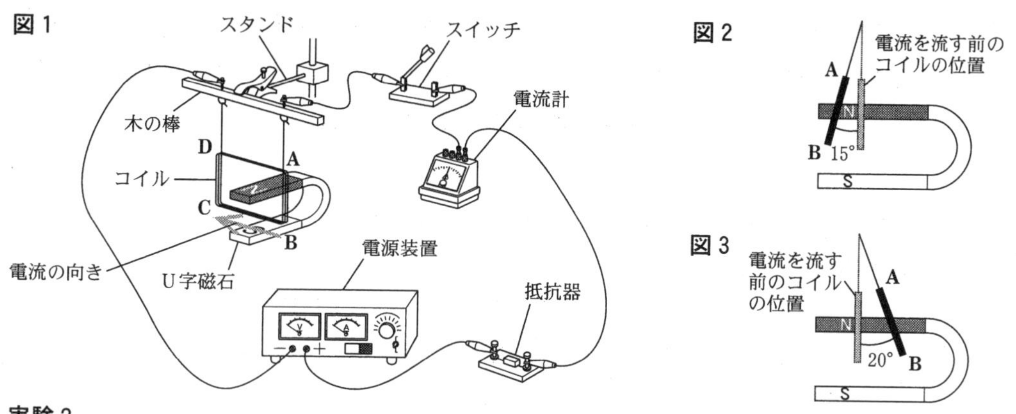

実験２

①　**図４**のように，テープで机に固定したコイルと検流計をつないで，棒磁石のＮ極をコイルに近づけたり，遠ざけたりした。このときの検流計の針（指針（ししん））のようすを**表**にまとめた。

図４

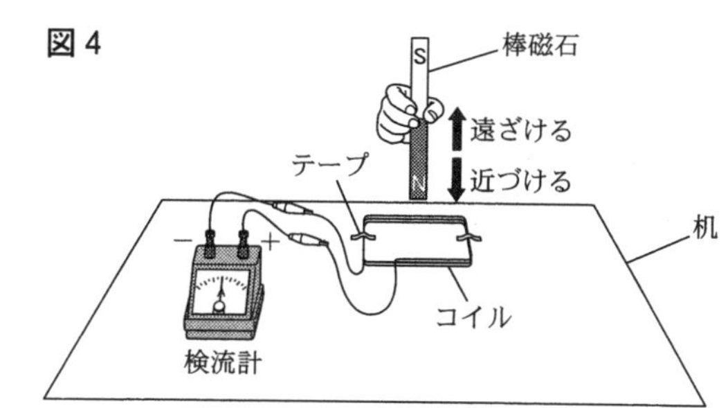

表

棒磁石のＮ極	近づける	遠ざける
検流計の針（指針）	左に振れた	右に振れた

②　**図５**のように，棒磁石のＳ極をコイルのすぐ上で，**E**から**F**へ水平に動かし，**F**で止めたときの検流計の針（指針）のようすを調べた。

図５

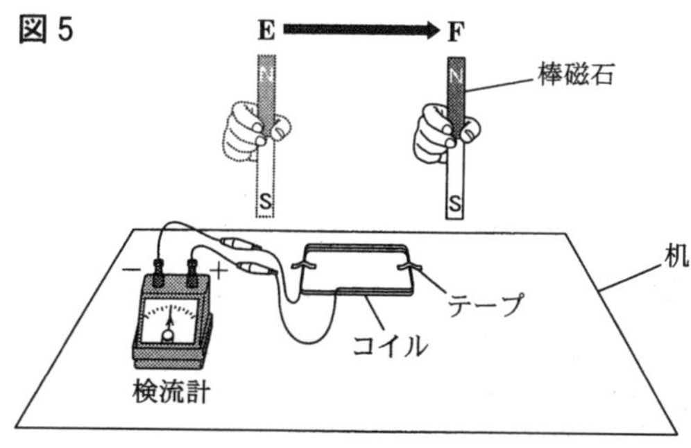

(1) **実験１**の①で，電流計の針(指針)は1.2Ａを示していた。このとき回路につないでいた抵抗器の電気抵抗として最も適当なものを，次の**ア**～**エ**のうちから一つ選び，その符号を答えなさい。

ア　0.2Ω　　**イ**　4.8Ω　　**ウ**　5.0Ω　　**エ**　7.2Ω

(2) 次の文は，**実験１**の②について説明したものである。文中の **q** ， **r** にあてはまるものの組み合わせとして最も適当なものを，あとの**ア**～**エ**のうちから一つ選び，その符号を答えなさい。

> コイルが**図３**のようになったことから，**実験１**の②では，**実験１**の①と比べて，抵抗器の電気抵抗は **q** ものであり，また，電流の向きは **r** であったことがわかる。

ア　**q**：大きい　**r**：同じ向き　　**イ**　**q**：大きい　**r**：逆向き
ウ　**q**：小さい　**r**：同じ向き　　**エ**　**q**：小さい　**r**：逆向き

(3) **実験２**の①で，コイルの中の磁界を変化させたときに電圧が生じて，コイルに電流が流れた。この現象を何というか，答えなさい。

(4) **実験２**の②で，検流計の針(指針)の振れ方として最も適当なものを，次の**ア**～**エ**のうちから一つ選び，その符号を答えなさい。

ア　左に振れたあと，中央に戻(もど)り，右に振れ，中央に戻り止まった。
イ　左に振れたあと，中央に戻り止まった。
ウ　右に振れたあと，中央に戻り，左に振れ，中央に戻り止まった。
エ　右に振れたあと，中央に戻り止まった。

5　Ｓさんは，ある地域の露頭(ろとう)を調査し，博物館のボーリング試料と比較して，この地域の地層の重なりを調べました。これに関して，あとの(1)～(4)の問いに答えなさい。ただし，この地域には，しゅう曲，断層，地層の上下の逆転やずれはなく，各地層は場所によって厚さが異なることがないものとします。

> **調べたこと**
> ① **図１**は，調査をした地域を示しており，各地点を結んだ図形は長方形で，地点**Ｘ**は地点**Ｗ**の真北の方向にある。
> ② 地点**Ｗ**では，**図２**のように，地層の南北方向の断面を観察できる。この地点では，下から順に，凝灰岩(ぎょうかいがん)の層，泥岩(でいがん)の層，れき岩の層，砂岩の層が重なり，その上の地層は草や木におおわれているため，直接観察することができなかった。
> れき岩の層を調べた結果，化石を含(ふく)む **u** のれきが見つかった。
> 砂岩の層からは **v** の化石が見つかったことから，新生代に堆積(たいせき)した地層であることがわかった。
> ③ 博物館には，地点**Ｘ**と地点**Ｙ**のボーリング試料があり，これらをもとに，**図３**のような柱状(ちゅうじょう)図を作成した。博物館の資料によると，この地域では凝灰岩の層が２層見つかっており，地点**Ｗ**にある凝灰岩の層は，地点**Ｙ**のボーリング試料にあった凝灰岩の層と同じものである。また，この地域の地層は，南北方向には水平であるが，東西方向には傾(かたむ)いていることがわかった。
> ④ 地点**Ｗ**，地点**Ｘ**，地点**Ｙ**での地層の観察をもとに，地点**Ｚ**の地下にある地層の

ようすを考察し，博物館の先生に確認してもらいながら柱状図を作成した。この地域の地層の重なりが，詳しくわかった。

図１

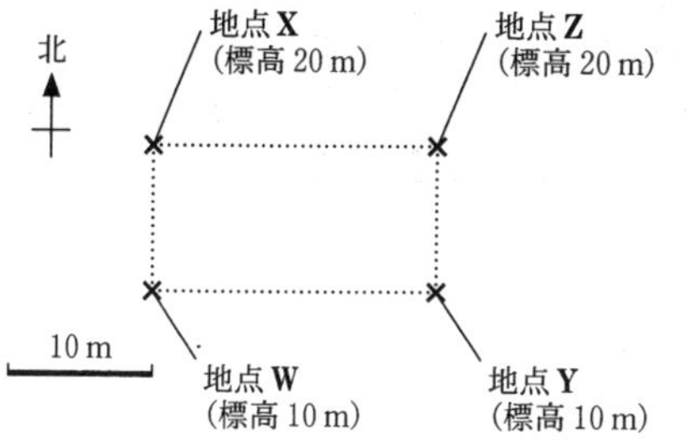

北
地点X（標高20 m）
地点Z（標高20 m）
地点W（標高10 m）
地点Y（標高10 m）
10 m

図２

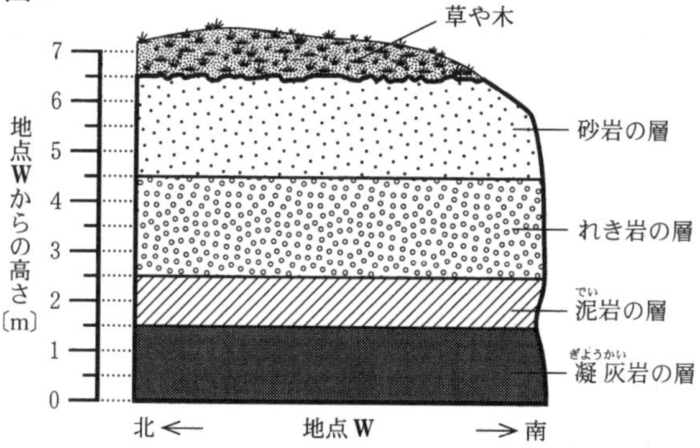

草や木
砂岩の層
れき岩の層
泥岩の層
凝灰岩の層
地点Wからの高さ〔m〕
0 1 2 3 4 5 6 7
北←　地点W　→南

図３

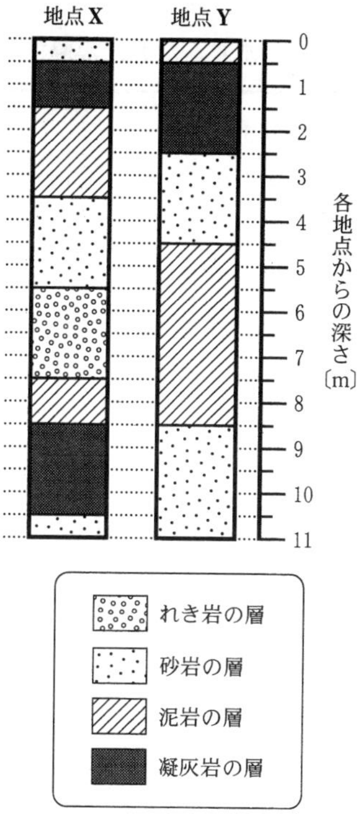

地点X　地点Y
各地点からの深さ〔m〕
0 1 2 3 4 5 6 7 8 9 10 11

れき岩の層
砂岩の層
泥岩の層
凝灰岩の層

(1)　**調べたこと**の　u　にあてはまる堆積岩の名称として最も適当なものを，次の**ア**～**エ**のうちから一つ選び，その符号を答えなさい。

ア　玄武岩　　**イ**　石灰岩　　**ウ**　流紋岩　　**エ**　花こう岩

(2)　**調べたこと**の　v　にあてはまる生物の名称として最も適当なものを，次の**ア**～**エ**のうちから一つ選び，その符号を答えなさい。

ア　フズリナ　　**イ**　サンヨウチュウ　　**ウ**　アンモナイト　　**エ**　ビカリア

(3)　**図２**で，露頭をおおっている草や木を取りはらったとき，地点**W**からの高さ７ｍの位置にある地層として最も適当なものを，次の**ア**～**エ**のうちから一つ選び，その符号を答えなさい。

ア　泥岩の層　　**イ**　砂岩の層　　**ウ**　れき岩の層　　**エ**　凝灰岩の層

(4)　**調べたこと**の下線部について，地点**Z**の地下にある凝灰岩の層を解答用紙の図中に，**図３**のように塗りつぶしなさい。

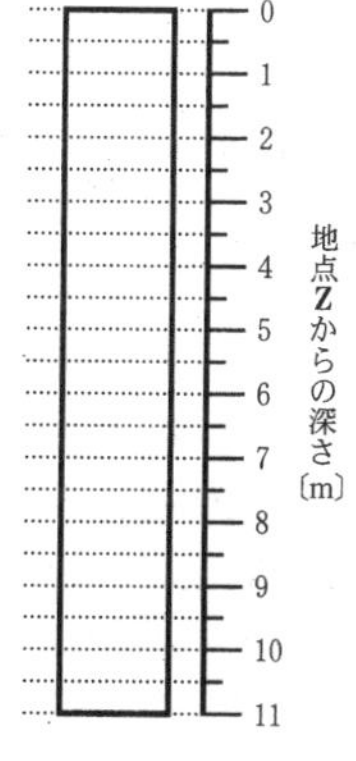

6 水中の物体にはたらく力を調べるため，次の**実験１**，２を行いました。これに関して，あとの(1)～(3)の問いに答えなさい。ただし，質量 100 g の物体にはたらく重力の大きさを１Nとし，ばねと動滑車（かっしゃ）の質量，糸の質量と体積，糸と動滑車の摩擦（まさつ）は考えないものとし，糸の伸（の）び縮みはないものとします。なお，実験で用いたばねは，フックの法則が成り立つものとします。

実験１

図１のように，装置を組み立てた。ものさしの印を，何もつるさないときのばねの端（はし）の位置とする。次に，**図２**のように，直方体で質量が 140 g の物体をばねにつるし，台をゆっくり上げながら，物体を水に入れ，物体が傾（かたむ）くことがないようにして，ばねの伸びを測定した。**図２**の深さ x は，物体を水中に沈（しず）めたときの，水面から物体の底面までの深さを示している。**図３**は，**実験１**の結果をもとに作成したグラフである。

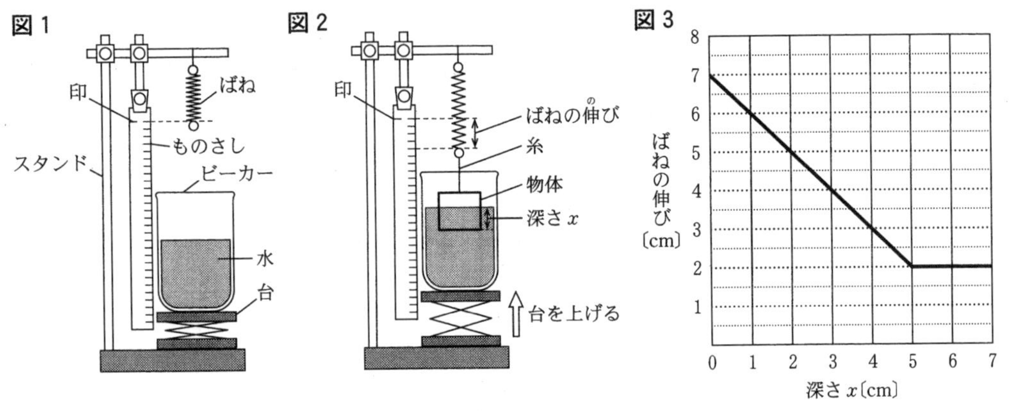

実験２

図４のように，**実験１**と同じばねと物体を用い，さらに動滑車と糸を用いて，装置を組み立てた。**図５**のように，**実験１**と同様の操作を行い，物体が傾くことがないようにして，ばねの伸びを測定した。**図５**の深さ y は，物体を水中に沈めたときの，水面から物体の底面までの深さを示している。

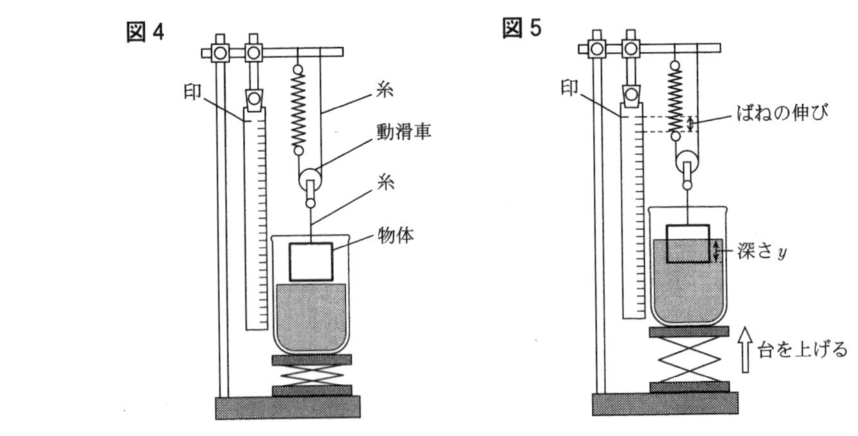

(1) **実験１**で，物体を水中に完全に沈めたとき，物体にはたらく水圧のようすを表した模式図として最も適当なものを，次の**ア**～**エ**のうちから一つ選び，その符号を答えなさい。ただし，矢印の向きは水圧のはたらく向きを，矢印の長さは水圧の大きさを表すものとする。

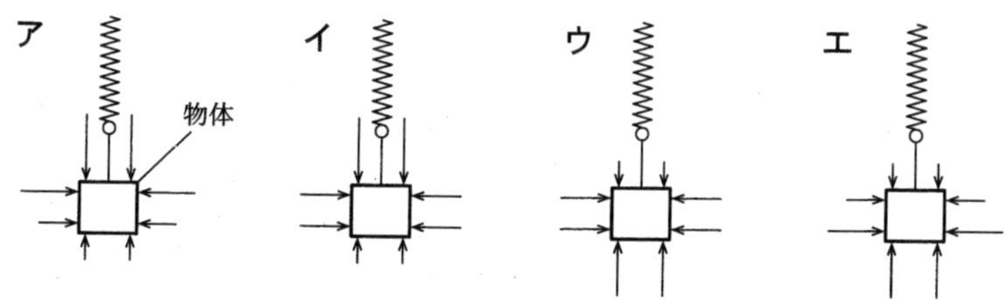

(2)　**実験１**について，次の①，②の問いに答えなさい。

①　**実験１**で用いたばねを，1.0 cm 伸ばすときに必要な力の大きさは何Ｎか，答えなさい。

②　**実験１**で，深さ x が 4.0 cm のとき，物体にはたらく浮力の大きさは何Ｎか，答えなさい。

(3)　**実験２**について，ばねの伸びと深さ y の関係を表すグラフを，解答用紙の図中に，**図３**のように実線で書きなさい。ただし，y の範囲は 0 cm から 7 cm までとする。

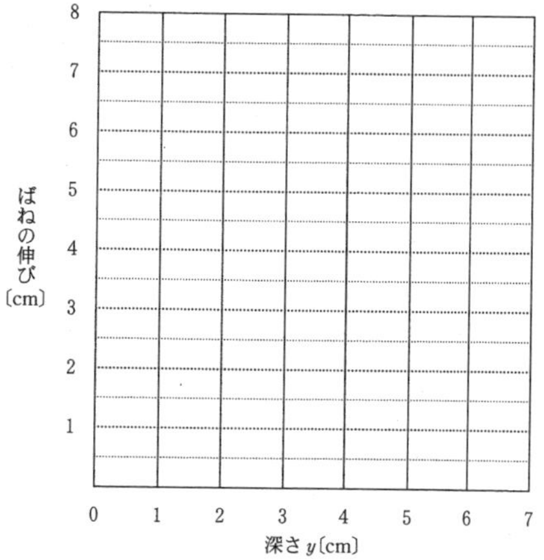

7　**Ｓ**さんは，2022 年 11 月 8 日に，千葉県で皆既月食を観察しました。これに関する 2022 年 11 月 17 日の先生との会話文を読んで，あとの(1)～(4)の問いに答えなさい。

> **Ｓ**さん：11 月 8 日の皆既月食は，よく見えて感動しました。
>
> 先　生：そうですね。月は地球の［ t ］であり，地球のまわりを［ u ］しています。皆既月食や，月の満ち欠けのようすは，**図１**のような，地球，月，太陽の位置関係を表すモデルで考えるとわかりやすいです。**図１**は，地球の北極側から見たものであり，ボールの黒い部分は，影になっていることを表しています。今日は 11 月 17 日ですが，昨日の月は，南の空にいつ頃，どのように見えていましたか。
>
> **図１**
>
> 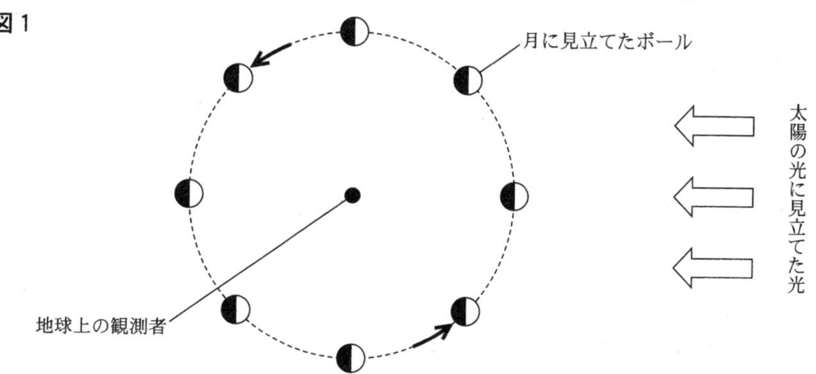
>
>
> **Ｓ**さん：南の空には，［ v ］を見ることができました。**図１**から，皆既月食のあと，月の位置が変わり，満ち欠けのようすが変わったことがわかりました。
>
> 先　生：そうですね。ところで，**図１**のモデルを使うと，皆既日食について考えることもできます。

Sさん：皆既日食は，太陽，［ w ］の順に一直線上に並ぶことによって起きるので，千葉県で正午ごろに皆既日食が観察できたとき，太陽は［ x ］側から欠けていくように見えるのでしょうか。

先　生：そのとおりです。

Sさん：ところで，皆既日食については不思議に思うことがあります。太陽は月よりはるかに大きいのに，どうして皆既日食が起こるのでしょうか。

先　生：その理由は，大きさの違い(ちがい)と，地球，月，太陽の間の距離(きょり)が関係しています。**図２**(次ページ)のようなモデルを使って，発泡(はっぽう)スチロール球とバスケットボールの間隔(かんかく)を広げながら，発泡スチロール球のうしろに，ちょうどバスケットボールが隠(かく)れる位置を片方の目で見て探してみましょう。

Sさん：バスケットボールの中心が観測者から55 cm離(はな)れた位置で，バスケットボール全体がちょうど隠れて見えました。

先　生：月と太陽も同じように考えて，**図２**を参考にモデルをつくることができます。月の直径は3500 km，太陽の直径は140万kmとして，月を直径2 cmの球とすると，太陽は直径［ y ］mの球となります。また，月の球の中心を観測者から220 cmの位置に置くと，太陽の球の中心は観測者から［ z ］mの位置に置くことになります。

Sさん：大きさと距離が関係して，皆既日食が起こることがよくわかりました。

図２

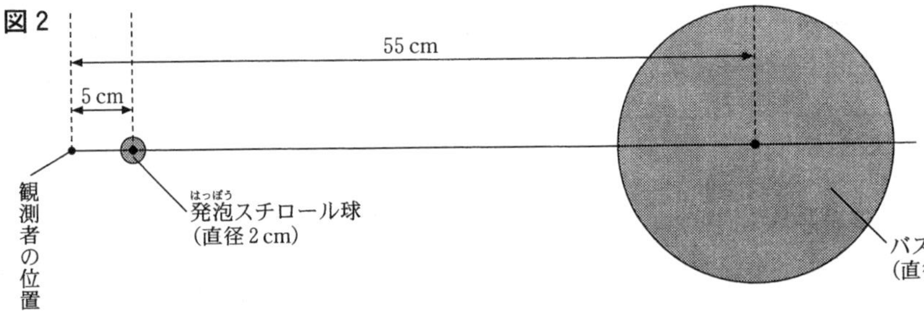

(1)　会話文中の［ t ］，［ u ］にあてはまるものの組み合わせとして最も適当なものを，次の**ア**～**エ**のうちから一つ選び，その符号を答えなさい。

ア　t：衛星(えいせい)　u：自転　　**イ**　t：小惑星(しょうわくせい)　u：公転

ウ　t：衛星　u：公転　　**エ**　t：小惑星　u：自転

(2)　会話文中の［ v ］にあてはまる内容として最も適当なものを，次の**ア**～**エ**のうちから一つ選び，その符号を答えなさい。

ア　夕方に上弦(じょうげん)の月　　**イ**　明け方に上弦の月

ウ　夕方に下弦(かげん)の月　　**エ**　明け方に下弦の月

(3)　会話文中の［ w ］，［ x ］にあてはまるものの組み合わせとして最も適当なものを，次の**ア**～**エ**のうちから一つ選び，その符号を答えなさい。

ア　w：月，地球　x：西　　**イ**　w：地球，月　x：西

ウ　w：月，地球　x：東　　**エ**　w：地球，月　x：東

(4)　**図２**をもとに，会話文中の［ y ］，［ z ］にあてはまる数値を，それぞれ答えなさい。

8 金属が空気中の酸素と結びつくとき，金属の質量と酸素の質量との間にどのような関係があるかを調べるため，次の**実験１**，**２**を行いました。これに関して，あとの(1)〜(4)の問いに答えなさい。ただし，加熱によるステンレス皿の質量の変化はないものとします。

実験１

① マグネシウムの粉末1.00 gをステンレス皿にうすく広げ，ステンレス皿を含(ふく)めた全体の質量を測定すると，33.86 gであった。

② **図１**のように，①のマグネシウムの粉末を５分間，加熱した。

③ 加熱をやめ，ステンレス皿が十分に冷めてから，加熱後の全体の質量を測定したところ，加熱後の質量は加熱前の質量より大きくなっていた。質量を測定したあと，粉末をよくかき混ぜた。

④ ②，③の操作を繰(く)り返すと，全体の質量が変化しなくなった。このときの加熱の回数と加熱後の全体の質量を記録した。

⑤ マグネシウムの粉末を銅の粉末にかえて，①〜④と同じ手順で実験を行った。

図２は，**実験１**の結果をまとめたグラフである。

図１

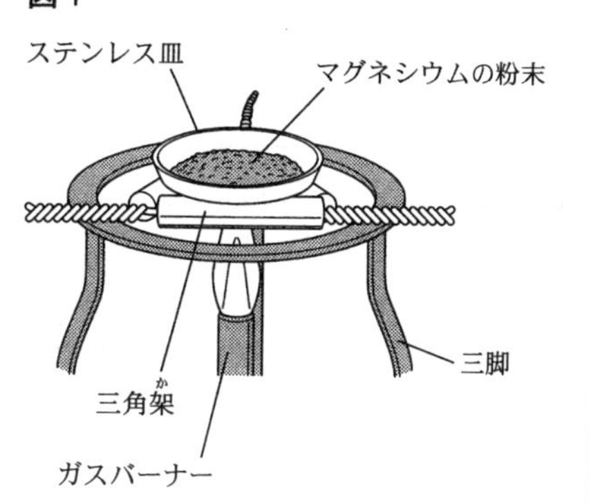

図２

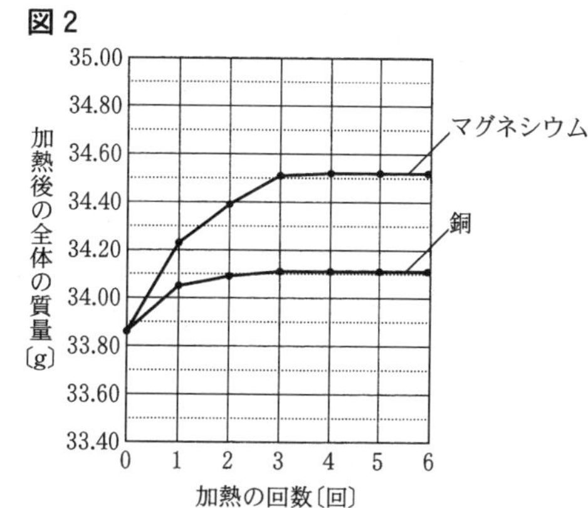

実験２

実験１と同じステンレス皿を用いて，質量が，0.40 g，0.60 g，0.80 g，1.20 gのマグネシウムの粉末を用意し，**実験１**と同じ手順で実験を行った。また，銅の粉末についても同様の実験を行った。

実験１の結果とあわせて，マグネシウムの粉末を用いた結果を**表１**に，銅の粉末を用いた結果を**表２**（次ページ）にまとめた。

表１

マグネシウムの粉末の質量〔g〕	0.40	0.60	0.80	1.00	1.20
加熱前の全体の質量〔g〕	33.26	33.46	33.66	33.86	34.06
質量が変化しなくなったあとの全体の質量〔g〕	33.52	33.86	34.19	34.52	34.86

表２

銅の粉末の質量〔g〕	0.40	0.60	0.80	1.00	1.20
加熱前の全体の質量〔g〕	33.26	33.46	33.66	33.86	34.06
質量が変化しなくなったあとの全体の質量〔g〕	33.36	33.61	33.86	34.11	34.36

⑴　マグネシウムの粉末を空気中で加熱してできた物質は，マグネシウムと酸素が結びついてできた酸化マグネシウムである。このときに起きた化学変化の化学反応式を答えなさい。ただし，化学式の書き方は**図３**を参考に，文字や数字について，大きさや位置を区別して書くこと。

図３

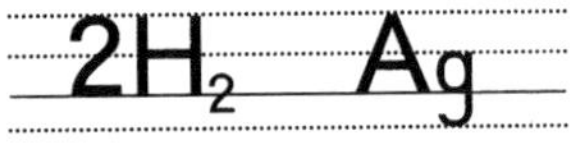

⑵　次の文は，**実験１**の④で，繰り返し，十分に加熱を行うと質量が変化しなくなった理由について述べたものである。文中の［x］にあてはまる内容を**12字以内**（読点を含む。）で答えなさい。

> 空気中で加熱したとき，一定の質量のマグネシウムや銅と結びつく［x］からである。

⑶　**実験２**の**表１**から，反応するマグネシウムと酸素の質量の比として最も適当なものを，次の**ア**～**エ**のうちから一つ選び，その符号を答えなさい。ただし，最も簡単な整数の比で表すものとする。

ア　2：1　　**イ**　3：2　　**ウ**　4：3　　**エ**　5：2

⑷　**実験１**で，銅の粉末の質量を5.00 gにかえて，加熱した。加熱を途中でやめて質量を測定したところ，ステンレス皿を除いた質量は，5.80 gであった。このとき，酸素と反応していない銅の質量は何gか，**実験２**の**表２**をもとに答えなさい。

※解答をするためには説明が不十分である問いがあったため、大問８（４）について、受験者全員に点数を与えることとしました。

9　**S**さんたちは，ある地域の生態系について学習しました。これに関する先生との会話文を読んで，あとの⑴～⑷の問いに答えなさい。

先　生：**図１**は，ある地域の生態系における，食べる，食べられるという関係の一例を表したものです。

Sさん：食べられる生物から食べる生物に矢印が向かっていますね。

先　生：そうです。１種類の生物が２種類以上の生物に食べられたり，逆に食べたりして，矢印が複雑にからみあっています。このつながりを［　　］といいます。

図１

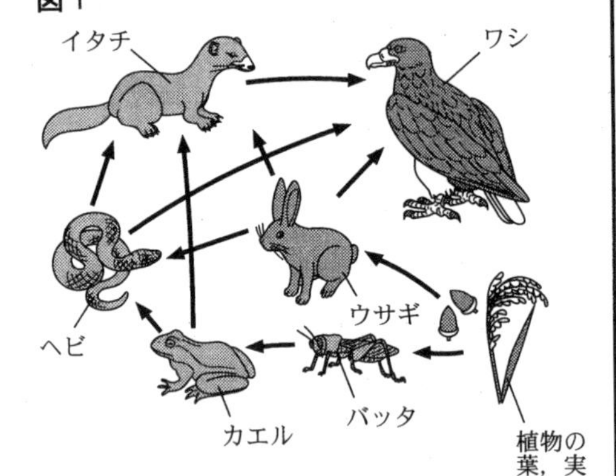

Tさん：矢印の出発点は，植物になっていますね。**図１**をみると，植物は，ウサギやバッタに食べられています。

先　生：そうです。a植物を食べる生物を草食動物，動物を食べる生物を肉食動物といいます。**図２**は，生態系での生物の数量の関係を模式的に示したものです。

図２

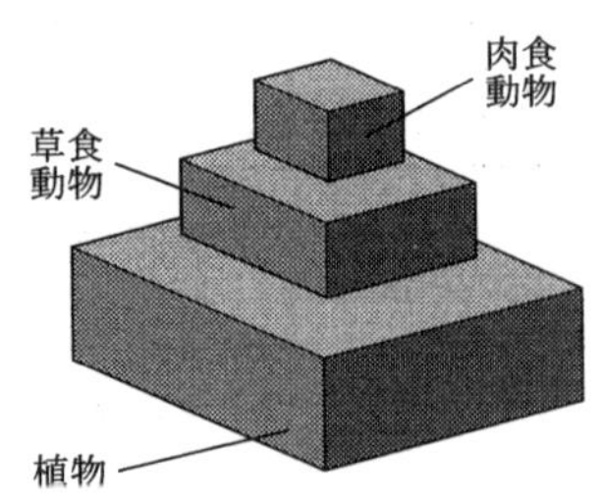

Tさん：生態系の中では肉食動物の数量が少ないですね。

Sさん：もし，肉食動物が増えたとしたら，そのあとに**図２**の数量の関係はどうなりますか。

先　生：そのあと，[b]肉食動物に食べられる生物が減り，さらに，食べる生物と食べられる生物の一時的な増減が起こりますが，再び**図２**のような数量の関係に戻(もど)ります。つまり，生態系において，生物の数量のつり合いは保たれることになります。

Ｔさん：ところで，生物の体をつくる炭素は循環(じゅんかん)していることを学びましたが，食べる，食べられるの関係で移動したあとの炭素はどのように循環するのですか。

先　生：**図３**のように，炭素は有機物や無機物に変化し，生物の活動によって，生物の体とまわりの環境との間を循環しています。

図３

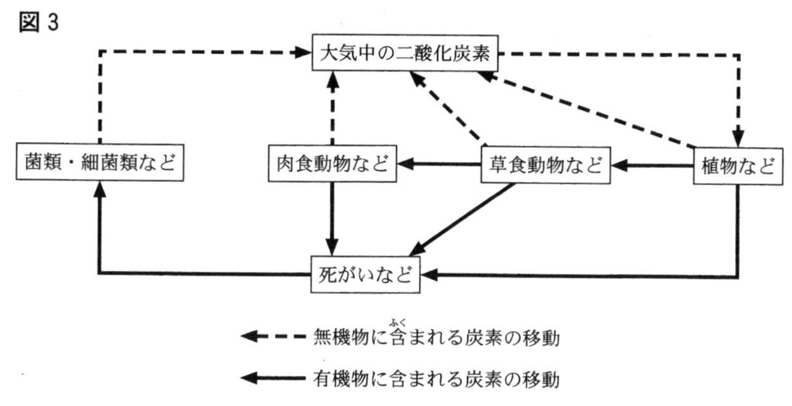

⑴　会話文中の［　　　］にあてはまる適当なことばを答えなさい。

⑵　会話文中の下線部ａについて，生態系において草食動物と肉食動物はそれぞれ何とよばれているか。その組み合わせとして最も適当なものを，次の**ア**～**エ**のうちから一つ選び，その符号を答えなさい。

	草食動物	肉食動物
ア	生産者	消費者
イ	消費者	生産者
ウ	消費者	消費者
エ	生産者	生産者

⑶　会話文中の下線部ｂについて，次の**ア**～**エ**を，肉食動物が増えたあとに起こる**変化の順**になるように左から右へ並べ，その符号を答えなさい。

ア　草食動物が増える。　　**イ**　植物が減るとともに，肉食動物が増える。

ウ　肉食動物が減るとともに，植物が増える。　　**エ**　草食動物が減る。

⑷　**図３**について，有機物に含(ふく)まれる炭素の移動が起こる活動を説明した文として**適当でないもの**を，次の**ア**～**エ**のうちから一つ選び，その符号を答えなさい。

ア　草食動物が植物を食べる。

イ　菌類が他の生物の排出物(はいしゅつぶつ)に含まれる有機物をとりこむ。

ウ　植物が呼吸をする。

エ　肉食動物が他の動物を食べる。

ほえて自分の肉を落としてしまうという話だったかな。

丸さん　どちらも欲について考えさせるものだね。そうすると、この作品の結末はどう描かれているだろう。

畑さん　「我分をなげ出し」という長老の行動と、「ろうそく二丁ありけり」という最後の部分で、欲の深い長老が、同宿から［　　　］ことになってしまった結果を見事に表現しているね。

(a)　既に隴を平らげて復た蜀を望むについて、そのように訓読する場合、返り点の付け方として正しいものを、次のア～エのうちから一つ選び、その符号を答えなさい。

ア　既ニ 平ラゲテ二 隴ヲ一 復タ 望ムレ 蜀ヲ
イ　既ニ 平ラゲテレ 隴ヲ 復タ 望ムレ 蜀ヲ
ウ　既ニ 平ラゲテ二 隴ヲ一 復タ 望ム二 蜀ヲ一
エ　既ニ 平ラゲテレ 隴ヲ 復タ一 望ムレ 蜀ヲ二

(b)　［　　　］に入る言葉を、**三十字以上、三十五字以内**で書きなさい。

七

次に示すのは、「知識」と「知恵」という言葉の意味です。これを読み、あとの〈条件〉にしたがい、〈注意事項〉を守って、「知恵」についてあなたの考えを書きなさい。

〈言葉の意味〉

「知識」
物事についてよく知っていること。また、知っている内容。

「知恵」
物事の筋道をよく知り、それをうまく使う力のこと。

〈条件〉

①　**二段落構成**とし、**十行以内**で書くこと。
②　前段では、「知恵」とはどのようなものかを、「知識」という言葉を使って、説明すること。
③　後段では、「知恵」に対するあなたの考えを、具体例を挙げながら、説明すること。

〈注意事項〉

①　氏名や題名は書かないこと。
②　原稿用紙の適切な使い方にしたがって書くこと。
ただし、〜や＝＝などの記号を用いた訂正はしないこと。

いふ。同宿めいわくなるふりをするに、いよ〳〵ほしく思ひ、我分をなげ出し、かの二百文つゝみを取あげて見たれば、ろうそく二丁ありけり。

（『軽口露がはなし』による。）

（注１）同宿＝長老と同じ寺に住む下位の僧。
（注２）囉齋＝僧が修行のため家々の前に立ち、食物をもらうこと。
（注３）齋料に布施をつゝみ＝（そこの家人が）僧の食事のために金銭や品物を渡すこと。
（注４）文＝昔の貨幣の単位。
（注５）廿疋＝「疋」は昔の貨幣の単位。「廿疋」は二百文。
（注６）施主＝僧や寺に物品を施す人。

⑴　文章中の　みへたり　を現代仮名づかいに改め、**ひらがな**で書きなさい。

⑵　文章中に　あら不審や　とあるが、どのようなことを「不審」だと思ったのか。その説明として最も適当なものを、次の**ア**～**エ**のうちから一つ選び、その符号を答えなさい。

ア　施主が、経を読む前に渡すはずの布施を後にしたこと。
イ　つつみ方の間違いから、布施の向きが逆になったこと。
ウ　童子が、長老と同宿の前へ布施を置いてしまったこと。
エ　自分よりも、同宿のもらった布施の方が多かったこと。

⑶　文章中に　同宿めいわくなるふりをするに　とあるが、何に対して同宿はそのような態度を取ったのか。最も適当なものを、次の**ア**～**エ**のうちから一つ選び、その符号を答えなさい。

ア　同宿は自分がもらった貴重なろうそくを譲れないと思うけれど、長老が言葉巧みに奪おうとしていること。
イ　長老は修行での形式や手順を重んじるため布施の交換の後で、施主にやり直しを命じようとしていること。
ウ　施主が渡すべき布施を取り違えたと考えて、長老が同宿にお互いのものを交換しようと提案していること。
エ　どちらの布施も最後には寺のものになるのに、面倒で全く意味のない交換を長老が無理強いしていること。

⑷　文章中の　いよ〳〵ほしく思ひ　の主語にあたるものとして最も適当なものを、次の**ア**～**エ**のうちから一つ選び、その符号を答えなさい。

ア　童子　　**イ**　同宿　　**ウ**　長老　　**エ**　亭主

⑸　次の文章は、畑さんと丸さんがこの作品について話し合っている場面の一部です。これを読み、あとの(a)、(b)の問いに答えなさい。

畑さん　この作品は、長老の取った欲深い行動を中心に書かれているね。

丸さん　そうだね。このお話から、「隴を得て蜀を望む」という言葉が浮かんだよ。もとは、「既に隴を平らげて復た蜀を望む」という言葉で、隴の土地を手に入れて、さらに蜀の地を望むという、欲を言えばきりがないという中国のたとえだよ。

畑さん　なるほど。私は、イソップ童話の「欲張りな犬」の話を連想したよ。肉をくわえた犬が、橋の上で川の水面に映った自分の姿を見て、相手の肉の方が大きいと思い、

かっていた貨幣だということ。

イ　貧しい暮らしを送りながらも、いざという時のためにこつこつとためてきたものだということ。

ウ　父親の看病に追われていたので、使う暇がなくそのまま古くなってしまった貨幣だということ。

エ　高い身分ではないので、銭売りから買うことのできるのは安価で汚れた細縄だけだということ。

(6)　次は、この文章を読んだあとに、牧さんと谷さんが新吉の人物像について話し合っている場面の一部です。これを読み、あとの(a)、(b)の問いに答えなさい。

牧さん　新吉は、どうして昨日と違って、柿をつけずに売ろうとしたんだろうね。

谷さん　それは、［ Ⅰ ］があったからじゃないかな。

牧さん　なるほど。新吉の鮨が本当においしかったら、柿をつけなくてもお客さんはまた買いにきてくれるということか。新吉は自分の仕事にまっすぐに向き合っているんだね。

谷さん　そうだね。新吉らしさが表れているね。

牧さん　もう一つ、気になったことがあるよ。新吉が、女から代金を受け取った理由は何だろう。

谷さん　女の様子を見て、柿と鮨を快く受け取ってもらえるように配慮したのではないかな。

牧さん　あとね、読み返してみて気づいたのだけれど、新吉と女との会話から、新吉の考えを読み取れると思うんだ。

谷さん　あ、そうか。女に対して「［ Ⅱ ］」と言っている部分だね。そういう面から、新吉は仕事だけじゃなく、他者にもまっすぐに向き合う人物なのかもしれないね。

(a)　［ Ⅰ ］、［ Ⅱ ］に入る言葉を、［ Ⅰ ］は**五字以上、十字以内**で書き、［ Ⅱ ］は８ページ・９ページの文章中から**十五字で抜き出して、はじめの五字**を書きなさい。

(b)　牧さんの言葉に代金を受け取った理由とあるが、新吉が代金を受け取った理由について説明した、次の文の［　］に入る言葉を、「情け」、「見下す」という言葉を使って、**三十字以上、四十字以内**で書きなさい。

新吉は、［　　］と考えているから。

六

次の文章を読み、あとの(1)～(5)の問いに答えなさい。

欲ふかき長老（住職が）、(注1)同宿をつれて囉齋(ろさい)(注2)に出し（出かけた）。齋料(ときれう)(注3)に布施(ふせ)をつゝみ童子(わらんべ)にもたせ、長老の前に置き、是(これ)は百文とみへたり（百文のつつみ）(注4)。後(のち)に亭主（家の主人が）廿疋(注5)つゝみけるをもちて出、同宿が前に置(をく)。長老、Aあら不審(ふしん)や、前後失念にてこそ（間違えたので）あらめ（あろう）」と、寺へかへりて、同宿にむかひ、「最前（さきほど）の布施は、施主取(せしゅとり)(注6)ちがへたると覺(おぼえ)たり（思われる）。おれがのをそちへやり、其方(そなた)がのをこちへとらん」と

から。

ウ　父親のために、好物である柿の実をどうしても食べさせたかったから。

エ　柿の実を買うことで、鮨を安く手に入れることができると思ったから。

(2)　文章中に B戸惑い とあるが、このときの新吉の心情を説明したものとして最も適当なものを、次の**ア**～**エ**のうちから一つ選び、その符号を答えなさい。

ア　女の父親の事情を聞いたが、柿はもともと添え物であり、職人として精進を重ねて作り上げた鮨を売ろうか迷っている。

イ　女の父親の事情を聞いたうえに、身なりの貧しそうな女から、柿の代金としてお金を受け取ってよいものか迷っている。

ウ　女の父親の事情を聞いたが、時季外れの柿は高価なので、女のお金では足りず、さらに代金を要求しようか迷っている。

エ　女の父親に対する思いに心を打たれたが、女からのお金は柿を譲るには多過ぎるので、竹をもう一本渡すか迷っている。

(3)　文章中に C強く差し出した、D澄んだ目が強く光った とあるが、この部分の女の様子を説明した、次の文の［　　］に入る言葉として最も適当なものを、あとの**ア**～**エ**のうちから一つ選び、その符号を答えなさい。

> どれほど貧しい暮らしだとしても、商品を得るには相応の対価を払うことが［　　］が表れている。

ア　自分自身の心の充足に結びつく、という純粋さ

イ　良好な関係を築くことにつながる、という思惑

ウ　父親の情に報いることになる、という感謝の念

エ　人として当たり前のことである、という自負心

(4)　文章中に Eがってんだ。待っててくだせえ とあるが、このときの新吉の心情を説明したものとして最も適当なものを、次の**ア**～**エ**のうちから一つ選び、その符号を答えなさい。

ア　昼時に訪れる客のことを考えて、女への対応を急いでいたが、丹念に作った自分の鮨を女に求めてもらえたことで、鮨職人としての喜びを感じている。

イ　今日はつけないと決めていた柿を渡してしまって、自分自身をひどく責めていたが、女が鮨を求めたので、堂々と品物を渡せることに心が弾んでいる。

ウ　柿だけを求めてくる女に対して、職人としての未熟さを感じていたが、自分の鮨も求めていることがわかって、早く食べてほしいと胸を躍らせている。

エ　最初に柿を求めたうえに、厚かましくも柿の添え物のように鮨を求める女に対して腹立ちを覚えていたが、自分の鮨が褒められて得意げになっている。

(5)　文章中に F二本の差しは、いずれも細縄が古びていた とあるが、このことを説明したものとして最も適当なものを、次の**ア**～**エ**のうちから一つ選び、その符号を答えなさい。

ア　父親の好物である若柿を買える時季に備えて、事前に父親から預

「こんなかに柿がへえってまさ」

手渡された女の顔が明るくなった。

「ありがとうございます。おとっつあんが、どんなに喜ぶことか……」

女が百文差し二本を差し出した。

「これしか持ち合わせがありません」

新吉は受け取るかどうかを、つかの間思案した。その戸惑いを見て、女が強く差し出した。

「足りないかもしれませんが、受け取ってください」

女の澄んだ目が強く光った。

「ありがてえが、二百文は多過ぎやす」

「もしそうでしたら、厚かましいお願いですが、お鮨を分けていただけませんか」

「姐さんは鮨が好きなんで？」

女がまた、こくりとうなずいた。

川風が、女のうなじのおくれ毛に触れて過ぎ去った。

「柿を自慢していたひとが、とってもおいしいお鮨だって言いふらしてました。うちの暮らしではぜいたくで手が出ませんが、この子とひと切れずついただければ……」

「がってんだ。待っててくだせえ」

土間に駆け戻った新吉は、二折り(注6)の柿鮨(注7)を手にして戻った。

「鮨が二折りで百四十文、柿は六十文てえことにしやしょう。姐さんにほどこしをするわけじゃねえんだ、ここは素直に受け取ってくだせえ」

「ありがとうございます」

女は柿鮨を布袋に仕舞ってから、竹をこどもに持たせた。

「この竹、すごく重たい」

「なかに大事なものが、いっぱい詰まってるからでしょう」

こどもと一緒にあたまを下げてから、親子は川べりを離れた。

百文差し二本を手にしたまま、新吉はふたりを見送った。一文銭九十六枚が、細縄で縛られた差しである。新吉は、この差し二本をどんな思いで持ってきたかを考えて、その場からしばらくは動けなかった。

二本の差しは、いずれも細縄が古びていた。どう見ても、昨日今日に銭売りから買った差しではなさそうだ。

なにかのときのために、ずっと蓄えてきた差しにちげえねえ……。

（山本一力『銀しゃり』による。）

（注1）口開け＝最初。

（注2）百文差し＝一文銭九十六枚を、細縄を通してまとめた銭。一文銭は江戸時代の貨幣の一つ。

（注3）浅葱色＝薄い藍色。

（注4）端切れ＝裁断した後の残りの布。

（注5）仙台堀＝現在の東京都江東区を流れる河川。

（注6）二折り＝「折り」は箱型の鮨の単位。

（注7）柿鮨＝薄く切った魚肉などを飯の上にのせた箱型の鮨。新吉は、酢飯に柿の風味をつける工夫をしていた。

(1) 文章中に A 傷物でもかまわないんですが、一個だけでもないでしょうか とあるが、女はなぜこのように言ったのか。最も適当なものを、次の**ア**～**エ**のうちから一つ選び、その符号を答えなさい。

ア 柿の実を買うことが、貧しい中で味わえる唯一のぜいたくだったから。

イ 小さいこどもに、柿の実を食べさせて満足感を味わわせたかった

ウ　「るつぼ」の中にいる　　　エ　「社会性」を守る

(b)　Ⅱ　に入る言葉を、「自己」、「他者」、「社会」という言葉を使って、**三十字以上、三十五字以内**で書きなさい。

(6)　この文章の構成について説明したものとして最も適当なものを、次の**ア**～**エ**のうちから一つ選び、その符号を答えなさい。

ア　前半は具体的な例を用いて「社会的自己」を説明し、後半は「I」と「me」を比較することで社会の問題点を明らかにしている。

イ　前半は人間が「I」と「me」両方の側面をもつ「社会的存在」だと説明し、後半は「I」の側面をより重視する立場で論じている。

ウ　前半は社会学の視点から人間存在の二面性について説明し、後半は他者との関係から築かれる「me」の重要性を説いている。

エ　前半はシカゴに代表される多様性を抱える社会の問題を説明し、後半は創造性・創発性を欠いた日本人を問題視している。

五

次の文章を読み、あとの(1)～(6)の問いに答えなさい。

〔江戸の名店で修業を終えた鮨職人の新吉は、念願の店を開くが、なじみのない土地で開業したことや、安売りをしないという親方の教えを忠実に守ったため、売れ行きがよくない。しかし、三月のある日、鮨に時季外れの若柿をつけて販売すると、すぐに売り切れた。〕

口開け(注1)の客は、水を撒き終えたころにあらわれた。こどもの手を引いた、三十見当の女だった。

「柿の実を売っていただけるお店は、こちらでしょうか」

こどもの手を放した女は、左手にさげた布袋から百文差し(注2)二本を取り出した。

「あいにくでやすが、柿をつけたのは昨日一日きりなんでさ」

「もうないんですか」

女が肩を落として問いかけた。

「申しわけねえが、仕舞いなんで」

A「傷物でもかまわないんですが、一個だけでもないでしょうか」

着ているのは、色の褪せた浅葱(注3)色の木綿のあわせである。粗末な着物だが手入れは行き届いており、汚れた感じはしなかった。

こどもが着ているのは、何枚もの端切れ(注4)を縫い合わせたものだ。襟元には大きな四角い端切れが用いられており、菖蒲が茎の部分だけ描かれていた。

「なにか、わけでもあるんですかい？」

女の差し迫った顔つきが気になった新吉は、早口で問うた。いまにも、昼飯を求める客が押しかけてきそうに思ったからだ。

「もう三年も寝たっきりの、おとっつあんがいるんです。きのう長屋のひとが、まだ若い柿が手に入ったって自慢していたのを、おとっつあんが聞いてしまって……」

「食いてえと？」

話の途中で、新吉が先を引き取った。

女がこくりとうなずいた。身なりは貧しそうだが、襟足も髪もきれいに調えられていた。

「すまねえが、店のわきに回ってくだせえ」

親子を、仙台堀(注5)の川べりにいざなった。客の目から遠ざけるためである。百文差し二本を手にしている女に、新吉は一本の竹を手渡した。

Ⅲ に入る言葉として最も適当なものを、あとのア～オのうちから一つずつ選び、その符号を答えなさい。なお、**同じ符号を何度使ってもよい。**

> 人間は、Ⅰとの出会いの中でⅡの言動を受け入れ、求められているⅢの役割に気づき、演じ、変化しながら成長していく存在である。

ア　他者　　イ　社会　　ウ　多様な文化
エ　社会の構成員としての自己　　オ　圧倒的多数としての自己

(4)　文章中にC出会いとあるが、この文章では「出会い」をどのように捉えているか。その説明として適当なものを、次の**ア**～**オ**のうちから**二つ選び**、その符号を答えなさい。

ア　様々な役割を互いに共有する他者との出会いや、その場に応じて役割を演じ分けていく他者との出会い。
イ　長い時間を共有する他者との出会いや、短い時間、あるいはほとんど関わることのない他者との出会い。
ウ　良好な信頼関係が保たれていく他者との出会いや、これから関係の構築を目指していく他者との出会い。
エ　嬉しい楽しいという肯定的感情がわき上がる他者との出会いや、苦手意識を持つような他者との出会い。
オ　自己の生き方に影響を与える他者との出会いや、精神的な結びつきがあまりないような他者との出会い。

(5)　文章中の【「自己」の創発性や創造性……】について、筆者が著した次の文章をふまえて、あとの問いに答えなさい。

> 政治や社会に参加する「主体」をつくりあげるうえで、必要な力や知識はさまざまに考えられるでしょう。しかし、そのなかで欠けてはいけない力があります。それは、これまで犯した過ちも含め、自らがもつ負の側面をしっかりと見据え、それを今後生きていくうえでどのようにプラスに転化できるのかを考え、新たな何かを作り出す力です。私は、これを「批判する力」と考えています。
> 私たちが、国家や社会のメンバーであると主張する時、まさに「公共」的存在としての自分の姿を想像し、創造する必要があるでしょう。
> （好井裕明（よしいひろあき）『「今、ここ」から考える社会学』による。）

問い　「『自己』の創発性や創造性」と「批判する力」との関わりについて、次のようにまとめます。これを読み、あとの(a)、(b)に答えなさい。

> 私たちが「自己」をつくりあげるためには、「批判する力」が必要だ。「批判する力」を持たない「私」は、Ⅰだけの存在になってしまう。
> 私たちは社会や日常を「批判する力」を持つことで、Ⅱことができる。

(a)　Ⅰに入る言葉として最も適当なものを、次のア～エのうちから一つ選び、その符号を答えなさい。

ア　「他者」に期待される　　イ　「ちがい」をもつ

ます。たとえばこうした「出会い」をうまく乗り切るためのマニュアル本（注7）がこんなに売れていますと私たちに訴えかける通勤通学電車で見かける広告が、そのことを象徴しているでしょう。

ミードの「自己」論で、私がとても興味深く思うのは、「I」という「自己」がもつ側面です。ミードの説明を読んでいても、「me」に比べ、「I」は、はっきりこうだと理解しづらいことは確かです。しかし、社会を生き、自分を生きていくために、私たち人間はつねに新しい何かを生み出す可能性を秘めています。「社会性」を守ること以上に、私たちが「自己」をつくりあげ、「自己」を生きるうえで、新しい何かを創造するその力が大切だと唱えるミードの考えは、確実に伝わってきます。

「自己」は「社会性」を盛るためだけの器ではありません。それは「社会性」をどのように受容するか、その検討ができる力をもった人間存在の重要な側面なのです。またそれは「社会性」がもつさまざまな問題や歪（ゆが）みをいったん受容し、そのうえでより気持ちよい「社会性」を実現するために、その中身を修正し変革し、あらたな形として、他者へと示していける力をもった「生きていくプロセス（注8）」にもなり得るのです。

【「自己」の創発性や創造性という主張はまた、私たちが社会や日常を批判する力を持っていることを考えるうえで、導きの糸であり、魅力的なものです。】

（好井裕明（よしいひろあき）『「今、ここ」から考える社会学』による。）

（注1）ミード＝ジョージ・ハーバート・ミード。アメリカの社会心理学者。

（注2）ダイナミクス＝物事の動作の状態や変化の過程。

（注3）創発的＝先行する条件からは予測や説明ができない、新しい特性が生み出されるようなこと。

（注4）ダイナミック＝力強く生き生きと躍動すること。

（注5）端的＝明白なさま。

（注6）グラデーション＝濃度の段階的な変化。

（注7）マニュアル本＝物事の手順などをまとめた手引き。

（注8）プロセス＝進める方法や手順。過程。経過。

(1) 文章中の はっきり と同じ品詞であるものを、次のア～エのうちから一つ選び、その符号を答えなさい。

ア やがて日が昇ってくるだろう。

イ 美しい海辺の集落を散策する。

ウ 雪のような毛色の子猫を見た。

エ 予約が確実にできる日を選ぶ。

(2) 文章中に A 人種の坩堝（るつぼ） とあるが、この文章では、どのように説明しているか。最も適当なものを、次のア～エのうちから一つ選び、その符号を答えなさい。

ア 都市社会の象徴とも言えるシカゴが、さまざまな社会問題を乗り越えて、今や世界中に存在感を誇示していること。

イ 大量の移民が仕事を求めて集まってくるシカゴでは、個別の問題を調査する余裕がないほど、人口が過密であること。

ウ 多様な人種や民族が集住するシカゴが、言葉や文化などの違いを抱えながらも、一つの街として成り立っていること。

エ 都市社会学を発展させてきたシカゴでは、言葉や生活習慣などの壁がなくなり、皆が協力しあって生きていること。

(3) 文章中の B 人間はどのようにして「社会的な存在」となるのでしょうか を説明した、次の文を完成させなさい。ただし、 I ～

(1) 紙をタバねる。　(2) 空が夕日にソまる。

(3) 人のオウライが絶えない。　(4) 一日センシュウの思いで待つ。

四

次の文章を読み、あとの(1)〜(6)の問いに答えなさい。

ミード(注1)はアメリカのシカゴ大学で哲学と社会心理学を教えていました。当時のシカゴには、ヨーロッパから大量の人々が移り住み、仕事を求めて労働者たちも集まっていました。多様な人種や民族が集住し、シカゴという都市で懸命に生きていたのです。

A「人種の坩堝(るつぼ)」という言葉があります。「るつぼ」とは何でしょうか。社会学史の講義で学生に聞いても、最近は知らない人がかなり多くなっています。「るつぼ」とは化学実験などでいろいろな物質を溶かすのに使う白い陶器のことです。私たちの世代では、小学校や中学校であたりまえのように使っていた道具でした。多様な人種や民族を溶かしてしまう器、それはミードが生きたシカゴそのものの姿でした。都市社会学の原点であるシカゴを語る時、この言葉は象徴的に使われます。

語る言葉も生活習慣も文化も異なる人々が同じ街で暮らすとして、そこには当然のようにさまざまな社会問題が発生します。こうした問題をどのように考え、どのように解決すればいいでしょうか。実践的な問題関心のもと、シカゴ大学に初めて社会学部ができたのです。そして個別の問題について、具体的に調査し、質的にせよ量的にせよ経験的なデータを収集し、分析するという社会学という知的実践の基本が、シカゴ大学で創造されていきます。

ミードも、社会学の創造に大きな貢献をしたのですが、ここで私が伝えておきたい彼のテーマは「社会的自己」論です。さまざまな「ちがい」をもつ人々があふれかえり、さまざまな問題も沸騰している日常を生きるなかで、数え切れないくらいの刺激を受けながら、B人間はどのようにして「社会的な存在」となるのでしょうか。ミードはこの問いに対して、他者の態度を内面化することによる社会化と「I」と「me」のダイナミクス(注2)による自己の形成という答えを出しました。

「I」とは、主我とも訳されていますが、私という人間がもつ創発的(注3)で創造的な営みの源とでもいえる側面です。他方「me」は、客我とも訳されますが、私という人間が他者の態度を引き受け、状況に適切なようにふるまうためにもつ規範的な部分です。そしてミードは、「I」と「me」が絶えずダイナミック(注4)に交流することで初めて、私という人間が「社会的自己」として無数の他者に対して立ち現われることができると語っています。

少し考えればわかるのですが、生まれてから死ぬまで、どの人間にも共通し避けられない端的(注5)な事実があります。それは「他者と出会うこと」です。母親や父親のような最も親密な他者との出会いから始まり、学校での友人や部活仲間、同じ職場で働く仕事仲間、コンサートやイベントで共に盛り上がる人々、街ですれ違う人々、老いて自らの介護をしてくれる人、そして自分が生きている間で一度も出会うことがない圧倒的多数の他者の存在など、まさに私という人間は、多様な他者とさまざまなグラデーション(注6)があるC出会いを繰り返しながら成長し、社会化し、老いていくのです。

圧倒的な量と質がある「他者との出会い」を私が生きていくとき、他者の態度を引き受け、期待される役割をその場で判断し、適切に役割を演じ、上手に他者との関係性を維持していくことは、とても重要だと思い

※注意　各ページの全ての問題について、解答する際に字数制限がある場合には、句読点や「　」などの符号も字数に数えること。

一

これから、織田さんが鈴木さんに、自分が驚いた体験について話す場面と、それに関連した問いを四問放送します。よく聞いて、それぞれの問いに答えなさい。

（放送が流れます。）

(1)（問いを放送します。）

〔選択肢〕

ア　撮影する人の技術が低いと、焦点が定まらない写真になるから。
イ　同じ写真を見ても、注目する点や解釈は人によって異なるから。
ウ　一枚の写真だけでは、情報があまりに少なくて伝わらないから。
エ　気持ちを伝えるには、写真より言葉の方が誤解を生じないから。

(2)（問いを放送します。）

〔選択肢〕

ア　受け手が対象に抱く思いを、あらかじめ決めてしまっている点。
イ　感情をゆさぶる体験を、相手にも体験するよう強制している点。
ウ　言葉を軽視し、言葉をつくして説明することに力を注がない点。
エ　受け手の興味や関心を考えずに、強引に感想をせまっている点。

(3)（問いを放送します。）

〔選択肢〕

ア　鈴木さんは、泣けない自分を冷徹だと考え、織田さんは、物事に動じない冷静さが、客観的なものの見方をもたらすと考えている。
イ　鈴木さんは、思いを素直に出せないことを自信のなさと考え、織田さんは、強い自制心が、正確な分析を可能にすると考えている。
ウ　鈴木さんは、他人と同じ思いを抱けない点を未熟と考え、織田さんは、他人と違う見方が作品の魅力発見につながると考えている。
エ　鈴木さんは、他人と同じにはなりたくない自分を頑固だと考え、織田さんは、他人には安易に同調しない点が個性だと考えている。

(4)（問いを放送します。）

〔選択肢〕

ア　「泣きました」を、悲嘆の思いだと断定するのではなく、感嘆の思いも含むものだという感情の複雑性を受け入れる姿勢に変わった。
イ　「泣きました」という言葉に読者の感動を読み取るのではなく、他の思いが隠されており、言葉の背景を探っていく見方に変わった。
ウ　「百人」を、多い人数と捉えるのではなく、むしろ世界的視野に立つならば、一握りの考え方に過ぎないという捉え方に変わった。
エ　「百人」という人数によって、抱く思いをひとくくりにするのではなく、個々の背景を考えて、多様性を見いだす思考に変わった。

聞き取り検査終了後、３ページ以降も解答しなさい。

二

次の(1)～(4)の――の漢字の読みを、**ひらがな**で書きなさい。

(1)　最後まで粘りをみせる。
(2)　友人に惜別の情を述べる。
(3)　示唆に富む話を聞く。
(4)　試案を会議に諮る。

三

次の(1)～(4)の――のカタカナの部分を**漢字**に直して、楷書で書きなさい。

（合図音Ｂ）

鈴木　今の話で思い出したのだけれど、この間、本屋で「伝わりやすい」ようで「伝わらない」体験をしたよ。その本屋は、レジカウンターの前に小説が飾ってあって、おすすめのポイントを書いた宣伝カードがついているんだ。この間はね、ある小説の宣伝カードに「泣ける小説ナンバーワン！　百人が泣きました。」とあったよ。織田さんは、この紹介の仕方、どう思う？

織田　いいと思うよ。「泣ける小説」を読みたいと思っていた人には役立つ情報だと思うな。

鈴木　そう思って買って読んだよ。ただ、とっても面白かったのだけれど、自分自身は、泣けなかったんだ。

織田　そうかあ。鈴木さんの体験を聞くと、小説を「泣ける小説」として紹介することと、私がびっくりしたオムライスを写真で示すこととは、共通する点があるね。だから、鈴木さんは戸惑ってしまったのだね。

（合図音Ａ）

問いの⑵　小説を「泣ける小説」として紹介することと、自分がびっくりしたオムライスを写真で示すこととで「共通する点」は何ですか。その内容を説明したものとして最も適当なものを、選択肢ア～エのうちから一つ選び、その符号を答えなさい。

（15秒空白）

（合図音Ｂ）

鈴木　そうなんだ。泣けないのは、自分の読み取りが不足しているからだと思って落ち込んでしまったよ。

織田　え、落ち込む必要はないよ。だって、鈴木さんは、その小説が面白かったのでしょう？　ということは、その小説について鈴木さんは、その本屋さんとは違う言葉で紹介できるのではないかな。

（合図音Ａ）

問いの⑶　「泣けない」に対する二人の考え方の違いを説明したものとして最も適当なものを、選択肢ア～エのうちから一つ選び、その符号を答えなさい。

（18秒空白）

（合図音Ｂ）

鈴木　ありがとう。そういう考え方もあるのだね。織田さんの話を聞いて、宣伝カードの「百人が泣きました」の「百人」も、それぞれ泣いた理由は、違っていたかもしれないと思い始めたよ。

織田　そうだよ。「泣ける小説」と紹介されたからこそ、他の人はどうだったかな、と語り合いたくなるよ。「泣ける小説」という紹介の仕方は、そのとおりの反応はしなくても、人と人とを結びつけてくれるきっかけになるのではないかな。

鈴木　うん。「百人が泣きました」の捉え方が、織田さんと話して、変わったよ。

（合図音Ａ）

問いの⑷　鈴木さんは「百人が泣きました」に対する捉え方が変わったとありますが、どのように変わったのですか。その説明として最も適当なものを、選択肢ア～エのうちから一つ選び、その符号を答えなさい。

（５秒空白）

放送は以上です。３ページ以降も解答しなさい。

国語

国語聞き取り検査放送台本

(チャイム)

これから、国語の学力検査を行います。まず、問題用紙の1ページと2ページがあることを確認しますので、問題用紙の最初のページを開きなさい。

(3秒空白)

確認が終わったら、問題用紙を閉じなさい。1ページと2ページがない人は手を挙げなさい。

(5秒空白)

次に、解答用紙を表にし、受検番号、氏名を書き、受検番号は、その数字のマーク欄を塗りつぶしなさい。また、解答用紙の裏にも受検番号を書きなさい。

(30秒空白)

最初は聞き取り検査です。これは、放送を聞いて問いに答える検査です。問題用紙の1ページと2ページを開きなさい。

(2秒空白)

一　これから、織田さんが鈴木さんに、自分が驚いた体験について話す場面と、それに関連した問いを四問放送します。よく聞いて、それぞれの問いに答えなさい。

なお、やりとりの途中、(合図音A)という合図のあと、問いを放送します。また、(合図音B)という合図のあと、場面の続きを放送します。

1ページと2ページにメモをとってもかまいません。では、始めます。

織田　鈴木さん、聞いて。この間、家族でレストランに行ったんだ。そのとき、注文したオムライスに、びっくりしたんだよ。

鈴木　どんなオムライスだったの?

織田　うーんとね、オムライスの……。説明するより、写真を見せた方が早いわ。あまりに驚いたから、スマートフォンで写真を撮ったの。ほら、見て。

鈴木　うわあ、大きなオムライスだね!　そばのスプーンが小さく見える。確かに、これは驚くね。

織田　違うよ、ほら、よく見てよ。オムライスの両端が内側に向かって曲がっているでしょう。まるで三日月みたいじゃない。

鈴木　言われてみれば……。ごめん、つい、大きさに目がいって……。

織田　ううん、私が悪かったの。写真だけではなくて、言葉でも説明すればよかったよ。私が説明するより、写真のほうが伝わりやすいと思ったけれど、そうではないね。

(合図音A)

問いの(1)　織田さんが、「写真のほうが伝わりやすいと思ったけれど、そうではない」と気づいたのはなぜですか。その説明として最も適当なものを、選択肢ア～エのうちから一つ選び、その符号を答えなさい。

(15秒空白)

したがって、こうした事物以外の対象にも多くの人が共有している意味があり、よく考えれば必ず本質を取り出すことができる。「不安」についての本質を取り出すなら、心理学的な不安論や一般的な先入観を排し、自らが直観している「不安」の意味を出発点にして、誰もが納得できるような「不安」の意味を考えてみればよい。多くの人が共通了解できる意味が見つかれば、それが「不安」の本質ということになる。

（山竹伸二『共感の正体』による。）

（注3）直観＝推理などの論理的判断によらず、ただちに対象の本質を見抜くこと。
（注4）賦活＝活力を与えること。
（注5）フッサール＝エトムント・フッサール。オーストリア生まれのドイツの哲学者。現象学の創始者。
（注6）ポストモダン思想＝近代の合理主義や画一的な価値観を乗り越えようとする思想・芸術上の考え方。
（注7）相対主義＝人間の認識や評価はすべて他との関係の上に成立、存在しており、真理の絶対的な妥当性を認めない立場。

(1) **【文章Ⅰ】**中に A多様性を尊重する社会 とあるが、そのような社会における「共感」についての説明として最も適当なものを、次の**ア**～**エ**のうちから一つ選び、その符号を答えなさい。

ア　共感をよせることは、初めは感覚的であっても、知識や事実を積み上げ、相手を理解するきっかけとなる点で、多様性の尊重を促進する原動力となる。

イ　共感は、想像よりも事実を重要視するため、感情的な判断を軽んじる傾向にあり、個々の生活や感覚に力点をおいて、多様性の尊重をはばむ恐れがある。

ウ　共感が働くのは、感覚的に思い描ける範囲の内容に限られるため、自分が想像できないことに対しては受容できず、多様性の尊重をはばむ恐れがある。

エ　共感は、心情や感情ではわかるとは言いづらい人たちへの配慮事項を明確にして、想像範囲を拡張させる点で、多様性の尊重を促進する原動力となる。

(2) **【文章Ⅰ】**中に B安易にわかろうとするあまり、目前の他者の多様性や個別性を無視しかねない とあるが、このことを**【文章Ⅱ】**中の「本質直観」に対する考え方を使って、次のように具体的に説明するとき、 Ⅰ ～ Ⅲ に入る言葉を答えなさい。ただし、あとの〈条件〉にしたがうこと。

> **【文章Ⅰ】**中の傍線部Bのような状況は、**【文章Ⅱ】**中に述べられている二種類の「本質直観」のうち、「 Ⅰ の本質直観」で生じる。例えば「不安」や「自由」は Ⅱ ため、「安易にわかろう」としてしまいがちだ。だが、「不安」や「自由」は Ⅲ ことは危険だ。このことに無自覚だと、目前の他者の多様性や個別性の無視につながる。

〈条件〉
① Ⅰ は、**【文章Ⅱ】**中から**漢字二字以内**で**抜き出して**書くこと。
② Ⅱ は、**【文章Ⅱ】**中の言葉を使って**十字以内**で書き、 Ⅲ は、**三十字以上、四十字以内**で「～ため～」という形を使って書くこと。

(3) **【文章Ⅰ】**中に C情緒的な共感をうまく働かせるためにこそ、知的な理解が必要 とあるが、「情緒的な共感をうまく働かせるため」の「知的な理解」の仕方を、**【文章Ⅰ】**の考え方と**【文章Ⅱ】**の考え方をふまえて、具体的に説明しなさい。ただし、次の〈条件〉にしたがうこと。

〈条件〉
① 「知的な理解」をする対象を、**【文章Ⅱ】**中の「不安」「自由」を参考にして、自分で考えて、具体的に挙げること。
② **【文章Ⅱ】**中の「共通了解」という言葉を使うこと。
③ **百五十字以上、二百字以内**で書くこと。ただし、一マス目から書き始め、段落は設けないこと。

千葉県公立　令和6年度思考力を問う問題

国語

1　次の【文章Ⅰ】、【文章Ⅱ】を読み、あとの(1)～(3)の問いに答えなさい。ただし、解答する際に字数制限がある場合には、句読点や「　」などの符号も字数に数えること。

【文章Ⅰ】

小川(注1)は、A多様性を尊重する社会に生きるための手がかりは、安易な想像ではなく、事実に基づく理解だと語った。感覚的に思い描ける範囲で相手を想像することの危うさを批判する一方で、知識を得て事実を積み上げることで、実感できないことも含め、相手の生活や感覚を理解することの大切さを訴えている。

つまるところ、共感は偏る。私たちは身近な人や似ていると感じる人への共感を強く働かせるが、そうでない人に「不思議」「変わっている」「怖い」「異質」「愚か」「邪悪」などのラベルを貼りかねない。また、B安易にわかろうとするあまり、目前の他者の多様性や個別性を無視しかねない。だからこそ、直感的に自分の延長にいると想像できない人に対しては、知識や事実を丁寧に積み上げて「理解」することが必要だ。心情や感情ではわかるとは言いづらい人たちに配慮の羽を伸ばすために、知や理を頼る。相手が十分に対話相手たりうるということを頭で理解し、その学びの中で想像力を拡げていく。C情緒的な共感をうまく働かせるためにこそ、知的な理解が必要なのだ。

この提案は大きな魅力と実効性がある。政治学者のジェイムズ・フィシュキン(注2)は、知識が増えた人ほど意見に変化がみられ、根拠を提示する発言は根拠を示さない発言よりも人の考えを変える力が強いことを明らかにしている。これは、知識や事実に基づくアプローチの有効性を示すものだ。

（谷川嘉浩「人は本当に対話したいのか、どうすれば対話したいと思うのか」（『フューチャー・デザインと哲学』所収）による。）

（注1）　小川＝小川哲。小説家。

（注2）　ジェイムズ・フィシュキン＝アメリカの政治学者。スタンフォード大学教授。

【文章Ⅱ】

机を見ただけで、「机だな」とわかるのは、その意味が直観(注3)されているからだ。

パソコンを見た瞬間に、「パソコンだ」とわかるのも、過去にパソコンを見たことがあり、画面、キーボードなどがついている電気製品が「パソコン」であること、それがどんなものなのかということを知っているからである。だからこそ、パソコンの形をしたものを見た瞬間に、そうした意味が賦活(注4)され、意識において直観されることになる。これがフッサール(注5)の言う本質直観である。

本質直観は「机」「パソコン」「山」「学校」のような実在的な物だけではなく、「不安」「正義」「病気」「死」のような対象に関しても成り立つ。

たとえば、「不安なんでしょ」と誰かに言われたとき、私たちは「不安」という言葉に反応して、ある意味を直観している。何かを心配している、怖れている、動揺している、といった意味を感じ取るかもしれないし、ビクビクしている姿を想像したりするかもしれない。それは自分なりに直観している不安の意味であり、本質直観と言ってよい。

だが、物の本質直観とは違い、こうした対象の本質直観は一般性を有しているとはいえ、個別性が強い面がある。

「コップ」や「パソコン」が何であるのかを多くの人に問えば、各々が捉えている意味に大きなズレはないだろう。誰もが辞書などで定義づけられた意味を、ほぼそのまま受け取っている。事物から直観される意味は、そうした普遍性があるため、まさに本質を直観していると言えるのだ。

しかし、「不安」や「自由」といった言葉から直観される意味は、個人の経験に左右され、微妙に異なっている。なるほど、誰もが不安や自由を経験しているし、その一般的な意味を把握しているため、「不安」や「自由」などの言葉が会話の中で出てきても、まったく違和感はなく、意味のズレを感じることも少ない。その意味では本質を直観しているとも言えるのだが、しかし、よくよく話し合ってみると、やはり考え方の違いは存在する。

普段から強い不安を抱いている人は、楽観的な人に比べて不安を避けたいという思いが強く、それが行動様式を決定づけているだろう。幼い頃から行動を強く制限されてきた人にとって、自由とは拘束から解放される理想的状態のように思えるが、好き勝手に行動や生き方を選べるとしても、自分がどうしたいのかわからない人にとっては、自由は重荷に感じられるかもしれない。不安も自由も人によって捉え方が違うのだ。

だからといって、多くの人が共通して納得できる意味など存在しない、とは言えない。ポストモダン(注6)思想や分析哲学など、現代哲学では真理の存在を否定し、相対主義(注7)が広まっているため、現象学のように本質を重視する哲学は批判されてきた。それは、本質が普遍的な真理と混同されているからだ。しかし、多様な解釈があるとしても、共通する意味は必ず存在する。「自由」についての捉え方が違っているとしても、まったく異なる意味で捉えていれば、「自由」という言葉を使った会話自体が成り立たないだろう。

数　学

2　次の(1)～(4)の問いに答えなさい。

(1)　記号◎を，$a ◎ b = 2a^2 + 2ab$ と定める。

例えば，$1 ◎ 3 = 2 \times 1^2 + 2 \times 1 \times 3 = 8$，$3 ◎ 1 = 2 \times 3^2 + 2 \times 3 \times 1 = 24$ となる。

このとき，p，q が自然数で，$p ◎ q$ と $q ◎ p$ の和が 162 となるとき，$p + q$ の値を求めなさい。

(2)　次の５個のデータの中央値として考えられる数は，全部で何通りあるか求めなさい。

ただし，n は自然数とする。

11，29，８，n，30

(3)　右の図のように，関数 $y = \frac{1}{2}x^2$ のグラフ上に２点Ａ，Ｂがある。点Ａの y 座標は２で，点Ｂの y 座標は８である。点Ａを通り x 軸に平行な直線と y 軸との交点をＣ，点Ｂを通り x 軸に平行な直線と y 軸との交点をＤとする。

このとき，次の①，②の問いに答えなさい。

ただし，原点Ｏから点（１，０）までの距離及び原点Ｏから点（０，１）までの距離をそれぞれ１cm とする。

①　台形ABDCを，y 軸を軸として１回転させてできる立体の体積を求めなさい。

ただし，円周率は π を用いることとする。

②　原点Ｏを通り，台形ABDCの面積を２等分する直線の式を求めなさい。

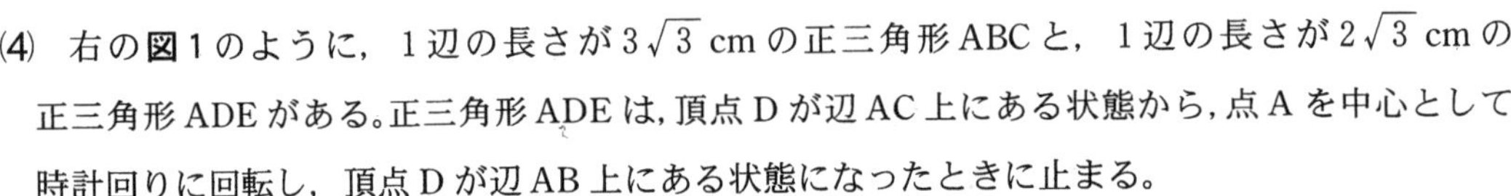

(4)　右の**図１**のように，１辺の長さが $3\sqrt{3}$ cm の正三角形ABCと，１辺の長さが $2\sqrt{3}$ cm の正三角形ADEがある。正三角形ADEは，頂点Ｄが辺AC上にある状態から，点Ａを中心として時計回りに回転し，頂点Ｄが辺AB上にある状態になったときに止まる。

また，点Ａが辺GJの中点，点Ｈ，Ｉがそれぞれ辺AB，AC上にあり，BC//HI，辺GHの長さが $\frac{3}{2}$ cm である長方形GHIJがある。

頂点Ｄが辺AC，AB上にないときの辺ACと辺DEの交点をＦ，辺ADと辺HIの交点をＫ，線分DFの長さを x cm とするとき，次の①，②の問いに答えなさい。

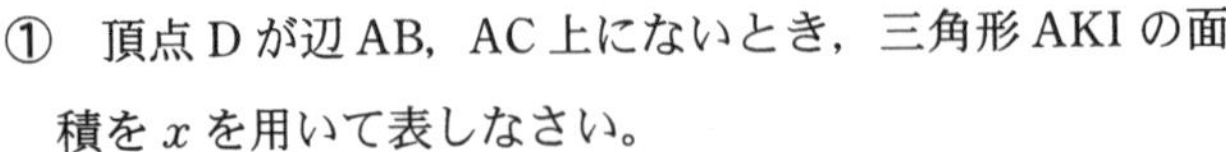

①　頂点Ｄが辺AB，AC上にないとき，三角形AKIの面積を x を用いて表しなさい。

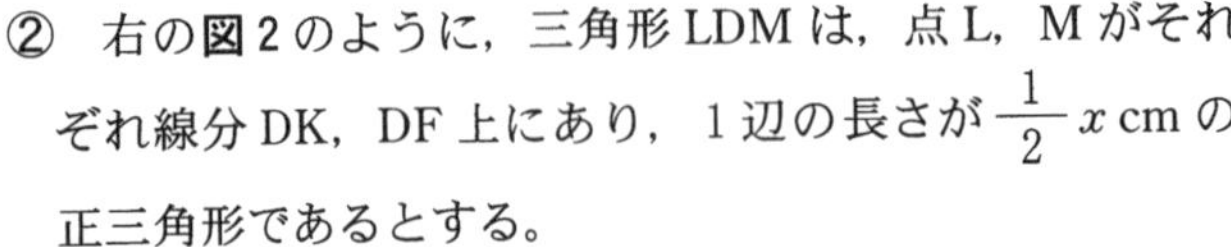

②　右の**図２**のように，三角形LDMは，点Ｌ，Ｍがそれぞれ線分DK，DF上にあり，１辺の長さが $\frac{1}{2}x$ cm の正三角形であるとする。

五角形KLMFI（斜線部分）の面積が $\frac{9\sqrt{3}}{8}$ cm^2 となるときの x の値を求めなさい。

図１

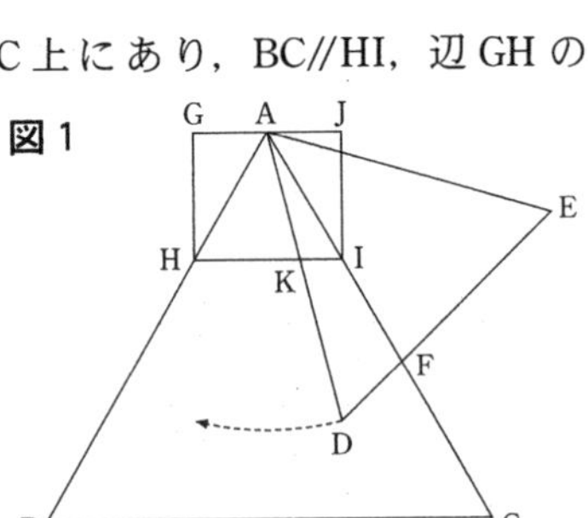

図２

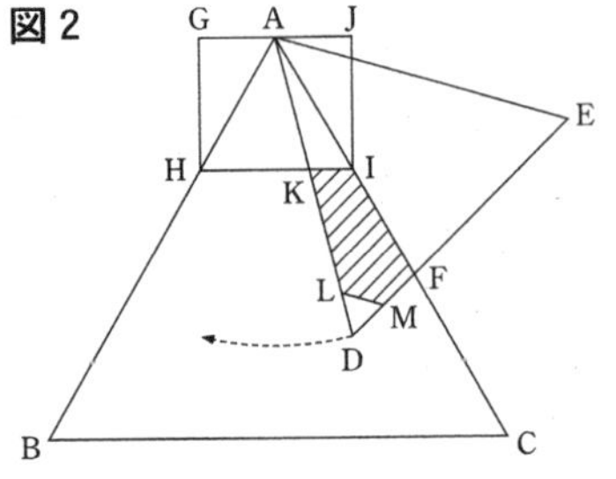

英　語

3　ユイ(Yui)の日記を読んで，あとの(1)～(3)の問いに答えなさい。

August 10, 2000

Yesterday, I came to this small island to see my aunt's family. This morning, my cousin, Miki, took me to a beach made of white sand. I was surprised because the beach was so white. We enjoyed swimming and looking for beautiful shells. After that, we had lunch under a tree. Suddenly, she took something out of her bag. It was a beautiful clear jar. She filled it with the big shells which we found at the beach. She said to me, "Is the jar full?" and I said, "Yes." Then, she put small shells into the jar and shook it. The small shells moved into the spaces around the big shells. She said to me again, "Is the jar full?" I agreed that it was full. However, she started to put sand into the jar. The sand filled the space between the big and small shells. Finally, she gave me the jar filled with beautiful pink shells and white sand and said, "Today is your fifteenth birthday! Like this jar, you can fill your life with many beautiful things." I will keep it with me forever.

＊＊＊＊＊＊＊＊＊＊

October 8, 2008

A month has passed since I started my new life in Singapore. At first, I couldn't communicate well with people at the office, but now I enjoy working with them. However, it still takes a long time to finish my work every day. This evening, a person at my office showed me an article in a magazine. The article told the reader to imagine a box, some big and small stones, and some sand. The big stones are the most important things such as your health and family. Next, the small stones are things such as your house and school. The sand is everything else in your life. If you start to fill the box with sand first, there won't be enough space for stones. However, if you put in big stones first, small stones second, and sand last, it's not so difficult to fill a box with all of them. I remembered the jar Miki gave me when we were younger.

＊＊＊＊＊＊＊＊＊＊

March 27, 2023

I've been at this office since I came back to Japan ten years ago. Thanks to the story about the box of stones, I improved at my job. Our company helps Japanese farmers sell their delicious fruits and vegetables to supermarkets and restaurants around the world. I'm very happy to work for this company because one of my dreams is to become a bridge between Japan and other countries. Our new employees will start to work with us next week, and I will give them a speech. Of course, I'd like to talk about my jar filled with sand and shells. Because of your words, Miki, I've tried various things in my life, and I will keep doing so. Thank you.

(注)　shells　貝　　　jar　(広口でふたつきの)びん
fill～with…　～を…でいっぱいにする　　　stones　石　　　employees　社員

(1) 本文の内容に合うように，次の①，②の英文の(　　　)に入る最も適当なものを，それぞれあとのア～エのうちから一つずつ選び，その符号を答えなさい。

① By showing the jar to Yui, Miki wanted to say, "(　　　)"

ア You will find many different shells on this beach.

イ You should keep this jar with you forever.

ウ You should make more jars like this one.

エ You will have many great experiences in your life.

② Yui was (　　　) years old when she gave a speech to the new employees at her company.

ア 33　　イ 34　　ウ 37　　エ 38

(2) 本文の内容に合っているものを，次のア～エのうちから一つ選び，その符号を答えなさい。

ア Yui enjoyed swimming and looking for beautiful shells at the white beach every summer.

イ Miki filled a clear jar with beautiful stones and sand to celebrate Yui's birthday.

ウ Yui had some difficulties when she started to work in Singapore, but an article helped her.

エ Yui was planning to tell the new employees about her memory of Miki's birthday.

(3) 次の英文は，ユイのスピーチの原稿です。(　　　)に入る最も適当な英単語２語を書きなさい。

> Welcome to our company! We want all of you to have a wonderful time with us. Look at this jar. It's filled with beautiful shells and white sand. My cousin gave it to me when I was a junior high school student. Your life is like this jar. The big shells are your health and family. They are the most important things in your life. If you want to fill the jar with all the shells and sand, you have to do it in the (　　　). Put the big shells in first and then put the smaller things in. Like this jar, you must start with the most important things to you. I hope your dreams will come true in the future.

4 レン(Ren)がクラスで発表した内容を読んで，あとの(1)～(3)の問いに答えなさい。

Hi, everyone. I want to talk about a type of fruit today. As you know, there are many kinds of fruit around us: apples, grapes, strawberries, pineapples, and so on. Do you know the most popular fruit in Japan? It's bananas. I hear the average Japanese person eats about 8 kg in a year. I can buy bananas any time, though I cannot find banana trees easily here in Japan. Why? It's because most bananas sold in Japan come from other countries. Where do they come from?

About 80 percent of bananas eaten in Japan are from the Philippines. India produces the most bananas in the world, but the bananas produced in India do not come to Japan because most of them are eaten in India. I hear that people in India eat bananas not only as snacks but also in some cooked food. Banana trees like warm weather, so they grow very well in the Philippines and India. I've read that there are also banana trees in Okinawa.

Most bananas are carried by ship from other countries to Japan. It takes a long time. How are bananas carried by ship without having any problems? When bananas leave for Japan, they are green, so they are not sweet or delicious yet. When they arrive in Japan, they are still green, and they are kept in a special room. The room is filled with a gas which makes them sweet and delicious. The temperature, humidity, and other things are also controlled in the room to make them yellow and ready to eat.

When you eat bananas, you should wait until brown spots appear on them. Those spots are called sugar spots and they show that the amount of sugar is increasing. If you find many sugar spots, it is the best time to enjoy a sweet banana. When you get a lot of sweet bananas at once, I recommend making banana cake. The bananas will be very sweet, so you can make sweet delicious cake without any sugar.

Have you ever seen black things inside a banana? They look like seeds, but they cannot become a banana tree. If you want to grow a banana tree, you need to cut a part of a banana tree and plant it. It looks easy but it is difficult to grow new trees that are big and healthy. Actually, some new trees become sick and cannot grow bananas. If farmers don't take care of their banana trees, we don't get delicious bananas. When we eat bananas, let's think about all of the people who worked hard to grow them.

(注)　average 平均的な　gas 気体　humidity 湿度　control ～を管理する　spots はん点　plant ～を植える

(1)　本文の内容に合うように，次の英文の（　　　）に入る最も適当なものを，あとの**ア**～**エ**のうちから一つ選び，その符号を答えなさい。

When we grow new banana trees, we plant (　　　).

ア　skin with sugar spots　　**イ**　a whole banana with its skin

ウ　seeds we find inside bananas　　**エ**　a part of a banana tree after cutting it

(2)　本文の内容に<u>合っていない</u>ものを，次の**ア**～**エ**のうちから一つ選び，その符号を答えなさい。

ア　The average Japanese person eats about 8 kg of bananas from the Philippines in a year.

イ　The largest amount of bananas in the world is produced in India.

ウ　Bananas are carried by ship when they are green and not sweet yet.

エ　Bananas with brown spots on them are sweet and delicious.

(3)　次の英文は，レンの発表を聞いて，クラスメートのケン(Ken)が書いた内容です。（　　　）に入る言葉を英語で書きなさい。ただし，語の数は<u>**10語程度**</u>（，などの符号は語数に含まない。）とすること。

> A week ago, my mother put sour kiwis in a box with a sweet apple. I ate some of the kiwis last night and they were sweet and delicious. In today's English class, I listened to Ren's speech and got an idea about why that happens. I thought that (　　　), so, after school, I asked my science teacher. He said that my idea was right. According to him, it is called ethylene gas and it is the same gas as the one which is used for bananas. I want to try putting other fruits with kiwis and find which ones make them sweet.

(注)　kiwis　キウイフルーツ　　ethylene gas　エチレンガス

千葉県公立　令和５年度選抜学力検査

数　学

1　次の(1)～(7)の問いに答えなさい。

(1)　次の①～③の計算をしなさい。

①　$6 \div (-2) - 4$　②　$a + b + \dfrac{1}{4}(a - 8b)$　③　$(x-2)^2 + 3(x-1)$

(2)　次の①，②の問いに答えなさい。

①　$5x^2 - 5y^2$ を因数分解しなさい。

②　$x = \sqrt{3} + 2$，$y = \sqrt{3} - 2$ のとき，$5x^2 - 5y^2$ の値を求めなさい。

(3)

階級(回)	度数(人)
以上　未満	
30 ～ 50	59
50 ～ 70	79
70 ～ 90	37
90 ～ 110	40
110 ～ 130	25
計	240

左と下の資料は，ある中学校の生徒 240 人のスポーツテストにおけるシャトルランの結果を表した度数分布表と箱ひげ図である。

このとき，次の①，②の問いに答えなさい。

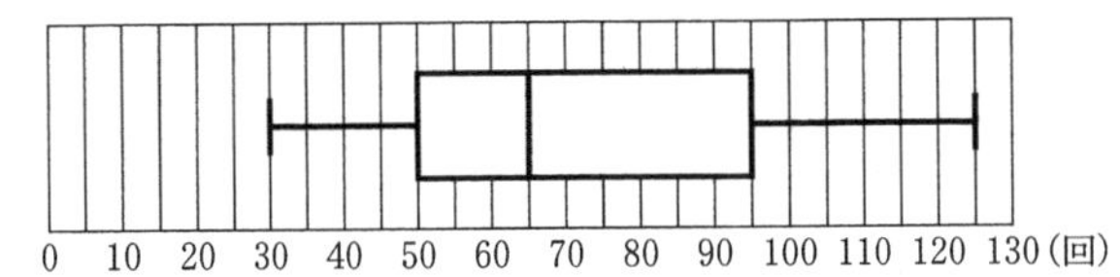

①　90 回以上 110 回未満の階級の相対度数を求めなさい。

ただし，小数第３位を四捨五入して，小数第２位まで求めること。

②　資料から読みとれることとして正しいものを，次の**ア**～**エ**のうちから１つ選び，符号で答えなさい。

ア　範囲は 100 回である。

イ　70 回以上 90 回未満の階級の累積度数は 102 人である。

ウ　度数が最も少ない階級の階級値は 120 回である。

エ　第３四分位数は 50 回である。

(4)　右の図のように，点 A，B，C，D，E，F を頂点とする１辺の長さが 1 cm の正八面体がある。

このとき，次の①，②の問いに答えなさい。

①　線分 BD の長さを求めなさい。

②　正八面体の体積を求めなさい。

(5)　下の図のように，１，３，４，６，８，９の数字が１つずつ書かれた６枚のカードがある。この６枚のカードをよくきって，同時に２枚ひく。

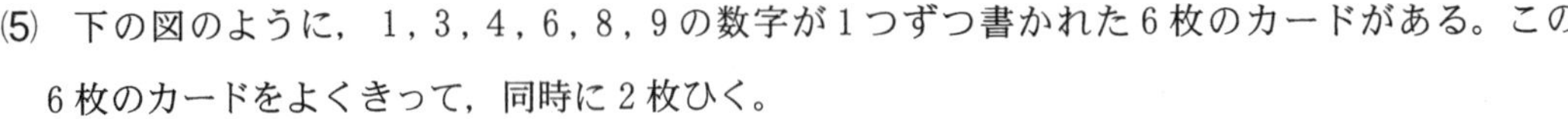

このとき，次の①，②の問いに答えなさい。

ただし，どのカードをひくことも同様に確からしいものとする。

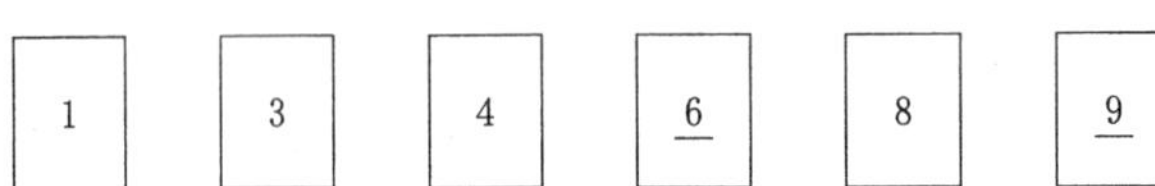
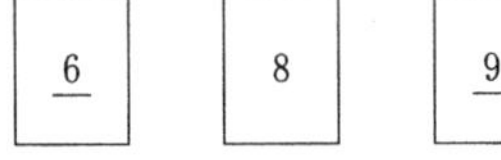

① ひいた２枚のカードに書かれた数が，どちらも３の倍数である場合は何通りあるか求めなさい。

② ひいた２枚のカードに書かれた数の積が，３の倍数である確率を求めなさい。

(6) 右の図のように，関数 $y=\dfrac{1}{3}x^2$ のグラフ上に点Ａがあり，点Ａの x 座標は－３である。

このとき，次の①，②の問いに答えなさい。

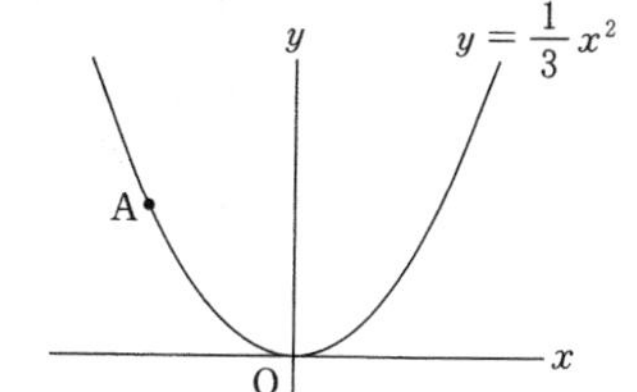

① 点Ａの y 座標を求めなさい。

② 関数 $y=\dfrac{1}{3}x^2$ について，x の変域が $-3 \leqq x \leqq a$ のとき，y の変域が $0 \leqq y \leqq 3$ となるような整数 a の値をすべて求めなさい。

(7) 右の図のように，円Ｏの円周上に点Ａがあり，円Ｏの外部に点Ｂがある。点Ａを接点とする円Ｏの接線と，点Ｂから円Ｏにひいた２本の接線との交点Ｐ，Ｑを作図によって求めなさい。なお，AP > AQであるとし，点Ｐと点Ｑの位置を示す文字ＰとＱも書きなさい。

ただし，三角定規の角を利用して直線をひくことはしないものとし，作図に用いた線は消さずに残しておくこと。

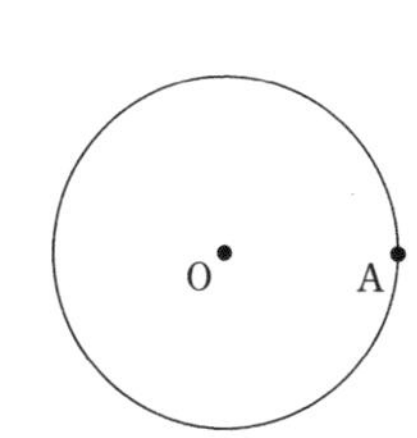

B

2 右の図のように，直線 $y=4x$ 上の点Ａと直線 $y=\dfrac{1}{2}x$ 上の点Ｃを頂点にもつ正方形ABCDがある。点Ａと点Ｃの x 座標は正で，辺ABが y 軸と平行であるとき，次の(1)，(2)の問いに答えなさい。

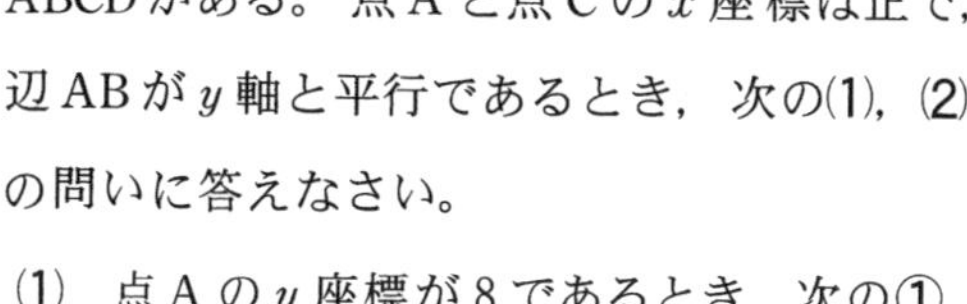

(1) 点Ａの y 座標が８であるとき，次の①，②の問いに答えなさい。

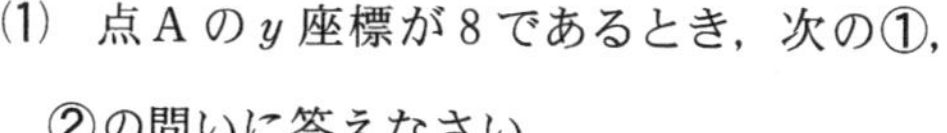

① 点Ａの x 座標を求めなさい。

② ２点Ａ，Ｃを通る直線の式を求めなさい。

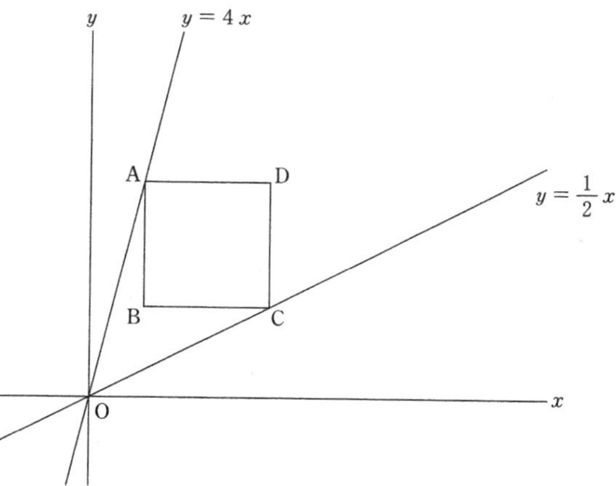

(2) 正方形ABCDの対角線ACと対角線BDの交点をＥとする。点Ｅの x 座標が13であるとき，点Ｄの座標を求めなさい。

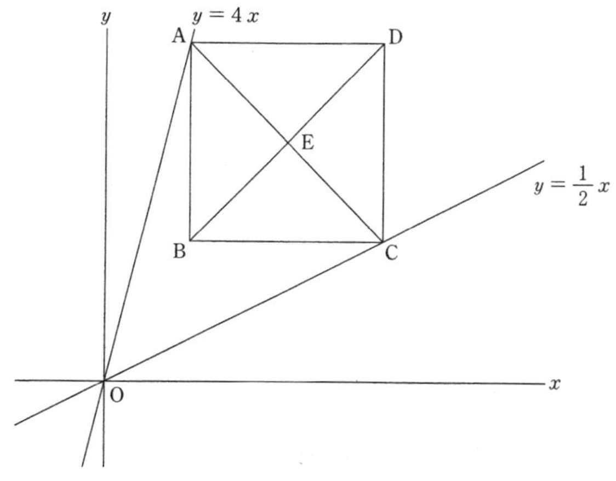

3　右の図のように，点Ｏを中心とする円Ｏとその外部の点Ａがある。直線AOと円Ｏとの交点のうち，点Ａに近い方を点Ｂ，もう一方を点Ｃとする。円Ｏの円周上に，２点Ｂ，Ｃと異なる点Ｄを，線分ADと円Ｏが点Ｄ以外の点でも交わるようにとり，その交点を点Ｅとする。また，点Ｂと点Ｄ，点Ｂと点Ｅ，点Ｃと点Ｄ，点Ｃと点Ｅをそれぞれ結ぶ。

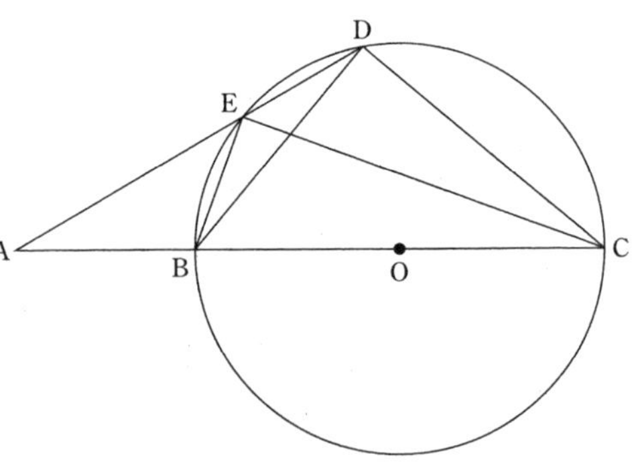

このとき，次の⑴～⑶の問いに答えなさい。

⑴　次の［(a)］，［(b)］に入る最も適当なものを，**選択肢**の**ア**～**エ**のうちからそれぞれ１つずつ選び，符号で答えなさい。また，［(c)］に入る最も適当な数を書きなさい。

［(a)］と［(b)］は半円の弧に対する円周角だから，いずれも［(c)］度である。

選択肢

ア　∠EBC　　**イ**　∠BEC　　**ウ**　∠DCB　　**エ**　∠BDC

⑵　△ABE ∽ △ADC となることを証明しなさい。

ただし，⑴の［　　］のことがらについては，用いてもかまわないものとする。

⑶　点Ｅを通る線分ADの垂線と線分ACとの交点を点Ｆとし，線分EFと線分BDの交点を点Ｇとする。EG＝1 cm，GF＝2 cm，∠A＝30°であるとき，線分ABの長さを求めなさい。

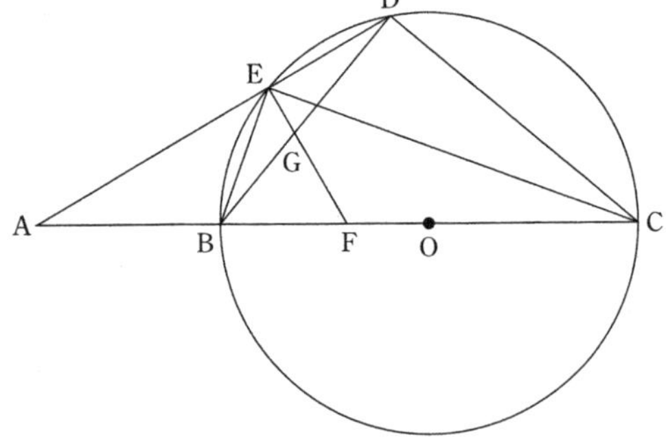

4　２人でじゃんけんをして，次の**ルール**にしたがって点数を競う（きそう）ゲームがある。このゲームについて，下の**会話文**を読み，あとの⑴，⑵の問いに答えなさい。

ルール

・じゃんけんを１回するごとに，勝った人は出した手に応じて加点され，負けた人は出した手に応じて減点される。

・グーで勝つと１点，チョキで勝つと２点，パーで勝つと５点が加点される。

・グーで負けると１点，チョキで負けると２点，パーで負けると５点が減点される。

・あいこの場合は１回と数えない。

・最初の持ち点は，どちらも０点とする。

会話文

生徒Ｘ：例えば，ＡさんとＢさんが１回じゃんけんをして，Ａさんがチョキ，Ｂさんがパーを出したとき，それぞれの持ち点は，Ａさんが２点，Ｂさんが－５点になるということでしょうか。

教師Ｔ：そうですね。では，ＡさんとＢさんが３回じゃんけんをして，次のような手を出した結果，Ａさんの持ち点は何点になるでしょうか。

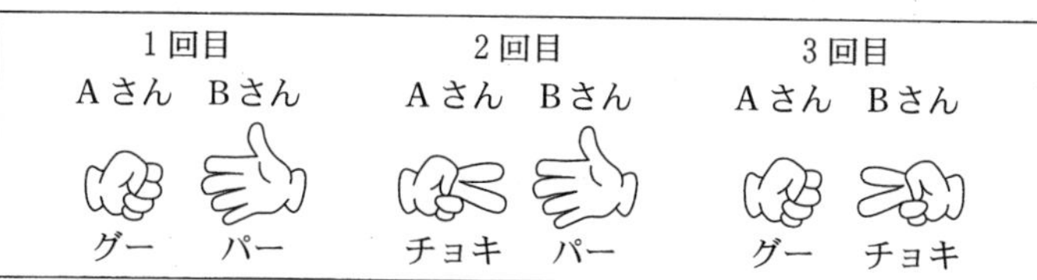

生徒X：［(a)］点です。

教師T：そのとおりです。それでは，２人がどのような手を出したのかがわからない場合を考えてみましょう。

Aさんと Bさんが３回じゃんけんをして，Aさんが２回勝ち，Bさんが１回勝った結果，Aさんの持ち点が９点だったとき，Bさんの持ち点を求めてみましょう。

生徒X：まず，Aさんが勝った２回の加点の合計を考えます。例えば，２回ともグーで勝った場合は加点の合計が２点となり，グーとチョキで勝った場合は加点の合計が３点となります。このように考えていくと，勝った２回の加点の合計は全部で［(b)］通り考えることができます。

このうち，Aさんが負けた１回の減点を考えた上で，３回じゃんけんをした結果，Aさんの持ち点が９点となりうる場合は１通りのみです。このことから，３回じゃんけんをした結果，Bさんの持ち点が［(c)］点となることがわかります。

教師T：そうですね。じゃんけんの回数が少なければ，１つずつ考えることができますね。

では，回数が多くなった場合について考えてみましょう。

右の**表**は，じゃんけんを１回だけしたときのAさんとBさんの手の出し方と，持ち点をまとめたものです。この**表**を見て気がつくことはありますか。

表

手の出し方		持ち点		
A	B	A	B	合計
グー	グー	あいこ		
	チョキ	1	−2	−1
	パー	−1	5	4
チョキ	グー	−2	1	−1
	チョキ	あいこ		
	パー	2	−5	−3
パー	グー	5	−1	4
	チョキ	−5	2	−3
	パー	あいこ		

生徒X：２人の手の出し方は３通りずつありますが，あいこの場合は１回と数えないため，２人の手の出し方の組み合わせは，全部で６通り考えればよいということになります。

また，じゃんけんを１回だけした結果，AさんとBさんの持ち点の合計は，どちらかがグーで勝った場合は−１点，どちらかがチョキで勝った場合は−３点，どちらかがパーで勝った場合は４点となっています。

教師T：そうですね。２人の持ち点の合計で考えると，３通りになりますね。

では，AさんとBさんが10回じゃんけんをしたとき，どちらかがグーで勝った回数をa回，どちらかがチョキで勝った回数をb回，どちらかがパーで勝った回数をc回とすると，cはaとbを使ってどのように表すことができるでしょうか。また，10回じゃんけんをした結果の，２人の持ち点の合計をM点としたとき，Mをaとbを使って表すとどのようになりますか。

生徒X：$c=$［(d)］，M＝［(e)］と表すことができます。

教師T：そのとおりです。２人の持ち点の合計について，この式を用いると，aとbとcの組み合わせがどのようになるのかが考えやすくなりますね。

(1) **会話文**中の(a)～(e)について，次の①，②の問いに答えなさい。

① (a)，(b)，(c)にあてはまる数を，それぞれ書きなさい。

② (d)，(e)にあてはまる式を，それぞれ書きなさい。

ただし，(e)については c を使わずに表すこと。

(2) ２人の持ち点の合計が０点となるときの a，b，c の組み合わせをすべて求めなさい。

ただし，答えを求める過程がわかるように，式やことばを使って説明しなさい。

英　語

英語リスニング放送台本

（チャイム）

これから，英語の学力検査を行います。まず，問題用紙の１ページ目があることを確認しますので放送の指示に従いなさい。（間２秒）では，問題用紙の１ページ目を開きなさい。（間３秒）確認が終わったら，問題用紙を閉じなさい。１ページ目がない人は手を挙げなさい。

（間５秒）次に，解答用紙を表にし，受検番号，氏名を書きなさい。

（間 20 秒）それでは，問題用紙の１ページを開きなさい。（間３秒）リスニングテストの問題は，１から４の四つです。

では，１から始めます。

１は，英語の対話を聞いて，最後の文に対する受け答えを選ぶ問題です。受け答えとして最も適当なものを，それぞれ問題用紙の **A** から **D** のうちから一つずつ選んで，その符号を書きなさい。なお，対話はそれぞれ２回放送します。では，始めます。（間２秒）

No. 1　Man:　Are there any big supermarkets near here?
　　　Woman:　A new big supermarket opened last week.
　　　Man:　Really? Have you been there?

（間３秒）（繰り返し）（間６秒）

No. 2　Girl:　Did you bring the book you bought yesterday?
　　　Boy:　I'm sorry but I forgot it.
　　　Girl:　Oh, don't forget it tomorrow.

（間３秒）（繰り返し）（間６秒）

No. 3　Woman:　Let's play a number game! Three, five, seven. What number comes next?
　　　Boy:　Nine!
　　　Woman:　That's right. Then, what number comes before three?

（間３秒）（繰り返し）（間６秒）

次は２です。

２は，英語の対話又は英語の文章を聞いて，それぞれの内容についての質問に答える問題です。質問の答えとして最も適当なものを，それぞれ問題用紙の **A** から **D** のうちから一つずつ選んで，その符号を書きなさい。なお，英文と質問はそれぞれ２回放送します。では，始めます。（間２秒）

No. 1　Girl:　Hi! It's sunny today!
　　　Boy:　I'm thinking of going to Sky Park this weekend.
　　　Girl:　Sounds great.
　　　Boy:　Are you busy this weekend? How about going together?

Girl: OK! What day are you going to go there? I'm free on Saturday.
Boy: I'm going to go on Sunday. The weather will be sunny on Sunday but it's going to be rainy on Saturday.
Girl: Mmm.... How about Friday? It will be cloudy on Friday, but it won't be rainy.
Question: Which shows the weather for Friday to Sunday?
(間３秒)(繰り返し)(間６秒)

No. 2 I asked 100 students "How do you come to school?" I found the number of students who come by bicycle was the largest of all. The number of students who use the train was second. 20 students come by bus. The other students walk to school.
Question: Which shows the number of students who walk to school?
(間３秒)(繰り返し)(間６秒)

次は**3**です。

3は，英語の対話又は英語の文章を聞いて，それぞれの内容についての質問に答える問題です。質問の答えとして最も適当なものを，それぞれ問題用紙の**A**から**D**のうちから一つずつ選んで，その符号を書きなさい。なお，英文と質問はそれぞれ２回放送します。では，始めます。(間２秒)

No. 1 Boy: Mom, I want a new guitar. Look at this guitar on the Internet. It's so nice.
Mother: How much is it?
Boy: It says it's not so expensive.
Mother: Where are you going to put the new one? There is no place to put it here.
Boy: I wish my room were bigger.
Question: Where are they talking?
(間３秒)(繰り返し)(間６秒)

No. 2 Hello, class. Let's make four teams. If your name begins with A to F, you will be on Team Red, G to L on Team Blue, M to R on Team Green, and S to Z on Team Black. Now, let's move around and find your team members.
Question: Which team will Tom join?
(間３秒)(繰り返し)(間６秒)

次は**4**です。

4は，英語の文章を聞いて，その内容について答える問題です。問題は，No. 1，No. 2の二題です。問題用紙には，それぞれの英語の文章の内容に関するまとめの文やメモが書かれています。(間３秒)
それらの文やメモを完成するために，①，②にあてはまる英単語を書きなさい。ただし，□には**１文字**ずつ入るものとします。なお，英文はそれぞれ２回放送します。では，始めます。(間２秒)

No. 1 Nami was very busy last Saturday. First, she played basketball at school in the morning. Next, she did English and math homework in the afternoon. Then, she practiced the piano for two hours. After everything, she could read the book her brother gave her as her birthday present, and she had a good time.

（間７秒）（繰り返し）（間 12 秒）

No. 2　Hi, I'm Mark. I will talk about school bags. In Japan, many junior high school students wear school uniforms. They also have to use a bag which has their school name on it. That's the "school bag." However, some junior high school students don't have to do this. Do we need school bags? I think they are good. When I use my school bag, I can feel that I'm a member of my school, and I don't have to choose from many different kinds of bags. However, my friend Kenta has a different idea. He always says he wants to use a bag that he likes. What do you think?

（間７秒）（繰り返し）（間 12 秒）

以上で，リスニングテストを終わります。２ページ以降の問題に答えなさい。

1　英語リスニングテスト（**放送**による**指示**に従って答えなさい。）

No. 1	A. Yes, there is. C. Yes, you have.	B. No, I haven't. D. No, there isn't.
No. 2	A. Yes, I did. C. Sure.	B. Yes, you did. D. Good job.
No. 3	A. One. C. Four.	B. Two. D. Eight.

2　英語リスニングテスト（**放送**による**指示**に従って答えなさい。）

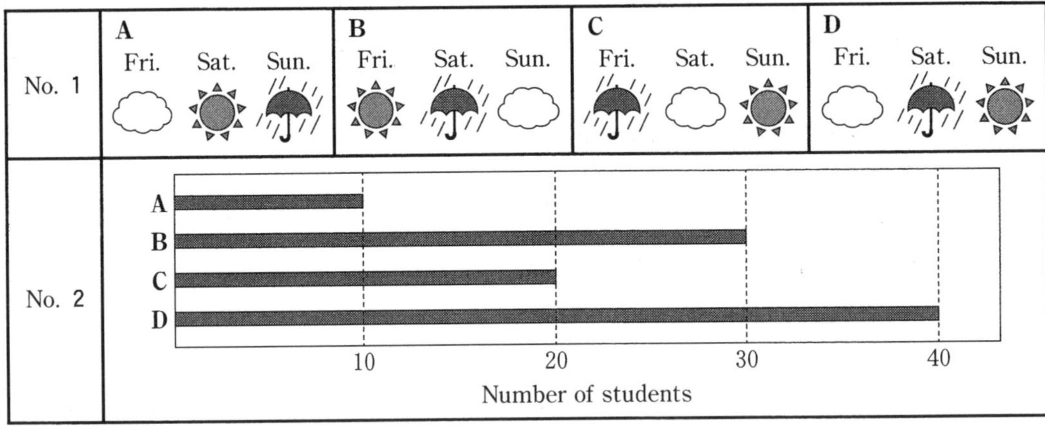

3　英語リスニングテスト（**放送**による**指示**に従って答えなさい。）

No. 1	A. In a museum. C. In their house.	B. In a music store. D. At school.
No. 2	A. Team Red. C. Team Green.	B. Team Blue. D. Team Black.

4　英語リスニングテスト（**放送**による**指示**に従って答えなさい。）

No. 1	Last Saturday, Nami had many (① t □□□□□) to do. But finally, she could (② □□□□□) the book from her brother.

No. 2	Mark ・thinks school bags are good. ・can feel that he is a member of his school.	Kenta ・doesn't (① □□□□□) with Mark. ・wants to use his (② □□□□□□□□□) bag.

5 次の(1)～(5)の対話文を完成させなさい。

(1), (2)については，それぞれの(　　　)の中の語を最も適当な形にしなさい。ただし，英単語１語で答えること。

また，(3)～(5)については，それぞれの(　　　)の中の**ア**～**オ**を正しい語順に並べかえ，その順序を符号で示しなさい。

(1) A: Good job! That was a great dance!
B: Thank you. The (perform) was difficult, but it was exciting.

(2) A: I hear Oliver broke his leg and couldn't play in the soccer game.
B: If I were you, I (will) visit his house and cheer him up.

(3) A: What a wonderful idea Luna had!
B: I think so, too. She (**ア** good **イ** making **ウ** is **エ** plans **オ** at).

(4) A: Do you (**ア** a towel **イ** looking **ウ** someone **エ** for **オ** know)?
B: Yes, Kevin has lost his towel.

(5) A: Will you (**ア** the **イ** show **ウ** you **エ** pictures **オ** me) took on your trip?
B: OK! I have many happy memories from the trip.

6 次の①～④は，大学生のタクヤ(Takuya)が，友人のロドリゴ(Rodrigo)とアメリカに旅行した時の出来事を描いたイラストです。②，④の場面で，タクヤは何と言ったと思いますか。①～④の話の流れを踏まえ，[(1)]，[(2)]に入る言葉を英語で書きなさい。ただし，語の数はそれぞれ**10語程度**(．，？！などの符号は語数に含まない。)とすること。

7 次の(1)，(2)の英文を読んで，それぞれの問いに答えなさい。

(1) 高校生のミク(Miku)とデイビッド(David)が，プレゼンテーションコンテストの案内文を見て，それに応募し，スライド(slide)を使って発表をしています。

New Dish Contest in Green City

We Want Your Ideas!

We are asking high school students to think of a new dish for restaurants in our city. The winner's dish will be served at the restaurants in October. When you create your new dish, we want you to

・use vegetables or fruits grown in our city in October.
・think about the environment.
・think of people's health.

On May 31, many cooks will watch your presentations, and the winner of the contest will be chosen. If you are interested in this contest, please call 012-9876-5432 before May 10.

Hello, everyone! We are Miku and David. We go to Green High School. We love this city. We will make pancakes with fruit jam. Let us tell you why we chose this idea. Our city has many fruit farmers, and a lot of fruit is produced here. As **Slide 1** shows, various fruits are grown almost through the year. Actually, there is a big problem with them. Only fruit which looks good is sold in shops or supermarkets. Other fruit which looks bad is not sold. However, the fruit that looks (**A**) doesn't always taste (**A**). To think about the environment, we want to use it to make fresh jam.

Look at **Slide 2**. Though our city produced a lot of rice before, the amount of rice has been going down since 2005. We're very sad about that because it's very delicious. So, we want to introduce the rice from Green City to many people by making rice flour pancakes. Actually, some people say that cookies or bread made from rice flour are lower in calories and are safer for people with allergies. Our pancakes will be good for everyone's health.

Pancakes are loved by a lot of people around the world, so we hope many people will come to our city and eat our rice flour pancakes with (**B**) jam!

Slide 1

Fruits Grown in Green City

・strawberries	February to April
・melons	June to August
・peaches	July to September
・grapes	August to November

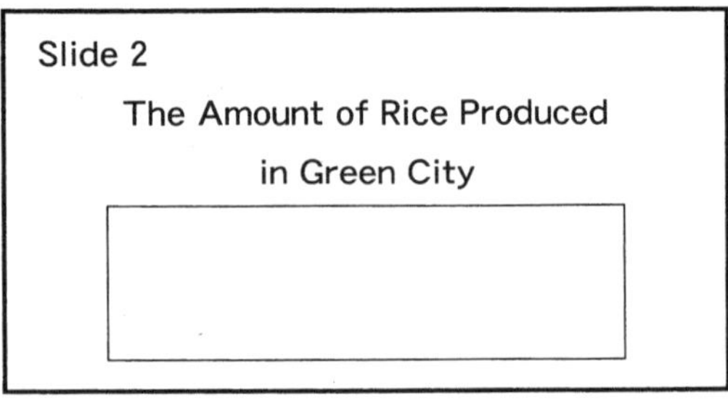

(注) rice flour　米粉　　calories　カロリー　　allergies　アレルギー

① 本文中の２か所の(**A**)に共通して入る最も適当な英単語**１語**を書きなさい。

② 本文の内容に合うように，**Slide 2** に入るグラフとして最も適当なものを，次の**ア**～**エ**のうちから一つ選び，その符号を書きなさい。

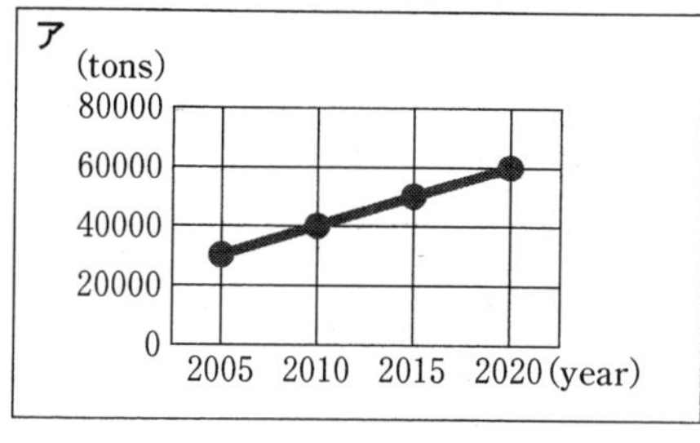

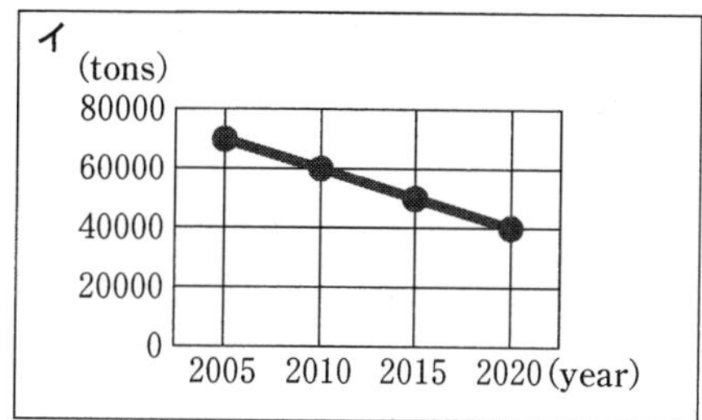

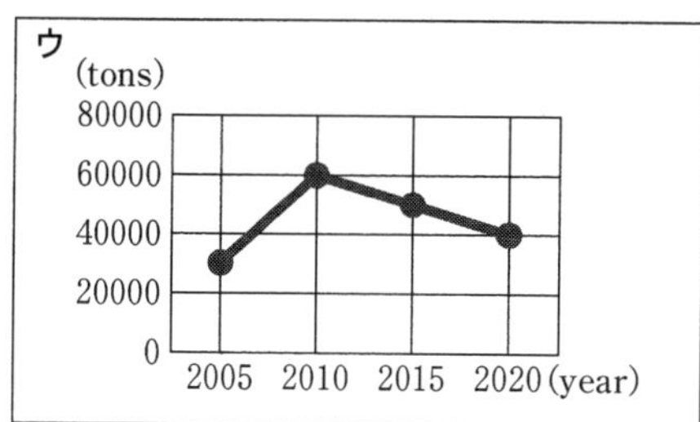

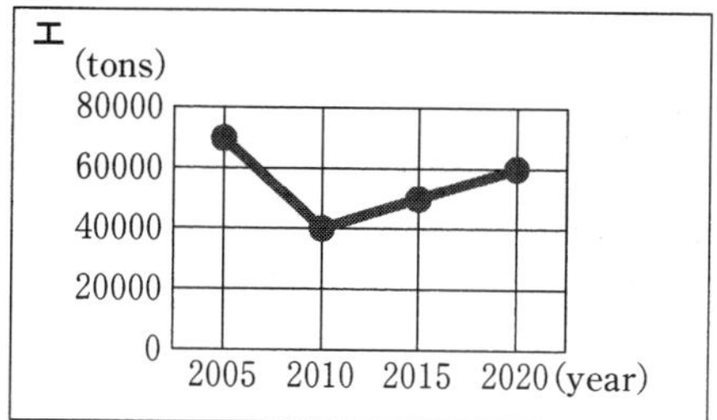

③　本文中の(　B　)に入る最も適当なものを，次のア～エのうちから一つ選び，その符号を書きなさい。

ア　melon　　イ　peach　　ウ　grape　　エ　strawberry

④　本文の内容に合っている英文として最も適当なものを，次のア～エのうちから一つ選び，その符号を書きなさい。

ア　People in Green City can always eat a lot of new dishes created by high school students.

イ　Someone who wants to join the contest must prepare their idea before May 10.

ウ　Various fruits in Green City are grown by many farmers almost all year.

エ　Miku and David will use foods from many countries to make their new dish.

(2)　次は，ある鉄道会社のウェブページです。

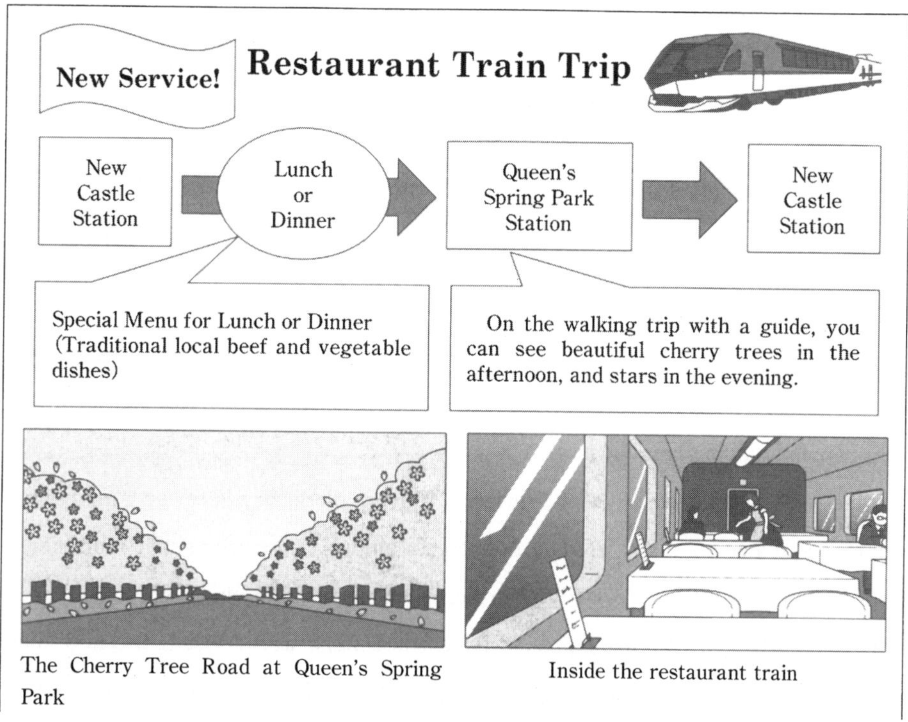

	Train 1	Train 2
New Castle Station	leaves at 1:00 p.m.	leaves at 6:15 p.m.
Queen's Spring Park Station	arrives at 2:00 p.m.	arrives at 7:15 p.m.
Queen's Spring Park Station	leaves at 3:15 p.m.	leaves at 8:15 p.m.
New Castle Station	arrives at 4:15 p.m.	arrives at 9:15 p.m.

Trains don't run on Wednesdays.

You need to buy tickets before riding the trains.

Tickets are sold online only. BUY NOW

How many seats are left?　　× : sold out　　— : no trains

Date / Train	April 1	April 2	April 3	April 4	April 5	April 6	April 7
1	1	×	1	—	3	2	×
2	2	1	1	—	4	3	5

① このウェブページの内容に合うように，次の文の［　　］に入る最も適当な英単語２語を書きなさい。

Train 1 will give you ［　　］ at Queen's Spring Park than Train 2.

② エマ(Emma)と兄のテッド(Ted)がウェブページを見て，話をしています。次の会話中の(　　)に入る最も適当なものを，あとの**ア**～**エ**のうちから一つ選び，その符号を答えなさい。

Emma: Have you got our tickets?

Ted: Not yet. I'll try it now. Which do you want to go on, the lunch trip or the dinner trip?

Emma: I want to go on the lunch trip but I have a calligraphy class at 3 p.m. on Thursday.

Ted: OK. I got the tickets for (　　).

Emma: Thank you. I'm looking forward to the trip.

ア April 2nd　　**イ** April 3rd　　**ウ** April 5th　　**エ** April 6th

8 次の英文を読んで，あとの(1)～(4)の問いに答えなさい。

Dictionaries are very helpful tools that show you the meaning of words that you do not know. Many of you probably use electronic dictionaries, but paper dictionaries are still popular among people studying languages.

Sometimes, dictionaries must be revised. When a dictionary is revised, many new words are added to it and also some old words are deleted from it. There are usually more new words than old words. As a result, the revised paper dictionary becomes thicker than the old one.

In 2014, when an English-Japanese paper dictionary was revised, the new dictionary had 5,000 new words and 200 more pages were added. ［ **ア** ］ However, surprisingly, the new dictionary was as thick as the old one. What kind of new techniques were used to make the new dictionary?

If you want to make a book really thin, one way is to make the words on each page smaller, or the spaces between the words smaller. [イ] However, if the word size and the spaces between the words in the dictionary are smaller, they cannot be printed clearly or be read easily.

Another way is to make each piece of paper thinner. If you made a dictionary with the paper which your school teachers give you during class, it could become really thick and hard to use. However, if you use thinner paper, it is possible for words to show through. [ウ] So, dictionary companies tried to produce better paper many times and finally invented thin paper which does not show through.

When you look for a word in your dictionary, you have to turn many pages, so the pages cannot be too stiff. Also, if the pages of the dictionary are too stiff, it closes on its own and it is not helpful for people when they study with it. Companies have tried to make dictionaries thin and light and also useful for studying. One company solved the problem with a new technique. Now, when you turn the page, the paper is soft enough that the pages turn easily and two pages or more are never turned at the same time. [エ]

In this way, you can use a paper dictionary without any problems and learn languages with it well. Many ideas and techniques are included in one paper dictionary. When you use your paper dictionary, please remember this.

（注） revise　～を改訂する　　delete　～を削除する　　technique　技術
show through　裏に文字が透ける　　turn　めくれる/～をめくる　　stiff　かたい
on its own　ひとりでに　　～enough that…　…ほど十分～

(1) 本文の題名として最も適当なものを，次のア～エのうちから一つ選び，その符号を書きなさい。

ア How to Read a Dictionary　　イ How to Improve a Dictionary
ウ How to Use a Dictionary　　エ How to Choose a Dictionary

(2) 次の英文を入れるのに最も適当な場所を，本文中の[ア]～[エ]のうちから一つ選び，その符号を書きなさい。

It is also hard to print on that kind of paper.

(3) 本文の内容に関する次の質問に，英語で答えなさい。

Why is a revised dictionary usually thicker than an old one?

(4) 本文の内容に合っている英文として最も適当なものを，次のア～エのうちから一つ選び，その符号を書きなさい。

ア Paper dictionaries are not as useful as electronic ones when people study languages.
イ Paper dictionaries are revised every year, and they become thinner than before.
ウ People cannot turn stiff pages easily when they use a paper dictionary.
エ People studying languages tried to find a new technique to turn the pages quickly.

9 ハルナ(Haruna)がヒューズ先生(Mr. Hughes)と話をしています。この対話文を読んで，[(1)]～[(3)]に入る最も適当なものを，それぞれあとの**ア**～**エ**のうちから一つずつ選び，その符号を書きなさい。

また，対話文の内容に合うように，[(4)]に入る言葉を英語で書きなさい。ただし，語の数は**10語程度**(．，？！などの符号は語数に含まない。)とすること。

Haruna: Mr. Hughes, do you have time?

Mr. Hughes: Of course. Do you have any questions?

Haruna: Yes, at the end of the class, you said, "Be the first penguin." [(1)]

Mr. Hughes: All right. You know penguins, right? Penguins are birds that cannot fly but can swim in the sea.

Haruna: Yes, of course. I have seen them in an aquarium.

Mr. Hughes: Some people say that there is no leader in the world of penguins but that is not true. When they catch food or run away to a safe place, one penguin moves first, and then the rest of them [(2)]

Haruna: Wow, that's very interesting.

Mr. Hughes: For example, [(3)] to jump into the sea to catch food because there is sometimes danger in the sea. But when one brave penguin jumps into the sea, all the other penguins follow it quickly.

Haruna: I see. I think being brave is important not only for penguins but also for us.

Mr. Hughes: Exactly! It is important to be the first person to try something new, even if you don't know what is going to happen. Don't you think that you can use that idea in your school life?

Haruna: Yes. [(4)]

Mr. Hughes: I hope you can do that.

(1) **ア** Can I talk about it one more time?　**イ** Will you talk about your pet?
ウ I didn't understand your question.　**エ** Can you tell me more about that?

(2) **ア** follow the first penguin　**イ** do something different
ウ do nothing after that　**エ** wait for something special

(3) **ア** it is very fun for penguins　**イ** it is very scary for people
ウ it is very fun for people　**エ** it is very scary for penguins

社　会

1 社会科の授業で，あかりさんは，2023年に誕生150周年を迎える千葉県の「ちば文化資産」に関するレポートを作成した。次の**資料１**は，あかりさんが作成したレポートの一部である。これに関して，あとの(1)～(4)の問いに答えなさい。

資料１　あかりさんが作成した「ちば文化資産」に関するレポートの一部

佐倉城跡・城下町と時代まつり（佐倉市）	1611年に城下町整備が始まり，城下町には武家屋敷などが配置されました。佐倉藩は1871年の<u>廃藩置県</u>(a)で印旛県に編入されました。
谷津干潟(やつひがた)（習志野市）	東京湾に残された干潟です。1993年にラムサール条約登録湿地となりました。<u>自然環境</u>(b)について学ぶことができる自然観察センターもあります。
東京湾アクアラインと海ほたるの景観（木更津市）	木更津市と神奈川県川崎市をつないでいる<u>高速道路</u>(c)です。海ほたるというパーキングエリアがあります。
勝浦朝市(かつうらあさいち)（勝浦市）	1591年に開催以来，420年以上の歴史がある朝市です。日本三大朝市の一つといわれており，多くの人が<u>観光</u>(d)に訪れる名所になっています。

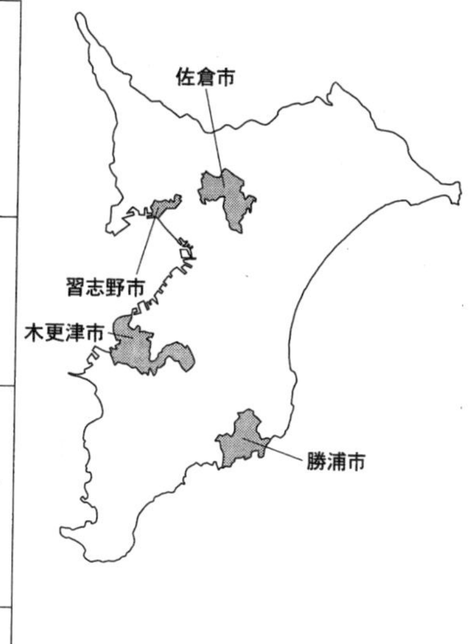

(1)　**資料１**中の下線部**a**に関連して，次の**ア**～**ウ**の文は，19世紀後半のことがらについて述べたものである。**ア**～**ウ**を年代の**古いものから順**に並べ，その符号を書きなさい。

ア　西郷隆盛(さいごうたかもり)を中心として，新政府に不満をもつ士族らが，西南戦争を起こした。

イ　新政府は，藩主に版(はん)（土地）と籍(せき)（人民）を政府に返させる版籍奉還(はんせきほうかん)を行った。

ウ　富国強兵をめざす新政府は，徴兵令(ちょうへいれい)を出し，満20歳になった男子に兵役(へいえき)を義務づけた。

(2)　**資料１**中の下線部**b**に関連して，次の文章は，あかりさんが日本の自然環境についてまとめたものの一部である。文章中の［　　］にあてはまる適当な語を**カタカナ**で書きなさい。

> 近年，自然環境の問題が大きな話題になっています。その中でも，私が気になっていることの一つに，都市部の気温が，周辺部よりも高くなるという［　　］現象があります。この現象は，ビルなどが多く建ち並ぶ，都市化が進んだ地域でみられます。その対策として，ビルの壁面(へきめん)や屋上などの緑化が進められています。

(3)　**資料１**中の下線部**c**に関連して，次の文章は，政府の経済活動について述べたものである。文章中の［Ⅰ］～［Ⅲ］にあてはまるものの組み合わせとして最も適当なものを，あとの**ア**～**エ**のうちから一つ選び，その符号を書きなさい。

> 政府の経済活動を［Ⅰ］といいます。［Ⅰ］の役割の一つとして，民間企業だけでは十分に提供できない，道路，公園及び橋などの［Ⅱ］や教育，警察及び消防などの［Ⅲ］の提供があり，政府が税金を使って行っています。

ア　Ⅰ：流　通　Ⅱ：社会資本　Ⅲ：公共サービス

イ　Ⅰ：流　通　Ⅱ：公共サービス　Ⅲ：社会資本

ウ　Ⅰ：財　政　Ⅱ：社会資本　Ⅲ：公共サービス

エ　Ⅰ：財　政　Ⅱ：公共サービス　Ⅲ：社会資本

(4) **資料１**中の下線部**d**に関連して，次の**資料２**と**資料３**中の**A**～**E**は，**資料４**中の関東地方のいずれかの都県を示している。**資料２**～**資料４**を参考に，千葉県と埼玉県を示すものとして最も適当なものを，**資料２**と**資料３**中の**A**～**E**のうちからそれぞれ一つずつ選び，その符号を書きなさい。

資料２　関東地方の各都県の山地面積，海岸線の長さ，2015～2020年の５年間の人口増減率

都県名	山地面積 (km²) (1982年)	海岸線の長さ (km) (2014年)	人口増減率 (%) (2015～2020年)
A	1444	195	-1.66
栃木県	3388	—	-2.04
B	4887	—	-1.66
C	1230	—	1.11
D	388	534	1.03
E	848	763	4.07
神奈川県	895	431	1.25

資料３　関東地方の各都県の海水浴場数，スキー場数

都県名	海水浴場 (2021年)	スキー場 (2021年)
A	18	—
栃木県	—	5
B	—	19
C	—	—
D	59	—
E	35	—
神奈川県	22	—

(注)「—」は皆無，または定義上該当数値がないものである。
(**資料２**，**資料３**とも，「データで見る県勢2022」などより作成)

資料４　関東地方の地図

2 たかしさんたちは，次の図を使って学習した。これに関して，あとの(1)～(4)の問いに答えなさい。

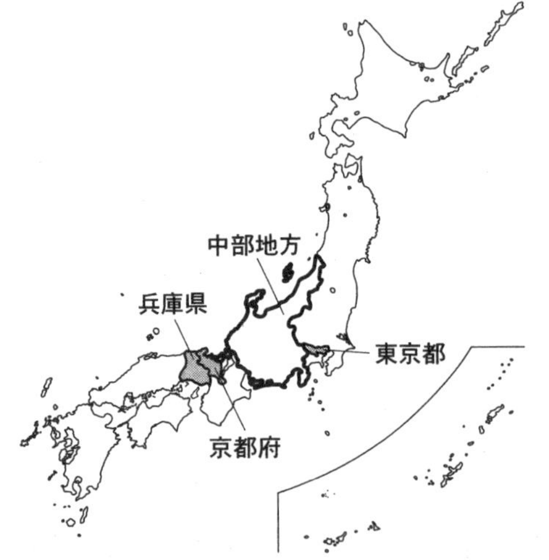

(1) 次の文章は，たかしさんが**中部地方**のある県についてまとめたレポートの一部である。この県の県名を書きなさい。

> この県では，温暖で水はけの良い土地の条件を生かし，広い台地が明治時代以降に開墾されました。そこでは，下の写真のように茶が栽培され，日本を代表する茶の産地になりました。また，工業においては特に製紙・パルプ工業が発展しています。

(2) 次の文章は，ゆうこさんが図中の**東京都**の防災施設についてまとめたレポートの一部である。文章中の［　　　］にあてはまることばとして最も適当なものを，あとの**ア**～**エ**のうちから一つ選び，その符号を書きなさい。

大都市では，地面の多くがアスファルトなどでおおわれています。そのため，右の写真のような，[　　　　]が地下に設置され，災害から人々の暮らしを守るために機能しています。

ア　崖崩れ（がけくず）が発生したとき，一時的に土砂をためておく施設
イ　激しい雨が降ったとき，一時的に水をためておく施設
ウ　火山が噴火したとき，一時的に噴出物（ふんしゅつ）をためておく施設
エ　地震が発生したとき，一時的に人々が避難する施設

(3)　次の文章は，まさあきさんが図中の**京都府**のまちづくりについてまとめたレポートの一部である。文章中の[　　　　]にあてはまる適当なことばを，「景観」「建物」の二つの語を用いて**30字以内**（読点を含む。）で書きなさい。

右の写真のように，府庁所在地である京都市では，[　　　　]を規制するなどの取り組みを行っています。一方で，住民の生活や権利と，歴史や伝統を守ることを両立させることが課題となっています。

(4)　次の**地形図１**と**地形図２**は，それぞれ昭和48年及び令和２年発行の図中の**兵庫県**のある地域を示したものである。これらを見て，あとの①，②の問いに答えなさい。

地形図１

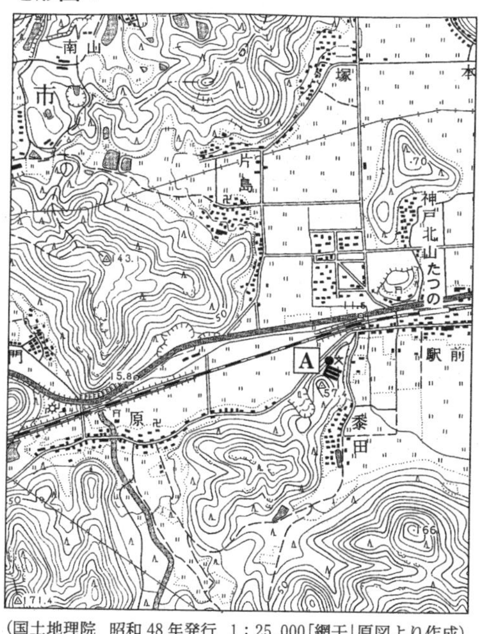

（国土地理院　昭和48年発行　1：25,000「網干」原図より作成）

地形図２

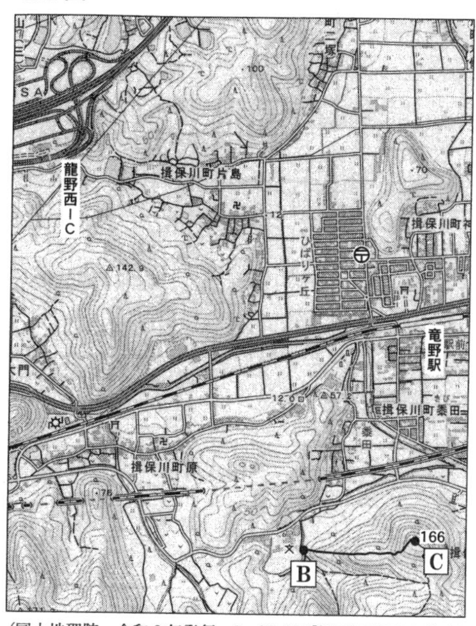

（国土地理院　令和２年発行　1：25,000「網干」原図より作成）

めもり　0　5 cm

①　次の文章は，れいこさんが**地形図１**と**地形図２**を比較して読み取ったことがらをまとめたレポートの一部である。文章中の下線部**ア**～**エ**のうち，内容が**誤っている**ものを一つ選び，その符号を書きなさい。

> **地形図**１に比べて**地形図**２では，交通網（こうつうもう）が整備され，開発も進んだことがわかります。この地域では，竜野（たつの）駅から見て，ア北西に高速道路が開通し，龍野西（たつのにし）ICが作られました。また，この竜野駅の南側には，もともとあった鉄道に加えて，もう一つのイ鉄道が整備されました。竜野駅の周辺では，住宅地が拡大し，ウ郵便局が設けられました。さらに，地点**A**付近にあった小学校は，地点**B**付近に移転しました。この地点**A**と地点**B**の間の直線距離は，エ1 km以上あります。

② 次の文は，**地形図**２中の地点**B**から地点**C**に向かう道を歩いて調査したときの様子をまとめたものである。［ Ⅰ ］，［ Ⅱ ］にあてはまる語の組み合わせとして最も適当なものを，あとの**ア**～**エ**のうちから一つ選び，その符号を書きなさい。

> この道は，地点**B**から地点**C**に向かうと，全体的に［ Ⅰ ］になっていて，２つの地点間の標高差は［ Ⅱ ］です。

ア　Ⅰ：上り坂　Ⅱ：100 m以上　　**イ**　Ⅰ：上り坂　Ⅱ：100 m未満
ウ　Ⅰ：下り坂　Ⅱ：100 m以上　　**エ**　Ⅰ：下り坂　Ⅱ：100 m未満

3 よしひろさんたちは，緯線と経線が直角に交わる次の地図を使って，世界の国々の様子について学習した。これに関して，あとの(1)～(5)の問いに答えなさい。

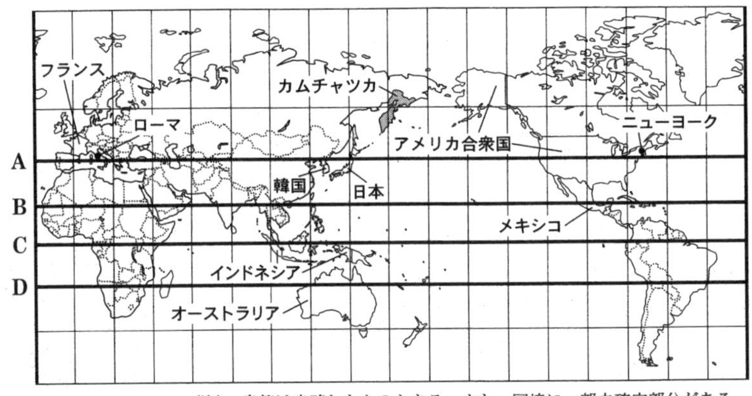

（注）　島等は省略したものもある。また，国境に一部未確定部分がある。

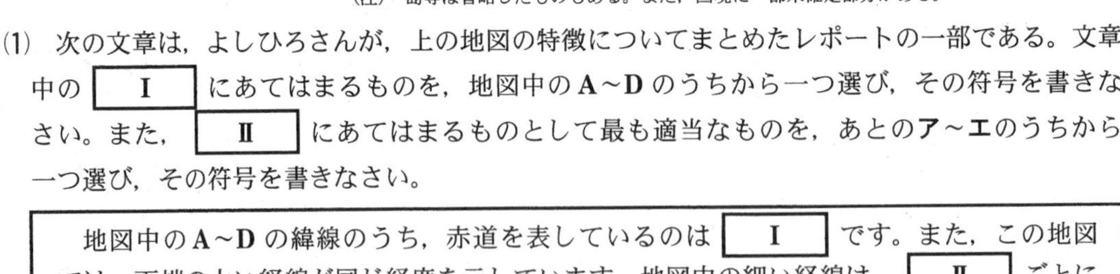

(1) 次の文章は，よしひろさんが，上の地図の特徴についてまとめたレポートの一部である。文章中の［ Ⅰ ］にあてはまるものを，地図中の**A**～**D**のうちから一つ選び，その符号を書きなさい。また，［ Ⅱ ］にあてはまるものとして最も適当なものを，あとの**ア**～**エ**のうちから一つ選び，その符号を書きなさい。

> 地図中の**A**～**D**の緯線のうち，赤道を表しているのは［ Ⅰ ］です。また，この地図では，両端の太い経線が同じ経度を示しています。地図中の細い経線は，［ Ⅱ ］ごとに引かれています。

ア　経度10度　　**イ**　経度15度　　**ウ**　経度20度　　**エ**　経度25度

(2) 次の詩は，地図中の**カムチャツカ**（地域），**メキシコ**（国），**ニューヨーク**（都市）及び**ローマ**（都市）の様子をうたったものである。また，右の文章は，その詩について，くみさんとしほさんが話し合っている場面の一部である。文章中の［ Ⅰ ］，［ Ⅱ ］にあてはまる語の組み合わせとして最も適当なものを，あとの**ア**～**エ**のうちから一つ選び，その符号を書きなさい。

朝のリレー　谷川俊太郎

カムチャツカの若者が
きりんの夢を見ているとき……①
メキシコの娘は
朝もやの中でバスを待っている……②
ニューヨークの少女が
ほほえみながら寝がえりをうつとき……③
ローマの少年は
柱頭を染める朝陽にウインクする……④
この地球では
いつもどこかで朝がはじまっている
（後略）（「谷川俊太郎詩集　続」より）

くみ：詩に登場する４つの場所では，カムチャツカが最も１日の始まりが早い地点だね。
しほ：そうすると，①と②では，①のカムチャツカが水曜日の夜の23時だとしたら，②のメキシコでは［Ⅰ］曜日の朝ということになるね。
くみ：そうだね。③と④では，③のニューヨークが日曜日の夜の23時だとしたら，④のローマでは［Ⅱ］曜日の朝ということになるよ。

ア　Ⅰ：水　Ⅱ：日　　**イ**　Ⅰ：水　Ⅱ：月
ウ　Ⅰ：木　Ⅱ：日　　**エ**　Ⅰ：木　Ⅱ：月

⑶　次の文章は，かずやさんが，地図中の**アメリカ合衆国**の農業の様子についてまとめたレポートの一部である。文章中の［Ⅰ］，［Ⅱ］にあてはまるものの組み合わせとして最も適当なものを，あとの**ア**～**エ**のうちから一つ選び，その符号を書きなさい。

およそ西経100度を境に，東側よりも西側は降水量が［Ⅰ］ため，主に放牧が行われています。また，グレートプレーンズなどの内陸部では，右の写真のような円形の農地が見られます。このような形になっているのは，［Ⅱ］しているからです。

ア　Ⅰ：少ない　Ⅱ：スプリンクラーで散水　　**イ**　Ⅰ：少ない　Ⅱ：移動しながら家畜を飼育
ウ　Ⅰ：多い　Ⅱ：スプリンクラーで散水　　**エ**　Ⅰ：多い　Ⅱ：移動しながら家畜を飼育

⑷　次の文章は，みのりさんが，地図中の**オーストラリア**の国旗についてまとめたレポートの一部である。文章中の［　　］に共通してあてはまる国名を**カタカナ**で書きなさい。

右のオーストラリアの国旗の左上には，［　　］の国旗が入っています。18世紀後半に［　　］の植民地になったことで，オーストラリアには，ヨーロッパ系の移民が増加しました。その後，1970年代までは，ヨーロッパ系以外の移民は制限されましたが，現在ではアジア系の移民が増加し，アジアの国々との関係も強くなっています。

⑸　次の**資料**は，たかのりさんが，地図中の**韓国**，**フランス**，**インドネシア**及び**日本**の人口，固定電話及び移動電話の100人あたりの契約数についてまとめたものである。**資料**から読み取れることとして最も適当なものを，あとの**ア**～**エ**のうちから一つ選び，その符号を書きなさい。

資料　韓国，フランス，インドネシア及び日本の人口，固定電話及び移動電話の100人あたりの契約数

国名	人口（千人）	固定電話100人あたりの契約数（件）			移動電話100人あたりの契約数（件）		
	2020年	2000年	2010年	2020年	2000年	2010年	2020年
韓国	51845	54.6	57.6	46.5	56.6	102.5	137.5
フランス	64480	57.6	64.6	57.8	49.2	91.9	111.5
インドネシア	271858	3.1	16.9	3.5	1.7	87.4	130.0
日本	125245	48.6	51.0	49.0	52.4	95.9	154.2

（注）　移動電話とは，携帯電話などの移動しながら通話できる電話のことである。

（「世界国勢図会 2022/23」などより作成）

ア　４か国すべてにおいて，2000年，2010年，2020年のすべての年で，固定電話100人あたりの契約数よりも移動電話100人あたりの契約数の方が多い。

イ　フランスは，2000年，2010年，2020年のすべての年で，固定電話100人あたりの契約数と移動電話100人あたりの契約数ともに，４か国中で最も多い。

ウ　2000年と2020年を比較すると，固定電話100人あたりの契約数が減っている国は韓国のみで，移動電話100人あたりの契約数が最も増えている国はインドネシアである。

エ　人口と移動電話100人あたりの契約数から，2020年における国内の移動電話契約数を計算すると，移動電話契約数が最も多いのは，日本である。

4　次のパネル**A**～**D**は，たえさんたちが，「千葉県に関連する歴史上のことがら」をテーマに作成したものの一部である。これに関して，あとの(1)～(5)の問いに答えなさい。

A：宮ノ台式土器（みやのだいしき）

茂原市にある宮ノ台遺跡から出土した土器は，弥生時代中期[a]の代表的な土器であり，宮ノ台式土器と呼ばれる。

B：上総国分尼寺跡（かずさこくぶんにじ）

市原市にある上総国分尼寺跡は，聖武天皇（しょうむ）[b]の命令で，国ごとに造られた国分尼寺の跡地である。現在，復元された建物が建てられている。

C：誕生寺（たんじょうじ）

日蓮（にちれん）は，鎌倉時代[c]に各地で仏教を学んだ後，日蓮宗を開いた。鴨川市には，この地域で生まれた日蓮にちなんで，誕生寺が建てられている。

D：南総里見八犬伝（なんそうさとみはっけんでん）

江戸時代[d]に滝沢馬琴（たきざわばきん）が書いた『南総里見八犬伝』は，千葉県南部を舞台とする長編小説である。

(1)　パネル**A**中の下線部**a**の時代に起こった世界のことがらとして最も適当なものを，次の**ア**～**エ**のうちから一つ選び，その符号を書きなさい。

ア　ナイル川流域で生まれたエジプト文明では，巨大なピラミッドが築かれた。

イ　イタリア半島のローマは，領土を拡大し地中海一帯を支配し，ローマ帝国になった。

ウ　中国では，黄河（こうが／ホワンホー）の流域に，すぐれた青銅器（せいどうき）の文化をもつ殷（いん）という国がおこった。

エ　チグリス川とユーフラテス川に挟まれたメソポタミアを，ハンムラビ王が統一した。

(2)　パネル**B**中の下線部**b**に関連して，次の文章は，聖武天皇が行った政策について述べたものである。文章中の［　　　］にあてはまる適当な語を**漢字３字**で書きなさい。

> 人口の増加やひでり，洪水などの自然災害により耕作できない土地がでてくると，性別や身分に応じて与えられていた［　　］が不足してきた。そこで，人々に開墾をすすめるために，聖武天皇の命令で，朝廷は743年に墾田永年私財法（こんでんえいねんしざいほう）を出した。

(3) パネル**C**中の下線部**c**の時代に起こったことがらを，次の**ア**～**エ**のうちから**三つ**選び，年代の**古いものから順**に並べ，その符号を書きなさい。

ア　北条泰時（ほうじょうやすとき）は，武士の慣習に基づいて，御成敗式目（ごせいばいしきもく）（貞永式目（じょうえいしきもく））を定めた。

イ　元（げん）の皇帝フビライ・ハンは，高麗（こうらい／コリョ）を従えた後，日本にも服属を要求してきた。

ウ　後鳥羽上皇（ごとばじょうこう）は，幕府を倒そうと兵を挙げたが，敗れて隠岐（おき）に流された。

エ　白河（しらかわ）天皇は，天皇の位をゆずった後も，上皇として政治を動かす院政（いんせい）を行った。

(4) パネル**D**中の下線部**d**に関連して，次の文章は，江戸時代の改革について述べたものである。文章中の［ Ⅰ ］，［ Ⅱ ］にあてはまるものの組み合わせとして最も適当なものを，あとの**ア**～**エ**のうちから一つ選び，その符号を書きなさい。

> 1841年，老中（ろうじゅう）の［ Ⅰ ］は，社会の安定と幕府の強化をめざして，天保（てんぽう）の改革を始めた。その中で，［ Ⅰ ］は，物価の上昇をおさえるために，営業を独占していた［ Ⅱ ］を命じた。

ア　Ⅰ：水野忠邦（みずのただくに）　Ⅱ：株仲間（かぶなかま）の解散　　**イ**　Ⅰ：松平定信（まつだいらさだのぶ）　Ⅱ：株仲間の解散

ウ　Ⅰ：水野忠邦　Ⅱ：座の廃止　　**エ**　Ⅰ：松平定信　Ⅱ：座の廃止

(5) パネル**D**中の下線部**d**に関連して，次の文章は，江戸時代の海外との交流について述べたものである。文章中の［　　］にあてはまる語として最も適当なものを，あとの**ア**～**エ**のうちから一つ選び，その符号を書きなさい。

> 江戸幕府が海外との交流を制限したため，当時の日本は，後に「鎖国」とよばれる状態だった。しかし，長崎・薩摩（さつま）・対馬（つしま）・松前の4つの窓口を通じて，海外と交易が行われていた。それぞれの窓口が，特定の相手と交易を行っており，対馬は［　　］と交易を行っていた。

ア　蝦夷地（えぞち）　　**イ**　オランダ　　**ウ**　琉球（りゅうきゅう）　　**エ**　朝鮮

5　次の略年表は，ひろとさんが，「近代日本医学の歴史」と関わりの深い北里柴三郎（きたさとしばさぶろう）について，まとめたものの一部である。これに関して，あとの(1)～(5)の問いに答えなさい。

年代	北里柴三郎　略年表
1853	熊本県阿蘇郡小国町（あそぐんおぐにまち）に生まれる
<u>1871</u>	医学所へ入学する
a	
1886	ドイツに留学する
1890	破傷風（はしょうふう）の血清療法（けっせいりょうほう）を確立する

1894	ペスト菌を発見する
	↕ **A**
1914	北里研究所を創立する
	↕ **B**
1931 (b)	78 歳で亡くなる
2019	科学の発展 (c) などの面から，日本の近代化に大きく貢献したことなどを理由に新千円札の図柄に北里柴三郎の肖像採用が決定される

(1) 略年表中の下線部 **a** に関連して，次の文章は，1871 年に派遣された使節団について述べたものである。文章中の［ Ⅰ ］，［ Ⅱ ］にあてはまる人物名の組み合わせとして最も適当なものを，あとの**ア**～**エ**のうちから一つ選び，その符号を書きなさい。

> 政府は，不平等条約の改正などを目的として，［ Ⅰ ］を代表(大使)とした大規模な使節団を派遣した。使節団には，５人の女子留学生も同行し，最年少の［ Ⅱ ］は，アメリカで 11 年間の教育を受けた。後に女子英学塾をつくり，女子教育に生涯をささげた。

ア　Ⅰ：福沢諭吉　Ⅱ：津田梅子　　**イ**　Ⅰ：福沢諭吉　Ⅱ：樋口一葉
ウ　Ⅰ：岩倉具視　Ⅱ：津田梅子　　**エ**　Ⅰ：岩倉具視　Ⅱ：樋口一葉

(2) 略年表中の **A** の時期に起こったことがらを，次の**ア**～**エ**のうちから**三つ**選び，年代の**古いものから順**に並べ，その符号を書きなさい。

ア　日本は韓国を併合して植民地とし，朝鮮総督府をおいて支配した。
イ　日本とイギリスは，協力してロシアに対抗するために，日英同盟を結んだ。
ウ　日本は中国に対して，二十一か条の要求を提出し，多くの要求を認めさせた。
エ　ロシアは，ドイツ・フランスを誘って，遼東半島を清に返すよう日本にせまった。

(3) 次の文章は，略年表中の **B** の時期に起こったことがらについて述べたものである。文章中の［ Ⅰ ］にあてはまる適当な語を書きなさい。また，［ Ⅱ ］にあてはまる語として最も適当なものを，あとの**ア**～**エ**のうちから一つ選び，その符号を書きなさい。

> 第一次世界大戦後，アメリカの呼びかけで 1921 年から翌年にかけて［ Ⅰ ］会議が開かれ，［ Ⅱ ］の主権尊重と領土の保護が確認された。この結果，日本が得た山東省の権益が，［ Ⅱ ］に返還された。

ア　ソ　連　　**イ**　朝　鮮　　**ウ**　ドイツ　　**エ**　中　国

(4) 略年表中の下線部 **b** に関連して，次の文章は，1931 年に起こった満州事変について述べたものである。文章中の［　　］にあてはまる適当なことばを，「元首」「実権」の二つの語を用いて **20 字以内**(読点を含む。)で書きなさい。

> 1931 年，満州に駐留していた日本の軍隊は，南満州鉄道の線路を爆破し，これを中国側が行ったことだと主張して攻撃を始め，満州の大部分を占領した。その後，1932 年につく

られた満州国は，清の ＿＿＿ が握った。満州国には，不景気が続く日本から，多数の農民が集団で移住した。

(5) 略年表中の下線部cに関連して，次の文章は，ひろとさんが，科学の発展に関することがらについてまとめたレポートの一部である。文章中の ＿＿＿ に共通してあてはまる都府県名として最も適当なものを，あとのア～エのうちから一つ選び，その符号を書きなさい。

> 1970年に「人類の進歩と調和」をテーマとして， ＿＿＿ で開催された日本万国(ばんこく)博覧会(万国博覧会)には，77か国が参加し，当時の日本の発展と科学技術力を世界に示す場となった。そして，2025年に再び ＿＿＿ で，100か国以上が参加する日本国際博覧会を開催することが決定され準備が進められている。

ア　福岡県　　イ　大阪府　　ウ　愛知県　　エ　東京都

6 次の文章を読み，あとの(1)～(3)の問いに答えなさい。

令和4年4月の成人年齢引き下げにより，18歳と19歳の若者は，成人として自らの意思で契約することができるようになりました。若者をねらった消費者トラブルに巻き込まれないために，未成年のうちから消費者保護に関するしくみ(a)や金融(b)などの経済に関する知識を学んでいくことが必要です。多くの情報(c)を適切に処理し，さまざまな知識を身に付けることは，自分の身を守るだけでなく，公正で公平な社会を築くための力にもなります。

(1) 下線部aに関連して，次のカードは，あおいさんが，消費者保護について学習するために使用したものである。カードの表面には消費者保護に関する制度や法律の名称を，裏面にはその説明が書かれている。このカードの表面に書いてあるものとして最も適当なものを，あとのア～エのうちから一つ選び，その符号を書きなさい。

あおいさんの作成したカード(裏面)

> 国や地方公共団体の責務として，消費者の保護や消費者が自立的に消費活動を行えるように支援を定めたもの。

ア　クーリング・オフ制度
イ　消費者契約法
ウ　製造物責任法(PL法)
エ　消費者基本法

(2) 下線部bに関連して，次の文章は，わたるさんが，金融のしくみについてまとめたレポートの一部である。文章中の ＿＿＿ にあてはまる最も適当な語を**漢字4字**で書きなさい。

資金の貸し手(家計など)	資金 → / 証券会社(証券市場) / ← 株式・配当	資金の借り手(企業など)

左の図は，金融のしくみの一つを表したものです。このように企業が株式を発行して，家計などから資金を得ることを ＿＿＿ といいます。

(3) 下線部cに関連して，次のページの**資料1**は，社会科の授業で，ゆきおさんたちが「消費者は商品やサービスを購入する際にどこから情報を得ているのか」をテーマに調べたものであり，

資料２は，**資料１**の［A］～［D］を年齢階級別にまとめたものである。また，**資料３**は，**資料１**と**資料２**から読み取ったことがらをまとめたものの一部である。**資料１**と**資料２**中の［A］～［D］には，それぞれ共通した項目があてはまる。［A］～［D］にあてはまる項目として最も適当なものを，あとの**ア**～**エ**のうちからそれぞれ一つずつ選び，その符号を書きなさい。

資料１　商品やサービスの購入を検討する際，情報を得ているものとして選択した割合（複数回答）

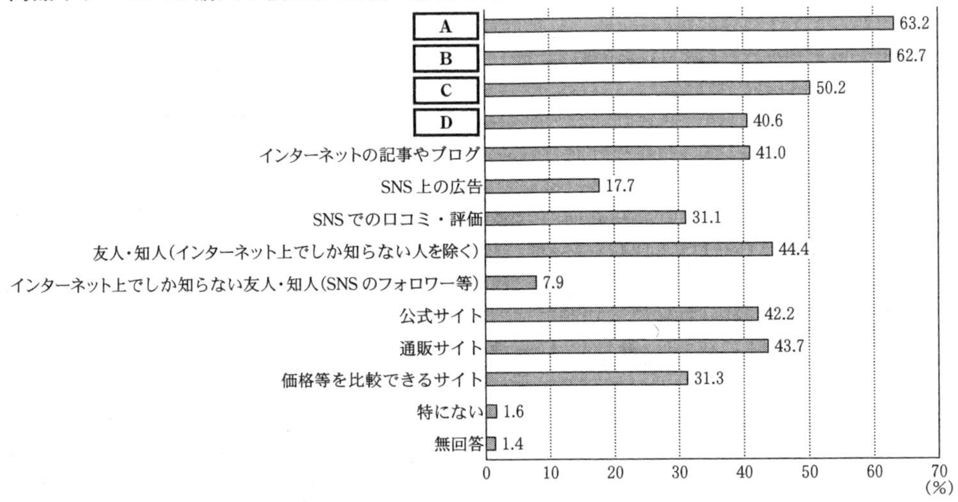

資料２　資料１のA～Dの項目を選択した割合について年齢階級別にまとめたもの

	A	B	C	D
15～19歳	45.4(%)	52.1(%)	18.3(%)	60.0(%)
20～29歳	60.3(%)	50.8(%)	19.0(%)	57.9(%)
30～39歳	66.1(%)	55.5(%)	29.7(%)	56.6(%)
40～49歳	67.2(%)	58.0(%)	37.7(%)	52.9(%)
50～59歳	66.4(%)	66.8(%)	54.2(%)	48.6(%)
60～69歳	66.1(%)	69.8(%)	64.3(%)	35.0(%)
70～79歳	60.4(%)	67.8(%)	72.0(%)	16.1(%)
80歳以上	54.8(%)	66.2(%)	72.6(%)	5.5(%)

（**資料１**，**資料２**とも，消費者庁「令和３年消費者意識基本調査」より作成）

資料３　資料１及び資料２から読み取ったことをまとめたものの一部

・「テレビ・ラジオの番組・広告」の割合は，**資料１**でみると「インターネット上の広告」より高く，**資料２**でみると，65％以上の割合で選択されている年齢階級が４つある。
・「店頭・店員」の割合は，**資料１**でみると「新聞・雑誌等の記事・広告」より高く，**資料２**でみると，40歳以上は年齢階級が高くなるほど選択される割合が下がっている。
・「インターネット上の広告」の割合は，**資料１**でみると，「店頭・店員」より低く，**資料２**でみると，20歳以上50歳未満の年齢階級では50％以上60％未満の割合で選択されている。
・「新聞・雑誌等の記事・広告」の割合は，**資料１**でみると，「テレビ・ラジオの番組・広告」より低く，**資料２**でみると，年齢階級が高くなるほど選択している割合が高い。

ア　テレビ・ラジオの番組・広告　　　　**イ**　店頭・店員

ウ　インターネット上の広告　　　　　　**エ**　新聞・雑誌等の記事・広告

7　次の文章を読み，あとの(1)～(3)の問いに答えなさい。

人権[a]は誰もが生まれながらにもつ権利です。日本国憲法では，自由権・社会権・参政権・請求権などを基本的人権として定めています。また，社会の変化とともに，新しい人権[b]を認める必要が生まれました。国会[c]においても新しい人権のあり方について，議論されています。

(1)　下線部 **a** に関連して，次の文は，こうたさんが，人権思想の発展についてまとめたレポートの一部である。図中の［　Ⅰ　］～［　Ⅲ　］にあてはまる文として最も適当なものを，あとの**ア**～**ウ**のうちからそれぞれ一つずつ選び，その符号を書きなさい。

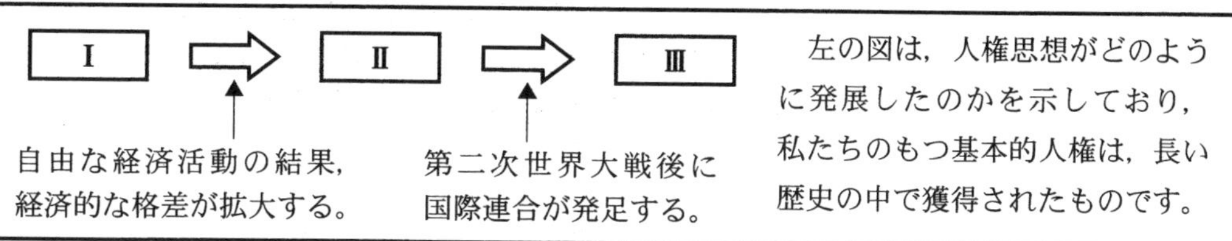

ア　国王が支配する専制的な政治が，市民革命によって倒され，表現の自由や信仰の自由などの自由権，身分制度を否定する平等権が保障される。

イ　すべての人に，人権があることを明記した世界人権宣言が採択され，各国における人権保障の基準となる。

ウ　すべての人が，人間らしく生活できるように保障することも国家の役割だと考えられ，社会権が認められるようになる。

(2)　下線部 **b** に関連して，次の文章は，みつおさんが新しい人権についてまとめたレポートの一部である。文章中の［　　　］にあてはまる適当な語を**漢字４字**で書きなさい。

> 主権者として政治に関する判断をするために，国や地方自治体の活動を知る必要がある。そのために「知る権利」が認められ，この権利に基づき，国民は国や地方自治体が作成し保存している公文書などを見ることができる。このしくみを［　　　］制度という。

(3)　下線部 **c** に関連して，次の資料は，社会科の授業で，ゆきさんたちの班が作成した国会と国政選挙についてまとめたものの一部である。**資料１**と**資料２**を参考に，第 206 回国会が特別会（特別国会）である理由を，「30 日以内」の語を用いて **40 字以内**（句読点を含む。）で書きなさい。

資料１　国会の種類と期間

国　会	国会の種類	期　間
第 205 回国会	臨時会	令和３年 10 月４日 ～令和３年 10 月 14 日（衆議院解散）
第 206 回国会	特別会	令和３年 11 月 10 日 ～令和３年 11 月 12 日
第 207 回国会	臨時会	令和３年 12 月６日 ～令和３年 12 月 21 日
第 208 回国会	常　会	令和４年１月 17 日 ～令和４年６月 15 日
第 209 回国会	臨時会	令和４年８月３日 ～令和４年８月５日

資料２　国政選挙

選　挙	投票日
第 49 回衆議院議員総選挙	令和３年 10 月 31 日
第 26 回参議院議員通常選挙	令和４年７月 10 日

（**資料１**，**資料２**とも，衆議院ホームページなどより作成）

8　次の文は，社会科の授業で，「地域主義（地域統合）について考えよう」をテーマに話し合いを行ったときに出た生徒の意見の一部である。これに関して，あとの(1)，(2)の問いに答えなさい。

> 経済分野だけでなく，その他のさまざまな課題に連携して取り組んでいくためにも積極的に特定の地域の国々（a）との協力関係を強化していく必要があると考えます。

> EUでは，加盟国内の経済格差などのさまざまな課題があり，多国間で統合していくことのデメリットもあるため，地域の国々との連携（b）は慎重に進めていく必要があると考えます。

(1)　下線部**a**に関連して，次の表は，生徒が地域主義(地域統合)についてまとめたレポートの一部である。表中の**Ⅰ**～**Ⅳ**にあてはまる地域として最も適当なものを，あとの**ア**～**エ**のうちからそれぞれ一つずつ選び，その符号を書きなさい。

地　域	Ⅰ	Ⅱ	Ⅲ	Ⅳ
地域主義(地域統合)	ASEAN	APEC	USMCA	MERCOSUR

ア　北アメリカ　　**イ**　南アメリカ　　**ウ**　アジア・太平洋　　**エ**　東南アジア

(2)　下線部**b**に関連して，次の文章は，日本が他の国々と経済的な連携を深めるために，結ばれた協定についてまとめたものである。文章中の［　　］に共通してあてはまる最も適当な語を，**アルファベットの大文字３字**で書きなさい。

> 当初は太平洋を囲む国々を中心とした12か国で［　　］協定の発効を目指していたが，2017年にアメリカ合衆国が離脱した。しかし，2018年に日本も含めた11か国が合意して［　　］11協定を新たに調印し，貿易の自由化など経済的なつながりを加盟国内で強めています。

理　科

1　次の(1)～(4)の問いに答えなさい。

(1)　塩化ナトリウム水溶液は，塩化ナトリウムを水にとかしてできた水溶液である。このとき，塩化ナトリウムのように，水溶液にとけている物質を何というか，書きなさい。

(2)　オオカナダモの葉の細胞を顕微鏡(けんびきょう)で観察したところ，細胞内に緑色の粒(つぶ)が多数見られた。この緑色の粒を何というか，書きなさい。

(3)　日本列島は夏になると，あたたかく湿(しめ)った小笠原気団の影響を受け，高温多湿(こうおんたしつ)になることが多い。小笠原気団をつくる高気圧として最も適当なものを，次の**ア**～**エ**のうちから一つ選び，その符号を書きなさい。

ア　移動性高気圧　　**イ**　太平洋高気圧　　**ウ**　オホーツク海高気圧　　**エ**　シベリア高気圧

(4)　自動車が36 kmの道のりを45分間で移動した。このとき，自動車の平均の速さとして最も適当なものを，次の**ア**～**エ**のうちから一つ選び，その符号を書きなさい。

ア　12 km/h　　**イ**　27 km/h　　**ウ**　48 km/h　　**エ**　80 km/h

2　力のつり合いについて調べるため，次の**実験１**，２を行いました。これに関して，あとの(1)，(2)の問いに答えなさい。ただし，質量 100 g の物体にはたらく重力の大きさを１N とし，ばねの質量は考えないものとします。また，台ばかりの目もりは，物体をのせていないとき０g を示すものとします。

実験１

図１

ばね

①　**図１**のような，ばねに物体をつなげていないときの長さが 10 cm のばねを用意した。

②　①のばねに，質量の異なる物体をつなげて静止したとき，ばねののびをそれぞれ測定した。**表**はその結果をまとめたものである。

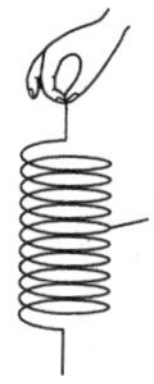

表

物体の質量〔g〕	0	100	200	300	400	500	600
ばねののび〔cm〕	0	4	8	12	16	20	24

なお，**図２**は，ばねに質量 100 g の物体**A**をつなげ，ばねと物体**A**が静止したようすを，物体**A**にはたらく力とともに表したものである。

図２

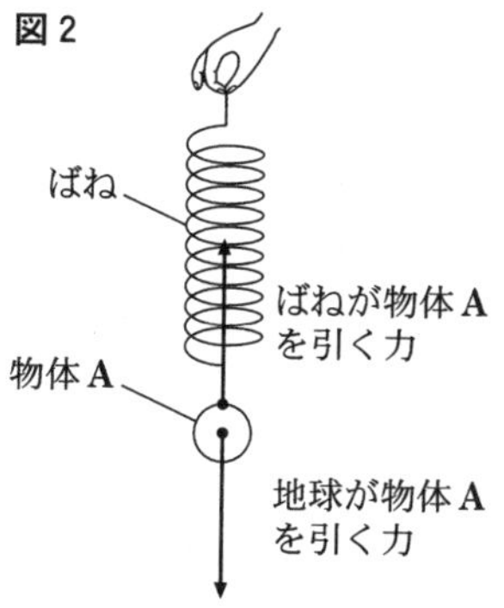

実験２

①　**図３**のように，**実験１**で使用したものと同じばねにつなげた質量 400 g の物体**B**を，台ばかりの上にのせた質量 200 g の物体**C**の上に静かに置いた。このとき，ばねののびは，０cm であった。

②　ばねを一定の速さでゆっくりと引き上げたときの，ばねののびと，台ばかりの目もりを観察し，記録した。

図３

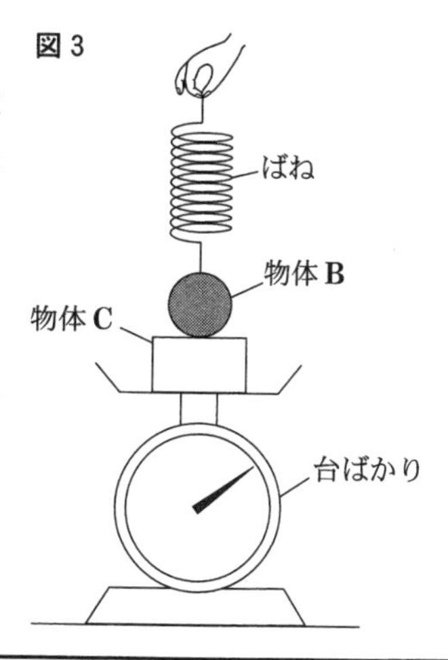

(1)　次の文章は，**実験１**の②について説明したものである。文章中の **w** にあてはまる最も適当なことばを書きなさい。

> **図２**のように，物体にはたらく力を表すには，矢印を用いる。**図２**中の矢印の • は，それぞれの力がはたらく点を示す **w** 点である。また，矢印の向きが力の向き，矢印の長さは力の大きさをそれぞれ表す。

(2) 次の文章は，**実験２**についてのＳさんたちと先生の会話である。あとの(a)～(c)の問いに答えなさい。

Ｓさん：**実験２**で，ばねののびが0 cmのとき，台ばかりの目もりは600 gです。
Ｔさん：そうすると，台ばかりが物体Ｃを押す力は6 Nで，物体Ｃが物体Ｂを押す力は，4 Nでしょうか。
先　生：そうですね。それでは，ばねを一定の速さでゆっくりと引き上げて，ばねののびが4 cmのとき，物体Ｃが物体Ｂを押す力の大きさは何Nですか。また，そのとき，台ばかりの目もりは何gになるか予想してみましょう。
Ｓさん：物体Ｃが物体Ｂを押す力の大きさは， x Nで，台ばかりの目もりは y gです。
先　生：そうですね。そのあともばねをゆっくりと引き上げて，台ばかりの目もりが変化しなくなるまで確認してみましょう。
Ｔさん：台ばかりの目もりが400 gになるとき，ばねののびは， z cmでした。
Ｓさん：台ばかりの目もりが変化しなくなるまでの，ばねののびと台ばかりの目もりを観察し，記録した結果について，グラフにかいてまとめました。
先　生：そうですね。グラフを用いて表すことができましたね。

(a) 会話文中の x ， y にあてはまる数値をそれぞれ書きなさい。
(b) 会話文中の z にあてはまる数値を書きなさい。
(c) ばねののびと台ばかりの目もりの関係を表すグラフを，解答用紙の図中に，実線でかきなさい。

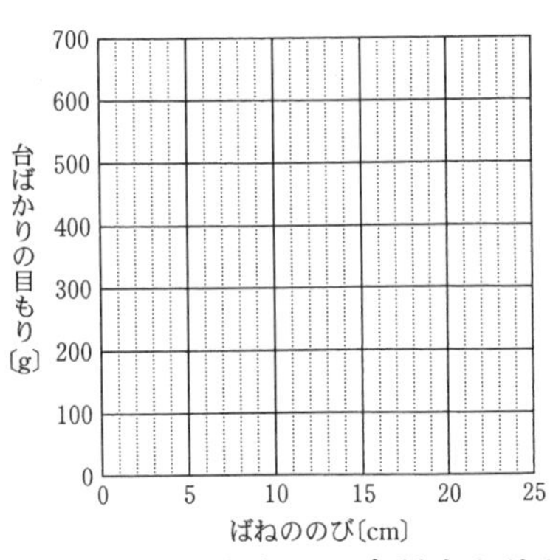

3 Ｓさんたちは，理科の授業で進化について学習しました。これに関する先生との会話文を読んで，あとの(1)～(4)の問いに答えなさい。

先　生：**図１**は，シソチョウ(始祖鳥)の復元図です。シソチョウは，進化の道すじの手がかりになる生物です。
Ｓさん：全体が羽毛(うもう)でおおわれていて，翼(つばさ)がありますね。
Ｔさん：翼に爪(つめ)があり，口には歯もあります。
先　生：そうですね。その他(た)の化石の研究からも， v は w から進化したのではないかと考えられています。

図１

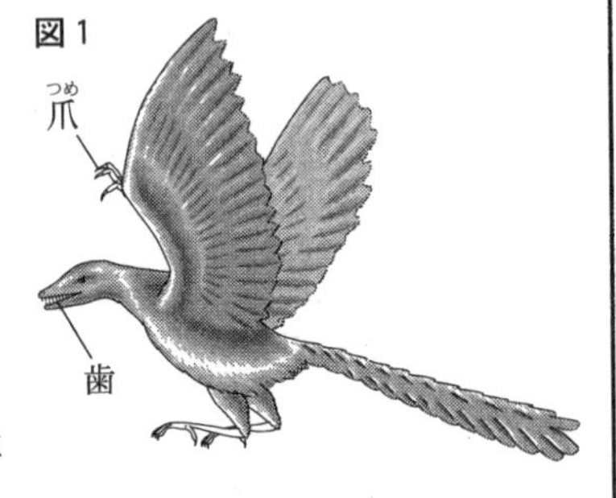

Ｓさん：なるほど。シソチョウの羽毛や翼は，［v］がもつ特徴で，爪や歯は，［w］がもつ特徴ですね。現在，存在する生物で，他にもこのような進化の道すじの手がかりになる生物はいますか。

先　生：カモノハシという生物があてはまります。カモノハシは，くちばしをもち，体の表面には毛があります。また，雌は卵を産みますが，乳（母乳）で子を育てるという特徴をもち，複数の脊椎動物（セキツイ動物）のグループの特徴をもつ動物です。

Ｔさん：図２の脊椎動物の各グループが出現した年代をみると，脊椎動物は，魚類から両生類，両生類からハチュウ（は虫）類へと進化し，陸上生活に適した体のつくりになったと考えられます。

図２

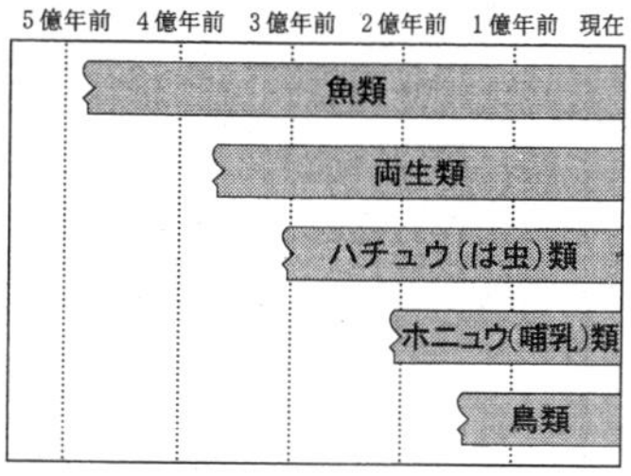

先　生：そうですね。それでは，植物の場合はどうでしょうか。最初に陸上に現れたのは，コケ植物で，次にシダ植物が現れました。
コケ植物は，湿った場所で生活し，おもに［x］から水を吸収します。一方，シダ植物は，［y］があり，コケ植物に比べて，陸上生活に適した体のつくりになっています。

Ｓさん：植物も動物も，進化して陸上生活に適した体のつくりになったものがいるのですね。ところで，カエルは，えら呼吸で水中生活をする子から，肺呼吸で陸上生活をする親（おとな）へと体のつくりが変わりますが，これも進化でしょうか。

先　生：いいえ，一生の間に起こる変化は，進化ではありません。進化とは，生物の形質が［z］間に起こる変化のことです。

Ｓさん：そうなのですね。他にどのような進化があるか調べてみます。

⑴　会話文中の［v］，［w］にあてはまる脊椎動物（セキツイ動物）のグループとして最も適当なものを，次の**ア**～**オ**のうちからそれぞれ一つずつ選び，その符号を書きなさい。

ア　魚　類　　**イ**　両生類　　**ウ**　ハチュウ（は虫）類　　**エ**　ホニュウ（哺乳）類　　**オ**　鳥　類

⑵　会話文中の下線部について，カモノハシは，ホニュウ（哺乳）類に分類されている。ホニュウ類の特徴として最も適当なものを，次の**ア**～**エ**のうちから一つ選び，その符号を書きなさい。

ア　くちばしをもつ。　　**イ**　えらで呼吸する。

ウ　雌は卵を産む。　　**エ**　乳（母乳）で子を育てる。

⑶　会話文中の［x］，［y］にあてはまるものの組み合わせとして最も適当なものを，次の**ア**～**エ**のうちから一つ選び，その符号を書きなさい。

ア　x：根　　y：維管束　　**イ**　x：体の表面　　y：維管束

ウ　x：体の表面　　y：仮　根　　**エ**　x：根　　y：仮　根

⑷　会話文中の［z］にあてはまる内容を，簡潔に書きなさい。

4　Ｓさんは，鉄と硫黄の反応について調べるため，次の**実験**を行いました。これに関する先生との会話文を読んで，あとの⑴～⑷の問いに答えなさい。

実験

① **図1**のように，鉄粉1.4gと硫黄0.8gを乳(にゅう)ばちに入れ，よく混ぜ合わせ混合物とした。試験管を2本用意して，混合物の$\frac{1}{4}$くらいを試験管**A**に，残りを試験管**B**に入れた。

② **図2**のように，脱脂綿(だっしめん)で試験管**B**にふたをして，混合物の上部を加熱した。混合物の上部が赤くなったところで加熱をやめ，変化のようすを観察した。そのあと，反応が進んで鉄と硫黄はすべて反応し，黒い物質ができた。

③ **図3**のように，試験管**A**に，磁石を近づけて試験管の中の混合物が磁石に引きつけられるかどうかを調べた。②の試験管**B**についても同じように調べた。

④ ③の試験管**A**，**B**の中の物質を少量ずつ取り出し，それぞれ別の試験管に入れた。次に，**図4**のように，それぞれの試験管にうすい塩酸を数滴(すうてき)入れ，発生する気体に，においがあるかどうかを調べた。

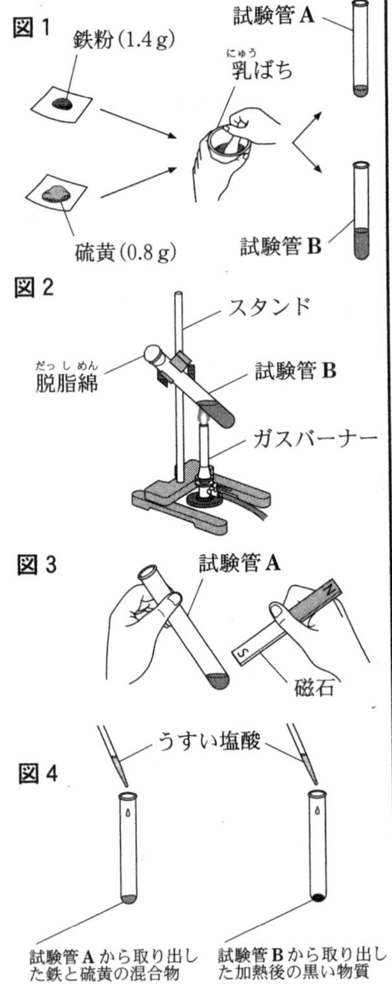

表は，**実験**の③，④の結果をまとめたものである。

表

	磁石を近づけたとき	うすい塩酸を数滴入れたとき
鉄と硫黄の混合物（試験管**A**）	磁石に引きつけられた	においのない気体が発生した
加熱後の黒い物質（試験管**B**）	磁石に引きつけられなかった	においのある気体が発生した

Sさん：**実験**の③，④の結果から，鉄と硫黄の混合物は加熱したことによって，別の物質に変化したことがわかりました。

先　生：そうですね。この**実験**では，鉄と硫黄の2種類の単体が結びついて，硫化鉄(りゅうかてつ)という<u>化合物</u>ができる化学変化が起きました。鉄原子を●，硫黄原子を○としたとき，この化学変化を表したモデルは，次のようになります。

Sさん：化学変化を表したモデルから考えると，化学反応式は［ w ］と表せます。今回の**実験**を，鉄粉1.4gと硫黄0.8gで行ったのはなぜですか。

先　生：よい質問ですね。鉄と硫黄がすべて反応するとき，質量の関係は，**図5**のようになります。**図5**から，鉄の質量と，その鉄とすべて反応する硫黄の質量の比を，読み取ってみましょう。

Ｓさん：比例しているので最も簡単な整数比で表すと，
鉄の質量：硫黄の質量＝ [x]
となります。つまり，今回の**実験**はすべて反応する質量で行ったのですね。

図５

先　生：そのとおりです。使用する物質の質量について考えて実験しないと，どちらか一方の物質が反応せずにそのまま残ることになります。例えば，鉄11.0ｇと硫黄6.0ｇを反応させると，どちらが何ｇ残ることになりますか。

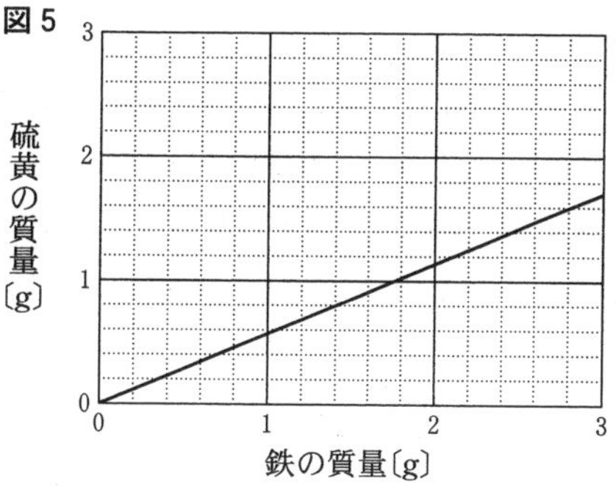

Ｓさん： [y] が [z] ｇ残ります。

先　生：そのとおりです。では，実験してみましょう。

(1)　会話文中の下線部について，化合物として最も適当なものを，次の**ア**～**エ**のうちから一つ選び，その符号を書きなさい。

ア　塩　素　　　**イ**　酸　素　　　**ウ**　水　素　　　**エ**　水

(2)　会話文中の [w] にあてはまる化学変化を，化学反応式で書きなさい。

(3)　会話文中の [x] にあてはまるものとして最も適当なものを，次の**ア**～**エ**のうちから一つ選び，その符号を書きなさい。

ア　１：１　　　**イ**　４：７　　　**ウ**　７：４　　　**エ**　７：11

(4)　会話文中の [y] にあてはまる適当な物質名を，**鉄**，**硫黄**のうちから一つ選んで書きなさい。また， [z] にあてはまる数値を書きなさい。

5　Ｓさんは，市原市の養老(ようろう)川に沿(そ)った露頭(ろとう)でチバニアンの地層を観察しました。これに関する先生との会話文を読んで，あとの(1)～(4)の問いに答えなさい。

先　生：2020年に，市原市の地層が約77万４千年前から始まる時代の地層として国際的に認められ，この時代をチバニアンとよぶことが決定しました。そして，2022年５月に**図１**のようなゴールデンスパイクという杭(くい)が打たれ，チバニアンと，それより古い時代との境界が示されました。

Ｓさん：**図１**のチバニアンの地層を観察してきました。**図２**のように，養老川に沿って露頭があり，地点**Ｗ**で観察しました。

先　生：これらの露頭は，養老川で，流水によって地層が削(けず)られる [x] のはたらきにより，できています。

Ｓさん：そうなのですね。チバニアンの地層を観察したり，調べたりしたことをまとめました。

図１

図２

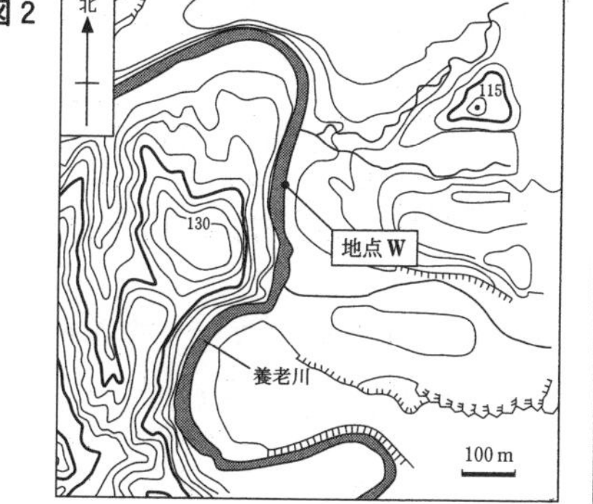

まとめ

- 堆積物(たいせきぶつ)の粒(つぶ)の　y　で分類すると，チバニアンの地層は泥の層である。
- 地層は北に向かってゆるやかに傾斜(けいしゃ)している。
- チバニアンの地層と，チバニアンより古い時代の地層の間に白尾火山灰層がある。
- 白尾火山灰層はこの地域の調査で，かぎ層として使われていて，他(ほか)の場所でも見つかっている。
- 海に生息している生物の化石が地層から見つかる。化石から水深 500 m より深い海で地層が堆積したことがわかっている。
- チバニアンは，地球の歴史の時代区分では　z　に含(ふく)まれている。

先　生：よくできました。

Sさん：ところで，チバニアンの地層は深い海でできていますが，なぜ地点**W**で観察できるのですか。

先　生：土地が隆起(りゅうき)したからです。千葉県には隆起している地域があることが知られています。特に，千葉県南部の海岸には，**図３**のように，波によってつくられた平らな面が，地震のときの隆起で階段状になった<u>海岸段丘</u>があることが知られています。

図３

(1)　会話文中の　x　にあてはまる最も適当なことばを書きなさい。

(2)　**まとめ**にある　y　，　z　にあてはまるものの組み合わせとして最も適当なものを，次の**ア**～**エ**のうちから一つ選び，その符号を書きなさい。

ア　**y**：大きさ　　**z**：新生代
イ　**y**：大きさ　　**z**：中生代
ウ　**y**：かたち　　**z**：新生代
エ　**y**：かたち　　**z**：中生代

(3)　**まとめ**にある，観察した結果や調べた内容に関連することとして最も適当なものを，次の**ア**～**エ**のうちから一つ選び，その符号を書きなさい。

ア　深い海の環境を示す化石は，示準(しじゅん)化石として離れた地層の比較に使うことができる。
イ　泥の地層から，地点**W**の地層は，れきや砂が堆積する場所よりも陸に近い海で堆積した。
ウ　地点**W**で観察したチバニアンの地層は，他の場所では観察できない。
エ　白尾火山灰層から，地点**W**の地層が堆積している間の，ある時期に火山活動があった。

(4)　会話文中の下線部について，海岸段丘は土地の隆起の他にどのようにしてできるか。そのしくみを「**海面**」ということばを用いて簡潔に書きなさい。

6　金属のイオンへのなりやすさを調べるため，次の**実験**を行いました。これに関して，あとの(1)～(4)の問いに答えなさい。

実験

① **図１**のようなマイクロプレートの穴の大きさに合わせて台紙に表をかき，４種類の金属片（へん）と４種類の水溶液を入れる場所を決めた。

② **図２**の模式図のように，マイクロプレートを台紙の表の位置に合わせて置き，それぞれに対応する金属片と水溶液を入れた。

③ それぞれの組み合わせで，どのような変化が起きているかを観察した。

図１

表は，金属片に固体が付着した場合を○，固体が付着しなかった場合を×として，**実験**の結果をまとめたものである。

図２

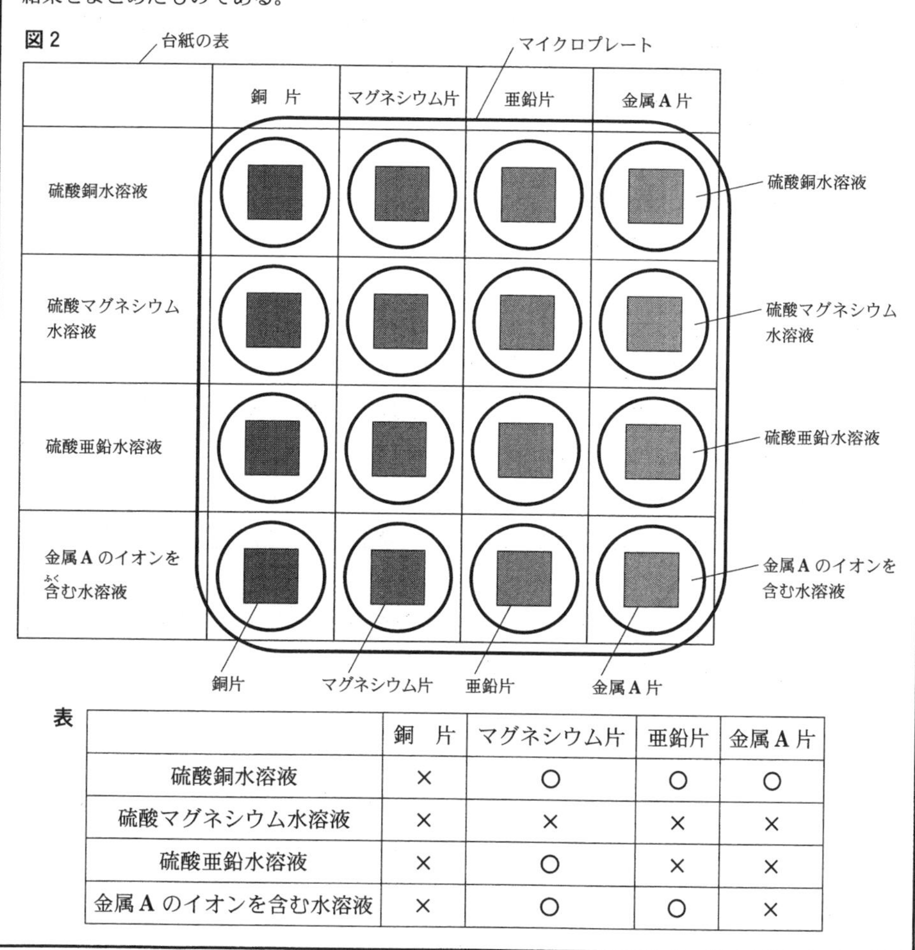

表

	銅　片	マグネシウム片	亜鉛片	金属Ａ片
硫酸銅水溶液	×	○	○	○
硫酸マグネシウム水溶液	×	×	×	×
硫酸亜鉛水溶液	×	○	×	×
金属Ａのイオンを含む水溶液	×	○	○	×

(1) **実験**に用いた水溶液には，陽イオンと陰イオンが含まれている。このうち，陽イオンについて説明した文として最も適当なものを，次の**ア**～**エ**のうちから一つ選び，その符号を書きなさい。

ア　原子が電子を受けとって，－（マイナス）の電気を帯びたものを陽イオンという。

イ　原子が電子を受けとって，＋（プラス）の電気を帯びたものを陽イオンという。

ウ　原子が電子を失って，－の電気を帯びたものを陽イオンという。

エ　原子が電子を失って，＋の電気を帯びたものを陽イオンという。

(2) 次の文は，**実験**でマイクロプレートにマグネシウム片と硫酸亜鉛水溶液を入れたときに起きた変化について述べたものである。文中の［ x ］，［ y ］にあてはまる最も適当な物質名を，それぞれ書きなさい。

マイクロプレートにマグネシウム片と硫酸亜鉛水溶液を入れると，［ x ］原子が電子を失って［ x ］イオンとなり，［ y ］イオンが電子を受けとって［ y ］原子となる。

(3) **実験**の結果から，**実験**で用いた金属をイオンになりやすい順に左から並べたものとして最も適当なものを，次の**ア**～**エ**のうちから一つ選び，その符号を書きなさい。

ア　銅，金属**A**，亜鉛，マグネシウム
イ　マグネシウム，亜鉛，金属**A**，銅
ウ　銅，亜鉛，金属**A**，マグネシウム
エ　マグネシウム，金属**A**，亜鉛，銅

(4) **図３**は，**実験**でマイクロプレートに亜鉛片と硫酸銅水溶液を入れたとき，入れてからの時間と入れた硫酸銅水溶液中の銅イオンの数の関係を模式的に表したグラフである。このときの，時間と硫酸銅水溶液中の硫酸イオンの数の関係を模式的に表したグラフとして最も適当なものを，次の**ア**～**エ**のうちから一つ選び，その符号を書きなさい。

図３

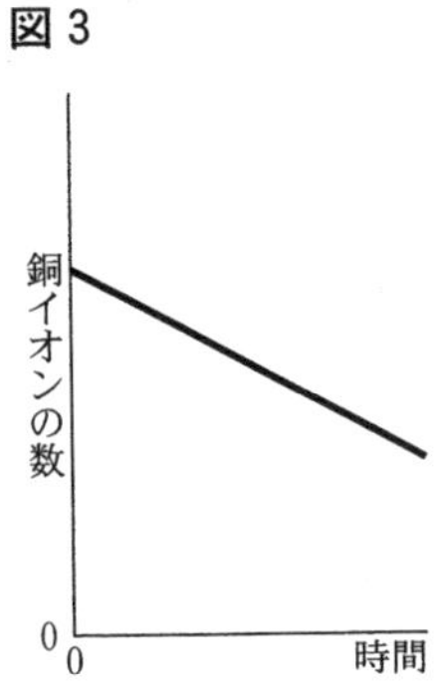

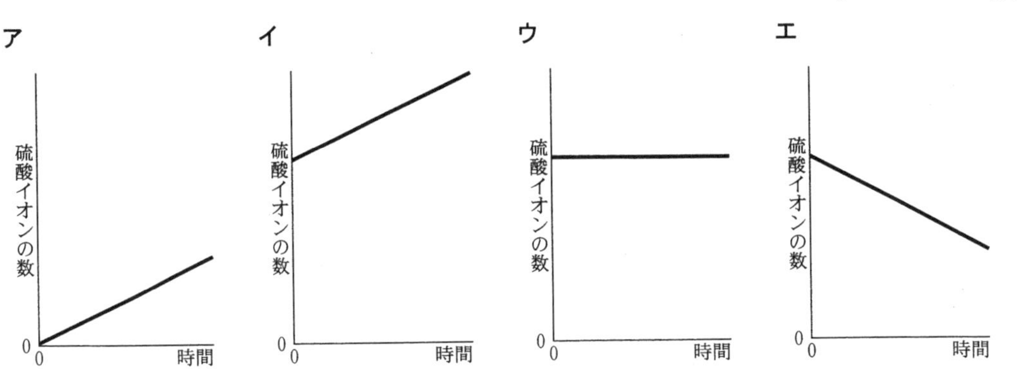

7　**S**さんは，天体の動きを調べるために，千葉県内のある場所で，晴れた日にオリオン座の位置を観測しました。これに関する先生との会話文を読んで，あとの(1)～(4)の問いに答えなさい。

Sさん：**図１**のように，オリオン座の位置を記録しました。午後７時から午後９時にかけてオリオン座は移動し，午後９時にオリオン座の<u>ベテルギウス</u>[a]が南中しました。

図１　　**図２**

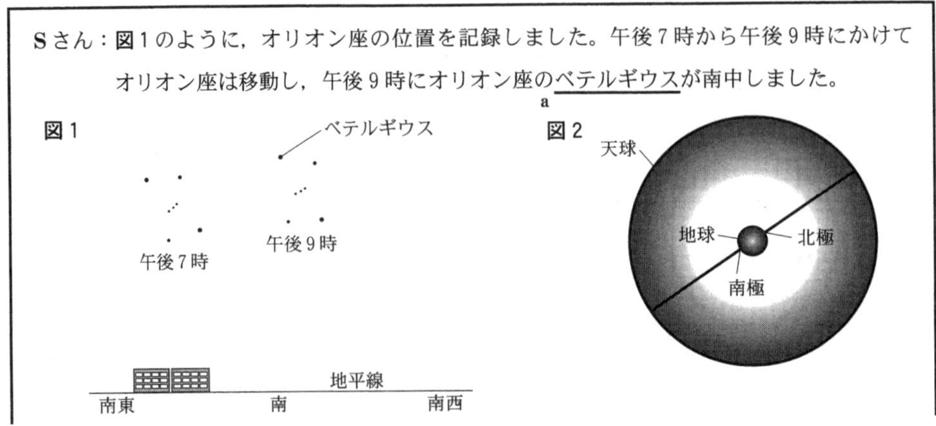

先　生：よくできました。観測した星の動きは日周運動といいます。**図２**で考えると，この運動は，北極と南極を結ぶ線を軸として，天球上の星が１日に１回転するように見えることです。

Ｓさん：日周運動は，地球が，北極側から見て［ **v** ］回りに［ **w** ］しているために起こる見かけの動きともいえますね。

先　生：そうです。

Ｓさん：日周運動を連続して記録するために，カメラで星の動き（b）を撮影（さつえい）しました。

先　生：よく撮（と）れていますね。今回のような観測を，１か月後にもしてみませんか。

Ｓさん：はい。やってみたいです。１か月後にオリオン座を観測する計画を立てるには，日周運動だけでなく，年周運動も考える（c）必要がありますか。

先　生：そうです。あらかじめ，星を観測できる時間や方位を予想しておきましょう。

⑴　会話文中の下線部**a**について，ベテルギウスは，太陽と同じく恒星とよばれる。次の文章は，恒星について説明したものである。文章中の［ **x** ］にあてはまる内容を，**15字以内**(句読点を含（ふく）む。)で書きなさい。

> 夜空では，恒星の他（ほか）に，惑星（わくせい）や衛星（えいせい）も明るい星として観測できるものがある。しかし，恒星は，惑星や衛星のように光を反射して輝（かがや）いているのではなく，［ **x** ］天体である。

⑵　会話文中の［ **v** ］，［ **w** ］にあてはまるものの組み合わせとして最も適当なものを，次の**ア**～**エ**のうちから一つ選び，その符号を書きなさい。

ア　**v**：時　計　　**w**：自　転
イ　**v**：時　計　　**w**：公　転
ウ　**v**：反時計　　**w**：自　転
エ　**v**：反時計　　**w**：公　転

⑶　会話文中の下線部**b**について，**図３**，４は，Ｓさんが撮影した方位の星の動きを示す模式図である。**図３**，４が示す空の方位の組み合わせとして最も適当なものを，あとの**ア**～**エ**のうちから一つ選び，その符号を書きなさい。

図３

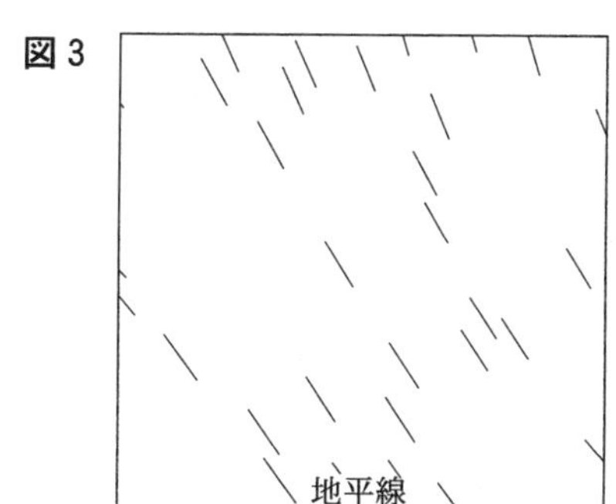

図４

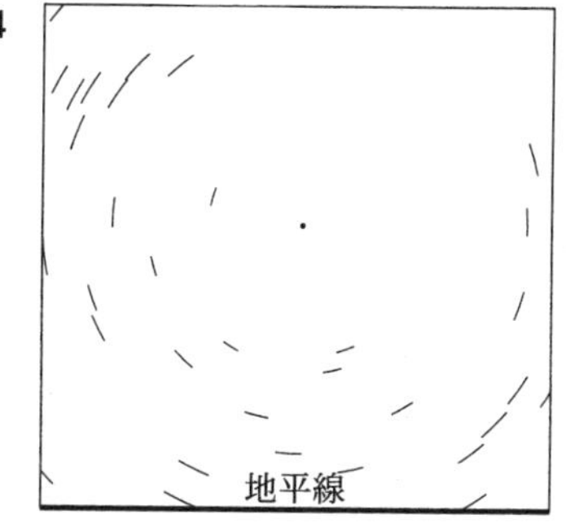

ア　**図３**：東　　**図４**：北
イ　**図３**：西　　**図４**：北
ウ　**図３**：東　　**図４**：南
エ　**図３**：西　　**図４**：南

(4) 会話文中の下線部 **c** について，次の文章は，**S** さんが観測した日から１か月後にベテルギウスが南中する時刻を説明したものである。文章中の［ y ］にあてはまる適当な方位を，**東**，**西**のうちから一つ選んで書きなさい。また，［ z ］にあてはまる時刻として最も適当なものを，あとの**ア**～**エ**のうちから一つ選び，その符号を書きなさい。ただし，日周運動は１日で１回転し，１時間あたり 15 度回転するものとする。

> １か月後のオリオン座は，同じ時刻で比べると，年周運動により［ y ］に動いている。そのため，日周運動を考えると，ベテルギウスが南中する時刻は［ z ］頃になる。

ア　午後７時　　**イ**　午後８時　　**ウ**　午後 10 時　　**エ**　午後 11 時

8　**S** さんは，一定の電流が流れるコイルのまわりにできる磁界について調べました。これに関する先生との会話文を読んで，あとの(1)～(4)の問いに答えなさい。ただし，回路には，大きな電流が流れないようにするために抵抗器（ていこうき）を接続しています。

S さん：**図１**のように，コイルのまわりにできる磁界を調べるための装置をつくり，厚紙に，鉄粉をまいたり，方位磁針を置いたりして，そのようすを調べようと思います。

図１

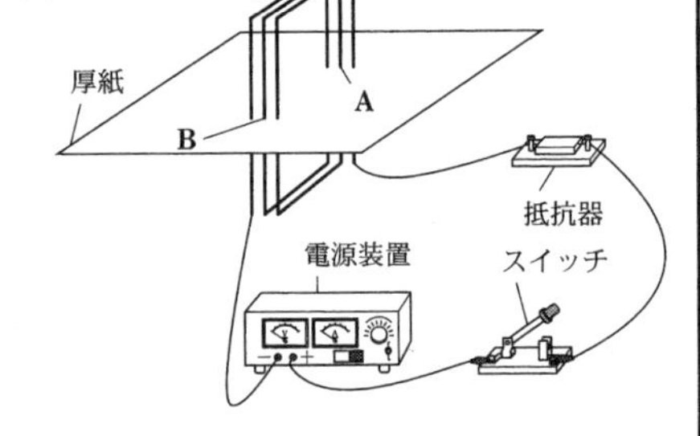

先　生：電源装置の切りかえスイッチを確認しましょう。

S さん：電源装置の切りかえスイッチが交流になっていました。

先　生：交流電流は，電流の向きと大きさが［ w ］ため，本日の実験の目的には適していません。オシロスコープを使って交流電流のようすを確認してみましょう。

S さん：オシロスコープに表示された交流電流の波形は，［ x ］の波形でした。

先　生：そうですね。それでは，電源装置の切りかえスイッチを，直流にして実験をしてみましょう。

S さん：鉄粉をまくと，はっきりと<u>模様（もよう）</u>a が確認でき，磁界のようすがわかりました。

先　生：次は，方位磁針を置いてみましょう。

S さん：**図２**のように，**図１**のコイルを真上から見たようすを，模式的に表しました。また，**図２**のコイルのまわりの **D**～**G** は，方位磁針を置く位置を表しています。**D**，**F** は，コイルの **A**—**B** 間を２等分する直線上にしました。

図２

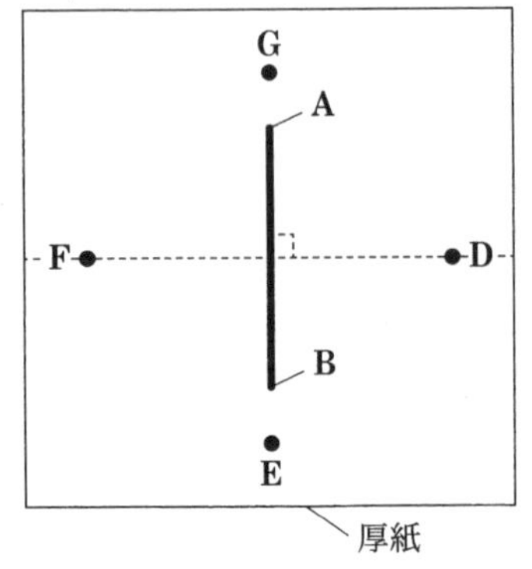

先　生：方位磁針はどのようになっていましたか。

S さん：**D** では，真上から見たようすを模式的に表すと，**図３**のようになっていました。残りの **E**，**F**，**G** に方位磁針を置いて確認したところ，コイルのまわりにできる<u>磁界の向き</u>b の全体像（ぜんたいぞう）がわかりまし

た。c 回路を流れる電流の大きさを変化させたとき
についても確認したいと思います。

図３

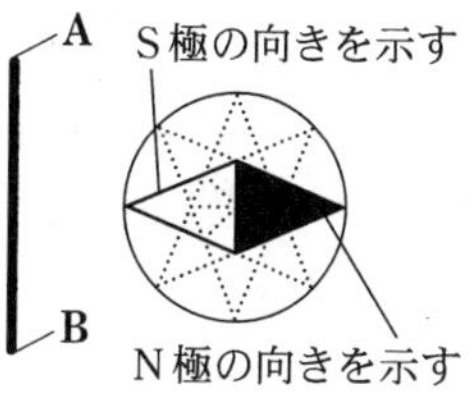

(1)　会話文中の　w　，　x　にあてはまるものの組み合わせとして最も適当なものを，次のア～エのうちから一つ選び，その符号を書きなさい。

ア　w：周期的に入れかわる
x：
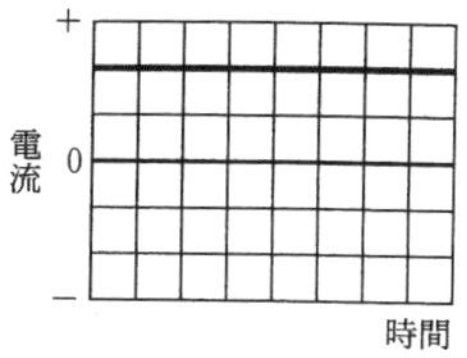

イ　w：周期的に入れかわる
x：
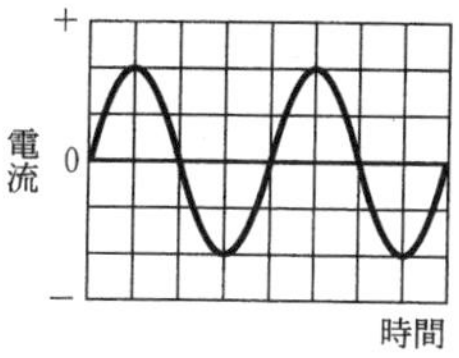

ウ　w：一定である
x：
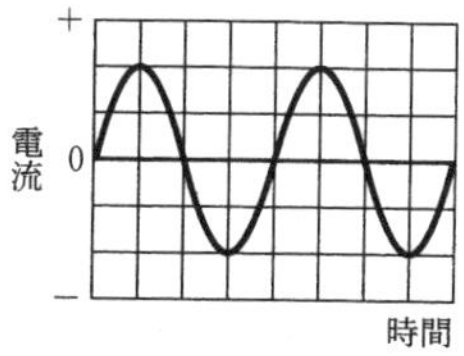

エ　w：一定である
x：
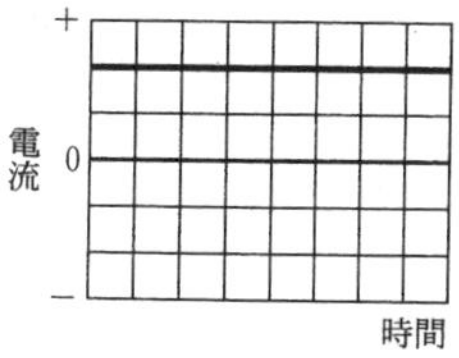

(2)　会話文中の下線部 a について，鉄粉をまいてできた模様に沿（そ）った曲線や直線を，磁界の向きをふまえて矢印で表したものを何というか，書きなさい。

(3)　会話文中の下線部 b について，図４は，図２の E，F，G に置いた方位磁針を真上から見たようすを，模式的に表したものである。図３の方位磁針を，図５のように，D から E，F，G をとおり，もとの位置の D まで，時計回りに厚紙の上をゆっくりと，移動させた。このとき，方位磁針の N 極の向きを示す部分のようすを表したあとの文中の　y　にあてはまる適当なものを，**時計**，**反時計**のうちから一つ選んで書き，　z　にあてはまる数値を書きなさい。

図４

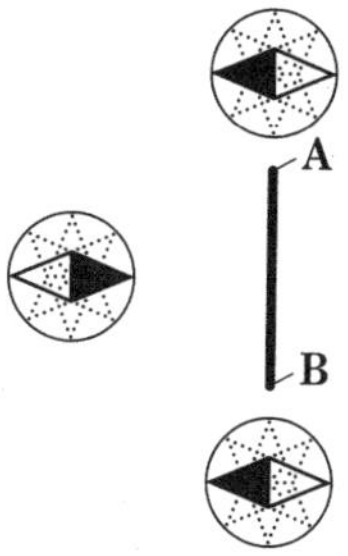

図５

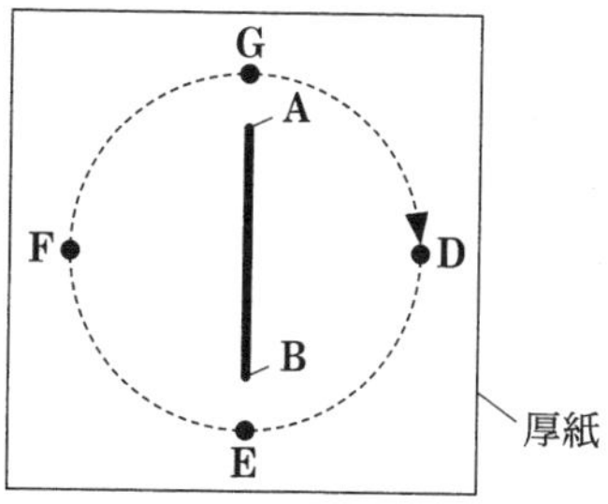

方位磁針の N 極の向きを示す部分は，　y　回りに　z　周回る。

(4)　会話文中の下線部 c について，回路を流れる電流の大きさを大きくしたとき，D に置いた図３の方位磁針が指す向きはどのようになるか。解答用紙の図中に，実線で方位磁針のようすをかきなさい。ただし，図３にならって点線を利用し，N 極の向きを示す部分は塗（ぬ）りつぶすこと。

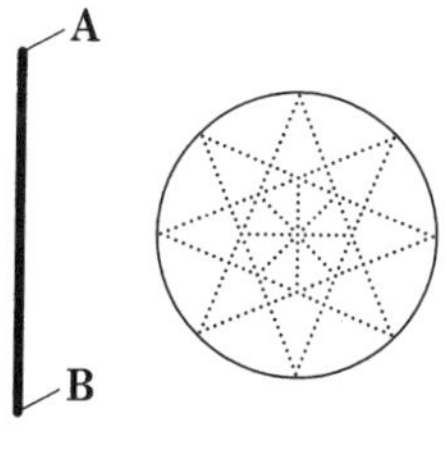

9　**S**さんたちは，理科の授業で学校に生育する植物の観察を行いました。これに関する先生との会話文を読んで，あとの(1)～(4)の問いに答えなさい。

先　生：$_{\mathrm{a}}$学校にはいろいろな植物がありましたね。

Sさん：いくつかの植物を観察できました。**図１**は，タンポポのスケッチです。**図２**は，$_{\mathrm{b}}$ルーペを使って観察した，$_{\mathrm{c}}$タンポポの小さな１つの花のスケッチです。タンポポの花は，小さな花がたくさん集まっていることがわかりました。

先　生：よく観察できましたね。

Tさん：私は，イヌワラビを観察しました。**図３**は，イヌワラビの葉をスケッチしたものです。さらに，ルーペを使って$_{\mathrm{d}}$葉の裏側も観察しましたが，小さくてくわしく観察できないものがありました。

先　生：そのような場合には，顕微鏡を使って観察してみましょう。

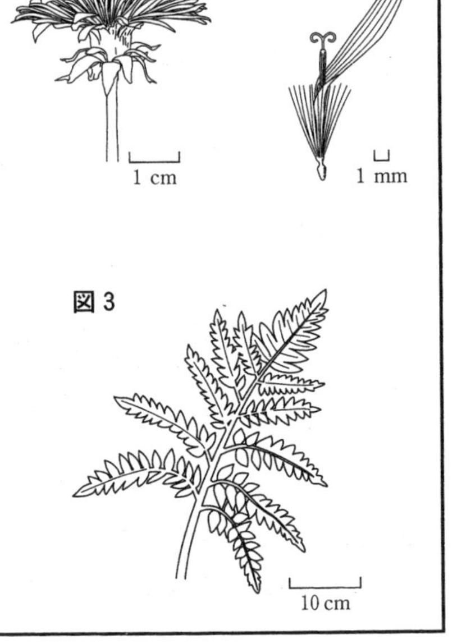

(1)　会話文中の下線部**a**について，次の**レポート**は，**S**さんたちが観察した植物についてまとめたものである。**レポート**中の下線部**e**について，葉が互いに重ならないようになっていることは，タンポポやアブラナなどの植物が光合成をする上で，どのような点で都合がよいか，簡潔に書きなさい。

レポート

気づいたこと

- タンポポは，日当たりがよく乾燥した場所に多く見られた。
- 日当たりがよい花壇には，アブラナが植えられていた。
- イヌワラビは，日かげや湿りけの多いところに見られた。
- タンポポやアブラナの$_{\mathrm{e}}$葉のつき方を真上から見たとき，いずれも葉が互いに重ならないようになっていた。

観察した場所

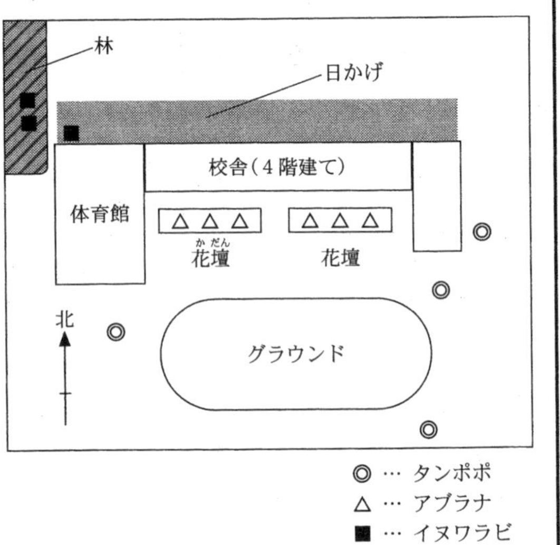

(2)　会話文中の下線部**b**について，植物を手にとってルーペで観察するときの，ルーペの使い方として最も適当なものを，次の**ア**～**エ**のうちから一つ選び，その符号を書きなさい。

ア

ルーペを植物に近づけ，その距離(きょり)を保ちながら，ルーペと植物を一緒に動かして，よく見える位置をさがす。

イ

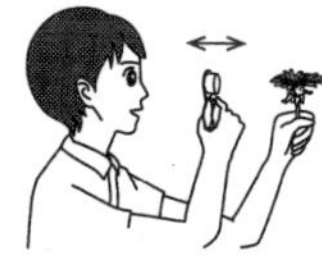

ルーペを目から遠ざけ，植物を動かさずにルーペを動かして，よく見える位置をさがす。

ウ

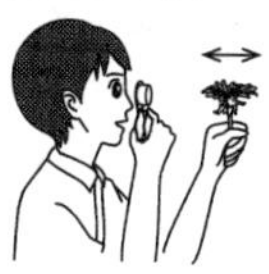

ルーペを目に近づけ，ルーペを動かさずに植物を動かして，よく見える位置をさがす。

エ

ルーペを目から遠ざけ，ルーペを動かさずに植物を動かして，よく見える位置をさがす。

(3)　会話文中の下線部**c**について，タンポポのように，花弁が互いにくっついている花を何というか，書きなさい。また，花弁が互いにくっついている花として最も適当なものを，次の**ア**～**エ**のうちから一つ選び，その符号を書きなさい。

ア　ツツジ　　　**イ**　アブラナ　　　**ウ**　エンドウ　　　**エ**　サクラ

(4)　会話文中の下線部**d**について，**T**さんがまとめた次の文章中の［ **x** ］，［ **y** ］にあてはまる最も適当なことばを，それぞれ書きなさい。

> イヌワラビの葉の裏側には，**図４**のような茶色いものが多数ついていました。顕微鏡を使って，その茶色いもの１つをくわしく観察したところ，**図５**のようなものであることがわかりました。
>
> それについて調べたところ，**図５**は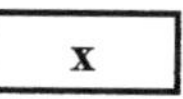［ **x** ］とよばれるものであり，イヌワラビは，タンポポとは異なり［ **y** ］によってふえる植物であることがわかりました。
>
> **図４**
>
> 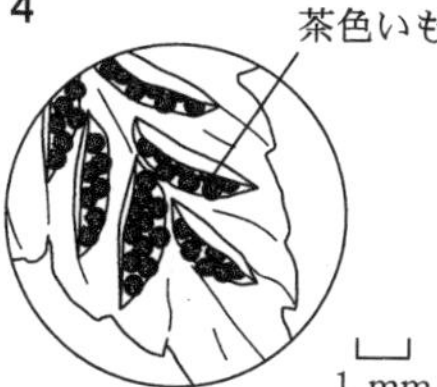
>
>
> **図５**
>
> 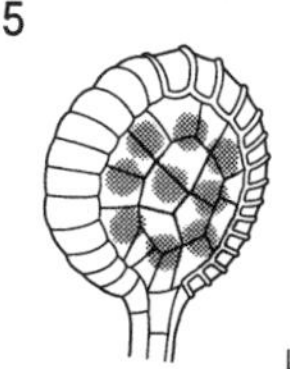
>

(a) 文章中の□に入る言葉を、**五字以上、十字以内**で書きなさい。

(b) この僧の、機転をきかせたと考えられる内容として最も適当なものを、次の**ア**～**エ**のうちから一つ選び、その符号を書きなさい。

ア 鼻から出た氷魚を、激しく吹き荒れる雨に見立てることで、その場を取り繕おうとした。

イ 鼻から出た氷魚を、眼球をうるおした涙に見立てることで、その場を取り繕おうとした。

ウ 鼻から出た氷魚に、氷のかたまりであるひょう(雹)をかけて、その場を取り繕おうとした。

エ 鼻から出た氷魚に、棒状の氷であるつらら(氷柱)をかけて、その場を取り繕おうとした。

(c) 文章中の 不許葷酒入山門 は、「葷酒(くんしゅ)山門に入(い)るを許さず」と訓読し、次の「葷　酒　入(ルヲ)　山　門(ニ)」はその一部である。訓読文を参考にして、これに**返り点**をつけなさい。

葷　酒　入(ルヲ)　山　門(ニ)

七

次の**【資料】**は、「日本と諸外国との文化交流を進めることの意義」について質問した結果(複数回答)の一部です。これに関して、あとの〈条件〉にしたがい、〈注意事項〉を守って、あなたの考えを書きなさい。

【資料】

「日本と諸外国との間の相互理解や信頼関係が深まり、国際関係の安定につながる」と回答した人の年齢別の割合

年齢別		
	20 － 29 歳	22.6 ％
	30 － 39 歳	23.8 ％
	40 － 49 歳	24.3 ％
	50 － 59 歳	24.6 ％
	60 － 69 歳	31.9 ％
	70 歳以上	41.1 ％

(文化庁「文化に関する世論調査　報告書(令和４年３月)」より作成)

〈条件〉

① **二段落構成**とし、**十行以内**で書くこと。

② 前段では、**【資料】**から読み取ったことと、それに対するあなたの考えを書くこと。

③ 後段では、前段をふまえて、あなたが今後諸外国との文化交流を行う機会があったら、具体的にどのような交流を行いたいかを、その理由とともに書くこと。

〈注意事項〉

① 氏名や題名は書かないこと。

② 原稿用紙の適切な使い方にしたがって書くこと。
ただし、～や＝＝などの記号を用いた訂正はしないこと。

六　次の文章を読み、あとの(1)～(4)の問いに答えなさい。

これも今は昔、ある僧、人のもとへ行きけり。酒など勧めけるに、(注)氷魚はじめて出で来たりければ、あるじ珍しく思ひて、もてなしけり。(初物として出回り始めたので)あるじ用の事ありて、内へ入りて、また出でたりけるに、(出て来て見ると)この氷魚の殊の外に少なくなりたりければ、あるじ、いかにと思へども、(変だなとは思ったが)いふべきやうもなかりければ、物語しゐたりける程に、(雑談をしているうちに)この僧の鼻より氷魚の一つふと出でたりければ、(不意に)あるじあやしう覚えて、「その鼻より氷魚の出でたるは、いかなる事にか」(どうしたことです)といひければ、取りもあへず、(即座に)「この比の氷魚は目鼻より降り候ふなるぞ」といひたりければ、人皆、「は」と笑ひけり。(「わっ」と笑った)

(注)　氷魚＝アユの稚魚。色は半透明で、体長三センチメートル程度。

（『宇治拾遺物語』による。）

(1)　文章中のあやしうを現代仮名づかいに改め、**ひらがな**で書きなさい。

(2)　文章中のA酒など勧めけるにの主語にあたるものとして最も適当なものを、次の**ア**～**エ**のうちから一つ選び、その符号を書きなさい。

ア　あるじ　　**イ**　ある僧　　**ウ**　氷魚　　**エ**　作者

(3)　文章中のBいかにとあるじが思ったのはなぜか。「氷魚が……」に続く形で**二十字以上、二十五字以内**で書きなさい。

(4)　次は、この文章を読んだあとに、花田さんと月森さんが文章中のCこの比の氷魚は目鼻より降り候ふなるぞについて、話し合った場面の一部です。これを読んで、あとの(a)～(c)の問いに答えなさい。

花田さん　この発言を聞いて、その場にいた人は皆笑ったとありますが、どこが面白かったのでしょうか。

月森さん　この発言は、鼻から氷魚が出たことをあるじから問われて、とっさに答えたものですよね。鼻から氷魚が出てくるということは、この僧は、氷魚を［　　］と考えられますね。しかも、おそらく大量の氷魚を。

花田さん　なるほど。だから不意に出てきてしまったのですね。でも、なぜこの発言では、氷魚が「出る」ではなく「降る」なのでしょうか。

月森さん　それは、「氷魚」という言葉の読み方、すなわち音の響きをふまえて発言したからではないでしょうか。即座に機転をきかせた発言だからこそ、人々の笑いを引き起こしたのでしょう。

花田さん　僧と食事の関係で言えば、香りの強い野菜や酒を、持ち込むことを禁じていた寺もあったようですよ。

月森さん　「不許葷酒入山門」ですね。実際に、寺の門のそばにある石柱に書かれているのを見たことがあります。時代背景を考えると、さらにこの文章の面白味が増しますね。

ウ　周囲の迫力ある演奏に驚嘆し、意欲を失い、自分の才能を生かしきれずにいる私。

エ　周囲の才能に圧倒され、自信を失い、自分の信念を貫くことができないでいる私。

(4) 文章中に <u>E 芦原さんはなぜ、オルガンビルダーを続けられているんですか</u> とあるが、このときの陽菜の心情を説明したものとして最も適当なものを、次の**ア**～**エ**のうちから一つ選び、その符号を書きなさい。

ア　たとえ才能がなくても、音楽に関わっていたいという自分の思いを少しも理解しようとしてくれないことに、いらだっている。

イ　ようやく向いていることを見つけ、新たな道に進む気持ちになったのに、それをくじくような事実を告げられ、当惑している。

ウ　自分の未熟さを認め、前向きに今できることを探して行動しているのに、経済的な面だけ心配され、プライドが傷ついている。

エ　奥瀬見で過ごしてきた日々について、肯定的にとらえようと努力している自分を、真っ向から否定され、怒りがこみ上げている。

(5) 次は、この文章を読んだあとに、森さんと原さんが表現の効果について話し合っている場面の一部です。これを読み、あとの(a)～(c)の問いに答えなさい。

森さん　私は、風の描写が印象に残ったな。最初は［Ⅰ］風が、次には［Ⅱ］と表現されることで、緊迫感が増したよ。ここは陽菜と朋子の考え方の違いが明らかになる場面だから、会話の雰囲気にぴったりだ。

原さん　そうね。私は、「私を包み込んでくれていた奥瀬見の自然が、わずかに牙を剥いている感じがする」が気になったわ。「感じがする」わけだから、あくまで陽菜の主観なのだけれど、だからこそ、<u>この感覚の変化は陽菜の状況の変化と深い関係にある</u>と思うわ。

森さん　そうか。これまで自分を［Ⅲ］ものだった奥瀬見の自然が、陽菜にとって違う意味を持ち始めたわけだね。

(a) ［Ⅰ］、［Ⅱ］に入る言葉を、８ページ・９ページの文章中から［Ⅰ］は**五字**で、［Ⅱ］は**十一字**で、それぞれ**抜き出して**書きなさい。

(b) ［Ⅲ］に入る言葉として最も適当なものを、次の**ア**～**エ**のうちから一つ選び、その符号を書きなさい。

ア　激励する　**イ**　誘導する　**ウ**　保護する　**エ**　隠蔽する

(c) 次は、森さんと原さんが <u>感覚の変化は陽菜の状況の変化と深い関係</u> にあるについて、考えをまとめた表です。［X］、［Y］に入る言葉を、［X］は**三十字以上、四十字以内**で、［Y］は**漢字二字**で書きなさい。

〔奥瀬見から受ける陽菜の感覚と状況との関係〕

陽菜の感覚		陽菜の状況
奥瀬見が包み込んでくれていた。	⇐	奥瀬見でオルガン制作の魅力を知り、やりがいを感じ始めた。
奥瀬見が牙を剥いている。	⇐	奥瀬見に［X］ことを示しているようで、奥瀬見に［Y］されている気分になる。

「こんなことになるとは、思っていませんでした」

芦原さんは、残念そうに言った。

「今回のオルガンは、街ぐるみで作ろうと思っていました。僕にはない発想、僕にはない感性、そういうものを統合して、新しいオルガンを作るためです。だからあなたを誘ったのです。あなたにとっても、オルガン制作をフルートに活(い)かしてもらえると思った。お互いによい影響があるはずだったのに――」

「私は、いい影響だったと思ってます」

「僕はオルガンビルダーになりたがる人をたくさん見てきました。そのほとんどが志半ばで潰れます。儲(もう)からないですし、重労働です。心理的な負荷も高い。僕は還暦を迎えていますが、この仕事をはじめてから三十年以上、ずっと自分の無力さに打ちのめされています。向いていようがいまいが、大半は潰れる世界です」

「じゃあ芦原さんはなぜ、オルガンビルダーを続けられているんですか」（E）

（逸木裕(いつきゆう)『風を彩(いろど)る怪物』による。）

（注１）オルガンビルダー＝オルガン制作をする職人。

（注２）鎬を削ってる＝「鎬を削る」は、激しく争うこと。

（注３）ストップ＝オルガンの音色のこと。どの音色を鳴らすのか選択するシステムのことを指す場合もある。

（注４）ヒートアップ＝激しくなること。

（注５）整音＝演奏の目的にあった状態にオルガンを調整し、音色を作っていくこと。

(1) 文章中にA すっと出てきた、B 自分でも止められないほどに とあるが、これは陽菜のどのような様子を伝えているか。最も適当なものを、次の**ア**～**エ**のうちから一つ選び、その符号を書きなさい。

ア これまで閉じ込めてきた思いが言葉となって発せられることに、自分自身戸惑いつつも、興奮を抑えきれないでいる様子。

イ 朋子に問いかけられたことで、ようやく秘密を打ち明けることができ、開放的な気分になり、喜びに満たされている様子。

ウ これまで我慢して口を閉ざしてきたが、勇気をふりしぼって自分の考えを述べることに、あらゆる力をそそいでいる様子。

エ 朋子の率直な問いかけに、自分の中にあったこだわりが薄れ、素直に心の内を話そうと決意して、必死に言葉を探す様子。

(2) 文章中にC 私は朋子みたいに、生きられない とあるが、陽菜と朋子の考え方の違いを説明した、次の文章を完成させなさい。ただし、［Ⅰ］は**七字以内**で書き、［Ⅱ］は文章中の言葉を使って、**八字以内**で書きなさい。

> 陽菜の進路に対して、陽菜自身は、コンクールに入賞できなかったこともあり、個性がないことを［Ⅰ］ことによって自覚し、向き不向きを考えて進路を決めようとしている。一方、朋子は、何が好きであるのかや［Ⅱ］を重視している。

(3) 文章中にD これが私 とあるが、その「私」の説明として最も適当なものを、次の**ア**～**エ**のうちから一つ選び、その符号を書きなさい。

ア 周囲の高度な技術力に衝撃を受け、意欲を失い、将来に対して無気力な状態の私。

イ 周囲の期待に応えられず、自信を失い、音楽に関することから離れようとする私。

「私は、オルガンが向いてると思ってる」

亜季姉にも言えなかったことが、Aすっと出てきた。

「私には、個性がないんだよ。好きな演奏がたくさんあって、好きな音がたくさんあって、自分の演奏はこれだってものがないんだ。フルート奏者はそれじゃ許されない」

「なら、探せばいい。自分の強い個性を」

「それを、オルガンで見つけられたと思ってる。オルガンは演奏するにしても、作るにしても、強い個性を持ったストップ(注3)たちを組み合わせていく作業だよね。私にはそういう作業のほうが向いてる。フルートよりオルガンのほうが向いてる」

B自分でも止められないほどに、言葉がヒートアップ(注4)していく。

「朋子と一緒に整音(せいおん)(注5)をしたのは、すごくやりがいがあった。私がやるべき仕事はこっちなんだって、そう思ったよ。オルガンを弾いたり作ったりする仕事こそが、私にとって……」

「私は、自分がオルガンに向いてるかなんて、考えたことがない」

朋子の声は、困惑していた。

「自分に向いてるか向いてないかなんて、どうでもいい。私にはオルガン作りしかなかった。だから、オルガンを作ってる」

「やろうとしてることが向いてるか向いてないか、普通は考えるでしょ?」

「父だって別に、向いてるからオルガンビルダーになったわけじゃない。オルガンが何よりも好きだっただけだよ」

朋子が足を止めた。

上空を吹き荒れている風が、地上にも降りてきている。この二ヶ月間、私を包み込んでくれていた奥瀬見の自然が、わずかに牙を剝(む)いている感じがする。

「陽菜は、本当は何になりたいの?」

「何に――」

「コンクールで一位を取りたかったんじゃないの? 音大に行きたかったんじゃないの? フルート奏者として、スポットライトを浴びたかったんじゃないの?」

「でもそれは、私には向いてないんだよ」

「そんな話はしてない。ごまかさないで」

朋子は、強い人だ。子供のころからぶれずに、一貫してオルガンビルダーの道を歩んでいる。自分の技術を高め、十九歳にして周囲の大人を驚嘆させるほどの技術を誇っている。

C「私は朋子みたいに、生きられない」

朋子はじっと、私を見つめている。

「フルート奏者になりたいよ。でも、それは私には、無理なんだ」

私には、私のフルートが、ないのだから。

朋子の目の中には、落胆も怒りもない。パイプの凹凸を丁寧に確認するような、冷静な色だけをたたえている。でも、Dこれが私なのだ。自分を晒(さら)すつもりで、私は朋子の視線を浴び続ける。

ふと、背後に人の気配を感じた。

「芦原さん――」

いつからそこにいたのだろう。振り返ると、そこに、芦原さんが立っていた。

くこと。

② **Ⅱ** は4ページ・5ページの文章中から**二十三字で抜き出して、はじめの三字**を書きなさい。**Ⅲ** は**十五字以上、二十字以内**で書きなさい。

> ① 習慣は、2つのシステムのうち [Ⅰ] にあたる。よって、習慣による自動化とは、[Ⅱ] 状態だといえる。
>
> ② モチベーションの「効率化」のために習慣を取り入れると、モチベーションによって [Ⅲ] ことにつながる。

(6) この文章の構成について説明したものとして最も適当なものを、次の**ア**～**エ**のうちから一つ選び、その符号を書きなさい。

ア　前半は思考と行動の決め方の順番を明快に示して問題を提起し、後半は学者の提唱する理論の証明と筆者の見解とをまとめている。

イ　前半は一般的で身近な例と関連する心理学の研究状況を紹介し、後半は意識と非意識の相違点を比較した調査内容を整理している。

ウ　前半は日常の例を用いて心理学の理論の歴史的出来事を説明し、後半は2つのシステムの優劣を判断するための分析を行っている。

エ　前半は具体例から意識と行動の関係が常識と異なることを示し、後半は意識と非意識の持つ性質やはたらきの重要性を述べている。

五

次の文章を読み、あとの(1)～(5)の問いに答えなさい。

〔コンクールで他の出場者との圧倒的な力の差を感じた陽菜は、フルートが吹けなくなってしまった。しばらく姉の亜季が住む奥瀬見で過ごすことにしたが、そこでオルガン制作職人である芦原さんと、その娘の朋子に出会い、パイプオルガン制作を手伝うようになった。〕

「フルート、やめるんだって？」

亜季姉から聞いたのだろう。咎めるような口調だった。

「やめるなんて言ってないよ。ちょっと、迷ってるだけ」

「オルガンを作り終えたらフルートに戻るって、陽菜、言ってた。あれは嘘だったの？」

「でも、オルガン、まだ作り終えてないじゃん」

「ごまかさないでよ。陽菜、オルガンビルダー(注1)になるつもり？」

返事ができない私を、朋子は黙って見つめてくる。上空を吹く風が、ごうっとひときわ派手な音を立てた。

「さっき吹いてた曲、あれ、コンクールでやった曲だよね？」

「聴いてたの？　ていうか、よく覚えてるね」

「あのコンクールは、衝撃的だったから。私と同じ年くらいの人たちが、華やかな舞台に立ってて、鎬(注2)を削ってる。オルガンビルダーには同世代の仲間とかいないから、すごく羨ましかった」

「入賞した三人のことは覚えてる？　私とはレベルの違う演奏だったよね」

「私はフルートのことはよく判らない。みんな同じくらい、素晴らしかったと思う。だから私は、陽菜がなんでフルートをやめようとしてるのか判らない」

——みんな同じくらい、素晴らしくなんかない。

朋子は、私と三人の狭間にあった確かな断絶を、聞き分けられていない。だから、そんなことが言えるんだ。

「陽菜は、フルートをやったほうがいいよ。やめないほうがいい」

エ　静かな環境を大切にする。

(2)　文章中の**［Ａ］**に入る言葉として最も適当なものを、次の**ア**～**エ**のうちから一つ選び、その符号を書きなさい。

ア　人間は意識に基づいて行動する合理的な存在だ
イ　人間は非意識的に行動する不合理な存在だ
ウ　人間は体験に基づいて行動する自覚的な存在だ
エ　人間は無意識的に行動する不可解な存在だ

(3)　文章中の[B]２つのシステムについて次の表のようにまとめる場合、①～⑥に入る言葉として最も適当なものを、あとの**ア**～**カ**のうちから一つずつ選び、その符号を書きなさい。

	モード	はたらき	思考の速度	具体例
システム１	自動的で努力が不要	①	②	③
システム２	努力や自制が必要	④	⑤	⑥

ア　印象、直観、意志、感触を生み出し、供給する
イ　行動を監視し、制御する
ウ　速い思考
エ　遅い思考
オ　「オレンジジュースにしよう！」という判断
カ　無自覚な眼球（視線）の動き

(4)　文章中の[C]ハイブリッドな仕事を説明した、次の文章を完成させなさい。ただし、［Ⅰ］、［Ⅱ］に入る言葉として、４ページ・５ページの文章中から［Ⅰ］は**二十二字**で**抜き出して**、**はじめの五字**を書き、［Ⅱ］は**十三字**で**抜き出して**書きなさい。

> ハイブリッドな仕事とは、異なるものが組み合わさり、動くことであり、ここでは、非意識的なシステム１と、意識的なシステム２が、［Ⅰ］ということである。これを文章中の別の言葉で言い換えると［Ⅱ］というはたらきを指している。

(5)　文章中の[D]効率化について、筆者が著した次の文章を参考にして、あとの問いに答えなさい。

> 習慣とは、体験を通して獲得される行動傾向性のひとつで、意識や努力の感覚なしに特定の行動を成功裏に遂行できる能力を指す。いわば行為が身体化した状態だといえる。
> すべての習慣を失った生活を想像してみてほしい。「次は何をすべきか」といちいち立ち止まって、その都度、その状況に適応的なやり方を考え出さなければならなくなる。いかに面倒かがわかるだろう。われわれは習慣による自動化の恩恵を受けているのである。
>
> （鹿毛（かげ）雅治（まさはる）『モチベーションの心理学』による。）

問い　モチベーションの「効率化」のために習慣が果たす役割をあとのようにまとめます。［Ⅰ］～［Ⅲ］に入る言葉を書きなさい。ただし、次の①、②にしたがって書くこと。

①　［Ⅰ］は、「システム１」か「システム２」のいずれかを書

２００２年にノーベル経済学賞を受賞したダニエル・カーネマン(注3)は、意識と非意識の性質やはたらきを二重プロセスと呼んでいる。

まず、われわれは誰でもB2つのシステム、すなわち、システム1とシステム2を持っているという。システム1とは、速い思考、つまり、自動的に高速ではたらき、努力はまったく不要か、必要であってもわずかで、自分がコントロールしているという感覚が一切ない非意識的な「自動操縦モード」を指す。それに対して、システム2とは、遅い思考、つまり、時間をかけて注意を傾けたり、熟考が必要だったりする際に起動する「意識的で努力や自制が必要なモード」を指す。

システム1とシステム2は役割を分担することで、問題を効率的に解決する。システム1は、印象、直観、意志、感触といったものを絶えず生み出してはシステム2に供給する。一方、システム2は、システム1が提供する情報や、それが生み出す無自覚な行動を監視し、制御する。システム1が困難に遭遇すると、システム2が応援に駆り出され、問題解決に役立つ緻密で的確な処理を行うというわけである。

たとえば、驚いた直後に注意深く観察しようとしたり、怒っているときであっても礼儀正しく振る舞ったり、夜に車を運転しているときに警告を発したりするのは、システム1に対するシステム2によるはたらきである。また、食習慣の改善のため、甘いおやつばかりをつい食べてしまうといった悪弊を断ち切るためには、システム2による意識的な努力が不可欠になる。2つのシステムは以上のような役割分担によるCハイブリッドな仕事をしてくれることで、われわれの生活を支えているのである。

元来、人は生物として、心身のエネルギーを節約し、温存し、効率的に使うようにできている。特に、やる気や意欲といったモチベーション(注4)は心身のエネルギーを消費するので、オンとオフの切り替えが重要になる。やみくもにやる気を発揮しエネルギーを浪費するのは合理的ではないし、そもそも限界があるのだ。そこで、意識と非意識の二重プロセスは、最も少ない努力ですむ方法を選ぶ「最小努力の法則」に基づいて機能する。努力に要する心身のエネルギーは限りある貴重なリソース(注5)なので、システム2への過大な負担を避け、システム全体としてエネルギーを節約する二重プロセスは、生き物としてのわれわれにとってきわめて適応的なのだ。非意識的に行動を起こすシステム1は、モチベーションDの効率化に大いに貢献しているというわけである。

（鹿毛(かげ)雅治(まさはる)『モチベーションの心理学』による。）

（注1）直観＝推理を用いず直接に対象を把握すること。直感とは異なる。

（注2）プロセス＝進める方法や手順。過程。経過。

（注3）ダニエル・カーネマン＝アメリカ合衆国の心理学者、行動経済学者。

（注4）モチベーション＝ここでは心理学的用法。特定の行為が始まり、持続し、方向づけられ、終わるという一定の流れを指す。

（注5）リソース＝供給源。資源。

(1) 文章中の　広く　と同じ品詞であるものを、次の**ア**～**エ**のうちから一つ選び、その符号を書きなさい。

ア　ようやく空が晴れてきた。

イ　楽しい時間を皆で過ごす。

ウ　あふれる清水をくみ出す。

(2) 私語を慎むように注意を促す。

(3) 曖昧な態度では誤解されやすい。

(4) あえて辛辣な意見を述べる。

三 次の(1)～(5)の――のカタカナの部分を**漢字**に直して、楷書で書きなさい。

(1) 知り合ってまだ日がアサい。

(2) 初日の出をオガむ。

(3) 映画のヒヒョウをする。

(4) 新しい分野の雑誌をソウカンする。

(5) 年功ジョレツの制度。

四 次の文章を読み、あとの(1)～(6)の問いに答えなさい。

「急ごう」と思ったら、身体はすでに走りはじめていた。

このような体験はないだろうか。振り返って考えてみてほしい。「急ごう」という判断は、「走る」という行為に先行していただろうか。われわれは、「急ごうと思ったから走りはじめる」というように、意識が行動の原因だと信じているが、それは本当だろうか。

たとえば、あなたが自動販売機で缶飲料を買おうと思い、目の前のディスプレイを眺めて何を飲もうかと迷った末に、「オレンジジュース」を選んだとしよう。あなたはこの意思決定こそが、その後の行動の起点になっていると信じているはずだ。

しかし、事実は異なるという。「オレンジジュースにしよう！」という判断よりも先に、あなたの眼球は動きだし、オレンジジュースのディスプレイをすでに凝視しているというのだ。つまり、オレンジジュースを選んだのはあなたの視線なのである。

このように意思決定（選好判断）より前に、視線が無自覚のうちに好きなほうに傾くという現象は、視線のカスケード現象と呼ばれ、広く知られている。「オレンジジュースにしよう！」という意識（意図）が行動の原因であれば、それが時間的に先行していなければならない。しかし実際には、神経系の反応や、それに伴う無意識な動きよりも後に、その意識が生じていることになる。

にわかに信じがたいかもしれない。「意識が行動を決めている」という常識にそぐわないし、何よりわれわれの直観(注1)に反しているからである。

実際、心理学者たちもこの事実の発見に驚き、戸惑った。「　A　」と、彼らも信じていたのである。

１９８０年代以降、われわれの非意識的なはたらき（潜在的認知）に関心が向けられるようになる。とりわけ、迅速性、効率性を特徴とする自動的なモチベーションの研究が盛んになるにつれ、われわれの日常で非意識過程が果たす役割が次々に明らかにされてきた。心理学界において、これは「オートマティシティ（自動性）革命」とも呼ばれる歴史的な出来事だったのである。

一方、われわれの常識の通り、意識が行動の原因である場合も多いことが実証されている。「意識が先か、行動が先か」という二項対立的な問い(注2)に大きな意味はない。人は、意識、非意識両方のプロセスを、時と場合に応じて使い分けているのである。

※注意　各ページの全ての問題について、解答する際に字数制限がある場合には、句読点や「　」などの符号も字数に数えること。

一　これから、三田さんが川辺さんに、文化祭のクラスの催し物について相談している場面と、それに関連した問いを四問放送します。よく聞いて、それぞれの問いに答えなさい。

（放送が流れます。）

(1)　（問いを放送します。）

〔**選択肢**〕

ア　「歌おうよ」の歌う主体が、最初の説明より重視されている点。
イ　「歌おうよ」の歌う主体が、最初の説明以上に活躍している点。
ウ　「歌おうよ」の歌う主体が、最初の説明では存在していない点。
エ　「歌おうよ」の歌う主体が、最初の説明とかみ合っていない点。

(2)　（問いを放送します。）

〔**選択肢**〕

ア　川辺さんは言葉の響きに着目しているが、三田さんは言葉が意味することを意識している。
イ　川辺さんは言葉が示す情緒性に着目しているが、三田さんは言葉がもつ音楽性を意識している。
ウ　川辺さんは言葉が及ぼす影響力に着目しているが、三田さんは言葉の規則性を意識している。
エ　川辺さんは言葉の働きに着目しているが、三田さんは言葉の表現技法を意識している。

(3)　（問いを放送します。）

〔**選択肢**〕

ア　一つ目は言葉のリズムを重視して作られているが、二つ目は客観性を重視して作られている。
イ　一つ目は親しみを込めて作られているが、二つ目はお店側の願望を込めて作られている。
ウ　一つ目はお店側の立場で作られているが、二つ目はお客側の立場で作られている。
エ　一つ目は個性を伝える目的で作られているが、二つ目は利便性を伝える目的で作られている。

(4)　（問いを放送します。）

〔**選択肢**〕

ア　お店の特徴を伝えることで、静かなお店で食事をしたい人に、にぎやかなお店で食事する良さを積極的に教えようとしているから。
イ　お店の特徴を伝えることで、お客さんを集めるためだけでなく、文化祭に来るお客さんがお店選びをしやすいよう配慮しているから。
ウ　お店の特徴を伝えることで、文化祭に来るお客さんが、食事を提供するお店はどこなのかを、見つけられるよう工夫しているから。
エ　お店の特徴を伝えることで、にぎやかなお店が好きな人も静かなお店が好きな人も、一緒に楽しめる空間であることがわかるから。

聞き取り検査終了後、３ページ以降も解答しなさい。

二　次の(1)～(4)の――の漢字の読みを、**ひらがな**で書きなさい。

(1)　作家を招いて講演会を開く。

問いの⑴　二人のやりとりのなかで、川辺さんが詳しい説明を求めたのは、宣伝文句のどのような点に疑問を抱いたからですか。その説明として最も適当なものを、選択肢ア～エのうちから一つ選び、その符号を書きなさい。

（15秒空白）

（合図音B）

川辺　なるほど。それで「おいでよ。聞こうよ。歌おうよ。」なのだね。リズムがよくて覚えやすいね。語尾がそろっているし、つい口ずさみたくなるよ。

三田　ありがとう。わたしのクラスの歌い手の演奏はプロに負けないくらい上手だよ、しかも一緒に歌えるのでにぎやかで楽しいお店だよ、という思いを込めたんだ。

（合図音A）

問いの⑵　川辺さんと三田さんとでは、宣伝文句に対する着眼点が違います。その「違い」について説明したものとして最も適当なものを、選択肢ア～エのうちから一つ選び、その符号を書きなさい。

（18秒空白）

（合図音B）

三田　二つ目の宣伝文句なんだけれど、「行きたい。聞きたい。歌いたい。」というのを考えたよ。こちらはどう思う。

川辺　言葉は似ているけれど、一つ目と発想が違うね。

（合図音A）

問いの⑶　川辺さんは、一つ目と二つ目の宣伝文句を比較して、「発想が違う」と指摘しています。その「違い」について説明したものとして最も適当なものを、選択肢ア～エのうちから一つ選び、その符号を書きなさい。

（18秒空白）

（合図音B）

川辺　二つとも悪くはないけれど、一つ目の「おいでよ」や二つ目の「行きたい」よりも、「食べる」という言葉を入れたほうがいいのではないかな。

三田　それはいい案ね。そのほうが、お店の特徴を伝えられているね。

川辺　それだけでなくて、「食べる」「歌う」が宣伝文句に入ることで、にぎやかなお店で食べるのが好きな人は来るだろうし、静かなお店で食べるのが好きな人は避けるだろうから、文化祭に来るお客さんにとって必要な情報だと思うんだ。

三田　たしかにそうだね。川辺さんみたいにいろいろなお客さんの立場を考えることは大切だね。

（合図音A）

問いの⑷　三田さんが川辺さんの説明を聞いて、「いろいろなお客さんの立場を考えることは大切だ」と思ったのはなぜですか。その理由として最も適当なものを、選択肢ア～エのうちから一つ選び、その符号を書きなさい。

（５秒空白）

放送は以上です。３ページ以降も解答しなさい。

国　語

国語聞き取り検査放送台本

（チャイム）
これから、国語の学力検査を行います。まず、問題用紙の1ページと2ページがあることを確認しますので、放送の指示に従いなさい。
（2秒空白）
では、問題用紙の1ページと2ページを開きなさい。
（3秒空白）
確認が終わったら、問題用紙を閉じなさい。1ページと2ページがない人は手を挙げなさい。
（5秒空白）
次に、解答用紙を表にし、受検番号、氏名を書きなさい。
（20秒空白）
最初は聞き取り検査です。これは、放送を聞いて問いに答える検査です。問題用紙の1ページと2ページを開きなさい。
（2秒空白）
一　これから、三田さんが川辺さんに、文化祭のクラスの催し物について相談している場面と、それに関連した問いを四問放送します。よく聞いて、それぞれの問いに答えなさい。
なお、やりとりの途中、（合図音A）という合図のあと、問いを放送します。また、（合図音B）という合図のあと、場面の続きを放送します。1ページと2ページにメモをとってもかまいません。では、始めます。

三田　川辺さん、文化祭でわたしのクラスはミュージック・カフェをすることになったよ。お客さんは、注文した食べ物を食べながら、わたしのクラスの歌が上手なグループの生演奏を聴けるんだ。そのお店の宣伝文句を考える係になって悩んでいるの。二つ案を考えたのだけれど、相談にのってくれるかな。
川辺　いいよ。考えた宣伝文句を聞かせてよ。
三田　ありがとう。一つ目が、「おいでよ。聞こうよ。歌おうよ。」なのだけれど、どう思う。
川辺　ちょっと待って。「ミュージック・カフェ」についてもう少し詳しく説明してほしいな。
三田　うん、わかった。あのね、教室の前のほうに作ったステージで歌い手は歌うのだけれど、お客さんは曲のリクエストができたり、ステージに上がって一緒に歌えたりするんだ。
（合図音A）

千葉県公立　令和４年度選抜学力検査

数　学

1　次の(1)～(7)の問いに答えなさい。

(1)　次の①～③の計算をしなさい。

①　$-2\times3+2$　　②　$6\left(\dfrac{2}{3}a-\dfrac{3}{2}b\right)-(a-3b)$　　③　$(2\sqrt{3}-1)^2$

(2)　縦の長さが横の長さの2倍より3 cm 長い長方形があるとき，次の①，②の問いに答えなさい。

①　横の長さを x cm とするとき，長方形の面積を x を使って表しなさい。

②　長方形の面積が 7 cm^2 であるとき，横の長さを求めなさい。

(3)　A 中学校では，体育祭の種目に長縄跳(と)びがある。全学年とも，連続して何回跳べるかを競(きそ)うものである。下の表は，１年生のあるクラスで長縄跳びの練習を行い，それぞれの回で連続して跳んだ回数を体育委員が記録したものである。

このとき，次の①，②の問いに答えなさい。

	1回目	2回目	3回目	4回目	5回目	6回目	7回目	8回目
記録(回)	3	11	7	12	14	7	9	16

①　1回目から8回目までの記録の中央値（メジアン）を求めなさい。

②　9回目の練習を行ったところ，記録は a 回であった。下の図は，１回目から9回目までの記録を箱ひげ図に表したものである。このとき，9回目の記録として考えられる a の値をすべて求めなさい。

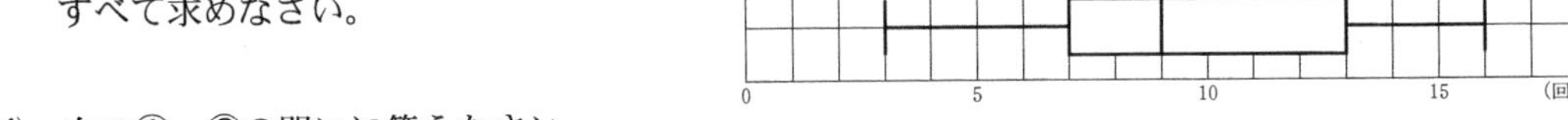

(4)　次の①，②の問いに答えなさい。

①　20 以下の自然数のうち，素数は何個あるか，求めなさい。

②　大小２つのさいころを同時に１回投げ，大きいさいころの出た目の数を a，小さいさいころの出た目の数を b とする。

このとき，$2a+b$ の値が素数となる確率を求めなさい。

ただし，さいころを投げるとき，１から６までのどの目が出ることも同様に確からしいものとする。

(5)　x，y についての連立方程式

$$\begin{cases}-ax+3y=2\\2bx+ay=-1\end{cases}$$

の解が $x=1$，$y=-1$ であるとき，a，b の値を求めなさい。

(6)　次の①，②の問いに答えなさい。

①　円錐(えんすい)や角錐の底面の面積を S，高さを h とするとき，その体積 V は，$V=\dfrac{1}{3}Sh$ で表される。この等式を h について解きなさい。

②　右の図は，正四角錐の展開図である。正方形ABCDの対角線ACの長さは4 cm であり，この展開図を組み立ててできる正四角錐の体積を求めると，$\dfrac{32}{3}$ cm^3 であった。

このとき，正四角錐の高さを求めなさい。

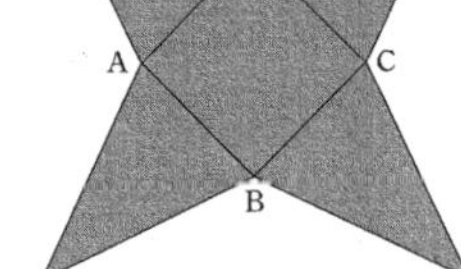

(7) 下の図のように，３点A，B，Cがある。このとき，次の**条件**を満たす点Pを作図によって求めなさい。また，点Pの位置を示す文字Pも書きなさい。

ただし，三角定規の角を利用して直線をひくことはしないものとし，作図に用いた線は消さずに残しておくこと。

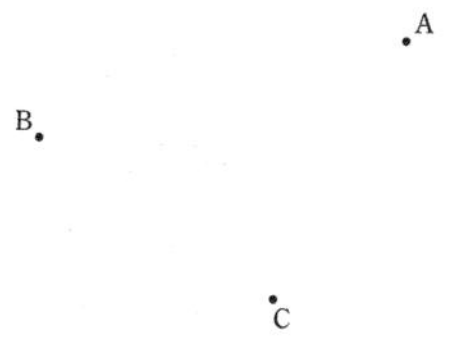

条件
- 点Pは，線分ACの中点と点Bを結ぶ直線上の点である。
- 直線APと直線BPは垂直に交わる。

A
B
C

2 右の図のように，関数 $y = \frac{1}{5}x^2$ のグラフ上に点Aがあり，点Aを通り，y 軸に平行な直線と関数 $y = ax^2$ のグラフとの交点をBとする。点Aの x 座標は5で，点Bの y 座標は -15 である。また，２点A，Bと y 軸に関して対称な点をそれぞれC，Dとし，長方形ACDBをつくる。

このとき，次の(1)～(3)の問いに答えなさい。

ただし，$a < 0$ とする。

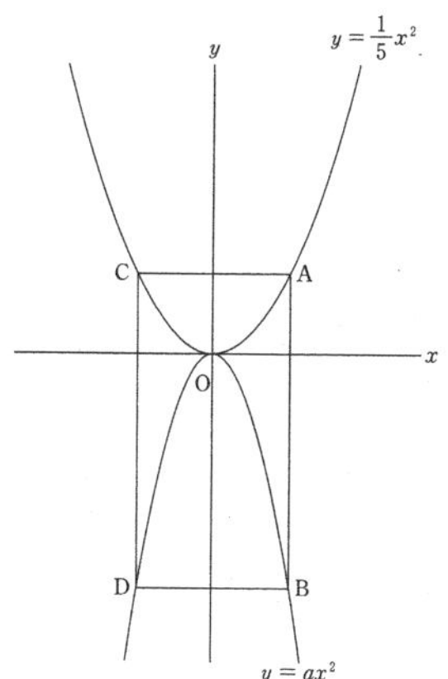

(1) a の値を求めなさい。

(2) ２点B，Cを通る直線の式を求めなさい。

(3) 右の図のように，長方形ACDBと合同な長方形CEBFをかいた。このとき，２点E，Fを通る直線の式を求めなさい。

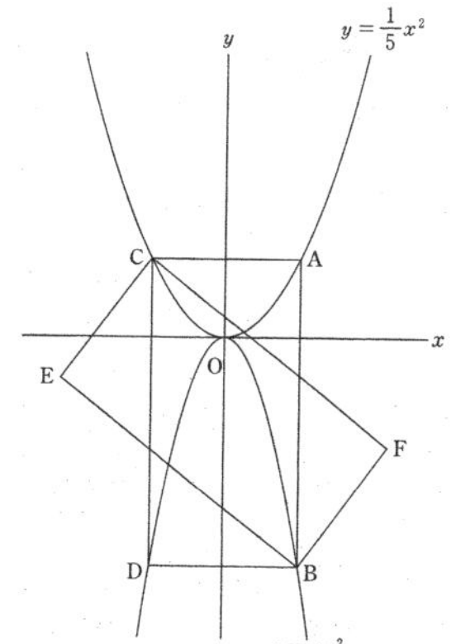

3 右の図のように，△ABCがあり，辺BC上にBD：DC＝3：1となる点Dをとる。線分ADの中点をEとし，点Dを通り，辺ACに平行な直線と辺ABとの交点をFとする。また，線分BF上に２点B，Fとは異なる点Gをとり，直線GEと線分DF，辺ACとの交点をそれぞれH，Iとする。

このとき，次の(1)～(3)の問いに答えなさい。

A
F
G
H
E
I
B
D
C

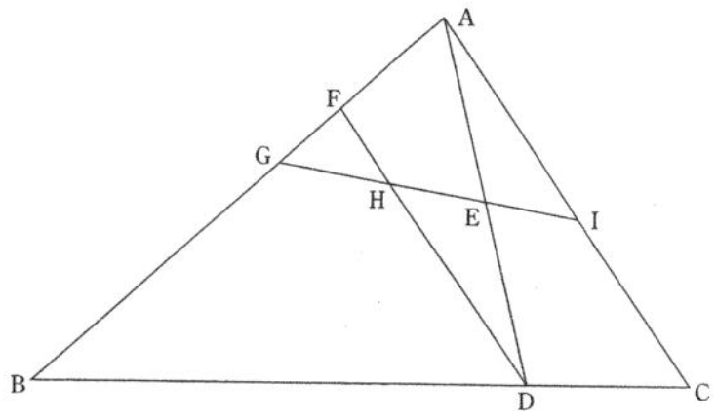

(1) AI＝DHであることを下の［　　］にしたがって証明するとき，［(a)］，［(b)］に入る最も適当なものを，**選択肢のア～エ**のうちからそれぞれ１つずつ選び，符号で答えなさい。また，［(c)］に入る最も適当なことばを書きなさい。

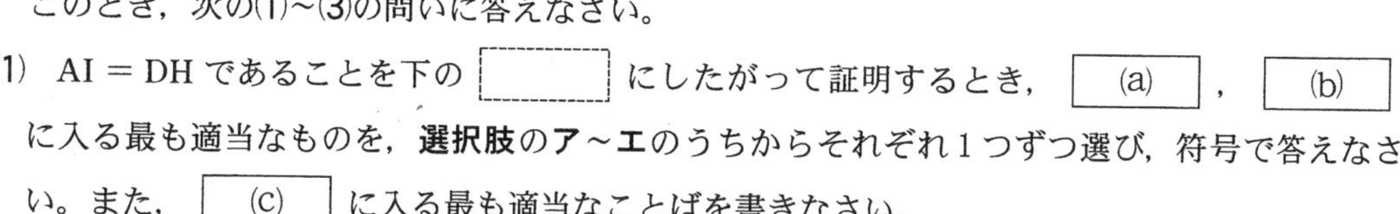

AI＝DHであることを証明するには，［(a)］と［(b)］が［(c)］であることを証明すればよい。

選択肢

ア　△AEI	イ　△ABD	ウ　△AFD	エ　△DEH

(2) (1)の［　　］にしたがって，AI＝DH であることを証明しなさい。

(3) GI // BC のとき，△AEI と四角形 BDHG の面積の比を，最も簡単な整数の比で表しなさい。

4 右の**図**のように，点 O を中心とし，線分 AB，CD を直径とする 2 つの半円がある。

点 P は A を，点 Q は D を同時に出発する。

A を出発した点 P は，$\overset{\frown}{AB}$ 上を一定の速さで移動し，→ B → A → B → A →……の動きをくり返す。

D を出発した点 Q は，$\overset{\frown}{CD}$ 上を一定の速さで移動し，→ C → D → C → D →……の動きをくり返す。

図

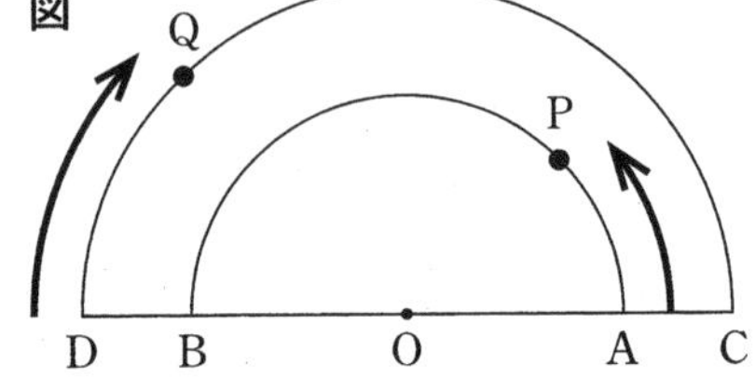

$\overset{\frown}{AB}$ ＝ 60 cm，$\overset{\frown}{CD}$ ＝ 90 cm，2 点 P，Q の移動する速さを，それぞれ秒速 4 cm，秒速 9 cm とするとき，次の**会話文**を読み，あとの(1)～(5)の問いに答えなさい。

会話文

教師T：3 点 O，P，Q が，この順に一直線上に並ぶ場合について考えます。点 P が A を，点 Q が D を同時に出発してから x 秒後の 2 点 P，Q の位置関係を確認してみましょう。

生徒X：点 P の動きについて考えてみます。
$\overset{\frown}{AB}$ ＝ 60 cm で，点 P の速さが秒速 4 cm だから，点 P が A を出発してから，B にはじめて到着するのは 15 秒後だとわかります。
点 P が出発してから，x と $\overset{\frown}{AP}$ の長さの関係をグラフに表すと，右のようになりました。

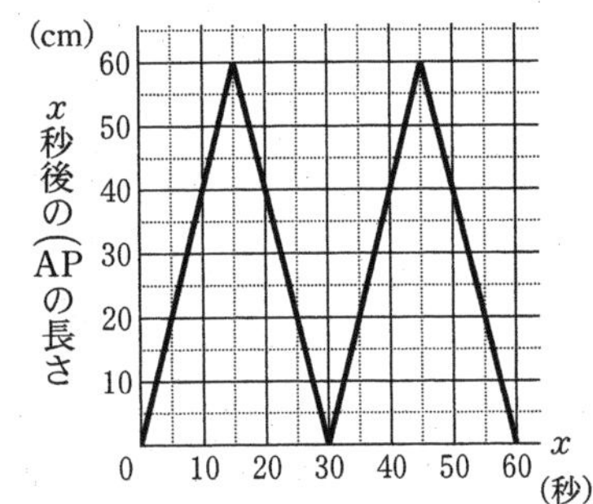

生徒Y：点 Q の動きについて考えてみると，
$\overset{\frown}{CD}$ ＝ 90 cm で，点 Q の速さが秒速 9 cm だから，点 Q が D を出発してから，C にはじめて到着するのは［(a)］秒後です。
$\overset{\frown}{DQ}$ の変化のようすをグラフに表すと何かわかるかな。

生徒X：$\overset{\frown}{AP}$ と $\overset{\frown}{DQ}$ の変化のようすがわかっても，点 P と点 Q は異なる円周上を動くから，3 点 O，P，Q が，この順に一直線上に並ぶ場合を考えるのは難しいですね。

教師T：右の図のように，直線 OP と $\overset{\frown}{CD}$ との交点を R とすると，点 P が $\overset{\frown}{AB}$ 上を移動する速さが秒速 4 cm だから，点 R が $\overset{\frown}{CD}$ 上を移動する速さは秒速［(b)］cm だと考えることができます。

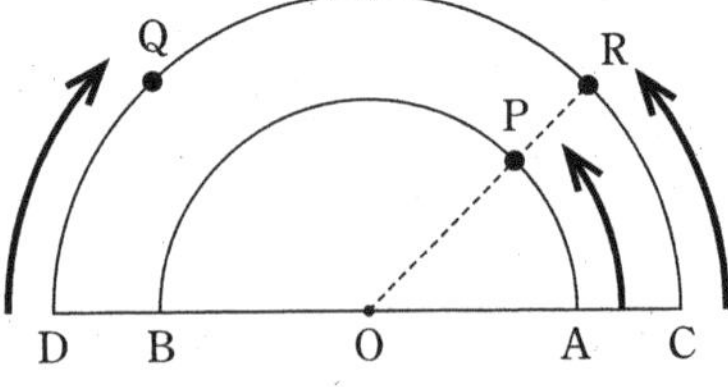

生徒Y：同じ $\overset{\frown}{CD}$ 上で，2 点 Q，R の動きをみることができるので，考えやすくなりました。
3 点 O，P，Q が，この順に一直線上に並ぶのは，$\overset{\frown}{CR}+\overset{\frown}{DQ}=90$ cm のときだね。

生徒X：$\overset{\frown}{CR}=90-\overset{\frown}{DQ}=\overset{\frown}{CQ}$ だから，$\overset{\frown}{CQ}=\overset{\frown}{CR}$ のときとも考えられますね。まず，$\overset{\frown}{CQ}$ の変化のようすを調べてみます。点 Q が D を出発してから x 秒後の $\overset{\frown}{CQ}$ の長さを y cm とすると，点 Q が C にはじめて到着するまでの x と y の関係を表す式は，$y=90-9x$ になります。

⑴ **会話文**中の(a)，(b)にあてはまる数として最も適当なものを，次の**ア**～**カ**のうちからそれぞれ１つずつ選び，符号で答えなさい。

ア 4　　**イ** 6　　**ウ** 8　　**エ** 10　　**オ** 12　　**カ** 14

⑵ 点QがDを出発してから x 秒後の $\overset{\frown}{CQ}$ の長さを y cm とする。$0 \leqq x \leqq 30$ のときの x と y の関係を表すグラフをかきなさい。

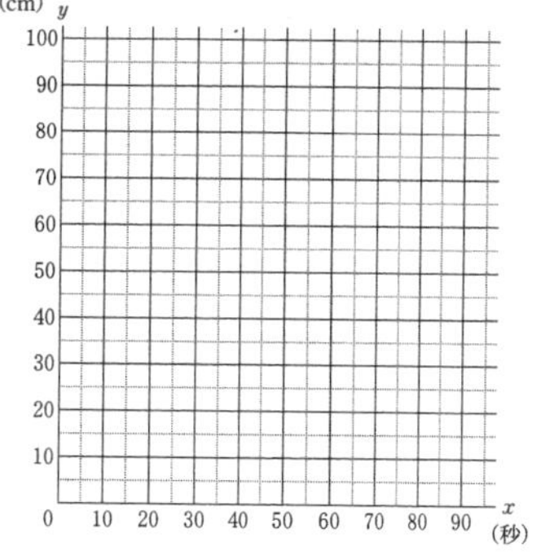

⑶ 点PがAを，点QがDを同時に出発してから，3点O，P，Qが，はじめてこの順に一直線上に並ぶのは何秒後か，求めなさい。

⑷ 点PがAを，点QがDを同時に出発してから，点PがAに，点QがDにはじめて同時に到着した。2点P，Qが同時に出発してからこのときまでに，3点O，P，Qが，この順に一直線上に並ぶのは何回あったか，求めなさい。

⑸ 点PがAを，点QがDを同時に出発してから，144秒後の∠POQの大きさを求めなさい。

英　語

英語リスニング放送台本

リスニング放送台本再生用

（チャイム）

これから，英語の学力検査を行います。まず，問題用紙の１ページ目があることを確認しますので放送の指示に従いなさい。（間２秒）では，問題用紙の１ページ目を開きなさい。（間３秒）確認が終わったら，問題用紙を閉じなさい。１ページ目がない人は手を挙げなさい。

（間５秒）次に，解答用紙を表にし，受検番号，氏名を書きなさい。

（間20秒）それでは，問題用紙の１ページを開きなさい。（間３秒）リスニングテストの問題は，１から４の四つです。

では，１から始めます。

１は，英語の対話を聞いて，最後の文に対する受け答えを選ぶ問題です。受け答えとして最も適当なものを，それぞれ問題用紙の**A**から**D**のうちから一つずつ選んで，その符号を書きなさい。なお，対話はそれぞれ２回放送します。では，始めます。

No. 1　Woman:　Where did you go last Sunday?
　　　Man:　I visited my grandmother.
　　　Woman:　Does she live near your house?

No. 2　Bob:　Where is it? . . . Oh, hi Mary.
　　　Mary:　Hi, Bob. What are you doing?
　　　Bob:　I'm looking for my notebook, but I can't find it.

No. 3　Girl:　Someone ate my cake!
　　　Boy:　Oh, it wasn't me.
　　　Girl:　Who was in the kitchen?

次は２です。

２は，英語の対話又は英語の文章を聞いて，それぞれの内容についての質問に答える問題です。質問の答えとして最も適当なものを，それぞれ問題用紙の**A**から**D**のうちから一つずつ選んで，その符号を書きなさい。なお，英文と質問はそれぞれ２回放送します。では，始めます。

No. １　Miki: What are you doing, Charlie?

Charlie: Hi, Miki, I want to put these on the wall.

Miki: Wow, these are the pictures taken during our school trip.

Charlie: Yes. Mr. Brown asked me to show them to the class. I've just finished putting all the pictures together. Now, I need to put them on the wall.

Miki: I see. You need these. Here you are.

Charlie: Thank you. Would you help me, please?

Question: What does Charlie need?

No. ２　Let's begin the lesson. We've already finished reading page 43 and 44. And we answered the first three questions on the next page yesterday. Let's check the answers to the last two questions and then move on to page 46 after that. Now, are you ready to answer the questions?

Question: Which page will the students start from in this lesson?

次は３です。

３は，英語の文章又は英語の対話を聞いて，それぞれの内容についての質問に答える問題です。質問の答えとして最も適当なものを，それぞれ問題用紙の**A**から**D**のうちから一つずつ選んで，その符号を書きなさい。なお，英文と質問はそれぞれ２回放送します。では，始めます。

No. １　（放送のチャイム）

Thank you for visiting Victoria Shopping Center. We are open from 10 a.m. to 8 p.m. seven days a week. Today is the day before Father's Day, and we will be open until 9 p.m. We are having a special time for you to get football T-shirts and baseball caps on the first floor in the Blue Sky Area. We are also having a time for American food on the second floor in the Green Mountain Area. Please enjoy shopping and have a nice day. Thank you.

Question: Where can you get football T-shirts?

No. ２　Meg: Hi, Sam. Do you have any plans for this weekend?

Sam: Yeah, I went to the sea last weekend, so I'm going to the mountains this Sunday.

Meg: That's nice, but will the weather be OK?

Sam: Well, ah, it'll be rainy.

Meg: You should change your plans. I'm going to see a movie. Do you want to come?

Sam: Sounds great. I'll go to the mountains next time.

Question: What will Sam do this weekend?

次は４です。

４は，英語の文章を聞いて，その内容について答える問題です。問題は，No. １，No. ２の二題で

す。問題用紙には，それぞれの英語の文章の内容に関するまとめの文が書かれています。（間３秒）

それらの文を完成するために，①，②にあてはまる英単語を書きなさい。ただし，□には１**文字**ずつ入るものとします。なお，英文はそれぞれ２回放送します。では，始めます。

No. 1　Hi, Mina.　This is Tom.　Thank you so much for having a welcome party for me.　I enjoyed the Japanese songs that your father and grandfather sang.　That was my favorite part of the party.　I want to try to sing with them next time.　All the food that your family cooked was delicious.　I especially liked the cake.　I had a great time.

No. 2　David Ronson is an American musician.　Many people around the world know him well because they love his music.　David will come to Japan this Friday and hold a concert on Saturday at The Star Music Hall.　It will be his first time in Japan.　His Japanese fans are very excited.　They will have an amazing time with him.

以上で，リスニングテストを終わります。２ページ以降の問題に答えなさい。

1　英語リスニングテスト（**放送**による**指示**に従って答えなさい。）

No. 1	**A**. Yes, she is. **C**. No, she doesn't.	**B**. Yes, I did. **D**. No, I'm not.
No. 2	**A**. Sure. **C**. I agree.	**B**. It's mine. **D**. It's on the table.
No. 3	**A**. Dad was there. **C**. Mom says "OK."	**B**. There were oranges. **D**. Yes, I ate cookies.

2　英語リスニングテスト（**放送**による**指示**に従って答えなさい。）

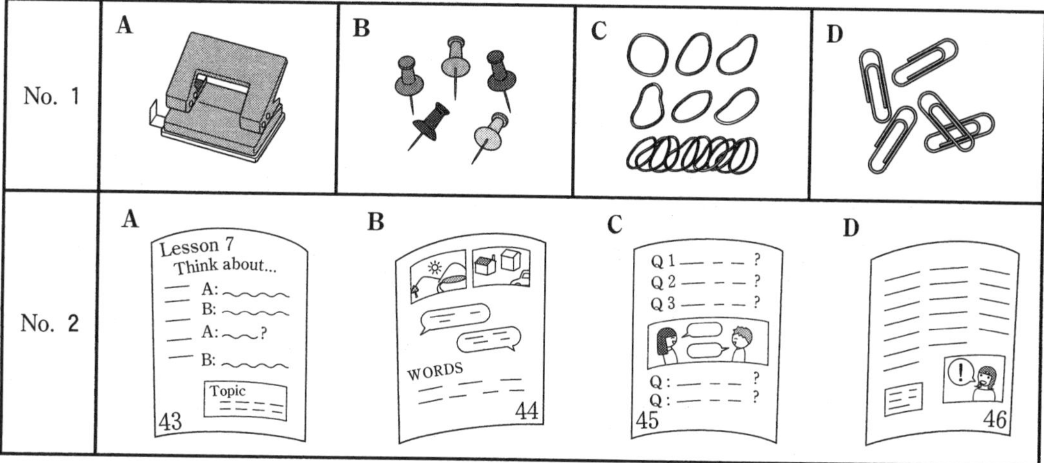

3　英語リスニングテスト（**放送**による**指示**に従って答えなさい。）

No. 1	**A**. The Blue Sky Area. **C**. 10 a.m.	**B**. The Green Mountain Area. **D**. 9 p.m.

No. 2	A. Go to the sea.	B. Go to the mountains.
	C. Stay home.	D. See a movie.

4 英語リスニングテスト(**放送**による**指示**に従って答えなさい。)

No. 1	Tom left a message for Mina. At his (① □□□□□□□□) party, Mina's father and grandfather sang Japanese songs for him. He liked them very much. He also enjoyed (② d □□□□□□□□□) food that her family cooked.

No. 2	David Ronson is a (① □□□□□□□) American musician. Many people love his music. He will come to Japan and hold a concert this (② □□□□□□□□□).

5 次の(1)～(5)のそれぞれの対話文を完成させなさい。

(1), (2)については，(　　　)の中の語を最も適当な形にしなさい。ただし，**1語**で答えること。

また，(3)～(5)については，それぞれの(　　　)の中の**ア**～**オ**を正しい語順に並べかえ，その順序を符号で示しなさい。なお，文頭に来るべき語も小文字で示してあります。

(1) A: What kind of book is that?

B: This is my new dictionary. It is very (use).

(2) A: Your bag is beautiful.

B: Thank you! My mother (buy) it for me last week.

(3) A: (**ア** your　**イ** old　**ウ** is　**エ** sister　**オ** how)?

B: She is nineteen, four years older than I.

(4) A: Do you know that we will get two new classmates next week?

B: Yes, I do. I (**ア** was　**イ** the news　**ウ** at　**エ** very　**オ** surprised).

(5) A: Do (**ア** are　**イ** who　**ウ** they　**エ** you　**オ** know)?

B: They are popular dancers.

6 次の①～④は，ミホ(Miho)が，アメリカを訪れた時の出来事を描いたイラストです。③の場面で，ミホは何と言ったと思いますか。①～④の話の流れを踏まえ，[　　　]に入る言葉を英語で書きなさい。ただし，語の数は**25語程度**(. , ? ! などの符号は語数に含まない。)とすること。

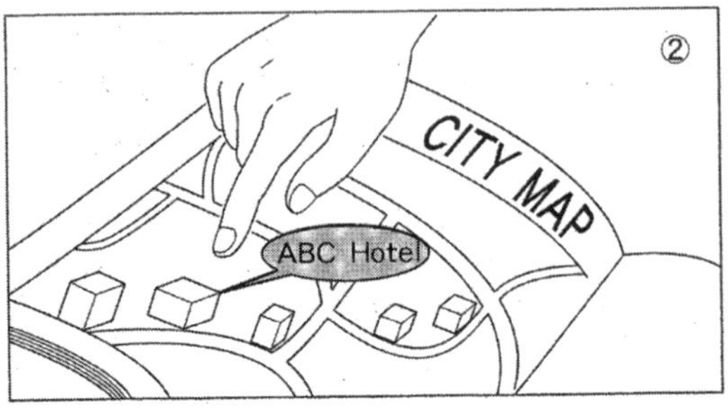

7 次の⑴，⑵の英文を読んで，それぞれの問いに答えなさい。

⑴　ハヤトが睡眠についてスライド(Slide)を使って，プレゼンテーションをしています。

How long do you sleep every day? Do you think that everyone needs almost the same sleeping hours? Please look at Slide 1. It shows how long you need to sleep. Do you sleep for around 9 hours every day? New-born babies need to sleep for more than 10 hours. Adults need to sleep about 30% of the day. You should sleep enough for your health.

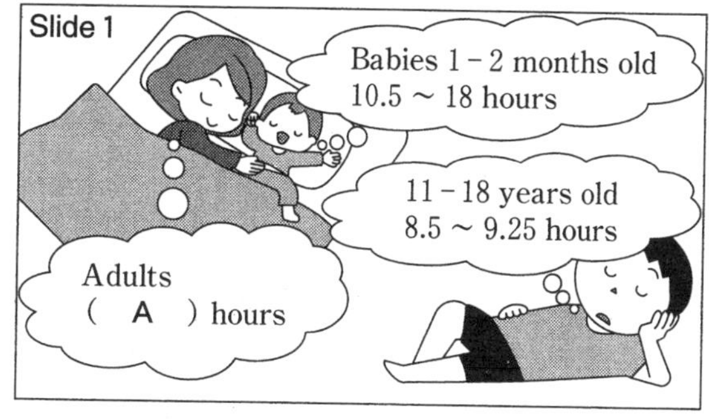

Do you know how long animals sleep? Now, let's look at Slide 2. It shows that koalas sleep the longest. They sleep for more than 22 hours in a day! During the day, they sleep in trees, and then move at night. Tigers and lions sleep for more than half of the day. Tigers sleep a little longer than lions. On the other hand, giraffes sleep for the shortest time of the animals on this slide.

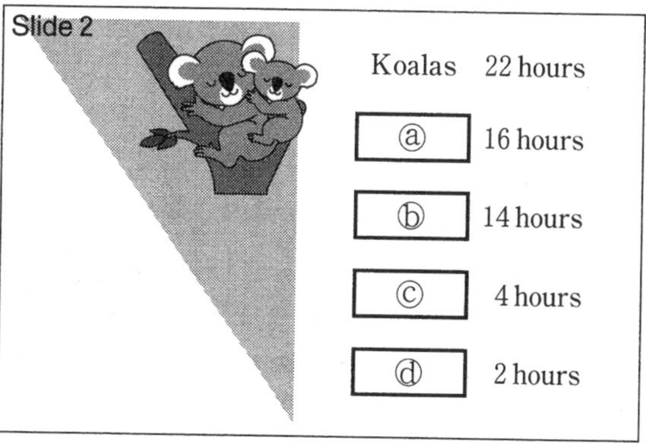

Why are they different? I'll show you two reasons. First, animals like giraffes or elephants are plant-eating animals. They need a lot of time to find food and they have to eat a lot to be （ B ）. Second, plant-eating animals can't sleep for a long time because other animals may try to eat them while they are sleeping. It is （ C ） for them. However, animals like tigers or lions are so strong that they can sleep longer than giraffes or elephants. I found some other interesting information. Some scientists say that plant-eating animals sleep longer when they are in a safe place, for example, in a zoo.

How about koalas? They are plant-eating animals, but they sleep for a long time. They are active for only 2 hours in a day. Why?

(注) new-born baby 新生児　adult 大人　on the other hand 一方　plant-eating animals 草食動物

① 本文の内容と合うように，Slide 1 の（　A　）に入る最も適当なものを，次のア～エのうちから一つ選び，その符号を書きなさい。

ア　3～4　　イ　5～6　　ウ　7～8　　エ　10～11

② 本文の内容と合うように，Slide 2 の [ⓐ] ～ [ⓓ] に入るものの組み合わせとして最も適当なものを，次のア～エのうちから一つ選び，その符号を書きなさい。

Tigers

Giraffes

Lions

Elephants

	ⓐ	ⓑ	ⓒ	ⓓ
ア	Tigers	Lions	Giraffes	Elephants
イ	Tigers	Lions	Elephants	Giraffes
ウ	Lions	Tigers	Giraffes	Elephants
エ	Lions	Tigers	Elephants	Giraffes

③ 本文中の（　B　）に入る最も適当なものを，次のア～エのうちから一つ選び，その符号を書きなさい。

ア　full　　イ　tired　　ウ　hungry　　エ　sleepy

④ 本文中の（　C　）に適する英単語１語を書きなさい。

(2) 次は，夏期英語講座（English Summer Lessons）の案内です。

English Summer Lessons
For Junior High School Students

Five ALTs from other cities will be your teachers!

Some university students will help you from Day 1 to Day 3!

Date and Place: August 5th～August 8th　9:00 ～ 12:00　City Culture Center

How to join: Visit our website and tell us the days of the lessons you want to take by e-mail.（city_cc@cde.fg.jp）

Number of students: 15 for each lesson

Try activities in English!

Day 1 : Games
Day 2 : Dancing
Day 3 : Reading
Day 4 : Presentations

Day 1-3 : a different teacher each day
Day 4　: all of the teachers!

① この案内の内容に合うように，次の文の(　　　)に入る最も適当な英単語１語を書きなさい。

If you take some lessons, you can have many (　　　) through the activities in English.

② この案内の内容に合っている英文として最も適当なものを，次の**ア**～**エ**のうちから一つ選び，その符号を書きなさい。

ア University students will join the lessons on Day 3 and Day 4.

イ You need to send an e-mail to the ALT you want to meet.

ウ Patty will show you picture books on August 5th.

エ You can meet Greg if you join on Day 1 or Day 4.

8 アメリカのオレゴン(Oregon)州ポートランド(Portland)出身のネイサン(Nathan)が故郷を紹介しています。この文章を読んで，あとの(1)～(4)の問いに答えなさい。

My hometown, Portland, is in Oregon. Oregon is in the northwest part of the United States. Portland is one of the best cities to live in and the best "green cities" in the world. About 650,000 people live there. Many people around the world are interested in this city.

About 50 years ago, there were plans to build freeways along the river in the center of the city. [ア] However, people in Portland were already thinking about the environment then. In 1974, people in Portland chose to build parks with beautiful trees and flowers and not to build the freeways. [イ] They wanted to spend more time in beautiful nature. Thanks to the voices of people in Portland, the city became kind to the environment. The city map about 50 years ago shows some freeways on it, but they weren't actually built. There are more than 300 parks in this city now. [ウ] You can see many flowers, birds, and other animals there. You can enjoy walking, running, relaxing, or even having festivals there. [エ] One popular festival is The Portland Rose Festival. Portland is so warm that they can grow many roses, so it is called "The City of Roses." This festival has continued since 1907. Today, Portland has a long history.

The city also has a good public transportation system. Many workers go to their offices by bicycle or by public transportation. The use of cars in the city has been decreasing because its public transportation system has been getting better and better. The trains are especially convenient. It is easy to travel in the center of the city by train. For example, when you leave the stores after shopping, the station is just in front of you. You don't have to go up or down stairs. When you take the train from the airport with a lot of bags, you can get off in the main area of the city and walk to your hotel easily.

Buses are also easy ways to go around the city. There are many bus lines, so you can go to the places that you want to go without cars. You can even ride the bus with your bicycle. Before you get on the bus, you can put your bicycle on the front of the bus. When you get off, you can take it down. This means you don't have to look for a bicycle parking and you can go anywhere in the city with your bicycle. In addition, buses use biofuels, so they don't have much effect on the environment. They don't give off much carbon dioxide. In the near future, the city is planning to use buses that run only on electric power. The city decided to reduce their carbon dioxide emissions to 1990 levels. Many people in Portland know about this project.

Portland is known as a fantastic city by many people. If people around the world want to try something to make their cities better, Portland has many good examples. You can get some good ideas from Portland.

（注） northwest　北西　　green　環境に優しい　　freeway　高速道路
rose　バラ　　public transportation system　公共交通機関
convenient　便利な　　bicycle parking　駐輪場　　in addition　さらに，加えて
biofuel　バイオ燃料　　effect　影響　　give off　排出する
carbon dioxide　二酸化炭素　　emission　排出　　electric　電気の

(1) 次の英文を入れるのに最も適当な場所を，本文中の[ア]～[エ]のうちから一つ選び，その符号を書きなさい。

At that time, people were cutting down many trees and building roads in many cities.

(2) 本文の内容に関する次の質問に，英語で答えなさい。

Why did people in Portland stop planning the freeways in the center of the city and build parks there?

(3) ポートランドを走っているバスを表した絵として最も適当なものを，次の**ア**～**エ**のうちから一つ選び，その符号を書きなさい。

(4) 本文の内容に合っている英文として最も適当なものを，次の**ア**～**エ**のうちから一つ選び，その符号を書きなさい。

ア When you finish shopping, you need to go up and down to get to the station in Portland.

イ More people in Portland use their own cars because of its public transportation system.

ウ You can see some freeways on the city map of Portland about 50 years ago.

エ Many people in Portland know about the project to reduce the number of electric buses.

9 ミカ(Mika)がナンシー(Nancy)の家に電話をしました。この対話文を読んで， (1) ～ (3) に入る最も適当なものを，それぞれあとの**ア**～**エ**のうちから一つずつ選び，その符号を書きなさい。

また，対話文の内容に合うように， (4) に入る英語を**10語程度**(．，？！などの符号は語数に含まない。)で書きなさい。

Ms. Evans: Hello.

Mika: Hello. This is Mika. Thank you for the cake yesterday, it was really good.

Ms. Evans: I'm glad to hear that. Do you need something?

Mika: (1)

Ms. Evans: Sorry, she's visiting her grandfather. She'll be back tomorrow afternoon.

Mika: I see. (2)

Ms. Evans: Sure.

Mika: Thank you. I think I left my planner in her room yesterday. Could you ask her to look for it?

Ms. Evans: Oh, really? I will look for it in her room. Wait a few minutes, please. (3)

Mika: Thank you very much!

(5 minutes later)

Mika:　　　Hello. This is Mika speaking.

Ms. Evans:　Hi. This is Nancy's mother.

Mika:　　　Hi, Ms. Evans. Was my planner in Nancy's room?

Ms. Evans:　Yes. I found it under the desk.

Mika:　　　[(4)]

Ms. Evans:　Of course. Any time is OK.

Mika:　　　Thank you. See you soon.

(注) Evans　エヴァンズ(人名)　　planner　スケジュール帳

(1) ア Yes, I made it with Nancy.　　イ No, I don't think so.
　ウ Can I speak to Nancy, please?　　エ I'm good, how about you?

(2) ア May I help you?　　イ May I leave a message?
　ウ Can I go with you?　　エ Can I take a message?

(3) ア I'll call you back later.　　イ I'll ask her to look for it.
　ウ I'll see her grandfather.　　エ I'll go to your house with Nancy.

社　会

1 次の会話文は，社会科の授業で，先生とたくやさんたちが，あとの**資料１**を見ながら『豊かさ』について話し合っている場面の一部である。これに関して，右のページの(1)～(4)の問いに答えなさい。

先　生：今日は，国の『豊かさ』について考えたいと思います。まずは，**資料１**を読み，カザフスタン，カタール，ギリシア，ニュージーランド及びベトナムの５か国の特徴について話し合ってください。

たくや：カザフスタンは，国土面積が世界第９位であり，鉱産資源(a)が豊富な国なんだね。

さくら：カタールが位置するアラビア半島には，砂漠が広がっているよね。

まさと：ベトナムが加盟しているASEAN(b)は，東南アジア地域内の発展や協力を目ざして設立された，と授業で学習したよ。

さちこ：ヨーロッパ(c)の国から独立した国が，いくつかあるね。

たくや：先生，質問です。先生は，なぜ，この５か国を選んだのですか。

先　生：国民総所得という，国の『豊かさ』を表す指標があります。2019年における５か国の国民総所得の差が，比較的小さかった(d)ので，これらの国を選びました。

たくや：そうなのですね。しかし，**資料１**を見ると，各国の位置，国土の様子，産業，歴史などに，かなり違いがみられます。これだけ違いがあると，人々の生活様式，価値観，文化も異なっているのではないかと思われます。これらの点を考えずに，この５か国は，国民総所得が同じくらいだから，『豊かさ』も同じくらいであると単純に考えてよいのでしょうか。

先　生：よいところに気がつきました。国民総所得は，国の経済的な『豊かさ』を表す指標としてよく使われています。しかし，近年は『豊かさ』を経済面だけではなく，さまざまな視点から考えようという動きがみられます。例えば，2011年に，経済協力開発機構(OECD)

から，各国の「健康」，「環境」，「雇用」など11項目から算出した「よりよい暮らし指標」という，新しい『豊かさ』に関する指標が出されています。このあと，『豊かさ』について，さらに考えを深めていきましょう。

資料１　カザフスタン，カタール，ギリシア，ニュージーランド及びベトナムについての説明

カザフスタン	中央アジアに位置する内陸国。世界第９位の国土面積をもち，北部には肥沃(ひよく)な土壌が広がる。1991年に旧ソ連から独立。石炭，鉄鉱石などの鉱産資源が豊富。
カタール	アラビア半島に位置する国。日中の最高気温が50℃近くに達する日がある。1971年にイギリスから独立。天然ガスの埋蔵量は世界第３位(2021年)。
ギリシア	バルカン半島南東部に位置する国。2009年に表面化した財政危機は，EU経済全体に打撃を与えた。失業率は9.6％(2009年)から25.0％(2015年)に悪化。
ニュージーランド	南太平洋の南西部に位置する国。北島，南島及び周辺の島々から構成される。1947年にイギリスから独立。羊毛の生産量は世界第３位(2019年)。
ベトナム	インドシナ半島に位置する南北に細長い国。南北に分かれた内戦のあと，1976年に統一。1995年にASEANに加盟。コーヒー豆の生産量は世界第２位(2019年)。

（「世界国勢図会 2021/22」などより作成）

(1)　会話文中の下線部ａに関連して，次の文章は，鉱産資源について述べたものである。文章中と表中の［　　］に共通してあてはまる適当な語を書きなさい。

> 私たちは，便利で『豊かな』生活を送るために，さまざまな鉱産資源を，エネルギー源や工業製品の原料として活用している。
> 右の表は，鉱産資源の一つである［　　］の生産量上位５か国とその割合を示している。

順位	国　名	［　　］の生産量の割合(％)(2020年)
１位	アメリカ合衆国	15.1
２位	ロシア	13.7
３位	サウジアラビア	12.3
４位	カナダ	5.5
５位	イラク	5.4

（「世界国勢図会 2021/22」より作成）

(2)　会話文中の下線部ｂに関連して，次の文章は，特定の地域で複数の国がまとまり，加盟国の『経済的な発展』を目ざす動きについて述べたものである。文章中の［　　］にあてはまる語として最も適当なものを，あとの**ア**～**エ**のうちから一つ選び，その符号を書きなさい。

> アジア・太平洋地域の経済的な結びつきを高めようと［　　］が1989年に設立された。2021年現在，オーストラリア，タイ，中国，日本，アメリカなど21の国と地域が加盟している。

ア　USMCA　　**イ**　AU　　**ウ**　APEC　　**エ**　MERCOSUR

(3)　会話文中の下線部ｃに関連して，次の**ア**～**ウ**の文は，『富』を求めて海外に積極的に進出した15世紀後半から19世紀にかけてのヨーロッパに関することがらについて述べたものである。**ア**～**ウ**を年代の**古いものから順に**並べ，その符号を書きなさい。

ア　オランダは，アジアの国々との貿易の発展などを目的に，東インド会社を設立した。

イ　インドなどのアジアを目ざしたコロンブスは，スペインの援助を受け，大西洋を横断した。

ウ　イギリスは，清との間に起こったアヘン戦争に勝利した。

(4)　会話文中の下線部ｄに関連して，次の**資料２**と**資料３**中の**Ａ**～**Ｅ**は，カザフスタン，カタール，ギリシア，ニュージーランド及びベトナムのいずれかの国を示している。**資料１**～**資料３**を参考に，**A**と**D**が示す国として最も適当なものを，あとの**ア**～**オ**のうちからそれぞれ一つずつ選び，その符号を書きなさい。

資料２　A～Eの2000年～2019年の国民総所得の推移

(億ドル)
3000
2500
2000
1500
1000
500
0
2000　2005　2010　2015　2019(年)
A　B　C
D　E

(「国連統計部ホームページ」より作成)

資料３　A～Eの国土面積，小麦の生産量，米の生産量及び牧場・牧草地の面積

国名	国土面積(万 km^2)	小麦の生産量(万 t)	米の生産量(万 t)	牧場・牧草地の面積(万 ha)
A	13.2	97.9	22.1	288.2
B	1.2	0.0001	—	5.0
C	33.1	—	4344.9	64.2
D	26.8	39.8	—	990.9
E	272.5	1129.7	56.1	18615.6

(注)　・国土面積，小麦の生産量，米の生産量は2019年のものである。
牧場・牧草地の面積は2018年のものである。
・「—」は皆無，または定義上該当数値がないものである。

(「世界国勢図会 2021/22」より作成)

ア　カザフスタン　　**イ**　カタール　　**ウ**　ギリシア　　**エ**　ニュージーランド　　**オ**　ベトナム

2　はるさんたちは，日本を北海道，東北，関東，中部，近畿，中国・四国及び九州の７地方に区分した次の図を使って学習した。これに関して，あとの(1)～(4)の問いに答えなさい。

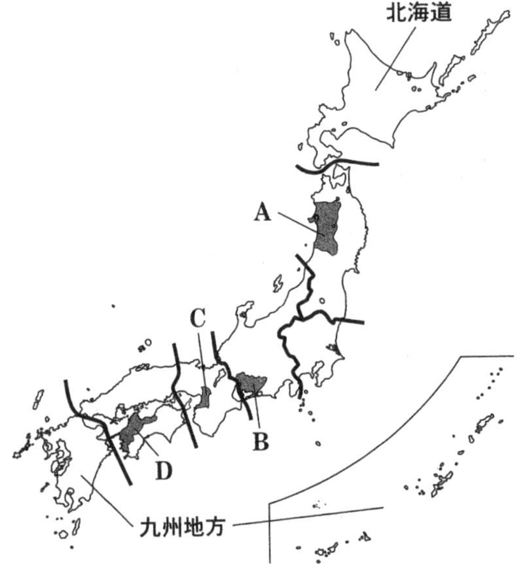

(1)　次の文章は，はるさんたちが，図を見ながら話し合っている場面の一部である。文章中の［　Ⅰ　］にあてはまる最も適当なものを，あとの**ア**～**エ**のうちから一つ選び，その符号を書きなさい。また，［　Ⅱ　］にあてはまる県庁所在地名を**漢字**で書きなさい。

> はる：私は，長野県，福島県，新潟県，群馬県に行ったことがあるよ。
> もも：その４つの県のうち［　Ⅰ　］は，７地方区分の同じ地方に属しているね。
> はな：長野県，福島県，新潟県，群馬県の県庁所在地のうち，県名と異なる県庁所在地はあるかな。
> とし：それは，［　Ⅱ　］市だね。

ア　長野県と群馬県　　**イ**　福島県と新潟県　　**ウ**　群馬県と福島県　　**エ**　新潟県と長野県

(2)　次の文章は，としさんが，**九州地方**の様子についてまとめたレポートの一部である。文章中の［　　］に共通してあてはまる適当な語を書きなさい。

> 九州地方には，多くの火山があります。それらの火山活動により，温泉などの観光資源や再生可能エネルギーの１つである［　　］による発電などの，めぐみがもたらされています。右の写真は，大分県九重町(ここのえまち)にある，日本最大級の［　　］発電所です。

(3)　次の表は，はなさんが，７地方区分から一つずつ道府県を選び，人口と農業産出額をまとめたものである。表中の**ア**～**エ**は，図中の**A**～**D**の府県のいずれかである。図中の**B**と**D**を示す最も適当なものを，表中の**ア**～**エ**のうちからそれぞれ一つずつ選び，その符号を書きなさい。

道府県名	人口(2019年)(千人)	農業産出額(2018年)(億円)					
		米	野菜	果実	花き	肉用牛	乳用牛
北海道	5,250	1,122	2,271	54	131	1,016	5,026
ア	966	1,036	308	72	31	62	32
鹿児島県	1,602	211	556	106	122	1,266	112
イ	1,339	168	201	530	28	26	42
ウ	7,552	296	1,125	202	543	113	223
千葉県	6,259	728	1,546	157	193	98	274
エ	8,809	73	150	67	17	2	13

(注)　花き：切花や鉢花などの鑑賞用の植物　　　　（「データで見る県勢 2021 年版」より作成）

⑷　次の地形図は，図中の**北海道**のある地域を示したものである。これを見て，あとの①，②の問いに答えなさい。

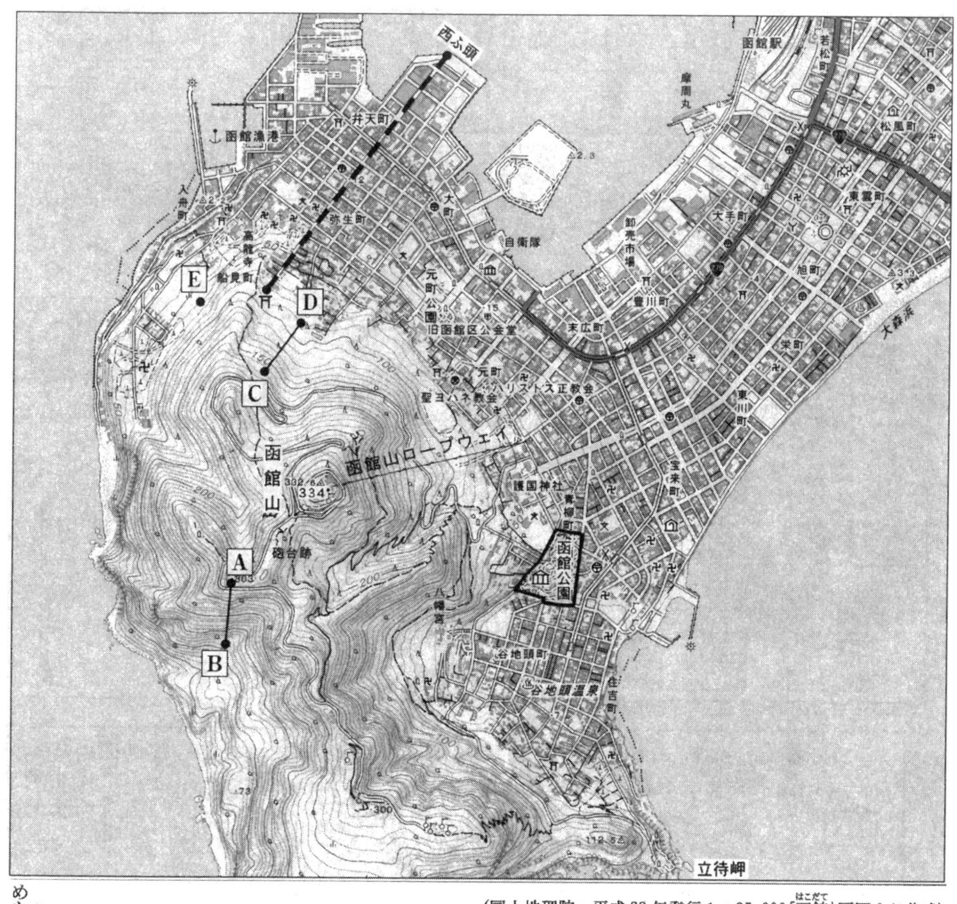

0　　　5 cm

（国土地理院　平成28年発行１：25,000「函館」原図より作成）

①　次の**資料**は，ももさんが，地形図から読み取ったことがらをまとめたレポートの一部である。**資料**中の下線部**ア**～**エ**のうち，内容が**誤っている**ものを一つ選び，その符号を書きなさい。

資料　ももさんがまとめたレポートの一部

斜面の傾斜	ア　**A**―**B** 間よりも **C**―**D** 間の方が傾斜が緩やかです。
函館山周辺の観光地	イ　━━ で囲んだ函館公園の敷地内には，博物館があります。
	ウ　函館山の山頂から見てほぼ南東の方向に立待岬があります。
山頂との標高差	エ　函館山の山頂と地点 E との標高差は 300 m 以上あります。

② 地形図中の ●━ ━ ━● 線は，西ふ頭（にしふとう）から函館山のふもとの神社までの経路を示したものである。この経路の距離は約何 m か。実際の距離として最も適当なものを，次の**ア**～**エ**のうちから一つ選び，その符号を書きなさい。

ア　約 500 m　　**イ**　約 1,250 m　　**ウ**　約 1,750 m　　**エ**　約 2,500 m

3　ともこさんたちは，次の緯線と経線が直角に交わる地図を使って，世界の国々の様子について学習した。これに関して，あとの(1)～(5)の問いに答えなさい。

緯線と経線が直角に交わる地図（緯線・経線の間隔はどちらも 15 度である。）

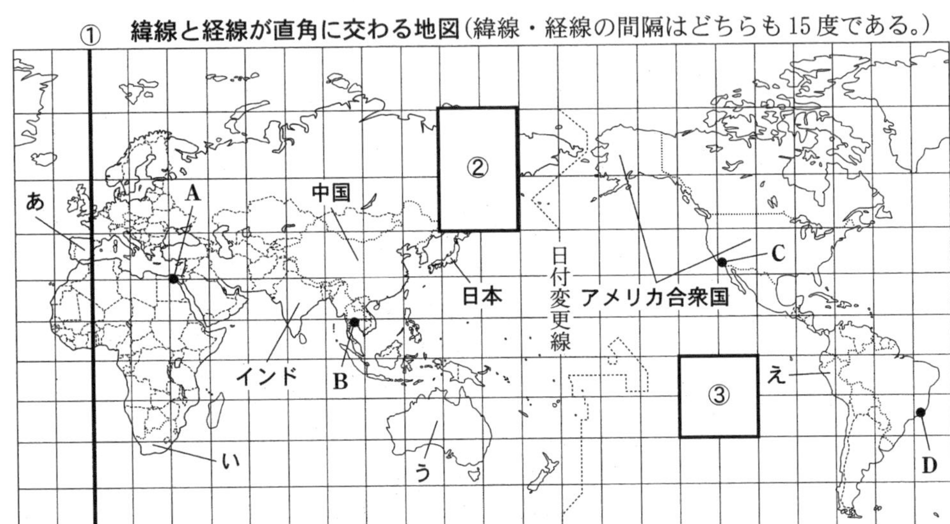

（注）　島等は省略したものもある。また，国境に一部未確定部分がある。

(1)　次の文章は，ともこさんが，上の地図の特徴についてまとめたレポートの一部である。文章中の［　Ⅰ　］，［　Ⅱ　］にあてはまるものの組み合わせとして最も適当なものを，あとの**ア**～**エ**のうちから一つ選び，その符号を書きなさい。

> この地図は，緯線と経線が直角に交わる地図で，緯線と経線は，15 度ずつの間隔で引かれています。地図上の経度 0 度を示す経線①を［　Ⅰ　］と呼びます。また，地図上の［②］で示した場所の実際の面積は，地図上の［③］で示した場所の実際の面積［　Ⅱ　］です。

ア　Ⅰ：本初子午線　Ⅱ：よりも狭い　　**イ**　Ⅰ：本初子午線　Ⅱ：と同じ
ウ　Ⅰ：赤道　Ⅱ：と同じ　　**エ**　Ⅰ：赤道　Ⅱ：よりも狭い

(2)　次の**資料**は，社会科の授業で，さとみさんが，外国で暮らしているゆうとさんとタブレットを使ってオンラインでやり取りをしている様子を表したものである。地図中の**A**～**D**は，それぞれカイロ，バンコク，リオデジャネイロ及びロサンゼルスのいずれかの都市を示している。**A**～**D**のうち，ゆうとさんが暮らしている都市はどれか。**資料**を参考に，最も適当なものを一つ選び，その符号を書きなさい。なお，サマータイム制度は考えないこととする。

資料　さとみさんとゆうとさんがオンラインでやりとりをしている様子

さとみさん
こんにちは。日本は今，午後 2 時で，私は学校で 6 時間目の社会の授業をしているよ。ゆうとさんは今何をしていますか。

ゆうとさん
こちらは今，午前 7 時で，これから学校に向かうところだよ。東京とは，7 時間の時差があるんだね。

(3) 次の文章は，あきとさんが，世界の有名な観光地についてまとめたレポートの一部である。文章中の［ Ⅰ ］の国は，地図中に示した**あ～え**のうちのどれか。最も適当なものを一つ選び，その符号を書きなさい。また，［ Ⅱ ］にあてはまる山脈名を**カタカナ**で書きなさい。

> この写真は，世界中から観光客が訪れるインカ帝国の「マチュピチュ遺跡」です。この遺跡は，［ Ⅰ ］の標高 2,000 m 付近の山岳地帯にあります。また，この遺跡がある山岳地帯は［ Ⅱ ］山脈の一部です。

(4) 次の文章は，ほのかさんが，モノカルチャー経済の国についてまとめたものの一部である。グラフを参考に，文章中の［　　］にあてはまる適当なことばを，「輸出品の価格」「国の収入」の二つの語句を用いて **30 字以内**（読点を含む。）で書きなさい。

> 二つのグラフから，モノカルチャー経済の国の特徴をまとめました。モノカルチャー経済の国は，特定の農産物や鉱産資源の生産や輸出に依存しています。そのため，天候や他国の経済状況によって，［　　］という問題点を抱えています。

エチオピアの輸出品目の割合

輸出総額 15 億ドル（2018 年）

コーヒー豆	野菜・果実	ごま	その他
24.3 %	19.0 %	18.2 %	38.5 %

（「世界国勢図会 2021/22」より作成）

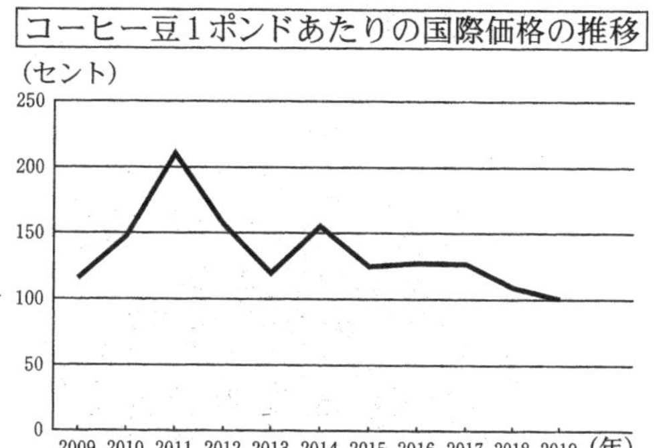

（注）・１ポンド＝約 454 グラム
　　　・１セント＝約１円（2021 年６月現在）

（「国際コーヒー機関 ICO 統計」より作成）

(5) 次の**資料**は，ゆづきさんが，地図中のアメリカ合衆国，インド，中国及び日本の人口，国土面積及び年齢別人口割合の状況についてまとめたものの一部である。**資料**から読み取れることとして最も適当なものを，あとの**ア～エ**のうちから一つ選び，その符号を書きなさい。

資料　アメリカ合衆国，インド，中国及び日本の人口，国土面積及び年齢別人口割合

国名（50 音順）	人口（万人）	国土面積（万 km^2）	年齢別人口割合（%）	
			0 ～14 歳	65 歳以上
アメリカ合衆国	32,717	983	18.6	16.0
インド	121,086	329	30.9	5.5
中国	140,005	960	16.8	12.6
日本	12,571	38	12.0	28.8

（注）国土面積は，2019 年のものである。人口と年齢別人口割合については，日本は 2020 年，中国は 2019 年，アメリカ合衆国は 2018 年，インドは 2011 年のものである。

ア　4 か国中，人口密度が最も高い国はアメリカ合衆国で，人口密度が最も低い国はインドである。

イ　4 か国中，人口が最も多く，国土面積が最も広い国は中国である。

ウ　4 か国中，日本は 65 歳以上人口の割合は最も高く，65 歳以上人口は 3,000 万人以上である。

エ　4 か国中，人口が多い国ほど，0 ～14 歳人口の割合が高く，65 歳以上人口の割合が低い。

4 次の **A ～ D** のパネルは，社会科の授業で，たかおさんたちが，「日本の寺社」をテーマに作成したものの一部である。これに関して，あとの(1)～(5)の問いに答えなさい。

A：法隆寺［飛鳥時代］

法隆寺は，7 世紀初めの飛鳥時代に，聖徳太子により建てられた。火災で焼失したが，のちに再建された。金堂(こんどう)や五重塔などは，現存する世界最古の木造建築物である。

B：平等院［平安時代］

平等院は，11 世紀中ごろの平安時代に，藤原頼通により建てられた。阿弥陀(あみだ)堂は，鳳凰(ほうおう)が翼を広げたような美しい形をしていることから鳳凰堂とも呼ばれている。

C：建長寺(けんちょうじ)［鎌倉時代］

建長寺は，13 世紀中ごろの鎌倉時代に，鎌倉幕府[a] 5 代執権北条時頼(ほうじょうときより)により建てられた。鎌倉五山(ござん)第一位の禅宗の寺院であり，境内(けいだい)は国の史跡に指定されている。

D：日光東照宮(にっこうとうしょうぐう)［江戸時代］

日光東照宮は，徳川家康をまつっており，17 世紀前半の江戸時代に，江戸幕府[b] 3 代将軍徳川家光により改築された。特に極彩色(ごくさいしき)の彫刻がほどこされた陽明門(ようめいもん)が有名である。

(1)　パネル**A**の時代に起こったことがらを，次の**ア**～**エ**のうちから**三つ**選び，年代の**古いものから順に並べ**，その符号を書きなさい。

ア　中大兄皇子(なかのおおえのおうじ)は，中臣鎌足(なかとみのかまたり)などとともに蘇我氏を倒した。

イ　壬申(じんしん)の乱に勝利した天武天皇が，天皇中心の政治をおこなった。

ウ　聖武天皇は，国ごとに，国分寺と国分尼(に)寺をつくるように命じた。

エ　日本は百済(くだら／ペクチェ)支援のための軍を送ったが，白村江(はくすきのえ／はくそんこう)の戦いで唐・新羅(しらぎ／シルラ)連合軍に敗れた。

(2)　パネル**B**の時代に起こったことがらとして最も適当なものを，次の**ア**～**エ**のうちから一つ選び，その符号を書きなさい。

ア　日本と明との間の朝貢形式の貿易では，勘合(かんごう)とよばれる証明書が使われた。

イ　宋との貿易を盛んにするため，瀬戸内海の航路や兵庫の港が整備された。

ウ　朱印状を持つ西日本の大名や京都，長崎，堺などの商人が，東南アジアと貿易をおこなった。

エ　南蛮人と呼ばれたスペイン人やポルトガル人の船が，長崎や平戸などに来航し，貿易をおこなった。

(3)　パネル**C**中の下線部**a**に関連して，次の文章は，鎌倉幕府の滅亡について述べたものである。文章中の［　Ⅰ　］，［　Ⅱ　］にあてはまる語の組み合わせとして最も適当なものを，あとの**ア**～**エ**のうちから一つ選び，その符号を書きなさい。

> 鎌倉幕府から政治の実権を朝廷に取り戻そうとした［　Ⅰ　］は，幕府をたおす戦いを起こした。［　Ⅰ　］は，一度は隠岐(おき)（島根県）に流されたが，楠木正成(くすのきまさしげ)などの新しく成長した武士や，有力御家人の［　Ⅱ　］などを味方に付け，1333 年に幕府を滅ぼした。

ア　Ⅰ：後鳥羽上皇　Ⅱ：足利尊氏　　イ　Ⅰ：後醍醐天皇　Ⅱ：足利義満
ウ　Ⅰ：後鳥羽上皇　Ⅱ：足利義満　　エ　Ⅰ：後醍醐天皇　Ⅱ：足利尊氏

(4)　パネルD中の下線部bに関連して，次の文章は，大名，朝廷に対する江戸幕府の政策について述べたものである。文章中の［　Ⅰ　］にあてはまる適当な語を書きなさい。また，［　Ⅱ　］にあてはまる語として最も適当なものを，あとのア～エのうちから一つ選び，その符号を書きなさい。

> 幕府は，大名に対して［　Ⅰ　］という法律を定め，大名が，幕府の許可なく城を修理することや，大名どうしが，幕府に無断で婚姻を結ぶことなどを禁止した。また，のちに参勤交代の制度を追加した。
> 朝廷に対しては，天皇や公家の行動を制限するための法律を定めた。また，［　Ⅱ　］をおいて朝廷の監視をおこなった。

ア　京都所司代　　イ　問注所　　ウ　宮内省　　エ　六波羅探題

(5)　たかおさんは，「日本の寺社」というテーマで，パネルを作成するにあたって，授業で発表したものとは別の寺社も調べた。次の**資料**は，たかおさんが，慈照寺についてまとめたレポートの一部である。**資料**中の［　　　］にあてはまる適当な語を書きなさい。

資料　たかおさんのレポートの一部

写真１

写真２

・　慈照寺は京都の東山に位置している。**写真１**は，慈照寺の敷地内にある銀閣である。
・　銀閣は，15世紀後半の室町時代に，室町幕府８代将軍足利義政により建てられた。
・　慈照寺の敷地内には，東求堂という建物がある。**写真２**は，東求堂の中にある同仁斎という部屋である。同仁斎には，禅宗寺院の建築の影響を受けた［　　　］と呼ばれる様式が取り入れられており，床の間などが設けられた。

5　次の略年表は，さゆりさんが，19世紀半ば以降の日本と世界の主なできごとを調べ，まとめたものである。これに関して，あとの(1)～(5)の問いに答えなさい。

年　代	日本の主なできごと	年　代	世界の主なできごと
1867	大政奉還（下線部a）がおこなわれる		
		1871	ドイツ帝国が成立する
1894	日清戦争が起こる		
	↕ A	1900	義和団事件が起こる
1904	日露戦争が起こる		
		1907	三国協商が結ばれる
1912	第一次護憲運動が起こる		

		1914	b第一次世界大戦が起こる
		1919	ベルサイユ条約が結ばれる
1925	治安維持法が成立する		↑
1931	満州事変が起こる		B
1937	日中戦争が起こる		
1941	太平洋戦争が起こる		↓
		1945	c第二次世界大戦が終わる

(1) 略年表中の下線部**a**に関連して，次の**資料**は，さゆりさんが，大政奉還がおこなわれた翌年に新政府が示した新たな政治方針についてまとめたレポートの一部である。**資料**中の［　　］にあてはまる語として最も適当なものを，あとの**ア**～**エ**のうちから一つ選び，その符号を書きなさい。

資料　さゆりさんのレポートの一部

> 一　広ク会議ヲ興(おこ)シ，万機公論(ばんきこうろん)ニ決(けっ)スベシ
>
> 1868年3月，新政府は，［　　］を発表し，会議を開いて世論(よろん)に基づいた政治をおこなうことなどを，新たな政治の方針として示した。

ア 王政復古(おうせいふっこ)の大号令　**イ** 五箇条(ごかじょう)の御誓文(ごせいもん)　**ウ** 大日本帝国憲法　**エ** 民撰議院(みんせんぎいん)設立の建白書(けんぱくしょ)

(2) 略年表中の**A**の時期に起こったことがらとして最も適当なものを，次の**ア**～**エ**のうちから一つ選び，その符号を書きなさい。

ア　25歳以上のすべての男子に，衆議院議員の選挙権が与えられた。

イ　福岡県に建設された官営の八幡(やはた)製鉄所で，鉄鋼の生産が始まった。

ウ　6歳以上のすべての男女が，小学校で教育を受ける学制が公布された。

エ　日本は，南満州鉄道株式会社(満鉄)を設立した。

(3) 略年表中の下線部**b**に関連して，次の文章は，第一次世界大戦の始まりについて述べたものである。文章中の［Ⅰ］，［Ⅱ］にあてはまる語の組み合わせとして最も適当なものを，あとの**ア**～**エ**のうちから一つ選び，その符号を書きなさい。

> 1914年，オーストリアの皇太子夫妻が，サラエボで［Ⅰ］の青年によって暗殺される事件が起こった。これがきっかけとなり，オーストリア，ドイツ，トルコなどの［Ⅱ］側とイギリス，フランス，ロシアなどの連合国側との間で，第一次世界大戦が始まった。

ア　Ⅰ：セルビア　Ⅱ：同盟国　　**イ**　Ⅰ：ルーマニア　Ⅱ：同盟国

ウ　Ⅰ：セルビア　Ⅱ：枢軸国(すうじくこく)　　**エ**　Ⅰ：ルーマニア　Ⅱ：枢軸国

(4) 略年表中の**B**の時期に起こったことがらを，次の**ア**～**エ**のうちから**三つ**選び，年代の**古いものから順に**並べ，その符号を書きなさい。

ア　アメリカで，ニューディール(新規まき直し)政策が始まった。

イ　日本，ドイツ，イタリアは日独伊三国同盟を結んだ。

ウ　ワシントン会議で，海軍の軍備を制限する条約などが結ばれた。

エ　朝鮮では，北緯 38 度線を境とし，南に大韓民国，北に朝鮮民主主義人民共和国が成立した。

⑸　略年表中の下線部 **c** に関連して，右の**資料**は，さゆりさんが，第二次世界大戦後の日本の外交についてまとめたレポートの一部である。**資料**中の［　　］にあてはまる適当なことばを，「日本」の語を用いて **25 字以内**（読点を含む。）で書きなさい。

資料　さゆりさんのレポートの一部

調印式で署名をする吉田茂首相（1951 年 9 月）

吉田茂内閣が，アメリカなど 48 カ国と結んだ［　　］を回復した。

6　次の文章を読み，あとの⑴～⑶の問いに答えなさい。

経済活動は，家計，企業及び政府の三つの主体a によっておこなわれています。また，企業は利潤追求だけでなく，環境問題などさまざまな課題b に対する取り組みが求められ，よりよい社会をつくるための活動もおこなっています。現代社会の課題をどのように克服c し，よりよい社会をつくっていくか，公民の学習を通して考えていくことが大切です。

⑴　下線部 **a** に関連して，次の**ア**～**エ**のカードは，はなこさんが，家計，企業及び政府とのつながりについて具体的に考えたものである。右の**図**中の［ Ⅰ ］，［ Ⅱ ］にあてはまる最も適当なものを，**ア**～**エ**のカードのうちからそれぞれ一つずつ選び，その符号を書きなさい。

図　授業で学習した経済のしくみ

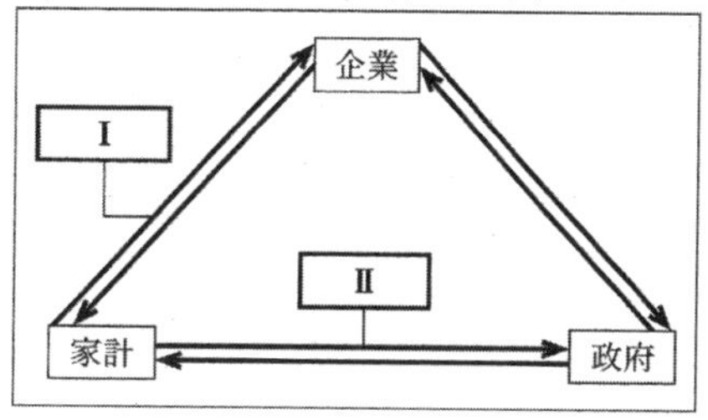

ア　所得税を納めること

イ　花屋でアルバイトをすること

ウ　ごみ収集車が家庭ごみを回収すること

エ　レストランで食事を提供すること

⑵　下線部 **b** に関連して，次の文章は，企業の活動に興味をもったはなこさんが，自宅の近くにある食品会社についてまとめたレポートの一部である。文章中の［　　］にあてはまる最も適当な語を**アルファベットの大文字 3 字**で書きなさい。

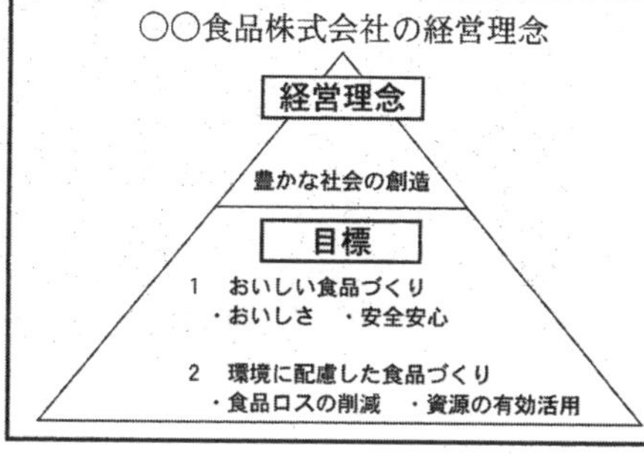

○○食品株式会社を調べると，環境への配慮なども企業にとって大切な目標の一つとなっていた。このような企業の社会に果たすべき責任を［　　］という。企業は，よい商品を作って利潤を得ようとするだけでなく，社会貢献も期待されていることがわかった。

(3) 下線部 c に関連して，次のページの文章は，社会科の授業で，はなこさんたちの班が**資料**を見ながら，「食品ロスの削減」の問題について話し合っている場面の一部である。文章中の［　　］にあてはまる最も適当なことばを，あとの**ア**～**エ**のうちから一つ選び，その符号を書きなさい。

> はなこ：食品ロスとは，まだ食べることができるのに捨てられてしまう食品のことだよね。昨日調べた〇〇食品株式会社が「食品ロスの削減」に取り組んでいることを知ったよ。
>
> たろう：インターネットで 2012 年度から 2018 年度までの食品ロス量の推移が分かる**資料**を見つけたよ。私たちの生活から出る家庭系の食品ロス量と，企業の活動などから出る事業系の食品ロス量は，どのように変化しているのか調べてみよう。
>
> はなこ：調べてみると，政府は 2030 年度までに食品ロス量の削減目標として，489 万トンまで減らすことを掲げているけれど，この目標は達成できるのかな。
>
> たろう：この**資料**を見ると，食品ロス量の推移としては［　　］ということがわかるね。
>
> はなこ：食品ロス量の削減目標を達成するためには，まだまだ削減する必要があるよ。
>
> たろう：目標が達成できるよう，すぐ食べるものを購入する際は，手前に並んでいるものから取るなど，できることから取り組んでいこう。

資料　2012 年度から 2018 年度までの食品ロス量の推移

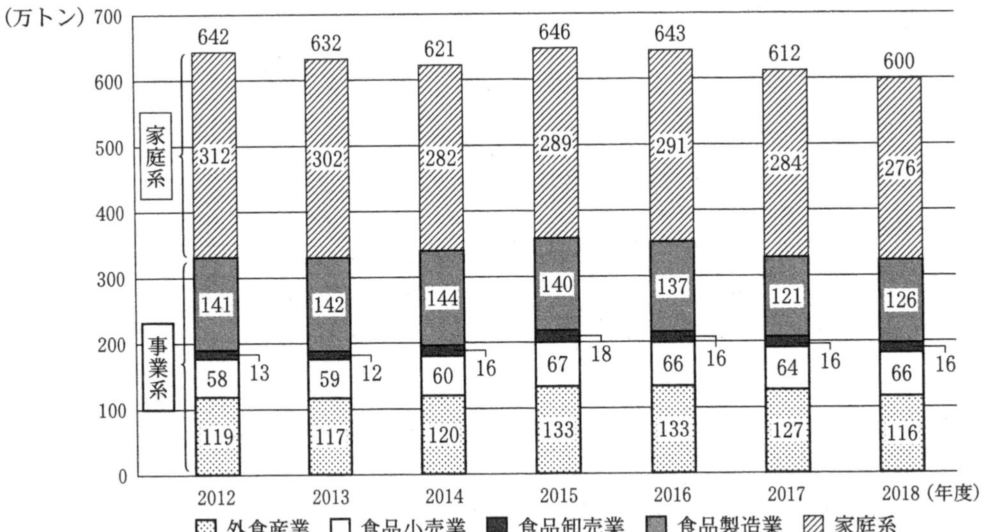

(注)　・事業系の食品ロス量は，外食産業，食品小売業，食品卸売業，食品製造業の食品ロス量をさす。
・端数処理により合計と内訳の計が一致しないことがある。　　（「農林水産省ホームページ」より作成）

ア　各年度の食品ロス量の合計を比べると，2012 年度が最も多くなっており，2018 年度が最も少なくなっている

イ　各年度の家庭系の食品ロス量を比べると，2012 年度が最も多くなっており，どの年度も前年度に比べて減少している

ウ　2012 年度と 2018 年度を比べると，2018 年度の家庭系と事業系の食品製造業の食品ロス量は，ともに 10 ％以上削減されている

エ　2018 年度は，他の年度と比べて，事業系の食品ロス量の中で，外食産業の食品ロス量の占める割合が最も高い

7 次の文章を読み，あとの(1)～(3)の問いに答えなさい。

令和４年度に高等学校へ進学するみなさんは，「公共」という新科目を学ぶことになります。中学校で学んだ公民的分野の内容の上に，地域社会[a]や日本が抱える課題などを多角的に学んでいきます。また18歳で選挙権[b]をもつとともに，成人になるみなさんには，さまざまな課題[c]を解決し，よりよい社会をつくるため，主権者として社会に関わる力を身につけることが期待されます。

(1) 下線部**a**に関連して，次の文は，地域社会について述べたものである。文中の［　　］にあてはまる適当な語を**漢字４字**で書きなさい。

> 地域の住民にとって，地域社会の身近な問題の解決を目ざすことを通じ，民主主義の経験を積むことができることから，［　　］は「民主主義の学校」ともよばれる。

(2) 下線部**b**に関連して，次の**資料１**～**資料３**は，社会科の授業で，選挙制度を学習するために使用した模擬選挙の方法と結果である。**資料１**を参考に，**資料２**と**資料３**を見て，この選挙における各党の当選議席数の組み合わせとして最も適当なものを，あとの**ア**～**エ**のうちから一つ選び，その符号を書きなさい。

資料１　模擬選挙の方法

> ・選挙は，衆議院議員選挙と同じ小選挙区比例代表並立制である。
> ・比例代表制は，各政党の得票数を１，２，３，・・・の整数で割り，計算した数字の大きい順に議席を定数まで各政党に配分するドント式を採用している。
> ・議員定数は，小選挙区制３名，比例代表制４名の計７名である。

資料２　小選挙区選挙の得票数

	A党候補者	B党候補者	C党候補者
第１選挙区	300 票	170 票	400 票
第２選挙区	200 票	90 票	160 票
第３選挙区	220 票	100 票	160 票

資料３　比例代表選挙の得票数

A党	780 票
B党	420 票
C党	600 票

ア　A党：４名　B党：１名　C党：２名　　**イ**　A党：３名　B党：１名　C党：３名
ウ　A党：４名　B党：０名　C党：３名　　**エ**　A党：３名　B党：０名　C党：４名

(3) 下線部**c**に関連して，次の**資料**は，社会科の授業で，まことさんが現在の選挙制度の課題である「一票の格差」についてまとめた発表原稿の一部である。**資料**中の［　　］にあてはまる適当なことばを，「有権者」「一票」の二つの語を用いて**20字以内**(読点を含む。)で書きなさい。

資料　まことさんの発表原稿の一部

右のグラフからは，現在の選挙制度の課題を読み取ることができます。東京10区と鳥取１区のように，選挙区によって議員一人当たりの有権者数が大きく異なることがあります。このような選挙区によって［　　］ことを「一票の格差」といいます。

これを解消することによって，より国民の声が政治に反映されることになります。ただし，人口の減少する地域の意見を反映することも考えていく必要があります。

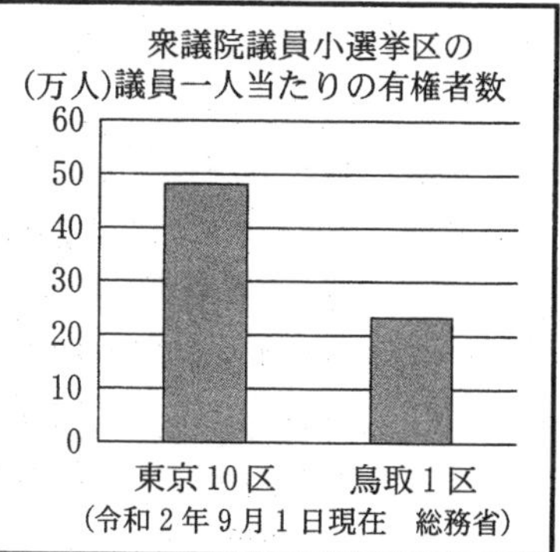

8 次の**資料**は，社会科の授業で，ゆきさんたちの班が，SDGsの学習をおこなった際に使用したものである。授業では，17の目標について班ごとに話し合い，優先度の高いもの三つを選択し，その理由を考える活動をおこなった。これを見て，あとの(1)，(2)の問いに答えなさい。

資料　授業で使用したワークシート

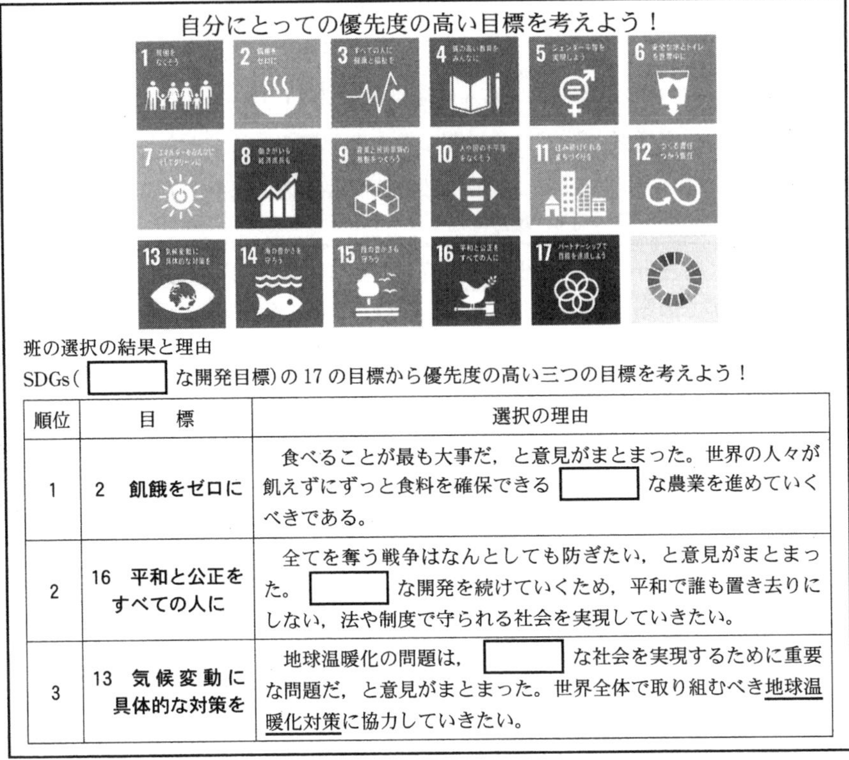

自分にとっての優先度の高い目標を考えよう！

班の選択の結果と理由

SDGs（［　　　］な開発目標）の 17 の目標から優先度の高い三つの目標を考えよう！

順位	目　標	選択の理由
1	**2　飢餓をゼロに**	食べることが最も大事だ，と意見がまとまった。世界の人々が飢えずにずっと食料を確保できる［　　　］な農業を進めていくべきである。
2	**16　平和と公正をすべての人に**	全てを奪う戦争はなんとしても防ぎたい，と意見がまとまった。［　　　］な開発を続けていくため，平和で誰も置き去りにしない，法や制度で守られる社会を実現していきたい。
3	**13　気候変動に具体的な対策を**	地球温暖化の問題は，［　　　］な社会を実現するために重要な問題だ，と意見がまとまった。世界全体で取り組むべき<u>地球温暖化対策</u>に協力していきたい。

(1)　**資料**中の［　　　］に共通してあてはまる適当な語を**漢字４字**で答えなさい。

(2)　**資料**中の下線部に関連して，次の文は，現在世界で取り組まれている地球温暖化対策について述べたものである。［　Ⅰ　］，［　Ⅱ　］にあてはまるものの組み合わせとして最も適当なものを，あとの**ア**～**エ**のうちから一つ選び，その符号を書きなさい。

> 2015 年に 2020 年以降の地球温暖化対策の国際的な枠組みとして［　Ⅰ　］が採択され，その中で［　Ⅱ　］ことが定められた。

ア　Ⅰ：京都議定書　Ⅱ：先進国の温室効果ガスの削減を義務とする
イ　Ⅰ：京都議定書　Ⅱ：平均気温の上昇を産業革命前と比べ，世界全体で２℃以内に抑える
ウ　Ⅰ：パリ協定　Ⅱ：先進国の温室効果ガスの削減を義務とする
エ　Ⅰ：パリ協定　Ⅱ：平均気温の上昇を産業革命前と比べ，世界全体で２℃以内に抑える

理　科

1　次の(1)～(4)の問いに答えなさい。

(1)　**図**のように，長さが 7 cm であるばねに，質量 150 g のおもりをつるしたところ，ばねの長さは 10 cm になって静止した。

このばねを 1 cm のばすとき，必要な力の大きさは何Ｎか，書きなさい。ただし，質量 100 g の物体にはたらく重力の大きさを１Ｎとする。また，ばねは，フックの法則にしたがうものとし，その質量は考えないものとする。

図

スタンド
ばね
7 cm
10 cm
おもり

⑵　次の化学反応式は，水の電気分解を表している。この化学反応式の説明として**適当でないもの**を，あとの**ア**～**エ**のうちから一つ選び，その符号を書きなさい。

$$2H_2O \rightarrow 2H_2 + O_2$$

ア　化学反応式の左辺（式の左側）にある $2H_2O$ は，水素原子４個と酸素原子２個が結びついた水分子を表している。

イ　化学反応式の右辺（式の右側）にある O_2 は，酸素原子２個が結びついた酸素分子を表している。

ウ　化学反応式から，水分子２個から水素分子２個と酸素分子１個ができることがわかる。

エ　化学反応式の，左辺と右辺の原子の種類と数は等しく，それぞれ水素原子４個と酸素原子２個である。

⑶　次の文は，動物の発生について説明したものである。文中の［　　］にあてはまる最も適当なことばを書きなさい。

> 動物では，精子の核と卵（らん）の核が合体してできた新しい１つの細胞である［　　］が，分裂をくり返し，胚を経て，個体としての体のつくりが完成する（親と同じような形に成長する）までの過程を発生という。

⑷　ある地点での地震による揺（ゆ）れの程度（大きさ）を，10段階（10階級）に分けて表したものを何というか，書きなさい。

2　**S**さんたちは，理科の授業で，「動物の体のつくり」について学びました。これに関する先生との会話文を読んで，あとの⑴～⑷の問いに答えなさい。

先　生：前回の授業では，ライオンとシマウマの映像を見ながら，それぞれの絵をかいてもらいました。どのような絵がかけましたか。また，気がついたことはありますか。

Sさん：私は，**図１**のように，ライオンとシマウマの顔をかきました。

Tさん：目のつき方がそれぞれ違（ちが）いますね。ライオンは，目が前向きについていますが，シマウマは，横向きについていますね。

図１

ライオン

シマウマ

先　生：そうですね。ところで，ライオンの前向きの目のつき方は，何をすることに役立っているでしょうか。

Sさん：ライオンの前向きの目のつき方は，シマウマの横向きの目のつき方に比べて，立体的に見える範囲が広いので，えものを追いかけるときに［　x　］ことに役立っています。

先　生：そのとおりです。今日は，ライオンとシマウマの頭の骨の標本を持ってきました。**図２**の**P**と**Q**のうち，どちらがシマウマの頭の骨かわかりますか。

図２　P　Q

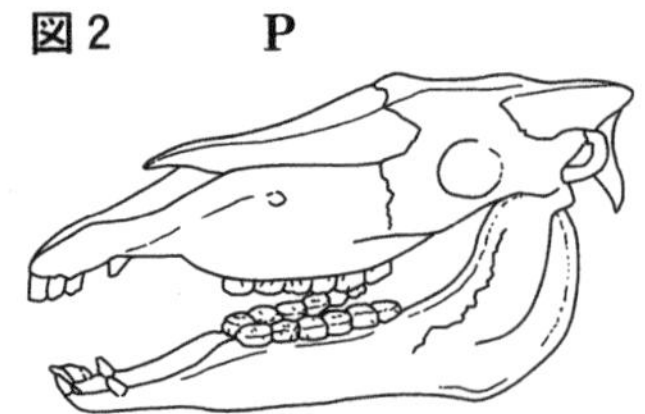

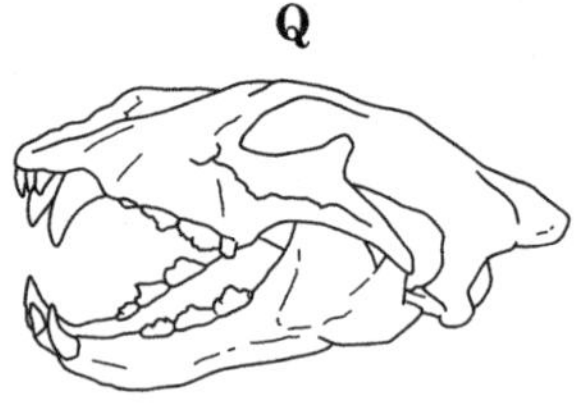

Tさん：シマウマはPだと思います。なぜなら，シマウマは，草を［ y ］ようにして食べることに適した，［ z ］が発達しており，Pにはその特徴（とくちょう）がみられるためです。

先　生：そのとおりです。動物は，それぞれの生活のしかたに適した体のつくりをしています。それでは，他の動物でも，生活のしかたに適した体のつくりをしている例はないでしょうか。

Sさん：ヒトの腕（うで）（手と腕）は，ものをつかんだり道具を使ったりすることに適しています。一方，水中で生活しているクジラは，ヒトの腕にあたる部分がひれ（胸（むな）びれ）となっていて，泳ぐことに適した形になっています。（下線部a）

先　生：よいところに気がつきましたね。ところで，クジラは泳ぐことに適した体のつくりをしていますが，メダカのような魚類ではなく，ホニュウ類（哺乳類）です。それでは，クジラやメダカなどの動物を，それぞれの特徴によってなかま分け（下線部b）してみましょう。

(1)　会話文中の［ x ］にあてはまる内容を，「**距離**」ということばを用いて書きなさい。

(2)　会話文中の［ y ］，［ z ］にあてはまるものの組み合わせとして最も適当なものを，次の**ア**～**エ**のうちから一つ選び，その符号を書きなさい。

ア　y：かみちぎる　　z：犬　歯　　　**イ**　y：かみちぎる　　z：臼（きゅう）　歯（し）
ウ　y：すりつぶす　　z：犬　歯　　　**エ**　y：すりつぶす　　z：臼　歯

(3)　会話文中の下線部aのように，外形やはたらきは異なっていても，基本的なつくりが同じであり，起源は同じものであった（同じものから変化した）と考えられる器官を何というか，書きなさい。

(4)　会話文中の下線部bについて，**表**中の特徴Ⅰ～特徴Ⅴは，あとの**ア**～**オ**のいずれかであり，**表**は，メダカ，イモリ，カメ，ペンギン，クジラが，その特徴をもつ場合は○で，その特徴をもたない場合は×で，その特徴を子はもたないが親（おとな）はもつ場合は△で示したものである。特徴Ⅱ，特徴Ⅳにあてはまるものとして最も適当なものを，あとの**ア**～**オ**のうちからそれぞれ一つずつ選び，その符号を書きなさい。

表

	メダカ	イモリ	カ　メ	ペンギン	クジラ
特徴Ⅰ	×	×	×	×	○
特徴Ⅱ	×	×	○	○	×
特徴Ⅲ	○	×	○	×	×
特徴Ⅳ	×	△	○	○	○
特徴Ⅴ	○	○	○	○	○

ア　体の表面のほとんどはうろこでおおわれている。　**イ**　雌(めす)は殻(から)のある卵を産む。

ウ　肺で呼吸する。　**エ**　背骨（セキツイ）をもつ。　**オ**　胎生(たいせい)である。

3　エタノールの状態変化について調べるため，次の**実験**を行いました。これに関して，あとの(1)～(3)の問いに答えなさい。

実験

図１のように，液体のエタノールを少量入れたポリエチレンの袋をバットの中に置き，ポリエチレンの袋を密閉した。次に，**図２**のように，ポリエチレンの袋に熱い湯をかけたところ，袋が大きくふくらんだ。このとき，ポリエチレンの袋の中には，液体のエタノールは見られず，すべて気体のエタノールになった。

図１

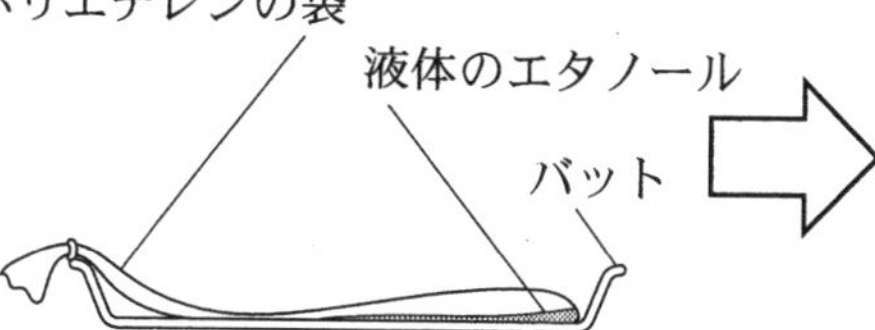

図２

(1)　エタノールは，分子という粒子からできている物質である。分子からできている物質として適当なものを，次の**ア**～**オ**のうちから**すべて選び**，その符号を書きなさい。

ア　窒(ちっ)　素(そ)　**イ**　塩化ナトリウム　**ウ**　二酸化炭素　**エ**　アンモニア　**オ**　銀

(2)　**実験**の下線部の状態のとき，袋の中のエタノールの粒子のようすを模式的に表したものとして最も適当なものを，次の**ア**～**エ**のうちから一つ選び，その符号を書きなさい。ただし，**図３**は，熱い湯をかける前の，袋の中のエタノールの粒子のようすを模式的に表したものである。

図３

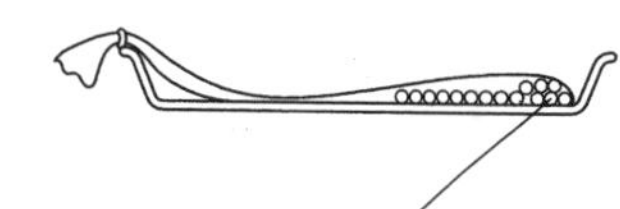

ア

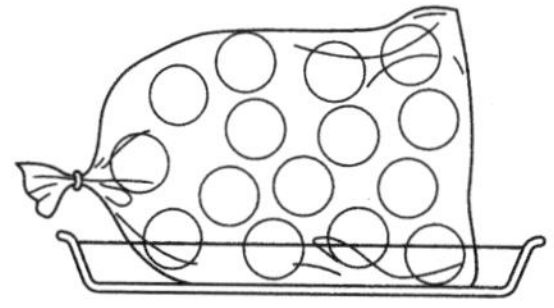

エタノールの粒子が大きくなった。

イ

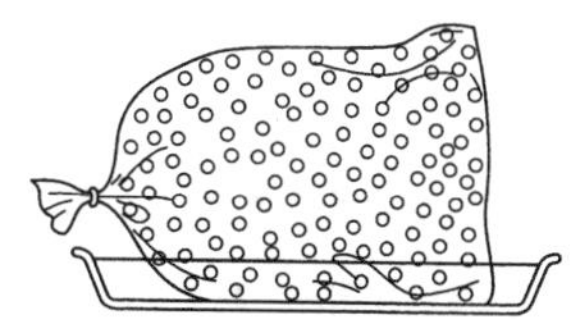

エタノールの粒子の数が増えた。

ウ

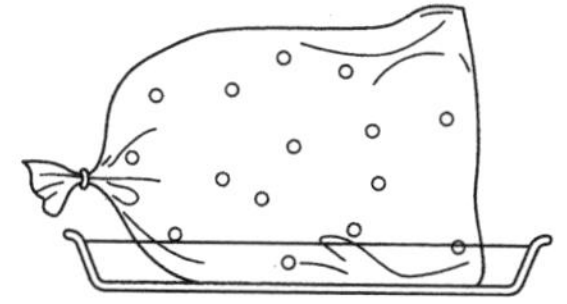

エタノールの粒子が自由に飛び回り，粒子どうしの距離(きょり)が大きくなった。

エ

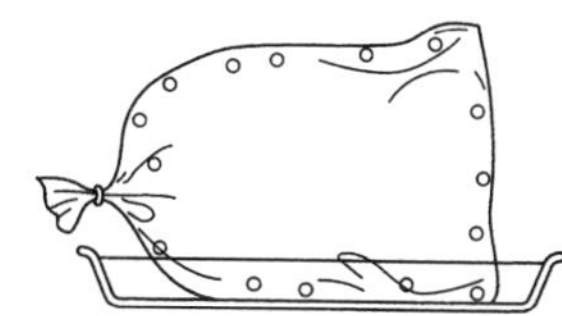

エタノールの粒子が袋のふちに移動し，袋の中心部にエタノールの粒子がなかった。

(3) 次の文章は，**実験**後の**S**さんたちと先生の会話である。あとの①，②の問いに答えなさい。

先　生：この**実験**の結果から，何か新たな疑問はありますか。

Sさん：液体のエタノールがすべて気体になったとき，体積が何倍になるのか知りたいです。

先　生：わかりました。それでは，次の**資料**を見てください。

資料

エタノール
- 融点　－115 ℃
- 沸点　78 ℃
- 液体のエタノールの密度　0.79 g/cm^3　（1気圧，20 ℃のとき）

先　生：1気圧のもとで，20 ℃の液体のエタノール1 cm^{3}を加熱して，すべて気体になったとき，その質量は，何gですか。

Sさん：**資料**にある数値から計算すると，［ **x** ］gです。

先　生：そうですね。それでは，この液体のエタノールが，すべて気体になったとき，その体積は何倍になるか，計算してみましょう。ただし，気体になったエタノールの温度は一定で，気体のエタノールの密度を0.0016 g/cm^{3}とします。

Sさん：はい。液体のエタノールがすべて気体になったとき，その体積は［ **y** ］倍になります。液体から気体にかわると，体積がとても大きくなるのですね。

先　生：そのとおりです。ところで，**T**さんは，何か疑問に思うことはありますか。

Tさん：はい。私は，エタノールが固体になるか，調べてみたいです。

図４

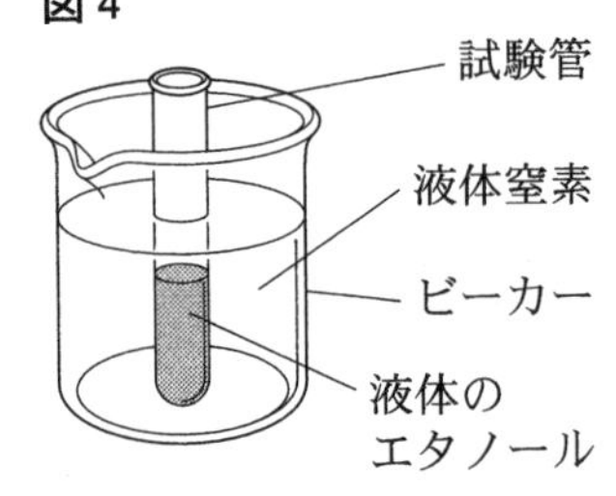

先　生：なるほど。**図４**のように，液体窒素（液体になった窒素）を入れたビーカーの中に，液体のエタノールが入った試験管を入れると，試験管の中に固体のエタノールができます。**資料**にある数値から考えたとき，この液体窒素の温度は何℃であるか，わかりますか。

Tさん：正確な液体窒素の温度はわかりませんが，［ **z** ］です。

先　生：そのとおりです。それでは，エタノールが，固体になることを確認してみましょう。

① 会話文中の［ **x** ］にあてはまる数値を書きなさい。また，［ **y** ］にあてはまる数値を，小数第１位を四捨五入して整数で書きなさい。

② 会話文中の［ **z** ］にあてはまるものとして最も適当なものを，次の**ア**～**エ**のうちから一つ選び，その符号を書きなさい。

ア　－115 ℃よりも低い　　　**イ**　－115 ℃から0 ℃の間

ウ　0 ℃から78 ℃の間　　　**エ**　78 ℃よりも高い

4 Sさんは，冬の日本付近の天気の特徴(とくちょう)について，気象衛星が撮影(さつえい)した雲画像を使って**調べたこと**をまとめ，次の**実験**を行いました。これに関して，あとの(1)～(4)の問いに答えなさい。

調べたこと

・**図１**は，ある年の２月に気象衛星が撮影した雲画像である。

・この日は，西高東低の冬型の気圧配置であり，北西の風が日本列島にふいていた。

・この日，日本海の上には，北西の風に沿(そ)ったすじ状の雲が見られた。

図１

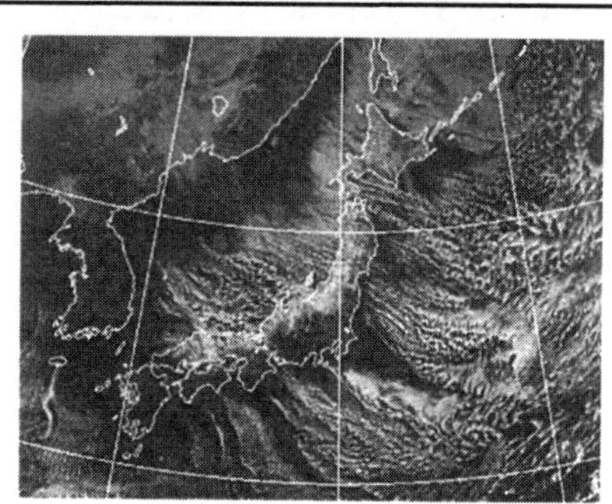

実験

図１で，日本海の上に見られたようなすじ状の雲を再現するために，**S**さんは**図２**のような装置を用意した。箱の中からはドライアイスで冷やされた空気が出てきて，ユーラシア大陸に見立てた滑走台の上を流れていった。この空気が，日本海に見立てた容器に入った湯の上を通ったときに，すじ状の雲が発生し，白くくもって見えた。

図２

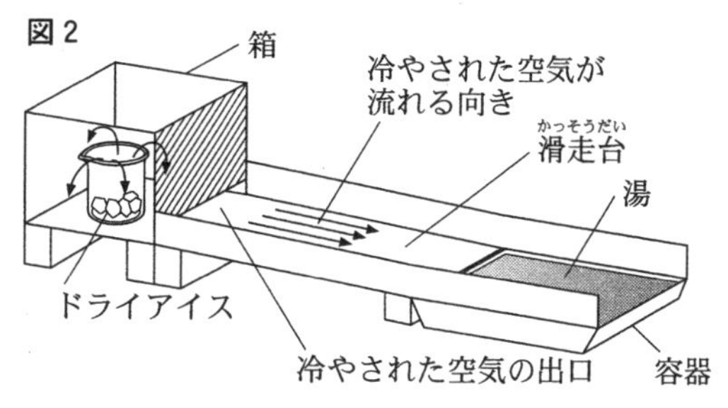

注　箱の中が見えるように，箱の側面と上面には透明な板を用いた。

(1) 冬にユーラシア大陸からふき出す空気は，日本海の上で性質が変化し，**実験**で再現されたようなすじ状の雲をつくる。この空気の性質の変化について説明した文として最も適当なものを，次の**ア**～**エ**のうちから一つ選び，その符号を書きなさい。

ア　大陸からの冷たく湿(しめ)った空気が，冷たい日本海の上で，温度のみがさらに低く変化する。

イ　大陸からの冷たく湿った空気が，日本海に水蒸気を吸収されて，乾燥した空気に変化する。

ウ　大陸からの冷たく乾燥した空気が，温かい日本海の上で，温度のみが高く変化する。

エ　大陸からの冷たく乾燥した空気が，日本海で蒸発した水蒸気を含(ふく)み，湿った空気に変化する。

(2) 次の文章は，冬にユーラシア大陸から日本列島に向かってふく北西の風について述べたものである。文章中の［ m ］，［ n ］にあてはまる最も適当なことばを書きなさい。

> 太陽から受けとる光の量が少ない冬は，大陸と海洋のうち［ m ］のほうがより低温になるため，ユーラシア大陸のシベリア付近に，高気圧が発達する。高気圧の中心部では，［ n ］気流ができ，そこからまわりにふき出した風の一部が，日本列島に向かってふく北西の風になる。

(3) **図１**が撮影された日から１か月後，低気圧が発生して日本海を西から東へ進み，この低気圧の中心が**図３**中の×の位置にある。この低気圧は２種類の前線をともなっており，一方は×から地点**A**に，他方は×から地点**B**にのびている。この２種類の前線を，解答用紙の図中に，前線の記号を用いてそれぞれかきなさい。ただし，**図４**は，**図３**中の**y－z**，および**y'—z'**における空気の断面を模式的に表しており，暖気と寒気が接しているようすがみられる。また，地点**C**では，数時間前に風向の変化と，気温の急な低下が観測された。

図３

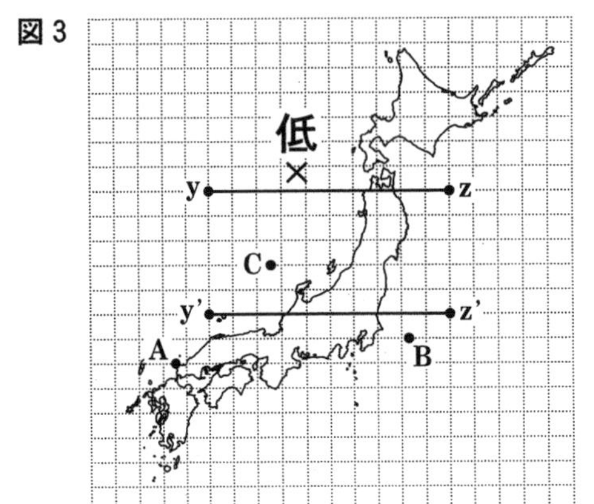

注　方眼の１目もりは100 kmの長さを表している。また，**図３**中の**A**～**C**は，地点**A**～地点**C**を表している。

図４

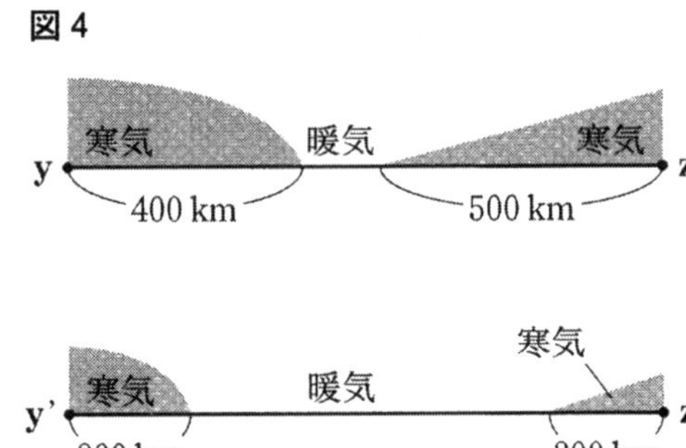

(4) **図３**のとき，関東地方では，日本海にある低気圧に向かって南の風がふいていた。太平洋側の平野(へいや)で気温17℃，湿度80％であった空気のかたまりが，山の斜面に沿って上昇しながら雨を降らせ，山をこえて日本海側の平野へふき下りたとき，気温25℃，湿度30％になっていた。この空気のかたまりが山をこえたときに失った水蒸気の量は，初めに含んでいた水蒸気の量の約何％か，小数第１位を四捨五入して整数で書きなさい。なお，**表**は，それぞれの気温（空気の温度）に対する飽和(ほうわ)水蒸気量を表している。

表

気　温〔℃〕	10	11	12	13	14	15	16	17	18	19
飽和水蒸気量〔g/m³〕	9.4	10.0	10.7	11.4	12.1	12.8	13.6	14.5	15.4	16.3

気　温〔℃〕	20	21	22	23	24	25	26	27	28	29
飽和水蒸気量〔g/m³〕	17.3	18.3	19.4	20.6	21.8	23.1	24.4	25.8	27.2	28.8

5 電流の大きさと，電熱線の発熱について調べるため，次の**実験１～３**を行いました。これに関して，あとの(1)～(3)の問いに答えなさい。ただし，使用した電熱線**A**の抵抗(ていこう)（電気抵抗）の大きさは3.0 Ωであり，電熱線**A**～**F**に流れる電流の大きさは，時間とともに変化しないものとします。

実験１

図１のような回路をつくり，電源装置で，電熱線**A**に加える電圧の大きさを０Ｖから6.0Ｖまで変化させ，そのときの電流の大きさをそれぞれ測定した。**表**は，その結果をまとめたものである。

図１

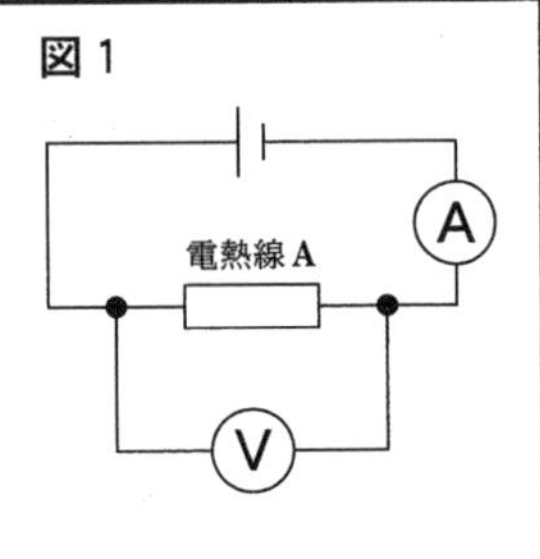

表

電圧の大きさ〔V〕	0	1.5	3.0	4.5	6.0
電流の大きさ〔A〕	0	0.50	1.0	1.5	2.0

実験２

電熱線**A**と同じ抵抗の大きさの電熱線**B**～**E**を用意し，**図２**，**３**のように，それぞれ組み合わせて回路をつくり，**実験１**と同様に電源装置で，加える電圧の大きさを０Ｖから6.0Ｖまで変化させ，そのときの電流の大きさをそれぞれ測定した。

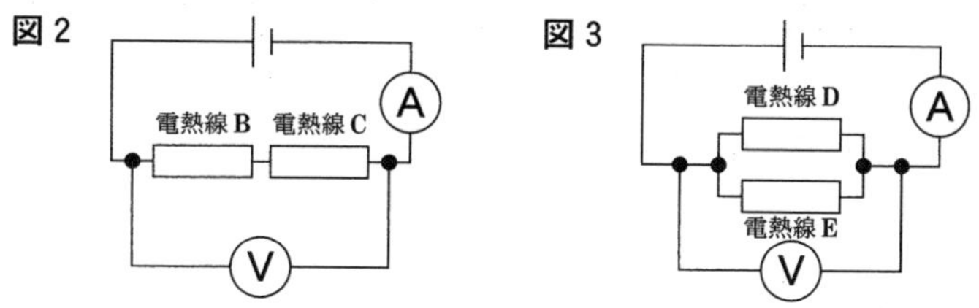

実験３

① **図４**のように，**実験１**で用いた電熱線Ａを用いて回路をつくり，発泡（はっぽう）ポリスチレンのコップに水100ｇを入れてしばらく放置した。その後，スイッチを入れ，電源装置の電圧を6.0Ｖに固定して水の温度を測定した。

② 電熱線Ａと抵抗の大きさが異なる電熱線Ｆを用意し，①の回路の電熱線Ａを電熱線Ｆにかえて，①と同様に発泡ポリスチレンのコップに水100ｇを入れてしばらく放置した。その後，スイッチを入れ，電源装置の電圧を6.0Ｖに固定して水の温度を測定した。

図５は，①，②のときの電流を流した時間と水の上昇温度をそれぞれ記録したものであり，**図５**中の軸の目もりは省略してある。ただし，水をゆっくりかき混ぜながら，水の温度を測定し，水中では場所による水の温度の違（ちが）いがないものとする。

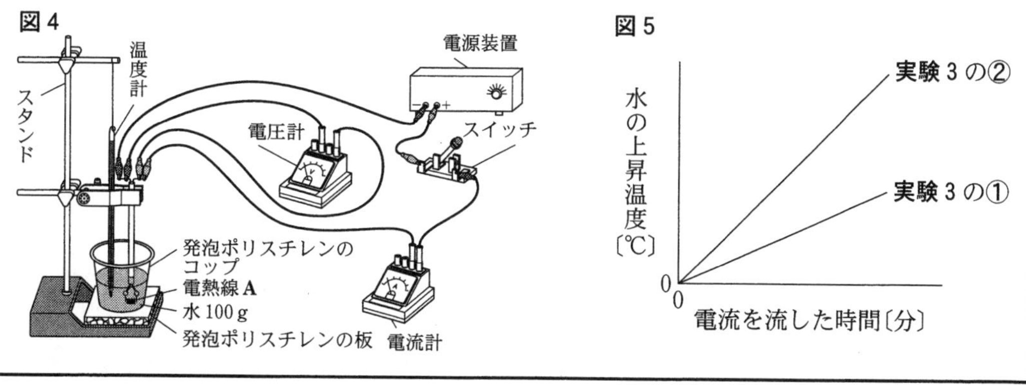

⑴ **実験１**で，**表**のように，電熱線Ａを流れる電流の大きさは，電熱線Ａに加える電圧の大きさに比例することがわかる。この関係を表す法則を何というか，書きなさい。

⑵ **図６**は，電源装置の電圧の大きさと，回路全体を流れる電流の大きさの関係を示したグラフである。**実験２**の**図２**，**３**の回路における結果を示したグラフとして最も適当なものを，**図６**中の**ア**～**エ**のうちからそれぞれ一つずつ選び，その符号を書きなさい。

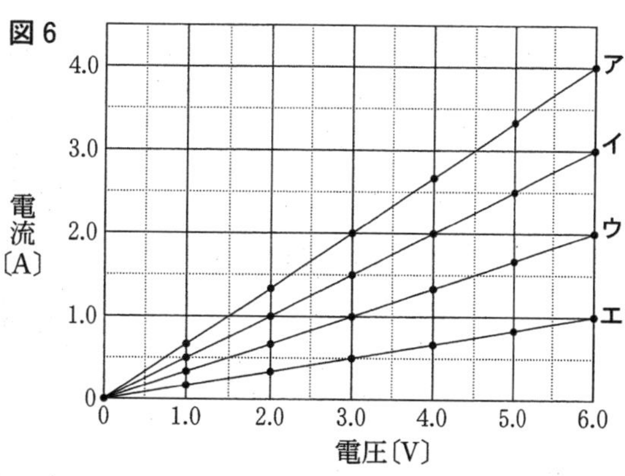

⑶ 次の文章は，**実験３**についてのＳさんと先生の会話である。あとの(a)，(b)の問いに答えなさい。

Ｓさん：**実験３**の①で，電熱線Ａに電流を５分間流したときに，電流によって発生する熱量を計算したところ，［　　　］Ｊであることがわかりました。

先　生：そうですね。それでは，**実験**３の①と②の結果を比べると，どのような違いがありますか。

Ｓさん：**図**５から，水の質量が同じとき，電流を流した時間が同じであれば，**実験**３の②で発生する熱量は，**実験**３の①で発生する熱量に比べて大きいことがわかります。

先　生：そうですね。

Ｓさん：このことから，電熱線Ｆの抵抗の大きさは，電熱線Ａの抵抗の大きさに比べて小さいと考えることができます。

先　生：そのとおりです。

(a)　会話文中の［　　　］にあてはまる数値を書きなさい。

(b)　会話文中の下線部について，Ｓさんが，電熱線Ｆの抵抗の大きさは，電熱線Ａの抵抗の大きさに比べて小さいと考えた理由を書きなさい。

6　Ｓさんは，太陽系の惑星（わくせい）Ａ～惑星Ｇおよび地球について**調べたこと**をまとめ，千葉県内の地点Ｐで次の**観察**を行いました。これに関して，あとの(1)～(4)の問いに答えなさい。なお，太陽系の惑星Ａ～惑星Ｇおよび地球の公転軌道（きどう）は，太陽を中心とする円であるものとします。

調べたこと

・太陽系の惑星は地球を含（ふく）めて８つあり，それぞれほぼ同じ平面上で，同じ向きに太陽のまわりを公転している。

・近年の探査（たんさ）によって，惑星Ｃの表面には，**図**１のような丸みを帯びたれきが見つかっている。

・**図**２のグラフは，太陽系の惑星Ａ～惑星Ｃおよび地球について，太陽からの距離（きょり）と公転周期（公転の周期）の関係を示している。また，**図**３のグラフは，太陽系の惑星Ｄ～惑星Ｇについて，太陽からの距離と公転周期の関係を示している。

図１

図２

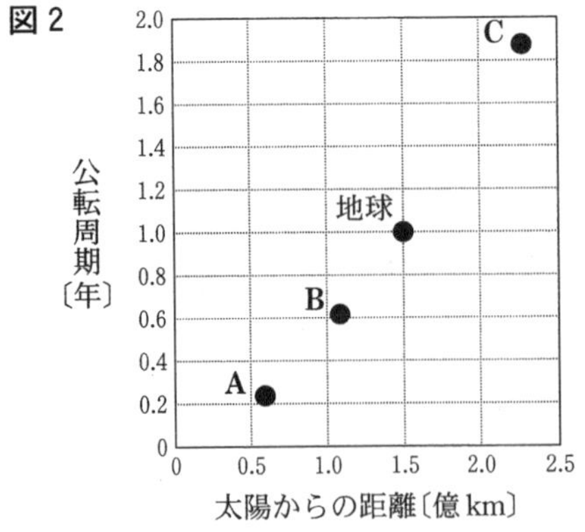

図３

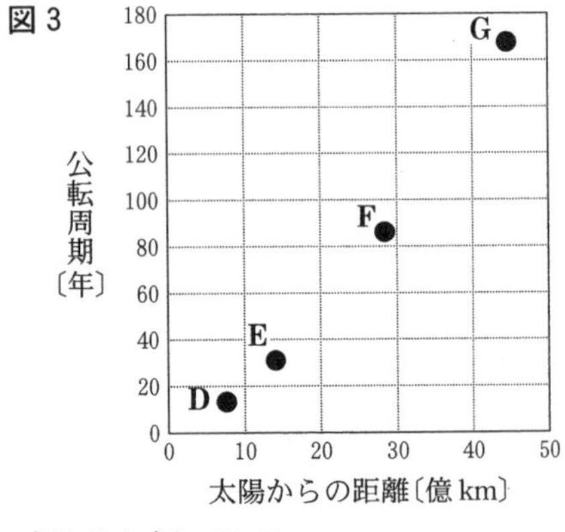

注　**図**２，３中のＡ～Ｇは，惑星Ａ～惑星Ｇを表している。

観察

図４は，ある日の太陽，地球，惑星**B**，惑星**C**の位置関係を，北極側から見て模式的に表したものである。**S**さんはこの日に千葉県内の地点**P**で，天体望遠鏡を使って惑星**B**を観察した。この天体望遠鏡は，見える像の上下左右が逆になっていたので，惑星**B**の像をスケッチしたあと，スケッチを肉眼（にくがん）で見たときの向きに直した。

また，この日から半年後，地点**P**からは惑星**B**，惑星**C**を同じ日のうちに観察することができた。

図４

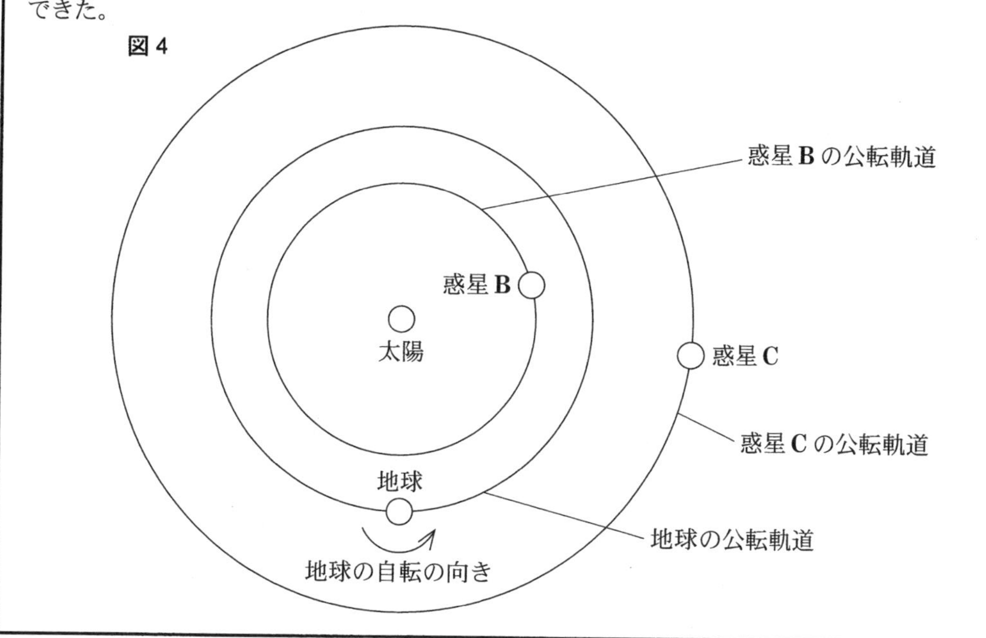

⑴　**図１**のような，丸みを帯びたれきが見つかったことなどから，かつての惑星**C**の表面には現在の地球のような環境があった可能性が考えられている。現在の地球において，角がとれて丸みを帯びたれきは，何のはたらきで，どのようにしてつくられるか，**30字以内**（句読点を含む。）で書きなさい。

⑵　**図２**，３中で，水星，土星を示しているものはそれぞれどれか。**図２**，３中の惑星**A**～惑星**G**のうちから最も適当なものをそれぞれ一つずつ選び，書きなさい。

⑶　地球，太陽，惑星**B**，惑星**C**の位置関係が**図４**のようになっていた日における，地点**P**から見た惑星**B**の見かけの形（見え方）はどれか。次の**ア**～**エ**のうちから最も適当なものを一つ選び，その符号を書きなさい。なお，**ア**～**エ**の形は，惑星**B**の像を肉眼で見た場合の向きに直したものである。

⑷　太陽，地球，惑星**B**，惑星**C**の位置関係が**図４**のようになっていた日から半年後に，地点**P**から惑星**B**，惑星**C**がそれぞれ観察できた時間帯や方位について述べたものとして最も適当なものを，次の**ア**～**オ**のうちからそれぞれ一つずつ選び，その符号を書きなさい。

ア　明け方の西の空でのみ観察できた。　　**イ**　夕方の西の空でのみ観察できた。

ウ　明け方の東の空でのみ観察できた。　　**エ**　夕方の東の空でのみ観察できた。

オ　ほぼ一晩中見ることができ，真夜中は南の空で観察できた。

7　球の運動について調べるため，次の**実験１**，２を行いました。これに関して，あとの(1)〜(4)の問いに答えなさい。ただし，各斜面(しゃめん)と各水平面はなめらかにつながっていて，球はレールから離(はな)れることなく運動するものとし，高さの基準は床(ゆか)とします。また，球とレールの間の摩擦(まさつ)や空気による抵抗(ていこう)はないものとしますが，木片と床，木片と台の間にはそれぞれ摩擦力がはたらくものとします。なお，**実験１**，２で使用したレールは同じものであり，レールの厚さは考えないものとします。

実験１

①　**図１**のように，斜面と水平面からなるレールを用意し，木片を床に置いた。なお，**図２**のように球はレール上に，木片はレールをまたぐように置くものとする。

②　質量 30 g の球を，床からの高さが 10 cm となる斜面上に置いて，静かに手を離したところ，球は斜面を下(くだ)り，木片に衝突(しょうとつ)し木片は移動した。このとき，木片の移動した距離(きょり)を測定した。

③　球を置く斜面上の位置を，高さ 20 cm，30 cm にかえて，それぞれ**実験１**の②を行った。

④　球を質量 60 g，120 g の球にかえて，それぞれ**実験１**の②，③を行った。

球の質量，球を置く高さ，木片の移動した距離の関係をグラフにまとめたところ，**図３**のような直線になった。

図１

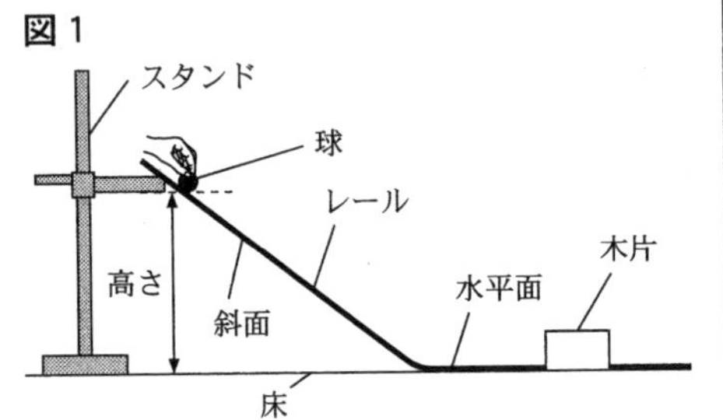

図２

図３

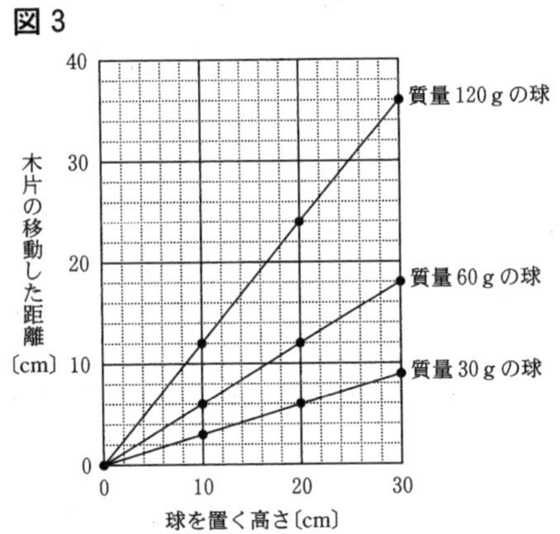

実験２

①　**図４**のように，斜面１，２と水平面１，２からなるレールと台を用意し，**実験１**で使用したものと同じ木片を，レールをまたぐように台に置いた。なお，水平面２は，床からの高さが 10 cm である。

②　質量 90 g の球を，床からの高さが 30 cm となる斜面１上に置いて，静かに手を離したところ，球は斜面を下り，レール上を運動し，木片に衝突した。

図４

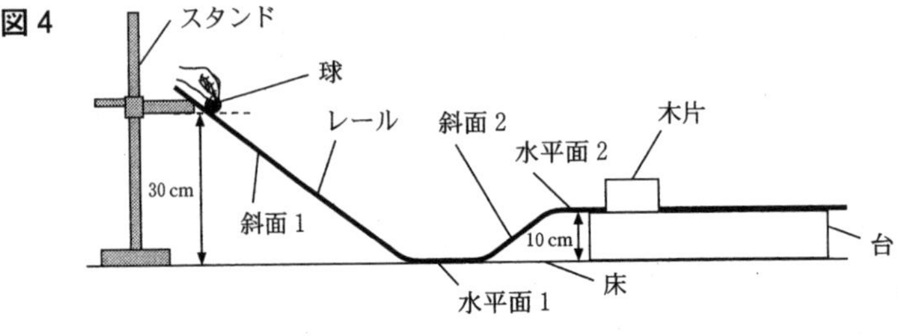

(1)　**実験１**で，球が斜面上を運動しているとき，球にはたらく重力の向きとして最も適当なものを，次の**ア**～**エ**のうちから一つ選び，その符号を書きなさい。ただし，矢印は力の大きさと向きを表している。

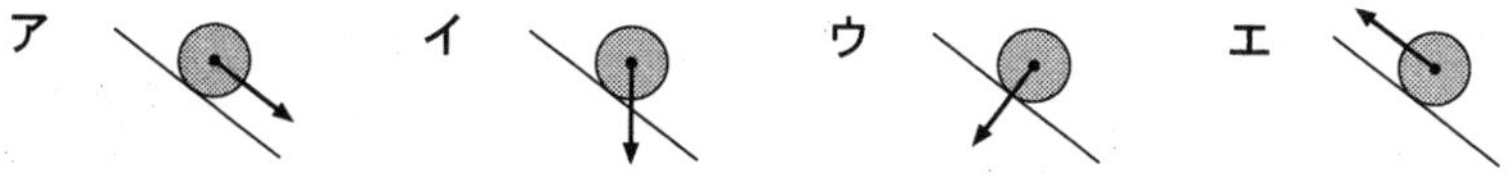

ア　　**イ**　　**ウ**　　**エ**

(2)　次の文章は，**実験１**について説明したものである。文章中の［ x ］にあてはまる適当なことばを書きなさい。また，［ y ］にあてはまる数値を書きなさい。

> **図３**から，木片の移動した距離は，球を置く高さが高いほど，また，球の質量が大きいほど［ x ］。さらに，**図３**から，木片の移動した距離は，球を置く高さ，球の質量にそれぞれ比例していると読み取れることから，球を置く高さが 25 cm，球の質量が 60 g のとき，木片の移動する距離は［ y ］cm である。

(3)　**図５**は，**実験２**のようすを模式的に表したものである。ただし，**図５**において，球を置いた位置を**A**，斜面１を下り終えた位置を**B**，斜面２を上り始めた位置を**C**，斜面２を上り終えた位置を**D**，木片に衝突した位置を**E**とする。なお，**図６**は，**A**～**E**における球の位置を横軸上にそれぞれ**a**～**e**と置きかえて示しており，**A**での球の位置エネルギーを３，水平面１上での球の位置エネルギーを０として，球がレール上を運動し，木片に衝突するまでの位置エネルギーの変化を表したグラフである。このとき，球がレール上を**A**～**E**まで運動する際の運動エネルギーの変化を，解答用紙の図中に実線でかきなさい。

図５

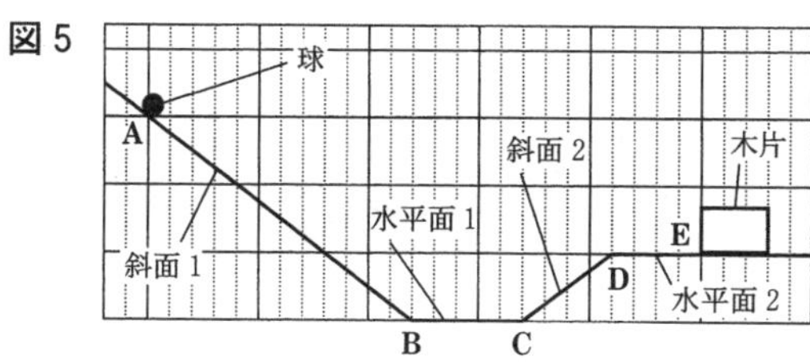

図６

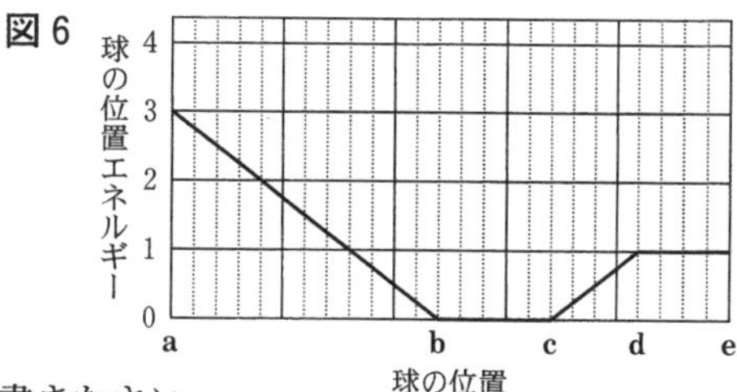

(4)　**実験２**の②で，木片の移動した距離は何 cm か，書きなさい。

8　Sさんたちは，オリンピックを観戦し，刺激に対するヒトの反応について興味を持ちました。これに関する先生との会話文を読んで，あとの(1)～(4)の問いに答えなさい。

図１

Sさん：先生，私は昨日，バレーボール競技をテレビで見ました。**図１**のように，とても速いボールをレシーブできるなんて，すごいですね。

Tさん：技術がすばらしいだけでなく，<u>打たれたボールを目で見てから，かまえるために手を動かすまでの反応</u>(a)が速いからレシーブできるのですね。

先　生：そうですね。この場合は，目に入ってきた光を刺激として受けとり，その刺激は，神経を伝わる信号に変えられ，神経を通じて脳に信号が伝えられます。脳はその信号を受けとり，神経を通じて手を動かすという信号を送り出しているのです。

Sさん：選手たちは，１秒に満たないわずかな時間に，見て，判断して，ボールを取りにいくのだから，すごいよね。

Tさん：きたえられている選手たちは，筋肉も発達しているし，私たちとは違うのかな。

先　生：選手たちのようにきたえられていなくても，**S**さんや**T**さんにも備わっている，もっと速い反応がありますよ。

Sさん：選手ではない私たちでも，刺激を受けてから，速く反応できるものがあるということですか。

先　生：そうです。例えば，うっかり熱いものに触れてしまったときに，思わず手を引っ込めたことはありませんか。

Tさん：あります。熱いと感じるより前に手を引っ込めてしまいました。

先　生：そうです。これは，無意識に（意識とは関係なく）起こる反応です。この無意識に起こる反応は，意識して起こす反応に比べて，刺激を受けてから反応するまでの時間が短いのです。

(1)　会話文中の下線部**a**について，**図２**は，ヒトが刺激を受けてから反応するまでに信号が伝わる経路を模式的に表したものである。**図２**において，打たれたボールを目で見てから，かまえるために手を動かすまでの信号が伝わる経路として最も適当なものを，あとの**ア**～**エ**のうちから一つ選び，その符号を書きなさい。なお，**A**～**F**の矢印は神経を表し，矢印の向きはその神経を信号が伝わる向きを表している。

図２

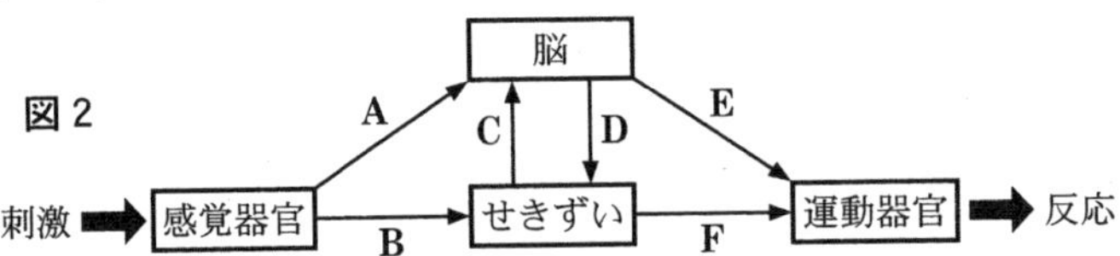

ア　感覚器官 → **A** → 脳 → **E** → 運動器官

イ　感覚器官 → **A** → 脳 → **D** → せきずい → **F** → 運動器官

ウ　感覚器官 → **B** → せきずい → **C** → 脳 → **E** → 運動器官

エ　感覚器官 → **B** → せきずい → **C** → 脳 → **D** → せきずい → **F** → 運動器官

(2)　会話文中の下線部**b**について，ヒトの腕は，筋肉のはたらきによって，関節の部分で曲げたりのばしたりすることができる。**図３**のように，右腕を曲げるとき，縮む筋肉の両端のけんは，骨のどの部分についているか。**図３**中の**ア**～**エ**のうちから最も適当なものを一つ選び，その符号を書きなさい。ただし，**図３**は，ヒトの右肩と右腕の骨を模式的に表したものである。

図３

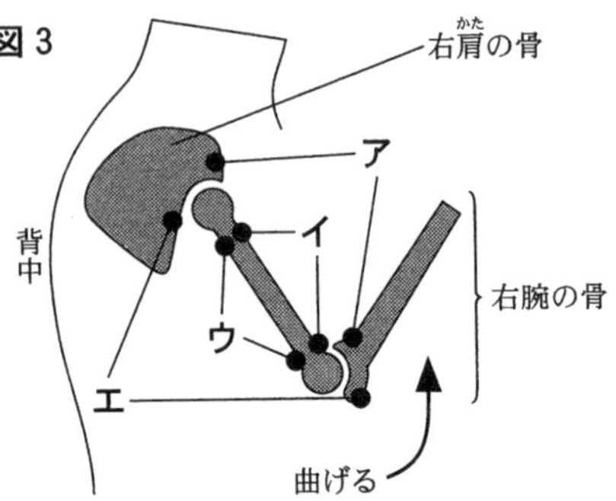

(3)　会話文中の下線部**c**のように，無意識に起こる反応を何というか，書きなさい。また，無意識に起こる反応の例として適当なものを，次の**ア**～**オ**のうちから**すべて選び**，その符号を書きなさい。

ア　握手をしたとき，急に強く握られたので，すぐに握り返した。

イ　食物を口に入れると，唾液が出てきた。

ウ　暗いところから明るいところに移動したら，瞳の大きさが小さくなった。

エ　不意に目の前に虫が飛んできたから，よけるためにすばやく体を反らした。

オ　とつぜん「危ない」という声が聞こえて，とっさに手で頭をおおった。

⑷　会話文中の下線部 **d** について，刺激を受けてから反応するまでの時間が短いのはなぜか。その理由を，「**せきずい**」ということばを用いて書きなさい。

9　S さんは，ダニエル電池について調べるため，次の**実験**を行いました。これに関する先生との会話文を読んで，あとの⑴～⑷の問いに答えなさい。

実験

①　セロハンで仕切ったビーカーの一方に硫酸亜鉛水溶液 50 cm³ を，他方に硫酸銅水溶液 50 cm³ を入れた。

②　硫酸亜鉛水溶液中に亜鉛板を，硫酸銅水溶液中に銅板を，それぞれ入れて，電池を組み立てた。

③　**図**のように，電池の亜鉛板，銅板にそれぞれ導線をつけて，プロペラ付きモーターをつなぐと，モーターが回転し，プロペラが回った。その後，しばらくモーターを回転し続けたところ，青色の硫酸銅水溶液の色がうすくなった。

図

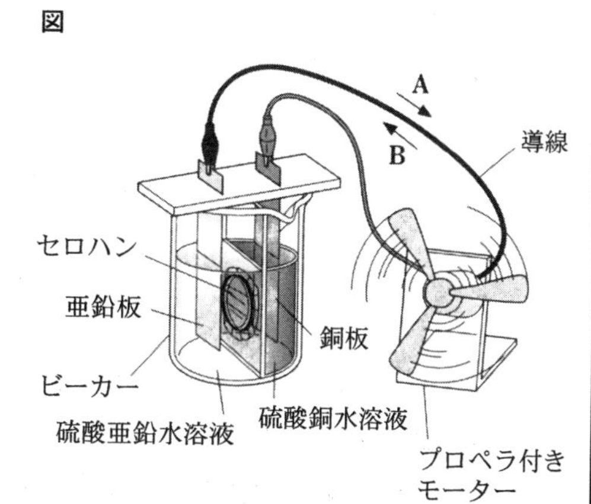

先　生：モーターが回転しているとき，この電池に流れている電流の向きはわかりますか。

S さん：はい。電流の向きを示している矢印は，**図**中の［ w ］ですね。そして，このとき，＋極は，［ x ］です。

先　生：そのとおりです。

S さん：ところで，この**実験**の電池で，セロハンは，どのような役割を果たしているのですか。

先　生：セロハンは，硫酸亜鉛水溶液と硫酸銅水溶液が簡単に混ざり合わないようにし，<u>亜鉛板と硫酸銅水溶液が直接反応する</u>ことを防いでいるのです。

S さん：仕切られていないと，亜鉛板と硫酸銅水溶液が直接反応してしまい，その結果，電池のはたらきをしなくなってしまいますね。

先　生：そのとおりです。さらに，セロハンには，ほかにも役割があります。モーターが回転しているとき，それぞれの水溶液中での陽イオンの数の変化を，考えてみましょう。

S さん：はい。硫酸亜鉛水溶液中では，［ y ］しています。また，硫酸銅水溶液中の銅板で起こっている化学変化を化学反応式で表すと，［ z ］であり，水溶液中の陽イオンが減少しています。

先　生：そのとおりです。その結果，このまま反応が進むと，電子が移動しにくくなり，電池のはたらきが低下してしまうのですが，セロハンを通ってイオンが移動することで，電池のはたらきが低下するのを防いでいるのです。
Ｓさん：セロハンは，大切な役割をしているのですね。

(1)　会話文中の［ w ］，［ x ］にあてはまるものの組み合わせとして最も適当なものを，次の**ア**～**エ**のうちから一つ選び，その符号を書きなさい。

ア w：A　x：亜鉛板　**イ** w：A　x：銅　板　**ウ** w：B　x：亜鉛板　**エ** w：B　x：銅　板

(2)　会話文中の下線部について，亜鉛板を硫酸銅水溶液に入れると，亜鉛板に銅が付着するようすが見られる。このことからわかる，亜鉛と銅を比べたときのイオンへのなりやすさについて，簡単に書きなさい。

(3)　会話文中の［ y ］にあてはまる変化として最も適当なものを，次の**ア**～**エ**のうちから一つ選び，その符号を書きなさい。

ア　亜鉛原子が電子を１個失って，亜鉛イオンになり，水溶液中の陽イオンが増加
イ　亜鉛原子が電子を２個失って，亜鉛イオンになり，水溶液中の陽イオンが増加
ウ　亜鉛イオンが電子を１個受け取って，亜鉛原子になり，水溶液中の陽イオンが減少
エ　亜鉛イオンが電子を２個受け取って，亜鉛原子になり，水溶液中の陽イオンが減少

(4)　会話文中の［ z ］にあてはまる化学反応式を，イオンを表す化学式を用いて書きなさい。ただし，電子は，e^- を使って表すものとする。

七　次は、中学生の森さんと沢木さんが「大人」とはどういう人のことを指すのか、考えている場面です。これを読み、あとの〈条件〉にしたがい、〈注意事項〉を守って、あなたの考えを書きなさい。

〔**話題**〕「大人」とはどういう人のことを指すのか

森さん：私は同級生に「大人」だなと思う人がいるの。話し合いのとき、人のどんな意見にも耳を傾け、いつも客観的な意見を言ってくれるのよ。

沢木さん：この間、十八歳になった姉のもとに、選挙のときに投票所で見せる「投票所入場整理券」が届いたんだ。姉はもう「大人」なんだと思ったよ。

〈条件〉
①　**二段落構成**とし、**十行以内**で書くこと。
②　前段では、二人の考え方を整理すること。
③　後段では、二人の考え方をふまえてあなたの意見を理由とともに具体的に書くこと。

〈注意事項〉
①　氏名や題名は書かないこと。
②　原稿用紙の適切な使い方にしたがって書くこと。ただし、〜や＝などの記号を用いた訂正はしないこと。

人の、いかにして所知所領（しょちしょりゃう）をしるらん（領地を治めるのだろう）、あの餅を、馬よりちと（ちょっと）おり、Cえ取りて伝へん程のことは、いとやすきこと、世の中にものくさき者、われひとりと思へば、多くありけるよと、「あらうたての殿や（ああ情けない）」とて、なのめならず（一通りではない腹の立て方であった）。

（『ものくさ太郎』による。）

（注１）　地頭＝治安維持のために各地に置かれた幕府の御家人。
（注２）　小鷹狩＝鷹を飼い慣らして小鳥を捕る狩り。
（注３）　目白の鷹＝眉の上が白い鷹。

(1)　文章中の　据ゑさせて　の漢字以外の部分を現代仮名づかいに改め、**ひらがな**で書きなさい。

(2)　文章中に　A見渡して思ふやう　とあるが、ものくさ太郎が思ったこととして最も適当なものを、次の**ア**～**エ**のうちから一つ選び、その符号を書きなさい。

ア　自分に気づく人は少ないから、餅を拾ってもらう工夫をしよう。
イ　犬や鳥に悟られずに、近くの人に餅のありかを教えてあげよう。
ウ　人が通る道なのだから、通りすがりの人に餅を拾ってもらおう。
エ　多分誰も通らない道なのだから、犬や鳥に餅を与えてしまおう。

(3)　文章中の　B耳にも聞き入れずうち通りけり　の主語にあたるものとして最も適当なものを、次の**ア**～**エ**のうちから一つ選び、その符号を書きなさい。

ア　地頭　　**イ**　ものくさ太郎
ウ　犬鳥　　**エ**　目白の鷹

(4)　文章中に　Cえ取りて伝へん程のことは、いとやすきこと　とあるが、この言葉の意味として最も適当なものを、次の**ア**～**エ**のうちから一つ選び、その符号を書きなさい。

ア　お取り次ぎがあることは、たいそう安心なことであるのに
イ　取りに行くくらいのことは、結構安価で済ませられるのに
ウ　取って渡すくらいのことは、大変容易にできることなのに
エ　お取り計らいがあることは、かえってうれしいことなのに

(5)　次の文章は、ある中学生が授業でこの文章を読んだ感想の一部です。これを読み、あとの(a)、(b)の問いに答えなさい。

> 私は、先生が授業で紹介した「賢（けん）を見ては斉（ひと）しからんことを思ひ、不賢（ふけん）を見ては内（うち）に自ら省みる也（なり）。」という『論語』の一文を思い出しました。その内容と比べて、ものくさ太郎の「あらうたての殿や」という最後の発言からは、自省ではなく［　　］姿がわかり、より一層面白く感じました。

(a)　右の文章中の　不賢（ふけん）を見ては内（うち）に自ら省みる也（なり）。　について、こう読めるように、次の「見（テハ）　不　賢（ヲ）　而　内（ニ）　自（ラ）　省（ミル）　也。」に**返り点**をつけなさい。

> 見（テハ）不賢（ヲ）而内（ニ）自（ラ）省（ミル）也。

(b)　［　　］に入る言葉を、**二十字以上、二十五字以内**で書きなさい。ただし、次の言葉の中から最も適当なものを一つ選び、言葉のつながりに応じて活用させながら書くこと。

・ごまをする　　・棚に上げる　　・骨が折れる

方法を教えたところ、ボールをよけられるようになった。二人の厳しさと優しさは、共に弟に対して［Ⅲ］ことのあらわれである。

(5) 次は、この文章を読んだあとに、山田さん、川野さん、林さんが、表現の効果について話し合っている場面の一部です。これを読み、あとの(a)～(c)の問いに答えなさい。

山田さん　悠人は正浩を深く信頼していると思います。兄がばてるほど、何度も繰り返し練習したのに、悠人は一度も弱音を吐いていません。

川野さん　悠人の正浩への信頼感が示されている、具体的な表現がありますか。

山田さん　例えば、「［Ⅰ］」という直喩は、否定的なことを言ったとしても、正浩が自分のことを受け入れてくれるとわかっているからこその表現だと思います。

林さん　そうですね。「［Ⅱ］」という一文からも、正浩と悠人の、深いつながりが感じられます。私もつらい時や悲しい時に励まして支えてくれる人がそばにいてくれると、とても心強く感じます。

川野さん　私は、「ドぉは、どりょくのド。レぇは、れんしゅうのレぇ」と悠人の歌う場面が、登場人物同士の関係性を表現していて、印象的でした。特に、文章の最後の四行からは、［Ⅲ］ということが感じられます。また、それまでの緊張した雰囲気が、調子外れの歌で少し和らいだように思います。

(a) ［Ⅰ］に入る言葉を、８ページ・９ページの文章中から**六字**で**抜き出して**書きなさい。

(b) ［Ⅱ］に入る**一文**を、８ページ・９ページの文章中から**抜き出して**、**はじめの五字**を書きなさい。

(c) ［Ⅲ］に入る言葉を、「……と……とは、……」という形を使って、**二十字以上、二十五字以内**で書きなさい。

六

次の文章を読み、あとの(1)～(5)の問いに答えなさい。

〔いた餅が不意に手からこぼれ落ち、近くの大通りまで転がってしまった。ある日、持って昔、ものくさ太郎というとても面倒くさがり屋がいた。〕

その時、ものくさ太郎、Ａ見渡して思ふやう、取りに行き帰らんもものくさし、いつの頃(ころ)にても、人の通らぬことはあらじ(ないだろう)と、竹の竿(さを)をささげて、犬烏(いぬからす)の寄るを追ひのけて、三日まで待つに、人見えず。三日と申すに、ただの人にはあらず、その所の地頭(ぢとう)(注1)、あたらしの左衛門尉(さゑもんのじよう)のぶよりといふ人、小鷹狩(こたかがり)(注2)、目白(まじろ)(注3)の鷹を据ゑさせて、その勢(せい)五六十騎にて通り給ふ。

ものくさ太郎、これを見て、鎌首(かまくび)もち上げて(頭だけ持ち上げて)、「なう申し候(さうら)はん、それに餅(もちひ)の候ふ、取りてたび候へ(取ってください)」と申しけれども、Ｂ耳にも聞き入れずうち通りけり。ものくさ太郎、これを見て、世間にあれほどものくさき

「なにその歌」

と笑う。ドレミの歌のメロディにおかしな歌詞がついている。

「信ちゃんが作ってくれたんや。勇気がなくなったら歌えって。続きあるんやで、聞いててや」

ドはどりょくのド、レはれんしゅうのレ。ミはみずきのミ、ファはファイトのファ……。

「ミは、水樹のミなん？」

「うん。信ちゃんがそうしようって。水樹ちゃんの顔を思い出すと頑張れるから」

悠人は言うと、また最初から歌い出す。調子の外れた歌声に水樹と正浩は目を合わせて笑い、歌い終わるまで静かに聞いた。

（藤岡陽子（ふじおかようこ）『手のひらの音符』による。）

（注1）　せんでいいよ＝「しなくてよい」の意。
（注2）　兄＝水樹にも、正浩と同じ学年の兄がいる。
（注3）　かっこわるないよ＝「かっこ悪くない」の意。
（注4）　考えんと＝「考えないで」の意。

(1)　文章中にＡやってられない、という顔　とあるが、これは信也のどのような気持ちを表しているか。最も適当なものを、次の**ア**～**エ**のうちから一つ選び、その符号を書きなさい。

ア　悠人との練習に関する自分の考えを聞きもせず、正浩自身の意見が通されたことへの怒りがわき出ている。

イ　年長者の立場から、信也の練習方法よりも自らの意見を悠人に言い聞かせる正浩への不信感が生まれている。

ウ　悠人への教え方としては正浩の意見の方が正論であることがわかってはいるが、素直に認められずにいる。

エ　悠人に対するそれまでの自分の教え方を正浩から否定されたように思い、不満な気持ちを押さえきれずにいる。

(2)　文章中にＢちゃんと目、開けてられるようになったやん　とあるが、正浩の期待を上回る悠人の変化が表現されている**一文を抜き出して**、**はじめの五字**を書きなさい。

(3)　文章中にＣ水樹は思わず正浩の腕をつかんだ　とあるが、このときの水樹の気持ちとして最も適当なものを、次の**ア**～**エ**のうちから一つ選び、その符号を書きなさい。

ア　正浩の、人には個人差があることを理解し、悠人に合わせた練習になるように工夫する姿に魅了されている。

イ　正浩の、悠人の性格を冷静に分析し、ひたすらほめることでやる気を維持させている姿に圧倒されている。

ウ　正浩の、苦手なことを克服しようと努力する悠人に対して、自身も全力で教えるひたむきな姿に感動している。

エ　正浩の、厳しくも温かい言葉で悠人を導き、正しいやり方を教えようとする真面目な姿勢に心を打たれている。

(4)　二人の兄についてまとめた、次の文章を完成させなさい。ただし、［Ｉ］は文章中の言葉を用いて**五字以内**で書き、［Ⅱ］は**三字**で**抜き出して**書くこと。また、［Ⅲ］は**五字以上、十字以内**で書くこと。

> ドッジボールでの悠人の闘い方について、信也は、ボールを受けて相手に［Ｉ］ことを主張した一方で、正浩は、［Ⅱ］

「悠人、あとちょっとだけ続きやろっか」
と優しく声をかける。「水樹ちゃんも付き合ってくれる？　コートの中に、悠人と一緒に入ってやって」
水樹が悠人の手を引いてコートの中に立つと、
「悠人、お兄ちゃんの顔見ろよ。投げるぞ」
と正浩がボールを投げてくる。緩やかな放物線を描くボールは、虫捕り網でも捕らえられそうなくらいゆっくりと投げられ、水樹と悠人は余裕の横走りでその球をよけた。
正浩は、ボールを投げると反対側に走り、自分でそのボールを拾い、また投げては反対側に走る。肩で息をしながら何度も何度も、その動作を繰り返した。
そのうちに、正浩が「投げるぞ」と声をかけないでも、悠人の体は自らボールをよけるようになり、視線もボールが飛んでくる方向に向けられるようになった。
「すごいな悠ちゃん、B<u>ちゃんと目、開けてられるようになったやん</u>」
水樹は、笑みさえ浮かべながら楽しそうにコートの中を走る悠人に向かって拍手した。いつもの萎縮した感じも、怯(おび)えた感じもなく、悠人は次に自分に向かってくるだろう球筋を読みながら、体を翻(ひるがえ)せるようになった。
どれくらい、練習を続けただろう。ついに正浩がばててしまった。
「もう……あかん。おれが倒れてしまうわ」
そう言うと、階段の一番下に座りこんで乱れた呼吸を整える。水樹は、呼吸のリズムに合わせて上下する正浩の華奢(きゃしゃ)な肩や薄い胸を見ていた。
「やっぱり正浩ちゃんはすごいわ。悠ちゃん、ちゃんとボールよけられるようになったもんな」
水樹がはしゃぐと、
「ほんまや。こんな短い練習時間やのになあ」
と正浩は立ち上がり、悠人の頭の上に手を置いて撫(な)でる。
「正浩ちゃんは、なんでもわかってるんやなあ。悠ちゃんのことも、なんでも」
C<u>水樹は思わず正浩の腕をつかんだ。</u>(注2)兄と同じ年のはずなのに、正浩といるとなんだか学校の先生と一緒にいるような錯覚に陥る。
「ボールを投げてくる奴(やつ)の顔を見ながら逃げる。これが悠人の闘い方や。人によって、闘い方はそれぞれ違うんや。だから、自分の闘い方を探して実行したらええねん」
「自分の闘い方？」
「悠人は悠人なりの。信也は信也の。水樹ちゃんは水樹ちゃん、おれはおれ。自分に合ったやり方を見つけたら、とことんそれをやったらええんや。無理することはないって」
「かっこ悪くない？　逃げてばっかりやったらかっこ悪いって、信ちゃんが言うんや」
悠人が甘えるように正浩の方をまっすぐ見上げた。
「(注3)かっこわるないよ。悠人、おまえ今(注4)お兄ちゃんを睨(にら)みつけながら、えらい素早く走ってた。たくさんのこと考えんと、走って走って走って逃げたらええんや」
正浩が力を込めたぶんだけ、悠人の目に力が漲(みなぎ)っていく。
「ドぉは、どりょくのド。レぇは、れんしゅうのレぇ」
高らかに悠人が歌いだしたので、水樹は思わず吹き出し、

（枡野（ますの）俊明（しゅんみょう）『人生は凸凹（でこぼこ）だからおもしろい』による。）

（注）いい募る＝調子にのって、ますます言い張ること。

問い　右の文章中の「扱っている商品のメリットをいい募る」営業マンを例に、「同事の視点」を用いて「見直」すべき点をあとのようにまとめます。［Ⅰ］～［Ⅲ］に入る言葉を書きなさい。ただし、次の①、②にしたがって書くこと。

①　「これは独りよがりなだけで、相手は心地よくないかもしれない」（５ページ）の内容をふまえて書くこと。

②　［Ⅰ］は**十字以上、十五字以内**で書き、［Ⅱ］、［Ⅲ］はそれぞれ**五字以上、十字以内**で書くこと。

〔同事の視点〕を用いて営業マンが「見直」すべき点

・顧客は［Ⅰ］に違いないと思い込んでいるという点。
・顧客の［Ⅱ］を的確に理解せず、［Ⅲ］という点。

⑸　その人に（D）とあるが、「おもてなし」の相手が「その人」と表現されているのはなぜだと考えられるか。その説明として最も適当なものを、次の**ア**～**エ**のうちから一つ選び、その符号を書きなさい。

ア　押しつけと感じるかどうかは、相手の状況に左右されるため、相手を固有名詞で呼ばないように配慮すべきだから。

イ　自分の価値観で判断せず、相手に配慮したおもてなしの方法を、その都度考えて対応することが最善の気遣いだから。

ウ　心地よさも不快さも個人差があるため、おもてなしの相手が確実に目の前にいるときに行うことが思いやりだから。

エ　相手について知れば知るほど、身近な存在として感じられるようになり、こだわりがなくなっていくものだから。

五

次の文章を読み、あとの⑴～⑸の問いに答えなさい。

〔小学一年生の悠人（ゆうと）がいつもドッジボールで当てられることを知った、三歳違いの兄の信也（しんや）と幼なじみの少女水樹（みずき）は、一緒にドッジボールの練習をしている。しかし、いつまでもボールを受けられない悠人に信也がきつくあたり、悠人は泣いてしまう。そこへもう一人の兄で小学六年生の正浩（まさひろ）が合流した。〕

「なあ信也。これから悠人には、相手の顔を見ながら逃げることだけ、教えてやれよ。ボールは受けられなくてもいいから」

「そんなんじゃ、またやられてしまうやろ」

「そんなことない。頭抱えて目え瞑（つぶ）って逃げるんと、相手の顔を見ながら逃げるんとでは全然違うで」

悠人は思い込みが強い。一度「恐（こわ）い」と思ってしまうと、どうしようもなく恐くなる。頭で考える前に、体と心がすべてを拒絶してしまう。そんな悠人にただ「立ち向かえ」と教えても、絶対に無理なのだと正浩は信也を諭す。

「今はボールを受けることはせんで（注1）いいよ」

正浩が断言すると、信也はやってられない、という顔（A）をしてボールを足元に置いた。そして正浩の胸の辺りに向かって強く蹴り出すと、

「そしたらお兄ちゃんが教えてやって」

と言い残し、そっぽを向いて家とは反対の方向に歩いて行ってしまった。

やれやれ、という表情で正浩は足元に転がったボールを拾うと、

が、この話題が果たす役割の説明として最も適当なものを、次の**ア**～**エ**のうちから一つ選び、その符号を書きなさい。

ア　日本流のおもてなしと欧米流のおもてなしの比較を通じて、日本流の優れた点を明確にし、正当な方法であることを伝えている。

イ　日本流のおもてなしと欧米流のおもてなしの相違点を示すことで、おもてなしが「世界語」になるために必要なことを伝えている。

ウ　日本流のおもてなしと欧米流のおもてなしの相違点を示すことで、双方の違いを超えた異文化理解の大切さを伝えている。

エ　日本流のおもてなしと欧米流のおもてなしの比較を通じて、日本流の「簡素」なおもてなしの効果を具体的に伝えている。

(3)　文章中に引用された利休の言葉と、日本流のおもてなしのつながりについて整理した次の表を、完成させなさい。ただし、［Ⅰ］に入る言葉は、文章中から**十字**で**抜き出して**書き、［Ⅱ］に入る言葉は、文章中の言葉を使って、**五字以上、十字以内**で書くこと。

〔文章中に引用された利休の言葉〕

・B茶の湯とはただ湯をわかし茶をたてて飲むばかりなることと知るべし
・C叶(かな)うはよし、叶いたがるは悪(あ)しし

〔利休の言葉と日本流のおもてなし〕

	おもてなしの考え方	**理由**
B	余計なことはせず、やるべきことだけを行う。	相手にとって［Ⅰ］とは何か、を自覚して行うため。
C	おもてなしは「さりげなく」行うことが望ましい。	相手が［Ⅱ］で、行う側の思いを受け入れられるようにするため。

(4)　文章中の【同事の視点……】について、〔利休の考え方をふまえない例〕として筆者が著した次の文章を参考にして、あとの問いに答えなさい。

〔利休の考え方をふまえない例〕

話術が巧みで、どんなことに関しても淀(よど)みなくしゃべるという人がいます。その点だけを見ると、営業部門に向いているような気がします。しかし、現実にはそのタイプの営業成績がいっこうに上がらないということがあるのです。

もち前の雄弁が、扱っている商品のメリットをいい募ること(注)だけに使われている、といったケースはそれにあたるかもしれません。相対する顧客はどんな気持ちになるでしょう。

「この営業マンは〝いいこと〟だけしかいわないし、ちっともこちらの話を聞いてくれない。調子がよすぎて、どうも信頼できない」

端的にいえば、おもてなしでは余計なことはするな、過剰になってはいけない、ということだと思います。たとえば、相手の好きな花を玄関先にふんだんに飾っておく、というのは明らかにやりすぎ。これ見よがしの印象を与えます(国柄が違う欧米では印象は違うと思いますが……)。

違うい方をすれば、「あなたのためにここまでしてあげているのですよ」という思いが、相手に透けて見えてしまうのです。それでは、相手は心地よいどころか、負担に感じてしまうと思いませんか。

やはり、一輪を「さりげなく」どこかに飾っておくのがいい。さりげなさはおもてなしの重要なキーワードだと思います。相手がふと目をやると、そこに好きな花が一輪。それでこそ、相手は「あっ、好きな花を憶(おぼ)えていてくださったんだ。うれしいなぁ」としみじみとした、しかし、深い感慨を覚えるのではないでしょうか。それが、おもてなしの心が自然に伝わるということでしょう。

思いを相手に押しつけないためには次の禅語を心に置いておくことです。

「同事(どうじ)」

これは道元禅師(どうげんぜんじ)(注8)の著した『正法眼蔵(しょうぼうげんぞう)』(注9)の「四摂法(ししょうぼう)」という巻に出てくるものですが、相手と同じ立場に立つ、相手と思いを同じくする、ということです。何が相手にとっていちばん心地よいのだろう。徹底的に掘り下げて考える必要があるのはそこです。

ああもしたい、こうもしてあげたい、という思いはさまざまにあるでしょう。しかし、【同事の視点で思いを見直してみるのです。すると、「これは独りよがりなだけで、相手は心地よくないかもしれない」というものが見つかるはずです。】それは削ぎ落とす、捨てる、のです。そうして残った思いをかたちにする。思いが自然に伝わるおもてなしとはそういうものだと思います。それが、通り一遍のものではない、画一的でない、その人にほんとうにふさわしいおもてなしになることはいうまでもないでしょう。

(枡野俊明(ますのしゅんみょう)『人生は凸凹(でこぼこ)だからおもしろい』による。)

(注1)　彼我＝あちらとこちら。

(注2)　フラワーアレンジメント＝草木の枝・葉・花を切り取り、洋風に形を整えて鑑賞用にすること。

(注3)　禅＝仏教の一派である禅宗を指す。「禅語」は禅宗独特の言葉を指す。

(注4)　千利休＝安土桃山時代の茶人(茶道に通じた人)。

(注5・6)　お点前、茶の湯＝「お点前」は「茶の湯」の作法。「茶の湯」は客を招き、抹茶をたてて楽しむこと。

(注7)　手練手管を弄する＝ここでは「目的を達成するためにあれこれ策をねる」の意。

(注8・9)　道元禅師、『正法眼蔵』＝道元禅師は鎌倉時代の禅宗の僧。『正法眼蔵』は道元の教えを記録した書。

(1)　文章中の　みる　と同じ意味で使われているものとして最も適当なものを、次のア～エのうちから一つ選び、その符号を書きなさい。

ア　みるからに高級な品

イ　白い目でみる

ウ　味わってみる

エ　反論をこころみる

(2)　文章中に　A おもてなしに用いられるアイテムのひとつが花　とある

三　次の(1)～(5)の——のカタカナの部分を**漢字**に直して、楷書で書きなさい。

(1)　春をツげる小川のせせらぎ。

(2)　来場者数がノべ五万人に達した。

(3)　三月はカンダンの差がとても激しい。

(4)　ハカクの好条件で契約を交わす。

(5)　キュウタイ依然とした生活を見直す。

四　次の文章を読み、あとの(1)～(5)の問いに答えなさい。

五輪の招致合戦のさなか、「世界語」になった日本の言葉があります。「おもてなし」です。おもてなしは英語でいえば「hospitality」（ホスピタリティ）ということになるわけですが、その中身には顕著な違いがあるという気がします。

A おもてなしに用いられるアイテムのひとつが花でしょう。その飾り方が彼我（注1）ではまったく違います。花を飾る際、欧米で重要視するのはボリューム感と色彩です。色とりどりの花をボリュームたっぷりに飾る。それが欧米流です。豪華な、いわゆるフラワーアレンジメント（注2）が、訪問者を迎える極上のおもてなしになるわけです。

日本流は趣をまるで異にしています。季節の花が控えめに活けてある。数も少なく、一輪だけということも少なくありません。秋にはすすきが一本活けてある、といったことも珍しくないのです。禅（注3）の美のひとつである「簡素」は、日本のおもてなしではとても大切な要素です。

欧米人はすすき一本に「なぁんだ、一本だけか。物足りない」と感じるのでしょう。しかし、日本人はその物足りないすすき一本から、秋の深まりや秋の静けさといった「花を超える」ものを感じとるのです。

千利休（注4）のわび茶はおもてなしが凝縮された世界である、といっていいかもしれません。お茶を点てる作法、すなわちお点前（注5）の動きは、まったく無駄がありませんし、簡素で流れるような美しさを感じさせます。おもてなしのふるまい（所作）のきわみでしょう。

利休は茶の湯（注6）についてこういっています。

B「茶の湯とはただ湯をわかし茶をたてて飲むばかりなることと知るべし」

「湯をわかす」「茶をたてる」「飲む」。茶の湯で必要不可欠なのはこれだけです。そうであったら、余計なことはいっさいせず、やるべきことだけを心を込めてやりなさい、というのがこの言葉の意味するところでしょう。

これは禅の考え方そのものです。禅の考え方の根底にあるのは、削ぎ落とす、捨てる、拭い去る……ということです。余計なものはできるかぎり、削ぎ落とし、捨て、拭い去っていく。そうして残ったものがほんとうに大事なものである、とするのが禅です。

これはおもてなしにもつながります。もうひとつ利休の言葉を紹介しましょう。

C「叶うはよし、叶いたがるは悪しし」

努力した結果、ものごとが自然に叶うのはよいが、結果ばかりを求めるのはいかん、ということです。これをおもてなしということに引き寄せていえば、相手におもてなしをしたいという思いが自然に伝わるのはかまわないが、思いを伝えることが優先され、そのためにあれこれと手練手管（注7）を弄するのはだめである、ということでしょう。

※注意　各ページの全ての問題について、解答する際に字数制限がある場合には、句読点や「　」などの符号も字数に数えること。

一　これから、鈴木さんが高橋さんに、テレビ番組で見た映像について伝えている場面と、それに関連した問いを四問放送します。よく聞いて、それぞれの問いに答えなさい。

（放送が流れます。）

(1)　（問いを放送します。）

［選択肢］

ア　「すごい」という感情より、客観的に映像を伝える方がよいこと。
イ　「すごい」という言葉だけでは、説明が不足しているということ。
ウ　「すごい」は異常な状況に対してだけ使う言葉だということ。
エ　「すごい」は幼稚な表現なので相手を不快にするということ。

(2)　（問いを放送します。）

［選択肢］

ア　高橋さんとの思い出を例にあげることで親近感を抱かせたから。
イ　高橋さんの好きな星空を例にあげることで興味を持たせたから。
ウ　高橋さんが空想にひたることができる幻想的な例を考えたから。
エ　高橋さんが思い描きやすいよう、共有体験を例に説明したから。

(3)　（問いを放送します。）

［選択肢］

ア　鈴木さんの「驚く」が主観的な発言であることを確認することで「複雑」という表現と矛盾することに気づかせた。
イ　鈴木さんが「驚いた」理由を確認し、そのうえで「複雑な気持ち」が生まれてきた経緯を伝えるべきだと気づかせた。
ウ　必死に伝えようとする鈴木さんをせかさないことで、鈴木さんに適切な表現を粘り強く探すべきだと気づかせた。
エ　鈴木さんが用いた「複雑」という表現によって、「すごい」という意見が成り立たなくなってしまうことに気づかせた。

(4)　（問いを放送します。）

［選択肢］

ア　鈴木さんが、自分の抱いた感情を個人的な体験で終わらせることなく、生活環境の変化にまで視野を広げていたから。
イ　鈴木さんが、自分の抱いた感情を大切にして、それを伝えるために年配の人にも意見をきいて説得力を持たせていたから。
ウ　鈴木さんが、自分の抱いた感情にまどわされることなく、歴史的な事柄を重視して理性的な判断を行っていたから。
エ　鈴木さんが、自分の抱いた感情を高橋さんに伝えるだけでなく、言葉をつくして多くの例をあげ、説明してくれたから。

聞き取り検査終了後、３ページ以降も解答しなさい。

二　次の(1)～(4)の――の漢字の読みを、**ひらがな**で書きなさい。

(1)　水分を補給するよう勧める。
(2)　授業で漢詩の朗詠を聞く。
(3)　世の中の動きに鋭敏な社会学者。
(4)　人間性を陶冶する。

（15秒空白）

（合図音Ｂ）

鈴木　蛍が川辺を飛んでいる光景だったのよ。真っ暗闇の中に光る蛍がたくさん飛んでいて……すごいの。そのすごさを、どのような言葉を使えば伝えられるかしら。（２秒空白）

そうだ、この間、高橋さんと部活動の後、一緒に帰ったよね。その時に見た、空いっぱいの星を覚えているかな？　わたしが見た映像は、あの満天の星みたいに蛍が飛び交う光景だったの。

高橋　ああ、あの満天の星は確かにすごかった。きれいだったね。鈴木さんが見た映像を想像できたよ。はじめに「すごい」と聞いた時は、迫力のある映像に驚いたことを指しているのだと思ったけれど、驚きは驚きでも、美しさに感動する意味合いが入っていたのだね。

（合図音Ａ）

問いの⑵　鈴木さんと高橋さんのやりとりから、高橋さんが鈴木さんの伝えたいことを理解できたのはなぜだと考えられますか。最も適当なものを、選択肢ア～エのうちから一つ選び、その符号を書きなさい。

（15秒空白）

（合図音Ｂ）

高橋　それにしても、羨ましいな。満天の星みたいに飛び交う蛍の光景なんて見たことないよ。

鈴木　わたしもよ。初めて見たわ。だから、かえって複雑な気持ちにもなったわ。

高橋　あれ、きれいな光景だったから「驚いた」のだよね。「複雑な気持ち」とはどういうことかな？

鈴木　あ、それはね、その光景が、今ではテレビでしか見ることができないと気づいたからなの。わたしは驚いたけれど、一緒にその映像を見ていた祖母はなつかしがっていたのよ。祖母はここで生まれ育ったのだけれど、小学生の頃は、よく見かけた光景なのですって。夏休みには川辺で蛍をつかまえたらしいわ。

（合図音Ａ）

問いの⑶　鈴木さんは、高橋さんの工夫した受け答えのおかげで、「複雑な気持ち」の説明を自然に付け加えることができました。高橋さんは、どのような工夫をして「複雑な気持ち」の説明を鈴木さんから引き出していますか。最も適当なものを、選択肢ア～エのうちから一つ選び、その符号を書きなさい。

（18秒空白）

（合図音Ｂ）

高橋　そうか、確かに満天の星のように飛び交う蛍の光景に驚くのは、それがぼくたちにとって身近な光景ではないからだね。鈴木さんはそこまで思いをめぐらしていたんだなあ。ぼくだったら単に感動して終わっていただろうな。

（合図音Ａ）

問いの⑷　高橋さんが鈴木さんに感心したのは、なぜですか。その理由として最も適当なものを、選択肢ア～エのうちから一つ選び、その符号を書きなさい。

（５秒空白）

放送は以上です。３ページ以降も解答しなさい。

国語

国語聞き取り検査放送台本

聞き取り検査放送
台本再生用

（チャイム）
これから、国語の学力検査を行います。まず、問題用紙の1ページと2ページがあることを確認しますので、放送の指示に従いなさい。
（2秒空白）
では、問題用紙の1ページと2ページを開きなさい。
（3秒空白）
確認が終わったら、問題用紙を閉じなさい。1ページと2ページがない人は手を挙げなさい。
（5秒空白）
次に、解答用紙を表にし、受検番号、氏名を書きなさい。
（20秒空白）
最初は聞き取り検査です。これは、放送を聞いて問いに答える検査です。問題用紙の1ページと2ページを開きなさい。
（2秒空白）

一　これから、鈴木さんが高橋さんに、テレビ番組で見た映像について伝えている場面と、それに関連した問いを四問放送します。よく聞いて、それぞれの問いに答えなさい。
なお、やりとりの途中、（合図音A）という合図のあと、問いを放送します。また、（合図音B）という合図のあと、場面の続きを放送します。
1ページと2ページにメモをとってもかまいません。では、始めます。

鈴木　高橋さん、わたし、昨夜、テレビ番組ですごい映像を見たわ。夜の川辺を映していたのだけれど、思わず見入ってしまったわ。
高橋　へえ、どんな映像だろう。「すごい」と言うからには、きっと迫力ある映像だったんだね。あ、もしかして鮭（さけ）が産卵のために川をのぼってくる映像かい？　そういえば、ニュースで紹介していたのを見たことがあるよ。
鈴木　ちがうちがう、わたしが見たのはその映像ではないわ。迫力があったから「すごい」と言ったのではなくて、あまりにきれいな映像だったから「すごい」と言ったのよ。ごめんなさい、わかりにくかったよね。
（合図音A）
問いの(1)　鈴木さんは、高橋さんの発言によって、自分の伝え方に課題があることに気がつきました。鈴木さんの伝え方の課題として最も適当なものを、選択肢ア～エのうちから一つ選び、その符号を書きなさい。

第 2 部

千葉県内
私立高等学校編

市原中央高等学校

数学

【1】 次の各問いに答えなさい．

問1 $-3^2\times(-5)^3-5^2\times(-3)^2=$ 1 2 3 である．

問2 $\dfrac{20}{\sqrt{10}}+\sqrt{5}\left(3\sqrt{2}-2\sqrt{5}\right)-\sqrt{40}=$ 4 $\sqrt{\boxed{5}\boxed{6}}$ − 7 8 である．

問3 $\sqrt{2}$を小数で表すとおよそ 1.41 である． $\sqrt{11}$を小数で表したとき，小数第一位の数は 9 である．

問4 関数 $y=-\dfrac{2}{3}x^2$ について，$-6\leqq x\leqq 3$ のとき 10 11 12 $\leqq y\leqq$ 13 である．

問5 $a=\dfrac{1}{8}$のとき，$(3a-2)^2-(a+2)^2$ の値は，$\dfrac{\boxed{14}\boxed{15}\boxed{16}}{\boxed{17}}$ である．

問6 連立方程式 $\begin{cases}1-2x=\dfrac{3}{5}y\\ \dfrac{5}{3}x=2-y\end{cases}$ を解くと $x=\dfrac{\boxed{18}\boxed{19}}{\boxed{20}}$，$y=\dfrac{\boxed{21}}{\boxed{22}}$ である．

問7 2次方程式 $(3x+1)(2-x)=x^2$ を解くと $x=\dfrac{\boxed{23}\pm\sqrt{\boxed{24}\boxed{25}}}{\boxed{26}}$ である．

【2】 次の各問いに答えなさい．

問1 ヒストグラム（図Ⅰ）は，あるクラスの生徒 26 人について，10 日間に校内のキャリアセンターに行った回数を調べた結果である．これを元に箱ひげ図（図Ⅱ）を作成した（図中の＋は平均値を表している）．このデータについて最も適切なものを①～④から1つ選ぶと 27 である．

図Ⅰ

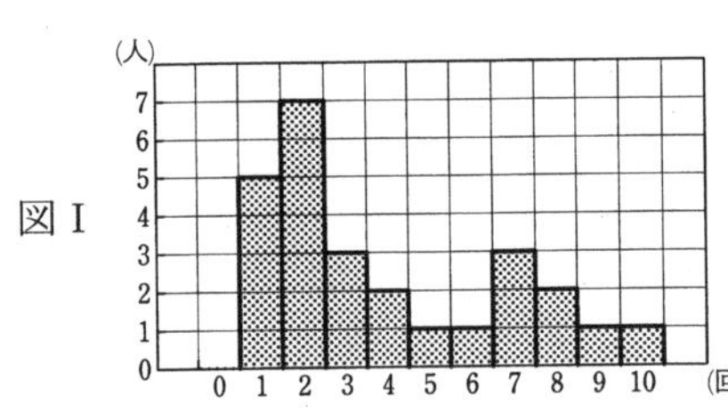

図Ⅱ

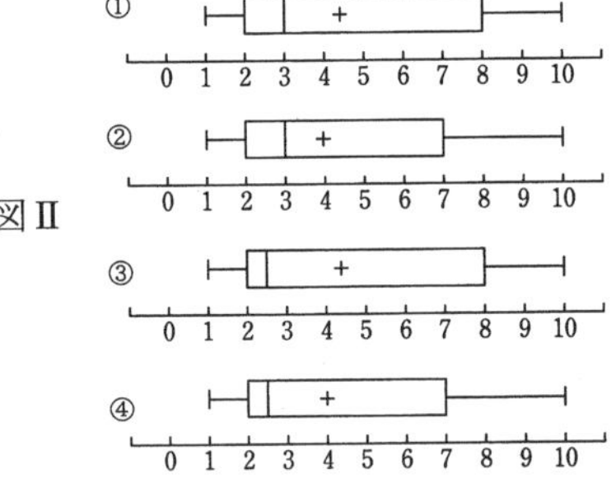

問2 図Ⅲは $n\times n$ マスの正方形について，次の条件で並べられたもののうち，$n=2,\ 3,\ 4$ の例を図示したものである．

- 横を上から順に1行，2行，…と呼ぶ．縦を左から順に1列，2列，…と呼ぶ．
  例えば，$n=4$ のとき，3行2列のマスは 10 である．
- 1行1列のマスを黒として，白黒の市松模様になっている．
- 1行目には1から n まで，2行目に $n+1$ から $2n$ まで，…，n 行目に $n(n-1)+1$ から n^2 までというように左から順に整数が書かれている．

（1） $n=6$ のとき，黒色の正方形に書かれている数字の和は 28 29 30 である．

図Ⅲ

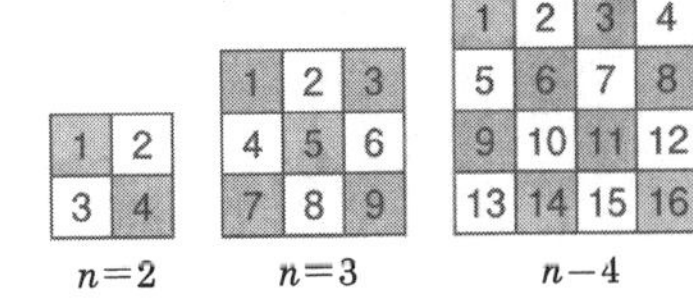

（2）$n=11$ のとき，黒色の正方形に書かれている数字の和は 31 32 33 34 である．

【3】 市原君と花央さんのクラスでは，文化祭でコインを使ったゲームを企画した．
以下の【企画資料の一部】と【会話】を読んで次の各問いに答えなさい．
（コインの裏表の出方は同様に確からしいものとする）

【企画資料】

スタート	1	2	3	4	5	6
	★				★	

［ルール］すごろく（右図）を次のルールで行う．
- コインを最大3回投げる．
- 表なら2マス進み，裏なら1マス進む．
- ちょうど★の所に止まったらゴールとして，★に止まった時点でゲームを終了する．

例：1回目に表，2回目に表，3回目に裏が出たとするとマス目は $2\to4\to5$ と移動して，5の★に到着しゴール．
1回目に裏が出てもゴール．

【会話】 花央さん：面白そうな企画だけど，このルールだとゴールする確率が高そうよ．スリルが足りないわ．

市原君：そうだね．じゃあ企画資料では『1』と『5』の番号に★があるけれど，この★の位置を変えてみたらどうだろう．
ゴールする確率が $\frac{1}{2}$ が適当じゃないかな．

問1 【企画資料】に沿ってゲームを行うと，ゴールできる確率は $\frac{\boxed{35}}{\boxed{36}}$ である．

問2 【会話】の下線部〰〰に当てはまる★の置き方は 37 と 38 の番号に★を置く場合である．
ただし，★は2個必ず用いるものとし，37 ＜ 38 とする．

【4】 関数 $y=\frac{-6}{x}$ …①，$y=\frac{2}{x}$ …②，$y=x^2$ …③，$y=-\frac{1}{2}x^2$ …④ のグラフを図に示す．
ただし，①と②は x 座標が負の範囲のみを示している．図のように①～④のいずれかのグラフ上に点A，B，C，Dがあり，ABとCDは y 軸に平行でありAB＝CDである．点Aの x 座標は－3であった．

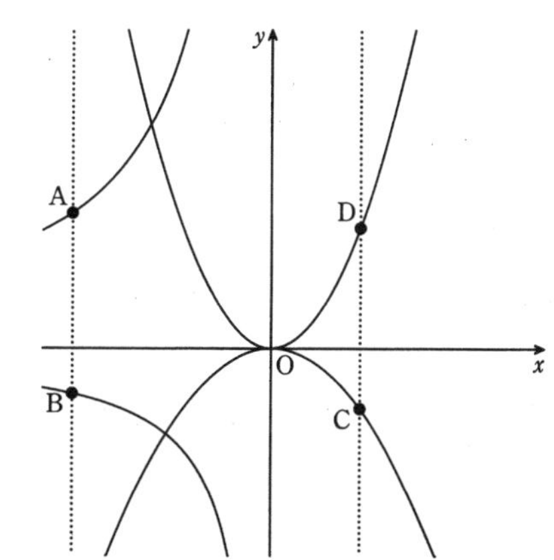

問1 ABの長さは $\frac{\boxed{39}}{\boxed{40}}$ である．

問2 点Dの座標は $\left(\frac{\boxed{41}}{\boxed{42}}, \frac{\boxed{43}\boxed{44}}{\boxed{45}}\right)$ である．

問3 傾き2の直線 l が，四角形ABCDの面積を2等分するとき，直線 l の y 切片は $\frac{\boxed{46}\boxed{47}}{\boxed{48}}$ である．

【5】 次の各問いに答えなさい.

問1 図Ⅰにおいて，x＝49 50° である.

ただし，点Oは円の中心とする.

図Ⅰ

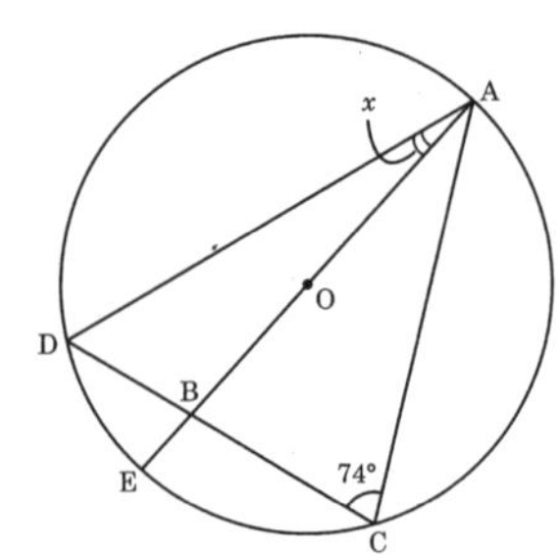

問2 図Ⅱにおいて三角柱ABC－DEFの辺EF，FDの中点をそれぞれM，Nとする. 辺DE上に点Pをとり，辺AD上にAQ:QD＝2:7となるように点Qをとる. 三角すいQ－PMNの体積が28のとき，三角柱ABC－DEFの体積は 51 52 53 である.

図Ⅱ

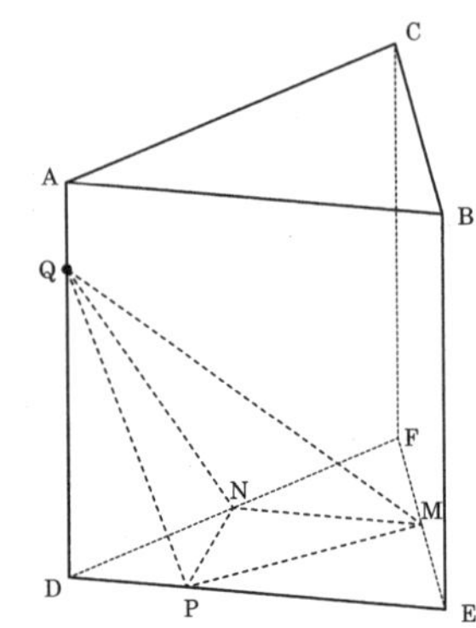

問3 花央さんは学校で次のような例題を解いた.

例題 正四角すいO－ABCDの展開図（図Ⅲ）について，AB＝2である. また，OA＞ABである.
線分ADと線分OBの交点をE，線分ADと線分OCの交点をFとする.
三角形OEF∽三角形OBCであることを示しなさい.

解答例 ∠OBA＝a°とする.
aを用いて表すと∠AOB＝ ア ，
∠OAD＝ イ である.
これより∠OEF＝a°と表せるので，同位角が等しく…（以下略）

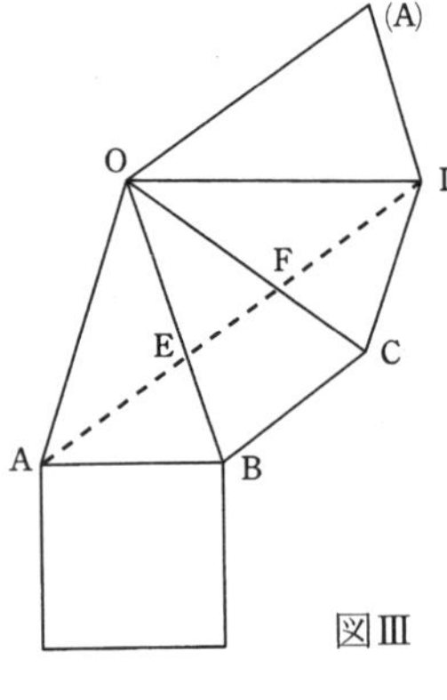

図Ⅲ

さらに，OAの長さが変化したとき，正四角すいO－ABCDの体積や線分ADの長さがどのように変わるか調べた.

（1） ア ～ イ に当てはまるものとして最も適当なものを［選択肢］からそれぞれ選ぶと ア ＝ 54 ， イ ＝ 55 である.

［選択肢］

① $2a°$　② $3a°$　③ $4a°$　④ $180°-2a°$　⑤ $180°-3a°$
⑥ $180°-4a°$　⑦ $2a°-180°$　⑧ $3a°-180°$　⑨ $4a°-180°$

（2） OA＝3のとき，正四角すいO－ABCDの体積は $\dfrac{56\sqrt{57}}{58}$ である.

（3） OA＝4のとき，AD＝$\dfrac{59\,60}{61}$ である.

英 語

第1問 次の英文を読んで、後の設問（問1～問5）に答えなさい。（[1]～[5]）

There was an unbelievable *racehorse named Ruffian. Almost everyone knew her name, even people who didn't care about horse racing. With her beautiful dark brown hair and her tall body, as well as her speed, she became one of the biggest star horses.

Ruffian won her first ten races. In fact, she set a record for the fastest time in eight of them. From when the starting gates opened until when she crossed the finish line, (1)<u>she was never in second place or lower</u>. She was in the front during every moment of every race.

Most of the best racehorses were boys. Ruffian was racing with lower-level horses, but many people believed she could win even the biggest race. Because she was very popular, a special two-horse race was set up: Ruffian against Foolish Pleasure, the champion at that time. On July 6, 1975, 50,000 fans went to watch this race, and over 20 million people turned on their TVs to watch it. Sadly, this would be the last time they saw Ruffian.

The race started, and Ruffian hit the side of the starting gate. But she was still able to run faster than Foolish Pleasure. He was a very strong horse, so she tried so hard. Because of (2)<u>this</u>, she took a bad step and broke both of her legs. The *crack was (A) loud that it could be heard on the television. Her rider tried to stop her, (B) she would not give up. She tried to keep running, and it did more damage to her legs.

When she finally couldn't run anymore, a team of *vets came to help her. They put her to sleep and started a long *surgery. Ruffian woke up 12 hours later while the vets were still working on her. She was lying on the ground with nothing holding her down, so she started moving around. Her legs got even worse. The vets couldn't save her.

Ruffian's death was shocking. People felt sorry for her and other racehorses. So the horse racing *organizations made several changes (3)<u>[to / may / that / face / reduce the stress / horses]</u>. Ruffian was racing too much too soon, and she couldn't rest enough before her final race. Now, horse racing has rules about resting horses. Vets also improved their treatment because of Ruffian's bad surgery. For example, they now put horses in a pool of water before and after surgery. Horses are more relaxed this way, and this helped save many horses.

Ruffian was an amazing horse. People have learned from her death and have helped make a better world for racehorses and horse racing fans.

注）racehorse：**競走馬**　crack：**鋭い音**　vet：**獣医**　surgery：**手術**　organization：**団体、組織**

問1 下線部(1)の意味する内容として最も適切なものを選んで答えなさい。[1]

① Ruffian couldn't run faster than the fastest horses.
② Ruffian was the third fastest of all the horses.
③ There were no horses that could run as fast as Ruffian.
④ It was difficult for Ruffian to keep running in first place.

問2 下線部(2)の指示内容として最も適切なものを選びなさい。[2]

① 両脚をけがしたこと。　② 対戦相手に近づきすぎたこと。
③ スタートが遅れたこと。　④ 懸命に走りすぎたこと。

問3 空欄(A)と(B)に入る語の組み合わせとして最も適切なものを選んで答えなさい。
[3]

① A: very	B: so	② A: such	B: so
③ A: so	B: but	④ A: too	B: but

問4　下線部(3)について、文意が通じるように[　]内の語句を並べ替えたとき、3番目と5番目にくる語句の組み合わせとして最も適切なものを選びなさい。 4

① that / may　② may / to　③ reduce the stress / face　④ face / horses

問5　本文の内容に合致するものを選びなさい。 5

① More than 50,000 people watched the two-horse race on TV.
② Ruffian woke up before the surgery was finished.
③ The vets put Ruffian in a pool of water before her surgery.
④ Ruffian's surgery took 12 hours and finished without any trouble.

第2問　次の各組の単語で、下線部の発音が他と異なるものを選びなさい。(6 ～ 10)

問1 6　① boat　② choose　③ alone　④ coach
問2 7　① afraid　② space　③ said　④ explain
問3 8　① village　② excited　③ different　④ continue
問4 9　① cloudy　② mouth　③ proud　④ young
問5 10　① though　② thirsty　③ thin　④ through

第3問　各文(問1～問5)の空欄(11 ～ 15)に入れるのに最も適切なものを選びなさい。

問1　Mary eats only one 11 of toast for breakfast.
① pair　② glass　③ sheet　④ slice

問2　It was snowing when we 12 to the station.
① visited　② arrived　③ got　④ reached

問3　Dinner is ready. Please 13 yourself to the salad.
① get　② put　③ help　④ make

問4　You should go home 14 it gets dark.
① before　② until　③ by　④ though

問5　She has been studying 15 more than five hours.
① in　② for　③ while　④ since

第4問　各文(問1～問5)の空欄(16 ～ 20)に入れるのに最も適切なものを選びなさい。

問1　What is this flower 16 in Japanese?
① call　② calls　③ called　④ calling

問2　Who is the girl 17 under the tree?
① sits　② sitting　③ who sitting　④ to sit

問3　The bus 18 goes to the airport is 30 minutes late.
① which　② who　③ how　④ what

問4　My bicycle is 19 older than hers.
① as　② more　③ much　④ very

問5　Oliver is always late, 20 he?
① doesn't　② hasn't　③ wasn't　④ isn't

第5問　次の会話文(問1～問5)の空欄(21 ～ 25)に入れるのに最も適切なものを選びなさい。

問1　A: Oh no, it's raining. We can't play tennis.
B: So, what do you want to do today?

A: How about going to the movies?

B: 21

① No, you don't have to. ② That's a good idea.

③ I don't want to eat out. ④ That's all.

問 2 A: Let's play basketball after school, Jim.

B: 22

A: How about tomorrow, then?

B: OK.

① I'm sorry, I can't play it today. ② I like playing soccer. Do you like it?

③ Yes. Where shall we play? ④ Why don't we play it tomorrow?

問 3 A: What's wrong?

B: I have a headache.

A: 23

B: I think so, too.

① Did you take any medicine? ② I'm fine, thank you. And you?

③ For a few days. ④ You should see a doctor soon.

問 4 A: You look so busy.

B: Yes. I have a lot of things to do.

A: 24

B: Thanks. Please carry these boxes to the teachers' room.

① Will you help me? ② Can you do it by yourself?

③ Shall I help you? ④ Why are you busy?

問 5 A: Hello, this is Sato Ken. May I speak to Ms. Smith?

B: Hello, Ken. I'm sorry, but she's out for lunch now.

A: 25

B: Sure ... just a second. I'll go get my pen.

① Can I take a message? ② Hold on, please.

③ May I leave a message? ④ You have the wrong number.

第６問 与えられた日本文の意味になるよう英文（問１～問５）を完成し、**( ) 内の語で３番目と５番目にくる語の組み合わせ**として最も適切なものを選びなさい。（ 26 ～ 30 ）

問 1 私は昨日とても大きな犬を見て驚いた。 26

I (ア a　イ to　ウ big　エ was　オ see　カ surprised　キ such) dog yesterday.

① イ－ア　② イ－キ　③ オ－ア　④ オ－カ

問 2 兄は私に腕時計を探すように頼んだ。 27

My brother (ア to　イ me　ウ his　エ for　オ look　カ watch　キ asked).

① オ－ア　② オ－エ　③ ア－ウ　④ ア－エ

問 3 そのイタリア製のかばんは彼女が買うには高すぎた。 28

The bag made in Italy (ア to　イ too　ウ for　エ her　オ was　カ buy　キ expensive).

① キ－エ　② キ－カ　③ ア－エ　④ ア－カ

問 4 大勢の人の前で話して私は緊張した。 29

Speaking in (ア of　イ me　ウ front　エ made　オ many　カ nervous　キ people).

① イ－ア　② イ－オ　③ オ－エ　④ オ－カ

問 5 これは私が今まで見た中で一番よい映画の一つである。 30

This is one of (ア I　イ the　ウ have　エ seen　オ best　カ ever　キ movies).

① キ－ウ　② キ－エ　③ ア－エ　④ ア－カ

第７問 次の会話文を完成するために、空欄（ 31 ～ 35 ）に入れるのに最も適切なものを選びなさい。

Carmen : Wow! So, this is kendo?
Ayaka : Hey there. Welcome to the club!
Carmen : Hey. I practiced *fencing in my home country, but 31
Ayaka : Then, I'll teach you the rules. Look at this. This is a *shinai.*
Carmen : Is that made of bamboo? Cool!
Ayaka : In kendo, before we attack, we must first say the name of the place we are attacking.
Carmen : I didn't know that. It sounds really interesting.
Ayaka : It's fun. By the way, 32 My name is Ayaka.
Carmen : Nice to meet you! My name is Carmen.
Ayaka : *MEN*! ≪ **whack* ≫
Carmen : Ouch! Why did you hit me in the head?
Ayaka : I'm sorry. Kendo masks are called *men* in Japanese. When I heard you say your name, I thought you were attacking me. I guess I'm always thinking about kendo.
Carmen : That's a little funny. But please don't attack me again.
Ayaka : I'm so sorry. Here, put these kendo gloves and mask on you so you won't get hurt.
Carmen : 33 First, I have to take off my coat, OK?
Ayaka : *KOTE*! ≪ *whack* ≫
Carmen : Oww! My hand! Why do you keep hitting me?
Ayaka : Oh no, I'm so sorry.
Carmen : It's too dangerous here for me.
Ayaka : 34 As an *apology, have some snacks from the club. We have many kinds of bread and sweets.
Carmen : It's OK. I'm not so angry. And a *treat sounds great. 35
Ayaka : *DO*! ≪ whack ≫

注）fencing：フェンシング　whack：強打、ピシッという音　apology：謝罪　treat：お菓子

問１ 31
① I think I should bring my *shinai.*
② I'm ready for my first kendo match.
③ I know how to do Japanese-style fencing.
④ I've never seen Japanese-style fencing before.

問２ 32
① I didn't introduce myself.　② you don't have to know who I am.
③ I want to know where you're from.　④ we've known each other for a long time.

問３ 33
① Not at all.　② What's up?
③ Don't worry.　④ That sounds good.

問４ 34
① Be careful of your health.　② I hope you're happy here.
③ Please don't be angry.　④ You must be tired.

問５ 35
① Ice cream makes me happy.　② I'll take a doughnut.
③ I wish I had some cookies.　④ I like bread better than sweets.

第８問 次の英文を読んで、後の設問（問１～問５）に答えなさい。（ 36 ～ 40 ）

Costa Rica has beautiful nature. It has thick forests with huge trees, clean beaches with clear water, and many unique plants and animals. Costa Rica is a *rare success story. Not so long ago, the country (　1　).

To improve many of the bad situations around the world, the *United Nations introduced the Sustainable Development Goals (SDGs). (2)<u>These</u> are 17 goals to make the world a better place. The 15th goal is called "Life on Land." This goal hopes not only to protect the damaged land, but to try new ways to save nature.

Millions of animals and plants live in the forest. But even people who live far away still depend on the forest. Trees give *oxygen to the world for all living things. With fewer trees, in addition to the increased burning of fossil fuels such as gas and oil, the air quality has become worse. Humans need trees to live. However, they also need wood and space to live.

The loss of forests, called deforestation, has been happening for almost all of human history. People arrive in a new land. 【　　　　　　　　　　　　　　　　　　】 When there were only millions of people, this was already enough for countries to lose many of their trees, but now the world's population is billions of people. The world loses about 30 soccer fields *worth of forests every minute.

Costa Rica's population grew greatly in the 1900s, and its forests were lost. The country went from having 75% of its land covered in trees to only 15% in 100 years. It was one of the richest countries in Central America, but the leaders knew the future wasn't looking good. To save the environment, Costa Rica started using a lot of money to save the forests. In 1996, the government started to pay people to take care of their nearby forests. (3)This project was a huge success, and the country is now about 50% covered in forests. Costa Rica has also started *ecotourism. The tourism money goes back to the local people protecting the forests.

Other countries are also trying to give *rewards to people who protect nature. One popular idea is giving "*carbon credits" for helping nature. Carbon credits can be used like money later. These can be successful as long as the price is right. Unfortunately for many places, selling the forest is still more *profitable than protecting the forest. It will be difficult to protect the land, but Costa Rica has shown that it is not impossible.

The land is important. Life on land doesn't just mean plants and animals, but it means all people. The world needs to keep thinking of new ways to protect the land.

注）rare：珍しい　United Nations：国連　oxygen：酸素　*A* worth of *B*：Aに相当する分のB
ecotourism：エコツーリズム（地域の魅力を観光客に伝えることで、その価値を理解してもらい、環境保全につなげることを目指す仕組み）
reward：報酬、ほうび　carbon：炭素　profitable：もうけの多い

問1　空欄（ 1 ）に入れるのに最も適切な英語を選んで答えなさい。 36

① lost all of its forests forever
② was dangerous to live in
③ started to use robots to help sick people
④ was in danger of losing all of its forests

問2　下線部(2)の指示内容として最も適切なものを選びなさい。 37

① the United Nations
② the Sustainable Development Goals
③ the bad situations around the world
④ the plants and animals in Costa Rica

問3　【　　】に入れるべき文が3つ、順不同で下の(A)～(C)に示されている。最も適切な配列のものを選んで答えなさい。 38

(A) Then, they need to find a new land.
(B) The city grows until there are too many people.
(C) First, they must cut down all the nearby trees.

① (B) → (C) → (A)　② (C) → (A) → (B)　③ (B) → (A) → (C)　④ (C) → (B) → (A)

問4　下線部(3)について、本文の内容に合致するものを選びなさい。 39

① The project started in 1996 and focused on ecotourism.
② The main goal of the project was to sell the forests at a high price.
③ Thanks to the project, Costa Rica has around 50% of its land covered in trees now.
④ People in Costa Rica were given "carbon credits" by the government in the project.

問5　本文の内容に**合致しないもの**を選んで答えなさい。 40

① The prices of the trees become higher when a lot of trees are cut down.
② People are cutting down the trees and selling them to make money.
③ While the population grew in the 1900s, Costa Rica lost a lot of forests.
④ People in Costa Rica were able to make a difference in saving their forests.

② 私は先生がお話しになられたことを、ノートに書き留めるつもりだ。

③ クラス全員でお決めした目標を、学級委員が先生に申し上げる。

④ 私が母に聞いたのは、お客さまが何時にいらっしゃるかということだ。

問3 次の対話文の空欄［A］に入る最も適当なものを、後の①～④のうちから一つ選びなさい。解答番号は［33］。

（Aさん）すみません。この服の色違いのものが見たいのですが。

（Bさん）はい、［A］。こちらに、青と赤の二色がございます。

① お見せになれます　② ご覧になれます　③ 拝見いたします　④ お目にかかれます

問4 次のア・イの四字熟語の空欄に当てはまる最も適当な漢字を、それぞれ後の①～⑤のうちから一つずつ選びなさい。解答番号はアが［34］、イが［35］。

ア □刀直入　① 短　② 端　③ 淡　④ 単　⑤ 担

イ 朝□暮改　① 例　② 礼　③ 令　④ 霊　⑤ 零

問5 次のア・イの文の、傍線部の言葉の意味として適切なものを、それぞれ後の①～⑤のうちから一つずつ選びなさい。解答番号はアが［36］、イが［37］。

ア コンクールでの失敗が尾を引いているようで、彼女は元気がない。

① その後も何度かあった　② きっかけとなっている　③ 影響が続いている　④ 不満で仕方がない　⑤ 決定打となった

イ 友達に誘いのメールを入れたものの、なしのつぶてだ。

① 返事がない　② 断られた　③ 返事は期待できない　④ 後悔した　⑤ 撤回した

問6 次の漢文に、（　）内の書き下し文に従って返り点をつけたとき、正しいものを、後の①～⑤のうちから一つ選びなさい。解答番号は［38］。

悪 訐 以 為 直 者。（訐きて以て直と為す者を悪む。）

① 悪レ訐以為レ直者。　② 悪レ訐以二為レ直者一。　③ 悪レ訐以為二直者一。

④ 悪二訐以為レ直者一。　⑤ 悪二訐以為一直レ者。

問6 傍線部F あさましき損 とあるが、どのようなことを「損」と言っているか。その説明として最も適当なものを、次の①～④のうちから一つ選びなさい。解答番号は 26 。

① 「南無阿弥陀仏」と唱えて命乞(いのちご)いをしたために、一和尚になる資格を失ったこと。
② 「南無阿弥陀仏」と唱えたために往生を遂げられず、修行が無駄になったこと。
③ 「南無観世音」と唱えたために災難は免れたが、その分寿命を削られたこと。
④ 「南無観世音」と唱えたために命が助かり、俗世に留まることになったこと。

問7 空欄部 G に入る語として最も適当なものを、次の①～④のうちから一つ選びなさい。解答番号は 27 。

① なり　② なる　③ なれ　④ なら

問8 傍線部H 弟子共も皆、袖を絞りけり とあるが、それはなぜか。その説明として最も適当なものを、次の①～④のうちから一つ選びなさい。解答番号は 28 。

① 浄土房の、命の危険を顧みることもしないほどの仏道への志の深さに心を打たれたから。
② 浄土房の、往生を遂げたいという志が真剣なものであるということを思い知ったから。
③ 浄土房が、一和尚の言葉に内心ひどく傷ついていたということを、今初めて知ったから。
④ 浄土房が、我が身を襲った災難にもくじけず、往生を願っているとわかったから。

【4】 次の問1～問6の各問いに答えなさい。

問1 次のア～ウの和歌の作者として最も適当なものを、それぞれ後の①～⑦のうちから一つずつ選びなさい。解答番号はアが 29 、イが 30 、ウが 31 。

ア　あしびきの　山鳥の尾の　しだり尾の　ながながし夜を　ひとりかも寝む
イ　夜をこめて　鳥のそら音は　はかるとも　よに逢坂(あふさか)の　関はゆるさじ
ウ　嘆けとて　月やはものを　思はする　かこち顔なる　わが涙かな

① 大伴家持　② 清少納言　③ 紫式部　④ 紀貫之　⑤ 藤原定家　⑥ 西行法師　⑦ 柿本人麻呂

問2 次の敬語表現のうち、正しい使われ方をしているものを、次の①～④のうちから一つ選びなさい。解答番号は 32 。

① 兄は先生に、その役目をしたいと自分で申し出られたそうだ。

問2　傍線部B何事にか、左様の心候ふべきとあるが、その解釈として最も適当なものを、次の①～④のうちから一つ選びなさい。解答番号は 22 。

①　私には全くそのような心はございません。
②　私にどのような心があるとお思いでしょうか。
③　どうして、あなたにはそのようなお心がおありなのでしょうか。
④　どうして、あなたはそのようなお心をお持ちになったのでしょう。

問3　傍線部C弟子に房をば譲りて、山の岸に小さき庵室を構へて、後世菩提の行怠らずとあるが、それはなぜか。その説明として最も適当なものを、次の①～④のうちから一つ選びなさい。解答番号は 23 。

①　老僧に一和尚になれないだろうと言われて奮起して、彼が生きている間に仏道について教えを受けることにしたから。
②　老僧に一和尚になるのがふさわしいと言われて嬉しかったので、彼が生きているうちに立派な僧になろうと思ったから。
③　老僧に一和尚になることを望んでいるように言われて心外だったため、彼が死ぬ前に俗世間との縁を断とうとしたから。
④　老僧に自分の死後一和尚になることを望まれて衝撃を受け、彼を死から救い出すために仏にすがることにしたから。

問4　傍線部D今は云ふかひなしとあるが、どういうことか。その説明として最も適当なものを、次の①～④のうちから一つ選びなさい。解答番号は 24 。

①　浄土房は立派に遁世を果たしただろうということ。
②　浄土房が死んでしまうようなことはないということ。
③　浄土房の遺体を掘り出すことはできないということ。
④　浄土房はもはや生きてはいないだろうということ。

問5　傍線部E弟子、あまりの事にて、嬉し泣きにぞ泣きけるとあるが、それはなぜか。その理由として最も適当なものを、次の①～④のうちから一つ選びなさい。解答番号は 25 。

①　浄土房が、土砂に押しつぶされてしまった庵室を元通りにして見せたから。
②　死んでしまったと思っていた浄土房が、土砂の中から無事な姿を現したから。
③　一度は死んでしまった浄土房が、目の前で生き返って元気な様子を見せたから。
④　皆の前から姿を消してしまっていた浄土房が、土砂の中から突然現れたから。

【3】次の文章を読んで、後の問1から問8に答えなさい。

伊豆山に、浄土房と云ふ学生ありけり。時の二和尚なり。一和尚なる老僧、重病を受けたりけるを、訪はんとて至りけるに、一和尚申しけるは、「法師が死せん事を、いかに嬉しく思すらん」と云ふ。浄土房、思はずに覚えて、「何事にか、左様の心候ふべき」と云へば、「一和尚に成り給はんずればよ」と云ひける。別当なんどもなくして、一和尚を、別当の如くに思へる処なる故に、かく云ひけるを聞きて、本より大道心ある僧にて、思ひけるは、思ひけがされたるも、且つは恥しく覚えて、「この老僧の生きたりける時、遁世してみせん」と思ひて、やがて弟子に房をば譲りて、山の岸に小さき庵室を構へて、後世菩提の行怠らず。

ある時、長雨降りて、震動して、山崩れて、庵室をさながら打ち埋みてけり。弟子共、慌て騒ぎて、「今は云ふかひなし。かばねを取りて孝養せむ」とて、土を掘りて見れば、庵室は土に砕けて跡形なかりけれども、浄土房はつつがなうして居たり。弟子、あまりの事にて、嬉し泣きにぞ泣きける。

浄土房、物思ひたる気色にて、「あさましき損を取りたるぞや。」御分」と云へば、「何事の御損かあるべき。御命のおはするこそ悦び［G］。御損とは、御庵室の事か。御本尊なんどの損じておはするぞ」と云へば、「その事にはあらず。幼少の時より、観音の名号を念ずれば、かくのごときの災難、中夭免るる事と思ひ慣れたる心にて、『南無観世音』と、一声唱へたりつる故と覚ゆる。命の助かりぬるを、同じいとまにて、『南無阿弥陀仏』と唱へて、往生すべかりつるが、よしなく命延びて、憂き世に長らへん事、まめやかの損を取りたる心地す」とて、涙を流しければ、弟子共も皆、袖を絞りけり。

（『沙石集』より）

《注》学生……学僧。　二和尚……一和尚に次ぐ地位の和尚。　別当……寺務を統轄する僧。
孝養……供養。　御分……あなた。　中夭……不慮の死。　岸……崖。

問1　傍線部A　法師が死せん事を、いかに嬉しく思すらん　とあるが、その解釈として最も適当なものを、次の①～④のうちから一つ選びなさい。解答番号は［21］。

① 私が死ぬようなことがなくても、あなたは少しも嬉しく思われる必要はない。
② 私が死ぬようなことを、あなたはどれほど嬉しくお思いだろうか。
③ あなたが死ぬであろうことを、私が嬉しく思うようなことは決してあるまい。
④ あなたがお亡くなりにならないならば、私はどれほど嬉しく思うだろうか。

② 山椒魚は自分のことを恐れている蛙を馬鹿にしており、蛙は自分の意志で外に出られない山椒魚を馬鹿にしているので、言葉にそういう気持ちが表れてしまう。

③ 山椒魚は出て来ようとしない蛙を愚かだと思い、蛙は自分の思いどおりにしようとする山椒魚を愚かだと思っており、互いに一歩も譲らないでいる。

④ 山椒魚は出て来いという要請に応じない蛙を憎み、蛙は自分の意思を尊重してくれない山椒魚を憎んでおり、その憎しみを相手にぶつけようとしている。

問7 傍線部 G 山椒魚がこれを聞きのがす道理はなかった とあるが、それはなぜか。その説明として最も適当なものを、次の①〜④のうちから一つ選びなさい。解答番号は 19 。

① その歎息を蛙があまりの不自由さに気が弱くなってしまった証拠だと思い、蛙よりも長い間そのような境遇に耐えてきた自分が誇らしかったから。

② その歎息を蛙が自分に心の限界を訴えかけてくるシグナルであると思い、今こそ蛙と自分は心を開いて話をすることができると感じたから。

③ その歎息を蛙が自分と同じように自らの境遇を嘆いてついたものだと思い、蛙が今や自分と同じように不幸に浸っているのだと考えたから。

④ その歎息を蛙が不自由な我が身を嘆いてついたものだと思い、蛙にそういう境遇を強いた自分を恥じ、蛙のことが気の毒に感じられたから。

問8 傍線部 I 今でもべつにお前のことをおこってはいないんだ とあるが、この言葉はどういうことを表しているか。その説明として最も適当なものを、次の①〜④のうちから一つ選びなさい。解答番号は 20 。

① 蛙が自らを不幸な境遇に陥れた山椒魚を許し、彼の唯一の理解者になったということ。

② 山椒魚と違って、蛙は強いられた境遇によって自らを哀れむばかりではないということ。

③ 蛙が死を目前にして考えを改め、この先も岩屋を出られない山椒魚を哀れんでいるということ。

④ 山椒魚と同じ場所で同じ孤独を味わったことで、蛙の心が山椒魚の心と重なったということ。

② 自分が置かれた境遇からどうしたら抜け出すことができるかと考えるも、そんな方法はないと諦めてしまっている。
③ 自分が置かれた境遇に対してまったく納得しておらず、そのあまりの理不尽さに頭がおかしくなりそうになっている。
④ 自分にひどい境遇を強いる存在に対して怒りを覚えており、相手にどうやって仕返ししてやろうかと考えている。

問3 傍線部B やがて彼は自分を感動させるものから、寧ろ目を避けた方がいいということに気がついた とあるが、この後の山椒魚の気持ちの説明として最も適当なものを、次の①～④のうちから一つ選びなさい。解答番号は 15 。
① 山椒魚の心は自らの不幸に占められてしまい、彼等に以前と同じように感動することができなくなった。
② 山椒魚は心そのものを失ってしまい、もはや自分が何かに感動することができるとは思えなくなった。
③ 山椒魚は自分を感動させるものと自分のあまりの差に愕然（がくぜん）とし、無力感にとらわれるようになった。
④ 山椒魚は自分を感動させるものをむしろ憎み、彼等が不幸になることを願うようになっていった。

問4 傍線部C 彼の目蓋のなかではいかにも合点のゆかないことが生じた とあるが、どういうことか。その説明として最も適当なものを、次の①～④のうちから一つ選びなさい。解答番号は 16 。
① 山椒魚が目を閉じて暗やみを感じることで、自らの境遇を乗り越えることのできる心の持ち方を学んだということ。
② 山椒魚が自分のできることをしているうちに、自らの境遇からいつかは抜け出せるという気持ちになったということ。
③ 山椒魚が自らの境遇を受け入れたことで、孤独さを噛（か）みしめることに没入するようになっていったということ。
④ 山椒魚が目を閉じている間だけは、自らの境遇を見て見ぬふりができ、孤独を忘れることができたということ。

問5 空欄部 D 、 E 、 H に入る語句の組み合わせとして最も適当なものを、次の①～④のうちから一つ選びなさい。解答番号は 17 。
① D うるさがらせた　E 悲願であった　H 憎悪
② D 羨ましがらせた　E 痛快であった　H 友情
③ D いらだたせた　E 遺憾であった　H 同情
④ D 喜ばせた　E 満足であった　H 惜別

問6 傍線部F 彼等は激しい口論をはじめた とあるが、このときの両者についての説明として最も適当なものを、次の①～④のうちから一つ選びなさい。解答番号は 18 。
① 山椒魚は外に出してやるという言葉を信じない蛙に呆（あき）れ、蛙は出たくないという言葉を信じない山椒魚に呆れており、まともに話し合うことができない。

音であった。去年と同じく、しきりに杉苔の花粉の散る光景が彼の歎息を唆（そその）かしたのである。

山椒魚がこれを聞きのがす道理はなかった。彼は上の方を見上げ、かつ［H］を瞳に罩（こ）めてたずねた。

「お前は、さっき大きな息をしたろう？」

相手は自分を鞭撻（べんたつ）して答えた。

「それがどうした？」

「そんな返辞をするな。もう、そこから降りて来てもよろしい」

「空腹で動けない」

「それでは、もう駄目なようか？」

相手は答えた。

「もう駄目なようだ」

よほど暫くしてから山椒魚はたずねた。

「お前は今どういうことを考えているようなのだろうか？」

相手は極めて遠慮がちに答えた。

「今でもべつにお前のことをおこってはいないんだ」

（井伏鱒二「山椒魚」より）

《注》瘋癲病者……正常ではない行動をする人。　コロップ……コルク。

問1　本文中に、次の一文が抜けている。文中の【ア】～【エ】のうち、どこにいれたらいいか。次の①～④のうちから一つ選びなさい。

解答番号は［13］。

諸君は、この山椒魚を嘲笑してはいけない。

①【ア】　②【イ】　③【ウ】　④【エ】

問2　傍線部A彼の目から涙がながれたとあるが、このときの山椒魚の気持ちの説明として最も適当なものを、次の①～④のうちから一つ選びなさい。解答番号は［14］。

① 自分を恐ろしい境遇へと追い込んだ存在の力におののきながら、何とか相手の機嫌を取り結びたいと願っている。

山椒魚は相手の動物を、自分と同じ状態に置くことのできるのが［E］のだ。

「一生涯ここに閉じ込めてやる！」

悪党の呪い言葉は或る期間だけでも効験(こうげん)がある。蛙は注意深い足どりで凹(くぼ)みにはいった。そして彼は、これで大丈夫だと信じたので、凹みから顔だけ現わして次のように言った。

「俺は平気だ」

「出て来い！」

山椒魚は呶鳴(どな)った。そうして彼等は激しい口論をはじめたのである。

「出て行こうと行くまいと、こちらの勝手だ」

「よろしい、いつまでも勝手にしてろ」

「お前は莫迦(ばか)だ」

「お前は莫迦だ」

彼等はかかる言葉を幾度となくくり返した。翌日も、その翌日も、同じ言葉で自分を主張し通していたわけである。

一年の月日が過ぎた。

初夏の水や温度は、岩屋の囚人達をして鉱物から生物に蘇(よみがえ)らせた。そこで二個の生物は、今年の夏いっぱいを次のように口論しつづけたのである。山椒魚は岩屋の外に出て行くべく頭が肥大しすぎていたことを、すでに相手に見ぬかれてしまっていたらしい。

「お前こそ頭がつかえてそこから出て行けないだろう？」

「お前だって、そこから出ては来れまい」

「それならば、お前から出て行ってみろ」

「お前こそ、そこから降りて来い」

更に一年の月日が過ぎた。二個の鉱物は、再び二個の生物に変化した。けれど彼等は、今年の夏はお互いに黙り込んで、そしてお互いに自分の歎息が相手に聞(きこ)えないように注意していたのである。

ところが山椒魚よりも先に、岩の凹みの相手は、不注意にも深い歎息をもらしてしまった。それは「ああああ」という最も小さい風の

岩屋の外では、水面に大小二ひきの水すましが遊んでいた。彼等(かれら)は小なるものが大なるものの背中に乗っかり、彼等は唐突な蛙(かえる)の出現に驚かされて、直線をでたらめに折りまげた形に逃げまわった。蛙は水底から水面にむかって勢いよく律をつくって突進したが、その三角形の鼻先を空中に現(あら)わすと、水底にむかって再び突進したのである。

山椒魚はこれらの活潑(かっぱつ)な動作と光景とを感動の瞳で眺めていたが、やがて彼は自分を感動させるものから、寧(むし)ろ目を避けた方がいいということに気がついた。彼は目を閉じてみた。悲しかった。彼は彼自身のことを譬(たと)えばブリキの切屑(きりくず)であると思ったのである。【ウ】

誰しも自分自身をあまり愚かな言葉で譬えてみることは好まないだろう。ただ不幸にその心をかきむしられる者のみが、自分自身はブリキの切屑だなどと考えてみる。たしかに彼等は深くふところ手をして物思いに耽(ふけ)ったり、手ににじんだ汗をチョッキの胴で拭ったりして、彼等ほど各々(おのおの)好みのままの恰好(かっこう)をしがちなものはないのである。

山椒魚は閉じた目蓋(まぶた)を開こうとしなかった。何となれば、彼には目蓋を開いたり閉じたりする自由とその可能とが与えられていただけであったからなのだ。

その結果、彼の目蓋のなかではいかにも合点のゆかないことが生じたではなかったか！　目を閉じるという単なる形式が巨大な暗やみを決定してみせたのである。その暗やみは際限もなく拡(ひろ)がった深淵(しんえん)であった。誰しもこの深淵の深さや広さを言いあてることはできないであろう。

――どうか諸君に再びお願いがある。【エ】山椒魚がかかる常識に没頭することを軽蔑しないでいただきたい。牢獄(ろうごく)の見張人といえども、よほど気難しい時でなくては、終身懲役の囚人が徒(いたず)らに歎息(たんそく)をもらしたからといって叱りつけはしない。

「ああ寒いほど独りぼっちだ！」

注意深い心の持主(もちぬし)であるならば、山椒魚のすすり泣きの声が岩屋の外にもれているのを聞きのがしはしなかったであろう。

悲歎にくれているものを、いつまでもその状態に置いとくのは、よしわるしである。山椒魚はよくない性質を帯びて来たらしかった。そして或る日のこと、岩屋の窓からまぎれこんだ一ぴきの蛙を外に出ることができないようにした。蛙は山椒魚の頭が岩屋の窓に[注]コロップの栓となったので、狼狽(ろうばい)のあまり岩壁によじのぼり、天井にとびついて銭苔(ぜにごけ)の鱗(うろこ)にすがりついた。この蛙というのは淀(よど)みの水底から水面に、水面から水底に、勢いよく往来して山椒魚を［D］ところの蛙である。誤って滑り落ちれば、そこには山椒魚の悪党が待っている。

② 美術は写実の道を極めるということが多いが、日本画具はそれに適したものとはいえないから。
③ 美術は写実の道を極めることが求められるが、今の日本画家の画力はその域に達していないから。
④ 実物そっくりに描くことを美と見なす考え方が、今の日本画家の才能を制限することになるから。

問8 空欄部 G に入るべきものを、次の①～④のうちから一つ選びなさい。解答番号は 11 。

① 洋画と日本画のどちらが優れている　② どういう風な描き方でなくてはいけない
③ 洋画も日本画も描き方が同じである　④ どういう風な描き方をしてもいい

問9 本文の内容の説明として最も適当なものを、次の①～④のうちから一つ選びなさい。解答番号は 12 。

① 建築の屋根の曲線や、瓶壺等の線等が美しい装飾の一例であるように、美術は本来意匠を凝らすものではない。
② ウィリアム・ブレイクやシャバンヌなど、西洋画家による作品は日本画よりも装飾の面で優れているものが多い。
③ 日本画では写実的であることが評価の判断基準に置かれたが、それは必ずしも実物どおりに描くことを意味しない。
④ 筆者は写実においては日本画よりも洋画が優れているとし、洋画が今後の日本の美術界をになうものと考えている。

【2】次の文章を読んで、後の問1から問8に答えなさい。

山椒魚(さんしょううお)は、頭がつかえて、棲家(すみか)である岩屋から外に出られなくなってしまう。

山椒魚は再びこころみた。それは再び徒労に終(お)った。何としても彼の頭は穴につかえたのである。

彼の目から涙がながれた。【ア】

「ああ神様！　あなたはなさけないことをなさいます。たった二年間ほど私がうっかりしていたのに、その罰として、一生涯この窖(あなぐら)に私を閉じこめてしまうとは横暴であります。私は今にも気が狂いそうです」

諸君は、発狂した山椒魚を見たことはないであろうが、この山椒魚にいくらかその傾向がなかったとは誰がいえよう。【イ】すでに彼が飽きるほど暗黒の浴槽につかりすぎて、もはやがまんがならないでいるのを、諒解(りょうかい)してやらなければならない。いかなる瘋癲(ふうてん)病者も、自分の幽閉されている部屋から解放してもらいたいと絶えず願っているではないか。最も人間嫌いな囚人でさえも、これと同じことを欲しているではないか。

「ああ神様、どうして私だけがこんなにやくざな身の上でなければならないのです？」

③　自然に美を見出すのは人間がそこに心の中の美を重ねるからであり、その美を表現することが写実なのだということ。
④　装飾によって審美眼が磨かれることで美しく捉えられるようになった自然を描写することが写実なのだということ。

問4　傍線部C日本の古典や仏像には美くしい想像と装飾があるとあるが、ここで言う美しさはどのようなものか。その説明として最も適当なものを、次の①～④のうちから一つ選びなさい。解答番号は［7］。
①　作り手が独創性を捨て、自然にあるものの形をそのまま作品の上に写し出したようなもの。
②　作り手が想像力によって、本来は無機的なものを有機的に結びつけているようなもの。
③　作り手の精神が、作品に表された有機的な線などによって表現されているようなもの。
④　作り手の才能が、作品を構成しているもの一つ一つにまで行き届いているようなもの。

問5　傍線部D装飾の道を通る個性は、写実の道を通る個性より少いとあるが、それはなぜか。その説明として最も適当なものを、次の①～④のうちから一つ選びなさい。解答番号は［8］。
①　美術は装飾と写実によって成るものであるが、一般的には装飾よりも写実のほうが重要なものだと目されているから。
②　美術は写実を極めた後に装飾が成るものであり、画家の多くは写実を極めることにその一生を費やすことになるから。
③　美術に写実を欠かすことはできず、画家は写実の訓練を重ねることによって内なる美の感覚を研ぎ澄ますものだから。
④　美術は写実によって発展したものであり、画家は自然の形に触発されて自らの内なる美を見出すことも多いから。

問6　傍線部E円山応挙などはそのあわれなる犠牲者の一人と見ていいとあるが、円山応挙の作品についての説明として最も適当なものを、次の①～④のうちから一つ選びなさい。解答番号は［9］。
①　写実的な表現をしようとしているが、写実への向き合い方を取り違えたため、美術に値する美が十分に表れていない。
②　写実的に描こうと努力はしているが、完成度が著しく低いため、むしろ写実的ではない作品よりも美しく見えない。
③　写実に意識を奪われており、自然派の影響も色濃く見えるものになっており、独創性を欠いていて低級である。
④　写実が表層的であるばかりか、伝統的な装飾的要素も見られないため、描く対象の美を十分に伝えきれていない。

問7　傍線部F今の日本画家たちも、本来は早くその日本画具を捨てなくてはならぬ連中なのであるとあるが、筆者がこのように言うのはなぜか。その説明として最も適当なものを、次の①～④のうちから一つ選びなさい。解答番号は［10］。
①　今の日本画家たちは発達した画具で実物そっくりに描けるため、写実を本来の意味で解釈できないから。

問1　二重傍線部1～4の漢字と同じものを、次の各群①～④のうちから、それぞれ一つずつ選びなさい。解答番号は 1 ～ 4 。

1 ヤバン
① 作家のバンネンの作品
② 生活のキバンを築く
③ バンケンを飼う
④ バンユウを振るう

2 ワく
① シユウを決する戦い
② 温泉がユウシュツする
③ ユウズウを利かせる
④ ユウフクな家に生まれる

3 テントウ
① 鬼のトウバツに向かう
② 目的地にトウチャクする
③ 会社がトウサンする
④ 日本アルプスをトウハする

4 ホウコウ
① 各国をレキホウする
② ホウビをもらう
③ ある思想をシンポウする
④ けが人をカイホウする

問2　傍線部A　美術とは世界の装飾にある　とあるが、どういうことか。その説明として最も適当なものを、次の①～④のうちから一つ選びなさい。解答番号は 5 。

① 人間は外界に対して装飾の意志本能を持っており、外界の形を装飾によって変えることが美術というものに発展したということ。
② 美術は人間の想像から生まれたものであり、その美術によって人間を取り巻く自然は装飾され、付加価値を与えられたということ。
③ 人間が感じる美は外界の形象を利用することではじめて表現可能になり、その表現がもとになって生まれたのが装飾美術だということ。
④ 美は人間の心の中にあるものであり、その美がそのまま表現されている装飾美術こそが、芸術として「心」の糧となるということ。

問3　傍線部B　内なる美と外界の形象との合一が「自然の美」でありその表現の写実の道である　とあるが、どういうことか。その説明として最も適当なものを、次の①～④のうちから一つ選びなさい。解答番号は 6 。

① 内なる装飾を発育させることに加えて自然の美を詳細に観察すれば、いずれ写実の意味がわかるようになるということ。
② 自然の中にある形や色に秘められた意味を読み解くことができたとき、自然を写実することが可能になるということ。

はならぬ連中なのである。もし通俗作家になるのがいやなら。世間的では満足出来ない人であるなら、そして画具にホウコウ[4]する気でないなら。

しかし、自分は、彼らがたとえ日本画をすて、洋画をとったとて、其処から本当の写実が生れるかどうかは決して保証する勇気を持たない。しかし、あるいは有望な人もあるかもしれない。そういう有望な人がつまらぬ習慣に引っかかっていないとも限らない。少くも諸君が、もう一層熱心に、燃えて来たら、その仕事は捨てなくてはなるまい。そして、洋画法を執るならば少くも今日よりはよりよき芸術的経験を君たち自身が感味するだろう。この事はもし現われるとしたら、今日の画壇にとって或る喜びであろう。よき芽はよき畑にまかれる必要がある。ついでだからいうが今日の展覧会に行ってみると、画が皆大きすぎる。あんなでっかいものを何だって描くのだといいたくなる。美を本当に見ると、あんなまねは出来なくなるものだという結論だけを、ここに唯かきそえておこう。

尤も今日の日本画家の中に面白い道を切り開きそうになっている人が少しはある、まだいられるかもしれないが知らない。注小林古径君のものや、名は忘れたが国展の選外かに古池と古寺？かなにか描かれた人のもの、その他の会場で皆名を忘れたが二、三の人のものによき素描の芽を見た。唯その上に欲しいのは力だ。（力強い画という意味ではない）もう一つ深い味だ。魅力でももう一つ力が欲しい。

僕として、日本画をかくとしたら注白描か、黒白を主としたものに少し色をつけるものをやってみたい。しかし、［　G　］という事は決していえるものではない。注さっき、写実の道としてけなした、日本画の西洋画のような描力にしても、すでにそういう美術品要素が出来した以上、今日ではそれは下らないものだが内容さえよく、そしてぴったりすれば、その描方でもあるいは生かす事が出来よう。尤もかなりなまぬるい感じの画品だが、しかしそれにある美の内容がもしあればそれは生きる事が出来る。ただ無理にそれに内容を合わす必要はなく、そんな事をする事はすでに内容が死んでいる証拠である。

（岸田劉生「想像と装飾の美」より）

《注》瓶壺……かめとつぼ。

光琳……尾形光琳。一六五八～一七一六。江戸時代の画家・工芸家。

ウィリアム・ブレーク……一七五七～一八二七。イギリスの詩人・画家。

シャバンヌ……一八二四～一八九八。フランスの画家。　布局……配置すること。

エッチング……化学薬品の効果を利用した表面加工の技法。　円山応挙……一七三三～一七九五。江戸時代の画家。

錦画……江戸時代に確立した浮世絵版画。　小林古径……一八八三～一九五七。日本画家。　白描……墨一色で描いた絵。

さっき、写実の道としてけなした……本文よりも前の部分で、筆者は日本画を西洋画のように描くことを批判している。

[注]布局の線のための形だ。その表情から来る想像の力をぬかせば。

こういう内容の一部を生かすのには日本画法はよい手法である。花鳥でもいい人物でもいい風景もよかろう。写実に行かずとも充分に内からワク[2]美で形を与える事の出来る内容（即ち内なる美）を取る人が執るとあの資料はたしかに世界に特殊な美を生んでくれると思う、昔の日本画にはそういうものがわりに沢山ある、いろいろの程度で。

或る個性が特に日本画ばかりかくのもよかろうし、洋風の画家が或る時の内容を日本画法によって生かすのもいい。西洋にも[注]エッチングのみやる人と、彩描のかたわら或る内容をエッチングで表す人との二種があるように。

しかしここに殊に注意したいのは、一般的に見て、そういう[D]装飾の道を通る個性は、写実の道を通る個性より少いのが本当だという事である。前にもいった通り美術の元は装飾だが、それが模造（写実）の本能と一致して更に芸術として立派に発育したものなのだから。画家となるという事は、太古から、ものの形を写す事と同じといっていい位の意味になっている。古来美術の堕落期は常にこの写実が装飾の柵を越えて主客がテントウ[3]した時であるが、それほどに画とは物を写す事と思われ、また事実、画家は物象の形によって内なる美を先ず醒まされるのが多い。恐らく十中八位までそうで少数の異例が夢幻的な美を幼い時から内に感じるのである。

かくて一般的には写実の道を執るのが自然である、昔の日本画の中にも写実を欲する意志はみえる。しかしそれ以上に伝統的に立派な装飾的要素があるので、不自由な画具に早く諦めをつける事が出来たのだ。しかしこの事は殆ど無自覚的にされていた事なので、時とすると不知不識の間にしなくてもいい写実に引っかかって物の表相に捕われ無駄な力を入れ、出るべかりし美をこわしている例などが多い。[E][注]円山応挙などはそのあわれなる犠牲者の一人と見ていいと思う。[注]錦画なども初期のものは、写実に捕われず線の美などを主としたから美くしいが、明治初代のものなどになるほど、妙に自然派らしい写生に捕われたりして低級なものになっているのはその一例である。とにかく古は画具などの不自由から、写実の道はどうしても発達し切れないので、強く欲しつつその不足を皆が皆装飾によって足していた。この意志は日本画の歴史を見ると解ると思う。古でも画を讃めるのに、「美くしい」といってほめる人より、「実物の通り」といってほめる人が多かったに違いない。今見るとこれが本物の通りにみえたのかと思うほど写実とかけはなれた物にそういう賞讃の伝説がのこっているものが多い。これはつまり、その「美」や生きている感じが人を撃つのを、画は写実だという頭からよく出来たというかわりに本物の通りといわれたものであろう。

かくて、画家は少くもその八分通りまでは本来は写実につくべきである。[F]今の日本画家たちも、本来は早くその日本画具を捨てなくて

国語

【１】次の文章を読んで、後の問１から問９に答えなさい。但し、設問の都合で漢字をカナに改めた部分がある。

美術というものを何でも写実でなくてはいけないと思い込む人が多いが写実は美術の最も一般的な道ではあるが決して写実のみが美術ではない。美術というものは元来人間の想像の華(はな)である。その根本は装飾の意志本能にある。美術とは世界の装飾にあるともいえる。美は外界にはない、人間の心の衷(うち)にある。それが外界の形象をかりて表われると自然の美となりその表現が写実となる。それが外界の形をかりずにすなおにじかに内からうねり出て来たものが、装飾美術になる。古代の器具や、ヤバン人や農夫の器具に何ら自然物にたよらぬ線状で（波状輪状等）美(うつ)くしい装飾のあるのは即(すなわ)ちその一例で、その他建築の屋根の曲線や、瓶壺(へいこ)等の線などにそれは表われる。美術はすなわちこの装飾が元である。「美」に置くという事が装飾で、その美は人間の衷なる心の要求でありまた本能である。この意志の欲する装飾が即ち美術でありここに造形の原因がある。もとよりもう一つの方面である所の模造の本能も美術の原因にはなる。しかし美術が芸術として人の「心」の糧(かて)となるには、最も根本のものは模造は第二で装飾が根元である。模造の本能とこの装飾の本能との有機的な必然的な一致が写実芸術の原因である。即ち内なる美と外界の形象との合一が「自然の美」でありその表現の写実の道である。かくて写実の道は芸術の域を広め深め美を複雑にした。装飾の美術ばかりの時代には知らなかった美を微妙な自然の線の中に見たり色の中にみたりした。しかしこれは終(つい)に内なる装飾の発育に過ぎない。自然を人が美くしいとみる事は、その瞬間に内において世界を装飾化した事であり、肯定した事であり、その表現はその証拠であり確定である。

しかし美術の上においては自然の形象に即して美（装飾）を見てそれを追求するものを写実といい内の無形の美を主として自然の形は想像的にこれをかりてそれによって内にうごめくものをあらわすのを想像または装飾の道という。ともにその根元は「内なる美」（装飾）だけれど、追求のしかたが違うのである。

将来の日本画はこの装飾または想像の美術の上に生かされるべきである。ただ装飾といっても人々のすぐ思うような模様化されたものではない。例をとっていうと、日本の古典や仏像には美くしい想像と装飾がある。人々が装飾的だと思う光琳(こうりん)などは僕の目には本当の装飾の感じをうけない。形式がいやに目について装飾の感じは来ない。装飾の感じは線や何かが有機的に生かし合っている、そして如何(いか)にも精神を以てこの世界を飾るという感じがする。ウイリアム・ブレークやシャバンヌなども装飾的だ。ブレークの描く人間の形は

桜 林 高 等 学 校

数 学

第1問

（1）$7-3\times(-2)=$ [アイ]

（2）$-2^2\times\frac{1}{3}+\frac{1}{6}=\frac{[ウエ]}{[オ]}$

（3）$3a^4b^5\div 12ab\times 2b^2=\frac{[カ]}{[キ]}a^{[ク]}b^{[ケ]}$

（4）$(3a+1)(2a-3)-(2a+3)(a-2)=$ [コ] a^2- [サ] $a+$ [シ]

（5）$\frac{12}{\sqrt{2}}+\frac{2\sqrt{24}}{\sqrt{3}}=$ [スセ] $\sqrt{[ソ]}$

第2問

（1）ある店で税抜き価格８００円の商品が２０％引きで売られている。この商品の購入価格は、消費税１０％を考慮すると [アイウ] 円である。

（2）2次方程式 $x^2-x-3=0$ の解は $x=\frac{[エ]\pm\sqrt{[オカ]}}{[キ]}$

（3）$x^2-7xy-18y^2=(x+$ [ク] $y)(x-$ [ケ] $y)$

（4）数直線の原点に点Pがある。点Pは次の操作に従って動く。

コインを1枚投げて、表が出たら正の方向に2進む

裏が出たら負の方向に3進む

例えばこの操作を続けて2回行い、2回とも表なら点Pは4の位置にある。

この操作を続けて２３回行ったとき、点Pが－４の位置にあるのは、２３回の操作のうち表が [コサ] 回出たときである。

（5）1から５０までの自然数の和を次のように求めた。

1から５０までの自然数の和をAとおく。

A＝1＋2＋3＋・・・＋48＋49＋50　…①

A＝50＋49＋48＋・・・＋3＋2＋1　…②

①②の式を加えると　2A＝51＋51＋51＋・・・＋51＋51＋51

となるから、A＝ [シスセソ] である。

n を1以上の自然数とする。1から n までの自然数の和は、次の⓪から⑤のうち、 [タ] である。

⓪ $\frac{n+1}{2}$　① $n+1$　② $\frac{n(n+1)}{2}$　③ $n(n+1)$　④ $\frac{(n+1)^2}{2}$　⑤ $(n+1)^2$

（6）図のように一辺の長さが$\sqrt{2}$ cmの立方体ABCD-EFGHがある。
BD＝DE＝EB＝ チ cmであり、
三角錐ABDEの体積は

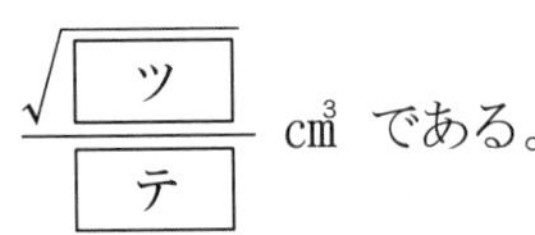

cm³ である。

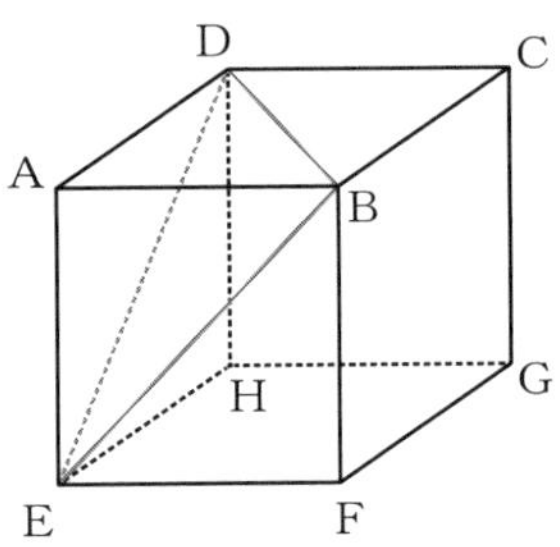

（7）右の図で、OはABを直径とする円の中心、Cは円周上の点である。
∠CAB＝ トナ ° である。

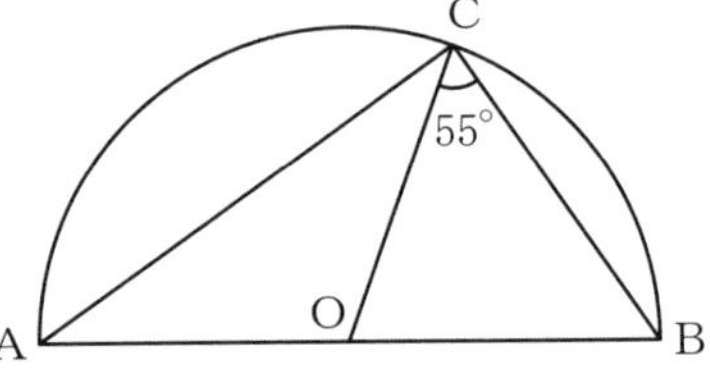

（8）右の図において、BC∥DE、AB：BD＝3：2、DG：GE ＝4：1のとき、
BC：DE＝ ニ ： ヌ であり、
台形BFGDの面積は△ACFの面積の

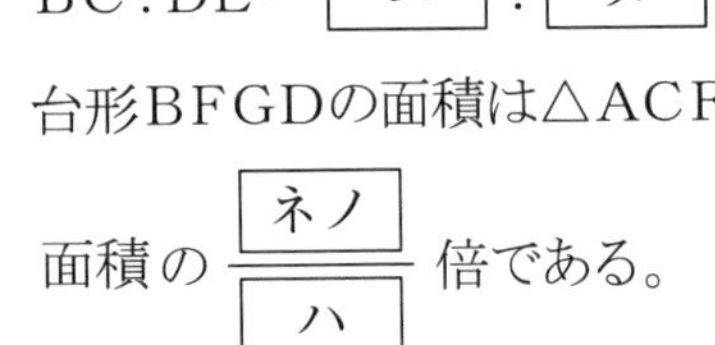

倍である。

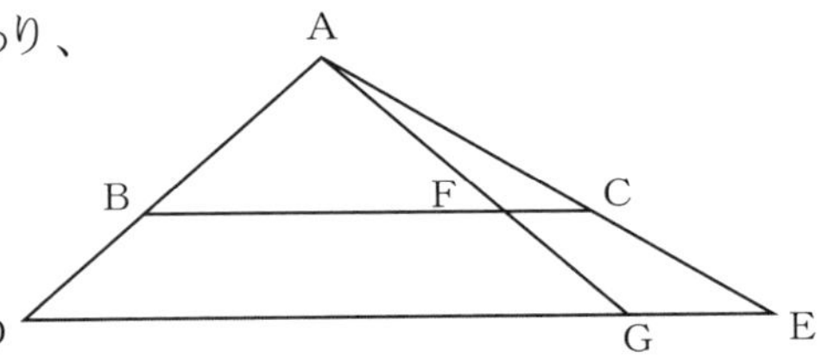

（9）ある12人の数学のテスト（100点満点）の結果は次の通りである。
67、31、52、88、75、55、60、92、80、62、52、76
このデータを下の度数分布表にまとめたとき、A〜Eに入る度数として適切なものは⓪〜①のうち ヒ である。

階級（点）	度数（人）
0以上 〜 20未満	A
20 〜 40	B
40 〜 60	C
60 〜 80	D
80 〜 100	E
合計	12

⓪

A	B	C	D	E
0	1	4	5	2

①

A	B	C	D	E
0	1	3	5	3

このテストの平均値は小数点第二位を四捨五入して フヘ . ホ 点である。

第3問

中が見えない袋の中に、1から6までの数字が一つずつ書かれたボールが入っている。この袋からボールを一つ取り出し、書かれた数字を確認して袋に戻し、よく混ぜてからボールをもう一つ取り出す。
一つ目のボールに書かれた数字をa、二つ目のボールに書かれた数字をbとする。

（1） $a-b=0$ となる確率は $\dfrac{\boxed{ア}}{\boxed{イ}}$ である。

（2）ab が偶数となる確率は $\frac{\boxed{ウ}}{\boxed{エ}}$ である。

（3）$\sqrt{ab}$ が自然数となる確率は $\frac{\boxed{オ}}{\boxed{カ}}$ である。

第４問

右の図でOは原点、A、Bは関数 $y=ax^2$ のグラフ上にある点である。
A（−2、4）、点Bの x 座標は1である。

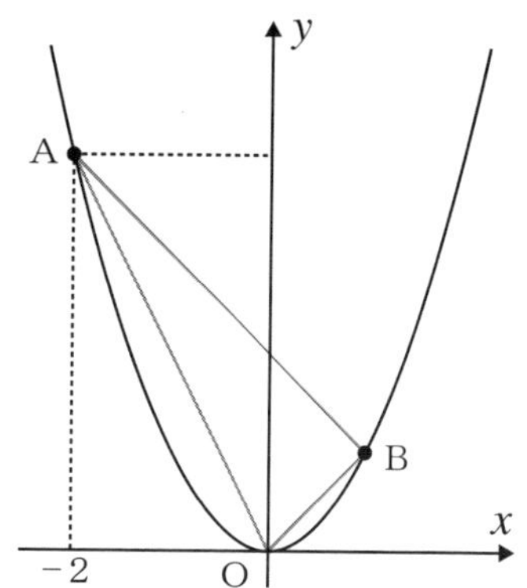

（1）a の値は次の⓪～⑤のうち、［ア］である。

⓪ $\frac{1}{2}$ ① $-\frac{1}{2}$ ②1 ③−1 ④2 ⑤−2

（2）点Pは関数 $y=ax^2$ のグラフ上のAを除いた部分にあり、△OBPの面積が△OABと等しいという。点Pの座標は（［イ］、［ウ］）である。

英　語

1 次の問い（ 問1～15 ）の［1］～［15］に入れるものとして最も適当なものをそれぞれ①～④から選びなさい。

問１ Our teacher［ 1 ］an interesting story.
① got　② met　③ told　④ tried

問２ ［ 2 ］time is it now?
① What　② When　③ Where　④ How

問３ We［ 3 ］Kyoto last year.
① went　② visited　③ were　④ came

問４ This stone is［ 4 ］as that stone.
① heavy　② as heavy　③ heavier　④ the heaviest

問５ She［ 5 ］watching horror movies.
① like　② likes　③ is like　④ is likes

問６ The mirror was［ 6 ］by the boy.
① broke　② broken　③ breaking　④ breaks

問７ When I grow［ 7 ］, I want to be a scientist.
① up　② out　③ away　④ on

問８ A: Where is your cat, Sam?
B: She is sleeping［ 8 ］the sofa.
① under　② with　③ into　④ for

問９ A: When did you［ 9 ］to learn Chinese?
B: Three years ago. But I still can't speak it.
① ask　② begin　③ finish　④ make

問10 A: Did you study for the math test, Emma?
B: Yes, but I was still [10] about it.
① tried ② glad ③ difficult ④ worried

問11 A: [11] do you like better, the black jacket or the green one?
B: I like the green one.
① Who ② Which ③ Why ④ When

問12 A: Mom, I'm going to the Mike's house.
B: OK, but you have [12] home before dark.
① comes ② coming ③ will come ④ to come

問13 A: Excuse me. [13]
B: They're on the third floor.
A: Thank you.
① Are these CD players new? ② I'm looking for CD players.
③ I bought a CD yesterday. ④ How much is this CD players?

問14 A: Hello. This is Jams. May I speak to Olivia?
B: I'm sorry, but she's out. She'll be back in 15 minutes.
A: [14] Thank you.
① Olivia speaking. ② Yes, just a minutes.
③ When will she come back? ④ OK. I'll call back later.

問15 A: May I have a ticket to Yokohama station, please?
B: Yes. It's 9 dollars.
A: Thank you. How long does it take?
B: [15]
① About an hour. ② You must hurry up.
③ Yes, the train is very long. ④ You can take the train.

2 各文を読み、以下の問いの答えとして適切なものを①～④から選びなさい。

問1 Amelia has a dog. The dog's name is Cookie. Amelia likes to walk Cookie in the park every morning. After Amelia gets home from school, she plays with Cookie until dinner. And she goes to the bed with Cookie.

What does Amelia like to do in the morning? [16]
① Play in the park. ② Go to a pet shop.
③ Walk her dog. ④ Study at home.

問2 Mark was going to meet Susan at the movie theater at 3:00, but she wasn't there when he arrived. She left her bag in the train and had to look for it. She got to the movie theater at 3:30.

Why couldn't Mark meet Susan at 3:00? [17]
① He went to the wrong place. ② He lost his bag.
③ Susan was late. ④ Susan didn't look for him.

問3 Lisa was tired at school today, but she began to do her homework soon after she came home. It was four o'clock in the afternoon. She finished her homework in two hours.

When did Lisa finish her homework? [18]
① At four. ② At five. ③ At six. ④ At seven.

問 4　Teacher: "Good morning, students. There will be an English speech contest in the gym next month. If you want to be in the contest, please talk to Mr. Smith."

What is the teacher talking about? [19]

① A speech contest.　② The English homework.
③ A new teacher.　④ The school gym.

問 5　This summer, Helen visited her grandfather in France. She arrived on July 4, and stayed for a week. On the sixth day of the visit, Helen's grandfather took her to a very beautiful garden. Helen still remembers the view from the garden.

How long did Helen stay in France? [20]

① For four days.　② For five days.
③ For six days.　④ For seven days.

問 6　Welcome to Richmond Movie Theater. All tickets for the ten o'clock show are sold out. You can buy tickets for the two o'clock and four o'clock show from one o'clock at the front desk. Thank you.

When can people buy tickets? [21]

① From 10:00.　② From 1:00.
③ From 2:00.　④ From 4:00.

3 英文を読み、以下の問いの答えとして適切なものを①～④から選びなさい。

A. <美術館での先生から生徒への注意事項の場面>

OK, students. You have one hour to look around. Remember, you mustn't eat or drink in the building. You can take photos, but don't use a flash. You can't touch any painting or other art works*. You must look carefully at the signs on the wall. You don't have to see every exhibit*. You should look at the things you're interested in first. Have fun and come back here to the lobby at 3 o'clock.

*art works＝芸術作品　*exhibit＝展示品

問 1　先生の注意事項と一致しているイラストは [22]

①

②

③
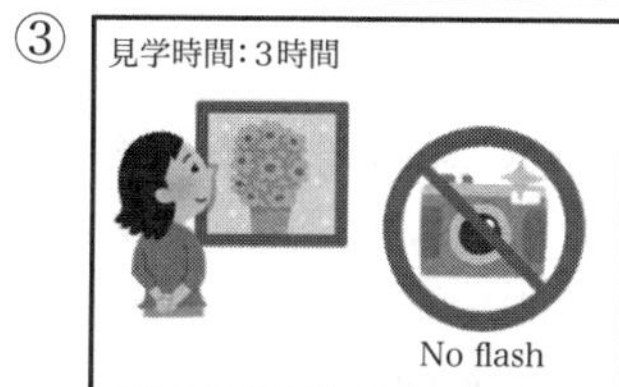

④

問 2　What time is it now? [23]

① 1:00　② 2:00　③ 3:00　④ 4:00

B. ＜テレビでのキャンプ場のCMが流れている場面＞

Are you board with* your everyday life? Are you interested in doing something different? If the answer is yes, then camping is for you. Is preparing for* the camp too much trouble? Don't worry! Our Stanley Camp Site has everything you need, so just bring yourself. We're by Stanley Lake, so you can enjoy doing different activities such as fishing, swimming, and taking a boat ride. Also, there's a huge* shopping mall nearby* with many shops, restaurants, and a movie theater. The mall is open all year around, but please remember we're only open June through August. We're looking forward to seeing you.

*be board with～＝～に飽きて　*prepare for～＝～の準備をする
*huge＝巨大な　*nearby＝近くに

問 1　テレビの情報に一致しているイラストは 24

①

②

③

④

問 2　What is special about Stanley Camp Site? 25

① People don't have to prepare anything.
② People can enjoy horse riding.
③ It is open all year around.
④ It is in the quiet mountain.

4 「こどもにスマートフォンは必要か」という質問に対してのKarenとDanielの意見を読み、以下の問いの答えとして適切なものを①～④から選びなさい。

【Karen】 I think children should have a smartphone. I have two reasons*. First, a smart phone keeps children safe. Children can use it when they need help. Second, children can have fun with a smartphone. They can play games or watch videos anytime and anywhere on a smartphone. For these reasons, I think children should have a smartphone.

【Daniel】 I don't think children should have a smartphone. I have two reasons. First, a smartphone is not necessary* in children's lives. They should use their time for things that are more important, such as studying. Second, Children cannot use it well. They may play too much, or have trouble online if they have a smartphone. That's why I don't think children should have a smartphone.

*reason＝理由　*necessary＝必需品

カレンの意見と一致しているのはどれですか

問 1　Karen thinks that [26]

① Smartphones are not bad idea for children to have.
② Children use smartphones to study.
③ Smartphones always save children when they are in danger.
④ Smartphones needs more security.

ダニエルの意見と一致しているのはどれですか

問 2　Daniel thinks that [27]

① Many children don't have smartphones.
② Smartphones are not bad idea for children to have.
③ Children play games on a smartphone.
④ It is difficult for children to use smartphones safely.

5 ラジオで流れたクイズについての英文を読み、以下の問いの答えとして適切なものを①～④から選びなさい。

You're listening to the Pop radio show. Win great prizes* in tomorrow's quiz. First, listen to the questions on this show or read them on our internet page. Next, give us a phone call and tell us your answers. The first place winner will get two concert tickets! 30 other callers will receive* prizes, such as T-shirts, CDs, or music posters. We'll e-mail the winners.

*prizes＝賞品　　*receive＝受け取る

問 1　How should people answer the radio station's question? [28]

① By going to the station's internet page.
② By calling the station.
③ By sending the station an e-mail.
④ By visiting the station.

6 次の文を読んで、以下の問いに答えなさい。

Thanksgiving Day is celebrated on the 4th Thursday of November every year. Many people stay at home and have Thanksgiving dinners with family, friends and so on. A typical American Thanksgiving dinner is made up of a large roasted turkey, mashed potatoes, turkey gravy, cranberry sauce, corn, salad, and a pumpkin pie. The day is usually spent inside the home with the entire family. They enjoy eating, talking, and playing board games.

The next day is Black Friday. This is the busiest shopping day of the year. People get up early and go shopping for Christmas! Many stores have big sales on this day. Items in the stores can be bought for very low prices. The stores are always very crowded on Black Friday. Sometimes, shoppers fight with each other to get the best items.

※typical＝典型的な　※made up of＝～で構成されている　※gravy＝グレービーソース
※entire＝全体の、全部の　※crowded＝混雑した　※item＝商品

問 1　When is Thanksgiving Day? [29]

① November 4th.
② A day before the Christmas.

③ The 4th Thursday of November.
④ The 4th Tuesday of November.

問 2 Where do people celebrate Thanksgiving Day? [30]
① At schools. ② At restaurants.
③ At shopping mall. ④ At home.

問 3 Which is NOT typical American thanksgiving dinner made up of? [31]
① Roasted turkey. ② Strawberry sauce.
③ Some vegetables. ④ Pumpkin pie.

問 4 What is Black Friday? [32]
① Christmas Eve.
② The busiest shopping day of the year.
③ The day for eating, talking and playing board games.
④ The 4th Thursday of November.

問 5 On Black Friday, you can buy items [33]
① by credit cards only. ② by fighting with each other.
③ for high prices. ④ for very low prices.

7 次の問い（ 問1～4 ）において、それぞれ下の［１］～［６］の語句（問1は［１］～［５］）を並び替え、その際２番目と４番目にくるものの組み合わせとして、正しいものをそれぞれ①～④から選びなさい。ただし、文頭の語も小文字になっています。

問 1 [34]
A：Does your sister play any sports?
B：Yes, she【[1] badminton [2] really [3] at [4] good [5] is】.
① [2] - [3] ② [5] - [3] ③ [5] - [1] ④ [4] - [1]

問 2 [35]
A：Excuse me. Where's the Sakuragi station?
B：It's across the street.【[1] here [2] it [3] you [4] see [5] from [6] can】.
① [6] - [5] ② [6] - [2] ③ [3] - [2] ④ [6] - [3]

問 3 [36]
A：Kacy, is your sister a student?
B：No. She【[1] math [2] teaching [3] at [4] is [5] high school [6] a】.
① [1] - [4] ② [6] - [4] ③ [1] - [3] ④ [2] - [3]

問 4 [37]
A：【[1] about [2] you [3] do [4] know [5] the festival [6] anything】this Sunday, Chris?
B：Yes, I have a schedule at home. I'll call you about it tonight.
① [5] - [4] ② [2] - [6] ③ [4] - [6] ④ [4] - [1]

問三　傍線部２「この氷魚の殊の外に少なくなりたりければ」とあるが、その理由として最も適当なものを一つ選び、記号で答えなさい。 32

①僧がたくさん食べたから　②氷魚を手に入れることは難しいから
③あるじと僧で宴会をしたから　④氷魚は目で見るものだから

問四　傍線部３「いふべきやう」を現代仮名遣いに直した際、正しいものを一つ選び、記号で答えなさい。 33

①いふべきよう　②いうべきやう　③いうべきよう　④ゆうべきよう

問五　傍線部４「あやしう覚えて」の口語訳として最も適当なものを次の中から選び、記号で答えなさい。 34

①意外さにあきれて　②見苦しいと思って　③不気味に思われて　④不思議に感じて

問六　この話の「面白さ（オチ）」はどのような点にあるか。最も適当なものを一つ選び、記号で答えなさい。 35

①うまい言い訳によってあるじを納得させてしまった僧の機転の速さ
②誰もが気づいているのに、最後まで状況を理解できないあるじの愚かさ
③問い詰められて、とっさに筋の通らない言い訳をした僧の滑稽さ
④鼻から氷魚が飛び出し、隠し事がばれてしまった僧の慌てる様子

問七 **傍線部6「先生、私、やっぱり、リボンいりません。でも、こっそり「桃の花」は買いますよ。ざまあみろ」**とあるが、その時の慈雨（私）の心情として最も適当なものを一つ選び、記号で答えなさい。 27

①花屋を営む今、言葉による意思表示だけでなく、ものを贈るという形式的な愛情表現にも価値を見出している。
②思いやりとは行動で表すものではなく、相手を想う気持ちが自然と言葉に表出されるものだと確信している。
③小さな思いやりがうれしく思える今、ささやかで日常的なものこそ愛する人に送る価値があると思っている。
④相手に純粋な想いを届けることが愛情表現であり、他人に誇示しても無意味であると改めて実感している。

問八 **傍線部7「無意識の見せびらかし？」**とあるが、どういうことか。その説明として最も適当なものを一つ選び、記号で答えなさい。 28

①仕事も軌道に乗り、栄との将来を安定させたいという慈雨（私）の思いが見え隠れしているということ。
②仕事に前向きに取り組む慈雨（私）の熱心さには、心の支えといえる栄の存在が伺えるということ。
③花屋の仕事への慈雨（私）の積極性は、悲観的な栄を支えようとする気持ちが表れてしまっているということ。
④人々の幸せのために働く慈雨（私）の優しさには、栄の存在を人に伝えたいという想いが表れているということ。

五 次の文章を読んで、後の問いに答えなさい。

これも今は昔、ある僧、人のもとへ行きけり。**A酒など勧めけるに**、氷魚はじめて出で来たりければ、あるじ**1珍しく思ひて**、もてなしけり。あるじ用の事ありて、内へ入りて、また出でたりけるに、**2この氷魚の殊の外に少なくなりたりければ**、あるじ、いかにと思へども、**3いふべきやう**もなかりければ、物語しゐたりける程に、この僧の鼻より氷魚の一つふと出でたりければ、あるじ**4あやしう覚えて**、「その鼻より氷魚の出でたるは、いかなることにか」といひければ、取りもあへず、「このごろ氷魚は目鼻より降り候ふなるぞ」と**Bいひたりければ**、人皆、「は」と笑ひけり。

（『宇治拾遺物語』による）

（注）氷魚…アユの稚魚

問一 **傍線部A・B**の主語を次の中から適当なものを一つ選び、それぞれ記号で答えなさい。A 29 B 30

①ある僧　②氷魚　③あるじ　④皆

問二 **傍線部1「珍しく思ひて」**とあるが、何を珍しく思ったか。最も適当なものを一つ選び、記号で答えなさい。 31

①僧があるじの家を訪ねたこと
②その季節の初物の氷魚が出てきたこと
③僧が酒などを持ってきたこと
④久しぶりに僧たちに会えたこと

③自分を最優先に考えてくれて、些細なことでもすぐに対応してくれる細やかさ。
④ちょっとした親切心でいつも自分の不満を聞き、味方となって後押ししてくれる温かさ。

問三 **傍線部２「強情な子ね、とため息をついて」**とあるが、その時の先生の心情として最も適当なものを一つ選び、記号で答えなさい。 23

①子どもたちが素直に受け入れてくれると思っていた先生は、言う通りにしない慈雨（私）の態度にあきれている。
②心ひとつになることが子どもたちにとって大切だと考えている先生は、足並みを乱す慈雨（私）を見放そうとしている。
③子どもたちが親想いな子に成長してくれることを願う先生は、親に対して冷たい慈雨（私）の将来に不安を感じている。
④子どもたちの考えを尊重する先生は、慈雨（私）に対して寛容な態度で接しながらも、周囲からの孤立を心配している。

問四 **傍線部３「見ていた私は、泣けてきた」**とあるが、その理由として最も適当なものを一つ選び、記号で答えなさい。 24

①母が喜ぶものを贈ることができなかったことを不甲斐なく感じているから。
②先生の言葉に従ったことの悔しさが心に込み上げてきたから。
③先生の言葉通りに素直な気持ちで親孝行することができたから。
④母のあかぎれの手を見ているうちに痛々しく思えてきたから。

問五 **傍線部４「くそう、あの先生、今の私だったら言い負かしてやれるんだが」**とあるが、その理由として適当でないものを一つ選び、記号で答えなさい。 25

①本当の親孝行は誰かに認めてもらいたいとか、強制されるものではないとはっきり理解したから。
②先生に反発していたころの自分を誇らしく振り返りながらも、反論できなかった自分に後悔をしていたから。
③先生が言う親孝行は見せかけものであって、教師として自分をよく見せたいということだったと気づいたから。
④モノ自体ではなく、気持ちこそが相手を喜ばせるのだということが理解できたから。

問六 **傍線部５「本当の意味での故人の死を悼むもの」**とあるが、どういうことか。その説明として最も適当なものを一つ選び、記号で答えなさい。 26

①精いっぱい心を込めて飾った花
②納得いくよう配置を考えた花
③仕事ぶりが認められるような花
④残された家族が気に入るような花

春美は【　D　】に私を見た。目で問いかけると、感心したようにうなずく。

「栄くん効果かねえ」

「何が」

「前よりずっと仕事に気が入ってきた。顔つきも変わったしさ。ちょっとした接客トラブルにも動じなくなってるし。第一、きれいになったよ。風来坊のような感じがなくなった。いいねえ。地に足を着けて充実した愛情生活を送ってる女は。」

そういって、春美は、力まかせに私の背中をたたいた。

それにしても、充実した愛情生活って……そうなのか。充実というのとは違うような気がする。ただ、どんな時でも、栄は私の内にいる。普段は、お利口さんにして、そこにいる彼だが、何かの拍子に、私の気を引いてささやくのだ。どうせ、いつかは、死んじゃうんだぜ。そんなことを言われたら、身震いする人もいるだろう。投げやりな気分になる人も少なくないだろう。だけど、それは、私にとっては、甘いささやき。彼の唇がつむぐ魔法の言葉、なのだ。私しか知らない、彼の芸当。**6先生、私、やっぱり、リボンいりません。でも、こっそり「桃の花」は買いますよ。ざまあみろ**。大人になると、色々な方法で、仮想仇討が可能になる。そうだろう、山下くん。でも、栄くん効果だなんて思われてしまうのは、やはり、**7無意識の見せびらかし?**だったら栄にも慈雨ちゃん効果が現れていて欲しい。それでイーブン。色に出にけり恋の法則なのだから、春美よ、何も言わずに見守っていておくれ。風来坊が地に足を着けたくらいで驚いてはいけない。

(山田詠美『無銭優雅』による)

問一　空欄【A】~【D】に入る語の組み合わせとして、最も適当なものを一つ選び、記号で答えなさい。 21

①【A　うれしげ　　B　意味ありげ　　C　誇らしげ　　D　悲しげ】
②【A　悲しげ　　B　うれしげ　　C　意味ありげ　　D　誇らしげ】
③【A　誇らしげ　　B　悲しげ　　C　うれしげ　　D　意味ありげ】
④【A　意味ありげ　　B　誇らしげ　　C　悲しげ　　D　うれしげ】

問二　傍線部1「この種の小さな思いやり」の説明として最も適当なものを一つ選び、記号で答えなさい。 22

①少しでも困っているとすぐに手を差し伸べてくれて、自分をより良い方向に導いてくれる気配り。
②特別なことをするわけではないけれども、困っているときにいつも自分を気遣ってくれる優しさ。

な子供たちが続々と増えていった。そのうち、リボンを付けていないのは、私ともうひとりの男の子二人だけになった。先生は、皆の前で、私に言った。【　B　】な顔をしていた。

「山下くん（もうひとりの男の子の名前だ）は、お母さんがいないのだから仕方ないけど、斎藤さんは、どうしてお母さん思いの子になれないの。先生の学級の子たちには、全員、親孝行してもらいたいのよ」

私が下を向いたままなので、不貞腐れている。と先生は思ったようだった。でも、私は、ただ考えていただけだ。私には欲しいものが沢山ある。いくらおこづかいがあっても足りないくらいだ。それを我慢して「桃の花」を買うことが、本当に親孝行になるのだろうか。**2強情な子ね、とため息をついて**あきらめた先生は私のそばを離れようとした。その時、山下君が、皆に聞こえるように言った。

先生は驚いたように彼を見た。

「親孝行がくだらないことなの。山下君」

「リボン見せびらかすためにやってるからくだんない」

私は、その日、雑貨屋に「桃の花」を買いに行った。なんだか負けを認めたような気がした。母は、さして感激するふうでもなく、ありがとう、とだけ言ってクリームを手に塗った。あかぎれにすり込まれるそれを**3見ていた私は、泣けてきた**。母が、本当に【　C　】に笑ったのは、そんな私を見た後だった。泣かないの、と母は言った。ママの手は頑丈だから。

結局、最後まで、リボンを付けてもらえなかったんだよなあ、と思い出す。私のできた親孝行って、あかぎれを見て泣いたことだったんだなあ。クリームを買ったことじゃない。**4くそう、あの先生、今の私だったら言い負かしてやれるんだが**。ま、後の祭りなんだけどさ。

大人が誰かに買ってやるハンドクリームには、何の他意もない。ただのちっぽけな親切だ。ちょっとばかり、あなたを心配していますよ、という意思表示。第三者にアピールしても意味を成さないもの。ああ、そうだ。私は、この店で、そんな花を売りたいのだ。それが葬儀の花であるなら、**5本当の意味での故人の死を悼むもの**でなくてはならない。

「でもさあ、慈雨、死人の横で作業するのって、ぞっとしないよね」

「だけど、心を残さないよう、あちらの世界に行っていただくために、私たちの仕事があるわけでしょ。心を尽くして、送って差し上げましょ」

問七　本文中から次の一文が脱落している。次の文が入る箇所を**本文中のａ～ｄ**より選び、記号で答えなさい。19

「しかし、それはたぶん無理でしょうね。」

①ａ　②ｂ　③ｃ　④ｄ

問八　本文の内容に最も合致するものを一つ選び、記号で答えなさい。20

①多くの日本人は、太陽エネルギーや核融合などの代替エネルギーの開発を否定している。

②日本における超高齢化社会を解消するためにも、より環境問題について理解を深めるべきである。

③環境問題を引き起こしている原因として、先進国の冷暖房やガソリンなどの大量消費が挙げられる。

④一般人の生活感覚を知らない政治家たちは、庶民の生活レベルを超えて開発途上国に支援しているといえる。

四

次の文章を読んで、後の問いに答えなさい。

それにしても、花屋というものは不思議な稼業だなぁ、と思う。人の喜びと悲しみの両方を彩るものだもの。人々の毎日を、より印象的にするためなら、手荒れなんてへっちゃら。なんて言いたいところだが、正直言ってこれからの季節はつらい。冷たいからとお湯を使うわけにはいかないし、開け放した店内は暖房が効かないし。手先が狂うからビニールの手袋なんてはめることはできないし。そんな愚痴を言っていたら、栄が、ハンドクリームを買ってくれた。ドラッグストアで見かけるありきたりの安物だけど、じんと来た。こんなのつけたって焼け石に水、と思わないでもなかったが、私は<u>**1この種の小さな思いやり**</u>に弱い。昔、母に、お小遣いを貯めて、やはりハンドクリームを贈ったことがあったっけ。あれは、確か、小学校の二年生の時か。今のお母さん方には想像もつかないだろうけど、あのころの母親たちの手には、冬、ひびやあかぎれがあった。蛇口をひねればお湯が出るなんていう便利さとは無縁な時代。私の買えたクリームは、とても安かったけれども、ピンク色に着色されていて、とてもきれいだった。商品名を「桃の花」という。きっかけは、学級会の時の担任の先生の言葉だった。おこづかいを、ちょっとずつ貯めて、お母さんに「桃の花」を買ってあげるような子が、先生は好きです。美しく優しい女の先生の言葉に、皆、どよめいた。誰もが。先生の気を引きたい、と思っていたのだ。はっきり言えば、ひいきされたいと願っていた。次に、先生がこう続けたので、子供たちは、さらに衝撃を受けた。先生の言うことを実行した人は知らせてください。名札に親孝行の印のリボンを付けてあげます。チャーンス！と誰もが感じた。出し抜くのは今だ、とほとんどの子供の顔に書いてあった。その翌日から、胸にリボンを付けた【　Ａ　】

問二　【 C 】に入る最も適当な語句を次から一つ選び、記号で答えなさい。 14

①先進国の国民　②開発途上国の国民　③先進国の環境　④開発途上国の援助

問三　**傍線部1「人類は共倒れになってしまいます」**とあるが、本文においてその要因として適当でないものを次の中から一つ選び、記号で答えなさい。 15

①有害廃棄物の処理問題　②大気汚染　③少子高齢化　④化石燃料の減少

問四　**傍線部2「しかし、こんなことがほんとうに可能でしょうか」**と言えるのはなぜか。その理由として最も適当なものを一つ選び、記号で答えなさい。 16

①先進国で暮らす人々は、開発途上国の人と同じように暮らすことはできないから。
②先進国で暮らす人々と開発途上国で暮らす人々は、共存することができないから。
③開発途上国で生活する人と同じように先進国で生活を制限すると、人々の間に争いが生じてしまうから。
④先進国の人々が開発途上国の人々と同じように生活すると、地球の資源が尽きてしまうから。

問五　**傍線部3「これとまったく異なります」**とあるが、「これ」が指す内容として適当なものを次の中から一つ選び、記号で答えなさい。 17

①国民に納得される政治を行うために、野党が与党に対する非難を繰り広げていること。
②消費税を数%上げただけで大騒ぎするようなことは、開発途上国では考えられないこと。
③超高齢化社会を迎えた今の日本では、以前より国民の税負担が増えていくこと。
④日本人は老後の福祉サービスを受けるためなら、今の生活を切り詰めて節約しても我慢できること。

問六　**傍線部4「発展途上国との格差是正」**とあるが、これに対するその筆者の提案として最も適当なものを一つ選び、記号で答えなさい。 18

①有害物質や二酸化炭素を大気中に出さないために、新たな技術や代替エネルギーの開発を進めること。
②開発途上国も二酸化炭素を少なからず出しているという事実をふまえ、国を超えた規制を早急に作ること。
③先進国と比較し、大気汚染などの環境問題が深刻である開発途上国の人々の意識を高めること。
④環境問題をより深刻なものにしてしまわないよう、新たな技術開発を控えたり、各個人が節約をしたりすること。

【　B　】南北格差の是正は**3これとまったく異なります**。日本人は発展途上国の人間になって、そこで生活しなければならないわけではありません。

日本人のほとんどは、日本で暮らして、日本で死んでゆきます。

自国の福祉の議論と、【　C　】の議論とは、根本的に違います。

自国の福祉のために自腹を切れるが、**4発展途上国との格差是正**のためには大きな犠牲をはらいたくない。こういうふうに考える人が日本人のマジョリティであると私は推測しています。

国民の生活レベルをぐっと下げて、南北格差を是正するという対外政策をとるような政府は、国民からの支持を失って崩壊するでしょう。国民の多くは今の生活レベルを下げることなしに、地球環境問題に対応しようとしているのです。

すなはち、日本の国民が納得する環境政策とは、今の自分たちの生活水準を下げることなしに、地球環境問題や、南北問題を解決していくような政策だけなのです。

そんな虫の良い話が、本当にあるのでしょうか。

ひとつの解決法は、あたらしいテクノロジーを開発して、環境問題を解決することです。【　D　】二酸化炭素を大気中にばらまかなくてもすむように、それを固めて固体化してしまう技術。あるいは、有害物質をほとんど出さないような工場のシステム開発。あるいは、太陽エネルギーや核融合などの、代替エネルギーの開発。

これらの技術開発は、日本の生活レベルを落とさずに、環境問題を解決するための、ひとつの方法です。そして、そこで生まれた新技術を、発展途上国にどんどん売り込んでゆけばいいわけです。

実際、日本の政府や企業は、この新技術の開発による環境問題解決こそが、地球環境問題への最大の貢献だと考えているふしがあります。そして、そこに「全社をあげて」取り組んでいたりするわけです。

技術開発で環境問題を解決できれば、日本人の生活レベルを下げなくてもよい。だから、ここに全力をかたむけるのだ。こういう発想が、とくに企業の「環境問題対策」にはつよく出ているように思います。

(森岡正博『生命観を問いなおす』による)

問一　【　A　】11【　B　】12【　D　】13には接続語が入る。次の中から適当なものを一つ選び、それぞれ記号で答えなさい。

①たとえば　②なぜなら　③また　④しかし　⑤あるいは

りました。その一方で、開発途上国の人々はまだそのような大量生産・大量消費の生活を享受していません。

しかし、開発途上国が先進国と同じレベルの大量生産・大量消費をはじめれば、地球の資源と環境はすぐにパンクしてしまいます。中国十二億人の人々が、みんな自動車を一台もつようになれば、化石燃料はすぐになくなり、二酸化炭素の排出量はとてつもなく多くなります。

南北問題を解決するために、開発途上国の経済レベルを、いまの先進国のレベルにまで引き上げるとすれば、ただちに地球環境はパンクしてしまいます。**1人類は共倒れになってしまいます。**だとすると、南北格差を解消する最後の道は、先進国のエネルギー消費や生活レベルを、いまの開発途上国レベルにまで下げることです。そうすれば、環境問題は一気に解決に向かい、南北格差もぐんと少なくなるでしょう。

2しかし、こんなことがほんとうに可能でしょうか。冷暖房完備の今の生活を捨てて、夏は暑く冬は寒い生活に戻れますか。一家に一台マイカーを持つのをやめて、自転車で通勤通学しますか。スーパーに行ったらいつでも欲しいものが手に入るという生活をあきらめて、少ない商品を繰り返して使い、欲しいものがないときにはじっとがまんしますか。海外からの商品や食料などの価格が相対的に高くなるので、今までのように物を自由に買うことができなくなります。それでもいいですか。

a私たちの大多数が、それでもよいとほんとうに思うのなら、このやり方で成功するかもしれません。b生活レベルを大きく下げてまでも、南北格差を解消しようとする人たちが、日本人の大多数を構成しているとはとても思えません。cたとえば、消費税をほんの数%上げるというだけの提案がされただけで、日本国中は大騒ぎです。d庶民の生活を直撃する悪政だ、政治家たちは一般人の生活感覚をまったく知らない。そういうヒステリックな声で、メディアは埋まります。野党は、政府のそういうやり方を大きな声で批判します。

【　A　】そういうふうに非難しておかないと、次の選挙で地元の支持を失い、落選するかもしれないからです。

もちろん、日本はこれから超高齢化社会に突入します。福祉のための税金が、どうしても必要になります。それには、国民はしぶしぶ納得するでしょう。

なぜかと言えば、いつの日か自分自身が老人になって、福祉サービスを受けなくてはならなくなるからです。そういう時の備えのためならば、いまの自分の生活を少々がまんすることはできます。

ふつうの人は、今の給料を犠牲にして生命保険なんかにはいっていますよね。あれと同じです。

国語

一 次の1〜5の傍線部の漢字の読みとして適当なものを次の各群から一つずつ選び、記号で答えなさい。

1 **緩**やかな山道を下る。 1
(①おだ ②すこ ③かろ ④ゆる)

2 あなたの将来を**懸念**する。 2
(①けねん ②けんえん ③けんねん ④しんねん)

3 長年の望みが**成就**した。 3
(①せいじゅ ②じょうじゅ ③じょうじゅう ④せいじゅう)

4 汗を**拭**う。 4
(①はら ②ぬぐ ③ふる ④ふく)

5 **暫時**、息をするのを忘れた。 5
(①ざんとき ②ざんじ ③ぜんじ ④ざんし)

二 下の意味を表す慣用句になるように、各群から適当なものをそれぞれ一つずつ選び、記号で答えなさい。

1 6 **も食わぬ**。 ＝だれも相手にしない。
(①猫 ②狼 ③犬 ④猿)

2 7 **が合う**。 ＝気がよく合う。意気投合する。
(①山羊 ②驢馬 ③馬 ④牛)

3 8 **の尾を踏む**。 ＝きわめて危険を冒す。
(①虎 ②龍 ③獅子 ④猫)

4 9 **をかぶる**。 ＝本性をかくしておとなしそうにする。
(①狐 ②犬 ③虎 ④猫)

5 10 **につままれる**。 ＝わけがわからずぼんやりする。
(①鳩 ②狐 ③雀 ④狸)

三 次の文章を読んで、後の問いに答えなさい。問題の都合上、省略した個所がある。

先進国は、異様に多くのエネルギーを消費しています。冷暖房や、自動車や、工場の操業などに、とてつもない資源を投入しています。そのおかげで、先進国の人々の生活は快適になり、ありあまる商品に囲まれて暮らすことができるようにな

木更津総合高等学校

数学

【1】 次の各問いに答えなさい。

問1 $-3-(-7)+1$ を計算しなさい。

問2 $2(3x-y)-3(x+3y)$ を計算しなさい。

問3 $(3a^2b-12ab^2)\div\dfrac{3}{2}ab$ を計算しなさい。

問4 $3:5=x:(x+8)$ を満たす x の値を求めなさい。

問5 x^2-8x-9 を因数分解しなさい。

問6 方程式 $\dfrac{2x-1}{3}+\dfrac{x+1}{2}=\dfrac{2x+6}{4}$ を解きなさい。

問7 $\sqrt{\dfrac{3}{4}}-\dfrac{3}{\sqrt{12}}$ を計算しなさい。

【2】 次の各問いに答えなさい。

問1 y は x の2乗に比例し，$x=-2$ のとき $y=8$ である。y を x の式で表しなさい。

問2 n を自然数とする。$4<\sqrt{n}<5$ を満たす n の値は何個あるか求めなさい。

問3 右の図で $l\parallel m$ のとき，$\angle x$ の大きさを求めなさい。

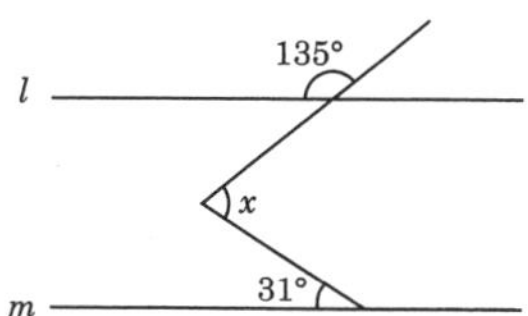

問4 下の表は，生徒6人のハンドボール投げの記録である。
このとき，6人の記録の中央値を求めなさい。

生徒	A	B	C	D	E	F
記録（m）	20	28	24	21	25	27

【3】 ある動物園の入園料には，個人料金と，10人以上で入園するときに適応される団体料金がある。大人1人あたりの団体料金は個人料金の30%引き，小学生1人あたりの団体料金は個人料金の10%引きとなる。大人2人と小学生3人が入園すると，合計金額が4,200円になる。また，大人10人と小学生20人が入園すると，合計金額が17,700円になる。大人1人あたりの個人料金を x 円，小学生1人あたりの個人料金を y 円とする。このとき，次の各問いに答えなさい。

問1 x と y に関する連立方程式を作りなさい。

問2 x と y の値をそれぞれ求めなさい。

【4】 1，2，3，4，5と書かれた玉が1個ずつ入っている袋がある。この袋から，同時に2個の玉を取り出す。ただし，どの玉が取り出されることも同様に確からしいものとする。このとき，次の各問いに答えなさい。

問1 取り出した2個の玉の数の和が，偶数となる場合は何通りあるか求めなさい。

問2 取り出した2個の玉の数の積が，袋に残っている玉の積よりも大きくなる確率を求めなさい。

【5】 右の図のように，底面が1辺 $4\sqrt{2}$ cm の正方形で，高さが4cm の直方体がある。
辺AB，BC の中点をそれぞれ点P，Q とする。
このとき，次の各問いに答えなさい。

問1 線分PQ の長さを求めなさい。

問2 四角形PEGQ の面積を求めなさい。

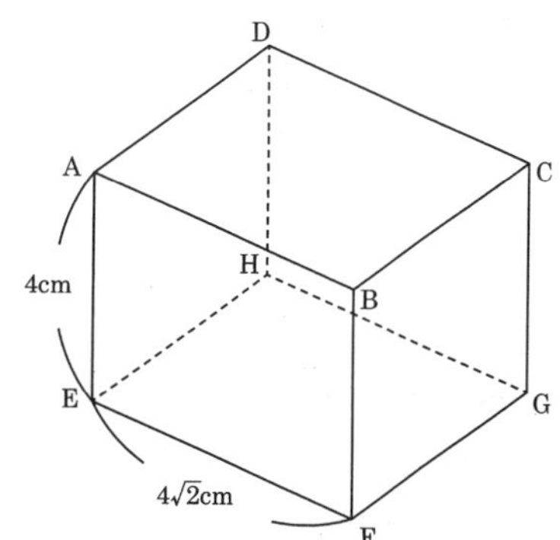

【6】 右の図のように，関数 $y=x^2$ のグラフ上に3点A，B，Cがあり，それぞれの x 座標は -2，4，6である。このとき，次の各問いに答えなさい。

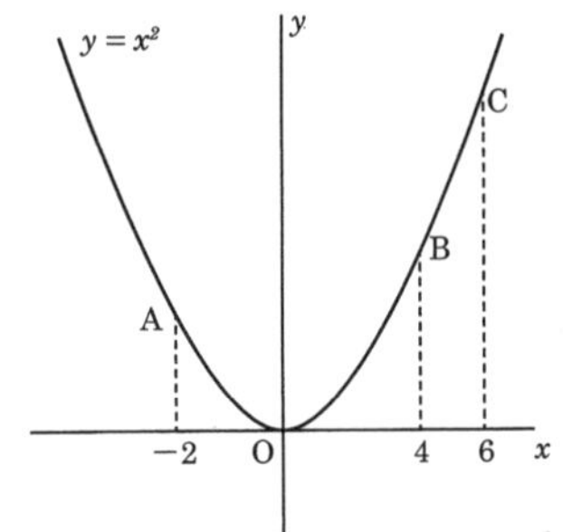

問1　点Aの座標を求めなさい。

問2　点Aを通る傾き a の直線を l とする。
直線 l と関数 $y=x^2$ のグラフの点Bから点Cの部分 $(4 \leqq x \leqq 6)$ とが交わるとき，a の値の範囲を求めなさい。

問3　y 軸上に点Pをとる。BP＋CPが最小になるとき，点Pの座標を求めなさい。

英　語

【1】次の各組において、下線部の発音が見出しの語と**異なるもの**をア～エから１つずつ選び、記号で答えなさい。

1　old　：　ア open　イ cold　ウ thought　エ home

2　house　：　ア mouth　イ young　ウ cloud　エ proud

3　drink　：　ア drive　イ sick　ウ children　エ sit

4　afraid　：　ア place　イ ate　ウ breakfast　エ great

【2】次の各組において、アクセントの位置が見出しの語と**同じもの**をア～エから１つずつ選び、記号で答えなさい。

1　fo-reign　：　ア Eu-rope　イ Chi-nese　ウ cont-rol　エ gui-tar

2　fa-mous　：　ア ma-chine　イ cof-fee　ウ ho-tel　エ ad-vice

3　mu-se-um　：　ア e-du-cate　イ di-ffe-rent　ウ in-flu-ence　エ im-por-tant

4　in-tro-duce：　ア fa-vor-ite　イ com-pu-ter　ウ de-ci-sion　エ en-gi-neer

【3】日本文の意味を表す英文を作るとき、空欄に入る最も適切な語（句）を**ア～エ**から１つずつ選び、記号で答えなさい。

1　彼がスポーツを始めるのはまだ早い。

It is too early for him (　　　) playing sports.

ア start　イ started　ウ to start　エ starts

2　彼はクラスで一番背が高いです。

He is (　　　) in his class.

ア tall　イ the tall　ウ the tallest　エ taller

3　お正月は、１月です。

New Year's Day is in (　　　).

ア December　イ September　ウ February　エ January

4　窓を開けていただけますか？

Would you mind (　　　) the window?

ア opening　イ my opening　ウ to open　エ to my open

5　その箱をとってもらえませんか？

Please get me the box, (　　　) you?

ア　can　　　イ　shall　　　ウ　will　　　エ　must

【4】次の各組において①と②がほぼ同じ意味になるとき、空欄に入る最も適切な語を答えなさい。

1　① It is impossible for me to run fast.

② I (　　　) run fast.

2　① If you hurry up, you will catch the bus.

② (　　　) up, (　　　) you will catch the bus.

3　① Miku swims faster than any other student in her class.

② Miku is (　　　) (　　　) swimmer in her class.

4　① She wrote the letter.

② The letter (　　　) (　　　) by her.

5　① This is the most beautiful flower I have ever seen.

② I (　　　) (　　　) seen such a beautiful flower like this.

【5】日本文の意味を表すように（　　）内の語（句）を並べ替えて英文を作るとき、（　　）内で2番目と5番目にくる語（句）を記号で答えなさい。ただし、文頭にくる語（句）も小文字になっています。

1　サッカーをすることは、私にとって楽しい。

(ア fun　イ me　ウ for　エ it　オ to play　カ is) soccer.

2　私は、多くの子供たちにバスケットボールをすることを楽しんでもらいたい。

I (ア many　イ enjoy　ウ want　エ playing　オ to　カ children) basketball.

3　トムと話したことはありますか？

(ア have　イ talked　ウ Tom　エ with　オ ever　カ you) ?

4　彼はあまりにも具合が悪いので、今日勉強することができない。

He is (ア that　イ he　ウ so　エ can't　オ sick) study today.

5　私は、その本に興味がある。

(ア am　イ the book　ウ interested　エ in　オ I).

【6】次の会話文は、高校2年生のAiriが、語学研修先のシンガポールで大学生のTomと会話しているものです。会話文を読み、以下の設問に答えなさい。なお、*のついている語（句）には注があります。

Airi : Nice to meet you, Tom.

Tom : Nice to meet you too, Airi. ①(　　　　) ?

Airi : I love it! People are nice and the food is delicious!

Tom : That's good. What do you dislike about Singapore?

Airi : Nothing special, but it's hot and humid.

Tom : That's true! Well, I'll show you around town today.

Airi : That's great. ②(　　　　) ?

Tom : First, let's go to *Merlion Park.

Airi ： That's nice! ③(そこは私がシンガポールで一番行きたいところです) .
Tom ： That's good. We can get there by bus or by *subway. Which way do you like?
Airi ： I'd like to go there by ④(　　　) because I want to see the city of Singapore.
Tom ： I see. Actually, it will take longer. Is that okay for you?
Airi ： How long will it take?
Tom ： Well, ⑤(ア will　イ 50 minutes　ウ it　エ about　オ take) .
Airi ： No problem. What will we do after that?
Tom ： How about ⑥(have) lunch at the park? I'm bringing a sandwich for you.
Airi ： Thank you! Where will we go in the afternoon?
Tom ： Would you like to go to either the museum ⑦(　　　) the zoo?
Airi ： Is it possible to go to both?
Tom ： ⑧ Of (　　　) . Those two places are close, so we can go to both.
Airi ： That's great! Let's go now.
Tom ： All right.

≪語注≫
Merlion Park　マーライオン公園　　subway　地下鉄

1　下線部①、下線部②の空欄に入る最も適切な文を**ア～カ**から１つずつ選び、記号で答えなさい。

ア　How is your new school?　　**イ**　How are you?
ウ　How about you?　　**エ**　How do you like Singapore?
オ　What do you want to see?　　**カ**　Where will we go first?

2　下線部③とほぼ同じ意味になる文を**ア～エ**から１つ選び、記号で答えなさい。

ア　That is the thing I want to buy the most in Singapore.
イ　That is the person I want to meet the most in Singapore.
ウ　That is the place I want to visit the most in Singapore.
エ　That is the most famous place in Singapore.

3　下線部④の空欄に入る語句を、本文中の英語１語で書きなさい。

4　下線部⑤を「だいたい50分くらいかかります」という意味になるように、適切な語順に並べ替え、(　　　) 内で２番目と５番目にくる語を記号で答えなさい。

5　下線部⑥の (　　　) 内の語を最も適切な形にしなさい。

6　下線部⑦に入る最も適切な語を**ア～エ**から１つ選び、記号で答えなさい。

ア　and　　**イ**　or　　**ウ**　so　　**エ**　as

7　下線部⑧が、「もちろんだよ」という意味になるように、空欄に入る最も適切な語を書きなさい。

8　会話の内容と最も合うものを**ア～オ**から２つ選び、記号で答えなさい。

ア　They will go to Merlion park by subway.
イ　Airi is looking forward to going to Merlion Park.
ウ　They will have lunch at a restaurant.
エ　Tom wants to go to the zoo more than the museum.
オ　They can go to both the zoo and the museum.

【7】 次の英文を読んで後の問いに答えなさい。なお、*のついている語（句）には注があります。

Chiba Prefecture is 150 years old now. It celebrated its 150th birthday on June 15, 2023. 150 years ①(pass) since the beginning of Chiba Prefecture! Now, many people living in Chiba are looking back on the 150 years of the prefecture and thinking about the future that will follow.

Chiba is to the east of Tokyo and faces the Pacific Ocean. About 6.3 million people lived in Chiba in 2019. Actually, its population was the 6th largest in Japan then. Chiba is part of the Greater Tokyo Area, and many people ア( ) live there go to Tokyo every day for work or study.

Most foreigners ア( ) visit Japan arrive at Narita International Airport, which is in Narita City. The Tokyo Disney Resort is in Urayasu City. About 22 million people visited there last year, which was the highest number of visitors to the Japan's theme parks.

Because Chiba is near Tokyo and its climate is *mild through the year, it is famous for growing vegetables such as carrots, cabbages, and *green onions. The total *value of vegetable production was the 3rd largest in Japan in 2021. Peanuts are also very famous. Every year, about 80 percent of the peanuts in Japan ②(produce) in Chiba.

Chiba is surrounded by the sea on three sides, so it is also famous for its fishing industry. The total catch of fish was the 8th highest in Japan in 2020, and Choshi Fish Port is one of the leading fishing ports in Japan. There are also large fishing ports in Tateyama and Katsuura, where many sardine fish (or iwashi) and mackerel fish (or saba) are landed. Also, seaweed (or nori) is grown in Tokyo Bay. Especially, seaweed grown in seas along Kisarazu City, Futtsu City, and Funabashi City is popular as "Edomae nori seaweed".

In 1997, the Tokyo Bay Aqua Line Expressway was opened. By using this expressway, ③ it became easier for people ア( ) live in Kanagawa and Tokyo Prefectures to come to the Boso area, which is the south part of Chiba. So, more and more people started coming there. Chiba Prefecture is also home to 165 golf courses, the second highest number in Japan. Many people ア( ) want to play golf also visit these golf courses every weekend from the Kanagawa and Tokyo areas by using ④ it.

⑤(ア the most イ local characters ウ Chiba-kun エ one of オ popular カ is) in Japan. It is a red dog, and when we look at it from the side, it has the shape of Chiba Prefecture! The number of junior high and high school students also ranked 7th in the country last year. Each and every one of them is responsible for the future of Chiba Prefecture!

≪語注≫

mild　温暖な　　green onions　ネギ　　value　価格

千葉県に関する各データは「千葉県ホームページ」・ディズニーリゾート来場者数は、「オリエンタルランド株式会社ホームページ」・ゴルフ場数は、「スポーツ庁体育スポーツ施設現況調査」より

1　下線部①を、２語の最も適する形に変えなさい。

2　下線部アに共通して入る、１語の英単語を書きなさい。

3　下線部②を、２語の最も適する形に変えなさい。

4　下線部③の内容として最も適切なものを**ア**～**エ**から１つ選び、記号で答えなさい。

ア　1996年に開通した、東京湾アクアラインを使うこと。
イ　千葉県南部に位置する房総地域に来ること。
ウ　神奈川県と東京都に住んでいること。
エ　より多くの人々が千葉県南部に位置する房総地区に来るようになったこと。

5　下線部④が指す内容は何か。最も適切なものを**ア**～**エ**から１つ選び、記号で答えなさい。

ア　the golf course　　**イ**　the expressway　　**ウ**　the car　　**エ**　the Boso area

6 下線部⑤を、「チーバくんは、日本で最も人気のあるご当地キャラクターの１つです」という意味になるように適切な語順に並べ替え、（　　　）内で２番目と５番目にくる語を記号で答えなさい。

7 なぜ千葉県は野菜の生産が盛んなのか、その理由を以下の英文の（　　　）内に、それぞれ本文中で使われている英語１語を入れて書きなさい。

Chiba Prefecture is （　A　） Tokyo and it is mild in （　B　）.

8 筆者は、何をきっかけに千葉県の房総地域を訪れる人が増えたと言っているか。最も適切なものを**ア～エ**から１つ選び、記号で答えなさい。

ア Opening of the Tokyo Bay Aqua Line Expressway.
イ Opening of Narita International Airport.
ウ Opening of the Tokyo Disney Resort.
エ Opening of the new golf course.

9 本文の内容から、次の文の（　①　）～（　④　）に入る順位として最も適切な組み合わせを**ア～エ**から１つ選び、記号で答えなさい。

「千葉県は、人口が日本の都道府県で（　①　）位、野菜の産出額が（　②　）位、漁獲量が（　③　）位、中高生の数が（　④　）位である。」

ア ①３　②３　③１　④６　　**イ** ①３　②６　③８　④７
ウ ①６　②１　③８　④７　　**エ** ①６　②３　③８　④７

【８】 次の英文を読んで後の問いに答えなさい。なお、＊のついている語（句）には注があります。

This story happened a long time ago, somewhere in Europe, in the middle of a cold winter. There was a terrible *famine throughout the land. In the villages, ① people were (　　　) hungry (　　　) each family kept their food in their houses, so that no one else would be able to find it. They did not speak to each other well, and if any food was found, they fought over it.

One day, a poor traveler arrived in a village and set up his tent by the side of the road. He had with him a large pot made of wood and a stone.

"You can't stay here," said the villagers. "There's no food for you!" And they went back to their houses to check no one would steal their food while they were away.

"I don't care," said the man. "② I have everything I need."

He *gathered sticks and built a fire in the middle of the village. Then he put his pot on the fire and added some water. He looked around and learned that he was being watched from every window and from every doorway. He smiled happily as the *steam rose from the pot. Next, he took an ordinary stone from his pocket, which he carefully put into the pot. He *stirred the soup and waited for a while.

By this time, the villagers became very ③ (　interest　) in it. Some of them came around the pot. "What are you cooking?" they asked.

"Stone soup," answered the man. "It smells good, ④ (　　　) ?" And he smelled the soup and smiled. "Well, a little salt and pepper would really help the taste."

"I think I could find some salt and pepper," said one of the women, and she ran back to her house to bring the salt and pepper to add to the soup.

"How delicious it would be with a little piece of garlic," said the traveler.

"I may have a little piece of garlic," said another villager.

"I wish we ⑤ (have) some potatoes, too, then it would really be delicious," said the man.

"I'll get you a potato," said another man and ran home ア to bring it.

Soon the *rumor spread around the whole village. Someone was making a delicious soup with a special stone. People came from every house イ to smell the soup, and each of them brought some *ingredient ウ to make the soup taste even better. They were so hungry, and the soup smelled so good. "It must be that special stone," they said.

Finally, the man said that the soup was ready and it was time エ to eat. The villagers each brought a dish, and there was enough food for everyone. They talked and laughed, and for a while they forgot the famine and the cold. Even long after the famine ended, people still remembered that night and the wonderful soup they tasted.

≪語注≫

famine 飢饉（ききん）（食べ物がない状態）　gathered sticks 小枝を集めた　steam 湯気（ゆげ）

stir かき回す　rumor うわさ　ingredient 材料

1 下線部①の空欄に入る語として最も適切な組み合わせを**ア～オ**から１つ選び、記号で答えなさい。

ア very - so　**イ** so - that　**ウ** too - to

エ such - that　**オ** enough - that

2 下線部②の訳として最も適切なものを**ア～オ**から１つ選び、記号で答えなさい。

ア 私は、すべてのものが欲しい。

イ 私は、私のすべてが必要だ。

ウ 私は、必要なものはすべて持っている。

エ 私が必要なのは、すべての持ち物だ。

オ 私が持っているのは、すべて必要なものだ。

3 下線部③、下線部⑤の語をそれぞれ適切な形に直しなさい。

4 下線部④の空欄に入る最も適切な語を**ア～オ**から１つ選び、記号で答えなさい。

ア haven't it　**イ** hasn't it　**ウ** don't it　**エ** doesn't it　**オ** didn't it

5 下線部**ア～エ**から、異なる用法の to do~ を含むものを１つ選び、記号で答えなさい。

6 この物語で、villagers は「自分のことしか考えない人々」を、soup は「みんなで一緒に作ることができるもの」を表しているが、traveler はどんな人を表しているか。最も適切なものを**ア～エ**から１つ選び、記号で答えなさい。

ア 皆が互いに信頼し合うのを止める人　**イ** 皆が互いに助け合うのを邪魔する人

ウ 皆が協力して農業するのを手伝う人　**エ** 皆が協力して働くのを助ける人

7 この物語が私たちに教えてくれる教訓となるのは何か、**ア～エ**から１つ選び、記号で答えなさい。

ア Everyone can be successful if she or he wants.

イ No one is better than anyone else.

ウ People can be happier by helping each other.

エ Think before you act.

イ　春になると自然と夏が待ち遠しくなり
ウ　春はそのまま夏の気配を引き起こし
エ　春になるとあわてて夏の備えをはじめ

問4　文章中の――④「秋はすなはち寒くなり」とあるが、どういう意味か。最も適当なものを次のア～エの中から一つ選び、符号で答えなさい。

ア　秋はすぐに寒くなり
イ　秋とは真に寒い季節であり
ウ　秋は秋で独特の寒さがあり
エ　秋はゆっくりと寒くなっていき

問5　文章中の――⑤「十月」は旧暦ではどう表記するか。最も適当なものを次のア～オの中から一つ選び、符号で答えなさい。

ア　睦月　イ　師走　ウ　霜月　エ　水無月　オ　神無月

問6　文章中の――⑥「落つるなり」とあるが、何が落ちるのか。文章中から三字で抜き出しなさい。

問7　文章中の――⑦「迎ふる」、⑧「ゆゑ」を現代仮名遣いに直し、全てひらがなで記しなさい。

問8　『徒然草』の作者とされる人物を、次のア～キの中から一つ選び、符号で答えなさい。

ア　藤原道長　イ　松尾芭蕉　ウ　在原業平　エ　清少納言　オ　西行　カ　紀貫之　キ　兼好法師

えようとしている。

ウ　前回は、突然話しかけられ恐怖心が先立ってしまったが、今回は周りに大勢の人がいることもあり、気が大きくなって正面から対峙しようとしている。

エ　前回は、気が焦り自分の想いを伝えられなかったが、一晩じっくり言うことを考えてきたので、今回は、焦らず練習した通りに相手に想いを伝えようとしている。

【7】 次の文章を読んで、後の問いに答えなさい。

春暮れてのち夏になり、①夏果てて、秋の来るにはあら②ず。③春はやがて夏の気をもよおし、夏よりすでに秋は通ひ、④秋はすなはち寒くなり、⑤十月は小春の天気、草も青くなり、梅もつぼみぬ。木の葉の落つるも、まづ落ちて芽ぐむにはあらず。下よりきざしはつるに堪えずして、⑥落つるなり。⑦迎ふる気、下に設けたる⑧ゆゑに、待ち取るついではなはだ速し。

（『徒然草』）

問1　文章中の――①「夏果てて」とあるが、どういう意味か。最も適当なものを次の**ア～エ**の中から一つ選び、符号で答えなさい。

ア　夏の様子も変わり

イ　夏が終わってしまい

ウ　夏の盛りとなり

エ　夏の勢いが衰えて

問2　文章中の――②助動詞「ず」について、A助動詞の意味と、B活用形を、次の**ア～カ**の中からそれぞれ一つずつ選び、符号で答えなさい。

（A）助動詞の意味

ア　完了　**イ**　打消　**ウ**　過去　**エ**　推量　**オ**　意志　**カ**　可能

（B）活　用　形

ア　未然形　**イ**　連用形　**ウ**　終止形　**エ**　連体形　**オ**　已然形　**カ**　命令形

問3　文章中の――③「春はやがて夏の気をもよおし」とあるが、どういう意味か。最も適当なものを次の**ア～エ**の中から一つ選び、符号で答えなさい。

ア　春は気が付いたらすぐに夏となり

一つ選び、符号で答えなさい。

ア　彼を追い続けていたことがばれてしまい、必死に言い訳を考えているが、うまい言葉が出てこないで焦っている。
イ　普段から異性と接することに苦手意識があり、目の前の男性から突然話しかけられて混乱してしまっている。
ウ　何とも気まずい状況に陥り、何とかこの場を離れて窮地を脱したいと思ったが、考えがまとまらず困っている。
エ　目の前の男性に伝えたい思いはあるのだが、何と言ったらよいのか、適切な言葉が出てこないで戸惑っている。

問5　文章中の ―― ③の「彼女はほっとしたように顔をほころばせた」とあるが、それはなぜか。理由として最も適当なものを次の**ア～エ**の中から一つ選び、符号で答えなさい。

ア　駅で迷ってしまい、どうしていいかわからないでいたところ、偶然知り合いに声をかけてもらえたから。
イ　昨日は彼を怒らせてしまったと思い込んでいたが、向こうから声をかけてくれたので安心したから。
ウ　いつも同じ場所で見かけるはずの彼が今日は現れず心配していたが、いつも通りに会えたから。
エ　昨日駅から見送った彼がたいそう具合の悪いような様子でいたので心配したが、元気そうであったから。

問6　文章中の ―― ④の「僕は決して一目惚れされるタイプではない。」とあるが、どのような心情を表したものか。最も適当なものを次の**ア～エ**の中から一つ選び、符号で答えなさい。

ア　外見は立派な顔ではないし、いつも不機嫌そうに見られるし、とても一目惚れされるような人間ではない。
イ　自分はどちらかというと性格の良さが相手に受け入れられやすく、ゆっくりと理解してもらう人間だ。
ウ　自分としては、むしろこちらから相手に話しかけたり、アプローチしたりするタイプの人間だ。
エ　自分でも満更悪い気はしないが、ここは謙虚に自分を卑下しているような態度をとったほうが得策だろう。

問7　文章中の ―― ⑤の「彼女は今度は丁寧に答えた。」とあるが、どういうことか。最も適当なものを次の**ア～エ**の中から一つ選び、符号で答えなさい。

ア　前回は、とにかくその場から逃げだしたい一心で、心にもないことを言い並べたが、今回は落ち着いて自分の本当の気持ちを伝えようと思っている。
イ　前回は、ふいに話しかけられ焦ってしまいうまく伝えられなかったが、今回は落ち着いてしっかり言葉を選んで自分の気持ちを伝

「ね」
鈴木さんは、僕に同意を求めるようにうなずいた。
「そうだね」
僕はいまいちわからなかったけど、うなずいておいた。鈴木さんは自己紹介が出来てすっきりしたのか、とても爽やかな顔で、「いってらっしゃい」と電車に乗る僕を見送った。

（瀬尾まいこ『優しい音楽』）

問1 文中の〔　A　〕から〔　C　〕に入れるのに最も適当なものを次の**ア～ク**の中からそれぞれ一つずつ選び、符号で答えなさい。

ア 強気な　**イ** 美しい　**ウ** 紛らわしい　**エ** 険しい　**オ** 寂しげな
カ めずらしい　**キ** 愛しい　**ク** 戸惑った

問2 文中の（　1　）から（　3　）に入れるのに最も適当なものを次の**ア～ク**の中からそれぞれ一つずつ選び、符号で答えなさい。

ア ひらひら　**イ** ぶるぶる　**ウ** ぱちぱち　**エ** じわじわ　**オ** きょろきょろ
カ かちかち　**キ** きらきら　**ク** すいすい

問3 文章中の ―― ①「周りの人たちが不思議な僕たちの状況を眺めている。」とあるが、どういうことか。最も適当なものを次の**ア～エ**の中から一つ選び、符号で答えなさい。

ア 一方は若くてかわいらしい少女、一方は不愛想で険しい顔をした青年が、混雑した駅の構内で立ち止まり、親しい間柄の様にしている様子がとても不釣り合いに映るから。
イ 誰もが時間に追われ、先を争うように急いで歩き去っていく朝の駅構内で、二人だけがまるで取り残されたようにそこに立ち止まり親しげに話しているから。
ウ 朝の通勤ラッシュの時間帯は、男性も女性も仕事に向かうのにふさわしい服装をしているのに、この二人だけは観光地に来た客のような服装であったから。
エ 周囲の人からすると、二人は恋人同士か友人のようにも見えるかもしれないが、言葉はよそよそしいし、お互いの表情に戸惑いや困惑が見てとれるから。

問4 文章中の ―― ②の「彼女は必死で言葉を探しているようだった。」とあるが、どういうことか。最も適当なものを次の**ア～エ**の中から

「何の理由もなしに二日も俺のこと探すのおかしいよね？」

「確かにそうですね」

「彼女はしばらく考えてから、思いついたように「一目惚れしたんです」と言った。妥当な答えだけど、④僕は決して一目惚れされるタイプではない。

「うそでしょ」

僕にあっさりと見破られ、彼女は困ったように笑った。困った時に微かに笑うのは、彼女の癖みたいだ。

「そろそろ答えてよ。時間ないし。今月はもう二回遅刻してるからやばいんだ」

「一目惚れっていうのは違うんですけど、あの、うまく言えないんですけど、顔が見たかったんです」

⑤彼女は今度は丁寧に答えた。

「顔が見たいって、俺の？」

僕は他人が見たくなるような立派な顔ではない。輪郭はごつごつしているし、目は一重で腫れぼったいし、口角が下がっているからいつでも不機嫌そうに見られる。

「本当なんです」

怪訝な顔をする僕に、彼女は力強く言った。

「顔っていうかなんていうか、とにかくあなたが見たくて、昨日も今日もずっと探してたんです」

「……でも、顔が見たいからって、知らない人に近づかれるとびびるよ。鈴木さんだって、知らない男にあなたの顔が見たいからって、毎朝近づかれたら怖いでしょ」

「そうですね。確かに怖い。私だったら、警察に言うかも……」

鈴木さんはそう言って、くすっと笑った。あまりにかわいらしく笑うので、僕も彼女につられてにっこり笑ってしまった。

「ね。俺だって、かなり怖いんだけど」

「でも、私、怪しくないから安心してください。ほら」

鈴木さんは鞄から学生証を出して、僕に差し出した。学生証が、怪しくないかどうかの証明になるかは疑問だけど、僕は一応受け取った。

鈴木千波。女子大の二年生。七月十五日生まれの十九歳。英文科で、学籍番号は０１２０７８。この駅は乗り換えで利用しているようで、最寄り駅は二つ向こうの小さな駅だ。

シンプルな服装でも目を引くほど、彼女はかわいかった。化粧気もなく、肩まで伸びた髪もまっすぐなままで、特別に手をかけている雰囲気はなかったけど、きちんとした清潔感があった。どうしてこんなかわいい女の子が必死で僕を探しているのだろうか。僕はますますわからなくなった。

「何なの？」

僕が近づくと、③彼女はほっとしたように顔をほころばせた。

「ずっと、俺のこと探してるよね」

「えっと、ずいません」

「いや、謝らなくていいけど、どうして？」

「どうしてって……」

彼女は本当にわからないのか、首を傾げた。

「どこかで会った？」

「そうじゃないけど」

「じゃあ、どうして俺を探すの？」

僕はちっとも真相が摑(つか)めないことにいらだった。

「何か売ろうとしてる？幸せになる印鑑とか、金持ちになれる壺とか」

「いえ。そんな。私まだ学生なので」

彼女は驚いた顔をして否定した。

「じゃあ、宗教か何か？」

「宗教？」

「俺を、君の信仰する宗教に勧誘しようとしてるんじゃないの？」

「まさか。私の家は仏教だけど、そんなに熱心でもないし、布教活動はしてません」

彼女がまじめに答えるのが少しおかしくて、僕は緊張が解(と)けてしまった。

「ねえ。頼むから教えて。俺を探してた理由(わけ)」

「はあ……」

「どうしたの?」
「どうしたのっていうか、その、びっくりして」
「びっくり?」
「その、とにかく……」
②彼女は必死で言葉を探しているようだった。だけど、僕にはさっぱり彼女の言いたいことが摑めなかった。何か尋ねたい様子でもなく、何か言うべきことがあるふうでもなかった。僕も突然の出来事に驚いた。だいたい僕はあんまり他人に声をかけられるタイプではない。女の子に突然告白されることなんてまずないし、〔　B　〕顔をしているせいか、道順だって訊かれない。
「何なのか全然わからないんだけど」
「いえ、その、すいません」
すっかり困り果てた彼女は、泣き出しそうな顔をしていた。
新しいキャッチセールスなのだろうか。これから僕は物を売りつけられたり、宗教に勧誘されたりするのだろうか。僕はどうしていいかわからず、ただ首を傾げるばかりだった。
そうこうしているうちに、電車がホームに入ってきた。
彼女は電車に乗るか乗るまいか迷っていたようだったが、自分の乗るべき電車ではなかったようで、〔　C　〕顔をしたまま、電車に乗った僕を見送った。
翌日も彼女が駅にいた。辺りを見回して、僕を探しているようだった。昨日僕に出会った場所で目を凝らして（　3　）していた。
いったい何なんだろう。
いわゆるストーカーってやつだろうか。自分の行動範囲を考えてみたが、思い当たる節はない。僕の働く設計事務所は男三人と、パートのおばさん二人。若い女の子と繋がる経路はない。四年も付き合った恋人とは別れたばかりだけど、僕の方があっさりふられたから、彼女が何らかの行動に出るとも考えられない。
キャッチセールスだとしても、どう見ても金持ちに見えない僕に二日連続でアタックするのはおかしいし、彼女には商売に必要な軽妙さが感じられなかった。
考えれば考えるほど不可解で、少し気味が悪くなった。僕は彼女に気付かれないよう、密かに遠ざかり、いつもと違う車両に乗車した。
やっぱり翌日も彼女は駅で僕を探していた。真剣な目をして、駅を行き交う人々を見ている。今日はジーンズに水色のTシャツを着ていた。

【6】次の文章を読んで、後の問いに答えなさい。

次の文章は、瀬尾まいこ『優しい音楽』の一節である。主人公の永井は小さな設計事務所で働く二十三歳のごく平凡な若者だったが、ある日、それまで一度も、会ったことも話したこともない見知らぬ少女に話しかけられる。彼女は「私は鈴木千波です」と名乗った。

朝の混雑した駅の構内だった。電車を待ったくさんの人をかき分け、僕の方へ迷わずまっすぐ歩いてきた。そして、僕の真ん前で立ち止まると、まぶしそうに僕の顔を見上げた。透けるような肌をして、目も唇もみずみずしくて、少し〔　A　〕顔をしていたが、とてもきれいな女の子だ。髪をきちんと一つに束ねて、白いシャツがよく似合っていた。

見覚えのない子だった。大急ぎで、今までの記憶をたどってみたけれど、一度だって見かけたことがない顔。だけど、女の子は目を（　1　）させて僕を見ている。

「どうかした?」

僕が声をかけると、彼女は慌てて僕を見つめていた目を（　2　）させた。

「えっと……」

彼女はどう言っていいのかわからないようで、少し困ったように微笑んだ。笑うと、顔が程よく緩んで初々しくてかわいかった。まだ、学生だろうか。重そうな鞄を肩から提げている。

「えっと、その……」

沈黙が続いて、彼女はますます困ったようになって、

「私は鈴木千波です」

と名乗った。

聞いたことのない名前だ。僕も名乗り返せばいいのだろうか。それとも、良い名前だとか、変わった名前ですねとか、名前に関する感想でも言えばよいのだろうか。どうしていいかわからず、僕はただ、「そうですか」と答えただけだった。

①周りの人たちが不思議な僕たちの状況を眺めている。それに気づいた彼女は落ち着きなく、

「えっと、ごめんなさい」

と頭を下げた。

「いや、謝らなくてもいいんだけど、何か用事?」

「いいえ、その、あまりにも……」

問2 文章中の――②「そのためには、やはり勉強が欠かせません。」とあるが、筆者がこのように言う理由は何か、最も適当なものを次のア～エの中から一つ選び、符号で答えなさい。

ア 勉強することは、「自分のため」という側面が強いが、その勉強において「仲間のため」という意識で取り組めば継続力が育つから。

イ 勉強することは「自分のため」だが、長い目で見れば「世のため人のため」であり、自然と「仲間のため」という意識も育つから。

ウ 勉強することは、知識を吸収するという側面が大きいが、「仲間のため」という道徳心も同時に培うことが出来るから。

エ 勉強することは、やはりある程度の強制力が必要であり、嫌々ながらも「仲間のため」という意識がないと継続できないから。

問3 文章中の――③「仲間でする努力には相乗効果があるのです。」とあるが、どういうことか。最も適当なものを次のア～エの中から一つ選び、符号で答えなさい。

ア 一人で努力するよりも、仲間と共に努力すれば、心身にかかる負担は軽減され、目標を達成しやすくなる。

イ 一人で努力を重ねても、空虚な気持ちになってしまうので、仲間と励まし合いながらのほうが効果的である。

ウ 一人で努力するよりも、仲間のことを思って努力を重ねれば、思った以上の効果が双方に期待できる。

エ 一人で努力を重ねると、その姿を見た仲間たちがやる気になって、努力をする人が増えてくる。

問4 文章中の［1］～［6］には、「長所」「短所」のどちらかの言葉が入る。その組み合わせとして最も適当なものを次のア～オの中から一つ選び、符号で答えなさい。

ア 1、長所　2、短所　3、長所　4、長所　5、短所　6、長所

イ 1、長所　2、短所　3、短所　4、短所　5、長所　6、短所

ウ 1、短所　2、長所　3、短所　4、短所　5、短所　6、短所

エ 1、短所　2、長所　3、長所　4、長所　5、長所　6、長所

オ 1、長所　2、短所　3、長所　4、長所　5、短所　6、短所

問5 文章中の――④「〔　〕害あって〔　〕利なし」の、〔　〕に最も適当な漢数字をそれぞれ入れ、意味が通るようにしなさい。

問6 文章中の［A］［B］に共通して入る語句として、最も適当なものを次のア～カの中から一つ選び、符号で答えなさい。

ア 使命感　イ 達成感　ウ 責任感　エ 劣等感　オ 高揚感　カ 罪悪感

いにはしません。むしろ、自分自身を責める。自分の非力に腹を立てる。

特にゾロは自責の念が強い人です。自分に力がないことで窮地に立たされるのを嫌い、常に筋力トレーニングをして、腕を磨いています。

世界一の剣豪（けんごう）である鷹の目のミホーク[注5]と初めて対決したとき、ゾロはミホークの圧倒的な力の前に敗れました。そのとき、ゾロはルフィに言います。

「不安にさせたかよ…おれが……世界一の……剣豪にく・ら・い・ならねェと…お前が困るんだよな……!! おれは　もう!!　二度と敗（ま）けねェから!!　あいつに勝って大剣豪になる日まで　絶対に　もう　俺は　敗けねェ!!　文句あるか海賊王!!」（巻六　第52話「誓い」より）

世界一の剣豪になることがゾロの夢ですが、それはルフィの夢をかなえることにもつながります。ルフィが海賊王になればゾロが世界一の剣豪になれるのではなく、ゾロ自身が世界一の剣豪に近づくことで、ルフィを海賊王に近づける。

彼は、クロコダイル[注6]の罠（わな）にかかって、檻（おり）に捕らわれたときも、一切仲間を責めませんでした。捕らえられたのはゾロだけでなく、ルフィやウソップ、ナミ[注7]らもいたのですが、ひたすら自分の力のなさを責めています。

「クソ…!!　おれにもっと剣の腕がありゃあ　こんな檻…!!」（巻十九　第１７５話「解放」より）

闘いで窮地におちいっても、それを自分より弱い仲間のせいにはしない。こういうゾロの［　Ａ　］はとても潔（いさぎよ）い。彼がただの乱暴者ではなく、仲間にかけがえのない人物である理由がわかるというものです。その［　Ｂ　］こそがゾロを成長させる源動力なのです。

（安田　雪『ルフィの仲間力』より）

注１「ワンピース」で主人公モンキー・Ｄ・ルフィが東の海で結成した海賊団。

注２「ワンピース」の主人公。

注３～８「ワンピース」に登場する登場人物。

問１　文章中の――①「あなたの得意なことで、仲間に喜んでもらえる状態を目指してほしい。」とあるが、筆者がこのように言う理由は何か、最も適当なものを次の**ア～エ**の中から一つ選び、符号で答えなさい。

ア　仲間を喜ばせることが、自分の喜びに通じるのであって、ひいては自分の利益につながるから。

イ　人に喜んでもらえれば、その対価として人から気持ちよくお金をもらう力につながるから。

ウ　つらいことでも、仲間のためであれば、簡単にあきらめるわけにいかず努力を継続できるから。

エ　自分のことはさておき、仲間のことを第一に考えることが人間にとって一番の幸せであるから。

頑張らなくていいかな」と考えがちです。

しかし、それが「仲間のため」であれば、どうでしょうか。かけがえのない仲間と一緒にいるためであれば、簡単に諦めるわけにはいかない。人は、自分のためではなく、他人のためのほうが努力できることを麦わらの一味[注1]は教えてくれます。仲間のため、好きな人のため、家族のため、子どものためと思えば、どんなに苦しいことでも頑張りやすくなります。

仲間のための頑張りは、成長のスピードを加速させたり、限界をさらに押し広げたりする効果があるのです。いい仲間と出会い、チャレンジしながら共に成長することで、あなた自身の魅力は自然に引き上がっていきます。それはめぐりめぐって、自分だけではなく、あなたの仲間の力をも増します。③仲間でする努力には相乗効果があるのです。

ルフィ[注2]は短所なんて気にしない。

ここまで、[1]を伸ばすことを述べてきましたが、[2]や弱点はどうすればいいでしょうか。

ルフィたちは、[3]はさほど気にしていないように見えます。

何か一つでもプロフェッショナルなものがあれば、[4]の穴埋めは、他の仲間に頼めばいい。ルフィたちは、自分の[5]だけを鍛えて、[6]はほとんど無視しています。

ゾロ[注3]は、いつまでたっても方向音痴(おんち)ですし、ルフィもワクワク感には逆らえず、無謀(むぼう)なことばかり繰り返しています。長所を伸ばしていれば、短所は目立たなくなります。

ウソップ[注4]は、ひたすら狙撃の腕を磨きます。より強力なパチンコの武器を開発し、修練することで、短所である「弱さ」を克服してきました。

このような彼の姿勢に、勇気をもらう人も多いようです。

誰もがルフィやゾロのように強くなれるわけではない。すぐに困難から逃げ出したくなるウソップでも、「仲間でいたい」という一念で成長し続けています。何度もへこたれながら、「こんな自分ではダメだ」と再起します。

ウソップには、天才的な狙撃の腕があります。その一点を集中的に鍛えることで、他の短所をカバーする。弱点を自覚しながら、長所を伸ばすことにかける。この方法は、私たちもおおいにまねしたらよいと思います。

ゾロの責任感に学ぶ。

うまくいかないときや、失敗したときは、つい誰かのせいにしがちです。

これは、自分の成長にとって④「[　]害あって[　]利なし」です。失敗は、自分を成長させるチャンス。人や社会のせいにしてしまったら、成長のチャンスをみすみす逃してしまいます。ルフィたちは、敵との戦いでどれほど不利な状況におちいっても、絶対にそれを仲間のせ

ウ　誰かに強制されて、選ばざるを得なかった一つの選択。
エ　運命に逆らってまで自分を押し通して選んだ一つの選択。

【5】 次の文章を読んで後の問いに答えなさい。

『ＯＮＥ　ＰＩＥＣＥ』(以下ワンピース)の連載が『週刊少年ジャンプ』(集英社)で開始されたのは、１９９７年のことでした。その後、ワンピースは国民的マンガとなり、現在（２０１８年３月時点）までに八十八巻の単行本が発売されています。しかも、巻六十七は初版で４０５万部が発行されました。これは、マンガ本だけでなく、日本の書籍全体で、初版発行部数の新記録を樹立しました。巻八十六までの累計発行部数は、３億６０００万部と言いますから、誰もがモンスターマンガだと認める存在でしょう。

なぜワンピースは、これほどまでに愛されるのでしょうか。しかも、子どもだけでなく大人まで、文字通り老若男女に愛されています。単純に「おもしろいから」という理由だけでは、ここまで人気になった説明がつかないように思います。おそらく、人気の秘密はワンピースの中心的なテーマが、「仲間」だからではないでしょうか。

（　中略　）

「仲間のために」が成長を加速させる。

多くの人は、自分の得意なこと、好きなことで社会に貢献できたら、あるいは仲間に喜んでもらえたらいいと考えているでしょう。得意なことや好きなことを究めて、プロフェッショナルになれば、仲間たちから認められる存在になります。得意なことや好きなことで、仲間同士で助け合いながら生きていければ幸せです。

①あなたの得意なことで、仲間に喜んでもらえる状態を目指してほしい。それは現実社会では、人々に喜んでもらい、その対価として人から気持ちよくお金をもらえる力をつけることです。

②そのためには、やはり勉強が欠かせません。

何か一つでいいので、プロフェッショナルな存在になる――。

今まで勉強は、何のために行ってきたでしょうか。おそらく「自分のため」だったのではないでしょうか。いい大学に入るのも、何かの試験に合格するのも、本で専門知識を学ぶのも、自分のためです。

しかし、なかなか長続きしなかったことも多いのではないでしょうか。

勉強やスキルアップの目的が自分だけのためである限り、たとえ続かなくても誰にも迷惑はかけませんから、苦しくなったとき、「こんなに

問3 文章中の ―― ③「人によって『人生の正解』が違うということです。」とあるが、筆者の言う「人生の正解」とは何のことか。最も適当なものを次の**ア〜エ**の中から一つ選び、符号で答えなさい。

ア 知らず知らずのうちに決められている、家族一人一人に課せられた家庭内での役割。

イ 家族の中で意見が割れてしまった場合、家族全員が納得できるような平等な主張。

ウ 生まれつき自分の持っている才能にいち早く気づき、自らが見出した自身の適正。

エ 暗黙のうちに決められてしまっている、その家族一人一人が進むべき方向性、将来の道。

問4 文章中の ―― ④「人生は選択のかけ算でできています。」とあるが、どういうことか。その説明として、最も適当なものを次の**ア〜エ**の中から一つ選び、符号で答えなさい。

ア 人生における様々な選択が、その都度その都度掛け合わされていき、その人の人生が形成されていくということ。

イ 人生において、たとえ道を見誤ったとしても、人は多くの選択肢から選んだ答えを掛け合わせて修正していくということ。

ウ 人生においては、転機やチャンスを見逃さず大きく飛躍するために、様々な選択肢が何通りも用意されているということ。

エ 人生のそれぞれの場面において、一つを選択することは難しいが、勇気をもって選ぶことで飛躍できるということ。

問5 文章中の ―― ⑤「あまり神経質になる必要はありません。」とあるが、なぜそう言えるのか。筆者が考える理由として、最も適当なものを次の**ア〜エ**の中から一つ選び、符号で答えなさい。

ア 人生においては、初めから定められた運命というものがあり、運命に逆らうことは全く無意味なので深く考える必要はないから。

イ 人生においては、必死に選んだ選択肢が、最終的には、他の選ばなかった選択肢と大差がなかったなどということはよくあるから。

ウ 人生においては、選択を迫られた際に、考え込んで悩んでしまうと、時期を逃してしまい、失敗し後悔することになるから。

エ 人生においては、たとえ選択を誤っても、巡りめぐって正解が不正解に、不正解が正解にとってかわることがよくあるから。

問6 文章中の ―― ⑥「そうした自分の選択」とあるが、「そうした選択」とは何を意味するのか。最も適当なものを次の**ア〜エ**の中から一つ選び、符号で答えなさい。

ア 悩みに悩んでやっと選んだ、人生における一つの選択。

イ 特に悩むことなく、何となく選んだ一つの選択。

ただ、⑤あまり神経質になる必要はありません。大学時代、Aという銀行とBという銀行のどちらに就職するかを真剣に悩んでいた先輩がいました。「おまえ、どう思う?」と朝まで、相談のような、独り言のような話につきあわされたのですが、数年後、その二つの銀行は合併して同じ銀行になりました。先輩につきあった僕の徹夜は何だったのか、あの晩を返してほしいと思うぐらいです(笑)。

人生の選択肢を前にして、それほど悩む必要はありません。なぜなら、運命は不思議なもので、たとえ頑張って抵抗しても、また元の場所に戻ったりすることがあるからです。だから、どんなことも、直感で選ぶのがいいと思います。いいかげんだなと思うかもしれませんが、悩んで時間を浪費するより、さっと決めて前に進むと、うまくいくことが多いのです。そして一度選んだら、積極的にその道でベストを尽くすことが大事です。いちばんもったいないのは、なんとなく生きてしまうことです。

イケてない大人の多くは、なんとなく生きています。情熱を感じることなく、毎日をボーッと、何も考えずに生きています。たとえば、「なんとなくサラリーマンになってしまった」「なんとなく学校の先生になってしまった」「なんとなく医者になってしまった」……そんなふうに感じている人が多いのですが、誰も無理矢理に、その職業に追い込まれたわけではないはずなのです。

「なんとなく結婚してしまった」と、あなたのお父さんとお母さんは言っているかもしれませんが、それを選んだのは本人です。お見合いだったとか、積極的に選んでいなかったとしても、選んだのは誰でもない、その人なのです。

⑥そうした自分の選択が、事ある毎にかけ合わされて、その人の人生をつくっていきます。

いまいるところから、どういう人生を生きたいのか。自分が行きたい道を積極的に選んでください。これからの人生で、目の前の選択肢から何を選ぶか、それがあなたの運命を変えていくということを意識しましょう。

(本田健『10代にしておきたい17のこと』)

問1 文章中の 1 に入る言葉として最も適当なものを次の**ア**〜**オ**の中から一つ選び、符号で答えなさい。

ア 因果関係　**イ** 上下関係　**ウ** 血縁関係　**エ** 人間関係　**オ** 相関関係

問2 文章中の ―― ②「人生で深くつきあう10人が誰なのかということは、とても大事になってきます」とあるが、なぜか。理由として最も適当なものを次の**ア**〜**エ**の中から一つ選び、符号で答えなさい。

ア 一人の人間の人生において、自分と関わる人の数はとても多く、ランク付けをしてより分ける必要があるから。

イ 生涯において人間は、「家庭」「学校」という二つのグループの中で10人程度の人としか付き合えないから。

ウ 一人の人間の生涯において、深く付き合える人間は誰でもごく少数であり、自分の人生に大きな影響を及ぼすから。

エ その人の生涯において、誰と付き合ってきたかということが、その人の歩んできた人生の価値を決めてしまうから。

職業もさまざまです。思いつくままに挙げると、大学教授、アーティスト、スポーツ選手、実業家、俳優、作家、投資家、設計士、医師、政治家、宗教家、カウンセラー、霊能者、発明家、警察官など、多岐にわたっています。

社会的に尊敬されている人、お金持ち、有名人にも何百人と会いました。有名な詐欺師にパーティーで会ったこともあるし、殺人を犯して10年以上服役している人にも、刑務所で面会したことがあります。世界的富豪から借金王まで、経済的にもさまざまな人たちと会いました。

自給自足暮らしのヒッピーの人とも、親しくつきあっています。

彼らを見て感じるのは、③人によって「人生の正解」が違うということです。一族に大学教授がたくさんいる家族では、「学校でいい成績を取ること」が正解になります。牧師の家では、人前でハキハキと話せることと人を許せることが正解になるかもしれません。格闘家やスポーツ選手の家では、からだを鍛えることが大切だと教えられるかもしれません。

言ってみれば、その家によって明文化されていない憲法のようなものがあって、それに従っている子どもは受け入れられ、かわいがられます。

しかし、不幸なことに、その一族が望むのとは、まったく違った子どもが生まれてくることがあります。やたらと理屈をならべて、論争するのが好きな子どもがいたとしましょう。牧師の家や音楽家の家では、そういうノリは歓迎されません。

「おまえは、理屈ばかりならべすぎる」と言われるでしょう。

しかし、政治家や弁護士の一家に生まれたら、

「神様、最高の子どもを授けてくださってありがとう!!」

となるのです。

あなたの家の「正解」はどんなものでしょう?そして、あなたは、どれだけ家族の正解に沿って生きているでしょうか?

家族、夫婦、兄弟姉妹のあいだでも、この人生の正解に対しての意見が違うとき、いろんな悲喜劇が生まれます。なぜなら、自分たちが正しいと主張して、譲らないからです。相手のあり方を受け入れられなくなってしまうのです。兄弟姉妹でも、生き方は、性格、才能によってまったく違ってきます。それをお互いが受け入れながら、尊重できる家族は幸せになれるし、そうでなければ不幸になります。

また、自分のなかでも、家族の求めるものと、自分自身の本質との折り合いをつける必要があります。

よく見ると、④人生は選択のかけ算でできています。あなたの目の前にはいろんな選択肢があると思います。どういう高校に行くのか、どういう大学に行くのか、どこに就職するのか、転職するのか、自分で事業を興すのか、どんなパートナーを選ぶのか——そういう選択肢のかけ算が人生をつくっていきます。

また、どういう人と出会い、どういう人と友達になり、どういう上司に関わるかで、あなたの人間関係は構成されていくのです。

【4】 次の文章を読んで、後の問いに答えなさい。

社会の構造を見ていくと、面白いことがわかります。

たとえば、この世の中は、たくさんの小さなグループで構成されています。あなたはいま、おそらく「学校」と「家庭」の二つのグループに属(ぞく)していると思いますが、大人になっても、関わっているのは「会社」というグループと「家庭」というグループの二つだけ、という人は結構います。そして、交友範囲も思ったより狭くて、日常的にごはんを食べたりするぐらい親しい人は、平均的な人で10人以下だという統計(とうけい)もあります。

あなたが社会人になっても、よほど意識して行動しなければ、［ 1 ］はそんなに広がるものではないのです。

深くつきあう人たちはせいぜい10人程度。20人の友人がいたとしても、自分の食べ物の好みや人生観などを知ってくれている人というのは、多くても、それくらいの数なのです。だから、②人生で深くつきあう10人が誰なのかということは、とても大事になってきます。

その人たちは、あなたとほぼ同じ考え方、同じ生き方をしているはずです。

ファミリーレストランや居酒屋に行ってみるとわかります。レストランのテーブルや居酒屋の個室で一緒に食事している人たちは、同じような背景を持った人たちです。サラリーマンで愚痴(ぐち)を言うグループ、コンパをやっている大学生、どこかの会社の打ち上げ、同窓会……みんな、共通項(こう)を持ってつきあっています。

たとえば年収600万円のサラリーマンの集まりに、いきなり年収3億円の人が紛(まぎ)れ込んだりすることはありません。女子高生のグループに50歳のおじさんが入って和気藹々(わきあいあい)としているということもありません。逆にいえば、自分と違うグループには属せないのです。それが人生のしくみです。そして、当たり前ですが、どこに属するのかで人生は全然違います。

職業でいえば、会社員というグループもあるし、起業家というグループもある。教育者というグループもあるし、公務員というグループもある。同じ公務員でも、警察と小学校では、また職場の空気が違います。自分が属するグループによって、ノリも違うし、生き方もまったく違ってくるのです。

たとえば、広告関連や不動産業界では、派手(はで)に交際費を使っても、仕事が受注(じゅちゅう)できるならいいという文化があるかもしれません。でも、別の業界では、接待(せったい)はよくないとなったりします。人は、自分が属するグループに強く影響されるので、自分が将来どこに属したいのかをよく考えなければなりません。あなたの居場所は、あなたが考えて、慎重(しんちょう)に決めましょう。なぜなら、そこが、あなたが今後生きていく世界だからです。

僕がこれまでに出会ってきた人たちを思い返すと、実にさまざまな人たちがいました。特に20代は、いろんな出会いを求めましたが、彼らの

国語

【1】次の（1）～（5）の――の漢字の読みをひらがなで書きなさい。

（1）柱時計が時を刻む。　（2）えり抜きの精鋭が技を競う。

（3）これまでのやり方を是正する。　（4）海浜公園を散策する。

（5）弓で的を射る。

【2】次の（1）～（5）の――のカタカナを漢字で書きなさい。

（1）友情のアクシュを求める。　（2）金のガンユウ量を調べる。

（3）立派なゲンカンから入る。　（4）エンゲキ部に入部した。

（5）不要品のカイシュウを急ぐ。

【3】次の（1）～（3）について、（1）（2）は意味にふさわしい四字熟語を、（3）はことわざの意味として最も適当なものを次の**ア**～**エ**の中から一つずつ選び、それぞれ符号で答えなさい。

（1）のんびりと自然に親しみながら心静かに毎日を送ること。悠々自適の生活。

ア　花鳥風月　**イ**　三寒四温　**ウ**　晴耕雨読　**エ**　泰然自若

（2）人の意見・批評などを聞き流して気にしないこと。

ア　馬耳東風　**イ**　無我夢中　**ウ**　諸行無常　**エ**　沈思黙考

（3）鬼に金棒

ア　鬼のような形相をした人にはいかつい金棒が似合うということ。

イ　鬼のような怖い人も金棒を見せると大人しくなるということ。

ウ　鬼のように強いものに武器を与えると更に危険になるということ。

エ　ただでさえ強い鬼のようなものに、一層の強さが加わるということ。

敬愛学園高等学校

数学

1 空欄に当てはまる適切な数字や符号を答えなさい。

(1) $2^3-(-3)^2=$ アイ

(2) $2^{10}\times3^7=$ ウ $\times6^{\text{エ}}$

(3) $\sqrt{12}\div\sqrt{27}-\sqrt{50}\div3\sqrt{8}=\dfrac{\text{オカ}}{\text{キ}}$

(4) 連立方程式 $\begin{cases}4x+y=10\\x+3y=-3\end{cases}$ の解は，$x=$ ク，$y=$ ケコ

(5) $(2a+3b-1)^2=$ サ a^2+ シス $ab+$ セ b^2- ソ $a-$ タ $b+$ チ

(6) $(3x-1)^2-(2x+1)^2=$ ツ $x(x-$ テ $)$

(7) 2次方程式 $x(3x-1)=2x^2+5x+7$ の解は，$x=$ トナ，ニ

2 空欄に当てはまる適切な数字や符号を答えなさい。

(1) 50円硬貨と100円硬貨が合わせて23枚あり，これらの合計金額が1750円であった。このとき，50円硬貨は ヌネ 枚である。

(2) 8％の食塩水100gと3％の食塩水 ノハヒ gを混ぜると5％の食塩水ができる。

(3) ある品物の売価が1個100円のときは，1日300個の売り上げがある。売価を1個につき1円値上げするたび，1日の売れる個数が2個の割合で減る。売価を フヘホ 円にすると，1日の売り上げ金額は31250円になると考えられる。ただし，消費税は考えないものとする。

(4) 右の図は，あるクラスの生徒30人について教科A，教科Bの得点から作られた箱ひげ図である。この箱ひげ図から読み取れる内容として正しいものは，次の①～④のうち マ と ミ である。

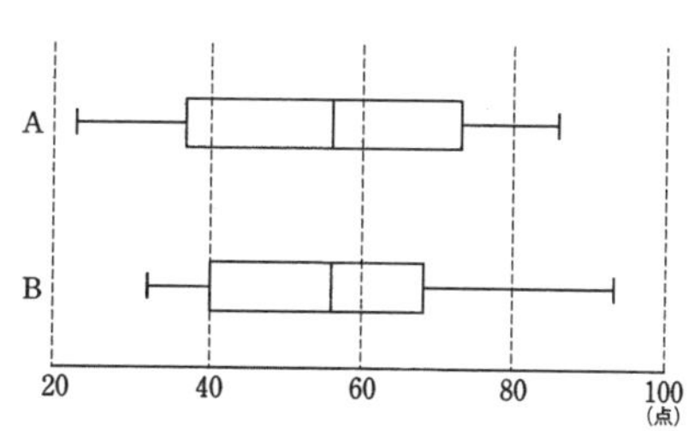

① Bの方が平均点が高い。
② 四分位範囲はAの方が大きい。
③ 四分位偏差はAの方が小さい。
④ 40点以下は，A，B合わせて15人以上いる。

(5) 右の図において，
AB = AC = CD,
∠BAC = 32°のとき，
$x=$ ムメ

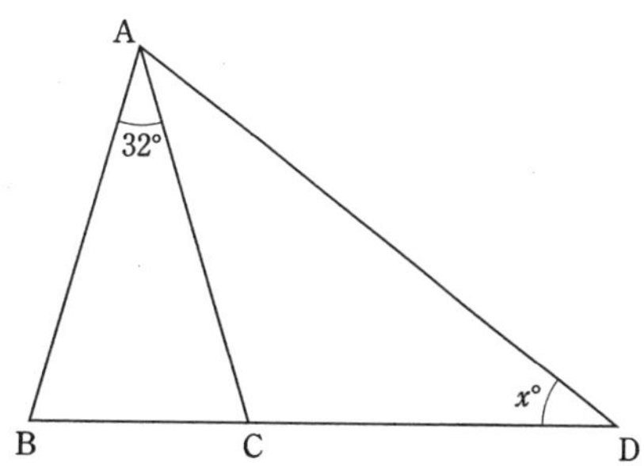

(6) 正方形を底面とし，1 辺の長さがすべて 3 である正四角すいの体積は $\dfrac{\boxed{モ}\sqrt{\boxed{ヤ}}}{\boxed{ユ}}$ である。

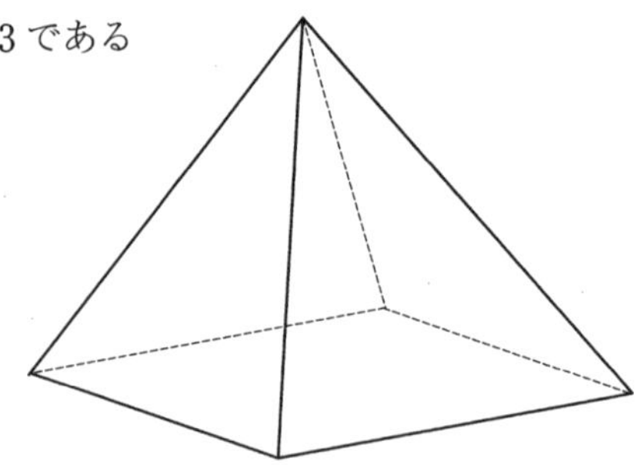

3 1 個のさいころを 3 回続けて投げるとき，1 回目に出た目の数を a，2 回目に出た目の数を b，3 回目に出た目の数を c とする。
空欄に当てはまる適切な数字や符号を答えなさい。

(1) $a+b+c$ が素数となる確率は，$\dfrac{\boxed{ヨ}\boxed{ラ}}{\boxed{リ}\boxed{ル}\boxed{レ}}$ である。

(2) $2\times2=4$，$2\times3=6$ など，2 個以上の素数の積として表される整数を合成数という。
$a+b+c$ が合成数となる確率は $\dfrac{\boxed{ロ}\boxed{ワ}\boxed{ヲ}}{\boxed{ン}\boxed{あ}\boxed{い}}$ である。

(3) $a\times b\times c$ が素数となる確率は $\dfrac{\boxed{う}}{\boxed{え}\boxed{お}}$ である。

(4) $a\times b\times c$ が合成数となる確率は $\dfrac{\boxed{か}\boxed{き}\boxed{く}}{\boxed{け}\boxed{こ}\boxed{さ}}$ である。

4 図のように，2 次関数 $y=\dfrac{1}{4}x^2$ のグラフ C 上に 2 点 P，Q がある。直線 PQ と y 軸との交点は，R(0, 6) であり，点 Q の x 座標は 6 であるとする。線分 QR 上に点 S があり，y 軸上の正の部分に点 T があるものとする。空欄に当てはまる適切な数字や符号を答えなさい。

(1) 点 P の x 座標は $\boxed{し}\boxed{す}$ である。

(2) グラフ C において，点 P から Q までの変化の割合は，$\dfrac{\boxed{せ}}{\boxed{そ}}$ である。

(3) △OPR，△OSQ，△RST の面積が等しいとき，2 点 S，T の座標はそれぞれ，S($\boxed{た}$, $\boxed{ち}$)，T(0, $\boxed{つ}\boxed{て}$) である。

(4) ∠RST = 90° のとき，△OSQ，△RST の面積が等しいならば，点 T の座標は T (0, $\boxed{と}+\boxed{な}\sqrt{\boxed{に}\boxed{ぬ}}$) である。

5 空欄に当てはまる適切な数字や符号を答えなさい。

(1) 4 桁の自然数 347□ の □ に適当な数を入れると 4 の倍数になる。このような 4 桁の自然数で最小のものは 347$\boxed{ね}$ である。

(2) 5 桁の自然数 7□4□5 の □ に，それぞれ適当な数を入れると 3 の倍数になる。このような 5 桁の自然数で最大のものは 7$\boxed{の}$4$\boxed{は}$5 である。

(3) 5 桁の自然数 43□8□ の □ に，それぞれ適当な数を入れると 9 の倍数になる。このような 5 桁の自然数で最大のものは 43$\boxed{ひ}$8$\boxed{ふ}$ である。

6 空欄に当てはまる適切な数字や符号を答えなさい。

(1) 右の【図1】のような，1辺の長さ2の立方体について考える。
長方形BFHDを，辺BFを軸として1回転させるとき，長方形BFHDが通過してできる立体の体積は，へほπである。

【図1】

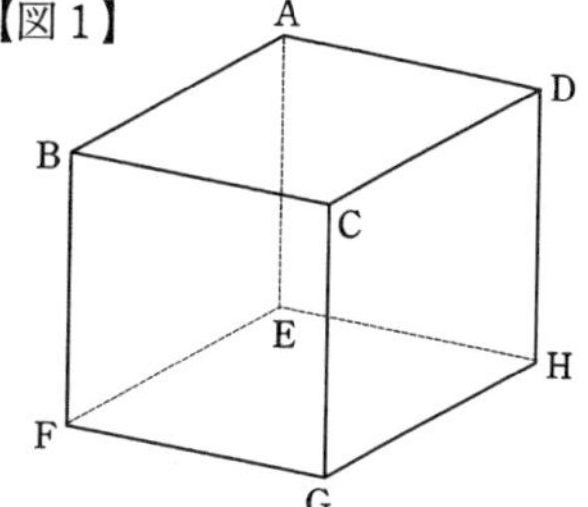

(2) (1)と同じ【図1】の立方体について考える。
正方形CGHDを，辺BFを軸として1回転させるとき，
正方形CGHDが通過してできる立体の体積は，まπである。

(3) 右の【図2】のような，1辺の長さ2の正八面体について考える。ACとBDの交点をRとする。
三角形PRCを，辺AQを軸として1回転させるとき，三角形PRCが通過してできる立体の体積は，

$\frac{\text{みむ}}{\text{め}}\pi$ である。

【図2】

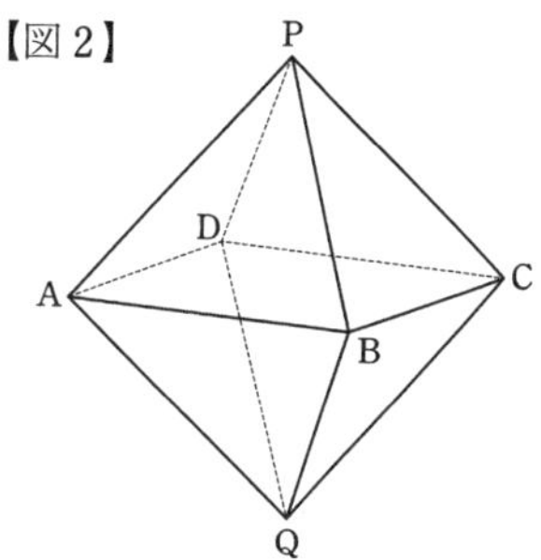

英　語

1 次の各文の空欄に入る最も適切なものを１つ選び、①～④の番号で答えなさい。

1. "(　　　) I have your name, please?"　"Sure. It's Greg."
① Will　② Shall　③ May　④ Must

2. This book (　　　) in 1985.
① writes　② wrote　③ is written　④ was written

3. I have a lot of things (　　　).
① be　② to do　③ being　④ doing

4. She is good (　　　) the piano.
① of played　② of playing　③ at played　④ at playing

5. (　　　) was invited to his birthday party?
① Whose　② Who　③ When　④ Why

6. Light can travel faster than anything (　　　).
① wrong　② enough　③ all　④ else

7. The fans were (　　　) to see the game.
① excite　② exciting　③ excited　④ to excite

8. If it (　　　) tomorrow, I will not go to Tokyo Disneyland.
① rain　② rains　③ rained　④ will rain

9. The house (　　　) roof is brown is my aunt's.
① who　② which　③ whose　④ that

10. John and Kate are good friends. They (　　　) each other since childhood.
① know　② are knowing　③ knew　④ have known

2 次の各組の２つの文がほぼ同じ意味を表すように空欄に単語を入れたとき、(＊) に入る最も適切なものを１つ選び、①～④の番号で答えなさい。

11. He speaks French well.
He (　　　) a good (＊) of French.
① speak　② speaker　③ speaking　④ speech

12. Which is your shirt?
Which (　　　) is (＊)?
① you　② bought　③ yours　④ wore

13. Please tell me the way to the station.
(　　　) (＊) I get to the station?
① can　② long　③ way　④ far

14. She was happy to hear the news.
The news (＊) (　　　) happy.
① was　② heard　③ went　④ made

15. Emily was so busy that she could not come here.
Emily was (＊) (　　　) (　　　) come here.
① much　② such　③ too　④ able

16. Riku is taller than any other boy in his class.
Riku is (＊) (　　　) (　　　) in his class.
① the　② not　③ as　④ more

17. Can you tell me how many students this school has?
Can you tell me the (＊) (　　　) students in this school?
① many　② way　③ number　④ how

18. My grandfather can't use the computer.
My grandfather doesn't know (＊) (　　　) use the computer.
① how　② that　③ he　④ if

3 次の各文を日本語に合うように並べ替えたとき、<u>(　　　) 内で４番目に来る語(句)</u>を１つ選び、①～④の番号で答えなさい。なお文頭に来る語も小文字になっている。

19. 初心者にとって富士山に登るのは難しい。
It is (climb / for / to / difficult / beginners) Mt. Fuji.
① to　② climb　③ beginners　④ for

20. なぜ彼はそんな間違いを犯したのだろうか。
I wonder (a mistake / he / such / why / made).
① made　② such　③ a mistake　④ why

21. 向こうで手を振っている女性は私の母です。
The woman (her hands / over there / waving / is) my mother.

① is　② her hands　③ waving　④ over there

22. たくさんの本を読むことは英語力を向上させる一番良い方法のひとつだ。
(one / a lot of books / reading / is / of) the best ways to improve your English.
① one　② reading　③ is　④ of

23. 私たちは父が作った夕食を楽しんだ。
We (my father / the dinner / by / enjoyed / made).
① the dinner　② my father　③ by　④ made

4 次の各語の定義として最も適切なものを1つ選び、①～④の番号で答えなさい。

24. hurt
① to disagree　② how much something costs
③ from nature　④ to do something that causes pain

25. normal
① the perfect amount　② friendly
③ not strange　④ different

26. discover
① to be nice　② to find something
③ to stop　④ to name

27. promise
① to say "good job"　② to say "I will"
③ to say "the end"　④ to say "maybe"

5 次の会話文の空欄に入れる最も適切なものを1つ選び、①～④の番号で答えなさい。

28. A : Do you need help with your homework?
B : No, thank you. It's not very difficult. I can do it (　　).
① by myself　② for you　③ with your help　④ by itself

29. A : I'm going to visit Sapporo this weekend.
B : Great! (　　)?
A : Oh yes. I know the city very well.
① What are you going to do there
② Where are you going to stay
③ Have you been there before
④ Do you like to stay home

30. A : Mary, I'm looking forward to the picnic with our friends tomorrow. What are you going to bring?
B : I think I'll (　　).
A : Oh, that sounds great. You're such a good cook, so I'm sure it'll be delicious.

B : You're too kind. I'll try my best.

① buy some fried chicken　　② bake cheesecake
③ take a badminton set　　④ get a mat for people to sit on

31. A : Did you do anything special on the weekend?
B : Yes, I did. I went (　　　).
A : Really? How was it?
B : It was great. The action scenes and the music were amazing!

① to watch the monkeys at the zoo
② to see the new superhero movie
③ walking in the mountains
④ fishing at the lake with my brother

6 次の1)～4)のそれぞれの英文を読み、問いに答えなさい。

1) それぞれの文の空欄に入る最も適切なものを1つ選び、①～④の番号で答えなさい。

For many people, their wedding is the most important day of their lives. Family and friends come, everyone celebrates, and people take a lot of pictures. Both the bride and *groom want to look their best. In the United States, some brides go to bridal boot camp to prepare for their big day!

Before their weddings, many women feel the need to lose weight. Some women panic and go on a *crash diet to lose weight quickly. Some stop eating completely. This isn't good for the body, and the weight loss usually doesn't last a long time.

Health clubs wanted to give women a healthy way to lose weight quickly and safely. So these health clubs developed a program just for brides and called it "bridal boot camp."

Women in bridal boot camp meet at the health club every day for one to three hours. They exercise, get advice about food, and help each other relax. They lose weight quickly but in a healthy way. They don't panic. When their wedding day arrives, these brides look and feel better.

KATHLEEN F. FLYNN (2006) *PANORAMA* (一部改編)

*注釈　groom 新郎　crash diet 短期間で体重を激減させるダイエット

32. The topic of this passage is (　　　).

① a special wedding party　　② a special exercise and diet program
③ a special couple　　④ a special photographer

33. Before their wedding, some women (　　　).

① take a lot of pictures　　② go on a crash diet
③ keep unhealthy　　④ look for their grooms

34. Health clubs developed (　　　).

① a program for couples　　② a way to get well

③ a program for brides　　④ a way to train by themselves

35. Women in bridal boot camp (　　).

① lose weight quickly in a healthy way

② go on a diet slowly without eating anything

③ keep healthy by eating vegetables

④ feel better by getting relaxing massages

2）問いの答えとして最も適切なものを１つ選び、①〜④の番号で答えなさい。

Sixty years ago, the first computer games were made. Back then, people didn't have computers in their homes. Computers were huge and very expensive. Those early computers played games such as tic-tac-toe or checkers.

Then in the 1960s, an engineer named Ralph Baer had an idea. Most homes had TVs. Ralph Baer made his first 'Brown Box' that let users play different games on their TVs. After that, many new games were invented. Some of the games were slow and not very interesting, but others became very popular.

In the 1980s, families began to buy computers. These computers could play games, too. Today, millions of people play video games on their TVs and computers.

Kate Cory-Wright and Sue Harmes (2019)
OUR WORLD SECOND EDITION (National Geographic Learning)

36. Choose the best title of the passage.

① History of Computers

② How Video Games Began

③ When People Had TVs

④ Video Games Will Change the World

3）次の空欄に入る選択肢として最も適切なものを１つ選び、①〜④の番号で答えなさい。

The most famous *diner in America isn't a real place. It is an image in a painting by Edward Hopper.

Hopper was different (**37**) many artists of the early 1900s. He was a realist. He painted everyday things such as a diner or a gas station. You may ask, "Why would anyone buy a painting of a gas station?" But Hopper's paintings show more than just buildings and people. They show the loneliness of life, an emotion that Hopper felt very strongly himself. He once said, "I don't think I ever tried (**38**) the American scene; I'm trying (**38**) myself."

Hopper's paintings show feelings that many people felt in the 1900s. This was a time of great change. Many people were moving into the cities from farms and small towns. These new arrivals missed the sense of community they had in their small towns. The big cities, with their tall buildings and so many strangers, seemed frightening to many people.

Hopper's painting of the diner (**39**) *Nighthawks*. It is a realistic image of buildings and people. The diner is lit up, but it doesn't seem warm and welcoming. The people inside don't seem happy or connected to each other. The city outside looks dark and empty. (**40**) Edward Hopper saw the city. (**40**) Edward Hopper saw life.

KATHLEEN F. FLYNN (2006) *PANORAMA*

＊注釈　　diner 食堂

37. ① in　② over　③ from　④ with

38. ① paint　② to paint　③ to painting　④ painted

39. ① calls　② is calling　③ is called　④ has called

40. ① This is how　② This is why　③ This is when　④ This is where

4）問いの答えとして最も適切なものを１つ選び、①～④の番号で答えなさい。

Saint Patrick's Day

Saint Patrick's Day is the national holiday of Ireland. Irish people celebrate it on 17th March. People from all over the world celebrate this special day, too. It is especially popular in Australia and in North America.

It is a celebration of Irish culture and people listen to Irish music, eat traditional Irish food and take part in parades. On this day, everywhere you look you can see the color green. People wear green clothes, paint their faces green and they even eat green food. In Chicago, the USA, the city uses special colors to make the river green. That's right, the whole river is green!

In Dublin, Ireland, the Saint Patrick's Day parade is part of a five-day festival and over 500,000 people attend the parade. In the USA, Saint Patrick's Day is also very special. The first Saint Patrick's Day parade was in Boston in 1737. In Chicago, the parade lasts all day and in New York, a parade of 150,000 people marches up the 5th Avenue.

iSLCOLLECTIVE (2012)
https://en.islcollective.com

41. Which of the following sentences is true according to the passage?

① Saint Patrick's Day is a special holiday because people enjoy it only in Australia and North America.

② Saint Patrick's Day is celebrated not only in Ireland but in some other countries like the USA.

③ On Saint Patrick's Day, even the houses which people live in are painted green.

④ In Chicago, over 500,000 people take part in the parade and enjoy it all day long.

7 次の英文は人間の質問に対してAIが答えてくれるAI chatについてのAndrewとKentaの対話である。英文を読み、それぞれの質問の答えとして最も適切なものを1つ選び、①～④の番号で答えなさい。

Andrew: We have a lot of homework during summer vacation. I have to start doing it soon, or I won't be able to finish it. I am afraid that the science report will be the hardest because we need to do a lot of research.

Kenta: Really? I don't think it is so hard. I can finish it in a short time because I will use AI chat.

Andrew: Are you going to use AI chat? I don't think it's a good idea. There are a lot of *risks.

Kenta: Don't be afraid of a new technology! It will give you a perfect answer soon after you ask something, so it is better to use it.

Andrew: Let me see...here is an *article about AI chat. You can see believing AI chat too much is *risky. AI chat sometimes makes big mistakes. For example, AI chat told ①<u>a lie</u> that a mayor in Australia *committed a crime and was in *prison. It *turned out to be wrong, but everyone has a chance to be in a similar situation like him. *Moreover, you can *be sued if you tell a lie about someone. You should be careful of using what AI chat is saying without thinking for yourself.

Kenta: AI chat tells lies? I can't believe it. It always gives me *correct answers.

Andrew: How can you say it is correct? In my case, I asked about Tokyo Disneyland, then it gave me some correct answers at first. However, it said it was an amusement park in Tokyo! I knew it was wrong because I live in Chiba, but some people outside Japan may believe it.

Kenta: I understand that AI chat tells lies so naturally. Checking facts is important when we use it.

Andrew: You are right. It is a very hard task, so don't think you can just copy the information on AI chat. I have one more thing you should remember. Here is another article by Keiai Company. It *offers AI chat bot services. Customers can ask about its products or services on chat bot instead of (**A**). This graph shows what they think about AI chat after they use the AI chat service on website.

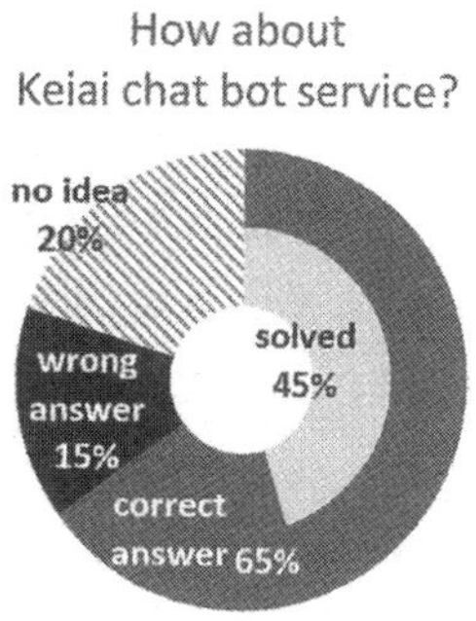

How about
Keiai chat bot service?

no idea 20%
solved 45%
wrong answer 15%
correct answer 65%

Kenta: I find it a little bit strange. 65% of them got correct answers and 45% thought their questions were solved. Does that mean (**B**) of them can't solve their problem even though they got correct answers?

Andrew: That's right. Giving correct answers is not always equal to solving problems. AI is an excellent tool but not a perfect one. Many people are afraid that AI will take over human jobs, but I think humans can do some things that AI can't.

Kenta: I have never thought that AI will take over our jobs. Umm...I'm afraid ②it will happen.

Andrew: Here, I found the data. You can see that many people are afraid of it like you.

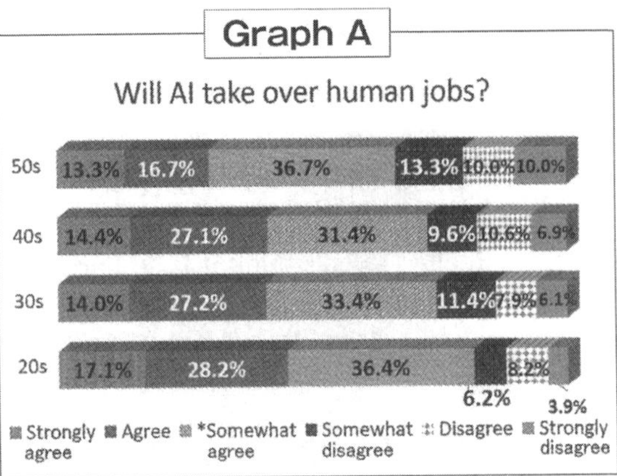

Kenta: This is interesting. Older people seem to worry less, but more than 60% of them agree that AI will take over our jobs.

Andrew: That's true. As for people in their twenties, more than 80% are afraid of it. AI chat is still developing, so it will make a greater impact on our jobs in the next 30 years. It is natural that young people are more serious about this question.

Kenta: Are you serious about it, Andrew?

Andrew: I am sure that AI will take over many of our jobs, but I am not afraid of it.

Kenta: Why?

Andrew: AI can do many things, but it is not perfect. I can imagine the future where we don't have to work much because of AI. An important keyword is "creativity." To create means to make new things out of nothing. AI is good at ③generating things. *In other words, AI makes things out of a lot of information, but it doesn't have any creativity. In the future, we, humans will do small but creative jobs that AI can never do, and spend a lot of time enjoying our lives.

Kenta: Do you think it will really come true?

Andrew: It depends on our creativity. We should think by ourselves and improve our creativity even when we are using AI chat. If we just copy information from AI chat, we will lose to it. That is why I told you not to use AI chat for your homework.

Kenta: Oh...you came back to the point. I see. I will do a lot of fact checking and write my own opinion for my science homework.

Andrew: Good for you! It may take a lot of time, but you will learn a lot!

＊注釈 risk（y）危険（な） article 記事 commit a crime 罪を犯す
prison 刑務所 turn out to be ~ 〜だとわかる moreover さらに
be sued 訴えられる correct 正しい offer 提供する
somewhat ある程度 in other words 言い換えると

42. At first, Kenta thinks their science report is easy. Why does he think so?

① Because Andrew will help him with it.

② Because he thinks he can do it with AI chat.

③ Because he doesn't have to write a lot in it.

④ Because he likes science.

43. What does the underlined ① "a lie" mean? Choose the best definition.

① something that is not true

② something that we can check

③ something that changes our lives

④ something that is useful

44. Choose the best answer for (**A**).

① teachers ② telephone operators

③ answering machines ④ computers

45. Choose the best answer for (**B**).

① 15% ② 20% ③ 45% ④ 65%

46. Choose the best example for the underlined ② "it".

① Asking some hints for AI chat to draw paintings.

② Asking AI chat for a dinner recipe for a family party.

③ Using AI to judge product quality in a factory.

④ Learning history through AI chat for homework.

47. Choose a truth about Graph A.

① More than 5% people in their twenties strongly disagree.

② There is a big difference between people in their thirties who answer agree or strongly agree and people in their forties.

③ Less than 20% of people in their twenties somewhat disagree, disagree or strongly disagree.

④ More than 35% of people in their fifties disagree.

48. What does the underlined ③ "generating things" mean? Choose the best definition.

① To prepare food by using heat

② To produce something from other things

③ To make an idea in your mind

④ To make a sound with your voice

49. Andrew tells Kenta to stop using AI chat for the homework with some examples. Choose one thing which Andrew does NOT tell Kenta.

① We might be in trouble because AI chat can give wrong information.

② AI chat is good at giving correct answers, but they are not always helpful.

③ Thinking by ourselves makes us different from AI chat.

④ AI chat is so useful that most people will lose their jobs and become poor in the future.

50. According to Andrew, which is the best way to live with AI?

① AI will tell us how to do our job, and we will just follow it.

② We will worry about nothing, and AI will do everything.

③ We will make some new ideas by ourselves, and AI will help us a lot.

④ AI will be perfect at creating things, and we will waste our lives.

ア　御簾にかかっている葵を祭が終われば必要のないものだからと言って取り払ってしまうこと。
イ　祭の後になって葵が必要であることが分かり、急いで或人に取りに行かせるようなこと。
ウ　祭の時は葵がよく見えないといけないということで、御簾をすべて取り除いてしまったこと。
エ　或人が祭の時の枯れてしまった葵の葉をすべての部屋から寄せ集めたこと。

問　傍線部Ⅲ「みす」は何と何を掛けた掛詞か。最も適切な組み合わせを次の**ア**～**エ**の中から一つ選びなさい。　**問題番号㊺**

ア「瑞」と「見ず」　**イ**「蜜」と「水」　**ウ**「御簾」と「水」　**エ**「御簾」と「見ず」

問　傍線部Ⅳ『枕草子』の作者として最も適切なものを次の**ア**～**エ**の中から一つ選びなさい。　**問題番号㊻**

ア　清少納言　**イ**　紫式部　**ウ**　紀貫之　**エ**　菅原孝標女

問　傍線部Ⅴ「鴨長明」の作品として最も適切なものを次の**ア**～**エ**の中から一つ選びなさい。　**問題番号㊼**

ア　住吉物語　**イ**　太平記　**ウ**　更級日記　**エ**　方丈記

問　傍線部Ⅵ「いかが取り捨つべき」の現代語訳として最も適切なものを次の**ア**～**エ**の中から一つ選びなさい。　**問題番号㊽**

ア　まったく取って捨てることができない　**イ**　きっと取って捨ててしまっただろう
ウ　どうにかして取り捨てたいものだ　**エ**　どうして取り捨ててよいものか

問　本文『徒然草』の文学ジャンルとして最も適切なものを次の**ア**～**エ**の中から一つ選びなさい。　**問題番号㊾**

ア　紀行　**イ**　随筆　**ウ**　物語　**エ**　日記

問　本文中の内容の説明として誤っているものを次の**ア**～**エ**の中から一つ選びなさい。　**問題番号㊿**

ア『枕草子』には過ぎ去った昔の恋しいものと言えば、枯れた葵を見ることであると書いてある。
イ　周防内侍は母屋の御簾にかかっている葵の葉についての歌を、家集に収録した。
ウ　古い歌の前書きには、枯れてしまった葵の葉を歌に詠みこんで相手に贈るのが通例であった。
エ『四季物語』には、祭りの後の葵の葉が美しい御簾に残っていると書いてある。

※4　周防内侍……周防守棟仲（むねなか）の娘。歌人。
※5　かくれども～……御簾にかけておいても意味のないものは、思い人が離れてしまって、共に見ることができない、御簾の葵の枯葉であることよ。
※6　母屋……寝殿造り（当時の家屋）の中心の部屋。
※7　家の集……個人の歌を集成した歌集。
※8　詞書……歌の前書のこと。
※9　玉だれ……「御簾」の美称。

問　傍線部**A**・**B**・**C**の読み方を現代仮名遣いで示したものとして、最も適切なものを次の**ア**～**エ**の中から一つ選びなさい。

A　葵　　問題番号㊳
ア　あほい　**イ**　あふい　**ウ**　あよう　**エ**　あおい

B　かひなき　　問題番号㊴
ア　かいなき　**イ**　きょうなき　**ウ**　かひなき　**エ**　こいなき

C　遣はし　　問題番号㊵
ア　づかわし　**イ**　けんはし　**ウ**　つかわし　**エ**　はらわし

問　傍線部①②の意味として最も適切なものを次の**ア**～**エ**の中から一つ選びなさい。

①　色　　問題番号㊶
ア　風味　**イ**　色彩　**ウ**　形　**エ**　情緒

②　いみじく　　問題番号㊷
ア　きっと　**イ**　たいそう　**ウ**　まるで　**エ**　ほどほどに

問　傍線部Ⅰ「よき人」とは誰を指すか。最も適切なものを次の**ア**～**エ**の中から一つ選びなさい。　　問題番号㊸
ア　周防内侍　**イ**　或人　**ウ**　作者　**エ**　鴨長明

問　傍線部Ⅱ「さるべきにや」とあるが「さるべき」が指すものの説明として最も適切なものを次の**ア**～**エ**の中から一つ選びなさい。　　問題番号㊹

ア　独立の関係　　イ　並立の関係　　ウ　補助の関係　　エ　修飾・被修飾の関係

問　傍線部⑦「普通」の対義語として最も適切なものを次のア～エの中から一つ選びなさい。　問題番号㉝

ア　特別　　イ　大抵　　ウ　汎用　　エ　尋常

問　傍線部⑧「正反対」の語の類語として最も適切なものを次のア～エの中から一つ選びなさい。　問題番号㉞

ア　裏腹　　イ　交代　　ウ　交錯　　エ　裏方

問　傍線部⑨「うなずく」の用言の活用形として最も適切なものを次のア～エの中から一つ選びなさい。　問題番号㉟

ア　未然形　　イ　連用形　　ウ　連体形　　エ　仮定形

問　傍線部⑩「と」の助詞の種類として最も適切なものを次のア～エの中から一つ選びなさい。　問題番号㊱

ア　格助詞　　イ　副助詞　　ウ　接続助詞　　エ　終助詞

問　空欄［　1　］に入る語として最も適切なものを次のア～エの中から一つ選びなさい。　問題番号㊲

ア　また　　イ　もちろん　　ウ　ところが　　エ　そして

四

次の文章を読み、後の問いに答えなさい。

「祭過ぎぬれば、後の葵（A）（※1）不用なり」とて、或人の、御簾（※2）なるを皆取らせられ侍りしが①色もなく覚え侍りし（※3）を、（Ⅰ）よき人のし給ふ事なれば、（Ⅱ）さるべきにやと思ひしかど、周防内侍（※4）が、

かくれども（B）かひなき物はもろともに（Ⅲ）みすの葵の枯葉なりけり（※5）

と詠めるも、母屋（※6）の御簾に葵のかかりたる枯葉を詠めるよし、家の集（※7）に書けり。古き歌の詞書（※8）に、「枯れたる葵にさして（C）遣はしける」とも侍り。（Ⅳ）枕草子にも、「来しかた恋しき物、枯れたる葵」と書けるこそ、②いみじくなつかしう思ひ寄りたれ。（Ⅴ）鴨長明が四季物語にも、「玉だれ（※9）に後の葵はとまりけり」とぞ書ける。おのれと枯るるだにこそあるを、名残なく、（Ⅵ）いかが取り捨つべき。

『徒然草』第一三八段

※1　葵……賀茂祭に使った葵（植物、祭りの飾りとして用いた）がそのまま残ったもの。
※2　御簾……貴人のいる部屋のすだれ。
※3　覚え侍りし……思われました

（そして、こういうことを書いて、私は少しばかり後悔をします――「なんでこんなめんどくさいことを始めてしまったんだ？」と。普通、本を書く時に対象とされる読者は、一種類です。いろんな読者はいるにしても、書き手は一人なのですから、それに対応する読者だって、おのずと一種類に⑤狭められてしまいます。だから、ある読者は「その通り！」とうなずき、別のある読者は、「一体こいつはなにを言ってるんだ！」と怒ります。書き手が一人で、読者が複数で、書き手の想定する「読者」は、結局一つのカテゴリーに集約されてしまって、だからこそ、その「一つ」から⑥はずれてしまった読者は、「仲間はずれにされた！」と言って怒るのです――それが⑦普通のあり方です。［　　1　　］、この本を書く私は、「美しいが分かる人」と「美しいが分からない人」との、正反対の読者を両方とも想定しなければなりません。この二人の読者は⑧正反対の二人なのですから、一方が「なるほど」と⑨うなずくことは、もう一方を「なんのことだ？」と⑩悩ませることにもなります。それをして、その二つを一つに統合しなければ、この本は完結しません。「よくもまァ、こんなめんどくさいことを始めてしまった」と後悔もしますが、仕方がありません。とりあえず方向は、「美しいが分からない人」へと傾いて行くことになります）

橋本治（人はなぜ「美しい」がわかるのか）

問　傍線部①「美しい」の品詞名として最も適切なものを次の**ア**～**エ**の中から一つ選びなさい。　問題番号㉗

ア　動詞　**イ**　形容詞　**ウ**　形容動詞　**エ**　名詞

問　傍線部②「この難問を解くためには、二つのアプローチが必要になります。」の文の単語数として最も適切なものを次の**ア**～**エ**の中から一つ選びなさい。　問題番号㉘

ア　13単語　**イ**　14単語　**ウ**　15単語　**エ**　16単語

問　傍線部③「重要な」の用法と異なるものとして最も適切なものを次の**ア**～**エ**の中から一つ選びなさい。　問題番号㉙

ア　あなたの好きな物語は何ですか。
イ　正直な人は得をすると思う。
ウ　彼は静かな口調で話しかけた。
エ　この大きな部屋には何があるのですか。

問　傍線部④「言う」を謙譲語に直したものとして最も適切なものを次の**ア**～**エ**の中から一つ選びなさい。　問題番号㉚

ア　おっしゃる　**イ**　申し上げる　**ウ**　言われる　**エ**　言います

問　傍線部⑤「狭め」の用言の活用の種類として最も適切なものを次の**ア**～**エ**の中から一つ選びなさい。　問題番号㉛

ア　五段活用　**イ**　上一段活用　**ウ**　下一段活用　**エ**　カリ活用

問　傍線部⑥「はずれてしまった」の文節の関係として最も適切なものを次の**ア**～**エ**の中から一つ選びなさい。　問題番号㉜

ア　大久保君「ボランティア活動になかなか参加できない理由って、やっぱり時間的な余裕がないことかな。生活にゆとりがないと、利他的な行動がとりづらくなるのかもね」

イ　別府君「注目したいのは、ボランティア活動に参加するときの不安に、「人間関係がわずらわしい」が平成二二年度から令和二年度にかけて一番伸びてしまっているということかな」

ウ　篠原君「逆に一番少なくなったのは「活動するのに必要な情報が入手しにくい」だね。SNSの発達によって、ボランティアに関する情報がよりいろいろな人に回りやすくなった理由かな」

エ　山県君「とにかく、困っている人たちのために行動することが大切なんじゃないかな。いいことをすれば相手はうれしくなるんだから、どうすれば地域の人がボランティアに参加しやすくなるかを考えようよ」

三

次の文章を読み、以下の問いに答えなさい。

† 「美しい」が分からない人

「人はなぜ〝美しい〟が分かるのか？」と考える私は、その以前に、「人一般は〝美しい〟が分かるものである」と考えています。なんでそうなのかと言えば、それこそ「脳がそうなっているから」でしょうが、私の思考はそっちへは行かないで、「人一般は〝美しい〟が分かるのに、どうしてある人には〝美しい〟が分かり、別のある人には〝美しい〟が分からないという、ばらつきが起こるのか？」という方向へ行ってしまいます。そういうばらつきは、あるのだと思います。

ある人には「美しい」が分かり、別のある人には「美しい」が分からない——それは、なぜなのでしょう？

②この難問を解くためには、二つのアプローチが必要になります。一つは、「〝分かる〟という能力はどのようにして宿るのか？」という解明で、もう一つは、「分かる人間が〝分かる〟と言う、その〝美しい〟とはなんなのか？」という解明です。

分かっている人間は、「自分はもう分かっているから」という理由で、さっさと③重要なことをすっ飛ばしてしまいます。ところが分からない人間というのは、「一体あいつは〝なに〟が分かっているんだ？　こっちは〝なに〟が分かっていないんだ？」という悩み方をするものです。分かっている人間には、この分かっていない人間の悩み方自体が理解出来ないのですが、分からない人間は、「なにを分かるんだ？」というところでつまずいているのです。

よく考えれば分かりますが、「美しいが分かる」の中には、「美しい」と「分かる」という、二つのチェックポイントが隠されているのです。「〝美しいが分かる〟と④言う人間にとっての〝美しい〟とはなんなのか？」——このゴールとなるものがはっきりしなかったら、「分かる」という能力だって、宿りようはないのです。

問

ＫＩ高校の西郷君は「人のための親切と自己満足の違い」をテーマに探究活動を進めている。千葉市のボランティア活動について調査していたところ、千葉市生涯学習センターが実施した「地域活動・ボランティア活動に関する意識調査」の報告書を見つけた。公表されている調査結果のうち、**【グラフⅠ】**を読み、クラスメートと意見交換を行った。各生徒の発言のうち、**【本文Ⅰ】**の論の展開と合わないものを次の**ア**～**エ**の中から一つ選びなさい。

問題番号㉖

【グラフⅠ】 質問　あなたが地域活動・ボランティア活動に参加するにあたって、不安や障壁になることは何ですか。

（３つまで選択）

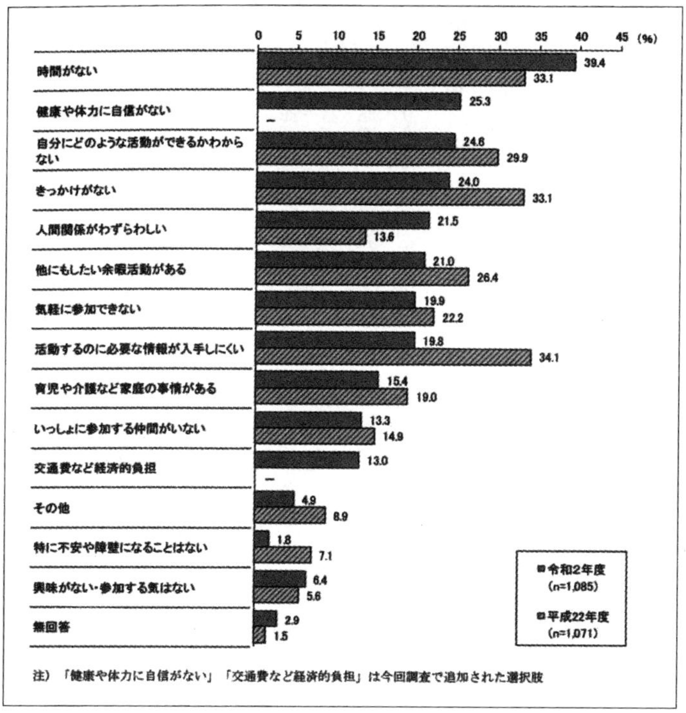

	令和2年度 (n=1,085)	平成22年度 (n=1,071)
時間がない	39.4	33.1
健康や体力に自信がない	25.3	–
自分にどのような活動ができるかわからない	24.6	29.9
きっかけがない	24.0	33.1
人間関係がわずらわしい	21.5	13.6
他にもしたい余暇活動がある	21.0	26.4
気軽に参加できない	19.9	22.2
活動するのに必要な情報が入手しにくい	19.8	34.1
育児や介護など家庭の事情がある	15.4	19.0
いっしょに参加する仲間がいない	13.3	14.9
交通費など経済的負担	13.0	–
その他	4.9	8.9
特に不安や障壁になることはない	1.8	7.1
興味がない・参加する気はない	6.4	5.6
無回答	2.9	1.5

(%)

注）「健康や体力に自信がない」「交通費など経済的負担」は今回調査で追加された選択肢

（グラフはすべて千葉市生涯教育センター「地域活動・ボランティア活動に関する意識調査」より抜粋。調査対象は千葉市在住の一八歳以上の人から、二五〇〇人を無作為に抽出。調査期間は令和二年九月一七日～一〇月一六日。https://chiba-gakushu.jp/wordpress/wp-content/uploads/2021/09/tiiki_bora_gaiyou_r2.pdfより引用。）

に必要なことは何かを、一緒に考えようよ」

エ　A「できればでいいんだけど、塾の回数を減らしてほしい」
B「どうしてそんなことを言うんだい？　医者になりたいと言ったのは君だろう。これまで、どれだけ塾や習い事にお金をかけてきたと思う？　私たちの期待を簡単に裏切らないでほしい。今通っている塾が合わないなら変えればいいし、何年かかってもかまわないから、自分の夢をそんな簡単にあきらめないでほしいな」

問　傍線部⑩「自分の行為の結果はコントロールできない」に関して、これはどういうことか。その説明として最も適切なものを次の**ア**～**エ**の中から一つ選びなさい。　問題番号㉔

ア　他者のために行動することは、他者のために行動したいという自分の欲望であることは否定することはできず、それならば徹底的に自分の欲求として他者のために役立ちたいのだということを認めること。

イ　他者のために行動することは、善意に基づく行為が受け止められない事態を覚悟すべきであると同時に、自分の行為がいかに正しいかを証明することは困難であるということ。

ウ　他者のために行動することは、相手がどのように自分の行為を受け止めるかがわからないことを前提としたうえで、それでも相手はひどいことはしないだろうと見込むこと。

エ　他者のために行動することは、他者をコントロールし、支配することにつながるため、利他的な行為は一切やめ、わかりあえない相手との交流は極力さけるべきだということ。

問　傍線部⑪「押しつけであり、ひどい場合には暴力になります」に関して、これはどういうことか。その説明として最も適切なものを次の**ア**～**エ**の中から一つ選びなさい。　問題番号㉕

ア　他者のために何かをしようという思いは、本質的に自己犠牲であり、その見返りを相手に求めてしまうが、自らの善意で行った行動はそれ自体で素晴らしいものなのだから、自分や相手の思考や感情を一切問わず、見返りを求めずに利他的な行動をとるべきだということ。

イ　他者のために何かをしようという思いは、本質的に「この行動は相手の利になるだろう」という思いが含まれているが、相手がどう受け取るかはわからないことを考慮しないと、相手は自分の善意に答えることが当然だと考えるようになり、結果として相手を自分の思い通りに支配しようとしてしまうこと。

ウ　他者のために何かをしようという思いは、本質的に「私の思い」であり、いわゆるエゴイズムでしかないのだから、偽善的にとりつくろうことをやめ、徹頭徹尾自分の快楽のために、相手に尽くすことが求められるということ。

エ　他者のために何かをしようという思いは、本質的に相手の力を信じることであり、相手もまた自分のことを信じているのだから、相手は自分の行動を好意的に受け止めるはずだという、信頼に基づいた人間関係を築きながら行動すべきだということ。

問　傍線部⑧「合理的」に関して、どのようなことが「合理的」なのか。最も適切なものを次のア～エの中から一つ選びなさい。　**問題番号㉒**

ア　完全に安心できる状況を創り上げることは不可能である以上、リスクは承知の上で、相手に行動の内容や判断をゆだねること。

イ　相手の行動が不確実なものである以上、周囲や社会に与える影響を極力少なくするため、効率的かつ安全な支援の方法を模索すること。

ウ　自分と違う世界を生きている人々の力を信じ任せることが容易でない以上、可能な限り周囲の人が行動を予測し安全性を担保すること。

エ　相手が想定外の行動をとる可能性を意識することが困難である以上、相手の行動をコントロールする技術を社会的に共有すること。

問　傍線部⑨「私の思い」に関して、ここでいう「私の思い」に最も近いと思われる会話文はどれか。最も適切なものを次のア～エの中から一つ選びなさい。　**問題番号㉓**

ア　A「先生、新しい部活動の部を作りたいです」
B「どうした、急に。部を作るということは、決して簡単なことではない。部活動は何のためにあるのかを意識したことはあるかい。単に生徒のたまり場を作るために部活動はあるのではない。部活動を通して、生徒が心身ともに成長できるような環境を作ることが大切なんだ。顧問とか制度とか、そういったことは後回しでもいい。まずは、どういう部を作りたいのか、話を聞かせてほしい」

イ　A「先生、私あの子とケンカ中だから、席を離してほしいです」
B「それは難しいかな。一人の要望を聞いて席を変えていたら、今度は別の子の要望を聞かなければいけなくなる。そうなると何度も何度も座席変更しなければいけなくなるよね。そうなってしまうと、座席を決める意味がなくなってしまう。誰が近くにいようと、学校生活を平穏にすごしてほしい。無理に仲良くしろとは言わないから、次の席替えまで待っていてほしい」

ウ　A「私、この犬飼いたい」
B「生き物を飼う、というのは簡単なことではないということはわかってほしい。この犬はおもちゃとかじゃなくて、立派に生きている命なんだ。ごはんとか散歩とか、犬のお世話をしっかりとできるかな。それに、私たちが風邪をひくように、犬も病気にかかることはあるよね。そのときに一生懸命看病できるかな。とにかく、命を預かるため

イ　周りの人がやさしさをもって行動してしまうことにより、当事者が自らの言葉をもって世界と向き合うことができなくなるから。

ウ　周りの人が当事者を信頼してしまうあまり、当事者は失敗が許されなくなり、挑戦することを避けようとするから。

エ　周りの人が当事者を信頼していないあまり、当事者の自律を求めすぎてしまい、結果として当事者を見放すことになるから。

問　空欄④に関して、この空欄に入る表現として最も適切なものを次の**ア**～**エ**の中から一つ選びなさい。　**問題番号⑱**

ア　安心と見返り　**イ**　信頼と安心　**ウ**　社会的確実性と社会的不確実性　**エ**　利他と自律

問　傍線部⑤「ここ」に関して、この語句が指し示すものとして最も適切なものを次の**ア**～**エ**の中から一つ選びなさい。　**問題番号⑲**

ア　目が見えない人に親切にすること。　**イ**　他者の判断にゆだねること。

ウ　認知症の方の介護をすること。　**エ**　やさしさからつい先回りしてしまうこと。

問　傍線部⑥「逆のベクトル」に関して、これはどういうことか。その説明として最も適切なものを次の**ア**～**エ**の中から一つ選びなさい。　**問題番号⑳**

ア　相手に対する見返りか、自己犠牲を払うか。　**イ**　相手に対する正義か、相手への押しつけか。

ウ　相手に対する支配か、自律性を尊重するか。　**エ**　相手に対するやさしさか、相手への暴力か。

問　傍線部⑦「利他にとって絶対的に必要なこと」に関して、どのようなことが「必要なこと」なのか。最も適切なものを次の**ア**～**エ**の中から一つ選びなさい。　**問題番号㉑**

ア　相手がどんな行動をとるかはわからず、自分が損するかもしれないが、それでも相手はひどいことをしないだろうと信じる、ちぐはぐにも思える感情。

イ　相手の能力がどのようなものであろうと不問にし、自分の損得を度外視し、社会的に見て正義と思われる事柄を淡々と行う、不条理にも思える感情。

ウ　相手が想定外の行動を取ろうとも、自己犠牲の精神を決して忘れず、障害者と周囲の人の安心と信頼の追求を不断に行う、理不尽にも思える感情。

エ　相手の感情は不確実なものであり、自分の善意が理解されるかはわからないが、それでも自分の善意はいつか伝わると信じる、不確実にも思える感情。

※3　晴眼者……視覚に障害のない人のこと。

※4　若年性アルツハイマー型認知症……一八歳～六四歳の間で発症するアルツハイマー型認知症で、若年性認知症の一種。アルツハイマー認知症は、認知症の一種で、脳の一部が縮んでいくことにより、もの忘れなどが生じる病気のこと。

※5　当事者……その事柄に直接関係している人。

※6　ベクトル……本来は、向きと大きさを持つ量とのことであるが、ここでは、物事や考え方の向いている方向のこと。

問　傍線部①「それが毎日だったらどうでしょう」に関して、ここではどのような内容が説明されようとしているのか。最も適切なものを次の**ア**～**エ**の中から一つ選びなさい。　**問題番号⑮**

ア　すべての事柄を言語化することによって、逆に情報過多になり真意が伝わりにくいという皮肉めいた状況を、ユーモラスに説明している。

イ　相手の行動が安全に完了するためには、相手を支配することは道徳的に許されるということを説明するために、日常的な場面を想定して説明している。

ウ　障害者を支える人は誰しも献身的であるという社会的なイメージにより、介護における負担が見過ごされているという現状を、批判的に説明している。

エ　善意をもって行われた行動が、ときに相手をコントロールすることになるという逆説的な事態を、親しみやすい具体例を用いて説明している。

問　傍線部②「やさしいからでしょ」に関して、このような発言が行われるのはなぜか。その理由として最も適切なものを次の**ア**～**エ**の中から一つ選びなさい。　**問題番号⑯**

ア　自分たちの信頼を示すために、やさしさをもって相手に接しているから。

イ　相手が自らの力ではできないので、やさしさをもって相手に接しているから。

ウ　相手が少しでも自律できるように、やさしさをもって相手に接しているから。

エ　自分たちが安心できるよう、やさしさをもって相手に接しているから。

問　傍線部③「当事者を追い込んでいる」に関して、このようなことが発生してしまうのはなぜか。その理由として最も適切なものを次のア～エの中から一つ選びなさい。　**問題番号⑰**

ア　周りの人が先回りして行動してしまうことにより、本人が自分の意志でできることがなくなってしまい、自己肯定感が低下するから。

それに対して、信頼とは、相手が想定外の行動をとるかもしれないこと、それによって自分が不利益を被るかもしれないことを前提としています。つまり「社会的不確実性」が存在する。にもかかわらず、それでもなお、相手はひどい行動をとらないだろうと信じること。これが信頼です。

つまり信頼するとき、人は相手の自律性を尊重し、支配するのではなくゆだねているのです。これがないと、ついつい自分の価値観を押しつけてしまい、結果的に相手のためにならない、というすれ違いが起こる。相手の力を信じることは、⑦利他にとって絶対的に必要なことです。（中略）

もちろん、安心の追求は重要です。問題は、安心の追求には終わりがないことです。一〇〇％の安心はありえない。

信頼はリスクを意識しているのに大丈夫だと思う点で、不合理な感情だと思われるかもしれません。しかし、この安心の終わりのなさを考えるならば、むしろ、「ここから先は人を信じよう」という判断をしたほうが、⑧合理的であるということができます。

▼利他の大原則

利他的な行動には、本質的に、「これをしてあげたら相手にとって利になるだろう」という、「私の思い」が含まれています。

重要なのは、それが⑨「私の思い」でしかないことです。

思いは思い込みです。そう願うことは自由ですが、相手が実際に同じように思っているかどうかは分からない。「これをしてあげたら相手にとって利になるだろう」が「これをしてあげるんだから相手は喜ぶはずだ」に変わり、さらには「相手は喜ぶべきだ」になるとき、利他の心は、容易に相手を支配することにつながってしまいます。

つまり、利他の大原則は、⑩「自分の行為の結果はコントロールできない」ということなのではないかと思います。やってみて、相手が実際にどう思うかは分からない。分からないけど、それでもやってみる。この不確実性を意識していない利他は、⑪押しつけであり、ひどい場合には暴力になります。

「自分の行為の結果はコントロールできない」とは、別の言い方をすれば、「見返りは期待できない」ということです。「自分がこれをしてあげるんだから相手は喜ぶはずだ」という押しつけが始まるとき、人は利他を自己犠牲ととらえており、その見返りを相手に求めていることになります。

伊藤亜紗（「うつわ」的利他　――ケアの現場から）

※1　利他……他人に利益を与えること。自分の事よりも他人の幸福を願うこと。

※2　はとバスツアー……「株式会社　はとバス」が行っている観光事業。バスガイドの丁寧な案内により観光を楽しむことができる。

するための道具にさせられてしまうのです。

若年性アルツハイマー型認知症（※4）当事者（※5）の丹野智文さんも、私によるインタビューのなかで、同じようなことを話しています。

助けてって言ってないのに助ける人が多いから、イライラするんじゃないかな。家族の会に行っても、家族が当事者のお弁当を持ってきてあげて、ふたを開けてあげて、割り箸を割って、はい食べなさい、というのが当たり前だからね。「それ、おかしくない？できるのになぜそこまでするの？」って聞いたら、②「やさしいからでしょ」って。「でもこれは本人の自立を奪ってない？」って言ったら、一回怒られたよ。でもぼくは言い続けるよ。だってこれをずっとやられたら、本人はどんどんできなくなっちゃう。

認知症の当事者が怒りっぽいのは、周りの人が助けすぎるからなんじゃないか、と丹野さんは言います。何かを自分でやろうと思うと、先回りしてぱっとサポートが入る。お弁当を食べるときにも、割り箸をぱっと割ってくれるといったように、やってくれることがむしろ本人たちの自立を奪っている。病気になったことで失敗が許されなくなり、挑戦ができなくなり、自己肯定感が下がっていく。丹野さんは、周りの人のやさしさが、③当事者を追い込んでいると言います。

▼【　④　】

⑤ここに圧倒的に欠けているのは、他者に対する信頼です。目が見えなかったり、認知症があったりと、自分と違う世界を生きている人に対して、その力を信じ、任せること。やさしさからつい先回りしてしまうのは、その人を信じていないことの裏返しだともいえます。

社会心理学が専門の山岸俊男は、信頼と安心はまったく別のものだと論じています。どちらも似た言葉のように思えますが、ある一点において、ふたつはまったく⑥逆のベクトル（※6）を向いているのです。

その一点とは「不確実性」に開かれているか、閉じているか。山岸は『安心社会から信頼社会へ』のなかで、その違いをこんなふうに語っています。

信頼は、社会的不確実性が存在しているにもかかわらず、相手の（自分に対する感情までも含めた意味での）人間性のゆえに、相手が自分に対してひどい行動はとらないだろうと考えることです。これに対して安心は、そもそもそのような社会的不確実性が存在していないと感じることを意味します。

安心は、相手が想定外の行動をとる可能性を意識していない状態です。要するに、相手の行動が自分のコントロール下に置かれていると感じている。

問　次の文学作品を成立順に並べたとき、古い順から並べているものはどれか。最も適切なものを次のア～エの中から一つ選びなさい。　**問題番号⑬**

ア　平家物語　→　源氏物語　→　南総里見八犬伝
イ　源氏物語　→　南総里見八犬伝　→　平家物語
ウ　源氏物語　→　平家物語　→　南総里見八犬伝
エ　平家物語　→　南総里見八犬伝　→　源氏物語

問　次に示す文学作品名と作者名の組み合わせのうち、誤っているものはどれか。最も適切なものをア～エの中から一つ選び、記号で答えなさい。　**問題番号⑭**

ア　大江健三郎　―　万延元年のフットボール
イ　志賀直哉　―　暗夜行路
ウ　川端康成　―　銀河鉄道の夜
エ　村上春樹　―　１９７３年のピンボール

二

次の文章を読み、以下の問いに答えなさい。

【文章Ⅰ】

▼他者のコントロール

特定の目的に向けて他者をコントロールすること。私は、これが利他（※１）の最大の敵なのではないかと思っています。冒頭で、私は「利他ぎらい」から研究を出発したとお話ししました。なぜそこまで利他に警戒心を抱いていたのかというと、これまでの研究のなかで、他者のために何かよいことをしようとする思いが、しばしば、その他者をコントロールし、支配することにつながると感じていたからです。善意が、むしろ壁になるのです。

たとえば、全盲になって一〇年以上になる西島玲那さんは、一九歳のときに失明して以来、自分の生活が「毎日はとバスツアー（※２）に乗っている感じ」になってしまったと話します。「ここはコンビニですよ」。「ちょっと段差がありますよ」。どこに出かけるにも、周りにいる晴眼者（※３）が、まるでバスガイドのように、言葉でことこまかに教えてくれます。それはたしかにありがたいのですが、すべてを先回りして言葉にされてしまうと、自分の聴覚や触覚を使って自分なりに世界を感じることができなくなってしまいます。たまに出かける観光だったら人に説明してもらうのもいいかもしれない。けれど、①それが毎日だったらどうでしょう。

「障害者を演じなきゃいけない窮屈さがある」と彼女は言います。晴眼者が障害のある人を助けたいという思いそのものは、すばらしいものです。けれども、それがしばしば「善意の押しつけ」という形をとってしまう。障害者が、健常者の思う「正義」を実行

ア 准　**イ** 準　**ウ** 遵　**エ** 巡

7 文化祭のお知らせがケイ示される。　問題番号⑦

ア 掲　**イ** 警　**ウ** 形　**エ** 携

問 「具体」の対義語はどれか。最も適切なものを次の**ア**～**エ**の中から一つ選びなさい。　問題番号⑧

ア 抽象　**イ** 平凡　**ウ** 複雑　**エ** 分析

問 次の空欄部に漢字を一文字入れると四字熟語が完成する。空欄に入る漢字の中で、最も大きい数字となるものはどれか。最も適切なものを次の**ア**～**エ**の中から一つ選びなさい。　問題番号⑨

ア 朝三暮□　**イ** □載一遇　**ウ** □里霧中　**エ** □世不易

問 次の空欄部に漢字を一文字入れると四字熟語が完成する。空欄に入る漢字の中で、最も画数が多いものはどれか。最も適切なものを次の**ア**～**エ**の中から一つ選びなさい。　問題番号⑩

ア 付和□同　**イ** 呉□同舟　**ウ** 質□応答　**エ** 取捨□択

問 次の歌詞に用いられている表現技法はどれか、最も適切なものを次の**ア**～**エ**の中から一つ選びなさい。　問題番号⑪

さあ　出かけよう　思い出のあふれる　道を駆け抜け
さあ　語り合おう　すばらしいぼくらの　夢の世界を

（合唱「夢の世界を」作詞：芙龍明子／作曲：橋本祥路）

ア 体言止め　**イ** 擬人法　**ウ** 倒置法　**エ** 区切れ

問 次の文章は韻を踏んでいる。空欄部に入る語句はどれか。最も適切なものを次の**ア**～**エ**の中から一つ選びなさい。　問題番号⑫

そこじゃ何から何までごった煮で
鬼も仏もおんなじ目
すべてＳｈｕｔ　ｏｕｔ　どうかしてる？
俺らハナから【　　　】

（Creepy Nuts「堕天」作詞：R-指定／作曲ＤＪ松永）

ア 裁判沙汰　**イ** 大真面目　**ウ** 赤っ恥　**エ** 行方知らず

国語

一　次の問いに答えなさい。

問　次の**1**～**2**の□に共通する漢字として最も適切なものを次の**ア**～**エ**の中から一つ選びなさい。

1　□妙・技□・精□

ア　巧　**イ**　工　**ウ**　功　**エ**　好

問題番号①

2　□客・回□・□問

ア　雇　**イ**　呼　**ウ**　戸　**エ**　顧

問題番号②

問　次の**3**～**4**の熟語の構成として最も適切なものを次の**ア**～**エ**の中から一つ選びなさい。

3　錯誤

ア　同じような意味の漢字を重ねたもの
イ　反対または対応の意味を表す字を重ねたもの
ウ　上の字が下の字を修飾しているもの
エ　下の字が上の字の目的語・補語になっているもの

問題番号③

4　佳作

ア　同じような意味の漢字を重ねたもの
イ　反対または対応の意味を表す字を重ねたもの
ウ　上の字が下の字を修飾しているもの
エ　下の字が上の字の目的語・補語になっているもの

問題番号④

問　次の**5**～**7**の傍線部のカタカナにあてはまる漢字として最も適切なものを次の**ア**～**エ**の中から一つ選びなさい。

5　伝統的な日本舞ヨウを習う。

ア　陽　**イ**　踊　**ウ**　揚　**エ**　謡

問題番号⑤

6　交通ルールはジュン守する。

問題番号⑥

志　学　館　高　等　部

数　学

1　次の(1)～(6)の問いに答えなさい。

(1)　$3-\{1+(-12+5)^2\}$　を計算しなさい。

(2)　$12ab^2\div(-4a^2b^3)\times5a^2b$　を計算しなさい。

(3)　$(\sqrt{5}+4)(\sqrt{5}-6)-\dfrac{20}{\sqrt{5}}$　を計算しなさい。

(4)　2次方程式　$2x^2-x-4=0$　を解きなさい。

(5)　関数$y=ax^2$において，xの変域が$-4\leqq x\leqq6$のときのyの変域が$0\leqq y\leqq4$となるようなaの値を求めなさい。

(6)　nを自然数とする。$\sqrt{21-n}$の値が自然数となるようなnの値をすべて求めなさい。

2　右の図のように，A，B 2つの袋がある。Aの袋には，1，2，3，4，4の数が1つずつ書かれた5個の玉が入っており，Bの袋には，1，1，2，3，3の数が1つずつ書かれた5個の玉が入っている。

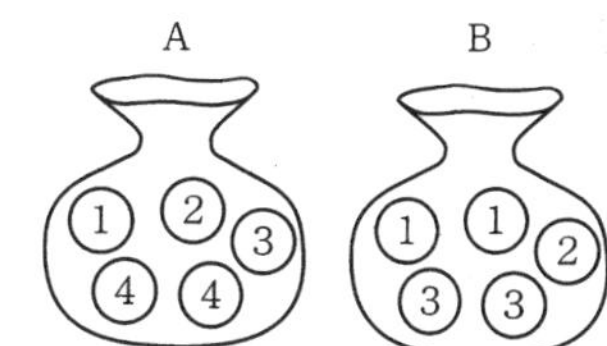

それぞれの袋から同時に玉を1個ずつ取り出した後，Aの袋から取り出した玉をBの袋に入れ，Bの袋から取り出した玉をAの袋に入れる。

このとき，次の問いに答えなさい。

ただし，どの玉を取り出すことも同様に確からしいものとする。

(1)　Bの袋に入っている1が書かれた玉が3個となる確率を求めなさい。

(2)　Bの袋に入っている5個の玉に書かれた数の積が12の倍数となる確率を求めなさい。

3　円の形をした白と黒の紙がたくさんある。この紙を次の図のように，1段目，2段目，3段目，4段目，5段目，6段目，…と規則的に並べ，自然数を順に規則的に書いていく。

このとき，下の問いに答えなさい。

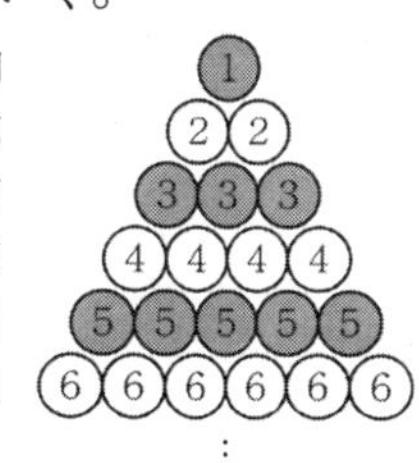

(1)　1段目から9段目までに並べられた黒の紙の枚数を求めなさい。

(2)　nを自然数とする。$(n+1)$段目に並べられたすべての紙に書かれた数の和から，n段目に並べられたすべての紙に書かれた数の和をひいた差をnを使った式で表しなさい。

(3)　30段目から35段目までに並べられた紙において，すべての黒の紙に書かれた数の和から，すべての白の紙に書かれた数の和をひいた差を求めなさい。

4　右の図で，曲線ℓは関数$y=\dfrac{1}{2}x^2$のグラフである。曲線ℓ上にx座標が6である点Aをとり，点Aからx軸，y軸にひいた垂線とx軸，y軸との交点をそれぞれB，Cとする。また，線分AB上を動く点をDとし，x軸上にx座標が-12である点Eをとる。2点D，Eを通る直線をmとし，直線mとy軸との交点をFとし，直線mと曲線ℓとの交点のうち，x座標が正である点をGとする。

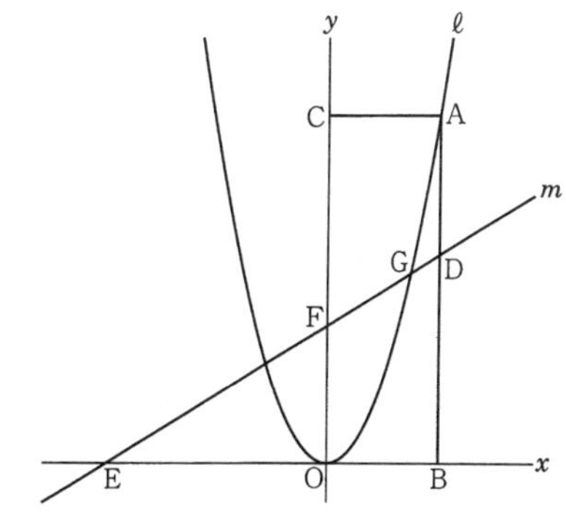

このとき，次の問いに答えなさい。

(1) 直線mの切片が4となるとき，直線mの傾きを求めなさい。

(2) 点Gのx座標が4となるとき，四角形ＯＢＤＦの面積を求めなさい。

(3) 四角形ＡＣＦＤの面積と△ＥＯＦの面積が等しくなるとき，直線mの式を求めなさい。

5 右の図のように，$AC=6\sqrt{2}$cm，$BC=18$cm，$\angle BCA=90°$の直角三角形ＡＢＣがある。辺ＢＣ上にＢＤ：ＤＣ＝１：２となる点Ｄをとり，点Ｃを通り線分ＡＤと平行な直線上にＡＤ：ＣＥ＝３：１となる点Ｅをとる。また，線分ＡＥと辺ＢＣとの交点をＦとする。

このとき，次の問いに答えなさい。

(1) 辺ＡＢの長さを求めなさい。

(2) △ＤＥＦの面積を求めなさい。

(3) 点Ｆと直線ＣＥとの距離を求めなさい。

6 右の図のように，$AB=2\sqrt{5}$cm，$AD=4$cm，$AE=12$cmの直方体ＡＢＣＤ－ＥＦＧＨがある。対角線ＢＨ上を動く点をＰとし，点Ｐから辺ＢＦ，線分ＦＨにひいた垂線と辺ＢＦ，線分ＦＨとの交点をそれぞれQ，Ｒとする。

このとき，次の問いに答えなさい。

(1) 線分ＦＨの長さを求めなさい。

(2) ＰＧ＝ＰＨとなるとき，△ＰＧＨの面積を求めなさい。

(3) 四角形PQFRが正方形となるとき，三角錐Ｐ－ＧＨＲの体積を求めなさい。

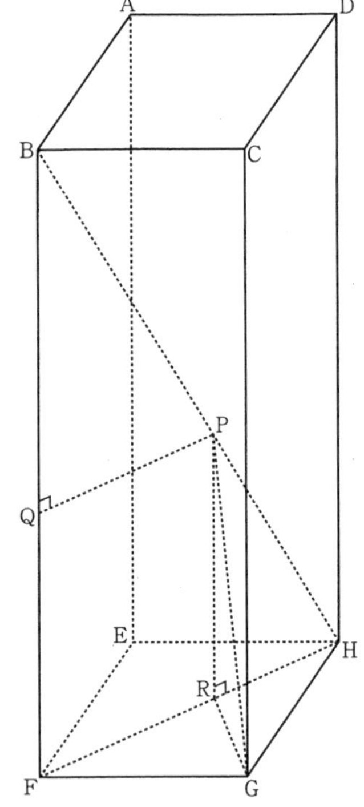

英　語

1 次の英文を読んで，あとの(1)〜(3)の問いに答えなさい。

Two energy companies in Finland have *constructed a "*sand battery" together. What's a sand battery? And what is special about it? Actually, it is already helping people in Finland live through its severe cold winters.

The sand battery looks like a big *storage. It's seven meters high and has one hundred tons of sand in it. It *stores energy in the sand as heat. The battery works as a *device that can store the heat at around 500℃ for several months. The heat is used to warm houses and swimming pools in the area. For northern countries such as Finland, surviving through winter is not easy. It also costs a lot of money. They want cheaper energy than *fossil fuels, and the sand battery is one solution.

There are some good points about the sand battery. First, sand is almost everywhere, and we can get it at a low cost. Second, sand can *last very long, and it can heat up and cool off many times. When the sand in the battery doesn't heat up well, we can just add sand or change it. Third, the sand battery is eco-friendly. Though we should use clean energy to save the earth's environment, we can't always get enough clean energy. We can't get enough solar energy on cloudy or rainy days, and wind energy stops when there is no wind. [Ⓐ]

Many people are paying attention to this battery. There is only one sand battery in the world now. The two companies hope that there will be more sand batteries in the future. One of the companies says, "We don't need (Ⓑ) things. If we have *ordinary sand, we can construct the sand battery anywhere. We have already learned that our sand battery has more *potential than we first expected. Our next goal is to make larger batteries which can help us use clean energy more effectively."

（注） construct ～ ～を建設する　sand battery 砂電池　storage 貯蔵庫　store ～ ～を貯蔵する
device 装置　fossil fuel 化石燃料　last 長持ちする　ordinary ふつうの　potential 可能性

(1) 文中の[Ⓐ]に次の３つの文を入れるとき，最も適切な順になるよう符号を並べなさい。

ア But we can get sand and use clean energy from the battery without worrying about climate.

イ They depend on the climate.

ウ So we can say that the sand battery can help us solve the environmental problems.

(2) 文中の（ Ⓑ ）に入れるのに最も適切な１語を本文中から探して書きなさい。

(3) 本文の内容と合うものを次の**ア**～**オ**の中から**２つ**選び，その符号を書きなさい。

ア In Finland, there are two batteries to store energy in the sand as heat.

イ If we use a sand battery, we can store the heat at around 500℃ for several months.

ウ The energy produced by sand is used in all the northern countries.

エ The sand in the battery can be used for producing energy many times.

オ If we make larger sand batteries, we can't get energy effectively.

2 次の対話文を読んで，あとの(1)，(2)の問いに答えなさい。

Hiro is a junior high school student. He is talking with Sam, his classmate from the U.S., now.

Sam: I finished reading a book about colors. What color do you like the best?

Hiro: Well, I like black the best.

Sam: Really? It sometimes *symbolizes death in Japan, right?

Hiro: Oh, you know that. Yes, black is the color used in *funerals. But I like the color because it's cool. Does it have negative meanings in your country, too?

Sam: Yes, black symbolizes death in the U.S., too, but at the same time, many people think it's the color of elegance. Purple is also a color of elegance.

Hiro: I see.

Sam: I like red, and the book I read says, "Red symbolizes *passion and love." Is that true in Japan?

Hiro: I think so. Red also means a minus in Japanese, such as *akaji* or *akaten*.

Sam: What do they mean?

Hiro: *Akaji* means that we have more *expenses than *income. *Akaten* is a *failing grade. These words come from writing expenses in red.

Sam: I see. How about blue? What do Japanese people imagine from the color?

Hiro: Well, it's the color of the sky and the sea, so many Japanese people think blue means nature. It's also a *calm color.

Sam: It's the same in my country. However, we say, "I feel blue," so it also symbolizes feeling *depressed.

Hiro: Oh, I didn't know that. Are there any colors which have different meanings?

Sam: I think green has.

Hiro: Green? Many Japanese people think green means nature, too.

Sam: Yes. It's the color of plants. In Western culture, it's also the color of magic and *jealousy.

Hiro: Jealousy! I have never had such an image of green.

Sam: About 400 years ago, *Shakespeare *described jealousy as "green-eyed monster" in his play. Green already symbolized jealousy at that time.

Hiro: I see. People in different countries have different images of each color. It's interesting.

（注） symbolize ～　～を象徴する　funeral　葬式　passion　情熱　expense　支出　income　収入
failing grade　落第点　calm　落ち着いた　depressed　落ち込んで　jealousy　嫉妬
Shakespeare　シェイクスピア　describe ～　～を描写する

(1) 本文の内容と合うものを次の**ア**～**オ**の中から**2つ**選び，その符号を書きなさい。

ア Black has negative meanings in Japan, but it doesn't in Sam's country.
イ Sam told Hiro about two colors which symbolize elegance in the U.S.
ウ Sam asked Hiro why Japanese people write expenses in red.
エ People in Sam's country use the word "blue" to show that they feel depressed.
オ In Western culture, green didn't symbolize jealousy about 400 years ago.

(2) 次の英文が本文の内容と合うようにするとき，（　　）に入れるのに最も適切な１語を書きなさい。
Many Japanese people think that both blue and green mean (　　　).

3 次の英文を読んで，あとの(1)～(6)の問いに答えなさい。

Shinji is a high school student. He is interested in making things. His mother is very good at making things with origami. She often makes origami animals and origami flowers. [ア] They are very beautiful. Shinji often learns how to fold these things from her.

Last week, Shinji's classmate from Australia came to his house. His name is Kevin. In his house, Kevin found origami animals and origami flowers and said, "Who made these origami animals and origami flowers?" Shinji said, "My mother did. I'm glad you know origami." Kevin said, "I do. It's famous in the world. I have seen origami works before. Also, I heard about origami when I watched the news about space." Shinji asked, "Are there any *relations between origami and space?" Kevin said, "Yes, there are. [イ] The origami *technique is used in some *satellites in space." Shinji was surprised to hear that and asked Kevin to tell him more about it. Kevin said, "OK. You can read some articles about it on the internet. Let's read them together."

Kevin and Shinji visited some websites. Kevin said to Shinji, "Look at this satellite. This part is the solar panel. [ウ] Then, a Japanese *professor, Mr. Miura, *came up with an idea of using the origami technique. He designed the Miura fold. By using it, a solar panel is folded into a smaller area." Shinji said, "Wow, that's great! They fold the solar panel just like a sheet of origami paper, right?" Kevin said yes. They also watched a short video. In the video, the solar panel was slowly *unfolding and finally opened. Shinji thought that the design is really beautiful.

Shinji wanted to know more about origami, so he searched for articles about it on the internet alone that evening. According to ①one of them, the origami technique is now used in the *medical field. Some researchers are trying to fold medical tools many times to make them smaller. After they put the small tool into a *patient's body, the tool unfolds, turns back to its original size, and works for the patient. They *expect it to be helpful when they can't do a *surgical operation.

Shinji also learned that we use the origami technique in many ways. In (②), there are things using the origami technique in our daily lives. For example, some plastic bottles can be easily *squashed because they are made with the technique. [エ] He found that research for using origami technique is going on in many fields.

The next morning, Shinji talked to Kevin. Kevin was excited to hear about the articles that Shinji found. Kevin said, "I want to study more about the origami technique and also do well in science and math. I want a job *related to space and want to make something useful with the origami technique." Shinji said, "That's a great dream. I'm not good at science or math, but I want to show the beauty of origami to people around the world. I also want to invent a new way of folding origami." Kevin said, "Your dream is great, too!"

（注） relation 関係　technique 技術　satellite 人工衛星　professor 教授
come up with～ ～を思いつく　unfold （たたまれていたものが）開く　medical field 医療分野
patient 患者　expect～to… ～が…することを期待する　surgical operation 外科手術
squash～ ～を握りつぶす　related to～ ～に関係した

(1) 本文中にIt is very large and heavy, so it's very hard to carry it to space.という英文を補うとき，**ア**～**エ**の[　　]の中から最も適切な場所を1つ選び，その符号を書きなさい。

(2) 下線部①の内容として，本文で説明されている内容に**あてはまらないもの**を次の**ア**～**エ**の中から1つ選び，その符号を書きなさい。

ア 折り紙の技術を使った医療器具は，患者の治療が終わったあとに，再び折りたたまれる。
イ 折り紙の技術を使った医療器具は，患者の体内で開いて働く。
ウ 外科手術ができない場合に，折り紙の技術を使った医療器具が役立つと期待されている。
エ 研究者は，ある医療器具を何回も折りたたみ，小さくすることを試みている。

(3) 文中の(②)に入れるのに最も適切な1語を書きなさい。

(4) 次の英文が本文の内容と合うようにするとき，(　　)に入れるのに最も適切な語をそれぞれ1語ずつ書きなさい。

We can squash some plastic (ⓐ) easily (ⓑ) to the origami technique.

(5) 次の英文が本文の内容と合うようにするとき，(　　)に入れるのに最も適切なものをそれぞれ下の**ア**～**エ**の中から1つずつ選び，その符号を書きなさい。

ⓐ Shinji was surprised to know that (　　　　).

ア Japanese origami is famous all over the world
イ some satellites used the origami technique to fold the solar panels
ウ many solar panels should be put in a small area
エ there are various designs of satellites in space

ⓑ Shinji found that (　　　　).

ア jobs related to space would be more important in the future
イ more and more people are attracted by the beauty of origami

ウ people are continuing to research for using the origami technique

エ it's very difficult to invent a new way of folding origami

(6) 本文の流れに合うように次の英文を並べかえ，その符号を順に書きなさい。

ア Shinji watched the short video and thought that the design of the Miura fold is really beautiful.

イ Kevin and Shinji told their dreams to each other.

ウ Shinji learned that the origami technique is now used in the medical field.

エ Kevin asked Shinji about the origami animals and the origami flowers that he found.

4 次の，ある音楽スクールの案内を読んで，あとの(1)，(2)の質問に対する最も適切な答えを**ア**～**エ**の中からそれぞれ1つずつ選び，その符号を書きなさい。

Let's enjoy music!

course	lesson fee	number of lessons *per month	lesson days
piano	8,000 yen	3 or 4	Mon - Sat
violin	8,000 yen	3 or 4	Mon, Thurs
flute	8,000 yen	3 or 4	Wed
vocal	5,500 yen	2	Tue

・Each lesson is thirty minutes long.
・You can *rent a violin and a flute.
・You need to buy a textbook before taking the first lesson.
・Please call us for more information from 9 a.m. to 6 p.m. on weekdays.

(注) per～ ～あたりの　rent～ ～を(有料で)借りる

(1) What is true about the music school?

ア There is no piano lesson on Fridays.

イ There are four courses on Wednesdays.

ウ A person can take only two flute lessons a month.

エ A person needs 5,500 yen to take the vocal course.

(2) What do people need to do before they take the first flute lesson at the music school?

ア To go there thirty minutes before it.　イ To buy a flute.

ウ To buy a textbook.　エ To call them on Saturday or Sunday.

5 次の(1)～(3)の各組の対話文が成り立つように，(　　)内の語を最も適切な形(1語)に変えて書きなさい。

(1) *A:* I had a great time with you. Have a good flight to the U.K.

B: Thank you for (*show*) me around Tokyo.

(2) *A:* You didn't come to school yesterday. Were you sick?

B: Yes, but I feel (*well*) today than yesterday.

(3) *A:* What are you reading?

B: Oh, this is a new novel (*write*) by my favorite writer.

6 次の(1)，(2)の日本語に合う英文になるように，**ア**～**カ**の語を並べかえるとき，①，②の空所にくる語の符号をそれぞれ書きなさい。

(1) あなたは何冊の本を読み終えましたか。

How (　　)(　　)(①)(　　)(②)(　　)?

ア books　イ finished　ウ you　エ many　オ have　カ reading

(2) 私が必要としている情報がインターネットで見つかりません。

I can't (①) ( ) ( ) (②) ( ) ( ) the internet.
ア need　イ on　ウ find　エ I　オ the　カ information

7 次の(1)～(5)のア～エの中から，( )に入れるのに最も適切な語をそれぞれ１つずつ選び，その符号を書きなさい。

(1) That cloud in the sky looks ( ) a white rabbit.
ア for　イ at　ウ like　エ around

(2) She told me where ( ) buy food for the party.
ア to　イ for　ウ can　エ she

(3) Don't come to school too ( ) because the gate isn't open until seven thirty.
ア much　イ late　ウ slow　エ early

(4) If it ( ) Sunday today, I could play the game with you.
ア is　イ were　ウ been　エ had

(5) There are ( ) many nice movies that I can't choose one.
ア only　イ still　ウ just　エ so

8 次の(1)～(3)の英文の下線部と同じ発音を持つ語をア～エの中からそれぞれ１つずつ選び，その符号を書きなさい。

(1) My brother hasn't done his homework yet.
ア zoo　イ clock　ウ young　エ fruit

(2) There were only a few sandwiches in the convenience store.
ア door　イ build　ウ cookie　エ view

(3) I danced in the summer festival in my town.
ア bicycle　イ birthday　ウ shoe　エ usually

---

5 次の(1)～(5)の傍線部の漢字の読みを、ひらがなで書きなさい。

(1) こつこつと資産を殖やす。　(2) 人類の歴史を顧みる。
(3) 昨今の世界情勢を憂慮する。　(4) 禁忌とされる事柄には理由がある。
(5) 大雨で川が氾濫する。

6 次の(1)～(5)の傍線部と同じ漢字を用いるものをあとのア～エの中から一つずつ選び、その符号を書きなさい。

(1) リュウゲンヒゴを安易に信じない。
ア ヒクツな態度を改める。　イ 辛(つら)い現実からトウヒする。
ウ 江戸時代はヒキャクが活躍した。　エ 裁判で罪状をヒニンする。

(2) 予選突破のロウホウが入る。
ア 長年のコウロウに感謝する。　イ 練習の成果をヒロウする。
ウ 一族ロウトウを率いる。　エ 好きな詩をロウドクする。

(3) 他社とテイケイして新事業を立ち上げる。
ア 抜本的な改革をテイショウする。
イ 相手に自分の作品をシンテイする。
ウ 三泊四日のリョテイを組む。
エ 川に沿ってテイボウを築く。

(4) 観光客の増加で迷惑をコウムる人もいる。
ア 許可申請にはハンザツな手続きが必要だ。
イ ヒシャタイの良さを引き出す写真家の技術。
ウ 一位のチームにトロフィーをジュヨする。
エ 図書館の本をうっかりオソンしてしまう。

(5) スベりやすい坂道をゆっくり歩く。
ア コッケイな身ぶりを交えて話す。　イ 資格をハクダツする。
ウ ネンチャクテープで補修する。　エ 学校が郊外にイテンする。

を用意していた。ところが、客は平気な顔で b 来た。そこで客への皮肉として、わざわざちょうちんを使ってみせている。

(3) Bむかひに出るに をすべてひらがなで現代仮名遣いに直して書きなさい。

(4) Cその通りなり の意味として最も適当なものを次のア～エの中から一つ選び、その符号を書きなさい。

ア 特に不審に思わなかった　イ それに気づいて素直にほめた
ウ 茶会の作法にかなっていた　エ 客たちの様子とよく似ていた

(5) この文章で述べている内容として最も適当なものを次のア～エの中から一つ選び、その符号を書きなさい。

ア 茶人の常識と一般人の常識は大きく異なっている場合があるため、注意しなければならない。
イ 茶会を楽しむためには、その場に集まる者たちが同程度の教養を持っている必要がある。
ウ すぐれた茶人になるためには、ささいなことで腹を立てず、鷹揚にふるまう心のゆとりが必要だ。
エ 茶の湯に関する知識は一人で独占することなく、なるべく多くの人を招いて広めるべきだ。

4 次の俳句を読んで、あとの(1)・(2)の問いに答えなさい。

A 池の星またはらはらと時雨かな　立花北枝
B 湖の水かたぶけて田植かな　高井几董
C 月一輪(注)凍湖一輪光りあふ　橋本多佳子
D しづかさや湖水の底の雲のみね　小林一茶
E 晩涼に池の萍みな動く　高浜虚子

(注) 凍湖＝凍った湖。

(1) Aの俳句と同じ季節を詠んだ俳句をB～Eの中から一つ選び、その符号を書きなさい。

(2) 生徒たちがA～Eの俳句について話し合っている。これを読んで、あとの①～③の問いに答えなさい。

Xさん　池や湖を詠み込んだ俳句を集めてみたよ。
Yさん　池や湖は、流れのある川や波のある海と違って、水面が穏やかなことが特徴だよね。 a の句は、鏡のような水面に映った b を詠んでいるけれど、まるで実体がそこにあるかのように立体的に感じられるね。
Zさん　 c の句も、水面に映ったものを詠んでいるよ。こちらは、水面の変化につれて、映った d が見えたり消えたりするさまを詠んでいるんだね。
Xさん　私が一番気に入った俳句は e の句だな。実際にはありえないダイナミックな表現が印象的だと感じたよ。 f の季節の光景を上空から眺めたら、まさにこう感じるかもしれないね。

① a に入る最も適当な俳句をA～Eの中から一つ選び、その符号を書きなさい。また b に入る最も適当な言葉を、その俳句中から**漢字一字**で抜き出して書きなさい。

② c に入る最も適当な俳句をA～Eの中から一つ選び、その符号を書きなさい。また d に入る最も適当な言葉を、その俳句中から**漢字一字**で抜き出して書きなさい。

③ e に入る最も適当な俳句をA～Eの中から一つ選び、その符号を書きなさい。また f に入る最も適当な言葉を、その俳句中から**一語**で抜き出して書きなさい。

ア　コペルニクスは著書に地動説の測定方法や計算方法を全て記したが、当時信じられていた天動説をくつがえせなかった。

イ　水を飲むとよけいに喉が渇くという誤った考えに従い、運動中に水分補給をしなかったら、熱中症で倒れてしまった。

ウ　ロケットエンジンの出力は十分だったのに、上空の気流が突然乱れたことで、人工衛星打ち上げは失敗した。

エ　新しく発売する車の色について、デザイン性を重視するか視認性を重視するかという点で、社内の意見が割れた。

(5)　[F] に入る最も適当な言葉を、文章中から**漢字三字**で抜き出して書きなさい。

(6)　Gアルゴリズム合理主義の砦による陣地戦ではなく、自然という〝敵〟の動きに応じて働く、ゲリラ戦術である　とあるが、これはどのようなことをたとえて説明しているか。最も適当なものを次の**ア**〜**エ**の中から一つ選び、その符号を書きなさい。

ア　経済的な合理性を追求する企業に社会の主導権を握らせるのはやめ、市民を主体とした、環境保護に価値を置く社会を目指そうということ。

イ　これまで技術や文明といった人工物にだけ適用してきたアルゴリズムを、数量化できない自然にも適用し、自然をより深く知るべきだということ。

ウ　これまで人類が信じてきた科学を一度すべて疑い、現代社会に合った理論を新たに打ち立て、自然の脅威に立ち向かう方法を探ろうということ。

エ　数量化できるものだけで理論を組み立てて行動するのではなく、多様で複雑な自然に柔軟に対応する方法を模索していかねばならないということ。

3　次の文章を読んで、あとの**(1)**〜**(5)**の問いに答えなさい。

奈良の都のひがし町に、しをらしく(品よく)住みなして、明暮茶の湯に身をなし、興福寺の、(注1)花の水を**ア**くませ、かくれもなき楽助(安楽人)なり。

ある時この里のこざかしき(小利口な)者ども、(注2)朝顔の茶の湯を**イ**のぞみしに、兼々日を約束して、万に心を付けて、その朝七つ(午前四時頃)より**ウ**こしらへ、この客を待つに、大かた時分こそあれ(大体参会する時刻は決まっているのに)、昼前に来て、案内を**エ**いふ。

亭主腹立して、客を(注3)露路に入れてから、A挑灯(ちょうちん)をともして、Bむかひに出るに、客はまだ合点ゆかず、夜の足元するこそ、をかしけれ。あるじおもしろからねば、花入れに土つきたる、(注4)芋の葉を生けて見すれども、Cその通りなり。兎角心得ぬ人には、心得あるべし(亭主の側に心得が必要だ)。亭主も客も、心ひとつの数寄人(茶人)にあらずしては、たのしみもかくるなり。

（井原西鶴「西鶴諸国ばなし」より）

(注1)　花の水＝奈良の興福寺の西金堂にある「花の井」は名水として有名。
(注2)　朝顔の茶の湯＝早朝に咲く朝顔を茶室に飾って行う茶会。
(注3)　露路＝茶室までの屋外の通路。茶庭。
(注4)　芋＝さつま芋。葉や花は朝顔と似ている。

(1)　＝＝線**ア**〜**エ**の中から、「亭主」と同じ人物の動作であるものを**すべて**選び、その符号を書きなさい。

(2)　A挑灯をともして　とあるが、この行動について説明した次の文章の[a]・[b]に入る最も適当な言葉を、aは**二字**で考えて書き、bは文章中から**三字**で抜き出して書きなさい。

●　「朝顔の茶の湯」だから、客は早朝のまだ[a]うちに訪れると考え、茶室まで歩く客を安全に案内するため、亭主はちょうちん

る。人工システムの合理性は、そのシステムの内部だけでの一面的な合理性である。トータルシステムとのかかわりの中で検討してみると、それがとんでもなく非合理であることがしばしばある。

公害企業は、企業の合理性の追求によって公害を生む。その結果は、人類全体にとって、むしばまれた健康、自然環境の破壊、ひいては人類の生存基盤の危機という恐るべきムダを与えている。もっと視点をしぼって、その企業の得失だけを考えてみても、企業イメージの悪化、それによる労働市場での不人気、社内の(注2)モラールの低下、公害防止のための予期せぬ出費などで、はじめから公害防止の経費をかけていた場合よりも多くの損失を出しているはずである。

なぜ、小さなムダは見えても、大きなムダが見えなかったのか？それは合理性の追求が[F]だったからである。公害産業の場合には、経済主義的な合理性の追求がそれに当たる。しかし、より根源的には、現代文明の根幹に(注3)アルゴリズムがあるからではなかろうか？どうもわれわれは数えられる合理性しか知らないできたようだ。

数量化できないものを恐れることと、数量化できないものに対処するチエを忘れていたようだ。

われわれがいま学ばねばならないのは、庖丁（ほうちょう）の刀さばきのように、自然の骨と肉のスジにそって文明という刀を走らせることである。Gアルゴリズム合理主義の砦（とりで）による陣地戦ではなく、自然という〝敵〟の動きに応じて働く、ゲリラ戦術である。そして、合理主義を根底から検討し直す必要である。

（立花隆（たちばなたかし）「エコロジー的思考のすすめ」より。一部省略がある。）

（注1）ギャップ＝すきま。へだたり。
（注2）モラール＝モラル。道徳や倫理観。
（注3）アルゴリズム＝問題解決のための一定の演算の手順。

---

(1) A恋愛心理小説 とあるが、筆者はどのような意図でこの話題を持ち出したと考えられるか。それをまとめた次の図の[a]～[c]に入る最も適当な言葉を、文章中からaは**二字**、bは**四字**、cは**六字**で抜き出して書きなさい。（二つのa・bにはそれぞれ同じ言葉が入る。）

> ●恋愛心理小説＝[a]の恋愛を、読者が理解しやすいように、[b]をして表すもの。
> ●自然科学＝[a]の世界を、人間が理解しやすいように、抽象化、単純化、数量化などの[b]をしてとらえるもの。
> ↓自然科学や、その上にたてられた技術や文明も、恋愛心理小説と同じく、[c]であるということをわかりやすく伝えようとしている。

(2) [B]・[E]に入る言葉として最も適当なものを次の**ア**～**カ**の中から一つずつ選び、その符号を書きなさい。

ア だが　**イ** あるいは　**ウ** たとえば
エ つまり　**オ** なぜなら　**カ** すると

(3) C価値観を転倒させてしまっている とあるが、どういうことか。それを説明した次の文の[　]に入る適当な言葉を、「**ムダ**」「**価値**」の**二語**を用いて、**十字以上十五字以内**で書きなさい。

●人間が理解・操作しやすいように作り出したものを純粋で価値の高いものとし、現実の要請に従った複雑かつ多様な自然を[　]と見てしまうようになっているということ。

(4) D理論と実践のギャップ とあるが、ここで言う「理論と実践のギャップ」を示す具体例として最も適当なものを次の**ア**～**エ**の中から一つ選び、その符号を書きなさい。

より深い。——私はここで〝自然〟ということばを、自然科学が対象とする自然よりも広い意味で使っている。自然というよりは、現実のすべてとでもいったほうがよいかもしれない。

自然をとらえようとするとき、われわれはどんな操作をほどこすだろうか。それは、抽象化、単純化、数量化などである。そのそれぞれの操作のたびごとに、とらえようとした現実の自然はのがれ去り、ゆがめられた自然のモデルが残る。

現実の自然は常に具体的で、無限に複雑かつ多様で、そこには測定不能のもの、つまり数量化できない要素が満ち満ちているのである。

A恋愛心理小説に登場する人物は、いつも恋愛者として登場してくる。現実の恋愛における登場人物は、生活者である。だから、小説の恋愛における葛藤は、現実の恋愛における葛藤とはどこかちがう。現実の恋人たちの間に起きる葛藤には、二人の生活者としてのすべての背景がからんでいる。もし、そのすべてを描ききろうと思うなら、一つのできごとを描くためにも、百科事典ほどの紙数が必要になろうし、また、時間的にも空間的にも現実には一点において起きたことを、文章の上では継時的に書いていくという操作を加えなければならないため、結局、支離滅裂のこととなり、読む者には、著者が何を書きたいのかわからないことになってしまうだろう。

結局、小説がフィクションでしかありえないのは、それが現実を読者に理解可能な次元にまで投影しなければならないというところにある。

自然科学も、自然のモデル化という投影操作を抜きにできない以上、いかにそれが科学的に見えようとも、現実に対しては、一種のフィクションでしかないのである。

科学の上にたてられた技術も、技術の上にたてられた文明も、同じような意味で壮大なフィクションなのである。文明の中に生きる人間は、いつのまにかフィクションの中に生きることに慣れきってしまって、現実を畏怖することを忘れてしまっている。[B]、フィクションと現実との間で、C価値観を転倒させてしまっている。

〝不純物〟ということばがある。かなり悪いイメージを起こさせることばである。しかし、考えてみればすぐにわかることだが、現実の自然界に存在するのは不純物なのである。現実にあるものを、現実にあるがままには理解できず、かつそのままでは利用するだけの技術を持つことができなかった人間が、自分に理解できかつ操作できるような形に現実のものを変えた結果としてでてきたのが、純粋なものなのである。

理論は常に純粋なものを扱うが、技術はものを現実に操作する必要上、かなり純度の低いものまで扱う。ここで現(あら)われてくる(注1)ギャップが、いわゆるD理論と実践のギャップであり、技術の面でいえば、工業化、企業化にともなう公害などの問題である。

身の回りどんな現実でもながめてみればすぐにわかることだが、現実はムダとムラに満ち満ちている。これに対して、人間の作ったものは、ムラなくムダなく、実にスッキリと、合理的にできている。まるで、自然の作るものよりは、人間の作ったもののほうが、はるかに上等なものであるかのように見える。[E]、これまた人間の価値観の狂いにほかならない。

生態学がいくつかの面で解き明かしたように、現実の自然においては、ムダなものは一つもない。ムラと見えるものも、そのムラさ加減は現実の要請に従ったムラさ加減であるという意味で、逆に現実的には最も整然としたものであるといえるのである。

人間はむしろ、ムダがムダとしか見えず、ムラがムラとしか見えない自分を恥ずべきなのである。逆に、一見ムダなしと見えた人工システムが実は恐るべきムダをはらんでいるということを知るべきであ

ではなんでもやらなきゃならないだけ」

紗英さんは、曇りのないレンズの眼鏡の奥から、さっきとは違って、[G]迷いのないすっきりした視線をリョウに向けていた。

（川端裕人（かわばたひろと）「リョウ&ナオ」より）

（注1）HIV＝ヒト免疫不全ウイルス。エイズの原因となるウイルス。

（注2）ドクトゥール＝医師。ドクター。

(1) [A]大切なこと　とは、どのようなことか。それを説明した次の文の□に入る最も適当な言葉を、【Ⅰ】の文章中から**三字**で抜き出して書きなさい。

●そのいとこの□だったのは今話しているあなただということ。

(2) [B]二種類の仕事をした　とあるが、その内容を具体的に説明している部分を、【Ⅱ】の文章中から**四十八字**で探し、**初めと終わりの五字**を抜き出して書きなさい。

(3) [C]HIVについての知識を広めるのに似ている　とあるが、どのような点で似ているのか。それを説明した次の文の□に入る最も適当な言葉を、【Ⅱ】の文章中から**十字**で抜き出して書きなさい。

●医療が必要な状況に陥ることを事前に防いで、現場で治療するよりももっと□ことができる点。

(4) D・Eに入る言葉の組み合わせとして最も適当なものを次の**ア**～**エ**の中から一つ選び、その符号を書きなさい。

ア　D　ぼんやりと　E　じっと
イ　D　すんなりと　E　まじまじと
ウ　D　はっきりと　E　じろじろと
エ　D　じわじわと　E　ちらりと

(5) [F]リョウの心臓は、はちきれんばかりだった　とあるが、その理由として最も適当なものを次の**ア**～**エ**の中から一つ選び、その符号を書きなさい。

ア　ナオが憧れていた女性心臓外科医の紗英さんが、ナオのことを覚えていて、さらに将来有望な子だったと認めてくれたことがとてもうれしく、これでナオも浮かばれると思ったから。

イ　ナオの死の背景にはやはり不運な医療ミスがあったとわかって衝撃を受けるとともに、ナオの憧れた紗英さんがナオの死をきっかけに現場を離れたと知って、やり場のない悲しみを感じたから。

ウ　ナオの命を救うために紗英さんが力を尽くしてくれたと聞いて深く感謝するとともに、ナオの病気について細かく聞いたことで、ナオと一緒に過ごした記憶がありありとよみがえったから。

エ　リョウが口にせずにいたことを紗英さんから話題にしてくれたことに驚き、リョウにとって大切な存在だったナオが紗英さんの心にも深く刻みつけられていることがわかって感激したから。

(6) [G]迷いのないすっきりした視線　になったのはなぜだと考えられるか。それを説明した次の文の a ・ b に入る最も適当な言葉を、aは【Ⅱ】の文章中から**八字**で抜き出して書き、bはあとの**ア**～**エ**の中から一つ選び、その符号を書きなさい。

●自分が a についてリョウに話し、それに対するリョウの鋭い質問によって b ことで、気持ちが整理できたから。

ア　亡くなった患者の思いを知れた
イ　自分の心の弱さを見つめ直せた
ウ　悩みを解決する糸口がつかめた
エ　リーダーとしての自覚を持てた

2　次の文章を読んで、あとの(1)～(6)の問いに答えなさい。

自然は、われわれがとらえたと思っているものより、常により広く、

の仕事をしに来て、目の前の患者を助ける現場の医者の仕事もしたってことですよね」

「そういうこと。ただ……最初に言っておくべきだったんだけど、日本語でしゃべってて、ドクトゥールって言われるとちょっとね。わたしにも名前はある。葉室紗英（はむろさえ）っていうんだ。ファーストネームで、紗英でいい」

「じゃあ、紗英さん、ぼくも、きみ、ではなくて、リョウでお願いします」

リョウがふと思い出したのは、小学校中学年の頃によく会っていた近所のおじさんだ。タキジさんという地元の鉱物採集家で、今となっては、だめな大人だとまわりから思われていたのも分からなくはないのだけれど、当時のリョウやいとこのナオにとっては、名前で呼び合える兄貴のような人だった。海外に出ておもしろいのは、目上の日本人でもファーストネームで呼ぶのがそれほど不自然ではなくなることだった。

「じゃ、医師を目指すリョウに言うけど、まさにわたしがいつも悩むところが、きょう一日のうちに起こった。現場の医師は、一度に助けられるのは一人だけ。それでいいのか。それとも、もっとたくさんの人を助けるために、現場を離れて指導者になるのがいいのか」

リョウは紗英さんの顔を［E］見た。たぶん、日本の病院で会っても、こんなことは話してくれなかっただろう。

「なんで、こんなこと考え始めたかというと……やっぱり、救えるはずの命を救えないとすごく落ち込むわけ。今年に入ってすぐ、リョウと同じくらいの将来有望な患者さんを助けられなくてね。あれがこたえた。手術としてはミスはなかった。いつも以上のレベルのオペだった。ただ、その子の場合、外からは分からない疾患が別にあった。もっと小さい頃に発見できていれば、投薬で改善できたのに、なぜ見つけられなかったのか。初期に見つける検査を標準にするためには、誰かがリーダーシップを取って……と、きみに話しても仕方ないよな……」

紗英さんは、コーヒーカップをテーブルの上に置き、両手で髪の毛を包み込んだ。

F<u>リョウの心臓は、はちきれんばかりだった。</u>命を助けられなかった子というのは……間違いない。ナオが憧れた紗英さんは、ナオを助けたかったけれど、助けられなかった。それがきっかけになって、今も悩んでいる。ナオが、手術を終えたら忘れられる患者Aとか患者Bではなくて、紗英さんの胸に刺さっている大切な一人なのだということがひしひしと伝わってきた。

だから、心臓がばくばくしながらも、うれしかったし、また、切なかった。痛かった。

ああ、今、ナオがいる。突然、そう感じた。リョウの目の前に昔みたいに現れてはくれないけど、やはりナオはいつもリョウの近くにいて、見ていてくれる。

「じゃあ、どうして……」とリョウは言った。「どうして、ここに来たんですか。現場での診療も、HIV感染の対策についてリーダーの仕事も両方できるからですか」

紗英さんの話の中から、大事だと思った部分を、リョウは抜き取って聞いた。ナオが近くにいる感じがするから、妙に頭が冴え冴（さざ）えとし、大切な点を見抜くことができた気がした。

「残念ながら、それほど出来た話ではないね」紗英さんは言った。「そんなに偉そうなこと、いつも考えているわけじゃないんだ。ただ、日本の現場から少し離れたくなった、ってくらいかな。結果的にここ

国語

1 中学生のリョウ〈朝倉諒（あさくらりょう）〉は、次世代の世界のリーダー育成のためのプログラムに、チーム「GeKOES（ジーコーズ）」の一員として参加している。その研修として、(注1)HIV感染予防に取り組む日本人医師に同行してアフリカの村を訪れることになった。その医師は、リョウのいとこであるナオの主治医だった人らしい。

次の【I】は、村に向かう前にリョウが医師と話している場面、【II】は、訪れた村で医師が交通事故の患者の緊急手術を行ったあとの場面である。これらを読んで、あとの(1)～(6)の問いに答えなさい。

【I】

「ところで、きみは、なんで医者になりたいと思うの」

「えーっと、もとはというと、仲の良い同い年のいとこに影響されたんです。すごく優秀で、でも、体が弱くて、将来、大人になったら自分みたいな子のことを治す医者になりたいって言っていたのに、中学生になる前に亡（な）くなってしまったんですよね」

リョウは思い切り話を端折（はしょ）って伝えた。A大切なことをあえて口にしなかった。

ナオは生まれつき心臓に障害があって、手術をしないと大人になるまで生きられないと言われていた。そして、六年生の時に手術をしてそのまま帰ってこなかった。ナオの主治医は、女性の心臓外科医で、すごく素敵な人だったからナオは憧れていた。海外での医療ボランティアにも熱心で、すごく高い「ココロザシ」を持った人だとナオは言っていた。

詳しく話せば、ナオのことを思い出すだろうか。でも、思い出してもらってどうなるのだろう。手術はいつも成功するものではないと知っている。なぜ、リョウの大切ないとこに限って、将来に強い思いを持ったナオに限って、そんな不運が起きてしまったか、今さら聞いてもなんにもならないと思うのだ。

【II】

「きょう、わたしはB二種類の仕事をした」

リョウはじっと(注2)ドクトゥールの目を見た。なんのことか意味不明なのにすごく大事なことを言われている気がしたから。

「交通事故って、オートバイや自動車を使う限り、絶対ゼロにはならない」

ますます分からないことを言う。

「わたしたち現場の医者は、目の前に事故で怪我（けが）した人がいると、助けようとする。でも、それは本当に目の前にいる人だけ。一度に一人だし、それでも助けられない人もいる。じゃあ、交通事故が減ったらいいと思わない？　道路を整備したり、標識を工夫したり、安全講習をしたりしてね。それって、CHIVについての知識を広めるのに似ている。もちろん、感染して病気になった人がいたら治療するけど、その前に感染する人が減るようにするのも大切なんだ。そのためには誰かがリーダーシップを取らなければならない」

リーダーという言葉が出てきて、リョウは不思議と［D］意味が分かった。

GeKOESは世界のリーダーを育てる。そんなふうに聞かされてきたから。

「ドクトゥールは、きょう、HIVの感染を広げないためのリーダー

拓殖大学紅陵高等学校

数学

1 次の(1)～(5)の問いに答えなさい。

(1) $(-56) \div 7$ を計算しなさい。

(2) $2(6x+7y)-3(9x-y)$ を計算しなさい。

(3) $4\sqrt{5}+\dfrac{15}{\sqrt{5}}$ を有理化して計算しなさい。

(4) 2次方程式 $x^2-9x+18=0$ を解きなさい。

(5) x^2-81y^2 を因数分解しなさい。

2 次の(1)～(4)の問いに答えなさい。

(1) [2], [3], [4], [5], [6], [8]の6枚のカードがある。この6枚のカードをよくきってから，2枚のカードを同時にひくとき，ひいた2枚のカードに書かれた数の積が6の倍数となる確率を求めなさい。ただし，どのカードをひくことも同様に確からしいものとする。

(2) 半径が10cm，中心角が144°であるおうぎ形の面積を求めなさい。

(3) 関数$y=3x^2$について，xの値が1から5まで増加するときの変化の割合を求めなさい。

(4) 右の図で，5点A，B，C，D，Eは円周上を5等分する点である。$\angle x$の大きさを求めなさい。

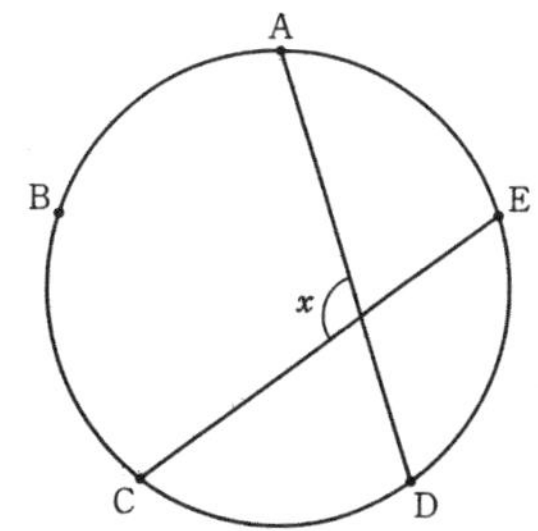

3 ある中学校の1年生の生徒の人数は170人である。
このとき，次の問いに答えなさい。

(1) 1年生の生徒全員を4人の班と5人の班に分けたところ，班は全部で40班できた。できた4人の班の数を求めなさい。

(2) この中学校の2年生は，1年生と比べて，男子生徒の人数が15%多く，女子生徒の人数が10%少なく，全体の人数では3人多い。1年生の男子生徒の人数と女子生徒の人数をそれぞれ求めなさい。

4 右の図において，直線ℓは関数$y=-x+12$のグラフである。直線ℓとx軸，y軸との交点をそれぞれA，Bとする。y軸上にy座標が-3の点Cをとり，線分AB上に点Dをとる。また，2点C，Dを通る直線をmとし，直線mとx軸との交点をEとする。

△ADE：△BED：△BOE＝1：5：6のとき，次の問いに答えなさい。

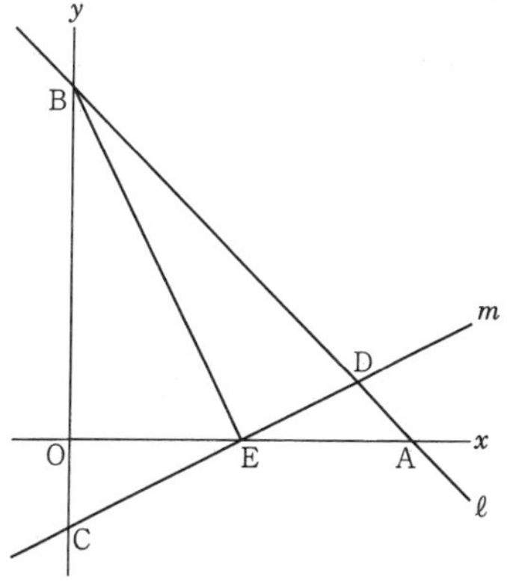

(1) 線分BCの長さを求めなさい。

(2) 直線mの傾きを求めなさい。

(3) 点Dを通り，△ADEの面積を2等分する直線の式を求めなさい。

5 右の図のように，△ＡＢＣがある。３点Ａ，Ｂ，Ｃを通る円と∠ＡＢＣの二等分線との交点をＤとし，辺ＡＣと線分ＢＤとの交点をＥとする。また，点Ｄを通り辺ＢＣに平行な直線と辺ＡＣとの交点をＦとする。

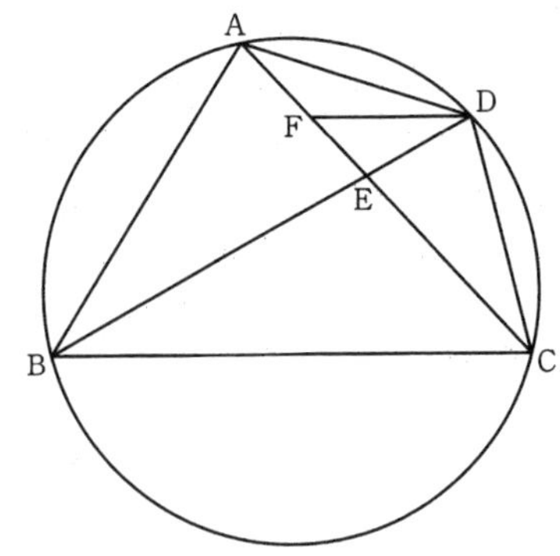

このとき，次の問いに答えなさい。

(1) ∠ＡＣＢ＝46°，∠ＡＣＤ＝29°のとき，∠ＢＡＣの大きさを求めなさい。

(2) ＡＤ＝12cm，ＤＥ＝６cm，ＤＦ＝８cmのとき，次の①，②に答えなさい。

① 線分ＥＦの長さを求めなさい。　② △ＣＤＥの面積を求めなさい。

6 右の図のように，ＡＢ＝５cm，ＢＣ＝10cm，ＣＡ＝$3\sqrt{5}$cmである△ＡＢＣを底面とし，高さがＡＤ＝６cmである三角柱ＡＢＣ－ＤＥＦがある。辺ＢＥ上に点ＰをＡＰ＋ＰＦの長さが最も短くなるようにとり，辺ＢＣ上に点ＱをＡＱ＋ＱＦの長さが最も短くなるようにとる。

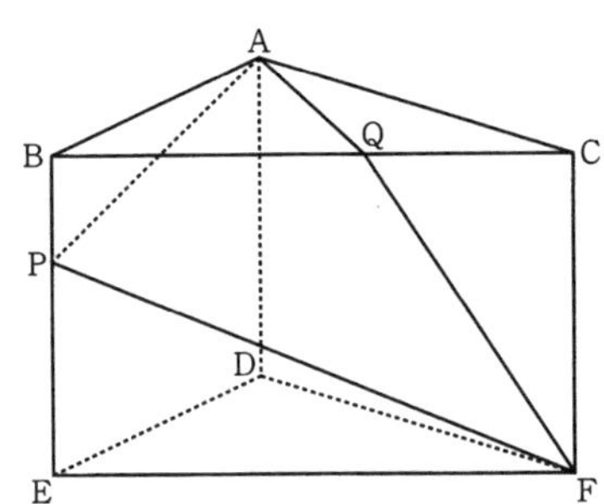

このとき，次の問いに答えなさい。

(1) 線分ＡＦの長さを求めなさい。

(2) 四角形ＢＰＦＣの面積を求めなさい。

(3) 点Ｄを頂点とし，△ＡＱＣを底面とする三角錐の体積を求めなさい。

英　語

1 次の(1)～(3)の各組について，下線部の発音が同じ場合は○，異なる場合は×を書きなさい。

(1) { share / hair }　(2) { national / peace }　(3) { mother / sunny }

2 次の(1)，(2)の**ア**～**エ**の中から，最も強く発音する部分が**他と異なるもの**をそれぞれ１つずつ選び，その符号を書きなさい。

(1) **ア** week-end　**イ** rest-room　**ウ** con-trol　**エ** foot-ball

(2) **ア** con-di-tion　**イ** bas-ket-ball　**ウ** as-tro-naut　**エ** cel-e-brate

3 次の(1)～(5)の**ア**～**エ**の中から，(　　)に入れるのに最も適切な語(句)をそれぞれ１つずつ選び，その符号を書きなさい。

(1) This movie is (　　) than that one.

ア short　**イ** shorter　**ウ** shortest　**エ** as short

(2) My mother (　　) me this bag on my birthday.

ア needed　**イ** loved　**ウ** bought　**エ** taught

(3) Is much fish (　　) in your country?

ア eat　**イ** ate　**ウ** eating　**エ** eaten

(4) You should take (　　) of yourself.

ア care　　イ kind　　ウ out　　エ instead

(5) This is the bus (　　) goes to Sakura Park.

ア what　　イ which　　ウ how　　エ where

4 次の(1)～(5)の〔　〕内の**ア～カ**の語を並べかえて，日本語に合う英文を完成するとき，**ア～カの中で始めから３番目と５番目**の語の符号をそれぞれ書きなさい。ただし，文頭の語の最初の文字も小文字で示していることがある。

(1) 家を出る時間です。

〔 ア leave　イ is　ウ to　エ it　オ home　カ time 〕.

(2) 私たちはスーパーマーケットに買い物に行きました。

〔 ア went　イ supermarket　ウ shopping　エ a　オ at　カ we 〕.

(3) あなたは以前に京都に行ったことがありますか。

〔 ア to　イ been　ウ have　エ before　オ Kyoto　カ you 〕?

(4) ドアのそばに立っている男の子はマイクです。

The 〔 ア by　イ standing　ウ door　エ is　オ boy　カ the 〕 Mike.

(5) 私はジュディがそれらの箱を運ぶのを手伝いました。

〔 ア carry　イ I　ウ boxes　エ those　オ Judy　カ helped 〕.

5 次の対話文を読んで，あとの(1)～(6)の問いに答えなさい。

Chika is a junior high school student. She talks to Becky, her classmate from America.

Chika: Hi, Becky. What are you doing?

Becky: Hi, Chika. I'm looking at this poster. [①]

Chika: Right. It says the club needs new members.

Becky: What else does it say? I'm not good at ②(*read*) kanji.

Chika: It says there are twelve girls and nine boys in the club now. And look here. It says when and where they practice. They practice in the music room on Mondays and Thursdays. On Fridays, they go to Midori Music Hall and practice there.

Becky: So, they practice three times a week.

Chika: Yes. I'm a member of the drama club, and we practice on the same days. Our practice is very hard, but I enjoy it.

Becky: That's nice. [③]

Chika: No, I'm only in the drama club. We usually join only one club or team at school.

Becky: Really? In America, many students join two or three sports teams for club activities.

Chika: ④That's interesting. It's different from Japan. What sports did you play for club activities?

Becky: I played basketball in fall and soccer in spring, so I'm also thinking about joining a sports team in this school. But I also want to play music.

Chika: Oh, you like music.

Becky: Yes. I'm interested in Japanese music. Can I play any traditional Japanese *instruments such as a *koto* in the music club?

Chika: ⑤No. The members sing songs in the club. If you want to play traditional Japanese instruments, you can take my aunt's *koto* class. She teaches how to play the *koto* in our city every Saturday.

Becky: Sounds interesting. I want to go and see her class.

Chika: Then, I'll tell her about you. If you take her class, you can join a sports team at school.

Becky: That's a nice (⑥). Thank you, Chika.

（注） instrument 楽器

(1) ①，③の［　　］に入れるのに最も適切な文を次の**ア**～**カ**の中からそれぞれ１つずつ選び，その符号を書きなさい。

ア Are you a sports fan, too?　　**イ** Are you in any other clubs?

ウ Do you sometimes make posters?　　**エ** Do you want to join the drama club?

オ It's about the music club in this school, right?

カ It's a poster of your club, right?

(2) ②の（　）内の語を最も適切な形（１語）にかえなさい。

(3) 下線部④が表している内容を次の**ア**～**エ**の中から１つ選び，その符号を書きなさい。

ア 日本では，生徒たちはふつう１つしかクラブ活動をしないということ。

イ 日本では，クラブ活動をしない生徒もいるということ。

ウ アメリカでは，多くの生徒がクラブ活動で２つか３つのスポーツをするということ。

エ アメリカで，ベッキー(Becky)は季節ごとに違うスポーツをしていたということ。

(4) 下線部⑤が表している内容を次の**ア**～**エ**の中から１つ選び，その符号を書きなさい。

ア 千佳(Chika)は日本の音楽に興味を持っていない。

イ 千佳は伝統的な日本の楽器を演奏することができない。

ウ 音楽部では，伝統的な日本の歌を歌うことはない。

エ 音楽部では，伝統的な日本の楽器を演奏することはできない。

(5) ⑥の（　）に入れるのに最も適切な語を次の**ア**～**エ**の中から１つ選び，その符号を書きなさい。

ア idea　　**イ** effort　　**ウ** fact　　**エ** problem

(6) 本文の内容と一致するように，次のⓐ～ⓒの質問に対する答えの文の（　）に入れるのに最も適切な１語をそれぞれ書きなさい。ただし，数字も英語で書くこととする。

ⓐ How many members does the music club have?

— It has (　　) members.

ⓑ When do the members of the drama club practice?

— They practice on Mondays, (　　　) and Fridays.

ⓒ Who gives the *koto* class in Chika's city?

— Her (　　　) does.

6 次の英文を読んで，あとの(1)～(6)の問いに答えなさい。

Mari was a junior high school student. One day, her grandfather was writing something in the living room. Mari asked, "Are you writing a letter?" He said, "Yes. I'm writing to my friend, Mr. Tanaka. He has been in the U.K. for ten years. [　ア　]"

At the *bottom of the letter, he drew a picture. He draws pictures very well, and Mari likes his pictures very much. She looked at the letter and said, "Oh, you are drawing a picture of our cat, Nene!" He said, "Yes. Mr. Tanaka likes animals, so I always draw Nene or other animals on the letters to him." In the picture, Nene was playing with some *momiji*, autumn leaves. Just then, the *momiji* near Mari's house ①(*begin*) to turn red. He said, "I want Mr. Tanaka to feel autumn in Japan with this picture. [　イ　]" Mari thought that it was very nice.

One month later, Mari's grandfather showed her a letter from Mr. Tanaka. There was a picture of *Santa Claus and a *reindeer on it. He said, "This picture is drawn by Mr. Tanaka. He draws pictures very well. We were in the same art club during high school." In the letter, Mr. Tanaka wrote about Christmas in the U.K. Mari learned about (②) of the Christmas season between the U.K. and Japan from it. She thought, "My grandfather and Mr. Tanaka tell about their lives to each other and also make each other happy with nice pictures. It's a really good thing." She said to her grandfather, "You and Mr. Tanaka's friendship is wonderful. Both of you can draw pictures very well. [　ウ　]" He looked happy to hear that. He said, "Mari, I have something to show you."

Then, Mari's grandfather brought a new year's card from his room. He said, "Do you remember this? You gave it to me when you were little." She saw some smiling faces in the card. It also said, "Happy New Year, Grandpa! I want to meet you soon!" Mari was surprised and remembered the card. When she wrote it, she didn't live with him. She wanted to see him soon, so she drew the faces of her family. She was *embarrassed because she thought that her pictures were not good. However, her grandfather said, "[　エ　] The pictures of smiling faces always make me happy." When she heard those words, she became happy, too.

(注) bottom 下　Santa Claus サンタクロース　reindeer トナカイ　embarrassed 恥ずかしく思って

(1) 本文中にⓐ，ⓑの英文を補うとき，**ア**～**エ**の［　　］の中から最も適切な場所をそれぞれ1つずつ選び，その符号を書きなさい。

ⓐ I want to draw like you and make someone happy.

ⓑ This is the best card I've ever got.

(2) ①の(　　)内の語を最も適切な形(1語)にかえなさい。

(3) ②の(　　)に入れるのに最も適切な語を次の**ア**～**エ**の中から1つ選び，その符号を書きなさい。

ア chances　　**イ** differences　　**ウ** points　　**エ** articles

(4) 田中さん(Mr. Tanaka)について，本文の内容と**一致しないもの**を次の**ア**～**エ**の中から1つ選び，その符号を書きなさい。

ア 真里(Mari)の祖父と同じ美術部に入っていた。

イ 10年間，イギリスで暮らしている。

ウ ネコを飼っている。

エ 動物が好きである。

(5) 次の英文が本文の内容と一致するように，(　　)に入れるのに最も適切な2語を書きなさい。

Mari thought that it's really good for her grandfather and Mr. Tanaka to make each other happy with (　　) drawn on their letters.

(6) 本文の内容と一致するものを次の**ア**～**エ**の中から1つ選び，その符号を書きなさい。

ア Mr. Tanaka wrote about autumn in the U.K. in his letter.

イ Mari's grandfather told her that she should have good friends.

ウ Some smiling faces were drawn on the card sent by Mari.

エ Mari was happy to receive a nice letter from her friend.

ア　要約　　イ　節約　　ウ　違約　　エ　集約

(3)　傍線部C持ちまゐるの読み方を、現代仮名遣いに直して**すべてひらがな**で書きなさい。

(4)　この文章の内容と合っているものを次の**ア～エ**より一つ選び、その符号を書きなさい。

ア　農夫は、梅の木を売ると梅の実を収穫できなくなるので、梅の木の値段を高くして、岸玄知の払う代金でその分の損をおぎなおうと考えた。

イ　農夫は、岸玄知は梅の実を手に入れるために梅の木を買ったと思ったが、岸玄知は和歌の題材となる梅の花を持ち帰りたいと思っていた。

ウ　農夫は、岸玄知は食事をしながら梅の花を見るために梅畑に来たと思ったが、岸玄知は梅の花には興味がなく梅の実が欲しいと考えていた。

エ　農夫は、梅の木を掘って岸玄知のところに届けようとしたが、岸玄知は今の場所で、ただ梅の花を自分のものとして眺めたいと考えていた。

4　次の(1)～(4)の問いに答えなさい。

(1)　次の文の傍線部の文の成分をあとの**ア～エ**より選び、その符号を書きなさい。

●映画館で父が子どものころに見た映画を私も見た。

ア　主語　　**イ**　述語　　**ウ**　修飾語　　**エ**　接続語

(2)　次の文の傍線部と同じ品詞のものをあとの**ア～エ**より一つ選び、その符号を書きなさい。

●明日は朝から冷たい雨が降るそうだ。

ア　大きな犬を飼いたい。　　**イ**　毎年夏は海で泳ぐ。

ウ　安くておいしい料理。　　**エ**　難問を簡単に解決する。

(3)　次の①・②の熟語と同じ構成の熟語をあとの**ア～エ**よりそれぞれ選び、その符号を書きなさい。

①　燃料

ア　自宅　　**イ**　補足　　**ウ**　無効　　**エ**　進退

②　価値

ア　延期　　**イ**　再会　　**ウ**　温暖　　**エ**　紅白

(4)　次の①・②の慣用句の□に入る漢字をあとの**ア～エ**よりそれぞれ選び、その符号を書きなさい。

①　顔に□を塗る

ア　色　　**イ**　泥　　**ウ**　土　　**エ**　油

②　心を□にする

ア　鳥　　**イ**　花　　**ウ**　仏　　**エ**　鬼

5　次の(1)～(5)の傍線部の漢字の読みを、ひらがなで書きなさい。

(1)　トレーニングで体幹を鍛える。

(2)　洋服の裾がほころぶ。

(3)　敵の様子を偵察する。

(4)　絶滅の恐れがある動物を保護する。

(5)　ふたごの兄といつも比較される。

6　次の(1)～(5)の傍線部のカタカナの部分を、漢字で書きなさい。

(1)　なまいきな態度をアラタめる。

(2)　病気の感染をフセぐ。

(3)　書類をユウビンで送る。

(4)　毎日の食事でヤサイを多く食べる。

(5)　危険がないかシュウイを見回す。

(3) 傍線部Cまったくゼロの状態　とあるが、どういう状態か。それを説明した次の文の［　］に入る最も適当な言葉を、これより前の文章中から**十字**で抜き出して書きなさい。

●自分の［　］知識がまったくない状態。

(4) ［D］に入る最も適当な言葉を次の**ア**～**エ**より選び、その符号を書きなさい。

ア　基本的　　**イ**　感覚的　　**ウ**　積極的　　**エ**　具体的

(5) ［E］、［F］に入る最も適当な言葉を次の**ア**～**オ**よりそれぞれ選び、その符号を書きなさい。

ア　そのうえ　　**イ**　つまり　　**ウ**　たとえば
エ　しかし　　**オ**　あるいは

(6) 傍線部Gこの段階では、他者に協力を求めることも、コンピュータを利用することもできる　とあるが、それはなぜか。それを説明した次の文の［　］に入る最も適当な言葉を、文章中から**一語**で抜き出して書きなさい。

●思いついたアイデアは、［　］で表すことができるから。

(7) この文章で述べられていることとして最も適当なものを次の**ア**～**エ**より選び、その符号を書きなさい。

ア　読書は、外部のデータを参照したり人にきいたり議論したりするのに有用である。

イ　本を沢山読むだけで、新しい発想を次々と生み出すことができるようになる。

ウ　読書によってインプットされた知識は、他の方法でインプットされた知識より意味がある。

エ　頭の中の知識が連想のきっかけとなり、その連想から新たな発想が生み出されることが多い。

3　次の文章を読んで、あとの(1)～(4)の問いに答えなさい。

岸玄知は、(注1)雲州侯の(注2)茶道なり。和歌を(注3)好めるの癖あり。或日、郊外へ出でて(A)、(注4)梅圃の花盛りにて、梅樹の主を問ひて(ア)、樹を買はんとす。(注5)敢へて肯ぜざる(イ)を、高価を以て強ひて望みければ、已む事なく約す(B)。翌日、酒魚を以て樹下に来たり(注6)慰む。農夫曰く、根の損せざるやうに掘りうがち、明日持ちまゐるべし(C)と云ふ(ウ)。玄知の云ふ、いな左様に非ず。いつまでも爰に置くべし。さあらば実、熟さば如何にすべしと問ふ(エ)。実は用なし、只花のみ望む所にして、吾物にして見ざればおもしろからずとぞ。

（司馬江漢「春波楼筆記」より）

（注1）雲州侯＝出雲の国（今の島根県東部）の領主。
（注2）茶道＝茶会を取り仕切る者。
（注3）好めるの癖あり＝こよなく愛している。
（注4）梅圃＝梅の木を植えた畑。
（注5）敢へて肯ぜざる＝どうしても了承しない。
（注6）慰む＝楽しむ。

(1) 二重傍線部ア問ひて、イ肯ぜざる、ウ云ふ、エ問ふ　のうち、傍線部A出でて　と、動作主が同じを一つ選び、その符号を書きなさい。

(2) 傍線部B約す　とあるが、ここでの「約」と同じ意味で用いられている「約」を含む熟語を次の**ア**～**エ**より一つ選び、その符号を書きなさい。

白いアイデアが思い浮かんだり、問題を解決する糸口のようなものを思いついたりする。このとき、まったくゼロの状態から信号が発生する、とは考えられない。そうではなく、現在か過去にインプットしたものが、頭の中にあって、そこから、どれかとどれかが結びついて、ふと新しいものが生まれるのである。

一般に、アイデアが豊かな人というのは、なにごとにも興味を示す、好奇心旺盛（おうせい）な人であることが多い。これは、日頃からインプットに D だということだ。ただ、だからといって、本を沢山読んでいれば新しい発想が湧いてくるのか、というとどうもそれほど簡単ではない。おそらく、それくらいのことは、ある程度長く人生を歩んできた人ならご存じだろう。

いずれにしても、いつでも検索できるのだからと頭の中に入れずにいる人は、このような発想をしない。やはり、自分の知識、あるいはその知識から自身が構築した理屈、といったものがあって、初めて生まれてくるものだ。そういう意味では、頭の中に入れてやることは意味がある。テストに出るからとか、知識を人に語れるからとか、そういった理由以上に、頭の中に入った知識は、重要な人間の能力の一つとなるのである。

また、発想というのは、連想から生まれることが多い。これは、直接的な関連ではなく、なんとなく似ているものなどから引き出される。現在受けた刺激に対して、「なにか似たようなものがあったな」といった具合にリンクが引き出される。人間の頭脳には、これがかなり頻繁にあるのではないか、と僕は感じている。

「これと同じことがどこかであったな」と思いつく、いわゆるデジャヴも同じである。思いついたときには、言葉になっていない。なっていないから、「なんとなく……」と思いつく。思いついたとわかるのに、何を思いついたのか、なかなか引き出せない。それは、視覚的な情景だったり、もっと別の感覚（たとえば嗅覚）であったりする。ただ似ているというだけで、「そうそう、あのときと同じ」で終わってしまうこともある。むしろその方が多い。 E 、考えても考えても、どうしても思い出せないこと、 F 、思いつきを逃してしまうこともある。夢を思い出せないみたいに、たしかに一度は自分の頭に浮かび上がったのに、煙のように消えてしまうのだ。

しかし、ときには「もしかしたら、あれが使えるのではないか」となったり、「これは、あれとなにか関係があるのでは」となったりして、そこから考えていった結果、新しいアイデアに辿（たど）り着けることがある。思いついただけでは、ただのアイデアであり、使いものになるかどうかは、実際に試してみたり、もう少し調べてみたり、あるいは正しいかどうか計算してみたりしないとわからない。それらの確認が、自分ではできないこともある。使えるかどうかも、やはり知識がないと判断できない。でも、この段階では、他者に協力を求めることも、コンピュータを利用することもできる。

（森博嗣「読書の価値」より）

(1) 傍線部A そうではない とあるが、どういうことか。それを説明した次の文の I・II に入る最も適当な言葉を、文章中からIは**八字**、IIは**四字**で抜き出して書きなさい。

●スマホや辞書でわからないことは I のだから、頭の中に知識を II しておかなくても、問題ないという考え方があるが、それは正しくないということ。

(2) 傍線部B なにか とあるが、これをより具体的に表した言葉を、同じ段落の中から**二つ**、それぞれ**六字以上十字以内**で抜き出して書きなさい。

（注2） ハコベのブーケ＝リボンの好物のハコベ（ナデシコ科の越年草）をつみ集め、花束にしたもの。

(1) A 、 C に入る最も適当な言葉を次のア～カよりそれぞれ選び、その符号を書きなさい。

ア ムッと　イ ふわりと　ウ ホッと
エ ガックリと　オ パッと　カ そっと

(2) 傍線部B □を長くして が、「期待して待って」という意味になるように、□に入る体の一部を表す**漢字一字**を書きなさい。

(3) 傍線部D なんだかどうしようもなく切ない気持ちが、一歩ずつにじり寄って、私を動けなくする とあるが、この部分と同じ表現技法が用いられている文として最も適当なものを次のア～エより選び、その符号を書きなさい。

ア 嫌な予感が、夕立みたいに一気に胸を支配する。
イ たった今大空へと飛び立ったリボンの後ろ姿は、まるで本物のリボンのようだった。
ウ 私は蝋人形みたいに固まって、そのまま空を見続けた。
エ 墨汁をぽとんと一滴、丸く落としたようなつぶらな瞳を思い出した。

(4) 傍線部E 奇跡が起きるかもしれない とあるが、「奇跡」とはどのようなことかを説明した次の文の□に入る最も適当な言葉を、これより後の文章中から**八字**で抜き出して書きなさい。

●リボンが□こと。

(5) 傍線部F リボンの門出 とあるが、「私」はリボンにどのような成長があったと考えているのか。それを説明した次の文の□に入る最も適当な言葉を、文章中から**七字**で抜き出して書きなさい。

●立派な風切り羽で、□ことができるようになったという成長。

(6) 傍線部H リボンは、私とすみれちゃんの魂を永遠につなぐリボン とあるが、「私」がそう考えているのはなぜか。それを説明した次の文の□Ⅰ・Ⅱに入る最も適当な言葉を、文章中からⅠは**九字**、Ⅱは**二字**で抜き出して書きなさい。

●リボンが逃げてしまっても、リボンとすみれちゃんと三人で Ⅰ が、 Ⅱ として胸の中にずっと残っているから。

2 次の文章を読んで、あとの(1)～(7)の問いに答えなさい。

そもそも、頭の中に知識をインプットするのは何故（なぜ）だろう？ どうして頭の中に入れなければならないのか。それは、咄嗟（とっさ）のときに辞書など引いていられなかったり、人にきくことができない環境であれば、頭にストックしている価値がある。今は、みんながスマホを持っていて、なんでも手軽に検索できるのだから、この価値は下がっているだろう。

であれば、苦労して覚えなくても、ただ辞書を買って持っていれば良いではないか、という話になる。ネットに依存している現代人の多くが、これに近い方針で生きているようにも見えてしまう。

しかし、Aそうではない。知識を頭の中に入れる意味は、その知識を出し入れするというだけではないのだ。頭の中で考えるときに、この知識が用いられる。じっくりと時間をかけて考えるならば、使えるデータがないかと外部のものを参照できるし、人にきいたり議論をすることもできるが、一人で頭を使う場合には、そういった外部に頼れない。では、どんなときに一人で頭を使うだろうか？

それは、「思いつく」ときである。

ものごとを発想するときは、自分の頭の中からBなにかが湧いてくる。これは、少なくともインプットではない。ただ、言葉としてすぐに外に出せるわけでもなく、アウトプットの手前のようなものだ。面

だかどうしようもなく切ない気持ちが、一歩ずつにじり寄って、私を動けなくする。

「ごめんなさい」

すみれちゃんが、そう言った時だ。桜の木から、黄色い鳥が飛び立った。

「リボン！」

私は、大声で呼んだ。

リボンのいる方に向けて、精いっぱい腕を伸ばし、人差し指を差し出す。

「おいで！　こっちだよ、戻っておいで」

けれど、リボンは振り向かなかった。あっという間に、薄いピンクの夕暮れの雲にまぎれてしまう。

「リボン！」

もう一度、声を限りに叫んだ。けれど、チューしようよ、という言葉は、声にならない。

すみれちゃんが、泣いている。私の目からもまた、涙がこぼれた。リボンがあんなふうに空を羽ばたけるようになっていたなんて、これっぽっちも想像していなかった。

たった今大空へと飛び立ったリボンの後ろ姿は、まるで本物のリボンのようだった。美しくちょうちょ結びにしたみたいに、羽翼と尾翼が、きれいな末広がりになっていた。

私は蠟(ろう)人形みたいに固まって、そのまま空を見続けた。もしかすると、もしかするとE奇跡が起きるかもしれない。そう思うと、すぐには動くことができなかった。足元で、すみれちゃんもぽかんと空を見上げている。

でもやっぱり、奇跡は起きなかった。少し肌寒い風が吹き始めたので、私は覚悟を決め、喉の奥から声を絞り出した。

「中に入ろう」

すみれちゃんの脇の下を両手で支え、立ち上がらせる。それからすみれちゃんの手をしっかりと握りしめ、玄関までの数メートルを、手をつないだままゆっくり歩いた。

リボンが宝物だったのではない。

すみれちゃんとふたりで卵をかえしたことや、まだ目の開かない頃に餌をやり続けたこと、リボンとすみれちゃんと三人で一緒に過ごした時間のすべてが、私にとっては宝物だったのだ。だから、宝物が消えたわけではない。宝物は、ずっとこの胸に残っている。

リボンに生えた立派な風切り羽は、大空を羽ばたくために神様が与えてくれたものだ。リボンは、空を飛ぶために生まれてきた。だからあれが、本当の姿だ。

家に入る前、手に持っていたハコベのブーケをそっと土の上に放った。もしかしたら、リボンがまた、戻ってきてくれるかもしれない。大好物のハコベを置いておけば、ここが中里家の目印になる。リボンが私の肩から首の裏を通って反対側の肩に移動する時のくすぐったい感触が、なぜだか突然甦(よみがえ)った。墨汁をぽとんと一滴、丸く落としたようなつぶらな瞳を思い出した。

私はもう一度、空を見上げた。

この空のどこかに、リボンは確かにいる。

リボンは、生きている。これから先も、生き続ける。

だから、今日はFリボンの門出をお祝いする日だ。リボンはきっと、空のどこからか、必ず私とすみれちゃんを見守ってくれている。

だってGリボンは、私とすみれちゃんの魂を永遠につなぐリボンなのだから。

（小川糸「リボン」より）

（注1）　お城＝リボンのかごの中の、お城の形の巣箱のこと。

国語

1 次の文章を読んで、あとの(1)~(6)の問いに答えなさい。

（小学五年生の「私」（中里ひばり）と祖母の「すみれ」は、親鳥のいなくなったインコの卵を温めてかえし、生まれたヒナに「リボン」と名付けて、二人で大切に世話をしていた。）

五月になり、いよいよ待ちに待ったその日がやって来た。リボンが誕生してから、ちょうど半年が経ったのだ。今日は、すみれちゃんとそのお祝いをすることになっている。（中略）

この間すみれちゃんが教えてくれたのだけど、リボンは私の帰宅時間が近づくと、(注1)お城の中でそわそわし始めるらしい。私が玄関を開けた瞬間に、A お城の出入り口へと移動して、一秒でも早く外に出ようと、扉の前で待ち構えているらしいのだ。だから、今頃もうリボンは、B□を長くして私の帰りを待っている。

リボン、もうすぐだからね。

心の中からメッセージを送るようなつもりで、遠くのリボンに話しかけた。

けれど、角を曲がった瞬間、幸せな期待はあとかたもなく消え去った。すみれちゃんが、靴下のまま玄関先に倒れ込んでいたのだ。

「どうしたの!」

(注2)ハコベのブーケを握ったまま、私は全速力で駆け寄った。

「すみれちゃん!」

すみれちゃんの顔が、ひどく青ざめていた。嫌な予感が、夕立みたいに一気に胸を支配する。

「リボンが、リボンがね……」

そこまで言うと、すみれちゃんは絶句して、子どものように力強く私にぎゅっと抱きついた。すみれちゃんが、私の胸の中でべそをかいている。

「どうしたの? ねぇ、すみれちゃん、リボンがどうしたの?」

すみれちゃんの丸い背中をさすりながら、なんとか状況を聞き出したかった。すみれちゃんが、弱々しい息のような声でささやく。

「わたくしも、何かお手伝いができないかと思って……」

「それで?」

その先が早く知りたい。

「かごの掃除をしようと、リボンを外に出してたんです。その時に電話が鳴って、わたくしがうっかり、部屋の入り口を開けてしまったものですから」

すみれちゃんは涙声になりながらも続けた。その時に、リボンが逃げてしまったのだろうか。でも私は内心、リボンが大けがをしたとか、それよりもっと最悪のことを想像していたから、少し C したようなところもあった。

「ごめんなさい、本当にごめんなさい。わたくし達の大切な宝物を……」

すみれちゃんは涙をぽろぽろ流しながら、私にひたすら謝った。

「大丈夫、大丈夫だよ、すみれちゃん。絶対に大丈夫だから」

私は優しくささやいた。

だってリボンは、まだちゃんと生きているのだ。生きていれば、またどこかで会えるかもしれない。それに、すぐに戻ってくるかもわからない。頭ではそう思うのに、すみれちゃんの涙がうつってしまい、私の目にまで、涙があふれた。悲しくなんてないはずなのに、Dなん

千葉英和高等学校

数学

注意 [1]～[53]に解答となる符号または数字を一つずつ入れなさい．例えば，$\frac{[2]}{[3]}$は分数を表し，[2]が分子，[3]が分母になります．分数が約分できるときは，約分しなさい．[4][5]は2桁の数，または1桁の負の数になります．

1 次の各問いに答えなさい．

(1) 次の計算をしなさい．

(ア) $-4\times(4-6)=$[1]

(イ) $6(2a+b)-(3a-b)=$[2]$a+$[3]b

(ウ) $\sqrt{32}-\frac{18}{\sqrt{2}}=$[4][5]$\sqrt{[6]}$

(2) 1次方程式 $7-5x=9(3-x)$ の解は，$x=$[7]である．

(3) 連立方程式 $\begin{cases} x-y=5 \\ 0.5x+\frac{1}{4}y=4 \end{cases}$ の解は，$x=$[8]，$y=$[9]である．

(4) $4x^2-4$ を因数分解すると，[10]$(x+$[11]$)(x-$[12]$)$となる．

(5) 2次方程式 $2x^2-3x=1$ の解は，$x=\frac{[13]\pm\sqrt{[14][15]}}{[16]}$である．

(6) 右のデータは，あるクラスの男子生徒10人について，12月に図書館から借りた本の冊数を調べ，その結果を表したもので，右の図は，このデータをグラフに表したものである．

データの a，b，c の平均値は[17]冊である．

7，a，6，5，b，8，4，c，5，8
(単位：冊)

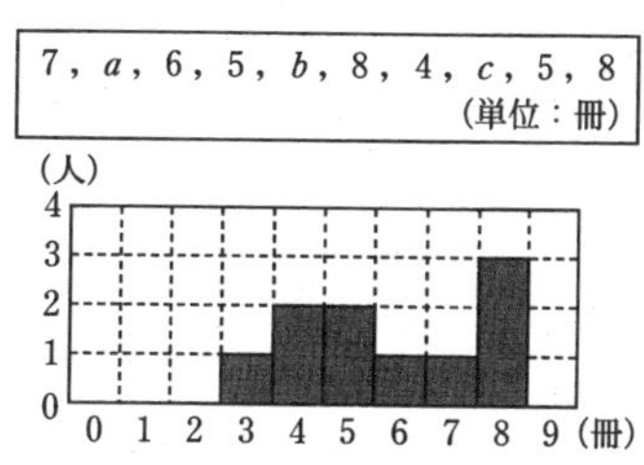

(7) 4％の食塩水[18][19][20]gに9％の食塩水を混ぜると，6％の食塩水が600gできる．

(8) 右の図の△ABCで，辺BC上に点E，辺AC上に点Dを，BE＝CE＝DEとなるようにとる．

∠BAC＝72°のとき，∠ABD＝[21][22]°である．

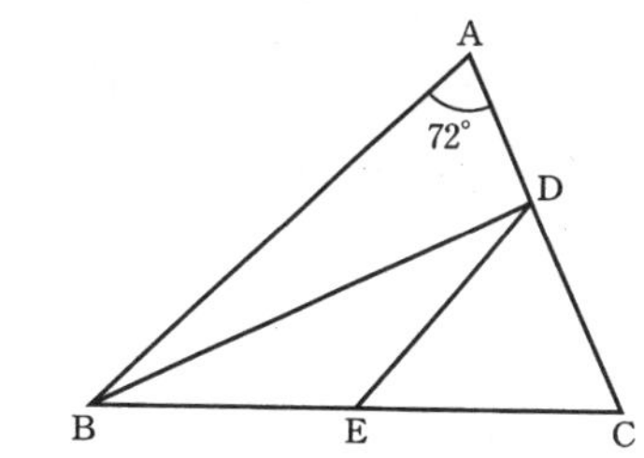

2 右の図のように，関数 $y=ax^2$ のグラフ上に2点A，Bがあり，点Aの x 座標は -2，点Bの x 座標は3で，直線ABの式は $y=\frac{1}{2}x+3$ である．

y 軸上にあり y 座標が -6 である点をCとし，点Cを通り直線ABに平行な直線と，関数 $y=-\frac{1}{4}x^2$ のグラフとの交点のうち，x 座標が負である方をD，x 座標が正である方をEとする．

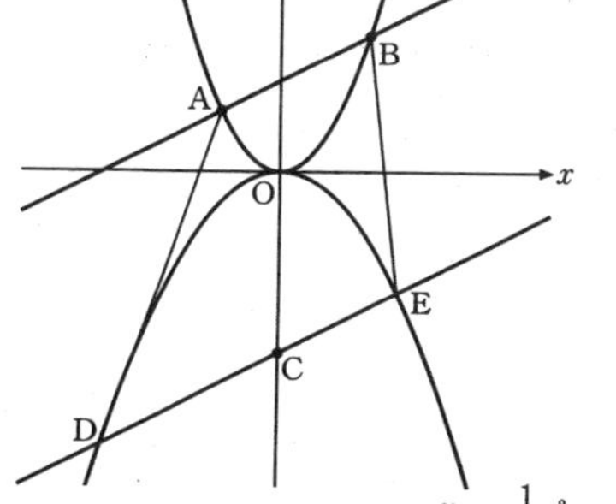

(1) a の値は$\frac{[23]}{[24]}$である．

(2) 点Eの座標は([25]，$-$[26])である．

(3) 四角形ADEBの面積は$\frac{[27][28][29]}{[30]}$である．

3 1から6までの目が出る大中小1つずつのさいころを同時に1回投げるとき，3つのさいころの出た目の数の積を考える.

(1) 出た目の数の積が4となる場合は[31]通りである.

(2) 出た目の数の積が25の倍数となる確率は$\dfrac{[32]}{[33][34]}$である.

(3) 出た目の数の積が4の倍数でない確率は$\dfrac{[35]}{[36]}$である.

4 右の図の△ABCで，AB＝16，BC＝14，CA＝12である.

辺BC上にBD＝8となる点Dをとり，辺AC上にAE＝5となる点Eをとる.

線分ADと線分BEの交点をFとする.

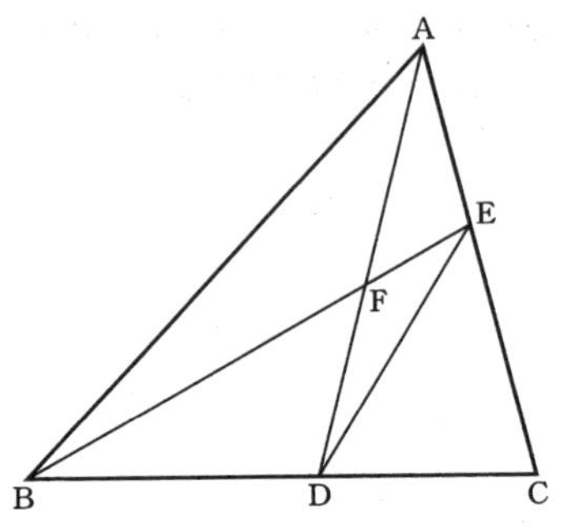

(1) 線分DEの長さは[37]である.

(2) 点Dを通り線分BEに平行な直線と線分CEとの交点をGとする.

EG：GCを最も簡単な整数の比で表すと，[38]：[39]である.

(3) AF：FDを最も簡単な整数の比で表すと，[40]：[41]である.

5 右の図の立体ABCD－EFGHは，1辺の長さが6の立方体である.

辺CDの中点をMとし，点Mから辺GHにひいた垂線と辺GHとの交点をNとする.

底辺が9，高さが6の直角三角形の形をした薄いシールを，立方体の側面に沿って，辺FG，線分GN，線分MNと重なるように貼り，シールと線分CGとの交点をIとすると，CI＝2となった.

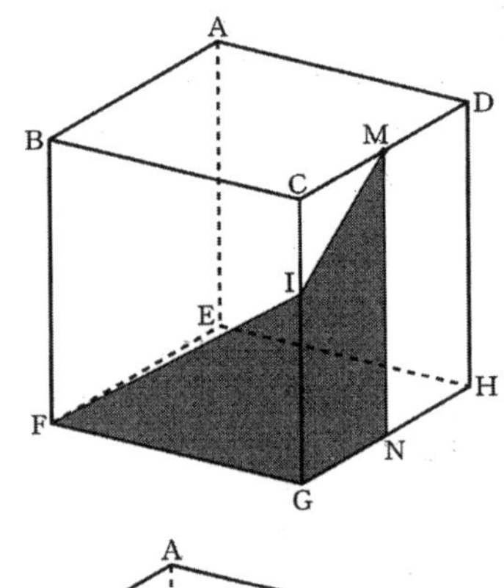

(1) 線分IFの長さは$[42]\sqrt{[43][44]}$である.

(2) シールを，頂点Fから，つねに面BFGCに対して垂直になるようにはがしていき，線分IGまではがしたら，直線IGを軸として90°回転させ，さらに面CGHDに対して垂直になるようにはがす.

ただし，はがした部分と貼ってある部分の境目の線分は，つねに辺CGに平行であるとする.

① シールを線分IGまではがし終えるまでに，シールが通過した部分の体積は[45][46]である.

② 頂点Fと重なっていたシールの頂点をPとする.

シールをはがし終えるまでに，点Pが通過した部分の長さは$\left([47]\sqrt{[48]}+[49]\pi\right)$である.

ただし，πは円周率とする.

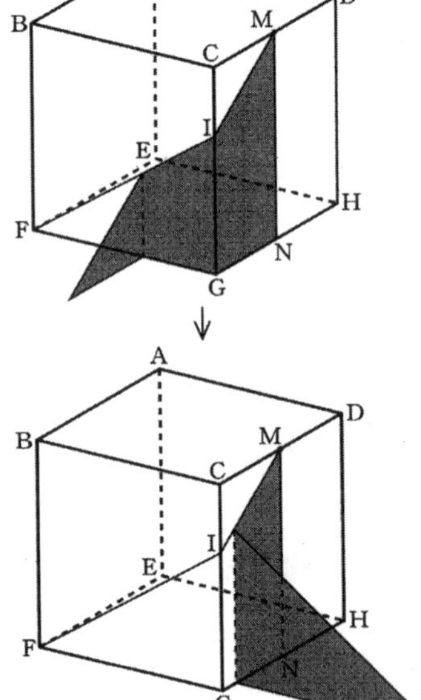

6 右の**図1**のように，1から4までの数字を1つずつ記入した4枚のカードと4つの箱がある．

これらのカードと箱を使って，次のようなゲームをする．

図1

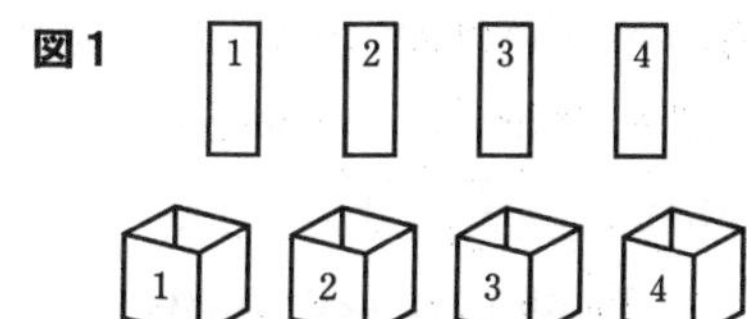

- カードと箱に書かれた数字を見ないようにして，1つの箱にカードを1枚ずつ入れる．
- 箱に書かれた数字とその箱に入っているカードに書かれた数字が一致しているものがあれば，その数の合計が得点となる．ただし，一致しているものがなければ0点とする．

例えば，カードの入れ方が右の**図2**のようになった場合，得点は3点となる．

図2

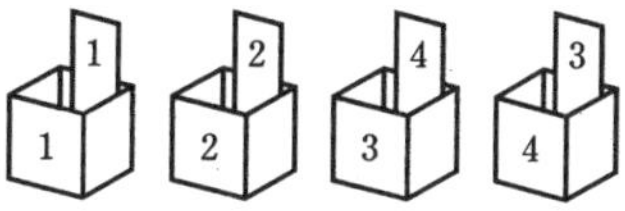

(1) 取りうる得点は全部で［50］通りある．

(2) 得点が0点となるカードの入れ方は全部で［51］通りある．

(3) カードと箱をそれぞれ1つずつ増やし，1から5までの数字を1つずつ記入して，5枚のカードと5つの箱で同じゲームを行う．

得点が5点となるカードの入れ方は全部で［52］［53］通りある．

英語

1 次の文章を読んで、設問に答えなさい。（*が付いている単語・語句には、本文の後に注があります。）

Do you have a nickname? Who calls you by that name? Do you like it, or does it *__bother__* you? In the Oxford Dictionary, the **definition* of nickname is "a **familiar* or **humorous* name ア. (　　) to a person or thing instead of the real name." There are various reasons for using nicknames. ［ A ］ And some are so commonly イ. (**by / that / already known / everyone / they're / used**). For example, someone named Anthony will have the nickname "Tony." Someone named James will have the nickname "Jim," or "Jimmy," and so on. Some English names have **numerous* possible nicknames. Someone named Elizabeth can have the nicknames "Liz," "Beth," "Bess," "Ellie," "Lizzie," or even "Betty." Richard can have the nicknames "Rich," "Rick," "Ricky," or even "Dick," and so on. Can you think of some ウ. (　　) examples in Japanese?

It seems that Japanese people especially エ. (　　) giving nicknames to people, both people they know and people they have never met. For example, Japanese people **refer to* the famous bodybuilder, Hollywood actor, and **politician* Arnold Schwarzenegger as "ShuWA-chan." This makes it much easier to talk about him because he has a difficult name. However, it seems a little funny that such a large, **muscular* man is referred to as "-chan." オ. (　　) well-known example is the American movie actor Brad Pitt. His name is easy enough, but Japanese people use the nickname "BuRA-ppi." ［ B ］

Both of these nicknames are **affectionate* ways to refer to **beloved* stars, but there are also nicknames some people do not like. These nicknames may be used to refer to someone who has a **physical quality* that is very different from that of most other people. Some examples are "Slim," "**Shorty*," "Bigfoot," "Big Man," **etc.* Sometimes people will use a nickname with an **opposite* meaning. For example, someone カ. (　　) may be called "Shorty," or someone キ. (　　) but with a strong **personality* may be called "Big Man." [C]

Nicknames can make people feel good or bad, so ク. (　　). If someone doesn't like a nickname, it can **cause* a lot of problems. If you want to use a nickname for someone but you aren't sure if he or she will like it, use the real name! [D]

(注) bother ～　～を悩ませる　definition　定義　familiar　よく知られた
humorous　ユーモアのある　numerous　多数の　refer to ～　～を言及する
politician　政治家　muscular　筋骨たくましい　affectionate　愛情のこもった
beloved　愛される　physical quality　物質的な品質　shorty　背の低い人
～ etc.　～など　opposite　反対の　personality　人柄　cause ～　～を引き起こす

1．下線部アの（　　　）内に入る語を１つ選び、番号で答えなさい。 [1]
① give　② gave　③ given　④ giving

2．下線部イの（　　　）内の語（句）を正しく並べかえるとき、４番目にくる語（句）を選び、番号で答えなさい。 [2]
① they're　② that　③ used　④ already known

3．下線部ウの（　　　）内に入る語を１つ選び、番号で答えなさい。 [3]
① similar　② final　③ heavy　④ active

4．下線部エの（　　　）内に入る語を１つ選び、番号で答えなさい。 [4]
① stop　② finish　③ enjoy　④ start

5．下線部オの（　　　）内に入る語を１つ選び、番号で答えなさい。 [5]
① Other　② Another　③ Others　④ Some

6．下線部カ、キの（　　　）内に入る語の組み合わせとして最も適当なものを１つ選び、番号で答えなさい。 [6]
① カ. tall　キ. big　② カ. short　キ. big
③ カ. tall　キ. small　④ カ. short　キ. small

7．下線部クの（　　　）内に入る語句を１つ選び、番号で答えなさい。 [7]
① make them happy　② use them very often
③ please call them "Good"　④ please be careful

8．次の質問の答えを１つ選び、番号で答えなさい。 [8]
What should we do when we aren't sure if our friend will like a nickname?
① We should use the best nickname.
② We should use his or her real name.
③ We should use a common name.
④ We should use a famous person's name.

9．次の文を入れる場所として最も適当なものを [A]～[D] から１つ選び、番号で答えなさい。 [9]
Some of them are nice, and some are not so nice.
① A　② B　③ C　④ D

10．本文の内容と一致するものを１つ選び、番号で答えなさい。 [10]
① There is only one nickname for the name James, but there are numerous nicknames for Elizabeth.
② Japanese people never give nicknames to people they don't know or have never met.
③ People all over the world give nicknames to famous people who are active on TV or in movies.

④ We must remember that there are good and bad nicknames, and that some people do not like nicknames.

2 次の文章は、高校生の楓(Kaede)が英語の授業で発表した内容です。ただし、**A**～**D**は書かれた順番に並んでいません。これらを読んで、設問に答えなさい。(＊が付いている単語・語句には、本文の後に注があります。)

Have you ever thought about the environment? Last month we talked about it in a science class. It was the first time I thought about the environment. Then I realized that I didn't know much about it. So, I decided to learn more about the problem.

A

These women were not such special people. They just learned about environmental problems and wanted to do something about them. Through the examples of these women, I believe that if we want to make a big change in society, the power of each **individual* is small, but it is very important to keep thinking, "I wish something would change," and then try to do something.

B

As a second example, let me introduce Katrin. She is a German environmental **activist* living in Nagoya. About six years ago, a friend asked her, "Why don't you try reducing **trash*?" and she **rethought* the daily trash that she produced in a month at her home. She was surprised to find that she produced a lot of trash. Then, she started to **pay attention to* environmental problems. She started not only reducing trash, but also stopping using plastic products. She also started an activity called "Sunday Pick Me Up" and picked up trash on the streets on Sundays. Soon many young people joined her, and the activity has continued to this day.

C

One of them is Mari, a 16-year-old American girl. She was born in 2007 in Flint, **Michigan*, in the USA. The city had a water problem. The water coming out of the **faucets* had **lead* in it and was very **harmful* to the people of the city. When Mari was eight years old, she sent a letter to President Obama to tell him about the problem. He was very moved by the letter, and he visited Flint and drank the water. After that, he **authorized* a lot of money for the city to clean up the water. Mari [　　　　　　　　　　]. She is still active in many areas.

D

I found two **articles* on the Internet. They are about two young women living in different places. They are not far behind me in age, but they are doing good things for the environment.

What do you think about my story?

(注) individual 個人　activist 活動家　trash ごみ　rethought ～ ～を考え直した
pay attention to ～ ～に注意を払う　Michigan ミシガン州　faucet 蛇口
lead 鉛(なまり)　harmful 有害な　authorize ～ ～を許可する　article 記事

1．本文中の**A**～**D**の段落を書かれた順に並べかえたものとして、最も適当なものを1つ選び、番号で答えなさい。 11

① C → D → A → B　　② C → D → B → A

③ D → B → A → C　　④ D → C → B → A

2．本文中の [　　] に入る語句を選び、番号で答えなさい。 12

① was a high school student then

② was a great help to the people of the city

③ wasn't happy about that

④ used all the money for her family

3．本文の内容に関する次の質問の答えとして最も適当な文を１つ選び、番号で答えなさい。 13

What did Kaede learn through the examples of the two women?

① Japanese people are more interested in water problems than Germans.

② Only special people should think about the environment.

③ Even small things can make a big change in society.

④ If we want to change something, we should get information from the Internet.

4．本文の内容と一致するものを１つ選び、番号で答えなさい。 14

① The two women moved people to do something for the environment.

② Katrin came to Japan to tell people about climate change in Japan.

③ Mari was too young to write a letter to President Obama.

④ In Flint, people have drunk clean and safe water for more than ten years.

3 次のポスターの内容について、設問に答えなさい。（＊が付いている単語・語句には、ポスターの後に注があります。）

Join us and try the volunteer activities in Izumi Town

Group A **Flower ****Planting*** **Volunteers (20 people)**

Date: May 12 (Sun) 10:00 - 12:00
Place: Izumi Park
What to bring: hat or cap, drink, gloves
Activity: You will plant flowers in the gardens in the park. After that, you will also **pick up* trash in the park.

Group B ******Storytelling*** **Volunteers (6 people)**

Date: May 18 (Sat) 11:00 - 12:00
Place: Izumi Library
What to bring: apron, drink
Activity: You will read two picture books to children. You can choose picture books at the library on that day, or bring your own books from home.

Group C **Lunch Box Volunteers (20 people)**

Date: May 25 (Sat) 9:30 - 11:30
Place: Izumi Center Hall
What to bring: apron, **bandana*
Activity: You will deliver lunch boxes to **elderly* people living alone in Izumi Town. You will visit in **pairs*, so please **apply* as a pair.

※ Choose one of three and apply by the end of April.
088-111-xxxx　volunteeractivities@izumitown.com
※ People in Group B should arrive 30 minutes before the start time, and people in the other groups should arrive 15 minutes before the start time.

（注） planting 植え(plant 植える)　pick up ～ ～を拾う　storytelling 読み聞かせ
bandana 三角巾　elderly 高齢の　pair 二人一組　apply 申し込む

1．このポスターの内容と一致するように、(　　　) 内に入る最も適当なものを１つ選び、番号で答えなさい。 15

If you want to join one of these volunteer activities, you must (　　　).

① choose one and apply with your parents
② bring your own lunch and drink on the day of your activity
③ arrive before the start time of each activity
④ apply the day before each volunteer activity

2．このポスターの内容に関する次の(１)、(２)の質問の答えとして最も適当な文を１つ選び、番号で答えなさい。

(１) What time will the people of Group A have to meet on May 12? 16

① At 9:30.　② At 9:45.
③ At 10:15.　④ At 10:30.

(２) What can we learn about Izumi Town? 17

① Izumi Library needs more picture books for children.
② Many people find trash on the streets every day.
③ People are too old to take care of their own gardens.
④ There are some elderly people who live alone.

3．このポスターの内容と一致するものを１つ選び、番号で答えなさい。 18

① Flower Planting Volunteers will clean the park, and then plant flowers.
② People of Group B can only read books borrowed from the library.
③ Lunch Box Volunteers will carry two lunches for each elderly person.
④ Group C will need ten pairs that can join the activity.

4 次の会話文を読み、(　　　) 内に入る最も適当な文を１つ選び、番号で答えなさい。

1． 19

A : I'm looking forward to seeing a movie tomorrow. Where and when shall we meet?

B : How about at the station at twelve o'clock? (　　　　　)

A : Good idea!

① The movie has already started.
② We can have lunch first.
③ I don't like to see the movie.
④ I'll see you there after watching it.
⑤ My house is one hour away.

2． 20

A : This cake looks good, but it's too big for us.

B : (　　　　　)

A: OK. Look! That one looks delicious. Let's buy that one.

① I don't think it's too big for us.
② There are no drinks in this store.
③ Can you make a bigger one for us?
④ I agree. Let's get a smaller one.
⑤ I need it. You are going to go out this evening, right?

3． 21

A : (　　　　　)

B : Yes, I'm all right. I'm just tired.

A : Are you? Shall I bring something to drink?

① What's the matter? Are you sick?

② What happened? Do you need any help?

③ You don't look well. Are you OK?

④ You don't seem to be feeling well. Are you tired?

⑤ You don't look so good. Do you want to go to the hospital?

4. 22

A : There were a lot of people in the CD shop this afternoon.

B : Oh, I know the reason. (   )

A : Really? Who?

① A lot of people waited for a musician last week.

② Let's ask that man in the shop.

③ The CD shop is popular among young people.

④ Many people went there to buy CDs.

⑤ A famous singer was in the shop then.

5. 23

A : Have you seen my tennis racket, Mom?

B : (   )

A : All right. Thanks. Ah, I just remembered I left it at school!

① Well, look by your desk. I saw it there yesterday.

② No, I don't have a tennis racket. Use yours.

③ Yes, I saw it in your room a few minutes ago.

④ Yes, I have. It's in the house.

⑤ No, I've never seen it before.

6. 24

A : Did you know that John got a dog?

B : Really? (   ) I didn't think he liked dogs.

A : No, he loves them.

① It wasn't easy for me to get it.　② I'll tell you about his dog called Moka.

③ I'm afraid I can't find it.　④ I'm sorry to learn about his situation.

⑤ I'm surprised to hear that.

5 次の各問いに答えなさい。

1．次の英文の（　　）内に入る最も適当な語（句）を1つ選び、番号で答えなさい。

(1) The baby (　　) because she is hungry. 25

① cry　② cried　③ is crying　④ is cried　⑤ was crying

(2) Will her rabbit (　　) care of by Ken during her trip? 26

① take　② taking　③ taken　④ be taken　⑤ be taking

(3) How long (　　)? — Since last night. 27

① does it rain　② did it rain　③ is it raining　④ was it rained

⑤ has it been raining

(4) If my cat (　　) talk, I might listen to her problem. 28

① can　② could　③ will　④ will be able to　⑤ is going to

（5）This is the highest building (　　　) I have ever seen. 29

① who　② whose　③ that　④ what　⑤ with

2．与えられた日本語を参考にして、(　　　　) 内の語（句）を並べかえて意味が通るように英文を作るとき、(　　　　) 内の４番目にくる語（句）を選び、番号で答えなさい。

（1）彼女は少しずつ英語が上手になっています。 30

Her English (① by　② getting　③ is　④ better　⑤ little) little.

（2）明日は早起きしなくていいですよ。 31

You (① need　② early　③ get up　④ don't　⑤ to) tomorrow.

（3）私はその意味が何なのか理解していません。 32

I (① it　② understand　③ means　④ what　⑤ don't).

（4）このみそ汁は、私の母の料理を思い出させます。 33

This miso soup (① of　② mother's　③ my　④ me　⑤ reminds) cooking.

6 次の各組について、下線部の発音が他の語と異なるものを１つ選び、番号で答えなさい。

1．① tiny　② buy　③ writer　④ dive　⑤ midnight 34

2．① character　② peach　③ teach　④ chose　⑤ cherry 35

3．① brother　② climb　③ neighbor　④ number　⑤ job 36

4．① stand　② animal　③ add　④ autumn　⑤ apple 37

5．① famous　② else　③ wisdom　④ waste　⑤ custom 38

英語リスニング

1

対話を聞き、二人の会話が成り立つように、最も適切なものを１，２，３，４の中から一つ選びなさい。対話は二度読まれます。

例：　A: "Good morning. How are you today?"
B:
選択肢　1. I'm fine, thank you.
2. Thank you for your answer.
3. It's fine today.
4. It is January 22nd.
(答えは１なので、解答用紙の１の欄をマークする。)

No. 1　1. He is my sister's friend.　2. He is studying French.
3. He is from Singapore.　4. He is at the school library.

No.2　1. You can find one online.　2. You can call the post office.
3. You can find it tomorrow.　4. You can listen to the radio.

No.3　1. It was already broken.　2. It was 10,000 yen.
3. It cost a lot of money.　4. My mother bought me an old one.

No.4　1. I will go again tomorrow.　2. I had to work all night.
3. I am able to go tonight.　4. I need to write a report.

No.5　1. Yes, I read books about basketball.　2. Yes, I stay all day at the gym.
3. Yes, I enjoy movies about sports.　4. Yes, I relax on weekends.

No.6　1. It opens for 8 hours.　2. The bus will take you there.
3. It can wait until the morning.　4. In about 30 minutes from now.

2

対話を聞き、その質問に対して、最も適切なものを１，２，３，４の中から一つ選びなさい。対話と質問は二度読まれます。

No. 7
1. I have to go to the station by 10:45.
2. I am waiting for my friend to arrive.
3. I will take that one then.
4. I am leaving to Ueno now.

No.8
1. She is planning to get the important exam.
2. She is planning to go overseas.
3. She is planning to go to the library.
4. She is planning to find the job.

No.9
1. He could make an appointment today.
2. He has to call back later.
3. He will go to the dental clinic tomorrow.
4. He doesn't need to go to the dental clinic.

No.10
1. He already knows the location of the trip.
2. He has never been abroad.
3. He doesn't like to go abroad.
4. He is planning to go to the beach in Guam.

No.11
1. I want to go to club activity.
2. We don't have a broom.
3. We should start to clean tomorrow.
4. I will move the desks and chairs.

No.12
1. Bring it to the information desk.
2. Check the library.
3. Go to the information desk.
4. Buy a new one.

3

英文を聞き、その質問に対して最も適切なものを１，２，３，４の中から一つ選びなさい。英文と質問は二度読まれます。

No. 13
1. People released their balloons into the sky together.
2. Children from all around the town started singing a song together.
3. People feel the air and enjoyed its relaxing mood.
4. A music band played some cheerful songs and the children danced to them.

No. 14
1. They chased the balloons and caught them.
2. They tried to catch the balloons floating in the sky.
3. They were surprised and ran away from the balloons.
4. They were not interested in the balloons and talked about different things.

No. 15
1. She reached her hand and caught the balloons because she wanted to sell them.
2. She was smiling to see the balloons because she was happy.
3. She started to write messages on the board to show the people around her.
4. She put a letter on a balloon to share happiness with someone else.

社　会

1　社会科の授業で，一郎さんは，「世界各地のキリスト教に関係する建築物や遺跡」について調べ，次の**A**～**F**のカードを作成した。これに関して，あとの**(1)**～**(5)**の問いに答えなさい。

【**A**　サント・スピリト聖堂】
この聖堂が位置する［ a ］は，中世におこったルネサンスの中心都市の一つで，この聖堂はルネサンス初期に建造された。

【**B**　アブ・メナ】
アレクサンドリア南西部のミリュート砂漠に位置する$_{b}$古代のエジプトにおいてキリスト教徒の巡礼の中心的存在であった都市遺跡である。

【**C**　シャルトル大聖堂】
元々はロマネスク様式の大聖堂としてつくられた$_{c}$フランス国内で最も美しいゴシック建築の一つとされる大聖堂である。

【**D**　ウェストミンスター寺院】
$_{d}$イギリスのロンドンに位置するイングランド国教会の教会で，国会議事堂(ウェストミンスター宮殿)が隣接している。

【E　ケルン大聖堂】
eドイツのライン川の岸辺の近くにそびえ立つ大聖堂で，ゴシック様式の聖堂としては世界最大級の大きさを誇る。

【F　大浦天主堂】
f長崎県長崎市にあるカトリックの教会堂で，江戸時代末期に竣工した，日本に現存する最古のキリスト教建築物の一つである。

(1) [a] にあてはまる都市の位置として最も適当なものを，次の地図中の①～④のうちから一つ選びなさい。 [1]

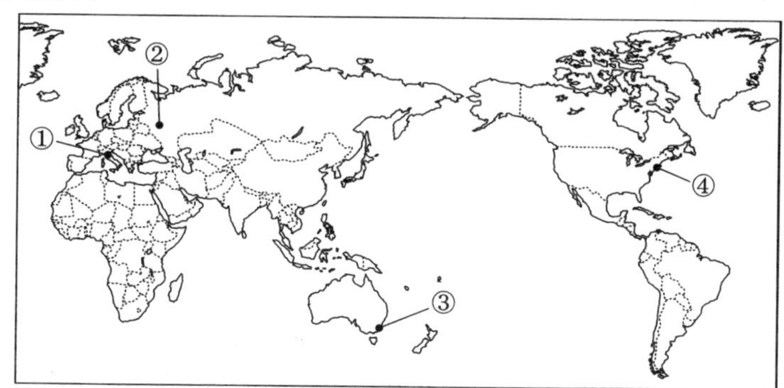

(2) 下線部bに関連して，紀元前3000年ごろから栄えた古代エジプトについて述べた文として最も適当なものを，次の①～④のうちから一つ選びなさい。 [2]

① ウルなどの都市国家がつくられ，ジッグラトとよばれる聖塔がつくられた。
② 太陽の動きを基準に，1年を365日として12か月に分ける太陽暦がつくられた。
③ 成年の男子からなる市民が全員参加する民会を中心に政治が行われていた。
④ くさび形文字が粘土板に刻まれて，政治や商業などの文書の記録のために用いられていた。

(3) 下線部cに関連して，次の文は，人権思想の歴史について述べたものである。文中の [I]，[II] にあてはまる語の組み合わせとして最も適当なものを，あとの①～④のうちから一つ選びなさい。 [3]

フランスの思想家であった [I] は，自らの著書である「[II]」の中で，国家権力を立法，行政，司法に分立するべきだと主張した。

① Ⅰ：ロック　Ⅱ：法の精神　② Ⅰ：ロック　Ⅱ：社会契約論
③ Ⅰ：モンテスキュー　Ⅱ：法の精神　④ Ⅰ：モンテスキュー　Ⅱ：社会契約論

(4) 下線部dと下線部eに関連して，イギリスの公用語である英語やドイツの公用語であるドイツ語は，いずれもゲルマン系言語に分類される。英語やドイツ語と同様に，ゲルマン系言語に分類される言語として最も適当なものを，次の①～④のうちから一つ選びなさい。 [4]

① ブルガリア語　② ギリシャ語　③ ポルトガル語　④ ノルウェー語

(5) 下線部fに関連して，次の**資料1**は，長崎県と，長崎県が属する九州地方の福岡県，熊本県，沖縄県の1970年から2020年にかけての人口の推移を，**資料2**は，これら4県の1970年と2020年の年齢別人口割合についてまとめたものである。**資料1**，**資料2**から読み取れることとして最も適当なものを，あとの①～④のうちから一つ選びなさい。 [5]

資料1　長崎県，福岡県，熊本県，沖縄県の人口の推移　（単位：千人）

県名	1970年	1980年	1990年	2000年	2010年	2020年
長崎県	1,570	1,591	1,563	1,517	1,427	1,312
福岡県	4,027	4,553	4,811	5,016	5,072	5,135
熊本県	1,700	1,790	1,840	1,859	1,817	1,738
沖縄県	945	1,107	1,222	1,318	1,393	1,467

資料２　長崎県，福岡県，熊本県，沖縄県の年齢別人口割合　　（単位：％）

県名	1970 年			2020 年		
	0～14 歳	15～64 歳	65 歳以上	0～14 歳	15～64 歳	65 歳以上
長崎県	28.0	63.8	8.2	12.5	54.5	33.0
福岡県	23.4	69.3	7.3	13.0	59.1	27.9
熊本県	25.3	65.3	9.4	13.2	55.4	31.4
沖縄県	34.8	58.6	6.6	16.6	60.8	22.6

（**資料１**，**資料２**は，「数字でみる日本の100年 第7版」，「データでみる県勢 2023年版」より作成）

① 1970年と2020年のどちらも，人口が多い県ほど15～64歳の人口割合が大きくなっている。

② この四つの県の人口の合計は，1970年から1990年までは1000万人未満であったが，2000年から2020年までは1000万人以上である。

③ 2010年から2020年にかけて人口が増加している県は福岡県と沖縄県の２県で，そのうち福岡県のほうが人口の増加数が多い。

④ 2020年における長崎県と熊本県の65歳以上の人口は，どちらも40万人を上回っている。

2　たかこさんたちは，次の図を使って学習した。これに関して，あとの**(1)**～**(5)**の問いに答えなさい。

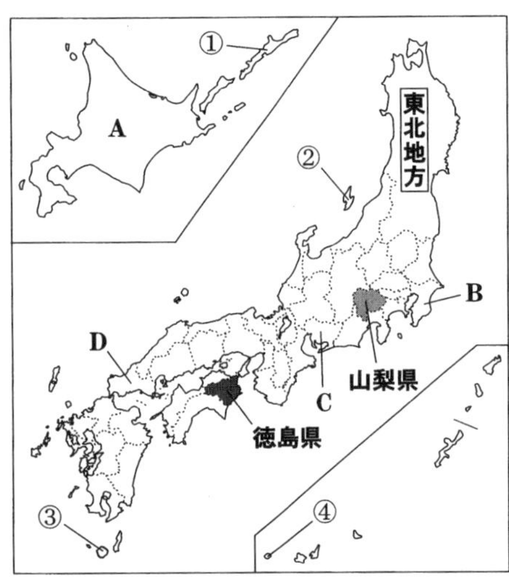

(1) 次の文章は，たかこさんが，図中の**東北地方**に位置するある県についてまとめたレポートの一部である。文章にあてはまる県として最も適当なものを，あとの①～④のうちから一つ選びなさい。　6

> この県では，会津塗や大堀相馬焼などの伝統的工芸品が現在もつくられている。果実の生産も盛んに行われており，ももや日本なしの生産量は全国の都道府県の中で上位にある。

①　山形県　　②　岩手県
③　福島県　　④　秋田県

(2) 縄文すぎの植生などが評価されて，島全体が世界遺産に登録されている島として最も適当なものを，図中の①～④のうちから一つ選びなさい。　7

(3) 図中の**山梨県**の気候について述べた文として最も適当なものを，次の①～④のうちから一つ選びなさい。　8

① 北西の季節風の影響を受けて，冬の降水量(降雪量)が多い気候。

② 夏に濃霧が発生することが多く，梅雨の影響をあまり受けないので降水量が少ない気候。

③ 冬でも温暖で，台風の通り道にあたるため夏から秋にかけての降水量がたいへん多い気候。

④ 一年を通して降水量が少なく，夏と冬，昼と夜の気温差が大きい気候。

(4) 次のⅠ～Ⅳのグラフは，図中の**A**～**D**のいずれかの道県の製造品出荷額割合を示したものである。図中の**A**と**D**の道県にあてはまるグラフの組み合わせとして最も適当なものを，あとの①～④のうちから一つ選びなさい。　9

4道県の製造品出荷額の割合

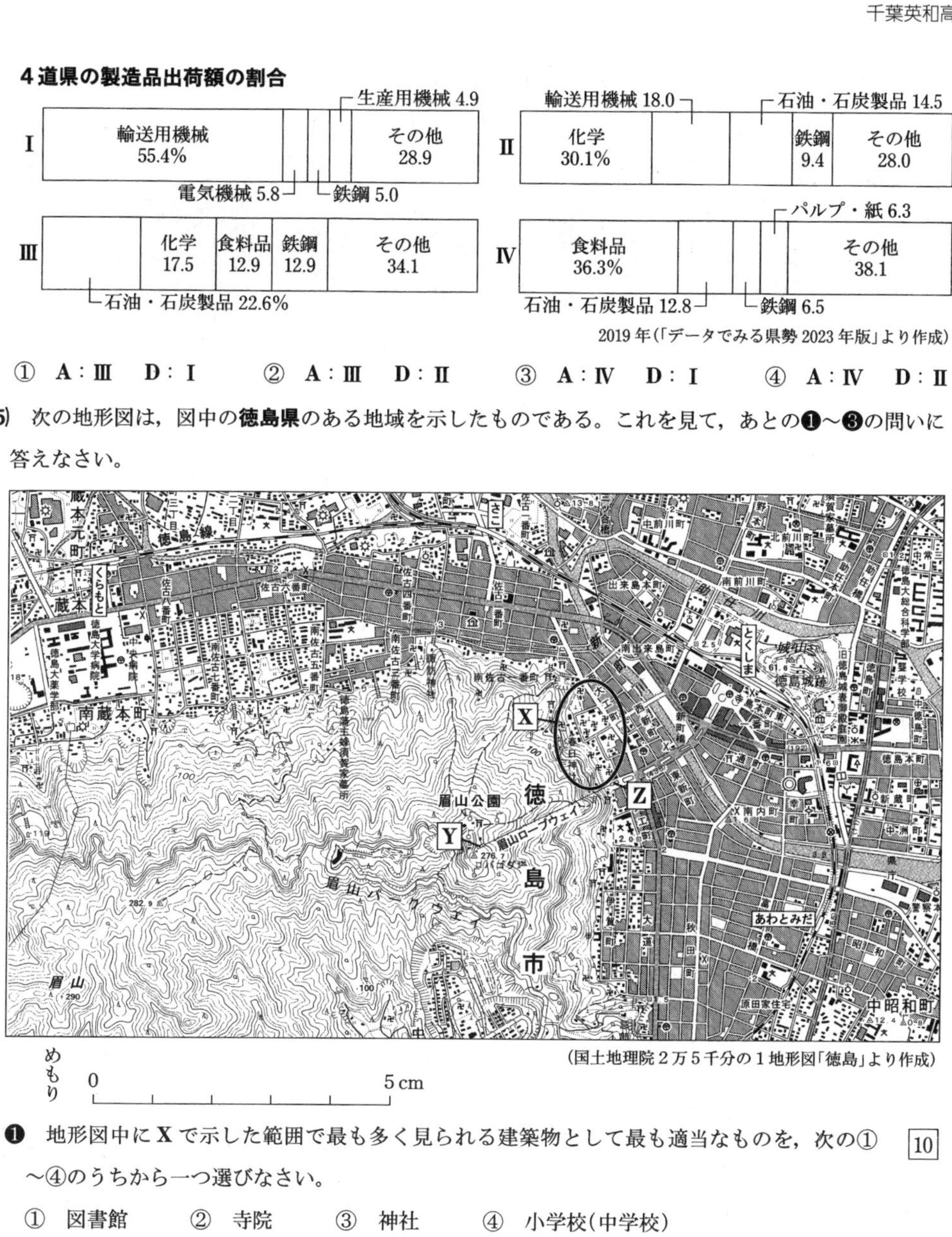

2019年(「データでみる県勢2023年版」より作成)

① A：Ⅲ　D：Ⅰ　② A：Ⅲ　D：Ⅱ　③ A：Ⅳ　D：Ⅰ　④ A：Ⅳ　D：Ⅱ

(5) 次の地形図は，図中の**徳島県**のある地域を示したものである。これを見て，あとの❶～❸の問いに答えなさい。

(国土地理院2万5千分の1地形図「徳島」より作成)

❶ 地形図中にXで示した範囲で最も多く見られる建築物として最も適当なものを，次の①～④のうちから一つ選びなさい。 10

① 図書館　② 寺院　③ 神社　④ 小学校(中学校)

❷ 次の文章中の［　　］にあてはまることばとして最も適当なものを，あとの①～④のうちから一つ選びなさい。 11

> 地形図中の眉山(びざん)ロープウェイは，Yの山頂駅からZの山麓(さんろく)駅に向かって，16方位では［　　］の方角に下っている。

① 西南西から東北東　② 北北東から南南西　③ 東南東から西北西　④ 北北西から南南東

❸ この地形図について述べた文として最も適当なものを，次の①～④のうちから一つ選びなさい。 12

① 地形図中で最も標高が高い地点は，眉山ロープウェイの山頂駅付近にある。

② 「さこ」駅と「とくしま」駅の間のJR徳島線の線路沿いに，博物館(美術館)が位置している。

③ 「くらもと」駅と「さこ」駅の間は地形図上で約6 cmあり，実際の距離は約1.5 kmである。

④ 眉山などの山の斜面には，針葉樹林，広葉樹林，果樹園などが見られる。

3 ゆうこさんたちは，次の緯線と経線が直角に交わる図法で描かれた地図を使って，世界の国々の様子について学習した。これに関して，あとの(1)～(6)の問いに答えなさい。

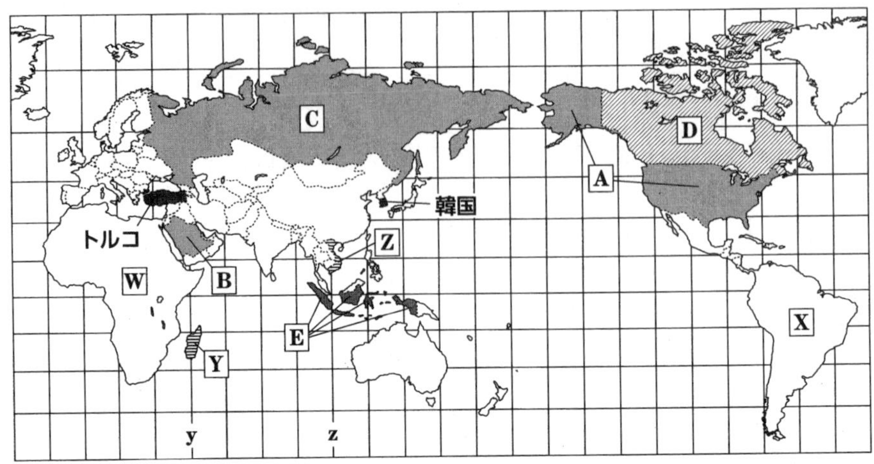

(1) 次の文章は，ゆうこさんが，上の地図の特徴についてまとめたレポートの一部である。文章中の［ I ］，［ II ］にあてはまるものの組み合わせとして最も適当なものを，あとの①～④のうちから一つ選びなさい。 13

> この地図は，緯線と経線が直角に交わる図法で描かれており，北緯 60 度の緯線が通る国には［ I ］などがある。また，地図中の［ II ］の大陸には，歴史的な背景から直線的な国境線が多く見られる。

① I：フィンランドやスウェーデン　II：W　② I：モンゴルやカザフスタン　II：W
③ I：フィンランドやスウェーデン　II：X　④ I：モンゴルやカザフスタン　II：X

(2) 右のグラフは，2021 年におけるある鉱産資源の主な生産国の産出量の，世界全体の産出量に占める割合を示したもので，グラフ中のA～Cは，地図中のA～Cの国にあたる。グラフにあてはまる鉱産資源として最も適当なものを，次の①～④のうちから一つ選びなさい。 14

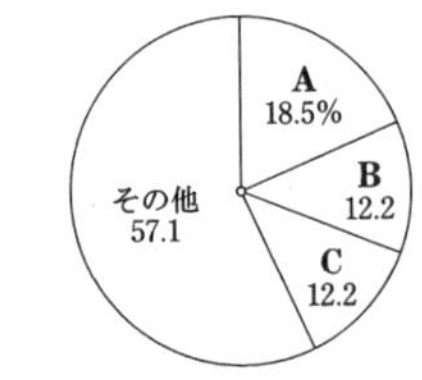

(「世界国勢図会 2022/23 年版」より作成)

① 石炭　② 原油　③ 鉄鉱石　④ 銀鉱

(3) 地図中のYの国はyの経線を，Zの国はzの経線を標準時子午線としている。Yの国が2月2日午後2時のときのZの国の日時として最も適当なものを，次の①～④のうちから一つ選びなさい。ただし，サマータイム制度は考えないものとする。 15

① 2月2日午前6時　② 2月2日午前10時　③ 2月2日午後6時　④ 2月2日午後10時

(4) 次の文章は，さとるさんが，地図中のDの国についてまとめたレポートの一部である。文章中の［ I ］，［ II ］にあてはまる語の組み合わせとして最も適当なものを，あとの①～④のうちから一つ選びなさい。 16

> Dの国には，太平洋を取り巻くように連なる造山帯(変動帯)の一部に属する［ I ］が連なっている。Dの国の発電量の内訳では，［ II ］の割合が最も大きくなっている。

① I：アンデス山脈　II：火力発電　② I：アンデス山脈　II：水力発電
③ I：ロッキー山脈　II：火力発電　④ I：ロッキー山脈　II：水力発電

(5) 地図中のＥの国について述べた文として最も適当なものを，次の①～④のうちから一つ選びなさい。 17

① 南部に，航空機の製造やエレクトロニクスなどの諸産業が発達したサンベルトが広がっている。

② 欧米との時差や英語が準公用語として話せることなどから，ICT 産業が急成長している。

③ 沿岸部のシンセンやアモイなどの地区に，海外企業を招くための経済特区が設けられている。

④ ２億５千万人をこえる人口を有し，そのうちの大部分がイスラム教を信仰している。

(6) あきおさんは，地図中の**韓国**と**トルコ**の産業活動別国内総生産について，次の**資料１**，**資料２**にまとめた。**資料１**，**２**から読み取れることとして最も適当なものを，あとの①～④のうちから一つ選びなさい。 18

資料１　韓国の産業活動別国内総生産

	国内総生産（百万ドル）	
	2019 年	2020 年
農林水産業	27,541	30,011
鉱工業	449,640	444,554
建設業	89,966	89,115
卸売・小売業	158,390	145,938
運輸・通信業	123,320	121,649
サービス業	663,485	668,000
産業計（その他の産業を含む）	1,512,342	1,499,267

資料２　トルコの産業活動別国内総生産

	国内総生産（百万ドル）	
	2019 年	2020 年
農林水産業	48,710	48,107
鉱工業	166,145	163,966
建設業	41,121	37,796
卸売・小売業	120,406	104,066
運輸・通信業	84,992	76,645
サービス業	223,865	209,584
産業計（その他の産業を含む）	685,239	640,164

（**資料１**，**資料２**は，「世界国勢図会 2022/23 年版」より作成）

① 韓国とトルコのどちらも，2019 年と 2020 年ともに，産業計の国内総生産に占めるサービス業の割合が 40 %をこえている。

② 韓国とトルコのどちらも，農林水産業と鉱工業の国内総生産が，2019 年から 2020 年にかけて増加している。

③ 2019 年と 2020 年のどちらも，韓国の産業計の国内総生産は，トルコの産業計の国内総生産の２倍以上となっている。

④ トルコは 2019 年と 2020 年のどちらも，第二次産業に分類される産業の国内総生産の合計が 2000 億ドル未満となっている。

4

次のＡ～Ｄのカードは，一郎さんたちが，「18 世紀までに起こった政治に関するできごと」をテーマに作成したものの一部である。これに関して，あとの(1)～(5)の問いに答えなさい。

A

a 聖徳太子（厩戸皇子）が政治を行っていた b 飛鳥時代には，天皇を中心とする律令国家を目指す動きが見られた。律令制度は c 奈良時代も継続し，平安時代も存続したが，平安時代後半には崩壊した。

B

d 鎌倉幕府は，武士によって運営された武家政権で，執権が将軍の補佐にあたり，国ごとに置かれた守護が地方の軍事を担って，荘園や公領ごとに置かれた地頭が土地の管理などを担った。

C

応仁の乱以降の約 100 年間，有力な戦国大名が全国各地に現れ，政治的統一を失った時代を e 戦国時代という。この時代には，身分の下の者が上の者を実力で倒す下剋上とよばれる風潮が見られた。

D

江戸時代後半には，将軍や老中などが中心となって f 政治改革が行われ，財政再建や制度改革，ききんの克服や物価高騰の解消などを実現するために，さまざまな政策が実行された。

(1) Ａのカードの下線部ａに関連して，次のⅠとⅡの文は，聖徳太子（厩戸皇子）が行ったこと 19

がらについて述べたものである。Ⅰ，Ⅱの文の正誤の組み合わせとして最も適当なものを，あとの①～④のうちから一つ選びなさい。

Ⅰ　聖徳太子は，天武天皇の摂政となって政治を行い，有能な人物を役人に登用しようとして冠位十二階の制度を定めたり，役人に政治の心得を示すために十七条の憲法を定めたりした。

Ⅱ　聖徳太子は，中国の魏の政治制度を取り入れようとして小野妹子を魏に派遣したり，仏教を広めるために法隆寺を建てたりした。

①　Ⅰ：正　Ⅱ：正　②　Ⅰ：正　Ⅱ：誤　③　Ⅰ：誤　Ⅱ：正　④　Ⅰ：誤　Ⅱ：誤

(2)　Aのカードの下線部bと下線部cに関連して，飛鳥時代と奈良時代の二つの時代に起こったできごとを次のⅠ～Ⅳから三つ選び，年代の**古いものから順**に並べたものを，あとの①～④のうちから一つ選びなさい。 20

Ⅰ　朝鮮半島の白村江で，百済の復興を目指す百済の遺民と日本の連合軍が，唐と新羅の連合軍に敗れ，日本は朝鮮半島進出を断念した。

Ⅱ　度重なる困難の末，唐の僧であった鑑真が来日を果たし，唐招提寺を建立して正しい戒律を学ぶための道場を開いた。

Ⅲ　全長約486ｍもある，後円部と前方部からなる前方後円墳としては国内最大級の古墳である大仙(大山)古墳がつくられた。

Ⅳ　刑部親王や藤原不比等らが中心となり，唐の律令を参考にしながら，刑罰や政治を行う上でのきまりなどを定めた大宝律令を完成させた。

①　Ⅰ→Ⅱ→Ⅲ　②　Ⅰ→Ⅳ→Ⅱ　③　Ⅱ→Ⅰ→Ⅲ　④　Ⅱ→Ⅰ→Ⅳ

(3)　Bのカードの下線部dに関連して，鎌倉時代の産業や文化などについて述べた文として最も適当なものを，次の①～④のうちから一つ選びなさい。 21

①　備中ぐわや千歯こきなどの農具が開発されたことで，農業生産力が著しく向上した。

②　商人や職人が同業者同士で株仲間を結成し，幕府や藩の許可を得て営業を独占していた。

③　東大寺南大門の金剛力士像などをはじめ，写実的で力感あふれる彫刻作品が多数つくられた。

④　狩野永徳や狩野山楽，長谷川等伯らが建物の中に豪華な障壁画を描いた。

(4)　Cのカードの下線部eに関連して，右の地図中のW～Zのうちから，次のⅠとⅡの文にあてはまる場所を正しく選んだ組み合わせとして最も適当なものを，あとの①～④のうちから一つ選びなさい。 22

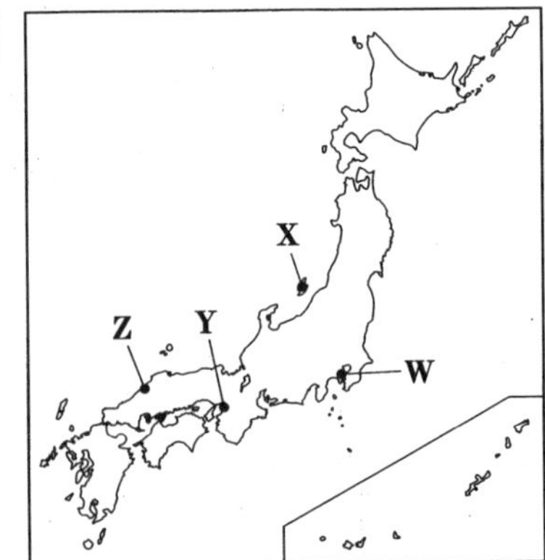

> Ⅰ　室町時代から戦国時代にかけて日明貿易や南蛮貿易で栄えた港町で，会合衆とよばれる有力商人によって自治が行われていた。
>
> Ⅱ　戦国時代を中心に栄えていた日本最大級の銀山で，この銀山をめぐって，大内氏・尼子氏・毛利氏などの戦国大名が争いを繰り広げた。

①　Ⅰ：W　Ⅱ：X　②　Ⅰ：Y　Ⅱ：X

③　Ⅰ：W　Ⅱ：Z　④　Ⅰ：Y　Ⅱ：Z

(5)　Dのカードの下線部fに関連して，次の文章は，江戸時代に行われたある政治改革について述べたものである。文章中の［　　　］にあてはまる政治改革で行われたことがらについて述 23

べた文として最も適当なものを，あとの①～④のうちから一つ選びなさい。

> 役人たちの間でわいろが横行し，浅間山の噴火や天明のききんによって困窮した百姓らによる百姓一揆や打ちこわしが起こる中，江戸幕府11代将軍の老中となった人物によって，□が行われた。

① 江戸に昌平坂学問所をつくって，そこでは朱子学以外の学問を禁止した。

② 大名が参勤交代で江戸にいる期間を半年にするかわりに，幕府に米を献上させた。

③ 株仲間の結成を奨励し，特権を与えるかわりに営業税を納めさせた。

④ 江戸と大阪の周辺の領地を幕府の直轄地にしようとしたが失敗に終わった。

5 次の略年表は，たかこさんが，「世界平和を目指して」というテーマで，19世紀以降の主な争乱や戦争をまとめたものである。これを見て，あとの(1)～(6)の問いに答えなさい。

年代	19世紀以降の主な争乱や戦争	
1861	a 南北戦争が始まる	↑
1894	日清戦争が始まる	↓ A
1914	b 第一次世界大戦が始まる	
1937	c 日中戦争が始まる	
1941	d 太平洋戦争が始まる	
1950	朝鮮戦争が始まる	
1973	e 第四次中東戦争が始まる	

(1) 略年表中の下線部 a に関連して，次の文章は，南北戦争について述べたものである。文章中の Ⅰ ， Ⅱ にあてはまる語の組み合わせとして最も適当なものを，あとの①～④のうちから一つ選びなさい。 24

> 19世紀の中ごろ，綿花などの栽培と輸出が盛んな南部の州と，工業化が進展し，奴隷制度に反対する北部の州との間で対立が激しくなり，南北戦争が始まった。北部・南部ともに多大な被害を出した後， Ⅰ が Ⅱ の指導のもとでこの内戦に勝利した。

① Ⅰ：南部側　Ⅱ：リンカン(リンカーン)　② Ⅰ：南部側　Ⅱ：ワシントン

③ Ⅰ：北部側　Ⅱ：リンカン(リンカーン)　④ Ⅰ：北部側　Ⅱ：ワシントン

(2) 略年表中のAの時期に起こったできごとを次のⅠ～Ⅳから三つ選び，年代の**古いものから順**に並べたものを，あとの①～④のうちから一つ選びなさい。 25

Ⅰ　廃藩置県が行われ，各県に県令(県知事)が，東京，大阪，京都には府知事が派遣され，中央の方針に基づいて地方を治めさせた。

Ⅱ　民主主義教育の基本を示した教育基本法が制定され，教育の機会均等や9年間の義務教育，男女共学などが定められた。

Ⅲ　地租改正条例が出されて，地租(税額)は地価の3％と定められ，土地の所有者が現金で地租を納めることとなった。

Ⅳ　板垣退助らが中心となり，早期の国会開設と人民の代表を政治に参加させることなどを求めた民撰議院設立建白書を政府に提出した。

①　Ⅰ→Ⅱ→Ⅲ　　②　Ⅰ→Ⅲ→Ⅳ　　③　Ⅳ→Ⅰ→Ⅲ　　④　Ⅱ→Ⅳ→Ⅰ

(3)　略年表中の下線部bに関連して，第一次世界大戦が行われていたときの日本国内の様子について述べた文として最も適当なものを，次の①～④のうちから一つ選びなさい。 26

①　被差別部落の人々が，差別からの解放を目指して全国水平社を結成した。

②　関東大震災が発生し，死者・行方不明者が10万人をこえる大きな被害が出た。

③　伊藤博文が，憲政を整えるための組織として立憲政友会を結党した。

④　吉野作造が民本主義を唱え，民衆の考えを政治に反映すべきだと主張した。

(4)　略年表中の下線部cに関連して，次の文章は，日中戦争に関連することがらについて述べたものである。文章中の Ⅰ ， Ⅱ にあてはまる語の組み合わせとして最も適当なものを，あとの①～④のうちから一つ選びなさい。 27

> 1937年7月に， Ⅰ で日本軍と中国軍が武力衝突した事件をきっかけに日中戦争が始まった。日中戦争が長引く中，翌1938年には Ⅱ が制定され，国民は生活全体にわたって厳しい統制を受けるようになった。

①　Ⅰ：柳条湖　Ⅱ：治安維持法　　②　Ⅰ：柳条湖　Ⅱ：国家総動員法

③　Ⅰ：盧溝橋　Ⅱ：治安維持法　　④　Ⅰ：盧溝橋　Ⅱ：国家総動員法

(5)　略年表中の下線部dに関連して，右の**資料**は，太平洋戦争開戦時の日本を取り巻く状況を示したものである。**資料**中のX～Zにあてはまる国名の組み合わせとして最も適当なものを，次の①～④のうちから一つ選びなさい。 28

資料　太平洋戦争開戦時の日本を取り巻く状況

①　X：ソ連　Y：イタリア　Z：イギリス

②　X：イタリア　Y：ソ連　Z：イギリス

③　X：ソ連　Y：イギリス　Z：イタリア

④　X：イギリス　Y：イタリア　Z：ソ連

(6)　略年表中の下線部eに関連して，次の文は，第四次中東戦争に関連することがらについて述べたものである。文中の ＿＿ にあてはまる語として最も適当なものを，あとの①～④のうちから一つ選びなさい。 29

> 第四次中東戦争の発生により石油価格が高騰すると，先進国の経済は大きな打撃を受け，日本も不況におちいり，1950年代半ばから続いていた ＿＿ は終わりを告げた。

①　大戦景気　　②　バブル経済(バブル景気)　　③　高度経済成長　　④　特需(特需景気)

6　次の文章を読み，あとの(1)～(5)の問いに答えなさい。

私たち国民と政治との関わり方には，様々な形がある。

a選挙を通してb国会議員を選出するのも，政治への関与の仕方の一つである。私たちが政治や社会の動きなどについて国民の総意として形成する世論は，国会で活動する議員に大きな影響を与えている。私たちは，内閣総理大臣とその他の国務大臣で構成されるc内閣の施策等についても世論を形成し，内閣支持率もそのうちの一つに数えられる。

国の政治への関わりという観点では，d 裁判もその一部を形成している。2009年には裁判員裁判が始まるなど，国民の裁判への関与の仕方も変化している。

国民，あるいは住民と政治との関わりという観点では，e 地方自治が最も身近な存在で，「地方自治は民主主義の学校」とよばれている。

(1) 下線部 **a** に関連して，右の**資料**は，比例代表制のある選挙区における各政党の得票数を示したものである。この選挙区でドント式とよばれる議席配分方式を適用した場合の各政党の獲得議席数の組み合わせとして最も適当なものを，次の①～④のうちから一つ選びなさい。ただし，この選挙区の議席数は6で，各政党からの立候補者は6人ずつであるものとする。 30

資料

	得票数
A 党	18,000
B 党	10,000
C 党	7,500
D 党	2,000

① **A** 党：4議席　**B** 党：2議席　**C** 党：0議席　**D** 党：0議席
② **A** 党：3議席　**B** 党：3議席　**C** 党：0議席　**D** 党：0議席
③ **A** 党：3議席　**B** 党：2議席　**C** 党：1議席　**D** 党：0議席
④ **A** 党：2議席　**B** 党：2議席　**C** 党：1議席　**D** 党：1議席

(2) 下線部 **b** に関連して，国会に関連することがらについて述べた文として最も適当なものを，次の①～④のうちから一つ選びなさい。 31

① 衆議院には参議院よりも強い権限が認められており，法律案と予算案については必ず衆議院で先に審議されることになっている。
② 予算の議決や条約の承認について，参議院が，衆議院の可決した議案を受け取った後，30日以内に議決しないとき，衆議院の議決が国会の議決となる。
③ 内閣が必要と認めたとき，または，衆議院，参議院のいずれかの議院の総議員の4分の1以上の要求があったときに召集される国会を特別会(特別国会)という。
④ 衆議院の任期は6年，参議院の任期は4年で，参議院では2年ごとに行われる選挙で半数の議席を改選することになっている。

(3) 下線部 **c** に関連して，内閣の仕事について述べた文として最も適当なものを，次の①～④のうちから一つ選びなさい。 32

① 国会の制定した法律が，最終的に合憲か違憲かを決定する。
② 証人の出頭や記録の提出などを要求する国政調査権を行使する。
③ 裁判官を罷免するかどうかを決める，弾劾裁判所を設置する。
④ 国会の召集や栄典の授与などの天皇の国事行為に助言と承認を与える。

(4) 下線部 **d** に関連して，刑事裁判と民事裁判の区別を含む三審制のしくみを示したものとして最も適当なものを，次の①～④のうちから一つ選びなさい。 33

①

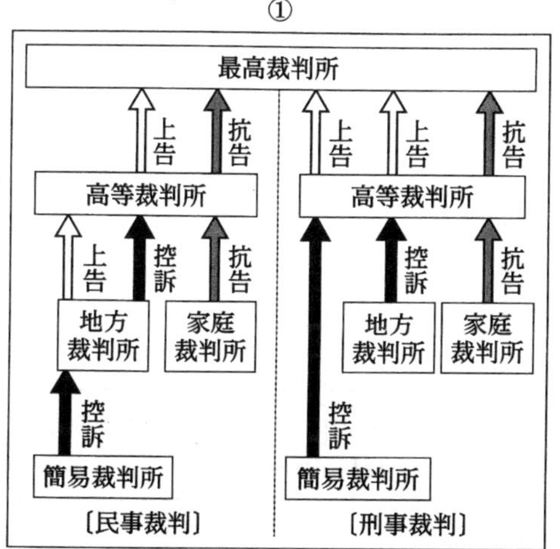

②

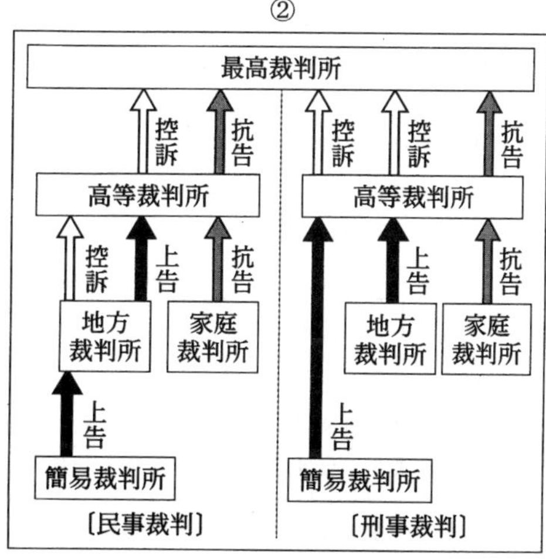

③

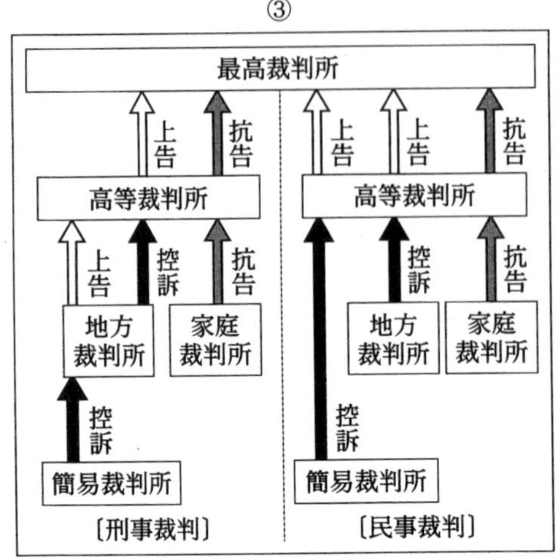

④

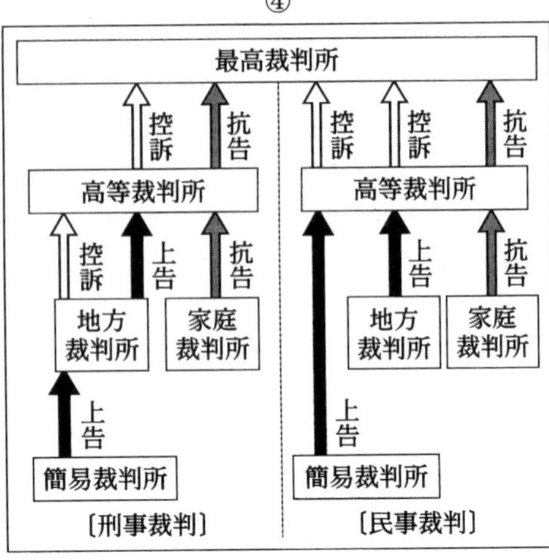

※家庭裁判所の「抗告」は，少年事件や家事事件において，「判決」ではない「決定・命令」が不服な場合の訴え。

(5) 下線部 **e** に関連して，次の文章で述べている直接請求権として最も適当なものを，あとの①～④のうちから一つ選びなさい。 34

> 有権者の 50 分の 1 以上の署名を集めて首長に請求する。請求後は議会が招集され，結果が報告される。

① 監査請求　　② 条例の制定または改廃の請求
③ 議会の解散請求　　④ 首長・議員の解職請求

7 次の文章を読み，あとの**(1)**～**(4)**の問いに答えなさい。

経済活動において，**a** 消費は **b** 企業の経営や生産活動に大きな影響を与える。また，私たちが消費者として商品を買う際の価格には，景気や経済状況が影響を与えるため，**c** 政府は，財政政策という手段によって景気の浮き沈みを小さくする政策を行っている。

不況などの要因により，国民が健康で文化的な最低限度の生活を送ることが難しくなる状況も想定される。日本では **d** 社会保障制度が整備され，状況に応じて様々な制度が使われている。

(1) 下線部 **a** に関連して，消費に関することがらについて述べた文として最も適当なものを，次の①～④のうちから一つ選びなさい。 35

① PL 法(製造物責任法)が制定されており，消費者は欠陥品により被害を受けた場合，製品をつくった会社から損害賠償を受けることができる。

② クーリング・オフ制度が制定されており，訪問販売や電話勧誘販売における契約の場合，購入者は無期限で契約の解除ができる。

③ 商品のうち，食料品や衣類などのように形があるものをサービスといい，タクシーに乗ることや美容院で髪を切ることのように形のないものを財という。

④ 商品が消費者に届くまでの流れを流通といい，近年は，生産された商品をより多くの卸売業者を介在させて小売業者へ渡すことで効率化をはかる動きが見られる。

(2) 下線部 **b** に関連して，次の文章は，株式会社に関することがらについて述べたものである。文章中の Ⅰ ， Ⅱ にあてはまる語の組み合わせとして最も適当なものを，あとの①～④のうちから一つ選びなさい。 36

> 株主は，事業者の基本方針を定めたり，経営者を選んだりする Ⅰ に出席することができる。また，会社の利潤の一部を Ⅱ として受け取る権利が保障されている。

① Ⅰ：株主総会　Ⅱ：利子(利息)　　② Ⅰ：株主総会　Ⅱ：配当(配当金)
③ Ⅰ：取締役会　Ⅱ：利子(利息)　　④ Ⅰ：取締役会　Ⅱ：配当(配当金)

(3) 下線部 **c** に関連して，政府が行う財政政策について述べた文として最も適当なものを，次の①～④のうちから一つ選びなさい。 37

① 日本銀行券という紙幣を発行している。

② 市中の銀行から資金を預かったり，銀行に資金を貸したりする。

③ 減税や増税を行って，家計や企業が使えるお金の量を調整する。

④ 国内の証券取引所を運営し，株価の変動を監視している。

(4) 下線部 **d** に関連して，社会保障制度と最も関係の深い権利として最も適当なものを，次の①～④のうちから一つ選びなさい。 38

① 請願権　　② 団結権　　③ 生存権　　④ 知る権利

8 次の文章を読み，あとの**(1)**，**(2)**の問いに答えなさい。

現代でも，テレビは多くの人が利用している a メディアの一つである。テレビでは，放送倫理を遵守して b 言論及び表現の自由のもと，様々な番組を放送している。

(1) 下線部 **a** に関連して，右の**資料 1** は，「世の中のできごとや動きについて信頼できる情報を得るのに最も利用するメディアはどれか」という問いに対する回答の結果を示したもので，**資料 1** 中の **A** ～ **C** には，テレビ，インターネット，新聞のいずれかがあてはまる。**資料 2** は，**資料 1** から読み取ったことがらをまとめたものである。**資料 1** 中の **A** ～ **C** にあてはまるものの組み合わせとして最も適当なものを，あとの①～④のうちから一つ選びなさい。 39

資料 1

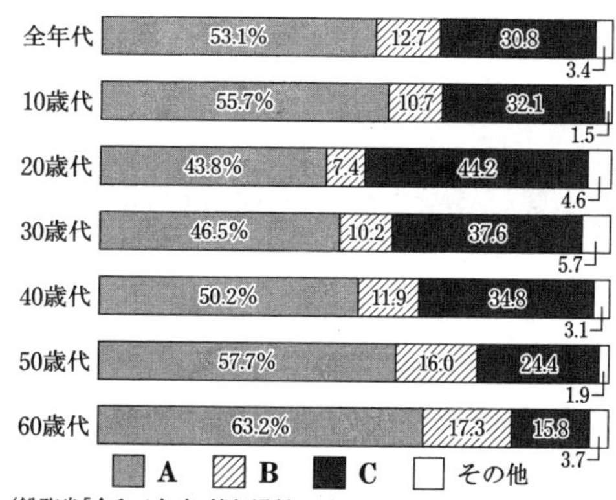

（総務省「令和４年度 情報通信メディアの利用時間と情報行動に関する調査報告書」より作成）

資料 2

・「テレビ」と回答した人と，「インターネット」と回答した人の割合を合計すると，すべての年代で 70 %以上となっている。

・20 歳代以上では，「テレビ」または「新聞」と回答した人の割合は，年齢層が上がるにつれてそれぞれ高くなっている。

・全年代と 10 歳代，40 歳代，50 歳代，60 歳代では，「インターネット」と回答した人と「新聞」と回答した人の割合の合計が，「テレビ」と回答した人の割合よりも低い。

① **A**：テレビ　　**B**：新聞　　**C**：インターネット

② **A**：テレビ　　**B**：インターネット　　**C**：新聞

③ **A**：インターネット　　**B**：新聞　　**C**：テレビ

④ **A**：インターネット　　**B**：テレビ　　**C**：新聞

(2) 下線部 **b** に関連して，自由権のうちの身体の自由（生命・身体の自由）について述べた文として最も適当なものを，次の①～④のうちから一つ選びなさい。 40

① 自らが就きたい職業に就くことができる。

② 宗教を信仰するか否か，どの宗教を信仰するかを自分で決めることができる。

③ 国が本の内容などを事前に確認する検閲を禁止している。

④ 裁判官が出す令状のない逮捕や住居の捜索を禁止している。

理　科

必答問題　1～7は必答問題です。1～7のすべての問題に答えなさい。

1　栄養分の消化について調べるため，次の**実験**を行いました。これに関して，あとの(1)～(5)の問いに答えなさい。ただし，実験中のビーカーの水温は一定であったものとします。

実験

① 試験管A～Fに0.5％デンプン溶液を5mLずつ入れた。

② **図**のように，試験管AとBは0℃の氷水を入れたビーカーに，試験管CとDは37℃のぬるま湯を入れたビーカーに，試験管EとFは80℃の湯を入れたビーカーにそれぞれ入れ，10分間置いた。

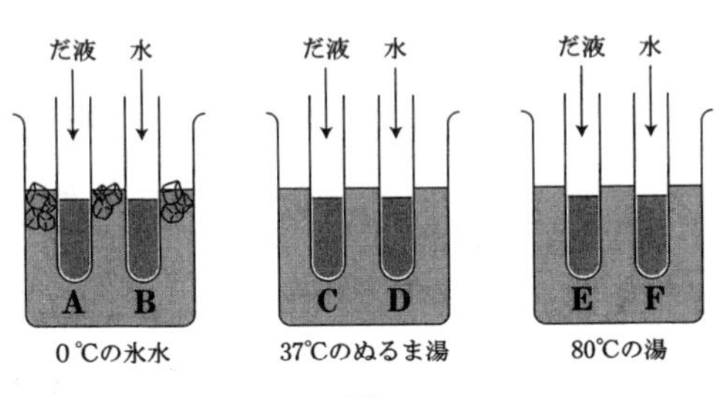

図

③ 試験管A，C，Eにはだ液2mLを，試験管B，D，Fには水2mLを加え，さらに10分間置いた。

④ 試験管Aの溶液を二等分して試験管A_1と試験管A_2に入れ，試験管Bの溶液を二等分して試験管B_1と試験管B_2に入れ，…というように，試験管A～Fの溶液を二等分して2つずつの試験管に入れた。次に，試験管A_1，B_1，C_1，D_1，E_1，F_1にヨウ素液を加え，試験管A_2，B_2，C_2，D_2，E_2，F_2にベネジクト液を［　　　］した。

表は，それぞれの試薬に反応したものは○，しなかったものは×として，結果をまとめたものである。

表

試験管	ヨウ素液	試験管	ベネジクト液
A_1	○	A_2	×
B_1	○	B_2	×
C_1	×	C_2	○
D_1	○	D_2	×
E_1	○	E_2	×
F_1	○	F_2	×

(1) **実験**の④で，［　　　］にあてはまる操作と，試験管C_2におけるベネジクト液の反応の組み合わせとして最も適当なものを，次の①～④のうちから一つ選びなさい。　[1]

① 操作：加えて冷却　　反応：青紫色に変化した。
② 操作：加えて冷却　　反応：赤褐色の沈殿ができた。
③ 操作：沸騰石とともに加えて加熱　　反応：青紫色に変化した。
④ 操作：沸騰石とともに加えて加熱　　反応：赤褐色の沈殿ができた。

(2) **実験**の結果から，デンプンが分解されてできた，ベネジクト液に反応した物質の物質名と，だ液に含まれている，デンプンを分解した消化酵素の名称の組み合わせとして最も適当なものを，次の①～④のうちから一つ選びなさい。　[2]

① 物質名：麦芽糖　消化酵素：アミラーゼ　② 物質名：麦芽糖　消化酵素：リパーゼ
③ 物質名：アミノ酸　消化酵素：アミラーゼ　④ 物質名：アミノ酸　消化酵素：リパーゼ

(3) デンプンを分解する消化酵素を出す器官の組み合わせとして最も適当なものを，次の①～④のうちから一つ選びなさい。 3

① だ液せん，胃，胆のう　② だ液せん，すい臓，胆のう
③ だ液せん，胃，小腸　④ だ液せん，すい臓，小腸

(4) **実験**の**④**の結果から，だ液のはたらきによってデンプンは分解されてなくなったことがわかった。その結果を得るために必要な試験管の組み合わせとして最も適当なものを，次の①～④のうちから一つ選びなさい。 4

① 試験管 $\mathbf{A_1}$ と試験管 $\mathbf{C_1}$　② 試験管 $\mathbf{C_1}$ と試験管 $\mathbf{D_1}$
③ 試験管 $\mathbf{C_1}$ と試験管 $\mathbf{E_1}$　④ 試験管 $\mathbf{C_1}$ と試験管 $\mathbf{C_2}$

(5) **実験**の結果から考えられることを**ア**～**ウ**に記した。だ液に含まれる消化酵素の性質について正しく述べられているものの組み合わせを，あとの①～⑥のうちから一つ選びなさい。 5

ア 低温や高温でははたらかなかった。
イ ヒトの体温くらいの温度のときに最もはたらいた。
ウ デンプン以外の栄養分にははたらかなかった。

① **ア**　② **イ**　③ **ウ**　④ **アとイ**　⑤ **アとウ**　⑥ **イとウ**

2

物質の状態変化について調べるため，次の**実験１**，**２**を行いました。これに関して，あとの(1)～(5)の問いに答えなさい。

実験１

図１のように，ビーカー**A**と**B**には水を，ビーカー**C**には液体のロウを入れ，さらに，ビーカー**A**には氷を，ビーカー**B**と**C**には固体のロウを入れ，ビーカー内のようすを観察した。

表は，その結果をまとめたものである。

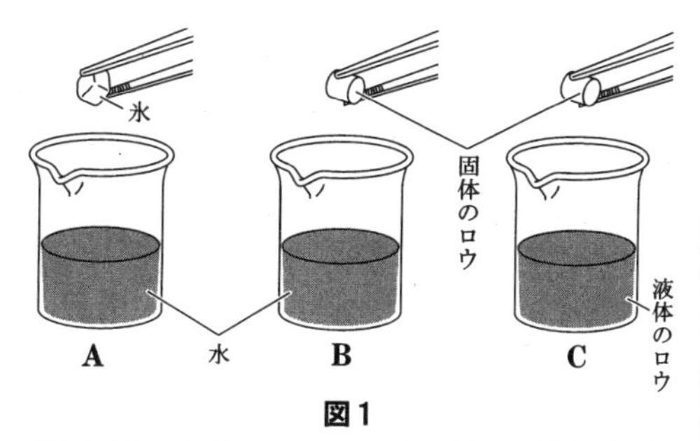

図１

表

ビーカー**A**	氷は水に浮き，しばらくするとすべてとけた。
ビーカー**B**	固体のロウは水に浮き，しばらくしてもとけることはなかった。
ビーカー**C**	固体のロウは液体のロウに沈んでとけた。しばらくすると全体が固まった。

実験２

① 赤ワイン 20 mL と沸騰（ふっとう）石を枝つきフラスコに入れ，**図２**のようにガスバーナーで加熱したところ，沸騰が始まり，試験管**A**に液体が集まり始めた。

② 試験管**A**に集まった液体が約 2 mL になったところで試験管**B**に変え，**B**に集まった液体が約 2 mL になったところで試験管**C**に変えた。

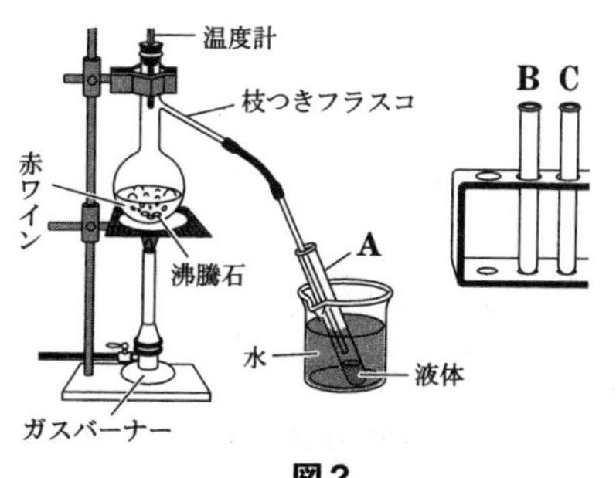

図２

③　試験管A，B，Cに集まった液体を蒸発皿に移し，燃えるかどうかを調べた。

図3は，加熱開始から1分ごとの，温度計の示した温度をグラフに表したものである。

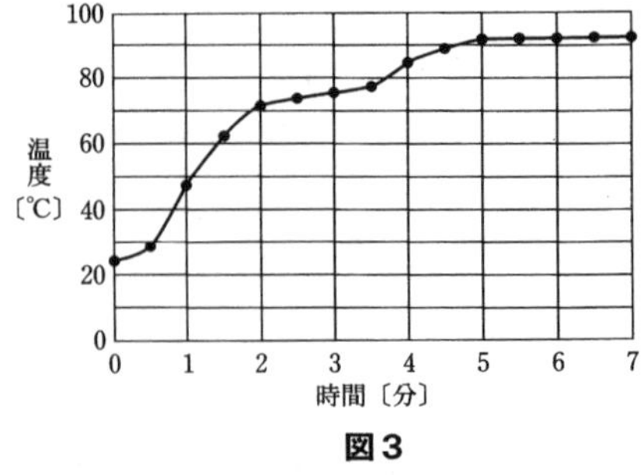

図3

(1)　次の文は，**実験1**でビーカーC内の物質が固まったときのようすについて述べたものである。文中の［6］にあてはまる最も適当なものを6群の①～③のうちから，［7］にあてはまる最も適当なものを7群の①～③のうちから，それぞれ一つずつ選びなさい。　［6］　［7］

> 全体が固体となったロウは，固まる前の液体のロウと比べて，体積は［6］，質量は［7］。

6群　①　大きくなり　　②　小さくなり　　③ 変化せず

7群　①　大きくなった　　②　小さくなった　　③ 変化しなかった

(2)　水とロウの固体や液体の密度の大小関係について，**実験1**の結果からはわからないものを，次の①～④のうちから一つ選びなさい。　［8］

①　水＞氷　　②　固体のロウ＞液体のロウ　　③　氷＞固体のロウ　　④　水＞固体のロウ

(3)　**実験2**の①で，沸騰が始まったのは加熱を始めてから何分後か。最も適当なものを，次の①～④のうちから一つ選びなさい。　［9］

①　1分後　　②　2分後　　③　3分後　　④　4分後

(4)　**実験2**の②で試験管Aに集まった液体を測定した結果，体積が2.00 mLで，質量が1.65 gであった。この液体の密度は何 g/cm^3 か。［10］～［12］に解答となる数字を一つずつ入れなさい。ただし，$1\ mL = 1\ cm^3$ とする。　［10］　［11］　［12］

0.［10］［11］［12］g/cm^3

(5)　**実験2**の③で，試験管Aの液体はよく燃え，試験管Bの液体は火はついたが，すぐに消えた。試験管Cの液体は火がつかなかった。この結果から考えられることとして最も適当なものを，次の①～④のうちから一つ選びなさい。　［13］

①　赤ワインにはエタノールが含まれており，エタノールと水では水の方が沸点が低い。

②　赤ワインにはエタノールが含まれており，エタノールと水ではエタノールの方が沸点が低い。

③　赤ワインにはオキシドールが含まれており，オキシドールと水では水の方が沸点が低い。

④　赤ワインにはオキシドールが含まれており，オキシドールと水ではオキシドールの方が沸点が低い。

3　Sさんは，2本の電熱線を用いて，電圧と電流の関係を調べました。その結果に関する先生との会話文を読んで，あとの(1)～(4)の問いに答えなさい。

Sさん：２本の電熱線**P**と**Q**それぞれについて，**図1**のような回路をつくって，加える電圧の大きさと流れる電流の大きさの関係を調べました。**表1**は，その結果をまとめたものです。

電熱線**P**
または
電熱線**Q**

図1

表1

電圧〔V〕		2.0	4.0	6.0	8.0
電流〔A〕	電熱線**P**	0.10	0.20	0.30	0.40
	電熱線**Q**	0.40	0.80	1.20	1.60

先　生：**表1**から，どのようなことがわかりますか。

Sさん：電熱線**P**よりも**Q**の方が，電流が流れやすいことがわかります。

先　生：そうですね。電熱線を２本とも用いた回路についても調べてみましたか。

Sさん：はい。**図2**のような直列回路をつくり，調べてみました。**表2**は，その結果をまとめたものです。

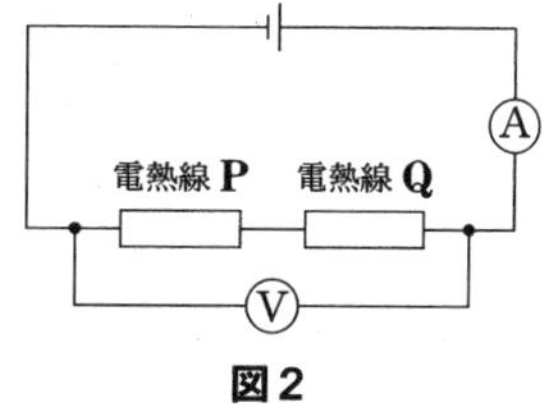

図2

表2

電圧〔V〕	2.0	4.0	6.0	8.0
電流〔A〕	0.08	0.16	0.24	0.32

先　生：**表1**と**表2**を比べると，どのようなことがわかりますか。

Sさん：電熱線が１本のときよりも電流が流れにくくなりました。よって，**図2**の回路全体の抵抗の大きさは，電熱線**P**と**Q**それぞれの抵抗の大きさよりも大きくなったと考えられます。

先　生：そのとおりです。では，２本の電熱線を用いて**図3**のような並列回路をつくり，電流と電圧の関係を調べると，どのようなことが予想されますか。

Sさん：**図1**や**図2**の回路と比べると，電流が流れやすくなると考えます。実際に，**図3**のような回路をつくって，確かめてみようと思います。

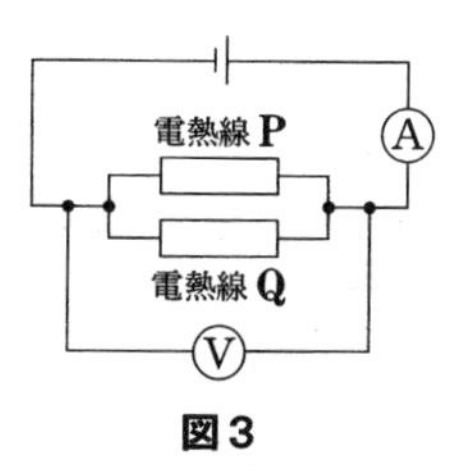

図3

(1)　電熱線**P**を用いて**図1**のような回路をつくり，ある大きさの電圧を加えて回路に電流を流し，電流の大きさの測定を**図4**のような電流計で行うこととする。このとき，電流計の－端子に対して行う操作として最も適当なものを，次の①～③のうちから一つ選びなさい。 14

① 最初に 500 mA の端子につなぎ，針の動きが大きすぎる場合，5 Aの端子につなぎ変える。

② 最初に 50 mA の端子につなぎ，針の動きが大きすぎる場合，500 mA の端子，5 Aの端子の順につなぎ変える。

③ 最初に５Aの端子につなぎ，針の動きが小さすぎる場合，500 mA の端子，50 mA の端子の順につなぎ変える。

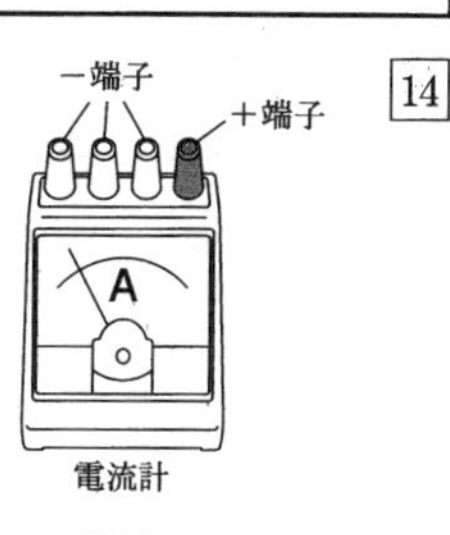

図4

(2)　電熱線**Q**の抵抗の大きさとして最も適当なものを，次の①～④のうちから一つ選びなさい。 15

①　2Ω　　②　5Ω　　③　10Ω　　④　20Ω

(3)　**図2**の回路で，回路全体に加わる電圧の大きさが 6.0 V になるようにして，５分間電流を 16

流した。このとき，電熱線 **Q** が消費した電力量は何 J か。[16] ～ [18] に解答となる数字を一つずつ入れなさい。 [17] [18]

[16][17].[18] J

(4) **図3** の回路で，電圧をある大きさにしたところ，電熱線 **P** に流れる電流の大きさが 0.35 A となった。このときの回路全体に流れる電流の大きさとして最も適当なものを，次の①～⑥のうちから一つ選びなさい。 [19]

① 1.05 A　② 1.25 A　③ 1.40 A

④ 1.60 A　⑤ 1.75 A　⑥ 2.10 A

4

S さんは，いろいろな季節の天気図について，**調べたこと**にまとめました。これに関して，あとの**(1)**～**(5)**の問いに答えなさい。

調べたこと

図の **A**～**D** は，春，梅雨，夏，冬のいずれかの天気図で，それぞれの季節における気圧配置の特徴がよく現れている。

A

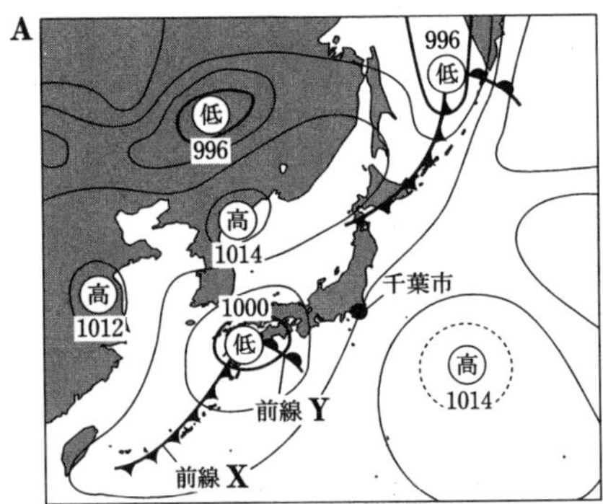

・高気圧と低気圧が交互に並ぶ。

・低気圧から前線 **X** と **Y** がのびている。

B

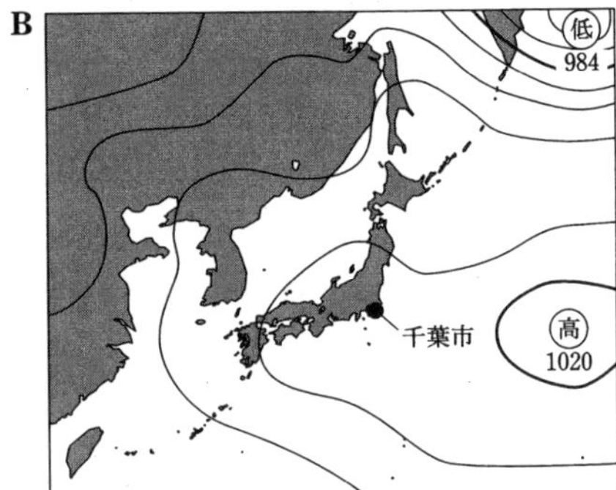

・太平洋上に大きな高気圧がある。

・等圧線の間隔が広い。

C

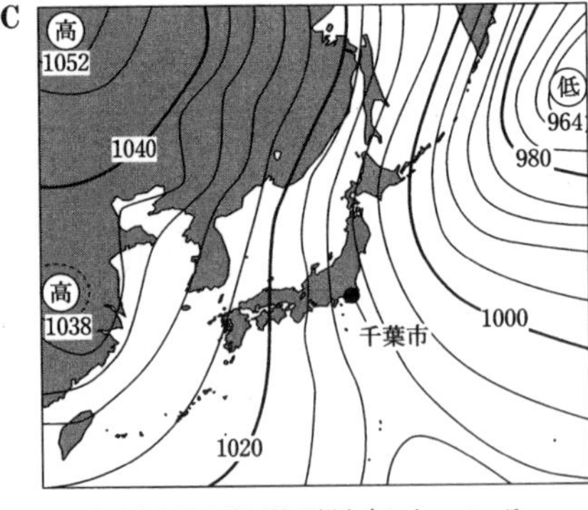

・日本列島を通る等圧線が縦方向になっている。

・大陸に大きな高気圧がある。

D

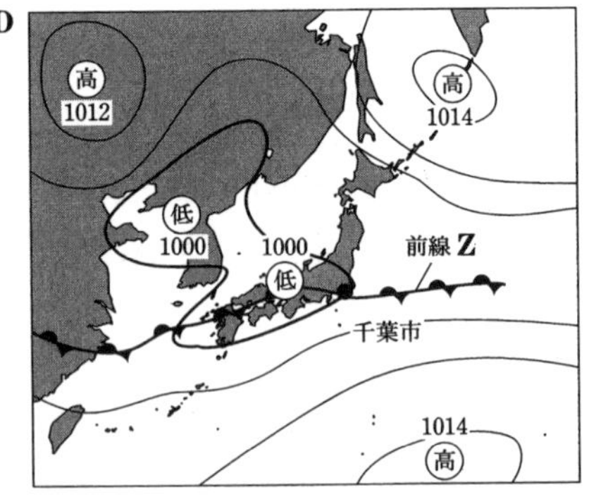

・東西にのびる前線 **Z** がある。

・前線の南北に高気圧がある。

図

(1) **図**の **A**～**D** の天気図で，**A** は春の天気図である。**B**～**D** の天気図と季節の組み合わせとして最も適当なものを，次の①～⑥のうちから一つ選びなさい。 [20]

①	**B**：梅雨	**C**：夏	**D**：冬	②	**B**：梅雨	**C**：冬	**D**：夏
③	**B**：夏	**C**：梅雨	**D**：冬	④	**B**：夏	**C**：冬	**D**：梅雨
⑤	**B**：冬	**C**：梅雨	**D**：夏	⑥	**B**：冬	**C**：夏	**D**：梅雨

(2) 図のA～Dの天気図で，千葉市で最も強い風が吹いていると考えられる天気図として最も適当なものを21群の①～④のうちから，そのときの風向として最も適当なものを22群の①～④のうちから，それぞれ一つずつ選びなさい。 21 22

21群 ① A　② B　③ C　④ D

22群 ① 南東　② 南西　③ 北東　④ 北西

(3) 次の23～26群は，図のA～Dの天気図が示す，いずれかの季節の千葉市の天気について述べたものである。それぞれどの天気図のときか。最も適当なものをあとの①～④のうちから一つずつ選びなさい。 23 24 25 26

23群 乾燥した晴天の日が続く。

24群 雨の多いぐずついた天気の日が続く。

25群 暖かい日と寒い日が３～４日周期でくり返す。

26群 晴れた蒸し暑い日が続く。

① A　② B　③ C　④ D

(4) 前線について考えられることをア～ウに記した。図のAとDの天気図に見られる前線X～Zについて正しく述べられているものの組み合わせを，あとの①～⑦のうちから一つ選びなさい。 27

ア 前線Xは，寒気が暖気の下へもぐり込む場所にでき，前線面に沿って積乱雲ができる。

イ 前線Yは，暖気が寒気の上へはい上がる場所にでき，通過時に雷をともなう激しい雨が降る。

ウ 前線Zは，暖気と寒気の勢力がつり合う場所にでき，南へ移動しながら消滅する。

① ア　② イ　③ ウ　④ アとイ

⑤ アとウ　⑥ イとウ　⑦ アとイとウ

(5) 図のDの天気図で，気圧配置に大きな影響をおよぼす気団の一つである，北にあるオホーツク海気団の特徴として最も適当なものを，次の①～④のうちから一つ選びなさい。 28

① 冷たく，しめっている。　② 冷たく，乾燥している。

③ あたたかく，しめっている。　④ あたたかく，乾燥している。

5

エンドウの種子の形には「丸」と「しわ」がある。これらの形質がどのように遺伝するかを調べるため，**実験１～４**を行いました。これに関して，あとの(1)～(4)の問いに答えなさい。ただし、エンドウの種子の「丸」と「しわ」の形質は，メンデルが発見した法則にもとづいて遺伝するものとします。

実験１

① 果実の中にできる種子が，何代も「丸」だけになる系統(「丸」の純系)のエンドウと，何代も「しわ」だけになる系統(「しわ」の純系)のエンドウの種子をまいて育てた。

② 「しわ」の純系のエンドウの花がつぼみのときにおしべを切りとり，めしべが成熟してから，「丸」の純系のエンドウの花粉を受粉させた。その結果，果実の中にできた種子は，**図１**のように，すべて「丸」であった。

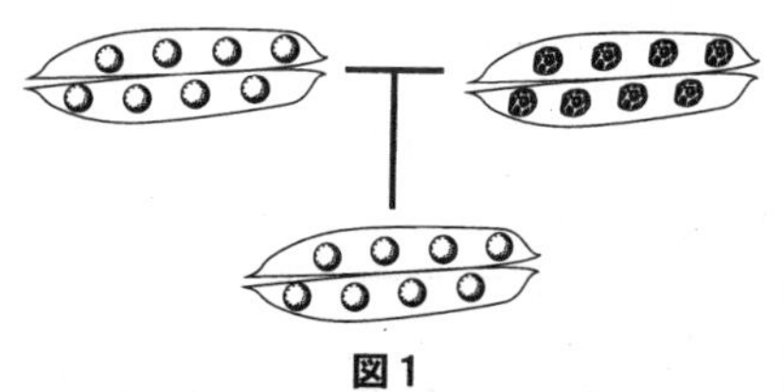

図１

実験2

実験1でできた「丸」の種子をまいて育て，自家受粉させたところ，たくさんの果実ができた。果実の中を調べてみると**図2**のようになっており，できた種子には「丸」と「しわ」があり，全体では「丸」が1199個，「しわ」が402個であった。

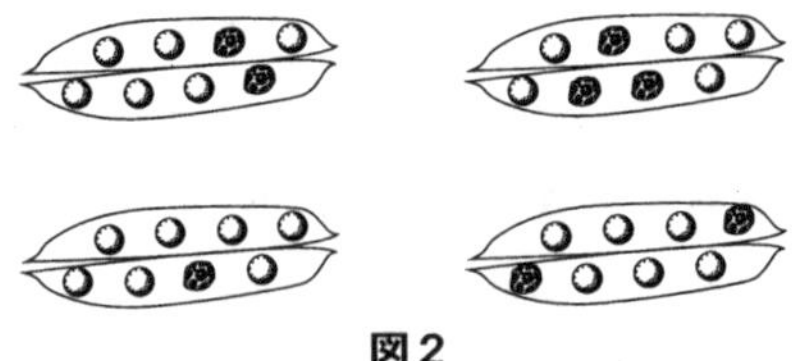

図2

実験3

実験2でできた種子のうち，「丸」のものだけを選びだして，まいて育てた。エンドウの花がつぼみのときにおしべを切りとり，めしべが成熟してから，「しわ」の純系のエンドウの花粉を受粉させたところ，たくさんの果実ができた。**実験2**と同じように果実の中の種子を調べた。

実験4

実験2でできた種子のうち，「丸」のものだけを選びだして，まいて育てた。花が咲き，それぞれ自家受粉させたところ，たくさんの果実ができた。**実験2**と同じように果実の中の種子を調べた。

(1) **実験1**で，下線部のようにする理由として最も適当なものを，次の①～④のうちから一つ選びなさい。 29

① 花粉管が速くのびるようにするため。　② 自家受粉しないようにするため。

③ めしべの成熟を促進させるため。　④ できる種子の数を少なくするため。

(2) 種子の形を「丸」にする遺伝子を**A**，「しわ」にする遺伝子を**a**としたとき，「丸」の純系のエンドウがもつ遺伝子の組み合わせと，**実験1**の**②**でできた種子がもつ遺伝子の組み合わせとして最も適当なものを，次の①～④のうちから一つ選びなさい。 30

① 「丸」の純系のエンドウ：**AA**　**実験1**の**②**でできた種子：**AA**

② 「丸」の純系のエンドウ：**AA**　**実験1**の**②**でできた種子：**Aa**

③ 「丸」の純系のエンドウ：**Aa**　**実験1**の**②**でできた種子：**AA**

④ 「丸」の純系のエンドウ：**Aa**　**実験1**の**②**でできた種子：**Aa**

(3) **実験3**ではたくさんの種子ができた。これらの種子のうち，「丸」の種子は全体の何％であったと考えられるか。31，32 に解答となる数字を一つずつ入れなさい。ただし，答えは四捨五入して整数で答えなさい。 31 32

31 32 ％

(4) 次の文章は，**実験4**の結果について述べたものである。文章中の 33，34 にあてはまる数字を一つずつ入れなさい。 33 34

> できた果実の中の種子を調べると，「丸」と「しわ」の両方があった。果実からすべての種子をとり出し，「丸」の種子の個数と「しわ」の種子の個数を最も簡単な整数の比で表すと，「丸」:「しわ」＝ 33 ： 34 になった。

6

電流が流れる水溶液について調べるため，次の**実験**を行いました。これに関して，あとの**(1)**～**(4)**の問いに答えなさい。

実験

① **図**のように，質量パーセント濃度が10％の塩化銅水溶液50 cm^3の入ったビーカーに，炭素棒**A**と**B**を電極として入れた。

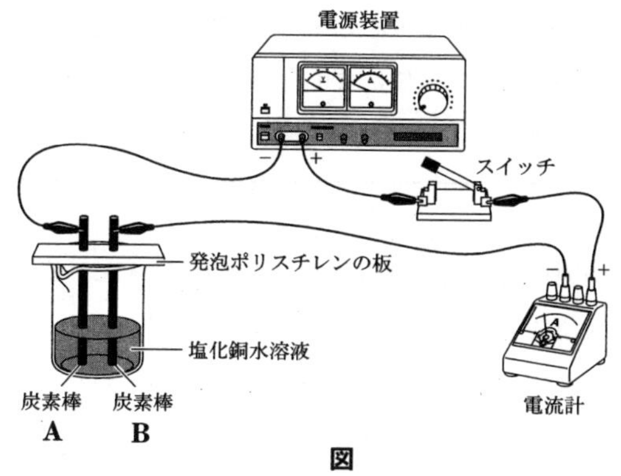

図

② スイッチを入れ，電源装置で電圧を加えて回路に電流を流したところ，炭素棒AとBのうちの一方から気体が発生し始めた。

③ 電流を流し続けると，②で気体が発生しなかったもう一方の炭素棒の色が変化し始めた。

(1) **実験**で，気体が発生せず色が変化した炭素棒として最も適当なものを35群の①，②のうちから，変化した後の色として最も適当なものを36群の①～④のうちから，それぞれ一つずつ選びなさい。 35 36

35群 ① 炭素棒**A**　② 炭素棒**B**

36群 ① 青色　② 赤色　③ 灰色　④ 白色

(2) **実験**で，塩化銅のような，水に溶かすと電流が流れる物質の名称として最も適当なものを37群の①，②のうちから，一方の炭素棒から発生した気体の性質について述べたものとして最も適当なものを38群の①～④のうちから，それぞれ一つずつ選びなさい。 37 38

37群 ① 電解質　② 導体

38群 ① 空気より密度が小さく，燃えると水ができる。
② 空気より密度が大きく，石灰水を白くにごらせる。
③ 刺激臭があって水に溶けやすく，水溶液はアルカリ性になる。
④ 刺激臭があって水に溶けやすく，漂白作用がある。

(3) 次の文は，**実験**で気体が発生せず色が変化した炭素棒の表面で起こったことを説明したものである。文中の 39 にあてはまる最も適当なものを39群の①，②のうちから， 40 にあてはまる数字を40群の①，②のうちから， 41 にあてはまる最も適当なものを41群の①，②のうちから，それぞれ一つずつ選びなさい。 39 40 41

> 気体が発生せず色が変化した炭素棒には，水溶液中の 39 イオンが引きつけられ， 40 個の電子を炭素棒 41 ，原子になった。

39群 ① 陽　② 陰

40群 ① 1　② 2

41群 ① から受けとって　② へ渡して

(4) **実験**を始める時点で，塩化銅水溶液50 cm^3中には$60n$個のイオンがあったとする。電気分解が進み，塩化銅水溶液に含まれるイオンの数が$30n$個になったとき，発生した気体の分子数は何個と表せるか。 42 ， 43 に解答となる数字を一つずつ入れなさい。 42 43

42 43 n個

7 水中にある物体にはたらく力について調べるため，次の**実験１**，**２**を行いました。これに関して，あとの**(1)**～**(5)**の問いに答えなさい。ただし，質量 100 g の物体にはたらく重力の大きさを１Nとし，糸の質量や体積は考えないものとします。

実験１

① 底面積が 12 cm² の円柱形をした物体**X**を，糸でばねばかりにつるした。

② **図１**のように，物体**X**を静かに水中へ沈めていき，物体**X**の底面と水面との距離とばねばかりが示す値との関係を調べた。**図２**は，その結果をグラフに表したものである。

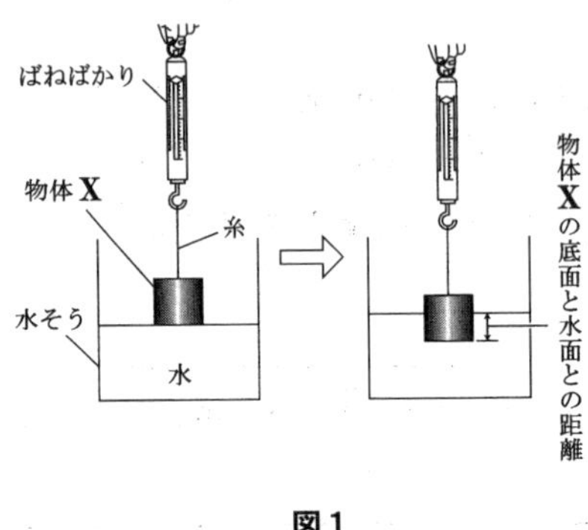

図１

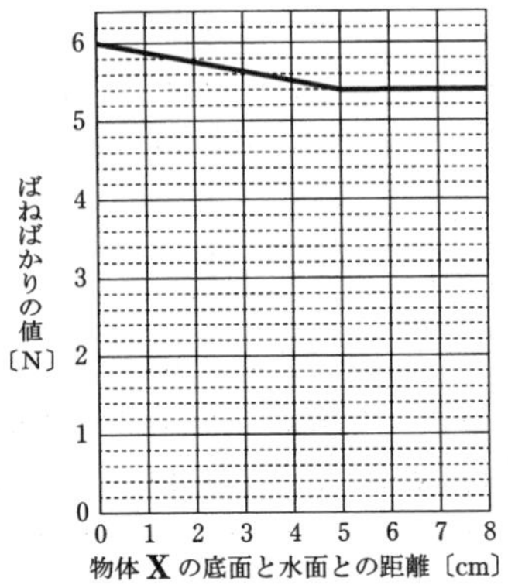

ばねばかりの値〔N〕

物体**X**の底面と水面との距離〔cm〕

図２

③ 物体**X**を，水よりも密度の小さい物体**Y**に変え，糸でばねばかりにつるして静かに水に沈めようとしたところ，糸がたるんで物体**Y**は水に浮いた。そのとき，ばねばかりの値は０Nを示した。

実験２

① 水そうを台ばかりにのせたところ，台ばかりは 2.00 kg を示した。

② **図３**のように，**実験１**で用いた物体**X**を，ばねばかりにつるして静かに水そうに沈めていったところ，ばねばかりと台ばかりの示す値が変化していった。

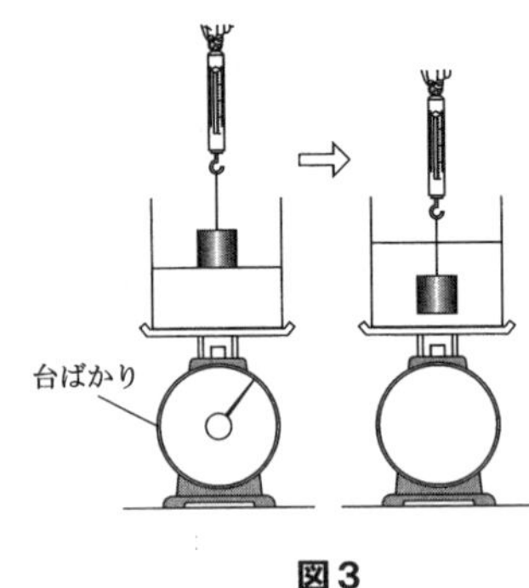

図３

(1) **実験１**で用いた物体**X**を，底面が下になるようにして水平面に置いたとき，物体**X**が水平面に加える圧力として最も適当なものを，次の①～④のうちから一つ選びなさい。 44

① 0.5 Pa　② 2 Pa　③ 50 Pa　④ 5000 Pa

(2) **実験１**の**②**で，物体**X**が完全に水に沈んでいるとき，物体**X**にはたらいている浮力は何Nか。45，46 に解答となる数字を一つずつ入れなさい。 45 46

45 . 46 N

(3) **実験1**の②で，物体**X**を水中に沈めていったときの，物体**X**にはたらく重力と浮力について述べたものとして最も適当なものを，次の①～④のうちから一つ選びなさい。 47

① 物体**X**にはたらく重力は一定であるが，物体**X**の水中にある体積が大きくなるにつれて，浮力は小さくなる。

② 物体**X**にはたらく重力は一定であるが，物体**X**の水中にある体積が大きくなるにつれて，浮力は大きくなる。

③ 物体**X**の水中にある体積が大きくなるにつれて，物体**X**にはたらく重力は大きくなり，浮力は小さくなる。

④ 物体**X**の水中にある体積が大きくなるにつれて，物体**X**にはたらく重力は大きくなり，浮力も大きくなる。

(4) **実験1**の③で，糸がたるんで物体**Y**が水に浮いたとき，つり合っている力の組み合わせとして最も適当なものを，次の①～④のうちから一つ選びなさい。 48

① 物体**Y**にはたらく重力とばねばかりが糸を引く力

② 物体**Y**にはたらく浮力とばねばかりが糸を引く力

③ 物体**Y**にはたらく重力と物体**Y**にはたらく浮力

④ 物体**Y**にはたらく浮力と糸が物体**Y**を引く力

(5) **実験2**の②で，物体**X**が完全に水に沈んでいるとき，台ばかりは何kgを示すか。49～51に解答となる数字を一つずつ入れなさい。 49 50 51

49 . 50 51 kg

【選択問題について】

8と**9**は選択問題になっています。

8 52 ～ 56 (p.17～18)

9 57 ～ 61 (p.19～20)

8か**9**のどちらかを選択して答えなさい。

8 Sさんは，火山の形や火成岩に含まれる鉱物の割合について，**調べたこと1**，**2**にまとめました。これに関して，あとの(1)～(4)の問いに答えなさい。

調べたこと1

火山の形は，**図1**の**A**，**B**，**C**の3種類に大きく分けられる。

図2の**X**と**Y**は，**図1**の**B**または**C**の火山から噴出した火山灰を採取してよく洗い，ルーペで観察したときのようすを表したものである。**X**はほとんど白色や無色の粒で，少しだけ黒色の粒が見られた。また，**Y**はほとんどが黒色や褐色の粒で，少しだけ白色の粒が見られた。

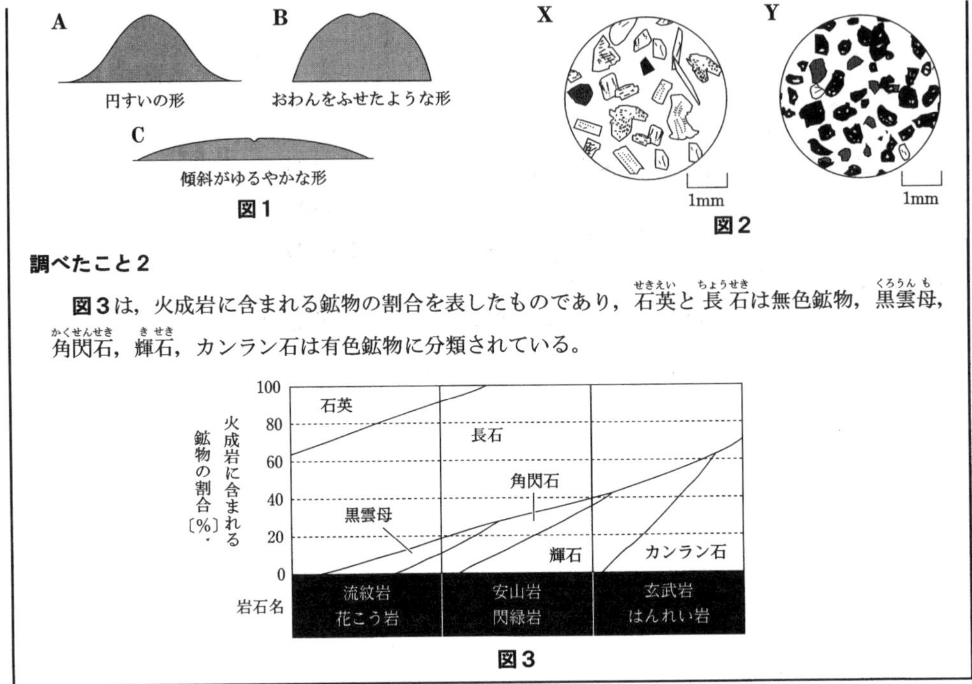

図1

図2

調べたこと2

図3は，火成岩に含まれる鉱物の割合を表したものであり，石英と長石は無色鉱物，黒雲母，角閃石，輝石，カンラン石は有色鉱物に分類されている。

図3

(1) **図1**のA～Cの火山について，その火山をつくったマグマのねばりけの大きさを，不等号を使って表したものとして最も適当なものを，次の①～⑥のうちから一つ選びなさい。 52

① A＞B＞C　② A＞C＞B　③ B＞A＞C

④ B＞C＞A　⑤ C＞A＞B　⑥ C＞B＞A

(2) 次の文は，**図2**のXについて述べたものである。文中の 53 にあてはまる最も適当なものを53群の①，②のうちから， 54 にあてはまる最も適当なものを54群の①，②のうちから，それぞれ一つずつ選びなさい。 53 54

> 白色や無色の粒が多く見られたことから，Xの火山灰を噴出した火山は**図1**の 53 のような形をした火山であり，噴火のしかたは 54 ような噴火であったと考えられる。

53群　① B　② C

54群　① おだやかに溶岩を流し出す　② 激しい爆発をともなう

(3) **図1**のBのような火山をつくるマグマが，地表や地表近くで急速に冷え固まってできた火成岩として最も適当なものを，次の①～⑥のうちから一つ選びなさい。 55

① 流紋岩　② 花こう岩　③ 安山岩　④ 閃緑岩　⑤ 玄武岩　⑥ はんれい岩

(4) **調べたこと1，2**に関し，考えられることを**ア**～**ウ**に記した。火山，鉱物，火成岩について正しく述べられているものの組み合わせを，あとの①～⑦のうちから一つ選びなさい。 56

ア **図1**のAのような形の火山には富士山があり，Bのような形の火山には雲仙普賢岳があり，Cのような形の火山にはハワイ島のキラウエアがある。

イ **図2**のXの火山灰に含まれている無色鉱物のうち，不規則な形をしているものが石英であり，柱状や短冊状の形をしているものが長石である。

ウ **図3**から，有色鉱物を50%以上含む岩石には，等粒状組織をもつ玄武岩と，はん状組織をもつはんれい岩がある。

① **ア**　② **イ**　③ **ウ**　④ **アとイ**　⑤ **アとウ**　⑥ **イとウ**　⑦ **アとイとウ**

9 太陽の見え方を調べるため，次の**観測**を行いました。これに関して，あとの(1)～(4)の問いに答えなさい。

観測

① 厚紙に透明半球と同じ半径の円をかいた。円の中心**O**を通り直角に交わるように引いた線と円周との交点を東西南北に合わせ，**図1**のように，円と重なるようにして透明半球を固定した。

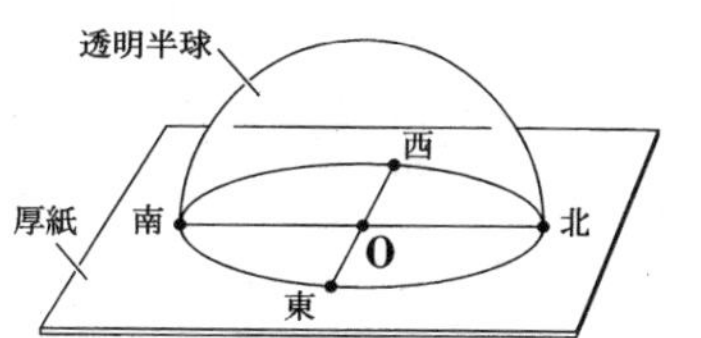

図1

② 春分の日，夏至の日，秋分の日，冬至の日に，①の透明半球を日中を通して日の当たる所に水平になるように置き，午前8時から1時間ごとに太陽の位置を透明半球にサインペンで記録した。記録するときは，サインペンの先端の影が円の中心**O**と重なるようにしながら行った。

図2は，②で太陽の位置を記録した透明半球において，記録した点をなめらかな線で結び，その線を透明半球のふちまで伸ばしたものである。

図3は，**図2**の透明半球にかいた線**A**～**C**のうち，線**C**と円周との交点を**X**，**Y**として，紙テープに写しとったものである。1時間ごとに記録した点と点の間の長さは，すべて4.2 cmになっていた。

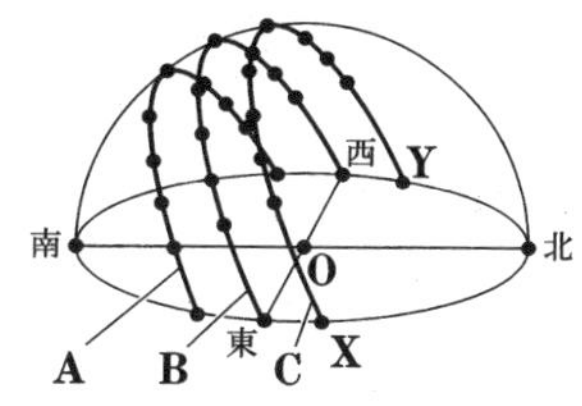

図2

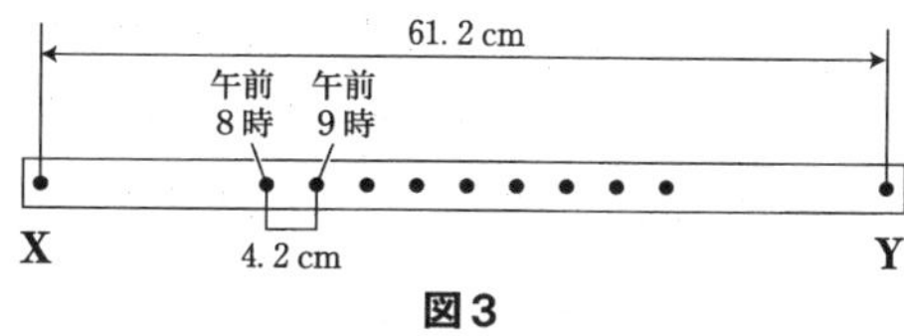

図3

(1) **図2**の線**A**と**C**は，それぞれ何の日の記録を結んだ線か。最も適当なものを，あとの①～④のうちからそれぞれ一つずつ選びなさい。 57 58

線**A**： 57 　　線**C**： 58

① 春分の日　② 夏至の日　③ 秋分の日　④ 冬至の日

(2) **図3**で，1時間ごとに記録した点と点の間の長さがすべて同じであった理由として最も適当なものを，次の①～④のうちから一つ選びなさい。 59

① 一定の速さで地球が自転しているため。　② 一定の速さで地球が公転しているため。
③ 一定の速さで太陽が自転しているため。　④ 一定の速さで太陽が公転しているため。

(3) **図3**で，**X**から午前8時の点までの長さは15.4 cmであった。線**C**を記録した日の日の出の時刻として最も適当なものを，次の①～④のうちから一つ選びなさい。 60

① 午前5時40分　② 午前5時20分　③ 午前4時40分　④ 午前4時20分

(4) **観測**に関したことがらを**ア**～**ウ**に記した。太陽に関することや千葉市における太陽の見え方について正しく述べられているものの組み合わせを，あとの①～⑦のうちから一つ選びなさい。ただし，千葉市は北緯35.6°に位置しているものとする。 61

ア 太陽の表面温度は約600000℃であり，黒っぽい点として観察される黒点の表面温度は約400000℃である。

イ 太陽の直径は約1400万kmであり，地球の直径の約1090倍である。

ウ 千葉市の太陽の南中高度は，春分の日と秋分の日ではおよそ54.4°である。

① **ア**　② **イ**　③ **ウ**　④ **ア**と**イ**　⑤ **ア**と**ウ**　⑥ **イ**と**ウ**　⑦ **ア**と**イ**と**ウ**

③　このようにして笛にかかわる職を得たのである。
④　このようにして笛の技術をいかす仕事を与えたのである。
⑤　このように笛に熱中した報いを受けたのである。

問六　傍線部F「さらに下問を恥ぢず」とはどういうことか。最も適当なものを、次の中から一つ選びなさい。　解答番号は47

①　頼能は、笛のことであれば他人に対してくだらない質問をすることをまったく恥ずかしく思わないということ。
②　頼能は、自分よりも立場が下の者に笛について教えを乞うことを少しも恥ずかしく思わないということ。
③　頼能は、笛での失敗を目下の者から問いつめられることを恥ずかしいとは決して思わないということ。
④　頼能は、世間でますます不思議であやしいと思われることも、恥ずかしく思わないということ。
⑤　頼能は、自分が本当は能力が低いのではないかと疑われることも、恥ずかしく思わないということ。

問七　傍線部H「まことによく数寄たるゆゑなり」とはどういうことか。最も適当なものを、次の中から一つ選びなさい。　解答番号は48

①　頼能は技芸において確かな腕前を持つ一流の人物であったため、管絃で名高い人物と同様に有名で、今でも墓所に多くの人がお参りするということ。
②　頼能は技芸の道に熱中して我を忘れるような変わり者であったため、管絃で著名な人物の墓所を探し当て、ときどきお参りしていたということ。
③　頼能は技芸の道を徹底して風流をきわめた人物であったから、管絃にすぐれた先人を敬い、その墓所をよく訪れて拝礼していたということ。
④　頼能は技芸へのこだわりが強く独自の道を行く人物であったため、管絃で偉大な人物のこともよく知らず、墓所を訪れてから敬うようになったということ。
⑤　頼能は技芸の知識が深く、感性も鋭い人物であったため、管絃に功績を残した人物の墓所がある場所も知っていて、世間の人々に拝礼するように命じたということ。

問八　本文の内容として**適当でないもの**を、次の中から一つ選びなさい。　解答番号は49

①　信近は笛のかわりに鎌の柄を笛を吹くときのように持って、頼能を指導した。
②　信近は豆を刈り取るところにやってきて、頼能と一緒に豆を刈り終えたあと、頼能に笛を教えた。
③　天人楽という曲についての、頼能に関わる言い伝えが残っている。
④　信近が頼能に笛を教えてくれる日もあれば、教えてくれない日もあった。
⑤　頼能は雅楽の才能があり、人に習って、笛以外の楽器も演奏できるようになった。

6 天人楽…曲の名前。
7 八幡宮寺…京都の石清水(いわしみず)八幡宮のふもとの寺。
8 大童子…寺院に仕える子ども。
9 博雅…源博雅。平安時代の管絃(かんげん)の名匠。

問一 傍線部(ア)「上古」、(イ)「むなしく」、(ウ)「たまたま」の現代語訳として最も適当なものを、それぞれ一つずつ選びなさい。 解答番号は40・41・42

(ア)「上古」
① はるか昔 ② 将来 ③ 師匠
④ 高貴な人々 ⑤ 最近の人たち

(イ)「むなしく」
① 心細く ② 疲れて ③ 退屈に
④ むだにして ⑤ 静かにして

(ウ)「たまたま」
① ほんの数回 ② 何度も ③ 幸運にも
④ 思いがけず ⑤ ときどき

問二 傍線部A「或は隔日にむかひ、或は二三日を隔ててゆく」とあるが、これはどういうことを表しているか。最も適当なものを、次の中から一つ選びなさい。 解答番号は43

① 笛の腕前を上げたい頼能は、信近についてまわって奈良のあらゆる場所へ毎日のように出かけていたということ。
② 頼能は笛を信近から教わりたかったが、迷惑をかけないように時間をあけて奈良へ通うようにしていたということ。
③ 頼能が笛を習うことに意欲的で、奈良の遠さをいやがらず、信近のところに頻繁に足を運んでいたということ。
④ 一日ごとになっていたのが数日ごとになり、頼能が奈良へ行く日がしだいに減っていったということ。
⑤ 頼能は信近のもとへ通ううちにもっと笛を習いたくなり、奈良へ行く日がどんどん増えていったということ。

問三 傍線部B「帰る」、D「授けけり」、G「ならひたる」の動作主の組み合わせとして最も適当なものを、次の中から一つ選びなさい。 解答番号は44

① B 信近 D 頼能 G 信近
② B 信近 D 信近 G 大童子
③ B 頼能 D 信近 G 大童子
④ B 頼能 D 信近 G 頼能
⑤ B 頼能 D 頼能 G 頼能

問四 傍線部C「瓜田」での出来事からわかることとして最も適当なものを、次の中から一つ選びなさい。 解答番号は45

① 信近は、頼能が笛の腕を上げるには農作業をすることが大切だと思い、一日中自分と同じ行動をさせたということ。
② 信近は、頼能が笛とは関係のないときもついてくることをいやがって、虫と同様に頼能も追い払っていたということ。
③ 頼能は、笛を教えてもらったときは、謝礼として信近が行っている大変な農作業をずっと手伝っていたということ。
④ 頼能は、信近から笛を習うために、信近が命じることであれば理不尽なことも忠実に聞き入れていたということ。
⑤ 頼能は、笛とは関係のない作業でも、信近の行っていることであればまねをして誠実に取り組んでいたということ。

問五 傍線部E「かくしてその業をなせるものなり」の現代語訳として最も適当なものを、次の中から一つ選びなさい。 解答番号は46

① このようにして笛の修練を積んだのである。
② このようにして笛の技術を身につけさせたのである。

るかもしれないことを考慮せずに接しており、シホを見くびっていたところがある。

③　シホが落ち込んでいたり不機嫌になっていたりすると、その態度を注意して事態をさらに悪化させるという、他人に厳しく頑固なところがある。

④　「わたし」の方を見ようとしないシホの態度に困惑しつつも、なだめてしっかりと話をしようとする根気強さや、シホに対する誠実さがある。

⑤　「わたし」の過去をシホが探って傷ついていたことを知って、「わたし」から過去のことを説明していなかったことを反省する思慮深さがある。

問十　本文の展開についての説明として最も適当なものを、次の中から一つ選びなさい。解答番号は39

①　「わたし」がシホの行動について想像をめぐらせる様子が一気に描かれたあと、その想像がまったく当たっていないことをシホの言葉を通して明らかにする展開になっている。

②　「わたし」がシホの行動にいくつも疑念を感じて疲弊した様子が描かれたあと、過去の「わたし」とシホの穏やかなやりとりをはさみ、現在の二人の関係と対比させる展開になっている。

③　シホの行動の理由を細かく推測した「わたし」が放心する様子が描かれたあと、シホとのやり取りでより具体的な真相を知り、落ちこんだ気持ちを回復させていく展開になっている。

④　最初に「わたし」の回想によって「わたし」とシホの過去が詳しく説明されたあと、「わたし」とシホの仲が険悪になってから修復するまでの出来事が順番に描かれる展開になっている。

⑤　前半でシホの行動の理由を「わたし」があれこれ考え、しだいに落ち込んでいく様子が描かれたあと、シホの発言によって誤解が解けていき、二人とも前向きになる展開になっている。

六

次の文章は、『古今著聞集(ここんちよもんじゆう)』の一節である。これを読んで、あとの問いに答えなさい。

楽所(がくしよ)(注1)の預少監物(あづかりせうけんもつ)　源(みなもとの)頼能(よりよし)(注2)は、(ア)上古(しやうこ)に恥ぢざる数寄(すき)の者なり。玉手信近(注3)に順(したが)ひて横笛を習ひけり。信近は南京(なんきやう)(注4)にあり。頼能、その道の遠きをいとはず、A或(あるい)は隔日にむかひ、或は二三日を隔ててゆく。信近、ある時には教へ、ある時は教へずして、(イ)遠路をむなしく帰る折もありけり。Bある時は信近、C瓜田(うりた)(注5)にありてその虫をはらひければ、頼能もしたがひて朝(あした)より夕(ゆふべ)に至るまで、もろともにはらひけり。さて帰らんとする時、(ウ)たまたま一曲をD授(さづ)けけり。ある時はまた、豆を刈る所にいたりて、またこれを刈り、かり終(を)はりて後、鎌の柄をもて笛にして教へけり。Eかくしてその業をなせるものなり。Fさらに下問を恥ぢず。貴賤(きせん)を論ぜず訪学しけり。天人楽(てんじんらく)(注6)をば、八幡(はちまん)(注7)宮寺(ぐうじ)の橋上にて大童子(だいどうじ)(注8)にならひたるとぞGいひ伝へたる。頼能は博雅(ひろまさ)(注9)三位の墓所を知りて、時々参向して拝しける。Hまことによく数寄たるゆゑなり。

(注)1　楽所の預少監物…「楽所」は雅楽の教習所。「預」は長官の下の官位。「少監物」は宮中の政務を司(つかさど)る中務(なかつかさ)省の諸庫の出納係。
2　源頼能…平安時代中期の楽人。
3　玉手信近…玉手延近。現在の奈良県にある薬師寺の楽人。
4　南京…平城京（現在の奈良県）を指す。
5　瓜田…瓜畑。

絵をあきらめたにもかかわらず、自分は自由に絵を描き続けていることに罪悪感を持ち始め、「わたし」と過ごすことも苦痛になって、よそよそしい態度をとるようになった。

④ 「わたし」の絵の才能を素直にうらやましく感じたが、妹である自分が「わたし」が絵を描くのをあきらめるきっかけとなったことを思うと、絵を続けていく意欲や自信がなくなり、「わたし」への謝罪として絵を描くのもやめようと思い悩んだ。

⑤ 「わたし」の実力であればきっと夢をかなえられたはずなのに、「わたし」が絵を描くのをやめた原因を妹である自分に押し付けていることを理不尽に思い、自分は「わたし」に嫌われていると実感して、姉と話すことも避けるようになった。

問七 傍線部F「もう、いいよ」とあるが、「わたし」はどのようなことを伝えようとしているか。その説明として最も適当なものを、次の中から一つ選びなさい。 解答番号は36

① 本当は思い悩む必要のないことでシホが怖さや苦しさを感じている姿を見ていると、「わたし」もつらくなってしまうので、気にすることをやめて安心してほしいということ。

② シホの「わたし」に対する思いやりが伝わってきたことで、今まで感じていたいらだちがなくなったため、これからは「わたし」に気を遣わずに接してほしいということ。

③ シホが一人で苦悩しながら絵を描いていることを思うと「わたし」も悲しくなってくるので、これからは前向きな気持ちで絵を描き、「わたし」の絵の腕前を上回ってほしいということ。

④ 今さら「わたし」が絵を描くことを再開したとしてもうまくいくはずもなく、シホの落ち込む姿を見ると怒りも消えてしまったので、好きに絵を描き続けてほしいということ。

⑤ シホがずっとつらい思いをしているのに泣かないでいようとする様子を見ていると、いたたまれない思いになるので、泣いて思い切り感情をぶつけてほしいということ。

問八 傍線部G「嬉しい」とあるが、「わたし」がこのように思う理由の説明として最も適当なものを、次の中から一つ選びなさい。 解答番号は37

① 「わたし」に憧れて絵を描き始めたシホが、すばらしい絵を描けるようになっていることを素直に誇らしく感じたことで、シホを大切に思っている「わたし」の本心に気づけたから。

② シホとぎくしゃくしていたことを気に病んでいたが、シホが「わたし」のかなえられなかった夢を実現して喜ばせようとしていることを感じて、仲直りすることができると思ったから。

③ シホの気持ちがなかなか理解できず寂しく思っていたが、シホが「わたし」の影響で絵を描くことに真剣に取り組んでいるとわかり、姉として尊敬されていると実感できたから。

④ これまで夢中になれる目標もなく冷めた態度であったシホが、絵を描くことを愛し、精いっぱい努力し続けることができているとわかったことで、シホの成長を感じて安心したから。

⑤ シホとは心が離れているように感じていたが、シホがかつての「わたし」のように絵を描くことに注力して成長していることがわかり、「わたし」との強い結びつきを確かめられたから。

問九 本文から読みとれる「わたし」の人物像や態度を説明したものとして最も適当なものを、次の中から一つ選びなさい。 解答番号は38

① シホの将来のためにできることは何でもやろうと協力し、そうすればシホが喜ぶだろうと信じるような、愛情深く、純粋な一面がある。

② 「わたし」の過去や絵画について、シホが関心を持って調べ

④ 勝手に部屋に入らないようにシホに言われていたのに、シホは絵を描いているのかもしれないという思いつきを確かめるため、許可なく部屋に入ったことに激しい罪悪感を抱いている。

⑤ シホの態度や行動がおかしくなった原因が「わたし」にあったことに気づいておらず、偉そうなことを言ったのに、シホをよく見ることができていなかったことをすまなく思っている。

問四 傍線部C「どう思う?」とあるが、このように言ったときのシホの様子の説明として最も適当なものを、次の中から一つ選びなさい。 解答番号は33

① 自分の絵を見た姉が、自分が絵を描いていることを喜んでいるだろうという予測をしつつ、気持ちを聞き出すためにおそるおそる質問を投げかけている。

② 絵を描いていることを今まで隠していたことについて姉が怒っているのではないかと不安だが、弱みを見せたくないので強気な態度で姉の本音を聞き出そうとしている。

③ 自分が絵を描いていることに気づきもしなかった姉が、その事実を知ってどんな思いになったのか興味がわき、どうにか聞き出そうと姉を脅かすような冷静な態度をとっている。

④ 自分が絵を描いていることを知った姉が自分を嫌いになったのではないかと気になり、覚悟を決めて姉の本心を聞き出そうと緊迫した様子になっている。

⑤ 本心では自分が絵を描いていることをよく思っていないはずなのに愛想(あいそ)よくふるまう姉にいらだちを覚え、反抗的で投げやりな態度で問いかけている。

問五 傍線部D「鼓動が速くなる」とあるが、このときの「わたし」の様子の説明として最も適当なものを、次の中から一つ選びなさい。 解答番号は34

① 「わたし」がシホをにくんでいたことを明確に言い当てられて衝撃を受け、どのように対応すればよいのかわからず、切羽詰まった状態になっている。

② 「わたし」が好きだったことをシホに奪われたという現実を突きつけられたことで、悔しさや悲しみに襲われ、気持ちが落ち着かず混乱した状態になっている。

③ シホが「わたし」に遠慮するあまり絵を描いていることを隠していたことと、「わたし」の過去の行動がシホに不安を与えていたことを知って動揺している。

④ シホから「わたし」の気持ちを疑われていることを知って傷つき、さらに「わたし」に攻撃的なことを言ってくるのではないかという怖さと不安に苦しんでいる。

⑤ 「わたし」が先に大切なことを隠していたことをシホに責められたことで、知られたくなかったことを話さなくてはいけないのだと緊張し、追い詰められている。

問六 傍線部E「おねえちゃんの履歴書を見たとき」とあるが、「わたし」の履歴書を見たあとのシホの様子の説明として最も適当なものを、次の中から一つ選びなさい。 解答番号は35

① 絵を描く才能に恵まれた「わたし」に対する劣等感や、未熟な自分が「わたし」に夢をあきらめさせてしまったことへの申し訳ない思いを持ち始めたが、それでも絵を描くことをやめることができない自分に気づいて、自己嫌悪(けんお)に陥った。

② 実力を高く評価されていた「わたし」が妹である自分のせいで絵を描くのをやめたことをもったいなく感じる思いや、自分は好きに絵を描くのは許されないという思いを抱き始めたことで、以前のように絵を描くことができなくなった。

③ 高い実力を持っていた「わたし」が、妹である自分のために

「もう気にしなくたっていいから、どんどん描きなさい」シホは囁くように唇を震わせた。そっと、曖昧に頷く。

問一　傍線部（ア）「几帳面な」、（イ）「弁解する」、（ウ）「悠々と」の本文中における意味として最も適当なものを、それぞれ一つずつ選びなさい。　解答番号は28・29・30

（ア）几帳面な
① どんなときも慎重に、おそるおそる物事を行う様子である
② 手際がよく、素早くてきぱきと物事を行う様子である
③ 感受性が鋭くて、小さなことに傷つきやすい様子である
④ 一つのことにこだわって、一生懸命に行う様子である
⑤ いい加減さがなく、物事をきちんと行う様子である

（イ）弁解する
① 間違えたことについて心をこめて謝罪する
② 相手の誤解を解こうとやんわりと指摘する
③ 自分の間違いを認めて相手に正直に伝える
④ 失敗を正当化するために理由を説明する
⑤ 相手の怒りを落ち着かせようと慰める

（ウ）悠々と
① 思いやりがなく冷淡な様子で
② ゆったりと落ち着いた様子で
③ 自分本位で勝手な様子で
④ 自由に楽しんでいる様子で
⑤ あわてることなく冷静な様子で

問二　傍線部A「自室に戻ると、強い風を受けて、風鈴が激しく音を立てていた。導かれるように窓に駆け寄る」とあるが、この部分の表現の説明として最も適当なものを、次の中から一つ選びなさい。　解答番号は31

① 比喩表現をくり返し用いながら、「わたし」の行動や場面の様子を丁寧に描写することで、現実離れした幻想的な雰囲気を作り出し、「わたし」の抱える不安を強調している。
② 「わたし」の視覚や聴覚がとらえた情景を緊張感を含んで描写し、次に何が起こるだろうという関心を引き付けるとともに、場面がこれから動き始めることを暗示している。
③ 恐怖心をあおる自然現象の描写をし、「わたし」が不穏なものに操られているように感じさせることで、事態が「わたし」の手に負えない悪い方向に展開していくことを暗示している。
④ 「わたし」の視点から自然の現象や音を描写し、「わたし」の行動を簡潔に表現することで、清涼な雰囲気を生み出し、あとに続く場面が希望に満ちていることを示唆している。
⑤ 場面の情景を写実的に描写したあとに、情感あふれる表現で「わたし」の行動を描くことで、場面に緩急を付け、不安と喜びの間で揺れ動く「わたし」の心情を表現している。

問三　傍線部B「ごめん。ごめんね。シホ。ごめん」とあるが、このように言ったときの「わたし」の心情の説明として最も適当なものを、次の中から一つ選びなさい。　解答番号は32

① 勝手に部屋に入ってシホが絵を描いていることを突き止めたのをとがめられそうだと察知して焦りを感じ、シホの言葉に先んじて謝罪することでシホの怒りを緩和させようとしている。
② シホは「わたし」を傷つけないために絵を描いていることを隠していたのだと気づいて、シホの成長を認められない「わたし」の力のなさがくやしく、いたたまれなさを感じている。
③ シホは絵を描いていることを隠そうとしつつ、本当は気づいてほしいという態度をとっていたのに、「わたし」はシホを目下の存在として見て、気にかけなかったことを反省している。

「あたしはおねえちゃんの好きなものを奪った。それなのに、そんなあたしが悠々(ウ)と絵を描いているなんてさ。……知られたくなかった。怖かったんだ」

鼓動が速くなる(D)。息苦しかった。呼吸を求めるように、わたしは口を開けた。そこに、風に乗った埃が舞い込んできた。口を閉じるしかなくて、砂の味を噛みしめる。

苦かった。

妹は続ける。

「この前、おねえちゃんの履歴書を見たときにね(E)。おねえちゃんが賞もらっていること、はじめて知った。調べてみたら、本格的なやつで、才能がないと獲(と)れないようなやつじゃん。あたしね、つらかったよ」

履歴書の書き方を教えたとき――。一ヶ月前、わたしは彼女に自分の就職活動で使っていた履歴書の雛形(ひながた)を見せた。わたしは賞のことをそこに書いていた。まさか妹が、その名前を見て調べるなんて思いもしなかった。どうせ地方のコンクール程度に思うだろうとたかをくくっていた。

「すごくつらかった。あたし、おねえちゃんの夢、奪っちゃったんだって思った。自分が嫌いになったよ。絵を描く度に、自分が嫌いになった」

訥々(とつとつ)と漏れる言葉とは対照的に、シホの肩は苦しそうで、小刻みに震えているように見えた。

「シホ」

言わないで。

言わなくていいよ。

苦しい思い、しなくていいんだよ。

「自分が嫌いになって、すごく悪いと思った。でも、そうしたら、なんだかおねえちゃんと話をするのが怖くなって。嫌われたら、どうしようって」

「シホ」

わたしはシホの顔を覗(のぞ)き込んだ。シホは泣いてない。シホは泣くような子じゃない。それでも、わたしは胸が痛むのを感じる。彼女の肩に手を回したかった。なぜできないのだろうと、わたしは自分を責めた。

「もう、いいよ(F)」

シホの顔を見たら、言葉は自然に浮かんできた。そう、もう、いいよ。

「わたし、シホを嫌いになったりしないよ」

声をかけると、シホは顔を上げた。視線を逸(そ)らして聞いてくる。

「どうして? 悔しく、ないの?」

わたしは笑った。

「悔しくない。逆に、嬉(うれ)しい(G)」

シホはわたしを見た。妹は眼を丸くして、呆(あき)れたような表情を見せた。

「なにそれ?」

「そりゃ、巧(うま)いなって、ちょっとは嫉妬したけど」

笑みがこぼれて、溢(あふ)れそうになる。

「でもね、それ以上に、嬉しかったよ。自分と同じことに興味を持ってくれているんだなって。好きなことがあって、努力をして、自分を磨いているんだなって」

妹は、返答に困った表情を見せた。

そう。

なにを考えているのかわからなくて、あなたはとても遠くに行ってしまったように思えたけれど。

けれど、ほんとうは、ずっと近くにいたんだね。わたしが辿(たど)った道を、追ってきてくれていたんだね。

妹が顔を上げる。

慌てて階段を駆け下りたせいで、身体が熱かった。みっともなく息を切らした状態で、妹の前に駆け寄る。

妹の視線は、わたしの胸にあるスケッチブックに向いていた。むっとしたような表情で、妹が口を開く。「勝手に——」

「ごめん」

わたしは大きな声を出して遮った。

B「ごめん。ごめんね。シホ。ごめん」どうしてだろう。それだけの言葉じゃ不足しているような気がするのに、わたしは何度も繰り返しそう言った。妹はしばらく黙り込んだまま、不思議そうにわたしを見ている。彼女の髪が風に揺れ動く。空は、まだ明るい。

「それ」

「うん」

わたしはスケッチブックを見下ろす。妹が手を伸ばした。

「返して」

「ごめん」

わたしはシホにスケッチブックを返した。シホは不機嫌そうに眼(め)を細めて、それを抱え込んだ。

「これ。見たんでしょう」

「うん」

「勝手に部屋に入るなって言ってるでしょう」

「ごめんね」わたしは、(イ)弁解するように言った。「ごめんね。シホ、ひょっとしたら絵を描いているんじゃないかって思って。だから、確かめようと思って」

彼女は俯いていて、わたしと目を合わせようとはしなかった。風に吹かれて、埃(ほこり)が舞い上がる。

C「どう思う?」

妹が聞いてきた。

「え?」

「あたしが絵を描いてたって知って、どう思った?」

細いラインの顎を上げて、気むずかしそうな横顔を見せる。

「どうって……」

「座ろう」

わたしの返事も待たず、彼女はベンチに向かった。肌の上で汗が蒸発していくような暑さを感じながら、シホのあとを追いかける。

妹は埃を払ってベンチに腰掛けた。わたしもそれに倣(なら)って、隣に座った。

妹が、ぽつんと言った。

「絵、昔から好きだった」

わたしは、地面の一点だけを見ていた。小さく頷(うなず)く。「知らなかった」

「描いてたの、ちっちゃい頃からよく見てたからね。あたしも、描きたいと思ってた。本格的に始めたのは中学のとき」

「そっか」深く頷く。妹の顔を見たかったけど、それができなかった。俯いたまま、聞く。「どうして、黙ってたの」

「おねえちゃん——」

はっと顔を上げる。妹の髪が、小さく揺れていた。どこか眩(まぶ)しそうに桜の樹を見上げている。

「おねえちゃんに、悪いと思ったから」

「どうして」

「だって、おねえちゃん。あたしのために、絵をやめたんでしょう?」妹はゆっくりと、スローモーションのように顔を下げていく。「あたしがいるから、好きなことができなくなった。それなのに、あたしが絵を描いている。なんか、悪いと思うじゃん。でも、やめられなかった」

「シホ——」

較しながら筆者の考えを導き出し、その考えを補強するために筆者の経験談を示して、読者に語る形で結論を述べている。

問十　本文の内容として**適当ではないもの**を、次の中から一つ選びなさい。　解答番号は27

① 人生は、生きようとする意欲を持ち、意味あるものにしようという意志を持つことによって、実際に意味のあるものにすることが可能になる。

② 大きな挫折や悲しみに直面して苦しみから逃れられなくなると、自分の明るい未来を信じられなくなり、自分のよりどころを失うことがある。

③ 生きる意味を得るために前に進もうとすることと同じくらい、一度立ち止まって必死に生きることから解放されることも重要である。

④ 人間が人生を意味のあるものにするために、大きな理想を持つことは、その人だけではなく社会を変革することにもなって、有意義なことである。

⑤ 人生に生きる意味を感じることは自己肯定につながるが、自分を信じすぎることは悲観的な未来をも受け入れるようになるので注意が必要である。

五

次の文章は、相沢沙呼(あいざわさこ)の小説「小生意気リゲット」(『卯月(うづき)の雪のレター・レター』所収)の一節である。両親がいない「わたし」は高校生の妹のシホを養っているが、急にシホの様子が変わり態度も冷たくなってしまった。ある日、「わたし」はシホの部屋で絵を発見する。本文はそれに続く場面である。これを読んで、あとの問いに答えなさい。

シホは、わたしに隠れて、絵を描いていたんだ——。

それで、ほとんどの疑問は氷解した。コインランドリーにいたのも納得できる。なるほど、(ア)几帳面(きちょうめん)なところは、お互いにどこまでも似ているようだった。絵を描くときには、エプロンはすぐに汚れてしまう。ほとんどの子は気にしなかったけれど、わたしは美術部にいた頃、汚れたエプロンやジャージを何度かコインランドリーで洗ったことがある。もちろん油絵の具は落ちないが、水彩だったら問題ない。アクリル絵の具でも、除光液を使えば、けっこう簡単に綺麗(きれい)になる。

叔父(おじ)に借りたというお金は、たぶん、新しい絵の具を揃(そろ)えるためのものだったのだろう。油絵はお金がかかる。わたしがいた部活だと、部費でまかなえないほどに消費する色は、個人でなんとか揃えていた。もし油絵を始めたのだとしたら、神経質な彼女は、においが気になったかもしれない。きつい香水で、それを隠そうとしたのだろう。

彼女のスケッチブックを抱えて、しばらくぼうっとしていた。

ものを見る力。

歯がゆさが湧き出てきて、そっと唇を噛(か)んだ。お姉ちゃん、ダメだね。偉そうなこと言って、ぜんぜん、ものを見る力なんてないじゃん。

あの子の態度がおかしくなった一ヶ月前に、なにがあったのか——。わたしは、知っていた。

シホのこと、ちゃんと、見ることができていなかったよ。

A自室に戻ると、強い風を受けて、風鈴が激しく音を立てていた。導かれるように窓に駆け寄る。

公園を歩くシホの姿が、わたしの目に映った。

スケッチブックを抱いたまま、公園に向かって走った。風に揺れる桜の樹(き)の下を、シホが俯(うつむ)き加減で歩いている。

「シホ！」

問六　傍線部Ｆ「フランクルがもちつづけていた生きる姿勢」とあるが、これはどういう姿勢か。最も適当なものを、次の中から一つ選びなさい。　解答番号は23

①　精神医学に基づいた科学的な考え方によって自分の抑圧や苦しみの感情を整理することで、自分の体験や心情を多くの人に向け自由に語ることができる未来を信じる姿勢。

②　自分の受けている抑圧や苦しみを多くの人に向けて伝えることを思い浮かべ、置かれている環境を冷静に分析することで、自分には必ず未来があるのだと信じる姿勢。

③　今置かれている環境から心を切り離し、自分の心情を多くの人に語りかける状況を思い描いて、抑圧と苦しみを消し去ることで、希望に満ちた自分の未来を信じる姿勢。

④　今感じている抑圧や苦しみを多くの人の前で語ることを目標にし、何ができるかを落ち着いて考えることで、自分の目標が実現する未来を信じようとする姿勢。

⑤　現実で経験している抑圧や苦しみの要因を取り除くためには、想像することよりも科学的な見地に立つことが重要だと考え、批判的な精神を持ちつつ未来を信じようとする姿勢。

問七　傍線部Ｈ『『無為』という言葉』とあるが、筆者が「無為」という言葉を取り上げた意図の説明として最も適当なものを、次の中から一つ選びなさい。　解答番号は24

①　「無為」が難解な意味で使用されていることを指摘し、「何もしないこと」が浸透しない現実を明らかにするため。

②　「何もしないこと」が軽視されている現状を説明し、ただ積極的に突き進むことの問題点を取り上げ、改善させるため。

③　「無為」の意味が状況で変わるように、「何もしないこと」も人それぞれの考え方で変わることを指摘するため。

④　「無為」という言葉が誤用されていることを指摘し、本来の意味をもとに「何もしないこと」のよさを説明するため。

⑤　通常よくないとされる「何もしないこと」が、生きる上では重要になりうることを示し、見方を変えることを促すため。

問八　傍線部Ｉ「そのとき」とは、どのようなときか。その説明として最も適当なものを、次の中から一つ選びなさい。　解答番号は25

①　必死に生きることから自分を解放して視野を広げるべきとき。

②　悲しみを乗り越えるために前向きに動き出す必要があるとき。

③　目標に向かい積極的に物事に取り組まなくてはいけないとき。

④　何もしないでゆったりとした時間を過ごすことに飽きたとき。

⑤　前を向くためにはただゆっくり生きればよいと気づいたとき。

問九　この文章の論の進め方や内容の説明として最も適当なものを、次の中から一つ選びなさい。　解答番号は26

①　前半で、作品を引用して生きる意味はあるかという問題を具体的に説明し、後半では別の作品と筆者の体験談をもとにして問題に対する答えを、読者に投げかけるように説明している。

②　最初に生きる意味はあるかという問題を提示し、筆者の考えと同様の内容を示している作品やエピソードをいくつか示して考察していき、最後にそれらの考えを結論としてまとめている。

③　最初に人生というテーマを提示し、複数の作品から人生に関する文章を引用して一般的な「人生」のとらえ方をまとめ、最後に筆者の経験からそのとらえ方について疑問を呈している。

④　最初に「生きる意味」というテーマを示し、関係する作品や出来事、体験を取り上げることで説得力を持たせて考察を深めていき、読者に助言を示すように考えをまとめている。

⑤　前半で生きる意味に関する対照的な作品を二つ取り上げて比

じっとたたずんでいることも、必死に生きてきた自分をそうした生き方からいったん解放するという意味をもっているのではないかと思います。人生においてはそういうことが必要になるときがあるのではないでしょうか。またそのときが来たら歩きだせばよいのです。

（藤田正勝『はじめての哲学』による）

（注）1 白痴…最もひどい段階の精神薄弱。
2 トリック…奇術。巧みな技。

問一 本文中から、次の一文が抜けている。この一文が入る最も適当な箇所を、本文中の【①】～【⑤】から一つ選びなさい。 解答番号は16

・それに反論することはとてもむずかしいように思われます。

問二 空欄 A ・ E ・ G に入る最も適当な言葉を、次の中から一つずつ選びなさい。 解答番号は17・18・19

① しかし ② あるいは ③ 要するに
④ なぜなら ⑤ たとえば ⑥ だから

問三 傍線部B「シェイクスピアの戯曲『マクベス』の有名な言葉」とあるが、本文に引用されているこの言葉の中では生きることについて、どのように考えられているか。それを説明した次の文の□に入る最も適当なものを、あとの中から一つ選びなさい。 解答番号は20

・人生とは、□ため、意味のないものだと考えられている。

① 生きている間に人々の印象に残るようなことをしていないと、すべてなかったことになるという理不尽でむなしい時間であるから
② 自分の意志とは関係なく決められたことをこなしていき、最後は必ず死んで終わるという画一的でつまらないものである
③ 自分の感情を他人に主張することで成立するものなのに、死ぬと徐々に記憶から消されるという不安定で曖昧なものである
④ 大変な行動を起こしたと思っても、生きている間すら周囲にさほど影響を及ぼせないという無力さを感じさせるものである
⑤ 生きていく中で大志を抱き目的を達成しても、死ぬと終わりになり、他の人の記憶にも残らないというはかないものである

問四 空欄 C に入る最も適当な言葉を、次の中から一つ選びなさい。 解答番号は21

① 一元化 ② 簡素化 ③ 相対化
④ 具体化 ⑤ 深刻化

問五 傍線部D「必ずしも『大きな自己』をめざさなくてよい」とあるが、この部分で筆者の言いたいことを説明したものとして最も適当なものを、次の中から一つ選びなさい。 解答番号は22

① 社会に大きく貢献することやそのための努力ができなくても、日常生活の中で新鮮な発見をして幸せを感じることを忘れずに生きていけば、人生を意味のあるものにできるということ。
② 世間に知られるような功績を残そうと力を尽くしても、自分の実力以上の成果を求めることになって、前に進めなくなるので、人生を意味あるものにするのは難しいということ。
③ 人生を意味あるものにするために理想を掲げて努力することは大事だが、人生の意味を考えず一日一日ささやかな喜びを感じることで心を豊かにすることも重要だということ。
④ 社会における役割を果たすことと個人的な充実感を得ることで人生は意味のあるものになるが、そのどちらか一方だけでも取り組み続けることが人生にとって重要だということ。
⑤ 社会的に大きな役割を果たすことに生きがいを感じられなくても、常に身近な自然に目を向けてささやかな生命の活力に気づくことができれば、人生は意味あるものになるということ。

かってあらんかぎりの力を尽くしてがんばるというようなことです。もちろんそれはすばらしいことですし、そういう気持ちがあるからこそ、わたしたち自身も、また社会も前に進むことができるように思います。

この「大きな自己」に対比して言えば、「小さな自己」ということになりますが、わたしたちは大きな理想を実現したときにだけ「生きる意味」を感じるのではなく、日々の何げない営みのなかにもそれを感じます。たとえば庭に朝顔の種をまいて、日々水をやり、その成長を見守り、ある夏の日の朝、一輪の花が咲いているのを見つけて、それに喜びを感じるというようなこともあると思います。「大きな自己」の実現ということからすれば、とるにたりないことかもしれませんが、そうした喜びもわたしたちにとって生の確かな証(あかし)であると言えるのではないでしょうか。そういう小さな自己肯定も、わたしたちにとって大きな意味をもっていると思います。【④】人生というのは、そういうごくごく小さな一歩の積み重ねなのではないでしょうか。

それでも挫折して、あるいは大きな悲しみに遭遇して、苦しみから逃れられないということが人生にはあるかもしれません。【⑤】そういうときにどうすればよいのかということについて少し考えてみたいと思います。

オーストリアの精神医学者であったヴィクトール・フランクル(Viktor Frankl,1905—1997)は、第二次世界大戦中、ユダヤ人であったためにナチスによって強制収容所に送られるという経験をしました。その体験を綴(つづ)った『夜と霧』は多くの言語に翻訳され、いまも多くの人々に読まれています(日本語訳はみすず書房から一九五六年に刊行)。

そこでフランクルは、強制収容所での苛酷な日々のなかでもはや耐えられないと思ったとき、一つのトリック(注2)を使ったということを記しています。突然、大きな講演会場の演壇に立ち、講演を行う自分の姿を想像したというのです。そこで強制収容所での自分の心理について語ることを思い描いたそうです。そうすると「かくも苦しめ抑圧するすべてのものは客観化され、科学性のより高い見地から見られ描かれるのであった」(霜山徳爾(しもやまとくじ)訳)とフランクルは記しています。そのようにトリックを使って自分は自分の未来を信じることができたが、それに対して、自分の未来を信じることのできなかった人は自分自身のよりどころを失い、命を失っていったとも書いています。

未来が——それがたとえ想像の世界が描きだす未来であっても——わたしたちの生活のなかでとても大きな役割を果たすことが、ここから読みとれるように思います。考えられないほど苛酷な環境のなかでFフランクルがもちつづけていた生きる姿勢というのは、わたしたちに大きな勇気を与えてくれるのではないでしょうか。

わたし自身もいろいろな場面で大きな悲しみや苦しみを経験しましたが、そのとき、いつも考えたのは、「ゆっくり生きればよい」ということでした。ふだんわたしたちは前に進むことだけを考えています。目標を立て、それに向かって一歩でも近づいていこうと努力をします。このように前を向いて生きることは大事なことです。

G、そういう自分から自分自身を解き放つこともまた大切なのではないでしょうか。そこに流れるゆったりとした時間に身を任せることによって、周りの世界が違ったように見えてくるのではないかと思います。

H「無為」という言葉があります。ふつうは「時間を無為に過ごす」といったように否定的に使われる言葉です。しかし、「無為」というのは、ただ何もしないでぶらぶらしていることではないと思うのです。外から見れば、たしかに何もしないでぶらぶらしているにすぎないかもしれませんが、積極的に何かを追い求めるのではなく、

① 常恐二祖生先レ吾著一鞭
② 常恐レ祖生先二吾著レ鞭
③ 常恐二祖生先レ吾著レ鞭
④ 常恐二祖生先レ吾レ著一鞭
⑤ 常恐二祖生レ先吾著レ鞭

問五　傍線部E「見せたい」、F「来る」は、取材の際は敬語表現が使われていた言葉である。その際の適切な敬語表現の組み合わせとして最も適当なものを、次の中から一つ選びなさい。　解答番号は 15

① E　ご覧させたい　F　いらっしゃる
② E　お見せしたい　F　いらっしゃる
③ E　お見せしたい　F　まいられる
④ E　拝見させたい　F　うかがう
⑤ E　ご覧させたい　F　うかがう

四

次の文章を読んで、あとの問いに答えなさい。

人から「生きることにはそもそも意味があるのか」という問いを突きつけられたとき、わたしたちは「生きることには意味がある」とはっきり答えられるでしょうか。 A 大きな挫折を経験したり、生死に関わるような大きな病気にかかったりした人からそう問われたとき、ほんとうに説得力のある答を返すことができるでしょうか。【①】

そういうことを考えていて、頭に浮かんでくるのは、シェイクスピアの戯曲『マクベス』の有名な言葉です。最後の第五幕に、波乱の人生をともに歩んできた妻の死の報せを聞いた悲劇の王マクベスが、次のようにつぶやく場面があります。

消えろ、消えろ、つかの間の燈火！
人生は歩きまわる影法師、あわれな役者だ、
舞台の上でおおげさにみえをきっても
出場が終われば消えてしまう。
(注1)白痴のしゃべる物語だ、
わめき立てる響きと怒りはすさまじいが、
意味はなに一つありはしない。
（小田島雄志訳）

役者は決められた時間だけ舞台の上に出て、そこで大声を張りあげたり歩きまわったりするが、それだけのことであって、自分の出番が終われば舞台から下り、そして皆から忘れ去られてしまう。それとわれわれの人生も何ら変わるところはない、というのです。「わめき立てる響きと怒り」というのは、マクベスが妻と謀って主君を暗殺し王位に就いたようなことを指しますが、それには何の意味もない、人生は所詮「影」のようなものだというのです。ここではっきりと、人生には意味がないということが言われています。

マクベスの言葉をどう受けとめればよいでしょうか。【②】ここでわたしたちにできることは、わたしたち人間が、生きようとする意欲をもち、それに支えられて前へと進もうとする存在であるという原点に立ち戻ること以外にはないように思います。

そのような場所に立って、わたしたちは自分に与えられているさまざまな可能性をめぐって考え、選び、決断し、それを C していくわけですが、そこで重要なのは、自分の人生を意味あるものにしようとする意志であると思います。意味のある選択をしようと考え、そして実際に選択し、行為するとき、わたしたちの人生は実際に意味のあるものになっていくのではないでしょうか。【③】

そのようにしてわたしたちは少しずつ自己を肯定していくのです。そこでわたしは、必ずしも「大きな自己」を肯定するということをめざさなくてよいと思っています。「大きな自己」と言ったのは、たとえば将来、学問の世界や政治の世界、 E 経済の世界で大きな役割を果たす人物になりたいといった理想を掲げて、それに向

自然に直接触れる機会が少なくなっています。実際に私たちの地域でも川や山を訪れたり散策したりする人はわずかのようです。安全に生活することはもちろん大事ですが、自然の中で体を動かし、様々なことを感じて、地域の環境を知ることが大切だと感じています。」と訴えます。

また、自然体験活動の企画・運営に関わるようになったきっかけは、「自然体験を推進する取り組みの先鞭(せんべん)をつけた研究者の著書に、自然に愛着がなくては、自然を守っていこうという気持ちはなかなか生まれないと書かれていたこと」だそうです。

橋本さんたちの団体は、年齢に関係なく、気軽に楽しんで自然の中で活動することが大切だと考え、川をボートで渡るイベントや、星座の観察会など、どの世代でも楽しめる企画を実施しています。活動を始めたときよりも、参加者は増えています。今年の秋には紅葉狩りをする予定で、身近な自然の美しさを地域のみなさんに見せたいとのことでした。

また、橋本さんの団体の他、複数の団体が協力し、自然体験を行える施設を増やすことを自治体に働きかけています。自然公園などを整備すれば、近隣の地域から来る人も増えるのではないかと考えているそうです。

ぜひ中学生の皆さんも、自然体験活動について調べ、参加してみてください。

問一　傍線部A「域」の総画数と、行書で書かれた次の漢字を楷書で書いたときの総画数が同じになるものを、次の中から一つ選びなさい。　解答番号は11

① 翌　② 領
③ 裏　④ 飯
⑤ 降

問二　傍線部B「現代の人々は、自然に直接触れる機会が少なくなっています」と文節の数が同じ文を、次の中から一つ選びなさい。　解答番号は12

① 姉の所属するバレー部が勝ったことを、みんなで喜んだ。
② 天候の影響で飛行機がほとんど欠航し、九州への旅行も中止になった。
③ 二十キロの距離を走り切ることは、大会での私の目標である。
④ 彼の見事な演説を聴いた人たちは、大きな拍手を送った。
⑤ 昨日ぼくは博物館のサイトを確認したが、駅から博物館まで徒歩で十分かかるそうだ。

問三　傍線部C「に」と同じ意味・用法で使われているものとして最も適当なものを、次の――線をつけた「に」の中から一つ選びなさい。　解答番号は13

① いまだに手紙の返事がこない。
② 彼は何時に来るつもりなんだろう。
③ いつもは騒がしいのに、今日は静かだ。
④ その色の花はめずらしいように感じる。
⑤ 彼はあからさまに外に視線をやった。

問四　傍線部D「先鞭をつけた」は中国の古典『晋書(しんじょ)』に由来する「人より先に行うこと」を意味する言葉で、次の□はその由来になった漢文の書き下し文の一部である。――線部「常に祖生の吾に先んじて鞭を著けんことを恐る」と読めるように「常　恐　祖　生　先　吾　著　鞭」に返り点をつけたものとして最も適当なものを、あとの中から一つ選びなさい。　解答番号は14

> 吾(われ)、戈(ほこ)を枕にして旦(あした)を待ち、逆虜(ぎゃくりょ)を梟(けう)せんと志し、常に祖生(そせい)の吾(われ)に先んじて鞭(むち)を著(つ)けんことを恐(おそ)る

国語

一

問一　次の(1)～(3)の語句の類義語として最も適当なものを、あとの中から一つずつ選びなさい。　解答番号は1・2・3

(1) 屈指　(2) 綿密
(3) 規律

① 道理　② 細心　③ 親交　④ 有数
⑤ 権威　⑥ 綱紀　⑦ 委細

問二　次の(1)・(2)のカタカナの言葉の意味として最も適当なものを、あとの中から一つずつ選びなさい。　解答番号は4・5

(1) イデオロギー
(2) コンセンサス

① 先入観、偏見　② 階層、上下関係
③ 合意、意見の一致　④ 政治思想、社会思想
⑤ 証拠、科学的根拠　⑥ 常識、良識

二

次の(1)～(5)の傍線部と同じ漢字を使うものを、それぞれ一つずつ選びなさい。　解答番号は6～10

(1) オウボウなふるまいはやめる。
① ボウガイ電波　② 株価のボウラク　③ タボウな日
④ 鉄分のケツボウ　⑤ 物質のボウチョウ

(2) チョウハツ的な態度を注意される。
① 難問にチョウセンする　② 常識をチョウエツする
③ チョウヤク競技　④ チョウコク家
⑤ サンチョウからの景色

(3) 伝統をケイショウする。
① 事業テイケイ　② ケイヤクを結ぶ　③ ケイコウ灯
④ 試合のチュウケイ　⑤ 危険のケイコク

(4) 体温のコウジョウ性を保つ。
① コウガイの都市　② 犯人のコウソク
③ キンコウを崩す　④ 税金のコウジョ
⑤ コウレイ行事

(5) 連絡がトドコオる。
① 地位のアンタイ　② タイダな生活
③ 県外にタイザイする　④ タイレツを組む
⑤ マンションをチンタイする

三

次の文章は、小林（こばやし）さんが、学校新聞に載せるために書いた文章の下書きである。これを読んで、あとの問いに答えなさい。

皆さんは、私たちの地域[A]でどのような環境保全の取り組みが行われているか、知っていますか。自治体が主催している清掃活動やリサイクル活動には、私たち中学生も参加しています。今回の記事では、地域における自然体験活動の取り組みを紹介します。

自然体験活動とは、自然の中で遊ぶこと、学ぶことをいいます。キャンプやハイキングなどの野外活動、風景や生物の観察など、その内容は幅広く、こういった体験活動を通して自然への理解を深めることが目的の一つとなっています。

私たちの地域では、複数の団体が自然体験活動の企画や運営を行っています。その団体の一つ「〇〇町自然体験サークル」[B]の代表・橋本さんに取材を行いました。橋本さんは、「現代の人々は、

千葉学芸高等学校

数学

1 次の（1）～（10）の問いに答えなさい。

（1） $5\times(-6)\div3$ を計算しなさい。（2） $\frac{1}{3}-\frac{3}{4}+\frac{7}{6}$ を計算しなさい。

（3） $8-(-3)^2\times\frac{2}{3}$ を計算しなさい。（4） $\sqrt{27}+\sqrt{300}-\sqrt{12}$ を計算しなさい。

（5） $5(3x+y)(2x-3y)$ を展開しなさい。

（6） $-3x^2+6x+45$ を因数分解しなさい。

（7） $(-\frac{2}{3}ab)^2\times(-\frac{1}{2}bc)\div\frac{abc}{3}$ を計算しなさい。

（8） 1次方程式 $2(2x-5)=7x-4$ を解きなさい。

（9） 連立方程式 $\begin{cases}6x-y=-20\\4y=-5x-7\end{cases}$ を解きなさい。

（10） 2次方程式 $5x^2-3x-2=0$ を解きなさい。

2 次の問いの答えとして正しいものを①～⑤から選び，番号で答えなさい。

（1）30以下の自然数の中で，素数はいくつあるか答えなさい。

① 8　② 9　③ 10　④ 11　⑤ 12

（2）ある数 x を2倍して4を足した数と，x から4を引いて3倍した数とが等しくなります。ある数 x を答えなさい。

① 1　② 2　③ 4　④ 8　⑤ 16

（3）次の1次関数のグラフの中で，点（6, 8）を通る式を答えなさい。

① $y=\frac{1}{2}x+5$　② $y=-x+10$　③ $y=x+6$

④ $y=-2x+15$　⑤ $y=\frac{3}{4}x+2$

（4）y は x の2乗に比例し，$x=2$ のとき $y=-6$ です。このとき，y を x を用いた式で表しなさい。

① $y=-12x^2$　② $y=-\frac{3}{2}x^2$　③ $y=-3x^2$　④ $y=-\frac{2}{3}x^2$　⑤ $y=-\frac{1}{3}x^2$

（5）七角形の内角の和を答えなさい。

① 490°　② 630°　③ 700°　④ 900°　⑤ 1050°

（6）次のうち面積が1番大きい図形を答えなさい。ただし，円周率は3.14として計算します。

① 底辺 8cm 高さ 3cm の三角形　② 直径 2cm の円　③ 対角線 3cm，4cm のひし形

④ 1番長い辺が 10cm の直角二等辺三角形　⑤ 半径 3cm，中心角120° のおうぎ形

3 下の表は，A組とB組の生徒10人が数学の問題を解いたときの得点の結果です。問題は10点満点です。次の問いに答えなさい。

A組（点）	4	7	6	8	9	2	10	4	1	8
B組（点）	6	5	9	7	9	4	8	7	3	4

（1）A組の得点の平均値を答えなさい。

（2）B組の得点の範囲を答えなさい。

（3）A組，B組をあわせた生徒20人の得点の最頻値を答えなさい。

（4）A組，B組をあわせた生徒20人の得点の中央値（メジアン）を答えなさい。

4 図において，立体ABC-DEFは三角柱であり，AB=AC= 6cm，BC=10cmです。また，四角形ACFD, ABED, BCFEは長方形で，AD=14cm です。点Gは，AD上にある点で，GD= x, ∠EGF＝a°とします。次の問いに答えなさい。

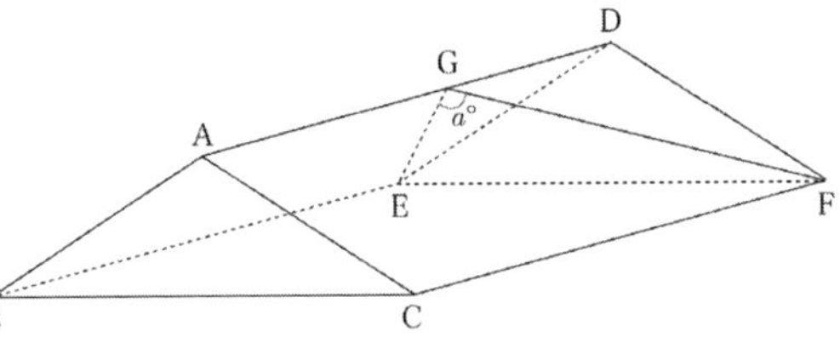

（1）∠GEFの大きさを a を用いて表しなさい。

（2）a= 90となるときの x の値を求めなさい。

（3）三角形GEFを断面として三角柱を２つの立体に切り分けます。点Dを含む立体の体積が，点Aを含む立体の体積の $\frac{1}{5}$ 倍となるとき，AG：GDを求めなさい。

5 下のような4枚のカードの中から，何枚か選び整数をつくります。次の問いに答えなさい。ただし，0が先頭になる場合は整数とはみなしません。

（1） 3枚を選び3桁の整数をつくるとき，何通りの整数ができるか答えなさい。

（2） 3枚を選び3桁の整数をつくるとき，３の倍数になる確率を答えなさい。

（3） 選んだ3枚のカードの積が０になる確率を答えなさい。

（4） 4枚を選び4桁の整数をつくるとき，この整数の四分位範囲を答えなさい。

6 図のように，放物線 $y=\frac{2\sqrt{3}}{3}x^2$ 上に点P(p, q)を取り，点Pを中心とした x 軸に接する円があります。次の問いに答えなさい。ただし，p >0とし，円周率は π とします。

（1）$p=\frac{1}{2}$ のとき，円の半径を求めなさい。

（2）この円が y 軸と接するときの半径を求めなさい。

（3）図のように円が y 軸と交わる２点と点Pで作る角を α とします。$p=\sqrt{3}$ のとき，α の角度を求めなさい。

（4）$p=\sqrt{3}$ のとき，斜線部分の面積を求めなさい。

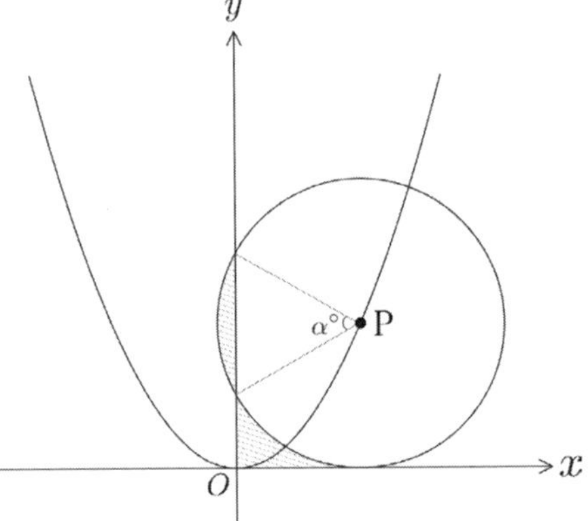

7 下の写真を参考にピラミッドの立体模型を作ります。最初にすべての辺の長さが10cmになるように立体模型を作ろうと考えました。この立体を作るために図１のような展開図を作成しました。次の問いに答えなさい。ただし，底面は正方形とします。

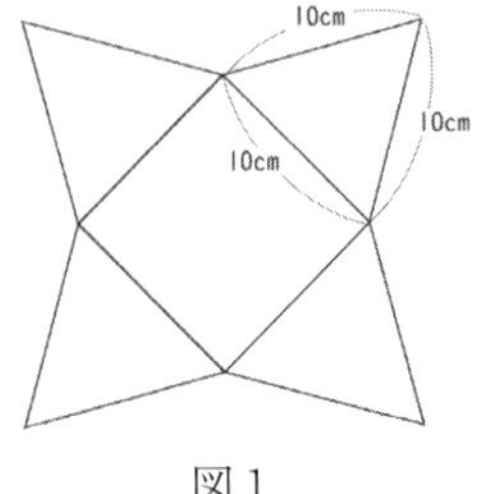

図１

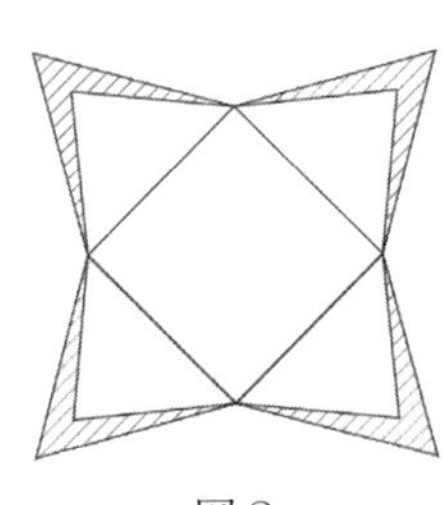
図２

（1）この立体の高さを求めなさい。

（2）この立体の体積を求めなさい。

（3）展開図から立体を作ってみると予定より高さが高かったので，図２のように展開図の斜線の部分を切り取りました。切り取った部分の面積が $40\sqrt{3}$ ㎠のとき，新たに作った立体の高さはもとの立体と比べて何cm 低くなっているか求めなさい。

英　語

英語リスニング放送台本

リスニング放送台本再生用

1　英語を聞いて，読まれたものと同じものをア～エの中から選び，記号で答えなさい。英語はそれぞれ２回放送します。

No.1　ア：tear　イ：ear　ウ：near　エ：year

No.2　ア：past　イ：fast　ウ：first　エ：last

No.3　ア：man　イ：nail　ウ：mail　エ：meal

2　英語の対話を聞いて，No.1～No.2 の質問に対する答えをイラストの中から選び記号で答えなさい。それぞれ２回放送します。

No.1　Man：May I take your order?

Staff：Yes, can I have a hot dog, two orange juices and a salad.

Man：Anything else?

Staff：No, that's all.

Question：What did the man order?

No.2　A：Look at this photo. The shortest girl is my sister, Mary.

B：Oh, she's cute. Is she walking with a rabbit?

A：Yes, She loves him.

Question：Which photo are they looking at?

3　対話を聞いて，最後の文に対する受け答えを選ぶ問題です。受け答えとして最も適当なものを，ア～エの中から選び，記号で答えなさい。それぞれ２回放送します。

No.1　Boy : What are you making, Mom?

Mother : A chocolate cake for Tom's birthday.

Boy : Sounds nice. Do you need any help?

ア. Yes. I can do it by myself.　イ. That's too bad.

ウ. That would be great.　エ. Sure. I'll find a good one.

No.2　Woman: How did you spend last weekend?

Man: I went to see a baseball game.

Woman: Oh, how was it?

ア. With my friends.　イ. By playing soccer.

ウ. Last night.　エ. It was very exciting.

No.3　W: This cat is very big. How heavy is he?

M: five kilograms.

W: Oh, really? Can I hold him?

ア. Sure, go ahead.　イ. No, I can't.

ウ. I'll do my best.　エ. That's true.

1 英語を聞いて，読まれたものと同じものをア～エの中から選び，記号で答えなさい。英語はそれぞれ2回放送します。

① ア：tear　イ：ear　ウ：near　エ：year
② ア：past　イ：fast　ウ：first　エ：last
③ ア：man　イ：nail　ウ：mail　エ：meal

2 英語の対話を聞いて，No.1～No.2の質問に対する答えをイラストの中から選び，記号で答えなさい。それぞれ2回放送します。

No.1 ①　②　③

No.2 ①　②　③

3 英語の対話を聞いて，最後の質問に対する受け答えを選ぶ問題です。受け答えとして最も適当なものを，ア～エの中から選び，記号で答えなさい。それぞれ2回放送します。

① ア．Yes. I can do it by myself.　イ．That's too bad.
　ウ．That would be great.　エ．Sure. I'll find a good one.
② ア．With my friends.　イ．By playing soccer.
　ウ．Last night.　エ．It was very exciting.
③ ア．Sure, go ahead.　イ．No, I can't.
　ウ．I'll do my best.　エ．That's true.

4 次の（1）～（3）の問いに答えなさい。

(1) 次の日本文に合うように（　）に入る最も適当な英語を下の語群から選び答えなさい。

① 私は4人家族です。　There（　）four people in my family.
② 母は毎日6時に起きます。　My mother（　）up at six every day.
③ 父は英語を話すことができます。　My father（　）speak English.
④ 今日はいい天気ですね。　It is nice weather today,（　）it?
⑤ 彼は昨日野球の練習をした。　He（　）baseball yesterday.

語群

am	played	get	aren't	wash	should	can
don't	are	wakes	will	isn't	practiced	is

(2) 次の（　）に入る最も適当な英語を答えなさい。

① ここでは歩かなければなりません。
　You（　）walk here.
② 彼と私は昨日の夜映画を見ていました。
　He and I（　）（　）a movie last night.
③ 琵琶湖は日本で一番大きい湖です。
　Biwako is（　）（　）lake in Japan.
④ 彼女はパリに行ってしまった（まだ帰ってきていない）。
　She（　）（　）to Paris.
⑤ ブラジルではポルトガル語が話されている。
　Portuguese（　）（　）in Brazil.

(3) 次の各文の意味がほぼ同じになるように (　) に入る最も適当な英語を答えなさい。

① You play basketball well.
　= You are a (　) basketball (　).

② Which is your smartphone?
　= Which smartphone is (　)?

③ He did nothing wrong.
　= He didn't do (　) wrong.

5 次の (1), (2) の問いに答えなさい。

(1) 次の (　) に入る, 最も適当な語をア～エの中から選び, 記号で答えなさい。

① (　) is the Nile river? It's about 6,650 km.
　ア. How long　イ. How many　ウ. How tall　エ. How much

② I have to study not only English (　) math.
　ア. and　イ. or　ウ. but　エ. of

③ He went to Okinawa (　) his aunt.
　ア. to see　イ. seeing　ウ. to seeing　エ. for seeing

④ How many countries (　) before?
　ア. do you visit　イ. are you visited　ウ. did you visit　エ. have you visited

⑤ I think (　) Japan is a beautiful country.
　ア. what　イ. that　ウ. if　エ. which

(2) 次の日本文と同じ意味になるように【　】内の７つの英語を並び替え, 3番目と5番目のものをア～キの中から選び, 記号で答えなさい。

① 私には中国に住んでいる友人がたくさんいます。
　【ア. friends　イ. I　ウ. who　エ. in　オ. many　カ. have　キ. live】China.

② ベトナムとドイツは日本と同じくらい大きい国です。
　Vietnam【ア. are　イ. as　ウ. Japan　エ. and　オ. Germany　カ. big　キ. as】.

③ わびさびを理解するのは日本人にとって簡単です。
　It【ア. for　イ. understand　ウ. is　エ. Japanese　オ. Wabi-Sabi　カ. to　キ. easy】.

④ 私たちは知り合ってから10年になります。
　We【ア. each　イ. ten　ウ. have　エ. for　オ. known　カ. other　キ. years】.

6 サマースクール参加者募集の広告を見て, 各問いに答えなさい。

Summer School is coming!

We are going to hold a Summer School Program next month. We are inviting many teachers from all over the world : England, Australia, Canada, and so on. Join us to get better English skills. We held this program in Shizuoka last year, but we changed the place this year. Even if this is the second time to join for you, it's going to be fun. We accept your application from July 10th to August 10th.

Date : August 20th to August 23rd
Place : ABC Village in Nagoya city
Tell : 052-123-789
Fee : 20,000 yen

The opening ceremony begins at 9:30 a.m on the first day. You can use our bus from Nagoya station, and it leaves at 8:00 for ABC Village. Bring 800 yen if you use it. You need extra money if you want to take part in the farewell party on the last day. It's only 1,000 yen. <u>We are really looking forward to</u>

seeing you. Visit our website for more information. Call if you want to join us!

Web : http://summerschool.com
Tel : 0123-456-789
Mail : info@summerschool.com

(1) 次の問いに英語で答えなさい。

What is the Summer School going to be held for?

(2) 下線部 We are really looking forward to seeing you を日本語に訳しなさい。

(3) 次の文が本文の内容と一致していれば○を，一致していなければ×を書きなさい。

① この広告が出されたのは7月である。

② イギリス, オーストラリア, カナダ出身の教員だけ招待されている。

③ サマープログラム初日のバスは8時にABC Villageを出発する。

④ 今年のサマープログラムは愛知県で開催される。

⑤ サマープログラムの参加費は21,800円である。

(4) このプログラムへの申し込み方法は何ですか。（　　）に入る最も適当な語をア～クの中から選び，それぞれ記号で答えなさい。

（ ① ）までに（ ② ）で申し込みをする。

ア．メール　イ．ウェブサイト　ウ．電話　エ．店頭
オ．7月10日　カ．8月10日　キ．8月20日　ク．8月23日

7 メールのやり取りを見て, 各問いに答えなさい。

E-Mail Message

From : Stacy Clifton　To : Matthew Clifton
Date : May 28　Subject : Your birthday party

Hi Matt,
Happy birthday. I want to celebrate your birthday at my house. Do you have time next Friday or Saturday night? There will be your grandfather, uncle, aunt, and their kids. Are you still wearing shoes (①) I gave you last year? We have some birthday presents for you this year too. I can't tell you about it now, but I'm sure you will like it. Invite your friends too. We are going to have a big party.

E-Mail Message

From : Matthew Clifton　To : Stacy Clifton
Date : May 28　Subject : Re: Your birthday party

Hi Grandma,
Thank you (②) inviting me. That sounds great! I'm going to go see a movie with my friends next Friday, so Saturday is good. My friends and I were talking about plans for Saturday, and everyone seems to be free this weekend. 【will / to / them / I / the party / ask / come / to】. I'm still wearing the shoes. I really like it. Your birthday is next month, isn't it? How (③) celebrating your birthday together?

(1) 本文内の空欄（ ① ）～（ ③ ）にあてはまる語句を次のア～クの中から選び，それぞれ記号で答えなさい。（大文字になる文字も全て小文字で記しています）

ア．who　イ．long　ウ．about　エ．for　オ．which　カ．what　キ．to　ク．in

(2) 本文の内容と一致するものを2つ選びなさい。

ア．Only Matthew's family going to join the birthday party.

イ．Matthew will get shoes as a birthday present this year.

ウ．Stacy has already decided what to give as a birthday present.

エ．Stacy's birthday is in July.

オ．Matthew wants to celebrate Stacy's birthday together.

(3) 本文の内容に合うように次の質問に英語で答えなさい。

① Why Matthew can't have a birthday party on next Friday?

② What is Matthew's relationship to Stacy?

(4) 【　】内の語を意味が通るように並べ替えなさい。

(5) あなたがもし誕生日にプレゼントをあげるとしたら誰に何をあげたいですか。理由も含めて20語以内の英語で書きなさい。（ただし，.，?などの符号は語数に含まない）

8 富士登山についての英文を読み，各問いに答えなさい。

Have you ever climbed Mt. Fuji before? Many people climbed there every year. In 2012, the number of climbers became about 300,000 people. The next year, Mt. Fuji registered as a World Heritage Site. There are many climbers from all over the world as well as Japan. However, in 2021, many of them stopped climbing because of the pandemic. In 2023, post-corona, the number of climbers from other countries increased again, about 200,000 people climbed. There are some people who think climbing Mt. Fuji is easy, and because of that, many troubles happen there.

Do you know the weather and temperature on Mt. Fuji? The weather changes again and again, and the temperature is under 10℃ even you climb in summer. Some climbers from other countries wear a T-shirt and don't have winter clothing. Many of them give up climbing and call for help. Some of them don't have enough food and water, too.

It is hard to reach the top of the Mt. Fuji. You have to plan and prepare enough for climbing there. <u>You also need to learn how to climb the mountain safely.</u> If you reach the top, you can see a beautiful view.

(1) 次の問いに英語で答えなさい。

How many people climbed Mt. Fuji in 2023?

(2) 本文の内容と一致するものを2つ選び，記号で答えなさい。

ア．Mt. Fuji registered as a World Heritage Site in 2012.

イ．Because of bad weather, many people gave up climbing Mt. Fuji.

ウ．It is natural to clime Mt. Fuji with a T-shirt.

エ．Some people stop climbing because they don't prepare enough.

オ．To climb Mt. Fuji is not easy.

(3) 本文の内容に合うように，（　　）に入る最も適当な語をア～スの中から選び，記号で答えなさい。

① 富士山への観光客は日本だけではなく（　　）から来ている。

② 富士登山中の気温は（ A ）でも（ B ）のような気温である。

③ 富士山に登山をする際は，十分な（ A ）と適切な（ B ）が必要である。

ア．ヨーロッパ　イ．夏　ウ．時間　エ．準備　オ．秋　カ．お金
キ．アメリカ　ク．計画　ケ．冬　コ．世界中　サ．春　シ．アジア
ス．案内人

(4) 下線部 You also need to learn how to climb the mountain safely を日本語に訳しなさい。

両手を伸ばして吹入るオゾンに身うちを洗ひ、
やっぱり二十代の声をあげて
十本一本のマッチをわらひ、
杉の枯葉に（　C　）をつけて
囲炉裏の鍋でうまい茶粥を煮るでせう。
畑の絹さやゑん豆をもぎってきて
サファイヤ[注2]色の朝の食事に興じるでせう。
①もしも智恵子がここに居たら、
奥州南部の山の中の一軒家が
たちまち真空管の機構となって
無数の強い②エレクトロン[注3]を飛ばすでせう。

『智恵子抄』より

注1　キセキレイ＝セキレイ科の小鳥。
注2　サファイヤ＝宝石の一種。青玉。
注3　エレクトロン＝電子。

作者と智恵子

問1　この詩の作者の氏名を漢字で答えなさい。

問2（　A　）～（　C　）にあてはまる最も適当な語を次のア～コのうちからそれぞれ一つずつ選び記号で答えなさい。

ア　火　　イ　花　　ウ　山　　エ　春　　オ　夏
カ　秋　　キ　冬　　ク　朝　　ケ　年　　コ　実

問3　この詩の題名として最も適当なものを次のア～オのうちから一つ選び記号で答えなさい。

ア　智恵子と私　　イ　山の中の一軒家
ウ　原始の息吹　　エ　もしも智恵子が
オ　岩手の山

問4　――線①「もしも智恵子がここに居たら」とありますが、現在、智恵子はどうなっていると考えられますか。最も適当なものを次のア～オのうちから一つ選び記号で答えなさい。

ア　入院中　　イ　死　亡　　ウ　帰省中
エ　旅行中　　オ　別居中

問5　――線②「エレクトロンを飛ばす」とはどういう意味ですか。最も適当なものを次のア～オのうちから一つ選び記号で答えなさい。

ア　奥州南部の自然を破壊すること。
イ　メッセージを送ること。
ウ　活力がみなぎること。
エ　美しい自然をアピールすること。
オ　人工的な物を吹き飛ばすこと。

問6　この詩における作者の心情として、最も適当なものを次のア～オのうちから一つ選び記号で答えなさい。

ア　孤　独　　イ　回　想　　ウ　追　慕
エ　狂　気　　オ　愛　情

7　次の題名で作文を書きなさい。

「　出会い　」

〔原稿用紙一枚に**横書き**にすること。
一行目に題名、二行目に受験番号と氏名を記入し、
本文は三行目から書き始めること。〕

すぐつてこの城にこもり、功名一時の叢（くさむら）となる。④「国破れて山河あり、城春にして草青みたり」と、笠うち敷きて、時の移るまで泪（なみだ）を落し侍（はべ）りぬ。

夏草や⑤兵どもが夢の跡

『おくのほそ道』「平泉」より

注1　三代＝奥州藤原三代。清衡・基衡・秀衡のこと。
注2　一里＝約三・九キロメートル。
注3　和泉が城＝秀衡の三男和泉三郎忠衡の居館。

問1　――線①の口語訳として最も適当なものを、次のア～オのうちから一つ選び記号で答えなさい。

ア　栄華も一晩の夢の中では
イ　栄華は一瞬で輝きを失い
ウ　栄華は一睡の夢の中の出来事のように過ぎ去り
エ　栄華の夢をかなえた後に
オ　栄華も夢の中だけではなく

問2　――線②について、次の地図は現在の平泉周辺に、当時の地名をあてはめたものです。文中から読み取れる「和泉が城」の位置として最も適当なものを、図中のA～Dのうちから一つ選び記号で答えなさい。

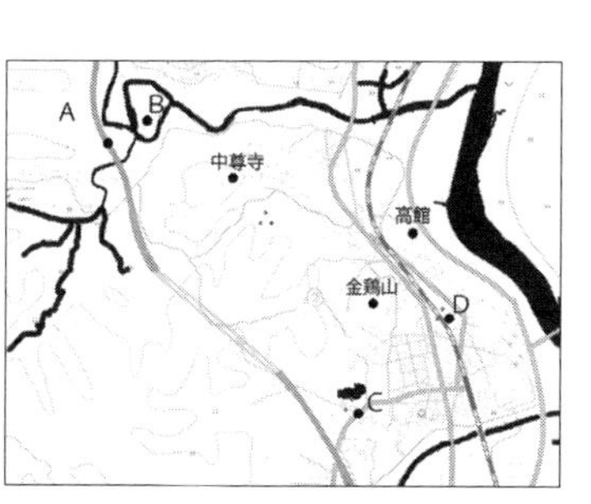

問3　――線③「大河」を具体的に示す言葉を、本文中から抜き出し答えなさい。

問4　――線④は、杜甫の漢詩「春望」の一部「国破レテ山河アリ　城春ニシテ草木深シ」にならった表現です。杜甫が活躍した中国の時代を次のア～オのうちから一つ選び記号で答えなさい。

ア　秦　　イ　漢　　ウ　呉　　エ　唐　　オ　清

問5　――線⑤の読みを、現代仮名遣いのひらがなで答えなさい。

問6　この作品が書かれた時代を次のア～オのうちから一つ選び記号で答えなさい。

ア　平安時代　　イ　鎌倉時代　　ウ　室町時代
エ　安土桃山時代　　オ　江戸時代

問7　この作品の作者を、次のア～オのうちから一つ選び記号で答えなさい。

ア　紀貫之　　イ　本居宣長　　ウ　紫式部
エ　鴨長明　　オ　松尾芭蕉

6

次の詩を読んで、後の問いに答えなさい。

もしも智恵子が私といっしょに
岩手の山の原始の息吹に包まれて
いま六月の草木の中のここに居たら、
ゼンマイの綿帽子がもうとれて
キセキレイ[注1]が井戸に来る山の小屋で
ことしの（　A　）がこれから始まる
洋々とした季節の（　B　）のここに居たら、
智恵子はこの三畳敷で目をさまし、

様を目撃したばかりの私の眼には、猿股一つで済まして皆なの前に立っているこの西洋人が⑧いかにも珍しく見えた。

彼はやがて自分の傍を顧みて、そこにかがんでいる日本人に、一言二言何かいった。その日本人は砂の上に落ちた手ぬぐいを拾い上げているところであったが、それを取り上げるや否や、すぐ頭を包んで、海の方へ歩き出した。その人がすなわち先生であった。

『こころ』より

注1　書生＝下宿している学生。
注2　畷＝なわて。田と田の間に通じる道。たんぼ道。
注3　掛茶屋＝海の家。
注4　放漫＝集中力に欠けること。
注5　床几＝しょうぎ。折り畳み式の椅子。

問1　――線①「心持ちは同じ事」とはどのような心持ちですか。本文中の言葉を用いて答えなさい。

問2　――線②「友達はそれを信じなかった」について、それはなぜですか。理由を答えなさい。

問3　――線③「その中」について、「その」とは何を指しますか。本文中から十字以内で抜き出しなさい。

問4　――線④「塩はゆい身体を清め」とはどういうことですか。次のア～オのうちから一つ選び記号で答えなさい。
ア　病気治療のため、海水につかること。
イ　清めの塩で、心身のけがれを落とすこと。
ウ　殺菌効果のある海水で、身体を洗うこと。
エ　海水で塩っぽくなった身体を、真水で洗い流すこと。
オ　身体についた塩の結晶を、布でふき取ること。

問5　[A]にあてはまる最も適当な語を、本文中から三字で抜き出し答えなさい。

問6　――線⑤「特別の事情」とは何ですか。本文中の言葉を用いて答えなさい。

問7　――線⑥「優れて」、――線⑦「入るや否や」の意味として適当でないものを、それぞれア～カのうちから二つずつ選び記号で答えなさい。

⑥「優れて」
ア　並外れて　イ　優秀な　ウ　とりわけ
エ　きわだって　オ　美しくて　カ　ひときわ

⑦「入るや否や」
ア　入ると同時に　イ　入った瞬間に
ウ　入りかけた時に　エ　入ったか入らないかで
オ　入るのをやめて　カ　入った後すぐに

問8　――線⑧「いかにも珍しく見えた」について、それはなぜですか。次のア～オのうちから一つ選び記号で答えなさい。
ア　西洋人は、着衣のまま海水浴をする人が多かったから。
イ　まだ外国との交流は少なく、西洋人も少なかったから。
ウ　由比ガ浜には、西洋人の海水浴客が少なかったから。
エ　猿股が似合う西洋人が、いるはずがないと思ったから。
オ　この西洋人の着こなしが、とても似合っていたから。

5

次の古文を読んで、後の問いに答えなさい。

注1 ①三代の栄耀(えいよう)一睡の中(うち)にして、大門の跡は一里注2こなたにあり。秀衡(ひでひら)が跡は田野(でんや)になりて、金鶏山(きんけいざん)のみ形を残す。まづ高館(たかだち)に登れば、北上川南部より流るる大河なり。②衣川(ころもがは)は和泉(いずみ)注3が城をめぐりて、高館の下にて③大河に落ち入る。泰衡(やすひら)等が旧跡は、衣が関を隔てて南部口をさし堅め、夷(えぞ)を防ぐとみえたり。さても義臣

っかく来た私は一人取り残された。

学校の授業が始まるにはまだだいぶ日数があるので鎌倉におってもよし、帰ってもよいという境遇にいた私は、当分元の宿に留まる覚悟をした。友達は中国地方のある資産家の息子で金に不自由のない男であったけれども、学校が学校なのと年が年なので、生活の程度は私とそう変りもしなかった。したがって一人ぼっちになった私は別にかっこうな宿を探す面倒ももたなかったのである。

宿は鎌倉でもへんぴな方角にあった。玉突きだのアイスクリームだのというハイカラなものには長い畷[注2]を一つ越さなければ手が届かなかった。車で行っても二十銭は取られた。けれども個人の別荘はそこここにいくつでも建てられていた。それに海へはごく近いので海水浴をやるには至極便利な地位を占めていた。

私は毎日海へはいりに出掛けた。古い燻(くす)ぶり返った藁葺(わらぶき)の間を通り抜けて磯へ下りると、この辺にこれほどの都会人種が住んでいるかと思うほど、避暑に来た男や女で砂の上が動いていた。ある時は海の中が銭湯のように黒い頭でごちゃごちゃしている事もあった。③その中に知った人を一人ももたない私も、こういう賑やかな景色の中につつまれて、砂の上に寝そべってみたり、膝頭を波に打たしてそこいらを跳ねまわるのは愉快であった。

私は実に先生をこの雑踏の間に見付け出したのである。その時海岸には掛茶屋[注3]が二軒あった。私はふとした機会からその一軒の方に行き慣れていた。長谷辺(はせへん)に大きな別荘を構えている人と違って、各自に専有の着換場を拵(こしら)えていないここいらの避暑客には、ぜひともこうした共同着換所といった風なものが必要なのであった。彼らはここで茶を飲み、ここで休息するほかに、ここで海水着を洗濯させたり、ここで④塩はゆい身体を清めたり、ここへ帽子や傘を預けたりするのである。海水着を持たない私にも持物を盗まれる恐れはあったので、私は海へはいるたびにその茶屋へ一切を脱ぎ棄てる事にしていた。

私がその掛茶屋で先生を見た時は、先生がちょうど着物を脱いでこれから海へ入ろうとするところであった。私はその時反対に濡れた身体を風に吹かして水から上がって来た。二人の間には目を遮る幾多の［A］が動いていた。⑤特別の事情のない限り、私はついに先生を見逃したかも知れなかった。それほど浜辺が混雑し、それほど私の頭が放漫[注4]であったにもかかわらず、私がすぐ先生を見付け出したのは、先生が一人の西洋人をつれていたからである。

その西洋人の⑥優れて白い皮膚の色が、掛茶屋へ⑦入るや否や、すぐ私の注意を惹いた。純粋の日本の浴衣を着ていた彼は、それを床几[注5]の上にすぽりと放り出したまま、腕組みをして海の方を向いて立っていた。彼は我々のはく猿股一つのほか何物も肌に着けていなかった。私にはそれが第一不思議だった。私はその二日前に由比ガ浜まで行って、砂の上にしゃがみながら、長い間西洋人の海へ入る様子を眺めていた。私の尻をおろした所は少し小高い丘の上で、そのすぐ傍がホテルの裏口になっていたので、私のじっとしている間に、だいぶ多くの男が塩を浴びに出て来たが、いずれも胴と腕と腿は出していなかった。女はことさら肉を隠しがちであった。大抵は頭にゴム製の頭巾を被って、海老茶や紺や藍の色を波間に浮かしていた。そういう有

国語

1 次の(1)~(6)の――線部について漢字の読み方をひらがなで書き、カタカナを漢字で書きなさい。

(1) 全幅の信頼を寄せる。
(2) 巧みな話術。
(3) 柔和な表情。
(4) ハデな衣装を着る。
(5) タンジョウ日を祝う。
(6) シカイが開ける。

2 次の(1)~(4)の文の空欄には、身体の一部を表す漢字が入ります。それぞれの文の空欄にあてはまる漢字一字を、ア~コのうちから一つずつ選び記号で答えなさい。

(1) 彼女は非常に(　　)が切れる。
(2) 友人と(　　)を割って話す。
(3) 彼の母は(　　)が広く、様々な方面に友人がいる。
(4) あこがれの先輩に(　　)を並べることができてうれしい。

ア 顔　イ 足　ウ 肩　エ 首　オ 胃
カ 頭　キ 腹　ク 手　ケ 目　コ 指

3 次の(1)~(5)の言葉の意味を、ア~シのうちから一つずつ選び記号で答えなさい。

(1) あなどる　(2) そそのかす
(3) はにかむ　(4) ゆだねる
(5) いつくしむ

ア いやがる　イ いねむりする　ウ まかせる
エ ばかにする　オ けしかける　カ かわいがる
キ あわてる　ク あきらめる　ケ はずかしがる
コ ほめる　サ しりごみする　シ なぐさめる

4 次の文章を読んで、後の問いに答えなさい。

私はその人を常に先生と呼んでいた。だからここでもただ先生と書くだけで本名は打ち明けない。これは世間をはばかる遠慮というよりも、その方が私にとって自然だからである。私はその人の記憶を呼び起すごとに、すぐ「先生」といいたくなる。筆を執っても①心持ちは同じ事である。よそよそしい頭文字などはとても使う気にならない。

私が先生と知り合いになったのは鎌倉である。その時私はまだ若々しい書生[注1]であった。暑中休暇を利用して海水浴に行った友達からぜひ来いというはがきを受け取ったので、私は多少の金を工面して、出掛ける事にした。私は金の工面に二、三日を費やした。ところが私が鎌倉に着いて三日と経たないうちに、私を呼び寄せた友達は、急に国元から帰れという電報を受け取った。電報には母が病気だからと断ってあったけれども②友達はそれを信じなかった。友達はかねてから国元にいる親たちにすすまない結婚を強いられていた。彼は現代の習慣からいうと結婚するにはあまり年が若過ぎた。それに肝心の当人が気に入らなかった。それで夏休みに当然帰るべきところを、わざと避けて東京の近くで遊んでいたのである。彼は電報を私に見せてどうしようと相談をした。私にはどうしていいか分らなかった。けれども実際彼の母が病気であるとすれば彼はもとより帰るべきはずであった。それで彼はとうとう帰る事になった。せ

千葉商科大学付属高等学校

数 学

1 次の各問いに答えなさい。

(1) $5^2+3\times(-6)$ を計算しなさい。 (2) $4ab\div6a\times(-9b)$ を計算しなさい。

(3) $4\sqrt{5}-15\div\sqrt{5}$ を計算しなさい。 (4) 2次方程式 $x^2+8x+5=0$ を解きなさい。

(5) 関数 $y=\dfrac{36}{x}$ のグラフ上にあり，x 座標，y 座標がどちらも自然数である点の個数を求めなさい。

(6) 次の図のような，母線の長さが 7 cm，高さが 6 cm の円錐の体積を求めなさい。

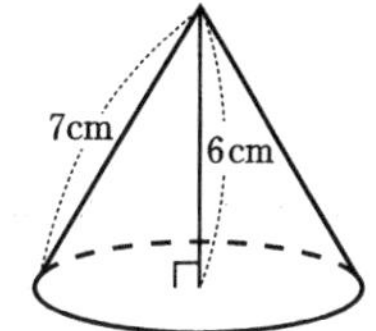

(7) 次の度数分布表は 20 人で行ったボウリング大会の得点をまとめたもので，一部が空欄になっている。110 点以上 130 点未満の階級の相対度数を求めなさい。

階級（点）	度数（人）
以上　未満	
70 ～ 90	2
90 ～ 110	4
110 ～ 130	
130 ～ 150	3
150 ～ 170	2
170 ～ 190	1
計	20

(8) 次の図のように，円 O の周上に頂点をもつ五角形 ABCDE がある。$\overset{\frown}{AB}=\overset{\frown}{BC}=\overset{\frown}{CD}$，$\angle ABC=130°$ のとき，$\angle AED$ の大きさを求めなさい。

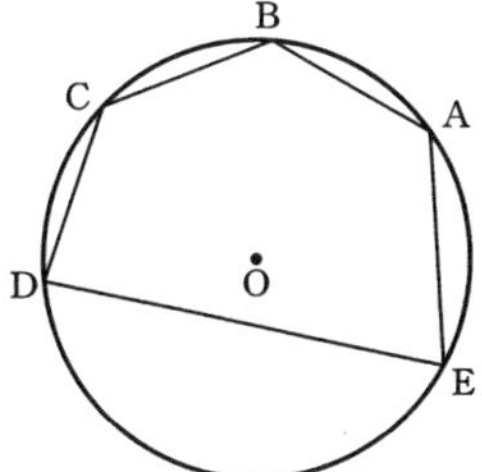

2 次の図のように，放物線 $y=ax^2\ (a>0)$ がある。この放物線上にあり，座標が $(2,\ 1)$ である点を A，x 座標が -6 である点を B，x 座標が 2 より大きい数である点を C とする。また，直線 BC と y 軸との交点を D とすると，その y 座標は 12 であった。このとき，次の問いに答えなさい。

(1) 点 B の y 座標を求めなさい。

(2) 点 C の座標を求めなさい。

(3) 点 O を通り，四角形 OACB の面積を 2 等分する直線の式を求めなさい。

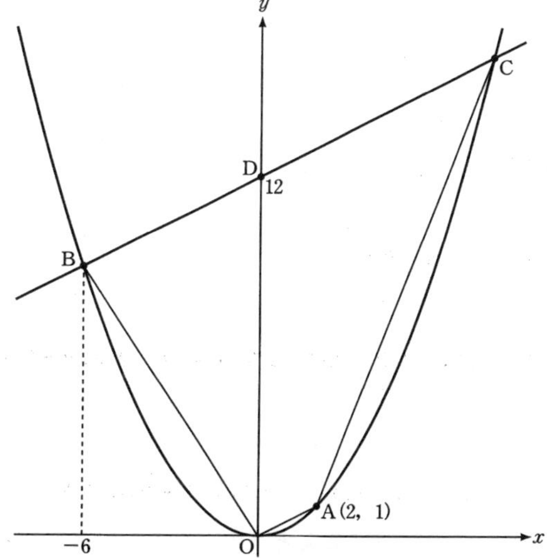

3 次の図のように，線分ABがあり，点Cは線分AB上の点，点Dは線分BCの中点である。線分AB, BCを直径とする半円を直線ABに対して同じ側につくる。点Aから$\overset{\frown}{BC}$に接線を引き，接点をEとする。また，接線と$\overset{\frown}{AB}$との交点のうち点Aと異なる点をFとし，直線BEと$\overset{\frown}{AB}$との交点のうち点Bと異なる点をGとする。AE＝14 cm，EF＝6 cmのとき,次の問いに答えなさい。

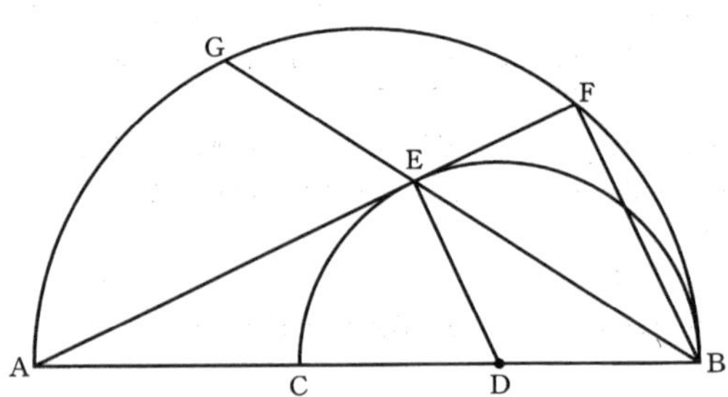

(1) AD：DBをもっとも簡単な整数の比で表しなさい。

(2) BE：EGをもっとも簡単な整数の比で表しなさい。

(3) 線分EGの長さを求めなさい。

4 1から9までの数字が1つずつ書かれた9枚のカードがある。これらのカードに，次の**操作A**，**操作B**を続けて行い，2つの整数X，Yをつくる。

1 2 3 4 5 6 7 8 9

> **操作A** 9枚のカードから4つの連続する整数が書かれた4枚のカードを選ぶ。
> **操作B** **操作A**で選んだ4枚のカードから3枚のカードを選び，選んだカードを自由に並べて，3けたの数Xをつくる。また，残りの1枚のカードで，1けたの数Yをつくる。

例えば，次の図は，操作Aで1，2，3，4が書かれたカードを選び，操作Bで1，2，4が書かれたカードを選んで，X＝214，Y＝3をつくった場合を表している。このとき，次の問いに答えなさい。

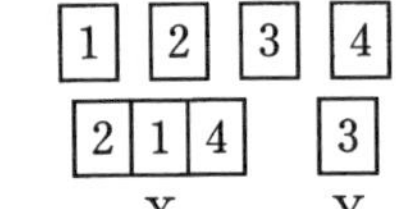

(1) 操作Aで2，3，4，5が書かれたカードを選んだ状態から操作Bを行ったとき，つくれるXは全部で何通りあるか求めなさい。

(2) 操作Aで3，4，5，6が書かれたカードを選んだ状態から操作Bを行ったとき，Yが3の倍数となる場合は全部で何通りあるか求めなさい。

(3) Xが偶数，Yが奇数となる場合は全部で何通りあるか求めなさい。

英　語

1 この問題は短い英文を聴き，その内容に関する質問に対して最も適切な答えを選ぶ形式です。英文と質問は2度読まれます。

No. 1 **ア** Because her father made her the desk.
イ Because her father bought a new desk for her.
ウ Because the desk was brought from abroad.
エ Because the desk was made by her grandfather.

No. 2 **ア** A soccer ball. **イ** Andy's shoes. **ウ** Some snacks. **エ** Some comics.

No. 3 **ア** Sports. **イ** Languages. **ウ** History. **エ** Nature.

No. 4 **ア** She has a piano lesson on Mondays.
イ She studies English in the easiest class.
ウ She wants to join the most difficult English class.
エ She thinks the English school is far from her house.

No. 5 **ア** Tom's. **イ** Ben's. **ウ** His aunt's. **エ** Ben's aunt's.

2 この問題は英文を聴き，その内容に対する5つの質問に対してそれぞれ最も適切な答えを選ぶ形式です。英文と質問は2度読まれます。

No. 1 ア Writing stories. イ Reading books.
ウ Collecting paper. エ Drawing pictures.

No. 2 ア In the city library. イ At her high school.
ウ At her university. エ In the company.

No. 3 ア For one year. イ For two months. ウ For three weeks. エ For four days.

No. 4 ア Fifteen. イ Twenty-seven. ウ Thirty. エ Thirty-five.

No. 5 ア Because her Japanese skills have become better.
イ Because she will get a new job in New York.
ウ Because she will be able to work in Japan.
エ Because her *washi* is used by many people.

3 次の各文の(　　)に入る最も適切なものを下のア～エからそれぞれ１つずつ選び，記号で答えなさい。

(1) Wednesday is (　　) Tuesday and Thursday.
ア on　イ in　ウ into　エ between

(2) This topic should (　　) about now.
ア talk　イ talked　ウ be talked　エ talking

(3) I like this song the (　　) of all of these singers' songs.
ア good　イ well　ウ best　エ better

(4) (　　) a wonderful day it is today!
ア What　イ How　ウ That　エ Which

(5) We look at a (　　) when we want to know what we can eat there.
ア chair　イ menu　ウ clock　エ watch

(6) I will read five books (　　) a report during the summer vacation.
ア write　イ writing　ウ wrote　エ to write

(7) Students asked me questions one (　　) another.
ア after　イ before　ウ on　エ from

(8) The cat (　　) on the street when I saw it.
ア was walking　イ walks　ウ is walking　エ will walk

(9) Ron not only studies well, (　　) also plays sports well.
ア and　イ so　ウ but　エ or

(10) A : (　　) times a week do you come to this park?
B : Twice.
ア How long　イ What　ウ Which　エ How many

4 次の各組の英文がほぼ同じ内容を表すように，(　　)に適切な語を１語ずつ入れなさい。

(1) My dream is to become a doctor.
I have a dream of (　　) a doctor.

(2) He didn't need my help to cook dinner.
He cooked dinner (　　) my help.

(3) I saw a lot of people from abroad at the festival.
I saw a lot of (　　) people at the festival.

(4) The bag is heavy, and my child can't bring it.
The bag is (　　) heavy for my child to bring.

(5) Jack doesn't have any food with him today.
Jack has (　　) food with him today.

5 次の英文を読んで，文中の(1)～(5)に入る最も適切なものを，下のア～オからそれぞれ１つずつ選び，記号で答えなさい。ただし，同じ語を２度以上用いてはならない。なお，*がついている語は，本文の最後に(注)がついています。

There are a lot of stories about the moon in the world. For example, the story about a rabbit is well (1) in Japan.

There is another story like this in Canada. The moon had a younger sister. She was a frog. One night, a big party was (2) at the moon's house. The house filled up and the frog said to her brother, "There is no place for me. Where can I be?" The moon answered, "I don't *care where you are. Be on the wall over there." Then the frog got angry, (3) up to the moon's face, and never left.

In Germany, some people think a man called Hans is working on the moon. Long ago, people worked from Monday to Saturday. Hans worked on Sunday, too. One Sunday, in a forest, an old man came to Hans and said, "Why are you working today?" Hans answered, "Don't care about me. I work on Sunday because I want to do so." After the old man heard this, he said, "Hans, Sunday is (4) to you to take a rest because you have to work from Monday to Saturday. If you don't want to rest on Sunday, I will let you work every day on the moon!" Soon after that, Hans was (5) up into the sky, and now we can see he is working on the moon's surface.

(注) care (～) (～を)気にする

【語群：ア taken　イ jumped　ウ held　エ known　オ given 】

6 次の会話文の空所(1)～(5)に当てはまる最も適切なものを下のア～オからそれぞれ１つずつ選び，記号で答えなさい。なお，*がついている語句は，会話文の最後に(注)がついています。

Jenny : Hello, Yumi. I want to ask you something.

Yumi : Oh, Jenny, what is it?

Jenny : I can't find my umbrella. I had it when I went out with you last Sunday. I don't know where I lost it.

Yumi : Don't worry. Let's try to remember the places we visited together that day.

Jenny : Thank you. (1)

Yumi : Yes. We did our homework there from ten to noon. It was rainy in the morning. After that, we went to the coffee shop by the park and had lunch.

Jenny : I remember that. (2)

Yumi : After lunch, we visited some shops to look for my sister's birthday present.

Jenny : It was sunny when we left the last shop, so we didn't use our umbrellas. We said goodbye to each other at the bus stop near the hospital at four. At that time, I still had my umbrella. I went home by bus.

Yumi : (3)

Jenny : No. When I was getting off the bus, a woman said to me, "You left your umbrella at your seat." So I was able to get off with it. Oh, wait! I remember!

Yumi : Really? (4)

Jenny : In my mother's car. I went to the gym on Wednesday. My mother took me there in her car. It was cloudy that day, so I put my umbrella in the car. But I didn't use it. I think she will drive home at about seven today. (5) I'm sorry, Yumi.

Yumi : *Never mind. I'm glad you remembered where your umbrella is. I hope you'll find it tonight.

(注) Never mind. 気にしないで。

ア I'll look for it there tonight.

イ Where is it now?

ウ It was still raining when we were having it.

エ We met at the library that day, right?

オ Do you think you left your umbrella on the bus?

7 日本語に合うように(　　)内の語(句)を並べかえて文を作る時，余分なものがそれぞれ1つずつあります。その記号を答えなさい。

(1) 私は彼女にその手紙をすぐに読むよう言いました。

I (ア her イ told ウ letter エ the オ read カ said キ to) soon.

(2) 私は，富士山で撮影されたそれらの写真はすばらしいと思います。

I think (ア are イ taken ウ those エ were オ pictures カ on キ Mt. Fuji) wonderful.

(3) 私にたくさんの花を送ってくれた人はマコトでした。

The person (ア of イ sent ウ flowers エ me オ many カ who キ to) was Makoto.

(4) 夕食をとる前に，あなたは手を洗わなければなりません。

You (ア your イ must ウ hands エ wash オ eating カ while キ before) dinner.

(5) この食べ物は，私がふだん食べる食べ物と異なります。

This food (ア food イ from ウ I エ different オ the カ is キ in) usually eat.

8 次の英文を読んで，後の問いに答えなさい。なお，*がついている語は，本文の最後に(注)がついています。

One day in March, Eri watched a dance (①) on TV with her brother Daiki. [A] After watching it, she said to him, "The dancers were so cool! I've wanted to start something new when I become a high school student next month. Now I have found it. I want to dance like them." Daiki was surprised to hear that because his younger sister was usually very shy. ②He was happy to hear it from her. He said to Eri, "Maybe beginners need a teacher. One of my friends is a member of the dance club at my university. I think she is a good dancer and can be a good teacher. Do you want to practice with her before you enter high school? Should I ask her?" Eri said, "Yes, please. Thank you." The next day, he introduced his friend to Eri. After that, they practiced hard for several days in March. [B]

Eri entered high school the next month. There was no dance club in her school, so she said to her new friend Maho, "I want to start a dance club in this high school." Maho said, "That sounds interesting. I want to join the club. Let me help you."

During May, Eri was busy. She made a *comprehensive plan for the dance club with Maho. They also asked Mr. Ogi, their science teacher, to become the *advisor to their club. After listening to them, he said, "You want to try ③something new. I think that's good for you. Starting something new may be difficult, but I'll support you. I will be the advisor." Eri and Maho were happy to hear that. Then they introduced their new club to the students of their school. [C] After a week, eight students joined the dance club. The club started and Eri became the leader.

In August, Eri faced a difficult situation. The dance club was practicing for the school festival during the summer vacation, but some of the members didn't practice hard. They only had two months before the festival. Eri wanted to share her goal with them, but she didn't know what to say. She talked with Maho about the problem. Maho said, "You should tell them your idea, Eri. Don't be shy." The next day, Eri said to the other members, "Our goal is to (①) people our performance in the school festival. We should work together to improve our performance at the school festival. Let's practice hard to make people excited." [D] After that, all the members practiced for a better performance.

At the school festival in October, all ten members performed a cool dance in front of many people. After their performance, Daiki said to Eri, "You were so cool! I'm glad I got the chance to see your dance." She was very happy to hear that. Through this experience, she learned that it was important to tell other people what she thought.

(注) comprehensive 総合的な　advisor 顧問

問1 本文中の空所(①)に共通して入る英語1語を答えなさい。

問2 本文中の下線部②の内容として最も適切なものを，下のア～エから1つ選び，記号で答えなさい。

ア ダイキは，自分の妹がテレビに出演したいと言うのを聞いて，うれしかった。
イ ダイキは，自分の妹が新しく始めたいことを見つけたと言うのを聞いて，うれしかった。
ウ ダイキは，自分の妹に高校で新しい友だちができたということを聞いて，うれしかった。
エ ダイキは，自分の妹が，自分が通った高校に行きたいと言うのを聞いて，うれしかった。

問3 本文中の下線部③の内容として最も適切なものを，下のア～エから1つ選び，記号で答えなさい。

ア 新入生に対して，ダンスを披露すること。
イ 別の学校との合同ダンスチームを設立すること。
ウ エリが，部の部長と顧問を兼ねること。
エ エリたちの高校にダンス部を新しく作ること。

問4 次の英文が入る適切な箇所を，本文中の[A]～[D]から1つ選び，記号で答えなさい。

They understood her idea.

問5 本文の内容と一致するものには○，一致しないものには×で答えなさい。

ア Eri learned how to dance from her brother when she was little.
イ Eri started going to a dance school when she entered high school.
ウ Eri and Maho started the dance club with eight other students.
エ Eri practiced hard during the summer vacation, but Maho didn't do it.
オ Eri and other members of the dance club danced at the school festival.

問6 次の日本語を英語に訳しなさい。ただし，本文中の表現を参考にしてもよい。

「母は私に，台所をそうじするように頼みました」

ウ　曽我の叱責や鶴ヶ島の諭しを軸に、ワコの菓子への強い思いや、小原の屈折した心情が変化するさまを、会話を中心とした臨場感のある描き方で表現している。

エ　ワコがつくった和菓子の繊細な味や、才能豊かなワコに対して小原の心に渦巻く複雑な思いを、擬音語や擬態語を多く用いることにより特徴的に表現している。

三

次の文章は兼好法師著『徒然草』の一節です。これを読んで後の問いに答えなさい。（なお、設問の都合上、表記を一部改めてあります）

五月五日、＊賀茂の競馬を見はべりしが、＊車の前に雑人立ち隔てて見えざりしかば、おのおの下りて＊埒のきはによりたれど、ことに人おほく立ちこめて、分け入るべき様もなし。1かかるをりに、向かへなる＊樗の木に、2法師の上りて、木の股に＊ついゐてものみるあり。とりつきながら、いたうねぶりて、落ちぬべき時に、目をさますこと、たびたびなり。これをみる人、あざけりあさみて、「世のしれ者かな。かく3あやふき枝の上、安き心ありて、ねぶるらん」といふに、我が心にふと思ひしままに、「我等が生死の到来ただいまにもやあらん。それを忘れて、ものみて日を暮らす。おろかなることは、なほまさりたるものを」と言ひたれば、前なる人ども、「まことにさにこそさふらひけれ、もともおろかにさふらふ」と言ひて、みな後ろをかへりみて、「ここへ入らせたまへ」とて、＊ところをさりて4よび入れはべりにき。かほどの理、たれかは思ひよらざらんなれど、をりからの5思ひかけぬここちして、胸にあたりけるにや。人6木石にあらねば、時にとりてものを感ずることなきにあらず。

（注）賀茂の競馬…京都の賀茂神社で行われている神事。二頭の馬を走らせて勝敗を争う
車…牛にひかせる車　埒のきは…柵のそば　樗の木…センダンの木。落葉高木
ついゐて…腰を下ろして　ところをさりて…場所をあけて

問一　傍線部1「かかるをり」、傍線部3「あやふき」を現代仮名遣いに直し、すべてひらがなで書きなさい。

問二　傍線部2「法師」と同じ人物を表す言葉を、本文中から五字で抜き出して答えなさい。

問三　傍線部4「よび入れはべりにき」とありますが、このような行動をとった理由として最も適当なものを次の中から一つ選び、記号で答えなさい。

ア　自分も相手も同じ考えを持っていたとわかったから。
イ　相手には同情する余地があったことに気づいたから。
ウ　自分の考えに至らない点があったことを認めたから。
エ　相手を説得して考え方を変えさせたいと思ったから。

問四　傍線部5「思ひかけぬここちして」の主語として最も適当なものを次の中から一つ選び、記号で答えなさい。

ア　雑人　　イ　法師　　ウ　前なる人ども　　エ　筆者

問五　傍線部6「木石」のこの場合の意味として最も適当なものを次の中から一つ選び、記号で答えなさい。

ア　心のないもの　イ　丈夫なもの　ウ　死なないもの　エ　無用なもの

問六　本文の内容として最も適当なものを次の中から一つ選び、記号で答えなさい。

ア　筆者は、いつ命の危機が訪れるか誰にもわからないのだから、それぞれが好きなことをして生きるべきだと人々に認識させた。
イ　筆者は、たとえ命の危機であろうともやりたいことを貫き通している人に対して、敬意を払うべきであると人々に感じさせた。
ウ　筆者は、命の危機にある人が目の前にいるにもかかわらず、何もしないでただ見ているだけという状況のおかしさを指摘した。
エ　筆者は、たった今自分たちにも命の危機が訪れてしまう可能性はあるという、誰もが認識しているようなことをあえて伝えた。

(注) じょうよ饅頭…皮に山芋(やまいも)を使った饅頭　小僧…商店などで使われている年少の男の子
赤ちょうちん…居酒屋のこと　浅野さん…「奥山堂」で働く和菓子職人のひとり

問一　傍線部a～eのカタカナを漢字に、漢字を平仮名に直しなさい。

問二　次の(1)～(3)の問いに答えなさい。

(1)　二重傍線部Ⅰ「静かな」、Ⅲ「そうした」の品詞を次の中からそれぞれ選び、記号で答えなさい。

ア　動詞　　イ　形容詞　　ウ　形容動詞　　エ　名詞
オ　副詞　　カ　連体詞　　キ　接続詞　　ク　感動詞
ケ　助動詞　　コ　助詞

(2)　二重傍線部Ⅱ「俺は泣きながらも、必ず一人前になってやるんだって決心した」はいくつの文節からできていますか。算用数字で答えなさい。

(3)　二重傍線部Ⅳ「だ」と同じ使い方の言葉を、次の中から一つ選び、記号で答えなさい。

ア　あの少年はとても利口だ。　　イ　あそこに見えるのは富士山だ。
ウ　午後から雨が降るそうだ。　　エ　昨日の夜に長編小説を読んだ。

問三　太線部1「すぐにその饅頭を捨ててこい!」とありますが、曽我がこのような命令をしたのは、彼がどのような人だからですか。「……人」に続くように、本文中から十八字で抜き出して答えなさい。

問四　太線部2「お菓子を捨てるなんて嫌です!」とありますが、このワコの発言に対する、鶴ヶ島の評価がわかる一文を本文中から抜き出して、最初の六字を答えなさい。

問五　太線部3「菓子は地域によってずいぶんと違う。東と西では甘さだって異なる」とありますが、この内容に合う四字熟語として、最も適当なものを次の中から一つ選び、記号で答えなさい。

ア　千差万別　　イ　東奔西走　　ウ　大同小異　　エ　古今東西

問六　太線部4「ワコにはかわいそうな役を振っちまったが」とありますが、鶴ヶ島は何のためにどのような役をワコに振ったのですか。「小原」「曽我」という言葉を使って、四十字以上五十字以内で説明しなさい。

問七　太線部5「笑い続けている彼の目尻に涙が滲んでいた」とありますが、その理由として最も適当なものを次の中から一つ選び、記号で答えなさい。

ア　自分には兄ほど和菓子作りの才能がないということについて悩んでいたが、鶴ヶ島やワコに自分の和菓子を評価されていたことに気づき、職人としてやっていけそうな希望が見えてほっとしたから。

イ　鶴ヶ島や曽我に和菓子職人としての姿勢の甘さを指摘されて落ち込んでいたが、嫌がらせをした相手であるワコ本人に自分の立場を気遣う言葉をかけられ、今までの自分の行いを深く反省したから。

ウ　鶴ヶ島の過去の話を聞いて自分の和菓子職人としての姿勢を見直し始めていたところに、ワコの和菓子を心から愛する言葉を聞いたため、自分は職人としてワコに敵わないだろうと思い知ったから。

エ　和菓子職人として働くことについて複雑な思いを持ち、ふてくされた態度をとっていたが、ワコの指摘で和菓子に対する自分の思いを改めて認識したことで、かたくなだった気持ちがほぐれたから。

問八　本文の表現についての説明として最も適当なものを次の中から一つ選び、記号で答えなさい。

ア　饅頭を捨てるときの反応や鶴ヶ島たちの言葉を聞く態度を詳細に描くことで、お互いをライバルとして意識するワコと小原の心理がわかるように表現している。

イ　作りすぎた和菓子の処分から生じた、ワコと鶴ヶ島たちの対立や、ワコの情熱に感化されて成長していく小原の様子を、第三者の目線から客観的に表現している。

「奥山堂の菓子をなにより大事にしているあんたは、ワコに菓子を捨てろと言うに違いない、と俺は考えた。修業を始めて九ヵ月ほどであんなじょうよ饅頭をつくっちまう娘が、あんたに菓子を捨てろと言われ、どんな反応をするのか？　実は興味があった」

　今度は彼が、ワコに視線を寄越す。

「俺なら、売れ残った菓子、汚れた菓子は迷わず捨てる。ところがワコは、菓子を捨てるのが嫌だと泣いた」

　ワコは泣いたことが恥ずかしくて、またうつむいてしまう。

「俺は今さっき、〝悪かったな〟と、確かにおまえに謝った。一方でこうも思う。お前の考え方は、あまりにも青く、ひとりよがりだ。それに作業場で、絶対に涙を見せるべきではない」

　彼が相変わらずこちらを眺めていた。

「小僧の俺も、作業場では泣かなかったぞ。それが職人だ」

　ワコははっとする。職人――ツルさんが、そう言ってくれた。

　鶴ヶ島が、ゆっくりと足もとのほうを見やった。そこでは、まだ小原がしゃがみ込んでいる。

「おまえはどうなんだ小原？　おまえはこれから、菓子とどうやって付き合っていくつもりだ？」

　小原が、くずおれるようにがくりと両手を床についた。

　今度は、曽我が小原に向けて告げる。

「おまえの採用を決めたのは私だ。コネでおまえを預かったつもりはないぞ」

　仕事を終え店の裏口を出ると、外に小原が立っていた。

「みんなの前で泣いちゃって、カッコ悪い」

　ワコは照れ隠しに舌を覗かせると、彼の横を通り過ぎようとした。

「どうして饅頭の数で俺が嘘の伝令したことを、工場長に言いつけなかったんだ？」

　小原が言う。

「そうやってクビになって、実家のお店に帰りたかった？」

　ワコが言葉を返すと、彼が鼻で笑った。

「実家に帰ったって、俺の居場所なんてあるもんかよ」

　小原はちょっと考えてから言葉を続けた。

「俺には兄貴がいた」

「いた？」

と訊くと、「交通事故で死んじまったんだ」と応える。

「出来のいい兄貴で、みんなが店を継ぐもんだと思ってた。ところが俺にお鉢が回ってくると、〝あいつなんかに……〟って陰口が聞こえてきてな」

「それですねてるんだ」

「うんざりなんだよ、兄貴と比べられるのが！」

　怒鳴ったあとで彼が黙り込んだ。そうして再び口を開く。

「俺の嘘の伝令はワコが黙ってくれてても、みんなには分かってたんだな」

　それには応えず、ワコは言った。

「小原君て、やっぱりお菓子が好きなんだよね」

　意外そうに彼がこちらを見る。

「さっき、お饅頭が床に落ちたら、手で汚れを払いながら拾ってたでしょ。これから捨てにいくはずのお饅頭なのに」

　小原は無意識に自身がしたことに、今になって驚いていた。

「そういやあ、そうだな」

　小原が声を上げて笑い出す。

「なにやってんだ、俺……」

5 笑い続けている彼の目尻に涙が滲んでいた。

ワコの頬を涙が伝う。悔しかった。

曽我が背後を振り返って、「小原、おまえが捨ててこい！」と命令した。小原が、びくりと身体を震わせてから、「はい」と聞こえるか聞こえないかの声で返事し、ワコのほうにやってくる。

小原がボックスをb奪おうとすると、「イヤ！」ワコは身体を反転させた。小原と揉み合う形になり、床に*じょうよ饅頭がこぼれ落ちた。

「嫌です……捨てるなんて嫌です……」

ワコは泣いていた。小原がおろおろしながら饅頭を拾い集めている。ワコは、作業場で泣いている自分が情けなくて仕方がない。捨てたくないなら、どうしたい？　また戻って売りたい？　自分で食べたい？　駄々をこねているのは分かっていた。それでも、突っ立ったまま泣きやむことができない。

ふいに鶴ヶ島が、誰に向けてでもなく語り始めた。とてもⅠ静かな口調だった。

「生まれた家が貧しくてな、俺は中学を出ると働かなきゃならなかった。甘いもんが食べられるだろうって、それだけで金沢の菓子屋に住み込みで勤めたんだ。その店は流れ職人が入れ代わり立ち代わりやってきて、*小僧の頃は泣かない日がないくらい厳しい扱いを受けた。なにしろ入れ代わりが激しいもんだから、誰に付けばいいのかも分からない。Ⅱ俺は泣きながらも、必ず一人前になってやるんだって決心した。そのためには、仕事はとにかく自分で覚えていくしかない。目で盗むのはもちろん、少ない給料をやり繰りしながら職人が酒を飲むのに付き合ったり、酔った職人をcカイホウすることで親しくなって、つくり方や配合を教えてもらった。だから俺は、酒が飲めない頃から*赤ちょうちんに出入りしてた。Ⅲそうした店の焼き鳥やおでんが晩飯だった」

いつの間にか作業場のみんなが鶴ヶ島の話に耳をdカタムけているようだ。ワコも肩を震わせながら聞いていた。

「勤め始めて四年もすると、すっかり仕事に慣れ、俺は次なる店の門を叩いていた。そうやって北陸だけでなく関西、関東と渡り歩いた。3菓子は地域によってずいぶんと違う。東と西では甘さだって異なる。京の菓子は雅な味だ。俺の師匠は、そんな中で出会った職人たちⅣだ。誰というのではない、名もなく腕のよい職人とその菓子に接することで自分の技術を磨いてきた」

鶴ヶ島が曽我に顔を向けた。

「工場長、あんたもそのひとりだ」

曽我はなにも言わなかった。

「工場長が俺に教えようとしているのは、職人たちの扱い方だ。組織をどうまとめるかってことだ。今話したとおり、俺は自分の腕を磨くことだけを考えて生きてきたからな。そういう意味では、いろいろ学ばせてもらったよ。おかげで――」と鶴ヶ島が、しゃがんだままの小原を見やる。「性根の曲がったやつを目覚めさせるため、ひと芝居打つことになったり。もっとも、やり方が荒っぽくて、4ワコにはかわいそうな役を振っちまったが」

どういうこと？　それじゃ、今度のことは、*浅野さんが言ってたとおりだったの？　――「もしかしたら、ツルさんは、ワコに対して理不尽な仕打ちをすることで、小原の目を覚まさせようとしたのかも」

鶴ヶ島が珍しくeヤサし気な表情をワコに向ける。

「悪かったな」

ワコは戸惑いながら、もはや涙が消えていた。

「ツル」と曽我が声をかける。「おまえがあえて憎まれ役になってくれたのを知りながら、怒鳴りつけてすまなかった」

鶴ヶ島が、曽我のほうを向いた。

問五　太線部3「わかりやすい使命や目的はありません」とありますが、生きていることに「使命や目的」があると信じるのは、人間に対して何をしている人だと筆者は考えていますか。本文中から四字で抜き出して答えなさい。

問六　太線部4「前向きな対処法」とありますが、これは具体的にどのようなことですか。最も適当なものを次の中から一つ選び、記号で答えなさい。

ア　宇宙に人間が進出すれば、希少価値のあるものごとと出会えるかもしれないので、それを目指して生きていこうと思うこと。

イ　人間は高度な知性や能力を持っていて、今後の宇宙に貢献していくだろうという点から、存在する価値があるととらえること。

ウ　人間は死を前にすると恐怖を感じる生物であるため、できるかぎり死を意識せずに、日々前向きに生きるべきだと考えること。

エ　宇宙規模では、人間のように急激な進歩をとげて文明を築いている生命自体が珍しいものだからこそ、生きようと考えること。

問七　筆者は本文において、生きていくにあたって人間は何のために何をしていくべきだと述べていますか。「水準」という言葉を使って、四十字以上五十字以内で説明しなさい。

二

次の文章は上野歩著『お菓子の船』の一節です。これを読んで後の問いに答えなさい。

> 和菓子屋「奥山堂」の新人和菓子職人であるワコは、いつも態度の悪い同僚の小原からわざと間違った数を伝えられ、饅頭を三百個も作ってしまう。先輩職人の鶴ヶ島にきつくしかられ、彼の命令で店の外で饅頭を売ることになったが、路上販売の許可を取っていないため、警察に注意される。謝って、店に戻ることにした。

店の作業場では、曽我が待っていた。どうやら、交番から確認の電話があったらしい。

「おまえたちはいったいなにをやっているんだ!?」

鬼の形相で怒鳴る。

鶴ヶ島が無言で目を背けている。

「おい、ツル！　おまえ、どういうつもりで、こんなことをさせた!?」

「おまえは奥山堂のお菓子をなんだと思っているんだ!?」

その言葉に反発するように、鶴ヶ島が勢いよく曽我を見る。しかし、やはり黙ったままでいた。

今度は曽我がワコに顔を向けた。こんなに恐ろしい表情の曽我を見たことがなかった。いまだにボックスを駅弁売りのように首から下げたままのワコは、ぽかんとするばかりだ。

「[1]すぐにその饅頭を捨ててこい！」

ワコはなにを言われたのか理解できないでいた。

「外気に当てて[a]乾燥し、路上の埃を被ったお菓子を売りつけるなんて、おまえは奥山堂の信用を傷つけかねないことをしたんだぞ！　そんなものさっさと捨ててしまえ！」

曽我の言うことはもっともだ。しかし……。

「嫌です」

とワコは言い返した。

「なんだと?」

さらに怒気を帯びた曽我の声は低くなった。

「[2]お菓子を捨てるなんて嫌です！」

さらにワコは言う。

「〝おいしい〟って……お客さまから……、〝おいしい〟って言っていただいたお饅頭なんです」

ならないのです」。

　地球では、過去約38億年間で生物が800万種まで多様化しました。特にこの1万年については、人類という種が急速に増え、巨大な建造物をつくり、惑星外へと飛び出しつつあります。こんな急激な変化が起きている惑星は、広い宇宙でも地球だけかもしれません。

　宇宙は広いので、もっと生物がいると思われるかもしれませんが、生物が文明を維持できる期間はそんなに長くない可能性があります。地球上で人類が文明をもち始めてからまだ1万年も経っていません。あと1000年もしないうちに大量破壊兵器で滅びているかもしれません。もし文明の持続期間が1万年に満たないとすると、広い宇宙とはいえ、現在この瞬間に存在している生命体は地球だけだという可能性は大いにあり得ます。そうだとしたら、この宇宙で唯一の生命体が今まさに大躍進をとげているところです。もし全宇宙を支配する神様がいたとすれば、きっと地球の急激な変化にくぎ付けになっているでしょう。

　この珍しさを多くの人が認識すれば（それは難しいことではないでしょう）、そこには希少価値が生まれます。私たち人類はこの宇宙で極めて珍しく、それゆえ価値のある存在です。この希少価直のある社会を維持していく、さらには今までなかったもっと珍しい社会に変えていくことには意味があります。私たちがもつ希少価値を大切にしていくことが、私たちが生きる意味だとみなすことができるかと思います。

　私たちがもつ希少価値を大切にしていくとは、具体的には何をすればいいのでしょうか。

　まず必要なのは、今の人間の社会、文明、技術、知識の水準を維持していくことです。文明が滅びてしまえば、人間もサバンナに暮らすそれほど珍しくもない類人猿の一種に戻ってしまいます。それではせっかく培ってきた希少価値が台無しです。

　現在の社会水準を維持するためのひとつの手段は子孫を残すことです。私たちは未だ不老不死ではありませんので、誰かに引き継いでもらわないと人間社会を維持できません。ただ、子孫を残すというのは、他人との協力関係を確立した人間にとっては、社会を引き継いでいく方法のひとつでしかありません。私たちは多くの人との協力でひとつの社会を作り上げており、私の命は私と関わるすべての人の命の一部でもあります。私の命の価値は、私を中心にだんだん e ウスくなりながら広がっています。社会の中で私が自分の役目を全うすることは、子孫を残すこと以上に人間社会の維持に貢献するでしょう。

　つまり、職業、家事、学業、何でもいいですが、社会の中で自分の果たすべき役割を果たすということです。月並みですが、それがこの希少な人間社会を維持するために個々の人間のすべきことで、それは今を生きる人間にしかできないことです。

（注）ニューロン…脳の神経細胞
　　　ダーウィン…19世紀イギリスの自然学者

問一　傍線部a～eのカタカナを漢字に、漢字を平仮名に直しなさい。

問二　空欄 A ～ C にあてはまる語として最も適当なものを次の中からそれぞれ選び、記号で答えなさい。

ア　さて　イ　しかし　ウ　ようするに　エ　または　オ　たとえば

問三　太線部1「煎じ詰める」とありますが、これと似た意味の言葉として、最も適当なものを次の中から一つ選び、記号で答えなさい。

ア　色を失う　イ　油を搾る　ウ　掘り下げる
エ　満を持する　オ　お茶を濁す

問四　太線部2「手に入れた幸せに決して満足することなく、次から次へと別の幸せを追い求める」とありますが、この行動をふまえて、人間にとっての「幸せ」を比喩を用いて表した言葉を、本文中から十五字で抜き出して答えなさい。

起きています。ダーウィンの提唱した「種の起源」は、人間が神によってつくられたものではなく、サルと共通祖先から進化したことを意味していました。それまで人間とは神が自らに似せて創られたもので、使命を帯びて生まれてきたとする当時の考え方に反します。おそらく、当時の人にとってダーウィンの説は受け入れがたく、絶望を[b]伴うものだったでしょう。 B 、現代の人間から見れば、そもそもそんな使命があると信じていたのが不思議に思われます。そんな使命はなくても楽しく生きていけます。むしろない方が自由です。要するに、人間という存在に対して「神の子孫」だと過大評価をしていたということです。そんなにたいそうなものだと思わなくても、サルの親戚だとしても、人間として楽しく生きていくのに支障はありません。

人間が物理現象のひとつだとするのも同じことです。イヌやネコや植物は自分の由来がどうだろうと、人生に目的があろうとなかろうとそこそこ楽しく生きているように見えます。人間だって同じです。たとえ私が「生きていることに目的なんてないですよ」といったところで、特に生きることの楽しさが失われたわけでも、死んだ方がましになるわけでもないでしょう。

すべての生物にとって、死ぬことは全力で忌避するようにできているはずです。私は死にかけたことはないので[c]スイソクでしかありませんが、生物のしくみとしては死ぬことはできるだけ忌避するようにできているはずです。つまり、もし、「このままだと死ぬかも」という状況になったときには、私たちの脳は[d]平穏な気持ちにしてくれるはずはなく、特大の恐怖を与えて何としても生きのびさせるように仕向けるに決まっています（そうしたほうが少しでも生きのびて子孫を残す確率が高まるからです）。そんな思いはできればしたくないですし、生きているとときどき幸せなこともあるので、生きていたほうがだいぶましです。ただ、こうした死にたくないから生きるというのはちょっと後ろ向きな気もしますので、もう少し[4]前向きな対処法も考えてみたいと思います。

まず、現在直面している問題を整理してみたいと思います。今、問題になっているのは「人生には目的はなく、だったら生きている意味や価値がないのではないか」ということです。しかし、これは早計です。目的はなくても、私たちの人生には希少価値があります。

「希少価値」とは、珍しいものに付随する価値です。たとえば昭和64年に発行された500円硬貨などです。昭和64年は7日間しかなかったので、その間に発行された500円硬貨は希少です。その珍しさのために古銭を取り扱う店では500円以上の値がついていたりします。その差額はただこの硬貨が希少であるがために生じた価値です。

希少価値が生まれるためには、少し条件があります。「その希少さを多くの人が認めている」必要があります。たとえば、その辺に落ちている石ころも、実は地球上に全く同じ形や組成の石ころはないはずで、地球でただひとつのものです。しかし、誰も希少価値があるとはみなしません。それは多くの人にとって、その石と他の石との違いがわからないからです。したがって、その珍しさを理解することができません。他の石と一緒でしょ、と思ってしまうわけです。しかし、もし石ころが光っていたりすれば違います。普通の石にそんな特徴がないことはわかりやすいので、その希少価値はすぐに認められるでしょう。希少価値が発生するには、珍しさが広く認識される必要があります。

 C 、人間が生きている意味に戻ります。私たち人間を含む生物には、目的も使命もありませんが、この宇宙で極めて珍しい存在なのは間違いありません。動物学者のリチャード・ドーキンスも講演でこう述べたと言います「われわれがここにこうして存在しているのは、驚くほどの幸運であり、特権でもあるので、けっしてこの特権をムダにしては

国語

一　次の文章は市橋伯一著『増えるものたちの進化生物学』の一節です。これを読んで後の問いに答えなさい。

一般的には、幸せになることが人生の目的のひとつのようになっているかと思います。ハッピーエンドのおとぎ話は「末永く幸せに暮らしました」と結ばれます。幸せになれば人生はゴールだという認識があるようです。ただ、私には、このような考え方は幸せを過大評価しているようにも思えます。幸福感の実態とは、1煎じ詰めると「脳内での神経伝達物質の分泌と、特定の＊ニューロンの発火」です。この発火がおこると人間の脳は幸福感を得るようにできています。

人間の脳はこの幸福感を、子孫を残すことに対する成功報酬として用いています。つまり、おいしいものを食べて栄養状態がよくなったり、ゆっくり休んで健康状態がよくなったり、伴侶を見つけて子孫を残す確率が高まった場合に成功報酬として幸福感が与えられます。そうして人間は（おそらく他の動物も）、この幸福感を得るために、もっと子孫を残す行為にいそしむというしくみになっています。つまり、幸せとは目の前にぶら下げられたニンジンです。

また、幸せは決して長続きしないものでもあります。それは成功報酬なので当然です。生物としては一度の繁殖成功で満足するよりも、二度三度と繁殖を成功させた方が子孫を増やせます。したがって、ひとたび幸せを感じたとしても、すぐにその状況に慣れてしまい、そして次の幸せ（もっと生存率を高めたり、別の個体とも繁殖する）を追い求めたほうが子孫をたくさん残せることになります。

［A］、生物が増えるためのしくみとして幸福感を使っている以上、末永く幸せになることはあり得ません。もしかすると、過去に末永い幸せを獲得した生物はいたかもしれませんが、そういう生物は短期的な幸せしか得られない生物との競争に負けて絶滅してしまったことでしょう。私たちは幸せになりたくて幸せを追い求めながらも、2手に入れた幸せに決して満足することなく、次から次へと別の幸せを追い求める生物だったからこそ、現在まで生きのびられているのだと思います。

結局のところ、生物は末永く幸せになるようにはできていません。これは増えるものとしての当然の性質です。そして、「幸せになりたい」という欲求も「死にたくない」「仲間外れにされたくない」といった欲求と同じで先祖から与えられたaスり込みです。その程度のものとして、ほどほどに追求するくらいがちょうどいいのかもしれません。

幸せになることが目的ではないのなら、私たちは何のために生きているのでしょうか。

これに対する答えははっきりしています。私たちには、「〇〇のために生きている」といった3わかりやすい使命や目的はありません。私たち人間を含むすべての生命は物理現象です。増えて遺伝するものが出現すると自動的に起こる現象です。物質が重力によって下に落ちることに目的や使命がないのと同じように、私たち増えて遺伝するものの存在にも目的や使命はありません。

だとすると、何を目指して生きていけばよいのでしょう。目的も使命もなく生きるなんて絶望的だと思う人がいるかもしれません。この問題への対処法として、私の考えを2つ述べたいと思います。

結局のところ、人間が生きるのに目的や使命が欲しいというのは、人間に過度に期待しすぎているのだと思います。

＊ダーウィンがいわゆる「進化論」を提唱した際にも同じような問題が

成　田　高　等　学　校

数　学

1　次のア～サの□に当てはまる数や符号を答えなさい。

(1)　$-8+\{8+(2-13)\times4\}\div(-3)^2=$ アイウ

(2)　$\frac{5}{6}xy\div\left(-\frac{8}{27}x^4y^3\right)\times\left(-\frac{4}{3}x^3y^2\right)^2=$ エオ $x^{カ}y^{キ}$

(3)　$7\sqrt{2}-\frac{9}{\sqrt{5}}-\frac{\sqrt{2}+2\sqrt{5}}{\sqrt{10}}=$ ク$\sqrt{ケ}-$コ$\sqrt{サ}$

2　次のア～ツの□に当てはまる数や符号を答えなさい。

(1)　2次方程式 $(x-3)(x+7)+x(x-10)=0$ の解は，$x=\frac{ア\pm\sqrt{イウ}}{エ}$ である。

(2)　最大公約数が5で，最小公倍数が330である2つの自然数がある。この2数の和が125であるとき，この2数は オカ と キクケ である。

(3)　ある中学校の昨年度の男子と女子の生徒数の比は5：3であった。今年度は昨年度と比べて男子は4%減少し，女子は25%増加したので，男子は女子より63人多くなった。このとき，今年度の男子の生徒数は コサシ 人，女子の生徒数は スセソ 人である。

(4)　図のように，平行な2つの直線 ℓ，m がある。直線 ℓ 上に3点A，B，C，直線 m 上に3点D，E，Fがあり，AD＝BD＝DEである。また，線分BE上に点Gがあり，BE⊥CGである。∠GCE＝46°，∠CEF＝84°のとき，∠ADB＝ タチ °である。

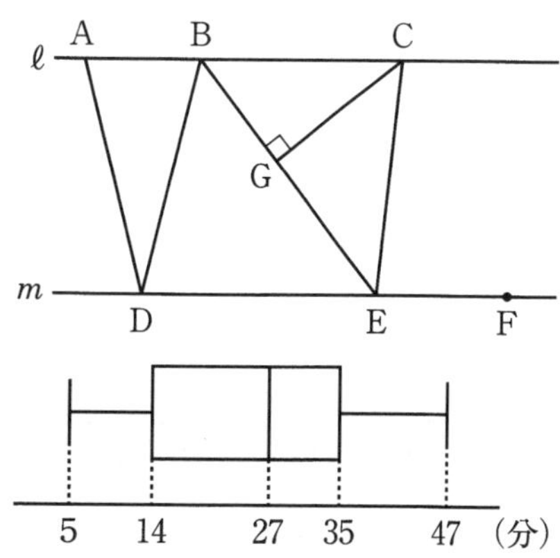

(5)　ある中学校の3年生93人の通学時間のデータを箱ひげ図に表すと，図のようになる。通学時間が20分未満の生徒が41人いるとき，通学時間が20分以上27分以下の生徒は少なくとも ツ 人いる。

3　図のように，放物線①：$y=\frac{1}{4}x^2$ がある。2点A，Bは放物線①上にあり，x 座標はそれぞれ -4，6である。このとき，次のア～サの□に当てはまる数や符号を答えなさい。ただし，円周率は π とする。

(1)　直線ABの式は $y=\frac{ア}{イ}x+$ ウ である。

(2)　△OABの面積は エオ である。

(3)　△OABと△ABCの面積が等しくなるように，放物線①上の点Oとは一致しない部分に点Cをとる。点Cの x 座標として考えられる値は小さい順に，カキ，ク，ケ である。

(4)　直線ABと y 軸の交点をDとする。△OADを x 軸を軸として1回転させてできる立体の体積は コサ π である。

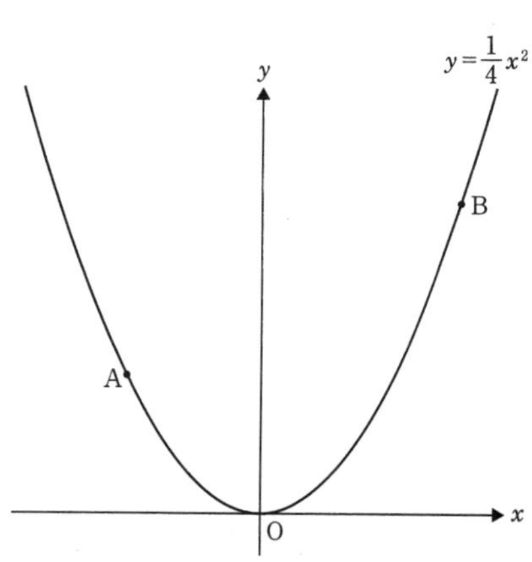

4 大小2つのさいころを同時に投げ，大きいさいころの出た目の数を a，小さいさいころの出た目の数を b として，点Oを原点とする座標平面上に点P(a, b)をとる。このとき，次の**ア**～**サ**の□に当てはまる数や符号を答えなさい。

(1) 点Pが関数 $y=\frac{12}{x}$ のグラフ上にある確率は $\frac{\boxed{ア}}{\boxed{イ}}$ である。

(2) 線分OPの長さが $\sqrt{5}$ 以下になる確率は $\frac{\boxed{ウ}}{\boxed{エオ}}$ である。

(3) 座標平面上に3点A(3, 1)，B(4, 4)，C(4, 2)をとる。

① △AOPがAO＝APの二等辺三角形になる確率は $\frac{\boxed{カ}}{\boxed{キク}}$ である。

② 直線OPが線分BCと交わる確率は $\frac{\boxed{ケ}}{\boxed{コサ}}$ である。

5 図のように，1辺の長さが4cmの正四面体ABCDがあり，辺BCの中点をMとする。頂点Aから底面BCDに垂線を引くと線分DMと交わる。このとき，次の**ア**～**サ**の□に当てはまる数や符号を答えなさい。

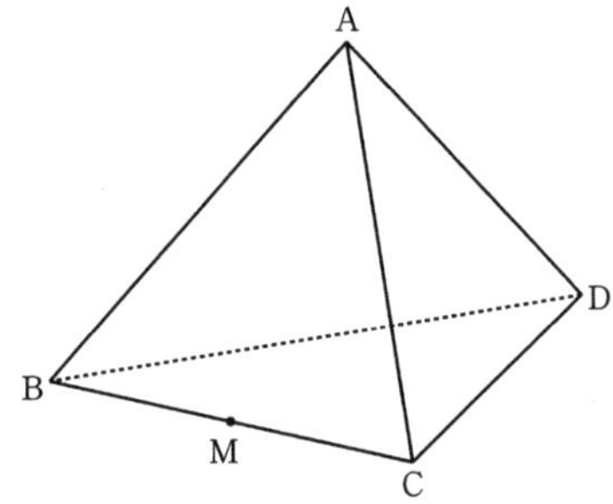

(1) AMの長さは $\boxed{ア}\sqrt{\boxed{イ}}$ cmである。

(2) △AMDの面積は $\boxed{ウ}\sqrt{\boxed{エ}}$ cm^2 である。

(3) 正四面体ABCDの体積は $\frac{\boxed{オカ}\sqrt{\boxed{キ}}}{\boxed{ク}}$ cm^3 である。

(4) 正四面体ABCDの表面に，点Mから辺AC，AD，BD上の点を通って点Cまで糸をかける。かける糸の長さが最も短くなるときの糸の長さは $\boxed{ケ}\sqrt{\boxed{コサ}}$ cmである。

英　語

1 対話とナレーションを聞き，それぞれの質問に対する答えとして最も適切なものを次の①～④から一つずつ選びなさい。

(1) What did the man do yesterday? [1]

① He went to the music festival in the park.

② He listened to music in his room.

③ He played some sports with his friends.

④ He enjoyed the music festival in the hall.

(2) What will the boy do next? [2]

① Talk to the man wearing a blue T-shirt.

② Teach math to the girl.

③ Ask his brother to come to the library.

④ Tell the man to put on a hat.

(3) How long did it take for the boy to make the cake? [3]

① Half an hour.　　② An hour.

③ One and a half hours.　　　　④ Two and a half hours.

(4) Which sentence is true? [4]

① Haruna's school will go on a school trip for two days.

② Haruna will buy something for her family in Kyoto.

③ The students will enjoy the amusement park on the last day.

④ Haruna is looking forward to eating Japanese food the most.

(5) Which sentence is NOT true? [5]

① Saki stayed at a hotel in America during her stay there.

② Saki visited some museums in America with Diana.

③ Diana hopes to study in Japan next year.

④ If Diana comes to Japan, she can stay at Saki's house.

2

[　　]に入る最も適切なものを次の①～④から一つずつ選びなさい。

(1) We need [6] money to join the event next month.

① a　② lot　③ some　④ many

(2) When I looked out of the window this morning, the ground [7] with snow.

① was covered　② covered　③ is covering　④ covering

(3) Daichi swims [8] any other student at his school.

① fast　② faster than　③ fastest in　④ fastest of

(4) A：[9] did you find the test yesterday?

B：I found it very hard.

① Why　② What　③ Where　④ How

(5) A：Can you help [10] the house before going out?

B：Sure.

① me clean　② to be cleaning　③ me with clean　④ cleaning

(6) A：Do you know the movie that [11] the actor famous?

B：Yes. It is my favorite.

① liked　② caught　③ watched　④ made

(7) I want to ask Kate about today's homework. I wish I [12] her phone number.

① know　② knows　③ knew　④ have known

(8) My parents are farmers and they produce delicious vegetables. I'm [13] them.

① away from　② proud of　③ ready to　④ good at

3

次の各文において，日本語の意味に合うようにそれぞれ下の①～⑤の語句を並べ替えて空所を補い，文を完成させなさい。解答は[14]～[21]に入るもののみを答えなさい。

(1) 私の誕生日に，母が私にこの靴を買ってくれました。

My mother ＿＿ [14] ＿＿ [15] ＿＿ my birthday.

① me　② these　③ bought　④ on　⑤ shoes

(2) このかばんはあのかばんほど重くありません。

This bag is not ＿＿ [16] ＿＿ [17] ＿＿.

① that ② heavy ③ as ④ so ⑤ one

(3) 私たちは昨年できたお店に行きました。

We ＿＿ [18] ＿＿ [19] ＿＿ year.

① last ② to ③ built ④ the store ⑤ went

(4) 多くの人は一日にどのくらい運動すべきかについて関心がありません。

Many people are not interested in ＿＿ [20] ＿＿ [21] ＿＿ in a day.

① they ② how ③ should ④ do ⑤ much exercise

4 次の英文を読んで，後の問いに答えなさい。*の付いている語句には注があります。

Traveling is my passion. It's wonderful to explore new places, meet people, and experience different cultures. I come from a town that's popular with tourists. With its rich history and attractive *landmarks, I can easily understand why so many visitors come to my hometown to experience its beauty. In fact, I've found a unique way to *combine my love for travel and my community. You see, I often volunteer as a tour guide. It's a wonderful feeling to show travelers around, share interesting stories and local secrets, and tell them how they can ア<u>make the most of their time</u> here.

Being a volunteer guide has really made my love for my hometown stronger. Working as a volunteer guide is a lot of fun. First of all, meeting new people is a great experience. I *interact with visitors from all over the world and learn about different *backgrounds and cultures. I also enjoy being able to *take pride in my community. It is wonderful to see the smiles and excitement on the faces of visitors as I share the *charms of historic sites and tourist spots.

[イ], being a volunteer guide comes with some challenges. For example, you have to learn a lot of information and communicate it *accurately. It is important to be careful that you do not give the wrong facts. There is also the physical challenge of being on your feet and walking for long periods of time. There are also language *barriers and communication challenges. You will need to improve your language and communication skills to interact *comfortably with foreign visitors.

When I was traveling in Japan for the first time ten years ago, there was one event that *impressed me. [ウ] It provided information on nearby attractions, roads, and *transportation options. The map was really helpful when we planned our trips and the order of the tourist attractions for the day. I was most impressed by the fact that this volunteer tour guide really understands tourists. She understood my interests and needs, guided me, and answered all my questions. For example, when I asked her how to get to a tourist spot, she not only told me that I could take the bus or the train, but also *recommended taking the train. The train was designed for tourists, and she wanted me to enjoy the views on my way there. I thought I wanted to use my experience of being impressed by *hospitality in Japan for my own activities as a volunteer tour guide.

Volunteering as a guide is a wonderful activity that *strengthens your connection to your hometown. It also allows you to discover new attractions in your hometown that you have not noticed before. [エ]

注 landmark：歴史的建造物　combine：結びつける　interact：交流する
background：背景　take pride：誇りに思う　charm：魅力
accurately：正確に　barrier：壁　comfortably：快適に　impress：感動させる
transportation option：交通手段の選択肢　recommend：薦める
hospitality：おもてなし　strengthen：強める

(1) 下線部アの意味として最も適切なものを次の①～④から一つ選びなさい。[22]

① waste time　② check the time　③ buy time　④ have a great time

(2) [イ]に入るものとして最も適切なものを次の①～④から一つ選びなさい。[23]

① On the other hand　② Therefore　③ In this way　④ In addition

(3) [ウ]に補う**あ**～**う**の三つの文を文脈に合うように並べ替えたときの順序として最も適切なものを下の①～④から一つ選びなさい。[24]

あ She smiled and introduced me to some interesting local places.
い Then, she took out a map.
う I asked a volunteer tour guide to give me recommendations on places to visit.

① あ → い → う　② あ → う → い
③ う → あ → い　④ う → い → あ

(4) [エ]に入るものとして最も適切なものを次の①～④から一つ選びなさい。[25]

① Please travel around and enjoy sightseeing.
② Why don't you become a volunteer tour guide?
③ Tourists to your town may know about your town better than you.
④ I want many people to work for a travel company like me.

(5) 本文の内容に合うものを次の①～⑥から**二つ**選びなさい。解答の順序は問いません。
[26] [27]

① The writer doesn't know why many tourists come to her hometown.
② The writer has worked as a volunteer guide in Japan for some years.
③ The writer learns about different cultures by meeting new people.
④ The language barriers are not a problem for tour guides.
⑤ The tour guide the writer met in Japan wanted the writer to enjoy the views from the train.
⑥ The writer had nothing to learn as a tour guide during her trip in Japan.

5 次の英文を読んで，後の問いに答えなさい。*の付いている語句には注があります。

It is September. It is an exciting time of year at a high school in a small English town as a new school year begins. The *campus is filled with students and energy as a *crisp autumn breeze blows through the air. In the middle of it all, Luke, a senior, *is about to take his first steps with a special mission in mind. He was *assigned to work as a guide to show *middle school students around the school and give them a chance to see what the high school has to offer.

The classrooms and hallways of the high school are filled with posters and information decorated for the *Open Day. The *entire school is ready to welcome the middle school students. At 10:00 a.m., Luke's group of middle school students gathered together. They were full of excitement and hope. Their eyes were shining as if they were ready to see a new world. Luke smiled at the middle school students and said, "Good morning, everyone. Welcome to our Open Day! ア<u>We're going to take a tour of our school facilities in the order of the classrooms, (A), (B), and (C).</u> At the end of the tour, I'll answer your questions, so feel free to ask me then. The tour will last for about 30 minutes. Along the way, I'll share lots of information with you."

Luke *led the middle school students through the school while explaining the school facilities and programs. When Luke and his group of students came to the gym, he remembered his good friend, Sam. When Luke was in middle school, he attended an Open Day at this school with Sam. When they came to the gym, Sam asked a question to a high school student who was guiding his group. He asked, "Does this school have a swimming pool? I like swimming." The high school student answered, イ<u>"Actually, no. When we have swimming classes, we need to take the bus to the pool."</u> As a result, Sam entered a school with a swimming pool. Luke remembered that and told his students about his memory and the importance of the school facilities in choosing a school.

After Luke and the group visited the art room, they went to the school library. He had another memory of his Open Day. At that time, he liked reading books. So, in choosing a school, a large library was attractive to him. He remembered how the time he spent in that library shaped his high school experience. He told the middle school students that he felt the decisions he made at that time were helpful for him to grow and learn in a very meaningful way. [ウ]

The 30-minute-long tour came to an end. Each member of Luke's group thanked him, asked him a few questions and left. Luke felt the *anticipation and excitement in the group of middle school students for moving on to a new world. He realized that next year, he, too, would experience the joy of moving on to a new world through going to college. He was filled with courage for new challenges.

注 campus：構内　crisp autumn breeze：爽やかな秋の風
be about to：～しようとしている　assign：任命する
middle school student：中学生　Open Day：一般公開日　entire：全体の
led：lead（案内する）の過去形　anticipation：期待

(1) 下線部アの空所（ A ）～（ C ）に入る場所の組み合わせとして最も適切なものを次の①～④から一つ選びなさい。 28

① （A）library　（B）swimming pool　（C）gym
② （A）library　（B）art room　（C）music room
③ （A）gym　（B）swimming pool　（C）music room
④ （A）gym　（B）art room　（C）library

(2) 下線部イについて，この言葉を聞いたSamの気持ちに最も近いものを次の①～④から一つ選びなさい。 29

① 落胆　② 喜び　③ 緊張　④ 尊敬

(3) ウ に入るものとして最も適切なものを次の①～④から一つ選びなさい。 30

① They kept talking with him for half an hour there.
② They listened to his story very carefully.
③ They were too excited to continue the tour.
④ They finished looking for books to read there.

(4) 本文全体の主旨を最もよく表しているものを次の①～④から一つ選びなさい。 31

① Autumn is the best season to choose a good school.
② Thinking about others is the most important in our life.
③ Knowing what we want will help us choose the right school.
④ Memories of school days are our treasures.

(5) 本文の内容に合うものを次の①～⑥から**二つ**選びなさい。解答の順序は問いません。
32 33

① A new school year at Luke's high school starts in September.
② When Luke's group of middle school students gathered together, they looked nervous.
③ Luke showed the middle school students around the school for more than an hour.
④ After attending an Open Day at a high school with his friend, Luke chose a different school.
⑤ Luke thinks there are much more important things in his school life than the school facilities.
⑥ Luke will go to college next year, and he is excited about that.

飛ぶことができるようになったから。

② 仙人に仕えて、自分も仙人となることによって仙草を食べたり空を飛んだりするようになったから。

③ 野に行って神仙と菜を食べているうちに自分も仙人になって、天にも昇るような気持ちになったから。

④ 野に行って仙草を食べることによって、仙人となって空を飛ぶことができるようになったから。

問七 傍線部F「食しつれば」を単語に分けたものとして最も適当なものを次の①〜④から一つ選びなさい。解答番号は34。

① 食　しつれ　ば

② 食　しつ　れば

③ 食し　つれ　ば

④ 食しつ　れ　ば

問八 次は、この文章の内容について、ある生徒がまとめたものである。Ⅰ・Ⅱに入れるのに最も適当なものをそれぞれ後の①〜④から一つずつ選びなさい。解答番号は順番に35・36。

> 文章中の波線部には、「風流」という言葉が使われている。女の行動に注目すると、この「風流」という言葉は、Ⅰことを意味しているとわかる。
> この話は、「風流」な女の様子や、女がのちにどうなったかを描くことで、Ⅱということを伝えているのだと考えられる。

Ⅰ
① 清らかで美しい
② よい趣味がある
③ 豊かで若々しい
④ 強い意志がある

Ⅱ
① 金銭では得られない豊かさがあり、生活を楽しむことが大切である
② 人間は、自分にはない不思議な力をもつ存在に救われながら生きている
③ 仏法の修行をしていなくても、仏法を深く信じていればよいことが訪れる
④ 内面がよく人を傷つけない人間に対しては、天からの働きかけがある

然れば、人なほ心を風流にして、凶害を離るべきなりと、語り伝へたりとや。

（『今昔物語集』より）

注1　凶害……人をだましたり傷つけたりすること。
注2　神仙……超人的な力をもった仙人。
注3　哀びて……しみじみと感じてほめたたえて。
注4　仙草……仙人が食べる薬草。

問一　二重傍線部**x**・**y**の本文中の意味として最も適当なものをそれぞれ次の①～④から一つずつ選びなさい。解答番号は順番に **27** ・ **28** 。

x　便無し
①　知らせがない　②　手段がない
③　縁がない　④　経験がない

y　おのづから
①　自分から　②　突然に
③　自然と　④　まれに

問二　傍線部**A**「人」とあるが、誰のことか。最も適当なものを次の①～④から一つ選びなさい。解答番号は **29** 。
①　夫　②　客　③　神仙　④　子ども

問三　傍線部**B**「これを以て常の事として有りける」とあるが、これはどういうことか。最も適当なものを次の①～④から一つ選びなさい。解答番号は **30** 。
①　女は日頃から、自分の身や家の中を清潔にし、野に行って菜をつんで調理するような日々を過ごしていたということ。
②　女は日頃から、好きなときに自分の身を清めて野に行って菜をつむような、自由な暮らし方に憧れていたということ。
③　女は家にいるときは常に、家の中を清潔にしたりつんできた菜を調理したりして、忙しく過ごしていたということ。
④　女は貧しく、いつも野に行って菜をつんだりさまざまな場所を掃除したりして、なんとか暮らしていたということ。

問四　傍線部**C**「つひにこころすぐなるゆゑに」とあるが、現代仮名遣いに直したものとして正しいものを次の①～④から一つ選びなさい。解答番号は **31** 。
①　つひにこころすぐなるゆへに
②　ついにこころすぐなるゆえに
③　つひにこころすぐなるゆるに
④　ついにこころすぐなるゆいに

問五　傍線部**D**「神仙に仕ふ」とあるが、その理由として最も適当なものを次の①～④から一つ選びなさい。解答番号は **32** 。
①　神仙に仕えることで正直でよい心を得たいと、女が望んだから。
②　正直でよい心をもつのに貧しい女を、神仙があわれんだから。
③　女が正直でよい心をもっていることを、神仙に認められたから。
④　女は正直でよい心をもっているので、心が神仙と通じたから。

問六　傍線部**E**「服薬仙」とあるが、このように呼ぶのはなぜか。最も適当なものを次の①～④から一つ選びなさい。解答番号は **33** 。
①　仙人になれなくても、不思議な力をもつ仙草を食べることで空を

じ、弓掛が敗退したことにいっそうの悔しさが込み上げている。

③ いつも前を向いて戦っているように見えた弓掛が、本当は葛藤を抱えながら練習や試合に臨んでいたことを知って困惑している。

④ 弓掛が自分にはどうにもできないことを克服するために人一倍の努力をしてきたことを思い知り、やるせない気持ちになっている。

問九 次の会話は、この文章を読んだ生徒の話し合いの様子である。これを読んで後の問いに答えなさい。

> 生徒1　この文章の表現について、気づいたことを挙げてみよう。
>
> 生徒2　敗退して打ちひしがれている弓掛の気持ちが、痛いほどに伝わってくる文章だよね。浅野が、弓掛の姿をいつもとは違うものに感じていることが、間接的に表現されている部分があるよ。
>
> 生徒3　表現は、登場人物の気持ちを読み取る手がかりになることがあるよね。この文章では、［Ⅰ］が、弓掛の気持ちを読み取るための助けになっていると思う。
>
> 生徒1　そうだね。それから、この文章中には［Ⅱ］表現している部分があって、効果的な表現だと思ったよ。

(1) 会話中の生徒2の発言は、文章中の波線部①～④のどの箇所について述べているか。最も適当なものを①～④から一つ選びなさい。解答番号は**24**。

(2) 会話中の［Ⅰ］・［Ⅱ］に入れるのに最も適当なものをそれぞれ次の①～④から一つずつ選びなさい。解答番号は順番に**25**・**26**。

Ⅰ
① 弓掛の心の中の言葉
② 弓掛自身による感情の説明
③ 弓掛が見ている景色の描写
④ 弓掛の手や表情の変化の描写

Ⅱ
① 短文を連続して用いて描写して、臨場感が高まるように
② 浅野と弓掛の視点から、場面が客観的に伝わるように
③ 比喩を用いて、人物の様子が印象的に伝わるように
④ 反復を用いて、人物の緊張感がはっきり伝わるように

三

次の文章を読んで後の問いに答えなさい。

今は昔、大和国宇陀郡(やまとのくにうだのこほり)に住む女人有りけり。本(もと)より心風流(みさを)にして、永く注1凶害(くがい)を離れたり。七人の子生(しやう)ぜり。家貧しくして食物(じきもつ)無し。然(しか)れば、子どもを養ふ x便(たより)無し。

而(しか)るに、この女(をむな)日々に沐浴(もくよく)し身を浄(きよ)め、綴(つづり)を着て、常に野に行きて、菜を採(つみ)て業(なりはひ)とす。また家に居たる時は、家を浄むるを以(もつ)て役とす。また菜をば調(ととの)へ盛(も)りて、咲(ゑ)みを含みて A人にこれを食せしむ。B これを以て常の事として有りける間に、C その女つひにこころすぐなるゆゑに、注2神仙(しんせん)これを注3哀(あはれ)びて、D 神仙に仕(つか)ふ。つひに y おのづからその感応(かんおう)有りて、春の野に出(い)でて、菜を採て食する程に、おのづから注4仙草(せんさう)を食して、天を飛ぶ事を得たり。

心風流なる者は、仏法を修行せずと云(い)へども、仙薬を食して、かく仙と成りけり。これを E 服薬仙(ふくやくのせん)と云ふなるべし。心直(うるはし)くして F 仙薬を食しつれば、女なりと云へども仙に成りて、空を飛ぶ事かくの如(ごと)し。

選びなさい。解答番号は20。

① 浅野の言葉を頼もしく感じてはいるが、気が抜けていて他の高校のことなど真剣に考えることはできないから。

② 勝つと言い切った浅野の力強い返事を聞いて、浅野と敗退した自分との立場の違いを感じて気おくれしたから。

③ 浅野の発言は慰めに過ぎないとわかっているので、感謝はしているものの心から激励することはできないから。

④ 浅野の力強い言葉を聞いて友人として希望を託しつつも、敗退という辛い現実からは立ち直れていないから。

問六 傍線部E「メインアリーナで今も続いている熱戦のくぐもった音が無表情な灰色の壁に反響している」とあるが、この表現の説明として最も適当なものを次の①～④から一つ選びなさい。解答番号は21。

① 「熱戦」の音が反響してよく聞こえるという表現によって、先ほどまで弓掛がいた舞台で別の熱戦が続いていることを示し、主役が目まぐるしく変わる勝負の世界の残酷さを描いている。

② 「熱戦のくぐもった音」という表現によって、熱戦が続いている場所と浅野たちがいる場所が遠く離れていることを強調し、熱戦の舞台から引き離された選手たちの孤独な姿を描いている。

③ 「くぐもった音」「無表情な灰色の壁」という、華やかで熱気に満ちた表舞台と対比する表現によって、表舞台から去った者たちの存在を浮き上がらせ、春高の舞台を多面的に描いている。

④ 「無表情な灰色の壁」がメインアリーナの「熱戦」を引き立てているという表現によって、熱戦が続く舞台を幻想的に描き、敗退していった選手たちの春高の舞台への未練を暗示している。

問七 傍線部F「……十センチでよかった……」とあるが、このように言った弓掛の様子として最も適当なものを次の①～④から一つ選びなさい。解答番号は22。

① 浅野から自分の問題点を指摘されたことで、自分の中にある正直な気持ちを自覚し、言い訳だと思われそうだと感じながらも思い切って口にしている。

② 自分を思いやり慰めようとする浅野の気持ちを理解しながらも、自分の望みはどうにもできないという諦めがあり、ためらいながら口にしている。

③ 浅野の言葉を受けて今まで自分の中に秘めていた感情を捉え直し、ずっと抑え込んできた気持ちが一気にあふれ出して、思わず言葉をもらしている。

④ 自分を探しにきて必ず勝つと断言した浅野に頼もしさを感じて、言い訳すまいと堪えていた気持ちが緩み、弱音を吐かずにはいられなくなっている。

問八 傍線部G「しばらくのあいだ弓掛の隣で膝を抱えていた」とあるが、このときの浅野の心情として最も適当なものを次の①～④から一つ選びなさい。解答番号は23。

① 本人の力ではどうにもできない苦しみを抱える弓掛に対してどのように共感すればよいのかわからず、途方に暮れている。

② 今まで言い訳をしないで努力してきた弓掛の強い精神を改めて感

次の①～④から一つずつ選びなさい。解答番号は順番に 15 ・ 16 。

x おざなりの

① 言い訳がましい　② 見下した

③ あわれんだ　④ その場逃れの

y 無雑作な

① 何の配慮もなく気楽な　② 明るくて活気がある

③ 勢いがあって荒々しい　④ 無気力でなげやりな

問二 傍線部A「玉澤が語調を強くしたが、スルーして小走りで出入り口へ向かった」とあるが、このときの浅野の様子として最も適当なものを次の①～④から一つ選びなさい。解答番号は 17 。

① 絶対に弓掛に声をかけにいくべきだと信じているので、弓掛のチームメイトに申し訳ないと思いながらも、迷いなく行動している。

② 敗戦直後である弓掛のチームメイトよりも、自分の方が弓掛としっかり向き合えるという自負があり、使命感に突き動かされている。

③ 弓掛のチームメイトの考えを尊重すべきだと思いながらも、弓掛のことがあまりにも心配で、自分の行動を抑えられなくなっている。

④ 弓掛のチームメイトたちの辛そうな姿を見て、弓掛を心配に思う気持ちが強まり、他のことを何も考えられなくなっている。

問三 傍線部B「浅野は衝撃を受けた」とあるが、このときの浅野の心情の説明として最も適当なものを次の①～④から一つ選びなさい。解答番号は 18 。

① 弓掛が敗者としてあまりにもみじめな姿をしていたので、弓掛は自分の姿を他人に見せたくなかっただろうと察し、慰めようなどと安易に考えるべきではなかったと思っている。

② 弓掛の姿からは、辛い気持ちをすべて自分一人だけで処理しているように感じられて、このままでは何も解決しないし心を晴らすことにもつながらないと思っている。

③ 自分が想像していたよりもはるかに弓掛が苦しんでいることがわかり、まだ試合が残っている自分がどのような言葉をかけても弓掛が立ち直れないかもしれないと思っている。

④ 敗退したことをほかの誰のせいにもしないで、人に気づかれないようにしながら泣いている弓掛の責任感の強さを感じ取って、これ以上自分を責めないでほしいと思っている。

問四 傍線部C「浅野は明答した」とあるが、その理由として最も適当なものを次の①～④から一つ選びなさい。解答番号は 19 。

① 浅野は弓掛たちの様子に戸惑いながらも試合はきちんと分析していたし、絶対に勝つという信念をもっているから。

② 浅野とチームメイトは、自分たちが今後の試合で勝利するために、私情を排除して試合の内容を冷静に観察していたから。

③ 弓掛とそのチームメイトの悔しさを間近で感じ取ったことで、彼らの悔しさを自分が晴らすのだと気負っているから。

④ 弓掛たちは友人であると同時に勝利を目指す選手という同じ立場であり、弱気な姿を見せることには抵抗があるから。

問五 傍線部D「力強い激励の言葉を弓掛は浅野の目を見て言わなかった」とあるが、その理由として最も適当なものを次の①～④から一つ

じゃないかな……。篤志は強いけど、そこまで自分で全部呑み込まなくても、いいと思うよ」

膝を抱え、視界の端に弓掛の背中を入れながら廊下の先を眺める。Eメインアリーナで今も続いている熱戦のくぐもった音が無表情な灰色の壁に反響している。トーナメントの進行につれ応援の熱気がいっそう凝縮されていくのと反比例してバックヤードが物寂しくなっていくことに、どれだけの人が思い至っているだろうか。

ちょうどメインアリーナのほうから現れた人影があった。長い脚をちょっともてあましたように交互におろしてメインアリーナへ通じる階段をおりてきたのは、チノパンにブレザー姿がこの会場内では目を引く自分たちの監督、若槻(わかつき)だ。

十メートルほど距離があったので気づかずに通り過ぎてくれることを期待したが、ふと若槻が首を横に向けたので見つかってしまった。廊下の途中で膝を抱えてしゃがんでいる浅野とうずくまっている他チームの選手という構図に若槻がなにやってんだという顔をし、もう一人が弓掛だと気づくと軽く目をみはった。

箕宿の敗戦は若槻も会場のどこかで見ていたはずだ。浅野が目礼がてら目で乞うと、若槻は溜(た)め息(いき)をついて顔を背け、そのままサブアリーナへ姿を消した。y無雑作な足取りで現れたときに比べて立ち去るときは足音が聞こえなかった。

F「……十センチでよかった……」

隣で聞こえた小さな声に意識を戻した。

「あと十センチ欲しかったって思うんは……贅沢(ぜいたく)か……？」

喉につかえた塊を時間をかけて抉(えぐ)りだしたように、初めて恨み言がこぼれた。両の拳が床の上で握りしめられた。指の骨が軋(きし)む音がした。

「篤志……」

「あと十センチあったら、絶対おれが日本を変えてやるのにっ……！」

本気で箕宿を高校日本一にする気でいた弓掛が有言実行してみせたように、弓掛は本気で〝日本を救う〟つもりなのだ。弓掛なら一七〇センチ台でも世界と戦えると浅野は思っている。だが人と同じ高さで戦うために、全身全霊を費やして茨の道を行かねばならないのもたしかだ。

あと十センチあれば……と、弓掛自身が何百回とその壁にぶつかっては、言い訳にすまいと自分にすら言い聞かせ、傷だらけになりながらさらなる高みを目指してきたのだ。

〝持たざること〟を言い訳にせず、この世代を引っ張っていつも前を向いて戦い続けてきたこの素晴らしいプレーヤーが、自分ではままならない現実にただ一つ、どれだけの思いをもって、たった十センチを望んだのか。

メインアリーナの活気が遠く響く中、途切れ途切れの嗚咽がようやく声になって聞こえはじめた。手回し式のサイレンのように揺らぎながら低く、かぼそく聞こえる嗚咽に浅野は胸を締めつけられながら、Gしばらくのあいだ弓掛の隣で膝を抱えていた。

（壁井ユカコ著『2.43　清陰高校男子バレー部　春高編』集英社より）

注1　菊川……景星学園高校の選手。

注2　佐々尾……景星学園高校の元エースで、浅野の二学年上の先輩。弓掛と同郷の友人である。

問一　二重傍線部**x**・**y**の本文中の意味として最も適当なものをそれぞれ

一人にしておいたほうがいいときもたしかにあるだろう。誰にも見せたくない姿の一つや二つあるだろう。でも……これは駄目だ。浅野は友人をこんなふうに一人きりで泣かせておくことはできない。

「篤志」

あえて先に呼びかけ、足音を立てて歩み寄った。

②「そんな泣き方するなよ……。頼むから……」

弓掛の横に並んでしゃがむと、丸まった背中がぴくりと固まった。コートで対したときに感じる頑強な存在感とうらはらに、こうして隣で見ると一七五センチの背中は脆いほどに細い。

床につけていた額が浮いた。肩にかけたタオルの端を口に突っ込んで嗚咽を殺していたことに気づいてB浅野は衝撃を受けた。なんでそこまでして……。

一人でしばらく時間を与えられたら、必ずまた立ちあがって強い姿に戻って、仲間の中へ帰っていくつもりに違いない。でも、こんな泣き方してもどこにも流れていかない。体内で解毒しきれずに嘔吐したものを結局また口で啜って飲み込んでるのと同じだ。もしかしたら弓掛は負けるたびにずっとこんなことを繰り返してきたのか……?

③こもった咳とともに弓掛が口の中からタオルを抜き取った。唾でべたべたになったタオルで口の端を拭い、

「……最後まで見とったか」

濡れた唇が紡いだ声はすっかり嗄れていた。

「うん……。見てたよ」

最初は様子を見たら途中でサブコートに引きあげる予定だった。しかし二階スタンドで見ていた景星の部員の誰も途中で席を立つことができなくなった。第三セットが終わるまで全員がコートに目を凝らし、そこで起こっている現実を目に焼きつけていた。二冠王者の早い敗退——それは今年順調に順位をあげてきた景星にも起こりえないことではないのだ。この舞台に「絶対」はない。

「じゃ、清陰のデータも頭に入ったんやな」

「うん。レギュラー全員の頭にね」

「勝てると?」

単刀直入な問いに、しかしC浅野は明答した。

「勝つよ。問題ない」

Xおざなりの慰めで言ったわけではない。箕宿が清陰に負けた理由は一つだ。その一つだけの敗因が、景星には当てはまらない。

絶対はなくても、「絶対に」勝つしかない。

④そっか……と弓掛がすこし柔らかく息を抜いた。

「景星に優勝旗を持って帰りよ、直澄。[注2]佐々尾が見れんかった頂点を、おまえが必ず見てから卒業しろ」

D力強い激励の言葉を弓掛は浅野の目を見て言わなかった。相手の目をまっすぐに射ぬく瞳はずっと床に向けられている。

「篤志はさ、いつも絶対に逃げないで立ち向かっていく。だけど、逆にさ、わざと見ないようにしてることがあるんじゃないの……?」

床を映した瞳がわずかに見開かれた。

「自分の力でどうにかできることばっかりじゃないよ。どうにもできないことも現実にはあるよ。それを認めるのは、言い訳することとは違うん

また、筆者によると、国語を学ぶということは［Ⅱ］を得るということである。学んだことは、私たちが思っている以上に様々な場面で役に立つ。このことを、筆者は私たちに伝えたいのだと思う。

Ⅰ　①　今後の人生で、学びを充実させるための基礎となる内容
　　②　過去の人々も学んできた内容で、全ての時代に通じるもの
　　③　学問だけではなく、身近な日常生活においても必要な内容
　　④　人間が発見し受け継いできた内容で、市民文化を支えるもの

Ⅱ　①　学問で得たことを社会の中で直接的に生かす力
　　②　他者と考えや主張をやりとりして学問を深める力
　　③　自己と他者の関係をより円滑にする力
　　④　多様な人とのコミュニケーションを楽しむ力

二　次の文章を読んで後の問いに答えなさい。

〈あらすじ〉

舞台は、春高（全日本バレーボール高等学校選手権大会）である。箕宿(みぼし)高校が敗れた三回戦の試合を、主将の浅野直澄(あさのなおずみ)をはじめとする景星(けいせい)学園高校の選手たちはスタンドで見ていた。試合終了後、しばらくして箕宿の選手たちがサブコートに引き上げてきたが、主将の弓掛篤志(ゆみかけあつし)の姿は見当たらなかった。

浅野はサブアリーナの出入り口のほうを見やった。すこし迷ってからそちらへ足を向けると、

「浅野。やめとき」

と壁際(かべぎわ)から制止する声があった。

「ほっといてやりーよ」

足を投げだして壁にもたれた玉澤(たまさわ)がかぶったタオルの下で言った。玉澤から二人ぶんほどあけてシューズの紐(ひも)を解いている伊賀(いが)に浅野は視線を送る。一年時から弓掛と二人三脚で箕宿を強くしてきた弓掛の相棒だ。靴紐に目を落としたまま伊賀も玉澤に同意するように首を振った。

弓掛のチームメイトの判断だ。浅野は一度は諦めて自分のチームのほうへ足を戻した。

けれど、戻ってこない弓掛がどこで、なにを思っているのか……。

「……ごめん、すぐ戻る。揃(そろ)ったら先はじめてて」

注1 菊川(きくかわ)に声をかけて浅野はきびすを返した。「浅野。おい」A玉澤が語調を強くしたが、スルーして小走りで出入り口へ向かった。

メインアリーナと別棟にあるサブアリーナとを行き来するルートはいくつかある。二日目まではいつ通ってもどこかしらのチームの選手がなにかしらの目的を持って忙しく通路や階段を走っていく姿があった。各チームのカラーで揃えられたエナメルバッグが通路脇のそこここに並べられて陣地を主張していた。

①それらの風景がすっかり消えて閑散とした通路の途中に、白と青のユニフォームがうずくまっているのを見つけた。

小柄な背中を引き攣(ひつ)ったように不自然に震わせ、声を立てずにしゃくりあげている姿に、浅野は息を呑(の)んで立ち竦(すく)んだ。

伊賀も玉澤も、自分たちのエースがこんな姿になっていることまで想像して引きとめたとは思えなかった。

① 社会や政治について考えるうえで困らない程度の言語を身につけておくこと。
② 社会人らしい言葉を使えるように、仕事に必要な言葉の使い方を身につけること。
③ 他者と理解しあうために、言葉の意味や働きを深く理解して身につけること。
④ 言葉の意味を表面的に知るよりも、言葉の使い方の技術を身につけること。

問七 傍線部D「『ファウスト』にある言葉」を引用して、筆者が伝えたかったのはどのようなことか。最も適当なものを次の①～④から一つ選びなさい。解答番号は 11 。

① 人類は迷信や憶説、偏見など自分たちをおとしいれる多くのものに囲まれているので、はっきりしない事柄はいったん疑ってかかるべきであると教育の現場で伝えていく必要があるということ。
② 世の中には気づきにくく解決しにくい人類史的な難問があるが、それらに惑わされず自由でいるためには、教育によって学問を身につけて自分の思考法を確立することが必要であるということ。
③ 人類は簡単に解決できない難問によく直面するが、年を取るとこれらの問題を乗り越えることが難しくなるので、若いうちから教育によって物事の解決方法を学ぶことが必要であるということ。
④ 年を取って人類史的な難問に直面するようになると、教育を受けて学問や思考法を身につけることの重要性を理解できるようになるが、若い人は教育の利点になかなか気づかないということ。

問八 この文章の展開を説明したものとして最も適当なものを次の①～④から一つ選びなさい。解答番号は 12 。

① まず言葉の習得とともに人間に可能になることを具体例を挙げながら説明し、それをふまえて高校生の学びについて見解を述べ、さらに論を発展させて教育の意味について述べている。
② まず言葉に焦点を当てて人間の成長の過程を説明し、ついで成人するまでに身につけておくべき言葉について詳しく述べたあと、最後に言葉の話題から教育の話題へと転換している。
③ まず言葉と教育にまつわる問いを立てて具体例をもとに答えを推測し、ついで高校生の教育を根拠に答えを改めて示し、最後に教育のあるべき姿について筆者の主張をまとめている。
④ まず具体例をもとに言葉と学問の関係について要点をまとめ、それをふまえて高校生の教育の問題点について考察を進め、さらに教育において重要な点について見解を示している。

問九 次は、この文章を読んだ生徒が書いた感想である。文章の内容をふまえて、 Ⅰ ・ Ⅱ に入れるのに最も適当なものをそれぞれ後の①～④から一つずつ選びなさい。解答番号は順番に 13 ・ 14 。

> 私は今まで、自分の将来のために勉強していると思っていた。しかし筆者は、私たちが学んでいるのは、 Ⅰ なのだと述べている。このように考えると、勉強に対する意識が変わって楽しみも増すように思う。

③ 惑星が公転するキドウ。　④ 彼のキビに触れる。

d ケンイ

① イゲンに満ちた態度。　② 出来事のケイイを語る。

③ 現状をイジする。　④ イジンの伝記を読む。

e サク

① 予算をサクゲンする。　② 野山をサンサクする。

③ 感情がコウサクする。　④ 図書館で本をケンサクする。

問二 ア・イ に入るものとして最も適当な組み合わせを次の①～④から一つ選びなさい。解答番号は 6 。

① ア ゆえに　イ 例えば

② ア あるいは　イ つまり

③ ア しかも　イ なぜなら

④ ア ただし　イ すなわち

問三 X に入れるのに最も適当なものを次の①～④から一つ選びなさい。解答番号は 7 。

① 原則　② 肝要　③ 可能　④ 必然

問四 傍線部A「人間の成長というのは、言葉の世界の拡大である」とあるが、これはどのようなことを言っているのか。最も適当なものを次の①～④から一つ選びなさい。解答番号は 8 。

① 人間は成長する過程の中で、教育を受けたり生活の中で自然と身につけたりして言葉による表現を豊かにしていくことによって、自分の成長を周囲の人たちに示せるということ。

② 人間は言葉を身につけると、人類が感情や概念、論理を得たことでどのように進化してきたかを追体験するように捉えることができるようになるので、成長できるということ。

③ 人間は成長するに従って、多くの言葉を覚えていくとともに、人類が言葉を通して得てきた感情や概念、論理を把握したり表現したりすることができるようになるということ。

④ 人間は多くの言葉を身につけるほど、多くの感情や概念、論理を理解できるようになって考え方や主張をうまく表現できるようになり、自分の成長を自覚できるということ。

問五 傍線部B「高校の段階」について、本文中で筆者が述べている内容として、最も適当なものを次の①～④から一つ選びなさい。解答番号は 9 。

① 自分の感情や考えを自分の言葉を使って具体的に表現する術を獲得することで、各分野の学問の大事さを理解できるようになる段階。

② 広い世界を認識できるような科目構成を通して、言葉を使いながら自分の力で各学問を結び合わせて新しい世界を広げていく段階。

③ 言葉によって思想や哲学などの具体的な学問を理解するとともに、抽象的な感情や倫理感なども経験して理解できるようになる段階。

④ 言葉を結び合わせることで、それぞれの学問の基本や学問どうしの関連を理解し、自分の考えや主張を表現する術を獲得する段階。

問六 傍線部C「社会人として基本的に求められる言語技量をマスターする」とあるが、それはどのようなことか。最も適当なものを次の①～④から一つ選びなさい。解答番号は 10 。

で社会的に一人前として位置づけられ、社会に送り出されるわけです。そういうときに、スキルとしての言葉の使い方と共に、言葉の持っている意味付けや、色々なものをつないでいくキノウがあるのだということをきちんと体得していくことが重要です。そのために、高校時代は社会人として基本的に求められる言語技量をマスターする段階と言えるでしょう。その場合、スキルとしての技量の獲得のみならず人間としての相互理解のための、言葉のより深い把握が不可欠です。

子供達が基本的に学んでいる部分は本当に基礎の部分なのですが、それは実は営々たる人間の活動の中で見出(みいだ)されてきた文化遺産なのです。そういうものを、私は「基層力」と呼びたいですね。市民が持つ文化に対する基層の力の源泉でもあり、基盤的に持っている力のことです。その基礎的な力をいかに充実させていくかということです。それが受け継がれ、次の世代、そしてさらに次の世代へと受け継がれ、豊かになっていくのですから。

これはゲーテ[注1]の「ファウスト」にある言葉ですが、「気を付けろ、悪魔は年を取っている。だから悪魔を凌駕(りょうが)[注2]するためには、おまえも年を取っていなければならない」というメフィストフェレス[注3]の台詞(せりふ)があります。

悪魔というのは、人類が直面する様々な迷信とか、ケンイ、社会的憶説、習慣、偏見、世にはびこる様々な悪などの、人類史的な難問のことです。人類史的な難問というのは、簡単に一筋縄では解決できません。悪魔は様々なサクを弄しており簡単に姿を表さず、容易に解決させない。まさに年を取っていて老獪(ろうかい)[注4]なのです。それを私たちは凌駕していくことが求められています。そのための教育であり、学問なのです。凌駕するためには私達自身も年を取っていなければなりません。年を取るというのは、それらから自由であるということ、どのような事柄もいったん疑ってかかるということです。さらに、知性とか論理性とか合理性という知の作業を通じて、自分としてはどう考えるかの思考法を確立する必要があります。それが教育と言えるのではないでしょうか。

（池内了著『科学と社会へ望むこと』而立書房より）

注1　ゲーテ……（一七四九―一八三二）ドイツの詩人、劇作家、小説家。「ファウスト」は、ドイツの伝説を題材とした戯曲。
注2　凌駕する……他のものを越えて、その上に出る。
注3　メフィストフェレス……「ファウスト」に登場する悪魔。
注4　老獪……経験を積んでいてずる賢いこと。

問一　二重傍線部a～eのカタカナで書かれている語と同じ漢字を含むものをそれぞれ次の①～④から一つずつ選びなさい。解答番号は順番に 1・2・3・4・5。

a　セイギ
①　テキギ休憩を取る。　②　ギシキが執り行われる。
③　国民の権利とギム。　④　キョギを述べる。

b　ジョウキョウ
①　野球のジッキョウ中継。　②　皆でキョウリョクする。
③　隣接地とのキョウカイ線。　④　幸福をキョウジュする。

c　キノウ
①　親睦会をキカクする。　②　人生のキロに立つ。

国語

一

次の文章を読んで後の問いに答えなさい。

A人間の成長というのは、言葉の世界の拡大であるというふうに言えるのではないでしょうか。人間は二十万年という時間をかけて言葉を豊かにしてきました。現代の私たちは、幼い頃、高校あるいは大学など、育っていく時期に応じて人としての成長段階を辿(たど)りながら、時間をかけて進化するという道を歩んでいます。言い換えると、ホモサピエンス二十万年の言葉の拡大の歴史を、私たちは十年なり十五年なりの学習で追体験して言葉を豊かにしていると言えそうです。そういう風な見方ができるのではないかと思っています。

例えば、小学校に入って一年生から成長するに従い、会話の意味の深さなどを学んでいくのですが、同時に物の名前を覚え、その性質を覚える作業も並行していきます。それから、少しずつ抽象性がある数量、空間、時間の表現を知っていきます。やがて中学になると、今度は悲しみとか喜びとか、そうした抽象概念が心の中で生まれます。 ア 、抽象的な感覚や倫理、愛とか神とかaセイギとか平等とか平和とか利己とかの概念です。さらには、利他的というようなより高度な倫理感の基本を成すような感情表現を経験するようになります。B高校の段階になってくると、言葉を結び合わせることによる思想や哲学、そして諸学の理解という段階に進みます。様々なbジョウキョウの中で色々な言葉を使いながら、その言葉で表せるものを具体的に、全然違うものであろう言葉と結び合わせて、共通のある種のまとまった考え方や主張を具体的に表現し把握していきます。こういうふうに、年齢とともに二十万年の人類の言葉の歴史を追体験していくのです。

高校時代は言葉を使って哲学とか宗教とか歴史とか社会など、あらゆる学問の基本的概念を獲得する世代・段階であると言えるでしょうか。従って、より広い世界を認識できるような科目構成になっています。もう一つ大事なことは、言葉を使うことによって色々な学問の関連を知る時代でもあるということです。要するに各学問が独立して別個にあるのではなく、それらを結び合わせることによって互いに関連しあっていることがわかってくるということです。それがわかってくるからこそ、それぞれの大事さみたいなものも理解できるようになるのです。それを通じて、今度は自分で感情とか論理、あるいは概念といったものを表現する術(すべ)を獲得する、そういう段階であるのです。

ここで、国語が全科目の架け橋となるということ、つまり言葉を主体にした科目としての国語が、読み、書き、理解し、学習し、表現し、主張し、納得し、という全科目に共通する技量の基礎になるのは X です。それぞれの言葉を通じて、その中身を表現したり、主張したりするのですから。それを自己と他者の関係、つまり他の人との間でやりとりすることによって深めていくということこそが、生きる力ではないかというふうに思っています。

十八歳選挙権が得られることになりました。 イ 、日本では十八歳

第３部

紙上公開もぎ

第１回紙上公開もぎ（令和５年９月実施）
第２回紙上公開もぎ（令和５年10月実施）
第３回紙上公開もぎ（令和５年11月実施）
第４回紙上公開もぎ（令和５年12月実施）
第５回紙上公開もぎ（令和６年１月実施）
紙上公開もぎ解答と解説

紙上公開もぎ　英語リスニング放送台本・国語聞き取りテスト台本
音源再生二次元バーコード

○下記の二次元バーコードから音源を再生してください。

第１回紙上公開もぎ

国語

英語

第２回紙上公開もぎ

国語

英語

第３回紙上公開もぎ

国語

英語

第４回紙上公開もぎ

国語

英語

第５回紙上公開もぎ

国語

英語

第1回 紙上公開もぎ（令和5年9月実施）

数　学

1　次の⑴～⑺の問いに答えなさい。

⑴　次の①～③の計算をしなさい。

①　$(-40)\div(-5)$　　　②　$(7a+5b)-(2a-3b)$　　　③　$(\sqrt{2}-\sqrt{3})^2$

⑵　1枚x円の切手Aと1枚y円の切手Bを買うとき，次の①，②の問いに答えなさい。

①　切手Aを3枚，切手Bを2枚買うときの代金の合計を，x，yを使って表しなさい。

②　切手Aを20枚と切手Bを10枚買うと代金の合計は2310円であり，切手Aを10枚と切手Bを20枚買うと代金の合計は2100円である。このとき，切手A，切手Bの1枚の料金をそれぞれ求めなさい。

⑶　あるコンビニエンスストアチェーンでは，新しいスイーツを開発して試作品を作った。この試作品をA市内にある全店舗(てんぽ)で3日間だけ販売し，それぞれの店舗で売れた個数を調べた。下の**図1**，**図2**は，その結果をヒストグラムと箱ひげ図にそれぞれ表したものである。

図1

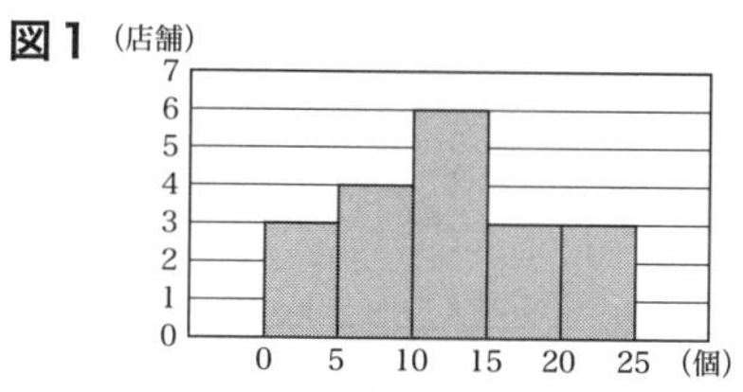

図2

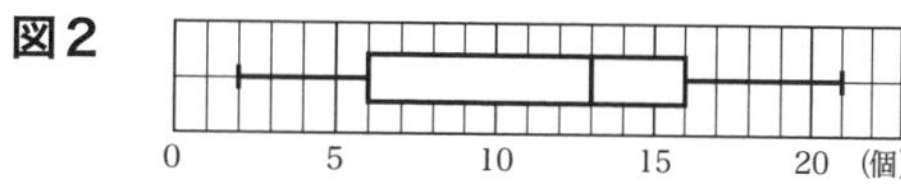

このとき，次の①，②の問いに答えなさい。

①　このコンビニエンスストアチェーンのA市内にある店舗の数を求めなさい。

②　**図1**，**図2**から読み取れる内容として最も適当なものを，次の**ア**～**エ**のうちから1つ選び，符号で答えなさい。

ア　このスイーツの売れた個数の範囲(レンジ)は25個である。

イ　3日間で，このスイーツが1個も売れなかった店舗がある。

ウ　3日間で，このスイーツが6個売れた店舗が少なくとも1店舗ある。

エ　中央値(メジアン)は，ヒストグラムから求めた最頻値(さいひんち)(モード)より小さい。

⑷　次の①，②の問いに答えなさい。

①　20以下の自然数のうち，2の倍数でも3の倍数でもない自然数の個数を求めなさい。

②　右の図のように，袋Aには，1，2，3の数字が1つずつ書かれた3個の玉が，袋Bには，0，1，2，3の数字が1つずつ書かれた4個の玉が入っている。この2つの袋の中から，それぞれ1個ずつの玉を取り出す。

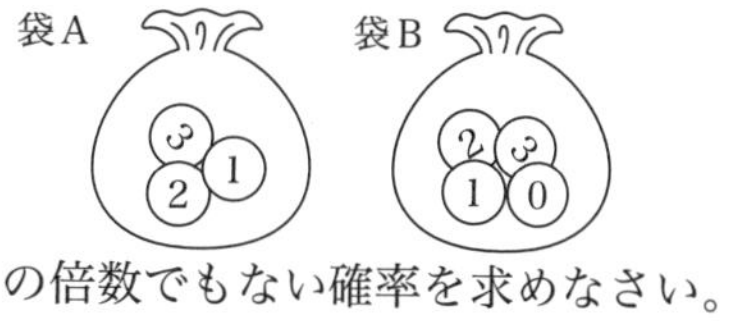

袋A　袋B

袋Aから取り出す玉に書かれた数を十の位の数，袋Bから取り出す玉に書かれた数を一の位の数として2けたの自然数をつくるとき，その自然数が，2の倍数でも3の倍数でもない確率を求めなさい。

ただし，それぞれの袋について，どの玉の取り出し方も同様に確からしいものとする。

⑸　次の2つのx，yについての連立方程式の解が一致するとき，a，bの値を求めなさい。

$$\begin{cases} x+2y=7 \\ 3x+ay=5 \end{cases} \qquad \begin{cases} 6x+y=-2 \\ bx+3y=11 \end{cases}$$

⑹　次の①，②の問いに答えなさい。

①　台形の上底の長さをa cm，下底の長さをb cm，高さをh cmとするとき，その面積Sは$S=\frac{1}{2}(a+b)h$で表される。この等式をaについて解きなさい。

② 右の図は，AD//BC，面積45 cm^2，高さ５cm の台形ABCDである。

このとき，この台形の上底と下底の長さの和を求めなさい。

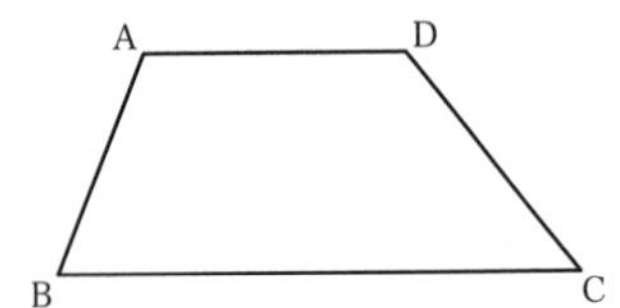

(7) 右の図のように，△ABCがある。このとき，次の**条件**を満たす点Pを作図によって求めなさい。また，点Pの位置を示す文字Pも書きなさい。

ただし，三角定規の角を利用して直線をひくことはしないものとし，作図に用いた線は消さずに残しておくこと。

条件
- 点Pは，辺BCの延長線上の点である。(点Pは，辺BC上にはない。)
- △ABCの面積は，△ACPの面積の２倍である。

A
B　C

2

右の図のように，関数$y=-2x+4$のグラフと関数$y=ax-4$のグラフが点Aで交わっている。また，直線ℓは，関数$y=-2x+4$のグラフを，y軸を対称の軸として対称移動した直線であり，直線ℓと，関数$y=-2x+4$のグラフ，関数$y=ax-4$のグラフとの交点をそれぞれB，Cとする。

点Aのx座標が６であるとき，次の(1)～(3)の問いに答えなさい。

ただし，$a<0$とする。

また，原点Oから点(１，０)までの距離及び原点Oから点(０，１)までの距離をそれぞれ１cmとする。

(1) aの値を求めなさい。

(2) 直線ℓの式を求めなさい。

(3) △ABCの面積を求めなさい。

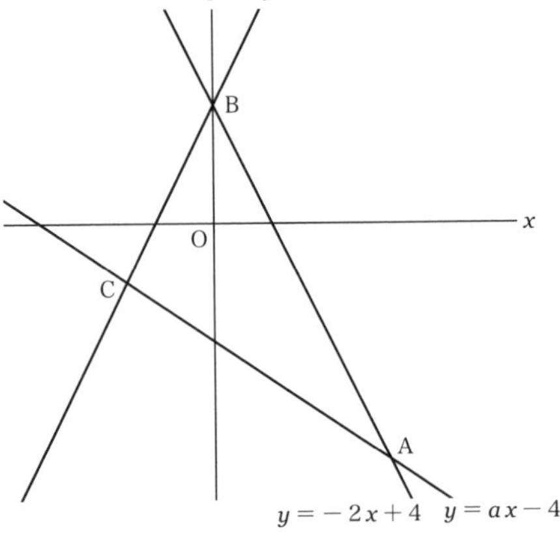

3

右の図のような平行四辺形ABCDがある。辺BCの中点をE，辺ADの中点をFとし，頂点Aと点E，頂点Cと点Fをそれぞれ結ぶ。

このとき，次の(1)，(2)の問いに答えなさい。

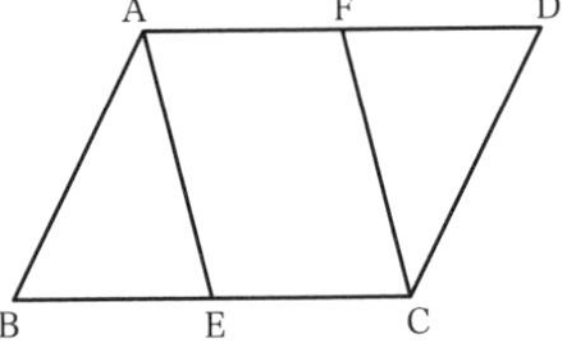

(1) △ABE≡△CDFとなることの証明を，次の［　　］の中に途中まで示してある。

［(a)］，［(b)］に入る最も適当なものを，あとの**選択肢**の**ア**～**カ**のうちからそれぞれ１つずつ選び，符号で答えなさい。また，［(c)］には証明の続きを書き，**証明**を完成させなさい。

ただし，［　　］の中の①～⑤に示されている関係を使う場合，番号の①～⑤を用いてもかまわないものとする。

証明

△ABEと△CDFにおいて，

平行四辺形の２組の向かい合う辺はそれぞれ等しいので，

AB＝CD ……①

［(a)］ ……②

点E，Fはそれぞれ辺BC，ADの中点だから，

$BE=\frac{1}{2}BC$ ……③

［(b)］$=\frac{1}{2}AD$ ……④

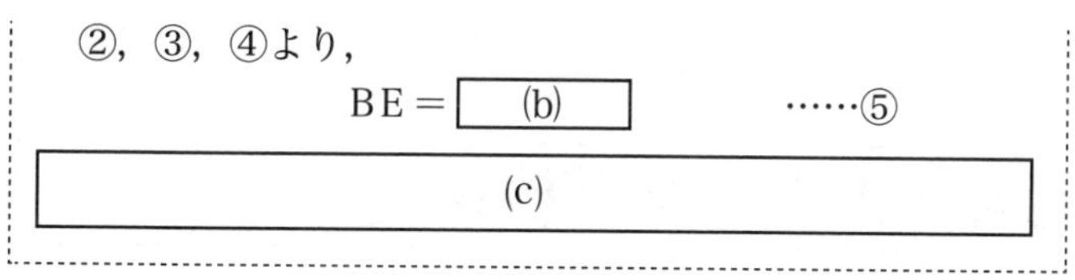

②，③，④より，

BE＝ (b) ……⑤

(c)

選択肢

ア	AE＝FC	**イ**	AF＝EC	**ウ**	AD＝BC
エ	EC	**オ**	AF	**カ**	DF

(2) 平行四辺形ABCDの底辺をBCとしたときの高さが4 cm，BC＝6 cmとする。

平行四辺形ABCDを，直線BCを軸として1回転させてできる立体のうち，辺ADが通過した部分の面積を求めなさい。

ただし，円周率はπを用いることとする。

4

太郎さんは，家から1800 m離れた図書館へ行くために午前10時に家を出発し，分速200 mで5分間走ったあと，分速80 mで10分間歩き，午前10時15分に図書館に到着した。図書館でしばらく過ごしたあと，図書館を出発し家へ向かって分速100 mで歩き，午前10時50分に家に帰りついた。

午前10時x分における，太郎さんと家との道のりをy mとして，次の(1)～(5)の問いに答えなさい。

(1) 下の図は，太郎さんの家と図書館までの道のりを模式的に表したものであり，下の**説明**は，家から図書館に行く途中の，太郎さんについて述べたものである。

(a) ， (b) にあてはまる数として最も適当なものを，あとの**選択肢**の**ア**～**カ**のうちからそれぞれ1つずつ選び，符号で答えなさい。

説明

太郎さんは，午前10時3分に家から (a) m離れた文具店の前を走って通過し，午前10時7分に家から (b) m離れた花屋の前を歩いて通過した。

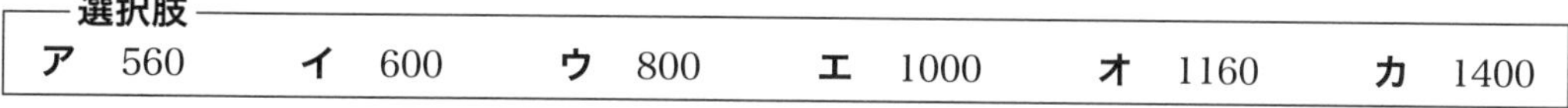

選択肢

ア	560	**イ**	600	**ウ**	800	**エ**	1000	**オ**	1160	**カ**	1400

(2) 太郎さんが，図書館へ行く途中で，歩き始めてから図書館に到着するまでのxとyの関係を式で表しなさい。

(3) $0 \leqq x \leqq 15$のときのxとyの関係を表すグラフをかきなさい。

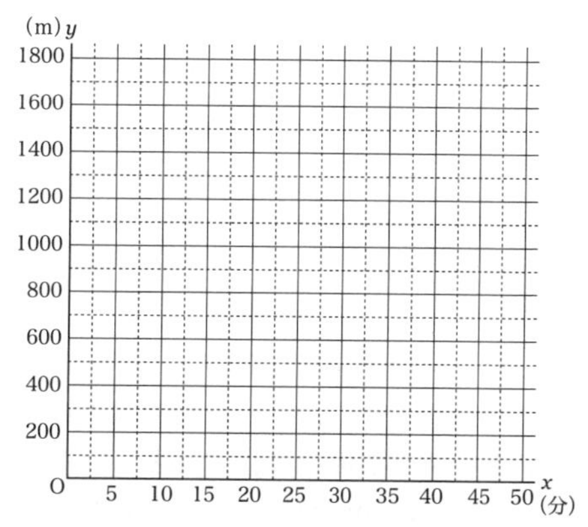

(4) 太郎さんが図書館で過ごした時間は何分間か，求めなさい。

(5) 太郎さんの妹の花子さんは，同じ日に午前10時23分に家を出発し，太郎さんと同じ道を通って，一定の速さで歩いて図書館に向かったところ，午前10時38分に太郎さんと出会った。

花子さんの歩く速さは分速何mか，求めなさい。

英 語

英語リスニング放送台本

これから英語のテストを行います。最初はリスニングテストです。リスニングテストはすべて放送で行います。リスニングテスト終了までは，２ページ以降を開かないでください。

それでは，問題用紙の１ページを開いてください。リスニングテストの問題は，１から４の四つです。

では，１から始めます。

１は，英語の対話を聞いて，最後の文に対する受け答えを選ぶ問題です。受け答えとして最も適当なものを，それぞれ問題用紙のＡからＤのうちから一つずつ選んで，その符号を書きなさい。なお，対話はそれぞれ２回放送します。では，始めます。

No. 1
Girl: Did you know a new science teacher will come to our school next month?
Boy: Yes. She studied in Australia for two years.
Girl: Really? How did you know that?

繰り返します。(対話を繰り返す。)

No. 2
Boy: What do you usually do on Sunday, Mary?
Girl: I go to the mountains to watch birds if it is sunny.
Boy: That's nice. What do you do when it rains?

繰り返します。(対話を繰り返す。)

No. 3
Father: Did you enjoy your trip with your friend?
Girl: Yes, of course. It was really exciting, but my friend lost her camera in the park.
Father: Oh, really? What did you do then?

繰り返します。(対話を繰り返す。)

次は２です。

２は，英語の対話を聞いて，それぞれの内容についての質問に答える問題です。質問の答えとして最も適当なものを，それぞれ問題用紙のＡからＤのうちから一つずつ選んで，その符号を書きなさい。なお，対話と質問はそれぞれ２回放送します。では，始めます。

No. 1
Boy: Mom, have you bought a birthday present for Nick?
Mother: No, Erick. Last year I bought a pair of new tennis shoes for your brother. What should I buy for him this year, a watch or a bike?
Boy: Well, Nick broke his tennis racket last week. I think he wants a racket.
Mother: That's a good idea. I'll buy him a new one.

Question: What will Mother buy for Nick as a birthday present?

繰り返します。(対話と質問文を繰り返す。)

No. 2
Kate: Takumi, what is this graph about?
Takumi: It means, "How often do the students in each class read newspapers?" From this graph, we can see the answers. In my class, a few students read newspapers every day and about ten students never read.
Kate: But more than twenty students sometimes read newspapers. That's not so bad. In my class, more than twenty students never read them.
Takumi: You're right, Kate. But more than ten students read newspapers every day in your class. That's also not so bad.

Question: Which is Kate's class?

繰り返します。(対話と質問文を繰り返す。)

次は３です。

３は，英語の文章を聞いて，それぞれの内容についての質問に答える問題です。質問の答えとして最も適当なものを，それぞれ問題用紙のＡからＤのうちから一つずつ選んで，その符号を書きなさい。なお，英文と質問はそれぞれ２回放送します。では，始めます。

No. 1 Minami has a friend in Hawaii. His name is David. They have sent letters to each other for three years. David likes Japan very much because he knows Japan has four beautiful seasons. Among them, he is interested in winter because he has never seen snow in his town in Hawaii. Last winter, Minami sent some pictures of snow to him, and he was very happy to see them. He wants to see beautiful snow and walk on the snow in Japan someday.

Question: Why is David interested in winter?

繰り返します。(英文と質問文を繰り返す。)

No. 2 Hello, everyone. Today, I will talk about how to make new friends.

When I was an elementary school student, I had to change schools. On the first day at my new school, I was worried and thought, "Can I make new friends?"

The next day, a girl smiled at me and said, "Hi. My name is Megumi. Let's walk home together." While we were walking, we talked about many things. I was very happy. After that, we became good friends.

When I was a first-year junior high school student, a new classmate came from a different city. Her name was Nana. On her first day, she looked nervous. I wanted to talk to her, but I was too nervous. When I came home, I told my mother about my new classmate. She said to me, "You had the same experience, right? Be kind to her." Just then, I remembered my experience. That night, I decided to talk to Nana.

When I was walking to school the next day, I saw Nana. I said with a smile, "Good morning, Nana. My name is Kyoko. Let's go to school together." We talked a lot. Nana was friendly and kind. We became good friends.

Since then, I talk to my classmates with a smile. That is a good way to make new friends. You should try it, too.

Question: What does Kyoko do to make new friends?

繰り返します。(英文と質問文を繰り返す。)

次は**４**です。

４は，英語の文章を聞いて，その内容について答える問題です。問題は，No. 1，No. 2 の二題です。問題用紙には，それぞれの英語の文章の内容に関するまとめの文が書かれています。(間３秒)

それらの文を完成するために，①，②にあてはまる英単語を書きなさい。ただし，□には**１文字**ずつ入るものとします。なお，英文はそれぞれ**２**回放送します。では，始めます。

No. 1 When you go to the supermarket and buy something, you can get plastic shopping bags if you want. Some people may think that using many plastic shopping bags is bad for the environment. Others may think that they are very useful because you don't need to bring your own bags. What do you think?

繰り返します。(英文を繰り返す。)

No. 2 Jane and Mami enjoyed eating chocolate cake in a coffee shop. Jane said, "I love chocolate cake. I've made a chocolate cake before." Mami said, "Oh, can you tell me how to make it?" "Sorry, that was three years ago!" said Jane.

繰り返します。(英文を繰り返す。)

以上で，リスニングテストを終わります。**２**ページ以降の問題に答えなさい。

1 英語リスニングテスト(**放送**による**指示**に従って答えなさい。)

No.1	A. She is a math teacher. C. She is my older sister.	B. It's a big country. D. I've never heard about her.
No.2	A. I stay home and read books. C. I lived near the mountains.	B. I like sunny days very much. D. I watch birds when it is sunny.
No.3	A. We have been to the park. B. We looked for the camera in the park and found it. C. We gave the camera to someone. D. We had to leave the park to look for the camera.	

2 英語リスニングテスト(**放送**による**指示**に従って答えなさい。)

No. 1

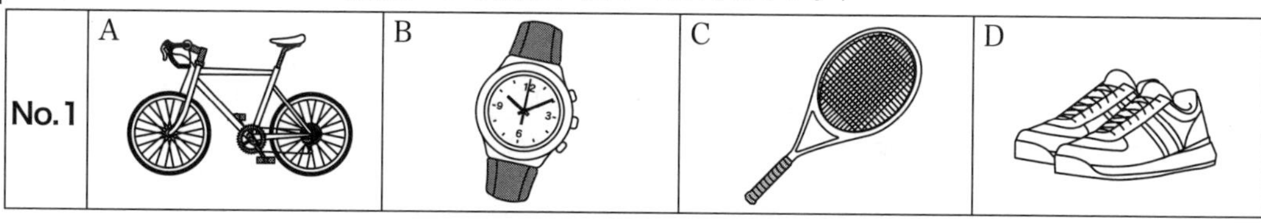

No.2

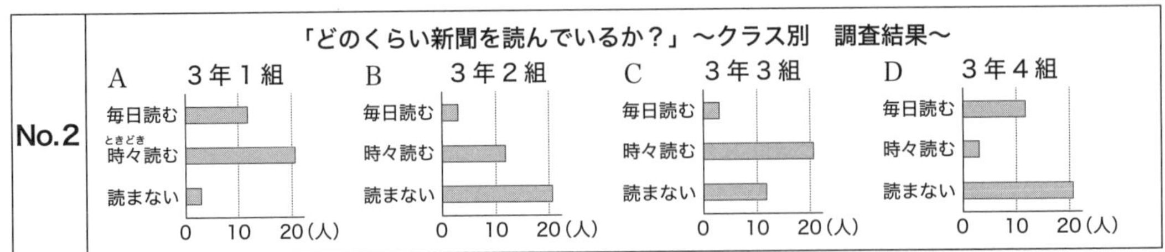

3 英語リスニングテスト（**放送**による**指示**に従って答えなさい。）

No.1	A．Because he wants to visit Japan someday. B．Because he has never seen snow in his town in Hawaii. C．Because there are some pictures of his town in Hawaii. D．Because there are four beautiful seasons in Japan.
No.2	A．She sings songs with a person. B．She gives a person a nice present. C．She writes a letter to a person. D．She talks to a person with a smile.

4 英語リスニングテスト（**放送**による**指示**に従って答えなさい。）

No.1	Some people may think that using many plastic shopping bags is bad for the environment. Others may think that they are very（①□□□□□□□）because you don't need to（② b□□□□）your own bags. What do you think?
No.2	Jane and Mami enjoyed（① e□□□□□□）chocolate cake. Jane said, "I've made chocolate cake（②□□□□□□□）." But that was three years ago, so she couldn't tell Mami how to make it.

5 次の⑴～⑸のそれぞれの対話文を完成させなさい。

⑴，⑵については，（　　　）の中の語を最も適当な形にしなさい。ただし，**１語**で答えること。
また，⑶～⑸については，それぞれの（　　　）の中の**ア～オ**を正しい語順に並べかえ，その順序を符号で示しなさい。ただし，文頭に来るべき語も小文字で示してあります。

⑴　A：Whose bags are these?
　　B：They are（we）.

⑵　A：I（sing）a song in front of many people yesterday.
　　B：Wow, that's great!

⑶　A：（**ア** by　**イ** will　**ウ** raining　**エ** it　**オ** stop）tomorrow morning.
　　B：Let's go shopping after that.

⑷　A：I don't（**ア** find　**イ** to　**ウ** know　**エ** the book　**オ** where）.
　　B：Check the *location on the computer.　　（**注**）location　位置，場所

⑸　A：Please tell me one of the good points of this town.
　　B：Many（**ア** seen　**イ** can　**ウ** at　**エ** be　**オ** stars）night in this town.

6 次の二つのイラストは，ある市の「15年前の様子」と「現在の様子」を同じ場所から描いたものです。この二つのイラストの違いについて，あなたならどのように説明しますか。［　　⒜　　］と［　　⒝　　］に入る言葉をそれぞれ英語で書きなさい。

ただし，語の数は**⒜と⒝を合わせて20語以上30語以下**（．，？！などの符号は語数に含まない。）とすること。また，⒜と⒝に書く内容は，あとの《条件》に従うこと。

【15年前の様子】

【現在の様子】

Now, [(A)]
So, people in this city [(B)]

《条件》

・[(A)]では，**【現在の様子】**について，**【15年前の様子】**と異なる点のうち一つに着目して，説明すること。
・[(B)]では，[(A)]によって人々の生活が現在どうなっているかを想像し，自由に考えて書くこと。

7 次の(1)，(2)の英文を読んで，それぞれの問いに答えなさい。

(1) タケル(Takeru)が運動する(exercise)ことの意義についてスライド(**Slide**)を使って，プレゼンテーションをしています。

Do you like exercise? Maybe you know that exercise is good for your health. After light exercise you may get a little tired, but you will feel *refreshed and be *active because it can *reduce your *stress. Also, when you exercise *regularly, you can sleep well at night, and then you may improve your *lifestyle. You can become healthy in both body and *mind.

Look at the graph on Slide 1. This graph shows the *percentage of men and women (from 6 to 79 years old), and they exercised more than once a week. Both boys and girls in junior high school often exercised. And from the graph on Slide 2, you can see that many junior high school students want to continue exercising even after *graduating. However, high school students didn't exercise as often as junior high school students. <u>Why was the percentage of high school students *low?</u>

Some high school students play sports very hard in their club activities to (　　　) their *skills. However, others don't exercise regularly. Why? One reason is that some of them are too busy with studying and taking some lessons. So, they don't have a chance to exercise. Another reason is that some students are not interested in exercise. If high school students keep exercising, they may continue exercising even when they *grow up. Then, they will have a healthy life in the future.

How can we have the *habit of exercising to keep healthy? Many books about health show some ways. First, *stretching is one good and easy exercise. Stretching *makes you refreshed, and then you can *concentrate on studying. Second, playing *kei-sports*, for example, *soft-volleyball and *dodgebee, is another way. There are many sports events in your town. You can try *kei-sports* there. Third, if you don't have time to play sports, you should walk *as often as possible. Just walking to school is a good exercise for you. Finally, you should also be more active in P.E. class to learn the habit of exercising.

You have learned that exercise can *make your body healthy and your mind refreshed. Different people have different ideas about exercise. What do you think of exercise?

Slide 1　運動の実施状況が「週１日以上の者」の年齢別割合

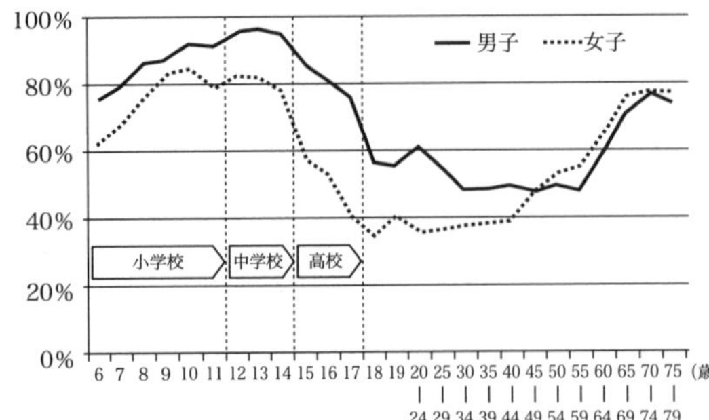

※グラフの数値には，学校での体育の授業の時間は含まれていない。
(文部科学省，スポーツ庁資料をもとに作成)

Slide 2　中学校を卒業したあと，運動やスポーツを続けたいと思いますか

	はい	いいえ	わからない
男子	65.1%	8.7	26.2
女子	52.0%	11.1	36.9

※グラフの数値は，調査対象の全国の中学２年生男子および女子それぞれおよそ50万人に対する割合である。
(文部科学省，スポーツ庁資料をもとに作成)

(注) refreshed　さわやかになって　active　活発な　reduce～　～を減らす
stress　ストレス　regularly　定期的に　lifestyle　生活習慣
mind　心　percentage　割合　graduate　卒業する　low　低い
skill　技術　grow up　成長する　habit　習慣　stretch　ストレッチをする
make～ refreshed　～をさわやかにする　concentrate on～　～に集中する
soft-volleyball ソフトバレーボール（軽くて柔らかいボールをネット越しに打ち合う競技）
dodgebee　ドッジビー（ボールの代わりに布製のフライングディスクを用いたドッジボール）
as～as possible　できるだけ～に　make～ healthy　～を健康にする

① **Slide 1**のグラフから読みとれることとして最も適当なものを，次の**ア**～**エ**のうちから一つ選び，その符号を書きなさい。

ア　You can see that more 15-year-old girls often exercised than boys of the same *age.
イ　You can see that 18-year-old women exercised as often as 55-59-year-old men.
ウ　You can see that more 60-64-year-old men often exercised than women of the *generation.
エ　You can see that about 80% of 70-74-year-old men exercised more than once a week.

(注) age　年齢　generation　同世代

② 本文中の下線部の理由について，タケルが説明している内容として最も適当なものを，次の**ア**～**エ**のうちから一つ選び，その符号を書きなさい。

ア　They enjoyed playing some sports better than watching them.
イ　They had a lot of other things to do in their lives.
ウ　They wanted to exercise very hard when they became *adults.
エ　They understood well that exercise was good for their health.

(注) adult　大人

③ 本文中の（　　）に適する英単語**１語**を，本文中から抜き出して書きなさい。

④ 本文中に示されている，運動する習慣を身につけていく方法として最も適当なものを，次の**ア**～**エ**のうちから一つ選び，その符号を書きなさい。

ア　To reduce your stress.
イ　To stretch after playing sports.
ウ　To play *kei-sports* in your town.
エ　To study hard after exercise.

(2) 次は，ある町のサイクリングコースの地図とレンタル自転車の料金表(Rental Fee List)の案内です。

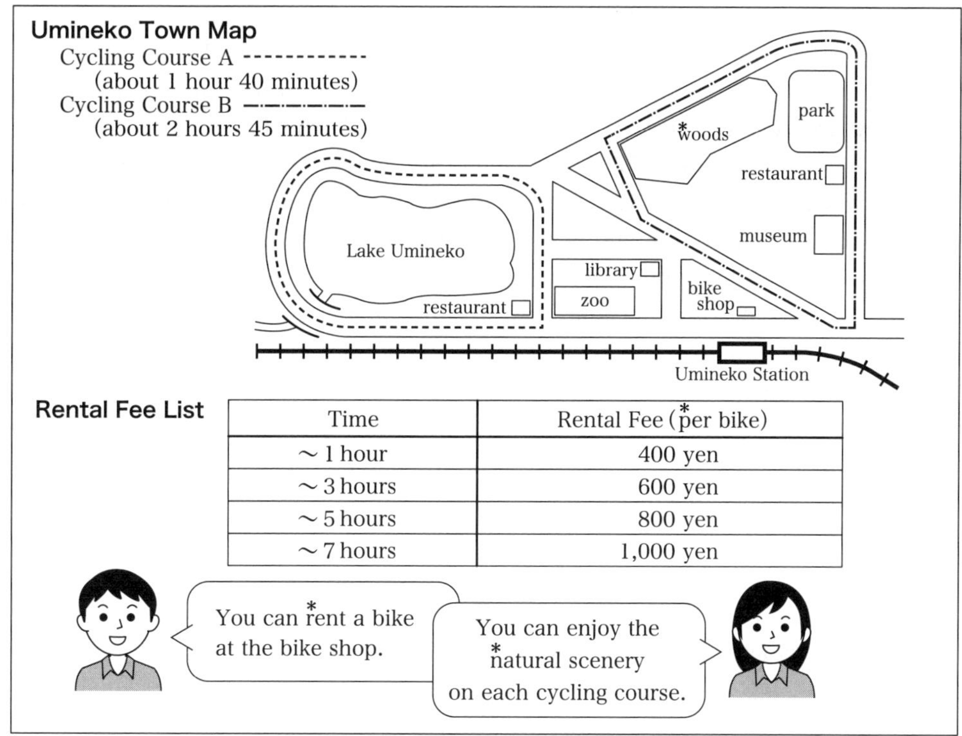

Time	Rental Fee (*per bike)
～1 hour	400 yen
～3 hours	600 yen
～5 hours	800 yen
～7 hours	1,000 yen

(注) woods　森　　per～　～につき　　rent～　～を(有料で)借りる
natural scenery　自然の風景

① この案内の内容に合うように，次の文の（　　）に入る最も適当な数字を書きなさい。

If you rent a bike when you go around both cycling courses in one day, you have to *pay *at least （　　） yen.　　(注) pay　支払う　　at least　少なくとも

② この案内の内容に合っている英文として最も適当なものを，次の**ア**～**エ**のうちから一つ選び，その符号を書きなさい。

ア There are two restaurants and two libraries on the map.

イ If you want to rent a bike, you can rent one at the bike shop in front of the station.

ウ Cycling Course A is longer than Cycling Course B.

エ If you have lunch in the park, you should choose Cycling Course A.

8 次の英文は，楓(Kaede)が，色について調べたことを，英語の時間に発表したものです。これを読んで，あとの(1)～(4)の問いに答えなさい。

What color do you like? I will tell you about colors.

I have an uncle, and he works at Narita *Airport. When I was ten years old, my father took me to an event there. I was surprised to see a big airport for the first time. Many big *planes were *going up into the blue sky. I was very excited to watch them. Since then, I have been interested in planes. Even now I often go to the airport to watch them. One day, I *noticed that many planes are white. I said to myself, "[　Ⓐ　]?" I called my uncle and asked him ①that question.

He told me some reasons. Many plane companies *paint their planes white because white *reflects *sunlight. On a sunny day, when you are wearing a black shirt, you will feel hotter than when you are wearing a white one. [　**ア**　] They don't have to use a lot of money for *temperature adjustment if they paint their planes white. And other colors of paint are more expensive than white paint. My uncle said that he would tell me other reasons when we meet the next time. [　**イ**　]

I got more interested in colors, and I started to watch many cars on the street. I saw many colors. I saw white the most. Two weeks ago, I went to the library to find other facts about colors. There I found an interesting one. Have you ever seen taxis in New York on TV? They are yellow. More than 13,000 yellow taxis run on the streets in New York. Why are they yellow? In 1907, a man *imported many cars and started a taxi company. The taxis were *originally red and green. But he painted all of them yellow. Yellow is a very *loud color. I think you will agree. And he thought it was easier to find yellow taxis from *far away. People found them as easily as he thought they would. Other taxi companies started to do ②<u>the same thing</u>. Now, almost all of the taxis in New York are yellow. [ウ] Also, many taxis in New York are made by Japanese companies. I *am very proud of that.

I will tell you another good thing about yellow. In *Singapore, some taxis are yellow, and others are blue. People there *did research on the number of *accidents. The numbers were very different between the two colors. The research showed that blue taxis had more accidents than yellow ones. If you ride a bike on a rainy day, you wear a *raincoat, right? [エ] What color is yours? When you wear a raincoat, I think it should be a loud color, especially at night.

In our art class last month, we learned that colors *affect us. When we see red, we feel excited. When we see green, we feel *relaxed. And some colors make us more *comfortable and safer. I believe that we enjoy our lives when we use our favorite colors. Everything in the world has a color. We feel something about each color. And we find our own meaning of a color. What is your favorite color?

(注) airport 空港　plane 飛行機　go up 上がる　notice 気づく
paint 塗る(paint～ white の形で～を白く塗る)，塗料　reflect～ ～を反射する
sunlight 日光　temperature adjustment 温度調節　import～ ～を輸入する
originally 最初は　loud 派手な　far away 遠く
be proud of～ ～を誇りに思う　Singapore シンガポール(国名)
do research on～ ～の調査をする　accident 事故　raincoat レインコート
affect～ ～に影響を及ぼす　relaxed くつろいだ　comfortable 快適な

(1) 本文中の下線部①を指す，［ Ⓐ ］に入る具体的な質問の内容を，**５語**の英語で答えなさい。

(2) 次の英文を入れるのに最も適当な場所を，本文中の［ ア ］～［ エ ］のうちから一つ選び，その符号を書きなさい。

I hope that day will come soon.

(3) 本文中の下線部②が指す具体的な内容を，日本語で答えなさい。

(4) 本文の内容に合っている英文として最も適当なものを，次の**ア～オ**のうちから一つ選び，その符号を書きなさい。

ア Kaede's uncle said that he knew how to make white paint for planes.
イ When Kaede watched many cars on the street, all of them were white.
ウ Kaede learned an interesting fact about colors from her English teacher.
エ Kaede believes that she should wear a blue raincoat on a rainy day.
オ Kaede thinks that people enjoy their lives by using their favorite colors.

9 高校生の涼子(Ryoko)が，ALTのクラーク先生(Mr. Clark)と，保育所(nursery school)での体験学習について，放課後に話をしています。この対話文を読んで，［ (1) ］～［ (3) ］に入る最も適当なものを，それぞれあとの**ア～エ**のうちから一つずつ選び，その符号を書きなさい。また，対話

文の内容に合うように，[(a)]に入る英語を**5語または6語**で書きなさい。

Ryoko： Hello, Mr. Clark.
Mr. Clark： Hi, Ryoko. [(1)]
Ryoko： Last week, I went to a nursery school for three days to learn how to take care of children, and I'm writing a report about that.
Mr. Clark： Oh, how was that?
Ryoko： The children were very cute, and I learned a lot of things from the experience.
Mr. Clark： That's good. Please tell me more.
Ryoko： On the first day, I read a *picture book to the children, but they didn't look excited. So, I was sad. I [(a)], and I asked one of the nursery school teachers, Ms. Sonoda, "Why didn't the children enjoy the picture book?"
Mr. Clark： What did she say?
Ryoko： She said that my voice was too small. She also said that I didn't look at their faces when I was reading the picture book. Then, she gave me a chance to read another picture book, so I practiced reading it to the children.
Mr. Clark： [(2)]
Ryoko： Yes. They listened to me with a smile. I was very happy to see them.
Mr. Clark： Good job, Ryoko.
Ryoko： Thank you. Ms. Sonoda told me the reason about my problem of reading a picture book, so I read it better.
Mr. Clark： I see. I'm [(3)].
Ryoko： After I finish writing this report, I'm going to write a *letter of thanks to the nursery school teachers. I'd like to send some messages to the children, too.
Mr. Clark： That's a good idea.

（**注**）picture book　絵本　　letter of thanks　お礼状

(1) **ア** What are you writing?　**イ** Who wrote the report?
　ウ Why did you go there?　**エ** When are you going to go there?

(2) **ア** Did they write a report?　**イ** Did you listen to it with a smile?
　ウ Did they practice reading it?　**エ** Did you read it well?

(3) **ア** worried you will be a nursery teacher
　イ sorry you experienced the nursery school
　ウ glad you learned from the experience
　エ sad you aren't good at reading a picture book

社　会

1　次の文章を読み，あとの(1)～(5)の問いに答えなさい。

食料は生きていく上で欠かせないものであり，人々は必要な量を確保するために a 古くから耕地を拡大したり，農業技術を工夫したりするなど様々な努力を重ねてきました。また，人々の交流がさかんになるにつれ，他の地域で栽培されている作物を取り入れるなど，それぞれの地域や国で栽培される b 農作物も時代によって多様化してきました。

c 工業化が進むなど産業構造が変化する中で，世界規模で d 貿易が拡大し，工業製品だけでなく農作物の貿易もさかんになり，人々の食生活に変化をもたらしてきました。しかしその一方で，e 世界の各地域で人口増加が進み，食料の確保は重要な課題となっています。

(1)　下線部 a に関連して，次の文章は，奈良時代の土地の制度について述べたものである。文章中の[　　]にあてはまる適当な語を書きなさい。

> 朝廷が新田の開発を進めたことで，稲の収穫量は増えていった。しかし，人口が著しく増加したため，口分田が不足してきた。そこで朝廷は，人々に開墾をすすめるため，743年に［　　　］を定めて，新しく開墾した土地はいつまでも私有地としてよいとした。

(2)　下線部ｂに関連して，次の**資料１**は，米，小麦，じゃがいも及びさつまいものいずれかの収穫量の多い上位３道県と，その全国の収穫量に占める割合を示したものである。あとの文章で述べられている農作物にあてはまるものとして最も適当なものを，**資料１**中の**ア～エ**のうちから一つ選び，その符号を書きなさい。

資料１　(2020年)

	１位		２位		３位	
	道県名	割合(%)	道県名	割合(%)	道県名	割合(%)
ア	鹿児島	31	茨城	26	千葉	13
イ	北海道	66	福岡	6	佐賀	4
ウ	新潟	9	北海道	8	秋田	7
エ	北海道	79	鹿児島	4	長崎	4

(「データでみる県勢2022年版」より作成)

> この農作物は，南アメリカ大陸のアンデス山脈を中心とした地域よりヨーロッパにもたらされた。冷涼な気候が栽培に適しているため，主に北ヨーロッパで栽培が広まり，主要な食料としてさかんに栽培されるようになった。日本には17世紀の初めに伝えられたとされるが，特に明治時代以降，様々な品種が栽培されるようになり，消費も拡大した。

(3)　下線部ｃに関連して，次の**ア～ウ**の文は，イギリスで産業革命が起こった18世紀後半から19世紀にかけての世界で起こったことがらについて述べたものである。**ア～ウ**を年代の**古いものから順に**並べ，その符号を書きなさい。

ア　イギリスが北アメリカにつくった植民地に新たな税をかけたが，植民地側は反対運動を始め，イギリスがこれを弾圧したために独立戦争が始まった。

イ　イギリスがインド産のアヘンを清へ密売していたが，清がアヘンを厳しく取り締まると,自由貿易の実現を口実にして清に艦隊を派遣し，アヘン戦争が始まった。

ウ　国王や大貴族中心の政治に対する不満からフランス革命が起こり，革命を支持する人々が，基本的人権の尊重と人民主権の考えに基づく人権宣言を発表した。

(4)　下線部ｄに関連して，次の文章は，国際貿易の課題について述べたものである。文章中の［　　　］にあてはまる適当な語を書きなさい。

> 日本の工業は，1980年代に外国製品との競争の中で，貿易の不均衡による相手国との対立である［　　　］が生じると，これを避けるために海外で生産をおこなう企業が増えた。また，賃金の安い労働力や新たな市場を求めて中国や東南アジアに進出するようになり，一部の工業では日本国内の生産が衰退し，産業の空洞化と呼ばれる現象が見られるようになった。

(5)　下線部ｅに関連して，右の**資料２**は，世界の人口に占める地域別人口の推移を示したものである。アジア州とアフリカ州を示すものとして最も適当なものを，**資料２**中の**ア～エ**のうちからそれぞれ一つずつ選び，その符号を書きなさい。

資料２

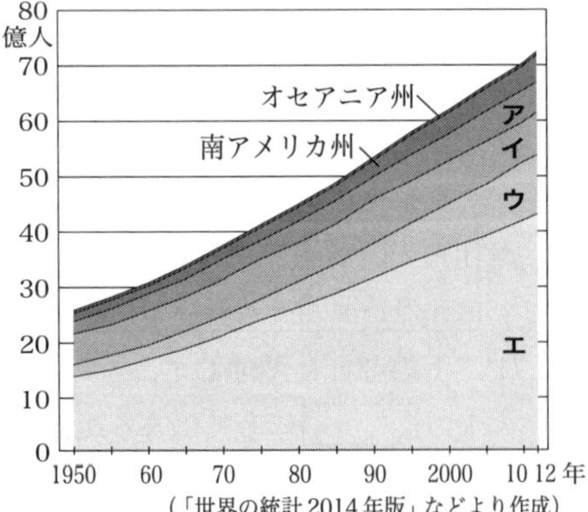

(「世界の統計2014年版」などより作成)

2 次の図を見て，あとの⑴～⑸の問いに答えなさい。

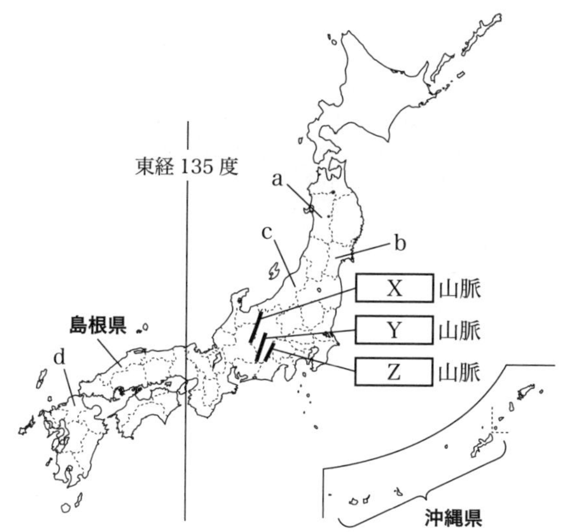

⑴ 次の文章中の［ Ｉ ］にあてはまる地方名を書きなさい。また，［ Ⅱ ］にあてはまる県庁所在地名を**漢字**で書きなさい。

> 図中の東経 135 度の経線は，日本の標準時子午線で，兵庫県明石市を通っている。兵庫県は，日本を７地方に区分した場合，［ Ｉ ］地方に属し，県庁所在地は［ Ⅱ ］市である。

⑵ 次の文章は，図中の［ X ］～［ Z ］の山脈について述べたものである。文章中と図中の［ X ］～［ Z ］にそれぞれ共通してあてはまる山脈名の組み合わせとして最も適当なものを，あとの**ア～カ**のうちから一つ選び，その符号を書きなさい。

> 本州の中央部には，「日本の屋根」と呼ばれる山がちな地域が広がっている。特に［ X ］，［ Y ］，［ Z ］の三つの山脈は，標高 3000 m前後の山々が連なり，日本アルプスとも呼ばれている。

ア　X：飛驒　Y：木曽　Z：赤石　　**イ**　X：飛驒　Y：赤石　Z：木曽
ウ　X：木曽　Y：飛驒　Z：赤石　　**エ**　X：木曽　Y：赤石　Z：飛驒
オ　X：赤石　Y：飛驒　Z：木曽　　**カ**　X：赤石　Y：木曽　Z：飛驒

⑶ 次の**資料１**は，図中のａ～ｄの県の県庁所在地の人口，第一次産業人口の割合及び耕地面積を示したものである。ａの県にあてはまるものとして最も適当なものを，**資料１**中の**ア～エ**のうちから一つ選び，その符号を書きなさい。

資料１

	県庁所在地の人口（万人）(2021年)	第一次産業人口の割合（%）(2017年)	耕地面積（千ha）(2020年)
ア	107	3.9	126
イ	31	7.8	147
ウ	156	2.8	80
エ	78	5.3	169

（「データでみる県勢 2022 年版」より作成）

⑷ 右の**資料２**は，前のページの図中の**沖縄県**の産業別就業人口の割合を，全国の割合と比較したものである。沖縄県の第三次産業の就業人口の割合が高い理由を，簡潔に書きなさい。

資料２

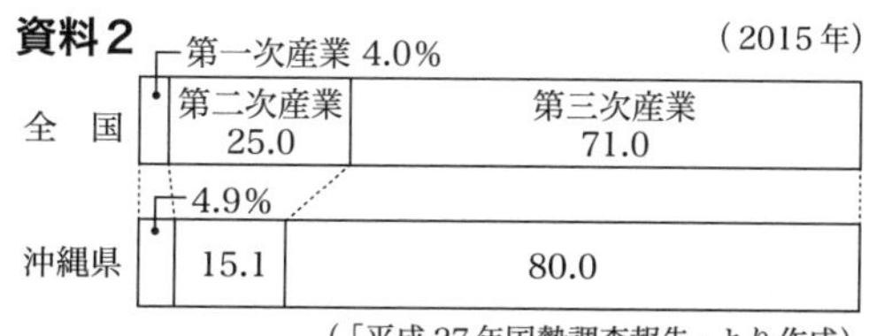

（「平成 27 年国勢調査報告」より作成）

⑸ 次の地形図は，前のページの図中の**島根県**のある地域を示したものである。これを見て，あとの①，②の問いに答えなさい。

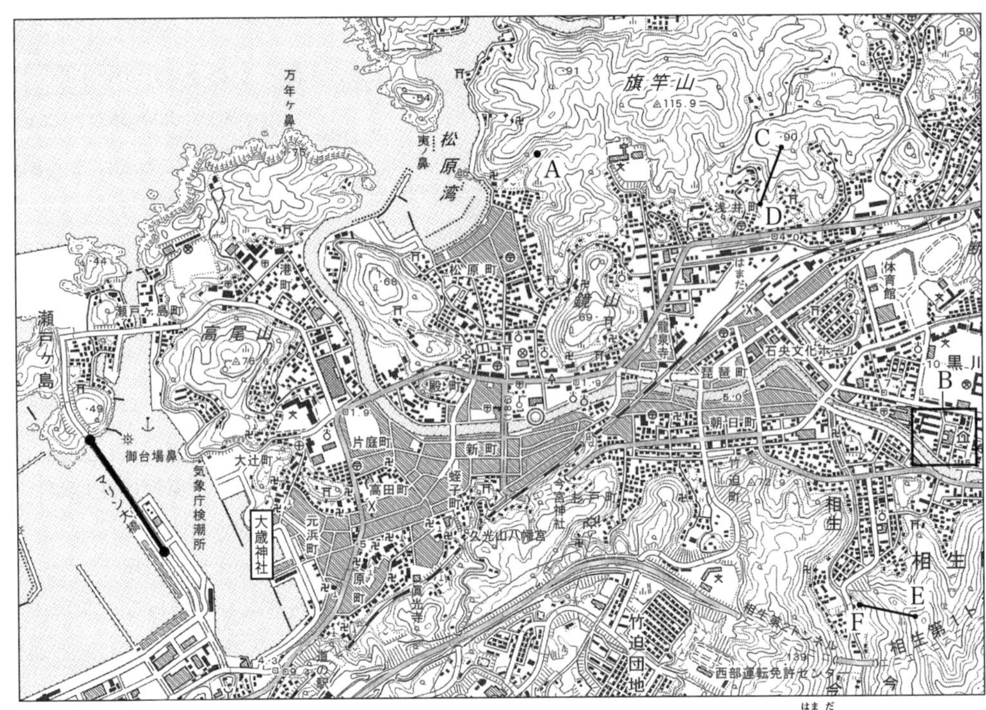

(国土地理院　平成 20 年発行 1 : 25,000「浜田（はまだ）」原図より作成)

① 上の地形図を読み取ったことがらとして**誤っている**ものを，次の**ア**～**エ**のうちから一つ選び，その符号を書きなさい。

ア 旗竿山の山頂と地点Ａとの標高差は 90ｍ以上である。

イ 旗竿山の山頂から見てほぼ南西の方向に大歳神社がある。

ウ Ｂで示した範囲内に老人ホームがある。

エ Ｃ－Ｄ間よりもＥ－Ｆ間の方が傾斜が緩やかである。

② 地形図中のマリン大橋の ●━━● で示した長さは，地形図上で約２cmである。実際の直線距離は約何ｍか。適当な数字を書きなさい。

3 次の図を見て，あとの(1)～(6)の問いに答えなさい。

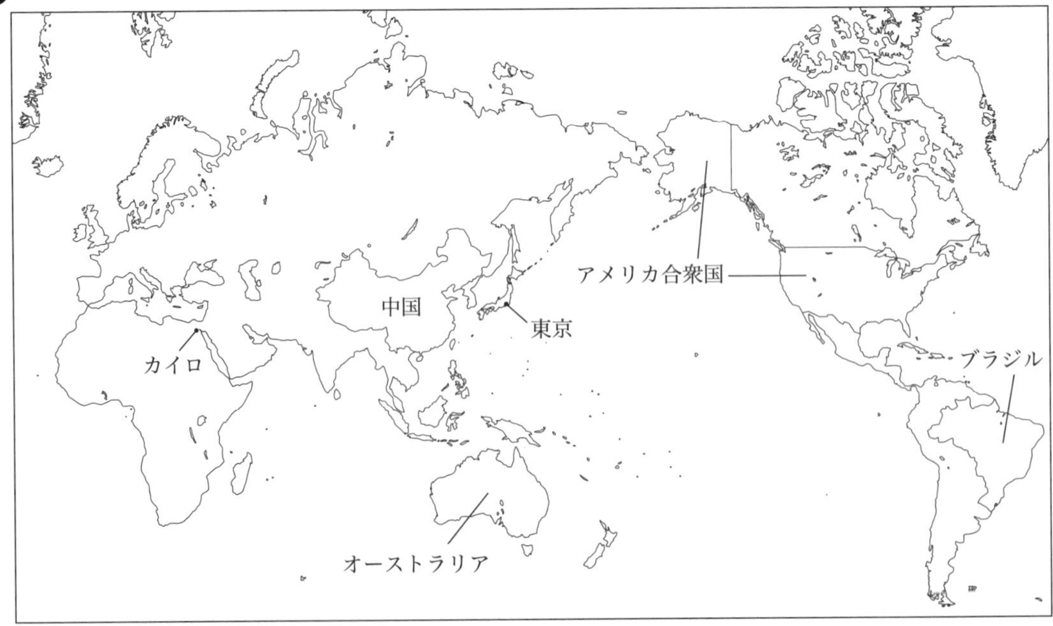

⑴ 次の文章中の［ Ⅰ ］，［ Ⅱ ］にあてはまる語の組み合わせとして最も適当なものを，あとの**ア〜エ**のうちから一つ選び，その符号を書きなさい。

> 緯度は，［ Ⅰ ］を0度として，地球を南北にそれぞれ90度に分けたものである。［ Ⅰ ］は，六つの大陸のうち，アフリカ大陸と［ Ⅱ ］を通る。

ア　Ⅰ：本初子午線　Ⅱ：南アメリカ大陸　　**イ**　Ⅰ：赤道　Ⅱ：南アメリカ大陸
ウ　Ⅰ：本初子午線　Ⅱ：北アメリカ大陸　　**エ**　Ⅰ：赤道　Ⅱ：北アメリカ大陸

⑵ 次の文章は，図中のブラジルの言語と宗教について述べたものである。文章中の［ Ⅰ ］，［ Ⅱ ］にあてはまる語の組み合わせとして最も適当なものを，あとの**ア〜エ**のうちから一つ選び，その符号を書きなさい。

> ブラジルは，［ Ⅰ ］からやってきた人々が植民地をつくったという歴史があり，現在でも［ Ⅰ ］語を公用語としている。また，ブラジルには彼らが広めた［ Ⅱ ］教を信仰する人々が大勢いる。

ア　Ⅰ：スペイン　Ⅱ：キリスト　　**イ**　Ⅰ：スペイン　Ⅱ：イスラム
ウ　Ⅰ：ポルトガル　Ⅱ：キリスト　　**エ**　Ⅰ：ポルトガル　Ⅱ：イスラム

⑶ 図中のカイロは，東京から見たときにおよそどの方向に位置しているか。右の東京からの距離と方位が正しく表された地図を見て最も適当なものを，次の**ア〜エ**のうちから一つ選び，その符号を書きなさい。

ア　東　　**イ**　北東　　**ウ**　西　　**エ**　北西

⑷ 次の**資料１**は，図中の中国の水稲と小麦の主な栽培地，**資料２**は，中国を含めた地域の年降水量を示したものである。中国の水稲の主な栽培地と，小麦の主な栽培地を，降水量に着目して，簡潔に書きなさい。なお，年降水量の数字は用いないこと。

資料１

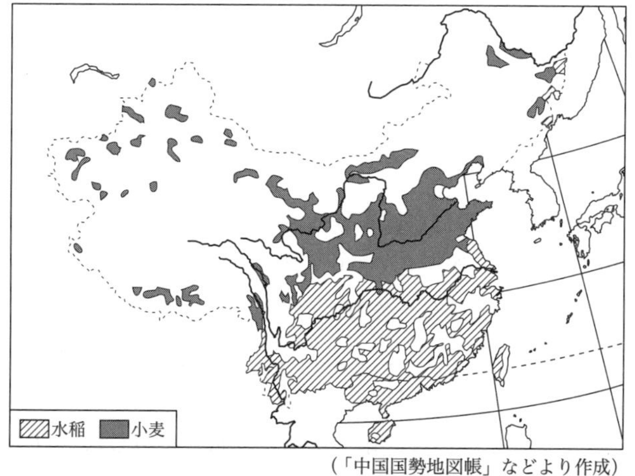

（「中国国勢地図帳」などより作成）

資料２

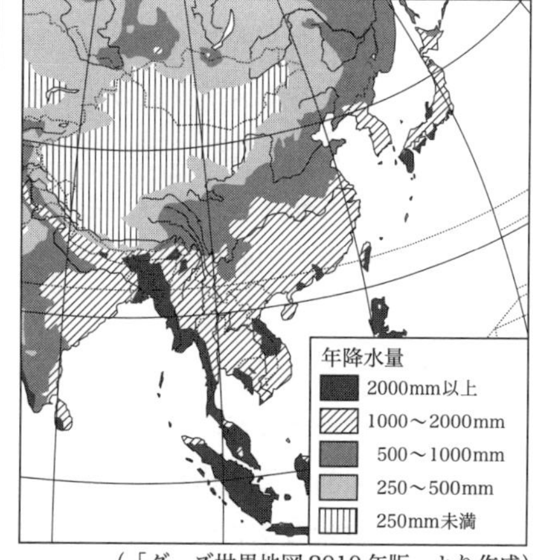

（「グーズ世界地図2010年版」より作成）

⑸ 次の文章は，図中のオーストラリアの先住民について述べたものである。文章中の［　　］に共通してあてはまる適当な語を書きなさい。

> およそ６万年前に東南アジアから渡ってきたとされる［　　　］は，文字を持たなかったため，生活の知恵や教えを石の壁に絵をかいて後世に伝えていった。独自の文化や信仰を持っていた［　　　］は，入植してきたヨーロッパ人に迫害されていたが，近年，その伝統や文化が見直され，保護されている。

(6)　次の**資料３**は，日本と，図中の中国，アメリカ合衆国，オーストラリア及びブラジルとの輸出入額及び日本の輸出入総額を示したものである。**資料３**から読み取れることとして最も適当なものを，あとの**ア**～**エ**のうちから一つ選び，その符号を書きなさい。

資料３　　(億円)（2020年）

	中国	アメリカ合衆国	オーストラリア	ブラジル	総額
日本からの輸出額	150,819	126,122	12,954	3,154	684,005
日本の輸入額	174,931	74,369	38,211	8,000	678,371

(「日本国勢図会」2021/22より作成)

ア　４か国への日本からの輸出額の合計は，輸出総額の２分の１以上である。
イ　４か国からの日本の輸入額の合計は，輸入総額の２分の１以上である。
ウ　４か国中，日本との貿易額が最大となるのは中国である。
エ　４か国中，日本の輸入超過(貿易赤字)額が最大となるのは中国である。

4　次の文章を読み，あとの(1)～(4)の問いに答えなさい。

日本の近代工業は，$_a$明治初期においては，政府による$_b$近代的な国家を築くための新しい政策を進める中で育成された。明治後期になると，軽工業を中心に産業が発展し，国内の工業生産は飛躍的に増大していった。

$_c$第一次世界大戦が始まると，日本の輸出は急激に増加し，工業は急成長をとげた。しかし，大戦後は，関東大震災，ヨーロッパの産業の回復，世界恐慌の影響などにより，$_d$日本経済は混乱し，国民生活も苦しくなっていった。

(1)　下線部ａに関連して，このころの日本人の生活の様子について述べた文として最も適当なものを，次の**ア**～**エ**のうちから一つ選び，その符号を書きなさい。
ア　ラジオ放送が始まり，娯楽の一つとして映画が普及した。
イ　朝鮮半島の職人がもたらした技術でつくられた陶磁器が使われるようになった。
ウ　太陽暦が取り入れられ，時刻の表し方も変わった。
エ　パンやカステラ，カルタなどが初めてもたらされた。

(2)　下線部ｂに関連して，明治政府の政策について述べた文として最も適当なものを，次の**ア**～**エ**のうちから一つ選び，その符号を書きなさい。
ア　満25歳以上のすべての男子に衆議院議員の選挙権を与える普通選挙制度を実現させた。
イ　藩を廃止して府県を置き，府知事や県令を派遣して，中央集権化を図った。
ウ　中国に対して二十一か条の要求を示し，大部分を強引に認めさせた。
エ　日米修好通商条約を結び，神奈川などの港を開き，アメリカとの貿易を始めた。

(3)　下線部ｃに関連して，次の①～③の問いに答えなさい。
①　日本はある国と同盟を結んでいたことを理由に，第一次世界大戦に参戦した。日本がこの同盟を結んでいた国として最も適当なものを，次の**ア**～**エ**のうちから一つ選び，その符号を書きなさい。

ア ロシア　**イ** アメリカ　**ウ** フランス　**エ** イギリス

② 次の文章中の［　　］にあてはまる適当な語を書きなさい。

> 1919年，パリで講和会議が開かれ，［　　］条約が結ばれた。この条約は，戦勝国の利益を優先し，ドイツに対して報復するという内容で，ドイツは莫大な賠償金の支払いを義務づけられたうえ，軍備を縮小され，海外のすべての植民地と本国の領土の一部を失った。

③ 第一次世界大戦中に日本では米騒動が起きた。このできごとが起きた理由を，「シベリア出兵」「米価」の二つの語を用いて，簡潔に書きなさい。

(4) 下線部ｄに関連して，次のことがらがあてはまる時期として最も適当なものを，右の略年表中の**ア**～**エ**のうちから一つ選び，その符号を書きなさい。

> 議会の承認なしに，国の産業・経済や国民生活全体を政府が統制できる国家総動員法が公布された。

年 代	主なできごと
1919	パリで講和会議が開かれる
	ア
1921	ワシントン会議が開かれる
	イ
1937	日中戦争が始まる
	ウ
1939	第二次世界大戦が始まる
	エ
1945	国際連合が発足する

5 次の文章を読み，あとの(1)～(6)の問いに答えなさい。

> 【富国強兵政策】
> 明治政府は，欧米の強国に対抗するため，ａ<u>経済を発展</u>させて国力をつけ，ｂ<u>軍隊を強くすること</u>を目ざした。
> 【条約改正への道】
> 日本は，幕末以来の不平等条約を改正し，欧米と対等な地位を得るため，鹿鳴館で舞踏会を催すなど，欧化政策をとった。条約改正の交渉を続けた結果，1894年に［　X　］を撤廃し，1911年には関税自主権を完全に回復して，条約改正が完成した。
> 【国際的孤立を深める】
> 日本は，ｃ<u>満州事変</u>後に満州国を建国し，実質的に支配した。日本は国際連盟の決議に反発して，ｄ<u>1933年，国際連盟からの脱退を正式に通告し</u>，国際的に孤立していった。
> 【現代の世界と日本】
> 1989年，冷戦の象徴だった［　Y　］が取り壊され，翌年，東西ドイツが統一された。1991年にはソ連が解体されたが，現代の世界でも，様々な問題が出てきている。その一つとして，先進工業国と発展途上国の経済格差の問題がある。

(1) 下線部ａに関連して，次の**ア**～**エ**の文は，日本の経済の発展に関するできごとについて述べたものである。**ア**～**エ**を年代の**古いものから順に**並べ，その符号を書きなさい。

ア 日清戦争後，官営の八幡製鉄所が開業した。

イ 殖産興業の政策のもとで，富岡に官営模範工場がつくられた。

ウ 第一次世界大戦をきっかけに，重化学工業が発展した。

エ 民間の紡績の大工場が次々につくられ，軽工業の産業革命の時代をむかえた。

(2) 下線部ｂに関連して，満 20 歳以上のすべての男子に兵役の義務を課した法令を何というか。適当な語を書きなさい。

(3) 文章中の X にあてはまる適当な語を書きなさい。

(4) 下線部ｃに関連して，満州事変は，現地の軍部が奉天(ほうてん)郊外の柳条湖(りゅうじょうこ/リウティアオフー)で南満州鉄道の線路を爆破したことをきっかけに始まった。柳条湖の位置として最も適当なものを，右の図中の**ア**～**エ**のうちから一つ選び，その符号を書きなさい。

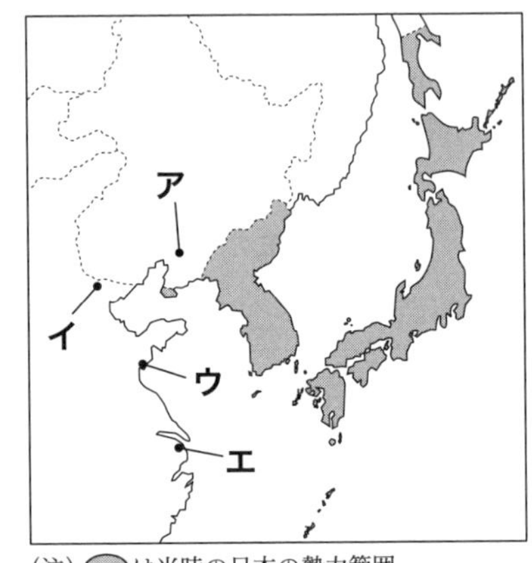

(注) ⬭は当時の日本の勢力範囲。

(5) 下線部ｄに関連して，この前年，五・一五事件が起こった。このとき暗殺された首相として最も適当なものを，次の**ア**～**エ**のうちから一つ選び，その符号を書きなさい。

ア 原敬　　**イ** 大久保利通　　**ウ** 大隈重信　　**エ** 犬養毅

(6) 文章中の Y にあてはまる適当な語を，右の資料を参考にして書きなさい。

6 次の略年表を見て，あとの(1)～(6)の問いに答えなさい。

年代	主なできごと
1868	五箇条の御誓文が出される
	↕ A
1880	国会期成同盟が結成される
	↕ B
1889	大日本帝国憲法が発布される
1929	世界恐慌が起こる……C
1936	二・二六事件が起こる……D
1951	サンフランシスコ平和条約が結ばれる……E

1973	石油危機が起こる
	↕ F
1989	米ソ首脳によるマルタ会談がおこなわれる

⑴　略年表中のＡの時期に起こったことがらとして**誤っている**ものを，次の**ア**～**エ**のうちから一つ選び，その符号を書きなさい。

ア　西郷隆盛を中心として鹿児島の士族などが西南戦争を起こした。

イ　６歳以上の子どもに教育を受けさせることを国民の義務とした学制が公布された。

ウ　板垣退助を党首とする自由党が結成された。

エ　国家の財政を安定させるために，地租改正が実施された。

⑵　略年表中のＢの時期に，政府は憲法の制定に向けて準備を進めた。次の文中の［　Ⅰ　］にあてはまる国名と，［　Ⅱ　］にあてはまる適当な語をそれぞれ書きなさい。

> 伊藤博文が憲法調査のためにヨーロッパに派遣され，とくに君主の権力が強い［　Ⅰ　］の憲法を中心に調査し，帰国後，［　Ⅱ　］制度がつくられ，伊藤博文がその首長となった。

⑶　略年表中のＣに関連して，右の**資料**は，世界恐慌の前後における日本，イギリス，ソ連，アメリカ合衆国の鉱工業生産量について，1929年の生産量を100としたときの変化を示したものである。**資料**中のＸにあてはまる国について述べた文として最も適当なものを，次の**ア**～**エ**のうちから一つ選び，その符号を書きなさい。

資料

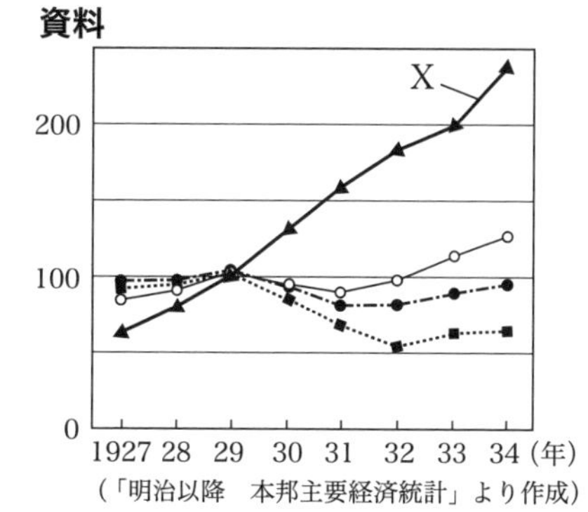

（「明治以降　本邦主要経済統計」より作成）

ア　「五か年計画」と呼ばれる計画経済で，重工業化を進めた。

イ　本国と植民地との関係を強め，他国の商品に高い関税をかけるブロック経済をおこなった。

ウ　自らのブロック経済圏をつくろうとして，新たな領土の獲得を始めた。

エ　積極的に公共事業をおこなったり，労働者の賃金を引き上げたりする政策をとった。

⑷　略年表中のＤについて述べた文として最も適当なものを，次の**ア**～**エ**のうちから一つ選び，その符号を書きなさい。

ア　この事件をきっかけとして，治安維持法が制定され，社会主義への取り締まりが強められた。

イ　この事件によって，護憲運動以来続いてきた政党政治の時代は幕を閉じた。

ウ　この事件をきっかけとして，東京で日比谷焼き打ち事件が起こった。

エ　この事件以降，軍部が政治的な発言力を強め，軍備の増強をおし進めていった。

⑸　略年表中のＥに関連して，このときの首相として最も適当なものを，次の**ア**～**エ**のうちから一つ選び，その符号を書きなさい。

ア　田中角栄　　**イ**　佐藤栄作　　**ウ**　鳩山一郎　　**エ**　吉田茂

⑹　略年表中のＦの時期に起こったことがらとして最も適当なものを，次の**ア**～**エ**のうちから一つ選び，その符号を書きなさい。

ア　日米安全保障条約の改定に反対する運動が起こった。

イ　日中平和友好条約が結ばれた。

ウ　アジアで最初のオリンピックが東京で開催された。

エ　農地改革がおこなわれ，小作人の多くが自作農になった。

理　科

1　次の(1)～(4)の問いに答えなさい。

(1)　少量の水酸化ナトリウムを溶かした水を電気分解装置に入れて電源装置とつなぎ，電気分解装置の電極間にしばらくの間電圧を加え続けたとき，電気分解装置の陽極側に集まる気体として最も適当なものを，次の**ア**～**エ**のうちから一つ選び，その符号を書きなさい。

ア　酸素　　**イ**　窒素　　**ウ**　水素　　**エ**　二酸化炭素

(2)　軟体動物であるアサリの殻を開いて，外とう膜の一部分を切りとって体のつくりを観察した。**図**は，そのようすをスケッチしたものである。**図**中にＰで示した部分は，アサリが水中に溶けている酸素を体の中にとり入れるためのつくりである。このつくりを何というか，書きなさい。

図

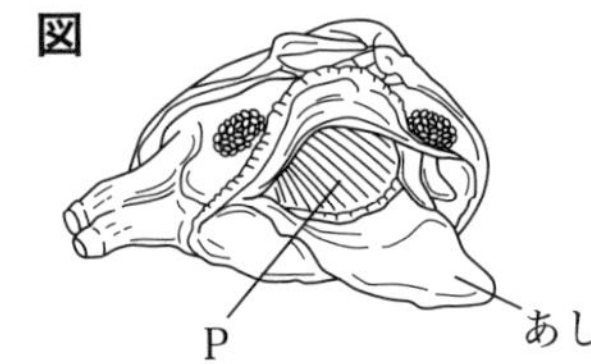

(3)　次の文章は，音が伝わる速さについて述べたものである。文章中の［ a ］，［ b ］にあてはまるものの組み合わせとして最も適当なものを，あとの**ア**～**エ**のうちから一つ選び，その符号を書きなさい。

> 音源から出た音は，その大きさによって伝わる速さは［ a ］。また，空気中と水中とで音の伝わる速さを比べると，［ b ］の方が音は速く伝わる。

ア　a：変わる　　b：空気中　　**イ**　a：変わらない　　b：空気中
ウ　a：変わる　　b：水中　　**エ**　a：変わらない　　b：水中

(4)　天気図からわかる等圧線の間隔と，ふく風の強さとの関係を述べた文として最も適当なものを，次の**ア**～**エ**のうちから一つ選び，その符号を書きなさい。

ア　等圧線の間隔が広いところほど，強い風がふくことが多い。
イ　等圧線の間隔がせまいところほど，強い風がふくことが多い。
ウ　等圧線の間隔に関係なく，同じ強さの風がふく。
エ　等圧線の間隔だけでは風の強さは判断できない。

2　陸上に生育している身近な植物（ゼニゴケ，イヌワラビ，イチョウ，ユリ，アブラナ，タンポポ）の特徴を調べました。**図１**は，調べた内容をもとにそれぞれの植物について，いろいろな観点に「はい」，「いいえ」で答えることによってなかま分けをした結果を表したものです。これに関して，あとの(1)～(3)の問いに答えなさい。

図１

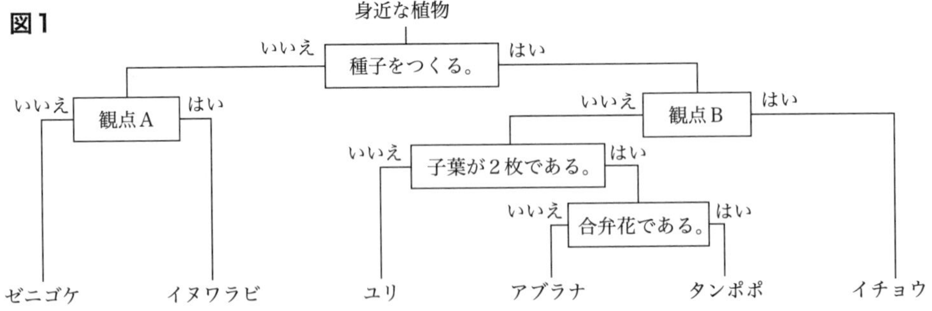

(1)　**図１**中の観点Ａ，Ｂは，どのような内容か。次の**ア**～**エ**のうちから最も適当なものをそれぞれ一つずつ選び，その符号を書きなさい。

ア　茎の維管束が輪状に並ぶ。　　**イ**　葉・茎・根の区別がある。
ウ　葉緑体がある。　　**エ**　胚珠がむき出しである。

(2)　タンポポの花に見られるつくりで，成長すると果実になるつくりを何というか，書きなさい。

(3) **図２**は，なかま分けを行ったゼニゴケの体のつくりを模式的に表したものである。ゼニゴケに見られる根のようなつくりには体を固定するはたらきはあるが，水を吸収するはたらきはほとんどない。ゼニゴケが生活に必要な水の吸収を行っている部分を，解答用紙の図中に斜線（▨）を引いて示しなさい。

図２

3

液体の混合物を加熱して出てくる物質について調べるため，次のような**実験**を行いました。これに関して，あとの(1)～(3)の問いに答えなさい。

実験
① 枝つきフラスコに，水 30 mL とエタノール 8 mL の混合物を沸騰石とともに入れた。
② 次に，**図**のような装置を組み立て，①の混合物を弱火で加熱したところ，温度計の示度が，約 80℃に達した時点で沸騰が始まった。
③ ②のあと，試験管Ａに液体が集まり始めた。この液体が５mL ほど集まるごとに，試験管を試験管Ｂ，Ｃと順にとりかえ，試験管Ｃに液体が５mL ほど集まったところで，ガラス管の先を液体から抜き，ガスバーナーの火を消した。
④ 試験管Ａ～Ｃに集めた液体を，それぞれ塩化コバルト紙につけると，いずれも塩化コバルト紙が赤色に変化した。
⑤ 試験管Ａ～Ｃに集めた液体を，別々の脱脂綿にしみ込ませてからマッチの火を近づけ，それぞれの燃え方を調べた。

表は，⑤の結果をまとめたものである。

図

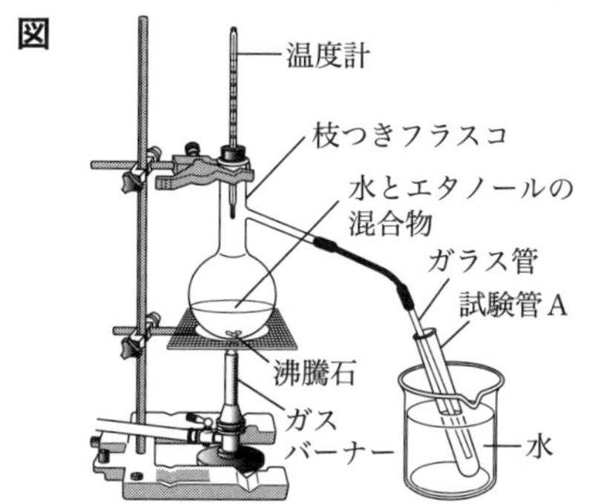

表

液体	燃え方
試験管Ａ	火がついて，しばらく燃えた。
試験管Ｂ	火がついたが，すぐに消えた。
試験管Ｃ	火がつかなかった。

(1) **実験**の①で，加熱前の水とエタノールの混合物をエタノール水溶液（溶質がエタノール，溶媒が水）とした場合，この水溶液の質量パーセント濃度として最も適当なものを，次の**ア～エ**のうちから一つ選び，その符号を書きなさい。なお，水，エタノールの密度はそれぞれ $1.00\,g/cm^3$，$0.79\,g/cm^3$ である。

ア 約 16.2％　　**イ** 約 17.4％　　**ウ** 約 19.5％　　**エ** 約 21.1％

(2) **実験**の①で，枝つきフラスコに水とエタノールの混合物とともに沸騰石を入れた理由を，簡潔に書きなさい。

(3) **実験**の②，③について，次の(a)，(b)の問いに答えなさい。

(a) **実験**の②，③で行ったように，液体を沸騰させて気体にし，それを冷やして再び液体にして集める方法を何というか，書きなさい。

(b) **実験**の③で，試験管Ａに集めた液体について述べた文として最も適当なものを，次の**ア～エ**のうちから一つ選び，その符号を書きなさい。

ア エタノールを少し含んだ水である。　　**イ** 純粋な水である。
ウ 水を少し含んだエタノールである。　　**エ** 純粋なエタノールである。

4 Ｓさんは，流水のはたらきについて学習しました。**図１**は，山から海に向かって川が流れるようすを模式的に表したものです。これに関する先生との会話文を読んで，あとの(1)〜(3)の問いに答えなさい。

先　生：海には河口から流れ出た土砂が堆積して，れき，砂，泥などの層ができます。さて，この土砂は川の上流から移動してきたものですが，どのようにしてこれらの土砂ができたかわかりますか。
Ｓさん：はい。もろくなった岩石が，風や流水のはたらきにより削られることによってできました。
先　生：そうですね。**図１**中にＡで示したところでは，Ｖ字谷とよばれる地形が見られます。Ａで示したところにこのような地形ができたのはなぜですか。
Ｓさん：はい。Ａで示したところでは［ｘ］からですよね。
先　生：その通りです。**図１**中にＢ，Ｃで示したところに堆積した土砂を比べると，［ｙ］で示したところの粒の方が小さくなっています。また，Ｄで示したところでは土砂の堆積によって，低い土地ができています。このような地形を何といいますか。
Ｓさん：［ｚ］です。
先　生：よくわかりましたね。では，実際に川に行って川岸のようすを調べてみましょう。

図１

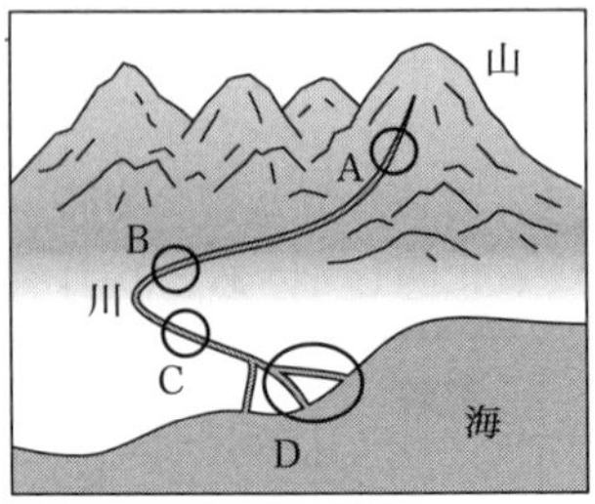

(1) 会話文中の下線部のような作用を何というか，書きなさい。
(2) 次の(a)，(b)の問いに答えなさい。
(a) 会話文中の［ｘ］にあてはまる内容として最も適当なものを，次の**ア**〜**エ**のうちから一つ選び，その符号を書きなさい。
ア 斜面が急なため，川の流れが速い
イ 斜面が急なため，地震により崩れやすい
ウ 位置が高いため，強風によって削られやすい
エ 位置が高いため，降雨によって削られやすい
(b) 会話文中の［ｙ］，［ｚ］にあてはまるものの組み合わせとして最も適当なものを，次の**ア**〜**エ**のうちから一つ選び，その符号を書きなさい。
ア ｙ：Ｂ　ｚ：扇状地　　**イ** ｙ：Ｃ　ｚ：扇状地
ウ ｙ：Ｂ　ｚ：三角州　　**エ** ｙ：Ｃ　ｚ：三角州
(3) **図２**は，Ｓさんたちが実際に行った川と川岸のようすを表したものである。下流から上流を見て左側の川岸には砂やれきが多く見られ，右側の川岸には，削られているところが見られた。この左側の川岸をつくった流水のはたらきとして最も適当なものを，次の**ア**〜**ウ**のうちから一つ選び，その符号を書きなさい。
ア 土砂が堆積するはたらきより，削るはたらきが大きかった。
イ 削るはたらきより，土砂が堆積するはたらきが大きかった。
ウ 削るはたらきと土砂が堆積するはたらきは同じだった。

図２

5 電流が磁界から受ける力について調べるため，次のような**実験**を行いました。これに関して，あとの(1)〜(3)の問いに答えなさい。ただし，回路内には抵抗器以外に抵抗はないものとします。

実験 ① ２個の抵抗器Ａ，Ｂを用意し，**図**のような装置を準備した。
② **図**中のＰ－Ｑ間につなぐ抵抗器を，次のａ〜ｄのようにして，それぞれの回路において，電源装置の電圧を6.0Ｖに設定して回路に電流を流し，電流計の値を調べた。
ａ：抵抗器Ａのみをつなぐ。　　ｂ：抵抗器Ｂのみをつなぐ。
ｃ：抵抗器Ａ，Ｂを並列につなぐ。　　ｄ：抵抗器Ａ，Ｂを直列につなぐ。

③　②のとき，いずれの場合もコイルは**図**中の矢印の向きに振れたが，その振れ幅はいずれも異なっていた。また，a，bのようにつないだときの電流計の値はそれぞれ200 mA，0.6Aであった。

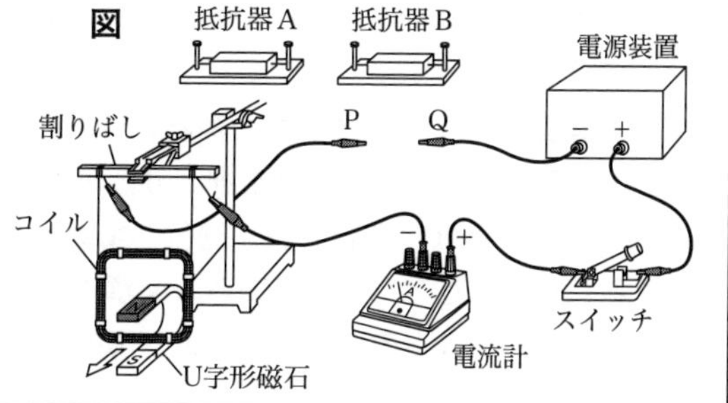

(1)　**実験**で使用したU字形磁石による磁界の向きを矢印で表した模式図として最も適当なものを，次の**ア**～**エ**のうちから一つ選び，その符号を書きなさい。

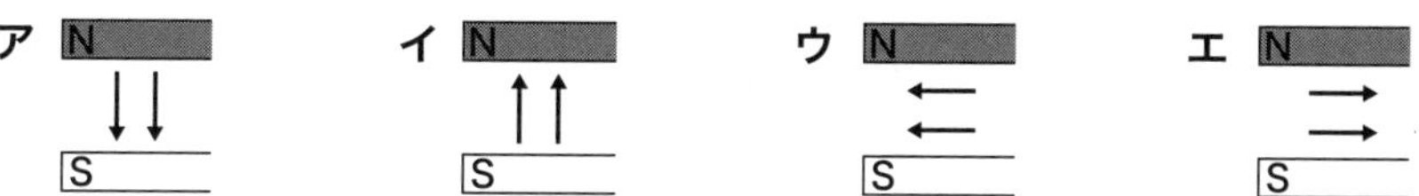

(2)　次の文章は，**実験**の②で，c，dのように抵抗器をつないで電流を流したときの電流計の値や抵抗の大きさについて述べたものである。文章中の［ x ］，［ y ］にあてはまる最も適当な数値をそれぞれ書きなさい。

> **実験**の②で，抵抗器A，BをcのようにP－Q間につないで電流を流したとき，電流計の値は［ x ］Aであったと考えられる。また，抵抗器A，Bをdのようにつないだときの，P－Q間の抵抗の大きさは［ y ］Ωである。

(3)　**実験**の②で，a～dのようにつないだ回路に電流を流したときの，コイルの振れ幅が小さいものから順に左から並べ，その符号を書きなさい。

6

ソラマメの根の成長や細胞が分裂するようすについて調べるため，次のような**観察**を行いました。これに関して，あとの(1)～(4)の問いに答えなさい。

観察　①　発根させたソラマメを準備し，ソラマメの根に等間隔にペンで印をつけて集気瓶に入れ，暗所に置いて成長を続けさせたところ，根の先端近くの印と印の間が最も大きく広がった。**図１**は成長前と成長後のソラマメのようすを表したものある。

②　①の成長後のソラマメの根の先端付近を切りとって，うすい塩酸につけたあと，よく洗い流した。

③　②の試料をスライドガラスにのせ，柄つき針で軽くほぐし，酢酸オルセイン液をたらして５分ほど置いた。

④　試料にカバーガラスをかぶせてからその上をろ紙でおおい，静かに親指で押しつぶした。

⑤　顕微鏡を用いて試料を観察し，視野に見られた細胞の一部を，**図２**のようにスケッチした。

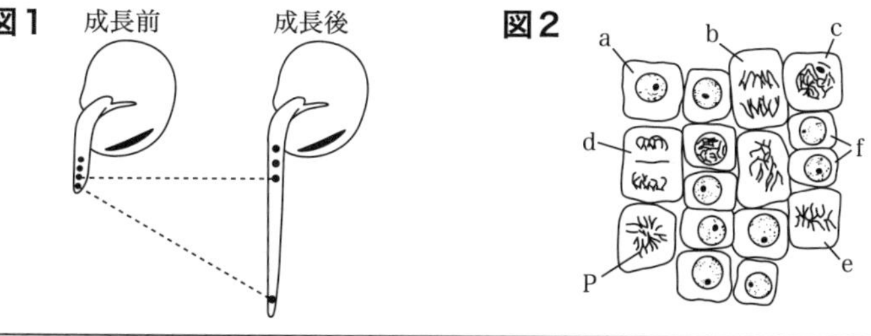

(1)　ソラマメの根につけた印の間隔が均一に広がらなかったことからどのようなことがわかるか。「**根の先端**」「**細胞分裂**」ということばを用いて簡潔に書きなさい。

(2) **図２**中にＰで示した，分裂途中の細胞の中に見られるひも状のものを何というか，**漢字３字**で書きなさい。

(3) **図２**中のａ～ｆで示した細胞のうち，ａで示した細胞を１番目，ｆで示した細胞を６番目とし，ｂ～ｅで示した細胞を細胞分裂が進行する順に左から並べ，その符号を書きなさい。

(4) 次の文章は，細胞分裂が進行している途中の細胞の中にある，**図２**中のＰで示したものの本数について述べたものである。文章中の［ x ］，［ y ］にあてはまるものの組み合わせとして最も適当なものを，あとの**ア～エ**のうちから一つ選び，その符号を書きなさい。

> 細胞分裂する前の，ソラマメの１個の細胞の中にあるＰの本数は12本である。したがって，細胞分裂が進行している途中の細胞内では，Ｐの［ x ］により，Ｐの本数は［ y ］本になっている。

ア　x：減数分裂　y：6　　**イ**　x：複製　y：6
ウ　x：減数分裂　y：24　　**エ**　x：複製　y：24

7

ＳさんとＴさんは，光の性質について調べるため，次のような**実験１**，**２**を行いました。これに関して，あとの(1)～(3)の問いに答えなさい。

実験１　①「**L**」という文字の形がくり抜かれたフィルターと電球を光学台の上に固定した。
② **図１**のように，凸レンズと半透明のスクリーンを光学台にとりつけたあと，フィルターから凸レンズまでの距離と，凸レンズからスクリーンまでの距離をどちらも30 cmにしたとき，スクリーン上にはっきりとした像が映った。
③ さらに，凸レンズとスクリーンを光学台の上でいろいろと動かしてみると，フィルターから凸レンズまでの距離が15 cmより近くなると，スクリーンをどの位置に動かしてもスクリーン上にはっきりとした像はできなかった。

図１

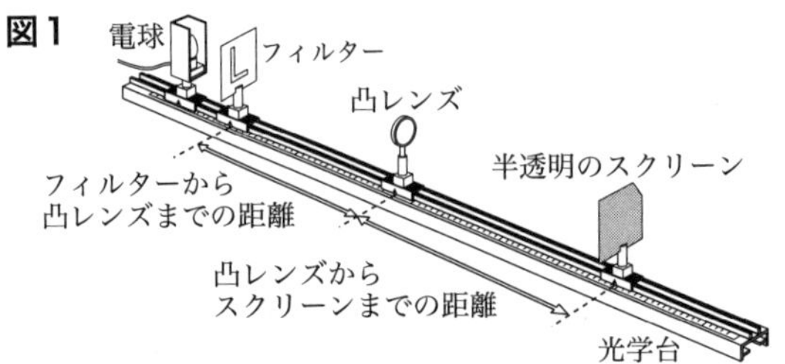

実験２　① 光源装置とプリズム(三角柱のガラス)を準備し，机の上に三角形が底面となるように立てて部屋を暗くした。
② 次に，光源装置の白色光をプリズムに向けていろいろな角度であててみると，机の上に虹のような光の帯が映る現象が確認できた。

図２は，**実験２**の②でプリズムから出た虹のような光の帯のようすを，真上から見た模式図である。

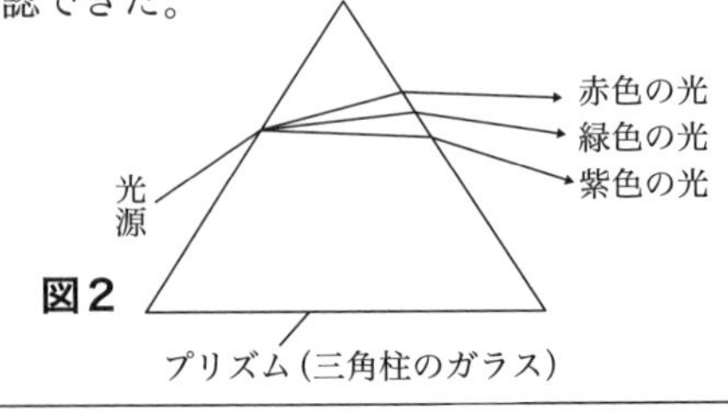

図２

(1) **実験１**，**２**で，空気中を進む光は凸レンズやプリズム(三角柱のガラス)の境界面で，少し折れ曲がって進むことがわかった。このように，光が異なる物質の境界面で折れ曲がって進む現象を光の何というか，書きなさい。

(2) 次の会話文は，**実験１**の②，③を行っている，ＳさんとＴさん，先生の会話の一部分である。あとの(a)，(b)の問いに答えなさい。

Ｓさん：装置が完成しました。電球をつけてみましょう。
　　　　(電球の電源を入れる。)
Ｔさん：スクリーン上に文字が映ったよ！
先　生：はっきりとした像が映っていますね。このように，スクリーン上に実際に光が集まってできる像を［ｘ］といいます。さあ，フィルターと凸レンズまでと，凸レンズからスクリーンまでの距離をはかって下さい。
Ｓさん：フィルターから凸レンズまでの距離が30 cmで，凸レンズからスクリーンまでの距離が30 cmになっていて，スクリーン上にはフィルターの文字と同じ大きさの像ができています。
先　生：それでは，凸レンズとスクリーンの位置をいろいろと動かして下さい。
Ｔさん：あれ！ フィルターと凸レンズの距離が15 cm以下になると，スクリーンをどの位置に動かしても像ができません。
先　生：Ｓさん，Ｔさん，よいことに気がつきましたね。それらの２つのことから，この凸レンズの焦点距離が求められそうですね。
Ｓさん：そうか，実験で使用した凸レンズの焦点距離は［ｙ］cmですね。
先　生：よくできました。それでは次の実験をしましょう。

(a) 会話文中の［ｘ］，［ｙ］にあてはまる最も適当なことばや数値をそれぞれ書きなさい。

(b) 会話文中の下線部で，凸レンズの反対側(**図１**のスクリーンの右側)から見た，スクリーン上に映った像として最も適当なものを，次の**ア**～**エ**のうちから一つ選び，その符号を書きなさい。

ア　**イ** 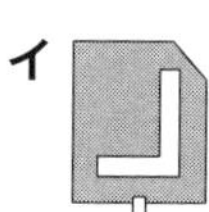　**ウ** 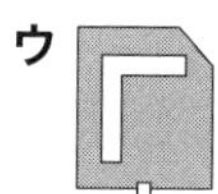　**エ** 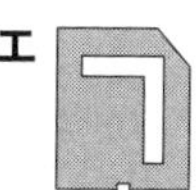

(3) **図３**は，フィルターの１点から凸レンズへ進む光ａ，ｂの道すじと，凸レンズを通過後の光ａの道すじを示したものである。凸レンズを通過後の光ｂの道すじを，解答用紙の図中にかきなさい。ただし，光は凸レンズの中心を通る面(**図３**中では，凸レンズの中心の縦線)で折れ曲がるものとし，光の道すじを表す線は外側の枠線までのばすこと。

図３
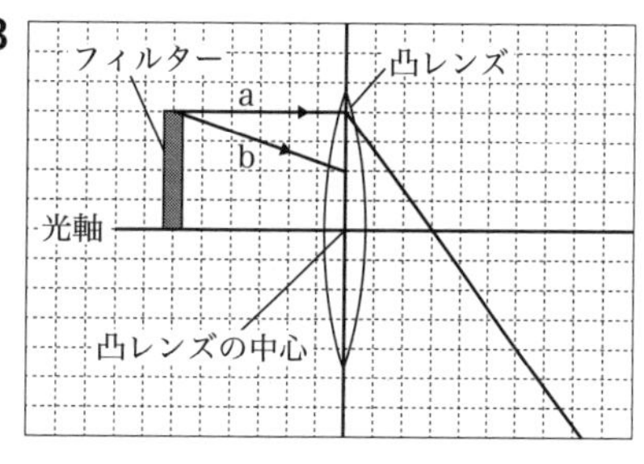

8　Ｓさんは，千葉市内のＰ地点で，ある日の18時から翌日の８時にかけて気象観測を行いました。**図１**は，１時間ごとに観測した気温と湿度の変化をグラフに表したもので，**図２**は，観測を始めた18時における日本付近の天気図です。また，**図２**中にＰで示した位置が観測を行った場所を示しています。これに関して，あとの(1)～(3)の問いに答えなさい。

図１
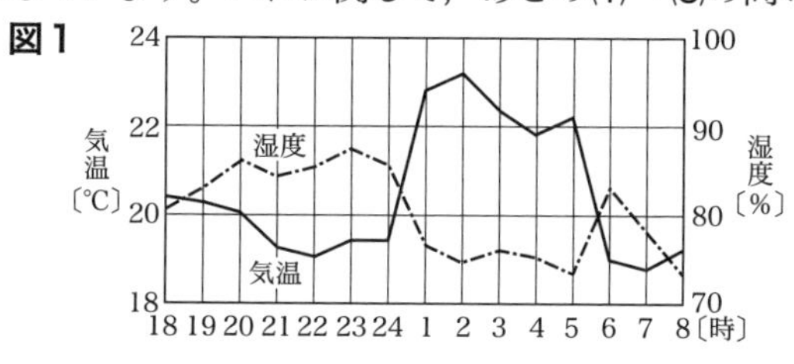

図２
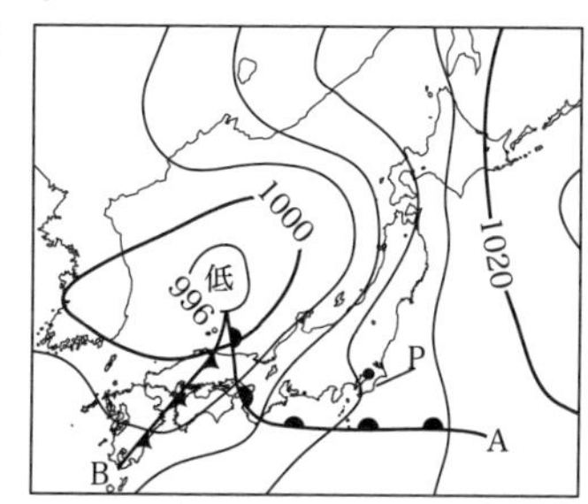

(1) **図２**中に見られる前線をともなった低気圧が発達すると，閉塞前線ができることがある。閉塞前線はどのようにしてできるか。前線Ａ，Ｂの名称を用いて簡潔に書きなさい。

(2) この観測中に，**図２**中に見られる２種類の前線がＰ地点を通過した。**図１**から判断できる，前線ＡがＰ地点を通過した時間帯として最も適当なものを，次の**ア～エ**のうちから一つ選び，その符号を書きなさい。

ア 19時～20時の間　　**イ** 24時～１時の間　　**ウ** ３時～４時の間　　**エ** ５時～６時の間

(3) 次の文章は，**図２**中の前線Ｂ付近における雲のでき方と，この前線が通過するときの天気の変化について述べたものである。あとの①，②の問いに答えなさい。

> 前線Ｂ付近では，寒気が暖気を急激にもち上げている。そのため，上昇気流により［　x　］とよばれる雲が発生しやすい。また，前線ＢがＰ地点を通過するときには，［　y　］と予想される。

① 文章中の［　x　］にあてはまることばを**漢字３字**で書きなさい。

② 文章中の［　y　］にあてはまる内容として最も適当なものを，次の**ア～エ**のうちから一つ選び，その符号を書きなさい。

ア 広い範囲に，長時間弱い雨が降り続く　　**イ** せまい範囲に，長時間強い雨が降り続く

ウ 広い範囲に，短時間弱い雨が降る　　**エ** せまい範囲に，短時間強い雨が降る

9

うすい塩酸に炭酸水素ナトリウムを加えたときの反応を調べるため，次のような**実験**を行いました。これに関して，あとの(1)～(3)の問いに答えなさい。

実験 ① 電子てんびんの上にビーカーをのせてから表示の数字を0にするボタンを押し，うすい塩酸をビーカーに50.0 gはかりとった。

② 次に，**図**のように，6.0 gの炭酸水素ナトリウムをビーカーに加えると，塩酸と炭酸水素ナトリウムが反応し，気体が発生し始めた。

③ ②で，炭酸水素ナトリウムを加えた直後から7分経過するまで，電子てんびんに表示される値を１分ごとに記録した。

図

炭酸水素ナトリウム

うすい塩酸

表は，③で記録した結果をまとめたものである。

表

経過時間〔分〕	0	1	2	3	4	5	6	7
電子てんびんに表示された値〔g〕	56.0	54.7	53.9	53.4	53.1	53.0	52.9	52.9

(1) うすい塩酸を使用するときの注意点として**誤っているもの**を，次の**ア～エ**のうちから一つ選び，その符号を書きなさい。

ア 保護メガネを着用する。

イ 換気扇を回すなど，換気のよい状態で行う。

ウ 実験で少し余った薬品は，実験後すぐに流しに捨てる。

エ 試薬びんに入った溶液をビーカーに注ぐときは，ガラス棒を伝わらせて注ぐ。

(2) この**実験**をふたつきの密閉した容器で行った場合，発生した気体が容器から逃げていかないため，化学反応の前後で容器全体の質量は変化しない。このようにして確かめられる法則を何の法則というか，書きなさい。

(3) **実験**の③の結果について，次の(a)，(b)の問いに答えなさい。

(a) **表**をもとに，経過時間と発生した気体の質量との関係を表したグラフとして最も適当なものを，次の**ア～エ**のうちから一つ選び，その符号を書きなさい。

ア
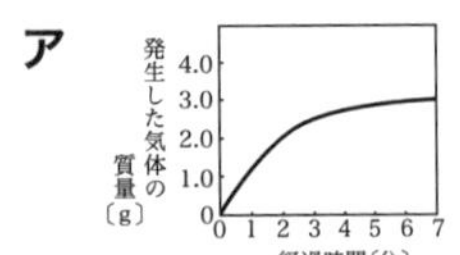

イ
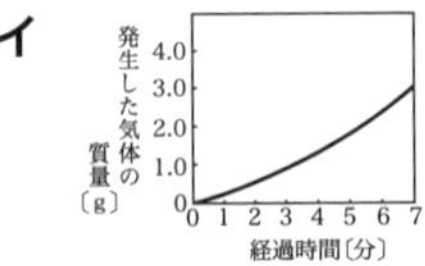

ウ
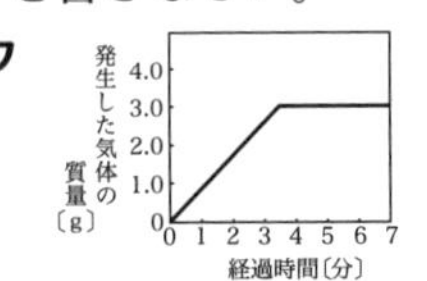

エ
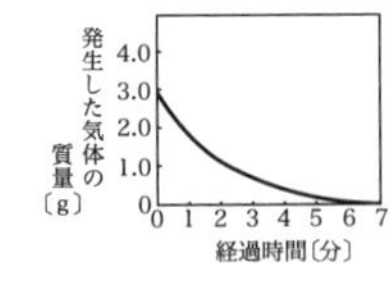

(b) **表**において，最も激しく気体が発生している時間として適当なものを，次の**ア～ウ**のうちから一つ選び，その符号を書きなさい。

ア 0～２分　　**イ** ２～４分　　**ウ** ５～７分

さまざま［　　］いろいろの物になるなり。家に作れば家の材になる。器に作れば器物になる。<u>されども山に立てるときは</u>(C)、松はただ松、ひの(注)木はただひの木にて、天地(あめつち)の恵みにて成長し、年月久しく生ひ繁(しげ)りて、立てるまでなり。この時にその木の本体、何々に用ゐるものと云(い)ふことはなきなり。それぞれの宜(よう)しきに用ゐらるるなり。

（『新編日本古典文学全集』による。）

（注）ひの木＝「ヒノキ（檜）」は日本を代表する針葉樹。

(1) 文章中の二つの［　　］に共通して入る言葉として最も適当なものを、次の**ア～エ**のうちから一つ選び、その符号を書きなさい。

ア 高低落差　**イ** 上下左右　**ウ** 大小善悪　**エ** 出処進退

(2) 文章中の<u>ただ思ふことをいひ述ぶる</u>(A)の状態を樹木で例えている表現を、文章中から**七字**で**抜き出して**書きなさい。

(3) 文章中の<u>植ゑ生じたる</u>(B)を現代仮名づかいに改め、**全てひらがな**で書きなさい。

(4) 文章中に<u>されども山に立てるとき</u>(C)とあるが、この言葉の意味として最も適当なものを、次の**ア～エ**のうちから一つ選び、その符号を書きなさい。

ア しかしながら山に立っているとき
イ 去ったあとに山に立ってみるとき
ウ そうはいいながらも山に立つとき
エ されるがまま山に立てられるとき

(5) この文章で述べられていることとして最も適当なものを、次の**ア～エ**のうちから一つ選び、その符号を書きなさい。

ア 木と和歌を同一の物として扱う奇抜さをたしなめている。
イ 木も和歌もあるがままの姿にしておくことが大事である。
ウ 木と和歌は役に立とうと存在している点が共通している。
エ 木も和歌も利用する人が用途に合わせて使うものである。

(6) 『雑説』という書物に、良い馬を見抜く人物を描写して、「千里の馬は常に有れども<u>伯楽は常には有らず。</u>」という文がある。こう読めるように、次の「伯楽ハ不常ニハ有ラ。」に**返り点**をつけなさい。

伯楽ハ不(ず)常ニハ有ラ。

七

次は、中学生の富田(とみた)さんと野島(のじま)さんが「信頼できる人」について、自分の考えを述べている場面です。これを読み、あとの〈条件〉にしたがい、〈注意事項〉を守って、あなたの考えを書きなさい。

【話題】「信頼できる人」とはどのような人のことを指すのか

富田さん：ぼくは、友人を多く持っていて、なおかつ周りの人からの評価が高い人は信頼できると思います。

野島さん：私は、実際に交流してみて、うそをつかずに、他人の悪口を言わない人は信頼できると思っています。

〈条件〉

① **二段落構成**とし、**八行以上、十行以内**で書くこと。
② 前段では、二人の考え方を整理すること。
③ 後段では、二人の考え方をふまえてあなたが思う「信頼できる人」に対するあなたの考えを理由とともに具体的に書くこと。

〈注意事項〉

① 氏名や題名は書かないこと。
② 原稿用紙の適切な使い方にしたがって書くこと。

ア　心を許した親友に、受験についての悩みを解決してほしい。
イ　自分よりも勉強ができる親友からの正直な意見を聞きたい。
ウ　中学校に入れる自信はあるが、親友の意見も聞いておきたい。
エ　不安でたまらないので、何か安心する言葉を聞かせてほしい。

(2)　文章中に B危ないもんだなあ、というような顔 とあるが、このときの「私」の様子について述べた次の文を完成させなさい。ただし、［Ⅰ］は、「本心」という言葉を使って、**十五字以上、二十字以内**で書き、［Ⅱ］は、あとの**ア～エ**のうちから最も適当なものを一つ選び、その符号を書くこと。

房太郎を励ましていても、［Ⅰ］ことを、［Ⅱ］いる様子。

ア　隠しきれずに　　イ　しきりに心配して
ウ　軽蔑(けいべつ)して　　エ　笑いをこらえて

(3)　文章中に Cこの年上の友達に対する自分の優越感 とあるが、「私」が「房太郎」に対してこれとは異なる感情を持っていることがわかる**一文を抜き出して、はじめの五字**を書きなさい。

(4)　文章中に D帽子を目深くかぶったまま、そしらぬ風をしていた とあるが、「私」がこのような態度をとった理由として最も適当なものを、次の**ア～エ**のうちから一つ選び、その符号を書きなさい。

ア　都会風の様子の京子に田舎者だと思われたくなくて隠れたくなったから。
イ　房太郎と同じ気持ちで、女の子たちを茶化していると思われたくないから。
ウ　女の子たちが相手にしてくれないという事実に直面し、絶望しているから。
エ　秋風を感じ、淋しくて不安な気持ちになったことを、悟られたくないから。

(5)　次は、この文章を読んだあとに、石田(いしだ)さん、竹内(たけうち)さん、橋本(はしもと)さんが、表現の効果について話し合っている場面の一部です。これを読み、あとの(a)～(c)の問いに答えなさい。

石田さん　転校生の京子は、強い印象を与えていますね。
竹内さん　そうですね。京子の［Ⅰ］や白い脛、蒼白い顔といった色彩豊かな描写が、京子の存在を際立たせていますね。
石田さん　効果的ですよね。そのことが後の都会風な様子や、房太郎との関わりで、彼女がほかの女の子とは異なることを強調していますよ。
橋本さん　ほかにも、房太郎と京子の二人が連続して「［Ⅱ］」になって、態度を急変させるところなど、わずかな変化から物語が動くところがありますよ。
石田さん　本当ですね。そしてそんな京子を、ほかの女の子たちが［Ⅲ］様子を比喩表現を用いて表しているところも見逃せません。

(a)　［Ⅰ］に入る言葉を、文章中から**三字**で**抜き出して**書きなさい。
(b)　［Ⅱ］に入る言葉を、文章中から**三字**で**抜き出して**書きなさい。
(c)　［Ⅲ］に入る言葉を、「…場所から、…」という形を使って、**二十字以上、二十五字以内**で書きなさい。

六

次の文章を読み、あとの(1)～(6)の問いに答えなさい。

和歌は器物などのやうに、その［　］の用のために作るものにはあらず。ただ用に立つは自然のことにて、その本体は、Aただ思ふことをいひ述ぶるまでのことなり。たとへば樹木の如(ごと)し。人の用に立たんとて、B植ゑ生じたるにもあらねど、山に大木に成りて立てれば、人これを見て、よき材木ぞと思ひて、伐(き)りて用ゐる。さてその材木の用ゐやうは、

袴をはいていた。ほかの女の子は、赤い袴をはいているのがあったが、それも二、三人で、あとは袴をはいていないのだった。西川京子の黒い袴は、何となく都会風で、蒼白い、目尻のやや釣りあがったその顔によく似合っていた。

「あの駅長の子は何て言うんだい？」と房太郎が言った。

京子のことだった。

「あれか、西川京子だよ」「できるかい？」「うん」

さあっと秋風が吹いて、校門の前のポプラの並木は、一せいにさらさらと鳴り、中ごろから上が弓のように曲がった。帽子が水溜まりに飛ぶといけないので、私は庇(注５)をうんと引き下げた。女の子たちの髪が風に吹かれて、そそけだった(注６)。京子の黒い袴は、短めだったので、風に吹かれると白い脛が膝のあたりまで見えた。何だか、私は、風が吹くと淋しく不安になるのだった。私をかばってくれたり、仲よくしてくれたりする本当の友達は一人もいないような気がするのであった。京子は、同じ組の富永福子ほど可愛い子ではなかった。でも様子全体が都会風で、きびきびしている。どこか男の子のようなところがあった。しかしどの女の子も、私と仲よくしてくれそうもなかった。私は風の吹く中で自分が全くひとりぼっちで淋しいと思った。

「おい、その下駄を拾ってくれよ」と房太郎が通りかかった女の子たちにいった。

D私は帽子を目深くかぶったまま、そしらぬ風をしていた。私はポプラの並木が風に揺れては空に向かって手をふりまわすようにしながらまた起きかえるのを見ていた。葉が白く裏がえった。そういうとき、私は自分が父も母もない孤児のような気持ちになるのであった。でなければ、わあっといって両手をひろげて風上に向かって走り出したいような感じもした。

「おーい、その下駄拾ってくれよ」と房太郎はまた声をかけた。

漁師の娘で、一番身体の大きい竹島ハナが下唇を突き出して赤んべえ、というような顔をした。ほかの女の子はうつむいて恥ずかしそうに急ぎ足で、私たちの前を通り抜けようとした。

「誰か取ってくれないかなあ」と房太郎がまた言った。

すると、水溜まりに一番近いところを、頭を下げもせず、急ぎもしないで歩いていた西川京子が、身体を屈めて、下駄の歯を二本の指でひょいとつまみあげ、私たちの腰かけている柵まで持って来て、「はい下駄」とそれを房太郎の鼻先へつき出した。房太郎はだまってそれを受けとった。房太郎は急に赤い顔をした。

京子のこういう仕方はこの村のものではなかった。村の女の子たちは、房太郎が彼女らをからかっているのだということを知っていた。京子がそれを、頼まれたことだと思って下駄を取ってくれたのは、房太郎をまごつかせた。私もびっくりした。

京子はまっすぐな目つきで、房太郎を見、それから私の方を見て、自分が少し変なことをしたと気がついたらしかった。京子は急に赤い顔になり、友達のあとを追って走った。ほかの女の子たちは、校門のところに集まって、溺れかけた人が岸に着くのを見るような様子で京子を待っていた。房太郎は、下駄を受けとったものの鼻緒が濡れているので、それを柵の上に、歯をまたがせて、そっと置いた。私たちは二人とも工合が悪くって、しばらく黙っていた。

（伊藤整『少年』による。）

(注１) 算術＝旧小学校における教科名。現在の算数にあたる。
(注２) あの本＝数年前の算術の教科書。中学校の入試問題はこの本の中から出題されるとうわさされていた。
(注３) 一重絣＝初夏から初秋にかけて着る裏のない絣模様の和服。
(注４) セル＝細かい毛糸で織った和服の生地。
(注５) 庇＝帽子の、額の上に突き出した部分。
(注６) そそけだった＝ほつれ乱れた。

(1) 文章中にA靖ちゃん、お前どう思う？とあるが、このときの房太郎の気持ちとして最も適当なものを、次の**ア**〜**エ**のうちから一つ選び、その符号を書きなさい。

(4) 文章中に D このように〜ところだろう とあるが、この一文が果たす役割の説明として最も適当なものを、次のア〜エのうちから一つ選び、その符号を書きなさい。

ア 情報を整理せずに並べていたこれまでの論調を反省している。
イ 真偽が定かではない情報であふれていることを批判している。
ウ 批評家を否定することで、自分の意見の正しさを示している。
エ 読者の意見を代弁することで、さらに興味を引き出している。

(5) 文章中に E いつとはなしに読書法がいっそう身についている とあるが、これはどういうことか。その説明として最も適当なものを、次の**ア〜エ**のうちから一つ選び、その符号を書きなさい。

ア 読書法の習得には個人差があるので、習得期間は明言できないがいつの日かできるようになるということ。
イ 試行錯誤を繰り返していけば、いつのまにか自分に合ったやり方で読み進められるようになるということ。
ウ 誰かに提案された方法よりも、自分の直感でとりとめもなく読む方法の方が内容が理解できるということ。
エ 熱心に読んだり脇において読んだりと何度も読むことで、その瞬間に応じた方法を選択できるということ。

(6) 文章中に F そううまくいくものだろうか とあるが、読書のどのような点について作者は心配しているのか。「……点と……点。」という形で、「成果」「疲労」という二つの言葉を使って、**二十字以上、二十五字以内**で書きなさい。

五

次の文章を読み、あとの(1)〜(5)の問いに答えなさい。

〈次は、大正初期（一九一〇年代）、中学校（現在の高等学校にあたり、そこへの進学者はごく少数であった）受験を控えた「房太郎（ふさたろう）」と、その一学年下の「私（靖（やすし））」が会話をしている場面である。〉

A「靖（やす）ちゃん、お前どう思う？ おれ中学校に入れると思うかい、思わないかい？」とある日学校で、房太郎は校庭の柵（さく）になっている丸太に腰かけて言うのであった。

「入れるさ、大丈夫だよ。一番難しい算術（注1）だって、（注2）あの本があるからいいし」

私は、いつとなく房太郎と遊んでいるうちに、彼の気に入るような嘘（うそ）を言う習慣がついていた。本当にそうだと思っていないことを言うとき、胸のあたりが空っぽになるようで淋（さび）しかった。私は、房太郎があの算術の本を持っているだけで、ちっともそれを勉強していないことを知っていた。それどころか学校の六年の算術だって、やっとで、そばで聞いている私にわかることも、何度か先生に説明してもらわないと合点（がてん）できないことがあった。房太郎は試験前までに、あの鼠（ねずみ）色の本をみな覚えておくと言っているが、そんなことはできそうもないと私は思った。私ならあの本を読めばみんなわかるのだがなあ、と思っていた。

「本当に靖ちゃん、そう思うかい？」彼は不安げに訊（き）くのであった。私が保証すれば間違いないというように。すると私はできる子としての自信が浮かんできて、もう一度房太郎の身体（からだ）や顔を眺めまわすようにしてやった。B危ないもんだなあ、というような顔で。しかし私は口先だけ、

「大丈夫だとも。算術の本の問題はたいていできるんだろう」

「うん、だけど……」といって、房太郎は眼（め）を伏せた。彼がすこししょげた様子を見せると、C私はこの年上の友達に対する自分の優越感を味わうのであった。彼は紺（こん）（注3）の一重絣（ひとえがすり）から出ている細い脛（すね）をぶらぶらさせ、下駄（げた）を遠くの方へぽんと抛（ほう）った。下駄は前の日に降った雨でできた水溜（た）まりに落ちて、裏がえしに浮いた。

女の子たちが四、五人、向こうの生徒出入口から出て来た。私の組の子たちであった。そのなかに西川京子（にしかわきょうこ）がいるのが私にすぐ分かった。京子はこの頃（ごろ）隣の町から越して来た駅長の娘で、黒いセル（注4）の

まり、どちらのやりかたもそれぞれに正しい、もっともだといえるのだから、臨機応変に、気分しだいで、AのやりかたもBのやりかたも、いろいろと試みてみたらどうだろうか、ということなのだ。

本を読む速度にも、速読があり、ゆっくり丁寧に読む精読があり、手当たりしだいに読みとばす乱読がある。一冊を最初のページから最後までコツコツと読みつづけることもあり、威勢よくページをめくっていって、よさそうな個所だけを拾い読みすることもある。拾い読みどころか、つまみ食いの感じになったって構わないだろう。机に向かって姿勢を正して読んだり、ロッキング・チェアに体をゆだねて悠々と読んだり、畳の上に寝そべって読んだり、自由自在である。家で読む、図書館で読む、駅のベンチで読む、電車の中で読む。誰もが多かれ少なかれやっているはずのことである。誰にでも読書といえば、この本は寝そべって読むのが一番よさそうだとか、これはカバンに入れて持って歩き、出先で読むことにしようとか、読みかたについての直感が働くもので、こだわりなしに自分の直感にしたがってやってみるのがいいようだ。そうやってうまくいかなければ、別の方法に変えるか、一旦その本を脇に置いて別の本に取りかかればいい。そういうことをくりかえしているうちに、Eいつとはなしに読書法がいっそう身についている。(注2)ヘーゲルの『歴史哲学講義』がいかに難解でも、(注3)ジョイスの『ユリシーズ』からどんなに途方にくれるような思いを味わっても、屋根からしたたり落ちる点滴がいつしか地面の石に(注4)穴を穿つように、読書による何ものかの実現あるいは達成がやってくることは、信じていい。この意味では読書とは、時間のかかるものであり、眼で見てすぐそれとわかるのではない、ゆるやかな成果を上げるものである。

こういう読書の効用に気がつくためには、(注5)種々雑多な読書法をとっかえひっかえやってみることが前提となるだろう。つまりかなりのまわり道をして、ようやく読書の効用に気がつくというものだと思う。効用に気がついたときには、読書の楽しさも自然と味わっているだろう、と予想することができる。

しかし、Fそううまくいくものだろうかというかすかな疑問も打ち消せない。所詮、読書とは知的・頭脳的労働の一種なのだから、面倒なときにはひどく面倒なのだし、疲れるときにはひどく疲れるものなのだ。読書の楽しみなどといっても、いきなり楽しみがやってくるようなことはめったにない。たいていは、何か面倒で厄介な思いをしたあとで、さんざんわけがわからなくて苦しんだり嫌悪感に責められたりしたあとで、ようやく楽しみがやってくる。

（高橋英夫『うちポケットの原石たち』による。）

（注１）リルケ＝オーストリアの詩人（一八七五～一九二六）。
（注２）ヘーゲル＝ドイツの哲学者（一七七〇～一八三一）。
（注３）ジョイス＝アイルランドの小説家（一八八二～一九四一）。
（注４）穴を穿つ＝穴をあける。
（注５）種々雑多＝いろいろなものが入り交じっているさま。

⑴ 文章中のAこうしなければならないはいくつの単語に分けられるか。**漢数字**で書きなさい。

⑵ 文章中の［B］に入る言葉として最も適当なものを、次の**ア**～**エ**のうちから一つ選び、その符号を書きなさい。

ア 分岐点　**イ** 早合点　**ウ** 出発点　**エ** 共通点

⑶ 文章中にC読書のすすめとあるが、紹介されている事例について整理した次の表を、完成させなさい。ただし、［Ⅰ］に入る言葉は、文章中から**十二字**で**抜き出して**書き、［Ⅱ］に入る言葉は、「関心」という言葉を使って、**十字以上、十五字以内**で書くこと。

	一つ目の例	**一つ目とは正反対の例**
速度	内容を理解しながら、ゆっくりと精読する。	内容で［Ⅰ］は読みとばしてどんどん進める。
作者	気に入った作者を見定めて全集などでくまなく読む。	［Ⅱ］をするような読み方で多くの作者に接する。

(2) (問いを放送します。)

［選択肢］

ア 神奈川県　イ 山梨県　ウ 静岡県　エ 岐阜県

(3) (問いを放送します。)

［選択肢］

ア リニアモーターカーは最高で時速６００キロメートルで走ることができる。

イ リニアモーターカーは最高で時速５００キロメートルで走ることができる。

ウ リニアモーターカーは最高で時速３５０キロメートルで走ることができる。

エ リニアモーターカーは人を乗せて、最高で時速３５０キロメートルで走ることができる。

(4) (問いを放送します。)

聞き取りテスト終了後、３ページ以降も解答しなさい。

二

次の(1)〜(4)の――の漢字の読みを、**ひらがな**で書きなさい。

(1) 新しく赴任した先生に会う。

(2) チームの勝利に貢献する。

(3) 話し合いは和やかに進んだ。

(4) 研ぎすまされた感性で仕上げた作品。

三

次の(1)〜(5)の――のカタカナの部分を**漢字**に直して、楷書(かいしょ)で書きなさい。(正確にていねいに書きなさい。)

(1) 常に部屋をセイケツにする。

(2) 正直であることはビトクの一つである。

(3) 販売センリャクを立てる。

(4) 一人で責任をオう必要はない。

(5) 銀行にお金をアズける。

四

次の文章を読み、あとの(1)〜(6)の問いに答えなさい。

読書とは^A^こうしなければならない、というものではなく、何をどのように読んでもいいものと思う。だいたい古今東西、今日(こんにち)までどれだけの本が書かれてきたかわからない中で、たとえば夏目漱石(なつめそうせき)の『三四郎』という一冊に出会ったとか、リルケ(注１)の『マルテの手記』をたまたま手にして何気(なにげ)なく読み始めたというのである以上は、偶然その本にめぐりあったという要素が少なからず含まれている。読書は偶然から始まるのである。偶然が人間の感情やら言語の好みや思考法を形づくるＢにあったのだ。こう認めただけで、読書から堅苦しさが薄らいでゆきそうな気がする。偶然の恩恵を生かしてゆこう。

読書はこうしなければいけないという、絶対的基準が存在しないのだから、世間に数多く出ている^C^読書のすすめというのを見ても、筆者によっててんでんばらばらなすすめが語られているのも当然だという気がする。たとえば、しっかり大地を踏みしめて歩くように、ゆっくりと精読せよと言っている人もある。反対に、少し乱暴でもかまわない、どんどん読み進め、少しぐらいわからないことがあってもこだわるな、と言っている人もいる。これは気に入ったという作者にめぐりあえたら、その作者の全集なり全著作なりを買ってきて隅から隅まで読んでみるがいいという説もあった(この説を語っていたのは、三十代半ばぐらいの、まだ新鋭批評家だった頃(ころ)の小林秀雄(こばやしひでお)である)。それとは反対に、一冊全部を読むという義務感を捨て去って、面白そうなところ、おいしそうなところだけを上手につまみ食いして、なるべく多くの著者に接するのがいいと勧める人もいる。

^D^このように正反対の読書のすすめが入り乱れていて、どうしたらいいのか迷わされるというのが正直なところだろう。私に言わせれば、正反対のどちらの説にも充分に根拠があるのだから、実際困ってしまうのである。しかし困ったところで、考えかたを逆転させてみたい。つ

赤井　リニアモーターカーは、磁石の力を使って走るのよ。車体に取り付けられている磁石と、車両が走る両側の壁に取り付けられている磁石が、引き合ったり、反発したりする力を利用して走るの。それから、レールにも磁石を取り付けることで、磁石の力が働き、車体を少し浮かせた状態で走ることも速さの秘密に関係があるそうよ。

青山　わかったよ。摩擦力がないことで、速く走ることができるんだね。

赤井　正解よ。通常の電車の仕組みでは、車輪とレールの間に摩擦力がかかるので、人を乗せて走るには、時速３５０キロメートルほどが限界といわれているけれど、リニアモーターカーは、最高速度が６００キロメートルで、人を乗せて走るときでも、時速５００キロメートルで走ることができるのよ。

青山　磁石の力で走るということは、リニアモーターカーは環境にも優しいのかな。

赤井　そのとおり。主な動力は電気と磁石だから、乗客一人を1キロメートル運んだ場合で比較すると、二酸化炭素の排出量は航空機のおよそ3分の1ほどなのよ。さらに、リニアモーターカーの長所はもう一つあるの。移動にかかる時間が短縮されることで、人の移動が活発になって、経済の活性化にもつながるのではないかと期待されているのよ。

青山　赤井さんの話を聞いていて、僕も興味がわいてきたよ。

赤井　リニアモーターカーは試乗することもできるそうよ。そのためには、抽選に応募しなければいけないのだけど。私は、応募してみようと思っているわ。

〈合図音A〉

問いの(3)　赤井さんが、リニアモーターカーの速さについて述べていたこととして最も適当なものを、選択肢ア～エのうちから一つ選び、その符号を書きなさい。（約15秒間休止）

問いの(4)　リニアモーターカーの長所として、赤井さんは環境に優しいこと以外に何を述べていましたか。解答欄に合うように、五字以上、十字以内で書きなさい。（約15秒間休止）

放送は以上です。３ページ以降も解答しなさい。

〈チャイム〉

※注意　各ページの全ての問題について、解答する際に字数制限がある場合には、句読点や「　」などの符号も字数に数えること。

一　これから、中学生の赤井さんと青山くんの「リニアモーターカー」についての会話の内容と、それに関連した問いを四問放送します。よく聞いて、それぞれの問いに答えなさい。

(1)　（問いを放送します。）

〔**選択肢**〕

ア　東京から名古屋までをわずか27分で移動できる。

イ　東京から名古屋までをわずか67分で移動できる。

ウ　東京から大阪までをわずか40分で移動できる。

エ　東京から大阪までをわずか67分で移動できる。

国語

国語聞き取りテスト台本

〈チャイム〉

これから、国語の聞き取りテストを行います。これは、放送を聞いて問いに答える問題です。それでは問題用紙の１ページと２ページを開きなさい。

（約２秒間休止）

これから、中学生の赤井(あかい)さんと青山(あおやま)くんの「リニアモーターカー」についての会話の内容と、それに関連した問いを四問放送します。よく聞いて、それぞれの問いに答えなさい。

（約２秒間休止）

なお、やりとりの途中、（合図音Ａ）という合図のあと、問いを放送します。また、（合図音Ｂ）という合図のあと、場面の続きを放送します。

１ページと２ページにメモをとってもかまいません。では、始めます。

〈チャイム〉

赤井　青山くん、リニアモーターカーって知ってる？

青山　名前は聞いたことがあるよ。確か、とても速いんだよね。赤井さんは、リニアモーターカーに興味があるの？

赤井　とても興味があるわ。これまで東京駅から新大阪駅まで陸路で移動した場合、移動時間が最も速い東海道新幹線でも、２時間22分かかっていたの。でも、リニアモーターカーなら東京から名古屋までをわずか40分で、東京から大阪まででも、わずか67分で移動することができるの。はやく乗ってみたいわ。

青山　まだ開業していないのは知っているけど、いつ開業するのか、予定は決まっているの？

赤井　東京から名古屋までの区間は、２０２７年の開業を予定しているわ。でも、名古屋から大阪までの区間は、２０４５年に開業する予定だから、まだまだ時間がかかりそうね。停車地点は、いまのところ、東京都、神奈川県、山梨県、長野県、岐阜県、愛知県、大阪府を予定しているの。

（合図音Ａ）

問いの(1)　赤井さんは、リニアモーターカーでの移動時間について、どのようなことを述べていましたか。最も適当なものを、選択肢ア～エのうちから一つ選び、その符号を書きなさい。

（約12秒間休止）

問いの(2)　赤井さんが、リニアモーターカーの停車地点に予定されている都道府県としてあげていなかったものを、選択肢ア～エのうちから一つ選び、その符号を書きなさい。繰り返します。赤井さんがあげていなかったものを、一つ選びなさい。

（約７秒間休止）

（合図音Ｂ）

青山　ところで、なぜリニアモーターカーはこんなにも速く移動することができるの？

第２回 紙上公開もぎ（令和５年10月実施）

数　学

1　次の(1)～(7)の問いに答えなさい。

(1)　次の①～③の問いに答えなさい。

①　$(-9)-(-6)$　を計算しなさい。　　②　$7-3\times(-2)^3$　を計算しなさい。

③　二次方程式　$x^2+7x+9=0$　を解きなさい。

(2)　幅30 cmの金属板を，右の図のように，左右同じ長さだけ折り曲げ，雨どい（雨水を流す装置）を作ることにした。

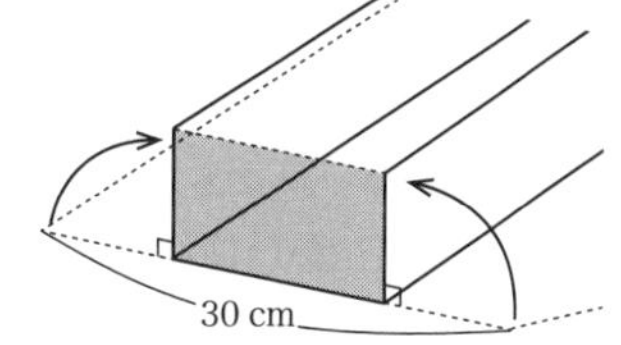

できる雨どいの断面（　　をつけた部分）が長方形となるように作るとき，次の①，②の問いに答えなさい。

①　左右x cmずつ折り曲げるとき，できる雨どいの断面積をxを使って表しなさい。
ただし，かっこを使わない最も簡単な式で答えること。

②　できる雨どいの断面積が88 cm^{2}となるような折り曲げ方は２通りある。それぞれの場合で左右何cmずつ折り曲げればよいか，２つの長さを求めなさい。

(3)　右の表は，ある中学校の文芸部に所属する生徒20人の通学時間を，度数分布表に整理したものである。

この表から求めた通学時間の平均値が28分であるとき，次の①，②の問いに答えなさい。

ただし，平均値28分は正確な値であり，四捨五入などはされていないものとする。

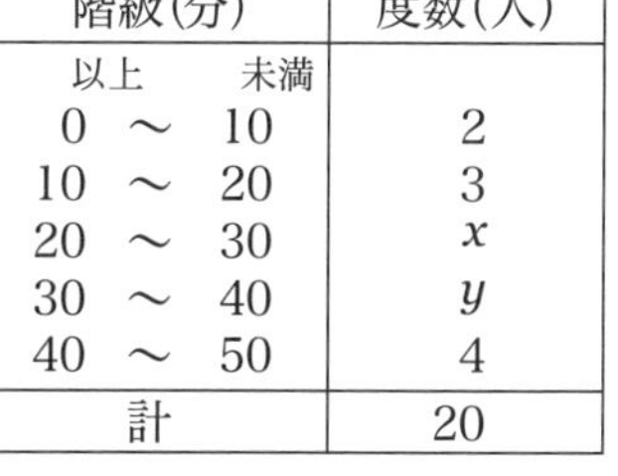

階級(分) 以上　　未満	度数(人)
0 ～ 10	2
10 ～ 20	3
20 ～ 30	x
30 ～ 40	y
40 ～ 50	4
計	20

①　x，yの値をそれぞれ求めなさい。

②　第２四分位数が含まれる階級を，次の**ア**～**エ**のうちから１つ選び，符号で答えなさい。

ア　10分以上20分未満の階級　　**イ**　20分以上30分未満の階級

ウ　30分以上40分未満の階級　　**エ**　40分以上50分未満の階級

(4)　次の①，②の問いに答えなさい。

①　yはxに反比例し，$x=4$ のとき，$y=-12$である。
このとき，yをxの式で表しなさい。

②　２，３，４，６の数字が１枚に１つずつ書かれた４枚のカードがある。この４枚のカードをよくきって１枚ひき，そのカードに書かれた数をaとする。このカードをもとにもどし，再び４枚のカードをよくきって１枚ひき，そのカードに書かれた数をbとする。
このとき，a，bの値が，反比例の関係$a=\dfrac{12}{b}$を満たす確率を求めなさい。
ただし，どのカードをひくことも同様に確からしいものとする。

(5)　xについての二次方程式$x^2+ax+b=0$の解が$x=3$，$x=-1$のとき，a，bの値をそれぞれ求めなさい。

(6)　次の①，②の問いに答えなさい。

①　円柱の底面の半径をr，高さをh，円周率をπとするとき，その体積Vは，$V=\pi r^2h$で表される。この等式をhについて解きなさい。

②　右の図は，円柱の展開図である。長方形ABCDの辺BCの長さは8π cmであり，この展開図を組み立ててできる円柱の体積を求めると，144π cm^{3}であった。
このとき，円柱の高さを求めなさい。

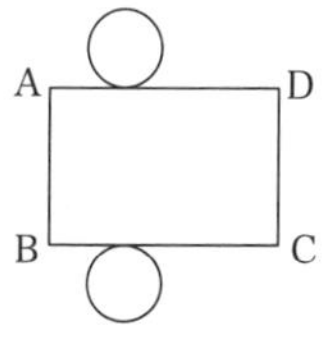

(7)　次ページの図のように，線分ABを直径とする半円と，線分CDを直径とする半円がある。このとき，次の**条件**を満たす点Oを作図によって求めなさい。また，点Oの位置を示す文字Oも書きなさい。

ただし，三角定規の角を利用して直線をひくことはしないものとし，作図に用いた線は消さずに残しておくこと。

条件
- 線分ABを直径とする半円は，線分CDを直径とする半円を，点Oを回転の中心として回転移動したものである。
- 点Aは点Dに，点Bは点Cにそれぞれ対応している。

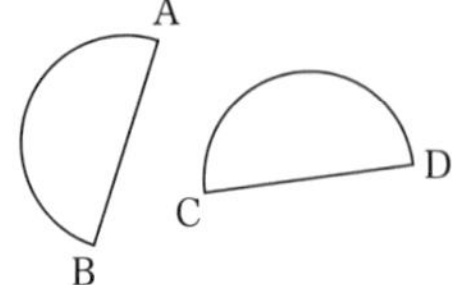

2　右の**図１**のように，３点A（－４，６），B（４，２），C（10，10）を頂点とする△ABCがある。

このとき，次の⑴～⑶の問いに答えなさい。

ただし，原点Oから点（１，０）までの距離及び原点Oから点（０，１）までの距離をそれぞれ１cmとする。

⑴　点Cを通り，直線ABに平行な直線の式を求めなさい。

⑵　△ABCの面積を求めなさい。

⑶　右の**図２**は，**図１**において２点O，Bを通る直線上に，点Pを，△OPAと四角形OBCAの面積が等しくなるようにとったものである。

このとき，点Pの座標を求めなさい。

ただし，点Pのx座標は正とする。

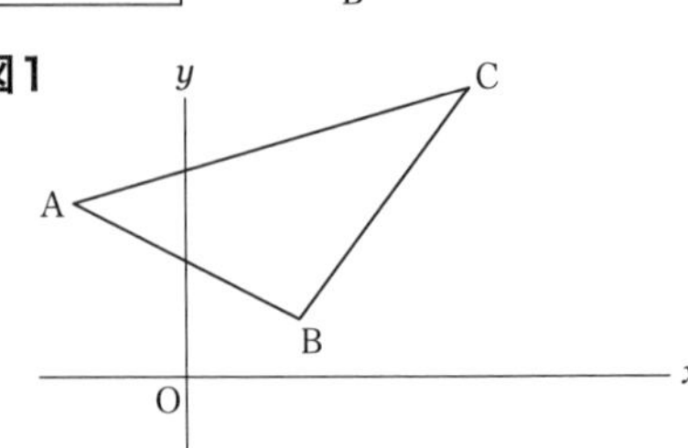

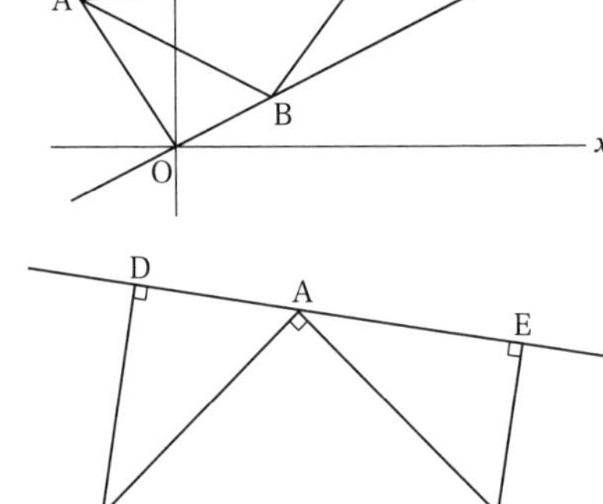

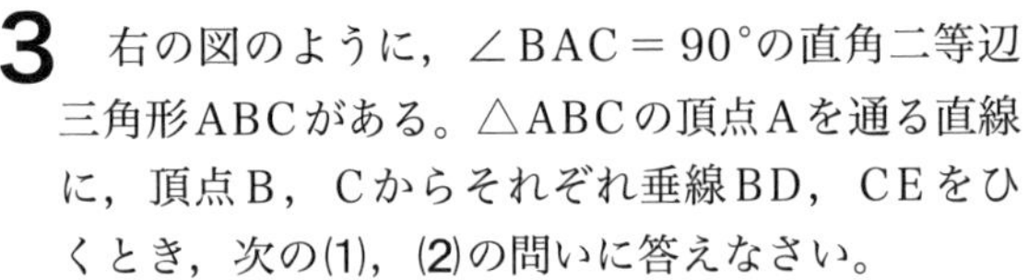

3　右の図のように，∠BAC＝90°の直角二等辺三角形ABCがある。△ABCの頂点Aを通る直線に，頂点B，Cからそれぞれ垂線BD，CEをひくとき，次の⑴，⑵の問いに答えなさい。

⑴　△ABD≡△CAEであることの証明を，次の［　　］の中に途中まで示してある。

［(a)］，［(b)］には最も適当な記号を，［(c)］には証明の続きを書き，**証明**を完成させなさい。

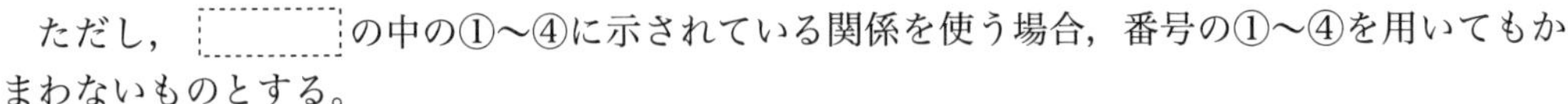

ただし，［　　］の中の①～④に示されている関係を使う場合，番号の①～④を用いてもかまわないものとする。

証明

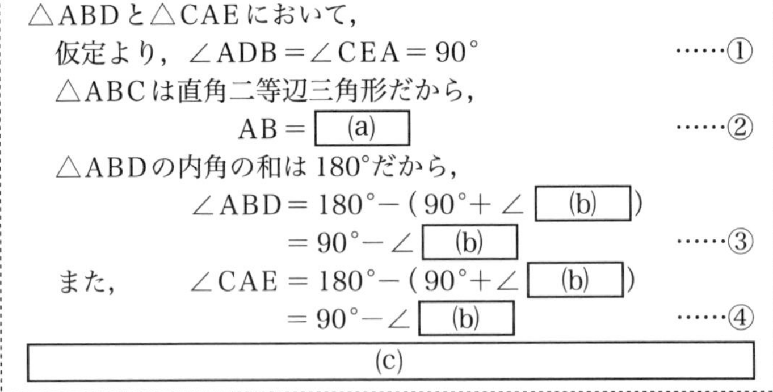

△ABDと△CAEにおいて，
仮定より，∠ADB＝∠CEA＝90°　……①
△ABCは直角二等辺三角形だから，
AB＝［(a)］　……②
△ABDの内角の和は180°だから，
∠ABD＝180°－（90°＋∠［(b)］）
＝90°－∠［(b)］　……③
また，　∠CAE＝180°－（90°＋∠［(b)］）
＝90°－∠［(b)］　……④
［(c)］

⑵　BD＝８cm，DE＝14cmのとき，△ABCの面積を求めなさい。

4　右の**図１**のように，池の周囲に１周1600ｍの円形の遊歩道がある。

兄と弟が遊歩道上のA地点を出発し，それぞれ反対方向に一定の速さで歩いて遊歩道を一周するとき，次の⑴，⑵の問いに答えなさい。

⑴　兄と弟が同時にA地点を出発し，それぞれ反対方向に

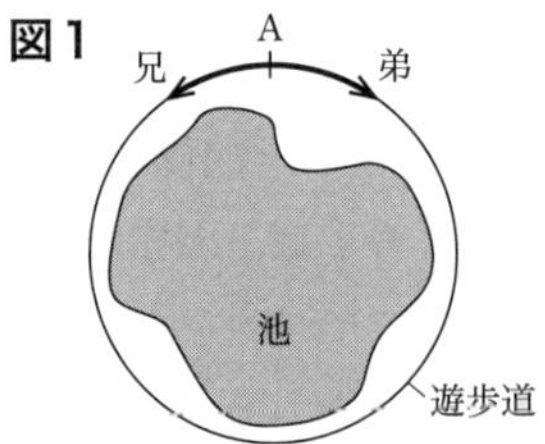

分速40mで歩いて遊歩道を一周する。

兄と弟がA地点を同時に出発してから x 分後の，２人の間の距離(兄と弟がいる地点を両端とする２つの弧のうち短い方の長さ)を y mとする。

ただし，兄と弟がいる地点を両端とする２つの弧の長さが等しいときはその長さを y mとし，２人が同じ地点にいるときは $y=0$ とする。

次の**会話文**を読み，あとの①，②の問いに答えなさい。

会話文

教師T：数学では，２点間の距離というときは最短距離のことをさしますが，ここでは兄と弟のいる地点を両端とする弧の長さとします。円周上の２点を両端とする弧は２つありますから，このうちの短い方になります。

生徒X：そうすると，２人の間の距離は最大で1600mですね。

生徒Y：あれ？　円周上で兄と弟が1600m離れるということは，２人は同じ地点にいるということじゃないかな。

生徒X：あ，そうか。円周が1600mだから，２人の間の距離は最大で800mです。

教師T：その通りです。
兄と弟がA地点を同時に出発してから３分後の２人の間の距離は［(a)］mです。
それでは，16分後の２人の間の距離は何mですか。

生徒X：［(b)］mです。

教師T：よくできました。

① **会話文**中の［(a)］，［(b)］にあてはまる数として最も適当なものを，次の**ア**～**カ**のうちからそれぞれ１つずつ選び，符号で答えなさい。

ア　120　　**イ**　180　　**ウ**　240　　**エ**　320　　**オ**　400　　**カ**　1280

② 右の**図２**は，兄と弟がA地点を同時に出発してから２人が出会うまでの x と y の関係をグラフに表したものである。
$10 \leqq x \leqq 20$ のときの y を x の式で表しなさい。

図２

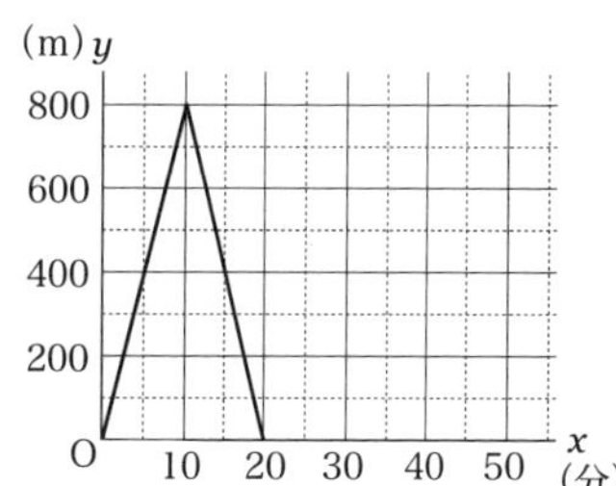

(2) 兄と弟がA地点にいる状態から，今度は，弟は兄よりも先にA地点を出発し，分速40mで歩いて遊歩道を一周してA地点にもどり，A地点で兄を待った。兄は弟が出発してから10分後にA地点を出発して分速40mで，弟とは反対の向きに歩いて遊歩道を一周してA地点にもどった。

兄がA地点を出発してから x 分後の２人の間の距離(兄と弟がいる地点を両端とする２つの弧のうち短い方の弧の長さ)を y mとするとき，次の①～③の問いに答えなさい。

ただし，兄と弟がいる地点を両端とする２つの弧の長さが等しいときはその長さを y mとし，２人が同じ地点にいるときは $y=0$ とする。

① 兄がA地点を出発してから５分後の２人の間の距離を求めなさい。

② 兄と弟がすれ違うのは，兄がA地点を出発してから何分後か，求めなさい。

③ 兄がA地点を出発してから遊歩道を一周してA地点にもどるまでの x と y の関係を表すグラフをかきなさい。

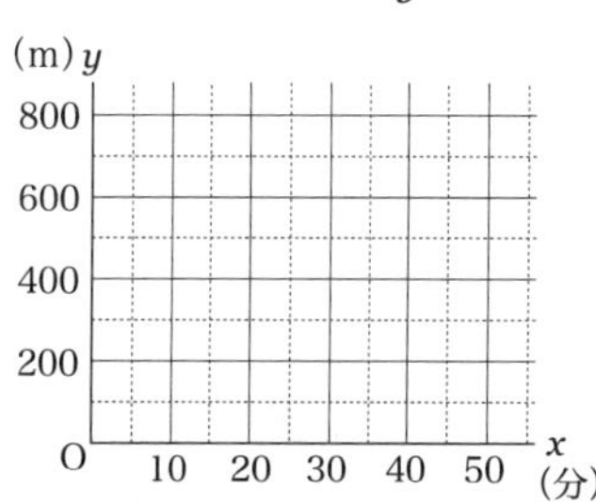

英　語

英語リスニング放送台本

これから英語のテストを行います。最初はリスニングテストです。リスニングテストはすべて放送で行います。リスニングテスト終了までは，２ページ以降を開かないでください。

それでは，問題用紙の１ページを開いてください。リスニングテストの問題は，１から４の四つです。

では，１から始めます。

１は，英語の対話を聞いて，最後の文に対する受け答えを選ぶ問題です。受け答えとして最も適当なものを，それぞれ問題用紙のＡからＤのうちから一つずつ選んで，その符号を書きなさい。なお，対話はそれぞれ２回放送します。では，始めます。

No. 1
Ms. Green: Hi, Kenta. You were late for school today, so I was worried about you.
Kenta: I'm sorry, Ms. Green. I've never been late for school. This is my first time.
Ms. Green: What happened?

繰り返します。(対話を繰り返す。)

No. 2
Boy: Did you know Mami speaks English well?
Girl: Sure. She learned it in Canada.
Boy: Really? When was she in Canada?

繰り返します。(対話を繰り返す。)

No. 3
Girl: Have you read this book? It's interesting.
Boy: No. I've never read it. What is it about?
Girl: It is about some people. They helped many animals. Are you interested in this book?

繰り返します。(対話を繰り返す。)

次は２です。

２は，英語の対話又は英語の文章を聞いて，それぞれの内容についての質問に答える問題です。質問の答えとして最も適当なものを，それぞれ問題用紙のＡからＤのうちから一つずつ選んで，その符号を書きなさい。なお，英文と質問はそれぞれ２回放送します。では，始めます。

No. 1
Paul: Kyoko, which room should I clean next week?
Kyoko: Look at this, Paul. Your group is cleaning the music room this week. Next week your group will clean the library.
Paul: Thank you. I understand. Kyoko, which group are you in?
Kyoko: I'm in group A. This week we are cleaning the classroom. So, next week we'll clean the teachers' room.

Question: Which group is Paul in?

繰り返します。(対話と質問文を繰り返す。)

No. 2
I'll tell you about my city. There is a large park. Please visit the museum in the park. You may find interesting things there. There is a library next to the park. Last year, near the park, a nice restaurant opened. It is very popular with young people. It's between a hospital and a supermarket. You should go to that restaurant when you are in my city.

Question: Where is the hospital?

繰り返します。(英文と質問文を繰り返す。)

次は３です。

３は，英語の対話又は英語の文章を聞いて，それぞれの内容についての質問に答える問題です。質問の答えとして最も適当なものを，それぞれ問題用紙のＡからＤのうちから一つずつ選んで，その符号を書きなさい。なお，英文と質問はそれぞれ２回放送します。では，始めます。

No. 1
Man: Excuse me. Could you tell me how to get to Umineko Stadium?
Woman: Sure. You can take the Red Line or the Blue Line.
Man: Which line is better? I don't have much time.
Woman: Then you should take the Blue Line.
Man: OK.
Woman: Take the Blue Line to Kamome-machi and change trains there.
Man: I see. How many stops is Kamome-machi from here?
Woman: Three stops.
Man: Which line should I take from Kamome-machi?
Woman: Take the Green Line. And get off at the second station and then you can walk or take a bus to Umineko Stadium.

Man: Thank you. I'll take the bus.
Question: How will the man go to Umineko Stadium?
繰り返します。(対話と質問文を繰り返す。)

No. 2 Tomoya is thirteen years old. He began to play soccer when he was five years old. He often played it with his father when he was an elementary school student. But after he joined the soccer club at his junior high school, he became very busy. It was difficult for him to have time to play soccer with his father.

Last Friday, when Tomoya was eating breakfast, his father said to him, "Shall we play soccer tomorrow? You have no club activities tomorrow, right?" Then Tomoya said, "Yes. Let's play."

In the evening, Tomoya's father came home and said, "Sorry, Tomoya. I must work tomorrow. I can't play soccer with you." Tomoya was sad to hear that.

The next day, Tomoya went to the park and played soccer alone, but it was not fun. When he started to leave the park, his father came and said, "Tomoya, I finished my work. Let's play soccer together." Tomoya said with a smile, "Yes. Let's play." He felt happy.

Question: Why did Tomoya feel happy in the park?
繰り返します。(英文と質問文を繰り返す。)

次は４です。

４は，英語の文章を聞いて，その内容について答える問題です。問題は，No. 1，No. 2 の二題です。問題用紙には，それぞれの英語の文章の内容に関するまとめの文が書かれています。(間３秒)

それらの文を完成するために，①，②にあてはまる英単語を書きなさい。ただし，□には**１文字**ずつ入るものとします。なお，英文はそれぞれ２回放送します。では，始めます。

No. 1 Olivia will study Japanese at school this year, so this afternoon, she went to the bookstore and got a dictionary. She needs a textbook, too, but she'll buy that another day. She has a dream of working in Japan in the future.
繰り返します。(英文を繰り返す。)

No. 2 You know bamboo, right? It is called "*take*" in Japanese, and it is very useful. We can make paper from it. We can also make tables, chairs, and mats out of it. We can even use it to build houses. For example, in Costa Rica, they make houses out of it.
繰り返します。(英文を繰り返す。)

以上で，リスニングテストを終わります。２ページ以降の問題に答えなさい。

1 英語リスニングテスト（**放送**による**指示**に従って答えなさい。）

No.1	A. I lost my bike key, so I walked. C. I don't know much about him.	B. I'm often late for school. D. I saw you in the park yesterday.
No.2	A. She studied English hard then. C. She lived there four years ago.	B. She stayed at her friend's house. D. She was a good English teacher.
No.3	A. Yes. It was very interesting. C. No. I enjoyed reading it.	B. Yes. I want to read it, too. D. No. It's not mine.

2 英語リスニングテスト（**放送**による**指示**に従って答えなさい。）

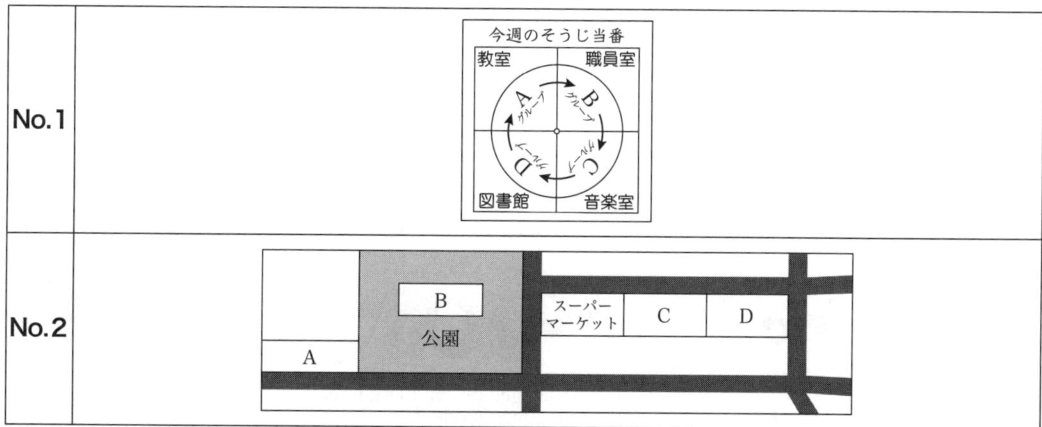

3 英語リスニングテスト（**放送**による**指示**に従って答えなさい。）

No.1	A．The Red Line→The Green Line→Walk B．The Red Line→The Green Line→Bus C．The Blue Line→The Green Line→Walk D．The Blue Line→The Green Line→Bus
No.2	A．Because he could join the soccer club at his junior high school. B．Because his father came and said that he could play soccer. C．Because he thought playing soccer alone was fun. D．Because his father found Tomoya's club members in the park.

4 英語リスニングテスト（**放送**による**指示**に従って答えなさい。）

No.1	Olivia will study Japanese at school this year, so she went to the bookstore and got a（① d□□□□□□□□□）. She needs a textbook, too, but she'll buy that（②□□□□□□□□）day.
No.2	Bamboo is called *take* in Japanese. It is very useful. We can make（①□□□□□□）from it. We can even use it to（②□□□□□□）houses.

5 次の(1)～(5)のそれぞれの対話文を完成させなさい。
(1)，(2)については，（　　　）の中の語を最も適当な形にしなさい。ただし，**1語**で答えること。
また，(3)～(5)については，それぞれの（　　　）の中の**ア～オ**を正しい語順に並べかえ，その順序を符号で示しなさい。

(1) A：Why are you good at（swim）?
B：Because I practice it three days a week.

(2) A：I have never（be）abroad.
B：Really? You should go if you have a chance.

(3) A：My father（**ア** this　**イ** me　**ウ** bought　**エ** for　**オ** watch）.
B：That's a nice present.

(4) A：It's cold. Please（**ア** open　**イ** windows　**ウ** leave　**エ** don't　**オ** those）.
B：OK. I will close them *at once.
（注）at once　すぐに

(5) A：I（**ア** have　**イ** money　**ウ** as　**エ** much　**オ** don't）as you.
B：That's because you *spend too much.
（注）spend　使う

6 次の①～③は，中学生の真治(Shinji)の，ある日のできごとを描いたイラストです。②の右にある英文を参考に，①と③の場面について，あなたならどのように説明しますか。①～③の話の流れを踏まえ，それぞれ英語で書きなさい。
ただし，語の数は**①と③の場面を合わせて20語以上30語以下**（．，？！などの符号は語数に含まない。）とすること。また，③の場面について書き始めるときは，解答欄に③と記入してから書き始めること。

①

②

Shinji washed the car for a long time, and it was getting cloudy.

③

7 次の(1)，(2)の英文を読んで，それぞれの問いに答えなさい。

(1) 次の英文は，新聞に寄せられた睡眠に関する質問と，その質問に対する答えを集めたものです。

【質問A】Please tell me *what we shouldn't do before going to bed.
【答えA】We shouldn't do (a)many things before going to bed. First, we shouldn't eat a lot of food. Wait three hours after dinner before going to bed. Second, we shouldn't play sports hard. Third, there are a lot of interesting TV programs, but we shouldn't watch TV until late at night.

【質問B】Which is better, a morning *person or a night person?
【答えB】I think a morning person is better than a night person. I have two reasons. First, if you are a morning person and get up early in the morning, you can have breakfast every day. Breakfast gives you a lot of *energy. So, you can study well at school. Second, if you get up early in the morning, you can do a lot of things better and faster. Your *brain will be *fresh in the morning.

【質問C】I always feel *sleepy at school. What should I do?
【答えC】I understand. When I was a junior high school student, I felt sleepy, too. It is *natural. You should (b)sleep for a short time after lunch. It helps you to remember things. Also, you can feel better. But you should not sleep longer than 45 minutes. If you sleep too long, you don't want to *wake up.

【質問D】Do we have a *clock in our *body?
【答えD】Yes. Everyone has a "body clock." It is very important in our life. We *follow it every day. One scientist has (c)an interesting idea about good sleep. She says, "Some people believe that it is important to sleep from ten in the evening to six in the morning. But that doesn't *fit our body clock. I believe we should sleep two times. It is good for us to go to bed at eight in the evening and sleep for four hours. After we wake up, we shouldn't do anything in bed for two hours. After that, we should sleep again and get up when the sun *goes up." It is an interesting idea. But I know it is very difficult for us.

(注) what～ ～(する)こと　person 人　energy エネルギー　brain 脳
fresh すっきりした　sleepy 眠い　natural 当然な　wake up 目を覚ます
clock 時計　body 体　follow～ ～に従う　fit～ ～に合う　go up 昇る

① 本文中の下線部(a)の具体例として，本文に**書かれていないもの**を，次の**ア**～**エ**のうちから一つ選び，その符号を書きなさい。

ア

イ

ウ

エ

② 本文中の【答えB】の内容に合っている英文として最も適当なものを，次の**ア**～**エ**のうちから一つ選び，その符号を書きなさい。

ア A morning person sleeps longer than a night person.
イ A morning person can study better at school than a night person.
ウ A night person sleeps better than a morning person.
エ A night person can do more things than a morning person.

③ 本文中の下線部(b)によって得られる効果について，本文に書かれている内容を，日本語で**二つ**答えなさい。

④　本文中の下線部(c)を表した図として最も適当なものを，次の**ア**～**エ**のうちから一つ選び，その符号を書きなさい。

ア　午後10時～午前6時：睡眠

イ　午後8時～日の出：睡眠

ウ　午後8時～午前0時：睡眠　午前2時～日の出：睡眠

エ　午後8時～午前0時：睡眠　午前2時～午前4時：睡眠

(2)　次は，うみねこ鉄道(Umineko Railway)の記念行事の案内です。

Umineko Railway is 50 years old!
Enjoy a week of fun events.

Place : Umineko Central Station
Dates : July 17 to 24

*Main events :

*Free Concerts by Members of the City *Orchestra
July 17 to 22 at 11 a.m. & 4 p.m.
Come to the Main Plaza.

Live *Comedy Shows in the North Hall
July 19 to 24 at 7 p.m.
Tickets are only 500 yen!

*Local shops will sell food and drinks by the West Gate.

Also, there will be great *prizes for the *winners of the History Quiz on July 24.
Please go to the *ticket office for more information.

Check our website for other events.
www.visituminekorail/50events.com

*Various famous songs will be performed at the concert.

You can have a good time at the comedy show.

(注) main　主要な　　free　無料の　　orchestra　交響楽団
comedy show　コメディーショー　　local　地元の　　prize　賞品
winner　勝者　　ticket office　切符売り場　　various　いろいろな

①　この案内の内容に合うように，次の文の（　　）に入る最も適当なものを，あとの**ア**～**エ**のうちから一つ選び，その符号を書きなさい。

If people want more information about the History Quiz, they should (　　).

ア　go to the ticket office
イ　visit the event website
ウ　buy tickets for the comedy show
エ　wait by the West Gate on July 24

②　この案内の内容に関する次の質問の答えとして最も適当なものを，あとの**ア**～**エ**のうちから一つ選び，その符号を書きなさい。

What can people enjoy for free?

ア A train ride to Umineko Central Station.　イ Music performances in the Main Plaza.
ウ Comedy shows in the North Hall.　エ Some food and drinks from local shops.

（注）train ride 列車の乗車

8 エマ(Emma)とメアリー(Mary)についての次の英文を読んで，あとの⑴～⑷の問いに答えなさい。

Emma and Mary were two young women. They studied business at college in America. They soon became friends because they had the same dream. They wanted to change the world in their business and make it better. [ア] They often talked about the problems around the world. Many people in the world needed help, so Emma and Mary thought of doing something for those people.

Emma and Mary visited a village in a country, and they tried their first project. The village people lived in the mountains. Emma and Mary showed movies and sold things to people there. They thought the village people needed their project, but people there didn't need it. [イ] The village people said to them, "You don't know anything about life here. We don't want to listen to you." After this, Mary said to Emma, "I don't think we can help people here. Let's go back to America." But Emma said to Mary, "Did you see the children here? They want to go to school, but they can't because they have to work for their families. We must do something for them. Let's stay!" Mary said, "You are right, Emma." They decided to stay and learn about the village.

One day Emma and Mary walked in the village and saw wool gloves. They were warm and beautiful. They liked them and asked an old woman there, "What kind of wool is this?" The old woman answered, "It is yak wool." Emma and Mary didn't know about yaks.

A yak is a big animal like a cow with long hair. The village people live with yaks. They make cheese from their milk and clothes from their soft hair.

Emma and Mary had <u>a new idea</u>. If the village people sell yak hair, they can get money and their children can go to school.

Emma and Mary went to the people again and said, "If you sell yak hair, your children can go to school." The people didn't believe them. They said, "We have never thought of selling it before." But Emma and Mary never gave up. They talked to the village people again and again. [ウ] Then, Emma and Mary looked for a spinning factory to make yak wool. They met an owner of a factory and he understood their project. He said, "You have a good idea. I'll help you."

Then they needed to find some people. A girl was interested in their project. With her help, they found some women, and the women could knit yak wool very well. [エ] Emma and Mary talked to them about their project. They liked the project and said, "Can we really make money if we knit yak wool? Can our children go to school? This is like a dream!"

Finally, Emma and Mary's dream was realized. Their products are popular around the world because they are warm and beautiful. People in many countries can buy their products now.

Emma and Mary's experience tells us one thing. If you have a dream, never give up.

（注）business ビジネス　college 大学　think of～ ～のことを考える
project 計画　sold sellの過去形　wool gloves 毛糸の手袋
yak ヤク(動物名)　soft 柔らかい　give up あきらめる
spinning factory 紡績工場　owner 所有者　knit～ ～を編む
realize 実現する　product 製品

⑴ 次の英文を入れるのに最も適当な場所を，本文中の［ ア ］～［ エ ］のうちから一つ選び，その符号を書きなさい。

They finally decided to try Emma and Mary's idea.

⑵ 本文の内容に関する次の質問の答えとなる英文を，本文中から**１文**で抜き出して答えなさい。

What kind of animal is a yak?

(3) 本文中の下線部が指す具体的な内容を，日本語で答えなさい。

(4) 本文の内容に合っている英文として最も適当なものを，次の**ア～エ**のうちから一つ選び，その符号を書きなさい。

ア When Emma and Mary showed movies and sold things in the village, people there became happy.

イ Emma and Mary decided to go home because they thought they couldn't do anything for the village people.

ウ When Emma and Mary saw gloves of yak hair in the village, they asked the old woman, "What kind of wool is this?"

エ Some women in the village could knit wool very well, and they *wanted their children to work at the spinning factory.

（注）want～to... ～に…してほしい

9 中学生の和泉(Izumi)が留学生のジェームズ(James)と，和食について話をしています。この対話文を読んで，［(1)］～［(3)］に入る最も適当なものを，それぞれあとの**ア～エ**のうちから一つずつ選び，その符号を書きなさい。また，対話文の内容に合うように，［(a)］に入る英語を**５語**で書きなさい。

Izumi：I hear Japanese food is popular in America, right?

James：Yes, it's very popular.

Izumi：I'm happy to hear that. Do you like Japanese food?

James：Yes, I love Japanese food like sushi. I'm interested in traditional Japanese food. I want to learn more about it. ［(1)］

Izumi：Yes, I do. I'll show you something interesting. Here is a book about Japanese food. Look at this picture.

James：Oh, what's this?

Izumi：It's a special Japanese food. We call it *osechi-ryori*. It's for the New Year holidays.

James：Wow, there are many kinds of foods in beautiful boxes. Do you eat that much in one day?

Izumi：No. We eat it during the first three days of the New Year.

James：Do all Japanese people cook *osechi-ryori* every year?

Izumi：No. ［(2)］ *osechi-ryori* at home, so many of them buy it at supermarkets. But my mother cooks it every year. She *prepares it during the last few days of December. She thinks it is ［(a)］ it *with all her heart for our family.

James：That's very interesting.

Izumi：My mother told me two good things about *osechi-ryori*. Japanese people believe that we can live for a long time by eating it. She can also spend more time with my family during the first three days of the New Year.

James：Oh, I see. Your mother can enjoy the three days with your family because ［(3)］ during that time. To learn about Japanese food is to understand about a part of Japanese culture.

（注）prepare～ ～を準備する　with all her heart 心をこめて

(1) **ア** Do you often read a lot of books?　**イ** Do you have any good examples?
　ウ Do you cook *osechi-ryori* every year?　**エ** Do you eat breakfast every day?

(2) **ア** It is too large to put　**イ** It doesn't take a long time to cook
　ウ It is too expensive to buy　**エ** It takes a lot of time to cook

(3) **ア** she doesn't have to cook　**イ** she has no time to spend
　ウ you must do your homework　**エ** you have to clean your room

社 会

1

次の文章を読み，あとの⑴～⑸の問いに答えなさい。

人々は a 数多くの発見や，新しい技術を生み出す中で，生活を便利にし，社会を発展させてきました。特に，b 第二次世界大戦後には，様々な分野で技術革新が進み，c 人々の生活や社会の様子が急速に変化しました。しかし，国によってその状況は異なっています。

現在，d 地球上には環境問題やエネルギー問題など国家の枠を越えて解決すべき課題があり，課題解決のためには一層の技術革新が不可欠です。日本でも，e 高い技術力を生かした多くの取り組みが各分野で進められています。

⑴ 下線部 a に関連して，次の**ア**～**ウ**の文は，それぞれの時代に大きな影響を与えたできごとについて述べたものである。**ア**～**ウ**を年代の**古いものから順に**並べ，その符号を書きなさい。

ア ヨーロッパの人々が，進んだ造船技術や航海術を利用して，アジアとの直接貿易のための航路を開拓する中で，コロンブスは大西洋を横断し，アメリカ大陸付近の島に到達した。

イ アメリカ合衆国とソビエト連邦の冷たい戦争(冷戦)と呼ばれる対立の中で，ソビエト連邦により初めて打ち上げられた人工衛星の技術は，通信をはじめ様々な分野に応用された。

ウ イギリスで蒸気機関が改良され，紡績業をはじめとした工場の機械化が進み生産量が増大するとともに，蒸気機関車や蒸気船によって輸送力も飛躍的に伸びた。

⑵ 下線部 b に関連して，次の文章中の［　　］に共通してあてはまる適当な語を**漢字４字**で書きなさい。

> 第二次世界大戦後の 1945 年 10 月，世界の平和を守ることを目的として［　　］が発足した。このとき，［　　］に加盟した国はわずか 51 か国であった。その後，加盟国は増え，2022 年５月現在では，コソボやバチカン市国などを除く 193 か国が加盟している。

⑶ 下線部 c に関連して，次の文章は，人々の生活と密接に関わっている宗教について述べたものである。文章中の［　　］に共通してあてはまる語として最も適当なものを，あとの**ア**～**エ**のうちから一つ選び，その符号を書きなさい。

> インドでは 80 % 以上の人々が［　　］を信仰しており，インドの社会や暮らしに大きな影響を与えている。［　　］では牛は神の使いとされているため，［　　］を信仰している人は牛肉を食べない。

ア 仏教　　**イ** ヒンドゥー教　　**ウ** イスラム教　　**エ** キリスト教

⑷ 下線部 d に関連して，次の文章中の［　　］にあてはまる適当な語を**漢字４字**で書きなさい。

> 世界では，環境や資源・エネルギー，経済発展に伴う貧富の差の拡大，国・地域間の対立に関する問題などが発生している。いずれも，今後私たちが直面し続けることが予想される課題である。このような課題を解決するためには，将来の世代が必要とするものを損なうことなく，現在の世代が満足して暮らせるような，［　　］な社会をつくるという視点が大切である。

⑸ 下線部 e に関連して，次の文章は，右の日本のある発電方法の発電電力量をまとめた表について述べたものである。文章中と表中の［　　］に共通してあてはまる語として最も適当なものを，あとの**ア**～**エ**のうちから一つ選び，その符号を書きなさい。

[　　　]は，天候などの自然条件に影響されるものの，発電装置は他の発電方法に比べ設置できる場所が多い。技術開発が進んだことで，発電装置の性能が向上し，発電効率が上がるとともに，価格が下がったため，公共施設や企業だけでなく一般家庭にも普及しつつある。さらに，設備件数の増加が著しく，発電電力量も増加している。今後も地球環境に与える影響が少ないエネルギーとして，ますます普及していくことが予想される。

	日本の[　　　]の発電電力量(百万 kWh)
1980年	—
1990年	1
2000年	—
2010年	22
2018年	18,478
2019年	21,414

(注) —は皆無，または該当数値がないもの。
(「日本国勢図会 2021/22」より作成)

ア 太陽光発電　**イ** 地熱発電　**ウ** バイオマス発電　**エ** 風力発電

2 次の図を見て，あとの(1)～(4)の問いに答えなさい。

(1) 次の文章中の[Ⅰ]にあてはまる適当な語を書きなさい。また，[Ⅱ]にあてはまる県庁所在地名を**漢字**で書きなさい。

図中の三重県は，７地方区分では近畿地方に含まれるが，中部地方を三つの地域に分けた場合の[Ⅰ]地方にも属している。また，三重県の県庁所在地名は県名と異なっており，[Ⅱ]市である。

(2) 図中の北海道について，次の①，②の問いに答えなさい。

① 次の文は，北海道の先住民族について述べたものである。文中の[　　　]に共通してあてはまる適当な語を**カタカナ**で書きなさい。

北海道は，もともと先住民族である[　　　]の人たちが住んでいた土地で，農耕しにくい気候や地形であったため，[　　　]の人たちは主に漁や狩りをして生活していた。

② 右の**資料１**は，全国の農業就業人口に占める北海道の割合と，耕地面積，農業産出額に占める上位２道県の割合を示したものである。**資料１**から読み取れる北海道の農業の特徴を，「農業就業者一人あたりの」に続けて，**20字以内**(句読点を含む。)で書きなさい。

資料１

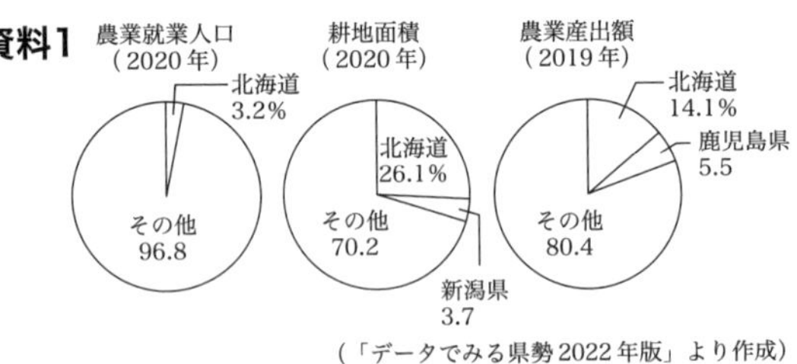

(「データでみる県勢 2022年版」より作成)

(3) 次の**資料２**は，図中のＡ～Ｄのいずれかの県の農業産出額，製造品出荷額及び年間商品販売額を示したものである。Ｄの県を示す最も適当なものを，**資料２**中の**ア～エ**のうちから一つ選び，その符号を書きなさい。

資料２

	農業産出額(億円)(2019年)	製造品出荷額(億円)(2019年)	年間商品販売額(十億円)(2015年)
ア	1,932	45,590	12,151
イ	2,676	26,435	3,501
ウ	3,138	17,504	3,380
エ	2,086	51,232	4,901

(「データでみる県勢 2022年版」より作成)

⑷　次の地形図は，図中の**兵庫県**のある地域を示したものである。これを見て，あとの①，②の問いに答えなさい。

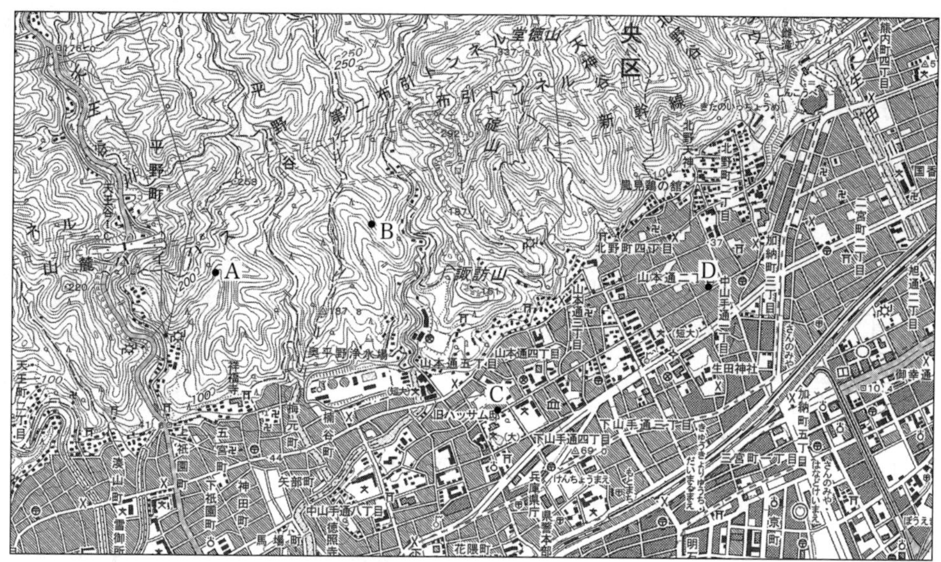

(国土地理院　平成 17 年発行 1：25,000「神戸首部（こうべしゅぶ）」原図より作成)

①　上の地形図を正しく読み取ったことがらとして最も適当なものを，次の**ア〜エ**のうちから一つ選び，その符号を書きなさい。

ア　地点Ａと地点Ｂの標高を比較すると，地点Ａの方が高い。

イ　市役所から見て，警察署は，ほぼ北東の方向にある。

ウ　博物館(美術館)のすぐ西側に小・中学校がある。

エ　ＪＲ線沿いに工場がある。

②　地点Ｃから地点Ｄまでの地形図上の長さは約４cmである。実際の直線距離は約何ｍか。適当な数字を書きなさい。

3　次の図を見て，あとの⑴〜⑸の問いに答えなさい。

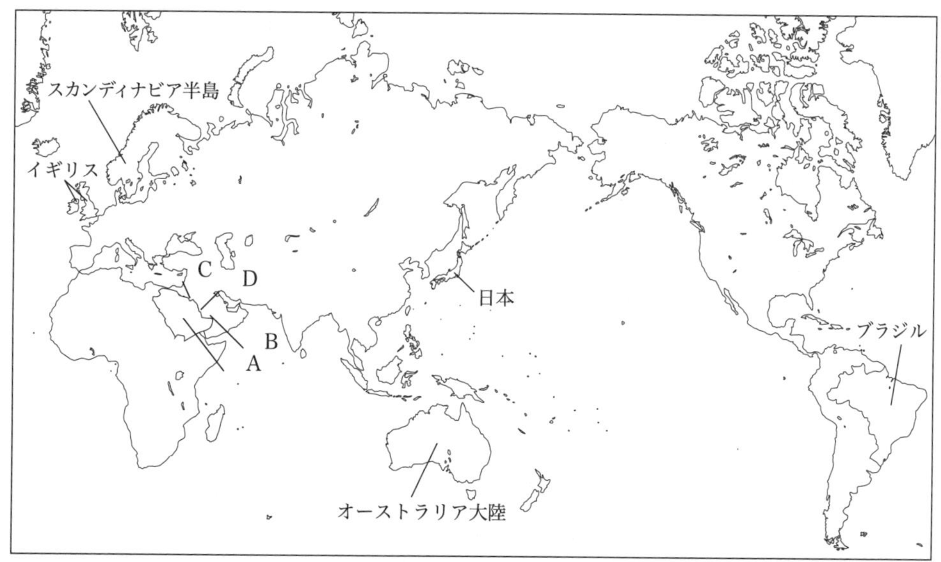

⑴　図中のオーストラリア大陸の自然について述べた文として最も適当なものを，次の**ア〜エ**のうちから一つ選び，その符号を書きなさい。

ア　大陸の北西部に高くけわしい山脈があり，大陸の南部と北部に広く乾燥帯が分布している。

イ　大陸の西部に高くけわしい山脈が南北にのびており，広く熱帯が分布し，大河が西から東に流れている。

ウ　大陸の東部にゆるやかな山脈があり，広く乾燥帯が分布し，大陸の大部分が平坦である。

エ　大陸の西部に高くけわしい山脈が南北にのびており，大陸の北部に冷帯(亜寒帯)や寒帯が分布している。

(2)　次の文章は，図中のスカンディナビア半島の自然環境について述べたものである。文章中の［　　　］に共通してあてはまる適当な語を書きなさい。

> スカンディナビア半島には，右の図のような氷河によってけずられた谷に海水が深く入りこんでできた［　　　］と呼ばれる地形が見られる。水深が深い［　　　］には，たくさんの観光客を乗せて，大型のクルーズ船が航行している。

(3)　図中のA～Dの国は，2020年における，ある鉱産資源の日本の輸入先上位４か国である。この鉱産資源の名称を書きなさい。

(4)　右の**資料１**は，図中のブラジルの輸出品の変化を示したものである。**資料１**から読み取れることについて述べた次の文中の［　　　］にあてはまる適当なことばを，「輸出額」「農産物」「工業製品」の三つの語を用いて簡潔に書きなさい。なお，「その他」を除いた内容について書くこと。

資料１

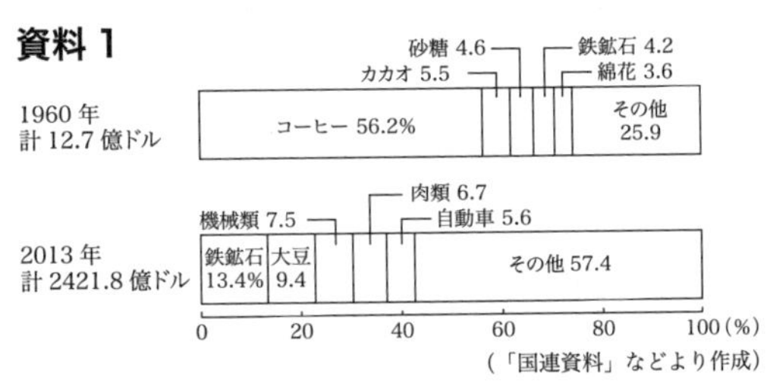

(「国連資料」などより作成)

> 1960年に比べ2013年には，［　　　］が増えている。

(5)　次の**資料２**は，図中の日本，ブラジル，イギリスの年齢別男女別人口構成を示したものである。**資料２**から読み取れる内容を述べた文として最も適当なものを，あとの**ア**～**エ**のうちから一つ選び，その符号を書きなさい。

資料２

	日本(2020年)		ブラジル(2018年)		イギリス(2018年)	
総人口	12,427 万人		20,849 万人		6,627 万人	
	男性(%)	女性(%)	男性(%)	女性(%)	男性(%)	女性(%)
0～ 9歳	4.0	3.8	7.2	6.9	6.3	5.9
10～19歳	4.6	4.4	7.7	7.5	5.7	5.5
20～29歳	4.9	4.7	8.3	8.2	6.7	6.5
30～39歳	5.8	5.5	8.0	8.3	6.5	6.7
40～49歳	7.5	7.3	6.6	7.0	6.4	6.6
50～59歳	6.6	6.5	5.2	5.8	6.7	6.8
60～69歳	6.3	6.5	3.5	4.1	5.2	5.5
70歳以上	9.0	12.6	2.5	3.4	5.8	7.3
総数	48.8	51.2	48.9	51.1	49.4	50.6

(注) 各年代の数値の合計が，総数の値になるよう調整していない。

(「データブック オブ・ザ・ワールド 2022」などより作成)

ア　日本，ブラジル，イギリスとも，女性の人口より男性の人口の方が多い。

イ　日本の総人口は，イギリスの総人口の２倍以上である。

ウ　日本の総人口に占める０～９歳の人口の割合は，ブラジルの総人口に占める０～９歳の人口の割合の２分の１にも満たない。

エ　最も総人口が多い国は，３か国の中で０～９歳の人口の割合が最も高く，70歳以上の人口の割合が最も低い。

4 次のＡ～Ｄは，日本の世界遺産についてまとめたものの一部である。これに関して，あとの⑴～⑹の問いに答えなさい。

A	【法隆寺】 a 7世紀に建てられた，現存する世界最古の木造建築物で，飛鳥文化を代表する多くの仏像や美術工芸品も残されている。
B	【金剛峯寺】 ９世紀初めに遣唐使とともに唐に渡った空海が帰国後，真言宗の総本山として高野山に建てた。
C	【東大寺南大門】 奈良の東大寺にある建築物である。b 奈良時代に建てられたが，源平の争乱の中で焼失した。c 鎌倉時代に武士や民衆の寄付を集めて再建された。
D	【東照宮】 日光にあるこの建築物は，d 260年あまり続いた時代の将軍の権威と力を示すような豪華さと勇壮さで知られている。

⑴ 下線部ａに関連して，７世紀に起こったことがらとして最も適当なものを，次の**ア～エ**のうちから一つ選び，その符号を書きなさい。

ア 邪馬台国の卑弥呼が魏に使いを送った。
イ 平将門が関東で反乱を起こした。
ウ 後醍醐天皇が，天皇中心の新しい政治を始めた。
エ 天智天皇の死後，あとつぎをめぐる戦いが起こった。

⑵ Ｂのころの仏教の様子について述べた文として最も適当なものを，次の**ア～エ**のうちから一つ選び，その符号を書きなさい。

ア 座禅によってさとりを得る禅宗が武士に受け入れられた。
イ 山奥の寺での学問やきびしい修行を重視し，祈とうやまじないを取り入れた。
ウ 阿弥陀仏にすがって死後に極楽浄土へ生まれ変わることを願った。
エ 簡単でわかりやすく，実行しやすい新しい仏教が生まれた。

⑶ 下線部ｂに関連して，右の資料は，平城京を模式的に示したものである。平城京をつくるにあたって，手本とした唐の都の名称を書きなさい。また，奈良時代の様子について述べた文として最も適当なものを，次の**ア～エ**のうちから一つ選び，その符号を書きなさい。

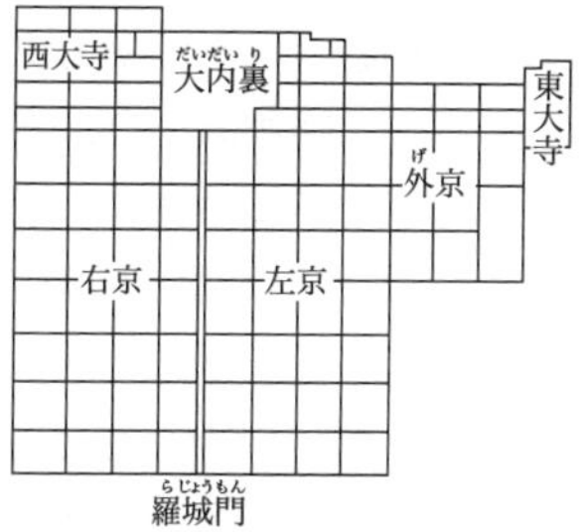

ア 聖武天皇が仏教による国家の安全を願い，国分寺を各地に建てた。
イ 天武天皇が唐にならって新しい政治のしくみを整えた。
ウ 推古天皇のもとで，聖徳太子と蘇我馬子が協力して政治をおこなった。
エ 桓武天皇が，国司に対する監督を強めたりするなど，支配のしくみを立て直そうとした。

⑷ 下線部ｃに関連して，執権政治が始まったころの混乱を好機ととらえ，1221年に朝廷の権力の回復を目ざして挙兵した上皇の名前を書きなさい。また，この挙兵の結果について述べた文として最も適当なものを，次の**ア～エ**のうちから一つ選び，その符号を書きなさい。

ア 上皇側が勝ち，上皇が自ら政治をおこなう政治のしくみが復活した。
イ 上皇側が勝ったが，武士との関係が悪くなり，南北朝の分裂が起こった。
ウ 幕府側が勝ち，朝廷を監視するために，京都に六波羅探題を置いた。
エ 幕府側が勝ったが，生活に苦しむ御家人の反感が強まり，幕府は衰えた。

⑸ 下線部ｄに関連して，この時代の文化について述べた次の文中の［ Ⅰ ］，［ Ⅱ ］にあてはまる語の組み合わせとして最も適当なものを，あとの**ア～エ**のうちから一つ選び，その符号を書きなさい。

> 京都や大阪を中心とする上方では，都市の繁栄を背景に経済力を持った町人が［ Ⅰ ］文化と呼ばれる新しい文化を生み出し，浮世草子と呼ばれる小説で武士や町人の生活を描いた［ Ⅱ ］などが活躍した。

ア　Ⅰ：元禄　Ⅱ：滝沢馬琴　　**イ**　Ⅰ：元禄　Ⅱ：井原西鶴
ウ　Ⅰ：化政　Ⅱ：滝沢馬琴　　**エ**　Ⅰ：化政　Ⅱ：井原西鶴

(6)　2018年６月30日に「長崎と天草地方の潜伏キリシタン関連遺産」が，日本で22件目の世界遺産に登録された。これについてまとめた次の文章中の［　　］に共通してあてはまる適当な地名を書きなさい。

> 【原城跡】
> 長崎県［　　］半島にある。キリスト教徒への迫害や，重い年貢に苦しんで一揆を起こした［　　］や天草の人々が，約４か月にわたって，ここに立てこもり，幕府軍と戦った。

5　次の略年表を見て，あとの(1)～(5)の問いに答えなさい。

年 代	主 な で き ご と
1890	第一回帝国議会が開かれる……………………………………A
1902	日英同盟が結ばれる………………………………………………B
1914	第一次世界大戦が始まる
	↕ C
1932	五・一五事件が起こる
1956	日ソ共同宣言が調印される
	↕ D
1973	石油危機が起こる
1992	国際平和協力法（PKO協力法）が成立する………………E

(1)　略年表中のAに関連して，第一回帝国議会が開かれたころの選挙や議会の説明として**誤っているもの**を，次の**ア**～**エ**のうちから一つ選び，その符号を書きなさい。

ア　帝国議会は，衆議院と貴族院の二院制であった。
イ　予算や法律の成立は，内閣の権限であったため，議会の同意を必要としなかった。
ウ　第一回の衆議院議員選挙の結果，民権派の政党議員が多数を占めた。
エ　第一回の衆議院議員選挙の有権者は，総人口の1.1％程度であった。

(2)　略年表中のBに関連して，日英同盟によって日本がイギリスとの関係を強化しようとした理由を，20世紀初めごろのイギリス，ロシア，日本の勢力範囲の一部をあらわした右の**資料１**を参考にして，「南下」の語を用いて，簡潔に書きなさい。

資料１

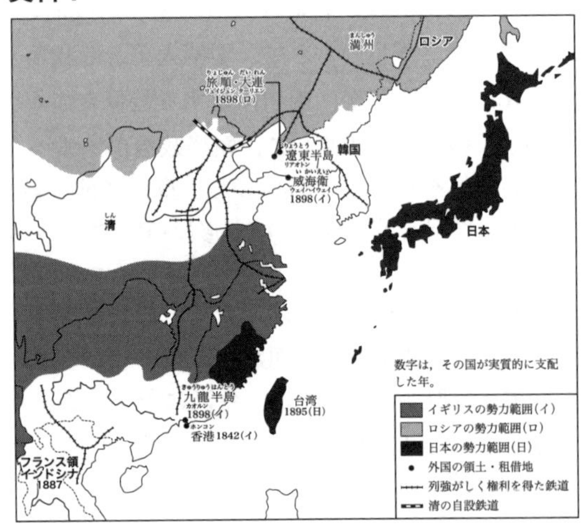

(3)　略年表中のCの時期に起こったことがらとして最も適当なものを，次の**ア**～**エ**のうちから一つ選び，その符号を書きなさい。

ア　国家総動員法が制定され，政府は議会の承認なしに，労働力や物資を戦争に動員できるようになった。

イ　日本軍がアメリカの海軍基地があるハワイの真珠湾を攻撃した。

ウ　ポーツマス条約を結び，樺太(サハリン)の南半分をロシアからゆずり受けた。

エ　アメリカのウィルソン大統領の提唱で，世界平和と国際協調を目的とする国際機構が成立した。

⑷　次の**資料２**は，日本の国民総生産と経済成長率の変化を示したものである。略年表中のＤの時期に，日本の経済は年平均で10％以上の成長を続けてきた。これを何というか。適当な語を**漢字６字**で書きなさい。また，この時期の日本の社会の様子について述べた文として最も適当なものを，あとの**ア〜エ**のうちから一つ選び，その符号を書きなさい。

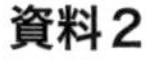

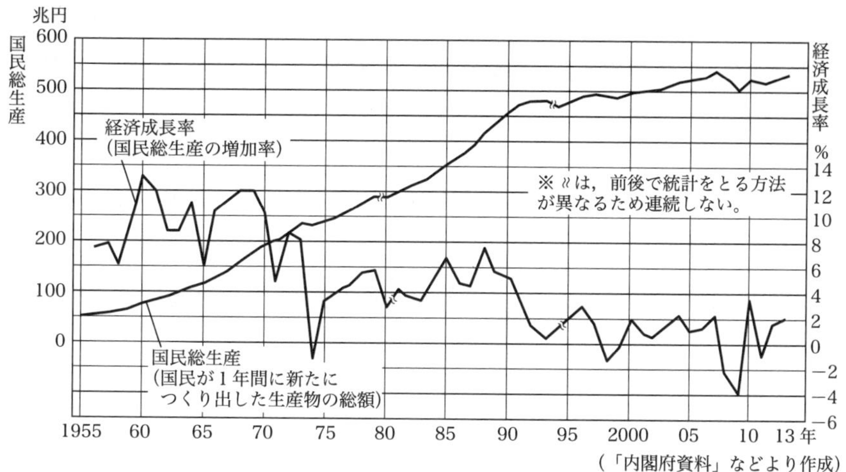

(「内閣府資料」などより作成)

ア　株価や地価の異常な上昇による，不健全な好景気が発生した。

イ　都市ではサラリーマン向けに，西洋風の部屋を持つ文化住宅が建てられ始めた。

ウ　新幹線や高速道路が開通し，国民総生産は資本主義国の中で第２位となった。

エ　田中正造が足尾銅山の鉱毒被害を国会で取り上げ，公害が社会問題となった。

⑸　略年表中のＥのころの世界のできごととして最も適当なものを，次の**ア〜エ**のうちから一つ選び，その符号を書きなさい。

ア　湾岸戦争が起こった。　　**イ**　キューバ危機が起こった。

ウ　アジア・アフリカ会議が開催された。　　**エ**　ベトナム戦争が激化した。

6

「現代社会と私たち」に関して，次の⑴〜⑷の問いに答えなさい。

⑴　情報社会の問題点や情報をあつかう心得について述べた文として**誤っている**ものを，次の**ア〜エ**のうちから一つ選び，その符号を書きなさい。

ア　テレビなどで伝えられる情報の中には正確でないものもあるので，検証が必要な場合がある。

イ　情報は，今は不要なものであっても，いつでもできるだけ多く手に入れるようにすべきである。

ウ　個人情報が一度に大量に流出してしまう問題が起こるようになっている。

エ　情報を多く得られる人とそうでない人との情報格差の問題が指摘されている。

⑵　次の文章中の［　　　］に共通してあてはまる適当な語を**カタカナ**で書きなさい。

> 現代は，輸送手段や情報通信技術の発展などにより，地球全体がつながりを深め，一体化に向かう［　　　］化が進んでいる。［　　　］な国家間の競争が促されたことで，より安くてより良い商品の提供を競い合う国際競争が展開されている。

(3) 次の文章中の下線部について，この傾向を何というか。適当な語を書きなさい。

> 日本は現在，一人の女性が生む子どもの数（合計特殊出生率）が減少し，平均寿命が伸びているため，人口全体に占める高齢者の割合が増加している。高齢者の割合が増加すると，高齢者の生活を支える公的年金などの社会保障にかかるお金が増える一方で，それを支える世代が減少するため，国民一人あたりの負担が重くなる。

(4) 社会集団の中で生活していくうえで重要なルールの説明として最も適当なものを，次の**ア**～**エ**のうちから一つ選び，その符号を書きなさい。

ア 権利や義務の内容を明確にしておくべきであるが，責任の所在は明らかにする必要はない。

イ ルールを定める手段として全会一致と多数決があるが，全会一致の方が決定までの時間が短い。

ウ 多数決で採決するとき，手続きが正しければ少数の意見をかえりみる必要はない。

エ ルールを受け入れたら守っていかなければならないが，状況の変化に応じてルールを見直し，変えていくことも必要である。

7 人権の尊重と日本国憲法というテーマでまとめた次のＡ～Ｃに関して，あとの(1)～(3)の問いに答えなさい。

A	人権思想の発達
B	憲法改正の手続き
C	国民主権

(1) Ａに関連して，次の図は，人権思想の発展の様子を示したものである。下線部の社会権を最初に保障したワイマール憲法が制定された国の名称を書きなさい。

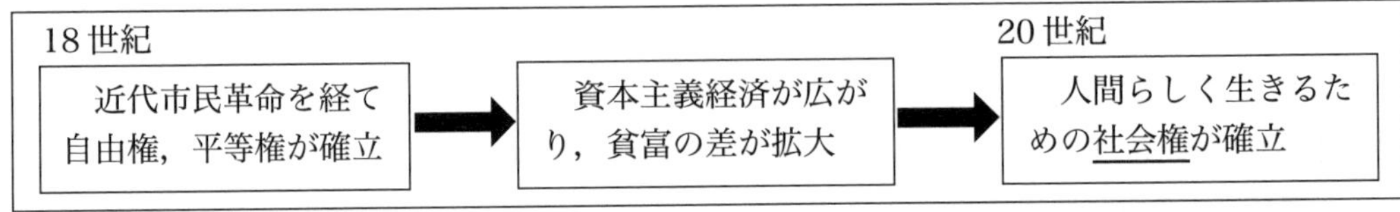

(2) Ｂに関連して，右の資料は，憲法改正の手続きを示したものである。これを見て，次の①，②の問いに答えなさい。

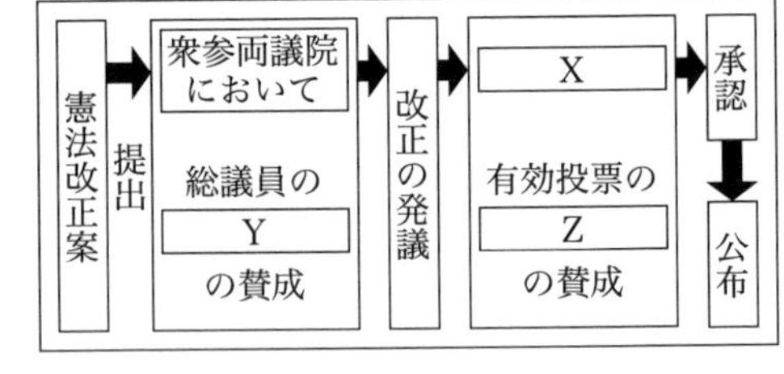

① 資料中の［ X ］には，憲法改正について，国民が賛成または反対の意思決定をするための手続きを表す語があてはまる。［ X ］にあてはまる適当な語を書きなさい。

② 資料中の［ Y ］，［ Z ］にあてはまる語の組み合わせとして最も適当なものを，次の**ア**～**エ**のうちから一つ選び，その符号を書きなさい。

ア Ｙ：３分の２以上　Ｚ：３分の２以上　　**イ** Ｙ：３分の２以上　Ｚ：過半数

ウ Ｙ：過半数　Ｚ：過半数　　**エ** Ｙ：過半数　Ｚ：３分の２以上

(3) Ｃに関連して，次の文中の［ Ⅰ ］，［ Ⅱ ］にあてはまる適当な語を，それぞれ書きなさい。

> 日本国憲法は，国民主権の原則のもと，天皇やその地位について日本国および日本国民統合の［ Ⅰ ］とし，天皇は，［ Ⅱ ］の助言と承認にもとづいて国事行為を行う，と規定している。

理 科

1 次の(1)～(4)の問いに答えなさい。

(1) **図１**は，磁石に引きつけられる特徴がある，ある有色鉱物の結晶を表したものである。この鉱物の名称として最も適当なものを，次の**ア**～**エ**のうちから一つ選び，その符号を書きなさい。

図１

ア クロウンモ　**イ** キ石　**ウ** 磁鉄鉱　**エ** カンラン石

(2) **図２**は，クルックス管(真空放電管)の２つの電極に誘導コイルをつなぎ，大きな電圧を加えたときのようすを表したものである。このとき，クルックス管内の蛍光板上に現れた光る筋を何というか，書きなさい。

図２

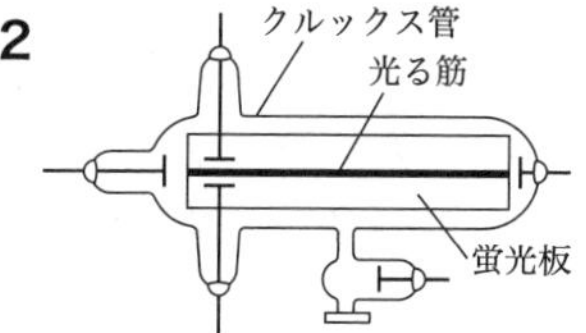

(3) 次の文章は，ある気体の発生方法とその集め方について述べたものである。文章中の［ a ］～［ c ］にあてはまるものの組み合わせとして最も適当なものを，あとの**ア**～**ク**のうちから一つ選び，その符号を書きなさい。

> 試験管に二酸化マンガンを入れ，うすい過酸化水素水(オキシドール)を加えると，泡が出ていることから気体が発生したことがわかる。このとき発生した［ a ］は，水に溶け［ b ］性質があるので，一般に［ c ］置換法で集める。

	a	b	c
ア	a：二酸化炭素	b：にくい	c：水上
イ	a：二酸化炭素	b：にくい	c：下方
ウ	a：二酸化炭素	b：やすい	c：水上
エ	a：二酸化炭素	b：やすい	c：下方
オ	a：酸素	b：にくい	c：水上
カ	a：酸素	b：にくい	c：下方
キ	a：酸素	b：やすい	c：水上
ク	a：酸素	b：やすい	c：下方

(4) シダ植物とコケ植物の両方にあてはまる特徴として最も適当なものを，次の**ア**～**エ**のうちから一つ選び，その符号を書きなさい。

ア 胞子のうがあり，胞子が周囲の湿った土に落ちると発芽する。
イ 受粉したあとにできる種子が周囲の土に落ちると発芽する。
ウ 葉・茎・根の区別があり，維管束がある。
エ 土の中に地下茎とよばれる茎がある。

2 植物のあるはたらきについて調べるため，次のような**実験**を行いました。これに関して，あとの(1)～(3)の問いに答えなさい。

実験
① 被子植物に属する，ある植物の同じくらいの大きさの新鮮な葉を，同じ枚数ずつ透明なポリエチレンの袋A，Bに入れた。
② 袋A内の空気を抜き，袋の口から息をふき込んでふくらませたあと，すぐに袋の口を閉じた。袋Bについても同様の操作を行った。
③ ②のあと，袋A，B内の二酸化炭素と酸素の濃度(体積の割合)を気体検知管で調べた。
④ 袋A，Bを別々の暗室に入れ，LEDライトを用いて，**図**のように，袋Aには強い光を，袋Bには弱い光をそれぞれ３時間あてた。
⑤ ④のあと，再び，袋A，B内の二酸化炭素と酸素の濃度(体積の割合)を調べた。

表は，③，⑤の結果をまとめたものである。

図

強い光　袋A　袋B　弱い光

ある植物の葉　透明なポリエチレンの袋

表

	袋	③	⑤
二酸化炭素の濃度〔%〕	A	2.0	a
	B	2.0	2.0
酸素の濃度〔%〕	A	18.5	b
	B	18.5	18.5

(1) **実験**で使用した被子植物の葉脈は網目状に広がっていた。この植物の，茎の横断面における維管束と，根のようすの組み合わせとして最も適当なものを，次の**ア**～**エ**のうちから一つ選び，その符号を書きなさい。

ア 維管束：輪状に並んでいる　　根：ひげ根
イ 維管束：輪状に並んでいる　　根：主根と側根
ウ 維管束：ばらばらに散らばっている　　根：ひげ根
エ 維管束：ばらばらに散らばっている　　根：主根と側根

(2) **実験**の③，⑤で調べた袋B内における，酸素の濃度は等しかった。このようになった理由を，植物が行っているはたらきの名称を**２つ**と，「**酸素**」ということばを用いて，簡潔に書きなさい。

(3) 次の文章は，袋A，Bに入れた植物の葉が行ったはたらきについて述べたものである。文章中の［ x ］にあてはまる式の組み合わせとして最も適当なものを，あとの**ア**～**エ**のうちから一つ選び，その符号を書きなさい。また，［ y ］にあてはまる最も適当なことばを書きなさい。

> **表**中の袋Bの結果から，袋Aにおける**実験**の⑤の結果であるa，bの値は［ x ］という範囲にあると考えられる。また，酸素と二酸化炭素に関係していて，光があたることで植物が栄養分をつくり出すはたらきは，細胞内の［ y ］というつくりで行われている。

ア a＜2.0，b＜18.5　　**イ** 2.0＜a，b＜18.5
ウ a＜2.0，18.5＜b　　**エ** 2.0＜a，18.5＜b

3

音の性質について調べるため，次の**実験１**～**３**を行いました。これに関して，あとの(1)～(3)の問いに答えなさい。

実験１ コップにふち付近まで水を入れ，音さをたたいて鳴らしたあとすぐ，音さの先を水につけると，**図１**のように，水しぶきが激しく上がった。

実験２ ある人が離れた位置から花火を見物中に，花火が開くのが見えてから花火の音が聞こえるまでの時間をストップウォッチではかったところ，6.5秒であった。

実験３ 音さをたたいて，出た音をマイクからコンピュータにとり込み，音の波形を表示させた。**図２**は，このときの音の波形を表したものである。

図１

図２

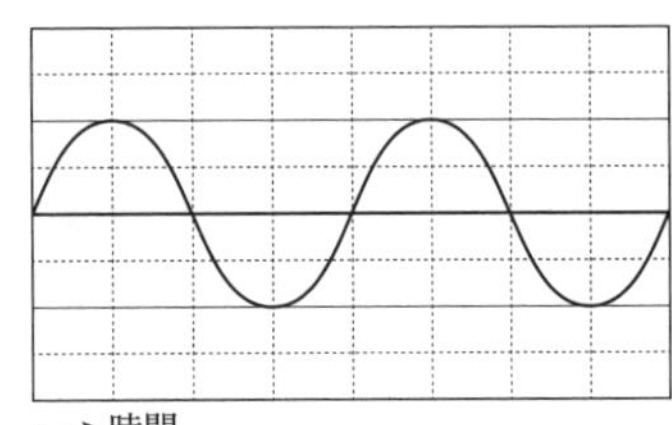

(1) **実験１**の結果からわかることとして最も適当なものを，次の**ア**～**エ**のうちから一つ選び，その符号を書きなさい。

ア 音を出している音さは振動している。　　**イ** コップには音が伝わらない。

ウ　水しぶきの高さから音の高さがわかる。　　　　**エ**　音は水中でも伝わる。

(2)　**実験２**で，空気中を伝わる音の速さを340m/sとすると，観測者から開いた花火までの距離は何mか。

(3)　**実験３**について，次の①，②の問いに答えなさい。

①　次の文は，**実験３**で，音さから出た音の振動数について述べたものである。文中の［ x ］にあてはまる数値として最も適当なものを，あとの**ア**～**エ**のうちから一つ選び，その符号を書きなさい。

> **図２**で，時間軸の１目盛りを0.002秒とすると，この音の振動数は［ x ］Hzである。

ア　25　　**イ**　125　　**ウ**　250　　**エ**　500

②　**実験３**で使用した音さよりも高い音が出る音さを，**実験３**のときと同じ強さでたたいた場合に得られる波形として最も適当なものを，次の**ア**～**エ**のうちから一つ選び，その符号を書きなさい。

ア
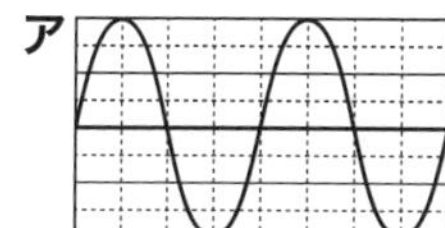
イ
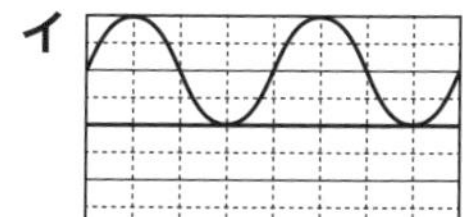
ウ
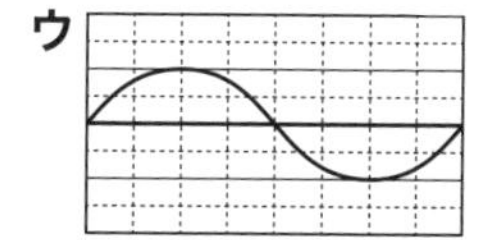
エ
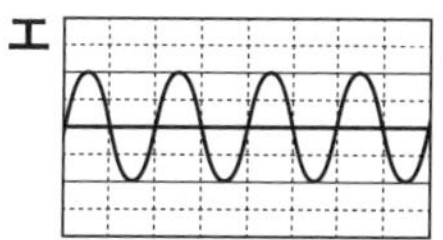

4　鉄粉と硫黄の粉末の混合物を加熱したときに起こる化学変化について調べるため，次の**実験**を行いました。これに関して，あとの(1)～(3)の問いに答えなさい。

実験　①　鉄粉7.0gと硫黄の粉末1.0gを乳鉢でよく混ぜ合わせてから，試験管Aに入れた。

②　次に，**図１**のように，①の試験管Aに入れた混合物の上部をガスバーナーで加熱し，赤くなったら加熱を止め，反応が終わるまで観察した。

③　試験管Aが冷えるまで待ち，**図２**のように，試験管A内の物質に棒磁石を近づけると，物質は棒磁石に引きつけられた。

④　鉄粉の質量はかえず，硫黄の粉末の質量だけを2.0g，3.0g，4.0g，5.0gとかえて，混合物を試験管B～Eに入れ，それぞれの試験管に対して，②，③と同様の操作を行い，その結果を，試験管Aの結果とともに，**表**のようにまとめた。

図１
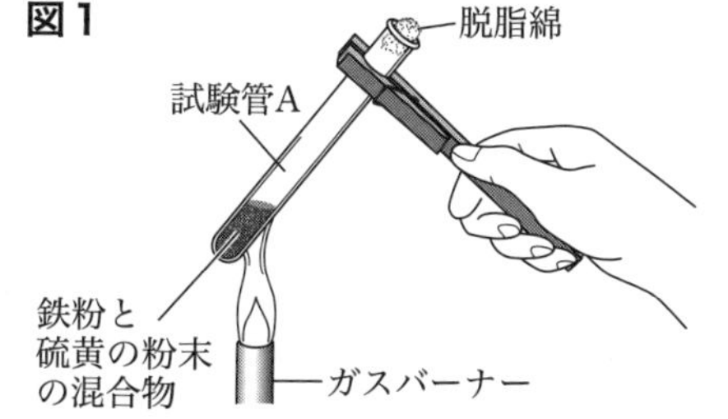

図２
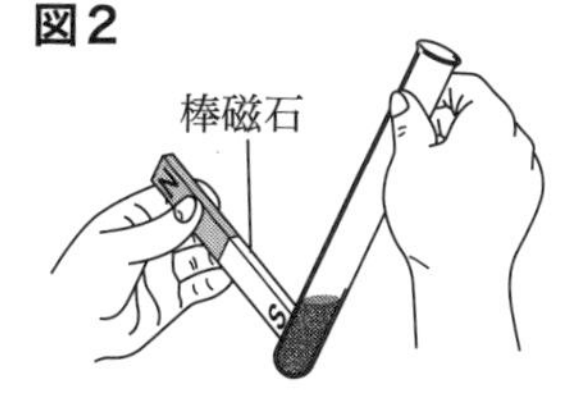

表

試験管	硫黄の粉末の質量〔g〕	棒磁石に対する反応
A	1.0	引きつけられた
B	2.0	引きつけられた
C	3.0	引きつけられた
D	4.0	引きつけられなかった
E	5.0	引きつけられなかった

(1)　**実験**の②～④について，次の(a)，(b)の問いに答えなさい。

(a)　**実験**の②で，ガスバーナーで混合物を加熱すると，混合物が赤くなり熱を発生させる反応が起こった。この反応と同じ熱の出入りをともなう反応を何反応というか，書きなさい。

(b)　次の文章は，**実験**の③，④について述べたものである。文章中の［ x ］～［ z ］にあてはまるものの組み合わせとして最も適当なものを，あとの**ア**～**エ**のうちから一つ選び，その符号を書きなさい。

> **実験**の④で，試験管Ｄに入れた鉄粉と硫黄の粉末は過不足なく反応していたとすると，反応によってできた物質以外に，試験管Ｂには［　x　］が，試験管Ｅには［　y　］が残っていたと考えられる。また，加熱後の試験管Ｄにうすい塩酸を加えると，刺激臭のある［　z　］が発生した。

ア　x：鉄　　y：硫黄　　z：硫化水素　　**イ**　x：鉄　　y：硫黄　　z：塩化水素
ウ　x：硫黄　　y：鉄　　z：硫化水素　　**エ**　x：硫黄　　y：鉄　　z：塩化水素

(2)　**実験**の②で，鉄粉と硫黄の粉末の混合物を加熱したときに起こった化学変化を，**化学反応式**で書きなさい。

(3)　**実験**と同様にして，鉄粉 11.2ｇを硫黄の粉末とすべて反応させるためには，硫黄の粉末は少なくとも何ｇ必要か，書きなさい。ただし，試験管Ｄに入れた鉄粉と硫黄の粉末は過不足なく反応したものとする。

5　ある地域の地下で地層が重なっているようすについて調査を行い，次のように**わかったこと**をまとめました。これに関して，あとの(1)～(3)の問いに答えなさい。

> **わかったこと**
> ①　**図１**は，調査を行った地域を真上から見たようすを表したもので，地点Ａ～Ｄを順に結んだ四角形は正方形で，地点Ｐから地点Ａ～Ｄまでの水平距離はすべて等しく，いずれの地点の標高も等しかった。
> ②　調査を行った地域の地下の地層は連続してほぼ平行に積み重なっていて，ある方角に向かって一定の角度で傾いていた。
> ③　**図２**は，地点Ａ～Ｄの地下のようすを表した柱状図で，砂の層にはサンゴの化石が含まれていた。

図１

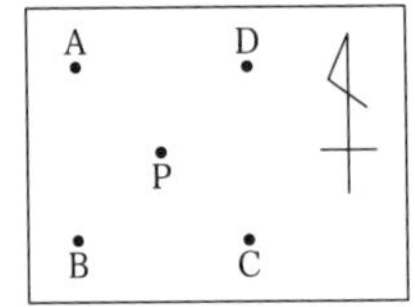

図２

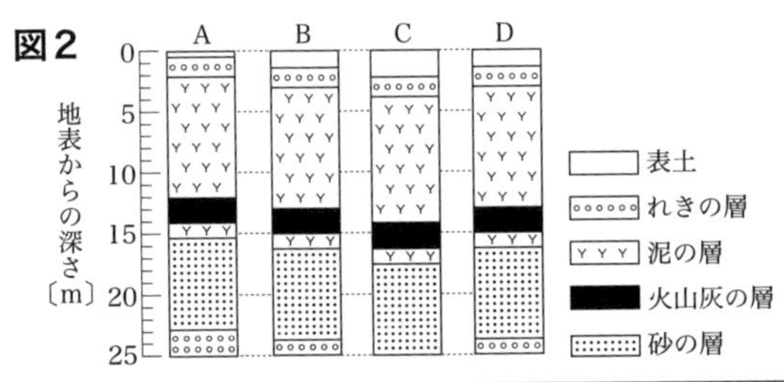

(1)　次の文章は，**図２**のれき，泥，砂の層をつくる土砂の粒と，砂の層に含まれていたサンゴの化石について述べたものである。あとの(a)，(b)の問いに答えなさい。

> **図２**のれき，泥，砂の層をつくる土砂を水でよく洗って顕微鏡で観察してみると，その粒の形状は，いずれも［　x　］いた。このうち，粒の直径が0.06mm以下のものが，［　y　］である。また，砂の層にサンゴの化石が含まれていたことから，この層が堆積した当時，この地域は［　z　］であったと考えられる。

(a)　文章中の［　x　］，［　y　］にあてはまるものの組み合わせとして最も適当なものを，次の**ア**～**エ**のうちから一つ選び，その符号を書きなさい。

ア　x：角ばって　　y：れき　　**イ**　x：角ばって　　y：泥
ウ　x：丸みを帯びて　　y：れき　　**エ**　x：丸みを帯びて　　y：泥

(b)　文章中の［　z　］にあてはまる内容として最も適当なものを，次の**ア**～**エ**のうちから一つ選び，その符号を書きなさい。

ア　海岸部付近の干潟　　**イ**　河口から遠く離れた深い海
ウ　浅くて暖かい海　　**エ**　淡水が流れ込んでいる河口近くの海

⑵ **図２**中の，火山灰の層(火山灰が押し固められてできた層)をつくる堆積岩を何というか，書きなさい。

⑶ 地点Ｐにおける地下のようすを柱状図で表すとき，火山灰の層はどこにあると考えられるか。火山灰の層がある部分を，解答用紙の図中に黒くぬって示しなさい。

6

Ｓさんは，３つの水溶液の溶質を見分けるため，次のような**実験**を行いました。**図**は，**実験**のあとに調べた，水の温度と，**実験**に使用した３種類の物質の溶解度(100ｇの水に溶ける限度の質量)との関係を表したグラフです。これに関して，あとの⑴～⑷の問いに答えなさい。

実験 ① Ｔさんに，60℃の水100ｇが入った３つのビーカーに，食塩，硝酸カリウム，ミョウバンを30ｇずつ別々に入れてかき混ぜ，すべて溶かした水溶液をつくってもらった。

② ３つのビーカーを受けとったＳさんは，それぞれを区別するため，ビーカーＡ～Ｃとし，そのまま放置して温度が下がるのを待ったところ，水溶液の温度が45℃になったところで，ビーカーＡの水溶液中に結晶が現れ始めた。

③ ②のあと，ビーカーＢ，Ｃを，深さの浅い食品トレーに入れた冷水にひたして，ビーカーＢ，Ｃの水溶液を冷やしたところ，水溶液の温度が19℃になったところでビーカーＢの水溶液中に結晶が現れ始めた。

④ ③のあと，結晶が現れなかったビーカーＣを冷凍庫に入れ，その水溶液の温度を０℃付近まで下げてみたが，水溶液中に結晶は現れなかった。

図

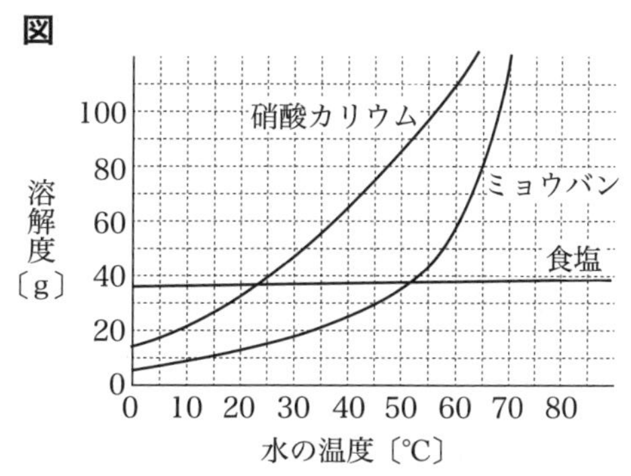

⑴ 次の文章は，**実験**の②，③で，水溶液中に溶質の結晶が現れた理由について述べたものである。文章中の［　　　］にあてはまる最も適当なことばを書きなさい。

> **図**から，**実験**に用いた物質の溶解度は，水の温度が高いほど大きいことがわかる。**実験**の②，③で，水溶液の温度を低くしていくと，ビーカーＡ，Ｂでは，物質が溶解度まで溶けていてこれ以上溶けることができない水溶液である，［　　　］水溶液となる。水溶液の温度がこれよりも下がると，溶けきれなくなった溶質が結晶となって出てくる。

⑵ **実験**の結果から，ビーカーＢの水溶液の溶質として最も適当なものを，次の**ア～ウ**のうちから一つ選び，その符号を書きなさい。

ア 食塩　　**イ** 硝酸カリウム　　**ウ** ミョウバン

⑶ **実験**の①でつくった60℃のミョウバンの水溶液には，あと何ｇのミョウバンを溶かすことができるか。次の**ア～エ**のうちから最も適当なものを一つ選び，その符号を書きなさい。

ア 約28ｇ　　**イ** 約58ｇ　　**ウ** 約78ｇ　　**エ** 約108ｇ

⑷ **実験**の④で，０℃付近まで温度を下げても結晶が現れなかったビーカーＣの水溶液から溶質の結晶をとり出すためには，どのような操作を行えばよいか，「**水溶液**」「**水**」ということばを用いて，簡潔に書きなさい。

7　Ｓさんは，季節による日本の気象の特徴について，次の**調査**を行いました。そのあと，千葉市内のある地点で**気象観測**を行いました。これに関して，あとの(1)～(4)の問いに答えなさい。

調査　日本の季節ごとに見られる気象の特徴について調べ，２月，４月，６月，８月における典型的な天気図をノートにかきうつした。

図のＡ～Ｄは，それぞれ**調査**でノートにかきうつした天気図のいずれかである。

図

A

B

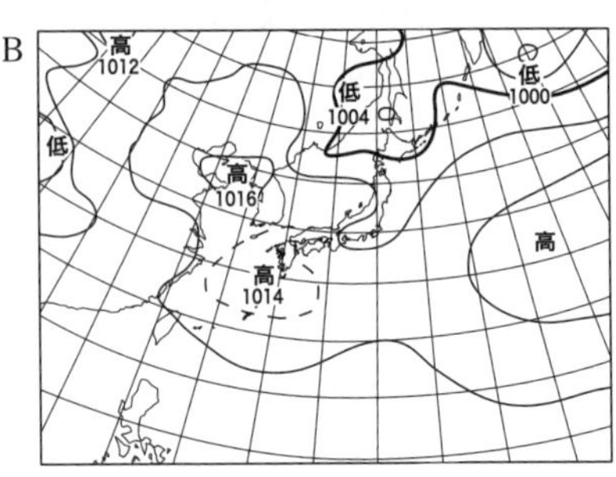

C

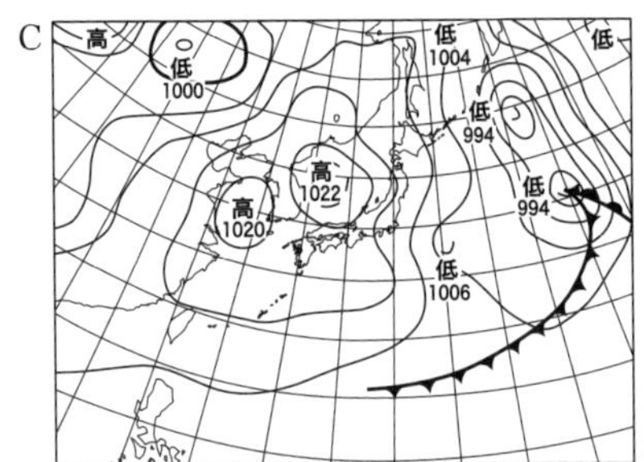

D

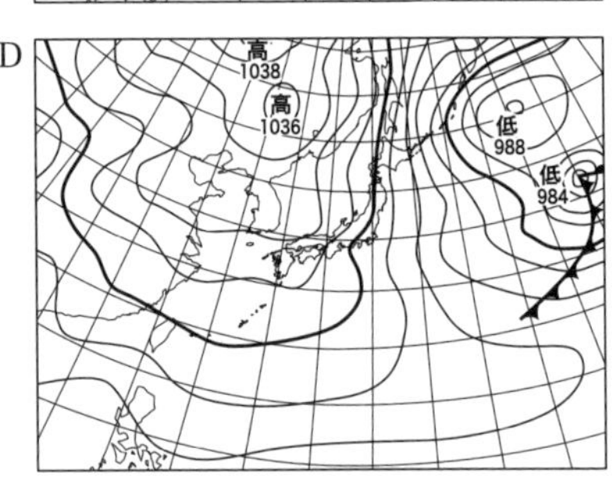

気象観測　ある年の４月24日９時に，千葉市内のある地点で，天気と気温，湿度，気圧を調べた。

表１は，**気象観測**の結果をまとめたもので，**表２**は，**気象観測**のあとに調べた，気温とその気温における空気１m³中に含むことができる最大の水蒸気量との関係を表したものの一部である。

表１

天気	くもり
気温	18℃
湿度	61％
気圧	1009 hPa

表２

気温〔℃〕	空気１m³中に含むことができる最大の水蒸気量〔g〕
8	8.3
10	9.4
12	10.7
14	12.1
16	13.6
18	15.4

(1)　次の文は，**図**の天気図に見られる等圧線のかき方について述べたものである。文中の［　a　］～［　c　］にあてはまるものの組み合わせとして最も適当なものを，あとの**ア～エ**のうちから一つ選び，その符号を書きなさい。

一般的な天気図において，等圧線は［　a　］hPa を基準として，［　b　］hPa おきに引き，［　c　］hPa おきに太線で引く。

ア　a：1000　b：4　c：20　　**イ**　a：1013　b：4　c：40
ウ　a：1000　b：10　c：50　　**エ**　a：1013　b：10　c：100

(2)　次の会話文は，**図**のＡの天気図中に見られる停滞前線について話している，Ｓさんと先生との会話の一部である。あとの(a)，(b)の問いに答えなさい。

先　生：図のＡの天気図を見てください。この天気図で，Ｂ～Ｄの天気図と異なるのはどのようなことですか。
Ｓさん：はい。Ａの天気図には，Ｂ～Ｄの天気図には見られない停滞前線が見られます。
先　生：そうですね。この停滞前線の影響で，日本列島ではくもりや雨の日が長く続きます。このことから，Ａが何月の天気図かわかりますね。停滞前線は，この時期以外にもできることがありますが，この時期の停滞前線を特に［ x ］前線といいます。それでは，この停滞前線がどのようにしてできるのか考えてみましょう。そもそも，前線とは何でしたか。
Ｓさん：異なる性質の気団がぶつかってできた前線面が，［ y ］です。
先　生：その通りです。この停滞前線をつくる気団は，日本列島の南東にある小笠原気団と北東にあるオホーツク海気団です。それぞれの気団の性質も調べておきましょう。

(a)　会話文中の［ x ］にあてはまる最も適当なことばを書きなさい。

(b)　会話文中の［ y ］にあてはまる内容を，「**地面や海面**」ということばを用いて，簡潔に書きなさい。

(3)　**図**のＡ～Ｄの天気図を，２月，４月，６月，８月の順になるように左から並べ，その符号を書きなさい。

(4)　**表１**，**２**から，**気象観測**を行ったときの露点はおよそ何℃と考えられるか，**整数**で書きなさい。

8

ハムスターの毛色がどのように受け継がれるかを調べるため，次の**実験**を行いました。**図１**は，**実験**のようすを表した模式図です。これに関して，あとの(1)～(3)の問いに答えなさい。ただし，ハムスターの毛色の遺伝は，メンデルが提唱した遺伝の法則にしたがうものとします。

実験　①　代々毛色が黒色である純系のハムスター(親黒とする)の雄と，代々毛色が茶色である純系のハムスター(親茶とする)の雌をかけ合わせたところ，子の代のハムスターの毛色はすべて茶色であった。
②　①で生まれた子の代のハムスターから無作為に雄と雌を選んでかけ合わせたところ，孫の代には，毛色が黒色のハムスター(孫黒とする)と毛色が茶色のハムスター(孫茶とする)が現れた。

図１

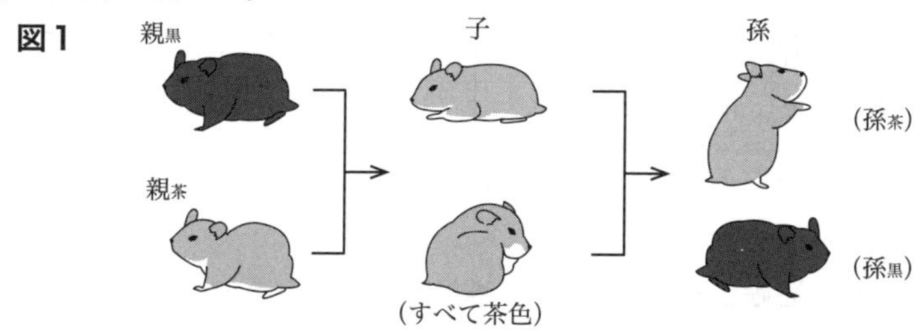

(1)　**実験**の①で，子の代のハムスターに現れなかった毛色が黒色の形質に対し，子の代に現れた毛色が茶色の形質を何の形質(何形質)というか(Ｐ)。また，ハムスターの毛色(黒色と茶色)のように，どちらか一方しか現れない形質どうしを何形質というか(Ｑ)。次の**ア～カ**のうちから，何にあたることばとして最も適当なものをそれぞれ一つずつ選び，その符号を書きなさい。

ア　対称　　**イ**　顕性　　**ウ**　並立　　**エ**　相対　　**オ**　潜性　　**カ**　対立

(2)　**図２**は，**実験**で用いた親黒と親茶のハムスターにおける，毛色を伝える遺伝子の組み合わせを模式的に表したものである。このとき，子と孫黒のハムスターにおける毛色を伝える遺伝子の組み合わせを，解答用紙の図中にかきなさい。

図２

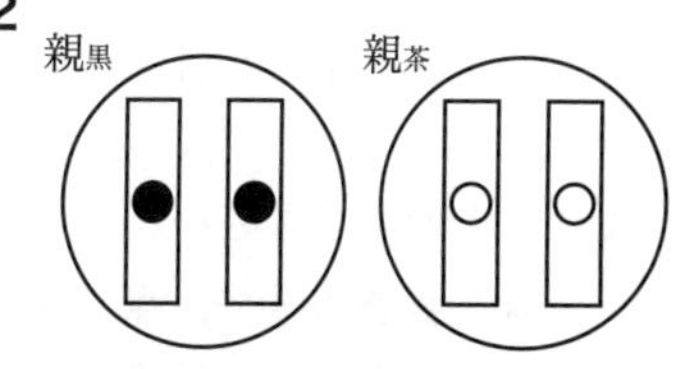

(3) 次の文章は，遺伝子の本体と孫の代の形質の現れ方について述べたものである。あとの(a)，(b)の問いに答えなさい。

> 20世紀以降の研究により，遺伝子の本体は，染色体に含まれている<u>デオキシリボ核酸</u>とよばれる物質であることがわかった。また，**実験**の②と同様にして，子の代のハムスターを数組かけ合わせ，孫の代のハムスターが全部で60匹生まれたとき，この中に，毛色が黒色の個体は理論上［　　］匹いると考えられる。

(a) 文章中の下線部，デオキシリボ核酸の略号(略称)を，**アルファベット３字**で書きなさい。

(b) 文章中の［　　］にあてはまる数値として最も適当なものを，次の**ア～オ**のうちから一つ選び，その符号を書きなさい。

ア　15　　**イ**　20　　**ウ**　30　　**エ**　40　　**オ**　45

9

物体の運動について調べるために，次の**実験**を行いました。これに関して，あとの(1)～(4)の問いに答えなさい。ただし，摩擦や空気の抵抗は考えないものとします。

実験
① 斜面と水平面とをなめらかにつなぎ合わせて，**図１**のような，小球を転がすためのコースを組み立てた。
② 次に，斜面と水平面のつなぎ目である点Ｂから11.2 cmの距離にある斜面上の点Ａに小球を置いた。
③ ②のあと，静かに小球を離すと，小球は斜面上を転がって点Ｂを通過したあと，水平面上をまっすぐに転がり点Ｃ，Ｄを順に通過していった。
④ ③の小球の運動のようすを，一定の時間間隔で発光するストロボスコープを用いて撮影した。**表**は，このストロボ写真をもとにして，0.1秒ごとの小球の移動距離(点Ａからの斜面や水平面に沿った距離)をはかり，その結果をまとめたものである。

図１

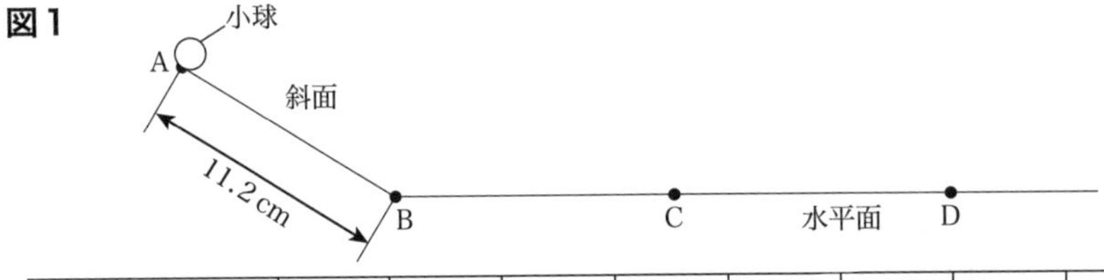

表

時間〔s〕	0	0.1	0.2	0.3	0.4	0.5	0.6	0.7	0.8
移動距離〔cm〕	0	0.7	2.8	6.3	11.2	16.8	22.4	28.0	33.6

(1) **実験**の③で，点Ｂを通過してから点Ｄを通過するまでに小球が行った運動を何運動というか，書きなさい。

(2) 小球が点Ｃを通過しているとき，小球にはたらく力を矢印で表した模式図として最も適当なものを，次の**ア～エ**のうちから一つ選び，その符号を書きなさい。

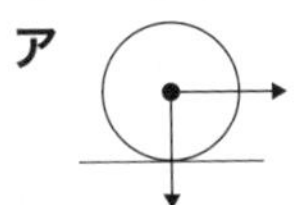

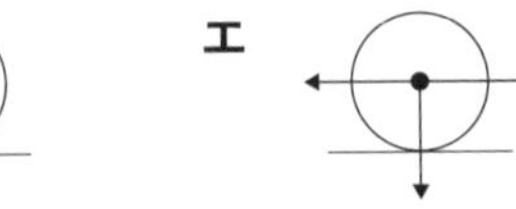

(3) **図２**は，**実験**の③で点Ａ～Ｄまで運動した小球における，運動をはじめてからの時間と小球の速さとの関係をグラフに表したものである。**表**の結果から求められる，小球の速さが最大に達した時間(ｘ)と，そのときの小球の速さ(ｙ)を，それぞれ書きなさい。

図２

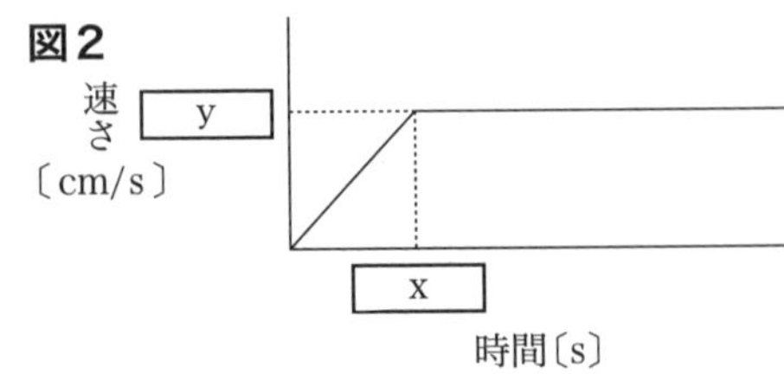

(4) **実験**の③で，点Ａ～Ｄまで運動した小球の平均の速さは何 cm/s か。ただし，小球が運動を始めてから0.8秒後に点Ｄを通過した。

(1) 文章中のＡ第一に捨てがたきふしの意味として最も適当なものを、次の**ア～エ**のうちから一つ選び、その符号を書きなさい。

ア 最も捨てるには惜しいもの　**イ** 一番目に捨てたいもの

ウ 一度では捨てられないもの　**エ** 第一に捨てにくいもの

(2) 文章中のＢおぼされむを現代仮名づかいに改め、**ひらがな**で書きなさい。

(3) 文章中のＣかやうの道について具体例を挙げている部分を、文章中から**十八字**で**抜き出して**書きなさい。

(4) 文章中のＤ月の光ばかりこそとあるが、月の光を選んだ理由として最も適当なものを、次の**ア～エ**のうちから一つ選び、その符号を書きなさい。

ア 月の光は周囲を照らすほどの明るさがあるから。

イ 夕方の月と明け方の月では、風情（ふぜい）が異なるから。

ウ 一年を通じて、どんな場所でも鑑賞できるから。

エ 世に月を見たことがないという人はいないから。

(5) この文章で述べられていることとして最も適当なものを、次の**ア～エ**のうちから一つ選び、その符号を書きなさい。

ア 月に向かい合うとさまざまなことに自然と思いをはせる。

イ 月に向かって歩いていくと外国にも行けそうな気がする。

ウ 月の明るい夜が騒々しいのは今も昔も変わることがない。

エ 月を眺めている間は日頃の自分の情けなさを忘れられる。

(6) 『蘇東坡（そとうば）全詩集』という書物の「春夜」の一節に、「花に清香有り月に陰有り」という文がある。こう読めるように、次の「花ニ有リ清香月ニ有リ陰」に**返り点**をつけなさい。

花ニ 有リ 清 香 月ニ 有リ 陰

七

次は、中学生の松田（まつだ）さんと山岸（やまぎし）さんが文化祭で「クラスの絆（きずな）を深めること」について、自分の考えを述べている場面です。これを読み、あとの〈条件〉にしたがい、〈注意事項〉を守って、あなたの考えを書きなさい。

【話題】 文化祭でクラスの絆を深めるためにはどうすればよいか。

松田さん：ぼくは、一人一人が責任をもって自分の役割を果たすことで、文化祭が成功すれば、その喜びから自然と絆は深まると思います。

山岸さん：私は、文化祭を通じて、お互いを思いやったり助け合ったりすることで、コミュニケーションをとることができ、絆が深まると思います。

〈条件〉

① **二段落構成**とし、**八行以上、十行以内**で書くこと。

② 前段では、二人の考え方を整理すること。

③ 後段では、二人の考え方をふまえてクラスの絆を深めるためにはどうすればよいかについて、あなたの考えを理由とともに具体的に書くこと。

〈注意事項〉

① 氏名や題名は書かないこと。

② 原稿用紙の適切な使い方にしたがって書くこと。

のア〜エのうちから一つ選び、その符号を書きなさい。

ア 半年ぶりの再会がとても短くて物足りなかったが、そう思っているのは自分だけなのかもしれないと考え直したから。

イ 父の拒絶する態度から、自分を許してはくれないのだということを痛感し、いまはなにを言ってもだめだと思ったから。

ウ 結婚して自立した大人になったのに、家族に甘えようとしている自分のずうずうしさに気づいて恥ずかしくなったから。

エ 子どものころに言われ続けた「ヨイは良い子だ」を、大人になっても聞きたいという願望を、悟られたくなかったから。

(5) 次は、この文章を読んだあとに、米田さん、野口さん、木下さんが表現の効果について話し合っている場面の一部です。これを読み、あとの(a)〜(c)の問いに答えなさい。

米田さん　ヨイと父との再会は切なかったです。

野口さん　そうですね。二人のぎこちなさは、［Ⅰ］を繰り返している様子が、多用された記号からも読み取れました。

木下さん　記号といえば、結婚祝いを見つけたときも、ヨイの戸惑いと驚きが伝わってきました。

米田さん　私は、祝儀袋に書かれていたのが墨文字だったことに驚きました。墨で書くのは時間がかかることや、墨で書いた文字は乾くのが遅いことと、「［Ⅱ］」という描写は矛盾しているので、父がずっと前から準備していて、本当はヨイの結婚を祝福してあげたいと思っていたことが読み取れますね。

木下さん　そうですね。また、父が急いで駆けつけたことがわかる部分からは、本当は、父はずっとヨイを心配し、気にかけていたのだろうなと推測できますね。それでも、ヨイにかける言葉や態度はあくまでも厳しくしようとしている様子からは、本当は誰よりも［Ⅲ］父の不器用さが読み取れました。

(a) ［Ⅰ］に入る言葉を、文章中から**四字**で**抜き出して**書きなさい。

(b) ［Ⅱ］に入る言葉を、文章中から**八字**で**抜き出して**書きなさい。

(c) ［Ⅲ］に入る言葉を、「幸せ」と「素直」という二つの言葉を使って、**二十字以上、二十五字以内**で書きなさい。

六

次の文章を読み、あとの(1)〜(6)の問いに答えなさい。

「さてもさても、何事かこの世にとりてA第一に捨てがたきふしある。おのおの、心にBおぼされむことのたまへ。」といふ人あるに、「花、紅葉をもてあそび、月、雪に戯るるにつけても、この世は捨てがたきものなり。情けなきをもあるをも嫌はず、心なきをも数ならぬをもわかぬは、Cかやうの道ばかりにこそはべらめ。それにとりて、夕月夜ほのかなるより、有明の心細き、折も嫌はず、ところもわかぬものは、D月の光ばかりこそはべらめ。春夏も、まして秋冬など、月明かき夜は、そぞろに、心なき心も澄み、情けなき姿も忘られて、知らぬ昔、今、行く先も、まだ見ぬ（注）高麗、唐土も、残るところなく、遙かに思ひやらるることは、ただこの月に向かひてのみこそあれ。……（略）」といふ人あり。

（『無名草子』による。）

（注）高麗、唐土＝朝鮮半島、中国大陸。

父は自転車から降りると、ヨイの顔から目をそらすようにして訊いた。息が白い。

「うん」

「──(注２)勘当した娘を、家に上げるわけにはいかん」

「……うん」

父は傘を娘に渡した。短い沈黙があった。

「──お前、歩いて来たのか」

ヨイが黙って頷くと、父は自転車のスタンドを立てた。

「これ、乗っていけ」

「え」

「車に気をつけろよ」

父はそう言うと背中を向けた。──お父さん、ちょっと待って。出かかったことばをあわてて押さえた。

遠ざかっていく焦茶のカーディガンの背中をしばらく見つめたあと、ヨイも自転車を押して反対向きに歩きはじめた。何を期待していたのだろうと思うと、たまらなく淋しくなった。

ヨイが自転車のカゴの中にあるものに気づいたのは、十分ほど歩いたあとだった。ヨイは足をとめて、カゴの中から白い封筒を手に取った。

封のされていない封筒の中からは、分厚い(注３)祝儀袋が出てきた。

「……結婚祝い……」

袋の上に書かれた墨文字をそのまま読みあげたヨイの声は、かすれて聞き取れぬほどだった。抱えるようにしていた黒い傘が落ちて、アスファルトの上で音を立てた。ヨイはそのまま路上にうずくまり、傘と祝儀袋を胸に抱いた。

──お父さん、ヨイは今でも、そうしてこれからもずっと、良い子でいるよ……。

心の中でそう呟くと、ヨイは立ち上がり、再び自転車を押して歩き出した。

（鷺沢萠『柿の木坂の雨傘』による。）

（注１）小糠雨＝雨粒が霧のように細かい雨。
（注２）勘当＝親子の縁を切り、追放すること。
（注３）祝儀袋＝お祝いとして金銭などを入れるための袋。

(1) 文章中に A決心した とあるが、このときの「ヨイ」の気持ちとして最も適当なものを、次のア～エのうちから一つ選び、その符号を書きなさい。

ア 大切なものを取り戻して、今度こそ家族への思いを断ち切ろう。
イ 傘が手元にあれば、勇司と出会った日の気持ちも取りもどせる。
ウ 雨が降るたびに憂鬱になるこの気持ちから、もう解放されたい。
エ 三日も外出できずに家にいたので、晴れたら実家にでも行こう。

(2) 文章中に B歯をくいしばって軒先の庇から一歩踏み出した とあるが、このときの「ヨイ」の様子について述べた、次の文を完成させなさい。ただし、[Ⅰ]、は「絶縁」という言葉を使って、**十五字以上、二十字以内**で書き、[Ⅱ]は、あとの**ア～エ**のうちから最も適当なものを一つ選び、その符号を書くこと。

> ヨイは、自分の決めた結婚を[Ⅰ]という現実を[Ⅱ]、勇司の待つアパートに向かう様子。

ア 納得できないまま　　**イ** 打破しようとして
ウ 直視することなく　　**エ** 仕方なく受け入れ

(3) 文章中に Cピリピリ張りつめていた気持ち とあるが、この感情を具体的に表現している**一文**を文章中から**抜き出して、はじめの五字**を書きなさい。

(4) 文章中に D出かかったことばをあわてて押さえた とあるが、「ヨイ」が父親を呼び止めなかった理由として最も適当なものを、次

うとよいと考えているか。「……ように話し合うとよい。」につながる形で、「データ」と「検討」という二つの言葉を使って、**二十字以上、二十五字以内**で書きなさい。

五

次の文章を読み、あとの(1)～(5)の問いに答えなさい。

〔三人兄弟の末っ子のヨイは父に一番可愛がられていた。しかし二十歳になったヨイは、父の反対を押し切って勇司との結婚を決めたため、親子の縁を切られてしまった。それから半年も父とは会っていなかった。〕

柿の木坂にある実家から傘を取って来ようとヨイがA決心したのは、三日間雨が降り続いた次の日だった。

雨が降るたびにヨイの心を重くしていたのは一本の傘である。決して上等なものというわけではないが、黒い細身の傘はヨイにとっては大切なものだった。はじめて勇司に会った日、帰り際に俄か雨が降った。黒い傘はそのとき勇司が貸してくれて、そのままヨイが自分のものにしてしまったものなのである。

半年前、ヨイが最後に実家を訪れた日も雨が降っていた。二度と帰って来るなと言われ、B歯をくいしばって軒先の廂から一歩踏み出したその途端、濡れた舗道がヨイの目に飛びこんで来た。――傘を忘れた。そう気づいたらしゃがみこみたくなった。

結局ヨイは小糠雨(注1)の中を小走りに、勇司の待つアパートに帰ったのだったが、その日から一本の傘がヨイの心を占有してしまった。柿の木坂の生まれ育った家にヨイが置き去りにして来てしまったものは、まだたくさんあるけれど、あの傘だけは「今の」自分の家に持って来なければ――なぜかそんなふうに思っていた。

三日のあいだ東京に雨を降らせた灰色の雲は嘘のようにどこかへ消え失せてしまい、翌日は冴々と晴れわたった気持ちのよい日だった。ヨイは勇司には内緒で朝早くアパートを出た。

勇司とヨイのアパートから柿の木坂までは歩けば小一時間ほどである。ヨイは冬の朝独特の淡く白い光の中を、頼りなげな足どりで歩いた。半年ぶりで見る家族の顔を思い浮かべると、ヨイの心は期待と不安でごちゃまぜになる。

冬の朝の住宅街をゆっくり歩いていると、これと似たような思いをしたことがあることにヨイは気づいた。歩きながら長いこと考えて、やっと思い出した。これはまだ小学生の頃、終業式の日に通信簿をもらって帰るときの感じに似ている。そう思ったら何だか可笑しくなった。くすんと笑うと、Cピリピリ張りつめていた気持ちが急にほぐれた。

――ヨイは良い子だ。良い子になるように、ヨイと付けたんだぞ。

父はきまってそう言った。持って帰った通信簿の数字がどうであっても。

歩くヨイの前に坂道が見えてきた。柿の木坂という町の名が示すように、このあたりは坂が多い。目の前の坂のふもとには煙草屋がある。坂を上りつめるともうヨイの実家はすぐである。

ヨイは煙草屋の前に立ち止まって中を覗いた。ヨイが小さいときからおばあちゃんだった煙草屋の女主人は、今でもやっぱりおばあちゃんで、店の奥のこたつに入って小さな背中をまるめている。喉もとまでせりあがって来る懐かしい気持ちは、今のヨイにとっては危険なものである。ヨイは懐かしさを呑みこんで、店先の赤電話に十円玉を落とした。

電話に出たのは父親だった。傘を取りに来たと用件を告げると、そうかと言って今どこにいるのかと訊いた。「下の煙草屋」というヨイの答えに、そこで待っていろとだけ言って電話を切った。気が抜けるほどあっけなかった。

五分と経たぬうちに、父は古い自転車にまたがって坂を下って来た。脇に黒い傘を抱えている。

「ひとりで来たのか」

を駆使して、未来を予測することではないかと思っています。何ができないか、ある道を選べばどのような結果になるか、どこまでを許容できどこからは受け入れられないか、そのような予測を世界各国のみんなが慎重に検討し、一致できることから行動する、そんな手続きが必要でしょう。ここに科学の力が生かせるのです。かつては戦争によって、強い国の論理が押しつけられてきました。そのような暴力ではなく、「科学の知」が世界の未来を決定してゆくのです。

（池内了(いけうちさとる)『科学の考え方・学び方』による。）

（注１）混とん＝成り行きのはっきりしないさま。
（注２）荒唐無稽＝でたらめで、しっかりした根拠がないこと。
（注３）素地＝何かをするときの基礎や土台。

(1) 文章中の ようです(A) と同じ意味で使われているものとして最も適当なものを、次の**ア**～**エ**のうちから一つ選び、その符号を書きなさい。

ア この道をたどれば海に出るようです。
イ ここからみる夜景は宝石のようです。
ウ 彼女の歌声はプロの歌手のようです。
エ 水泳部の友人の泳ぎは人魚のようです。

(2) 文章中の［Ｂ］に入る言葉として最も適当なものを、次の**ア**～**エ**のうちから一つ選び、その符号を書きなさい。

ア 局所的　**イ** 総合的　**ウ** 比較的　**エ** 歴史的

(3) 文章中に 過去と現在とでは、はっきりと異なっている(C) とあるが、その違いについて整理した次の表を、完成させなさい。ただし、［Ⅰ］に入る言葉は、文章中から**十字**で**抜き出して**書き、［Ⅱ］に入る言葉は、「高度」という言葉を使って、**十字以上、十五字以内**で書くこと。

	一般人における「［Ⅰ］」	一般社会における科学
過去	なし。ゆえに非論理的なものでも信じる。	広がっておらず、科学者のみで共有されている。
現在	程度の差はあれ、習得している。	［Ⅱ］と思われているため身近ではない。

(4) 文章中に だから、「科学の専門家にまかせてしまってはいけないのです(D)」とあるが、この一文が果たす役割の説明として最も適当なものを、次の**ア**～**エ**のうちから一つ選び、その符号を書きなさい。

ア ほかの話題に移るために、これまでの内容の結論を示している。
イ この警告を読者の記憶に刻めるよう、短い言葉で強調している。
ウ 直前に最悪な事態を提示し、不安をあおったため中和している。
エ 有名な言葉を引用し、問題への対処法になることを示している。

(5) 文章中に 市民(E) とあるが、この文章において筆者が求めている市民像の説明として最も適当なものを、次の**ア**～**エ**のうちから一つ選び、その符号を書きなさい。

ア 科学者を信頼し、それによって超能力や超科学に惑わされなくなった市民。
イ 科学者に研究の方法とその成果について、平易な言葉で説明を求める市民。
ウ 科学者の研究の内容を理解し、その活動をさまざまな面から支援する市民。
エ 科学によって実現した社会と、そこで起こりうる問題点を想像できる市民。

(6) 文章中に 世界中の人々が知恵を出し合って話し合わなければならない(F) とあるが、筆者は世界中の人々が具体的にどのように話し合

分で決心しないで占いやお告げなどに頼るような心理が、この「科学の時代」に広まっているのはどうしてなのでしょうか。現代科学を「超える」という幻想で、わからないことへの不安が取り除かれるかのような気分になり、同時に、神秘(しんぴ)の世界に逃げ込むことにより、それ以上深く考えなくてもすむという「安心」感も得られるからではないかと思われます。

むろん、科学だけが原因なのではなく、変化の可能性がなかなか見えにくい、現代という時代が背景にあります。［B］に見ても混とん(注1)として将来のことがよく見えない時代になると、超能力を看板にした宗教が流行しました。現在も例外ではありません。

しかし、C過去と現在とでは、はっきりと異なっていることがあります。やはり「科学」なのです。現代に生きる私たちは、多かれ少なかれ、科学の考え方や方法を身につけています。あまりに荒唐無稽(こうとうむけい)(注2)な論理は、だれも信用しません。つまり、現代社会は、基本的な科学の素養を身につけた人々によって動いていることが、かつてと大きく違っている点なのです。

しかし、問題があります。科学の内容があまりに日常を離れ、また難しくなっているため、自分たちには理解できないと感じられてしまうことです。専門家もわかりやすく解説してくれないし、本を読んでも難しい数式が平気で出てくる。科学が理解できる素地(注3)があるのに、科学が疎遠になっているのです。食べられるのに、食べないまま嫌いになる「食わず嫌い」といえるかもしれません。

私は、科学への「不信」や未来への「不安」を解消するための第一歩は、科学をもっと身近にすることではないかと思っています。現在地球上に生じているさまざまな矛盾を解決するには、やはり科学の力に頼らざるを得ないからです。つまり、私たちが現在抱えている問題の本質は何で、それにはどのような手を打てば解決できるか、を順序立てて考えることが大切なのです。

科学の力が大事だといっても、病人に次々と注射して、さらに病気を悪化させるようなことになっては何にもなりません。まず、一つ一つの問題を、あらゆる角度から検討する必要があります。Dだから、「科学の専門家にまかせてしまってはいけない」のです。市民が一人一人、自らの頭で考えて意見を述べる、それによって専門家には見えない側面が明らかになるのです。

かつて、病気を治すためと称して、本人の同意を得ず、人体実験がなされたことがありました。あるいは、原子爆弾を開発する計画に、科学者は協力し続けました。専門家は、自分たちが向かっている問題がおもしろければ、その解決が何をもたらすかにはおかまいなしに、研究に熱中してしまいがちです。それにブレーキをかけるのは、科学の内容を理解し、さらにそれが現実化したときに、どのような事態が引き起こされるかを判断できる知力なのです。このような専門家と市民の相互作用こそが、未来を明るいものにするに違いありません。科学の考え方・進め方を知ったE市民となることが求められているのです。

おそらく、現在のままの消費構造やエネルギー使用を続けていくなら、一〇〇年もたたないうちに地球は行きづまってしまうと思われます。資源やエネルギーが足りなくなるのではなく、それらの使い過ぎで地球環境が荒廃してしまうからです。では、私たちはどのような生活へ変えていかねばならないのでしょうか。そして、それをどのような道筋で達成すべきなのでしょうか。

そう簡単には答えが出そうにないこの問題には、F世界中の人々が知恵を出し合って話し合わなければならないでしょう。むろん、国内でも、地域でも、合意が得られることが必要です。そのためには、いったいどのような手だてが必要なのでしょうか。私は、手持ちのデータ

（放送が流れます。）

〈資料〉「子どもたちの回答例のカード」

① 誤った回答	
ぶどう	おにぎり
パン	りんご

② 誤った回答	
もも	おにぎり
パン	なし

③ 誤った回答	
もも	おにぎり
パン	りんご

④ 惜しい回答	
黄色いだんご	もち
だんご	丸いもの

⑤ 惜しい回答	
だんご	もち
まんじゅう	黄色いだんご

⑥ 惜しい回答	
四角いもの	だんご
もち	白いだんご

(1)（問いを放送します。）

［**選択肢**］

ア 家庭での所有率が40％を超える絵本は、現在では一つもない。

イ 20年前には家庭での所有率が40％を超える絵本は30作品あった。

ウ 最近では約半数の子どもが、ももたろうを知らないと答えた。

エ 30年前には家庭での所有率が50％を超える絵本が20作品あった。

(2)（問いを放送します。）

(3)（問いを放送します。）

［**選択肢**］

ア 言葉の意味について説明しながら読み聞かせをした。

イ 絵本の中で気に入った場面の絵をみんなで描いた。

ウ 読み聞かせの途中でわからないことを質問する時間を設けた。

エ 読み聞かせのあとで絵本の内容に関するクイズをした。

(4)（問いを放送します。）

［**選択肢**］

ア ①・④　**イ** ②・⑥　**ウ** ③・④　**エ** ②・⑤

聞き取りテスト終了後、３ページ以降も解答しなさい。

二

次の(1)～(4)の――の漢字の読みを、**ひらがな**で書きなさい。

(1) 一級河川は国が管理する。
(2) 多様な民族を包含する国家。
(3) ドアに服が挟まる。
(4) 防災用品を蓄える。

三

次の(1)～(5)の――のカタカナの部分を**漢字**に直して、楷書(かいしょ)で書きなさい。（正確にていねいに書きなさい。）

(1) 無意識にオウチャクな態度をとる。
(2) セイヤク会社が開発する。
(3) ジョウリュウして水の純度をあげる。
(4) 名案をアみ出す。
(5) 聖地をメグる旅。

四

次の文章を読み、あとの(1)～(6)の問いに答えなさい。

科学への強い「依存」と「不信」という矛盾した感情が、若い人々に広がる超能力や超科学へのあこがれに結びついているようです。(A) 自

山本　そのような惜しい回答が出るのは、お話の中に出てくるきびだんごが、どのようなものなのか理解しないまま、雰囲気で覚えているからだと、番組の中で専門家の方がおっしゃっていたわね。

谷口　最近増えている動画での読み聞かせが原因の一つのようだね。動画だと、わからないことをその場で質問できないから、きびだんごの形や色、「だんご」という言葉だけを覚えている子どもが増えているんだよね。

山本　そうよ。そこで私たちは、昔話離れとは、昔話を知らない子どもが増えていることではなく、昔話について、正しく理解できていない子どもが増えていることを意味するんじゃないかと考えたのよね。

谷口　うん。だから、ただ読み聞かせをするだけではなく、子どもたちが楽しみながら、お話を正しく理解できるような工夫として、読み聞かせのあとで、昔話の内容に関するクイズをしたよね。子どもたちも、楽しみながら絵本の内容を正しく理解することができたと思うんだ。

（合図音Ａ）

問いの⑵　山本さんと谷口くんは、「昔話離れ」という言葉の意味について、どのように考えたと述べていましたか。解答欄に合うように五字以上、十字以内で書きなさい。　（約15秒間休止）

問いの⑶　山本さんと谷口くんは、読み聞かせを行う際に、どのような工夫をしたと述べていましたか。最も適当なものを、選択肢ア～エのうちから一つ選び、その符号を書きなさい。　（約12秒間休止）

（合図音Ｂ）

山本　発表を行うときに、実際に子どもたちに出題したクイズを、カードにして、みんなに見せるのはどうかしら。

谷口　それはいいね。他にもカードを使ってわかりやすく発表できることはあるかな。

（合図音Ａ）

問いの⑷　山本さんと谷口くんは、発表の際に、「ももたろうが、腰につけていたものは何か」という質問に対する子どもたちの回答も、カードにしてみんなに見せることにしました。二人が用意した二枚のカードの組み合わせとして最も適当なものを、選択肢ア～エのうちから一つ選び、その符号を書きなさい。　（約15秒間休止）

放送は以上です。３ページ以降も解答しなさい。

〈チャイム〉

※注意　各ページの全ての問題について、解答する際に字数制限がある場合には、句読点や「　」などの符号も字数に数えること。

一　これから、「子どもの昔話離れ」について知り、幼稚園で読み聞かせのボランティアを行った、中学生の山本さんと谷口くんが、この活動についての発表に向けて話し合っている場面と、それに関連した問いを四問放送します。よく聞いて、それぞれの問いに答えなさい。

国語

国語聞き取りテスト台本

〈チャイム〉

これから、国語の聞き取りテストを行います。これは、放送を聞いて問いに答える問題です。それでは問題用紙の１ページと２ページを開きなさい。（約２秒間休止）

これから、「子どもの昔話離れ」について知り、幼稚園で読み聞かせのボランティアを行った、中学生の山本さんと谷口くんが、この活動についての発表に向けて話し合っている場面と、それに関連した問いを四問放送します。よく聞いて、それぞれの問いに答えなさい。（約２秒間休止）

なお、やりとりの途中、（合図音Ａ）という合図のあと、問いを放送します。また、（合図音Ｂ）という合図のあと、場面の続きを放送します。

１ページと２ページにメモをとってもかまいません。では、始めます。

〈チャイム〉

山本　谷口くん、先日の幼稚園でのボランティア活動についての発表の準備をしましょう。

谷口　うん。まずは活動を振り返ってみようか。山本さん、僕たちは幼稚園で、読み聞かせのボランティアをしたけれど、そのきっかけは、子どもの昔話離れが進んでいるというニュースだったよね。

山本　昔話を知らない子どもたちが増えているというニュースね。まずは、その問題について説明するべきだと思うの。

谷口　そうだね。ニュース番組が実施した、幼児とその保護者を対象とした、「家庭にある昔話の絵本」についての調査では、およそ30年前は、家庭での所有率が40％を超える作品が、20作品もあったのに、今では、40％を超える作品は一つもないというものだったね。

山本　それだけでなく、鬼退治に行くももたろうが、腰につけていたものは何か。という質問の結果についても紹介していたわ。その質問に、およそ50％の子どもたちが誤った回答をしていて、もも、おにぎり、パン、りんごなどがあったのよね。

（合図音Ａ）

問いの⑴　山本さんと谷口くんが、昔話に関する調査の結果について述べていたこととして、最も適当なものを、選択肢ア～エのうちから一つ選び、その符号を書きなさい。

（約15秒間休止）

（合図音Ｂ）

谷口　間違った回答の中には、だんご、もち、丸いもの、黄色いだんごなど、惜しい回答も多かったよね。

第３回 紙上公開もぎ（令和５年11月実施）

数 学

1 次の(1)～(7)の問いに答えなさい。

(1) 次の①～③の計算をしなさい。

① $0.5\times(-4)$　② $\dfrac{2}{3}(6x-9y)+8x-5y$　③ $(\sqrt{5}+3)(\sqrt{5}+4)$

(2) 一の位の数が十の位の数の３倍より２小さい２けたの自然数があるとき，次の①，②の問いに答えなさい。

① この自然数の十の位の数をxとするとき，一の位の数をxを使って表しなさい。

② この自然数の十の位の数と一の位の数を入れかえてできる数は，もとの自然数の２倍より１小さくなる。

このとき，もとの自然数を求めなさい。

(3) 下のデータは，生徒10人の最近１週間のインターネットの利用時間を調べ，その結果を並べたものである。

7	15	4	10	8	12	11	6	11	8

(単位：時間)

このとき，次の①，②の問いに答えなさい。

① このデータの平均値を求めなさい。

② このデータの箱ひげ図をかきなさい。

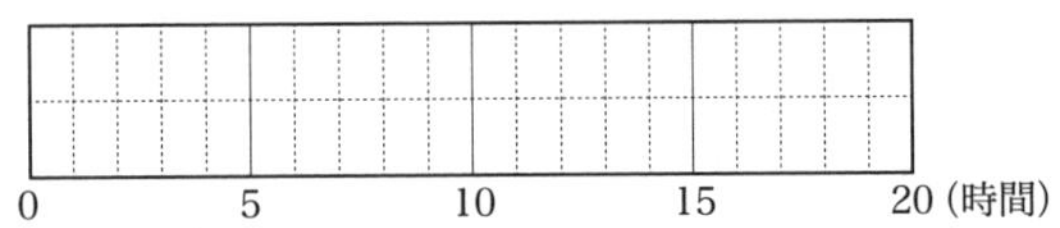

(4) 次の①，②の問いに答えなさい。

① $\sqrt{\dfrac{72}{n}}$ が整数となる自然数nの値をすべて求めなさい。

② 大小２つのさいころを同時に１回投げ，大きいさいころの出た目の数をa，小さいさいころの出た目の数をbとする。

このとき，$\sqrt{\dfrac{72}{ab}}$ の値が整数となる確率を求めなさい。

ただし，さいころを投げるとき，１から６までのどの目が出ることも同様に確からしいものとする。

(5) xについての二次方程式 $x^2-ax+12=0$ の解の１つは，方程式 $1.2x+0.9=1.5x$ の解と等しい。

このとき，aの値と二次方程式の解を求めなさい。

(6) 次の①，②の問いに答えなさい。

① 円錐(えんすい)の底面の半径をr，母線の長さをℓ，円周率をπとするとき，この円錐の展開図において，側面にあたるおうぎ形の面積Sは，$S=\pi\ell r$で表される。この等式をrについて解きなさい。

② ある円錐の母線の長さは15 cmである。この円錐の展開図をかくと，側面のおうぎ形の面積は75π cm^{2}であった。

このとき，この展開図の側面のおうぎ形の中心角の大きさを求めなさい。

(7) 右の図のように，線分ABがある。このとき，次の**条件**を満たす△ABCを作図によって求めなさい。また，頂点Cの位置を示す文字Cも書きなさい。

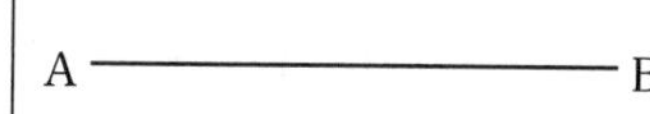

条件
- △ABCは，AB＝BC，∠ABC＝30°の二等辺三角形である。
- 頂点Cは線分ABの上側にある。

2

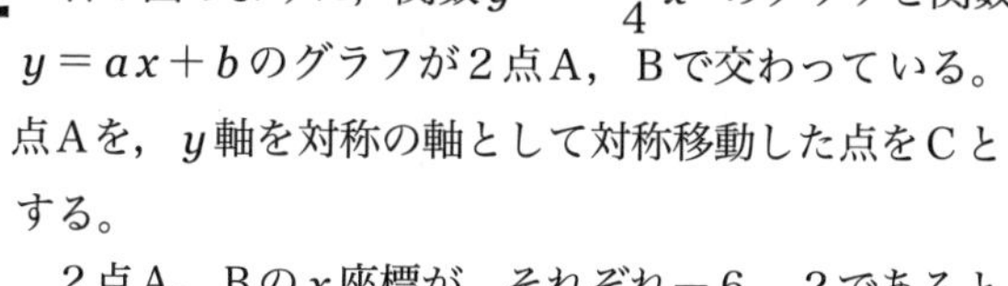

右の図のように，関数$y=-\frac{1}{4}x^2$のグラフと関数$y=ax+b$のグラフが２点A，Bで交わっている。点Aを，y軸を対称の軸として対称移動した点をCとする。

２点A，Bのx座標が，それぞれ－6，２であるとき，次の(1)～(3)の問いに答えなさい。

ただし，原点Oから点(１，０)までの距離及び原点Oから点(０，１)までの距離をそれぞれ１cmとする。

(1) a，bの値を求めなさい。

(2) △ABCの面積を求めなさい。

(3) 直線ABとy軸との交点をDとする。

点Dを通り，△ABCの面積を二等分する直線と直線ACとの交点の座標を求めなさい。

3

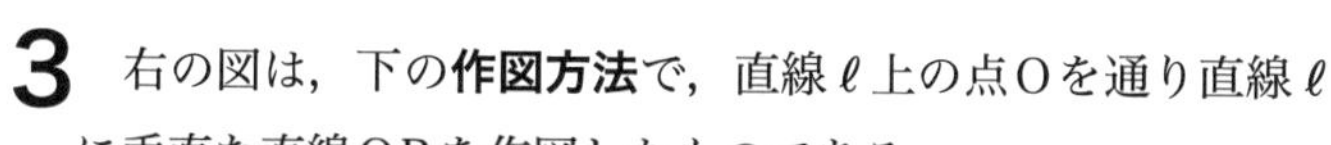

右の図は，下の**作図方法**で，直線ℓ上の点Oを通り直線ℓに垂直な直線OPを作図したものである。

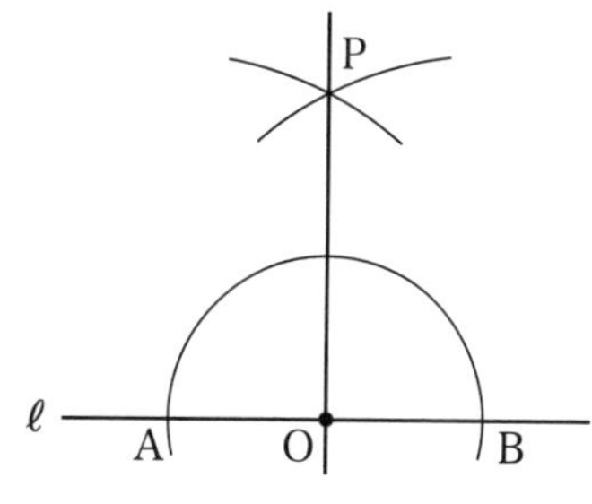

作図方法
- 点Oを中心として円をかき，直線ℓとの交点をA,Bとする。
- ２点A，Bを中心として等しい半径の円をかき，２つの円の交点の１つをPとする。
- 直線OPをひく。

このとき，次の(1)，(2)の問いに答えなさい。

(1) 上の**作図方法**で直線OPをかいたとき，$\ell \perp$OPとなることの証明を，次の［　　］の中に示してある。

［(a)］には最も適当な記号を，［(b)］には最も適当な三角形の合同条件を書きなさい。また，［(c)］には証明の続きを書き，**証明**を完成させなさい。

ただし，［　　］の中の①～③に示されている関係を使う場合，番号の①～③を用いてもかまわないものとする。

証明

点Aと点P，点Bと点Pをそれぞれ結ぶ。
△AOPと△BOPにおいて，
仮定より，　AO＝［(a)］　……①
AP＝BP　……②
共通な辺だから，OP＝OP　……③
①，②，③より，
［(b)］がそれぞれ等しいので，
△AOP≡△BOP
［(c)］

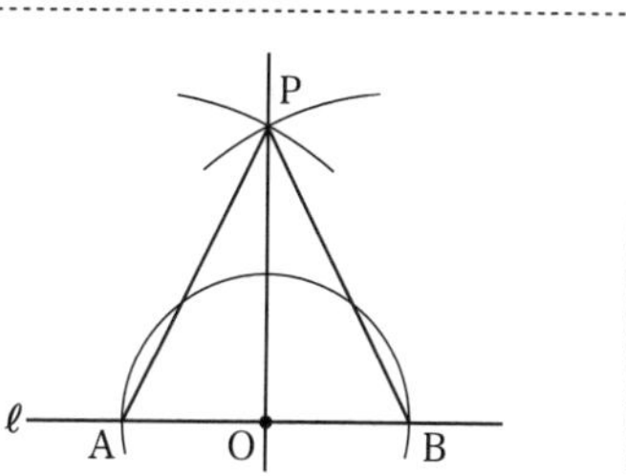

(2) △ABPにおいて，$AP=\sqrt{5}$ cm，AO＝1 cm，OP＝2 cmのとき，点Aを通り，辺BPに垂直な直線と辺BPとの交点をHとする。

このとき，線分AHの長さを半径とする球の表面積を求めなさい。

ただし，円周率はπを用いることとする。

4 右の**図１**のように，AB＝4 cm，AC＝3 cm，BC＝5 cm，∠BAC＝90°の直角三角形ABCがある。

点PはAを出発して，辺AB，BC上を一定の速さで移動し，Cで停止する。点Qは点Pと同時にAを出発して，辺AC上を点Pと同じ一定の速さで移動し，Cで停止する。

点PがAからx cm移動したときの△APQの面積をy cm²とする。

このとき，次の**会話文**を読み，あとの(1)～(4)の問いに答えなさい。

図１

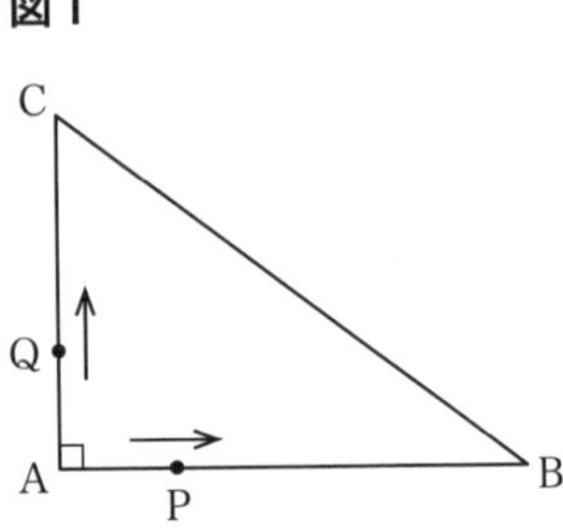

会話文

教師：xとyの関係について考えていきましょう。

生徒：点PがAから1 cm移動したとき，線分AQの長さも線分APの長さと等しく1 cmですから，直角をはさむ2辺が1 cmの直角二等辺三角形となり，△APQの面積は$\frac{1}{2}$ cm²です。同じように考えて，点PがAから2 cm移動したときの△APQの面積は［(a)］cm²です。

教師：そうですね。xとyの関係が$x=1$や$x=2$のときと同じように計算できるのは，xの変域が$0 \leqq x \leqq 3$のときです。どうしてなのか，わかりますか。

生徒：はい。$0 \leqq x \leqq 3$のときは点Pが辺AB上を，点Qが辺AC上を移動しているからです。線分AQの長さは，$x=3$のときに最大となり，その後一定ですが，点Pはその後も辺AB，BC上を移動していくので，△APQの面積の求め方は$0 \leqq x \leqq 3$のときとは異なったものとなります。

教師：その通りです。では，まず，$0 \leqq x \leqq 3$のときのxとyの関係を式に表してみましょう。

生徒：はい。$y=$［(b)］です。グラフに表すと，右の**図２**のようになりました。

教師：そうですね。$x \geqq 3$についてもxとyの関係を考えましょう。

図２

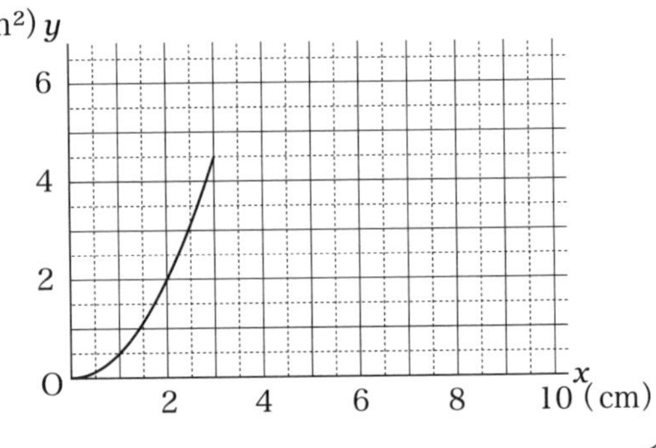

(1) **会話文**中の［(a)］にあてはまる数を書きなさい。また，［(b)］にあてはまる式をxを使って表しなさい。

(2) $3 \leqq x \leqq 4$のとき，yをxの式で表しなさい。

(3) $3 \leqq x \leqq 9$のときのxとyの関係を表すグラフをかきなさい。

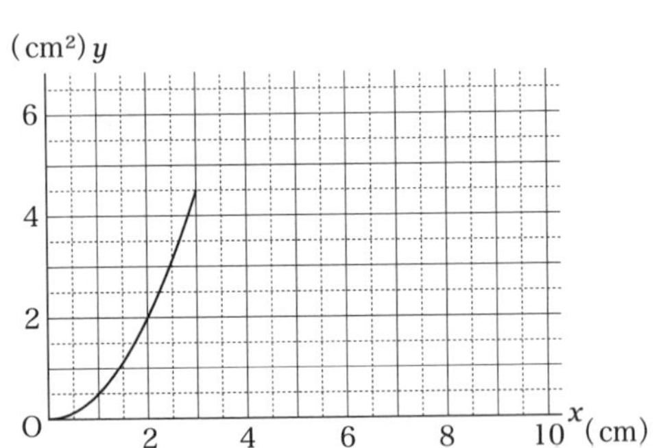

(4) 次の文中の ① ， ② にあてはまる数を書きなさい。
ただし， ① は ② より小さい数とし， ② は小数で表すこととする。

△APQの面積が３cm²となるのは，点ＰがＡから ① cm移動したときと， ② cm移動したときである。

英　語

英語リスニング放送台本

これから英語のテストを行います。最初はリスニングテストです。リスニングテストはすべて放送で行います。リスニングテスト終了までは，２ページ以降を開かないでください。

それでは，問題用紙の１ページを開いてください。リスニングテストの問題は，１から４の四つです。

では，１から始めます。

１は，英語の対話を聞いて，最後の文に対する受け答えを選ぶ問題です。受け答えとして最も適当なものを，それぞれ問題用紙のＡからＤのうちから一つずつ選んで，その符号を書きなさい。なお，対話はそれぞれ２回放送します。では，始めます。

No. 1　Boy:　Did you buy an electronic dictionary?
　　　Girl:　No, it's not mine.
　　　Boy:　Whose dictionary is it?
　繰り返します。(対話を繰り返す。)

No. 2　Girl:　Tom, why are you looking at a map of Chiba?
　　　Boy:　My friend will come to Chiba next week.　Do you know a good place to take him?
　　　Girl:　How about Makuhari?　It's very interesting.
　繰り返します。(対話を繰り返す。)

No. 3　Boy:　Rui, you look very happy today.
　　　Girl:　Well, I had a basketball game and our team won.　We will practice hard to win the next one.
　　　Boy:　That's great!　I want to watch the game.　When will you have it?
　繰り返します。(対話を繰り返す。)

次は２です。

２は，英語の対話又は英語の文章を聞いて，それぞれの内容についての質問に答える問題です。質問の答えとして最も適当なものを，それぞれ問題用紙のＡからＤのうちから一つずつ選んで，その符号を書きなさい。なお，英文と質問はそれぞれ２回放送します。では，始めます。

No. 1　Nick:　Hi, Haruka.　What did you do last night?
　　　Haruka:　Hello, Nick.　Well, I studied English and finished at 9:00.
　　　Nick:　Did you go to bed after that?
　　　Haruka:　No.　I wrote an email to a friend in Australia for fifteen minutes.　Then, I read my favorite book for fifty minutes and went to bed soon after that.
　Question: What time did Haruka go to bed last night?
　繰り返します。(対話と質問文を繰り返す。)

No. 2　(Ms. Green is talking to the students.)
　Last week I asked you about your favorite sport.　Do you remember your answer?　Now I'll tell you about mine.　When I was a student, I enjoyed swimming.　Like me, five of you

like it the best. And more students like baseball better than basketball. What is the most popular sport in this class? It's soccer.

Question: Which graph shows this?

繰り返します。（英文と質問文を繰り返す。）

次は３です。

３は，英語の対話又は英語の文章を聞いて，それぞれの内容についての質問に答える問題です。質問の答えとして最も適当なものを，それぞれ問題用紙のＡからＤのうちから一つずつ選んで，その符号を書きなさい。なお，英文と質問はそれぞれ２回放送します。では，始めます。

No. 1　Takumi: Hi, Betty. I hear you went back to London and stayed there for one week during the vacation.

Betty: Hi, Takumi. I had a plan to stay there for one week, but I could stay for two weeks.

Takumi: Did you have a good vacation?

Betty: Yes, I did. During my stay, the most exciting event was to see the fireworks in my town. Look at this picture.

Takumi: Oh, the fireworks were beautiful.

Betty: Yes. In my town, we have a big festival every winter. We see beautiful fireworks at the festival.

Takumi: That's interesting. In my town, there are famous fireworks in the summer. I always go to that festival and enjoy seeing the fireworks.

Betty: That sounds good. I want to go to your festival.

Takumi: OK. Shall we go to the festival next summer vacation?

Betty: Yes! I'm looking forward to it.

Question: What does Betty want to do next summer vacation?

繰り返します。（対話と質問文を繰り返す。）

No. 2　Hi, everyone. I'm Kazuya. By the way, do you know about the Japanese language class at the community center? My mother works there, and I heard about the class from her. The class is held for foreign children every Thursday evening. They go to different schools and study with Japanese children.

Last week, I asked my mother to take me there. When I visited the class, many foreign children were studying Japanese. They hope to talk more with their Japanese friends. In the class, they also learn Japanese culture and do their homework. Homework is sometimes difficult for them because it is written in Japanese.

When some children were doing their homework in the class, I helped them. I tried to teach them in English, but it was very hard for me.

I enjoyed the class. If you are interested, why don't you come with me?

Question: Which is true about Kazuya's speech?

繰り返します。（英文と質問文を繰り返す。）

次は４です。

４は，英語の文章を聞いて，その内容について答える問題です。問題は，No. 1，No. 2 の二題です。問題用紙には，それぞれの英語の文章の内容に関するまとめの文が書かれています。（間３秒）

それらの文を完成するために，①，②にあてはまる英単語を書きなさい。ただし，□には**１文字**ずつ入るものとします。なお，英文はそれぞれ２回放送します。では，始めます。

No. 1　Hi, I'm Anna. Two months in the year, March and May, begin with 'M'. What months begin with 'A'? As you know, they are April and August. Which do you like better? I like August better because in Japan we have many summer festivals that month.

繰り返します。（英文を繰り返す。）

No. 2　Good morning, everyone. I hope you're excited about today's trip to the science museum. The bus will arrive in twenty minutes. Don't leave your schoolbags here in the classroom.

繰り返します。（英文を繰り返す。）

以上で，リスニングテストを終わります。２ページ以降の問題に答えなさい。

1 英語リスニングテスト（**放送**による**指示**に従って答えなさい。）

No.1	A． It's too expensive. C． My father does.	B． It's my sister's. D． It is made of paper.
No.2	A． I don't know a good place. C． I am glad to see him.	B． He will be busy next week. D． He has been there before.
No.3	A． Our team has already finished all of our games. B． Please show me how to play basketball next time. C． We're going to have the game this weekend. D． You didn't have the basketball games today.	

2 英語リスニングテスト（**放送**による**指示**に従って答えなさい。）

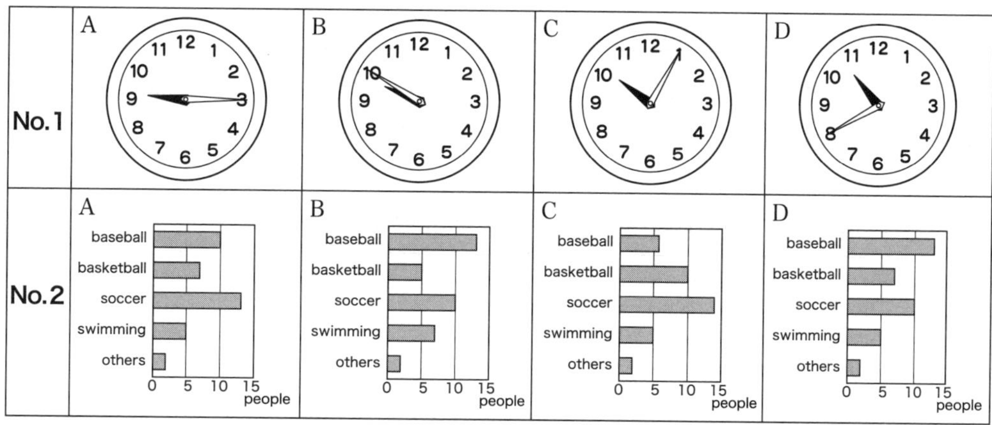

3 英語リスニングテスト（**放送**による**指示**に従って答えなさい。）

No.1	A． She wants to see the fireworks in her town in London. B． She wants to go to the fireworks in Takumi's town. C． She wants to take pictures of the fireworks in London. D． She wants to buy pictures of the fireworks at a shop in Japan.
No.2	A． The children didn't try to do their homework because they didn't understand Japanese. B． The children were given homework to find out about Japanese culture. C． Kazuya was asked by his mother to teach English. D． Kazuya found it was difficult to teach in English.

4 英語リスニングテスト（**放送**による**指示**に従って答えなさい。）

No.1	What months begin with 'A' in a year? They are (① A□□□□) and August. Which do you like better? Anna likes August better because we have many summer (② f□□□□□□□□) in this month.
No.2	The bus to the science museum will arrive in (①□□□□□□□) minutes. You must not (②□□□□□□) your schoolbags here in the classroom.

5 次の⑴〜⑸のそれぞれの対話文を完成させなさい。

⑴，⑵については，（　　）の中の語を最も適当な形にしなさい。ただし，**１語**で答えること。また，⑶〜⑸については，それぞれの（　　）の中の**ア〜オ**を正しい語順に並べかえ，その順序を符号で示しなさい。ただし，文頭に来るべき語も小文字で示してあります。

⑴　A：Who gets up the (early) in your family?

　　B：Mother does.

(2) A：Please tell me the (three) person to run in the *relay.

B：I think it's Tom.

(注) relay　リレー

(3) A：(ア don't　イ use　ウ to　エ we　オ have) the *stairs because there is an elevator.

B：But this elevator is *out of order.

(注) stairs　階段　　out of order　故障中

(4) A：I went (ア that　イ to　ウ famous　エ is　オ the restaurant) in Tokyo yesterday.

B：How was the food there?

(5) A：This (ア bought　イ which　ウ is　エ I　オ the book) yesterday.

B：It looks interesting.

6 中学生の七瀬(Nanase)は教室で，同じクラスにいる留学生のエイデン(Aiden)と会話をしています。この場面で，エイデンからの相談に対してあなたが七瀬の立場なら何と答えますか。その言葉を英語で書きなさい。

ただし，語の数は**20語以上30語以下**（.,?!などの符号は語数に含まない。）とすること。

7 次の(1)，(2)の英文を読んで，それぞれの問いに答えなさい。

(1) ある高校の交通安全(traffic safety)集会で，先生が自転車(bicycle)についてスライド(**Slide**)を使って生徒に話をしています。

Hello, everyone. Today, I want to talk about traffic safety when you ride a bicycle.

First, please look at Slide 1 in front of you. You answered a *questionnaire about traffic safety last week, and this is the *data from the answers of students *attending this high school.

Slide 1

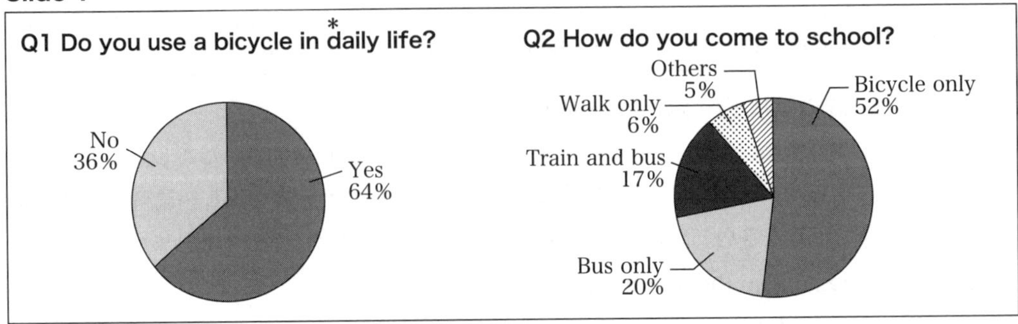

Here, you will find that more than 60% of the students use a bicycle in their daily life. You will also find that [　　　]. So, *bicycle safety is very important in your daily life.

Now, do you really know the *basic traffic rules for bicycle safety? Do you really know *what is *against the traffic rules, and what isn't? I'd like to ask you some questions about the rules.

Look at this picture of Slide 2. It shows the *top view of a road. Here is the first question.

Slide 2

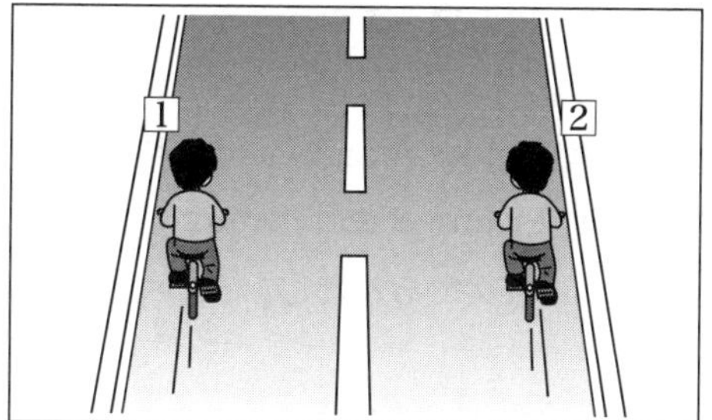

(警視庁のホームページより作成)

When you ride a bicycle on the road, which *side should you go on, 1 or 2? Keeping (　　a　　) on the road is the basic traffic rule in Japan. So, the answer is 1, and 2 is against the traffic rules. But if you are in a different country, people there may follow different rules. For example, in America, you should keep right on the road. Each country has its traffic rules that people should follow, so you should be careful when you visit other countries.

Now, here is the second question. Look at Picture A, Picture B, and Picture C in Slide 3. Which is the thing that you can do, and which is the thing that you must not do?

Slide 3

Picture A

Picture B

Picture C

(　　b　　) are against the traffic rules. Why? Because you can't *keep your balance or can't *pay attention to many things around you.

*So far, we have checked the basic traffic rules that you should follow when you ride a bicycle. I want to tell you more about other traffic rules, but we don't have enough time today. This is the last thing that I want to tell you. Always try to *predict what will happen next and pay attention to *everything happening in your *surroundings. Keep the traffic rules and enjoy riding your bicycle.

(注) questionnaire　アンケート　　data　データ　　attending～　～に通っている
daily life　日常生活　　bicycle safety　自転車の安全な走行
basic traffic rules　基本的な交通規則　　what～　～(する)こと
against～　～に反して　　top view　上から見た図　　side　側
keep～balance　～のバランスを保つ　　pay attention to～　～に注意を払う
so far　ここまで　　predict～　～を予測する
everything happening　起こっているすべてのこと　　surroundings　周囲

① 本文中の［　　　］に入る英文として最も適当なものを，次の**ア**～**エ**のうちから一つ選び，その符号を書きなさい。

ア more than 20% of the students use both trains and buses to come to school
イ more than 40% of the students use buses to come to school
ウ more than 50% of the students don't come to school by bicycle
エ more than 50% of the students come to school by bicycle

② 本文中の（　　a　　）に適する英単語**１語**を書きなさい。

③ 本文中の（　　b　　）に入る最も適当なものを，次の**ア**～**エ**のうちから一つ選び，その符号を書きなさい。

ア All of them　　**イ** Only Picture A and Picture B
ウ Only Picture A and Picture C　　**エ** Only Picture B and Picture C

④ 次の**ア**，**イ**，**ウ**が本文や**Slide**の内容に合っている英文であれば○，合っていない英文であれば×を，それぞれ書きなさい。

ア It is better to use buses or trains than bicycles when students go to school.
イ Students should pay attention to many things at the same time when they ride a bicycle.
ウ There are only three rules for bicycle safety, so it is easy for students to follow them.

(2) 次は，うみねこ自然科学博物館(Umineko Museum of Nature and Science)の案内です。

Umineko Museum of Nature and Science

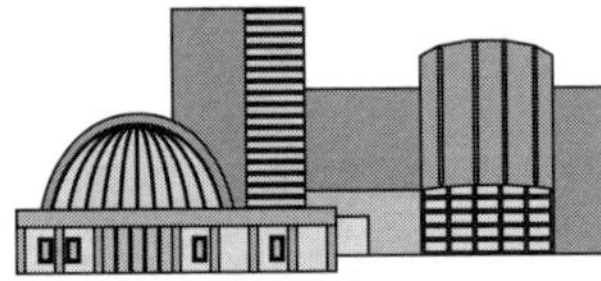

・We have many *lectures for *elementary school students and junior high school students.
・If you want to join these lectures, please send us an e-mail before you come.

un-museum@umineko.jp

Lesson title
1. *Explanation
2. Date and Time
3. Information

Museum *Adventure Class
1. You can learn the *basic *natural science *by sight and touch. Please come to Study *Hall. Then, we will start for Adventure Hall together.
2. From Tuesday to Sunday, 1:00 to 3:00 p.m.
3. *None

*Discovery Talks
1. Museum *researchers will talk about *scientific topics in the world around us. You will have a lesson in the *Entrance Hall.
2. (T　　　　) a day on Wednesdays and Fridays, 2:00 p.m./ 4:00 p.m.
3. None

Nature Study Tours

1. Children go outdoors to find out things in the natural world, *including plants, animals, and stars.
2. Sundays
3. However, you can go only on *clear nights.

Here you can find a lot of fun. If you are interested in science, you will enjoy it *all day long. Of course, you can enjoy it even when you don't like science.

（注）lecture 講義　elementary school 小学校　explanation 説明
adventure 珍しい体験　basic 基本的な　natural 自然の
by sight and touch 見たり触れたりすることで　hall (場所の)ホール
none 何もない　discovery 発見　researcher 研究員
scientific topic 科学の話題　entrance 入り口　including～ ～を含めて
clear よく晴れた　all day long 一日中

① 案内の中の（　　　）に適する英単語を**１語または２語**で書きなさい。ただし，指定された文字で書き始めること。

② この案内の内容に合っている英文として適当なものを，次の**ア～オ**のうちから**すべて**選び，その符号を書きなさい。

ア You have to call to join these lessons.
イ Museum Adventure Class is held six days a week.
ウ Museum Adventure Class is held at Study Hall.
エ They have Discovery Talks four times a week.
オ They always have Nature Study Tours on Sundays.

8 次の英文は，高校１年生の大地(Daichi)が英語の授業で書いた作文です。これを読んで，あとの(1)～(4)の問いに答えなさい。

When I started high school, I thought it was difficult to do well in both sports and study. I love soccer and practice it hard almost every day. I want to play in *the World Cup. I also want to study English hard because I want to play soccer in other countries in the future. At first, doing both was not easy for me. When I went back home, I often went to bed early without studying because I was very tired after practicing soccer.

One day, I met a student from *Singapore. His name was Luke. He came to Japan through a *cultural exchange program with other students. They stayed for only a day at my school. Luke came to my English class. He also liked playing soccer, so we talked about it in English. It was fun to talk with him. [**ア**] When I talked with him in English, I didn't worry much about *making mistakes. I said, "You also practice soccer hard. Is it difficult to study hard too?" Luke said, "Yes, it is. But I try to *concentrate in class and ask the teachers when I don't understand something." We enjoyed talking about a lot of things. At the end of class, Luke said, "I'm glad I talked with you. Let's send e-mails to each other in English." [**イ**]

I had to write my e-mail in English, so I started to study English harder. I first concentrated more in my English class. I began to understand it better than before, but I also needed time to *review. I easily found time to study on the weekend, but from Monday to Friday, I often went to bed early because I practiced soccer so hard. This was a problem. [ウ] One evening, I talked about this with my father. He said, "I also have to study English because I need it for my work. I often come home late, so it is difficult to study at night. I get up early *instead and study before I go to work. I try to use my time *effectively. You practice soccer every day because you want to be a better soccer player. If you want to make your English better, you should study English every day too. I often see some high school students who are studying on the early morning train." From the next day, I tried to get up early like my father.

Now I study English every morning. This has become the most important thing for making my English better. I also go to school earlier than before. I usually get on the train that my father takes. I often see high school students, and some of them are studying for class. My father's words were true. I also started reading my textbooks on the train.

I received an e-mail from Luke. In his e-mail, he said that he studied math hard. I sent an e-mail back. [エ] In my e-mail, I said, "I make time to study English at home before I go to school. It is not easy to do well in both soccer and English, but I'll never *give up."

(注) the World Cup　(サッカーの)ワールドカップ　Singapore　シンガポール(国名)
cultural exchange program　文化交流プログラム
make a mistake　間違いをする　concentrate　集中する　review　復習する
instead　その代わりに　effectively　効果的に　give up　あきらめる

(1) 次の英文を入れるのに最も適当な場所を，本文中の［ ア ］～［ エ ］のうちから一つ選び，その符号を書きなさい。

I thought it was a good idea and agreed.

(2) 本文の内容に関する次の質問の答えとなるように，あとの（　　　）に入る**４語**の英語を本文中から抜き出して答えなさい。

What is the most important thing for making Daichi's English better?

To (　　　　　　　　　　　　　).

(3) 本文中の下線部が指す具体的な内容を，日本語で答えなさい。

(4) 本文の内容に合っている英文として最も適当なものを，次の**ア**～**エ**のうちから一つ選び，その符号を書きなさい。

ア When Daichi talked with Luke in English, he was worried about making mistakes, so he couldn't speak much.

イ At first, Daichi thought it was difficult to do well in both sports and study, but he found time to study on the weekend, so there was no problem.

ウ Daichi's father gets up early and studies English before he goes to work because he wants to use his time effectively.

エ Daichi began to study English harder because he knew that Luke did well in both soccer and math.

9 中学生の亮太(Ryota)が留学生のヘンリー(Henry)と話をしています。この対話文を読んで，[(1)]～[(3)]に入る最も適当なものを，それぞれあとの**ア**～**エ**のうちから一つずつ選び，その符号を書きなさい。また，(　　　　)の中の日本語に合うように，[(a)]に入る英語を**5語以上10語以下**(.,?!などの符号は語数に含まない。)で書きなさい。

Henry：Hi, Ryota. You look *sleepy now. Why?
Ryota：Hi, Henry. Actually, I thought about my trip during summer vacation last night.
Henry：I see. Where do you want to go?
Ryota：I want to climb Mt. Fuji. The mountain is a *World Heritage Site. [(1)]
Henry：Of course not. But I know Mt. Fuji [(a)] (多くの日本人に愛されています). Maybe the mountain is a *symbol of Japan.
Ryota：That's right. Mt. Fuji is [(2)], so it can be seen from many places.
Henry：I know that. When I went to Nagoya on a school trip, I saw Mt. Fuji. It was so beautiful.
Ryota：When you go from Tokyo to Nagoya on sunny days by Shinkansen, you can see Mt. Fuji. You can also see Mt. Fuji from other places. Well, do you know that you can see Mt. Fuji in a *sento*?
Henry：A *sento*? What is that?
Ryota：It is a traditional Japanese *public bath. There is a large *bathtub and many people can *soak in it at one time.
Henry：Wow! That sounds interesting. Is there a *sento* around here?
Ryota：Yes, there is. Its name is "Hananoyu." People say that it was built fifty years ago. There, [(3)] Mt. Fuji. It is *painted on the wall of the bath. You will feel happy to soak in the bathtub and see the mountain on the wall.
Henry：That sounds nice! I want to go to "Hananoyu" to see Mt. Fuji.

(注) sleepy　眠い　World Heritage Site　世界遺産　symbol　象徴　public　公共の
bathtub　浴槽(よくそう)　soak　(湯に)つかる　paint～　～を描く

(1) **ア** Isn't it famous in your country?　**イ** Can I climb it in the summer?
　ウ Have you seen it before?　**エ** Have you ever climbed it?

(2) **ア** the highest of all the mountains in Japan
　イ higher than any other mountain in the world
　ウ not as tall as TOKYO SKYTREE
　エ not well known among the Japanese people

(3) **ア** you can touch the *nature of　**イ** you can see a beautiful picture of
　ウ you can have the experience of climbing　**エ** you can take beautiful pictures of

(注) nature　自然

社　会

1 次の文章を読み，あとの(1)～(4)の問いに答えなさい。

世界各地で主食にされる穀物のうち，a 米，小麦，とうもろこしを三大穀物と呼びます。米の主な生産国は，モンスーン(季節風)の影響を受ける b アジア州に多く，特に夏のモンスーンによってもたらされる多量の降雨と，河川の中下流域に広がる平野に支えられて米づくりがおこなわれています。米に比べると小麦はより広い範囲でつくられています。c とうもろこしは最も生産量の多い穀物ですが，主食穀物として生産されるだけでなく，飼料としても多量に利用される重要な穀物です。小麦やとうもろこしは，生産地域から消費地域へ d 輸出される量も米と比べて多くなっています。

(1) 下線部ａに関連して，次の文章は，ある都道府県の稲作について述べたものである。文章中と表中の［　　］に共通してあてはまる都道府県名を書きなさい。

> 右の表は，米の収穫量上位５位までの都道府県とその収穫量を示している。
> 農業に適していない泥炭地が広がる［　　］は，もともと稲作には不向きな地域であった。しかし，水田に適した土を泥炭地に運び入れて土地を改良したり，排水施設の建設を進めたりして，稲作を発展させてきた。

(2020年)

順位	都道府県名	米の収穫量（t）
1位	新潟	666,800
2位	［　　］	594,400
3位	秋田	527,400
4位	山形	402,400
5位	宮城	377,000

(「データでみる県勢 2022年版」より作成)

(2) 下線部ｂに関連して，次の①，②の問いに答えなさい。

① 次の文章は，東南アジアの農業について述べたものである。文章中の［　　］にあてはまる語として最も適当なものを，あとの**ア**～**エ**のうちから一つ選び，その符号を書きなさい。

> マレーシアやインドネシア，フィリピンなどでは，植民地の時代に天然ゴムや油やしなどを大規模に栽培するためにつくられた［　　］で農業がおこなわれ，特定の作物だけを栽培して輸出していた。現在，経営については現地の人に代わったものも見られる。

ア オアシス　**イ** フェアトレード　**ウ** プランテーション　**エ** モノカルチャー

② 次の**ア**～**ウ**の文は，アジア州の国々で起こったことがらについて述べたものである。**ア**～**ウ**を年代の**古いものから順に**並べ，その符号を書きなさい。

ア 北朝鮮が武力による統一を目ざして韓国に侵攻し，朝鮮戦争が始まった。

イ アジアで最初の共和国である中華民国が建国された。

ウ イラクがクウェートに侵攻したため，アメリカ軍を主体とする多国籍軍がイラクを攻撃する湾岸戦争が起きた。

(3) 下線部ｃに関連して，次の文中の［　　］にあてはまる適当な語を**漢字３字**で書きなさい。

> とうもろこしやさとうきびなどの植物からつくられるバイオ燃料は，大気中の二酸化炭素を吸収して光合成をする植物が原料であるため，燃やしても大気中の二酸化炭素の総量は増えないと考えられており，地球［　　］対策になる燃料として注目されている。

(4) 下線部ｄに関連して，次の**資料**中のＡ～Ｅは，各大陸で面積が最も大きい，ロシア連邦，カナダ，ブラジル，オーストラリア及びアルジェリアのいずれかの国を示している。ＣとＤが示す国として最も適当なものを，あとの**ア**～**オ**のうちからそれぞれ一つずつ選び，その符号を書きなさい。

資料　Ａ～Ｅ**の輸出入額及び主な輸出品目**

国名	輸出額 (百万ドル)	輸入額 (百万ドル)	主な輸出品目
A	266,377	221,481	鉄鉱石，石炭，金(非貨幣用)，肉類
B	35,191	46,053	原油，天然ガス，石油製品，液化天然ガス

C	225,383	177,348	大豆，原油，鉄鉱石，肉類
D	446,148	453,234	原油，自動車，機械類，金(非貨幣用)
E	426,720	247,161	原油，石油製品，鉄鋼，石炭

(注) A，C，D，Eは2019年，Bは2017年のものである。　(「世界国勢図会 2021/22」より作成)

ア ロシア連邦　**イ** カナダ　**ウ** ブラジル　**エ** オーストラリア　**オ** アルジェリア

2 はるさんたちは，日本を７地方に区分した次の図を使って学習した。これに関して，あとの(1)～(4)の問いに答えなさい。

(1) 次の文章は，はるさんたちが，図を見ながら話し合っている場面の一部である。文章中の［Ⅰ］にあてはまる最も適当なものを，あとの**ア**～**エ**のうちから一つ選び，その符号を書きなさい。また，［Ⅱ］にあてはまる県庁所在地名を**漢字**で書きなさい。

はる：私は，滋賀県，富山県，奈良県，広島県に行ったことがあるよ。
もも：その４つの県のうち，［Ⅰ］は，７地方区分の同じ地方に属しているね。
はな：滋賀県，富山県，奈良県，広島県の県庁所在地のうち，県名と異なる県庁所在地はあるかな。
とし：それは，［Ⅱ］市だね。

ア 滋賀県と広島県　**イ** 富山県と奈良県
ウ 広島県と富山県　**エ** 奈良県と滋賀県

(2) 次の文章は，としさんが，**東北地方**の気候についてまとめたレポートの一部である。文章中の［　　］に共通してあてはまる適当な語を書きなさい。

東北地方は，中央に走る奥羽山脈を境にして，西と東では気候が大きく異なります。太平洋側の冬は，積雪量が少なく，晴天が続きますが，夏になると寒流の親潮の影響を受け，［　　］と呼ばれる冷たくしめった北東の風がふくことがあります。太平洋側では，［　　］がもたらす冷気と霧，また日照時間の不足で，夏でも気温が上がらない日が続くことがあります。

(3) 右の**資料**は，図中の宮崎県，鹿児島県で多く飼育されている家畜の，全国の飼育数に占める主な道県の割合を示したものである。**資料**中の［X］，［Y］にあてはまる家畜の組み合わせとして最も適当なものを，次の**ア**～**エ**のうちから一つ選び，その符号を書きなさい。

資料

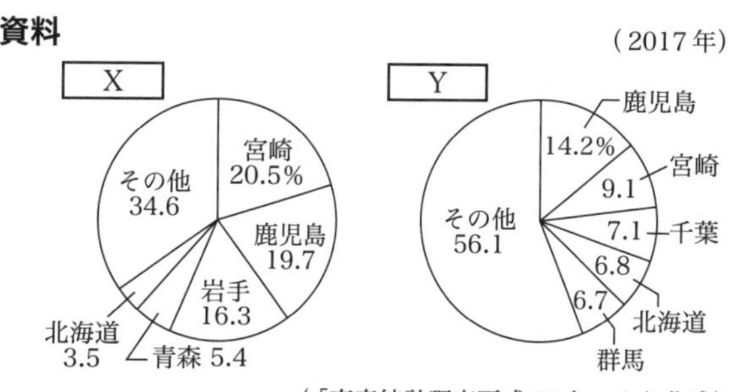

(「畜産統計調査平成29年」より作成)

ア X：乳用牛　Y：肉用若鶏　**イ** X：豚　Y：乳用牛
ウ X：肉用若鶏　Y：豚　**エ** X：肉用若鶏　Y：乳用牛

(4) 次の地形図は，図中の**宮城県**のある地域を示したものである。これを見て，あとの①，②の問いに答えなさい。

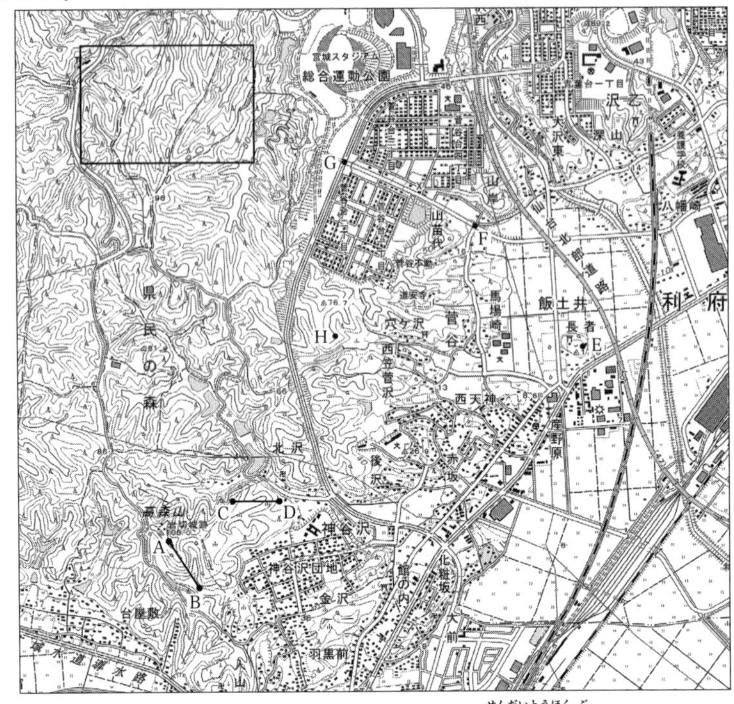

(国土地理院 平成20年発行１：25,000「仙台東北部(せんだいとうほくぶ)」原図より作成)

① 上の地形図を読み取ったことがらとして**誤っている**ものを，次の**ア**～**エ**のうちから一つ選び，その符号を書きなさい。

ア A—B間よりもC—D間の方が傾斜が緩やかである。

イ 地点Eから見て，総合運動公園は，ほぼ北東の方向にある。

ウ 地点Fから地点Gまでの長さは地形図上で約３cmなので,実際の直線距離は約750ｍである。

エ 地点Hの標高は，50ｍである。

② 地形図中の□で囲んだ範囲に多く見られる土地利用として最も適当なものを，次の**ア**～**エ**のうちから一つ選び，その符号を書きなさい。

ア 針葉樹林　　**イ** 茶畑　　**ウ** 果樹園　　**エ** 広葉樹林

3 次の図を見て，あとの(1)～(5)の問いに答えなさい。

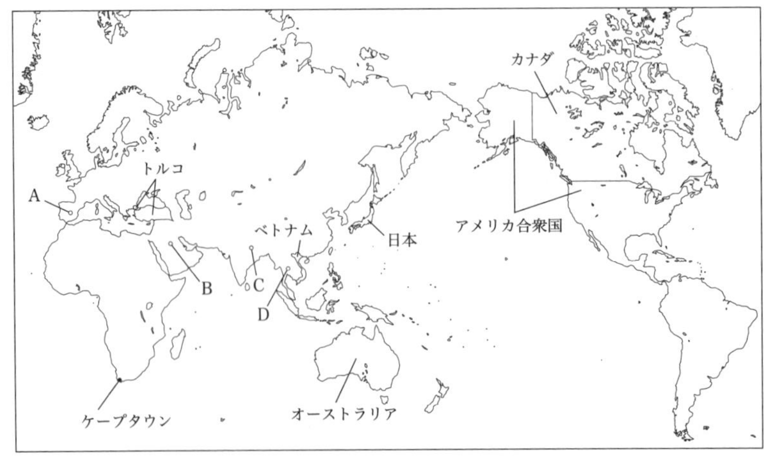

⑴　次のⅠ，Ⅱは，図中のＡ～Ｄのいずれかの地域で見られる，人々の生活に根付く宗教について述べたものである。Ⅰ，Ⅱにあてはまる地域として最も適当なものを，図中のＡ～Ｄのうちからそれぞれ一つずつ選び，その符号を書きなさい。

Ⅰ　教会は日常生活の中心で，日曜日に礼拝に行ったり，食事の前に神に祈りをささげたりすることが習慣になっている。

Ⅱ　僧が家々を回り，食べ物のほどこしを受ける修行がある。食べ物をほどこすことが，いつか自分に幸福をもたらすと考えられている。

⑵　次の文章は，図中のアメリカ合衆国への移民について述べたものである。文章中の[　　]に共通してあてはまる適当な語を書きなさい。

アメリカ合衆国では，20世紀後半になり，[　　]と呼ばれるスペイン語を話すメキシコやカリブ海諸国，南アメリカ州からの移民が増えている。[　　]の多くは比較的安い賃金で働いているが，それでも移住してくるのは，出身国よりも高い収入が得られるからである。

⑶　右のグラフは，図中のケープタウンにおける月平均気温と月降水量の変化の様子を示したものである。ケープタウンと東京の気候の違いについて述べた次の文中の[　　]にあてはまる適当なことばを書きなさい。

気温と降水量の関係に注目すると，東京の気候は，気温の高い時期に降水量が多く，ケープタウンの気候は，[　　]なっている。

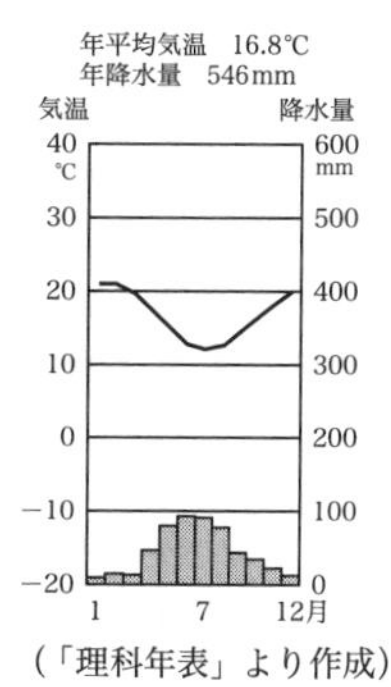

(「理科年表」より作成)

⑷　次の**資料１**は，日本における，ある品目の主な輸入先と輸入量に占める割合を示したものである。**資料１**中の[X]，[Y]にあてはまる品目として最も適当なものを，あとの**ア～エ**のうちからそれぞれ一つずつ選び，その符号を書きなさい。

資料１　(2020年)

X		Y	
国名	割合(％)	国名	割合(％)
アメリカ合衆国	46.9	ドイツ	31.7
カナダ	36.5	アメリカ合衆国	9.6
オーストラリア	16.2	タイ	8.9

(「日本国勢図会 2021/22」より作成)

ア　自動車　　**イ**　原油　　**ウ**　米　　**エ**　小麦

⑸　次の**資料２**は，図中のトルコ，ベトナム，オーストラリア，カナダ及び日本の国土面積，人口，農林水産業就業人口及び農地面積を示したものである。**資料２**から読み取れることとして最も適当なものを，あとの**ア～エ**のうちから一つ選び，その符号を書きなさい。

資料２

国名	国土面積(千 km²)(2019年)	人口(千人)(2020年)	農林水産業就業人口(千人)(2019年)	農地面積(千 km²)(2018年) 耕地・樹園地	農地面積(千 km²)(2018年) 牧場・牧草地
トルコ	784	84,339	5,209	232	146
ベトナム	331	97,339	20,894	115	6
オーストラリア	7,692	25,500	325	313	3,276
カナダ	9,985	37,742	294	389	193
日本	378	126,476	2,280	38	6

(「世界国勢図会 2021/22」より作成)

ア　トルコは，日本と比べて，人口密度が高い。
イ　ベトナムは，日本と比べて，人口に占める農林水産業就業人口の割合が高い。
ウ　オーストラリアは，日本と比べて，国土面積は大きいが，牧場・牧草地の面積は小さい。
エ　カナダは，日本と比べて，国土面積に占める耕地・樹園地の面積の割合が高い。

4 次の表は，江戸時代までの代表的な都市についてまとめたものの一部である。これを見て，あとの(1)～(5)の問いに答えなさい。

都市名	まとめ
奈良	8世紀初め，唐の長安にならってこの地に大規模な都が建設され，a平城京と呼ばれた。都は広い道路によって，碁盤の目のように区画されていた。
京都	8世紀末にこの地に都が移った。11世紀末から12世紀にかけて，天皇は位をゆずって上皇となったのちも政治をおこなった。15世紀の応仁の乱で荒廃したが，b裕福な商工業者たちにより復興された。
c堺	15世紀には日明貿易の港として栄えた。16世紀半ば，種子島に鉄砲が伝えられると，この町でも鉄砲の生産がさかんにおこなわれるようになった。
江戸	17世紀初めから幕府の所在地として発展し，18世紀初めには人口が約100万人の大都市となった。19世紀前半には，町人を中心とするd化政文化が栄えた。
大阪	17世紀前半の大阪の陣の後，経済都市として発展した。17世紀末には京都とともに町人中心の元禄文化が栄えた。19世紀前半，大きなききんをきっかけに，e大商人をおそって米や金を貧しい人に分けようとする乱が起こった。

(1) 下線部ａに関連して，次の文章中の［ Ⅰ ］にあてはまる数字として最も適当なものを，あとの**ア～エ**のうちから一つ選び，その符号を書きなさい。また，［ Ⅱ ］にあてはまる適当な語を**漢字３字**で書きなさい。

> 奈良時代は，次の平安時代が約［ Ⅰ ］年間続いたのと比べると期間は短いが，国際的な文化が開花し，数多くの寺が建てられた。一方，和歌もさかんになり，「［ Ⅱ ］」という和歌集が大伴家持によってまとめられたといわれている。

ア 100　　**イ** 200　　**ウ** 300　　**エ** 400

(2) 下線部ｂに関連して，次の文中の［　　］にあてはまる適当な語を書きなさい。

> 応仁の乱から復興した京都では，［　　］と呼ばれる裕福な商工業者たちによって都市の政治がおこなわれ，祇園祭も盛大にもよおされた。

(3) 下線部ｃに関連して，次の**資料**は，16世紀後半にキリスト教の宣教師が書いた手紙の一部である。これを読み，当時の都市の発展をふまえ，堺が安全で平和であったことの理由として**誤っている**ものを，あとの**ア～エ**のうちから一つ選び，その符号を書きなさい。

資料

> 日本全国この堺の町より安全な所はなく，他の諸国で動乱があっても，この町には全くない。敗者も勝者も，この町にやってきたら皆平和に生活し，人々は仲良くし，他人に害を加える者はいない。市街ではこれまでもめ事が起こったことはなく，敵味方の差別なく皆深い愛情と礼儀でもてなした。市街にはすべて門があって番人を置き，もめ事があれば直ちに門を閉鎖することも一つの理由であろう。(中略)町は非常に堅固であり，西は海で，他の側は深い掘で囲まれ，常に水で満たされている。

ア 市街には門が設置され，もめ事が起これば門を閉鎖することになっていたから。
イ 貿易で富を得た町人が自治組織をつくり，町の政治をおこなったから。
ウ 幕府の直轄地として重んじられ，強力な幕府から手厚い保護を受けていたから。
エ 町の西側は海，他方は深い堀で囲まれ，防御のための施設が万全であったから。

(4) 下線部ｄに関連して，この文化が栄えていたころの様子として最も適当なものを，次の**ア～エ**のうちから一つ選び，その符号を書きなさい。

ア 狩野永徳が華やかな屏風絵を描いた。　　**イ** 東洲斎写楽が歌舞伎役者を描いた。
ウ 出雲の阿国がかぶき踊りを始めた。　　**エ** 能の大成者である世阿弥が活躍した。

(5) 下線部eに関連して，次の文章は，この乱とその後の幕府の政治について述べたものである。文章中の［ I ］にあてはまる人物と［ II ］にあてはまる語の組み合わせとして最も適当なものを，あとの**ア〜エ**のうちから一つ選び，その符号を書きなさい。

> 1830年代には大きなききんが全国をおそい，「天下の台所」と呼ばれた大阪でも，餓死(がし)者が出るほどであった。1837年，元大阪町奉行所の役人であった［ I ］は，幕府のききん対策に不満をもち，弟子など300人ほどで大商人をおそった。この乱は1日でしずめられたが，幕府は衝撃を受けた。このような情勢の中で，1841年，幕府は［ II ］と呼ばれる政治の立て直しに着手した。

ア I：大塩平八郎　II：天保の改革　　**イ** I：伊能忠敬　II：寛政の改革
ウ I：大塩平八郎　II：寛政の改革　　**エ** I：伊能忠敬　II：天保の改革

5 次の略年表を見て，あとの(1)〜(5)の問いに答えなさい。

年代	主なできごと
1894	領事裁判権の撤廃に成功する……A
1925	普通選挙法が公布される……B
1946	農地改革が始まる……C
1965	ベトナム戦争が激化する……D
	↕ E
1993	自民党の長期政権がくずれる

(1) 略年表中のAに関連して，次の文章中の［ I ］にあてはまる事件と［ II ］にあてはまる人物の組み合わせとして最も適当なものを，あとの**ア〜エ**のうちから一つ選び，その符号を書きなさい。

> 明治時代に入り，欧米との不平等条約解消のため，日本はさまざまな外交政策を展開した。1886年の［ I ］の際には領事裁判権が大きな問題として取り上げられ，1894年，［ II ］外相は日英通商航海条約を結び，領事裁判権の撤廃に成功した。

ア I：江華島事件　II：小村寿太郎　　**イ** I：江華島事件　II：陸奥宗光
ウ I：ノルマントン号事件　II：小村寿太郎　　**エ** I：ノルマントン号事件　II：陸奥宗光

(2) 略年表中のBに関連して，右の**資料**は，有権者数の変化の様子の一部を示したものである。1925年の法改正で，年齢の制限が「男25」のまま変わらないにもかかわらず，1928年実施の選挙の有権者数が大幅に増加した理由を，「納税額」の語を用いて書きなさい。

資料

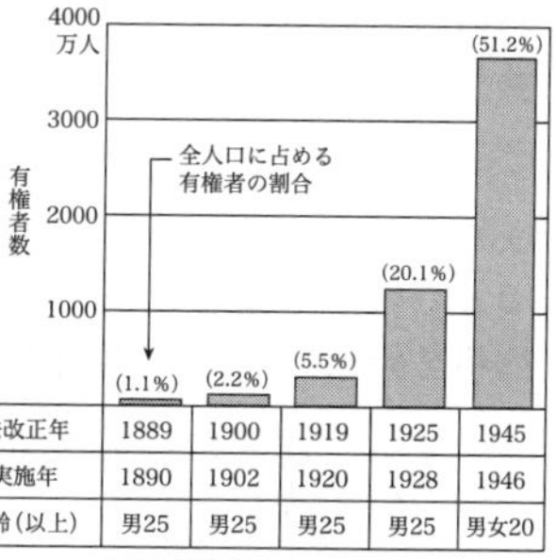

法改正年	1889	1900	1919	1925	1945
実施年	1890	1902	1920	1928	1946
年齢(以上)	男25	男25	男25	男25	男女20

(「衆議院議員選挙の実績」より作成)

(3) 略年表中のCに関連して，次の文中の［ I ］，［ II ］にあてはまる適当な語を，それぞれ書きなさい。

> 政府が［ I ］の農地を買いあげ，［ II ］に安く売り渡した結果，多くの自作農が生まれた。

(4) 略年表中のDに関連して，次の文章中の［　　］にあてはまる適当な語を書きなさい。

> ベトナムはフランスから独立後，ソ連や中国からの支援を受ける北ベトナムと，アメリカの支援を受ける南ベトナムに分かれて戦争状態となった。そもそも支援をしているアメリカとソ連は，資本主義と社会主義の国家体制をめぐる勢力争いである［　　］の状態にあった。

⑸　次の**ア～ウ**の文は，略年表中のＥの時期に起こったことがらである。**ア～ウ**を年代の**古いものから順に**並べ，その符号を書きなさい。

ア　福田赳夫（たけお）内閣が日中平和友好条約を結び，中国との関係がさらに深まった。
イ　佐藤栄作内閣の交渉により，沖縄が日本に復帰した。
ウ　石油危機によって，先進工業国の経済が不況になり，日本でも高度経済成長が終わった。

6

次の表を見て，あとの⑴～⑷の問いに答えなさい。

【ａ日本国憲法が国民に保障している基本的人権】
・ｂ平等権…いかなる差別も受けない権利
・ｃ自由権…国家のいきすぎた命令や強制から個人の自由を保障する権利
・ｄ社会権…人間らしく生きるための権利
・参政権など…人権保障を確実にするための権利

⑴　下線部ａに関連して，次の①，②の問いに答えなさい。

①　右の**図**は，法の構成を示したものである。これについて説明した次の文中の［　　］にあてはまる適当な語を書きなさい。

図

> 日本国憲法は第98条で「この憲法は，国の［　　］であ（つ）て」とされていることから，憲法に違反する法律や命令・規則などは効力をもたない。

②　次の条文は，日本国憲法の第何条に書かれている条文か。適当な**数字**を書きなさい。

> 陸海空軍その他の戦力は，これを保持しない。国の交戦権は，これを認めない。

⑵　下線部ｂに関連して，右の**資料**は，雇用における男女の平等などを実現するために制定された法律の一部である。この法律名を書きなさい。

資料

> 第６条　事業主は，次に掲げる事項について，労働者の性別を理由として，差別的取扱いをしてはならない。
> 　１　労働者の配置（業務の配分及び権限の付与を含む。），昇進，降格及び教育訓練（後略）

⑶　下線部ｃに関連して，自由権のうちの身体（生命・身体）の自由にあてはまるものとして最も適当なものを，次の**ア～エ**のうちから一つ選び，その符号を書きなさい。

ア　思想・良心の自由　　**イ**　財産権の保障　　**ウ**　奴隷的拘束・苦役からの自由　　**エ**　学問の自由

⑷　下線部ｄに関連して，右の**表**は，日本国憲法に記された社会権で，次の文は，**表**中の［Ｘ］にあてはまる権利を定めた日本国憲法の条文である。この権利を何というか。適当な語を書きなさい。

表

［Ｘ］	第25条①
教育を受ける権利	第26条①
勤労の権利	第27条①
労働基本権	第28条

> すべて国民は，健康で文化的な最低限度の生活を営む権利を有する。

7

現代の民主政治について，次の⑴～⑸の問いに答えなさい。

⑴　採決の方法について述べた次の文章中の［　　］にあてはまる適当な語を書きなさい。

> 時間をかけて話し合っても意見が一致しないことがある。この場合には，より多くの人が賛成する意見を採用する方法として［　　］がよく用いられる。この方法を用いる際には，互いの異なる意見をよく聞き，結論を出す前に少数の意見を尊重することが大切である。

⑵　選挙の基本原則について述べた次の文中の［　　］にあてはまる適当な語を書きなさい。

> 日本の現在の選挙は，一定の年齢以上の国民ならだれでも投票できる普通選挙，一人一票の平等選挙，無記名で投票する［　　］選挙，有権者が直接投票する直接選挙の四つの原則のもとでおこなわれている。

⑶　比例代表制の選挙では，ドント式が採用されている。これは，政党の得票数を整数で順に割り，商の大きい順に当選が決まる方式である。議席数が７の場合，右の**表**中の X にあてはまる数字として最も適当なものを，次の**ア**～**エ**のうちから一つ選び，その符号を書きなさい。

ア　4　　**イ**　3　　**ウ**　2　　**エ**　1

表

	A党	B党	C党
得票数	3,000	1,800	1,100
÷1	3,000	1,800	1,100
÷2	1,500	900	550
÷3	1,000	600	366.6…
÷4	750	450	275
当選者数		X	

⑷　右の**資料**は，2017年における衆議院議員総選挙の小選挙区の議員一人当たりの有権者数を示したものである。これについて述べた次の文中の □ にあてはまる適当なことばを，「有権者」「格差」の二つの語を用いて書きなさい。

資料　（「総務省資料」などより作成）

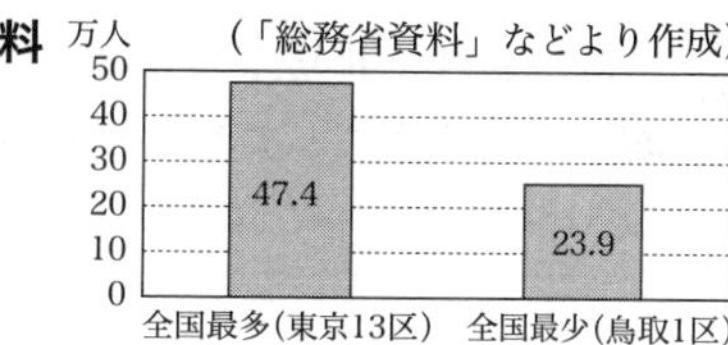

> **資料**から，この区割りによる選挙制度には，□ という課題があることがわかり，これを改善するための改革が議論されている。

⑸　政党について述べた次の文章中の □ にあてはまる適当な語を書きなさい。

> 国会で議席の過半数を占めた政党は与党と呼ばれ，内閣を組織して，政策の決定と実施にあたる。これに対し，政権を担当しない政党は □ と呼ばれ，自分たちの政策が実現するように国会で活動するとともに，与党の政治を監視・批判する。

理　科

1　次の⑴～⑷の問いに答えなさい。

⑴　次の**ア**～**エ**の物質のうち，１種類の元素からできた単体とよばれる物質はどれか。最も適当なものを一つ選び，その符号を書きなさい。

ア　酸化銀　　**イ**　食塩水　　**ウ**　水　　**エ**　水素

⑵　**図**は，ジャガイモがいも（種いも）から茎や根をのばし，新しい個体をつくっているようすを表したものである。生物が生殖細胞によらずにふえるふえ方（無性生殖）のうち，種いもやランナー（イチゴなどが新しい個体をつくるためにのばした茎）などでふえるふえ方を何生殖というか，書きなさい。

図

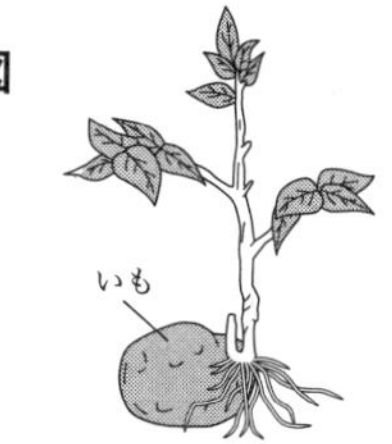

⑶　次の文章は，ビカリアの化石について述べたものである。文章中の a ， b にあてはまるものの組み合わせとして最も適当なものを，あとの**ア**～**カ**のうちから一つ選び，その符号を書きなさい。

> ある地層からビカリアの化石が見つかった場合，このビカリアの化石を含む地層は， a という地質年代に堆積したと推測できる。ビカリアの化石のように，地層が堆積した年代を知るよい手がかりとなる化石を b 化石という。

ア　a：古生代　b：示相　　**イ**　a：古生代　b：示準
ウ　a：中生代　b：示相　　**エ**　a：中生代　b：示準
オ　a：新生代　b：示相　　**カ**　a：新生代　b：示準

(4) 電力と電力量の単位の説明として最も適当なものを，次の**ア～エ**のうちから一つ選び，その符号を書きなさい。

ア 回路内で消費する電力の単位はWで，電力量の単位はＪやWhを用いる。
イ 回路内で消費する電力の単位はWで，電力量の単位はPaやWhを用いる。
ウ 回路内で消費する電力の単位はＪで，電力量の単位はWを用いる。
エ 回路内で消費する電力の単位はＪで，電力量の単位はPaを用いる。

2

Ｓさんは，ザリガニとアサリの体のつくりや，それぞれが属するなかまについて調べました。**図**は，ザリガニとアサリの外観を表したものです。これに関する先生との会話文を読んで，あとの(1)～(3)の問いに答えなさい。

図 ザリガニ

アサリ

先　生：ザリガニやアサリは，ウシなどの哺乳類やワニなどのは虫類とは，体の大きさだけでなく，全く異なる外観をしていますね。外観以外にどのようなちがいが見られますか。
Ｓさん：はい。哺乳類やは虫類には背骨がありますが，ザリガニやアサリには背骨がありません。ザリガニは殻の内側に骨格があるのですか。
先　生：いいえ。<u>体をおおっているかたい殻</u>が骨格にあたります。殻の内側には筋肉がついていて，すばやく動くことができます。
Ｓさん：アサリにも殻がありますが，ザリガニの殻とちがいます。
先　生：そうですね。ザリガニの体やあしには節があって，体全体が殻におおわれています。アサリは体全体が殻の中にあるだけで，体自体はやわらかく，内臓が［ a ］とよばれるやわらかい膜でおおわれています。
Ｓさん：そうなのですね。ザリガニもアサリも水中で生活しているので，水中に溶けている酸素を体内にとり込んでいると思います。
先　生：いいところに気がつきましたね。水中で生活するザリガニやアサリには，魚類に備わっている［ b ］と同じはたらきをする器官が備わっています。

(1) ウシやワニなどの背骨がある動物に対して，Ｓさんが調べた，ザリガニやアサリなどの背骨がない動物を何動物というか，書きなさい。

(2) 次の文章は，ザリガニの体のつくりと，ザリガニのなかまについて述べたものである。あとの①，②の問いに答えなさい。

会話文中の下線部における，ザリガニの体をおおっているかたい殻を［ x ］という。また，背骨がない動物のうち，体がこのようなかたい殻でおおわれている動物のなかまを［ y ］という。

① 文章中の［ x ］にあてはまる最も適当なことばを，**漢字３字**で書きなさい。

② 文章中の［ y ］にあてはまることばとして最も適当なものを，次の**ア～エ**のうちから一つ選び，その符号を書きなさい。

ア 軟体動物　**イ** 節足動物　**ウ** 昆虫類　**エ** クモ類

(3) 会話文中の［ a ］，［ b ］にあてはまるものの組み合わせとして最も適当なものを，次の**ア～エ**のうちから一つ選び，その符号を書きなさい。

ア a：外とう膜　b：肺　**イ** a：横隔膜　b：肺
ウ a：外とう膜　b：えら　**エ** a：横隔膜　b：えら

3 固体のパルミチン酸（化粧品などに用いられている物質）を加熱したときの温度変化について調べるため，次の**実験**を行いました。これに関して，あとの(1)～(3)の問いに答えなさい。

実験 ① 細い試験管に，細かい粒状のパルミチン酸を３ｇはかりとって入れた。
② 太い試験管の中に木の棒を立て，その上に①の細い試験管をのせた。
③ 次に，**図**のように，水と沸騰石を入れたビーカーに，②の太い試験管を入れ，パルミチン酸に温度計の液だめをさしてから，弱火にしたガスバーナーで加熱した。
④ 加熱を始めてからの時間が20分になるまで，２分おきに温度計の示度を読んで記録した。

図

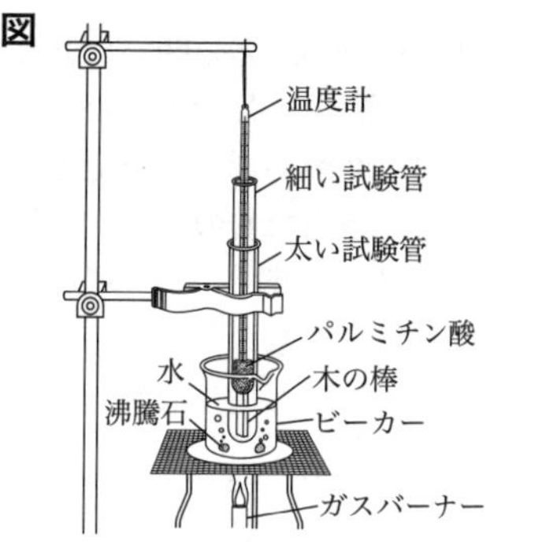

表は，④の記録をまとめたものである。

表

加熱を始めてからの時間〔分〕	0	2	4	6	8
温度計の示度〔℃〕	19.0	29.9	41.0	51.8	62.9

加熱を始めてからの時間〔分〕	10	12	14	16	18	20
温度計の示度〔℃〕	62.9	62.9	62.9	62.9	62.9	66.8

(1) **表**をもとに，**実験**の③，④における，「加熱を始めてからの時間」と「パルミチン酸の温度」との関係を表すグラフを，解答用紙の図中にかきなさい。

(2) **表**からわかることについて，次の(a)，(b)の問いに答えなさい。

(a) **実験**の④で，固体のパルミチン酸がすべて液体に変化したときの，加熱を始めてからの時間として最も適当なものを，次の**ア**～**エ**のうちから一つ選び，その符号を書きなさい。

ア 約４分後　**イ** 約８分後　**ウ** 約14分後　**エ** 約18分後

(b) 固体のパルミチン酸を加熱していくと，加熱を続けても温度が変化しない時間帯が現れることがわかる。このことから，パルミチン酸はどのような物質であることがわかるか。次の**ア**～**エ**のうちから最も適当なものを一つ選び，その符号を書きなさい。

ア 純粋な物質　**イ** 単体　**ウ** 化合物　**エ** 混合物

(3) 次の文章は，加熱を始めてからの時間が20分を過ぎたあとのようすについて述べたものである。文章中の［ a ］，［ b ］にあてはまるものの組み合わせとして最も適当なものを，あとの**ア**～**エ**のうちから一つ選び，その符号を書きなさい。ただし，パルミチン酸が液体から気体に変化する温度は351℃である。

> 加熱を始めてからの時間が20分を過ぎたあとも加熱を続けると，さらに温度は上昇し，そのあと温度計の示度はt℃でほぼ一定になった。このときの温度であるt℃は，［ a ］の［ b ］と考えられる。

ア a：パルミチン酸　b：沸点　**イ** a：水　b：沸点
ウ a：パルミチン酸　b：融点　**エ** a：水　b：融点

4 地震の揺れについて調べるため，ある地震について，地点Aに設置してあった地震計の記録から，揺れのようすを調べました。**図**は，そのようすをかき写したものです。次に，この地震について３つの地点A，B，Cにおける震源からの距離と初期微動が始まった時刻，**図**中にXで示した揺れが始まった時刻をそれぞれ調べ，**表**のようにまとめました。これに関して，あとの(1)～(3)の問いに答えなさい。ただし，地震の揺れを伝える波（地震波）は，どこでも同じ速さで伝わったものとします。

図

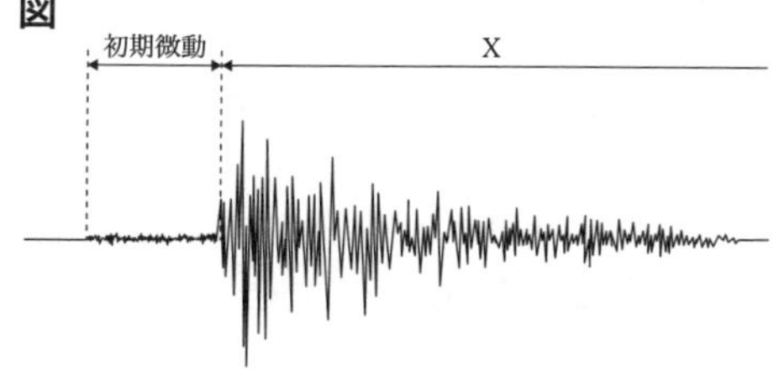

表

地点	震源からの距離〔km〕	初期微動が始まった時刻	Xの揺れが始まった時刻
A	24	15時44分20秒	15時44分23秒
B	48	15時44分24秒	15時44分30秒
C	96	15時44分32秒	15時44分44秒

(1) テレビのニュースなどで地震が発生した地点を示すために，地図上に×印などで震央を記すことが多い。この震央とは，どのような点のことをいうか，「**震源**」ということばを用いて簡潔に書きなさい。

(2) 次の①，②の問いに答えなさい。

① **図**中にXで示した，初期微動のあとに起こる大きな揺れを何というか，書きなさい。

② 地震が発生したときに生じる波(地震波)のうち，①の揺れを引き起こす波の名称として最も適当なものを，次の**ア**～**エ**のうちから一つ選び，その符号を書きなさい。

ア P波　　**イ** Q波　　**ウ** R波　　**エ** S波

(3) 次の文章は，地震の発生時刻について述べたものである。文章中の[a]～[d]にあてはまる最も適当な数値をそれぞれ書きなさい。

> 震源，地点A，Bが，この順に一直線上にあるとすると，初期微動を伝える波は，地点Aから地点Bまでの[a]kmを[b]秒で伝わったことがわかる。したがって，初期微動を伝える波は震源から地点Aまで[c]秒で伝わったことになるので，この地震の発生時刻は15時44分[d]秒である。

5

Sさんは，鏡に映って見える像について調べるため，次の**実験**を行いました。これに関して，あとの(1)～(3)の問いに答えなさい。

実験 ① 長方形の鏡A，Bを水平な机の面上に置いた。このとき，鏡A，Bの面と机の面，および，鏡A，Bの面どうしがいずれも垂直になるようにした。

② **図1**のように，鏡の前に鉛筆を1本立て，目を机の面よりも少し上の高さにして鉛筆の方を向いたところ，鉛筆を見ることができた。

③ 次に，②のときと同じ位置から鏡を見たところ，鏡に映っている鉛筆の像が見えた。

図2は，②，③のようすを真上から見て，その位置関係を方眼紙上にかき写したものである。**図2**中のP，Qは，それぞれ鉛筆を立てた位置と目の位置を示している。

図1　**図2**

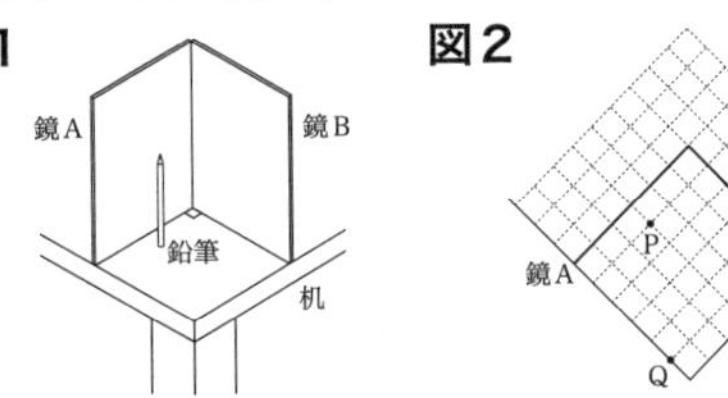

(1) 鉛筆のような，光源でない物体を見ることができる理由して最も適当なものを，次の**ア**～**エ**のうちから一つ選び，その符号を書きなさい。

ア 鉛筆が発した光が，直接目に届いたから。

イ 鉛筆が発した光が光源にあたり，光源ではね返った光が目に届いたから。

ウ 光源からの光が目にあたり，目ではね返った光が鉛筆に届いたから。

エ 光源からの光が鉛筆にあたり，鉛筆の表面ではね返った光が目に届いたから。

(2) **実験**の③で，鉛筆(点P)から鏡Bへと進んだ光が，鏡Bではね返り，目(点Q)に届くまでに進んだ道すじを，解答用紙の図中に実線でかきなさい。ただし，作図するのに必要だった線は点線で残しておくこと。

(3) 次の文章は，**実験**の③で鏡に映って見えた像について述べたものである。あとの(a)，(b)の問いに答えなさい。

> **実験**の③で，鏡A，Bに映って見えた鉛筆の像は，全部で[x]である。このとき見えた鉛筆の像のように，そこから光が出ているように見える像を[y]という。

(a) 文章中の[x]にあてはまる像の個数として最も適当なものを，次の**ア**～**エ**のうちから一つ選び，その符号を書きなさい。

ア 1つ　　**イ** 2つ　　**ウ** 3つ　　**エ** 4つ

(b) 文章中の[y]にあてはまる最も適当なことばを書きなさい。

6

動物と植物の細胞について調べるため，次の**観察**を行いました。これに関して，あとの(1)～(4)の問いに答えなさい。

観察 ① **図１**のように，ほおの内側の粘膜を綿棒でこすりとり，スライドガラスの中央にこすりつけ，試料とした。

② ①の試料に染色液を１滴落とし，約１分待ってからカバーガラスをかぶせた。

③ 次に，**図２**のように，オオカナダモの若い葉を切りとったものと，タマネギの内側のうすい皮をはぎとったものを試料として用意し，それぞれ別のスライドガラスにのせた。

④ ③の試料に対し，②と同様の操作を行った。

⑤ ②，④でつくったプレパラートを，それぞれ顕微鏡で観察した。

図３のＡ～Ｃは，⑤で顕微鏡の視野に見られた細胞のようすをスケッチしたもののいずれかである。

図１

図２

図３

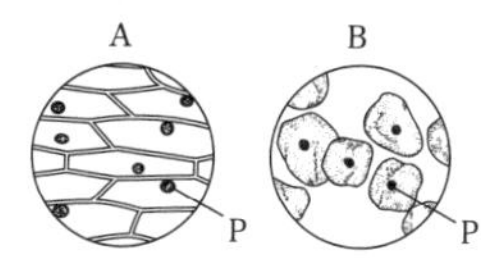

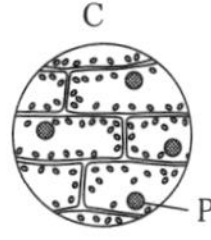

(1) **観察**の②，④で，試料に落とした染色液として最も適当なものを，次の**ア～エ**のうちから一つ選び，その符号を書きなさい。

ア 酢酸カーミン液　**イ** ヨウ素液　**ウ** フェノールフタレイン液　**エ** ＢＴＢ液

(2) **図３**で，どの細胞にもその中心付近に見られる，Ｐで示したつくりを何というか，書きなさい。

(3) **図３**のＡ～Ｃのうち，オオカナダモの若い葉を観察したときのようすを表したものはどれか。最も適当なものを一つ選び，その符号を書きなさい。また，そのように考えた理由を簡潔に書きなさい。

(4) 次の文章は，ヒト，オオカナダモ，タマネギの体のつくりについて述べたものである。文章中の［ a ］にあてはまる最も適当なことばを書きなさい。また，［ b ］，［ c ］にあてはまるものの組み合わせとして最も適当なものを，あとの**ア～エ**のうちから一つ選び，その符号を書きなさい。

> ヒト，オオカナダモ，タマネギは，いずれも体が多くの細胞からできている。このような生物を，ゾウリムシなどの体が１つの細胞でできた生物に対して，［ a ］生物という。また，［ a ］生物の体において，形やはたらきが同じ細胞が集まった部分を［ b ］といい，［ b ］が集まって特定のまとまったはたらきをする部分を［ c ］という。

ア b：器官　c：組織　**イ** b：組織　c：器官
ウ b：器官　c：機構　**エ** b：組織　c：機構

7

電気をとり出すしくみについて調べるため，次の**実験１**，**２**を行いました。これに関して，あとの(1)～(4)の問いに答えなさい。

実験１ ① 発泡ポリスチレンの板に亜鉛板と銅板をさし，それぞれの金属板がビーカーに入れたうすい塩酸にひたるように，ビーカーの上に置いた。

② **図１**のように，プロペラつきモーターの導線を亜鉛板と銅板にそれぞれつないだところ，プロペラが回りだした。

③ ②のあと，しばらく電流を流し続けたところ，銅板から気体が発生してきた。

図１

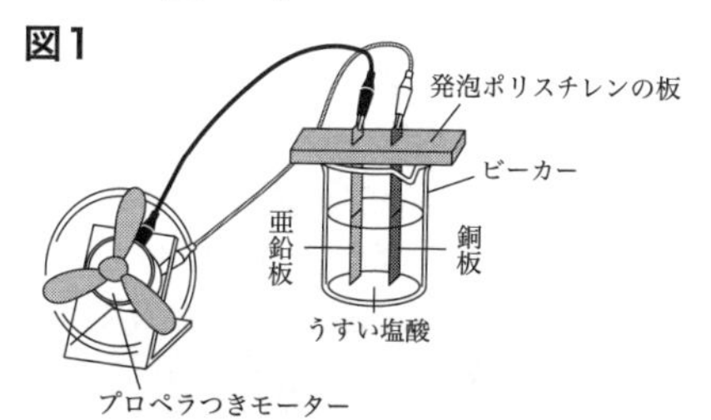

実験２　①　濃い食塩水で湿らせたキッチンペーパーを木炭に巻き，キッチンペーパーの上からアルミニウムはくを巻きつけた。

②　次に，木炭をクリップではさみ，豆電球の両端に導線をつないだあと，**図２**のように，一方の導線をクリップに，もう一方の導線をアルミニウムはくにつないだところ，豆電球が点灯した。

③　②のあと，しばらく電流を流し続けたところ，アルミニウムはくがぼろぼろになった。

図２

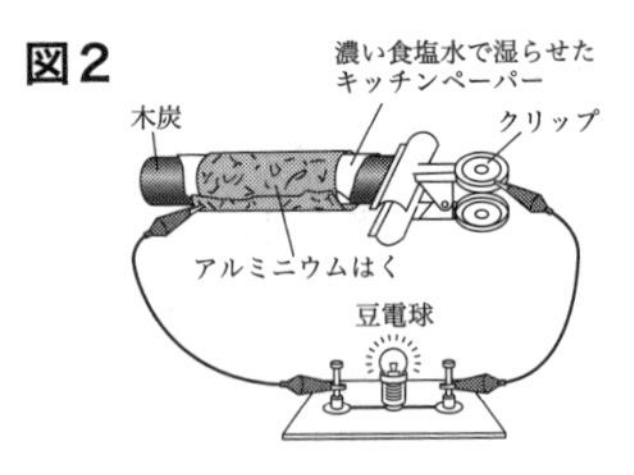

(1)　次の文章は，**実験１**で用いたうすい塩酸について述べたものである。文章中の［ a ］にあてはまる最も適当なことばを書きなさい。また，［ b ］にあてはまることばとして最も適当なものを，あとの**ア**～**エ**のうちから一つ選び，その符号を書きなさい。

うすい塩酸の溶質である塩化水素は，溶媒である水に溶けて，陽イオンと陰イオンに分かれている。このように，物質が水に溶けて陽イオンと陰イオンに分かれることを［ a ］という。また，［ a ］する物質をまとめて［ b ］という。

ア　金属　　**イ**　導体　　**ウ**　絶縁体　　**エ**　電解質

(2)　**実験１**の③で，銅板から発生した気体の名称（Ｐ）と，**図２**の実験装置のうち，**図１**の銅板にあたるはたらきをするもの（Ｑ）の組み合わせとして最も適当なものを，次の**ア**～**エ**のうちから一つ選び，その符号を書きなさい。

ア　Ｐ：水素　Ｑ：木炭　　**イ**　Ｐ：水素　Ｑ：アルミニウムはく
ウ　Ｐ：塩素　Ｑ：木炭　　**エ**　Ｐ：塩素　Ｑ：アルミニウムはく

(3)　**実験２**の③で，アルミニウムはくがぼろぼろになった理由として最も適当なものを，次の**ア**～**エ**のうちから一つ選び，その符号を書きなさい。

ア　アルミニウム原子がナトリウムイオンに電子をわたし，アルミニウムイオンとなったため。
イ　アルミニウムイオンがナトリウム原子から電子をもらい，アルミニウム原子となったため。
ウ　アルミニウム原子が電子を離し，アルミニウムイオンとなって食塩水に溶け出したため。
エ　アルミニウムイオンが電子を受けとり，アルミニウム原子となって食塩水に溶け出したため。

(4)　電流をとり出すしくみのうち，**図１**でプロペラつきのモーターにつないだ装置や，**図２**で豆電球につないだ装置のように，物質がもつ化学エネルギーを電気エネルギーに変えるしくみを特に何というか，書きなさい。

8

空気中の水蒸気が水滴になる温度について調べるため，理科室内で次の**実験**を行いました。**実験**のあと，気温とその気温における飽和水蒸気量（空気 $1m^3$ 中に含むことができる最大の水蒸気量）を調べました。**表**は，その結果の一部をまとめたものです。これに関して，あとの(1)～(4)の問いに答えなさい。

実験　①　前日から理科室内にくみ置いていた水を，金属製のコップに入れた。

②　①のコップの水に温度計をさし，しばらくして温度計の示度を読んだところ，19.0℃であった。

③　②のあと，**図**のように，氷を入れた試験管をコップの水につけ，少しずつコップ内の水の温度を下げながら，コップの表面を観察した。

④　コップの表面がくもり始めたときの温度計の示度を読んだところ，16.0℃であった。

図

表

気温〔℃〕	14.0	15.0	16.0	17.0	18.0	19.0	20.0
飽和水蒸気量〔g/m³〕	12.1	12.8	13.6	14.5	15.4	16.3	17.3

⑴ **実験**の①で，コップに入れる水に前日からくみ置いていた水を使うのはなぜか。その理由として最も適当なものを，次の**ア**～**エ**のうちから一つ選び，その符号を書きなさい。

ア 水に溶けている気体を抜くため。　**イ** 水の温度を気温と同じにするため。
ウ 空気中の水蒸気量を高くするため。　**エ** 水の中の微生物を死滅させるため。

⑵ **実験**で，金属製のコップの表面がくもり始めたときの温度を，理科室内の空気の何というか，書きなさい。

⑶ 次の文は，**実験**を行ったときの理科室の湿度について述べたものである。文中の□にあてはまる湿度として最も適当なものを，あとの**ア**～**エ**のうちから一つ選び，その符号を書きなさい。

> **実験**の結果と**表**より，**実験**を行ったときの理科室の湿度は□と計算できる。

ア 約72％　**イ** 約77％　**ウ** 約83％　**エ** 約89％

⑷ **実験**の④のあと，理科室全体の空気の温度を14.0℃まで下げたとすると，理科室全体で何gの水滴が現れると考えられるか。ただし，理科室の内外で空気の入れかわりはなく，理科室全体の空気の体積を220 m^{3}とする。

9

仕事について調べるため，次の**実験**を行いました。これに関して，あとの⑴～⑷の問いに答えなさい。ただし，質量100 gの物体にはたらく重力の大きさを1Nとし，摩擦や動滑車の重さ，ひもの重さやのびは考えないものとします。

実験 ① 質量3 kgの物体Xをひもにつり下げ，**図１**のように，物体Xの底面が床から60 cmの高さになるまで，物体Xをゆっくりと真上に持ち上げた。
② 次に，物体Xを動滑車に固定し，**図２**のようにして，ひもを真下に引き下げ，物体Xの底面が床から60 cmの高さになるまで，物体Xをゆっくりと持ち上げた。
③ さらに，**図３**のように，斜面に沿って物体Xを床から60 cmの高さまで引き上げた。このとき，物体Xは斜面に沿って100 cm移動した。

図１

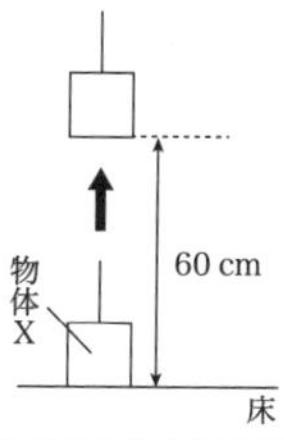

図２

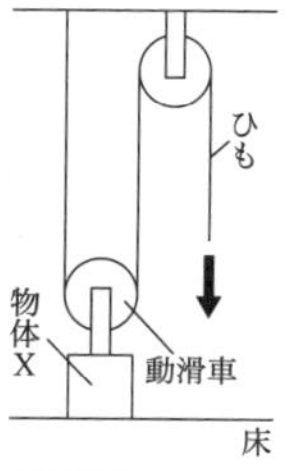

図３

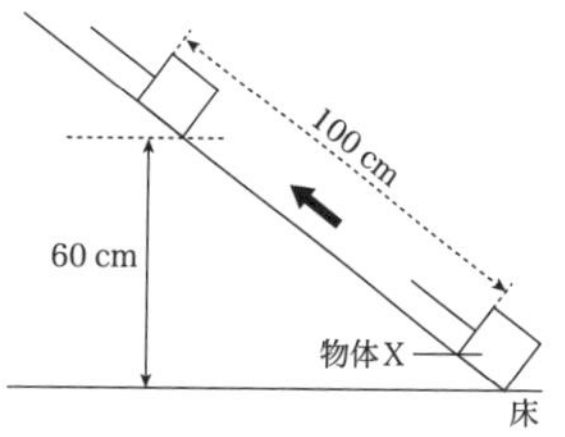

⑴ **実験**の①で，物体Xがされた仕事の大きさとして最も適当なものを，次の**ア**～**エ**のうちから一つ選び，その符号を書きなさい。

ア 1.8 J　**イ** 18 J　**ウ** 180 J　**エ** 1800 J

⑵ **実験**の②で，物体Xの底面が床から60 cmの高さになるまでひもを真下に引き下げたとき，手がひもを引く力の大きさ(P)と，ひもを引き下げた距離(Q)の組み合わせとして最も適当なものを，次の**ア**～**エ**のうちから一つ選び，その符号を書きなさい。

ア P：15 N　Q：30 cm　**イ** P：60 N　Q：30 cm
ウ P：15 N　Q：120 cm　**エ** P：60 N　Q：120 cm

⑶ 次の文章は，**実験**の①～③で，手が行った仕事について述べたものである。文章中の□にあてはまる最も適当なことばを書きなさい。

> **実験**の①～③で物体Xを持ち上げるとき，道具などを使用しても摩擦などを無視すると，結果として物体Xがされた仕事の大きさは変わらない。このことを□という。

⑷ **実験**の③で，斜面に沿って物体Xを引き上げているとき，手が物体Xに加えている力は何Nと考えられるか。

ウ　再読して理解したとき。　　**エ**　本が二冊もあったとき。

(2)　文章中に <u>おこたりたる消息</u>[B] とあるが、その対象者を挙げている部分を文章中から**十一字**で**抜き出して**書きなさい。

(3)　文章中の <u>いひかはしたる</u>[C] を現代仮名づかいに改め、**ひらがな**で書きなさい。

(4)　文章中に <u>思ひやらるる</u>[D] とあるが、どのようなことを想像しているか。最も適当なものを、次の**ア**〜**エ**のうちから一つ選び、その符号を書きなさい。

ア　打聞として自分の和歌を集めた本が世に出ること。
イ　まだ経験していない出来事が身の上に起こること。
ウ　自分がふとした時に詠(よ)んだ和歌が好評であること。
エ　ほめたくなるような和歌が届き周りに伝えること。

(5)　この文章で述べられていることとして最も適当なものを、次の**ア**〜**エ**のうちから一つ選び、その符号を書きなさい。

ア　病で寝込んでいる時にだれか心配してくれるとうれしい。
イ　好きな人が身分の高い人にも認められているとうれしい。
ウ　たくさんのとても面白い物語に囲まれているとうれしい。
エ　高貴な人たちが自分に嫉妬(しっと)して悔しがる様子はうれしい。

(6)　「大日本史」という書物の一節に、清少納言を紹介した「才学有りて、紫式部と名を斉(ひと)しくす」という文がある。こう読めるように、次の「有リテ才学、興(と)紫式部 斉シクス名ヲ」に**返り点**をつけなさい。ただし、必要な返り点のみを□に書き入れること。

有リテ□才□学、□興□紫□式□部□斉シクス□名ヲ□

七

次は、中学生の北川(きたがわ)さんと岩田(いわた)さんがこれから中学生活を迎える新入生にアドバイスしたいことについて、自分の考えを述べている場面です。これを読み、あとの〈条件〉にしたがい、〈注意事項〉を守って、あなたの考えを書きなさい。

【話題】　これから中学生活を迎える新入生にアドバイスしたいこと。

北川さん：ぼくの中学生活はあっという間に時間が過ぎて、気づけば高校受験の時期でした。新入生には一年生のうちから勉学に励んでほしいです。

岩田さん：私は入学する時は期待と不安で一杯でしたが、部活動や友人との毎日は充実しています。みなさんにものびのびと楽しんでほしいです。

〈条件〉
①　**二段落構成**とし、**八行以上**、**十行以内**で書くこと。
②　前段では、二人の考えの違いを整理すること。
③　後段では、二人の考え方をふまえて新入生にアドバイスしたいことについて、あなたの考えを理由とともに具体的に書くこと。

〈注意事項〉
①　氏名や題名は書かないこと。
②　原稿用紙の適切な使い方にしたがって書くこと。

ら一つ選び、その符号を書きなさい。

ア 幾日も幾日も、鰊の生臭いにおいがこの浜を覆うことになるのかと想像したら、自然が不快なものだと感じたから。

イ 岸をめがけてくる魚の数、そこからさらに産み出される卵の数を思うと、その果てしなさに恐怖すら感じたから。

ウ 想像したこともない量の魚が積み上げられ可視化されたことで、自分はこれまで無知であったと感じたから。

エ 海面に浮かぶ十幾つかの旗を確認したことで、それぞれで人々が欲のままに乱獲していることを感じたから。

(5) 次は、この文章を読んだあとに、東野（ひがしの）さん、山口（やまぐち）さん、田島（たじま）さんが、表現の効果について話し合っている場面の一部です。これを読み、あとの(a)～(c)の問いに答えなさい。

東野さん　私は運動会でソーラン節を踊ったことがありますが、文章中でも船の上で男たちが歌いながら最後の力をふりしぼるという描写がありましたね。

山口さん　そうですね。歌の勇ましさを思い出して、漁の様子を身近に感じました。鰊の大群は、この地の人々に［Ⅰ］エネルギーをもたらすのですね。

田島さん　一方で、後半にかけては、「私」は人間よりも自然に目を向けていますね。

東野さん　自然に対する考察を、「無限感」、「壮大感」、「併呑感」、「［Ⅱ］」と、さまざまな言葉で表していますね。

田島さん　このように言葉を重ねることで、後に続く、［Ⅲ］と認識させられる、という描写が一層際立ちますね。

(a) ［Ⅰ］に入る言葉を、文章中から**十字**で**抜き出して**書きなさい。

(b) ［Ⅱ］に入る言葉を、文章中から**三字**で**抜き出して**書きなさい。

(c) ［Ⅲ］に入る言葉を、「…の前では、…」という形を使って、**二十字以上、二十五字以内**で書きなさい。

六

次の文章を読み、あとの(1)～(6)の問いに答えなさい。

うれしきもの。まだ見ぬ物語の多かる。また、一つを見ていみじうゆかしうおぼゆる物語の<u>二見つけたる</u>（A）。心おとりするやうにもありかし。いかならむと思ふ夢を見て、おそろしと胸つぶるるに、ことにもあらずあはせなどしたる（注1）、いとうれし。遠き所はさらなり、おなじ都のうちながら、身にやむごとなく思ふ人のなやむ聞きて、いかにいかにとおぼつかなく嘆くに、<u>おこたりたる消息（せうそこ）得たる</u>（B）もうれし。思ふ人の、人にもほめられ、やむごとなき人などの、くちをしからぬものにおぼしのたまふ。もののをり、もしは、<u>人といひかはしたる歌</u>（C）の聞こえてほめられ、打聞（うちぎき）（注2）などにほめらるる、みづからのうへにはまだ知らぬことなれど、<u>なほ思ひやらるるによ</u>（D）。

（清少納言『枕草子』による。）

（注1）ことにもあらずあはせなどしたる＝なんでもないと夢占い師が判断してくれた。

（注2）打聞＝聞いた和歌を書きとめた書。聞き書き。

(1) 文章中に<u>二見つけたる</u>（A）とあるが、この言葉の意味として最も適当なものを、次の**ア**～**エ**のうちから一つ選び、その符号を書きなさい。

ア 第二巻を発見したとき。

イ 二度目に見回ったとき。

の眼の前に繰り拡げてみせるのでした。自然の力は、あとからあとから疲れることなく、たえず何物かを産みだしているのでした。これでいいという限界を、それは知りませんでした。暗い空の下で蒼黒い波を身もだえるように揺らせて、岸をめがけて突進してくる、牡牛のような獰猛な海そのものが、すでに自然に、この無限の、膨大なエネルギーを語りつづけていました。いつかチフス(注9)が癒って落合(注10)の家に帰ってから間もなく、川の水の豊かで尽きることのない動きに魅了されたことがありましたが、海の無限感、壮大感というものは、川の果てしない動きとは、また別の、一種のめくるめく併呑感(注11)をもって私たちを包んでくるのです。どんなに私が想像力を使ってこの宇宙を越えようと思っても、雲の垂れ込める灰色の海を見ていると、いつか海水の膨大な量と、悠久感を湛えた無言の波のうねりと、繰り返し崩れ落ちる波打際の轟きの前で、いかに自分がちっぽけな存在であるかをいやというほど知らされるのでした。

この荒れ騒ぐ海のなかで、魚たちのおびただしい産卵が行われ、二週間もしないで無数の稚魚が生まれ、数か月後には北の海を目ざして小さな魚の形をとった生命の群れは去ってゆくのです。それからまた何年かたって、自分が生まれたその同じ海岸へ卵を産みに戻ってくるということ――それは季節の循環によって花が咲き、実が結び、種となって地にかえるに似た、果てしなく大きな自然のめぐりのように感じられてくるのでした。

(辻邦生『樹の声　海の声』による。)

(注1) 番屋＝漁師が主に漁の時期に寝泊まりする家屋。
(注2) 律動＝周期的な運動。リズム。　(注3) 雪江＝「私」の友人。
(注4) 起こし船＝鰊漁で使われる船の呼び名。文章中の「枠船」「汲み船」も同様。
(注5) 大たも＝大きなたも網の略語。　(注6) 常右衛門＝雪江の父。
(注7) 望楼＝遠くを見渡すためのやぐら。
(注8) 忍路＝北海道の地名。　(注9) チフス＝かつて流行した伝染病。
(注10) 落合＝東京の地名。　(注11) 併呑感＝全てを飲み込むような感じ。

(1) 文章中に A騒然とした気配 とあるが、このときの浜の様子について述べた、次の文章を完成させなさい。ただし、Ⅰ はあとのア～エのうちから最も適当なものを一つ選び、その符号を書き、Ⅱ に入る言葉は、「日常」という言葉を使って、**十五字以上、二十字以内**で書くこと。

> 浜では「群来」を告げる声に人々が Ⅰ をかきたてられている。その中で「私」は、人々の様子とは対照的に Ⅱ を聞く冷静さを持ち合わせていた。

ア これから始まる稼ぎへの期待感
イ 一斉に駆除してやろうという闘争心
ウ 産卵に協力しようとする正義感
エ 効率的な鰊漁を追求する探求心

(2) 文章中に Bわくわくした興奮 とあるが、このときの「私」はどのようなことに興奮しているか。最も適当なものを、次の**ア～エ**のうちから一つ選び、その符号を書きなさい。

ア 雪江の説明を聞き、鰊漁の仕組みがおおよそ理解できたこと。
イ 鰊が群来していると知るとすぐに、人々が熱狂しだしたこと。
ウ 無数の魚群すら包み隠してしまうほど、海が巨大であること。
エ 目の前に広がる暗い海の中では魚群がひしめいていること。

(3) 文章中に C大勢の男女がめまぐるしく動く一大漁場 とあるが、女たちの作業の様子が比喩を用いて表現されている**一文**を、文章中から**抜き出して、はじめの五字**を書きなさい。

(4) 文章中に D不気味な思いすら感じさせる とあるが、「私」がそのように感じた理由として最も適当なものを、次の**ア～エ**のうちちか

の底で鳴りつづけておりました。ただ浜に集まった人々が口々に何か叫び、それが単調に繰り返す(注2)律動的な波の轟きを、冷静な、物に動じぬ、不変の真理のように思わせるほど、異様な、物狂わしい騒ぎへと高まってゆくのがわかりました。

もちろん何も知らない私は、(注3)雪江が沖の赤い篝火を指して、あれが(注4)起こし船、あれが枠船、と説明するのを聞いて、このまっ暗な波の下で、無数の魚群がひしめいているのだと想像するほかありませんでした。しかしそう思うだけで、何か激しい力のぶつかり合いを見るような、Bわくわくした興奮が身体のなかに湧きあがってくるのでした。

翌朝、私たちが外に出てみますと、あたりは潮の香りとは別の、生臭い、ぬるぬるした、鉄錆に似たにおいに満たされていました。

「鰊のにおいだわ。鰊のにおいだわ」雪江はそう叫んで駆け出しました。

浜は一夜のうちにC大勢の男女がめまぐるしく動く一大漁場に変わっていました。枠船では男たちが最後の力をふりしぼって「そーらん、そーらん」をうたいながら、(注5)大たもで鰊を汲み出していました。風は夜のうちより弱くなっていましたが、波は相変わらず高く、波がしらが白く砕けながら、幾十幾百となく陸へ目がけて押し寄せていました。

雲は低く層になって垂れ、鉛色の層雲の切れ目に一か所明るんで、銀白色に寒々と光っているところがありました。その極光のような光が蒼黒い、金属質の肌をした波に反射して、早暁の神秘な気配を湛えていました。

枠船から鰊を汲み出した汲み船は、船底に鰊を積み込んで、浜辺に近づきます。浜辺では背負木箱を背負った女たちが汲み船の着くのを待って、つぎつぎと板を渡って船に乗り込んでゆくのでした。

私はここでもこの単調な鰊運びの労働のなかに、東京では味わうことのできなかった、力に満ちた、疲れを知らぬ、激しく噴き出してくる律動感を感じたのです。

女たちは船に乗り、背負木箱に鰊を一杯にすると、それを波打際に石垣で一段高く築いた魚置場に運びます。すでに夜のうちに運んだ鰊の大群が三尺か四尺ほどの高さに積み上げられ、なお女たちの列はぐるぐる回る人形の群れのように汲み船と魚置場のあいだを動きつづけているのでした。

女たちは休みをとることがありません。食事は、賄い係の差し出すにぎり飯を列になって歩きながら頬ばります。彼女たちが休むのは、背負木箱に鰊をすくい入れるあいだ、船底板に腰をおろすときだけなのでした。

それにしても何というおびただしい魚たちの群れなのでしょうか。私は魚置場に積み上げられた鰊を見たとき、一瞬、目がくらくらするような気持ちになりました。こんな数の魚を私は見たこともなければ、想像したこともありません。しかもこれはたった一晩の網にかかった鰊にすぎないのです。このあと、幾日も幾日もこうやって魚の群れは岸をめがけてやってくるのです。

(注6)常右衛門の話では、沖の建網のなかに一晩に三十石ぐらいの鰊が入るということでした。およそ二十トンほどの魚群ということになるのでしょうか。これはしかしたった一つの網にかかった鰊の群れにすぎないのです。私が(注7)望楼に登って(注8)忍路の海面を見渡しただけで、この岬と岬のあいだの弧状の海岸に、十幾つかの、漁場を示す紋章入りの旗が数えられましたから、その全部に鰊が群来しないとしても、その膨大な数は想像を絶します。しかもこのすさまじい数の鰊群が一尾あたり七、八万粒の卵を産みつけるのですから、自然のもつ果てしない生命の力というものは、何に喩えたらよいのかわかりません。

それはD不気味な思いすら感じさせる大自然の無尽蔵な巨大さを、私

(注１) 修辞学＝最も効果的に表現する方法を研究する学問。
(注２) ギャップ＝大きなずれ。 (注３) 迂遠＝まがりくねって遠いこと。

(1) 文章中の^A はなはだ と同じ品詞として最も適当なものを、次の**ア〜エ**のうちから一つ選び、その符号を書きなさい。

ア 彼女は動じることなくほほえんだ。
イ これこそがいわゆるエビでタイをつるですね。
ウ いまならもれなくプレゼントを差し上げます。
エ とてもはなやかなドレスです。

(2) 文章中の［B］に入る語として最も適当なものを、次の**ア〜エ**のうちから一つ選び、その符号を書きなさい。

ア 塩梅（あんばい）　**イ** 加減　**ウ** 調子　**エ** 承知

(3) 文章中に^C 撞着語法 とあるが、その効果について整理した次の表を、完成させなさい。ただし、［Ⅰ］に入る言葉は、文章中から**九字**で**抜き出して**書き、［Ⅱ］に入る言葉は、「視点」と「ゆずる」という二つの言葉を使って、**十字以上、十五字以内**で書くこと。

	撞着語法	**伝えている真理**
秘密	公然の秘密 ↓だれもが知っているのに［Ⅰ］とされていること。	「秘密」は人々の好奇心をよけいにそそり、またたく間に広がる。
まけ	まけるがかち ↓長い目で見れば自分の得になる。	［Ⅱ］ことで、その場ではまけたとしても、周囲の評価などを総合するとかちに転じる。

(4) 文章中に^D「ありがためいわく」は、「ありがたいと思う気持ちよりは迷惑だと感じる気持ちの方が強い様子」だと説明している国語の辞書がある とあるが、この一文が果たす役割の説明として最も適当なものを、次の**ア〜エ**のうちから一つ選び、その符号を書きなさい。

ア 「ありがたい」と「めいわく」が同一次元上にあることを示す。
イ オキシモロンが世間に認知された修辞法であることを示す。
ウ 辞書の誤表記を指摘することにより筆者の知識の深さを示す。
エ オキシモロンの論理の飛躍を理解できていない実例を示す。

(5) 文章中に^E シャレたもの とあるが、これは具体的にはどのようなものか。その説明として最も適当なものを、次の**ア〜エ**のうちから一つ選び、その符号を書きなさい。

ア 詳しく語らず、かくされた部分を知るとおもしろさがあるもの。
イ 正反対の意味を持つ言葉を飾りつけ、より真実にせまったもの。
ウ 意味を知れば、みな笑い転げるような滑稽（こっけい）話をあらわしたもの。
エ 言葉の背景を省略し、わかる人にはわかるという趣（おもむき）があるもの。

(6) 文章中に^F 急がばまわれ とあるが、この言葉の中にある「まわる」は、どのような意味で使われているか。「失敗」と「確認」という二つの言葉を使って、**二十字以上、二十五字以内**で書きなさい。

五

次の文章を読み、あとの(1)〜(5)の問いに答えなさい。

〔次は、東京で女学校に通っている「私」が、旅行先の北海道で、鰊（にしん）の大群が産卵のため沿岸部に押し寄せる「群来（くき）」の際に行われる漁の様子を初めて見た場面である。〕

突然、番屋(注1)のなかが騒がしくなったかと思うと、外で「群来だぁ。群来だぁ」と叫（さけ）ぶ声がしました。それは^A 騒然とした気配 とでもいうほかありません。外はまっ暗な闇夜でした。波の音だけがごうごう夜

まけるがかち
ありがためいわく
秘密は周知でないからこそ秘密である。みんなが知っていたら秘密でも何でもないはず。ところが、秘密だというからよけいに好奇心をそそる。またたく間に広がってしまい、知らぬものもないが、建前はあくまで秘密となっている。そういうことがよくある。

「まけるがかち」。どうしてまけがかちになるのか。それなら矛盾である。

その場ではたしかにまけたけれども、長い目で見れば結局、自分の得になるというとき、視点を変えて、まけをかちと見ることができる。ときとして、敗者のまけおしみに利用されることがないとは言えないが、無理に勝負にこだわらずに相手にかちをゆずることが実際においても高く評価される。

「まける」のと「かつ」のとが同一次元でないから、この矛盾のように見える命題が矛盾ではなくなる。

D「ありがためいわく」は、「ありがたいと思う気持ちよりは迷惑だと感じる気持ちの方が強い様子」だと説明している国語の辞書がある。

これではオキシモロンにならないのではあるまいか。相手が好意、親切からしてくれていることはわかっている。それに対しては、ありがたいと思わなくてはならない。ところが、こちらの正直な気持ちから言えば、すこしもありがたくない、どころか、迷惑ですらある。その二つの立場の違いを踏まえて、ありがためいわく、と言うのである。

オキシモロンには論理の飛躍がある。そのすき間を飛びこえられない人には、何のことを言っているのかわからないだろうし、逆に飛びこえられる人には何とも言えぬおもしろさと感じられる。

つまり、E撞着語法はかなりシャレたものなのである。それが日常生活で何気なく古くから使われてきたというのは、なかなか興味ぶかいことである。

F「急がばまわれ」、にも論理的ギャップ(注2)がある。急いでいるのなら、当然、最短コースを行かなくてはならない。急いでいるのなら、急がなくてはならない。

ところが、あわてると、ロクなことがない。思いがけない失敗をやらかして、かえって、遅れてしまう。ここまでの部分をのみこんで表面に出さず、だから、急いでいるときには安全な、まわり道をした方が、意外に早く行かれていい、という部分だけを表面に出す。

そういうかくされた部分がわからないと撞着語法はつじつまの合わない話になるが、言外の言葉を解すれば、なんとも言えないおもしろ味がある。

急いでいるときに、おあつらえに向こうからバスがやってくる。まだ停留所まですこしあるから、走らないと間に合わない。走って行ってやっと間に合った。やれやれと飛び乗ると、何と行き先の違うバスではないか。とんでもないところへもって行かれてしまう。こんなことなら、ゆっくりしていた方がよかった。あわててバスに乗らなかった方がよかった。そういうことはバス以外に、いくらでもある。

世の中に遅れないようにというつもりで、流行を追っているのも、やみくもにバスに飛び乗るのと似ている。新しく新しくと思っていて、かえって時代遅れになってしまう。

(注3)迂遠(うえん)に見えそうなことが案外、実際的な近道であることがすくなくない。

ゆっくり急げ。

(外山滋比古(とやましげひこ)『ことわざの論理』による。一部省略等がある。)

インタビューする内容
・松井さんが担当する仕事の内容
・公園に咲く桜の種類
・四季折々の花について
・［　　　　］

(1) (問いを放送します。)

(2) (問いを放送します。)

［選択肢］
ア 六種類、千本以上。　イ 五種類、六百本以上。
ウ 六種類、千本未満。　エ 五種類、六百本未満。

(3) (問いを放送します。)

［選択肢］
ア アジサイ　イ アサガオ　ウ スイレン　エ ヒマワリ

(4) (問いを放送します。)

［選択肢］
ア 公園でのおすすめの過ごし方について
イ 仕事をしていて大変に思うこと
ウ 公園で守ってほしいマナーについて
エ 仕事をしていてやりがいを感じるとき

聞き取りテスト終了後、３ページ以降も解答しなさい。

二

次の(1)〜(4)の――の漢字の読みを、**ひらがな**で書きなさい。

(1) 委員長としての責務を果たす。
(2) すべてのエリアを制覇した。
(3) 散りゆく花を惜しむ。
(4) 愛に報いるような行動をする。

三

次の(1)〜(5)の――のカタカナの部分を**漢字**に直して、楷書(かいしょ)で書きなさい。(正確にていねいに書きなさい。)

(1) 止血のためにアッパクする。
(2) 彼女はめきめきとトウカクを現している。
(3) 新しいビルにイセツする準備をしている。
(4) 先生をウヤマう気持ちであいさつする。
(5) この新商品はこれまでのものとは一線をカクす。

四

次の文章を読み、あとの(1)〜(6)の問いに答えなさい。

ローマのスウェトニウスという人がオーガスタス・シーザーの言葉として書き残した、フェスティナ・レンテという言葉は、Aはなはだ有名である。「ゆっくり急げ」の意味。

京都大学の古典語の教授であった田中秀央(たなかひでなか)博士は、はがきの終わりによくフェスティナ・レンテ！　と書いた。出版社との仕事の連絡などにはいつもかならず、この文句がついていた。はじめのうち、これは原稿のできないのに対する言いわけかと思ったこともあるが、そうではないらしい。博士の仕事は着実で決して約束に遅れることがない。だから、「ゆっくり急げ」というのは妙な急ぎ方をしていい［B］な仕事にならないようにという自戒がこめられていたのかもしれない。それだからといって、いつまでもぐずぐずしていてはいけない。あわてず、しかし、のろのろしないで仕事をしましょう、という自他に対する意思表示だったのであろう。

一見矛盾する言葉を結びつけて、一面の真理を伝えるのを修辞学(注1)でオキシモロンという。日本語ではC撞着(どうちゃく)語法と呼ばれる。たとえばこういうのがある。

公然の秘密

（合図音Ａ）

問いの**(2)**　公園の桜の種類と桜の木の本数について、松井さんが説明していた内容と合うものを、選択肢ア～エのうちから一つ選び、その符号を書きなさい。　（約12秒間休止）

（合図音Ｂ）

高島　この公園には、桜だけではなく、四季を通してたくさんの花が咲きますよね。

松井　そうですね。夏にはヒマワリやアジサイ、アサガオを見ることができます。秋にはコスモスが咲きますが、紅葉も美しく、人気がありますよ。冬には梅や椿が見頃を迎えます。

高島　いつでも美しい風景が楽しめるので、歩いているだけで楽しいです。

（合図音Ａ）

問いの**(3)**　松井さんが、夏の公園に咲く花として紹介していなかったものを、選択肢ア～エのうちから一つ選び、その符号を書きなさい。繰り返します。松井さんが紹介していなかったものを、一つ選びなさい。　（約７秒間休止）

（合図音Ｂ）

高島　松井さんが、公園の管理のお仕事をされていて、一番やりがいを感じるのはどんなときですか。

松井　そうですね。先ほど高島さんが、公園を歩いているだけで楽しいと言ってくれたように、公園に来たお客さんが、楽しそうに過ごしてくれている姿を見たときに、この仕事をしていてよかったなと感じます。それから、世話をしている植物が元気に育っているときですね。

高島　松井さんからお話をうかがって、これからもマナーを守って、公園で楽しく過ごしたいと思いました。本日はありがとうございました。

（合図音Ａ）

問いの**(4)**　１ページの〔インタビューシート〕の空欄に入る内容として最も適当なものを、選択肢ア～エのうちから一つ選び、その符号を書きなさい。　（約10秒間休止）

放送は以上です。３ページ以降も解答しなさい。

〈チャイム〉

※注意　各ページの全ての問題について、解答する際に字数制限がある場合には、句読点や「　」などの符号も字数に数えること。

一　これから、若葉中学校の放送委員である高島さんが、学校の近くの公園を管理している松井さんにインタビューをしている場面と、それに関連した問いを四問放送します。１ページの〔インタビューシート〕を見ながら放送を聞き、それぞれの問いに答えなさい

（放送が流れます。）

〔インタビューシート〕

インタビューの相手：公園の管理人　松井さん

国語

国語聞き取りテスト台本

〈チャイム〉

これから、国語の聞き取りテストを行います。これは、放送を聞いて問いに答える問題です。それでは問題用紙の１ページと２ページを開きなさい。　（約２秒間休止）

これから、若葉中学校の放送委員である高島さんが、学校の近くの公園を管理している松井さんにインタビューをしている場面と、それに関連した問いを四問放送します。１ページの［インタビューシート］を見ながら放送を聞き、それぞれの問いに答えなさい。　（約２秒間休止）

なお、インタビューの途中、（合図音Ａ）という合図のあと、問いを放送します。また、（合図音Ｂ）という合図のあと、場面の続きを放送します。

１ページと２ページにメモをとってもかまいません。では、始めます。

〈チャイム〉

高島　こんにちは、若葉中学校放送委員の高島です。松井さん、本日はよろしくお願いします。

松井　よろしくお願いします。

高島　まず、松井さんの普段のお仕事の内容について、聞かせていただけますか。

松井　園内の巡回をはじめ、樹木の管理や草刈り、花壇の手入れなどを行っています。他にも、公園を利用される方からの問い合わせに対応したり、利用されるお客さんへの指導を行ったりもしています。

高島　主に、どういったことを指導されているのですか。

松井　そうですね。一番多いのは、ごみの捨て方についてです。

高島　この公園がいつもきれいなのは、松井さんの指導のおかげだったのですね。

（合図音Ａ）

問いの(1)　松井さんは公園に来るお客さんに、主にどのようなことを指導していると述べていましたか。解答欄に合うように五字以上、十字以内で書きなさい。　（約15秒間休止）

（合図音Ｂ）

高島　次に、公園の桜の木についてお話をうかがいたいと思います。この公園には、桜の木がたくさんありますよね。何種類くらいの桜が咲くのですか。

松井　日本で最も有名なソメイヨシノをはじめ、早春に咲く河津桜や、四月の中旬に見頃を迎える八重桜など、種類としては五種類ほどです。園内には千本以上の木がありますが、その中で、桜の木の本数は六百本を越えています。そのため、お花見の時期には、お客さんでとてもにぎわいます。

第４回 紙上公開もぎ (令和５年12月実施)

数 学

1 次の(1)～(7)の問いに答えなさい。

(1) 次の①～③の問いに答えなさい。

① (－5)＋(－8) を計算しなさい。

② $\dfrac{3\sqrt{2}}{\sqrt{48}}$ の分母を有理化しなさい。

③ $(x+5)(x-3)+3(x+5)$ を因数分解しなさい。

(2) 右の図のような直方体があり，AB＝a cm，AD＝3 cm，AE＝4 cmである。

このとき，次の①，②の問いに答えなさい。

① この直方体の表面積をaを使って表しなさい。

ただし，かっこを使わない，最も簡単な式で表すこと。

② この直方体の表面積を求めるとき，aを正しい値より１小さくして計算したために，誤った答え94 cm^2が得られた。

このとき，正しい表面積を求めなさい。

(3) 右の図は，ある中学校の生徒80人の通学時間を調べ，箱ひげ図に表したものである。

このとき，次の①，②の問いに答えなさい。

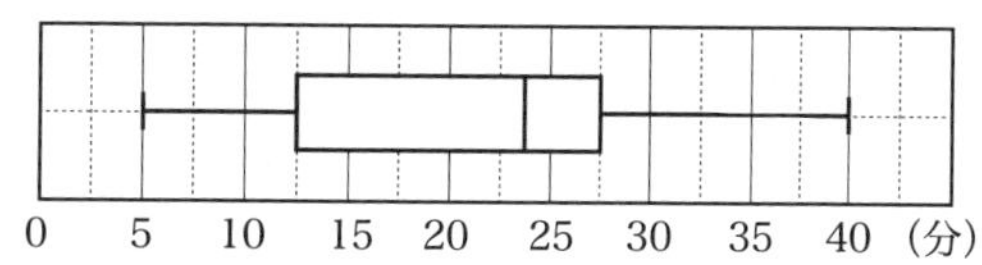

① 分布の範囲を求めなさい。

② この箱ひげ図から読み取れることとして最も適当なものを，次の**ア**～**エ**のうちから１つ選び，符号で答えなさい。

ア 通学時間が10分の生徒は少なくとも１人いる。

イ 通学時間が15分未満の生徒は15人である。

ウ 通学時間が25分未満の生徒は少なくとも40人いる。

エ 通学時間が30分以上の生徒は20人より多い。

(4) 次の①，②の問いに答えなさい。

① 50以下の自然数のうち，７の倍数は何個あるか，求めなさい。

② 袋Aには，1，2，3，4の数字が１つずつ書かれた４個の玉が入っている。また，袋Bには，0，1，2，3，4の数字が１つずつ書かれた５個の玉が入っている。この２つの袋の中から，それぞれ１個ずつ玉を取り出し，袋Aから取り出した玉に書かれた数をa，袋Bから取り出した玉に書かれた数をbとする。

このとき，$10a+b$の値を３で割った余りが１となる確率を求めなさい。

ただし，それぞれの袋について，どの玉の取り出し方も同様に確からしいものとする。

(5) 連続する３つの自然数があり，これらの和が87であるとき，３つの自然数を求めなさい。

(6) 右の図において，AB∥EF∥CDのとき，次の①，②の問いに答えなさい。

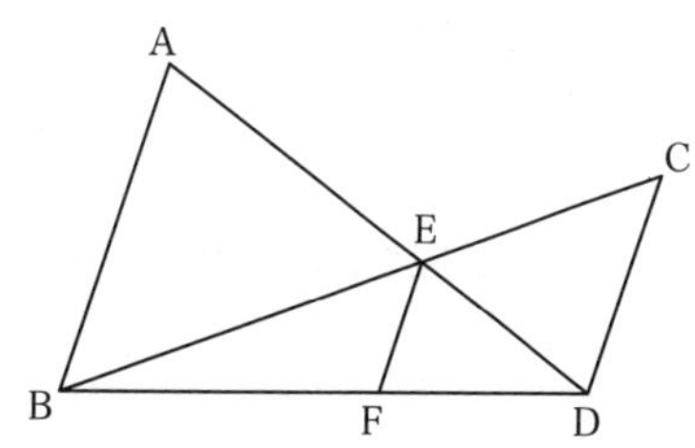

① AB：CD＝3：2のとき，BF：FDを求めなさい。

② AB＝15 cm，CD＝10 cmのとき，線分EFの長さを求めなさい。

(7) 右の図のように，３直線 ℓ，m，n がある。このとき，次の**条件**を満たす点Oを作図によって求めなさい。また，点Oの位置を示す文字Oも書きなさい。

ただし，三角定規の角を利用して直線をひくことはしないものとし，作図に用いた線は消さずに残しておくこと。

条件

・点Oは，３直線 ℓ，m，n のすべてに接する円の中心である。

・点Oは，直線 ℓ の右側にある。

2 右の図のように，関数 $y=x+2$ のグラフと関数 $y=ax^2$ のグラフが２点A，Bで交わっている。また，関数 $y=x+2$ のグラフと関数 $y=bx^2$ のグラフの２つの交点のうち x 座標が正である点をC，関数 $y=x+2$ のグラフが y 軸と交わる点をDとする。

点Aの x 座標が－１であり，△BDOと△CDOの面積の比が２：３のとき，次の(1)～(3)の問いに答えなさい。

ただし，$a>b>0$ とする

また，原点Oから点(１，０)までの距離及び原点Oから点(０，１)までの距離をそれぞれ１cmとする。

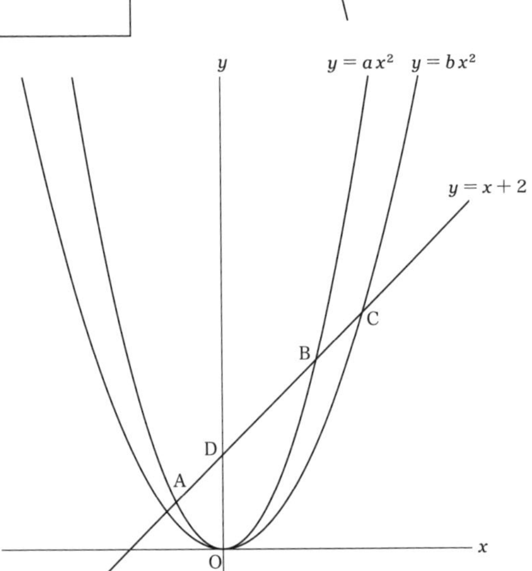

(1) a の値を求めなさい。　(2) b の値を求めなさい。　(3) △AOCの面積を求めなさい。

3 右の図のように，△ABCがあり，辺AB上にAD＝BEとなる点D，Eをとる。点Dを通り，線分CEに平行な直線と辺ACとの交点をF，点Bを通り，辺ACに平行な直線と線分CEの延長線との交点をGとする。

このとき，次の(1)～(3)の問いに答えなさい。

ただし，点A，D，E，Bはこの順に並んでいるものとする。

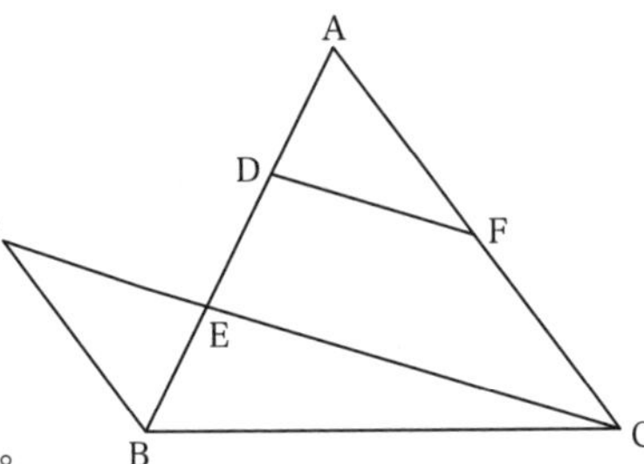

(1) DF＝EGであることを下の［　　］にしたがって証明するとき，［(a)］，［(b)］に入る最も適当なものを，**選択肢**の**ア～エ**のうちからそれぞれ１つずつ選び，符号で答えなさい。また，［(c)］に入る最も適当なことばを書きなさい。

> DF＝EGであることを証明するには，［(a)］と［(b)］が［(c)］であることを証明すればよい。

選択肢

ア △ADF　**イ** △AEC　**ウ** △BEG　**エ** △EBC

(2) (1)の［　　］にしたがって，DF＝EGであることを証明しなさい。

(3) 点Fが辺ACの中点であり，△EBCの面積が24 cm^{2}のとき，四角形DECFの面積を求めなさい。

4 下の＜Ⅰ＞は，３の倍数を小さい方から順番に一列に並べた数の列である。また，＜Ⅱ＞は，＜Ⅰ＞に並んだ数の一の位の数だけを一列に並べた数の列である。

＜Ⅰ＞　3，6，9，12，15，18，21，24，……
＜Ⅱ＞　3，6，9，2，5，8，1，4，……

例えば，＜Ⅰ＞の５番目の数は「15」だから，＜Ⅱ＞の５番目の数は「５」である。

さらに，＜Ⅲ＞は，＜Ⅰ＞に並んだ数について，各位の数をわけて，一列に並べた数の列である。

＜Ⅲ＞　3，6，9，1，2，1，5，1，8，2，1，2，4，……

例えば，＜Ⅰ＞の５番目の数「15」について，十の位の数の「１」は＜Ⅲ＞の６番目の数，一の位の数の「５」は＜Ⅲ＞の７番目の数となる。

３つの数の列＜Ⅰ＞，＜Ⅱ＞，＜Ⅲ＞について，次の**会話文**を読み，あとの(1)～(4)の問いに答えなさい。

会話文

教師T：＜Ⅱ＞，＜Ⅲ＞は＜Ⅰ＞をもとにつくられた数の列ですから，＜Ⅱ＞，＜Ⅲ＞について考えるには，＜Ⅰ＞について考えるとよいですね。
生徒X：＜Ⅰ＞について考えてみると，＜Ⅰ＞の１番目の数は「３」，＜Ⅰ＞の２番目の数は「６」，……となっているので，＜Ⅰ＞の 99 番目の数は［(a)］になります。
生徒Y：＜Ⅱ＞について考えます。例えば，＜Ⅰ＞の 12 番目の数は 36 ですから，＜Ⅱ＞の 12 番目は６です。同じように＜Ⅱ＞の 100 番目の数は［(b)］です。ただ，＜Ⅱ＞の数から＜Ⅰ＞の数を求めるのはちょっと難しいです。
教師T：そうですね。＜Ⅰ＞，＜Ⅱ＞，＜Ⅲ＞について，いろいろ考えましょう。

(1) **会話文**中の［(a)］，［(b)］にあてはまる数として最も適当なものを，次の**ア～カ**のうちからそれぞれ１つずつ選び，符号で答えなさい。

ア 0　**イ** 1　**ウ** 3　**エ** 294　**オ** 297　**カ** 300

(2) ＜Ⅱ＞の 63 番目の数について，次の①，②の問いに答えなさい。
　① ＜Ⅱ＞の 63 番目の数を求めなさい。
　② ＜Ⅱ＞の１番目の数から 63 番目の数までの 63 個の数をすべて加えた値を求めなさい。

(3) ＜Ⅰ＞の 35 番目の数の一の位の数は，＜Ⅲ＞の何番目の数か，求めなさい。

(4) 下の**説明**は，＜Ⅲ＞の 162 番目の数について述べたものである。［(ア)］，［(イ)］，［(エ)］にあてはまる数を書きなさい。また，［(ウ)］にはあてはまる漢数字として最も適当なものを，一，十，百，千のうちから１つ選び，その漢数字を書きなさい。

説明

＜Ⅲ＞の 162 番目の数は，＜Ⅰ＞の［(ア)］番目の数である［(イ)］の［(ウ)］の位の数，つまり［(エ)］である。

英　語

英語リスニング放送台本

これから英語のテストを行います。最初はリスニングテストです。リスニングテストはすべて放送で行います。リスニングテスト終了までは，**２**ページ以降を開かないでください。

それでは，問題用紙の**１**ページを開いてください。リスニングテストの問題は，**１**から**４**の四つです。

では，**１**から始めます。

１は，英語の対話を聞いて，最後の文に対する受け答えを選ぶ問題です。受け答えとして最も適当なものを，それぞれ問題用紙のＡからＤのうちから一つずつ選んで，その符号を書きなさい。なお，対話はそれぞれ２回放送します。では，始めます。

No. 1　Man:　Excuse me.　Would you tell me how to go to the station?
Woman:　Sure.　Go straight along this street and turn left at the first corner.
Man:　Oh, I see.　Thank you.　Will it take long from here?
繰り返します。(対話を繰り返す。)

No. 2　Girl:　Wow!　So many people are waiting for something there.
Boy:　Right.　I think they're going to eat at the new restaurant.
Girl:　Really?　Why do you think so?
繰り返します。(対話を繰り返す。)

No. 3　Teacher:　Mami, are you looking for a teacher?
Student:　Yes.　I want to ask Mr. White a question about English.
Teacher:　I'm sorry, but he is not here now.
繰り返します。(対話を繰り返す。)

次は２です。

２は，英語の対話又は英語の文章を聞いて，それぞれの内容についての質問に答える問題です。質問の答えとして最も適当なものを，それぞれ問題用紙のＡからＤのうちから一つずつ選んで，その符号を書きなさい。なお，英文と質問はそれぞれ２回放送します。では，始めます。

No. 1　Girl:　Look at the man sitting on the chair!
Boy:　The man with a cup in his hand?
Girl:　No.　He has a book in his hand.
Boy:　I see him.　What about him?
Girl:　He is a famous scientist.
Question: Which man are they looking at?
繰り返します。(対話と質問文を繰り返す。)

No. 2　Look at the graph.　This is a graph of the number of visitors to the space museum which was built in 2017 in our city.　The number kept going up until 2019.　But the next year, it went down 20%.　The numbers in 2020 and 2021 were the same.　It's my favorite museum, so I hope more people will come.
Question: Which graph shows this?
繰り返します。(英文と質問文を繰り返す。)

次は３です。

３は，英語の対話又は英語の文章を聞いて，それぞれの内容についての質問に答える問題です。質問の答えとして最も適当なものを，それぞれ問題用紙のＡからＤのうちから一つずつ選んで，その符号を書きなさい。なお，英文と質問はそれぞれ２回放送します。では，始めます。

No. 1　Staff:　Good afternoon.　What can I do for you?
Naoki:　I need your help.　I think I lost my cap at this museum this morning.
Staff:　I see.　What does your cap look like?
Naoki:　It's black and has a white F on the front.
Staff:　OK.　Which floors did you visit?
Naoki:　I visited the second floor for History, the third floor for Animals, and the fourth floor for Art.
Staff:　All right.　I'll check.　Please wait here.
Naoki:　Thank you.
Staff:　Umm, is this your cap?
Naoki:　Yes, it is.　Thank you very much.　Where was it?
Staff:　It was in the Art area.　A kind old man found it and brought it here.　OK, on this paper, could you write your name and address?
Naoki:　Sure....　Here you are.
Staff:　Thank you.　Have a nice weekend.
Question: Where did the old man find the cap?
繰り返します。(対話と質問文を繰り返す。)

No. 2　Hi, I'm Rina.　Today, I would like to talk about my happy memories of junior high school. First, I will introduce my class.　We have 15 boys and 20 girls in our class, and we are all good friends.　Our teacher is Mr. Okuda.　He is kind and friendly.　He likes playing the guitar and sometimes he plays it for us.　His English class is very interesting.

We had a great time at two school events.　First, we had Sports Day six months ago.　We were the No.1 team because we practiced very hard.　Second, last November we went to Tokyo for 5 days on a school trip.　We visited some famous places.　We all went to TOKYO SKYTREE by bus.　Then, some students enjoyed going down the Sumida river in a boat and others visited Shibuya by train.　We had a wonderful time.　Thank you for listening.

Question: Why did Rina's class become No.1 on Sports Day?

繰り返します。(英文と質問文を繰り返す。)

次は**４**です。

４は，英語の文章を聞いて，その内容について答える問題です。問題は，No. 1，No. 2 の二題です。問題用紙には，それぞれの英語の文章の内容に関するまとめの文が書かれています。(間３秒)

それらの文を完成するために，①，②にあてはまる英単語を書きなさい。ただし，□には**１文字**ずつ入るものとします。なお，英文はそれぞれ**２**回放送します。では，始めます。

No. 1　Mr. Brown is a teacher at Star High School in America.　He has read a lot of books about the history of the world.　Now he teaches history.　Last week he came to Japan.　He visited our school and joined our English class.　He talked to us about reading books.　He said "Through books, I've learned a lot about the changes in the world.　Reading is the key to doing anything.　Let's keep enjoying reading."

繰り返します。(英文を繰り返す。)

No. 2　Hi, I'm Nancy.　Yesterday afternoon, I watched a great TV show about a zoo.　After that, I called my friend Bob to tell him about it.　He said that it sounded interesting.

繰り返します。(英文を繰り返す。)

以上で，リスニングテストを終わります。**２**ページ以降の問題に答えなさい。

1 英語リスニングテスト（**放送**による**指示**に従って答えなさい。）

No.1	A．Yes, please. C．No, thank you.	B．Take care of yourself. D．No, only three minutes.
No.2	A．We're eating at the park now. C．It's an old restaurant.	B．My friend said it was nice. D．I haven't seen anyone there.
No.3	A．That's OK.　I'll come back later. C．Then I'll teach English here.	B．Do you want to leave a message? D．No problem.　Can I take a message?

2 英語リスニングテスト（**放送**による**指示**に従って答えなさい。）

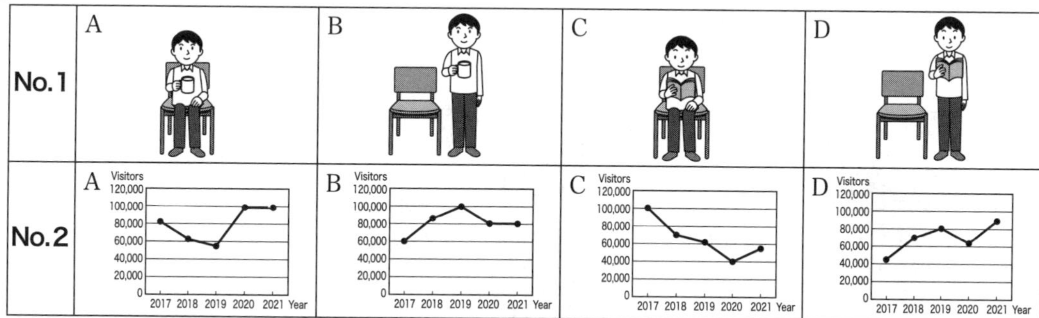

3 英語リスニングテスト（**放送**による**指示**に従って答えなさい。）

No.1	A．On the first floor. C．On the third floor.	B．On the second floor. D．On the fourth floor.
No.2	A．Because they loved it very much. B．Because they had the school trip. C．Because they practiced very hard. D．Because they were members of the club.	

4　英語リスニングテスト（**放送**による**指示**に従って答えなさい。）

No.1	Mr. Brown learned about the（①□□□□□□□□）of the world from many books. He said（②□□□□□□□）was the key to doing anything.
No.2	Nancy watched a TV show yesterday（①□□□□□□□□□□）. After that, she called Bob to tell him about it. He said that it（② s□□□□□□）interesting.

5　次の(1)～(5)のそれぞれの対話文を完成させなさい。

(1)，(2)については，（　　）の中の語を最も適当な形にしなさい。ただし，**１語**で答えること。

また，(3)～(5)については，それぞれの（　　）の中の**ア～オ**を正しい語順に並べかえ，その順序を符号で示しなさい。ただし，文頭に来るべき語も小文字で示してあります。

(1)　A：How many club（activity）does your school have?
　　B：Twelve.

(2)　A：Have you（do）your homework yet?
　　B：No, I haven't.

(3)　A：（**ア**　the woman　**イ**　is　**ウ**　cooking　**エ**　in　**オ**　who）the kitchen?
　　B：She is my sister.

(4)　A：Do you know that girl? I don't know her.
　　B：Sure. She（**ア**　a new classmate　**イ**　from　**ウ**　who　**エ**　is　**オ**　came）New York.

(5)　A：I（**ア**　heard　**イ**　cannot　**ウ**　the story　**エ**　I　**オ**　forget）from my teacher.
　　B：Please tell me that.

6　次の①～③は，高校生の武志(Takeshi)の，ある日の出来事を描いたイラストです。①の右にある英文を参考に，②と③の場面について，あなたならどのように説明しますか。①～③の話の流れを踏まえ，英語で書きなさい。

ただし，語の数は**②と③の場面を合わせて20語以上30語以下**（ . , ? ! などの符号は語数に含まない。）とすること。なお，必要があれば，次の語句を使用してもかまいません。

reach out～　～を伸ばす　　arm　腕

①

Yesterday Takeshi saw two boys that were playing soccer in the park. One boy *kicked the ball and it *went up in the tree.

（**注**）kick～　～を蹴る　　go up in～　上がって～に入る

②

③

7　次の(1)，(2)の英文を読んで，それぞれの問いに答えなさい。

(1)　ある中学校の英語の授業で，中学生の涼子(Ryoko)，真治(Shinji)，美波(Minami)が環境問題についてスライド(**Slide**)を使って，ポスターセッションをしています。その中で留学生のエマ(Emma)が彼らの説明を聞いて質問をしているところです。

Slide 1

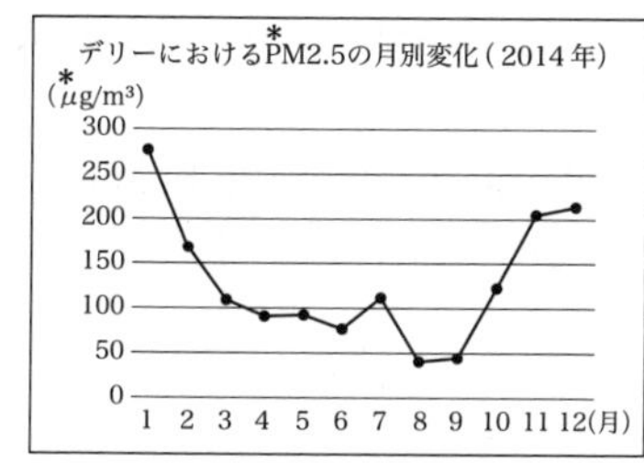

（在インド日本大使館の資料（2016）から作成）

Slide 2

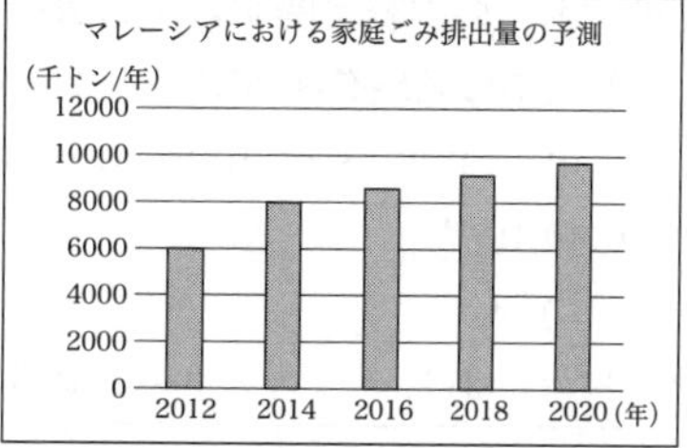

（「The Study On National Waste Minimisation In Malaysia」（2006）から作成）

（注）PM2.5 微粒子状物質（大気汚染物質の１つ）μg/m³ マイクログラム/立方メートル（PM2.5の大気中含有量を表す単位）

Ryoko： I will talk about *air pollution in India. Please look at Slide 1. In *Delhi, the problem of air pollution was *serious especially in January, （ **A** ）, and （ **B** ）. I think clean air is important all over the world. There are some things that we can try in our lives to make a good environment.

Emma： Do you do anything for the environment?

Ryoko： I wear a lot of clothes when it's cold.

Emma： Why do you do so?

Ryoko： Because I don't want to use too much energy for the *heater.

Shinji： I'd like to talk about a problem of the environment in the *Maldives. I hear some islands in the Maldives will go under the sea in the future. Scientists say *global warming is the reason. In my *opinion, each country has to think about this problem. People （ **C** ） should work together to stop global warming.

Emma： What can we do to stop it?

Shinji： <u>Using clean energy is one way to do that.</u>

Emma： Why do you think so?

Shinji： The earth is becoming warmer because of CO_2. Clean energy can stop the problem.

Minami： I will talk about the *waste problem in *Malaysia. In Slide 2, the *amount of waste from home is *increasing. So, Malaysia has taken *action. People in Malaysia recycle waste such as newspapers. In this way, I think beautiful *nature will be protected in Malaysia. It is important to become kind to the earth.

Emma： What do you do to be kind to the earth?

Minami： I only buy things when I really need them.

Emma： That's a good idea. Let's protect the environment for the future.

（注）air pollution 大気汚染　Delhi デリー（インドの首都）　serious 深刻な
heater ヒーター　Maldives モルディブ（国名）　global warming 地球温暖化
opinion 意見　waste ごみ　Malaysia マレーシア（国名）　amount 量
increase 増える　action 行動　nature 自然

① **Slide 1**の内容と合うように，本文中の（ **A** ）および（ **B** ）に入る語の組み合わせとして最も適当なものを，次の**ア**～**エ**のうちから一つ選び，その符号を書きなさい。

ア **A**：June　**B**：August　**イ** **A**：August　**B**：September
ウ **A**：September　**B**：November　**エ** **A**：November　**B**：December

② 本文中の（ **C** ）に入る**４語**の英語を，本文中から抜き出して答えなさい。

③ 本文中の下線部のように真治が言った理由として最も適当なものを，次の**ア**～**エ**のうちから一つ選び，その符号を書きなさい。

ア The sea water is becoming warmer.
イ The earth becomes warmer by clean energy.
ウ Clean energy can stop making the earth warmer.
エ Clean energy can make the islands warmer.

④　本文の内容に関する次の質問の答えとなるように，あとの（　　　）に入る**２語**の英語を，**本文中の表現を使って**書きなさい。

In Minami's opinion, how will people in Malaysia protect the beautiful nature in their country?

By (　　　　　　　　).

(2)　次は，あるテニススクールの案内です。

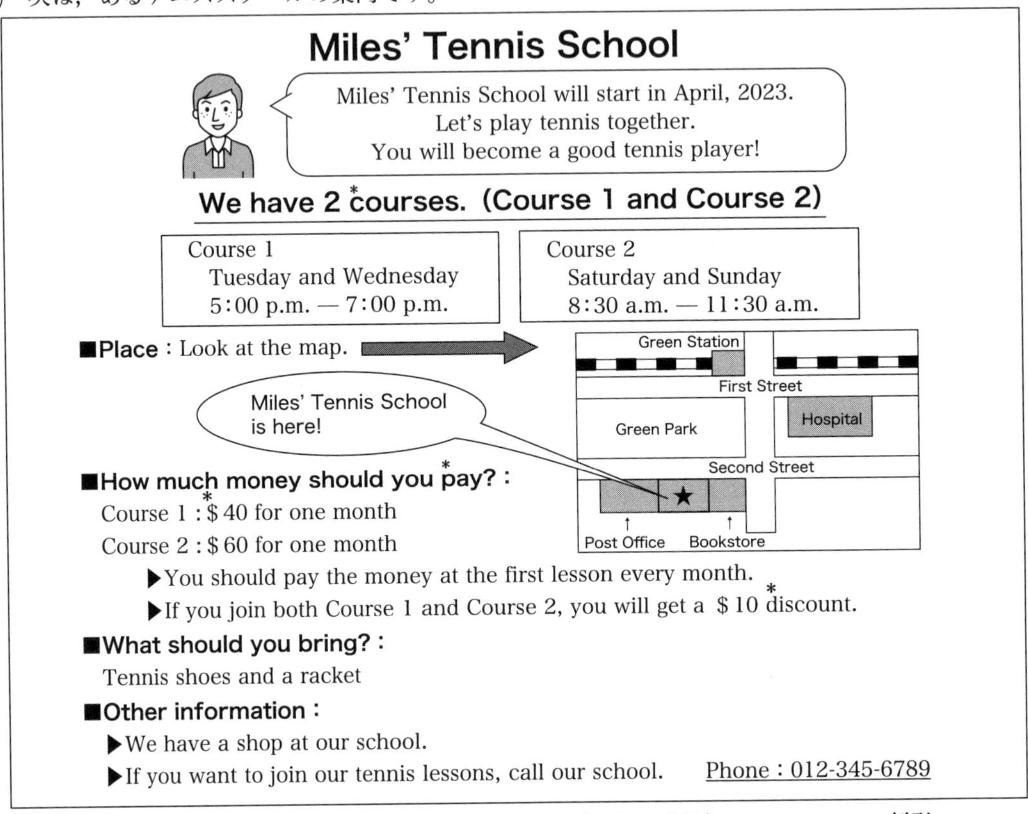

(注) course　コース　　pay　支払う　　$　ドル(通貨の単位)　　discount　割引

①　この案内の内容に合うように，次の文の（　　　）に入る最も適当な数字を書きなさい。

You have to pay $ (　　　) a month if you join both Course 1 and Course 2.

②　この案内の内容に合っている英文として適当なものを，次の**ア～カ**のうちから**すべて**選び，その符号を書きなさい。

ア　Miles' Tennis School started in April, 2021.

イ　Miles' Tennis School is between the Post Office and the Bookstore.

ウ　There is no tennis lesson on Friday.

エ　You can practice tennis for three hours in one day on Course 1.

オ　You should call the school to join the tennis lessons.

カ　If you go to tennis lessons only on weekends, you have to pay $ 40 a month.

8

次の英文は，高校１年生の智也(Tomoya)が「光害」(Light Pollution)という題で行った英語のスピーチです。これを読んで，あとの(1)～(4)の問いに答えなさい。

Can we see many stars here in this city? No, we can't. I sometimes look up at the night sky, but I can see only a few stars here. At night, the city is too *bright to see the stars. I understand that *artificial light at night makes our life active and safe. But do we really need so much light? I don't think so. I used the Internet to look for more information, and I found the words "light pollution."

*The Ministry of the Environment says light pollution is *hikari-gai* in Japanese. It is *caused by too much artificial light at night. According to *research in 2016, more than thirty percent of people in the world can't see *the Milky Way during the night because of light pollution. It also says that about eighty percent of people in North America can't see it, and that the number is about seventy percent for Japan. [ア] You may think that losing a dark night sky is not a big problem, but ①it really is. Actually, light pollution *affects all living things on the earth.

Scientists are studying the *effects of light pollution on animals. *Sea turtles are one example. When sea turtles grow up, they come up to the beach during the night to *lay their eggs. But artificial light makes them afraid of coming up to the beach, so they can't get to the right place. Also, ②light pollution is a big problem for baby sea turtles. After coming out of their eggs, baby turtles move *toward the sea by following the moon's *reflection on it. But if there are many lights from hotels and streets near the beach, they will move toward those lights, not toward the sea.

Scientists have also found that light pollution has bad effects on humans. Their research shows that artificial light at night *disrupts our *internal clock and makes some people sick and tired. But health is not the only problem for humans. Many kinds of human *action are affected by light pollution too. For many centuries, humans have *developed sciences like *astronomy by watching the stars. [イ] Writers, singers, and artists have also been *influenced by the beautiful stars in the night sky. However, if there is too much artificial light at night, their work is *seriously disrupted. It's sad to think that we may lose these important parts of our culture.

And don't forget the effects of light pollution on *global warming. Artificial light needs energy made from *fossil fuels. So, if we use more artificial light, more CO_2 will be *produced and the earth will become hotter. This will affect all plants and animals on the earth. We should remember that light pollution has become a world *environmental problem.

Now we've learned about the effects of light pollution. [ウ] In some places in Japan, people are trying different things to *take back our dark night sky. Scientists say that light pollution can be reduced if *street lights' *covers have a better *design. They also say that *driverless cars may help because they won't need many street lights. But there is something simple that everyone can do right now. Can you guess? Yes! Turn off the lights when we don't need them. The effects of light pollution won't *go away soon, but we can do this very easily. So, let's work together!

Do you want a beautiful night sky that is full of stars? I believe that your answer is "Yes!" [エ] So, just remember : artificial light should only be used when it's necessary. Bright cities at night may look beautiful, but now we should think about the problems they can cause. Thank you.

（注）bright 明るい　artificial 人工の　the Ministry of the Environment 環境省
cause 引き起こす　research 研究　the Milky Way 天の川
affect～ ～に影響を及ぼす　effect 影響　sea turtle ウミガメ
lay～ ～を産む　toward～ ～に向かって　reflection 反射光
disrupt～ ～を混乱させる　internal clock 体内時計　action 活動
develop～ ～を発展させる　astronomy 天文学　influence 影響を及ぼす
seriously 深刻に　global warming 地球温暖化　fossil fuel 化石燃料
produce～ ～を生成する　environmental 環境の　take back～ ～を取り返す
street light 街灯　cover カバー　design デザイン　driverless 自動運転の
go away なくなる

⑴ 次の英文を入れるのに最も適当な場所を，本文中の［ ア ］～［ エ ］のうち

から一つ選び，その符号を書きなさい。

But the more important thing is to think about how to stop it.

(2) 本文中の下線部①が指す**5語**の英語を，本文中から抜き出して答えなさい。

(3) 本文中の下線部②が指す具体的な内容を，日本語で答えなさい。

(4) 本文の内容に合っている英文として最も適当なものを，次の**ア～オ**のうちから一つ選び，その符号を書きなさい。

ア Research shows that about seventy percent of people in Japan are able to see the Milky Way.

イ Baby sea turtles can't come out of their eggs if there are too many people near the beach.

ウ Scientists have found that artificial light at night is necessary for both human health and culture.

エ If people use more artificial light at night, global warming will become *worse.

オ Tomoya isn't sure that the people listening to him want to take back the dark night sky.

(注) worse より悪い

9 高校生の愛佳(Aika)が留学生のクロエ(Chloe)と話をしています。この対話文を読んで，[(1)]～[(3)]に入る最も適当なものを，それぞれあとの**ア～エ**のうちから一つずつ選び，その符号を書きなさい。また，対話文の内容に合うように，[(a)]に入る英語を**5語以上10語以下**(.,?!などの符号は語数に含まない。)で書きなさい。

Aika： Hi, Chloe. What are you doing?

Chloe：Hi, Aika. You can see some big trees near the library in our school, right? [(a)]?

Aika： Ah, they are called "*ginkgo trees" in English.

Chloe：Ginkgo trees?

Aika： In Japan, people call them "*icho*" or "*ginkyo*."

Chloe：*Ginkyo*? It's almost the *same as the English word.

Aika： That's right. [(1)], but they are a little different. Do you know why?

Chloe：No, I don't. [(2)]

Aika： OK. Ginkgo was brought to Europe from Japan by a *German. When he wrote the name of the tree in a book, he didn't write "*ginkyo*." He wrote "ginkgo" there as the name of the tree. Germans have called the tree "ginkgo" since then, and *English speakers borrowed the word from German. Now [(3)].

Chloe：That's interesting.

Aika： I think so, too. I also learned that there are many words borrowed from other languages. Shall we find some more examples together at the library?

Chloe：That will be fun. OK. Let's go to the library.

(注) ginkgo イチョウ(銀杏)　same as～ ～と同じ
German ドイツ人，ドイツ語　English speaker 英語を話す人

(1) **ア** Both of them are used in Japanese
イ *Ginkyo* and ginkgo have almost the same sound
ウ We cannot see them in Japan right now
エ *Ginkyo* and ginkgo aren't same kinds of trees

(2) **ア** Please tell me more about it.　**イ** But I don't need to know why.

ウ　Can I tell you an interesting story?　　**エ**　So, I'm not interested in that.

⑶ **ア**　we call those trees "*hinoki*" in Japanese
イ　we call those trees "ginkgo" in Japanese
ウ　those trees are called "*ginkyo*" in English
エ　those trees are called "ginkgo" in English

社　会

1　次の文章を読み，あとの⑴～⑸の問いに答えなさい。

イギリスで a 産業革命が始まった b 18世紀後半ごろから，世界人口の増加速度が速くなり，19世紀初めに約10億人に達した人口は，c 20世紀初めには約17億人になりました。第二次世界大戦後は，医療技術の発達などによって子どもの死亡率が低下した結果，特に発展途上国で著しく人口が増加しました。1950年に約25億人だった世界の人口は，2000年にはその２倍以上の61億人になり，2012年には70億人をこえました。

人口の増加は d エネルギーや食料の大量消費をもたらし，それにともなうエネルギーや食料の増産は，地球規模の環境破壊の原因の一つになっています。これに対して，e 国際連合は1974年に「国連世界人口会議」を開いて以降，人口問題と環境に関する会議をたびたび開いています。

⑴　下線部ａに関連して，産業革命をきっかけに，生産の元手となる資本を持つ者が，労働者をやとい，利潤を目的として生産をおこなう，右の図のようなしくみが生まれた。この経済のしくみを何というか。適当な語を書きなさい。

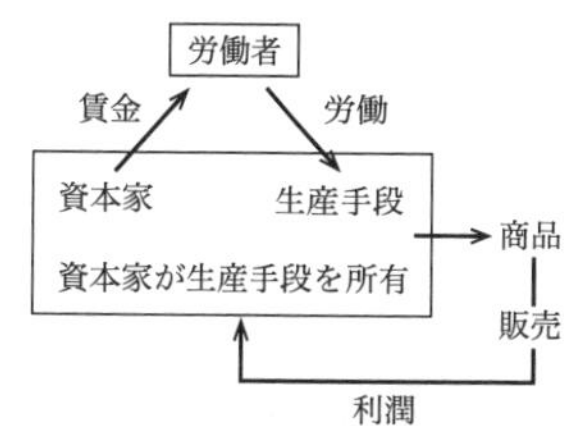

⑵　下線部ｂに関連して，18世紀後半の世界のできごととして最も適当なものを，次の**ア～エ**のうちから一つ選び，その符号を書きなさい。

ア　中国で明が建国され，漢民族の国家が復活した。
イ　イタリアを中心にルネサンスがおこった。
ウ　フランスで自由，平等，人民主権などをかかげる人権宣言が出された。
エ　マゼランの船隊が，初めて世界一周を成しとげた。

⑶　下線部ｃに関連して，明治時代末から大正時代にかけて活躍した細菌学者で，黄熱病の研究中にアフリカで病に倒れた人物として最も適当なものを，次の**ア～エ**のうちから一つ選び，その符号を書きなさい。

ア　岡倉天心　　**イ**　森鷗外　　**ウ**　黒田清輝　　**エ**　野口英世

⑷　下線部ｄに関連して，次の**資料**は，日本，中国，インド及びドイツの人口と一次エネルギー(加工されない状態で供給されるエネルギー)の供給量の変化を示したものである。**資料**から読み取れることとして最も適当なものを，あとの**ア～エ**のうちから一つ選び，その符号を書きなさい。

資料

	人口(百万人)(2018年)	一次エネルギーの供給量(百万ｔ)	
		1990年	2018年
日本	127	439	426
中国	1,428	874	3,196
インド	1,353	306	919
ドイツ	83	351	302

(注) 一次エネルギーは石油換算の数値。　　(「世界国勢図会 2021/22」などより作成)

ア　この４か国の場合，人口が多い順に，1990年の一次エネルギーの供給量も多くなっている。

イ　2018年における一人当たりの一次エネルギーの供給量は，この４か国では，中国が最も多く，インドが最も少ない。

ウ　インドの人口はドイツの約16倍であるが，2018年におけるインドの一人当たりの一次エネルギーの供給量は，ドイツの約３倍である。

エ　1990年から2018年までの中国の一次エネルギーの供給量の増加量は，他の３か国の増加量の合計よりも多い。

(5)　下線部ｅに関連して，次の文は，国際連合の本部が置かれている都市について述べたものである。文中の［　　］にあてはまる都市名を書きなさい。

> 国際連合の本部が置かれているアメリカ合衆国の［　　］には，世界の金融の中心地であるウォール街もあり，経済の面で世界の中心地になっている。

2　次の図を見て，あとの(1)～(4)の問いに答えなさい。

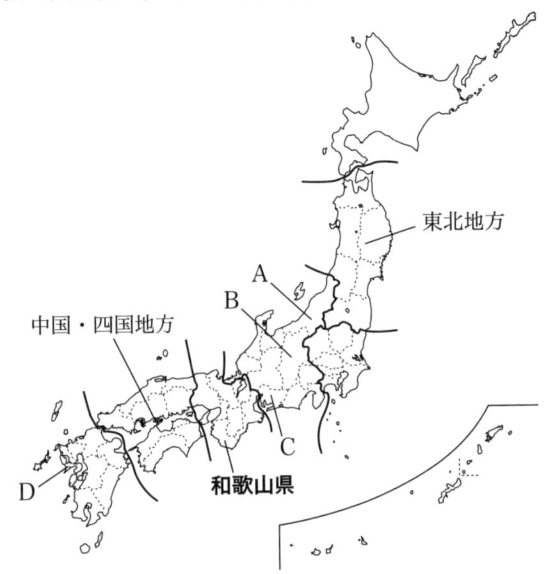

(1)　次の文章は，図中の東北地方の祭りについて述べたものである。文章中の［　　］に共通してあてはまる都市名を書きなさい。

> ８月上旬のほぼ同じ時期に東北地方の各県でおこなわれている夏祭りには，青森ねぶた祭，秋田竿燈(かんとう)まつり，［　　］七夕まつりなどがあり，これらは古くからおこなわれてきた伝統行事である。［　　］七夕まつりがおこなわれる宮城県の県庁所在地は，［　　］市である。

(2)　図中の中国・四国地方の気候について述べた次の文章中の［　Ⅰ　］，［　Ⅱ　］にあてはまる語の組み合わせとして最も適当なものを，あとの**ア～エ**のうちから一つ選び，その符号を書きなさい。

> 山陰と呼ばれる中国山地より北の地域では，北西からふく冬の［　Ⅰ　］の影響で，雨や雪が多く降る。中国山地と四国山地にはさまれた瀬戸内は，太平洋や日本海からの［　Ⅰ　］が山地でさえぎられるため，ほかの地域と比べて年間を通じて降水量が少なく，温暖である。四国山地よりも南の南四国は，太平洋を流れる［　Ⅱ　］の影響を受けるため，一年を通じて温暖である。

ア　Ⅰ：偏西風　Ⅱ：黒潮(日本海流)　　**イ**　Ⅰ：季節風　Ⅱ：黒潮(日本海流)

ウ　Ⅰ：偏西風　Ⅱ：親潮(千島海流)　　**エ**　Ⅰ：季節風　Ⅱ：親潮(千島海流)

(3)　次の表は，図中のＡ～Ｄの県のいずれかの人口，米の収穫量，レタスの収穫量及び漁獲量を示したものである。図中のＢとＤの県を示す最も適当なものを，表中の**ア～エ**のうちからそれぞれ一つずつ選び，その符号を書きなさい。

	人口(万人) (2020年)	米の収穫量(千t) (2020年)	レタスの収穫量(t) (2020年)	漁獲量(t) (2019年)
ア	131	47	35,900	275,244
イ	755	134	5,330	75,439
ウ	220	667	…	30,481
エ	205	193	182,200	1,677

(注) …は数値が得られないもの，不詳なもの。漁獲量は，海面と内水面の漁獲量の合計。

(「データでみる県勢2022年版」より作成)

(4) 次の地形図は，図中の**和歌山県**のある地域を示したものである。これを見て，あとの①，②の問いに答えなさい。

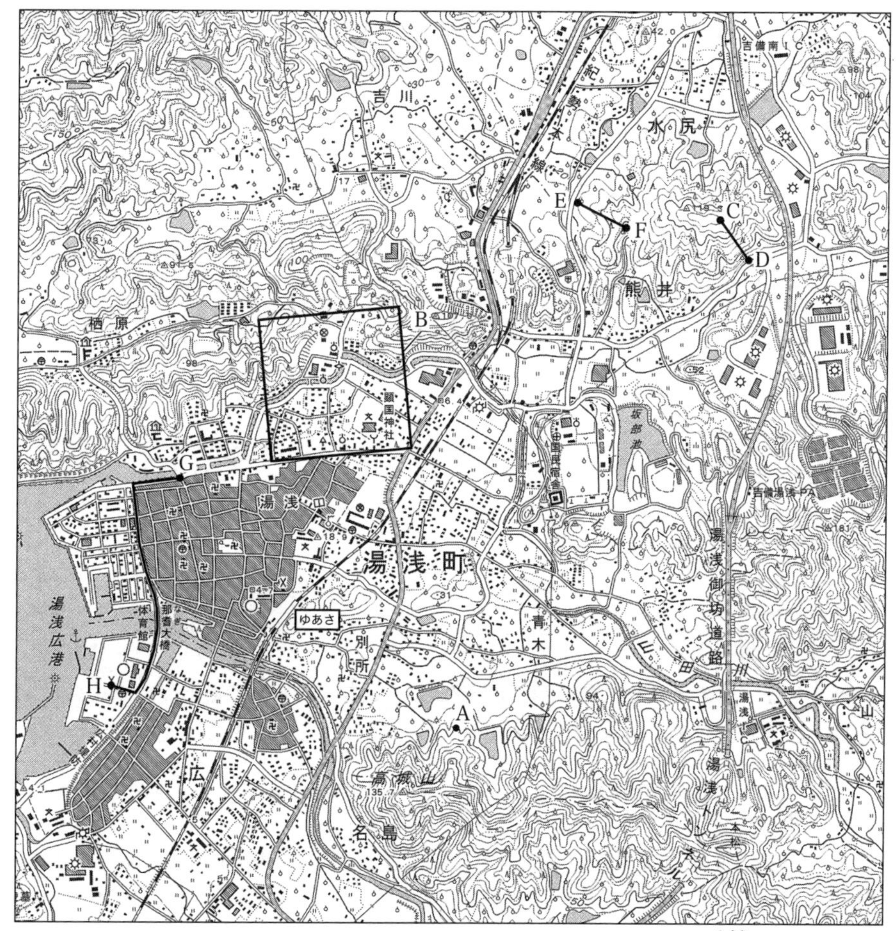

(国土地理院 平成18年発行1：25,000「湯浅(ゆあさ)」原図より作成)

① 上の地形図を正しく読み取ったことがらとして最も適当なものを，次の**ア**～**エ**のうちから一つ選び，その符号を書きなさい。

ア 高城山の山頂と地点Ａとの標高差は100ｍ以上である。

イ 高城山の山頂から見てほぼ北東の方向に「ゆあさ」駅がある。

ウ Ｂの範囲には，複数の官公署がある。

エ Ｃ－Ｄ間よりもＥ－Ｆ間の方が傾斜が急である。

② 地点Ｇから地点Ｈまでの━━で示した経路は，地形図上で約５cmである。実際の距離として最も適当なものを，次の**ア**～**エ**のうちから一つ選び，その符号を書きなさい。

ア 約500ｍ　**イ** 約1250ｍ　**ウ** 約1750ｍ　**エ** 約2500ｍ

3 次の図を見て，あとの(1)～(5)の問いに答えなさい。

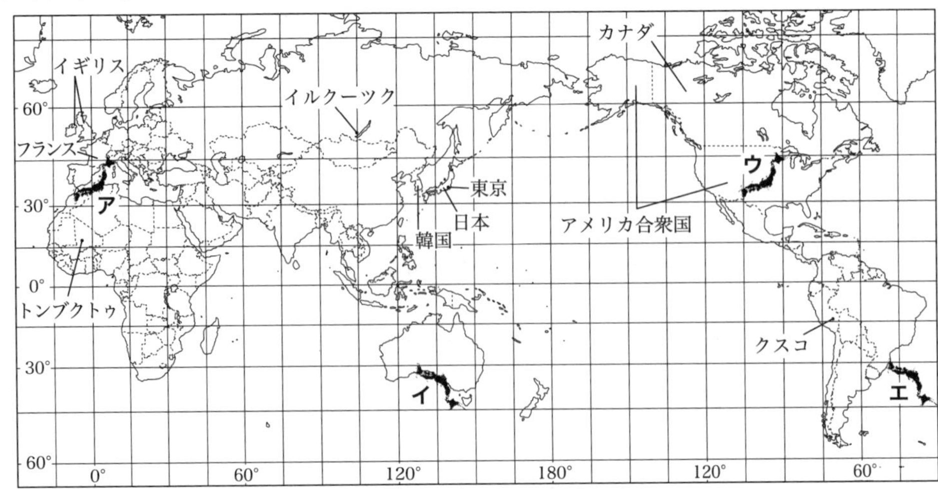

(1) 日本を，地球の中心を通って反対側に移した位置として最も適当なものを，図中の**ア**～**エ**のうちから一つ選び，その符号を書きなさい。

(2) 次の**ア**～**エ**のグラフは，図中のトンブクトゥ，イルクーツク，東京及びクスコにおける月平均気温と月降水量の変化の様子を示したものである。これらのうち，東京とクスコのグラフとして最も適当なものをそれぞれ一つずつ選び，その符号を書きなさい。

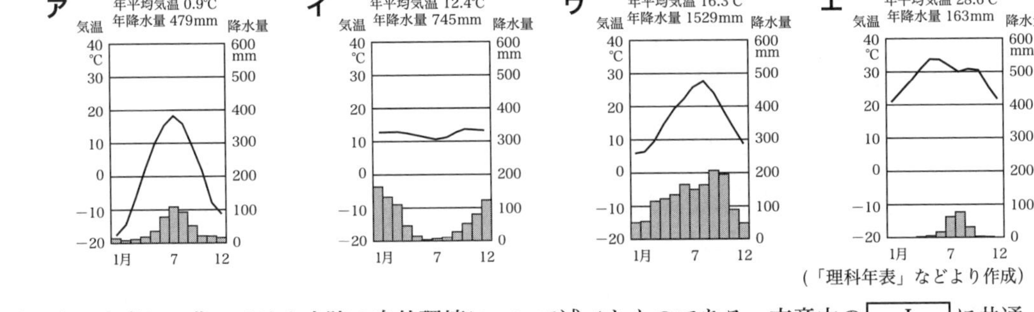

(「理科年表」などより作成)

(3) 次の文章は，北アメリカ大陸の自然環境について述べたものである。文章中の［ I ］に共通してあてはまる山脈名を書きなさい。また，［ II ］にあてはまる語を**カタカナ**で書きなさい。

> 大陸西部には標高4000ｍをこえる［ I ］山脈が南北に走り，険しい地形が見られる。［ I ］山脈より東の中央部は，グレートプレーンズやプレーリーなどの広大な平原が広がっている。大陸の南部や南東部，西インド諸島では，温暖で雨の多い気候が見られ，熱帯低気圧の［ II ］が発生することが多く，強風や豪雨による被害を受けやすい。

(4) 次の**資料１**は，図中のカナダとアメリカ合衆国，イギリスとアメリカ合衆国の経済的な結びつきについて調べたものである。**資料１**から読み取れることについて述べたあとの文中の［　　］にあてはまる適当なことばを，「経済的な結びつき」の語句を用いて**20字以内**(読点を含む。)で書きなさい。

資料１　カナダ，イギリスの全貿易額と内訳(上位２か国)　(2019年)(百万ドル)

	全貿易額	1位の国との貿易額		2位の国との貿易額	
カナダ	925,326	アメリカ合衆国	580,876	中国	77,230
イギリス	1,163,515	アメリカ合衆国	142,250	ドイツ	131,978

(「世界国勢図会 2021/22」より作成)

> カナダの全貿易額に占めるアメリカ合衆国との貿易額の割合は，イギリスの場合と比べて［　　］ことがわかる。

⑸ 次の**資料２**は，図中のフランス，韓国，カナダ，アメリカ合衆国及び日本の国土面積に占める森林面積の割合(2018年)，木材伐採高及び木材伐採高に占める用材と薪炭材の伐採高(2019年)を示したものである。**資料２**から読み取れることとして最も適当なものを，あとの**ア～エ**のうちから一つ選び，その符号を書きなさい。

資料２

国名	国土面積に占める森林面積の割合(%)	木材伐採高(千m^3)		
			用材	薪炭材
フランス	31.1	49,869	25,655	24,214
韓国	62.8	4,577	4,240	337
カナダ	35.1	145,168	143,994	1,174
アメリカ合衆国	31.5	459,129	387,702	71,427
日本	66.0	30,349	23,417	6,932

(注) 用材は，建築や家具のための材木，薪炭材は，燃料用の材木のこと。　(「世界国勢図会2021/22」より作成)

ア　５か国において，国土面積に占める森林面積の割合は，それぞれ35％をこえている。
イ　木材伐採高が多い順に，国土面積に占める森林面積の割合が低い。
ウ　用材の伐採高より薪炭材の伐採高の方が多い国は，木材伐採高が多い上位２か国である。
エ　国土面積に占める森林面積の割合が60％をこえる国は，木材伐採高に占める用材の割合が70％をこえている。

4 次のA～Dは，「日本と外国との関係」についてまとめたものの一部である。これに関して，あとの⑴～⑸の問いに答えなさい。

A	日本は百済を助けるために多くの軍隊を送ったが，唐・新羅の連合軍に敗れ，朝鮮半島から手を引いた。この後，中大兄皇子は西日本の守りを固めるとともに，国内の改革に力を注いだ。大津宮(滋賀県)に都を移した皇子は，ここで即位して［X］となった。
B	宋に渡った日本の僧のうち，栄西は日本に禅宗を伝え，臨済宗を開いた。臨済宗のほかにも，この時期には，新しい仏教が開かれた。
C	暴風のため中国船が種子島に流れ着き，その船に乗っていた［Y］人によって鉄砲が伝えられた。鉄砲は，その後，戦国大名に注目され各地に広まった。
D	幕府は，日米修好通商条約に続き，イギリスともほぼ同じような条約を結んだ。この条約締結の後，イギリスから綿製品が輸入されると，国内の綿の生産地は打撃を受けた。

⑴ Aに関連して，中大兄皇子が中臣鎌足らとともに蘇我氏一族を倒して始まった，新しい支配体制を目ざした政治改革を何というか。適当な語を書きなさい。また，［X］にあてはまる天皇として最も適当なものを，次の**ア～エ**のうちから一つ選び，その符号を書きなさい。

ア　天智天皇　　**イ**　桓武天皇　　**ウ**　天武天皇　　**エ**　聖武天皇

⑵ Bに関連して，右の**資料１**は，踊(おどり)念仏で信仰を広めている様子を描いたものである。この宗派として最も適当なものを，次の**ア～エ**のうちから一つ選び，その符号を書きなさい。

ア　浄土宗　　**イ**　曹洞宗
ウ　時宗　　**エ**　日蓮宗

資料１

⑶ Cに関連して，［Y］にあてはまる国名として最も適当なものを，次の**ア～エ**のうちから一つ選び，その符号を書きなさい。また，右の**資料２**は，鉄砲隊が活躍したある戦いの様子を描いたものである。この戦いに勝利した尾張の戦国大名の名前を書きなさい。

ア　オランダ　　**イ**　スペイン
ウ　イタリア　　**エ**　ポルトガル

資料２

(4)　Ｄに関連して，この時期のイギリスでは，綿製品を主にどのような方法で生産していたか。当時の紡績工場を描いた右の**資料３**を参考にして，次の文中の□にあてはまる適当なことばを，「大量」の語を用いて**15字以内**(読点を含む。)で書きなさい。

資料３

蒸気を動力とした□に生産していた。

(5)　Ｄに関連して，右の**資料４**は，1864年に４か国の連合艦隊が，長州藩の砲台を占領した直後の様子を描いたものである。このできごとの後の長州藩の動きについて述べた次の文中の□にあてはまることばとして最も適当なものを，あとの**ア〜エ**のうちから一つ選び，その符号を書きなさい。

資料４

長州藩は，坂本龍馬の仲立ちにより，薩摩藩と同盟を結び，□を目ざした。

ア　陸奥宗光らに欧米諸国と交渉させ，条約改正を実現すること
イ　大隈重信らの立憲改進党を中心に，政党政治を実現すること
ウ　幕府の異国船打払令に従って，外国勢力を排除すること
エ　幕府を倒し，外国に対抗できる新しい統一国家をつくること

5

次の略年表を見て，あとの(1)〜(5)の問いに答えなさい。

年代	主なできごと
1890	第一回帝国議会が開かれる
	↕ A
1912	第一次護憲運動が起こる
1920	国際連盟に加盟する…………B
1938	国家総動員法が制定される
	↕ C
1945	ポツダム宣言を受諾する
1946	日本国憲法が公布される
	↕ D
1970	日本万国博覧会が開催される
1997	地球温暖化防止京都会議が開催される…………E

(1)　右の**資料**は，略年表中のＡの時期に起こった戦争のときに，戦場にいる弟の身を案じて書かれた詩の一部である。この戦争の前に，対戦国の東アジア政策に対抗するため，日本がヨーロッパのある国と結んだ同盟の名称を書きなさい。

資料

あゝ(あ)を(お)とうとよ君を泣く 君死にたまふ(う)ことなかれ 末に生まれし君なれば 親のなさけはまさりしも 親は刃(やいば)をにぎらせて 人を殺せとを(お)しへ(え)しや 人を殺して死ねよとて 二十四までをそだてしや

(2)　略年表中のＢに関連して，次の文章中の□にあてはまる国名を書きなさい。

> イギリス，フランス，イタリア，日本が，国際連盟の常任理事国となった。しかし，提案者の国である［　　　］は，議会の反対で加入できず，紛争を解決するためにおこなう制裁手段も限られていたため，国際連盟の影響力は大きくなかった。

(3) 略年表中のＣの時期の日本の様子について述べた文として最も適当なものを，次の**ア～エ**のうちから一つ選び，その符号を書きなさい。

ア 陸軍の青年将校らが反乱を起こし，大臣などを襲撃した二・二六事件が発生した。

イ 政党や政治団体は解散し，新たに結成された大政翼賛会に合流した。

ウ 吉野作造が，普通選挙で民意を政治に反映させる民本主義を主張した。

エ 労働者を保護するため，労働条件の最低基準を定めた労働基準法が制定された。

(4) 略年表中のＤの時期に起こったことがらを，次の**ア～エ**のうちから**三つ**選び，年代の**古いものから順に**並べ，その符号を書きなさい。

ア サンフランシスコで日本と連合国との講和会議が開かれた。

イ 第四次中東戦争が起こったことで石油価格が上昇し，石油危機が起こった。

ウ アジア・アフリカ会議が，インドネシアのバンドンで開催された。

エ 毛沢東を主席とする中華人民共和国が成立した。

(5) 略年表中のＥに関連して，この会議について述べた次の文章中の［　　　］にあてはまる語として最も適当なものを，あとの**ア～エ**のうちから一つ選び，その符号を書きなさい。

> この会議では，世界の国々が［　　　］などを減らしていくための話し合いがおこなわれた。日本は，これらの排出量を1990年の水準よりも６％減らすことを約束した。

ア 水銀　　**イ** 放射性廃棄物　　**ウ** 二酸化炭素　　**エ** ダイオキシン

6 次の(1)～(4)の問いに答えなさい。

(1) 次の文章を読み，あとの①，②の問いに答えなさい。

> 国民の政治参加の中で最も重要な機会が選挙である。日本の選挙の方法については，公職選挙法で細かく定められている。2015年６月の公職選挙法の改正により，従来まで満20歳以上だった選挙権の年齢が満［　X　］歳以上に引き下げられ，2016年６月に施行された。

① 下線部に関連して，2022年７月に参議院議員の選挙が実施された。参議院議員の選挙の場合，投票所では，議員を選ぶための２種類の投票用紙が有権者に渡される。２種類の投票用紙がある理由を，参議院議員の選挙における選挙制度を明らかにして，簡潔に書きなさい。

② ［　X　］にあてはまる適当な数字を書きなさい。

(2) 国政選挙にあたり，政党が政治で実現したい理念や，政権を担当したときに実施する予定の政策などを示したものを何というか。適当な名称を書きなさい。

(3) 次の文章中の［　　　］に共通してあてはまる適当な語を書きなさい。

> 政治や社会などについて，多くの国民が持っている意見のことを，一般に［　　　］という。［　　　］は，国民一人一人の考えを基本にしているので，それを知るためにさまざまな［　　　］調査が実施されている。

(4) 次の文章中の［　　　］にあてはまる適当な語を**カタカナ**で書きなさい。

> 新聞やテレビなどの［　　　］は，多くの情報を発信することで，さまざまな問題について，人々に合意される意見の形成や，文化の普及に大きな影響を与えている。このような中で，私たちは，発信された情報に対して，情報をそのまま受け入れるのではなく，自分で冷静に判断することが大切である。

7 次の文章を読み，あとの(1)～(5)の問いに答えなさい。

国民と a 国会の関係について，主権者である国民は，国民の代表である b 国会議員を選挙で選ぶことができます。国権の最高機関であり，唯一の［ X ］機関である国会は，法律の制定などのさまざまな仕事をしています。

国民と c 内閣の関係について，内閣は，民主政治をおこなっていくために，政治や社会について国民がもっている意見に目を向けています。

国民と d 裁判所の関係について，最高裁判所の裁判官に対する国民審査の制度があります。この制度は，主権者である国民が，裁判所の仕事を監督するというはたらきがあります。

(1) 下線部 a に関連して，日本国憲法は，いくつかの重要な決定について衆議院の優越を認めている。衆議院の優越について述べた文として**誤っている**ものを，次の**ア**～**エ**のうちから一つ選び，その符号を書きなさい。

ア 内閣不信任の決議は，衆議院のみでおこなうことができる。

イ 内閣が作成した予算案は，必ず先に衆議院に提出され，審議されることになっている。

ウ 法律案について，参議院が衆議院と異なった議決をした後，衆議院が総議員の過半数の賛成で再可決した場合は国会の議決となる。

エ 内閣総理大臣の指名について，両院協議会で意見が一致しないとき，衆議院の議決が国会の議決となる。

(2) 下線部 b に関連して，右の表は，2009年以降の国会議員の選挙の実施年月を示したものである。これについて述べた次の文章中の［ I ］にあてはまる適当な数字を書きなさい。また，［ II ］にあてはまる適当な語を書きなさい。

衆議院議員の選挙	参議院議員の選挙
2009年8月	2010年7月
2012年12月	2013年7月
2014年12月	2016年7月
2017年10月	2019年7月
2021年10月	2022年7月

> 参議院議員の任期は６年であるが，３年ごとに半数が改選されるので，参議院議員の選挙は３年ごとにおこなわれる。一方，衆議院議員の任期は［ I ］年であるが，衆議院には［ II ］があり，任期満了せずに選挙をおこなうことの方が多い。

(3) ［ X ］にあてはまる適当な語を**漢字２字**で書きなさい。

(4) 下線部 c に関連して，次は，内閣と国会の関係について定めた日本国憲法の条文である。日本で採用されているこのようなしくみを何というか。適当な語を書きなさい。

> 第66条③　内閣は，行政権の行使について，国会に対し連帯して責任を負ふ(う)。
> 第67条①　内閣総理大臣は，国会議員の中から国会の議決で，これを指名する。この指名は，他のすべての案件に先だつ(っ)て，これを行ふ(う)。

(5) 下線部 d に関連して，民事裁判の第１審が開かれる法廷の模式図として最も適当なものを，次の**ア**～**エ**のうちから一つ選び，その符号を書きなさい。

ア
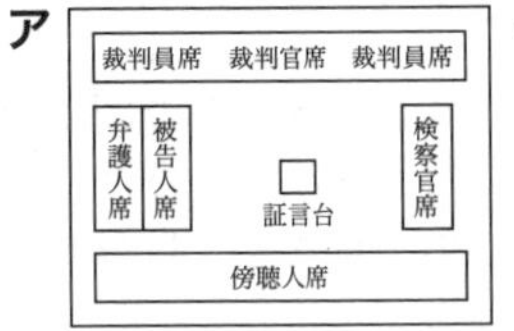

イ
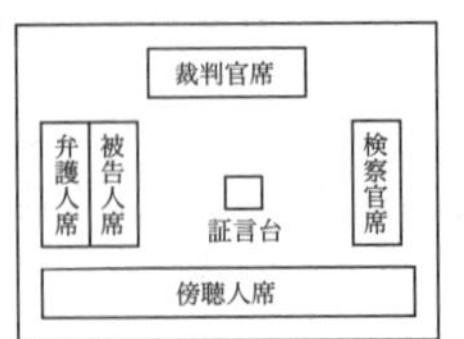

ウ
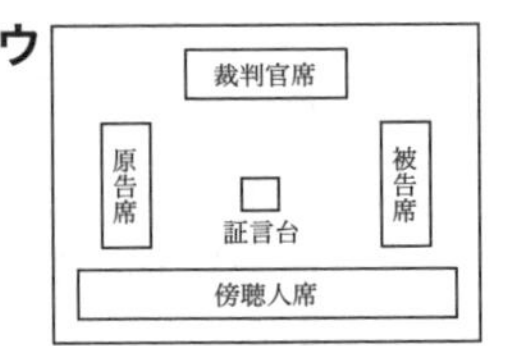

エ
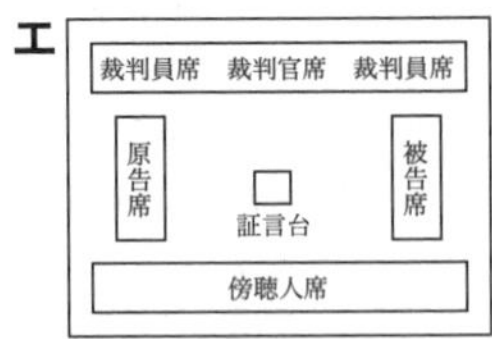

理 科

1

次の(1)〜(4)の問いに答えなさい。

(1)　40℃の水a〔g〕に，ある物質Xをb〔g〕加えてかき混ぜたところ完全に溶けた。物質Xの40℃における溶解度（100 gの水に溶ける限度の質量）をc〔g〕とすると，このときできた水溶液の質量パーセント濃度を表す式として最も適当なものを，次の**ア〜エ**のうちから一つ選び，その符号を書きなさい。

ア $\dfrac{a}{b}\times 100$　　**イ** $\dfrac{b}{a+b}\times 100$　　**ウ** $\dfrac{b}{c}\times 100$　　**エ** $\dfrac{a+b}{c}\times 100$

(2)　異なる性質をもつ気団どうしは，接してもすぐには混じり合わず，境の面ができる。**図**は，２つの気団（暖気と寒気）が接して，Pで示した境の面ができているようすを模式的に表したものである。このような境の面を何というか，書きなさい。

図

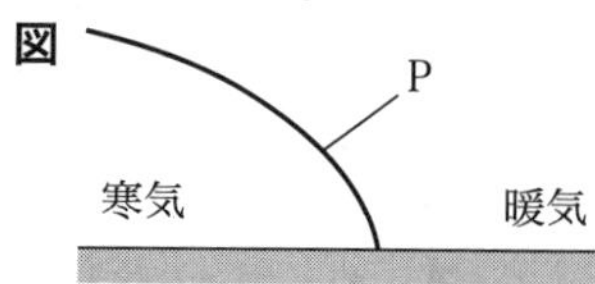

(3)　次の文章は，生殖細胞がつくられるときの細胞分裂について述べたものである。文章中の[x]，[y]にあてはまるものの組み合わせとして最も適当なものを，あとの**ア〜エ**のうちから一つ選び，その符号を書きなさい。

> 生殖細胞は，体細胞分裂とは異なる[x]分裂という特別な分裂によってつくられる。この分裂によってつくられた生殖細胞の染色体の数は，もとの細胞の[y]になる。

ア　x：減数　　y：２倍　　　**イ**　x：倍数　　y：２倍
ウ　x：減数　　y：半分　　　**エ**　x：倍数　　y：半分

(4)　離れた場所から打ち上げ花火を見ると，花火が開くようすが見えたあと，少し遅れて花火が開くときの音が聞こえる。このようになる理由として最も適当なものを，次の**ア〜エ**のうちから一つ選び，その符号を書きなさい。

ア　花火が開くときに光が出て，そのあとで花火の音が発生するため。
イ　花火が開くときに音が出て，そのあとで花火の光が発生するため。
ウ　花火が開くときに光と音は同時に発生するが，光よりも音の伝わる速さが速いため。
エ　花火が開くときに光と音は同時に発生するが，音よりも光の伝わる速さが速いため。

2

アブラナの花のつくりについて調べるため，次の**観察**を行いました。これに関して，あとの(1)〜(3)の問いに答えなさい。

観察　①　川原に咲いていたアブラナの花を１つつみとった。
②　つみとったアブラナの花のつくりを外側から順にはぎとり，同じつくりごとに厚紙上に並べた。
③　アブラナのめしべをかみそりの刃で縦に切り，その断面のようすを観察した。

図１は，②のようすを表したもので，**図２**は，③のようすをスケッチしたものである。めしべの根元のふくらんだ部分の中には，Pで示した小さな粒が並んでいるようすが見られた。

図１　　**図２**

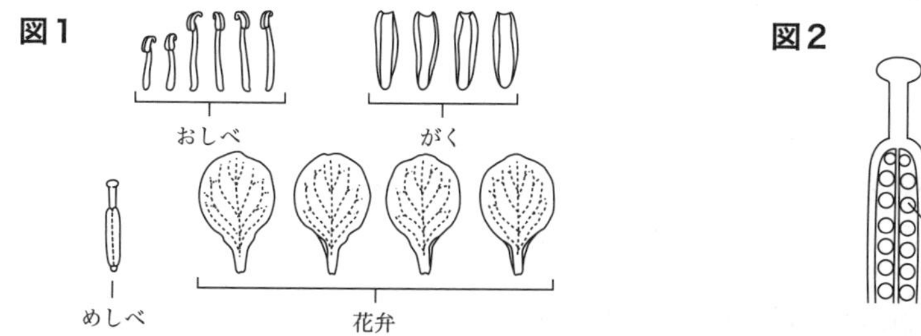

(1)　次の文章は，**図２**中にPで示した小さな粒やその粒を包んでいる部分について述べたものである。あとの(a)，(b)の問いに答えなさい。

図２中のＰで示した小さな粒を［ x ］といい，この粒を包んでいるめしべの根元のふくらんだ部分を［ y ］という。この小さな粒は，受粉後成長すると［ z ］になる。

(a) 文章中の［ x ］，［ z ］にあてはまるものの組み合わせとして最も適当なものを，次の**ア〜エ**のうちから一つ選び，その符号を書きなさい。

ア x：胚珠　z：種子　**イ** x：胚　z：種子

ウ x：胚珠　z：胚　**エ** x：胚　z：胚珠

(b) 文章中の［ y ］にあてはまる最も適当なことばを書きなさい。

(2) **観察**で見られた，**図１**のアブラナの花のつくりを，花の中心から順に並べるとどのようになるか。次の**ア〜カ**のうちから最も適当なものを一つ選び，その符号を書きなさい。

ア めしべ → がく → おしべ → 花弁　**イ** めしべ → がく → 花弁 → おしべ

ウ めしべ → おしべ → がく → 花弁　**エ** めしべ → おしべ → 花弁 → がく

オ めしべ → 花弁 → がく → おしべ　**カ** めしべ → 花弁 → おしべ → がく

(3) 花弁のつくりまで細かく分類したとき，アブラナと同じなかまに属する植物として最も適当なものを，次の**ア〜エ**のうちから一つ選び，その符号を書きなさい。

ア マツ　**イ** ユリ　**ウ** サクラ　**エ** ツツジ

3

化学変化にともなう熱の出入りについて調べるため，次の**実験**を行いました。これに関して，あとの(1)〜(3)の問いに答えなさい。

実験 ① 塩化アンモニウムと水酸化バリウムという２つの物質をビーカーに入れた。

② 次に，**図**のように，ビーカーに入れた物質をガラス棒でよく混ぜ合わせ(または少量の水を加え)，物質のようすや温度計の示度を観察した。

③ ②のあと，ビーカー内の物質からは気体の発生が見られ，室温と同じ温度を示していた温度計の示度が変化した。

図

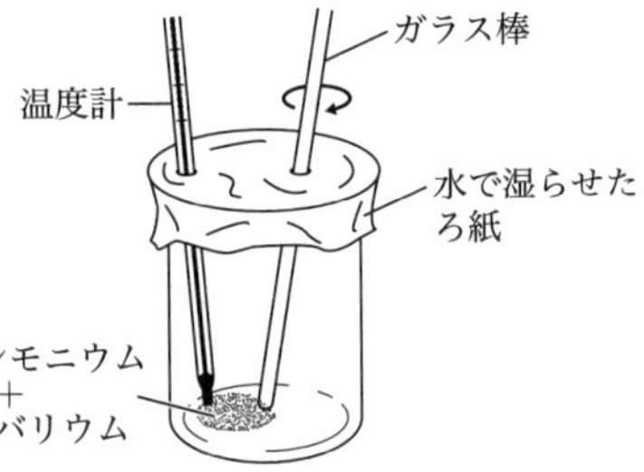

(1) **実験**の③で，ビーカー内で混ぜ合わせた物質から発生した気体は何か，その名称を書きなさい。

(2) 次の文章は，**実験**の③の下線部について述べたものである。あとの(a)，(b)の問いに答えなさい。

実験の③の下線部では，温度計の示度は［ x ］なった。このようになったのは，**実験**の②でビーカー内の物質を混ぜ合わせた際［ y ］化学変化が起こったためである。熱(反応熱)の出入りが，**実験**の③と同じになる化学変化を［ z ］反応という。

(a) 文章中の［ x ］，［ y ］にあてはまるものの組み合わせとして最も適当なものを，次の**ア〜エ**のうちから一つ選び，その符号を書きなさい。

ア x：高く　y：周囲の熱を奪う　**イ** x：低く　y：周囲の熱を奪う

ウ x：高く　y：周囲に熱を発する　**エ** x：低く　y：周囲に熱を発する

(b) 文章中の［ z ］にあてはまる最も適当なことばを書きなさい。

(3) 熱の出入りが**実験**の③と同じになる化学変化が起こるものはどれか。次の**ア〜エ**のうちから最も適当なものを一つ選び，その符号を書きなさい。

ア 酸化カルシウムに水を加える。

イ 鉄粉と活性炭の混合物に食塩水を加える。

ウ 水素と酸素の混合気体に点火装置で点火する。

エ レモン汁やクエン酸に炭酸水素ナトリウムを加える。

4 Ｓさんは，火成岩の１つである花崗岩のつくりを観察したあと，理科の資料集を用いて，火成岩のつくりや火成岩に含まれる鉱物について調べました。**図**は，観察した花崗岩の表面をスケッチしたもので，**表**は，花崗岩に含まれている**図**中の鉱物Ａ～Ｃの色，形や割れ方について調べた結果をまとめたものです。これに関する先生との会話文を読んで，あとの(1)～(3)の問いに答えなさい。

先　生：花崗岩を観察して何か気がついたことがありますか。
Ｓさん：はい。花崗岩は大きな鉱物がすきまなくびっしりとつまったつくりをしています。
先　生：火成岩のつくりにも名前がつけられています。**図**のようなつくりを何といいますか。
Ｓさん：［　　　］組織です。理科の資料集に書いてありました。
先　生：そうですね。それでは，花崗岩にはどのような鉱物が含まれていましたか。
Ｓさん：花崗岩に含まれる鉱物のほとんどは，**表**の３種類の鉱物Ａ～Ｃで，鉱物Ｂの割合が多いために，花崗岩は全体的に白っぽく見えます。また，それぞれの鉱物には割れ方にも異なる特徴がありました。
先　生：詳しく調べることができましたね。

図

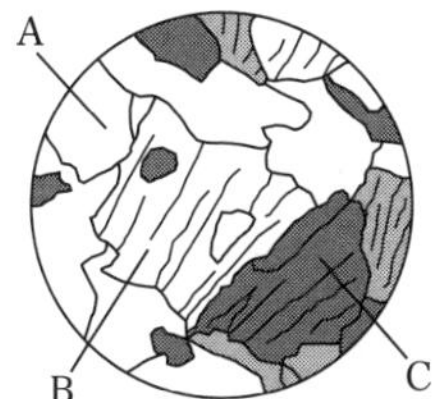

表

鉱物	色	形・割れ方
A	無色・白色	不規則に割れる。
B	白色・うす桃色	柱状・短冊(たんざく)状に割れる。
C	黒色・かっ色	

(1) 会話文中の［　　　］にあてはまる最も適当なことばを書きなさい。

(2) 花崗岩に含まれる鉱物Ｂ，Ｃについて，次の①，②の問いに答えなさい。

① **図**や**表**の鉱物Ｂは何か，書きなさい。

② **表**で空欄になっている，鉱物Ｃの形・割れ方にあてはまる内容として最も適当なものを，次の**ア**～**カ**のうちから一つ選び，その符号を書きなさい。

ア 長い柱(三角柱)状に割れる。　　**イ** 三角形でうすく板状にはがれる。
ウ 長い柱(四角柱)状に割れる。　　**エ** 四角形でうすく板状にはがれる。
オ 長い柱(六角柱)状に割れる。　　**カ** 六角形でうすく板状にはがれる。

(3) 次の文章は，ある火成岩について述べたものである。文章中の［ x ］にあてはまる火成岩の名称として最も適当なものを，あとの**ア**～**エ**のうちから一つ選び，その符号を書きなさい。

火成岩は，マグマの冷え固まり方のちがいによって，大きく深成岩と火山岩に分けられる。含まれている鉱物の種類や有色鉱物と無色鉱物の割合が，**図**の花崗岩とほぼ等しい火山岩は［ x ］である。

ア 流紋岩　　**イ** 斑れい岩　　**ウ** 玄武岩　　**エ** 凝灰岩

5 磁界の変化によって電圧が生じる現象について調べるため，次の**実験**を行いました。これに関して，あとの(1)～(3)の問いに答えなさい。

実験 ① 検流計にコイルをつなぎ，コイルの穴が上下方向を向くように固定した。
② 次に，**図１**のように，Ｓ極を下にした棒磁石をコイルの上方から近づけたところ，検流計の針が＋端子側に振れたことから，コイルに電流が流れたことがわかった。
③ 棒磁石の向きやコイルに対する動かし方を変え，コイルにどのような電流が流れるかを調べた。

図１

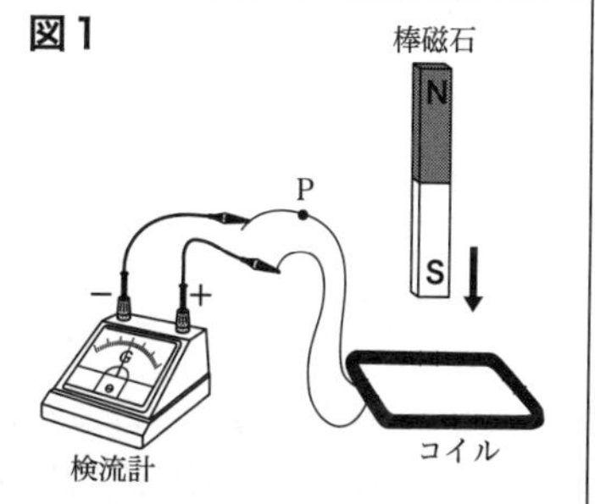

(1) **図２**は，水平な台の上に置いた棒磁石を，真上から見たようすを表したものである。**図２**中の○で示した３か所の位置に方位磁針を置いたときの針のようすを，**図３**の方位磁針を参考にして，解答用紙の図中にかきなさい。

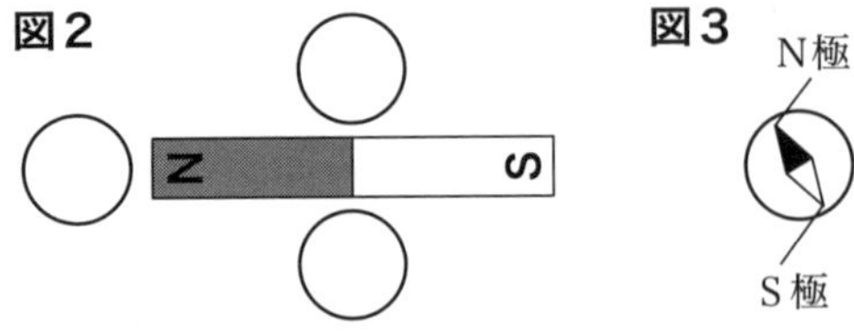

(2) **実験**の②でコイルに流れた電流について，次の(a)，(b)の問いに答えなさい。

(a) 次の文は，**図１**の導線上の点Pを流れた電流によってできる磁界について述べたものである。文中の［ x ］，［ y ］にあてはまるものの組み合わせとして最も適当なものを，あとの**ア**～**エ**のうちから一つ選び，その符号を書きなさい。

> 棒磁石を動かしたとき，導線上の点Pを流れた電流によって，導線のまわりには，電流が流れる先に向かって［ x ］に，導線を中心にして［ y ］の磁界ができる。

ア　x：時計回り　　y：放射状　　　**イ**　x：反時計回り　　y：放射状
ウ　x：時計回り　　y：同心円状　　**エ**　x：反時計回り　　y：同心円状

(b) **実験**の②でコイルに流れた電流は，<u>コイルの中の磁界が変化することで電圧が生じた</u>結果，流れたものである。下線部のような現象を何というか，書きなさい。

(3) **実験**の③で，**図１**の装置をそのまま使用して，次の**ア**～**エ**の操作を行った。このうち，検流計の針が＋端子側に振れる操作として最も適当なものを一つ選び，その符号を書きなさい。

ア　N極を下にした棒磁石をコイルの中から上方へと遠ざける。
イ　S極を下にした棒磁石をコイルの中から上方へと遠ざける。
ウ　N極を下にした棒磁石をコイルの上方から近づける。
エ　S極を下にした棒磁石をコイルの中で静止させる。

6

いろいろな季節の天気に興味をもち，インターネットで，日本の春の季節における天気の特徴を調べました。**図**は，調べたサイトにのっていた，日本の春の季節における日本付近の典型的な天気図です。これに関して，あとの(1)～(4)の問いに答えなさい。

図

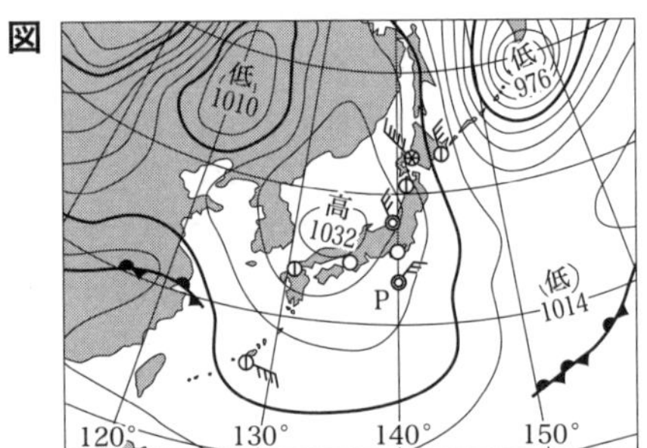

(1) **図**中にPで示した天気記号は，八丈島のある地点における天気，風向，風力を表したものである。この天気図に用いる記号から読みとることができる，天気，風向，風力の組み合わせとして最も適当なものを，次の**ア**～**ク**のうちから一つ選び，その符号を書きなさい。

ア　天気：晴れ　風向：南西　風力：３　　**イ**　天気：くもり　風向：南西　風力：３
ウ　天気：晴れ　風向：南西　風力：７　　**エ**　天気：くもり　風向：南西　風力：７
オ　天気：晴れ　風向：北東　風力：３　　**カ**　天気：くもり　風向：北東　風力：３
キ　天気：晴れ　風向：北東　風力：７　　**ク**　天気：くもり　風向：北東　風力：７

(2) **図**中には日本列島付近を通過する高気圧が見られる。この高気圧とは，どのようなところのことをいうか。「**周辺**」ということばを用いて，簡潔に書きなさい。

(3) 次の文章は，日本の春の天気について述べたものである。文章中の［ a ］にあてはまる周期として最も適当なものを，あとの**ア**～**エ**のうちから一つ選び，その符号を書きなさい。また，［ b ］にあてはまる最も適当なことばを書きなさい。

> 日本の春は，日本列島付近を高気圧と低気圧がかわるがわる通過していくため，［ a ］くらいの周期で天気が変わることが多い。このような高気圧を，特に［ b ］高気圧という。

ア　２，３時間　　**イ**　半日～２日　　**ウ**　４～６日　　**エ**　２，３週間

(4) **図**中に見られる高気圧や低気圧は，日本列島の上空をふく偏西風の影響で移動していくことがわかった。この偏西風の向きを矢印で表した模式図として最も適当なものを，次の**ア～エ**のうちから一つ選び，その符号を書きなさい。

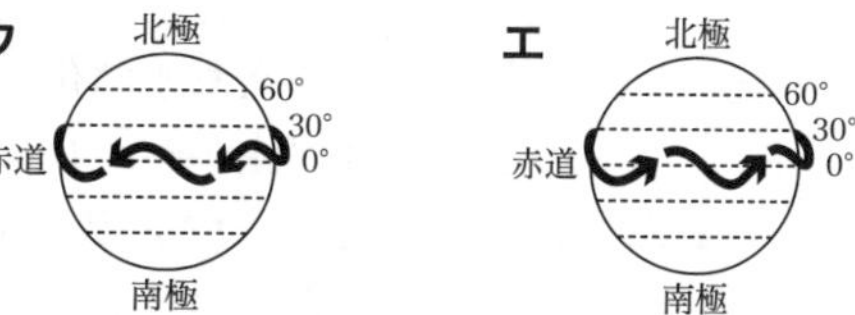

7 Ｓさんは，酸性の水溶液とアルカリ性の水溶液を混ぜ合わせたときの反応について調べるため，次の**実験１**，**２**を行いました。これに関して，あとの(1)～(4)の問いに答えなさい。

実験１ ① ビーカーに硫酸を15mL入れ，**図１**のように，こまごめピペットで水酸化バリウム水溶液を３mL加えてよくかき混ぜたあとしばらく待ってから，ガラス棒についている水溶液を赤色と青色のリトマス紙にそれぞれつけて，リトマス紙の色の変化を調べた。

② ①のあと，水酸化バリウム水溶液をさらに３mLずつ，合計12mLになるまでビーカーに加えていき，そのつど①と同様のことを行った。

図１

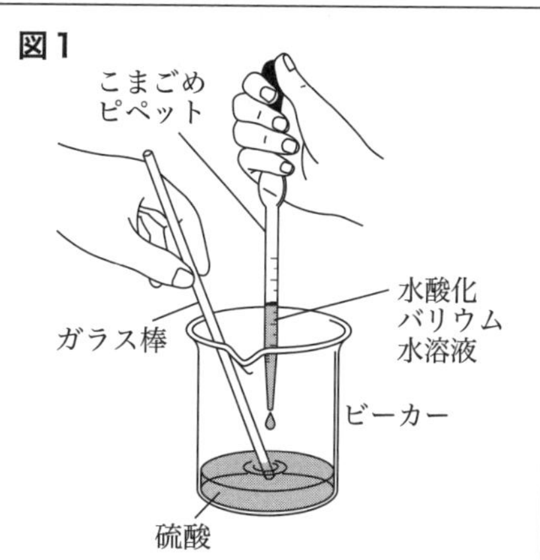

表１は，**実験１**の①，②の結果をまとめたものである。

表１

加えた水酸化バリウム水溶液の合計の体積〔mL〕	3	6	9	12
赤色リトマス紙	変化なし	変化なし	変化なし	青色に変化
青色リトマス紙	赤色に変化	赤色に変化	変化なし	変化なし

実験２ ① ビーカーに水酸化ナトリウム水溶液を30mL入れ，**図２**のように，こまごめピペットで塩酸を５mL加えてよくかき混ぜたあとしばらく待ってから，ガラス棒についている水溶液を赤色と青色のリトマス紙にそれぞれつけて，リトマス紙の色の変化を調べた。

② ①のあと，塩酸をさらに５mLずつ，合計20mLになるまでビーカーに加えていき，そのつど①と同様のことを行った。

図２

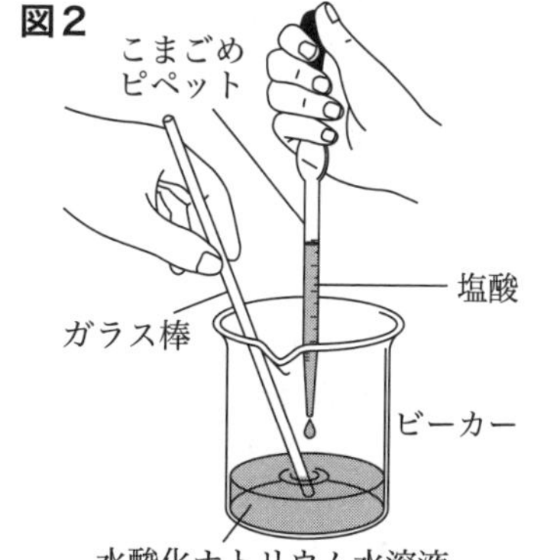

表２は，**実験２**の①，②の結果をまとめたものである。

表２

加えた塩酸の合計の体積〔mL〕	5	10	15	20
赤色リトマス紙	青色に変化	青色に変化	変化なし	変化なし
青色リトマス紙	変化なし	変化なし	変化なし	赤色に変化

(1) **実験１**の①で硫酸に水酸化バリウム水溶液を加えたとき，**実験２**の①で水酸化ナトリウム水溶液に塩酸を加えたときと比べて，異なる変化が見られた。それはどのような変化か，簡潔に書きなさい。

(2) Ｓさんは，**実験１**の②で，加えた水酸化バリウム水溶液の合計の体積が６mLのときのビーカー内の水溶液や，水酸化バリウム水溶液を加えたときに起こった化学変化について，先生と次のような話をした。会話文中の［ a ］にあてはまることばとして最も適当なものを，あとの**ア**～**ウ**のうちから一つ選び，その符号を書きなさい。また，［ b ］にあてはまる最も適当なことばを書きなさい。

先　生：**表１**から，加えた水酸化バリウム水溶液の合計の体積が６mLのとき，ビーカー内の水溶液は何性かわかりますか。
Ｓさん：はい。赤色リトマス紙に変化がなくて，青色リトマス紙の色が赤色に変わったので，このときの水溶液は，［ a ］ですね。
先　生：その通りです。加える水酸化バリウム水溶液の体積をふやしていくとどうなりましたか。
Ｓさん：加えた水酸化バリウム水溶液の合計の体積が９mLのとき，どちらのリトマス紙にも色の変化が見られなくなります。
先　生：そうですね。水酸化バリウム水溶液を加えることで，水酸化バリウム水溶液と硫酸に，互いの性質を打ち消し合う化学変化が起こったのです。このような化学変化を［ b ］といいます。

ア　酸性　　　**イ**　中性　　　**ウ**　アルカリ性

(3)　**実験２**の①で，ビーカーに入れた水酸化ナトリウム水溶液において，溶質である水酸化ナトリウムは陽イオンと陰イオンに分かれている。そのようすを，化学式を用いて書きなさい。

(4)　**実験２**の②のあと，塩酸を20mL加えた水溶液を，赤色と青色のどちらのリトマス紙につけても色の変化が見られないようにするためには，この水溶液に**実験２**で用いた水酸化ナトリウム水溶液を何mL加えればよいか。

8

ヒトが外部からの刺激を受けとってから反応を起こすまでのしくみについて調べるため，次の**実験**を行いました。これに関して，あとの(1)～(4)の問いに答えなさい。

実験　①　**図１**のように，10人の生徒Ａ～Ｊが順に手をつないで輪になった。ただし，最後の生徒Ｊは，最初の生徒Ａの左の手首をつかんだ。

②　①のあと，生徒Ａが左手に持ったストップウォッチを作動させるのと同時に，右手で生徒Ｂの左手をにぎり，生徒Ｂは左手をにぎられたらすぐに右手で生徒Ｃの左手をにぎった。

③　生徒Ｃ～Ｉは生徒Ｂと同様に，左手をにぎられたらすぐに右手で次の生徒の左手をにぎり，最後の生徒Ｊは左手をにぎられたらすぐに右手で生徒Ａの左の手首をにぎった。

④　生徒Ａは左の手首をにぎられたらすぐに左手に持っているストップウォッチを止め，表示された時間を記録した。

⑤　①～④を数回練習したあと，本番として３回行った。

表は，⑤の本番の結果をまとめたものである。

図１

表

回数〔回目〕	1	2	3
時間〔秒〕	3.39	3.23	2.98

(1)　次の文章は，**実験**の②で，生徒Ｂが刺激を受けとった器官や，生じた感覚について述べたものである。文章中の［ x ］，［ y ］にあてはまるものの組み合わせとして最も適当なものを，あとの**ア**～**エ**のうちから一つ選び，その符号を書きなさい。

実験の②で，生徒Ｂが生徒Ａからの刺激を受けとったのは［ x ］である。この刺激によって，生徒Ｂには［ y ］とよばれる感覚が生じている。

ア　x：筋肉　y：嗅覚（きゅうかく）　　**イ**　x：皮膚　y：嗅覚
ウ　x：筋肉　y：触覚　　**エ**　x：皮膚　y：触覚

⑵ **図２**は，**実験**の③で，左手をにぎられた生徒Ｊが，左手に刺激を受けとってから右手で生徒Ａの左の手首をにぎるまでに，刺激や命令の信号がどのように伝わったか，矢印で表そうとしたものである。下線部の信号の経路を，解答用紙の図中に矢印をかいて示しなさい。

図２

脳

左手　　脊髄　　右手

⑶ **実験**の⑤の本番において，刺激を受けとってから反応するまでの，生徒一人あたりの平均の時間は何秒か。

⑷ ヒトの神経系において，脳や脊髄のことを，そこから枝分かれして体のすみずみまでいき渡っている神経に対して何神経というか，書きなさい。

9

仕事について調べるため，次の**実験**を行いました。これに関して，あとの⑴～⑷の問いに答えなさい。ただし，質量100 gの物体にはたらく重力の大きさを１Nとし，摩擦や空気の抵抗，ひもの重さやのびは考えないものとします。

実験 ① 床に置いた質量800 gの物体Xを，**図１**のように，床から60 cmの高さまで真上に持ち上げた。

② 次に，物体Xを床の上に戻し，物体Xに動滑車をとりつけたあと，天井からのひもを動滑車に通してから，天井につけた定滑車に通した。ひもは床と垂直で，この状態から，**図２**のように，物体Xが床から60 cmの高さになるまでひもを真下に引いた。このとき，ひもを引く力の大きさは，常に5.0 Nであった。

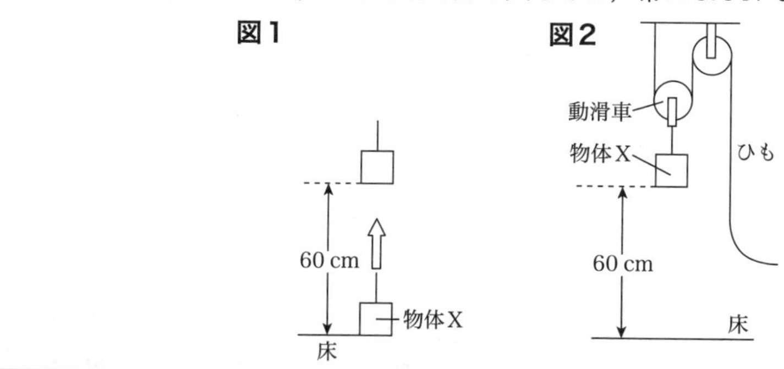

⑴ **実験**の①で，床の上に置いた物体Xは，床を物体Xの重力で押しているが，床から抗力を受けることで静止している。重力を作用の力とすると，抗力は反作用の力となるが，この２つの力には，３つの関係が成り立っていて，そのうちの１つは，「大きさが等しい」という関係である。このほかの２つの関係はどのようなものか，簡潔に書きなさい。

⑵ **実験**の①で，物体Xがされた仕事の大きさとして最も適当なものを，次の**ア**～**エ**のうちから一つ選び，その符号を書きなさい。

ア 0.48 J　**イ** 4.8 J　**ウ** 480 J　**エ** 48000 J

⑶ 次の文章は，**実験**の②で手がした仕事の大きさや動滑車の重さについて述べたものである。文章中の［ a ］，［ b ］にあてはまるものの組み合わせとして最も適当なものを，あとの**ア**～**エ**のうちから一つ選び，その符号を書きなさい。

> **実験**の②で，物体Xを60 cm持ち上げるために，ひもを［ a ］cm引く必要がある。また，このとき，ひもを引く力の大きさが5.0 Nであったことから，**実験**の②で使用した動滑車の重さは［ b ］Nと計算できる。

ア a：30　b：1.0　**イ** a：120　b：1.0
ウ a：30　b：2.0　**エ** a：120　b：2.0

⑷ 動滑車や斜面などの道具を使っても，道具の重さや摩擦などが無視できるとすると，物体がされた仕事の大きさは，直接手で持ち上げる場合と変わらない。このことを何というか，書きなさい。

七 次は、「食品ロス問題の認知度」に関する【資料】と、中学生の天野(あまの)さんが「食品ロス」について発表をしている場面です。これらについて、あとの〈条件〉にしたがい、〈注意事項〉を守って、あなたの考えを書きなさい。

【資料】 食品ロス問題の認知度

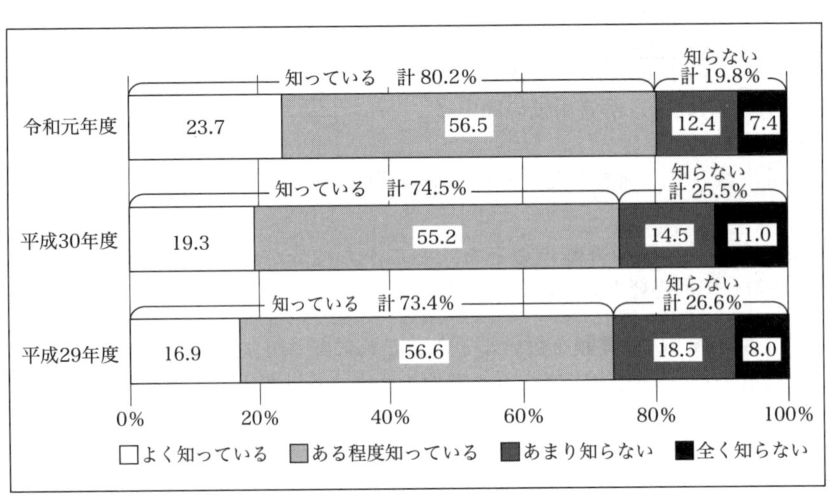

出典：「令和元年度 消費者の意識に関する調査 結果報告書
―食品ロスの認知度と取組状況等に関する調査―」（消費者庁）

ぼくは、「食品ロス」について調べました。【資料】からは、年々、「食品ロス」の認知度が高まっていることが読み取れ、対策が広まっているように思えますが、それでも、日本の「食品ロス」の量は、世界の飢餓(きが)で苦しむ人々へ届けられた食料支援量の一・二倍に相当します。大切な資源の有効活用や環境への配慮から、さらに食品ロスを減らすことが必要です。

天野さん

〈条件〉

① **二段落構成**とし、**八行以上、十行以内**で書くこと。

② 前段では、**【資料】**と天野さんの発表から読み取ったことをまとめて書くこと。

③ 後段では、前段の内容をふまえて「食品ロス」対策について、あなたの考えを理由とともに具体的に書くこと。

〈注意事項〉

① 氏名や題名は書かないこと。

② 原稿用紙の適切な使い方にしたがって書くこと。

③ グラフの中の数値を使用する場合は、次の例にならって書くこと。

例

23
・
7
%

(a) Ⅰ に入る言葉を、文章中から**九字**で**抜き出して**書きなさい。

(b) Ⅱ に入る言葉を、文章中から**二字**で**抜き出して**書きなさい。

(c) Ⅲ に入る言葉を、「祖母が…ことに対する…」という形を使って、**二十字以上、二十五字以内**で書きなさい。

六

次の文章を読み、あとの(1)～(6)の問いに答えなさい。

友だち四五人ばかり、ひととせ、嵐山(注1)の花見に行きしことあり。けふぞ盛りならむ(A)とおぼゆるほどにて、かつ散るもあるに、渡月橋(注2)のこなたを、川ぞひにみなかみの方へ行く。風のさと吹き荒るるに、雪かとばかり乱るる花の、戸無瀬(注3)の滝の岩波に、やがてまがひゆくなど、いひしらず(B)をかし。

中野三郎(注4)といへる人、川中の大きやかなる巌に腰うちかけて、笛高やかに吹き鳴らしたるが、水音に響きあひてをかしきに、かたへにありつる法師、「春おもしろくきこゆるは(注5)」と、うち誦したりしこそ、折から(C)をかしうおぼえしか。この法師、いづくの人なりけむ。こころにくきけしきなりつる(D)を、物をだにいはで、やがて行き別れつるは、くちをしきことなり。

（石原正明『年々随筆』による。）

（注１）嵐山＝京都市西部にある山。
（注２）渡月橋＝嵐山のふもとを流れる保津川にかかる橋。
（注３）戸無瀬の滝＝嵐山にあった滝。
（注４）中野三郎＝筆者と一緒に花見に行った友人のうちの一人。
（注５）春おもしろくきこゆるは＝「笛の音の春おもしろくきこゆるは花ちりたりと吹けばなりけり」という平安時代の和歌の一節。

---

(1) 文章中の A けふぞ盛りならむ を現代仮名づかいに改め、**全てひらがな**で書きなさい。

(2) 文章中の B いひしらず の意味として最も適当なものを、次の**ア**～**エ**のうちから一つ選び、その符号を書きなさい。

ア 発言者が知られていない　**イ** 言い方がわからない
ウ 良かったのか伝わらない　**エ** 言いようがないほど

(3) 文章中の C 折から について、その具体的な状況を描写している部分を、文章中から**二十二字**で**抜き出して**、**はじめの五字**を書きなさい。

(4) 文章中に D こころにくきけしきなりつる とあるが、誰が誰に対して心ひかれているのか。最も適当なものを、次の**ア**～**エ**のうちから一つ選び、その符号を書きなさい。

ア 筆者が風流に笛を吹いている中野に心ひかれた。
イ 中野が自分をほめてくれた法師に心ひかれた。
ウ 筆者がたまたまそばにいた法師に心ひかれた。
エ 法師が風流に笛を吹いている中野に心ひかれた。

(5) この文章で述べられていることとして最も適当なものを、次の**ア**～**エ**のうちから一つ選び、その符号を書きなさい。

ア 嵐山まで花見に行ったが桜はもう散っていておかしかった。
イ 春なので中野三郎の笛の音はいつもより高らかに聞こえた。
ウ 散った桜の花びらが波にのまれて流されるのは悲しかった。
エ 風情を理解する法師と交流できなかったことは残念だった。

(6) 桜の花同様に古くから美しい花の代名詞である「芍薬」を描写した漢詩の一節に、「情有る芍薬春涙を含み」という文がある。こう読めるように、次の「有ル情芍薬含ミ春涙ヲ」に**返り点**をつけなさい。ただし、必要な返り点のみを□に書き入れること。

有ル□情□芍□薬□含ミ□春□涙ヲ□

（注４） 夜着＝掛け布団の一種。
（注５） 諏訪＝長野県の諏訪湖のこと。当時は冬季に湖面が厚い氷に覆われた。
（注６） 伊香保＝群馬県で温泉の名所として知られている。
（注７） お塔婆＝故人の供養のためお経などを書いて墓の後ろに立てる長い板。

(1) 文章中にA信太郎はまた起きられなくなった とあるが、起きられない理由について述べた、次の文章を完成させなさい。ただし、Ｉに入る言葉は、あとの**ア～エ**のうちから最も適当なものを一つ選び、その符号を書き、IIに入る言葉は、文章中の言葉を使って、**十五字以上、二十字以内**で書くこと。

> 信太郎は Ｉ のため、祖母を疎ましく思っている。そこで、これ以上 II と決めていたが、祖母がそれに反したため起きられなくなった。

ア 隣の部屋から聞こえる騒音問題
イ 寝室が祖母と同じである窮屈さ
ウ 寝不足の上にせかされるうっ憤
エ 朝から法事をするわずらわしさ

(2) 文章中にBよせばいいのに とあるが、「信太郎」は、何に対して「よせ」と思っているか。最も適当なものを、次の**ア～エ**のうちから一つ選び、その符号を書きなさい。

ア 祖母が自分の年齢も顧みずに重労働をしようとしていること。
イ 信太郎を奮起させるためにあの手この手で関わってくること。
ウ 年月は経過しているのにいつまでも子ども扱いしてくること。
エ 来客があるからと無茶をして片づけてもてなそうとすること。

(3) 文章中にCとうとう祖母は怒りだした とあるが、祖母の怒りの感情が行動で表現されている**一文**を、文章中から**抜き出して、はじめの五字**を書きなさい。

(4) 文章中にDわざとまだ少しむっとしている とあるが、「信太郎」がわざと演じている理由として最も適当なものを、次の**ア～エ**のうちから一つ選び、その符号を書きなさい。

ア 本当はすっきりと目覚めているのだが、まだまだ祖母を困らせようとしてわざと本心とは違う行動をとっているから。
イ 祖母が何食わぬ顔をして関係改善を図ってくれたことで、信太郎も冷静さを取り戻したが、まだ素直になれないから。
ウ 信太郎は祖母ではなく自分が誤っていたことを十分に理解したが、ここですぐに態度を改めるのは決まりが悪いから。
エ 言い合いですら祖母との大切なコミュニケーションの時間なので、この時間がもっと続いてほしいと願っているから。

(5) 次は、この文章を読んだあとに、西川さん、岸本さん、中山さんが、信太郎の心情について話し合っている場面の一部です。これを読み、あとの(a)～(c)の問いに答えなさい。

> 西川さん　信太郎の悪態は、駄々をこねる子どものようです。
> 岸本さん　そうですね。一方、後半部分で信太郎が、「 Ｉ 」状態になったのは、信太郎の自省によるものではないでしょうか。
> 中山さん　なるほど。冷静になって反省したのですね。
> 西川さん　それにしても旅行に行こうと思い立ったのも祖母に II してもらうことが理由とはあきれました。
> 中山さん　本当ですね。信太郎の根底には III があると思います。それに自ら気づけて良かったと思います。

あたま。」と怒鳴った。二人は何遍も同じ事を繰り返していた。

また、祖母が入って来た。A信太郎はまた起きられなくなった。「もう七時になりましたよ。」祖母はこわい顔をしてかえって丁寧に云った。信太郎は七時のはずはないと思った。彼は枕の下に滑り込んでいる懐中時計を出した。そして、「まだ二十分ある。」と云った。「どうしてこう……。」祖母は溜息をついた。「一時にねて、六時半に起きれば五時間半だ。五時間半じゃあ眠いでしょう。」「宵に何度ねろと云っても諾きもしないで……。」信太郎は黙っていた。

「すぐお起き。(注2)おっつけ福吉町からも誰か来るだろうし、坊さんももうお出でになさる頃だ。」祖母はこんなことを云いながら、自分の寝床をたたみ始めた。祖母は七十三だ。Bよせばいいのにと信太郎は思っている。祖母は腰の所に敷く羊の皮をたたんでから、大きい敷蒲団をたたもうとして息をはずませている。祖母は信太郎が起きて手伝うだろうと思っている。ところが信太郎はその手を食わずに故意に冷ややかな顔をして横になったまま見ていた。Cとうとう祖母は怒りだした。「不孝者。」と云った。「年寄りの云いなり放題になるのが孝行なら、そんな孝行は真っ平だ。」彼も負けずと云った。彼はもっと毒々しいことが云いたかったが、失策った。文句も長過ぎた。しかし祖母をかっとさすにはそれで十二分だった。祖母はたたみかけをそこへほうり出すと、涙を拭きながら、烈しく(注3)唐紙をあけたてして出て行った。

彼もむっとした。しかしもう起こしに来まいと思うと楽々と起きる気になれた。彼は毎朝のように自身の寝床をたたみ出した。(注4)大夜着から中の夜着、それから小夜着をたたもうとする時、彼は不意に「ええ」と思って、今祖母がそこにほうったように自分もその小夜着をほうった。彼は枕元に揃えてあった着物に着かえた。

あしたから一つ旅行をしてやろうかしら。(注5)諏訪へ氷滑りに行ってやろうかしら。諏訪なら、この間三人学生が落ちて死んだ。祖母は新聞で聴いているはずだから、自分が行っている間少なくも心配するだろう。

押し入れの前で帯を締めながらこんな事を考えていると、また祖母が入って来た。祖母はなるべくこっちを見ないようにして乱雑にしてある夜具のまわりを回って押し入れを開けに来た。彼は少しどいてやった。そして夜具の山に腰を下ろして足袋を穿いていた。

祖母は押し入れの中の用箪笥から小さい筆を二本出した。五、六年前信太郎が(注6)伊香保から買って来た自然木の筆である。「これでどうだろう。」祖母は今までの事をD忘れたような顔をわざとして云った。「何にするんです。」信太郎の方はわざとまだ少しむっとしている。「坊さんに(注7)お塔婆を書いて頂くのっさ。」「駄目さ。そんな細いんで書けるもんですか。お父さんの方に立派なのがありますよ。」「お祖父さんのも洗ってあったっけが、どこへ入ってしまったか……。」そう云いながら祖母はその細い筆を持って部屋を出て行こうとした。「そんなのを持っていったって駄目ですよ。」と彼は云った。「そうか。」祖母は素直にもどって来た。そして丁寧にそれをまた元の所に仕舞って出て行った。

信太郎は急に可笑しくなった。旅行もやめだと思った。彼は笑いながら、そこに苦茶苦茶にしてあった小夜着を取り上げてたたんだ。敷蒲団も。それから祖母のもたたんでいると彼には可笑しい中に何だか泣きたいような気持ちが起こって来た。涙が自然に出て来た。物が見えなくなった。それがポロポロ頰へ落ちて来た。彼は見えないままに押し入れを開けて祖母のも自分のもむやみに押し込んだ。間もなく涙は止まった。彼は胸のすがすがしさを感じた。

（志賀直哉『或る朝』による。なお、一部省略等がある。）

(注１) 信三＝信太郎の弟。
(注２) おっつけ＝間もなく。
(注３) 唐紙をあけたてして＝ふすまを開け閉めして。

(1) 文章中の［A］に入る言葉として最も適当なものを、次のア〜エのうちから一つ選び、その符号を書きなさい。

ア 簡素化　**イ** 画一化　**ウ** 定義化　**エ** 複合化

(2) 文章中にB過去への関心とあるが、その因果関係について整理した次の表を、完成させなさい。ただし、［Ⅰ］に入る言葉は、文章中から**十二字**で**抜き出して**書き、［Ⅱ］に入る言葉は、「自己」という言葉を使って、**二十字以上、二十五字以内**で書くこと。

現在の状況	**過去への関心**	［Ⅰ］
順調	なし	なし。未来は現状通り、もしくは、さらに繁栄していると考えている。
不調	あり	あり。そのため、対策として［Ⅱ］うえで、未来に臨もうとしている。

(3) 文章中にCヴェトナム戦争を転機としてアメリカ社会の思想状況が大きく変わったことはご承知のとおりですとあるが、この一文が果たす役割として最も適当なものを、次の**ア**〜**エ**のうちから一つ選び、その符号を書きなさい。

ア 歴史を知らない人に、世界の共通常識であることを印象付ける。

イ 歴史は繰り返すので、再び不要論が起こることを示唆している。

ウ 歴史不要論のてん末を、当時の世情を裏付けに提示している。

エ 歴史が楽観的な心理とは相いれないという点に反論している。

(4) 文章中にD記憶喪失とあるが、この文章においてこの言葉はどういった状態を指したものか。その説明として最も適当なものを、次の**ア**〜**エ**のうちから一つ選び、その符号を書きなさい。

ア これまでどのように生きてきたかが分からなくなった状態。

イ 記憶とともに自分自身のアイデンティティまで失った状態。

ウ 過去への関心を持たずに、刹那的に思考しようとする状態。

エ 現在を過去と未来のつながりの中に位置づけられない状態。

(5) 文章中の［E］に入る言葉として最も適当なものを、次の**ア**〜**エ**のうちから一つ選び、その符号を書きなさい。

ア ところで　**イ** つまり　**ウ** すると　**エ** ただし

(6) 文章中にF人間とは他者の経験から利得できる動物であるとあるが、その一方で筆者は、人間という動物にはどのような特徴があると述べているか。「未熟」と「行動」という二つの言葉を使って、**二十字以上、二十五字以内**で書きなさい。

五

次の文章を読み、あとの(1)〜(5)の問いに答えなさい。

〔明日は朝八時から坊さんが来て法事だというのに、並んでねている祖母がねろというのも聞かず、信太郎は寝床で夜中まで小説を読んでいた。翌朝、祖母に何度も起こされるが信太郎は起きない。とうとう祖母は怒って部屋を出ていった。〕

信太郎ももう眠くはなくなった。起きてもいいのだがあまり起きろ起きろと云われたので実際起きにくくなっていた。彼はボンヤリと床の間の肖像を見ながら、それでももう起こしに来るかもう起こしに来るかという不安を感じていた。起きてやろうかなと思う。しかしもう少しと思う。もう少しこうしていて起こしに来なかったら、それに免じて起きてやろう、そう思っている。彼は大きな眼を開いてまだ横になっていた。

いつも彼に負けない寝坊の信三(注1)が、今日は早起きをして、隣の部屋で妹の芳子と騒いでいる。「お手玉、南京玉、大玉、小玉。」とそんなことを一緒に叫んでいる。そして一段声を張り上げて、「その内大きいのは芳子ちゃんの眼玉。」と一人が云うと、一人が「信三さんの

実な関心は生まれにくいでしょう。未来にたいする不安や懐疑がないからです。過去への関心は、未来への関心ないし不安の一面です。

社会科学において歴史不要論が流行したのは、五〇年代・六〇年代のアメリカにおいてでした。歴史は科学以前の無用の人文学として軽視されたのです。その背景には、現に享受しているアメリカン・ウェイ・オヴ・ライフ(注２)が永遠の繁栄を保証するという楽天的な社会心理の支配がありました。そこには未来への不安はありませんでしたから、過去への切実な関心も生まれなかったのです。しかし、Cヴェトナム戦争を転機としてアメリカ社会の思想状況が大きく変わったことはご承知のとおりです。

過去への関心が、未来への関心ないし不安の別の表現である、ということは、人間がつねに過去と未来のあいだに今の自分の存在を位置づけることで自分を確かめていることを意味します。明日を考えない刹那的(注３)な生き方を異常と考えるのは、普通の人間は(そして社会も)自分の存在を過去、現在、未来のつながりのなかで意識していることを物語っています。年齢を意識する。この単純な事実にそのことがすでに示されています。

私たちが現在を思考するということは、現在を過去と未来のつながりのなかに位置づけて理解しようとする思考──それを歴史的思考といってよいと思いますが──を自らに課するということにほかなりません。D記憶喪失とは、このつながりを失った、したがって現在の位置確認ができない思考状態をいうのだと思います。

人間は、自分の未来について自覚的に思考し、そのうえで行動を選択できる能力を持つ唯一の動物です。そういう能力は、人間が長い時間をかけて発達させてきたものであり、また決して完成されたものではないことはいうまでもありません。人間がときとして、反理性的な、常軌を逸した(注４)行動にはしる無数の事例は、歴史が教えておりますし、毎日のニュースが伝えています。そのことを認めたうえでなお、人間が相対的にそうした能力を最も高度に備えた動物である、あるいはそうありたいと願っている動物であることは、認めてよいかと思います。

［　Ｅ　］、人間が未来を思考するとき、確実な手掛かりとなるものは何でしょうか。それは自分または他者の過去の経験です。

歴史を学ぶとは、人間が自分の現在を自分または他者の過去の経験に関連させることで、自分がどこから来たのか、どこに向けて進んでいるのかの位置確認をより良いものにし、未来に向けてなにができるかの手掛かりを手中にしようとする思考作業です。あるいは、歴史とは、人間の自己認識の営みであり、自己を知るとは自身になにができるかを知ることであり、それは過去の経験を学ぶことによってなしうる、ということになります。

ですから、F人間とは他者の経験から利得できる(注５)動物である、と定義できましょう。歴史とは、この利得を実際化する手段にほかなりません。

人間の思想、芸術など過去の精神的創造は、人類の共同財産であり、個人の命運を超えた永遠性をもつのです。歴史を学ぶとは、この「共同財産」の分け前にあずかることであり、かつこの永遠に未完の遺産を、次の世代のために、より高い段階に向けて受け継いでゆくことにほかなりません。

(溪内謙(たにうちゆずる)『現代史を学ぶ』による。なお、一部省略等がある。)

(注１) アイデンティティ＝「自分は何者か」という問いに自分で出す答え。
(注２) アメリカン・ウェイ・オヴ・ライフ＝アメリカの生活様式。
(注３) 刹那的＝今のことしか考えないさま。
(注４) 常軌を逸した＝常識から外れた。
(注５) 利得できる＝利益を得ることができる。

(2) (問いを放送します。)

[選択肢]

ア 日本で登録されている世界遺産のほとんどは、自然遺産である。

イ 日本では、令和三年に四つの文化遺産が新たに登録されている。

ウ 日本には二十件の世界遺産があり、ほとんどが文化遺産である。

エ 令和三年には、複数の島々が一つの自然遺産として登録された。

(3) (問いを放送します。)

[選択肢]

ア 山の形や火山活動などがそれほど珍しくないこと。

イ すでに文化遺産としての申請が完了していたこと。

ウ 富士山の開発がすでに進んでいたこと。

エ ゴミなどによる環境の悪化が深刻であったこと。

(4) (問いを放送します。)

[選択肢]

ア 他の公共施設と異なり、世界遺産は大切に見学や使用をするべきである。

イ 同じ文化財をつくり直すことは可能だが、多くの予算がかかってしまう。

ウ 以前は自由に見学できていた場所でも、最近は入場を制限していることがある。

エ 文化財に落書きをしたり傷をつけたりするニュースは、最近ではめっきり減った。

聞き取りテスト終了後、３ページ以降も解答しなさい。

二

次の(1)～(4)の――の漢字の読みを、**ひらがな**で書きなさい。

(1) エンジンを搭載する。

(2) 新入生を勧誘した。

(3) このデザインはほかの作品と酷似している。

(4) 寒さで身が縮こまる。

三

次の(1)～(5)の――のカタカナの部分を**漢字**に直して、楷書(かいしょ)で書きなさい。(正確にていねいに書きなさい。)

(1) キョクチ的に雨が降る。

(2) 電車で街をジュウソウする。

(3) 新しい知識をキュウシュウする。

(4) 初日の出をオガむ。

(5) 鮮度が落ちて風味をソコなう。

四

次の文章を読み、あとの(1)～(6)の問いに答えなさい

ひとはなぜ過去の出来事に関心をよせ、過去を知ろうとするのでしょうか。個別的には、その理由・動機はさまざまで、[A]できないといえるかもしれません。しかし、過去への関心(B)には、共通する「なぜ」があるように思われます。

人間は元来、自分がどんな存在であるのか、帰属する集団、社会、国家、世界をも含めて、理性的に知りたいという願望をもった動物です。過去を知るということは、自分とはなにかを確かめる唯一の方法とはいえないまでも、経験的にみて、最も確実な方法であることは否定できません。自分を確かめるための最も確実な手掛かりを与えるのは、過去の行為であり経験であるからです。過去を見失った人間がたちどころに自分のアイデンティティ(注1)を喪失するという事実が、このことを証明しています。

見方を変えますと、自分の生き方について自信を失わせるような出来事に遭遇したとき、ひとは、自分の過去をふりかえることで自分のこれまでの生き方を再点検して、失われた自己を取り戻そうとするのです。個人にしても社会にしても、順風満帆(じゅんぷうまんぱん)の時代には過去への切

（約12秒間休止）

（合図音Ｂ）

美樹　あれ？　兄さん、ちょっと待って。たしか富士山も世界遺産じゃなかったかしら。富士山は、自然遺産には含まれないの？

兄　良いところに気がついたね。かつて富士山も、自然遺産の候補地となったことがあるんだよ。でも、世界の山々に比べると、富士山の形や火山活動などはそれほど珍しくないことや、すでに富士山の開発が進んでいたこと、ゴミなどによる環境の悪化が深刻であったこと、これらの理由から、自然遺産としては登録に至らなかったんだ。

（合図音Ａ）

問いの(3)　会話の中で、富士山が自然遺産として登録されなかった理由としてあげられていなかったことを、選択肢ア～エのうちから一つ選び、その符号を書きなさい。繰り返します。富士山が自然遺産として登録されなかった理由としてあげられていなかったことを一つ、選びなさい。

（約12秒間休止）

（合図音Ｂ）

美樹　最近は、文化財に落書きをしたり、傷をつけたりするというニュースをよく耳にするわ。本当に悲しいことよね。

兄　本当にそうだね。文化財は、二度と同じものを作ることはできないのに。大切にしようという意識が、足りていないのかもしれないね。以前は自由に見学できていた寺院などでも、傷むのを少しでも防ぐために、今は入場を制限しているところも多いと聞いたよ。

美樹　軽い気持ちでやってしまったことでも、取り返しのつかないことになってしまうことがあるものね。世界遺産に限らず、公共の施設を大切に使おうという意識が大切ね。

（合図音Ａ）

問いの(4)　二人が話していた内容として、最も適当なものを、選択肢ア～エのうちから一つ選び、その符号を書きなさい。

（約15秒間休止）

放送は以上です。３ページ以降も解答しなさい。

〈チャイム〉

※注意　各ページの全ての問題について、解答する際に字数制限がある場合には、句読点や「　」などの符号も字数に数えること。

一

これから、中学生の美樹さんとその兄が、世界遺産について会話をしている場面と、それに関連した問いを四問放送します。放送をよく聞いて、それぞれの問いに答えなさい。

(1)　（問いを放送します。）

国語

国語聞き取りテスト台本

〈チャイム〉
これから、国語の聞き取りテストを行います。これは、放送を聞いて問いに答える問題です。それでは問題用紙の１ページと２ページを開きなさい。
（約２秒間休止）
これから、中学生の美樹さんとその兄が、世界遺産について会話をしている場面と、それに関連した問いを四問放送します。放送をよく聞いて、それぞれの問いに答えなさい。
（約２秒間休止）
なお、やりとりの途中、（合図音Ａ）という合図のあと、問いを放送します。また、（合図音Ｂ）という合図のあと、場面の続きを放送します。
１ページと２ページにメモをとってもかまいません。では、始めます。
〈チャイム〉
美樹　今日学校で、世界遺産について勉強をしたの。
兄　世界遺産のどんなことについて学んだんだい。
美樹　まず、世界遺産とはどんなものか、ということからよ。世界遺産とは、文化財や自然の財産を、未来に残していくために保護しようという目的で登録されるものだと習ったわ。
兄　そのとおりだね。美樹は、日本の世界遺産については知っている？
美樹　それも今日習ったの。日本でもいくつか登録されているけれど、自然遺産は少なくて、登録されているもののほとんどが、文化遺産なのよね。
兄　そうなんだ。たしか日本の世界遺産は、現在二十五件。そのうち二十件は文化遺産だよ。日本の自然遺産は、知床、白神山地、小笠原諸島、屋久島。そして、令和三年には新たに、奄美大島、徳之島、沖縄島北部および西表島が登録されたよ。
美樹　たしか、新たに登録されたその島々は、合わせて一つの自然遺産として登録されたのよね。
兄　うん、そうだよ。
（合図音Ａ）
問いの⑴　世界遺産とは、どのような理由で保護されているものですか。美樹さんが話していた内容として適当な言葉を、解答欄に合うように、五字以上、十字以内で書きなさい。
（約15秒間休止）
問いの⑵　会話の中で、二人が日本の世界遺産について話していた内容として、最も適当なものを、選択肢ア～エのうちから一つ選び、その符号を書きなさい。

第５回 紙上公開もぎ（令和６年１月実施）

数学

1 次の(1)〜(7)の問いに答えなさい。

(1) 次の①〜③の計算をしなさい。

① $-7\times(-6)$　　② $-2^2\times3+5$　　③ $(2x-3y)-8\left(\frac{3}{4}x-\frac{3}{2}y\right)$

(2) ある菓子(かし)を１個50円で売ると，１日に100個売れる。この菓子の１個あたりの値段を値上げすると，売れる個数は値上げした金額に応じて減少し，１円値上げするごとに，１日に売れる個数は２個減少することがわかっている。

このとき，次の①，②の問いに答えなさい。

ただし，消費税は考えないものとし，この菓子を１個50円未満の値段で売ることはないものとする。

① この菓子の１個あたりの値段をx円値上げするとき，１日に売れる個数をxを使って表しなさい。

② ある日，この菓子の売り上げ総額は4800円であった。この日の菓子１個の値段を求めなさい。

(3) 下の表は，あるクラスの生徒32人が，冬休みに図書室から借りた本の冊数をまとめたものである。

借りた本の冊数(冊)	0	1	2	3	4	5	計
人数(人)	8	11	7	2	3	1	32

このとき，次の①，②の問いに答えなさい。

① この表からわかることとして正しいものを，次の**ア**〜**エ**のうちから１つ選び，符号で答えなさい。

ア 生徒32人が借りた本の冊数の範囲(レンジ)は６冊である。
イ 生徒32人が借りた本の冊数の最頻値(さいひんち)(モード)は５冊である。
ウ 生徒32人が借りた本の冊数の中央値(メジアン)は2.5冊である。
エ 生徒32人が借りた本の冊数の平均値は1.5冊である。

② １人引っ越しして，クラスの人数が31人になり，この31人において第１四分位数を求めると，１冊となった。引っ越しした生徒が冬休みに図書館から借りた本の冊数は何冊か，求めなさい。

(4) 右の図のように，点A，B，C，D，E，F，G，Hを頂点とする1辺5cmの立方体があり，この頂点上を移動する2点P，Qがある。

大小２つのさいころを同時に１回投げる。点Pは，点Aを出発点として，大きいさいころの出た目の数だけ，→B→C→D→A→B→Cの順に移動し，点Qは，点Eを出発点として，小さいさいころの出た目の数だけ，→F→G→H→E→F→Gの順に移動する。

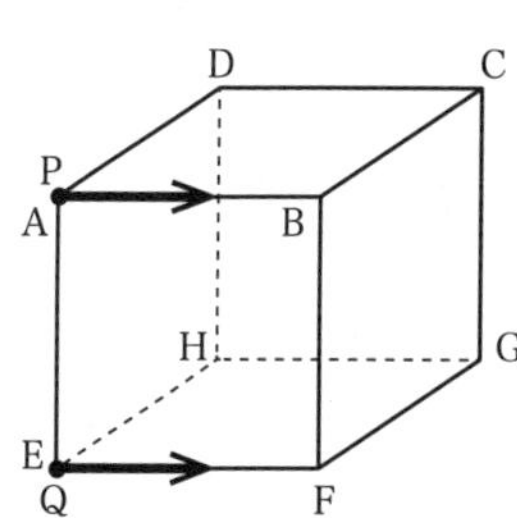

このとき，次の①，②の問いに答えなさい。

① 線分PQが，立方体の６つの面ABCD，EFGH，ABFE，BCGF，CDHG，DAEHのうち，どの面上にもない場合は何通りあるか，求めなさい。

② 線分PQの長さが5cmより長くなる確率を求めなさい。

ただし，さいころを投げるとき，１から６までのどの目が出ることも同様に確からしいものとする。

(5) xについての方程式 $2ax+1=4a-x$ ……① の解が，方程式 $3x-5=5x-13$ ……② の解より１小さいとき，aの値と方程式①の解を求めなさい。

(6) 次の①，②の問いに答えなさい。

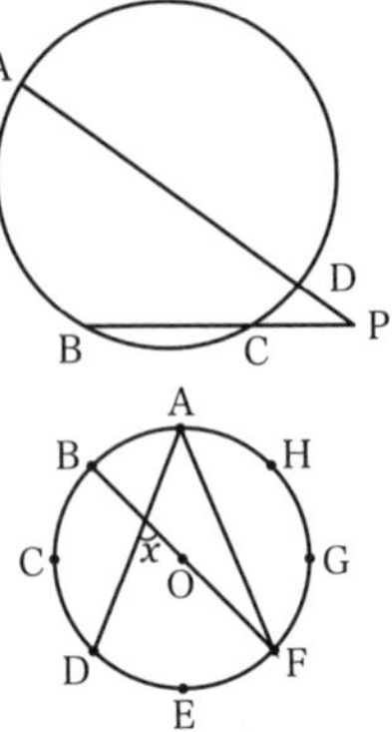

① 右の図において，４点A，B，C，Dは円周上の点であり，直線ADと直線BCとの交点をPとする。

BC＝10 cm，CP＝6 cm，DP＝4 cmであるとき，線分ADの長さを求めなさい。

② 右の図において，８点A，B，C，D，E，F，G，Hは円Oの円周を８等分する点である。

このとき，$\angle x$ の大きさを求めなさい。

ただし，小数で答えること。

(7) 下の図のように，直線ℓと直線ℓ上にない２点A，Bがある。このとき，次の**条件**を満たす点Oと円Oを作図によって求めなさい。また，点Oの位置を示す文字Oも書きなさい。

ただし，三角定規の角を利用して直線をひくことはしないものとし，作図に用いた線は消さずに残しておくこと。

条件
・点Oは，直線ℓ上にある。
・円Oは，点Oを中心とする円であり，２点A，Bを通る。

A

B

ℓ

2

右の図のように，関数$y=ax^2$のグラフ上にx座標が－２である点Aがある。点Aを通り，x軸に平行な直線と関数$y=ax^2$のグラフとの交点をBとし，直角二等辺三角形ABOをつくる。また，関数$y=ax^2$のグラフ上の$x>0$の範囲に点Cをとり，△ABCをつくる。

このとき，次の(1)，(2)の問いに答えなさい。

ただし，$a>0$ とする。

また，原点Oから点（１，０）までの距離及び原点Oから点（０，１）までの距離をそれぞれ１cmとする。

(1) aの値を求めなさい。

(2) △ABCの面積が12 cm²であるとき，次の①，②の問いに答えなさい。

① 点Cの座標を求めなさい。

② 原点Oを通り，四角形OACBの面積を二等分する直線の式を求めなさい。

y　$y=ax^2$　C　A　B　O　x

3

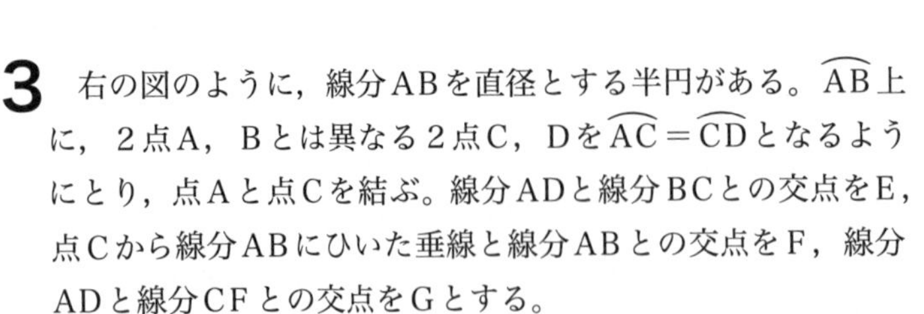

右の図のように，線分ABを直径とする半円がある。$\overset{\frown}{AB}$上に，２点A，Bとは異なる２点C，Dを$\overset{\frown}{AC}=\overset{\frown}{CD}$となるようにとり，点Aと点Cを結ぶ。線分ADと線分BCとの交点をE，点Cから線分ABにひいた垂線と線分ABとの交点をF，線分ADと線分CFとの交点をGとする。

このとき，次の(1)～(3)の問いに答えなさい。

C　D　E　G　A　F　B

(1) ∠BCF＝∠AECであることを下の［　　］にしたがって証明するとき，［(a)］，［(b)］に入る最も適当なものを，**選択肢**の**ア～エ**のうちからそれぞれ１つずつ選び，符号で答えなさい。また，［(c)］に入る最も適当なことばを書きなさい。

∠BCF＝∠AECであることを証明するには，［(a)］と［(b)］が［(c)］であることを証明すればよい。

選択肢
ア　△AGF　　**イ**　△BCF　　**ウ**　△AEC　　**エ**　△CGA

(2)　(1)の［　　］にしたがって，∠BCF＝∠AECであることを証明しなさい。

(3)　線分AGと線分GEの長さの比を，最も簡単な整数の比で表しなさい。

4

直線の遊歩道があり，その遊歩道上のＰ地点からＱ地点までの距離は1500ｍである。太郎さんと花子さんはＰ地点を同時に出発して，Ｐ地点とＱ地点の間をそれぞれ一定の速さで歩き，太郎さんは２往復，花子さんは１往復した。

このとき，次の**会話文**を読み，あとの(1)～(4)の問いに答えなさい。

ただし，折り返すのにかかる時間は考えないものとする。

会話文

教師Ｔ：２人がＰ地点を同時に出発してからx分後の，Ｐ地点からそれぞれがいる地点までの距離をyｍとして，太郎さんと花子さんのxとyの関係をそれぞれグラフで表すと，右のようになります。このグラフから，読み取れることを話し合ってみましょう。

(m) y　太郎さん　花子さん
Ｑ地点　1500
Ｐ地点　0　30　60　x (分)

生徒Ｘ：２人がＰ地点を同時に出発してから30分後に，太郎さんは初めてＰ地点にもどってくるから，太郎さんの歩く速さは分速［(a)］ｍとわかるね。

生徒Ｙ：２人がＰ地点を同時に出発してから60分後に，花子さんはＰ地点にもどってくるから，花子さんの歩く速さは分速［(b)］ｍだね。２人がＰ地点を同時に出発してから60分後に，２人は同時にＰ地点にもどってきているね。

生徒Ｘ：太郎さんと花子さんのグラフが２回交わっているから，２人は途中で２回すれ違ったこともわかるね。

教師Ｔ：きちんと読み取れていますね。

(1)　**会話文**中の［(a)］，［(b)］にあてはまる数として最も適当なものを，次の**ア～カ**のうちからそれぞれ１つずつ選び，符号で答えなさい。

ア　30　　**イ**　50　　**ウ**　60　　**エ**　80　　**オ**　100　　**カ**　150

(2)　２人がＰ地点を同時に出発してから25分後の太郎さんと花子さんのそれぞれの位置について，次の①，②の問いに答えなさい。

①　花子さんはＰ地点から何ｍの地点にいるか，求めなさい。

②　太郎さんと花子さんの間の距離は何ｍか，求めなさい。

(3)　２人が２回目にすれ違うのは，２人がＰ地点を同時に出発してから何分後か，求めなさい。

(4)　２人がＰ地点を同時に出発してからx分後の太郎さんと花子さんの間の距離をyｍとする。$0 \leqq x \leqq 60$のときのxとyの関係を表すグラフをかきなさい。

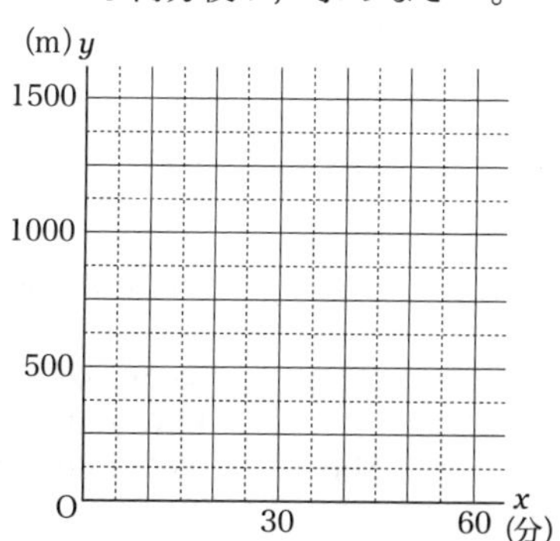

英　語

英語リスニング放送台本

これから英語のテストを行います。最初はリスニングテストです。リスニングテストはすべて放送で行います。リスニングテスト終了までは，２ページ以降を開かないでください。

それでは，問題用紙の１ページを開いてください。リスニングテストの問題は，１から４の四つです。

では，１から始めます。

１は，英語の対話を聞いて，最後の文に対する受け答えを選ぶ問題です。受け答えとして最も適当なものを，それぞれ問題用紙のＡからＤのうちから一つずつ選んで，その符号を書きなさい。なお，対話はそれぞれ２回放送します。では，始めます。

No. 1　Boy:　Mary, you study Japanese, right?
Girl:　Right.　Now I want to read a Japanese book.　Do you have an easy one, Taro?
Boy:　Yes.　I have some books for children.　You can try one of them.　I think it'll be good.

繰り返します。(対話を繰り返す。)

No. 2　Girl:　Hi, Bob.　What did you do yesterday?
Boy:　I went to the stadium to see a baseball game.
Girl:　Oh, really?　I wanted to go there, too.　Did you have a good time?

繰り返します。(対話を繰り返す。)

No. 3　Boy:　What is your class going to do at the school festival, Kumi?
Girl:　We are going to show a movie.　We have already finished making it.
Boy:　Oh, that sounds nice!　What did you do for the movie?

繰り返します。(対話を繰り返す。)

次は２です。

２は，英語の対話又は英語の文章を聞いて，それぞれの内容についての質問に答える問題です。質問の答えとして最も適当なものを，それぞれ問題用紙のＡからＤのうちから一つずつ選んで，その符号を書きなさい。なお，英文と質問はそれぞれ２回放送します。では，始めます。

No. 1　Emma:　How cute!　What's this, Shinji?
Shinji:　Hi, Emma.　It's a present from Grandma.　She wishes me good luck.
Emma:　I understand the first half of the word written on it.　I know the last *kanji*, too.　But what does this one mean?
Shinji:　It means 'to invite someone.'

Question: Which kanji did Emma ask Shinji about?

繰り返します。(対話と質問文を繰り返す。)

No. 2　How do you come to school?　I asked all of our high school students that question.　Look at this graph.　It shows the answers.　More than 50% of the students come to school by bus or train.　And 30% of them ride a bike to school.　Only 15% walk to school.

Question: Which graph shows this?

繰り返します。(英文と質問文を繰り返す。)

次は３です。

３は，英語の対話又は英語の文章を聞いて，それぞれの内容についての質問に答える問題です。質問の答えとして最も適当なものを，それぞれ問題用紙のＡからＤのうちから一つずつ選んで，その符号を書きなさい。なお，英文と質問はそれぞれ２回放送します。では，始めます。

No. 1　Clerk:　May I help you?
Man:　Yes.　I like this black shirt and these green shoes.　May I try them on?
Clerk:　Sure.
Man:　This shirt is nice.　I'll take it.
Clerk:　Thank you very much.
Man:　These shoes are very nice too, and I'd like to buy them, but they are a little small for me.　Do you have bigger ones?
Clerk:　Let me see....　I'm very sorry.　We don't have bigger ones in the same color.　We have red ones and yellow ones.
Man:　Well, I don't like those colors very much.　Can you get green in a bigger size?

Clerk: Yes, but it will take three days to get them.
Man: That's OK. When you get them, please call me. I'll come here again and buy them.
Clerk: Thank you very much. I'll call you then. May I have your phone number?
Question: What does the man want to buy?
繰り返します。(対話と質問文を繰り返す。)

No. 2 Hi, I'm Tomoki. During winter vacation, I went to Los Angeles to see my uncle. I stayed at his house for one week. He teaches Japanese at a high school in the city.

One day during my trip, I visited his school. When my uncle and I were walking in the school, some of his students talked to us a lot in Japanese. One of his students, Amelia, spoke to me. She was learning Japanese to study Japanese history at a university in Japan in the future. She asked me a lot of questions about Japan. But I couldn't answer some of them.

When I was talking with Amelia, I found I didn't know much about my own country. So, I decided to learn more about Japan. In the future, I want to tell students in other countries a lot about Japan through teaching Japanese language. I'll be very happy if more people become interested in Japan and learn our language.

Question: What did Tomoki find when he was talking with Amelia?
繰り返します。(英文と質問文を繰り返す。)

次は**4**です。
4は，英語の文章を聞いて，その内容について答える問題です。問題は，No. 1，No. 2 の二題です。問題用紙には，それぞれの英語の文章の内容に関するまとめの文が書かれています。(間３秒)
それらの文を完成するために，①，②にあてはまる英単語を書きなさい。ただし，□には**１文字**ずつ入るものとします。なお，英文はそれぞれ**２**回放送します。では，始めます。

No. 1 Japan has become a country of dog lovers. Many people have dogs at their houses and take care of them. People who love dogs go for a walk with them every morning and evening. They also go to many shops with them. There are even some restaurants which have a special menu for dogs. Dog lovers enjoy having lunch or dinner with their dogs. For such people, they are not just pets. They are like family members or friends.
繰り返します。(英文を繰り返す。)

No. 2 Attention, everyone. The train to Kamome Zoo will arrive one hour late. We're very sorry. If you're in a hurry, please go to the bus station across the road and take the Number 5 bus.
繰り返します。(英文を繰り返す。)

以上で，リスニングテストを終わります。**２**ページ以降の問題に答えなさい。

1 英語リスニングテスト（**放送**による**指示**に従って答えなさい。）

No.1	A．Thank you. I'll read it. C．Of course. You'll like it.	B．I'll bring it for you tomorrow. D．Children can read it in English.
No.2	A．Yes. I had a good time with you. C．No. I stayed home all day.	B．Yes. I enjoyed the exciting game. D．No. I didn't have time to go there.
No.3	A．It was a movie about school life. B．It was hard for us to make the movie. C．I liked making movies with my friends. D．I wrote the story for the movie with my friend.	

2 英語リスニングテスト（**放送**による**指示**に従って答えなさい。）

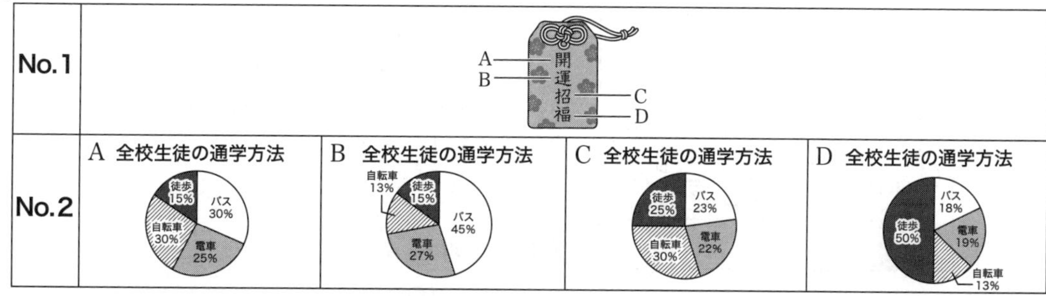

3 英語リスニングテスト（**放送**による**指示**に従って答えなさい。）

No.1	A．A black shirt and a green shirt.　B．A black shirt and green shoes. C．Red shoes and a green shirt.　D．Red shoes and yellow shoes.
No.2	A．He found he couldn't study at a high school in America. B．He found he couldn't speak English well. C．He found he didn't know a lot about Japan. D．He found he didn't have many friends from foreign countries.

4 英語リスニングテスト（**放送**による**指示**に従って答えなさい。）

No.1	Japan has（①□□□□□□□）a country of dog lovers. People who love dogs go to many shops with them. Some restaurants have a（②□□□□□□□□）menu for dogs. Dog lovers enjoy having lunch or dinner with their dogs.
No.2	The train to Kamome Zoo will（①□□□□□□□）one hour late. If you're in a hurry, you should go to the bus station（②□□□□□□□）the road and take the Number 5 bus.

5 次の(1)～(5)のそれぞれの対話文を完成させなさい。

(1)，(2)については，（　　　）の中の語を最も適当な形にしなさい。ただし，**１語**で答えること。

また，(3)～(5)については，それぞれの（　　　）の中の**ア～オ**を正しい語順に並べかえ，その順序を符号で示しなさい。ただし，文頭に来るべき語も小文字で示してあります。

(1)　A：They have been（cut）trees there for three days.
　　B：Are they going to build something around there?

(2)　A：Mary is wearing a nice hat.
　　B：It was（give）to her by her sister yesterday.

(3)　A：（**ア** be　**イ** will　**ウ** like　**エ** what　**オ** the weather）tomorrow?
　　B：It'll be sunny.

(4)　A：Horyu-ji Temple is（**ア** built　**イ** an　**ウ** temple　**エ** by　**オ** old）Shotoku Taishi.
　　B：It is one of the most famous temples in Japan, right?

(5)　A：It's raining, so I'll take an umbrella.
　　B：If I had（**ア** you　**イ** would　**ウ** a car,　**エ** take　**オ** I）to the station.

6 次の①～③は，高校生のニック(Nick)の，ある日の出来事を描いたイラストです。①～③の右にある英文を参考に，**②，③の場面**について，あなたならどのように説明しますか。①～③の話の流れを踏まえ，［　(A)　］と［　(B)　］に入る言葉をそれぞれ英語で書きなさい。

ただし，語の数は**(A)と(B)を合わせて20語以上30語以下**（．，？！などの符号は語数に含まない。）とすること。

①

One day Nick was at home.
His mother said, "I'm going to make your favorite *omelet for dinner today. Please go to the shop to buy some eggs."
He answered, "No problem."

（注）omelet　オムレツ

②

Nick came home one hour later.

(A)

③

(B)

His mother said, “You are very kind. I'm happy to hear that. I will make dinner soon.”

7 次の(1)，(2)の英文を読んで，それぞれの問いに答えなさい。

(1) 結菜(Yuina)が，海外に住む日本人の数の変化についてスライド(**Slide**)を使って，プレゼンテーションをしています。

Slide 1

*Graph

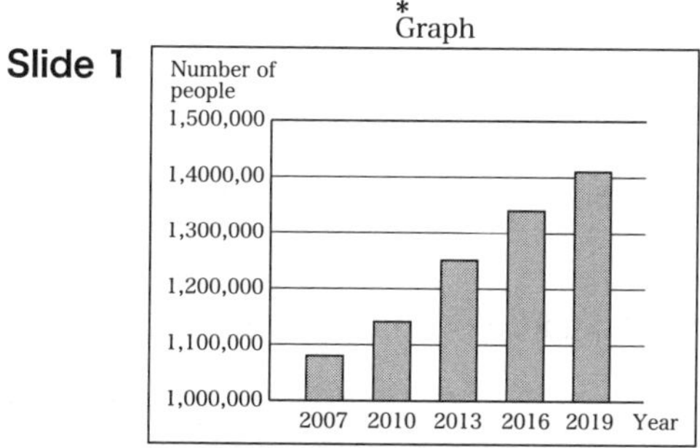

Slide 2

*Table

Country	2007	2016	2019
America	374,732	421,665	444,063
ⓐ	127,905	128,111	116,484
ⓑ	63,459	92,637	103,638
*Thailand	42,736	70,337	79,123
ⓒ	47,376	70,174	74,687

Last week, I watched a TV program about Japanese people living abroad. In the program, I learned that the number of Japanese living abroad was over 1,400,000 in 2019. After I watched the program, I used the Internet to learn more. I found a report called “*Statistics on Japanese Nationals Overseas.”

Look at the graph on Slide 1. The graph shows the number of Japanese living abroad in 2007, 2010, 2013, 2016, and 2019. You can see that the number of Japanese living abroad has increased every three years. I was surprised to find that the number of Japanese living abroad changed in this way.

Now look at the table on Slide 2. This table shows the number of Japanese living in five countries (America, Australia, Canada, China, and Thailand) in 2007, 2016, and 2019. You can see that the number of Japanese living in these five countries has almost increased by 2019. Let's look at the numbers in each country. The number of Japanese living in America in 2007, 2016, and 2019 was the (**A**) among these five countries. The number of Japanese living in China in 2007 and 2016 didn't (**B**) very much, but has *decreased *slightly in 2019. Among the three other countries (Australia, Canada, and Thailand), Thailand and Canada had about the same number in each year.

The report says that there are many Japanese *companies in foreign countries now. I think that more Japanese people live abroad now because of this.

(注) graph グラフ　table 表　Thailand タイ(国名)
Statistics on Japanese Nationals Overseas 海外在留邦人数調査統計
decrease 減少する　slightly 少し　company 会社

① 本文の内容と合うように，**Slide 2**の ⓐ ～ ⓒ に入る国名の組み合わせとして最も適当なものを，次の**ア～エ**のうちから一つ選び，その符号を書きなさい。

	ⓐ	ⓑ	ⓒ
ア	Australia	China	Canada
イ	Australia	Canada	China
ウ	China	Canada	Australia
エ	China	Australia	Canada

② 本文中の(**A**)に入る最も適当なものを，次の**ア～エ**のうちから一つ選び，その符号を書きなさい。

ア largest　**イ** smallest　**ウ** longest　**エ** shortest

③ 本文中の(**B**)に適する英単語**１語**を書きなさい。

④ 二つのスライドや本文の内容に合っている英文として最も適当なものを，次の**ア～エ**のうちから一つ選び，その符号を書きなさい。

ア The number of Japanese living in foreign countries was more than 1,400,000 in 2016.

イ The graph shows that the number of Japanese living in foreign countries is getting smaller.

ウ The table shows data about "How many Japanese people lived in the five countries in 2007, 2016, and 2019?"

エ The report says that there are many foreign companies in Japan now.

⑵ 健太(Kenta)と健太の父は，ホームステイに来ているジェームズ(James)と次の広告および右のカレンダーを見ながら，家族のバーベキュー(BBQ)の計画を立てています。

BEACH PARTY PLAN
～ Umineko Star Beach ～

		BBQ Plan A	BBQ Plan B	BBQ Plan C
Food		*beef (100g) *chicken (100g) vegetable set (50g)	beef (130g) *pork (130g) chicken (130g) vegetable set (80g)	beef (150g) pork (150g) chicken (150g) vegetable set (80g) *yakisoba* (100g)
*Price for each person	Monday －Friday	¥1,000	¥1,500	¥1,800
	Weekends & Holidays	¥1,500	¥2,000	¥2,300
Present		1 banana / person	1 *watermelon / group	2 watermelons / group

Opening hours → 9:00 am － 5:30 pm
・You'll get a present (presents) when you have 5 people or more.
・Everyone in the same group must choose the same plan.
For more information, please call us. (Tel〇〇〇-〇〇〇-〇〇〇〇)

(注) beef 牛肉　chicken 鶏肉　pork 豚肉　price 料金　watermelon スイカ

Kenta : Look at this! I want to go to this beach to have a BBQ!

Father : Wow! It looks very good! Let's go there to have a BBQ next month. When is a good time for you to go?

Kenta : How about May 7th? It's the first Sunday of the month.

Father : Sorry. I'll be busy until May 12th. How about the last Sunday in May?

Kenta : OK!

Father : Then, which BBQ plan do you like, James? Do you want to eat a lot?

James : Well, I don't need *yakisoba*. But I want to eat all kinds of *meat!

Father : OK! Let's choose this plan and enjoy the BBQ together!

(注) meat　肉

MAY 2023

Sunday	Monday	Tuesday	Wednesday	Thursday	Friday	Saturday
	1	2	3	4	5	6
7	8	9	10	11	12	13
14	15	16	17	18	19	20
21	22	23	24	25	26	27
28	29	30	31			

① この広告および対話文の内容に関する次の質問の答えとして最も適当なものを，あとの**ア**～**エ**のうちから一つ選び，その符号を書きなさい。

Kenta's family is going to stay at the BBQ party from twelve o'clock until the beach closes. How long are they going to stay at the beach?

ア Two hours.　　**イ** Five and a half hours.

ウ Eight and a half hours.　　**エ** Twelve hours.

② この広告および対話文の内容に関する次の質問の答えとなるように，あとの（　　）に入る最も適当な数字を書きなさい。

There will be 5 people when Kenta's family goes to the BBQ party. How much are they going to pay for the BBQ?

¥（　　　　　）

8 次の英文は，中学生の和樹(Kazuki)が学校新聞をテーマに英語の授業で行ったスピーチです。これを読んで，あとの(1)～(4)の問いに答えなさい。

This year I'm a member of our *student council. I'm going to talk about our new school newspaper.

One day in May, we talked about our student council activities. Our leader, Kyoko said, "I want to make our school life better. I *want students to get more interested in our school and join us. What should we do for that?" We talked about a way to tell students about our school. Yuka *proposed a school newspaper. It was a good way to show a lot of information about our school. We agreed with her idea. Our student council started to make our first school newspaper.

First, we thought about a good name for our new school newspaper. It should be popular among students and easy to remember. We wanted students to share and have communication with each other about the *articles, and we wanted them to keep smiling and feel happy through their school life. We thought about it together and chose "SMILE." I imagined some students smiling with our school newspaper. [　**ア**　]

One week later, we decided to write articles about our clubs, class reports, and *advice for studying. My part was about clubs. My sister is in the *kendo* club and is practicing for the next matches. I wanted to write about the students working hard like my sister. I interviewed members of many clubs such as the brass band and the basketball team. They gave us information about their clubs. I also took some pictures of their practice. Another member, Tomoya wrote about class reports. He visited the classrooms during lunch time. When he took pictures, students were very excited. Yuka asked teachers about how to study. [　**イ**　] The teachers taught her about useful ways to study. The math teacher said, "I'm glad that I can help you with this article. I (h　　　) students and teachers are closer through it."

It wasn't very easy for us to make the newspaper. Our teacher, Mr. Sawada said, "Work together, and you can do it!" We still had a lot of work to do, for example, checking the articles and drawing pictures for the newspaper. Then some members of the art club drew some good pictures. We thanked them for their help. Finally, we finished the first newspaper one month later. We *passed it out to all students and teachers. We were nervous at first. [　**ウ**　] One student said, "It was good. I'm looking forward to the next newspaper." Another student asked me, "What do you want to write about for the second newspaper, Kazuki?" I answered, "I want to write about our sports day." Later we made our second school newspaper.

In March, the third-year students will leave our school. We want to make the third newspaper for them as a memory of their school life. [　**エ**　] We (h　　　) we can continue making our newspaper for a long time *in this way. We also want people in our *community to read it and know about our school events. I'd like to make our school life better through our school newspaper. Working together for our goal is very important. I will continue to do my best with a "SMILE."

(注) student council　生徒会　　want〜to...　〜に…してほしい
propose〜　〜を提案する　　article　記事　　advice　助言
pass〜out　〜を配る　　in this way　このようにして　　community　地域

(1) 次の英文を入れるのに最も適当な場所を，本文中の［　**ア**　］〜［　**エ**　］のうちから一つ選び，その符号を書きなさい。

But we were very glad to find that students enjoyed reading it.

(2) 本文中の**2か所**の（　　　）に共通して入る，最も適当な英単語**1語**を書きなさい。ただし，指定された文字で書き始めること。

(3) 本文の内容に関する次の質問の答えとなるように，あとの（　　　）に入る**4語**の英語を，本文中から抜き出して答えなさい。

What did some members of the art club do for the school newspaper?

They (　　　　　　　　　　　　).

(4) 本文の内容に合っている英文として適当なものを，次の**ア〜カ**のうちから**二つ**選び，その符号を書きなさい。

ア Kazuki and his friends talked about student council activities in April.

イ Kazuki wrote his article about clubs for the school newspaper because he wanted to show the students practicing hard at their clubs.

ウ Yuka imagined students enjoying club activities such as the brass band and the basketball team.

エ The name of the school newspaper, “SMILE”, was hard to remember.

オ Mr. Sawada wanted the members of the student council to work together.

カ The third school newspaper was passed out to all the students and teachers.

9 中学生の玲奈(Reina)がALTのアレン先生(Mr. Allen)と話をしています。この対話文を読んで，[(1)]と[(2)]に入る最も適当なものを，それぞれあとの**ア～エ**のうちから一つずつ選び，その符号を書きなさい。また，(　　　)の中の日本語に合うように，[(a)]に入る英語を**3語**で，[(b)]に入る英語を**5語以上10語以下**(．，？！などの符号は語数に含まない。)でそれぞれ書きなさい。

Reina： Hi, Mr. Allen. What are you doing now?

Mr. Allen：Hi, Reina. I'm trying to find information on the Internet for my next lesson.

Reina： I see. Do you often use the Internet?

Mr. Allen：Yes. [(a)] (あなたはどうですか)?

Reina： Me, too. I'm interested in science, so I often watch *online science videos. Also, I enjoy learning English on the Internet. I read online news and stories written in easy English.

Mr. Allen：Oh, that's great. You use the Internet as a learning *tool. [(1)] For example, I often talk with my family in Australia on the Internet. I also *exchange online messages with my friends in Japan and other countries.

Reina： Oh, I want to *make friends with foreign people and exchange messages with them someday.

Mr. Allen：You'll have a lot of chances. [(b)] (私たちは容易に多くのことをすることができます) if we use the Internet. But there are some problems with the Internet, too.

Reina： We talked about them in our class. Some students spend too much time on the Internet. Actually, I sometimes keep watching videos for a long time too, and my mother tells me to stop. It is difficult to *control myself.

Mr. Allen：Many people have the same problem. [(2)] The Internet will be a more useful tool for us if we use it in a good way.

Reina： I think so, too.

(注) online インターネット上の　tool 手段　exchange～ ～をやり取りする
make friends with～ ～と友達になる　control～ ～を抑える

(1) ア The Internet is also useful for communication.
イ The Internet is also good for learning English.
ウ The Internet is always useful for writing stories.
エ The Internet is always good for making a website about science.

(2) ア We should use the Internet more often.
イ We should use the Internet for a long time.
ウ We should not use the Internet any more.
エ We should not use the Internet too much.

社　会

1　次の会話文は，けいたさんたちが，持続可能な社会についてテーマを設け，レポートを作成することになった場面の一部である。これに関して，あとの⑴～⑸の問いに答えなさい。

けいた：地球温暖化をテーマにしようかな。

さゆり：そういえば，最近の集中豪雨や竜巻などの a 自然災害も温暖化の影響なのかな。心配だね。

たくや：ぼくは，世界の貧困はどうすれば解決できるのか考えたい。先進国と b 発展途上国の間の経済格差が拡大して，食べものがなく，病気になっても c 治療が受けられない子どもがいるのは，問題だと思う。

けいた：ぼくが考えているテーマとも関係があるね。環境問題の背景に，先進国と発展途上国との間の経済格差があると聞いたよ。1997年に，日本の d 京都市で開催された国際会議で温室効果ガスの排出量削減目標を定めた議定書が採択されたけれど，先進国と発展途上国の間で利害対立が起きて，目標達成は容易ではなかったと教科書にあったよ。温暖化を防止するには，省エネルギー技術の開発や，e 太陽光などの自然エネルギーの利用を進めることが必要だと思うな。

さゆり：どちらのテーマも地球規模の問題だね。こうなると国際連合の働きも大事だよね。

⑴　会話文中の下線部 a に関連して，次の**ア**～**ウ**の文は，日本で起こった震災について述べたものである。**ア**～**ウ**を年代の**古いものから順に**並べ，その符号を書きなさい。

ア　阪神・淡路大震災が起こり，高速道路や多数の建物が倒壊した。

イ　関東大震災が起こり，地震火災による大きな被害が出た。

ウ　東日本大震災が起こり，大規模な津波が発生して大きな被害が出た。

⑵　会話文中の下線部 b に関連して，次の文章は，発展途上国の人口問題について述べたものである。文章中の［　　　］にあてはまる適当な語を書きなさい。

> アジア州やアフリカ州などの発展途上国では，出生率と死亡率がともに高くなっている地域がある。出生率が高いまま，医療の普及などによって死亡率が下がると，［　　　］と呼ばれる急激な人口増加をもたらす。人口増加率が高くなると，食料や住宅などが不足し，農地や住宅地の拡大を目的とした開発によって，環境破壊の問題が発生することもある。

⑶　会話文中の下線部 c に関連して，次の文章は，「新しい人権」と呼ばれる権利の一つである自己決定権について述べたものである。文章中の［　　　］にあてはまる語として最も適当なものを，あとの**ア**～**エ**のうちから一つ選び，その符号を書きなさい。

> 人間が，自分の生き方や生活の仕方について自由に決定する権利を，自己決定権という。医療の分野では，患者が治療方法などを自分で決定できるように，手術の方法などを十分に説明して同意を得る，［　　　］が求められる。

ア　メディアリテラシー　　**イ**　ユニバーサルデザイン

ウ　プライバシー　　**エ**　インフォームド・コンセント

⑷　会話文中の下線部 d に関連して，次の文章は，京都市の歴史的景観の保全について述べたものである。文章中の［　　　］に共通してあてはまる適当な語を**漢字２字**で書きなさい。

京都市は，歴史的に形成されてきた景観や町並みを損なわないように，店の看板，建物の高さ，デザインなどを規制する［　　］を定めた。［　　］は，地方公共団体の独自のきまりであり，法律の範囲内で自由に制定できるため，地域的な特色に沿って，住民の身近な生活に関わっている。

(5) 会話文中の下線部ｅに関連して，次の**資料**は，主な発電施設の発電所数と最大出力を示したものである。これを見て，太陽光発電がかかえている課題について述べたあとの文中の［　　］にあてはまる適当なことばを，**10字以内**(読点を含む。)で書きなさい。

資料　(2017年)

水力		火力		太陽光	
発電所数	最大出力(万kW)	発電所数	最大出力(万kW)	発電所数	最大出力(万kW)
1,813	5,001	2,548	19,346	4,928	1,259

(注) 最大出力：発電可能な最大の発電量　(「資源エネルギー庁電気事業便覧」より作成)

太陽光発電は，環境にやさしい新しいエネルギーとして普及が進んでいる一方で，発電所１か所あたりの［　　］ので，発電所を多くつくらなければならないという課題をかかえている。

2 次の図を見て，あとの(1)～(4)の問いに答えなさい。

(1) 次の文章は，日本を７地方に区分した場合の中部地方について述べたものである。文章中の［　　］にあてはまる県庁所在地名を**漢字**で書きなさい。

中部地方には９つの県がある。そのうち，近畿地方に属し，志摩半島にリアス海岸が広がる県と県境を接している，県名と県庁所在地名が異なる県の県庁所在地名は［　　］市である。

(2) 次の文章は，図中の関東地方の農業について述べたものである。文章中の［　　］にあてはまる適当な語を書きなさい。

関東地方の面積の約半分を占める関東平野は，台地が広い面積を占めており，畑作がさかんである。埼玉，千葉，茨城などの各県では，大消費地に近い条件を生かして，都市向けに野菜を出荷する［　　］農業がおこなわれている。

(3) 次の表は，図中のＡ～Ｄのいずれかの府県の漁業生産量，製造品出荷額及び産業別就業者人口の割合を示したものである。図中のＣとＤを示す最も適当なものを，表中の**ア～エ**のうちからそれぞれ一つずつ選び，その符号を書きなさい。

	漁業生産量(ｔ)(2019年)	製造品出荷額(億円)(2019年)	産業別就業者人口の割合(%)(2017年)		
			第１次産業	第２次産業	第３次産業
ア	9,360	57,419	1.7	23.6	74.7
イ	122,902	26,435	9.9	26.3	63.8
ウ	275,244	17,385	7.4	20.3	72.3
エ	30,481	50,113	5.3	29.7	65.1

(「データでみる県勢2022年版」より作成)

(4) 次の地形図は，図中の**山形県**のある地域を示したものである。これを見て，あとの①，②の問いに答えなさい。

(国土地理院 平成26年発行１:25,000「天童(てんどう)」原図より作成)

① 上の地形図を正しく読み取ったことがらとして最も適当なものを，次の**ア**～**エ**のうちから一つ選び，その符号を書きなさい。

ア 板垣大通り沿いに寺院がある。

イ 陸上自衛隊神町駐屯地のすぐ南側の地域は，広葉樹林がほとんどの面積を占めている。

ウ 若木山の山頂から見て，ほぼ北東の方向に神町駅がある。

エ 中島通り(一)，板垣中通り，若木大通り，中島東通りに囲まれた範囲の中に老人ホームがある。

② 上の地形図中の万代橋の長さは地形図上で約５mmである。万代橋の実際の長さは約何mか。適当な数字を書きなさい。

3 次の図は，経度０度を基準に，経線が等間隔で引かれた地図である。これを見て，あとの(1)～(5)の問いに答えなさい。

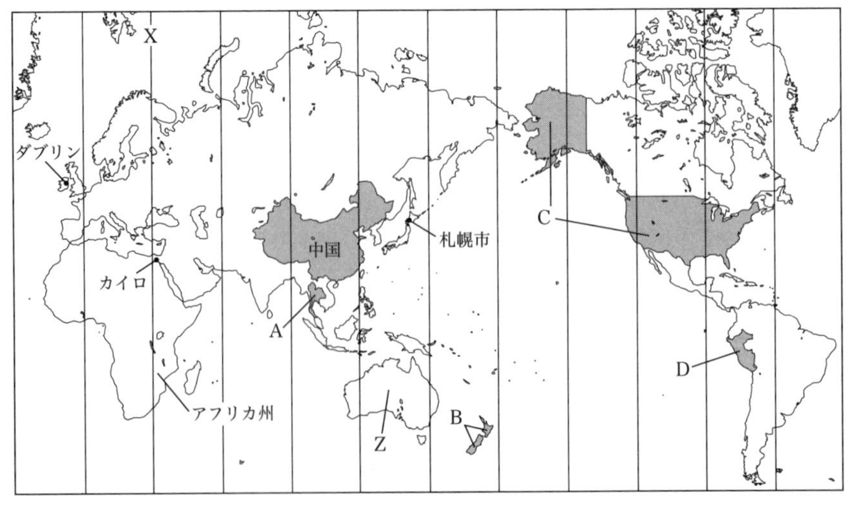

⑴ 図中のＸは，カイロの標準時の基準となる経線である。日本からカイロへ向かう直行便の飛行機が，日本時間の１月10日午後４時に成田国際空港を出発し，現地時間の１月10日午後11時にカイロ国際空港に到着した。飛行時間として最も適当なものを，次の**ア〜エ**のうちから一つ選び，その符号を書きなさい。

ア 7時間　**イ** 10時間　**ウ** 14時間　**エ** 17時間

⑵ 次の文章は，図中のダブリンの気候について述べたものである。文章中の［ Ⅰ ］，［ Ⅱ ］にあてはまる適当な語を，それぞれ書きなさい。

> ダブリンは札幌市より高緯度であるが，温帯に区分され比較的温暖である。温暖である理由は，三大洋の一つである［ Ⅰ ］を北東方向に流れる暖流と，ヨーロッパ上空をふいている［ Ⅱ ］の影響を受けるからである。

⑶ 次の表は，図中のＡ〜Ｄの国の出生率と死亡率を示したものである。これらの国のうち，表から読み取れる人口増加の割合が最も高い国として適当なものを，Ａ〜Ｄのうちから一つ選び，その符号を書きなさい。

(%)

	A (2019年)	B (2019年)	C (2015年)	D (2019年)
出生率	10.2	12.1	12.4	17.8
死亡率	7.8	7.0	8.5	5.6

(注) 出生率・死亡率は，1年間の人口千人あたりの出生人数及び死亡人数の割合を表す。

(「世界国勢図会 2021/22」より作成)

⑷ 右の**資料１**は，図中の中国の地域別の一人当たりのGDP（国内総生産）を示したものである。**資料１**から読み取れる中国の経済面の課題について述べた次の文中の［　　］にあてはまる適当なことばを，沿岸部と内陸部を比較して**20字以内**（読点を含む。）で書きなさい。

> 一人当たりのGDPが多い［　　］が大きい。

資料１

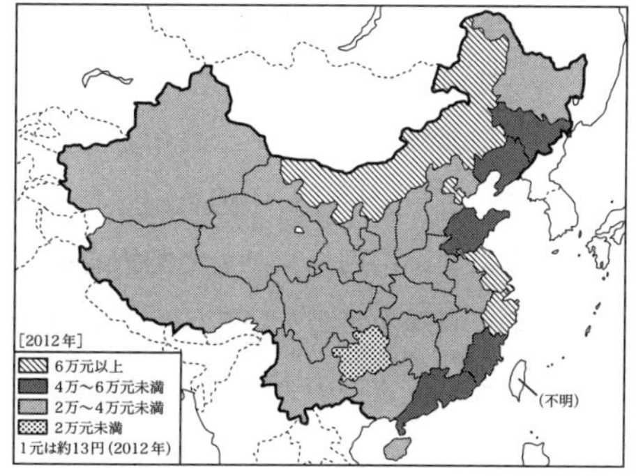

⑸ 次の**資料２**の●は，図中のアフリカ州で栽培がさかんな，ある農作物の分布を示したものであり，**資料３**は，この農作物の生産量が多い主な国の世界の生産量に占める割合を示したものである。これについて述べたあとの文章中の［ Ⅰ ］にあてはまる適当な語を**カタカナ**で書きなさい。また，［ Ⅱ ］に共通してあてはまる農作物として最も適当なものを，下の**ア〜エ**のうちから一つ選び，その符号を書きなさい。

資料２

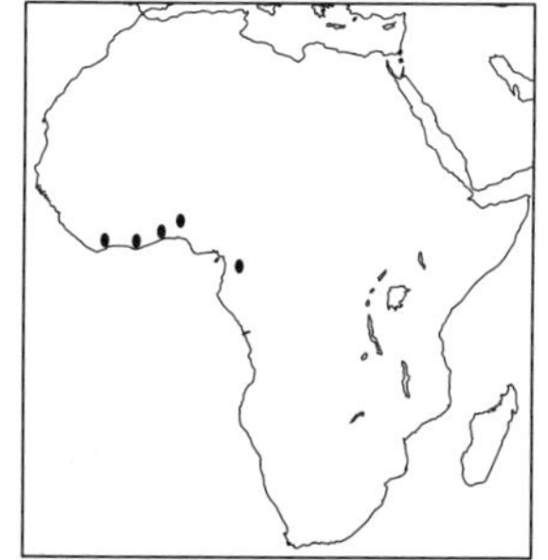

資料３

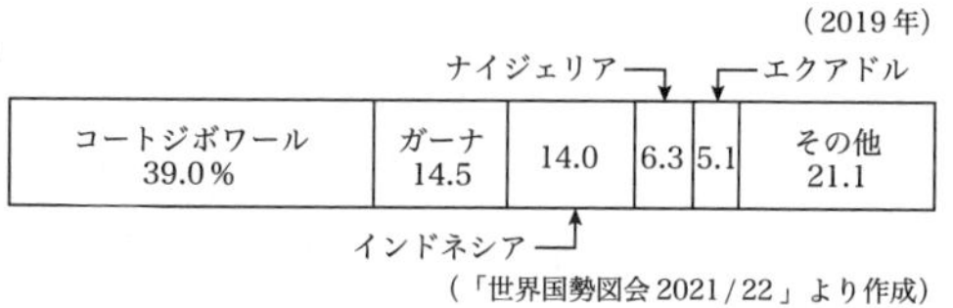

> 植民地時代のアフリカ州は，ヨーロッパ人によって開かれた，［ I ］と呼ばれる大規模な農園で，特定の作物だけを栽培してヨーロッパに輸出していた。しかし，**資料３**に示す国で生産量が多い［ II ］は，収穫できるまでに時間がかかり，すぐに利益をあげようとする企業には向かなかったため，［ II ］の栽培は現在でも企業主体ではなく，農家が中心となっておこなっている。

ア 小麦　　**イ** カカオ　　**ウ** 綿花　　**エ** コーヒー

4

次のＡ～Ｄのカードは，古代から近世までの歴史についてまとめたものの一部である。これに関して，あとの(1)～(5)の問いに答えなさい。

Ａ
> a大和政権（ヤマト王権）の王は，九州地方から東北地方南部にいたる各地の豪族を従え，大王と呼ばれた。埼玉県の稲荷山(いなりやま)古墳からは，「bワカタケル大王」の名を刻んだ鉄剣が出土した。

Ｂ
> 630年，朝廷は，c唐の進んだ政治制度や文化を取り入れるため，第１回の遣唐使を派遣した。これ以後，894年に停止されるまで15回にわたって派遣され，留学生や学問僧なども同行した。

Ｃ
> 足利義満は，明の求めに応じ，大陸沿岸で海賊行為をはたらいていた倭寇を禁じるとともに，正式な貿易船に，明から与えられた［ X ］という合い札の証明書を用い，日明貿易を始めた。

Ｄ
> d江戸幕府は，平戸のオランダ商館を長崎の出島に移し，中国船とオランダ船だけに，長崎での貿易を許した。このような江戸幕府による対外政策は鎖国と呼ばれ，19世紀半ばまで続けられた。

(1)　カードＡ中の下線部ａに関連して，このころの朝鮮半島や大陸の様子について述べたものとして最も適当なものを，次の**ア～エ**のうちから一つ選び，その符号を書きなさい。

ア　朝鮮半島北部で，高句麗が力を強めた。
イ　秦の始皇帝が中国を統一し，万里の長城を築いた。
ウ　漢が中央アジアまで勢力をのばした。
エ　高麗が新羅をほろぼし，朝鮮半島を統一した。

(2)　カードＡ中の下線部ｂに関連して，これと同じ名が刻まれた鉄刀が出土した江田船山(えたふなやま)古墳の位置として最も適当なものを，右の図中の**ア～エ**のうちから一つ選び，その符号を書きなさい。

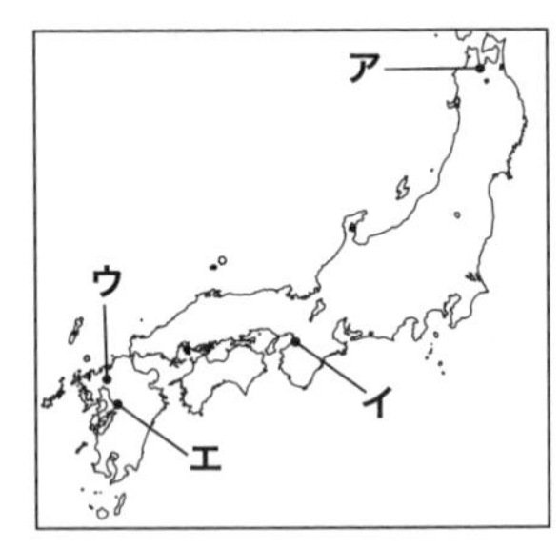

(3)　カードＢ中の下線部ｃに関連して，次の文中の［　　］に共通してあてはまる適当な語を書きなさい。

> 唐の政治のしくみにならって，701年，刑罰や政治のきまりに基づいて国を治める，［　　］国家のしくみを定めた大宝［　　］がつくられた。

(4)　右の**資料１**は，カードＣ中の［ X ］を示したものである。［ X ］にあてはまる適当な語を書きなさい。

資料１

本字壹號

⑸　カードＤ中の下線部ｄに関連して，右の**資料２**は，江戸を訪れる朝鮮の使節の様子を描いたものである。これについて述べた次の文中の［　　］にあてはまる適当な語を書きなさい。

> 朝鮮から［　　］と呼ばれる使節団が，対馬藩を通して，将軍の代がわりごとなどに来日し，朝鮮との交流が続けられた。

資料２

5　次の略年表を見て，あとの⑴～⑸の問いに答えなさい。

時代	主なできごと
明治	自由党と立憲改進党が結成される……………………A 日清戦争が始まる………………………… ↑
大正	第一次世界大戦に参戦する　　　　　　　　　　B 米騒動が起こる…………………………… ↓
昭和	小作争議の件数が急増する…………………………C 文科系大学生が軍隊に召集される……………… ↑ D 非核三原則が発表される　　　　　　　　　　　E 日中平和友好条約が結ばれる……………………… ↓

⑴　略年表中のＡに関連して，次の文章中の［　Ⅰ　］にあてはまる語と［　Ⅱ　］にあてはまる人物名の組み合わせとして最も適当なものを，あとの**ア～エ**のうちから一つ選び，その符号を書きなさい。

> 1881年，政府は1890年までに国会を開くことを約束した。この後，［　Ⅰ　］は，国会開設に備えて政党の結成へと進み，［　Ⅱ　］を党首とする自由党が結成され，翌年には立憲改進党が結成された。

ア　Ⅰ：自由民権運動　Ⅱ：大隈重信　　**イ**　Ⅰ：自由民権運動　Ⅱ：板垣退助
ウ　Ⅰ：護憲運動　Ⅱ：大隈重信　　**エ**　Ⅰ：護憲運動　Ⅱ：板垣退助

⑵　略年表中のＢの時期に起こったことがらを，次の**ア～エ**のうちから**三つ**選び，年代の**古いものから順に**並べ，その符号を書きなさい。

ア　日本は韓国を併合し，朝鮮総督府を設置して，植民地支配を推し進めた。
イ　社会主義者のレーニンの指導のもと，ソビエトに権力の基盤を置く新しい政府ができた。
ウ　アメリカの仲介によって日本とロシアとの間で講和会議が開かれ，ポーツマス条約が結ばれた。
エ　アメリカのウィルソン大統領の提案をもとにして，世界平和と国際協調を目的とする国際連盟が発足した。

⑶　略年表中のＣに関連して，右の表は，主な農産物の価格の変化（1929年を100とする。）を示したものである。小作争議の件数が急増した理由を，表から読み取れることをふまえ，「生活」の語を用いて，簡潔に書きなさい。

	米	麦	まゆ	果実
1929年	100	100	100	100
1930年	70.5	75.0	46.4	87.6
1931年	57.6	57.2	42.1	76.8
1932年	77.9	58.3	45.3	80.5
1933年	90.5	81.8	76.4	93.1
1934年	87.4	94.7	31.1	87.3
1935年	101.7	101.5	53.6	97.2

（「本邦農業要覧」より作成）

(4) 略年表中のＤに関連して，次の文章中の［　　］にあてはまる語として最も適当なものを，あとの**ア〜エ**のうちから一つ選び，その符号を書きなさい。

> 太平洋戦争では，戦争が長期化するにつれて，国民の動員がいっそう強められていった。多くの成人男子が，兵士として戦場に送られ，徴兵を猶予されていた文科系の大学生なども軍隊に召集される［　　］もおこなわれた。

ア 集団疎開　　**イ** 皇民化政策　　**ウ** 学徒出陣　　**エ** 勤労動員

(5) 略年表中のＥの時期に起こったことがらとして**あてはまらない**ものを，次の**ア〜エ**のうちから一つ選び，その符号を書きなさい。

ア アジアで初めてのオリンピック・パラリンピックが，東京で開催された。

イ テレビ，洗濯機，冷蔵庫などの電化製品が普及した。

ウ 佐藤栄作内閣がアメリカ政府との交渉を進め，沖縄が日本に返還された。

エ アメリカとソ連が冷戦の終結を宣言した後，ソ連が崩壊した。

6 次の文章を読み，あとの(1)〜(3)の問いに答えなさい。

a 国の政治と地方公共団体の政治を比べてみると，さまざまな点で大きく異なっています。まず，リーダーである内閣総理大臣と地方公共団体の首長では，選出方法や権限が異なります。次に，地方公共団体の政治では，b 住民が議会の議員の解職を請求することができます。これは，地方自治法に定められている直接請求権の一つです。また，最近では，地方の独自性が重視され，地方公共団体は自らの判断と責任に基づき，住民のための「まちづくり」を進めていくことが期待されています。ある市では，c すべての市民が安全で快適に暮らせるような「まちづくり」を進めています。

(1) 下線部ａに関連して，次の①〜③の問いに答えなさい。

① 次の文章は，議院内閣制について述べたものである。文章中の［　　］にあてはまる適当な語を**漢字２字**で書きなさい。

> 日本では，内閣は国会の信任に基づいて成立し，国会に対して連帯して責任を負うという議院内閣制をとっている。内閣の仕事が信頼できなければ，衆議院は内閣不信任決議をおこなう。内閣不信任決議が可決されると，内閣は，10日以内に衆議院を［　　］するか，総辞職しなければならない。

② 次の文章は，刑事裁判について述べたものである。文章中の［ Ⅰ ］，［ Ⅱ ］にあてはまる語の組み合わせとして最も適当なものを，あとの**ア〜エ**のうちから一つ選び，その符号を書きなさい。

> 刑事裁判は，身体の自由（生命・身体の自由）に直接かかわる裁判であるため，人権に対する配慮が特に必要とされている。警察官が，現行犯以外では［ Ⅰ ］の発する令状がなければ逮捕できなかったり，被告人が［ Ⅱ ］を受けるまでは無罪と推定されたり，公正で迅速な裁判を受ける権利を保障されていたりするのはその例といえる。

ア Ⅰ：裁判官　Ⅱ：有罪の判決　　**イ** Ⅰ：裁判官　Ⅱ：身柄の拘束
ウ Ⅰ：検察官　Ⅱ：有罪の判決　　**エ** Ⅰ：検察官　Ⅱ：身柄の拘束

③ 右の図は，刑事裁判における三審制のしくみを示したものである。［ X ］，［ Y ］にそれぞれ共通してあてはまる適当な語を書きなさい。

最高裁判所
Y　Y　再抗告
高等裁判所
X　X　抗告
地方裁判所　家庭裁判所（少年事件）
簡易裁判所

（注）抗告とは，「判決」ではなく，「決定・命令」に不服がある場合の申し立て。

⑵ 下線部ｂに関連して，右の表は，地方議会の議員の解職を求める直接請求権について示したものである。表中の［Ｐ］，［Ｑ］にあてはまる語の組み合わせとして最も適当なものを，次の**ア**～**エ**のうちから一つ選び，その符号を書きなさい。

必要な署名数	有権者の［Ｐ］以上
請求先	［Ｑ］
請求後の取り扱い	住民投票を実施し，その結果，有効投票の過半数の同意があれば解職される。

ア　Ｐ：３分の１　Ｑ：首長　　**イ**　Ｐ：３分の１　Ｑ：選挙管理委員会
ウ　Ｐ：50分の１　Ｑ：選挙管理委員会　　**エ**　Ｐ：50分の１　Ｑ：首長

⑶ 下線部ｃに関連して，施設の出入り口付近に，階段の利用が困難な人のために，スロープが設置されているところがある。この工夫の背景にある，障がいのある人や高齢者などが，社会の中で安全・快適に暮らせるよう，身体的・精神的・社会的障壁を取り除こうという考え方を何というか。適当な語を書きなさい。

7 次の⑴～⑸の問いに答えなさい。

⑴ 右の図は，家計，企業，政府の経済的結びつきについて示したものである。図中の［Ⅰ］，［Ⅱ］にあてはまる語の組み合わせとして最も適当なものを，次の**ア**～**エ**のうちから一つ選び，その符号を書きなさい。

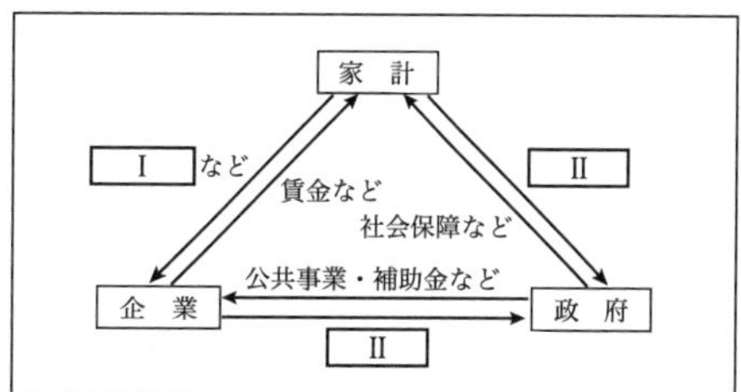

ア　Ⅰ：サービス　Ⅱ：所得　　**イ**　Ⅰ：サービス　Ⅱ：税金
ウ　Ⅰ：労働力　Ⅱ：所得　　**エ**　Ⅰ：労働力　Ⅱ：税金

⑵ 家計からの支出のうち，消費支出として**あてはまらない**ものを，次の**ア**～**エ**のうちから一つ選び，その符号を書きなさい。

ア　衣服の購入　　**イ**　医療費の支払い　　**ウ**　株式の購入　　**エ**　電気料金の支払い

⑶ 消費者の権利を守るためのしくみの一つである，クーリング・オフとはどのような制度か。次の文中の［　　］にあてはまる適当なことばを，「契約」の語を用いて**15字以内**(読点を含む。)で書きなさい。

> 訪問販売や電話勧誘などで，意にそわない契約をした消費者が，一定期間内であれば［　　］制度。

⑷ 次の図は，野菜が消費者に渡るまでの道すじの一部を示したものである。図中の［Ｘ］にあてはまる適当な語を書きなさい。

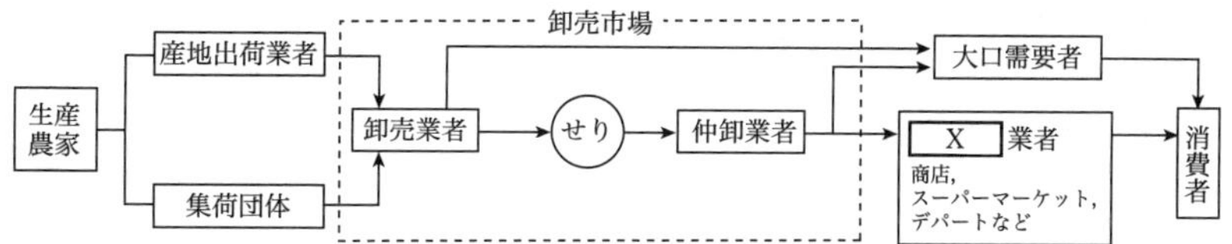

⑸ 次の文章は，株式会社について述べたものである。文章中の［Ｙ］，［Ｚ］にあてはまる適当な語をそれぞれ書きなさい。

> 株式会社は，企業活動に必要な資金を集めるために株式を発行する。株式を購入した株主は，［Ｙ］に出席して，経営方針や役員の選任などについて議決をしたり，会社の利潤の一部を［Ｚ］として受け取ったりすることができる。

理　科

1

次の(1)～(4)の問いに答えなさい。

(1) 乾燥した空気中に占める，体積の割合が最も大きい気体の化学式として適当なものを，次の**ア**～**エ**のうちから一つ選び，その符号を書きなさい。

ア O_2　　**イ** CO_2　　**ウ** N_2　　**エ** H_2

(2) **図**は，水中から水面へ向けて光を入射させたようすを表したものである。水面へ進んだ光は，水面ではね返って進む光と，折れ曲がって空気中に進む光とに分かれて進んだ。この状態から，水面に対する光の入射角を大きくしていくと，あるところから空気中に進む光がなくなり，水面ではね返って進む光だけになった。光に関する，このような現象を何というか，書きなさい。

図

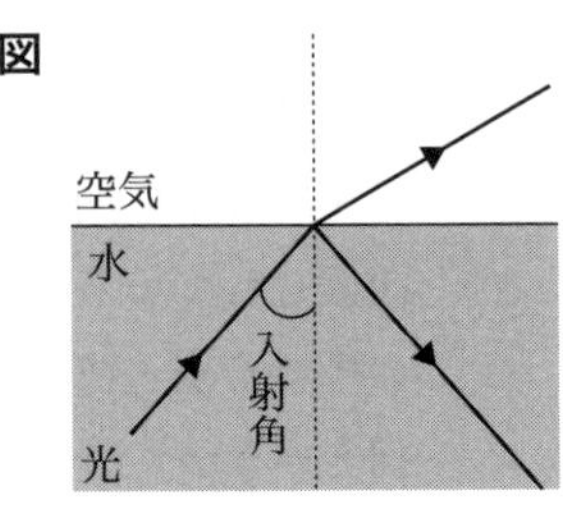

(3) 次の文は，日本の冬にふく季節風について述べたものである。文中の［ a ］，［ b ］にあてはまるものの組み合わせとして最も適当なものを，あとの**ア**～**エ**のうちから一つ選び，その符号を書きなさい。

> 日本の冬の時期には，日本周辺にある［ a ］気団が発達し，その気団からふき出した空気の流れが，［ b ］の季節風として，日本列島にふきつける。

ア　a：小笠原　b：南東　　**イ**　a：シベリア　b：南東
ウ　a：小笠原　b：北西　　**エ**　a：シベリア　b：北西

(4) 被子植物のうちの子葉が１枚出るなかまに属する，イネの葉脈と根のようすとして最も適当なものを，次の**ア**～**エ**のうちから一つ選び，その符号を書きなさい。

ア　葉脈は平行に通っていて，茎のつけねから細い根がいくつも出ている。
イ　葉脈は平行に通っていて，中心の太い根から細い根がいくつも出ている。
ウ　葉脈は網の目のように通っていて，茎のつけねから細い根がいくつも出ている。
エ　葉脈は網の目のように通っていて，中心の太い根から細い根がいくつも出ている。

2

ヒトが息を吸ったりはいたりするしくみを調べるため，次の**実験**を行いました。これに関して，あとの(1)～(3)の問いに答えなさい。

実験
① 底を切りとったペットボトル，大型のゴム風船の膜，ゴム風船，ガラス管，輪ゴムなどを準備した。
② ペットボトルの切りとった部分に大型のゴム風船の膜を輪ゴムでしっかりと止め，先端にゴム風船をとりつけたガラス管を，穴をあけたゴム栓に通した。
③ ゴム風船がペットボトルの中に入るようにしてゴム栓をはめ，**図**のような肺のモデル装置をつくった。
④ ③のあと，大型のゴム風船の膜を下向きに引いたり戻したりして，ゴム風船のようすを調べた。

図

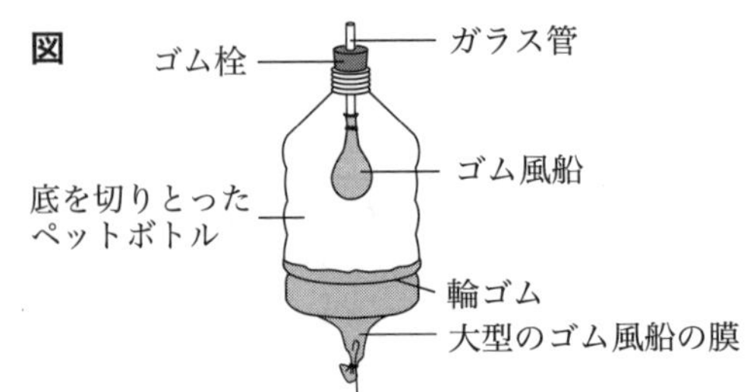

⑴ **図**の肺のモデル装置において，大型のゴム風船の膜はヒトの体のどの部分にあたるか。次の**ア**～**エ**のうちから最も適当なものを一つ選び，その符号を書きなさい。

ア 細胞膜　**イ** 横隔膜　**ウ** 網膜　**エ** 鼓膜

⑵ **実験**の④で，大型のゴム風船の膜を下向きに引いたときのようすを説明した文として最も適当なものを，次の**ア**～**エ**のうちから一つ選び，その符号を書きなさい。

ア ペットボトルとゴム風船の間の空間の圧力が小さくなって，ゴム風船がふくらむ。

イ ペットボトルとゴム風船の間の空間の圧力が小さくなって，ゴム風船がしぼむ。

ウ ペットボトルとゴム風船の間の空間の圧力が大きくなって，ゴム風船がふくらむ。

エ ペットボトルとゴム風船の間の空間の圧力が大きくなって，ゴム風船がしぼむ。

⑶ 次の文章は，ヒトの肺のつくりやはたらきについて述べたものである。あとの(a)，(b)の問いに答えなさい。

口や鼻から吸い込んだ空気は，気管を通って肺に運ばれる。気管は枝分かれを繰り返し，その先端は［ a ］とよばれるうすい袋状のつくりになっている。このうすい袋状のつくりは毛細血管によってとり囲まれていて，毛細血管から袋の中に［ b ］が出されている。

(a) 文章中の［ a ］にあてはまる最も適当なことばを書きなさい。

(b) 文章中の［ b ］にあてはまる気体として最も適当なものを，次の**ア**～**エ**のうちから一つ選び，その符号を書きなさい。

ア 酸素　**イ** 窒素　**ウ** 水素　**エ** 二酸化炭素

3 銅を加熱したときの反応について調べるため，次の**実験**を行いました。これに関して，あとの⑴～⑶の問いに答えなさい。

実験 ① 各班で，はかりとる銅の粉末の質量をいろいろと変えてステンレス皿にうすく広げてのせ，**図**のようにして，はかりとった銅の粉末を十分に加熱した。

② 加熱後，ステンレス皿の上の物質が冷えるまで待ち，その質量をはかった。

表は，①，②の結果をまとめたものである。

図

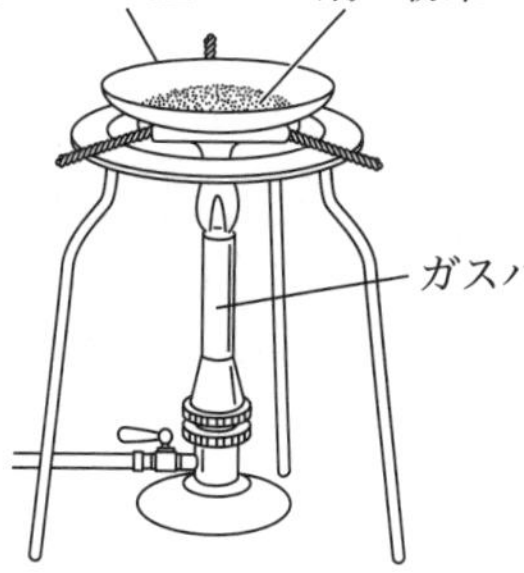

表

銅の粉末の質量〔g〕	0.4	0.8	1.2	1.6	2.0
できた物質の質量〔g〕	0.5	1.0	1.5	2.0	2.5

⑴ **実験**の①で，銅の粉末をステンレス皿にのせる際，下線部のようにうすく広げてのせたのは何のためか。その理由を，簡潔に書きなさい。

⑵ 次の文章は，**実験**で銅の粉末に起こった化学変化について述べたものである。あとの(a)，(b)の問いに答えなさい。

実験の①で，加熱した銅の粉末に起こった化学変化は，「2Cu ＋［ a ］→［ b ］」という化学反応式で表される。また，**表**から，銅の粉末の質量と，加熱した銅に結びつく物質の質量の比は，常に４：［ c ］になっていることがわかる。

(a) 文章中の [a] ， [b] にあてはまるものの組み合わせとして最も適当なものを，次の**ア**～**エ**のうちから一つ選び，その符号を書きなさい。

ア a：O_2　b：$2CuO_2$　　**イ** a：$2O$　b：$2CuO_2$

ウ a：O_2　b：$2CuO$　　**エ** a：$2O$　b：$2CuO$

(b) 文章中の [c] にあてはまる最も適当な数値を書きなさい。

(3) 銅の粉末を3.6gはかりとり，**実験**と同様にして加熱を行ったところ，加熱が十分ではなく，加熱後に残った物質の質量は4.4gであった。加熱後に残った物質中に，未反応の銅は何g含まれていると考えられるか。

4 Sさんは，山を削ってつくられた道路のそばにある露頭で，地層のようすを調べました。**図１**は，調べた地層のようすをスケッチしたものです。これに関する先生との会話文を読んで，あとの(1)～(3)の問いに答えなさい。

先　生：調べた地層には，どのような特徴が見られましたか。
Sさん：はい。Aの部分は比較的水平に積み重なっていますが，Bの部分は大きく曲がっていて，**図１**にP－Qで示した地層のずれも見られました。
先　生：そうですね。Bの部分に見られる地層の曲がりは， [x] とよばれる地層の変形で，地層に対して大きな力が加わり，地層が押し曲げられたものです。
Sさん：それでは，P－Qで示した地層のずれも，地層に対して大きな力が加わってずれたものですね。
先　生：その通りです。力が加わる向きによって，ずれる方向が変わります。地層のずれ方をよく見ると，力が加わった向きがわかりますよ。
Sさん：力が加わった向きがわかりました。地層の変形のほかにも，石灰岩の層にフズリナの化石が見つかりました。
先　生：ということは，その石灰岩の層は， [y] とよばれる地質年代に堆積したと考えられますね。
Sさん：化石からそのようなこともわかるのですか。
先　生：はい。フズリナの化石のような，地層が堆積した年代を推測する手がかりとなる化石を [z] 化石といいます。

図１

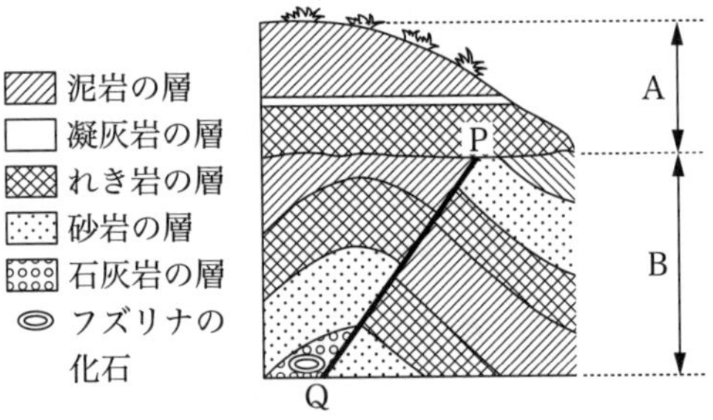

泥岩の層
凝灰岩の層
れき岩の層
砂岩の層
石灰岩の層
フズリナの化石
A
B
P
Q

(1) 会話文中の [x] にあてはまる最も適当なことばを書きなさい。

(2) **図２**は，会話文中の下線部について，**図１**中のP－Qで示した地層のずれを模式的に表したものである。この地層のずれができたときに加わった力の向きと地層がずれた向きを，解答用紙の図中の４つの [ ] 内に矢印をかき入れて示しなさい。

図２

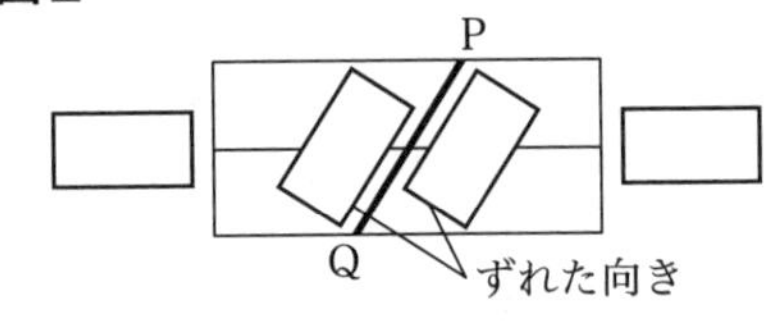

(3) 次の①，②の問いに答えなさい。

① **図１**中に見られる凝灰岩の層ができた当時，この地域で起こった自然現象として最も適当なものを，次の**ア**～**エ**のうちから一つ選び，その符号を書きなさい。

ア 大規模な洪水　　**イ** 火山の噴火
ウ 大規模な山火事　　**エ** 地震による津波

② 会話文中の[y], [z]にあてはまるのものの組み合わせとして最も適当なものを，次の**ア**〜**カ**のうちから一つ選び，その符号を書きなさい。

ア y：古生代　z：示準　　**イ** y：古生代　z：示相
ウ y：中生代　z：示準　　**エ** y：中生代　z：示相
オ y：新生代　z：示準　　**カ** y：新生代　z：示相

5 電流による発熱について調べるため，次の**実験**を行いました。これに関して，あとの(1)〜(3)の問いに答えなさい。ただし，回路内には電熱線以外に抵抗はないものとします。

実験 ① 抵抗の大きさが4Ωの電熱線Xを用いて，**図**のような回路を組み立てた。
② 容器内の水の温度をはかったあと，電源装置の電圧を6.0Vに合わせて回路に電流を流した。
③ 容器内の水をゆっくりとかき混ぜながら，電流を流し始めてから5分間，1分ごとに水の温度をはかって記録した。

図

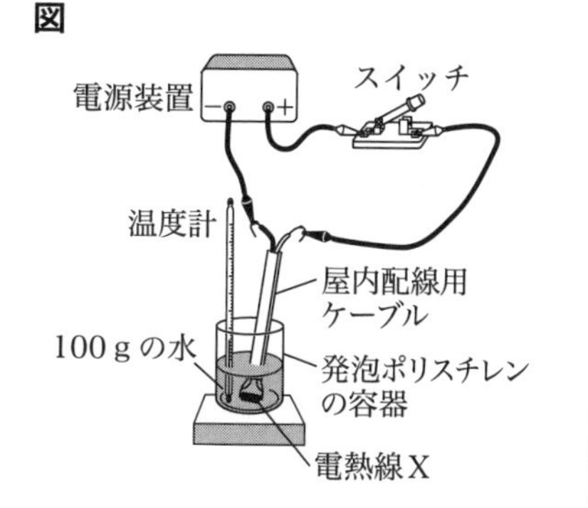

表は，②，③の結果をまとめたものである。

表

電流を流し始めてからの時間〔分〕	0	1	2	3	4	5
水の温度〔℃〕	17.0	18.2	19.4	20.6	21.8	23.0

(1) 次の文章は，**実験**の①で，電熱線Xをつなぐために用いた屋内配線用のケーブルについて述べたものである。文章中の[　]にあてはまる最も適当なことばを，あとの**ア**〜**エ**のうちから一つ選び，その符号を書きなさい。

> **実験**の①で，電熱線Xをつなぐために用いた屋内配線用のケーブルは，金属製の導線が，電流を通しにくいポリ塩化ビニルなどでおおわれている。金属などの電流を通しやすい物質に対して，ポリ塩化ビニルのような電流を通しにくい物質を[　]という。

ア 単体　　**イ** 絶縁体　　**ウ** 無機物　　**エ** 混合物

(2) **実験**で，水を入れる容器に，金属製のものではなく，発泡ポリスチレン製のものを使用したのはなぜか。その理由を，「**水**」ということばを用いて，簡潔に書きなさい。

(3) **実験**における電熱線Xに関係するいろいろな電気の量について，次の(a)，(b)の問いに答えなさい。

(a) **実験**で，回路に電流を流した5分間に，電熱線Xから発生した熱量として最も適当なものを，次の**ア**〜**エ**のうちから一つ選び，その符号を書きなさい。

ア 300 J　　**イ** 450 J　　**ウ** 1800 J　　**エ** 2700 J

(b) 1gの水の温度を1℃上昇させるために必要な熱量が4.2Jとすると，電流を流した5分間のうちに電熱線Xから発生した熱量のうち，水の温度上昇に**使われなかった**熱量は何Jか。

6 ある生態系における生物どうしのつながりや炭素の移動について調べ，**わかったこと**を次のようにまとめました。これに関して，あとの(1)〜(4)の問いに答えなさい。

わかったこと

① ある地域において，食べる・食べられるの関係にある生物どうしの数量(個体数)は，つり合いがとれている。**図１**は，その関係を模式的に表したものである。

② この地域における炭素の移動のようすは，**図２**のように，模式的に表すことができる。(**図２**では，矢印のもとから先に向かって炭素が移動していることを表している)

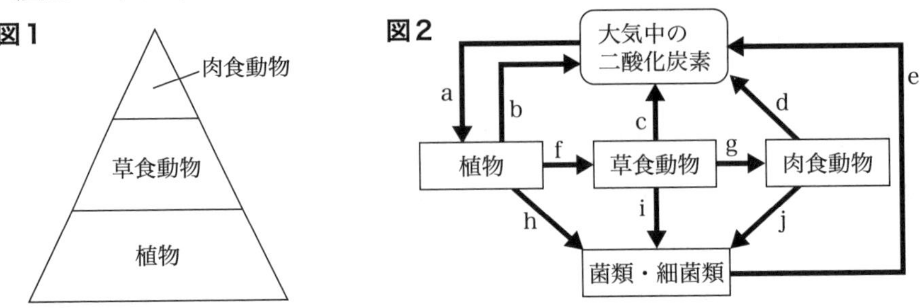

(1) **図１**，**２**の，植物，草食動物，肉食動物は，**わかったこと**の①の下線部のような，食べる・食べられるの関係で１本の鎖のようにつながっている。このような関係を何というか，書きなさい。

(2) **図１**で，草食動物の数量が何らかの原因で増加した場合，生物の数量がもとのつり合いのとれた状態に戻るまでに，次の**ア**～**ウ**の数量の変化が起こる。これらの変化が起こる順に左から並べ，その符号を書きなさい。

ア 草食動物が減少する。

イ 植物が増加し，肉食動物が減少する。

ウ 植物が減少し，肉食動物が増加する。

(3) **図２**中の矢印ａ～ｊのうち，有機物としての炭素の移動を表しているものの組み合わせとして最も適当なものを，次の**ア**～**カ**のうちから一つ選び，その符号を書きなさい。

ア ａ，ｂ，ｃ，ｄ，ｅ　**イ** ａ，ｆ，ｇ　**ウ** ｂ，ｃ，ｄ，ｅ

エ ｆ，ｇ　**オ** ｆ，ｇ，ｈ，ｉ，ｊ　**カ** ｈ，ｉ，ｊ

(4) 次の文章は，**図２**の生物の，生態系における役割について述べたものである。文章中の［ｘ］にあてはまる最も適当なことばを書きなさい。また，［ｙ］にあてはまることばとして最も適当なものを，あとの**ア**～**ウ**のうちから一つ選び，その符号を書きなさい。

> **図２**で，矢印ａは，植物が大気中の二酸化炭素をとり入れて行う［ｘ］とよばれるはたらきによる炭素の移動を表している。このはたらきによって，有機物をつくり出しているため，生態系において，植物は［ｙ］とよばれている。

ア 分解者　**イ** 消費者　**ウ** 生産者

7

Ｓさんは，水による圧力や浮力について調べるため，次の**実験１**，**２**を行いました。これに関して，あとの(1)～(4)の問いに答えなさい。ただし，質量100ｇの物体にはたらく重力の大きさを1Ｎとし，糸の質量や体積は考えないものとします。

実験１ ① **図１**のような，透明なパイプの両側にゴム膜をはったものを準備した。

② ①のパイプを，横向き(ゴム膜が左右にくる向き)にして水中に沈めたところ，

図2のように，どちらのゴム膜も同じくらいへこんだ。

③　次に，①のパイプを縦向き（ゴム膜が上下にくる向き）にして水中に沈め，ゴム膜のようすを調べた。

図1

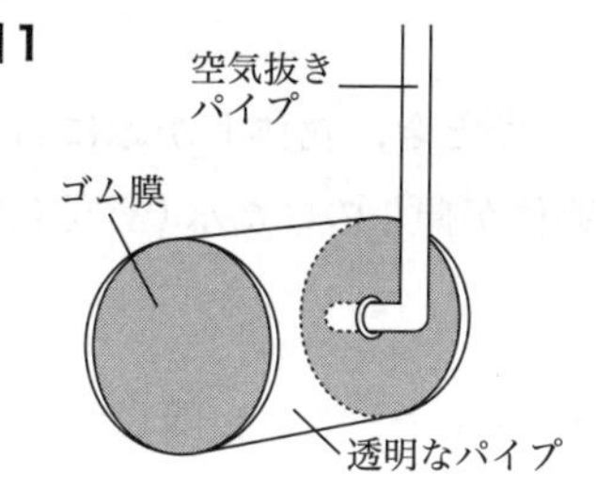

図2

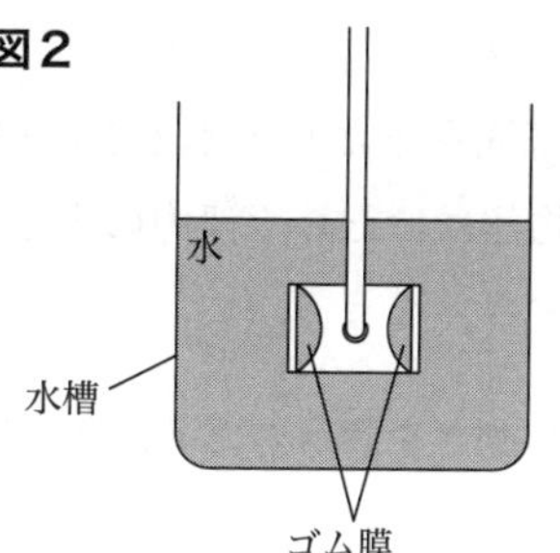

実験2　①　ばねばかりに質量90gの円柱形の物体Pを糸につないでつり下げ，物体Pの下の底面が水面につくような位置にセットした。

②　①の状態から，**図3**のように，水面と物体Pの底面が平行になるようにして，ゆっくりと物体Pを水中に沈めていき，水面から物体Pの下の底面までの距離（dとする）が8cmになるまで，dが1cmふえるごとに，ばねばかりの示す値を記録した。

図3

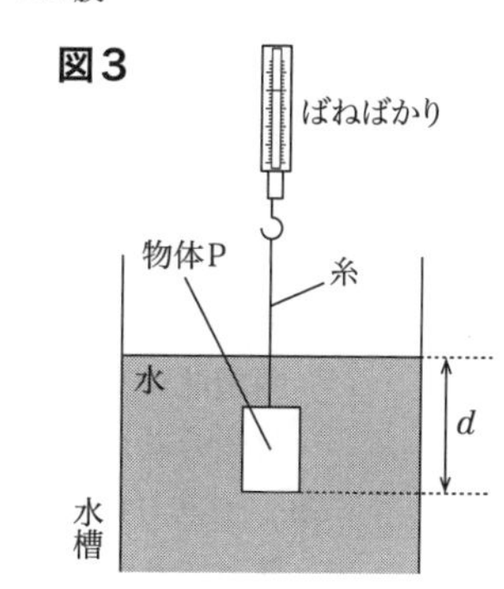

表は，**実験2**の②の結果をまとめたものである。

表

d〔cm〕	0	1	2	3	4	5	6	7	8
ばねばかりの示す値〔N〕	0.90	0.82	0.74	0.66	0.58	0.50	0.50	0.50	0.50

(1)　**実験1**の③で，パイプを縦向き（ゴム膜が上下にくる向き）にして水中に沈めたときのゴム膜のようすを表した模式図として最も適当なものを，次の**ア**～**エ**のうちから一つ選び，その符号を書きなさい。

ア

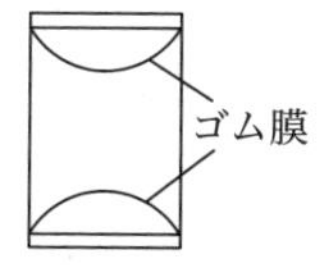

イ

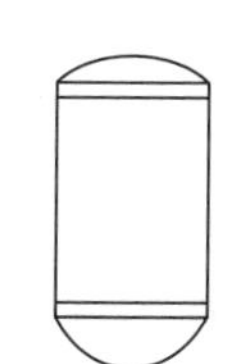

ウ

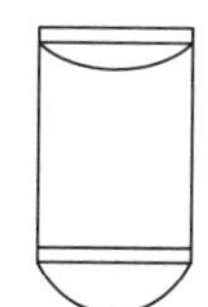

エ

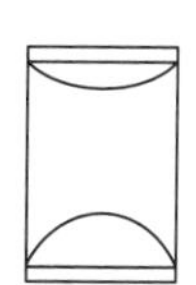

(2)　Sさんは，**実験1**，**2**で用いたゴム膜やばねばかりのばねについて，先生と次のような話をした。会話文中の［ a ］，［ b ］にあてはまるものの組み合わせとして最も適当なものを，あとの**ア**～**エ**のうちから一つ選び，その符号を書きなさい。

Sさん：**実験1**，**2**で用いたゴム膜やばねばかりのばねは，力を加えると変形するけど，力を加えるのをやめるともとに戻ってしまいます。

先　生：そうですね。変形した物体がもとの形に戻ろうとする性質を［ a ］といって，この性質によってはたらく力を［ b ］といいます。1年生のときに授業で習いましたね。

Sさん：そうでした。すっかり忘れていました。

ア　a：弾性　b：弾性力　**イ**　a：慣性　b：弾性力
ウ　a：弾性　b：摩擦力　**エ**　a：慣性　b：摩擦力

(3)　**表**をもとに，dの値と物体Ｐにはたらく浮力の大きさとの関係を表すグラフを，解答用紙の図中にかきなさい。

(4)　物体Ｐを，底面を下にして水平な床の上に置いたとき，物体Ｐが床におよぼす圧力は何Ｐａか。ただし，物体にはたらく浮力の大きさは，物体が押しのけた水（密度1.0ｇ/cm^3）の重さと等しいものとする。

8

太陽の１日の動きを調べるため，次の**観測**を行いました。これに関して，あとの(1)～(4)の問いに答えなさい。

観測
①　画用紙に透明半球と同じ大きさの円をかき，円の中心Ｏで垂直に交わる２本の直線をかいた。
②　次に，透明半球を画用紙にかいた円に合わせて固定し，**図**の点Ａ～Ｄを東西南北のいずれかの方角と合わせて，日光のあたる水平な場所に置いた。

図

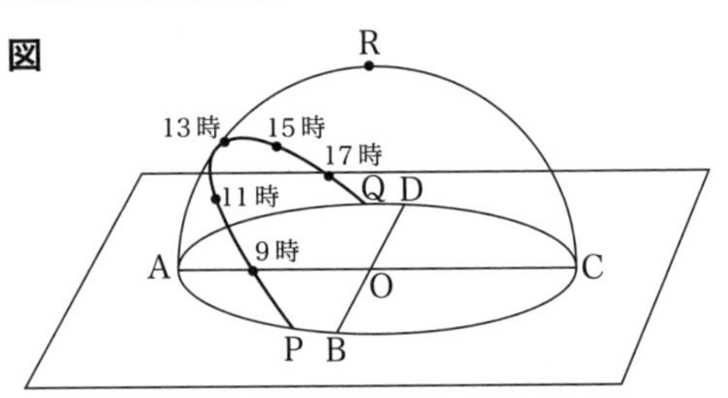

③　午前９時から17時まで２時間おきに，透明半球上に太陽の位置をサインペンを使って●印をつけた。
④　③でつけた●印をなめらかな線でつないで，その線を透明半球のふちまでのばし，太陽の通る道すじとした。
⑤　④でかいた太陽の道すじと透明半球のふちとの交点のうち，点Ｂに近い方を点Ｐ，点Ｄに近い方を点Ｑとし，この太陽の道すじに沿って点Ｐから各時刻の●印までの長さをはかった。

表は，⑤の結果をまとめたものである。

表

時刻〔時〕	9	11	13	15	17
点Ｐから各時刻の●印までの長さ〔cm〕	5.0	11.0	17.0	23.0	29.0

(1)　**図**の点Ａ～Ｄのうち西の方角を示している点と，**観測**を行った日の昼と夜の長さの組み合わせとして最も適当なものを，次の**ア～エ**のうちから一つ選び，その符号を書きなさい。

ア　西：点Ｂ　昼と夜の長さ：昼が長い　**イ**　西：点Ｄ　昼と夜の長さ：昼が長い
ウ　西：点Ｂ　昼と夜の長さ：夜が長い　**エ**　西：点Ｄ　昼と夜の長さ：夜が長い

(2)　**図**で，点Ｏは観測者の位置で，点Ｒは点Ｏの真上の点を示している。点Ｒを何というか，書きなさい。

(3)　次の文章は，**観測**で見られた太陽の動きについて述べたものである。文章中の［ x ］，［ y ］にあてはまるものの組み合わせとして最も適当なものを，あとの**ア～エ**のうちから一つ選び，その符号を書きなさい。

> **観測**の④でかいた道すじのような太陽の動きは，地球が１日に約１回転する［ x ］によって起こる見かけの動きである。この太陽の１日の見かけの動きを，太陽の［ y ］運動という。

ア　x：公転　　y：日周　　　　　**イ**　x：自転　　y：日周
ウ　x：公転　　y：年周　　　　　**エ**　x：自転　　y：年周

⑷　**観測**を行った日において，観測地点から太陽が点Ｐの位置に見える時刻は何時何分と考えられるか。

9

うすい塩酸に電圧を加えたときの反応を調べるため，次の**実験**を行いました。これに関して，あとの⑴～⑶の問いに答えなさい。

実験　①　ガラス板の上に食塩水（または硝酸カリウム水溶液や水道水）をしみ込ませたろ紙をのせ，両端をクリップで固定した。
②　次に，ろ紙の上に，青色と赤色のリトマス紙を２枚ずつ並べ，電源装置の＋極，－極からの導線をそれぞれクリップにつないだ。
③　②のあと，**図**のように，中央にうすい塩酸をしみ込ませたろ紙を置き，電源装置のスイッチを入れて電圧を加え，リトマス紙のようすを調べたところ，１枚だけリトマス紙の色が変化した。

図

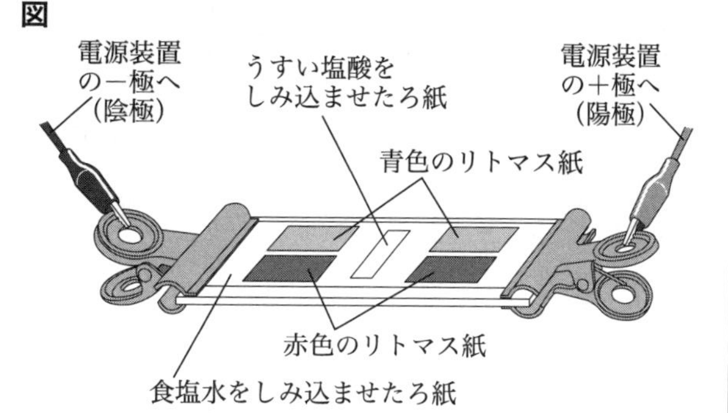

⑴　**実験**で，ガラス板の上にのせるろ紙に食塩水をしみ込ませた理由として最も適当なものを，次の**ア～エ**のうちから一つ選び，その符号を書きなさい。

ア　ろ紙を乾燥しにくくするため。
イ　ろ紙の温度が高くならないようにするため。
ウ　クリップがずれないようにするため。
エ　クリップ間に電流が流れやすくするため。

⑵　**実験**で用いたうすい塩酸について，次の(a)，(b)の問いに答えなさい。

(a)　塩酸中では，溶質である気体が水に溶けて陽イオンと陰イオンに分かれている。このようすを，化学式を用いて書きなさい。

(b)　塩酸のように，溶質が水に溶けて，陽イオンと陰イオンに分かれることを何というか，**漢字２字**で書きなさい。

⑶　次の文は，**実験**の結果からわかることについて述べたものである。文中の［ａ］～［ｃ］にあてはまるものの組み合わせとして最も適当なものを，あとの**ア～ク**のうちから一つ選び，その符号を書きなさい。

> **実験**の③で，リトマス紙の色が変わったのは，［ａ］性の性質を示す［ｂ］イオンが，電圧を加えたことによって，［ｃ］側に移動したためである。

	a	b	c		a	b	c
ア	ａ：酸	ｂ：水素	ｃ：陰極	**イ**	ａ：アルカリ	ｂ：水素	ｃ：陰極
ウ	ａ：酸	ｂ：水素	ｃ：陽極	**エ**	ａ：アルカリ	ｂ：水素	ｃ：陽極
オ	ａ：酸	ｂ：塩化物	ｃ：陰極	**カ**	ａ：アルカリ	ｂ：塩化物	ｃ：陰極
キ	ａ：酸	ｂ：塩化物	ｃ：陽極	**ク**	ａ：アルカリ	ｂ：塩化物	ｃ：陽極

七

次は、中学生の伊藤さんが「世界の中学校」について発表をしている場面と、発表に使用した【資料】です。これを読み、あとの〈条件〉にしたがい、〈注意事項〉を守って、あなたの考えを書きなさい。

【発表テーマ】「世界の中学校」について

【資料】

【掲示物】「世界の中学校・三例」

事例Ａ　アメリカの場合
　学年・学級ごとの授業ではなく、生徒が自分の習熟度にあった授業を選択し、その教室に移動するのが一般的です。夏休みが二か月程度と長く、サマースクールの一環として、いろいろな活動に参加しています。

事例Ｂ　フランスの場合
　同じ年の一月から十二月に生まれた生徒で一学年を構成します。放課後は塾などにあまり通いません。成績が優秀な子は飛び級で進み、一定レベルに至らない子は留年する制度があるので、学校や家庭でしっかり勉強をします。

事例Ｃ　ブラジルの場合
　基礎教育9年、中等教育3年です。授業は半日のみで、生徒によって午前の部（七時半～十二時頃）と午後の部（十三時半～十八時頃）のいずれかを選択します。制服は学校名が入ったＴシャツがあるだけで、それ以外は自由という学校が多いです。

出典：外務省「世界の学校を見てみよう！」
（https://www.mofa.go.jp/mofaj/kids/kuni/index.html）

私は、「世界の中学校」について調べました。その中で、日本とは異なる制度を持つ国を、三つの事例としてあげ、掲示しています。
　調べてみて、こんなにも違いがあるのかと驚きました。もし、皆さんの中で海外留学を希望する人がいる場合、これらの違いを知ることは、留学先を考える上で参考になると思います。

〈条件〉
① **二段落構成**とし、**八行以上、十行以内**で書くこと。
② 前段では、【資料】にある三つの事例の中からあなたが通いたいと思う中学校のある国を一つ選び、その符号をあげ、理由とともに書くこと。
③ 後段では、前段の内容をふまえて、国ごとの制度や文化の違いを理解する大切さについて、あなたの考えを体験とともに具体的に書くこと。

〈注意事項〉
① 氏名や題名は書かないこと。
② 原稿用紙の適切な使い方にしたがって書くこと。

(a) [Ⅰ] に入る言葉を、文章中から**七字**で**抜き出して**書きなさい。

(b) [Ⅱ] に入る言葉を、文章中から**六字**で**抜き出して**書きなさい。

(c) [Ⅲ] に入る言葉を、「だれにでも…それに…」という形を使って、**二十字以上、二十五字以内**で書きなさい。

六

次の文章を読み、あとの(1)〜(6)の問いに答えなさい。

〔教養人として知られていた端隆が、桜の名所である奈良の吉野山まで花見に出かけた場面である。〕

ある時、(注1)芳野の花見に行きしに、(注2)蔵王堂の辺にて、年のころ十三、四なる(注3)賤の女ふたり打ち連れつつ、竹にて編みたる(注4)目籠と云ふ物と、鳥の姿に造りたる物を、あまた持ち来て売るに行き逢ひたり。A都の(注5)苞にせんと呼び留めて、かの鳥を二つ三つ買ひけり。「目籠をも買はん。」と云へば、先へ行きたる者を呼び帰し、「B我は鳥を参らせぬ。目籠はそこより参らせよ。」と云ひたりしを聞きて、Cいとやさしき心ばへかな。都の人はひたすらDいきほひある方に付きて身の栄を望み、兄弟一門をも越えて、おのれ独り世にあらんとのみするが、かかる田舎の幼き賤の女には遥かに劣れりとて、涙を流しける。

（『落栗物語』による。）

（注1）芳野＝吉野山のこと。
（注2）蔵王堂＝吉野山にある金峰山寺の本堂。
（注3）賤の女＝身分の低い女の子。
（注4）目籠＝目の粗いかご。
（注5）苞＝土産。

(1) 文章中に A都の苞にせんと呼び留め とあるが、誰がどのような意図で呼びとめたのか。最も適当なものを、次の**ア**〜**エ**のうちから一つ選び、その符号を書きなさい。

ア 賤の女が、竹の鳥を都への土産として買ってもらうため。
イ 端隆が、竹の鳥を都の方々への土産として持ち帰るため。
ウ 賤の女が、都で竹の鳥を端隆に宣伝してもらうため。
エ 端隆が、都からの土産を二人の賤の女にあげるため。

(2) 文章中の B我は鳥を参らせぬ の意味として最も適当なものを、次の**ア**〜**エ**のうちから一つ選び、その符号を書きなさい。

ア わたしは鳥を捕まえてさしあげた
イ わたしは鳥を譲ってさしあげた
ウ わたしは鳥を売ってさしあげた
エ わたしは鳥を遣わしてさしあげた

(3) 文章中の Cいとやさしき心ばへ とは対照的な心情を描写している部分を、文章中から**十字以内**で**抜き出して**書きなさい。

(4) 文章中の Dいきほひある を現代仮名づかいに改め、**ひらがな**で書きなさい。

(5) この文章で述べられていることとして最も適当なものを、次の**ア**〜**エ**のうちから一つ選び、その符号を書きなさい。

ア 吉野山は桜だけではなく、人の心まで美しくすると感嘆した。
イ こんなに幼い子たちのほうが立派なふるまいだと、反省した。
ウ 田舎だと見下していたが、都にも劣らないと考えを改めた。
エ 都の人では考えもしないであろう助け合う姿に、感動した。

(6) 『史記』の一説に、「身分や地位にこだわらない心からの交わり」という意味を持つ「布衣の交はりすら尚ほ相欺かず。」という文がある。こう読めるように、次の「布 衣 之 交 尚 不 相 欺。」に**返り点**をつけなさい。ただし、必要な返り点のみを□に書き入れること。

布□衣□之□交□尚□不□相□欺□。

（注２） 河鹿＝カジカガエル。渓流(けいりゅう)や湖などに生息する。

(1) 文章中に Aありきたりじゃないですか？ とあるが、この発言の真意として最も適当なものを、次のア～エのうちから一つ選び、その符号を書きなさい。

ア 反対の意味を持つ語句をあえてつなげる勇気をたたえている。
イ 自分の意見に自信が持てないので、仲間の意見を求めている。
ウ 句の情景は理解できるが、表現が平凡であると批判している。
エ どうにか自分が勝ちたいので相手の句のあら探しをしている。

(2) 文章中に Bこんなふうに、いろんなことを話し合ってきたな とあるが、航太がこのように感じている理由についてまとめた、次の文章を完成させなさい。ただし、[Ⅰ]に入る言葉は、あとの**ア～エ**のうちから最も適当なものを一つ選び、その符号を書き、[Ⅱ]に入る言葉は、「議論」という言葉を使って、**十五字以上、二十字以内**で書くこと。

> 航太は、相手とのやり取りから[Ⅰ]をかみしめている。俳句甲子園を目指したからこそ、俳句にどの言葉を当てはめるかというたったそれだけのことで、[Ⅱ]を得られたのだと再認識しているからである。

ア これまで何度となく味わってきた充実感
イ 自分の技量を高めることができなかった悔しさ
ウ もうこの青春時代には戻れないというさびしさ
エ まもなく部を引退することへのむなしさ

(3) 文章中に C熱くなって とあるが、航太の感情の高まりを行動で表現している**一文を、文章中から抜き出して、はじめの六字**を書きなさい。

(4) 文章中に Dそこへ京が割って入った とあるが、京が割って入った理由として最も適当なものを、次の**ア～エ**のうちから一つ選び、その符号を書きなさい。

ア 『水の壁』とは、大きな水の塊である海のことだという説が一般的なものだと説得するため。
イ 相手が航太に失礼な口調だったので、自分たちが格下だとなめられないように威嚇(いかく)するため。
ウ 京も自分の意見を述べることで、航太に仲間たちが一緒に応援していることを示唆(しさ)するため。
エ 航太の句への相手校の指摘が鋭く、客観的にみて航太が不利だと思ったので、援護するため。

(5) 次は、この文章を読んだあとに、浜口(はまぐち)さん、大川(おおかわ)さん、三田(みた)さんが、航太の心情について話し合っている場面の一部です。これを読み、あとの(a)～(c)の問いに答えなさい。

> 浜口さん　私は俳句を作ったことがないのですが、航太の俳句には彼自身の心が投影されていましたね。
> 大川さん　そうですね。しかも、他者が[Ⅰ]解釈をしてくれたことで明らかになる点が面白いですね。
> 三田さん　なるほど。それこそが深層心理というものですね。
> 浜口さん　そう思うと、赤の句の印象が[Ⅱ]からこそ、航太が河鹿に象徴したものが引き立つのかもしれません。
> 三田さん　本当ですね。航太は、か弱い声で鳴き声をあげる河鹿に、[Ⅲ]という人間の姿を重ねて見ているんですね。

（白）　水の壁に隔てられたる河鹿かな

「赤の句、詠まれているのは、水の勢いがよすぎて、ホースがどこへ飛び跳ねるかわからない様子ですよね。それを、力一杯押さえつけてどうにかコントロールしている。それはわかりますが、A『暴れる』と『飼いならす』という言葉の組み合わせはありきたりじゃないですか？」

「そうでしょうか？　『暴れる』なら、『持て余す』とか、そういう困るようなニュアンスのほうが連想されると思います。でもこの句では、その扱いにくいホースを飼いならしているんです。きっと作者は水しぶきを浴びているんでしょう、その水の気持ちよさも、『飼いならす』という作者の余裕のおかげで、よけいに引き立っています。ホースの水圧のすごさが夏の水撒きの楽しさも伝えている、そういう元気で明るい句になっているのは『飼いならす』という言葉があるからこそだと思います」

Bこんなふうに、いろんなことを話し合ってきたな。

今さらながら、そんな感想が浮かぶ。

俳句甲子園を目指したりしなければ、絶対に知らなかった楽しさだ。「持て余す」と「飼いならす」で効果がどう違うのか、なんてC熱くなって議論することは、これから一生ないかもしれない。

続いて、航太の句への質問。

「白の句、『水の壁』というのがよくわからなかったのですが、この河鹿は水槽に入れられていてそこから出られない、水を隔てて見ている作者とはどうしても触れ合うことができない、なんか、そういうことでいいんでしょうか」

「『水の壁』は、大きな水の塊である海のことです。ぼくたちの島にも河鹿はいます。でも、考えてみたら、周囲が海に囲まれた島に、どうやって河鹿は渡って来られたんだろう。そういうことを考えると不思議な気がしませんか？　ただ、とにかく河鹿はここで鳴いている。遠い昔のいつかに別れた仲間たちは、今も広い場所で群れを作っているんだろうに。そういう句です」

「それなら、ストレートに『海に隔てられた』と詠んだほうが伝わるんじゃないですか？」

「いや、海というのは、圧倒的な量の水でしょう。だから水で間違ってないと思います」

「河鹿と水を取り合わせたら、普通は清流のほうに想像が働きますよ」

Dそこへ京が割って入った。

「この『水』は海じゃなくてもいいと思います。地球には膨大な量の水がある。その水が隔てているものは世界中に数え切れないほどあるでしょう。その数え切れないものを、か弱い声で鳴く河鹿が象徴している、そういう解釈をしてもいいと思います」

自分のチームの発言だというのに思わず拍手をしてしまってから、航太は気づく。

そうだ、これが楽しいんだ。自分が工夫した言葉の連なりなのに、ほかの人が自分の思いも寄らない受け取り方をしてくれる。自分の中の、自分でも気づいていなかった何かさえ、見せてくれる。

そういうのがいいんだ。

自分を、小さな流れで細々と生きている河鹿のようだと思っていた。でも、河鹿は膨大な量の水の向こうにもいて、そこでもやっぱり、自分の障害になる何かにいらだっているのかもしれない。

みんな、河鹿みたいなものかもしれない。

（森谷明子『南風吹く』による。）

（注１）俳句甲子園＝創作俳句を競う高校生の全国大会。二チームが「赤」、「白」に分かれ、先鋒から大将までの選手がそれぞれ俳句を披露し、その句について質疑し合い、勝負を決する。

はなく「感じ」で伝え合うものが圧倒的に多くなる。

（黒川伊保子『日本語はなぜ美しいのか』による。）

（注1）長じて＝成長して。
（注2）ボルテージ＝この文章では、気持ちの高ぶり具合のこと。
（注3）黎明＝夜明け。

(1) 文章中の［A］に入る言葉として最も適当なものを、次の**ア**～**エ**のうちから一つ選び、その符号を書きなさい。

ア 密接　**イ** 良質　**ウ** 異状　**エ** 簡略

(2) 文章中の[B]れると同じ意味で使われているものとして最も適当なものを、次の**ア**～**エ**のうちから一つ選び、その符号を書きなさい。

ア 思い出される出来事は楽しかったことばかりだ。
イ 以前買ったドレスでまだ着られるものがある。
ウ 後輩に慕われる先輩になりたいと思っている。
エ 来週のはじめには先生が結果を話される予定だ。

(3) 文章中に[C]長じて、「英語で～なるほどと思うだけだとあるが、この一文が果たす役割の説明として最も適当なものを、次の**ア**～**エ**のうちから一つ選び、その符号を書きなさい。

ア 次の話題を先に提示してこれまでの話題を終わらせている。
イ 赤ちゃんの脳が母語と共鳴することを逆説的に示している。
ウ 母語以外の言語を習得する方法について実例を挙げている。
エ 外国語を引き合いに出して日本語の特異性を解説している。

(4) 文章中に[D]ことばは、このように風土とも無関係じゃないとあるが、ことばと風土との関係について整理した次の表を、完成させなさい。ただし、［Ⅰ］に入る言葉は、文章中から**十九字**で**抜き出して**書き、［Ⅱ］に入る言葉は、「挨拶」という言葉を使って、**十字以上、十五字以内**で書くこと。

	ことば	**風土**
日本	おはよう ↓解放感のある音	英国より緯度が低いので、朝の光が眩しい ↓聞くと［Ⅰ］ため、活気づく。
英国	Good morning ↓くぐもった音	日本より緯度が高いので、朝になっても薄暗い ↓お互いを［Ⅱ］ことで、ゆっくりと一日が始まる。

(5) 文章中に[E]判断したとあるが、どのような判断をしたのか。その説明として最も適当なものを、次の**ア**～**エ**のうちから一つ選び、その符号を書きなさい。

ア 英国内で使用される朝の挨拶を統一する必要性がある。
イ 英国の一日を考えて夜ではなく朝の雰囲気を持っている。
ウ 「Good」と「morning」の二語は足すと意味が深まる。
エ 発音して得た心地は身を置いている景色と違和感がない。

(6) 文章中に[F]長く培われてきたことばが、母国語であるとあるが、培われた母国語は、ことばの意味を伝える他に、なにを伝えていると筆者は述べているか。「情感」と「感覚」という二つの言葉を使って、**二十字以上、二十五字以内**で書きなさい。

五

次の文章を読み、あとの(1)～(5)の問いに答えなさい。

〔航太は、瀬戸内海に浮かぶ五木島の分校に通う高校三年生である。次は、[注1]俳句甲子園出場を果たした航太や京たち文芸部員が、他校と練習試合を行っている場面である。〕

航太の句は先鋒戦に出た。

（赤）　撒水の暴れるホース飼いならす

に赤ちゃんは共鳴して、一緒に味わっているのである。

アサ、オハヨウということばは、これとともにある情景、すなわち、透明な朝の光や、肌に触れる爽やかな空気や、抱き上げてくれた母親の弾むような気分とともに、脳の中に感性情報としてインプットされていくのである。

C(注1)長じて、「英語で、朝のことをmorningといいます。おはようは、Good morningです」と習ったときには、なるほどと思うだけだ。

こうして、人生の最初に出会ったことばと、後に習った外国語とでは、脳内でことばに関連づけられた感性情報の量が圧倒的に違う。

だから、日本人の私たちは、仕事仲間に「おはよう」と声をかけられれば、ぱっと目が覚めるのである。累々と重ねてきた朝の記憶が呼び起こされ、いやおうなく始まりの気持ちにさせられる。これが「Good morning」では、気持ちの真芯に届かず、いま一歩、ボルテージ(注2)が上がらない。

ただ、語感だけでいっても、「Good morning」は「おはよう」に比べると、暗く物憂げなのは事実だ。英語圏の人たちの朝は、日本人の朝より、少し静かに始まるようである。考えてみれば、このことばを生んだ英国は日本よりずっと緯度が高いので、日本のように、年中、朝の光が眩しいわけではない。冬などは、子どもたちの登校時間になってもまだ暗い。

実は、Dことばは、このように風土とも無関係じゃないのである。眩しい朝を迎えることの多い日本人は、朝にアサASaということばを与えた。喉も口も開けるAに、舌の上に息をすべらせて口元に風を作るSの組合せ。まさに、爽やかな開放感のことばである。オハヨウも、ハの開放感が目立つ、弾むような挨拶語である。

(注3)黎明の中や、穏やかな陽光の中で一日を始める緯度の高い英国に住む人たちは、くぐもった発音の「Good morning」で挨拶をし合う。いたわり合いつつ、徐々に活動を開始するイメージだ。

もちろん、「Good morning」は、その組成から、語感ではなく、意味から創生されたことばであることは明確である。しかし、長きにわたって英国人が、このことばを朝の挨拶語に使ってきたことには深い意味がある。英国の人々は無意識に、「Good morning」の、鼻腔に響く、くぐもった優しさが英国の朝に似合うとE判断したのであろう。

意識は語感を選び、また、語感は意識を作る。何代にもわたって使ううちに、「Good morning」で挨拶を交わし合う人たちの朝は、「オハヨウ」と挨拶する人たちの朝より、ゆっくり始動する、優しいものになっていく。そうすると、ますます、朝の情景と「Good morning」の発音体感が似合ってくるのである。

「朝」と「morning」、「おはよう」と「Good morning」。どちらも、それぞれの国の朝に似合うことばであり、それぞれの人たちが心地よいと感じながら発音している。どちらが良いかは、一概に言うことはできない。

しかし、鮮烈な朝日で迎える日本の朝には、日本語のアサ、オハヨウがよく似合う。日本に生まれ、日本の朝日の中で「アサヨ、オハヨウ」と言われて抱き上げられる赤ちゃんの脳には、素直に、ことばと情景の感性リンクが成立する。

もちろん、英国の薄暗い朝に、穏やかな低音で「Good morning」と言われて抱き上げられる赤ちゃんの脳にも、素直に、ことばと情景の感性リンクが成立する。

こうして、その国の風土と人々の意識とによって、F長く培われてきたことばが、母国語である。

中でも、一つの土地において、似た骨格をもつ民族が、同じ生活習慣を重ねながら作り上げてきた母国語は、風土と意識と、身体感覚と、ことばとがしっかり結びついているので、ことばに込められた情感が深い。人々が暗黙のうちに、その情感で共鳴し合うので、意味で

(2) (問いを放送します。)

[選択肢]

ア 伝統的　イ 革命的　ウ 画一的　エ 主体的

(3) (問いを放送します。)

[選択肢]

ア 青延長用押しボタンを押すことで、横断歩道をたくさんの人が渡ることができる。

イ 車の通行の妨げになってしまうため、緊急時以外は青延長用押しボタンを押すのは控えたい。

ウ 青延長用押しボタンを押すことで、横断歩道を落ち着いてゆっくりと渡ることができる。

エ お年寄りや体の不自由な方以外の青延長用押しボタンの利用は、控えた方がよい。

(4) (問いを放送します。)

[選択肢]

ア 二〇一六年四月以降に、新しく設置される信号機や、機械を交換する信号機に設置されている。

イ 間違って押してしまうのを避けるため、強い力で押さないと反応しない仕組みになっている。

ウ 古くから設置されている信号機から順番に、「タッチ式スイッチ」への交換を行っている。

エ お年寄りや小さい子どもでも見つけやすいように、機械から音が鳴る仕組みになっている。

聞き取りテスト終了後、３ページ以降も解答しなさい。

二

次の(1)～(4)の――の漢字の読みを、**ひらがな**で書きなさい。

(1) 書類を廃棄する。

(2) 家族の安泰を願う。

(3) これ以上は干渉してほしくない。

(4) 友人のために計らう。

三

次の(1)～(5)の――のカタカナの部分を**漢字**に直して、楷書(かいしょ)で書きなさい。(正確にていねいに書きなさい。)

(1) ザイホウを探す旅に出る。

(2) この飲料はバクガを含んでいる。

(3) バスのシャソウからながめる。

(4) 春のオトズれを待つ。

(5) 用事を先にスます。

四

次の文章を読み、あとの(1)～(6)の問いに答えなさい。

母語というのは、ある個体の脳が、人生の最初に獲得する言語のことである。脳の基本機能と［A］に関わっているので、後に獲得する二つ目以降の言語とは、性格を大きく異にする。

「朝よ、おはよう」

母親がそう言って、赤ちゃんを抱き上げるシーンを想像してほしい。

アサという発音体感には、爽(さわ)やかな開放感がある。オハヨウは、実際には「オッハヨォ」と、二拍目のハを中心にして発音される語で、弾むような開放感をもっている。したがって、「朝よ、おはよう」と声をかけた母親は、無意識のうちに自分の発音体感によって、爽やかな、弾むような開放感を味わっているのだ。

さて、注目すべきは、赤ちゃんの脳である。赤ちゃんには、目の前の人間の口腔(こうこう)周辺の動きを自らのそれのように感じとる能力がある。このため、母親が無意識に感じている、爽やかな、弾むような開放感

問いの(2)　坂本さんが述べていた、「画期的なシステム」の「画期的」と似た意味の言葉として最も適当なものを、選択肢ア～エのうちから一つ選び、その符号を書きなさい。

（約７秒間休止）

（合図音B）

鈴木　音響装置付き信号機の他にも、バリアフリーに特化した信号機が増えているんだよ。

坂本　どんなものがあるの？

鈴木　まず、「青延長用押しボタン」というものが付いた信号機があるよ。このボタンを押せば、青信号の時間が長くなるから、慌てることなくゆっくりと、横断歩道を渡れるよね。他にも、「タッチ式スイッチ」の付いた信号機も増え始めているみたいだよ。

坂本　「タッチ式スイッチ」？　これまで信号機についていたボタンとはどう違うのかしら。

鈴木　大型のスイッチを採用していて、強く押さなくても、手で触れるだけで機能するんだよ。二〇一六年四月以降、新しく設置される場所や、信号機を交換する場所には、この「タッチ式スイッチ」を採用した信号機が設置されているようだよ。

坂本　触れるだけで反応する大型のスイッチなら、お年寄りの方や体の不自由な方にも、見つけやすいし、利用しやすそうね。

鈴木　そうだね。時代の変化と同時に、信号機も絶えず進化しているんだね。

（合図音A）

問いの(3)　「青延長用押しボタン」が付いた信号機について、鈴木くんが述べていたこととして、最も適当なものを、選択肢ア～エのうちから一つ選び、その符号を書きなさい。

（約15秒間休止）

問いの(4)　「タッチ式スイッチ」が付いた信号機について述べられていたこととして最も適当なものを、選択肢ア～エのうちから一つ選び、その符号を書きなさい。

（約15秒間休止）

放送は以上です。３ページ以降も解答しなさい。

〈チャイム〉

※注意　各ページの全ての問題について、解答する際に字数制限がある場合には、句読点や「　」などの符号も字数に数えること。

一　これから、中学生の鈴木くんと坂本さんが、「交差点にある信号機」について会話をしている場面と、それに関連した問いを四問放送します。放送をよく聞いて、それぞれの問いに答えなさい。

(1)（問いを放送します。）

国語

国語聞き取りテスト台本

〈チャイム〉

これから、国語の聞き取りテストを行います。これは、放送を聞いて問いに答える問題です。それでは問題用紙の１ページと２ページを開きなさい。

（約２秒間休止）

これから、中学生の鈴木くんと坂本さんが、「交差点にある信号機」について会話をしている場面と、それに関連した問いを四問放送します。放送をよく聞いて、それぞれの問いに答えなさい。

（約２秒間休止）

なお、やりとりの途中、（合図音Ａ）という合図のあと、場面の続きを放送します。また、（合図音Ｂ）という合図のあと、問いを放送します。

１ページと２ページにメモをとってもかまいません。では、始めます。

〈チャイム〉

鈴木　坂本さんは、信号機から音楽が流れたり、「ピヨッピヨッ」という鳥の鳴き声のような音が流れたりするのを聞いたことがある？

坂本　ええ、もちろんあるわよ。信号が変わったことを音で伝えてくれる信号機のことを、「音響装置付き信号機」といって、特に、目の不自由な方が交差点を渡るときの助けになっているのよね。

鈴木　そのとおりだよ。そして最近では、スマートフォンから音声を流し、信号が変わったことを知らせるアプリなども開発されているそうだよ。

坂本　それは画期的なシステムね。でもスマートフォンを使用していると、片手がふさがってしまうから、杖を使用されている方にとっては不便だし、そもそも、スマートフォンを持っていない人は使用できないという問題点もあるように感じるわね。

鈴木　たしかにそうだね。そんなとき、信号が変わったことを周りの人が伝えられたらいいよね。僕も、自分が安全に渡ることだけでなく、周囲の人にも、目を配ろうと思うよ。

（合図音Ａ）

問いの(1)　鈴木くんと坂本さんのやりとりの中で出てきた「音響装置付き信号機」は、特にどのような方が交差点を渡るときの助けになっていますか。解答欄に合うように、五字以上、十字以内で書きなさい。

（約15秒間休止）

紙上公開もぎ

解答と解説

第１回 紙上公開もぎ（令和５年９月実施）

【国語】解答

配点／一・二・三・四(2)・五(5)(b) 各２点，**四(6)** ４点，**七** 12点，他 各３点

一 (1) **エ**　(2) **ウ**　(3) **ア**　(4)〔例〕（人の移動が活発になり、）経済の活性化（にもつながる。）

二 (1) ふにん　(2) こうけん　(3) なご（やか）　(4) と（ぎ）

三 (1) 清潔　(2) 美徳　(3) 戦略　(4) 負（う）　(5) 預（ける）

四 (1) 六　(2) **ウ**

(3) Ⅰ：少しぐらいわからないこと　Ⅱ：〔例〕関心のあるところだけつまみ食い

(4) **エ**　(5) **イ**

(6)〔例〕成果を上げるまで時間がかかる点と面倒で疲労する点。

五 (1) **エ**　(2) Ⅰ：〔例〕本心では中学校に入れないと思っている　Ⅱ：**ア**

(3) 本当にそう　(4) **イ**

(5) (a) 黒い袴　(b) 赤い顔

(c)〔例〕離れた場所から、集まって心配そうに見守っている

六 (1) **ウ**　(2) 立てるまでなり　(3) うえしょうじたる（ひらがなのみ可）　(4) **ア**　(5) **エ**

(6) 伯　楽ハ　不二　常ニハ　有ラ一。

七 　二段落構成とし、前段には、二人の考え方を整理して書く。前段の例として、「富田さんは、対象者の友人の数とその周囲にいる人たちの評価を自分の判断基準としている。一方で、野島さんは自分なりの基準をあらかじめ持っていて、対象者との実際の交流によりそれを満たしているかを判断基準としている。」など。後段には、前段の内容をふまえて、「信頼できる人」についての自分の考えを理由とともに具体的に書く。それらの内容が、注意事項に従って書かれているかどうかを総合的に判断し、採点する。

【数学】解答

配点／1(1)・2・3(1)(c)・(2) 各５点，**1(7)** ６点，他 各３点

1 (1) ① 8　② $5a+8b$　③ $5-2\sqrt{6}$

(2) ① $3x+2y$ 円　② 切手A 84円，切手B 63円（完答）

(3) ① 19店舗　② **ウ**

(4) ① 7 個　② $\frac{1}{3}$

(5) a の値 $a=2$　b の値 $b=1$

(6) ① $a=\frac{2S}{h}-b$　② 18 cm

(7) 右図

2 (1) $a=-\frac{2}{3}$　(2) $y=2x+4$　(3) 36 cm²

3 (1) (a) **ウ**　(b) **カ**

(c)〔例〕平行四辺形の向かいあう角は等しいので，∠ABE＝∠CDF……⑥

①，⑤，⑥より，２組の辺とその間の角がそれぞれ等しいので，

△ABE≡△CDF

(2) 48π cm²

4 (1) (a) **イ**　(b) **オ**　(2) $y=80x+600$　(3) 右図　(4) 17分間

(5) 分速80 m

1(7)

4(3)

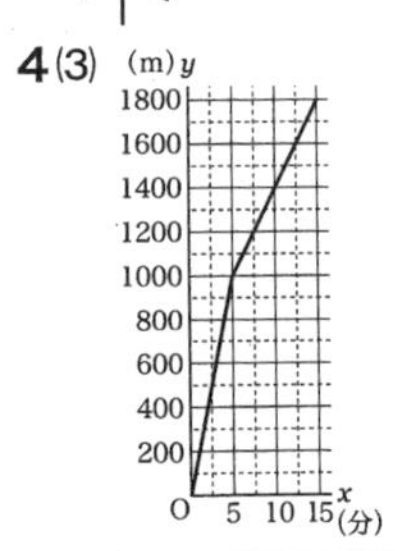

【社会】解答

配点／1 各２点，他 各３点

1 (1) 墾田永年私財法　(2) **エ**　(3) **ア→ウ→イ**（完答）　(4) 貿易摩擦

(5) アジア州：**エ**　アフリカ州：**ウ**（完答）

2 (1) 地方名：近畿（地方）　県庁所在地名：神戸（市）（漢字のみ可）（完答）　(2) **ア**

(3) **イ**　(4)〔例〕観光業に従事する人が多いから。　(5) ① **エ**　② 500（m）

3 (1) **イ**　(2) **ウ**　(3) **エ**

(4)〔例〕水稲は降水量が多い地域，小麦は降水量が少ない地域で栽培されている。

(5) アボリジニ　(6) **ウ**

4 (1) **ウ**　(2) **イ**

(3) ① **エ**　② ベルサイユ（条約）

③〔例〕シベリア出兵を見こした米の買い占めにより，米価が急激に上昇したから。

(4) **ウ**

5 (1) **イ→エ→ア→ウ**（完答）　(2) 徴兵令　(3) 領事裁判権（治外法権）　(4) **ア**　(5) **エ**

(6) ベルリンの壁

6 (1) **ウ**　(2) Ⅰ：ドイツ　Ⅱ：内閣（制度）（完答）　(3) **ア**　(4) **エ**　(5) **エ**　(6) **イ**

【理科】解答

配点／2(1)・3(3)・4(2)・5(2) 各2点，他 各3点

1 (1) **ア**　(2) えら　(3) **エ**　(4) **イ**
2 (1) 観点A：**イ**　観点B：**エ**　(2) 子房　(3) 右図
3 (1) **イ**　(2) 〔例〕混合物が急に沸騰するのを防ぐため。
(3) (a) 蒸留　(b) **ウ**
4 (1) 侵食　(2) (a) **ア**　(b) **エ**　(3) **イ**
5 (1) **ア**　(2) x：0.8　y：40　(3) d→a→b→c（完答）
6 (1) 〔例〕根の先端に近いところで細胞分裂が盛んに行われている。
(2) 染色体（漢字のみ可）
(3) (a)→c→e→b→d→(f)（完答）　(4) **エ**
7 (1) (光の) 屈折　(2) (a) x：実像　y：15（完答）　(b) **エ**
(3) 右図
8 (1) 〔例〕寒冷前線が温暖前線に追いつくことでできる。　(2) **イ**
(3) ① 積乱雲　② **エ**
9 (1) **ウ**　(2) 質量保存（の法則）　(3) (a) **ア**　(b) **ア**

2(3)

7(3)

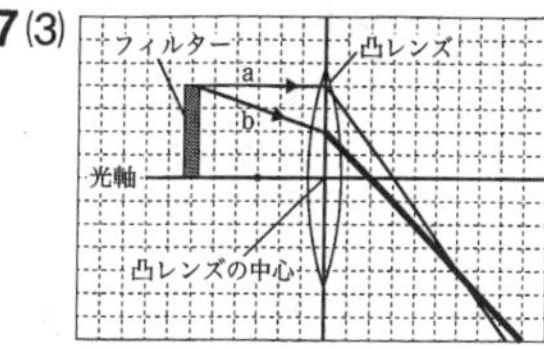

【英語】解答

配点／6 8点，**8(3)・9(a)** 各4点，他 各3点

1 **No.1** C　**No.2** A　**No.3** B
2 **No.1** C　**No.2** D
3 **No.1** B　**No.2** D
4 **No.1** ① useful　② bring　**No.2** ① eating　② before
5 (1) ours　(2) sang
(3) **エ→イ→オ→ウ→ア**（完答）　(4) **ウ→オ→イ→ア→エ**（完答）　(5) **オ→イ→エ→ア→ウ**（完答）
6 (A) 〔例〕(Now,) there is a big hospital near the river.
(B) 〔例〕(So, people in this city) can go to the hospital when they are sick. Also, they can take their small children to the hospital easily.
7 (1) ① **エ**　② **イ**　③ improve　④ **ウ**　(2) ① 800（数字のみ可）　② **イ**
8 (1) 〔例〕Why are many planes white(?)　(2) **イ**
(3) 〔例〕タクシーの車体を黄色に塗ること。　(4) **オ**
9 (1) **ア**　(2) **エ**　(3) **ウ**　(a) 〔例〕didn't know what to do / wanted to know the reason

リスニング本文

1 **No.1** Girl : Did you know a new science teacher will come to our school next month?
Boy : Yes. She studied in Australia for two years.　Girl : Really? How did you know that?
No.2 Boy : What do you usually do on Sunday, Mary?　Girl : I go to the mountains to watch birds if it is sunny.
Boy : That's nice. What do you do when it rains?
No.3 Father : Did you enjoy your trip with your friend?
Girl : Yes, of course. It was really exciting, but my friend lost her camera in the park.
Father : Oh, really? What did you do then?

2 **No.1** Boy : Mom, have you bought a birthday present for Nick?
Mother : No, Erick. Last year I bought a new pair of tennis shoes for your brother. What should I buy for him this year, a watch or a bike?
Boy : Well, Nick broke his tennis racket last week. I think he wants a racket.
Mother : That's a good idea. I'll buy him a new one.
Question : What will Mother buy for Nick as a birthday present?
No.2 Kate : Takumi, what is this graph about?
Takumi : It means, "How often do the students in each class read newspapers?" From this graph, we can see the answers. In my class, a few students read newspapers every day and about ten students never read.
Kate : But more than twenty students sometimes read newspapers. That's not so bad. In my class, more than twenty students never read them.
Takumi : You're right, Kate. But more than ten students read newspapers every day in your class. That's also not so bad.
Question : Which is Kate's class?

3 **No.1** Minami has a friend in Hawaii. His name is David. They have sent letters to each other for three years. David likes Japan very much because he knows Japan has four beautiful seasons. Among them, he is interested in winter because he has never seen snow in his town in Hawaii. Last winter, Minami sent some pictures of snow to him, and he was very happy to see them. He wants to see beautiful snow and walk on the snow in Japan someday.
Question : Why is David interested in winter?
No.2 Hello, everyone. Today, I will talk about how to make new friends.
When I was an elementary school student, I had to change schools. On the first day at my new school, I was worried and thought, "Can I make new friends?"
The next day, a girl smiled at me and said, "Hi. My name is Megumi. Let's walk home together." While we were walking, we talked about many things. I was very happy. After that, we became good friends.
When I was a first-year junior high school student, a new classmate came from a different city. Her name was Nana. On her first day, she looked nervous. I wanted to talk to her, but I was too nervous. When I came home, I told my mother about my new classmate. She said to me, "You had the same experience, right? Be kind to her." Just then, I remembered my experience. That night, I decided to talk to Nana.
When I was walking to school the next day, I saw Nana. I said with a smile, "Good morning, Nana. My name is Kyoko. Let's go to school together." We talked a lot. Nana was friendly and kind. We became good friends.
Since then, I talk to my classmates with a smile. That is a good way to make new friends. You should try it, too.
Question : What does Kyoko do to make new friends?

4 **No.1** When you go to the supermarket and buy something, you can get plastic shopping bags if you want. Some people may think that using many plastic shopping bags is bad for the environment. Others may think that they are very useful because you don't need to bring your own bags. What do you think?
No.2 Jane and Mami enjoyed eating chocolate cake in a coffee shop. Jane said, "I love chocolate cake. I've made chocolate cake before." Mami said, "Oh, can you tell me how to make it?" "Sorry, that was three years ago!" said Jane.

【国語】解説

四 ⑴　A――は「こう（副詞）/し（動詞）/なけれ（助動詞）/ば（助詞）/なら（動詞）/ない（助動詞）」と分ける。

⑵　直前の「偶然が人間の感情やら言語の好みや思考法を形づくる」には、本と偶然に出会う→読む→影響を受ける→人間の感情やら言語の好みや思考法が形づくられるという流れがあるので、「偶然」は出発点にある。

⑶　Ⅰ「精読せよ」のあとに、「反対に」から始まる一文が空欄に当てはまる。

Ⅱ本文の「面白そうなところ、おいしそうなところだけ」という内容を、指定語「関心」を使って、「関心のあるところだけ」とまとめる。また、「つまみ食い」が読み方の比喩であることを押さえる。

⑷　D――は、正反対の読書のすすめに翻弄された読者の正直な意見を代弁および共感しているので、**エ**が適当である。

⑸　E――「いつとはなしに」は、「いつのことかわからないうちに。いつのまにか。」という意味。直前の「そういうことをくりかえしているうちに」とは、「読みかたについて」「自分の直感にしたがってやってみる」「うまくいかなければ、別の方法に変える」「別の本に取りかかる」ということをくりかえしていくうちにという内容なので、**イ**が適当である。

⑹　指定語に着目すると、F――の前に「成果」に関連して「読書とは、時間のかかるものであり、眼で見てすぐそれとわかるのではない、ゆるやかな成果を上げるもの」と言及している点と、F――のあとに「疲労」に関連して「読書とは知的・頭脳的労働の一種なのだから、面倒なときにはひどく面倒なのだし、疲れるときにはひどく疲れるものなのだ」とあることから、それぞれを繋げてまとめる。

五 ⑴　中学校に入れるかなど、「私」に問いかけ、「本当に靖ちゃん、そう思うかい？」や「うん、だけど……」と繰り返し発していることから、房太郎の不安な気持ちが読みとれるため**エ**が適当である。

⑵　Ⅰ　B――「危ないもんだ」というのは、房太郎の実情（=「ちっともそれを勉強していない」、「六年の算術だって、やっと」）を知る「私」の本心（=中学校に入るのは危ない、可能性が低い）であることを押さえる。

Ⅱ「本当にそうだと思っていない」のに言葉では「入れるさ、大丈夫だよ。」と言うのに対し、表情は本心に沿っているので、**ア**が適当である。

⑶　C――「優越感」では、房太郎よりすぐれているという感情で心が満たされているが、七行目から始まる一文では「胸のあたりが空っぽになる」と、房太郎の気に入るような嘘をつくことにむなしさを感じている。

⑷　D――「帽子を目深くかぶった」には自分の存在を隠したいという気持ち、「そしらぬ風」は房太郎が女の子たちを「からかっている」のに気づかないふりをしていることが読み取れる。つまり、「私」は、房太郎の仲間として一緒になってからかっていると思われたくないので、**イ**が適当である。

⑸　(a)　色の描写で残っているのは「黒い袴」である。赤い袴の女の子たちが多い中、黒い袴の京子の存在は目立つ。

(b)　房太郎の「急に赤い顔をした」「まごつかせた」という態度の変化と、京子の「急に赤い顔になり、友達のあとを追って走った」という態度の変化を指している。

(c)　空欄には、京子を見守る「ほかの女の子たちは、校門のところに集まって、溺れかけた人が岸に着くのを見るような様子」という部分から、比喩部分を具体化して指定条件を満たしてまとめる。

六 ⑴　和歌と器を対比させて、器をどのような用途で作るのかに言及した空欄部分であるので、**ウ**が適当。それ以外だと意味をなさない。

⑵　A――では、和歌は、和歌を詠む人が「ただ思うことを言い述べる」ものと定義している。このあとで、和歌を樹木に例えた話へと推移するが、A――に対応しているのは、樹木は「天地の恵みにて成長し、年月久しく生ひ繁りて、立てるまでなり（=雨と土の恵みで成長し、長い年月で生い繁って、立っているまでのものである）」という部分が該当する。

⑶　歴史的仮名づかい「ゑ」は、「え」と直す。

⑷　C――の「されども」は逆接の意味を表す接続詞であり、「（大木から材木として切り出し）器を作ろうとすると器になる。しかしながら、（大木として）山に立っているときは」という流れなので、**ア**が適当。

⑸　**ア**「奇抜さをたしなめている」とは本文にない。**イ**「あるがままの姿にしておく」、**ウ**「役に立とうと存在している」がそれぞれ不適当。**エ**「それぞれの宜しきに用ゐらるる」とあるのと合っている。

⑹　「伯楽不常有」において「不」は「ず」と読み、否定を表す文字である。「伯→楽→常→有→不」の順序であるから、「有」の左下に二字以上返って読む「一・二点」の「一」を、「不」の左下に「一・二点」の「二」を書き入れる。

<現代語訳>

和歌は器のように、その大小善悪の用途のために作るものではない。ただ役に立つのは自然のことで、その本質は、（和歌を詠む人が）ただ思うことを言い述べるまでのことである。たとえば樹木のようなものである。人の役に立とうとして、植え生えているのではなく、山に大木にまで成長して立っていると、人がこれを見て、よい材木（になる）と思って、伐採して用いる。さてその材木の用いるには、さまざまな大小善悪のいろいろなものになる。家を作ろうとすると家の資材になる。器を作ろうとすると器になる。しかしながら山に立っているときは、松はただの松であり、ヒノキはただのヒノキであり、雨と土の恵みで成長し、長い年月で生い繁って、立っているまでのものである。この時にその木自体が、（自らが）何々に用いられるものということはないのである。それぞれ（受け手側によって）都合のよいように用いられるのである。

七 <作文解説>

一　原稿用紙の正しい使い方で書く。

①文章の書き出しは一マスあける。　②一マスには一字、一記号を入れる。　③どの行でも、一番初めのマスには「、」や「。」は書かない。　④改行したら（二段落目に入ったら）最初の一マスはあける。

二　二段落構成とし、条件に沿った文章を書く。

三　最後に見直しをする。

・自分の考えをはっきり書いているか。

・一文が長すぎず、すっきりとわかりやすい文章で書いているか。

・常体文（～だ。～である。）と敬体文（～ます。～です。）が交じっていないか。

・文法上の間違いはないか。　・誤字、脱字がなく、送り仮名、句読点、符号などは適切か。

以上のことに気をつけて作文する。作文は、すぐに上手に書けるようになるものではないので、日頃から短文を書く練習をしたり、日記をつけたりして、作文に慣れておくことが大事である。

【数学】解説

1 (1) ① $(-40)\div(-5)=+\dfrac{40}{5}=8$

② $(7a+5b)-(2a-3b)=7a+5b-2a+3b=5a+8b$

③ $(\sqrt{2}-\sqrt{3})^2=(\sqrt{2})^2+2\times\sqrt{2}\times(-\sqrt{3})+(-\sqrt{3})^2=2-2\sqrt{6}+3=5-2\sqrt{6}$

(2) ① 切手Aを３枚で，$x\times3=3x$（円） 切手Bを２枚で，$y\times2=2y$（円） よって，$(3x+2y)$円

② 切手A 20枚，切手B 10枚の代金の関係から，$20x+10y=2310$…(ⅰ)
切手A 10枚，切手B 20枚の代金の関係から，$10x+20y=2100$…(ⅱ)
(ⅰ)を整理して，$2x+y=231$…(ⅲ) (ⅱ)を整理して，$x+2y=210$…(ⅳ)
(ⅳ)×２−(ⅲ)より，$3y=189$，$y=63$ この値を(ⅲ)に代入して，$2x+63=231$，$2x=168$，$x=84$

(3) ① ヒストグラムより，$3+4+6+3+3=19$（店舗）

② **ア** 箱ひげ図より，最小値は２個，最大値は21個だから，範囲は$21-2=19$（個） 正しくない。
イ 箱ひげ図より，最小値は２個だから，正しくない。
ウ 箱ひげ図より，第１四分位数は６個だから，売れた個数の少ない方から５番目の店舗では６個売れた。正しい。
エ 箱ひげ図より，中央値は13個 ヒストグラムより，最頻値は10個以上15個未満の階級の階級値を求めて，$(10+15)\div2=12.5$（個） 中央値の方が大きいから，正しくない。

(4) ① 20以下の自然数20個のうち，２の倍数は$20\div2=10$（個）
３の倍数は$20\div3=6$あまり２より，６個
２と３の最小公倍数は６で，６の倍数は$20\div6=3$ あまり２より，３個
よって，$20-(10+6-3)=7$（個）

② 右のような表をかいて考える。すべての場合の数は$3\times4=12$（通り）
２の倍数でも３の倍数でもない自然数は○印の４個なので，求める確率は$\dfrac{4}{12}=\dfrac{1}{3}$

1(4)②

B＼A	1	2	3
0	10	20	30
1	⑪	21	㉛
2	12	22	32
3	⑬	㉓	33

(5) $\begin{cases}x+2y=7 & \cdots① \\ 3x+ay=5 & \cdots②\end{cases}$ $\begin{cases}6x+y=-2 & \cdots③ \\ bx+3y=11 & \cdots④\end{cases}$ ２つの連立方程式の解は一致するから，①と③を連立方程式として解く。①−③×２より，$-11x=11$，$x=-1$ この値を①に代入して，$-1+2y=7$，$y=4$
x，yの値を②，④にそれぞれ代入して，$3\times(-1)+a\times4=5$，$a=2$ $b\times(-1)+3\times4=11$，$b=1$

(6) ① $S=\dfrac{1}{2}(a+b)h$，$\dfrac{1}{2}(a+b)h=S$，$(a+b)h=2S$，$a+b=\dfrac{2S}{h}$，$a=\dfrac{2S}{h}-b$

② $a+b=\dfrac{2S}{h}$より，$a+b=\dfrac{2\times45}{5}=18$ (cm)

(7) ①…辺BCを延長する。
②…２点B，Cを中心として，等しい半径の円をかき，２つの円の交点をD，Eとする。
③…直線DEをひき，直線DEと辺BCとの交点をFとする。
④…点Cを中心として，線分CFを半径とする円をかく。この円と直線BCとの交点が求める点Pである。

2 (1) 点Aは，関数$y=-2x+4$のグラフ上の点なので，この式に$x=6$を代入して，$y=-2\times6+4=-8$より，点A$(6,\ -8)$
点Aは，関数$y=ax-4$のグラフ上にもあるので，この式に$x=6$，$y=-8$を代入して，$-8=a\times6-4$，$a=-\dfrac{2}{3}$

(2) 直線ℓと関数$y=-2x+4$のグラフは，y軸を対称の軸として線対称なので，直線ℓの傾きは２，切片は４
よって，$y=2x+4$

(3) $y=2x+4$，$y=-\dfrac{2}{3}x-4$を連立方程式として解いて，$x=-3$，$y=-2$より，点C$(-3,\ -2)$
点D$(0,\ -4)$とすると，$\triangle ABC=\triangle CBD+\triangle ABD=\dfrac{1}{2}\times8\times3+\dfrac{1}{2}\times8\times6=36$ (cm^2)

3 (2) 求める面積は，底面の半径が4 cm，高さが6 cmの円柱の側面積となるので，$(2\pi\times4)\times6=48\pi$ (cm^2)

4 (1) (a) 分速200 mで３分間走るから，$200\times3=600$ (m)
(b) 分速200 mで５分間走り，さらに分速80 mで２分間歩くから，
$200\times5+80\times2=1000+160=1160$ (m)

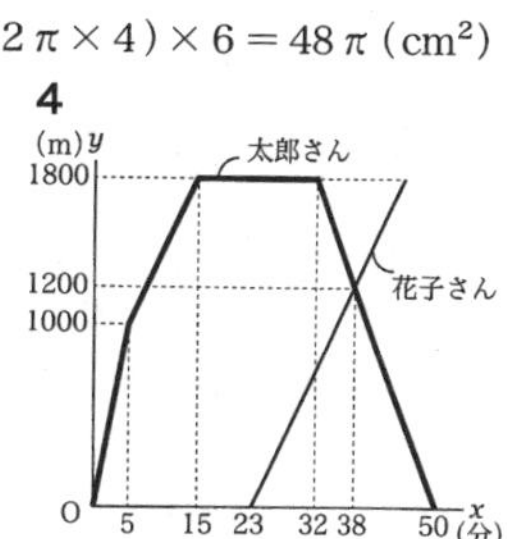

(2) ２点$(5,\ 1000)$，$(15,\ 1800)$を通る直線の式を求める。分速80 mより，傾きは80だから，$y=80x+b$に$x=5$，$y=1000$を代入して，
$1000=80\times5+b$，$b=600$ よって，$y=80x+600$

(3) $0\leqq x\leqq5$のとき２点$(0,\ 0)$，$(5,\ 1000)$を結ぶ線分，$5\leqq x\leqq15$のとき２点$(5,\ 1000)$，$(15,\ 1800)$を結ぶ線分となる。

(4) 太郎さんが図書館を出発してから家に帰りつくまでに$1800\div100=18$（分）かかるので，図書館を出発したのは$50-18=32$より，午前10時32分
よって，図書館で過ごした時間は$32-15=17$（分間）

(5) 太郎さんが図書館を出発してから家に帰りつくまでのxとyの関係を表すグラフは，２点$(32,\ 1800)$，$(50,\ 0)$を結ぶ線分となるから，式は$y=-100x+5000$ この式に$x=38$を代入して，$y=-100\times38+5000=1200$ (m) 花子さんは1200 mを$38-23=15$（分）で歩くから，花子さんの歩く速さは$1200\div15=80$より，分速80 m
［参考］太郎さんが家を出発してから，帰りつくまでのグラフを完成させ，花子さんのグラフもかき加えると右上の図のようになる。

【社会】解説

1 (2) 文章で述べられている農作物はじゃがいもで，**エ**があてはまる。**ア**はさつまいも，**イ**は小麦，**ウ**は米である。

(3) **ア**は1775年，**ウ**は1789年，**イ**は1840年のできごとである。

(5) アジア州やアフリカ州などの発展途上国では，人口爆発とも呼ばれる急激な人口増加に対して，食料生産が追いつかない地域や，病院や学校が不足している地域が多くある。**ア**は北アメリカ州，**イ**はヨーロッパ州である。

2 (2) 日本アルプスから，その東側に南北にのびるフォッサマグナまでの地域を境にして，日本列島の地形は東西で大きく異なる。

(3) 県庁所在地の人口が100万人を超えるのは，ｂの宮城県（仙台市）とｄの福岡県（福岡市）だが，耕地面積から**ア**が宮城県，**ウ**が福岡県である。**エ**は耕地面積が最も広いことからｃの新潟県，残る**イ**がａの秋田県である。

(4) 暖かい気候やさんご礁の海，沖縄固有の動植物，伝統文化などが人々をひきつけ，年間約876万人（2016年度）もの観光客が沖縄を訪れる。

(5) ① 等高線の間隔がせまい所ほど，傾斜は急になる。

② ２万５千分の１の地形図上で２cmの実際の直線距離は，2 cm×25000＝50000 cm＝500mとなる。

3 (2) 南アメリカ州では，先住民がつくったインカ文明が，アンデス山脈周辺で栄えていたが，16世紀にスペイン人にほろぼされた。また，南アメリカ州の東部ではポルトガル人による開拓が始まり，州全体がヨーロッパ州の植民地となった。

(4) 中国の東部の平野では農業がさかんで，降水量が多い長江流域の華中やチュー川流域の華南では稲作が，比較的降水量が少ない黄河流域の華北や，東北地方では小麦などの畑作がおこなわれている。

(6) **ア**２分の１以上ではなく，約40％である。**イ**２分の１以上ではなく，約40％である。**エ**中国ではなく，オーストラリアである。

4 (1) **ア**ラジオ放送は，大正時代の1925年から始まった。**イ**豊臣秀吉が朝鮮侵略を企てた，文禄・慶長の役のとき，連れてこられたり，自らの意思で移住したりした朝鮮の陶工によって陶磁器づくりが伝わった。**エ**16世紀中ごろから始まった，ポルトガル人やスペイン人との貿易である南蛮貿易で，パンやカステラ，カルタなどがもたらされた。

(2) 明治政府は，1871年に藩を廃止し，かわりに府や県を置く廃藩置県を行った。**ア**は1925年，**ウ**は1915年，**エ**は1858年のできごとである。

(4) 日中戦争の中で，国民や物資を優先して戦争にまわそうと，1938年に国家総動員法が定められた。

5 (1) **イ**は1872年，**エ**は日清戦争の前ごろから始まり，綿糸紡績などの軽工業においては，機械による大量生産がおこなわれるようになった。**ア**は1901年に操業を開始した。**ウ**は1914年に始まった第一次世界大戦によって，日本経済は好況になり，国内の工業生産額が大幅に伸びた。

(2) 明治新政府は，強兵のためには，それまでの武士中心の軍隊ではなく，国民による西洋式の軍隊をつくる必要があると考え，1873年に徴兵令を出し，満20歳になった男子から徴兵をおこなった。

(4) 満州にいた日本の軍隊は，1931年，奉天郊外の柳条湖で南満州鉄道の線路を爆破する事件を起こし，中国側のしたこととして攻撃を始め，満州全体を占領した。これを満州事変という。**イ**は北京，**ウ**は青島，**エ**は上海である。

(5) 犬養毅は，軍部の行動をある程度容認していたが，満州国の承認に消極的で，議会政治を守ろうとしたため，1932年５月15日，軍部主導の政治を求めた海軍の青年将校らが首相官邸を襲い，犬養毅首相を殺害した。この五・一五事件以降，政党政治はとだえた。

6 (1) **ウ**は1881年のできごとである。**ア**は1877年，**イ**は1872年，**エ**は1873年のできごとである。

(2) 国会開設を約束した政府は，伊藤博文をヨーロッパに派遣して，君主権の強いドイツ（プロイセン）憲法を中心に，国家制度について調査させた。1885年には，それまでの太政官制度を廃止して，内閣制度を創設した。

(3) ソ連では，レーニンの死後，スターリンの独裁政権が，多くの人々に犠牲を強いながらも，重工業中心の工業化と，農業の集団化を強引におし進め，計画経済の体制を固めた。資本主義諸国が世界恐慌の対策に追われる中，社会主義国のソ連はその影響をほとんど受けずに，五か年計画と呼ばれた計画経済により国内生産を増強した。**イ**はイギリスとフランス，**ウ**は日本，イタリア，ドイツ，**エ**はアメリカ合衆国のニューディール政策である。**資料**中の○――○は日本，●-・-・●はイギリス，■……■はアメリ合衆国である。

(5) 吉田茂内閣は西側の資本主義陣営との間だけで講和を結ぶ立場をとり，1951年，48か国との間で，サンフランシスコ平和条約を結んだ。調印国の多くは，日本に賠償を求めなかったが，沖縄と奄美群島，小笠原諸島は，引き続きアメリカ合衆国が統治することになった。また，平和条約と同時に結んだ日米安全保障条約のもとで，日本はアメリカ合衆国の軍事基地が，国内に残ることを認めた。

(6) **イ**は1978年のできごとである。**ア**は1960年，**ウ**は1964年，**エ**は1946年から1950年のできごとである。

【理科】解説

1 (1) 水の電気分解において，電気分解装置の陽極側に集まる気体は酸素で，陰極側に集まる気体は水素である。
(3) 音が伝わる速さは気温などで多少変わるが，音量の大小では変わらない。また，一般に音が物質間を伝わる速さは，固体，液体，気体の順に速くなる。
(4) 等圧線の間隔がせまくなっている場所では，強い風がふいていると判断できる。

2 (1) 種子によってなかまをふやす植物を種子植物という。シダ植物とコケ植物は胞子をつくってなかまをふやし，シダ植物は葉・茎・根の区別があるが，コケ植物にはない。種子植物は胚珠という小さな粒が子房に包まれている被子植物と，胚珠がむき出しになっている裸子植物とに分類される。**ア**は被子植物をさらに単子葉類と双子葉類とに分類するときの観点で，**ウ**はすべての植物がもっている特徴である。
(2) 被子植物が受粉して成長すると，子房がふくらんで果実となり，胚珠は種子となる。
(3) コケ植物の根のようなつくりを仮根といい，仮根はコケ植物の体を土や岩などに固定する役割があるが，水の吸収は体全体で行っている。

3 (1) $1\,\mathrm{mL} = 1\,\mathrm{cm^3}$から水とエタノールはそれぞれ$30\,\mathrm{cm^3}$，$8\,\mathrm{cm^3}$となり，それぞれに密度をかけると質量が求められるので，水とエタノールの質量は$30\,\mathrm{cm^3} \times 1.00\,\mathrm{g/cm^3} = 30\,\mathrm{g}$，$8\,\mathrm{cm^3} \times 0.79\,\mathrm{g/cm^3} = 6.32\,\mathrm{g}$となる。したがって，質量パーセント濃度は，$\dfrac{6.32}{30.0 + 6.32} \times 100 = 17.40\cdots\%$
(2) 沸騰石の表面には細かい穴が無数にあり，沸騰石を液体の中に入れて加熱すると，はじめに細かい穴の中に気泡ができることにより急な沸騰（突沸）を防ぐことができる。
(3) (a) 液体を沸騰させて気体にし，それを冷やして再び液体にして集める方法を蒸留という。蒸留は原油をプロパンなどのガスや灯油，石油などに分けることにも利用されている。
(b) 混合物を加熱すると沸点の低い物質から気体になるが，他の物質も少し気体になっている。したがって，試験管Ａに集まった液体の大部分はエタノールであるが，水も少し含まれている。

4 (2) (a)，(b) 流水によって長い期間侵食が進むと，その流れに沿って谷が刻まれ，Ｖ字谷ができる。川の流れが速いと侵食も速く進み，細く深い谷となる。また，流水のはたらきが，ゆるやかになった場所に堆積物が積もってできた扇形の平らな土地や広い平野を扇状地という。
(3) 川の流れが曲がる場所では，内回りで流れる水と外回りで流れる水とで，水のはたらきがちがっている。内回りで流れる水より外回りで流れる水の方が，水の流れが速いので侵食のはたらきが大きくなり，内回りで流れる水では水の流れが遅くなり，土砂が積もるはたらきが大きくなる。

5 (2)，(3) 回路全体に流れる電流が大きいほど磁界が強くなるので，コイルの振れ幅は大きくなる。ａ～ｄそれぞれの電流を求めると，ａは$200\,\mathrm{mA} = 0.2\,\mathrm{A}$，ｂは$600\,\mathrm{mA} = 0.6\,\mathrm{A}$，ｃの並列回路には，抵抗器Ａ，Ｂにそれぞれ$6.0\,\mathrm{V}$の電圧が加わるので，回路全体に流れる電流は$0.2\,\mathrm{A} + 0.6\,\mathrm{A} = 0.8\,\mathrm{A}$ となる。ｄの直列回路の抵抗器Ａ，Ｂの大きさをそれぞれ求めると，抵抗器Ａは$6.0\,\mathrm{V} \div 0.2\,\mathrm{A} = 30\,\Omega$，抵抗器Ｂは$6.0\,\mathrm{V} \div 0.6\,\mathrm{A} = 10\,\Omega$なので回路全体の抵抗が$30 + 10 = 40\,\Omega$となり，回路全体に流れる電流は$6.0\,\mathrm{V} \div 40\,\Omega = 0.15\,\mathrm{A}$となる。したがって，ａ～ｄそれぞれの回路全体に流れる電流の大きさを小さい順に並べると，ｄ→ａ→ｂ→ｃとなる。

6 (1) 細胞分裂とは，１つの細胞が２つの細胞に分かれることをいい，**図１**の根の先端の印が最も位置の変化が見られたことから，先端の印とその次の印の間で細胞分裂が盛んに行われていることがわかる。
(3)，(4) 細胞分裂は次のように行われる。核の変化が始まり染色体が複製される（このとき染色体が２倍になる）→核の染色体が見えてくる→染色体が太く短くなって２つに分かれる→分かれた染色体は細胞の両端にそれぞれ移動する（２倍になっていた染色体の数が半分ずつになる）→仕切りができる→染色体のかたまりは核になり２つの細胞になる→１つ１つの細胞が成長して大きくなる。

7 (2) (a)，(b) 焦点距離の２倍の位置に物体を置いたとき，反対側の焦点距離の２倍の位置に実像ができる。したがって，**実験１**に用いた凸レンズの焦点距離は$30\,\mathrm{cm} \div 2 = 15\,\mathrm{cm}$である。また，スクリーンに映る像は同じ方向から見ると，実物を上下左右逆にした姿になる。
(3) **実験１**の②でフィルターから凸レンズまでの距離が$30\,\mathrm{cm}$のとき，スクリーン上に映った像はフィルターにくり抜かれた「Ｌ」の文字と同じ大きさをしている。その距離が$30\,\mathrm{cm}$より長くなると像は小さくなり，短くなると像は大きくなる。

8 (1) 暖気と寒気がぶつかったあと，寒気が暖気の下にもぐり込んで前線ができ，寒気と暖気が渦のような動きになって低気圧ができる。寒冷前線（前線Ｂ）は，温暖前線（前線Ａ）よりも速く移動するため，やがて寒冷前線が温暖前線に追いついて閉塞前線となる。
(2) 温暖前線（前線Ａ）がＰ地点を通過すると，寒気に包まれていたＰ地点は暖気に包まれ，気温が急に上がる。また，寒冷前線（前線Ｂ）がＰ地点を通過すると再び寒気に包まれるので，気温が急に下がった５時～６時の間に，前線Ｂが通過したと考えられる。

9 (1) 有害な気体が発生する薬品を使う場合は，換気をしっかりと行い，保護メガネをつける必要がある。また，保護メガネをしていても溶液をビーカーに注ぐときは，ガラス棒を伝わらせるなど安全に実験を行うよう心掛ける。
(2)，(3) この**実験**で発生する気体は二酸化炭素である。**表**より，気体の発生量はそれぞれ，０～２分で，$56.0 - 53.9 = 2.1\,\mathrm{g}$，２～４分で，$53.9 - 53.1 = 0.8\,\mathrm{g}$，５～７分で，$53.0 - 52.9 = 0.1\,\mathrm{g}$となる。炭酸水素ナトリウムを入れた直後は反応が盛んなため，気体の発生量が多く，時間の経過とともに気体の発生量は少なくなる。

【英語】解説

1・2・3 リスニング本文を参照。

4 あてはまる単語はそれぞれ，**No.1** ①「役に立つ」，②「〜を持って来る」，**No.2** ①「〈動名詞の形で〉食べること」，②「以前に」という意味。

5 (1) 「それら（＝バッグ）は私たちのものです」あとに名詞が続かないので，weを所有代名詞のoursにする。

(2) 「私は昨日，たくさんの人々の前で歌を歌いました」過去時制の文とわかるので，singを過去形のsangにする。※sing－sang－sung

(3) 「明日の朝までに雨は降りやむでしょう」〈stop＋〜 ing（動名詞）〉の形で「〜するのをやめる」という意味。天候を表す文の主語はitを使う。このitは，「それ（は）」と訳さないことに注意する。

(4) 「私はその本をどこで見つければいいかわかりません」〈疑問詞where＋to 不定詞〉で「どこで〜するのか，〜する場所」という意味。

(5) 「この町では夜にたくさんの星が見られます」受け身の文に助動詞が入る場合は，〈助動詞（can, will, may, must, shouldなど）＋be＋過去分詞〉の形で表す。seenはseeの過去分詞形。※see－saw－seen

6 まずは，二つのイラストを見比べて，「現在の様子」が「15年前の様子」と異なる点を挙げる。例として，「大きな病院がある」，「橋がある」，「スーパーマーケットがある」，「より多くの住宅がある」などが挙げられる。次に，それを踏まえて現在の人々の生活を想像して書く。（解答訳：Ⓐ（今は，）川の近くに大きな病院があります。Ⓑ（それで，この市の人々は）病気になったときに病院へ行くことができます。そのうえ，小さな子どもたちを容易に病院へ連れて行くことができます） 別解：Ⓐ（Now,）there is a bridge across the river. Ⓑ（So, people in this city）can easily go to the supermarket when they want to shop. By using the bridge, it doesn't take much time to travel around.（別解訳：Ⓐ（今は，）川に橋がかかっています。Ⓑ（それで，この市の人々は）買い物したいときにスーパーマーケットへ容易に行くことができます。橋を使うことで，移動するのにあまり時間がかかりません）

7 (1) ① スライド1のグラフを見ると，70歳から74歳までの男性の約80％が週１日以上の運動を実施していたことが読みとれるので，**エ**を選ぶ。

② 下線部の文は，「なぜ高校生の（運動する人の）割合が低かったのでしょうか」という意味。その理由についてタケルは，第３段落で説明している。**イ**「彼らは生活の中で他にやるべきことがたくさんあった」を選ぶ。

③ 空所を含む文は，「一部の高校生は，技術を『向上させる』ために部活動でとても一生懸命にスポーツをする」という意味。第１段落にあるimproveが入る。

④ タケルは運動する習慣を身につけていく方法として，第４段落で四つの具体例を挙げている。**ウ**「自分の町で軽スポーツをすること」は二つ目の具体例と一致する。

(2) ① 空所を含む文は，「もし一日に両方のサイクリングコースを回るときに自転車を借りるなら，少なくとも（　　）円支払わなければならない」という意味。案内にあるサイクリングコースの所要時間から，両方回る場合は３時間を超えることが確実であり，５時間近くかかるとわかるので，少なくとも800円は必要となる。

② **ア**…レストランは二つあるが，図書館は一つしかないので，誤り。

イ…自転車を借りるショップは駅前にあるので，正しい。

ウ…所要時間はBのコースの方がAよりも１時間以上長くかかることから，距離もBのコースの方が長いと考えられるので，誤り。

エ…公園はBのコースにあるので，誤り。

8 (1) 第３段落で下線部①のいくつかの理由について楓のおじが答えていることから，楓は，「なぜ多くの飛行機（の機体）は白いのか」という主旨の質問をしたと考えられる。

(2) 挿入する英文は，「私はその日がすぐに来ることを望みます」という意味。**イ**に入れると，直前に「おじは次回会ったときに，他の理由を私に教えると言いました」とあり，「その日」が「次回会ったとき」を指しているということが明確になるので，自然なつながりとなる。

(3) 下線部②は，「同じこと」という意味である。第４段落半ばの下線部②直前までの内容を踏まえる。

(4) **ア**…第３段落参照。楓のおじは，飛行機の白い塗料の作り方ではなく，多くの飛行機が白い理由について楓に教えたので，誤り。

イ…第４段落参照。楓が通りで見た自動車の車体の色は白が最も多かったとわかるが，全部が白かったわけではないので，誤り。

ウ…第４段落と最終段落を参照。色について学んだのは，二週間前に図書館で調べたときと，先月の美術の時間のときなので，誤り。

エ…第５段落参照。夜にレインコートを着るときは（目立つ）派手な色にすべきと述べているので，誤り。

オ…最終段落参照。同じ内容が読み取れるので，正しい。

9 (1) 話の流れから，**ア**「何を書いていますか」を選ぶと自然なつながりとなる。

(2) 話の流れから，**エ**「それ（＝読む練習をした絵本）をじょうずに読みましたか」を選ぶと自然なつながりとなる。

(3) 話の流れから，**ウ**「その経験からあなたが学んだことをうれしく（思います）」を選ぶと自然なつながりとなる。

(a) 続けて涼子が保育所の先生に質問した内容を手がかりにする。解答例は，「（私は）何をすべきかわかりませんでした / その理由を知りたいと思いました」という意味。

第２回 紙上公開もぎ（令和５年10月実施）

【国語】解答

配点／一・二・三・四(2)・五(5)(a) 各２点，**四(6)** ４点，**七** 12点，他 各３点

一 (1) **ア** (2) 〔例〕（昔話を正しく）理解できていない（子どもが増えていることだと考えた。）
(3) **エ** (4) **ウ**

二 (1) かせん (2) ほうがん (3) はさ（まる） (4) たくわ（える）

三 (1) 横着 (2) 製薬 (3) 蒸留 (4) 編（み） (5) 巡（る）

四 (1) **ア** (2) **エ**
(3) Ⅰ：科学が理解できる素地 Ⅱ：〔例〕内容が高度で理解できない (4) **イ** (5) **エ**
(6) 〔例〕データを駆使して未来を予測し、慎重に検討する（ように話し合うとよい。）

五 (1) **ウ** (2) Ⅰ：〔例〕父から反対されたため絶縁された Ⅱ：**エ**
(3) 半年ぶりで (4) **イ**
(5) (a) 短い沈黙 (b) 五分と経たぬうち
(c) 〔例〕ヨイの幸せを願っているのに、素直になれない

六 (1) **ア** (2) おぼされん（ひらがなのみ可） (3) 花、紅葉をもてあそび、月、雪に戯るる
(4) **ウ** (5) **ア** (6) 花ニ 有リ二 清 香一 月ニ 有リレ 陰

七 二段落構成とし、前段には、二人の考え方を整理して書く。前段の例として、松田さんはおのおのが責任をしっかり果たすこと、成功という結果が必要だと考えている。一方で、山岸さんは文化祭を通じてコミュニケーションを深めることで絆が深まると考えている、など。後段では、二人の考え方をふまえて、クラスの絆を深めるためにはどうすればよいかについて、自分の考えを理由とともに具体的に書く。それらの内容が、注意事項に従って書かれているかどうかを総合的に判断し、採点する。

【数学】解答

配点／1(1)・**2**・**3**(1)(c)・(2) 各５点，**1**(5)・(7) 各６点，他 各３点

1 (1) ① -3 ② 31 ③ $x=\dfrac{-7\pm\sqrt{13}}{2}$
(2) ① $30x-2x^2$ cm² ② 4 cmずつ，11 cmずつ（順不同・完答）
(3) ① $x=6$，$y=5$（完答） ② **イ**
(4) ① $y=-\dfrac{48}{x}$ ② $\dfrac{1}{4}$ (5) $a=-2$，$b=-3$（完答）
(6) ① $h=\dfrac{V}{\pi r^2}$ ② 9 cm (7) 右図

2 (1) $y=-\dfrac{1}{2}x+15$ (2) 44 cm² (3) $\left(15,\ \dfrac{15}{2}\right)$

3 (1) (a) CA (b) BAD
(c)〔例〕③，④より，∠ABD＝∠CAE ……⑤
①，②，⑤より，
直角三角形の斜辺と１つの鋭角がそれぞれ等しいので，
△ABD≡△CAE
(2) 50 cm²

4 (1) ① (a) **ウ** (b) **エ** ② $y=-80x+1600$
(2) ① 800 m ② 15分後 ③ 右図

1(7)

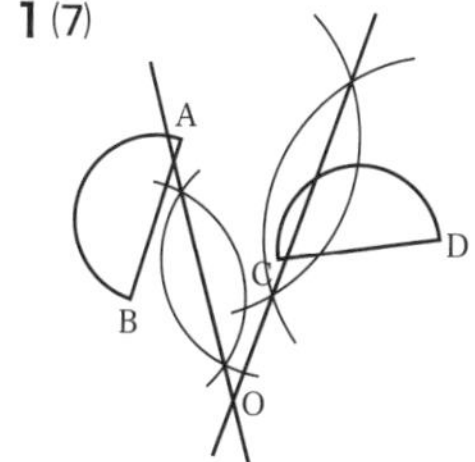

4(2)③

(m) y
800
600
400
200
O 10 20 30 40 50 x (分)

【社会】解答

配点／1 各２点，他 各３点

1 (1) **ア→ウ→イ**（完答） (2) 国際連合（漢字のみ可） (3) **イ** (4) 持続可能（漢字のみ可）
(5) **ア**

2 (1) Ⅰ：東海（地方） Ⅱ：津（市）（漢字のみ可）（完答）
(2) ① アイヌ（カタカナのみ可）
② （農業就業者一人あたりの）〔例〕耕地面積が広く，農業産出額が多い。
(3) **エ** (4) ① **ウ** ② 1000（m）

3 (1) **ウ** (2) フィヨルド (3) 原油
(4) 〔例〕輸出額が大きく増加しており，農産物の輸出割合が減り，工業製品の輸出割合 (5) **エ**

4 (1) **エ** (2) **イ** (3) 都：長安 符号：**ア**（完答）
(4) 上皇：後鳥羽（上皇） 符号：**ウ**（完答） (5) **イ** (6) 島原

5 (1) **イ** (2) 〔例〕ロシアの南下政策を警戒したから。 (3) **エ**
(4) 語：高度経済成長（漢字のみ可） 符号：**ウ**（完答） (5) **ア**

6 (1) **イ** (2) グローバル（カタカナのみ可） (3) 少子高齢化 (4) **エ**

7 (1) ドイツ (2) ① 国民投票 ② **イ** (3) Ⅰ：象徴 Ⅱ：内閣（完答）

【理科】解答

配点／2(3)・3(3)・4(1)・5(1) 各2点，他 各3点

1 (1) **ウ**　(2) 電子線（陰極線）　(3) **オ**　(4) **ア**

2 (1) **イ**　(2) 〔例〕呼吸で使われる酸素と光合成で出される酸素の量が等しかったから。
(3) x：**ウ**　y：葉緑体

3 (1) **ア**　(2) 2210（m）　(3) ①**イ**　②**エ**

4 (1) (a) 発熱（反応）　(b) **ア**　(2) Fe＋S→FeS　(3) 6.4（g）

5 (1) (a) **エ**　(b) **ウ**　(2) 凝灰岩　(3) 右図

6 (1) 飽和　(2) **イ**　(3) **ア**　(4) 〔例〕水溶液から水を蒸発させる。

7 (1) **ア**　(2) (a) 梅雨　(b)〔例〕地面や海面と接するところ（完答）
(3) D→C→A→B（完答）　(4) 10（℃）

8 (1) P：**イ**　Q：**カ**（完答）　(2) 右図
(3) (a) DNA（アルファベットのみ可）　(b) **ア**

9 (1) 等速直線（運動）　(2) **ウ**
(3) x：0.4　y：56.0（完答）　(4) 42.0（cm/s）

5(3)

地表からの深さ〔m〕　0　5　10　15　20　25　P

8(2)

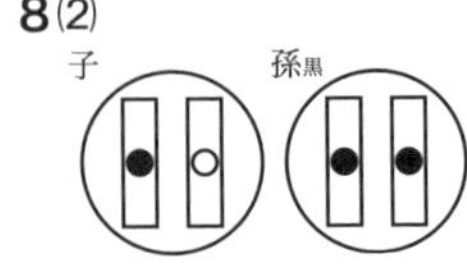

【英語】解答

配点／6 8点，7(1)③・9(a) 各4点，他 各3点

1 **No.1** A　**No.2** C　**No.3** B

2 **No.1** C　**No.2** D

3 **No.1** D　**No.2** B

4 **No.1** ① dictionary　② another　**No.2** ① paper　② build

5 (1) swimming　(2) been
(3) **ウ→ア→オ→エ→イ**（完答）　(4) **エ→ウ→オ→イ→ア**（完答）　(5) **オ→ア→ウ→エ→イ**（完答）

6 ①〔例〕One day, Shinji wanted to make his father happy and decided to wash his father's car.
③〔例〕When he finished washing it, it started raining, so he became very sad.

7 (1) ①**エ**　②**イ**　③・〔例〕ものを覚えるための助けになること。・〔例〕気分がよくなること。　④**ウ**
(2) ①**ア**　②**イ**

8 (1) **ウ**　(2) A yak is a big animal like a cow with long hair.（完答）
(3) 〔例〕ヤクの毛を売れば，お金が得られて，村の子どもたちが学校に通えるようになるということ。
(4) **ウ**

9 (1) **イ**　(2) **エ**　(3) **ア**　(a)〔例〕important for her to cook［make］

リスニング本文

1 **No.1** Ms. Green：Hi, Kenta. You were late for school today, so I was worried about you.
Kenta：I'm sorry, Ms. Green. I've never been late for school. This is my first time.　Ms. Green：What happened?

No.2 Boy：Did you know Mami speaks English well?
Girl：Sure. She learned it in Canada.　Boy：Really? When was she in Canada?

No.3 Girl：Have you read this book? It's interesting.　Boy：No. I've never read it. What is it about?
Girl：It is about some people. They helped many animals. Are you interested in this book?

2 **No.1** Paul：Kyoko, which room should I clean next week?
Kyoko：Look at this, Paul. Your group is cleaning the music room this week. Next week your group will clean the library.
Paul：Thank you. I understand. Kyoko, which group are you in?
Kyoko：I'm in group A. This week we are cleaning the classroom. So, next week we'll clean the teachers' room.
Question：Which group is Paul in?

No.2 I'll tell you about my city. There is a large park. Please visit the museum in the park. You may find interesting things there. There is a library next to the park. Last year, near the park, a nice restaurant opened. It is very popular with young people. It's between a hospital and a supermarket. You should go to that restaurant when you are in my city.
Question：Where is the hospital?

3 **No.1** Man：Excuse me. Could you tell me how to get to Umineko Stadium?
Woman：Sure. You can take the Red Line or the Blue Line.　Man：Which line is better? I don't have much time.
Woman：Then you should take the Blue Line.　Man：OK.
Woman：Take the Blue Line to Kamome-machi and change trains there.
Man：I see. How many stops is Kamome-machi from here?
Woman：Three stops.　Man：Which line should I take from Kamome-machi?
Woman：Take the Green Line. And get off at the second station and then you can walk or take a bus to Umineko Stadium.
Man：Thank you. I'll take the bus.
Question：How will the man go to Umineko Stadium?

No.2 Tomoya is thirteen years old. He began to play soccer when he was five years old. He often played it with his father when he was an elementary school student. But after he joined the soccer club at his junior high school, he became very busy. It was difficult for him to have time to play soccer with his father.

Last Friday, when Tomoya was eating breakfast, his father said to him, "Shall we play soccer tomorrow? You have no club activities tomorrow, right?" Then Tomoya said, "Yes. Let's play."

In the evening, Tomoya's father came home and said, "Sorry, Tomoya. I must work tomorrow. I can't play soccer with you." Tomoya was sad to hear that.

The next day, Tomoya went to the park and played soccer alone, but it was not fun. When he started to leave the park, his father came and said, "Tomoya, I finished my work. Let's play soccer together." Tomoya said with a smile, "Yes. Let's play." He felt happy.
Question：Why did Tomoya feel happy in the park?

4 **No.1** Olivia will study Japanese at school this year, so this afternoon, she went to the bookstore and got a dictionary. She needs a textbook, too, but she'll buy that another day. She has a dream of working in Japan in the future.

No.2 You know bamboo, right? It's called *take* in Japanese, and it is very useful. We can make paper from it. We can also make tables, chairs, and mats out of it. We can even use it to build houses. For example, in Costa Rica, they make houses out of it.

【国語】解説

四 ⑴　A――と**ア**は根拠に基づいて推しはかる「推定」、他はすべて何かにたとえる「たとえ（比況）」である。
⑵　直前に「現代という時代」に言及し、空欄を含む一文の最後が「流行しました」と過去について言及していることから、**エ**「歴史的」に見ていることがわかる。
⑶　Ⅰ　現在における科学の専門家でない人（＝一般人）の科学への理解については、「科学の考え方や方法を身につけています」、「基本的な科学の素養を身につけた」、「科学が理解できる素地」と繰り返し述べている。この中から字数制限に合うものを選ぶ。
Ⅱ　C――の次の段落の「科学の内容があまりに日常を離れ、また難しくなっている（＝高度）ため、自分たちには理解できないと感じられてしまうことです。」の部分を参考にまとめる。
⑷　D――は、筆者の考えを、「　」でキャッチフレーズのように提示し、強調している点から、**イ**が適当である。
⑸　E――を含む段落では、科学者に対し「ブレーキ」のような役割を果たす「市民」について言及している。ブレーキになれるのは、「科学の内容を理解し、さらにそれが現実化したときに、どのような事態が引き起こされるかを判断できる知力」を持つ市民という内容なので、**エ**が適当である。
⑹　指定語に着目すると、F――の後に「データ」に関連して「手持ちのデータを駆使して、未来を予測する」と言及している点と、「検討」に関連して「そのような予測を世界各国のみんなが慎重に検討し」とあることから、それぞれを後の言葉とつながるようにまとめる。

五 ⑴　最初の三行に描かれていることを並べ替えると、傘が実家にある→雨が降るたびに心が重くなる→三日間雨が降り続き、心が重い日が続いた→次の日傘を取って来ようと決心した、となるので**ウ**が適当である。
⑵　Ⅰ　指定語「絶縁」は、本文中では「勘当」、「二度と帰って来るなと言われ」に該当し、これは結婚を反対する父に言い渡されたことである。
Ⅱ　B――「歯を食いしばる」は、悔しさや苦痛などを歯をかみ合わせて必死にこらえる様子である。「絶縁」というつらい事実よりも結婚することを選んだ（＝勇司の待つアパートに向かう）ことから、ヨイが父の決断を「仕方ないものとして受け入れている」ことが分かる。
⑶　C――の直前の段落で、勘当された家に向かう「ヨイの心は期待と不安でごちゃまぜになる」と描写している点をおさえる。
⑷　もともとヨイには、父との関係を修復したいという気持ちがあり、父ともっと会話したかったのだが、父の「背中を向けた」という拒絶の態度を見て、D――「出かかったことばをあわてて押さえた」ことから、**イ**が適当である。
⑸　(a)　会話文の冒頭に、「――」や「……」が加えられ、「短い沈黙」が繰り返されていることが分かる。
(b)　祝儀袋が事前に用意されていたと推察した論拠は、ヨイからの電話を受けて「五分と経たぬうちに、父は古い自転車にまたがって坂を下って来た」とあり、電話を受けた後で祝儀袋を準備するには到着が早すぎることからである。
(c)　「ひとりで来たのか」と訊(たず)ねる際に、ヨイの顔から目をそらすようにしたり、「勘当した娘を、家に上げるわけにはいかん」と発言したりと、父はヨイに厳しく接している。しかし、ヨイが連絡すると急いで駆けつけてきたり、本当は結婚祝いを入れた祝儀袋をずっと前から用意したりしていたことなどから、ヨイの幸せを願っているが、素直になることができない父の不器用さを読み取り、まとめる。

六 ⑴　形容詞「かたし」には、「それをすることが、むずかしい。なかなかできない」という意味がある。「捨てるのが難しい」と考えると、**ア**が適当。
⑵　歴史的仮名づかいで助動詞などの「む」は、「ん」と直す。
⑶　C――の「かやうの」は「このような」という意味。たとえ風情がなく、情趣を理解しない人でも、感じ取れるものとして、「花、紅葉をもてあそび、月、雪に戯るる（＝花、紅葉を楽しみ、月、雪に興じる）」と具体的に挙げている。
⑷　花、紅葉、月、雪の中で、月の光を第一に挙げた理由は、「折も嫌はず、ところもわかぬもの（＝時も構わず、場所も区別しない）」からと述べているので、**ウ**が適当。
⑸　**ア**「残るところなく、遙かに思ひやらるる（＝あますところなく、はるか遠くに自然と思いをはせる）」とあるのと合っている。**イ**「月に向かって歩いていく」とは本文にない。**ウ**「月明かき夜は、そぞろに」は、月の明るい夜は「騒々しい」ではなく、「何ということもなく」と訳す。**エ**「心なき心も澄み、情けなき姿も忘られて」は、情趣を解しない心も澄みわたり、「自分の情けなさを忘れられて」ではなく、「風情のない姿も忘れられて」と訳す。
⑹　「花有清香月有陰」において、「花→清→香→有→月→陰→有」の順序であるから、「香」の左下に二字以上返って読む「一・二点」の「一」を、最初の「有」の左下に「一・二点」の「二」を書き入れる。次に、二つ目の「有」の左下に一字返って読む「レ点」を書き入れる。
＜現代語訳＞
「それにしても、どういうものがこの世で一番捨てがたいものでしょう。めいめい、心の中で思っておられることをおっしゃってください。」という人がいると、「花、紅葉を楽しみ、月、雪に興じるにつけても、この世は捨てがたいものです。風情のない人もある人も嫌わず、情趣を解しない人も取るに足りない人も区別しないのは、このような方面のことばかりでしょう。それにしても、夕方の月のほのかなのをはじめ、明け方の月の心細い感じまで、時も構わず、場所も区別しないのは、月の光が第一でしょう。春も夏も、ましてや秋や冬など、月の明るい夜は、何ということもなく、情趣を解しない心も澄みわたり、風情のない姿も忘れられて、知らない過去、現在、未来も、まだ見たこともない高麗（＝朝鮮半島）、唐土（＝中国大陸）のことも、あますところなく、はるか遠くに自然と思いをはせるのは、ただこの月に向かい合った時だけです。……（略）」という人がいる。

七 ＜作文解説＞
一　原稿用紙の正しい使い方で書く。
①文章の書き出しは一マスあける。　②一マスには一字、一記号を入れる。　③どの行でも、一番初めのマスには「、」や「。」は書かない。　④改行したら（二段落目に入ったら）最初の一マスはあける。
二　二段落構成とし、条件に沿った文章を書く。
三　最後に見直しをする。
・自分の考えをはっきり書いているか。
・一文が長すぎず、すっきりとわかりやすい文章で書いているか。
・常体文（～だ。～である。）と敬体文（～ます。～です。）が交じっていないか。
・文法上の間違いはないか。　・誤字、脱字がなく、送り仮名、句読点、符号などは適切か。
以上のことに気をつけて作文する。作文は、すぐに上手に書けるようになるものではないので、日頃から短文を書く練習をしたり、日記をつけたりして、作文に慣れておくことが大事である。

【数学】解説

1 (1) ③ 解の公式より，$x=\dfrac{-7\pm\sqrt{7^2-4\times1\times9}}{2\times1}=\dfrac{-7\pm\sqrt{13}}{2}$

(2) ① できる雨どいの断面の縦の長さは x cm，横の長さは $(30-2x)$ cm
よって，断面積は $x\times(30-2x)=x(30-2x)=30x-2x^2$ (cm²)

② $30x-2x^2=88$，$2x^2-30x+88=0$，$x^2-15x+44=0$，$(x-4)(x-11)=0$ よって，$x=4$，11 $0<x<15$ より，$x=4$，11 は問題に適している。したがって，４cmずつ，11cmずつ

(3) ① 度数の関係より，$2+3+x+y+4=20$…①
平均値より，$5\times2+15\times3+25\times x+35\times y+45\times4=28\times20$…②
①，②を連立方程式として解いて，$x=6$，$y=5$

② 第２四分位数とは中央値のことである。値の大きさの順で10番目と11番目の生徒は，どちらも20分以上30分未満の階級に含まれている。よって，答えは**イ**

(4) ① y は x に反比例するから，比例定数を k として，$y=\dfrac{k}{x}$ この式に $x=4$，$y=-12$ を代入して，
$-12=\dfrac{k}{4}$，$k=-48$ よって，$y=-\dfrac{48}{x}$

② すべての場合の数は，$4\times4=16$ (通り) $a=\dfrac{12}{b}$ より，$ab=12$ この式を満たす a，b の組は $(a,\ b)=(2,\ 6)$，$(3,\ 4)$，$(4,\ 3)$，$(6,\ 2)$ の４通りなので，求める確率は $\dfrac{4}{16}=\dfrac{1}{4}$

(5) $x^2+ax+b=0$ に $x=3$，$x=-1$ をそれぞれ代入して整理すると，$3a+b=-9$…①
$-a+b=-1$…② ①，②を連立方程式として解いて，$a=-2$，$b=-3$

(6) ② $BC=8\pi$ cm は底面の円の周の長さと等しいので，底面の円の半径は $2\pi r=8\pi$ より，$r=4$ (cm)
円柱の体積より，$\pi\times4^2\times h=144\pi$，$h=\dfrac{144\pi}{16\pi}=9$ (cm)

(7) ①…２点B，Cを中心として等しい半径の円をかき，２つの円の交点をE，Fとする。
②…直線EFをひく。
③…２点A，Dを中心として等しい半径の円をかき，２つの円の交点をG，Hとする。
④…直線GHをひく。直線GHと直線EFとの交点が求める点Oである。

1(7)

2 (1) 求める直線の式を $y=ax+b$ とする。
傾き a は，直線ABの傾きと等しいので，$a=\dfrac{2-6}{4-(-4)}=-\dfrac{1}{2}$
これより，$y=-\dfrac{1}{2}x+b$ に，$x=10$，$y=10$ を代入して，
$10=-\dfrac{1}{2}\times10+b$，$b=15$ よって，$y=-\dfrac{1}{2}x+15$

2(2)

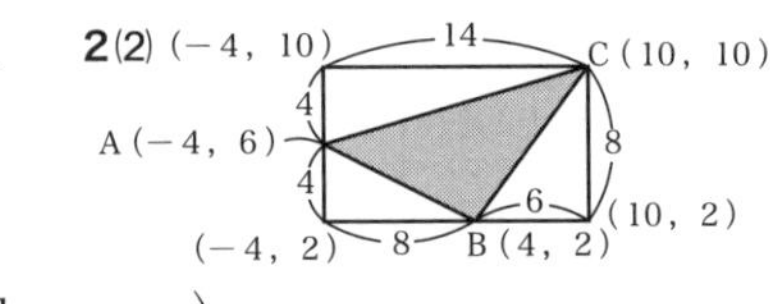

(2) 右図より，$\triangle ABC=14\times8-\left(\dfrac{1}{2}\times14\times4+\dfrac{1}{2}\times8\times4+\dfrac{1}{2}\times6\times8\right)=44$ (cm²)
※ (1)で求めた直線と y 軸との交点をDとすると，AB∥DCより，△ABD＝△ABCとなることを利用して求めてもよい。

(3) AB∥CPのとき，△PAB＝△CABとなるので，点Pは，直線OB $\left(y=\dfrac{1}{2}x\text{…①}\right)$ と，点Cを通り，直線ABに平行な直線 $\left(y=-\dfrac{1}{2}x+15\text{…②}\right)$ との交点である。
①，②を連立方程式として解いて，$x=15$，$y=\dfrac{15}{2}$ したがって，点P $\left(15,\ \dfrac{15}{2}\right)$

3 (2) 四角形BCEDはBD∥CEの台形である。また，△ABD≡△CAEより，DA＝EC，BD＝AEなので，DA＝DE－AE＝14－8＝6 (cm) よって，△ABC＝(台形BCED)－(△ABD＋△CAE)
$=\dfrac{1}{2}\times(6+8)\times14-\left(\dfrac{1}{2}\times8\times6\right)\times2=50$ (cm²)

4 (1) ① (a) １分間に２人合わせて $40+40=80$ (m)進むので，３分後の２人の間の距離は $80\times3=240$ (m)
(b) 16分間に，２人合わせて $80\times16=1280$ (m)進む。遊歩道の周の長さは1600mだから，$1600-1280=320$ (m)

② **図２**から２点(10，800)，(20，0)を通る直線の式を求めると，$y=-80x+1600$

(2) ① 兄がA地点を出発するとき，弟は $40\times10=400$ (m)進んでいる。その後，２人は１分間に $40+40=80$ (m)ずつ離れていくので，$400+80\times5=800$ (m) これは800m以下なので，適している。

② ①より，兄が出発してから５分後に２人の間の距離が最大となり，その後１分間に80mずつ近づくので，$800\div80=10$ (分)で２人の間の距離が0mとなる。よって，兄と弟がすれ違うのは，兄が出発してから $5+10=15$ (分後)

③ ２人が歩いているときは１分間に２人合わせて80 (m)進むので，２人が離れていくときの直線の傾きは80，２人が近づいているときの直線の傾きは－80である。また，弟が遊歩道を一周してA地点にもどって以降，つまり兄が出発してから $40-10=30$ (分後)以降は，兄だけが歩いているので，直線の傾きは－40である。
これより，６点(0，400)，(5，800)，(15，0)，(25，800)，(30，400)，(40，0)を結ぶ折れ線となる。

【社会】解説

1 ⑴ **ア**のコロンブスがアメリカ大陸付近の島に到達したのは1492年，**ウ**の蒸気機関の改良は18世紀後半，**イ**のソビエト連邦の人工衛星打ち上げは1957年である。

⑶ 世界には様々な宗教があり，世界的な規模で広がっている仏教，キリスト教，イスラム教は，三大宗教とも呼ばれる。三大宗教のほかにも，ヒンドゥー教やユダヤ教など，特定の民族や地域と強く結びついて信仰されている宗教もある。

2 ⑵ ① 北海道には，独自の言語や文化をもつアイヌの人々が古くから住んでいた。アイヌの人々は，あらゆるものにカムイ(神)が宿っていると考え，厳しい自然と共生した暮らしを営んできた。そのため，アイヌ語の地名の多くは，土地の自然環境を表現したものになっていて，北海道では，アイヌ語に起源をもつ地名が今も使われている。

⑶ Dは福島県で関東地方と隣接しており，工業団地が多く工業が発達しているため，製造品出荷額が多い**エ**，Aは青森県でりんごの生産がさかんで，農業産出額が多い**ウ**，Cは宮城県で地方中枢都市の仙台市があり，年間商品販売額が多い**ア**，Bは岩手県で残る**イ**である。

⑷ ① **ア**地点Aの標高は150ｍ，地点Bの標高は200ｍである。**イ**警察署(⊗)は，北東ではなく北西の方向にある。**エ**工場(☼)ではなく，発電所・変電所(☼)である。

② ２万５千分の１の地形図で４cmの実際の直線距離は，４cm×25000＝100000cm＝1000ｍとなる。

3 ⑴ **ア**はアフリカ大陸，**イ**は南アメリカ大陸，**エ**は北アメリカ大陸について述べている。

⑶ Aはサウジアラビア，Bはアラブ首長国連邦，Cはクウェート，Dはカタールである。

⑷ ブラジルは長い間，コーヒーの輸出に依存したモノカルチャー経済の国で，天候不良や価格の値下がりのたびに，国の経済は不安定になった。1960年代後半からアメリカ合衆国や日本などの外国企業を受け入れることで，鉄鋼や自動車などの重化学工業を発展させた。

⑸ **ア**男性の人口の方が少ない，**イ**２倍まではない，**ウ**日本の０～９歳の人口の割合は7.8%，ブラジルは14.1%である。

4 ⑴ 672年，天智天皇のあとつぎをめぐる戦いである壬申の乱が起こり，この戦いに勝利し，即位した天武天皇は，皇帝が国家を支配する唐にならい，天皇の力を高めることに努めた。**ア**は239年，**イ**は935年ごろ，**ウ**は1334年のできごとである。

⑶ **イ**，**ウ**は飛鳥時代，**エ**は平安時代の様子である。

⑷ 源氏の将軍が３代で途絶えると，京都で院政をおこなっていた後鳥羽上皇は，1221年，幕府を倒そうとして兵を挙げた。しかし，北条氏に率いられた幕府の大軍に敗れ，隠岐(島根県)に流された。これを承久の乱という。乱後，幕府は，上皇方についた貴族や武士の荘園を取りあげ，そこに新たに地頭を置いた。また，京都には六波羅探題を置いて，朝廷を監視し，西日本の御家人を統制した。

⑹ 1637年，島原(長崎県)・天草(熊本県)のキリスト教徒の百姓など約37000人が，領主による重い年貢の取り立てと，キリスト教に対する厳しい取り締まりに反対して一揆を起こし，島原半島の原城跡に立てこもった。幕府は約12万の大軍を送り，ようやく一揆をおさえた。これを島原・天草一揆という。

5 ⑵ 1900年～1901年の義和団事件で満州に大軍を送ったロシアは，その後も兵をとどめて満州を占領した。韓国を勢力下に置こうとしていた日本は，ロシアの勢力が韓国にまで及ぶことに脅威を感じた。一方，ロシアと対立していたイギリスは，ロシアが東アジアで勢力を拡大することに警戒を強め，日本と協力してロシアをおさえようと考えた。

⑶ 第一次世界大戦の講和会議でのウィルソンの提案をもとにして，1920年，国際紛争を平和的に解決する世界初の組織である国際連盟が設立された。**ア**は1938年，**イ**は1941年，**ウ**は1905年のできごとである。

⑷ **ア**は1980年代後半～1990年代初めのバブル経済，**イ**は大正時代の都市の様子，**エ**は明治時代の1891年のできごとについて述べている。

⑸ 1991年，イラクがクウェートに侵攻し，湾岸戦争が起こった。国連決議にもとづき，アメリカなどの多国籍軍がつくられ，イラク軍を敗退させた。このできごとに対して日本は，巨額の費用を負担したが，憲法の規定を理由に人員は派遣しなかった。**イ**は1962年，**ウ**は1955年，**エ**は1965年のできごとである。

6 ⑵ 輸送手段と通信手段の発達によって，国々の間にはこれまで以上に，人，もの，お金，情報などが自由にゆきかうようになった。こうした世界の一体化の傾向を，グローバル化という。

⑷ **ア**責任の所在も明らかにする必要がある。**イ**多数決は，限られた時間で一定の結論を出さなければならない場合に，より多くの人が賛成する案を採用する方法である。**ウ**多数決で決定する場合は，結論を出す前に少数の意見も十分に聞いて，できるだけ尊重する。

7 ⑴ 人間らしく生きるための権利である社会権は，基本的人権の一つで，1919年にワイマール憲法によって初めて定められ，20世紀に入って認められてきた権利である。

⑵ 日本国憲法の改正の手続きは，衆参両議院において，総議員の３分の２以上の賛成があれば，国会が憲法改正の発議をし，国民に提案する。そこで国民投票を行い，有効投票の過半数の賛成があれば承認したことになる。その承認を受けて，天皇が国民の名で公布する。

【理科】解説

1 (1) それぞれの鉱物は，色や割れ方などに特徴がある。

(2) 電子線の正体は，誘導コイルの－極側につないだ電極（陰極）から飛び出した電子の流れである。

(3) 二酸化炭素は，石灰石にうすい塩酸を加えることで発生させることができる。また，一般に，水に溶けにくい気体は水上置換法で集め，水に溶けやすい気体は，空気よりも密度が大きいものは下方置換法，小さいものは上方置換法で集める。

(4) シダ植物もコケ植物も胞子のうにできる胞子でなかまをふやす。また，シダ植物には葉・茎・根の区別があるが，コケ植物にはその区別はない。

2 (1) 被子植物のうち，葉脈が網目状に通っている植物は，子葉が２枚出る双子葉類に属する植物である。子葉が１枚出る単子葉類に属する植物の葉脈は平行に通っていて，茎の断面では維管束がばらばらに散らばっていて，根はひげ根である。

(2) 呼吸では酸素をとり入れて二酸化炭素が出され，光合成では二酸化炭素をとり入れて酸素が出される。袋Ｂでは酸素と二酸化炭素の濃度に変化がないことから，呼吸と光合成における気体の出入りがつり合っていたと考えられる。

(3) 袋Ａには袋Ｂよりも強い光をあてているため，袋Ａ内の植物では呼吸よりも光合成のはたらきが強くなっている。したがって，二酸化炭素が減少し，酸素が増加すると考えられる。

3 (1) 音さの振動で水がはじき飛ばされている。音を出して振動している物体を音源（発音体）という。

(2) 距離〔m〕＝速さ〔m/s〕×時間〔s〕にあてはめると，求める距離は $340\ \mathrm{m/s} \times 6.5\ \mathrm{s} = 2210\ \mathrm{m}$ となる。

(3) ① **図２**の波形は，１つの波が４目盛り分（$0.002\ \mathrm{s} \times 4 = 0.008\ \mathrm{s}$）なので，１秒間での振動の回数である振動数は $1 \div 0.008 = 125\ \mathrm{Hz}$ である。

② 振幅が大きくなると大きな音となり，振動数が多くなると高い音となる。したがって，振幅が等しく，振動数が多い（単位時間における波の数が多い）ものを選べばよい。

4 (1) 熱が発生し，周囲の温度が高くなる化学変化を発熱反応というのに対して，熱を吸収し，周囲の温度が低くなる化学変化を吸熱反応という。また，試験管Ｄの鉄粉 7.0 g と硫黄の粉末 4.0 g は過不足なく反応して硫化鉄ができているので，試験管Ｂでは硫黄が少なく鉄粉があまり，試験管Ｅでは硫黄があまる。硫化鉄にうすい塩酸を加えると刺激臭のある硫化水素が発生する。

(2) 鉄，硫黄，硫化鉄のどれも分子をつくらない物質である。

(3) 鉄粉 7.0 g と硫黄の粉末 4.0 g が過不足なく反応することから，鉄粉 11.2 g をすべて反応させるためには，硫黄の粉末が $4.0 \times \frac{11.2}{7.0} = 6.4$ g 必要である。

5 (1) 泥岩，砂岩，れき岩をつくる土砂の粒は，川などの流水によって運ばれてくるため，角がとれて丸みを帯びている。これらの土砂の粒は，大きさが 0.06～2 mm のものを砂，これより小さいものを泥，大きいものをれきと区別している。また，サンゴの化石のような，限られた環境でしか生息できない生物の化石が含まれることで，その地層ができた当時の自然環境を推定することができる。このような化石を示相化石という。

(2) 堆積岩には，石灰岩やチャートのように，生物の死がいが押し固められてできたものもある。

(3) **図２**から，地点Ａ～Ｄにおける火山灰の層の下端の深さは，それぞれ 14 m，15 m，16 m，15 m とわかる。よって，この地域の地層は，北西（地点ＣからＡ）に向かって高くなっていることがわかる。したがって，地点Ｐにおける火山灰の層は，地点Ｂ，Ｄと同じ，地表から 13 m と 15 m の間にある。

6 (1) 物質が 100 g の水に溶ける限度の質量（溶解度）は，物質によって温度ごとに決まっている。また，物質が溶解度まで溶けている，それ以上溶けることができない水溶液を飽和水溶液という。飽和水溶液の温度を下げると，溶けきれなくなった物質が結晶となって水溶液中に出てくる。このようにして固体の物質をとり出す操作を再結晶という。

(2) **実験**の②で結晶が現れたビーカーＡの水溶液は，ミョウバンの水溶液である。また，**実験**の③で結晶が現れたビーカーＢの水溶液は，硝酸カリウムの水溶液である。

(3) **図**から 60℃におけるミョウバンの溶解度は，約 58 g であることがわかる。したがって，ミョウバンをあと $58 - 30 = 28$ g 程溶かすことができる。

(4) 溶媒である水の質量が小さくなると，溶けることができる物質の質量も小さくなる。

7 (2) 梅雨前線に対して，秋にできる停滞前線を秋雨前線という。これらの停滞前線をつくる，小笠原気団とオホーツク海気団はどちらも海側にある水蒸気を多く含む気団である。

(3) **図**のＢは太平洋に中心をもつ高気圧が日本列島を広くおおっていることから８月の天気図，Ｃは日本列島付近に高気圧や低気圧がいくつもあることから４月の天気図，Ｄは日本の西の大陸上に高気圧があり，東の太平洋上に低気圧がある（西高東低の気圧配置である）ことから２月の天気図であると考えられる。

(4) **表１**，**２**から，気温 18 ℃における飽和水蒸気量が $15.4\ \mathrm{g/m^3}$ で，湿度が 61％より，このときの水蒸気量は $15.4 \times 0.61 = 9.394\ \mathrm{g/m^3}$ と計算できる。露点はこの水蒸気量が飽和水蒸気量と一致する温度である。

8 (1) どちらか一方の形質しか現れない形質どうしを対立形質という。また，異なる純系をかけ合わせたときに，子に現れる形質を顕性の形質，現れない形質を潜性の形質という。

(2) 親黒から●，親茶から○の遺伝子を受け継ぐため，子の遺伝子の組み合わせはすべて●○となる。また，孫の代の毛色が黒色の個体における遺伝子の組み合わせは，親黒と同じである。

(3) 孫の代の遺伝子の組み合わせは，理論上○○：○●：●●＝１：２：１の数の比で現れる。このうち●●のみが黒色の毛色なので，その個体数は $60 \times \frac{1}{1+2+1} = 15$ 匹と考えられる。

9 (1), (2) 点Ａから点Ｂまで 11.2 cm より，小球は 0.4 秒後に点Ｂを通過したとわかる。よって，**表**から，0.4 秒以降の 0.1 秒ごとの移動距離を計算すると，いずれも 5.6 cm で一定となっている。速さが一定でまっすぐに進む運動を等速直線運動という。また，このときの小球には重力と垂直抗力のみがはたらいていて，運動の向きには力ははたらいていない。運動の向きに力がはたらくと，速さが変化する。

(4) 33.6 cm の距離を 0.8 秒で運動しているので，平均の速さは $33.6\ \mathrm{cm} \div 0.8\ \mathrm{s} = 42.0\ \mathrm{m/s}$ となる。

【英語】解説

1・2・3 リスニング本文を参照。

4 あてはまる単語はそれぞれ，**No.1** ①「辞書」，②「別の」，**No.2** ①「紙」，②「～を建てる」という意味。

5 (1) 「なぜあなたは水泳が得意なのですか」be good at ～「～が得意である」のあとに続く動詞は動名詞の形になる。swimは語尾のmを重ねてingを付けることに注意する。

(2) 「私は（今までに）一度も外国へ行ったことがありません」「経験」を表す現在完了〈have[has]＋過去分詞〉の文。beを過去分詞のbeenにする。 ※be (is, am, are)－was, were－been neverは「(今までに) 一度も～しない」という意味。

(3) 「私の父がこの腕時計を私に買ってくれました」〈buy＋(もの)＋for＋(人)〉の形は，〈buy＋(人)＋(もの)〉に書き換えることができる→My father bought me this watch. boughtはbuyの過去形。
※buy－bought－bought

(4) 「それらの窓を開けたままにしないでください」〈leave＋目的語＋(形容詞)〉の形で，「…を～のままにしておく」という意味。この形はleave以外にもmake「…を～にする」，keep「…を～にしておく」などが使われる。

(5) 「私はあなたほど多くのお金を持っていません」not as[so] ～ as...で「…ほど～でない」という意味。二つのものが同じ程度でないときに使う比較表現。この文ではmuchは形容詞で名詞moneyを修飾しているので，as much money asとなるように，muchとmoneyは分けない。

6 イラストの話の内容をまず理解する。参考にする英文は，②「真治は長い間その車を洗いましたが，（空が）曇ってきていました」という意味。それを踏まえて①，③の場面を説明する文を英語で書く。（解答訳：①ある日，真治は父親を喜ばせたいと思い，父親の車を洗うことにしました。③彼が車を洗い終えたとき，雨が降り始めたので，彼はとても悲しくなりました）

7 (1) ① 【答えA】には，寝る前にするべきではないことについて具体例が三つ挙げられている。入浴については本文に書かれていないので，**エ**を選ぶ。

② 【答えB】には，朝型の人の方が夜型の人よりもいいと思うことについて理由が二つ挙げられている。最初の，朝食に関連付けた理由を参照。**イ**「朝型の人は夜型の人よりも学校でよく勉強ができる」を選ぶ。

③ 下線部(b)は，「昼食のあと短い時間眠る」という意味。得られる効果については，下線部直後の２文に書かれている。

④ 下線部(c)は，「良い睡眠に関する興味深いアイデア」という意味。下線部直後の科学者の発言を参照。**ウ**の図が発言の内容に合っている。

(2) ① 空所を含む文は，「もし人々が歴史クイズに関する情報をもっとほしいのであれば，（　　）べきである」という意味。案内の内容から，**ア**「切符売り場に行く」を選ぶ。

② 質問は，「人々は無料で何を楽しむことができますか」という意味。案内の内容から，無料なのは市の交響楽団メンバーによるコンサートだとわかるので，**イ**「メインプラザ（Main Plaza）での音楽の演奏」を選ぶ。

8 (1) 挿入する英文は，「彼らはついにエマとメアリーのアイデアを試みることに決めました」という意味。主語のTheyは「村の人たち」を指すので，**ウ**に入れると自然なつながりとなる。

(2) 質問は，「ヤクはどんな種類の動物ですか」という意味。第4段落最初の「ヤクは長い毛のある牛のような大きな動物です」という意味の英文をそのまま抜き出す。

(3) 下線部は，「新しいアイデア」という意味。下線部直後の文を簡潔にまとめる。

(4) **ア**…第２段落前半を参照。エマとメアリーは最初，村の人たちに映画を見せたり物を売ったりしたが，村の人たちにとってそれは必要なものではなかったので，誤り。

イ…第２段落後半を参照。メアリーはアメリカに帰ろうとしたが，エマは村の子どもたちのために何かをしようとして，まだ村に滞在するつもりだったので，誤り。

ウ…第３段落参照。同じ内容が読み取れるので，正しい。

エ…第７段落参照。村の女性たちは，子どもたちを学校に通わせたいと考えていることが読みとれるが，紡績工場で働かせたいとは書かれていないので，誤り。

9 (1) ジェームズは空所直前に，「僕はそれ（＝伝統的な日本食）についてもっと知りたい」と発言しており，和泉は質問を受けて，「興味深いものをあなたに見せてあげる」と言っているので，**イ**「何か良い例はありますか」を選ぶと自然なつながりとなる。

(2) 和泉は空所を含む文の後半で，「だから彼ら（＝日本人）の多くはスーパーマーケットでそれ（＝おせち料理）を買います」と発言している。**エ**「(家でおせち料理を) 作るには多くの時間がかかります」を選ぶと自然なつながりとなる。

(3) 「和泉の母親が和泉たち家族と（正月の）三日間を楽しむことができる」とジェームズが考える理由を入れる。**ア**「(なぜなら) 彼女は（その間）料理をする必要がありません」を選ぶと自然なつながりとなる。

(a) 空所を含む文は，「彼女（＝和泉の母親）は，私たち家族のために心をこめてそれを（　　　　）と考えています」という意味。空所直後のitは「おせち料理」を指す。解答例は，「作ることが彼女にとって大切である」という意味。

第３回 紙上公開もぎ（令和５年11月実施）

【国語】解答

配点／**一・二・三・四**(2)・**五**(5)(b) 各２点，**四**(6) ４点，**七** 12点，他 各３点

一 (1)〔例〕ごみの捨て方（について。） (2) **イ** (3) **ウ** (4) **エ**
二 (1) せきむ (2) せいは (3) お（しむ） (4) むく（いる）
三 (1) 圧迫 (2) 頭角 (3) 移設 (4) 敬（う） (5) 画（す）
四 (1) **ウ** (2) **イ**
(3) Ⅰ：建前はあくまで秘密 Ⅱ：〔例〕視点を変えて相手にかちをゆずる
(4) **エ** (5) **ア** (6)〔例〕あわてず、失敗しないように確認して行動すること。
五 (1) Ⅰ：**ア** Ⅱ：〔例〕日常と変わらず単調に繰り返す波の音 (2) **エ**
(3) すでに夜の (4) **イ**
(5) (a) 激しく噴き出してくる (b) 悠久感
(c)〔例〕自然の力の前では、自分がとてもちっぽけな存在である
六 (1) **ア** (2) 身にやむごとなく思ふ人 (3) いいかわしたる（ひらがなのみ可） (4) **ウ**
(5) **イ** (6) 有二リテ才学一、興二紫式部一斉レシクス名ヲ
七 二段落構成とし、前段には、二人の考えの違いを整理して書く。前段の例として、「北川さんはやがて迎える高校受験を見据えて、早々に勉学に励む大切さを伝えたいと考えている。一方で、岩田さんは新入生の不安を和らげ、中学生活を安心して楽しんでほしいと考えている」など。後段には、前段の内容をふまえて、新入生にアドバイスしたいことについて、自分の考えを理由とともに具体的に書く。それらの内容が、注意事項に従って書かれているかどうかを総合的に判断し、採点する。

【数学】解答

配点／**1**(1)・**2**・**3**(1)(c)・(2) 各５点，**1**(7) ６点，他 各３点

1 (1) ① -2 ② $12x-11y$ ③ $17+7\sqrt{5}$
(2) ① $3x-2$ ② 37 (3) ① 9.2時間 ② 右図
(4) ① $n=2,\ 8,\ 18,\ 72$（順不同・完答） ② $\dfrac{1}{6}$
(5) aの値：$a=7$ 解：$x=3,\ 4$（順不同・完答）
(6) ① $r=\dfrac{S}{\pi\ell}$ ② 120度 (7) 右図
2 (1) $a=1,\ b=-3$（完答） (2) 48 cm² (3) $(2,\ -9)$
3 (1) (a) BO (b) ３組の辺
(c)〔例〕合同な図形の対応する角の大きさは等しいので，
$\angle AOP=\angle BOP$ ……④
また，$\angle AOB=180°$ ……⑤
④，⑤より，$\angle AOP=\angle BOP=90°$
したがって，$\ell\perp OP$
(2) $\dfrac{64}{5}\pi$ cm²
4 (1) (a) 2 (b) $\dfrac{1}{2}x^2$ (2) $y=\dfrac{3}{2}x$ (3) 右図
(4) ① $\sqrt{6}$ ② 6.5

1(3)②

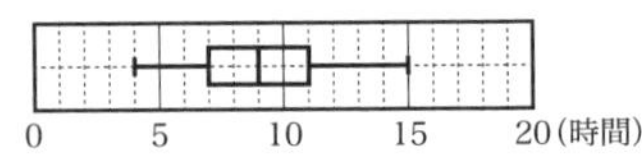

1(7)

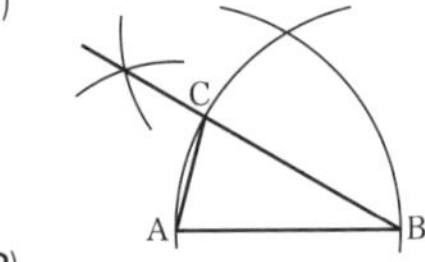

4(3)

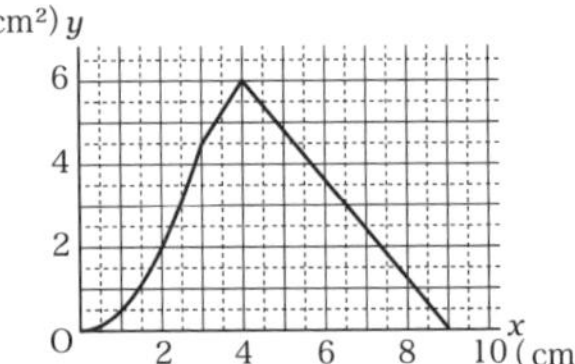

【社会】解答

配点／**1** 各2点，他 各３点

1 (1) 北海道 (2) ① **ウ** ② **イ→ア→ウ**（完答） (3) 温暖化（漢字のみ可）
(4) C：**ウ** D：**イ**（完答）
2 (1) Ⅰ：**エ** Ⅱ：大津（市）（漢字のみ可）（完答） (2) やませ (3) **ウ** (4) ① **イ** ② **ア**
3 (1) Ⅰ：A Ⅱ：D（完答） (2) ヒスパニック
(3)〔例〕気温の低い時期に降水量が多く (4) X：**エ** Y：**ア**（完答） (5) **イ**
4 (1) Ⅰ：**エ** Ⅱ：万葉集（漢字のみ可）（完答） (2) 町衆 (3) **ウ** (4) **イ** (5) **ア**
5 (1) **エ** (2)〔例〕納税額による制限がなくなったため。 (3) Ⅰ：地主 Ⅱ：小作人（完答）
(4) 冷戦 (5) **イ→ウ→ア**（完答）
6 (1) ① 最高法規 ②（第）９（条） (2) 男女雇用機会均等法 (3) **ウ** (4) 生存権
7 (1) 多数決 (2) 秘密（選挙） (3) **ウ** (4)〔例〕有権者の一票の価値に格差が生じている
(5) 野党

【理科】解答

配点／2(2)・3(2)・4(2)・5(3) 各2点，他 各3点

1 (1) **エ**　(2) 栄養（生殖）　(3) **カ**　(4) **ア**
2 (1) 無セキツイ（動物）
(2) ① 外骨格（漢字のみ可）　② **イ**　(3) **ウ**
3 (1) 右図　(2) (a) **エ** (b) **ア**　(3) **イ**
4 (1) 〔例〕震源の真上の地表の点。　(2) ① 主要動　② **エ**
(3) a：24　b：4　c：4　d：16（完答）
5 (1) **エ**　(2) 右図　(3) (a) **ウ** (b) 虚像
6 (1) **ア**　(2) 核
(3) 符号：C　理由：細胞内に葉緑体が見られるから。（完答）
(4) a：多細胞　b, c：**イ**（完答）
7 (1) a：電離　b：**エ**（完答）　(2) **ア**　(3) **ウ**　(4) 化学電池
8 (1) **イ**　(2) 露点　(3) **ウ**　(4) 330（g）
9 (1) **イ**　(2) **ウ**　(3) 仕事の原理　(4) 18（N）

3(1)
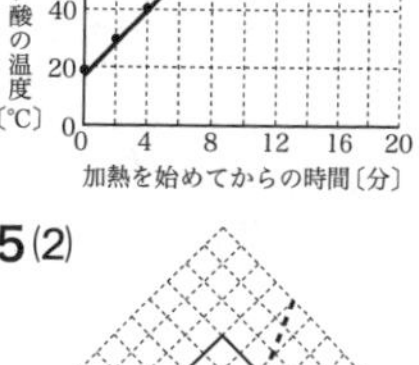

5(2)
鏡A　鏡B　P　Q

【英語】解答

配点／6 8点，8(2)・9(a) 各4点，他 各3点

1 **No. 1** B　**No. 2** D　**No. 3** C
2 **No. 1** C　**No. 2** A
3 **No. 1** B　**No. 2** D
4 **No. 1** ① April　② festivals　**No. 2** ① twenty　② leave
5 (1) earliest　(2) third
(3) **エ→ア→オ→ウ→イ**（完答）　(4) **イ→オ→ア→エ→ウ**（完答）　(5) **ウ→オ→イ→エ→ア**（完答）
6 〔例〕You should talk with your friends in Japanese and do many things together. By doing so, you can learn Japanese words easily, and you can also try using them.
7 (1) ① **エ**　② left　③ **ア**　④ **ア**：×　**イ**：○　**ウ**：×（完答）
(2) ① Twice / Two times　② **イ・エ**（順不同・完答）
8 (1) **イ**　(2) study English every morning（完答）
(3) 〔例〕何人かの高校生が，朝早い電車で勉強していること。　(4) **ウ**
9 (1) **エ**　(2) **ア**　(3) **イ**
(a) 〔例〕(Mt. Fuji) is loved by a lot of［many］Japanese people (.)

リスニング本文

1 **No. 1**
Boy：Did you buy an electronic dictionary?　Girl：No, it's not mine.
Boy：Whose dictionary is it?

No. 2
Girl：Tom, why are you looking at a map of Chiba?
Boy：My friend will come to Chiba next week. Do you know a good place to take him?
Girl：How about Makuhari? It's very interesting.

No. 3
Boy：Rui, you look very happy today.
Girl：Well, I had a basketball game and our team won. We will practice hard to win the next one.
Boy：That's great! I want to watch the game. When will you have it?

2 **No. 1**
Nick：Hi, Haruka. What did you do last night?
Haruka：Hello, Nick. Well, I studied English and finished at nine o'clock.　Nick：Did you go to bed after that?
Haruka：No. I wrote an email to my friend in Australia for fifteen minutes. Then, I read my favorite book for fifty minutes and went to bed soon after that.
Question：What time did Haruka go to bed last night?

No. 2
(Ms. Green is talking to the students.)
Last week I asked you about your favorite sport. Do you remember your answer? Now I'll tell you about mine. When I was a student, I enjoyed swimming. Like me, five of you like it the best. And more students like baseball better than basketball. What is the most popular sport in this class? It's soccer.
Question：Which graph shows this?

3 **No. 1**
Takumi：Hi, Betty. I hear you went back to London and stayed there for one week during the vacation.
Betty：Hi, Takumi. I had a plan to stay there for one week, but I could stay for two weeks.
Takumi：Did you have a good vacation?
Betty：Yes, I did. During my stay, the most exciting event was to see the fireworks in my town. Look at this picture.
Takumi：Oh, the fireworks were beautiful.
Betty：Yes. In my town, we have a big festival every winter. We see beautiful fireworks at the festival.
Takumi：That's interesting. In my town, there are famous fireworks in the summer. I always go to that festival and enjoy seeing the fireworks.
Betty：That sounds good. I want to go to your festival.
Takumi：OK. Shall we go to the festival next summer vacation?　Betty：Yes! I'm looking forward to it.
Question：What does Betty want to do next summer vacation?

No. 2
Hi, everyone. I'm Kazuya. By the way, do you know about the Japanese language class at the community center? My mother works there, and I heard about the class from her. The class is held for foreign children every Thursday evening. They go to different schools and study with Japanese children.
Last week, I asked my mother to take me there. When I visited the class, many foreign children were studying Japanese. They hope to talk more with their Japanese friends. In the class, they also learn Japanese culture and do their homework. Homework is sometimes difficult for them because it is written in Japanese.
When some children were doing their homework in the class, I helped them. I tried to teach them in English, but it was very hard for me.
I enjoyed the class. If you are interested, why don't you come with me?
Question：Which is true about Kazuya's speech?

4 **No. 1**
Hi, I'm Anna. Two months in the year, March and May, begin with 'M'. What months begin with 'A'? As you know, they are April and August. Which do you like better? I like August better because in Japan we have many summer festivals that month.

No. 2
Good morning, everyone. I hope you're excited about today's trip to the science museum. The bus will arrive in twenty minutes. Don't leave your schoolbags here in the classroom.

【国語】解説

四 ⑴ A――と**ウ**は副詞、**ア**は動詞、**イ**は連体詞、**エ**は形容動詞である。
⑵ 直前の「いい」と組み合わせた時に、マイナスな意味の言葉でないと、続く「仕事にならないように」につながらないため、**イ**が適当である。「いい塩梅」、「いい調子」はプラスの意味であるため当てはまらない。
⑶ Ⅰ だれもが知っているのに、まだ「秘密」になっているのは、知っていても知らないふりをすることで、「建前」としての「秘密」が保持されているからである。
Ⅱ 「まけ」を「かち」に転換することに言及した、D――の二段落前にある「視点を変えて」、「無理に勝負にこだわらずに相手にかちをゆずる」の部分を参考にまとめる。
⑷ D――の直後に、「これではオキシモロンにならないのではあるまいか」と辞書の内容を批判し、正しい意味を解説したのちに、次の段落で「(オキシモロンによる論理の飛躍を)飛びこえられない人には、何のことを言っているのかわからないだろう」と指摘していることから、辞書の内容が「飛びこえられていない」事例として挙げられていることが分かる。よって、**エ**が適当である。
⑸ E――の直前の段落と、三段落後にそれぞれオキシモロンによるおもしろさについて言及している部分があるため、**ア**が適当である。
⑹ F――以降で急ぎあわてたために失敗した事例を挙げている。そこでは「まわる」に「安全な、まわり道」という意味だけでなく、「思いがけない失敗をやらかして、かえって遅れてしまう」ことがないようにすることや、「行き先の違うバス」に乗らないように(ゆっくり)確認することといった意味で使われている。

五 ⑴ Ⅰ 鰊漁を仕事としている人々にとって群来を発見したと叫ぶ声が、仕事の始まりの合図となっていることから、**ア**が適当である。
Ⅱ A――を含む段落では、騒然としている人々と律動的な波の音(轟き)が対照的な関係で描かれている。指定語「日常」は、本文中では「不変」に該当し、人々は騒然としているが、波は不変に単調に繰り返している点を踏まえる。
⑵ B――を含む段落では、「私」が雪江に漁の解説を受け、波の下の魚群を想像する様子が描かれている。その想像により興奮している点から、その内容を示した**エ**が適当である。
⑶ 働く女性を描写した「女たちの列はぐるぐる回る人形の群れのように(動きつづける)」の部分が、比喩表現に該当する。
⑷ D――「不気味な思い」は、「大自然の無尽蔵な巨大さ」に対する「私」の評価であり、その「巨大さ」については直前の段落で、鰊の水揚げ量や産卵数により数値として可視化された点を踏まえると、**イ**が適当である。
⑸ (a) 空欄前後の内容から、鰊の群れが人々にどのようなエネルギーを与えたかを考えると、「異様な、物狂わしい騒ぎ」や、「私」が女たちの鰊運びの労働に「東京では味わうことのできなかった、力に満ちた、疲れを知らぬ、激しく噴き出してくる律動感」として表現されている箇所が該当する。
(b) 自然の巨大さを表している「○○感」という言葉が並び、残っているのは「律動感」と「悠久感」である。前者はリズムのことであるため、自然の巨大さを表す言葉としては後者が適当である。
(c) 後に続くのは、本文の「(海を見ていると、その)前で、いかに自分がちっぽけな存在であるかをいやというほど知らされる(=認識させられる)」の部分である。指定条件に合わせてまとめる。

六 ⑴ 本文の「一つを見て～二見つけたる」という部分は、「一巻を読んで面白かった物語の二巻を見つけた」という流れであるので、**ア**が適当。
⑵ この文章では作者の「うれしいもの」を列挙している。B――を含む一文で一つの事例が完結している点を押さえる。「自分にとって大切に思う人が病気」と聞いて心配だったが、「全快したという便り」をきいてうれしいので、この便りで書かれている対象者は、「身にやむごとなく思ふ人」である。
⑶ 語頭と助詞以外の「はひふへほ」は「わいうえお」に直す。
⑷ **ア**「自分の和歌を集めた本」の部分が適当ではない。**イ**「まだ経験していない出来事」が起こることがうれしいのではなく、「まだ経験していない出来事」だが想像できると述べている。**エ**「ほめたくなるような和歌が届き周りに伝えること」ではなく、自分の和歌がほめられたらうれしいという意味である。
⑸ 「うれしいもの」の事例の一つである、「思ふ人の、人にもほめられ、やむごとなき人などの、くちをしからぬものにおぼしのたまふ(=好きな人が、他の人からもほめられ、身分も学識もある人などが、あれはりっぱな者だとお思いになったり口にしたりなさること)」に一致しているので、**イ**が適当。
⑹ 「有才学、興紫式部斉名」において、「才→学→有→紫→式→部→興→名→斉」の順序であるから、二字以上返って読む「一・二点」と一字返って読む「レ点」を、それぞれ適当な位置に書き入れる。

＜現代語訳＞
うれしいもの。まだ読んだことのない物語がたくさんあるのを知ったとき。また、第一巻を読んでその続きを読みたくてたまらない物語の第二巻を発見したとき。がっかりすることも実際に読んでみるとあるのだが。どうなるだろうと思う夢を見て、怖くて心配でたまらないときに、なんでもないと夢占い師が判断してくれたときは、ほんとうにうれしい。遠い所にいる場合はもちろんのこと、同じ都の中に住んでいても、自分にとって大切に思う人が病気であるのを聞いて、どんな状態かと気がかりで嘆いていたところ、全快したという便りを得たのもうれしい。好きな人が、他の人からもほめられ、身分も学識もある人などが、あれはりっぱな者だとお思いになったり口にしたりなさること。何かの折によんだ和歌、あるいは、人と贈答した和歌が評判になってほめられ、聞き書きなどでもほめられることは、私自身はまだ経験していないことだが、やはり想像できることだよ。

七 ＜作文解説＞
一 原稿用紙の正しい使い方で書く。
①文章の書き出しは一マスあける。 ②一マスには一字、一記号を入れる。 ③どの行でも、一番初めのマスには「、」や「。」は書かない。 ④改行したら(二段落目に入ったら)最初の一マスはあける。
二 二段落構成とし、条件に沿った文章を書く。
三 最後に見直しをする。
・自分の考えをはっきり書いているか。
・一文が長すぎず、すっきりとわかりやすい文章で書いているか。
・常体文(～だ。～である。)と敬体文(～ます。～です。)が交じっていないか。
・文法上の間違いはないか。 ・誤字、脱字がなく、送り仮名、句読点、符号などは適切か。

以上のことに気をつけて作文する。作文は、すぐに上手に書けるようになるものではないので、日頃から短文を書く練習をしたり、日記をつけたりして、作文に慣れておくことが大事である。

【数学】解説

1 (1) ③ $(\sqrt{5}+3)(\sqrt{5}+4)=(\sqrt{5})^2+4\sqrt{5}+3\sqrt{5}+12=5+7\sqrt{5}+12=17+7\sqrt{5}$

(2) ② もとの自然数の十の位の数をx，一の位の数をyとすると，

連立方程式$\begin{cases} y=3x-2 \\ 10y+x=2(10x+y)-1 \end{cases}$が成り立つ。

これを解いて，$x=3$，$y=7$　37は問題に適している。したがって，もとの自然数は37

(3) ② 値の小さい順に並べると，以下のようになる。

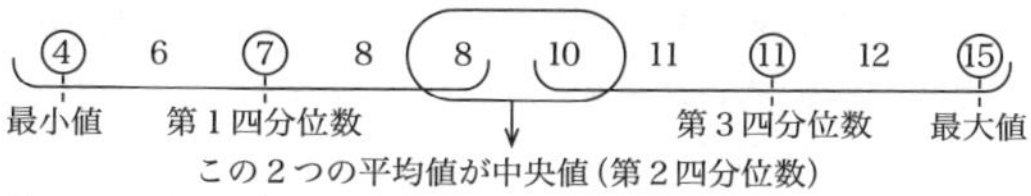

④ 6 ⑦ 8 8 10 11 ⑪ 12 ⑮

最小値　第1四分位数　第3四分位数　最大値

この2つの平均値が中央値(第2四分位数)

第2四分位数(中央値)は，$(8+10)\div 2=9$(時間)　最小値を含む左半分の5個のデータの中央値が第1四分位数，最大値を含む右半分の5個のデータの中央値が第3四分位数である。

(4) ① $\sqrt{\frac{72}{n}}=\sqrt{\frac{2^3\times 3^2}{n}}$ より，$n=2$，2^3，2×3^2，$2^3\times 3^2$　したがって，$n=2$，8，18，72

② 右のような表をかいて考える。すべての場合の数は$6\times 6=36$(通り)

abの値が2，8，18 となるのは○印の6通りなので，求める確率は$\frac{6}{36}=\frac{1}{6}$

1(4)②

＼	1	2	3	4	5	6
1	1	②	3	4	5	6
2	②	4	6	⑧	10	12
3	3	6	9	12	15	⑱
4	4	⑧	12	16	20	24
5	5	10	15	20	25	30
6	6	12	⑱	24	30	36

(5) $1.2x+0.9=1.5x$を解く。両辺を10倍して，$12x+9=15x$，$3x=9$，$x=3$

$x^2-ax+12=0$に，$x=3$を代入して，$9-3a+12=0$，$a=7$

これより，$x^2-7x+12=0$，$(x-3)(x-4)=0$，$x=3$，4

(6) ② $\pi\times 15\times r=75\pi$，$r=\frac{75\pi}{15\pi}=5$(cm)　よって，中心角は$360°\times\frac{5}{15}=120°$

(7) ①…2点A，Bを中心として，線分ABの長さを半径とする円をかき，2つの円の交点のうち，線分ABの上側にある交点をDとする。(△ABDは正三角形である。)

②…2点A，Dを中心として，等しい半径の円をかき，2つの円の交点の1つをEとする。

③…直線BEをひく。①の円の点Bを中心とする円(弧)と直線BEとの交点が頂点Cである。線分CAをひき，△ABCとする。

1(7)

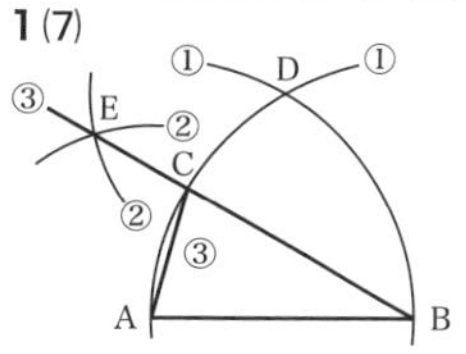

2 (1) 2点A，Bは，関数$y=-\frac{1}{4}x^2$のグラフ上の点なので，この式に$x=-6$，$x=2$をそれぞれ代入して，

$y=-\frac{1}{4}\times(-6)^2=-9$ より，点A$(-6, -9)$　$y=-\frac{1}{4}\times 2^2=-1$ より，点B$(2, -1)$

直線ABの傾きは$a=\frac{-1-(-9)}{2-(-6)}=1$　$y=x+b$に$x=2$，$y=-1$を代入して，$-1=2+b$，

$b=-3$

(2) 点Cは，点Aを，y軸を対称の軸として対称移動した点なので，点C$(6, -9)$

△ABCの底辺AC$=6-(-6)=12$(cm)　高さは点Bと直線ACとの距離であり，$-1-(-9)=8$(cm)

よって，△ABC$=\frac{1}{2}\times 12\times 8=48$(cm^2)

(3) 点Dの座標は$(0, -3)$　求める点をEとすると，△ADEの面積が△ABCの面積の半分になればよい。△ADEの底辺をAEとすると，高さは点Dと直線ACとの距離であり，$-3-(-9)=6$(cm)

(2)より，△ADE$=48\div 2=24$(cm^2)　AE$=t$cmとすると，$\frac{1}{2}\times t\times 6=24$，$t=8$

点Aからの長さが8cmの点Eの座標は，$(2, -9)$

3 (2) 線分AHの長さを$x$cmとして，△ABPの面積を2通りで表す。

$\frac{1}{2}\times\mathrm{AB}\times\mathrm{OP}=\frac{1}{2}\times\mathrm{BP}\times\mathrm{AH}$，$\frac{1}{2}\times 2\times 2=\frac{1}{2}\times\sqrt{5}\times x$，$x=\frac{4}{\sqrt{5}}$

半径$\frac{4}{\sqrt{5}}$cmの球の表面積は$4\times\pi\times\left(\frac{4}{\sqrt{5}}\right)^2=\frac{64}{5}\pi$(cm^2)

4 (1) (a) AP＝AQ＝2cmなので，△APQ$=\frac{1}{2}\times 2\times 2=2$(cm^2)　または，**図2**より，$x=2$のとき$y=2$

(b) AP＝AQ＝x cmなので，$y=\frac{1}{2}\times x\times x=\frac{1}{2}x^2$

(2) $3\leqq x\leqq 4$のとき，△APQの高さAQ(＝AC)は一定で3cm，底辺AP＝$x$cmなので，

$y=\frac{1}{2}\times 3\times x=\frac{3}{2}x$

(3) $3\leqq x\leqq 4$のとき，(2)より，2点$\left(3, \frac{9}{2}\right)$，$(4, 6)$を結ぶ線分となる。

$4\leqq x\leqq 9$のとき，点Pは辺BC上を移動し，△APQの底辺AQ(＝AC)は一定で3cm，高さは一定の割合で減少しているのでyはxの一次関数となる。よって，2点$(4, 6)$，$(9, 0)$を結ぶ線分となる。

(4) グラフより，$0\leqq x\leqq 3$のときと $4\leqq x\leqq 9$ のときの2回ある。

① $y=\frac{1}{2}x^2$に$y=3$を代入して，$3=\frac{1}{2}x^2$，$x^2=6$，$x=\pm\sqrt{6}$　$0\leqq x\leqq 3$より，$x=\sqrt{6}$(cm)

② 2点$(4, 6)$，$(9, 0)$を通る直線の式を求めると，$y=-\frac{6}{5}x+\frac{54}{5}$

この式に$y=3$を代入して，$3=-\frac{6}{5}x+\frac{54}{5}$，$x=\frac{13}{2}=6.5$(cm)

【社会】解説

1 (1) 気候が冷涼で，泥炭地が広がっていた北海道では，稲作をおこなうのは非常に難しかった。しかし，8月の気温が高く，石狩山地から流れる石狩川の豊富な水を利用できる石狩平野では，農業に適した土をほかの場所から運びこむ「客土」による土地改良と，寒さに強い稲の品種改良によって稲作がおこなわれるようになり，現在では，全国有数の米の生産地となっている。

(2) ② **イ**は1912年，**ア**は1950年，**ウ**は1991年のできごとである。

(4) Cは輸出品目に大豆と鉄鉱石があることから南アメリカ大陸のブラジル, Dは輸出入額が多く，自動車を輸出していることから北アメリカ大陸のカナダである。Aはオーストラリア大陸のオーストラリア, Bはアフリカ大陸のアルジェリア, Eはユーラシア大陸のロシア連邦である。

2 (1) 奈良県と滋賀県は近畿地方に属する。滋賀県の県庁所在地は大津市である。

(2) 東北地方の太平洋側では，やませの影響を強く受けると，稲が十分に育たず，収穫量が減ってしまう冷害が起こることがある。

(3) 九州南部は，豚や鶏，肉牛の飼育が日本で最もさかんな地域である。冬でも温暖な気候は，放牧や子豚の飼育などに適しているので，個人の畜産農家だけでなく，ハムなどを加工する食品会社やスーパーマーケットなどを経営する会社が，牧場を直接経営したり，個人農家と契約したりして，大規模な畜産をおこなっている。

(4) ① **イ**北東ではなく，北西である。**ア**等高線の間隔が狭いほど，傾斜は急である。**ウ**2万5千分の1の地形図上で3cmは，3cm × 25000 = 75000cm = 750mである。**エ**2万5千分の1の地形図では，等高線は10mごとに引かれている。

② Λ は針葉樹林である。茶畑は ∴，果樹園は ó，広葉樹林は Q である。

3 (1) Ⅰはキリスト教, Ⅱは仏教である。キリスト教はヨーロッパ，南北アメリカ，オセアニアに，仏教は東南アジア，東アジアに，また，イスラム教は北アフリカ，西アジア，中央アジア，東南アジアに主に広がっている。

(5) **ア**人口密度は，ある国や地域の人口を，その国や地域の面積で割ったものである。**ウ**牧場・牧草地の面積も大きい。**エ**耕地・樹園地の面積は大きいが，割合は低い。

4 (1) 平安時代は794年から1185年ごろまでの約400年間である。9世紀には律令政治の立て直しが見られたが，その後，摂関政治から院政へと移った。また，9世紀末ごろから都の貴族を中心に国風文化が栄えた。奈良時代は710年から京都の平安京に都を移すまでの80年余りの期間である。奈良時代の末に大伴家持がまとめたといわれる「万葉集」には，天皇や貴族だけでなく，防人や農民の歌も収められている。

(4) **ア**，**ウ**は桃山文化，**エ**は室町文化である。

(5) 天保のききんによる米不足と商人の買い占めで米の値段が跳ね上がり，各地で一揆や打ちこわしが続発した。大阪町奉行所の元役人であった大塩平八郎は，人々の苦しむ姿を見かねて，1837年に乱を起こした。乱は1日で鎮圧されたが，幕領の大阪で幕府の元役人による反乱が起きたことに，幕府は強い衝撃を受けた。こうした社会の動揺と外国船の来航に対応するため，社会の安定化と幕府の強化を目ざして，老中の水野忠邦が改革を始めた。この改革を天保の改革という。

5 (1) 1911年には，小村寿太郎外相のもと，日米間などで新たな通商航海条約が結ばれ，日本は関税自主権を完全に回復し，欧米諸国との条約改正がすべて達成された。

(2) 加藤高明内閣は1925年，納税額による制限を廃止して，満25歳以上の男子に選挙権を与える普通選挙法を成立させた。また，普通選挙法の公布によって共産主義活動が活発になることを恐れた政府は，治安維持法を制定した。

(5) **イ**は1972年，**ウ**は1973年，**ア**は1978年のできごとである。

6 (1) ② 日本国憲法は，第9条で戦争を放棄し，戦力を保持しないことや，国が戦争をおこなう権利を認めないことなどを定め，平和主義を宣言している。

(2) 日本国憲法では，すべての国民は法の下に平等とされ，等しく生きる権利である平等権が保障されている。職場での男女平等を実現するために，1986年には男女雇用機会均等法が施行された。

(3) **ア**，**エ**は精神(精神活動)の自由，**イ**は経済活動の自由である。

(4) 社会権は，自由権とは異なり，国家が個人の生活に関与することで実現する人権である。国民には，生存権，教育を受ける権利，勤労の権利，労働基本権が社会権として保障されている。

7 (3) 比例代表制では，各政党の得票数を整数で割り，商の大きい順に当選者を決めるドント式が採られている。比例代表制は，死票が少ないという利点がある一方で，小党の分立を招きやすいという欠点がある。

(4) 選挙の課題の一つに一票の格差がある。一票の格差とは，選挙区によって議員一人を当選させるために必要な有権者数が不公平であり，一人ひとりの一票の価値に差が生じていることである。

(5) 野党は政権を担当していない政党で，内閣に対して自由な立場から政策を批判したり，監視したりする。

【理科】解説

1 ⑴　酸化銀と水は化合物，食塩水は混合物である。
⑵　チューリップが球根で，ヤマノイモがむかごによってふえるふえ方も栄養生殖である。
⑶　示準化石にはビカリアの化石以外に，古生代を示すフズリナやサンヨウチュウの化石や，中生代を示すアンモナイトの化石などがある。
⑷　Paは圧力の単位である。

2 ⑴　背骨がある動物をセキツイ動物というのに対し，背骨がない動物を無セキツイ動物という。
⑵　無セキツイ動物のうち，ザリガニのように，体がかたい殻でおおわれていて，体やあしに節がある動物のなかまを節足動物という。節足動物はさらに細かく，ザリガニやエビなどの甲殻類，バッタやセミなどの昆虫類，クモ類などに分類することができる。
⑶　アサリは，イカなどと同じ軟体動物に分類される。軟体動物の内臓は，外とう膜とよばれるやわらかい膜でおおわれている。また，ザリガニもアサリも水中生活をしているので，魚類と同じくえらで呼吸している。

3 ⑴　グラフをかくときには，測定値を●や■などの印でかき入れ，印のなるべく近くを通る直線，または滑らかな曲線をひく。測定した値をグラフに表すと，変化の傾向をつかみやすい。
⑵　純粋な物質を加熱すると，温度が変化しないところが現れる。温度が変化していないときには，物質の状態変化が起こっている。**表**の，加熱を始めておよそ８分〜18分の間は温度が変化していない。このときの温度（62.9℃）をパルミチン酸の融点という。また，パルミチン酸がすべて液体に変化すると，温度が上昇し始める。
⑶　水の沸点は100℃なので，**図**のような加熱方法（「湯せん」という）では，パルミチン酸の温度は100℃までしか上がらない。

4 ⑴　地震が発生した地点を震源といい，震源の真上の地表の点を震央という。震央が海底になる場合もある。
⑵　初期微動のあとに起こる大きな揺れを主要動といい，２番目の波という意味のＳ波が伝わって起こる。また，初期微動は，最初の波という意味のＰ波が伝わって起こる。
⑶　地点ＡとＢの距離の差である48－24＝24 kmを，地点ＡとＢの初期微動が始まった時刻の差である（44分24秒）－（44分20秒）＝４秒間で伝わったことがわかる。よって，震源から地点Ａまでの24 kmも同じ４秒で伝わると考えられることから，この地震の発生時刻は，15時44分20秒の４秒前である。

5 ⑴　光源でない物体は，光源の光がないと見ることはできない。鉛筆などの物体をいろいろな方向から見ることができるのは，鉛筆の表面が凸凹になっていて，光を乱反射しているからである。
⑵　鏡Ｂの面を対称の軸として，点Ｐと線対称な点と点Ｑを結ぶ線分を引くと，その線分と鏡Ｂの面との交点が，点Ｐからの光が反射した点である。
⑶　鉛筆からの光が，鏡Ａ，Ｂでそれぞれ１回反射した像と，鏡Ａ→鏡Ｂの順に２回反射した像の３つが見える。また，光がスクリーン上などに実際に集まってできる像を実像というのに対し，光がそこから出ているように見える見かけの像を虚像という。

6 ⑴　酢酸カーミン液や酢酸オルセイン液を染色液として用いると，核が赤く染まって観察しやすくなる。
⑶　細胞壁のないＢはヒトのほおの内側における粘膜の細胞である。また，オオカナダモの若い葉では光合成が行われているので，細胞内に葉緑体が見られるＣがオオカナダモの若い葉の細胞とわかる。
⑷　多細胞生物では，形やはたらきが同じ細胞が集まって組織をつくり，組織がいくつか集まることで特定のはたらきをする器官をつくっている。個体は，このような器官が集まってできている。

7 ⑴　物質が水に溶けて陽イオンと陰イオンに分かれることを電離といい，電離する物質をまとめて電解質という。
⑵　**実験１**の③で，モーターに電流が流れているとき，亜鉛板をつくる亜鉛は電子を離し，亜鉛イオンとなって水溶液中に溶け出している。また，銅板の表面に水素イオンが引き寄せられ，銅板から電子をもらって水素原子となり，水素原子が２つ結びついて水素分子となって発生している。**図２**のアルミニウムはく，木炭，食塩水は，それぞれ**図１**の実験装置の，亜鉛板，銅板，うすい塩酸と同じはたらきをしている。
⑶　**実験２**の③では，アルミニウムはくをつくるアルミニウム原子が電子を離し，アルミニウムイオンになって食塩水中に溶け出している。そのため，アルミニウムはくは時間の経過とともにぼろぼろになっていく。

8 ⑴　水温がまわりの空気の温度と等しいと考えて行う実験なので，水温を気温と同じにしておかないと，正確な測定ができない。
⑵　水蒸気を含む空気の温度を下げていったとき，水蒸気が凝結し始める温度を，その空気の露点という。露点における空気の湿度は100％である。
⑶　気温が19.0℃より，飽和水蒸気量は16.3 g/m^3で，露点が16.0℃より，実際に水蒸気が13.6 g/m^3含まれていることがわかる。よって，このときの湿度は$\frac{13.6}{16.3}\times 100 = 83.4\cdots$％と計算できる。
⑷　空気の温度を14.0℃まで下げると，1 m^3あたり13.6－12.1＝1.5 gの水滴が現れる。したがって，理科室全体では1.5×220＝330 gの水滴が現れると考えられる。

9 ⑴　$1\,\mathrm{N}\times\frac{3000\,\mathrm{g}}{100\,\mathrm{g}}$＝30 Nの力で，60 cm（0.6 m）持ち上げているので，30 N×0.6 m＝18 J
⑵　動滑車を用いると加える力の大きさは$\frac{1}{2}$になるが，ひもを引く距離が２倍になる。
⑷　仕事の原理より，物体Ｘがされた仕事の大きさが18 Jなので，求める力の大きさは18 J÷1.0 m＝18 N

【英語】解説

１・２・３ リスニング本文を参照。

４ あてはまる単語はそれぞれ，**No.1** ①「4月」，②「祭り（複数形）」，**No.2** ①「20」，②「～を置いていく」という意味。

５ (1) 「あなたの家族の中で一番早く起きるのはだれですか」直前のtheから最上級の文と判断する。earlyの最上級は語尾のyをiに変えてestを付けることに注意。　※early－earlier－earliest

(2) 「リレーで走る3番目の人を私に教えてください」threeを序数のthirdにする。

(3) 「エレベーターがあるので，私たちはその階段を使う必要はありません」「～する必要はない」はdon't［doesn't］have to ～で表す。

(4) 「私は昨日東京で有名なレストランに行きました」この場合のthatは主格の関係代名詞で，直前の名詞（先行詞）であるthe restaurantを指している。thatは先行詞が「人」，「もの」両方の場合に用いられる。

(5) 「これは私が昨日買った本です」この場合のwhichは目的格の関係代名詞で，直前の名詞（先行詞）であるthe bookを指している。whichは先行詞が「もの」の場合に用いられる。

６ エイデンからの相談は，「日本語は私にとって難しいです。私は日本語を上手に話したいと思っています。日本語の話し方を学ぶための良い方法を私に教えてください」という意味。その相談内容に対する自分の考えを書く。解答例は，「あなたは日本人の友達と話して一緒に多くのことをするべきです。そうすることで，あなたは容易に日本語の言葉を学ぶことができるし，それらを使ってみることもできます」という意味。また，次のような解答例も考えられる。You should read Japanese comics and watch Japanese dramas. I think that you can improve your Japanese by being interested in Japanese culture.（あなたは日本のマンガを読んだり，日本のドラマを見たりするべきです。日本の文化に興味を持つことで，日本語を上達させることができると思います）

７ (1) ① 自転車についての話題であり，あとに「だから，自転車の安全な走行は皆さんの日常生活でとても重要です」という文があるので，スライド１のＱ２から読み取れる内容の，**エ**「50％より多くの生徒が自転車で学校に来る」を選ぶ。他の選択肢は内容も適当ではない。

② スライド２とその説明から，日本の交通規則では自転車は道路の左側を走行すると決められていることがわかるので，「左」を意味するleftを入れる。同じ段落のkeep rightという表現を参考にする。

③ スライド３とその説明から，３つの絵はすべて交通規則に反していることがわかるので，**ア**を選ぶ。

④ **ア**「生徒たちが学校に行くとき，自転車よりもバスや電車を使う方がいい」本文にそのような記述はないので，×。

イ「生徒たちは自転車に乗るとき，同時に多くのことに注意を払うべきである」本文最終段落から同じ内容が読み取れるので，○。

ウ「自転車の安全な走行のためには３つの規則があるだけなので，生徒たちにとってそれらに従うのは簡単である」本文にそのような記述はないので，×。

(2) ① Discovery Talksの日時は毎週水曜日と金曜日の午後２時からと午後４時からの１日に２回ずつ行われることがわかる。「２回」はtwiceやtwo timesで表す。

② **ア**…講義に参加するには，電話での申し込みではなく電子メールを送る必要があるので，誤り。

イ…「日時」から，火曜日から日曜日までの週６日行われるとわかるので，正しい。

ウ…「説明」から，Study Hallに集まったあと，講義はAdventure Hallで行われるので，誤り。

エ…①の解説を参照。毎週水曜日と金曜日の１日に２回ずつ行われる（＝週に４回の開催）とわかるので，正しい。

オ…「日時」から，毎週日曜日に行われるとあるが，次の「情報」に，「よく晴れた夜にだけ」という条件があり，日曜日でも悪天候の場合は開催されないことがわかるので，誤り。

８ (1) 挿入する英文は，「それはいい考えだと思って賛成しました」という意味。**イ**に入れると，文中のitが，「英語でおたがいに電子メールを送ること」を指すことになり，自然なつながりとなる。

(2) 質問は，「大地の英語をよりよくするための最も大切なことは何ですか」という意味。該当する箇所は第４段落最初の文から抜き出して，「毎朝英語を勉強する（こと）」とまとめる。次の文に，「これが私の英語をよりよくするための最も大切なことになっています」とある。

(3) 下線部を含む文は，「私の父親の言葉は正しかった」という意味。第３段落にある大地の父親の発言を参照。発言の最後のI often see ～で始まる文を参照して簡潔にまとめる。

(4) **ア**…第２段落半ばを参照。大地は英語で会話したとき，間違うことをあまり心配しなかったとあるので，誤り。

イ…第３段落前半を参照。大地は週末に勉強する時間は容易に確保できたが，平日はサッカーの練習もあり勉強する時間を確保できず，これが問題だったとあるので，誤り。

ウ…第３段落半ばから後半を参照。同じ内容が読み取れるので，正しい。

エ…第３段落前半を参照。大地が英語を以前より一生懸命に勉強し始めたのは，ルーク（Luke）に英語で電子メールを書く必要があったからなので，誤り。

９ (1) 話の流れから，**エ**「今までにそれ（＝富士山）に登ったことがありますか」を選ぶと自然なつながりとなる。ヘンリーの４番目の発言から，富士山を以前に見たことがわかるため，**ウ**は適当ではない。

(2) 話の流れから，**ア**「（富士山は）日本のすべての山の中で最も高い（ので，多くの場所から見られます）」を選ぶと自然なつながりとなる。

(3) 話の流れから，**イ**「（そこで，富士山の）美しい絵を見ることができます」を選ぶと自然なつながりとなる。

(a) 空所を含む文は，「（しかし私は富士山が）多くの日本人に愛されている（と知っています）」という意味。主語がMt. Fujiであり，「愛されている」と表現する必要があるので，〈be動詞＋過去分詞〉の受け身の文を使う。

第４回 紙上公開もぎ（令和５年12月実施）

【国語】解答

配点／一・二・三・四(1),(5)・五(5)(b) 各２点，四(2)Ⅱ,(6) ４点，七 12点，他 各３点

一 (1) 〔例〕（文化財や自然の財産を、）未来に残していく（ため。）　(2) **エ**　(3) **イ**　(4) **ウ**
二 (1) とうさい　(2) かんゆう　(3) こくじ　(4) ちぢ（こまる）
三 (1) 局地　(2) 縦走　(3) 吸収　(4) 拝（む）　(5) 損（なう）
四 (1) **イ**
(2) Ⅰ：未来にたいする不安や懐疑　Ⅱ：〔例〕これまでの生き方を再点検し、自己を取り戻した
(3) **ウ**　(4) **エ**　(5) **ア**
(6) 〔例〕未熟であるため、反理性的な行動をとることがある。
五 (1) Ⅰ：**ウ**　Ⅱ：〔例〕祖母が起こしに来なければ起きてやろう
(2) **ア**　(3) 祖母はたた　(4) **イ**
(5) (a) 涙が自然に出て来た　(b) 心配　(c)〔例〕祖母が自分のことを受け止めてくれることに対する甘え
六 (1) きょうぞさかりならん（ひらがなのみ可）　(2) **エ**　(3) 笛高やかに　(4) **ウ**　(5) **エ**
(6) 有ルレ 情 芍 薬 含ミ二 春 涙ヲ一
七 　二段落構成とし、前段には、【資料】と天野さんの発表から読み取ったことを書く。前段の例として、「日本では『食品ロス』の量は依然として多いことから、言葉は浸透しても、実行においてはまだ改善の余地がある」など。後段では、前段の内容をふまえて、「食品ロス」対策についての自分の考えを、理由とともに具体的に書く。それらの内容が、注意事項に従って書かれているかどうかを総合的に判断し、採点する。

【数学】解答

配点／1(1)・2・3(1)・(3) 各５点，1(7)・3(2) 各６点，4(1)・(4) 各２点，他 各３点

1 (1) ① -13　② $\frac{\sqrt{6}}{4}$　③ $x(x+5)$
(2) ① $14a+24$ cm²　② 108 cm²　(3) ① 35分　② **ウ**
(4) ① ７個　② $\frac{7}{20}$　(5) 28，29，30（順不同・完答）
(6) ① BF：FD＝３：２　② ６cm　(7) 右図

1(7)

2 (1) $a=1$　(2) $b=\frac{5}{9}$　(3) ４cm²
3 (1) (a) **ア**　(b) **ウ**　(c) 合同（完答・(a)，(b)は順不同）
(2) 〔例〕△ADFと△BEGにおいて，
仮定より，AD＝BE　……①
AC∥GBより，平行線の錯角は等しいので，∠DAF＝∠EBG　……②
DF∥GCより，平行線の同位角は等しいので，∠ADF＝∠AEC　……③
対頂角は等しいので，∠AEC＝∠BEG　……④
③，④より，∠ADF＝∠BEG　……⑤
①，②，⑤より，１組の辺とその両端の角がそれぞれ等しいので，△ADF≡△BEG
合同な図形の対応する辺の長さは等しいので，DF＝EG
(3) 36 cm²
4 (1) (a) **オ**　(b) **ア**　(2) ① ９　② 288　(3) 69番目
(4) (ア) 66　(イ) 198　(ウ) 一　(エ) ８

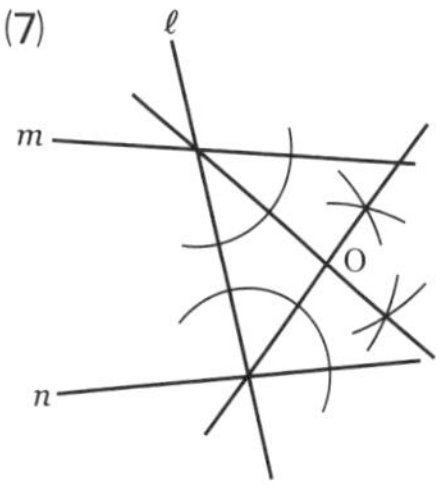

【社会】解答

配点／1 各２点，他 各３点

1 (1) 資本主義（経済）　(2) **ウ**　(3) **エ**　(4) **エ**　(5) ニューヨーク
2 (1) 仙台　(2) **イ**　(3) B：**エ**　D：**ア**（完答）　(4) ① **ウ**　② **イ**
3 (1) **エ**　(2) 東京：**ウ**　クスコ：**イ**（完答）
(3) Ⅰ：ロッキー（山脈）　Ⅱ：ハリケーン（カタカナのみ可）（完答）
(4) 〔例〕高くなっており，経済的な結びつきが強い　(5) **エ**
4 (1) 語：大化の改新　符号：**ア**（完答）　(2) **ウ**　(3) 符号：**エ**　名前：織田信長（完答）
(4) 〔例〕機械を使って，工場で大量　(5) **エ**
5 (1) 日英同盟　(2) アメリカ　(3) **イ**　(4) **エ→ア→ウ**（完答）　(5) **ウ**
6 (1) ① 〔例〕選挙区制と比例代表制でおこなわれるから。　② 18（歳）
(2) 政権公約（マニフェスト）　(3) 世論　(4) マスメディア（カタカナのみ可）
7 (1) **ウ**　(2) Ⅰ：４（年）　Ⅱ：解散（完答）　(3) 立法（漢字のみ可）　(4) 議院内閣制
(5) **ウ**

【理科】解答

配点／2(1)・**3**(2)・**4**(2)・**5**(2) 各2点，他 各3点

1 (1) **イ**　(2) 前線面　(3) **ウ**　(4) **エ**
2 (1) (a) **ア**　(b) 子房　(2) **エ**　(3) **ウ**
3 (1) アンモニア　(2) (a) **イ**　(b) 吸熱　(3) **エ**
4 (1) 等粒状　(2) ① 長石　② **カ**　(3) **ア**
5 (1) 右図　(2) (a) **ウ**　(b) 電磁誘導　(3) **ア**
6 (1) **カ**　(2) 〔例〕周辺よりも気圧が高いところ。
(3) a：**ウ**　b：移動性（完答）　(4) **イ**
7 (1) 〔例〕白色の濁りが生じた。　(2) a：**ア**　b：中和（完答）
(3) $NaOH \rightarrow Na^{+} + OH^{-}$　(4) 10（mL）
8 (1) **エ**　(2) 右図　(3) 0.32（秒）　(4) 中枢（神経）
9 (1) 〔例〕一直線上にあり，向きが反対である。　(2) **イ**　(3) **エ**　(4) 仕事の原理

5(1)

8(2)

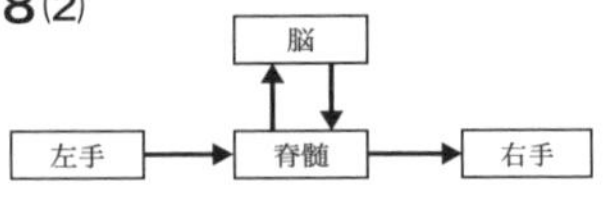

【英語】解答

配点／6 8点，**8**(2)・**9**(a) 各4点，他 各3点

1 **No. 1** D　**No. 2** B　**No. 3** A
2 **No. 1** C　**No. 2** B
3 **No. 1** D　**No. 2** C
4 **No. 1** ① history　② reading　**No. 2** ① afternoon　② sounded
5 (1) activities　(2) done
(3) **オ→イ→ア→ウ→エ**（完答）　(4) **エ→ア→ウ→オ→イ**（完答）　(5) **イ→オ→ウ→エ→ア**（完答）
6 〔例〕The boy began to cry because he couldn't get the ball. Takeshi reached out his arms, got the ball, and gave it to the boy. The two boys became happy.
7 (1) ① **エ**　② all over the world（完答）　③ **ウ**　④〔例〕recycling waste
(2) ① 90（数字のみ可）　② **イ・ウ・オ**（順不同・完答）
8 (1) **ウ**　(2) losing a dark night sky（完答）
(3) 〔例〕ウミガメの赤ちゃんが海に向かって移動するのではなく，砂浜近くのホテルや通りからの光に向かって移動してしまうこと。
(4) **エ**
9 (1) **イ**　(2) **ア**　(3) **エ**
(a) 〔例〕What kind of trees are they / What is the name of those trees

リスニング本文

1 **No. 1** Man： Excuse me. Would you tell me how to go to the station?
Woman：Sure. Go straight along this street and turn left at the first corner.
Man： Oh, I see. Thank you. Will it take long from here?

No. 2 Girl：Wow! So many people are waiting for something there.
Boy：Right. I think they're going to eat at the new restaurant.　Girl：Really? Why do you think so?

No. 3 Teacher：Mami, are you looking for a teacher?　Student：Yes. I want to ask Mr. White a question about English.
Teacher：I'm sorry, but he is not here now.

2 **No. 1** Girl：Look at the man sitting on the chair!　Boy：The man with a cup in his hand?
Girl：No. He has a book in his hand.　Boy：I see him. What about him?
Girl：He is a famous scientist.
Question：Which man are they looking at?

No. 2 Look at the graph. This is a graph of the number of visitors to the space museum which was built in 2017 in our city. The number kept going up until 2019. But the next year, it went down twenty percent. The numbers in 2020 and 2021 were the same. It's my favorite museum, so I hope more people will come.
Question：Which graph shows this?

3 **No. 1** Staff：Good afternoon. What can I do for you?
Boy： I need your help. I think I lost my cap at this museum this morning.
Staff：I see. What does your cap look like?　Boy：It's black and has a white F on the front.
Staff：OK. Which floors did you visit?
Boy： I visited the second floor for History, the third floor for Animals, and the fourth floor for Art.
Staff：All right. I'll check. Please wait here.　Boy：Thank you.
Staff：Umm, is this your cap?　Boy：Yes, it is. Thank you very much. Where was it?
Staff：It was in the Art area. A kind old man found it and brought it here. OK, on this paper, could you write your name and address?
Boy： Sure.... Here you are.　Staff： Thank you. Have a nice weekend.
Question：Where did the old man find the cap?

No. 2 Hi, I'm Rina. Today, I would like to talk about my happy memories of junior high school. First, I will introduce my class. We have 15 boys and 20 girls in our class, and we are all good friends. Our teacher is Mr. Okuda. He is kind and friendly. He likes playing the guitar and sometimes he plays it for us. His English class is very interesting.
We had a great time at two school events. First, we had Sports Day six months ago. We were the No.1 team because we practiced very hard. Second, last November we went to Tokyo for 5 days on a school trip. We visited some famous places. We all went to TOKYO SKYTREE by bus. Then, some students enjoyed going down the Sumida River in a boat, and others visited Shibuya by train. We had a wonderful time. Thank you for listening.
Question：Why did Rina's class become No.1 on Sports Day?

4 **No. 1** Mr. Brown is a teacher at Star High School in America. He has read a lot of books about the history of the world. Now he teaches history. Last week he came to Japan. He visited our school and joined our English class. He talked to us about reading books. He said "Through books, I've learned a lot about the changes in the world. Reading is the key to doing anything. Let's keep enjoying reading."

No. 2 Hi, I'm Nancy. Yesterday afternoon, I watched a great TV show about a zoo. After that, I called my friend Bob to tell him about it. He said that it sounded interesting.

【国語】解説

四 ⑴ 前後が、「理由・動機はさまざまで、[A]できない」という流れなので、「さまざまであること」と対照的な意味を持つ**イ**「画一化」が適当である。

⑵ Ⅰ上段に、「現在の状況」「過去への関心」とあるので、「未来」に関するキーワードが入る。そして、「あり/なし」で答えられるものを探す。

Ⅱ 現在の状況が「不調（＝自分の生き方について自信を失わせるような出来事に遭遇している）」で、「未来にたいする不安や懐疑」がある場合の対処は、第三段落の「自分の過去をふりかえることで自分のこれまでの生き方を再点検して、失われた自己を取り戻そうとする」に該当する。

⑶ C――には、「（ヴェトナム）戦争を転機としてアメリカ社会の思想状況が」楽天的なものではなくなった、と具体的な世界情勢に言及している点から、**ウ**が適当である。

⑷ D――を含む段落は、「現在を過去と未来のつながりのなかに位置づけて理解しようとする思考」について述べているので、**エ**が適当である。

⑸ 前段の「（人間は）動物である」という話題から一転して、別の話題へと移っているので、転換の接続詞である**ア**「ところで」が入る。

⑹ 人間という動物についての記述は、第七段落で展開されている。一つ目の指定語「未熟」は、「（人間の能力は、）決して完成されたものではない」を端的に言い表していることに着目してまとめる。

五 ⑴ Ⅰ 祖母の発言から信太郎が五時間半しか寝ておらず寝不足であることと、祖母に何度も起きろと云われ、せかされていることから、**ウ**が適当である。

Ⅱ 起きるきっかけについて最初の段落で「もう少しこうしていて起こしに来なかったら、それに免じて起きてやろう」と決めていたものの、A――の直前で「また、祖母が入って来た」ことから、祖母がその決まりに反したため起きられなくなったのである。

⑵ B――を含む段落で、「七十三」の高齢の祖母が「自分の寝床をたたみ始めた」が、それは「大きい敷蒲団をたたもうとして息をはずませ」るほど祖母にとっては重労働であるため、「よせばいい（しなければいい）」と思っていることから、**ア**が適当である。

⑶ 祖母の怒りの感情は、「烈しく唐紙をあけたてして」という行動に表れている。

⑷ 信太郎はD――以前では実際に「むっとして」いたが、D――で「わざと」とあるように、この時点では実際に「むっとして」いない。それは直前の「祖母は今までの事を忘れたような顔をわざとして」という態度が要因であることから、**イ**が適当である。

⑸ (a) 信太郎の自省・反省の結果は、「可笑しい中に何だか泣きたいような気持ちが起こって来た。涙が自然に出て来た」と表現されている箇所が該当する。

(b) 信太郎が突然「旅行」を思い立つが、それは純粋に旅行をしたいのではなく、祖母への当てつけのために「一つ旅行をしてやろう」というたくらみが含まれている。旅行先が、事故現場の諏訪なら、「祖母は新聞で聴いているはずだから、自分が行っている間少なくも『心配』するだろう」というのが狙いである。

(c) 悪態をつき、心配させるための旅行を思いつくなど、その根底には祖母への「甘え」があることを指摘し、指定条件に合わせてまとめる。

六 ⑴ 「けふ」は「きょう（今日）」と、助動詞の「む」は「ん」と直す。

⑵ 「いひしらず（言ひ知らず）」は、言いようがないほど素晴らしい、もしくは、ひどいという意味で、よい意味でも悪い意味でも用いる。B――の直後に「をかし（趣深い）」と続いていることから、この文では前者のよい意味で用いられている。

⑶ 「折から」とは「ちょうどその時」という意味。法師が平安時代の和歌の一節を口ずさんだのは、ちょうど「笛高やかに吹き鳴らしたるが、水音に響きあひて（笛を高らかに吹き鳴らしたが、水音に響き合って）」いる時であった。

⑷ D――を含む一文は、筆者が法師について「どこの人だったのだろうか、心ひかれる様子であった」と気にかけて評している場面であるので、**ウ**が適当である。

⑸ **ア**「桜はもう散っていておかしかった」という点が誤り。**イ**「春なので」とあるが季節と笛の音の関連性は述べていない。**ウ**「悲しかった」という点が誤り。

⑹ 「有情芍薬含春涙」は、「情→有→芍→薬→春→涙→含」の順序で読むため、「有」の左下に一字返って読む「レ点」の「レ」を、「涙」の左下に二字以上返って読む「一・二点」の「一」を、「含」の左下に「一・二点」の「二」を書き入れる。

＜現代語訳＞

友人四、五人ほどで、ある年、嵐山の花見に行ったことがあった。今日こそ花の盛りだろうと思われる様子で、一方では散っていく花もあるときに、渡月橋のこちら側を川沿いに川上の方へ行く風がさっと吹き荒れたときに、雪のように散り乱れる花が、戸無瀬の滝の岩に落ちる波にそのまままぎれてゆく様子など、なんともいえず趣深い。

中野三郎という友人が、川の中の大きな岩に腰掛けて、笛を高らかに吹き鳴らしたが、水音に響き合って趣深い時に、そばにいた法師が「（笛が）春に趣深く聞こえてくるのは」と昔の和歌の一節を口ずさんだ、このことがこのときに似合って趣深く思われたことであった。

この法師は、どこの人だったのだろうか、心ひかれる様子であったが、言葉さえ交わさずに、そのまま行き別れてしまったのは残念なことである。

七 ＜作文解説＞

一 原稿用紙の正しい使い方で書く。

①文章の書き出しは一マスあける。 ②一マスには一字、一記号を入れる。 ③どの行でも、一番初めのマスには「、」や「。」は書かない。 ④改行したら（二段落目に入ったら）最初の一マスはあける。

二 二段落構成とし、条件に沿った文章を書く。

三 最後に見直しをする。

・八行以上、十行以内で書いているか。 ・自分の考えをはっきり書いているか。
・一文が長すぎず、すっきりとわかりやすい文章で書いているか。
・常体文（～だ。～である。）と敬体文（～ます。～です。）が交じっていないか。
・文法上の間違いはないか。 ・誤字、脱字がなく、送り仮名、句読点、符号などは適切か。

以上のことに気をつけて作文する。作文は、すぐに上手に書けるようになるものではないので、日頃から短文を書く練習をしたり、日記をつけたりして、作文に慣れておくことが大事である。

【数学】解説

1 (1) ② $\dfrac{3\sqrt{2}}{\sqrt{48}}=\dfrac{3\sqrt{2}}{4\sqrt{3}}=\dfrac{3\sqrt{2}\times\sqrt{3}}{4\sqrt{3}\times\sqrt{3}}=\dfrac{3\sqrt{6}}{12}=\dfrac{\sqrt{6}}{4}$

③ $x+5=M$とすると，
$(x+5)(x-3)+3(x+5)=M(x-3)+3M=M(x-3+3)=xM=x(x+5)$

(2) ① $2(4\times3+4a+3a)=14a+24$ (cm^2)

② $14a+24=94$，$a=5$　これより，正しいaの値は$a=5+1=6$
よって，正しい表面積は$14\times6+24=108$ (cm^2)

(3) ① 分布の範囲は，最大値と最小値の差である。箱ひげ図より，$40-5=35$ (分)

② **ア**…通学時間が10分の生徒がいるかどうかは読み取れない。**イ**…第1四分位数が15分未満だから，15分未満の生徒は少なくとも20人はいる。**ウ**…中央値が25分未満だから，25分未満の生徒は少なくとも40人はいる。**エ**…第3四分位数が30分未満だから，30分以上の生徒は多くても20人であり，20人より多いことはない。

(4) ① $50\div7=7$余り1より，7個

② 右の表のように，すべての場合の数は$4\times5=20$ (通り)
このうち，条件を満たすのは○印の7通りなので，求める確率は$\dfrac{7}{20}$

1(4)②

a＼b	0	1	2	3	4
1	⑩	11	12	⑬	14
2	20	21	㉒	23	24
3	30	㉛	32	33	㉞
4	㊵	41	42	㊸	44

$10a+b$の値

(5) 連続する3つの自然数は，一番小さい自然数をxとすると，x，$x+1$，$x+2$
これらの和は$x+(x+1)+(x+2)=3x+3$
これより，方程式$3x+3=87$が成り立つ。これを解いて，$x=28$
したがって，28，29，30

(6) ① △ABE∽△DCEより，AE：DE＝AB：DC＝3：2　また，AB∥EFより，BF：FD＝AE：ED＝3：2

② AB：CD＝15：10＝3：2なので，①より，BF：FD＝3：2
△DEF∽△DABより，EF：AB＝DF：DBなので，EF：15＝2：(2＋3)，EF＝$\dfrac{30}{5}=6$ (cm)

(7) ①…2直線ℓ，mの交点Aを中心として円をかき，直線ℓ，mとの交点をそれぞれB，Cとする。
②…2点B，Cを中心として，等しい半径の円をかき，2つの円の交点の1つをDとする。
③…直線ADをひく。
④…2直線ℓ，nの交点Eを中心として円をかき，直線ℓ，nとの交点をそれぞれF，Gとする。
⑤…2点F，Gを中心として，等しい半径の円をかき，2つの円の交点の1つをHとする。
⑥…直線EHをひく。直線EHと直線ADとの交点が求める点Oである。

2 (1) 点Aは関数$y=x+2$のグラフ上にあるので，この式に$x=-1$を代入して，$y=-1+2=1$より，点A$(-1,\ 1)$
点Aは関数$y=ax^2$のグラフ上にもあるので，この式に$x=-1$，$y=1$を代入して，$1=a\times(-1)^2$，$a=1$

(2) 点Bのx座標をt $(t>0)$とすると，点B$(t,\ t+2)$　$y=x^2$に$x=t$，$y=t+2$を代入して，$t+2=t^2$
これを解いて，$t=-1,\ 2$　$t>0$より，$t=2$　よって，点B$(2,\ 4)$
△BDOと△CDOの共通の底辺をDOとすると，面積の比より，点B，Cのx座標の比は2：3
これより，点Cのx座標は3　$x=3$を$y=x+2$に代入して，$y=3+2=5$より，点C$(3,\ 5)$
点Cは関数$y=bx^2$のグラフ上にもあるので，この式に$x=3$，$y=5$を代入して，$5=b\times3^2$，$b=\dfrac{5}{9}$

(3) $\triangle AOC=\triangle ADO+\triangle CDO=\dfrac{1}{2}\times2\times1+\dfrac{1}{2}\times2\times3=4$ (cm^2)

3 (3) AF＝FCより，△ADF＝△DCF＝Sとする。AF＝FC，DF∥ECより，AD＝DEなので，△DEC＝△ADC＝△ADF＋△DCF＝$S+S=2S$
AD＝DE＝EBより，△EBC＝△DEC＝$2S$
(四角形DECF)＝△DEC＋△DCF＝$2S+S=3S$
よって，(四角形DECF)：△EBC＝$3S$：$2S$＝3：2より，
(四角形DECF)＝$24\times\dfrac{3}{2}=36$ (cm^2)

3(3)
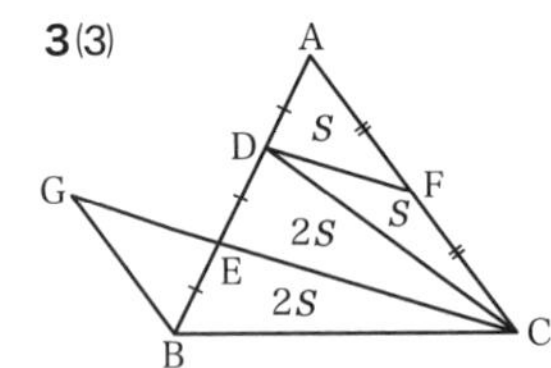

4 (1) (a) 99番目の3の倍数は，$3\times99=297$
(b) 100番目の3の倍数は，$3\times100=300$ この一の位の数は0

(2) <Ⅱ>は「3，6，9，2，5，8，1，4，7，0」の10個の数の繰り返しになっているので，この10個の数を1組として考える。
① $63\div10=6$余り3より，10個の数の3番目の9
② 1組の10個の数の和は$3+6+9+2+5+8+1+4+7+0=45$
①より，$45\times6+(3+6+9)=288$

(3) <Ⅰ>の35番目の数は$3\times35=105$　<Ⅰ>の1番目から35番目の数までのうち，1けたの数は3個，2けたの数は12から99までの30個，3けたの数は102と105の2個　これらのすべてのけた数の合計は$1\times3+2\times30+3\times2=69$　したがって，<Ⅰ>の105の一の位の数「5」は<Ⅲ>の69番目の数である。

(4) <Ⅰ>に並んだ数のうち，1けたの数は3個，2けたの数は30個　よって，<Ⅰ>の99の一の位の数の9は<Ⅲ>の$3+2\times30=63$ (番目の数)　残りの$162-63=99$ (個)の数は<Ⅰ>に並んだ3けたの数の各位の数であり，3けたの数の個数は$99\div3=33$ (個)　余りがないので，一の位の数とわかる。したがって，この数は<Ⅰ>の$3+30+33=66$ (番目)の数である$3\times66=198$の一の位の数，つまり8である。

【社会】解説

1 ⑴ 資本主義経済の発達にともなって，貧富の差が広がったり労働問題が起こったりして，社会問題化した。

⑵ **ウ**は1789年のフランス革命で発表された。**ア**は14世紀後半，**イ**は14世紀ごろにイタリアで始まった。**エ**は16世紀前半のできごとである。

⑶ 野口英世は，アフリカで黄熱病の研究中に自らも感染して病死した。**ア**は明治時代にフェノロサとともに日本の美術の復興に努めた。**イ**は「舞姫」や「高瀬舟」などの小説を著した。**ウ**はフランスで印象派の画風を学び，帰国後，洋画の発展につくした。

⑷ **ア** 1990年の一次エネルギーの供給量は，中国の次に日本が多い。**イ** 2018年における一人当たりの一次エネルギーの供給量は，ドイツが最も多い。**ウ**インドは人口が多いので，一人当たりの一次エネルギーの供給量は日本やドイツより少ない。

2 ⑶ Bは長野県でレタスの収穫量が最も多い**エ**，Dは長崎県で漁獲量が最も多い**ア**である。Aの新潟県は米の収穫量が最も多い**ウ**，Cの愛知県は人口が最も多い**イ**である。

⑷ ① **ア**高城山の山頂の標高は135.7m，地点Aの標高は50mである。**イ**北東ではなく，北西である。**エ**等高線の間隔が狭いC－D間の方が傾斜が急である。

② 2万5千分の1の地形図上で5cmの実際の距離は，5cm×25000＝125000cm＝1250mである。

3 ⑴ ある地点から，地球の中心を通って反対側に移した地点を対せき点という。東京の対せき点は，アルゼンチンの首都ブエノスアイレスの東方沖の大西洋上になる。

⑵ 東京は温帯の中でも，年間の降水量が多く，一年の中での降水量や気温の変化が大きい温帯(温暖)湿潤気候に属する。クスコはアンデス山脈中央部にあるペルーの高山都市である。高山地域では，同じ緯度の標高が低い地域よりも気温が低くなる。このような高山地域に見られる気候を高山気候という。また，赤道に近い地域は，一年の気温の変化があまり見られないという特色がある。**ア**はイルクーツクで冷帯(亜寒帯)に属し，冬はかなり気温が低くなるが，夏は気温が高くなり，一年の気温の差が大きい。**エ**はトンブクトゥで，乾燥帯の砂漠気候に属し，一年を通して雨がとても少ない。

⑷ アメリカ合衆国の影響力は国境を接するカナダとメキシコに対しても大きく，工場の進出や貿易を通じて経済的に強く結びついている。

⑸ **ア**フランスとアメリカ合衆国は，35%をこえていない。**イ**木材伐採高が最も多いアメリカ合衆国は，国土面積に占める森林面積の割合が2番目に低い。**ウ**用材の伐採高より薪炭材の伐採高の方が多い国はない。

4 ⑴ 聖徳太子の死後，蘇我氏が一層力を強め，権力を独占していた。中大兄皇子(後の天智天皇)は，中臣鎌足(後の藤原鎌足)らと図り，645年，蘇我氏を倒して政治改革に着手した。この改革を大化の改新という。

⑵ 時宗は一遍が開いた。**ア**浄土宗は法然，**イ**曹洞宗は道元，**エ**日蓮宗は日蓮が伝えた。

⑶ 1575年，織田信長は甲斐(山梨県)・信濃(長野県)などを支配していた武田勝頼と長篠(愛知県)で戦ったとき，武田軍の騎馬隊の突進を防ぐ柵を設け，大量の鉄砲を効果的に使って勝利した(長篠の戦い)。

5 ⑶ 政党は軍部に対する抵抗をやめ，1940年に解散し，大政翼賛会という戦争に協力するための組織に合流した。労働組合も解散させられ，治安維持法による取り締まりが厳しくなり，自由な言論活動は難しくなった。

⑷ **エ**は1949年，**ア**は1951年，**ウ**は1955年のできごとである。**イ**は1973年のできごとである。

6 ⑴ ② 選挙権を得られる年齢は，2016年6月以降の選挙で満20歳以上から満18歳以上に引き下げられた。被選挙権を得られる年齢は，衆議院議員が満25歳以上，参議院議員が満30歳以上である。

⑶ 国会議員は，世論の支持があってこそ選挙で選ばれ，政策を実現することができるため，世論に耳を傾けつつ，政策への支持を世論に訴えかける。

⑷ マスメディアの情報をうのみにせず，信頼できる情報は何かを冷静に判断する力をメディア・リテラシーという。

7 ⑴ 法律案は，衆議院が出席議員の3分の2以上の賛成で再可決すると，成立する。

⑵ 衆議院議員の任期は4年で，参議院議員より短い。また，衆議院には解散があるので，国民の意思を反映しやすいと考えられることから，衆議院の優越が認められている。

⑶ 法律を制定することを立法という。日本国憲法第41条で，「国会は，国権の最高機関であ(っ)つて，国の唯一の立法機関である。」と定めている。

⑷ 内閣は，国会に対して連帯して責任を負うので，衆議院で内閣不信任の決議が可決されると，内閣は，10日以内に衆議院を解散するか，総辞職をしなければならない。

⑸ 民事裁判では，訴えた人が原告となり，訴えられた人が被告となる。**ア**重大な刑事裁判の第1審は，裁判員裁判でおこなわれることがある。

【理科】解説

1 (1) 質量パーセント濃度〔%〕＝$\dfrac{\text{溶質の質量〔g〕}}{\text{溶質の質量〔g〕＋溶媒の質量〔g〕}}$×100で求められる。

(2) 前線面が地表（海面）と接するところを前線という。

(3) 減数分裂により，染色体の数が半分になった生殖細胞が2つ合体することで，もとの細胞と同じ染色体の数の受精卵ができる。

(4) 音が空気中を伝わる速さは約340m/sで，光の伝わる速さである約30万km/sに比べるとはるかに遅い。

2 (1) めしべの先端を柱頭といい，めしべの根元のふくらんだ部分を子房という。子房の中には受粉後成長して種子になる胚珠がある。アブラナのように，胚珠が子房に包まれている植物を被子植物という。なお，花粉がめしべの柱頭につくことを受粉といい，子房は受粉後成長して果実になる。

(3) マツは胚珠がむき出しになった裸子植物，ユリは芽ばえのときに子葉が1枚出る被子植物の単子葉類，ツツジは花弁が1つにつながった合弁花を咲かせる被子植物の双子葉類にそれぞれ分類される。

3 (1) アンモニアは，水に非常によく溶け，刺激臭がある気体である。**図**のように，ビーカーの口を水で湿らせたろ紙でおおっているのは，発生したアンモニアを水に溶かして空気中に拡散させないようにするためである。

(2) 化学変化にともなって出入りする熱を反応熱という。**実験**で，ビーカー内の物質に見られた反応は，周囲の熱を奪って温度が低くなる，吸熱反応とよばれる化学変化である。

(3) 吸熱反応に対し，化学変化の際に熱が発生して温度が高くなる反応を発熱反応という。選択肢**ア**，**イ**，**ウ**はいずれも発熱反応である。

4 (1) 花崗岩などの深成岩は，マグマが地下深くでゆっくりと冷え固まってできたため，鉱物の結晶が大きく成長した等粒状組織となる。

(2) 鉱物Aは石英，Bは長石，Cは黒雲母である。石英や長石などの無色や白色の鉱物を無色鉱物といい，黒雲母や角閃石などの色のついた鉱物を有色鉱物という。

(3) 斑れい岩は黒っぽい色をした深成岩，玄武岩は黒っぽい色をした火山岩，凝灰岩は火山灰などの火山噴出物などが押し固められてできた堆積岩である。

5 (1) 磁石がつくる磁界の向きは，N極から出てS極へ向かう向きである。

(2) 電流による磁界は，導線に近いところほど強くなっている。また，コイルの中の磁界が変化することによって，コイルに電圧が生じ，電流が流れる現象を電磁誘導といい，このとき流れた電流を誘導電流という。

(3) 棒磁石の極と動かす向きのうち，どちらか一方を逆にすると電流の向きも逆になり，両方とも逆にするともとと同じ向きの電流が流れる。棒磁石を動かさない場合は，磁界が変化しないので電流は流れない。

6 (1) 風向は風がふいてきた向きを16方位で表し，記号では矢の向きで示す。また，風力は矢羽根の数で表す。

(2) 周囲と比較して，気圧の高い部分を高気圧，低い部分を低気圧という。よって，気圧が1000hPaよりも低い高気圧や，1000hPaよりも高い低気圧なども存在する。

(3) 高気圧と低気圧が交互におとずれることで，日本の春の天気は周期的に変わる。高気圧も低気圧も，偏西風の影響で日本列島付近をおおよそ西から東へと移動する。

(4) 偏西風は，日本列島の位置する中緯度帯の上空を常にふいている強い西風である。偏西風は北半球だけでなく南半球にもふいている。

7 (1) 硫酸中に生じている硫酸イオン（SO_4^{2-}）と，水酸化バリウム水溶液中に生じているバリウムイオン（Ba^{2+}）が結びついて硫酸バリウム（$BaSO_4$）という塩ができる。この塩は水に溶けないので，白色の濁り（沈殿）ができる。

(2) 酸性の水溶液に含まれる水素イオンと，アルカリ性の水溶液に含まれる水酸化物イオンが結びついて水ができる反応を中和という。また，中和が起こるとき，酸の陰イオンとアルカリの陽イオンが結びついてできる物質を塩という。

(3) 水酸化ナトリウムのように，水に溶けて電離する物質を電解質という。

(4) **表2**から，水酸化ナトリウム水溶液と塩酸は体積比30：15＝2：1で中性となる。よって，塩酸20mLを中性にするためには，20mL×$\dfrac{2}{1}$＝40mLの水酸化ナトリウム水溶液が必要なので，あと40－30＝10mL加えればよい。

8 (1) 生徒Bは左手の皮膚で刺激を受けとり，この刺激の信号が脳に伝わることで，触覚とよばれる感覚が生じている。嗅覚は，鼻で受けとるにおいの刺激によって生じる感覚である。

(2) 左手の皮膚で受けとった刺激は感覚神経を通って脊髄，脳と順に伝えられ，脳から右手をにぎるという反応の信号が出される。この信号は脊髄から運動神経を通って右手の筋肉に伝えられ，反応が起こる。

(3) 本番3回の平均が$\dfrac{3.39+3.23+2.98}{3}$＝3.20秒なので，生徒一人あたり$\dfrac{3.20}{10}$＝0.32秒かかったことになる。

(4) 脳や脊髄などを中枢神経といい，中枢神経から枝分かれして体のすみずみまでいき渡っている感覚神経と運動神経をまとめて，末消（まっしょう）神経という。

9 (1) 作用，反作用は異なる物体間にはたらく力である。条件は同じであるが，力が同じ物体にはたらくつり合いの力と混同しないように気をつける。

(2) 800÷100＝8.0Nの力で，60cm（0.6m）持ち上げたので，仕事の大きさは8.0N×0.6m＝4.8J

(3) 動滑車を使うと，加える力が半分ですむが，引く距離が2倍となる。よって，動滑車の重さは5.0N×2－8.0N＝2.0Nと求められる。

【英語】解説

1・2・3 リスニング本文を参照。

4 あてはまる単語はそれぞれ，**No. 1** ①「歴史」，②「本を読むこと（動名詞）」，**No. 2** ①「午後」，②「〜に聞こえる（過去形）」という意味。

5 (1) 「あなたの学校には部活動がいくつありますか」名詞のactivityを複数形にする。activityは語尾のyをiに変えてesを付けることに注意する。

(2) 「あなたはもう宿題をしましたか」「完了」を意味する現在完了〈have［has］＋過去分詞〉の疑問文。doやdoesの過去分詞はdone。 ※do［does］−did−done

(3) 「台所で料理をしているその女性はだれですか」現在分詞の後置修飾で，「〜している」という能動的な意味を表す。cookの現在分詞であるcookingが，直前のthe womanを修飾している。

(4) 「彼女はニューヨークから来た新しいクラスメイトです」この場合のwhoは主格の関係代名詞で，直前の名詞（先行詞）であるa new classmateを指している。whoは先行詞が「人」の場合に用いられる。

(5) 「私は先生から聞いたその話を忘れることができません」the storyという名詞をI heard 〜という〈主語＋動詞〉を含む文（＝接触節）が，後ろから修飾している。

6 イラストの話の内容をまず理解する。参考にする英文は，①「昨日武志は公園でサッカーをしている二人の男の子を見ました。一人の男の子がボールを蹴ると，それが上がって木に入りました」という意味。それを踏まえて②，③の場面を説明する文を英語で書く。（解答訳：ボールが取れなかったので，その男の子は泣き出しました。武志は両腕を伸ばしてボールを取り，その男の子に渡しました。その二人の男の子はうれしくなりました）

7 (1) ① スライド1から，特にPM 2.5の量が多い月は，1月の他に11月と12月だとわかる。

② 「『世界中の』人々は地球温暖化を止めるために一緒に努力するべきです」という意味になるように，涼子の最初の発言の4文目から，all over the world「世界中の」を抜き出す。

③ 下線部は，「きれいなエネルギーを使うことは，そうするための一つの方法です」という意味。真治は次の発言で，その理由について言及している。**ウ**「きれいなエネルギーは地球をよりあたたかくするのを止めることができる」が最適。

④ 質問は，「美波の意見では，マレーシアの人々は自分たちの国の美しい自然をどのように守るでしょうか」という意味。美波の最初の発言の4文目を参照。「ごみをリサイクルすること（によって）」とまとめる。動詞のrecycleを，〜ing形（動名詞）にすることに注意する。

(2) ① 空所を含む文は，「あなたがもしコース1とコース2の両方に参加するなら，ひと月に（　　　）ドル支払わなければならない」という意味。両方に参加すると合計100ドルになるが，10ドルの割引を受けられるとあるので，実際に払う必要があるのは90ドルとなる。

② **ア**…テニススクールは2023年の4月に開校する予定とあるので，誤り。
イ…「場所」の地図から，テニススクールは郵便局と書店の間にあるので，正しい。
ウ…テニスのレッスンは，コース1が火曜日と水曜日，コース2が土曜日と日曜日にあり，金曜日は実施されないので，正しい。
エ…コース1で一日に練習できるのは2時間なので，誤り。
オ…「その他の情報」から，レッスンに参加するためには，テニススクールに電話する必要があるので，正しい。
カ…週末だけレッスンに参加するならコース2を選ぶことになり，その場合はひと月に60ドルかかるので，誤り。

8 (1) 挿入する英文は，「しかしもっと大切なことは，それの止め方について考えることです」という意味。文末のitは，「光害」を指すので，**ウ**に入れると自然なつながりとなる。

(2) 下線部①を含むit really isのあとには，a big problemが省略されている。よって，itはlosing a dark night sky「暗い夜空を失うこと」を指す。

(3) 下線部②は，「光害はウミガメの赤ちゃんにとって大きな問題です」という意味。下線部②直後の2文を参照。ウミガメの赤ちゃんは孵化（ふか）したあと，月の反射光に従って，海に向かって移動するのがふつうだが，光害の影響で砂浜近くのホテルや通りからのより強い光に向かって移動してしまい，大きな危険を伴うことになる。

(4) **ア**…第2段落参照。光害の影響で，約70％の日本にいる人々が天の川を見ることができないとあるので，誤り。
イ…第3段落参照。砂浜の近くにあまりに多くの人々がいると，ウミガメの赤ちゃんは孵化できないという記述はないので，誤り。
ウ…第4段落参照。夜の人工の光が引き起こす光害は，人間の健康と文化に悪い影響を与えるという内容なので，誤り。
エ…第5段落参照。同じ内容が読み取れるので，正しい。
オ…第6段落参照。智也は，聴衆たちが満天の星が見える美しい夜を望んでいると信じているので，誤り。

9 (1) 話の流れから，**イ**「銀杏（ギンキョウ）とginkgoはほとんど同じ音です」を選ぶと自然なつながりとなる。

(2) 話の流れから，**ア**「それについてもっと私に話してください」を選ぶと自然なつながりとなる。

(3) 話の流れから，**エ**「（今）それらの木は英語で『ginkgo』と呼ばれます」を選ぶと自然なつながりとなる。

(a) 次に愛佳は，イチョウの木が英語で何と呼ばれるかについてクロエに説明しているので，クロエは，「それらは何という種類の木でしょうか（それらの木の名前は何でしょうか）」という主旨の質問をしたと考えられる。

第５回 紙上公開もぎ（令和６年１月実施）

【国語】解答

配点／一・二・三・四(2)・五(3) 各２点，四(6) ４点，七 12点，他 各３点

一 (1) 〔例〕目の不自由（な方）　(2) **イ**　(3) **ウ**　(4) **ア**
二 (1) はいき　(2) あんたい　(3) かんしょう　(4) はか（らう）
三 (1) 財宝　(2) 麦芽　(3) 車窓　(4) 訪（れ）　(5) 済（ます）
四 (1) **ア**　(2) **ウ**　(3) **イ**
(4) Ⅰ：いやおうなく始まりの気持ちにさせられる　Ⅱ：〔例〕いたわり合いつつ挨拶をし合う
(5) **エ**　(6) 〔例〕ことばに込めた情感で共鳴し合い、感覚を伝えている。
五 (1) **ウ**　(2) Ⅰ：**ア**　Ⅱ：〔例〕どんな効果の違いがあるかを議論する楽しさ
(3) 自分のチーム　(4) **エ**
(5) (a) 思いも寄らない　(b) 元気で明るい
(c) 〔例〕だれにでも障害となるものがあり、それにいらだつ
六 (1) **イ**　(2) **ウ**　(3) おのれ独り世にあらん　(4) いきおいある（ひらがなのみ可）　(5) **エ**
(6) 布　衣　之　交（ハリスラ）尚（ホ）不$_{二}$相　欺（カ）$_{一}$。
七 二段落構成とし、前段には三つの事例の中から自分が通いたいと思う中学校のある国を一つ選び、その符号をあげ、理由とともに書く。前段の例として、「私は三つのうち、事例Aを選びます。自分の得意、不得意を把握するために、自分をしっかり見つめ直す機会があることが理由です。」など。後段では、前段の内容をふまえて、国ごとの制度や文化の違いを理解する大切さについて、自分の考えを体験とともに具体的に書く。それらの内容が、注意事項に従って書かれているかどうかを総合的に判断し、採点する。

【数学】解答

配点／1(1)・2・3(1)・(3) 各５点，1(7)・3(2) 各６点，他 各３点

1 (1) ① 42　② -7　③ $-4x+9y$
(2) ① $100-2x$ 個　② 60円　(3) ① **エ**　② ０ 冊
(4) ① ８通り　② $\frac{13}{18}$　(5) aの値：$a=-2$　①の解：$x=3$
(6) ① 20 cm　② 67.5 度　(7) 右図

2 (1) $a=\frac{1}{2}$　(2) ①（4，8）　② $y=3x$

3 (1) (a) **イ**　(b) **ウ**　(c) 相似（完答・(a)，(b)は順不同）
(2) 〔例〕△BCFと△AECにおいて，
仮定より，　∠BFC＝90°　……①
半円の弧に対する円周角だから，
∠ACE＝90°　……②
①，②より，∠BFC＝∠ACE　……③
$\overset{\frown}{AC}=\overset{\frown}{CD}$より，等しい弧に対する円周角は等しいから，
∠FBC＝∠CAE　……④
③，④より，２組の角がそれぞれ等しいので，
△BCF∽△AEC
相似な図形の対応する角の大きさは等しいので，
∠BCF＝∠AEC
(3) AG：GE＝1：1

4 (1) (a) **オ**　(b) **イ**　(2) ① 1250 m　② 750 m　(3) 40 分後　(4) 右図

1(7)

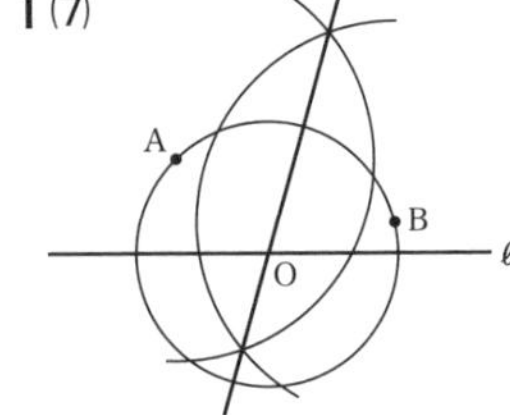

4(4)

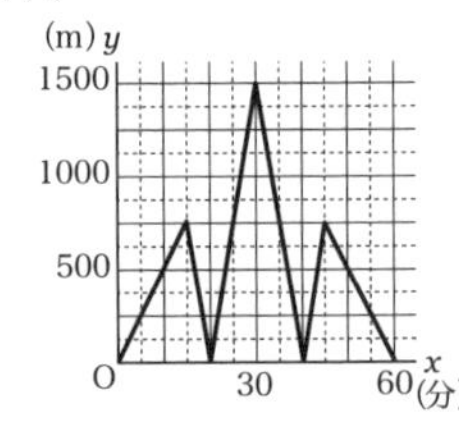

【社会】解答

配点／1 各２点，他 各３点

1 (1) **イ→ア→ウ**（完答）　(2) 人口爆発　(3) **エ**　(4) 条例（漢字のみ可）
(5) 〔例〕発電量が少ない
2 (1) 名古屋（市）（漢字のみ可）　(2) 近郊（農業）　(3) C：**ア**　D：**ウ**（完答）
(4) ① **エ**　② 125（m）
3 (1) **ウ**　(2) Ⅰ：大西洋　Ⅱ：偏西風（完答）　(3) D
(4) 〔例〕沿岸部と少ない内陸部の経済の格差
(5) Ⅰ：プランテーション（カタカナのみ可）　Ⅱ：**イ**（完答）
4 (1) **ア**　(2) **エ**　(3) 律令　(4) 勘合　(5) 朝鮮通信使
5 (1) **イ**　(2) **ウ→ア→イ**（完答）
(3) 〔例〕農産物の価格が下落し，小作人の生活が苦しくなったため。　(4) **ウ**　(5) **エ**
6 (1) ① 解散（漢字のみ可）　② **ア**　③ X：控訴　Y：上告（完答）
(2) **イ**　(3) バリアフリー
7 (1) **エ**　(2) **ウ**　(3) 〔例〕契約を取り消すことができる　(4) 小売（業者）
(5) Y：株主総会　Z：配当（完答）

【理科】解答

配点／2(3)・3(2)・4(3)・5(3) 各2点，他 各3点

1 (1) **ウ**　(2) 全反射　(3) **エ**　(4) **ア**
2 (1) **イ**　(2) **ア**　(3) **(a)** 肺胞　**(b)** **エ**
3 (1) 〔例〕空気中の酸素とよくふれるようにするため。
(2) **(a)** **ウ**　**(b)** 1　(3) 0.4（g）
4 (1) しゅう曲　(2) 右図　(3) ① **イ**　② **ア**
5 (1) **イ**　(2) 〔例〕水の熱が外に逃げるのを防ぐため。
(3) **(a)** **エ**　**(b)** 180（J）
6 (1) 食物連鎖　(2) **ウ→ア→イ**（完答）　(3) **オ**
(4) x：光合成　y：**ウ**（完答）
7 (1) **エ**　(2) **ア**　(3) 右図　(4) 1125（Pa）
8 (1) **エ**　(2) 天頂　(3) **イ**　(4) 7（時）20（分）
9 (1) **エ**　(2) **(a)** $HCl \rightarrow H^+ + Cl^-$　**(b)** 電離（漢字のみ可）　(3) **ア**

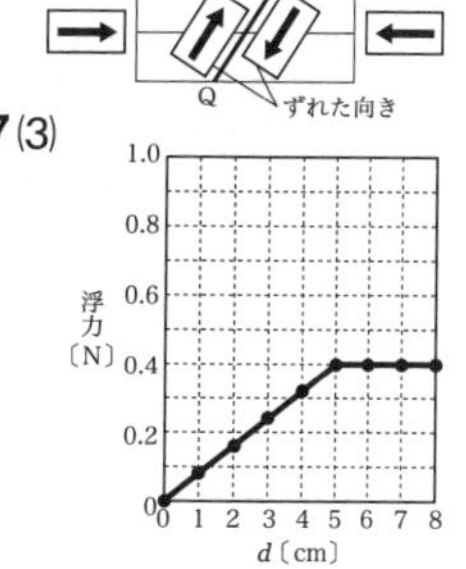

【英語】解答

配点／6 8点，8(3)・9(b) 各4点，他 各3点

1 **No.1** A　**No.2** B　**No.3** D
2 **No.1** C　**No.2** A
3 **No.1** B　**No.2** C
4 **No.1** ① become　② special　**No.2** ① arrive　② across
5 (1) cutting　(2) given
(3) **エ→イ→オ→ア→ウ**（完答）　(4) **イ→オ→ウ→ア→エ**（完答）　(5) **ウ→オ→イ→エ→ア**（完答）
6 〔例〕**(A)** His mother said, “Why did you come home so late?”
(B) Nick said, “I’m sorry. I saw an old woman. She was carrying a big bag, so I helped her.”
7 (1) ① **エ**　② **ア**　③ change / increase　④ **ウ**　(2) ① **イ**　② (¥) 10,000（数字のみ可）
8 (1) **ウ**　(2) hope　(3) drew some good pictures（完答）
(4) **イ・オ**（順不同・完答）
9 (1) **ア**　(2) **エ**
(a) 〔例〕How[What] about you (?)
(b) 〔例〕We can[are able to] do many[a lot of] things easily

リスニング本文

1 **No.1** Boy : Mary, you study Japanese, right?
Girl : Right. Now I want to read a Japanese book. Do you have an easy one, Taro?
Boy : Yes. I have some books for children. You can try one of them. I think it’ll be good.
No.2 Girl : Hi, Bob. What did you do yesterday?　Boy : I went to the stadium to see a baseball game.
Girl : Oh, really? I wanted to go there, too. Did you have a good time?
No.3 Boy : What is your class going to do at the school festival, Kumi?
Girl : We are going to show a movie. We have already finished making it.
Boy : Oh, that sounds nice! What did you do for the movie?

2 **No.1** Emma : How cute! What’s this, Shinji?　Shinji : Hi, Emma. It’s a present from Grandma. She wishes me good luck.
Emma : I understand the first half of the word written on it. I know the last *kanji*, too. But what does this one mean?
Shinji : It means ‘to invite someone.’
Question : Which *kanji* did Emma ask Shinji about?
No.2 How do you come to school? I asked all of our high school students that question. Look at this graph. It shows the answers. More than 50% of the students come to school by bus or train. And 30% of them ride a bike to school. Only 15% walk to school.
Question : Which graph shows this?

3 **No.1** Clerk : May I help you?　Man : Yes. I like this black shirt and these green shoes. May I try them on?
Clerk : Sure.　Man : This shirt is nice. I’ll take it.　Clerk : Thank you very much.
Man : These shoes are very nice too, and I’d like to buy them, but they are a little small for me. Do you have bigger ones?
Clerk : Let me see.... I’m very sorry. We don’t have bigger ones in the same color. We have red ones and yellow ones.
Man : Well, I don’t like those colors very much. Can you get green in a bigger size?
Clerk : Yes, but it will take three days to get them.
Man : That’s OK. When you get them, please call me. I’ll come here again and buy them.
Clerk : Thank you very much. I’ll call you then. May I have your phone number?
Question : What does the man want to buy?
No.2 Hi, I’m Tomoki. During winter vacation, I went to Los Angeles to see my uncle. I stayed at his house for one week. He teaches Japanese at a high school in the city.
One day during my trip, I visited his school. When my uncle and I were walking in the school, some of his students talked to us a lot in Japanese. One of his students, Amelia, spoke to me. She was learning Japanese to study Japanese history at a university in Japan in the future. She asked me a lot of questions about Japan. But I couldn’t answer some of them.
When I was talking with Amelia, I found I didn’t know much about my own country. So, I decided to learn more about Japan. In the future, I want to tell students in other countries a lot about Japan through teaching Japanese language. I’ll be very happy if more people become interested in Japan and learn our language.
Question : What did Tomoki find when he was talking with Amelia?

4 **No.1** Japan has become a country of dog lovers. Many people have dogs at their houses and take care of them. People who love dogs go for a walk with them every morning and evening. They also go to many shops with them. There are even some restaurants which have a special menu for dogs. Dog lovers enjoy having lunch or dinner with their dogs. For such people, they are not just pets. They are like family members or friends.
No.2 Attention, everyone. The train to Kamome Zoo will arrive one hour late. We’re very sorry. If you’re in a hurry, please go to the bus station across the road and take the Number 5 bus.

【国語】解説

四 ⑴ 「母語は脳の基本機能と［Ａ］に関わっている」という流れなので、関係性が深いという意味の**ア**が適当である。
⑵ 「オハヨウは、〜発音される語」というつながりなので、「受け身」の意味の**ウ**が適当である。**ア**は「自発」、**イ**は「可能」、**エ**は「尊敬」の意味である。
⑶ 成長後にこれから習得する言語に対する反応を挙げることで、これまで述べていた、赤ちゃんがこれから習得する母語に対する反応についての自説を強化しているので、**イ**が適当である。
⑷ Ⅰ 「『おはよう』と声をかけられれば、ぱっと目が覚めるのである。累々と重ねてきた朝の記憶が呼び起こされ、いやおうなく始まりの気持ちにさせられる。」の部分から字数に合うものを探す。
Ⅱ 「挨拶をし合う。いたわり合いつつ、徐々に活動を開始するイメージ」、「ゆっくり始動する」に該当する。これらを条件に合わせてまとめる。
⑸ Ｅ――を含む段落は、「英国の人々は無意識に、『Good morning』の、鼻腔に響く、くぐもった優しさ（＝発音して得た心地）が英国の朝（＝身を置いている景色）に似合う」という内容なので、**エ**が適当である。
⑹ 指定語「情感」についての記述は、最後の段落で展開されている。二つ目の指定語「感覚」についての記述は、最後の段落で「意味ではなく『感じ』（＝感覚）で伝え合うものが圧倒的に多く」とあることに着目してまとめる。

五 ⑴ 疑問文となっているが、その内容は「暴れる」と「飼いならす」という言葉の組み合わせが、「ありきたり」（＝従来と同じで、新味や工夫がない）だと評しているので、**ウ**が適当である。
⑵ Ⅰ この時点では、相手校が出してきた赤の句への質問の時間なので、航太に余裕がある。ゆえに、「持て余す」か「飼いならす」かという白熱する議論を楽しむ余裕があり、これまでも「こんなふうに、いろんなことを話し合ってきた」と俳句甲子園を目指したことで得ることができた充実感をかみしめているので、**ア**が適当である。
Ⅱ 空欄直前の「俳句にどの言葉を当てはめるか」は、「『持て余す』と『飼いならす』で効果がどう違うのか」という議論を指し、この議論が「（俳句甲子園を目指さなければ）絶対に知らなかった楽しさ」であるという二点を押さえて、条件に沿ってまとめる。
⑶ 議論で熱くなって、航太の感情が高まっている様子は、「思わず拍手をしてしまって」という行動に表れている。
⑷ Ｄ――の直前の流れから、京は、航太が「水の壁」が海であるという自説をかたくなに主張したままだと、河鹿といえば清流であるという相手の真っ当な指摘に対して不利になると判断し、「『水』は海じゃなくてもいい」と新しい視点を提示して援護しているので、**エ**が適当である。
⑸ (a) 空欄には「自分が工夫した言葉の連なりなのに、ほかの人（＝他者）が自分の思いも寄らない受け取り方（＝解釈）をしてくれる」と表現されている箇所が該当する。
(b) 赤の句と白の句が対照的だからこそ引き立つという流れにおいて、白の句は「か弱い声で鳴く河鹿」が中心であるのに対し、赤の句は「水圧のすごさが夏の水撒きの楽しさも伝えている、そういう元気で明るい句」と評されている。空欄には赤の句に対する評価の箇所が該当する。
(c) 京の解釈により、航太自身が無意識のうちに句の「河鹿」に自分を重ねていたことに気がついている。「水の壁」を前にする「河鹿」のように、自分も「障害になる何か」を前にして「いらだっている」という状況だが、最後に「みんな、河鹿みたいなものかもしれない」と、自分だけではなくだれにでもあることだと展開している点を踏まえ、指定条件に合わせてまとめる。

六 ⑴ Ａ――を含む文は、端隆が女の子を呼びとめて竹の鳥を買う、という主語・述語の関係にあることを押さえると、**イ**が適当である。
⑵ Ｂ――「参らせ」は、「与える」「やる」の謙譲語。一行前に「（端隆が）二つ三つ買ひけり」とあることから、この女の子は「売る側」であるので、**ウ**が適当である。
⑶ Ｃ――「いとやさしき心ばへ」は、女の子が自分の利益だけを考えるのではなく、他人に利益を譲るという思いやりにあふれていることを指して「たいそう立派でけなげな心」と表現している。それとは対照的なのは、都会の人の「おのれ独り世にあらん（＝自分一人が出世しよう）」に当たる。
⑷ 語頭と助詞以外の「はひふへほ」は「わいうえお」に直す。「いきほひ」の二か所を直して、「いきおい」とする。
⑸ **ア**「（吉野山は）人の心まで美しくする」とあるが吉野山と人の心との関連性は述べられていない。**イ**「反省した」、**ウ**「都にも劣らない」という点が誤り。
⑹ 「布衣之交尚不相欺」は、「布→衣→之→交→尚→相→欺→不」の順序で読むため、「欺」の左下に二字以上返って読む「一・二点」の「一」を、「不」の左下に「一・二点」の「二」を書き入れる。

<現代語訳>
ある時、（端隆が）吉野山に花見に行ったとき、蔵王堂のあたりで、十三、四歳の身分の低い女の子が二人連れだって、竹で編んだ目籠という物と、鳥の姿をしている物を、たくさん持って来て売っているのに出会った。（端隆は）都の土産にしようと呼びとめて、この鳥（の姿をしている物）を二つ三つ買った。「目籠も買おう。」と言ったところ、先に行っていた女の子を呼び戻し、「わたしは鳥を売ってさしあげた。目籠はあなたから売ってさしあげなさい。」と言ったのを（端隆が）聞いて、たいそう立派でけなげな心である。都の人はひたすら力のある方について身の栄えを望み、兄弟一門をも越えて、自分一人が出世しようとばかりするが、このような田舎の幼い身分が低い女の子にはるかに劣っていると言って、涙を流した。

七 <作文解説>
一 原稿用紙の正しい使い方で書く。
①文章の書き出しは一マスあける。 ②一マスには一字、一記号を入れる。 ③どの行でも、一番初めのマスには「、」や「。」は書かない。 ④改行したら（二段落目に入ったら）最初の一マスはあける。
二 二段落構成とし、条件に沿った文章を書く。
三 最後に見直しをする。
・八行以上、十行以内で書いているか。 ・自分の考えをはっきり書いているか。
・一文が長すぎず、すっきりとわかりやすい文章で書いているか。
・常体文（〜だ。〜である。）と敬体文（〜ます。〜です。）が交じっていないか。
・文法上の間違いはないか。 ・誤字、脱字がなく、送り仮名、句読点、符号などは適切か。
以上のことに気をつけて作文する。作文は、すぐに上手に書けるようになるものではないので、日頃から短文を書く練習をしたり、日記をつけたりして、作文に慣れておくことが大事である。

【数学】解説

1 (1) ③ $(2x-3y)-8\left(\frac{3}{4}x-\frac{3}{2}y\right)=2x-3y-6x+12y=-4x+9y$

(2) ② $(50+x)(100-2x)=4800$，$x^2-100=0$，$(x+10)(x-10)=0$，$x=\pm10$　$x\geqq0$ より，$x=10$　10円の値上げだから，$50+10=60$（円）

(3) ① **ア** 範囲は $5-0=5$（冊）　**イ** 最頻値は11人の1冊
ウ 中央値は冊数の少ない方から数えて16番目と17番目の値の平均値である。ともに1冊だから1冊
エ $(0\times8+1\times11+2\times7+3\times2+4\times3+5\times1)\div32=1.5$（冊）

② 32人についての第1四分位数は $\frac{0+1}{2}=0.5$（冊）
31人についての第1四分位数が1冊だから，引っ越しした生徒が借りた本の冊数は0冊

(4) ① 線分PQが線分AG, BH, CE, DFになるときだから，(大，小)＝(1，3)，(2，4)，(3，1)，(3，5)，(4，2)，(4，6)，(5，3)，(6，4)の8通り。
② すべての場合の数は $6\times6=36$（通り）
線分PQが5cmになるのは，線分PQが辺AE, BF, CG, DHになるときだから，(大，小)＝(1，1)，(1，5)，(2，2)，(2，6)，(3，3)，(4，4)，(5，1)，(5，5)，(6，2)，(6，6)の10通り。したがって，線分PQが5cmより長くなる確率は $1-\frac{10}{36}=1-\frac{5}{18}=\frac{13}{18}$

(5) 方程式②を解くと，$3x-5=5x-13$，$3x-5x=-13+5$，$-2x=-8$，$x=4$
これより，方程式①に $x=4-1=3$ を代入して，$2a\times3+1=4a-3$，$6a-4a=-3-1$，$a=-2$

(6) ① △PAB∽△PCDを利用する。AD＝x cmとすると，PA：PB＝PC：PDより，$(x+4):(10+6)=6:4$　これを解いて，$x=20$　よって，20 cm
② 円周角と中心角の関係より，$\angle\mathrm{AFB}=\frac{1}{2}\angle\mathrm{AOB}=\frac{1}{2}\times45^\circ=22.5^\circ$
また，$\angle\mathrm{DAF}=\frac{1}{2}\angle\mathrm{DOF}=\frac{1}{2}\times90^\circ=45^\circ$　右の図で，△PAFの内角と外角の関係より，$\angle x=\angle\mathrm{AFP}+\angle\mathrm{PAF}=22.5^\circ+45^\circ=67.5^\circ$

1(6)②

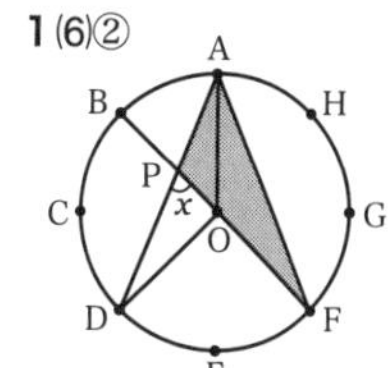

(7) ①…２点A，Bを中心として等しい半径の円をかき，２つの円の交点をC，Dとする。
②…直線CDをひく。直線CDと直線 ℓ との交点が求める点Oである。
③…点Oを中心として線分OAを半径とする円（この円が求める円O）をかく。

1(7)

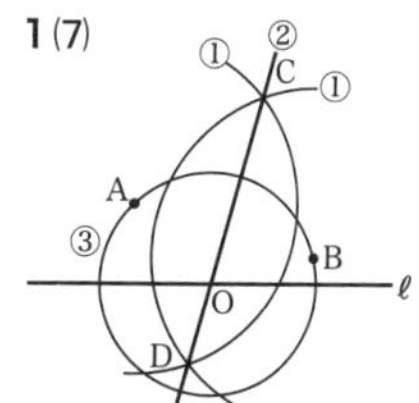

2 (1) △ABOはOA＝OBの直角二等辺三角形で，辺ABと y 軸との交点をHとすると，△AOHはAH＝OHの直角二等辺三角形となるから，点A$(-2,\ 2)$，点B$(2,\ 2)$　点Aは関数 $y=ax^2$ のグラフ上の点なので，この式に $x=-2$，$y=2$ を代入して，$2=a\times(-2)^2$，$a=\frac{1}{2}$

(2) ① 点Cの y 座標を t とすると，△ABCの面積より，

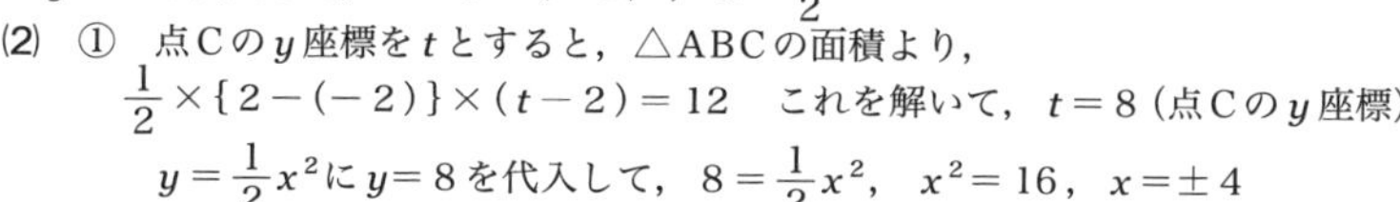

$\frac{1}{2}\times\{2-(-2)\}\times(t-2)=12$　これを解いて，$t=8$（点Cの y 座標）
$y=\frac{1}{2}x^2$ に $y=8$ を代入して，$8=\frac{1}{2}x^2$，$x^2=16$，$x=\pm4$
$x>0$ より，$x=4$　よって，点C$(4,\ 8)$

② 2点A$(-2,\ 2)$，C$(4,\ 8)$より，直線ACの式は $y=x+4$
求める直線と辺ACとの交点をDとすると，△OADの面積が四角形OACBの面積の半分になればよい。
(四角形OACB)＝△ABO＋△ABC＝$\frac{1}{2}\times4\times2+12=16$（cm^2）より，
△OAD＝8 cm^2　点Dの x 座標を u（$u>0$）とすると，点D$(u,\ u+4)$
直線ACと y 軸との交点をEとすると，
△OAD＝△OAE＋△OED＝$\frac{1}{2}\times4\times2+\frac{1}{2}\times4\times u=2u+4$（cm^2）と表されるから，$2u+4=8$ を解いて，$u=2$ より，点D$(2,\ 6)$
よって，求める直線の式は $y=3x$

2(2)②

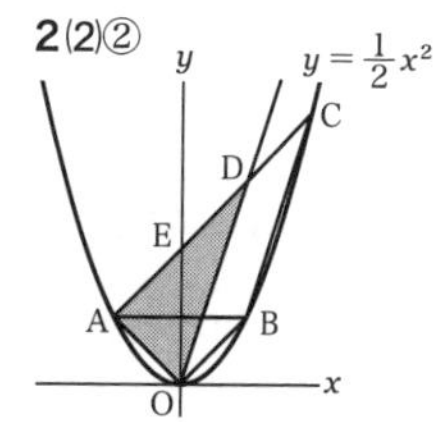

3 (3) (2)より，∠ECG＝∠CEG……①　①より，２つの角が等しいので，△GCEは二等辺三角形であり，GC＝GE……②　線分ABは直径だから，∠ACE＝90°……③　③より，∠GCA＝∠ACE－∠ECG＝90°－∠ECG……④　∠GAC＝180°－∠ACE－∠CEG＝90°－∠CEG……⑤　①，④，⑤より，∠GAC＝∠GCA……⑥　⑥より，２つの角が等しいので，△GACは二等辺三角形であり，GA＝GC……⑦　②，⑦より，GA＝GE　よって，AG：GE＝1：1

4 (2) ② 25分間で太郎さんは $100\times25=2500$（m）進む。PQ間の距離は1500 mだから，太郎さんはP地点から $1500\times2-2500=500$（m）の地点にいる。よって，２人の間の距離は $1250-500=750$（m）

(3) ２人が２回目にすれ違うのは $30\leqq x\leqq45$ のときである。
太郎さんのグラフは点$(30,\ 0)$を通り，傾き100の直線である。
この式を求めると，$y=100x-3000$……(ⅰ)
花子さんのグラフは点$(30,\ 1500)$を通り，傾き－50の直線である。
この式を求めると，$y=-50x+3000$……(ⅱ)
(ⅰ)，(ⅱ)を連立方程式として解いて，$x=40$，$y=1000$　よって，40分後。

(4) ２人が１回目にすれ違うのは $15\leqq x\leqq30$ のときで，$y=-100x+3000$（太郎さんの式）と $y=50x$（花子さんの式）を連立方程式として解いて，$x=20$，$y=1000$
２人の間の距離について，増減の変わり目は，太郎さん，花子さんがそれぞれP地点，Q地点に着くときと，２人がすれ違うときだから，これらの点を確認する。
$x=0$，20，40，60のとき，２人は同じ地点にいるから，２人の間の距離は0 m
$x=15$ のとき，太郎さんはQ地点（P地点から1500 mの地点）にいる。$x=15$ を $y=50x$（花子さんの式）に代入して，$y=750$ より，花子さんはP地点から750 mの地点にいる。２人の間の距離は $1500-750=750$（m）
$x=30$ のとき，太郎さんはP地点，花子さんはQ地点にいるから，２人の間の距離は1500 m
$0\leqq x\leqq30$ のとき，グラフは4点$(0,\ 0)$，$(15,\ 750)$，$(20,\ 0)$，$(30,\ 1500)$を結ぶ折れ線になる。問題に与えられているグラフは直線 $x=30$ について線対称だから，求めるグラフも直線 $x=30$ について線対称なグラフになる。

【社会】解説

1 (1) **イ**は1923年，**ア**は1995年，**ウ**は2011年のできごとである。

(3) **ア**メディアリテラシーとは，マスメディアなどが伝える多様な情報を無批判に受け入れるのではなく，何がより客観的であり真実であるかを判断し活用できる能力である。**イ**ユニバーサルデザインとは，言語や文化，国籍，性別，年齢，障がいの有無などにかかわらずに利用することができる施設や製品などのデザインのこと。**ウ**プライバシーとは，他人に知られたくない私生活に関する情報のことである。

2 (1) 近畿地方に属する，志摩半島にリアス海岸が広がる県は三重県である。

(3) Ｃは京都府で，古都の町並みを観光資源としたサービス業がさかんなことから第３次産業就業者人口の占める割合が高い**ア**である。Ｄは長崎県で，漁業生産量が最も多い**ウ**である。Ａは岩手県で**イ**，Ｂは新潟県で**エ**である。

(4) ① **ア**寺院（卍）ではなく，神社（⛩）である。**イ**広葉樹林（Ｑ）ではなく，果樹園（ර）である。**ウ**北東ではなく，北西である。

② ２万５千分の１の地形図上で５mmは，0.5cm×25000＝12500cm＝125ｍとなる。

3 (1) 図は経線で12等分されているので，360度÷12＝30度より，30度間隔で引かれている。イギリスのロンドンを通る経線が０度なので，Ｘの経線は東経30度である。経度差15度で１時間の時差が生じるので，日本とカイロの時差は，(135−30)÷15＝7時間となる。したがって，成田国際空港を出発した日本時間が１月10日午後４時のとき，カイロは１月10日午前９時である。カイロ国際空港に到着したのが１月10日午後11時なので，飛行時間は14時間となる。

(3) 出生率が高く，死亡率が低いＤのペルーが，人口増加の割合が最も高い。Ａはタイ，Ｂはニュージーランド，Ｃはアメリカ合衆国である。

(4) 外国の資本や技術の導入を目的につくられた経済特区には，豊富で安い労働力を求め，企業が多く進出した。しかし，これらの地区は沿岸部に集中していたため，内陸部との経済的な格差が広がった。そして，内陸部から多くの出かせぎ労働者が，かせぎのよい沿岸部に移動した。

4 (1) 大和政権の王は，５世紀ごろに大王と呼ばれるようになった。４世紀から７世紀半ばまでの朝鮮半島では，高句麗，新羅，百済の三国が争っていた。大和政権が百済や伽耶（任那）地域の国々と結んで，高句麗や新羅と戦ったことが，好太王（広開土王）の碑に記されている。

(2) 江田船山古墳は，熊本県北部にある。**ア**は青森県の三内丸山遺跡，**イ**は日本最大の前方後円墳である大仙古墳，**ウ**は佐賀県の吉野ヶ里遺跡の位置を示している。

(4) 倭寇は，13世紀から16世紀にかけて大陸沿岸を中心に海賊行為をはたらいた武装集団である。1404年に始まった明との貿易は，倭寇と区別するため，正式な貿易船に勘合という合い札を与えたので，勘合貿易とも呼ばれる。

5 (2) **ウ**は1905年，**ア**は1910年，**イ**は1917年のできごとである。日本は，日露戦争の講和条約であるポーツマス条約で朝鮮半島における優越権を手に入れた後，韓国を併合した。また，第一次世界大戦中にロシア革命が起こった。**エ**は1920年のできごとで，1918年に起きた米騒動よりも，後のできごとである。

(3) 表から，農産物の価格が下がっていることを読み取る。農家のとくに小作人は収入が少なくなったため，生活が立ち行かず，小作争議を起こした。このとき，昭和恐慌も重なっており，日本経済は不況であった。

(5) 文科系大学生の召集は第二次世界大戦中のできごとで，日中平和友好条約は1978年のできごとである。**エ**の冷戦の終結の宣言は1989年，続いて1991年にソ連が崩壊した。**ア**は1964年，**イ**は1950年代後半〜1960年代，**ウ**は1972年のできごとである。

6 (1) ② 捜索や逮捕には，原則として裁判官が発行する捜索令状や逮捕令状が必要である。取り調べでは自分に不利なことは言わなくてもよく（黙秘権），拷問などによる自白は証拠にならない。被疑者や被告人は有罪の判決を受けるまでは無罪とみなされる。これは推定無罪の原則と呼ばれ，被告人の人権を守るための大切な原則である。

(2) 地方の政治において，住民は，必要な数の有権者の署名を集めることで，首長や地方議員などの解職（リコール）や議会の解散を請求することができる。

(3) バリアフリーの取り組みは，駅構内のエレベーターの設置，点字ブロックの設置，美術館や博物館での音声ガイドなどがある。

7 (2) 支出のうち，飲食や被服，娯楽，教育，医療など，生活に必要な財やサービスに対する支出が消費支出である。また，収入から消費支出と，税金などの非消費支出を差し引いた残りを貯蓄という。株式の購入や生命保険料の支払いは，将来に備えて預貯金をするのと似たような意味を持つので，貯蓄に分類される。

(3) クーリング・オフとは，「頭を冷やして考え直す」という意味で，訪問販売などによって，消費者が契約をした場合に，一定の期間内であれば，無条件に契約を取り消すことを業者に要求できる制度である。

(4) 工場や産地で生産された商品を，消費者が購入するまでの流れを流通という。その中心となるのは，商品を消費者に売る小売業と，生産者から商品を買い，小売店に売る卸売業からなる。いくつもの卸売業者を経由すると，その分時間や費用がかかり，費用は商品の価格に上乗せされる。そのため，小売店や消費者を，生産者と直接結びつける動きもさかんである。

(5) 株式会社は，株式を発行して集めた資金をもとに設立され，株式を購入した株主は，株主総会に出席して議決に参加できる。また，出資額に応じた配当を受け，会社の損失については，出資した金額以内で責任を負う。

【理科】解説

1 (1) 乾燥した空気中で，体積の割合で最も多く含まれる気体は窒素（約78％）で，その次に多いのが酸素（約21％）である。

(2) 光が水中から空気中へ進入するとき，入射角を大きくしていくと，屈折角が先に90度に達し，それ以降は空気中に出ていく光がなくなってすべての光が反射する，全反射が起こる。

(3) 日本の冬には，日本列島の西の大陸上にシベリア気団が発達し，そこからふき出した風が日本海を渡って，日本列島にふきつける。

(4) イネは被子植物の単子葉類に属する植物である。選択肢**エ**は，双子葉類に属する植物の葉脈と根のようすを説明したものである。

2 (1) **図**のガラス管が気管に，ペットボトルがろっ骨に，大型のゴム風船の膜が横隔膜にあたる。

(2) 肺には筋肉がない。そのため，息を吸うときには，筋肉によってろっ骨が引き上げられ，横隔膜が縮んで下がることでろっ骨と横隔膜で囲まれた空間が広がって肺がふくらみ，空気が吸い込まれるしくみになっている。

(3) 毛細血管内の血液から肺胞内に二酸化炭素が出され，肺胞内の酸素を血液が受けとる，気体の交換が行われている。

3 (1) 銅を効率よく反応させるためには，空気中の酸素とよくふれ合うようにすればよい。

(2) 銅は分子をつくらない物質であるが，銅と結びつく酸素は，酸素原子が2個結びついた分子の形で空気中に存在している。また，できた物質の質量と銅の粉末の質量の差が，結びついた物質（酸素）の質量である。**表**において0.4g の銅に0.5g－0.4g＝0.1gの酸素が結びついているので，銅と酸素が結びつく質量の比は，0.4：0.1 ＝ 4：1である。

(3) (2)の解説より，加熱によって4.4g－3.6g＝0.8gの酸素が結びついているので，反応した銅の質量は $0.8\,g \times \frac{4}{1} = 3.2\,g$ となり，未反応の銅の質量は3.6－3.2＝0.4gとなる。

4 (1) 水平に積み重なった地層に対して，左右から押す力が加わり，地層が押し曲げられたものをしゅう曲という。

(2) 地層に対して大きな力が加わり，地層が切れてずれたものを断層という。断層には，左右に引く力が加わってできる正断層と，左右から押す力が加わってできる逆断層がある。**図1**のB層にある，れき岩の層にはさまれた泥岩の層の位置に注目すると，左側の地層が右側の地層より上側にずれていることがわかる。

(3) 凝灰岩は，火山灰などの火山噴出物が押し固められてできた堆積岩である。また，フズリナは古生代に栄えて絶滅した生物で，フズリナの化石のように，地層が堆積した地質年代を推測する手がかりとなる化石を示準化石という。示準化石には，中生代を示すアンモナイトの化石や，新生代を示すビカリアの化石などもある。

5 (1) 絶縁体（不導体）は電気抵抗が非常に大きいので，電流が極めて流れにくい。絶縁体に対して，金属などのような電流が流れやすい物質を導体という。

(3) オームの法則より，電熱線Xを流れる電流の大きさは6.0V÷4Ω＝1.5Aと計算できる。また，発熱量〔J〕＝電力量〔W〕×時間〔秒〕より，6.0V×1.5A×5×60s＝2700Jとなる。また，水の温度が23.0－17.0＝6.0℃上昇したことから，水が得た熱量は4.2×6.0×100＝2520Jより，水の温度上昇に使われなかった熱量は2700J－2520J＝180Jとなる。

6 (1) 食べる・食べられるの関係が複数の生物間で複雑にからみ合っているものを食物網という。

(2) 草食動物が増加すると，食べられる機会がふえた植物は減少し，えさがふえた肉食動物は増加する。植物が減少し，肉食動物が増加すると，えさが減り，敵がふえることになるので草食動物が減少する。草食動物が減少すると，植物は増加し，肉食動物は減少する。このようにして，つり合いがとれた状態に戻る。

(3) 二酸化炭素につながる矢印は，無機物としての炭素の移動を表したものである。

(4) 生態系における役割から，植物を生産者，動物を消費者，菌類や細菌類などを分解者という。

7 (1) 水圧は，水の重さによる圧力であるため，水の深さに比例して，大きくなる。

(3) （浮力の大きさ）＝（空気中でのばねばかりの示す値）－（物体Pを水中に入れたときのばねばかりの示す値）で求められる。よって，浮力の大きさは，$d=0$ のときから順に，0N，0.08N，0.16N，0.24N，0.32N，0.4N，0.4N，0.4N，0.4Nとなる。

(4) **表**より，水中に完全に沈んだ物体Pにはたらく浮力の大きさが0.4Nとわかるので，物体Pの体積は，水0.4N分の体積（40 cm^3）と等しい。また，**表**で，$d=5$ cmから d を大きくしてもばねばかりの示す値が変化していないことから，$d=5$ cmのとき，物体Pが完全に水中に沈んだことがわかる。よって，物体Pの高さが5cmより，物体Pの底面積は $\frac{40}{5} = 8\ cm^2 = 0.0008\ m^2$ となり，物体Pが床におよぼす圧力は $0.9\,N \div 0.0008\ m^2 = 1125\,Pa$ となる。

8 (1) 太陽が高くなった方角が南で，昼の長さは日の出の位置（P）が真東よりも南寄りか北寄りかで判断する。

(2) 点Oが観測者の位置を表している。観測者の真上の天球上の点を天頂という。

(3) 夜空の星も太陽と同じように，日周運動を行っている。

(4) **表**より，2時間（120分）ごとの印の間隔はどれも6.0cmとなっている。よって，5.0cmは120分×$\frac{5.0\,cm}{6.0\,cm}$＝100分より，太陽が点Pの位置に見えるのは，9時の100分（1時間40分）前である。

9 (1) クリップ間に電流を流れやすくするため，ろ紙に食塩水をしみ込ませる。食塩水以外の電解質水溶液をしみ込ませても電流が流れやすくなるが，酸性やアルカリ性の水溶液を使うと正しい結果が得られない。

(2) 塩酸の溶質である塩化水素は水に溶けて，$HCl \rightarrow H^+ + Cl^-$ のように陽イオンと陰イオンに分かれている。このように，物質が水に溶けてイオンに分かれることを電離といい，電離する物質をまとめて電解質という。

(3) 酸性を示す水素イオンは，陰極に引かれて移動する。よって，陰極側の青色リトマス紙の色が赤色に変わる。

【英語】解説

1・2・3 リスニング本文を参照。

4 あてはまる単語はそれぞれ，**No.1** ①「～になる（becomeの過去分詞形）」，②「特別な」，**No.2** ①「到着する」，②「～を横断して」という意味。

5 (1) 「彼らは三日間そこで木を切り続けています」現在完了進行形の文。cutをing形にする。cutは語尾のtを重ねてingを付けることに注意する。

(2) 「それは昨日彼女に，彼女の妹によって贈られました」〈be動詞＋過去分詞〉の受け身（過去）の文。giveの過去分詞はgiven。 ※give－gave－given

(3) 「明日はどのような天気になるでしょうか」この場合のlikeは，「～のような」という意味の前置詞。天気をたずねる表現は，How's [How is] the weather today?「今日の天気はどうですか」も併せて覚えておく。

(4) 「法隆寺は聖徳太子によって建てられた古いお寺です」過去分詞の後置修飾で，「～された」という受動的な意味を表す。buildの過去分詞であるbuiltが，直前のan old templeを修飾している。
※build－built－built

(5) 「もし私が車を持っていたら，あなたを駅へ連れて行くのに」〈If＋主語＋動詞の過去形，主語＋would [could]＋動詞の原形〉で表す仮定法過去の文。現在の事実と違うことを仮定する場合に仮定法過去の文を使う。

6 イラストの話の内容をまず理解する。参考にする英文はそれぞれ，①「ある日，ニックは家にいました。母親が，『今日の夕食にあなたの大好きなオムレツを作るつもりよ。卵を買いにお店に行ってきてちょうだい』と言いました。ニックは，『いいよ』と答えました」②「ニックは1時間後に帰ってきました」③「母親は，『あなたはとても親切ね。私はそれを聞いてうれしい。夕食をすぐに作るわ』と言いました」という意味。それを踏まえて②，③の場面を説明する文を英語で書く。（解答訳：Ⓐ母親は，「なぜそんなに遅かったの」と言いました。Ⓑニックは，「ごめんなさい。お年寄りの女性に会ったんだ。彼女が大きいバッグを運んでいたから，手伝ったんだよ」と言いました）

7 (1) ① 第3段落後半を参照。「中国に住んでいる日本人の数は2019年に少し減少している」，「タイとカナダはそれぞれの年に同じくらいの数だった」という記述から，**エ**の組み合わせが適当。

② 空所**A**を含む文は，「2007年，2016年，そして2019年にアメリカに住んでいる日本人の数は5か国の中で（　　　）」という意味。スライド**2**の表から「最も大きい」ことがわかるので，**ア**が適当。

③ 空所**B**を含む文は，「2007年と2016年に中国に住んでいる日本人の数はあまり（　　　）ない」という意味。スライド**2**の表から「あまり『変わら』ない」ことがわかるので，changeを入れる。increaseを入れて，「あまり『増えて』いない」としてもよい。

④ **ア**…第1段落とスライド**1**を参照。海外に住む日本人の数が140万人を超えたのは2019年だとわかるので，誤り。
イ…第2段落とスライド**1**を参照。海外に住む日本人の数はだんだん多くなっていることがわかるので，誤り。
ウ…第3段落とスライド**2**を参照。同じ内容が読み取れるので，正しい。
エ…最終段落参照。「外国に多くの日本の企業がある」という内容なので，誤り。

(2) ① 質問は，「健太の家族は，12時からビーチが閉まるまでバーベキューパーティーに滞在する予定です。どのくらいビーチに滞在する予定ですか」という意味。広告に，開いている時間は午前9時から午後5時30分までとあることから，昼の12時から午後5時30分までの5時間30分滞在するとわかるので，**イ**が適当。

② 質問は，「健太の家族がバーベキューパーティーに行くとき，5人の予定です。バーベキューにいくら支払う予定でしょうか」という意味。対話文の内容から，日曜日にプランBでバーベキューをするつもりだとわかるので，1人当たり￥2,000の5人分で合計￥10,000かかる。

8 (1) 挿入する英文は，「しかし私たちは，生徒たちがそれを読んで楽しんでいることがわかってとてもうれしかったです」という意味。文末のitは，「最初の学校新聞」を指すので，**ウ**に入れると自然なつながりとなる。

(2) 1か所目は，「私はそれを通して生徒たちと先生たちがより親しくなることを（　　　）」，2か所目は，「私たちは，このようにして長い間新聞を作り続けることができることを（　　　）」という意味。共通する英単語は，「～を望む，～だとよいと思う」という意味のhopeが入る。

(3) 質問は，「何人かの美術部員は学校新聞のために何をしましたか」という意味。答えは，「（彼らは）いくつかの良い絵を描きました」とする。抜き出す箇所は，第5段落4文目にある。

(4) **ア**…第2段落参照。生徒会の活動について，5月に話し合ったとあるので，誤り。
イ…第4段落前半を参照。同じ内容が読み取れるので，正しい。
ウ…第4段落参照。このような記述はなく，また部活動に関する記事を担当したのは和樹なので，誤り。
エ…第3段落参照。生徒たちが覚えやすいように学校新聞の名前を「SMILE」にしたので，誤り。
オ…第5段落前半を参照。同じ内容が読み取れるので，正しい。
カ…最終段落参照。3回目の学校新聞はまだ発行されていないので，誤り。

9 (1) 話の流れから，**ア**「インターネットはコミュニケーションのためにも役に立ちます」を選ぶと自然なつながりとなる。

(2) 話の流れから，**エ**「私たちはインターネットを使いすぎるべきではありません」を選ぶと自然なつながりとなる。

(a) 「あなたはどうですか」を3語で表す場合は，How [What] about you?を使う。

(b) 「～することができる」は，canまたはbe able to ～を使う。

第 4 部

解　　答　　編

令和6年度 公立高等学校選抜学力検査解答

令和6年度 公立高等学校思考力を問う問題解答

令和5年度 公立高等学校選抜学力検査解答

令和4年度 公立高等学校選抜学力検査解答

令和6年度 私立高等学校入試問題解答

千葉県公立高等学校選抜検査解答

令和６年度選抜検査解答

数　学

1 (1) ① 2　② $-3a^2$
③ $1-\sqrt{21}$　(各5点)

(2) ① ウ　② **あ** -　**い** 1　**う** 6　(①②各3点)

(3) ① イ　② **え** 7　**お** 0　(①②各3点)

(4) ① エ　② **か** 3　**き** 1　**く** 0　(①②各3点)

(5) ① **け** 1　**こ** 6　② **さ** 2　**し** 9　(①②各3点)

(6) ① **す** 6　**せ** 3　② **そ** 8　**た** 8　(①②各3点)

(7) ① **ち** 4　(①②各3点)
②

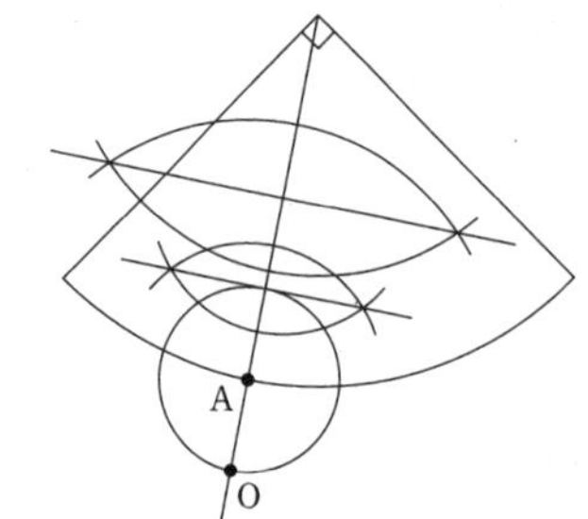

※異なる作図の方法でも，正しければ，3点を与える。

2 (1) ① **つ** 9　**て** 2　② **と** 3　**な** 2　**に** 9　(①②各5点)

(2) **ぬ** 8　**ね** 3　(5点)

3 (1) (a) イ　(b) ウ　(c) カ　(5点)
※完答で点を与える。

(2) △EBFと△ECAにおいて，(6点)
EB ＝ EC　……①
∠BEF ＝ ∠CEA ＝ 90°　……②

対頂角は等しいので，
∠EFB ＝ ∠DFC　……③
また，∠BEF ＝ ∠CDF ＝ 90°
三角形の内角の和は180°だから，
∠EBF ＝ 180°－ ∠BEF － ∠EFB
＝ 90°－ ∠EFB　……④
∠ECA ＝ ∠DCF ＝ 180°－ ∠CDF － ∠DFC
＝ 90°－ ∠DFC　……⑤
③，④，⑤より，∠EBF ＝ ∠ECA　……⑥
①，②，⑥より，1組の辺とその両端の角が
それぞれ等しいので，
△EBF ≡ △ECA

※異なる証明でも，正しければ，6点を与える。
　また，部分点を与えるときは，3点とする。

異なる証明の例(点線内)

∠BEC ＝ ∠CDBだから，円周角の定理の逆により，
4点B，C，D，Eは同じ円周上にある。
$\overset{\frown}{ED}$に対する円周角は等しいから，
∠EBF ＝ ∠ECA　……③
①，②，③より，1組の辺とその両端の角が
それぞれ等しいので，
△EBF ≡ △ECA

(3) **の** 4　**は** 5　(5点)

4 (1) ① **ひ** 2　② **ふ** 1　**へ** 3
③ **ほ** 5　**ま** 2　(①②③各3点)

(2) (a) $p=-\frac{2}{3}n+\frac{5}{3}$　(b) $q=-\frac{3}{2}n-\frac{5}{2}$　(各3点)

(3) **み** 1　**む** 1　**め** 5　(3点)

英　語

1 No.1 B　No.2 D　No.3 C　(各3点)
2 No.1 B　No.2 B　(各3点)
3 No.1 A　No.2 D　(各3点)
4 No.1 ① C　② A　(各3点)
5 (1) known　(2) fifth　(各3点)
(3) イ　エ　オ　ア　ウ　(3点)
(4) エ　イ　オ　ウ　ア　(3点)
(5) オ　イ　ア　エ　ウ　(3点)
※(3)～(5)は，順序が全てそろって正解とする。

6 (1) **(解答例)**　(各4点)
Excuse me. Please do not take pictures in this room. (10語)

(2) **(解答例)**
Let's wait in the library until the rain stops. (9語)

※各学校において統一した基準により適切に採点すること。［部分点可］

7 (1) ① ア　② イ　③ down　④ エ　(各3点)
(2) ① ア　② イ　③ ウ　(各3点)

8 ⑴ ウ (3点)

⑵ **(解答例)** (5点)

they are cheap and people feel it is easy to buy new ones (13語)

※各学校において統一した基準により適切に採点すること。［部分点可］

⑶ ア　⑷ ウ　⑸ イ (各3点)

9 ⑴ イ　⑵ ア　⑶ エ

⑷ ウ (各3点)

社　会

1 ⑴ エ (3点)

⑵ イ，ウ (3点)

※すべて正しいときに点を与える。

⑶ (3点)

年代の古い順	**1**	**2**	**3**
符　号	ア	イ	ウ

※すべて正しいときに点を与える。

⑷ 環境アセスメント　※8字指定 (3点)

2 ⑴ イ (3点)

⑵ A エ　C ア (3点)

※両方とも正しいときに点を与える。

⑶ カルデラ　※カタカナ4字指定 (3点)

⑷ ① イ，ウ　② ア (各3点)

※①はすべて正しいときに点を与える。

3 ⑴ Ⅰ A　Ⅱ イ (3点)

※両方とも正しいときに点を与える。

⑵ ア (3点)

⑶ 永久凍土をとかして，建物が傾く (4点)

※正解文の趣旨にそっていればよい。部分点を与えてもよい。

⑷ イ　⑸ エ (各3点)

4 ⑴ ア　⑵ エ　⑶ ウ (各3点)

⑷ 領地は相続によって，分割され小さくなる (4点)

※正解文の趣旨にそっていればよい。部分点を与えてもよい。

⑸ 防人　※かなでもよい。 (3点)

5 ⑴ エ (3点)

⑵ ベルサイユ　※カタカナ指定 (3点)

⑶ ア (3点)

⑷ (3点)

年代の古い順	**1**	**2**	**3**
符　号	イ	ウ	ア

※すべて正しいときに点を与える。

⑸ イ (3点)

6 ⑴ ア (3点)

⑵ 公共事業への支出を減らし，増税を行う (4点)

※正解文の趣旨にそっていればよい。部分点を与えてもよい。

⑶ ウ (3点)

7 ⑴ イ (3点)

⑵ 被疑者　※漢字3字指定 (4点)

⑶ ウ (3点)

8 ⑴ エ　⑵ エ (各3点)

理　科

1 ⑴ イ (3点)

⑵ 非電解質（ひでんかいしつ） (3点)

※かなでもよい。

⑶ ア (3点)

⑷ 寒冷前線（かんれい前線） (3点)

※かなでもよい。

2 ⑴ イ　⑵ ア (各2点)

⑶ ウ　⑷ イ (各3点)

3 ⑴ オオカナダモを入れないで，ゴム栓でふたをする。 (3点)

※各学校において統一した基準により採点すること。

⑵ イ→ア→ウ (2点)

⑶ 葉緑体（ようりょくたい） (2点)

※かなでもよい。

⑷ ア (3点)

4 ⑴ ウ (2点)

⑵ エ (3点)

⑶ 電磁誘導（でんじゆうどう） (2点)

※かなでもよい。

⑷ ウ (3点)

5 ⑴ イ　⑵ エ (各2点)

⑶ ア (3点)

⑷ (3点)

地点Zからの深さ〔m〕 0 1 2 3 4 5 6 7 8 9 10 11

※各学校において統一した基準により採点すること。

6 ⑴ エ (2点)

(2)　① 0.2　N　　② 0.8　N　　(各３点)

(3)　(４点)

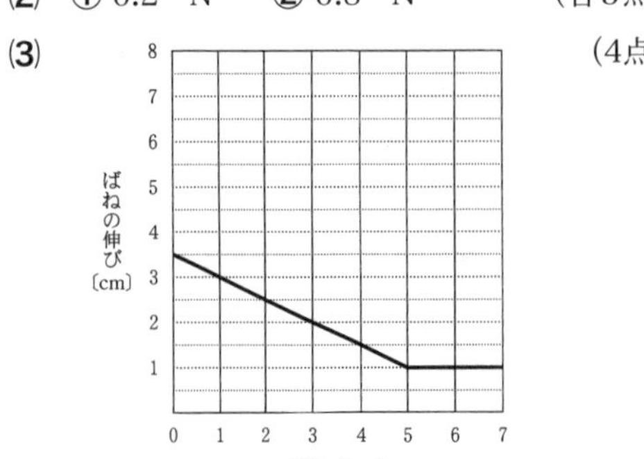

※各学校において統一した基準により採点すること。

7　(1)　ウ　(2)　エ　(3)　ア　(各３点)

(4)　y　8　m　　z　880　m　(３点)
※両方とも正しいときに点を与える。

8　(1)　$2Mg + O_2 \rightarrow 2MgO$　(３点)
※各学校において統一した基準により採点すること。

(2)　酸素の質量に限りがある　(３点)
※各学校において統一した基準により採点すること。

(3)　イ　(３点)

(4)　1.80（1.8）g　(３点)
※解答をするためには説明が不十分である問いがあったため、受験者全員に、３点を与える。

9　(1)　食物網（しょくもつもう）　(３点)
※かなでもよい。

(2)　ウ　(３点)

(3)　エ→ウ→ア→イ　(３点)

(4)　ウ　(３点)

国　語

一　(1)　イ　(2)　ア　(各2点)
(3)　ウ　(4)　エ

二　(1)　ねば　(2)　せきべつ　(各2点)
(3)　しさ　(4)　はか

三　(1)　束　(2)　染　(各2点)
(3)　往来　(4)　千秋

四　(1)　ア　(2点)

(2)　ウ　(3点)

(3)　Ⅰ ア　Ⅱ ア　Ⅲ エ　(3点)
※完答とする。

(4)　イ　オ　※完答とする。　(3点)

(5)　(a) エ　(3点)

(b) 政治や社会に主体的に参加する自己をつくりあげ、他者に対してその姿を示す　(6点)
※同趣旨ならば正解とする。
※部分点を与えてもよい。

(6)　イ　(3点)

五　(1)　ウ　(2)　イ　(3)　エ　(各3点)
(4)　ア　(5)　イ

(6)　(a) Ⅰ 仕事に対する誇（ほこ）り　(2点)
※同趣旨ならば正解とする。
Ⅱ ほどこしを　(2点)

(b) 貧しい人に頼まれてもいないのに情けをかけることは、逆に相手を見下すことになる　(4点)
※同趣旨ならば正解とする。
※部分点を与えてもよい。

六　(1)　みえたり　(2点)

(2)　エ　(3)　ウ　(4)　ウ　(各3点)

(5)　(a) イ　(3点)

(b) 取り上げた布施（ふせ）の中身は、実はろうそく二丁であり、自分の百文を失う　(4点)
※同趣旨ならば正解とする。
※部分点を与えてもよい。

七（解答例）　(12点)

私は、「知恵」とは、「知識」を活用し、生活をより便利にする力のことだと考える。

私は小学生の時、育てていた植物が元気をなくしたので、太陽が東から昇り、西に沈むという「知識」を生かし、窓辺の植木鉢を二時間ごとに移動させた。植物を常に日光に当てるための「知恵」だ。この結果、植物は元気を取り戻した。このように「知恵」は、学んだ「知識」を生活に役立てようと意識し、進んで使うことで生まれると考える。

※以下の観点を参考に、採点基準の細部については各学校で定める。
○内容
○行数・段落構成
○表現・表記

※全ての条件を満たしていない場合でも、部分点を与えてもよい。

令和６年度思考力を問う問題解答

国　語

一　(1)　ウ　(6点)

(2)　Ⅰ 対象　(3点)

Ⅱ 誰もが経験している　(3点)

※同趣旨ならば正解とする。

Ⅲ 個人の経験の差異で、自分と他者では意味が微(び)妙に異なるため同じ考え方だと決めつける　(6点)

※同趣旨ならば正解とする。部分点を与えてもよい。

(3)　「友情」を知的に理解するには、自分とは意見の違う相手について、知識や事実を積み重ね、対話などを行ない、その人の生活や感覚を理解することが必要だ。すると、多くの人が共有できる「友情」の意味を見つけることができる。このように、「共通了解」できる意味を見つけるという知的な理解をしておくと、相手の多様性や個別性を無視することがないので、情緒的共感をうまく働かせることができる。　(15点)

※採点基準の細部については各学校で定める。部分点を与えてもよい。

数　学

2　(1)　$p+q=9$　(6点)

(2)　19(通り)　(5点)

(3)　①　56π (cm³)　(6点)

②　$y=\frac{10}{3}x$　(5点)

(4)　①　$\frac{3}{8}x$　(6点)

②　$x=3\sqrt{3}-3$　(5点)

英　語

3　(1)　①　エ　②　ウ　(各4点)

(2)　ウ　(4点)

(3)　**(解答例)** right way　(4点)

※問題の主旨に合っていれば点を与える。

4　(1)　エ　(2)　ア　(各4点)

(3) **(解答例1)**　(10点)

a gas that comes from apples makes kiwis sweet(9語)

(解答例2)

a gas that came from the apple made the kiwis sweet(11語)

※各学校において統一した基準により適切に採点すること。[部分点可]

令和５年度選抜検査解答

数　学

1　(1)　①　-7　②　$\frac{5}{4}a-b$　(各5点)

③　x^2-x+1

※②　$\frac{5a-4b}{4}$ でもよい。

(2)　①　$5(x+y)(x-y)$　②　$40\sqrt{3}$　(各3点)

(3)　①　0.17　②　ウ　(各3点)

(4)　①　$\sqrt{2}$ (cm)　②　$\frac{\sqrt{2}}{3}$ (cm³)　(各3点)

(5)　①　3(通り)　②　$\frac{4}{5}$　(各3点)

(6)　①　3　②　$a=0, 1, 2, 3$　(各3点)

※②完答で点を与える。

(7)

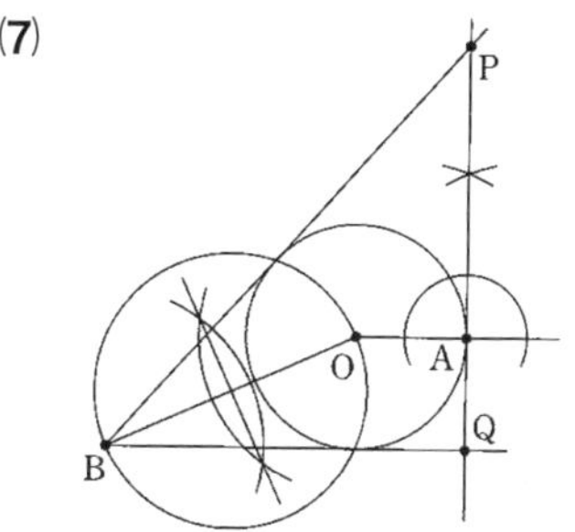

※異なる作図の方法でも，正しければ，6点を与える。また，部分点を与えるときは，3点とする。

2　(1)　①　2　②　$y=-x+10$　(2) (20, 24)　(各5点)

3　(1)　(a) イ　(b) エ　(c) 90(度)　(5点)

※完答で点を与える。(a), (b)は順不同。

(2)　△ABEと△ADCにおいて，　(6点)

共通な角だから，∠BAE ＝ ∠DAC　……①

△BECにおいて，1つの外角はそのとなりにない2つの内角の和に等しいので，

∠ABE ＝ ∠ECB＋∠BEC ＝ ∠ECB＋90°………②

また，∠ADC ＝ ∠EDB＋∠BDC ＝ ∠EDB＋90°……③

ここで，∠ECBと∠EDBは$\overset{\frown}{BE}$に対する円周角だから，

∠ECB ＝ ∠EDB　……④

②，③，④より，∠ABE ＝ ∠ADC　……⑤

①，⑤より，2組の角がそれぞれ等しいので，

△ABE ∽ △ADC

※異なる証明でも，正しければ，6点を与える。また，部分点を与えるときは，3点とする。

異なる証明の例(点線内)

∠AEB＝180°－(∠DEC＋90°)＝90°－∠DEC……②

△BCDにおいて，内角の和が180°だから，

∠ACD＝180°－(∠DBC＋90°)＝90°－∠DBC……③

ここで，∠DECと∠DBCは$\overset{\frown}{DC}$に対する円周角だから，

∠DEC ＝ ∠DBC　……④

②，③，④より，

∠AEB ＝ ∠ACD　……⑤

(3)　$6-\sqrt{6}$ (cm)　(5点)

4　(1)　① (a) 2(点)　(b) 6(通り)　(c) 3(点)　(各2点)
② (d) $c=10-a-b$
(e) $M=-5a-7b+40$　(各4点)
※②(d) $c=10-(a+b)$ でもよい。

(2)　M=0となるとき，$-5a-7b+40=0$
aについて解くと，$a=8-\frac{7}{5}b$
aが0以上10以下の整数となるのは，
$b=0$または$b=5$のときである。
したがって，
$b=0$のとき，$a=8-0=8$，$c=10-8-0=2$
$b=5$のとき，$a=8-7=1$，$c=10-1-5=4$
よって，
$a=1$，　$b=5$，　$c=4$
$a=8$，　$b=0$，　$c=2$
※異なる説明でも，正しければ，4点を与える。また，部分点を与えるときは，2点とする。

英　語

1　**No.1**　B　**No.2**　C　**No.3**　A　(各3点)
2　**No.1**　D　**No.2**　A　(各3点)
3　**No.1**　C　**No.2**　D　(各3点)
4　**No.1**　①　things　②　enjoy　(各3点)
No.2　①　agree　②　favorite
5　(1)　performance　(2)　would　(各3点)
(3)　ウ　ア　オ　イ　エ　(3点)
(4)　オ　ウ　イ　エ　ア　(3点)
(5)　イ　オ　ア　エ　ウ　(3点)
※(3)〜(5)は，順序が全てそろって正解とする。
6　(1) **(解答例)**　(各4点)
Let's go to a restaurant to eat something for dinner. (10語)
(2) **(解答例)**
I've lost my key. Tell me what I should do. (10語)
※各学校において統一した基準により適切に採点すること。［部分点可］
7　(1)　① bad　② イ　③ ウ　④ ウ　(各3点)
※①は問題の主旨に合っていれば点を与える。
(2)　① more time　(各3点)
※問題の主旨に合っていれば点を与える。
② エ
8　(1)　イ　(2)　ウ　(各3点)
(3)　**(解答例)**　(4点)
Because it has more words than an old one.
※各学校において統一した基準により適切に採点すること。［部分点可］
(4)　ウ　(3点)
9　(1)　エ　(2)　ア　(3)　エ　(各3点)
(4)　**(解答例)**　(4点)
If I try something first, my classmates will follow me. (10語)
※各学校において統一した基準により適切に採点すること。［部分点可］

社　会

1　(1)　**年代の古い順　1　2　3**　(3点)
符　号　イ　ウ　ア
※すべて正しいときに点を与える。
(2)　ヒートアイランド　※カタカナ指定　(3点)
(3)　ウ　(3点)
(4)　千葉県　D　埼玉県　C　(3点)
※両方とも正しいときに点を与える。
2　(1)　静岡（県）　(3点)
※かなでもよい。
(2)　イ　(3点)
(3)　歴史的な街並みや景観を守るために，建物の高さやデザイン　(4点)
※正解文の趣旨にそっていればよい。
※部分点を与えてもよい。
(4)　①　エ　②　ア　(各3点)
3　(1)　Ⅰ　C　Ⅱ　ウ　(3点)
※両方とも正しいときに点を与える。
(2)　イ　(3)　ア　(各3点)
(4)　イギリス　※カタカナ指定　(3点)
(5)　ウ　(3点)
4　(1)　イ　(3点)
(2)　口分田　※漢字3字指定　(3点)
(3)　**年代の古い順　1　2　3**　(3点)
符　号　ウ　ア　イ
※すべて正しいときに点を与える。
(4)　ア　(5)　エ　(各3点)
5　(1)　ウ　(3点)
(2)　**年代の古い順　1　2　3**　(3点)
符　号　エ　イ　ア
※すべて正しいときに点を与える。
(3)　Ⅰ　ワシントン　Ⅱ　エ　(3点)
※両方とも正しいときに点を与える。
(4)　最後の皇帝を元首としたが，実権は日本　(4点)
※正解文の趣旨にそっていればよい。
※部分点を与えてもよい。
(5)　イ　(3点)
6　(1)　エ　(3点)
(2)　直接金融　※漢字4字指定　(3点)

(3) A イ B ア C エ D ウ (4点)
※すべて正しいときに点を与える。

7 (1) Ⅰ ア Ⅱ ウ Ⅲ イ (3点)
※すべて正しいときに点を与える。
(2) 情報公開　※漢字4字指定 (3点)
(3) 衆議院の解散による衆議院議員総選挙の日から３０日以内に召集されているから。(4点)
※正解文の趣旨にそっていればよい。
※部分点を与えてもよい。

8 (1) Ⅰ エ Ⅱ ウ Ⅲ ア Ⅳ イ (3点)
※すべて正しいときに点を与える。
(2) TPP (3点)
※アルファベット大文字3字指定

理　科

1 (1) 溶質　(2) 葉緑体 (各３点)
※(1), (2)はかなでもよい。
(3) イ　(4) ウ (各３点)

2 (1) 作用　点　※かなでもよい。(3点)
(2) (a) x 3 N　y 500 g (3点)
※両方とも正しいときに点を与える。
(b) 8 cm (3点)
(c) (3点)

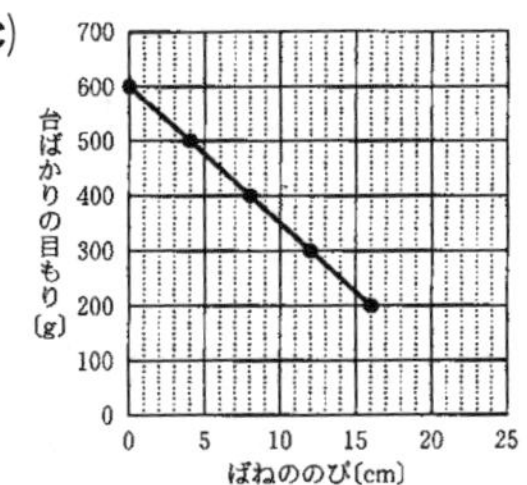

※各学校において統一した基準により採点すること。

3 (1) v オ　w ウ (2点)
※両方とも正しいときに点を与える。
(2) エ (3点)
(3) イ (2点)
(4) 長い年月をかけて代(世代)を重ねる (3点)
※各学校において統一した基準により採点すること。

4 (1) エ (2点)
(2) $Fe + S \rightarrow FeS$ (3点)
※各学校において統一した基準により採点すること。
(3) ウ (2点)
(4) y 鉄　z 0.5 g (3点)
※両方とも正しいときに点を与える。

5 (1) 侵食（浸食）　(2) ア (各２点)
※(1)はかなでもよい。
(3) エ (3点)
(4) 海面の低下によってできる。(3点)
※各学校において統一した基準により採点すること。

6 (1) エ (3点)
(2) x マグネシウム　y 亜鉛 (3点)
※yはかなでもよい。
※両方とも正しいときに点を与える。
(3) イ　(4) ウ (各３点)

7 (1) みずから光を出している (3点)
※各学校において統一した基準により採点すること。
(2) ウ　(3) イ (各３点)
(4) y 西　z ア (3点)
※両方とも正しいときに点を与える。

8 (1) イ (2点)
(2) 磁力線 (3点)
※かなでもよい。
(3) y 時計　z 2 (3点)
※両方とも正しいときに点を与える。
(4) (2点)

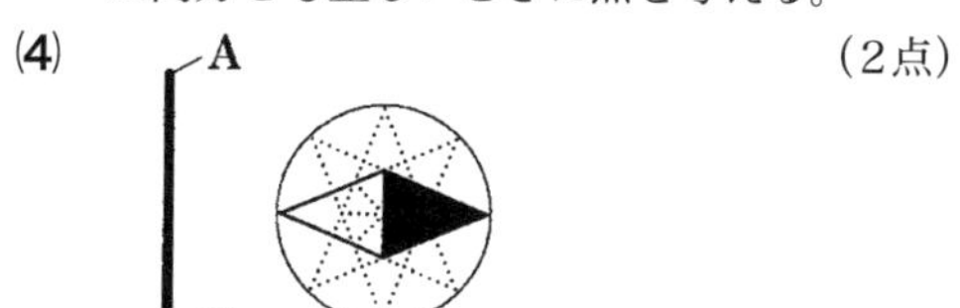

※各学校において統一した基準により採点すること。

9 (1) どの葉も多くの日光を受けとるのに都合がよい。(3点)
※各学校において統一した基準により採点すること。
(2) ウ (3点)
(3) 花 合弁花　符号 ア (3点)
※花はかなでもよい。
※両方とも正しいときに点を与える。
(4) x 胞子のう　y 胞子 (3点)
※かなでもよい。
※両方とも正しいときに点を与える。

国　語

一 (1) エ　(2) ア (各２点)
(3) ウ　(4) イ

二 (1) まね　(2) つつし (各２点)
(3) あいまい　(4) しんらつ

三 (1) 浅　(2) 拝　(3) 批評 (各２点)
(4) 創刊　(5) 序列

四 (1) イ　(2) ア (各２点)
(3) ① ア　② ウ　③ カ (3点)
④ イ　⑤ エ　⑥ オ

※完答とする。

(4) Ⅰ 役割を分担　(各2点)
Ⅱ 意識と非意識の二重プロセス

(5) Ⅰ システム1　Ⅱ 自分が　(各2点)
Ⅲ 消費される心身のエネルギーを節約する
※同趣旨ならば正解とする。　(4点)
※部分点を与えてもよい。

(6) エ　(3点)

五 (1) ア　(2点)

(2) Ⅰ 他人と比較する　(各2点)
Ⅱ 何になりたいのか
※Ⅰ、Ⅱは同趣旨ならば正解とする。

(3) エ　(4) イ　(各2点)

(5) (a) Ⅰ上空を吹く　Ⅱ 地上にも降りてきている　(各2点)

(b) ウ　(2点)

(c) X フルート奏者が無理だからオルガンビルダーを志すことは、自分の弱さから逃げている　(4点)
※同趣旨ならば正解とする。
※部分点を与えてもよい。
Y 非難　(3点)
※同趣旨ならば正解とする。

六 (1) あやしゅう　(2) ア　(各2点)

(3) 短時間の内に、思いのほか少なくなっていたから。　(4点)
※同趣旨ならば正解とする。
※部分点を与えてもよい。

(4) (a) あわてて口に入れた　(3点)
※同趣旨ならば正解とする。

(b) ウ　(3点)

(c) 葷 酒 入ルヲ二 山 門ニ一　(3点)

〔左へ90°回転して掲載している。〕

七（解答例）

資料では、年齢が上がるにつれて数値が高くなっている。戦後間もない頃を知る世代ほど、文化交流の意義を相互理解に求め、平和を願う傾向にあるのではないかと考える。

私は食を通じて文化交流を深めたい。例えば、日本食の特徴の他、食器の並べ方や使い方などの独特な作法を伝えたい。万国共通して食は人が生きる上で大切なものだから、私たち若い世代でも、食文化を伝え合うことを通して相互理解につなげられると思う。

※以下の観点を参考に、採点基準の細部については各学校で定める。
○内容
○行数・段落構成
○表現・表記
※全ての条件を満たしていない場合でも、部分点を与えてもよい。

令和４年度選抜検査解答

数　学

1 (1) ① -4　② $3a-6b$　(各5点)
③ $13-4\sqrt{3}$

(2) ① $x(2x+3)$(cm²)　(各3点)
※① $2x^2+3x$でもよい。
② $\dfrac{-3+\sqrt{65}}{4}$(cm)

(3) ① 10(回)　② $a=7,8,9$　(各3点)
※②完答で点を与える。

(4) ① 8(個)　② $\dfrac{13}{36}$　(各3点)

(5) $a=-5$　$b=-3$　(各3点)

(6) ① $h=\dfrac{3V}{S}$　② 4(cm)　(各3点)

(7)

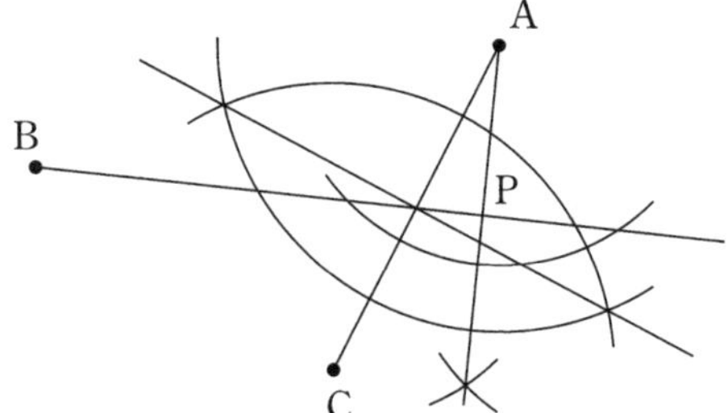

※異なる作図の方法でも，正しければ，6点を与える。

2 (1) $a=-\dfrac{3}{5}$　(2) $y=-2x-5$　(各5点)
(3) $y=-\dfrac{2}{11}x-5$

3 (1) (a) ア　(b) エ　(c) 合同　(5点)
※完答で点を与える。(a), (b)は順不同。

(2) △AEIと△DEHにおいて，
仮定より，
$AE = DE$ ……①
対頂角は等しいので，
$\angle AEI = \angle DEH$ ……②
仮定より，AC//FDで，平行線の錯角は等しいので，
$\angle IAE = \angle HDE$ ……③
①, ②, ③より，1組の辺とその両端の角がそれぞれ等しいので，
$\triangle AEI \equiv \triangle DEH$
したがって，
$AI = DH$　(6点)
※異なる証明でも，正しければ，6点を与える。
また，部分点を与えるときは，3点とする。

(3) 1：8　(5点)

4 (1) (a) エ　(b) イ　(各3点)

⑵　(3点)

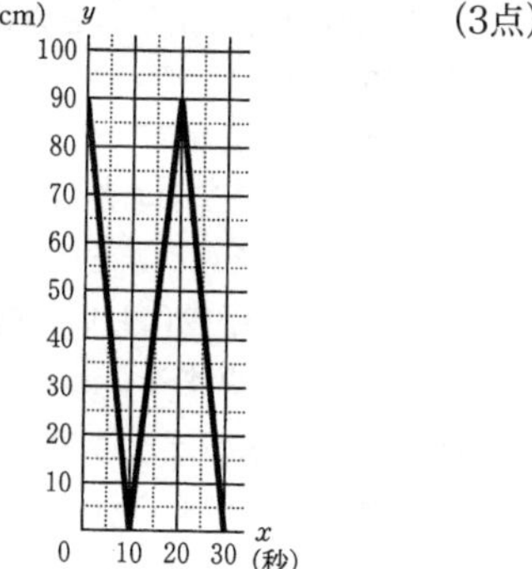

⑶　6(秒後)　⑷　5(回)　⑸　36(度)　(各3点)

英　語

1　No.1　C　No.2　D　No.3　A　(各3点)
2　No.1　B　No.2　C　(各3点)
3　No.1　A　No.2　D　(各3点)
4　No.1　①　welcome　②　delicious　(各3点)
　No.2　①　famous　②　Saturday
5　⑴　useful　⑵　bought　(各3点)
　⑶　オ　イ　ウ　ア　エ　(3点)
　⑷　ア　エ　オ　ウ　イ　(3点)
　⑸　エ　オ　イ　ウ　ア　(3点)
　※⑶〜⑸は順序が全てそろって正解とする。
6　**(解答例1)**　(8点)
I want to go to ABC Hotel, but I don't know where I am now. Could you tell me the way to get there, please? (25語)
(解答例2)
May I ask you a question? I am looking for ABC Hotel. Is it near here? Would you show me how I can get there? (25語)
※各学校において統一した基準により適切に採点すること。［部分点可］
7　⑴　①　ウ　②　イ　③　ア　(各3点)
　④　dangerous　(3点)
　※問題の主旨に合っていれば点を与える。
　⑵　①　experiences　(3点)
　※問題の主旨に合っていれば点を与える。
　②　エ　(3点)
8　⑴　ア　(3点)
　⑵　**(解答例)**　(4点)
　(Because) they wanted to spend more time in beautiful nature.
　※各学校において統一した基準により適切に採点すること。［部分点可］
　※（　　）内は省略が可能。
　⑶　エ　(3点)
　⑷　ウ　(3点)
9　⑴　ウ　⑵　イ　⑶　ア　(各3点)
　⑷　**(解答例)**　(4点)
　Can I go to your house to get it now? (10語)
　※各学校において統一した基準により適切に採点すること。［部分点可］

社　会

1　⑴　原油　※石油でもよい　⑵　ウ　(各3点)
　⑶　**年代の古い順　1　2　3**　(3点)
　符　号　イ　ア　ウ
　※すべて正しいときに点を与える。
　⑷　A　ウ　D　エ　(3点)
　※両方とも正しいときに点を与える。
2　⑴　I　エ　II　前橋（市）　(3点)
　※両方とも正しいときに点を与える。
　※IIは，漢字指定
　⑵　地熱　※かなでもよい。　(3点)
　⑶　B　ウ　D　イ　(3点)
　※両方とも正しいときに点を与える。
　⑷　①　エ　②　イ　(各3点)
3　⑴　ア　⑵　A　(各3点)
　⑶　I　え　II　アンデス（山脈）　(3点)
　※両方とも正しいときに点を与える。
　※IIは，カタカナ指定
　⑷　輸出品の価格が大きく変動するため，国の収入が安定しない　(4点)
　※正解文の趣旨にそっていればよい。
　※部分点を与えてもよい。
　⑸　ウ　(3点)
4　⑴　**年代の古い順　1　2　3**　(3点)
　符　号　ア　エ　イ
　※すべて正しいときに点を与える。
　⑵　イ　⑶　エ　(⑵〜⑸ 各3点)
　⑷　I　武家諸法度　II　ア
　※両方とも正しいときに点を与える。
　※Iは，かなでもよい。
　⑸　書院造　※かなでもよい。
5　⑴　イ　⑵　イ　⑶　ア　(⑴〜⑷ 各3点)
　⑷　**年代の古い順　1　2　3**
　符　号　ウ　ア　イ
　※すべて正しいときに点を与える。
　⑸　サンフランシスコ平和条約により，日本は独立　(4点)
　※正解文の趣旨にそっていればよい。
　※部分点を与えてもよい。

6 (1) Ⅰ イ　Ⅱ ア　(3点)
※両方とも正しいときに点を与える。
(2) CSR　(3点)
※アルファベット大文字３字指定
(3) ウ　(4点)

7 (1) 地方自治　※漢字４字指定　(3点)
(2) ア　(3点)
(3) 有権者のもつ一票の価値が異なる　(4点)
※正解文の趣旨にそっていればよい。
※部分点を与えてもよい。

8 (1) 持続可能　※漢字４字指定　(各3点)
(2) エ

理　科

1 (1) 0.5　N　(2) ア　(各3点)
(3) 受精卵　(4) 震度　(各3点)
※(3), (4)はかなでもよい。

2 (1) （えものとの）距離をはかる　(3点)
((えものまでの)距離をつかむ)
※各学校において統一した基準により採点すること。
(2) エ　(3点)
(3) 相同器官　※かなでもよい。　(3点)
(4) 特徴Ⅱ　イ　特徴Ⅳ　ウ　(3点)
※両方とも正しいときに点を与える。

3 (1) ア, ウ, エ　(2) ウ　(各2点)
※(1)はすべて正しいときに点を与える。
(3) ① x　0.79g　y　494倍　(3点)
※両方とも正しいときに点を与える。
② ア　(3点)

4 (1) エ　(2点)
(2) m　大陸　n　下降　(2点)
※それぞれかなでもよい。
※両方とも正しいときに点を与える。
(3)　(3点)

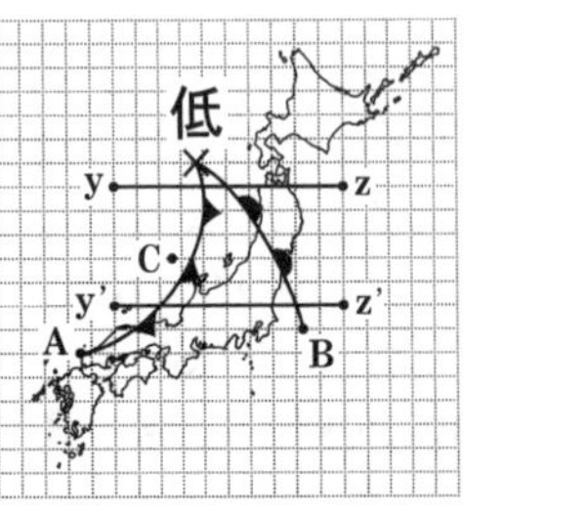

※各学校において統一した基準により採点すること。
(4) 40%　(3点)

5 (1) オームの法則　(2点)
(2) **図2**　エ　**図3**　ア　(2点)
※両方とも正しいときに点を与える。
(3) (a) 3600　J　(3点)
(b) (加えた電圧の大きさが同じであるので,) 回路を流れる電流の大きさが大きくなったと考えられるため。　(3点)
※各学校において統一した基準により採点すること。

6 (1) 流れる水のはたらきで運ばれたとき, 角が削られてつくられる。　(3点)
※各学校において統一した基準により採点すること。
※部分点を与えてもよい。
(2) 水星　惑星A (A)　(3点)
土星　惑星E (E)
※両方とも正しいときに点を与える。
(3) ウ　(3点)
(4) 惑星B　イ　惑星C　オ　(3点)
※両方とも正しいときに点を与える。

7 (1) イ　(3点)
(2) x　大きい　y　15 cm　(3点)
※xは各学校において統一した基準により採点すること。
※両方とも正しいときに点を与える。
(3)　(3点)

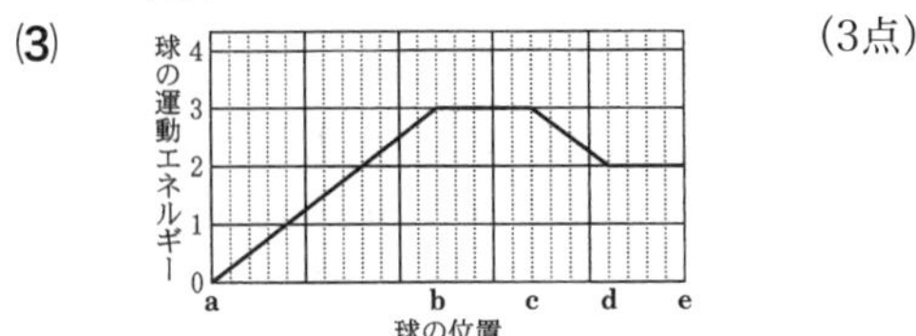

※各学校において統一した基準により採点すること。
(4) 18cm　(3点)

8 (1) イ　(2) ア　(各2点)
(3) 反応：反射　符号：イ, ウ　(3点)
※反応はかなでもよい。
※符号はすべて正しいときに点を与える。
※反応と符合の両方とも正しいときに点を与える。
(4) (刺激の信号がせきずいに伝えられると,) せきずいから直接, 信号がだされるため。　(3点)
※各学校において統一した基準により採点すること。

9 (1) エ　(3点)
(2) 亜鉛は, 銅よりもイオン (陽イオン) になりやすい。　(3点)
※各学校において統一した基準により採点すること。
(3) イ　(3点)

(4)　$Cu^{2+}+2e^{-}\rightarrow Cu$　(3点)
※各学校において統一した基準により採点すること。

国　語

一　(1)　イ　(2)　エ　(各2点)
(3)　イ　(4)　ア

二　(1)　すす　(2)　ろうえい　(各2点)
(3)　えいびん　(4)　とうや

三　(1)　告　(2)　延　(3)　寒暖　(各2点)
(4)　破格　(5)　旧態

四　(1)　ウ　(2)　エ　(各2点)
(3)　Ⅰ　ほんとうに大事なもの　(2点)
Ⅱ　負担に感じない　(4点)
※同趣旨ならば正解とする。
※部分点を与えてもよい。
(4)　Ⅰ　商品のメリットを知りたい　(4点)
※同趣旨ならば正解とする。
※部分点を与えてもよい。
Ⅱ　求めること　(4点)
Ⅲ　話を聞かなかった
※Ⅱ、Ⅲは完答とし、同趣旨ならば正解とする。
(5)　イ　(4点)

五　(1)　エ　(2)　悠人、おま　(3)　ア　(各2点)
(4)　Ⅰ　立ち向かう　Ⅱ　逃げる　(各2点)
※Ⅰは同趣旨ならば正解とする。
Ⅲ　愛情を持っている　(4点)
※同趣旨ならば正解とする。
※部分点を与えてもよい。
(5)　(a) 甘えるように　(b) 正浩が力を　(各2点)
(c) 三人の兄弟と水樹とは、強いきずなで結ばれている　(4点)
※同趣旨ならば正解とする。
※部分点を与えてもよい。

六　(1)　えさせて　(2点)
(2)　ウ　(3)　ア　(4)　ウ　(各3点)
(5)　(a) 見テハ二不賢ヲ一而内ニ自ラ省ミル也。(3点)
〔左へ90°回転して掲載している。〕
(b) 自分の言動を棚に上げて、地頭の行動に腹を立てる　(4点)
※同趣旨ならば正解とする。
※部分点を与えてもよい。

七（解答例）　(12点)
森さんは人の振る舞いや考え方を「大人」の条件にするが、沢木さんは法律で決められた年齢が人を「大人」にすると考えている。
わたしは森さんの考え方に同感だ。なぜなら、わたしにも「大人」だと思う同級生がいるからだ。わたしが駅で財布を落とした時、友人はすぐに落とし物センターや警察に連絡してくれた。わたしは慌てることしかできなかった。この体験から、今必要な行動は何かを判断できる人が「大人」だと考える。
※以下の観点を参考に、採点基準の細部については各学校で定める。
○内容
○行数・段落構成
○表現・表記
※全ての条件を満たしていない場合でも、部分点を与えてもよい。

千葉県内私立高等学校解答

市原中央高等学校

数学

【1】問1 [1][2][3]　900

問2 [4]√[5][6] − [7][8]　$3\sqrt{10}-10$

問3 [9]　3

問4 [10][11][12] ≦y≦[13]　$-24 \leqq y \leqq 0$

問5 [14][15][16]/[17]　$\frac{-15}{8}$

問6 x=[18][19]/[20], y=[21]/[22]　$x=\frac{-1}{5}$, $y=\frac{7}{3}$

問7 x=([23]±√[24][25])/[26]　$x=\frac{5\pm\sqrt{57}}{8}$

【2】問1 [27]　2

問2 (1) [28][29][30]　333

(2) [31][32][33][34]　3721

【3】問1 [35]/[36]　$\frac{3}{4}$

問2 [37]と[38]　5, 6（同順）

【4】問1 [39]/[40]　$\frac{8}{3}$

問2 ([41]/[42], [43][44]/[45])　$\left(\frac{4}{3}, \frac{16}{9}\right)$

問3 [46][47]/[48]　$\frac{20}{9}$

【5】問1 x=[49][50]°　16°

問2 [51][52][53]　432

問3 (1) ア=[54], イ=[55]　ア=④, イ=⑧

(2) [56]√[57]/[58]　$\frac{4\sqrt{7}}{3}$

(3) [59][60]/[61]　$\frac{11}{2}$

英語

第1問　問1 [1]③　問2 [2]④　問3 [3]③　問4 [4]①　問5 [5]②

第2問　問1 [6]②　問2 [7]③　問3 [8]②　問4 [9]④　問5 [10]①

第3問　問1 [11]④　問2 [12]③　問3 [13]③　問4 [14]①　問5 [15]②

第4問　問1 [16]③　問2 [17]②　問3 [18]①　問4 [19]③　問5 [20]④

第5問　問1 [21]②　問2 [22]①　問3 [23]④　問4 [24]③　問5 [25]③

第6問　問1 [26]②　問2 [27]④　問3 [28]①　問4 [29]③　問5 [30]①

第7問　問1 [31]④　問2 [32]①　問3 [33]④　問4 [34]③　問5 [35]②

第8問　問1 [36]④　問2 [37]②　問3 [38]④　問4 [39]③　問5 [40]①

国語

【1】問1　1 [1]④　2 [2]②　3 [3]③　4 [4]③

問2 [5]④　問3 [6]③　問4 [7]③

問5 [8]④　問6 [9]①　問7 [10]②

問8 [11]②　問9 [12]③

【2】問1 [13]②　問2 [14]③　問3 [15]①

問4 [16]③　問5 [17]②　問6 [18]③

問7 [19]③　問8 [20]②

【3】問1 [21]②　問2 [22]①　問3 [23]③

問4 [24]④　問5 [25]②　問6 [26]④

問7 [27]③　問8 [28]②

【4】問1　Ⅰ [29]⑦　Ⅱ [30]②　問2 [31]⑥

問3 [32]④　問4　Ⅰ [33]②　Ⅱ [34]④

問5 [35]③　問6　Ⅰ [36]③　Ⅱ [37]①

問7 [38]④

桜林高等学校

数学

第1問 (1) ア 1　イ 3

(2) ウ −　エ 7　オ 6

(3) カ 1　キ 2　ク 3　ケ 6

(4) コ 4　サ 6　シ 3

(5) ス 1　セ 0　ソ 2

第2問 (1) ア 7　イ 0　ウ 4

(2) エ 1　オ 1　カ 3　キ 2

(3) ク 2　ケ 9　(4) コ 1　サ 3

(5) シ 1　ス 2　セ 7　ソ 5　タ 2

(6) チ 2　ツ 2　テ 3　(7) ト 3　ナ 5

(8) ニ 3　ヌ 5　ネ 6　ノ 4　ハ 9

(9) ヒ 1　フ 6　ヘ 5　ホ 8

第3問 (1) ア 1　イ 6　(2) ウ 3　エ 4

(3) オ 2　カ 9

第4問 (1) ア 2　(2) イ 3　ウ 9

英語

[1]　問1③　問2①　問3②　問4②　問5②
問6②　問7①　問8①　問9②　問10④

問11② 問12④ 問13② 問14④
問15①

2 問16③ 問17③ 問18③
問19① 問20④ 問21②

3 問22④ 問23② 問24① 問25①

4 問26① 問27④

5 問28②

6 問29③ 問30④ 問31②
問32② 問33④

7 問34① 問35② 問36④ 問37②

国 語

一 1 ④ 2 ① 3 ② 4 ② 5 ②

二 6 ③ 7 ③ 8 ① 9 ④ 10 ②

三 11 ② 12 ④ 13 ① 14 ④ 15 ③
16 ① 17 ③ 18 ① 19 ② 20 ③

四 21 ③ 22 ② 23 ① 24 ④
25 ② 26 ① 27 ④ 28 ②

五 29 ③ 30 ① 31 ② 32 ①
33 ③ 34 ④ 35 ③

木更津総合高等学校

数 学

【1】問1 5 問2 $3x-11y$
問3 $2a-8b$ 問4 $x=12$
問5 $(x+1)(x-9)$
問6 $x=2$ 問7 0

【2】問1 $y=2x^2$ 問2 8 個
問3 76° 問4 24.5 m

【3】問1 $\begin{cases} 2x+3y=4200 \\ 7x+18y=17700 \end{cases}$
問2 $x=1500$ $y=400$

【4】問1 4 通り 問2 $\frac{3}{10}$

【5】問1 4 cm 問2 $12\sqrt{5}$ cm²

【6】問1 A(−2 , 4) 問2 $2 \leqq a \leqq 4$
問3 P(0 , 24)

英 語

【1】1 ウ 2 イ 3 ア 4 ウ

【2】1 ア 2 イ 3 エ 4 エ

【3】1 ウ 2 ウ 3 エ 4 ア 5 ウ

【4】1 can't (cannot) 2 Hurry and
3 the fastest 4 was written
5 have never

【5】1 2番目 カ 5番目 イ
2 2番目 ア 5番目 イ
3 2番目 カ 5番目 エ
4 2番目 オ 5番目 エ
5 2番目 ア 5番目 イ

【6】1 ①エ ②カ 2 ③ ウ 3 bus
4 2番目 ア 5番目 イ
5 having 6 イ
7 Of (course). 8 イ オ

【7】1 have passed 2 who(that)
3 are produced 4 イ 5 イ
6 2番目 カ 5番目 オ
7 A near B climate
8 ア 9 エ

【8】1 イ 2 ウ
3 ③ interested ⑤ had
4 エ 5 エ
6 エ 7 ウ

国 語

【1】(1) きざ(む) (2) せいえい (3) ぜせい
(4) かいひん (5) い(る)

【2】(1) 握手 (2) 含有 (3) 玄関
(4) 演劇 (5) 回収

【3】(1) ウ (2) ア (3) エ

【4】問1 エ 問2 ウ 問3 エ
問4 ア 問5 イ 問6 イ

【5】問1 ウ 問2 ア 問3 ウ
問4 イ 問5 〔百〕〔一〕 問6 ウ

【6】問1 A オ B エ C ク
問2 1 キ 2 ウ 3 オ
問3 エ 問4 エ 問5 ウ
問6 ア 問7 イ

【7】問1 イ 問2 A イ B ウ
問3 ウ 問4 ア 問5 オ
問6 木の葉 問7 ⑦むかうる ⑧ゆえ
問8 キ

敬愛学園高等学校

数学

ア	−	イ	1	ウ	8	エ	7	オ	−
カ	1	キ	6	ク	3	ケ	−	コ	2
サ	4	シ	1	ス	2	セ	9	ソ	4
タ	6	チ	1	ツ	5	テ	2	ト	−
ナ	1	ニ	7	ヌ	1	ネ	1	ノ	1
ハ	5	ヒ	0	フ	1	ヘ	2	ホ	5
※マ	2	※ミ	4	ム	3	メ	7	モ	9
ヤ	2	ユ	2	ヨ	7	ラ	3	リ	2
ル	1	レ	6	ロ	1	ワ	4	ヲ	3
ン	2	あ	1	い	6	う	1	え	2
お	4	か	1	き	0	く	3	け	1
こ	0	さ	8	し	−	す	4	せ	1
そ	2	た	2	ち	7	つ	1	て	8
と	3	な	3	に	1	ぬ	1	ね	2
の	9	は	8	ひ	9	ふ	3	へ	1
ほ	6	ま	8	み	1	む	0	め	3

※問題番号マ、ミは順不同

英語

1	3	2	4	3	2	4	4	5	2
6	4	7	3	8	2	9	3	10	4
11	2	12	3	13	1	14	4	15	3
16	1	17	3	18	1	19	1	20	2
21	1	22	1	23	3	24	4	25	3
26	2	27	2	28	1	29	3	30	2
31	2	32	2	33	2	34	3	35	1
36	2	37	3	38	2	39	3	40	1
41	2	42	2	43	1	44	2	45	2
46	3	47	3	48	2	49	4	50	3

国語

1	ア	2	エ	3	ア	4	ウ	5	イ
6	ウ	7	ア	8	ア	9	エ	10	エ
11	ウ	12	イ	13	ウ	14	ウ	15	エ
16	エ	17	ア	18	イ	19	エ	20	ウ
21	ア	22	ア	23	エ	24	ウ	25	イ
26	エ	27	イ	28	イ	29	エ	30	イ
31	ウ	32	ウ	33	ア	34	ア	35	ウ
36	ア	37	ウ	38	エ	39	ア	40	ウ
41	エ	42	イ	43	イ	44	ア	45	エ
46	ア	47	エ	48	エ	49	イ	50	ウ

志学館高等部

数学

1 (1) -47　(2) $-15a$
(3) $-19-6\sqrt{5}$　(4) $x=\frac{1\pm\sqrt{33}}{4}$
(5) $a=\frac{1}{9}$　(6) $n=5, 12, 17, 20$

2 (1) $\frac{3}{25}$　(2) $\frac{14}{25}$

3 (1) 25枚　(2) $2n+1$　(3) 195

4 (1) $\frac{1}{3}$　(2) 45　(3) $y=\frac{2}{3}x+8$

5 (1) $6\sqrt{11}$ cm　(2) ① $9\sqrt{2}$ cm^2　② $\sqrt{3}$ cm

6 (1) 6 cm　(2) $10\sqrt{2}$ cm^2　(3) $\frac{16\sqrt{5}}{9}$ cm^3

英語

1 (1) イ→ア→ウ　※順番に全部できて得点
(2) special
(3) イ　エ　※ 順不同，それぞれ得点

2 (1) イ　エ　※ 順不同，それぞれ得点
(2) nature

3 (1) ウ　(2) ア　(3) fact
(4) ⓐ bottles　ⓑ thanks
※ 両方できて得点
(5) ⓐ イ　ⓑ ウ
(6) エ→ア→ウ→イ
※順番に全部できて得点

4 (1) エ　(2) ウ

5 (1) showing　(2) better　(3) written

6 (1) ① オ　② イ
(2) ① ウ　② エ
※ それぞれ両方できて得点

7 (1) ウ　(2) ア　(3) エ
(4) イ　(5) エ

8 (1) ウ　(2) エ　(3) ア

国語

1 (1) 主治医
(2) **初め** HIVの感　**終わり** 仕事もした　（完答）
(3) たくさんの人を助ける
(4) イ
(5) エ
(6) a いつも悩むところ
b イ

2 (1) a 現実　b 投影操作
c フィクション　（完答）
(2) B エ　E ア　（完答）

(3) (例) ムダやムラが多く価値の低いもの
※10字以上15字以内で、「ムダ」「価値」の二語を用い、同様の内容であれば可。
前後の「複雑かつ多様な自然を……と見てしまうようになっているということ。」と続かないもの不可。
(4) ウ
(5) 一面的
(6) エ

3 (1) ア・ウ (順不同・完答)
(2) a 暗い b 昼前に (完答)
(3) むかいにいずるに
(4) ア (5) イ

4 (1) C
(2) ① a D b 雲 (完答)
② c A d 星 (完答)
③ e B f 田植 (完答)

5 (1) 殖 やす ふ やす (2) 顧 みる かえり みる (3) 憂 慮 ゆうりょ
(4) 禁 忌 きんき (5) 氾 濫 はんらん

6 (1) ウ (2) エ (3) ア
(4) イ (5) ア

拓殖大学紅陵高等学校

数 学

1 (1) -8 (2) $-15x+17y$
(3) $7\sqrt{5}$ (4) $x=3$, 6
(5) $(x+9y)(x-9y)$

2 (1) $\frac{8}{15}$ (2) 40π cm^2
(3) 18 (4) 108 度

3 (1) 30 班 (2) 男子生徒 80 人 女子生徒 90 人

4 (1) 15 (2) $\frac{1}{2}$
(3) $y=2x-18$

5 (1) 76 度 (2) ① 4 cm (3) $9\sqrt{15}$ cm^2

6 (1) 9 cm (2) 40 cm^2 (3) 12 cm^3

英 語

1 (1) ○ (2) × (3) ○

2 (1) ウ (2) ア

3 (1) イ (2) ウ (3) エ (4) ア (5) イ

4 (1) **3番目** カ **5番目** ア
(2) **3番目** ウ **5番目** エ
(3) **3番目** イ **5番目** オ
(4) **3番目** ア **5番目** ウ
(5) **3番目** オ **5番目** エ
※それぞれ両方できて得点

5 (1) ① オ ③ イ (2) reading
(3) ウ (4) エ (5) ア
(6) ⓐ twenty-one ⓑ Thursdays ⓒ aunt

6 (1) ⓐ ウ ⓑ エ (2) began
(3) イ (4) ウ
(5) nice〔the〕pictures (6) ウ

国 語

1 (1) A オ C ウ (完答)
(2) 首 (3) ア
(4) 戻ってきてくれる (5) 大空を羽ばたく
(6) Ⅰ 一緒に過ごした時間 Ⅱ 宝物 (完答)

2 (1) Ⅰ 手軽に検索できる Ⅱ ストック (完答)
(2) 一つ目 面白いアイデア
二つ目 問題を解決する糸口 (順不同・完答)
(3) 頭にストックしている
(4) ウ (5) E オ F イ (完答)
(6) 言葉 (7) エ

3 (1) ア (2) ウ
(3) もちまいる (4) エ

4 (1) イ (2) ウ
(3) ① ア ② ウ (4) ① イ ② エ

5 (1) 鍛 える きたえる (2) 裾 すそ (3) 偵 察 ていさつ
(4) 絶 滅 ぜつめつ (5) 比 較 ひかく

6 (1) アラタめる 改 める (2) フセ ぐ 防 ぐ (3) ユウビン 郵 便
(4) ヤサイ 野 菜 (5) シュウイ 周 囲

千葉英和高等学校

数 学

1 (1) (ア) 8 (イ) $9a+7b$
(ウ) $-5\sqrt{2}$
(2) $x=5$ (3) $x=7$, $y=2$
(4) $4(x+1)(x-1)$ (5) $x=\frac{3\pm\sqrt{17}}{4}$
(6) 5 冊 (7) 360 g
(8) 18°

2 (1) $\frac{1}{2}$　(2) $(4, -4)$
(3) $\frac{135}{2}$

3 (1) 6 通り　(2) $\frac{2}{27}$
(3) $\frac{3}{8}$

4 (1) 8　(2) 4:3
(3) 5:4

5 (1) $2\sqrt{13}$
(2) ① 24　② $9\sqrt{2}+3\pi$

6 (1) 9 通り　(2) 9 通り
(3) 13 通り

英　語

1 1 ③　2 ④　3 ①　4 ③　5 ②
6 ③　7 ④　8 ②　9 ①　10 ④

2 11 ④　12 ②　13 ③　14 ①

3 15 ③　16 ②　17 ④　18 ④

4 19 ②　20 ④　21 ③　22 ⑤　23 ①　24 ⑤

5 25 ③　26 ④　27 ⑤　28 ②　29 ③　30 ⑤
31 ③　32 ①　33 ③

6 34 ⑤　35 ①　36 ②　37 ④　38 ③

英語リスニング

1 No.1 3　No.2 1　No.3 2
No.4 4　No.5 2　No.6 4

2 No.7 3　No.8 2　No.9 1
No.10 2　No.11 4　No.12 3

3 No.13 4　No.14 2　No.15 4

社　会

1 (1) ①　(2) ②　(3) ③　(4) ④　(5) ④
2 (1) ③　(2) ③　(3) ④　(4) ④
(5) ❶：②　❷：①　❸：③
3 (1) ①　(2) ②　(3) ③　(4) ④　(5) ④　(6) ③
4 (1) ④　(2) ②　(3) ③　(4) ④　(5) ①
5 (1) ③　(2) ②　(3) ④　(4) ④　(5) ①　(6) ③
6 (1) ③　(2) ②　(3) ④　(4) ①　(5) ②
7 (1) ①　(2) ②　(3) ③　(4) ③
8 (1) ①　(2) ④

理　科

1 (1) 1 ④　(2) 2 ①　(3) 3 ④
(4) 4 ②　(5) 5 ④
2 (1) 6 ②　7 ③　(2) 8 ③　(3) 9 ②
(4) 10 ⑧　11 ②　12 ⑤　(5) 13 ②
3 (1) 14 ③　(2) 15 ②
(3) 16 ⑧　17 ⑥　18 ④　(4) 19 ⑤
4 (1) 20 ④　(2) 21 ③　22 ④
(3) 23 ③　24 ④　25 ①　26 ②
(4) 27 ①　(5) 28 ①
5 (1) 29 ②　(2) 30 ②
(3) 31 ⑥　32 ⑦　(4) 33 ⑤　34 ①
6 (1) 35 ①　36 ②　(2) 37 ①　38 ④
(3) 39 ①　40 ②　41 ①
(4) 42 ①　43 ⓪
7 (1) 44 ④　(2) 45 ⓪　46 ⑥　(3) 47 ②
(4) 48 ③　(5) 49 ②　50 ⓪　51 ⑥
8 (1) 52 ③　(2) 53 ①　54 ②　(3) 55 ①　(4) 56 ④
9 (1) 57 ④　58 ②　(2) 59 ①　(3) 60 ④　(4) 61 ③

国　語

一 問一 (1) ④　(2) ②　(3) ⑥
問二 (1) ④　(2) ③

二 (1) ②　(2) ①　(3) ④　(4) ⑤　(5) ③

三 問一 ①　問二 ②　問三 ⑤　問四 ③
問五 ②

四 問一 ②　問二 A⑤　E②　G①
問三 ⑤　問四 ④　問五 ①　問六 ②
問七 ⑤　問八 ③　問九 ④　問十 ⑤

五 問一 (ア) ⑤　(イ) ④　(ウ) ②　問二 ②
問三 ⑤　問四 ④　問五 ③　問六 ③
問七 ①　問八 ⑤　問九 ②　問十 ③

六 問一 (ア) ①　(イ) ④　(ウ) ④
問二 ③　問三 ④　問四 ⑤　問五 ①
問六 ②　問七 ③　問八 ⑤

千葉学芸高等学校

数　学

1 (1) -10　(2) $\frac{3}{4}$
(3) 2　(4) $11\sqrt{3}$
(5) $30x^2-35xy-15y^2$
(6) $-3(x-5)(x+3)$
(7) $-\frac{2}{3}ab^2$　(8) $x=-2$
(9) $x=-3,\ y=2$　(10) $x=1,\ -\frac{2}{5}$

2 (1) ③　(2) ⑤　(3) ①
(4) ②　(5) ④　(6) ④

3 (1) 5.9点　(2) 6点
(3) 4点　(4) 6.5点

4 (1) $\frac{180-a}{2}$ 度　(2) $x=\sqrt{14}$ cm
(3) 1 : 1

5 (1) 18通り　(2) $\frac{5}{9}$
(3) $\frac{3}{4}$　(4) 1719

6 (1) $\frac{\sqrt{3}}{6}$　(2) $\frac{\sqrt{3}}{2}$
(3) 120度　(4) $\frac{12-9\sqrt{3}}{2}+3\pi$

7 (1) $5\sqrt{2}$ cm　(2) $\frac{500\sqrt{2}}{3}$ cm^3
(3) $4\sqrt{2}$ cm

英　語

1 ① エ　② イ　③ ウ

2 No.1 ②　No.2 ③

3 ① ウ　② エ　③ ア

4 (1) ① are　② wakes　③ can
④ isn't　⑤ practiced
(2) ① must　② were watching
③ the largest/biggest
④ has gone　⑤ is spoken
(3) ① good player　② yours
③ anything

5 (1) ① ア　② ウ　③ ア
④ エ　⑤ イ
(2) ① **3番目** オ　**5番目** ウ
② **3番目** ア　**5番目** カ
③ **3番目** ア　**5番目** カ
④ **3番目** ア　**5番目** エ

6 (1) To get better English skills.
(2) 私たちはあなたに会えるのをとても楽しみにしています。
(3) (①) ○　(②) ×　(③) ×
(④) ○　(⑤) ×
(4) ① カ　② ウ

7 (1) ① オ　② エ　③ ウ
(2) ウ　オ
(3) ① Because he is going to see a movie with his friends.
② Grandson
(4) I will ask them to come to the party
(5) I want to give my father a chocolate because he likes it. / I want to give a chocolate to my father because he likes it.

8 (1) About 200,000 people.　(2) エ　オ
(3) ① コ　② A イ　B ケ　③ A エ　B ク
(4) またあなたは安全に登山する方法も学ぶ必要があります。

国　語

1 (1) ぜんぷく　(2) たく　(3) にゅうわ
(4) 派手　(5) 誕生　(6) 視界

2 (1) カ　(2) キ　(3) ア　(4) ウ

3 (1) エ　(2) オ　(3) ケ　(4) ウ
(5) カ

4 **問1** その人を「先生」と呼びたくなること。
問2 かねてから国元にいる親たちにすすまない結婚を強いられていたから。
問3 避 暑 に 来 た 男 や 女
問4 エ　**問5** 黒 い 頭
問6 先生が一人の西洋人を連れていたこと。
問7 ⑥ イ　オ　⑦ ウ　オ　**問8** ア

5 **問1** ウ　**問2** B
問3 北上川　**問4** エ
問5 つわもの　**問6** オ　**問7** オ

6 **問1** 高村光太郎　**問2** A オ　B ク　C ア
問3 エ　**問4** イ　**問5** ウ
問6 ウ

7 別紙の原稿用紙に書きなさい。

千葉商科大学付属高等学校

数　学

1 (1) 7　(2) $-6b^2$　(3) $\sqrt{5}$
(4) $x=-4\pm\sqrt{11}$　(5) 9個
(6) 26π cm^3　(7) 0.4　(8) 75 度

2 (1) 9　(2) (8, 16)　(3) $y=\frac{13}{2}x$

3 (1) 7 : 3　(2) 3 : 2　(3) $2\sqrt{14}$ cm

4 (1) 24 通り　(2) 12 通り　(2) 48 通り

英　語

1 No.1 エ　No.2 ウ　No.3 エ

No.4 ア　No.5 ウ

2 No.1 ウ　No.2 イ　No.3 イ
No.4 ウ　No.5 エ

3 (1) エ　(2) ウ　(3) ウ　(4) ア　(5) イ
(6) エ　(7) ア　(8) ア　(9) ウ　(10) エ

4 (1) becoming [being]　(2) without
(3) foreign　(4) too　(5) no

5 (1) エ　(2) ウ　(3) イ　(4) オ　(5) ア

6 (1) エ　(2) ウ　(3) オ　(4) イ　(5) ア

7 (1) カ　(2) エ　(3) ア　(4) カ　(5) キ

8 問1 show　問2 イ　問3 エ　問4 [D]
問5 ア ×　イ ×　ウ ○　エ ×　オ ○
問6 My mother [mom] asked me to clean (up) the kitchen [a].

国語

一 問一 a 刷　b ともな　c 推測
d へいおん　e 薄
問二 A ウ　B イ　C ア
問三 ウ
問四 目の前にぶら下げられたニンジン
問五 過大評価　問六 エ
問七 (例) 現在の人間の社会、文明、技術、知識の水準を維持するため、社会の中で自分の果たすべき役割を果たすこと。

二 問一 a かんそう　b うば　c 介抱
d 傾　e 優
問二 (1) Ⅰ ウ　Ⅲ カ　(2) 7　(3) イ
問三 奥山堂の菓子をなにより大事にしている人
問四 お前の考え方　問五 ア
問六 (例) 小原の目を覚まさせるために、お菓子を外で売らせて、曽我からお菓子を捨てるように言われてしまう役。
問七 エ　問八 ウ

三 問一 1 かかるおり　3 あやうき
問二 世のしれ者　問三 ウ
問四 ウ　問五 ア　問六 エ

成田高等学校

数学

1 (1) ア －　イ 1　ウ 2
(2) エ －　オ 5　カ 3　キ 2
(3) ク 6　ケ 2　コ 2　サ 5

2 (1) ア 3　イ 5　ウ 1　エ 2
(2) オ 1　カ 5　キ 1　ク 1　ケ 0
(3) コ 2　サ 8　シ 8
ス 2　セ 2　ソ 5
(4) タ 2　チ 8　(5) ツ 6

3 (1) ア 1　イ 2　ウ 6
(2) エ 3　オ 0
(3) カ －　キ 6　ク 2　ケ 8
(4) コ 8　サ 0

4 (1) ア 1　イ 9
(2) ウ 1　エ 1　オ 2
(3) ① カ 1　キ 1　ク 8
② ケ 5　コ 1　サ 2

5 (1) ア 2　イ 3　(2) ウ 4　エ 2
(3) オ 1　カ 6　キ 2　ク 3
(4) ケ 2　コ 2　サ 1

英語

1 (1) 1 ④　(2) 2 ①　(3) 3 ④
(4) 4 ②　(5) 5 ①

2 (1) 6 ③　(2) 7 ①　(3) 8 ②　(4) 9 ④
(5) 10 ①　(6) 11 ④　(7) 12 ③　(8) 13 ②

3 ※同順完答のみ可。
(1) 14 ①　15 ⑤　※両方できて得点
(2) 16 ②　17 ①　※両方できて得点
(3) 18 ②　19 ③　※両方できて得点
(4) 20 ⑤　21 ③　※両方できて得点

4 (1) 22 ④　(2) 23 ①　(3) 24 ③
(4) 25 ②　(5) 26 27 ③ ⑤　※順不同

5 (1) 28 ④　(2) 29 ①　(3) 30 ②
(4) 31 ③　(5) 32 33 ① ⑥　※順不同

国語

一 1 ③　2 ①　3 ④　4 ①
5 ②　6 ②　7 ④　8 ③
9 ④　10 ③　11 ②　12 ①
13 ④　14 ②

二 15 ④　16 ①　17 ③　18 ②
19 ①　20 ④　21 ③　22 ③
23 ④　24 ②　25 ④　26 ③

三 27 ②　28 ③　29 ④　30 ①
31 ②　32 ③　33 ④　34 ③
35 ①　36 ④

第5部

資　料　編

令和６年度
千葉県公立高等学校入学者選抜学力検査の結果

千葉県教育委員会

Ⅰ　概　　要

１　はじめに

令和６年度千葉県公立高等学校入学者選抜では、一般入学者選抜等の本検査及び追検査において学力検査を実施した。その結果等をもとに作成した「学力検査結果の概要」を、本県中学校及び高等学校において教科指導向上のための資料の一つとして御活用願いたい。

２　実施日、教科

本検査の学力検査は、令和６年２月２０日（火）に国語・数学・英語、２１日（水）に理科・社会を、国語・社会・数学・理科は各教科５０分、英語は６０分、各１００点満点で実施した。

追検査の学力検査は、令和６年２月２９日（木）に国語・社会・数学・理科・英語を、国語・社会・数学・理科は各教科５０分、英語は６０分、各１００点満点で実施した。

３　調査の対象

本結果は、令和６年度千葉県公立高等学校入学者選抜における一般入学者選抜の本検査及び追検査の学力検査で、全日制の課程（特別入学者選抜、地域連携アクティブスクール６校を除く。）を受検した者の結果等をまとめたものである。

なお、本検査の正答率・無答率については、各教科とも令和５年度までは全日制の課程の全受検者のうちから抽出した答案（全体の約１０％）によって算出した。令和６年度はデジタル採点システム導入に伴い、全受検者の答案から算出したものである。なお、追検査は、受検者が少ないため、平均点及び正答率・無答率を記していない。

４　学力検査問題の特徴

学力検査問題の作成に当たっては、各教科とも中学校学習指導要領に基づき、総合的な力をみることができるよう配慮した。

令和６年度の学力検査問題の特徴は、次の２点である。

○　基礎的・基本的な事項の正確な理解度をみることができるよう、複数の解答について全て正しい場合にのみ正解とする問題や、理由を書かせる問題を設定した。

○　学習した基礎的な知識を応用して答えを導く問題や、思考力、判断力、表現力等を総合的にみることができるような問題を設定した。

上記２点を柱に、各教科の特質に応じた「見方・考え方」を働かせ、学習活動を通して確かな学力を身に付けているかをみる問題を充実させた。

５　結果の概要

【表】各教科及び５教科の平均点　　　　（　）内は標準偏差

		国　語	社　会	数　学	理　科	英　語	５ 教 科
令和６年度	本検査	５０．４ （１５．８）	５７．５ （２２．２）	５１．９ （１９．４）	５９．１ （１９．４）	５６．４ （２４．１）	２７５．３ （９１．８）
令和５年度	本検査	４７．９ （１５．５）	５４．５ （１９．８）	４７．０ （１８．８）	６０．７ （２１．９）	４７．６ （２３．２）	２５７．７ （９０．６）
令和４年度	本検査	４７．７ （１６．７）	５６．３ （２１．３）	５１．５ （２１．２）	５２．７ （２１．４）	５８．７ （２３．９）	２６６．７ （９４．３）

【図】５教科の平均点の経年変化

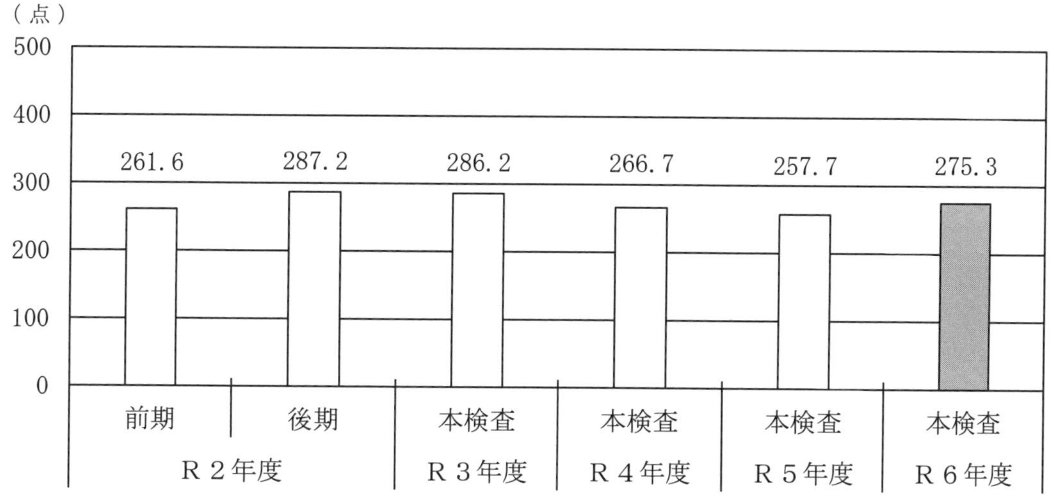

各教科及び５教科の平均点は、【表】に示したとおりである。

また、５教科の平均点の経年変化を【図】に示した。令和６年度の本検査の５教科の平均点を見ると、前年度の本検査より１７．６点高かった。

なお、本検査受検者の得点分布については、758 、759 ページに示した。

Ⅱ　出題方針（本検査・追検査共通）

１　国　語

ア　学習指導要領に基づき、国語の基礎的・基本的な知識及び技能を身に付けているかをみることができるようにした。

イ　様々な文章について、内容を的確に理解し、書き手の伝えたいことなどを考察する力をみることができるようにした。

ウ　自分の立場や考えとその根拠が明確になるように、複数の情報を整理し判断する力をみることができるようにした。

エ　言葉による見方・考え方を働かせ、自分の言葉で考えを適切にまとめたり、相手に的確に伝えたりする力をみることができるようにした。

２　社　会

ア　学習指導要領に基づき、地理的分野、歴史的分野及び公民的分野からバランスよく出題し、学習の成果を総合的にみることができるようにした。

イ　基礎的・基本的な知識及び技能を身に付けているかをみることができるようにするとともに、現代社会の諸問題に対する理解の程度をみることができるようにした。

ウ　統計や地形図、写真などの諸資料を活用し、社会的な見方・考え方を働かせ、社会的事象を判断・分析する力、そしてそれを表現する力をみることができるようにした。

エ　現代社会の諸課題の解決に向けて、多面的・多角的に考察する力や筋道を立てて思考する力をみることができるようにした。

３　数　学

ア　学習指導要領に基づき、数学的な見方・考え方を働かせながら行う数学的活動を通して、数学的に考える資質・能力を身に付けているかをみることができるようにした。

イ　数学の基礎的・基本的な知識及び技能を身に付けているかをみることができるようにした。

ウ　数学を活用して事象を論理的に考察する力、統合的・発展的に考察する力及び表現する力をみることができるようにした。

エ　問題解決のために、数学を活用して粘り強く考える力をみることができるようにした。

４　理　　科

ア　学習指導要領に基づき、第１分野、第２分野からバランスよく出題し、学習の成果を総合的にみることができるようにした。

イ　自然の事物・現象についての基礎的・基本的な事項の知識や、観察、実験の技能を身に付けているかをみることができるようにした。

ウ　観察、実験のデータ及び図や表などを活用し、理科の見方・考え方を働かせ、結果を分析して解釈する力、そしてそれを表現する力をみることができるようにした。

エ　日常生活の中で起こる現象や身近な事物について進んで関わり、科学的に探究しようとしているかをみることができるようにした。

５　英　　語

ア　学習指導要領に基づき、英語の基礎的・基本的な知識及び技能と、英語によるコミュニケーションにおける見方・考え方を働かせ、理解したり表現したりする力を全領域にわたり身に付けているかをみることができるようにした。

イ　「聞くこと」の領域では、音声を通して、対話文やまとまりのある文章から話し手の意向や大切な事柄を聞き取り、適切に判断して答える力をみることができるようにした。

ウ　「読むこと」の領域では、日常的、社会的な話題に関する文章や図表、イラスト等から、必要な情報、概要や要点を読み取り、適切に答える力や、読み取った情報を基に思考し、判断する力をみることができるようにした。

エ　「話すこと［やり取り］」及び「話すこと［発表］」と「書くこと」の領域では、日常的・社会的な話題について、基本的な語句や文を用いて話したり伝え合ったりする力及び自分の考えなどを英語でまとめ、適切に書く力をみることができるようにした。

Ⅲ　【本検査】教科別の結果

１　国　　語（本検査）

（１）出題内容等

学習指導要領の趣旨に沿って、基礎的・基本的な〔知識及び技能〕及び〔思考力、判断力、表現力等〕が適切にみられるようにした。

大問**一**（聞き取り検査）は、織田さんが鈴木さんに自身が驚いた体験について話している場面を聞き、会話の流れを正しく捉え、自分の考えを他者に分かりやすく伝えるための工夫や、互いの考え方の違いについて考える問題である。大問**四**（説明的な文章）(5)は同じ著作の関連する箇所を、また、大問**五**（文学的な文章）(6)及び大問**六**（古典）(5)は、それぞれの文章を読んだ生徒の話し合いの場面を、別資料として提示し、複数資料の分析を通じてさらに深く読み解き、適切に自分の考えを表現する力をみる問題である。

大問**七**（条件作文）は、「知識」と「知恵」の言葉の意味を踏まえ、「知恵」について自分の考えを整理し、具体例を挙げて説明することで、説得力のある文章となるように工夫して書く問題である。

（２）正答率の概況

答案数＝33, 266

領　域（事　項）	問　題・配　点		正答率（％）
言葉の特徴や使い方に関する事項	**二**、**三**、**四**(1)	１８点	５９．０
情報の扱い方に関する事項	**四**(5)、**五**(6)、**六**(5)(b)	２１点	１８．７※
我が国の言語文化に関する事項	**六**(1)(2)(3)(4)(5)(a)	１４点	６０．８
話すこと・聞くこと	**一**	８点	８３．０
書くこと	**七**	１２点	４１．４※
読むこと	**四**(2)(3)(4)(6)、**五**(1)(2)(3)(4)(5)	２７点	６０．８

※の数値は、部分点がある設問について得点率を正答率として計算してある。

（３）結果の説明

全体の平均点は５０．４点で、前年度と比べて２．５点高くなった。

領域（事項）別の正答率は、「話すこと・聞くこと」が８３．０％と最も高く、次いで、「我が国の言語文化に関する事項」及び「読むこと」が６０．８％であった。一方、「情報の扱い方に関する事項」が１８．７％と最も低かった。

また、次の表にあるように、小問で正答率が高かった問題は、大問**二**「漢字（読み）」(1)「粘（り）［ねば］」、大問**一**(3)「会話の流れの理解」、大問**六**(1)「歴史的仮名遣い」、大問**五**(1)「登場人物の心情の理解」であった。一方、正答率が低かった問題は、大問**四**(5)(b)「文章の内容の理解と表現」、大問**六**(5)(b)「文章の内容の理解と表現」及び大問**五**(6)(a)Ⅱ「登場人物の心情の理解」であった。記述による解答の正答率が低いのは、例年と同じ傾向であり、中学生対象の全国学力・学習状況調査の結果とも一致しており、引き続き、課題であると言える。

無答率が高かった問題は、大問**六**(5)(b)「文章の内容の理解と表現」、大問**五**(6)(b)「登場人物の心情の理解と表現」及び大問**四**(5)(b)「文章の内容の理解と表現」であった。

（4）問題の内容

問		問題の内容		問題形式 選択	短答	記述	正答率（%）	無答率（%）
一	(1)	放送による聞き取り 自分が驚いた体験について話す場面	会話の流れの理解	○			83.0	0.0
	(2)		会話の流れの理解	○			80.2	0.1
	(3)		会話の流れの理解	○			94.3	0.1
	(4)		会話の流れを受けてのまとめ	○			74.5	0.3
二	(1)	漢字 （読み）	粘（り）［ねば］		○		98.0	0.2
	(2)		惜別［せきべつ］		○		29.3	6.8
	(3)		示唆［しさ］		○		71.9	4.2
	(4)		諮（る）［はか］		○		38.4	20.0
三	(1)	漢字 （書き）	束		○		82.4	10.5
	(2)		染		○		91.1	2.5
	(3)		往来		○		48.7	20.3
	(4)		千秋		○		37.7	22.5
四	(1)	説明的な文章 『「今、ここ」から考える社会学』	品詞の識別	○			33.5	0.4
	(2)		文章の内容の理解	○			72.8	1.0
	(3)		文章の内容の理解	○			37.6	0.5
	(4)		文章の内容の理解	○			22.8	1.4
	(5) (a)		文章の内容の理解	○			41.1	2.5
	(5) (b) 6点		文章の内容の理解と表現			○	3.8	
	(5) (b) 1～5点						11.2	
	(5) (b) 無答							41.5
	(6)		文章の構成の理解	○			42.1	4.0
五	(1)	文学的な文章 『銀しゃり』	登場人物の心情の理解	○			92.5	0.7
	(2)		登場人物の心情の理解	○			78.1	1.1
	(3)		文章の内容の理解	○			70.6	1.7
	(4)		登場人物の心情の理解	○			45.2	2.3
	(5)		文章の内容の理解	○			85.4	4.0
	(6) (a) Ⅰ		登場人物の心情の理解		○		24.1	34.0
	(6) (a) Ⅱ		登場人物の心情の理解		○		10.7	27.5
	(6) (b) 4点		登場人物の心情の理解と表現			○	13.2	
	(6) (b) 1～3点						9.0	
	(6) (b) 無答							48.7
六	(1)	古典 『江戸笑話集』	歴史的仮名遣い		○		93.4	3.5
	(2)		文章の内容の理解	○			36.4	4.5
	(3)		文章の内容の理解	○			57.0	6.4
	(4)		文章の内容の理解	○			45.0	8.1
	(5) (a)		漢文訓読法	○			72.2	7.5
	(5) (b) 4点		文章の内容の理解と表現			○	5.1	
	(5) (b) 1～3点						7.8	
	(5) (b) 無答							68.1
七	12点	条件作文 「知識」と「知恵」について	条件を踏まえて書く二段落構成の作文 ・前段は「知識」という言葉を使って、「知恵」とはどのようなものか書く ・後段は「知恵」に対する自分の考えを、具体例を挙げながら書く			○	15.6	
	8～11点						16.7	
	4～7点						24.6	
	1～3点						8.1	
	無答							9.7

２　社　　会（本検査）

（１）出題内容等

各分野において､「基礎的・基本的な知識及び技能を身に付けているかをみることができる問題」を出題した。

「現代社会の諸課題に対する関心や理解の程度をみることができる問題」を多く出題した。具体的には、大問１(4)、大問３(3)(5)、大問６(3)、大問８(2)である。

「諸資料を活用し、社会的事象を判断・分析する力をみることができる問題」を多く出題した。具体的には、大問１(2)、大問２(2)、大問３(5)、大問６(3)、大問８(2)である。

「社会的事象について、自らの思考を表現する力をみることができる問題」を、地理的分野、歴史的分野、公民的分野から１問ずつ出題した。具体的には、大問３(3)、大問４(4)、大問６(2)である。

総合問題と歴史的分野において、できごとなどを年代の古いものから順に並べ替える問題を、総合問題から１問、歴史的分野から１問出題した。具体的には、大問１(3)、大問５(4)である。

（２）正答率の概況

答案数＝33,219

分　野・内　容		問　題・配　点		正答率（%）	
総　　合	総　合　問　題	１	１２点	５３．２	
地理的分野	日　本　地　理	２	１５点	６０．０	５９．２※
	世　界　地　理	３	１６点	５８．３※	
歴史的分野	前　近　代　史	４	１６点	５６．７※	５７．６※
	近・現　代　史	５	１５点	５８．４	
公民的分野	国民生活と経済・社会	６	１０点	４４．１※	６２．２※
	日本の政治制度	７	１０点	７０．８	
	国　際　社　会	８	６点	７１．６	

※の数値は、部分点がある設問について得点率を正答率として計算してある。

（３）結果の説明

全体の平均点は５７．５点で、前年度と比べて３．０点高くなった。

分野・内容別の正答率は、公民的分野の「国際社会」が７１．６％と最も高く、公民的分野の「国民生活と経済・社会」が４４．１％と最も低かった。

また、次の表にあるように、小問で正答率が高かった問題は、大問７(1)「刑事裁判」、大問２(3)「カルデラ」及び大問５(3)「世界恐慌」であった。一方、正答率が低かった問題は、大問４(4)「鎌倉幕府の衰退に関する記述」、大問６(2)「財政政策に関する記述」及び大問１(3)「１９６０年代以降の世界のことがらの並び替え」であった。

無答率が高かった問題は、大問１(4)「環境アセスメント」、大問４(4)「鎌倉幕府の衰退に関する記述」及び大問６(2)「財政政策に関する記述」であった。

（4）問題の内容

問			問題の内容		選択	短答	記述	正答率(%)	無答率(%)
1	(1)		総合問題	千葉県の太平洋側の海岸地形と海上地形	○			86.3	0.0
	(2)			千葉港と成田空港の貨物の取扱いの表の読み取り	○			49.1	0.2
	(3)			１９６０年代以降の世界のことがらの並び替え	○			24.3	0.2
	(4)			環境アセスメント		○		53.1	28.1
2	(1)		日本地理	政令指定都市について及び県名と県庁所在地名の違い	○			38.3	0.0
	(2)			政令指定都市のある県の人口、人口密度、製造品出荷額等、農業産出額、海面漁業漁獲量に関する資料の読み取り	○			52.0	0.2
	(3)			カルデラ		○		88.1	6.6
	(4)	①		地形図の方位や地図記号、標高の読み取り	○			66.3	0.1
		②		地形図の指定した場所の面積	○			55.1	0.3
3	(1)		世界地理	ミラー図法と正距方位図法の違い	○			47.3	0.0
	(2)			雨温図の読み取り	○			67.9	0.2
	(3)	4点		冷帯地域のくらしについての工夫に関する記述			○	49.8	
		1～3点						8.2	
		無答							7.3
	(4)			ヨーロッパ州の言語分布	○			49.9	0.1
	(5)			ロシア、中国、インド、ブラジル、南アフリカ共和国、日本の発電量、一人あたりのGNI、温室効果ガスの排出量及び一人あたりの二酸化炭素排出量に関する資料の読み取り	○			72.6	0.2
4	(1)		前近代史	戦国時代、平安時代に関することがら	○			66.4	0.0
	(2)			平安時代の文化に関することがら	○			84.9	0.0
	(3)			１９世紀のことがら	○			54.5	0.3
	(4)	4点		鎌倉幕府の衰退に関する記述			○	16.1	
		1～3点						11.2	
		無答							18.0
	(5)			防人		○		55.9	14.7
5	(1)		近・現代史	第一次世界大戦中のことがら	○			56.9	0.1
	(2)			ベルサイユ条約		○		69.1	5.2
	(3)			世界恐慌	○			87.4	0.1
	(4)			第二次世界大戦後のことがらの並び替え	○			29.0	0.2
	(5)			高度経済成長（池田内閣）と四大公害病	○			49.4	0.2
6	(1)		経済	需供曲線の読み取り	○			50.9	0.2
	(2)	4点		財政政策に関する記述			○	13.8	
		1～3点						15.8	
		無答							16.2
	(3)			経済成長率に関する資料の読み取り	○			59.8	0.5
7	(1)		政治	刑事裁判	○			92.3	0.3
	(2)			被疑者		○		47.1	4.8
	(3)			司法制度改革（日本の裁判制度）	○			73.0	0.4
8	(1)		国際	国家の領域	○			67.5	0.5
	(2)			政府開発援助に関する資料の読み取り	○			75.6	1.0

３　数　　学（本検査）

（１）出 題 内 容 等

大問**１**は、各領域の基本的な問題である。

大問**２**は、関数 $y = ax^2$ からの出題であり、与えられた条件を満たす座標、直線の傾き及び切片を求める問題である。

大問**３**は、２つの三角形が合同であることを証明するとともに、図形の性質を利用して三角形の面積を求める問題である。

大問**４**は、スクリーンに投影される影に関する会話文や図から、情報を正確に読み取り、会話文中の穴埋めをしたり、文字を用いた式で表現したりする問題である。

（２）正 答 率 の 概 況

答案数＝33, 265

領域・内容		問題・配点		正答率（％）	
数と式	正の数と負の数	**1**(1)①	5点	９５．７	７８．９
	文字を用いた式	**1**(1)②　(2)①	8点	８０．７	
	正の数の平方根	**1**(1)③	5点	７０．８	
	二次方程式	**1**(2)②	3点	６６．８	
図形	平面図形	**1**(6)①②　(7)②、**3**(1)	１４点	５８．２	５１．１※
	空間図形	**1**(4)①②　(7)①	9点	６２．１	
	図形の合同	**3**(2)	6点	１４．４※	
	図形の相似	**3**(3)、**4**(1)①②	１１点	４２．９	
関数	一次関数	**4**(1)③　(2)(a)(b)　(3)	１２点	１５．１	２８．１
	関数 $y = ax^2$	**2**(1)①②　(2)	１５点	４５．４	
データの活用	不確定な事象の起こりやすさ	**1**(5)①②	6点	５４．５	６２．０
	標本調査	**1**(3)①②	6点	６９．４	

※の数値は、部分点がある設問について得点率を正答率として計算してある。

（３）結 果 の 説 明

全体の平均点は５１．９点で、前年度と比べて４．９点高くなった。

領域・内容別の正答率は、数と式の「正の数と負の数」が９５．７％と最も高く、図形の「図形の合同」が１４．４％と最も低かった。

また、次の表にあるように、数と式の領域では、大問**１**(1)①「正の数と負の数（四則計算）」の正答率が最も高く、大問**１**(2)②「二次方程式（解の公式）」の正答率が最も低かった。

図形の領域では、大問**１**(4)①「空間図形（展開図）」の正答率が最も高く、大問**３**(3)「図形の相似（相似の応用）」の正答率が最も低かった。

関数の領域では、大問**２**(1)①「関数 $y = ax^2$（点の y 座標）」の正答率が最も高く、大問**４**の(3)「一次関数（２点間の長さ）」の正答率が最も低かった。

データの活用の領域では、大問**１**(5)①「不確定な事象の起こりやすさ（確率）」の正答率が最も高く、大問**１**(5)②「不確定な事象の起こりやすさ（確率）」の正答率が最も低かった。

無答率が高かった問題は、大問**４**(2)(a)(b)「一次関数（点の y 座標）」、大問**４**(3)「一次関数（２点間の長さ）」であった。

（４）問題の内容

<table>
<tr><th colspan="3" rowspan="2">問</th><th colspan="2" rowspan="2">問題の内容</th><th colspan="3">問題形式</th><th rowspan="2">正答率
（%）</th><th rowspan="2">無答率
（%）</th></tr>
<tr><th>選択</th><th>短答</th><th>記述</th></tr>
<tr><td rowspan="14">1</td><td rowspan="3">(1)</td><td>①</td><td rowspan="5">数と式</td><td>正の数と負の数（四則計算）</td><td></td><td>○</td><td></td><td>95.7</td><td>0.1</td></tr>
<tr><td>②</td><td>文字を用いた式（単項式の乗法と除法）</td><td></td><td>○</td><td></td><td>76.6</td><td>1.3</td></tr>
<tr><td>③</td><td>正の数の平方根（平方根を含む式の計算）</td><td></td><td>○</td><td></td><td>70.8</td><td>3.2</td></tr>
<tr><td rowspan="2">(2)</td><td>①</td><td>文字を用いた式（相等関係）</td><td>○</td><td></td><td></td><td>84.8</td><td>0.2</td></tr>
<tr><td>②</td><td>二次方程式（解の公式）</td><td></td><td>○</td><td></td><td>66.8</td><td>5.2</td></tr>
<tr><td rowspan="2">(3)</td><td>①</td><td rowspan="2">データ</td><td>標本調査（全数調査と標本調査）</td><td>○</td><td></td><td></td><td>68.6</td><td>0.1</td></tr>
<tr><td>②</td><td>標本調査（推定）</td><td></td><td>○</td><td></td><td>70.2</td><td>4.0</td></tr>
<tr><td rowspan="2">(4)</td><td>①</td><td rowspan="2">図形</td><td>空間図形（展開図）</td><td>○</td><td></td><td></td><td>93.4</td><td>0.1</td></tr>
<tr><td>②</td><td>空間図形（最短距離）</td><td></td><td>○</td><td></td><td>51.9</td><td>19.1</td></tr>
<tr><td rowspan="2">(5)</td><td>①</td><td rowspan="2">データ</td><td>不確定な事象の起こりやすさ（確率）</td><td></td><td>○</td><td></td><td>78.2</td><td>4.7</td></tr>
<tr><td>②</td><td>不確定な事象の起こりやすさ（確率）</td><td></td><td>○</td><td></td><td>30.8</td><td>10.7</td></tr>
<tr><td rowspan="2">(6)</td><td>①</td><td rowspan="4">図形</td><td>平面図形（円周角の定理）</td><td></td><td>○</td><td></td><td>88.6</td><td>1.3</td></tr>
<tr><td>②</td><td>平面図形（円周角の定理）</td><td></td><td>○</td><td></td><td>38.9</td><td>7.1</td></tr>
<tr><td rowspan="2">(7)</td><td>①</td><td>空間図形（円錐の展開図）</td><td></td><td>○</td><td></td><td>41.1</td><td>3.0</td></tr>
<tr><td>②</td><td>平面図形（作図）</td><td></td><td></td><td>○</td><td>16.8</td><td>35.8</td></tr>
<tr><td rowspan="3">2</td><td rowspan="2">(1)</td><td>①</td><td rowspan="3">関数</td><td>関数 $y=ax^2$（点のy座標）</td><td></td><td>○</td><td></td><td>80.0</td><td>3.1</td></tr>
<tr><td>②</td><td>関数 $y=ax^2$（直線の傾きと切片）</td><td></td><td>○</td><td></td><td>44.6</td><td>15.1</td></tr>
<tr><td colspan="2">(2)</td><td>関数 $y=ax^2$（点のx座標）</td><td></td><td>○</td><td></td><td>11.5</td><td>42.7</td></tr>
<tr><td rowspan="5">3</td><td colspan="2">(1)</td><td rowspan="5">図形</td><td>平面図形（二等辺三角形）</td><td>○</td><td></td><td></td><td>88.3</td><td>0.2</td></tr>
<tr><td rowspan="3">(2)</td><td>6点</td><td rowspan="3">図形の合同（三角形の合同の証明）</td><td rowspan="3"></td><td rowspan="3"></td><td rowspan="3">○</td><td>11.7</td><td></td></tr>
<tr><td>3点</td><td>5.3</td><td></td></tr>
<tr><td>無答</td><td></td><td>29.4</td></tr>
<tr><td colspan="2">(3)</td><td>図形の相似（相似の応用）</td><td></td><td>○</td><td></td><td>5.7</td><td>42.7</td></tr>
<tr><td rowspan="6">4</td><td rowspan="3">(1)</td><td>①</td><td rowspan="2">図形</td><td>図形の相似（三角形の相似）</td><td></td><td>○</td><td></td><td>89.7</td><td>2.7</td></tr>
<tr><td>②</td><td>図形の相似（三角形の相似）</td><td></td><td>○</td><td></td><td>33.4</td><td>4.5</td></tr>
<tr><td>③</td><td rowspan="4">関数</td><td>一次関数（点のy座標）</td><td></td><td>○</td><td></td><td>47.6</td><td>19.2</td></tr>
<tr><td rowspan="2">(2)</td><td>(a)</td><td>一次関数（点のy座標）</td><td></td><td>○</td><td></td><td>4.7</td><td>54.9</td></tr>
<tr><td>(b)</td><td>一次関数（点のy座標）</td><td></td><td>○</td><td></td><td>5.0</td><td>57.7</td></tr>
<tr><td colspan="2">(3)</td><td>一次関数（2点間の長さ）</td><td></td><td>○</td><td></td><td>3.1</td><td>51.0</td></tr>
</table>

４　理　　科（本検査）

（１）出　題　内　容　等

学習指導要領に基づいて、基礎的・基本的な知識・技能、科学的なものの見方や思考力、判断力、表現力等を身に付けているかをみることができるようにした。本年度も「観察・実験を題材とした問題」、「身近な生活に関わりのある問題」を出題した。小問集合以外では、「観察・実験を題材とした問題」は大問**２・３・４・５・６・７・８**、「身近な生活に関わりのある問題」は大問**２・７・９**である。思考力、判断力、表現力等をみる問題として、理由を自分の言葉で説明する記述式の問題や、作図やグラフの問題を取り入れている。記述式は、昨年度の本検査４問に対し、本年度の本検査は２問である。作図やグラフは、昨年度の本検査と同様に２問である。

（２）正答率の概況

答案数＝33, 218

分　野・内　容			問題・配点		正答率（%）	
第１分野	物理	身近な物理現象	**1(1)**	３点	７１．３	５４．５
		電流とその利用	**4**	１０点	６４．９	
		運動とエネルギー	**6**	１２点	３９．９	
	化学	化学変化とイオン	**1(2)**	３点	８５．３	６９．５※
		身の回りの物質	**2**	１０点	７８．２	
		化学変化と原子・分子	**8**	１２点	５２．７※	
第２分野	生物	いろいろな生物とその共通点	**1(3)**	３点	９０．１	６７．３
		生物の体のつくりと働き	**3**	１０点	６７．２	
		自然と人間	**9**	１２点	６１．８	
	地学	気象とその変化	**1(4)**	３点	７６．７	４７．６
		大地の成り立ちと変化	**5**	１０点	４３．８	
		地球と宇宙	**7**	１２点	４４．２	

※の数値は、大問**8**(4)の正答率を除いて計算している。

（３）結　果　の　説　明

全体の平均点は５９．１点で、前年度と比べて１．６点低くなった。

分野・内容別の正答率は、大問**１**を除くと、第１分野・化学の大問**２**「身の回りの物質」が７８．２％で最も高かった。一方、第１分野・物理の大問**６**「運動とエネルギー」が３９．９％と最も低かった。なお、大問**１**は各分野の基礎的・基本的な知識を問う小問集合であり、正答率の平均が８０．９％であった。

また、次の表にあるように、大問**１**を除く小問で正答率が高かった問題は、大問**2**(2)「気体の名称」、大問**3**(4)「光合成における物質の出入り」及び大問**3**(3)「ヨウ素デンプン反応」であった。一方、正答率が低かった問題は、大問**5**(4)「傾いた地層の対比〔作図〕」、大問**7**の(4)「日食のモデル化〔計算〕」及び大問**6**(3)「浮力〔作図〕」であった。

無答率が高かったのは、大問**6**(3)「浮力〔作図〕」、大問**5**(4)「傾いた地層の対比〔作図〕」及び大問**8**(2)「金属と結びつく酸素の質量」であった。

(4) 問題の内容

問			問題の内容	問題形式 選択	短答	記述	正答率 (%)	無答率 (%)
1	(1)		光と音の性質	○			71.3	0.1
	(2)		非電解質の物質		○		85.3	2.6
	(3)		脊椎動物と無脊椎動物	○			90.1	0.0
	(4)		寒冷前線		○		76.7	2.6
2	(1)		気体の性質の調べ方	○			78.6	0.0
	(2)		気体の名称	○			92.6	0.0
	(3)		二酸化炭素の性質	○			71.3	0.1
	(4)		酸素の発生方法	○			70.2	0.1
3	(1)		光合成の対照実験			○	47.5	11.5
	(2)		顕微鏡の扱い方	○			49.4	0.0
	(3)		ヨウ素デンプン反応		○		85.8	2.8
	(4)		光合成における物質の出入り	○			86.2	0.1
4	(1)		オームの法則	○			80.6	0.1
	(2)		電流が磁界から受ける力	○			66.3	0.1
	(3)		電磁誘導		○		68.5	8.0
	(4)		検流計の指針の振れ方	○			44.2	0.5
5	(1)		堆積岩	○			65.7	0.4
	(2)		示準化石	○			57.5	0.1
	(3)		水平な地層の対比	○			46.2	0.7
	(4)		傾いた地層の対比〔作図〕			○	5.8	15.6
6	(1)		水圧	○			71.1	0.2
	(2)	①	力の大きさとばねの伸び〔計算〕		○		40.7	5.1
		②	浮力〔計算〕		○		30.3	8.6
	(3)		浮力〔作図〕			○	17.6	27.0
7	(1)		衛星	○			83.2	0.1
	(2)		月の満ち欠け	○			39.4	0.8
	(3)		日食の仕組み	○			42.3	0.5
	(4)		日食のモデル化〔計算〕		○		12.0	10.5
8	(1)		化学反応式		○		47.2	9.7
	(2)		金属と結びつく酸素の質量			○	37.9	14.2
	(3)		反応するマグネシウムと酸素の質量比〔計算〕	○			73.1	1.4
	(4)		酸素と反応していない銅の質量〔計算〕		○		***	***
9	(1)		生物どうしのつながり		○		51.4	2.8
	(2)		生態系における生物の関係	○			80.3	1.8
	(3)		生態系での生物の数量的関係	○			72.3	3.0
	(4)		生態系内での炭素の移動	○			43.0	3.7

※　大問8(4)については、受検者全員に得点を与えたため「***」で表記。

５　英　　語（本検査）

（１）出題内容等

学習指導要領の趣旨に沿って、基礎的・基本的な〔知識及び技能〕及び〔思考力、判断力、表現力等〕をみることができるようにした。

大問４（リスニング）は、英語の文章を聞き、その要点を捉えることができるかをみる問題である。聞いた内容を理解したうえで、メモの空欄を補う形式となっている。

大問５は、基礎的な語彙や表現について知識及び技能をみる問題である。(3)(4)(5)については、文構造や文法事項を正しく用いて正しい語順で文を構成することができるかをみる問題となっている。

大問６は、英作文問題で、絵の中の人物の台詞を英語で適切に表現する問題であり、実践的なコミュニケーションを意識した問題となっている。

大問７(1)③及び大問８(2)は、英文から必要な情報を正しく読み取り、内容を理解したうえで「思考・判断」し、適切に「表現」する問題となっている。

（２）正答率の概況

答案数＝33,266

領　域・内　容		問題・配点	正答率（%）	
聞くこと（話すこと）	リスニング（対話を聞いて答える）	**1**　９点	８１．４	６４．３
	リスニング（聞いて絵を見て答える）	**2**　６点	５９．１	
	リスニング（対話やまとまりのある文章を聞いて答える）	**3**　６点	５４．１	
	リスニング（まとまりのある文章を聞いて答える）	**4**　６点	５４．３	
読むこと（話すこと）	発表原稿、広告等の読解	**7**　２１点	５９．５	５６．１※
	長い文章の読解	**8**　１７点	４４．８※	
	対話文の読解	**9**　１２点	６４．４	
書くこと（話すこと）	文法及び文構造	**5**　１５点	５６．７	５１．７※
	英作文（絵を見て状況に合った会話を完成させる）	**6**　８点	３９．２※	

※の数値は、部分点がある設問について得点率を正答率として計算してある。

（３）結果の説明

全体の平均点は５６．４点で、前年度と比べて８．８点高くなった。

領域・内容別の正答率は、聞くこと（話すこと）の「リスニング（対話を聞いて答える）」が８１．４％と最も高かった。一方、書くこと（話すこと）の「英作文」が３９．２％と最も低かった。

また、次の表にあるように、正答率が高かったのは、大問１ No. 1, No. 2「対話の最後の発話に対する応答を選ぶ」及び大問７(2)①「内容と合う英語を選ぶ」であった。一方、正答率が低かったのは、大問８(2)「内容を踏まえ、空所に英語を補充する」及び大問８(5)「内容と合う英語を選ぶ」であった。

無答率が高かったのは、大問８(2)「内容を踏まえ、空所に英語を補充する」及び大問６(2)「英作文（絵を見て状況に合った会話を完成させる）」であった。

（4）問題の内容

問			問題の内容		問題形式 選択	短答	記述	正答率(%)	無答率(%)
1	No. 1		リスニング	対話の最後の発話に対する応答を選ぶ	○			88.8	0.0
	No. 2			対話の最後の発話に対する応答を選ぶ	○			82.8	0.1
	No. 3			対話の最後の発話に対する応答を選ぶ	○			72.5	0.1
2	No. 1			対話と質問を聞いて、答えとなる絵を選ぶ	○			75.2	0.0
	No. 2			文章と質問を聞いて、答えとなる絵を選ぶ	○			42.9	0.1
3	No. 1			対話と質問を聞いて、答えとなる英語を選ぶ	○			51.9	0.1
	No. 2			文章と質問を聞いて、答えとなる英語を選ぶ	○			56.3	0.2
4	①			文章を聞いて、その内容を表すメモの空欄に入る英語を選ぶ	○			65.5	0.2
	②			文章を聞いて、その内容を表すメモの空欄に入る英語を選ぶ	○			43.0	0.2
5	(1)		文法・文構造	動詞 know を過去分詞形 known にする		○		70.8	2.9
	(2)			基数詞 five を序数詞 fifth にする		○		64.8	5.2
	(3)			語順整序（What is the most popular of all the animals ~?）	○			52.2	0.2
	(4)			語順整序（Can you tell me which bus I should take to ~?）	○			36.1	0.2
	(5)			語順整序（I'm going to buy the book you told me about.）	○			59.7	0.6
6	(1)	4点	英作文	英作文（絵を見て状況に合った会話を完成させる）			○	25.8	
		1～3点						31.3	
		無答							9.7
	(2)	4点		英作文（絵を見て状況に合った会話を完成させる）			○	17.6	
		1～3点						38.8	
		無答							13.5
7	(1)	①	発表原稿・広告等の読解	内容と合うグラフを選ぶ	○			69.1	0.1
		②		本文中の空所に入る英語を選ぶ	○			46.4	0.1
		③		内容と合う英語を補充する		○		37.1	10.0
		④		内容と合う英語を選ぶ	○			42.1	0.6
	(2)	①		内容と合う英語を選ぶ	○			82.1	0.2
		②		内容と合う英語を選ぶ	○			70.3	0.2
		③		内容と合う英語を選ぶ	○			69.5	0.3
8	(1)		長文読解	文脈に合わせて英語を適切な場所に補充する	○			57.9	0.5
	(2)	5点		内容を踏まえ、空所に英語を補充する			○	7.2	
		3～4点						10.9	
		1～2点						4.8	
		無答							45.0
	(3)			文脈に合わせて英語を選ぶ	○			63.2	0.7
	(4)			文脈に合わせて英語を選ぶ	○			53.1	1.1
	(5)			内容と合う英語を選ぶ	○			33.4	2.1
9	(1)		対話文読解	文脈に合わせて英語を選ぶ	○			78.8	0.5
	(2)			文脈に合わせて英語を選ぶ	○			70.2	0.7
	(3)			文脈に合わせて英語を選ぶ	○			50.7	1.1
	(4)			文脈に合わせて英語を選ぶ	○			57.8	1.6

Ⅳ　【本検査】受検者の得点分布

1　国語

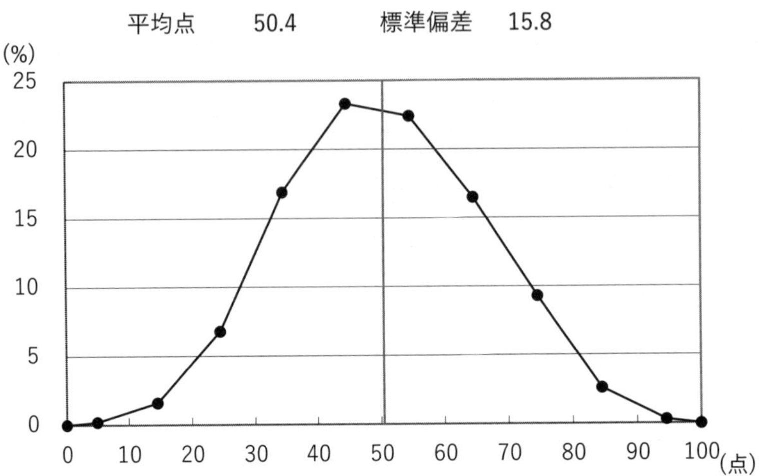

2　社会

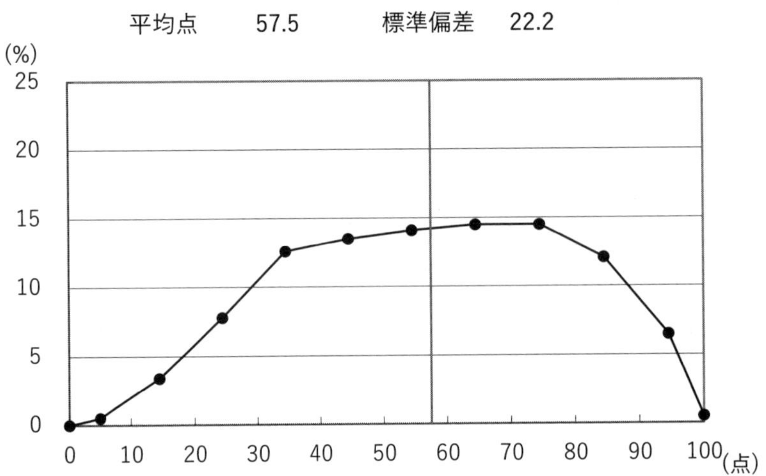

3　数学

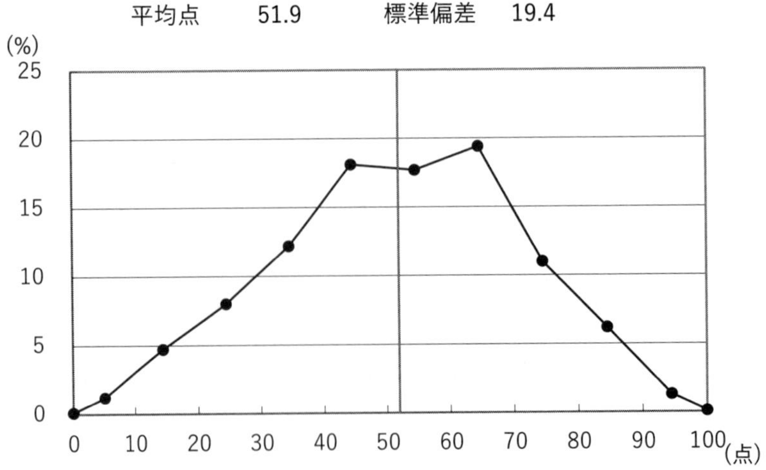

4　理科

平均点　59.1　標準偏差　19.4

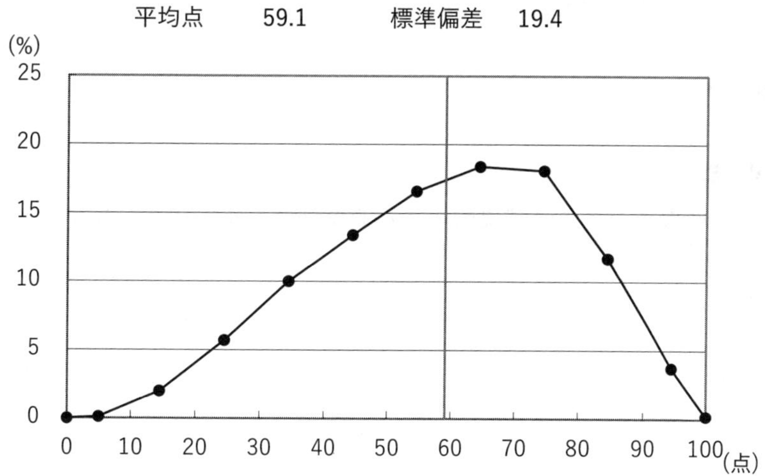

5　英語

平均点　56.4　標準偏差　24.1

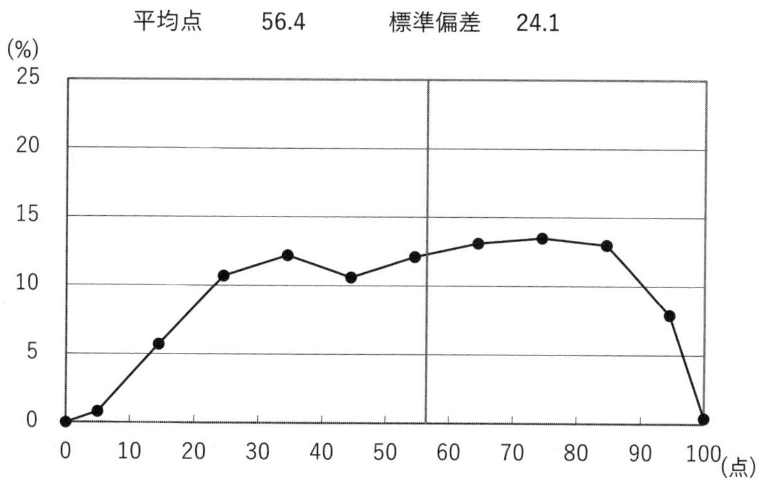

6　５教科

平均点　275.3　標準偏差　91.8

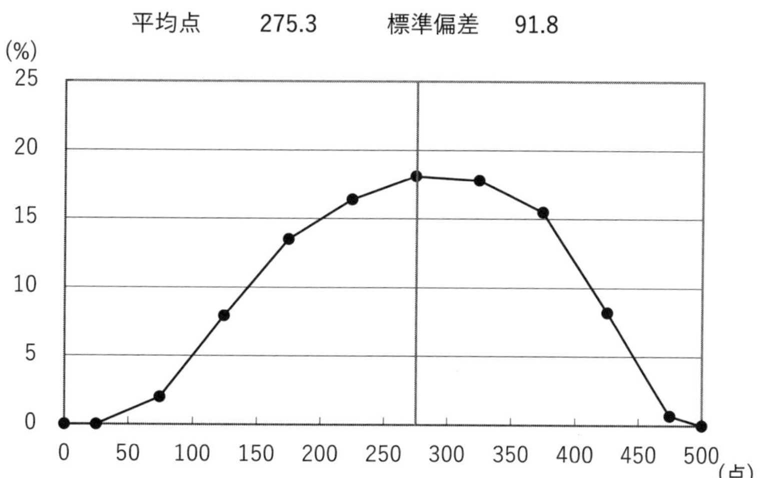

Ⅴ　【追検査】教科別の結果

１　国　　語（追検査）

（１）出題内容等

学習指導要領の趣旨に沿って、基礎的・基本的な〔知識及び技能〕及び〔思考力、判断力、表現力等〕が適切にみられるようにした。

大問**一**（聞き取り検査）は、中学生二人がＡＩの社会進出について話し合っている場面を聞き、会話の流れを正しく捉え、二人の説明の仕方や考え方、また今後の展開について考える問題である。

大問**五**（文学的な文章）⑹は、文章を読んだ生徒の話し合いの場面を、大問**六**（古典）⑸は、授業で文章を読んだ生徒の感想の一部を別資料として提示し、複数資料の分析を通じてさらに深く読み解き、適切に自分の考えを表現する力をみる問題である。

大問**七**（条件作文）は、一冊の「えほん」を人間の子と鬼の子が読んでいる場面の絵について、根拠を明確にしながら説明し、自分の体験を踏まえて考えが伝わる文章になるように、工夫して表現する問題である。

領　域（事　項）	問　題・配　点	
言葉の特徴や使い方に関する事項	**二**、**三**、**四**⑴、**五**⑴	２０点
情報の扱い方に関する事項	**五**⑹、**六**⑸	１４点
我が国の言語文化に関する事項	**五**⑵、**六**⑴⑵⑶⑷	１４点
話すこと・聞くこと	**一**	８点
書くこと	**七**	１２点
読むこと	**四**⑵⑶⑷⑸⑹、**五**⑶⑷⑸	３２点

（2）問題の内容

問		問題の内容		選択	短答	記述
一	(1)	放送による聞き取り ＡＩの社会進出について話し合っている場面	会話の流れの理解	○		
	(2)		会話の流れの理解	○		
	(3)		会話の流れの理解	○		
	(4)		会話の流れの理解	○		
二	(1)	漢字（読み）	保（つ）［たも］		○	
	(2)		貴賓［きひん］		○	
	(3)		緊迫［きんぱく］		○	
	(4)		約款［やっかん］		○	
三	(1)	漢字（書き）	老（い）		○	
	(2)		投（げ）		○	
	(3)		乳酸		○	
	(4)		面目		○	
四	(1)	説明的な文章 『日本のデザイン―美意識がつくる未来』	文章中の品詞の理解	○		
	(2)		文章の内容の理解	○		
	(3) Ⅰ		文章中の表現の理解	○		
	(3) Ⅱ		文章中の表現の理解	○		
	(3) Ⅲ		文章中の表現の理解	○		
	(4)		文章中の表現の理解	○		
	(5) Ⅰ		文章の内容の理解と表現			○
	(5) Ⅱ		文章の内容の理解と表現			○
	(6)		文章の構成の理解	○		
五	(1)	文学的な文章 『びっくり水』	文章中の慣用句の表現	○		
	(2)		漢文訓読法	○		
	(3)		登場人物の心情の理解	○		
	(4)		登場人物の心情の理解	○		
	(5)		文章中の表現の理解	○		
	(6) (a)		登場人物の心情の理解		○	
	(6) (b)		文章の内容の理解		○	
	(6) (c) Ⅲ		登場人物の心情の理解と表現			○
	(6) (c) Ⅳ		登場人物の心情の理解と表現			○
六	(1)	古典 『浮世物語』	歴史的仮名遣い		○	
	(2)		文章中の内容の理解	○		
	(3)		文章中の内容の理解	○		
	(4)		文章中の内容の理解	○		
	(5)		文章の内容の理解と表現			○
七		条件作文 絵が伝えたいことはどのようなことかについて	絵を踏まえての二段落構成の作文 ・前段は、絵が伝えたいことはどのようなことか、理由を明らかにしながら説明する ・後段は、前段に関連させて、自分の体験を踏まえながら考えを書く			○

２　社　　会（追検査）

（１）出題内容等

各分野において、「基礎的・基本的な知識及び技能を身に付けているかをみることができる問題」を出題した。

「現代社会の諸課題に対する関心や理解の程度をみることができる問題」を多く出題した。具体的には、大問**1**(2)(4)、大問**6**(1)(2)(3)、大問**7**(1)(3)、大問**8**(2)である。

「諸資料を活用し、社会的事象を判断・分析する力をみることができる問題」を多く出題した。具体的には、大問**1**(4)、大問**2**(2)、大問**3**(5)、大問**6**(3)、大問**7**(1)(3)、大問**8**(1)である。

「社会的事象について思考・表現する力をみることができる問題」を、地理的分野、歴史的分野、公民的分野から１問ずつ出題した。具体的には、大問**2**(3)、大問**4**(2)、大問**7**(3)である。

総合問題と歴史的分野において、できごとなどを年代の古いものから順に並べ替える問題を、本検査と同様に、総合問題から１問、歴史的分野から１問出題した。具体的には、大問**1**(1)、大問**5**(4)である。

分野・内容		問題・配点	
総合	総合問題	**1**	１２点
地理的分野	日本地理	**2**	１６点
	世界地理	**3**	１５点
歴史的分野	前近代史	**4**	１６点
	近・現代史	**5**	１５点
公民的分野	国民生活と経済・社会	**6**	１０点
	日本の政治制度	**7**	１０点
	国際社会	**8**	６点

（2）問題の内容

問			問題の内容		問題形式 選択	短答	記述
1	(1)		総合問題	平安時代のことがらの並び替え	○		
	(2)			公共の福祉		○	
	(3)			千葉県の農業	○		
	(4)			茨城県、新潟県、大阪府、奈良県の土地利用に関する資料の読み取り	○		
2	(1)		日本地理	長野県と長野県の工業	○		
	(2)			雨温図の読み取り	○		
	(3)			やませの影響に関する記述			○
	(4)	①		地形図の方位や地図記号，距離の読み取り	○		
		②		土地の起伏（断面図）の読み取り	○		
3	(1)		世界地理	地図中の緯度の読み取り	○		
	(2)			海洋名		○	
	(3)			東南アジアの気候と農業	○		
	(4)			オーストラリアの気候	○		
	(5)			インド、オーストラリア、ドイツ及びナイジェリアの人口密度、羊の頭数、一次エネルギー自給率、一人当たりのGNI及び穀類自給率に関する資料の読み取り	○		
4	(1)		前近代史	豊臣秀吉の政策	○		
	(2)			米作りと奈良時代の税制度に関する記述			○
	(3)			江戸時代の大阪		○	
	(4)			開国と貿易	○		
	(5)			聖徳太子の政策	○		
5	(1)		近・現代史	大正時代の政治	○		
	(2)			大日本帝国憲法の成立	○		
	(3)			明治時代の教育制度		○	
	(4)			昭和時代のことがらの並び替え	○		
	(5)			戦後の文化	○		
6	(1)		経済	株式会社のしくみ	○		
	(2)			労働基準法	○		
	(3)			働く目的等についての資料読み取り	○		
7	(1)		政治	ノーマライゼーション		○	
	(2)			条約承認の流れ	○		
	(3)			環境権に関する記述			○
8	(1)		国際	国際連合	○		
	(2)			経済社会理事会傘下の機関	○		

３　数　　学（追検査）

（１）出題内容等

大問**１**は、各領域の基本的な問題である。

大問**２**は、グラフ上の２点とｙ軸上の１点でできる三角形の面積について、図形の性質を利用しながら、点の座標を求める問題である。

大問**３**は、円周角の定理や文字で表した角度等を利用し、２つの三角形が相似であることを証明するとともに、図形の性質を利用し、線分の長さを求める問題である。

大問**４**は、車の駐車角度や駐車スペースについての会話文から情報を正確に読み取り、必要な土地を長方形で捉え、その辺の長さを求めたり、面積を式で表したりする問題である。

領域・内容		問題・配点	
数と式	正の数と負の数	**1**(1)①	５点
	文字を用いた式	**1**(1)②	５点
	正の数の平方根	**1**(1)③	５点
	二次方程式	**1**(2)①②	６点
図形	平面図形	**1**(7)、**3**(1)、**4**(1)①②③	２０点
	空間図形	**1**(4)①②	６点
	図形の相似	**3**(2)　(3)	１１点
	図形の応用	**4**(2)(a)(b)　(3)	９点
関数	反比例	**1**(6)①②	６点
	関数 $y=ax^2$	**2**(1)　(2)①②	１５点
データの活用	データの分布	**1**(3)①	３点
	標本調査	**1**(3)②	３点
	不確定な事象の起こりやすさ	**1**(5)①②	６点

（２）問 題 の 内 容

問				問題の内容	問題形式		
					選択	短答	記述
1	(1)	①	数と式	正の数と負の数（四則計算）		○	
		②		文字を用いた式（四則演算）		○	
		③		正の数の平方根（平方根を含む式の計算）		○	
	(2)	①		二次方程式（因数分解の利用）		○	
		②		二次方程式（二次方程式の解）		○	
	(3)	①	データ	データの分布（四分位範囲）		○	
		②		標本調査（推定）	○		
	(4)	①	図形	空間図形（回転体の体積）		○	
		②		空間図形（回転体の表面積）		○	
	(5)	①	データ	不確定な事象の起こりやすさ（場合の数）		○	
		②		不確定な事象の起こりやすさ（確率）		○	
	(6)	①	関数	反比例（比例定数）		○	
		②		反比例（変域）		○	
	(7)		図形	平面図形（作図）			○
2	(1)		関数	関数 $y=ax^2$（aの値）		○	
	(2)	①		関数 $y=ax^2$（点のx座標）		○	
		②		関数 $y=ax^2$（点のy座標）		○	
3	(1)		図形	平面図形（直角二等辺三角形）	○		
	(2)			図形の相似（三角形の相似の証明）			○
	(3)			図形の相似（相似の応用）		○	
4	(1)	①		平面図形（三平方の定理）		○	
		②		平面図形（三平方の定理）		○	
		③		平面図形（平行線と面積）		○	
	(2)	(a)		図形の応用（面積）		○	
		(b)		図形の応用（面積）		○	
	(3)			図形の応用（面積）		○	

４ 理 科（追検査）

（1）出 題 内 容 等

学習指導要領に基づいて、基礎的・基本的な知識・技能、科学的なものの見方や思考力、判断力、表現力等を身に付けているかをみることができるようにした。本年度も「観察・実験を題材とした問題」、「身近な生活に関わりのある問題」を出題した。小問集合以外では、「観察・実験を題材とした問題」は大問**2・3・4・5・7・8・9**、「身近な生活に関わりのある問題」は大問**3・6・8**である。思考力、判断力、表現力等をみる問題として、理由を自分の言葉で説明する記述式の問題や、作図の問題を取り入れている。記述式及び作図やグラフは、本検査と同様に２問ずつである。

分 野・内 容			問題・配点	
第1分野	物 理	電流とその利用	1(1)	３点
		身近な物理現象	3	１２点
		運動とエネルギー	9	１０点
	化 学	身の回りの物質	1(2)	３点
		化学変化と原子・分子	5	１０点
		化学変化とイオン	7	１２点
第2分野	生 物	生命のつながり	1(3)	３点
		生物の世界	2	１２点
		生物の体のつくりと働き	8	１０点
	地 学	大地の成り立ちと変化	1(4)	３点
		気象とその変化	4	１２点
		地球と宇宙	6	１０点

(2) 問題の内容

問			問題の内容	問題形式 選択	問題形式 短答	問題形式 記述
1	(1)		電気と電流	○		
	(2)		蒸留		○	
	(3)		有性生殖	○		
	(4)		震央		○	
2	(1)		花のつくり		○	
	(2)		被子植物	○		
	(3)		マツの種子	○		
	(4)		被子植物と裸子植物	○		
3	(1)		光の反射〔作図〕			○
	(2)		反射の法則の利用	○		
	(3)		乱反射		○	
	(4)		光の反射〔計算〕		○	
4	(1)		乾湿計		○	
	(2)		天気図記号〔作図〕			○
	(3)	(a)	陸と海のあたたまり方と冷え方	○		
		(b)	海風・陸風	○		
5	(1)		熱分解		○	
	(2)		実験操作の注意点			○
	(3)		金属の性質	○		
	(4)		加熱後の酸化銀の質量		○	
6	(1)		太陽系の位置と天の川	○		
	(2)		天体までの距離	○		
	(3)		木星型惑星の大気組成	○		
	(4)		太陽系の惑星の大きさ〔計算〕		○	
7	(1)		こまごめピペットの使い方	○		
	(2)	(a)	塩酸の性質とpH	○		
		(b)	イオンの数	○		
	(3)		イオンを表す化学式		○	
8	(1)		タンパク質の消化	○		
	(2)	(a)	脂肪の消化	○		
		(b)	脂肪の吸収	○		
	(3)		炭水化物(デンプン)の消化			○
9	(1)		記録タイマー	○		
	(2)		平均の速さ〔計算〕	○		
	(3)		働く力	○		
	(4)		力と運動	○		

５　英　　語（追検査）

（１）出題内容等

学習指導要領の趣旨に沿って、基礎的・基本的な〔知識及び技能〕及び〔思考力、判断力、表現力等〕をみることができるようにした。

大問４（リスニングテスト）は、英語の文章を聞き、その要点を捉えることができるかをみる問題である。聞いた内容を理解したうえで、要約文の空欄を補う形式となっている。

大問５は、基礎的な語彙や表現について知識及び技能をみる問題である。⑶⑷⑸については、文構造や文法事項を正しく用いて正しい語順で文を構成することができるかをみる問題となっている。

大問６は、英作文問題で、絵の中の人物の台詞を英語で適切に表現する問題であり、実践的なコミュニケーションを意識した問題となっている。

大問７⑵①及び大問８⑶は、英文から必要な情報を正しく読み取り、内容を理解したうえで「思考・判断」し、適切に「表現」する問題となっている。

領　域・内　容		問題	配点
聞くこと（話すこと）	リスニングテスト（対話を聞いて答える）	**1**	９点
	リスニングテスト（聞いて絵を見て答える）	**2**	６点
	リスニングテスト（対話やまとまりのある文章を聞いて答える）	**3**	６点
	リスニングテスト（まとまりのある文章を聞いて答える）	**4**	６点
読むこと（話すこと）	発表原稿、公告等の読解	**7**	２１点
	長い文章の読解	**8**	１７点
	対話文の流れの理解	**9**	１２点
書くこと（話すこと）	文法及び文構造	**5**	１５点
	英作文	**6**	８点

（２）問 題 の 内 容

問			問題の内容		問題形式		
					選択	短答	記述
1	No. 1		リスニング	対話の最後の発話に対する応答を選ぶ	○		
	No. 2			対話の最後の発話に対する応答を選ぶ	○		
	No. 3			対話の最後の発話に対する応答を選ぶ	○		
2	No. 1			対話と質問を聞いて、答えとなる絵を選ぶ	○		
	No. 2			文章と質問を聞いて、答えとなる絵を選ぶ	○		
3	No. 1			対話と質問を聞いて、答えとなる英語を選ぶ	○		
	No. 2			文章と質問を聞いて、答えとなる英語を選ぶ	○		
4	①			文章を聞いて、その内容を表す文の空欄に合う英語を選ぶ	○		
	②			文章を聞いて、その内容を表す文の空欄に合う英語を選ぶ	○		
5	(1)		文法・文構造	動詞 run を現在分詞形 running にする		○	
	(2)			副詞 well を最上級 best にする		○	
	(3)			語順整序（Do you know how long the movie is?）	○		
	(4)			語順整序（~, but my sister helped me do it.）	○		
	(5)			語順整序（Is this the bicycle that your mother bought for you?）	○		
6	(1)		英作文	英作文（絵を見て状況に合った会話を完成させる）			○
	(2)			英作文（絵を見て状況に合った会話を完成させる）			○
7	(1)	①	発表原稿・広告等の読解	内容と合う英語を選ぶ	○		
		②		内容と合う英語を選ぶ	○		
		③		内容と合う英語を選ぶ	○		
		④		内容と合う英語を選ぶ	○		
	(2)	①		内容と合う英語を補充する		○	
		②		内容と合う英語を選ぶ	○		
		③		内容と合う英語を選ぶ	○		
8	(1)		長文読解	文脈に合わせて英語を適切な場所に補充する	○		
	(2)			内容と合う絵を選ぶ	○		
	(3)			内容を踏まえ、空所に英語を補充する			○
	(4)			内容と合う英語を選ぶ	○		
	(5)			内容と合う英語を選ぶ	○		
9	(1)		対話文読解	文脈に合わせて英語を選ぶ	○		
	(2)			文脈に合わせて英語を選ぶ	○		
	(3)			文脈に合わせて英語を選ぶ	○		
	(4)			文脈に合わせて英語を選ぶ	○		

千葉県公立高校入試／令和６年度の概況

（株）総進図書　岡山 栄一

学力検査にマークシート導入！　志願倍率は昨年度と変わらず！

千葉県の入試制度でメインの選抜は、「一般入学者選抜」です。一般入学者選抜は「本検査」と、やむを得ない理由で受験できなかった生徒を対象とした「追検査」で構成されています。結果は一括で発表されます。

本検査は、２月下旬の２日間で実施され、追検査は本検査が実施された後の別日程の１日で実施されます。

合否を判定する資料は①学力検査の結果②調査書中の３年間の９教科評定合計値③調査書中の学習関連以外の記載事項（生徒会活動・部活動・資格等）④学校設定検査の結果。それぞれが数値化され、総合点によって合否が決まります。また、「学校の特色を重視した選抜方法」を取り入れた２段階による選抜方法もあります。

令和６年度　一般入学者選抜の日程	
入学願書等提出	令和６年 ２月６日(火)・７日(水)・８日(木)
志願又は希望の変更	２月 14 日(水)・15 日(木)
本検査の実施	２月 20 日(火)・21 日(水)
追検査の受付	２月 26 日(月)・27 日(火)
追検査の実施	２月 29 日(木)
合格者の発表	３月４日(月)

本検査の検査内容	
第１日 ２月 20 日(火)	学力検査　国語・数学（各 50 分） 英語（60 分）
第２日 ２月 21 日(水)	学力検査　理科・社会（各 50 分） 学校設定検査

千葉県の学力検査は今年度、マークシート式の解答方法へと大きく変化しました。問題構成では、選択問題の比率が高まりました。

表　教科別選択問題の数　　＊選択問題の数 / 全体の問題数

	国語	数学	英語	理科	社会
５年度	12 / 36	3 / 25	17 / 31	15 / 36	20 / 32
６年度	19 / 34	4 / 27	23 / 32	22 / 36	24 / 32

今年度の志願者数（確定志願者数）は３万 4,478 人で、志願倍率 1.12 倍と昨年度と同数となりました。

志願倍率を学科別に見てみると、「理数に関する学科」が伸び 1.60 倍と大幅に上昇。「情報に関する学科」が 1.48 倍（昨年度 1.25 倍）、「国際関係に関する学科」が 1.43 倍（昨年度 1.25 倍）とそれぞれ上昇しています。

学区ごとでは、都市部の第１～４学区で 1.12 倍超。一方、第５～８学区は 1.00 倍を割り込みました。

高い倍率の目安となる 1.50 倍以上の学校・学科は 16 校 20 学科で昨年度(13 校 15 学科）より増加。1.00 倍以下の学校・学科数は 57 校 93 学科で、昨年度（57 校 89 学科）より増加しました。

各学区の志願倍率	
１学区	1.21 倍（1.27 倍）
２学区	1.21 倍（1.18 倍）
３学区	1.15 倍（1.14 倍）
４学区	1.12 倍（1.13 倍）
５学区	0.91 倍（0.90 倍）
６学区	0.86 倍（0.87 倍）
７学区	0.90 倍（0.87 倍）
８学区	0.79 倍（0.84 倍）
９学区	1.02 倍（0.98 倍）
全体	1.12 倍（1.12 倍）

＊（　　）内は昨年度

各学区の概要　[１学区－千葉市]

全日制の募集人員6,080人に対して7,328人が志願し、倍率は1.21倍。昨年度より0.06ポイント下降しました。

普通科の約７割で志願倍率を下げており、最も多く志願者数が減ったのは千葉女子の94人。中堅上位校の千葉南、若松、市立千葉でも大きく減少しました。

県内トップ校の県立千葉の倍率は1.48倍、2番手の千葉東は1.31倍。県立千葉では、2段階選抜を導入し、2段階目の選抜で学力検査重視（得点を1.5倍）の選抜方法。千葉東は、学校設定検査に県作成の「思考力を問う問題」を採用しています。幕張総合が1.50倍前後、検見川が1.30倍前後となっています。

専門学科は、千葉商業の商業・情報処理科、幕張総合の看護科は安定した入試状況。工業系学科では、京葉工業の電子工業科と千葉工業の情報技術科を除いて２次募集を実施しました。

１学区は、近年になく、総体的に下降傾向の入試状況であったと言えます。

大幅に志願者数が減少した学校・学科		
柏の葉	普通	－131人
千葉女子	普通	－94人
国分	普通	－92人
流山おおたかの森	普通	－87人
市川南	普通	－83人
若松	普通	－59人
四街道	普通	－56人
市立千葉	普通	－55人
千葉南	普通	－54人
市川東	普通	－48人
松戸	普通	－42人
市川昴	普通	－40人

[２学区－船橋・市川・松戸・習志野・八千代]

募集人員9,320人に対して1万1,244人が志願し、倍率は1.21倍と２年連続で上昇しました。

学区トップ校の県立船橋の普通科は、志願者を増やして2.00倍と普通科のトップ。理数科も志願者が増え、全学科中でトップ（2.18倍）となりました。小金は1.63倍と大変厳しく、薬園台は今年度も志願者数を伸ばし1.51倍。船橋東は昨年度とほぼ同レベルの志願状況で、八千代は安定しています。

今年度生より「新しい制服」が導入された船橋芝山が昨年度より121人の志願者増で1.57倍と非常に厳しい入試に。船橋啓明、船橋北も顕著に志願者を増やしています。

松戸地域は、松戸国際の普通科・国際教養科、市立松戸の普通科・国際人文科は今年度も好調で、1.50倍前後と安定。松戸六実も志願者を増やしています。

２学区は総じて上昇傾向が見られる状況でした。

志願倍率が高かった学校・学科

学校名	学科名	倍率
船橋	理数	2.18倍
船橋	普通	2.00倍
東葛飾	普通	1.94倍
市立千葉	理数	1.78倍
佐倉	理数	1.70倍
小金	総合学科	1.63倍
市立松戸	普通	1.63倍
柏	理数	1.63倍
柏の葉	情報理数	1.63倍
船橋東	普通	1.59倍
船橋芝山	普通	1.57倍
佐倉	普通	1.55倍
成田国際	普通	1.54倍
柏南	普通	1.53倍
幕張総合	総合学科	1.53倍

[３学区ー柏・流山・野田・我孫子・鎌ケ谷]

募集人員 5,320 人に対して 6,095 人が志願し、倍率は 1.15 倍。いずれも昨年度とほぼ同数でした。

トップ校の東葛飾は 1.94 倍と非常に厳しい入試。県立柏は 1.27 倍になっています。鎌ケ谷と柏南も志願者数を伸ばし、柏中央、我孫子、野田中央は、志願者数が増加しました。

つくばエクスプレス（TX）沿線の学校では今年度、志願者数が減りました。柏の葉の普通科は定員 40 人減と昨年度の厳しい入試を嫌い、大幅な志願者減少となりましたが、1.48 倍と依然厳しい入試。流山おおたかの森の普通科も志願者が大きく減少し、倍率は 1.25 倍に留まっています。TX 沿線は人口が増えており、隔年現象で来年度は厳しい入試が予想されます。

３学区は定員に満たない学校が多いのも特徴。今年度も 9 校 12 学科で２次募集を実施しています。

大幅に志願者数が増加した学校・学科

船橋芝山	普通	121 人
船橋	普通	72 人
我孫子	普通	65 人
船橋啓明	普通	62 人
柏中央	普通	55 人
白井	普通	55 人
木更津	普通	54 人
君津	普通	47 人
袖ケ浦	普通	43 人
船橋北	普通	42 人
松戸六実	普通	42 人
柏陵	普通	42 人
佐倉	普通	40 人

[４学区ー佐倉・成田・四街道・八街・印西・白井・富里・印旛郡]

募集人員 3,000 人に対して 3,370 人が志願し、倍率は 1.12 倍とほぼ昨年度通りの状況でした。

トップ校の佐倉は、志願者が増加し 1.60 倍。理数科も 1.70 倍に上昇しました。成田国際の普通科は 1.55 倍前後の非常に安定した入試状況が続き、国際科の志願者数は増加傾向で今年度は 1.46 倍になりました。

白井は志願者が増え 1.31 倍と近年にない厳しい入試。四街道は志願者数を減らし 1.10 倍と昨年度を大幅に下回っています。また、佐倉東の普通科、印旛明誠も志願者数が減少しました。

この学区は専門学科も多く存在しますが、今年度も志願状況は低調で、特に成田西陵、下総の農業系・工業系は、大幅な２次募集を実施しています。

[５学区ー香取・香取郡・銚子・旭・匝瑳]

募集人員 1,920 人に対して志願者数はほぼ昨年度と同じ 1752 人で、倍率は 0.91 倍でした。

伝統校の市立銚子は定員を 40 人減らしましたが、1.06 倍と例年通り穏やかな入試となっています。伝統校の匝瑳は普通科と理数科を統合した「総合学科」へ改編されましたが２次募集となりました。1.00 倍を超えた学科は、学区内 20 学科のうち、佐原の普通（1.06 倍）、佐原白楊（1.01 倍）、銚子商業の商業・情報処理（1.02 倍）、市立銚子の普通・理数（1.06 倍）のみ。全ての学校が緩やかな志願状況となっています。

[６学区ー東金・山武・大網白里・山武郡]

募集人員 960 人に対して 826 人が志願し、倍率は 0.86 倍でした。昨年度に続き志願者数は減少し、倍率も下降しています。成東の普通科の募集定員が 40 人減となり、募集方法も普通科・理数科の「くくり募集」となりました。成東は、昨年度実施した２段階選抜を今年度は取りやめて「基本的選抜方法」に戻しています。その他、東金商業、大網、九十九里の各学科は、今年度の志願者数も非常に低調で、大幅な２次募集となっています。

[７学区ー茂原・長生郡・勝浦・いすみ・夷隅郡]

今年度、募集人員の変動はありません。７学区トップの長生は募集形態を変更し、普通科・理数科の「くくり募集」。志願倍率は 1.15 倍と昨年度より上昇しました。一方、茂原は志願者を減らし、今年度は２次募集。茂原樟陽は、工業系の志願者が伸び悩み。一宮商業、大多喜、大原は、今年度も大幅な２次募集を実施しています。この学区全体の倍率は 0.90 倍で、昨年度の 0.87 倍からやや上昇しました。

[８学区ー館山・鴨川・南房総・安房郡]

昨年度と同じ募集人員 720 人に対して昨年度より約 40 人少ない 569 人が志願。倍率は 0.79 倍で県内で最低となりました。伝統校の安房をはじめ、長狭、安房拓心、館山総合の全ての学科で２次募集を実施しました。ほぼ全入の入試状況となっています。

[９学区ー木更津・君津・袖ケ浦・富津・市原]

募集定員の変動はなく、募集人員 2,200 人に対し志願者数は 2,252 人で、学区の志願倍率は 1.02 倍となりました。

２段階選抜を導入している木更津の普通科の志願者は増加し 1.45 倍。理数科も 1.40 倍と高い水準を維持しています。同じく２段階選抜を導入している伝統校の君津は、志願者が大幅に増えました。袖ケ浦の普通科が志願者増で倍率が 1.22 倍まで上昇。袖ケ浦の情報コミュニケーション科も 1.33 倍と厳しい入試です。また、市原緑は志願者減で２次募集を実施。京葉、姉崎、市原八幡については、ほぼ例年通りで推移し、アクティブスクールに改編となった市原は、志願者減となりました。

最後に

今年度の入試で、志願倍率 1.50 倍以上の学校・学科数は昨年度を大きく上回り、特に上位校の多くは志願倍率を上昇させています。偏差値 60～65 の学校では、平均倍率が 1.41 倍へ 0.07 ポイント上昇。さらに偏差値 65 以上の学校では平均倍率が 0.08 ポイント上昇し 1.69 倍に達しています。中堅校も平均 1.20～1.30 倍が多数。２千人超の２次募集を見ると、「緩やかな」入試と言えますが、中堅校以上の入試は「厳しい」と断言できます。

今年度の入試ではマークシートが導入され、学力検査の問題も非常に基礎・基本を重視した内容になっています。油断せずに日頃から学習に励み、志望校の合格切符を手に入れてください。

令和６年度入試
学校設定検査/各高等学校における検査内容の詳細

令和６年５月13日現在　集計　（株）総進図書

○第1学区○

高校名	学科	検査項目	検査内容
千葉	普通	その他の検査（思考力を問う問題）	思考力を問う問題　検査時間６０分
千葉女子	普通	面接（集団）	検査官３人・受検生５人、１５分 志願理由、中学校で頑張ったこと、千葉女子高校のスクールポリシー（失敗を恐れず積極的に取り組むこと）を踏まえて高校に入って頑張りたいこと（挑戦したいこと）、など
	家政	適性検査	小・中学校で学習する被服に関する実技を伴う適性検査：裁縫（ボタン付け、まち針付け、並縫い、まつり縫い、かがり縫い、本返し縫い、半返し縫い）　＊「三つ折りしたところに縫う」「○cm幅で縫う」「全て一本どりで縫う」「糸の長さ」などの、縫い方に細かい指示あり　３０分
千葉東	普通	その他の検査（思考力を問う問題）	思考力を問う問題　検査時間６０分
千葉商業	※商業・情報処理	自己表現	【口頭による自己表現】３～１０分程度（発表する時間は３分） 【実技による自己表現】男子のみ：野球、サッカー、女子のみ：バレーボール、ソフトボール、共通：陸上競技、ソフトテニス、ハンドボール、バスケットボール、バドミントン、柔道、剣道、吹奏楽、から選択。個人またはグループで発表、１人３～１０分程度、１グループ３０～６０分程度
京葉工業	全科	自己表現	【口頭による自己表現】志望動機に加え、これまで自分が力を入れてきたことやその成果などについて、自己に関する事柄を口頭のみで発表する。発表する時間は３分
千葉工業	全科	面接（個人）	検査官３人、３分程度 志願理由（学科の志望理由も）、中学校３年間で頑張ったこと、高校生活で頑張りたいこと、取得したい資格、校則について、高校卒業後の進路、将来の夢、自分の性格でいかしたいところや直したいところ、など
千葉南	普通	面接（集団）	検査官２人・受検生４～５人、１５分 志願理由（本校のどこに魅力を感じたか）、中学校で１番頑張ったこと、高校に入学後取り組みたいことや目標（具体的に）、など
検見川	普通	面接（集団）	検査官２人・受検生５人、１５分 志願理由（１分以内に簡潔に）、高校ではどのようなことを頑張りたいか、中学校で特に頑張ったことや学んだことそれをどうやって高校で活かすか、高校で学びたいこと学びを深めるためにどのようなことをすればいいのか、など
千葉北	普通	面接（集団）	検査官３人・受検生７人、１８分 志願理由（具体的に）、中学校３年間で最も頑張ったこと（具体的に）、高校で積極的に頑張りたいこと（高校卒業後の進路も踏まえて）、など
若松	普通	自己表現	【口頭による自己表現】２分 【実技による自己表現】男子のみ：野球、女子のみ：ソフトテニス、バレーボール、合唱、共通：サッカー、陸上競技、ハンドボール、テニス、バスケットボール、卓球、バドミントン、剣道、吹奏楽から選択　個人で発表（団体種目は複数人数）、５分～３０分程度
千城台	普通	面接（集団）	検査官３人・受検生６人、１０分程度 志願理由、自己ＰＲ（１分間）、高校で頑張りたいことや楽しみなこと、など
生浜	普通	自己表現	【口頭による自己表現】　４分程度（発表は２分） 入学後本校において取り組みたいこと等について、自己に関する事項を日本語で発表する。発表内容についての質疑を行う。発表に際し、資料の持ち込みは不可。

高校名	学科	検査項目	検査内容
磯辺	普通	作文	時間５０分、字数４００～６００字 テーマ：「磯辺高校を志望した理由、高校の入学後に取り組みたいこと」
泉	普通	作文	時間４０分、字数２８０～４００字 テーマ：「夢の実現のために、どのように高校生活を送りたいか」
		面接（個人）	検査官２人、７分 志願理由、中学校生活で頑張ったこと、高校生活で頑張りたいこと、人からしてもらって嬉しかったこと、長所と短所、将来の夢について、最近の気になるニュース、など
幕張総合	総合	自己表現	【口頭による自己表現及び発表に関する質疑】３分 【実技による自己表現及び発表に関する質疑】男子のみ：野球、ラグビー、女子のみ：ソフトボール、共通：卓球、陸上競技、サッカー、バレーボール、バスケットボール、水球、ハンドボール、柔道、スポーツクライミング、剣道、弓道、硬式テニス、合唱、書道、将棋、シンフォニックオーケストラ、から選択　個人または複数人数で発表（実施実技により異なる）　３～６０分（実施実技により異なる）
	看護	面接（個人）	検査官３人、６分程度 志願理由（看護科を選んだ理由やきっかけ）、なぜ大学や専門学校ではなく本校を選択したのか、看護科は５年間同じ仲間と過ごしていくがどのようにしていくか、病院以外で看護師が活躍する場、自分の理想とする看護師、看護に必要なこと、自分の長所短所とその長所をどう看護にいかすか、最近気になった医療関係のニュース、高校入学後に頑張りたいこと、最近（ここ３か月）でで一番感動したこと、チームワークで大切なことを３つ、困ったときは誰に相談するか、好きな本とその理由、朝何時に起きたか、など
柏井	普通	自己表現	【口頭による自己表現】日本語による自己アピール（個人）、発表２分、質疑応答３分 【部活動実技による自己表現】男子のみ：野球、サッカー、女子のみ：ソフトボール、共通：陸上競技、ソフトテニス、バレーボール、バスケットボール、剣道、卓球、テニス、から選択　個人で発表（団体種目は複数人数）、種目ごとに５０分程度（１人あたり５分程度）
土気	普通	自己表現	【文章による自己表現】２０分程度　　テーマ：「①中学校で１番意欲的に取り組んだこと、また自分の成長のために努力したこと②高校入学後の目標とその目標をどのように達成するか」 【実技による自己表現】男子のみ：野球、サッカー、共通：卓球、剣道、柔道、ハンドボール、バレーボール、バスケットボール、から選択　個人ごとの実施（実技によりグループで実施）、２０～４０分程度（種目による）
千葉西	普通	面接（集団）	検査官２人・受検生５人、１０分 志願理由、中学校での学校生活（生徒会、委員会、部活動、学級）で得たもの、中学校生活で印象に残ったこと、高校に入って頑張りたいこと、中学校と高校の違いについて、将来の夢、など
犢橋	普通	面接（集団）	検査官２人・受検生４人程度（受検者数による）、１０分 志願理由、中学校で３年間努力してきたこと、高校でチャレンジしたいこと、学校規則について、基本的生活習慣の指導についてどう思うか、遅刻や頭髪や服装に厳しい校風だがどう思うか、校則を守れるか、高校卒業後の進路、福祉について、など
		自己表現	【文章による自己表現】５０分、字数４０１～６００字 テーマ：「日頃から心がけていること（理由や具体例）」 【実技による自己表現】男子のみ：野球、サッカー、バレーボール、共通：バスケットボール、剣道、硬式テニス、陸上競技、から選択　個人またはグループで実施
市立千葉	全科	小論文	時間５０分、字数５００～６００字 テーマ：「自転車乗車時のヘルメット着用について」
市立稲毛	全科	面接（集団）	検査官３人・受検生５人、１２分 志願理由（具体的に）、高校で新たに始めたいこと（具体的に）、最近の気になる国際的なニュース、尊敬している人物とその理由、目標にしている人物とその理由、今熱中していること、国際教養科を選んだ理由、国際教養科で学んだことをどのようにいかしていきたいか、など

○第2学区○

高校名	学科	検査項目	検査内容
八千代	普通	集団討論	検査官２人・受検生６～７人、１０分 討論のテーマ：「国際的視野を身に着ける為に、高校三年間で何が出来るか、グループで意見を1つにまとめる」
	家政	面接（集団）	検査官２人、受検生５人、１０分 志願理由、日本の伝統的な行事で自分が残していきたい行事とその理由、外国人にお勧めしたい日本料理、など
		適性検査	検査官2人、受検生5人、5分、A4の紙に2つの指示が書いており、それを行う ①点線の部分を二つ折りにする（山折り・谷折りどちらでもよい） ②五角形が二つ連続している図形の指示通りに切る（切れないところも工夫する必要あり）
	体育	面接（個人）	検査官２人、５分 志願理由、体育科を志願した理由、部活に求めること・利点、体育科で楽しみにしていること、競技の魅力、体育科に出来る行事、将来の夢、など
		適性検査	【適性検査Ⅰ】スポーツⅥ領域（体づくり運動） 【適性検査Ⅱ】共通：柔道、剣道、から選択 【適性検査Ⅲ】共通：サッカー、ソフトボール、陸上競技、テニス、ハンドボール、バスケットボール、バレーボール、体操、から選択 Ⅰ・Ⅱ・Ⅲ全て合わせて２時間
八千代東	普通	自己表現	【口頭による自己表現】検査官２人　５分（発表時間１分３０分） 八千代東高校に入学して意欲的に取り組みたいことについて、３０秒で考えて１分半のスピーチと質疑応答 【実技による自己表現】男子のみ：野球、サッカー、女子のみ：バレーボール、ソフトボール、共通：バスケットボール、剣道、吹奏楽、硬式テニス、将棋から選択し発表や実技。それに対する質疑応答　２０分
八千代西	普通	面接（個人）	検査官３人、５分 【面接】志願理由、中学校生活で印象に残っていること、三年間頑張ったこと、高校で頑張りたいこと、校則がある理由と守る理由、学校の校則は厳しいか、八千代西高校の印象、高校卒業後は何をしたいか、など
津田沼	普通	自己表現	【口頭による自己表現】検査官２人・受検生１人、 入退室含めて３分（日本語で自己アピール１分） （アピール内容例）中学校生活で頑張ってきたこととその成果、将来の夢 部活で頑張ったこと、高校で頑張りたいこと、自分の長所、など ※内容に関する質問なし。作品、実演、機材や道具の持ち込みは不可。
実籾	普通	面接（集団）	検査官２人・受検生５人、１０分 志願理由、中学校生活で力を入れたこと、卒業後の進路、将来の夢、 気になるニュースなど
市立習志野	全科	自己表現	【口頭による自己表現】検査官２名、個人の自己ＰＲ・スピーチ（３分以内） 中学校での自分自身の活動についてＰＲする。テーマは受検生が決める。 （内容例）志望理由、中学校で頑張ったこと、高校で頑張りたいこと、入部したい部活動など。※内容に関する質問はなし。※道具やメモの持ち込みはできない 【実技による自己表現】検査官２名、男子のみ：サッカー、柔道、 共通：バレーボール、バスケットボール、ソフトボール、体操、剣道、基礎運動能力、吹奏楽、から選択。※道具やメモ、指定された大型楽器の持ち込みは不可。
船橋	全科	作文	時間５０分、字数５００～６００字 テーマ：「今の若者は夢を持たない人が多いと言われています。あなたの夢と、夢を持つ意味についてあなたの考えを書きなさい」
薬園台	普通	面接（集団）	検査官２人・受検生５人、１０分 志願理由、高校生活で頑張りたいこと、学習面で努力したこと、将来の夢（具体的に）、高校で魅力を感じたところ、など
	園芸	面接（個人）	検査官３人、５分 志願理由、園芸科について知っていること、高校生活で学びたいこと、卒業後の進路、中学校生活で一番頑張ったこと、部活に入っていたか、園芸科でやってみたいこと、など

高校名	学科	検査項目	検査内容
船橋東	普通	面接（集団）	検査官２人・受検生５人、１２分 志望理由、将来の夢、など
船橋啓明	普通	面接（集団）	検査官３人・受検生４～５人、１５分 志願理由、中学校での思い出、高校で頑張りたいこと、最近の気になるニュース、中学校で『切磋琢磨』したこと、など
船橋芝山	普通	面接（集団）	検査官２人・受検生５人、１０分 志願理由、将来の夢・進路、高校生になって頑張りたいこと、中学校で頑張ったこと、規則正しい生活を送るには、得意・不得意な科目、コミュニケーションをとるときに気を付けていること、など
船橋二和	普通	面接（集団）	検査官２人・受検生３～５人、８分 志願理由、中学校で頑張った事・一番感動したこと、得意な科目、不得意な科目、、高校でやりたいこと、勉強は必要だと思いますか、など
		自己表現	【文章による自己表現】時間３０分、字数４００字以内 「あなたの中学校での様子・高校入学において思うこと」 【実技による自己表現】男子のみ：野球、サッカー、共通：バスケットボール、バレーボール、硬式テニス、陸上競技、体操、書道、から選択　個人または複数人数（５～２０人程度）で発表(実施内容によって異なる)　１時間
船橋古和釜	普通	作文	時間３０分、字数３０１～４００字以内 テーマ「あなたは将来どのような社会人になりたいですか。具体例を出して説明しなさい」
		面接（個人）	検査官２人、７分 志願理由、入学して頑張りたいこと、学校行事で思い出に残っていること、地域連携アクティビティで学びなおし以外で知っていること、校則などは守れるか、得意科目・苦手科目、遅刻をしたことがあるか、など
船橋法典	普通	自己表現	【口頭による自己表現】３分(スピーチ７０～９０秒)、「将来の夢」「中学校で頑張ったこと・それを生かして高校生活で頑張りたいこと」 【実技による自己表現】男子のみ：野球、サッカー　女子のみ：バレーボール、ソフトボール、共通：陸上競技、バトミントン、バスケットボール、卓球、書道、吹奏楽、合唱、から選択　５～２４分
船橋豊富	普通	面接（個人）	検査官３人、１０分 志願理由、中学校で頑張ったこと、得意科目とその理由、部活動を通して学んだこと、高校で意欲的に取り組みたいこと、など
船橋北	普通	自己表現	【口頭による自己表現】６分(スピーチ１分)「あなたが一番大切にしている個性は何ですか・それを高校生活でどのように生かしていきたいか」 【実技による自己表現】男子のみ：野球、サッカー、バスケットボール、女子のみ：ソフトボール、共通：陸上競技、剣道、吹奏楽、美術から選択　６０分
市立船橋	普通	自己表現	【口頭による自己表現】検査官２人　日本語か英語による自己アピール　２分 自己ＰＲ・志願理由・今までの自分・これからの自分について、など 【実技による自己表現】ソフトボール、陸上競技(長距離)、陸上競技(短距離)、バスケットボール、サッカー、バレーボール、剣道、柔道、体操、基礎的運動能力、吹奏楽管弦楽から選択　２分　個人
	商業	面接（個人）	検査官２人、３分 志願理由、なぜ商業科を志願したか、いつ頃から商業科を志望したか、何部に入りたいか、卒業後の進路、中学校での一番の思い出、中学校で頑張った事、高校で頑張りたいこと、商業の勉強で頑張りたいこと、中学校で熱心に取り組んだこと、長所・短所、どんな商品を売り出したいか、最近見たニュースについて、など
		自己表現	【口頭による自己表現】検査官２人　自分でテーマを決めて２分間のスピーチ 自己ＰＲ・志願理由・中学校で頑張ったこと・高校で頑張りたいこと、など 【実技による自己表現】普通科と同一
	体育	適性検査	【適性検査Ⅰ】５０ｍ走、立ち幅跳び、ハンドボール投げ　５～１０分 【適性検査Ⅱ】ソフトボール、陸上競技(長距離)、陸上競技(短距離)、バスケットボール、サッカー、バレーボール、剣道、柔道、体操、から選択　３０分

高校名	学科	検査項目	検査内容
市川工業	全科	面接（個人）	検査官２人、約５分 志願理由、入学後の抱負、中学校生活の思い出や頑張った事、またそこから何を得たか、なぜその学科を選んだか、卒業後の進路、長所と短所、自己ＰＲ、志望学科で知っていること、取りたい資格、本校を知ったきっかけ、入部したい部活、得意・不得意科目、得意な教科とその面白さ、好きな本、本校を志望したときの親の反応、タブレットでどのような学習をしたいか、タブレットでどのようなことを気をつけたいか、情報モラルについてどう思うか、仲良くしている人はいるか、遊ぶときは何をするか、尊敬する人とその理由、体験入学でやったことは何か、説明会の感想、市川工業高校のカリキュラムについて、など
国府台	普通	面接（集団）	検査官２人・受検生５人、１５分程度 志望理由、入学後の抱負、中学校生活で心がけていたこととそれを高校でどう活かしたいか、高校で頑張りたいこと、関心のあるニュース、将来の夢とそれに向けて高校で何をがんばりたいか、自分の長所とそれをどう高校生活で活かせるか、向上心を高めるため位に必要なこと、中学校３年間で１番頑張ったこと、そこから学んだこと、など
国分	普通	面接（集団）	検査官３人・受検生５人、約１０分 志願理由、高校生活で頑張りたい事、中学校で頑張った事、自己ＰＲ、 卒業後の進路について、最近気になったニュースとそれを見て考えたこと、 努力していること、特にアピールしたいこと、将来なりたい職業、など
行徳	普通	面接（個人）	検査官２人、７分程度 志望動機、高校で学びたい教科、勉強面で頑張りたいこと、中学校３年間で何をしてきたか、中学校で入っていた部活、高校入学後は部活動に加入するか、ボランティア活動について、校則・マナーや服装・頭髪について、校則は守れるか？ 得意・不得意教科、なぜ校則や服装チェックが必要なのか、今興味があること、思い出に残っている行事、高校に入学したらどんなことに力を入れたいか、将来やりたいことはあるか、またその理由、どんな本を読むか、趣味・特技、通信制ではなくなぜ公立高校を選んだのか、自宅から高校までどのように来たのか、ルールはなぜ必要か、など
		作文	時間４０分、字数３０１～４００字 テーマ「行徳高校でやりたいと思ったことを中学校生活を参考に、具体的に書きなさい。」
市川東	普通	面接（集団）	検査官２人・受検生５人、約１４分　※感染状況によっては個人面接に変更 志願理由、高校に入学したら、何をしたいか、本校の魅力は何か、印象に残っている授業とその理由、将来どんな大人になりたいか、将来なりたい職業や将来の生き方は、自己ＰＲ、最近気になったニュースとそれに対する考え、将来の夢と実現するため本校で頑張りたいこと、本校を希望した最後の決め手となったものとそれに対する考え、１・２年生の時、休みの日は何をしていたか、中学生から見た高校生（の印象）、など
市川昴	普通	面接（集団）	検査官３人・受検生５人、約１５分 志願理由、入学後の抱負、卒業後の進路、長所・短所、最近気になるニュース、 自分の自信があるところ、人と接するうえで大切にしていること、将来の夢、 将来就きたい職業は何か、自己PR、学校説明会には参加したか、など
市川南	普通	面接（集団）	検査官３人・受検生５人、８分 志願理由、入学後の抱負、将来に向けて高校で力をいれたいこと、頑張りたいこと 中学校で頑張ったこと、など
		自己表現	【文章による自己表現】３０分、字数３００～４００字 テーマ「良好な人間関係を築く上で大切だと思うこと」 【実技による自己表現】男子のみ：野球、サッカー、女子のみ：バレーボール、 共通：バスケットボール、陸上競技、ソフトテニス、硬式テニス、剣道、 柔道から選択。２０～６０分
浦安	普通	自己表現	【口頭による自己表現】 「本校の期待する生徒像に沿った自己ＰＲ」３分（スピーチ１分） （スピーチ例）浦安高校の生徒像について感じたことと高校でどう実現するか？ ※スピーチ前に１分間考える時間あり。スピーチに関する質問はなし。 【実技による自己表現】２０分程度 男子のみ：野球　共通：バスケットボール、吹奏楽、硬式テニスから選択
浦安南	普通	面接（個人）	検査官３人、５分 志願理由、入学後の抱負、中学校で頑張った事、趣味・特技、尊敬する人物、 本校の特色について、将来の夢、進学について、長所と短所、趣味、 最近の気になるニュース、説明会に参加したか、所属していた部活動・委員会、 中学で身につけた力の活かし方、授業中何を意識しているか、 学びなおしたい教科、どのような職業に就きたいのか、集団生活をする上で大切なこと、など

高　校　名	学　　科	検 査 項 目	検　　査　　内　　容
松戸	普通	面接（集団）	検査官３人・受検生６人、１５分 志願理由、友人・仲間と協力して物事を進める際、どのようなことを大切にしているか。（３０秒考える時間あり）中学校生活で努力したこと、高校でで努力したいことを自分の長所をふまえ答える。（１分程度で答える）
	芸術	面接（集団）	質問内容は普通科と同じ
		適性検査	時間１００分、鉛筆デッサン(黒と白の柄の紙の上に置いてある玉ねぎとスポンジ)
小金	総合	作文	時間５０分、字数５００～７００字 テーマ：「あなたが幸せと感じるのはどんなときですか。また幸せな生活を送るために、あなたはどのような大人になりたいですか。将来の夢と関連づけて書きなさい」
松戸国際	全科	面接（集団）	検査官２人・受検生６人、１２分程度 中学校生活で努力した成果と仲間と協力してできたこと、入学後の抱負を３０秒で考えて１分以内で答える。
松戸六実	普通	自己表現	【文章による自己表現】字数６００～８００字　５０分　　「あなたの将来の夢は何ですか。また実現のために、高校ではどのように取り組み、何を学ぼうと考えていますか。」 【実技による自己表現】男子のみ：野球、サッカー、女子のみ：バレーボール、硬式テニス　共通：バドミントン、卓球、バスケットボール、剣道、柔道、陸上競技、ソフトテニス、書道から選択　個人形態の実技１０分程度、集団形態の実技２０分～３０分程度
松戸馬橋	普通	面接（集団）	検査官３人・受検生５人、１２分 志願理由、入学後に委員会・生徒会・部活・勉強など自分が頑張りたいこと
		自己表現	【文章による自己表現】検査官２人、５０分、６００字程度 テーマ：松戸馬橋高校の教育目標として「自己の限界に挑戦するもの」とあるが、あなたが高校で頑張りたいこと 【実技による自己表現】男子のみ：野球、サッカー、共通：陸上、バスケットボール、バレーボール、吹奏楽、合唱、から選択　検査時間は３５分（更衣、整列等含め５０分）　各種目１～２５名　検査官２人
松戸向陽	普通	面接（集団）	検査官３人・受検生５人、１５分 志願理由、中学校生活をふまえ高校で頑張りたいこと、卒業後の進路、将来の夢など
	福祉教養	面接（個人）	検査官３人、５分 志願理由、なぜ福祉を学びたいと思ったか、高校生活で福祉を学ぶためにどんなことをしていきたいと思っているのか、卒業後の進路など
市立松戸	普通	自己表現	【口頭による自己表現】２分以内 「中学校３年間で学んだこと、それを高校でどのように生かすか」 【実技による自己表現】男子のみ：野球、ラグビー、ハンドボール、女子のみ：ソフトボール、共通：サッカー、陸上競技、硬式テニス、弓道、柔道、剣道、バレーボール、バスケットボール、バドミントン、卓球、吹奏楽、合唱、から選択　５～５０分
	国際人文	面接（個人）	検査官２人　５分　面接は日本語(１問のみ英語で応答する質問あり) 志願理由、卒業後の進路、高校で努力したいこと、英語の質問「What is your favorite Japanese culture ? 」
松戸南	普通	面接（個人）	検査官２人　６分 志願理由、午前、午後、夜間のうちなぜその時間帯を希望したのか、ピアスや髪染めなど校則についてどのように思うか、学校で頑張りたいこと、普段していること、高校卒業後の進路について、学校以外の時間は何をしていたか

○第3学区○

高校名	学科	検査項目	検査内容
鎌ヶ谷	普通	自己表現	【口頭による自己表現】検査官２人　３分程度（入室から２分以内でスピーチ） テーマ：「高校の抱負・中学校で頑張ったこと」
鎌ヶ谷西	普通	面接（個人）	検査官２人、５分 志願理由、最近のニュースについて、高校で頑張りたい事、中学校での思い出、身だしなみについて、正しい服装についてどう思うか、高校生活はどのように過ごしたいか、中学３年間で頑張ったこと、卒業後の進路、電車でのマナー、など
東葛飾	普通	その他の検査 (思考力を問う問題)	思考力を問う問題　検査時間６０分
柏	全科	作文	時間５０分、字数５００～６００字 テーマ：「１０年後自分はどうなりたいか。 またそれに対して努力できることは何か。」
柏南	普通	作文	時間５０分、字数５００字～６００字 テーマ：「自分の不得意なことや苦手なことに対面した時、どのように対処しているかを『向き合う』という言葉を用いて書きなさい。」
柏陵	普通	自己表現	【口頭による自己表現】検査官２人、３分（スピーチ２分、発表内容等に関する質疑１分）　学校の設定したテーマの中から１つ選択し、発表する ①中学時代継続したこと　②高校での目標　③将来にむけて高校で頑張りたいこと 【実技による自己表現】男子のみ：野球、サッカー、女子のみ：バレーボール、ソフトボール、共通：陸上競技、テニス、ハンドボール、バスケットボール、フェンシング、剣道、ダンス、吹奏楽、から選択　４０分
柏の葉	全科	面接（集団）	検査官２人・受検生５人、１５分 志願理由、中学校で頑張った事、高校で頑張りたい事、受験に向けて努力した事、受験が終わったらやりたい事、人間関係を築くうえで大切だと思う事、人とコミュニケーションを取る上で気を付けていること、最近気になったニュース、最近読んだ本で感じた事、好きな言葉など
市立柏	普通	自己表現	【論述による自己表現】時間５０分、字数５００～６００字 テーマ：「将来の夢と、それを達成するためにどのように高校生活に取り組むか」 【実技による自己表現】男子のみ：野球　女子のみ：硬式テニス　共通：陸上競技、サッカー、バスケットボール、バレーボール、剣道、柔道、ソフトテニス、吹奏楽、美術、書道、から選択　４０分
	スポーツ科学	適性検査	【基礎運動能力検査】３０分　スポーツⅠ（陸上競技・体操競技）、スポーツⅡ（球技）、スポーツⅥ（体つくり運動）の領域から各１種目の計３種目 【専門種目運動能力検査】　５０分　男子のみ：野球、サッカー、共通：陸上競技（長・短距離）、バレーボール、バスケットボール、剣道、柔道から選択
柏中央	普通	面接（集団）	検査官３人・受検生５人、１５分 志願理由、将来の夢、中学校で頑張った事、中学校と高校の違い、高校で頑張りたい事、好きな教科、人間関係を円滑にするにはどうすべきか、高校生活を充実させる為にはどうすべきか、高校で勉強するのはなぜか、最近気になったニュースなど
沼南	普通	面接（集団）	検査官３人・受検生４人、１５分 志願理由、中学校で頑張った事、長所と短所、どんな高校生活を送りたいか、高校で頑張りたい事、休日の過ごし方、将来の夢、得意な教科・苦手な教科、高校卒業後の進路、など

<table>
<tr><th>高校名</th><th>学科</th><th>検査項目</th><th>検査内容</th></tr>
<tr><td>沼南高柳</td><td>普通</td><td>面接（個人）</td><td>検査官２人、１０分
志願理由、テストを受けた感想、長所と短所、高校で頑張りたい事、高校で入りたい部活、中学校で頑張った事、将来の夢、最近の気になるニュース、最近読んだ本で関心のある本、最近熱中していること、など</td></tr>
<tr><td>流山</td><td>全科</td><td>面接（個人）</td><td>検査官３人、５分
志願理由、入学後の抱負、どんな資格を取りたいか、中学校３年間で一番頑張ったこと、高校卒業後の進路、自分の長所、将来就きたい仕事、最近気になっているニュースなど</td></tr>
<tr><td rowspan="3">流山
おおたかの森</td><td>普通</td><td>面接（集団）</td><td>検査官２人・受検生６人、１５分程度
志願理由、中学校で一番頑張った事、高校で頑張りたい事、高校卒業後の進路など</td></tr>
<tr><td rowspan="2">国際
ｺﾐｭﾆｹｰｼｮﾝ</td><td>面接（個人）</td><td>検査官２人、９分程度
志願理由、最近のニュース、中学校で頑張った事、将来の夢、長所と短所、自己アピール、など</td></tr>
<tr><td>適性検査</td><td>英語で学科に入りたい理由となぜ国際コミュニケーション学科を志望したのか。
（英語で答える質問あり）６分程度</td></tr>
<tr><td>流山南</td><td>普通</td><td>自己表現</td><td>【口頭による自己表現】入退室を含め3分程度（発表時間２分）志願理由など
【実技による自己表現】男子のみ：野球、サッカー、相撲、女子のみ：バレーボール、共通：ソフトテニス、バスケットボール、バドミントン、卓球、陸上競技、剣道、柔道、弓道、理科、美術、書道、吹奏楽から選択　５０分程度</td></tr>
<tr><td rowspan="2">流山北</td><td rowspan="2">普通</td><td>作文</td><td>３０分、字数２７０～３３０字
テーマ：「あなたが知っている本校（流山北高校）の特色を書きなさい」</td></tr>
<tr><td>面接（個人）</td><td>検査官２人、６分
志願理由、中学校で一番頑張った事、入学後の抱負、長所短所、好きな教科など</td></tr>
<tr><td rowspan="2">野田中央</td><td rowspan="2">普通</td><td>面接（集団）</td><td>検査官２人・受検生５人、１５分
志願理由、中学校で頑張った事、入学後の抱負、長所、部活動見学での先輩の雰囲気、将来の夢</td></tr>
<tr><td>自己表現</td><td>【文章による自己表現】４５分、６００字以内
テーマ：「一生懸命取り組むことについての大切さ」
【実技による自己表現】男子のみ：野球、サッカー、女子のみ：ソフトボール、バレーボール、バドミントン、共通：バスケットボール、陸上競技、硬式テニス、ソフトテニス、レスリング、卓球、から選択　２０分</td></tr>
<tr><td rowspan="2">清水</td><td rowspan="2">全科</td><td>面接（個人）</td><td>検査官３人、７分程度
志願理由、中学校で一番印象に残っていること、中学校で努力したこと、高校でやりたい(頑張りたい)こと、どのような資格を取りたいか、など</td></tr>
<tr><td>適性検査</td><td>【課題による適性検査】食品科・工業系共通：立体図形の欠けている部分を展開図に書き足しなさい　２０分　持ち物は定規・筆記用具</td></tr>
<tr><td>関宿</td><td>普通</td><td>面接（個人）</td><td>検査官２人、１０分程度
志願理由、高校で頑張りたいこと、中学校で印象に残ったこと、中学校で力を入れていたこと、中学校で入っていた部活、説明会に参加したことがあるか、得意な教科など</td></tr>
<tr><td>我孫子</td><td>普通</td><td>自己表現</td><td>【文章による自己表現】６０分、字数８００字以内
テーマ：「高校生活でどのような力を身に付け、将来その力をどのように使っていきたいか。」
【実技による自己表現】男子のみ：野球、サッカー、女子のみ：ソフトボール、ハンドボール、バスケットボール、共通：陸上競技、バレーボール、ソフトテニス、ラグビー、剣道、から選択　６０分程度</td></tr>
<tr><td>我孫子東</td><td>普通</td><td>面接（集団）</td><td>検査官２人・受検生３人、１５分程度
志願理由、中学校で頑張った事、中学校での失敗を通して学んだこと、中学校の先生から学んだ学んだこと、人との関わりで印象に残っていること、高校で頑張りたい事、ルールについてどう思うか、得意な教科と苦手な教科、日頃から心掛けていること、高校の魅力、など</td></tr>
</table>

○第4学区○

高校名	学科	検査項目	検査内容
白井	普通	面接（集団）	検査官２人・受検生５人、１５分 志望理由、中学校の部活で努力したこと、中学校生活で頑張ったこと、高校の勉強で心掛けること、高校に入学したらどんな生活をしたいか、など
印旛明誠	普通	面接（集団）	検査官２人、受検生３人、１０分 入学後頑張りたい事（学習面とそれ以外で）
成田西陵	全科	面接（個人）	検査官３人、５分程度 志願理由、その学科で何を学びたいか、中学校で頑張った事、どんな資格を取得したいか、など
成田国際	全科	自己表現	【口頭による自己表現】４分 普通科：中学校で頑張ったこと、高校卒業後どのような人になりたいか、など 国際科：将来の夢（英語で回答）、中学校で頑張ったこと、など 【実技による自己表現】男子のみ：野球、女子のみ：バレーボール、共通：サッカー、バスケットボール、陸上競技、剣道、テニス、ソフトボール、から選択　６０分
成田北	普通	自己表現	【口頭による自己表現】３分　与えられたテーマ（学習や部活動･課外活動など）に沿った自己アピール（１分程度）と、それに対する質疑応答（２分） 【実技による自己表現】男子のみ：野球、サッカー、テニス　女子のみ：バレーボール、共通：バスケットボール、ハンドボール、バドミントン、陸上競技、剣道から選択
下総	園芸 情報処理	面接（個人）	検査官３人、８分 中学校の校則を守れたか、高校の印象について、寮生活について、農業に興味をもったキッカケは、今まで何か育てた事があるか、簿記について知っているか、どのような資格を取りたいか、高校の印象について、
	自動車	適性検査	提示された図の展開図を書き、立体図形を工作する（２種類） A問題２０分＋B問題４５分
富里	普通	自己表現	【口頭による自己表現】検査官２人、受検生３人　１０分　自己アピール（２分） 【実技による自己表現】男子のみ：野球、サッカー、共通：バスケットボール、バレーボール、硬式テニス、ソフトテニス、陸上競技、柔道、剣道、ジャズオーケストラから選択　原則個人（種目により複数人数）　１０分程度
佐倉	全科	面接（集団）	検査官２人・受検生５～８人、８～１０分 志願理由、中学校生活で頑張った事、高校で頑張りたい事、など
佐倉東	全科	面接（個人）	検査官２人、３～４分 志願理由、中学校生活で頑張った事、高校で頑張りたい事、卒業後の進路、など （調理）食生活で気を付けている事は、卒業後の進路は考えているか、など （服飾）ファッションについての質問（好きなファッション、最近何か作った事はあるか・どんな服を作りたいか）、など
佐倉西	普通	自己表現	【口頭による自己表現】３分　自己アピール（１分）に対する質疑応答 【実技による自己表現】男子のみ：野球、サッカー、共通：バドミントン、バスケットボール、陸上競技、レスリングから選択
佐倉南	普通	面接（個人）	検査官２人、５～６分 高校の魅力、高校で頑張りたいこと、将来の夢、など
八街	総合	面接（集団）	検査官３人、受検生４～５人、２０分 志願理由、中学校で頑張った事、部活に入るか、集団行動をするにあたり大事なことは、長所と短所、など

高校名	学科	検査項目	検査内容
四街道	普通	面接（個人）	検査官２人、１分 高校では勉強の取り組み方について、高校卒業後の進路について、（自己表現の）自己アピールに対する質問、など
		自己表現	【口頭による自己表現】テーマを決め、自己アピール２分 【実技による自己表現】男子のみ：野球、女子のみ：ソフトボール、共通：陸上競技、ソフトテニス、バスケットボール、バレーボール、レスリング、卓球、書道、吹奏楽、から選択　２～６０分（準備体操等を除く）
四街道北	普通	面接（集団）	検査官２人・受検生５人、１５分程度 志願理由、高校でやりたい事、ルールやマナーの大切さ、将来の夢、など

○第5学区○

高校名	学科	検査項目	検査内容
佐原	全科	作文	５０分、字数５００～６００字 テーマ：「人工知能が発展していく中で、人間はどのように能力を活かしていけるか、あなたの考えを書きなさい」
佐原白楊	普通	作文	５０分、字数５００～６００字 テーマ：「あなたが考える本校の魅力と、どのような学校生活を送りたいかを書きなさい」
小見川	普通	面接（集団）	検査官３人・受検生４～５人、１５分 志願理由、中学校で頑張った事、将来の夢、卒業後の進路について、高校で頑張りたいこと、など
多古	全科	面接（個人）	検査官３人、８分 志願理由、遅刻・欠席について、スマホを持っているか、また使用する上で気を付けていることは何か、社会のルールは何故必要か、高校のイメージ、など
		自己表現	【文章による自己表現】５０分、字数６００字 テーマ：「将来どんな人になりたいか？具体例を挙げ、そのために高校でどのような生活していきたいか」を書きなさい 【実技による自己表現】男子のみ：野球、共通：ソフトテニス、バスケットボール、陸上競技、剣道、柔道、卓球、ゴルフ、吹奏楽、美術、書道、から選択　３０分程度
銚子	普通	面接（集団）	検査官３人・受検生４人、１０分 志願理由、中学校で頑張った事、高校で頑張りたい事、など
銚子商業	全科	自己表現	【口頭による自己表現】入退室含め５分（自己アピール３分程度） 【実技による自己表現】男子のみ：野球、共通：陸上競技、卓球、バスケットボール、バレーボール、体操、剣道、吹奏楽、から選択　１５分
市立銚子	※普通・理数	自己表現	【文章による自己表現】４０分 期待する生徒像の４項目から１つ選択し、文章による自己アピール 日本語：６００～８００字、英語：１５０～２００語 【実技による自己表現】野球、サッカー、バスケットボール、バレーボール、ソフトテニス、卓球、陸上競技、剣道、弓道、吹奏楽、から選択　４０分
旭農業	全科	面接（集団）	検査官３人・受検生３人、１０分 志願理由、興味・関心がある動物は、将来の夢、熱中していることはあるか、校則を守れるか、など
東総工業	全科	自己表現	【口頭による自己表現】自己アピール３分 【実技による自己表現】男子のみ：野球、サッカー、バレーボール、バスケットボール、共通：陸上競技、剣道、柔道、卓球、バドミントン、から選択　１０分程度
匝瑳	総合	面接（集団）	検査官３人・受検生５人、１５分 志願理由、長所と短所、中学校で学んだこと、高校で頑張りたい事、将来の夢とそれに向けて努力していること、最近の気になるニュース、など

○第6学区○

高校名	学科	検査項目	検査内容
松尾	普通	面接（集団）	検査官３人・受検生３人、１０分程度 志願理由、中学校生活で頑張ったこと、将来の夢とその理由、高校で頑張りたいこと、など
成東	全科	面接（集団）	検査官２人・受検生５～６人、１５分 志願理由、高校生活で頑張りたい事、将来の夢、最近読んだ本は、学習以外で頑張ったこと、得意教科とその理由、最近の気になるニュース、ルールや校則について、など
東金	全科	面接（集団）	検査官２人・受検生５人、８分 志願理由、中学校生活で頑張ったこと、好きな言葉は何か、など
東金商業	※商業・情報処理	自己表現	【口頭による自己表現】自己アピール　５分（発表時間３分） 【実技による自己表現】男子のみ：野球、サッカー、女子のみ：ソフトボール、共通：陸上競技、ソフトテニス、バレーボール、バスケットボール、吹奏楽、柔道、卓球、から選択
大網	全科	面接（個人）	検査官２人、６分 志願理由、中学校で頑張った事、高校で頑張りたい事、卒業後の進路について、学校説明会や体験入学に参加したか、など
九十九里	普通	面接（集団）	検査官３人・受検生２～３人、１０分程度 志願理由、受験に向けて勉強で頑張ったこと、高校で頑張りたいこと,最近気になること、卒業後の進路、ボランティアに参加した事があるか、など

○第7学区○

高校名	学科	検査項目	検査内容
長生	全科	作文	４０分、字数４００～５００字 テーマ：「高校入学後に挑戦したいことは何か。また本校の教育方針をふまえて中学校での経験を具体的にひとつあげなさい。」
茂原	普通	面接（集団）	検査官２人・受検生３人、１５分程度 志願理由、中学校生活で頑張ったことは何か、高校入学後は何を頑張りたいか、など
茂原樟陽	全科	面接（集団）	検査官２人・受検生３人、１５分 志願理由、志願する学科について、体験入学に参加したか、自分の長所と短所、中学校生活で頑張ったこと、部活動で学んだこと、高校卒業後の進路や将来の夢、取得したい資格とその理由、など
一宮商業	※商業・情報処理	自己表現	【口頭による自己表現】５分程度　自己アピール（３分）及びそれに関する質疑 テーマ：「中学校で頑張った事」「高校生活での抱負」など 【実技による自己表現】男子のみ：野球、サッカー、女子のみ：バレーボール、共通：バスケットボール、ソフトテニス、バドミントン、卓球、剣道、吹奏楽、珠算、簿記、ワープロ、情報、柔道、から選択　１５分程度
大多喜	普通	面接（集団）	検査官２人・受検生３～４人、１２分　志願理由、最近のニュースで気になったことは何か、中学校で頑張ったことは何か、高校入学後は何を頑張りたいか、本校の教育方針で魅力的だと感じたことは何か、など
大原	総合	面接（個人）	検査官３人、８分 志願理由、中学校生活で頑張ったことは何か、高校入学後何を頑張りたいか、将来の夢は何か、２年次より選択して学ぶ４つの系列について知っているか、志願する学校の魅力は何か、など

○第8学区○

高校名	学科	検査項目	検査内容
長狭	普通	面接（個人）	検査官２人、７分 志願理由、得意科目・不得意科目とその理由、勉強時間はどのくらいか、勉強と部活動を両立させるにはどうすれば良いか、高校で学びたいことは何か、進路や将来の夢について、関心のあるニュース、など
安房拓心	総合	面接（個人）	検査官２人、７分程度 志願理由、中学校生活で頑張ったことは何か、長所と短所、入学後入りたい部活動とその理由、最近読んだ本・見たニュースで印象に残ったものは何か、入学後に学びたい系列とその理由、高校卒業後の進路や将来の夢について、など
安房	普通	面接（個人）	検査官２人、５分 志願理由、現在の体調はどうか、中学校生活で思い出に残ったことは何か、自分の長所と短所、高校卒業後の進路や将来の夢（実現するために努力していることは何か）、入学後に入りたい部活動とその理由、部活動で大変だったことや学んだことは何か、得意科目・不得意科目についてどう活かすか・克服するか、どのような高校生活を送りたいか、勉強時間はどのくらいか、など
館山総合	全科	面接（個人）	検査官３人、１０分程度 志願理由、志願する学科とコースについて知っているか、出身中学校の紹介・中学校の校長先生の名前、クラスや委員会での係、やっていた部活動は何か（高校でも続けるか）、得意科目・不得意科目とその理由、最近の気になるニュースは何か、好きな言葉は何か、体験入学（公開実習）に参加したか、高校卒業後の進路や将来の夢、など（志願する学科・コースについてどのような資格を取得できるか・したいかなど各科の特色に合わせて質問される）

○第9学区○

高校名	学科	検査項目	検査内容
君津商業	※商業・情報処理	自己表現	【口頭による自己表現】個人５分程度(発表する時間は３分程度) 【実技による自己表現】 男子のみ：野球、サッカー、女子のみ：ソフトボール　共通：バスケットボール、バレーボール、卓球、ソフトテニス、柔道、から選択　１人５～１０分程度、１グループ３０～６０分程度　発表内容について質疑応答
天羽	普通	面接（個人）	検査官２人、１０分 得意・不得意科目、将来の夢、中学校の思い出、卒業後の進路、最近のニュース、長所と短所、など
		自己表現	【スピーチによる自己表現】３分 【作文による自己表現】４０１字以上、４０分 「能登半島地震について感じたことを書きなさい」 【実技による自己表現】 種目:柔道、剣道、野球、ソフトテニス、バレーボール、サッカー、卓球、吹奏楽、合唱、バスケットボール、から選択　５分以内
木更津	全科	作文	５０分、字数５００～６００字 テーマ：本校の期待する生徒像は「自分を高めようとする意欲のある者」ですが、あなたが中学校時代にで意欲的（主体的）に取り組んだことは何ですか？また、木更津高校でそのように生かして行こうと考えていますか？具体的に書きなさい。
木更津東	全科	面接（集団）	検査官２人・受検生５人、１５分 得意・不得意科目、将来の夢、中学校の思い出、卒業後の進路、最近のニュース、長所と短所、など
君津	普通	自己表現	【口頭による自己表現】９０秒程度で自己アピール 【実技による自己表現】男子のみ：野球、サッカー、女子のみ：ソフトボール、共通：陸上競技、ソフトテニス、バレーボール、バスケットボール、卓球、バドミントン、剣道、書道、から選択　５分程度
	園芸	面接（個人）	検査官３人、１０分 得意・不得意科目、将来の夢、中学校の思い出、卒業後の進路、最近のニュース、長所と短所、など

高校名	学科	検査項目	検査内容
君津青葉	総合	面接（個人）	検査官３人、１０分 志願理由、高校に入って何をしたいか、中学校生活で印象に残っていること、体験入学に参加したか、学科コースについての希望、など
袖ヶ浦	普通	自己表現	【文章による自己表現】５０分　８００字以内 テーマ：「期待する生徒像を元に今後活動したいことを書く」 【実技による自己表現】男子のみ：野球、サッカー、新体操、女子のみ：テニス、共通：バレーボール、バスケットボール、卓球、バドミントン、ソフトテニス、陸上競技、剣道、柔道、吹奏楽、書道、から選択　１０～５０分程度
	情報コミュニケーション	自己表現	【口頭による自己表現】自己アピール３分程度　質疑応答１分程度 【実技による自己表現】男子のみ：野球、サッカー、新体操、女子のみ：テニス、共通：バレーボール、バスケットボール、卓球、バドミントン、ソフトテニス、陸上競技、剣道、柔道、吹奏楽、書道、から選択　１０～５０分
市原	全科	面接（個人）	検査官２人、１０分 志望理由、将来の夢、長所と短所、中学校生活で感動したこと、気になるニュース、園芸の知識(園芸科)、など
		作文	３０分、字数３２０～４００字 テーマ:「志望理由に触れつつ入学後に力を入れたいことについて」
京葉	普通	自己表現	【口頭による自己表現】自己アピール３分 【実技による自己表現】男子のみ：野球、サッカー、女子のみ：ソフトボール、共通：バレーボール、バスケットボール、剣道、陸上競技、ソフトテニス、吹奏楽、書道、から選択（２０分程度）
市原緑	普通	面接（個人）	検査官２人、７分 志願理由、自己表現に関すること(スピーチの内容、実技)について
姉崎	普通	面接（個人）	検査官２人、２分 志願理由、中学校生活で印象に残っていること、高校生活で頑張りたいこと
		自己表現	【口頭による自己表現】検査官２人、２分　テーマは自由、 終了後にテーマに関する質疑応答 【実技による自己表現】男子のみ：野球、サッカー、女子のみ：バレーボール、共通：ソフトテニス、陸上競技、バスケットボール、から選択
市原八幡	普通	自己表現	【口頭による自己表現】 日本語によるスピーチ（１分程度）スピーチ後、質疑応答 【実技による自己表現】男子のみ：野球、サッカー、女子のみ：ソフトボール、共通：バレーボール、陸上競技、テニス、バドミントン、卓球、バスケットボール、 剣道、吹奏楽、から選択　１０分程度　それに対する質疑応答

NO.	面接時の主な質問内容
1	この学校を志望した動機･理由を答えてください。
2	将来の夢（高校卒業後の進路等）は何ですか。
3	中学校生活の中での一番の思い出や頑張った事は何ですか。
4	出身中学校についてどんな学校かを述べてください。
5	自分の長所及び短所を述べてください。
6	あなたの趣味･特技は何ですか。
7	好きな教科と嫌いな教科は何ですか。また、その理由は。
8	高校に入学したら何をしたいですか。
9	所属していた部活動は何ですか。また、部活動を続けた事で何が得られましたか。
10	最近のニュースや社会問題で気になる事は何ですか。
11	最近読んだ本は何ですか。また、その感想を述べてください。
12	この学科（専門学科）で何を勉強するか知っていますか。
13	自己ＰＲをしてください。
14	体験入学に来ましたか。また、本校の特徴で知っている事を述べてください。
15	高等学校と中学校の違いは何だと思いますか。
16	休日はどのように過ごしますか。

実技における自己表現・適性検査の主な実施内容

野球・ソフトボール	素振り・ステップスロー・ノック・キャッチボール・トスバッティング・ダッシュ・ベースランニング・立ち幅跳び・３０Ｍ走・５０Ｍ走　ハンドボール投げ・メディシンボール投げ・反復横跳び、ロングティー、ホームと１塁間の走塁タイム計測、など
サッカー	リフティング・パス回し・ドリブル・シュート・ミニゲーム・ダッシュ、横ボールキャッチ、パントキック、など
バスケットボール	パス・ドリブル・シュート・フリーフロー・１対１・ランニング・ミニゲーム　など
テニス（軟式・硬式）	サーブ・レシーブ・ストローク・ボレー・ラリー・スマッシュ・乱打　など
バドミントン	サーブ・ラリー・スマッシュ・乱打　など
バレーボール	パス・トス・サーブ・スパイク・ブロック・ランニング　など
ハンドボール	ハンドボール投げ・立ち幅跳び・３０Ｍ走　など
卓球	フォア打ち・ドライブ・スマッシュ・ストローク・サーブ・フットワーク　など
陸上競技	短距離走・長距離走・立ち幅跳び・タイムトライアル　など （雨天時）：反復横跳び・ミニハードル走・腹筋・シャトルラン　など
剣道	切返し・打込み（面・小手・胴）・応じ技（面・小手に対し）・素振り・地稽古　など
柔道	受け身・投込み・打込み・寝技・乱取り　など
美術	静物デッサン・鉛筆デッサン・白黒デッサン　など
吹奏楽	合奏・任意の曲の演奏・基礎技能実技（基本の音階・半音階） ピアノ演奏（バッハ・ベートベン・ショパンなどの作曲から１つ選び演奏）など
書道	検査当日に指定される文字の清書・楷書・行書　など

※実施校により、実施内容が異なります

その他　実施校が少なかった種目一覧

体操・新体操	八千代(体)・習志野・船橋二和・市立船橋・銚子商業・袖ヶ浦
レスリング	野田中央・四街道・佐倉西
ラグビー	幕張総合(総)・市立松戸(普)・我孫子
フェンシング	柏陵
弓道	幕張総合(総)・市立松戸(普)・流山南・市立銚子
ゴルフ	多古
水球・スポーツクライミング	幕張総合(総)
シンフォニックオーケストラ	幕張総合(総)
ジャズオーケストラ	富里
相撲	流山南
合唱	若松・幕張総合(総)・船橋法典・松戸馬橋・市立松戸（普）・天羽
将棋	幕張総合(総)・八千代東
ダンス	柏陵
理科	流山南
珠算・簿記・ワープロ・情報	一宮商業

令和６年度

千葉県公立高等学校
入試結果データ

資料提供

SOSHIN TOSOH 総進図書

千葉県公立高等学校の通学区域

1. 県立高等学校の通学区域

県立高等学校の全日制普通科には、志願に関して次のような学区制限があり、その学区内の高等学校を志願しなければなりません。

（１）志願者及び保護者の居住する市町村が属し、かつ志願者の在籍あるいは卒業した中学校の所在する市町村が属する学区

（２）（１）に掲げる学区に隣接する学区

＊女子校（千葉女子高校及び木更津東高校）の２校、専門学科、総合学科、定時制及び通信制の課程には志願に関する学区制限はありません。県内全域から志願することができます。

各市町村の学区

第１学区	千葉市
第２学区	市川市　船橋市　松戸市　習志野市　八千代市　浦安市
第３学区	野田市　柏市　流山市　我孫子市　鎌ヶ谷市
第４学区	成田市　佐倉市　四街道市　八街市　印西市　白井市　富里市　印旛郡内全町
第５学区	銚子市　香取市　匝瑳市　旭市　香取郡内全町
第６学区	東金市　山武市　大網白里市　山武郡内全町
第７学区	茂原市　勝浦市　いすみ市　長生郡内全町村　夷隅郡内全町
第８学区	館山市　鴨川市　南房総市　鋸南町
第９学区	木更津市　市原市　君津市　富津市　袖ヶ浦市

志願者の受験可能学区（全日制普通科）

居住学区＼高校所在学区	第１学区	第２学区	第３学区	第４学区	第５学区	第６学区	第７学区	第８学区	第９学区
第１学区	●	●		●		●	●		●
第２学区	●	●	●	●					
第３学区		●	●	●					
第４学区	●	●	●	●	●	●			
第５学区				●	●	●			
第６学区	●			●	●	●	●		
第７学区	●					●	●	●	●
第８学区							●	●	●
第９学区	●						●	●	●

2. 市立高等学校の通学区域

市立高等学校の志願については、下記の学区制限があります。

学校	学科	学区制限
千葉市立千葉	普通	千葉市内のみ可能（本人及び保護者が千葉市内に居住する者）
	理数	県内全域から可能
千葉市立稲毛	普通	千葉市立稲毛国際中等教育学校に移行の為、令和７年度入試より募集停止
	国際教養	
習志野市立習志野	普通	第１･第２･第３･第４学区の市町（県立高校と同じ扱い）
	商業	県内全域
船橋市立船橋	普通	第１･第２･第３･第４学区の市町（県立高校と同じ）
	商業	県内全域
	体育	県内全域
松戸市立松戸	普通	第１･第２･第３･第４学区の市町（県立高校と同じ）
	国際人文	県内全域
柏市立柏	普通	第２･第３･第４学区の市町（県立高校と同じ）
	ｽﾎﾟｰﾂ科学	県内全域
銚子市立銚子	普通・理数（くくり募集）	第４･第５･第６学区の市町（県立高校と同じ）

県立高等学校全日制の課程普通科通学区域図

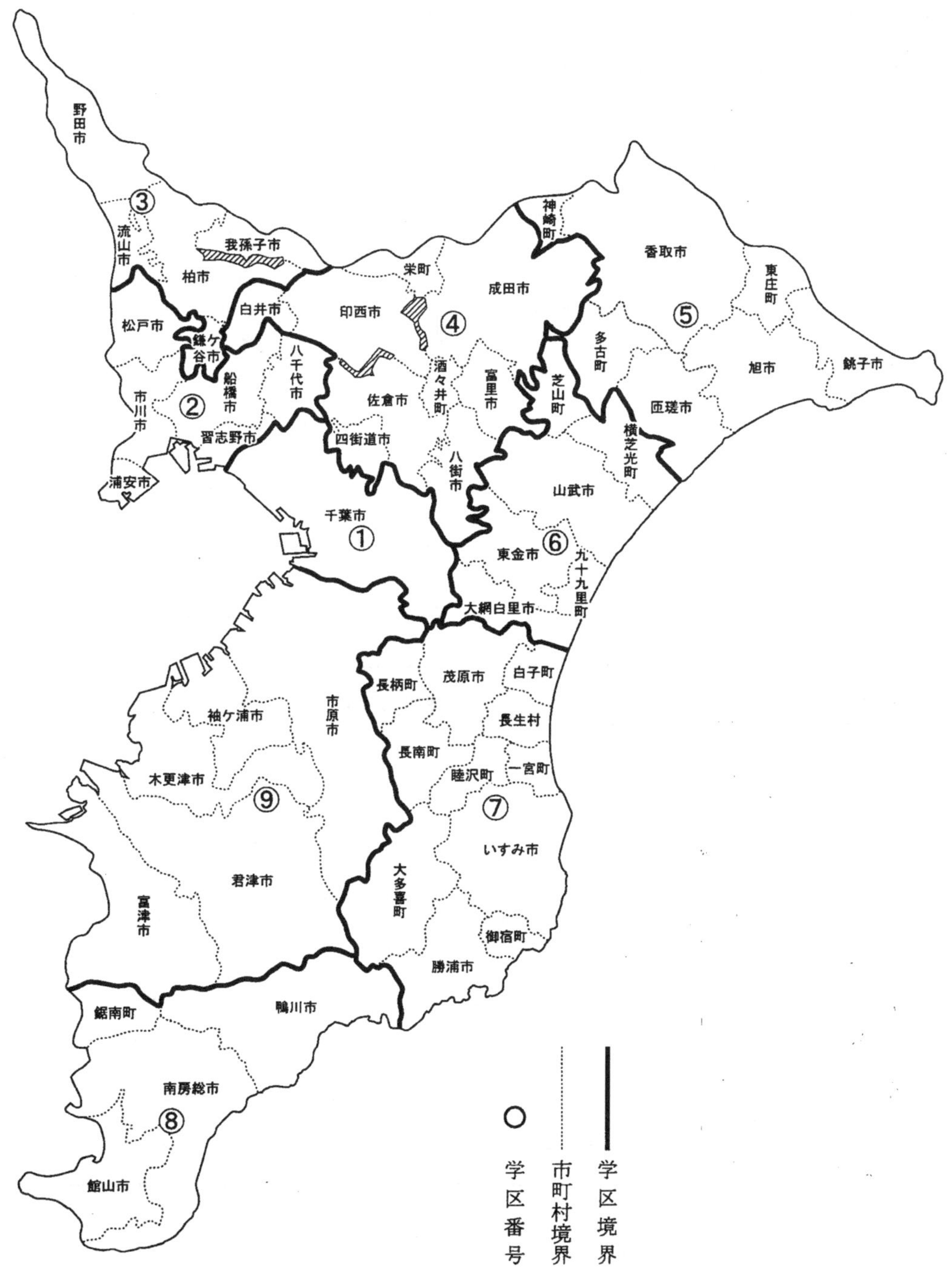

令和7年度（来春） 千葉県公立高等学校 選抜日程

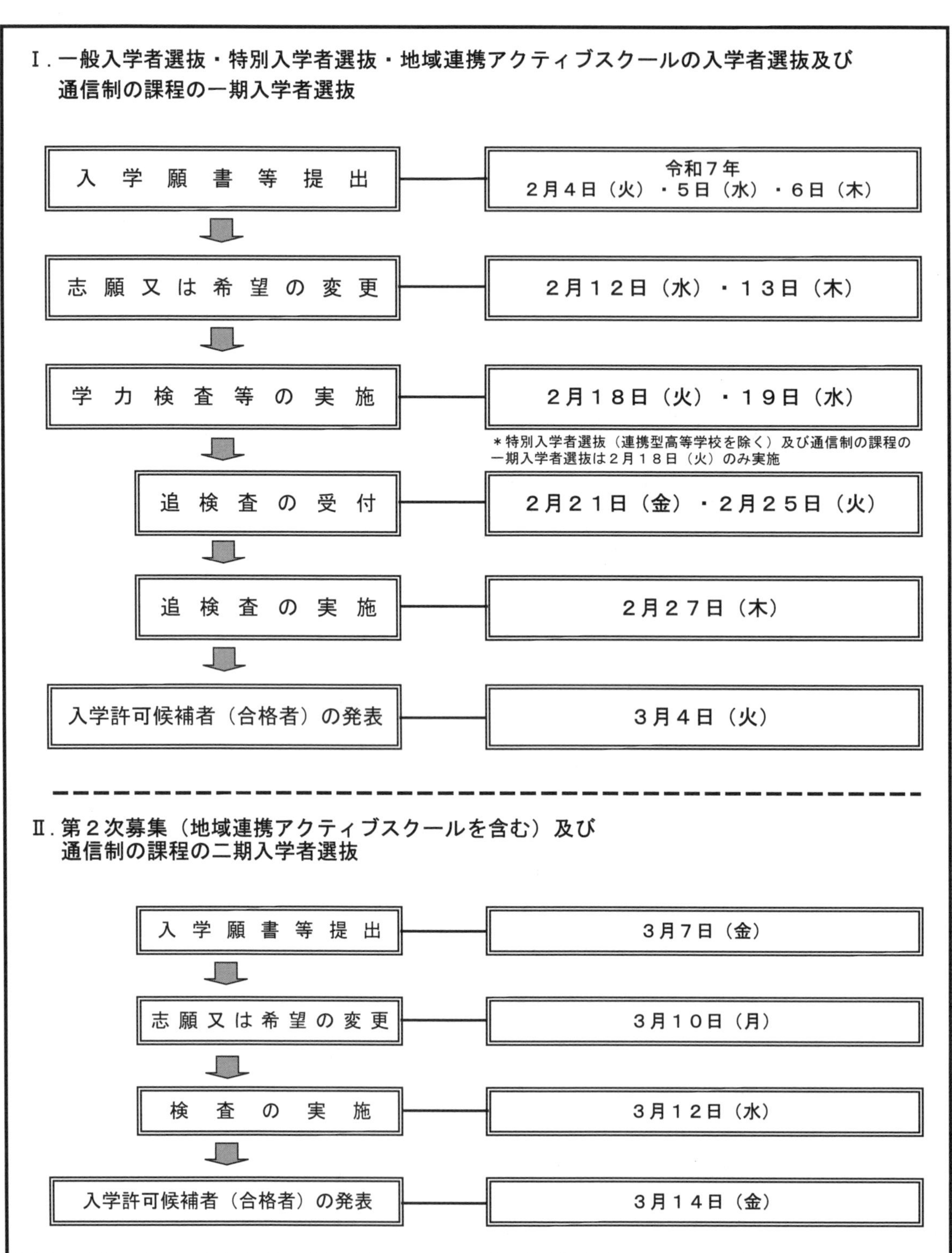

Ⅰ．一般入学者選抜・特別入学者選抜・地域連携アクティブスクールの入学者選抜及び通信制の課程の一期入学者選抜

入学願書等提出	令和７年 ２月４日（火）・５日（水）・６日（木）
志願又は希望の変更	２月１２日（水）・１３日（木）
学力検査等の実施	２月１８日（火）・１９日（水） ＊特別入学者選抜（連携型高等学校を除く）及び通信制の課程の一期入学者選抜は２月１８日（火）のみ実施
追検査の受付	２月２１日（金）・２月２５日（火）
追検査の実施	２月２７日（木）
入学許可候補者（合格者）の発表	３月４日（火）

Ⅱ．第２次募集（地域連携アクティブスクールを含む）及び通信制の課程の二期入学者選抜

入学願書等提出	３月７日（金）
志願又は希望の変更	３月１０日（月）
検査の実施	３月１２日（水）
入学許可候補者（合格者）の発表	３月１４日（金）

旧選抜制度と新選抜制度の相違点

❶受検する機会が、旧選抜においては前期選抜・後期選抜の２回あったものが、新入試選抜では１回のみとなります。

❷学力検査が、２日に亘って実施されます。（旧選抜では１日に国数英理社の５教科を実施）

❸英語の学力検査の時間が６０分となります。（他の４教科は５０分で実施、旧選抜では全ての教科を前期５０分、後期４０分で実施）

❹調査書の評定において、算式による統一した補正は実施しません。

❺本検査の他に、追検査が実施されます。（インフルエンザ罹患等のやむを得ない理由のみ受検可能）

	旧制度（令和2年度入学者選抜）		新制度（令和6年度入学者選抜）
名称	前期選抜	後期選抜	一般入学者選抜（本検査）
検査日	令和2年2月12日（火） 令和2年2月13日（水）	令和2年3月　2日（月）	令和6年2月20日（火） 令和6年2月21日（水）
発表日	令和2年2月19日（水）	令和2年3月　6日（金）	令和6年3月　4日（月）
検査内容	第1日　5教科の学力検査（1教科50分） 第2日　各高等学校において、面接、自己表現、作文、適性検査等から一つ以上の検査を実施	5教科の学力検査（1教科40分）、面接等各高等学校が必要に応じて実施する検査	第1日　3教科（国語・数学・英語）の学力検査（国語・数学は50分、**英語は60分**） 第2日　2教科（理科・社会）の学力検査（1教科50分）、各高等学校において、面接、自己表現、作文、適性検査等から、一つ以上の検査を実施
選抜方法	調査書、学力検査の成績、各高等学校において実施した検査の結果等を資料とし、各高等学校が総合的に判定する。 調査書の評定は、算式1を使用する。	調査書、学力検査の成績、各高等学校が必要に応じて実施した検査の結果等を資料とし、各高等学校が総合的に判定する。 調査書の評定は、算式1を使用する。 B組の判定には算式2を使用する。	調査書の評定の全学年の合計値及びその他の記載事項、学力検査の成績、各高等学校において実施した検査の結果等を資料とし、各高等学校が総合的に判定する。また、選抜資料は原則として得点（数値）化し、各高等学校は、選抜・評価方法において公表する。 調査書の評定は、全学年の合計値を使用する。算式による補正は行わない。
追検査	実施していない。	実施していない。	実施する。（インフルエンザ罹患等の理由のみ）

【一般入学者選抜】の検査内容と選抜方法

１．本検査

（１）検査の内容等

	検査の内容		時間・配点
第１日	【学力検査】 国語・数学・英語	国語は、放送による聞き取り検査を含む。 英語は、放送によるリスニングテストを含む。	国語・数学は５０分 英語は６０分 各教科１００点
第２日	【学力検査】 理科・社会		各教科５０分 各教科１００点
	【学校設定検査】	各高等学校において、面接、集団討論、自己表現、作文、適性検査、学校独自問題及びその他の検査のうちからいずれか一つ以上の検査を実施する。	検査の時間等については、各高等学校が定める。

※定時制の課程において、学力検査を３教科（国語・数学・英語）に定め、学校設定検査を第１日の学力検査終了後に実施した場合、検査期日を第１日の１日のみとすることができます。

【学校設定検査】の各検査の概略

●面接
学習活動や学校生活に対する意欲・関心、あるいは一般常識を問う検査。
●集団討論
複数の受検者に対して、同一のテーマを与え、司会者を定めないで自由に討論させる検査。
●自己表現
決められた時間内において、あらかじめ受検者が申告するなどした実施形態によって発表をさせる検査。
●作文
指示された題名のもとに、（自由に書かせることを含む）文書を作成させる検査。
●小論文
ある文章や資料等を与え、その全体又は一部について問い、受検者のものの考え方等を見る検査。
●適性検査
専門学科が、その特色に応じて行う実技等の検査で、各学校が指定する実施形態によって行う検査
●学校独自問題
基礎・基本の定着を見る問題、思考力・応用力を見る問題又は教科横断的な総合問題による検査。
●その他の検査
上記以外で、あらかじめ学校が示した方法による検査。
例　・県が作成する思考力を問う問題　　・集団に課題を与えて、活動を観察する検査（集団適性検査）

（２）検査の時間割

	第　１　日		第　２　日	
本検査	９:３０	集合	９:３０	集合
	９:３０～　９:５０	受付・点呼	９:３０～　９:５０	受付・点呼
	９:５０～１０:０５	注意事項伝達	９:５０～　１０:０５	注意事項伝達
	１０:２０～１１:１０	国語	１０:２０～１１:１０	理科
	１１:４０～１２:３０	数学	１１:４０～１２:３０	社会
	１２:３０～１３:１５	昼食・休憩	１２:３０～１３:１５	昼食・休憩
	１３:２５～１４:２５	英語	１３:２５～	学校設定検査

※学校設定検査のうち、県が作成する「思考力を問う問題」を実施する場合は、第２日の午後１時２５分から午後２時２５分に行う。
※３教科の学力検査を実施する定時制の課程にあっては、学校設定検査を第１日の午後２時４０分以降又は第２日の午前９時３０分以降に行うものとします。

（３）選抜方法

ア　基本的選抜方法（令和６年度入試では、全日制全体の約９０％がこの方法で選抜をおこないました。）

「千葉県公立高等学校入学者選抜実施要項」には、次のように定められています。

・中学校の校長から送付された調査書等の書類の審査、学力検査の成績及び学校設定検査の結果を選抜の資料とし、各高等学校の教育を受けるに足る能力、適性等を総合的に判定して入学者の選抜を行うものとする。
・調査書の必修教科の評定の全学年の合計値及びその他の記載事項、学力検査の成績、学校設定検査の結果等の選抜の資料は原則として得点（数値）化するものとし、選抜のための各資料の得点を合計した「総合点」に基づき総合的に判定する。選抜の資料の配点は各高等学校において別に定める。
・各高等学校の選抜の手順、選抜のための各資料の項目及び配点等を定めた「選抜・評価方法」は、各高等学校のウェブページに掲載する。

上記の文章より、選抜は次の４つの資料で行われます。それぞれを数値化し、合計した「総得点」に基づいて合否を決めます。
【学力検査の成績】
【調査書中の必修教科の全学年の評定合計値】
【調査書中の記載事項】
【学校設定検査の結果】

それぞれの選抜資料は、学校・学科の特色や相対的なバランスも考慮し、次のように定められています。但し、市立高等学校においては、当該市教育委員会が定めるところによります。

● 【学力検査の成績】
学力検査を実施した各教科の得点を合計し、「学力検査の得点」とします。５教科を実施した場合は、各教科１００点ですので、**基本的には５００点満点**となります。但し、「理数に関する学科」、「国際関係に関する学科」については、特定の教科を１．５倍又は２倍した値をその教科の得点とみなすことができます。
（令和６年度入試の倍率は、８ページの表１を参照）

特定の教科	「理数に関する学科」…数学及び理科	「国際関係に関する学科」…英語

また、三部制の定時制の課程で学力検査を５教科で実施した場合、５教科のうち、志願者が出願時に申告した３教科の得点を１～３倍した値をそれぞれの教科の得点とみなすことができます。（昨年度の倍率は全て１）

● 【調査書中の必修教科の全学年の評定合計値】
調査書の教科の学習の記録における、国語、社会、数学、理科、音楽、美術、保健体育、技術・家庭及び外国語（外国語については、必修及び全ての生徒が共通に履修するもの、現実的には英語）の評定の全学年の合計値（１３５点満点、４５点×３年間）について、各高等学校が定める**Ｋの数値を乗じ「調査書の得点」**とします。Ｋの数値は、原則として１とし、各高等学校において学校の特色に応じて０．５以上２以下の範囲内で定めます。

調査書の得点　＝　必修教科の全学年の評定合計値（１３５点満点）　×　Ｋ（０．５～２、原則１）

● 【調査書中の記載事項】
調査書中の記載事項（部活動、生徒会活動、資格など）について、各高等学校は学校の特色に応じて**５０点を上限**として、上記の「調査書の得点」に加点することができます。

● 【学校設定検査の結果】
「学校設定検査の得点」の配点は、各高等学校が設定した検査数により決められています。
設定した検査数が１つの場合………**１０点以上１００点以下**
設定した検査数が２つ以上の場合…**合計得点の上限１５０点**
※専門学科において適性検査を２つ以上実施し、さらに面接を実施する場合には、面接の配点は５０点を上限とし、かつ学校設定検査の合計得点は２００点を超えないものとします。また、学校設定検査を「その他の検査のうちの県が作成した思考力を問う問題」にした場合の配点は、１００点とします。

基本的選抜方法

学力検査	調査書中の		学校設定検査	総得点
	全学年の評定合計値	記載事項		
１００×５教科　５００点 理数に関する学科（数学・理科） 国際関係に関する学科（英語） １．５倍又は２倍可 ○○○点	１３５点　×　Ｋ Ｋ＝０．５～２　原則１ △△△点	０～５０点 県大会出場など 英検・漢検など 生徒会役員など □□点	１検査　…１０点～１００点 ２検査以上…上限１５０点 ＊適性検査２つ以上＋面接実施の場合 面接５０点まで、合計得点の上限は２００点 ◇◇点	◎◎◎点

イ　２段階による選抜方法（令和６年度入試では、全日制の約１０％がこの選抜方法を導入しました。）

一般入学者選抜では、上記の「基本的選抜方法」に加えて各高等学校の特色を重視した選抜を行う、といった２段階での選抜を行うことができます。２段階での選抜を行う場合は、２段階目で選抜する人数は、募集人員の２０％以下としなければなりません。

令和６年度入試で「２段階による選抜方法」を導入した学校・学科（１６校２０学科）

学校名	学科名	学校名	学科名	学校名	学科名
千葉	普通	市立松戸	普通	安房	普通
若松	普通	四街道	普通	木更津	普通・理数
幕張総合	総合学科	佐原	普通・理数	君津	普通
市立習志野	普通	東金商業	商業・情報処理	京葉	普通
市立船橋	普通	一宮商業	商業・情報処理		
松戸六実	普通	大原	総合学科		

２段階目の選抜では、１段階目の基本的選抜方法で得点（数値）化した【学力検査の成績】、【調査書中の全学年の評定合計値】、【調査書中の記載事項】及び【学校設定検査の結果】に、次のｋ１、ｋ２、ｋ３又はｋ４の数値を乗じた得点を、選抜の資料とすることができます。

ｋ１ … 調査書中の全学年の評定合計値にＫを乗じた数値に乗じる係数
ｋ２ … 調査書中の記載事項の加点に乗じる係数
ｋ３ … 学校設定検査の得点に乗じる係数
ｋ４ … 学力検査の得点（特定教科の傾斜配点も含む）に乗じる係数

ｋ１、ｋ２及びｋ３の数値は、それぞれ１以上とし、各高等学校が定めます。またｋ１、ｋ２及びｋ３を乗じた後の各資料の配点は、「基本的選抜方法」のそれぞれの上限を超えないものとします。また、ｋ４の数値については、１以上１．５以下とします。

調査書中の全学年の評定合計値の上限…Ｋの数値が２の場合の２７０点
調査書中の記載事項の上限………………５０点
学校設定検査の得点の上限………………１検査の場合１００点、２検査以上の場合１５０点
適性検査２つ以上＋面接の場合２００点

２段階による選抜方法の例　　Ａ高校　普通科　募集人員２８０名

●１段階目の選抜（基本的選抜方法）　募集人員の８０％、Ｋ＝１、学校設定検査：面接

次の表の各資料の配点及びそれらを合計した総得点に基づいて、募集人員の８０％（２２４名）までを選抜します。

学力検査の成績	調査書中の		学校設定検査	総得点
	全学年の評定合計値	記載事項（加点）		
各教科１００点 ×　５ ５００点	１３５点×Ｋ（１） １３５点	２５点を上限に加点 ２５点	面接官３名 各１０点×３ ３０点	６９０点

●２段階目の選抜（学校の特色を重視した選抜方法）　募集人員の２０％
ｋ１及びｋ２＝２、ｋ３＝３、ｋ４＝１．５

募集人員の残り２０％（５６名）については、次の表の各資料の配点及びそれらを合計した総得点に基づいて選抜します。

学力検査の成績	調査書中の		学校設定検査	総得点
	全学年の評定合計値	記載事項（加点）		
各教科１００点 ×　５ × ｋ４（１．５） ７５０点	【１３５点×Ｋ（１）】 × ｋ１（２） ２７０点	２５点 × ｋ２（２） ５０点	３０点 × ｋ３（３） ９０点	１，１６０点

２．追検査（インフルエンザ罹患等への対策）

（１）受験資格

インフルエンザ罹患等による急な発熱で別室での受検も困難である等、やむを得ない理由により本検査又は一部を受検することができなかった者を対象とします。
＊令和６年度入試により、コロナ特例ではなく、正式に本検査一部未受検者も追検査が受験可能となっています。

（２）連絡、提出書類及び提出先

追検査を志願する者の在籍する中学校の校長等は、追検査受検願等の提出期間の前日までに、当該志願者の志願した高等学校の校長に電話により連絡しなければなりません。

また、追検査を志願する者は次の書類を、志願した高等学校の校長に提出しなければなりません。
・本検査出願時に交付された受検票
・追検査受検願
・本検査を受検することができなかった理由を証明する医師の診断書
　※医師の診断書を提出できない場合には、在籍中学校の校長が作成した本検査不受検理由証明書を在籍中学校の校長の確認を経て、志願した高等学校の校長に提出します。

（３）検査の内容

５教科（国語・数学・英語・理科・社会）又は３教科（国語・数学・英語）の学力検査を、本検査とは別の問題により実施します。学力検査の時間は、国語・社会・数学・理科は各５０分、英語は６０分とし、配点は各教科１００点とします。国語の問題は放送による聞き取り検査を含み、英語の問題は放送によるリスニングテストを含みます。学校設定検査の実施については学校ごとの裁量とし、実施する場合にあっては、本検査に準じた学校設定検査を実施します。検査は１日のみで実施されます。
＊本検査一部未受検者は、当該の教科等のみを受検します。

追検査の時間割

５教科の学力検査を実施する高等学校		３教科の学力検査を実施する高等学校	
時　間	検　査　等	時　間	検　査　等
８：４５	集　合	８：４５	集　合
８：４５～　８：５０	受付・点呼	８：４５～　８：５０	受付・点呼
８：５０～　９：００	注意事項伝達	８：５０～　９：００	注意事項伝達
９：０５	検査室着席完了	９：０５	検査室着席完了
９：１０～１０：００	国　語	９：１０～１０：００	国　語
１０：１５～１１：０５	数　学	１０：１５～１１：０５	数　学
１１：２０～１２：２０	英　語	１１：２０～１２：２０	英　語
１２：２０～１３：００	昼食・休憩	１２：２０～１３：００	昼食・休憩
１３：１０～１４：００	理　科	１３：０５～	学校設定検査（学校裁量）
１４：１５～１５：０５	社　会		
１５：２０～	学校設定検査（学校裁量）		

（４）追検査の選抜結果

追検査の選抜結果については、本検査の結果と併せて発表されます。

表１　理数及び国際関係に関する学科で特定教科の得点にかける倍率（令和６年度入試）

理数に関する学科（数学・理科）			国際関係に関する学科（英語）		
学校名	学科名	倍率	学校名	学科名	倍率
船橋	理数	１．５	松戸国際	国際教養	１．５
柏	理数	１．５	流山おおたかの森	国際コミュニケーション	１．５
佐倉	理数	１．５	成田国際	国際	１．５
佐原	理数	１．５	東金	国際教養	１．５
			市立稲毛	国際教養	１．５
			市立松戸	国際人文	１．５

＊7年度入試より募集停止

※木更津高校及び市立千葉の理数科については、数学及び理科の得点に、各高等学校が定めた倍率を用いることをしません。

令和６年度入試　全日制の課程　選抜・評価方法における評価項目の配点①

※印　くくり募集　★印　女子校

学校名	学科名	基本的選抜方法								2段階選抜
		学力検査		調査書			学校設定検査		総合点	実施の有無
		配点	特定教科の倍率	Kの値	評定合計値	記載事項の加点上限	検査形態	配点		
千葉	普通	500		0.5	67.5	0 (参考)	その他 (思考力の問題)	100	667.5	有
★千葉女子	普通	500		1	135	20	面接	45	700	無
★千葉女子	家政	500		1	135	20	適性検査	60	715	無
千葉東	普通	500		0.5	67.5	0 (参考)	その他 (思考力の問題)	100	667.5	無
千葉商業	※商業 ・情報処理	500		1	135	40	自己表現	100	775	無
京葉工業	全学科	500		1	135	40	自己表現	100	775	無
千葉工業	全学科	500		1	135	35	面接	90	760	無
千葉南	普通	500		1	135	30	面接	20	685	無
検見川	普通	500		1	135	25	面接	10	670	無
千葉北	普通	500		1	135	40	面接	20	695	無
若松	普通	500		1	135	20	自己表現	30	685	有
千城台	普通	500		1	135	30	面接	15	680	無
生浜	普通	500		1	135	0	自己表現	100	735	無
磯辺	普通	500		1	135	35	作文	20	690	無
幕張総合	総合学科	500		1	135	10	自己表現	20	665	有
幕張総合	看護	500		1	135	0 (参考)	面接	30	665	無
柏井	普通	500		1	135	0 (参考)	自己表現	100	735	無
土気	普通	500		1	135	50	自己表現	60	745	無
千葉西	普通	500		1	135	27	面接	12	674	無
犢橋	普通	500		2	270	50	面接 自己表現	50 100	970	無
市立千葉	普通 理数	500		1	135	15	小論文	10	660	無
市立稲毛	普通	500		1	135	30	面接	30	695	無
市立稲毛	国際教養	550	英語1.5	1	135	30	面接	30	745	無
八千代	普通	500		1	135	50	集団討論	40	725	無

令和６年度入試　全日制の課程　選抜・評価方法における評価項目の配点②

※印　くくり募集　★印　女子校

学校名	学科名	基本的選抜方法								2段階選抜
		学力検査		調査書			学校設定検査		総合点	実施の有無
		配点	特定教科の倍率	Kの値	評定合計値	記載事項の加点上限	検査形態	配点		
八千代	家政	500		1	135	0 （参考）	面接 適性検査	40 40	715	無
八千代	体育	500		1	135	0 （参考）	面接 適性検査Ⅰ Ⅱ Ⅲ	50 各50	835	無
八千代東	普通	500		2	270	40	自己表現	100	910	無
八千代西	普通	500		1	135	10	面接	100	745	無
津田沼	普通	500		1	135	12	自己表現	18	665	無
実籾	普通	500		1	135	30	面接	30	695	無
船橋	普通	500		0.5	67.5	0 （参考）	作文	10	577.5	無
船橋	理数	600	数学1.5 理科1.5	0.5	67.5	0 （参考）	作文	10	677.5	無
薬園台	普通	500		1	135	10	面接	10	655	無
薬園台	園芸	500		1	135	10	面接	90	735	無
船橋東	普通	500		1	135	20	面接	10	665	無
船橋啓明	普通	500		2	270	25	面接	15	810	無
船橋芝山	普通	500		1	135	50	面接	12	697	無
船橋二和	普通	500		2	270	50	面接 自己表現	50 100	970	無
船橋法典	普通	500		1	135	50	自己表現	96	781	無
船橋豊富	普通	500		1	135	50	面接	99	784	無
船橋北	普通	500		2	270	50	自己表現	96	916	無
市内優先入学20% 市立習志野	普通	500		1	135	0 （参考）	自己表現	100	735	㊒
市立習志野	商業	500		1	135	0 （参考）	自己表現	300	935	無
市内優先入学20% 市立船橋	普通	500		1	135	40	自己表現	36	711	㊒
市立船橋	商業	500		1	135	30	面接 自己表現	160 160	985	無
市立船橋	体育	500		1	135	0	適性検査Ⅰ 適性検査Ⅱ	90 260	985	無
市川工業	全学科	500		1	135	50	面接	100	785	無
国府台	普通	500		1	135	20	面接	40	695	無

令和６年度入試　全日制の課程　選抜・評価方法における評価項目の配点③

※印　くくり募集　★印　女子校

学校名	学科名	基本的選抜方法								2段階選抜
		学力検査		調査書			学校設定検査		総合点	実施の有無
		配点	特定教科の倍率	Kの値	評定合計値	記載事項の加点上限	検査形態	配点		
国分	普通	500		1	135	30	面接	30	695	無
市川東	普通	500		1	135	22	面接	18	675	無
市川南	普通	500		1	135	48	面接 自己表現	90 60	833	無
市川昴	普通	500		1	135	50	面接	36	721	無
浦安	普通	500		1	135	50	自己表現	100	785	無
浦安南	普通	500		2	270	50	面接	90	910	無
松戸	普通	500		1	135	50	面接	48	733	無
松戸	芸術	500		1	135	50	面接 適性検査	48 100	833	無
小金	総合学科	500		0.5	67.5	0	作文	10	577.5	無
松戸国際	普通	500		1	135	0 （参考）	面接	20	655	無
松戸国際	国際教養	550	英語1.5	1	135	0 （参考）	面接	20	705	無
松戸六実	普通	500		1	135	25	自己表現	20	680	有
松戸馬橋	普通	500		1	135	25	面接 自己表現	45 50	755	無
松戸向陽	普通 福祉教養	500		1	135	50	面接	100	785	無
市内優先入学40% 市立松戸	普通	500		1	135	35	自己表現	40	710	有
市立松戸	国際人文	550	英語1.5	1	135	35	面接	40	760	無
鎌ケ谷	普通	500		1	135	30	自己表現	20	685	無
鎌ケ谷西	普通	500		2	270	50	面接	100	920	無
東葛飾	普通	500		0.5	67.5	0 （参考）	その他 （思考力の問題）	100	667.5	無
柏	普通	500		1	135	10	作文	10	655	無
柏	理数	600	数学1.5 理科1.5	1	135	15	作文	10	760	無
柏南	普通	500		1	135	30	作文	20	685	無
柏陵	普通	500		1	135	50	自己表現	96	781	無

令和６年度入試　全日制の課程　選抜・評価方法における評価項目の配点④

※印　くくり募集　★印　女子校

学校名	学科名	基本的選抜方法								2段階選抜
		学力検査		調査書			学校設定検査		総合点	実施の有無
		配点	特定教科の倍率	Kの値	評定合計値	記載事項の加点上限	検査形態	配点		
柏中央	普通	500		1	135	30	面接	15	680	無
柏の葉	普通 情報理数	500		1	135	25	面接	30	690	無
流山	園芸	500		1	135	25	面接	45	705	無
流山	※商業 ・情報処理	500		1	135	25	面接	45	705	無
流山おおたかの森	普通	500		1	135	20	面接	18	673	無
流山おおたかの森	国際 コミュニケーション	550	英語1.5	1	135	20	面接 適性検査	18 20	743	無
流山南	普通	500		1	135	50	自己表現	96	781	無
清水	食品科学	500		1	135	50	面接 適性検査	48 96	829	無
清水	※機械・電気 ・環境化学	500		1	135	50	面接 適性検査	48 96	829	無
野田中央	普通	500		2	270	50	面接 自己表現	60 90	970	無
関宿	普通	500		2	270	50	面接	80	900	無
我孫子	普通	500		1	135	0 （参考）	自己表現	70	705	無
我孫子東	普通	500		2	270	50	面接	100	920	無
沼南	普通	500		2	270	50	面接	100	920	無
沼南高柳	普通	500		2	270	50	面接	100	920	無
市立柏	普通	500		1	135	20	自己表現	150	805	無
市立柏	スポーツ科学	500		1	135	0 （参考）	適性検査	340	975	無
白井	普通	500		1	135	50	面接	80	765	無
印旛明誠	普通	500		1	135	30	面接	20	685	無
成田西陵	全学科	500		1	135	30	面接	90	755	無
成田国際	普通	500		1	135	0 （参考）	自己表現	30	665	無
成田国際	国際	550	英語1.5	1	135	0 （参考）	自己表現	30	715	無
成田北	普通	500		1	135	50	自己表現	50	735	無
富里	普通	500		1	135	50	自己表現	100	785	無

令和６年度入試 全日制の課程 選抜・評価方法における評価項目の配点⑤

※印 くくり募集 ★印 女子校

学校名	学科名	基本的選抜方法								2段階選抜
		学力検査		調査書			学校設定検査		総合点	実施の有無
		配点	特定教科の倍率	Kの値	評定合計値	記載事項の加点上限	検査形態	配点		
佐倉	普通	500		0.5	67.5	0 (参考)	面接	30	597.5	無
佐倉	理数	600	数学1.5 理科1.5	0.5	67.5	0 (参考)	面接	30	697.5	無
佐倉東	普通	500		2	270	50	面接	60	880	無
佐倉東	服飾デザイン 調理国際	500		2	270	50	面接	60	880	無
佐倉西	普通	500		1	135	50	自己表現	100	785	無
八街	総合学科	500		1	135	50	面接	75	760	無
四街道	普通	500		1	135	20	面接 自己表現	10 20	685	㊒
四街道北	普通	500		2	270	50	面接	100	920	無
下総	園芸 情報処理	500		1	135	50	面接	96	781	無
下総	自動車	500		1	135	50	適性検査	96	781	無
佐原	普通	500		1	135	15	作文	15	665	㊒
佐原	理数	600	数学1.5 理科1.5	1	135	15	作文	15	765	㊒
佐原白楊	普通	500		1	135	30	作文	30	695	無
小見川	普通	500		1	135	50	面接	90	775	無
多古	普通 園芸	500		1	135	40	面接 自己表現	45 90	810	無
銚子	普通	500		2	270	50	面接	100	920	無
銚子商業	※商業 ・情報処理	500		2	270	30	自己表現	90	890	無
銚子商業	海洋	500		2	270	30	自己表現	90	890	無
旭農業	全学科	500		1	135	50	面接	96	781	無
東総工業	全学科	500		1	135	50	自己表現	96	781	無
匝瑳	総合学科	500		1	135	50	面接	36	721	無
市立銚子	※普通・理数	500		1	135	35	自己表現	30	700	無
松尾	普通	500		1	135	50	面接	60	745	無
成東	※普通・理数	500		1	135	30	面接	30	695	無

令和６年度入試　全日制の課程　選抜・評価方法における評価項目の配点⑥

※印　くくり募集　★印　女子校

学校名	学科名	基本的選抜方法：学力検査 配点	学力検査 特定教科の倍率	調査書 Kの値	調査書 評定合計値	調査書 記載事項の加点上限	学校設定検査 検査形態	学校設定検査 配点	総合点	2段階選抜 実施の有無
東金	普通	500		1	135	50	面接	30	715	無
東金	国際教養	550	英語1.5	1	135	50	面接	30	765	無
東金商業	※商業・情報処理	500		1	135	35	自己表現	50	720	㊒
大網	全学科	500		1	135	50	面接	96	781	無
九十九里	普通	500		1	135	0（参考）	面接	100	735	無
長生	※普通・理数	500		1	135	10	作文	10	655	無
茂原	普通	500		1	135	30	面接	30	695	無
茂原樟陽	全学科	500		1	135	30	面接	50	715	無
一宮商業	※商業・情報処理	500		1	135	25	自己表現	50	710	㊒
大多喜	普通	500		1	135	50	面接	80	765	無
大原	総合学科	500		1	135	25	面接	45	705	㊒
長狭	普通	500		1	135	40	面接	50	725	無
安房拓心	総合学科	500		1	135	20	面接	40	695	無
安房	普通	500		1	135	10	面接	25	670	㊒
館山総合	全学科	500		1	135	50	面接	84	769	無
君津商業	※商業・情報処理	500		1	135	45	自己表現	100	780	無
木更津	普通	500		1	135	0（参考）	作文	10	645	㊒
木更津	理数	500		1	135	0（参考）	作文	10	645	㊒
君津	普通	500		1	135	0（参考）	自己表現	24	659	㊒
君津	園芸	500		1	135	20	面接	84	739	無
★木更津東	普通 家政	500		1	135	30	面接	40	705	無
君津青葉	総合学科	500		1	135	30	面接	100	765	無
袖ケ浦	普通	500		1	135	0（参考）	自己表現	100	735	無
袖ケ浦	情報コミュニケーション	500		1	135	0（参考）	自己表現	100	735	無

令和６年度入試　全日制の課程　選抜・評価方法における評価項目の配点⑦

※印　くくり募集　★印　女子校

学校名	学科名	基本的選抜方法								2段階選抜
		学力検査		調査書			学校設定検査		総合点	実施の有無
		配点	特定教科の倍率	Kの値	評定合計値	記載事項の加点上限	検査形態	配点		
京葉	普通	500		1	135	20	自己表現	50	705	有
市原緑	普通	500		2	270	30	面接	100	900	無
姉崎	普通	500		1	135	50	面接 自己表現	60 90	835	無
市原八幡	普通	500		1	135	30	自己表現	75	740	無

令和６年度入試　地域連携アクティブスクールの選抜・評価方法における評価項目の配点

学校名	学科名	学力検査		調査書		検査		総合点	備考
		配点	教科	評定合計値	記載事項の加点上限	検査形態	配点		
泉	普通	300	国数英	180	50	面接 作文	180 30	740	評定合計値は、1・2学年の評定を合計した値と、3年の評定の合計を2倍した値との合計値。
船橋古和釜	普通	300	国数英	135	45	面接 作文	160 30	670	
行徳	普通	300	国数英	135	50	面接 作文	150 50	685	
流山北	普通	300	国数英	135	50	面接 作文	200 50	735	
天羽	普通	300	国数英	135	15	面接 自己表現	200 100	750	
市原	普通 園芸	300	国数英	135	30	面接 作文	200 60	725	

令和６年度入試　三部制の定時制の選抜・評価方法における評価項目の配点

学校名	学科名	基本的選抜方法								2段階選抜
		学力検査		調査書			学校設定検査		総合点	実施の有無
		配点	特定教科の倍率	Kの値	評定合計値	記載事項の加点上限	検査形態	配点		
生浜	普通	500		1	135	0	面接	100	735	無
松戸南	普通	500		1	135	0 （参考）	面接	100	735	無
佐倉南	普通	500		1	135	30	面接	100	765	有

令和６年度入試　学校の特色を重視した選抜方法（２段階選抜）を実施した学校の評価項目と配点

学校名	学科名	学校の特色を重視した選抜方法（2段階選抜）										
		募集割合	学力検査		評定合計値		記載事項の加点		学校設定検査			総合点
			k４	配点	k１	配点	k２	上限	検査形態	k３	配点	
千葉	普通	20%	1.5	750	1	67.5	–	0	その他の検査（思考力を問う問題）	1	100	917.5
若松	普通	20%	1	500	1	135	1	20	自己表現	3	90	745
幕張総合	総合学科	20%	1	500	1	135	5	50	自己表現	5	100	785
市立習志野	普通	20%	1	500	1	135	–	0	自己表現	3	300	935
市立船橋	普通	35%	1	500	1	135	1	40	自己表現	5	180	855
松戸六実	普通	20%	1	500	1	135	2	50	自己表現	5	100	785
市立松戸	普通	40%	1	500	1	135	1	35	自己表現	5	200	870
四街道	普通	20%	1	500	2	270	1	20	面接 自己表現	5	50 100	940
佐原	普通	20% ※両学科の選抜を並行しながら決定	1	500	1.1	148.5	1	15	作文	1	15	678.5
佐原	理数		1	600	1.1	148.5	1	15	作文	1	15	778.5
東金商業	※商業・情報処理	20%	1	500	1	135	1	35	自己表現	2	100	770
一宮商業	※商業・情報処理	20%	1	500	1	135	2	50	自己表現	2	100	785
大原	総合学科	20%	1	500	2	270	2	50	面接	2	90	910
安房	普通	20%	1	500	1	135	5	50	面接	3	75	760
木更津	普通	20%	1.5	750	1	135	–	0	作文	1	10	895
木更津	理数	20%	1.5	750	1	135	–	0	作文	1	10	895
君津	普通	20%	1	500	1	135	–	0	自己表現	3	72	707
京葉	普通	20%	1	500	1	135	2	40	自己表現	2	100	775
佐倉南	普通	20%	1	500	1	135	1	30	面接	2	200	865

学区別／専門学科設置高等学校

＊ 印はくくり募集

	学科名	学区別設置高校								
		第１学区	第２学区	第３学区	第４学区	第５学区	第６学区	第７学区	第８学区	第９学区
総合	総合学科	幕張総合	小金		八街	匝瑳		大原	安房拓心	君津青葉
理数	理数	市立千葉	船橋	柏	佐倉	佐原	＊成東	＊長生		木更津
						＊市立銚子				
外国語系学科	国際教養		松戸国際				東金			
	国際人文		市立松戸							
	国際				成田国際					
	国際ｺﾐｭﾆｹｰｼｮﾝ			流山おおたかの森						
商業系学科	商業	＊千葉商業	市立習志野	＊流山		＊銚子商業	＊東金商業	＊一宮商業	館山総合	＊君津商業
			市立船橋							
	情報処理	＊千葉商業		＊流山	成田西陵	＊銚子商業	＊東金商業	＊一宮商業		＊君津商業
					下総					
	情報理数			柏の葉						
	情報ｺﾐｭﾆｹｰｼｮﾝ									袖ヶ浦
工業系学科	工業								館山総合	
	理数工学	千葉工業								
	機械	京葉工業	市川工業	＊清水						
	電子機械	千葉工業				東総工業		茂原樟陽		
	自動車				下総					
	電気	千葉工業	市川工業	＊清水		東総工業		茂原樟陽		
	電子工業	京葉工業								
	情報技術	千葉工業				東総工業				
	設備ｼｽﾃﾑ	京葉工業								
	環境化学			＊清水				茂原樟陽		
	工業化学	千葉工業								
	建築		市川工業							
	建設	京葉工業				東総工業				
	インテリア		市川工業							
家政系	家政	千葉女子	八千代						館山総合	木更津東
	調理国際				佐倉東					
	服飾ﾃﾞｻﾞｲﾝ				佐倉東					
芸術系	芸術		松戸							
看護系	看護	幕張総合								
	福祉教養		松戸向陽							
体育系学科	体育		八千代							
			市立船橋							
	ｽﾎﾟｰﾂ科学			市立柏						
農業系学科	農業						大網	茂原樟陽		
	園芸		薬園台	流山	成田西陵	多古				君津
					下総	旭農業				市原
	土木造園				成田西陵			茂原樟陽		
	畜産					旭農業				
	食品科学			清水	成田西陵	旭農業	大網	茂原樟陽		
	生物工学						大網			
水産系	海洋					銚子商業			館山総合	

県立高校改革推進プラン（令和4年度～13年度）/第1次実施プログラム

実施年度のうち、［令和７年度］の項目が来春の入試に関係します。

Ⅰ【魅力ある県立学校づくりの推進】

【教員基礎コースの設置】

対象高校	実施年度
国府台（普通科）	令和６年度
成東（普通科・理数科）	令和６年度
大多喜（普通科）	令和６年度

【保育基礎コースの設置】

対象高校	実施年度
鎌ヶ谷西（普通科）	令和６年度
土気（普通科）	令和７年度

【医療系コースの設置】

対象高校	実施年度
小見川（普通科）	令和６年度

【グローバルスクールの設置】

対象高校	実施年度
松戸国際（普通科・国際教養科）	令和６年度

【理数教育の拠点校】

対象高校	実施年度
船橋（普通科・理数科）	令和６年度

【農業経営者育成に関するコースの設置】

対象高校	実施年度
茂原樟陽（農業科・食品科学科・土木造園科）	令和６年度

【起業家育成に関するコースの設置】

対象高校	実施年度
千葉商業（商業科・情報処理科）	令和６年度

【観光に関するコースの設置】

対象高校	実施年度
一宮商業（商業科・情報処理科）	令和６年度

【福祉コンソーシアムの設置】

対象高校	実施年度
松戸向陽（普通科・福祉教養科）	令和６年度

【福祉コースの設置】

対象高校	実施年度
船橋豊富（普通科）	令和５年度

【先端ＩＴコース（仮称）の設置】

対象高校	実施年度
袖ヶ浦（情報コミュニケーション科）	令和６年度

【総合学科の設置】

対象高校	実施年度
匝瑳（普通科・理数科）	令和６年度

【地域連携アクティブスクールの設置】

対象高校	実施年度
行徳（普通科）	令和６年度
市原（普通科・園芸科）	令和６年度

【通信制協力校の指定】

対象高校	実施年度
銚子商業（全日制・定時制）	令和６年度

Ⅱ【県立高校の適正規模・適正配置】

全日制高校の適正規模・適正配置

学校の規模・配置の適正化を進めるため、引き続き検討します。

【基本的な考え方】

都市部

・適正規模未満の学校や将来適正規模の維持が困難となることが見込まれる学校及び同じタイプの学校が近接している場合には、適正配置を考慮しながら、規模の最適化を図ります。

郡　部

・統合により通学が著しく困難となる地域であり、かつ地元からの進学率が高い高校を**地域連携協働校**に位置づけます。
・地域連携協働校は、学校運営協議会制度を導入するなど、地域の協力・支援を得つつ、地域と一体となり、地域ならではの資源を活用し、「地域の将来を担う人材」や「地域社会に積極的に参画する人材」の育成を目指します。
・地域連携協働校に指定された高校も含め、生徒募集において著しく困難が生じる場合については、統合も検討します。

令和6年度千葉県公立高校入試概況

【全日制の課程】

一般入学者選抜

＊海外帰国子女、外国人、中国等引揚者子女等の特別入学者選抜も含む。

実施学校・学科数	125校201学科	（昨年度125校202学科）
募集人員	30，680人	（昨年度より280人の減少）
志願者数	34，590人	（昨年度より356人減少）
志願の取消し	112人	（昨年度より41人減少）
確定志願者数	34，478人	（昨年度より315人減少）
確定志願倍率	1．12倍	（昨年度と同数）
欠席者	278人	（昨年度より53人増加）
受検者数	34，200人 本検査 34、044人　追検査 156人	（昨年度より368人減少）
内定者数（合格者数）	28，422人	（昨年度より295人減少）

【定時制の課程】

＊三部制の定時制を含む

一般入学者選抜

実施学校・学科数	16校16学科	（昨年度16校16学科）
募集人員	1，277人	（昨年度より40人減少）
確定志願者数	847人	（昨年度より9人増加）
確定志願倍率	0．66倍	（昨年度より0．02ポイント上昇）
受検者数	834人 本検査 825人　追検査 9人	（昨年度より6人増加）
内定者数（合格者数）	795人	（昨年度より31人増加）

【通信制の課程】

第一期入学者選抜

募集人員　225人　志願者数　217人　受検者数　213人　内定者数　213人

千葉県公立高校/３年間の入試結果の推移（１学区：千葉市）

＊志願者数は、志願・希望変更後の数値です。各人数は、「海外帰国生徒の特別入学者選抜」等全ての特別入学者選抜を含みます。

高校名	学科名	年度	募集定員	一般入学者選抜						
				募集人員	志願者数	志願倍率	受検者数	合格者数	実質倍率	備考
千葉	普通	4	320	240	406	1.69	389	240	1.62	学校設定検査に「思考力を問う問題」を採用
		5	320	240	380	1.58	364	241	1.51	２段階選抜を導入
		6	320	240	356	1.48	345	240	1.44	２段階選抜
千葉女子 女子校	普通	4	240	240	322	1.34	321	240	1.34	
		5	240	240	347	1.45	346	240	1.44	
		6	240	240	253	1.05	253	240	1.05	
	家政	4	40	40	63	1.58	63	40	1.58	
		5	40	40	57	1.43	56	40	1.40	
		6	40	40	41	1.03	41	40	1.03	
千葉東	普通	4	320	320	529	1.65	525	320	1.64	
		5	320	320	429	1.34	428	320	1.34	学校設定検査に「思考力を問う問題」を採用
		6	320	320	418	1.31	411	320	1.28	
千葉商業	★くくり募集 商業(240) 情報処理(80)	4	320	320	312	0.98	310	310	1.00	
		5	320	320	382	1.19	381	320	1.19	
		6	320	320	360	1.13	358	320	1.12	
京葉工業	機械	4	80	80	66	0.83	65	65	1.00	
		5	80	80	68	0.85	67	67	1.00	
		6	80	80	70	0.88	70	71	0.99	
	電子工業	4	80	80	68	0.85	68	68	1.00	
		5	80	80	65	0.81	64	63	1.02	
		6	80	80	83	1.04	81	80	1.01	
	設備ｼｽﾃﾑ	4	40	40	32	0.80	32	32	1.00	
		5	40	40	30	0.75	30	30	1.00	
		6	40	40	36	0.90	36	35	1.03	
	建設	4	40	40	32	0.80	32	32	1.00	
		5	40	40	34	0.85	34	34	1.00	
		6	40	40	36	0.90	36	35	1.03	
千葉工業	電子機械	4	80	80	61	0.76	61	61	1.00	
		5	80	80	71	0.89	70	70	1.00	
		6	80	80	53	0.66	51	54	0.94	
	電気	4	40	40	39	0.98	39	38	1.03	
		5	40	40	40	1.00	39	39	1.00	
		6	40	40	36	0.90	35	36	0.97	
	情報技術	4	40	40	37	0.93	36	36	1.00	
		5	40	40	35	0.88	35	35	1.00	
		6	40	40	48	1.20	47	40	1.18	
	工業化学	4	40	40	41	1.03	41	40	1.03	
		5	40	40	22	0.55	22	22	1.00	
		6	40	40	13	0.33	13	14	0.93	
	理数工学	4	40	40	23	0.58	23	23	1.00	
		5	40	40	35	0.88	33	33	1.00	
		6	40	40	26	0.65	24	24	1.00	
千葉南	普通	4	320	320	409	1.28	408	320	1.28	
		5	320	320	413	1.29	411	320	1.28	
		6	320	320	359	1.12	355	320	1.11	
検見川	普通	4	320	320	407	1.27	405	320	1.27	
		5	320	320	442	1.38	439	320	1.37	
		6	320	320	404	1.26	398	320	1.24	
千葉北	普通	4	320	320	329	1.03	327	320	1.02	
		5	320	320	349	1.09	348	320	1.09	
		6	320	320	350	1.09	347	320	1.08	

高校名	学科名	年度	募集定員	一般入学者選抜						
				募集人員	志願者数	志願倍率	受検者数	合格者数	実質倍率	備考
若松	普通	4	320	320	377	1.18	376	320	1.18	2段階選抜
		5	320	320	443	1.38	443	320	1.38	2段階選抜
		6	**320**	**320**	**384**	**1.20**	**384**	**320**	**1.20**	**2段階選抜**
千城台	普通	4	320	320	351	1.10	351	320	1.10	
		5	320	320	378	1.18	378	320	1.18	
		6	**320**	**320**	**383**	**1.20**	**380**	**320**	**1.19**	
生浜	普通	4	80	80	85	1.06	85	80	1.06	
		5	80	80	87	1.09	87	80	1.09	
		6	**80**	**80**	**87**	**1.09**	**87**	**80**	**1.09**	
磯辺	普通	4	320	320	369	1.15	367	320	1.15	
		5	320	320	411	1.28	409	320	1.28	
		6	**320**	**320**	**439**	**1.37**	**438**	**320**	**1.37**	
泉 アクティブスクール	普通	4	160	160	150	0.94	149	149	1.00	
		5	160	160	120	0.75	120	118	1.02	
		6	**160**	**160**	**101**	**0.63**	**99**	**99**	**1.00**	
幕張総合	総合学科	4	680	680	1,044	1.54	1,039	680	1.53	2段階選抜
		5	680	680	1,077	1.58	1,069	680	1.57	2段階選抜
		6	**680**	**680**	**1039**	**1.53**	**1031**	**680**	**1.52**	**2段階選抜**
	看護	4	40	40	54	1.35	52	40	1.30	
		5	40	40	59	1.48	59	40	1.48	
		6	**40**	**40**	**54**	**1.35**	**54**	**40**	**1.35**	
柏井	普通	4	240	240	212	0.88	212	212	1.00	
		5	240	240	267	1.11	264	240	1.10	
		6	**240**	**240**	**278**	**1.16**	**277**	**240**	**1.15**	
土気	普通	4	280	280	315	1.13	315	280	1.13	
		5	280	280	295	1.05	294	280	1.05	
		6	**280**	**280**	**276**	**0.99**	**274**	**274**	**1.00**	
千葉西	普通	4	320	320	390	1.22	387	320	1.21	
		5	320	320	381	1.19	376	320	1.18	
		6	**320**	**320**	**383**	**1.20**	**374**	**320**	**1.17**	
犢橋	普通	4	240	240	257	1.07	256	240	1.07	
		5	240	240	237	0.99	235	234	1.00	
		6	**240**	**240**	**274**	**1.14**	**273**	**240**	**1.14**	
市立千葉	普通	4	280	280	442	1.58	441	280	1.58	
		5	280	280	480	1.71	478	280	1.71	
		6	**280**	**280**	**425**	**1.52**	**424**	**280**	**1.51**	
	理数	4	40	40	60	1.50	58	40	1.45	
		5	40	40	69	1.73	68	40	1.70	
		6	**40**	**40**	**71**	**1.78**	**70**	**40**	**1.75**	
市立稲毛	普通	4	120	120	166	1.38	166	120	1.38	
		5	120	120	158	1.32	158	120	1.32	
		6	**120**	**120**	**136**	**1.13**	**135**	**120**	**1.13**	
	国際教養	4	40	40	71	1.78	71	40	1.78	
		5	40	40	39	0.98	39	40	0.98	
		6	**40**	**40**	**56**	**1.40**	**55**	**40**	**1.38**	

入試結果の推移（２学区：八千代市・船橋市・習志野市・市川市・浦安市・松戸市）

＊志願者数は、志願・希望変更後の数値です。各人数は、「海外帰国生徒の特別入学者選抜」等全ての特別入学者選抜を含みます。

高校名	学科名	年度	募集定員	一般入学者選抜						
				募集人員	志願者数	志願倍率	受検者数	合格者数	実質倍率	備考
八千代	普通	4	240	240	358	1.49	356	240	1.48	
		5	240	240	334	1.39	334	240	1.39	
		6	**240**	**240**	**323**	**1.35**	**322**	**240**	**1.34**	
	家政	4	40	40	40	1.00	39	40	0.98	
		5	40	40	45	1.13	45	40	1.13	
		6	**40**	**40**	**40**	**1.00**	**40**	**40**	**1.00**	
	体育	4	40	40	50	1.25	50	40	1.25	
		5	40	40	43	1.08	43	40	1.08	
		6	**40**	**40**	**54**	**1.35**	**54**	**40**	**1.35**	
八千代東	普通	4	320	320	295	0.92	293	290	1.01	
		5	320	320	279	0.87	278	276	1.01	
		6	**280**	**280**	**268**	**0.96**	**266**	**266**	**1.00**	**募集定員－40**
八千代西	普通	4	200	200	170	0.85	169	169	1.00	
		5	200	200	123	0.62	122	118	1.03	
		6	**200**	**200**	**93**	**0.47**	**92**	**92**	**1.00**	
津田沼	普通	4	320	320	515	1.61	511	320	1.60	
		5	320	320	462	1.44	457	320	1.43	
		6	**320**	**320**	**463**	**1.45**	**458**	**320**	**1.43**	
実籾	普通	4	320	320	361	1.13	361	320	1.13	
		5	320	320	380	1.19	377	320	1.18	
		6	**320**	**320**	**398**	**1.24**	**396**	**320**	**1.24**	
市立習志野	普通	4	240	240	304	1.27	303	240	1.26	２段階選抜
		5	240	240	264	1.10	263	240	1.10	２段階選抜
		6	**240**	**240**	**293**	**1.22**	**292**	**240**	**1.22**	**２段階選抜**
	商業	4	80	80	110	1.38	110	80	1.38	
		5	80	80	100	1.25	100	80	1.25	
		6	**80**	**80**	**121**	**1.51**	**121**	**80**	**1.51**	
船橋	普通	4	320	320	587	1.83	567	320	1.77	
		5	320	320	569	1.78	556	320	1.74	
		6	**320**	**320**	**641**	**2.00**	**612**	**320**	**1.91**	
	理数	4	40	40	67	1.68	65	40	1.63	
		5	40	40	67	1.68	66	40	1.65	
		6	**40**	**40**	**87**	**2.18**	**86**	**40**	**2.15**	
薬園台	普通	4	280	280	394	1.41	385	280	1.38	
		5	280	280	409	1.46	406	280	1.45	
		6	**280**	**280**	**423**	**1.51**	**420**	**280**	**1.50**	
	園芸	4	40	40	28	0.70	28	28	1.00	
		5	40	40	48	1.20	48	40	1.20	
		6	**40**	**40**	**49**	**1.23**	**49**	**40**	**1.23**	
船橋東	普通	4	320	320	375	1.17	373	320	1.17	
		5	320	320	500	1.56	495	320	1.55	
		6	**320**	**320**	**508**	**1.59**	**503**	**320**	**1.57**	
船橋啓明	普通	4	320	320	341	1.07	339	320	1.06	
		5	320	320	329	1.03	327	320	1.02	
		6	**320**	**320**	**391**	**1.22**	**388**	**320**	**1.21**	
船橋芝山	普通	4	320	320	394	1.23	393	320	1.23	
		5	320	320	380	1.19	379	320	1.18	
		6	**320**	**320**	**501**	**1.57**	**497**	**320**	**1.55**	
船橋二和	普通	4	320	320	291	0.91	291	291	1.00	
		5	320	320	304	0.95	303	303	1.00	
		6	**280**	**280**	**286**	**1.02**	**285**	**280**	**1.02**	**募集定員－40**

高校名	学科名	年度	募集定員	一般入学者選抜						
				募集人員	志願者数	志願倍率	受検者数	合格者数	実質倍率	備考
船橋古和釜 アクティブスクール	普　通	4	240	240	232	0.97	231	231	1.00	
		5	240	240	214	0.89	214	214	1.00	
		6	**240**	**240**	**234**	**0.98**	**234**	**231**	**1.01**	
船橋法典	普　通	4	240	240	238	0.99	238	237	1.00	
		5	240	240	202	0.84	201	201	1.00	
		6	**240**	**240**	**204**	**0.85**	**202**	**201**	**1.00**	
船橋豊富	普　通	4	160	160	83	0.52	83	82	1.01	
		5	160	160	58	0.36	58	55	1.05	
		6	**160**	**160**	**63**	**0.39**	**63**	**63**	**1.00**	
船橋北	普　通	4	240	240	142	0.59	142	142	1.00	
		5	200	200	140	0.70	140	140	1.00	
		6	**200**	**200**	**182**	**0.91**	**182**	**181**	**1.01**	
市立船橋	普　通	4	240	240	304	1.27	301	240	1.25	2段階選抜
		5	240	240	307	1.28	306	240	1.28	2段階選抜
		6	**240**	**240**	**286**	**1.19**	**285**	**240**	**1.19**	**2段階選抜**
	商　業	4	80	80	105	1.31	105	80	1.31	
		5	80	80	114	1.43	113	80	1.41	
		6	**80**	**80**	**107**	**1.34**	**105**	**80**	**1.31**	
	体　育	4	80	80	87	1.09	87	80	1.09	
		5	80	80	86	1.08	86	80	1.08	
		6	**80**	**80**	**82**	**1.03**	**82**	**80**	**1.03**	
市川工業	機　械	4	80	80	64	0.80	64	77	0.83	
		5	80	80	45	0.56	45	47	0.96	
		6	**80**	**80**	**50**	**0.63**	**50**	**50**	**1.00**	
	電　気	4	80	80	97	1.21	97	80	1.21	
		5	80	80	83	1.04	83	80	1.04	
		6	**80**	**80**	**69**	**0.86**	**69**	**69**	**1.00**	
	建　築	4	40	40	40	1.00	40	40	1.00	
		5	40	40	35	0.88	35	34	1.03	
		6	**40**	**40**	**26**	**0.65**	**26**	**26**	**1.00**	
	インテリア	4	40	40	34	0.85	34	35	0.97	
		5	40	40	40	1.00	40	40	1.00	
		6	**40**	**40**	**38**	**0.95**	**38**	**38**	**1.00**	
国府台	普　通	4	320	320	422	1.32	419	320	1.31	
		5	320	320	395	1.23	389	320	1.22	
		6	**320**	**320**	**390**	**1.22**	**385**	**320**	**1.20**	
国　分	普　通	4	320	320	454	1.42	453	320	1.42	
		5	320	320	491	1.53	486	320	1.52	
		6	**320**	**320**	**399**	**1.25**	**398**	**320**	**1.24**	
行　徳 アクティブスクール	普　通	4	160	160	122	0.76	122	120	1.02	
		5	160	160	118	0.74	118	114	1.04	
		6	**160**	**160**	**87**	**0.54**	**85**	**83**	**1.02**	**アクティブスクールへ改編**
市川東	普　通	4	320	320	385	1.20	382	320	1.19	
		5	320	320	438	1.37	434	320	1.36	
		6	**320**	**320**	**390**	**1.22**	**387**	**320**	**1.21**	
市川昴	普　通	4	320	320	329	1.03	329	320	1.03	
		5	320	320	422	1.32	421	320	1.32	
		6	**320**	**320**	**382**	**1.19**	**377**	**320**	**1.18**	
市川南	普　通	4	320	320	305	0.95	304	302	1.01	
		5	320	320	347	1.08	343	320	1.07	
		6	**280**	**280**	**264**	**0.94**	**262**	**261**	**1.00**	**募集定員−40**
浦　安	普　通	4	200	200	208	1.04	208	200	1.04	
		5	200	200	166	0.83	166	166	1.00	
		6	**200**	**200**	**183**	**0.92**	**182**	**182**	**1.00**	

高校名	学科名	年度	募集定員	一般入学者選抜						
				募集人員	志願者数	志願倍率	受検者数	合格者数	実質倍率	備考
浦安南	普通	4	160	160	80	0.50	80	79	1.01	
		5	160	160	55	0.34	53	51	1.04	
		6	**160**	**160**	**78**	**0.49**	**77**	**76**	**1.01**	
松戸	普通	4	240	240	286	1.19	285	240	1.19	
		5	200	200	270	1.35	269	200	1.35	
		6	**200**	**200**	**228**	**1.14**	**227**	**200**	**1.14**	
	芸術	4	40	40	76	1.90	76	40	1.90	
		5	40	40	49	1.23	49	40	1.23	
		6	**40**	**40**	**45**	**1.13**	**45**	**40**	**1.13**	
小金	総合学科	4	320	320	582	1.82	580	320	1.81	
		5	320	320	488	1.53	484	320	1.51	
		6	**320**	**320**	**523**	**1.63**	**516**	**320**	**1.61**	
松戸国際	普通	4	200	200	273	1.37	273	201	1.36	
		5	200	200	306	1.53	303	200	1.52	
		6	**200**	**200**	**279**	**1.40**	**278**	**200**	**1.39**	
	国際教養	4	120	120	158	1.32	156	120	1.30	
		5	120	120	155	1.29	155	120	1.29	
		6	**120**	**120**	**176**	**1.47**	**175**	**120**	**1.46**	
松戸六実	普通	4	320	320	297	0.93	294	294	1.00	２段階選抜
		5	320	320	365	1.14	363	320	1.13	２段階選抜
		6	**320**	**320**	**407**	**1.27**	**406**	**320**	**1.27**	**２段階選抜**
松戸向陽	普通	4	200	200	192	0.96	191	191	1.00	
		5	200	200	192	0.96	191	191	1.00	
		6	**200**	**200**	**211**	**1.06**	**208**	**200**	**1.04**	
	福祉教養	4	40	40	25	0.63	25	25	1.00	
		5	40	40	36	0.90	36	36	1.00	
		6	**40**	**40**	**35**	**0.88**	**34**	**35**	**0.97**	
松戸馬橋	普通	4	320	320	299	0.93	297	297	1.00	
		5	320	320	374	1.17	374	320	1.17	
		6	**320**	**320**	**369**	**1.15**	**367**	**320**	**1.15**	
市立松戸	普通	4	280	280	403	1.44	401	280	1.43	
		5	280	280	462	1.65	461	280	1.65	
		6	**280**	**280**	**457**	**1.63**	**457**	**280**	**1.63**	２段階選抜導入
	国際人文	4	40	40	45	1.13	45	40	1.13	
		5	40	40	51	1.28	51	40	1.28	
		6	**40**	**40**	**61**	**1.53**	**61**	**40**	**1.53**	

入試結果の推移（３学区：鎌ヶ谷市・柏市・我孫子市・流山市・野田市）

＊志願者数は、志願・希望変更後の数値です。各人数は、「海外帰国生徒の特別入学者選抜」等全ての特別入学者選抜を含みます。

高校名	学科名	年度	募集定員	一般入学者選抜						
				募集人員	志願者数	志願倍率	受検者数	合格者数	実質倍率	備考
鎌ケ谷	普通	4	320	320	436	1.36	436	320	1.36	
		5	320	320	423	1.32	420	320	1.31	
		6	**320**	**320**	**459**	**1.43**	**457**	**320**	**1.43**	
鎌ケ谷西	普通	4	240	240	124	0.52	123	121	1.02	
		5	200	200	135	0.68	135	134	1.01	
		6	**200**	**200**	**142**	**0.71**	**142**	**142**	**1.00**	
東葛飾	普通	4	320	240	447	1.86	436	240	1.82	
		5	320	240	480	2.00	470	240	1.96	学校設定検査に「思考力を問う問題」を採用
		6	**320**	**240**	**466**	**1.94**	**447**	**241**	**1.85**	
柏	普通	4	280	280	397	1.42	393	280	1.40	
		5	280	280	370	1.32	368	280	1.31	
		6	**280**	**280**	**360**	**1.29**	**356**	**280**	**1.27**	
	理数	4	40	40	63	1.58	63	40	1.58	
		5	40	40	46	1.15	44	40	1.10	
		6	**40**	**40**	**65**	**1.63**	**64**	**40**	**1.60**	
柏南	普通	4	360	360	530	1.47	530	360	1.47	
		5	360	360	516	1.43	515	360	1.43	
		6	**360**	**360**	**551**	**1.53**	**546**	**360**	**1.52**	
柏陵	普通	4	320	320	328	1.03	327	320	1.02	
		5	320	320	367	1.15	366	320	1.14	
		6	**320**	**320**	**409**	**1.28**	**408**	**320**	**1.28**	
柏の葉	普通	4	280	280	378	1.35	376	280	1.34	
		5	280	280	486	1.74	480	280	1.71	
		6	**240**	**240**	**355**	**1.48**	**353**	**240**	**1.47**	募集定員−40
	情報理数	4	40	40	69	1.73	62	40	1.55	
		5	40	40	59	1.48	54	40	1.35	
		6	**40**	**40**	**65**	**1.63**	**57**	**40**	**1.43**	
柏中央	普通	4	320	320	436	1.36	434	320	1.36	
		5	320	320	370	1.16	367	320	1.15	
		6	**320**	**320**	**425**	**1.33**	**421**	**320**	**1.32**	
沼南	普通	4	200	200	72	0.36	72	71	1.01	
		5	160	160	58	0.36	58	58	1.00	
		6	**160**	**160**	**70**	**0.44**	**70**	**70**	**1.00**	
沼南高柳	普通	4	240	240	198	0.83	197	197	1.00	
		5	240	240	195	0.81	193	193	1.00	
		6	**240**	**240**	**219**	**0.91**	**217**	**217**	**1.00**	
流山	園芸	4	120	120	102	0.85	102	110	0.93	
		5	120	120	109	0.91	109	109	1.00	
		6	**120**	**120**	**118**	**0.98**	**118**	**118**	**1.00**	
	★くくり募集	4	80	80	99	1.24	99	80	1.24	
	商業(40)	5	80	80	81	1.01	80	80	1.00	
	情報処理(40)	**6**	**80**	**80**	**77**	**0.96**	**77**	**77**	**1.00**	
流山おおたかの森	普通	4	320	320	426	1.33	425	320	1.33	
		5	320	320	486	1.52	485	320	1.52	
		6	**320**	**320**	**399**	**1.25**	**399**	**320**	**1.25**	
	国際コミュニケーション	4	40	40	40	1.00	40	40	1.00	
		5	40	40	58	1.45	58	40	1.45	
		6	**40**	**40**	**61**	**1.53**	**61**	**40**	**1.53**	
流山南	普通	4	320	320	240	0.75	234	234	1.00	
		5	280	280	283	1.01	283	280	1.01	
		6	**280**	**280**	**269**	**0.96**	**268**	**268**	**1.00**	

高校名	学科名	年度	募集定員	一般入学者選抜						
				募集人員	志願者数	志願倍率	受検者数	合格者数	実質倍率	備考
流山北 アクティブスクール	普通	4	240	240	200	0.83	199	199	1.00	
		5	240	240	211	0.88	209	209	1.00	
		6	**240**	**240**	**176**	**0.73**	**174**	**174**	**1.00**	
野田中央	普通	4	320	320	356	1.11	355	320	1.11	
		5	320	320	307	0.96	306	306	1.00	
		6	**320**	**320**	**343**	**1.07**	**343**	**320**	**1.07**	
清水	食品科学	4	40	40	33	0.83	33	33	1.00	
		5	40	40	40	1.00	40	40	1.00	
		6	**40**	**40**	**40**	**1.00**	**40**	**40**	**1.00**	
	★くくり募集 機械(40) 電気(40) 環境化学(40)	4	120	120	118	0.98	117	116	1.01	
		5	120	120	122	1.02	122	120	1.02	
		6	**120**	**120**	**84**	**0.70**	**84**	**84**	**1.00**	
関宿 中高連携校	普通	4	120	120	54	0.45	54	54	1.00	
		5	120	120	61	0.51	61	61	1.00	
		6	**120**	**120**	**34**	**0.28**	**34**	**34**	**1.00**	
我孫子	普通	4	320	320	353	1.10	352	320	1.10	
		5	320	320	317	0.99	315	315	1.00	
		6	**320**	**320**	**382**	**1.19**	**382**	**320**	**1.19**	
我孫子東	普通	4	240	240	209	0.87	207	207	1.00	
		5	240	240	165	0.69	162	162	1.00	
		6	**240**	**240**	**136**	**0.57**	**136**	**135**	**1.01**	
市立柏	普通	4	280	280	296	1.06	295	280	1.05	
		5	280	280	322	1.15	320	280	1.14	
		6	**280**	**280**	**348**	**1.24**	**347**	**280**	**1.24**	
	ｽﾎﾟｰﾂ科学	4	40	40	43	1.08	43	40	1.08	
		5	40	40	41	1.03	41	40	1.03	
		6	**40**	**40**	**42**	**1.05**	**42**	**40**	**1.05**	

入試結果の推移（４学区：白井市・印西市・富里市・成田市・八街市・佐倉市・四街道市）

＊志願者数は、志願・希望変更後の数値です。各人数は、「海外帰国生徒の特別入学者選抜」等全ての特別入学者選抜を含みます。

高校名	学科名	年度	募集定員	一般入学者選抜						
				募集人員	志願者数	志願倍率	受検者数	合格者数	実質倍率	備考
白井	普通	4	240	240	236	0.98	235	235	1.00	
		5	240	240	259	1.08	259	240	1.08	
		6	**240**	**240**	**314**	**1.31**	**314**	**240**	**1.31**	
印旛明誠	普通	4	200	200	195	0.98	195	195	1.00	
		5	200	200	245	1.23	243	200	1.22	
		6	**200**	**200**	**212**	**1.06**	**212**	**200**	**1.06**	
成田西陵	園芸	4	80	80	47	0.59	46	46	1.00	
		5	80	80	45	0.56	45	48	0.94	
		6	**80**	**80**	**38**	**0.48**	**38**	**38**	**1.00**	
	土木造園	4	40	40	20	0.50	20	20	1.00	
		5	40	40	20	0.50	20	21	0.95	
		6	**40**	**40**	**17**	**0.43**	**17**	**17**	**1.00**	
	食品科学	4	40	40	30	0.75	30	30	1.00	
		5	40	40	45	1.13	45	40	1.13	
		6	**40**	**40**	**38**	**0.95**	**38**	**38**	**1.00**	
	情報処理	4	40	40	29	0.73	27	27	1.00	
		5	40	40	39	0.98	39	39	1.00	
		6	**40**	**40**	**40**	**1.00**	**39**	**39**	**1.00**	
成田国際	普通	4	200	200	305	1.53	303	200	1.52	
		5	200	200	313	1.57	312	200	1.56	
		6	**200**	**200**	**308**	**1.54**	**306**	**200**	**1.53**	
	国際	4	120	120	145	1.21	145	120	1.21	
		5	120	120	158	1.32	158	120	1.32	
		6	**120**	**120**	**175**	**1.46**	**174**	**120**	**1.45**	
成田北	普通	4	280	280	292	1.04	290	290	1.00	
		5	280	280	338	1.21	336	280	1.20	
		6	**280**	**280**	**318**	**1.14**	**318**	**280**	**1.14**	
下総	園芸	4	40	40	13	0.33	13	13	1.00	
		5	40	40	19	0.48	19	21	0.90	
		6	**40**	**40**	**11**	**0.28**	**11**	**11**	**1.00**	
	自動車	4	40	40	33	0.83	33	30	1.10	
		5	40	40	21	0.53	21	19	1.11	
		6	**40**	**40**	**19**	**0.48**	**19**	**19**	**1.00**	
	情報処理	4	40	40	23	0.58	23	24	0.96	
		5	40	40	23	0.58	23	23	1.00	
		6	**40**	**40**	**16**	**0.40**	**16**	**16**	**1.00**	
富里	普通	4	200	200	195	0.98	195	192	1.02	
		5	200	200	188	0.94	185	184	1.01	
		6	**200**	**200**	**194**	**0.97**	**193**	**193**	**1.00**	
佐倉	普通	4	280	280	449	1.60	443	280	1.58	
		5	280	280	395	1.41	395	280	1.41	
		6	**280**	**280**	**435**	**1.55**	**433**	**280**	**1.55**	
	理数	4	40	40	74	1.85	73	40	1.83	
		5	40	40	59	1.48	59	40	1.48	
		6	**40**	**40**	**68**	**1.70**	**62**	**40**	**1.55**	
佐倉東	普通	4	200	200	166	0.83	166	167	0.99	
		5	160	160	173	1.08	173	160	1.08	
		6	**160**	**160**	**139**	**0.87**	**139**	**144**	**0.97**	
	調理国際	4	40	40	44	1.10	44	40	1.10	
		5	40	40	45	1.13	45	40	1.13	
		6	**40**	**40**	**51**	**1.28**	**51**	**40**	**1.28**	

高校名	学科名	年度	募集定員	一般入学者選抜						
				募集人員	志願者数	志願倍率	受検者数	合格者数	実質倍率	備考
佐倉東	服飾ﾃﾞｻﾞｲﾝ	4	40	40	28	0.70	28	28	1.00	
		5	40	40	41	1.03	41	40	1.03	
		6	**40**	**40**	**38**	**0.95**	**38**	**38**	**1.00**	
佐倉西	普通	4	200	200	175	0.88	175	175	1.00	
		5	200	200	188	0.94	186	186	1.00	
		6	**160**	**160**	**159**	**0.99**	**159**	**157**	**1.01**	**募集定員−40**
八街	総合学科	4	160	160	165	1.03	165	160	1.03	
		5	160	160	140	0.88	140	140	1.00	
		6	**160**	**160**	**157**	**0.98**	**157**	**156**	**1.01**	
四街道	普通	4	320	320	412	1.29	412	320	1.29	2段階選抜
		5	320	320	409	1.28	408	320	1.28	2段階選抜
		6	**320**	**320**	**353**	**1.10**	**352**	**320**	**1.10**	**2段階選抜**
四街道北	普通	4	280	280	319	1.14	319	280	1.14	
		5	240	240	287	1.20	287	240	1.20	
		6	**240**	**240**	**270**	**1.13**	**270**	**240**	**1.13**	

入試結果の推移（５学区：香取市・銚子市・旭市・匝瑳市・多古町）

＊志願者数は、志願・希望変更後の数値です。各人数は、「海外帰国生徒の特別入学者選抜」等全ての特別入学者選抜を含みます。

高校名	学科名	年度	募集定員	一般入学者選抜						
				募集人員	志願者数	志願倍率	受検者数	合格者数	実質倍率	備考
佐原	普通	4	240	240	258	1.08	257	240	1.07	
		5	240	240	245	1.02	244	240	1.02	2段階選抜を導入
		6	**240**	**240**	**254**	**1.06**	**254**	**240**	**1.06**	**2段階選抜**
	理数	4	40	40	32	0.80	31	40	0.78	
		5	40	40	27	0.68	27	30	0.90	2段階選抜を導入
		6	**40**	**40**	**37**	**0.93**	**35**	**40**	**0.88**	**2段階選抜**
佐原白楊	普通	4	200	200	182	0.91	180	180	1.00	
		5	200	200	213	1.07	212	200	1.06	
		6	**200**	**200**	**202**	**1.01**	**202**	**200**	**1.01**	
小見川	普通	4	160	160	145	0.91	144	144	1.00	
		5	160	160	131	0.82	131	131	1.00	
		6	**160**	**160**	**146**	**0.91**	**146**	**146**	**1.00**	
多古	普通	4	80	80	51	0.64	51	51	1.00	
		5	80	80	39	0.49	39	39	1.00	
		6	**80**	**80**	**58**	**0.73**	**58**	**58**	**1.00**	
	園芸	4	40	40	30	0.75	30	30	1.00	
		5	40	40	21	0.53	21	21	1.00	
		6	**40**	**40**	**20**	**0.50**	**20**	**20**	**1.00**	
銚子	普通	4	160	160	173	1.08	172	160	1.08	
		5	160	160	140	0.88	140	140	1.00	
		6	**160**	**160**	**130**	**0.81**	**130**	**130**	**1.00**	
銚子商業	★くくり募集 商業(160) 情報処理(40)	4	200	200	176	0.88	176	175	1.01	
		5	200	200	190	0.95	190	190	1.00	
		6	**200**	**200**	**203**	**1.02**	**203**	**200**	**1.02**	
	海洋	4	40	40	25	0.63	25	25	1.00	
		5	40	40	11	0.28	10	10	1.00	
		6	**40**	**40**	**16**	**0.40**	**16**	**16**	**1.00**	
旭農業	畜産	4	40	40	27	0.68	27	27	1.00	
		5	40	40	29	0.73	29	32	0.91	
		6	**40**	**40**	**22**	**0.55**	**22**	**22**	**1.00**	
	園芸	4	40	40	28	0.70	28	28	1.00	
		5	40	40	45	1.13	45	40	1.13	
		6	**40**	**40**	**28**	**0.70**	**27**	**27**	**1.00**	
	食品科学	4	40	40	31	0.78	31	31	1.00	
		5	40	40	27	0.68	27	28	0.96	
		6	**40**	**40**	**34**	**0.85**	**34**	**34**	**1.00**	
東総工業	電子機械	4	40	40	41	1.03	41	40	1.03	
		5	40	40	45	1.13	45	40	1.13	
		6	**40**	**40**	**38**	**0.95**	**38**	**38**	**1.00**	
	電気	4	40	40	32	0.80	32	33	0.97	
		5	40	40	30	0.75	30	33	0.91	
		6	**40**	**40**	**30**	**0.75**	**30**	**30**	**1.00**	
	情報技術	4	40	40	34	0.85	34	34	1.00	
		5	40	40	37	0.93	37	38	0.97	
		6	**40**	**40**	**39**	**0.98**	**39**	**39**	**1.00**	
	建設	4	40	40	38	0.95	38	38	1.00	
		5	40	40	41	1.03	41	40	1.03	
		6	**40**	**40**	**26**	**0.65**	**25**	**25**	**1.00**	
匝瑳	総合学科	4	240	240	183	0.76	181	181	1.00	普通・理数の合算
		5	240	240	218	0.91	218	217	1.01	普通・理数の合算
		6	**240**	**240**	**214**	**0.89**	**214**	**214**	**1.00**	**総合学科に改編**

高校名	学科名	年度	募集定員	一般入学者選抜						
				募集人員	志願者数	志願倍率	受検者数	合格者数	実質倍率	備考
市立銚子	★くくり募集	4	280	280	298	1.06	298	280	1.06	
	普通(240)	5	280	280	271	0.97	270	270	1.00	
	理数(40)	**6**	**240**	**240**	**255**	**1.06**	**255**	**240**	**1.06**	募集定員−40

入試結果の推移（６学区：山武市・東金市・九十九里町・大網白里市）

＊志願者数は、志願・希望変更後の数値です。各人数は、「海外帰国生徒の特別入学者選抜」等全ての特別入学者選抜を含みます。

高校名	学科名	年度	募集定員	一般入学者選抜						
				募集人員	志願者数	志願倍率	受検者数	合格者数	実質倍率	備考
松尾	普通	4	120	120	138	1.15	138	120	1.15	
		5	120	120	105	0.88	104	104	1.00	
		6	120	120	126	1.05	126	120	1.05	
成東	★くくり募集	4	280	280	323	1.15	322	281	1.15	普通・理数の合算
	普通(200)	5	280	280	259	0.93	257	257	1.00	２段階選抜を導入、普通・理数の合算
	理数(40)	6	240	240	250	1.04	247	240	1.03	くくり募集を開始、募集定員−40
東金	普通	4	160	160	161	1.01	161	160	1.01	
		5	160	160	187	1.17	187	160	1.17	
		6	160	160	165	1.03	164	160	1.03	
	国際教養	4	40	40	33	0.83	33	34	0.97	
		5	40	40	38	0.95	38	40	0.95	
		6	40	40	43	1.08	42	40	1.05	
東金商業	★くくり募集	4	120	120	130	1.08	130	120	1.08	
	商業(80)	5	120	120	92	0.77	92	92	1.00	
	情報処理(40)	6	120	120	92	0.77	92	92	1.00	２段階選抜を導入
大網	普通	4	40	40	44	1.10	44	40	1.10	
		5	40	40	41	1.03	41	40	1.03	
		6	40	40	32	0.80	32	32	1.00	
	農業	4	40	40	32	0.80	31	31	1.00	
		5	40	40	37	0.93	36	36	1.00	
		6	40	40	20	0.50	20	20	1.00	
	食品科学	4	40	40	38	0.95	38	39	0.97	
		5	40	40	33	0.83	33	33	1.00	
		6	40	40	35	0.88	35	35	1.00	
	生物工学	4	40	40	36	0.90	36	37	0.97	
		5	40	40	28	0.70	28	27	1.04	
		6	40	40	35	0.88	35	35	1.00	
九十九里	普通	4	120	120	43	0.36	43	43	1.00	
		5	120	120	46	0.38	45	45	1.00	
		6	120	120	28	0.23	27	27	1.00	

入試結果の推移（７学区：茂原市・いすみ市・勝浦市・一宮町・大多喜町）

＊志願者数は、志願・希望変更後の数値です。各人数は、「海外帰国生徒の特別入学者選抜」等全ての特別入学者選抜を含みます。

高校名	学科名	年度	募集定員	一般入学者選抜						
				募集人員	志願者数	志願倍率	受検者数	合格者数	実質倍率	備考
長生	★くくり募集	4	280	280	365	1.30	365	280	1.30	普通・理数の合算
	普通(240)	5	280	280	301	1.08	301	280	1.08	普通・理数の合算
	理数(40)	**6**	**280**	**280**	**321**	**1.15**	**320**	**280**	**1.14**	くくり募集を開始
茂原	普通	4	160	160	164	1.03	164	160	1.03	
		5	160	160	174	1.09	174	160	1.09	
		6	**160**	**160**	**151**	**0.94**	**151**	**151**	**1.00**	
茂原樟陽	農業	4	40	40	36	0.90	36	36	1.00	
		5	40	40	43	1.08	42	40	1.05	
		6	**40**	**40**	**43**	**1.08**	**43**	**40**	**1.08**	
	食品科学	4	40	40	40	1.00	40	40	1.00	
		5	40	40	45	1.13	45	40	1.13	
		6	**40**	**40**	**39**	**0.98**	**39**	**39**	**1.00**	
	土木造園	4	40	40	29	0.73	28	28	1.00	
		5	40	40	36	0.90	36	38	0.95	
		6	**40**	**40**	**35**	**0.88**	**35**	**40**	**0.88**	
	電子機械	4	40	40	42	1.05	42	40	1.05	
		5	40	40	28	0.70	28	28	1.00	
		6	**40**	**40**	**47**	**1.18**	**46**	**40**	**1.15**	
	電気	4	40	40	30	0.75	30	31	0.97	
		5	40	40	19	0.48	18	18	1.00	
		6	**40**	**40**	**27**	**0.68**	**27**	**28**	**0.96**	
	環境化学	4	40	40	26	0.65	26	27	0.96	
		5	40	40	21	0.53	21	21	1.00	
		6	**40**	**40**	**19**	**0.48**	**19**	**20**	**0.95**	
一宮商業	★くくり募集	4	160	160	132	0.83	132	131	1.01	2段階選抜
	商業(120)	5	160	160	102	0.64	102	102	1.00	2段階選抜
	情報処理(40)	**6**	**160**	**160**	**132**	**0.83**	**132**	**132**	**1.00**	**2段階選抜**
大多喜	普通	4	160	160	123	0.77	123	123	1.00	
		5	160	160	129	0.81	129	129	1.00	
		6	**160**	**160**	**130**	**0.81**	**129**	**129**	**1.00**	
大原	総合学科	4	160	160	76	0.48	76	75	1.01	2段階選抜
		5	160	160	110	0.69	110	110	1.00	2段階選抜
		6	**160**	**160**	**98**	**0.61**	**98**	**98**	**1.00**	**2段階選抜**

入試結果の推移（８学区：鴨川市・南房総市・館山市）

＊志願者数は、志願・希望変更後の数値です。各人数は、「海外帰国生徒の特別入学者選抜」等全ての特別入学者選抜を含みます。

高校名	学科名	年度	募集定員	一般入学者選抜						
				募集人員	志願者数	志願倍率	受検者数	合格者数	実質倍率	備考
長狭	普通	4	160	160	110	0.69	109	107	1.02	
		5	160	160	161	1.01	160	160	1.00	
		6	**160**	**160**	**146**	**0.91**	**146**	**146**	**1.00**	
安房拓心	総合学科	4	160	160	128	0.80	128	128	1.00	
		5	160	160	117	0.73	116	116	1.00	
		6	**160**	**160**	**125**	**0.78**	**125**	**125**	**1.00**	
安房	普通	4	240	240	243	1.01	243	240	1.01	２段階選抜
		5	240	240	259	1.08	259	240	1.08	２段階選抜
		6	**240**	**240**	**238**	**0.99**	**234**	**234**	**1.00**	**２段階選抜**
館山総合	工業	4	40	40	14	0.35	14	14	1.00	
		5	40	40	25	0.63	25	25	1.00	
		6	**40**	**40**	**13**	**0.33**	**13**	**13**	**1.00**	
	商業	4	40	40	28	0.70	28	28	1.00	
		5	40	40	26	0.65	25	25	1.00	
		6	**40**	**40**	**22**	**0.55**	**22**	**21**	**1.05**	
	海洋	4	40	40	17	0.43	17	17	1.00	
		5	40	40	10	0.25	10	7	1.43	
		6	**40**	**40**	**13**	**0.33**	**13**	**13**	**1.00**	
	家政	4	40	40	23	0.58	23	23	1.00	
		5	40	40	8	0.20	8	8	1.00	
		6	**40**	**40**	**12**	**0.30**	**12**	**12**	**1.00**	

入試結果の推移（９学区：富津市・君津市・木更津市・袖ヶ浦市・市原市）

＊志願者数は、志願・希望変更後の数値です。各人数は、「海外帰国生徒の特別入学者選抜」等全ての特別入学者選抜を含みます。

高校名	学科名	年度	募集定員	一般入学者選抜						
				募集人員	志願者数	志願倍率	受検者数	合格者数	実質倍率	備考
天羽 アクティブスクール	普通	4	120	120	55	0.46	55	55	1.00	
		5	120	120	49	0.41	49	47	1.04	
		6	**120**	**120**	**74**	**0.62**	**74**	**74**	**1.00**	
君津商業	★くくり募集 商業(160) 情報処理(40)	4	200	200	161	0.81	161	161	1.00	
		5	200	200	185	0.93	184	184	1.00	
		6	**200**	**200**	**172**	**0.86**	**170**	**170**	**1.00**	
木更津	普通	4	280	280	424	1.51	423	280	1.51	
		5	280	280	351	1.25	346	280	1.24	２段階選抜を導入
		6	**280**	**280**	**405**	**1.45**	**402**	**280**	**1.44**	**２段階選抜**
	理数	4	40	40	41	1.03	38	40	0.95	
		5	40	40	53	1.33	47	40	1.18	２段階選抜を導入
		6	**40**	**40**	**56**	**1.40**	**51**	**40**	**1.28**	**２段階選抜**
木更津東女子校	普通	4	120	120	105	0.88	105	109	0.96	
		5	120	120	120	1.00	119	119	1.00	
		6	**120**	**120**	**121**	**1.01**	**121**	**120**	**1.01**	
	家政	4	40	40	48	1.20	48	40	1.20	
		5	40	40	40	1.00	40	40	1.00	
		6	**40**	**40**	**37**	**0.93**	**37**	**37**	**1.00**	
君津	普通	4	240	240	245	1.02	244	240	1.02	２段階選抜
		5	240	240	228	0.95	224	224	1.00	２段階選抜
		6	**240**	**240**	**275**	**1.15**	**268**	**240**	**1.12**	**２段階選抜**
	園芸	4	40	40	45	1.13	45	40	1.13	
		5	40	40	33	0.83	33	33	1.00	
		6	**40**	**40**	**40**	**1.00**	**40**	**40**	**1.00**	
君津青葉	総合学科	4	120	120	88	0.73	87	85	1.02	
		5	120	120	78	0.65	77	77	1.00	
		6	**120**	**120**	**60**	**0.50**	**60**	**60**	**1.00**	
袖ヶ浦	普通	4	240	240	260	1.08	260	240	1.08	
		5	240	240	249	1.04	248	240	1.03	
		6	**240**	**240**	**292**	**1.22**	**290**	**240**	**1.21**	
	情報コミュニケーション	4	40	40	36	0.90	36	40	0.90	
		5	40	40	41	1.03	41	40	1.03	
		6	**40**	**40**	**53**	**1.33**	**51**	**40**	**1.28**	
市原 アクティブスクール	普通	4	120	120	64	0.53	62	62	1.00	
		5	80	80	46	0.58	45	45	1.00	
		6	**80**	**80**	**30**	**0.38**	**30**	**30**	**1.00**	**アクティブスクールへ改編**
	園芸	4	40	40	14	0.35	14	14	1.00	
		5	40	40	28	0.70	28	28	1.00	
		6	**40**	**40**	**20**	**0.50**	**20**	**20**	**1.00**	**アクティブスクールへ改編**
京葉	普通	4	120	120	134	1.12	134	120	1.12	２段階選抜
		5	120	120	129	1.08	129	120	1.08	２段階選抜
		6	**120**	**120**	**135**	**1.13**	**135**	**120**	**1.13**	**２段階選抜**
市原緑	普通	4	120	120	115	0.96	115	115	1.00	
		5	120	120	134	1.12	134	120	1.12	
		6	**120**	**120**	**108**	**0.90**	**108**	**108**	**1.00**	
姉崎	普通	4	160	160	159	0.99	159	158	1.01	
		5	160	160	183	1.14	181	160	1.13	
		6	**160**	**160**	**164**	**1.03**	**163**	**160**	**1.02**	
市原八幡	普通	4	240	240	247	1.03	247	240	1.03	
		5	200	200	208	1.04	207	200	1.04	
		6	**200**	**200**	**210**	**1.05**	**209**	**200**	**1.05**	

定時制及び通信制の課程／入試結果推移

【定時制の課程】

＊各人数は、「外国人の特別入学者選抜」及び「成人の特別入学者選抜」を含みます。

高校名	学科	年度	募集定員	一般入学者選抜								
				募集人員	変更前志願者数	志願倍率	志願変更による増減	確定志願者数	確定志願倍率	受検者数	合格者数	実質倍率
千葉商業	商業	5	80	80	14	0.18	0	14	0.18	13	13	1.00
		6	40	40	22	0.55	0	22	0.55	22	21	1.05
千葉工業	工業	5	40	40	13	0.33	0	13	0.33	13	12	1.08
		6	40	40	11	0.28	0	11	0.28	11	11	1.00
生浜	普／午前	5	80	66	65	0.98	−2	63	0.95	63	62	1.02
		6	80	66	71	1.08	−1	70	1.06	70	66	1.06
	普／午後	5	80	66	62	0.94	2	64	0.97	64	63	1.02
		6	80	66	70	1.06	1	71	1.08	69	66	1.05
	普／夜間	5	80	66	21	0.32	0	21	0.32	20	20	1.00
		6	80	66	18	0.27	0	18	0.27	17	19	0.89
船橋	総合学科	5	120	120	33	0.28	0	33	0.28	32	32	1.00
		6	120	120	49	0.41	0	49	0.41	47	46	1.02
市川工業	工業	5	40	40	14	0.35	0	14	0.35	14	13	1.08
		6	40	40	14	0.35	0	14	0.35	14	14	1.00
松戸南	普／午前	5	120	104	134	1.29	−4	130	1.25	130	104	1.25
		6	120	104	118	1.13	2	120	1.15	117	104	1.13
	普／午後	5	120	104	139	1.34	−4	135	1.30	133	104	1.28
		6	120	104	128	1.23	−5	123	1.18	123	104	1.18
	普／夜間	5	80	66	57	0.86	5	62	0.94	62	66	0.94
		6	80	66	62	0.94	2	64	0.97	64	66	0.97
東葛飾	普通	5	80	80	43	0.54	0	43	0.54	43	43	1.00
		6	80	80	37	0.46	0	37	0.46	36	36	1.00
佐倉南	普／午前	5	80	66	81	1.23	−4	77	1.17	77	66	1.17
		6	80	66	65	0.98	−1	64	0.97	63	63	1.00
	普／午後	5	80	66	70	1.06	−2	68	1.03	66	66	1.00
		6	80	66	63	0.95	1	64	0.97	64	63	1.02
	普／夜間	5	40	33	30	0.91	1	31	0.94	30	33	0.91
		6	40	33	33	1.00	−1	32	0.97	31	31	1.00
佐原	普通	5	40	40	3	0.08	0	3	0.08	3	3	1.00
		6	40	40	7	0.18	0	7	0.18	7	7	1.00
銚子商業	商業	5	40	40	10	0.25	0	10	0.25	10	10	1.00
		6	40	40	5	0.13	0	5	0.13	5	5	1.00
匝瑳	普通	5	40	40	7	0.18	0	7	0.18	7	7	1.00
		6	40	40	9	0.23	0	9	0.23	9	8	1.13
東金	普通	5	40	40	6	0.15	0	6	0.15	6	6	1.00
		6	40	40	8	0.20	0	8	0.20	7	7	1.00
長生	普通	5	40	40	12	0.30	0	12	0.30	12	12	1.00
		6	40	40	23	0.58	−1	22	0.55	22	22	1.00
長狭	普通	5	40	40	7	0.18	0	7	0.18	6	6	1.00
		6	40	40	2	0.05	0	2	0.05	2	2	1.00
館山総合	普通	5	40	40	5	0.13	0	5	0.13	5	5	1.00
		6	40	40	2	0.05	1	3	0.08	3	3	1.00
木更津東	普通	5	40	40	20	0.50	0	20	0.50	19	18	1.06
		6	40	40	32	0.80	0	32	0.80	31	31	1.00

【通信制の課程】

高校名	学科	年度	募集定員	第一期入学者選抜								
				募集人員	志願者数	志願倍率	志願変更による増減	確定志願者数	確定志願倍率	受検者数	合格者数	実質倍率
千葉大宮	普通	5	500	225	161	0.72	0	161	0.72	158	158	1.00
		6	500	225	217	0.96	0	217	0.96	213	213	1.00

令和６年度全日制・定時制の課程二次募集及び通信制第二期入学者選抜／入試結果

【全日制の課程】

＊志願者数は、志願・希望変更後の数値です。

高校名	学科名	募集人員	志願者数	志願倍率	受検者数	合格者数	実質倍率
京葉工業	機械	9	4	0.44	4	4	1.00
	設備システム	5	2	0.40	2	2	1.00
	建設	5	1	0.20	1	1	1.00
千葉工業	電子機械	26	2	0.08	2	2	1.00
	電気	4	2	0.50	2	2	1.00
	工業化学	26	1	0.04	1	1	1.00
	理数工学	16	3	0.19	3	3	1.00
泉	普通	61	11	0.18	10	9	1.11
土気	普通	6	6	1.00	6	5	1.20
八千代東	普通	14	16	1.14	16	14	1.14
八千代西	普通	108	21	0.19	21	21	1.00
船橋古和釜	普通	9	6	0.67	5	5	1.00
船橋法典	普通	39	26	0.67	26	26	1.00
船橋豊富	普通	97	10	0.10	10	10	1.00
船橋北	普通	19	17	0.89	17	17	1.00
市川工業	機械	30	0	－	－	－	－
	電気	11	4	0.36	4	4	1.00
	建築	14	2	0.14	2	2	1.00
	インテリア	2	0	－	－	－	－
行徳	普通	77	10	0.13	10	10	1.00
市川南	普通	19	14	0.74	13	13	1.00
浦安	普通	18	6	0.33	6	6	1.00
浦安南	普通	84	4	0.05	4	3	1.33
松戸向陽	福祉教養	5	2	0.40	2	2	1.00
鎌ケ谷西	普通	58	30	0.52	30	30	1.00
沼南	普通	90	6	0.07	6	6	1.00
沼南高柳	普通	23	21	0.91	21	21	1.00
流山	園芸	2	0	－	－	－	－
	商業・情報処理	3	3	1.00	3	3	1.00
流山南	普通	12	11	0.92	11	11	1.00
流山北	普通	66	21	0.32	20	20	1.00
清水	機・電・環	36	2	0.06	2	2	1.00
関宿	普通	86	8	0.09	7	7	1.00
我孫子東	普通	105	22	0.21	21	21	1.00
成田西陵	園芸	42	2	0.05	2	2	1.00
	土木造園	23	0	－	－	－	－
	食品科学	2	0	－	－	－	－
	情報処理	1	1	1.00	1	1	1.00
下総	園芸	29	1	0.03	1	1	1.00
	自動車	21	0	－	－	－	－
	情報処理	24	0	－	－	－	－
富里	普通	7	5	0.71	5	4	1.25
佐倉東	普通	16	12	0.75	12	12	1.00
	服飾デザイン	2	0	－	－	－	－

高校名	学科名	募集人員	志願者数	志願倍率	受検者数	合格者数	実質倍率
佐倉西	普通	3	2	0.67	2	2	1.00
八街	総合学科	4	3	0.75	3	3	1.00
小見川	普通	14	5	0.36	5	5	1.00
多古	普通	22	3	0.14	3	3	1.00
	園芸	20	0	－	－	－	－
銚子	普通	30	8	0.27	8	8	1.00
銚子商業	海洋	24	1	0.04	1	1	1.00
旭農業	畜産	18	1	0.06	1	1	1.00
	園芸	13	0	－	－	－	－
	食品科学	6	0	－	－	－	－
東総工業	電子機械	2	0	－	－	－	－
	電気	10	0	－	－	－	－
	情報技術	1	0	－	－	－	－
	建設	15	0	－	－	－	－
匝瑳	総合学科	26	12	0.46	12	12	1.00
東金商業	商業・情報処理	28	0	－	－	－	－
大網	普通	8	1	0.13	1	1	1.00
	農業	20	1	0.05	1	1	1.00
	食品科学	5	1	0.20	1	1	1.00
	生物工学	5	0	－	－	－	－
九十九里	普通	93	2	0.02	2	2	1.00
茂原	普通	9	2	0.22	2	2	1.00
茂原樟陽	食品科学	1	0	－	－	－	－
	電気	12	0	－	－	－	－
	環境化学	20	1	0.05	1	0	0.00
一宮商業	商業・情報処理	28	0	－	－	－	－
大多喜	普通	31	3	0.10	3	3	1.00
大原	総合学科	62	0	－	－	－	－
長狭	普通	14	0	－	－	－	－
安房拓心	総合学科	35	0	－	－	－	－
安房	普通	6	1	0.17	1	1	1.00
館山総合	工業	27	0	－	－	－	－
	商業	19	0	－	－	－	－
	海洋	27	0	－	－	－	－
	家政	28	0	－	－	－	－
天羽	普通	46	1	0.02	1	1	1.00
君津商業	商業・情報処理	30	3	0.10	3	3	1.00
木更津東	家政	3	0	－	－	－	－
君津青葉	総合学科	60	0	－	－	－	－
市原	普通	50	2	0.04	2	2	1.00
	園芸	20	1	0.05	1	1	1.00
市原緑	普通	12	5	0.42	5	5	1.00
56校	92学科	2,259	374	0.17	368	361	1.02

【定時制の課程】

高校名	学科名	募集人員	志願者数	志願倍率	受検者数	合格者数	実質倍率
千葉商業	商業	19	3	0.16	3	3	1.00
千葉工業	工業	29	1	0.03	1	1	1.00
生浜	普/夜間	47	2	0.04	2	2	1.00
船橋	総合学科	74	9	0.12	9	9	1.00
市川工業	工業	26	1	0.04	1	1	1.00
東葛飾	普通	44	4	0.09	4	4	1.00
佐倉南	普/午前	3	1	0.33	1	1	1.00
	普/午後	3	2	0.67	2	2	1.00
	普/夜間	2	0	−	−	−	−
佐原	普通	33	0	−	−	−	−
銚子商業	商業	35	1	0.03	1	1	1.00
匝瑳	普通	32	2	0.06	2	2	1.00
東金	普通	33	1	0.03	1	0	0.00
長生	普通	18	1	0.06	1	1	1.00
長狭	普通	38	0	−	−	−	−
館山総合	普通	37	0	−	−	−	−
木更津東	普通	9	2	0.22	2	2	1.00
15校	15学科	482	30	0.06	30	29	1.03

【通信制の課程】

高校名	学科名	募集人員	志願者数	志願倍率	受検者数	合格者数	実質倍率
千葉大宮	普通	119	21	0.18	20	20	1.00

令和５年３月

高等学校別
卒業生の進路資料

（令和５年６月調査）

資料提供

NPO法人　親子進路応援センター

県立　1学区

千葉　高等学校

普通科

令和5年3月卒業生　男 200　女 111　計 311

進路種別		男	女	計
4年制大学	国公立	87	33	120
	私立	44	46	90
短期大学	国公立	0	0	0
	私立	0	0	0
専門学校		0	0	0
就職・自営		0	0	0
その他（未定）		69	32	101

その他(未定) 32.5%　国公立4年制 38.6%　私立4年制 28.9%

指定校推薦のある大学・学部	
早稲田大	文化構想
早稲田大	基幹理工・文
慶応大	法・商・理工

進学実績
●4年制大学　東京大17　京都大8　一橋大11　東京工業大10　大阪大4　東北大8　神戸大2　北海道大1　九州大1　筑波大5　横浜国立大3　お茶の水女子大1　東京外国語大3　東京医科歯科大2　千葉大29　広島大1　早稲田大22　慶応大19　上智大4　東京理科大8　他

部活動　囲碁部・将棋部・書道部(R3・4年度全国大会出場)　弓道部(R4年度全国大会出場、R3年度関東大会出場)　山岳部(R4年度関東大会出場、R3年度全国大会出場)　合唱部(R4年度関東大会出場)　他

千葉女子　高等学校

普通科
家政科

令和5年3月卒業生　女 303　計 303

進路種別		男	女	計
4年制大学	国公立		6	6
	私立		236	236
短期大学	国公立		0	0
	私立		11	11
専門学校			30	30
就職・自営			3	3
その他（未定）			17	17

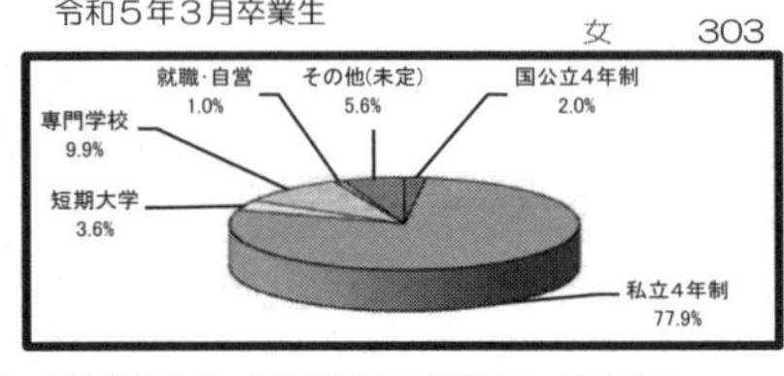

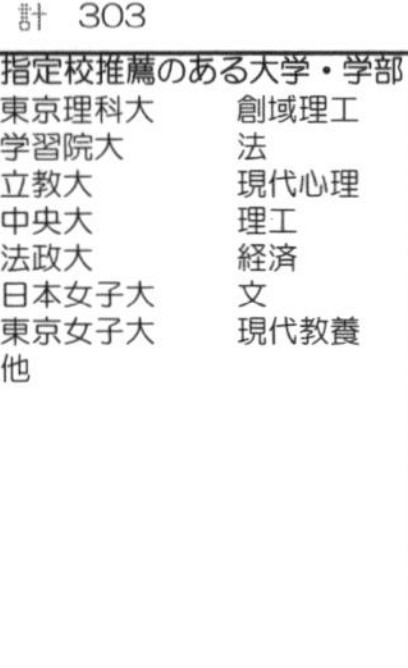

指定校推薦のある大学・学部	
東京理科大	創域理工
学習院大	法
立教大	現代心理
中央大	理工
法政大	経済
日本女子大	文
東京女子大	現代教養
他	

進学実績
●4年制大学　千葉大1　県立保健医療大2　茨城大2　広島市立大1　東京理科大2　学習院大5　立教大5　中央大2　法政大4　成城大3　国学院大3　日本女子大8　東京女子大5　日本大10　東邦大11　昭和女子大8　大妻女子大14　共立女子大14　文教大5　他
●短期大学　東京家政大短大部　新渡戸文化短大　共立女子短大　大妻女子大短大部　日本大短大部　昭和学院短大　他
●専門学校　青葉看護　船橋市立看護　藤リハビリテーション学院　神田外語学院　千葉調理師　文化服装学院　他
就職実績　東京都中央区役所　八千代市役所　ケイズグループ
部活動　書道部(日本童謡の書展団体優勝、全国書道展団体準優勝)　弁論部・マンドリンギター部・合唱部(全国総合文化祭出場)　なぎなた部(全国選抜大会団体・個人出場)　弓道部(関東大会個人出場)　他

千葉東　高等学校

普通科

令和5年3月卒業生　男 153　女 162　計 315

進路種別		男	女	計
4年制大学	国公立	56	53	109
	私立	61	94	155
短期大学	国公立	0	0	0
	私立	0	0	0
各種学校		1	1	2
就職・自営		1	0	1
その他（未定）		34	14	48

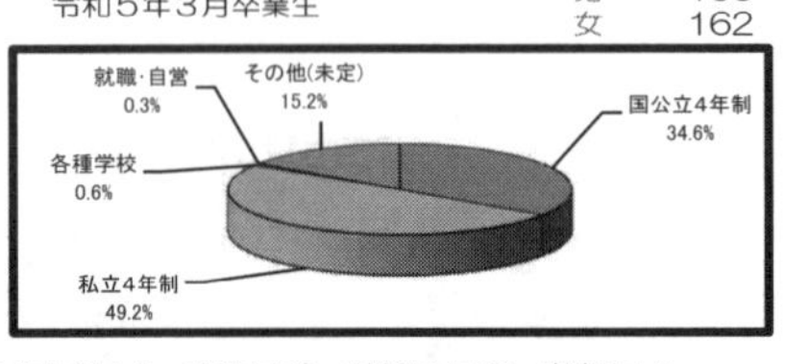

指定校推薦のある大学・学部	
慶応大	法・商
早稲田大	法・文化構想
早稲田大	商・基幹理工
早稲田大	文・先進理工
東京理科大	全学部
他	

進学実績
●4年制大学　一橋大3　東京工業大5　東北大7　筑波大7　お茶の水女子大5　千葉大58　早稲田大18　慶応大11　上智大6　東京理科大15　明治大23　立教大7　青山学院大5　法政大14　中央大6　学習院大3　日本女子大4　北里大3　東邦大7　千葉工業大6　他
●各種学校　ノースアラバマ大　国立能楽堂能楽研修
就職実績　航空自衛隊
部活動　山岳部(R4年度全国総体男女出場、R3年度全国総体女子出場)　化学部(R3・4年度全国総合文化祭出場)　文学部(R4年度全国総合文化祭出場)　女子テニス部(R4年度関東公立高校選手権大会出場)　写真部(R4年度県合同写真展最優秀校)　陸上競技部(R4年度県大会男子走高跳・女子3000m8位)　他

千葉商業　高等学校

商業科
情報処理科

令和5年3月卒業生　男 145　女 170　計 315

進路種別		男	女	計
4年制大学	国公立	0	0	0
	私立	86	57	143
短期大学	国公立	0	0	0
	私立	0	6	6
専門学校		30	49	79
就職・自営		26	57	83
その他（未定）		3	1	4

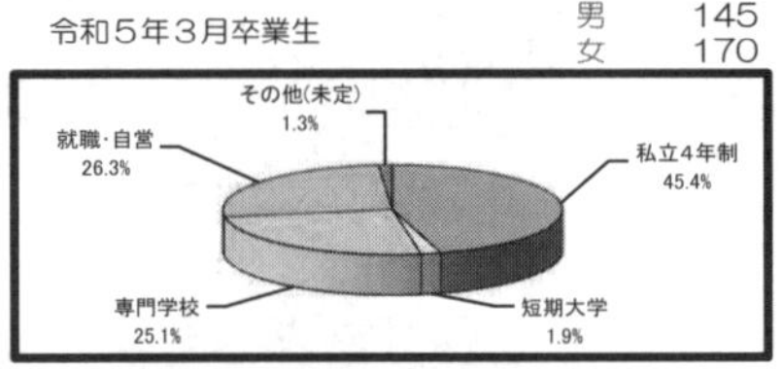

指定校推薦のある大学・学部	
明治大	経営
中央大	商・経済
法政大	法・経営
学習院大	法・経済
同志社大	商
立命館大	経営
明治学院大	経済
国学院大	経済
日本大	商・経済・生産工
東洋大	経営
専修大	経営・商
専修大	ネットワーク情報
二松学舎大	文・国際政治経済
神田外語大	外国語
産業能率大	情報マネジメント
国士舘大	経営・政経・理工
他	

進学実績
●4年制大学　明治大3　中央大3　学習院大1　法政大2　同志社大1　立命館大1　国学院大2　明治学院大1　東洋大3　日本大3　専修大5　駒澤大3　東京電機大1　二松学舎大4　立正大3　国士舘大3　国際医療福祉大2　日本体育大1　千葉商科大25　他
●短期大学　千葉敬愛短大　千葉経済大短大部　昭和学院短大　千葉明徳短大
●専門学校　君津中央病院附属看護　山王看護　船橋市立看護　東京医療福祉　国際医療福祉　大原簿記公務員　東京IT会計公務員　神田外語学院　国際理工カレッジ　日本工学院　船橋情報ビジネス　船橋高等技術　他
就職実績　税務大学校　防衛省　千葉市役所　市原市役所　千葉県警　東京消防庁　イオンリテール　JR東日本ステーションサービス　JR東日本　LIXILトータルサービス　関電工　京葉銀行　住友建機　大日本印刷　ちばぎん証券　千葉トヨタ自動車　他
部活動　珠算部・簿記部・ワープロ部・情報処理部(全国大会出場)　ソフトテニス部・柔道部(関東大会出場)　他

県立　1学区

京葉工業　高等学校

機械科　設備システム科　電子工業科　建設科

令和５年３月卒業生　男 195　女 11　計 206

進路種別		男	女	計
４年制大学	国公立	0	0	0
	私立	34	0	34
短期大学	国公立	0	0	0
	私立	6	1	7
専門学校		33	2	35
就職・自営		118	8	126
その他（未定）		4	0	4

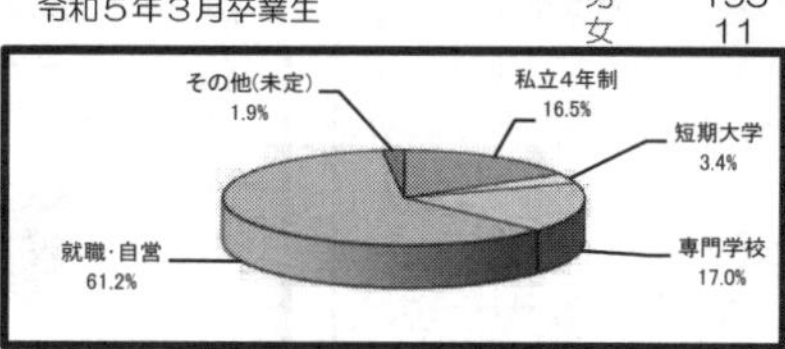

指定校推薦のある大学・学部	
日本大	生産工
神奈川大	工
千葉工業大	全学部
愛知工業大	全学部
拓殖大	工
関東学院大	理工
神奈川工科大	工・応用バイオ科学
神奈川工科大	創造工・情報
明海大	不動産
東京造形大	造形
千葉科学大	全学部
東京工芸大	工
埼玉工業大	工・人間社会
埼玉学園大	経済経営
ものつくり大	技能工芸
湘南工科大	情報・工
他	

進学実績

●４年制大学　日本大5　千葉工業大6　創価大1　国士舘大1　拓殖大1　淑徳大1　東京情報大3　流通経済大2　中央学院大2　千葉経済大2　城西大1　明海大3　日本工業大2　敬愛大1　湘南工科大1　城西国際大2

●短期大学　昭和学院短大　千葉明徳短大　日本大短大部

●専門学校　ｱﾐｭｰｽﾞﾒﾝﾄﾒﾃﾞｨｱ総合学院　大原簿記公務員　君津中央病院附属看護　国際理工ｶﾚｯｼﾞ　国際ﾄﾗﾍﾞﾙ・ﾎﾃﾙ・ﾌﾞﾗｲﾀﾞﾙ　日本自動車大学校　東京ﾃｸﾆｶﾙｶﾚｯｼﾞ　千葉情報経理　東洋理容美容　埼玉県農業大学校　東金高等技術　他

就職実績　自衛隊　国土交通省　国税庁　かずさ水道広域連合企業団　三井化学　住友重機械工業　ﾏﾂﾀﾞﾛｼﾞｽﾃｨｸｽ　AGC　東京電力ﾊﾟﾜｰｸﾞﾘｯﾄﾞ　三菱ふそうﾄﾗｯｸ・ﾊﾞｽ　富士ﾌｲﾙﾑﾍﾙｽｹｱﾏﾆｭﾌｧｸﾁｬﾘﾝｸﾞ　日本管財　関電工　北総鉄道　ﾄﾖﾀ自動車　JFEﾐﾈﾗﾙ　東芝ｴﾚﾍﾞｰﾀ　ｾｲｺｰｲﾝｽﾂﾙ　出光興産　日清紡ｹﾐｶﾙ　ﾘｺｰｼﾞｬﾊﾟﾝ　LIXILﾄｰﾀﾙｻｰﾋﾞｽ　他

部活動　ﾚｽﾘﾝｸﾞ部・機械研究部(全国大会出場)　ﾏｲｺﾝ研究部・建設研究部・自転車競技部(関東大会出場)　他

千葉工業　高等学校

電子機械科　情報技術科　理数工学科　電気科　工業化学科

令和５年３月卒業生　男 212　女 14　計 226

進路種別		男	女	計
４年制大学	国公立	1	0	1
	私立	42	1	43
短期大学	国公立	0	0	0
	私立	10	0	10
専門学校		24	1	25
就職・自営		123	10	133
その他（未定）		12	2	14

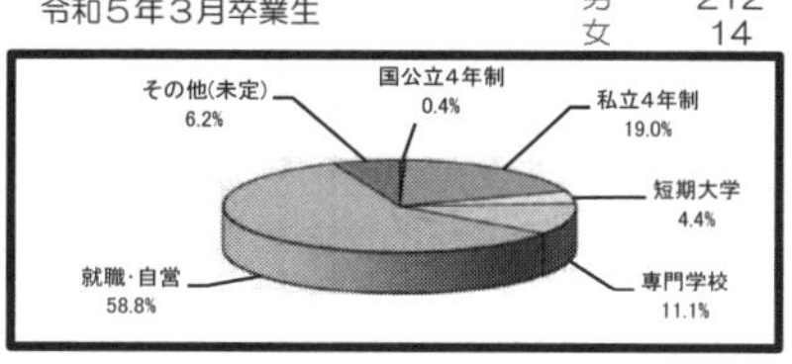

指定校推薦のある大学・学部	
日本大	生産工・理工
千葉工業大	工・創造工
千葉工業大	社会ｼｽﾃﾑ科学
金沢工業大	工

進学実績

●４年制大学　新潟大1　日本大10　東京電機大2　東邦大1　千葉工業大10　金沢工業大1　他

●短期大学　千葉職業能力開発短大校

●専門学校　木更津工業高専

就職実績　東京都庁　出光興産　NTT東日本-南関東　白鳥製薬　関電工

部活動　体操部・山岳部(関東大会出場)

千葉南　高等学校

普通科

令和５年３月卒業生　男 180　女 134　計 314

進路種別		男	女	計
４年制大学	国公立	9	3	12
	私立	139	106	245
短期大学	国公立	0	1	1
	私立	1	5	6
専門学校		8	15	23
就職・自営		2	1	3
その他（未定）		21	3	24

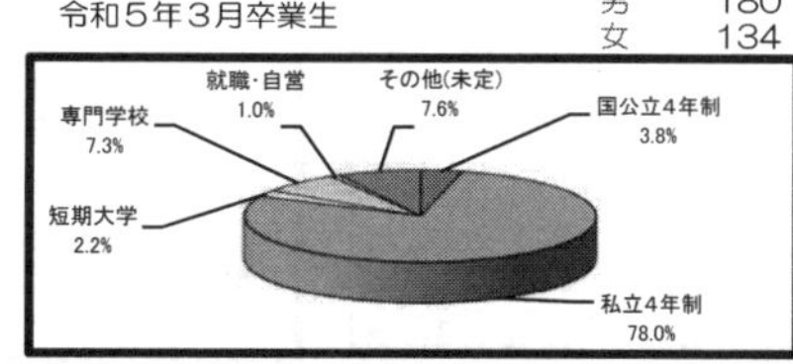

指定校推薦のある大学・学部	
東京理科大	創域理工
明治大	経営・法
青山学院大	理工
学習院大	法・経済
中央大	理工・経済
法政大	理工・生命科学
東邦大	理・薬
東邦大	健康科学
他	

進学実績

●４年制大学　千葉大2　信州大1　茨城大5　弘前大1　県立保健医療大3　早稲田大1　東京理科大1　明治大5　中央大2　法政大6　学習院大4　日本大32　東洋大20　駒澤大8　専修大10　東邦大11　東京農業大4　千葉工業大14　他

●短期大学　会津大短大部　日本大短大部　東京歯科大短大　他

●専門学校　青葉看護　旭中央病院附属看護　山王看護　千葉労災看護　他

就職実績　四街道市役所　他

部活動　空手道部(R4年度全国大会出場)　水泳部(R4年度ｲﾝﾀｰﾊｲ出場)　陸上競技部(R4年度南関東大会出場)　弓道部(R3年度国体出場)　吹奏楽部(R3年度東関東大会B部門金賞)　美術部(R3年度全国総合文化祭出展)

検見川　高等学校

普通科

令和５年３月卒業生　男 193　女 124　計 317

進路種別		男	女	計
４年制大学	国公立	6	4	10
	私立	165	107	272
短期大学	国公立	0	0	0
	私立	1	5	6
専門学校		3	6	9
就職・自営		2	0	2
その他（未定）		16	2	18

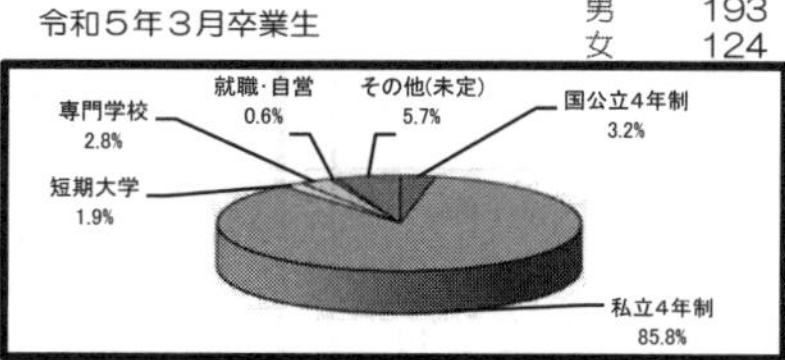

指定校推薦のある大学・学部	
東京理科大	先進工・創域理工
青山学院大	経済・経営
明治大	理工
中央大	商・経済・理工
法政大	経済・経営
法政大	文・人間環境
学習院大	経済・法
成蹊大	経営・法・理工
成城大	法・経済
明治学院大	経済・社会
明治学院大	文・法・国際
他	

進学実績

●４年制大学　埼玉大1　新潟大1　岩手大1　茨城大3　早稲田大4　慶応大1　上智大1　東京理科大4　明治大14　青山学院大1　立教大3　中央大9　法政大17　学習院大7　成蹊大8　成城大1　明治学院大3　日本大29　東洋大21　専修大7　他

●短期大学　共立女子短大　大妻女子大短大部　日本大短大部

●専門学校　国際理容美容　中央医療技術　成田国際航空　文化服装学院

就職実績　千葉労働局　警視庁

部活動　ﾌｪﾝｼﾝｸﾞ部(R4年度関東大会出場、R3年度関東大会ﾌﾙｰﾚ準優勝)　陸上競技部(R3・4年度関東大会出場)　放送委員会(第69回NHK放送ｺﾝﾃｽﾄ県大会最優秀賞、第68回NHK放送ｺﾝﾃｽﾄ全国大会入選)　他

県立　1学区

千葉北　高等学校

普通科　　令和５年３月卒業生　男 189　女 123　計 312

進路種別		男	女	計
４年制大学	国公立	3	0	3
	私立	158	89	247
短期大学	国公立	0	0	0
	私立	1	12	13
専門学校		8	18	26
就職・自営		2	1	3
その他（未定）		17	3	20

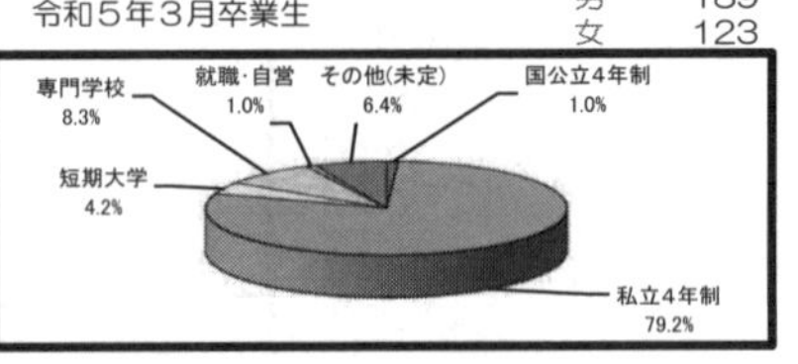

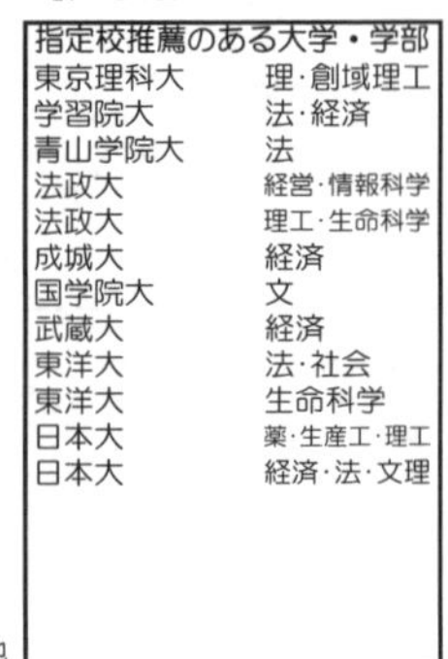

指定校推薦のある大学・学部	
東京理科大	理・創域理工
学習院大	法・経済
青山学院大	法
法政大	経営・情報科学
法政大	理工・生命科学
成城大	経済
国学院大	文
武蔵大	経済
東洋大	法・社会
東洋大	生命科学
日本大	薬・生産工・理工
日本大	経済・法・文理

進学実績

- ●４年制大学　千葉大1　秋田県立大1　防衛大学校1　慶応大2　東京理科大2　学習院大1　青山学院大2　立教大2　法政大4　成城大2　明治学院大2　国学院大3　東京都市大1　日本大30　東洋大15　駒澤大5　専修大6　東邦大10　神田外語大12　千葉工業大13　他
- ●短期大学　日本大短大部　新渡戸文化短大　千葉経済大短大部　他
- ●専門学校　青葉看護　日本医科大看護　八千代ﾘﾊﾋﾞﾘﾃｰｼｮﾝ学院　日本大歯学部附属歯科衛生　東京電子　日本電子　国際理工ｶﾚｯｼﾞ　船橋情報ﾋﾞｼﾞﾈｽ　東京動物　神田外語学院　桑沢ﾃﾞｻﾞｲﾝ研究所　東洋美術　他

就職実績　税関職員　東京江戸川区役所　千葉市消防局

部活動　ﾜﾝﾀﾞｰﾌｫｰｹﾞﾙ部(R4年度県総体団体優勝、R4年度県新人大会団体3位・個人7位、R3年度全国大会出場)　水泳部(R4年度関東大会個人出場、R4年度県新人戦個人4位)　生物部(R4年度日本学生科学賞中央審査出展)　他

若松　高等学校

普通科　　令和５年３月卒業生　男 105　女 195　計 300

進路種別		男	女	計
４年制大学	国公立	0	0	0
	私立	57	49	106
短期大学	国公立	0	0	0
	私立	4	18	22
専門学校		34	94	128
就職・自営		7	13	20
その他（未定）		3	21	24

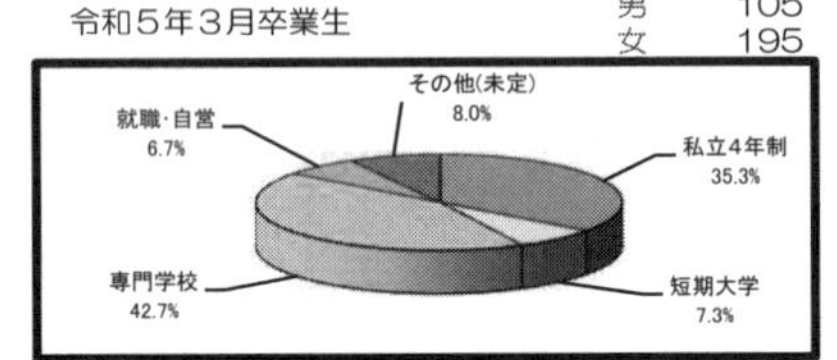

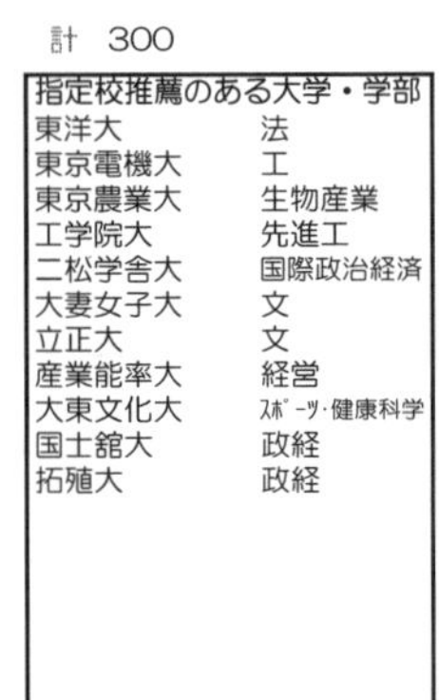

指定校推薦のある大学・学部	
東洋大	法
東京電機大	工
東京農業大	生物産業
工学院大	先進工
二松学舎大	国際政治経済
大妻女子大	文
立正大	文
産業能率大	経営
大東文化大	ｽﾎﾟｰﾂ・健康科学
国士舘大	政経
拓殖大	政経

進学実績

- ●４年制大学　東洋大2　日本大1　駒澤大1　東京農業大1　順天堂大1　二松学舎大4　東海大1　立正大2　国士舘大2　拓殖大1　帝京大1　大正大1　淑徳大8　千葉商科大13　麗澤大3　日本体育大1　城西大3　明海大13　植草学園大6　城西国際大4　他
- ●短期大学　新渡戸文化短大　千葉敬愛短大　千葉経済大短大部　戸板女子短大　昭和学院短大　帝京短大　他
- ●専門学校　青葉看護　旭中央病院附属看護　八千代ﾘﾊﾋﾞﾘﾃｰｼｮﾝ学院　東京動物　千葉調理師　千葉ﾃﾞｻﾞｲﾅｰ学院　神田外語学院　北原学院千葉歯科衛生　船橋情報ﾋﾞｼﾞﾈｽ　国際理工ｶﾚｯｼﾞ

就職実績　自衛隊　八街市役所　習志野市消防本部　ｲｵﾝﾘﾃｰﾙ　ｱｰﾄ引越ｾﾝﾀｰ　ｶｲﾝｽﾞ　横浜冷凍　袖ヶ浦ｶﾝﾂﾘｰ倶楽部　他

部活動　陸上競技部(2023日本室内陸上競技大会出場、R4年度関東新人大会7位、R4年度関東大会出場)　ﾊﾝﾄﾞﾎﾞｰﾙ部(R3・4年度県大会ﾍﾞｽﾄ4)　弓道部(R3年度関東大会ﾍﾞｽﾄ16)

千城台　高等学校

普通科　　令和５年３月卒業生　男 131　女 177　計 308

進路種別		男	女	計
４年制大学	国公立	0	1	1
	私立	96	96	192
短期大学	国公立	0	0	0
	私立	0	20	20
専門学校		22	50	72
就職・自営		6	5	11
その他（未定）		7	5	12

就職・自営 3.6%　その他(未定) 3.9%　国公立4年制 0.3%　専門学校 23.4%　短期大学 6.5%　私立4年制 62.3%

指定校推薦のある大学・学部	
東京理科大	先進工
学習院大	法・経済
中央大	商
法政大	理工
武蔵大	人文
獨協大	法・経済
東邦大	理
東洋大	法・経済
日本大	生産工
昭和女子大	人間社会・国際
昭和女子大	食健康科学
昭和女子大	ｸﾞﾛｰﾊﾞﾙﾋﾞｼﾞﾈｽ
二松学舎大	文・国際政治経済
千葉工業大	全学部
共立女子大	文芸・ﾋﾞｼﾞﾈｽ
神田外語大	外国語
他	

進学実績

- ●４年制大学　中央大1　学習院大2　法政大1　武蔵大1　獨協大4　日本大9　東洋大3　駒澤大2　専修大2　東京電機大3　神田外語大4　二松学舎大4　順天堂大1　国際医療福祉大1　千葉工業大10　立正大12　亜細亜大1　千葉商科大9　和洋女子大13　他
- ●短期大学　東京歯科大短大　千葉敬愛短大　共立女子短大　千葉経済大短大部　大妻女子大短大部　昭和学院短大　他
- ●専門学校　青葉看護　中央医療技術　東洋公衆衛生学院　東京YMCA国際ﾎﾃﾙ　大原簿記公務員　国際文化理容美容　国際理工ｶﾚｯｼﾞ　東京IT会計公務員　東洋理容美容　成田航空ﾋﾞｼﾞﾈｽ　日本工学院

就職実績　自衛隊　東京労働局　日鉄電磁　山崎製ﾊﾟﾝ　関店市場　日新自動車部品

部活動　美術部(全国総合文化祭5年連続出展)　陸上競技部(関東新人大会出場)　演劇部(南関東大会出場)　他

生浜　高等学校

普通科　　令和５年３月卒業生　男 29　女 40　計 69

進路種別		男	女	計
４年制大学	国公立	0	0	0
	私立	8	4	12
短期大学	国公立	0	0	0
	私立	0	2	2
専門学校		11	20	31
就職・自営		5	8	13
その他（未定）		5	6	11

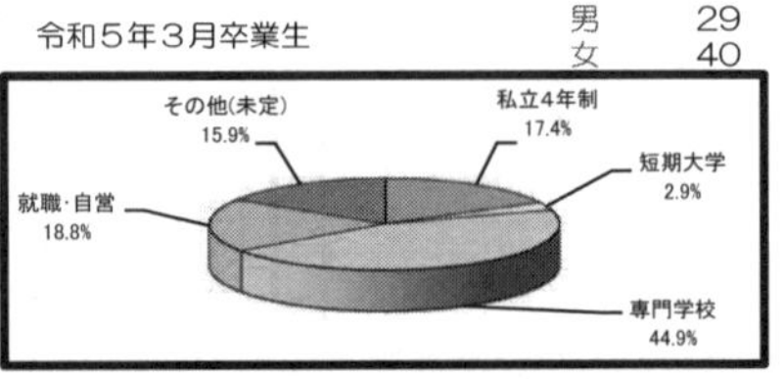

指定校推薦のある大学・学部	
日本大	生産工
東京農業大	生物産業
千葉工業大	工・先進工
千葉工業大	社会ｼｽﾃﾑ科学
立正大	経済
拓殖大	工
淑徳大	全学部
流通経済大	経済・社会
流通経済大	法・流通情報
千葉経済大	経済
中央学院大	全学部
東京情報大	総合情報・看護
江戸川大	社会
江戸川大	ﾒﾃﾞｨｱｺﾐｭﾆｹｰｼｮﾝ
敬愛大	全学部
植草学園大	発達教育・保健医療
他	

進学実績

- ●４年制大学　立正大1　帝京平成大2　淑徳大1　東京情報大3　千葉経済大2　城西国際大1　植草学園大2
- ●短期大学　千葉明徳短大　昭和学院短大
- ●専門学校　ｱｲｴｽﾃﾃｨｯｸ　旭中央病院附属看護　大原医療秘書福祉保育　大原簿記公務員　国際医療福祉　東京IT会計公務員　千葉こども　北原学院千葉歯科衛生　君津中央病院附属看護　国際理工ｶﾚｯｼﾞ　東京医薬看護　ちば愛犬動物ﾌﾗﾜｰ　日本工学院　千葉ﾃﾞｻﾞｲﾅｰ学院　千葉情報経理　千葉調理師　日本自動車大学校　ﾊｯﾋﾟｰ製菓調理　ﾊﾟﾘ総合美容

就職実績　浅上重機作業　ｲｵﾝﾘﾃｰﾙ　N・K・ｼﾞｬﾊﾟﾝ　京葉ﾌﾟﾗﾝｷﾝｸﾞ工業　ｵﾚﾝｼﾞﾌｰﾄﾞｺｰﾄ　ｻﾝﾃﾞﾘｶ　ﾊﾟｼﾌｨｯｸｺﾞﾙﾌﾏﾈｰｼﾞﾒﾝﾄ　穏寿会　清流会　泉寿会　ﾄﾖﾀｶﾛｰﾗ千葉　中里工業　ﾁﾖﾀﾞｳｰﾃ

県立　1学区

磯辺　高等学校

普通科

令和５年３月卒業生　男 194　女 120　計 314

進路種別		男	女	計
４年制大学	国公立 私立	156	80	236
短期大学	国公立 私立	1	9	10
専門学校		10	29	39
就職･自営		0	0	0
その他（未定）		27	2	29

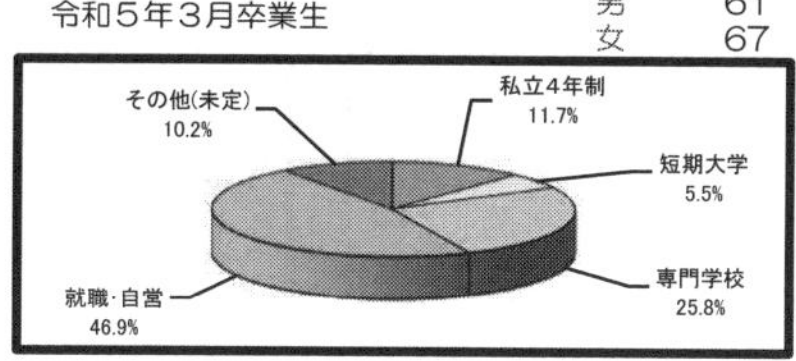

※合格実績

●４年制大学　宇都宮大1　県立保健医療大1　明治大5　立教大1　法政大13　学習院大4　芝浦工業大1　成蹊大5　成城大2　明治学院大1　武蔵大2　獨協大4　東京都市大2　日本大77　東洋大18　駒澤大13　専修大9　順天堂大3　昭和女子大2　東京電機大1　東京農業大4　東邦大8　二松学舎大7　東京経済大4　神田外語大11　他

●短期大学　共立女子短大　聖徳大短大部　千葉敬愛短大　千葉経済大短大部　千葉明徳短大　東京経営短大　目白大短大部　他

●専門学校　東洋美術　神田外語学院　北原学院千葉歯科衛生　慈恵看護　尚美ﾐｭｰｼﾞｯｸｶﾚｯｼﾞ　ｽｶｲ総合ﾍﾟｯﾄ　ちば愛犬動物ﾌﾗﾜｰ　青葉看護　千葉ﾋﾞｭｰﾃｨｰ&ﾌﾞﾗｲﾀﾞﾙ　千葉美容　千葉労災看護　中央工学校　東京栄養食糧　東京ﾍﾞﾙｴﾎﾟｯｸ美容　他

部活動　書道部(書の甲子園2名入選)　ｱｰﾁｪﾘｰ部(全国選抜大会･関東大会出場)　ﾖｯﾄ部(全国大会出場)

泉　高等学校

普通科

令和５年３月卒業生　男 61　女 67　計 128

進路種別		男	女	計
４年制大学	国公立	0	0	0
	私立	9	6	15
短期大学	国公立	0	0	0
	私立	0	7	7
専門学校		13	20	33
就職･自営		35	25	60
その他（未定）		4	9	13

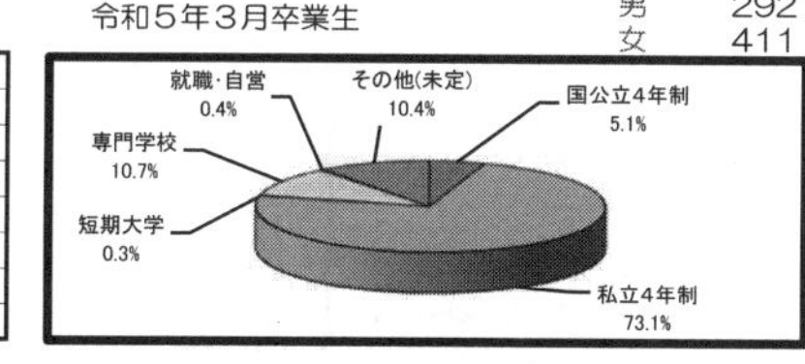

指定校推薦のある大学・学部	
日本大	生産工
国士舘大	法
千葉商科大	政策情報
千葉商科大	ｻｰﾋﾞｽ創造
淑徳大	教育･経営
淑徳大	地域創生
淑徳大	人文･総合福祉
淑徳大	ｺﾐｭﾆﾃｨ政策
東京情報大	総合情報･看護
江戸川大	社会
江戸川大	ﾒﾃﾞｨｱｺﾐｭﾆｹｰｼｮﾝ
麗澤大	全学部
千葉経済大	経済
植草学園大	発達教育
植草学園大	保健医療
敬愛大	経済･国際
他	

進学実績

●４年制大学　千葉商科大2　千葉経済大2　植草学園大2　日本体育大1　敬愛大1　和洋女子大1　清和大1　城西国際大2　聖徳大1　東洋学園大1　京都芸術大1　他

●短期大学　昭和学院短大　創価女子短大　千葉経済大短大部　東京経営短大

●専門学校　国際理工ｶﾚｯｼﾞ　八千代ﾘﾊﾋﾞﾘﾃｰｼｮﾝ学院　船橋情報ﾋﾞｼﾞﾈｽ　日本自動車大学校　東洋理容美容　中央介護福祉　千葉美容　千葉ﾃﾞｻﾞｲﾅｰ学院　千葉医療秘書&IT　ちば愛犬動物ﾌﾗﾜｰ　大原簿記公務員　新東京歯科技工士　他

就職実績　自衛隊　住友重機械工業　ｲﾄｰﾖｰｶ堂　麻倉ｺﾞﾙﾌ倶楽部　ｲｵﾙ京成　白洋舎　ﾌﾟｰﾏｼﾞｬﾊﾟﾝ　ﾎﾃﾙ三日月　三日月ｼｰﾊﾟｰｸ鴨川　宗家源吉兆庵　山崎製ﾊﾟﾝ　ﾛﾋﾟｱ　CKD日機電装　ｱｰﾄ引越ｾﾝﾀｰ　ｳﾞｪｵﾘｱ･ｼﾞｪﾈｯﾂ　Olympic　浅上重機作業　ｱｽﾓ介護ｻｰﾋﾞｽ　ｷﾀｾｷ　ｹｲｽﾞｸﾞﾙｰﾌﾟ　京葉ｶﾝﾄﾘｰｸﾗﾌﾞ　国際ｴｷｽﾌﾟﾚｽ　ｻﾝﾃﾞﾘｶ　他

部活動　男子ﾊﾞｽｹｯﾄﾎﾞｰﾙ部･女子ﾊﾞﾄﾞﾐﾝﾄﾝ部(県大会出場)

幕張総合　高等学校

総合学科　看護科

令和５年３月卒業生　男 292　女 411　計 703

進路種別		男	女	計
４年制大学	国公立	15	21	36
	私立	221	293	514
短期大学	国公立	0	0	0
	私立	0	2	2
専門学校※		8	67	75
就職･自営		2	1	3
その他（未定）		46	27	73

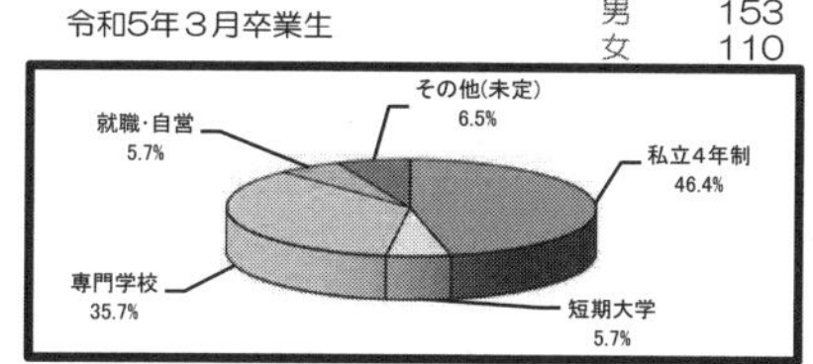

指定校推薦のある大学・学部
東京理科大
明治大
青山学院大
立教大
中央大
法政大
学習院大
成蹊大
成城大
明治学院大
他

進学実績　※専攻科進学41名含む

●４年制大学　東京医科歯科大1　東京外国語大1　東京芸術大1　筑波大2　千葉大7　埼玉大1　島根大1　県立保健医療大3　早稲田大8　上智大3　東京理科大9　立教大11　青山学院大9　明治大28　中央大7　法政大29　学習院大11　明治学院大18　成城大10　国学院大20　他

就職実績　厚生労働省　防衛大学校

部活動　ｼﾝﾌｫﾆｯｸｵｰｹｽﾄﾗ部(日本管楽合奏ｺﾝﾃｽﾄ全国大会最優秀賞、日本学校合奏ｺﾝｸｰﾙｸﾞﾗﾝﾄﾞｺﾝﾃｽﾄ全国大会金賞)　女子水球部(全日本ｼﾞｭﾆｱ選手権大会千葉県選抜の一員として優勝)　ﾀﾞﾝｽ部(全日本ﾁｰﾑﾀﾞﾝｽ選手権大会出場)　書道部･文藝部･放送同好会(全国総合文化祭出場)　ﾃﾆｽ部(関東公立高校大会男子団体優勝･女子団体準優勝)　他

柏井　高等学校

普通科

令和5年3月卒業生　男 153　女 110　計 263

進路種別		男	女	計
４年制大学	国公立	0	0	0
	私立	87	35	122
短期大学	国公立	0	0	0
	私立	3	12	15
専門学校		36	58	94
就職･自営		12	3	15
その他（未定）		15	2	17

指定校推薦のある大学・学部	
東洋大	生命科学
日本大	理工
駒澤大	法
千葉工業大	工
千葉工業大	社会ｼｽﾃﾑ科学
立正大	文･法･経済
武蔵野大	経営
実践女子大	人間社会
亜細亜大	経営
国士舘大	政経･経営
淑徳大	看護栄養
淑徳大	総合福祉
目白大	社会
中央学院大	商･法
和洋女子大	家政･看護
敬愛大	経済･国際
城西国際大	看護･観光

進学実績

●４年制大学　日本大1　千葉工業大4　立正大3　亜細亜大1　国士舘大2　帝京大1　淑徳大9　帝京平成大6　千葉商科大9　千葉経済大6　東京情報大3　流通経済大3　麗澤大5　中央学院大2　敬愛大12　明海大6　和洋女子大2　文京学院大3　聖徳大1　城西国際大7　東洋大1　東京農業大1　順天堂大1　神田外語大1　武蔵野大1　他

●短期大学　大妻女子大短大部　目白大短大部　聖徳大短大部　千葉経済大短大部　千葉職業能力開発短大校　他

●専門学校　亀田医療技術　日本医科大看護　八千代ﾘﾊﾋﾞﾘﾃｰｼｮﾝ学院　千葉ﾋﾞｭｰﾃｨｰ&ﾌﾞﾗｲﾀﾞﾙ　千葉こども　日本工学院　大原簿記公務員医療情報ﾋﾞｼﾞﾈｽ　大原簿記公務員　東京IT会計公務員　船橋情報ﾋﾞｼﾞﾈｽ　武蔵野調理師　旭中央病院附属看護　獨協医科大附属看護　資生堂美容技術　ﾊｯﾋﾟｰ製菓調理　御茶の水美術　日本電子　他

就職実績　自衛隊　国家公務員　警視庁　千葉県警　八千代市職員　四街道市消防本部　ｵｰｹｰ　東京電力ﾊﾟﾜｰｸﾞﾘｯﾄﾞ　他

部活動　ﾀﾞﾝｽ･ﾁｱ部(USA School&College Nationals2023全国選手権大会出場)

県立　1学区

土気　高等学校

普通科

令和５年３月卒業生　男 147　女 160　計 307

進路種別		男	女	計
４年制大学	国公立	0	0	0
	私立	85	57	142
短期大学	国公立	0	0	0
	私立	0	26	26
専門学校		34	60	94
就職・自営		9	12	21
その他（未定）		19	5	24

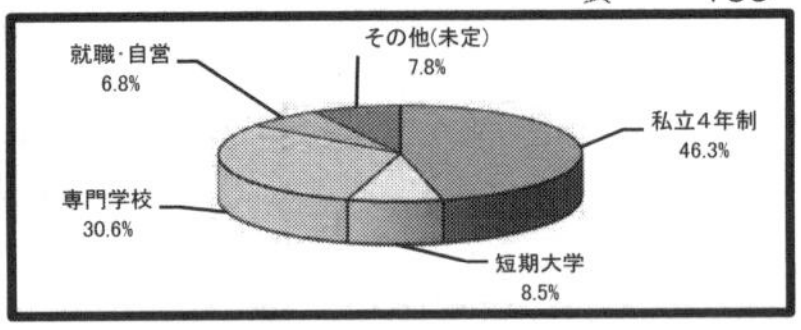

就職・自営 6.8%
その他(未定) 7.8%
私立４年制 46.3%
専門学校 30.6%
短期大学 8.5%

指定校推薦のある大学・学部
武蔵大
獨協大
日本大
千葉工業大
武蔵野大
神田外語大
立正大
国士舘大
淑徳大
千葉商科大
東京情報大
目白大
和洋女子大
明海大
植草学園大
敬愛大
他

進学実績
- ●４年制大学　法政大1　日本大8　千葉工業大7　大妻女子大1　神田外語大5　武蔵野大1　立正大8　東海大1　国士舘大3　帝京大2　淑徳大18　帝京平成大7　千葉商科大11　和洋女子大5　明海大7　植草学園大3　敬愛大6　城西国際大7　東都大2　了徳寺大3　他
- ●短期大学　共立女子短大　千葉経済大短大部　大妻女子大短大部　昭和学院短大　植草学園短大　千葉明徳短大　他
- ●専門学校　山王看護　ｱｲｴｽﾃﾃｨｯｸ　大原医療保育福祉　大原簿記公務員　神田外語学院　国際ﾄﾗﾍﾞﾙ･ﾎﾃﾙ･ﾌﾞﾗｲﾀﾞﾙ　青葉看護　尚美ﾐｭｰｼﾞｯｸｶﾚｯｼﾞ　千葉ﾃﾞｻﾞｲﾅｰ学院　千葉医療秘書&IT　千葉こども　八千代ﾘﾊﾋﾞﾘﾃｰｼｮﾝ学院　他

就職実績　千葉県警　千葉市職員　ｲｵﾝﾘﾃｰﾙ　ﾚｼﾞﾅｯｸ　千葉神社　内山電機製作所　ｴｲｺｳ製菓　ﾏﾘﾝｺｰﾎﾟﾚｰｼｮﾝ　他

部活動　柔道部(R4年度県新人大会男子個人重量級・女子団体ﾍﾞｽﾄ8)　剣道部・ｻｯｶｰ部(R4年度県大会ﾍﾞｽﾄ32)　吹奏楽部(R3年度ｼﾞｭﾆｱ打楽器ｺﾝｸｰﾙ全国大会優秀賞)　ﾊﾝﾄﾞﾎﾞｰﾙ部(R3年度県大会ﾍﾞｽﾄ8)　他

千葉西　高等学校

普通科

令和５年３月卒業生　男 130　女 184　計 314

進路種別		男	女	計
４年制大学	国公立	4	6	10
	私立	104	163	267
短期大学	国公立	0	0	0
	私立	0	2	2
専門学校		0	9	9
就職・自営		0	0	0
その他（未定）		22	4	26

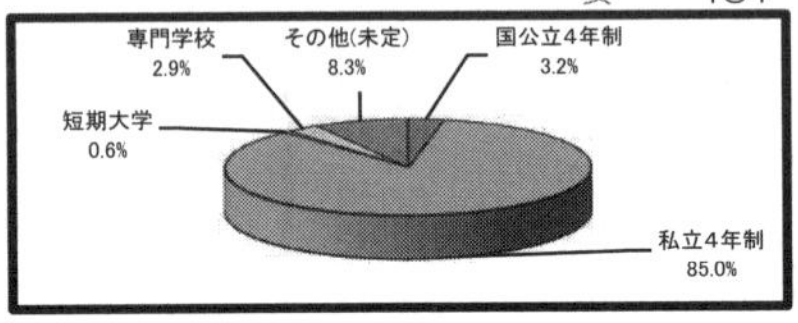

専門学校 2.9%
その他(未定) 8.3%
国公立４年制 3.2%
短期大学 0.6%
私立４年制 85.0%

指定校推薦のある大学・学部

東京理科大	先進工
中央大	理工
法政大	ｷｬﾘｱﾃﾞｻﾞｲﾝ
法政大	経済・法
学習院大	経済
成城大	法
明治学院大	法・文・経済
明治学院大	社会・心理
国学院大	文
日本女子大	人間社会
東邦大	理・薬・健康科学
東京農業大	応用生物科学
東洋大	国際観光
日本大	理工
専修大	法
学習院女子大	国際文化交流
他	

進学実績
- ●４年制大学　千葉大3　東京都立大1　宇都宮大1　前橋工科大1　琉球大1　名桜大1　県立保健医療大2　早稲田大4　東京理科大5　明治大10　青山学院大2　立教大1　中央大3　法政大17　学習院大3　芝浦工業大2　成蹊大1　成城大4　国学院大4　武蔵大1　明治学院大10　獨協大3　東京女子大3　東洋大18　日本大19　他
- ●短期大学　東京家政大短大部
- ●専門学校　青葉看護　ﾃｸﾉ･ﾎﾙﾃｨ園芸　山野美容

檟橋　高等学校

普通科

令和５年３月卒業生　男 126　女 133　計 259

進路種別		男	女	計
４年制大学	国公立	0	0	0
	私立	45	25	70
短期大学	国公立	0	0	0
	私立	3	21	24
専門学校		52	63	115
就職・自営		20	15	35
その他（未定）		6	9	15

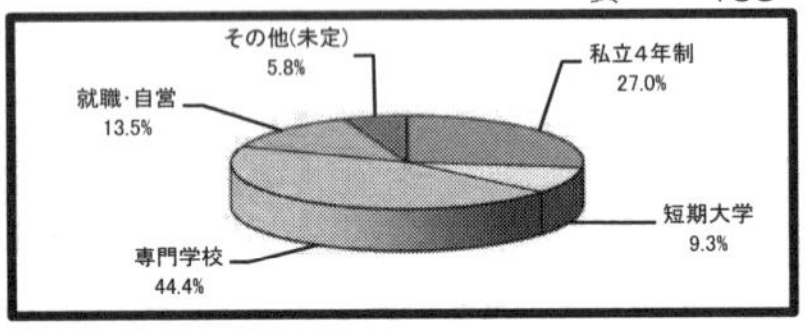

その他(未定) 5.8%
私立４年制 27.0%
就職・自営 13.5%
短期大学 9.3%
専門学校 44.4%

指定校推薦のある大学・学部

日本大	生産工
千葉工業大	工・創造工
千葉工業大	先進工
千葉工業大	社会ｼｽﾃﾑ科学
武蔵野大	文・ｸﾞﾛｰﾊﾞﾙ
国士舘大	政経
千葉商科大	商経・政策情報
千葉商科大	人間社会
千葉商科大	ｻｰﾋﾞｽ創造
淑徳大	総合福祉
淑徳大	看護栄養
淑徳大	ｺﾐｭﾆﾃｨ政策
東京情報大	総合情報・看護
麗澤大	国際
和洋女子大	全学部
他	

進学実績
- ●４年制大学　日本大1　千葉工業大1　神田外語大1　武蔵野大1　国士舘大2　千葉商科大7　淑徳大5　文化学園大1　横浜薬科大1　帝京平成大2　千葉経済大3　東京情報大4　江戸川大4　中央学院大2　敬愛大8　明海大6　他
- ●短期大学　千葉経済大短大部　千葉敬愛短大　植草学園短大　千葉明徳短大　戸板女子短大　他
- ●専門学校　県自動車大学校　船橋情報ﾋﾞｼﾞﾈｽ　国際理工ｶﾚｯｼﾞ　亀田医療技術　ｽﾎﾟｰﾂ健康医療　北原学院千葉歯科衛生　東洋理容美容　千葉調理師　華学園栄養　千葉女子　中央介護福祉　国際ﾄﾗﾍﾞﾙ･ﾎﾃﾙ･ﾌﾞﾗｲﾀﾞﾙ　文化服装学院　大原簿記公務員　東洋美術　日本工学院　東京動物　ちば愛犬動物ﾌﾗﾜｰ　神田外語学院　他

就職実績　千葉県警　警視庁　自衛隊　日立物流首都圏　ｹｲｽﾞｸﾞﾙｰﾌﾟ　ﾔｵｺｰ　てらお食品　宗家源吉兆庵　ｳﾞｨ･ﾄﾞ･ﾌﾗﾝｽ　ﾘｰｶﾞﾙﾘﾃｰﾙ　ｼｸﾞﾅﾙ　太平洋ｺﾞﾙﾌｻｰﾋﾞｽ　緑が丘駅歯科医院　ﾌｼﾞﾌｰｽﾞ　美香苑　東京ｽﾃﾝﾚｽ研磨興業　ﾕｰﾆｯｸ　他

県立　2学区

八千代　高等学校

普通科　体育科　家政科

令和５年３月卒業生　男 171　女 179　計 350

進路種別		男	女	計
４年制大学	国公立	13	15	28
	私立	140	132	272
短期大学	国公立	0	0	0
	私立	2	6	8
専門学校		4	18	22
就職・自営		1	2	3
その他（未定）		11	6	17

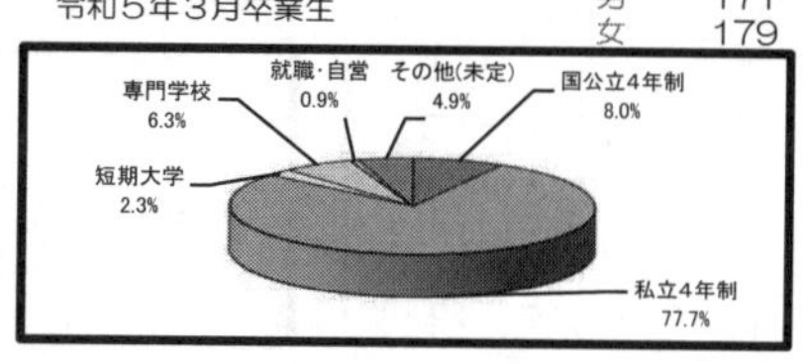

指定校推薦のある大学・学部	
早稲田大	基幹理工
東京理科大	創域理工
上智大	理工
明治大	政治経済
明治大	総合数理
青山学院大	経営
立教大	法・現代心理
立教大	文・経済
立教大	ｺﾐｭﾆﾃｨ福祉
中央大	法・理工・経済
法政大	法・経営・経済
法政大	文・人間環境
法政大	ｷｬﾘｱﾃﾞｻﾞｲﾝ
明治学院大	法・社会・経済
国学院大	法
獨協大	経済
他	

進学実績
- ●４年制大学　東北大1　筑波大2　千葉大10　東京学芸大2　埼玉大1　茨城大4　旭川医科大1　神奈川県立保健福祉大1　県立保健医療大5　埼玉県立大1　早稲田大12　慶応大3　上智大2　東京理科大5　明治大29　青山学院大5　立教大16　中央大9　法政大22　学習院大3　他
- ●短期大学　日本大短大部　聖徳大短大部　千葉経済大短大部　戸板女子短大
- ●専門学校　駿台ﾄﾗﾍﾞﾙ&ﾎﾃﾙ　武蔵野調理師　文化服装学院　服部栄養

就職実績　船橋市消防局　ﾀﾞｲﾔﾓﾝﾄﾞﾃｰﾌﾞﾙ　ﾉｳﾞｨﾙﾎｰﾙﾃﾞｨﾝｸﾞｽ

部活動　女子柔道部・陸上競技部・吹奏楽部・鼓組（全国大会出場）
男子ﾊﾞｽｹｯﾄﾎﾞｰﾙ部・女子ﾊﾝﾄﾞﾎﾞｰﾙ部・男子水泳部（関東大会出場）
男子ﾊﾝﾄﾞﾎﾞｰﾙ部（県総体ﾍﾞｽﾄ4）　ｻｯｶｰ部・女子ﾊﾞｽｹｯﾄﾎﾞｰﾙ部・女子ﾃﾆｽ部・ｿﾌﾄﾎﾞｰﾙ部（県大会ﾍﾞｽﾄ8）

八千代東　高等学校

普通科

令和５年３月卒業生　男 141　女 158　計 299

進路種別		男	女	計
４年制大学	国公立	1	0	1
	私立	88	57	145
短期大学	国公立	0	0	0
	私立	1	23	24
専門学校		30	61	91
就職・自営		6	7	13
その他（未定）		15	10	25

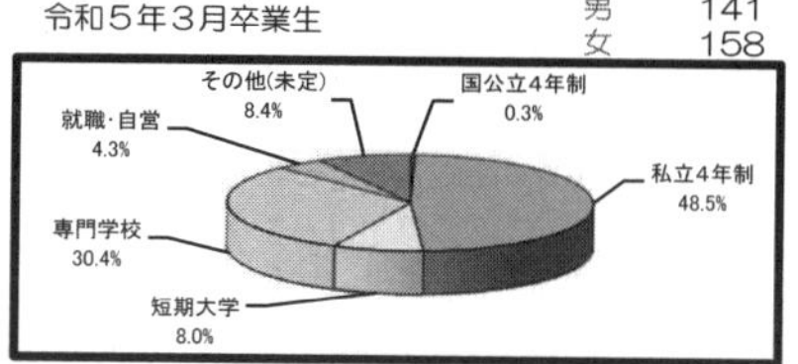

指定校推薦のある大学・学部	
東洋大	国際・文
日本大	理工・文理
日本大	生産工
駒澤大	経営
東京電機大	理工
東京電機大	ｼｽﾃﾑﾃﾞｻﾞｲﾝ工
千葉工業大	全学部
立正大	経済・人教・文
立正大	ﾃﾞｰﾀｻｲｴﾝｽ・法
神田外語大	外国語
武蔵野大	ｸﾞﾛｰﾊﾞﾙ・経営
武蔵野大	工・ﾃﾞｰﾀｻｲｴﾝｽ
武蔵野大	人間科学・文・法
産業能率大	経営
産業能率大	情報ﾏﾈｼﾞﾒﾝﾄ
国士舘大	政経・理工

進学実績
- ●４年制大学　中央大1　法政大1　獨協大1　東洋大1　日本大12　専修大1　駒澤大3　東京電機大1　神奈川大1　千葉工業大9　神田外語大2　実践女子大2　立正大7　産業能率大6　国際医療福祉大2　国士舘大6　拓殖大3　淑徳大5　千葉経済大5　敬愛大6　他
- ●短期大学　日本歯科大東京短大　千葉経済大短大部　戸板女子短大　昭和学院短大　東京経営短大
- ●専門学校　青葉看護　中央医療技術　中央工学校　東京医学技術　二葉看護学院　船橋情報ﾋﾞｼﾞﾈｽ　八千代ﾘﾊﾋﾞﾘﾃｰｼｮﾝ学院　ｱﾎﾟﾛ歯科衛生士　北原学院歯科衛生士

就職実績　京成電鉄　日本瓦斯　ﾖｰｸ　村山鋼材　ｵｰｹｰ

部活動　女子ﾊﾞﾄﾞﾐﾝﾄﾝ部（R4年度県新人大会ﾀﾞﾌﾞﾙｽﾍﾞｽﾄ16）　書道部（R3年度全国総合文化祭出展）
ﾊﾞｽｹｯﾄﾎﾞｰﾙ部（R2年度ｳｲﾝﾀｰｶｯﾌﾟ県大会ﾍﾞｽﾄ16）　他

八千代西　高等学校

普通科

令和５年３月卒業生　男 91　女 53　計 144

進路種別		男	女	計
４年制大学	国公立	0	0	0
	私立	12	3	15
短期大学	国公立	0	0	0
	私立	1	2	3
専門学校		42	23	65
就職・自営		29	13	42
その他（未定）		7	12	19

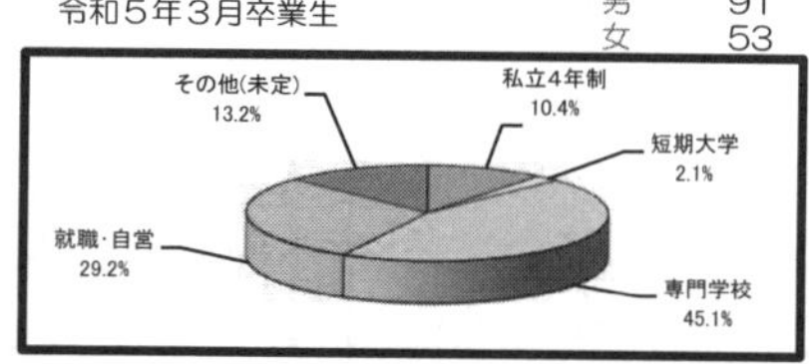

指定校推薦のある大学・学部	
日本大	生産工
千葉工業大	工
千葉経済大	経済
千葉科学大	看護
亜細亜大	
淑徳大	
流通経済大	
江戸川大	
中央学院大	
和洋女子大	
東都大	
明海大	
敬愛大	
植草学園大	
城西国際大	
愛国学園大	

進学実績
- ●４年制大学　日本大1　千葉工業大1　亜細亜大1　淑徳大2　東京情報大1　江戸川大1　流通経済大3　千葉経済大1　秀明大1　明海大1　東京保健医療専門職大1　国際ﾌｧｯｼｮﾝ専門職大1
- ●短期大学　日本大短大部　昭和学院短大　千葉明徳短大
- ●専門学校　船橋情報ﾋﾞｼﾞﾈｽ　日本工学院　青山製図　読売自動車大学校　東京動物　八千代ﾘﾊﾋﾞﾘﾃｰｼｮﾝ学院　服部栄養　文化服装学院　千葉調理師　千葉美容　ｽｶｲ総合ﾍﾟｯﾄ

就職実績　警視庁　石井食品　信和産業　勝又自動車　ｸﾘｰﾝﾒﾀﾙ　高圧ｶﾞｽ工業　八千代美香会　他

部活動　男子ｳｪｲﾄﾘﾌﾃｨﾝｸﾞ部（関東大会55kg級出場）　男子柔道部（関東大会団体出場）
ﾊﾞﾄﾞﾐﾝﾄﾝ部（県1年生大会出場）　陸上競技部（県大会4×400mﾘﾚｰ・やり投げ・円盤投げ・ﾊﾝﾏｰ投げ出場）　他

津田沼　高等学校

普通科

令和５年３月卒業生　男 155　女 157　計 312

進路種別		男	女	計
４年制大学	国公立	5	9	14
	私立	120	129	249
短期大学	国公立	0	0	0
	私立	2	3	5
専門学校		6	8	14
就職・自営		2	2	4
その他（未定）		20	6	26

指定校推薦のある大学・学部	
明治大	理工
立教大	文
法政大	人間環境
法政大	社会・理工
学習院大	法
成蹊大	理工
明治学院大	文・社会
明治学院大	経済・法
成城大	法・経済・文芸
国学院大	法
武蔵大	経済
東洋大	経済・経営・社会
東洋大	法・理工・生命科学
東洋大	国際・食環境科学
日本大	文理・法・理工
日本大	生産工・経済
他	

進学実績
- ●４年制大学　千葉大5　東京芸術大3　埼玉大2　茨城大1　長岡造形大1　県立保健医療大1　福井県立大1　早稲田大1　東京理科大3　明治大6　青山学院大3　中央大6　法政大13　学習院大2　成蹊大3　明治学院大3　国学院大2　武蔵大1　獨協大3　東邦大9　日本大24　東洋大16　駒澤大7　専修大10　共立女子大6　千葉工業大16　他
- ●短期大学　昭和学院短大　千葉経済大短大部　東邦音楽短大　桐朋学園芸術短大
- ●専門学校　船橋市立看護　東京医薬看護　神田外語学院　吉祥寺二葉栄養調理　日本工学院

就職実績　国税局　千葉地方検察庁

県立 2学区

実籾 高等学校

普通科

令和５年３月卒業生　男 151　女 150　計 301

進路種別		男	女	計
４年制大学	国公立	0	0	0
	私立	83	61	144
短期大学	国公立	0	0	0
	私立	1	15	16
専門学校		51	62	113
就職・自営		6	3	9
その他（未定）		10	9	19

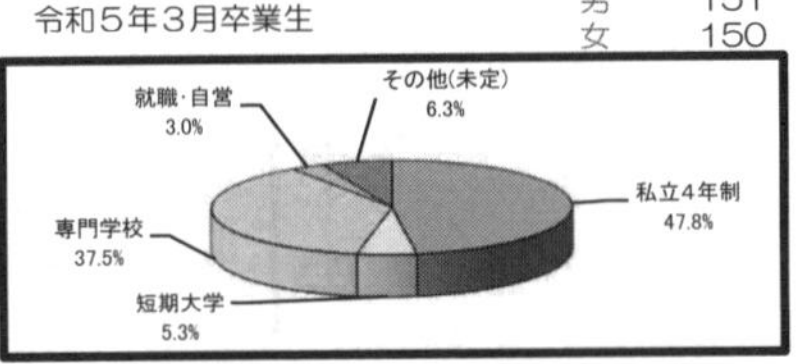

指定校推薦のある大学・学部

工学院大	工・先進工
共立女子大	建築・デザイン
大妻女子大	文
実践女子大	文・生活科学
国士舘大	政経
跡見学園女子大	全学部
江戸川大	社会
江戸川大	メディアコミュニケーション
植草学園大	発達教育
植草学園大	保健医療
他	

進学実績
- ●４年制大学　明治大1　東京女子大1　東洋大4　日本大5　駒澤大1　東邦大1　東京経済大1　共立女子大1　立正大2　千葉工業大8　神田外語大1　亜細亜大4　国士舘大5　拓殖大4　大正大1　跡見学園女子大1　千葉商科大10　高千穂大2　他
- ●短期大学　戸板女子短大　大妻女子大短大部　有明教育芸術短大　愛国学園短大
- ●専門学校　青葉看護　江戸川看護　慈恵柏看護　船橋市立看護　船橋情報ビジネス　日本電子　東京電子　千葉調理師　東京動物　服部栄養　国際理容美容　織田ファッション　千葉女子　国際理工カレッジ　大原学園

就職実績　陸上自衛隊　船橋市消防局　イトーヨーカ堂　ロピア　コントラクトロジスティクス　コメダ

部活動　射撃部(R2～4年度全国大会団体・個人出場)　チアリーディング部(R2～4年度全国大会出場)

船橋 高等学校

普通科　理数科

令和5年3月卒業生　男 211　女 144　計 355

進路種別		男	女	計
４年制大学	国公立	114	58	172
	私立	57	71	128
短期大学	国公立	0	0	0
	私立	0	0	0
専門学校		0	0	0
就職・自営		0	0	0
その他（未定）		40	15	55

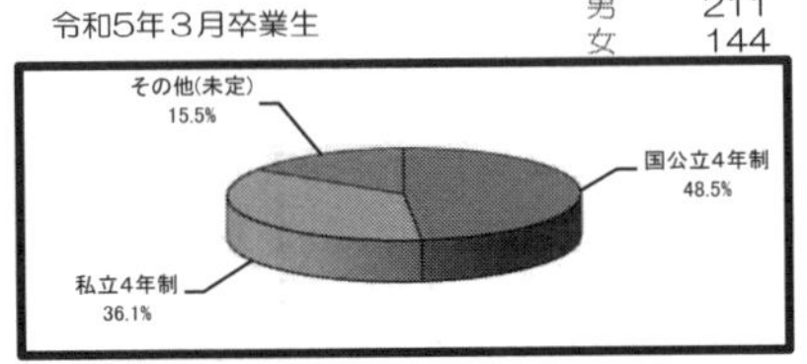

指定校推薦のある大学・学部

早稲田大	法・文化構想
早稲田大	商・基幹理工
早稲田大	文・先進理工
早稲田大	教育・創造理工
慶応大	商・薬

進学実績
- ●４年制大学　東京大8　京都大4　一橋大24　東京工業大13　大阪大4　名古屋大4　東北大14　神戸大3　北海道大7　九州大2　筑波大14　お茶の水女子大5　千葉大50　早稲田大34　慶応大11　上智大6　東京理科大12　明治大16　青山学院大8　中央大6　他

部活動　生物部(日本生物学オリンピック2022敢闘賞)　ソングリーディング部(東日本競技大会ダンスドリル5位)　放送委員会(NHK杯全国放送コンテスト出場、第35回県文化連盟放送コンテスト優秀賞)　陸上競技部(関東大会出場、県総体男子800m6位)　水泳部(関東大会個人・リレー出場)　他

薬園台 高等学校

普通科　園芸科

令和５年３月卒業生　男 156　女 155　計 311

進路種別		男	女	計
４年制大学	国公立	28	15	43
	私立	91	103	194
短期大学	国公立	0	0	0
	私立	0	2	2
専門学校		7	12	19
就職・自営		5	2	7
その他（未定）		25	21	46

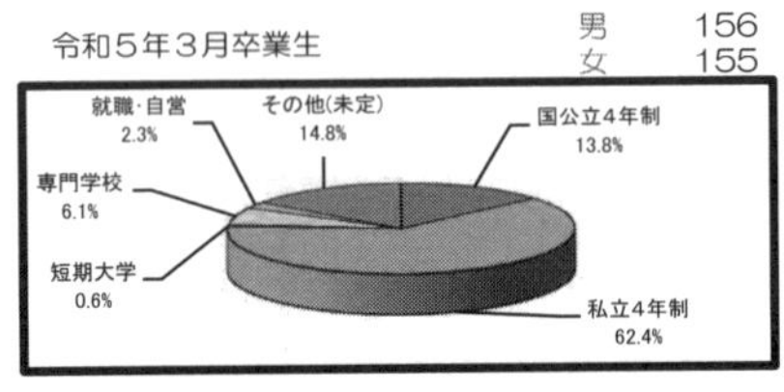

指定校推薦のある大学・学部

早稲田大	教育・文化構想
早稲田大	商・人間科学
早稲田大	文・基幹理工
早稲田大	先進理工
早稲田大	創造理工
慶応大	商
東京理科大	創域理工
東京理科大	理・先進工
立教大	文・経済・法・観光
明治大	政治経済・理工
明治大	総合数理
他	

※合格実績
- ●４年制大学　東北大1　北海道大2　横浜国立大2　東京外国語大1　千葉大30　東京都立大1　東京学芸大1　横浜市立大1　埼玉大1　信州大1　防衛大学校1　早稲田大34　慶応大14　東京理科大36　上智大36　明治大80　立教大41　中央大42　青山学院大24　他
- ●専門学校　文化服装学院　華調理製菓　東京環境工科　新東京歯科技工士　亀田医療技術　武蔵野栄養　中央工学校　他

就職実績　千葉植木造園　山崎製パン　東葛食品　ベジライフ　カズサベジテック　他

部活動　弓道部・書道部(全国大会出場)　バスケットボール部、バレーボール部、剣道部、演劇部、吹奏楽部、将棋部など複数の部活が活発に活動している。

船橋東 高等学校

普通科

令和５年３月卒業生　男 140　女 178　計 318

進路種別		男	女	計
４年制大学	国公立	19	25	44
	私立	104	136	240
短期大学	国公立	0	0	0
	私立	0	0	0
専門学校		2	2	4
就職・自営		0	0	0
その他（未定）		15	15	30

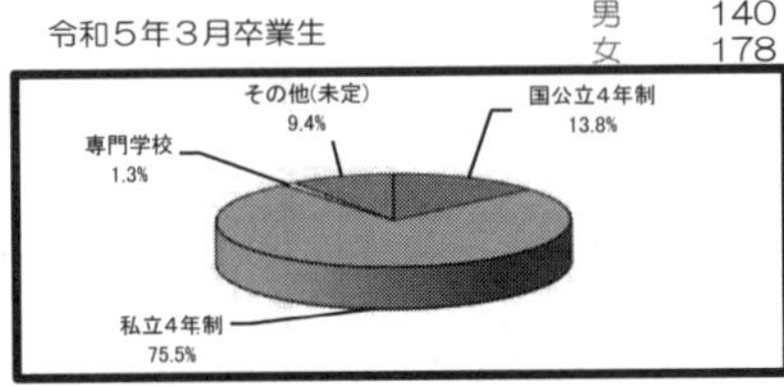

指定校推薦のある大学・学部

早稲田大	法・基幹理工
早稲田大	創造理工
上智大	総合人間科学
東京理科大	工・薬・先進工
東京理科大	経営・創域理工
明治大	政治経済
青山学院大	経済・経営・文
青山学院大	教育人間科学
青山学院大	コミュニティ人間科学
立教大	現代心理
法政大	法・経済・理工
法政大	デザイン工
法政大	生命科学
中央大	理工・商
中央大	総合政策
学習院大	経済・文・理
学習院大	国際社会科学

進学実績
- ●４年制大学　東京工業大1　お茶の水女子大2　東京外国語大2　千葉大16　電気通信大2　東京農工大1　東京学芸大1　信州大2　静岡大2　県立保健医療大4　早稲田大17　東京理科大13　明治大25　法政大18　立教大11　中央大9　学習院大8　東洋大13　東京都市大1　文教大8　他
- ●専門学校　船橋市立看護　東京リゾート&スポーツ

部活動　男子水泳部(全国総体200m背泳出場)　空手道部(全国選抜大会出場)　書道部(高野山競書大会推薦、高校生国際美術展書の部佳作)　吹奏楽部(県コンクールA部門金賞)　野球部・女子ハンドボール部・男子ソフトテニス部・男子バレーボール部・陸上部(県大会ベスト16以上)

県立 2学区

船橋啓明 高等学校

普通科　　令和５年３月卒業生　男 195　女 116　計 311

進路種別		男	女	計
４年制大学	国公立	1	0	1
	私立	152	81	233
短期大学	国公立	0	0	0
	私立	0	8	8
専門学校		24	24	48
就職･自営		1	1	2
その他（未定）		17	2	19

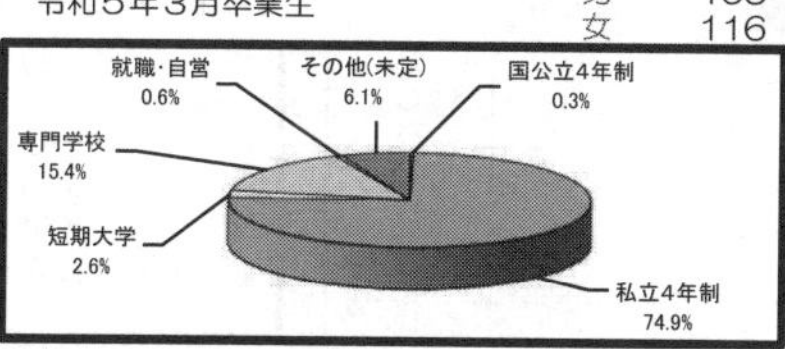

指定校推薦のある大学・学部	
東京理科大	創域理工
法政大	理工
成蹊大	理工
武蔵大	経済
昭和女子大	人間文化
東京電機大	ｴ･ｼｽﾃﾑﾃﾞｻﾞｲﾝｴ
東京電機大	理工･未来科学
東京都市大	理工･都市生活
東京都市大	建築都市ﾃﾞｻﾞｲﾝ
日本大	経済･理工
日本大	法･生産工
東洋大	文･経済
東洋大	法･生命科学
東洋大	健康ｽﾎﾟｰﾂ科学
専修大	経済･法
神田外語大	外国語
他	

進学実績
- ●４年制大学　秋田大1　東京理科大3　学習院大1　中央大1　法政大2　芝浦工業大1　成城大1　明治学院大1　国学院大1　武蔵大3　東京女子大1　獨協大11　昭和女子大1　東京電機大4　東京農業大2　日本大15　東洋大5　駒澤大7　神田外語大5　大妻女子大4　他
- ●短期大学　大妻女子大短大部　戸板女子短大　目白大短大部　女子美術大短大部　昭和学院短大　東京経営短大
- ●専門学校　日本工学院　八千代ﾘﾊﾋﾞﾘﾃｰｼｮﾝ学院　船橋情報ﾋﾞｼﾞﾈｽ　阿佐ヶ谷美術　慈恵柏看護　ﾍﾞﾙｴﾎﾟｯｸ美容　千葉調理師　国際理工ｶﾚｯｼﾞ　ﾎｽﾋﾟﾀﾘﾃｨﾂｰﾘｽﾞﾑ　東京医療　大原簿記公務員　東洋理容美容　東京医学技術　東京ﾌﾞﾗｲﾀﾞﾙ　他

就職実績　千葉県警　裁判所職員　海上保安学校

部活動　吹奏楽部(R3年度東関東大会銀賞)　他

船橋芝山 高等学校

普通科　　令和５年３月卒業生　男 203　女 111　計 314

進路種別		男	女	計
４年制大学	国公立	4	1	5
	私立	160	71	231
短期大学	国公立	2	1	3
	私立	0	10	10
専門学校		15	24	39
就職･自営		3	1	4
その他（未定）		19	3	22

就職･自営 1.3%　その他(未定) 7.0%　国公立4年制 1.6%　専門学校 12.4%　短期大学 4.1%　私立4年制 73.6%

指定校推薦のある大学・学部	
法政大	法
獨協大	外国語･経済･法
東邦大	理
昭和女子大	全学部
日本大	生産工･法･理工
駒澤大	法
駒澤大	ｸﾞﾛｰﾊﾞﾙ･ﾒﾃﾞｨｱ･ｽﾀﾃﾞｨｰｽﾞ
専修大	商･法
東京農業大	国際食料情報
東京農業大	生物産業･農
東京農業大	生命科学
東京家政大	家政･子ども支援
東京家政大	健康科学･人文
共立女子大	文芸
神田外語大	外国語
他	

進学実績
- ●４年制大学　国際教養大1　東京芸術大1　上智大1　明治大6　立教大1　学習院大3　中央大2　法政大6　成蹊大2　獨協大5　国学院大2　日本大25　東洋大16　駒澤大10　専修大5　昭和女子大3　神田外語大2　東京医療保健大5　千葉工業大17　千葉商科大9　他
- ●短期大学　東京家政大短大部　共立女子短大　千葉経済大短大部　大妻女子大短大部　戸板女子短大　昭和学院短大　他
- ●専門学校　神田外語学院　駿台外語&ﾋﾞｼﾞﾈｽ　太陽歯科衛生士　青葉看護　千葉調理師　千葉美容　辻調理師　日本電子　東京ﾃﾞｻﾞｲﾝ　日本外国語　日本健康医療　日本工学院　八千代ﾘﾊﾋﾞﾘﾃｰｼｮﾝ学院　山野美容　武蔵野栄養　他

就職実績　東京消防庁　ﾔﾏﾄ運輸　太平洋ｺﾝｻﾙﾀﾝﾄ　hair in ASK Luce

部活動　男子ｻｯｶｰ部(R4年度県ﾘｰｸﾞ戦2部昇格、R4年度県予選決勝ﾄｰﾅﾒﾝﾄ進出)　演劇部(R4年度県演劇中央発表会出場)　陸上競技部(R3年度U18陸上競技大会出場)　女子弓道部(R3年度ｲﾝﾀｰﾊｲ個人出場)　他

船橋二和 高等学校

普通科　　令和５年３月卒業生　男 171　女 132　計 303

進路種別		男	女	計
４年制大学	国公立	0	0	0
	私立	83	36	119
短期大学	国公立	0	0	0
	私立	1	10	11
専門学校		68	70	138
就職･自営		2	10	12
その他（未定）		17	6	23

就職･自営 4.0%　その他(未定) 7.6%　私立4年制 39.3%　専門学校 45.5%　短期大学 3.6%

指定校推薦のある大学・学部	
日本大	生産工
二松学舎大	国際政治経済
千葉工業大	工･先進工
千葉工業大	社会ｼｽﾃﾑ科学
武蔵野大	経営
東京工科大	ｺﾝﾋﾟｭｰﾀｻｲｴﾝｽ
東京工科大	ﾃﾞｻﾞｲﾝ
拓殖大	政経･工
帝京平成大	ﾋｭｰﾏﾝｹｱ
帝京平成大	健康ﾒﾃﾞｨｶﾙ
千葉商科大	ｻｰﾋﾞｽ創造
千葉商科大	商経･人間社会
淑徳大	人文･総合福祉
江戸川大	ﾒﾃﾞｨｱｺﾐｭﾆｹｰｼｮﾝ
江戸川大	社会
麗澤大	外国語
他	

進学実績
- ●４年制大学　日本大2　東洋大1　専修大2　二松学舎大4　千葉工業大6　神田外語大2　武蔵野大1　亜細亜大1　国士舘大2　拓殖大3　千葉商科大6　淑徳大6　江戸川大6　流通経済大12　中央学院大3　明海大3　和洋女子大4　秀明大4　敬愛大5　聖徳大1　他
- ●短期大学　大阪芸術大短大部　聖徳大短大部　千葉経済大短大部　戸板女子短大　実践女子大短大部
- ●専門学校　船橋市立看護　八千代ﾘﾊﾋﾞﾘﾃｰｼｮﾝ学院　船橋情報ﾋﾞｼﾞﾈｽ　北原学院歯科衛生　中央自動車大学校　ｺｰｾｰ美容　神田外語学院　織田調理師　国際理工ｶﾚｯｼﾞ　武蔵野調理師　竹早教員保育士養成所　日本電子　服部栄養　他

就職実績　陸上自衛隊　航空自衛隊　千葉日産自動車　ｹｲﾊｲ　ﾀﾞｲﾊﾂ千葉販売　ﾗﾝﾄﾞﾛｰﾑｼﾞｬﾊﾟﾝ　成城石井　ﾔﾏﾀﾞﾃﾞﾝｷ　他

部活動　体操部･男子ﾊﾞﾚｰﾎﾞｰﾙ部(R3･4年度関東大会出場)　陸上競技部･女子ﾊﾞｽｹｯﾄﾎﾞｰﾙ部(R3･4年度県大会出場)　野球部(R4年度県大会出場)　吹奏楽部(R3年度県吹奏楽ｺﾝｸｰﾙB部門銀賞)　他

船橋古和釜 高等学校

普通科　　令和５年３月卒業生　男 121　女 102　計 223

進路種別		男	女	計
４年制大学	国公立	0	0	0
	私立	29	14	43
短期大学	国公立	0	0	0
	私立	0	7	7
専門学校		54	43	97
就職･自営		35	21	56
その他（未定）		3	17	20

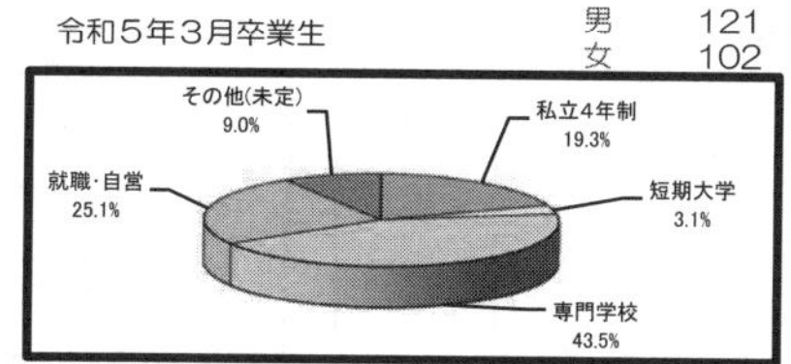

指定校推薦のある大学・学部
千葉工業大
千葉商科大
千葉経済大
流通経済大
和洋女子大
明海大
敬愛大
他

進学実績
- ●４年制大学　東洋大1　千葉工業大2　神田外語大1　千葉商科大4　帝京平成大1　淑徳大1　大正大1　千葉経済大3　東京情報大1　江戸川大5　帝京科学大1　流通経済大5　中央学院大1　和洋女子大1　明海大5　秀明大1　他
- ●短期大学　聖徳大短大部　千葉経済大短大部　植草学園短大　千葉明徳短大
- ●専門学校　船橋情報ﾋﾞｼﾞﾈｽ　国際理工ｶﾚｯｼﾞ　東京動物　東洋理容美容　中央工学校　ｼﾞｪｲﾍｱﾒｲｸ美容　千葉ﾃﾞｻﾞｲﾅｰ学院　他

就職実績　ｹｱｻﾎﾟｰﾄ　ゆで太郎ｼｽﾃﾑ　ｴｽﾌｰｽﾞ　ﾖｰｸ　ﾔｵｺｰ　村上工業　ｵｰｹｰ　ｱｽﾓ介護ｻｰﾋﾞｽ　石井食品　ﾃﾞｲﾘｰﾄﾗﾝｽﾎﾟｰﾄ　ｹｲｽﾞｸﾞﾙｰﾌﾟ　日本梱包運輸倉庫　他

部活動　陸上競技部(全国大会やり投げ出場)　男子ﾊﾞｽｹｯﾄﾎﾞｰﾙ部(県大会ﾍﾞｽﾄ16)

県立　2学区

船橋法典　高等学校

普通科

令和５年３月卒業生　男 120　女 108　計 228

進路種別		男	女	計
４年制大学	国公立	0	0	0
	私立	57	21	78
短期大学	国公立	0	0	0
	私立	0	10	10
専門学校		41	52	93
就職・自営		11	23	34
その他（未定）		11	2	13

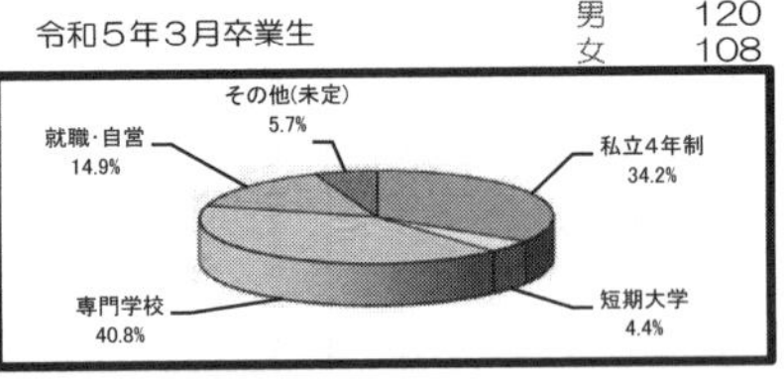

指定校推薦のある大学・学部

千葉工業大	社会ｼｽﾃﾑ科学
千葉商科大	ｻｰﾋﾞｽ創造
淑徳大	総合福祉
帝京科学大	生命環境
帝京科学大	教育人間科学
千葉経済大	経済
麗澤大	経済
江戸川大	社会
中央学院大	法・商
駿河台大	ﾒﾃﾞｨｱ情報
文京学院大	外国語
敬愛大	経済
流通経済大	
明海大	
他	

進学実績

●４年制大学　東洋大1　千葉工業大4　国士舘大2　拓殖大1　千葉商科大4　淑徳大4　帝京科学大4　流通経済大9　麗澤大4　東京情報大1　日本薬科大1　中央学院大7　江戸川大3　城西大1　明海大4　和洋女子大2　他

●短期大学　共立女子短大　昭和学院短大　女子栄養大短大部　千葉敬愛短大　千葉明徳短大　帝京短大　戸板女子短大　他

●専門学校　船橋情報ﾋﾞｼﾞﾈｽ　日本工学院　ｽﾎﾟｰﾂ健康医療　船橋市立看護　亀田医療技術　国際理容美容　大原医療福祉　東京栄養食糧　千葉ﾋﾞｭｰﾃｨｰ&ﾌﾞﾗｲﾀﾞﾙ　竹早教員保育士養成所　東京医薬看護　文化服装学院　神田外語学院　国際動物　東京愛犬　他

就職実績　日本郵便　名糖運輸　小松川信用金庫　高伴　ﾓﾛｿﾞﾌ　日東ﾃｸﾉﾌﾞﾚｰﾝ　ﾌﾟﾛﾝﾄｻｰﾋﾞｽ　ﾌｼﾞｯｺ　ﾎﾝﾀﾞｶｰｽﾞ千葉　他

部活動　書道部(全国総合文化祭4年連続出場、第21回全国書道展賞受賞)　陸上競技部(関東新人大会女子円盤投げ出場)　女子ｻｯｶｰ部(県大会ﾍﾞｽﾄ8)　写真部(県総合文化祭入選)　吹奏楽部(県吹奏楽ｺﾝｸｰﾙB部門銀賞)　他

船橋豊富　高等学校

普通科

令和５年３月卒業生　男 77　女 53　計 130

進路種別		男	女	計
４年制大学	国公立	0	0	0
	私立	11	3	14
短期大学	国公立	0	0	0
	私立	1	0	1
専門学校		23	15	38
就職・自営		37	30	67
その他（未定）		5	5	10

その他(未定) 7.7%　私立４年制 10.8%　短期大学 0.8%　専門学校 29.2%　就職・自営 51.5%

指定校推薦のある大学・学部

日本大	生産工
千葉工業大	工・先進工
千葉工業大	社会ｼｽﾃﾑ科学
江戸川大	社会
江戸川大	ﾒﾃﾞｨｱｺﾐｭﾆｹｰｼｮﾝ
明海大	外国語・経済
明海大	不動産
秀明大	総合経営
秀明大	観光ﾋﾞｼﾞﾈｽ
秀明大	英語情報ﾏﾈｼﾞﾒﾝﾄ
敬愛大	経済・国際

進学実績

●４年制大学　千葉工業大1　千葉商科大1　淑徳大1　江戸川大2　中央学院大1　東京国際大1　埼玉学園大1　明海大1　東洋学園大1　秀明大1　敬愛大1　他

●短期大学　東京経営短大

●専門学校　船橋情報ﾋﾞｼﾞﾈｽ　ｽｶｲ総合ﾍﾟｯﾄ　千葉美容　千葉調理師　千葉女子

就職実績　自衛隊　ｹｰｼﾞｪｲﾘﾋﾞﾝｸﾞ　ﾄﾖﾀｶﾛｰﾗ千葉　さくら館　鎌ヶ谷ｶﾝﾄﾘｰ倶楽部　ﾔﾏﾄ運輸　東京BK足場　日本郵政

船橋北　高等学校

普通科

令和５年３月卒業生　男 111　女 115　計 226

進路種別		男	女	計
４年制大学	国公立	0	0	0
	私立	56	21	77
短期大学	国公立	0	0	0
	私立	1	10	11
専門学校		33	59	92
就職・自営		18	21	39
その他（未定）		3	4	7

その他(未定) 3.1%　私立４年制 34.1%　就職・自営 17.3%　短期大学 4.9%　専門学校 40.7%

指定校推薦のある大学・学部

日本大	生産工
二松学舎大	国際政治経済
国士舘大	理工
千葉商科大	商経・人間社会
千葉商科大	ｻｰﾋﾞｽ創造
千葉商科大	政策情報
淑徳大	総合福祉・経営
淑徳大	ｺﾐｭﾆﾃｨ政策
淑徳大	看護栄養
東京情報大	総合情報・看護
千葉経済大	経済
江戸川大	ﾒﾃﾞｨｱｺﾐｭﾆｹｰｼｮﾝ
江戸川大	社会
麗澤大	経済・外国語
和洋女子大	人文・国際・看護
他	

進学実績

●４年制大学　日本大1　二松学舎大1　千葉工業大5　国士舘大1　千葉商科大4　帝京平成大2　淑徳大10　東京情報大3　中央学院大5　千葉経済大3　江戸川大2　麗澤大3　流通経済大3　和洋女子大2　明海大8　秀明大3　他

●短期大学　千葉敬愛短大　千葉経済大短大部　戸板女子短大　昭和学院短大　東京経営短大

●専門学校　船橋市立看護　八千代ﾘﾊﾋﾞﾘﾃｰｼｮﾝ学院　日本医科大看護　二葉看護学院　船橋情報ﾋﾞｼﾞﾈｽ　神田外語学院　山王看護　東洋理容美容　国際理工ｶﾚｯｼﾞ　国際ﾄﾗﾍﾞﾙ･ﾎﾃﾙ･ﾌﾞﾗｲﾀﾞﾙ　日本自動車大学校　千葉こども　東京ﾍﾞﾙｴﾎﾟｯｸ美容　ちば愛犬動物ﾌﾗﾜｰ　日本工学院　華調理製菓　御茶の水美術　千葉医療秘書&IT　他

就職実績　ｸﾎﾞﾀ　石井食品　新京成電鉄　ｾｺﾑ　ｲｵﾝﾘﾃｰﾙ　ﾄﾖﾀｶﾛｰﾗ千葉　ﾗﾝﾄﾞﾛｰﾑｼﾞｬﾊﾟﾝ　ﾋﾟｰﾀｰﾊﾟﾝ　日本通運　ｼﾞｮｲﾈｯﾄ　ﾒﾘｰﾁｮｺﾚｰﾄｶﾑﾊﾟﾆｰ　ﾛｼﾞｽﾃｨｰﾄﾞ首都圏　日本医科大千葉北総病院　ｼﾞｪｲ･ｴｽ･ｴｽ　くすりの福太郎　ﾌｧｲﾝｽﾞ東京　他

部活動　美術部(全国総合文化祭出展)　剣道部(関東大会出場)　ﾎﾞﾗﾝﾃｨｱ同好会(県青少年赤十字ﾒﾝﾊﾞｰ競技会役員)　他

市川工業　高等学校

機械科　建築科　電気科　インテリア科

令和５年３月卒業生　男 167　女 46　計 213

進路種別		男	女	計
４年制大学	国公立	0	0	0
	私立	23	4	27
短期大学	国公立	0	0	0
	私立	1	0	1
専門学校		39	13	52
就職・自営		98	29	127
その他（未定）		6	0	6

その他(未定) 2.8%　私立４年制 12.7%　短期大学 0.5%　専門学校 24.4%　就職・自営 59.6%

指定校推薦のある大学・学部

工学院大	先進工
日本大	生産工
東洋大	理工
国士舘大	理工
拓殖大	工
神奈川工科大	工・創造工
神奈川工科大	応用ﾊﾞｲｵ科学
埼玉工業大	工・人間社会
湘南工科大	工・情報
東都大	幕張ﾋｭｰﾏﾝｹｱ
東京造形大	造形
東京工芸大	工・芸術
東京電機大	
千葉工業大	
千葉商科大	
明海大	
他	

進学実績

●４年制大学　明治学院大1　日本大5　東京電機大1　千葉工業大4　千葉商科大2　文化学園大1　東京情報大1　千葉経済大2　日本工業大6　日本薬科大1　東京福祉大1　国際ﾌｧｯｼｮﾝ専門職大1　他

●短期大学　東京経営短大　千葉職業能力開発短大校

●専門学校　市原高等技術　船橋高等技術　ｽﾎﾟｰﾂ健康医療　国際理工ｶﾚｯｼﾞ　千葉ﾃﾞｻﾞｲﾅｰ学院　中央工学校　東京電子　中央自動車大学校　東京法律公務員　東京ﾏﾙﾁ･AI　東京山手調理師　東京ﾘｿﾞｰﾄ&ｽﾎﾟｰﾂ　日本工学院　他

就職実績　自衛隊　千葉県企業局　東京都職員　神鋼ﾎﾞﾙﾄ　北越ｺｰﾎﾟﾚｰｼｮﾝ　東洋ｶﾞﾗｽ　勝又自動車　ｱｻﾋﾌｧｼﾘﾃｨｽﾞ　明電舎　京葉瓦斯　東光電気工事　京成電鉄　きんでん　関電工　JR東日本ﾒｶﾄﾛﾆｸｽ　日本製鉄　東急電鉄　TAKﾘﾋﾞﾝｸﾞ　日本ｴﾚﾍﾞｰﾀｰ製造　東京電力ﾊﾟﾜｰｸﾞﾘｯﾄﾞ　東京ﾒﾄﾛ　ﾃﾞﾝｶ　住友林業ﾎｰﾑｴﾝｼﾞﾆｱﾘﾝｸﾞ　高千穂鉄筋　住友建機　他

部活動　ﾛﾎﾞｯﾄ技術研究部(R4年度WRO全国大会出場)　陸上競技部(R3年度県大会走り幅跳3位、関東大会出場)　他

県立　2学区

国府台　高等学校

普通科　　令和５年３月卒業生　　計　305

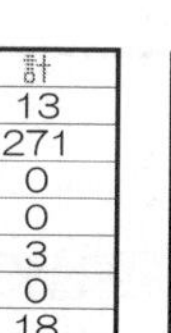

進路種別		男	女	計
４年制大学	国公立			13
	私立			271
短期大学	国公立			0
	私立			0
専門学校				3
就職・自営				0
その他（未定）				18

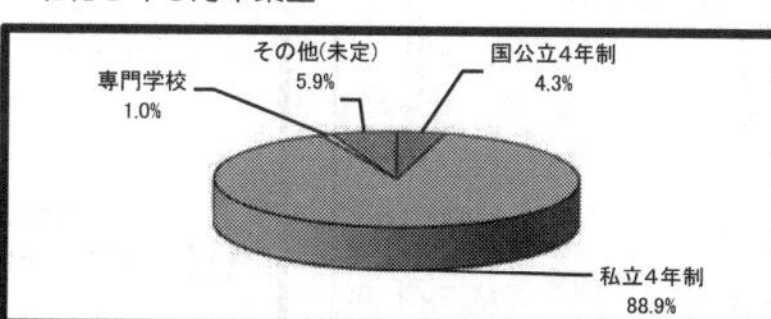

指定校推薦のある大学・学部	
上智大	外国語・理工
東京理科大	工・創域理工
学習院大	法・経済・文・理
明治大	理工
中央大	経済・商・理工
法政大	法・生命科学
他	

進学実績

●４年制大学　東北大1　千葉大4　東京都立大1　東京農工大1　東京海洋大1　新潟大1　宇都宮大1　弘前大2　県立保健医療大1　早稲田大1　慶応大1　上智大4　東京理科大4　青山学院大3　明治大17　学習院大11　立教大9　中央大6　法政大10　日本大28　他

部活動　書道部(書の甲子園優勝)　ﾌｪﾝｼﾝｸﾞ部・ﾎﾞｰﾄ部(ｲﾝﾀｰﾊｲ出場)　吹奏楽部(東関東大会出場)　陸上競技部・弓道部(関東大会出場)　他

国分　高等学校

普通科　　令和５年３月卒業生　　男　126　女　189　計　315

進路種別		男	女	計
４年制大学	国公立	2	3	5
	私立	109	157	266
短期大学	国公立	0	0	0
	私立	2	4	6
専門学校		3	19	22
就職・自営		0	2	2
その他（未定）		10	4	14

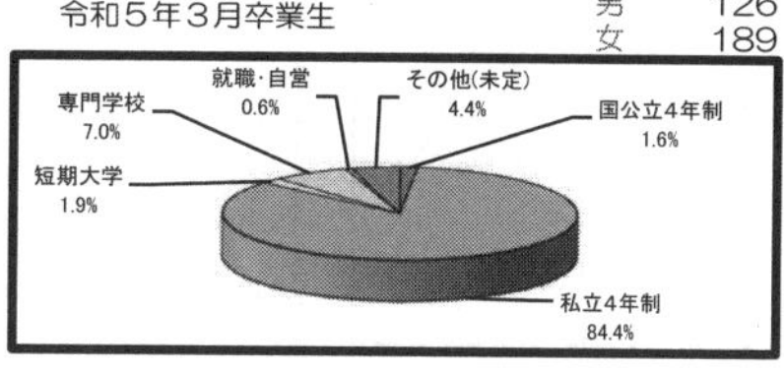

指定校推薦のある大学・学部	
青山学院大	法
明治大	理工
立教大	法
法政大	文・経済・理工
成城大	経済
成蹊大	全学部
国学院大	法・経済
獨協大	外国語・法・経済
武蔵大	人文・経済・社会

進学実績

●４年制大学　横浜国立大1　千葉大1　秋田県立大1　県立保健医療大2　早稲田大1　東京理科大3　学習院大1　明治大6　青山学院大3　立教大2　中央大2　法政大16　成蹊大12　国学院大11　武蔵大7　獨協大7　日本大23　東洋大6　駒澤大5　専修大7　他

●短期大学　東京歯科大短大　千葉経済大短大部　日本大短大部　千葉明徳短大　東京交通短大

●専門学校　千葉ﾃﾞｻﾞｲﾅｰ学院　ﾕﾆﾊﾞｰｻﾙ美容　日本工学院　早稲田速記医療福祉　松戸市立総合医療ｾﾝﾀｰ附属看護　西武学園医学技術　国際理容美容　日本美容　東京動物　東京電子　新東京歯科技工士　東京ﾌﾞﾗｲﾀﾞﾙ　他

就職実績　厚生労働省　Overﾃｲｸ

部活動　陸上競技部(ｲﾝﾀｰﾊｲ110mH出場)　吹奏楽部(東関東吹奏楽ｺﾝｸｰﾙ銀賞)

行徳　高等学校

普通科　　令和５年３月卒業生　　男　95　女　43　計　138

進路種別		男	女	計
４年制大学	国公立	0	0	0
	私立	22	4	26
短期大学	国公立	0	0	0
	私立	0	0	0
専門学校		29	17	46
就職・自営		35	9	44
その他（未定）		9	13	22

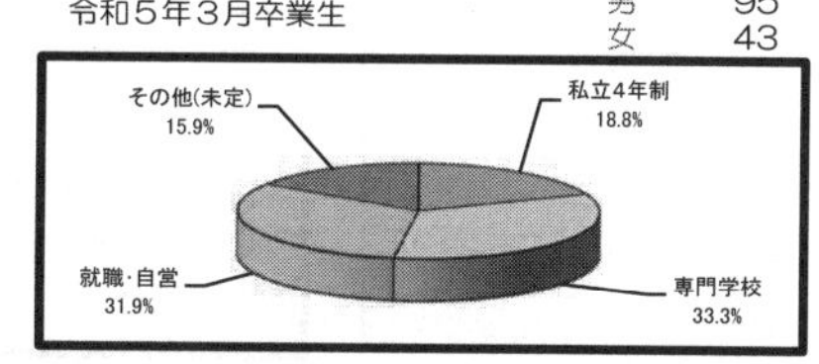

指定校推薦のある大学・学部	
日本大	生産工
千葉工業大	社会ｼｽﾃﾑ科学
淑徳大	人文
千葉経済大	経済
東京情報大	総合情報
明海大	外国語
埼玉学園大	人間
多摩大	経営情報
敬愛大	経済
秀明大	観光ﾋﾞｼﾞﾈｽ
城西国際大	ﾒﾃﾞｨｱ
東洋学園大	人間科学
川村学園女子大	生活創造
東京保健医療専門職大	ﾘﾊﾋﾞﾘﾃｰｼｮﾝ

進学実績

●４年制大学　日本大1　千葉工業大1　千葉商科大1　淑徳大2　千葉経済大1　東京情報大2　中央学院大1　和洋女子大1　明海大4　埼玉学園大1　多摩大1　敬愛大2　秀明大2　城西国際大2　東洋学園大1　川村学園女子大1　他

●専門学校　大原簿記公務員医療情報ﾋﾞｼﾞﾈｽ　窪田理容美容　ちば愛犬動物ﾌﾗﾜｰ　東京YMCA社会体育・保育　赤堀製菓　日本鉄道&ｽﾎﾟｰﾂﾋﾞｼﾞﾈｽｶﾚｯｼﾞ21　船橋情報ﾋﾞｼﾞﾈｽ　武蔵野調理師　新宿医療　東京福祉　日本自動車大学校　国際理工ｶﾚｯｼﾞ　千葉こども　東京ｽｸｰﾙｵﾌﾞﾐｭｰｼﾞｯｸ&ﾀﾞﾝｽ　東京ﾍﾞﾙｴﾎﾟｯｸ製菓調理　東京ﾏﾙﾁ・AI　他

就職実績　自衛官　警察官　山崎製ﾊﾟﾝ　ﾌｼﾞﾊﾟﾝ　ｹｲｽﾞｸﾞﾙｰﾌﾟ　芝浦ｼﾔﾘﾝｸﾞ　大創産業　西濃運輸　やまとﾀﾞｲﾆﾝｸﾞ　福山通運　ｵｰｹｰ　ｷﾖｼｹﾞ　ｹｲ・ﾜｲ・ｺｰﾎﾟﾚｰｼｮﾝ　ｾﾚｸｼｮﾝ　角彦　東京納品代行　東洋冷蔵　ﾍﾞｽﾄﾗｲﾌ埼玉　ﾏﾙｴﾂ　ﾌﾟﾗﾝｾｽ　ｵｰﾄﾊﾞｯｸｽｾﾌﾞﾝ　ﾗﾈｯﾄ　ﾛﾝ・ﾘﾊﾞｲｽ

部活動　ｻｯｶｰ部(U-18県５部ﾘｰｸﾞ前期１位、４部ﾘｰｸﾞ昇格)　野球部(秋季県大会ﾍﾞｽﾄ16)

市川東　高等学校

普通科　　令和５年３月卒業生　　男　130　女　187　計　317

進路種別		男	女	計
４年制大学	国公立	0	1	1
	私立	113	140	253
短期大学	国公立	0	0	0
	私立	1	7	8
専門学校		5	30	35
就職・自営		1	3	4
その他（未定）		10	6	16

専門学校 11.0%　就職・自営 1.3%　その他(未定) 5.0%　国公立4年制 0.3%　短期大学 2.5%　私立4年制 79.8%

指定校推薦のある大学・学部	
同志社大	理工
成蹊大	理工
武蔵大	人文・社会
獨協大	外国語・法・経済
日本大	法・生産工・理工
東洋大	法・社会
駒澤大	法
東邦大	理・薬
東京電機大	全学部
千葉工業大	全学部

進学実績

●４年制大学　千葉大1　東京理科大1　法政大4　同志社大1　成蹊大2　明治学院大1　国学院大3　武蔵大1　獨協大1　東洋大18　日本大19　駒澤大7　専修大1　東邦大6　昭和女子大3　東京電機大5　女子栄養大1　千葉工業大19　共立女子大10　大妻女子大6　他

●短期大学　東京家政大短大部　共立女子短大　桐朋学園芸術短大

●専門学校　獨協医科大附属看護　広尾看護　資生堂美容技術　八千代ﾘﾊﾋﾞﾘﾃｰｼｮﾝ学院　板橋中央看護　船橋市立看護　慈恵柏看護　慈恵看護

就職実績　千葉県職員　日本軽種馬協会

部活動　なぎなた部(関東大会出場)　吹奏楽部(県吹奏楽ｺﾝｸｰﾙB部門金賞)　ﾊﾞﾄﾞﾐﾝﾄﾝ部(県大会ﾍﾞｽﾄ16)　ﾜﾝﾀﾞｰﾌｫｰｹﾞﾙ部(筑波山・棒ノ折山登山)

県立　2学区

市川南　高等学校

普通科　令和５年３月卒業生　男 140　女 172　計 312

進路種別		男	女	計
４年制大学	国公立	0	0	0
	私立	69	58	127
短期大学	国公立	0	0	0
	私立	1	20	21
専門学校		54	77	131
就職・自営		8	14	22
その他（未定）※		8	3	11

就職・自営 7.1%　その他(未定) 3.5%　私立4年制 40.7%　専門学校 42.0%　短期大学 6.7%

指定校推薦のある大学・学部	
東洋大	経済Ⅱ
駒澤大	法Ⅱ
二松学舎大	国際政治経済
千葉工業大	工・社会ｼｽﾃﾑ科学
大妻女子大	社会情報
武蔵野大	経済
国士舘大	法
大東文化大	文
拓殖大	政経
帝京科学大	教育人間科学
千葉商科大	ｻｰﾋﾞｽ創造
千葉商科大	人間社会・商経
帝京平成大	人文社会
淑徳大	総合福祉・経営
淑徳大	地域創生
千葉経済大	経済
他	

進学実績　※留学男子1名含む
●４年制大学　東洋大1　日本大2　駒澤大1　二松学舎大4　共立女子大1　千葉工業大5　大妻女子大2　神田外語大1　武蔵野大1　立正大2　東京家政大1　亜細亜大1　国士舘大2　大東文化大1　拓殖大4　帝京科学大1　千葉商科大15　帝京平成大6　淑徳大4　千葉経済大2　東京情報大1　麗澤大2　中央学院大4　他
●短期大学　共立女子短大　千葉経済大短大部　聖徳大短大部　大妻女子大短大部　戸板女子短大　昭和学院短大　他
●専門学校　東京医薬看護　船橋市立看護　八千代ﾘﾊﾋﾞﾘﾃｰｼｮﾝ学院　山野美容　船橋情報ﾋﾞｼﾞﾈｽ　上野法律　神田外語学院　太陽歯科衛生士　県自動車大学校　東京愛犬　東京調理製菓　東京ｳｪﾃﾞｨﾝｸﾞ&ﾌﾞﾗｲﾀﾞﾙ　県立農業大学校　他
就職実績　陸上自衛隊　市川市消防局　ｲｵﾝﾘﾃｰﾙ　東武ｽﾄｱ　芝浦ｼｬﾘﾝｸﾞ　新葉瓦斯機器　東京美装興業　川小商店　他
部活動　陸上競技部(ｲﾝﾀｰﾊｲ400m準決勝進出、関東大会400m3位、県総体200m・400m2位、4×400mR8位)　柔道部(県総体ﾍﾞｽﾄ32)　他

市川昴　高等学校

普通科　令和５年３月卒業生　男 121　女 189　計 310

進路種別		男	女	計
４年制大学	国公立	0	0	0
	私立	80	72	152
短期大学	国公立	0	0	0
	私立	0	11	11
専門学校		33	96	129
就職・自営		2	2	4
その他（未定）		6	8	14

就職・自営 1.3%　その他(未定) 4.5%　私立4年制 49.0%　専門学校 41.6%　短期大学 3.5%

指定校推薦のある大学・学部	
日本大	生産工・工
東洋大	文Ⅱ・経済Ⅱ
東洋大	社会Ⅱ
駒澤大	法Ⅱ
工学院大	生産工
二松学舎大	文・国際政治経済
大妻女子大	文・社会情報
武蔵野大	全学部
立正大	法・仏教
立正大	社会福祉

進学実績
●４年制大学　明治大2　芝浦工業大1　日本大7　東洋大2　駒澤大3　神田外語大3　大妻女子大1　亜細亜大2　国士舘大4　拓殖大4　ﾌｪﾘｽ女学院大1　他
●短期大学　昭和学院短大　大妻女子大短大部　他
●専門学校　東京文化美容　日本電子　他
部活動　ｳｪｲﾄﾘﾌﾃｨﾝｸﾞ部(ｲﾝﾀｰﾊｲ出場)　女子ﾃﾆｽ部(県総体ﾍﾞｽﾄ16)　男子ﾊﾞﾚｰﾎﾞｰﾙ部(県新人大会出場)

浦安　高等学校

普通科　令和５年３月卒業生　男 115　女 105　計 220

進路種別		男	女	計
４年制大学	国公立	0	0	0
	私立	50	30	80
短期大学	国公立	0	0	0
	私立	1	9	10
専門学校		46	55	101
就職・自営		12	7	19
その他（未定）		6	4	10

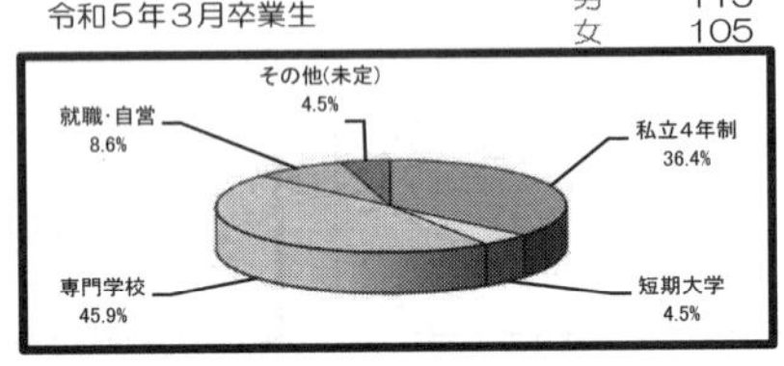

指定校推薦のある大学・学部	
日本大	生産工
東京農業大	生物産業
千葉工業大	社会ｼｽﾃﾑ科学
亜細亜大	都市創造
国士舘大	21世紀ｱｼﾞｱ
大東文化大	社会
拓殖大	国際
千葉商科大	ｻｰﾋﾞｽ創造・商経
淑徳大	経営・看護栄養
淑徳大	ｺﾐｭﾆﾃｨ政策
淑徳大	総合福祉
流通経済大	経済・社会・法
流通経済大	ｽﾎﾟｰﾂ健康科学
江戸川大	ﾒﾃﾞｨｱｺﾐｭﾆｹｰｼｮﾝ
江戸川大	社会
東京情報大	総合情報
他	

進学実績
●４年制大学　日本大1　二松学舎大1　千葉工業大5　共立女子大1　武蔵野大1　杏林大1　亜細亜大1　桜美林大1　拓殖大1　千葉商科大8　日本体育大1　帝京平成大2　帝京科学大1　明海大5　女子美術大1　東都大1　他
●短期大学　愛国学園短大　有明教育芸術短大　上野学園大短大部　昭和学院短大　聖徳大短大部　東京経営短大　他
●専門学校　ｱｲｴｽﾃﾃｨｯｸ　ESPｴﾝﾀﾃｲﾝﾒﾝﾄ東京　江戸川学園おおたかの森　ｴﾋﾞｽﾋﾞｭｰﾃｨｶﾚｯｼﾞ　大原医療保育福祉　新宿医療　織田調理師　国際ﾄﾗﾍﾞﾙ・ﾎﾃﾙ・ﾌﾞﾗｲﾀﾞﾙ　国際文化理容美容　尚美ﾐｭｰｼﾞｯｸｶﾚｯｼﾞ　ちば愛犬動物ﾌﾗﾜｰ　日本電子　東京ｱﾆﾒｰｼｮﾝｶﾚｯｼﾞ　東京IT会計公務員　文化服装学院　東京ｽｲｰﾂ&ｶﾌｪ　東京ﾘｿﾞｰﾄ&ｽﾎﾟｰﾂ　東京ﾃﾞｻﾞｲﾝ　他
就職実績　航空自衛隊　千葉県警　浦安市役所　ｼﾞｪﾑｹﾘｰｸﾞﾙｰﾌﾟﾎｰﾙﾃﾞｨﾝｸﾞｽ　日栄商事　東日本宇佐美　三越伊勢丹　他
部活動　女子ﾊﾞｽｹｯﾄﾎﾞｰﾙ部・ﾊﾞﾄﾞﾐﾝﾄﾝ部(県大会ﾍﾞｽﾄ16)　陸上競技部(県新人大会男子砲丸投げ10位)　男子ﾊﾞﾚｰﾎﾞｰﾙ部(県代表決定戦ﾍﾞｽﾄ20)　書道部(県小中高席書大会千葉日報社賞)　他

浦安南　高等学校

普通科　令和５年３月卒業生　男 73　女 61　計 134

進路種別		男	女	計
４年制大学	国公立	0	0	0
	私立	15	5	20
短期大学	国公立	0	0	0
	私立	0	0	0
専門学校		29	29	58
就職・自営		19	16	35
その他（未定）		10	11	21

その他(未定) 15.7%　私立4年制 14.9%　就職・自営 26.1%　専門学校 43.3%

指定校推薦のある大学・学部	
日本大	生産工
淑徳大	総合福祉・教育
淑徳大	ｺﾐｭﾆﾃｨ政策・経営
淑徳大	地域創生・人文
流通経済大	経済・社会
流通経済大	法・流通情報
江戸川大	社会
江戸川大	ﾒﾃﾞｨｱｺﾐｭﾆｹｰｼｮﾝ
中央学院大	商・法
千葉経済大	経済
明海大	外国語・経済
明海大	不動産
敬愛大	経済・国際
埼玉学園大	人間・経済経営
文京学院大	外国語
文京学院大	経営・人間
他	

進学実績
●４年制大学　淑徳大1　麗澤大1　江戸川大1　千葉経済大1　明海大6　文京学院大1　埼玉学園大2　敬愛大1　城西国際大1　東洋学園大2　聖学院大1　日本経済大2
●専門学校　青山製図　阿佐ヶ谷美術　大原学園　国際ﾄﾗﾍﾞﾙ・ﾎﾃﾙ・ﾌﾞﾗｲﾀﾞﾙ　国際理工ｶﾚｯｼﾞ　草苑保育　東京YMCA国際ﾎﾃﾙ　竹早教員保育士養成所　駿台電子情報&ﾋﾞｼﾞﾈｽ　東京美容　東京文化美容　東放学園　日本電子　華調理製菓　服部栄養　船橋情報ﾋﾞｼﾞﾈｽ　町田ﾃﾞｻﾞｲﾝ&建築　武蔵野栄養　武蔵野調理師　他
就職実績　SBSﾛｼﾞｺﾑ　佐川急便　藤澤鋼板　ﾎﾞﾃﾞｨｾﾗﾋﾟｽﾄｴｰｼﾞｪﾝｼｰ　根津鋼材　丸和　ﾏﾙｴﾂ　ﾘｰｶﾞﾙﾘﾃｰﾙ　興亜硝子　東邦ﾋﾞﾙﾃﾞｨﾝｸﾞ　くら寿司　ﾏﾙｺｰ　ｽﾜﾝ会　不二家　ｾﾉﾝ　ｸﾞﾗﾝﾋﾞｽﾀﾎﾃﾙ&ﾘｿﾞｰﾄ　聖隷福祉事業団　東京美装興業　兎に角　ｴｰﾋﾞｰｼｰ・ﾏｰﾄ　東京納品代行　他

県立 2学区

松戸 高等学校

普通科
芸術科

令和５年３月卒業生　男 62　女 172　計 234

進路種別		男	女	計
４年制大学	国公立	2	3	5
	私立	37	92	129
短期大学	国公立	0	0	0
	私立	0	2	2
専門学校		10	60	70
就職・自営		2	2	4
その他（未定）		11	13	24

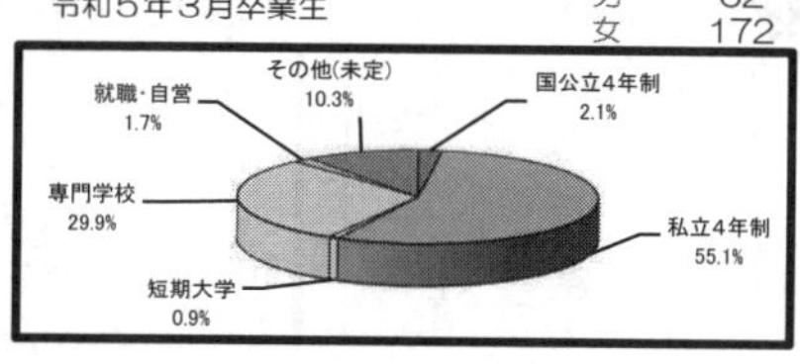

指定校推薦のある大学・学部	
法政大	経営
日本大	理工・生産工
東洋大	文・社会
東洋大	生命科学
駒澤大	法
東京電機大	ｼｽﾃﾑﾃﾞｻﾞｲﾝ工
東京電機大	未来科学・理工
千葉工業大	全学部
武蔵野大	文・ﾃﾞｰﾀｻｲｴﾝｽ
武蔵野大	法・人間科学
武蔵野大	工・ｸﾞﾛｰﾊﾞﾙ
武蔵野大	経済・経営
立正大	文・社会福祉
立正大	法・経済・仏教
女子美術大	芸術
他	

進学実績
●４年制大学　東京芸術大2　富山大1　金沢美術工芸大1　愛知県立芸術大1　明治大1　法政大1　日本大4　東洋大3　東邦大3　東京農業大2　共立女子大5　千葉工業大8　武蔵野大3　文教大1　立正大4　武蔵野美術大3　多摩美術大3　大正大3　千葉商科大7　女子美術大7　他
●短期大学　大妻女子大短大部　東京経営短大
●専門学校　板橋中央看護　慈恵柏看護　千葉・柏ﾘﾊﾋﾞﾘﾃｰｼｮﾝ学院　中央工学校　道灌山学園保育福祉　獨協医科大附属看護　東洋美術　日本外国語　日本健康医療　日本工学院　日本電子　松戸市立総合医療ｾﾝﾀｰ附属看護　他
就職実績　航空自衛隊　ﾄﾞﾝ・ｷﾎｰﾃ　SBS即配ｻﾎﾟｰﾄ　丸良興業
部活動　ﾌｪﾝｼﾝｸﾞ部(世界ｶﾃﾞ選手権大会3位、全国ｶﾃﾞｴﾍﾟ選手権大会優勝、全国大会団体出場)　演劇部(春季全国大会出場)　女子ﾊﾞﾚｰﾎﾞｰﾙ部(県新人大会ﾍﾞｽﾄ8)　弓道部(県総体5位)　他

小金 高等学校

総合学科

令和５年３月卒業生　男 135　女 177　計 312

進路種別		男	女	計
４年制大学	国公立	29	26	55
	私立	91	134	225
短期大学	国公立	0	0	0
	私立	0	1	1
専門学校		0	5	5
就職・自営		0	1	1
その他（未定）		15	10	25

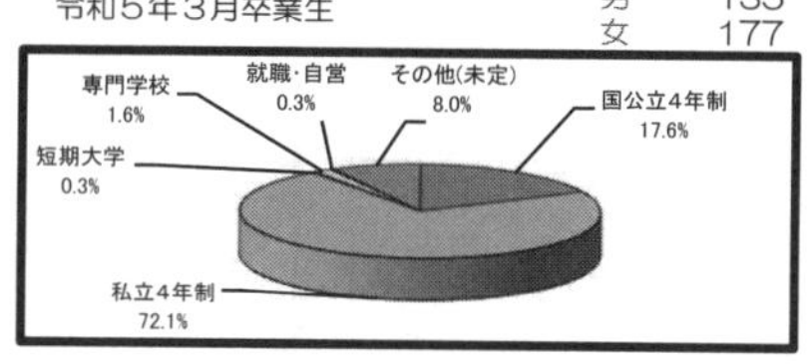

指定校推薦のある大学・学部	
慶応大	商
東京理科大	工・先進工
東京理科大	創域理工
聖路加国際大	看護
明治大	文・商・政治経済
青山学院大	文・法・経営
青山学院大	総合文化政策
立教大	文・経済
立教大	現代心理
中央大	法・国際経営
中央大	商・総合政策
中央大	理工・国際情報

進学実績
●４年制大学　東北大1　お茶の水女子大1　東京外国語大1　横浜国立大1　筑波大8　千葉大22　広島大1　東京都立大2　埼玉大6　茨城大3　早稲田大12　慶応大3　上智大3　東京理科大12　明治大32　青山学院大10　立教大23　中央大5　法政大16　学習院大8　他
●短期大学　自由が丘産能短大
●専門学校　桑沢ﾃﾞｻﾞｲﾝ研究所　日本工学院　ﾍﾞﾙｴﾎﾟｯｸ美容　読売理工医療福祉
就職実績　衆議院事務局
部活動　吹奏楽部(日本学校合奏ｺﾝｸｰﾙ全国大会ｸﾞﾗﾝﾄﾞｺﾝﾃｽﾄ金賞・郡山市長賞、全日本吹奏楽大会in横浜連盟理事長賞、日本管楽合奏ｺﾝﾃｽﾄ全国大会優秀賞、東関東吹奏楽ｺﾝｸｰﾙA部門銅賞)　写真部(全国総合文化祭出場)　ﾗｸﾞﾋﾞｰ部(NHK杯全国合同ﾁｰﾑﾗｸﾞﾋﾞｰﾌｯﾄﾎﾞｰﾙ大会関東ﾌﾞﾛｯｸ代表2名選出)　他

松戸国際 高等学校

普通科
国際教養科

令和５年３月卒業生　男 107　女 236　計 343

進路種別		男	女	計
４年制大学	国公立	1	4	5
	私立	84	188	272
短期大学	国公立	0	0	0
	私立	0	3	3
専門学校		4	20	24
就職・自営		0	1	1
その他（未定）		18	20	38

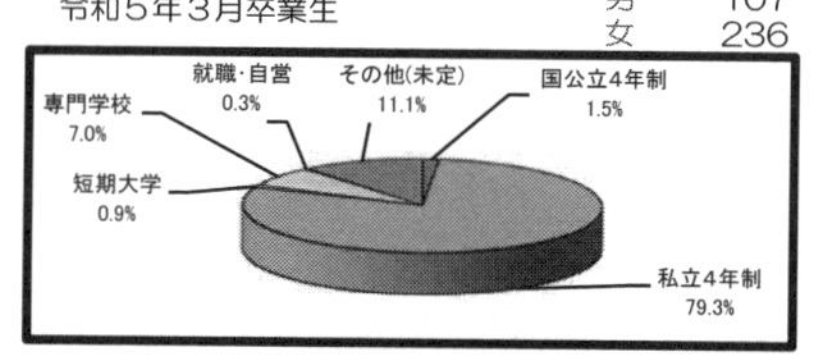

指定校推薦のある大学・学部	
上智大	外国語
青山学院大	地球社会共生
青山学院大	法
法政大	法・国際文化
法政大	経営・GIS
立教大	文・経営
学習院大	法・経済
津田塾大	学芸
明治学院大	法・経済
日本女子大	人間社会
日本大	理工
東洋大	文・国際

進学実績
●４年制大学　東京海洋大1　埼玉大1　茨城大1　県立保健医療大1　早稲田大2　慶応大1　上智大1　東京理科大2　明治大14　青山学院大8　立教大8　中央大2　法政大15　学習院大5　明治学院大4　日本大20　東洋大14　獨協大10　東京農業大9　神田外語大9　他
●短期大学　共立女子短大　女子栄養大短大部　聖徳大短大部
●専門学校　慈恵柏看護　松戸市立総合医療ｾﾝﾀｰ附属看護　船橋市立看護　日本工学院　他
就職実績　陸上自衛隊
部活動　ｳｪｲﾄﾘﾌﾃｨﾝｸﾞ部(R4年度国体・全国総体出場、R4年度関東大会女子優勝)　ﾊﾞﾄﾞﾐﾝﾄﾝ部(R3年度関東大会団体出場)　女子陸上部(R3年度県大会4×400mR7位)　ﾃﾞｨﾍﾞｰﾄ部、ｸｯｷﾝｸﾞ部、女子ｻｯｶｰ部　他

松戸六実 高等学校

普通科

令和５年３月卒業生　男 151　女 166　計 317

進路種別		男	女	計
４年制大学	国公立			1
	私立			163
短期大学	国公立			0
	私立			16
専門学校				98
就職・自営				20
その他（未定）				19

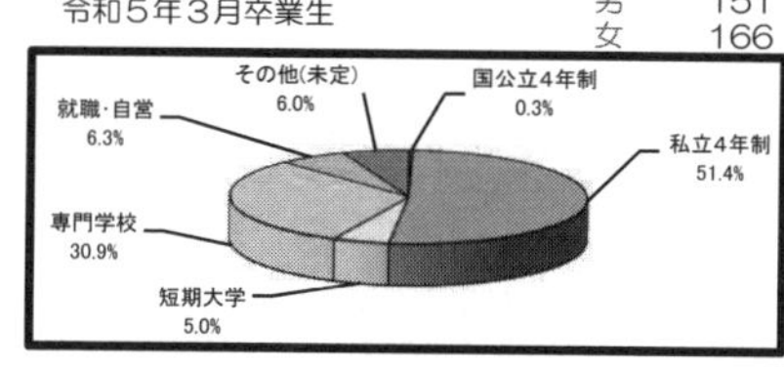

指定校推薦のある大学・学部	
獨協大	経済
日本大	芸術・法・理工
駒澤大	法
専修大	法
二松学舎大	文
千葉工業大	工・先進工
千葉工業大	情報科学
共立女子大	文芸
武蔵野大	経営
立正大	経営・経済
亜細亜大	法
拓殖大	商・政経
淑徳大	看護栄養
淑徳大	総合福祉
千葉商科大	ｻｰﾋﾞｽ創造
千葉商科大	商経・人間社会
他	

進学実績
●４年制大学　宮城大1　早稲田大1　東京理科大1　法政大1　学習院大1　明治学院大1　獨協大4　東洋大2　日本大10　東邦大2　駒澤大3　専修大3　昭和女子大1　東京都市大1　東京農業大2　二松学舎大4　杏林大1　女子栄養大1　千葉工業大9　大妻女子大1　武蔵野大2　共立女子大2　東京家政大1　神田外語大1　他
●短期大学　東京家政大短大部　共立女子短大　千葉経済大短大部　聖徳大短大部　大妻女子大短大部　戸板女子短大　他
●専門学校　慈恵柏看護　東葛看護　野田看護　東京医薬看護　日本医科大看護　日本健康医療　八千代ﾘﾊﾋﾞﾘﾃｰｼｮﾝ学院　大原簿記法律　香川調理製菓　国際理容美容　ｽｶｲ総合ﾍﾟｯﾄ　ﾄﾞﾚｽﾒｰｶｰ学院　船橋情報ﾋﾞｼﾞﾈｽ　東洋美術　他
就職実績　柏市消防局　鎌ケ谷市職員　警視庁　自衛隊　千葉県警　千葉県職員　東京消防庁　松戸市役所　ｲｵﾝﾘﾃｰﾙ　他
部活動　吹奏楽部(東関東ﾏｰﾁﾝｸﾞｺﾝﾃｽﾄ金賞)　ﾊﾞﾄﾞﾐﾝﾄﾝ部(県新人大会男子3位・女子ﾍﾞｽﾄ16)　卓球部(県大会女子ﾍﾞｽﾄ8・男子ﾍﾞｽﾄ16)　弓道部(地区予選会団体・個人優勝)

県立 2学区

松戸馬橋 高等学校

普通科

令和５年３月卒業生　男 143　女 167　計 310

進路種別		男	女	計
４年制大学	国公立	0	0	0
	私立	72	36	108
短期大学	国公立	0	0	0
	私立	0	9	9
専門学校		54	100	154
就職・自営		13	16	29
その他（未定）		4	6	10

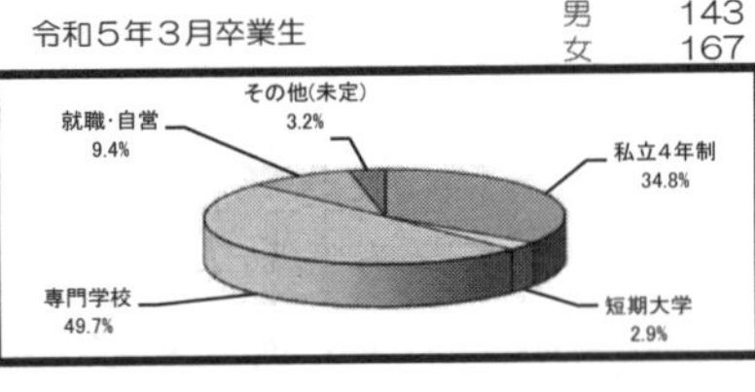

進学実績
●４年制大学　法政大1　獨協大1　日本大3　東京農業大1　二松学舎大7　千葉工業大3　大妻女子大3　神田外語大2　日本獣医生命科学大1　国士舘大1　拓殖大1　千葉商科大9　淑徳大4　跡見学園女子大3　江戸川大5　共栄大2　秀明大1　川村学園女子大2　開智国際大1　国際武道大1　他
●短期大学　新渡戸文化短大　聖徳大短大部　戸板女子短大　昭和学院短大　東京経営短大　愛国学園短大
●専門学校　香川調理製菓　北原学院歯科衛生　東葛看護　桑沢ﾃﾞｻﾞｲﾝ研究所　千葉・柏ﾘﾊﾋﾞﾘﾃｰｼｮﾝ学院　日本美容　松戸市立総合医療ｾﾝﾀｰ附属看護
就職実績　千葉県警　ANAｽｶｲﾋﾞﾙｻｰﾋﾞｽ　ﾄﾖﾀﾚﾝﾀﾘｰｽ新千葉　宝酒造　JAとうかつ中央
部活動　陸上部(全国総体・関東大会出場)

指定校推薦のある大学・学部	
日本大	生産工
東京農業大	生物産業
二松学舎大	文・国際政治経済
千葉工業大	工・先進工
千葉工業大	社会ｼｽﾃﾑ科学
大妻女子大	文
産業能率大	情報ﾏﾈｼﾞﾒﾝﾄ
拓殖大	政経
千葉商科大	商経・人間社会
千葉商科大	ｻｰﾋﾞｽ創造

松戸向陽 高等学校

普通科
福祉教養科

令和５年３月卒業生　男 92　女 162　計 254

進路種別		男	女	計
４年制大学	国公立	0	0	0
	私立	23	13	36
短期大学	国公立	0	0	0
	私立	0	9	9
専門学校		39	62	101
就職・自営		23	62	85
その他（未定）		7	16	23

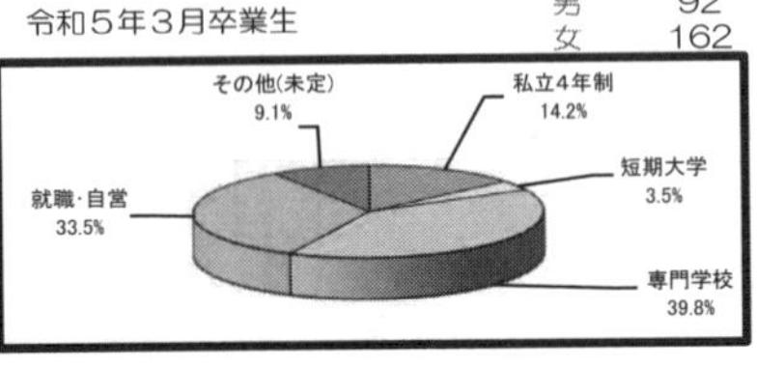

進学実績
●４年制大学　駒澤大1　千葉商科大5　淑徳大2　東京情報大2　麗澤大2　流通経済大5　中央学院大3　和洋女子大2　共栄大1　文京学院大1　植草学園大1　秀明大1　敬愛大2　東洋学園大1　東都大1　東京福祉大1　聖徳大1　川村学園女子大1　日本経済大2　ｻｲﾊﾞｰ大1
●短期大学　戸板女子短大　昭和学院短大　有明教育芸術短大　実践女子大短大部　埼玉東萌短大　他
●専門学校　JR東京総合病院高等看護学園　江戸川学園おおたかの森　東葛看護　国際理工ｶﾚｯｼﾞ　ｽｶｲ総合ﾍﾟｯﾄ　新宿調理師　竹早教員保育士養成所　船橋市立看護　ﾐｽ･ﾊﾟﾘ･ﾋﾞｭｰﾃｨ　他
就職実績　松戸市消防局　ｱｲ･ｹｱ　曙　市川朝日会　永春会　くすりの福太郎　京浜急行電鉄　ｺﾓﾃﾞｨｲｲﾀﾞ　佐川急便　山崎製ﾊﾟﾝ　全日警　JAとうかつ中央　ﾄﾖﾀｶﾛｰﾗ千葉　ﾌﾟﾘﾝｽﾎﾃﾙ　松戸愛光園　的場製餡所　吉野工業所　ﾒﾘｰﾁｮｺﾚｰﾄｶﾑﾊﾟﾆｰ　他

県立　３学区

鎌ヶ谷　高等学校

普通科

令和５年３月卒業生　男 120　女 192　計 312

進路種別		男	女	計
４年制大学	国公立	8	9	17
	私立	102	163	265
短期大学	国公立	0	0	0
	私立	0	4	4
専門学校		4	7	11
就職･自営		0	3	3
その他（未定）		6	6	12

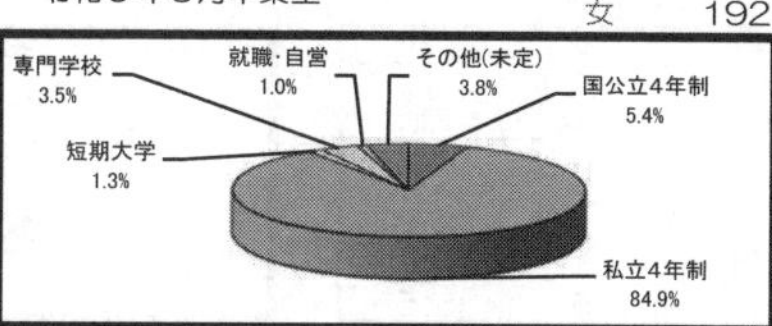

指定校推薦のある大学・学部	
東京理科大	理･創域理工
学習院大	法･文･国際社会科学
明治大	理工
青山学院大	文･法
立教大	文･法
中央大	理工
法政大	経営･理工
法政大	文･人間環境
法政大	経済･生命科学
明治学院大	全学部
成蹊大	理工
成城大	文芸･法
成城大	社会ｲﾉﾍﾞｰｼｮﾝ
芝浦工業大	全学部
日本大	経済･理工
日本大	法･生産工
他	

進学実績
●４年制大学　北海道大1　千葉大5　東京海洋大3　埼玉大2　茨城大1　県立保健医療大2　茨城県立医療大1　早稲田大4　上智大2　東京理科大4　学習院大7　明治大14　青山学院大10　立教大12　中央大10　法政大19　成蹊大3　成城大3　明治学院大6　武蔵大6　他
●短期大学　共立女子短大　日本大短大部　埼玉医科大短大
●専門学校　埼玉医科大附属総合医療ｾﾝﾀｰ看護　慈恵柏看護　慈恵看護　昭和医療技術　中央医療技術　船橋市立看護　他
就職実績　柏市役所　鎌ケ谷市役所　東京都職員
部活動　百人一首かるた部(全国総合文化祭出場、総文祭選考会優秀賞)
放送部(NHK杯全国放送ｺﾝﾃｽﾄ全国大会準決勝進出)　料理研究部(県家庭科ﾎｰﾑﾌﾟﾛｼﾞｪｸﾄｺﾝｸｰﾙ優秀賞)
ﾊﾞﾄﾞﾐﾝﾄﾝ部(県大会ﾍﾞｽﾄ16)　ﾊﾞﾚｰﾎﾞｰﾙ部(県新人大会ﾍﾞｽﾄ16)　他

鎌ヶ谷西　高等学校

普通科

令和５年３月卒業生　男 110　女 77　計 187

進路種別		男	女	計
４年制大学	国公立	0	0	0
	私立	25	9	34
短期大学	国公立	0	0	0
	私立	0	1	1
専門学校		34	27	61
就職･自営		44	38	82
その他（未定）		7	2	9

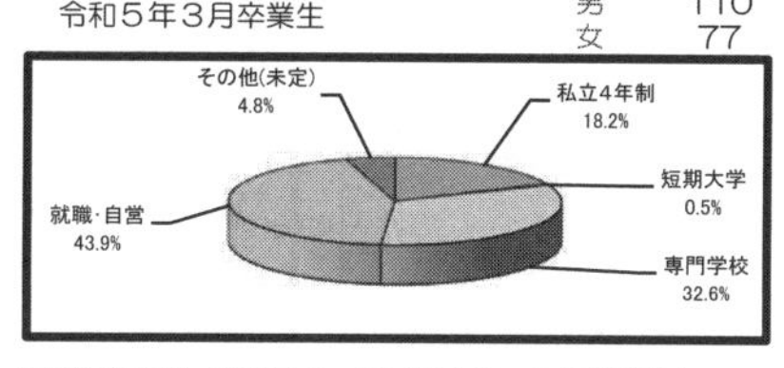

指定校推薦のある大学・学部	
日本大	生産工
東京電機大	ｼｽﾃﾑﾃﾞｻﾞｲﾝ工
東京電機大	理工･工Ⅱ
二松学舎大	文･国際政治経済
千葉工業大	創造工･先進工
千葉工業大	工･社会ｼｽﾃﾑ科学
武蔵野大	工
国士舘大	法･理工
拓殖大	政経･工
千葉商科大	商経
麗澤大	全学部
千葉経済大	経済
流通経済大	法･流通情報
流通経済大	経済･社会
中央学院大	商
江戸川大	社会
他	

進学実績
●４年制大学　千葉工業大5　国士舘大1　千葉商科大2　淑徳大1　流通経済大6　麗澤大3　江戸川大2　中央学院大1　千葉経済大1　目白大1　東京情報大1　帝京科学大1　敬愛大2　明海大1　和洋女子大1　日本工業大1　他
●短期大学　東京経営短大
●専門学校　ｱﾐｭｰｽﾞﾒﾝﾄﾒﾃﾞｨｱ総合学院　東京IT会計公務員　ｺｰｾｰ美容　東京ｳｪﾃﾞｨﾝｸﾞ&ﾌﾞﾗｲﾀﾞﾙ　ｽｶｲ総合ﾍﾟｯﾄ　東京ｽｲｰﾂ&ｶﾌｪ　東京法律公務員　東京電子　江戸川学園おおたかの森　国際医療福祉　東京未来大福祉保育　日本工学院　他
就職実績　海上自衛隊　陸上自衛隊　日本郵政　ｺｰﾌﾟみらい　ｲｵﾝﾘﾃｰﾙ　ﾄﾖﾀｶﾛｰﾗ千葉　ﾉｼﾞﾏ　ﾕｰﾆｯｸ　鎌ヶ谷ｶﾝﾄﾘｰ倶楽部　ﾛｼﾞｽﾃｨｰﾄﾞ首都圏　古河機械金属　船橋総合病院　幸豊苑　ﾏﾙｴﾂ　王将ﾌｰﾄﾞｻｰﾋﾞｽ　成田空港警備　日本ﾛｼﾞﾃﾑ　角上魚類　進日本工業　ﾋﾀﾞﾝ　三晃印刷　信和産業　新葉瓦斯機器　東洋冷蔵　ｹｲ･ﾏｯｸｽ　つくば鶏　他
部活動　ﾊﾞﾚｰﾎﾞｰﾙ部(県総体ﾍﾞｽﾄ8、県新人大会出場)　ｿﾌﾄﾃﾆｽ部･陸上競技部(県大会出場)

東葛飾　高等学校

普通科

令和5年３月卒業生　男 149　女 167　計 316

進路種別		男	女	計
４年制大学	国公立	65	56	121
	私立	58	93	151
短期大学	国公立	0	0	0
	私立	0	0	0
専門学校		0	1	1
就職･自営		0	0	0
その他（未定）		26	17	43

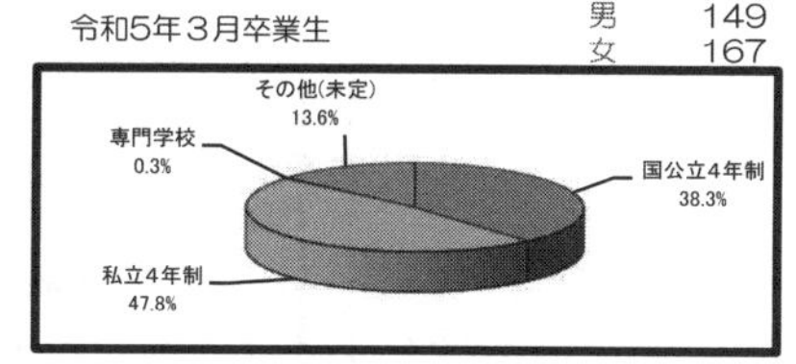

指定校推薦のある大学・学部	
早稲田大	文･政治経済
早稲田大	教育･先進理工
早稲田大	商･創造理工
早稲田大	法･基幹理工
早稲田大	文化構想
慶応大	商･法･理工
東京理科大	理･工･経営
東京理科大	創域理工･薬
北里大	獣医･薬
東邦大	薬
明治薬科大	薬
他	

進学実績
●４年制大学　東京大8　京都大1　一橋大11　東京工業大9　東北大3　名古屋大1　北海道大4　九州大1　筑波大34　お茶の水女子大3　東京医科歯科大1　千葉大29　防衛医科大学校1　早稲田大36　慶応大4　上智大5　東京理科大19　北里大2　東邦大7　国際医療福祉大2　他
●専門学校　文化服装学院

部活動　ﾌｪﾝｼﾝｸﾞ部(ｲﾝﾀｰﾊｲ出場)　理科部(科学の甲子園全国大会6位)　かるた部･将棋部(全国総合文化祭出場)
軽音楽部(全国軽音楽ｺﾝﾃｽﾄ全国大会奨励賞)

柏　高等学校

普通科
理数科

令和５年３月卒業生　男 183　女 129　計 312

進路種別		男	女	計
４年制大学	国公立	39	22	61
	私立	120	94	214
短期大学	国公立	0	0	0
	私立	0	0	0
専門学校		2	4	6
就職･自営		0	0	0
その他（未定）		22	9	31

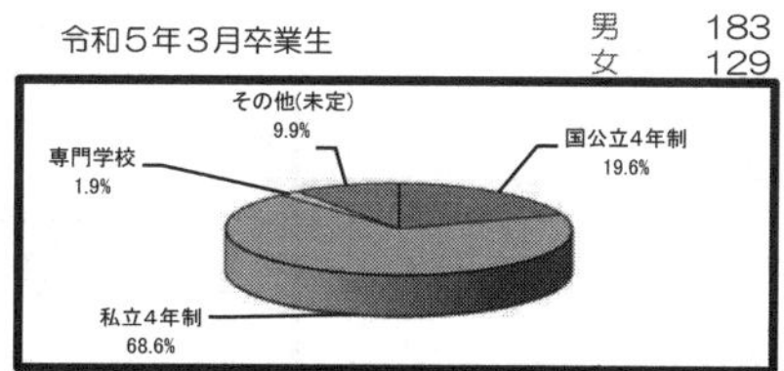

指定校推薦のある大学・学部	
早稲田大	文化構想
早稲田大	創造理工
早稲田大	先進理工
早稲田大	基幹理工
上智大	理工
東京理科大	全学部
明治大	政治経済･理工
明治大	総合数理
立教大	文･法
立教大	現代心理
中央大	法･国際情報
中央大	総合政策･理工

進学実績
●４年制大学　東京大1　東京工業大2　大阪大1　東北大2　名古屋大1　筑波大6　お茶の水女子大2　千葉大15　東京学芸大2　東京海洋大2　埼玉大6　茨城大7　県立保健医療大3　早稲田大12　上智大5　東京理科大13　明治大21　中央大12　立教大11　法政大10　他
●専門学校　ﾎﾝﾀﾞﾃｸﾆｶﾙｶﾚｯｼﾞ関東　慈恵柏看護　八千代ﾘﾊﾋﾞﾘﾃｰｼｮﾝ学院　山野美容　東京健康科学　宮大工養成塾

部活動　水泳部(R4年度関東大会個人出場)　ｻｯｶｰ部(R4年度県選手権大会決勝ﾄｰﾅﾒﾝﾄ進出)
弓道部(R3年度全国総体個人出場)　部活動加入率は例年90%台である。

県立 3学区

柏南 高等学校

普通科

令和５年３月卒業生 男 198 女 160 計 358

進路種別		男	女	計
４年制大学	国公立	15	4	19
	私立	171	144	315
短期大学	国公立	0	0	0
	私立	1	2	3
専門学校		1	4	5
就職・自営		0	1	1
その他（未定）		10	5	15

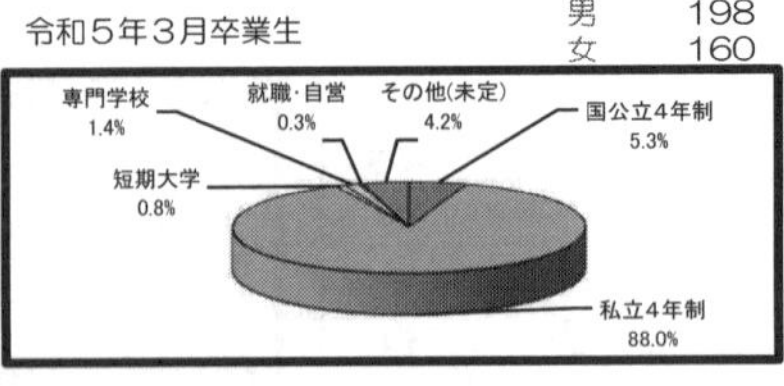

指定校推薦のある大学・学部	
東京理科大	薬・工
東京理科大	創域理工
明治大	経営
青山学院大	法
立教大	ｺﾐｭﾆﾃｨ福祉
学習院大	文・法・経済
法政大	法・人間環境
法政大	理工・生命科学
明治薬科大	薬

進学実績
●４年制大学　東京工業大1　九州大1　筑波大1　千葉大3　電気通信大2　東京学芸大1　横浜市立大1　埼玉大3　小樽商科大1　茨城大3　県立保健医療大2　早稲田大8　上智大4　東京理科大9　明治大20　青山学院大9　立教大12　中央大10　法政大25　学習院大8　他
●短期大学　千葉敬愛短大　日本大短大部　目白大短大部
●専門学校　慈恵看護　国際理容美容　日本動物21
就職実績　東京国税局
部活動　ｺﾝﾋﾟｭｰﾀｰ部放送班(NHK杯全国放送ｺﾝﾃｽﾄ入賞)　陸上部・水泳部(関東大会出場)　吹奏楽部(県ｺﾝｸｰﾙB部門金賞)　美術部(県水道週間ﾎﾟｽﾀｰｺﾝｸｰﾙ最優秀賞、愛鳥週間ﾎﾟｽﾀｰｺﾝｸｰﾙ日本鳥類保護連盟会長賞)　ｻｯｶｰ部(県大会ﾍﾞｽﾄ14)

柏陵 高等学校

普通科

令和5年3月卒業生 男 148 女 196 計 344

進路種別		男	女	計
４年制大学	国公立	0	0	0
	私立	93	78	171
短期大学	国公立	0	0	0
	私立	0	12	12
専門学校		43	92	135
就職・自営		5	9	14
その他（未定）		7	5	12

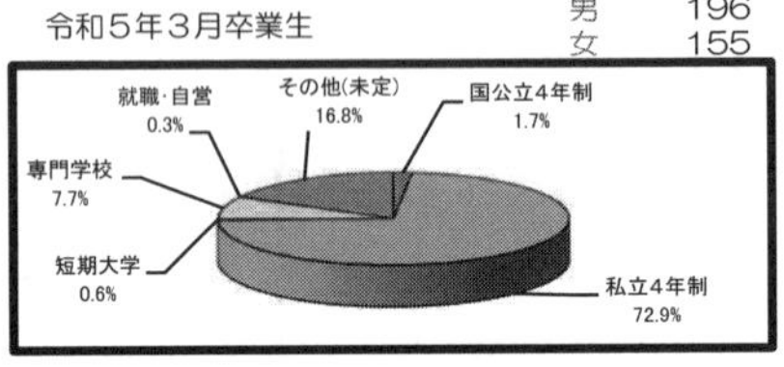

指定校推薦のある大学・学部	
法政大	法
日本大	生産工
獨協大	
東洋大	
駒澤大	
東京農業大	
東京電機大	
東邦大	
千葉工業大	
二松学舎大	
共立女子大	
武蔵野大	
大妻女子大	
立正大	
実践女子大	
東京家政大	
他	

進学実績
●４年制大学　法政大1　獨協大2　日本大2　駒澤大2　専修大2　千葉工業大2　共立女子大2　神田外語大4　武蔵野大2　大妻女子大3　立正大4　亜細亜大2　国士舘大6　拓殖大4　大東文化大2　帝京大2　麗澤大5　目白大3　千葉商科大13　帝京平成大4　淑徳大7　流通経済大20　中央学院大5　和洋女子大2　明海大5　他
●短期大学　昭和学院短大　聖徳大短大部　千葉経済大短大部　戸板女子短大　目白大短大部
●専門学校　江戸川看護　慈恵柏看護　昭和大医学部附属看護　聖和看護　野田看護　東葛看護　獨協医科大附属看護　船橋市立看護　松戸市立総合医療ｾﾝﾀｰ附属看護　船橋情報ﾋﾞｼﾞﾈｽ　ｺｰｾｰ美容　日本電子　大原簿記法律　他
就職実績　航空自衛隊　千葉県警　我孫子市消防本部　ﾄﾖﾀｶﾛｰﾗ千葉　柏厚生総合病院　北小岩整形外科　国際ｴｷｽﾌﾟﾚｽ
部活動　ﾌｪﾝｼﾝｸﾞ部(ｲﾝﾀｰﾊｲ男女団体出場・女子ﾌﾙｰﾚ8位・女子ｴﾍﾟ6位)　ﾀﾞﾝｽ部(日本ﾀﾞﾝｽ選手権全国大会出場、ｽﾄﾘｰﾄﾀﾞﾝｽｸﾞﾗﾝﾌﾟﾘ4位)　他

柏中央 高等学校

普通科

令和５年３月卒業生 男 196 女 155 計 351

進路種別		男	女	計
４年制大学	国公立	6	0	6
	私立	121	135	256
短期大学	国公立	0	0	0
	私立	0	2	2
専門学校		14	13	27
就職・自営		1	0	1
その他（未定）		54	5	59

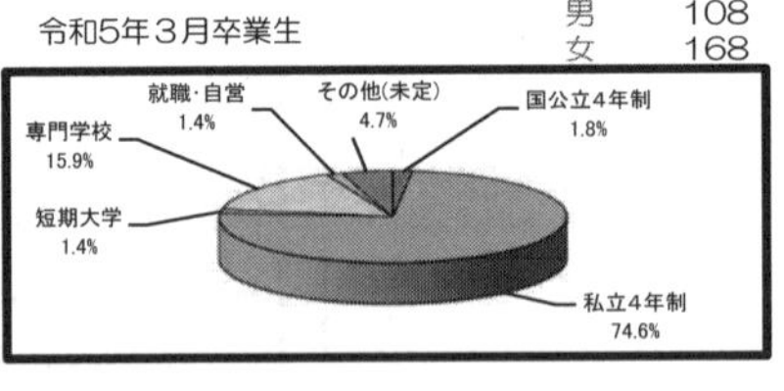

指定校推薦のある大学・学部	
早稲田大	人間科学
東京理科大	理・創域理工
中央大	理工
法政大	理工
学習院大	経済
他	

進学実績
●４年制大学　千葉大1　埼玉大1　早稲田大3　東京理科大5　明治大1　青山学院大1　中央大1　法政大11　学習院大4　成城大3　明治学院大6　獨協大17　日本大21　東洋大12　東京電機大6　東邦大11　千葉工業大14　共立女子大15　文教大9　立正大10　他
●短期大学　共立女子短大　戸板女子短大
●専門学校　慈恵看護　慈恵柏看護　昭和大医学部附属看護　他
就職実績　鎌ケ谷市役所
部活動　放送部(NHK杯全国放送ｺﾝﾃｽﾄ全国大会出場)　陸上競技部(関東大会出場)

柏の葉 高等学校

普通科
情報理数科

令和5年3月卒業生 男 108 女 168 計 276

進路種別		男	女	計
４年制大学	国公立	2	3	5
	私立	90	116	206
短期大学	国公立	0	0	0
	私立	1	3	4
専門学校		8	36	44
就職・自営		1	3	4
その他（未定）		6	7	13

指定校推薦のある大学・学部	
学習院大	法
東京理科大	理・工
東京理科大	創域理工
国学院大	文
武蔵大	人文・経済
獨協大	外国語・経済
日本大	法・生産工
日本大	理工・薬
駒澤大	法
専修大	商
東京電機大	全学部

進学実績
●４年制大学　早稲田大1　東京理科大6　明治大1　青山学院大3　立教大1　学習院大4　中央大2　法政大4　芝浦工業大1　成蹊大2　成城大2　明治学院大1　国学院大3　武蔵大4　獨協大10　日本大18　東洋大7　駒澤大3　東京電機大7　東京農業大1　千葉工業大10　順天堂大2　武蔵野大1　他
●短期大学　大妻女子大短大部　日本大短大部
●専門学校　獨協医科大附属看護　神田外語学院　日本美容　東京ITﾌﾟﾛｸﾞﾗﾐﾝｸﾞ&会計　東京動物　ﾐｽ・ﾊﾟﾘ・ﾋﾞｭｰﾃｨ
就職実績　千葉県庁　埼玉県警　千葉ｶﾝﾄﾘｰ倶楽部
部活動　書道部(第21回全国書道展大賞、第46回全国総合文化祭奨励賞)

県立 3学区

流山 高等学校

園芸科 商業科 情報処理科

令和５年３月卒業生 男 115 女 74 計 189

進路種別		男	女	計
４年制大学	国公立	2	0	2
	私立	38	15	53
短期大学	国公立	0	0	0
	私立	1	1	2
専門学校		39	38	77
就職・自営		33	13	46
その他(未定)		2	7	9

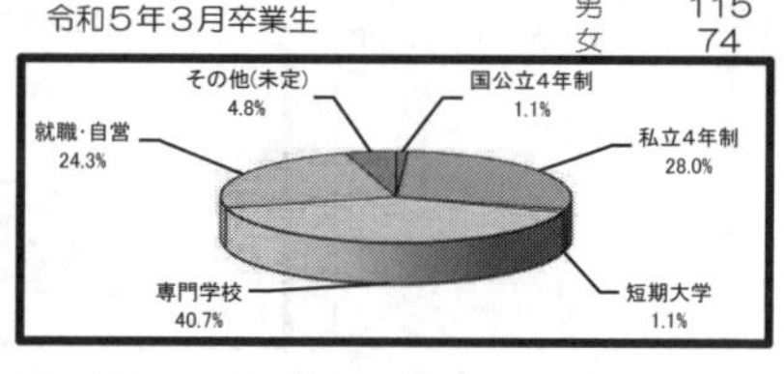

指定校推薦のある大学・学部	
武蔵大	経済
日本大	生物資源科学
専修大	商
駒澤大	経済
東京農業大	生物産業
千葉工業大	全学部
玉川大	工・経営・芸術・農
国士舘大	経営
拓殖大	商・国際・政経
千葉商科大	商経・政策情報
千葉商科大	ｻｰﾋﾞｽ創造
淑徳大	総合福祉・人文
淑徳大	教育・看護栄養
麗澤大	全学部
中央学院大	法・商
東京情報大	総合情報・看護
他	

進学実績
- ●４年制大学 滋賀大1 高崎経済大1 法政大1 中央大1 立命館大1 武蔵大1 国学院大1 獨協大2 日本大4 駒澤大6 専修大4 東京農業大2 立正大2 国士舘大1 大東文化大1 拓殖大3 千葉商科大2 東京情報大2 流通経済大2 他
- ●短期大学 聖徳大短大部 東京経営短大
- ●専門学校 日本電子 東京IT会計公務員 大原簿記法律 船橋情報ﾋﾞｼﾞﾈｽ 日本工学院 華調理製菓 ﾊﾟﾘ総合美容 ﾃｸﾉ･ﾎﾙﾃｨ園芸 東京ｱﾆﾒｰｼｮﾝｶﾚｯｼﾞ 東京ﾃﾞｻﾞｲﾅｰ学院 野田看護 他

就職実績 千葉県警 自衛隊 JAとうかつ中央 日本郵便 ﾛｼﾞｽﾃｨｰﾄﾞ首都圏 伊藤ﾊﾑ 合同酒精 総武物流 ﾀｲﾍｲ 東武ｽﾄｱ ﾉｼﾞﾏ ﾋｭｰﾃｯｸﾉｵﾘｿﾝ ﾌｧﾝｹﾙ美健 ｱﾙﾌﾚｯｻ かに道楽 ﾄﾖﾀｶﾛｰﾗ千葉 ﾅｶﾞｾﾃｸﾉｻｰﾋﾞｽ 井上金属 他

部活動 ﾎﾞｸｼﾝｸﾞ部(R3年度ｲﾝﾀｰﾊｲ出場) 簿記部(税理士試験科目合格者輩出) 他

流山おおたかの森 高等学校

普通科 国際コミュニケーション科

令和５年３月卒業生 男 134 女 217 計 351

進路種別		男	女	計
４年制大学	国公立	1	0	1
	私立	87	125	212
短期大学	国公立	0	0	0
	私立	0	5	5
専門学校		16	65	81
就職・自営		2	5	7
その他（未定）		28	17	45

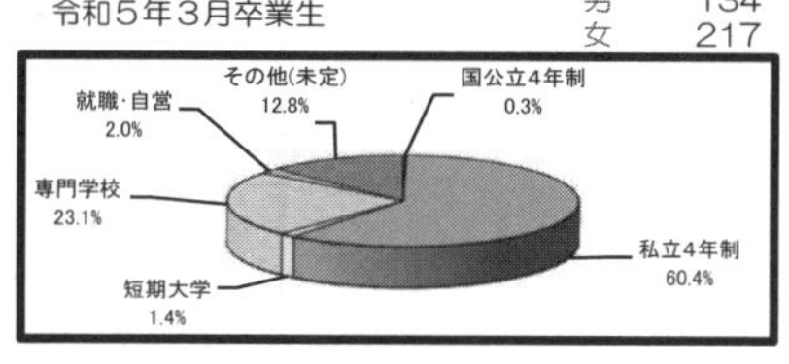

指定校推薦のある大学・学部	
東洋大	文・生命科学
東洋大	経済・社会
東洋大	総合情報
日本大	理工・法・生産工
東邦大	理
東京電機大	全学部
千葉工業大	全学部
大妻女子大	比較文化
武蔵野大	全学部

進学実績
- ●４年制大学 静岡県立大1 明治大1 獨協大8 東洋大11 日本大16 駒澤大6 東邦大2 順天堂大3 昭和女子大3 共立女子大4 千葉工業大5 二松学舎大4 大妻女子大4 立正大14 神田外語大8 東京家政大7 国士舘大4 拓殖大3 大正大5 麗澤大10 他
- ●短期大学 聖徳大短大部 千葉経済大短大部 戸板女子短大
- ●専門学校 国際理容美容 慈恵柏看護 野田看護 道灌山学園保育福祉 東京CPA会計学院 日本工学院 華学園栄養 松戸市立総合医療ｾﾝﾀｰ附属看護 他

就職実績 東京ﾍﾞｲ信用金庫 日本信用保証 野田ｶﾞｽ 流山市消防本部 他

部活動 ｱｰﾁｪﾘｰ部・書道部(全国大会出場) 男女ﾊﾝﾄﾞﾎﾞｰﾙ部・男女ﾊﾞｽｹｯﾄﾎﾞｰﾙ部・女子ﾊﾞﾄﾞﾐﾝﾄﾝ部・男女卓球部・陸上部(県大会出場)

流山南 高等学校

普通科

令和５年３月卒業生 男 141 女 154 計 295

進路種別		男	女	計
４年制大学	国公立	0	0	0
	私立	59	29	88
短期大学	国公立	0	0	0
	私立	0	9	9
専門学校		57	95	152
就職・自営		16	17	33
その他（未定）		9	4	13

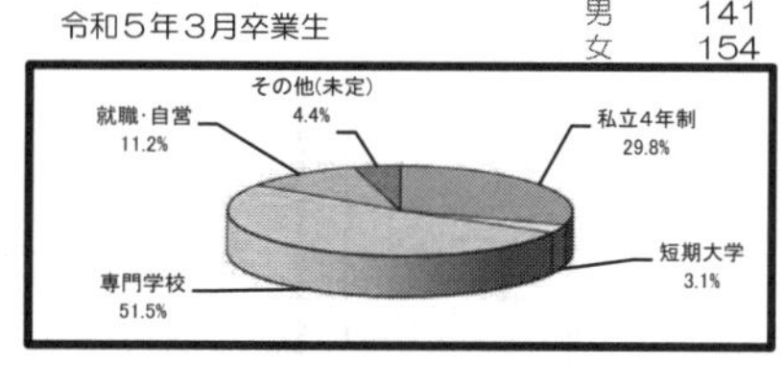

指定校推薦のある大学・学部	
日本大	生産工
東京農業大	生物産業
千葉工業大	工・社会ｼｽﾃﾑ科学
千葉工業大	創造工・先進工
立正大	社会福祉
国士舘大	法
拓殖大	政経
千葉商科大	ｻｰﾋﾞｽ創造
麗澤大	全学部
中央学院大	
流通経済大	
江戸川大	
川村学園女子大	
他	

進学実績
- ●４年制大学 法政大1 日本大4 東京農業大1 千葉工業大3 文教大1 亜細亜大1 国士舘大2 拓殖大2 大正大1 千葉商科大4 淑徳大3 中央学院大13 流通経済大15 江戸川大7 目白大2 日本工業大1 他
- ●短期大学 東京経営短大 戸板女子短大 昭和学院短大 国際学院埼玉短大 新渡戸文化短大
- ●専門学校 野田看護 松戸市立総合医療ｾﾝﾀｰ附属看護 東葛看護 千葉・柏ﾘﾊﾋﾞﾘﾃｰｼｮﾝ学院 八千代ﾘﾊﾋﾞﾘﾃｰｼｮﾝ学院 北原学院歯科衛生 中央工学校 船橋情報ﾋﾞｼﾞﾈｽ 香川調理製菓 江戸川学園おおたかの森 ｺｰｾｰ美容 道灌山学園保育福祉 資生堂美容技術 国際理容美容 華学園栄養

就職実績 自衛隊 TOPPANｴｯｼﾞITｿﾘｭｰｼｮﾝ ﾄﾖﾀｶﾛｰﾗ千葉 ｲﾁｶﾜ 山崎製ﾊﾟﾝ LIXIL ﾔﾏﾀﾞﾃﾞﾝｷ 東洋ｶﾞﾗｽ ﾒﾘｰﾁｮｺﾚｰﾄｶﾑﾊﾟﾆｰ ﾍﾞﾙｸ 他

部活動 男子陸上競技部(ｲﾝﾀｰﾊｲ三段跳出場、関東駅伝大会出場) 相撲部(関東大会3位)

流山北 高等学校

普通科

令和５年３月卒業生 男 99 女 99 計 198

進路種別		男	女	計
４年制大学	国公立	0	0	0
	私立	23	8	31
短期大学	国公立	0	0	0
	私立	0	3	3
専門学校		38	41	79
就職・自営		35	42	77
その他（未定）		3	5	8

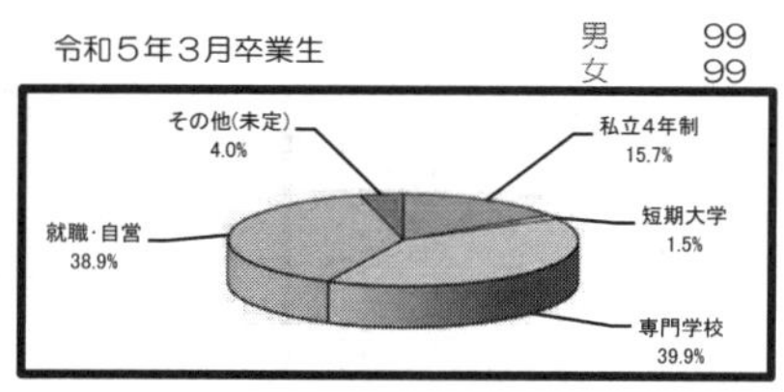

指定校推薦のある大学・学部	
千葉工業大	工・先進工
千葉工業大	社会ｼｽﾃﾑ科学
亜細亜大	法・都市創造
国士舘大	21世紀ｱｼﾞｱ
千葉商科大	商経
江戸川大	社会
江戸川大	ﾒﾃﾞｨｱｺﾐｭﾆｹｰｼｮﾝ
流通経済大	経済・社会
流通経済大	流通情報・法
麗澤大	国際・経済
中央学院大	商・法
和洋女子大	人文・国際・家政
聖徳大	教育・文・音楽
聖徳大	心理・福祉

進学実績
- ●４年制大学 東京電機大1 亜細亜大1 帝京科学大2 江戸川大7 東京情報大2 流通経済大4 中央学院大2 麗澤大3 明海大2 埼玉学園大2 共栄大1 聖徳大2 東京福祉大1 城西国際大1
- ●短期大学 聖徳大短大部 昭和学院短大 城西短大
- ●専門学校 ｺｰｾｰ美容 国際理容美容 ｽｶｲ総合ﾍﾟｯﾄ 中央工学校 中央自動車大学校 中央動物 東京自動車大学校 日本電子 華調理製菓 ﾊﾟﾘ総合美容 船橋情報ﾋﾞｼﾞﾈｽ 北原学院歯科衛生 千葉・柏ﾘﾊﾋﾞﾘﾃｰｼｮﾝ学院

就職実績 千葉県警 陸上自衛隊 海上自衛隊 ｱｰﾄ引越ｾﾝﾀｰ 伊東園ﾎﾃﾙｽﾞ ｲﾄｰﾖｰｶ堂 稲葉製作所 第一屋製ﾊﾟﾝ 伊藤ﾊﾑ ﾛｼﾞｽﾃｨｰﾄﾞ ENEOSｳｲﾝｸﾞ 高速 西武・ﾌﾟﾘﾝｽﾎﾃﾙｽﾞﾜｰﾙﾄﾞﾜｲﾄﾞ ﾄﾖﾀｶﾛｰﾗ千葉 ﾄﾖﾀﾚﾝﾀﾘｰｽ新千葉 ﾋﾞｯｸｶﾒﾗ ﾏﾙｴﾂ 名鉄運輸 ｳﾞｨ･ﾄﾞ･ﾌﾗﾝｽ

部活動 書道部(伊勢神宮奉納書道展伊勢神宮大宮司賞、千葉日報書道展最優秀賞)

県立　3学区

清水　高等学校

食品科学科　電気科　機械科　環境化学科

令和５年３月卒業生　男 127　女 21　計 148

進路種別		男	女	計
４年制大学	国公立	0	0	0
	私立	11	2	13
短期大学	国公立	0	0	0
	私立	0	1	1
専門学校		17	7	24
就職・自営		93	11	104
その他（未定）		6	0	6

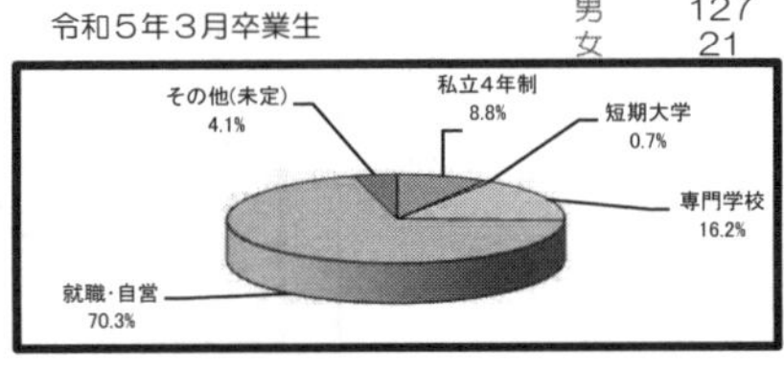

指定校推薦のある大学・学部	
東京農業大	生物産業
東京電機大	工Ⅱ
淑徳大	総合福祉・教育
淑徳大	ｺﾐｭﾆﾃｨ政策
淑徳大	地域創生・経営
淑徳大	人文
江戸川大	社会
江戸川大	ﾒﾃﾞｨｱｺﾐｭﾆｹｰｼｮﾝ
流通経済大	経済・社会
流通経済大	流通情報・法
東京情報大	看護・総合情報
日本工業大	全学部
東京工芸大	工
日本薬科大	薬
埼玉工業大	工・人間社会
共栄大	国際経営
他	

進学実績
- ●４年制大学　千葉工業大1　帝京大1　江戸川大1　千葉経済大1　日本工業大6　埼玉学園大1　埼玉工業大1　東洋学園大1
- ●短期大学　国際学院埼玉短大
- ●専門学校　大宮ｽｲｰﾂ&ｶﾌｪ　CAD製図　晃陽看護栄養　国際医療　さいたまIT・WEB　首都医校　千葉・柏ﾘﾊﾋﾞﾘﾃｰｼｮﾝ学院　東京医薬看護　東京工科自動車大学校　東京ﾒﾃﾞｨｶﾙ・ｽﾎﾟｰﾂ　華調理製菓　船橋情報ﾋﾞｼﾞﾈｽ　ﾐｽ・ﾊﾟﾘ・ﾋﾞｭｰﾃｨ　他

就職実績　自衛隊　SMC　ｴｽﾋﾞｰｽﾊﾟｲｽ工業　関電工　関東電気保安協会　ｷｯｺｰﾏﾝﾊﾞｲｵｹﾐﾌｧ　ｷﾉｴﾈ醤油　ｷﾔﾉﾝ　ｸﾎﾞﾀ　敷島製ﾊﾟﾝ　全日警　総武物流　曽田香料　宝酒造　東京精密　東京電力ﾊﾟﾜｰｸﾞﾘｯﾄﾞ　東武ｽﾃｰｼｮﾝｻｰﾋﾞｽ　東洋ｶﾞﾗｽ　JR東日本　ﾒﾘｰﾁｮｺﾚｰﾄｶﾑﾊﾟﾆｰ　山崎製ﾊﾟﾝ　LIXIL　他

野田中央　高等学校

普通科

令和５年３月卒業生　男 111　女 193　計 304

進路種別		男	女	計
４年制大学	国公立	0	0	0
	私立	61	42	103
短期大学	国公立	0	0	0
	私立	0	9	9
専門学校		33	111	144
就職・自営		12	22	34
その他（未定）		5	9	14

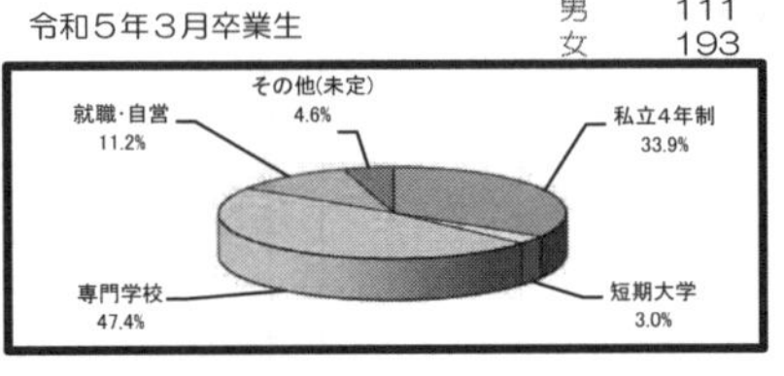

指定校推薦のある大学・学部	
東京理科大	創域理工
二松学舎大	文
共立女子大	文芸
千葉工業大	創造工・先進工
千葉工業大	工・社会ｼｽﾃﾑ科学
大妻女子大	社会情報
国士舘大	理工
大東文化大	法
跡見学園女子大	全学部
千葉商科大	商経・政策情報
淑徳大	総合福祉・経営
淑徳大	ｺﾐｭﾆﾃｨ政策
江戸川大	社会
江戸川大	ﾒﾃﾞｨｱｺﾐｭﾆｹｰｼｮﾝ
中央学院大	全学部
明海大	経済
他	

進学実績
- ●４年制大学　東京理科大1　日本大1　東洋大1　二松学舎大3　共立女子大1　千葉工業大3　大妻女子大1　神田外語大1　国士舘大2　跡見学園女子大1　千葉商科大3　淑徳大2　江戸川大4　麗澤大4　流通経済大14　中央学院大7　医療創生大6　秀明大2　東京成徳大3　東京工芸大1　他
- ●短期大学　新渡戸文化短大　千葉経済大短大部　戸板女子短大　帝京短大　川口短大
- ●専門学校　東葛看護　さいたま市立高等看護学院　東京医薬看護　野田看護　他

就職実績　ｲｵﾝﾘﾃｰﾙ　ﾋﾞｯｸｶﾒﾗ　敷島製ﾊﾟﾝ　ﾓﾝﾃｰﾙ　ｸﾗｳﾝ・ﾊﾟｯｹｰｼﾞ　ｷｯｺｰﾏﾝﾌｰﾄﾞﾃｯｸ　柿安本店　丸紅ﾛｼﾞｽﾃｨｸｽ　ｱｲｴｲﾁﾛｼﾞｽﾃｨｸｽｻｰﾋﾞｽ　野田ｶﾞｽ

部活動　ﾚｽﾘﾝｸﾞ部(JOC杯U20関東ﾌﾞﾛｯｸG63kg級優勝)
陸上競技部(関東選手権大会800m出場、県選手権大会800m5位)

関宿　高等学校

普通科

令和５年３月卒業生　男 44　女 21　計 65

進路種別		男	女	計
４年制大学	国公立	0	0	0
	私立	1	5	6
短期大学	国公立	0	0	0
	私立	0	0	0
専門学校		11	6	17
就職・自営		28	6	34
その他（未定）		4	4	8

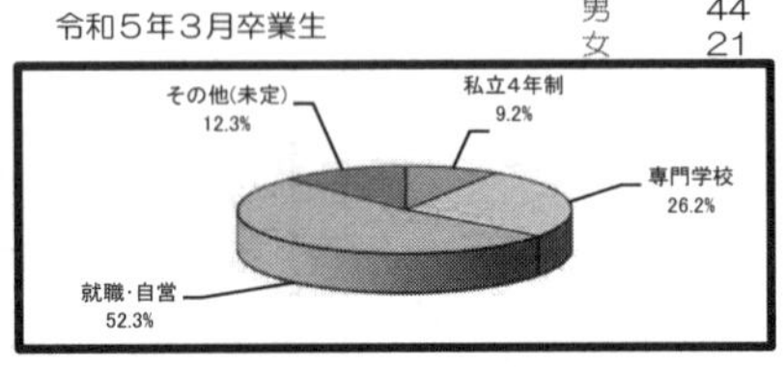

指定校推薦のある大学・学部	
流通経済大	経済・社会
流通経済大	流通情報・法
江戸川大	社会
江戸川大	ﾒﾃﾞｨｱｺﾐｭﾆｹｰｼｮﾝ
開智国際大	教育・国際教養
東京電機大	理工
立正大	仏教
跡見学園女子大	文・ﾏﾈｼﾞﾒﾝﾄ
跡見学園女子大	観光ｺﾐｭﾆﾃｨ
淑徳大	総合福祉・教育
淑徳大	ｺﾐｭﾆﾃｨ政策・経営
淑徳大	地域創生・人文
東京情報大	総合情報・看護
中央学院大	商・法
城西大	経済・経営
城西大	現代政策・薬
他	

進学実績
- ●４年制大学　東京電機大1　江戸川大3　跡見学園女子大1　開智国際大1
- ●専門学校　船橋情報ﾋﾞｼﾞﾈｽ　大原簿記法律　早稲田速記医療福祉　大宮医療秘書　中央自動車大学校　東京柔道整復　日本電子　日本美容　日本ﾃﾞｻﾞｲﾅｰ学院　東京ｱﾆﾒｰｼｮﾝｶﾚｯｼﾞ　TCA東京ECO動物海洋　つくば栄養医療調理製菓　土浦市医師会附属准看護学院

就職実績　ｶｲﾝｽﾞ商配　天馬　ｷﾉｴﾈ醤油　ｸﾞﾘｺﾏﾆｭﾌｧｸﾁｬﾘﾝｸﾞｼﾞｬﾊﾟﾝ　ｽﾀｯｸ　ｻﾝﾃﾞﾘｶ　ｸﾗｳﾝ・ﾊﾟｯｹｰｼﾞ　音頭金属　ﾅｶﾞﾉ　明日香　東和製作所　YKﾄｰﾀﾙ建装　東和電気工事　ﾚｿﾞﾅｯｸ　ｴｰﾋﾞｰｼｰ・ﾏｰﾄ　丸紅ﾛｼﾞｽﾃｨｸｽ　政工業　K.Sﾎｰﾙﾃﾞｨﾝｸﾞｽ　ﾌﾞﾚｲﾝ・ｵﾌﾞ・ﾌﾞﾚｲﾝ　大津川八幡苑　JAちば東葛

我孫子　高等学校

普通科

令和５年３月卒業生　計 314

進路種別		男	女	計
４年制大学	国公立			1
	私立			213
短期大学	国公立			0
	私立			8
専門学校				65
就職・自営				8
その他（未定）				19

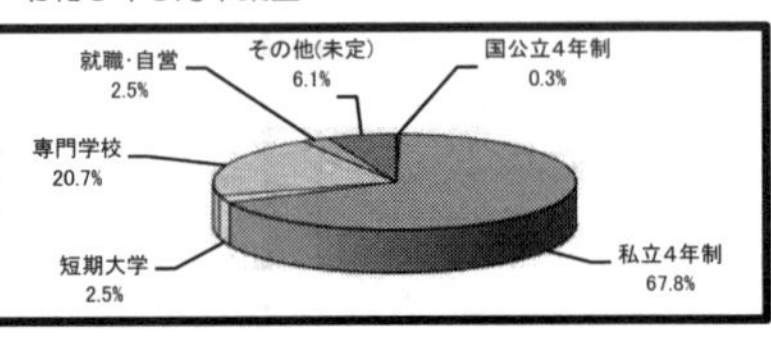

指定校推薦のある大学・学部	
東京理科大	薬・先進工
法政大	社会
芝浦工業大	工・ｼｽﾃﾑ理工
芝浦工業大	ﾃﾞｻﾞｲﾝ工
国学院大	文
武蔵大	経済・人文
日本大	経済・理工
日本大	生産工
東洋大	文・生命科学
東洋大	経済・経営・社会
東京農業大	国際食料情報
東京農業大	生命科学
東京農業大	生物産業
千葉工業大	全学部
他	

進学実績
- ●４年制大学　帯広畜産大1　上智大1　東京理科大3　明治大4　青山学院大1　立教大1　法政大5　学習院大1　芝浦工業大2　日本女子大1　明治学院大1　国学院大2　武蔵大1　獨協大6　日本大13　東洋大8　駒澤大3　専修大3　千葉工業大6　大東文化大9　他
- ●短期大学　聖徳大短大部　国学院大北海道短大部　千葉明徳短大　戸板女子短大　東京交通短大　ﾔﾏｻﾞｷ動物看護専門職短大
- ●専門学校　大原簿記法律　獨協医科大附属看護　千葉・柏ﾘﾊﾋﾞﾘﾃｰｼｮﾝ学院　慈恵柏看護　東京動物　東洋美術　他

就職実績　警視庁　東京消防庁　千葉県警　千葉県職員　柏市消防局　松戸市消防局　流山市消防本部

部活動　陸上競技部(全国大会男子競歩10位、関東大会女子七種競技・男女3000m障害出場)
地学部(ｿｰﾗｰｸｯｶｰ全国大会出場)　女子ﾊﾝﾄﾞﾎﾞｰﾙ部(県大会3位)　他

県立 3学区

我孫子東 高等学校

普通科　令和５年３月卒業生　男 132　女 97　計 229

進路種別		男	女	計
４年制大学	国公立	0	0	0
	私立	34	13	47
短期大学	国公立	0	0	0
	私立	0	2	2
専門学校		50	46	96
就職・自営		39	23	62
その他（未定）		9	13	22

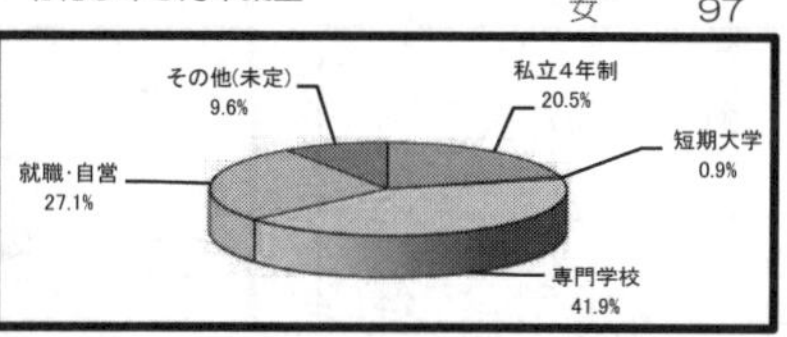

指定校推薦のある大学・学部	
日本大	生産工
中央学院大	商・法
麗澤大	経済・国際
流通経済大	経済
敬愛大	経済
他	

進学実績
- ●４年制大学　日本大1　帝京大1　大正大1　千葉商科大1　淑徳大4　目白大1　中央学院大6　麗澤大7　帝京科学大3　流通経済大4　千葉経済大2　敬愛大1　江戸川大2　東京情報大1　和洋女子大3　秀明大1　埼玉工業大1　他
- ●短期大学　聖徳大短大部　千葉敬愛短大
- ●専門学校　千葉・柏ﾘﾊﾋﾞﾘﾃｰｼｮﾝ学院　道灌山学園保育福祉　宮本看護　江戸川学園おおたかの森　ﾊﾟﾘ総合美容　華学園栄養　大原簿記法律　船橋情報ﾋﾞｼﾞﾈｽ　北原学院歯科衛生　ｽｶｲ総合ﾍﾟｯﾄ　華調理製菓　東洋美術　ちば愛犬動物ﾌﾗﾜｰ　国際理容美容　尚美ﾐｭｰｼﾞｯｸｶﾚｯｼﾞ　千葉ﾋﾞｭｰﾃｨｰ&ﾌﾞﾗｲﾀﾞﾙ　東京福祉　成田航空ﾋﾞｼﾞﾈｽ　我孫子高等技術　他

就職実績　外務省　千葉県警　日本医科大学千葉北総病院　ﾍﾞｰﾙﾍﾙﾂ　ﾄﾖﾀｶﾛｰﾗ千葉　日本瓦斯運輸整備　吉野工業所　水king　ﾎﾃﾙﾏｰｸﾜﾝ　ｱﾄﾞﾊﾞﾝｽ　茶のハ　LIXILﾄｰﾀﾙｻｰﾋﾞｽ　木村屋總本店　ｼﾙﾄﾞ　日本食研ﾎｰﾙﾃﾞｨﾝｸﾞｽ　日本美容化学　他

部活動　女子ﾚｽﾘﾝｸﾞ部(R4年度ｲﾝﾀｰﾊｲ個人出場)　野球部(R2・3年度県大会ﾍﾞｽﾄ16)

沼南 高等学校

普通科　令和５年３月卒業生　男 103　女 47　計 150

進路種別		男	女	計
４年制大学	国公立	0	0	0
	私立	31	4	35
短期大学	国公立	0	0	0
	私立	0	4	4
専門学校		26	19	45
就職・自営		34	14	48
その他（未定）		12	6	18

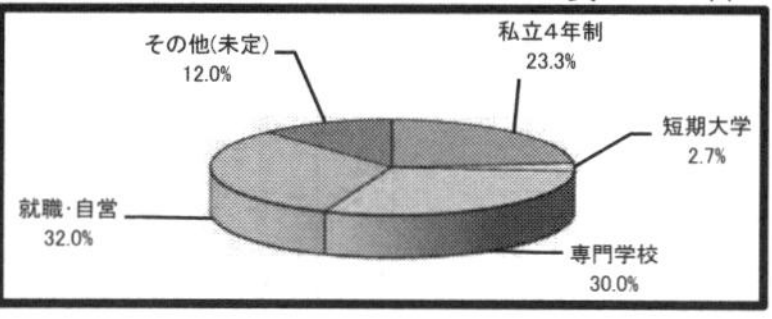

指定校推薦のある大学・学部	
日本大	生産工
千葉工業大	工
麗澤大	外国語
中央学院大	法
流通経済大	経済
他	

進学実績
- ●４年制大学　法政大1　日本大2　麗澤大5　二松学舎大1　拓殖大1　千葉商科大1　淑徳大2　流通経済大7　江戸川大5　中央学院大2　東京情報大1　千葉経済大1　敬愛大2　城西国際大1　川村学園女子大2　北海道情報大1
- ●短期大学　聖徳大短大部　昭和学院短大
- ●専門学校　船橋情報ﾋﾞｼﾞﾈｽ　千葉・柏ﾘﾊﾋﾞﾘﾃｰｼｮﾝ学院　東洋美術　ｽｶｲ総合ﾍﾟｯﾄ　大原簿記法律　江戸川学園おおたかの森　中央自動車大学校　ﾊﾟﾘ総合美容　国際理工ｶﾚｯｼﾞ　華調理製菓　日本工学院　国際ﾄﾗﾍﾞﾙ・ﾎﾃﾙ・ﾌﾞﾗｲﾀﾞﾙ　他

就職実績　柏市役所　海上自衛隊　陸上自衛隊　稲葉製作所　新柏倉庫　ﾔｵｺｰ　ﾏﾙｴﾂ　ｸﾞﾘｰﾝﾀﾞｲﾆﾝｸﾞ　ｾｺﾑｼﾞｬｽﾃｨｯｸ　花園ｻｰﾋﾞｽ　西濃運輸　ﾄｯﾌﾟｽ　坂口電機工業　木村屋總本店　山崎製ﾊﾟﾝ　曙　東武ｽﾄｱ　ｼｪﾙｼﾞｰ　ﾎﾘｷﾘ　他

部活動　女子陸上競技部(県新人大会100mH10位)　ｻｯｶｰ部(県選手権大会1次ﾄｰﾅﾒﾝﾄ1回戦敗退)　ﾎﾞｸｼﾝｸﾞ部(県新人大会準決勝進出)　他

沼南高柳 高等学校

普通科　令和５年３月卒業生　男 114　女 107　計 221

進路種別		男	女	計
４年制大学	国公立	0	0	0
	私立	34	13	47
短期大学	国公立	0	0	0
	私立	0	4	4
専門学校		49	55	104
就職・自営		29	33	62
その他（未定）		2	2	4

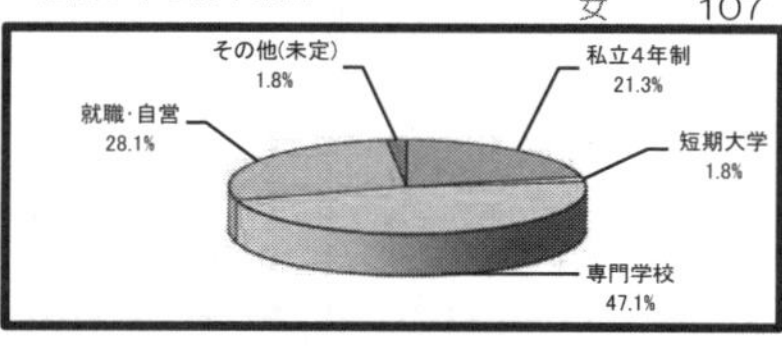

指定校推薦のある大学・学部	
日本大	生産工
千葉工業大	工
淑徳大	人文
江戸川大	ﾒﾃﾞｨｱｺﾐｭﾆｹｰｼｮﾝ
江戸川大	社会
和洋女子大	人文
他	

進学実績
- ●４年制大学　神田外語大1　千葉工業大1　明星大1　帝京平成大1　千葉商科大3　淑徳大2　千葉経済大1　流通経済大8　麗澤大4　江戸川大6　中央学院大6　西武文理大1　和洋女子大2　埼玉学園大1　敬愛大1　聖徳大1　他
- ●短期大学　戸板女子短大　昭和学院短大　実践女子大短大部　東京経営短大
- ●専門学校　野田看護　東葛看護　江戸川看護　東京医薬看護　千葉・柏ﾘﾊﾋﾞﾘﾃｰｼｮﾝ学院　国際理容美容　船橋高等技術　我孫子高等技術　千葉職業能力開発短大校　他

就職実績　千葉県市町村立学校事務　海上自衛隊　ｲﾄｰﾖｰｶ堂　木村屋總本店　東武ｽﾄｱ　ﾋﾞｯｸｶﾒﾗ　ﾔﾏﾄ運輸　ﾎﾟﾗｽﾊｳｼﾞﾝｸﾞ千葉　他

部活動　ﾃﾆｽ部・ｻｯｶｰ部・ﾊﾞｽｹｯﾄﾎﾞｰﾙ部・卓球部・ﾊﾞﾄﾞﾐﾝﾄﾝ部・陸上競技部・剣道部(県大会出場)

県立 4学区

白井 高等学校

普通科　　令和５年３月卒業生　男 126　女 102　計 228

進路種別		男	女	計
４年制大学	国公立	0	0	0
	私立	59	27	86
短期大学	国公立	0	0	0
	私立	0	5	5
専門学校		47	56	103
就職･自営		13	7	20
その他（未定）		7	7	14

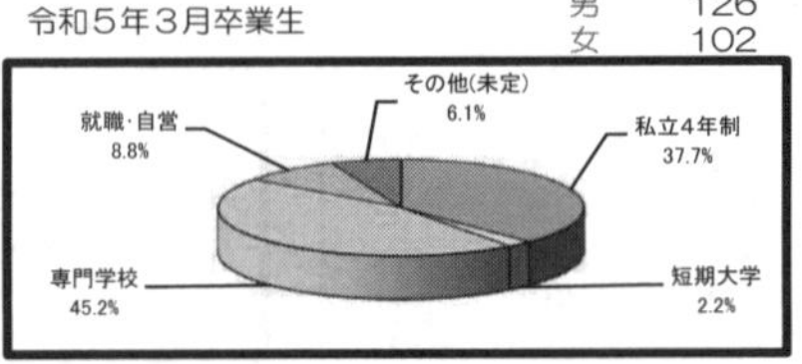

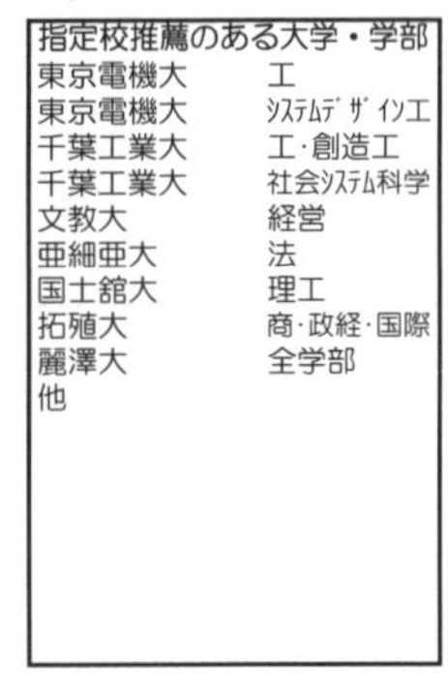

指定校推薦のある大学・学部	
東京電機大	工
東京電機大	ｼｽﾃﾑﾃﾞｻﾞｲﾝ工
千葉工業大	工･創造工
千葉工業大	社会ｼｽﾃﾑ科学
文教大	経営
亜細亜大	法
国士舘大	理工
拓殖大	商･政経･国際
麗澤大	全学部
他	

進学実績
●４年制大学　日本大1　東京電機大1　千葉工業大3　武蔵野大1　文教大1　国士舘大1　拓殖大4　大東文化大1　桜美林大1　千葉商科大6　淑徳大3　麗澤大2　東京情報大3　中央学院大5　千葉経済大2　明海大10　敬愛大6　植草学園大1　聖徳大1　浦和大1　他
●短期大学　昭和学院短大　聖徳大短大部
●専門学校　船橋市立看護　日本医科大看護　大原簿記法律　船橋情報ﾋﾞｼﾞﾈｽ　国際理容美容　八千代ﾘﾊﾋﾞﾘﾃｰｼｮﾝ学院　日本電子　中央医療技術　他
就職実績　陸上自衛隊　北総鉄道　ﾔﾏﾄ運輸　船橋ｶﾝﾄﾘｰ倶楽部　他
部活動　ﾊﾞﾚｰﾎﾞｰﾙ部(R4年度県総体5位)　ｻｯｶｰ部(R4年度県新人大会ﾍﾞｽﾄ8)　ﾊﾞﾄﾞﾐﾝﾄﾝ部(R4年度県大会ﾍﾞｽﾄ16)　吹奏楽部(R3年度県吹奏楽ｺﾝｸｰﾙ金賞)　他

印旛明誠 高等学校

普通科　　令和５年３月卒業生　男 97　女 98　計 195

進路種別		男	女	計
４年制大学	国公立	3	1	4
	私立	69	61	130
短期大学	国公立	0	0	0
	私立	1	3	4
専門学校		12	26	38
就職･自営		2	3	5
その他（未定）		10	4	14

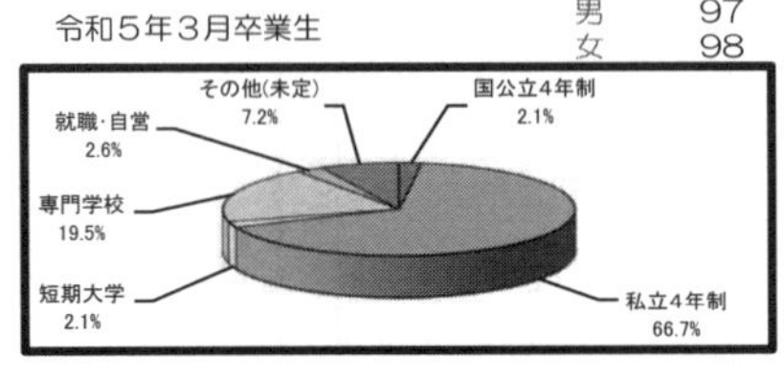

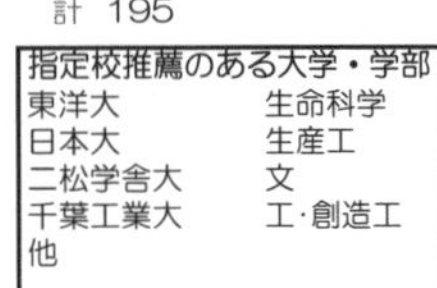

指定校推薦のある大学・学部	
東洋大	生命科学
日本大	生産工
二松学舎大	文
千葉工業大	工･創造工
他	

進学実績
●４年制大学　徳島大1　秋田大1　都留文科大1　県立保健医療大1　早稲田大1　東京理科大1　芝浦工業大1　成城大1　獨協大1　東洋大6　日本大8　駒澤大2　専修大1　東邦大1　二松学舎大2　他
●短期大学　日本大短大部　聖徳大短大部
●専門学校　日本医科大看護　慈恵柏看護　船橋情報ﾋﾞｼﾞﾈｽ　八千代ﾘﾊﾋﾞﾘﾃｰｼｮﾝ学院

就職実績　印西市役所　松風馬事ｾﾝﾀｰ

成田西陵 高等学校

園芸科　食品科学科　土木造園科　情報処理科　　令和５年３月卒業生　男 124　女 60　計 184

進路種別		男	女	計
４年制大学	国公立	0	0	0
	私立	10	3	13
短期大学	国公立	0	0	0
	私立	2	2	4
専門学校		39	20	59
就職･自営		61	31	92
その他（未定）		12	4	16

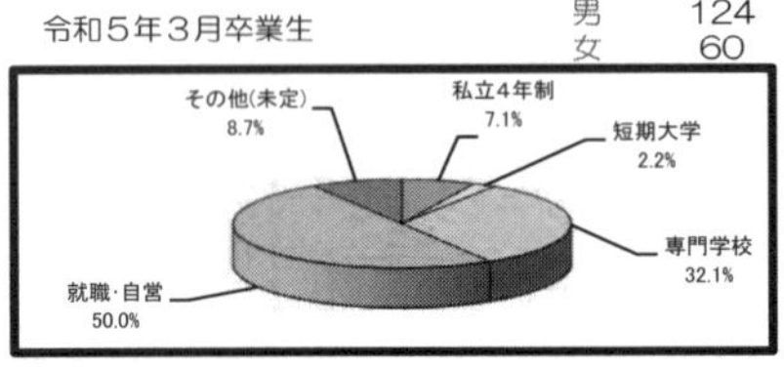

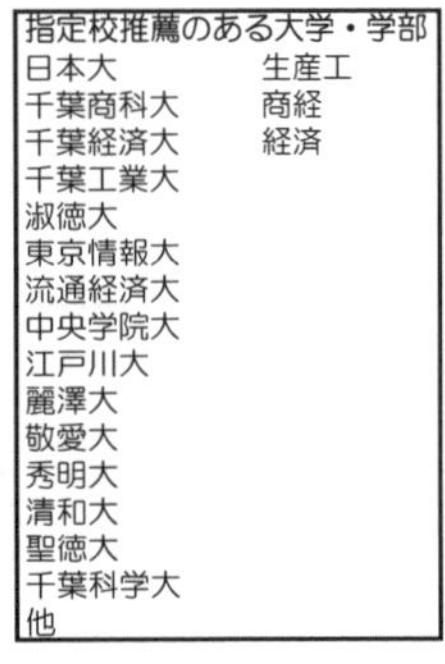

指定校推薦のある大学・学部	
日本大	生産工
千葉商科大	商経
千葉経済大	経済
千葉工業大	
淑徳大	
東京情報大	
流通経済大	
中央学院大	
江戸川大	
麗澤大	
敬愛大	
秀明大	
清和大	
聖徳大	
千葉科学大	
他	

進学実績
●４年制大学　東京工科大1　千葉商科大1　淑徳大1　千葉経済大2　江戸川大2　流通経済大1　敬愛大1　聖徳大1　城西国際大1　川村学園女子大1　東京通信大1
●短期大学　千葉敬愛短大
●専門学校　国際理工ｶﾚｯｼﾞ　船橋情報ﾋﾞｼﾞﾈｽ　ちば愛犬動物ﾌﾗﾜｰ　千葉調理師　千葉ﾘｿﾞｰﾄ&ｽﾎﾟｰﾂ　ﾊｯﾋﾟｰ製菓調理　日本自動車大学校　県立農業大学校　他
就職実績　警視庁　千葉県庁　TDK　米屋　川豊　ﾜﾀｷｭｰｾｲﾓｱ　成田空港美整社　航空保安事業ｾﾝﾀｰ　ﾜｰﾙﾄﾞｴﾝﾀﾌﾟﾗｲｽﾞ　安藤　芳源ﾏｯｼｭﾙｰﾑ　東武ﾎﾃﾙﾏﾈｼﾞﾒﾝﾄ　日本通運　他
部活動　地域生物研究部

成田国際 高等学校

普通科　国際科　　令和５年３月卒業生　男 111　女 206　計 317

進路種別		男	女	計
４年制大学	国公立	17	19	36
	私立	73	165	238
短期大学	国公立	0	0	0
	私立	1	1	2
専門学校		2	8	10
就職･自営		0	2	2
その他（未定）※		18	11	29

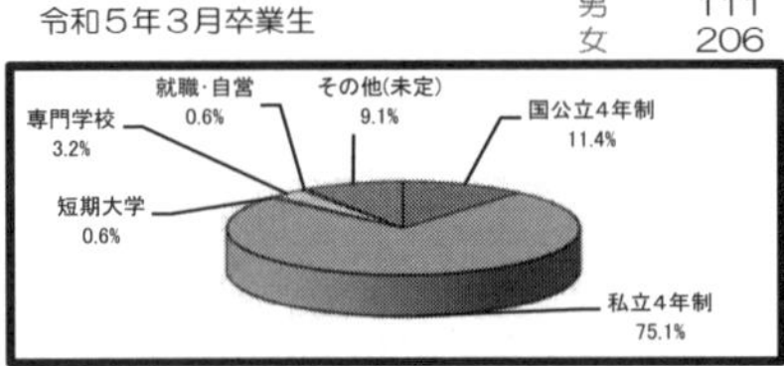

指定校推薦のある大学・学部	
東京理科大	先進工･創域理工
明治大	国際日本
青山学院大	地球社会共生
青山学院大	文･法
立教大	異文化ｺﾐｭﾆｹｰｼｮﾝ
立教大	経営･法･文
立教大	現代心理
法政大	GIS･経済･文
法政大	国際文化･法
法政大	人間環境
学習院大	経済･法･理
学習院大	国際社会科学
津田塾大	学芸
東京女子大	現代教養
東洋大	国際･国際観光･文
東洋大	社会･生命科学
他	

進学実績　※留学男子4名･女子6名含む
●４年制大学　千葉大17　茨城大5　早稲田大8　上智大7　明治大4　立教大16　青山学院大4　法政大14　学習院大6　明治学院大4　獨協大8　東洋大27　日本大15　東邦大7　学習院女子大5　千葉工業大10　神田外語大12　武蔵野大6　国際医療福祉大10　他
●短期大学　東京歯科大短大　東京交通短大
●専門学校　尚美ﾐｭｰｼﾞｯｸｶﾚｯｼﾞ　日本工学院　早稲田速記医療福祉　日本医科大看護　神田外語学院　成田航空ﾋﾞｼﾞﾈｽ　日本聴導犬･介助犬訓練士学院　文化服装学院
就職実績　日本通運　ｹﾞｰﾄｸﾞﾙﾒｼﾞｬﾊﾟﾝ
部活動　少林寺拳法部(全国少林寺拳法選抜大会出場)　箏曲部(全国総合文化祭出場)　男子陸上競技部(関東選手権大会1500m出場)

県立　4学区

成田北　高等学校

普通科　　令和５年３月卒業生　　男 121　女 150　計 271

進路種別		男	女	計
４年制大学	国公立	0	0	0
	私立	72	54	126
短期大学		0	0	0
	私立	0	12	12
専門学校		33	69	102
就職・自営		9	12	21
その他（未定）		7	3	10

就職・自営 7.7%
その他(未定) 3.7%
私立４年制 46.5%
専門学校 37.6%
短期大学 4.4%

指定校推薦のある大学・学部	
国学院大	文
東洋大	文・法・生命科学
日本大	生産工
工学院大	先進工・工
東邦大	理
東京農業大	生物産業
東京電機大	ｼｽﾃﾑﾃﾞｻﾞｲﾝ工
東京電機大	理工・工Ⅱ
東京経済大	経済
女子栄養大	栄養
二松学舎大	文
千葉工業大	全学部
大妻女子大	文・社会情報
実践女子大	文・生活科学
国際医療福祉大	成田保健医療
拓殖大	政経・国際
他	

進学実績
- ●４年制大学　慶応大1　学習院大1　国学院大1　日本大2　東洋大7　専修大3　駒澤大2　順天堂大1　東邦大3　東京電機大1　東京経済大1　二松学舎大2　千葉工業大4　神田外語大6　立正大8　国際医療福祉大9　国士舘大2　東京工科大1　拓殖大2　帝京大2　大正大1　桜美林大1　帝京平成大11　千葉商科大8　他
- ●短期大学　昭和学院短大　聖徳大短大部　千葉敬愛短大　千葉経済大短大部　日本歯科大東京短大
- ●専門学校　JR東京総合病院高等看護学園　旭中央病院附属看護　北原学院歯科衛生　慈恵柏看護　東洋公衆衛生学院　大原簿記公務員　国際ﾄﾗﾍﾞﾙ・ﾎﾃﾙ・ﾌﾞﾗｲﾀﾞﾙ　ｽｶｲ総合ﾍﾟｯﾄ　千葉調理師　日本工学院　船橋情報ﾋﾞｼﾞﾈｽ　他

就職実績　自衛隊　警視庁　東京消防庁　千葉県警　千葉県職員　印西市職員　富里市職員　神崎町職員　大栄ｶﾝﾄﾘｰ　他

部活動　少林寺拳法部(全国大会出場)　男子ﾊﾞｽｹｯﾄﾎﾞｰﾙ部(県大会ﾍﾞｽﾄ16、ｳｲﾝﾀｰｶｯﾌﾟ2次ﾗｳﾝﾄﾞ進出)　写真部(県総合文化祭入選)　他

富里　高等学校

普通科　　令和５年３月卒業生　　男 121　女 107　計 228

進路種別		男	女	計
４年制大学	国公立	0	0	0
	私立	52	26	78
短期大学	国公立	0	0	0
	私立	0	11	11
専門学校		44	50	94
就職・自営		20	16	36
その他（未定）		5	4	9

その他(未定) 3.9%
就職・自営 15.8%
私立４年制 34.2%
専門学校 41.2%
短期大学 4.8%

指定校推薦のある大学・学部	
国学院大	経済
日本大	生産工
駒澤大	法
東京電機大	ｼｽﾃﾑﾃﾞｻﾞｲﾝ工・工
千葉工業大	工・社会ｼｽﾃﾑ科学
千葉工業大	創造工・先進工
立正大	仏教
国士舘大	政経
千葉商科大	商経・政策情報
千葉商科大	人間社会
東京情報大	看護・総合情報
麗澤大	国際・外国語
江戸川大	社会
江戸川大	ﾒﾃﾞｨｱｺﾐｭﾆｹｰｼｮﾝ
中央学院大	全学部
敬愛大	全学部
他	

進学実績
- ●４年制大学　東洋大1　日本大2　駒澤大1　東京農業大1　千葉工業大3　大妻女子大1　神田外語大1　国士舘大1　大東文化大1　大正大1　帝京平成大1　千葉商科大11　淑徳大5　目白大1　千葉経済大4　東京情報大2　江戸川大1　中央学院大5　流通経済大1　麗澤大1　和洋女子大2　敬愛大8　明海大5　城西国際大13　他
- ●短期大学　千葉経済大短大部　昭和学院短大　千葉明徳短大　湘北短大　東京経営短大
- ●専門学校　北原学院千葉歯科衛生　国際鍼灸　ｽﾎﾟｰﾂ健康医療　太陽歯科衛生士　青葉看護　中央医療技術　東京電子　二葉看護学院　東京医薬看護　八千代ﾘﾊﾋﾞﾘﾃｰｼｮﾝ学院　中央工学校　早稲田美容　日本自動車大学校　他

就職実績　警視庁　千葉県警　航空自衛隊　陸上自衛隊　千葉県職員　富里市消防本部　富里市役所　AOKI　朝日森　他

部活動　ｼﾞｬｽﾞｵｰｹｽﾄﾗ部(日本ｽﾁｭｰﾃﾞﾝﾄ・ｼﾞｬｽﾞ・ｺﾝﾃｽﾄ最優秀賞、ｽﾁｭｰﾃﾞﾝﾄ・ｼﾞｬｽﾞ・ﾌｪｽﾃｨﾊﾞﾙinﾊﾏﾏﾂ出場)　書道部(書の甲子園入選)　陸上競技部(関東大会三段跳出場、県選手権大会円盤投げ7位)　他

佐倉　高等学校

普通科
理数科
令和５年３月卒業生　　男 169　女 140　計 309

進路種別		男	女	計
４年制大学	国公立	64	44	108
	私立	67	80	147
短期大学	国公立	0	0	0
	私立	0	0	0
専門学校		0	0	0
就職・自営		0	0	0
その他（未定）		38	16	54

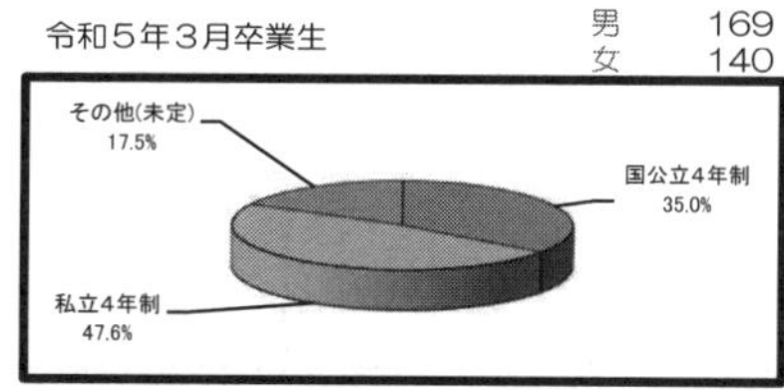

指定校推薦のある大学・学部	
早稲田大	文化構想・文
早稲田大	教育・基幹理工
早稲田大	法・商・創造理工
慶応大	法・理工
上智大	経済・理工
東京理科大	経営・先進工
東京理科大	創域理工・薬
立教大	法・観光・理
明治大	政治経済・法
明治大	経営・総合数理
法政大	法・理工
中央大	法・商・理工
青山学院大	文・総合文化政策
学習院大	国際社会科学
学習院大	文・経済・理
他	

部活動　ｶﾇｰ部(R3・4年度全国総体・国体出場)　美術部(R3・4年度全日本学生美術展入選)　書道部(R2～4年度全国総合文化祭出展)　工芸部(R2・4年度全国総合文化祭出展)　陸上競技部(R3・4年度関東大会出場)　その他多数の部活動が県大会に出場している。

佐倉東　高等学校

普通科　服飾デザイン科
調理国際科
令和５年３月卒業生　　男 62　女 160　計 222

進路種別		男	女	計
４年制大学	国公立	0	0	0
	私立	23	35	58
短期大学	国公立	0	0	0
	私立	0	19	19
専門学校		26	95	121
就職・自営		9	8	17
その他（未定）		4	3	7

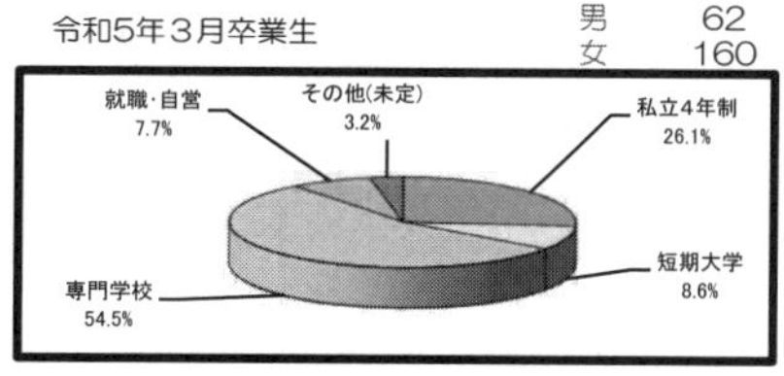

指定校推薦のある大学・学部	
日本大	生産工
東京農業大	生物産業
女子栄養大	栄養
千葉工業大	工・生産工・先進工
千葉工業大	社会ｼｽﾃﾑ科学
玉川大	芸術・経営・農
玉川大	ﾘﾍﾞﾗﾙｱｰﾂ・工
立正大	文
拓殖大	政経・国際
東京工科大	全学部
千葉商科大	商経・人間社会
千葉商科大	ｻｰﾋﾞｽ創造
帝京平成大	健康医療ｽﾎﾟｰﾂ
淑徳大	全学部
麗澤大	国際・外国語
中央学院大	全学部
他	

進学実績
- ●４年制大学　日本大2　東洋大1　千葉工業大2　大妻女子大1　国際医療福祉大1　拓殖大1　千葉商科大4　淑徳大4　文化学園大2　帝京平成大3　麗澤大2　武蔵野美術大1　中央学院大2　東京情報大3　和洋女子大10　他
- ●短期大学　千葉経済大短大部　戸板女子短大　昭和学院短大　千葉敬愛短大　千葉明徳短大
- ●専門学校　日本医科大看護　北里大保健衛生　東京墨田看護　宮崎歯科技術　大原医療保育福祉　日本健康医療　新宿医療　ちば愛犬動物ﾌﾗﾜｰ　ｽｶｲ総合ﾍﾟｯﾄ　ｴｺｰﾙ辻東京　ﾊｯﾋﾟｰ製菓調理　山手調理製菓　東京すし和食調理　ｺｰｾｰ美容　国際文化理容美容　資生堂美容技術　織田きもの　尚美ﾐｭｰｼﾞｯｸｶﾚｯｼﾞ　東京情報ｸﾘｴｲﾀｰ工学院　他

就職実績　国家公務員　千葉県警　佐倉市八街市酒々井町消防組合　帝国ﾎﾃﾙ　ﾆｭｰ・ｵｰﾀﾆ　成田ｴｱｶｰｺﾞｻｰﾋﾞｽ　ｲｵﾝﾘﾃｰﾙ　他

部活動　ﾗｲﾌﾙ射撃部(全国大会出場)　陸上競技部(関東大会出場)　硬式ﾃﾆｽ部・ｿﾌﾄﾎﾞｰﾙ部・卓球部(県大会出場)　他

県立　4学区

佐倉西　高等学校

普通科　　令和５年３月卒業生　男 98　女 90　計 188

進路種別		男	女	計
４年制大学	国公立	0	0	0
	私立	34	18	52
短期大学	国公立	0	0	0
	私立	2	8	10
専門学校		39	49	88
就職・自営		16	10	26
その他（未定）		7	5	12

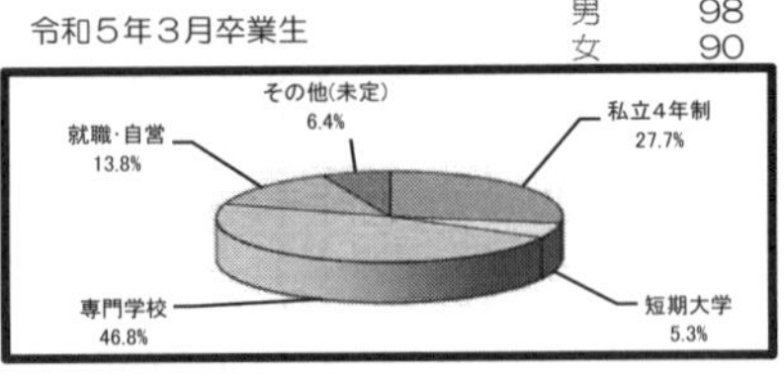

指定校推薦のある大学・学部	
東洋大	文
日本大	生産工
千葉工業大	工・社会ｼｽﾃﾑ科学
千葉工業大	創造工・先進工
国士舘大	理工・法
千葉商科大	商経・政策情報
千葉商科大	人間社会
千葉商科大	ｻｰﾋﾞｽ創造
東京情報大	総合情報・看護
城西大	全学部
敬愛大	全学部

進学実績
- ●４年制大学　早稲田大1　日本大4　東洋大1　順天堂大1　千葉工業大3　国士舘大1　拓殖大1　千葉商科大6　千葉経済大2　東京情報大4　江戸川大4　敬愛大8　他
- ●短期大学　千葉敬愛短大　千葉経済大短大部　昭和学院短大　千葉明徳短大
- ●専門学校　亀田医療技術　国際理工ｶﾚｯｼﾞ　ちば愛犬動物ﾌﾗﾜｰ

就職実績　陸上自衛隊　千葉県警　国保多古中央病院　印旛沼土地改良区　ﾌｼﾞｸﾗ　日本航運　ｲｵﾝﾘﾃｰﾙ

部活動　ﾗｲﾌﾙ射撃部(R4年度全日本選手権大会個人3位、R3年度全国大会個人10位)
弓道部(R4年度関東大会出場)　ﾚｽﾘﾝｸﾞ部(R4年度関東大会出場、R3年度県新人大会4位)　他

八街　高等学校

総合学科　　令和５年３月卒業生　男 67　女 76　計 143

進路種別		男	女	計
４年制大学	国公立	0	0	0
	私立	7	3	10
短期大学	国公立	0	0	0
	私立	0	7	7
専門学校		23	26	49
就職・自営		35	37	72
その他（未定）		2	3	5

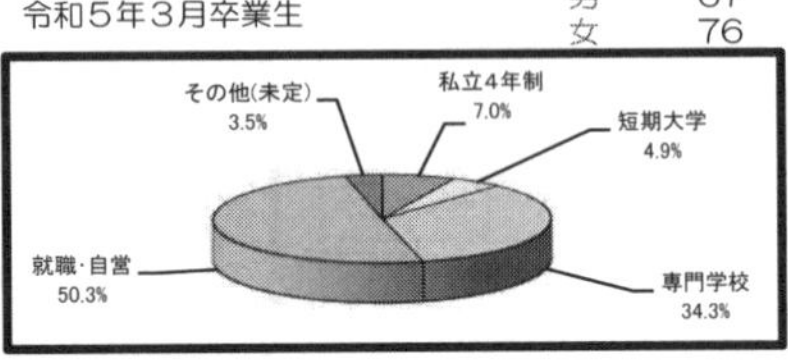

指定校推薦のある大学・学部	
千葉商科大	商経・政策情報
東京情報大	総合情報・看護
千葉経済大	経済
敬愛大	国際
城西国際大	経営情報
千葉科学大	全学部
他	

進学実績
- ●４年制大学　帝京大1　大正大1　千葉商科大1　東京情報大1　和光大1　敬愛大1　明海大1　城西国際大3
- ●短期大学　千葉経済大短大部　千葉明徳短大　植草学園短大　千葉敬愛短大
- ●専門学校　東洋理容美容　国際理工ｶﾚｯｼﾞ　千葉ﾋﾞｭｰﾃｨｰ&ﾌﾞﾗｲﾀﾞﾙ　成田国際福祉　ちば愛犬動物ﾌﾗﾜｰ　大原簿記公務員　千葉こども　船橋情報ﾋﾞｼﾞﾈｽ　日本自動車大学校　千葉・柏ﾘﾊﾋﾞﾘﾃｰｼｮﾝ学院　千葉調理師　旭高等技術　他

就職実績　自衛隊　千葉県警　銚子商工信用組合　日本郵便　ﾔﾏﾀﾞﾃﾞﾝｷ　ﾄﾖﾀｶﾛｰﾗ千葉　川豊　山崎製ﾊﾟﾝ　ﾜﾀｷｭｰｾｲﾓｱ　金森ﾒﾀﾙ　ｺｸﾖ　千葉県ﾔｸﾙﾄ販売　古谷乳業　ｽﾀｯﾌﾌﾞﾘｯｼﾞ　ｼﾞｮｲﾈｯﾄ　ｼﾞｪｲ･ｴｽ･ｴｽ　ｵﾗﾝﾀﾞ家　朝日森　城東ﾘﾌﾞﾛﾝ　高圧ｶﾞｽ工業　米屋　東京納品代行　ﾌﾟｰﾏｼﾞｬﾊﾟﾝ　ANAｽｶｲﾋﾞﾙｻｰﾋﾞｽ　ｱｻﾋｾｷｭﾘﾃｨ　信和産業　ﾐｭｾﾞﾌﾟﾗﾁﾅﾑ　他

部活動　男子ﾊﾞｽｹｯﾄﾎﾞｰﾙ部(県大会ﾍﾞｽﾄ32)　音楽部(県吹奏楽ｺﾝｸｰﾙ銅賞)　女子ﾊﾞｽｹｯﾄﾎﾞｰﾙ部(県大会出場)
男子ﾊﾞﾄﾞﾐﾝﾄﾝ部(県大会ﾀﾞﾌﾞﾙｽ出場)　男子陸上競技部(県大会砲丸投げ出場)

四街道　高等学校

普通科　　令和５年３月卒業生　男 133　女 182　計 315

進路種別		男	女	計
４年制大学	国公立	2	0	2
	私立	97	96	193
短期大学	国公立	0	0	0
	私立	1	24	25
専門学校		17	55	72
就職・自営		8	2	10
その他（未定）		8	5	13

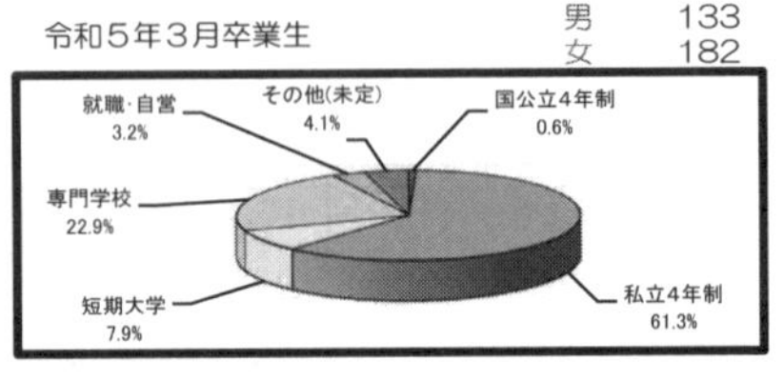

進学実績
- ●４年制大学　琉球大1　茨城大1　立教大3　法政大3　学習院大1　芝浦工業大1　獨協大1　国学院大1　武蔵大1　東京都市大1　日本大10　東洋大4　専修大2　駒澤大2　東京農業大2　東京電機大1　千葉工業大10　国士舘大2　帝京大2　国際医療福祉大5　東邦大3　二松学舎大5　神奈川大2　大妻女子大2　他
- ●短期大学　日本歯科大東京短大　千葉敬愛短大　大妻女子大短大部　千葉経済大短大部　日本大短大部　他
- ●専門学校　香川調理製菓　北原学院千葉歯科衛生　君津中央病院附属看護　国際文化理容美容　東洋理容美容　二葉看護学院　青葉看護　ｽｶｲ総合ﾍﾟｯﾄ　東京動物　日本電子　日本ﾘﾊﾋﾞﾘﾃｰｼｮﾝ　藤ﾘﾊﾋﾞﾘﾃｰｼｮﾝ学院　八千代ﾘﾊﾋﾞﾘﾃｰｼｮﾝ学院　他

就職実績　佐倉市八街市酒々井町消防組合　酒々井町職員　千葉県警　東京消防庁　ﾄﾖﾀｶﾛｰﾗ千葉　山村食品　野田岩　他

部活動　写真部(全日本写真展入選、日韓中ﾌｫﾄｺﾝﾃｽﾄ優秀賞)　ﾀﾞﾝｽ部(全日本ﾁｰﾑﾀﾞﾝｽ選手権全国大会出場)
書道部(高野山競書大会管長賞、成田山全国競書大会成田山賞)　ﾚｽﾘﾝｸﾞ部(関東大会5位)　他

四街道北　高等学校

普通科　　※昨年度データ　男 86　女 143　計 229

進路種別		男	女	計
４年制大学	国公立	0	0	0
	私立	43	15	58
短期大学	国公立	0	0	0
	私立	1	24	25
専門学校		34	75	109
就職・自営		6	24	30
その他（未定）		2	5	7

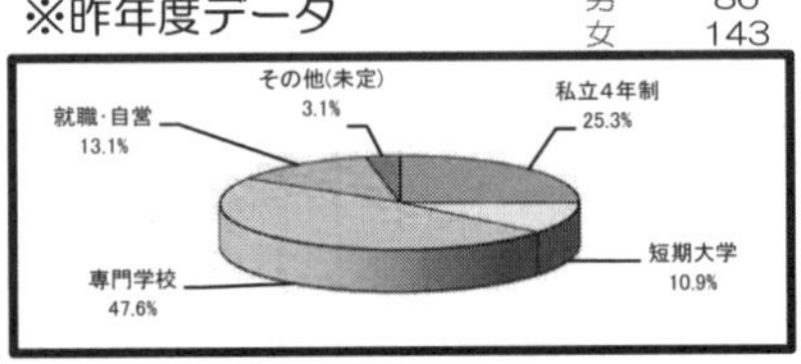

指定校推薦のある大学・学部	
日本大	生産工
東京電機大	工
立正大	文
千葉工業大	工
国士舘大	政経
淑徳大	看護栄養・人文
淑徳大	経営・総合福祉
淑徳大	ｺﾐｭﾆﾃｨ政策
千葉商科大	商経・ｻｰﾋﾞｽ創造
東京情報大	看護・総合情報
流通経済大	経済・法・社会
中央学院大	商・法
千葉経済大	経済
和洋女子大	人文・国際・家政
明海大	外国語・経済
明海大	不動産
他	

進学実績
- ●４年制大学　国学院大1　日本大3　東京農業大1　立正大3　千葉工業大2　国士舘大1　桜美林大1　淑徳大2　千葉商科大8　帝京平成大2　東京情報大5　中央学院大2　江戸川大2　千葉経済大3　敬愛大7　和洋女子大1　植草学園大2　明海大6　城西国際大4　東洋学園大2
- ●短期大学　千葉敬愛短大　千葉経済大短大部　戸板女子短大　桐朋学園芸術短大　植草学園短大　昭和学院短大　他
- ●専門学校　千葉医療ｾﾝﾀｰ附属看護　千葉労災看護　山王看護　北原学院千葉歯科衛生　藤ﾘﾊﾋﾞﾘﾃｰｼｮﾝ学院　東京医学技術　八千代ﾘﾊﾋﾞﾘﾃｰｼｮﾝ学院　日本健康医療　東京医療福祉　東京健康科学　新宿医療　ｽﾎﾟｰﾂ健康医療　日本電子　国際理工ｶﾚｯｼﾞ　船橋情報ﾋﾞｼﾞﾈｽ　日本工学院　中央工学校　日本自動車大学校　日本美容　千葉調理師　他

就職実績　自衛隊　日本郵便　ｲｵﾝﾘﾃｰﾙ　ｹｲｽﾞｸﾞﾙｰﾌﾟ　ｺｶ･ｺｰﾗﾎﾞﾄﾗｰｽﾞｼﾞｬﾊﾟﾝ　美光商会　ﾛﾋﾟｱ　ﾀｲﾖｰ　ﾓﾝﾛﾜｰﾙ　他

部活動　陸上競技部、ｿﾌﾄﾃﾆｽ部、弓道部

県立　4学区

下総　高等学校

園芸科　情報処理科
自動車科

令和5年３月卒業生　男 80　女 16　計 96

進路種別		男	女	計
４年制大学	国公立	0	0	0
	私立	9	1	10
短期大学	国公立	0	0	0
	私立	0	0	0
専門学校		25	9	34
就職･自営		45	6	51
その他（未定）		1	0	1

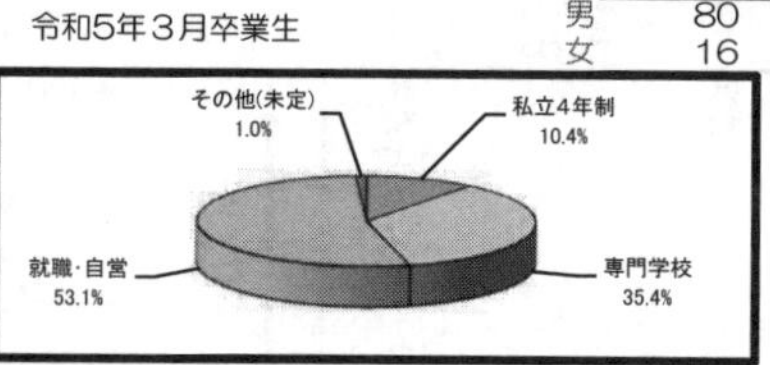

指定校推薦のある大学・学部	
淑徳大	全学部
江戸川大	ﾒﾃﾞｨｱｺﾐｭﾆｹｰｼｮﾝ
江戸川大	社会
千葉経済大	経済
東京情報大	総合情報･看護
植草学園大	発達教育
植草学園大	保健医療
敬愛大	経済･国際

進学実績
●４年制大学　亜細亜大1　淑徳大1　南九州大1　千葉経済大1　東京情報大2　聖徳大1　千葉科学大1　城西国際大2
●専門学校　大原簿記公務員　国際理工ｶﾚｯｼﾞ　東京IT会計公務員　成田国際福祉　船橋情報ﾋﾞｼﾞﾈｽ　藤ﾘﾊﾋﾞﾘﾃｰｼｮﾝ学院　成田国際航空

就職実績　航空自衛隊　千葉県警　ﾌｼﾞｸﾗ　PGM長太郎ｶﾝﾄﾘｰｸﾗﾌﾞ　ﾜﾀｷｭｰｾｲﾓｱ　坂本飼料　ｵｰﾄﾊﾞｯｸｽｾﾌﾞﾝ　川豊　関東甲信ｸﾎﾞﾀ　他

部活動　自動車部(HondaｴｺﾏｲﾚｯｼﾞﾁｬﾚﾝｼﾞⅠ全国大会6連覇中)

県立　5学区

佐原　高等学校

普通科
理数科

令和５年３月卒業生　男 127　女 106　計 233

進路種別		男	女	計
４年制大学	国公立	44	30	74
	私立	75	72	147
短期大学	国公立	1	0	1
	私立	0	0	0
専門学校		1	2	3
就職・自営		1	1	2
その他（未定）		5	1	6

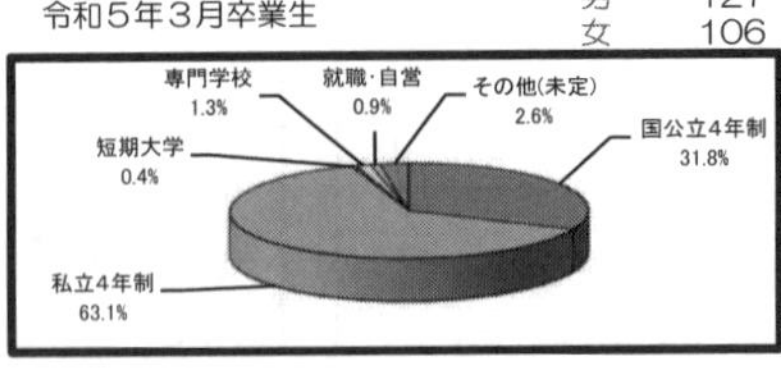

指定校推薦のある大学・学部	
慶応大	商
東京理科大	創域理工
中央大	理工・商・法
明治大	政治経済
法政大	社会
立教大	現代心理
学習院大	文
明治学院大	文
北里大	薬
国際医療福祉大	成田保健医療
他	

進学実績
- ●４年制大学　一橋大1　東京工業大2　東北大3　筑波大5　千葉大19　電気通信大2　東京都立大3　金沢大2　横浜市立大1　埼玉大3　茨城大18　高崎経済大2　県立保健医療大3　慶応大1　早稲田大1　東京理科大4　中央大7　明治大5　立教大3　千葉工業大7　他
- ●短期大学　国立清水海上技術短大校
- ●専門学校　北原学院歯科衛生　他

就職実績　神栖市役所　国保旭中央病院

部活動　男子陸上競技部(R4年度関東新人大会走幅跳4位)　文学部(R4年度関東地区文芸大会出場)　弓道部(R4年度関東大会個人出場)　美術部(R3年度全国総合文化祭出場)

佐原白楊　高等学校

普通科

令和５年３月卒業生　男 84　女 114　計 198

進路種別		男	女	計
４年制大学	国公立	3	6	9
	私立	52	60	112
短期大学	国公立	0	0	0
	私立	2	3	5
専門学校		15	34	49
就職・自営		8	10	18
その他（未定）		4	1	5

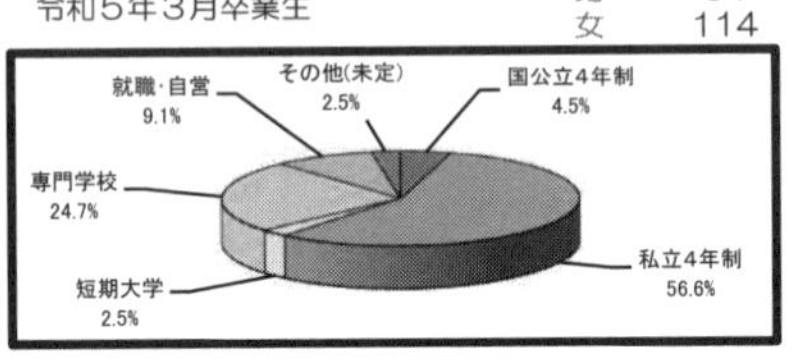

進学実績
- ●４年制大学　茨城大3　福島大1　島根大1　群馬県立女子大1　山口県立大1　県立保健医療大1　長岡造形大1　学習院大1　明治大1　立命館大1　芝浦工業大1　国学院大1　獨協大1　北里大1　日本大7　東洋大4　駒澤大1　専修大2　東邦大2　東京経済大1　二松学舎大1　共立女子大2　千葉工業大8　東京家政大1　他
- ●短期大学　千葉経済大短大部　日本大短大部　植草学園短大
- ●専門学校　二葉看護学院　日本医科大看護　国際ﾄﾗﾍﾞﾙ・ﾎﾃﾙ・ﾌﾞﾗｲﾀﾞﾙ　国際文化理容美容　成田航空ﾋﾞｼﾞﾈｽ　日本工学院　東京IT会計公務員　つくば国際ﾍﾟｯﾄ　神田外語学院　東京動物　日本電子　日本自動車大学校　日本菓子　他

就職実績　自衛隊　茨城県市町村小中学校事務　横浜地方法務局　香取市役所　成田市消防本部　千葉県学校事務　千葉県職員　東庄町役場　鉾田市役所　JAかとり　ﾊﾟｼﾌｨｯｸｺﾞﾙﾌﾏﾈｰｼﾞﾒﾝﾄ　磯野電機

小見川　高等学校

普通科

※昨年度データ　男 70　女 86　計 156

進路種別		男	女	計
４年制大学	国公立	0	0	0
	私立	13	8	21
短期大学	国公立	0	0	0
	私立	0	6	6
専門学校		33	44	77
就職・自営		21	23	44
その他（未定）		3	5	8

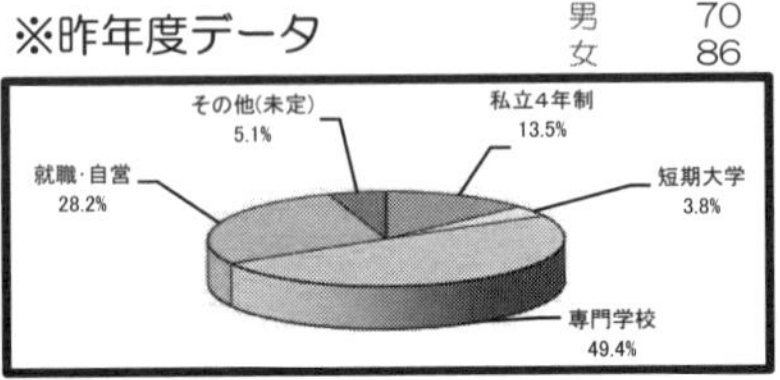

指定校推薦のある大学・学部
千葉経済大
千葉科学大
他

進学実績
- ●４年制大学　立命館大1　千葉商科大2　東京情報大2　千葉経済大2　敬愛大2　千葉科学大5　他
- ●短期大学　千葉敬愛短大　植草学園短大　他
- ●専門学校　旭中央病院附属看護　国際理工ｶﾚｯｼﾞ　千葉ﾃﾞｻﾞｲﾅｰ学院　宮本看護　他

就職実績　日本製鉄　AGC　三菱ｹﾐｶﾙ　成田ｴｱｶｰｺﾞｻｰﾋﾞｽ　他

部活動　ｶﾇｰ部(全国総合体育大会入賞)　ﾎﾞｰﾄ部(全国総合体育大会出場)　陸上競技部(関東新人大会入賞)

多古　高等学校

普通科
園芸科

令和５年３月卒業生　男 44　女 21　計 65

進路種別		男	女	計
４年制大学	国公立	0	0	0
	私立	7	4	11
短期大学	国公立	0	0	0
	私立	1	0	1
専門学校		11	2	13
就職・自営		20	14	34
その他（未定）		5	1	6

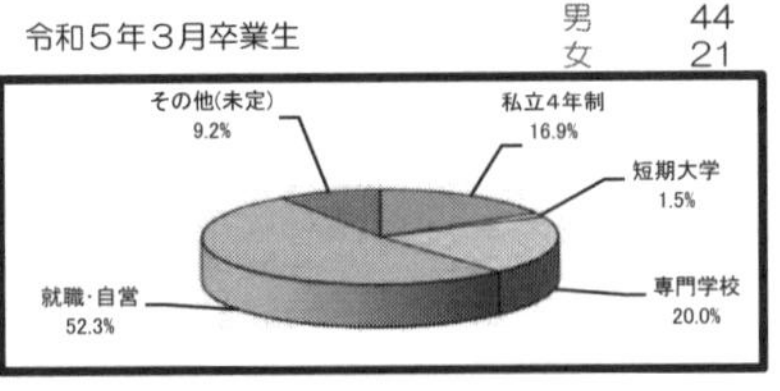

指定校推薦のある大学・学部	
日本大	生産工
東京農業大	生物産業
千葉工業大	工・先進工
千葉工業大	社会ｼｽﾃﾑ科学
千葉商科大	商経・人間社会
千葉商科大	ｻｰﾋﾞｽ創造
淑徳大	総合福祉・教育
淑徳大	ｺﾐｭﾆﾃｨ政策・経営
東京情報大	総合情報・看護
千葉経済大	経済
和洋女子大	人文・国際・家政
敬愛大	全学部
清和大	法
城西国際大	福祉総合・観光
城西国際大	経営情報・ﾒﾃﾞｨｱ
城西国際大	国際人文
他	

進学実績
- ●４年制大学　千葉工業大1　淑徳大1　和洋女子大1　敬愛大1　清和大1城西国際大3　女子美術大1　国際武道大1　大阪芸術大1
- ●短期大学　千葉敬愛短大
- ●専門学校　県立農業大学校　ｼﾞｪｲﾍｱﾒｲｸ美容　国際理工ｶﾚｯｼﾞ　ちば愛犬動物ﾌﾗﾜｰ　千葉ﾘｿﾞｰﾄ&ｽﾎﾟｰﾂ　成田航空ﾋﾞｼﾞﾈｽ　千葉調理師　日本外国語

就職実績　自衛隊　富里市消防本部　銚子信用金庫　NAAﾌｧｼﾘﾃｨｰｽﾞ　ｺｸﾖ　ｽｽﾞｷ納整ｾﾝﾀｰ　PGM総成ｺﾞﾙﾌｸﾗﾌﾞ　他

部活動　野球部(R4年度県大会ﾍﾞｽﾄ16、R3年度秋季県大会ﾍﾞｽﾄ16)

県立　５学区

銚子　高等学校

普通科　　令和５年３月卒業生　　男 59　女 101　計 160

進路種別		男	女	計
４年制大学	国公立	0	1	1
	私立	47	56	103
短期大学	国公立	0	0	0
	私立	2	11	13
専門学校		7	18	25
就職・自営		3	12	15
その他（未定）		0	3	3

就職・自営 9.4%
その他(未定) 1.9%
国公立4年制 0.6%
専門学校 15.6%
短期大学 8.1%
私立4年制 64.4%

指定校推薦のある大学・学部	
日本大	法
東邦大	理
女子栄養大	栄養
千葉工業大	先進工
武蔵野大	文・法・経済

進学実績
- ●４年制大学　県立保健医療大1　武蔵大1　獨協大2　日本大3　東洋大5　専修大2　駒澤大1　東京農業大1　順天堂大1　昭和女子大1　国際医療福祉大7　神田外語大5　文教大2　他
- ●短期大学　昭和学院短大　千葉敬愛短大　千葉経済大短大部　駒沢女子短大　他
- ●専門学校　旭中央病院附属看護　日本医科大看護

就職実績　千葉労働局　神栖市役所　銚子市役所　東京都中央区役所　銚子商工信用組合　東洋合成工業

部活動　弓道部(R4年度全国総体ﾍﾞｽﾄ16)　水泳部(R4年度関東大会出場)　写真部(R5年度全国総合文化祭写真部門県代表選出)

銚子商業　高等学校

商業科　海洋科　情報処理科　　令和５年３月卒業生　　男 124　女 109　計 233

進路種別		男	女	計
４年制大学	国公立	0	0	0
	私立	24	17	41
短期大学	国公立	1	0	1
	私立	0	8	8
専門学校		49	46	95
就職・自営		47	38	85
その他（未定）		3	0	3

その他(未定) 1.3%
私立4年制 17.6%
就職・自営 36.5%
短期大学 3.9%
専門学校 40.8%

指定校推薦のある大学・学部	
中央大	商
武蔵大	経済
日本大	商
専修大	ﾈｯﾄﾜｰｸ情報
千葉商科大	商経
千葉経済大	経済
駒澤大	
他	

進学実績
- ●４年制大学　中央大1　武蔵大1　順天堂大2　日本大2　専修大1　駒澤大1　東京農業大1　東京家政大1　立正大1　千葉商科大3　淑徳大4　千葉経済大2　中央学院大2　流通経済大3　和光大1　日本体育大1　他
- ●短期大学　千葉敬愛短大　上智大短大部　千葉経済大短大部　昭和学院短大　植草学園短大　千葉職業能力開発短大校
- ●専門学校　国際理工ｶﾚｯｼﾞ　旭中央病院附属看護　北原学院千葉歯科衛生　旭高等技術

就職実績　防衛省　千葉県職員　ﾔﾏｻ醤油　銚子市漁業協同組合　銚子信用金庫　東洋合成工業　宝醤油　AGC　AGCｸﾞﾗｽﾌﾟﾛﾀﾞｸﾂ　信越化学工業　高木商店　筑波銀行　山崎製ﾊﾟﾝ　JAちばみどり　ﾄﾖﾀｶﾛｰﾗ千葉　他

部活動　男子水泳部(R4年度ｲﾝﾀｰﾊｲ50m自由形4位)　野球部(R4年度関東大会出場、R4年度県春季大会準優勝)　体操部(R4年度関東大会出場)　弓道部(R3年度全国選抜大会出場、R3年度県新人大会優勝)　他

旭農業　高等学校

畜産科　食品科学科　園芸科　　※昨年度データ　　男 56　女 72　計 128

進路種別		男	女	計
４年制大学	国公立	0	0	0
	私立	5	2	7
短期大学	国公立	0	0	0
	私立	0	2	2
専門学校		15	17	32
就職・自営		32	48	80
その他（未定）		4	3	7

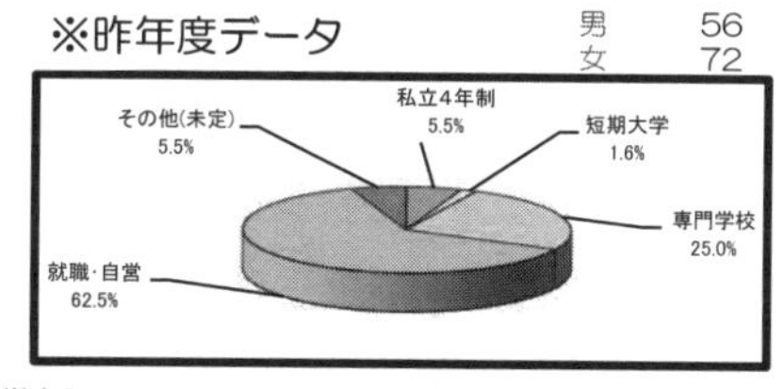

進学実績
- ●４年制大学　東京農業大2　植草学園大1　城西国際大2　千葉科学大2
- ●短期大学　昭和学院短大　千葉敬愛短大
- ●専門学校　ちば愛犬動物ﾌﾗﾜｰ　宮本看護　東京動物　武蔵野ﾌｧｯｼｮﾝｶﾚｯｼﾞ　千葉調理師　船橋情報ﾋﾞｼﾞﾈｽ　国際理工ｶﾚｯｼﾞ　大原簿記公務員　ﾊﾟﾘ総合美容　千葉ﾋﾞｭｰﾃｨｰ&ﾌﾞﾗｲﾀﾞﾙ　つくば国際ﾍﾟｯﾄ　千葉医療秘書　他

就職実績　ｶﾅﾔ食品　東風荘　向後ｽﾀｰﾁ　高圧化工　伊藤鳶興業　JAちばみどり　朋和産業　香取ﾍﾞﾝﾀﾞｰﾃｸﾆｶﾙ　ﾛｻﾞﾘｵの聖母会　ﾊﾋﾟﾈｽ　鎌倉商店　ｱｻｼｮｳ　村瀬硝子　朝日ｱｸﾞﾘｱ　郡建設　やすらぎ園　ｺﾒﾘ　ﾀｲﾍｲ　石田　ｶｾｲ食品　ｽｽﾞｷ納整ｾﾝﾀｰ　ﾃﾞﾝｶﾎﾟﾘﾏｰ　日本ｵｰﾁｽ・ｴﾚﾍﾞｰﾀ　ﾔﾏﾄ運輸　古谷乳業　ﾊｰﾊﾞｰｺｽﾒﾃｨｸｽ　龍角散　芳源ﾏｯｼｭﾙｰﾑ　JAかとり　水都苑　中島硝子　中立電機　ﾔﾏｻORM　宝醤油　成田空港警備　鳥丈　秀工業　ｻﾝﾖｰｴｱｻｰﾋﾞｽ　ﾌｼﾞﾊﾟﾝ　ﾌｼﾞﾊﾟﾝｽﾄｱｰ　楠原輸送　他

部活動　卓球部

東総工業　高等学校

電子機械科　情報技術科　電気科　建設科

進路種別		男	女	計
４年制大学	国公立			
	私立			
短期大学	国公立			
	私立			
専門学校				
就職・自営				
その他（未定）				

データ提供なし

県立 5学区

匝瑳 高等学校

普通科
理数科

令和5年3月卒業生　男 91　女 120　計 211

進路種別		男	女	計
4年制大学	国公立	2	7	9
	私立	67	83	150
短期大学	国公立	0	0	0
	私立	1	5	6
専門学校		14	18	32
就職·自営		3	5	8
その他（未定）		4	2	6

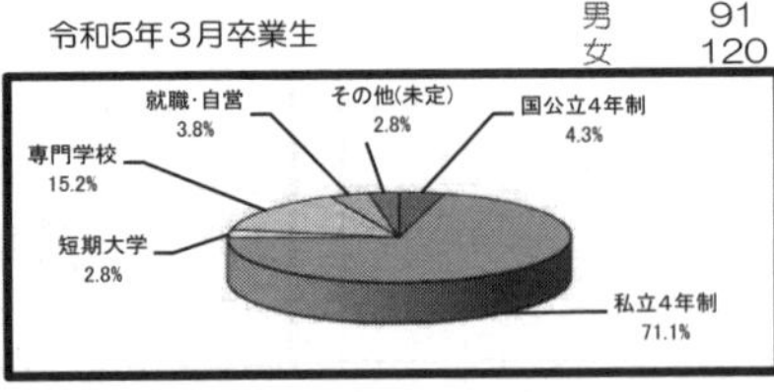

指定校推薦のある大学・学部	
東京理科大	工·創域理工
青山学院大	文·法
学習院大	文·経済
中央大	法·経済·商
中央大	理工·文
法政大	文·デザイン工
法政大	経済·生命科学
芝浦工業大	工·デザイン工
芝浦工業大	システム理工
関西学院大	文·法
津田塾大	学芸
獨協大	外国語·経済
東洋大	国際·生命科学
日本大	文理·理工
日本大	法·薬
東邦大	薬·理
他	

進学実績
●４年制大学　北海道大1　東京都立大1　宇都宮大1　茨城大1　県立保健医療大3　早稲田大1　学習院大2
青山学院大2　中央大4　法政大2　立教大1　明治学院大2　獨協大5　日本大9　千葉工業大6
神田外語大4　国際医療福祉大11　淑徳大8　他

就職実績　外務省　千葉県職員　警視庁事務

部活動　美術部（全国総合文化祭3年連続出品）　陸上競技部（関東大会出場）
弓道部（県大会2位）

県立　6学区

松尾　高等学校

普通科

進路種別		男	女	計
４年制大学	国公立			
	私立			
短期大学	国公立			
	私立			
専門学校				
就職･自営				
その他（未定）				

データ提供なし

成東　高等学校

普通科
理数科

令和５年３月卒業生　男 139　女 127　計 266

進路種別		男	女	計
４年制大学	国公立	22	19	41
	私立	99	94	193
短期大学	国公立	0	0	0
	私立	2	3	5
専門学校		2	7	9
就職･自営		0	0	0
その他（未定）		14	4	18

専門学校 3.4%　その他(未定) 6.8%　国公立４年制 15.4%　短期大学 1.9%　私立４年制 72.6%

進学実績
- ●４年制大学　東京外国語大1　筑波大1　千葉大16　奈良女子大1　埼玉大1　信州大1　宇都宮大1　茨城大7　慶応大1　早稲田大3　東京理科大4　明治大6　青山学院大6　立教大2　中央大6　法政大8　成蹊大3　北里大2　東邦大13　千葉工業大13　他
- ●短期大学　日本大短大部　千葉職業能力開発短大校
- ●専門学校　北原学院千葉歯科衛生　藤ﾘﾊﾋﾞﾘﾃｰｼｮﾝ学院　東洋理容美容　代々木ｱﾆﾒｰｼｮﾝ学院　日本工学院　東京山手調理師　国際理工ｶﾚｯｼﾞ

部活動　陸上競技部(ｲﾝﾀｰﾊｲ･関東大会出場)　ﾎｯｹｰ部･山岳部･空手道部(関東大会出場)　卓球部(県大会ﾍﾞｽﾄ8)

指定校推薦のある大学・学部	
東京理科大	理･先進工
東京理科大	創域理工
明治大	政治経済･理工
青山学院大	文･理工
中央大	法･経済･商･理工
法政大	法
学習院大	文･法･経済･理
芝浦工業大	ｼｽﾃﾑ理工
芝浦工業大	ﾃﾞｻﾞｲﾝ工･工
国学院大	法
獨協大	外国語･法
北里大	薬
日本大	法･生産工
日本大	経済･理工･薬
駒澤大	文
東邦大	薬･理
他	

東金　高等学校

普通科
国際教養科

令和5年３月卒業生　男 93　女 100　計 193

進路種別		男	女	計
４年制大学	国公立	1	2	3
	私立	58	64	122
短期大学	国公立	0	0	0
	私立	0	4	4
専門学校		12	22	34
就職･自営		10	6	16
その他（未定）		12	2	14

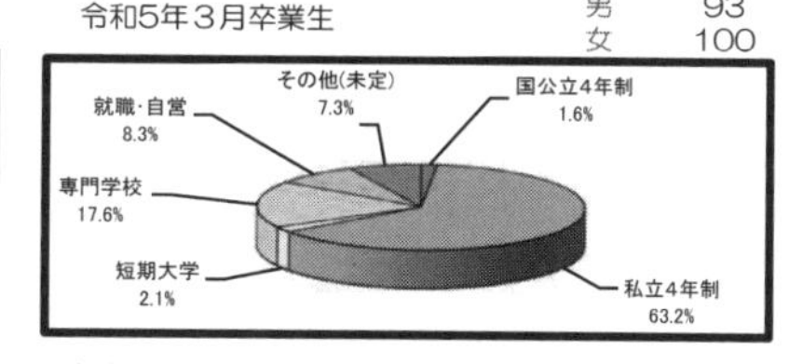

進学実績
- ●４年制大学　県立保健医療大3　学習院大1　法政大2　津田塾大1　成城大1　明治学院大1　武蔵大1　獨協大2　日本大7　東洋大4　駒澤大3　専修大1　順天堂大1　千葉工業大4　神田外語大9　武蔵野大4　立正大5　国際医療福祉大3　淑徳大9　城西国際大9　他
- ●短期大学　千葉経済大短大部　実践女子大短大部　戸板女子短大
- ●専門学校　旭中央病院附属看護　青葉看護　亀田医療技術　昭和大医学部附属看護

就職実績　自衛隊　千葉県職員　千葉県市町村立学校事務職員　千葉県警　東金市役所　山武市役所　八街市役所　山武郡市消防本部　印旛郡市消防

部活動　新体操部(R4年度全国大会出場)　箏曲部･美術部(R3年度全国大会出場)　野球部･ﾊﾞｽｹｯﾄﾎﾞｰﾙ部･ｿﾌﾄﾎﾞｰﾙ部･卓球部･空手道部･剣道部･ｻｯｶｰ部･陸上競技部(R4年度県大会出場)　他

指定校推薦のある大学・学部	
学習院大	文
法政大	法
明治学院大	文
武蔵大	人文
獨協大	外国語･法
日本大	経済･生産工
東洋大	経済･法
専修大	経済
神田外語大	外国語
立正大	文･法
他	

東金商業　高等学校

商業科
情報処理科

令和５年３月卒業生　男 69　女 87　計 156

進路種別		男	女	計
４年制大学	国公立	0	0	0
	私立	22	21	43
短期大学	国公立	0	0	0
	私立	0	10	10
専門学校		29	31	60
就職･自営		17	22	39
その他（未定）		1	3	4

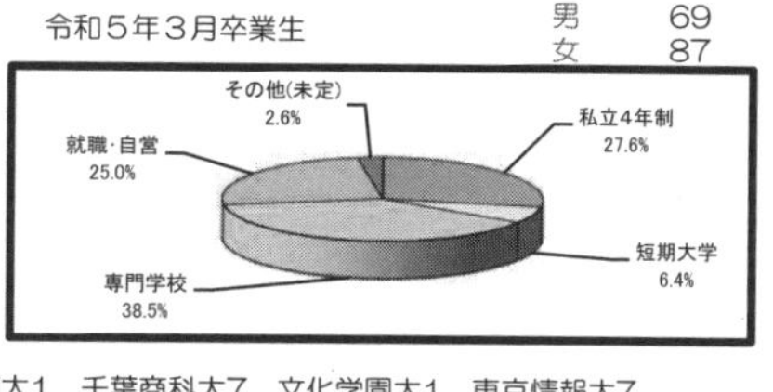

進学実績
- ●４年制大学　東洋大2　日本大3　東京経済大1　武蔵野大1　拓殖大1　千葉商科大7　文化学園大1　東京情報大7　千葉経済大2　流通経済大2　敬愛大1　東京聖栄大1　和洋女子大1　城西国際大6　聖徳大1　了徳寺大2
- ●短期大学　千葉経済大短大部　昭和学院短大　東京立正短大
- ●専門学校　旭中央病院附属看護　北原学院千葉歯科衛生　千葉調理師　国際医療福祉　東京柔道整復　ｼﾞｪｲﾍｱﾒｲｸ美容　東洋理容美容　ﾊｯﾋﾟｰ製菓調理　船橋情報ﾋﾞｼﾞﾈｽ　大原医療保育福祉　大原簿記公務員　東京IT会計公務員　他

就職実績　陸上自衛隊　千葉県警　千葉県市町村立学校事務　JA山武郡市　日本郵便　航空保安事業ｾﾝﾀｰ　成田空港警備　富士ﾃｸﾆｶﾙｺｰﾎﾟﾚｰｼｮﾝ　ENEOSﾃｸﾉﾏﾃﾘｱﾙ　TOTOﾊﾞｽｸﾘｴｲﾄ　千葉製粉　関電工　ﾀﾞｲﾊﾂ千葉販売　日清紡ｹﾐｶﾙ　他

部活動　陸上競技部(関東大会5000m競歩出場)　簿記部(全国大会個人の部出場)　情報処理部(全国商業高校ﾌﾟﾛｸﾞﾗﾐﾝｸﾞｺﾝﾃｽﾄ優良賞、全国大会個人の部出場)

指定校推薦のある大学・学部	
東洋大	経営
日本大	商
千葉工業大	社会ｼｽﾃﾑ科学
武蔵野大	経営
国士舘大	経営
拓殖大	商･国際･工
千葉商科大	商経･人間社会
千葉商科大	ｻｰﾋﾞｽ創造
東京電機大	理工
淑徳大	総合福祉･教育
淑徳大	経営･看護栄養
淑徳大	ｺﾐｭﾆﾃｨ政策
東京情報大	総合情報･看護
千葉経済大	経済
了徳寺大	健康科学
和洋女子大	人文･家政･国際
他	

県立　6学区

大網　高等学校

普通科　食品科学科
農業科　生物工学科

※昨年度データ

男　79
女　103
計　182

進路種別		男	女	計
４年制大学	国公立	0	0	0
	私立	11	12	23
短期大学	国公立	0	0	0
	私立	1	8	9
専門学校		25	31	56
就職･自営		39	44	83
その他（未定）		3	8	11

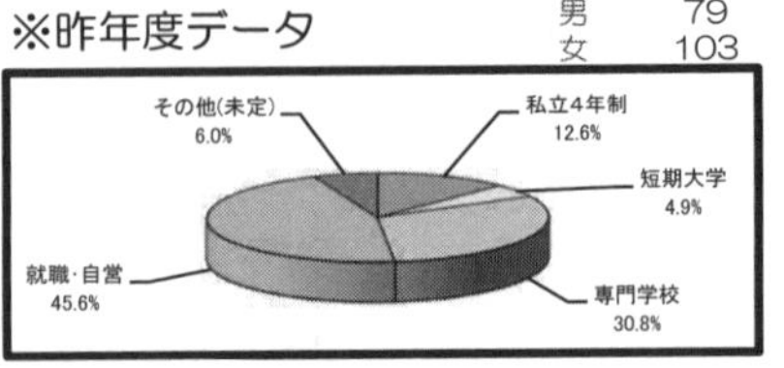

進学実績
●４年制大学　東京農業大3　千葉商科大1　千葉経済大2　敬愛大1　城西国際大1　千葉科学大1　他
●短期大学　千葉経済大短大部　千葉明徳短大　昭和学院短大　愛国学園短大
●専門学校　県立農業大学校　国際理工ｶﾚｯｼﾞ　千葉調理師　ちば愛犬動物ﾌﾗﾜｰ　東京動物　ﾊｯﾋﾟｰ製菓調理　東京ﾊﾞｲｵﾃｸﾉﾛｼﾞｰ　大原簿記

就職実績　自衛隊　山崎製ﾊﾟﾝ　ﾌｼﾞｯｺ　食研　丸山製作所　ﾒｶﾞﾃｯｸ　千葉北部酪農農業協同組合　TOTOﾊｲﾘﾋﾞﾝｸﾞ　ｺﾒﾘ　ﾓﾛｿﾞﾌ　他

九十九里　高等学校

普通科

令和5年３月卒業生

男　28
女　14
計　42

進路種別		男	女	計
４年制大学	国公立	0	0	0
	私立	4	1	5
短期大学	国公立	0	0	0
	私立	0	3	3
専門学校		7	2	9
就職･自営		17	7	24
その他（未定）		0	1	1

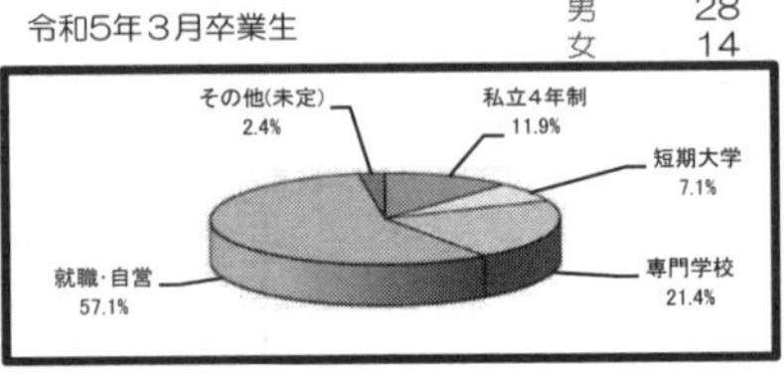

指定校推薦のある大学・学部
淑徳大
千葉経済大
和洋女子大
植草学園大
城西国際大
他

進学実績
●４年制大学　日本大1　千葉工業大1　淑徳大1　東京情報大1　植草学園大1
●短期大学　千葉敬愛短大　植草学園短大　千葉職業能力開発短大校
●専門学校　大原簿記公務員　ﾃﾞｼﾞﾀﾙｱｰﾂ東京　ちば愛犬動物ﾌﾗﾜｰ　千葉ﾃﾞｻﾞｲﾅｰ学院　旭高等技術　他

就職実績　東金整形外科　ﾔﾏﾄ運輸　JA山武郡市　ENEOSﾃｸﾉﾏﾃﾘｱﾙ　吉田屋　高春堂　丸山製作所　ﾊﾟﾙｼｽﾃﾑ･ｲｰｽﾄ　ﾌｼﾞﾜｰｸ　ｶｾｲ食品　餅工房　ﾄﾗｽﾄｼｯﾌﾟ　ｱﾄﾞﾚｽ･ｻｰﾋﾞｽ　京葉製鎖　横山香料　浜野ｺﾞﾙﾌｸﾗﾌﾞ　ｵｽﾐｯｸｱｸﾞﾘ千葉　ｼﾞｰ･ｵｰ･ﾋﾟｰ　清輝会　光風荘　芝山苑　他

県立　7学区

長生　高等学校

普通科
理数科

令和5年３月卒業生　男 153　女 120　計 273

進路種別		男	女	計
４年制大学	国公立	26	30	56
	私立	92	77	169
短期大学	国公立	0	0	0
	私立	0	0	0
専門学校		0	0	0
就職･自営		0	1	1
その他（未定）		35	12	47

その他(未定) 17.2%
国公立４年制 20.5%
就職・自営 0.4%
私立４年制 61.9%

指定校推薦のある大学・学部	
東京都立大	健康福祉
慶応大	理工
早稲田大	法･人間科学
早稲田大	基幹理工
早稲田大	創造理工
早稲田大	先進理工
東京理科大	創域理工
明治大	政治経済
立教大	現代心理
立教大	文･経営

進学実績
●４年制大学　東京大1　東京工業大1　大阪大1　東北大3　東京医科歯科大1　お茶の水女子大3　筑波大1　横浜国立大1　千葉大23　東京都立大2　新潟大1　東京海洋大1　慶応大2　早稲田大11　上智大3　明治大17　青山学院大2　立教大7　中央大10　法政大12　他

就職実績　千葉県警

部活動　弓道部(全国大会個人出場)　陸上競技部(関東大会個人出場)

茂原　高等学校

普通科

令和5年３月卒業生　男 80　女 117　計 197

進路種別		男	女	計
４年制大学	国公立	2	3	5
	私立	52	64	116
短期大学	国公立	0	0	0
	私立	1	13	14
専門学校		9	22	31
就職･自営		6	13	19
その他（未定）		10	2	12

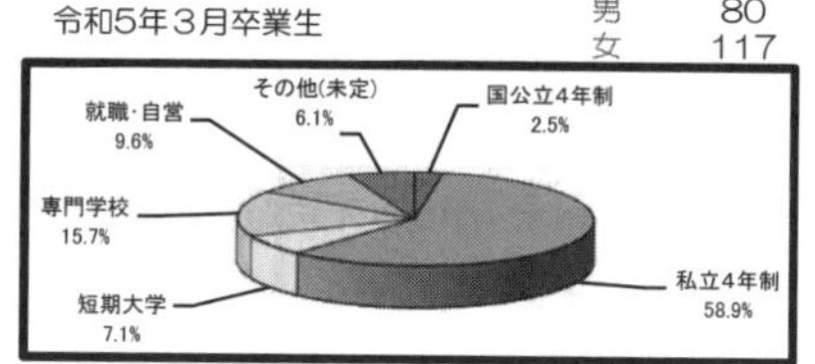

指定校推薦のある大学・学部	
日本大	文理･法
日本大	生産工
東洋大	社会･文
東洋大	生命科学
東邦大	理
東京電機大	全学部
他	

進学実績
●４年制大学　信州大1　茨城大1　青森公立大1　県立保健医療大2　青山学院大1　明治大1　中央大1　明治学院大2　国学院大1　日本大6　東洋大2　専修大2　順天堂大3　東邦大6　千葉工業大10　二松学舎大1　神田外語大4　大妻女子大1　国際医療福祉大3　和洋女子大1　他
●短期大学　植草学園短大　千葉敬愛短大　千葉経済大短大部　他
●専門学校　旭中央病院附属看護　亀田医療技術　鶴舞看護　千葉労災看護　他

就職実績　税務職員　入国警備官　東京都職員　警視庁　他
部活動　射撃部(全国総体･関東選抜大会出場)　男子陸上競技部(関東大会ﾊﾝﾏｰ投げ出場)
ﾏﾝﾄﾞﾘﾝ部･美術部(全国総合文化祭出場)

茂原樟陽　高等学校

農業科　土木造園科　電気科
食品科学科　電子機械科　環境化学科

進路種別		男	女	計
４年制大学	国公立			
	私立			
短期大学	国公立			
	私立			
専門学校				
就職･自営				
その他（未定）				

データ提供なし

一宮商業　高等学校

商業科
情報処理科

進路種別		男	女	計
４年制大学	国公立			
	私立			
短期大学	国公立			
	私立			
専門学校				
就職･自営				
その他（未定）				

データ提供なし

県立 7学区

大多喜 高等学校

普通科

進路種別		男	女	計
４年制大学	国公立			
	私立			
短期大学	国公立			
	私立			
専門学校				
就職･自営				
その他（未定）				

データ提供なし

大原 高等学校

総合学科

令和5年3月卒業生　男 55　女 67　計 122

進路種別		男	女	計
４年制大学	国公立	0	0	0
	私立	5	6	11
短期大学	国公立	0	0	0
	私立	1	4	5
専門学校		18	25	43
就職･自営		30	28	58
その他（未定）		1	4	5

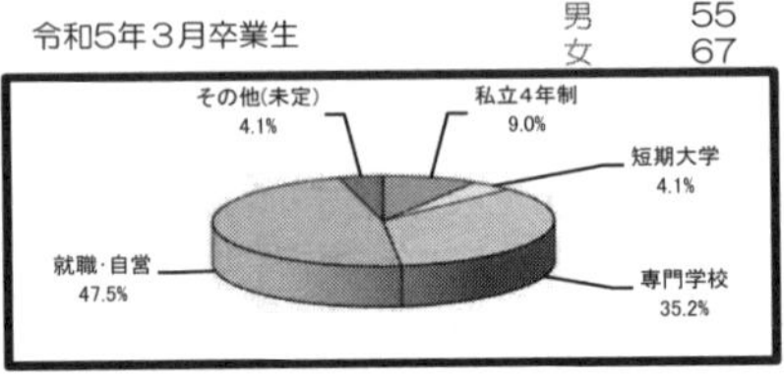

指定校推薦のある大学・学部	
東京農業大	生物産業
千葉工業大	工
千葉工業大	社会ｼｽﾃﾑ科学
千葉商科大	商経
淑徳大	総合福祉･経営
淑徳大	ｺﾐｭﾆﾃｨ政策
淑徳大	看護栄養･人文
千葉経済大	経済
植草学園大	発達教育
和洋女子大	国際･人文･家政
敬愛大	経済･国際
城西国際大	ﾒﾃﾞｨｱ･福祉総合
城西国際大	経営情報･観光
城西国際大	国際人文･薬

進学実績

●４年制大学　日本大1　東京情報大1　日本体育大1　敬愛大1　植草学園大2　明海大1　城西国際大1　亀田医療大2　他

●短期大学　千葉経済大短大部　東京経営短大

●専門学校　安房医療福祉　大阪医専　鶴舞看護　東京医薬看護　県自動車大学校　ESPｴﾝﾀﾃｲﾝﾒﾝﾄ東京　千葉情報経理　大原簿記公務員医療情報ﾋﾞｼﾞﾈｽ　国際ﾄﾗﾍﾞﾙ･ﾎﾃﾙ･ﾌﾞﾗｲﾀﾞﾙ　ｼﾞｪｲﾍｱﾒｲｸ美容　ちば愛犬動物ﾌﾗﾜｰ　千葉こども　千葉ﾃﾞｻﾞｲﾅｰ学院　千葉ﾋﾞｭｰﾃｨｰ&ﾌﾞﾗｲﾀﾞﾙ　東京ｱﾆﾒ･声優&eｽﾎﾟｰﾂ　ﾊｯﾋﾟｰ製菓調理　東金高等技術　他

就職実績　自衛隊　亀田総合病院　房総信用組合　塩田病院　塩田記念病院　房総ｶﾝﾄﾘｰｸﾗﾌﾞ　ﾌﾗﾜｰﾃﾞﾝﾀﾙｸﾘﾆｯｸ　ELAN　神保電器　ﾎﾃﾙ三日月　房総ﾌﾟﾗﾝﾄ　東洋ｹﾐｶﾙｴﾝｼﾞﾆｱﾘﾝｸﾞ　ｽﾜﾝ　ﾌｼﾞﾊﾟﾝ　絆技建　酒悦　小川設備　三真　金坂歯科医院　大多喜ｶﾝﾄﾘｰｸﾗﾌﾞ　鋸南町勝山漁業協同組合　勝浦漁業協同組合　ｺｶ･ｺｰﾗﾎﾞﾄﾗｰｽﾞｼﾞｬﾊﾟﾝ　他

県立 8学区

長狭 高等学校

普通科

進路種別		男	女	計
４年制大学	国公立			
	私立			
短期大学	国公立			
	私立			
専門学校				
就職·自営				
その他（未定）				

データ提供なし

安房拓心 高等学校

総合学科

進路種別		男	女	計
４年制大学	国公立			
	私立			
短期大学	国公立			
	私立			
専門学校				
就職·自営				
その他（未定）				

データ提供なし

安房 高等学校

普通科

令和５年３月卒業生　男 126　女 99　計 225

進路種別		男	女	計
４年制大学	国公立	11	9	20
	私立	76	66	142
短期大学	国公立	0	0	0
	私立	1	2	3
専門学校		15	13	28
就職·自営		9	7	16
その他（未定）		14	2	16

就職·自営 7.1%
その他(未定) 7.1%
国公立4年制 8.9%
専門学校 12.4%
短期大学 1.3%
私立４年制 63.1%

指定校推薦のある大学・学部	
早稲田大	人間科学
上智大	法
東京理科大	創域理工·経営
明治大	法·理工
青山学院大	文·法
立教大	文·ｺﾐｭﾆﾃｨ福祉
学習院大	文·経済
中央大	文·法·経済·理工
法政大	文·経済·情報科学
関西学院大	文·法
成城大	経済
明治学院大	文·経済·社会·法
北里大	看護
東邦大	理·薬
日本大	経済·生産工
日本大	法·文理·理工
他	

進学実績
●４年制大学　東北大1　筑波大1　横浜国立大2　千葉大1　東京農工大1　宇都宮大1　富山大1　茨城大5　県立保健医療大1　早稲田大3　上智大1　東京理科大1　明治大1　青山学院大2　立教大1　学習院大1　中央大3　法政大2　明治学院大8　日本大12　他
●短期大学　新渡戸文化短大　女子美術大短大部　東京交通短大
●専門学校　安房医療福祉　亀田医療技術　鶴舞看護　千葉医療福祉　千葉美容　大原簿記公務員　東京IT会計公務員　東洋理容美容　八千代ﾘﾊﾋﾞﾘﾃｰｼｮﾝ学院　TCA東京ECO動物海洋　資生堂美容技術　東京ｽｸｰﾙ·ｵﾌﾞ·ﾋﾞｼﾞﾈｽ　他
就職実績　国家公務員　皇宮護衛官　自衛官　千葉県職員　千葉県警　館山市職員　南房総市役所　鋸南町職員　中村屋　山九
部活動　陸上競技部(全国大会·関東大会出場)　弓道部(東日本大会·関東大会出場)　柔道部·剣道部(関東大会出場)　他

館山総合 高等学校

家政科　工業科　商業科　海洋科

令和５年３月卒業生　男 43　女 46　計 89

進路種別		男	女	計
４年制大学	国公立	0	0	0
	私立	2	2	4
短期大学	国公立	1	0	1
	私立	0	2	2
専門学校		14	22	36
就職·自営		26	19	45
その他（未定）		0	1	1

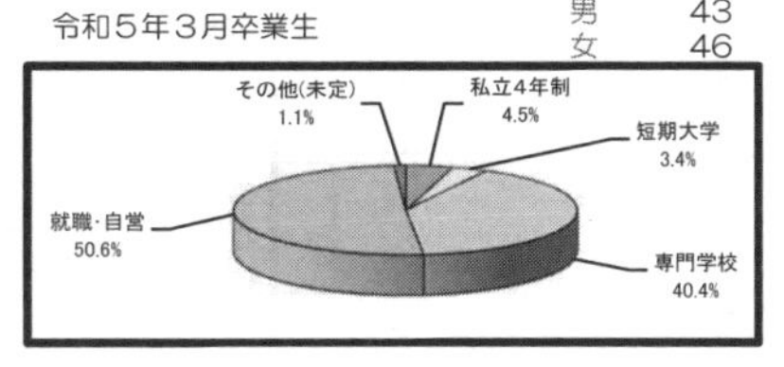

指定校推薦のある大学・学部	
日本大	生産工
専修大	ﾈｯﾄﾜｰｸ情報
女子栄養大	栄養
千葉工業大	工·社会ｼｽﾃﾑ科学
千葉工業大	創造工·先進工
東京電機大	工Ⅱ
神奈川工科大	工·創造工·情報
淑徳大	総合福祉·経営
淑徳大	ｺﾐｭﾆﾃｨ政策·教育
淑徳大	地域創生·人文
千葉商科大	商経·人間社会
東京情報大	総合情報·看護
目白大	人間·外国語
目白大	社会·ﾒﾃﾞｨｱ
帝京科学大	生命環境
日本工業大	基幹工·先進工
他	

進学実績
●４年制大学　明治大1　大正大1　神奈川工科大1　東京情報大1
●短期大学　国立清水海上技術短大校　清和大短大部　創価女子短大
●専門学校　ﾊﾟﾘ総合美容　亀田医療技術　尚美ﾐｭｰｼﾞｯｸｶﾚｯｼﾞ　ｱｲｴｽﾃﾃｨｯｸ　安房医療福祉　国際理工ｶﾚｯｼﾞ　東京IT会計公務員　ESPｴﾝﾀﾃｲﾝﾒﾝﾄ東京　千葉ﾋﾞｭｰﾃｨｰ&ﾌﾞﾗｲﾀﾞﾙ　千葉医療秘書＆IT　ちば愛犬動物ﾌﾗﾜｰ　日本自動車大学校　他
就職実績　東京都職員　千葉県職員　JR東日本ｽﾃｰｼｮﾝｻｰﾋﾞｽ　亀田総合病院　関電工　ﾌｼﾞﾊﾟﾝ　東ﾚ·ﾌｧｲﾝｹﾐｶﾙ　こがね　JFEﾌﾟﾗﾝﾄｴﾝｼﾞ　空港協力事業　NTT東日本-南関東　中村屋　ｴﾋﾞﾊﾗ病院　千葉ｹｲﾃｸﾉ　ﾁﾊﾞｺｰ　ﾊﾔｼﾚﾋﾟｯｸ　ﾃｨｴﾌｹｰ　東電ﾀｳﾝﾌﾟﾗﾝﾆﾝｸﾞ　ｼｮｳﾄｸ　ｹｲ·ﾜｲ·ｺｰﾎﾟﾚｰｼｮﾝ　新日本製袋　東京豊海冷蔵　ﾎｳｽｲ　ｱｲｴｯｸｽ·ﾅﾚｯｼﾞ　他
部活動　書道部(国際高校生選抜書展入選、県書初席書大会千葉日報社賞)　ｶｯﾀｰ部(全国水産·海洋高校ｶｯﾀｰﾚｰｽ競技会8位)　ｲﾝﾀｰｱｸﾄ部(第54回ｲﾝﾀｰｱｸﾄ指導者講習会主催で実施)　他

県立　9学区

君津商業　高等学校

商業科
情報処理科

令和５年３月卒業生　男 134　女 50　計 184

進路種別		男	女	計
４年制大学	国公立	0	0	0
	私立	26	8	34
短期大学	国公立	0	0	0
	私立	0	0	0
専門学校		40	16	56
就職・自営		59	26	85
その他（未定）		9	0	9

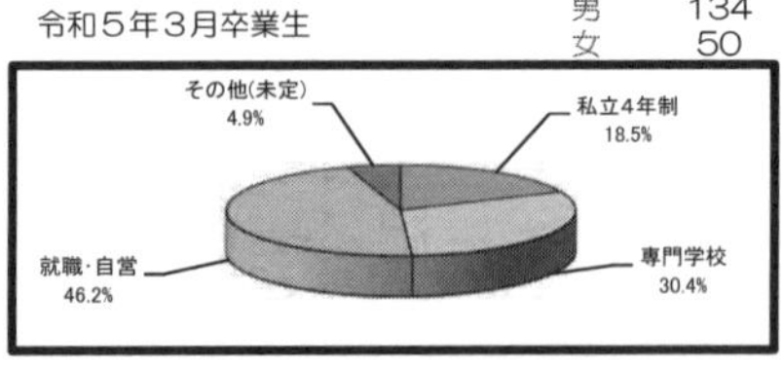

進学実績
●４年制大学　日本大2　専修大1　東京経済大1　立正大1　千葉商科大7　淑徳大2　千葉経済大2　東京情報大2　流通経済大1　敬愛大5　清和大3　ものつくり大2　明海大1　城西国際大3　亀田医療大1
●専門学校　大原簿記公務員　国際理工ｶﾚｯｼﾞ　武蔵野栄養　千葉情報経理　東京IT会計公務員　千葉医療福祉　日本電子　北原学院千葉歯科衛生　君津中央病院附属看護　千葉美容　日本工学院　他

就職実績　航空自衛隊　陸上自衛隊　横浜地方法務局　千葉県警　君津市役所　富津市役所　JAきみつ　丸善石油化学　日本製鉄　古河電気工業　日鉄ﾃｸﾉﾛｼﾞｰ　吉野石膏　荏原ｴﾘｵｯﾄ　ﾚｼﾞﾅｯｸ　山崎製ﾊﾟﾝ　ﾄﾖﾀｶﾛｰﾗ千葉　千葉日産自動車　他

部活動　各種運動部が県大会に出場して活躍している。

指定校推薦のある大学・学部	
日本大	商
専修大	ﾈｯﾄﾜｰｸ情報
東京経済大	経営
神田外語大	外国語
武蔵野大	経営
文教大	情報
立正大	経営
横浜美術大	美術
千葉工業大	
国士舘大	
淑徳大	
千葉商科大	
多摩大	
他	

天羽　高等学校

普通科

※昨年度データ　男 40　女 29　計 69

進路種別		男	女	計
４年制大学	国公立	0	0	0
	私立	0	0	0
短期大学	国公立	0	0	0
	私立	0	2	2
専門学校		13	8	21
就職・自営		23	16	39
その他（未定）		4	3	7

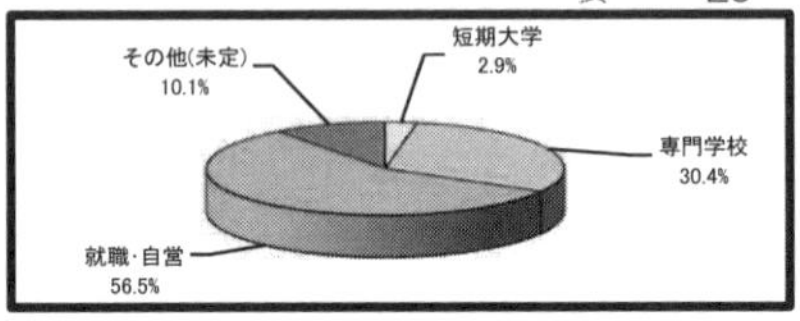

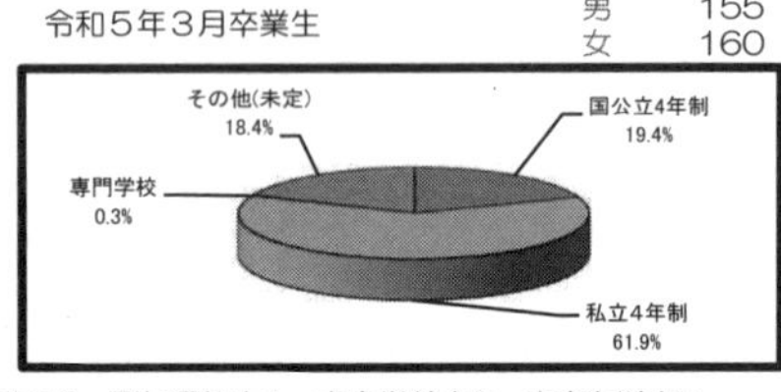

進学実績
●短期大学　清和大短大部
●専門学校　市原高等技術　亀田医療技術　ｱｲｴｽﾃｨｯｸ　大原簿記公務員　木更津看護学院　佐伯栄養　千葉情報経理　千葉ﾋﾞｭｰﾃｨｰ&ﾌﾞﾗｲﾀﾞﾙ　千葉ﾘｿﾞｰﾄ&ｽﾎﾟｰﾂ　中央介護福祉　東洋理容美容　日本工学院　船橋情報ﾋﾞｼﾞﾈｽ
就職実績　山九　日鉄環境　日鉄ﾃｸﾉﾛｼﾞｰ　出光ﾌﾟﾗﾝﾃｯｸ千葉　ｵｱｼｽｸﾞﾙｰﾌﾟ　大佐和自動車教習所　君津ﾓｰﾀｰｽｸｰﾙ　三甲　君津山の手病院　協同建設　京葉鐵鋼埠頭　監物電設　ｻｶｲ引越ｾﾝﾀｰ　佐川急便　ｻﾞ・ｶﾝﾄﾘｰｸﾗﾌﾞ・ｼﾞｬﾊﾟﾝ　日鉄物流君津　ｺﾞｰﾙﾄﾞ木更津ｶﾝﾄﾘｰｸﾗﾌﾞ　ｼｸﾞﾅﾙ　つつじ苑　東急ﾘﾈﾝ・ｻﾌﾟﾗｲ　菜の花ｴｯｸﾞ　南総ｶﾝﾄﾘｰｸﾗﾌﾞ　日豊興産　総丘ｶﾝﾄﾘｰ倶楽部　丸三ｽﾌﾟﾘﾝｸﾞ　三島光産　山口医院　山崎製ﾊﾟﾝ　吉川工業　山の手ﾌﾗﾜｰﾋﾙ

部活動　写真部(全国大会・関東大会出品)

指定校推薦のある大学・学部	
東京情報大	総合情報・看護
千葉経済大	経済
秀明大	総合経営
秀明大	英語情報ﾏﾈｼﾞﾒﾝﾄ
秀明大	観光ﾋﾞｼﾞﾈｽ
和洋女子大	人文・家政
清和大	法
城西国際大	福祉総合・観光
城西国際大	経営情報・ﾒﾃﾞｨｱ
城西国際大	国際人文
東京家政学院大	現代生活
東京工芸大	芸術

木更津　高等学校

普通科
理数科

令和５年３月卒業生　男 155　女 160　計 315

進路種別		男	女	計
４年制大学	国公立	33	28	61
	私立	72	123	195
短期大学	国公立	0	0	0
	私立	0	0	0
専門学校		1	0	1
就職・自営		0	0	0
その他（未定）		49	9	58

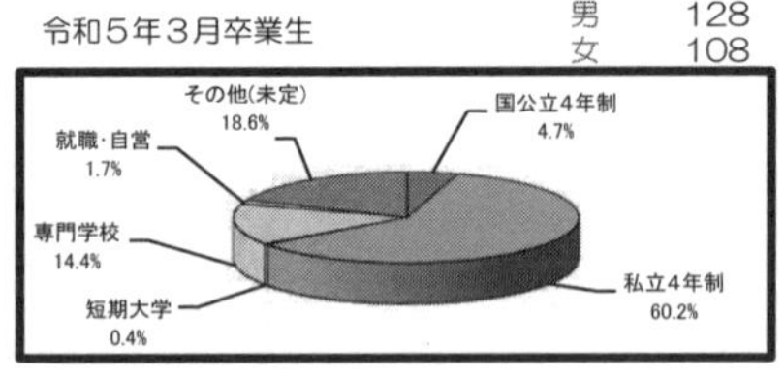

進学実績
●４年制大学　東京大1　大阪大1　東北大1　東京外国語大1　千葉大22　電気通信大1　東京学芸大2　東京海洋大2　信州大5　宇都宮大3　山梨大3　茨城大3　早稲田大7　慶応大2　上智大4　東京理科大2　学習院大3　明治大16　立教大11　中央大6　他
●専門学校　日本電子

部活動　地学部(つくばｻｲｴﾝｽｴｯｼﾞ 3位、第65回日本学生科学賞読売新聞社賞)　女子囲碁部(全国総合文化祭将棋部門個人3位)　水泳部(ｲﾝﾀｰﾊｲ出場)

指定校推薦のある大学・学部	
慶応大	法
東京理科大	理・薬・経営
東京理科大	創域理工
学習院大	法・経済・文・理
明治大	政治経済
青山学院大	文・経営
立教大	法
中央大	理工
法政大	理工・生命科学

君津　高等学校

普通科
園芸科

令和５年３月卒業生　男 128　女 108　計 236

進路種別		男	女	計
４年制大学	国公立	2	9	11
	私立	82	60	142
短期大学	国公立	0	0	0
	私立	0	1	1
専門学校		10	24	34
就職・自営		1	3	4
その他（未定）		33	11	44

進学実績
●４年制大学　千葉大3　岡山大1　信州大1　茨城大1　県立保健医療大4　岩手県立大1　東京理科大3　明治大4　立教大1　学習院大2　中央大1　法政大7　関西学院大1　芝浦工業大1　成城大1　成蹊大1　獨協大2　日本大27　専修大4　駒澤大9　他
●短期大学　千葉経済大短大部
●専門学校　日本健康医療　東京情報ｸﾘｴｲﾀｰ工学院　日本工学院　東京ﾒﾃﾞｨｶﾙ・ｽﾎﾟｰﾂ　文化服装学院　東放学園音響　音響芸術　東洋理容美容　他
就職実績　君津市役所　千葉県庁　他
部活動　書道部(全国総合文化祭出場)　美術部(日学・黒板ｱｰﾄ甲子園日学特別賞)　陸上競技部(関東大会男子5000m競歩6位、関東新人大会女子走幅跳7位)　将棋部(県大会5位)　他

指定校推薦のある大学・学部	
東京理科大	工・先進工
関西学院大	法・教育
芝浦工業大	工・ｼｽﾃﾑ理工
芝浦工業大	ﾃﾞｻﾞｲﾝ工
獨協大	外国語
日本大	理工・生産工
日本大	法・生物資源科学
専修大	法
駒澤大	法
東邦大	理
東京電機大	工・理工
東京電機大	未来科学
東京農業大	応用生物科学
東京農業大	地域環境科学
東京農業大	国際食料情報
東京農業大	生命科学
他	

県立　9学区

木更津東　高等学校

普通科
家政科

進路種別		男	女	計
４年制大学	国公立		1	1
	私立		30	30
短期大学	国公立		0	0
	私立		18	18
専門学校			66	66
就職・自営			31	31
その他（未定）			3	3

令和５年３月卒業生　　女　149　　計 149

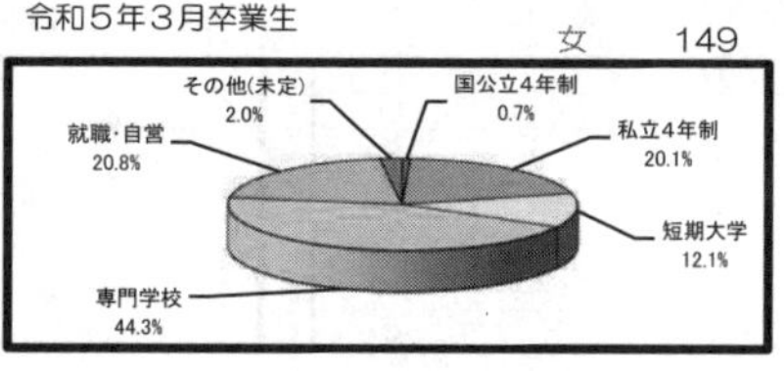

指定校推薦のある大学・学部	
女子栄養大	栄養
大妻女子大	文
実践女子大	文
淑徳大	総合福祉・経営
淑徳大	ｺﾐｭﾆﾃｨ政策・教育
淑徳大	看護栄養・人文
東京情報大	看護・総合情報
和洋女子大	人文・国際・家政
城西国際大	福祉総合・観光
城西国際大	経営情報・ﾒﾃﾞｨｱ
城西国際大	国際人文
亀田医療大	看護
杉野服飾大	服飾
他	

進学実績
●４年制大学　県立保健医療大1　武蔵野美術大1　東京家政大1　神田外語大1　実践女子大1　国際医療福祉大1　帝京平成大1　跡見学園女子大1　千葉商科大1　淑徳大3　文化学園大1　目白大1　東京情報大1　他
●短期大学　千葉敬愛短大　千葉経済大短大部　戸板女子短大　昭和学院短大　植草学園短大　千葉明徳短大　他
●専門学校　安房医療福祉　北原学院千葉歯科衛生　君津中央病院附属看護　千葉労災看護　鶴舞看護　千葉医療福祉　東京医薬看護　八千代ﾘﾊﾋﾞﾘﾃｰｼｮﾝ学院

就職実績　三菱製鋼　東京電力ﾊﾟﾜｰｸﾞﾘｯﾄﾞ　JAきみつ　ｺｽﾓﾍﾟﾄﾛｻｰﾋﾞｽ　ｵﾗﾝﾀﾞ家　亀田総合病院　千葉県酒類販売　ｼﾞｬﾊﾟﾝPGAｺﾞﾙﾌｸﾗﾌﾞ　他

部活動　書道部(房総の児童・生徒100人展選抜)　ｸﾗﾌﾄﾃﾞｻﾞｲﾝ部(ﾎｰﾑｿｰｲﾝｸﾞｺﾝｸｰﾙ佳作賞)
ﾊﾞｽｹｯﾄﾎﾞｰﾙ部・ｿﾌﾄﾃﾆｽ部・陸上競技部・ﾊﾞﾚｰﾎﾞｰﾙ部・卓球部(県大会出場)　他

君津青葉　高等学校

総合学科

進路種別		男	女	計
４年制大学	国公立	0	0	0
	私立	2	1	3
短期大学	国公立	0	0	0
	私立	0	0	0
専門学校		10	8	18
就職・自営		28	32	60
その他（未定）		3	2	5

令和５年３月卒業生　　男　43　女　43　　計　86

その他(未定)
5.8%
私立４年制
3.5%
専門学校
20.9%
就職・自営
69.8%

指定校推薦のある大学・学部	
日本大	生産工
千葉工業大	工
淑徳大	教育・経営
東京情報大	総合情報・看護
和洋女子大	国際
亀田医療大	看護
清和大	法
城西国際大	福祉総合
南九州大	環境園芸
南九州大	健康栄養
他	

進学実績
●４年制大学　帝京平成大1　京都芸術大1　亀田医療大1
●専門学校　千葉医療福祉　ﾊｯﾋﾟｰ製菓調理　東京IT会計公務員　東洋理容美容　君津中央病院附属看護　国際ﾄﾗﾍﾞﾙ・ﾎﾃﾙ・ﾌﾞﾗｲﾀﾞﾙ

就職実績　ﾄﾖﾀｶﾛｰﾗ千葉　ｵｰﾃｯｸ　共栄運輸　三木造園土木　山内工業　芙蓉商事　富分　ﾃｨ・ｴｽ・ｼｰ
部活動　新体操部(関東大会出場)

袖ヶ浦　高等学校

普通科
情報ｺﾐｭﾆｹｰｼｮﾝ科

進路種別		男	女	計
４年制大学	国公立	0	0	0
	私立	72	34	106
短期大学	国公立	0	0	0
	私立	1	14	15
専門学校		38	52	90
就職・自営		25	23	48
その他（未定）		12	4	16

令和５年３月卒業生　　男　148　女　127　　計　275

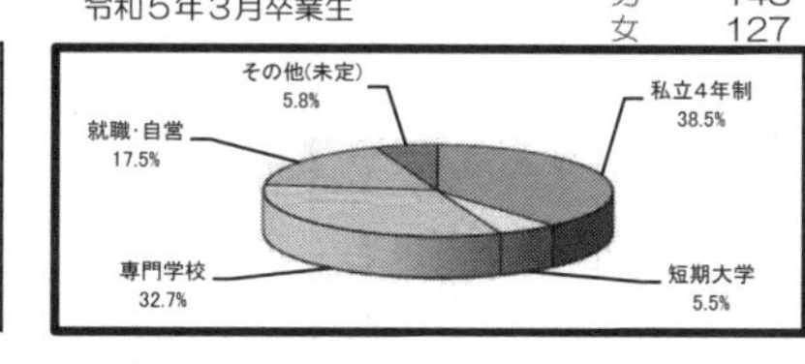

指定校推薦のある大学・学部	
法政大	ｷｬﾘｱﾃﾞｻﾞｲﾝ
東洋大	文
日本大	理工・文理・生産工
専修大	ﾈｯﾄﾜｰｸ情報
東邦大	理
東京電機大	ｼｽﾃﾑﾃﾞｻﾞｲﾝ工
東京電機大	工・理工
二松学舎大	文・国際政治経済
千葉工業大	全学部
共立女子大	文芸
神奈川大	法・経済・理
大妻女子大	文・人間関係
実践女子大	文・生活科学
立正大	文・経済・経営
立正大	ﾃﾞｰﾀｻｲｴﾝｽ・法
立正大	地球環境科学
他	

進学実績
●４年制大学　法政大1　国学院大1　北里大1　東洋大2　日本大7　専修大1　順天堂大2　東邦大6　東京農業大1　学習院女子大1　二松学舎大2　千葉工業大10　共立女子大1　神奈川大2　大妻女子大2　神田外語大6　東海大1　立正大2　帝京大1　関東学院大2　他
●短期大学　千葉敬愛短大　千葉経済大短大部　千葉明徳短大　戸板女子短大　日本大短大部　日本歯科大東京短大　他
●専門学校　東洋公衆衛生学院　東京IT会計公務員　東京電子　北原学院千葉歯科衛生　君津中央病院附属看護　他

就職実績　自衛隊　千葉地方法務局　千葉刑務所　千葉県警　袖ヶ浦市役所　千葉市役所　君津市役所　日本製鉄　他
部活動　新体操部(全国総体団体・個人出場)
書道部(第46回全国総合文化祭特別賞、第38回高円宮杯日本武道館書写書道大展覧会内閣総理大臣賞)　他

市原　高等学校

普通科
園芸科

進路種別		男	女	計
４年制大学	国公立	0	0	0
	私立	5	2	7
短期大学	国公立	0	0	0
	私立	0	2	2
専門学校		3	16	19
就職・自営		30	25	55
その他（未定）		7	6	13

令和５年３月卒業生　　男　45　女　51　　計　96

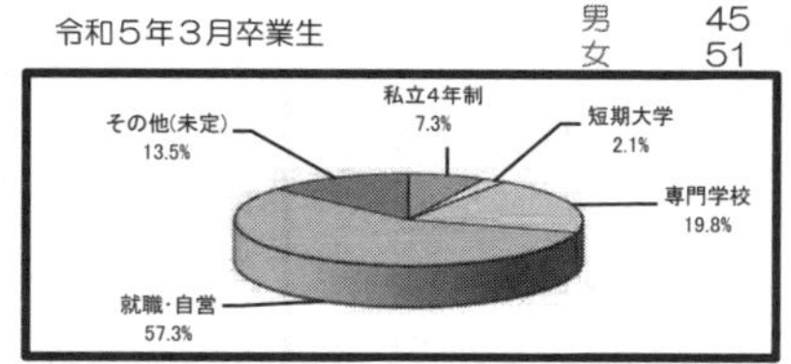

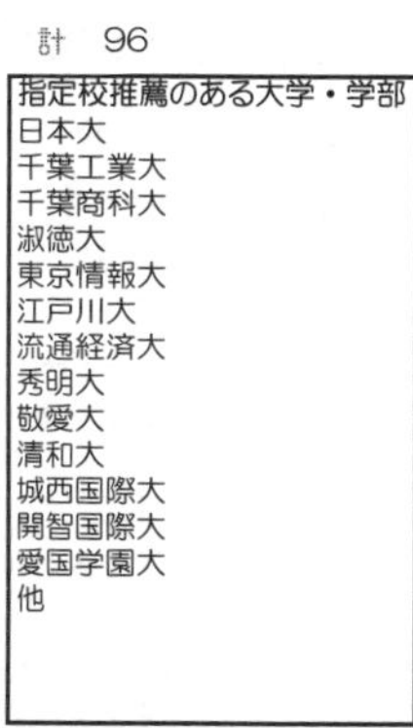
指定校推薦のある大学・学部
日本大
千葉工業大
千葉商科大
淑徳大
東京情報大
江戸川大
流通経済大
秀明大
敬愛大
清和大
城西国際大
開智国際大
愛国学園大
他

進学実績
●４年制大学　千葉工業大1　淑徳大2　東京情報大1　江戸川大1　敬愛大1　他
●短期大学　千葉経済大短大部　清和大短大部
●専門学校　国際ﾄﾗﾍﾞﾙ・ﾎﾃﾙ・ﾌﾞﾗｲﾀﾞﾙ　千葉こども　千葉女子　ｼﾞｪｲﾍｱﾒｲｸ美容　中央工学校　東京ﾃﾞｻﾞｲﾅｰ学院　鶴舞看護　尚美ﾐｭｰｼﾞｯｸｶﾚｯｼﾞ　千葉ﾃﾞｻﾞｲﾅｰ学院　ﾊﾞﾝﾀﾝﾃﾞｻﾞｲﾝ研究所

就職実績　ｺｽﾓ石油　住化ﾛｼﾞｽﾃｨｸｽ　ﾂﾙﾔﾏﾃｸﾉｽ　ｺｶ・ｺｰﾗﾎﾞﾄﾗｰｽﾞｼﾞｬﾊﾟﾝﾍﾞﾝﾃﾞｨﾝｸﾞ　ﾄﾖﾀｶﾛｰﾗ千葉　ｼｸﾞﾅﾙ　酒悦　南総ｶﾝﾄﾘｰｸﾗﾌﾞ　他
部活動　ｺﾞﾙﾌ部

県立　9学区

京葉　高等学校

普通科　令和５年３月卒業生　男 57　女 61　計 118

進路種別		男	女	計
４年制大学	国公立	0	0	0
	私立	23	13	36
短期大学	国公立	0	0	0
	私立	0	5	5
専門学校		19	26	45
就職･自営		12	15	27
その他（未定）		3	2	5

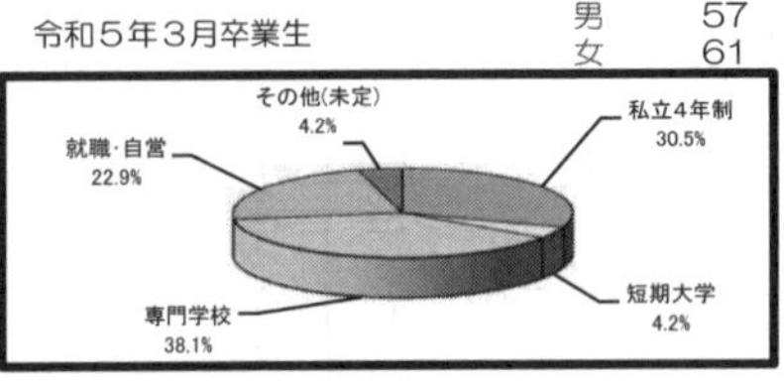

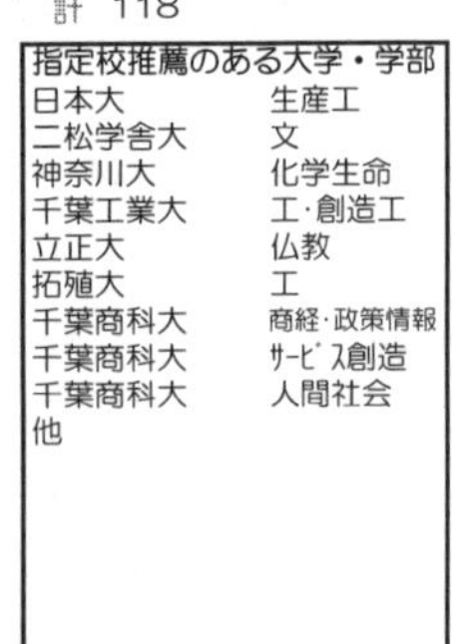

指定校推薦のある大学・学部	
日本大	生産工
二松学舎大	文
神奈川大	化学生命
千葉工業大	工･創造工
立正大	仏教
拓殖大	工
千葉商科大	商経･政策情報
千葉商科大	ｻｰﾋﾞｽ創造
千葉商科大	人間社会
他	

進学実績
- ●４年制大学　日本大6　千葉工業大1　大正大1　淑徳大5　関東学院大1　帝京平成大2　千葉商科大1　東京情報大5　麗澤大1　植草学園大1　和洋女子大3　敬愛大5　城西国際大3　東京保健医療専門職大1
- ●短期大学　千葉敬愛短大　千葉経済大短大部　昭和学院短大　千葉明徳短大
- ●専門学校　亀田医療技術　国際医療福祉　山王看護　千葉医療福祉　鶴舞看護　東京医薬看護　他

就職実績　市原市役所　鎌ケ谷市役所　袖ケ浦市役所　AGC　ﾃﾞﾝｶ　日産ﾌﾟﾘﾝｽ千葉販売　日本製鉄　富士電機　古河電気工業　他

部活動　書道部(第27回全日本ｺﾝｸｰﾙ準大賞)　ｱｰﾁｪﾘｰ部(R3･4年度関東大会出場)　ｻｯｶｰ部(R4年度県大会ﾍﾞｽﾄ16)　男子ﾊﾞｽｹｯﾄﾎﾞｰﾙ部(R3年度県大会ﾍﾞｽﾄ5)　他

市原緑　高等学校

普通科　令和５年３月卒業生　男 45　女 66　計 111

進路種別		男	女	計
４年制大学	国公立	0	0	0
	私立	5	7	12
短期大学	国公立	0	0	0
	私立	1	3	4
専門学校		20	23	43
就職･自営		19	28	47
その他（未定）		0	5	5

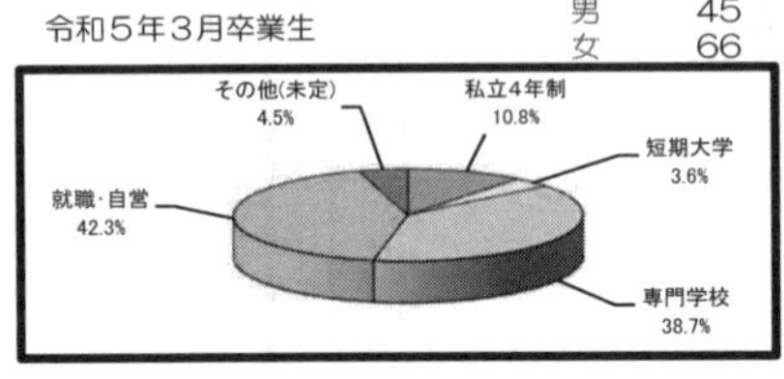

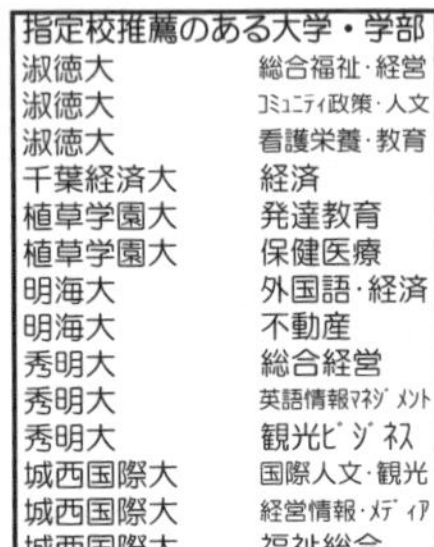

指定校推薦のある大学・学部	
淑徳大	総合福祉･経営
淑徳大	ｺﾐｭﾆﾃｨ政策･人文
淑徳大	看護栄養･教育
千葉経済大	経済
植草学園大	発達教育
植草学園大	保健医療
明海大	外国語･経済
明海大	不動産
秀明大	総合経営
秀明大	英語情報ﾏﾈｼﾞﾒﾝﾄ
秀明大	観光ﾋﾞｼﾞﾈｽ
城西国際大	国際人文･観光
城西国際大	経営情報･ﾒﾃﾞｨｱ
城西国際大	福祉総合

進学実績
- ●４年制大学　日本大1　杏林大1　淑徳大1　千葉経済大3　東京情報大2　和洋女子大1　明海大1　敬愛大1　東京福祉大1
- ●短期大学　千葉敬愛短大　昭和学院短大　帝京大短大　千葉明徳短大
- ●専門学校　君津中央病院附属看護　国際理工ｶﾚｯｼﾞ　千葉調理師　東洋理容美容　千葉情報経理　国際医療福祉　北原学院千葉歯科衛生

就職実績　千葉県警　海上自衛隊　JA市原市　津田屋　ﾔﾏﾀﾞﾃﾞﾝｷ　京葉臨海鉄道　理研電線　せんどう　ｵﾗﾝﾀﾞ家　ﾎﾃﾙ三日月　ﾎﾞｿ　日本板硝子ﾋﾞﾙﾃﾞｨﾝｸﾞﾌﾟﾛﾀﾞｸﾂ　ﾒｶﾞﾃｯｸ　ｺｽﾓﾍﾟﾄﾛｻｰﾋﾞｽ　日本梱包運輸倉庫

部活動　柔道部(R4年度県新人大会個人3位)　ﾊﾞﾄﾞﾐﾝﾄﾝ部･卓球部(R3･4年度県大会出場)

姉崎　高等学校

普通科　令和５年３月卒業生　男 84　女 69　計 153

進路種別		男	女	計
４年制大学	国公立	0	0	0
	私立	23	13	36
短期大学	国公立	0	0	0
	私立	1	9	10
専門学校		28	32	60
就職･自営		31	15	46
その他（未定）		1	0	1

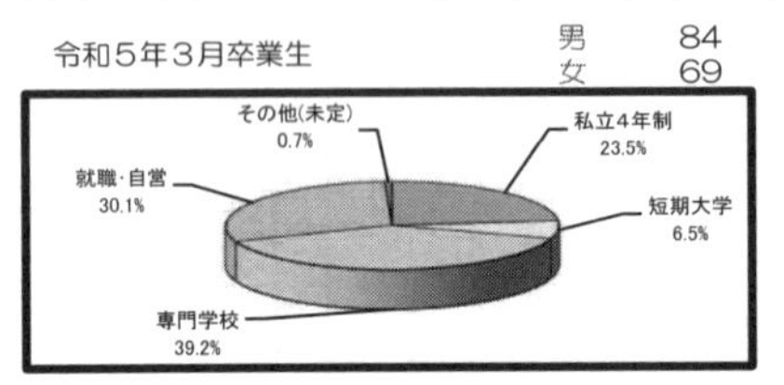

進学実績
- ●４年制大学　東京農業大1　千葉工業大5　国際医療福祉大1　大正大1　淑徳大3　関東学院大1　千葉商科大5　帝京平成大3　東京情報大3　江戸川大2　千葉経済大2　流通経済大1　和洋女子大1　敬愛大3　東都大1　城西国際大2　日本経済大1
- ●短期大学　千葉経済大短大部　千葉敬愛短大　清和大短大部　聖徳大短大部　植草学園短大　東京経営短大
- ●専門学校　千葉労災看護　君津中央病院附属看護　国際医療福祉　山王看護　千葉医療福祉　千葉ﾃﾞｻﾞｲﾅｰ学院　日本芸術　神田外語学院　北原学院千葉歯科衛生　日本工学院　ｼﾞｪｲﾍｱﾒｲｸ美容　八千代ﾘﾊﾋﾞﾘﾃｰｼｮﾝ学院　船橋情報ﾋﾞｼﾞﾈｽ　日本自動車大学校　国際理工ｶﾚｯｼﾞ　大原簿記公務員　東京IT会計公務員　日本健康医療　青山ﾌｧｯｼｮﾝｶﾚｯｼﾞ　他

就職実績　航空自衛隊　千葉県警　木更津市消防本部　日本郵便　JAきみつ　三井化学　住友化学　君津共同火力　ﾚｼﾞﾅｯｸ　そごう･西武　ｲｵﾝﾘﾃｰﾙ　ADEKA　出光ﾌﾟﾗﾝﾃｯｸ千葉　ﾃﾞﾝｶ　NTT東日本-南関東　ﾄｯﾌﾟｽ　東京電力ﾊﾟﾜｰｸﾞﾘｯﾄﾞ　ﾔﾏﾄ運輸　古河電気工業　日鉄環境　ﾋﾛｾ　山陽工業　三島光産　幸亜工業　日鉄ﾃｯｸｽｴﾝｼﾞ　市原うぐいす会　他

市原八幡　高等学校

普通科　令和５年３月卒業生　男 97　女 135　計 232

進路種別		男	女	計
４年制大学	国公立	0	0	0
	私立	44	43	87
短期大学	国公立	0	0	0
	私立	2	24	26
専門学校		34	52	86
就職･自営		11	12	23
その他（未定）		6	4	10

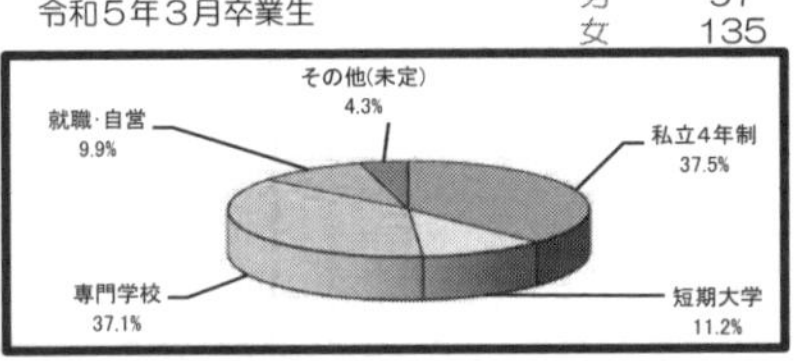

指定校推薦のある大学・学部	
日本大	理工
千葉工業大	工･創造工
立正大	文
東京工科大	工･応用生物
淑徳大	総合福祉
千葉商科大	商経･ｻｰﾋﾞｽ創造
千葉商科大	政策情報･人間社会
麗澤大	外国語
東京情報大	看護
千葉経済大	経済
目白大	外国語･ﾒﾃﾞｨｱ
中央学院大	法
和洋女子大	家政
敬愛大	経済･国際
明海大	外国語･経済
明海大	不動産
他	

進学実績
- ●４年制大学　日本大2　東京電機大1　東邦大1　千葉工業大4　二松学舎大1　神田外語大5　武蔵野大1　立正大7　国士舘大1　東京工科大2　横浜薬科大1　淑徳大7　千葉商科大13　麗澤大4　東京情報大2　千葉経済大4　和洋女子大1　敬愛大5　城西国際大4　千葉科学大1　他
- ●短期大学　日本歯科大東京短大　日本大短大部　昭和学院短大　植草学園短大　千葉敬愛短大　千葉経済大短大部　他
- ●専門学校　大原簿記公務員　船橋情報ﾋﾞｼﾞﾈｽ　東洋理容美容　東京文化美容　国際医療福祉　千葉医療福祉　鶴舞看護　青葉看護　千葉調理師　国際理工ｶﾚｯｼﾞ　八千代ﾘﾊﾋﾞﾘﾃｰｼｮﾝ学院　北原学院千葉歯科衛生　山王看護　神田外語学院　千葉労災看護　大原医療保育福祉　東京ｽﾎﾟｰﾂ･ﾚｸﾘｴｰｼｮﾝ　他

就職実績　防衛省　自衛隊　警視庁　千葉県警　富津市役所　市原市職員　ﾀﾞｲﾊﾂ千葉販売　ｻﾝﾈｯﾄ物流　電洋社　他

部活動　囲碁･将棋部(関東地区大会個人戦ﾍﾞｽﾄ8)　ﾃﾆｽ部(県大会個人ﾍﾞｽﾄ32)　他

市立

市立千葉　高等学校

普通科
理数科

令和５年３月卒業生　男 160　女 155　計 315

進路種別		男	女	計
４年制大学	国公立	52	24	76
	私立	85	120	205
短期大学	国公立	0	0	0
	私立	0	0	0
専門学校		0	0	0
就職・自営		0	0	0
その他（未定）		23	11	34

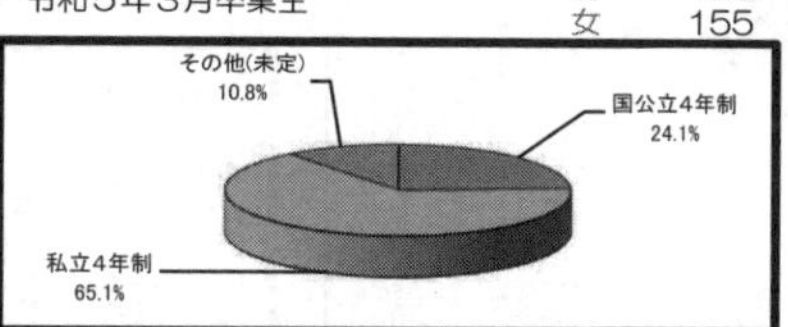

指定校推薦のある大学・学部	
東京都立大	ｼｽﾃﾑﾃﾞｻﾞｲﾝ
早稲田大	法・文化構想
早稲田大	基幹理工
慶応大	理工
上智大	理工
東京理科大	理・薬・先進工
学習院大	法・文・理・経済
明治大	政治経済・理工
明治大	総合数理
立教大	文・法・経済
立教大	現代心理
青山学院大	文・経営
青山学院大	教育人間科学
法政大	法・理工
中央大	理工・経済・商
他	

進学実績
●４年制大学　東京工業大3　東北大1　北海道大2　筑波大3　千葉大41　東京都立大4　信州大4　県立保健医療大3
早稲田大17　慶応大5　上智大8　東京理科大13　学習院大7　明治大20　青山学院大9　中央大10
立教大13　法政大18　日本大13　東洋大5　他

部活動　女子山岳部(IFSCｸﾗｲﾐﾝｸﾞﾕｰｽ世界選手権ﾀﾞﾗｽ2022ｽﾋﾟｰﾄﾞ競技ﾕｰｽA3位)
文学部(R4年度全国総合文化祭出場)　吹奏楽部(R3年度日本管楽合奏ｺﾝﾃｽﾄ全国大会B部門優秀賞)

市立稲毛　高等学校

普通科
国際教養科

令和５年３月卒業生　男 132　女 177　計 309

進路種別		男	女	計
４年制大学	国公立	25	16	41
	私立	83	148	231
短期大学	国公立	0	0	0
	私立	0	1	1
専門学校		0	1	1
就職・自営		0	1	1
その他（未定）※		24	10	34

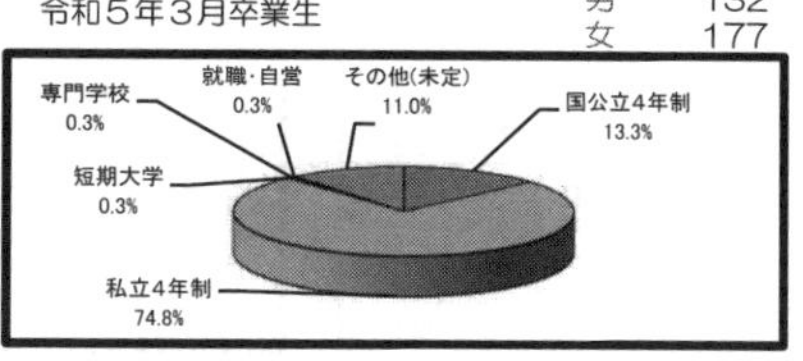

指定校推薦のある大学・学部	
早稲田大	文化構想・法
早稲田大	国際教養・商
国際基督教大	教養
東京理科大	創域理工
東京理科大	先進工・薬
学習院大	全学部
明治大	政治経済・総合数理
明治大	国際日本
青山学院大	教育人間科学
青山学院大	経営・文
青山学院大	総合文化政策
立教大	文・法・経営
立教大	現代心理
立教大	異文化ｺﾐｭﾆｹｰｼｮﾝ
中央大	経済・国際経営
中央大	国際情報・理工
他	

進学実績　※留学女子3名含む
●４年制大学　東京大1　一橋大2　大阪大1　北海道大1　横浜国立大1　東京外国語大2　千葉大22　東京海洋大1
信州大2　徳島大1　富山大1　茨城大1　島根大1　県立保健医療大4　早稲田大13　慶応大5　上智大9
国際基督教大2　東京理科大7　明治大23　立教大22　青山学院大7　学習院大7　他
●短期大学　東京歯科大短大
●専門学校　青葉看護
就職実績　東京国税局
部活動　ﾖｯﾄ部・硬式ﾃﾆｽ部・ﾀﾞﾝｽﾄﾞﾘﾙ部・放送部・ESS部(全国大会出場)
運動系部活動は、ほとんどがﾌﾞﾛｯｸ大会を勝ち抜き、県大会ﾚﾍﾞﾙで活躍している。
文化系部活動を含め部活動数が多く、選択肢が幅広い。

市立習志野　高等学校

普通科
商業科

令和５年３月卒業生　男 153　女 161　計 314

進路種別		男	女	計
４年制大学	国公立	0	1	1
	私立	136	112	248
短期大学	国公立	0	0	0
	私立	1	5	6
専門学校		5	35	40
就職・自営		4	5	9
その他（未定）		7	3	10

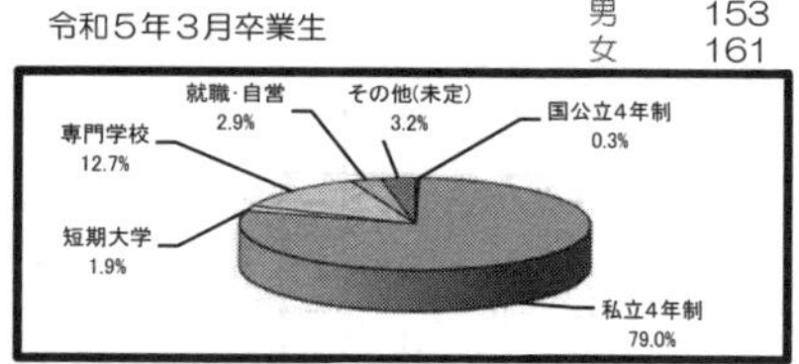

指定校推薦のある大学・学部	
学習院大	法
明治学院大	社会
武蔵大	経済
東洋大	文・法・社会
東洋大	生命科学
日本大	法・経済・商
日本大	文理・生産工
駒澤大	経済
専修大	商・ﾈｯﾄﾜｰｸ情報

進学実績
●４年制大学　県立保健医療大1　東京理科大1　学習院大3　明治大1　立教大3　法政大2　立命館大2　順天堂大1
日本大14　東洋大7　駒澤大5　専修大2　東京農業大1　近畿大1　文教大6　東海大5　亜細亜大9
国士舘大5　大東文化大2　帝京大1　他
●短期大学　大妻女子大短大部　共立女子短大　実践女子大短大部　聖徳大短大部　新渡戸文化短大　他
●専門学校　神田外語学院　慈恵看護　日本医科大看護　藤ﾘﾊﾋﾞﾘﾃｰｼｮﾝ学院　船橋市立看護　八千代ﾘﾊﾋﾞﾘﾃｰｼｮﾝ学院
青山製図　他

就職実績　自衛隊　千葉県警　習志野市役所　ｴﾌｴｽﾕﾆﾏﾈｼﾞﾒﾝﾄ　誠和ｸﾘﾆｯｸ　ﾊﾞｰﾃﾞﾝﾊﾞｰﾃﾞﾝ

市立船橋　高等学校

普通科　体育科
商業科

令和５年３月卒業生　男 213　女 184　計 397

進路種別		男	女	計
４年制大学	国公立	4	2	6
	私立	173	108	281
短期大学	国公立	0	0	0
	私立	0	12	12
専門学校		15	40	55
就職・自営		10	15	25
その他（未定）		11	7	18

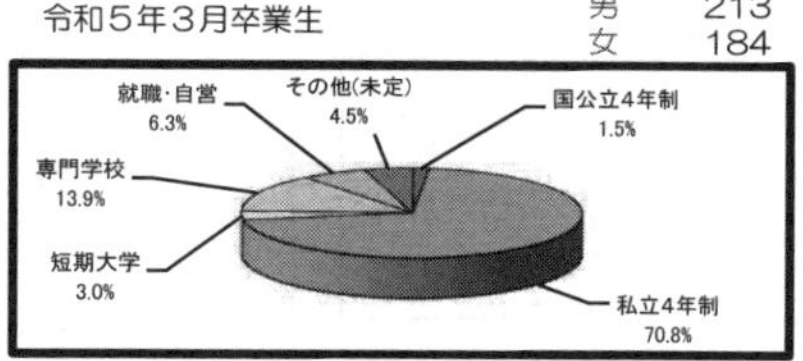

指定校推薦のある大学・学部	
法政大	ﾃﾞｻﾞｲﾝ工
法政大	文・法
日本大	商・理工
日本大	ｽﾎﾟｰﾂ科学
東洋大	文・生命科学
東京電機大	工・理工
東京電機大	未来科学
千葉工業大	工・創造工
千葉工業大	情報科学
千葉工業大	社会ｼｽﾃﾑ科学
亜細亜大	法・国際関係
千葉商科大	商経・ｻｰﾋﾞｽ創造
千葉商科大	政策情報
千葉商科大	人間社会
他	

進学実績
●４年制大学　千葉大1　東京学芸大1　鹿屋体育大3　上智大1　明治大1　青山学院大3　学習院大1　中央大1　法政大4
立教大3　関西大1　東洋大7　日本大18　駒澤大4　専修大1　順天堂大7　大妻女子大4　神田外語大4
亜細亜大3　千葉商科大17　他
●短期大学　植草学園短大　聖徳大短大部　戸板女子短大　東京経営短大
●専門学校　ｱﾆﾒ・ｱｰﾃｨｽﾄ・ｱｶﾃﾞﾐｰ　HAL東京　大原法律　神田外語学院　ｽﾎﾟｰﾂ健康医療　ﾀｶﾗ美容　千葉調理師　千葉こども

就職実績　自衛隊　浦安市消防本部　NXｷｬｯｼｭ・ﾛｼﾞｽﾃｨｸｽ　文化ｼﾔｯﾀｰ　読売巨人軍　ﾐﾝﾄ
部活動　野球部(甲子園出場)　男子ﾊﾞｽｹｯﾄﾎﾞｰﾙ部(ｳｲﾝﾀｰｶｯﾌﾟ出場)　陸上競技部(全国大会出場)　他

市立・国立高専

市立松戸　高等学校

普通科
国際人文科

令和５年３月卒業生　男 147　女 171　計 318

進路種別		男	女	計
４年制大学	国公立	0	1	1
	私立	100	96	196
短期大学	国公立	0	0	0
	私立	0	7	7
専門学校		24	57	81
就職･自営		8	4	12
その他（未定）		15	6	21

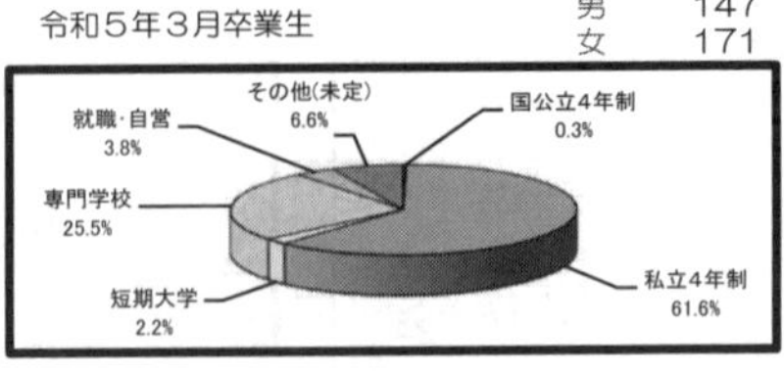

指定校推薦のある大学･学部	
法政大	文
学習院大	国際社会科学
東洋大	文
東洋大	健康ｽﾎﾟｰﾂ科学
日本大	理工･生産工

※合格実績
●４年制大学　県立保健医療大1　明治大1　学習院大2　青山学院大1　中央大2　法政大3　成蹊大1　明治学院大5
国学院大1　武蔵大3　東京女子大1　日本女子大1　工学院大1　獨協大8　東京農業大2　東洋大11
日本大20　駒澤大6　専修大9　昭和女子大3　東京電機大2　武蔵野大9　東京家政大1　他

就職実績　東京消防庁　松戸市消防局　北総鉄道　新京成電鉄　伊藤ﾊﾑ米久ﾎｰﾙﾃﾞｨﾝｸﾞｽ

部活動　男子弓道部(全国選抜大会団体優勝･個人決勝進出)　吹奏楽部(日本管楽合奏ｺﾝﾃｽﾄ全国大会A部門最優秀賞)
陸上競技部(全国総体女子400mH第14位)　合唱部(国際声楽ｺﾝｸｰﾙ入選)　男子ﾊﾞﾚｰﾎﾞｰﾙ部(県大会ﾍﾞｽﾄ8)　他

市立柏　高等学校

普通科
スポーツ科学科

令和５年３月卒業生　男 171　女 139　計 310

進路種別		男	女	計
４年制大学	国公立	0	0	0
	私立	98	60	158
短期大学	国公立	0	0	0
	私立	0	2	2
専門学校		46	66	112
就職･自営		14	6	20
その他（未定）		13	5	18

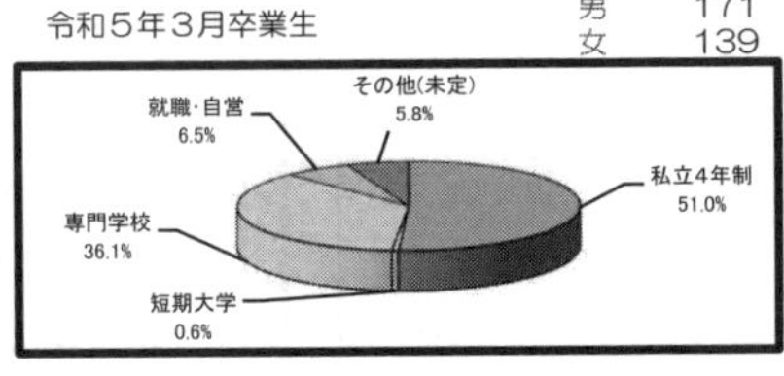

指定校推薦のある大学・学部	
学習院大	経済
東洋大	文･理工
東洋大	生命科学
日本大	理工･生産工
東京電機大	ｼｽﾃﾑﾃﾞｻﾞｲﾝ工
東京電機大	理工
獨協大	外国語
獨協大	国際教養
文教大	国際
他	

進学実績
●４年制大学　東京理科大1　学習院大1　中央大1　立命館大2　国学院大1　武蔵大2　獨協大4　東洋大3　日本大4
順天堂大3　東京電機大1　東京農業大1　千葉工業大3　文教大1　立正大1　産業能率大1　拓殖大6
帝京大1　大正大1　千葉商科大7　他
●短期大学　千葉敬愛短大　目白大短大部
●専門学校　野田看護　獨協医科大附属看護　松戸市立総合医療ｾﾝﾀｰ附属看護　慈恵柏看護　東葛看護　上尾看護
船橋情報ﾋﾞｼﾞﾈｽ
就職実績　東京ﾍﾞｲ信用金庫　JR東日本ｽﾃｰｼｮﾝｻｰﾋﾞｽ　ﾄﾖﾀｶﾛｰﾗ千葉　ｾｺﾑ　ｲﾄｰﾖｰｶ堂　ｶﾒﾘｱ会　ﾔｵｺｰ　ｾﾚｸｼｮﾝ　他
部活動　女子ﾊﾞｽｹｯﾄﾎﾞｰﾙ部(ｳｲﾝﾀｰｶｯﾌﾟ2022ﾍﾞｽﾄ32)
吹奏楽部(第70回全日本吹奏楽ｺﾝｸｰﾙ銀賞)

市立銚子　高等学校

普通科
理数科

令和５年３月卒業生　男 155　女 154　計 309

進路種別		男	女	計
４年制大学	国公立	26	23	49
	私立	109	109	218
短期大学	国公立	0	0	0
	私立	0	2	2
専門学校		9	11	20
就職･自営		5	2	7
その他		6	7	13

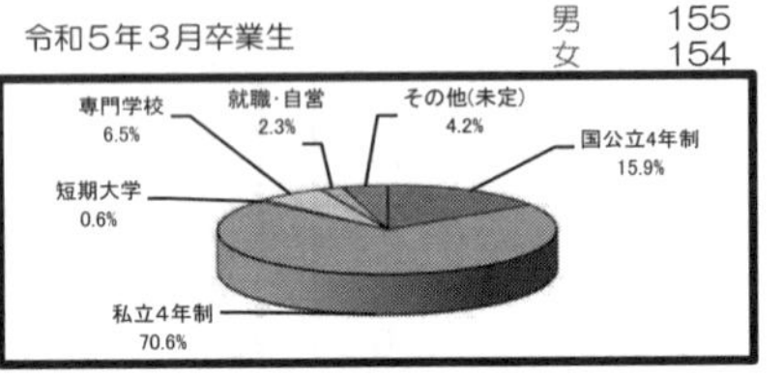

進学実績
●４年制大学　東京大1　東北大1　北海道大1　筑波大1　千葉大4　大阪公立大1　東京都立大1　東京学芸大1　信州大2
茨城大11　高崎経済大1　都留文科大2　県立保健医療大6　茨城県立医療大2　慶応大1　明治大3
青山学院大3　法政大2　立教大1　明治学院大8　他
●短期大学　昭和学院短大　戸板女子短大
●専門学校　東京IT会計公務員　旭中央病院附属看護　千葉医療秘書&IT

就職実績　警視庁　千葉県警　千葉県職員　旭市役所　ﾔﾏｻ醤油　千葉ｶｰﾎﾞﾝ
部活動　弓道部･陸上競技部(関東大会出場)

木更津工業高等専門学校

機械工学科　電子制御工学科　情報工学科
電気電子工学科　環境都市工学科

令和５年３月卒業生　男 153　女 33　計 186

進路種別		男	女	計
４年制大学	国公立	38	8	46
	私立	9	1	10
高専専攻科		30	4	34
専門学校		0	0	0
就職･自営		71	18	89
その他（未定）		5	2	7

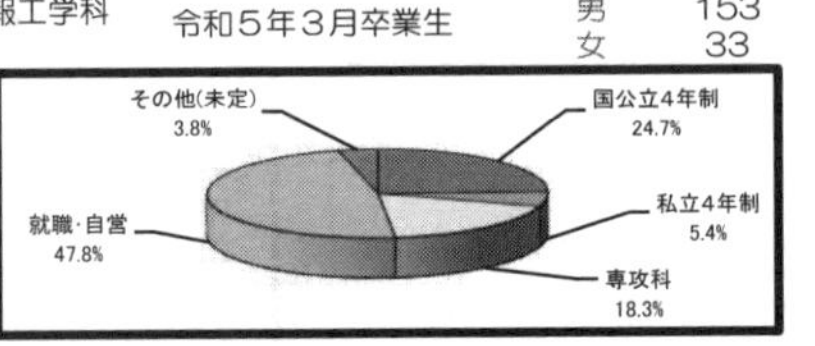

進学実績
●４年制大学　神戸大1　九州大2　北海道大1　筑波大3　横浜国立大1　千葉大1　電気通信大1　九州工業大1　東京海洋大1
信州大2　新潟大1　宇都宮大1　岩手大1　山梨大1　福井大2　豊橋技術科学大10　長岡技術科学大7　琉球大1
日本大3　千葉工業大4　他

就職実績　出光興産　東京都下水道ｻｰﾋﾞｽ　JALｴﾝｼﾞﾆｱﾘﾝｸﾞ　SUBARUﾃｸﾉ　JR東海　日本製鉄　極東興和　他

定時制

生浜　高等学校

三部制定時制
普通科

令和５年３月卒業生　男 82　女 68　計 150

進路種別		男	女	計
４年制大学	国公立	0	0	0
	私立	15	8	23
短期大学	国公立	0	0	0
	私立	2	1	3
専門学校		20	17	37
就職・自営		29	21	50
その他（未定）		16	21	37

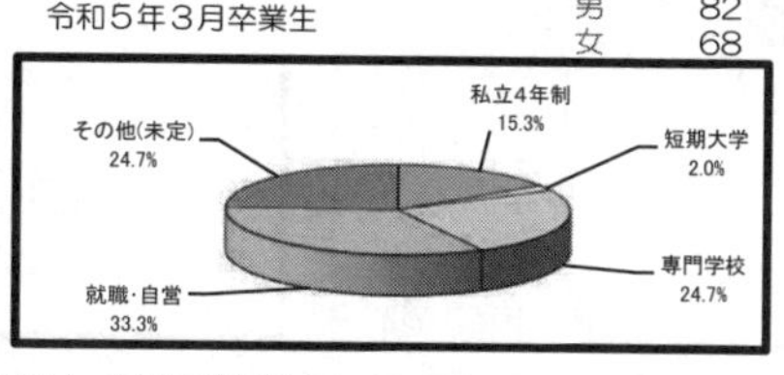

指定校推薦のある大学・学部	
立正大	仏教
拓殖大	工
淑徳大	全学部
流通経済大	経済・社会
流通経済大	流通情報・法
千葉経済大	経済
中央学院大	全学部
東京情報大	総合情報・看護
敬愛大	全学部
植草学園大	発達教育
植草学園大	保健医療
和洋女子大	人文・家政
明海大	外国語・経済
明海大	不動産
高千穂大	全学部
日本薬科大	薬
他	

進学実績
- ●４年制大学　法政大1　東洋大1　千葉工業大2　神田外語大2　立正大1　国際医療福祉大1　国士舘大1　千葉商科大1　東京医療保健大1　新潟医療福祉大1　淑徳大2　東京情報大4　江戸川大1　東京聖栄大1　敬愛大1　他
- ●短期大学　千葉明徳短大　千葉職業能力開発短大校　県立農業大学校
- ●専門学校　大原簿記公務員医療情報ﾋﾞｼﾞﾈｽ　文化服装学院　神田外語学院　国際医療福祉　国際理工ｶﾚｯｼﾞ　東京医薬看護　国際ﾄﾗﾍﾞﾙ・ﾎﾃﾙ・ﾌﾞﾗｲﾀﾞﾙ　千葉医療秘書＆IT　ちば愛犬動物ﾌﾗﾜｰ　日本自動車大学校　千葉調理師　千葉こども　県自動車大学校　千葉ﾃﾞｻﾞｲﾅｰ学院　千葉ﾘｿﾞｰﾄ＆ｽﾎﾟｰﾂ　東放学園　東和IT　市原高等技術　船橋高等技術　他

就職実績　自衛隊　ｱｰｸｽ　ｷﾝｸﾞﾌｨｰﾙｽﾞｺﾞﾙﾌｸﾗﾌﾞ　ｱｸｱﾃｯｸ　浅上重機作業　麻倉ｺﾞﾙﾌ倶楽部　ALSOK千葉　ｴﾌｴｽﾕﾆﾏﾈｼﾞﾒﾝﾄ　Olympic　ｶｲﾝｽﾞ　川豊　京樽　ｸﾞﾘｰﾝﾗｲﾌ東日本　ｻﾝﾐｯｸｽ　ﾚｿﾞﾅｯｸ　ｽﾀｯﾌﾌﾞﾘｯｼﾞ　東洋ﾄﾗﾌｨｯｸｻｰﾋﾞｽ　日石ﾚｵﾝ　千葉みなとﾘﾊﾋﾞﾘﾃｰｼｮﾝ病院　千葉ﾒｶﾞﾈ　千葉薬品　ﾂﾙﾔﾏﾃｸﾉｽ　みはま苑　ﾏﾙﾊﾆﾁﾛ物流ｻｰﾋﾞｽ関東　ﾓﾛｿﾞﾌ　他

松戸南　高等学校

三部制定時制
普通科

令和５年３月卒業生　男 99　女 107　計 206

進路種別		男	女	計
４年制大学	国公立	0	0	0
	私立	31	29	60
短期大学	国公立	0	0	0
	私立	0	2	2
専門学校		30	29	59
就職・自営		20	28	48
その他（未定）		18	19	37

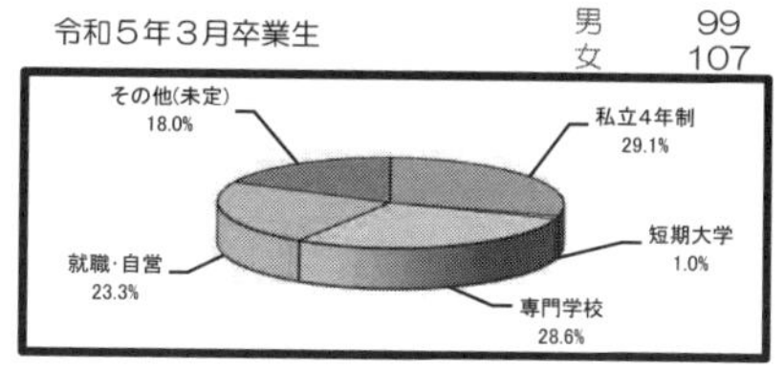

指定校推薦のある大学・学部	
東洋大	文
千葉工業大	工・先進工
千葉工業大	社会ｼｽﾃﾑ科学
国士舘大	21世紀ｱｼﾞｱ
淑徳大	総合福祉
千葉商科大	人間社会
千葉商科大	政策情報
江戸川大	社会
江戸川大	ﾒﾃﾞｨｱｺﾐｭﾆｹｰｼｮﾝ
流通経済大	経済・社会・法
中央学院大	商・法
明海大	外国語・経済
和洋女子大	人文・家政
敬愛大	経済・教育
聖徳大	教育・文
聖徳大	心理・福祉
開智国際大	教育・国際教養

進学実績
- ●４年制大学　東京理科大2　日本大4　駒澤大1　東京電機大1　千葉工業大6　大妻女子大1　神田外語大1　国士舘大1　淑徳大1　千葉商科大2　江戸川大2　流通経済大6　明海大4　帝京科学大1　秀明大1　和洋女子大3　東都大1　敬愛大3　聖徳大4　開智国際大2　他
- ●短期大学　千葉経済大短大部　昭和学院短大
- ●専門学校　江戸川学園おおたかの森　神田外語学院　ちば愛犬動物ﾌﾗﾜｰ　東京自動車大学校　東京文化美容　日本工学院　日本芸術　東京ｽｸｰﾙ・ｵﾌﾞ・ﾋﾞｼﾞﾈｽ　日本電子　服部栄養　華調理製菓　船橋情報ﾋﾞｼﾞﾈｽ　読売理工医療福祉

就職実績　自衛隊　ｱｰﾊﾞﾝｾｷｭﾘﾃｨ　曙　岡部ﾊﾞﾙﾌﾞ工業　角上魚類　坂口電機工業　信濃運輸　ｼﾞｬﾝﾌﾟ　新京成電鉄　ﾖｰｸ　東急ﾄﾗﾝｾ　東京美装興業　羽田ﾀｰﾄﾙｻｰﾋﾞｽ　ﾛｼﾞｽﾃｨｰﾄﾞ首都圏　ﾌｰﾄﾞｻﾌﾟﾗｲ　ﾌｼﾞﾌｰｽﾞ　山本海苔店　山田総業

部活動　陸上競技部・ｻｯｶｰ部・卓球部・女子ﾊﾞｽｹｯﾄﾎﾞｰﾙ部・ﾊﾞﾚｰﾎﾞｰﾙ部・男子ﾊﾞﾄﾞﾐﾝﾄﾝ部・柔道部・剣道部(全国定通大会出場)

船橋　高等学校

定時制
総合学科

令和５年３月卒業生　男 34　女 15　計 49

進路種別		男	女	計
４年制大学	国公立	0	0	0
	私立	2	3	5
短期大学	国公立	0	0	0
	私立	0	0	0
専門学校		6	3	9
就職・自営		15	4	19
その他（未定）		11	5	16

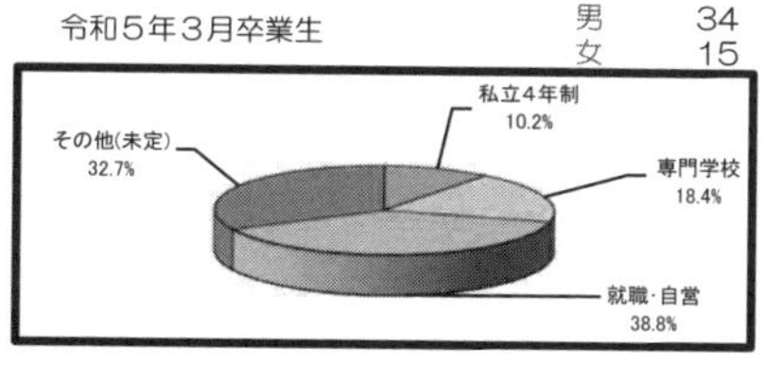

指定校推薦のある大学・学部	
東京理科大	理Ⅱ
埼玉学園大	人間・経済経営
ものつくり大	技能工芸

進学実績
- ●４年制大学　二松学舎大1　和洋女子大1　明海大1　人間総合科学大1　東京未来大1
- ●専門学校　東京福祉　習志野調理師　HAL東京　船橋情報ﾋﾞｼﾞﾈｽ　読売理工医療福祉　神田外語学院　安房医療福祉　都立職業能力開発ｾﾝﾀｰ

就職実績　住友建機　日鉄鋼板　全日警　帆風　卑弥呼　ざくろﾎｰﾙﾃﾞｨﾝｸﾞｽ　ｼｰｽﾞ・ﾌﾟﾗﾝﾆﾝｸﾞ　日本企画　日本軽金属　ﾊﾟﾙ・ﾐｰﾄ　ｴﾌﾋﾟｺﾀﾞｯｸｽ　富士ｴｺｰ　ﾀｲﾍｲ　ﾄﾞｰﾊ　ｺﾔﾏ企工　YALATA JAPAN　三井不動産ﾎﾃﾙﾏﾈｼﾞﾒﾝﾄ

部活動　ｻｯｶｰ部(全国定通大会3位、県春季定通大会優勝)　卓球部(県秋季定通大会準優勝)
ﾊﾞﾄﾞﾐﾝﾄﾝ部(全国定通大会女子団体出場、県春季定通大会女子ﾀﾞﾌﾞﾙｽ・男子ｼﾝｸﾞﾙｽ準優勝・女子ｼﾝｸﾞﾙｽ3位)
野球部(県春季・秋季定通大会3位)　美術部・写真部(県定通文化大会佳作)　剣道部(県春季・秋季定通大会出場)

佐倉南　高等学校

三部制定時制
普通科

令和５年３月卒業生　男 63　女 74　計 137

進路種別		男	女	計
４年制大学	国公立	0	0	0
	私立	16	13	29
短期大学	国公立	0	0	0
	私立	0	5	5
専門学校		35	38	73
就職・自営		11	14	25
その他（未定）		1	4	5

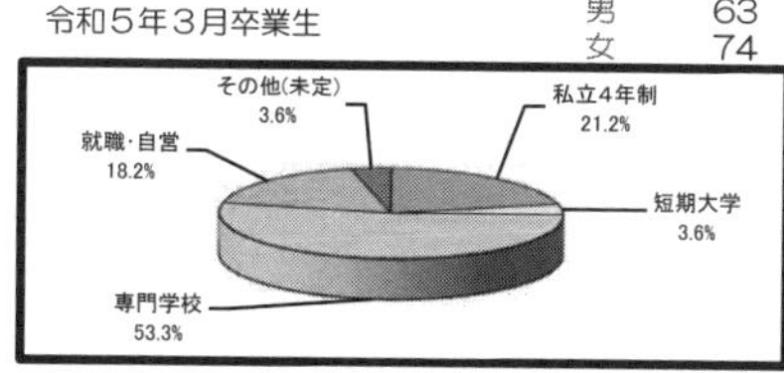

指定校推薦のある大学・学部	
千葉工業大	工・先進工
千葉工業大	社会ｼｽﾃﾑ科学
千葉商科大	商経・政策情報
千葉商科大	ｻｰﾋﾞｽ創造
淑徳大	総合福祉・経営
淑徳大	地域創生・人文
淑徳大	ｺﾐｭﾆﾃｨ政策
中央学院大	全学部
流通経済大	経済・社会
流通経済大	流通情報・法
東京情報大	総合情報・看護
千葉経済大	経済
和洋女子大	全学部
明海大	外国語・経済
明海大	不動産
敬愛大	全学部
他	

進学実績
- ●４年制大学　法政大1　立正大3　大東文化大1　淑徳大3　東京情報大4　中央学院大1　千葉経済大2　明海大3　敬愛大3　植草学園大2　和洋女子大1　千葉科学大3　城西国際大1　東京通信大1
- ●短期大学　聖徳大短大部　千葉経済大短大部　東京経営短大
- ●専門学校　大原簿記公務員　国際理工ｶﾚｯｼﾞ　千葉こども　船橋情報ﾋﾞｼﾞﾈｽ　ｽﾎﾟｰﾂ健康医療　日本自動車大学校　ｱｲｴｽﾃﾃｨｯｸ　神田外語学院　千葉ﾋﾞｭｰﾃｨｰ&ﾌﾞﾗｲﾀﾞﾙ　八千代ﾘﾊﾋﾞﾘﾃｰｼｮﾝ学院　ESPｷﾞﾀｰｸﾗﾌﾄ・ｱｶﾃﾞﾐｰ　日本電子　ｱﾐｭｰｽﾞﾒﾝﾄﾒﾃﾞｨｱ総合学院　TCA東京ECO動物海洋　千葉調理師　亀田医療技術　北原学院千葉歯科衛生　他

就職実績　自衛隊　佐倉市八街市酒々井町消防組合　ﾌｼﾞｸﾗ　朋栄　そごう・西武　古河機械金属　西川整形外科　名鉄運輸　東京めいらく　ﾄﾖﾀｶﾛｰﾗ千葉　合同資源　千葉交通　ENEOSﾃｸﾉﾏﾃﾘｱﾙ　成田空港警備　空港協力事業　川豊　他

通信制

千葉大宮　高等学校

通信制
普通科

令和５年３月卒業生　男 76　女 118　計 194

進路種別		男	女	計
４年制大学	国公立	1	0	1
	私立	4	7	11
短期大学	国公立	0	0	0
	私立	0	2	2
専門学校		9	25	34
就職・自営		7	15	22
その他（未定）		55	69	124

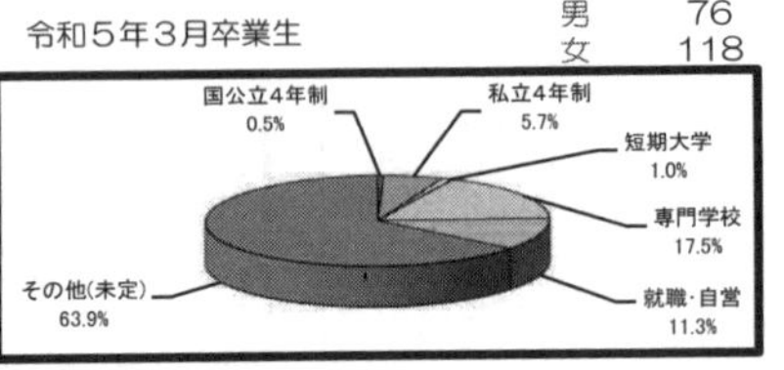

進学実績
●４年制大学　愛媛大1　駒澤大1　神奈川大1　国士舘大1　桜美林大1　明海大1　敬愛大1　聖徳大1　川村学園女子大1　東京工芸大1　日本経済大1　他
●短期大学　植草学園短大　女子美術大短大部
●専門学校　大原医療保育福祉　大原簿記公務員　千葉ﾋﾞｭｰﾃｨｰ&ﾌﾞﾗｲﾀﾞﾙ　東京IT会計公務員　東京ﾃﾞｻﾞｲﾅｰ学院　千葉美容　他
就職実績　三真　ﾃﾞｨｰｼｰｴﾑ　ﾘﾎﾞｰﾝ　ﾋﾞｼﾞﾈｽﾎﾃﾙﾀｶｻﾞﾜ　東洋ﾄﾗﾌｨｯｸｻｰﾋﾞｽ　澤井珈琲　西村どうぶつ病院　他

私立高校

千葉聖心　高等学校

普通科

令和５年３月卒業生　女　144　計 144

進路種別		男	女	計
４年制大学	国公立		0	0
	私立		32	32
短期大学	国公立		0	0
	私立		21	21
専門学校			70	70
就職･自営			12	12
その他（未定）			9	9

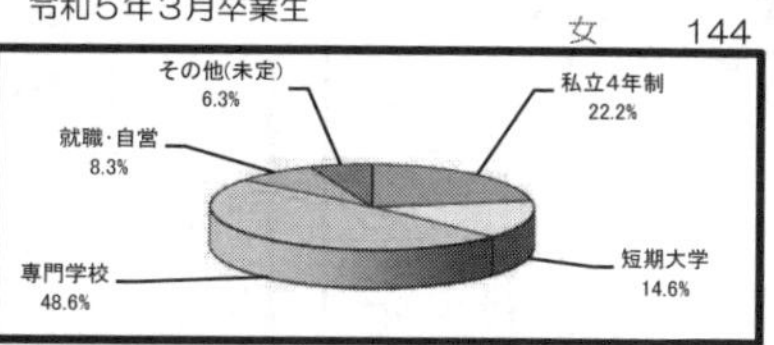

指定校推薦のある大学･学部	
拓殖大	政経
千葉商科大	ｻｰﾋﾞｽ創造・商経
白梅学園大	子ども
東京情報大	看護・総合情報
東京医療保健大	医療保健
城西国際大	観光・国際人文
城西国際大	経営情報・ﾒﾃﾞｨｱ
城西国際大	福祉総合
川村学園女子大	全学部
東京未来大	こども心理
東京未来大	ﾓﾁﾍﾞｰｼｮﾝ行動科学

進学実績
●４年制大学　大妻女子大1　神田外語大2　国士舘大1　帝京平成大1　千葉商科大3　淑徳大3　東都大2　日本女子体育大1　和洋女子大5　城西国際大2　明海大2　了徳寺大1　聖徳大1　植草学園大3　東京未来大2　敬愛大1　他
●短期大学　新渡戸文化短大　聖徳大短大部　千葉経済大短大部　昭和学院短大　千葉明徳短大　星美学園短大　他
●専門学校　千葉女子　神田外語学院　船橋市立看護　服部栄養　亀田医療技術　成田航空ﾋﾞｼﾞﾈｽ　国際ﾄﾗﾍﾞﾙ･ﾎﾃﾙ･ﾌﾞﾗｲﾀﾞﾙ　東京医学技術
就職実績　千葉京成ﾎﾃﾙ　京王ﾊﾞｽ　山崎製ﾊﾟﾝ　ｲｳｫﾙ京成　明生会　ｼｸﾞﾅﾙ　ｽﾀｯﾌﾌﾞﾘｯｼﾞ　ﾊｰﾄﾌﾗﾜｰ　ﾏﾙｻﾝ　せんどう　ｽﾎﾟｰｻﾞﾗｲﾌﾌﾟﾗﾈｯﾂ　一倫荘
部活動　ﾊﾞﾄﾞﾐﾝﾄﾝ部(県大会団体5位)　ｿﾌﾄﾃﾆｽ部(R3年度ｲﾝﾀｰﾊｲ出場、県大会個人5位)　吹奏楽部(第63回県吹奏楽ｺﾝｸｰﾙB部門金賞)　他

植草学園大学附属　高等学校

普通科
英語科

令和５年３月卒業生　男　3　女　186　計 189

進路種別		男	女	計
４年制大学	国公立	0	3	3
	私立	2	120	122
短期大学	国公立	0	0	0
	私立	0	16	16
専門学校		0	37	37
就職･自営		0	3	3
その他（未定）		1	7	8

就職・自営
1.6%
その他(未定)
4.2%
専門学校
19.6%
国公立4年制
1.6%
短期大学
8.5%
私立4年制
64.6%

指定校推薦のある大学･学部	
立命館大	理工
武蔵野大	工
千葉工業大	全学部
二松学舎大	文
神田外語大	外国語
国士舘大	政経
東京医療保健大	千葉看護
亀田医療大	看護

進学実績
●４年制大学　群馬大1　県立保健医療大2　法政大1　立命館大1　津田塾大1　昭和女子大1　東邦大1　東洋大1　駒澤大1　武蔵野大1　学習院女子大1　二松学舎大4　大妻女子大2　共立女子大1　神田外語大4　国士舘大1　神奈川大1　多摩美術大1　女子美術大1　植草学園大26　他
●短期大学　共立女子短大　大妻女子大短大部　植草学園短大
●専門学校　君津中央病院附属看護　亀田医療技術　旭中央病院附属看護
就職実績　千葉神社
部活動　ﾊﾞﾄﾝﾄﾜﾘﾝｸﾞ部(JapanCup日本選手権優勝、ﾊﾞﾄﾝﾄﾜｰﾘﾝｸﾞ全国大会金賞、ﾀﾞﾝｽﾄﾞﾘﾙ選手権関東大会2位)　ｿﾌﾄﾃﾆｽ部(全国総体個人ﾍﾞｽﾄ64、関東大会団体5位、県新人大会団体・個人2位)　なぎなた部(全国総体出場、関東大会演技優勝・個人ﾍﾞｽﾄ8)　ﾊﾞﾚｰﾎﾞｰﾙ部(関東大会出場)　他

敬愛学園　高等学校

普通科

令和５年３月卒業生　男　224　女　167　計 391

進路種別		男	女	計
４年制大学	国公立	10	2	12
	私立	166	117	283
短期大学	国公立	0	0	0
	私立	1	14	15
専門学校		14	27	41
就職･自営		3	0	3
その他（未定）※		30	7	37

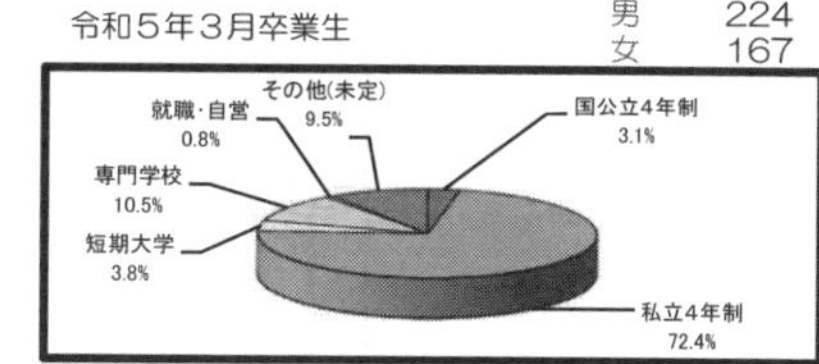

指定校推薦のある大学･学部	
学習院大	経済
武蔵大	社会
専修大	文
東京農業大	生物産業
順天堂大	国際教養
神田外語大	外国語
国士舘大	政経・経営・理工
神奈川大	工
帝京大	文・医療技術
帝京大	経済・理工
東京理科大	
駒澤大	
日本大	
武蔵野大	
千葉工業大	
大妻女子大	
他	

進学実績　※留学含む
●４年制大学　筑波大1　千葉大4　広島大2　信州大1　東京海洋大1　茨城大1　宮崎大1　県立保健医療大1　早稲田大4　慶応大1　東京理科大2　学習院大3　明治大2　青山学院大2　立教大2　中央大1　法政大1　日本大22　東洋大2　駒澤大4　他
●短期大学　女子栄養大短大部　千葉敬愛短大　戸板女子短大　他
●専門学校　大原簿記公務員　国際ﾄﾗﾍﾞﾙ･ﾎﾃﾙ･ﾌﾞﾗｲﾀﾞﾙ　ちば愛犬動物ﾌﾗﾜｰ　東洋理容美容　二葉看護学院　中央医療技術　尚美ﾐｭｰｼﾞｯｸｶﾚｯｼﾞ　他
就職実績　千葉市消防局　鎌ケ谷市消防本部
部活動　陸上競技部・自転車競技部・女子ﾊﾞﾚｰﾎﾞｰﾙ部・弁論部・ESS部・男子ﾊﾞﾄﾞﾐﾝﾄﾝ部・男子ｿﾌﾄﾃﾆｽ部(全国大会出場)　空手道部(関東大会出場)　他

千葉経済大学附属　高等学校

普通科　情報処理科
商業科

令和５年３月卒業生　男　267　女　319　計 586

進路種別		男	女	計
４年制大学	国公立	0	2	2
	私立	199	156	355
短期大学	国公立	0	0	0
	私立	1	49	50
専門学校		37	87	124
就職･自営		12	12	24
その他（未定）		18	13	31

その他(未定)
5.3%
国公立4年制
0.3%
就職・自営
4.1%
専門学校
21.2%
私立4年制
60.6%
短期大学
8.5%

指定校推薦のある大学･学部	
学習院大	経済
国学院大	文
獨協大	法
東邦大	理
駒澤大	経済・法
専修大	ﾈｯﾄﾜｰｸ情報・商
東洋大	文・社会・総合情報
東洋大	理工・生命科学
日本大	生産工・薬
日本大	理工・文理
二松学舎大	文
文教大	情報
大妻女子大	全学部
国士舘大	政経・法・経営
国士舘大	21世紀ｱｼﾞｱ
千葉工業大	全学部
他	

進学実績
●４年制大学　筑波大1　千葉大1　早稲田大3　学習院大3　獨協大7　日本大14　駒澤大8　専修大6　東洋大7　順天堂大5　神田外語大5　立正大7　国士舘大12　帝京大5　千葉工業大15　亜細亜大5　淑徳大7　千葉経済大77　他
●短期大学　千葉経済大短大部　東京歯科大短大　共立女子短大　戸板女子短大　大妻女子大短大部　国際短大
●専門学校　大原簿記公務員　神田外語学院　県自動車大学校　東京墨田看護　東京法律公務員　東洋理容美容　日本工学院　東京YMCA国際ﾎﾃﾙ　船橋情報ﾋﾞｼﾞﾈｽ　他
就職実績　警視庁　千葉県警　東金市職員　京成電鉄　小松川信用金庫　東京ｶﾞｽﾗｲﾌﾊﾞﾙ千葉　山崎製ﾊﾟﾝ　他
部活動　ﾊﾞﾄﾝﾄﾜﾗｰｽﾞ部(全国選手権大会ﾄｰﾙﾌﾗｯｸﾞ部門3位、ｶﾗｰｶﾞｰﾄﾞ･ﾏｰﾁﾝｸﾞﾊﾟｰｶｯｼｮﾝ全国大会銅賞)　女子ｿﾌﾄﾎﾞｰﾙ部(ｲﾝﾀｰﾊｲ3位、全国選抜大会出場)　女子ﾊﾞｽｹｯﾄﾎﾞｰﾙ部(ｳｨﾝﾀｰｶｯﾌﾟﾍﾞｽﾄ8)　珠算部(全国ﾋﾞｼﾞﾈｽ計算競技大会読上算競技優秀賞)　男子卓球部(ｲﾝﾀｰﾊｲ・全国選抜大会出場)　他

私立高校

千葉明徳　高等学校

普通科

令和５年３月卒業生　男 180　女 112　計 292

進路種別		男	女	計
４年制大学	国公立	9	3	12
	私立	137	80	217
短期大学	国公立	0	0	0
	私立	5	5	10
専門学校		13	19	32
就職・自営		3	3	6
その他（未定）※		13	2	15

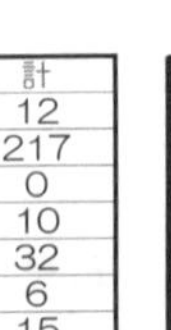

進学実績　※留学男子4名・女子1名含む

●４年制大学　千葉大7　信州大1　滋賀大1　岩手大1　都留文科大1　早稲田大1　上智大1　東京理科大1　青山学院大1　明治大1　立教大1　中央大2　法政大2　立命館大1　明治学院大2　東邦大6　日本大13　東洋大10　近畿大1　順天堂大3　他

●短期大学　千葉敬愛短大　千葉明徳短大

●専門学校　青葉看護　日本医科大看護

就職実績　千葉県警　ｼﾞｪﾌｺﾅｲﾃｯﾄﾞ市原・千葉

部活動　ﾁｱﾘｰﾃﾞｨﾝｸﾞ部(全国大会準優勝)　水泳部(関東大会出場)

指定校推薦のある大学・学部	
東京理科大	創域理工
獨協大	法
日本大	法・理工
東洋大	文・経済
駒澤大	経営

昭和学院秀英　高等学校

普通科

令和５年３月卒業生　男 125　女 104　計 229

進路種別		男	女	計
４年制大学	国公立	43	18	61
	私立	51	67	118
短期大学	国公立	0	0	0
	私立	0	0	0
専門学校		0	0	0
就職・自営		0	0	0
その他（未定）		31	19	50

その他(未定)　21.8%
国公立４年制　26.6%
私立４年制　51.5%

進学実績

●４年制大学　東京大6　東京工業大5　一橋大3　北海道大4　東北大8　名古屋大1　九州大3　東京医科歯科大1　東京外国語大1　筑波大3　お茶の水女子大1　横浜国立大1　千葉大13　群馬大1　金沢大1　信州大1　宮崎大2　早稲田大20　慶応大12　上智大7　他

指定校推薦のある大学・学部	
早稲田大	政治経済
早稲田大	法・文・教育
早稲田大	文化構想・商
早稲田大	創造理工
早稲田大	先進理工
慶応大	法・理工
上智大	理工
東京理科大	創域理工
東京理科大	理・工
他	

渋谷教育学園幕張　高等学校

普通科

※昨年度データ　男 234　女 115　計 349

進路種別		男	女	計
４年制大学	国公立	77	36	113
	私立	69	42	111
短期大学	国公立	0	0	0
	私立	0	0	0
専門学校		0	0	0
就職・自営		0	0	0
その他（未定）※		88	37	125

※留学女子9名含む

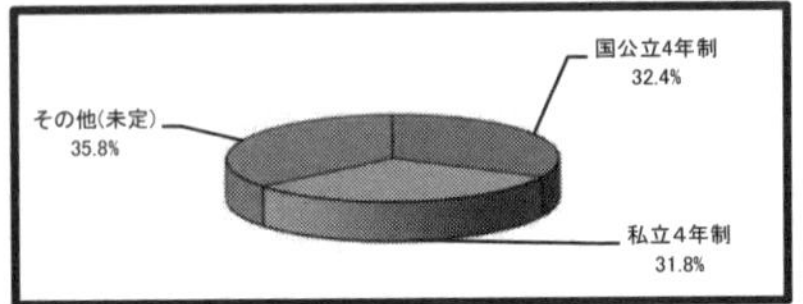

部活動　英語ﾃﾞｨﾍﾞｰﾄ部(2020World Schools Debating Championships1位、全国英語ﾃﾞｨﾍﾞｰﾄ大会ｴｯｾｲｺﾝﾃｽﾄ最優秀賞)
物理部(第35回全日本ﾏｲｸﾛﾏｳｽ大会ﾏｲｸﾛﾏｳｽ競技特別賞、FIRSTRoboticsCompetition北京大会・Regional Chairman's Award出場)
ｸｲｽﾞ研究同好会(第40回全国選手権優勝)　模擬国連同好会(第5回全国高校教育模擬国連大会(AJEMUN) E議場優秀賞)　他

桜林　高等学校

普通科

令和５年３月卒業生　男 116　女 37　計 153

進路種別		男	女	計
４年制大学	国公立	0	0	0
	私立	53	13	66
短期大学	国公立	0	0	0
	私立	2	3	5
専門学校		44	15	59
就職・自営		13	5	18
その他（未定）		4	1	5

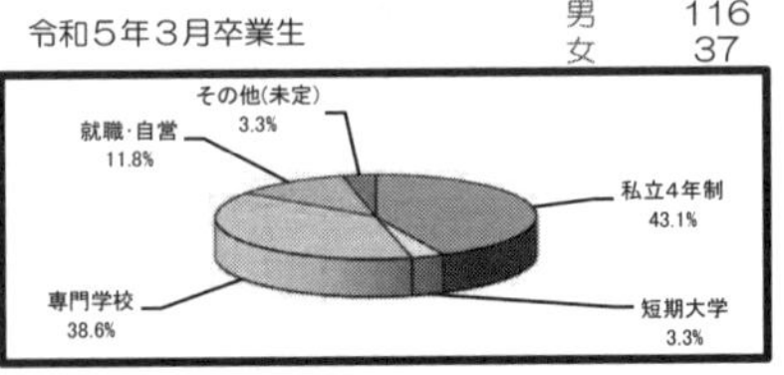

進学実績

●４年制大学　明治大1　駒澤大1　国際医療福祉大2　千葉工業大1　国士舘大2　神田外語大1　亜細亜大4　帝京平成大3　日本体育大1　千葉商科大4　東京医療保健大1　城西国際大4　淑徳大4　東京情報大2　千葉経済大1　明海大4　江戸川大1　敬愛大7　秀明大1　他

●短期大学　千葉経済大短大部　千葉明徳短大

●専門学校　千葉調理師　中央工学校　東洋理容美容　成田国際航空　千葉情報経理　国際理工ｶﾚｯｼﾞ　県自動車大学校　日本電子　日本工学院　日本自動車大学校

就職実績　ﾔﾏﾄ運輸　JR東日本ｽﾃｰｼｮﾝｻｰﾋﾞｽ　日健会　慈心会　ｼﾞｪﾌｺﾅｲﾃｯﾄﾞ市原・千葉　総泉病院

部活動　女子少林寺拳法部(全国総体組演武の部・全国選抜大会自由組演武優勝)
男子少林寺拳法部(全国選抜大会規定組演武優勝)　写真部(全国総合文化祭写真部門出場)

指定校推薦のある大学・学部	
駒澤大	仏教
千葉工業大	社会ｼｽﾃﾑ科学
国士舘大	21世紀ｱｼﾞｱ
千葉商科大	政策情報
千葉商科大	ｻｰﾋﾞｽ創造
千葉商科大	人間社会
東京医療保健大	医療保健
大東文化大	経営
拓殖大	政経
城西国際大	ﾒﾃﾞｨｱ
淑徳大	総合福祉・人文
中央学院大	法
千葉経済大	経済
敬愛大	経済・国際
他	

私立高校

秀明大学学校教師学部附属秀明八千代 高等学校　普通科

令和５年３月卒業生　男 220　女 142　計 362

進路種別		男	女	計
４年制大学	国公立	0	1	1
	私立	157	82	239
短期大学	国公立	0	0	0
	私立	0	5	5
専門学校		44	42	86
就職・自営		4	4	8
その他（未定）		15	8	23

就職・自営 2.2%　その他(未定) 6.4%　国公立４年制 0.3%　専門学校 23.8%　短期大学 1.4%　私立４年制 66.0%

指定校推薦のある大学・学部	
東京理科大	理・先進工
東京理科大	創域理工
学習院大	法・経済
日本大	商・生産工
日本大	国際関係
東洋大	理工・国際・文
専修大	経営・商
学習院女子大	国際文化交流
他	

進学実績
- ●４年制大学　東京理科大3　学習院大3　東邦大2　日本大19　専修大4　東洋大7　二松学舎大4　東京農業大3　立正大4　学習院女子大2　神田外語大3　工学院大3　大妻女子大3　千葉工業大9　東京工科大4　亜細亜大4　日本体育大2　日本女子体育大2　麗澤大6　秀明大37　他
- ●短期大学　新渡戸文化短大　聖徳大短大部　東京成徳短大　東京経営短大
- ●専門学校　青葉看護　八千代ﾘﾊﾋﾞﾘﾃｰｼｮﾝ学院

就職実績　自衛隊　千葉県警　日本ｼﾞｪﾈﾘｯｸ　日新化工

千葉英和 高等学校　普通科　英語科

令和５年３月卒業生　男 196　女 208　計 404

進路種別		男	女	計
４年制大学	国公立	1	4	5
	私立	153	161	314
短期大学	国公立	0	0	0
	私立	1	5	6
専門学校		16	32	48
就職・自営		1	0	1
その他（未定）		24	6	30

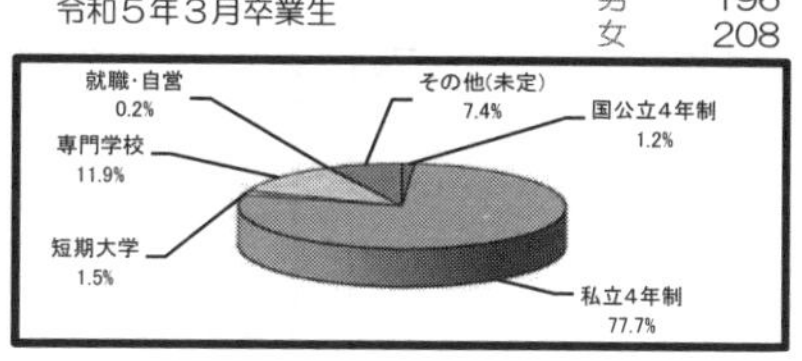

指定校推薦のある大学・学部	
上智大	文
青山学院大	総合文化政策
青山学院大	地球社会共生
中央大	経済
立教大	文
明治学院大	法・心理
津田塾大	学芸
専修大	法
大妻女子大	家政・文
共立女子大	家政
共立女子大	建築・ﾃﾞｻﾞｲﾝ
玉川大	教育・文
神田外語大	外国語
帝京大	外国語
大東文化大	外国語
他	

進学実績
- ●４年制大学　東京芸術大1　茨城大1　早稲田大1　慶応大1　上智大2　国際基督教大1　東京理科大4　明治大2　青山学院大5　立教大2　中央大1　明治学院大10　獨協大6　国学院大2　日本大27　東洋大10　駒澤大4　専修大5　日本女子大2　玉川大1　他
- ●短期大学　千葉経済大短大部　日本大短大部　実践女子大短大部　東京経営短大
- ●専門学校　東京ﾃﾞｻﾞｲﾅｰ学院　日本工学院　千葉こども　高山美容　文化服装学院　東京ｱﾅｳﾝｽ学院　他

就職実績　陸上自衛隊

部活動　男子ｱｰﾁｪﾘｰ部(R3年度全国総体準優勝)　女子ｱｰﾁｪﾘｰ部(R3年度全国総体3位)　女子ﾊﾞｽｹｯﾄﾎﾞｰﾙ部(関東大会3位、R2年度ｳｨﾝﾀｰｶｯﾌﾟ出場)　他

八千代松陰 高等学校　普通科

令和５年３月卒業生　男 341　女 265　計 606

進路種別		男	女	計
４年制大学	国公立	30	12	42
	私立	253	203	456
短期大学	国公立	1	0	1
	私立	6	7	13
専門学校		13	24	37
就職・自営		1	0	1
その他（未定）		37	19	56

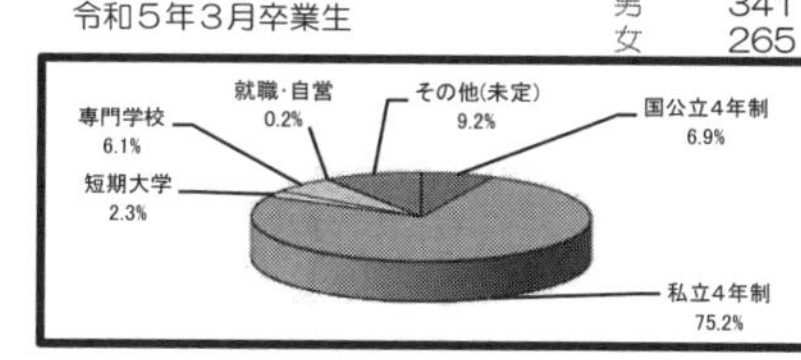

指定校推薦のある大学・学部	
早稲田大	基幹理工
早稲田大	先進理工
慶応大	商
東京理科大	創域理工・理
東京理科大	先進工・薬
明治大	政治経済・理工
明治大	総合数理
青山学院大	法
立教大	文
中央大	国際情報・法
中央大	総合政策・理工
法政大	経営・理工
法政大	国際文化・法
学習院大	経済・文・法・理
成蹊大	全学部
成城大	全学部
他	

進学実績
- ●４年制大学　東北大2　神戸大1　筑波大6　千葉大11　東京外国語大1　横浜国立大1　電気通信大2　東京芸術大2　東京学芸大2　埼玉大2　東京都立大1　県立保健医療大3　早稲田大4　慶応大6　東京理科大13　明治大14　青山学院大7　立教大8　中央大10　法政大8　他
- ●短期大学　日本大短大部　国学院大北海道短大部
- ●専門学校　神田外語学院　慈恵柏看護　昭和大医学部附属看護　青葉看護

部活動　男子ｶﾇｰ部(全国総体ｽﾌﾟﾘﾝﾄ・ｶﾔｯｸｼﾝｸﾞﾙ200m優勝)　ｷﾞﾀｰ部(全国ｷﾞﾀｰ合奏ｺﾝｸｰﾙｶﾃｺﾞﾘｰB金賞)　男子陸上競技部(全国駅伝大会3位、全国総体5000m7位、R3年度全国総体走高跳優勝・400mH4位)　新体操部(全日本ｸﾗﾌﾞ団体選手権4位、全日本選手権出場)　書道部(国際選抜書展秀作賞)　男子ﾚｽﾘﾝｸﾞ部(全国ｸﾞﾚｺﾛｰﾏﾝｽﾀｲﾙ選手権大会個人7位、R3年度全国総体個人出場)　他

東邦大学付属東邦 高等学校　普通科

進路種別		男	女	計
４年制大学	国公立			
	私立			
短期大学	国公立			
	私立			
専門学校				
就職・自営				
その他（未定）				

データ提供なし

私立高校

千葉日本大学第一　高等学校　普通科

令和５年３月卒業生　男 200　女 131　計 331

進路種別		男	女	計
４年制大学	国公立			6
	私立			292
短期大学	国公立			0
	私立			2
専門学校				5
就職･自営				0
その他（未定）				26

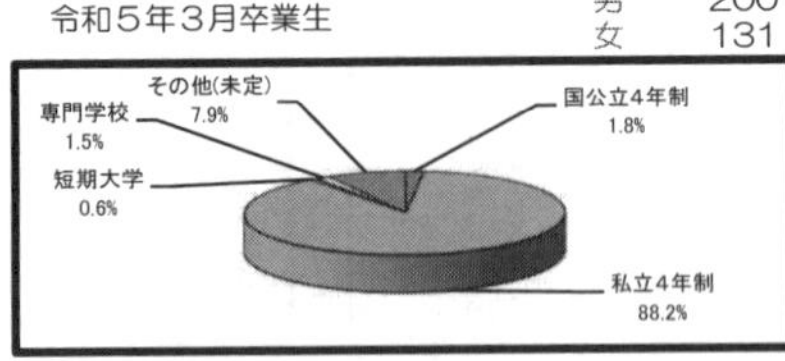

指定校推薦のある大学･学部	
上智大	法
東京理科大	創域理工
東京理科大	経営･理
学習院大	法
明治大	理工
青山学院大	経営
青山学院大	地域社会共生
成城大	法･経済

進学実績
- ●４年制大学　日本大196　神戸大1　筑波大1　千葉大2　弘前大1　都留文科大1　早稲田大5　慶応大1　上智大3　東京理科大8　学習院大3　明治大7　青山学院大3　立教大4　中央大1　法政大4　成城大5　武蔵大2　明治学院大1　立命館大1　他
- ●短期大学　日本大短大部

部活動　吹奏楽部(第27回日本管楽合奏ｺﾝﾃｽﾄ全国大会最優秀賞、東関東ｺﾝｸｰﾙ金賞)
ｱﾒﾘｶﾝﾌｯﾄﾎﾞｰﾙ部(全国ｱﾒﾘｶﾝﾌｯﾄﾎﾞｰﾙ選手権大会出場)

東葉　高等学校　普通科

令和５年３月卒業生　男 194　女 230　計 424

進路種別		男	女	計
４年制大学	国公立	3	1	4
	私立	145	138	283
短期大学	国公立	4	13	17
	私立			
専門学校		31	65	96
就職･自営		1	3	4
その他（未定）		10	10	20

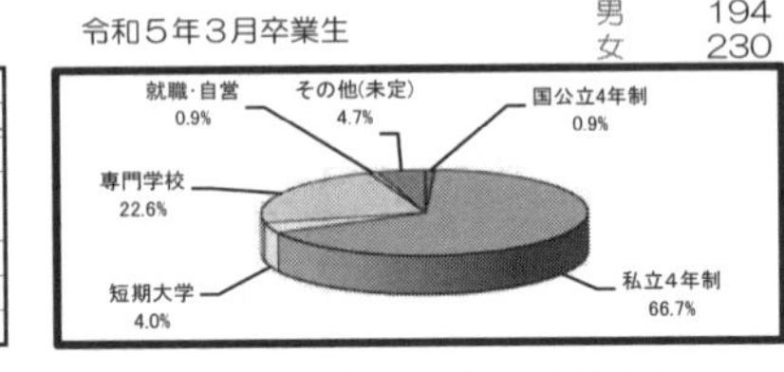

指定校推薦のある大学･学部	
獨協大	経済
東邦大	理
東洋大	理工
日本大	生産工
駒澤大	仏教
白百合女子大	人間総合
東京農業大	生物産業
拓殖大	政経
武蔵野大	経営
国士舘大	法
他	

進学実績
- ●４年制大学　岩手大1　福島大1　上智大3　立教大4　明治大2　青山学院大1　国学院大3　中央大3　法政大5　成城大1　成蹊大1　明治学院大5　東京電機大3　芝浦工業大1　津田塾大1　ﾌｪﾘｽ女学院大1　専修大4　神田外語大4　順天堂大1　立命館大1　他
- ●短期大学　東京家政大短大部　大妻女子大短大部　千葉経済大短大部　日本大短大部　戸板女子短大　東京経営短大　他
- ●専門学校　帝京高等看護学院　東京墨田看護　HAL東京　大原簿記公務員医療情報ﾋﾞｼﾞﾈｽ　ﾊﾞﾝﾀﾝｹﾞｰﾑｱｶﾃﾞﾐｰ　千葉美容　船橋情報ﾋﾞｼﾞﾈｽ　東洋理容美容　日本工学院　他

就職実績　千葉県警　税務署　KDDISonic-Falcon　平成建設工業　他
部活動　男女ﾃﾆｽ部(全国選抜大会･全国私学大会･ｲﾝﾀｰﾊｲ個人出場)　弓道部(R3年度全国選抜大会出場)
ﾀﾞﾝｽﾄﾞﾘﾙ部(USANationals全国大会ﾋｯﾌﾟﾎｯﾌﾟｽﾓｰﾙ部門15年連続出場)　他

日本大学習志野　高等学校　普通科

令和５年３月卒業生　男 220　女 159　計 379

進路種別		男	女	計
４年制大学	国公立	14	11	25
	私立	167	136	303
短期大学	国公立	0	0	0
	私立	0	0	0
専門学校		1	2	3
就職･自営		0	0	0
その他（未定）		38	10	48

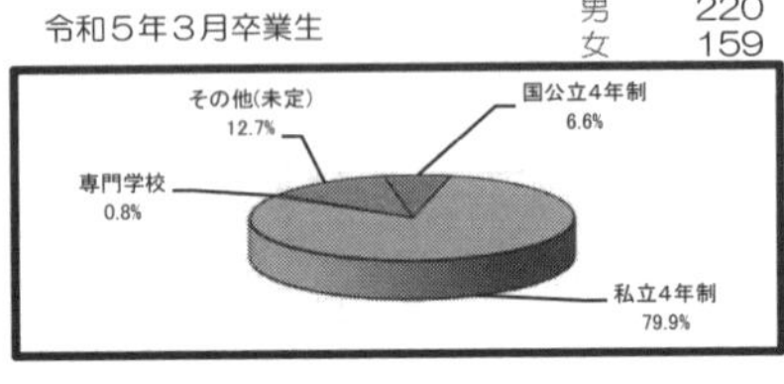

指定校推薦のある大学･学部	
早稲田大	法･基幹理工
早稲田大	創造理工
早稲田大	先進理工
慶応大	理工
上智大	外国語･理工
東京理科大	経営･理･工
東京理科大	先進工･薬
東京理科大	創造理工
青山学院大	法･経営
青山学院大	文･理工
法政大	法･文･ﾃﾞｻﾞｲﾝ工
法政大	経済･経営･理工
明治大	商･政治経済
明治大	理工･総合数理
立教大	文･現代心理
立教大	法･経済･理
他	

進学実績
- ●４年制大学　日本大115　東京工業大1　神戸大1　東北大1　筑波大4　千葉大10　東京学芸大2　東京都立大2　早稲田大5　慶応大4　上智大10　東京理科大17　明治大12　青山学院大7　立教大8　中央大17　法政大13　学習院大7　東邦大10　芝浦工業大5　北里大4　他

部活動　美術部(全日本学生美術展特選)　ｽｷｰ同好会(全国大会･関東大会出場)
ﾁｱﾘｰﾀﾞｰ部(R2-4年度ｼﾞｬﾊﾟﾝｶｯﾌﾟ出場、R2年度ｼﾞｬﾊﾟﾝｶｯﾌﾟ9位)　水泳同好会(関東大会出場)
ﾌｪﾝｼﾝｸﾞ部(R3年度関東大会ﾍﾞｽﾄ8)　剣道部(R3年度関東大会出場)

東京学館船橋　高等学校　普通科　食物調理科　情報ﾋﾞｼﾞﾈｽ科　美術工芸科

令和５年３月卒業生　男 239　女 87　計 326

進路種別		男	女	計
４年制大学	国公立	1	0	1
	私立	120	27	147
短期大学	国公立	0	0	0
	私立	0	6	6
専門学校		93	44	137
就職･自営		19	3	22
その他（未定）		6	7	13

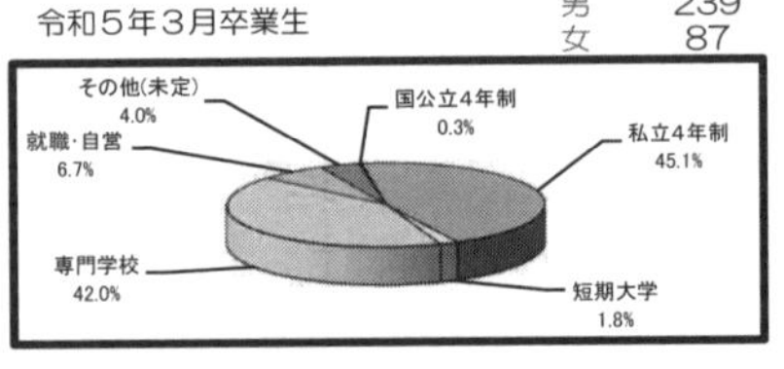

指定校推薦のある大学･学部	
獨協大	国際教養
日本大	生産工
東京農業大	生物産業
玉川大	工･経営･芸術
二松学舎大	国際政治経済
東京電機大	ｼｽﾃﾑﾃﾞｻﾞｲﾝ工
千葉工業大	創造工･先進工
千葉工業大	社会ｼｽﾃﾑ科学･工
帝京大	外国語
大東文化大	文･経済･外国語
帝京平成大	健康医療ｽﾎﾟｰﾂ
拓殖大	全学部
東京造形大	造形
千葉商科大	商経･人間社会
高千穂大	商･経営
共栄大	国際経営
他	

進学実績
- ●４年制大学　信州大1　上智大1　中央大1　日本大4　駒澤大1　東京農業大1　立正大1　大妻女子大1　共立女子大1　千葉工業大5　国士舘大3　亜細亜大2　帝京平成大5　拓殖大5　東京造形大1　千葉商科大5　桜美林大1　了徳寺大1　文京学院大1　中央学院大14　他
- ●短期大学　昭和学院短大　女子美術大短大部　他
- ●専門学校　船橋情報ﾋﾞｼﾞﾈｽ　日本工学院　東京医薬看護　華学園栄養　東京医療秘書福祉&IT　日本医科学大学校　京都伝統工芸大学校　他

就職実績　自衛隊　市原市消防局　ﾎﾃﾙ日航成田　電洋社　TDK　ﾋﾀﾞﾝ　東洋冷蔵　東京美装興業　ﾄﾗﾊﾞｰｽｴﾝｼﾞﾆｱﾘﾝｸﾞ　他
部活動　陸上競技部(ｲﾝﾀｰﾊｲ7種競技出場、関東新人大会三段跳2位･走高跳3位、県新人大会ﾌｨｰﾙﾄﾞの部優勝)
ﾃﾆｽ部(関東大会出場)　男子ﾊﾞﾚｰﾎﾞｰﾙ部(県総体準優勝、関東大会県予選3位、県私学大会優勝)　他

私立高校

市川　高等学校

普通科

令和５年３月卒業生　男 280　女 143　計 423

進路種別		男	女	計
４年制大学	国公立			117
	私立			188
短期大学	国公立			0
	私立			1
専門学校				3
就職・自営				0
その他（未定）				114

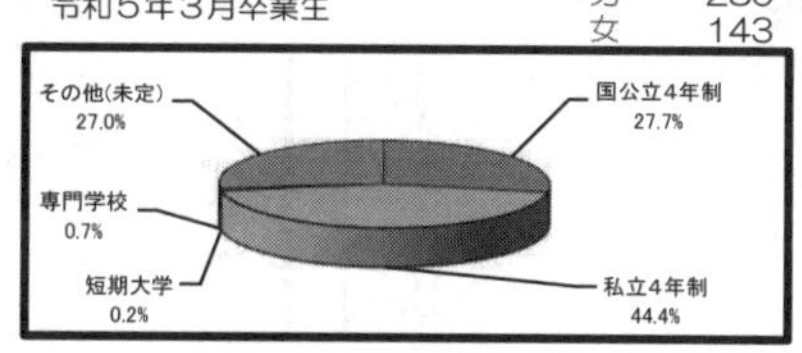

進学実績

●４年制大学　東京大9　京都大7　一橋大6　東京工業大13　北海道大5　東北大10　大阪大3　筑波大11　千葉大19　東京外国語大5　東京学芸大4　東京芸術大1　お茶の水女子大3　横浜国立大3　慶応大37　早稲田大38　東京理科大22　他

部活動　水泳部、ﾊﾝﾄﾞﾎﾞｰﾙ部、応援部、ｵｰｹｽﾄﾗ部、ﾌﾞﾗｽﾊﾞﾝﾄﾞ部　他

指定校推薦のある大学・学部	
早稲田大	政治経済・文
早稲田大	文化構想・商
早稲田大	基幹理工・教育
早稲田大	創造理工
早稲田大	先進理工
早稲田大	人間科学
慶応大	法・商・薬・理工
国際基督教大	教養
東京理科大	理・創域理工・工
東京理科大	薬・先進工・経営
明治大	文・理工
青山学院大	文・総合文化政策
立教大	経済
中央大	法・商・理工
中央大	総合政策

千葉商科大学付属　高等学校

普通科
商業科

令和５年３月卒業生　男 205　女 81　計 286

進路種別		男	女	計
４年制大学	国公立	1	0	1
	私立	160	70	230
短期大学	国公立	0	0	0
	私立	0	5	5
専門学校		34	5	39
就職・自営		4	0	4
その他（未定）		6	1	7

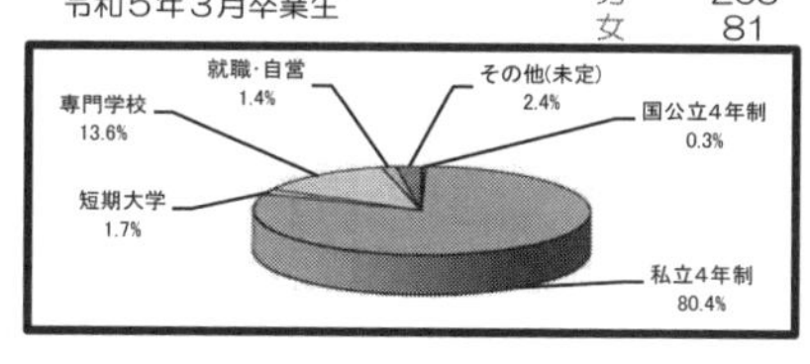

進学実績

●４年制大学　会津大1　東京理科大1　学習院大2　青山学院大1　立教大4　法政大1　国学院大3　成蹊大1　獨協大4　明治学院大2　日本大8　駒澤大4　専修大1　東洋大5　国士舘大3　帝京大2　亜細亜大5　大東文化大2　東海大2　拓殖大3　他

●短期大学　ﾔﾏｻﾞｷ動物看護専門職短大　共立女子短大　高松短大　千葉明徳短大　帝京短大　東京女子体育短大

●専門学校　東京自動車大学校　日本工学院　松戸市立総合医療ｾﾝﾀｰ附属看護　大原簿記公務員医療情報ﾋﾞｼﾞﾈｽ　八千代ﾘﾊﾋﾞﾘﾃｰｼｮﾝ学院　東京医療学院　東京ITﾌﾟﾛｸﾞﾗﾐﾝｸﾞ＆会計　東京未来大福祉保育　首都医校

就職実績　千葉県庁　青和信用組合　日本郵便　富ﾂﾈ

部活動　ﾜﾝﾀﾞｰﾌｫｰｹﾞﾙ部（IFSCｸﾗｲﾐﾝｸﾞﾕｰｽ世界選手権男子ｼﾞｭﾆｱ優勝、女子ｼﾞｭﾆｱ決勝進出）
男子ﾊﾞﾚｰﾎﾞｰﾙ部（ｱｼﾞｱU19ﾋﾞｰﾁﾊﾞﾚｰﾎﾞｰﾙ選手権大会出場、関東大会出場）　他

指定校推薦のある大学・学部	
東京理科大	創域理工
国学院大	文・人間開発
獨協大	経済・法
日本大	薬・生産工
日本大	理工・商
東洋大	理工・文・国際
立正大	経済・文・仏教
立正大	法・ﾃﾞｰﾀｻｲｴﾝｽ
東京電機大	理工・工
東京電機大	未来科学
亜細亜大	法・経営
亜細亜大	都市創造
帝京大	法

国府台女子学院　高等部

普通科

令和５年３月卒業生　女 323　計 323

進路種別		男	女	計
４年制大学	国公立		11	11
	私立		292	292
短期大学	国公立		0	0
	私立		2	2
専門学校			4	4
就職・自営			0	0
その他（未定）			14	14

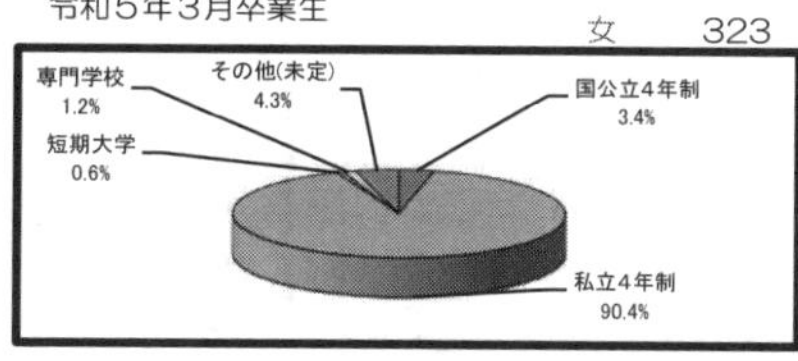

進学実績

●４年制大学　千葉大4　東京農工大1　三重大1　早稲田大10　東京理科大7　上智大11　明治大14　立教大12　青山学院大7　学習院大7　日本女子大14　東京女子大11　昭和女子大11　東邦大12　明治学院大8　他

部活動　合唱部（全日本合唱ｺﾝｸｰﾙ全国大会銀賞）　ｿﾌﾄﾎﾞｰﾙ部（R3年度県大会ﾍﾞｽﾄ8）
また、「総合的探究の時間」の授業で企業探究を行い、
QUESTCUP全国大会ｺｰﾎﾟﾚｰﾄｱｸｾｽ部門Qｸﾞﾙｰﾌﾟｸﾞﾗﾝﾌﾟﾘ・WOW!賞を受賞している。

指定校推薦のある大学・学部	
早稲田大	法・文化構想
早稲田大	基幹理工
慶応大	法・理工
上智大	外国語・文
上智大	総合人間科学
東京理科大	先進工・経営・薬
明治大	国際日本
明治大	政治経済
明治大	総合数理
青山学院大	文・経済
青山学院大	総合文化政策
学習院大	文・経済・法
学習院大	国際社会科学
立教大	文・法
立教大	異文化ｺﾐｭﾆｹｰｼｮﾝ

昭和学院　高等学校

普通科

令和５年３月卒業生　男 125　女 208　計 333

進路種別		男	女	計
４年制大学	国公立	1	5	6
	私立	89	157	246
短期大学	国公立	0	0	0
	私立	1	10	11
専門学校		10	24	34
就職・自営		2	2	4
その他（未定）※		22	10	32

進学実績　※専門職大7名、専門職短大1名、留学3名含む

●４年制大学　筑波大1　千葉大4　名古屋市立大1　早稲田大5　上智大1　明治大1　立教大2　中央大1　法政大9　同志社大1　成蹊大1　明治学院大2　獨協大3　武蔵大2　国学院大3　津田塾大1　日本大16　東洋大9　駒澤大5　専修大2　他

●短期大学　昭和学院短大　共立女子短大

●専門学校　鶴舞看護　東京女子医科大看護　他

就職実績　千葉県警　三郷市消防本部　他

部活動　女子ﾊﾝﾄﾞﾎﾞｰﾙ部（全国総体優勝、全国選抜大会3位）　新体操部（全国総体団体優勝、全日本選手権種目別4位）
水泳部（ｼﾞｭﾆｱﾊﾟﾝﾊﾟｼﾌｨｯｸ選手権400mﾒﾄﾞﾚｰﾘﾚｰ3位、国体50m自由形・100m自由形優勝）
体操競技部・男女ｿﾌﾄﾃﾆｽ部・自転車競技同好会（全国総体出場）　吹奏楽部（東日本吹奏楽ｺﾝｸｰﾙ金賞）　他

指定校推薦のある大学・学部	
法政大	情報科学
明治学院大	文・社会・法
武蔵大	経済
獨協大	外国語・経済
国学院大	文
昭和薬科大	薬
日本大	理工・文理
日本大	法・生産工
東洋大	生命科学
駒澤大	経済
他	

私立高校

不二女子　高等学校

普通科

令和５年３月卒業生　女　127　計　127

進路種別		男	女	計
４年制大学	国公立		0	0
	私立		39	39
短期大学	国公立		0	0
	私立		19	19
専門学校			45	45
就職・自営			14	14
その他（未定）			10	10

その他(未定) 7.9%　私立４年制 30.7%　就職・自営 11.0%　専門学校 35.4%　短期大学 15.0%

進学実績
●４年制大学　大妻女子大2　帝京平成大1　帝京科学大4　跡見学園女子大2　千葉商科大1　淑徳大1　和洋女子大6
東都大2　城西国際大2　明海大2　江戸川大5　文京学院大3　日本女子体育大1　文化学園大1　東洋学園大2
日本ｳｪﾙﾈｽｽﾎﾟｰﾂ大1　東京女子体育大1　植草学園大1　杉野服飾大1
●短期大学　共立女子短大　大妻女子大短大部　帝京短大　昭和学院短大　星美学園短大　東京経営短大　有明教育芸術短大
●専門学校　HAL東京　TCA東京ECO動物海洋　大原医療保育福祉　日本医科学大学校　日本医科大看護　資生堂美容技術
東京医学技術　東京医薬看護　道灌山学園保育福祉　東京文化美容　東放学園音響　東京ｽﾎﾟｰﾂ・ﾚｸﾘｴｰｼｮﾝ
東京ﾊﾞｲｵﾃｸﾉﾛｼﾞｰ　日本外国語　武蔵野調理師　早稲田速記医療福祉　ﾌｧｯｼｮﾝｶﾚｯｼﾞ桜丘　ｽｶｲ総合ﾍﾟｯﾄ　他
就職実績　日本郵便　EXE　ﾊﾞｰｽ　鷹之台ｶﾝﾂﾘｰ倶楽部　ﾎﾟﾆｰ製菓　ﾔｵｺｰ　北小岩整形外科　ﾊﾟｰﾙ小児歯科医院
四谷維新號　ﾂｰﾎﾞｯｸｽ　ﾘｼﾞｮｲｽｶﾝﾊﾟﾆｰ　ｽﾀｯﾌﾌﾞﾘｯｼﾞ　武蔵ｵｲﾙｼｰﾙ工業

指定校推薦のある大学・学部	
大妻女子大	社会情報
跡見学園女子大	文・ﾏﾈｼﾞﾒﾝﾄ
跡見学園女子大	観光ｺﾐｭﾆﾃｨ
東京家政学院大	現代生活
駒沢女子大	人間総合
帝京科学大	全学部
淑徳大	総合福祉・経営
淑徳大	ｺﾐｭﾆﾃｨ政策・教育
淑徳大	看護栄養・人文
東京情報大	看護・総合情報
千葉経済大	経済
和洋女子大	人文・国際・家政
城西国際大	福祉総合・観光
城西国際大	経営情報・ﾒﾃﾞｨｱ
城西国際大	国際人文
文京学院大	経営・人間・外国語
他	

和洋国府台女子　高等学校

普通科

令和５年３月卒業生　女　163　計　163

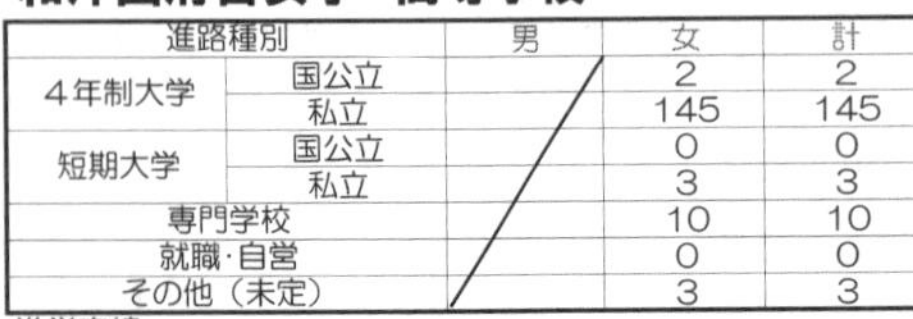

進路種別		男	女	計
４年制大学	国公立		2	2
	私立		145	145
短期大学	国公立		0	0
	私立		3	3
専門学校			10	10
就職・自営			0	0
その他（未定）			3	3

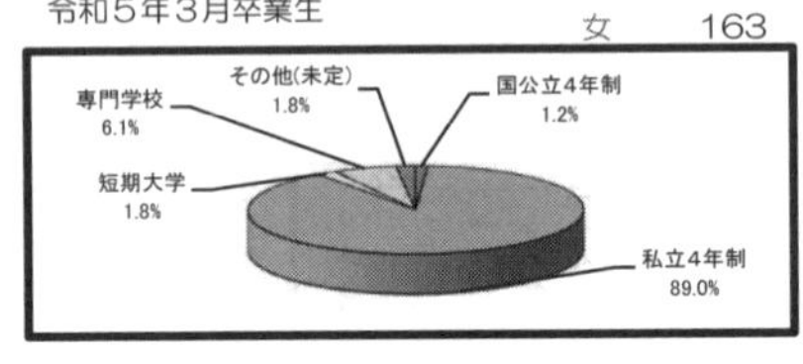

進学実績
●４年制大学　筑波大1　東京農工大1　上智大1　明治大1　立教大2　法政大2　国学院大1　成蹊大4　成城大1
明治学院大2　獨協大3　日本女子大3　日本大2　専修大1　東海大1　芝浦工業大2　学習院女子大1
白百合女子大1　大妻女子大3　聖心女子大1　他

部活動　音楽部(県合唱ｱﾝｻﾝﾌﾞﾙｺﾝﾃｽﾄ金賞)　書道部(第19回和洋女子大競書大会文部科学大臣賞)
卓球部(第71回関東大会団体・個人優勝)　女子水泳部(第74回県総体競泳総合優勝)

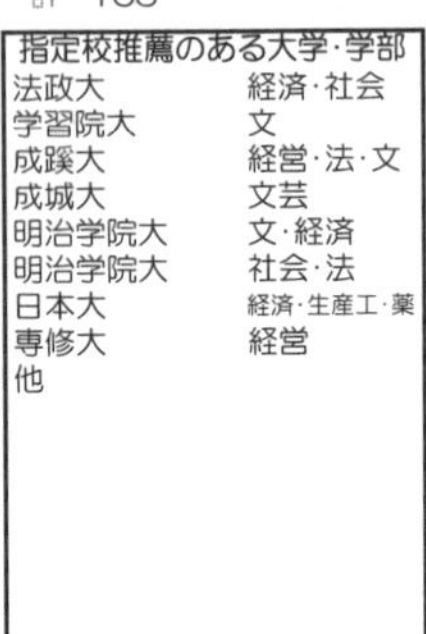

指定校推薦のある大学・学部	
法政大	経済・社会
学習院大	文
成蹊大	経営・法・文
成城大	文芸
明治学院大	文・経済
明治学院大	社会・法
日本大	経済・生産工・薬
専修大	経営
他	

日出学園　高等学校

普通科

令和５年３月卒業生　男　78　女　78　計　156

進路種別		男	女	計
４年制大学	国公立	7	3	10
	私立	56	62	118
短期大学	国公立	0	0	0
	私立	0	0	0
専門学校		2	7	9
就職・自営		0	0	0
その他（未定）		13	6	19

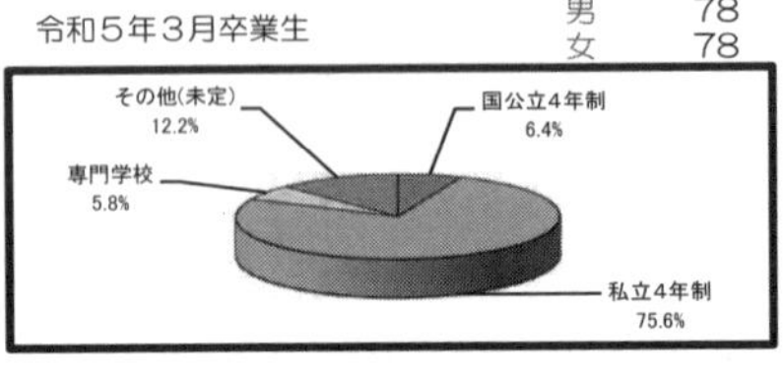

進学実績
●４年制大学　筑波大1　千葉大4　東京農工大1　電気通信大1　鹿児島大1　茨城大1　早稲田大2　上智大1
東京理科大3　学習院大4　明治大3　立教大3　中央大4　法政大3　成蹊大3　明治学院大2　東邦大4
日本大13　東京電機大4　他
●専門学校　日本工学院　東放学園　神田外語学院　東京ﾋﾞｼﾞｭｱﾙｱｰﾂ　習志野調理師

部活動　囲碁部(全国選手権大会個人戦優勝)　ﾊﾞﾄﾝﾄﾜｰﾘﾝｸﾞ部(全国大会銀賞)

指定校推薦のある大学・学部	
上智大	理工
東京理科大	
学習院大	
立教大	

東海大学付属浦安　高等学校

普通科

令和５年３月卒業生　男　312　女　123　計　435

進路種別		男	女	計
４年制大学	国公立	0	0	0
	私立	294	107	401
短期大学	国公立	0	0	0
	私立	2	4	6
専門学校		7	7	14
就職・自営		3	0	3
その他（未定）		6	5	11

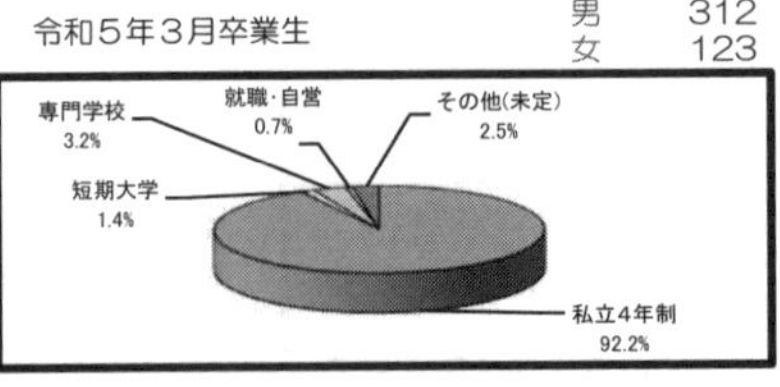

進学実績
●４年制大学　東海大334　早稲田大1　上智大1　明治大2　中央大4　法政大2　同志社大1　国学院大2　成城大1
獨協大1　武蔵野大2　明治学院大1　順天堂大5　専修大2　東洋大2　日本大6　東京都市大1
東京農業大1　文教大1　立正大1　千葉工業大1　帝京大2　帝京平成大2　城西国際大1　他
●短期大学　ﾊﾜｲ東海ｲﾝﾀｰﾅｼｮﾅﾙｶﾚｯｼﾞ　有明教育芸術短大　CamosunCollege
●専門学校　聖ﾏﾘｱﾝﾅ医科大看護　日本大医学部附属看護　亀田医療技術　首都医校　日本ﾎﾃﾙｽｸｰﾙ　大原簿記公務員
八千代ﾘﾊﾋﾞﾘﾃｰｼｮﾝ学院　船橋情報ﾋﾞｼﾞﾈｽ　東京ｺﾐｭﾆｹｰｼｮﾝｱｰﾄ　東京ﾒﾃﾞｨｶﾙ・ｽﾎﾟｰﾂ　東京ﾃﾞｻﾞｲﾅｰ学院　他
就職実績　警視庁　浦安市消防本部
部活動　男子柔道部・男女剣道部(全国総体出場・全国選手権大会出場)
女子柔道部・陸上競技部・女子水泳部(全国総体出場)　軽音楽部(全国総合文化祭出場)

指定校推薦のある大学・学部	
武蔵野大	薬

私立高校

東京学館浦安　高等学校　普通科

令和５年３月卒業生　男 296　女 194　計 490

進路種別		男	女	計
４年制大学	国公立	2	2	4
	私立	208	120	328
短期大学	国公立	1	0	1
	私立	5	13	18
専門学校		49	46	95
就職・自営		2	2	4
その他（未定）		29	11	40

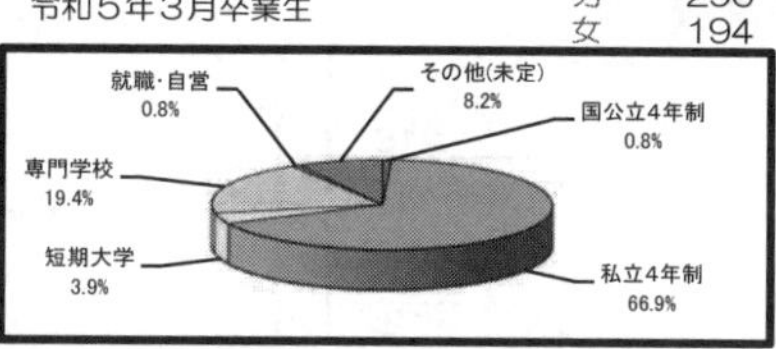

指定校推薦のある大学・学部

東京理科大	創域理工
明治学院大	法・文・社会
国学院大	文
武蔵大	経済
日本大	法・文理・理工
日本大	商・生産工・薬
東洋大	法・生命科学
東洋大	社会・経済・理工
駒澤大	経営・経済
専修大	法・国際ｺﾐｭﾆｹｰｼｮﾝ
芝浦工業大	工・ﾃﾞｻﾞｲﾝ工
芝浦工業大	ｼｽﾃﾑ理工
ﾌｪﾘｽ女学院大	文・音楽
ﾌｪﾘｽ女学院大	国際交流
獨協大	
他	

進学実績
●４年制大学　お茶の水女子大1　東京学芸大1　電気通信大1　県立保健医療大1　上智大2　東京理科大3　学習院大1　立教大2　中央大1　法政大3　明治学院大3　獨協大2　国学院大2　日本大22　東洋大11　駒澤大6　専修大3　日本女子大2　東邦大2　芝浦工業大2　他
●短期大学　日本歯科大東京短大　戸板女子短大　日本大短大部　目白大短大部　千葉職業能力開発短大校　他
●専門学校　昭和大医学部附属看護　日本ﾎﾃﾙｽｸｰﾙ　日本芸術　東京医薬看護　大原法律　日本医科大看護　大原簿記　ﾍﾞﾙｴﾎﾟｯｸ美容　東京YMCA社会体育・保育　船橋情報ﾋﾞｼﾞﾈｽ　日本工学院　日本電子　ﾋｭｰﾏﾝｱｶﾃﾞﾐｰ　他
就職実績　陸上自衛隊　NTTsportsX　ﾎﾟﾄﾏｯｸ　山崎製ﾊﾟﾝ
部活動　ﾁｱﾀﾞﾝｽ部(ﾁｱﾘｰﾃﾞｨﾝｸﾞ&ﾀﾞﾝｽ全国大会6位)　男子ﾃﾆｽ部(ｲﾝﾀｰﾊｲ団体ﾍﾞｽﾄ4)　女子ﾃﾆｽ部(ｲﾝﾀｰﾊｲ団体出場)　男子卓球部(県大会ｼﾝｸﾞﾙｽ・ﾀﾞﾌﾞﾙｽ優勝、団体準優勝)　女子剣道部(県大会団体3位)　ｻｯｶｰ部(県大会ﾍﾞｽﾄ8)　他

光英VERITAS　高等学校　普通科

令和５年３月卒業生　男 0　女 106　計 106

進路種別		男	女	計
４年制大学	国公立		2	2
	私立		93	93
短期大学	国公立		0	0
	私立		7	7
専門学校			3	3
就職・自営			0	0
その他（未定）			1	1

専門学校 2.8%　その他(未定) 0.9%　国公立４年制 1.9%　短期大学 6.6%　私立４年制 87.7%

指定校推薦のある大学・学部

上智大	文
法政大	法
国学院大	文
東洋大	文・生命科学
日本大	生産工
東京女子大	現代教養
日本女子大	人間社会
聖心女子大	現代教養
玉川大	経営・芸術
玉川大	ﾘﾍﾞﾗﾙｱｰﾂ
拓殖大	商
清泉女子大	文
東洋英和女学院大	人間科学
東洋英和女学院大	国際社会

進学実績　※令和3年度から共学化
●４年制大学　東京芸術大1　佐賀大1　上智大1　明治大1　青山学院大1　法政大1　獨協大1　国学院大2　日本大1　東洋大1　東京女子大4　日本女子大2　大妻女子大1　共立女子大3　実践女子大2　聖心女子大4　国士舘大1　白百合女子大1　ﾌｪﾘｽ女学院大1　聖徳大23　他
●短期大学　昭和音楽大短大部　聖徳大短大部　目白大短大部　他
部活動　ﾀﾞﾝｽ部(全国ﾀﾞﾝｽﾄﾞﾘﾙ選手権大会JAZZ部門Small編成5位、関東大会2位)　吹奏楽部(東関東吹奏楽ｺﾝｸｰﾙB部門金賞)　ﾊﾞﾄﾝ部(ﾊﾞﾄﾝﾄﾜｰﾘﾝｸﾞ関東大会金賞)　女子ｽｷｰ部(関東大会出場、県大会回転競技・大回転競技優勝)　硬式野球部(秋季県大会ﾍﾞｽﾄ16)　書道部(第26回全国書道ｺﾝｸｰﾙ団体優良賞、個人全日本書道教育研究会賞)　ｺﾞﾙﾌ部(R3年度夏季・春季全国大会出場)　他

専修大学松戸　高等学校　普通科

令和５年３月卒業生　男 242　女 166　計 408

進路種別		男	女	計
４年制大学	国公立			345
	私立			
短期大学	国公立			1
	私立			
専門学校				2
就職・自営				1
その他（未定）				59

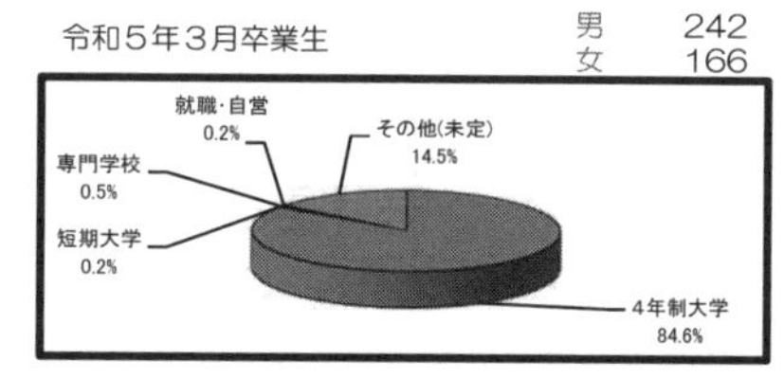

※合格実績
●４年制大学　東京大1　東北大1　北海道大3　東京外国語大1　筑波大4　千葉大13　金沢大1　東京農工大2　電気通信大3　広島大2　埼玉大3　鹿児島大1　秋田大1　茨城大4　帯広畜産大1　県立保健医療大3　埼玉県立大1　会津大1　防衛大学校1　早稲田大29　慶応大5　上智大18　東京理科大36　学習院大17　明治大54　青山学院大31　立教大54　中央大42　法政大62　日本大110　東洋大57　駒澤大7　成城大22　成蹊大18　国学院大10　武蔵大8　明治学院大32　関西学院大3　同志社大4　立命館大2　千葉工業大36　北里大6　工学院大5　他
●短期大学　日本歯科大東京短大　東京歯科大短大
●専門学校　慈恵看護　船橋市立看護　東京ｽｸｰﾙｵﾌﾞﾐｭｰｼﾞｯｸ&ﾀﾞﾝｽ
就職実績　千葉県警

芝浦工業大学柏　高等学校　普通科

令和５年３月卒業生　男 217　女 91　計 308

進路種別		男	女	計
４年制大学	国公立	39	16	55
	私立	145	68	213
短期大学	国公立	0	0	0
	私立	0	0	0
専門学校		0	1	1
就職・自営		0	0	0
その他（未定）※		33	6	39

その他(未定) 12.7%　国公立４年制 17.9%　専門学校 0.3%　私立４年制 69.2%

指定校推薦のある大学・学部

慶応大	理工
早稲田大	基幹理工
早稲田大	創造理工
上智大	理工
東京理科大	創域理工
明治大	理工
立教大	理
中央大	理工
法政大	理工
青山学院大	法
学習院大	理・法
獨協大	外国語
明治薬科大	薬
他	

進学実績　※留学男子3名・女子2名含む
●４年制大学　東京大1　京都大1　東京工業大4　一橋大2　北海道大2　東北大1　筑波大5　千葉大7　お茶の水女子大1　横浜国立大1　東京海洋大3　東京都立大2　早稲田大15　慶応大9　上智大9　東京理科大20　中央大7　法政大13　明治大15　立教大8　他
●専門学校　TCA東京ECO動物海洋
部活動　水泳部(U17全日本ｼﾞｭﾆｱ水球競技大会優勝、JOCｼﾞｭﾆｱｵﾘﾝﾋﾟｯｸｶｯﾌﾟ出場)　科学部(JSEC2022審査委員奨励賞)　囲碁将棋部(県囲碁秋季大会個人準優勝)　ﾗｸﾞﾋﾞｰ部(県優秀選手選出、新人大会5位)　女子陸上競技部(県新人大会200m4位)

私立高校

日本体育大学柏　高等学校

普通科　　令和５年３月卒業生　男 181　女 112　計 293

進路種別		男	女	計
４年制大学	国公立	2	0	2
	私立	145	73	218
短期大学	国公立	0	0	0
	私立	1	7	8
専門学校		17	28	45
就職・自営		5	3	8
その他（未定）		11	1	12

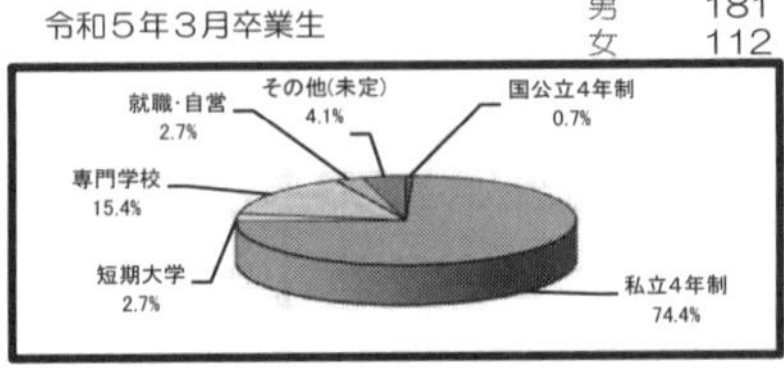

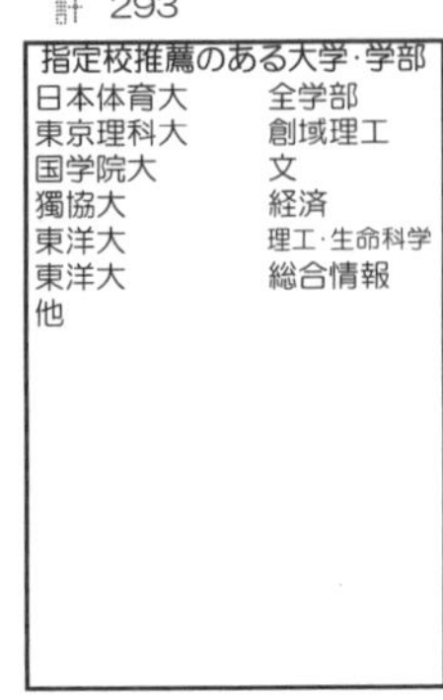

指定校推薦のある大学・学部	
日本体育大	全学部
東京理科大	創域理工
国学院大	文
獨協大	経済
東洋大	理工・生命科学
東洋大	総合情報
他	

進学実績
●４年制大学　東北大1　千葉大1　早稲田大1　慶応大1　東京理科大1　中央大1　日本大10　専修大2　東洋大7　駒澤大1　獨協大2　国学院大1　武蔵大2　立命館大1　神奈川大2　東海大2　芝浦工業大1　東京女子大1　東邦大3　他
●短期大学　戸板女子短大　東京経営短大
●専門学校　慈恵柏看護　船橋情報ﾋﾞｼﾞﾈｽ　ｽｶｲ総合ﾍﾟｯﾄ　東京ｳｪﾃﾞｨﾝｸﾞ・ﾎﾃﾙ　HAL東京　国際理容美容　他
就職実績　柏ﾚｲｿﾙ　他
部活動　ﾚｽﾘﾝｸﾞ部(ｲﾝﾀｰﾊｲ優勝5回、全国選抜優勝6回)
ﾀﾞﾝｽ部(全国大会Song/Pom部門優勝・Songleadingｸﾞﾗﾝﾌﾟﾘ)
ｻｯｶｰ部(全国大会ﾍﾞｽﾄ8)

麗澤　高等学校

普通科　　令和５年３月卒業生　男 98　女 118　計 216

進路種別		男	女	計
４年制大学	国公立	8	11	19
	私立	69	96	165
短期大学	国公立	0	0	0
	私立	0	2	2
専門学校		1	1	2
就職・自営		0	0	0
その他（未定）		20	8	28

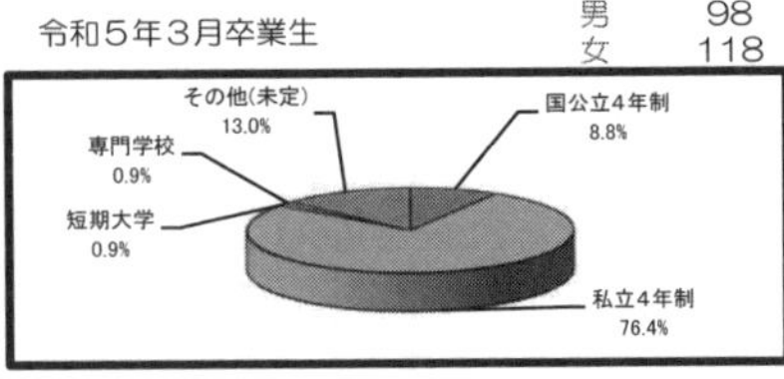

指定校推薦のある大学・学部	
早稲田大	文化構想
東京理科大	薬・創域理工
東京理科大	先進工・経営
立教大	文・現代心理
明治大	政治経済
法政大	文・社会
法政大	GIS・理工
他	

進学実績
●４年制大学　北海道大1　東北大1　東京工業大1　お茶の水女子大1　筑波大1　千葉大4　広島大1　信州大1　埼玉大1　宇都宮大1　茨城大1　早稲田大2　慶応大2　上智大10　東京理科大14　明治大11　立教大17　法政大18　中央大16　青山学院大8　他
●短期大学　東京家政大短大部　日本大短大部
部活動　SDGs研究会(ｴｼｶﾙ甲子園優秀賞)　女子ﾗｸﾞﾋﾞｰ部・ｺﾞﾙﾌ部(全国大会出場)　女子ﾃﾆｽ部(全国私学大会出場)
空手道部(関東大会出場)　男子ﾃﾆｽ部・ﾊﾞﾄﾞﾐﾝﾄﾝ部・女子ﾊﾞｽｹｯﾄﾎﾞｰﾙ部・ｻｯｶｰ部・弓道部(県大会出場)

流通経済大学付属柏　高等学校

普通科　　令和５年３月卒業生　男 175　女 142　計 317

進路種別		男	女	計
４年制大学	国公立	9	8	17
	私立	142	105	247
短期大学	国公立	0	0	0
	私立	1	2	3
専門学校		4	14	18
就職・自営		2	0	2
その他（未定）		17	13	30

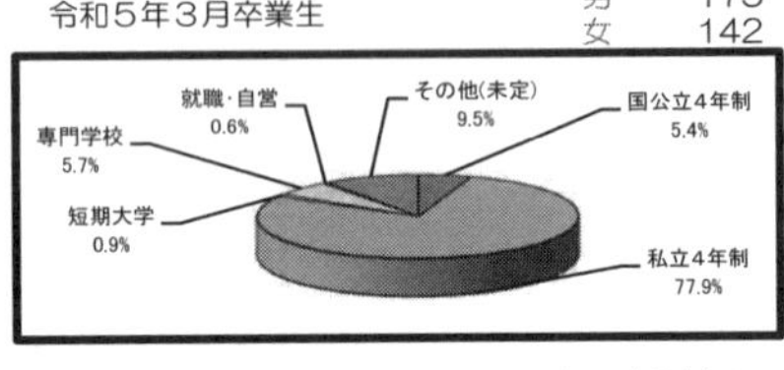

指定校推薦のある大学・学部	
東京理科大	創域理工
青山学院大	法
法政大	法・ｷｬﾘｱﾃﾞｻﾞｲﾝ
学習院大	法
成城大	経済
明治学院大	法・経済
獨協大	法・経済・外国語
武蔵大	経済・社会
東邦大	理
日本大	法・経済・理工
東洋大	文
武蔵野大	法
大妻女子大	文・家政
共立女子大	文芸・看護
神田外語大	外国語
東京電機大	未来科学
他	

進学実績
●４年制大学　東京大1　東北大2　筑波大4　お茶の水女子大1　金沢大1　静岡大2　東京海洋大1　埼玉大1　茨城大1　県立保健医療大2　早稲田大3　上智大1　東京理科大3　青山学院大2　明治大9　立教大2　中央大2　法政大5　学習院大3　明治学院大7　他
●短期大学　戸板女子短大　国学院大北海道短大部　ﾔﾏｻﾞｷ動物看護専門職短大
●専門学校　慈恵柏看護　慈恵看護　日本工学院　山野美容　ｺｰｾｰ美容　千葉・柏ﾘﾊﾋﾞﾘﾃｰｼｮﾝ学院　日本ﾘﾊﾋﾞﾘﾃｰｼｮﾝ　青山製図　東京ｳｪﾃﾞｨﾝｸﾞ・ﾎﾃﾙ　東京こども　大原簿記法律　東京ｽｸｰﾙｵﾌﾞﾐｭｰｼﾞｯｸ　東京ﾋﾞｼﾞｭｱﾙｱｰﾂ　他
就職実績　海上自衛隊　丸和運輸機関
部活動　男子ｻｯｶｰ部(U-18ﾌﾟﾚﾐｱﾘｰｸﾞ8位)　ﾗｸﾞﾋﾞｰ部(全国大会ﾍﾞｽﾄ16)　女子ｻｯｶｰ部(秋季関東大会優勝)
吹奏楽部(東日本大会金賞)　放送部(R3年度全国総合文化祭放送部門ﾌﾞﾛｯｸ2位)

二松学舎大学附属柏　高等学校

普通科　　令和５年３月卒業生　男 128　女 141　計 269

進路種別		男	女	計
４年制大学	国公立	10	4	14
	私立	102	113	215
短期大学	国公立	0	0	0
	私立	0	2	2
専門学校		4	15	19
就職・自営		0	0	0
その他（未定）		12	7	19

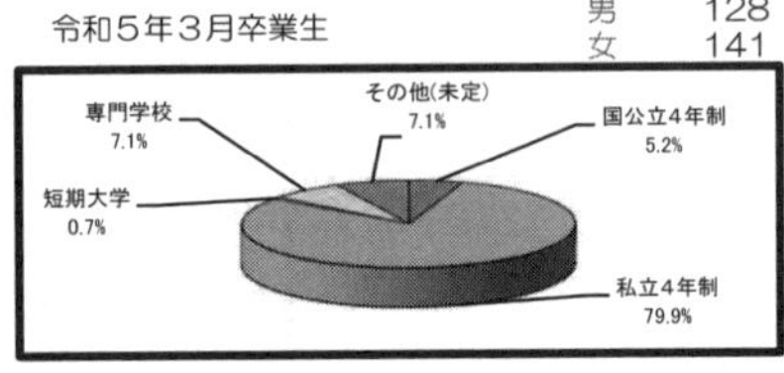

指定校推薦のある大学・学部	
東京理科大	工・創域理工
同志社大	経済
武蔵大	人文・経済
獨協大	法・経済
国学院大	文
日本大	商・法・文理・歯
日本大	経済・理工・薬
東洋大	法・生命科学・理工
東洋大	経営・経済・社会
東洋大	国際・国際観光
東洋大	健康ｽﾎﾟｰﾂ科学
駒澤大	法
専修大	文
日本女子大	文
他	

進学実績
●４年制大学　二松学舎大19　筑波大2　千葉大2　茨城大4　東京都立大1　京都府立大1　早稲田大2　慶応大1　上智大2　明治大2　青山学院大2　立教大7　中央大2　法政大5　学習院大5　東京理科大7　同志社大1　日本大22　東洋大43　駒澤大8　他
●短期大学　大妻女子大短大部　他
部活動　男子ﾊﾝﾄﾞﾎﾞｰﾙ部(全国選抜大会出場)　男子剣道部(関東大会団体出場)　吹奏楽部(県ｺﾝｸｰﾙB部門金賞)
女子ﾊﾞﾚｰﾎﾞｰﾙ部(県大会ﾍﾞｽﾄ16)　男子ｻｯｶｰ部(県総体・県選手権大会出場)

私立高校

西武台千葉　高等学校　普通科

令和５年３月卒業生　男 188　女 129　計 317

進路種別		男	女	計
４年制大学	国公立	5	1	6
	私立	139	76	215
短期大学	国公立	0	0	0
	私立	1	6	7
専門学校		23	41	64
就職･自営		8	2	10
その他（未定）		12	3	15

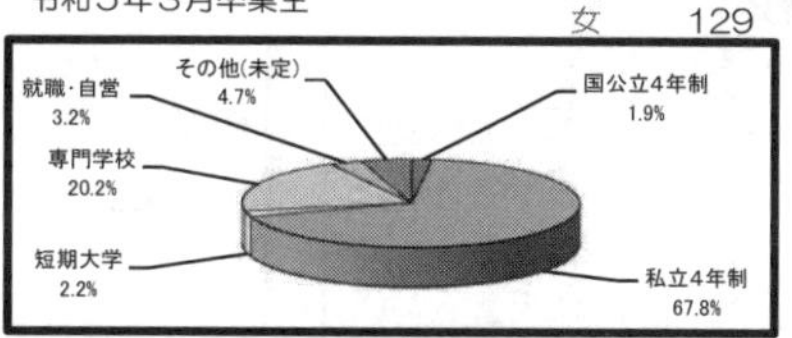

指定校推薦のある大学･学部	
東京理科大	創域理工
成蹊大	法
成城大	経済
獨協大	法･経済･外国語
東邦大	理
日本大	理工･経済
日本大	生産工･薬
東洋大	法･社会･生命科学
東洋大	理工･食環境科学
東洋大	国際･国際観光
駒澤大	法
武蔵野大	ｸﾞﾛｰﾊﾞﾙ･工
武蔵野大	経済･文･経営
武蔵野大	ﾃﾞｰﾀｻｲｴﾝｽ
武蔵野大	ｱﾝﾄﾚﾌﾟﾚﾅｰｼｯﾌﾟ
武蔵野大	法･人間科学
他	

進学実績

●４年制大学　茨城大2　東京都立大1　慶応大2　早稲田大3　上智大2　東京理科大2　青山学院大2　法政大2　国学院大1　獨協大8　日本大18　東洋大8　駒澤大3　専修大1　星薬科大1　昭和薬科大1　文教大11　芝浦工業大1　東京農業大2　千葉工業大2　他

●短期大学　鶴見大短大部　帝京短大　川口短大　東京経営短大　他

●専門学校　慈恵柏看護　昭和大医学部附属看護　松戸市立総合医療ｾﾝﾀｰ附属看護　獨協医科大附属看護　中央医療技術　他

就職実績　陸上自衛隊　野田市消防本部　東京ﾒﾄﾛ　庄和中央病院　真和建設　ﾛｼﾞｽﾃｨｰﾄﾞ首都圏　果実堂　ﾏﾙﾉｳﾁ

部活動　女子ﾊﾞﾄﾞﾐﾝﾄﾝ部(全国選抜大会ﾀﾞﾌﾞﾙｽ･団体出場、関東選抜大会ﾀﾞﾌﾞﾙｽ準優勝･団体3位)　陸上競技部(全国大会･関東大会･関東駅伝大会出場)　吹奏楽部(ﾏｰﾁﾝｸﾞﾊﾞﾝﾄﾞ関東大会･東関東ﾏｰﾁﾝｸﾞｺﾝﾃｽﾄ銀賞)　水泳部･男子ｿﾌﾄﾃﾆｽ部･ﾎﾞｸｼﾝｸﾞ部(関東大会出場)　ﾀﾞﾝｽﾄﾞﾘﾙ部(USARegionals2023千葉大会出場)　他

我孫子二階堂　高等学校　普通科

令和５年３月卒業生　男 78　女 52　計 130

進路種別		男	女	計
４年制大学	国公立	0	0	0
	私立	46	18	64
短期大学	国公立	0	0	0
	私立	0	3	3
専門学校		24	26	50
就職･自営		5	1	6
その他（未定）		3	4	7

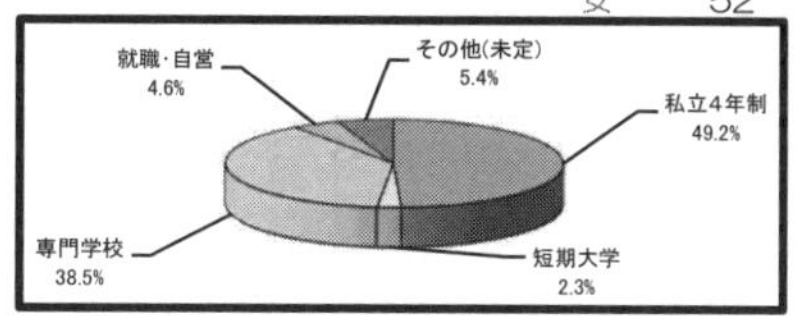

指定校推薦のある大学･学部	
日本大	生産工
東洋大	理工
東京農業大	生物産業
千葉工業大	工･先進工
千葉工業大	社会ｼｽﾃﾑ科学
拓殖大	政経･工
帝京平成大	健康医療ｽﾎﾟｰﾂ
帝京科学大	全学部
淑徳大	全学部
和洋女子大	人文･国際･家政
江戸川大	ﾒﾃﾞｨｱｺﾐｭﾆｹｰｼｮﾝ
江戸川大	社会
麗澤大	外国語･経済･国際
日本女子体育大	体育
流通経済大	経済･社会･法
流通経済大	流通情報
他	

進学実績

●４年制大学　日本大2　東京農業大1　大妻女子大1　亜細亜大1　帝京科学大4　千葉商科大2　淑徳大5　和洋女子大2　日本薬科大1　江戸川大6　麗澤大4　流通経済大6　聖徳大2　文京学院大2　医療創生大1　東洋学園大1　中央学院大4　国際武道大2　清和大2　他

●短期大学　聖徳大短大部　東京経営短大

●専門学校　江戸川学園おおたかの森　大原簿記法律　ｺｰｾｰ美容　国際理容美容　尚美ﾐｭｰｼﾞｯｸｶﾚｯｼﾞ　昭和医療技術　ｽｶｲ総合ﾍﾟｯﾄ　聖和看護　太陽歯科衛生士　千葉･柏ﾘﾊﾋﾞﾘﾃｰｼｮﾝ学院　中央自動車大学校　日本工学院　他

就職実績　自衛隊　共同印刷　Beauty Lounge BELINDA

部活動　柔道部(R3･4年度県総体団体の部5位、R2･R4年度県新人大会団体の部ﾍﾞｽﾄ8、R3年度5位)　吹奏楽部(R3･4年度県吹奏楽ｺﾝｸｰﾙB部門銅賞)

中央学院　高等学校　普通科

令和５年３月卒業生　男 166　女 110　計 276

進路種別		男	女	計
４年制大学	国公立	2	0	2
	私立	142	77	219
短期大学	国公立	0	0	0
	私立	0	5	5
専門学校		12	27	39
就職･自営		3	0	3
その他（未定）		7	1	8

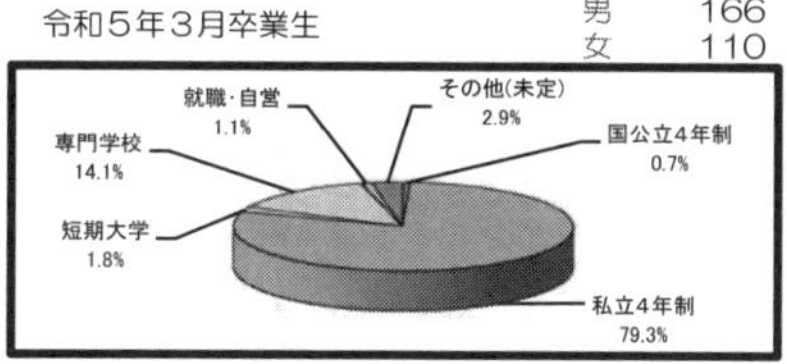

指定校推薦のある大学･学部	
日本大	理工･生産工
東洋大	国際･生命科学
駒澤大	経済
駒澤大	医療健康科学
専修大	経済
清泉女子大	文
武蔵野大	文･経済･経営
武蔵野大	法･ｸﾞﾛｰﾊﾞﾙ
武蔵野大	工･人間科学
武蔵野大	ﾃﾞｰﾀｻｲｴﾝｽ
武蔵野大	ｱﾝﾄﾚﾌﾟﾚﾅｰｼｯﾌﾟ
立正大	文･社会福祉
立正大	心理･仏教･法
立正大	地球環境科学
他	

進学実績

●４年制大学　新潟大1　長岡技術科学大1　青山学院大1　学習院大1　中央大2　立教大1　獨協大2　文教大3　神田外語大3　日本大10　東洋大6　駒澤大3　専修大5　国学院大2　他

●短期大学　日本歯科大東京短大　千葉経済大短大部　目白大短大部　昭和学院短大

●専門学校　東京医薬看護　慈恵柏看護　東葛看護　国際理容美容　御茶の水美術

就職実績　警視庁　ﾄﾖﾀ自動車　防災通信工業

部活動　女子弓道部(ｲﾝﾀｰﾊｲ個人出場)　書道部(書道ﾊﾟﾌｫｰﾏﾝｽ甲子園11位)　男子ｻｯｶｰ部(県大会3位)　野球部(県大会ﾍﾞｽﾄ8)　男子ﾊﾞﾄﾞﾐﾝﾄﾝ部(R3年度ｼﾝｸﾞﾙｽ･ﾀﾞﾌﾞﾙｽ･団体ｲﾝﾀｰﾊｲ出場)　他

愛国学園大学附属四街道　高等学校　普通科

令和５年３月卒業生　女 25　計 25

進路種別		男	女	計
４年制大学	国公立	／	0	0
	私立		5	5
短期大学	国公立		0	0
	私立		2	2
専門学校			10	10
就職･自営			4	4
その他（未定）			4	4

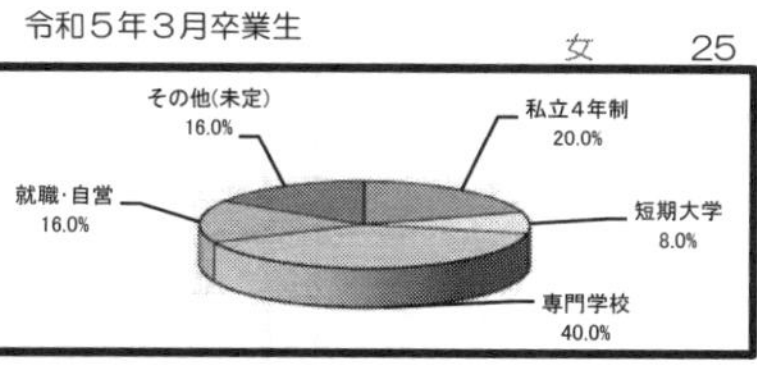

指定校推薦のある大学･学部
淑徳大
東京情報大
東京家政学院大
千葉経済大
江戸川大
城西大
城西国際大
秀明大
共栄大
西武文理大
聖徳大
川村学園女子大
埼玉学園大
植草学園大
多摩大
東京福祉大
他

進学実績

●４年制大学　城西国際大1　和洋女子大1　東京情報大1　江戸川大1　愛国学園大1

●短期大学　千葉経済大短大部

●専門学校　ｱｲｴｽﾃﾃｨｯｸ　ﾌｧｯｼｮﾝｶﾚｯｼﾞ桜丘　ﾍﾞﾙｴﾎﾟｯｸ美容　千葉ﾃﾞｻﾞｲﾅｰ学院　尚美ﾐｭｰｼﾞｯｸｶﾚｯｼﾞ　ちば愛犬動物ﾌﾗﾜｰ　千葉医療秘書&IT　大原簿記公務員　東京ｳｪﾃﾞｨﾝｸﾞ･ﾎﾃﾙ

就職実績　航空保安事業ｾﾝﾀｰ　太平洋ｸﾗﾌﾞ　さくらの丘

私立高校

千葉敬愛　高等学校

普通科

令和５年３月卒業生　男 205　女 292　計 497

進路種別		男	女	計
４年制大学	国公立	2	5	7
	私立	152	212	364
短期大学	国公立	0	0	0
	私立	0	19	19
専門学校		16	41	57
就職・自営		5	2	7
その他（未定）		30	13	43

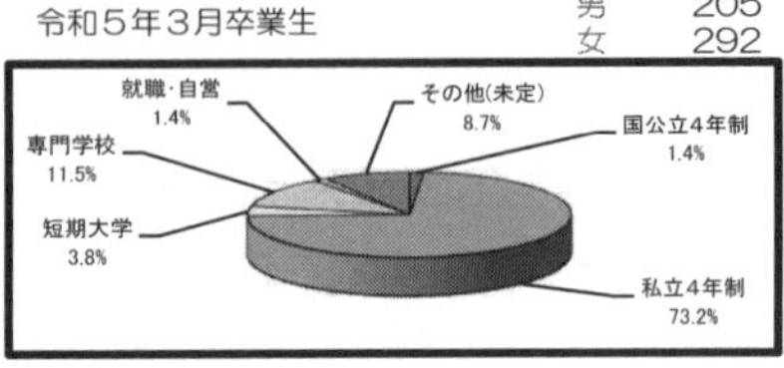

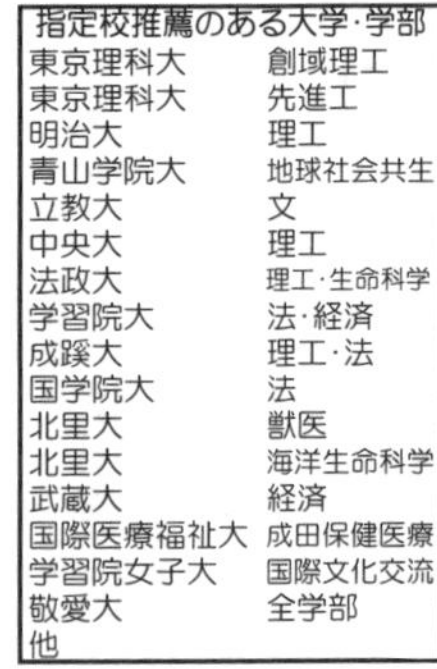

指定校推薦のある大学・学部	
東京理科大	創域理工
東京理科大	先進工
明治大	理工
青山学院大	地球社会共生
立教大	文
中央大	理工
法政大	理工・生命科学
学習院大	法・経済
成蹊大	理工・法
国学院大	法
北里大	獣医
北里大	海洋生命科学
武蔵大	経済
国際医療福祉大	成田保健医療
学習院女子大	国際文化交流
敬愛大	全学部
他	

進学実績
●４年制大学　千葉大3　東京海洋大1　県立保健医療大3　早稲田大2　東京理科大2　学習院大6　明治大4　青山学院大3　立教大2　中央大2　法政大3　立命館大1　東京女子大1　日本大26　東洋大17　駒澤大7　専修大10　芝浦工業大3　成蹊大2　成城大1　他
●短期大学　東京歯科大短大　日本歯科大東京短大　千葉敬愛短大　共立女子短大　大妻女子大短大部　他
●専門学校　慈恵柏看護　慈恵看護　青葉看護　日本医科大看護　二葉看護学院　神田外語学院　東京ｺﾐｭﾆｹｰｼｮﾝｱｰﾄ　東京IT会計公務員　東洋理容美容　東京ｳｪﾃﾞｨﾝｸﾞ&ﾌﾞﾗｲﾀﾞﾙ　東京ﾍﾞﾙｴﾎﾟｯｸ美容　他
就職実績　千葉県警　栄町役場
部活動　ﾏｰﾁﾝｸﾞﾊﾞﾝﾄﾞ部(JapanCup全国大会団体2位)　弁論部(全国青年弁論大会個人優秀賞3位)　ﾀﾞﾝｽ部(日本選手権夏の公式全国大会4位)　女子ﾃﾆｽ部(全国大会個人出場)　他

東京学館　高等学校

普通科

令和５年３月卒業生　男 202　女 142　計 344

進路種別		男	女	計
４年制大学	国公立	2	1	3
	私立	134	69	203
短期大学	国公立	0	0	0
	私立	2	5	7
専門学校		42	57	99
就職・自営		13	5	18
その他（未定）		9	5	14

その他(未定) 4.1%　就職・自営 5.2%　国公立４年制 0.9%　専門学校 28.8%　短期大学 2.0%　私立４年制 59.0%

指定校推薦のある大学・学部	
東京理科大	創域理工
獨協大	法
東邦大	理
日本大	生産工・法・理工
駒澤大	法
東洋大	経済
東京農業大	生物産業
玉川大	ﾘﾍﾞﾗﾙｱｰﾂ
武蔵野大	人間科学
二松学舎大	文
立正大	経済
大妻女子大	家政
東京電機大	工・未来科学
千葉工業大	工・先進工
国士舘大	法
亜細亜大	経済・国際関係
他	

進学実績
●４年制大学　茨城大1　島根大1　長野大1　上智大2　東京理科大3　明治大1　立教大3　中央大2　獨協大3　国学院大3　東邦大4　日本大14　東洋大4　駒澤大2　専修大2　順天堂大1　東京農業大3　玉川大2　立正大3　武蔵野大2　神田外語大1　国士舘大1　東京家政大3　亜細亜大2　共立女子大1　帝京大1　他
●短期大学　日本歯科大東京短大　千葉経済大短大部　聖徳大短大部
●専門学校　宮本看護　八千代ﾘﾊﾋﾞﾘﾃｰｼｮﾝ学院　神田外語学院　北原学院千葉歯科衛生　国際医療福祉　国際理工ｶﾚｯｼﾞ　二葉看護学院　東京医薬看護　東洋公衆衛生学院　東洋理容美容　日本工学院　日本自動車大学校　他
就職実績　自衛隊　千葉県警　電洋社
部活動　軽音楽部(全国軽音部対抗ﾊﾞﾝﾄﾞﾊﾞﾄﾙﾍﾞｽﾄﾌﾟﾚｲﾔｰ賞)　美術部(第22回国際美術展美術の部秀作賞)　書道部(第37回高円宮杯日本武道館書写書道大展覧会毛筆の部日本武道館賞・大会奨励賞)　他

千葉黎明　高等学校

普通科
生産ビジネス科

令和５年３月卒業生　男 172　女 112　計 284

進路種別		男	女	計
４年制大学	国公立	3	0	3
	私立	116	66	182
短期大学	国公立	0	0	0
	私立	7	10	17
専門学校		25	25	50
就職・自営		15	9	24
その他（未定）		6	2	8

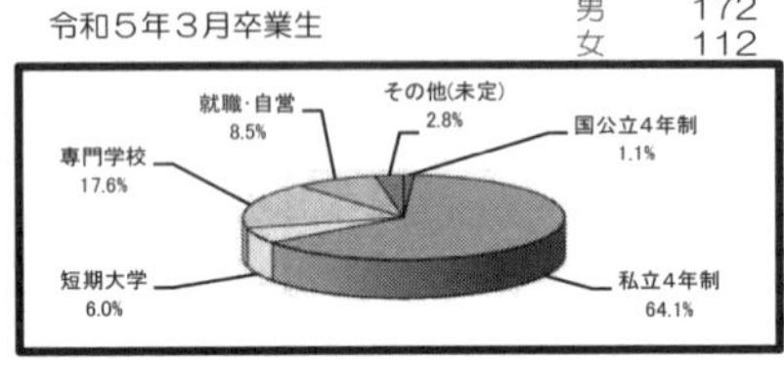

指定校推薦のある大学・学部	
東邦大	理
駒澤大	法
日本大	生産工
日本大	生物資源科学
東京農業大	生物産業
神田外語大	外国語
東京電機大	ｼｽﾃﾑﾃﾞｻﾞｲﾝ工
共立女子大	国際・文芸・家政
女子栄養大	栄養
亜細亜大	経営・法
国士舘大	法・政経・文・経営
大東文化大	外国語
帝京大	文・理工
帝京大	医療技術
他	

進学実績
●４年制大学　東京工業大1　金沢大1　山形大1　立教大1　明治大2　中央大1　法政大1　日本女子大1　日本大5　東洋大2　駒澤大1　専修大4　国学院大1　武蔵大1　成城大2　東京農業大1　東京電機大1　東邦大4　女子栄養大1　東京家政大1　他
●短期大学　千葉敬愛短大　千葉経済大短大部　戸板女子短大　帝京大学短大　昭和学院短大　女子美術大短大部　千葉明徳短大　国学院大北海道短大部　千葉職業能力開発短大校
●専門学校　神田外語学院　東京IT会計公務員　東洋理容美容　ちば愛犬動物ﾌﾗﾜｰ　千葉ﾋﾞｭｰﾃｨｰ&ﾌﾞﾗｲﾀﾞﾙ
就職実績　警視庁　日本食研ﾎｰﾙﾃﾞｨﾝｸﾞｽ　古谷乳業　京成電鉄　ﾈｸｽｺ東日本ｴﾘｱｻﾎﾟｰﾄ
部活動　男子ﾗｲﾌﾙ射撃部(国体10mｴｱ・ﾗｲﾌﾙ立射優勝)　男子ｺﾞﾙﾌ部(日本ｼﾞｭﾆｱ選手権個人15位)　男子ｱｰﾁｪﾘｰ部(全国選抜大会個人9位)　男子陸上競技部(ｲﾝﾀｰﾊｲ400m出場)　他

成田　高等学校

普通科

令和５年３月卒業生　男 175　女 113　計 288

進路種別		男	女	計
４年制大学	国公立			29
	私立			193
短期大学	国公立			0
	私立			0
専門学校				6
就職・自営				1
その他（未定）				59

その他(未定) 20.5%　国公立４年制 10.1%　就職・自営 0.3%　専門学校 2.1%　私立４年制 67.0%

指定校推薦のある大学・学部	
早稲田大	文化構想
東京理科大	創域理工・経営
東京理科大	工・理Ⅱ
明治大	政治経済
明治大	経営・理工
青山学院大	経済・文
立教大	文・経済・法
中央大	理工
法政大	法・経済・理工
学習院大	経済・文・理
同志社大	生命医科
国学院大	法
明治学院大	全学部
成城大	経済
武蔵大	経済・社会
東京薬科大	薬・生命科学
他	

進学実績
●４年制大学　大阪大1　北海道大1　筑波大2　お茶の水女子大1　千葉大9　横浜国立大1　金沢大1　埼玉大2　早稲田大6　慶応大2　上智大1　東京理科大9　明治大7　青山学院大3　立教大5　中央大2　法政大6　芝浦工業大3　東京女子大2　日本女子大3　他
●専門学校　青葉看護　ちば愛犬動物ﾌﾗﾜｰ　大原簿記公務員
就職実績　富里市役所
部活動　音楽部(K国際作曲ｺﾝｸｰﾙ本選2位)　女子陸上競技部(U18日本大会3種目入賞、全国駅伝大会出場)　男子陸上競技部(U18日本大会3種目入賞)　水泳部(国体4名選出)　女子ｿﾌﾄﾃﾆｽ部(全国総体出場)　ﾀﾞﾝｽﾄﾞﾘﾙ部(全国選手権大会2部門出場)　放送部(NHK杯全国放送ｺﾝﾃｽﾄ出場)　競技かるた部(全国百人一首かるた選手権大会・全国総合文化祭出場)　他

私立高校

千葉萌陽　高等学校

普通科　　令和５年３月卒業生　　女 23　　計 23

進路種別		男	女	計
４年制大学	国公立		0	0
	私立		2	2
短期大学	国公立		0	0
	私立		2	2
専門学校			15	15
就職･自営			3	3
その他（未定）			1	1

その他(未定) 4.3%　私立４年制 8.7%　短期大学 8.7%　専門学校 65.2%　就職･自営 13.0%

進学実績
●４年制大学　和洋女子大1　聖徳大1
●短期大学　昭和学院短大　聖徳大短大部
●専門学校　ﾊﾟﾘ総合美容　千葉こども　成田国際福祉　新国際福祉ｶﾚｯｼﾞ　HAL東京　千葉ﾃﾞｻﾞｲﾅｰ学院　国際理工ｶﾚｯｼﾞ　鹿島医師会附属准看護学院

就職実績　ｱﾀﾘﾔ農園　陸前織物

指定校推薦のある大学･学部	
淑徳大	全学部
東京情報大	総合情報･看護
和洋女子大	家政･人文
千葉経済大	経済
千葉科学大	全学部
聖徳大	全学部
川村学園女子大	全学部
中央学院大	商･法
秀明大	全学部
江戸川大	社会
江戸川大	ﾒﾃﾞｨｱｺﾐｭﾆｹｰｼｮﾝ
植草学園大	発達教育
植草学園大	保健医療
愛国学園大	人間文化
他	

敬愛大学八日市場　高等学校

普通科　　令和５年３月卒業生　　男 51　女 40　　計 91

進路種別		男	女	計
４年制大学	国公立	0	0	0
	私立	17	12	29
短期大学	国公立	0	0	0
	私立	1	6	7
専門学校		17	17	34
就職･自営		13	3	16
その他（未定）		3	2	5

その他(未定) 5.5%　私立４年制 31.9%　就職･自営 17.6%　専門学校 37.4%　短期大学 7.7%

進学実績
●４年制大学　敬愛大6　東邦大1　東京農業大1　国際医療福祉大1　東京工科大1　千葉商科大1　東京情報大3　淑徳大2　東都大1　千葉経済大1　城西国際大2　千葉科学大5　沖縄大1　国際武道大1　植草学園大1　東京通信大1
●短期大学　千葉敬愛短大　千葉明徳短大
●専門学校　旭中央病院附属看護　藤ﾘﾊﾋﾞﾘﾃｰｼｮﾝ学院　大原簿記

就職実績　日野自動車　九十九里ﾎｰﾑ
部活動　男子ﾊﾞﾚｰﾎﾞｰﾙ部、男子ﾊﾞｽｹｯﾄﾎﾞｰﾙ部、女子ﾊﾞｽｹｯﾄﾎﾞｰﾙ部

指定校推薦のある大学･学部	
日本大	生産工
東京農業大	生物産業
国士舘大	理工
敬愛大	全学部
他	

横芝敬愛　高等学校

普通科　　令和５年３月卒業生　　男 52　女 29　　計 81

進路種別		男	女	計
４年制大学	国公立	0	0	0
	私立	17	7	24
短期大学	国公立	0	0	0
	私立	0	5	5
専門学校		16	8	24
就職･自営		19	9	28
その他（未定）		0	0	0

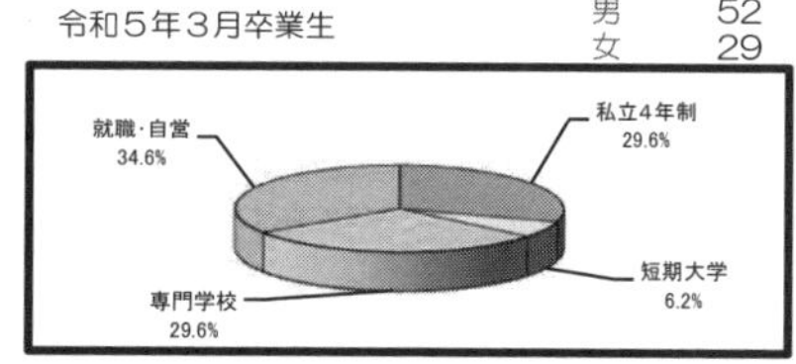

進学実績
●４年制大学　敬愛大11　順天堂大1　神田外語大1　国士舘大1　帝京平成大1　淑徳大3　桜美林大1　東京情報大1　城西国際大1　流通経済大1　江戸川大1　国際武道大1
●短期大学　千葉敬愛短大　自由が丘産能短大
●専門学校　日本自動車大学校　国際理工ｶﾚｯｼﾞ　千葉調理師　千葉医療秘書&IT　八千代ﾘﾊﾋﾞﾘﾃｰｼｮﾝ学院　東洋理容美容　他

就職実績　ﾔﾏﾄ運輸　住友建機　さんむ医療ｾﾝﾀｰ　西尾ﾚﾝﾄｵｰﾙ　日本ﾄﾞﾗｲｹﾐｶﾙ　ｺｰﾌﾟみらい　九十九里ﾎｰﾑ　ｱｲﾃｯｸ　古谷乳業　ﾃﾂｹﾞﾝ　他

指定校推薦のある大学･学部	
日本大	生産工
国士舘大	理工･法
淑徳大	総合福祉
淑徳大	教育･経営
桜美林大	ﾘﾍﾞﾗﾙｱｰﾂ
和洋女子大	人文･家政
城西大	経済･薬
城西国際大	ﾒﾃﾞｨｱ･薬
国際武道大	体育
千葉科学大	薬･看護

千葉学芸　高等学校

普通科　　令和５年３月卒業生　　男 118　女 50　　計 168

進路種別		男	女	計
４年制大学	国公立	0	0	0
	私立	38	6	44
短期大学	国公立	0	0	0
	私立	1	0	1
専門学校		43	18	61
就職･自営		21	15	36
その他（未定）		15	11	26

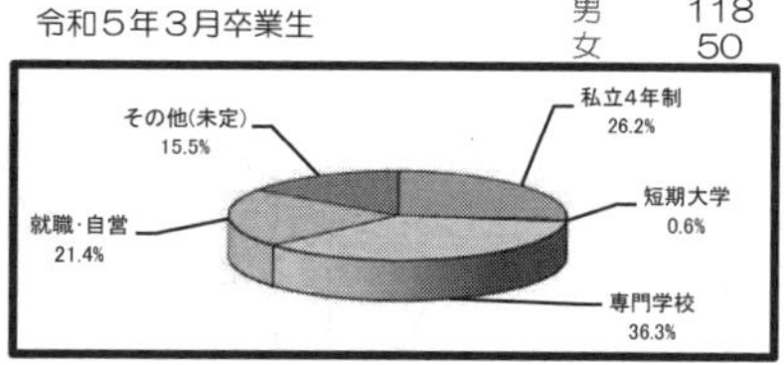

進学実績
●４年制大学　東邦大1　国士舘大2　立正大1　千葉工業大1　明星大1　東海大1　東都大1　名古屋学院大1　城西国際大6　城西大1　淑徳大5　千葉商科大3　北海道文教大2　東京情報大4　千葉科学大1　千葉経済大2　中京学院大1　敬愛大5　国際武道大1　静岡産業大1　他
●短期大学　東京経営短大
●専門学校　東京IT会計公務員　東京ｺﾐｭﾆｹｰｼｮﾝｱｰﾄ　東京ｽｸｰﾙｵﾌﾞﾐｭｰｼﾞｯｸ&ﾀﾞﾝｽ　日本自動車大学校　県立農業大学校　他
就職実績　自衛隊　千葉県警　亀田総合病院　西武･ﾌﾟﾘﾝｽﾎﾃﾙｽﾞﾜｰﾙﾄﾞﾜｲﾄﾞ　他
部活動　吹奏楽部(日本管楽合奏ｺﾝﾃｽﾄ全国大会出場)　空手部(全日本選手権大会出場)　少林寺拳法部･自転車競技部(全国大会出場)　ｺﾞﾙﾌ部(R3年度全国選手権大会出場)　他　野球部(R3年度関東大会出場)

指定校推薦のある大学･学部	
国士舘大	21世紀ｱｼﾞｱ
城西国際大	経営情報･ﾒﾃﾞｨｱ
城西国際大	国際人文
千葉経済大	経済
千葉科学大	看護
千葉工業大	
他	

私立高校

茂原北陵　高等学校

普通科
家政科

令和５年３月卒業生　男 94　女 70　計 164

進路種別		男	女	計
４年制大学	国公立	0	1	1
	私立	41	13	54
短期大学	国公立	0	0	0
	私立	0	6	6
専門学校		32	30	62
就職・自営		21	19	40
その他（未定）		0	1	1

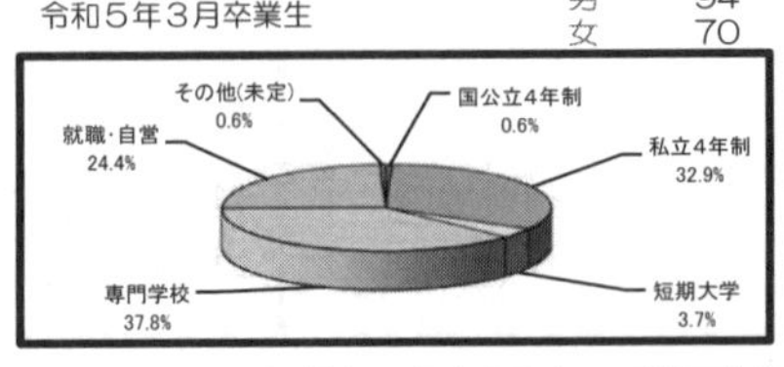

進学実績
●４年制大学　県立保健医療大1　日本大1　専修大1　二松学舎大1　神田外語大2　国士舘大1　聖心女子大1　千葉工業大3　立正大2　帝京平成大2　東都大1　大正大1　城西国際大7　秀明大1　淑徳大6　流通経済大1　千葉商科大1　東京情報大2　千葉経済大3　敬愛大5　植草学園大4　国際武道大1　清和大1　杉野服飾大1　他
●短期大学　千葉敬愛短大　千葉経済大短大部　千葉明徳短大　昭和学院短大
●専門学校　大原簿記公務員医療情報ﾋﾞｼﾞﾈｽ　大原医療保育福祉　北原学院千葉歯科衛生　東京医薬看護　ちば愛犬動物ﾌﾗﾜｰ　国際理工ｶﾚｯｼﾞ　千葉医療秘書&IT　千葉情報経理　千葉調理師　千葉ﾃﾞｻﾞｲﾅｰ学院　日本工学院　国際医療　市原看護　東京柔道整復　日本自動車大学校　日本大歯学部附属歯科技工　東京服飾　藤ﾘﾊﾋﾞﾘﾃｰｼｮﾝ学院　他
就職実績　海上自衛隊　陸上自衛隊　千葉県警　山武郡市消防本部　長生郡市消防本部　ｶﾝﾀﾞｺｰﾎﾟﾚｰｼｮﾝ　ｸﾞﾘｰﾝｻｲｸﾙｼｽﾃﾑｽﾞ　浅上重機作業　荏原ｴﾘｵｯﾄ　塩田記念病院　ｼﾞｬﾊﾟﾝﾃﾞｨｽﾌﾟﾚｲ　せんどう　千葉精密ﾌﾟﾚｽ　TOTOﾊｲﾘﾋﾞﾝｸﾞ　他

指定校推薦のある大学・学部	
国士舘大	理工・21世紀ｱｼﾞｱ
城西国際大	全学部
秀明大	総合経営
秀明大	観光ﾋﾞｼﾞﾈｽ
秀明大	英語情報ﾏﾈｼﾞﾒﾝﾄ
淑徳大	総合福祉・教育
淑徳大	ｺﾐｭﾆﾃｨ政策・経営
淑徳大	地域創生・人文
千葉科学大	全学部
聖徳大	教育・文・音楽
聖徳大	心理・福祉
開智国際大	教育・国際教養
中央学院大	商・法
江戸川大	社会
江戸川大	ﾒﾃﾞｨｱｺﾐｭﾆｹｰｼｮﾝ
敬愛大	経済・国際
他	

鴨川令徳　高等学校

普通科

令和５年３月卒業生　男 19　女 20　計 39

進路種別		男	女	計
４年制大学	国公立	0	0	0
	私立	14	10	24
短期大学	国公立	0	0	0
	私立	0	0	0
専門学校		3	5	8
就職・自営		0	5	5
その他（未定）		2	0	2

就職・自営 12.8%
その他(未定) 5.1%
専門学校 20.5%
私立４年制 61.5%

指定校推薦のある大学・学部
東京情報大
亀田医療大
至誠館大

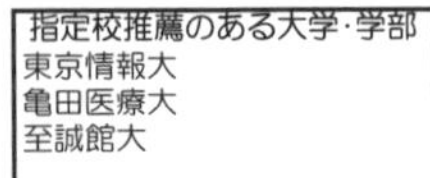

進学実績
●４年制大学　上智大1　獨協大1　日本大1　東海大1　桜美林大1　東京情報大1　酪農学園大1　日本工業大1　東京国際大1　東京福祉大1　亀田医療大1　日本経済大1　国際武道大1　洗足学園音楽大1　至誠館大3　他
●専門学校　亀田医療技術　文化服装学院　東京ﾓｰﾄﾞ学園　服部栄養
就職実績　自衛隊　亀田総合病院　東条病院

千葉県安房西　高等学校

普通科

令和５年３月卒業生　男 26　女 48　計 74

進路種別		男	女	計
４年制大学	国公立	1	0	1
	私立	2	12	14
短期大学	国公立	0	0	0
	私立	0	5	5
専門学校		10	10	20
就職・自営		11	16	27
その他（未定）		2	5	7

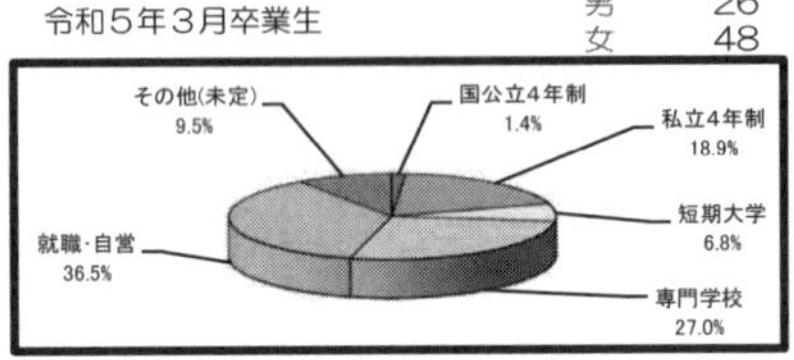

進学実績
●４年制大学　高知大1　日本大1　東洋大1　大東文化大2　神田外語大3　亀田医療大2　城西大1　淑徳大1　千葉商科大1　川村学園女子大1　国際ﾌｧｯｼｮﾝ専門職大1
●短期大学　清和大短大部　国際短大
●専門学校　亀田医療技術　北原学院歯科衛生　千葉医療福祉　千葉医療秘書&IT　大原簿記公務員　国際理工ｶﾚｯｼﾞ　東京IT会計公務員　千葉ﾘｿﾞｰﾄ&ｽﾎﾟｰﾂ　ﾊﾟﾘ総合美容　ﾊｯﾋﾟｰ製菓調理　千葉ﾋﾞｭｰﾃｨｰ&ﾌﾞﾗｲﾀﾞﾙ　ﾄﾖﾀ東京自動車大学校　他
就職実績　航空自衛隊　海上自衛隊　日本製鉄　東京ﾒﾄﾛ　亀田総合病院　日鉄ﾃｯｸｽｴﾝｼﾞ　君津共同火力　ｱﾒﾘｶﾝ電機　ALSOK千葉　鴨川ｼｰﾜｰﾙﾄﾞ　吉田屋　ANAｽｶｲﾋﾞﾙｻｰﾋﾞｽ　他
部活動　女子卓球部・男子柔道部(関東大会団体出場)

指定校推薦のある大学・学部	
東京農業大	生物産業
千葉工業大	工・先進工
千葉工業大	社会ｼｽﾃﾑ科学
大東文化大	外国語
東京情報大	総合情報・看護
淑徳大	総合福祉
淑徳大	ｺﾐｭﾆﾃｨ政策
淑徳大	経営・看護栄養
和洋女子大	人文・国際・家政
城西大	経済・経営
城西大	現代政策
亀田医療大	看護
植草学園大	発達教育
植草学園大	保健医療
東京有明医療大	保健医療
敬愛大	経済・国際
他	

翔凜　高等学校

国際科

令和５年３月卒業生　男 79　女 65　計 144

進路種別		男	女	計
４年制大学	国公立	0	1	1
	私立	67	50	117
短期大学	国公立	0	0	0
	私立	0	1	1
専門学校		5	7	12
就職・自営		1	0	1
その他（未定）		6	6	12

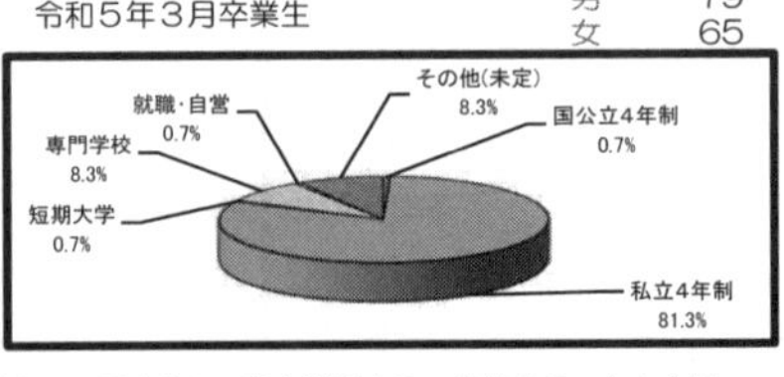

進学実績
●４年制大学　東京外国語大1　国際基督教大1　上智大5　東京理科大3　明治大1　青山学院大3　立教大2　中央大5　立命館大2　国学院大1　日本大10　東洋大3　駒澤大3　順天堂大2　東邦大2　東京農業大2　日本女子大1　千葉工業大1　神田外語大2　武蔵野大3　他
●短期大学　清和大短大部
●専門学校　安房医療福祉　千葉医療福祉　亀田医療技術
就職実績　自衛隊
部活動　英語部(全国英語ﾃﾞｨﾍﾞｰﾄ大会17位、県ﾊﾟｰﾗﾒﾝﾀﾘｰﾃﾞｨﾍﾞｰﾄ大会・県英語ﾃﾞｨﾍﾞｰﾄ大会準優勝)
剣道部(全国選抜大会出場)　ｻｯｶｰ部(R5年度全日本ﾌｯﾄｻﾙ選手権県大会優勝)
野球部(R5年度春季県大会ﾍﾞｽﾄ16、夏季大会ｼｰﾄﾞ権獲得)　女子ﾊﾞｽｹｯﾄﾎﾞｰﾙ部(R3年度県大会5位)　他

指定校推薦のある大学・学部	
上智大	法・外国語
東京理科大	創域理工
立教大	経営
東邦大	理
日本大	法・生産工・薬
日本大	国際関係
東洋大	国際・情報連携
東洋大	生命科学
東京電機大	理工・未来科学

私立高校

暁星国際　高等学校

普通科　　令和５年３月卒業生　　男 62　女 32　計 94

進路種別		男	女	計
４年制大学	国公立	3	1	4
	私立	42	30	72
短期大学	国公立	0	0	0
	私立	0	0	0
専門学校		4	1	5
就職・自営		1	0	1
その他（未定）		12	0	12

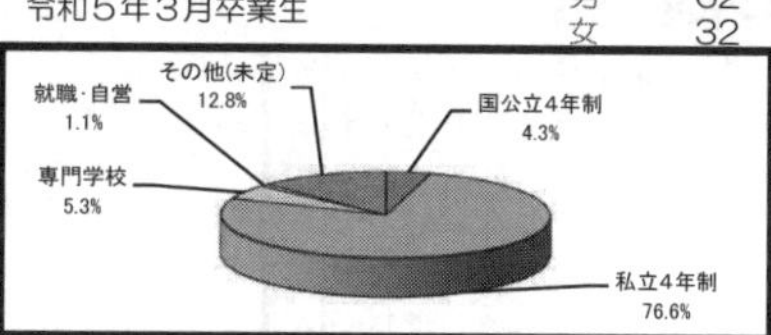

指定校推薦のある大学・学部	
上智大	外国語
東京理科大	創域理工
東京理科大	先進工・経営
立教大	現代心理
成蹊大	法・文
学習院大	文・理
学習院大	国際社会科学
明治学院大	経済
獨協大	経済・法
東洋大	国際・生命科学
北里大	獣医
聖ﾏﾘｱﾝﾅ医科大	医
獨協医科大	医
立命館大	国際関係
立命館大	ｸﾞﾛｰﾊﾞﾙ教養
関西学院大	商
他	

進学実績

●４年制大学　北海道大1　お茶の水女子大1　早稲田大4　慶応大3　上智大4　東京理科大2　明治大1　青山学院大1　立教大2　法政大1　学習院大2　成蹊大2　明治学院大2　日本大6　国士舘大3　立命館大2　日本体育大2　芝浦工業大1　関西学院大1　ﾐﾈﾙﾊﾞ大1　他

部活動　女子ｻｯｶｰ部(県選手権大会・県総合体育大会優勝)

拓殖大学紅陵　高等学校

普通科　　令和５年３月卒業生　　男 297　女 163　計 460

進路種別		男	女	計
４年制大学	国公立	2	0	2
	私立	116	45	161
短期大学	国公立	2	0	2
	私立	6	11	17
専門学校		94	72	166
就職・自営		50	26	76
その他（未定）		27	9	36

その他(未定) 7.8%　国公立４年制 0.4%　就職・自営 16.5%　私立４年制 35.0%　専門学校 36.1%　短期大学 4.1%

指定校推薦のある大学・学部	
拓殖大	全学部
東邦大	理
東洋大	理工
日本大	生産工
二松学舎大	文
千葉工業大	工
国士舘大	政経
立正大	文
城西国際大	看護・薬
帝京平成大	健康医療ｽﾎﾟｰﾂ
淑徳大	看護栄養
淑徳大	総合福祉
千葉経済大	経済

進学実績

●４年制大学　拓殖大37　前橋工科大1　学習院大1　法政大2　津田塾大2　国学院大1　日本大7　駒澤大6　東洋大4　専修大4　東邦大2　学習院女子大1　東京農業大2　千葉工業大7　国士舘大6　淑徳大9　明海大4　帝京平成大9　東京情報大6　千葉商科大4　他

●短期大学　国立清水海上技術短大校　千葉敬愛短大　千葉経済大短大部　千葉明徳短大　拓殖大学北海道短大　他

●専門学校　君津中央病院附属看護　千葉医療福祉　大原簿記公務員　日本自動車大学校　ちば愛犬動物ﾌﾗﾜｰ　他

就職実績　自衛隊　千葉県警　千葉県職員　日本製鉄　JAきみつ　亀田総合病院　住友化学　ﾀﾞｳ・東レ　ﾄﾖﾀｶﾛｰﾗ千葉　成田空港警備　ﾏｻﾞｰ牧場　三菱ふそうﾄﾗｯｸ・ﾊﾞｽ　山崎製ﾊﾟﾝ　吉川工業　山九　ﾎﾃﾙ三日月

部活動　男子空手道部・ﾎﾞｸｼﾝｸﾞ部・自転車競技部・卓球部(ｲﾝﾀｰﾊｲ出場)　相撲部(ｲﾝﾀｰﾊｲ出場、県新人大会優勝)　女子空手道部(ｲﾝﾀｰﾊｲ出場、関東大会個人組手準優勝)　男子ﾊﾞｽｹｯﾄﾎﾞｰﾙ部・(県新人大会優勝)　他

木更津総合　高等学校

普通科　　令和５年３月卒業生　　男 235　女 351　計 586

進路種別		男	女	計
４年制大学	国公立	1	2	3
	私立	113	93	206
短期大学	国公立	0	0	0
	私立	5	43	48
専門学校		48	113	161
就職・自営		44	78	122
その他（未定）		24	22	46

その他(未定) 7.8%　国公立４年制 0.5%　就職・自営 20.8%　私立４年制 35.2%　専門学校 27.5%　短期大学 8.2%

指定校推薦のある大学・学部
獨協大
東邦大
日本大
東洋大
武蔵野大
千葉工業大
玉川大
立正大
神奈川大
二松学舎大
杏林大
国士舘大
大東文化大
関東学院大
城西国際大
他

進学実績

●４年制大学　茨城大1　県立保健医療大2　早稲田大1　明治大1　青山学院大1　立教大1　法政大2　日本大5　東洋大5　駒澤大2　専修大1　順天堂大1　国士舘大7　清和大26　他

●短期大学　千葉経済大短大部　昭和学院短大　清和大短大部　他

●専門学校　君津中央病院附属看護　亀田医療技術　国際理工ｶﾚｯｼﾞ　東洋理容美容　千葉調理師　ちば愛犬動物ﾌﾗﾜｰ　千葉ﾋﾞｭｰﾃｨｰ&ﾌﾞﾗｲﾀﾞﾙ　他

就職実績　自衛隊　警視庁　千葉県職員　白井市職員　木更津市消防本部　JR東日本ｽﾃｰｼｮﾝｻｰﾋﾞｽ　日本製鉄　航空保安事業ｾﾝﾀｰ　ｼﾐｽﾞｵｸﾄ　東京電力ﾊﾟﾜｰｸﾞﾘｯﾄﾞ　他

部活動　男子ｿﾌﾄﾃﾆｽ部(国体4位、全国大会出場)　男女柔道部・女子卓球部・男子陸上部(全国大会出場)　硬式野球部(夏季県大会準優勝)　吹奏楽部(県吹奏楽ｺﾝｸｰﾙ金賞・本選大会出場)　他

志学館　高等部

普通科　　令和５年３月卒業生　　男 145　女 145　計 290

進路種別		男	女	計
４年制大学	国公立	11	9	20
	私立	110	112	222
短期大学	国公立	0	0	0
	私立	2	3	5
専門学校		5	7	12
就職・自営		2	1	3
その他（未定）		15	13	28

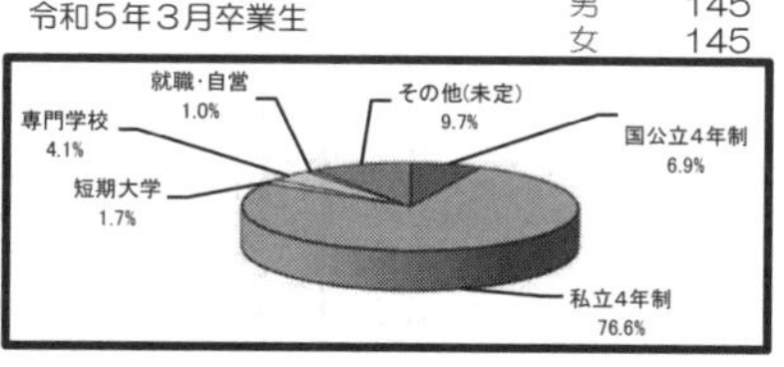

指定校推薦のある大学・学部	
早稲田大	創造理工
早稲田大	先進理工
東京理科大	理・経営
東京理科大	創域理工
明治大	政治経済
青山学院大	文・理工
立教大	ｺﾐｭﾆﾃｨ福祉
中央大	法・理工
法政大	経済・理工
法政大	ﾃﾞｻﾞｲﾝ工
学習院大	文・経済・理
成蹊大	全学部
明治学院大	文・経済・法
明治学院大	社会・国際

進学実績

●４年制大学　東北大1　山形大1　筑波大2　千葉大4　東京都立大1　横浜国立大1　信州大1　鳥取大1　早稲田大7　上智大1　東京理科大4　青山学院大5　学習院大3　中央大4　法政大4　明治大9　立教大5　成蹊大4　明治学院大3　同志社大2　他

就職実績　自衛隊

私立高校

東海大学付属市原望洋　高等学校　普通科

令和５年３月卒業生　男 223　女 86　計 309

進路種別		男	女	計
４年制大学	国公立	0	0	0
	私立	194	63	257
短期大学	国公立	0	0	0
	私立	1	4	5
専門学校		13	17	30
就職・自営		6	0	6
その他（未定）		9	2	11

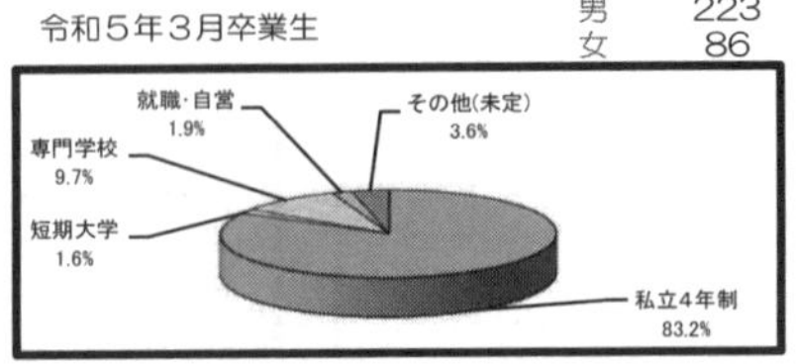

進学実績
- ●４年制大学　日本大2　神田外語大2　千葉工業大1　神奈川大1　国際医療福祉大1　聖心女子大1　帝京平成大5　千葉商科大1　淑徳大6　和洋女子大1　東京情報大1　城西国際大2　了徳寺大4　東京工芸大1　日本体育大1　流通経済大2　聖徳大2　国際武道大2　桐蔭横浜大1　富士大1　他
- ●短期大学　聖徳大短大部　東京経営短大　国学院大北海道短大部
- ●専門学校　神田外語学院　鶴舞看護　山王看護　国際理工カレッジ　日本工学院　東洋理容美容　華学園栄養　千葉こども　大原簿記　東京柔道整復　千葉医療秘書&IT　国際医療福祉　東京栄養食糧　他

就職実績　漁業　自営業　他

部活動　射撃部(国民体育大会優勝)　男子陸上競技部(全国大会200m準決勝進出)　女子ソフトボール部(関東大会ベスト8)　柔道部(関東大会出場)　他

市原中央　高等学校　普通科

令和５年３月卒業生　男 115　女 93　計 208

進路種別		男	女	計
４年制大学	国公立	2	9	11
	私立	96	69	165
短期大学	国公立	0	0	0
	私立	0	0	0
専門学校		4	7	11
就職・自営		0	0	0
その他（未定）		13	8	21

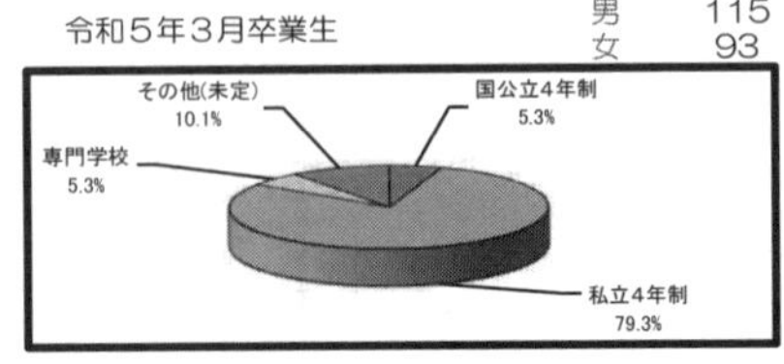

進学実績
- ●４年制大学　名古屋大1　千葉大3　埼玉大1　新潟大1　都留文科大1　県立保健医療大3　名寄市立大1　早稲田大3　上智大1　東京理科大3　明治大3　青山学院大1　中央大6　法政大7　立教大5　学習院大1　他
- ●専門学校　青葉看護　千葉デザイナー学院　東京デザイン　他

部活動　放送委員会(R元年度NHK杯全国放送コンテスト準優勝)　硬式野球部(R元年度県大会ベスト4)

指定校推薦のある大学・学部
東京理科大
明治大
青山学院大
中央大
法政大
立教大
学習院大
国学院大
明治学院大
獨協大
他

明聖　高等学校　普通科

令和５年３月卒業生　男 227　女 187　計 414

進路種別		男	女	計
４年制大学	国公立	0	0	0
	私立	63	44	107
短期大学	国公立	1	0	1
	私立	5	12	17
専門学校		79	57	136
就職・自営		34	37	71
その他（未定）		45	37	82

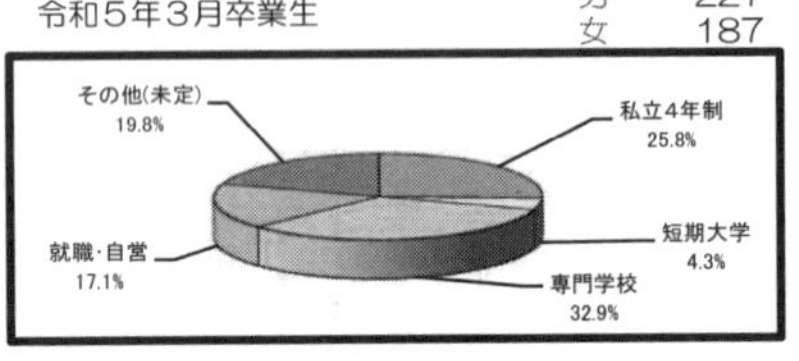

進学実績
- ●４年制大学　中央大1　法政大2　獨協大1　日本大3　東洋大1　国士舘大2　神田外語大2　千葉工業大2　産業能率大4　大正大3　淑徳大9　京都芸術大5　千葉商科大2　和洋女子大3　東京情報大3　東京工芸大3　駿河台大3　植草学園大4　日本ウェルネススポーツ大3　他
- ●短期大学　千葉職業能力開発短大校　千葉経済大短大部　聖徳大短大部　昭和学院短大　千葉明徳短大　植草学園短大　他
- ●専門学校　HAL東京　TCA東京ECO動物海洋　ちば愛犬動物フラワー　国際トラベル・ホテル・ブライダル　国際理工カレッジ　尚美ミュージックカレッジ　神田外語学院　千葉デザイナー学院　千葉医療秘書&IT　船橋情報ビジネス　日本工学院　他

就職実績　泰斗会　ホーネッツ　南日本運輸倉庫　八洋　シミズサービス千葉　平成輸送　クリエイト・レストランツ・ホールディングス　泉陽興業　山九　内宮運輸機工　コバックホールディングス　アークライト　ユカ　レゾナック　早野商事　木組　チャーム　宝産業　他

部活動　新体操部(全国選抜大会優勝、全国大会3位、関東大会優勝)

指定校推薦のある大学・学部	
杏林大	外国語
淑徳大	人文・総合福祉
淑徳大	経営・地域創生
淑徳大	コミュニティ政策
東京情報大	総合情報
和洋女子大	家政
明海大	外国語・経済
明海大	不動産
城西国際大	経営情報・観光
城西国際大	国際人文・メディア
城西国際大	福祉総合
亀田医療大	看護
麗澤大	国際
中央学院大	商・法
江戸川大	社会
江戸川大	メディアコミュニケーション
他	

わせがく　高等学校　普通科

令和５年３月卒業生　男 383　女 378　計 761

進路種別		男	女	計
４年制大学	国公立	0	0	0
	私立	97	90	187
短期大学	国公立	0	0	0
	私立	1	19	20
専門学校		104	105	209
就職・自営		67	74	141
その他（未定）		114	90	204

その他(未定) 26.8%　私立４年制 24.6%　短期大学 2.6%　就職・自営 18.5%　専門学校 27.5%

進学実績
- ●４年制大学　早稲田大1　慶応大3　上智大2　東京理科大1　学習院大1　明治大1　青山学院大1　法政大2　星薬科大2　専修大1　東洋大3　日本大5　駒澤大1　他
- ●短期大学　女子栄養大短大部　上智大短大部　高崎商科大短大部　千葉経済大短大部　東京成徳短大　育英短大　他
- ●専門学校　ちば愛犬動物フラワー　船橋情報ビジネス　千葉医療福祉　東京自動車大学校　千葉デザイナー学院　東京医薬看護　東京IT会計公務員　千葉情報経理　早稲田速記医療福祉　東京コミュニケーションアート　日本工学院　東京福祉　他

就職実績　自衛隊　アサヒ製作所　恵優会　KDDI　ジャパンパイル基礎工業　NIKKENSO　日本ユニティ　ビッグモーター　ヤナセオート　協同乳業　関東サービス　関東センコー運輸　昭和工業　新松戸中央総合病院　トモヱ乳業　日栄工業　日野工業　他

部活動　男子バドミントン部(全国定時制通信制大会個人準優勝)　女子剣道部(全国定時制通信制大会団体準優勝)　eスポーツ部(全国eスポーツ選手権フォートナイト部門20位)　ゴルフ部(丸山茂樹ジュニアファンデーションゴルフ大会優勝)　他

指定校推薦のある大学・学部
フェリス女学院大
麗澤大
淑徳大
城西大
城西国際大
明海大
東京情報大
西武文理大
東京福祉大
茨城キリスト教大
秀明大
札幌大
和洋女子大
中央学院大
江戸川大
常磐大
他

私立高校

中山学園　高等学校　普通科

令和５年３月卒業生　男 32　女 20　計 52

進路種別		男	女	計
４年制大学	国公立	0	0	0
	私立	0	3	3
短期大学	国公立	1	0	1
	私立	1	0	1
専門学校		17	7	24
就職・自営		3	1	4
その他（未定）		10	9	19

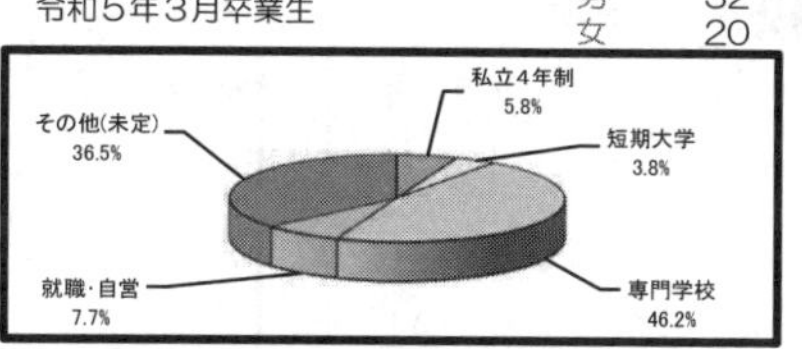

進学実績
●４年制大学　麻布大1　和洋女子大1　聖徳大1
●短期大学　国立清水海上技術短大校　日本大短大部
●専門学校　TCA東京ECO動物海洋　千葉医療秘書&IT　東京ｱﾆﾒｰﾀｰ学院　東京福祉　江戸川学園おおたかの森　千葉こども　東京観光　東京ﾏﾙﾁ・AI　大原簿記公務員医療情報ﾋﾞｼﾞﾈｽ　千葉情報経理　東京IT会計公務員　東京ｺﾐｭﾆｹｰｼｮﾝｱｰﾄ　船橋情報ﾋﾞｼﾞﾈｽ　東京こども　東京ﾒﾃﾞｨｶﾙ・ｽﾎﾟｰﾂ　神田外語学院　駿台外語&ﾋﾞｼﾞﾈｽ　東京ｱﾆﾒ・声優&eｽﾎﾟｰﾂ　日本電子　東京ﾋﾞｼﾞｭｱﾙｱｰﾂ　早稲田速記医療福祉　読売理工医療福祉

就職実績　ｽﾜﾝ会　東京美装興業
部活動　卓球部(全国定時制通信制大会個人ﾍﾞｽﾄ8・団体ﾍﾞｽﾄ16、春季定時制通信制県大会個人・団体優勝)　他

あずさ第一　高等学校　普通科

令和５年３月卒業生　男 390　女 479　計 869

進路種別		男	女	計
４年制大学	国公立	0	1	1
	私立	43	59	102
短期大学	国公立	0	0	0
	私立	7	4	11
専門学校		135	157	292
就職・自営		122	85	207
その他（未定）※		83	173	256

国公立４年制 0.1%　私立４年制 11.7%　短期大学 1.3%　専門学校 33.6%　就職・自営 23.8%　その他(未定) 29.5%

指定校推薦のある大学・学部	
相模女子大	学芸・人間社会
麗澤大	外国語・国際
人間総合科学大	人間科学
人間総合科学大	保健医療
川村学園女子大	全学部
埼玉学園大	人間・経済経営
中央学院大	商・法
和光大	経済経営
聖学院大	政治経済
江戸川大	社会
江戸川大	ﾒﾃﾞｨｱｺﾐｭﾆｹｰｼｮﾝ
他	

進学実績　※大学・短大の通信教育部進学男子3名・女子10名含む
●４年制大学　茨城大1　青山学院大1　獨協大1　玉川大1　国士舘大1　東海大2　帝京大3　相模女子大7　大正大1　桜美林大2　目白大1　淑徳大2　麗澤大1　聖徳大1　十文字学園女子大1　川村学園女子大3　中央学院大3　埼玉学園大2　和光大5　江戸川大1　他
●短期大学　上智大短大部　千葉経済大短大部　有明教育芸術短大　川口短大　拓殖大北海道短大　自由が丘産能短大　他
●専門学校　ｱｲｴｽﾃｨｯｸ　江戸川学園おおたかの森　神田外語学院　ｽｶｲ総合ﾍﾟｯﾄ　東京ｸｰﾙｼﾞｬﾊﾟﾝ　太陽歯科衛生士　他
就職実績　陸上自衛隊　JAちば東葛　天宣会　ｾﾌﾞﾝｰｲﾚﾌﾞﾝ・ｼﾞｬﾊﾟﾝ　江戸川段ﾎﾞｰﾙ工業　ﾂﾙﾊﾎｰﾙﾃﾞｨﾝｸﾞｽ　ｱｰﾈｽﾄ　共栄ﾌｰﾄﾞ　ｻｲｾﾞﾘﾔ　ｺﾞﾝﾁｬﾛﾌ製菓　他
部活動　女子ｿﾌﾄﾃﾆｽ部(全国定時制通信制大会個人優勝・団体5位)　男子ｿﾌﾄﾃﾆｽ部(全国定時制通信制大会団体5位)　陸上競技部(全国定時制通信制大会男子400mﾊｰﾄﾞﾙ8位、県定通大会総合優勝)　他

中央国際　高等学校　普通科

令和５年３月卒業生　男 513　女 531　計 1044

進路種別		男	女	計
４年制大学	国公立	3	1	4
	私立	178	201	379
短期大学	国公立	0	0	0
	私立	8	10	18
専門学校		96	134	230
就職・自営		47	22	69
その他（未定）※		181	163	344

国公立４年制 0.4%　私立４年制 36.3%　短期大学 1.7%　専門学校 22.0%　就職・自営 6.6%　その他(未定) 33.0%

指定校推薦のある大学・学部	
立正大	文
神奈川大	工
帝京平成大	健康医療ｽﾎﾟｰﾂ
創価大	法・経済・経営
創価大	文・教育・理工
創価大	国際教養
淑徳大	経営・総合福祉
淑徳大	地域創生
相模女子大	学芸・人間社会
城西国際大	国際人文・ﾒﾃﾞｨｱ
城西国際大	経営情報
愛知みずほ大	人間科学
名古屋経済大	法・経済・経営
他	

進学実績　※就労支援・既に勤めている社会人含む
●４年制大学　筑波大1　電気通信大1　東京農工大1　東京海洋大1　早稲田大3　慶応大1　東京女子医科大1　上智大1　青山学院大2　明治大1　立教大4　中央大1　法政大1　成蹊大1　日本大13　東洋大4　駒澤大3　専修大2　東京薬科大2　日本女子大5　他
●短期大学　共立女子短大　千葉経済大短大部　戸板女子短大　鶴見大短大部　帝京短大　東京経営短大　他
●専門学校　日本工学院　首都医校　日本電子　吉祥寺二葉製菓　ﾄﾖﾀ東京自動車大学校　服部栄養　東京医療　新横浜歯科衛生士・歯科技工士　他
就職実績　日産東京販売　ENEOSﾌﾛﾝﾃｨｱ　ｻﾆｰﾗｲﾌ東京　三日月ｼｰﾊﾟｰｸﾎﾃﾙ勝浦　ｶﾙﾁｭｱ・ｺﾝﾋﾞﾆｴﾝｽ・ｸﾗﾌﾞ　矢場とん　京ｾﾗ　ｲｵﾝﾃﾞｨﾗｲﾄｾｷｭﾘﾃｨ　AGCｸﾞﾗｽﾌﾟﾛﾀﾞｸﾂ　田中精機　紀元製作所　いすみ苑　他
部活動　女子柔道部(全国定時制通信制大会個人2位、東京都国公立大会団体2位・個人3位)

千葉科学大学附属　高等学校　普通科

令和５年３月卒業生　男 2　女 1　計 3

進路種別		男	女	計
４年制大学	国公立	0	0	0
	私立	2	0	2
短期大学	国公立	0	0	0
	私立	0	0	0
専門学校		0	0	0
就職・自営		0	1	1
その他（未定）		0	0	0

就職・自営 33.3%　私立４年制 66.7%

進学実績
●４年制大学　千葉科学大1　帝京大1

私立高校

足立学園　高等学校

普通科　　令和５年３月卒業生　男 280　計 280

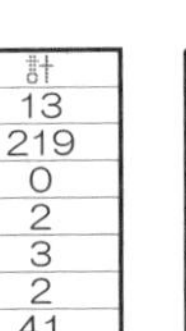

進路種別		男	女	計
４年制大学	国公立	13		13
	私立	219		219
短期大学	国公立	0		0
	私立	2		2
専門学校		3		3
就職・自営		2		2
その他（未定）		41		41

その他(未定) 14.6%　国公立４年制 4.6%　就職・自営 0.7%　専門学校 1.1%　短期大学 0.7%　私立４年制 78.2%

進学実績
●４年制大学　東京大1　筑波大1　千葉大2　横浜国立大1　埼玉大1　防衛医科大学校1　早稲田大3　慶応大1　上智大1　東京理科大6　学習院大7　明治大11　青山学院大3　中央大12　法政大5　立教大3　日本大22　東洋大9　成蹊大3　成城大5　他
●短期大学　日本大短大部　拓殖大北海道短大
●専門学校　日本自動車大学校　東京デザインテクノロジーセンター　首都医校

部活動　柔道部(国際大会金メダル4名・銅メダル2名、全国大会73kg級・60kg級3位、関東大会団体出場)　剣道部(全国大会個人ベスト16、関東大会個人・団体出場)　書道部(日本武道館書写書道展覧会日本武道館奨励賞)　卓球部(全国大会ダブルス出場、関東大会団体ベスト16・個人出場)　アメリカンフットボール部(関東大会3位)　他

指定校推薦のある大学・学部

慶応大	理工
上智大	理工
東京理科大	工
明治大	経営
青山学院大	法
中央大	商
学習院大	法
他	

岩倉　高等学校

普通科　運輸科　　令和５年３月卒業生　男 348　女 93　計 441

進路種別		男	女	計
４年制大学	国公立	2	0	2
	私立	146	61	207
短期大学	国公立	0	0	0
	私立	1	4	5
専門学校		34	20	54
就職・自営		144	6	150
その他（未定）		21	2	23

その他(未定) 5.2%　国公立４年制 0.5%　私立４年制 46.9%　就職・自営 34.0%　専門学校 12.2%　短期大学 1.1%

進学実績
●４年制大学　東京外国語大1　埼玉大1　早稲田大1　慶応大1　東京理科大2　立教大3　中央大2　明治学院大1　日本大12　専修大4　東洋大9　駒澤大2　国学院大1　順天堂大1　東海大2　東京都市大2　亜細亜大3　帝京大10　拓殖大4　桜美林大3　他

就職実績　関東鉄道　JR東日本　東京メトロ　JR東海　JR東日本ステーションサービス　京王電鉄　他
部活動　柔道部(全国大会・関東大会出場)　陸上競技部(南関東大会出場)　吹奏楽部(都大会金賞)

江戸川学園取手　高等学校

普通科　　令和５年３月卒業生　男 221　女 191　計 412

進路種別		男	女	計
４年制大学	国公立	39	19	58
	私立	141	149	290
短期大学	国公立	0	0	0
	私立	0	0	0
専門学校		1	0	1
就職・自営		0	0	0
その他（未定）		40	23	63

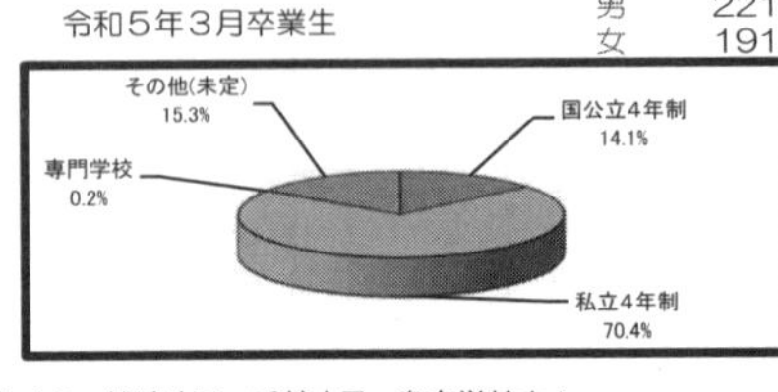

進学実績
●４年制大学　東京大4　一橋大1　東京工業大2　北海道大3　東北大2　筑波大7　千葉大7　東京学芸大1　東京農工大1　東京芸術大1　早稲田大16　慶応大14　上智大2　東京理科大28　明治大12　青山学院大8　立教大14　中央大7　法政大14　他
●専門学校　中央医療技術

指定校推薦のある大学・学部

早稲田大	基幹理工・教育
早稲田大	政治経済・商
早稲田大	先進理工・文
早稲田大	創造理工
早稲田大	文化構想
早稲田大	人間科学
慶応大	商
東京理科大	創域理工
東京理科大	薬・経営
明治大	総合数理
明治大	農・理工
青山学院大	文
立教大	経済・社会・法
立教大	現代心理・理・文
中央大	法・理工
法政大	経済・理工
他	

江戸川女子　高等学校

普通科　英語科　　令和５年３月卒業生　女 292　計 292

進路種別		男	女	計
４年制大学	国公立		35	35
	私立		235	235
短期大学	国公立		0	0
	私立		0	0
専門学校			3	3
就職・自営			0	0
その他（未定）			19	19

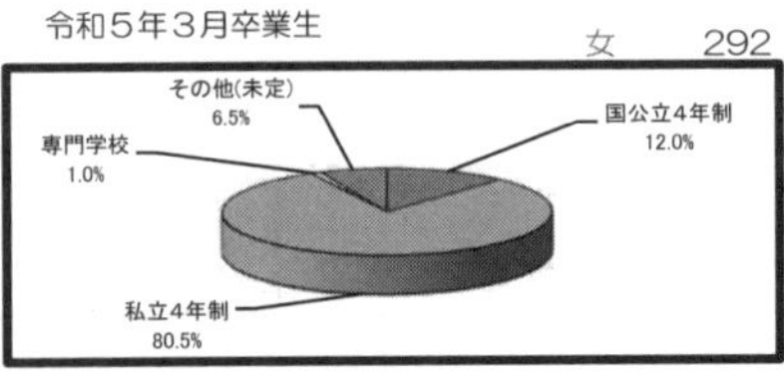

進学実績
●４年制大学　一橋大1　北海道大1　東北大2　埼玉大1　千葉大10　お茶の水女子大2　東京医科歯科大3　東京外国語大2　東京学芸大2　筑波大2　県立保健医療大3　早稲田大12　慶応大10　上智大8　東京理科大5　明治大10　青山学院大7　立教大11　中央大2　法政大6　他
●専門学校　東京バレエ　東京ファッション　東京ビジュアルアーツ

部活動　モダンダンス部(R3年度全国ダンスコンクール準入賞3位)　放送部(R3年度NHK杯全国放送コンテストアナウンス部門出場)

指定校推薦のある大学・学部

早稲田大	文・法・基幹理工
慶応大	法・理工
上智大	文・理工
東京理科大	理・工・経営
東京理科大	創域理工
明治大	文・政治経済
明治大	経営・理工
青山学院大	教育人間科学
青山学院大	法・経営
立教大	文・法・経済
立教大	現代心理・理
中央大	法・理工
法政大	法・デザイン工
法政大	人間環境・文
法政大	スポーツ健康

私立高校

角川ドワンゴ学園 N 高等学校

普通科　　令和５年３月卒業生

進路種別		男	女	計
４年制大学	国公立			
	私立			
短期大学	国公立			
	私立			
専門学校				
就職･自営				
その他（未定）				

※合格実績

●４年制大学　東京大1　大阪大1　北海道大1　東京工業大1　九州大1　千葉大2　広島大1　早稲田大31　慶応大24　上智大12　国際基督教大2　東京理科大12　明治大24　青山学院大25　立教大16　中央大30　法政大35　同志社大11　立命館大41　関西大38　他

●専門学校　HAL東京　日本工学院　日本電子　辻調理師　文化服装学院　山野美容　他

就職実績　航空自衛隊　広島県警　王将ﾌｰﾄﾞｻｰﾋﾞｽ　ﾎﾟﾝﾊﾟﾄﾞｳﾙ　あいおいﾆｯｾｲ同和損害保険　JVIS　宮田運輸　ﾀﾞｲｵｰｽﾞ　木村屋總本店　ﾔﾏﾊ発動機　日研ﾄｰﾀﾙｿｰｼﾝｸﾞ　他

部活動　eｽﾎﾟｰﾂ部(STAGE:0 2021ﾘｰｸﾞ･ｵﾌﾞ･ﾚｼﾞｪﾝﾄﾞ部門優勝)

指定校推薦のある大学・学部

早稲田大
法政大
立命館大
近畿大
駒澤大
東洋大
共立女子大
広島国際大
桜美林大
大阪電気通信大
京都精華大
田園調布学園大
千葉科学大
岡山商科大
青森大
札幌大
他

関東第一 高等学校

普通科　　令和５年３月卒業生　　男 346　女 353　計 699

進路種別		男	女	計
４年制大学	国公立	4	2	6
	私立	268	232	500
短期大学	国公立	0	0	0
	私立	4	11	15
専門学校		37	84	121
就職･自営		5	4	9
その他（未定）		28	20	48

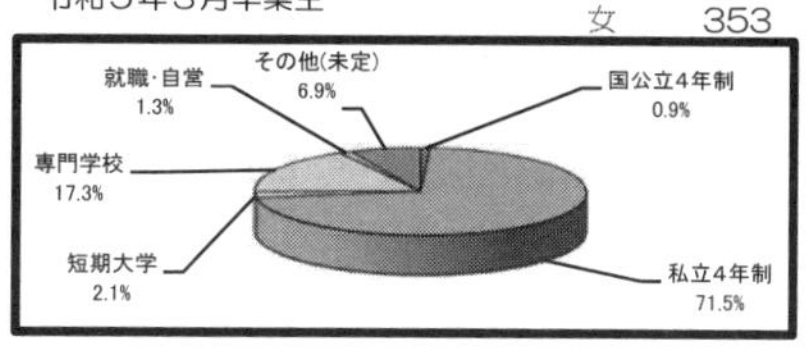

進学実績

●４年制大学　千葉大2　三重大1　埼玉県立大1　航空保安大学校1　東京理科大3　明治大3　青山学院大1　中央大2　法政大3　立教大2　武蔵大3　成城大1　成蹊大1　明治学院大3　国学院大4　獨協大4　日本大38　東洋大21　駒澤大9　専修大13　他

●短期大学　東京家政大短大部　女子栄養大短大部　大妻女子大短大部　日本大短大部　戸板女子短大　東京成徳短大　他

●専門学校　広尾看護　板橋中央看護　東京栄養食糧　日本工学院　東京墨田看護　東京新宿ﾒﾃﾞｨｶﾙｾﾝﾀｰ附属看護　山野美容　東京ｳｪﾃﾞｨﾝｸﾞ&ﾌﾞﾗｲﾀﾞﾙ　他

就職実績　海上自衛隊　羽田空港ｻｰﾋﾞｽ　ﾄﾖﾀ自動車　ANAｽｶｲﾋﾞﾙｻｰﾋﾞｽ　ｹｲｽﾞｸﾞﾙｰﾌﾟ　ｽﾎﾟｰﾂﾗｲﾌ　SEED　他

部活動　ﾁｱﾘｰﾀﾞｰ部(USANationals全国大会9回出場、R3年度USAJapanﾁｱﾘｰﾃﾞｨﾝｸﾞ&ﾀﾞﾝｽ選手権大会3位)　ｻｯｶｰ部(第100回全国選手権大会3位)　男子ﾊﾞﾚｰﾎﾞｰﾙ部(全国大会13回出場)　他

指定校推薦のある大学・学部

東京理科大	理
獨協大	経済･法
国学院大	文
日本大	生産工･法
日本大	文理･理工･薬
専修大	経済･法
駒澤大	法Ⅱ
二松学舎大	国際政治経済
二松学舎大	文
立正大	法･心理
立正大	ﾃﾞｰﾀｻｲｴﾝｽ
国士舘大	21世紀ｱｼﾞｱ
国士舘大	政経･理工
亜細亜大	都市創造
大東文化大	法
大東文化大	ｽﾎﾟｰﾂ･健康科学
他	

クラーク記念国際 高等学校 柏キャンパス

普通科　　令和５年３月卒業生　　男 33　女 23　計 56

進路種別		男	女	計
４年制大学	国公立	0	0	0
	私立	24	14	38
短期大学	国公立	0	0	0
	私立	0	1	1
専門学校		7	3	10
就職･自営		0	0	0
その他（未定）		2	5	7

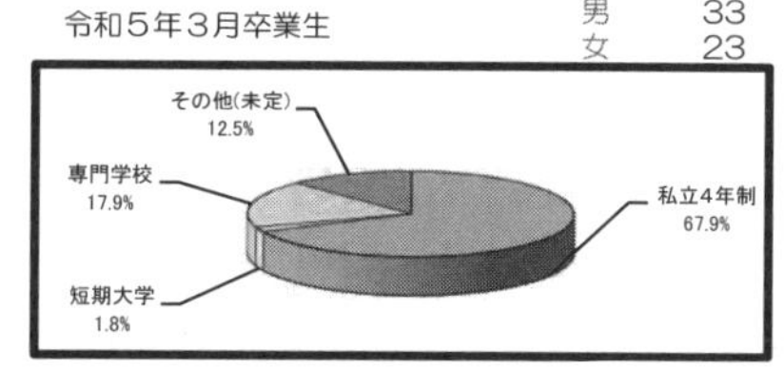

進学実績

●４年制大学　中央大1　日本大2　二松学舎大1　千葉工業大1　流通経済大1　城西国際大1　麗澤大2　亀田医療大1　江戸川大3　聖徳大2　川村学園女子大1　東京工芸大1　埼玉学園大1　中央学院大1　東京聖栄大1　環太平洋大1　他

●短期大学　東京経営短大

●専門学校　東京国際ﾋﾞｼﾞﾈｽｶﾚｯｼﾞ　早稲田国際ﾋﾞｼﾞﾈｽｶﾚｯｼﾞ　武蔵野学芸

部活動　ｿﾌﾄﾃﾆｽ部･卓球部(全国定時制通信制大会出場)　ｻｯｶｰ部(関東定時制通信制大会3位)

指定校推薦のある大学・学部

早稲田大
慶応大
上智大
法政大
東洋大
駒澤大
専修大
他

クラーク記念国際 高等学校 千葉キャンパス

普通科　　令和５年３月卒業生　　男 37　女 28　計 65

進路種別		男	女	計
４年制大学	国公立	0	0	0
	私立	26	19	45
短期大学	国公立	0	0	0
	私立	0	1	1
専門学校		10	7	17
就職･自営		0	0	0
その他（未定）		1	1	2

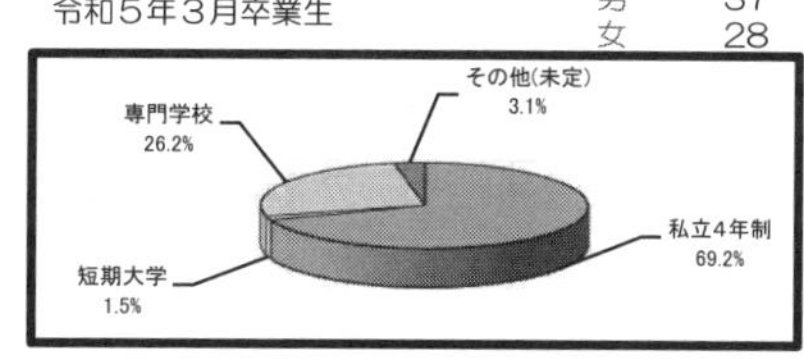

進学実績

●４年制大学　国際基督教大1　立教大1　明治大1　学習院大1　日本大1　駒澤大4　順天堂大1　武蔵野大1　杏林大3　二松学舎大1　立正大3　神田外語大1　帝京大2　帝京平成大1　亜細亜大1　拓殖大1　城西国際大3　淑徳大1　東京情報大1　中央学院大1　他

●短期大学　東京経営短大

●専門学校　県立農業大学校　船橋高等技術　船橋情報ﾋﾞｼﾞﾈｽ　千葉医療秘書&IT　東邦学園音響　千葉調理師　東京福祉　大原簿記公務員　早稲田国際ﾋﾞｼﾞﾈｽｶﾚｯｼﾞ　日本健康医療

部活動　軟式野球部(全国定時制通信制大会ﾍﾞｽﾄ8)　ﾊﾞﾄﾞﾐﾝﾄﾝ部、ﾊﾝﾄﾞﾎﾞｰﾙ部、ﾀﾞﾝｽ部、軽音楽部、写真部、eｽﾎﾟｰﾂ部、女子ｻｯｶｰ部

指定校推薦のある大学・学部

早稲田大	文･文化構想
早稲田大	教育･商
慶応大	理工
上智大	文･法
国際基督教大	教養
東洋大	国際
駒澤大	経済･法
駒澤大	医療健康科学
駒澤大	ｸﾞﾛｰﾊﾞﾙ･ﾒﾃﾞｨｱ･ｽﾀﾃﾞｨｰｽﾞ
専修大	経営
国士舘大	21世紀ｱｼﾞｱ
拓殖大	国際･工
拓殖大	外国語

私立高校

駒込　高等学校

普通科　　令和５年３月卒業生　男 244　女 240　計 484

進路種別		男	女	計
４年制大学	国公立 私立	206	227	433
短期大学	国公立 私立	1	2	3
専門学校		7	6	13
就職･自営		0	0	0
その他（未定）		30	5	35

その他(未定) 7.2%　専門学校 2.7%　短期大学 0.6%　4年制大学 89.5%

進学実績

●４年制大学　東京工業大1　北海道大2　筑波大3　千葉大3　東京外国語大1　横浜国立大1　電気通信大1　東京学芸大4　防衛大学校2　国立看護大学校1　金沢大1　山形大1　茨城大1　宇都宮大1　山梨大1　新潟大1　国際教養大1　東京都立大1　公立諏訪東京理科大1　名桜大2　早稲田大3　慶応大3　上智大6　東京理科大13　学習院大4　明治大14　青山学院大7　立教大14　中央大7　法政大17　成蹊大8　成城大2　国学院大12　明治学院大9　獨協大13　武蔵大4　芝浦工業大1　星薬科大1　明治薬科大1　日本女子大4　東京女子大4　津田塾大3　東邦大3　立命館大1　日本大22　東洋大18　駒澤大4　専修大9　北里大1　東京都市大3　東京農業大12　武蔵野大4　工学院大3　東京家政大4　昭和女子大9　東京電機大10　共立女子大3　文教大3　玉川大1　日本赤十字看護大1　順天堂大8　武蔵野美術大5　多摩美術大1　他

指定校推薦のある大学・学部	
上智大	経済･理工
東京理科大	理･工･理Ⅱ
東京理科大	創域理工
青山学院大	法･地球社会共生
学習院大	法
中央大	経済･理工
法政大	法･人間環境
法政大	文･現代福祉
法政大	ｽﾎﾟｰﾂ健康
法政大	生命科学
明治大	理工
立教大	理･ｺﾐｭﾆﾃｨ福祉
立教大	異文化ｺﾐｭﾆｹｰｼｮﾝ
国学院大	文･法･経済
国学院大	人間開発
獨協大	外国語･経済･法
他	

滋慶学園　高等学校

普通科　　令和５年３月卒業生　男 2　女 14　計 16

進路種別		男	女	計
４年制大学	国公立	0	0	0
	私立	0	1	1
短期大学	国公立	0	0	0
	私立	0	0	0
専門学校		1	6	7
就職･自営		1	3	4
その他（未定）		0	4	4

私立4年制 6.3%　その他(未定) 25.0%　専門学校 43.8%　就職・自営 25.0%

進学実績

●４年制大学　和洋女子大1

●専門学校　首都医校　東京福祉　日本美容　日本工学院　大宮こども

芝浦工業大学附属　高等学校

普通科　　令和５年３月卒業生　男 185　女 15　計 200

進路種別		男	女	計
４年制大学	国公立	9	0	9
	私立	164	13	177
短期大学	国公立	0	0	0
	私立	0	0	0
専門学校		3	1	4
就職･自営		2	0	2
その他（未定）		7	1	8

就職・自営 1.0%　その他(未定) 4.0%　専門学校 2.0%　国公立4年制 4.5%　私立4年制 88.5%

進学実績

●４年制大学　芝浦工業大96　大阪大1　筑波大1　横浜国立大1　電気通信大2　埼玉大1　鹿児島大1　富山大1　早稲田大5　上智大2　東京理科大14　明治大3　青山学院大2　立教大1　法政大3　中央大1　明治学院大3　工学院大2　東京電機大5　千葉工業大6　他

指定校推薦のある大学・学部	
早稲田大	創造理工
早稲田大	基幹理工
上智大	理工
東京理科大	創域理工･工
東京理科大	先進工･理Ⅱ
明治大	政治経済
明治学院大	文･経済･法
明治学院大	社会･国際

清真学園　高等学校

普通科　　令和５年３月卒業生　男 76　女 90　計 166

進路種別		男	女	計
４年制大学	国公立	26	23	49
	私立	40	53	93
短期大学	国公立	0	0	0
	私立	0	1	1
専門学校		0	1	1
就職･自営		0	0	0
その他（未定）		10	12	22

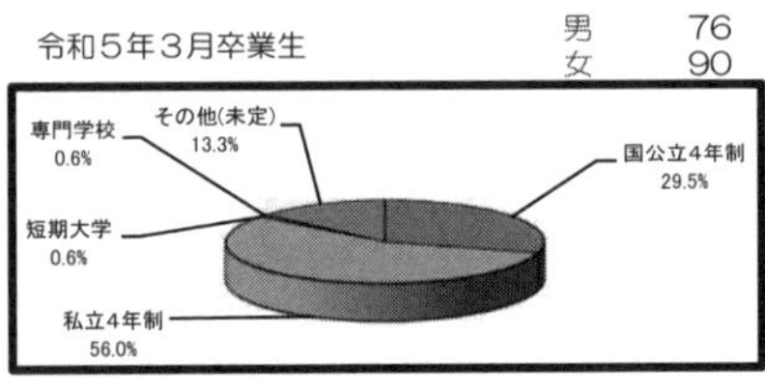

進学実績

●４年制大学　東京大1　京都大1　東京工業大2　大阪大2　東北大1　北海道大1　神戸大1　名古屋大1　筑波大4　千葉大3　お茶の水女子大2　広島大2　東京学芸大2　茨城大7　早稲田大5　慶応大3　上智大2　東京理科大2　青山学院大3　中央大3　他

●短期大学　国学院大北海道短大部

●専門学校　日本美容

指定校推薦のある大学・学部	
横浜市立大	国際商
慶應大	理工
早稲田大	基幹理工･法
早稲田大	先進理工
早稲田大	創造理工
国際基督教大	教養
東京理科大	理･工･創域理工
学習院大	経済･文･理
法政大	法･生命科学
法政大	ﾃﾞｻﾞｲﾝ工
明治大	法
青山学院大	文
中央大	法･経済･理工
津田塾大	学芸
獨協医科大	医
他	

私立高校

大智学園 高等学校

普通科　令和５年３月卒業生　男 81　女 33　計 114

進路種別		男	女	計
４年制大学	国公立	0	0	0
	私立	45	21	66
短期大学	国公立	0	0	0
	私立	0	0	0
専門学校		25	7	32
就職・自営		5	2	7
その他（未定）		6	3	9

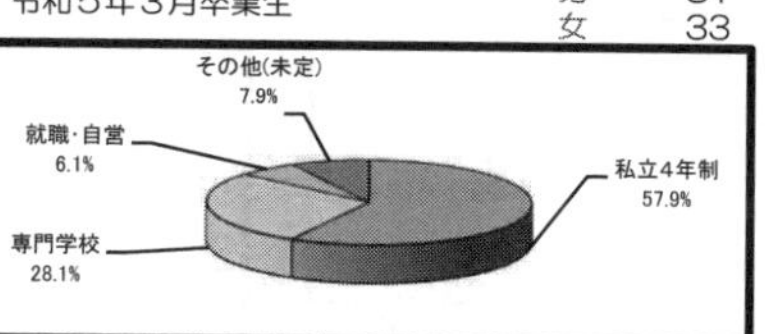

指定校推薦のある大学・学部
立正大
神奈川大
杏林大
国士舘大
桜美林大
大東文化大
ﾌｪﾘｽ女学院大
高千穂大
麗澤大
帝京科学大
大正大
江戸川大
文京学院大
尚美学園大
明海大
城西大
他

進学実績
●４年制大学　早稲田大1　慶応大1　北里大1　武蔵野大2　東京農業大2　立正大1　神奈川大1　国士舘大1　帝京大1　神田外語大1　桜美林大4　大東文化大2　明星大1　拓殖大1　ﾌｪﾘｽ女学院大1　高千穂大4　大正大2　目白大1　東京国際大2　和光大4　他
●専門学校　大原医療秘書福祉保育　新宿調理師　東京工科自動車大学校　東京工学院　東京法律公務員　日本工学院　東京ﾘｿﾞｰﾄ&ｽﾎﾟｰﾂ　早稲田美容　日本福祉教育　他

就職実績　陸上自衛隊　ｾﾞﾋﾞｵﾎｰﾙﾃﾞｨﾝｸﾞｽ　新日本物流　日本ﾚｽﾄﾗﾝｼｽﾃﾑ　他
部活動　野球部(全国定時制通信制軟式野球大会準優勝)　体操部(全国総体団体3位)

中央大学 高等学校

普通科　令和５年３月卒業生　男 77　女 81　計 158

進路種別		男	女	計
４年制大学	国公立	0	4	4
	私立	77	76	153
短期大学	国公立	0	0	0
	私立	0	0	0
専門学校		0	0	0
就職・自営		0	0	0
その他（未定）		0	1	1

その他(未定) 0.6%　国公立４年制 2.5%　私立４年制 96.8%

進学実績
●４年制大学　中央大148　横浜国立大2　東京都立大1　早稲田大1　明治大1　立教大1　武蔵野美術大1　武蔵野大1　University of Leeds1

土浦日本大学 高等学校

普通科　令和５年３月卒業生　男 424　女 294　計 718

進路種別		男	女	計
４年制大学	国公立	53	44	97
	私立	334	227	561
短期大学	国公立	0	0	0
	私立	1	1	2
専門学校		8	11	19
就職・自営		1	2	3
その他（未定）		27	9	36

就職・自営 0.4%　その他(未定) 5.0%　専門学校 2.6%　国公立４年制 13.5%　短期大学 0.3%　私立４年制 78.1%

指定校推薦のある大学・学部
早稲田大　法・商・先進理工
上智大　外国語
国際基督教大　教養
東京理科大　経営・先進工
東京理科大　創域理工・薬
青山学院大　地球社会共生
中央大　法・経済・商・理工
法政大　法・デザイン工
明治大　商・理工
明治大　総合数理
立教大　文・経済
学習院大　文・法・経済・理
同志社大　経済・理工
同志社大　文化情報
立命館大　法
関西学院大　文・法
他

進学実績
●４年制大学　東京大1　北海道大5　東北大4　大阪大1　九州大2　筑波大29　千葉大2　茨城大15　早稲田大6　慶応大1　国際基督教大1　上智大3　東京理科大10　明治大9　青山学院大2　立教大6　学習院大5　法政大5　中央大12　日本大339　他
●短期大学　日本大短大部
●専門学校　土浦協同病院附属看護　つくば看護
就職実績　茨城県警　稲敷広域消防本部
部活動　男子ﾊﾞｽｹｯﾄﾎﾞｰﾙ部(国体優勝、ｳｲﾝﾀｰｶｯﾌﾟ出場)　音楽部(全国軽音楽大会準ｸﾞﾗﾝﾌﾟﾘ、全国軽音ﾌｪｽﾃｨﾊﾞﾙ本祭優秀賞)　剣道部(国体準優勝)　ｳｪｲﾄﾘﾌﾃｨﾝｸﾞ部(国体ｽﾅｯﾁ89kg級4位、ｲﾝﾀｰﾊｲ81kg級・89kg級出場)　女子ﾊﾞｽｹｯﾄﾎﾞｰﾙ部(ｲﾝﾀｰﾊｲﾍﾞｽﾄ16、国体・ｳｨﾝﾀｰｶｯﾌﾟ出場)　ﾚｽﾘﾝｸﾞ部(ｲﾝﾀｰﾊｲ・全国選抜大会出場)　他

帝京ロンドン学園 高等部

普通科　令和５年３月卒業生　男 7　女 6　計 13

進路種別		男	女	計
４年制大学	国公立			0
	私立			11
短期大学	国公立			0
	私立			0
専門学校				0
就職・自営				0
その他（未定）※				2

その他(未定) 15.4%　私立４年制 84.6%

指定校推薦のある大学・学部
帝京大
立教大
同志社大
芝浦工業大
聖心女子大
千葉工業大
清泉女子大

進学実績　※留学1名含む
●４年制大学　帝京大2　立教大1　同志社大1　関西学院大1　明治学院大1　創価大1　東京都市大1　聖心女子大1　千葉工業大1　ﾃﾞｼﾞﾀﾙﾊﾘｳｯﾄﾞ大1

部活動　ｻｯｶｰｺｰｽ(ｲﾝｸﾞﾗﾝﾄﾞ Tactic League T1 Northに参加)　他

私立高校

東京スクールオブミュージック＆ダンス専門学校　高等課程　総合音楽科

令和５年３月卒業生　男 0　女 64　計 64

進路種別		男	女	計
４年制大学	国公立	0	0	0
	私立	0	2	2
短期大学	国公立	0	0	0
	私立	0	0	0
専門学校		0	9	9
就職・自営		0	18	18
その他（未定）		0	35	35

私立4年制 3.1%
専門学校 14.1%
就職・自営 28.1%
その他(未定) 54.7%

進学実績
●４年制大学　尚美学園大1　敬愛大1

●専門学校　東京ｽｸｰﾙｵﾌﾞﾐｭｰｼﾞｯｸ&ﾀﾞﾝｽ　日本工学院八王子　早稲田美容　大宮こども　他

東京表現高等学院 MIICA　芸術科

令和５年３月卒業生　男 6　女 14　計 20

進路種別		男	女	計
４年制大学	国公立	0	0	0
	私立	1	7	8
短期大学	国公立	0	0	0
	私立	0	0	0
専門学校		2	4	6
就職・自営		2	3	5
その他（未定）		1	0	1

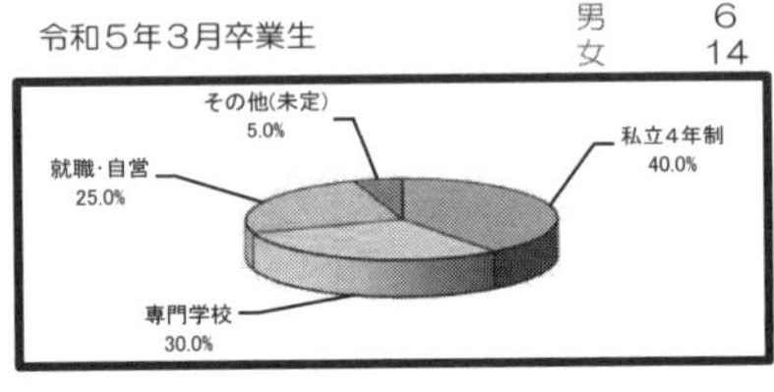

指定校推薦のある大学・学部	
東京造形大	造形
和光大	表現

進学実績
●４年制大学　武蔵野美術大2　東京造形大1　尚美学園大1　和光大1　ﾃﾞｼﾞﾀﾙﾊﾘｳｯﾄﾞ大1　東京富士大1　東京通信大1

●専門学校　ﾊﾞﾝﾀﾝｸﾘｴｲﾀｰｱｶﾃﾞﾐｰ　服部栄養　代々木ｱﾆﾒｰｼｮﾝ学院　東京俳優・映画&放送　文化服装学院　日本工学院

就職実績　ﾌﾟﾛﾝﾄｻｰﾋﾞｽ　ｿﾗｰﾚ　ｲｰｽﾄｱｯﾌﾟ

東洋女子　高等学校　普通科

令和５年３月卒業生　女 100　計 100

進路種別		男	女	計
４年制大学	国公立		2	2
	私立		76	76
短期大学	国公立		0	0
	私立		5	5
専門学校			14	14
就職・自営			1	1
その他（未定）			2	2

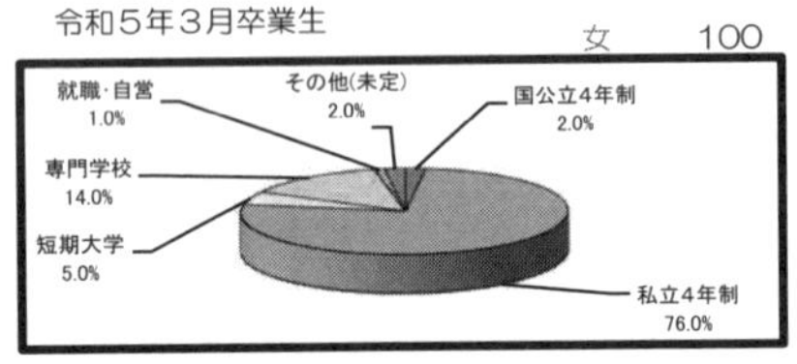

指定校推薦のある大学・学部	
武蔵大	人文
東洋大	文・生命科学
東洋大	理工・国際
日本大	生産工
昭和女子大	人間文化・国際
昭和女子大	人間社会
日本女子大	人間社会
学習院女子大	国際文化交流
芝浦工業大	工・ｼｽﾃﾑ理工
芝浦工業大	ﾃﾞｻﾞｲﾝ工
東京農業大	生物産業
東京電機大	理工・未来科学
清泉女子大	文
大妻女子大	社会情報
大妻女子大	人間関係
東京都市大	環境・ﾒﾃﾞｨｱ情報
他	

進学実績
●４年制大学　県立保健医療大1　水産大学校1　学習院大1　法政大1　明治大1　駒澤大2　東洋大2　日本大1　国学院大1
日本女子大1　昭和女子大5　東京農業大3　大妻女子大2　学習院女子大1　共立女子大8　聖心女子大2
白百合女子大2　女子栄養大1　東京電機大2　玉川大1　他
●短期大学　東京家政大短大部　女子美術大短大部　戸板女子短大　有明教育芸術短大　武蔵丘短大
●専門学校　国際医療　東京墨田看護　東京医薬看護　東京総合美容　ﾊﾘｳｯﾄﾞ美容　資生堂美容技術　ﾐｽ・ﾊﾟﾘ・ﾋﾞｭｰﾃｨ
山野美容　東京YMCA国際ﾎﾃﾙ　TCA東京ECO動物海洋　東京ｱﾆﾒｰｼｮﾝｶﾚｯｼﾞ
就職実績　千葉県警
部活動　囲碁部(全国大会団体2年連続優勝)　軽音楽部(全国ｶﾞｰﾙｽﾞﾊﾞﾝﾄﾞｺﾝﾃｽﾄｸﾞﾗﾝﾌﾟﾘ)
ﾁｱﾘｰﾃﾞｨﾝｸﾞ部(全国大会出場権獲得)

東洋大学附属牛久　高等学校　普通科

令和５年３月卒業生　男 323　女 304　計 627

進路種別		男	女	計
４年制大学	国公立	10	11	21
	私立	293	263	556
短期大学	国公立	0	0	0
	私立	0	3	3
専門学校		8	22	30
就職・自営		2	0	2
その他（未定）		10	5	15

専門学校 4.8%
就職・自営 0.3%
その他(未定) 2.4%
国公立4年制 3.3%
短期大学 0.5%
私立4年制 88.7%

指定校推薦のある大学・学部	
東京理科大	経営・工
学習院大	文・国際社会科学
明治大	政治経済・理工
法政大	文
関西学院大	総合政策・法
同志社大	文化情報
成蹊大	法・文・理工
成城大	経済
武蔵大	経済
明治学院大	法・文・社会
獨協大	全学部
東邦大	理
日本大	生産工・工
日本大	経済・理工
芝浦工業大	工・ﾃﾞｻﾞｲﾝ工
芝浦工業大	ｼｽﾃﾑ理工
他	

進学実績
●４年制大学　筑波大5　千葉大2　お茶の水女子大1　茨城大8　東京海洋大1　群馬県立県民健康科学大1　名桜大1
公立はこだて未来大1　航空保安大学校1　国際基督教大2　東京理科大4　学習院大3　中央大2　明治大4
青山学院大2　立教大5　法政大6　同志社大1　関西学院大1　立命館大2　武蔵大1　明治学院大3　成蹊大5
成城大2　国学院大2　獨協大4　東邦大1　津田塾大2　日本女子大3　日本大15　駒澤大1　東洋大276　他
●短期大学　日本歯科大東京短大　新渡戸文化短大　昭和学院短大
●専門学校　宮本看護　江戸川学園おおたかの森　慈恵柏看護　東京医療看護　つくば栄養医療調理製菓　ﾔﾏｻﾞｷ動物　他
就職実績　ﾄｰﾔｸ　他
部活動　相撲部・女子空手道部(全国大会団体ﾍﾞｽﾄ16)　女子硬式ﾃﾆｽ部(全国大会・全国選抜大会出場、県大会21連覇)
囲碁将棋部(全国囲碁選手権大会出場)　陸上競技・駅伝部(全国大会出場)　軟式野球部(関東大会ﾍﾞｽﾄ8)　他

私立高校

中村　高等学校

普通科　　令和５年３月卒業生　　女 44　　計 44

進路種別		男	女	計
４年制大学	国公立		1	1
	私立		36	36
短期大学	国公立		0	0
	私立		1	1
専門学校			3	3
就職･自営			0	0
その他（未定）			3	3

その他(未定) 6.8%
専門学校 6.8%
短期大学 2.3%
国公立４年制 2.3%
私立４年制 81.8%

指定校推薦のある大学・学部	
青山学院大	法
立教大	文
法政大	GIS
立命館大	経営･理工
日本大	法･生産工
東京女子大	現代教養
立命館ｱｼﾞｱ太平洋大	ｱｼﾞｱ太平洋
立命館ｱｼﾞｱ太平洋大	国際経営

進学実績
●４年制大学　東京医科歯科大1　青山学院大1　立教大1　法政大2　学習院大1　成蹊大1　日本女子大1　星薬科大1　東京女子大2　学習院女子大1　玉川大1　大妻女子大2　日本体育大1　ﾌｪﾘｽ女学院大1　跡見学園女子大1　目白大2　東洋英和女学院大1　他

二松学舎大学附属　高等学校

普通科　　令和５年３月卒業生　　男 84　女 117　　計 201

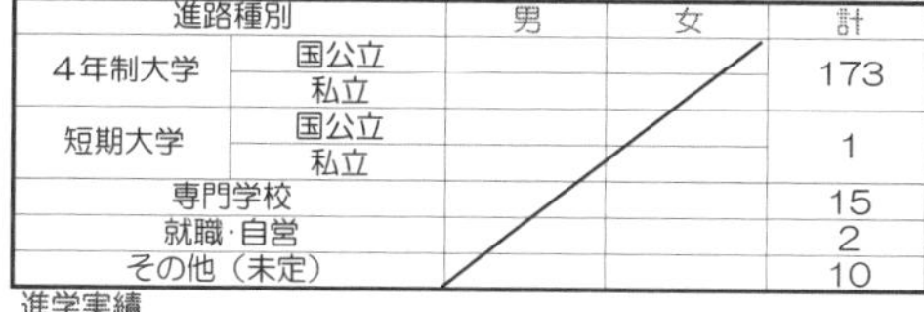

進路種別		男	女	計
4年制大学	国公立			173
	私立			
短期大学	国公立			1
	私立			
専門学校				15
就職･自営				2
その他（未定）				10

専門学校 7.5%
就職･自営 1.0%
その他(未定) 5.0%
短期大学 0.5%
4年制大学 86.1%

指定校推薦のある大学・学部	
立教大	ｺﾐｭﾆﾃｨ福祉
国学院大	文･神道文化
国学院大	法･人間開発
獨協大	法
武蔵大	人文
専修大	文･法
駒澤大	経済
東洋大	生命科学
日本大	法･経済･商
日本大	文理･生産工
他	

進学実績
●4年制大学　立教大2　明治大1　学習院大1　青山学院大1　法政大1　日本女子大2　成蹊大1　明治学院大3　国学院大6　獨協大2　武蔵大3　日本大13　東洋大5　駒澤大3　専修大4　二松学舎大26　日本赤十字看護大1　東京農業大4　東京電機大3　神奈川歯科大1　他

部活動　野球部(R3･4年度夏の甲子園出場、R3･4年度春の甲子園出場)

武蔵野大学附属千代田　高等学院

普通科　　令和５年３月卒業生　　男 80　女 180　　計 260

進路種別		男	女	計
4年制大学	国公立	0	2	2
	私立	69	153	222
短期大学	国公立	0	0	0
	私立	0	4	4
専門学校		3	12	15
就職･自営		0	0	0
その他（未定）		8	9	17

専門学校 5.8%
その他(未定) 6.5%
国公立４年制 0.8%
短期大学 1.5%
私立４年制 85.4%

指定校推薦のある大学・学部	
武蔵野大	全学部
日本大	文理･生産工
杏林大	外国語
杏林大	総合政策
清泉女子大	文
他	

進学実績
●4年制大学　慶応大1　上智大5　青山学院大2　日本大7　東洋大4　駒澤大3　専修大1　成城大1　明治学院大2　国学院大1　武蔵大2　日本女子大6　津田塾大1　他

明治学院　高等学校

普通科　　令和５年３月卒業生　　男 139　女 163　　計 302

進路種別		男	女	計
4年制大学	国公立	0	2	2
	私立	105	153	258
短期大学	国公立	0	0	0
	私立	0	0	0
専門学校		4	1	5
就職･自営		0	1	1
その他（未定）		30	6	36

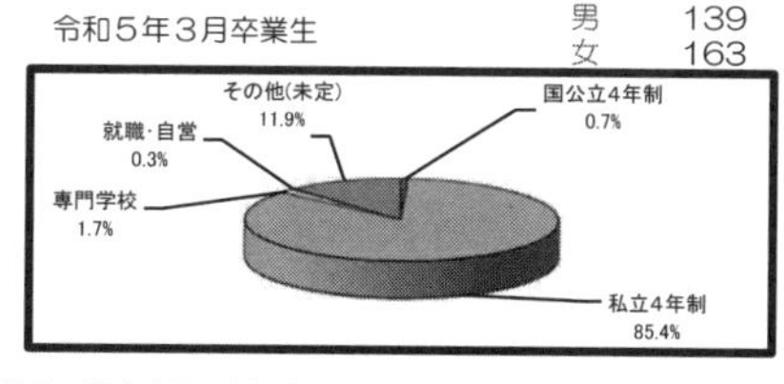

指定校推薦のある大学・学部	
慶応大	商
上智大	総合人間科学
上智大	総合ｸﾞﾛｰﾊﾞﾙ
上智大	理工
東京理科大	工･先進工
東京理科大	創域理工
明治大	政治経済
青山学院大	文･理工･社会情報
立教大	文･経済･現代心理
中央大	法･経済･商
中央大	総合政策
法政大	法･経済
法政大	GIS･理工
学習院大	文･経済･理
成蹊大	経営･法･文･理工
東京女子大	現代教養
他	

進学実績
●4年制大学　明治学院大127　北海道大1　東京都立大1　早稲田大3　慶応大5　上智大7　国際基督教大2　東京理科大2　青山学院大19　中央大11　法政大10　明治大9　立教大9　学習院大5　関西学院大2　成蹊大2　成城大1　日本大2　東京女子大2　明治薬科大2　他
●専門学校　ﾊﾞﾝﾀﾝﾃﾞｻﾞｲﾝ研究所　日産横浜自動車大学校　他

就職実績　日本通運

私立高校

勇志国際　高等学校

普通科　　令和５年３月卒業生　　計 519

進路種別		男	女	計
４年制大学	国公立			2
	私立			70
短期大学	国公立			0
	私立			6
専門学校				124
就職･自営				161
その他（未定）				156

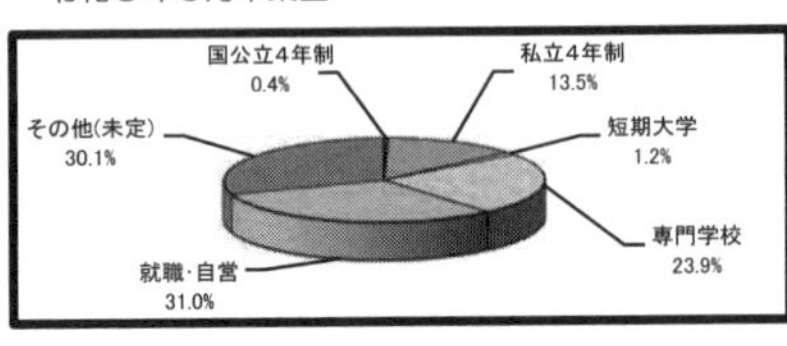

指定校推薦のある大学・学部	
早稲田大	商
東洋大	文
立正大	仏教
大東文化大	外国語
大正大	社会共生
大正大	地域創生
城西国際大	国際人文･観光
城西国際大	経営情報･ﾒﾃﾞｨｱ
城西国際大	福祉総合
桜美林大	ﾘﾍﾞﾗﾙｱｰﾂ
明海大	経済･不動産
流通経済大	法･社会
流通経済大	流通情報
淑徳大	経営･人文
淑徳大	地域創生
麗澤大	外国語
他	

進学実績

●４年制大学　長崎大1　宮崎大1　早稲田大4　慶応大1　上智大1　学習院大1　明治大3　立教大2　青山学院大2　獨協大4　津田塾大1　東京女子大1　近畿大3　東京電機大1　昭和女子大3　神田外語大3　千葉工業大3　大東文化大2　大正大4　麗澤大1　他

●短期大学　大妻女子大短大部　尚絅大短大部　九州大谷短大　城西短大　福岡工業大短大部　自由が丘産能短大

●専門学校　東京墨田看護　日本国際工科　江戸川学園おおたかの森　ﾊｯﾋﾟｰ製菓調理　埼玉歯科衛生　千葉医療秘書＆IT　埼玉福祉保育医療製菓調理　新宿調理師　船橋情報ﾋﾞｼﾞﾈｽ　大原簿記法律　東京ｽﾎﾟｰﾂ･ﾚｸﾘｴｰｼｮﾝ　他

就職実績　自衛隊　ｼﾏﾀﾞﾔ関東　ﾐﾓｻﾞ　G-7ｽｰﾊﾟｰﾏｰﾄ　NEIGHBOR　ｸｵｰﾚ　ﾋﾟｴｽ･ﾓﾝﾃ　ﾔﾏｿﾞｰﾙ　木下の介護　野田ｵｰﾄ　他

部活動　女子ﾊﾞﾄﾞﾐﾝﾄﾝ部(全国定時制通信制大会ｼﾝｸﾞﾙｽ3位、県定時制通信制大会ｼﾝｸﾞﾙｽ優勝･準優勝、ﾀﾞﾌﾞﾙｽ優勝)
男子ﾊﾞﾄﾞﾐﾝﾄﾝ部(全国定時制通信制大会団体3位、県定時制通信制大会ﾀﾞﾌﾞﾙｽ優勝･ｼﾝｸﾞﾙｽ準優勝)　他

立教英国学院　高等部

普通科　　令和５年３月卒業生　　男 25　女 23　　計 48

進路種別		男	女	計
４年制大学	国公立			0
	私立			36
短期大学	国公立			0
	私立			0
専門学校				0
就職･自営				0
留学				12

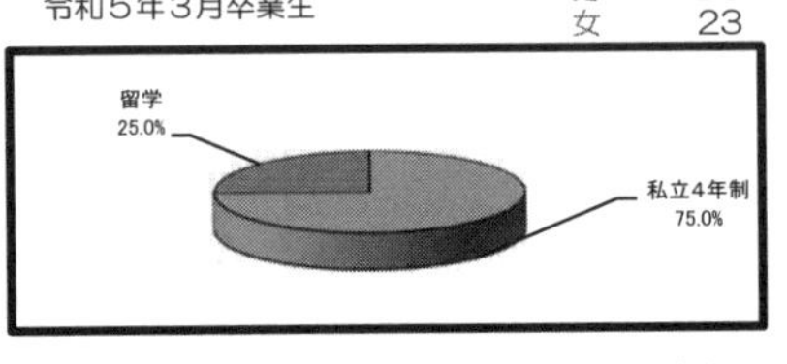

指定校推薦のある大学・学部	
立教大	全学部
早稲田大	
国際基督教大	
東京理科大	
同志社大	
関西学院大	
聖路加国際大	
芝浦工業大	
立命館ｱｼﾞｱ太平洋大	
聖心女子大	
千葉工業大	
南山大	

進学実績

●４年制大学　立教大25　早稲田大1　国際基督教大1　同志社大1　関西学院大2　聖路加国際大2　星薬科大1　麻布大1　武蔵野美術大1　東北医科薬科大1

令和７年度受験用

千葉県高校入試問題総集編

定　価　本体3,500円（税込）

発　行　令 和 6 年 7 月 5 日

編集・発行　千　葉　日　報　社
千葉市中央区中央4−14−10
TEL.043（227）0055

国語・数学・英語・社会・理科の5教科

主催:千葉日報社　協力:総進図書

高校受験

入試の合否判定が出来る

的確な学力診断と信頼性の高い合格判定

この公開テストは、今春の入試結果を基に作られています。自宅で問題を解き事務局に郵送するだけで極めて高精度の合否判定と学力診断が得られます。

成績票には、あなたの必要な受験情報が満載!!

★千葉県公立高校の合否判定、首都圏私立高校約300校の合否判定
★学力に応じた高等学校の紹介（通学可能な範囲から紹介）
★勉強のやり方や、受験に備えてのアドバイス
★保護者向けの受験に対するアドバイス
★最新の受験情報

日程	申込締切日	問題掲載日				答案返送締切日(もぎ係着)	解答掲載日
令和6年第1回	8/23(金)	9月…	2(月)	3(火)	4(水)	12(木)	16(月)
令和6年第2回	9/27(金)	10月…	7(月)	8(火)	9(水)	17(木)	21(月)
令和6年第3回	10/25(金)	11月…	4(月・祝)	5(火)	6(水)	14(木)	18(月)
令和6年第4回（マークシート対応）	11/22(金)	12月…	2(月)	3(火)	4(水)	12(木)	16(月)
令和7年第5回（マークシート対応）	12/20(金)	1月…	6(月)	7(火)	8(水)	16(木)	20(月)

★以前より郵便送達日数が延びています。答案返送締切日までに必ずもぎ係着でお願いします。

■申込、問題、成績に関するお問合せ　総進図書 047(447)7841

■掲載紙の発送に関するお問合せ　千葉日報社販売局 043(227)0077

① 最寄の郵便局で郵便振替用紙に口座番号と名称をご記入の上お申し込みください。なお、手数料はご負担願います。希望受験月も必ず記入して下さい。
口座番号／00120-9-36228　名称:(株)総進図書　千葉日報紙上公開もぎ係
② 申込書と郵便振替払込票（コピー可）を同封の上、
〒273－0853　船橋市金杉5－10－10　TEL.047 (447) 7841
(株)総進図書　千葉日報紙上公開もぎ係　まで郵送してください。
③ 未購読者には掲載日の新聞が送られてきます。新聞は掲載日ごとに郵送します。郵便事情により到着が前後する場合があります。
④ 自宅でテストを実施して解答用紙を「もぎ」係に郵送します。
⑤ 採点処理された志望校診断などの詳しい資料が送られてきます。
※成績発送は答案返送締切日から約2週間後になります。

■受験料　（購　読　者）1回／2,500円
（未購読者）1回／3,500円〈新聞4日分 郵送料含む〉

※未購読者の申込は、申込締切日までにお願いします。

3回以上申込特典　年間３回以上申し込みの受験生は、「私立中高受験ガイド」をプレゼント！あなたの受験勉強に活用してください。

千葉日報「紙上公開もぎ」ホームページは←こちら

新聞購読のお申込みは　千葉日報社販売局・フリーダイヤル 0120－16－7828
URL＝http:www.chibanippo.co.jp

首都圏進学フェア 2024 in 千葉

入場無料

―― 入場自由 ――

どなたでも入場できます

開催日時　Ⓐ7月27日(土) 11:00～16:00(最終入場15:30)
Ⓑ7月28日(日) 11:00～16:00(最終入場15:30)

Ⓐ1･2･7･8･9学区に属する公立･私立学校と県外校
Ⓑ3･4･5･6学区に属する公立･私立学校と県外校

会　　場　柏　市　柏の葉カンファレンスセンター

- 出展：私立中学校、私立高校、公立高校、国立高等専門学校

開催日時　8月3日(土) 11:00～16:00(最終入場15:30)
8月4日(日) 10:00～16:00(最終入場15:30)

会　　場　千葉市　幕張メッセ国際会議場

- 出展：私立中学校、私立高校、公立高校、国立高等専門学校、専門学校、大学、千葉県庁

開催日時　8月18日(日) 11:00～16:00(最終入場15:30)

会　　場　成田市　ホテルウェルコ成田

- 出展：私立中学校、私立高校、公立高校

開催日時　9月1日(日) 11:00～15:00(最終入場14:30)

会　　場　木更津市　木更津市民会館

- 出展：私立高校、公立高校、国立高等専門学校

○各学校の入試担当者による面談形式の進学相談会
○学校案内配布
○入試関係資料配布
○不登校相談コーナー（千葉会場）
○海外留学相談コーナー（木更津会場を除く）

■主　　催／NPO法人親子進路応援センター
■共　　催／千葉日報社
■後　　援／千 葉 県・千葉県高等学校長会・千葉県中学校長会・
千葉県私立中学高等学校協会、他
■協　　賛／金 原・NPO法人フレンズインターナショナル
■運営協力／総進図書
■協　　力／声の教育社・日本私学通信社・大学通信

問い合せ先　NPO法人親子進路応援センター
043-308-3466

資料請求ハガキ

学校へダイレクトに行くよ!!

料金受取人払郵便

千葉中央局
承認

223

差出有効期間
令和8年6月
30日まで
（切手不要）

郵便はがき

260-8790

千葉市中央区本千葉町10-23

明聖高等学校

入学相談室 行

住所	〒（　　-　　）　都道府県
フリガナ 氏名	男・女
電話番号	（　　）
e-mail	@
中学校名	中学校

※ご記入いただいた個人情報は本校の入試広報活動以外には使用しません。

キリトリ線

郵便料金分の
切手をお貼り
ください

郵便はがき

169-0075

東京都新宿区高田馬場4-9-9

学校法人 早稲田学園

わせがく高等学校

東京事務局 行

「学校案内」を無料で送付いたします。

お電話での請求は 0120-299-323 まで。
またはホームページ https://www.wasegaku.ac.jp
もしくは ✉ wsgk@wasegaku.ac.jp からでも請求いただけます。

キリトリ線

※キリトリ線で切り取って必要事項を書いて投函してください。

キリトリ線

アンケートにご協力ください

該当する記号に○をつけてください。
なお、このアンケートはデータ集計以外には利用しません。

Q1.あなたは明聖高校のことを知っていましたか?

1. よく知っている　　2. 校名は聞いたことがある
3. 今回初めて知った

Q2.あなたが資料請求したのはなぜですか?

1. あまり興味はないが、ハガキが付いていたので資料請求してみた
2. 興味があり、学校案内等を見てみたいから
3. 志望校のひとつとして考えているから
4. 第一志望として考えているから
5. その他(　　　　　　　　　　)

Q3.あなたは明聖高校のどのコースに興味がありますか?(複数回答可)

〈千葉本校〉1. 全日コース　2. 全日ITコース　3. 通信コース
〈中野キャンパス〉4. 全日デザインコース　5. 全日ITコース　6. 全日総合コース
7. WEBコース　8. 未定

Q4.あなたが志望校を選ぶポイントは?(3つまで選んでください)

1. 教育内容　2. 施設・設備　3. クラブ活動
4. 学費　5. 入試難易度　6. 進路状況
7. 先生　8. 学校の雰囲気　9. 通学に便利
10. その他(　　　　　　　　　　)

Q5.その他、ご質問・ご意見等がありましたらお書きください

ご協力ありがとうございました。

キリトリ線

希望の学習場所・通学スタイルに○をつけてお送りください。

希望の学習場所	□多古本校　□柏　□勝田台　□西船橋 □稲毛海岸　□高田馬場　□水戸　□古河 □守谷　□太田　□前橋　□桐生
希望の通学スタイル	□全日型(週5日制)　□通学型(週2日制) □自学型(通信制)
特にお聞きになりたいこと	

ふりがな 氏　名				男・女
生年月日	年　月　日生			
固定電話番号				
携帯電話番号				
住　所	〒			
メールアドレス				
学校名	立	中学 高校	年	在学 卒業 中退

学校法人 早稲田学園　わせがく高等学校